Kreft/Mielenz (Hrsg.) · Wörterbuch Soziale Arbeit

Zur Erinnerung
an Wolfgang Bäuerle
und Ilse Reichel-Koß

Wörterbuch Soziale Arbeit

Aufgaben, Praxisfelder, Begriffe und Methoden der Sozialarbeit und Sozialpädagogik

Herausgegeben von Dieter Kreft und Ingrid Mielenz

4. Auflage

Beltz Verlag · Weinheim und Basel

Dieter Kreft (1936); nach Berufsausbildung (Diplom-Verwaltungswirt F.H.) Studium der Rechts-, Wirtschafts- und Verwaltungswissenschaften (Diplom-Kameralist), Zweitstudium der Erziehungswissenschaft (Diplom-Pädagoge), 1971–1981 Senatsdirektor (Staatssekretär) beim Senator für Familie, Jugend und Sport/Berlin, seit 1981 Tätigkeit in sozialwissenschaftlichen Instituten: bis 1987 beim Sozialpädagogischen Institut Berlin, anschließend bis Herbst 1990 beim Institut für soziale und kulturelle Arbeit/Nürnberg, seit 1.11.1990 Leiter des Instiuts für Sozialarbeit und Sozialpädagogik in Frankfurt/M.; Honorarprofessor der FHS Nordostniedersachsen (FB Sozialwesen) in Lüneburg.

Ingrid Mielenz (1945); 1966–1971 Studium der Soziologie, Volkswirtschaft, Betriebswirtschaft und des Arbeitsrechts an der FU Berlin (Diplom-Soziologin); 1972–1974 Regierungsreferendariat mit Staatsexamen; 1974–1986 Mitarbeiterin der Planungsgruppe (seit 1977: Leitung) beim Senator für Jugend und Familie, Berlin (Schwerpunkte: Kindertagesstättenplanung, Berufliche Bildung, Wohnen, Stadtsanierung als Aufgabenfelder der Jugendhilfe); Hermine-Albers-Preis (Deutscher Jugendhilfepreis) der AGJ 1984, Mitglied der Sachverständigenkommission zum 8. Jugendbericht (1987–1989); seit 1987 berufsmäßige Stadträtin für Jugend, Familie und Soziales in Nürnberg; Vorsitzende des Vereins zur Förderung der beruflichen und kulturellen Bildung (BBJ e.V., Berlin).

Die Deutsche Bibliothek – CIP-Einheitsaufnahme

Wörterbuch soziale Arbeit : Aufgabenfelder, Praxisfelder, Begriffe und Methoden der Sozialarbeit und Sozialpädagogik / hrsg. von Dieter Kreft und Ingrid Mielenz. – 4., vollst. überarb. und erw. Aufl., (25.–34. Tsd.). – Weinheim ; Basel ; Beltz, 1996
(Edition sozial)
ISBN 3-407-55781-7
NE: Kreft, Dieter [Hrsg.]

3., vollständig überarbeitete und erweiterte Auflage 1988
4., vollständig überarbeitete und erweiterte Auflage 1996 (25.–29. Tsd.)

Lektorat: Richard Grübling

Herstellung: Erich Rathgeber, Weinheim
Satz: Satz- und Reprotechnik GmbH, Hemsbach
Druck: Druckhaus Beltz, Hemsbach
Printed in Germany

ISBN 3-407-55781-7

Inhaltsübersicht

Vorwort zur vierten Auflage

Als wir 1987 die Manuskriptarbeiten für die dritte Auflage abgeschlossen hatten, gingen wir davon aus, diese erste vollständige Überarbeitung unseres Wörterbuches würde für viele Jahre Bestand haben.
Wir haben uns geirrt. Schon nach wenigen Jahren waren zuvor gegebene zentrale Rahmenbedingungen der Sozialen Arbeit in der BRD und darüber hinaus entscheidend verändert:
- Die deutsche Vereinigung führte seit 1990 zu grundlegenden rechtlichen, organisatorischen, fachlichen und sozioökonomischen Auswirkungen in beiden Teilen der neuen BRD.
- Zum 3. 10. 1990/1. 1. 1991 trat das neue Kinder- und Jugendhilfegesetz, zum 1. 1. 1992 das Betreuungsgesetz in Kraft, das Bundessozialhilfegesetz wird weiter regelmäßig und einschneidend verändert, 1994 ist nach mehr als 20jähriger Diskussion das Pflegeversicherungsgesetz beschlossen worden. Fast kein wichtiger Rechtsbereich Sozialer Arbeit blieb seither ohne Veränderungen, auch europäisches Recht wird immer bedeutsamer für das Handeln in sozialarbeiterischen/sozialpädagogischen Arbeitsfeldern in Deutschland.

So entschlossen wir uns 1992 dazu, das Wörterbuch Soziale Arbeit erneut – und wieder umfassend – zu überarbeiten. Aber nicht nur politisch-rechtlich-strukturell, sondern wir wollten zugleich mit dieser Neufassung auch die theoretisch-fachlichen Entwicklungen seit der dritten Auflage 1988 berücksichtigen und die seither neu zu markierenden Praxisentwicklungen erfassen.
Eine vollständige Durchsicht aller relevanten Fach- und Literaturzeitschriften der Sozialen Arbeit und ihrer wichtigsten Unterstützungswissenschaften, unsere Teilnahme an vielen öffentlichen Foren, unsere regelmäßige Mitarbeit in Institutionen und Organisationen der Sozialen Arbeit, unsere eigenen Praxiserfahrungen in einer kommunalen Sozialverwaltung bzw. einem Praxisberatungs- und Praxisforschungsinstitut sowie als Lehrende an Hochschulen brachten uns viele Hinweise auf Stichwörter und auf AutorInnen:
In dieser vierten Auflage, in jetzt 318 Stichwörtern, präsentieren 209 AutorInnen den jeweils aktuellsten Diskussions- und Literaturstand zu allgemeinen und speziellen Themen der Sozialen Arbeit im Rahmen unseres seit der ersten Auflage 1980 unveränderten Grundkonzeptes (vgl. Vorwort zur 3. Auflage).
Diese vierte Auflage ist eine (fast) vollständige Neufassung: Für die meisten Beiträge (rd. 80%) sind neue Manuskripte geschrieben worden, darunter für 77 neu aufgenommene Stichwörter. Alle übrigen Artikel sind sorgfältig durchgesehen, in notwendigem Umfange korrigiert und ergänzt (Manuskriptstand März 1995). Immer wurde der Literaturstand überprüft.
Wenige Anmerkungen zur vierten Auflage:
1. Es gibt neue dominierende Erklärungsmuster: War es bei den Manuskripten für die erste Auflage 1980 noch »der Grundwiderspruch zwischen Kapital und Arbeit«, der in zahlreichen Beiträgen thematisiert wurde, ist es inzwischen das Begriffspaar »Pluralisierung von Lebenslagen und Individualisierung von Lebensführungen«.
   Dem Alleinvertretunganspruch wollten wir schon beim »Grundwiderspruch« nicht folgen; gleichermaßen zurückhaltend sind wir jetzt auch gegenüber der alleinigen Erklärungskraft von »Pluralisierung/Individualisierung«.
   Die sozialen Lebenswelten vieler Menschen in der BRD werden zunehmend durch Armut und Ausgrenzungen bestimmt, und diese gesellschaftlichen Tendenzen werden mit »Pluralisierung/Individualisierung« und der behaupteten »neuen Unübersichtlichkeit« nicht deutlich genug erfaßt, strukturell gegebene Ungleichheit wird darüber eher verschleiert. Uns geht es aber weiterhin darum,

»Strukturen sozialer Ungleichheit« offenzulegen und allgemein erkennbar werden zu lassen, damit diesen Zuständen auch politisch und fachlich begegnet werden kann.

2. Es gibt in unserer Gesellschaft zunehmend eine Neigung zu einfachen Erklärungen und Lösungen, in der häufig auch die Ursache für Fremdenfeindlichkeit, Gewalt und Radikalismus begründet ist. Dagegen setzten und setzen wir auf Information und Aufklärung, um sich komplexe Zusammenhänge erschließen zu können. Einige neu aufgenommene Stichwörter sollen diese Auseinandersetzung stützen: z.B. Anthropologie, Aufklärung, Ethik, Ethnologie, Eugenik, Gewalt, Normalität, Sozialdarwinismus, Systemisches Denken und Handeln.
3. Wir mußten einerseits ein in Teilen noch der Sprache und den Erklärungsmodellen der 70er und 80er Jahre verpflichtetes Buch in eine den 90er Jahren angemessene Fassung überführen, aber wir wollten andererseits auch deutlich bleiben: Weiterhin reformorientiert und vom Prinzip der betroffenenorientierten Parteilichkeit bestimmt. Darauf haben wir als HerausgeberIn geachtet – von **A** (Abweichendes Verhalten) bis **Z** (Zivildienst).
4. Schließlich läßt sich über die Skala »Reform, Innovation, Standardsicherung« ein Verlust an fachlicher Entwicklungskraft erfassen. War es zuvor selbstverständlich bei bestimmten Gruppen, für fachpolitisch motivierte Reformen zu sein, wird seit den 80er Jahren von Innovation gesprochen, ein eher neutrales Entwicklungsverständnis. Heute ist schon fortschrittlich, wer gegenüber Ressourcenbegrenzungen auf Standardsicherung beharrt. Für diese Standardsicherung wird neuerdings auf Normen und Verfahren zurückgegriffen: Datenschutz, Planung, besondere Mitwirkungsrechte in den Sozialgesetzen, Sozialmanagement, dezentrale Ressourcenverantwortung und Organisationsentwicklung.
   Wir meinen, daß der Rückgriff auf Formales nicht Selbstzweck werden darf, daß der manchmal schon zu beobachtenden »Lust am Formalen« widersprochen werden muß. Gerade in Zeiten mit zunehmenden sozialen Problemen bei zugleich knappen öffentlichen Kassen sind Normen und Verfahren dafür einzusetzen, fachliche Entwicklungen zu befördern, zumindest entwickelte Standards zu sichern.

Wir danken den AutorInnen für ihre engagierte Mitarbeit, wir bedanken uns auch bei Richard Grübling, dem Lektor der Edition Sozial beim Beltz-Verlag für seine fortwährende, gelassene Unterstützung.

Und wir erinnern uns: Seit 1988 sind Autoren gestorben, denen wir vielfältig verbunden waren – Jürgen Egert, Hanns Eyferth, Manfred Henkel und Christian Marzahn. Ende 1993 auch unsere langjährige Chefin und Freundin Ilse Reichel-Koß, eine der bedeutenden Frauen der Sozialen Arbeit in Deutschland nach 1945. Neben Wolfgang Bäuerle widmen wir ihr dieses Buch. Beide sind uns wichtige Beispiele dafür, daß in bestimmten Situationen Personen der Sozialen Arbeit Richtung geben können.

Nürnberg, im Sommer 1995 Dieter Kreft/Ingrid Mielenz

Vorwort zur dritten Auflage

1976, bei Beginn der Vorarbeiten für die im Frühjahr 1980 erschienene 1. Auflage, betraten wir »Neuland«: Der Versuch, das systematisch in einem Wörterbuch zu erfassen, was Soziale Arbeit ausmacht, war seinerzeit noch ohne aktuelles Vorbild, an dem wir uns positiv-handlungsleitend oder kritisch hätten orientieren können.
Das ist heute anders, denn seit 1978 sind etliche vergleichbare Titel erschienen, wenn auch mit deutlich anderen Akzentuierungen und Schwerpunktsetzungen.
Wir mußten also für die 3. Auflage im Jahre 1986 zunächst prüfen, ob unser Grundkonzept weiter verwertbar ist:

- die Felder der Sozialen Arbeit zu erfassen, sowohl die traditionellen, in denen Absolventen sozialer Berufe unbestritten seit langem tätig sind (z. B. Alten-, Gesundheits-, Jugend- und Sozialhilfe), als auch die, in denen das noch nicht selbstverständlich ist (z. B. Schule, Berufsausbildung und Arbeit, Wohnen);
- einerseits nicht den Versuch zu unternehmen, zugleich ein Wörterbuch der (Sozial-)Medizin, Psychologie, Soziologie, Politik-, Rechts- und Verwaltungswissenschaft zu gestalten, andererseits aber zentrale Begriffe dieser Disziplinen aufzunehmen, die nach unserer Auffassung für den Handlungsalltag Sozialer Arbeit unverzichtbar sind;
- schließlich bei der Auswahl der Stichwörter und ihrer Bearbeitung darauf zu achten, daß die Bereiche Theoretische Grundlagen, Geschichte der Sozialarbeit/Sozialpädagogik, Rechtsgrundlagen, Zielgruppen, Praxisfelder, Methoden der Sozialarbeit/Sozialpädagogik, Sozialadministration/Institutionen/Politik, Ausbildung/Weiterbildung gleichberechtigt berücksichtigt werden.

Im Vorwort zur 1. Auflage sprachen wir bereits davon, »daß eine auf sich selbst bezogene, sich mit sich selbst beschäftigende Sozialarbeit/Sozialpädagogik kaum wirksame Hilfen zu leisten vermag und deshalb in zunehmendem Maße die Auseinandersetzung mit weniger traditionellen Bereichen stattfindet. Nicht Abgrenzung, sondern Integration pädagogischer Sozialer Arbeit in Aufgabenbereiche wie z.B. Gesundheitswesen, Arbeit und berufliche Bildung, Schule u. a. m. ist hier vielfach die Forderung«.
Heute ist dieser Denk- und Handlungsansatz unter dem Begriff »Einmischungsstrategie« allgemein eingeführt.
Unsere Absicht war es, eine zwar begrenzte, aber in sich abgerundete Auswahl von Stichwörtern vorzulegen, bei der jedes Stichwort für sich, aber vor allem in der gebündelten Zusammenfassung mit Nachbarbegriffen zu einer qualifizierten Erstinformation führt, die zum vertiefenden Weiterarbeiten befähigt und anregt: eine bewußt gewählte Position zwischen einem Handbuch mit seiner themenverkürzenden Breite und der nur knappen Information eines Lexikons.
Dieses Grundkonzept hat sich offensichtlich bewährt. Wir haben es beibehalten, aber wesentlich ergänzt und erweitert. Die bisherigen Stichwörter wurden bis auf wenige Ausnahmen beibehalten, aktualisiert oder vollständig überarbeitet. Neu aufgenommen worden sind 49 Stichwörter.
Im Verlaufe des Bearbeitungsprozesses waren einige Punkte für uns so bemerkenswert, daß wir sie hier nennen wollen – denn sie sagen u. E. etwas aus über den Stand unseres Handlungsfeldes und über die Probleme, mit denen die Soziale Arbeit aktuell konfrontiert ist.

1. Die »alten« Stichwörter hatten einen Manuskriptstand von Ende 1979/Anfang 1980. Diejenigen, die wir seinerzeit wegen ihres »Reformcharakters« aufgenommen hatten, wurden uns von den Autoren/innen in etlichen Fällen mit der Bemerkung zurückgesandt, es habe sich seither nichts wesentlich Neues ereignet, sie könnten weitgehend unverändert bleiben (z. B. Curriculumsent-

wicklung, Emanzipation, Handlungsforschung, kompensatorische Erziehung, Modellversuche, Planung, Prophylaxe).

2. Neue sozioökonomische und/oder ökologische sowie politisch-rechtliche Rahmenbedingungen führten hingegen zu zahlreichen Veränderungen des bisherigen Stichwortkataloges (z.B. Ausländerrecht einschließlich Asylrecht, Daten- und Geheimnisschutz, nichteheliche Lebensgemeinschaft, Schuldnerberatung, Soziale Arbeit und Arbeitsmarkt, Sozialökologie, Technologie).
   Vor allem die Stichwörter im Leistungsbereich mußten erheblich überarbeitet oder völlig neu konzipiert werden. Diese Änderungen sind im wesentlichen durch die Verschlechterung der sozioökonomischen Lebensbedingungen sowie durch den Sozialabbau seit 1980 gekennzeichnet (z.B. Arbeitsförderungsgesetz, Arbeitslosigkeit, Arbeitsschutz, Ausbildungsförderung, Bundessozialhilfegesetz, Jugendarbeitsschutz, Sozialhilfe, Warenkorb, Wohnen).
3. Die fachliche Entwicklung der Sozialen Arbeit aus sich selbst heraus ist weniger deutlich auszuweisen. Sie zeigt sich wohl an zahlreichen Stellen in notwendigen Bearbeitungen schon in der 1. Auflage 1980 enthaltener Beiträge, aber sie führte nur in wenigen Fällen zur Aufnahme neuer Stichwörter (z.B. Selbsthilfe/Selbstorganisation, Sozialpädagogische Familienhilfe, Sozialstation).

Uns haben diese Tatsachen sehr provoziert, denn wir vertreten weiterhin die Auffassung, daß Soziale Arbeit nicht zu einer Reparaturanstalt für Fehler, Unzulänglichkeiten, falsche Weichenstellungen anderer Politikbereiche degenerieren darf: Man kann auch sagen, zu einem politischen Randbereich, der all das – und möglichst preiswert – zu leisten hat, was nicht marktförmig-gewinnbringend zu leisten ist. Damit der soziale Frieden nicht nachhaltig gestört wird und die zwei Drittel unserer Gesellschaft, für die soziale Not und soziales Elend weiterhin Fremdwörter sind, möglichst wenig in ihrem Alltag berührt werden.
Kompetentes Handeln und ein sozial geprägtes Politikverständnis sind u.E. die wichtigsten Grundvoraussetzungen einer wirkungsvollen Gegenwehr.
Dazu wollen wir vor allem mit dieser Neuauflage beitragen.
Selbstverständlich ist der »technische Apparat« (Abkürzungsverzeichnis und Sachregister) vollständig überarbeitet worden. Das gilt auch für die bisherigen Anhänge I und II (Organisationen und Institutionen der Gesundheits-, Jugend- und Sozialhilfe in der Bundesrepublik Deutschland/Zeitschriftenübersicht), die wir aufgrund zahlreicher Anregungen aus Hochschulen und Praxis um einen Anhang III (Materialien zur Sozialen Arbeit) erweitert haben.
Danken möchten wir zunächst den Autoren und Autorinnen für ihre engagierte Mitarbeit an den jetzt insgesamt 297 Stichwörtern, wir bedanken uns aber auch bei Monika Bärnklau, Dagmar Gohlke sowie Bertolt und Uta Kreft für ihre Unterstützung bei der Erstellung des Manuskriptes, das im Sommer 1987 abgeschlossen wurde.
Wolfgang *Bäuerle*, der uns bei der 1. Auflage nachhaltig unterstützt hat. ist 1982 verstorben. Er hat wie wenige andere die Entwicklung der Sozialen Arbeit nach 1945 anregend beeinflußt – in einer selbstverständlichen Verzahnung von theoretischen Überlegungen und praxisrelevantem Handeln, die für uns weiterhin vorbildlich bleibt. Deshalb haben wir ihm dieses Buch gewidmet. Mit dieser Widmung wollen wir aber auch auf die Bedeutung personeller Kontinuität für die Entwicklung der Sozialen Arbeit aufmerksam machen.

Berlin/Nürnberg, im Herbst 1987

Dieter Kreft/Ingrid Mielenz

Vorwort zur ersten Auflage

In den vergangenen Jahren ist das Interesse an Problemen der sozialen Arbeit deutlich gewachsen. Dieses Interesse hat sich nicht zufällig entwickelt. So haben weitgehend sozioökonomisch beeinflußte gesellschaftspolitische Veränderungsprozesse dazu geführt, daß der Staat in stärkerem Maße Aufgaben auch im Gesundheits-, Jugend- und Sozialhilfebereich übernommen hat. Hinzu kommt die Verschärfung der wirtschaftlichen Bedingungen in der Bundesrepublik Deutschland. Ein immer größer werdender Anteil der Bevölkerung ist auf Angebote der Sozialarbeit/Sozialpädagogik angewiesen. Existenzsicherung und Lebensqualität können zunehmend nur durch staatliche Sozialpolitik – im weitesten Sinne – gewährleistet werden. Materielle (z.B. Arbeitslosigkeit) und immaterielle (z.B. Leistungs- und Konkurrenzdruck) Selektionsmechanismen erzeugen Probleme, die für Sozialarbeit/Sozialpädagogik unmittelbar spürbar werden. In dieser Situation darf sich Sozialarbeit/Sozialpädagogik nicht auf Defizitausgleich und Hilfen im Einzelfall beschränken. Sie muß unter Berücksichtigung der gesellschaftlichen Bedingungen sozialer Ungleichheit Partei ergreifen und über traditionelle Arbeitsfelder hinauswirken, um zur Verbesserung von Sozialisations- und Lebensbedingungen beizutragen.

Im Mittelpunkt der z.Z. geführten Diskussion stehen vorrangig (z.T. vordergründig) rechtliche Fragen (z.B. Jugendhilferechtsreform), gleichzeitig aber auch Ansätze, die theoretischen und methodischen Grundlagen unter Einbeziehung neuerer wissenschaftlicher Erkentnnisse und praktischer Erfahrungen zu systematisieren und weiterzuentwickeln. Daneben besteht nach wie vor ein großes Interesse vor allem von Praktikern an modellhaften, neuen Projekten. Ausgehend von aktiven Strategien pädagogisch orientierter sozialer Arbeit, wird diese Diskussion hauptsächlich im Rahmen von Fachtagungen, Seminaren und Fachzeitschriften geführt. Sowohl von einem offensiven Anspruch und Selbstverständnis abgeleitet als auch aus der Erkenntnis heraus, daß eine auf sich bezogene, sich mit sich selbst beschäftigende Sozialarbeit/Sozialpädagogik kaum wirksame Hilfen zu leisten vermag, findet in zunehmendem Maße die Auseinandersetzung mit weniger traditionellen Bereichen statt. Nicht Abgrenzung, sondern Integration pädagogischer sozialer Arbeit in Aufgabenbereiche wie z.B. Gesundheitswesen, Arbeit und berufliche Bildung, Schule u.a.m. ist hier vielfach die Forderung.

In diesem gesellschafts- und fachpolitischen Bezugsrahmen will dieses Wörterbuch einen Beitrag leisten. Es will in kritischer Auseinandersetzung mit den historischen Entwicklungen, theoretischen, methodischen und rechtlichen Grundlagen, den Zielen, Aufgaben und Praxisfeldern Studenten und Praktiker informieren und anregen.

Den Schwerpunkt der Stichwörter bilden Praxisfelder und Einrichtungen, in denen Sozialarbeiter und Sozialpädagogen tätig sind bzw. tätig sein sollten. Hierbei geht es wesentlich darum, Zielsetzungen, Inhalte, Methoden und Probleme sowie Perspektiven der Weiterentwicklung aufzuzeigen. Theoretische und rechtliche Grundlagen wurden als Stichwörter nur insoweit aufgenommen, als sie zum Verständnis der Aufgabenbereiche von grundsätzlicher Bedeutung sind. Insbesondere im Bereich der theoretischen Grundlagen gab es eine Reihe von Schwierigkeiten bei der Auswahl der Stichwörter. Da der Sozialarbeit/Sozialpädagogik eine »eigene« Theorie weitgehend fehlt, besteht leicht die Gefahr, insbesondere soziologische, pädagogische und psychologische Kategorien zu stark auszuweiten. Um ein Wörterbuch der Soziologie, Pädagogik und Psychologie in einem Band zu vermeiden, sind hierzu mittlere oder Grundsatzartikel verfaßt worden, die auf die jeweilige Bedeutung für den Bereich der Sozialarbeit/Sozialpädagogik Bezug nehmen. Insgesamt umfaßt das Wörterbuch folgende Bereiche: Theoretische Grundlagen, Geschichte der Sozialarbeit/Sozialpädagogik, Rechtsgrundlagen, Zielgruppen, Praxisfelder, Methoden der Sozialarbeit/Sozialpädagogik, Sozialadministration/Institutionen/Politik, Ausbildung/Weiterbildung.

Auf der Grundlage dieser Systematisierung sind die einzelnen Stichwörter ausgewählt worden. Wir wollen mit dieser Auswahl, die sich an Arbeitsfeldern von Sozialarbeitern/Sozialpädagogen in der Gesundheits-, Jugend- und Sozialhilfe, der Schule, Betrieben und außerinstitutionellen Arbeitsbereichen orientiert, auch dokumentieren, daß Sozialarbeit/Sozialpädagogik ihre enge Bindung an die Jugendhilfe aufgegeben hat. Künftige theoretische, methodische und praktische Fragestellungen sollten sich nach unserer Auffassung stärker daran orientieren, wo Erzieher, Sozialarbeiter/Sozialpädagogen, Erziehungswissenschaftler/Diplompädagogen heute bereits unbestritten tätig sind und u.U. morgen tätig sein könnten. Auch insoweit will dieses Wörterbuch einen Beitrag leisten.

Für alle Beiträge, die sich auf die Jugendhilferechtsreform beziehen, ist der Gesetzentwurf der Bundesregierung »Entwurf eines Sozialgesetzbuches (SGB) – Jugendhilfe –« vom 8. November 1978, BT-Drs. 8/2571, zugrunde gelegt worden, die umfangreiche Gesetzgebung des Jahres 1979 (z.B. Neuregelung des Rechts der elterlichen Sorge, Unterhaltsvorschußgesetz, die Einführung des Mutterschaftsurlaubs, die Änderungen des Arbeitsförderungs-, Bundesausbildungsförderungs- und des Mutterschutzgesetzes) ist bereits berücksichtigt.

Eine umfassende Arbeit dieser Art ist ohne eine lange Vorbereitungszeit, in der Ideen, Erfahrungen, Anregungen zusammengeführt werden, ohne intensive Diskussion, ohne vielfältigen Rat nicht möglich.

Beide Herausgeber arbeiten seit Jahren in einer Jugendhilfeadministration, funktional als Senatsdirektor (Vertreter des Senators) bzw. Leiter der Planungsgruppe. Wir haben uns immer darum bemüht, politische und fachliche Grundüberzeugungen nicht im Verwaltungsalltag, im technokratischen Handlungsvollzug degenerieren zu lassen. Wir haben sorgfältig beobachtet, viele Mängel registriert, unsere eigenen Arbeitsergebnisse selbstkritisch betrachtet bzw. der prüfenden Kritik unterworfen – sowohl in politischer und fachlicher Auseinandersetzung als auch in Lehr- und Fortbildungsveranstaltungen, die wir durchführen. Dabei sind uns besondere Mängellagen des fachwissenschaftlichen Gegenstandes »Sozialarbeit/Sozialpädagogik« deutlicher geworden: die spezifische – u.E. zu enge – Bindung an die Jugendhilfe, die seit langem nicht mehr das alleinige Praxisfeld von Sozialpädagogen ist, das Fehlen einer eigenen Theorie, die damit zusammenhängende unzureichende Grundlagenforschung, die auch die Arbeitsfelder eindeutiger herausarbeitet, schließlich der oftmals anzutreffende Mangel an Selbstbewußtsein sozialpädagogischer Kollegen, ihre uns immer wieder irritierende Frage, was denn nun Sozialarbeit/Sozialpädagogik eigentlich sei.

In dieser Situation entwickelte sich die Vorstellung, eine Antwort durch ein Wörterbuch der sozialen Arbeit zu versuchen, das in einem angemessenen Mittelweg zwischen lexikalischer Kürze und themenverkürzender Breite eines Handbuches die Arbeitsfelder von Erziehern, Sozialarbeitern/Sozialpädagogen, Erziehungswissenschaftlern beschreibt, das die doppelte Aufgabe erfüllt, Studenten umfassend an die Bereiche und Grundlagen ihrer künftigen Praxis heranzuführen und Praktikern zuverlässige und relativ breite Informationen zu vermitteln.

Ein erster vorläufiger Stichwortkatalog, im Sommer 1976 dem Beltz-Verlag zugeleitet, griff zu kurz, orientierte sich noch zu stark an der Sichtweite behördlicher Sozialarbeit. Wir begrüßten es daher sehr, daß sich der Beltz-Verlag nach einem sehr intensiven Gespräch zwischen Wolfgang Bäuerle, Richard Grübling, C. Wolfgang Müller, Lothar Schweim und den Herausgebern bereit erklärte, eine umfangreiche Vorstudie erarbeiten zu lassen, die im November 1977 von Ingrid Mielenz vorgelegt wurde. Im Januar 1978 wurde diese Vorstudie im Gewerkschaftshaus in Frankfurt/M. mit den Mitgliedern des Beirates für das sozialpädagogische Fachbuchprogramm des Beltz-Verlages, Vertretern aus Ausbildung, Forschung und Praxis, noch einmal sehr sorgfältig beraten und durch vielfältige Vorschläge und Ergänzungen erweitert und verbessert. Das danach vorliegende Konzept (Rahmenkonzept der fachpolitischen Position des Wörterbuches, Stichwortverzeichnis mit kurzer inhaltlicher Beschreibung, Autorenvorstellungen) mußte dann im konkreten Vollzug nur geringfügig verändert werden.

Wir danken unseren zahlreichen Beratern und Förderern, ohne die diese Arbeit so nicht möglich gewesen wäre. Wir hoffen, mit ihnen und den Autoren, daß das Wörterbuch der sozialen Arbeit in Ausbildung und Praxis Zustimmung findet.

Berlin, im Herbst 1979

Dieter Kreft/Ingrid Mielenz

Abkürzungsverzeichnis

a.a.O.	=	am angegebenen Ort
ABM	=	Arbeitsbeschaffungsmaßnahmen
Änd	=	Änderung
a.F.	=	alte Fassung
AFG	=	Arbeitsförderungsgesetz
AFET	=	Arbeitsgemeinschaft für Erziehungshilfe
AG	=	Amtsgericht, Arbeitsgemeinschaft, Ausführungsgesetz
AGJ	=	Arbeitsgemeinschaft für Jugendhilfe
AK	=	Arbeitskreis
amtl.	=	amtlich
AO	=	Abgabenordnung
Art.	=	Artikel
ASD	=	Allgemeiner Sozialdienst
AuslG	=	Ausländergesetz
AV	=	Allgemeine Verwaltungsvorschriften
AVAVG	=	Gesetz über Arbeitsvermittlung und Arbeitslosenversicherung
AVG	=	Angestelltenversicherungsgesetz
AVR	=	Arbeitsvertragsrichtlinien
AW/AWO	=	Arbeiterwohlfahrt
BA	=	Bundesanstalt für Arbeit
BAföG	=	Bundesausbildungsförderungsgesetz
BAG	=	Bundesarbeitsgemeinschaft
BAGLJÄ	=	Bundesarbeitsgemeinschaft der Landesjugendämter und überörtlichen Erziehungsträger
BAT	=	Bundes-Angestellten-Tarifvertrag
BArbG	=	Bundesarbeitsgericht
BauGB	=	Baugesetzbuch
BBauG	=	Bundesbaugesetz
BBiG	=	Berufsbildungsgesetz
BBJ e.V./ BBJ-CONSULT Berlin	=	Verein zur Förderung der beruflichen und kulturellen Bildung von Jugendlichen und jungen Erwachsenen
Bd./Bde.	=	Band/Bände
BDI	=	Bund Deutscher Industrie
b:e	=	Betrifft: erziehung
BeamtVG	=	Beamtenversorgungsgesetz
BetrVerfG/ BetrVG	=	Betriebsverfassungsgesetz
BErzGG	=	Bundeserziehungsgeldgesetz
BewH	=	Bewährungshilfe
BfA	=	Bundesversicherungsanstalt für Angestellte
BfS	=	Bank für Sozialwirtschaft
BGA	=	Bundesgesundheitsamt
BGB	=	Bürgerliches Gesetzbuch
BGBl.	=	Bundesgesetzblatt
BGH	=	Bundesgerichtshof
BhV	=	Beihilfevorschriften
BiBB	=	Bundesinstitut für berufliche Bildung, Berlin
BiBhG	=	Bildungsbeihilfengesetz
BKfE	=	Bundeskonferenz für Erziehungsberatung e.V.
BKGG	=	Bundeskindergeldgesetz
BKZ	=	Berufskennziffern
BLK	=	Bund-Länder-Kommission
BM	=	Bundesminister/Bundesministerium
BMAO/BMAS	=	Bundesminister/Bundesministerium für Arbeit und Sozialordnung
BMBW	=	Bundesminister für Bildung und Wissenschaft
BMFJ	=	Bundesminister für Frauen und Jugend
BMFT	=	Bundesminister für Forschung und Technologie
BMFSFJ	=	Bundesminister für Familie, Senioren, Frauen und Jugend
BMFuS	=	Bundesminister für Familie und Senioren
BMG	=	Bundesminister für Gesundheit
BMJ	=	Bundesminister der Justiz
BMJFFG	=	Bundesminister für Jugend, Familie, Frauen und Gesundheit (bis 1986 BMJFG)
BMP	=	Bundesministerium für Post- und Fernmeldewesen
BR	=	Bundesrat/Betriebsrat
BRD	=	Bundesrepublik Deutschland
BReg	=	Bundesregierung
BSeuchG	=	Bundesseuchengesetz
BSHG	=	Bundessozialhilfegesetz
bspw.	=	beispielsweise
BT	=	Bundestag
BT-Drs.	=	Bundestagsdrucksache
BtG	=	Betreuungsgesetz
BtGB	=	Betreuungsbehördengesetz
B.U.N.D.	=	Bund für Umwelt- und Naturschutz Deutschland
BU-Rente	=	Berufsunfähigkeitsrente
BVA	=	Bundesverwaltungsamt
BVerfG	=	Bundesverfassungsgericht
BVerfGE	=	Entscheidung des Bundesverfassungsgerichts
BVerwG	=	Bundesverwaltungsgericht
BVerwGE	=	Entscheidung des Bundesverwaltungsgerichts
BVFG	=	Bundesvertriebenen- und Flüchtlingsgesetz
bzw.	=	beziehungsweise
ca.	=	circa
CDU	=	Christlich-Demokratische Union
CEDEFOP	=	Europäisches Zentrum für die Förderung der Berufsbildung, Berlin
CH	=	Schweiz
CSU	=	Christlich-Soziale Union
CV	=	Caritasverband
DAF	=	Deutsche Arbeitsfront
DAG	=	Deutsche Angestelltengewerkschaft

DBH	= Deutsche Bewährungshilfe
DBJR	= Deutscher Bundesjugendring
DCV	= Deutscher Caritasverband
DDR	= Deutsche Demokratische Republik
ders.	= derselbe
DFB	= Deutscher Fußballbund
DGB	= Deutscher Gewerkschaftsbund
d.h.	= das heißt
dies.	= dieselbe
DIfU	= Deutsches Institut für Urbanistik
dj	= deutsche jugend
DJI	= Deutsches Jugendinstitut
DJO	= Deutsche Jugend des Ostens
DKP	= Deutsche Kommunistische Partei
DLRG	= Deutsche Lebensrettungsgesellschaft
DöV	= Die öffentliche Verwaltung
DPWV	= Deutscher Paritätischer Wohlfahrtsverband
DRK	= Deutsches Rotes Kreuz
Drs.	= Drucksache
DStT	= Deutscher Städtetag
dt.	= deutsch/deutsche
DV	= Deutscher Verein für öffentliche und private Fürsorge
DVBl.	= Deutsches Verwaltungsblatt
DVJJ	= Deutsche Vereinigung für Jugendgerichte und Jugendgerichtshilfen
DW	= Diakonisches Werk
DZA	= Deutsches Zentrum für Altersfragen
e.	= emeritiert/e
ebd.	= ebenda
EG	= Ergänzungsgesetz, Europäische Gemeinschaft
EGBGB	= Einführungsgesetz zum BGB
EheG	= Ehegesetz
EheRG	= Eherechtsreformgesetz
EinV	= Einigungsvertrag
EKD	= Evangelische Kirche in Deutschland
entspr.	= entsprechend
ESt	= Einkommensteuer
EStG	= Einkommensteuergesetz
EStGB	= Einführungsgesetz zum StGB
etc.	= et cetera
EU	= Europäische Union
EU-Rente	= Erwerbsunfähigkeitsrente
evtl.	= eventuell
f.	= folgende, für
FamRZ	= Zeitschrift für das gesamte Familienrecht
FAO	= Food and Agricultural Organization of the United Nations
FAZ	= Frankfurter Allgemeine Zeitung
FB	= Fachbereich
FDGB	= Freier Deutscher Gewerkschaftsbund (DDR)
F.D.P.	= Freie Demokratische Partei
FDJ	= Freie Deutsche Jugend
FE	= Fürsorgeerziehung
FEH	= Freiwillige Erziehungshilfe
FGG	= Gesetz über die Angelegenheiten der freiwilligen Gerichtsbarkeit
FHS/FH	= Fachhochschule(n)
FICE	= Fédération International des Communautés d'Enfants e.V.
FÖJ	= Freiwilliges ökologisches Jahr
FR	= Frankfurter Rundschau
FS	= Fachschule(n)
FSJ	= Freiwilliges soziales Jahr
FU	= Freie Universität
FuR	= Familie und Recht
FuU	= Fortbildung und Umschulung
GA	= Gesundheitsausschuß
GAL	= Gesetz über die Altershilfe der Landwirte
GdWZ	= Zeitschrift »Grundlagen der Weiterbildung«
gef.	= gefaßt
GEW	= Gewerkschaft für Erziehung und Wissenschaft
GewO	= Gewerbeordnung
GG	= Grundgesetz
ggf.	= gegebenenfalls
GGVöD	= Gemeinschaft von Gewerkschaften und Verbänden des öffentlichen Dienstes
GHS	= Gesamthochschule
G.I.B	= Landesberatungsgesellschaft NRW
GjS	= Gesetz über die Verbreitung jugendgefährdender Schriften
GMBl.	= Gemeinsames Ministerialblatt
GRG	= Gesundheitsreformgesetz
GVG	= Gerichtsverfassungsgesetz/Gesetz zur Vereinheitlichung des Gesundheitswesens
GWA	= Gemeinwesenarbeit
H.	= Heft
h.A.	= herrschende Auffassung
HbL	= Hilfen in besonderen Lebenslagen
HHG	= Häftlingsgesetz
HLU	= Hilfe zum Lebensunterhalt
h.M.	= herrschende Meinung
hrsg.	= herausgegeben
HRSG.	= Herausgeber
HWST	= Handwörterbuch der Staatswissenschaften
HwVG	= Handwerksversicherungsgesetz
i.d.B.	= in der Bekanntmachung
i.d.F.	= in der Fassung
i.d.R.	= in der Regel
i.d.S.	= in diesem (dem) Sinne
i.e.	= im einzelnen
i.e.S.	= im engeren Sinne
IFFJ	= Informations-, Fortbildungs- und Forschungsdienst Jugendgewaltprävention des Vereins für Kommunalwissenschaften Berlin
IFS	= International Federation of Social Workers
IGfH	= Internationale Gesellschaft für erzieherische Hilfen
IJAB	= Internationaler Jugendaustausch- und Besucherdienst
ILO	= International Labour Organization
IM	= Innere Mission
Info	= Information
int.	= international
i.R.	= im Ruhestand
i.S.	= im Sinne
ISA	= Institut für soziale Arbeit, Münster
ISKA	= Institut für soziale und kulturelle Arbeit, Nürnberg
ISS	= Institut für Sozialarbeit und Sozialpädagogik, Frankfurt/M.

i. V. m. = in Verbindung mit
i. w. = im weiteren
i. w. S. = im weiteren Sinne/im weitesten Sinne

J. = Jahr
JA/JÄ = Jugendamt/Jugendämter
JArbSchG = Jugendarbeitsschutzgesetz
JAVollzO = Jugendarrestvollzugsordnung
JGG = Jugendgerichtsgesetz
JH = Jugendhilfe
Jh. = Jahrhundert
JHA = Jugendhilfeausschuß
JHG = Jugendhilfegesetz
jpd = jugendpolitischer Dienst
JSchÖG = Gesetz zum Schutz der Jugend in der Öffentlichkeit
JVA = Justizvollzugsanstalt
JWA = Jugendwohlfahrtsausschuß
JWG = Jugendwohlfahrtsgesetz

Kap. = Kapitel
KDA = Kuratorium Deutsche Altershilfe
KFürV = Kriegsopferfürsorgeverordnung
KGSt = Kommunale Gemeinschaftsstelle für Verwaltungsvereinfachung
Kita = Kindertagesstätte
KJ = Kritische Justiz
KJHG = Kinder- und Jugendhilfegesetz
KMK = Ständige Konferenz der Kultusminister der Länder der Bundesrepublik Deutschland
KritV = Kritische Vierteljahresschrift für Gesetzgebung und Rechtswissenschaft
KVLG = Gesetz über die Krankenversicherung der Landwirte
KZfSS = Kölner Zeitschrift für Soziologie und Sozialpsychologie

LAG = Landesarbeitsgemeinschaft/Lastenausgleich
LJA/LJÄ = Landesjugendamt/Landesjugendämter
lt. = laut
LPK = Lehr- und Praxiskommentar zum BSHG (NOMOS)

MAGS = Ministerium für Arbeit, Gesundheit und Soziales, Nordrhein-Westfalen
MEW = Marx-Engels-Werke
MibestG = Gesetz über Mitbestimmung der Arbeitnehmer in den Aufsichtsräten und Vorständen der Unternehmen des Bergbaus und der Eisen und Stahl erzeugenden Industrie
Mia = Milliarden
Mio = Millionen
ModFG = Modernisierungsförderungsgesetz
MSchG = Mutterschutzgesetz
mtl. = monatlich

nBL = neue Bundesländer
Nd/NDV = Nachrichtendienst des Deutschen Vereins für öffentliche und private Fürsorge
NEG = Gesetz über die Rechtsstellung nichtehelicher Kinder
n. F. = neue Fassung
NJW = Neue Juristische Wochenschrift
NP/np = Neue Praxis
NR = Neuer Rundbrief
NRW = Nordrhein-Westfalen
NSDAP = Nationalsozialistische Deutsche Arbeiterpartei

o. ä. = oder ähnliches
OECD = Organisation für wirtschaftliche Zusammenarbeit und Entwicklung
öff. = öffentlich
ÖGD = Öffentlicher Gesundheitsdienst
o. g. = oben genannt
o. J. = ohne Jahresangabe
OLG = Oberlandesgericht
OLJB = Oberste Länderjugendbehörden
ÖTV = Gewerkschaft Öffentliche Dienste, Transport und Verkehr

Päd. = Pädagogik
PDS = Partei des Demokratischen Sozialismus
PflegeVG = Pflegeversicherungsgesetz
Prof. = Professorin/Professor

RBG = Rechtsberatungsgesetz
rd. = rund
RdJB = Recht der Jugend und des Bildungswesens
RehaAnglG = Gesetz über die Angleichung der Leistungen zur Rehabilitation
RFV = Reichsfürsorgepflichtverordnung
RGBl. = Reichsgesetzblatt
RJGG = Reichsjugendgerichtsgesetz
RJWG = Reichsjugendwohlfahrtsgsetz
RKEG = Reichsgesetz über die religiöse Kindererziehung
RKG = Reichsknappschaftsgesetz
RL = Richtlinien
RLJGG = Richtlinien zum Jugendgerichtsgesetz. Vom Gesetzgeber formulierte Ergänzungen/Erläuterungen, die in den jeweiligen JGG-Kommentaren abgedruckt sind
RMBl. = Reichsministerialblatt
RsDE = Beiträge zum Recht der sozialen Dienste und Einrichtungen
RStGB = Reichsstrafgesetzbuch
RVO = Rechtsverordnung, Reichsversicherungsordnung
Rz = Randziffer

S. = Seite, Satz
SchwbG = Schwerbehindertengesetz
SchwBeschG = Schwerbeschädigtengesetz
SED = Sozialistische Einheitspartei Deutschlands
SEKIS = Selbsthilfe-, Kontakt- und Informationsstelle, Berlin
SGB = Sozialgesetzbuch
SHA = Sozialhilfeausschuß
SJD = Sozialistische Jugend Deutschlands (Die Falken)
SjE = Sammlung jugendrechtlicher Entscheidungen
SLR = Sozialwissenschaftliche Literatur Rundschau
s. o. = siehe oben
SozArb = Sozialarbeit/SozialarbeiterIn/Soziale Arbeit
SozPäd = Sozialpädagogik/SozialpädagogIn

SPD = Sozialdemokratische Partei Deutschlands
spi = Sozialpädagogisches Institut Berlin
STA = Staatsanwalt/Staatsanwaltschaft
Stat.BA = Statistisches Bundesamt
Stat.JB = Statistisches Jahrbuch
StBauFG = Städtebauförderungsgesetz
Std. = Stunde
StGB = Strafgesetzbuch
StPO = Strafprozeßordnung
StVollzG = Strafvollzugsgesetz
s.u. = siehe unten
SVG = Soldatenversorgungsgesetz
SZ = Süddeutsche Zeitung

Tbc = Tuberkulose
Tsd. = Tausend
TuP = Theorie und Praxis der sozialen Arbeit
TV = Tarifvertrag

u.a.O. = und andere Orte
UÄndG = Unterhaltsänderungsgesetz
UdSSR = Union der Sozialistischen Sowjetrepubliken
u.E. = unseres Erachtens
UJ = Unsere Jugend
UN = United Nations
UNESCO = United Nations Educational, Scientific and Cultural Organization
UNHCR = United Nations High Commissioner for Refugees
Uni = Universtität
UNICEF = United Nations Children's Fund
UNITAR = United Nations Institute für Training and Research
UNO = United Nations Organization
UNRISD = United Nations Research Inistitute for Social Development
USA = United States of America
USG = Unterhaltssicherungsgesetz
usw. = und so weiter
u.U. = unter Umständen
u.W. = unseres Wissens

v. = von, vom
v.a. = vor allem
vgl. = vergleiche
VO = Verordnung
Vol. = Volume (Band)
VormG = Vormundschaftsgericht
vs. = versus
VV = Verwaltungsvorschriften

WHO = World Health Organization
WKG = 2. Wohnraumkündigungsgesetz
WoBauG = Wohnungsgesetz (I und II)
WoGG = Wohngeldgesetz
WoModG = Gesetz zur Förderung der Modernisierung von Wohnungen
WPP = World Population Plan
WSI = Wirtschafts- und Sozialwissenschaftliches Institut des Deutschen Gewerkschaftsbundes
WV = Weimarer Verfassung

Z. = Zeitschrift/Ziffer
z.B. = zum Beispiel
ZDG = Gesetz über den Zivildienst für Kriegsdienstverweigerer
ZfF = Zeitschrift für das Fürsorgewesen
ZfJ = Zentralblatt für Jugendrecht und Jugendwohlfahrt
ZfR Soz = Zeitschrift für Rechtssoziologie
ZfS = Zeitschrift für Sozialhilfe
zit. = zitiert
ZPO = Zivilprozeßordnung
ZRP = Zeitschrift für Rechtspolitik
z.T. = zum Teil
ZWSt = Zentralwohlfahrtsstelle der Juden in Deutschland
z.Z. = zur Zeit

Hinweise für die BenutzerInnen

Innerhalb der einzelnen Beiträge sind die Hauptstichwörter mit dem ersten Buchstaben abgekürzt, ansonsten ist die Abkürzung in der Überschrift angegeben.
Kursivdrucke innerhalb der Beiträge sind Verweise auf andere Hauptstichwörter.
Fettdrucke im Sachregister kennzeichnen die Hauptstichwörter.
In den Literaturangaben ist die Auflage durch eine hochgestellte Zahl vor der Jahresangabe gekennzeichnet.

Abweichendes Verhalten (a. V.)

Mit a. V. sind viele verschiedene Verhaltensweisen gemeint, die i. a. als irritierend, problematisch oder gar gesellschaftlich unerträglich eingestuft werden. So gelten etwa *Alkoholismus*, *Prostitution*, *Krankheit*, Obdachlosigkeit und *Kriminalität* als abweichend. Bemüht man sich jedoch darum, definitorisch zu erfassen, was ganz genau a. V. ist, so gerät man rasch in verwirrende Denkvorgänge. Es ist nicht einfach, die bloße Aufzählung von verschiedenen Verhaltensweisen verlassend, übergeordnete Kriterien zur Begriffsbestimmung zu finden. Dem reinen Wortsinn nach ist a. V. Verhalten, das abweicht. Jedoch: Wovon weicht dieses Verhalten ab? Man braucht eine Vorstellung davon, was »normal« ist, denn: kein Hochwasser ohne Normalnull, keine Kurskorrektur ohne ideale Umlaufbahn. Das »Normalnull« der menschlichen Verhaltensweisen bilden die gesellschaftlichen Vorstellungen davon, was als richtiges, vernünftiges, erwünschtes und/oder konformes Verhalten verstanden, also das, was unter Normen und Werten zusammengefaßt wird. Wo aber ist die Norm als zentraler Vergleichswert anzusiedeln? Soll die Norm das feststellbare Durchschnittsverhalten sein, oder handelt es sich bei ihr um eine Art gesellschaftliche Idealvorstellung? Im ersten Fall müssen auch positiv abweichende Verhaltensweisen unter a. V. subsumiert werden, etwa überdurchschnittlicher Fleiß oder besondere Hilfsbereitschaft. Im zweiten Fall muß das Gros der menschlichen Verhaltensweisen ebenfalls häufig im Bereich der Abweichung bleiben, da Ideale nicht oft erreicht werden.

Bei *Normalität* und Abweichung handelt es sich in jedem Fall um ein historisch und sozial bestimmtes Verhältnis, denn was früher als normal galt, wird heute unter Umständen ganz anders bewertet, und was gegenwärtig in Mitteleuropa für unzweifelhaftig richtig gilt, muß zur gleichen Zeit in einer anderen Region der Erde nicht genau dieselbe Einschätzung erfahren. Aber nicht nur der Fortgang der Geschichte und die geographische Differenz demonstrieren, daß Norm und Abweichung keine festen Größen darstellen. Auch zur selben Zeit am selben Ort können in verschiedenen gesellschaftlichen Gruppen unterschiedliche, sogar sich widersprechende Normen gleichzeitig gelten. Und auch die verschiedenen Verpflichtungen, die ein und dieselbe Person übernimmt und übernehmen muß, können zu erheblichen Konflikten zwischen verschiedenen Normen führen, so daß er oder sie gezwungen ist, mindestens eine Norm nicht zu erfüllen. Insofern ist unser tägliches Leben von Normbrechungen, Unter- und Übererfüllungen durchzogen, zeigt jeder Mensch in den unterschiedlichsten Lebensbereichen und Situationen a. V. In diesem Sinne ist Abweichung normal.

Gleichwohl ahnen wir, daß es sich, wenn im theoretischen wie im professionellen Kontext von a. V. die Rede ist und sein soll, es sich um Verhaltensweisen, Praktiken, Einstellungen handelt, denen wir eine bestimmte Qualität zuschreiben möchten und mit denen ein bestimmter Umgang angezeigt zu sein scheint. Definitorisch bereitet aber eine Konturierung und Spezifizierung erhebliche Mühe. Ein Versuch liegt darin, durch zusätzliche Kriterien das Gemeinte einzukreisen. So etwa, indem a. V. nicht nur als ein Verhalten verstanden wird, das den gesellschaftlichen Normen nicht entspricht, sondern das zugleich von *Sanktionen* bedroht sein soll. Aber bereits die weite Palette dessen, was unter Sanktionen zu verstehen ist, läßt eine Zuordnung vom mißbilligenden Blick bis hin zur Todesstrafe zu und damit wiederum die ganze Bandbreite der möglichen Androhungen und der möglichen Abweichungen.

Ein anderer Ansatz beschreibt a. V. als Verletzung gesellschaftlich institutionalisierter Erwartungen. Bei bestimmten gesellschaftlichen Gruppen erwartet man aber a. V. Dieses Verhalten entspricht den gesellschaftlichen Erwartungen, indem es Normen bricht. Es handelt sich in diesen Fällen also zugleich um ein konformes und ein a. V. Eine Einengung nur auf im *Strafrecht* beschriebene Normen kann hingegen auch nicht befriedigen, denn damit werden wichtige Bereiche nicht erfaßt: etwa Krankheit als Abweichung, bestimmte sexuelle Vorlieben, die als von der Norm differierend begriffen werden (*Sexualität/Sexualpädagogik*). *Armut*, *Sucht*, *Suizid* und psychiatrische Probleme wären von der Definition ausgeschlossen. Sie aber bilden gerade im Zusammenhang *Sozialer Arbeit* zentrale Formen von Verhaltensweisen, die zumindest als problematisch aufgefaßt werden und häufig zur Legitimation von sozialarbeiterischer und/oder pädagogischer Intervention und Prävention dienen.

Die hier nur kurz geschilderten Schwierigkeiten, a. V. definitorisch eindeutig zu erfassen, spiegeln sich in der gesamten wissenschaftlichen Auseinandersetzung mit dem Themenkomplex wider. Ein großer Teil der Arbeiten im Bereich a. V. besteht denn auch aus Typisierungs- und Kategorisierungsversuchen. Neben sie tritt von Beginn an das Interesse an den Ursachen a. V.

In der Diskussion sind zwei Hauptstränge von Theorieansätzen zu unterscheiden (vgl. Trabandt/Trabandt 1975). Der eine Strang eint jene Konzepte, die Abweichung und Konformität auf die völlig verschiedenen Lebensumstände des Devianten und des Konformen, ihren jeweiligen physischen, psychischen oder sozialen Verhaltensdispositionen zurückführen. Damit wird der Abweichende als Träger bestimmter Merkmale zum Objekt einer an den Naturwissenschaften orientierten Forschung (Positivismus). Die verschiedenen Schulen dieses als ätiologisch bezeichneten *Paradigmas* unterscheiden sich in der Wahl des Zusammenhangs, in dem die Merkmale zur Unterscheidung von konform und abweichend zu suchen sind. Dabei enthalten die einzelnen Ansätze durchaus Erklärungselemente der jeweils anderen, betonen jedoch entweder die biologische Korrelation (körperliche Merkmale), die Bedeutung der Persönlichkeit des Abweichenden oder die sozialkulturellen Bedingungen von Devianz. Zu letzteren gehören die vier prominenten nordamerikanischen Ansätze: Anomietheorie (Merton), Theorie der differentiellen Kontakte (Sutherland), Theorie der differentiellen Gelegenheiten (Cloward/Ohlin) und die Subkulturtheorie (A. Cohen). Sie alle suchen den Grund für das abweichende Verhalten nicht im Zufall eines erblichen Defekts oder in einer Gemütsverwirrung, sondern in der Mitgliedschaft in einer bestimmten gesellschaftlichen *Schicht* (Unterschicht) oder Kultur (Subkultur). Merton kommt bei seinen Arbeiten zu dem Ergebnis, daß a.V. als Produkt einer Differenz von kulturellen Zielsetzungen und schichtspezifisch beschränkten Ressourcen zu betrachten sei. Indem *Gesellschaft* bestimmte Ziele vorgibt und signalisiert, diese seien auch von allen Gesellschaftsmitgliedern legal zu erreichen, gleichzeitig aber bestimmte Bevölkerungsteile strukturell von dieser Verwirklichung ausschließt, entsteht auf die Betroffenen ein solcher Druck, daß sie eher dazu neigen, die gesellschaftlichen Ziele mit illegitimen Mitteln anzustreben als andere Menschen. Sutherlands grundlegende Annahme besteht darin, daß a.V. durch Kommunikation mit anderen gelernt wird. Insofern werde a.V. in bestimmten Bevölkerungsgruppen quasi als Kompetenz weitergegeben, in anderen nicht. Damit ließe sich auch erklären, weshalb bei gleichem Anomiedruck manche Individuen mit Devianz reagieren und andere nicht. Cloward und Ohlin erweitern Mertons Anomietheorie und Sutherlands Kontaktkonzept um die Idee der Gelegenheitsstruktur. Sie machen darauf aufmerksam, daß auch die unterschiedliche Gelegenheit des Zugangs zu illegitimen Mitteln eine Rolle bei der Ausprägung a.V. spielt. Während sowohl Merton als auch Sutherland und Cloward und Ohlin Abweichung immer noch als Ausdruck einer rationalen Orientierung an gesellschaftlich gültigen Zielen werten, betrachtet Cohen Devianz als Reaktion auf schichtspezifische Benachteiligung. Der Angriff auf zentrale gesellschaftliche Werte bringe innerhalb der Subkultur jenen Anerkennung, denen die Gesellschaft diese versagt. Abweichung kann demnach als Konformität zu bestimmten Verhaltensstandards eines gesellschaftlichen Subsystems verstanden werden. Diese die sozialstrukturellen Bedingungen von a.V. betonenden Theorien erklären zwar die Devianz aus gesellschaftlichen Zusammenhängen und erweitern damit die Perspektive über das *Individuum* und seine *Familie* hinaus auf die gesamte soziale Situation, ihr Augenmerk bleibt aber auf die Disposition des Abweichenden gerichtet und damit hinter der frühen klassischen Schule der Kriminologie, die in ihren Überlegungen Kriminalisierung bereits als gesellschaftlichen Prozeß erkannt hatte (Beccaria, Bentham, A.V. Feuerbach), zurück. Die These, daß die Tat durch gesellschaftliche Übereinkunft erst zum Verbrechen wird, wurde erst wieder vom labeling approach (*Etikettierung*sansatz) aufgegriffen (u.a. Becker 1973). Er erkennt die informellen und formellen gesellschaftlichen Reaktionen als konstituierend für die Definition eines Verhaltens als abweichend. Durch diesen radikalen Perspektivenwandel wird a.V. seiner Qualität an sich beraubt und als Ergebnis menschlicher Normsetzung, Interaktion und Kontrolle verstanden. Als logische Konsequenz dieser Perspektive erwuchs ein großes Interesse an der Erforschung von Instanzen, an Fragen der Normgenese, der selektiven Strafverfolgung, der Anzeigebereitschaft usw. Der mit dem labeling approach eingeläutete *Paradigmen*wechsel blieb natürlich nicht ohne Widerspruch. So wurden vor allem Stimmen laut, die die Vernachlässigung der Subjektseite in diesem Ansatz kritisierten. Beckers Schule der Abweichung sehe den »underdog« als jemanden, der nur manipuliert sei, nicht als jemanden, der denke, entscheide, leide, sich wehre. Andere Kritiker mahnten eine verstärkte Auseinandersetzung mit Machtkonstellationen an. Die Analyse des labeling bewege sich überwiegend auf der Mikroebene, beziehe lediglich den Handelnden und die soziale Kontrollinstanz ein, ohne den größeren gesellschaftlich-strukturellen Kontext anzusprechen. Das gesamte gesellschaftliche Gefüge sei aber von Fragen der ökonomischen und sozialen Macht durchzogen und bestimmt. Diese Aspekte wurden in der Folge vor allem von konflikttheoretischen Perspektiven bearbeitet. Zu ihnen gehören Erweiterungen der älteren Konzepte des Kulturkonfliktes, vor allem aber jene Ansätze, die, aufbauend auf der Idee des Klassenkonfliktes als bestimmendem Merkmal der Gesellschaft, a.V. und seine Kontrolle in einem marxistisch geprägten Kontext bewerten (vgl. zu den theoretischen Entwicklungen nach dem labeling Boogaart/Seus 1991). Trotz der besonderen Sensibilität dieser Perspektiven für ungleiche Verteilung von Macht ist es in ihrem Rahmen kaum gelungen, ein grundlegendes Machtverhältnis einzubeziehen: das Geschlechterverhältnis. Zumindest die deutschsprachige Debatte hat sich nur sehr marginal der Frage gestellt, ob es besondere Zusammenhänge zwischen Geschlecht und Etikettierung gibt, ob es ein Unterschied ist, wenn Männer oder »Wenn Frauen aus der Rolle fallen« (Gipser/Stein-Hilbers 1980). Dabei ist u.a. auch die Soziale Arbeit historisch wie praktisch schon immer geschlechtsspezifisch vorgegangen, sowohl was die Festlegung von Norm und Abweichung anbetrifft als auch in der Auswahl dessen, auf welche Verhaltensweisen bei Jungen (*Jungenarbeit*) und bei *Mädchen* sowie bei *Frauen* und bei *Männern* gesehen und welche geschlechtspezifischen Interventions- und/ oder Präventionsstrategien entwickelt wurden. Dieser Zusammenhang wurde vor allem im Rahmen feministisch orientierter Sozialer Arbeit aufgegriffen (vgl. Brückner/Holler 1990), deren Rückbindung in übergreifende theoretische Diskussionen jedoch bisher eher unbefriedigend geblieben ist.

Insgesamt aber ist das professionelle Selbstverständnis in bezug auf a.V. durch die Rezeption soziologischer Analysen grundlegend verändert worden. Die reine Identifikation mit der Tradition der *Hilfe* und ihrer unreflektierten Allianz mit den verschiedenen Formen und Instanzen der sozialen Kontrolle ist einer kritischen Betrachtung der eigenen Rolle bei der Definition von Abweichung gewichen. Vor allem unter dem Eindruck der *Stigmatisierungs*diskussion hat die Soziale Arbeit in Theorie und Praxis eine Fülle von Konzepten und Ansätzen entwickelt, die mehr Hilfe mit weniger Kontrolle ermöglichen sollen, die die Perspektive der Betroffenen als handlungsleitend begreifen und sich deshalb einer parteilichen und staats- wie gesellschaftskritischen Arbeit verpflichtet fühlen.

A.V. und Normalität bleiben unzweifelhaft zwei zentrale Begriffe der Praxis und der *Theorie* der *Sozialarbeit/Sozialpädagogik*. Sowohl die Konturierung der Zusammenhänge und Prozesse, in die man präventiv oder intervenierend sich einzumischen gedenkt, als auch die Bestimmung einer entsprechenden Zielperspektive orientieren sich an Norm und Abweichung. Dies gilt auch dann, wenn sich im Kontext sozialarbeiterischer und sozialpädagogischer Diskussion und Praxis die Vorstellung dessen, was als normal zu gelten habe, verschoben hat. Es bleiben Vorstellungen vom »richtigen« Leben, vom »sinnvollen« Dasein, die nach wie vor Normen bilden. Nicht zuletzt auch deshalb, weil die Ausweisung bestimmter Gruppen als gefährdet oder gefährlich die Grundlage für finanzielle Zuwendungen bleibt. *H. van den Boogaart*

Literatur: H. Becker: Außenseiter. Zur Soziologie abweichenden Verhaltens, Frankfurt/M. 1963; H.v.d. Boogaart/L. Seus: Radikale Kriminologie, Pfaffenweiler 1991; E. Brökling: Frauenkriminalität. Darstellung und Kritik kriminologischer und devianzsoziologischer Theorien. Versuch einer Neubestimmung, Stuttgart 1980; M. Brückner/S. Holler: Frauenprojekte und soziale Arbeit, Frankfurt/M. 1990; D. Gipser/H. Stein-Hilbers (Hrsg.): Wenn Frauen aus der Rolle fallen, Weinheim/ Basel 1980; S. Lamnek: Theorien abweichendes Verhaltens, München 1979; S. Lamnek: Neue Theorien abweichenden Verhaltens, München 1994; K. Lüderssen/F. Sack: Seminar a.V., Frankfurt/M. 1975; D. Matza: A.V., Untersuchungen zur Genese abweichender Identität, Heidelberg 1973; H. Peters: Devianz und soziale Kontrolle. Eine Einführung in die Soziologie a.V.s, Weinheim/München 1989; H. Trabandt/H. Trabandt: Aufklärung über Abweichung, Stuttgart 1975.

Adoption (Annahme als Kind)

Die A. (im BGB: Annahme als Kind) ist die wesentlichste Jugendhilfemaßnahme für Kinder, die nicht bei ihren eigenen Eltern aufwachsen können (*Familie*, *Fremdunterbringung*).

Während früher die A. den Zweck hatte, kinderlosen Ehepaaren einen Erben zu verschaffen, wird sie heute im Interesse des Kindes vorgenommen, das einer Ersatzfamilie bedarf.

Dieser Entwicklung hat der Gesetzgeber durch das Adoptionsgesetz vom 1.1.1977 Rechnung getragen. Nach den hierbei getroffenen Regelungen des BGB (§§ 1741–1772) erfolgt die rechtswirksame Annahme als Kind durch einen Beschluß des VormG, bei dem zu prüfen ist, ob die Annahme dem Wohl des Kindes (*Elterliche Sorge*) dient und ob zu erwarten ist, daß zwischen dem Annehmenden und dem Kind ein Eltern-Kind-Verhältnis entsteht (§ 1741 BGB). Die Annahme eines Volljährigen hat eingschränkte Wirkungen und ist nur zulässig, wenn sie sittlich gerechtfertigt ist, insbesondere wenn schon ein Eltern-Kind-Verhältnis besteht (§ 1767 BGB). Der Minderjährige erlangt durch die A. verwandtschftlich und erbrechtlich die gleiche Stellung wie ein eheliches Kind des oder der Adoptierenden, und das Verwandschaftsverhältnis des Kindes und seiner Abkömmlinge zu seinen leiblichen Verwandten einschließlich aller dazugehörigen Rechte und Pflichten erlischt. Anderes gilt nur für die A. eines Kindes durch leibliche Verwandte.

Diese Regelung gibt die rechtliche Absicherung dafür, daß das Kind durch die A. im gesamten Bereich seiner sozialen und emotionalen Entwicklung voll in die neue Familie integriert werden kann. Die Ersatzfamilie sichert dem Kind die Beständigkeit der Erziehung durch bleibende Bezugspersonen, was nach dem heutigen Forschungsstand eine der wichtigsten Voraussetzungen für seine gesunde Entwicklung ist (Hassenstein).

Während man früher der Auffassung war, daß das Eltern-Kind-Verhältnis fast ausschließlich biologisch determiniert sei, weiß man heute, daß es sich hierbei wesentlich um eine soziale Beziehung handelt, die sich erst durch das Zusammenleben, die Fürsorge und die Hinwendung der Eltern zum Kind entwickelt. Der Säugling erlebt die sich ihm konstant zuwendenden Personen als Eltern ganz unabhängig davon, ob er von diesen genetisch abstammt oder nicht. Ebenso entwickelt sich eine wirkliche Beziehung von Eltern (oder Adoptiveltern) zum Kind erst durch die persönliche Betreuung und *Erziehung* (Bowlby).

Deswegen ist es Ziel der Adoptionsvermittlung, ein Kind, das nicht bei seinen leiblichen Eltern aufwachsen kann, so früh wie möglich in eine Adoptivfamilie zu vermitteln. Die Aussichten sind dann am größten, daß das Kind »normal« in die neue Familie hineinwächst.

Die Inpflegegabe eines Kindes zur A. ist jedoch eine sehr schwerwiegende Maßnahme, da sie eine faktische Loslösung des Kindes von seinen leiblichen Eltern bedeutet. Sie kann deshalb nur das Ergebnis einer gründlichen und umfassenden Beratungsarbeit (*Beratung*) mit den Kindeseltern sein, bei der alle Alternativen sorgfältig erwogen werden. Voraussetzung hierfür ist freilich, daß die Eltern des Kindes überhaupt feststellbar sind und daß ihr Aufenthalt nicht dauernd unbekannt ist. Ggf. müßte der Jugendhilfeträger (*Träger der Sozialen Arbeit*) ohne die Eltern die notwendigen Maßnahmen treffen. Die Beratungsarbeit, die schon während der Schwangerschaft beginnen sollte, geht davon aus, daß es in erster Linie Aufgabe der Eltern ist, für das Kind persönlich zu sorgen, es zu erziehen und seinen großen Bedürfnissen psychischer, physischer und geistiger Art gerecht zu werden (Art. 6 GG). Um diese schwierige Aufgabe zu erfüllen, hat jede Mutter Anspruch auf den Schutz und die Fürsorge der Gemeinschaft (Art. 6 (4) GG). Das bedeutet, daß äußere Probleme wie wirtschaftliche Notlage, Berufs- oder Ausbildungstätigkeit der Mutter kein Hinderungsgrund für das Aufwachsen des Kindes in seiner leiblichen Familie sein dürfen, wenn diese den Wunsch und die Bereitschaft hat, das Kind aufzuziehen.

Vielmehr ist es in solchen Fällen Aufgabe des beratenden Jugendhilfeträgers, alle wirtschaftlichen (*Sozialhilfe*, *Wohngeld*, Unterstützung nach dem *Bundesausbildungsförderungsgesetz* u.a.; *Wirtschaftliche Hilfen*) sowie erzieherische und organisatorische (z.B. Mutter-Kind-Heim) Hilfen aufzuzeigen und bei ihrer Ausschöpfung zu helfen. Als erzieherische Hilfen kommen insbesondere die Tagesbetreuung von Kindern in Tagespflegestellen (*Pflegekinder*, Tagesmutter), *Kinderkrippe*, *Kinderhort* u.ä. in Frage, die die Familienerziehung ergänzen (*Tageseinrichtungen für Kinder*).

Diese Hilfen sind ebenso dem alleinerziehenden Vater anzubieten. Der nichteheliche Vater hat vor Dritten Priorität zur Annahme des Kindes oder zu seiner Ehelicherklärung, sofern dies dem Wohl des Kindes entspricht und er einen entsprechenden Antrag stellt. Über diese Möglichkeit ist er frühzeitig zu belehren (§ 1747 (2) BGB), sofern er das Kind anerkennt.

Müßte die Vaterschaft erst gerichtlich festgestellt werden, gilt sie vor dem Gesetz noch nicht als Vaterschaft. Auch käme eine Beratung zur A. dann nicht in Frage, wenn zu erkennen wäre, daß der Vater an dem Kind kein Interesse hat.

Eine A. ist anzustreben, wenn zu erkennen ist, daß kein leiblicher Elternteil trotz der vorhandenen Jugend- und Sozialhilfen in der Lage und bereit ist, das Kind persönlich zu betreuen und zu erziehen. Dies kann viele Gründe haben: die Jugend der Eltern oder ihre eigenen persönlichen oder gesundheitlichen Probleme, die Nichtehelichkeit oder Scheinehelichkeit, eine Behinderung des Kindes, auch Überlastung durch bereits vorhandene Kinder u.a.

Zur Vermeidung der Freigabe zur A. darf keinesfalls den Eltern des jungen Kindes der Weg zur dauernden Fremdunterbringung in voller Familien- oder in Heimpflege (*Heimerziehung*) gewiesen werden (Goldstein). Das Kind, das in einer fremden Familie voll aufgezogen wird, erlebt diese Personen als seine Eltern. Es entfremdet sich rasch der leiblichen Familie und muß deren Ansprüche auf Besuche oder gar Rückkehr ins Elternhaus als existentielle Verunsicherung seiner tragenden Beziehungen zur Pflegefamilie erfahren. Seine gesunde und kontinuierliche Entwicklung kann dadurch in hohem Maße gefährdet sein (Salgo). Hinzu kommt die Gefahr des Abbruchs des Pflegeverhältnisses durch die Pflegeeltern, denen im Grundsatz nur eine »Elternrolle auf Zeit« übertragen wurde (Heun).

Die längere Unterbringung eines Kleinkindes in einem Heim verhindert oft die Entwicklung von bleibenden Gefühlsbeziehungen (Gefahr des *Hospitalismus*).

Wenn die Eltern das Kind nicht persönlich erziehen können, ist es Aufgabe des Jugendhilfeträgers, ihnen dabei zu helfen, ihre Entscheidung für eine Adoptionsfreigabe zu treffen. Es handelt sich um einen endgültigen – oft noch nach Jahren als schwer empfundenen – Verzicht, den sie aber im Interesse des Kindes leisten und der deshalb als eine moralisch hochwertige Entscheidung zu sehen ist (Baer, S. 142ff.).

Sind Eltern hierzu nicht bereit, obwohl sie ihre Elternpflichten nicht in angemessener Weise erfüllen können, muß die *Jugendhilfe* in Ausübung des staatlichen Wächteramts (Art. 6 (2) S. 2 GG) eingreifen und wird die Voraussetzungen für eine Ersetzung der elterlichen Einwilligung prüfen (§ 1748 BGB). Haben Eltern ihre Pflichten nicht anhaltend gröblich verletzt, sondern sich nur gleichgültig gezeigt, so ist sie gemäß § 51 KJHG zu belehren. Der Beratung zur eigenen Erziehung des Kindes bedarf es aber nicht, wenn es bereits längere Zeit außerhalb der Familie lebt und die Rückkehr zu den Eltern eine schwere Schädigung befürchten ließe.

Die Adoptionsvermittlung (AdVerm):

Als Adoptiveltern kommen grundsätzlich nur solche Personen in Frage, die voraussichtlich ihre Elternaufgaben zum Wohl des Kindes gut erfüllen können. Um dies sicherzustellen, ist die AdVerm nach den gesetzlichen Regelungen des AdVermiG (BGBl. I 1976, S. 176ff.) ausschließlich in die Hand von staatlichen oder anerkannten freien Adoptionsvermittlungsstellen gelegt. Diese sind mit qualifiziertem Fachpersonal besetzt und haben außer der Beratung der Beteiligten die Aufgabe, für das zu vermittelnde Kind unter sorgfältiger Abwägung aller Umstände die geeignetsten Adoptionsbewerber zu finden.

Während für den zu adoptierenden gesunden Säugling eine große Zahl von geeigneten Adoptionsbewerbern zur Auswahl zur Verfügung steht, ist die Vermittlung des älteren oder behinderten Kindes schwieriger. Neben der Bereitschaft zur Annahme eines solchen Kindes müssen Adoptiveltern ein hohes Maß an Belastbarkeit und eine besonders qualifizierte Erziehungsfähigkeit mitbringen. Der nachgehenden Beratung der Adoptivfamilie nach Unterbringung des Kindes, auf die sie einen Anspruch hat, die ggf. auch Therapie mit einschließt (§ 9 AdVermiG), kommt bei Problemkindern eine besonders große Bedeutung zu. Die Erfolge, die bei der Eingliederung von z.T. schwer gestörten Kindern erreicht wurden, ermutigen zur Weiterarbeit auf diesem Gebiet (z.B. im Kinderzentrum München, s. Masur/Tiesler/Schiel).

Die zentralen Adoptionsstellen der Landesjugendämter unterstützen die Adoptionsvermittlungsstellen, wenn ein Kind schwer zu vermitteln ist, und bemühen sich um Vermittlung auf überregionaler Ebene, auch besteht eine Meldepflicht der örtlichen Adoptionsvermittlungsstelle, wenn sie keine geeignete Familie findet (§ 10 AdVermiG). Schließlich hat die zentrale Adoptionsstelle zu prüfen, für welche Kinder in den Heimen ihres Bereichs eine A. in Frage kommt, um zu vermeiden, daß Kinder in Heimen »vergessen« werden. Da es sich hierbei meist um ältere Kinder handelt, die oft schwere Sozialisationsstörungen haben, sind große Anstrengungen im Bereich der AdVerm notwendig, wenigstens für einen Teil dieser Kinder geeignete Ersatzfamilien zu finden. Ein Aspekt, der bei der Adoptionsvermittlung erst in den letzten Jahren als bedeutsam erkannt wurde, ist die Wichtigkeit von Informationen über die Herkunftsfamilie für den heranwachsenden Adoptierten. Mehr Offenheit in der Adoptionsvermittlung, auch Möglichkeiten des Kontakts zwischen Herkunfts- und Adoptivfamilie sind in der Erprobung.
Seit Jahren ist das Interesse von Adoptionsbewerbern an der Adoption ausländischer Kinder stark angestiegen, bedingt durch den deutlichen Rückgang der Geburt unerwünschter deutscher Kinder, die zur Adoption freigegeben werden. In der Zusammenarbeit mit den Adoptionsvermittlungsstellen in den Herkunftsländern (überwiegend Länder der Dritten Welt und neuerdings auch osteuropäische Länder) treten Probleme besonderer Art auf: Die Einschaltung einer internationalen Adoptionsvermittlungsstelle wird empfohlen (z.B. Internationaler Sozialdienst, Eltern für Kinder). Auch machen die Integrationsprobleme der ausländischen Kinder eine besonders sorgfältige Auswahl der Adoptiveltern notwendig (Weyer). Ein internationales Abkommen über den Schutz von Kindern bei grenzüberschreitenden Adoptionen wurde 1993 in Den Haag entwickelt (Marx). *I. Baer*

Literatur: I. Baer/H. Gross: Adoption und Adoptionsvermittlung. Neuregelungen ab 1. 1. 1977. Kleinere Schriften Nr. 59, DV, Frankfurt/M. ^{2}1981; J. Bowlby: Mutterliebe und kindliche Entwicklung, München 1985; B. Ebertz: Adoption als Identitätsprobe, Freiburg 1987; Familie – Pflegefamilie – Heim, verschiedene Autoren, DV, Frankfurt/M. 1986; S. Görres: Leben mit einem behinderten Kind, München 1987; J. Goldstein/A. Freud./Z. Solnit: Jenseits des Kindeswohls, Frankfurt/M. 1991; E. Harms: Das Traumkind in der Realität, Göttingen 1990; B. Hassenstein: Verhaltensbiologie des Kindes, München 1990; Th. Hellbrügge: Klinische Sozialpädiatrie, Berlin 1981; H. Heun: Pflegekinder im Heim, DJI Materialien, Eigenverlag, München 1984; E.M. Hohnerlein: Internationale Adoption und Kindeswohl, Baden-Baden 1991; A. Marx: Perspektiven der internationalen Adoption, Frankfurt/M. 1993; R. Masur/J. Tiesler/W. Schiel: Eingliederung behinderter Kinder in Pflegefamilien, München 1982; H. Oberloskamp: Wie adoptiere ich ein Kind? Beck Rechtsberater, München ^{2}1989; L. Salgo: Pflegekindschaft und Staatsintervention, Darmstadt 1987; Ch. Swientek: Die »abgebende Mutter« im Adoptionsverfahren, Bielefeld 1986; M.R. Textor: Adoption. Grundlagen – Vermittlung – Nachbetreuung – Beratung. Ein Handbuch, Freiburg i.Br. 1993; B. Wacker (Hrsg.): Die letzte Chance?, Reinbek 1991; M. Weyer: Adoption gelungen?, Stuttgart 1985; M. Weyer: Die Adoption fremdländischer Kinder. 2. A. Stuttgart 1992; I. Wiemann: Pflege- und Adoptivkinder, Reinbek 1991.

Ästhetik

SozPäd/SozArb sind mit Themen der Ä. immer dann befaßt, wenn es um Geschmacksfragen, um Symboldeutung, um Fragen der Wahrnehmung und Bewertung von Formen, der Sinnenbildung durch kulturelle Praktiken oder allgemein um die Gestaltung von Gegenständen oder Ereignissen geht. In jüngerer Zeit ist beispielsweise die in Massenmedien verbreitete Ä. im Hinblick auf Einstellungen und Bereitschaft zur physischen *Gewalt* bei Kindern und Jugendlichen aktuell geworden: Sie impliziert die Frage nach den ästhetischen Wahrnehmungsgewohnheiten, dem Ausmaß und den Wirkungen von medialen Darstellungen einerseits sowie nach den Form- und Inhaltsprinzipien der Medienproduktion andererseits (*Medien*). Im engeren Sinne spricht man von Ä. (von griech. »aisthesis« – Wahrnehmung) im Zusammenhang mit darstellender und bildender *Kunst*. Da jedoch fast alle Formen des Alltags (Raumstrukturen, Ausstattung) und viele alltägliche Ereignisse (Video, Computer, Spiele) Elemente des Gestalteten aufweisen, da symbolischer Ausdruck, die Orientierung an Design oder die eigenständige Kreation ein unverzichtbares Ferment für individuelle und gemeinsame Lebensführung, für Stilbastelei oder Gestaltung ist (etwa bei Jugendgruppen), ist eine Beschränkung des Begriffs Ä. auf die Wertsphäre von Kunst kaum aufrechtzuerhalten. Vielmehr hat sich seit der Laienbildungsbewegung der Jahrhundertwende durchgesetzt, von einem Spannungsverhältnis zwischen künstlerisch-gestaltender Professionalität und alltäglicher Aneigung auszugehen. Fragen des Ästhetischen verweisen häufig auf Fragen der Lebensbewältigung, der Lebensqualität und der Gestaltung von Umwelten. Wie ein Begegnungszentrum für Ältere aussehen und welche Bildungsmöglichkeiten es aufweisen soll (Architektur), welche Möglichkeiten für symbolischen Ausdruck und Gestaltung (*Musik*, Tanz, Medien) ein Jugendhaus bietet – oder ablehnt –, welche Formelemente ein Videofilm aufweist, mit welchen pantomimischen Ausdrucksmitteln eine Suchtkrankenhilfe (*Sucht*) arbeitet, welche Unterschiede zwischen Stilmitteln eine Theaterwerkstatt mit Drogenabhängigen (*Drogenabhängigkeit*) verwirklicht, aber auch welche Gestaltungselemente in den Gebräuchen fremder Kulturen typisch sind, in weltanschaulich-verzerrender Absicht politisch mißbraucht werden – stets handelt es sich immer auch um Probleme der Ä. Dabei geht es keineswegs nur um Vorstellungen vom zweckfrei »Schönen«, in denen allgemeine Ordnungsvorstellungen durchgesetzt werden sollen, sondern auch um die Beziehung, die zwischen unterschiedlichen Auffassungen von Form und Inhalt, von Wahrheit und Protest, von Humanität und Provokation hier und Manipulation, Verschleierung und Gewaltverherrlichung dort besteht. Ebensowenig wie es unstrittig ist, Fragen der Ä. als etwas von Politik völlig Abgetrenntes zu behandeln, kann nicht immer zwingend von einem bruchlosen Zusammenhang zwischen Ä. und Politik ausgegangen werden. Diese Problem zeigt sich auch in der von Berufsfeld zu Berufsfeld unterschiedlichen Praxis der SozPäd/SozArb – z. B. in der Theaterarbeit mit Kindern, in der Musikarbeit mit Jungen, in der Tanz- und Bewegungsarbeit mit *Mädchen*, eigenständige Ausdrucksfähigkeit von Adressaten zu fördern, aber auch Differenzerfahrung zu ermöglichen, Geschmacksorientierungen im Lichte von Alternativen zu sehen, die Herstellung von Effekten zu verstehen und eigene Gestaltungskompetenzen zu stärken. Die institutionellen Möglichkeiten hierzu liegen in der Jugendkulturarbeit (*Jugendarbeit, kulturelle*), die insofern eine Querschnittsaufgabe ist, als sie in anderen Formen der *Jugendarbeit* auftritt, zugleich aber ein besonders spezialisiertes Element ästhetisch-medialer Praxis bezeichnet. In weiteres Feld einer bildungsbezogenen SozPäd ist Kulturarbeit (*Kulturarbeit, soziale*) in der *Altenarbeit*. Hier sind Vorträge und Reisen, Museumsbesuche und eigene gestaltende Tätigkeit im Bereich von Malerei, Textilgestaltung, Theater oder Musik von besonderer Bedeutung, deren Zweck keineswegs nur auf helferische Absichten zurückgeführt werden kann, sondern die die Kontinuität der Bildungsinteressen bis in die letzte Lebensphase hinein respektiert.

R. Treptow

Literatur: D. Baacke/U. Sander/R. Vollbrecht: Lebenswelten sind Medienwelten. Lebenswelten Jugendlicher. Bd. I, Opladen 1990; H. Glaser/Th. Röbke (Hrsg.): Dem Alter einen Sinn geben. Wie Senioren kulturell aktiv sein können. Heidelberg 1992; K. Mollenhauer: Umwege. Über Bildung, Kunst und Interaktion. Weinheim/München 1986; G. Selle: Gebrauch der Sinne. Eine kulturpädagogische Praxis. Reinbek 1988; R. Treptow: Kulturelle Aktivitäten und Produktivitäten der Jugendhilfe unter regionalen Gesichtspunkten, in: Sachverständigenkommission 8. Jugendbericht (Hrsg.): Lebensverhältnisse Jugendlicher. Zur Pluralisierung und Individualisierung der Jugendphase, Bd. II, München 1990, 193–290; W. Zacharias/ G. Grüneisl: Die Kinderstadt. Eine Schule des Lebens. Handbuch für Spiel, Kultur, Umwelt. Reinbek 1989.

AIDS

AIDS bedeutet Aquired Immuno Deficiency Syndrom, also etwa: Angeeignetes Immun-Defekt-Syndrom.
Was verbirgt sich hinter dieser Abkürzung?
Das Krankheitsbild, das mit A. bezeichnet wird, ist eigentlich nur das Endstadium der Erkrankung aufgrund einer Infektion mit dem HIV-Virus. HIV ist die mittlerweile einheitlich verwendete Bezeichnung und ebenfalls eine Abkürzung für Human immunodeficiency virus. Sie hat ältere Begriffe (wie LAV – nach dem französischen Forscher Montagnier – und HTLV 3 – nach dem amerikanischen Forscher Gallo) abgelöst. Das Virus HIV ist deshalb so besonders gefährlich, weil es sich als Wirtszellen ausgerechnet die für das Immunsystem besonders wichtigen weißen Blutkörperchen namens T4-Helferzellen aussucht und sie funktionsuntüchtig macht. Die Folge kann langfristig der gesamte Zusammenbruch des Abwehrsystems und des Ausgeliefertseins gegenüber jedweder Infektion, die bei stabilem Immunsystem leicht abgewehrt würde, sein. Im Endstadium von A. sind deshalb Lungenentzündungen, Pilzerkrankungen und der gefürchtete Hautkrebs Karposi-Sarkom die Krankheiten, die gegen ein völlig außer Kraft gesetztes Immunsystem die Oberhand gewinnen und zum Tode führen.
Diese dramatische Entwicklung muß nun aber nicht jede Infektion nehmen. Viele Infizierte sind seit Jahren unauffällig und entwickeln keine Symptome von schwindender Abwehrkraft. Andere Verläufe werden nach ein bis zwei Jahren, im Mittel nach etwa zehn Jahren negativ und gehen in das sogenannte Vollbild-A. über. Dann tritt Gewichtsverlust ein, und es bilden sich andere dauerhafte Symptome wie Nachtschweiß, Durchfälle und die opportunistischen Infektionen aus. Auch nach Erreichen dieses Stadiums kann es relativ lange Phasen geben, in denen sich das klinische Bild nicht verschlechtert und sogar eine außerklinische Betreuung oder eine selbständige Lebensführung möglich ist.
Das Virus HIV ist in fast allen Körperflüssigkeiten nachgewiesen. Die höchste Konzentration gewinnt es in Blut und Sperma, mit geringem Abstand gefolgt von Vaginalsekret. Schon deutlich geringer ist die Konzentration in der Muttermilch. Und in den Körperflüssigkeiten Urin, Speichel und Tränen ist die Konzentration so gering, daß sie für eine mögliche Infektion nicht von Bedeutung sind. Denn nach den bisher vorliegenden epidemiologischen Fakten ist eine größere Menge Virusmaterial vonnöten, um eine Infektion herbeizuführen. Diese kann in wenigen Blutstropfen, die in einen fremden Blutkreislauf eindringen, enthalten sein, während mehrere Liter Speichel erst die gleiche Menge an Virusmaterial enthalten.
Folglich sind der Austausch von Blut und das Eindringen von Sperma (und Vaginalsekret) in einen fremden Butkreislauf die mit Abstand größten Risiken. Soweit Blutaustausch aus medizinischen Gründen geschieht (Blutspenden, Gamma-Gluboline und Gerinnungsfaktoren), sind seit 1985 in Westeuropa die Risiken fast völlig ausgschlossen, weil die Butkonserven auf HIV-Antikörper getestet und die Blutprodukte unter starker Erhitzung hergestellt werden. Angesichts der Tatsache, daß sich mit Blut und Blutproduktion hervorragende Geschäfte machen lassen, sind auch in Westeuropa noch nach 1985 skandalöse Fehler unterlaufen, die zu vermeidbaren Infektionen geführt haben. Aber auch wenn man diese Fälle mit einrechnet, ist das Übertragungsrisiko in diesem Bereich noch extrem gering (Promillebereich). Bessere Sicherungen sind hier möglich, verteuern aber den Einsatz von Blut und Blutprodukten in der Medizin stark. Anders ist es mit dem

Austausch von Blut etwa bei Fixern (*Drogenabhängigkeit, Sucht*), die unmittelbar nacheinander das gleiche Injektionsbesteck benutzen, oder etwa bei Ritualen von Blutsbruderschaft. Der Hauptinfektionsweg aber ist die *Sexualität* und hierbei vorrangig der ungeschützte Anal- oder Vaginalverkehr, ferner der Oral-Genital-Verkehr, sofern es dabei zum Schlucken von Sperma oder größeren Mengen von Vaginalsekret kommt. Dieser Katalog zeigt bereits, daß es sich im Bereich der Sexualität nicht allein um Risikoverhalten Homosexueller oder Bisexueller handelt, sondern in gleicher Weise auch um das Verhalten Heterosexueller, sofern sie eine der genannten Techniken ungeschützt, d.h. ohne Benutzung von Kondomen, anwenden. Dieses ist der Grund, weshalb der Anteil der Heterosexuellen in der Statistik weltweit ständig zunimmt.

Angesichts der Hauptrisikosituation ist ein wirksamer Schutz (theoretisch) wenig problematisch: Man schütze sich vor dem Eindringen fremden Blutes in den eigenen Kreislauf, und man benutze bei riskantem Sexualverhalten stets und technisch einwandfrei ein Kondom. Schwierig wird es in der Praxis, wenn nur einer der beiden Partner sich schützen will und hinter dem Wunsch des anderen die Untreue wittert; schwierig ist es, wenn der Mann, der bereit ist, ein Kondom zu benutzen, auf Ekel oder Abwehr des Partners/der Partnerin stößt; schwierig ist es auch für manchen, seine Männlichkeit nach der jahrzehntelangen Freiheit der empfängnisverhütenden Pillen nun wieder in Latex eingesperrt zu sehen; schwierig ist es vor allem für Ungeübte, z.B. für Jugendliche, in der entscheidenden Situation ohne Gesichts- und Lustverlust wie selbstverständlich nach dem technischen Schutz zu greifen. Es gibt nach der »Revolution« durch die Antibabypille kaum mehr eine Aufklärungskultur, geschweige denn eine Kultur der Sexualität, die in der Lage wäre, das Präservativ lustvoll in ihr Spiel zu integrieren.

Andererseits gibt es derzeit zum möglichst perfekten Schutz durch Kondome keine Alternative. Nach aktuellen Schätzungen machen die Hauptrisiken – Blut-zu-Blut und Sperma-zu-Blut – derzeit 99% des Gesamtrisikos aus. Alle weiteren – in der Boulevardpresse oftmals aufgebauschten – Übertragungsrisiken sind demgegenüber praktisch zu vernachlässigen. Wer sich gegen die Hauptrisiken (z.B. im Bereich der Sexualität) schützt, ist fast hundertprozentig gegen die Infektion sicher. Wer diesen Schutz vernachlässigt, geht ein täglich wachsendes Risiko ein, sich zu infizieren.

Solange es keine Impfmöglichkeit gegen HIV gibt und solange kein wirksames Medikament gegen die Vermehrung der Viren im Infizierten gefunden ist, ist die AIDS-Prävention primär eine nichtmedizinische Aufgabe. Daraus ergibt sich eine Herausforderung der Sozialwissenschaft und der *Sozialen Arbeit* auf diesem Gebiet, die nicht abzuweisen ist: Zum einen werden durch die Existenz von A. und durch die Angst vor A. viele Felder der *Sozialarbeit/Sozialpädagogik* irritiert, verändert und neu definiert; andererseits tun sich ganz neue Felder der SozArb innerhalb einer psychosozialen Strategie gegen die HIV-Infektion und die Progression der Krankheit A. auf: Mit A. sind für alle Menschen, die mit wechselnden Partnern Geschlechtsverkehr haben oder auf verschiedene Weise Blut austauschen, Veränderungen ihres Verhaltens objektiv und dringend notwendig geworden. Die Natur der potentiellen Risikosituationen (Intimbereich Sexualität und illegaler Drogenkonsum) macht Einflußnahme von außen i.S. von Zwang oder seuchenpolizeilichen Maßnahmen letztlich unwirksam. Helfen kann da nur Lernen aus eigenem Antrieb, das durch öffentliche Kampagnen, vor allem aber durch personale Prävention i.S. von Sozialer Arbeit auf den unterschiedlichsten Ebenen gebahnt werden kann.

Der erste Fall von A. wurde in der BRD im Jahre 1981 bekannt. Seitdem hat sich die Situation ebenso dramatisch wie in anderen Ländern entwickelt. Seit 1982 werden systematisch neben der Grundlagenforschung auch epidemiologische Daten gesammelt: Eine zentrale Registrierung aller von niedergelassenen Ärzten in Kliniken oder Beratungsstellen diagnostizierten Fälle von A. erfolgt beim Robert-Koch-Institut (RKI) in Berlin. Dasselbe Institut unternimmt auch den Versuch, die epidemiologischen Daten über die Nachweise von HIV-Antikörpern zu sammeln und auszuwerten. Untersuchungen von Blutproben werden vom RKI, in vielen regionalen – über das Land verteilten – Zentren des öffentlichen Gesundheitsdienstes und von privaten Labors durchgeführt. Die Bestimmung auf Antikörper gegen HIV erfolgt überwiegend im enzymgebundenen Immunabsorbent-Test (ELISA) und mit der Western-Blot-Methode.

Das Robert-Koch-Institut des Bundesgesundheitsamtes untersuchte z.B. im Jahre 1983 6361 Seren, die aus Berliner Arztpraxen, Kliniken usw. eingesandt wurden. Es ergab sich ein Nachweis von Antikörpern in 890 Seren.

Diese relativ geringe »Durchseuchung« einer mehr oder weniger freiwilligen Testpopulation, die aber in jedem Einzelfall ein Risiko eingegangen war, das auch für den Untersucher bedeutsam war, sieht denn doch anders aus als manche Panikmache der Boulevardpresse. Bevor es nicht genauere, repräsentative oder randomisierte Stichprobenerhebungen gibt, bietet die *Statistik* der A.-Kranken ein genaueres, wenn auch zeitlich durch die nachfolgenden Infektionen stets überholtes Bild: Danach sind von der bis 1994 (kumulativ gewonnenen) Zahl von etwa 11000 Erkrankten bereits etwa 50% verstorben. Insgesamt liegt der Anteil der homo- oder bisexuellen Männer bei unter 80%, die der Fixer bei 10%, der Hämophilen bei 4%. Die Zahl der heterosexuellen Erkrankten ist steigend, liegt aber noch unter 3%. Die Statistiken bleiben nicht aktuell, verändern sich aber auch nicht so rasend schnell, wie dies noch vor wenigen Jahren erwartet wurde. Wesentliche Tendenzen in der BRD-Statistik lassen sich aus der mehrjährigen Übersicht nun ableiten: Die homosexuellen Männer bleiben bei weitem die größte Gruppe; der Anteil der Bluter und Transfusionsinfizierten sinkt allmählich, weil keine Neuinfektionen hinzukommen; der Anteil der Opiatabhäniggen bleibt noch relativ stabil;

sowohl der Anteil der heterosexuellen Partner von Homo-/Bisexuellen und Fixern als auch der Anteil der Kinder aus der Population der opiatabhängigen HIV-infizierten Mütter steigt langsam, aber stetig. Nach der Vereinigung ergab sich auch für die HIV/AIDS-Epidemiologie eine komplizierte Aufgabe, nämlich die Daten aus einem Hochprävalenzland (BRD) mit denen aus einem Niedrigprävalenzland (DDR) zu verbinden, Methoden der Datengewinnung abzugleichen usw. Bis heute hat sich nicht die erwartete rapide Steigerung von Infektionszahlen in den neuen Bundesländern als mögliche Folge der vielfältigen »Vermischungen« der Ost- und Westdeutschen eingestellt. Allerdings sind auch in den neuen Bundesländern erhebliche Neuinfektionsraten zu verzeichnen (50–100 pro Jahr).

Die Maßnahmen zur Prävention der HIV-Infektion werden auf verschiedenen Ebenen koordiniert: Das BMG hat ein Referat für diese Aufgabe gebildet, das Robert-Koch-Institut und weitere Institute mit Forschungsaufgaben betraut, ein A.-Zentrum am Bundesgesundheitsamt für die Zeit von 1986–1994 eingerichtet und einen Nationalen Beirat zum Problemfeld A. berufen. Auf Länderebene gibt es entsprechende Koordinations- und Kooperationsformen, Koordinatoren usw. Auch auf kommunaler Ebene haben sich, zumal in den Großstädten, Arbeitsgruppen von Mitarbeitern verschiedener Behörden (z. B. Gesundheit, Soziales, Jugend usw.) und von Hilfsorganisationen (z. B. AIDS-Hilfe) gebildet.

Neben der Forschung umfassen die Maßnahmen: Aufklärungskampagnen, Aufgabenerweiterung bereits bestehender Einrichtungen, Forderung zusätzlicher Institutionen und Modellprogramme zur Erprobung neuer Wege in dem neuen Arbeitsbereich.

Auf die Erhöhung des Informations- und Wissensstandes der gesamten Bevölkerung wird besonders viel Wert gelegt. Deshalb wurde eine Vielzahl von Medien zur Aufklärung entwickelt. Dazu gehören zentral eingesetzte und im ganzen Land verbreitete Medien wie Faltblätter oder vorbereitete Informationen an die Presse, dazu gehören aber vor allem eine Vielzahl regional eingesetzter Medien wie Telefonservice, Anzeigen in Tageszeitungen, Plakate, Fernsehdiskussionen, öffentliche Veranstaltungen und Kurse. Besonders die privaten Organisationen wie AIDS-Hilfen, Homosexuellengruppen und Organisationen Prostituierter haben viel Kreativität entfaltet, um Medien zu entwickeln, die einen hohen Aufmerksamkeitswert erhalten: Comicstrips, bedruckte Streichholzschachteln oder Kondompackungen, Plakate, Videos usw. Die Kampagne für »Safer Sex« ist sehr weit entwickelt und verbreitet und wird angesichts der geringen Wahrscheinlichkeit für die rasche Bereitstellung eines Impfstoffes allgemein als die einzig mögliche Prävention akzeptiert.

Die Probleme der Aufklärungsbemühungen liegen vor allem darin, daß noch zu wenig geschieht und oft eine viel zu zurückhaltende Sprache gewählt wird, weil viele für eine effektive Aufklärung wichtige Begriffe in der öffentlichen Sprache tabuisiert sind. Außerdem haben es nur wenige Regionen bisher geschafft, viele Aktivitäten gleichzeitig zu einer Kampagne zu bündeln, wie dies beispielhaft in Berlin geschehen ist, wo unter dem Motto »AIDS – das vermeidbare Risiko« öffentlichkeitswirksame Veranstaltungen durchgeführt werden, eine umfangreiche Plakataktion gelaufen ist, regelmäßig Erklärungen und Informationen an die Presse gegeben werden und eine Reihe neuer Ideen entstanden sind (z. B. werden Informationsblätter mit »Tips für Tages- und Nachtschwärmer« durch Taxifahrer und Hotelportiers an Männer verteilt, die unzweideutig den Wunsch äußern, ein Bordell zu besuchen, und auf diese Weise auf die Bedeutung von »Safer Sex« für die HIV-Prävention hingewiesen werden). Solche Versuche, potentiell Kunden von Prostituierten und Strichjungen direkt zu erreichen, werden aber – ebenso wie der gesamte Aufklärungsansatz – durch die in manchen Kommunen forcierte Repression gegen Gefährdete immer wieder in Frage gestellt. Wenn es nicht gelingt, den Vorrang von Information und Aufklärung vor seuchenpolizeilichen und anderen represssiven Maßnahmen zu erhalten, kann aufklärerischer Impetus nur noch ins Leere laufen.

Die Herausforderung A. hat in einigen Bereichen zu einer – teils freiwilligen, teils eher wohl genötigten – Aufgabenerweiterung in bereits bestehenden Einrichtungen geführt. Ganz selbstverständlich ist es, daß sich die Einrichtungen des öffentlichen Gesundheitsdienstes mit A. und HIV-Prävention befassen müssen. Hier sind es vor allem die speziellen oder in andere Dienste integrierten Fürsorgeangebote für Geschlechtskranke, für Prostituierte usw. Diese Einrichtungen vereinen schon in ihrer tradierten Aufgabenstellung die beiden Aspekte: einerseits die Aufklärung über die Risiken promiskuitiven Sexualverhaltens, über die wichtigsten Übertragungswege von Krankheiten und die Möglichkeiten, sich dagegen zu schützen; andererseits die konkrete Hilfe medizinischer und sozialfürsorgerischer Art für von einer Infektion Betroffene. Ein großer Teil dieser Einrichtungen hat die zusätzliche Aufgabe der HIV-Prävention nach entsprechender Fortbildung übernommen; allerdings stellen die Mitarbeiterinnen und Mitarbeiter angesichts der Angst und der durch einen Teil der Massenmedien immer aufs neue provozierten Panik vieler Menschen auch eine qualitative Veränderung ihrer Arbeit fest.

In ähnlicher Weise haben die Beratungsstellen und Kommunikationszentren der Homosexuellen auf die A.-Thematik reagiert. Sie waren überhaupt die ersten, die schon zu Beginn der Epidemie in vorbildlicher Weise Öffentlichkeitsarbeit und Aufklärung innerhalb der gay community und vielfach auch darüber hinaus betrieben haben. Von den Aktionen dieser subkulturellen Bewegung lernen noch heute viele andere Organisationen und Einrichtungen. In den Beratungsstellen werden nicht nur Veranstaltungen zur Aufklärung über A. und für die »Safersex«-Kampagne, sondern wird auch individuelle Beratung für Betroffene, zum Beispiel für Antikörperpositive, durchgeführt.

Die Einrichtungen der Drogenhlfe gehören zu denen, die von den Aktivitäten der Homosexuellen gelernt haben: Heute wird innerhalb der Einrichtungen zur Beratung und Therapie Drogenabhängiger das Thema A. noch intensiver behandelt als früher die Themen Hepatitis und Geschlechtskrankheiten. Formen aufsuchender Arbeit, z.B. *street work* (*Jugendarbeit, mobile*) oder Besuche in Haftanstalten werden vor allem auch zur Warnung vor den Risiken der HIV-Infektion und zur Information über alle damit zusammenhängenden Fragen genutzt. Anonyme Testmöglichkeiten werden vermittelt, und die Angst wird thematisiert. Entscheidend ist hier, daß Wege gefunden werden, um die Informationen innerhalb der Szene weit genug zu streuen – und was noch wichtiger ist: um aus der Kenntnis um die Risiken eine Vermeidung oder wenigstens Verminderung des riskanten Verhaltens heranzubilden. Angesichts des Charakters von Sucht ist dies eine sehr schwierige Aufgabe, und die Mitarbeiter brauchen neben der laufenden fachlichen Information über A. auch Hilfestellungen für den Umgang mit Menschen, die in Todesangst schweben und keine Zukunft sehen.

Schließlich haben auch die Träger der Drogenhilfe erkennen müssen, daß nicht nur die Arbeit differenzierter und qualifizierter wird, sondern daß auch zusätzliche Angebote zu entwickeln sind und weiterentwickelt werden müssen. Das betrifft vor allem die Bemühungen um sog. niedrigschwellige Angebote. Seit Beginn der 80er Jahre hat es in verschiedenen Regionen Bemühungen um derartige Angebote gegeben, d.h. um Maßnahmen, die nicht auf den Augenblick warten, in dem der Süchtige »am Ende« ist und vor seiner Sucht und ihren Folgen kapituliert, sondern die den Süchtigen dort abholen, wo er steht: in der Szene, in der Faszination der Devianz (*Abweichendes Verhalten*), im Banne einer Droge. Diese Debatte hat zu Veränderungen in der Arbeit der bestehenden Einrichtungen, aber auch zu neuen Formen und Institutionen der Arbeit geführt: der Frankfurter »M 41«, die Drogenberatungs- und -kontaktstelle inmitten des berüchtigen Bahnhofsviertels, der »MUDRA-Drogenhilfe« in Nürnberg oder »Café Banana« in Hofheim als Kontakt- und Kommunikationszentren oder des »Drogennotdienstes« in Berlin als rund um die Uhr auch an Wochenenden und Feiertagen erreichbares Angebot der Ersten Hilfe. Das Thema A. hat diesen Anstrengungen um die Erweiterung des innerhalb der Szene erreichbaren Kreises einen neuen Schub erteilt: Die unter den Drogenabhängigen durch die Existenz des HIV-Risikos noch verstärkte Depressivität und Endzeitstimmung zwingt die Helferszene mehr als je zuvor zur Aufhebung der klassischen Kommstruktur ihrer Angebote, zur Senkung der Eingangsschwellen zu Beratung und Threapie und zu neuen Formen aufsuchender Arbeit. Dies ist vor allem auch deshalb erforderlich, weil die weithin vorherrschende Hysterie und die Suche nach Schuldigen an der A.-Gefahr durchaus dazu führen kann, daß sich die Aggression der sogenannten Normalbevölkerung ein weiteres Mal an den ohnehin schon ausgegrenzten Abhängigen von illegalen Drogen entlädt.

Im Arbeitsberich der Beratung, der street-work, der Kontaktarbeit und der Suchtbegleitung hat die HIV-Prävention inzwischen einen hohen Stellenwert. Sie findet in der täglichen Praxis der Beratung und Kommunikation mit der Szene statt; es wird über die Infektionsrisiken durch unsterile Spritzen ebenso gesprochen wie über Präventionsmaßnahmen beim sexuellen Verkehr und vor allem im Falle der Prostitution. Hier werden bereits Verhaltensänderungen berichtet. Innerhalb der Beratungs- und Kontaktarbeit hat sich die Situation auch in anderer Hinsicht aufgrund der A.-Gefahr gewandelt: Die Depressivität hat innerhalb der Szene zugenommen, und für einige Abhängige verstärkt sich die Faszination des alten Spruches, daß man lieber ein kurzes intensives Leben mit Drogen als ein langes und langweiliges Leben ohne Drogen leben will und deshalb auch eine HIV-Infektion ohne weiteres in Kauf nehmen kann. Auf der anderen Seite gibt es aber auch einige Abhängige, die so viel über ihr neues und zusätzliches Risiko nachgedacht und verstanden haben, daß sie eine Therapie beginnen, um ihm zu entgehen.

Im Arbeitsbereich der Behandlung (und das bedeutet in der BRD überwiegend drogenfreie Therapie) hat die HIV-Prävention ebenfalls große Bedeutung erhalten: Das bedeutet, daß sich viele Dinge in den Einrichtungen geändert haben. Regeln der Hygiene ebenso wie Einstellung zur Sexualität, die Bedeutung monogamer Beziehungen ebenso wie die Entscheidungen für oder gegen den Kinderwunsch. Was sich aber wirklich extrem verändert hat, ist das Verhältnis der Menschen in der Therapie zu Leben und Tod: Bevor wir über A. wußten, begann das Leben in einem drogenfreien Setting am Punkte Null – alles in der Zukunft ist möglich, jede Fantasie ist real, jede Hoffnung ist es wert, ihr zu folgen; nun aber beginnt das Leben nicht mehr wirklich – oder es beginnt nicht mehr so sicher: Da steht ein schwarzer Mann hinter dem Busch, da ist nur vielleicht, nur eventuell eine Chance für die Zukunft. Während bis zu Bekanntwerden des A.-Risikos in den vielen therapeutischen Gemeinschaften in der BRD eine optimistische Grundstimmung vorherrschte, haben wir jetzt vielfach auch mit Angst und Tod zu kämpfen. Wir können das Problem bisher nicht materiell lösen, aber wir hoffen, daß das gerade zu diesen Fragen verstärkte Training der Mitarbeiter einen Teil des Problems löst. Ein weiteres muß die stärkere Attrahierung der Szene durch die Therapie und eine Erhöhung der tatsächlichen Attraktivität der Einrichtungen leisten.

Da die Innovationsfähigkeit der vorhandenen behördlichen Sozial- und Gesundheitsdienste und auch der Freien Träger (*Träger der Sozialen Arbeit*) aber immer noch nicht ausreichte, um dem Problem zu begegnen, sind mehrere Modellprogramme durch die BReg. durchgeführt worden. Durch die Modellversuche konnte festgestellt werden, welche Maßnahmen zur HIV-Prävention geeignet sind und zukünftig in größerem Maßstab entwickelt werden müssen.

Eines der Modellprogramme hat zum Einsatz von Ärzten und Psychologen zur psychosozialen Beratung und Betreuung HIV-infizierter oder in anderer Weise riskierter Personen geführt. In den meisten Fällen waren diese zusätzlichen Mitarbeiter innerhalb des öffentlichen Gesundheitsdienstes beschäftigt und führen telefonische und persönliche Beratung durch; außerdem arbeiten sie gruppentherapeutisch mit HIV-positiven Klienten.

An diesem Beispiel wird es besonders deutlich, aber es gilt eigentlich für das gesamte Programm zur HIV-Prävention, daß wesentlich stärker der Zugang zu den Risikogruppen durch personale Kommunikation (also durch den Einsatz zusätzlicher Mitarbeiter und Organisationen) als durch mediale Kommunikation (also Broschüren oder TV-Spots) gesucht wird und in Zukunft gesucht werden muß.

In ungefähr 50 bis 60 Großstädten wurden von 1983/84 an zusätzliche Institutionen und Einrichtungen gefördert. Das wichtigste Instrument sind derzeit die A.-Hilfen: Gruppen von engagierten Menschen aus den verschiedensten Berufszweigen, die sich zusammengefunden haben, um Informationen zu sammeln und weiterzutragen, Materialien und Aktionen zu entwikkeln und Betroffenen Hilfestellung zu leisten. Die meisten dieser überall in der BRD verstreuten Gruppen stehen in engem organisatorischen und personellen Zusammenhang zur Bewegung der Homosexuellen gegen ihre gesellschaftliche Diskriminierung. Dennoch haben die A.-Hilfen eine weit über diese eigene Gruppe hinausgehende fachliche und soziale Kompetenz entwikkelt. Über siebzig regionale Gruppen gibt es derzeit, eine nationale Organisation, die Deutsche AIDS-Hilfe, leistet Koordinationsaufgaben und entwickelt weitverbreitete Materialien und Aktionstypen.

Im Rahmen eines weiteren Modellprogrammes waren Sozialarbeiter bei *Gesundheitsämtern* oder anderen Organisationen beschäftigt, um vorrangig aufsuchende Arbeit (street-work) innerhalb der Hauptrisikogrupen zu leisten. Diese Mitarbeiter waren und sind (sofern sie nach Auflaufen des Modells weiterbeschäftigt wurden) wesentliche Träger der »Safer-Sex«-Kampagne innerhalb der Risikogruppen (Homosexuelle, Stricher, Drogenabhängige, Prostituierte), aber auch weit darüber hinaus. Sie sprechen die Menschen persönlich an, nehmen Kontakt zu den Betreibern von einschlägigen Saunen und Bordellen auf, verteilen Präservative, verbreiten Informationsmaterial, stehen aber auch für Auskünfte oder auch für Gespräche über ganz andere Themen als HIV-Prävention zur Verfügung. Und sie können schließlich auch bei konkreten sozialen Problemen oder bei Schwierigkeiten mit Behörden helfen.

In einen anderen und durch die bisherige *Gesundheitspolitik* eher vernachlässigten Bereich ist im Zusammenhang mit der A.-Problematik Bewegung gekommen: in die verschiedenen Formen von Selbstorganisation und Selbsthilfe Prostituierter (*Selbsthilfe/Selbstorganisation*). Es gibt in einigen Großstädten Cafétreffpunkte, Kommunikationszentren oder Zeitungen von Prostituierten für Prostituierte (*Prostitution*). Das Engagement der Frauen im Berliner »Café Hydra« oder in der Hamburger »Kaffee-Klappe« wirkt in die HIV-Prävention hinein, weil es von jeher ein Interesse dieser Frauengruppen war, die Prostituierten nicht nur sozial und gesellschaftlich zu rehabilitieren, sondern auch für diejenigen, die auf Prostitution vorerst angewiesen bleiben, die Arbeitsbedingungen zu verbessern, Krankheiten zu vermeiden usw. Es war deshalb vor allem dieser Teil der im Rahmen von »Safer-Sex«-Kampagnen Engagierten, der sehr früh bereits darauf aufmerksam machte, daß die wichtigere Zielgruppe der Aufklärung und Information nicht die Prostituierten, sondern die Freier, die Kunden, sind – denn sie bestimmen das Geschehen, die Art und das Ausmaß des Risikos beim Sexualkontakt. Für die Prostituiertenhilfeeinrichtungen – das sagen sowohl die Vertreterinnen der freien Initiativen als auch die der behördlichen Einrichtungen – ist die HIV-Prävention bereits ein selbstverständlicher, wenn auch erschwerender Teil ihrer Arbeit geworden.

W. Heckmann

Literatur: M. Frings (Hrsg.): Dimension einer Krankheit – AIDS, Reinbek 1986; E. Haeberle/A. Bedürftig: AIDS: Beratung, Betreuung, Vorbeugung. Anleitung für die Praxis, Berlin 1987; W. Heckmann: AIDS und Schule, in: Jugendwohl 6/1987; W. Heckmann/M. A. Koch (Hrsg.): Sexualverhalten in Zeiten von AIDS, Berlin 1994; S. Hinz: AIDS. Die Lust an der Seuche, Reinbek 1984; H. Jäger (Hrsg.): AIDS – Psychosoziale Betreuung von AIDS- und AIDS-Vorfeldpatienten, Stuttgart/New York 1987; K. Lempke: AIDS. Stern Report, Hamburg 1987; K. Pacharzina (Hrsg.): AIDS und unsere Angst, Reinbek 1986; R. Rosenbrock: AIDS kann schneller besiegt werden. Gesundheitspolitik am Beispiel einer Infektionskrankheit, Hamburg 1986; F. Rühmann: AIDS. Eine Krankheit und ihre Folgen, Frankfurt/M./New York [2]1987; N. de Saint Phalle: AIDS. You can't catch it holding hands, München/Luzern 1986; U. Sigusch/H. Gremliza: Operation AIDS, in: konkret Sexualität, Heft 7, Hamburg 1986; Sucht Report, hrsg. v. Synanon International e. V., Bernburger Str. 24–25, 10963 Berlin (erscheint 6×jährlich).

Aktenführung

In fast allen bürokratisch organisierten Institutionen (*Bürokratie*) gehören Akten zu den unerläßlichen Hilfsmitteln, die den kontinuierlichen Betrieb garantieren sollen. So auch in der SozArb/SozPäd, für die das von Max Weber konstatierte »Prinzip der Aktenmäßigkeit der Verwaltung (gilt), auch da, wo mündliche Erörterung tatsächlich Regel oder geradezu Vorschrift ist: mindestens die Vorerörterungen und Anträge und die abschließenden Entscheidungen, Verfügungen und Anordnungen aller Art sind schriftlich fixiert« (Weber, S. 162).

Die Akte stellt nach der herrschenden Verwaltungslehre eines der wesentlichen Verwaltungsmittel dar. Sie wird als »Gedächtnis der Verwaltung« angesehen, die ihre Funktion unabhnägig von einem Wechsel des Sachbearbeiters in zuverlässiger Weise erfüllen kann, sofern sie richtig geführt und organisiert ist. Hierbei sind organisationsinterne Vorgaben wie Aktenordnung, Aktenplan, Vorschriften für Aufbewahrung und Archivierung oder Dienstvorschriften zur A., etwa ob die Akten zentral als allgemeine Leistungsakten oder dezentral als besondere Leistungsakten (»Arbeitsplatzakten«) zu führen sind, maßgeblich (vgl. Kreuser/Friedrich, 99ff.; Deutscher Verein).

Der Akteninhalt stellt eine den rechtlichen und den verwaltungstechnischen Erfordernissen angepaßte Dokumentation über unterschiedliche Ebenen *sozialer Interaktionen* dar, etwa zwischen Vertretern von Institutionen (*Sozialadministration*), zwischen SozArb/SozPäd und den von ihnen betreuten *Klienten* und zwischen Klienten und anderen Personen. Auch wenn der Akte eine Beweismittelfunktion zukommt, so dient sie in der Alltagspraxis eher der Kontrolle des Handlungsvollzugs und der Selbstkontrolle des Sachbearbeiters sowie dazu, die Kontinuität der Bearbeitung bei einem Personalwechsel bzw. bei einer Weitergabe der Akte zu sichern. Sozusagen als Nebeneffekt der verwaltungsinternen Kontrolle entsteht somit eine personenbezogene Informationssammlung, die unter den Aspekten Inhalt, Umfang und Datenschutz zunehmend problematisiert wird (vgl. Martin-Balloff/Schmitz).

Obwohl die Akte in Verwaltungslehre und -recht als objektives Dokument angesehen wird, sind bei näherer Betrachtung doch erhebliche Zweifel angebracht. Schriftlichkeit und Vollständigkeit gelten zwar als oberste Prinzipien der A., dennoch spiegelt die Akte die in ihr erfaßten Ausschnitte der gesellschaftlichen Realität nicht in ihrer Totalität wider, da sie neben der sprachlichen Abstrahierung von Sachverhalten nur diejenigen Informationen enthält, die der aktenführenden Institution bekanntgeworden bzw. vom Sachbearbeiter subjektiv wahrgenommen und als wichtig für die Akten erachtet worden sind.

Um die Vielzahl der »Fälle« bewältigen zu können, wird oftmals von den Besonderheiten des Einzelfalles abstrahiert, indem gesetzlich vorgegebene, jedoch inhaltlich wenig präzise und daher auslegungsfähige Begriffe verwendet werden (z.B. Verwahrlosung, Behinderung), die die Funktion von »Schlüsselbegriffen« haben, auf die Tatbestände gebracht werden müssen, um erforderliche Maßnahmen oder gewünschte Leistungen auslösen zu können. Das Prinzip der Vollständigkeit der Akte bleibt so lange formal, wie es dafür keine Kriterien gibt und damit die systematische Erfassung und die Dokumentation aller relevanten Informationen einerseits vom Einfluß subjektiver Faktoren wie dem Vorwissen des Sachbearbeiters, seiner rechtlichen Versiertheit, schriftlichen Ausdrucksfähigkeit und seinen Wertvorstellungen und andererseits von objektiven Arbeitsbedingungen wie Handlungsdruck oder Personalknappheit abhängig sind. Dennoch wird die Akte i.d.R. als »Basisinformation« genutzt, wobei eine Korrektur einmal aktenkundig gemachter Tatbestände, Beurteilungen und darauf beruhender Entscheidungen kaum erfolgt und somit die Gefahr der *Stigmatisierung* von Betroffenen durch mangelnde Trennung von Sachverhalten und darauf bezogener Wertungen besteht (vgl. Aich).

Die Akte als Dokumentation personenbezogener Informationen ist nicht nur Gegenstand der fachlich-methodischen Auseinandersetzung, sondern angesichts der Tatsache, daß die A. den Erfordernissen des *SGB* oft nur mangelhaft genügt, auch der rechtlichen Diskussion. Diese erstreckt sich auf der Grundlage des *Datenschutz*rechts, das die Erhebung, Speicherung, Weitergabe und Sperrung bzw. Löschung personenbezogener Daten regelt, v.a. auf die Regelung der Offenbarungsbefugnisse (§ 35 SGB I insb. i.V.M. § 69 SGB X, § 64 KJHG), die Regelung der Akteneinsicht (§ 25 SGB X), die sich hier jedoch auf die Beteiligten in einem Verwaltungsverfahren beschränkt, während in § 67 KJHG lediglich ein Auskunftsanspruch auf Aktendaten und kein Akteneinsichtsrecht begründet wird, und die Regelung der Mitwirkungspflichten (§§ 60ff., SGB I). Dadurch wurde auch die Diskussion um die *Schweigepflicht* von SozArb (§ 203 Abs. 1 StGB) aktualisiert (vgl. Deutscher Verein).

Insbesondere gilt es, bei der Erhebung und Sammlung von personenbezogenen Informationen hinsichtlich der Erforderlichkeit strenge Maßstäbe anzulegen. In die Akte aufgenommene Informationen müssen einen konkreten Bezug zur Leistung der aktenführenden Institution aufweisen (§§ 63, 64 KJHG). Die Sammlung personenbezogener Informationen »auf Vorrat« ist somit unzulässig. Vorschläge gehen etwa dahin, Auskunft und Leistungsberatung nach §§ 14, 15 SGB I in anderer Weise zu dokumentieren als sozialpädagogische Beratung und Betreuung. Die Weitergabe von Akten wird unter Datenschutzgesichtspunkten problematisch, wenn etwa eine Gesamtakte weitergegeben wird, obwohl bei Beachtung des Erforderlichkeitsprinzips nur ein Teil dieser Akte als Informations- und Entscheidungsgrundlage für die Gewährung von Leistungen oder für weiteres Handeln notwendig wäre. Auch in Fällen von Amtshilfe (zu den Voraussetzungen s. §§ 3ff. SGB X) und Weitergabe von Akten innerhalb eines Rechtsträgers müssen hinsichtlich der in den Akten enthaltenen personenbezogenen Informationen die Voraussetzungen der §§ 67ff. SGB X gegeben sein (vgl. Deutscher Verein).

Ebenso darf eine Zusammenführung von getrennt geführten Akteninformationen, die zur Erfüllung unterschiedlicher Aufgaben etwa der öffentlichen Jugendhilfe erhoben wurden, nur erfolgen, wenn und so lange dies wegen eines unmittelbaren Sachzusammenhangs erforderlich ist (§ 63 Abs. 2 KJHG). *H. Lukas*

Literatur: P. Aich (Hrsg.): Da weitere Verwahrlosung droht ... Fürsorgeerziehung und Verwaltung. Zehn Sozialbiographien aus Behördenakten, Reinbek 1973; Deutscher Verein für öffentliche und private Fürsorge: Aktenführung in der kommunalen Sozialverwaltung, in: NDV 10/1990; C. Kreuser/K. Friedrich: Organisations- und Bürokunde für die Verwaltung, Herford 1983; A. Martin-Balloff/I. Schmitz: Aktenführung in der öffentlichen Jugendhilfe und Sozialgeheimnis, in: Soziale Arbeit 10/1983; M. Weber: Wirtschaft und Gesellschaft, 1. Halbband, Köln/Berlin 1964.

Alkoholismus

Unter A. (Trunksucht) versteht man einen krankhaften Zustand nach dem meist übermäßigen oder chronischen Genuß alkoholischer Getränke. Sozialmedizinisch ist nicht nur das Phänomen als solches interessant, sondern das körperliche und seelische Zustandsbild des unter A. leidenden Menschen, des Alkoholikers (*Sozialmedizin*). »Wen der Trunk körperlich, psychisch oder in seiner sozialen Stellung geschädigt hat, der wird als Alkoholiker (Trinker) bezeichnet« (Feuerlein).
Alkohol (Weingeist, Spiritus vini) mit der chemischen Formel C_2H_5OH ist eine farblose Flüssigkeit, die in allen sogenannten alkoholischen Getränken enthalten ist. Die Grundursache des A. ist der Genuß solcher Getränke, wie er in vielen Kulturen schon seit Jahrhunderten wegen der berauschenden und enthemmenden Wirkung des Alkohols üblich ist. Jedoch scheinen nicht alle Menschen in gleichem Maße dazu zu neigen, alkoholabhängig zu sein. Entscheidend ist wohl die Tatsache, daß die den Alkohol im Organismus abbauenden Enzyme und Metabolismen von Person zu Person verschieden sind (»biologische Vulnerabilität«). Bestimmte ADH-Enzyme bei manchen Menschen können mehr Alkohol oxydieren als andere bei anderen Menschen. Zudem scheint durch Gewohnheit oder Erschöpfung eine Änderung des biologischen Systems möglich zu sein, so daß jemand, der Alkohol bis dahin vertragen hat, nunmehr auf seinen Genuß mit Krankheit reagiert. Für die Entwicklung des A. sind genetisch determinierte Persönlichkeitszüge von Bedeutung, obwohl es einen bestimmten »Alkoholikertypus« nicht gibt, ferner Temperaments- und Charaktervarianten, die verschiedene Neigung im Hinblick auf das individuelle Trinkmuster verursachen. Ferner ist die über eine längere Zeit hinaus konsumierte tägliche Trinkmenge von Bedeutung, wobei die kritische Grenze bei 80 g reinen Alkohols/Tag zu liegen scheint.
Ziel der Prävention ist die Veränderung von Einstellungen gegenüber dem Alkoholgebrauch. Alkohol ist nicht nur ein Genußmittel, sondern er wird auch wegen seiner psychodynamischen Wirkungen benutzt. Deshalb kommt es darauf an, eine Verbesserung der *Sozialisation* durch Förderung der Entwicklung sozialer Kompetenzen für die Konfliktbewältigung und Identitätsentwicklung ohne Alkohol zu erreichen. Dies ist eine bedeutsame Aufgabe der SozArb/SozPäd. Weitere Präventivmaßnahmen – Wissensvermittlung für Schlüsselpersonen, Erarbeitung von Curricula für den Schulgebrauch, Informationen über die Massenmedien, politische Entscheidungen hinsichtlich der Einschränkung der freien Verfügbarkeit und des Verbotes des Alkoholgeusses in bestimmten Bereichen durch dafür ungeeignete Personen (Kinder, Schwangere, Kranke), an ungeeigneten Orten (Arbeitsstellen mit Unfallgefahr) und zu ungeeigneten Zeiten (Teilnahme am Straßenverkehr) – können aufgrund sozialpädagogischer Erfahrungen konzipiert werden.
Die Früherkennung des A. ist schwierig, weil geistige, seelische und körperliche Schädigungen im Frühstadium des Alkoholikers und der Alkoholkrankheit nur ansatzweise auftreten. Sozialpädagogisch sind folgende Hinweise von Bedeutung:

- Häufung von »Kleinkrankheiten« (Bagatellunfälle, Magenschleimhautentzündungen, vegetative Störungen und Beschwerden);
- Gangunsicherheit als Ausdruck einer beginnenden Nervenentzündung;
- Symptome des Alkoholentzugssyndroms: morgendlicher Brechreiz, Tremor (Schütteln), Angst, Verstimmungen;
- morgendlicher Alkoholkonsum, heimliches Trinken, unmotivierter Orts- und Berufswechsel.

Der Arzt erkennt den A. um so früher, um so mehr er sich »alkoholbewußt« verhält (Feuerlein).
Alkoholfolgekrankheiten sind alkoholische Fettleber, Leberentzündungen, Entzündung der Bauchspeicheldrüse, Herzmuskelerkrankung, Muskelschwäche, Nervenentzündung, Kleinhirnatrophie und Koordinationsstörungen, Alkoholdelirium (Trinkerwahnsinn), alkoholische Wesensveränderung, alkoholische Demenz (z.B. in Form der Korsakowschen Erkrankung).
Einteilung der Alkoholiker: Der amerikanische Soziologe Jellinek ging davon aus, daß es im Hinblick auf den A. drei Gruppen von Menschen in der von ihm untersuchten (amerikanischen) Gesellschaft gibt: Nichttrinker, Trinker (gelegentliche Trinker, gelegentlich exzessive Trinker) und Alkoholiker (nichtsüchtige und süchtige).
Die süchtigen Alkoholiker werden als Alkoholkranke bezeichnet (*Sucht*). Diese Trinker teilt Jellinek ein in:

1. Alphatrinker (Konflikttrinker bzw. Erleichterungstrinker ohne Kontrollverluste, jedoch mit gewisser psychischer Abhängigkeit);
2. Betatrinker (periodische Trinker aufgrund der Trinksitten, Gelegenheitstrinker, keine physische und psychische Abhängigkeit);
3. Gammatrinker (wichtigste Gruppe: süchtige Trinker mit psychischer Abhängigkeit und Kontrollverlust, später auch physische Abhängigkeit).

Diese Einteilung ist auch für Europäer unbedingt brauchbar.
Die Gammatrinker stellen die Mehrheit der Alkoholkranken in Deutschland dar. Die Entwicklung des Gammaalkoholikers verläuft gesetzmäßig phasenhaft (nach Jellinek):

a) Voralkoholische Phase: Erleichterungstrinken, Verlust der Toleranz für seelische Belastungen;
b) Prodromalphase (Frühphase): alkoholische Räusche mit Erinnerungslücken (Palimpseste), heimliches Trinken;
c) kritische Phase: Kontrollverlust, Alkoholikeralibis (Ausreden, warum getrunken wird), großspuriges oder aggressives Benehmen, Verlust von äußeren Interessen, Konzentration des Verhaltens auf den Alkohol, Verlust der Arbeitsstelle, Belastung des Familienlebens (alkoholische Eifersucht, Abnahme

des sexuellen Triebes), regelmäßiges morgendliches Trinken;

d) chronische Phase: verlängerte, tagelange Räusche, ethischer Abbau, passagere alkoholische Psychosen, Angstzustände, Zittern, Einschränkung der intellektuellen Leistungsfähigkeit.

Beim Kontrollverlust handelt es sich um ein bisher wissenschaftlich noch nicht genau erklärtes – wahrscheinlich biologisch bedingtes – Phänomen, daß der Alkoholiker unfähig wird, auch nur kleine Alkoholmengen in gesellschaftlich üblichem Rahmen (»gepflegt«) zu trinken, sondern schon ein kleiner Schluck zu einem alkoholischen Exzeß führt, ohne daß der Betroffene noch imstande ist, diesem Prozeß Einhalt zu gebieten.

Da sich der Alkohol auf die körperliche, geistig-seelische und soziale Situation des Alkoholikers auswirkt, sind die Therapieprogramme heute i.d.R. multidisziplinär angelegt und für eine Langzeitbehandlung ausgerichtet. Sie richten sich an den Betroffenen selbst und seine Angehörigen. Während verhaltenstherapeutische Ansätze, Vieltrinker zu einem kontrollierten Trinken in üblichem gesellschaftlich akzeptierten Umfange zu veranlassen, neuerdings erfolgversprechend angewendet werden, sind die Erfahrungen der meisten »Alkohologen« ungünstig, mit verhaltenstherapeutischen Programmen süchtige Alkoholiker vom Gammatypus instand zu setzen, »kontrolliert zu trinken«. Auch psychoanalytische Behandlungen haben bei Alkoholikern wenig Erfolg. Sie sind höchstens dann angezeigt, wenn durch andere Methoden die Alkoholabhängigkeit vermindert werden konnte und nunmehr an die Aufarbeitung des seelischen Konfliktes gegangen werden kann, der für den einzelnen Kranken spezifisch ist. Die jetzt i.d.R. angebotenen multidisiplinär durchgeführten Programme versuchen, beim Alkoholiker eine dauerhafte Abstinenz, eine optimale gesundheitliche Verfassung zu erzielen und die eingetretenen sozialen Schäden bei ihm und seiner Umgebung zu beheben. Im Anfangsstadium der Behandlung ist oft eine erste medizinische Hilfe (Entgiftung) erforderlich. Spezialkliniken, Heilstätten und Spezialstationen in psychiatrischen Krankenhäusern (*Psychiatrie*) bieten medizinische Behandlung, Formen der Psycho- oder Soziotherapie und die Förderung der beruflichen *Rehabilitation*. Die Maßnahmen sind in Form von kurz-, mittelfristigen und Langzeitprogrammen angelegt und nur dann erfolgreich, wenn es gelingt, den Kranken anschließend in eine ambulante Langzeitbetreuung einer Beratungsstelle, in Klubs oder Versammlungsstätten für nicht professionell gelenkte Gruppenaktivitäten (Guttempler, Blaues Kreuz, Kreuzbund – zusammengeschlossen in der »Landesstelle gegen die Suchtgefahren« und bundesweit in der »Deutschen Hauptstelle gegen die Suchtgefahren« in Hamm/Westfalen) und Anonyme Alkoholiker zu lenken. Aufwands-Ertrags-Analysen, soweit sie überhaupt vorliegen, erbrachten bisher noch keinen Beweis für die Überlegenheit einer psychiatrisch-klinischen Behandlung gegenüber anderen stationären Behandlungsformen oder für eine Überlegenheit der stationären Behandlung gegenüber ambulanten Behandlungsmaßnahmen. Es gibt kein einziges, »richtiges« Vorgehen beim Alkoholiker.

SozArb mit Suchtkranken (nach Schmidtobreick, in: W. Steinbrecher/H. Solms): Alle Methoden der SozArb gehen aus von der sozialen Informationsarbeit (Erforschen des Problems, der sozialen Diagnose und dem sich daraus ergebenden Behandlungsplan). Die Hilfe gestaltet sich multidisziplinär, und stets werden verschiedene *Methoden der SozArb* gemeinsam oder nacheinander angewandt. Die soziale *Einzelfallhilfe* versucht, eine helfende Beziehung aufzubauen und die Ichschwäche des Alkoholikers zu behandeln. Sie verwendet als Behandlungstechniken Ermutigung, Vermittlung von Informationen, gefühlsmäßige Entlastung und Abreaktion, Problembesprechung, Ausbau positiver Verhaltensweisen, Konfrontation mit unangepaßten Verhaltensreaktionen, direktes Eingreifen zur Veränderung der Realsituation, Anweisen und Führen einschließlich des Setzens von Schranken. In der *Gruppenarbeit* gibt der Therapeut keine Direktiven, und er enthält sich darüber hinaus jeder Interpretation und Wertung. Der Alkoholiker erkennt seine Verhaltensweisen an der Reaktion der Gruppenmitglieder, gewinnt dadurch neue Erfahrungen und erfährt eine Änderung von Erlebens- und Verhaltensweisen. Bei der sozialen Gruppenarbeit erfährt der Alkoholiker emotionale Zuwendung und Annahme. Im Gruppenprozeß tauchen Angst, Mißtrauen, Aggressionen und Enttäuschungen auf und müssen verarbeitet werden. Der Alkoholiker lernt, sich in positiver Weise mit der Realität und deren Anforderungen auseinanderzusetzen, er gewinnt Selbstvertrauen, Verständnis für andere und eine höhere Toleranz gegenüber Fehlschlägen und Enttäuschungen. Weitere Methoden der Gruppenarbeit sind die Werkgruppen, Spielgruppen, das Psychodrama und die nonverbalen Gruppentechniken, in denen Lernprozesse in Gang gesetzt werden, die verbunden sind mit der Prägung zu einem neuen Lebensstil.

H. Klemm

Literatur: Alkoholismus. Die Krankheit der Familie, in: Sozialmagazin 3/1994 (Schwerpunktthema); W. Feuerlein: Alkoholismus – Mißbrauch und Abhängigkeit, Stuttgart [4]1989; H. Harsch: Hilfe für Alkoholiker und andere Drogenabhängige, München [4]1981; E.J. Jellinek: The Disease Concept of Alcoholism. New Haven 1960; ders.: Phases of Alcoholic Addiction. Quart. J. Stud. Alcohol 13 (1952), 673–684; D.E. Krashey: Sozialrechtliche Vorschriften für die Behandlung Suchtkranker, Kassel [7]1992; W. Steinbrecher/H. Solms (Hrsg.): Sucht und Mißbrauch, Stuttgart [2]1975; Zeitschriften: Suchtgefahren, Neuland-Verlagsgesellschaft Hamburg; Wiener Zeitschrift für Suchtforschung, Ludwig-Boltzmann-Institut für Suchtforschung Wien.

Alleinerziehende

In den meisten Industrieländern wächst heute etwa jedes neunte Kind in einer *Familie* mit einem Elternteil auf. Laut Bundesstatistik (Statistisches Bundesamt 1992, Tabelle 3.18) gab es im früheren Bundesgebiet im April 1990 130000 Väter und 811000 Mütter, die ihre Kinder allein erziehen. Betroffen von dem Verlust oder der Abwesenheit eines Elternteils sind insgesamt 1,3 Millionen Kinder unter 18 Jahren.

Die größte Gruppe unter den A. bilden geschiedene und verheiratet getrennt lebende Eltern mit insgesamt 61% (*Scheidung/Scheidungsfolgen*), gefolgt von ledigen Eltern mit 26% und verwitweten Eltern mit 13%. Ein Vergleich der Familienstrukturen in den beiden Teilen Deutschlands belegt, daß 1991 in den neuen Bundesländern der Anteil der A. an den Kernfamilien insgesamt mit 14,7% wesentlich größer war als in den alten Bundesländern mit 10,7% (Wirtschaft und Statistik 3, 1993, S. 195; für 1991 liegen erstmals für ein vollständiges Kalenderjahr demographische Ergebnisse für ganz Deutschland vor, die die gleichen Tatbestände betreffen und nach einem einheitlichen Verfahren erhoben werden). Der höhere Anteil an A. in den neuen Bundesländern ist neben dem größeren Anteil an nichtehelichen Geburten – er lag in der DDR bei über 33% gegenüber rund 10% im alten Bundesgebiet – auch auf ein einfacheres Scheidungsverfahren zurückzuführen. Hinzu kommt, daß es in der ehemaligen DDR bei den vorhandenen staatlichen Angeboten der außerfamiliären Kindererziehung, wie Kinderkrippen, Kindergärten und Kinderhorten für alleinerziehende Mütter und Väter, leichter war, Haushalt, Kindererziehung und Berufstätigkeit in Einklang zu bringen (*Tageseinrichtungen für Kinder*).

Die Vereinbarkeit von Kind und Beruf in Einelternfamilien ist ein Thema, das in den vergangenen 15 Jahren im früheren Bundesgebiet verstärkt öffentlich diskutiert wurde (Overbeck 1979; Permien 1988) und verschiedene verbandliche (VAMV 1988, 1990; Dialog Forum 1990) und kommunale Aktivitäten (Stadt Köln 1985, 1990; Sozialreferat Stadt München 1990) ausgelöst hat. Das wachsende Interesse am Thema »A.« dokumentiert auch die zunehmende Zahl von Ratgeberbroschüren und die engagierte publizistische Auseinandersetzung mit dieser Personengruppe (vgl. die Titelgeschichte »Allein mit Kind« im Sozialmagazin 9/1991). Zunächst bestimmte in den Nachkriegsjahren jedoch die wirtschaftliche Not alleinerziehender Mutterfamilien und die Frage, wie sich die Abwesenheit des Vaters auf die Erziehung der Kinder auswirkt (Stampfli 1951; Junker 1969), die politische und wissenschaftliche Diskussion. Die in den 60er Jahren aufgeworfene Kritik an der Vernachlässigung sog. »Schlüsselkinder« (Ulshoefer 1969) ging erst zurück, als die Erwerbstätigkeit von Frauen und Müttern in den 70er Jahren deutlich anstieg. Entsprechend der veränderten gesellschaftlichen Realität, in der die Berufstätigkeit der Mütter nicht ausnahmslos als Makel oder wirtschaftliche Not interpretiert wird (Sommerkorn 1988), verändert sich die fachöffentliche Bewertung gegenüber A. Die alleinerziehende berufstätige Mutter erfährt eine Aufwertung (Anthes 1974), wenn ihrer Einelternfamilie eine gleichberechtigte Anerkennung in der Bevölkerung neben der Kernfamilie auch versagt bleibt. Allein erziehen wird weiterhin als Defizitsituation beschrieben, die allerdings kompensiert werden kann (Swientek 1984; Gutschmidt 1986).

Noch in den 80er Jahren scheint die Mehrzahl der Bevölkerung nur geringe Informationen über die Situation von A. zu besitzen. Eine Einstellungsuntersuchung der Hamburger Wohnbevölkerung zu Problemen alleinerziehender Eltern (Napp-Peters 1983) ergibt, daß die Einelternfamilie an dem traditionellen Muster der Zweielternfamilie gemessen wird und überwiegend die Auffassung besteht, daß A. nicht in der Lage sind, alle Bedürfnisse ihrer Kinder zu befriedigen. Den alleinerziehenden Mutterfamilien mangelt es an Vaterautorität, den alleinerziehenden Vaterfamilien an Emotionalität. D.h., nach wie vor sind in der überwiegenden Mehrheit der Bevölkerung Vorstellungen von einer sozialen und psychischen Defizitsituation in Einelternfamilien vorhanden.

Mit der Zunahme von Einelternfamilien in der BRD wächst auch das Forschungsinteresse am Thema »A.«. Neben sozialstatistischen Analysen (Schwarz 1984; Neubauer 1988) werden eine Reihe qualitativer Studien vorgelegt (Heiliger 1991; Schöningh et al. 1991). Die Autorinnen betrachten das Alleinerziehen als Entwicklungschance der *Frauen*, weil es alleinerziehenden Müttern bessere Chancen bietet, von der traditionellen geschlechtsspezifischen Rollenzuschreibung abzurükken und andere Lebensentwürfe zu realisieren. In den Studien von Meyer und Schulze (1989) und Nave-Herz und Krüger (1992) wird mit Hilfe biographischer Interviews untersucht, inwieweit die Einelternfamilie als eine von den Betroffenen geplante und bewußt bejahte Lebensform gelten kann. Zwar sieht die Mehrheit der geschiedenen Mütter in beiden Studien eine neue Eheschließung nicht mehr als wünschenswert an, betrachtet aber ihre alleinerziehende Familiensituation auch nicht als die erstrebenswerteste. Nach Ansicht der A. aus Meyer und Schulzes Studie liegt ein entscheidender Vorteil ihrer Lebenssituation in der Zunahme persönlicher Unabhängigkeit. Die Berliner Befragten, die überwiegend erwerbstätig sind und denen für die Kinderbetreuung eine ausgebaute städtische Infrastruktur zur Verfügung steht, sehen es als Positivum ihrer neuen Lebenssituation, daß sie sich »nur« nach den Bedürfnissen ihrer Kinder richten müssen und mögliche Anforderungen eines Partners entfallen.

Für viele Frauen ist die Entscheidungsfreiheit, zu heiraten, unverheiratet zusammenzuleben oder ein Kind allein großzuziehen, aufgrund eingeschränkter Möglichkeiten jedoch nur eine scheinbare Freiheit. Daß die Einelternsituation nicht nur aus den Unverträglichkeiten und Unzulänglichkeiten der Partnerbeziehungen resultiert, verdeutlicht eine umfangreiche soziologische Studie von 400 Einelternfamilien aus drei norddeutschen Bundesländern (Napp-Peters 1985). Hinzu kommen vielmehr eine Reihe materieller Faktoren wie Wohnungsnot (*Wohnen*) und *Arbeitslosigkeit* oder die Belastungen durch ein körperbehindertes Kind, deren kumulativer Effekt die Chancen der betroffenen Eltern, in Partner- und Elternrolle stabile und für sie befriedigende Beziehungen aufzubauen, stark beeinträchtigt hat. In dieser repräsentativen Studie werden neben alleinerziehenden Müttern (nach Verwitwung, Scheidung und Nichtverheiratung) erstmals auch alleinerziehende verwitwete und geschiedene Väter mit Kindern im Vorschulalter und Schulalter untersucht. Die alleinerziehenden Väter erwiesen sich im allgemeinen als gute Kinderbetreuer, die regelmäßig kochten, saubermachten, einkauften und den Haushalt im Griff hatten. Kinder, die in der Obhut des Vaters leben, machen andere Erfahrungen als Kinder in der Obhut der Mutter. Väter neigen mehr als Mütter dazu, zusätzliche Betreuungspersonen und -einrichtungen sowie Babysitter, Verwandte und Freunde einzuschalten. Ihre Kinder werden für mehr Stunden am Tag Kindertagesstätten oder Betreuungspersonen anvertraut, und sie sind andererseits auch relativ häufiger nach der Schule ohne Aufsicht allein zu Haus als Kinder in der Obhut von Müttern.

Die Analyse von Berufs-, Einkommens- und Wohnsituation ergab, daß rund ein Viertel der Einelternfamilien an der Armutsgrenze (*Armut*) lebt. Ihre materielle und soziale Deprivation grenzt diese Vater- und Mutterfamilien aus vielen gesellschaftlichen Lebensbereichen aus und verweist sie in eine soziale Randstellung, die auch im Verhalten der Kinder zum Ausdruck kommt. Sie gehören zu den Kindern der Untersuchungsgruppe, die die wenigsten oder keine Freunde habe, die in der Schule am häufigsten ein Schuljahr wiederholten mußten und die am meisten verhaltensauffällig sind.

Nur ein Viertel der *nichtehelichen Kinder* und etwa die Hälfte der Scheidungskinder haben Kontakt zu dem nichtsorgeberechtigten Elternteil. Welche Bedeutung der kontinuierliche Kontakt zu beiden geschiedenen Eltern für die psychosoziale Entwicklung und emotionale Stabilität des Kindes hat, belegt die Sonderauswertung zu den 150 Scheidungsfamilien aus der Einelternfamilienstudie (Napp-Peters 1988). Kinder, deren Eltern es gelungen ist, auch nach der Trennung ihre Elternrolle gemeinsam oder in Absprache miteinander wahrzunehmen, haben am wenigsten Schwierigkeiten, sich auf die veränderte Familiensituation einzustellen. Dagegen sind bei Kindern, die den Kontakt zum getrennt lebenden Elternteil verloren haben, Verhaltensauffälligkeiten und psychische Störungen am stärksten ausgeprägt.

Angesichts des hohen Anteils von Kindern alleinerziehender geschiedener Eltern an Heim- und Pflegekindern (*Fremdunterbringung*, *Heimerziehung*, *Pflegekinder*) hat das neue KJHG ein differenziertes Angebot der Beratung und Hilfe für Einelternfamilien formuliert: Nach § 18 KJHG haben alleinerziehende Väter und Mütter Anspruch auf Beratung und Unterstützung. Dies schließt auch die Hilfe bei der Geltendmachung von Unterhaltsansprüchen ein und für Mütter nichtehelicher Kinder zusätzlich die Hilfe bei der Kostenerstattung für die Entbindung. Ferner sollen alleinerziehenden Müttern oder Vätern mit einem Kind unter 6 Jahren Betreuung und Unterkunft gemeinsam mit dem Kind in einer geeigneten Wohnform angeboten werden, wenn und so lange dies aufgrund der Persönlichkeitsentwicklung erforderlich ist (§ 19 KJHG). Der Gesetzgeber hat dabei vor allem an minderjährige Mütter gedacht, die ihre Schul- oder Berufsausbildung noch nicht abgeschlossen haben. Fällt ein alleinerziehender Elternteil durch Krankheit oder eine andere Notsituation aus, war er bisher oft dazu gezwungen, die Kinder in einem Heim unterzubringen, da die volle Eigenfinanzierung einer Haushaltshilfe seine finanziellen Möglichkeiten übersteigt. Hier will das neue Gesetz Abhilfe schaffen. In § 20 Abs. 1 KJHG ist die Betreuung und Versorgung des Kindes in Notsituationen geregelt. Sie soll es dem alleinerziehenden Elternteil ermöglichen, den Haushalt ohne große Beeinträchtigungen weiter zu führen und den Kindern ihren gewohnten Lebensraum zu erhalten (i.e. bei Münder u.a. zu §§ 18–20). Ruft man sich ins Gedächtnis, daß rund 80% der Kinder und Jugendlichen in öffentlicher Erziehung aus Einelternfamilien stammen, dann kann eine solche zeitlich terminierte Krisenhilfe zu einem wichtigen Faktor der Stabilisierung von Einelternfamilien werden. Angesichts der angespannten Finanzlage öffentlicher Haushalte bleibt allerdings zu fragen, wie zügig sich die neuen gesetzlichen Hilfen für alleinerziehende Eltern in der Praxis umsetzen lassen.

A. Napp-Peters

Literatur: H.J. Anthes: Lebenslage lediger und geschiedener Mütter – eine empirische Studie zur gesellschaftlichen Situation von unvollständigen Familien in der Bundesrepublik Deutschland, Universität Köln 1974; Dialog Forum: Väter und Mütter für eine gemeinsame Elternschaft bei Trennung und Scheidung, Heft 2, Bochum 1990; G. Gutschmidt: Kind und Beruf. Alltag alleinerziehender Mütter, Weinheim 1986; A. Heiliger: Alleinerziehen als Befreiung. Mutter-Kind-Familien als positive Sozialisationsform und als gesellschaftliche Chance, Pfaffenweiler 1991; R. Junker: Die Lage der Mütter in der BRD von 1965–1968, Bd. 2, Frankfurt/M. 1969; S. Meyer/E. Schulze: Balancen des Glücks. Neue Lebensformen: Paare ohne Trauschein, Alleinerziehende und Singles, München 1989; J. Munder u.a.: Frankfurter Lehr- und Praxiskommentar zum KJHG, Münster [2]1993; A. Napp-Peters: Geschlechtsrollenstereotypen und ihr Einfluß auf Einstellungen zur Ein-Elternteil-Situation, in: Kölner Zeitschrift für Soziologie und Sozialpsychologie 35, 1983, 321–334; A. Napp-Peters: Ein-Elternteil-Familien. Soziale Randgruppe oder neues familiales Selbstverständnis?, Weinheim [2]1987; A. Napp-Peters: Scheidungsfamilien, Interaktionsmuster und kindliche Entwicklung, Schriftenreihe des DV, Frankfurt/M. 1988; R. Nave-Herz/D. Krüger: Ein-Eltern-Familien. Eine empirische Studie zur Lebenssituation und Lebensplanung alleinerziehender Mütter und Väter, Bielefeld 1992; E. Neubauer: Alleinerziehende Mütter und Väter – Eine Analyse der Gesamtsituation, Schriftenreihe des BMJFFG, Bd. 219, Stuttgart 1988; L. Overbeck: Alleinerziehende Mütter – Trauma oder süße Last?, in: H. Overbeck: Ehe-Isolation zu zweit?, Frankfurt/M. 1979, 181–191; H. Permien: Zwischen Existenznöten und Emanzipation – Alleinerziehende Eltern, in: Wie geht's der Familie?

Ein Handbuch zur Situation der Familie heute, hrsg. vom DJJ, München 1988, 89–97; I. Schöningh/M. Aslandis/S. Faubel-Diekmann: Alleinerziehende Frauen zwischen Lebenskrise und neuem Selbstverständnis, Opladen 1991; K. Schwarz: Eltern und Kinder in unvollständigen Familien, in: Zeitschrift für Bevölkerungswissenschaft, H. 1/1984, 3–36; I.N. Sommerkorn: Die erwerbstätige Mutter in der BRD – Einstellungs- und Problemveränderungen, in: Wandel und Kontinuität der Familie in der Bundesrepublik, hrsg. von R. Nave-Herz, Stuttgart 1988, 115–144; Sozialmagazin: Allein mit Kind, H. 9/1991; Sozialreferat Stadt München (Hrsg.): Lebenslage Alleinerziehender in München, Beiträge zur Sozialplanung 116, München 1990; Stadt Köln (Hrsg.): Zur Situation Alleinerziehender und ihrer Kinder. Ergebnisse einer Untersuchung aus dem Jahre 1985, Jugendhilfeplan der Stadt Köln, Köln 1986, L. Stampfli: Die unvollständige Familie, Zürich 1951; Statistisches Bundesamt (Hrsg.): Statistisches Jahrbuch 1993 für die Bundesrepublik Deutschland, Wiesbaden; C. Swientek: Alleinerziehende – Familien wie andere auch? Zur Lebenssituation von Ein-Eltern-Familien, Bielefeld 1984; H. Ulshoefer: Mütter im Beruf. Die Situation erwerbstätiger Mütter in neun Industrieländern, Berlin 1969; VAMV (Hrsg.): So schaffe ich es allein, [5]1988; VAMV: Themenmappe Nr. 1, Familienpolitik für Alleinerziehende in den 90er Jahren, Landesmitgliederforum NRW, Essen 1990; Wirtschaft und Statistik: Haushalte und Familien, H. 3/1993.

Allgemeiner Sozialdienst (ASD)

Der ASD (Familienfürsorge) ist ein Kernstück behördlicher Angebote von Kommunen und Kreisen zur Unterstützung und Entlastung von *Familien*, Minderjährigen oder Alleinstehenden (*Alleinerziehende*) und Älteren *(Altenhilfe/-arbeit/-politik)* in schwierigen Lebenslagen. Diese können in materieller Not, Erziehungsproblemen oder Vereinsamung bestehen, so daß der ASD »der am umfassendsten angelegte soziale Dienst … (ist), der ganzheitliche und einheitliche Hilfe leisten und sicherstellen muß … (Er) schafft annähernd gleiche Ausgangschancen für die Bevölkerung von Städten und Kreisen« (vgl. DV: Empfehlungen). Mit dieser Funktionszuschreibung erhält der ASD eine über die *Einzelfallhilfe* hinausweisende Aufgabe zur Verbesserung von Lebenslagen. Dabei sind Hilfeleistung und Feldorientierung handlungsleitend.

Aus der allgemeinen Aufgabenstellung ergeben sich Handlungsprinzipien, die mit den Stichworten *Prävention*, ganzheitliche Arbeit im Wohngebiet und Wirksamkeit zu kennzeichnen sind. So soll der ASD »die Ursachen bestehender und voraussichtlich entstehender Notsituationen erkennen und zu ihrer Beseitigung bzw. Verhinderung durch rechtzeitige und vorbeugende Hilfe beitragen« (vgl. KGSt: Bericht 6/1975). Er muß also soziale Problemkonstellationen, die sich in seiner örtlichen Zuständigkeit abzeichnen, rechtzeitig analysieren und Maßnahmen zur Reduktion akuter Notlagen einleiten oder durchführen. Dies verlangt laufende Informationen zur *Sozialstruktur* und Beteiligung an der *Sozialplanung*, um beispielsweise rechtzeitig bei einem signifikanten Zuzug von Ausländerfamilien Vorsorge für ihre Integration zu treffen. Zur Prävention zählen auch eine Einschätzung zur Wirksamkeit bestehender Angebote in der sozialen Infrastruktur, die Kenntnis informeller Jugendtreffs und die systematische Kooperation mit Sonderdiensten sowie Freien Trägern der Jugendhilfe (*Träger der Sozialen Arbeit*). Unter dem Aspekt der Leistbarkeit orientiert sich die vorbeugende Aufgabe des ASD an der Identifizierung vorhersehbarer/gemeinwesenbezogener Hilfen im Verbund. Aus dem Handlungsprinzip der ganzheitlichen Arbeit im Wohngebiet folgt zunächst, daß bei Hilfebedarf nur der ASD als Anlauf- und Kontaktstelle für das behördliche Leistungssystem zuständig sein soll. Weiterführende oder ergänzende Hilfen werden durch ihn eingeleitet oder organisiert. Durch Begrenzung auf einen Ansprechpartner sollen für den Hilfebedürftigen eine Vertrauensbasis, die optimale Nutzung bestehender Angebote und Leistungen sowie ein effizienter Umgang mit seinen Ressourcen ermöglicht werden. Weiterhin ist eine ganzheitliche Problemsicht geboten, um den Hilfeansatz nicht kurzschlüssig durch eine erkennbare Symptomatik bestimmen zu lassen. So wird beispielsweise dem Alkoholmißbrauch eines Erziehungsberechtigten (*Alkoholismus*) oft nicht allein durch eine Entziehungskur begegnet werden können, wenn nicht zugleich bei Geldsorgen (etwa *Schuldnerberatung*), Beziehungsproblemen oder sozialer Isolierung Unterstützungen möglich sind. Daraus ergibt sich die Notwendigkeit umfassender Hilfen, die in Form erzieherischer, wirtschaftlicher oder betreuerischer Leistungen zu gewähren sind. Mit der Anwendung des Grundsatzes der ganzheitlichen Arbeit im Wohngebiet erstrebt der ASD eine Verbesserung der inidividuellen Lebenslage und nicht nur eine Behebung von Symptomen.

Die Wirksamkeit der Hilfe bemißt sich einerseits nach der Kompetenz des ASD, Angebote und Leistungen verfügbar bzw. zugänglich zu haben. Andererseits ist seine Fähigkeit zur Stärkung von Selbsthilfekräften bei Hilfebedürftigen maßgebend. Da er in aller Regel Ort des Erstkontaktes zwischen Hilfebedürftigem und dem öffentlichen Leistungssystem ist, obliegt ihm die Aufgabe der Analyse vorhandener Selbsthilfepotentiale im individuellen Bedarfsfall, im nahen sozialen Umfeld sowie im Stadtteil/Gemeinwesen (*Netzwerk, soziales*). Jede Hilfe kann nur wirksam werden, wenn sie von den Bedürfnissen, Sichtweisen und Stärken der Betroffenen ausgeht und Wege zur *Selbsthilfe* eröffnet.

Für dieses komplexe, vielfältige und letztlich auch sozialpolitisch relevante Aufgabengebiet des ASD mangelt es gegenwärtig an einer verbindlichen Definition, einer klärenden Rechtsgrundlage und einem überzeugenden Organisationsmodell. Weder Bemühungen des DV, der KGSt noch Modelle einzelner Kommunen zur Neuorganisation sozialer Dienste haben bislang vermocht, diese Mängellage zugunsten eines bürgernahen, bedarfsgerechten und eigenständigen ASD zu beheben. So ist sein Handlungsfeld noch vielfach von der Unterstützung im Einzelfall oder Familienverband geprägt, während Angebote zur Verselbständigung Jugendlicher oder Reintegration Älterer randständig sind.

So bedarf auch die Sicherstellung einer psycho-sozialen Grundversorgung als Teil präventiver Arbeit im Wohngebiet des Ausbaus (vgl. DV: Orientierungsrahmen 1993).

Für die Hilfegewährung ergibt sich eine aufgesplitterte Rechtsgrundlage durch Ansprüche im *Kinder- und Jugendhilfegesetz, Bundessozialhilfegesetz* oder Jugendgerichtsgesetz. Organisatorisch ist der ASD überwiegend dem Jugend- oder Sozialamt zugeordnet, z.T. besteht er als selbständige Einheit. Diese Diffusität hat ihre Ursachen in widersprüchlichen sozialpolitischen Optionen für eine ordnende/kontrollierende Funktion einerseits oder eine selbsthilfeaktivierenden Aufgabe des ASD andererseits, in der Diskrepanz zwischen einem umfassenden Hilfebedarf und der Restriktion bzw. Segmentierung der Rechtsgrundlagen sowie in der geschichtlichen Entwicklung sozialer Leistungen.

Entwicklung des ASD in Deutschland: Der Ursprung öffentlicher Hilfegewährung im sozialen Bedarfsfall liegt in einem bis dahin unbekannten Zuwachs an Not und Verarmung in der zweiten Hälfte des 19. Jahrhunderts. Industrialisierung, Verstädterung und Auflösung familialer sowie kooperativer Hilfesysteme (Zünfte, Kirchengemeinden, Nachbarschaften) führten zum Anstieg eigentumsloser Lohnarbeiter ohne Absicherungen für den Notfall, verelendeter Arbeitsunfähiger und Obdachsuchender (vgl. Landwehr/Baron). Almosen und caritative Armenfürsorge erwiesen sich als unzulänglich, die »soziale Frage« zu lösen, die zudem durch einen rapiden Bevölkerungsanstieg verschärft wurde (*Geschichte der Sozialarbeit/Sozialpädagogik*). Insbesondere in den Städten zeichnete sich durch die massenhafte Pauperisierung eine Gefahr für Ordnung und Eigentum ab. In Kommunalverwaltungen wurde erstmals eine öffentliche Hilfegewährung institutionalisiert.

Exemplarisch hierfür war die 1853 eingeführte Elberfelder Armenverordnung. Ihr Ziel bestand in der Trennung von Arbeitsfähigen und Arbeitsunfähigen. Während die ersteren möglichst rasch einer Erwerbsarbeit zugeführt werden sollten, wurde für die letzteren die temporäre Zahlung notdürftig bemessener Regelsätze zur Bestreitung des Lebensunterhalts vorgesehen. Dies bedingte eine eingehende Ermittlungstätigkeit zur wirtschaftlichen Lage Hilfebedürftiger, die von ehrenamtlichen Armenpflegern in ihnen zugewiesenen Wohnquartieren der Stadt ausgeübt wurde. Nach dem Grundsatz: »Arbeit statt Almosen« wurden auch Frauen und Kinder dem Arbeitsmarkt zugeführt. Für dauerhaft Arbeitsunfähige war die Unterbringung in Anstalten vorgesehen. In diesem »Elberfelder System« sind charakteristische Züge des gegenwärtigen ASD vorgezeichnet: Trennung von beratendem/ermittelndem Außendienst und beihilfegewährendem Innendienst, örtliche Zuständigkeit für Bezirke/Stadtteile sowie Individualisierung von Problemsicht und Hilfe.

Die weitere Entwicklung ist von der Durchsetzung des Gedankens öffentlicher Verantwortung für Arme, Behinderte und Waisen, von einer wachsenden *Professionalisierung* sowie von einem Wandel der Armen- und Wohlfahrtspflege zur öffentlichen Fürsorge bestimmt. In Großstädten entwickelten sich Formen sozialer Fürsorge, die über die Sicherung des materiellen Existenzminimums hinausgingen, wie etwa in Worms als Wohnungsfürsorge, in Düsseldorf als Säuglings- und Familienfürsorge oder in Berlin als Schulkinderfürsorge. Noch vor dem 1. Weltkrieg entstanden Fürsorgezentren und verstärkte sich die Auffassung von der Einheitsfürsorge, nach der nur eine Fachkraft mit gesundheits-, erziehungs- und wirtschaftfürsorgerischen Aufgaben betraut werden sollte. Außerdem setzte sich die Bezirksfürsorge durch, mit der jede Fachkraft einem geographisch abgegrenzten Stadtteil/Gemeinwesen zugeordnet wurde.

Die Notlagen nach dem 1. Weltkrieg und das Drängen von *Wohlfahrtsverbänden* gemeinsam mit dem 1880 gegründeten DV bewirkten 1922 den Erlaß des Reichsjugendwohlfahrtsgesetzes und 1924 der Reichsverordnung über die Fürsorgepflicht. Beide Gesetze weiteten die Verpflichtungen zur öffentlichen Fürsorge von Kommunen und Kreisen wesentlich aus. Diente die Armenpflege lediglich der Bewahrung vor dem physischen Untergang, wurden nun die Sicherung des notwendigen Lebensunterhalts, die Erziehung zur Lebenstüchtigkeit und die Förderung der Selbsthilfe zu staatlichen Aufgaben. Der Nationalsozialismus (*Soziale Arbeit im Nationalsozialismus*) unterbrach diese Entwicklungslinie, indem er gemäß seiner Ideologie die Fürsorger den *Gesundheitsämtern* unterstellte und Aufgaben der Fürsorge durch die Nationalsozialistische Volkswohlfahrt (NSV) wahrnehmen ließ. Nach dem 2. Weltkrieg richteten Gemeinden und Kreisverwaltungen die Sachgebiete der Fürsorge erneut ein, um dem Massenelend mit Obdachlosigkeit, Hunger und Heimatlosigkeit begegnen zu können. Reformen in der Sozial- und Arbeitsgesetzgebung hatten zur Folge, daß sich die Fürsorge von der Existenzsicherung auf die Hilfe in besonderen Bedarfslagen verlagern konnte. Mit Inkrafttreten des *Bundessozialhilfegesetzes* 1962 wurden individualisierte Rechtsansprüche auf Hilfe festgeschrieben und die bislang wichtige Frage nach dem persönlichen Verschulden von Not nachrangig.

Durch die Ausweitung und Verlagerung der Aufgaben in der Fürsorge zur umfassenden Hilfe bei der Verbesserung individueller Lebenslagen ergab sich das Bedürfnis nach neuen Konzepten und Organisationsformen. Der mit der Tradition ordnungspolitischer Eingriffsverwaltung behaftete Fürsorgebegriff wurde im Zusammenhang des Vordringens eines sozialstaatlichen Dienstleistungsdenkens in den Hintergrund gedrängt. 1975 gab die KGSt eine Empfehlung heraus, in der an die Stelle des Begriffs »Familienfürsorge« nun die Bezeichnung »Allgemeiner Sozialdienst« trat. Damit kam zum Ausdruck, daß es sich hierbei um umfassende soziale Dienstleistungen handelt, auf die jeder Hilfebedürftige einen Rechtsanspruch hat. Zuvor und zeitgleich wurden in verschiedenen Städten neue Organisationsmodelle erprobt, wie etwa in Karlsruhe, Mannheim oder Trier. An der geschichtlichen Entwick-

lung von der Fürsorge zum ASD ist somit auch ein Funktionswandel *Sozialer Arbeit* ablesbar.
Aufgaben und Arbeitsweisen des ASD: Aus der generellen Funktion des ASD, »Garant für die Realisierung des Anspruchs auf ganzheitliche Hilfe zu sein« (vgl. DV: Empfehlungen), ergeben sich folgende Tätigkeiten zugunsten Hilfebedürftiger: a) Informieren über Rechtsansprüche, Einrichtungen und Hilfsquellen, b) Beraten und Vermitteln bei wirtschaftlichen Problemen, Ehe- und Erziehungsschwierigkeiten, Krisensituationen alleinstehender Jugendlicher, Älterer oder Kranker, c) Begutachten sozialer und pädagogischer Sachverhalte für Dritte (Verwaltung, Heime, Gerichte), d) Sicherstellung des Kindeswohls. Bei der Erfüllung dieser Aufgaben ist der ASD auf eine enge Zusammenarbeit mit den mittelbewirtschaftenden Stellen innerhalb der Behörden, Sonderdiensten und Einrichtungen angewiesen. Dadurch sollen aufwendige Doppelbetreuungen vermieden, Lücken im sozialen Leistungssystem geschlossen und ein bedarfsgerechtes Angebot im Stadtteil/Gemeinwesen sichergestellt werden.
Im einzelnen hat der ASD folgende Aufgaben:

- Aufgaben nach KJHG: Förderung der Erziehung in der Familie (§ 16); Beratung in Fragen der Partnerschaft, Trennung und Scheidung (§ 17); Beratung und Unterstützung bei der Ausübung der Personensorge (§ 18); Vermittlung von Hilfen (§§ 13, 19, 20, 21); Einleitung, Planung, Steuerung von Hilfen zur Erziehung (§§ 27ff.); Einleitung, Planung, Steuerung von Eingliederungshilfen für seelisch behinderte Kinder und Jugendliche (§ 35a); Einleitung, Planung und Steuerung von Hilfen für junge Volljährige (§ 41); Mitwirkung bei der Inobhutnahme und Herausnahme eines Kindes oder Jugendlichen (§§ 42, 43); Mitwirkung in Verfahren vor den Vormundschafts-, Familien-, Jugendgerichten (§§ 50, 52); Beratung und Unterstützung von Pflegepersonen, Plegeerlaubnis (§§ 37, 44).
- Aufgaben nach BSHG: Persönliche Beratung und Unterstützung bei Geld- und Sachleistungen (§§ 11ff., 27ff.); Sicherung der Unterkunft (§ 15a); Schuldnerberatung (§ 17); Hilfe zur Arbeit (§§ 18, 19); Eingliederungshilfe für Behinderte und Hilfen für Suchtgefährdete und Suchtkranke (§§ 39ff.); Hilfe zur Pflege (§§ 68ff.); Hilfe zur Weiterführung des Haushalts (§§ 70ff.); Hilfe zur Überwindung besonderer sozialer Schwierigkeiten (§ 72) und Altenhilfe (§ 75).

Aufgaben aus dem Bereich *Gesundheitshilfe* regeln sich weitgehend nach Landesrecht *(Gesundheitsrecht)*. Die Hauptaufgabenfelder sind im *Bundessozialhilfegesetz* hinreichend abgebildet. Es gibt in den *Gesundheitsämtern* eng mit ärztlichen Leistungen verbundene eigenständige soziale Dienste (z.B. Sozialpsychiatrischer Dienst).
Hinzu kommen Aufgaben der Kooperation, Koordination und Planung, insbesondere Zusammenarbeit mit freien Trägern (§ 4 KJHG, § 10 BSHG), Zusammenarbeit mit anderen Stellen und öffentlichen Einrichtungen (§ 81 KJHG), Arbeitsgemeinschaften (§ 78 KJHG, § 95 BSHG) sowie die Mitwirkung bei der *Sozialplanung*, z.B. *Jugendhilfeplanung* (§ 80 KJHG), Sozialplan (§ 180 BauGB), Sozialberichterstattung.
Die Bearbeitung dieser Aufgabengebiete erfolgt weitgehend dezentralisiert in Außenstellen des ASD in den jeweiligen Stadtteilen/Gemeinwesen. Hausbesuche, Sprechstunden und Unterstützung *sozialer Gruppenarbeit* prägen neben Berichtswesen und Stellungnahmen den Berufsalltag der Fachkräfte. Für ihre Tätigkeit benötigen sie Rechtskenntnisse, einen Überblick zu Angeboten, Diensten und Einrichtungen sowie Sicherheit bei der Anwendung zeitgemäßer *Methoden von Sozialarbeit/Sozialpädagogik*, wie etwa Gesprächsführung, *Beratung* oder soziale Gruppenarbeit. Zunehmend tritt als Ergänzung zu Einzelfallhilfen und Verbesserungen im Familiensystem die *Gemeinwesenarbeit*/Stadtteilsozialarbeit in das Handlungsspektrum. Dem liegen Erfahrung und sozialisationstheoretische Erkenntnisse zugrunde, daß viele Schwierigkeiten Betroffener ihre Ursachen in gesellschaftlichen Mißständen haben, wie etwa in Wohnraumnot (*Wohnen*), *Arbeitslosigkeit*, Schulstreß, *Kulturarbeit*, *Schule*, *Erwachsenenbildug*. Vereine, Wohnungsgenossenschaften oder Selbsthilfegruppen sind zur Mitwirkung bei der Verringerung derartiger Notlagen zu gewinnen (*Netzwerke, soziale*). Angesichts dieser vielfältigen Aufgaben kommt der *Aus- und Weiterbildung* von Fachkräften des ASD in sozialpolitischer, methodischer und rechtlicher Hinsicht eine wachsende Bedeutung zu.
Gegenwärtig kann der ASD seine Aufgaben nur bedingt erfüllen. Seine Leistungen sind aus rechtlichen, organisatorischen und methodischen Gründen auf Beratung, *Erziehungshilfe* und Vermittlung zu wirtschaftlichen Beihilfen, Sonderdiensten, Institutionen beschränkt. Für eine »Hilfe zur Selbsthilfe« mangelt es an Zeit und Methodik. Die gestiegene Zahl Hilfebedürftiger ohne Zuwachs an Fachpersonal erschwert betreuerische Aufgaben mit erhöhtem Zeitaufwand. Eine kontinuierliche Zusammenarbeit mit Schulen, Vereinen oder Selbsthilfegruppen ist nur im Ausnahmefall möglich. Im Gefolge von Kürzungen im Sozialbereich wird der ASD verstärkt zu Ermittlungstätigkeiten herangezogen. So gerät er in einen Widerspruch zwischen helfender und kontrollierender Tätigkeit. Nicht selten wird er gegen Grundsätze der Fachlichkeit aufgefordert, Sach- statt Geldleistungen vorzusehen und die wirtschaftliche Hilfe restriktiv zu handhaben. Der Gegensatz behördlicher Sozialarbeiter zwischen Hilfe zur gesellschaftlichen Teilhabe einerseits und sozialer Befriedungsfunktion andererseits prägt den ASD in besonderer Weise. An seiner Ausgestaltung ist der Realisierungsgrad des *Sozialstaats*gebotes ablesbar.
Organisationsformen des ASD: Trotz der fachlich gebotenen Allzuständigkeit des ASD hat er innerhalb des öffentlichen Hilfesystems von Kommunen und Kreisen unterschiedliche Organisationsformen. So ressortiert er teilweise bei Jugend- und teilweise bei Sozialämtern noch mit einer Trennung von Innen- und Außendienst. Hierbei hat der ASD als Außendienst die Aufgabe der

Feststellung des Hilfebedarfs, der Erarbeitung von Hilfeplänen und der Durchführung persönlicher Hilfe durch Beratung oder Betreuung. Aufgrund seiner Berichte entscheiden Verwaltungsfachkräfte des Innendienstes über Art, Kostenträgerschaft und Dauer der Hilfe. Die Wahrnehmung des Außendienstes erfolgt in aller Regel als »Einzelkämpfer« ohne *Teamarbeit* oder Fachberatung. Diese strukturellen Schwachstellen des ASD sind auch dort nur bedingt behoben worden, wo er als eigenständiges Amt etabliert wurde.
Nach einer Befragung bei westdeutschen Jugendämtern sind 80% der ASDe organisatorisch dem *Jugendamt* zugeordnet, nur 7% bestehen als eigenständige Ämter (Lukas 1992, detailliert Kreft/Lukas u.a. 1993). Mit Inkrafttreten des KJHG verstärkt sich bundesweit die Tendenz, den ASD als Aufgabe des JA auszugestalten. Hierfür sprechen seine Präventivfunktion, sein Arbeitsschwerpunkt bei Kindern und Familien sowie das zeitgemäße Offensiv- und *Einmischungs*konzept der *Jugendhilfe* (zur rechtlichen Beurteilung der Organisationsfrage Münder u.a. § 69, 82, 9–12). Diese Gründe bleiben tendenziell auch bei einem Tätigkeitszuwachs zugunsten alter Menschen richtungweisend.
Weiterentwicklung des ASD: Die verbleibende Massen- und Dauerarbeitslosigkeit, die erkennbare Auflösung des herkömmlichen Familiensystems und die vorhersehbare Zunahme der Alterspopulation läßt einen steigenden Bedarf gesellschaftlicher Hilfen erwarten. Der ASD gewinnt somit mit seinem umfassenden und einheitlichen Zugang zu Betroffenen an Bedeutung. Dabei sind folgende Ziele zu realisieren: fachliches Engagement zugunsten sozial Benachteiligter; Bürgernähe durch stadtteil-/gemeinwesenbezogene Angebote und Leistungen entsprechend der Interessen- und Bedarfslage Hilfebedürftiger; Förderung der individuellen und kollektiven Selbsthilfepotentiale; Durchgängigkeit gewährter Hilfen nach dem KJHG/BSHG oder AFG; Transparenz der Entscheidungsabläufe für Betroffene; Gleichrangigkeit und Intensivierung bei der Zusammenarbeit zwischen sozarb/sozpäd Fachkräften und Verwaltungsmitarbeitern mit Integration von Innen- und Außendienst; Einheitlichkeit der Hilfegewährung; Teamarbeit und kollegiale Beratung; Ausbau des ASD zu einer leistungsstarken Organisationseinheit ohne Ermittlungsaufgaben.
Hierfür ist ein personeller Ausbau geboten: Die Arbeitszeit reicht kaum für die Pflichtaufgaben aus, und die Richtwerte der KGSt von 1985 berücksichtigen nicht die wichtige Aufgabe der fallübergreifenden Arbeit im Wohngebiet. Der ASD verbleibt auch zukünftig im Spannungsfeld zwischen Anspruch und Leistungsvermögen, Kontrolle und Förderung sowie Jugend- und Sozialhilfe. *H. Hottelet*

Literatur: H. Bassarak (Hrsg.): Allgemeiner Sozialer Dienst – Gegenwart und Zukunft in Ost und West, Düsseldorf 1992; DV: Empfehlungen zur Organisation des kommunalen Allgemeinen Sozialdienstes, Frankfurt/M. 1983; ders.: Orientierungsrahmen – Der Lebensraum in seiner Bedeutung für die Arbeit des Allgemeinen Sozialdienstes, Frankfurt/M. 1993; M. Dolls/V. Hammetter: Zur Neuorganisation der Sozialen Dienste in Bremen, in: Verwaltung, Organisation, Personalwesen (VO), H. 3 und 4/1981; Institut für soziale Arbeit: Essner ASD Kongreß – Dokumentation –, Münster 1991; KGSt: Organisation des Jugendamtes, Allgemeiner Sozialdienst, Bericht Nr. 6/1975; dies.: Organisation der Jugendhilfe – Ziele, Aufgaben und Tätigkeiten des Jugendamtes, Bericht Nr. 3/1993; dies.: Organisation des Jugendamtes – Personal-Richtwerte für den Allgemeinen Sozialdienst (ASD), Bericht Nr. 4/1985; D. Kreft/H. Lukas u.a.: Perspektivenwandel der Jugendhilfe, 2 Bde., Frankfurt/M. [2]1993; R. Landwehr/R. Baron (Hrsg.): Geschichte der Sozialarbeit, Weinheim/Basel [2]1991; H. Lukas: Entwicklung und Organisation des Allgemeinen Sozialdienstes (ASD) aus der Sicht der Jugendhilfe, in: H. Bassarak (Hrsg.): Allgemeiner Sozialer Dienst, a.a.O.; J. Münder u.a.: Frankfurter Lehr- und Praxiskommentar zum KJHG, Münster [2]1993; M.R. Textor (Hrsg.): Allgemeiner Sozialdienst, Weinheim/Basel 1994.

Altenhilfe (Altenarbeit)

1. Allgemeine Anmerkungen: A. verfolgt das Ziel, »dazu beizutragen, Schwierigkeiten, die durch das *Alter* entstehen, zu verhüten, zu überwinden oder zu mildern und alten Menschen die Möglichkeit zu erhalten, am Leben in der Gemeinschaft teilzunehmen« (§ 75 BSHG). – Die heutige Bedeutung der A. ist nicht zuletzt bedingt durch die wachsende Zahl älterer Menschen mit ihrer Auswirkung auf *Gesellschaft* und Gemeinwesen. Für das Jahr 2030 wird die Zahl der Wähler im Alter über 60 auf 44% prognostiziert (*Bevölkerungsentwicklung*). – Problembereiche älterer Menschen müssen von der Politik in sehr unterschiedlichen Feldern angegangen werden. So sind z.B. neben den traditionellen Arbeitsbereichen der A. Entscheidungen in der Wirtschafts-, Renten-, Gesundheits-, Wohnungs-, Bildungs- und Verkehrspoitik für die Lebensqualität im Alter von entscheidender Bedeutung. Die Fortentwicklung des Sozialhilferechts, die Rentengesetzgebung und Krankenversicherung, die Reform des Gesundheitswesens, Wohnungsbau und Wohngeldgesetzgebung, das *Pflegeversicherungs*gesetz und das *Heimgesetz*, aber auch die Altenpläne von Kommunen, Ländern und Bund sowie die Gesetzgebung der EU für den Bereich älterer Arbeitnehmer und Rentner haben für die ältere Generation hohe Bedeutung. – Als Teilbereich der *Sozialpolitik* darf sich A. auch nicht in individuellen Hilfestellungen erschöpfen, sondern muß daneben sozial- und gesellschaftspolitische Zielvorstellungen verfolgen, die der Befriedigung materieller und immaterieller Bedürfnisse der älteren Generation dienen (*Altenpolitik*).

2. Demographische Daten: Im vereinten Deutschland leben ca. 16,1 Mio. Menschen im Alter über 60 (davon 63% Frauen). Der Anteil dieser Altersgruppe machte Ende 1990 in den alten Bundesländern 20,9%, in den neuen Ländern 18,3% aus; er ist von rd. 8% vor dem ersten Weltkrieg auf jetzt über 20,3% gestiegen. Vom Beginn dieses Jahrhunderts an hat sich die Wahrschein-

lichkeit, als Neugeborener das Rentenalter zu erreichen, fast verdoppelt.
Die heutige Lebenserwartung der über 60jährigen Männer liegt in den alten und neuen Bundesländern bei 17,5 bzw. 16,2 Jahren, bei den Frauen bei 21,9 bzw. 19,8 Jahren. Erwartet wird bis zum Jahre 2010 eine Zunahme der über 60jährigen um rd. ein Viertel (20,4 Mio. Menschen = 26% der Gesamtbevölkerung) und bis zum Jahre 2030 um 50% (24,4 Mio. = 35% der Gesamtbevölkerung). Bei den über 80jährigen werden bis zum Jahre 2010 Zuwachsraten von 24% und bis 2020 um mehr als 50% prognostiziert (4,6 Mio.). Modellrechnungen des Statistischen Bundesamtes besagen, daß bis zum Jahre 2000 die Zahl der über 90jährigen auf etwa 7300 pro 1 Mio. Einwohner zunehmen wird (1985: 170 auf 1 Mio.). – Von den über 75jährigen Männern sind noch zwei Drittel verheiratet, aber nur ein Fünftel der Frauen.
Die Zahl der über 60jährigen Ausländer betrug 1990 in den alten Bundesländern ca. 265 000, in den neuen Ländern schätzungsweise 2000. Für die Zukunft ist auch hier mit einer wesentlichen Zunahme der älteren Ausländer zu rechnen.

3. Allgemeine Lebenssituation im Alter: Altsein hat viele Gesichter und erfordert sehr unterschiedliche Betrachtungsweisen. In der Spanne vom 5. Lebensjahrzehnt (z. B. Frühpensionierte) bis zur stark wachsenden Gruppe der Hochbetagten sind ältere Menschen alles andere als eine homogene Gruppe. A. muß die Unterschiedlichkeit von Lebenslagen erkennen und die Vielfalt von Verhaltensweisen nicht nur zulassen, sondern auch unterstützen. Von einer solchen Zielvorstellung ist die praktische A. zumeist noch weit entfernt. – Der Altersprozeß des einzelnen wird auch durch das Altersbild der Gesellschaft und die Rollenerwartung der sozialen Umgebung beeinflußt. Ein negatives, am Defizit orientiertes Altersbild führt zu Kompetenzverlusten. Noch immer wird in der öffentlichen Diskussion das Alter zumeist als belastender Faktor für die Gesellschaft dargestellt. Eine Korrektur dieser Sichtweise ist zwingend notwendig. Hierzu muß die ältere Generation aber auch die Ressourcen, über die sie verfügt, noch wirksamer einsetzen und deutlicher herausstellen. Das Alter kann heute nicht mehr in erster Linie als ein von vielerlei Defiziten geprägter Lebensabschnitt gesehen werden. Es gilt vorrangig, die spezifischen Fähigkeiten älterer Menschen zu sehen und vorhandene Kompetenzen zu fördern. Mit dem Begriff »Neue Alte« wird u. a. die Auffassung dokumentiert, daß für viele Menschen heute auch das Alter erweiterte Chancen einer aktiven Lebensplanung bereithält.
Wenn im Rahmen der Sozialpolitik heute die Eigenverantwortlichkeit der Menschen in besonderem Maße herausgestellt wird, so darf das jedoch nicht darüber hinwegtäuschen, daß von den 96% der Älteren, die in eigener Häuslichkeit leben, eine wachsende Zahl auf ambulante und teilstationäre Hilfe zur Bewältigung ihres Alltags angewiesen ist; die Altenpolitik darf die berechtigten Ansprüche dieser Gruppe nicht ausblenden.
Lebensqualität im Alter wird vor allem bestimmt durch
- die jeweilige Einkommens- und Vermögenssituation,
- die Wohnsituation und Haushaltszusammensetzung,
- den Gesundheitszustand,
- den persönlichen Lebensstil im Hinblick auf Kompetenz, Selbstbestimmung und Aktivitäten,
- Kontakte zur Umwelt und
- durch das familiär, nachbarschaftlich oder professionell aktivierbare Hilfenetz zur Bewältigung auftretender Notsituationen.

Ältere Menschen zeigen sich i. d. R. mit ihren Lebensverhältnissen weitgehend zufrieden, obwohl – objektiv betrachtet – ihre Lebenslage nicht selten eingeschränkt ist. Die meisten bevorzugen auch im Alter eine unabhängige Lebensführung im eigenen Haushalt. Sie ist zumeist Voraussetzung für psychosoziales Wohlbefinden. Die Hälfte der älteren Menschen schätzt ihre Kontaktmöglichkeiten zu Familienangehörigen, Nachbarn und Freunden als gut ein. Ein Drittel beklagt mangelnde Kontakte, dies insbesondere in der Altersgruppe ab 75.
Die BReg hatte 1989 eine Sachverständigenkommission mit der Erstellung eines Berichtes zur Lage der älteren Generation in der BRD beauftragt; er liegt seit November 1992 vor (BT-Drs. 12/5897) und liefert eine umfassende Beschreibung und Analyse der Situation älterer Menschen. Er ist ergänzt um eine Stellungnahme der BReg, die ihre altenpolitischen Leitlinien und Zielvorstellungen wiedergibt. Im Zusammenhang mit der Erstellung des Kommissionsberichtes wurden auch verschiedene Expertisen vergeben, die vom Deutschen Zentrum für Altersfragen, Berlin, herausgegeben wurden. Der Expertisenband 2 »Aspekte der Alterssituation im Osten und Westen der Bundesrepublik« gibt vor allem Aufschluß über die Situation älterer Menschen in der ehemaligen DDR.

4. Materielle Situation: Voraussetzung für eine autonome Lebens- und Haushaltsführung im Alter ist eine dem jeweiligen Lebensstil angemessene Ausstattung mit Einkommen, Vermögen sowie Anwartschaften auf Versicherungsleistungen. Die Mehrzahl der älteren Menschen bestreitet den Lebensunterhalt überwiegend aus Rentenzahlungen der gesetzlichen Rentenversicherung. 90% der Männer und 60% der Frauen verfügen über ein eigenes Renteneinkommen. – Der Eintritt in das Rentenalter hat sich stark nach unten verschoben. Von den heutigen Rentnern und Pensionären haben weniger als ein Drittel bis zum 65. Lebensjahr eine Berufstätigkeit ausgeübt. – Die künftige Lebensqualität im Alter wird vor allem von Kontinuität und Stabilität der Rentenfinanzen abhängen. Der skizzierte Geburtenrückgang stellt in den kommenden Jahrzehnten das heutige Rentensystem vor schwierige Aufgaben. Immer weniger Beitragszahler müssen für immer mehr Rentner sorgen. Ziel des am 1. Januar 1992 in Kraft

getretenen Gesetzes zur Reform der gesetzlichen Rentenversicherung ist es, die Alterssicherung auch künftig leistungsfähig zu erhalten. Ob sich allerdings angesichts der Arbeitsmarktlage die hierzu vorgesehenen Instrumentarien (u.a. stufenweise Abschaffung der vorgezogenen und flexiblen Altersgrenze zugunsten der Regelarbeitsgrenze von 65 Jahren, Zahlung von Teilrenten bei Teilzeitareit, Möglichkeit der Weiterarbeit nach dem 65. Lebensjahr) als hilfreich erweisen, bleibt abzuwarten. Da zu erwarten ist, daß sich im Bereich staatliche Alterssicherungssysteme in der Zukunft das Niveau der Leistungen tendenziell reduziert, sollte der Ausbau privater und betrieblicher Altersvorsorge stärker gefördert werden.
Die Einkommens- und Verbraucherstichprobe 1988 des StB macht deutlich, daß sich seit der letzten Erhebung im Jahre 1983 für eine große Mehrheit der älteren Menschen eine Verbesserung ihrer materiellen Ressourcen ergeben hat. Freilich gibt es auch bei Rentnerhaushalten eine große Streuung der Einkommensverhältnisse. In den unteren Einkommensklassen finden wir vor allem Einpersonenhaushalte und Frauen. Überlegungen zu einer Verbesserung der Alterssicherung von Frauen dauern an. Die im Jahre 1986 eingeführten Kindererziehungszeiten wurden für Geburten ab 1992 von einem auf drei Jahre verlängert. Das BVerfG hat den Gesetzgeber zum Ausbau der Berücksichtigung von Kindererziehungszeiten aufgefordert.
Die im allgemeinen zufriedenstellende materielle Ausstattung älterer Menschen kann aber nicht darüber hinwegtäuschen, daß viele nicht nur auf Sozialhilfe (*Wirtschaftliche Hilfen*) abgewiesen sid, sondern in *Armut* leben (hohe Dunkelziffer). Besonders alleinerziehende Mütter sind von Altersarmut bedroht. Armut im Alter stellt sich aber auch oft als Fortsetzung einer lebenslangen Armutskarriere dar, mitbedingt durch einen niedrigen Bildungsstand, gesundheitliche Beeinträchtigung oder auch besondere psychische oder soziale Belastung. – Im Falle eines notwendig werdenden Heimaufenthaltes sind zur Zeit nur 14% der Rentner/innen in der Lage, diese Kosten aus eigenem Einkommen und Vermögen zu bestreiten. Es ist zu erwarten, daß das jetzt beschlossene PflegeVG ab 1996 auch zahlreichen Pflegeheimbewohnern finanzielle Entlastungen bringen wird. – Da den Bezug von Sozialhilfe viele alte Menschen als Makel empfinden, wird seit längerer Zeit die Forderung erhoben, die Sozialhilfe für diesen Personenkreis künftig in die Rentenversicherung zu integrieren.
In den neuen Bundesländern ist vielen älteren Arbeitslosen aufgrund der angespannten Arbeitsmarktlage eine Verbesserung ihrer materiellen Situation durch Rückkehr in das Erwerbsleben nicht mehr möglich; sie sind in vollem Umfang auf Transferleistungen und soziale Sicherung angewiesen. Die Mehrheit der Bevölkerung im Rentenalter verzeichnet aber doch seit der Währungsunion einen Anstieg ihres Lebensstandards. Während nach Angaben der BfA für Männer die durchschnittliche Rente im Januar 1994 im Westen 1761 DM betrug, lag sie im Osten im Schnitt bei 1520 DM. Die verfügbare Rente der Frauen liegt jedoch in den neuen Bundesländern (durch längere Beitragszeiten) mit 979 DM über der durchschnittlichen Rente der Westfrauen mit 757 DM. Zu berücksichtigen ist jedoch, daß im Gegensatz zu vielen Westrentnern die materielle Versorgung älterer Menschen in den neuen Bundesländern sich allein auf Rentenzahlung beschränkt.

5. Wohnverhältnisse: Empirische Untersuchungen belegen, daß positive Beziehungen zwischen Familienmitgliedern verschiedener Generationen am ehesten gewährleistet sind, wenn eine Wohnsituation realisiert werden kann, die in ihrer Wirkung durch die Formel »Innere Nähe bei äußerer Distanz« bestimmt wird. Der Wunsch nach Unabhängigkeit und Selbstbestimmung des Lebens gehört zu den menschlichen Grundbedürfnissen; er hat für den alten Menschen eine ganz besondere Bedeutung. – In aller Regel zieht der ältere Mensch generationsübergreifende Wohnformen einem Leben mit Gleichaltrigen vor. – Da die Wohnbedingungen im Alter zumeist abhängig sind von Wohnentscheidungen in der Lebensmitte, erfordert eine effektive Politik zur Schaffung altengerechten Wohnraums ein länger vorausschauendes Planen und Handeln. Damit die Altengeneration über Wohnraum verfügt, der auch in Notsituationen ein längstmögliches Verbleiben in eigener Häuslichkeit ermöglicht, muß der Verbesserung der Wohnqualität und des Baues selbständigkeitsfördernder Wohnungen noch mehr Aufmerksamkeit geschenkt werden. Wohnungsmängel sind ein entscheidender Faktor für die Gefährdung der Selbständigkeit Älterer. Es gilt schließlich zu berücksichtigen, daß die Wohnbedürfnisse, einschließlich des Wohnumfeldes, der nächsten und übernächsten Altengeneration sich von den heutigen Vorstellungen deutlich unterscheiden werden.
Nach der letzten Volkszählung (1987) waren in der Altersgruppe über 75 in den alten Bundesländern 47% Einpersonenhaushalte, in den neuen Ländern (1989) 69%. In Westdeutschland lebten noch 36% dieser Altersgruppe in Zwei- und 17% in Drei- und Mehrpersonenhaushalten. Die Zahl der Haushalte, in denen mehrere Generationen zusammenleben, nimmt ständig weiter ab. Dadurch erschweren sich mögliche Unterstützungsleistungen in Notfällen. Haushalte mit älteren Haushaltsvorständen haben tendenziell schlechter ausgestattete Wohnungen. Bzgl. der Wohnqualität sind gravierende Unterschiede zwischen Ost und West festzustellen. Die Zahl der Substandardwohnungen liegt im Osten fast um ein Dreifaches höher als in Westdeutschland. In Ost und West besteht ein großer Bedarf an behindertengerechten Wohnungen; sie haben für alte Menschen besondere Bedeutung. – Oftmals kann mit relativ einfachen Maßnahmen eine altengerechte Anpassung von Wohnungen und damit ein Verbleib in der eigenen Häuslichkeit erreicht werden. Auch mit betreuten Wohnangeboten, »Beschützten Altenwohnungen«, die gesicherte und verläßlich organisierte Betreuungsleistungen umfassen, läßt sich für viele Menschen ein ansonsten notwendiger Heimaufenthalt verhindern

oder zumindestf hinausschieben. Das Altenwohnheiminstitut des KDA, Köln, hat viele Vorschläge für zeitgerechte Wohnangebote älterer Menschen entwickelt.

6. Gesundheit – Krankheit – Pflege – Hilfebedürftigkeit: Eine Untersuchung aus den Jahren 1984/85 ergab, daß in den alten Bundesländern in der Gruppe der über 60jährigen fast jeder zweite mit seinem Gesundheitszustand »eher zufrieden« war, »eher unzufrieden« fast ein Drittel der Männer und Frauen. Bei der Bevölkerung in den neuen Bundesländern ist ein schlechterer allgemeiner Gesundheitszustand und auch ein schlechteres psychisches Wohlbefinden (besonders bei Frauen) zu verzeichnen als in den alten Bundesländern.
Wenn auch Krankheit und Hilfebedürftigkeit für das höhere Alter der Menschen nicht typisch sind, nimmt doch mit dem Alter die Häufigkeit an Krankheiten zu, vor allem die Multimorbidität (*Geriatrie*). Häufigste Ursache für Gebrechlichkeit und Hilflosigkeit im Alter sind Herz- und Kreislaufleiden, Hirngefäßerkrankungen, Krebs, Krankheiten des Bewegungsapparates, psychische Behinderungen sowie Beeinträchtigungen von Hören und Sehen; ferner charakterisieren dementielle Erkrankungen und chronische Leiden das Krankheitsspektrum älterer Menschen; daraus resultiert ein spezifischer Behandlungs- und Versorgungsbedarf. Nach empirischen Forschungen leiden allein 6% der über 65jährigen älteren Menschen an mittelschweren bis schweren Demenzen (ca. 700000), davon etwa 60% an der Alzheimerschen Krankheit, die mit steigendem Alter immer häufiger auftritt.
Fast alle älteren Menschen sind pflichtkrankenversichert; und doch ist ihre ambulante oder auch stationäre medizinische Betreuung insofern als kritisch zu sehen, als noch immer viel zuviel Beschwerden als altersbedingt diagnostiziert werden. Mit der Diagnose »Pflegefall« wurde bislang häufig notwendige und erfolgversprechende *Rehabilitation* verweigert. 40% aller Pflegetage in Krankenhäusern entfallen auf über 65jährige Patienten, die in den Kliniken mit 25 und mehr Aufenthaltstagen auch überproportional vertreten sind. Man kann davon ausgehen, daß bei bis zu 40% der in Krankenhäusern zu Pflegefällen deklarierten Patienten durch angemessene aktivierende und rehabilitative Bemühungen Dauerunterbringungen in Pflegeheimen vermieden werden könnten. Das Gesundheitsreformgesetz vom Dezember 1988 sieht auch zur Vermeidung von Pflegebedürftigkeit medizinische Vorsorgeleistungen (§ 23) und Rehabilitationsmaßnahmen (§ 107) vor. Darauf hat auch der ältere Mensch Anspruch. – Die geringe Bedeutung von Geriatrie und *Gerontologie* in Forschung und Lehre wirkt sich auf die Praxis der A. sehr negativ aus; zusätzlich belastet die wenig ausgeprägte Zusammenarbeit von Ärzten, therapeutischen Diensten und SozArb sowohl die ältere Generation wie die ambulante und stationäre A. Niedergelassene Ärzte wie Mediziner im Krankenhausbereich sollten mit Angeboten und Leistungen für ältere Menschen dem Prinzip des Vorrangs von Prävention und Rehabilitation entsprechen; sie müssen über fachgeriatrische Kompetenzen verfügen. Nach einer erfolgreichen stationären Reha ist von besonderer Bedeutung eine stufenweise Rückführung des Rehabilitierten in seine gewohnte Umgebung. Geriatrische Tageskliniken und Tagespflegeheime, deren Zahl aber noch völlig ungenügend ist, aber auch sonstige Einrichtungen der stationären Altenhilfe können hierbei wichtige Hilfestellung geben. Als hilfebedürftig gilt eine Person, die ohne fremde Hilfe nicht in der Lage ist, ein Leben zu führen, das der Würde des Menschen entspricht. Eine Definition von Pflegebedürftigkeit enthält § 14 SGB XI. Danach sind pflegebedürftig Personen, »die wegen einer körperlichen, geistigen oder seelischen Krankheit oder Behinderung für die gewöhnlichen und regelmäßig wiederkehrenden Verrichtungen im Ablauf des täglichen Lebens auf Dauer, voraussichtlich für mindestens sechs Monate, in erheblichem oder höherem Maße der Hilfe bedürfen«. Das Ausmaß des Hilfe- und Pflegebedarfs privater Haushalte wurde 1993 im Auftrage des BMFuS vom Institut Infratest festgestellt. Ermittelt wurden über 3,2 Mio. Personen (4,1% der Gesamtbevölkerung), die für einzelne oder mehrere alltägliche Verrichtungen Hilfen notwendig haben. Von dieser Gruppe haben 190000 einen ständigen, 468000 einen täglichen und 465000 einen mindestens mehrfachen wöchentlichen Pflegebedarf. Von der Gruppe mit regelmäßigem Pflegebedarf stehen 310000 (27,6%) im Alter zwischen 65 und 79, und 483000 (43%) sind 80 Jahre und älter. Einen unregelmäßigen Pflegebedarf haben 1,26 Mio. Personen. Von ihnen sind 495000 (39,2%) zwischen 65 und 79 Jahre alt und 469000 (37,2%) 80 Jahre und älter. Die ganz überwiegende Zahl pflegebedürftiger Menschen lebt in privaten Haushalten; die Zahl der Pflegebedürftigen in Heimen wird auf ca. 450000 geschätzt.
Nach über 20jähriger Diskussion haben sich die Regierungsparteien und die SPD Anfang 1994 trotz heftigen Widerstands der Arbeitgeber und einzelner Gewerkschaften auf die Einführung einer Pflegeversicherung als 5. Säule der Sozialversicherung geeinigt. In der Diskussion zur Verabschiedung dieses Gesetzes standen mehr finanzpolitische Gesichtspunkte im Vordergrund als Aspekte der Qualität von Pflegeleistungen und Pflegeinfrastruktur. Es fehlt an anerkannten Standards für die Pflege und hauswirtschaftliche Versorgung pflegeabhängiger älterer Menschen sowie an etablierten Instrumenten zur Qualitätssicherung. Deshalb ist trotz der Zielsetzung des Gesetzes eine Senkung des bisherigen Leistungsniveaus möglich. Nach dem PflegeVG werden Leistungen für häusliche Pflege ab April 1995, solche für die stationäre Pflege ab Juli 1996 gewährt. Das Gesetz sieht für die häusliche Pflege – nach drei Pflegestufen gegliedert – Geldleistungen von 400 bis 1300 DM, Sachleistungen von 750 bis 2800 DM vor, in besonderen Härtefällen bis 3750 DM. In der stationären Pflege sollen 2800 DM, für Schwerstpflegebedürftige zur Vermeidung von Härtefällen 3300 DM gewährt werden. Die Kosten für Unterkunft und Verpflegung sind vom Heimbewohner selbst aufzubringen. – Der Versicherungsbeitrag (1% des Bruttolohnes) wird ab

Januar 1995 erhoben und ab Juni 1996 auf 1,7% erhöht werden; er ist je zur Hälfte von Arbeitnehmer und Arbeitgeber aufzubringen. Als Ausgleich für die Beitragsanleihe der Arbeitgeber ist für die 1. Stufe die Wandlung eines Feiertages zum Werktag (Entscheidung durch die Landtage) vorgesehen. Das Inkrafttreten der 2. Stufe (stationäre Pflege) kann die BReg mit Zustimmung des Bundesrates beschließen; zuvor muß festgestellt werden, in welcher Form für die Arbeitgeber eine Kompensation ihrer erhöhten Aufwendungen erfolgen kann.

7. Bildung: Für die Lebenssituation und Verhaltensweisen im Alter sind Schul- und Berufsausbildung von großer Bedeutung. Ein höherer Bildungsstand bringt berufliche, ökonomische und soziale Vorteile mit sich. Internationale Untersuchungen belegen das krasse Zurückbleiben der älteren Generation hinsichtlich des erreichten Niveaus an Schulbildung. In den kommenden Jahrzehnten ist jedoch eine deutliche Zunahme von älteren Menschen mit mittlerem und höherem Bildungsabschluß zu verzeichnen. Es ist zu erwarten, daß dieser Personenkreis verstärkt in der Lage sein wird, seine Interessen zu artikulieren, und über verbesserte Ressourcen für eine selbstbestimmte Gestaltung des Lebens im Alter verfügt.
Auch alte Menschen sind weithin noch bereit und fähig, Neues zu lernen. Bildungsangebote für Ältere haben das Ziel, die Bereitschaft und Motivation zum Lernen zu fördern, ihre Kompetenz zu unterstützen und damit zur Bewältigung ihrer Alltagsprobleme beizutragen. Zahlreiche Angebote der Erwachsenenbildung – bis hin zu Seniorenuniversitäten – zielen darauf ab, die geistige Leistungsfähigkeit im Alter zu erhalten, Verständnis zu gewinnen für sozialen Wandel, Interessen zu wecken, zu erhalten oder auszuweiten und möglichen Problemstellungen durch rechtzeitige Aufarbeitung entgegenzuwirken. Unterschiedliche Bildungsangebote müssen der Verschiedenartigkeit von Interessen und Bedürfnissen älterer Menschen Rechnung tragen.

8. Ambulante Hilfen: Der Vielfalt von Wünschen, Auffassungen und Bedürfnissen innerhalb der älteren Generation kann mit dem Grundsatz der Individualisierung der Hilfe i.d.R. im ambulanten Bereich eher entsprochen werden als im stationären Raum. Forderungen nach Schutz der Persönlichkeit und der Individualität, der Erhaltung der Lebensgewohnheiten und der Aufrechterhaltung des gewohnten sozialen Beziehungsnetzes sowie der Befriedigung des Bedürfnisses nach »privatem Bereich« lassen sich ambulant leichter realisieren als mit einer Heimaufnahme.
Fragen von Selbstversorgungsmöglichkeiten Älterer in eigener Häuslichkeit haben in den letzten Jahren weiter an Bedeutung gewonnen und sind auch ein Postulat der Sozialpolitik. Vielfach sind sie abhängig vom Vorhandensein eines familialen, nachbarschaftlichen oder sonstigen informellen sozialen Netzwerkes. Alleinlebende Ältere, Haushalte älterer Ehepaare sowie Familien mit pflegenden Angehörigen sind zur Ergänzung der Selbstversorgung oftmals auch auf professionelle Hilfen angewiesen. Die »Hilfe für Helfer« (entlastende und unterstützende Angebote für Angehörige und Nachbarschaft) gewinnt an Bedeutung. Mit einer solchen Hilfekette lassen sich verläßliche und attraktive Alternativen zu stationären Hilfeformen entwickeln. Man kann davon ausgehen, daß ca. 15 bis 20% der selbständig wohnenden Älteren für eine zufriedenstellende Lebensführung gewisse ambulante Hilfeformen notwendig haben. Leider orientiert sich das geförderte Angebot oftmals allein an den verfügbaren Finanzmitteln. – Die Errichtung eines flächendeckenden Netzes ambulanter Dienste und Sozialstationen wird nun auch in den neuen Bundesländern angestrebt. – Einer Verkürzung des Leistungsangebots auf häusliche Krankenpflege *(Hauskrankenpflege)* sollte entgegengewirkt werden. Die Anbindung weiterer ambulanter Dienste oder die Kooperation mit sonstigen Trägern ambulanter Hilfen ist ungenügend. Ferner ist es auch erforderlich, die Gewährung von Dienstleistungen an Wochenenden und in der Nacht sicherzustellen. – Auch nach Verabschiedung des PflegeVG fehlt nach wie vor eine tragfähige Finanzierungsregelung für hauswirtschaftliche Dienste, die nicht mit behandlungspflegerischen Leistungen verknüpft sind. In den neuen Bundesländern wird die Gewährung hauswirtschaftlicher Hilfen, die bis zur Wiedervereinigung von der Volkssolidarität mit staatlicher Förderung durch 39000 Hauswirtschaftspflegerinnen geleistet wurden, besonders vermißt.
Die überwiegende Zahl ambulanter Hilfen kann man zeitlich begrenzt ansetzen und aus therapeutischen Gründen auch nur befristet befürworten. Zur immer wieder geforderten Bürgernähe in der sozialen Arbeit gehört auch der Abbau von äußeren, bürokratischen Barrieren, die Menschen daran hindern, erforderliche Dienste in Anspruch zu nehmen. – Aufgrund der Kostensituation zeichnet sich in jüngster Zeit im Bereich ambulanter Hilfen eine Umverteilung von Aufgaben ab. Deutlich ist ein Wachstum kommerzieller Träger (insbes. im Bereich der Behandlungspflege) sowie kleiner innovativer Projekte. Um ein besseres Preis-Leistungs-Verhältnis der Dienste zu erreichen, wird es erforderlich sein,
- unflexible Zeitregeln und Leistungsangebote der Hilfeträger effektiver auf die Bedürfnisse der Hilfesuchenden abzustellen,
- informelle Helfer bewußter mit dem Angebot professioneller Hilfen zu verzahnen,
- eine bessere Koordination zwischen medizinischen, pflegerischen und sonstigen sozialen Angeboten herbeizuführen,
- zeitgemäße Formen der Vernetzung von Hilfen für Ältere zu praktizieren und
- die Wettbewerbschancen innovativer Angebote zu erhöhen.

9. Teilstationäre Angebote: Als Angebot zwischen einem Verbleib in eigener Häuslichkeit und einer stationären Unterbringung ist ein flächendeckendes Netz geriatrischer Tagesstätten, Tagesheime, Tagespflege-

Ambulante soziale Dienste in der Altenhilfe	
Innerhalb der Häuslichkeit	Außerhalb der Häuslichkeit
Information/Beratung – Beratung in Form von Hausbesuchen zu allgemeinen Fragen. Fragen der Haushaltsführung, Fragen der Haushaltseinrichtung.	– Herausgabe von Informationsbroschüren, Seniorenbriefen etc. – Beratungsstellen zu allen Bereichen der Selbstversorgung, allgemeine Lebensberatung, Haushalts- und Verbraucherberatung, Beratungsangebote für Selbsthilfegruppen und pflegende Angehörige, Rechtsberatung, Rentenberatung, Ernährungs- und Gesundheitsberatung, Behindertenberatung, Wohnberatung; Beratungsangebote für ausländische Mitbürger – Seniorenbüros
Gesundheitsfürsorgerische Hilfen – Kranken- u. Sozialpflegerische Dienste (Haus-, Alten-, Gemeindekrankenpflege) – Haushaltshilfsdienst – Mahlzeitendienst auf Rädern – mobile Dienste für den häuslichen Bereich (Fußpflege, Badehilfen, Ergotherapie, Bewegungstherapie, Kranken- und Heilgymnastik, Massagen, Rehabilitationshilfen allgemein) – mobile Teams für psychisch Kranke (Arzt, Krankenschwester, SozArb) – Angebote betreuten Wohnens – Hilfe für pflegende Angehörige	– Vermittlungsstellen für Haus-, Alten-, Gemeindekrankenpflege und Haushaltsdienste, Bereitstellung von Hilfmitteln für die häusliche Pflege – Sozialstationen – stationäre Mahlzeitendienste (Mittagstische) – Angebote stationärer Dienste (Fußpflege, Reinigungsbäder z. B. mit Badehilfen, Ergotherapie, Bewegungstherapie, Kranken- und Heilgymnastik, Gymnastik- und Sportkurse, medizinische Bäder, Massagen, Fangopackungen) – Gesundheitsberatung (einschließlich Vorsorge- und Nachsorgeuntersuchungen) – Erholungsberatung – Erholungs- und Kurangebote – spezielle Erholungsmaßnahmen für Pflegebedürftige in eigener Häuslichkeit (auch zur vorübergehenden Entlastung von Angehörigen) – Tagespflegeheime – Tageskliniken mit ambulanten Zentren für prophylaktische, therapeutische und rehabilitative Bemühungen – Hilfen für psychisch Gestörte (gerontopsychiatrische Angebote)
Vermittlungsdienste – Überprüfung der Notwendigkeit zur Inanspruchnahme ambulanter Hilfen durch Hausbesuche	– Seniorenbüros – Vermittlungsstellen für pflegerische Dienste, Haushaltshilfedienste, Wohnungs- und Heimplatzvermittlung, Betätigung und Beschäftigung von Betagten, Erholungsangebote (einschließlich Stadtranderholung)
Kommunikationshilfen und Bildungsangebote – Besuchsdienste – Rundfunk- und Fernsehhilfen – Abholdienste (Fahr- und Begleitdienste)	– Angebote freier und öffentlicher Träger, Seniorenvereinigungen etc. zu geselligen Veranstaltungen, kultureller Teilhabe, kreativem Schaffen – generationenübergreifende Angebote – Unterhaltung von Tagesstätten, Clubs, Werkstätten etc. – Durchführung von Ausflugsfahrten, Besichtigungen etc. – Angebot ermäßigter Verkehrstarife – Bildungsangebote, Kompetenztraining, einschließlich Seminaren zur Vorbereitung auf das Alter – Wissensbörsen
(Eine Erläuterung der meisten Dienste der A. bringt die Nomenklatur des DV, Kleine Schriftenreihe, Heft 65, 2. Aufl. 1992)	

heime, geriatrischer Polikliniken sowie Tages- bzw. Nachtkliniken erforderlich. Einrichtungen dieser Art ermöglichen Betroffenen, wenigstens für bestimmte Tages- und Nachtzeiten in ihre eigene Häuslichkeit zurückzukehren; damit ist eine größere Bereitschaft zum Regenerieren der eigenen Kräfte zu verzeichnen, als dies bei einer ständigen stationären Unterbringung erwartet werden kann.

10. Stationäre Hilfen: Es bleibt Aufgabe der A., die Versorgung mit Heimplätzen für diejenigen zu sichern, die aufgrund ihrer familialen und gesundheitlichen Situation auf Hilfen dieser Form angewiesen sind. Es muß ein differenziertes und qualifiziertes Angebot an Heimplätzen zur Verfügung stehen. Es ist ein Bedarf an Altenwohnheimen und Wohnstiften gegeben; die Nachfrage nach Altenheimplätzen ist weiter zurückgegangen. Starke Zuwachszahlen verzeichnen Institutionen für Pflegebedürftige. – Auch Heime der A. sind einem kontinuierlich wirkenden Veränderungsdruck ausgesetzt. Notwendig sind weitere Bemühungen um eine »Normalisierung« des Heimalltags und ein Abbau von persönlichen Betreuungsabhängigkeiten durch eine Individualisierung von Heimleistungen. Heimangebote müssen stärkere Ausdifferenzierungen erfahren, die von abrufbaren Diensten zur Unterstützung selb-

ständigen Wohnens bis zu Angeboten zur Behandlung chronisch oder psychisch kranker Menschen reichen. Heime müssen sich heute besonders auf den Personenkreis von Bewohnern mit gerontopsychiatrischen Krankheitsbildern einstellen. »Heimkonzepte der Zukunft« hat 1991 eine Sachverständigenkommission in einer Publikation vorgelegt (Hrsg. DZA, Berlin, und KDA, Köln).
Der zukünftige Bedarf an Heimplätzen wird häufig überschätzt. Schon in den letzten 2 Jahrzehnten zeichnete sich eine Verringerung der Inanspruchnahme von Heimplätzen bei den unter 85jährigen und eine Erhöhung jenseits dieser Altersgrenze ab. Das KDA sagt unter Berücksichtigung dieses Trends voraus, daß der Mehrbedarf an Heimplätzen nicht gleichzusetzen ist mit der Steigerungsrate von 17% der Menschen in dieser Altersgruppe, sondern wesentlich darunter liegen wird. Gerade für die neuen Bundesländer muß die Forderung erhoben werden, Lösungsansätze zur Ausformung und Differenzierung des Heimangebots jenseits von Notstandsdiskussionen zu finden und der veränderten Bedarfslage älterer Menschen in stärkerem Maße zu entsprechen. Vielfach tragen die öffentlichen Förderprogramme für den Auf- und Ausbau der stationären Arbeit dieser Forderung nur ungenügend Rechnung. Oftmals sind einengende Bestimmungen zur Investitionsförderung mitverantwortlich für Fehlentscheidungen und Fehlentwicklungen. Die Praxis der öffentlichen Hand, mittels Objektförderungen Kapazitätsregulierungen vorzunehmen, muß kritisch hinterfragt werden; eine systematische Subjektförderung, die dem einzelnen seinen Konsumentenstatus beläßt und damit auch seine eigenen Entscheidungsmöglichkeiten stärkt, erscheint für die Fortentwicklung der Arbeit erfolgversprechender.
Stationäre Einrichtungen sollten sich auch als Mittelpunkt sozialfürsorgerischer ambulanter Betreuungsangebote für den Bereich ihrer Nachbarschaft verstehen. Einrichtungen, die sowohl ambulante als auch stationäre Hilfen anbieten, können besonders optimal geführt und genutzt werden. Dies gilt vor allem für Therapie-, Rehabilitations- und Kommunikationsangebote.

11. Ausprägung von Kooperationsformen: Organisation, Struktur und Arbeitsweise sozialer Dienste entsprechen vielfach nicht mehr dem heutigen Verständnis von SozArb. Es besteht ein Mißverhältnis zwischen Erkenntnissen und Methoden im Hilfevollzug einerseits und der Organisation helfender Dienste andererseits. Das Dienstleistungsangebot stellt sich für den Hilfesuchenden vielfach in einer irritierenden organisatorischen und administrativen Vielfalt dar; der gewünschte und notwendige Pluralismus im Angebot einzelner Hilfeträger wirkt sich oftmals zum Nachteil von Hilfesuchenden aus. Öffentliche und freie Träger (*Träger der Sozialarbeit*) arbeiten vielfach vor Ort mit der gleichen Klientel, aber widersprüchlichen Zielvorstellungen; die Folgen sind einerseits fachlich nicht gerechtfertigte Überschneidungen (Mehrfachbetreuungen), andererseits die Ausblendung wesentlicher Hilfeelemente. Für eine optimale und wirtschaftliche Versorgung älterer Menschen bedarf das Hilfesystem wirksamer Formen der Vernetzung.

12. Zielvorstellungen: Diskussionen um Lösungsansätze in der A. müssen sowohl die Verjüngung und Entberuflichung des Alters berücksichtigen als auch seine Singularisierung und Feminisierung. – Die soziale Infrastruktur des Gemeinwesens darf nicht nur auf die traditionelle Gruppe der Altersfürsorge ausgerichtet sein, sondern muß auch die Anliegen von Menschen im Übergang vom Berufsleben zum Rentenalter mitberücksichtigen und die vielen sozialen Belange Älterer, die nicht im herkömmlichen Sinne »hilfebedürftig« sind. Hierbei sollte insbesondere dem Bedürfnis älterer Menschen nach Kommunikation, Information, Bildung und Aufgabenstellungen entsprochen werden. Zur Erfüllung dieser Anliegen können Seniorenbüros ebenso eine wichtige Rolle spielen wie Altengruppierungen und ihr Zusammenschluß in der Bundesarbeitsgemeinschaft der Seniorenorganisationen (BAGSO), Bonn. Die Durchsetzung der genannten Zielvorstellungen wird nur möglich sein, wenn ältere Menschen in stärkerem Maße die Chance erhalten, ihre Erfahrungen in den heutigen gesellschaftspolitischen Prozeß mit einzubringen; sie benötigen eine stärkere Repräsentanz im Rahmen politischer Entscheidungsgremien. – Jenseits traditioneller Formen sozialer Altenbegegnungen/Altenclubs (deren Bedeutung weiter zurückgeht) entwikkeln Selbsthilfe- und andere emanzipatorische Gruppierungen neue Lebens- und Betätigungsformen alter Menschen. Angesichts der Zunahme älterer Menschen wird auch die Frage eines stärkeren Solidarausgleichs der Älteren untereinander an Bedeutung gewinnen. Notwendig wäre, daß ein freiwilliges gesellschaftliches Engagement zu einer moralischen Verpflichtung wird (*Ehrenamtliche Helfer*). Ziel der Sozialpolitik muß u. a. auch die Aufrechterhaltung der Generationensolidarität als Fundament der gesellschaftlichen Entwicklung sein; sie muß den Austausch zwischen den Generationen fördern und Gegengewichte setzen zur Segregation einzelner Altersgruppen. Freiwillige soziale Tätigkeiten sollten besonders in Feldern gefördert werden, die keine Spezialausbildung erforderlich machen und in denen mit Einführungskursen, einsatzbegleitenden Bildungsmaßnahmen und Supervisionsangeboten das erforderliche Rüstzeug für ein soziales Engagement vermittelt werden kann. Für die professionelle A. hat die Fortschreibung der Ausbildungsordnungen von sozialen Berufsgruppen hohe Bedeutung. *G. Haag*

Literatur: K. Arnold/B. Hoppe (Konzept und Bearbeitung): Curriculumentwicklung und Professionalisierung: Altenpflege, Altenhilfe, Altenarbeit, Hrsg. vom DV, Frankfurt/M. 1994; BT-Drs. 12/5897 (1993): Erster Altenbericht der BReg; DZA (Hrsg.): a) Expertisen der Sachverständigenkommission zur Erstellung des ersten Altenberichts der BReg (Band I–V), Berlin 1991–1993; b) Fachbericht zur Situation älterer Menschen in der BRD, Berlin 1995; G. Holz u.a.: Ältere Migranten und Altenhilfe, ISS-Pontifex 4/1994, Frankfurt/M.; ISS e.V. (Hrsg.): Altwerden 2000. Ein Memorandum zu Altenhilfe und

Altenarbeit in Deutschland, Frankfurt/M. 1995; KDA: Hilfe und Pflege im Alter, Köln 1994; H. Mohl: Die Altersexplosion, Stuttgart 1993; Statistisches Bundesamt (Hrsg.): Datenreport 1992, Bundeszentrale für politische Bildung, Bonn 1992; BMFuS (Hrsg.): Hilfe- und Pflegebedürftigkeit in privaten Haushalten, Schriftenreihe Bd. 20.2, Stuttgart/Berlin/Köln 1993.

Altenpolitik

Demographischer Wandel und Wandel der Lebenssituation älterer Menschen:
Eine der größten sozialpolitischen Herausforderungen in der BRD geht heute und in der weiteren Zukunft vom demographischen Wandel aus. Eng verbunden sind damit Veränderungen der Familienstands- und Haushaltsstrukturen. In den nächsten 40 Jahren wird die Zahl der älteren Menschen kontinuierlich zunehmen und ihr Anteil an der Bevölkerung deutlich steigen. Lebten 1992 rd. 16,5 Mio. Personen über 60 Jahren in der BRD (Altenquote: 20,5%), so wird ihre Zahl im Jahr 2000 auf rd. 19,1 Mio. (23,6%), im Jahr 2010 auf 20,35 Mio. (25,9%) und im Jahr 2025 auf 23,56 Mio. Personen (32,5%) steigen. Charakteristisch ist (*Bevölkerungsentwicklung*):
1. ein Frauenüberhang, der mit steigendem Alter erheblich zunimmt. Rd. 63% der über 60jährigen und ca. 79% der über 90jährigen sind Frauen;
2. das Alleinleben in Einpersonenhaushalten.
Ende 1991 lebten mehr als ein Drittel der über 60jährigen in Einpersonenhaushalten. Bei den Frauen waren es rd. 48%, bei den Männern hingegen nur ca. 14%;
3. die ungebrochene steigende Lebenserwartung der Bevölkerung und damit die Zunahme alter und hochaltriger Menschen.
Die Lebenserwartung bei Männern liegt im Durchschnitt in der BRD derzeit bei 72,2 Jahren, die der Frauen bei 78,9 Jahren. Damit hält die Bundesrepublik eine Mittelposition im internationalen Vergleich. Japan führt weltweit mit einer Lebenserwartung von 75,9 Jahren bei den Männern und 82,1 Jahren bei den Frauen. Schweden liegt europaweit führend nur gering darunter. Die deutsche Entwicklung dürfte auf eine Annäherung an die schwedischen Werte hinauslaufen. Damit einhergehend wächst der Anteil an alten und hochaltrigen – d.h. über 80jährigen – Personen. Lag ihr Anteil an der deutschen Gesamtbevölkerung 1970 noch bei 2,4%, so hat er sich bis 1987 auf 4,8% verdoppelt. Ende 1991 waren 3,08 Mio. BundesbürgerInnen älter als 80 Jahre.;
4. eine erhebliche Zunahme der ausländischen Altenbevölkerung (*Ausländer*).
Den Modellrechnungen des Statistischen Bundesamtes zufolge waren 1990 rd. 6,3% der ausländischen Bevölkerung über 60 Jahre (ca. 304000 Personen). Bis zum Jahr 2000 steigt der Anteil auf 11,8%, bis zum Jahr 2020 auf 28,4% und bis zum Jahr 2030 auf 37,2% (rd. 2,2 Mio. Personen). Spätestens zu diesem Zeitpunkt ist die Altersstruktur der deutschen und ausländischen Bevölkerung annähernd identisch.

Darüber hinaus ist in den letzten Jahren ein deutlicher Wandel in der Lebenssituation älterer Menschen nachzuzeichnen. Die Älteren sind keine homogene Gruppen, sondern unterscheiden sich erheblich in ihren Lebenslagen. Dies drückt sich in den materiellen, gesundheitlichen, geistigen und sozialen Gegebenheiten, der Geschlechtszugehörigkeit, den biographischen Verläufen sowie den Möglichkeiten der gesellschaftlichen Teilhabe aus. Nicht zuletzt trägt die verschiedenartige Umgebung oder Lebenswelt älterer Menschen mit ihren unterschiedlichen Anforderungen zur Differenzierung des Alters bei (Naegele/Tews 1993).
In der alten- und sozialpolitischen Diskussion spielt der Begriff der Lebenslage eine zentrale Rolle. Weisser hat ihn in den 50er Jahren in der wissenschaftlichen Diskussion definitorisch gefaßt. Dieck faßt in Anlehnung daran Lebenslagen als »... Spielraum, den der einzelne für die Befriedigung der Gesamtheit aller materiellen und immateriellen Interessen nachhaltig besitzt. Die Lebenslagen von Individuen und Gruppen, die ähnlichen strukturellen Bedingungen in ihrer Lebenssituation unterliegen, setzen sich aus einer Vielzahl von Merkmalen zusammen ...« (Dieck 1991). Döring u.a. benennen folgende zentrale Merkmale: Versorgungs- und Einkommensspielraum; Wohn- und Lebensspielraum; Kontakt- und Kooperationsspielraum; Lern- und Erfahrungsspielraum; Dispositions- und Partizipationsspielraum; Identifikationsspielraum.
A. hat demnach die gewollte und gezielte Gestaltung der Lebenslagen der verschiedenen Gruppen älterer Menschen zum Ziel. Sie zielt nicht ausschließlich auf Hilfeaspekte ab. Vielmehr muß sie berücksichtigen, daß sich heute eine wachsende Zahl Älterer durch eine eigenständige Lebensführung, materielle und immaterielle Ressourcen sowie Kompetenzen auszeichnet, die sog. »autonomen SeniorInnen«. Gleichzeitig ist aber nach wie vor eine nicht unerhebliche Gruppe Älterer in ihrem Leben durch finanzielle, gesundheitliche, soziale oder psychische Faktoren eingeschränkt, die sog. »abhängigen SeniorInnen«. Hierzu zählen überdurchschnittlich häufig Frauen.
Historische Entwicklung des Handlungsfeldes A. in der BRD:
Der Begriff findet erst seit Mitte der 80er Jahre Eingang in die öffentliche und wissenschaftliche Diskussion. Hervorgegangen aus der Fürsorge und den dem Fürsorgeprinzip erwachsenen öffentlichen Maßnahmen zur Beeinflussung der Lebenslage der Betroffenen verzeichnet die A. einen ganz spezifischen Politisierungsprozeß seit Bestehen der BRD (Holz 1987).
Dieser bis heute fünf Phasen umfassende Prozeß äußerte sich in seiner 1. Phase (1945 bis 1950) durch Wiederaufnahme der klassischen Altenfürsorge mit ihren seit dem Mittelalter ungebrochen wirkenden Fürsorge- und Kontrollprinzipien durch Staat und Freie Wohlfahrtspflege. Im Mittelpunkt der öffentlichen Bemühungen jener Phase stehen die Bewältigung der kriegsbedingten Notlagen der (Alten-)Bevölkerung durch Absicherung der materiellen Existenz, durch Einrichtung von Notwohnungen und Wärmestuben,

durch notdürftige Unterbringung in Siechenheimen sowie der Reinstallation der bis zum Ende der Weimarer Republik geltenden Hilfe- und Rechtsstrukturen.
Die 2. Phase (1950 bis 1962) kann als Hinwendung zur Altenhilfe verstanden werden. Ohne Änderung des geltenden Fürsorgeprinzips steht der Auf- und Ausbau der stationären Altenpflege im Zentrum des öffentlichen Interesses und Engagements. Gleichzeitig, von den Bestrebungen der Altenhilfe jedoch kaum beachtet, werden wichtige sozialpolitische Entscheidungen wie z.B. die Rentenreform 1957 getroffen. Mit Einführung der lohnbezogenen Rente und der dynamischen Rentenanpassung verbessert sich u.a. die materielle Lebenssituation der Älteren erheblich. Obwohl diese und alle weiteren rentenpolitischen Entscheidungen zentrale Rahmensetzungen für die Lebenslage der SeniorInnen sind und ganz konkrete Auswirkungen auf den Bedarf an Altenhilfe implizieren, werden in dieser Phase in Politik und Praxis keine Verknüpfungen zwischen beiden Handlungsfeldern gesehen. Beide Politikbereiche agieren völlig unabhängig voneinander.
Die 3. Phase (1962 bis 1971) gilt als Phase der *Stabilisierung der Altenhilfe*. Wichtigstes Datum ist das Inkrafttreten des *Bundessozialhilfegesetzes* 1962. Das geltende Fürsorgeprinzip wird durch den Rechtsanspruch auf Hilfe ersetzt. Der Gesetzgeber erkennt durch Aufnahme des § 75 BSHG (Altenhilfe) eine besondere staatliche Hilfeverpflichtung gegenüber alten Menschen an. Er schafft zudem die strukturellen Voraussetzungen zur umfassenden Absicherung des vor allem wohlfahrtsverbandlich getragenen Altenhilfesystems unter Beteiligung der öffentlichen Hand. Altenhilfe liegt nun explizit in kommunaler Zuständigkeit. In den Kommunen beginnt der systematische Auf- und Ausbau der Altenhilfe. Es entstehen erste Ansätze kommunaler Planung. Gleichfalls wenden sich verschiedene Bundesländer über Finanzierungsprogramme einerseits und politische Diskussionen andererseits dem Thema zu. Die 1971 beginnenden parlamentarischen Diskussionen um ein *Heimgesetz* auf Bundesebene setzen den Schlußpunkt dieser Epoche.
Die 4. Phase (1972 bis Mitte der 80er Jahre) ist als Phase der Etablierung der Altenhilfepolitik zu bezeichnen. Diese Zeit ist durch strukturelle und inhaltliche Präzisierung der Altenhilfe als Politikfeld gekennzeichnet. Insbesondere auf kommunaler Ebene wird die Altenversorgung zum politischen Thema. Es ist die erste bundesweite Welle kommunaler Altenhilfeplanung festzustellen. Im Mittelpunkt steht dabei die statistische Ermittlung fester Bedarfszahlen – basierend auf den demographischen Daten – zum Ausbau der Angebote in der offenen, ambulanten und stationären Altenhilfe. Hingegen finden die Fragen zu den Bedürfnissen und dem Bedarf der Altenbevölkerung selbst kaum Beachtung. Gleichzeitig intensivieren fast alle Bundesländer ihre Bemühungen in Altersfragen und erarbeiten eigene Landesaltenhilfepläne, Förderpläne zum Ausbau der stationären und ambulanten Altenhilfe, des Wohnungsbaus für Ältere oder der Gesundheitsversorgung in geriatrischen Einrichtungen (*Geriatrie*). Die wissenschaftliche und praktische Diskussion um das *Alter* weitet sich aus, wobei die Abhängigkeit des Alterns von den Lebenslagen der Betroffenen immer stärkere Beachtung findet. Die Ziele der Politik konzentrieren sich deutlicher auf die Gestaltung der Lebenslagen und Lebenssituation der Älteren durch Unterstützung und Hilfe.
Die 5. Phase (ab Mitte der 80er Jahre) führt, aufbauend auf dem sich ändernden gesellschaftlichen Verständnis vom Alter und den skizzierten demographischen Entwicklungen, zu einem erneuten Wechsel der Begrifflichkeiten. Es zeichnet sich eine differenziertere, aber zugleich auch komplexere staatliche und politische Auseinandersetzung mit dem Thema ab. Nunmehr wird von A. oder Politik für ältere Menschen gesprochen. Alle Parteien definieren ihre Vorstellungen vom Alter und einer adäquaten A. Politische Altenselbstinitiativen gründen sich, wobei SeniorInnen nicht mehr nur als Objekt, sondern als Subjekt der Politik gesehen werden. Neben den traditionellen »politischen Sprachrohren alter Menschen«, den *Wohlfahrtsverbänden*, treten andere gesellschaftliche Organisationen (z.B. *Gewerkschaften*) und Gruppen (z.B. Seniorenverbände, Zusammenschlüsse von Seniorenbeiräten) in die Diskussion ein. 1986 befaßt sich die BReg im 4. Familienbericht mit der Situation älterer Menschen in der Familie (BT-Drs. 10/6145). In dieser Ausführlichkeit geschieht das auf Bundesebene erstmalig. Der Bericht skizziert die Neuorientierung hin zu einer die Lebenslagen und die Eigenständigkeit der SeniorInnen stärker berücksichtigenden Politik. Gleichfalls wird die Altersproblematik Bestandteil unterschiedlichster sozialpolitischer Handlungsfelder. Mehr und mehr definieren sich alle staatlichen Ebenen als Träger von A., wobei – wie später zu skizzieren sein wird – unterschiedlichste Zuständigkeiten gelten. Bis Anfang der 90er Jahre weisen alle Landesregierungen das Ressort »Altenpolitik« verantwortlich aus. Mit der Einrichtung des BM für Familie und Senioren sowie des gleichnamigen Bundestagsausschusses im Jahr 1991 dokumentiert schließlich auch die höchste staatliche Ebene die Existenz einer eigenständigen A. Heute weist das Handlungsfeld A. im wesentlichen alle für ein Politikfeld charakteristischen Merkmale (Schubert 1991) aus: sich festigende Kommunikations-, Mitbestimmungs- und Entscheidungsstrukturen, horizontale und vertikale Aufgliederungen im staatlichen und öffentlichen Raum, definierte Politikakteure und -institutionen, finanzielle und rechtliche Rahmenbestimmungen usw. Gleichzeitig ist aber auch festzuhalten, daß sich die Etablierungs- und Verrechtlichungstendenzen im Vergleich zu anderen sozialpolitischen Handlungsfeldern (z.B. *Jugend-, Behinderten- oder Familienpolitik*) weiterhin auf niedrigem Niveau bewegen. So befinden sich die Bestrebungen um ein eigenständiges Bundesaltengesetz als zentrale Rechtsgrundlage auf höchster staatlicher Ebene erst an ihrem Anfang. Die gesetzliche Verankerung der Pflegeversicherung benötigte fast 20 Jahre der Diskussion, eine Zeitspanne, wie sie kein zweites bundesdeutsches Gesetz aufweist.

Begriffsbestimmung: Es bestehen enge Bezüge zu den Begriffen Gesellschaftspolitik, *Sozialpolitik* und Altenhilfepolitik. Dieck definiert A. als die Gesamtheit der entweder real oder in einem theoretischen Konstrukt auf die Personengruppe der älteren und alten Menschen gerichteten Maßnahmen mit dem Ziel der Gestaltung der Rahmenbedingungen ihrer individuellen Lebenssituation. A. ist ein Teilbereich der Sozialpolitik, nämlich Sozialpolitik für ältere Menschen. Kernbereich der A. ist die Altenhilfepolitik, deren Ursprung und Prägung in der historischen Entwicklung durch die Armenfürsorge und die in enger Verbindung stehende Freie Wohlfahrtspflege liegt. Daneben gewinnen die Rentenpolitik sowie die Gesundheits-, Wohn- oder auch die Kulturpolitik für Ältere stetig an Bedeutung. Konzentrierte sich Altenhilfepolitik ausschließlich auf Personengruppen mit besonderen Problemlagen, so versucht A. alle Bedarfs- und Lebensbelange der Altenbevölkerung in Abgrenzung zu anderen Bevölkerungsgruppen umfassend zu gestalten. Ebenso erweitern sich Zielgruppen und Handlungsfelder.

Die für die Altenhilfe relevanten Personengruppen sind in erster Linie jene, die aufgrund ihres Alters Problemsituationen begegnen und spezifischen gesellschaftlichen Rahmensetzungen unterliegen. Eine solche Gruppe stellen beispielsweise ältere ArbeitnehmerInnen dar, die sich aufgrund ganz bestimmter Grenzziehungen mehr und mehr in einer Sondersituation zwischen dem Erwerbsleben und dem Ruhestand bewegen. Diese Gruppe und ihre Bedeutung für die Gesellschaft wird durch anhaltende Veränderungen im Wirtschaftsprozeß sowie besonders durch die in der Rentenreform 1992 festgeschriebene Flexibilisierung der Altersgrenzen und die stufenförmig zunehmende Verlängerung der Lebensarbeitszeit wachsen. Die zweite relevante Personengruppe stellen die aufgrund eingeschränkter Lebenslagen sozial schwachen Älteren dar. Eine dritte Gruppe bilden die Pflegebedürftigen. Darüber hinaus gewinnen diejenigen Gruppen an Bedeutung, die aufgrund guter materieller Ressourcen, vielfacher lebenslang erworbener Kompetenzen und einer stark selbstbestimmten Lebensführung weitestgehend autonom und unabhängig von öffentlicher Unterstützung und Hilfe sind und dennoch über altenpolitische Maßnahmen in die Gesellschaft zu integrieren sind. Allen Gruppen ist gemeinsam, daß ihre Situation durch lebenslang wirkende individuelle und gesellschaftliche Faktoren sowie durch die spezifischen Besonderheiten des Alters bestimmt wird. Darauf muß A. zukünftig noch differenzierter eingehen. Dabei können sich zukünftig die traditionellen Aufgaben- und Ressortzuständigkeiten als hinderlich erweisen. Altersrelevante Themen bestimmen mehr und mehr alle gesellschaftlichen Bereiche. Damit sind sie ein gewichtiger Teil aller sozial- und gesellschaftspolitischen Aktivitäten und können nicht mehr allein auf eine Altenhilfepolitik oder eine sehr eng gefaßte A. begrenzt werden.

Gesetzgebungs- und Rahmensetzungskompetenzen in der A.: »Politik für ältere Menschen ist nur zu einem Teil Angelegenheit des Bundes. Hauptsächlich liegen die Zuständigkeiten und Aufgaben in den Händen der Länder und Kommunen. Eine enge Zusammenarbeit mit den Bundesländern und *kommunalen Spitzenverbänden* wie auch mit den gemeinnützigen und freien Einrichtungen und Organisationen ist daher Grundlage für eine dem Wohl der älteren Menschen dienenden Altenpolitik« (BReg 1993: 3). Diese dem ersten Altenbericht der BReg entnommene Beschreibung skizziert einerseits das heutige Verständnis von einer allseits verantwortlich zu gestaltenden A. und beschreibt zugleich eine nach wie vor hohe Zuständigkeitsverwirrung. Sie wächst um ein weiteres, werden die verschiedenen Schwerpunkte moderner A. wie Finanzielle Absicherung/Rente, Gesundheit, *Wohnen*, Kultur und *Bildung*, *Sport/Freizeit* und Geselligkeit sowie Altenhilfe mit einbezogen. Den Vorgaben des Grundgesetzes und dem föderativen Staatsaufbau folgend sowie gesetzliche und sonstige strukturelle Regelungen beachtend, läßt sich grobfassende Zuständigkeitsverteilung der einzelnen Staatsebenen festhalten (s. Schaubild S. 45).

Diese Zergliederung zeigt dennoch eine klare Systematik. Zum einen liegen eine Vielzahl der lebenslang wirkenden und die spätere Alterssituation entscheidend prägenden Faktoren in ausschließlicher Bundesverantwortung und allenfalls davon abgeleitet in Landeszuständigkeit. Hierzu zählen alle Fragen der materiellen Finanzabsicherung im Alter. Das politische Handeln ist dabei auf andere Personenkreise als die der Altenbevölkerung ausgerichtet, nämlich auf den Erwerbsbereich und damit auf Arbeitnehmer und Arbeitgeber. Ähnlich ist es im Gesundheitsbereich, der in seiner Funktionsweise vor allem auf den im Erwerbsleben stehenden Menschen ausgerichtet ist. Zum anderen liegen die Verantwortlichkeiten für die gesellschaftliche Rahmengestaltung des Lebens im Alter bei der Kommune. Nicht selten hat sie kompensatorisch die Folgen lebenslang wirkender individueller und gesellschaftlicher Beeinträchtigungen durch vermehrte Unterstützungsanstrengungen im Einzelfall aufzufangen. Deutlich zeigt sich dies in Fragen der Altersabsicherung von *Frauen*. Während z. B. die Entscheidung über eine Rentenreform mit dem Ziel des Aufbaus einer eigenständigen Alterssicherung von Frauen ausschließlich Angelegenheit des Bundes ist, ist es kommunale Angelegenheit, die Sozialhilfeleistungen für diejenigen Frauen aufzubringen, die aufgrund unzureichender Alterssicherung über keine ausreichenden eigenen Renteneinkünfte verfügen und damit sozialhilfebedürftig werden. Die heutigen Rahmensetzungen für A. tragen folglich einen strukturellen Konflikt in sich, der vor dem Hintergrund des wirtschaftlichen und gesellschaftlichen Wandels (z.B. Wandel von der Industrie- zur Dienstleistungsgesellschaft, Neubestimmung des Alters in einer postindustriellen Gesellschaft usw.) zukünftig neu und ganz anders diskutiert werden muß.

Neben den sich verfestigenden staatlichen/kommunalen Strukturen der A. greift ein weiteres Charakteristikum. Insbesondere im Altenhilfebereich kommt das im BSHG verankerte *Subsidiaritäts*prinzip und damit die

Schwerpunkt	Zuständigkeit, Steuerungs- und Entscheidungsbefugnisse
Finanzabsicherung a) Rente b) Sozialhilfe	**Gesetzgebungskompetenz: Bund**[1)] (zuständig: Bundesminister für Arbeit und Sozialordnung) (zuständig: Bundesminister für Familie, Senioren, Frauen und Jugend)
Gesundheit a) Krankenversicherung b) Gesundheitsversorgung	**Gesetzgebungskompetenz: Bund** (zuständig: Bundesminister für Gesundheit/Bundesminister für Arbeit und Sozialordnung)
** ambulant	**Gestzgebungskompetenz: Bund** (zuständig: Bundesminister für Gesundheit)
** stationär	**Gesetzgebungskompetenz: Land;** begrenzt einbezogen Bund (zuständig: jeweils Minister für Gesundheit)
c) Pflegeversicherung	**Gesetzgebungskompetenz: Bund** (zuständig: Bundesminister für Arbeit und Sozialordnung) Richtlinienkompetenz (in ausgewählten Bereichen): Land (zuständig: jeweils Minister für Soziales und Gesundheit)
Kultur und Bildung	**Rahmenkompetenz: Kommune** (zuständig: Dezernent für Kultur), Richtlinienkompetenz: Land (zuständig: Kultusminister)
Sport/Freizeit und Geselligkeit	**Rahmenkompetenz: Kommune** (zuständig: Dezernent für Sport, Dezernent für Soziales)
Altenhilfe	
a) offene Altenhilfe	**Rahmenkompetenz: Kommune**
b) ambulante Altenhilfe	**Rahmenkompetenz: Kommune**
c) teilstationäre Altenhilfe	**Rahmenkompetenz: Kommune** (zuständig für alle Bereiche: Dezernent für Soziales)
d) vollstationäre Altenhilfe	**Rahmenkompetenz: Kommune,** Richtlinienkompetenz: Land, Gesetzgebungskompetenz: Bund (zuständig: jeweils Dezernent bzw. Minister für Soziales, Bundesminister für Familie, Senioren, Frauen und Jugend)

1) Die fettgedruckten Staatsebenen zeigen bei Doppelzuständigkeit die Primärverantwortlichkeit an.

besondere Stellung der Wohlfahrtsverbände im Bereich *Sozialer Arbeit* zum Tragen. Die Wohlfahrtsverbände sind einerseits die wichtigsten Träger von Angeboten, Diensten und Einrichtungen für ältere Menschen. So verfügen die in sechs Spitzenverbände zusammengefaßten Verbände zu Anfang der 90er Jahre über rd. 10000 Altenhilfeeinrichtungen mit fast 420000 Betten/Plätzen, rd. 95000 Vollzeit- und ca. 45000 Teilzeitbeschäftigten. Zum anderen sind die Wohlfahrtsverbände traditionell gewichtige Politikakteure und Interessenvertreter der Älteren. Sie waren lange Zeit das ausschließliche »politische Sprachrohr« der Älteren mit direktem Zugang zu den politischen und staatlichen Entscheidungsebenen. Heute übernehmen andere Organisationen bzw. Gruppen Teilaufgaben der politischen Interessenartikulation.

Instrumente der A.: In einem demokratischen Rechts- und Sozialstaat wie der BRD stellen die *politischen Partizipationsmöglichkeiten* des einzelnen bzw. der verschiedenen Gruppen die wichtigsten Politikinstrumente dar. Dies gilt entsprechend für die A. Der/die BürgerIn besitzt Partizipationsmöglichkeiten über die Wahlen, die *Parteien* und sonstigen politischen Gruppierungen sowie über eigene Interessenvertretungen. In der A. fungieren die Wohlfahrtsverbände nach wie vor als wichtiges politisches Sprachrohr der Älteren, insbesondere der sozial schwachen SeniorInnen. Gleichwohl gewinnen die Seniorenbeiräte mehr und mehr an Bedeutung (Reggentin/Dettbarn-Reggentin 1993). Zwischenzeitlich finden sich kommunale Seniorenbeiräte oder Seniorenvertretungen in einer Vielzahl von Kommunen. Landesseniorenbeiräte resp. Landesseniorenvertretungen sind z. B. in Baden-Württemberg, Hessen, Nordrhein-Westfalen oder Berlin installiert. Auf Bundesebene agieren die Bundesseniorenvertretung und die 1990 gegründete Bundesarbeitsgemeinschaft der Senioren-Organisationen (BAGSO). Aufgaben der BAGSO sind u. a.:

1. Verbesserung der Zusammenarbeit und des Gedankenaustausches zwischen den Altenorganisationen;
2. Erarbeitung gemeinsamer Zielvorstellungen zu Fragen der Altenpolitik, Altenbetreuung, Altenförderung, Altersversorgung und Altenhilfe;
3. Stärkung des politischen Einflusses der älteren Generation;
4. Beteiligung der älteren Generation bei der Vorbereitung und Durchführung von Entscheidungsprozessen auf allen Ebenen von Politik und Verwaltung.

Ähnliche Aufgabenstellungen finden sich für die kommunalen und Landesseniorenbeiräte resp. -vertretungen. Die Strukturen und Möglichkeiten der politischen Partizipation älterer Menschen stehen erst am Entwicklungsbeginn, gilt doch nach wie vor, daß (a) Alter ein schwierig zu gestaltendes politisches Thema – siehe hierzu die Ausführungen zu den Zuständigkeitsverteilungen – ist, (b) alte Menschen eine im Vergleich zu anderen gesellschaftlichen Gruppen nur geringe Lobby besitzen und (c) selber in nur geringerem Umfang politisch aktiv werden und eine aktive Interessenpolitik betreiben. Hier deuten sich für die Zukunft Veränderungen an, wobei sich eine Politisierung in Richtung auf kommunale Interessenwahrnehmung sowie Engagement in Seniorenorganisationen abzeichnet. Eine 1992 in der Hansestadt Lübeck durchgeführte Urwahl des Seniorenbeirats brachte eine bundesweit sehr beachtenswerte Wahlbeteiligung von fast 40%. Damit verbunden stehen dem Lübecker Beirat nicht nur Beratungs-, sondern auch Mitbestimmungsrechte innerhalb der Kommune zu, so daß entsprechende Interessenäußerungen direkt in die kommunalen Entscheidungen einfließen.

Ein weiteres wichtiges Instrument der A. ist die Altenplanung und damit die Erarbeitung von Altenplänen. Das Deutsche Zentrum für Altersfragen verzeichnete zwischen 1959 und 1990 843 Altenpläne bzw. planungsrelevante Grundlagen in 347 Gebietskörperschaften der alten Bundesländer. Für 1991 wurden weitere 117 Planungsaktivitäten verzeichnet (Wimalasuriya 1991). Es besteht ein klarer Trend zur kommunalen Altenplanung, die als zweite große Planungswelle in der BRD bezeichnet werden kann. Dabei ist ein Gefälle zwischen Groß-, Mittel- und Kleinstädten festzustellen. Führen Großstädte wie z. B. München, Stuttgart, Köln, Hannover bereits mehrmalige Planungsverfahren durch, weisen Kleinstädte häufiger gar keine oder die erste Altenplanung aus. Weiterhin erarbeiten die Landkreise aufgrund ihrer spezifischen Aufgabenstellungen, besonders in Fragen des Baus von stationären Alteneinrichtungen oder in Fragen der Wohnraumversorgung im Alter, eigene Kreisaltenpläne. Hier ragt Baden-Württemberg mit der Vorlage von Altenplänen in fast allen Landkreisen heraus. Im weiteren verfügen fast alle Bundesländer über Landesaltenpläne in unterschiedlicher Gestaltung und Schwerpunktsetzung. Während z. B. Nordrhein-Westfalen auf der Grundlage eines differenzierten wissenschaftlichen Gutachtens 1990 den zweiten Landesaltenplan erstellte und darin neben bereichsbezogenen Anhaltswerten vor allem fachliche Impulse zur Strukturentwicklung im eigenen Land gibt, versucht Baden-Württemberg seit Jahren durch Einzelkonzeptionen zu unterschiedlichen Themen und Schwerpunkten die Entwicklungen mitzugestalten und voranzutreiben. Schließlich wurde auf Bundesebene 1992 der erste Bundesaltenplan erstellt. Ziel ist es, Impulse zur Weiterentwicklung der Altenarbeit und Altenhilfe zu geben. Er tritt neben die gesetzgeberischen Kompetenzen des Bundes für die ältere Generation (Rentenversicherung, Pflegeversicherung, Bundessozialhilfegesetz, Heimgesetz usw.).

Die heutige Altenplanung auf allen staatlichen Ebenen verfolgt im allgemeinen vier Ziele:

a) Entwicklung allgemeinverbindlicher Planungs- und Politikleitsätze. Dazu zählt beispielsweise die Förderung der Selbständigkeit und der gesellschaftlichen Beteiligung älterer Menschen, die Entwicklung eines bedürfnisorientierten und bedarfsgerechten Unterstützungs- und Hilfesystems, der Ausbau eines bedarfsgerechten Hilfesystems bei wachsender Hilfe- und Pflegebedürftigkeit sowie die Gewährleistung gleicher Lebensbedingungen innerhalb der Planungsregion.

b) Erarbeitung differenzierter Erkenntnisse über die Lebenssituation der Älteren und darauf aufbauend Datenermittlung zum zukünftigen Bedarf an Dienstleistungen und Hilfen.

c) Erarbeitung detaillierterer Angaben zum bestehenden Bestand an Angeboten, Diensten und Einrichtungen für ältere Menschen und damit Feststellung von Unter- oder Überversorgung.

d) Entwicklung von Konzeptionen, Maßnahmenvorschlägen und Förderprogrammen, die kurz-, mittel- und langfristig die notwendigen Entwicklungs- und Steuerungsimpulse geben.

Das gemeinsame Grundmuster der Altenpläne ist einerseits eine Orientierung auf die bereits genannten Personengruppen (ältere ArbeitnehmerInnen, sozial schwache Ältere, Pflegebedürftige, geronto-psychiatrische PatientInnen) sowie andererseits die Orientierung an Lebens- und Bedarfslagen. Letzteres spiegelt sich in der Behandlung der Teilbereiche Einkommen, Wohnen, Gesundheit, Soziale Hilfe bzw. Soziale Infrastruktur (Altenhilfe), Kultur und Bildung, Kommunikation, Integration und politische Partizipation wider.

Neben dem eigentlichen Altenplan stellen Finanz- und Investitionsprogramme ein weiteres Planungs- und Politikinstrument dar. Finanzierungs- und Investitionsüberlegungen können dabei sowohl fester Bestandteil des Altenplans als auch als Teilauftrag zur Altenplanung gesondert erarbeitet werden. Typisch sind Investionsprogramme zur Renovierung und zum weiteren Bau von Altenwohnungen oder von Alten-/Pflegeheimen. Dabei sind sowohl die Kommune als auch der Landkreis und das Land in die Finanzierung eingebunden. Weiterhin verfügen Kommune, Landkreis und Bundesland jeweils über unterschiedliche Finanzierungsprogramme zu den einzelnen alten-/sozialpolitischen Handlungsbereichen. Dabei wird generell unterschieden zwischen der einmaligen und der Regelbezuschussung von Maßnahmen und Investitionen. In den Genuß dieser Mittel können sowohl öffentliche als auch frei-gemeinnützige Träger und sonstige soziale Organisationen gelangen. Ausgeschlossen sind private Träger. Insbesondere der gesamte Bereich der ambulanten Versorgung zu Hause lebender älterer Menschen wird durch diese Förderstruktur geprägt. Auf Bundesebene schließlich steht im Rahmen des Bundesaltenplans das Förderinstrument der Modellförderung für zeitlich begrenzte Projekte in Form einer einmaligen Bezuschussung bei Sach- und Personalmitteln zur Verfügung.

Auf kommunaler Ebene gewinnt in den letzten Jahren ein sekundäres Politikinstrument an Bedeutung, die Einrichtung von Fachbeiräten in der Altenhilfe, Seniorenkonferenzen, »Runden Tischen« oder «Tagen der älteren BürgerInnen«. Ihnen gemein ist, daß sie einerseits fachlich informieren, diskutieren und gegenseitig

vernetzend tätig sein wollen, daß sie andererseits fachpolitisch die öffentliche Diskussion über das Thema Alter in der Kommune und weiter in der bundesdeutschen Gesellschaft vorantreiben wollen. Mitglieder solcher Gremien sind sowohl Fachkräfte der Alten-/Sozialarbeit und der Kommunalverwaltung als auch engagierte Ältere selbst. Charakteristisch für dieses Politikinstrument ist, daß weniger sozialarbeiterische als vielmehr sozialpolitische Absichten dominieren, daß Fragen der gesellschaftlichen und politischen Partizipation ausdrücklich angesprochen werden und nicht zuletzt das Ziel einer von den Älteren mitbestimmten Gemeinschaft erreicht werden soll.
Zusammenfassend bleibt festzuhalten: Ein nach wie vor noch nicht auf allen Ebenen und in allen Bereichen wirkendes neues Bild vom Alter, ein noch nicht umfassend etabliertes Verständnis von einer modernen A. sowie traditionelle und zum Teil überholte Zuständigkeits- und Ressortregelungen stellen derzeit noch bedeutsame Strukturrestriktionen dar. Umgekehrt zeichnet sich, von der örtlichen Ebene und Selbstinitiativen ausgehend, immer deutlicher ein neuer, anderer Umgang mit älteren Menschen und der Altenbevölkerung ab, der seinen Niederschlag auch auf den übergeordneten Ebenen und damit in einer übergreifenden Politik findet. Je eher die konstruktiven Elemente dieses demokratischen Politikprozesses begriffen und aktiv genutzt werden, desto besser ist unsere Gesellschaft auf die kommenden Herausforderungen hinsichtlich des wachsenden Anteils Älterer und einer lebenslagenorientierten und bedarfsgerechten Sozialpolitik für ältere Menschen eingestellt. *G. Holz*

Literatur: W. H. Asam: Neue Alten-Politik. Sicherung der Pflege durch Sozialplanung, Freiburg 1992; Altenhilfepolitik der Bundesregierung: Antwort der Bundesregierung auf die Große Anfrage der Fraktion DIE GRÜNEN, BT-Drs. 10/4108 vom 30. 10. 1985; Erster Altenbericht der Bundesregierung: BT-Drs. 12/5897 vom 28. 9. 1993; Deutscher Verein für öffentliche und private Fürsorge (Hrsg.): Arbeitsmappe örtliche Sozialplanung. Texte und Materialien 7, Frankfurt/M. 1993; M. Dieck/ G. Naegele: Sozialpolitik für ältere Menschen. Bd. I. Altersforschung für die Praxis, Heidelberg 1978; M. Dieck: Altenpolitik, in: W. M. Herrmann u. a. (Mitverf.): Gerontologie, Stuttgart [2]1991, 15–38; D. Döring/W. Hanesch/E. U. Huster: Armut als Lebenslage. Ein Konzept für Armutsberichtserstattung und Armutspolitik, in: Döring/Hanesch/Huster (Hrsg.): Armut im Wohlstand, Frankfurt/M. 1990, 7–27; A. Hedtke-Becker/ K. Titz: Senioren und freiwilliges soziales Engagement, in: NDV 9/1994, 344 ff.; G. Holz: Alten(hilfe)politik in der Bundesrepublik Deutschland von 1945 bis 1985. Eine politikwissenschaftliche Analyse am Beispiel des Bundesverbandes der Arbeiterwohlfahrt. Beiträge zur Gerontologie und Altenarbeit. Bd. 68, Berlin 1987; G. Holz: Die Alterslast – ein Gewinn für andere? Strukturen und Akteure der Gesundheits- und Sozialversorgung in der Bundesrepublik Deutschland 1970 bis 1985. Beiträge zur Gerontologie und Altenarbeit. Bde. 78/I und 78/II, Berlin 1990; ISS e. V. (Hrsg.): Altwerden 2000. Ein Memorandum zu Altenhilfe und Altenarbeit in Deutschland, Frankfurt/ M. 1995; G. Naegele/H. P. Tews: Lebenslagen im Strukturwandel des Alters, Opladen 1993; H. Reggentin/J. Dettbarn-Reggentin: Selbsthilfegruppen älterer Menschen. Bestandsaufnahme im Bereich Altenselbsthilfe. Eine Untersuchung zum 2. Landesaltenplan NRW, Düsseldorf 1992; K. Schubert: Politikfeldanalysen, Opladen 1991; B. Wimalasuriya: Verzeichnis der Altenpläne der Länder, Kommunen und Landkreise. Beiträge zur Gerontologie und Altenarbeit. Bd. 80, Berlin 1991.

Alter

A. und Altern sind mehrdimensionale Erscheinungen. Altern wird als ein lebenslang andauernder komplexer Prozeß der biologischen, sozialen und psychologischen Entwicklung des Menschen verstanden, der sich unter konkreten Lebensbedingungen und innerhalb bestimmter gesellschaftlicher Verhältnisse vollzieht. Altern wird weiterhin durch die sozioökonomischen und soziokulturellen Charakteristika einer Gesellschaft mitbestimmt. Das A. stellt dabei eine Lebensphase dar, ohne daß es genau definierbare Altersgrenzen gibt. Vielmehr werden diese durch Richtwerte in Abweichung vom normalen Alterungsprozeß gekennzeichnet. Von zentraler Bedeutung ist dabei das kalendarische A. und eine durch arbeits- und rentenrechtliche Bestimmungen vorgegebene Zäsur mit 60 bzw. 65 Jahren. Diese Spanne kennzeichnet das Ausscheiden aus dem Produktionsprozeß und den Anspruch auf verschiedene Formen von Altersruhegeldern. Hierbei handelt es sich um rechtliche Definitionen, die wiederum auf der Berechnung der Altersstruktur und der zu erwartenden Entwicklung des Altersaufbaus der Bevölkerung basieren. Unter ökonomischen Gesichtspunkten wird das A. zum Ende der Berufstätigkeit und mit dem Ausscheiden aus dem Erwerbsleben relevant. Dies gilt für den einzelnen, der i. d. R. erhebliche Einbußen seiner materiellen Absicherung in Kauf nehmen muß, ebenso wie für die Gesellschaft, die u. a. Übergangshilfen für ältere ArbeitnehmerInnen und Rentenzahlungen für die endgültig berenteten Personen finanzieren muß.
Die gerontologische Forschung (*Gerontologie*) vermittelt mit ihren Erkenntnissen Vorstellungen darüber, was A. und Altern bedeutet, wie sie sich für Individuen und Gruppen konkretisieren und welche gesellschaftlichen Probleme aus dem individuellen Altern einer großen Zahl von Menschen resultieren. Dabei finden unterschiedliche Alternstheorien ihren Niederschlag. Zu nennen ist die Disengagement-Theorie, in der vor allem die Herauslösung des älteren Menschen aus den gesellschaftlichen/sozialen Bezügen im Vordergrund steht. Weiter sind die Entwicklungstheorie, die von einem Konzept der Lebenskontinuität ausgeht, und die Aktivitätstheorie, die primär auf die aktive Gestaltung von Freizeit und sozialen Aktivitäten als Qualitätsgewinn des A. abzielt, zu nennen. Entwicklungs- und Aktivitätsansätze finden sich in den Arbeiten der sog. Bonner Schule wieder, die gerade in den letzten zehn Jahren die Kompetenz des Alters und den gesellschaftlichen Nutzen des Wissens älterer Menschen in den Vordergrund stellt. Als vornehmlich auf die biologischen und psychologischen Prozesse des individuellen Alterns ausgerichtete Theorieansätzen ist ihnen gemein, daß sie

strukturelle Bedingungen des Alterns in unserer Gesellschaft außer acht lassen. Ab Ende der 70er Jahre festigen sich die Konturen des Konzeptes der sozialen Ungleichheit, das, basierend auf der Existenz sozialer und ökonomischer Ungleichheiten – d.h. unterschiedlicher Lebenslagen – in modernen, privatwirtschaftlich organisierten Industriegesellschaften, auch von Ungleichheiten im A. ausgeht. Die Lebenslage älterer Menschen ist gekennzeichnet durch soziale Ungleichheiten, die auf zwei voneinander unabhängigen Ebenen wirksam werden: (a) strukturelle Benachteiligungen der Älteren im Vergleich zu anderen Bevölkerungsgruppen (z.B. negatives Altersbild, Rollenverluste im Alter) und (b) klassen- und schichtenspezifische Verteilung von sozialen Problemlagen (z.B. schichtenspezifischer Zugang zu sozialen Hilfen, Gefährdung von gering qualifizierten Personen, die als ältere ArbeitnehmerInnen oftmals frühzeitig aus dem Erwerbsleben herausgedrängt werden) (*Klasse/Schicht/Milieu*). Beide Ebenen erfahren für *Frauen* aufgrund iher Geschlechtszugehörigkeit die Potenzierung der Benachteiligungen.

In der BRD dominierte bisher die psychologische Alternsforschung. Erheblich zugenommen haben medizinische und biologische Forschungen (*Geriatrie*). Eine Theoriediskussion im sozialwissenschaftlich-gerontologischen Bereich zum sozialen Alter und zum sozialen Alterswandel fand dagegen bisher kaum statt. Erste Ansätze finden sich unter Verwendung des aus der wissenschaftlichen Theoriediskussion zur *Sozialpolitik* eingegangenen Lebenslagenkonzeptes (*Altenpolitik*). Es zeigen sich klare Tendenzen zur Aufwertung der sozialen Aspekte, nicht zuletzt mitverursacht durch die steigende Zahl älterer Menschen, den Wandel von gesellschaftlichen Strukturen und einer immer stärkeren sozialen Differenzierung der Altenbevölkerung. Heute wird von einem Strukturwandel des Alters gesprochen, der sich durch folgende Trends kennzeichnet:

a) Verjüngung des Alters: Zu unterscheiden ist zwischen positiven (z.B. ist die Selbsteinschätzung der Älteren jünger geworden, 60jährige definieren sich nicht als alt), negativen (z.B. werden ältere ArbeitnehmerInnen seltener umgeschult oder neu eingestellt) und neutralen Verjüngungstendenzen (z.B. bei Frauen nach einer früher beendeten Familienphase und gleichzeitiger Auseinandersetzung mit dem Altern von Frauen in unserer Gesellschaft).

Einige Beispiele: In vor rd. 20 Jahren durchgeführten Untersuchungen zum Selbstbild alter Menschen bezeichnet sich die Mehrzahl der über 70jährigen als alt. In einer in Schleswig-Holstein Ende der 80er Jahre durchgeführten Repräsentativerhebung definieren sich hingegen nur noch rd. 25% der über 70jährigen als alt. Zu den älteren ArbeitnehmerInnen zählen heute bereits die über 45jährigen. Sie werden seltener als jüngere Erwerbstätige in Qualifizierungsprogramme oder Maßnahmen der beruflichen Rehabilitation eingebunden. Die Verjüngung des A. bedeutet vor allem, daß zukünftig die Phase zwischen dem 50. und 60. Lebensjahr individuell und gesellschaftlich stärker an Bedeutung gewinnt, da in ihr lebensbiographisch und strukturell die entscheidenden Weichen für die späteren Altersphasen gestellt werden.

b) Entberuflichung des Alters: Sie umfaßt zwei Gesichtspunkte. Zum einen bedeutet sie Verlängerung der Alterszeit ohne Berufstätigkeit, was aus einer immer früheren Berufsaufgabe und einer durchschnittlich höheren Lebenserwartung resultiert. Zum anderen bezieht sich die Entberuflichung auf den Prozeß der Berufsaufgabe selbst. Hierzu zählen die Flexibilisierung der Altersgrenzen, wie sie durch die Rentenreform 1992 gesetzlich neu fixiert ist, sowie die Zwänge und Wahlmöglichkeiten einer vielfältiger gewordenen Berufsaufgabe und Anpassung an die nachberufliche Lebensphase.

Die Erwerbsquote älterer ArbeitnehmerInnen hat laufend abgenommen. Nach den Ergebnissen des Mikrozensus 1988 waren von den rd. 27 Mio. ArbeitnehmerInnen in der BRD rd. 10% zwischen 55 und 60 Jahre, nur noch 2,5% zwischen 60 und 65 Jahre und 1% über 65 Jahre alt. Hierzu hat in den letzten Jahren ganz erheblich der Abbau von Arbeitsplätzen für ältere ArbeitnehmerInnen beigetragen. Sie scheiden über besondere Vorruhestandsregelungen, betriebliche Sozialpläne oder breitangelegte »Freisetzungen« in den neuen Bundesländern aus dem Produktionsprozeß aus, ohne eine Chance des Wiedereinstiegs zu haben. 30% der Langzeitarbeitslosen waren 1991 älter als 50 Jahre.

c) Feminisierung des Alters: Das Geschlechterverhältnis ist und bleibt unausgeglichen. Rd. 63% der über 60jährigen sind Frauen. Ihr Anteil nimmt mit steigendem Lebensalter kontinuierlich zu. Die Altersgesellschaft ist eine 2/3-Frauengesellschaft. Damit gehen geschlechtsspezifische Folgen einher. Die Heirats- und die spezifischen Lebenserwartungsquoten führen dazu, daß 80% bis 90% der Männer verheiratet sind, während alte Frauen mehr und mehr verwitwet, geschieden oder ledig sind und damit ohne Lebenspartner leben müssen. Frauen prägen überproportional die *Altenhilfe*. Altersarmut (*Armut*) ist ein Frauenproblem. Soziale Gefährdungen und Abhängigkeiten von öffentlichen Hilfen treffen überdurchschnittlich häufig alte Frauen.

d) Singularisierung des Alters: Mit zunehmendem A. nimmt der Anteil Alleinstehender stetig zu. Ein Drittel der über 60jährigen Bevölkerung und rd. die Hälfte der über 60jährigen Frauen leben in der BRD allein. Diese Zahl wird in den nächsten Jahren ungebrochen steigen. Mit dem Singularisierungstrend geht eine Veränderung der Wohnformen älterer Menschen einher. Das Leben in Mehrgenerationenhaushalten oder Partnerhaushalten wird im A. mehr und mehr zur Ausnahme. Davon sind zukünftig auch die Männer stärker betroffen.

e) Hochaltrigkeit und Multimorbidität: Galt früher, daß die über 75jährigen zu den »richtigen Alten« zählen, so hat der ungebrochene Anstieg der Lebenserwartung dazu geführt, daß heute die über 80jährigen und in Ansätzen die über 85jährigen zu den Hochaltrigen zählen. Mit dem hohen A. sind häufig folgende Elemente verbunden: familiäre Isolierung, Verringerung des sozialen Kontaktnetzes, soziale Isolierung; Krankheit, zunehmend in Form von Multimorbidität (Zunahme

der durchschnittlichen Diagnosen, dabei Mehrfacherkrankungen) und chronischen Erkrankungen; gerontopsychiatrische Erkrankungen; periodische oder anhaltende Hilfe- und Pflegebedürftigkeit.
Auch wenn die negativen Folgen der Hochaltrigkeit überwiegen, so ist ihnen entgegenzusteuern. Die Mehrzahl der hochaltrigen Menschen befindet sich nicht nur in einer negativ zu kennzeichnenden Situation. Noch unter den 100jährigen waren in entsprechenden Untersuchungen rd. 30% rüstig, psychisch und physisch in vergleichsweise guter Verfassung.
f) Zunahme von sozialen Ungleichheiten im Alter: »Die Entwicklung sozialer Ungleichheiten auch im Alter ist einerseits gesellschaftliches Produkt – andererseits auch Indikator gesellschaftlicher Entwicklung« (Naegele/Tews 1993: 36). Ein Vergleich zu früheren Jahrzehnten ist nicht ohne weiteres möglich, zumal frühere Analysen fehlen. Wohl lassen sich im A. Kumulationen von Nachteilen und Kumulationen von Vorteilen bestimmen, die den einzelnen wie die verschiedenen sozialen Gruppen alter Menschen treffen. Kumulationen von Nachteilen finden sich z. B. bei Personen/Gruppen mit niedrigem Schul- und Bildungsniveau, einem geringen Berufsstatus, geringem Arbeitseinkommen und damit geringen zukünftigen Renteneinkünften, einem schlechteren Gesundheitszustand usw. Lebenslang wirkende Ungleichheiten führen im A. zu kumulierenden Ungleichheiten und damit höheren Abhängigkeiten. Diese Gruppen werden mehr und mehr als die »abhängigen Alten« bezeichnet. Betroffen sind vor allem Frauen. Kumulationen von Vorteilen zeigen sich in der Akkumulation von Vermögenswerten, durch im Rentenrecht selbst begründete Vorteile aufgrund ganz spezifischer Lebens- und Erwerbsformen (z. B. bei verheirateten, berufstätigen Paaren ohne Kinder), durch umfangreiche selbstbestimmbare immaterielle Lebensspielräume usw. Diese Gruppen werden als »autonome Alte« definiert. Mit einer vollkommen unterschiedlichen materiellen und immateriellen Existenzgrundlage geht eine ebenso verschiedenartige Nutzung öffentlicher Hilfen auf unterschiedlichem Niveau einher. Hiermit muß sich insbesondere die Altenhilfe und die Altenpolitik der Zukunft auseinandersetzen.
1991 waren 3,08 Mio. BundesbürgerInnen älter als 80 Jahre und rd. 3000 Menschen älter als 100 Jahre. Bis zum Jahr 2000 wächst die letztgenannte Gruppe auf rd. 13 000 Personen an. Nicht nur damit gewinnen Fragen des Umgangs mit dem Sterben und dem Tod individuell wie gesellschaftlich stetig an Bedeutung. Zwei Tendenzen kennzeichnen derzeit die Diskussionen. Einerseits hat der medizinische Fortschritt mit seiner ausgefeilten Apparatemedizin entscheidend zur Erhöhung der Lebenserwartung beigetragen. Teil dieses Fortschritts ist nicht selten eine stark funktionale und arbeitsteilige Pflege mit einer durch gesundheitspolitische Maßnahmen erheblich verkürzten Verweildauer der PatientInnen, die immer weniger Raum und Zeit für die Pflege von chronisch Kranken, Pflegebedürftigen oder gar Sterbenden läßt. Andererseits faßt die seit Ende der 80er Jahre auch in Deutschland wirkende Hospizbewegung, die ihre Ursprünge in Großbritannien und den USA hat, mehr und mehr Fuß. So wurde 1988 die Deutsche-Hospiz-Hilfe e. V. gegründet, um die Einrichtung von Hospizen für Sterbende zu fördern sowie durch Fort- und Ausbildung von ÄrztInnen, Pflegekräften und freiwilligen HelferInnen die Betreuung Sterbender zu Hause zu ermöglichen. Obwohl rd. 70% der Menschen in Krankenhäusern sterben, sind diese selten auf die Versorgung und Begleitung Sterbender eingerichtet. »Je mehr ein Krankenhaus auf die technische Beseitigung von Krankheit ausgerichtet ist, um so größer ist die Gefahr, daß jenen eine menschenwürdige Hilfe versagt wird, bei denen eine erfolgreiche Bekämpfung der Krankheit nicht mehr möglich ist; denn mit fortschreitender Krankheit auf den Tod hin wandeln sich die Bedürfnisse der Person und decken sich nicht immer mit den Zielen, auf die hin das Krankenhaus organisiert ist: die technische Bekämpfung von Krankheit und Tod« (Fried 1988: 5). Die *Hospizbewegung* leistet Lebenshilfe und Sterbebegleitung, auch über einen längeren Zeitraum. Sterbenden soll so geholfen werden, daß sie die ihnen verbleibende Lebenszeit so inhaltsvoll wie möglich entsprechend ihren individuellen Wünschen gestalten können. Teil der Sterbebegleitung ist die Betreuung und Einbeziehung von Angehörigen und Freunden.
Seit neuestem wird die Frage der Sterbehilfe in der BRD stärker diskutiert. Sterbehilfe, d.h. aktiver Sterbebeistand durch eine dritte Person, ist in Deutschland ein Strafrechtstatbestand und infolge der jüngeren deutschen Geschichte äußerst empfindsam zu behandeln. Die aktuelle Diskussion wird um ein weiteres vor dem Hintergrund konkreter strafrechtlicher Tatbestände einzelner Personen bzw. Gruppen diskutiert und hat zur Folge, daß Fragen des individuellen Wunsch- und Selbstbestimmungsrecht des einzelnen, Fragen zur *Ethik* des menschlichen Lebens oder der menschenwürdigen Gestaltung der individuellen Sterbesituation kaum mehr sachlich geführt werden können. Hier zeichnet sich in den Niederlanden ein ganz anderer Weg ab. Ende 1993 verabschiedete das niederländische Parlament ein Gesetz zur Sterbehilfe, das diese unter ganz bestimmten – enggefaßten – Bedingungen (z. B. muß von mindestens zwei ÄrztInnen eine unheilbare und in nächster Zeit zum Tode führende Krankheit diagnostiziert werden, der/die Todkranke muß in zeitlichen Abständen den Sterbewunsch mehrmals ausdrücklich äußern, es ist eine genaue häusliche und familiäre »Begutachtung« vorzunehmen usw.) erlaubt, um menschenwürdiges Sterben zu ermöglichen. Weniger die Sterbehilfe als vielmehr die Sterbebegleitung und die Ausweitung der Hospizbewegung stellen in der BRD wichtige Zukunftsentwicklungen dar. *G. Holz*

Literatur: G. Armanski u. a.: »... und schon siehst Du alt aus«. Das Alter in Geschichte und Gesellschaft, Bielefeld 1990; G. Bäcker/G. Naegele: Alternde Gesellschaft und Erwerbstätigkeit. Modelle zum Übergang vom Erwerbsleben in den Ruhestand, Köln 1993; K. Feldmann: Tod und Gesellschaft.

Eine soziologische Betrachtung von Sterben und Tod, Frankfurt/M. 1990; A. Fried: Wo man in Frieden sterben kann. Die Hospizbewegung, Wuppertal 1988; H. Glaser/Th. Röbke (Hrsg.): Dem Alter einen Sinn geben. Wie Senioren kulturell aktiv sein können. Beiträge, Beispiele, Adressen, Heidelberg 1992; K. Hummel: Freiheit statt Fürsorge. Vernetzung als Instrument zur Reform kommunaler Altenhilfe, Hannover 1991; U. Lehr: Psychologie des Alterns, Stuttgart [2]1991; G. Naegele/ H.P. Tews (Hrsg.): Lebenslagen im Strukturwandel des Alters, Opladen 1993; A. Niederfranke: Ältere Frauen in der Auseinandersetzung mit Berufsaufgabe und Partnerverlust. Schriftenreihe des Bundesministers für Familie und Senioren. Bd. 4, Stuttgart 1992; R. Schmitz-Scherzer/A. Kruse/E. Olbrich (Hrsg.): Altern – Ein lebenslanger Prozeß der sozialen Interaktion, Darmstadt 1990; K.P. Schwitzer/G. Winkler (Hrsg.): Altenreport '92. Zur sozialen Lage und Lebensweise älterer Menschen in den neuen Bundesländern, Berlin 1993; W. Voges: Soziologie des höheren Lebensalters. Eine Einführung in die Alterssoziologie und Altenhilfe, Augsburg 1989.

Altruismus

A. – von lateinisch alter=der andere – ist die dem Egoismus entgegengesetzte Denk- und Handlungsweise, Selbstlosigkeit, Uneigennützigkeit, im Französischen Nächstenliebe. Seit A. Comte bezeichnet A. die Gesinnung des einzelnen, unter Außerachtlassung des eigenen Nutzens das Wohl anderer durch sein Handeln zu fördern. A. gehört zum Wertesystem humanistisch und christlich geprägter Tradition. In den demokratisch verfaßten kapitalistischen Gesellschaften, in denen nach den Prinzipien von Eigennutz und Konkurrenz gewirtschaftet wird, erhielt A. einen um so höheren ethischen Stellenwert und wurde zur normativen Forderung, nach der die *Gesellschaft* das Zusammenleben ihrer Mitglieder regeln soll. Mit der unzureichenden Erfüllung dieser Forderung entstand »professioneller A.«: die helfenden Berufe (*soziale Berufe*, *Profesisonalisierung*). Nach einer Phase individuell-caritativ verstandenen Handelns und dessen Idealisierung hatte *Sozialarbeit/ Sozialpädagogik* sich an gesellschaftskritischen Analysen und sozialstrukturellen Handlungsmodellen (*Sozialstruktur*) orientiert. Agressions- und Konfliktforschung wurden Schwerpunkte der Sozialpsychologie. Seit dem Ende der 60er Jahre wandte sich das Interesse wieder dem »prosozialen« Verhalten zu, es entstand eine Art »Altruismusforschung«. Die für SozPäd interessante Untersuchung prosozialen Verhaltens im Alltag (z.B. Hilfeleistung in Notfällen, Spenden) wurde bisher wesentlich in empirischen Einzelstudien durchgeführt und hat, wahrscheinlich auch wegen dieser methodischen Einengung, noch kaum nennenswerte Ergebnisse erzielt. Die psychoanalytisch orientierte Untersuchung der Motive und subjektiven Strukturen professioneller Altruisten verfolgte dagegen einen hermeneutischen und kritischen Ansatz und führte zum Erkennen des »Helfersyndroms« (Schmidbauer), in dem die Psychodynamik altruistischen Handelns offengelegt und der unbewußte Eigennutz in der helfenden Beziehung problematisiert wird. Christliche Nächstenliebe vertraute auf »Gotteslohn«. In der säkularisierten Bedeutung ist A. so definiert, daß die Erwartung eines »Lohns« als widersprüchlich zu A. ausgeschlossen wird. Aber diese Definition erfolgte in der Zeit des beginnenden Idealismus, und A. wird noch heute mit idealistischen Vorstellungen verknüpft: Die Erwartung eines immateriellen »Lohnes« sollte nicht per definitionem diskriminiert werden. *H. v. Flemming*

Literatur: H. Dießenbacher: Altruismus und helfende Berufe – Zur Problematik alltäglicher und profesioneller Altruisten, in: Literaturrundschau 1979, 7ff.; C.W. Müller: Wie Helfen zum Beruf wurde, Weinheim: Bd. 1 [2]1988, Bd. 2 [2]1992; W. Schmidbauer: Die hilflosen Helfer. Über die seelischen Probleme der helfenden Berufe, Reinbek 1978; G. Wahrig: Deutsches Wörterbuch, Gütersloh 1981.

Amtsvormundschaft/ Amtspflegschaft (AV/AP)

AV/AP ist eine Vormundschaft/Pflegschaft, die das *Jugendamt* führt. Vormundschaft und Pflegschaft sind unterschiedliche, nicht nebeneinander zur Wahl stehende Formen der Fürsorge. Zweck der Vormundschaft ist die Wahrnehmung grundsätzlich aller personen- und vermögensrechtlichen Angelegenheiten des Mündels; die Pflegschaft betrifft dagegen nur einzelne bzw. nur einen Kreis bestimmter Angelegenheiten. Vormundschaft und Pflegschaft sind als Rechtsinstitute beschrieben im Buch *Familienrecht* des BGB (§§ 1773ff.). Das BGB regelt dabei aus allein systematisch-dogmatischen Gründen die Pflegschaft im wesentlichen durch Verweisung auf die Vormundschaft (vgl. § 1915). Die Vormundschaft ist immer Vormundschaft über Minderjährige; die Vormundschaft über Volljährige ist seit dem Betreuungsgesetz von 1990 entfallen (*Betreuungsrecht*). Von der Rechtskonstruktion her ist die Vormundschaft auf die Geschäftsfähigkeit bezogen: Wer nicht geschäftsfähig ist, muß einen gesetzlichen Vertreter haben. Damit ist dieses Rechtsinstitut des Familienrechts mit dem zentralen Rechtsinstitut des Schuldrechts, dem Vertrag, verbunden; in den Regelungen des Vormundschaftsrechts macht sich daher bisweilen das Interesse des »Rechtsverkehrs«, also derer geltend, die mit dem Minderjährigen Geschäfte machen wollen. Die fürsorgerischen Elemente von Vormundschaft und Pflegschaft sind jedoch nicht zu verkennen. Die reale Entwicklung der Rechtsinstitute hat diese Elemente stark betont. In der Wirklichkeit haben Vormundschaft und Pflegschaft daher heute ein ganz anderes Gewicht, als es der Normenbestand des BGB vermuten läßt. Wesentlich veranlaßt ist diese Entwicklung dadurch, daß ein zentraler Grundsatz des Vormundschaftsrechts des BGB, nämlich der Vorrang der Einzelvormundschaft/ -pflegschaft, sich den gesellschaftlichen Verhältnissen gegenüber als illusionär erwies. Geeignete Vormünder und Pfleger fehlen; seit der Errichtung der JÄ werden deshalb immer häufiger dem JA die Vormundschaften/

Pflegschaften übertragen. Derzeit sind rund 2/3 aller Vormundschaften über Minderjährige und mehr als 82% aller Pflegschaften AV bzw. AP.
Nach dem Berufungsgrund sind zu unterscheiden: gesetzliche und bestellte AV/AP. Kraft Gesetzes, also ohne besonderen gerichtlichen Bestellungsakt, ist das JA Vormund in den von § 1791 c BGB beschriebenen Fällen. Der praktisch bedeutsamste davon betrifft das nichteheliche Kind einer minderjährigen Mutter. Bis zum Inkrafttreten des Nichtehelichengesetzes (1. 1. 1970) bestand AV für alle nichtehelichen Kinder. Seitdem hat die gesetzliche AV erheblich an Bedeutung verloren. Zahlenmäßig bedeutsamer ist die bestellte AV, also diejenige Vormundschaft, die das JA aufgrund ausdrücklicher vormundschaftsgerichtlicher Bestellung anstelle eines Einzelvormunds führt.
Die gesetzliche AP tritt ein in den Fällen von § 1709 BGB, also im Regelfall für alle nichtehelichen Kinder deutscher Mütter im Gebiet der alten Bundesländer. Auf Antrag der Mutter hat das Vormundschaftsgericht anzuordnen, daß die AP nicht eintritt, hat die Pflegschaft aufzuheben oder ihren Wirkungskreis zu beschränken. – Die automatische AP tritt auch bei nichtehelichen Kindern ausländischer Staatsangehöriger ein (BGHZ 111, 199).
Im Gebiet der früheren DDR gelten §§ 1706 bis 1710 BGB nicht (EGBGB Art. 230 Abs. 1). Dort besteht also keine gesetzliche AP für nichteheliche Kinder. Auf Antrag kann dort das JA zu Zwecken der Vaterschaftsfeststellung zum Beistand (§ 1685 BGB) bestellt werden, nicht dagegen zum Ergänzungspfleger (§ 1909 BGB). Bei Verlegung des gewöhnlichen Aufenthalts von den alten in die neuen Bundesländer besteht nach allerdings bestrittener Ansicht die AP fort. Örtlich zuständig ist das JA, in dessen Bezirk der Vormund/Pfleger seinen gewöhnlichen Aufenthalt hat. – Der Aufgabenbereich der gesetzlichen AP wird im wesentlichen durch § 1706 BGB beschrieben (Vaterschaftsfeststellung, Geltendmachung von Unterhaltsansprüchen, Regelung von Erb- und Pflichtteilsrechten). Die gesetzliche AP bezieht sich danach oft auf schwierige Rechtsangelegenheiten. Die Folge ist, daß die JÄ die AP häufig mehr als eine adminstrativ-juristische denn als eine sozialpädagogische Aufgabe ansehen. Defizite in der Sozialarbeiterausbildung verstärken diese gesellschaftlich unerwünschte, das Institut der gesetzlichen AP schließlich insgesamt in Frage stellende Tendenz zur Verrechtlichung und Bürokratisierung der AP. Die gesetzliche AP ist eine der wesentlichen Tätigkeiten des JA. Die bestellte AP, also diejenige Pflegschaft des JA, die anstelle eines Einzelpflegers durch besonderen Bestellungsakte der Vormundschaftsgerichte begründet wird, tritt neben der gesetzlichen AP zahlenmäßig deutlich zurück. Sie bezieht sich in der Praxis überwiegend auf die Geltendmachung von Unterhaltsansprüchen und auf Fälle, in denen Eltern das Sorgerecht ganz oder teilweise entzogen ist.
Das KJHG hat die inhaltlich-fachlichen Aufgaben des JA bei AV/AP nicht wesentlich neu beschrieben. Für die Führung von AV/AP verweist § 56 KJHG auf das BGB. § 56 Abs. 2 S. 1 KJHG befreit das JA jedoch von verschiedenen im BGB an sich vorgesehenen Vorschriften. Nach § 56 Abs. 3 S. 1 und 2 KJHG kann Mündelgeld mit Genehmigung des Vormundschaftsgerichts auf Sammelkonten des JA und auch bei Institutionen des Trägers (z. B. Stadt-/Kreissparkassen) angelegt werden. § 56 Abs. 4 KJHG verpflichtet das JA, jährlich zu prüfen, ob nicht die AV/AP durch einen Einzel- oder Vereinsvormund/-pfleger geführt werden sollte. Die Bestellung eines Einzelvormunds/-pflegers ist angezeigt, wenn die Führung der AV/AP durch eine vorhandene geeignete Einzelperson dem Wohl des Kindes besser entspricht. *D. Huhn*

Literatur: W. Bienwald: Vormundschafts-, Pflegschafts- und Betreuungsrecht in der sozialen Arbeit, Heidelberg [3]1992; W. Binschus: Die gesetzliche Amtspflegschaft – eine verfassungsmäßig nicht mehr legitimierbare Tradition? DAVorm 1989, 171; H. Deinert: Das KJHG und die Amtspflegschaft, DAVorm 1990, 489; J. Gernhuber/D. Coester-Waltjeu: Lb. d. Familienrechts [4]1994, § 60; R. Kemper: Die gesetzliche Amtspflegschaft und der Zeitgeist, DAVorm 1989, 169; H. Oberloskamp: Zum Stand der Diskussion um die gesetzliche AP, ZfJ 1991, 586f.

Anamnese

Unter einer A. versteht man das Sammeln, Systematisieren und Dokumentieren von klientenbezogenen Informationen. Primäres Ziel ist die Datengewinnung zum biographischen Hintergrund, der »Vorgeschichte« des *Klienten*, zu gegenwärtigen und früheren Verhaltensweisen und Erfahrungen in seinem sozialen Umfeld. Die dabei gewonnenen Informationen dienen in erster Linie zur Hypothesenbildung auf beschreibendem Niveau, zur anschließenden Formulierung einer Diagnose (*Diagnostik*) sowie u. U. einer Prognose und der Vorbereitung und Durchführung von *Einzelfallhilfe* und Einzeltherapie, aber auch von *Gruppenarbeit* und -therapie. Der Prozeß der Anamneseerhebung selbst kann bereits therapeutische »Nebenwirkungen« erzeugen (*Psychotherapie*). Umfang und Bedeutung anamnestischer Erhebungen differieren zwischen den unterschiedlichen Anwendungsbereichen, etwa der Medizin, *Psychologie* oder *Sozialarbeit/Sozialpädagogik* und theoretischen Schulen, etwa zwischen einer tiefenpsychologisch und einer verhaltenstheoretisch fundierten Vorgehensweise, für die i. d. R. die subjektiv gefärbten Anamnesedaten von unterschiedlichem Gewicht sind (*Psychologie*). Dabei können die Informationen, die mittels A. gewonnen werden, von dem Klienten/Hilfesuchenden selbst (Eigenanamnese) und/oder von seinen Eltern, Angehörigen oder sonstigen Bezugspersonen (Fremdanamnese) erhoben werden. Häufig ergänzen Zusatzinformationen aus Akten (*Aktenführung*), *Tests* u. a. m. die anamnestischen Daten, wobei divergente Aussagen zu erwarten sind. In der diagnostisch-therapeutischen bzw. in der *Beratung*sarbeit muß dann der Versuch der Integration der sich widersprechenden Informationen gemacht werden.

Zur Erhebung anamnestischer Daten liegt eine Vielzahl von Strukturierungsversuchen (Anamneseschemata) für die unterschiedlichen Arbeitsfelder von Medizin, Psychologie und SozArb/SozPäd vor mit der Tendenz zu einer immer stärkeren Systematisierung und Standardisierung, die eine direkte EDV-Eingabe und -Verarbeitung ermöglichen (*Datenverarbeitung*). Der Grad der Strukturierung reicht von weitgehend unstrukturiert, etwa durch bloße Aufzählung der zu erfragenden Themen, über halbstrukturiert (z.B. Kemmler) bis zu vollstrukturiert (z.B. Dehmelt u.a.: eine Auswahl in Schmidt/Keßler). Trotz der Vielzahl veröffentlichter Anamneseschemata finden in der Praxis häufig selbsterstellte Schemata Verwendung, in denen die der Beratungsarbeit zugrunde gelegten theoretischen Ansätze und praktischen Zielsetzungen in Fragen und häufig auch in Antwortvorgaben umgesetzt werden. Die unkritische Verwendung vorliegender Anamneseschemata ist auch deshalb problematisch, weil theoretische Hintergründe und die Art der Symptomatik, die den jeweiligen Fragenkatalog bestimmen, nicht immer explizit gemacht sind.

Die in den Arbeitsfeldern von SozArb/SozPäd verwendeten Anamneseschemata gliedern sich i.d.R. in die personale und soziale A. (biographische A.) und die *Familien*-A. Die Fragen beziehen sich vor allem auf die Bereiche körperliche und seelische Verfassung, familiäre und soziale Beziehungen des Klienten, seine schulische und berufliche Situation sowie seine finanziellen Verhältnisse. Häufig werden auch entwicklungsbiologisch und -psychologisch bedeutsame Daten zur individuellen Lebensgeschichte erhoben.

Die Gültigkeit und Zuverlässigkeit anamnestischer Daten kann durch unterschiedliche Fehlerquellen beeinträchtigt sein, etwa durch den Klienten (Voreinstellungen; Erwartungen; Wahrnehmung, Interpretation, Behalten und Wiedergabe von Sachverhalten), den Explorator/Befrager (Person, Voreinstellung, Gesprächsstil) oder die äußere Situation, in der das anamnestische Gespräch stattfindet. Die (selbst-)kritische Bewertung von Anamnesedaten sollte ihrer Verarbeitung stets vorausgehen. Über die Funktion als Erkenntnis- und Behandlungsinstrument hinaus wird die Anamneseerhebung auch als Instrument der Praxisforschung in der SozArb/SozPäd gesehen (vgl. Kähler). Durch Fortschreibungen von Anamnesedaten im Betreuungsprozeß lassen sich in Form einer Sekundäranalyse unterschiedliche Fragen etwa nach der Effektivität der Arbeit (*Evaluation*), nach der Zusammensetzung und Veränderung der Klientel oder nach Problemen und deren Ursachen auch ohne zusätzliche Primärerhebungen beantworten. *H. Lukas*

Literatur: P. Dehmelt/W. Kuhnert/A. Zinn: Diagnostischer Elternfragebogen, Weinheim 1974; H.D. Kähler: Anamneseerhebung und Praxisforschung: Perspektiven eines beruflichen Routineverfahrens, in: M. Heiner (Hrsg.): Praxisforschung in der sozialen Arbeit, Freiburg i.Br. 1988, 215ff.; L. Kemmler: Die Anamnese in der Erziehungsberatung, Bern/Stuttgart 1965; L.R. Schmidt/B.H. Keßler: Anamnese. Methodische Probleme. Erhebungsstrategien und Schemata, Weinheim/Basel 1976.

Angst

A. geht sprachlich auf das indogermanische enĝh=eng zurück, ist ein mit Beengung verbundenes unangenehmes Spannungsgefühl. Entwicklungsgeschichtlich gehört A. neben Sexualität (*Sexualität/Sexualpädagogik*) zu den ältesten Triebkräften. Physiologisch bewirkt das Wahrnehmen einer Bedrohung einen erhöhten Adrenalinausstoß, der über Verengung der Gefäße Herzschlag und Atmung zunächst stocken läßt (Schrecksekunde) und dann stark beschleunigt. A. löst auf instinktiver Ebene Flucht oder Angriff aus, eine motorische Handlung, die der Gefahr entgegenwirkt. In dieser Funktion ist A. dem Schmerz verwandt und ebenso unentbehrlich zur Erhaltung von Leben und Gesundheit. Der menschliche Instinkt wurde in der Evolution zurückgebildet und durch *Sozialisation* überformt; er wurde überlagert durch das Gewissen als innere Repräsentanz äußerer Regulierungsinstanzen wie Sitten, Normen und Gesetze (*Sanktion*). Gewissen und Gesetz wirken aber, außer über Vernunft und Liebe, wesentlich über A.: vor Liebesentzug, Vergeltung, Bestrafung.

In philosophischer Betrachtung wird A. auf den Tod bezogen, der mit Ohnmacht und Nichtwissen verbunden ist.

In psychoanalytischer Betrachtung wird A. auf die Geburt, d.h. auf Trennungsangst als früheste Erfahrung von A. und Hilflosigkeit, zurückgeführt. »Die Angst hat eine unverkennbare Beziehung zur Erwartung; sie ist Angst vor etwas. Es haftet ihr ein Charakter von Unbestimmtheit und Objektlosigkeit an; der korrekte Sprachgebrauch ändert selbst ihren Namen, wenn sie ein Objekt gefunden hat und ersetzt ihn dann durch Furcht« (Freud; die Unterscheidung hat sich alltagssprachlich nicht durchgesetzt). Ein weiteres Kennzeichen von A. ist »die Aufhebung der willensmäßigen und verstandesmäßigen ›Steuerung‹ der Persönlichkeit« (Dorsch). A. kann – wie Liebe – blind, krank, wahnsinnig machen, aber auch vorsichtig. Freud unterschied Realangst als Reaktion auf die Wahrnehmung einer äußeren Gefahr, d.h. einer erwarteten vorhergesehenen Schädigung, von neurotischer A., die eine äußere Gefährdung, als Strafe aufgrund von Gewissensängsten, Tabus verletzt zu haben, nur phantasiert. Realangst gilt als rational, neurotische A. als irrational. Neurotische A. sollte durch Therapie (*Sozialtherapie*) abgebaut werden, Realangst nur, soweit aus Unwissenheit falsche Erwartungen bestehen, durch Information. In anderen Fällen wäre ihr Abbau unvernünftig, denn sie ist ein lebenschützendes Warnsignal, auslösende und vorantreibende Kraft zur Bewältigung von Gefahr und Not. A. vor dem Unerklärlichen, Unbeherrschbaren (Natur, Gott) trieb Erkenntnis, Technik und Wissenschaft voran. Jeder Fortschritt brachte einen Zuwachs an Freiheit und Macht, an Beherrschung und Ausbeutung der Natur, aber auch derer, die nicht am Fortschritt teilhatten. Heute besteht A. überwiegend vor dem von Menschen Machbaren und Verursachten: Krieg, Atomkraft, Zerstörung der Erde, Krebs, *AIDS* usw., die als nicht mehr steuerbar und beherrschbar erlebt werden (*Technologie, Umweltschutz*). Information wirkt hier u. U. angststeigernd, da sie die Bedrohung im ganzen Ausmaß erkennen läßt. A., die nicht mehr in Handlung umgesetzt werden kann, wird verdrängt und äußert sich in einer Kombination von Lethargie und Spannung, in ständigem Ressentiment, in neurotischen Symptomen oder in explosiver Aggression.

A. und Aggression stehen in ungemein komplexer Wechselbeziehung. »Angst einschließlich Furcht vor Bestrafung ist aggressionshemmend, andererseits ist Angst (und Angst vor Angst) eine der wichtigsten Aggressionsursachen, so daß Angstabbau, die Beseitigung angstauslösender, verunsichernder Faktoren und die Herstellung von Sicherheit durch Einübung nichtaggressiver Konfliktlösungsmethoden als bedeutsame Mittel zum Abbau von Aggressionen und zur Vermeidung von Gewalteskalation empfohlen werden« (Hakker). Dieser Satz gilt im individuellen ebenso wie im innen- und außenpolitischen Bereich, wo aus A. vor Gewalt Gewalt angedroht und ausgeübt wird, was beim Gegner die gleichen Reaktionen auslöst, wodurch wiederum Angst und Gewalt eskalieren (*Friedenserziehung/Friedenspädagogik/Gewalt*). *H. v. Flemming*

Literatur: W. Bonss: Risiko und Angst. Zum Funktionswandel der Angst in der Risikogesellschaft, in: sowi 21, 95 ff.; F. Dorsch: Psychologisches Wörterbuch, Berlin [7]1963; S. Freud: Hysterie und Angst, Studienausgabe Bd. 6, Frankfurt/M. 1982; F. Hacker: Aggression, Düsseldorf/Wien 1985; M. Heidegger: Sein und Zeit, Tübingen [7]1953; F. Kluge: Etymologisches Wörterbuch der deutschen Sprache, Berlin/New York [21]1975; A. Szczypiorski: Lager, in: Die ZEIT v. 24. 3. 95.

Anpassung

A. wird im Bezug auf menschliches Verhalten und Handelns mindestens mit zwei unterschiedlichen Bedeutungen benutzt.

Einmal bezeichnet dieser Begriff den Prozeß der Veränderung menschlichen Verhaltens in Abhängigkeit von den äußeren Bedingungen. In diesem – aus der Biologie und der Abstammungslehre übernommenen – Bedeutungsinhalt schließt der Prozeß der A. den Prozeß des Lernens ein. Jede Veränderung menschlichen Bewußtseins und Handelns ist in diesem Verständnis Produkt eines Anpassungsprozesses. Zum anderen wird der Begriff – überwiegend alltagssprachlich – in wertender Weise benutzt. A. bezeichnet dann den Prozeß, in dem sich das Individuum gesellschaftlichen Erwartungen und Anforderungen quasi passiv unterwirft. Das Verhalten des Individuums wird so als ausschließlich reaktiv auf äußere Bedingungen verstanden.

In beiden Bedeutungen wird die Besonderheit menschlichen Lernens – im Vergleich zum Lernen von Tieren – nicht berücksichtigt. Wenn man davon ausgeht, daß der Mensch bewußt, aktiv und zielgerichtet sich verhalten, d. h. handeln kann, ist die Beziehung Mensch: Umwelt eine qualitativ andere, als sie sich in den oben dargestellten Bedeutungen des Begriffs A. niederschlägt. Denn:

- der Mensch ist – im Gegensatz zum Tier – in der Lage, die Bedingungen, unter denen er lebt, bewußt zu verändern. Er produziert durch gesellschaftliche Arbeit seine eigenen Lebensbedingungen;
- die gesellschaftlich-historische Entwicklung menschlicher Erfahrungen und Fähigkeiten ist in den Produkten der menschlichen Tätigkeit – z. B. Werkzeugen, Sprache, soziale Normen – vergegenständlicht. Die Umwelt des Menschen ist also vergegenständlichte gesellschaftliche Erfahrung.

A. N. Leontjew hat – vor dem Hintergrund der Besonderheit der Beziehung Mensch: Umwelt – die Besonderheit menschlichen Lernens herausgearbeitet und beschreibt diesen Lernprozeß als »Aneignung gesellschaftlicher Erfahrung«. Der Mensch paßt sich im Ablauf seiner physischen und psychischen Entwicklung nicht einfach der – überwiegend von Menschen gemachten – Umwelt an, sondern macht sie sich zu eigen. Dieser Aneignungsprozeß ist dadurch gekennzeichnet, daß der »lernende« Mensch mit den Produkten der gesellschaftlichen Erfahrungen »tätig ist«, »handelt« und deren Bedeutung – vermittelt durch andere Menschen – im Handeln erfährt.

Was hilft nun diese theoretische Klärung für die praktische sozialpädagogische Arbeit?

Es ist aus dieser Theorie abzuleiten, daß die polemische Frage »Erziehung zur Anpassung oder Erziehung zum Widerstand« falsch gestellt ist. Im Aneignungsprozeß sind beide Momente – Ausrichten des Handelns nach gegebenen äußeren Bedingungen und Veränderung der äußeren Bedingungen selbst – enthalten. Im Begriff der »aktiven A.«, wie er von Mollenhauer benutzt wird, ist ebenfalls neben der »Angleichung an Gegebenes« der Prozeß der »Aneignung der Veränderung des Gegebenen« mitgedacht.

SozArb müßte – unter der Zielvorstellung einer humaneren Welt für alle – Menschen fähig machen, in konkreten Lebenssituationen in bezug auf ihre gemeinsame Interessenlage bewußt zu handeln, d. h., sich ihre Umwelt anzueignen und sie zu verändern.

Insofern hat der Begriff A. keinen Erklärungswert für menschliches Lernen, sondern verschleiert nur die Tatsache, daß Menschen bewußt ihre eigenen Lebensbedingungen schaffen und damit auch verändern können. *Chr. Holzkamp*

Literatur: A. N. Leontjew: Probleme der Entwicklung des Psychischen, Frankfurt/M. 1973; A. Mitscherlich: Aggression und Anpassung, in: H. Marcuse (Hrsg.): Aggression und Anpassung in der Industriegesellschaft, Frankfurt/M. 1969; K. Mollenhauer: Einführung in die Sozialpädagogik, Weinheim [10]1993.

Anthropologie

A. als die Wissenschaft vom Menschen und seiner Entwicklung in natur- und geisteswissenschaftlicher Hinsicht: Jedes soziale Handeln wird durch implizite anthropologische Annahmen beeinflußt. Meist sind die dem sozialen oder pädagogischen Handeln zugrundeliegenden anthropologischen Werte und Überzeugungen den Handelnden nicht bewußt und werden daher besonders wirksam. Doch nicht nur im sozialen und pädagogischen Handeln sind anthropologische Bezugnahmen unerläßlich. Auch soziale Institutionen enthalten in ihren Strukturen und Zielen anthropologische Setzungen und Normen. Daher stellt anthropologisches Wissen einen zentralen Bereich sozialen und pädagogischen Wissens dar.
In den nächsten Jahren wird pädagogisch-anthropologisches Wissen voraussichtlich weiter an Bedeutung gewinnen. Dies wird um so mehr der Fall sein, als die festen Bezugspunkte der *Erziehung* ins Gleiten geraten sind und normative Unsicherheit infolge der Erschütterung religiöser Vorstellungen, überkommener Menschenbilder und gesellschaftlicher Utopien verbreitet ist. Wenn geschichtsphilosophische, auf gesellschaftliche Veränderungen drängende Positionen ihre Kraft verlieren, besteht die Gefahr, daß mit dem Rückgriff auf anthropologisches Wissen das »Unveränderbare« der menschlichen Natur gesucht wird. Durch die Einbeziehung der Geschichtlichkeit anthropologischen Wissens, der anthropologischen Selbstreflexion und der Anthropologiekritik muß dieser Erwartung entgegengewirkt werden. Bevor dieses Konzept einer reflexiven historisch-pädagogischen A. weiter spezifiziert wird (Wulf 1994; Wulf/Zirfas 1994), soll zunächst ein Überblick über wichtige anthropologische Positionen gegeben werden.
Als naturwissenschaftliche Disziplin geht es der A. darum, Aussagen über die biologische, physiologische und morphologische Entwicklung des Menschen zu erarbeiten. Die dabei zugrunde gelegten zeitlichen Parameter reichen weit über die geschichtliche Zeit in die Vorgeschichte des Menschen hinein. Als Teil der Philosophie war auch die Philosophische A. an der Erkenntnis des Menschen interessiert. In den Schriften Schelers, Plessners und Gehlens ging es vorwiegend um die Erkenntnis des Menschen bzw. um die Erkenntnis von für den Menschen charakteristischen Bedingungen (conditiones humanae). Bei Scheler war es die »Sonderstellung des Menschen im Kosmos« (1962), bei Plessner die »exzentrische Positionalität« (1969), bei Gehlen die Handlung des »Mängelwesens« (1972) Mensch.
So wichtig die Erkenntnis der Bedingungen des Menschen für die Humanwissenschaften ist, diese Betrachtungsweise greift insofern zu kurz, als sie lediglich allgemeine Aussagen über den Menschen zu machen versucht und dabei von den konkreten historischen Bedingungen menschlichen Lebens zu verschiedenen Zeiten und in verschiedenen Kulturen abstrahiert. Infolge dieser Ausrichtung ist die Philosophische A. nicht in der Lage, die Differenzen zwischen den Kulturen und Zeiten angemessen auf den Begriff zu bringen.
Unter dem Einfluß der Philosophischen A. erfolgten in den 60er und 70er Jahren zahlreiche Versuche, innerhalb der wissenschaftlichen Disziplinen spezifische Bedingungen des Menschseins, »conditiones humanae«, zu identifizieren. So fragte man in der *Soziologie* nach dem gesellschaftlichen Menschen, dem »homo sociologicus«, in der Theologie nach dem religiösen Menschen, dem »homo religiosus«, in der *Erziehungswissenschaft* nach dem zu erziehenden Menschen, dem »homo educandus«. Jede Wissenschaft entdeckte, daß ihr eine »conditio humana« zugrunde lag. So kam es zu einer Behandlung anthropologischer Fragestellungen und Themen, die von den Voraussetzungen der Wissenschaftsdisziplinen her angegangen wurden. Der Schwerpunkt dieser Bemühungen lag in der Suche nach allgemeinen anthropologischen Aussagen.
In der Geschichtswissenschaft, die sich herkömmlicherweise um die Erkenntnis des Besonderen bemühte, fanden unter dem Einfluß der Schule der Annalen und der Mentalitätsgeschichte anthropologische Themen im Laufe der 80er Jahre zunehmend Beachtung. Mit der Aufnahme anthropologischer Themen in die Geschichtswissenschaft erfolgte eine wichtige Erweiterung ihrer Fragestellungen und methodischen Ansätze. In der Folge begann man sogar von »historischer Anthropologie« zu sprechen (Süssmuth 1984). Charakteristisch war hier die Eingrenzung der anthropologischen Fragestellung auf einen bestimmten Zeitraum. Auch in methodischer Hinsicht blieb man relativ streng. Wenig ließ man sich durch ein philosophisches oder gar zeitgenössisches Interesse irritieren.
A. kann heute nicht nur auf die Erforschung des Menschen als Gattungswesen gerichtet sein. Nicht zuletzt die Kulturanthropologie (cultural anthropology) angelsächsischer Prägung hat deutlich gemacht (Marcus 1992), wie stark die historischen und kulturellen Unterschiede die Menschen differieren lassen. Daher erscheint es im Bewußtsein eines von der A. kaum überwindbaren, jedoch kontrollierbaren Ethnozentrismus (*Ethnologie*) notwendig, A. als reflexive historische A. zu entwickeln, die ihre Entstehungs- und Erkenntnisbedingungen mitbedenkt (Gebauer u.a. 1989).
Historische A. wird als Bezeichnung für vielfältige, transdisziplinäre Bemühungen verwendet, die auch nach dem Ende der Verbindlichkeit einer abstrakten anthropologischen Norm weiterhin Phänomene und Strukturen des Menschlichen erforschen. Historische A. steht so in der Spannung zwischen Geschichte und Humanwissenschaften. Aber sie erschöpft sich weder in einer Geschichte der A. als Disziplin noch im Beitrag der Geschichte als Disziplin zur A. Sie versucht vielmehr, die Geschichtlichkeit ihrer Perspektiven und Methoden und die Geschichtlichkeit ihres Gegenstandes aufeinander zu beziehen. Historische A. kann daher die Ergebnisse der Humanwissenschaften, aber auch diejenigen einer geschichtsphilosophisch fundierten Anthropologiekritik zusammenfassen und für neuartige paradigmatische Fragestellungen fruchtbar machen.

Im Kern ihrer Bemühungen steht eine Unruhe des Denkens, die nicht stillgestellt werden kann. Historische A. ist weder auf bestimmte kulturelle Räume noch auf einzelne Epochen beschränkt. In der Reflexion ihrer eigenen Geschichtlichkeit vermag sie sowohl den Eurozentrismus der Humanwissenschaften als auch das lediglich antiquarische Interesse an Geschichte hinter sich zu lassen und offenen Problemen der Gegenwart wie der Zukunft den Vorzug zu geben.
Wie wurden diese Überlegungen zur Situation der A. heute bisher konkretisiert? Unter dem Rahmenthema »Logik und Leidenschaft« entstanden in den 80er Jahren zwölf internationale transdisziplinäre Studien zur Historischen A. (Kamper/Wulf 1982ff.). Innerhalb dieses Rahmens lassen sich drei Arbeitsschwerpunkte unterscheiden:

- In einem aus vier Bänden bestehenden Schwerpunkt wurde von Fragen ausgegangen wie: Warum wurde der *Körper* des Menschen in den Sozialwissenschaften der 70er und 80er Jahre zugunsten eher abstrakter Konzepte vom Menschen verdrängt und nicht thematisiert? Wie lassen sich der menschliche Körper und seine Veränderungen im Verlauf des Zivilisationsprozesses begreifen, und welches Verhältnis haben die Humanwissenschaften zu ihm? Welche Bedeutung hat der menschliche Körper für Sozialisations- und Enkulturationsprozesse und die individuelle Lebensführung?
- In einem zweiten drei Bände umfassenden Schwerpunkt wurde an den menschlichen Ausdrucksformen Lachen, Lächeln und Gelächter und an einer A. der Sinne gearbeitet. Dabei wurde die unterschiedliche Entwicklung der menschlichen Sinne im Verlauf des Zivilisationsprozesses herausgearbeitet. So ließ sich z.B. eine deutliche Unterbewertung des Hörens feststellen, dem für die Entwicklung menschlicher Sozietät eine konstitutive Bedeutung zukommt (vgl. auch Paragrana 1993). Neben Fragen der Wahrnehmung, der Aisthesis, wurden auch Probleme der *Ästhetik* und der ästhetischen Bildung thematisiert (vgl. auch Gebauer/Wulf 1992; Gebauer/Wulf 1993; Wulf/Kamper/Gumbrecht 1994).
- In einem dritten, ebenfalls mehrere Bände umfassenden Schwerpunkt war Ausgangspunkt der Forschungen die Reduzierung menschlicher Komplexität infolge des Positivismus und unzureichender Orientierungen einiger Teile der Sozialwissenschaften. Hier wurde eine historische Rekonstruktion des von der *Psychologie* aufgegebenen Begriffs der Seele unternommen (vgl. auch Jüttemann/Sonntag/Wulf 1991). Desgleichen wurde in nicht theologischer Absicht die historische und gesellschaftliche Bedeutung des Sakralen untersucht. Schließlich galt es das Verhältnis unserer Kultur zur *Zeit* und zur Welt im emphatischen Sinn des Begriffes herauszuarbeiten.

In Anerkennung der großen epistemologischen Leistungen der wissenschaftlichen Disziplinen ging es bei der Bearbeitung dieser Themen um die Überwindung der Disziplingrenzen und die Konstituierung transdisziplinärer Fragestellungen, Themen und methodischer Zugänge. Daher wirkten an diesen Studien Autoren aus mehr als 30 Disziplinen mit. Eine weitere Zielsetzung dieser Untersuchungen bestand in der Internationalisierung anthropologischer Erkenntnisinteressen, Fragestellungen und Wissenszusammenhänge und in der Entwicklung transnationaler Diskurse durch die Beteiligung von Wissenschaftlern aus mehr als 10 Ländern.
Seit dem Beginn der 90er Jahre finden sich auch in der Erziehungswissenschaft verstärkte Bemühungen um die Wiederaufnahme der anthropologischen Betrachtungsweise. Dabei wird deutlich: Pädagogische A. kann es nicht als ein geschlossenes normatives Wissenssystem geben. Sie kann auch nicht als eine auf die Erziehung bezogene Philosophische A. entwickelt werden (Bollnow 1965). Da das humanwissenschaftliche Wissen inzwischen so heterogen und komplex, different und pluralistisch geworden ist, kann Pädagogische A. ebenfalls nicht als Integrationswissenschaft bestimmt werden (vgl. Roth 1966 u. 1971). Schließlich darf sie auch nicht eine die Möglichkeiten und Grenzen der anthropologisches Wissen reflektierenden Anthropologiekritik ausschließen. Nach der hier vertretenen Auffassung besteht die Aufgabe in der Entwicklung einer konstruktiv-reflexiv verfahrenden historisch-pädagogischen A., in deren Zentrum das Spannungsverhältnis von Vervollkommnung und Unverbesserlichkeit steht (Kamper/Wulf 1994). *Ch. Wulf*

Literatur: O.F. Bollnow: Die anthropologische Betrachtungsweise in der Pädagogik, Ratingen 1965; G. Gebauer/D. Kamper/D. Lenzen/G. Mattenklott/Ch. Wulf/K. Wünsche (Hrsg.): Historische Anthropologie, Reinbek 1989; G. Gebauer/Ch. Wulf (Hrsg.): Praxis und Ästhetik, Frankfurt/M. 1993; G. Gebauer/Ch. Wulf: Mimesis. Kultur – Kunst – Gesellschaft, Reinbek 1992; Am. Ausgabe: Mimesis: California University Press 1995; A. Gehlen: Der Mensch. Seine Natur und seine Stellung in der Welt, Wiesbaden [9]1972; G. Jüttemann/M. Sonntag/Chr. Wulf (Hrsg.): Seele. Ihre Geschichte im Abendland, Weinheim 1991; D. Kamper/Ch. Wulf (Hrsg.): 12 Bände unter dem Rahmenthema »Logik und Leidenschaft«. Internationale interdisziplinäre Studien zur Historischen Anthropologie: Die Wiederkehr des Körpers, Frankfurt/M. 1982; Der Andere Körper, Berlin 1984; Das Schwinden der Sinne, Frankfurt/M. 1984; Lachen/Gelächter/Lächeln. Reflexionen in drei Spiegeln, Frankfurt/M. 1986; Das Heilige. Seine Spur in der Moderne, Frankfurt/M. 1987; Die Sterbende Zeit, Darmstadt/Neuwied 1987; Das Schicksal der Liebe. Die Wandlungen des Erotischen in der Geschichte, Weinheim/Berlin 1988; Die erloschene Seele, Berlin 1988; Der Schein des Schönen, Göttingen 1989; Rückblick auf das Ende der Welt, Augsburg 1990; Schweigen. Unterbrechung und Grenze der menschlichen Wirklichkeit, Berlin 1992; D. Kamper/Ch. Wulf (Hrsg.): Anthropologie nach dem Tod des Menschen. Vervollkommnung und Unverbesserlichkeit, Frankfurt/M. 1994; G.E. Marcus (Ed.): Rereading Cultural Anthropology, Durham and London 1992; Paragrana. Internationale Zeitschrift für Historische Anthropologie 2 (1993), Themenschwerpunkt: Das Ohr als Erkenntnisorgan; H. Plessner: Homo absonditus. Für eine postmarxistische Anthropologie, in: Merkur 23 (1969), 11, 259; Reihe »Historische Anthropologie«, Bd. 1–21, Berlin 1988ff.; H. Roth: Pädagogische Anthropologie, Bd. 1 u. 2, Hannover

1966 u. 1971; M. Scheler: Die Stellung des Menschen im Kosmos, Bern 1962; H. Süssmuth (Hrsg.): Historische Anthropologie, Göttingen 1984; Ch. Wulf (Hrsg.): Einführung in die Pädagogische Anthropologie, Weinheim 1994; Ch. Wulf/J. Zirfas (Hrsg.): Theorien und Konzepte pädagogischer Anthropologie, Donauwörth 1994; Ch. Wulf/D. Kamper/H. U. Gumbrecht (Hrsg.): Ethik der Ästhetik, Berlin 1994.

Anthroposophie

Anthroposophische Geisteswissenschaft: Rudolf Steiner (1861–1925), Begründer der A., beschreibt diese als einen Erkenntnisweg, der »das Geistige im Menschwerden zum Geistigen im Weltall führen möchte, (denn) ... es schlummern in jedem Menschen die Fähigkeiten, durch die er sich Erkenntnisse über höhere Welten erwerben kann« (Steiner zit. n. Wehr, 1). Da die A. den Menschen als Teil einer übersinnlichen Welt begreift, will sie auch alles dasjenige erfassen, »was an übersinnlichem Wesen innerhalb dieses Lebens zwischen Geburt und Tod sich auslebt als Zeuge davon, daß der Mensch einer übersinnlichen Welt angehört« (a. a. O., 11). Hierzu gehört auch die Vorstellung von der Reinkarnation (Seelenwanderung) des Menschen. Steiner sagte, daß das »wiederholte Erdenleben« des Menschen nicht etwa ein »Vorurteilsdogma« sei, sondern gesicherte Erkenntnis der anthroposophischen Geisteswissenschaft. »Im Sinne dieser Erkenntnis leben wir z. B. jetzt in diesem Leben zwischen Geburt und Tod so, daß wir auf der einen Seite in uns haben die Impulse der physischen Vererbung ..., aber wir haben außerdem in uns die Impulse, welche den früheren Lebensläufen angehören und dem Leben zwischen dem Tod und einer neuen Geburt. Die Welt, in der wir leben zwischen dem Tod und einer neuen Geburt, schließt nun Fakten ein, die nicht unter dem Gesetz von der Erhaltung des Stoffes und der Erhaltung der Kraft sind« (Steiner 1956, 11). Diese Bereiche könnten mit naturwissenschaftlichen Methoden nicht erforscht und erkannt werden. Die anthroposophische Geisteswissenschaft respektiert die Erkenntnisse der modernen Naturwissenschaft, akzeptiert aber nicht die durch sie gesetzten methodologischen Erkenntnisgrenzen. Für die »Menschenerkenntnis«, die die wesentliche Voraussetzung jeder Erziehung sei, gilt das naturwissenschaftliche Denken als unzulänglich, weil es das »spirituelle Leben« nicht erkennen könne. »Diese Naturwissenschaft, sie kann uns Aufschluß geben über das Körperliche des Menschen, sie kann uns Aufschluß geben über den Verlauf der körperlichen, physiologischen Funktionen während des physischen Lebens des Menschen. Aber diese naturwissenschaftliche Erkenntnis, so wie wir sie treiben, indem wir mit äußeren Werkzeugen experimentieren, indem wir mit äußeren Sinnen beobachten, sie hat gerade in der Zeit, in der sie so groß geworden ist, nicht vermocht, in das eigentliche spirituelle Leben des Menschen tiefer hineinzudringen. Das ist kein Tadel, das war die große Aufgabe der Naturwissenschaft« (Steiner a. a. O.).

Intuitives Denken und eine bildhafte Auffassung von der Wirklichkeit gehören zu den Grundzügen der anthroposophischen Geisteswissenschaft, wobei Steiner das Leiblich-Materielle des Mikrokosmos als einen Ausdruck des Übersinnlichen interpretiert. Durch systematische und konzentrierte Meditationsübungen soll der Mensch zu einer höheren Erkenntnis des Weltganzen gelangen. Dabei versteht Steiner die Meditation als eine »innerliche Forschungsmethode«, die ebenso ausgebildet werden könne wie »die äußerliche chemische oder astronomische Versuchsmethode« (Steiner 1985, 75). Imagination, Inspiration und Intuition sind dabei aufeinander aufbauende Stufen der »übersinnlichen Erkenntnis« (ebd., 73). Steiner lehnt logisches, naturwissenschaftliches Denken nicht ab, »aber aufgebaut werden soll auf dieser Intellektualität, auf diesem scharfen Denken, dasjenige, was dann in die spirituelle Welt hineinführt« (ebd., 42). Die anthroposophische Geisteswissenschaft will die Kluft zwischen Leben und Erkennen, zwischen Wissenschaft und Kunst, Technik und Ethik überwinden. »Grundsätzliche Grenzen der Erkenntnis gibt es für den Anthroposophen schon deshalb nicht, weil der Mensch mit seiner Fähigkeit zur Geist-Erkenntnis selbst zum Reich des Geistes gehört« (Ullrich 1986, 79).

Anthroposophische »Menschenkunde« und »Entwicklungslehre«: Steiners »Menschenkunde« liegt ein dreigliedriges Menschenbild zugrunde: Leib, Seele und Geist. »So ist der Mensch Bürger dreier Welten. Durch seinen Leib gehört er der Welt an, die er auch mit seinem Leibe wahrnimmt; durch seine Seele baut er sich seine eigne Welt auf; durch seinen Geist offenbart sich ihm eine Welt, die über die beiden anderen erhaben ist« (Steiner 1955, 29).

Die Entwicklung des Menschen vollzieht sich in dreimal sieben Jahresstufen, in denen sich die leiblichen, seelischen und geistigen Anlagen des Menschen entfalten. Das Erziehungsalter umfaßt drei Jahrsiebente mit den Übergängen Schulreife (Zahnwechsel), »Erdreife« (Pubertät) und »Lebens- und Schicksalsreife« (Mündigkeit). Diese Entwicklung wird als »Metamorphose der Seelenkräfte« beschrieben. Die Bedeutung des ersten Jahrsiebts liegt darin, daß alle über die Sinne vermittelten Eindrücke »einverleibt« werden durch das nachahmende, im Spiel tätig werdende Lernen, weil der Leib, das »Instrument« der Seele und des Geistes, gesund heranwachsen sollen. Seele und Geist sind vorhanden, aber entfalten sich über die Selbstfindung in der Kindheit und Jugend erst nach und nach. Die erste Lebensperiode wird charakterisiert durch die »große Offenheit gegenüber der Welt ... Mit unbegrenztem Vertrauen tritt es (das Kind) der Welt entgegen (Lievegoed, 12). Im Unterschied dazu erschafft sich das Kind in der mittleren Kindheit eine eigene Welt, »die Außenwelt dringt höchstens bruchstückweise herein, und die Elemente der Außenwelt werden in die eigene Welt aufgenommen und darin umgeformt, bis sie in diese hineinpassen« (ebd.). Erst in der dritten Periode sucht das Kind die Wirklichkeit, die es erobern will. Die A. geht von einer »geschichteten Struktur der menschlichen Seele« aus, wobei auch im Erwachsenen die früheren Stufen der Entwicklung weiter bestehenbleiben. Die seelische Reife wird mit der Entfaltung der Empfindungsseele und der Bewußtseinskraft im Jahrsiebt der Lebensmitte beschrieben. Die mögliche Entwicklung der geistigen Kräfte wird wiederum bis in das Pensionsalter in drei Stufen untergliedert.

Die Pädagogik der Waldorfschulen und -kindergärten: R. Steiner hatte schon vor dem 1. Weltkrieg die theoretischen Grundlagen seiner Pädagogik formuliert, eine Gelegenheit der praktischen Umsetzung jedoch ergab sich erst 1919, als er die Leitung der von Emil Molt (Inhaber der Waldorf-Astoria Zigarettenfabrik) gegründeten Waldorfschule übernahm, die auch von zahlreichen Kindern der dort beschäftigten Arbeiter besucht wurde. Als Privatschule sollte sie frei von staatlichen Einflüssen sein. Bis in die Gegenwart orientieren sich die inzwischen zahlreichen Waldorfschulen an dem von Steiner entwickelten Modell:

- Waldorfschulen sind äußerlich nicht differenzierte Einheits-/Gesamtschulen.
- Als Privatschulen mit besonderer pädagogischer Prägung haben sie eigene Lehrpläne und Unterrichtsmethoden entwickelt, in denen sie sich am anthroposophischen Menschenbild orientieren.
- Die Schüler sollen ganzheitlich gefördert werden; d.h., theoretische, künstlerisch-musische und handwerklich-praktische Fächer stehen gleichberechtigt nebeneinander.
- In der zwölfjährigen Waldorfschule gibt es keine Zensuren und keine Versetzungen im herkömmlichen Sinne.
- Lehrer und Erzieher werden in eigenen Ausbildungsstätten ausgebildet. Die Ausbildung orientiert sich an der Lehre R. Steiners.

Das Spiel: Dem Spiel mißt Steiner für die Entwicklung der Intelligenz und des Gefühls große Bedeutung bei, und deshalb ist die Spielförderung eines der wichtigsten Anliegen des Waldorfkindergartens (*Spielpädagogik*). Im Spiel ahmt das Kind vielfach Erlebnisse und Erfahrungen seiner Umwelt nach, »und nachahmend ergreift es die Arbeitsfähigkeit des Erwachsenen und gestaltet daraus ein zweckfreies Spiel« (Jaffke, 50). Die Waldorfpädagogik geht davon aus, daß Kinder einen Nachahmungstrieb haben, wobei sie nicht nur die Handlungen nachahmen, sondern auch die Stimmungen, Gefühle und Einstellungen der Erwachsenen übernehmen. Folglich soll der Erwachsene sich stets bewußt sein, daß er ein Vorbild ist.

Das Spielzeug soll aus organischen Stoffen gefertigt, naturbelassen oder wenig geformt sein. Plastikspielzeug wird grundsätzlich abgelehnt, denn dadurch werde »der Tastsinn belogen und findet keine Anregung« (Barz, 53). Vorgefertigtes Spielzeug ist nicht erwünscht, weil es das produktive, problemlösende Lernen zuwenig fördert. Um die Phantasie anzuregen, soll das Spielzeug nur andeutungsweise realistisch gestaltet sein, dies gilt insbesondere für Puppen. Die erste Puppe des Kindes soll eine einfache, aus einem Tuch geknotete Puppe sein, denn »je weniger ein Kind an perfektionierten Dingen bekommt, desto mehr muß es mit eigner Kraft leisten« (Kranich, 57).

Vom Leben lernen: Kinder sollen an möglichst vielen Tätigkeiten aus dem Lebenszusammenhang teilnehmen. Deshalb sollen die notwendigen Arbeiten in den Tagesablauf integriert werden. Hierzu gehören die häuslichen Arbeiten (Kochen, Backen, Spülen etc.), Spielzeugherstellung und -pflege, Gartenarbeit und Erlebnisse auf Spaziergängen (z.B. Müllautos, Straßenarbeiter).

Anthroposophische Sozialarbeit: Steiner selbst hat bereits in seinen Schriften und Vorträgen in Grundzügen ein heilpädagogisches Konzept für die Arbeit mit »seelenpflege-bedürftigen« Kindern und Jugendlichen formuliert, die auf seinen Erfahrungen als Hauslehrer eines als nicht bildbar geltenden hydrozephalen (wasserköpfigen) Kindes basieren. Die erste heilpädagogische Einrichtung, das »Heil- und Erziehungsinstitut für seelenpflege-bedürftige Kinder«, entstand Mitte der 20er Jahre in Lauenstein bei Jena, und etwa zeitgleich begann die Ärztin Ita Wegmann auf dem Sonnenhof bei Arlesheim ebenfalls mit heilpädagogischer Arbeit. Weitere Gründungen folgten bis zum Verbot durch die Nationalsozialisten.

Nach dem 2. Weltkrieg bildeten sich unterschiedliche Formen der anthroposophischen *Heilpädagogik* heraus. Eine zentrale Forderung hierbei war die Schaffung eines angemessenen Erziehungs- und Lebenszusammenhanges für das Kind bzw. die anvertrauten Menschen. Der wichtigste Pfeiler der Heilpädagogik ist die Schaffung einer wahren Gemeinschaft, um eine angemessene soziale Hilfe mit den entsprechenden Bereichen des gemeinschaftlichen Zusammenlebens für behinderte Menschen zu schaffen.

Seit etwa Mitte der 70er Jahre entwickelte sich neben der Heilpädagogik und *Sozialtherapie* die Sozialarbeit als ein eigenständiger Bereich mit einer breiten Palette unterschiedlicher Zielsetzungen und Einrichtungen.

W. Grossmann

Literatur: H. Barz: Der Waldorfkindergarten, Weinheim 1984; W. Grossmann (Hrsg.): Kindergarten und Pädagogik. Grundlagentexte zur deutsch-deutschen Bestandsaufnahme, Weinheim/Basel 1992; W. Grossmann: Kindergarten. Eine historisch-systematische Einführung in seine Entwicklung und Pädagogik, Weinheim/Basel ²1994; F. Jaffke: Spielzeug von Eltern selbstgemacht. Arbeitsmaterial aus den Waldorfkindergärten. Hrsg. von der Internationalen Vereinigung der Waldorfkindergärten, Stuttgart, H. 1/1983; H. v. Kügelgen (Hrsg.): Plan und Praxis des Waldorfkindergartens, Stuttgart 1979; B.C.J. Lievegoed: Entwicklungsphasen des Kindes, Stuttgart ²1979; A. Limbrunner (Hrsg.): Waldorf-Sozialarbeit. Praxis, Grundlagen, Methoden, Weinheim/Basel 1993; C. Lindenberg: Rudolf Steiner mit Selbstzeugnissen und Bilddokumenten, Reinbek 1992; R. Steiner: Theosophie, Stuttgart 1955; R. Steiner: Die Waldorfschule und ihr Geist (1921), Stuttgart 1956; Waldorf-Sozialarbeit. Schwerpunktheft Sozialmagazin 11/1995.

Antiautoritäre Erziehung (AE)

Das Verständnis von AE, die in Vertretern des linken Flügels der reformpädagogischen Bewegung, der »Pädagogik vom Kinde aus«, zu Beginn dieses Jahrhunderts (u.a. Otto, Montessori, Wyneken, Bernfeld) ihre Vorläuer hat (*Erziehung*), ist durch polemische Auseinandersetzungen erschwert, die seit Jahren über Begriff und Praxis AE geführt werden. Das von konservativer Seite produzierte Zerrbild AE als einer chaotischen, Kultur und Gesellschaft zerstörenden Erziehungsideologie ist ein Produkt blinder Abwehr; die Kritik repressiver Erziehung und Verhältnisse soll abgewiesen werden.

Als pädagogische Theorie, als Methode und als Bewegung gehört AE in den Zusammenhang der radikaloppositionellen »antiautoritären« Studentenbewegung der späten 60er Jahre; mit deren Zerfall wird AE von dogmatischer, marxistisch-leninistischer Position als kleinbürgerlich und utopisch denunziert, ohne daß damit die Sache erledigt wäre. Über die Kinderladenbewegung ist der Einfluß antiautoritärer Erziehungskonzeptionen bis heute vor allem im Bereich der Vorschulerziehung erheblich.

Begrifflich ist AE von der Konzeption der Laissez-faire-Erziehung, dem Kind angeblich einfach völlig freie Hand zu lassen, abzugrenzen. AE ist vielmehr zu verstehen als der erzieherische Versuch der »Sicherung, Beeinflussung und Veränderung einer bestimmten körperlichen, geistigen und sozialen Entwicklung des Kindes« (Bernfeld) bei gleichzeitiger Zurücknahme der Übermacht des Erziehers über das Kind. I. S. »negativer Pädagogik« ist in der AE insofern das Prinzip der Selbstregulierung des Kindes zentral. AE heißt Partei ergreifen für das Kind, für die Entfaltung seiner Kräfte, für die Befriedigung seiner Bedürfnisse. Damit ist ein neues Erzieher-Kind-Verhältnis gefordert: die Beendigung erzieherischer (autoritärer) Besatzungsmacht der Erwachsenen über den Nachwuchs als Voraussetzung für Emanzipation, die Erziehung der Erzieher, die Infragestellung der Erziehung als Machtverhältnis. AE stellt insbesondere das Zwanghafte, Einengende, Triebrepressive an der Familienerziehung in Frage (wichtig in diesem Zusammenhang die familienkritischen Beiträge von Horkheimer, Fromm und Reich). Statt Sexualangst und -feindschaft blind auszuleben, bemüht sich der antiautoritäre Erzieher um eine (Sexual-)Lust bejahende, Gefühle, Verstand und Aktivität des Kindes unterstützende, fördernde Haltung (*Sexualität/Sexualpädagogik*). Ein kritischer Bezug zum gesellschaftlichen Umfeld ist für AE konstitutiv. Sie zielt nicht allein auf nichtautoritäre (nichthierarchische) pädagogische Paarbeziehungen. Die Frontstellung gegenüber gesellschaftlichen Ungleichheits-, Ausbeutungs- und Machtverhältnissen hat AE mit kritischen sozialistischen bzw. anarchistischen Erziehungskonzeptionen gemeinsam. Die Zurückweisung triebrepressiver Erziehung verbindet AE mit der Psychoanalyse. Psychoanalytische und sozialistische Pädagogik haben auch die im Rahmen der antiautoritären Erziehungsbewegung der Kinderläden entwickelte Konzeption kollektiver Erziehung beeinflußt (V. Schmidt, Bernfeld).

Neue Anstöße hat AE in letzter Zeit vor allem durch französische Arbeiten zur Sozialgeschichte des Kindes (*Kindheit*) und zum Konstitutionsprozeß von Erziehung als einer Erfindung der Moderne, als einem Moment des Prozesses der Zivilisation (Elias, Ariès) erhalten, was sich praktisch in einer alternativen therapeutischen Arbeit mit Kindern insbesondere in der neuen Kinderschutzbewegung mit dem nichtstrafeorientierten Hilfsangebot der Kinderschutz-Zentren (vgl. Bernecker/Wolff) niedergeschlagen hat.

Die Zuspitzung der Fragestellung der AE zur Antipädagogik (u.a. v. Braunmühl) stellt einen modernen Erziehungsmythos dar, der auf eine scheinhafte Versöhnung von Widersprüchen im Generationsverhältnis hinausläuft, deren Balancierung ein Kennzeichen kritischer Erziehung ist.

Die Zunahme rechtsradikaler und vor allem fremdenfeindlicher Gewaltakte in den 90er Jahren hat zur Vermutung geführt, antiautoritäre Erziehung habe dazu beigetragen. Das Gegenteil ist richtig: Autoritäre Erziehungspraktiken im Verbund mit Vernachlässigungen sind neben bestimmten gesellschaftlichen und politischen Bedingungen (Zwangsverhältnisse wie Deklassierungen vor allem) ursächlich für Terror und Gewalt. Alle wertepädagogischen Aufrüstungsbemühungen, wie sie z.B. die Kampagne »Mut zur Erziehung« darstellen, sind nur schlecht verhüllte Versuche, mit autoritären und moralistischen Konzepten aus der pädagogischen Mottenkiste moderne pädagogische Probleme zu bewältigen. *R. Wolff*

Literatur: Autorenkollektiv: Berliner Kinderläden. Antiautoritäre Erziehung und sozialistischer Kampf, Köln/Berlin 1980; S. Bernfeld: Antiautoritäre Erziehung und Psychoanalyse. Ausgewählte Schriften, Bd. 1–3, hrsg. v. L. v. Werder/R. Wolff, Frankfurt/M. u.a.O. 1974; G. Bott (Hrsg.): Erziehung zum Ungehorsam. Frankfurt/M. 1970; A. Bernecker/R. Wolff: Kinder im Familienkonflikt – Verstehen und Helfen, hrsg. v. Kinderschutz-Zentrum Berlin, Berlin 1985; E. v. Braunmühl: Antipädagogik, Weinheim/Basel [8]1993; I. Classen: Bibliographie zur antiautoritären Erziehung, Heidelberg 1971; ders. (Hrsg.): Antiautoritäre Erziehung in der wissenschaftlichen Diskussion, Heidelberg 1973; A.S. Neill: Erziehung in Summerhill, Neudruck: Theorie und Praxis antiautoritärer Erziehung oder die Erziehung der Erzieher, Stuttgart 1972; L. v. Werder: Von der antiautoritären zur proletarischen Erziehung, Frankfurt/M. 1972; ders. (Hrsg.): Was kommt nach den Kinderläden, Berlin 1977; H. Willems u.a.: Fremdenfeindliche Gewalt, Opladen 1993.

Arbeit

1. A. hat in allen Entwicklungsstadien der Ideengeschichte wie auch der Praxis der sozialen Bewegungen seit der Frühindustrialisierung und der *Aufklärung* eine zentrale legitimierende wie handlungsleitende Rolle gespielt. In der frühbürgerlichen politischen Philosophie (J. Locke) wird die Legitimation des privaten

Eigentums noch darin erblickt, daß dieses Eigentum eben durch eigene A. erzeugt sei. Mit der Entwicklung und Strukturierung des Klassenverhältnisses zwischen A. und Kapital, der »socialen Frage«, wird A. zunehmend zum Anknüpfungspunkt der revolutionären Ansprüche des Proletariats gegen das Kapital: Da allein A. Wert schaffe, alles Kapital aber nichts anderes als geronnene A. sei, gebühren die Mittel wie Ergebnisse der Produktion allein den Arbeitenden. In beiden Varianten genoß A. das Pathos, Konstitutionselement einer gesamten Gesellschaftsordnung zu sein.

Spätestens mit der Etablierung sog. »sozialistischer Länder« haben wir erfahren, wie der Lack vom Pathos der A. abfällt. Die Praxis der staatssozialistischen Länder hat erwiesen, daß die Befreiung vom Kapital noch längst nicht die Befreiung vom »Joch der Arbeit« ist, ja geradezu noch zu einer Steigerung des Arbeitszwanges – und dabei noch bei geringerer Konsummasse als in den westlich kapitalistischen Ländern – führen kann. Sie hat dazu noch belegt, daß Herrschaft der A. – wenn man die ehemaligen staatssozialistischen Länder denn so charakterisieren will – keineswegs mit der Demokratisierung aller gesellschaftlichen Bereiche, einschließlich des Betriebes selbst, einhergehen muß, vielmehr offenbar selbst mit Herrschaftsformen vordemokratischer Zeit vereinbar zu sein scheint. Diese Erfahrungen haben auf Befreiung der A. gestützte gesellschaftliche Utopien allerorten in der Welt geschwächt, wenn nicht ausgelöscht.

Auch in den westlichen Industrienationen erfährt A. derzeit einen Bedeutungswandel. Das Bedingungsgefüge dieses Bedeutungswandels ist vielschichtig, es ist nicht eindeutig kausal herleitbar, somit auch nicht zuverlässig prognostizierbar. Die meist noch mit Erwerbsarbeit (incl. Lohnarbeit) identifizierte A. verliert – von den Rändern der *Gesellschaft* aus zunehmend – an gesamtgesellschaftlicher Integrationskraft. Viele arbeitswillige Personen finden keine Erwerbsarbeit (*Arbeitslosigkeit*, *Jugendarbeitslosigkeit*) mehr, und es besteht Grund zu der Annahme, daß dies andauert, d. h., daß die Vollbeschäftigungsoption derzeit nicht besteht. Erst andeutungsweise können wir heute ermessen, was der Zusammenbruch der ehemals »sozialistischen« Ökonomien für Prozesse der Arbeitsmigration auslösen und wie sich diese auf die Arbeitsmärkte der westlichen Industrienationen auswirken werden. Jedenfalls ist auch hiervon eher eine weitere Anspannung der Beschäftigungssituation zu erwarten. Die verbleibende Erwerbsarbeit selbst gerät ins Zwielicht, wo sie die Arbeitenden – den gegebenen technologischen Möglichkeiten zum Trotz (*Technologie*) – physischer und psychischer Deformation aussetzt, keinerlei Identifikation mit dem Arbeitsprozeß oder gar dem Arbeitsprodukt mehr erlaubt, vor allem, wo in paradoxer Weise mit scheinbar bedürfnisbefriedigender Produktionstätigkeit gesellschaftliche Destruktion, Ressourcenverschleuderung, Umweltverschmutzung usw. einhergehen (*Umweltschutz*), die in keinem Verhältnis mehr zu der tatsächlichen Bedürfnisbefriedigung stehen.

Zunehmend wird auch sichtbar, daß mit der im gewohnten Arbeitsverhältnis verrichteten Tätigkeit bestimmte gesellschaftliche Bedarfe strukturell unterbefriedigt bleiben (Infrastruktur, Gesundheitswesen (*Gesundheitshilfe*), *Bildungs*wesen, *Erziehung*, Kultur (*Kulturarbeit*)) bzw. daß diese Bedarfe nur dadurch notdürftig befriedigt werden, daß für sie unbezahlte – und nach kapitalistischen Marktgesetzen daher strukturell diskriminierte – A. (vor allem *Frauenarbeit*) zur Verfügung steht. Deshalb wird A. heute längst nicht mehr einfach mit Erwerbsarbeit gleichgesetzt – vielmehr wird für gesellschaftlich notwendige, nicht erwerbliche Arbeit zunehmend eine der Erwerbsarbeit wenigstens gleichwertige Anerkennung gefordert.

Im Gefolge solcher Entwicklungen – wie auch der Tatsache, daß über gesellschaftliche Transferprozesse vermittelte »Sozialeinkommen« sich heute den Erwerbseinkommen immer mehr an gesamtgesellschaftlicher Bedeutung annähern – scheinen mehr und mehr – vor allem jüngere – Menschen nicht mehr bereit zu sein, ihren gesellschaftlichen Status über ihren erwerblichen Status zu definieren bzw. definieren zu lassen (*Jugend*). Andere wiederum beginnen – auch wo sie sich der prinzipiellen Notwendigkeit der Verrichtung von Erwerbsarbeit nicht entziehen – gleichwohl diese Arbeit ihren außerberuflichen Bedürfnissen nach Selbstentfaltung, nach kreativer und gesellschaftlich sinnhafter Tätigkeit, nach neuen Formen der Arbeitsverteilung zwischen Mann und Frau in Beruf und *Familie* usw. unterzuordnen, insofern gleichfalls ihr gesellschaftliches Selbstbild nicht mehr mit dem durch Erwerbsarbeit im Beruf erworbenen Status gleichzusetzen (*Selbsthilfe/Selbstorganisation*).

A. befindet sich so in einem schwer durchschaubaren Wandlungsprozeß, der Gefahren, der aber wohl auch Chancen gesellschaftlicher Einflußnahme aufweist. Konservative wie Progressive, Etablierte wie Alternative, Industrialisten wie Ökologen versuchen allesamt, sich des mit der Erosion des traditionellen Arbeitsverständnisses und Arbeitspathos entstandenen Vakuums zu ihren Zwecken zu bemächtigen. Konservative meinen mit der Aufwertung nichterwerblicher Arbeit, vor allem auch der häuslichen Arbeit, meist nur eine immaterielle Aufwertung, praktisch gesehen also lediglich ein Sichabfinden mit unfreiwilliger Arbeitslosigkeit. Innerhalb der fortschrittlichen Richtungen entbrennt zunehmend die Auseinandersetzung darüber, ob gesellschaftliche Emanzipation vorwiegend als »Befreiung *in* der Arbeit« (so die traditionell-sozialdemokratische wie auch die orthodox-kommunistische Richtung) und/oder als »Befreiung *von* der Arbeit« (so verschiedene grüne und alternative Richtungen sowie fortschrittliche Störungen innerhalb der Sozialdemokratie) zu entwerfen und gestalten sei. Ob Erwerbsarbeit und Einkommen voneinander zu entkoppeln seien, kann – entgegen traditionalistischen Positionen – heute nicht mehr umstritten sein: Denn diese Entkoppelung ist, wie das steigende Ausmaß von Sozialeinkommen beweist, längst eingetreten. Mit dieser Entkoppelung ist die Frage nach einer sinnvollen Neuorganisation von A. aber noch nicht hinreichend beantwortet.

2. Wenden wir uns den Wurzeln der kulturellen Dimension von A. zu, so gibt die Etymologie einen – wenngleich nie sicheren, so doch tentativen – Aufschluß. Ein Stamm des Wortes A. wird im indogermanischen Orbho-, im germanischen arb- (=verwaist) gesehen: Arbejo bedeutet soviel wie »ich bin ein verwaistes (und darum zu harter Arbeit verdingtes) Kind«. Daraus entsteht mittelhochdeutsch Ar(e)beit – soviel wie Mühsal, Bedrängnis, Not. In einer zweiten Version wird A. auf robú (Knecht, Sklave) zurückgeführt, was noch in den polnischen Worten robota (Knechtsarbeit) und robotnik (Arbeiter) lebt. Diese Wurzel führt zu Roboter: »Mensch als phantastische Maschine«. Besonders die erste Version weist eine Nähe zur lutherischen Ehrung der A. (»Mühsal«) als allgemeines Priestertum auf. Max Weber hat diese Gleichsetzung von Mühsal und allgemeinem Priestertum mit der »innerweltlichen Askese« bezeichnet: »Für diese innerweltliche Askese haben die asketischen Denominationen des Protestantismus die adäquate Ethik geschaffen.« Besonders der Calvinismus betrachtet den Menschen als »Verwalter des ihm von Gott Geschenkten ...; er verpönte den Genuß, aber er ließ keine Flucht von der Welt zu, sondern erachtete die Mitarbeit an ihrer rationalen Bezwingung als eine religiöse Aufgabe jedes einzelnen. Aus dieser Gedankenwelt stammt unser heutiges Wort ›Beruf‹. ... Diese Ausprägung des Berufsbegriffs hat zunächst dem modernen Unternehmer ein fabelhaft gutes Gewissen und außerdem ebenso arbeitswillige Arbeiter geliefert, indem er der Arbeiterschaft als Lohn ihrer asketischen Hingabe an den Beruf und ihrer Zustimmung zu rücksichtsloser Verwertung durch den Kapitalismus die ewige Seligkeit in Aussicht stellte, die in Zeiten, wo die kirchliche Disziplin das gesamte Leben in einem uns jetzt unfaßbaren Grade in ihre Zucht nahm, eine ganz andere Realität darstellte als heute.« Auch wenn angesichts der säkularisierten Entwicklungen von heute eine solche Gleichsetzung von Mühsal und allgemeinem Priestertum kaum mehr verfängt, so bleibt doch zu konstatieren, daß das Ethos der A., das Ethos der Mühsal also, noch keineswegs generell das Feld geräumt hat.

In demselben kulturellen Zusammenhang ist das Erbe der utilitaristischen Moralphilosophie bedeutsam, die den Menschen als »Homo oeconomicus« identifizierte. Demzufolge war A. notwendig mit Unlust verbunden, und das Ausmaß an Unlust bestimmte den Wert der A. (hierin liegt die Wurzel der Arbeitswertlehre). Lust wurde nur der Sphäre der Konsumtion, nicht derjenigen der Produktion zugeschrieben. In der Anerkennung dieser Trennung, auch innerhalb der Arbeiterbewegung, ist bereits die Preisgabe eines gesamtgesellschaftlich orientierten utopischen Arbeitsbegriffes, ist die Kompensation der entfremdeten Produzentenrolle durch eine angeblich entfremdungsfreie Konsumentenrolle (J. Habermas) angelegt. Diese Trennung geht einher mit der Gleichgültigkeit der Arbeitenden gegenüber dem Gegenstand der Produktion, damit aber auch der gesellschaftlichen Bedeutung des Produkts. Karl Marx hat in den Grundrissen zur Kritik der Politischen Ökonomie als Grundlage dieser Gleichgültigkeit den Abstraktifizierungsprozeß menschlicher Arbeit bezeichnet, der es von einer bestimmten Entwicklungsstufe der Verallgemeinerung und Entstofflichung des Arbeitsprozesses erlaubt, von »Arbeit an sich« zu sprechen, einer allgemeinen A., die den je unterschiedlich erscheinenden beruflichen Tätigkeiten gemeinsam ist und die dann zur wissenschaftlichen Begründung der Arbeitswertlehre wird.

Wir wissen heute, daß die Trennung von A. als Unlust und Konsum als Lust eine für die kapitalistische Produktion unabdingbare Konstellation war. Wir wissen aber auch, daß sie Ausgangspunkt von Entfremdungsprozessen wurde, deren Erscheinungsformen wir heute als immer gravierender empfinden. Eine Identifikation mit der mit Unlust gleichgesetzten A. muß ebenso sozialpsychologisch neurotisch erscheinen wie die undifferenzierte Forderung nach einem »Recht auf Arbeit« (=Recht auf Unlust). Wenn man dieser Trennung eingedenk wird, wird man auch finden, daß eine nur auf A. gerichtete Befreiungsstrategie (»Befreiung in der Arbeit«) zu kurz greift. Denn so wie A. und Konsum in ihrer kompensatorischen Bezugnahme aufeinander allemal Ausdruck von gesellschaftlicher Entfremdung sind, so ist Aufhebung solcher Entfremdung doch nur dann vorzustellen, wenn A. und Leben, Produktion und Reproduktion als prozessierende Einheit begriffen und gestaltet werden.

In einer semantisch höchst aufschlußreichen Umschreibung desselben Tatbestandes hat Hannah Arendt schon 1960 darauf hingewiesen, daß alle unsere westlichen Sprachen eine Zweiteilung des Arbeitsbegriffes kennen. Die eine betont die Mühsal (Arbeit, labour, travail), der andere die Frucht der Arbeit (Werk, work, œuvre). Arbeit wird heute meist nur noch in der erstgenannten Version wahrgenommen. Dies indiziert den Verlust eines selbstbestimmten Verhältnisses zum gesellschaftlichen Arbeitsprodukt durch die Arbeitenden, der einen Teil der heutigen arbeitspolitischen Probleme ausmacht. Wo es nur darum geht, überhaupt A. zu haben, die vorhandene A. (»knappe Ressource Arbeit«) gerechter zu verteilen, müssen notgedrungen Widersprüche zwischen Produzentenrolle und sonstigen gesellschaftlichen Rollen auftauchen, wie sie typisch sind für die gegenwärtigen Konflikte um Kernkraftwerke, Automobilproduktion, chemische Produktion usw. Eine Reformulierung des Arbeitsbegriffes muß deshalb notwendig den gesellschaftlichen Funktions- und Sinnbezug von A. mit in den Begriff selbst nehmen.

3. Die materielle Basis der Entwicklung und entfremdeten Dominanz des abstrakten Arbeitsbegriffes ist bekanntlich die Entwicklung des kapitalistischen Industriesystems, die sich etappenförmig auf den Systemen der Heimindustrie/des Verlagssystems, der Manufaktur und der großen Industrie vollzog. Wesentlich in der großen Industrie begann jener Prozeß – von Marx als reelle Subsumtion der A. unter das Kapital und als Produktion des relativen Mehrwerts bezeichnet –, der mit systematischer Arbeitsteilung, Kombination von Teil-

arbeitern und Teilarbeitsmaschinen, der Substitution menschlicher Arbeitskraft im Zuge der Mechanisierung und Automatisierung jene Trennungen auslöste, deren Resultate wir heute sehen: die Trennung des Arbeiters vom Inhalt seiner A., die Trennung von Hand- und Kopfarbeit, die Ausbildung einer wissenschaftlichen Betriebsführung, eines getrennten Managements. Damit verbunden war ein neues Zeitregime, eine fremdbestimmte Regelhaftigkeit von Zeit-, Raum- und Kooperationsstrukturen im Betrieb, ein Prozeß der fortwährenden Enteignung der A. durch das Kapital. Diese Entwicklungen können auf der genetischen Ebene hier nicht weiterverfolgt werden.

Wohl aber interessieren die erwerbsarbeitsspezifischen Voraussetzungen, die zu der einleitend genannten Krise des Arbeitsbegriffes geführt haben. Offenbar hängen diese mit der »zweiten industriellen Revolution« zusammen, die ich im folgenden kontrastierend zur »ersten« skizzieren möchte. Die erste industrielle Revolution hat mit jahrhundertelangem Atem vor allem die körperliche Arbeit mechanisiert und automatisiert, sie ist bis heute nicht abgeschlossen. Die zweite industrielle Revolution vergegenständlicht nunmehr die vormals »geistige«, kommunikative, innovative, inspirative A. Die Schlüsseltechnologie der zweiten industriellen Revolution ist die Mikroelektronik. Derselbe Prozeß der Teilung und Zergliederung der A., der Standardisierung einzelner Arbeitsvollzüge, die Ersetzung lebendiger durch tote A. (durch Maschinen), der sich schon auf dem Bereich der körperlichen A. abgespielt hat, spielt sich heute auf dem Gebiet der geistigen A. ab – nur unglaublich viel schneller, als es in der ersten industriellen Revolution der Fall gewesen ist.

Sprunghafte soziale Umschichtungen finden statt. Die Zahl der Arbeiter sinkt, die der Angestellten und Beamten steigt. Gegenüber Angestellten und Beamten sind Arbeiter längst in der Minderzahl. Funktionell gesehen sind knapp zwei Drittel der abhängig Beschäftigten nicht mehr der tradierte Arbeitertyp, an dem noch viele Vorstellungen ansetzen, sondern dem tertiären Bereich zugeordnet. Deshalb wird vielfach vom Übergang von einer Produktions- zu einer Dienstleistungsgesellschaft gesprochen.

Vor unseren Augen spielt sich der Ausstieg aus der tradierten Arbeitsgesellschaft ab, nicht der Arbeitsgesellschaft als solcher. Wir suchen noch nach einem angemessenen Begriff, der diesen Ausstieg trifft. Arbeitspolitisch wird vertreten, daß der überkommene fordistisch-tayloristische Regulierungstyp in die Krise geraten sei: Die unflexible Massenproduktion sei dem Typ der »flexiblen Spezialisierung« (Piore/Sabel 1983) gewichen, bei dem hohe, vielseitig verwendbare Ausgangsqualifikationen erforderlich sind und der stark interaktiv-kommunikative Anteile von Arbeit enthält. Gewiß ist dieser neue Arbeitstyp – auch in Gestalt der »lean production« – im Vordringen. Welche Reichweite er hat und erlangen kann, ist ungewiß. Jedenfalls wird er nicht alle arbeitenden Individuen gleichermaßen erfassen. Andere sprechen heute von der »Risikogesellschaft« (Beck 1986), die auch das Koordinatensystem von Arbeit verändert. Ich werde dies mit dem Begriff der Entkoppelung von Mensch und Arbeit zu charakterisieren versuchen. Die Verkoppelung von Mensch und Arbeit war ein zentraler Parameter des bisherigen gesellschaftlichen Selbstverständnisses. Daran hingen, wie wir gesehen haben, die Wertigkeitspyramiden dieser Gesellschaft: Wer A. hat und wer arbeitet, ist etwas wert, wer keine A. hat, ist nichts wert oder weniger wert. An der Verkoppelung hängen die Einkommensverhältnisse, die kulturellen Formen, die psychischen Verarbeitungen, Selbst- und Fremdbilder. Die Verkoppelung von Menschen und Arbeit scheint immer noch der zentrale Orientierungspunkt unserer Gesellschaft zu sein. Auch dem betrieblichen und gewerkschaftlichen Bild von Normalität, Normalalltag, Normalarbeitsverhältnis, Normalbiographie liegt diese Verkoppelung von Mensch und A. zugrunde.

Demgegenüber führt die zweite industrielle Revolution zu einschneidenden Entkoppelungsprozessen. Entkoppelt werden – in einem ganz zynischen Sinne – Menschen von Arbeitsplätzen. Entkoppelt werden auch in der Produktion die Menschen von ihrer konkreten A. Zwischen Mensch und A. schiebt sich zunehmend das abstraktifizierende Moment der Maschinerie. A. wird ihres Charakters als sinnliche Erfahrung von Natur entkleidet. Man kann sogar weiter gehen zu sagen, daß A. tendenziell arbeitsplatzlos wird, vergleichbar dem bargeldlosen Geldverkehr. Arbeitsplatzlose A. – in Gestalt neuer Heimarbeitsplätze oder der in Nachbarschaftsbüros externalisierten Schreibdienste – sind zwar nicht häufig, aber möglich. Die sinnliche Erfahrbarkeit des Arbeitsplatzes und des Kollektives am Arbeitsplatz bleibt somit auch nicht mehr selbstverständlich. Entkoppelt werden so auch die Sinne und die Identität der Arbeitenden vom Arbeitssystem, seinen Identifikations- und Selbstverwirklichungsanreizen.

Das Ausmaß dieser Entkoppelung ist wahrscheinlich größer, als die Statistiken ahnen lassen. Nach neueren Schätzungen beträgt der Anteil der Gesamterwerbsarbeitszeit an der Gesamtlebenszeit – durchschnittlich gesehen – heute um 10%, wenn nicht sogar 8%. 8%–10% der Zeit, die ein (fiktiver) Durchschnittsmensch in seinem Leben zur Verfügung hat, verbringt er mit A. im Erwerbssinne, 90–92% mit anderen Tätigkeiten. Diese Zahl läßt keine Aussage darüber zu, wie sehr ein Mensch in diesen 8%–10% geschunden wird, wie sehr auch die anderen 90%–92% durch Kommerz funktionalisiert und entfremdet sind. Aber die Zahl dimensioniert das Problem, von dem wir sprechen: daß die Probleme, die wir mit Erwerbsarbeit zu bewältigen haben, sich auf einen immer geringeren Teil der zur Verfügung stehenden Lebenszeit konzentrieren. Eine weitere Schätzung bezieht sich auf die sog. Schattenwirtschaft, also A., die nicht erwerblich erbracht wird (allerdings ohne Hausarbeit). Dieser Anteil wird für die BRD auf mittlerweile etwa 30% aller erbrachten Arbeiten, für Frankreich und Italien noch höher angesetzt. Ein solch hohes Arbeitsvolumen gehört also überhaupt nicht dem erwerbswirtschaftlichen System zu, auf das unser Begriff von A. noch so zentriert ist.

Schließlich ist deutlich ein Anstieg sog. atypischer Arbeitsverhältnisse zu verzeichnen, also Arbeitsverhältnisse wie Teilzeitarbeit, befristete Beschäftigung, Leiharbeit, Werk- und Honorarverträge, subunternehmensvertragliche Konstruktionen usw. Über all diese Formen von A. liegen nur kaum verläßliche Schätzwerte vor.

Zu den skizzierten Veränderungen tragen die Transformationsprozesse in Mittel- und Osteuropa, auch in den neuen deutschen Bundesländern in vielschichtiger Weise bei. Sicherlich haben sie eine Aufbaunotwendigkeit mit sich gebracht, die westliche Fortschrittsmodelle erst einmal gebremst hat. Sie bringen aber auch Entregelungen von Arbeitsmärkten und Beschäftigungsformen hervor, die vorgreifen auf eine Situation, die auf den Westen erst noch zukommt. Ob sie damit insgesamt eine arbeits- und gesellschaftspolitische Trendwende einleiten, läßt sich nicht zulänglich beurteilen.

4. Ich habe den zuvor vermerkten Befund mit dem Begriff »Krise des Normalarbeitsverhältnisses« zu kennzeichnen und einzuschätzen versucht. Mit Normalarbeitsverhältnis ist ein Arbeitsverhältnis gemeint, das optimalen sozialen (tariflichen wie gesetzlichen) Schutz genießt, d. h. typischerweise ein Arbeitsverhältnis, das dauerhaft und kontinuierlich im (möglichst groß-)betrieblichen Zusammenhang auf Vollzeitbasis erfolgt und Qualifikation voraussetzt. Auf diese Art von Arbeitsverhältnissen sind noch immer unsere Normalitätsvorstellungen bezogen. Die Wertigkeit von Biographien, von Erfolg, die Gravitationspunkte des Lebens werden daran ausgerichtet. Krise des Normalarbeitsverhältnisses bedeutet demgegenüber, daß dieser Bezugspunkt aus verschiedenen objektiven wie subjektiven Bedingungen nicht mehr aufrechterhalten werden kann. Wie oben beschrieben, hat sich Erwerbsarbeit strukturell derartig gewandelt, daß die Erwartung von Vollbeschäftigung (konzentriert etwa gar auf den industriellen Sektor) unrealistisch erscheint, daß eine dahin gehende Wachstumsoption in einen strukturellen Widerspruch zu ökologischen Notwendigkeiten führen müßte und daß schließlich eine vorrangige Orientierung auf Erwerbsarbeit im Vordringen befindliche andere Lebensoptionen eher behindern als erleichtern würde.

Angesichts dieser Krise des Normalarbeitsverhältnisses allein an Strategien festzuhalten, die auf die Produktionssphäre oder die Erwerbsarbeit zentriert sind, ist im besten Falle sinnlos, realistisch betrachtet aber sogar schädlich. Denn eine solche ausschließliche Orientierung verschließt – abgesehen davon, daß sie hinsichtlich der Realisierung eher auf Illusionen als auf realen Prognosen beruht – den Blick vor allem auf die Spaltungsprobleme, die die Krise des Normalarbeitsverhältnisses für betriebliche und überbetriebliche Arbeitsmärkte, für Regionen und Branchen, letztlich aber für die gesamte Gesellschaft und den staatlichen Umverteilungsapparat mit sich bringt. Selbst eine noch so weit gehende Strategie der Arbeitszeitverkürzung und der betrieblichen Humanisierung wird aller Voraussicht nach nicht verhindern können, daß bestimmte Bevölkerungsgruppen – durch neue technische Basisinnovationen mit begünstigt – aus der Erwerbssphäre entweder ganz ausgegrenzt oder in ungeschützte Segmente abgedrängt werden und dadurch auf Dauer einen gesellschaftlichen Status minderen Ranges einzunehmen gewärtigen müssen. Daß dabei Frauen vorrangig betroffen sind, wurde bereits erwähnt. Heute werden auch die neuen Bundesländer verstärkt von diesen Ausgrenzungsprozessen betroffen.

Zu unterstützen sind Bestrebungen, auf die strukturellen Veränderungen im kapitalistischen Industriesystem und die Transformationen der ehemals »sozialistischen« Ökonomien nicht nur mit produktions-, sondern auch mit reproduktionsbezogenen Strategien zu reagieren (Hoffmann u. a. 1993). Allein wenn es gelingt, die Reproduktionssicherung der Menschen wenigstens teilweise aus der Verklammerung mit Erwerbsarbeit zu entkoppeln – was in einzelnen Bereichen ja bereits geschieht, aber meist unter diskriminierenden und stigmatisierenden Bedingungen –, ist auch denkbar, »Arbeit« aus ihrer entfremdeten Form bloßer fremdbestimmter Mühsal zu befreien und sie in einen gesellschaftlichen Sinnzusammenhang zurückzugewinnen. Die Utopie von einer auf A. gegründeten Gesellschaft ist erst dann wieder glaubwürdig, wenn A. als Element des Produktions- wie des Reproduktionszusammenhangs von Menschen erkennbar und gestaltbar wird, wenn auch die Überlebenssicherung der Menschen ihrer Teilhabe an der gesellschaftlich notwendigen und sinnvollen Gesamtarbeit folgt, nicht nur ihrer je partikularen »Leistung« in einem abhängigen Erwerbsarbeitsverhältnis.

Ich habe in anderem Zusammenhang dargelegt, daß es gegenwärtig vor allem vier ineinandergreifende Ansatzpunkte einer solchen auf den Zusammenhang von A. und Leben gerichteten Strategie gibt:

– Arbeitszeitverkürzung dient tendenziell, wenn auch nicht notwendigerweise, der Unterordnung von Erwerbsarbeit unter Lebensbedürfnisse. Die Einsicht, daß Arbeitszeitverkürzung – und sei es auch um den Preis einer Einkommensminderung – Entlassungen verhindern und somit ein Akt der Solidarität mit Arbeitslosen oder von Arbeitslosigkeit Bedrohten sein kann, hat neuerlich an Boden gewonnen. Die Arbeitszeitpolitik bedarf aber noch der »Qualifizierung«, d. h., Teile der Arbeitszeit selbst müßten zunehmend für gesellschaftlich nützliche – qualifikatorische, kommunikative, infrastrukturelle, ökologische – Ziele verfügbar gemacht werden (durch Freistellungsansprüche usw.).

– Auf dem Gebiet der Humanisierung des Arbeitslebens zeichnen sich – zaghafte – Tendenzen ab, nicht nur den Prozeß der Verausgabung von Arbeitszeit zu humanisieren, sondern auch das Arbeitsprodukt menschlichen Anforderungen zu unterwerfen (Hoffmann u. a. 1992). Mit diesen Ansätzen (Produktkonversion usw.) zeichnet sich die Chance ab, daß A. aus der gewaltsamen Trennung vom übrigen Leben befreit wird, daß zwischen Produzenten und Konsumenten Kommunikationen eröffnet werden, die die bekannten Widersprü-

che zwischen diesen Rollen (z.B. bei Arbeitern in Kernkraftwerken oder Chemiefabriken usw.) thematisieren lassen.
Wichtig sind aber auch – neben diesen produktionspolitischen – neuere reproduktionspolitische Bestrebungen, die auf die Krise des Normalarbeitsverhältnisses zu reagieren versuchen.
– Zunehmend gewinnen angesichts massenhafter Dauerarbeitslosigkeit experimentelle Formen selbstbestimmter Alternativarbeit (*Selbsthilfe*/*Selbstorganisation*) an Boden. Sowohl auf dem Berufsausbildungs- wie auf dem Erwerbsarbeitssektor dringen Initiativen – oft aus der Not geboren, wie im Falle vieler Qualifizierungs- und Beschäftigungsgesellschaften – vor, die sich weder dem traditionellen Fremdbestimmungsdogma kapitalistischer Produktion noch der strukturellen Gleichgültigkeit der Arbeitenden gegenüber dem Arbeitsprodukt und dessen gesellschaftlichen Folgen einfach fügen (*Soziale Arbeit und Arbeitsmarkt*). Sowenig Versuche dieser Art idealisiert werden sollen, sie thematisieren überhaupt, daß Arbeit wieder in einer utopischen Dimension gedacht und erlebt werden könnte.
– Ein letzter sozialpolitischer Ansatzpunkt ist schließlich die Diskussion um eine allgemeine, staatlich garantierte Grundsicherung. Gewiß werden mit dieser Strategie unterschiedlichste, z.T. auch reaktionäre Motive verfolgt. Sieht man sie jedoch im Zusammenhang mit den drei bereits genannten Strategieebenen, so gewinnt die Grundsicherung eine neue, unabdingbare Funktion. Soll auch A. im außererwerblichen Sektor attraktiv werden, soll es möglich werden, selbstbestimmte, ökologisch bewußte und geschlechtspolitisch fortschrittliche Tätigkeit zu verrichten, ohne daß damit notwendig materielle *Armut* und dauerhafte Ausgrenzung verbunden sein müßte, so muß ein zunehmender Anteil des gesellschaftlichen Reichtums für Einkommen vorgehalten werden, die nicht an traditionelle Erwerbsarbeit gekoppelt sind. Ohne den Gedanken an eine solche noch auszuformulierende Grundsicherung bleiben Hinweise auf die Notwendigkeit ehrenamtlicher Arbeit in Städten und Gemeinden (*ehrenamtliche Helfer*), bleiben auch Rufe nach einer »Aufwertung« von Haus- und Familienarbeit – wie sie von konservativer Seite heute überaus populär sind – unglaubwürdig, setzen sie doch letztlich bei den angesprochenen Personen (meist Frauen) die Bereitschaft und Fähigkeit zum schlichten materiellen Verzicht voraus.

U. Mückenberger

Literatur: H. Arendt: Viva activa oder Vom tätigen Leben, Stuttgart 1960; U. Beck: Risikogesellschaft, Frankfurt/M. 1986; H. Braverman: Die Arbeit im modernen Produktionsprozeß, Frankfurt/New York 1977; J. Habermas: Theorie des Kommunikativen Handelns, 2 Bde., Frankfurt 1981; J. Hoffmann u.a.: Der Betrieb als Ort ökologischer Politik, Münster 1992; J. Hoffmann u.a.: Jenseits der Beschlußlage. Gewerkschaft als Zukunftswerkstatt, Köln [2]1993; K. Marx: Das Kapital, Bd. 1, Berlin 1966; J. Matthes (Hrsg.): Krise der Arbeitsgesellschaft? Verhandlungen des 21. Deutschen Soziologentages in Bamberg 1982, Frankfurt/New York 1983; H. Matthies/U. Mückenberger/C. Offe/E. Peter/S. Raasch: Arbeit 2000, Reinbek 1994; U. Mückenberger: Die Krise des Normalarbeitsverhältnisses, in: Zeitschrift für Sozialreform 1985, 415ff., 457ff.; M. Piore/Ch. Sabel: Das Ende der Massenproduktion, Frankfurt/M. 1989; M. Weber: Die protestantische Ethik (hrsg. von J. Winckelmann), Bd. 1, München/Hamburg 1969.

Arbeitsförderungsgesetz (AFG)

Das AFG vom 25.6.1969 (BGBl. I S. 582), zuletzt geändert durch das Gesetz vom 20.9.94, regelt:
– die *Prävention* von *Arbeitslosigkeit*, insbesondere durch *Berufsberatung* (§§ 25ff.), Arbeitsvermittlung (§§ 13ff.), Förderung der *beruflichen Bildung*, insbesondere der *Fortbildung* und Umschulung (§§ 33ff.) sowie der *Rehabilitation* (§§ 56ff.),
– die Kompensation des Arbeitslohns im Fall von Arbeitslosigkeit, insbesondere durch die Gewährung von Arbeitslosengeld und Arbeitslosenhilfe (§§ 100ff., 134ff.), von Kurzarbeitergeld (§§ 63ff.) und Konkursausfallgeld (§§ 100 und 141aff.) und durch die Finanzierung von Arbeitsbeschaffungsmaßnahmen (§§ 91ff.).

Das AFG von 1969 löste das Arbeitsvermittlungs- und Arbeitslosenversicherungsgesetz/AVAVG (von 1927) ab. Dieses Gesetz, nach den drei Sozialversicherungssystemen der RVO das vierte Sozialversicherungsgesetz (*Sozialpolitik*/*Soziale Sicherung*), war im wesentlichen ein Gesetz über die Arbeitslosigkeit, das die Arbeitsvermittlung in einer Reichs-, später Bundesanstalt zentralisierte und monopolisierte und die Versicherungsleistungen regelte. Das AFG von 1969 sollte demgegenüber ein Gesetz der aktiven Arbeitsmarktpolitik sein, das nicht allein auf Arbeitslosigkeit reagieren, sondern Arbeitslosigkeit aktiv verhindern sollte. Hierfür sah das Gesetz insbesondere Maßnahmen zur Arbeitsförderung vor (Beratung, Bildung, Hilfe). Das Gesetz stand im Zusammenhang der sog. Globalsteuerung der Wirtschaft, der sich die Große Koalition von 1966 bis 1969 verschrieben hatte. Demgemäß lauteten seine Ziele: Wachstum und Vollbeschäftigung (§ 1). Obwohl diese Ziele in der 25jährigen Geschichte des Gesetzes im Ergebnis nicht erreicht worden sind, hielt der Gesetzgeber an den Grundsätzen des Gesetzes fest, wenn er auch durch ständige Änderungen in das System der Leistungsgewährung eingriff (85 Änderungsgesetze in 25 Jahren).
Die wichtigsten Leistungen des AFG lassen sich durch die folgenden fünf Grundsätze kennzeichnen:

1. Die Leistungen werden nur bei Arbeitslosigkeit gewährt, d.h. nach § 101 nur denjenigen, die entweder in keinem Beschäftigungsverhältnis stehen oder lediglich eine Beschäftigung von weniger als 18 Stunden wöchentlich ausüben.
2. Leistungen bei Arbeitslosigkeit werden jedoch nur im Falle offizieller, d.h. gemeldeter Arbeitslosigkeit (§§ 100, 105, 120) gewährt; die sog. verdeckte Arbeitslosigkeit wird durch das AFG nicht erfaßt.

3. Die Leistungen zeichnen sich durch einen Arbeitsmarktbezug aus, d. h., sie werden nur gewährt, wenn der Arbeitslose fähig und bereit ist, eine Beschäftigung oder Ausbildung aufzunehmen (§ 103).
4. Die Leistungen weisen einen Bezug zu einem versicherungspflichtigen Arbeitsverhältnis aus, denn sie werden erst nach dem Ablauf einer sog. Anwartschaftszeit in einem solchen Arbeitsverhältnis gewährt und richten sich in ihrem Umfang nach der Lohnhöhe.
5. Es besteht ein Rechtsanspruch auf die Leistungen nach dem AFG, es sei denn, der BA wird durch das Gesetz ausdrücklich ein Ermessen eingeräumt.

Die wichtigsten Leistungen nach dem AFG sind:
1. Das Arbeitslosengeld (§ 100) in Höhe von 67/60 % (ohne Kind) des Arbeitslohns (§ 111), das bei Arbeitslosigkeit – je nach der Dauer der versicherungspflichtigen Beschäftigung – bis zu 832 Tage gezahlt wird (§ 106);
2. die Arbeitslosenhilfe (§ 134) in Höhe von 57/53 % (ohne Kind) des Arbeitslohns (§ 136), die bei Arbeitslosigkeit und Bedürftigkeit (§§ 137 f.) zeitlich unbeschränkt gewährt wird;
3. das Unterhaltsgeld (§ 44) in Höhe von 67/60 % (ohne Kind) des Arbeitslohns, das im wesentlichen ebenfalls bei Arbeitslosigkeit für Fortbildung und Umschulung gezahlt wird;
4. das Kurzarbeitergeld (§ 63) in Höhe von 67/60 % (ohne Kind) des Arbeitslohns (§ 68), das bei aus wirtschaftlichen Gründen unvermeidbarem Arbeitsausfall für eine Regeldauer von 6 Monaten zur Vermeidung von Arbeitslosigkeit gewährt wird, und
5. der Zuschuß zum tariflichen Arbeitslohn in Höhe von 50–75 % (§ 94), der bei Arbeitsbeschaffungsmaßnahmen im Falle von Arbeitslosigkeit (§§ 91 ff.) bis zu einer Dauer von höchstens 3 Jahren (§ 3 AO-ABM) gezahlt werden kann.

Die Bezieher der Leistungen sind sozialversichert (§§ 155 ff.). Weitere Leistungen regeln das AFG sowie die zu seiner Ausführung ergangenen Anordnungen der BA.
Die Leistungen nach dem AFG werden im wesentlichen durch die Beiträge der Arbeitgeber und Arbeitnehmer je zur Hälfte finanziert (§ 167), die zur Zeit 3,25 % des Arbeitslohns betragen (§ 174) – Ausnahme: die Arbeitslosenhilfe, die voll aus Steuermitteln des Bundes finanziert wird (§ 188); der Bund ist gehalten, Defizite der BA aus Steuermitteln auszugleichen (§ 187). Die BA wird in § 189 zwar als Körperschaft des öffentlichen Rechts bezeichnet; sie besitzt jedoch im Unterschied zu den anderen Sozialversicherungsträgern keine Mitglieder mit Wahlrechten. Die Verwaltung der BA erfolgt nach § 192 drittelparitätisch durch Vertreter der Arbeitgeber, der Arbeitnehmer und der »öffentlichen Hand«. Sie ist dreistufig aufgebaut, nämlich aus den örtlichen Arbeitsämtern, den Landesarbeitsämtern und der Bundesanstalt in Nürnberg. Sie steht unter der Aufsicht des BM für Arbeit und Sozialordnung (§ 224).
Wenn auch das AFG seine hochgesteckten Ziele nicht erreicht hat und vermutlich auch gar nicht erreichen konnte und kann, so ist und bleibt das Gesetz doch ein unverzichtbares Instrument der Arbeitsmarktpolitik, und zwar
- aus ökonomischen Gründen, weil es die Arbeitskräfte an den Arbeitsmarkt bindet,
- aus sozialen Gründen, weil es Arbeitslosigkeit bis zu einem gewissen Grade kompensiert,
- aus pädagogischen Gründen, weil es der Qualifikationsentwicklung dient, und
- aus juristischen Gründen, weil nach § 3 SGB I jeder, der am Arbeitsleben teilnimmt oder teilnehmen will, dem Grunde nach ein Recht auf die Leistungen des AFG hat. *J. Richter*

Literatur: Arbeitsförderungsgesetz (AFG): Textausgabe mit einer Einführung von A. Gagel, München [24]1994; A. Gagel: AFG – Kommentar, 2 Bde., München [2]1989, Stand: September 1994; W. Hassemer (Hrsg.): Arbeitslosigkeit als Problem der Rechts- und Sozialwissenschaften, Baden-Baden 1980; M. Kittner (Hrsg.): Arbeitsmarkt – ökonomische, soziale und rechtliche Grundlagen, Heidelberg 1982; A. Knigge/J.-V. Ketelsen/D. Marschall/A. Wittrock (Hrsg.): Kommentar zum AFG, Baden-Baden, 2 Bde., [3]1993; I. Richter: Von der Arbeitsförderung zur Arbeitslosenförderung, in: E. Stein/H. Faber: Auf einem Dritten Weg, Festschrift für Helmut Ridder zum 70. Geburtstag, Neuwied/Frankfurt a. M. 1989, S. 281–288.

Arbeitsgemeinschaften

A. sind »Orte der Meinungsbildung« auf allen Ebenen (Bund, Länder, Kommunen), über die das Handeln in der *Sozialen Arbeit* wesentlich beeinflußt oder direkt mitgestaltet wird. Sie sind Zusammenschlüsse natürlicher und/oder juristischer Personen unter den verschiedensten Bezeichnungen, die mit und ohne Rechtsgrundlage sowie als unterschiedlichste Rechtsfiguren gestaltet handeln (aktuelle Übersicht in ISA 1993).
Bei den *Trägern der Sozialen Arbeit* lassen sich bis zu vier Trägergruppen unterscheiden: öffentliche Träger, *Wohlfahrts- und Jugendverbände*, Netzwerke (alternativer) selbstorganisierter/Selbsthilfe-Gruppen. Diese existieren prinzipiell als selbständige Trägersäulen unabhängig voneinander und sind i. d. R. in sich über einen vertikalen Aufbau gegliedert: so z. B. rd. 600 JÄ, 18 LJÄ/OLJB, das BMFSFJ für den Bereich der öffentlichen Träger der Jugend- und Familienhilfe. Für die Wohlfahrtsverbände gibt es z. B. bei der Arbeiterwohlfahrt 3879 Ortsvereine, 503 Kreisverbände, 43 Bezirks- und Landesverbände, 1 Bundesverband (zum System Münder u. a.: VorKap 5: Träger der Jugendhilfe: Überblick des Trägernetzes/ihre vertikale und horizontale Vernetzung). Ohne ein System von »Abstimmungsorten« gäbe es in diesem Trägerlabyrinth keine wirksame und regelmäßige Meinungsbildung und Entscheidungsfindung.

A. bestehen in den verschiedensten Formen: auf gesetzlicher Grundlage (z.B. auf der Grundlage der §§ 78 KJHG und 95 BSHG), als Vereinskonstruktion (etwa die BAG Freie Wohlfahrtspflege, die ein e.V. ist), als freiwillige Zusammenschlüsse ohne besondere Rechtsgrundlage und/oder ohne Rechtsform (so als wichtigstes Beispiel die einflußreiche BAG LJÄ).
Für den Bereich der Jugend- und Sozialhilfe sind das dann beispielsweise:
– auf der kommunalen Ebene A. mit unterschiedlichen Bezeichnungen (A. der JÄ einer bestimmten Region, A. der JÄ eines Landes, Liga der freien Wohlfahrtspflege, Kreisarbeitsgemeinschaften öffentlicher und freier Träger, A. nach § 78 KJHG bzw. § 95 BSHG): entweder nur auf bestimmte Träger (-gruppen) begrenzt (so i.d.R. die Liga-Zusammenschlüsse nur für Wohlfahrtsverbände und ihre Anschlußorganisationen) oder öffentliche und freie Träger umfassend;
– auf der Landesebene die Liga-Zusammenschlüsse (die Spitzenverbände der freien Wohlfahrtspflege des Landes umfassend), die BAG LJÄ, die AG der OLJB bzw. für die Sozialhilfe die LAGs der örtlichen und die BGA der überörtlichen Sozialhilfeträger;
– für die Bundesebene sind dann zu unterscheiden:
a) fachgebietsbezogene A. (u.a. A. für Erziehungshilfe/AFET, Internationale Gesellschaft für erzieherische Hilfen/IGfH, BAG Jugendsozialarbeit/Jugendaufbauwerk, BAG für Rehabilitation/BAR, BAG Aktion Jugendschutz, BAG der Seniorenorganisation/BAGSO, BAG Hilfe für Behinderte/BAGH, BAG Wohnungslosenhilfe) und
b) fachgebietsübergreifende: Die wichtigsten sind der Deutsche Verein (DV) für öffentliche und private Fürsorge in Frankfurt/M. mit seinem Nachrichtendienst, der fast »amtlichen« Charakter hat, und die Arbeitsgemeinschaft für Jugendhilfe (AGJ) in Bonn mit der Zeitschrift FORUM-Jugendhilfe (für alle genannten Beispiele vgl. die Kurzdarstellungen im Fachlexikon des DV 1993).

Nicht zu den A. werden die *Kommunalen Spitzenverbände* gezählt, obwohl sie von ihrer Konstruktion her (»freiwillige Vereinigungen«) und Zielsetzungen (Information, Erfahrungsaustausch zwischen den Mitgliedern) und gewollten Einflußnahme auf kommunale/staatliche Entscheidungen geradezu typisch sind für das, was alle A. auszeichnet.
Ohne Kenntnis dieses Gesamtsytsems vertikaler und horizontaler Vernetzung ist jedenfalls der Meinungsbildungs- und Entscheidungsprozeß in der Sozialen Arbeit kaum nachzuvollziehen. *D. Kreft*

Literatur: DV (Hrsg.): Fachlexikon der Sozialen Arbeit, Frankfurt/M. ³1993; ISA e.V./Institut für Lokale Sozialpolitik und Nonprofit-Organisationen: Adressenverzeichnis Jugendhilfe/Sozialarbeit/Gesundheitsförderung, Münster ⁵1993; Lehr- und Praxiskommentar BSHG, Baden-Baden ³1991; J. Münder u.a.: Frankfurter Lehr- und Praxiskommentar zum KJHG, Münster ²1993; W. Schellhorn: Bundessozialhilfegesetz. Kommentar, Neuwied ¹⁴1993.

Arbeitslosigkeit

Die A. nimmt in der EU seit Anfang der 90er Jahre erneut kräftig zu. Über 17 Mio. Menschen wurden 1993 als arbeitslos registriert. In den Industrieländern der OECD sind bei einer durchschnittlichen Arbeitslosenquote von 8,2% 33 Mio. Menschen ohne Arbeit. Hinzu kommt eine umfangreiche verdeckte A. (stille Reserve). In Osteuropa wächst die A. beim Übergang in die Marktwirtschaft derzeit in einem atemberaubenden Tempo. In der BRD stieg die Zahl der registrierten Arbeitslosen bis Februar 1994 auf über 4 Mio. (Februar 1995 über 3,8 Mio.) an. Mit dem Anstieg der A. verschärfen sich in fast allen EU-Mitgliedsstaaten die Strukturdiskrepanzen. Die Arbeitsmarktchancen für Frauen sind wesentlich ungünstiger als die für Männer. Immer mehr Menschen sind langzeitarbeitslos. Fast jede(r) fünfte Arbeitslose in der EU ist jünger als 25 Jahre. Zwischen den EU-Ländern sowie innerhalb der einzelnen EU-Länder schwankt das Ausmaß der A. sehr deutlich. Große Regionen in Süditalien, Südspanien und Irland weisen Arbeitslosenquoten von 20% und mehr auf. Auch innerhalb der BRD hängt die Gefahr, arbeitslos zu werden und zu bleiben, zunehmend davon ab, in welcher Region man lebt. So betrug die Arbeitslosenquote in Bremen im Februar 1995 14%, in Nordrhein-Westfalen ca. 11% und in Südbayern 7,5%. In den neuen Bundesländern betrug die Arbeitslosenquote 15,5%, in den alten Bundesländern 9,8%. Nach allen vorliegenden Arbeitsmarktprognosen wird das Problem der Massenarbeitslosigkeit ohne energische zusätzliche beschäftigungsfördernde Maßnahmen, z.B. weitere Arbeitszeitverkürzungen, auch nach der Jahrtausendwende nicht beseitigt sein. Die strukturellen Beschäftigungsprobleme, insbesondere auch die Langzeitarbeitslosigkeit, drohen sich sogar weiter zu verschärfen. Besondere Beschäftigungsgefahren drohen zudem durch die rasche Zunahme der heute schon nach Millionen zählenden instabilen und sozial ungeschützten Minijobs, auf die vor allem Frauen abgedrängt werden.
Die Folgen der A. treffen zuallererst die arbeitslosen ArbeitnehmerInnen und ihre Familien. Hierzu gehören zunächst drastische finanzielle Einbußen mit der Folge einer starken Zunahme der *Armut* und des *Sozialhilfe*bezugs von Arbeitslosen. Neben sinkendem Einkommen müssen Arbeitslose und ihre Familien sozialen und beruflichen Abstieg hinnehmen. Der Arbeitsplatzverlust und die Minderung des Einkommens sowie der gewohnten sozialen Kontakte bedeuten verringerte Möglichkeiten zur täglichen Lebens-, Berufswegs- und Zukunftsplanung. Eine besondere Gefährdung liegt auch in den Störungen der Familienbeziehungen und der Entwicklung der Kinder Arbeitsloser. All diese Belastungen führen häufig zu seelischen und körperlichen Erkrankungen arbeitsloser und von A. bedrohter ArbeitnehmerInnen und ihrer Familienmitglieder. A. in dem seit Mitte der 70er Jahre anhaltenden Millionenausmaß birgt darüber hinaus für die gesamte Gesellschaft große Gefahren. Vor allem verschärft A. mit

ihren gravierenden finanziellen und sozialen Folgewirkungen die Kluft zwischen Arm und Reich, zwischen Benachteiligten und Bessergestellten (»2/3-Gesellschaft«). Durch Unterstützungsleistungen der Arbeits- und Sozialhilfeämter an Arbeitslose, durch Steuer- und Beitragsausfälle bluten auf Dauer die Systeme der *Sozialen Sicherung* und der öffentlichen Haushalte finanziell aus, zumal staatliche Politik wenig Anstrengungen zur notwendigen Umschichtung passiver Unterstützungsleistungen hin zur produktiven Förderung von Arbeitslosen unternimmt.

Ursachen der A.: Man unterscheidet strukturelle (auf Veränderungen der Wirtschaftssektoren und der Qualifikationsanforderungen beruhende), friktionelle (z.B. durch Arbeitsstellenwechsel bedingte) und konjunkturelle (durch Konjunkturschwankungen hervorgerufene) A. Folgende ökonomische Ursachenerklärungen stehen im Vordergrund: Vertreter neoliberaler Markttheorien gehen von einer systemimmanenten Vollbeschäftigungstendenz der Marktwirtschaft aus, die über Faktor- und Güterpreisschwankungen hergestellt wird. A. ist nach diesen Theorien Ergebnis von Wettbewerbsstörungen, hervorgerufen durch »überhöhte Verteilungsansprüche von Staat und Gewerkschaften«. Monetaristen, die das Marktprinzip ebenfalls in den Vordergrund stellen, sehen vor allem eine die Kräfte des freien Marktes störende und falsche Fiskalpolitik als Hauptursache für Beschäftigungskrisen an. Demgegenüber gehen keynesianische Erklärungsansätze von einer dem Wirtschaftssystem immanenten Instabilität aus. Hauptursache der A. sind danach sich kumulativ verstärkende Ungleichgewichte auf den Güter- und Geldmärkten bei sinkender gesamtwirtschaftlicher Nachfrage. Die besondere Form der wachstumsdefizitären A. (durchschnittlich niedrigere Wachstumsraten des Bruttosozialprodukts als der Produktivität) wird u.a. auf mangelnde Flexibilität von Unternehmen oder Märkten zurückgeführt (*Arbeit*).

A. und Arbeitsmarktpolitik: Dem durch die neoklassische Modelltheorie geförderten Glauben an eine »prästabilisierende Harmonie« der Marktbeziehungen – an einen letztendlich »automatischen Ausgleich« von Angebot und Nachfrage auf dem Arbeitsmarkt – entspricht die auch heute nicht überwundene Beschränkung der Arbeitsmarktpolitik auf weitgehend flankierende Einzelmaßnahmen. Indessen brachte die Einführung einer »vorausschauenden aktiven« Arbeitsmarktpolitik mit dem *Arbeitsförderungsgesetz* (AFG) von 1969, jedenfalls vom gesetzgeberischen Willen und Anspruch her, eine entscheidende Schwerpunktverlagerung hin zur Verhütung strukturbedingter A. und Unterbeschäftigung durch vorausschauende Arbeits- und Qualifizierungsförderung. Einer der Hauptgründe für die Einführung einer aktiven, vorausschauenden Arbeitsmarktpolitik lag in dem raschen technologischen Wandel, dem Strukturwandel der Wirtschaft und dem damit verbundenen umfassenden Wandel von Berufs- und Tätigkeitsstrukturen. Nach dieser weiterhin aktuellen, bisher aber nur lückenhaft realisierten arbeitsmarktpolitischen Grundkonzeption

- ist das Ziel hoher Beschäftigung anderen wirtschaftspolitischen Zielen zumindest gleichrangig,
- haben Maßnahmen der aktiven Arbeitsmarktpolitik zur Verhinderung von A. Vorrang vor der Finanzierung von A.,
- zählen Arbeitslose, von A. Bedrohte, potentielle Arbeitskräfte sowie auf dem Arbeitsmarkt benachteiligte Arbeitnehmergruppen zu den Zielgruppen der Arbeitsmarktpolitik.

Im Hinblick auf die Kosten von A. sollen die Instrumente der aktiven Arbeitsmarktpolitik dazu beitragen, konsumtive Verwendungen öffentlicher Mittel möglichst durch investive abzulösen; in den letzten Jahren bilden letztere jedoch nicht, wie durch den Gesetzgeber geplant, den Schwerpunkt der Ausgaben der BA. So machten die arbeitsmarktpolitischen Ausgaben zur Verhinderung und Verringerung von A. im Jahre 1990 trotz einer beträchtlichen Steigerung nur etwa ein Drittel des Anteils aus, der zur Finanzierung von A. aufgewendet werden muß. Mit dem drastischen Zurückfahren der AFG-Instrumente durch mehrere AFG-Novellen und durch die einschneidende Senkung der Haushaltsmittel für die arbeitsmarktpolitischen Maßnahmen droht den bisher verwirklichten Ansätzen für eine moderne Arbeitsmarktpolitik der 90er Jahre das »Aus«. So drosselten die Sparmaßnahmen der BReg z.B. die Zahl der Eintritte in Maßnahmen der beruflichen Weiterbildung (West und Ost) von 1,3 Mio. im Jahre 1992 auf weniger als 0,6 Mio. im Jahr 1993. Die Zahl der ABM und ABM-ähnlichen Maßnahmen sank innerhalb eines Jahres von insgesamt 465000 auf 250000. Schon in den Jahren zuvor war vor allem die projektbezogene Arbeitsförderung für Benachteiligte immer wieder durch die »Stop-and-go«-Politik der BReg gefährdet. Anstelle der Demontage der Arbeitsmarktinstrumente ist eine zukunftsweisende Reform der Arbeitsmarktpolitik nötig. Aktive Arbeitsmarktpolitik muß künftig verstetigt und ausreichend finanziert werden; sie muß in enger Kooperation mit einer beschäftigungsorientierten Wirtschafts-, Finanz-, Struktur-, Bildungs- und Sozialpolitik Einfluß nehmen (*Soziale Arbeit und Arbeitsmarkt*). Hierfür kann auch der erfolgreiche Brückenschlag der Arbeitsmarktpolitik in den neuen Bundesländern hin zu Ansätzen für eine regional orientierte Struktur- und Arbeitsmarktförderung als praktisches Beispiel dienen.

Grundzüge einer auf die Probleme der 90er Jahre ausgerichteten integrierten Arbeitsmarktpolitik sind u.a.:

- Ausweitung der aktiven Förderung von Beschäftigung und Qualifizierung Arbeitsloser und von A. Bedrohter,
- enge Verzahnung der Arbeitsmarktpolitik mit anderen beschäftigungswirksamen Aktivitäten in der Region,
- Aufhebung der Benachteiligung der Frauen,
- zielgruppenorientierter Instrumenteneinsatz für Benachteiligte,
- Stärkung und Ergänzug präventiver Handlungs-

möglichkeiten schon vor unmittelbarer Bedrohung durch A.,
- flexible Verknüpfung arbeitsmarktpolitischer Instrumente (Förderketten),
- Ausweitung öffentlich geförderter Beschäftigung zu regulären (tariflichen) Bedingungen,
- Dezentralisierung der zu integrierenden Arbeitsmarktpolitik und Verbesserung des Dienstleistungsangebotes der Arbeitsämter,
- intensivere Kooperation zwischen Betrieben bzw. Verwaltungen und Arbeitsämtern,
- finanzielle Absicherung der Arbeitslosen,
- Reform der Finanzierung (Erweiterung der Finanzierungsbasis) der Arbeitsmarktpolitik.

(Vgl. dazu DGB: Gewerkschaftliche Anforderungen an ein problemgerechtes AFG, Düsseldorf, Sept. 1992.)
Die staatliche Gesamtverantwortung für Vollbeschäftigung, berufliche Bildung, industrielle Entwicklung und sozialverträglichen Strukturwandel kann keinesfalls allein der Arbeitsmarktpolitik überlassen werden. Struktur- und Wirtschaftspolitik müssen die entscheidenden Voraussetzungen für eine Vollbeschäftigung schaffen. Eine staatliche Gesamtpolitik muß dafür sorgen, daß das arbeitsmarktpolitische Instrumentarium die Wirtschafts- und Strukturpolitik nicht nur flankiert, sondern konsequent mit dem wirtschafts- und strukturpolitischen Instrumentarium verzahnt wird. Zusätzlich zu den beschäftigungsfördernden Maßnahmen einer integrierten Wirtschafts- und Arbeitsmarktpolitik ist für eine Übergangszeit ein zusätzlicher, öffentlicher mitfinanzierter »zweiter Arbeitsmarkt« zu fördern, auf dem verstärkt sinnvolle, auf Wertschaffung, Qualifizierungsförderung und soziale Stabilisierung ausgerichtete Arbeiten für Benachteiligte angeboten werden. Hierzu gibt es vielfältige, auf der Grundlage von AFG-, BSHG-, KJHG-, Sonderprogramm- und EG-Mitteln finanzierte praktische Maßnahmen und Modelle. Diese Arbeit ist ausreichend zu subventionieren, konsequent auf benachteiligte Zielgruppen zu beziehen und zu regulären tariflichen, arbeits- und sozialrechtlichen Bedingungen durchzuführen. Der »zweite Arbeitsmarkt« darf nicht als Deregulierungsinstrument zum Abbau sozialer Rechte mißbraucht, sondern muß konsequent zur Heranführung Benachteiligter an den allgemeinen Arbeitsmarkt genutzt werden. Auf die Bezeichnung »zweiter Arbeitsmarkt« sollte künftig jedoch verzichtet werden, da dieser Begriff unscharf und mehrdeutig geworden ist und daher zu Mißverständnissen führen kann (s. DGB-Positionspapier zur öffentl. geförderten Beschäftigung, Dez. 1993). *U. Engelen-Kefer*

Literatur: W. Adamy/N. Möller-Lücking: Zum Reformbedarf am Arbeitsförderungsgesetz in: Sozialer Fortschritt 12/1992; C. Brinkmann/E. Spitznagel: Gesamtfiskalische und individuelle Belastungen durch Arbeitslosigkeit, in: Arbeit und Sozialpolitik, 6/7 1988, 190ff.; DGB Bundesvorstand: Gewerkschaftliche Arbeitslosenarbeit mit Frauen in den neuen Bundesländern, Düsseldorf 1993; G. Ehrhardt/T. Hahn: Verläufe und Verarbeitungsformen von Arbeitslosigkeit, in: Mitteilungen aus der Arbeits- und Berufsforschung (MittAB), H. 1/1993; U. Engelen-Kefer: Zur Zukunft des Sozialstaates, in: Soziale Sicherheit, Mai 1993, 129ff.; U. Engelen-Kefer/J. Kühl/P. Peschel/H. Ullmann: Beschäftigungspolitik. Wege zur Vollbeschäftigung im Europäischen Binnenmarkt, Köln [3]1994; D. Hess/W. Hartenstein/M. Smid: Auswirkungen von Arbeitslosigkeit auf die Familie, in: MittAB, H. 1/1991, 178ff.; T. Kieselbach/A. Wacker (Hrsg.): Bewältigung von Arbeitslosigkeit im sozialen Kontext – Programme, Initiativen, Evaluationen, Weinheim 1991; Kommission der Europäischen Gemeinschaften: Beschäftigung in Europa 1992, Luxemburg 1992; J. Kühl: Konzeptionelle Überlegungen für die Weiterentwicklung des AFG, in: WSI-Mitteilungen, 7/92, 402ff.; I. Mielenz: Aufgaben der Jugendhilfe bei der Jugendarbeitslosigkeit und Berufsnot junger Menschen. Praxisbeispiele zur Einmischungsstrategie, Bonn 1985; C. v. Rothkirch: Arbeitsmarktentwicklung bis 2010, in: Sozialer Fortschritt 8/1993, 178ff.

Arbeitsschutz

1. »Unter A. wird die Gesamtheit der Rechtsnormen verstanden, die öffentlich-rechtliche Pflichten des Arbeitgebers begründen, um die dem Arbeitnehmer von der *Arbeit* drohenden Gefahren zu beseitigen oder zu vermindern« (G. Schaub, 61). Dieser Definition ist zu entnehmen, daß der A. in der gegenwärtigen *Gesellschaft*sordnung ein öffentlich-rechtliches Institut ist. Er hat das Verhältnis von Staat und Bürger zum Gegenstand, nicht das Verhältnis der Bürger untereinander. Daß eine solche Organisationsform des A. historisch nicht alternativlos war, wird noch anhand des Konzepts der »Arbeiterkontrolleure« kurz gestreift werden.
Im historischen Entstehungsprozeß wurde A. als »Arbeiterschutz« gefordert und verstanden (vgl. Lederer/Marschak, 260ff.). Heute ist nicht mehr von Arbeiterschutz, sondern von A. die Rede. Darin kommt zum Ausdruck, daß der Schutzbereich von Arbeitsschutznormen und -institutionen gezielt der Arbeitskraft gilt, bisweilen sogar diese Arbeitskraft gegen die Person des Arbeiters selbst in Schutz nimmt.

2. Üblicherweise wird zwischen sozialem und technischem A. (auch Betriebsschutz genannt) unterschieden. Unter sozialem A. wird daher jener Bereich verstanden, der sich auf die Person des Arbeitenden selbst sowie seine Lebensbedingungen richtet (z. B. Arbeitszeitrecht, Urlaubsrecht, Lohnfortzahlung im Krankheitsfall usw.). Demgegenüber wird mit technischem A. jener Bereich bezeichnet, der sich auf die vergegenständlichten betrieblichen Arbeitsbedingungen – Fabrikanlagen, Gerätesicherheit, Schutzvorrichtungen usw. – bezieht. Freilich ist im historischen Ausgangspunkt jeder A. sozialer Arbeitsschutz – ob er die persönlich Arbeitenden nun von der sozialen oder von der technischen Seite her zu schützen versucht.

3. Der sog. technische A. wird durch das Nebeneinander zweier verschiedenartiger Organisationsformen und Regelungsbereiche geprägt. Auf der einen Seite steht der staatliche A., der von der Gewerbeaufsicht (GA) ausgeübt wird und schwerpunktmäßig in der Ge-

werbeordnung (GewO) geregelt ist. Auf der anderen Seite steht der A. durch die Berufsgenossenschaften (BG), der in der Reichsversicherungsordnung (RVO) geregelt ist. Dieses Nebeneinander ist eine Quelle von allgemein bekannter Ineffizienz des A. Die Ursachen bedürfen der Erklärung:

a) Der staatliche A.: Historisch gesehen ist der staatliche, auf der GewO ruhende A. die früheste Form staatlichen Eingreifens zur Abwehr übermäßigen Verschleißes der Arbeitskraft. Während sich der soziale A. – in Gestalt von Verbot bzw. zeitlicher Begrenzung von Kinder-/Jugend- und Frauenarbeit – schon seit Mitte des vergangenen Jh. in Deutschland durchzusetzen begann, begegnete der technische A. starken Widerständen. Technischer A. wurde damals weithin gleichgesetzt mit der Forderung nach Fabrikinspektion, d. h. der Befugnis für staatliche Funktionsträger, die betrieblichen Arbeitsbedingungen zu kontrollieren und auf Abstellung gefährdender Arbeitsbedingungen hinzuwirken. Wurde 1839 in Preußen die Fabrikinspektion noch verhindert, so wurde dies in der GewO des Norddeutschen Bundes 1869 zunächst zögernd fakultativ eingerichtet und erst mit der Gewerbeordnungsnovelle 1878 im Deutschen Reich obligatorisch.

Das heutige System des staatlichen Arbeitsschutzes hat seine Rechtsgrundlage nach wie vor in den Bestimmungen der GewO. Es gilt seit der deutschen Einigung auch wieder auf dem Boden der ehemaligen DDR, die den A. 1977 in ihrem Arbeitsgesetzbuch geregelt hatte. Die materiell-rechtlichen Grundnormen für den technischen Arbeitsschutz sind in §§ 120a–120c GewO geregelt. § 120a soll die Betriebssicherheit sicherstellen, § 120b die ordnungsmäßigen hygienischen und sittlichen Bedingungen, § 120c die angemessene Beschaffenheit von Gemeinschaftsunterkünften. Die Vollzugsnormen der GewO sind in §§ 120d–120f geregelt. Ihnen zufolge haben die zuständigen Behörden das Recht zum Erlaß von Einzelmaßnahmen und von Rechtsvorschriften. Zu Rechtsvorschriften im Sinne des § 120e Abs. 1 gehört z. B. heute die Arbeitsstättenverordnung vom 20. 3. 1975. Kontrolle und Aufsicht über die Durchführung des staatlichen A. sind der GA zugeordnet (§ 139b GewO). Diese ist ein Element der allgemeinen staatlichen Verwaltung. Sie ist hierarchisch organisiert und untersteht der Aufsicht des Regierungspräsidiums, dieses wiederum der für Arbeit zuständigen obersten Landesbehörde. Zu den Kompetenzen der GA gehört das jederzeitige Revisionsrecht (§ 136b Abs. 1, 4 und 6 GewO). Sie schließen ein das Recht zu Kontrolle (§ 139b GewO), Beratung (vgl. § 89 Abs. 2 BetrVG), Anordnungen (§ 120d GewO), Regelungen von Einzelfällen sowie Ausnahmebewilligungen – etwa nach der Arbeitszeitordnung (AZO). Daß sich der staatliche A. funktionell aus der Polizeifunktion des Staates heraus entwickelt hat, läßt sich auch an den Sanktionssystemen der GewO entnehmen, die dem Polizeirecht vollkommen analog sind. Die GA hat als Zwangsmittel zur Verfügung: die Ersatzvornahme; die Auferlegung eines Zwangsgeldes; und die Anwendung unmittelbaren Zwanges. Bei Verstößen gegen Vorschriften und Anordnungen des technischen A. kommen Kriminalstrafen wie auch die Verhängung von Bußgeldern in Betracht.

b) Der berufsgenossenschaftliche A.: Der A. durch BG ist in der RVO geregelt, deren Ursprünge in der Bismarckschen Sozialversicherungsgesetzgebung – vor allem dem Unfallversicherungsgesetz von 1884 – liegen. Diese zweite Säule des A. hat sich also zu einer Zeit entwickelt, als der Ausbau des staatlichen A. stagnierte. Die BG sind die Träger der allgemeinen Unfallversicherung nach § 646 RVO. Sie sind Zwangszusammenschlüsse der Unternehmen eines bestimmten Wirtschaftsbereiches (vgl. Anlage 1 zu § 646 Abs. 1 RVO); Mitglieder sind nicht die Beschäftigten, sondern allein die Unternehmen.

Das Unfallversicherungsgesetz von 1884 führte die Zwangsversicherung der Unternehmen in BG ein und leitete die Schadenersatzverpflichtung für Arbeitsunfälle von den Unternehmen auf die BG über (s. Stolleis, 126). Mit diesem Verpflichtungsübergang war die Vorstufe des Haftungsausschlusses des Unternehmens bei Arbeitsunfällen nach § 636 RVO geschaffen. Nicht nur den Unternehmer, sondern auch andere Beschäftigte, die einen Arbeitsunfall verursacht haben, stellt die RVO von der Haftung frei (§ 637 RVO).

Mit der Einführung des berufsgenossenschaftlichen A. war mehrererlei erreicht. Unternehmerische Ersatzansprüche bei Arbeitsunfällen sind durch die Beiträge zur Berufsgenossenschaft »abgegolten«. Risikobewältigung und Schadensabwicklung bei Arbeitsunfällen sind verlagert von einerseits dem Verhältnis Arbeitgeber–Arbeitnehmer, andererseits dem Verhältnis Arbeitgeber–Staat auf das Verhältnis zwischen Arbeitgeber und Berufsgenossenschaft; der Unternehmenszwangsverband BG entwickelt aufgrund des Versicherungsmechanismus ein eigenes Interesse an der Geringhaltung von Beiträgen, damit aber auch Versicherungsleistungen und der sie verursachenden Schadensfälle. Gegenüber dem staatlichen entfaltet darüber hinaus der berufsgenossenschaftliche A. den Vorteil, branchenspezifisch organisiert zu sein, potentiell über höhere Sachkunde im jeweiligen Gewerbe zu verfügen und dadurch effektiver zu arbeiten. Schließlich bedeutet die wenn auch zwangsweise hergestellte Partizipation der Unternehmen an der Schadensverhütung die politisch erwünschte Entstaatlichung des Arbeitsschutzwesens.

Der berufsgenossenschaftliche A. hat seine Rechtsgrundlage im 3. Buch der RVO. Im Gegensatz zu den staatlichen Arbeitsschutznormen weist der berufsgenossenschaftliche Arbeitsschutz keine materiell-rechtlichen Zielnormen wie §§ 120a–c GewO auf. Vielmehr begründet die RVO lediglich organisationsrechtlich den Zwangsverband der BG (§ 646), die Mitgliedschaft der Unternehmer in der Berufsgenossenschaft (§ 658) und die Beitragspflicht der Unternehmer (§ 723). Die materielle Normsetzungsbefugnis innerhalb der BG überläßt das Gesetz deren Selbstverwaltung. Lediglich die Zusammensetzung der Selbstverwaltungsorgane wird heute gesetzlich geregelt – und

zwar paritätisch zwischen Vertretern der Arbeitgeber und der Versicherten (vgl. § 44 Abs. 1 Nr. 1 i. V. m. § 1 Sozialgesetzbuch, 4. Buch). Der wichtigste Normsetzungsbereich der Berufsgenossenschaft besteht im Erlaß von Unfallverhütungsvorschriften. Die Rechtsgrundlage hierfür bildet § 708 RVO.
Während beim staatlichen A. die Vollzugsbeamten Gewerbeaufsichtsbeamte heißen, heißen diese auf dem Gebiet des berufsgenossenschaftlichen A. »technische Aufsichtsbeamte«. Die technischen Aufsichtsbeamten dürfen kontrollieren, beraten und Anordnungen für Unfallverhütung treffen, die notfalls sofort vollziehbar sind (vgl. §§ 712–714 RVO). Zum berufsgenossenschaftlichen A. gehört ferner die Bestellung von Sicherheitsbeauftragten in Betrieben mit mehr als 20 Beschäftigten (§ 719 RVO), zu deren Aufgaben gehört, die Unternehmer bei der Durchführung des Unfallschutzes zu unterstützen (§ 719 Abs. 2 RVO). Ferner können die BG überbetriebliche arbeitsmedizinische und sicherheitstechnische Dienste einrichten (§ 719a RVO).
Zuwiderhandlungen gegenüber Unfallverhütungsvorschriften wie auch Anordnungen der technischen Aufsichtsbeamten können gegebenenfalls als Ordnungswidrigkeit geahndet werden (§§ 710, 717a RVO). Auffällig an diesen Sanktionsbestimmungen ist, daß sie sich sowohl gegen Beschäftigte als auch gegen Arbeitgeber richten, was zeigt, daß diese Form des Arbeitsschutzes primär der Arbeitskraft und nur mittelbar dem Beschäftigten selbst dient. Zum anderen fällt auf, daß für die Ordnungswidrigkeiten eine Geldbuße bis zu 20000 DM vorgesehen ist – dieser gleiche Sanktionsrahmen für Beschäftigte wie Arbeitgeber trägt überhaupt nicht deren unterschiedlicher wirtschaftlicher Lage als auch Unfallbedrohtheit Rechnung, erschöpft vielmehr seine Bedeutung im wesentlichen darin, das unternehmerische Sanktionsrisiko nach oben hin zu begrenzen.
Eine empirische Erhebung der Bundesanstalt für Arbeitsschutz und Unfallforschung aus dem Jahre 1980 hat ergeben, daß der Arbeitsschutz in der BRD höchst ineffektiv verläuft. Dies liege nicht nur an der unzulänglichen personellen Ausstattung beider Zweige des Arbeitsschutzes. Vielmehr würde zunehmend die Arbeit der Beamten von Verwaltungs- und interner Arbeit gebunden und damit von der notwendigen Revisionsarbeit abgelenkt. Schließlich führe auch das Nebeneinander beider Arbeitsschutzinstitutionen zu einer gegenseitigen Blockierung, da sich die Aufsichtsbeamten gegenseitig aufeinander verließen und Kompetenzabgrenzungen die Folge seien. Ob der Reformvorschlag der Bundesanstalt, die Regelwerke des Arbeitsschutzes übersichtlicher und einheitlicher zu gestalten, dieser festgestellten Ineffizienz abhelfen wird, mag dahingestellt bleiben. Heute, wo der betriebliche Arbeitsschutz wieder zunehmende gesellschaftliche und politische Aufmerksamkeit erlangt, wäre es vielmehr an der Zeit, grundlegende Organisationsreformen des Arbeitsschutzwesens zu überdenken und zu betreiben. Aktuellen Anlaß dazu bietet Art. 30 des deutschen *Einigungsvertrags*, der vom gesamtdeutschen Gesetzgeber ein Arbeitsschutzgesetz verlangt, aber auch das Recht der Europäischen Union, das zahlreiche Arbeitsschutzrichtlinien enthält, die der nationalen Umsetzung bedürfen. Eine verschüttete Alternative zum gegenwärtigen Arbeitsschutz in der Geschichte der Arbeiterbewegung war die Forderung nach »Arbeiterkontrolleuren«. Gemäß dieser Konzeption sollten Arbeiter aus den Betrieben für die Kontrolle und Durchführung des Arbeitsschutzes gewählt und staatlicherseits ernannt und bestallt werden, um in diesem Sinne tätig zu werden. Diese Arbeiterkontrolleure sollten dieselben Kontroll- und Sanktionsmöglichkeiten wie die staatlichen Gewerbeaufsichtsbeamten haben. Mit einem solchen Konzept wäre verbunden gewesen, daß die Durchführung des Arbeitsschutzes von größter Sachnähe begleitet gewesen wäre, daß die Betroffenen selbst – und nicht nur betriebsexterne Staats- und Berufsgenossenschaftsbeamte – für ihre Gesundheit am Arbeitsplatz tätig geworden wären. Solche Konzepte sind heute weithin vergessen.

4. Die Arbeitszeit – AZ – war bis vor kurzem in der Arbeitszeitordnung – AZO – (RGBl. I 1938 S. 447) und ist seit 1994 im Arbeitszeitgesetz – ArbZG – (BGBl. I 1994 S. 1170) geregelt. Dies gilt für die erwachsenen Arbeitnehmer in fast allen Wirtschaftszweigen sowie in der öffentlichen Verwaltung. Das ArbZG begrenzt die AZ an Werktagen auf 8 Stunden (§ 3). Da es den Samstag noch als Werktag versteht, besteht somit gesetzlich die 48-Stunden-Woche. Im Kontrast dazu gilt heute für über 95% aller Arbeitnehmer bereits tariflich die 40-Stunden-Woche. Nicht nur dieser quantitative Zeitrahmen macht das ArbZG jetzt schon wieder reformierungsbedürftig, sondern vor allem, daß es wie zuvor die AZO noch weitestgehende und unübersichtliche Ausnahmen vom 8-Stunden-Tag – einem der wichtigsten Resultate der Revolution von 1918 – vorsieht. Eine ungleichmäßige Verteilung der AZ auf die einzelnen Werktage, z. B. zur Schaffung des freien Sonnabends, ist zulässig. § 3 ArbZG verlangt lediglich, daß sich die Arbeitszeit innerhalb eines Zeitraums von 6 Monaten auf 8 Stunden pro Werktag (oder 48 Stunden pro Arbeitswoche) ausgeglichen haben muß. Darüber hinaus kann die Höchstdauer von 8 Stunden in einer Reihe von Fällen überschritten werden, z. B. aufgrund eines Tarifvertrages oder – bei dringendem Bedürfnis – mit Genehmigung der Aufsichtsbehörde. I. d. R. ist aber dann die 10-Stunden-Grenze einzuhalten; man kann somit sagen, daß das ArbZG aufgrund der zahlreichen Durchbrechungen des Prinzips des 8-Stunden-Tags über weite Zeiträume die 60-Stunden-Woche erlaubt – ein humanisierungs- wie arbeitsmarktpolitisch skandalöser Umstand. Die Ruhezeit zwischen dem Ende der täglichen AZ und dem Wiederbeginn muß 11 Std. betragen. Arbeitnehmern muß bei einer AZ von mehr als 6 Std. eine Pause gewährt werden. Die Pausenzeit muß mindestens 30 Minuten, bei Arbeit über 9 Stunden 45 Minuten betragen. Ein Nachtarbeitsverbot mit Ausnahmen für zahlreiche Wirtschaftszweige enthielt die AZO nur zugunsten der Arbeiterinnen; eine Bestimmung, die

aufgrund ihres frauendiskriminierenden Charakters nicht aufrechterhalten werden kann. Das durch zahlreiche Ausnahmen durchlöcherte Verbot der Beschäftigung von Arbeitnehmern an Sonn- und Feiertagen ist heute gleichfalls im ArbZG (§§ 9ff.) geregelt.
Die AZO enthielt auch Beschäftigungsverbote für *Frauen*. Diese durften z.B. nicht in Bergwerken oder auf Baustellen beschäftigt werden. Im Hinblick auf die Gleichbehandlung sind diese Verbote ebenso wie das auf gewerbliche Arbeitnehmerinnen begrenzte Nachtarbeitsverbot 1994 beseitigt worden. Zu warnen ist freilich vor dem neokonservativen Trend, diese gruppenspezifischen Schutzvorschriften einfach nur zu beseitigen. Gleichbehandlung kann vielmehr auch (und besser) in der allgemeinen (geschlechts- und statusunspezifischen) Ausdehnung des Arbeitsschutzes bestehen: z.B. Verbote mit engen Ausnahmen für Nachtarbeit und gesundheitsschädliche Arbeiten. Weiter gehende Schutzvorschriften zugunsten bestimmter Personengruppen enthalten das Mutterschutzgesetz 1968 (*Mutterschutz*), das Jugendarbeitsschutzgesetz 1984 (*Jugendarbeitsschutz*) und das Schwerbehindertengesetz 1986 (*Schwerbehindertengesetz*).
Gegenwärtig befindet sich der soziale A. in einem Umwandlungsprozeß, der stark von der Philosophie der »Deregulierung« bestimmt ist. Angeblich, um »ausbildungs- und beschäftigungshemmende« Regelungen zu beseitigen, in Wirklichkeit aber wohl eher, um Arbeitskräfte für Unternehmer flexibler und billiger zu machen, sind auf den Gebieten des Jugendarbeits-, des Kündigungs-, des Schwerbehinderten-, des Arbeitnehmerüberlassungsgesetzes gravierende Einschnitte eingetreten bzw. angekündigt. Der flexibilitätsorientierte Entwurf eines Arbeitszeitgesetzes ist verabschiedet. Auch wenn davon kaum positive Arbeitsmarkteffekte zu erwarten sind, ist doch abzusehen, daß die körperliche und moralische Integrität der arbeitenden Menschen unter diesen Einschnitten zu leiden haben wird.
Es zeigt sich in der gegenwärtigen Krise jener paradoxe Zusammenhang zwischen Ökonomie und *Sozialpolitik*, der kapitalistische Gesellschaften immer schon prägte. Die ökonomische Krise, die eine sozialstaatliche Intervention gerade notwendig macht, erschwert zugleich die sozialen und politischen Möglichkeiten der Durchsetzung einer solchen Intervention. So wäre auf dem Gebiet des A. gerade heute nötig, verstärkte Sicherungsvorkehrungen gegen die sinnlose Vernutzung menschlicher Arbeitsfähigkeit zu schaffen, die Arbeitszeit zur Beseitigung von Massenarbeitslosigkeit radikal zu verkürzen, Arbeits- und *Umweltschutz* derart miteinander zu verbinden, daß Arbeitsschutz zur »Ökologie im Betrieb« würde, die Kompetenz der Betroffenen zum Schutz ihrer eigenen Gesundheit zu verstärken (Stichwort: Arbeitermedizin) – insgesamt: Erwerbsarbeit mehr als je zuvor in den Dienst von Lebensbedürfnissen zu stellen, nicht umgekehrt. Ob die Krise, die noch von den Vereinigungsfolgen überlagert wird, solchen Perspektiven Raum läßt, muß sich erweisen.

U. Mückenberger

Literatur: Lederer/Marschak: Arbeitsschutz, in: Grundriß der Sozialökonomik 1927, Bd. IV/2, S. 250ff., Tübingen; St. Bauer: Arbeitsschutzgesetzgebung, in: Handwörterbuch der Staatswissenschaften, 4. Aufl., Bd. 1, Jena 1923, S. 401–701; A. Mertens: Der Arbeitsschutz und seine Entwicklung, Dortmund 1978; G. Schaub: Arbeitsrecht von A–Z, München 1988; U. Mückenberger: Entwicklung und Funktion des Arbeitszeitrechts, in: C. Offe u.a.: Arbeitszeitpolitik, Frankfurt/M./New York 1982; U. Mückenberger: Deregulierendes Arbeitsrecht, in: Kritische Justiz 1985, S. 255ff.; M. Stolleis: Quelle zur Geschichte des Sozialrechts, Göttingen 1976; Bundesanstalt für Arbeitsschutz: Arbeitsschutzsystem, 5 Bde., Dortmund 1980.

Armut

Problemstellung: Armut in Deutschland: Gemessen am Pro-Kopf-Volkseinkommen gehört die BRD – auch nach der Vereinigung – zu den reichsten Ländern der Erde. Diese Wohlstandsgesellschaft weist jedoch eine doppelte Spaltung der Lebensbedingungen auf, als deren Resultat sich A. spätestens seit Anfang der 80er Jahre zu einer zentralen sozialpolitischen Herausforderung entwickelt hat. A. im alten Bundesgebiet ist dabei sowohl das Ergebnis eines langfristigen Wandels der Wirtschafts- und Sozialstruktur als auch Folge von Defiziten des bestehenden Systems *sozialer Sicherung*. Auch das Problem der »A. im Umbruch« im Osten des vereinten Deutschlands ist nicht nur das Resultat des abrupten sozialstrukturellen Wandels im Zuge der Vereinigung, sondern ebenso der Übernahme des westdeutschen Sicherungssystems.
Armutsbegriffe und Armutsgrenzen: In der BRD hat sich eine Armutsforschung i.S. der systematischen wissenschaftlichen Auseinandersetzung mit dem Armutsproblem erst seit Mitte der 70er Jahre herausgebildet. Nachdem Sozialwissenschaften und *Sozialpolitik* lange von einem Verschwinden des materiellen Armutsproblems ausgegangen waren und A. lediglich im Kontext der Beschäftigung mit gesellschaftlichen *Randgruppen* thematisiert wurde, setzte 1976 durch Heiner Geißlers These von der »Neuen Sozialen Frage« in der BRD eine Neubelebung der Armutsdiskussion ein. Der gegenwärtige Stand der Armutsforschung ist durch eine zunehmende Komplexität der theoretischen Zugänge und der empirischen Analysen gekennzeichnet, ohne daß die Intensivierung der wissenschaftlichen Debatte jedoch in Politik und Öffentlichkeit bisher auf größere Resonanz gestoßen wäre.
Die neuere Armutsforschung ist sich darin einig, daß es kaum sinnvoll sein kann, in der BRD von materieller A. im absoluten Sinne zu sprechen, d.h. einer A., wie sie mehr denn je in den Ländern der sog. Dritten Welt anzutreffen ist und bei der die physische Existenz und Überlebensfähigkeit des Menschen in Frage gestellt ist. Die aktuelle Fachdiskussion geht vielmehr von einem relativen Armutsbegriff aus: A. ist danach eine extreme Form sozialer Ungleichheit. Die Lebenslage von Personen/Haushalten/Gruppen wird dabei im Verhältnis

zum durchschnittlichen Lebensstandard der *Gesellschaft* betrachtet.
I. d. R. steht dabei eine ressourcentheoretische Definition des Armutsbegriffs im Vordergrund. Dabei wird A. als eine Unterausstattung mit ökonomischen Mitteln verstanden, wobei fast ausschließlich auf eine einzige Ressource – das Einkommen – abgestellt wird. Als quasioffizielle Armutsgrenze gilt hierbei das Niveau der Hilfe zum Lebensunterhalt (HLU) im Rahmen des *Bundessozialhilfegesetzes* (BSHG). Hintergrund dieser Definition ist die Tatsache, daß das BSHG jedem Bürger einen Rechtsanspruch auf Hilfe einräumt, wobei mit der HLU eine alltägliche Lebensführung entsprechend der Würde des Menschen sichergestellt werden soll.
Ein anderes Verfahren zur Messung von Einkommensarmut stellt direkt auf die Einkommensverteilung ab: Arm ist danach, wessen Einkommen einen bestimmten Prozentsatz des Durchschnittseinkommens unterschreitet. In Anlehnung an die EG-Kommission wird dabei zumeist als Schwellenwert 50% des Durchschnittseinkommens zugrunde gelegt. Grundlage der Armutsmessung ist hierbei das verfügbare Haushaltseinkommen, wobei dieses Einkommen mit Hilfe von sog. Äquivalenzziffern gewichtet wird, um Bedarfsunterschiede und Kostenvorteile von Haushalten unterschiedlicher Größe und Zusammensetzung auszugleichen (Hauser 1984).
Einen gegenüber dem Ressourcenansatz anderen Zugang zum Armutsproblem beinhaltet eine lebenslageorientierte Armutsdefinition. Gefragt wird hierbei nicht nach den vorhandenen Ressourcen, die ein bestimmtes Versorgungsniveau ermöglichen, sondern nach der tatsächlichen Versorgungssituation von Personen und Haushalten. Untersucht wird dabei die konkrete Versorgungslage in ausgewählten Lebensbereichen, wobei die mit Hilfe von Indikatoren und entsprechenden Unterversorgungsschwellen gemessene Unterversorgung in einem oder mehreren Lebensbereichen als Ausdruck einer generell depravierten Lebenssituation interpretiert werden kann (dazu: Döring u. a. 1990). Auch wenn auf der Basis eines solchen Lebenslageansatzes zweifellos ein sehr viel differenzierteres Bild von A. und Unterversorgung möglich ist, muß sich die folgende Darstellung auf Einkommensarmut beschränken.
Umfang und Struktur der Einkommensarmut im alten Bundesgebiet: Geht man von Einkommensarmut i. S. von Sozialhilfebedürftigkeit aus, bei der die Zahl der Leistungsempfänger von HLU als Indikator für die Armutsentwicklung gilt, muß einmal berücksichtigt werden, daß dabei die Dunkelziffer derer, die aus unterschiedlichsten Gründen darauf verzichten, ihren Sozialhilfeanspruch wahrzunehmen, ausgeblendet bleibt. Schätzungen gehen davon aus, daß heute nur jeder zweite Hilfebedürftige tatsächlich Sozialhilfeleistungen bezieht, die Dunkelziffer somit rund 100% beträgt. Darüber hinaus werden mit der politisch-administrativen Festsetzung des Leistungsniveaus auch die Empfängerzahlen mitdefiniert, d. h., je höher (niedriger) das Sozialhilfeniveau angesetzt wird, desto mehr (weniger) Arme gibt es. Tatsächlich liegt das Niveau der HLU im Verhältnis zu den Durchschnittseinkommen heute niedriger als noch Anfang der 70er Jahre, so daß der Umfang der Armenbevölkerung auch dadurch zu niedrig ausgewiesen wird. Schließlich weist auch die Sozialhilfestatistik erhebliche Mängel auf, wodurch eine genaue Erfassung und Auswertung der Empfängerzahlen erschwert wird.
Der Sozialhilfestatistik läßt sich entnehmen, daß die Zahl der HLU-Empfänger in der alten Bundesrepublik im Verlauf der 80er Jahre dramatisch zugenommen hat (von 1980 bis 1992 um über 100% auf zuletzt 3,1 Mio. Empfänger). Bezieht man die genannte Dunkelziffer mit ein und rechnet die vorliegenden statistischen Angaben auf den heutigen Stand (1995) hoch, liegt der Prozentsatz der Sozialhilfeberechtigten mittlerweile im Westen der Republik bei rund 10% der Bevölkerung. Festzustellen ist nicht nur eine explosionsartige Zunahme der Sozialhilfebedürftigkeit im letzten Jahrzehnt. Auffällig ist auch eine deutliche Veränderung in der Zusammensetzung der Sozialhilfeempfänger: Traditionelle Formen der A. umfaßten in der BRD neben Randgruppen wie Obdachlosen und alleinstehenden Wohnungslosen (*Obdachlosen-*, *Wohnungslosenhilfe*) vor allem ältere Menschen – überwiegend *Frauen* –, die über keine bzw. keine ausreichenden Rentenansprüche verfügten und ausschließlich oder ergänzend *Sozialhilfe* in Anspruch nehmen mußten. Im Verlauf des letzten Jahrzehnts ist diese »alte Armut« durch eine neue Problemkonstellation ergänzt und überlagert worden; Ausdruck hierfür ist eine veränderte Zusammensetzung der Sozialhilfeempfänger: Nicht mehr alte und randständige Menschen bilden heute den Großteil der Leistungsempfänger, sondern Kinder und Jugendliche auf der einen Seite und Personen im erwerbsfähigen Alter auf der anderen Seite. Darin spiegelt sich eine Veränderung der Ursachen der Hilfebedürftigkeit wider: Die überproportionale Zunahme der jungen Leistungsempfänger ist auf den starken Anstieg von Einelternfamilien (*Alleinerziehende*) zurückzuführen als Folge einer zunehmenden »Individualisierung« in unserer Gesellschaft sowie auf strukturelle Mängel im System des *Familienlastenausgleichs*. Dagegen ist die starke Zunahme der Leistungsempfänger im erwerbsfähigen Alter vor allem der anhaltenden Krise des Beschäftigungssystems geschuldet, wobei neben *Arbeitslosigkeit* – heute mit weitem Abstand die Hauptursache des Sozialhilfebezugs – auch unzureichende Erwerbseinkommen als Ursachenfaktor an Bedeutung gewonnen haben.
Auch wenn Sondererhebungen zum Sozialhilfebezug zeigen, daß die Dauer des Sozialhilfeempfangs stark divergiert und eine relativ große Gruppe nur kurzzeitig im Leistungsbezug steht, ist doch der generelle Anstieg der Empfängerzahlen unumstritten (Leisering 1993). Zu ganz anderen Ergebnissen kommen dagegen Analysen der Einkommensarmut auf der Basis eines »relativen Einkommensarmutskonzepts«: Danach ist die Quote der Einkommensarmen – wenn man die genannte 50%-Grenze zugrunde legt – im Verlauf der 80er Jahre in der BRD in der Größenordnung von rund 10% relativ kon-

stant geblieben. Die zeitliche Dynamik der relativen Einkommensarmut weist folgendes Bild auf: Zwischen 1984 und 1989 waren 75% der Bevölkerung niemals arm, ewa 15% waren in ein oder zwei Jahren arm und lediglich 10% waren drei- oder mehrmals bzw. dauerhaft arm (Habich u. a. 1991, 497 f.). Wie sich dieser Befund einer Verteilungskonstanz mit den steigenden Sozialhilfeempfängerzahlen vereinbaren läßt, ist bisher kaum diskutiert worden. Die naheliegende Vermutung, daß in den steigenden Sozialhilfeempfängerzahlen lediglich eine sinkende Dunkelziffer zum Ausdruck kommt, wird durch empirische Erhebungen nicht bestätigt. Die wachsenden Empfängerzahlen können auch nicht auf ein in Relation zur »relativen Armutsgrenze« steigendes Sozialhilfeniveau zurückgeführt werden. Es kann daher nicht ausgeschlossen werden, daß die gemessene Konstanz »relativer Armut« auch ein Resultat des unzureichenden statistischen Datenmaterials ist.
Ursachen des steigenden Sozialhilfebezugs: Hintergrund der steigenden Sozialhilfeempfängerzahlen sind v. a. zwei Entwicklungstrends des sozialökonomischen Strukturwandels, die auch in Zukunft die sozialpolitische Landschaft der neuen BRD prägen werden:

1. Zum einen hat die seit fast zwei Jahrzehnten anhaltende Massenarbeitslosigkeit – in Verbindung mit dem damit einhergehenden Strukturwandel des Arbeitsmarktes – arbeitsmarktbedingte Verarmungsrisiken aktualisiert. Dieser Strukturwandel kommt insbesondere in einer Erosion des Normalarbeitsverhältnisses zum Ausdruck: Während der Anteil der Beschäftigten sinkt, die in einem unbefristeten Vollzeitbeschäftigungsverhältnis mit vollem arbeits- und sozialrechtlichem sowie tariflichem Schutz erwerbstätig sind, ist der Anteil derer, die in sog. marginalisierten Beschäftigungsformen tätig sind – wie Teilzeitarbeit, geringfügige Beschäftigung, befristete Arbeit, Scheinselbständigkeit, Leiharbeit, Arbeit auf Abruf etc. – in Westdeutschland bereits auf rund 1/3 gestiegen. Ist hier für die Beschäftigten die Verbindung von Erwerbsarbeit und einer auskömmlichen Existenzsicherung vielfach in Frage gestellt, tritt das Einkommens- und Verarmungsrisiko spätestens bei Unterbrechung oder Beendigung der Erwerbstätigkeit wegen des Eintretens allgemeiner Existenzrisiken wie Arbeitslosigkeit oder Erreichen der Altersgrenze zutage, da meist keine oder keine ausreichenden Ansprüche auf Lohnersatzleistungen erworben werden konnten.
Vor dem Hintergrund einer anhaltenden Massenarbeitslosigkeit und eines sich zunehmend verfestigenden »harten Kerns« von Mehrfach- und Dauerarbeitslosigkeit konzentrieren sich zudem die Beschäftigungs- und Einkommensrisiken immer stärker auf sog. Problemgruppen des Arbeitsmarktes. Diese werden nicht nur Opfer der steigenden Selektions- und Leistungsanforderungen der Beschäftiger, sondern auch der wachsenden Konkurrenz zwischen den Arbeitnehmern um die knappen Arbeitsplätze. Je länger die Beschäftigungskrise anhält, um so geringer werden für diese Gruppen die Chancen, einen Zugang zu regulärer Erwerbsarbeit zu finden; um so größer wird das Risiko, dauerhaft am Arbeitsmarkt ausgegrenzt und auf staatliche Transferleistungen verwiesen zu sein.

2. Zum anderen ist in den letzten Jahrzehnten – in der BRD wie in vielen anderen modernen Industrie- und Dienstleistungsgesellschaften – eine Tendenz zur »Individualisierung« bzw. zu einer »Pluralisierung der Lebensstile« feststellbar. Charakteristisches Element ist die Auflösung bzw. Veränderung traditioneller Lebensformen. Diese Entwicklung schlägt sich nicht zuletzt auch in einer Erosion des Schutz- und Sicherungssystems *Familie* nieder und läßt den einzelnen anfälliger werden gegenüber dem Auftreten allgemeiner Lebensrisiken. Da Frauen im Rahmen der überkommenen geschlechtsspezifischen Arbeitsteilung primär für die unentgeltliche Bereitstellung von Reproduktionsleistungen in Haushalt und Familie zuständig waren, gehören sie – soweit sie am Erwerbsleben teilnehmen – seit jeher zu den Problemgruppen des Arbeitsmarktes. Entsprechend basierte ihre soziale Sicherung bisher nur begrenzt auf eigenen Ansprüchen auf Lohnersatzleistungen, sie war statt dessen vorrangig durch die aus der Erwerbsarbeit des Ehegatten abgeleiteten Ansprüchen definiert. Mit der Erosion des Familiensystems sind Frauen verstärkt auf den Erwerb eigener Leistungsansprüche angewiesen, was allerdings unter den heutigen Arbeitsmarktbedingungen nur begrenzt möglich ist.

Den wachsenden sozialökonomischen Verarmungsrisiken, die aus den skizzierten Entwicklungstrends resultieren, stehen systematische Strukturmängel des sozialen Sicherungssystems gegenüber, wobei diese Mängel und Sicherungslücken im Verlauf der 80er Jahre im Zuge der Haushaltskonsolidierungspolitik sogar noch weiter vergrößert wurden. Die Sozialversicherung als Kernbereich des sozialen Sicherungssystems gewährt zwar beim Eintritt allgemeiner Lebensrisiken Lohnersatzleistungen. Da dieses System jedoch über das Versicherungsprinzip an den Lohnarbeiterstatus rückgekoppelt ist, verfügen nicht alle Bevölkerungsgruppen über Leistungsansprüche; die Zielsetzung einer Lebensstandardsicherung hat zudem zur Folge, daß die frühere Position in der Erwerbshierarchie auch das Niveau staatlicher Transferleistungen bestimmt (Äquivalenzprinzip). Folge: Benachteiligte Positionen in der Erwerbsarbeit werden nur begrenzt durch staatliche Transferleistungen aufgehoben, vielmehr durch die Sozialpolitik tendenziell reproduziert. Nur wer auf der Basis eines Normalarbeitsverhältnisses eine qualifizierte und gut bezahlte Tätigkeit ausübt und eine »normale«, d. h. ununterbrochene Erwerbsbiographie aufweist, kann beim Eintreten von allgemeinen Existenzrisiken davon ausgehen, einen ausreichenden Schutz zu finden. Alle anderen Gruppen – und dazu zählen in besonderem Maße Frauen – sind nur höchst unzureichend geschützt, d. h., sie laufen Gefahr, beim Eintritt des Risikofalls Verarmungsprozesse hinnehmen zu müssen (Hanesch 1988). Durch die sich abzeichnende Erosion des Normalarbeitsverhältnisses wird das Fundament der Sozialversicherung zudem zunehmend schmaler. Es wächst die Zahl derer, die keinen ausreichenden Schutz in der Sozialversicherung erhalten und die beim Eintreten allgemeiner Existenzrisiken auf Sozialhilfe verwiesen sind. Darüber hinaus werden angesichts einer Tendenz zur Individualisierung und Pluralisierung die tradierten Sicherungsnetze Ehe/Familie in ihrer Schutzfunktion immer brüchiger. Sie stellen daher die bisherige indirekte Existenzsicherung von Frauen massiv in Frage.

Indem im letzten Jahrzehnt durch Reformen in zentralen Bereichen des Sicherungssystems der sozialpolitische Schutz vor Verarmungsrisiken partiell verringert wurde – man denke etwa an die wiederholten *AFG*-Novellierungen –, verlagerte sich die politische und fiskalische Zuständigkeit für soziale Problemlagen von der Sozialversicherung auf die Sozialhilfe und damit von der Bundesebene auf die Ebene der Gemeinden. Die Kommunen, die sich seitdem mit einer Scherenbewegung von wachsenden sozialpolitischen Aufgaben- und Ausgabelasten bei stagnierenden finanziellen Ressourcen konfrontiert sehen, verhalten sich i.d.R. ähnlich wie der Bund: Auch sie setzen auf eine Strategie der Haushaltskonsolidierung durch Leistungskürzungen und restriktivere Leistungsgewährung, von denen vor allem die sozial Schwächsten negativ getroffen werden.

Exkurs: Zur armutspolitischen Schutzfunktion der Sozialhilfe: Durch die skizzierte Entwicklung ist der Sozialhilfe faktisch die Funktion einer allgemeinen Grundsicherung zugewachsen – eine Funktion, für die sie bei Einführung des BSHG nicht vorgesehen war. Vielmehr ging man damals von der Annahme aus, durch den Ausbau der vorgelagerten (Sozialversicherungs-)Systeme werde die Sozialhilfe als materielle Sicherungsleistung an Bedeutung verlieren – eine Annahme, die sich nicht bestätigt hat. Welchen Schutz bietet nun das Leistungssystem der Sozialhilfe vor A.? Trifft es zu, daß das Armutsproblem durch die Existenz der Sozialhilfe gelöst ist – wie dies die heutige Bundesregierung behauptet? Tatsächlich ist das Leistungssystem der Sozialhilfe durch eine spezifische Ambivalenz gekennzeichnet: Einerseits ist hier das Finalprinzip am stärksten ausgeprägt; unabhängig von eigenen Vorleistungen und von den Ursachen materieller Not haben Bedürftige einen Rechtsanspruch auf bedarfsorientierte Leistungen. Vor allem die HLU soll eine alltägliche Lebensführung zu menschenwürdigen Bedingungen sicherstellen. Andererseits spiegeln die Prinzipien der Sozialhilfe nicht nur die ordnungsrechtliche Tradition des deutschen Fürsorgewesens wider. Sie sind zugleich dem wirtschaftsliberalen Imperativ verpflichtet, den Zugang zur Sozialhilfe möglichst restriktiv zu gestalten, um ein freiwilliges Leben in bzw. von Sozialhilfe weitgehend auszuschließen. Damit soll letztendlich die Geltung des Leistungsprinzips von unten her abgesichert und die Funktionsfähigkeit des Arbeitsmarkts erhalten werden.

Dieses restriktive Verständnis des heutigen letzten Netzes sozialer Sicherung kommt zum einen in einem seit Jahren völlig unzureichenden Niveau der Sozialhilfeleistungen zum Ausdruck. Daran hat auch der Übergang zum Statistikmodell als Grundlage der Regelsatzbemessung grundsätzlich nichts geändert (*Bedarfsbemessung in der Sozialhilfe*). Der Rechtsanspruch auf Sozialhilfe wird zum anderen durch restriktive Bedingungen und Prinzipien eingeschränkt, die viele Bedürftige von der Inanspruchnahme ihrer Rechtsansprüche abhalten. Insgesamt wird somit durch die heutige Sozialhilfe keineswegs ein Leben frei von A. gewährleistet. Vielmehr ist das Leben eines Sozialhilfeempfängers durch ein unzureichendes materielles Versorgungsniveau, durch Diskriminierung und Ausgrenzung in vieler Hinsicht gekennzeichnet.

Armut in den neuen Bundesländern: Die Übertragung des westdeutschen Wirtschaftssystems auf die ehemalige DDR hat hier zu einer tiefgreifenden Strukturkrise mit einem Zusammenbruch von Produktion und Beschäftigung geführt, deren Ende vorerst nicht abzusehen ist. Der Beschäftigungseinbruch hat die Zahl der Arbeitslosen in den neuen Bundesländern dramatisch ansteigen lassen, auch wenn durch einen beispiellosen Einsatz arbeitsmarktpolitischer Instrumente ein großer Teil der »freigesetzten« Arbeitskräfte vorläufig in befristeten Beschäftigungs- und Qualifizierungsmaßnahmen untergekommen ist oder durch vorgezogene Verrentung aus dem Arbeitsmarkt ausgesteuert wurde. Durch diese Maßnahmen konnten die Folgen des Beschäftigungseinbruchs zeitweilig abgemildert werden; sie reichten jedoch nicht aus, die Situation am Arbeitsmarkt nachhaltig zu verändern. Zwar sind die Löhne in den neuen Bundesländern seit der Vereinigung kräftig gestiegen, der graduellen Angleichung der Nominaleinkommen steht jedoch eine weitgehende Angleichung der Lebenshaltungskosten gegenüber (mit Ausnahme insbesondere der Wohnungskosten: *Wohnen*). Die gestiegenen Nominaleinkommen täuschen somit über einen gegenläufigen Kaufkraftverlust hinweg. Noch brisanter ist die Tatsache, daß der Anstieg der Haushaltseinkommen – als Folge der katastrophalen Arbeitsmarktlage – bisher vor allem von staatlichen Transferleistungen getragen wird. Parallel zur ökonomischen Vereinigung wurde schrittweise das westdeutsche System sozialer Sicherung auf die neuen Bundesländer übertragen. Auch wenn sich dadurch für viele Gruppen Verbesserungen im Sicherungsniveau ergeben, wurden damit zugleich die Strukturmängel des westdeutschen Sicherungssystems und die daraus resultierenden Verarmungsrisiken mit eingeführt.

Legt man einen relativen Einkommensarmutsbegriff auf der Basis aller Einkommen in Ost und West zugrunde, lag – als Folge des eklatanten Einkommensgefälles zwischen West und Ost – in den neuen Bundesländern in den ersten Jahren nach der Vereinigung die Armutsquote deutlich höher als im alten Bundesgebiet. Demgegenüber war die entsprechende Quote – allein auf der Basis des Osteinkommens – erheblich niedriger als im Westen, da die Ungleichheit der Einkommensverteilung in der DDR weniger ausgeprägt als in Westdeutschland war und die Ausdifferenzierung der Verteilung nach westdeutschem Muster erst allmählich eingesetzt hat. Die Zahl der Empfänger von HLU lag 1992 in den neuen Bundesländern bei rund 488000 Personen und damit noch weit unterhalb der westdeutschen Größenordnung (ca. 30 pro 1000 Einwohner gegenüber rund 50 pro 1000 im Westen). Allerdings ist zu erwarten, daß die westdeutsche Sozialhilfedichte im Osten sehr bald erreicht und überschritten wird. Bezeichnenderweise bildet die Arbeitslosigkeit – mit wesentlich höherem Anteil als im Westen – mit weitem Abstand die Hauptursache für den Sozialhilfeleistungsbezug (trifft für rund 54% aller Haushalte außerhalb von Einrichtungen zu). Am stärksten sind bisher Haushalte von alleinstehenden Männern im mittleren Lebensalter sowie Haushalte von Alleinerziehenden auf laufende HLU angewiesen.

Je mehr der Beschäftigungsrückgang in einer Zunahme offener Arbeitslosigkeit zum Ausdruck kommt, um so größer wird die Gefahr, daß er in einen Anstieg arbeitsmarktbedingter A. einmündet. Die Einführung der Arbeitslosenversicherung (ebenso wie die Rentenüberleitung) hat diese Verarmungsgefahr nur bedingt gebannt, da aufgrund des bisher sehr niedrigen Erwerbseinkommensniveaus auch die entsprechenden Lohnersatzleistungen relativ gering ausfallen. So mußte der als befristete Übergangsregelung installierte Sozialzuschlag in der Arbeitslosenversicherung ebenso wie in der Unfall- und Rentenversicherung dazu herhalten, den Anstieg der Armutsproblematik zeitweilig aufzuhalten. Mit dem Auslaufen des Sozialzuschlags mußte daher gerade der arbeitsmarktbedingte Sozialhilfebezug rapide zunehmen. Die wenig hoffnungsvolle Perspektive liegt darin, daß von der absehbaren Arbeitsmarktentwicklung ein baldiger Umschwung kaum zu erwarten ist. Da auch die Arbeitsmarkt- und Sozialpolitik nicht nur aus fiskalischen Gründen nicht bereit ist, im bisherigen Umfang notwendige »Brücken« und »Netze« bereitzustellen, drohen die neuen Bundesländer auf absehbare Dauer im Zustand einer Armutsregion im vereinten Deutschland zu verbleiben. Hinzu kommt, daß die für das alte Bundesgebiet genannten Trends allmählich auch auf die neuen Bundesländer übergreifen und zusätzliche Verarmungsrisiken erzeugen werden.

Lösungsperspektiven für das Armutsproblem: Trotz einer mehr als zehnjährigen Fachdiskussion zu A. in der BRD ist dieses Problem bislang kein öffentliches Thema geworden: A. wird vielmehr nach wie vor in Politik und Öffentlichkeit der BRD weitgehend tabuisiert. Um ein öffentliches Bewußtsein für A. in der deutschen Wohlstandsgesellschaft zu schaffen, aber auch um einer problem- und adressatengerechten Armutspolitik die notwendige empirische Informationsgrundlage zu liefern, bedarf es in der BRD einer regelmäßigen institutionalisierten Armuts- und Sozialberichterstattung auf nationaler wie auch auf Länder- und kommunaler Ebene (Arbeitsgruppe Armut und Unterversorgung 1987).

Unabhängig davon erfordert die Frage nach den Lösungsperspektiven des Problems der Einkommensarmut Antworten auf zumindest zwei Ebenen:

1. Da das gegenwärtige Ausmaß der Einkommensarmut vor allem auf die anhaltende Massenarbeitslosigkeit zurückzuführen ist, müßte das primäre Ziel darin liegen, jedem Erwerbsfähigen den Zugang zu Erwerbsarbeit zu ermöglichen, um damit die Einlösung eines sozialen Grundrechts auf Erwerbsarbeit sicherzustellen. Dieses Ziel ließe sich am ehesten durch eine Kombination unterschiedlichster Instrumente realisieren, zu denen u.a. weitere Arbeitszeitverkürzungen, eine qualitativ ausgerichtete Beschäftigungspolitik, die Förderung unkonventioneller Beschäftigungsinitiativen wie auch der verstärkte und zielgenauere Einsatz arbeitsmarktpolitischer Förderinstrumente gehören. In jüngster Zeit hat hierbei die Debatte um einen »zweiten Arbeitsmarkt« (Bereitstellung befristeter Beschäftigungsverhältnisse zu normalen arbeitsrechtlichen und tariflichen Bedingungen) neue Anstöße erhalten (*Soziale Arbeit und Arbeitsmarkt*).

2. Zumindestens ebenso wichtig ist die Einlösung der Forderung, im Rahmen der Einkommenspolitik jedem Bürger das Recht auf ein auskömmliches, existenzsicherndes Einkommen zuzubilligen. In der BRD ist diese Debatte in den letzten Jahren unter dem Stichwort soziale Grundsicherung geführt worden. Während Konzepte zu einem garantierten Grundeinkommen in der Fachdiskussion als kaum realisierbar angesehen werden, steht heute das Konzept der bedarfsbezogenen Grundsicherung im Vordergrund. Grundsätzlich soll damit das bestehende soziale Sicherungssystem nicht durch ein völlig neues System ersetzt, vielmehr soll es von unten her pragmatisch gesockelt werden. Vorrangig sollen dabei in den verschiedenen Zweigen der Sozialversicherung die bisherigen reinen Versicherungsleistungen durch bedarfsbezogene Grundsicherungsleistungen ergänzt werden, die über dem bisherigen Sozialhilfeniveau liegen und vereinfachte Zugangsbedingungen aufweisen. Jeder, der bestimmte Tatbestände wie *Alter*, Invalidität oder Erwerbslosigkeit erfüllt und kein ausreichendes Einkommen und Vermögen besitzt, hätte demnach in den jeweils zuständigen Sozialversicherungszweigen einen ausreichenden Leistungsanspruch und wäre nicht mehr auf Sozialhilfe angewiesen. Die Einführung einer solchen Grundsicherung (in Abstimmung mit einer entsprechenden Weiterentwicklung der HLU) würde gravierende Lücken des heutigen sozialen Sicherungssystems schließen und ein sozialstaatlich angemesseneres letztes Netz herstellen. Die bisher vorliegenden Modelle von Experten, Verbänden und Parteien haben technisch machbare und sozialpolitisch vertretbare Regelungen entwickelt und damit zugleich nachgewiesen, daß die Einlösung des Solidaritätsanspruchs gegenüber den bislang Ausgegrenzten durchaus finanzierbar ist.

Angesichts der in ökonomischen und fiskalischen Krisenphasen immer wieder neu auflebenden Diskussion um »Wildwuchs« und »Mißbrauch« in den Sozialleistungen, die auch die Konsolidierungsmaßnahmen 1993 und 1994 vorbereitet und begleitet haben, schei-

nen solche Modelle wenig Realitätsbezug zu besitzen. Nicht nur, weil die Bonner Regierungskoalition nach wie vor die Existenz des Armutsproblems und eines daraus resultierenden politischen Handlungsbedarfs negiert, sondern weil in der »polarisierten« und »individualisierten« Gesellschaft der BRD die Einforderung von *Solidarität* immer schwieriger wird.
Durch die Heterogenität und Passivität der Armenbevölkerung und die fehlende Bereitschaft zum »Teilen« in der übrigen Bevölkerung wird eine Lösung dieses Problems erheblich erschwert. Das zentrale Problem für politische Lösungsstrategien liegt somit darin, wie die Bereitschaft in Gesellschaft und Politik geweckt werden kann, sich mit der Existenz von A. auseinanderzusetzen und eine solidarische Bewältigung der aktuellen Strukturprobleme mitzutragen. Eine alternative Politik muß sich auf soziale Akteure stützen, die zur Interessenartikulation und -durchsetzung fähig sind. Da die verschiedenen Gruppen der Armenbevölkerung auch in Zukunft kaum allein in der Lage sein werden, eine wirksame öffentliche Lobby aufzubauen, sind potentielle Bündnispartner wie *Kirchen*, *Gewerkschaften*, *Wohlfahrtsverbände* und nicht zuletzt *Parteien* gefordert, diesen Prozeß aktiv zu unterstützen, öffentlich Position zu beziehen und sich in die sozialpolitische Diskussion aktiv einzumischen. Die Gründung einer Nationalen Armutskonferenz als Folge einer Initiative der EG-Kommission bildet sicherlich in diesem Sinne einen ersten Schritt. Ob diese Konferenz aus Vertretern von Spitzenverbänden und Fach- bzw. Selbsthilfeverbänden im Bereich der freien Wohlfahrtsverbände allerdings tatsächlich den institutionellen Rahmen für ein übergreifendes Bündnis gegen A. in Deutschland bilden kann, bleibt abzuwarten. *W. Hanesch*

Literatur: Arbeitsgruppe Armut und Unterversorgung: Armutsberichterstattung statt Tabuisierung der Armut, in: Neue Praxis 3/1987; Armut und Strategien der Armutsbekämpfung in der BRD. Beiträge zum Weltsozialgipfel der Vereinten Nationen 1995, in: NDV 2/1995, 61–85; M. Beck: Sozialhilfeempfänger 1992, in: Wirtschaft und Statistik, H. 7/1994; D. Döring/W. Hanesch/E.-U. Huster (Hrsg.): Armut im Wohlstand, Frankfurt/M. 1990; R. Habich/B. Headey/P. Krause: Armut im Reichtum – Ist die Bundesrepublik Deutschland eine Zwei-Drittel-Gesellschaft?, in: U. Rendtel/G. Wagner (Hrsg.): Lebenslagen im Wandel: Zur Einkommensdynamik in Deutschland seit 1984, Frankfurt/M./New York 1991; W. Hanesch: Armutspolitik in der Beschäftigungskrise, Wiesbaden 1988; W. Hanesch u. a.: Armut in Deutschland, der Armutsbericht des Deutschen Gewerkschaftsbundes und des Paritätischen Wohlfahrtsverbands, Reinbek 1994; R. Hauser/H. Cremer-Schäfer/U. Nouvertne: Armut, Niedrigeinkommen und Unterversorgung in der Bundesrepublik Deutschland, Frankfurt/M./New York 1981; R. Hauser: Armut im Wohlfahrtsstaat, in: H. Lampert/G. Kühlewind (Hrsg.): Das Sozialsystem der Bundesrepublik Deutschland, Nürnberg 1984; S. Leibfried/L. Leisering: Armutsrisiken in Deutschland, Frankfurt/M. 1995; S. Leibfried/F. Tennstedt (Hrsg.): Politik der Armut und Die Spaltung des Sozialstaats, Frankfurt/M. 1985; S. Leibfried/W. Voges: Armut im modernen Wohlfahrtsstaat, Sonderheft der Kölner Zeitschrift für Soziologie und Sozialpsychologie, Sonderheft 32/1992; L. Leisering: Armut hat viele Gesichter. Vom Nutzen dynamischer Armutsforschung, in: NDV 8/1993; J. Münder (Hrsg.): Zukunft der Sozialhilfe. Sozialpolitische Perspektiven nach 25 Jahren BSHG, Münster 1988; Paritätischer Wohlfahrtsverband – Gesamtverband (Hrsg.): »... wessen wir uns schämen müssen in einem reichen Land ...« – Armutsbericht des Deutschen Paritätischen Wohlfahrtsverbandes für die Bundesrepublik Deutschland, in: Blätter der Wohlfahrtspflege 11–12/1989.

Aufklärung

Die A. als geistes-, kultur- und literaturgeschichtliche Epoche entwickelte sich in Rückgriff auf den verstandesorientierten Humanismus der Renaissance, welche die Herrschaft der mittelalterlichen Theologie und das auf die »vertikale« Spannung zwischen Himmel und Hölle ausgerichtete vorneuzeitliche Weltbild abgelöst hatte. Die Welt wurde zum »Bauplatz für alles erdenklich Nützliche, Wohltätige und Lebensfordernde, für Werkstätten der Heilkunst, der Meßkunst, der Scheidekunst, für Institute und Apparate zur Verfeinerung, Erleichterung und Erhöhung des Daseins, für babylonische Türme, die sich zum Himmel recken, um ihm sein Geheimnis zu entreißen, ein unermeßlich weites, unerschöpflich reiches Operationsfeld für die Betätigung und Steigerung der Kräfte des reinen Verstandes, des Verstandes, der sich ganz auf sich selbst stellt, sich alles zutraut, vor nichts zurückschreckt, durch nichts zu enttäuschen ist« (Egon Friedell).
Die A. will barockes Lebensgefühl in seiner Zwiespältigkeit (ausgeliefert den göttlichen und teuflichen Mächten, der Sinnenfreude und Lebensangst) mit Hilfe wissenschaftlicher Vernunft überwinden; Rationalität ermögliche Gelassenheit und harmonische Ausgeglichenheit. Weltgläubigkeit geht einher mit der Idee der Theodizee: daß es sich bei einer von Gott geschaffenen, von Gott bewegten und belebten Welt nur um die beste aller Welten handeln könne. Für Gottfried Wilhelm Leibniz ist die Welt aus lauter Monaden (Urkörperchen) zusammengesetzt, die – in sich gestuft und selbständig (vom Niedrigsten bis zur ultima ratio rerum, Gott selbst, reichend) – Spiegel des Universums sind. Da jede Monade in sich vernünftig ist (von göttlicher Vernunft durchdrungen), stehen alle Monaden in Beziehung zueinander, stimmen sie in »prästabilierter Harmonie« überein.
Die der A. zugrundeliegenden erkenntnistheoretischen philosophischen Strömungen, die im Verstand das Organ des Welterlebens und Weltverstehens sehen, lassen sich als Empirismus und Rationalismus bezeichnen. Der Empirismus, der in England seinen Ursprung hat (John Locke, 1632–1704; David Hume, 1711–1776), legt besonderen Wert auf »Beobachtung«, welche die Seele mit Erfahrungen bereichere, Empfindungen hervorrufe und Vorstellungen wecke. Diese ordne dann der Geist und verwende sie für seine »Urteile«: Nihil est in intellectu, quod non antea fuerit in sensu. Der Rationalismus betont mehr die ordnende Verstandesarbeit, d. h., er untersucht die Kategorien und Prinzipien, nach denen der Geist das durch die Erfahrung gewonnene

Material sichtet, gliedert und verarbeitet. Immanuel Kant (1724–1804) geht in seiner Kritik der reinen Vernunft (1781) so weit, daß er die Empirie von der Ratio abhängig macht, d.h., Erfahrungen, nach denen wir später (a posteriori) zu Urteilen gelangen, nur deshalb für möglich hält, weil sie schon von vornherein (a priori) in uns kategorial angelegt sind. Das »Ding an sich« ist zwar nicht erkennbar; wir benötigen aber seine Anschauung auch nicht, da wir seine »Beurteilung« bereits in uns tragen.

Kant hat die bekannteste und eingängigste Antwort auf die selbstgestellte Frage »Was ist Aufklärung?« gegeben: »Aufklärung ist der Ausgang des Menschen aus seiner selbst verschuldeten Unmündigkeit. Unmündigkeit ist das Unvermögen, sich seines Verstandes ohne Leitung eines anderen zu bedienen. Selbst verschuldet ist diese Unmündigkeit, wenn die Ursache derselben nicht am Mangel des Verstandes, sondern der Entschließung und des Mutes liegt, sich seiner ohne Leitung eines andern zu bedienen. Sapere aude! Habe Mut, dich deines eigenen Verstandes zu bedienen! ist also der Wahlspruch der Aufklärung.«

Trotz aller Selbstzweifel ist die A. geschichtsphilosophisch optimitisch: »Sie wird gewiß kommen, die Zeit eines neuen ewigen Evangeliums, die uns in den Elementarbüchern des Neuen Bundes versprochen wird« (Gotthold Ephraim Lessing). Doch ist nach den historischen Erfahrungen des 19. und 20. Jh. der Glaube an die Vernunft brüchig geworden (als »Mythos Vernunft« mag er weiterbestehen). Marx Horkheimer/Theodor W. Adorno nennen den Umschlag von Aufklärung in ihr Gegenteil »Dialektik der Aufklärung«. »Die Vernunft ist für uns, Zeugen einer dramatisch unvernünftig verlaufenden Geschichte, problematisch geworden« (Wolfgang de Boer). Wenn es das Programm der A. war, den Menschen aus religiösen Abhängigkeiten, von irrationalen Bindungen mit Hilfe profaner Vernunft zu befreien, dann sei die A. gescheitert. In ihrem rationalistischen Pathos habe sie das rational weder erklärbare noch auflösbare Lebensproblem der menschlichen Natur übersehen. Wieviel die alten religiösen Bindungen dafür geleistet hatten, sei erst offenbar geworden, nachdem sie von der neuen Zeit verschüttet worden waren. Und je weniger die A. das Gewicht dieser Bindungen anerkennen mochte, um so unbeirrbarer hätten die Menschen nach einem Ersatz für sie gesucht und ihn im technischen Fortschritt mit seiner ungeheuren lebenserfüllenden Dynamik gefunden. Die Alten hätten mit der Vernunft übrigens weniger gemeint, was wir damit im Auge haben: rationales Denken und Argumentieren, den Verstand, der nach den Regeln der Logik verfährt; für sie sei Vernunft in erster Linie »beglückende Schaukraft« gewesen (logos, nous, lumen naturale), die das göttliche Gute erkennen lasse. Im Zeitalter der Industrialisierung beförderte jeder Modernisierungsschub analytische Vernunft. Die Maschinisierung von *Arbeit* wie der Arbeitsteilung entsprachen dem Geist der Zeit, der sich immer mehr spezialisierte und auf die Entwicklung von Subsystemen konzentrierte. In den jeweiligen »Apparat« wurden die Subjekte installiert und dann verdinglicht; Arbeit erwies sich nicht mehr als »Selbsterzeugungsprozeß des Menschen« (Georg W.F. Hegel), sondern als Vehikel für die mit der Verwissenschaftlichung und Rationalisierung des Denkens einhergehende Entfremdung: Die Umwelt, als Produkt menschlicher Tätigkeit, trat dem Individuum als etwas Fremdes, in dem es sich nicht wiedererkennen konnte, entgegen und ließ Arbeit als inhalts-, sinn- und beziehungslos erscheinen.

Der Homo sapiens – im Gegensatz zum Homo faber – ist jedoch zu begreifen als ein Mensch, der kognitive wie intuitive, intellektuelle wie emotionale »Vernunft« als Ganzheit besitzt. Dabei ergibt sich eine Interdependenz der verschiedensten »Vernunftarten«: der analytischen, »synthetischen«, prinzipiellen, okkasionellen, aleatorischen Vernunft – und auch zynische Vernunft mag von Fall zu Fall ihre Berechtigung haben. Will die Moderne aus dem Käfig ihres Vernunftbegriffs, der weitgehend mit okkasioneller und analytischer Vernunft gleichzusetzen ist, ausbrechen, wird sie eine neue Sensibilität für Doppel- und Mehrfachwahrheiten entwickeln müssen – wobei freilich die Komplexität vernünftigen Denkens und Handelns in Widerspruch steht zu der Eindeutigkeit binärer Kodierung. Anzukämpfen ist verstärkt gegen die durch zunehmendes Computerdenken auferlegte lebensweltliche Verengung, die als »Einfachwahrheit« (null oder eins, richtig oder falsch, wahr oder unwahr) Ambivalenzen, Antinomien, Aporien nicht mehr zur Kenntnis nimmt. Auch im Lager der Naturwissenschaften ist freilich das Verhältnis zur Vernunft nicht mehr so ungebrochen-positiv, wie es einst innerhalb des Subsystems einer auf unreflektierten Fortschritt setzenden Rationalität der Fall war.

Für Jürgen Habermas ist das »Vertrauen der westlichen Kultur in sich selbst« identisch mit dem Vertrauen in die regenerationsfähige Kraft von A. – einer A., die sich auf ihren »Grund« zurückbesinnt und damit Arnold Gehlens Diktum, daß die Prämissen der A. tot seien und nur ihre Konsequenzen weiterliefen, widerlegt. Die von Habermas »in Sachen Aufklärung« eingenommene Position kann man als »empathischen Rigorismus« bezeichnen. Einfühlend verfolgt der Philosoph die Argumentation (soweit es sich um eine solche und nicht um antiaufklärerische Ressentiments handelt), die sich gegen A. und Vernunft, gegen das Projekt der Moderne, wendet. Unbeugsam hält er jedoch am »Prinzip Aufklärung« fest: Deren Weg mag verdunkelt sein, die Leuchtkraft des Ziels – Vor-schein der Idee eines vernünftigen menschenwürdigen Daseins – sei ungebrochen. Habermas stützt sich dabei auch auf die immanente Logik kritischer Axiomatik: Die Moderne sei nicht aufschlußreich thematisierbar, geschweige denn wirkungsvoll kritisierbar, ohne ihre beste Errungenschaft, die Vernunft nämlich, neu in Gebrauch zu nehmen.

»Vernunft« bedeutet für Umberto Eco, dessen semiotisches wie literarisches Werk von großem Einfluß auf die deutsche Bewußtseinslage der 80er Jahre war:

– die dem Menschen eigene Art der Naturerkenntnis, die sich einerseits von den bloßen Instinktreaktionen,

andererseits von der nichtdiskursiven Erkenntnis (mystische Erleuchtungen, Glaube, sprachlich nicht mitteilbare subjektive Erfahrungen etc.) unterscheidet; in diesem Falle meint Vernunft, daß der Mensch fähig ist, Abstraktionen zu produzieren und mittels Abstraktionen zu kommunizieren;
- die spezielle Fähigkeit, das Absolute unmittelbar zu erkennen (Selbsterkenntnis des idealistischen Ich, die Ahnung der Urprinzipien, von denen sowohl der Kosmos wie der menschliche und göttliche Geist bestimmt seien);
- die Möglichkeit des richtigen Urteilens und Unterscheidens (gut oder schlecht, wahr oder falsch), Ausdruck des gesunden Menschenverstandes im Sinne Descartes'.

Solche Vernunft umfassender Art befindet sich in der Krise, was aber nicht gegen die Vernunft als solche spricht. Zu lange hat man geglaubt, daß das, was gut funktioniere, auch gut sei. Das hypothetische Bewußtsein der Wissenschaft, daß die ganze Welt in Wenn-dann-Beziehungen aufzulösen sei, reduzierte die Erfahrung ganzheitlicher Sinnhaftigkeit und Sinnfälligkeit. *Emanzipation* versäumte, neue Möglichkeiten der Bindung und Identifikation zu erschließen und zu verbreiten. Die Hoffnung, daß mit der Ausbeutung der Natur die Ausbeutung des Menschen beendet werden könne, ist gescheitert.
Vernunft verweist auf das »Prinzip Verantwortung«; von der Sorge ums »Ganze« bestimmt, will es Mitbürgerlichkeit, gegenseitige *Hilfe*, *Solidarität* und Individualität (*Individuum*) wie Selbstentfaltung in ein dialektisch-ausgewogenes Verhältnis bringen. Der Mensch kann Verantwortung haben, also hat er sie. Für Hans Jonas ergibt sich der ethische Anspruch unmittelbar aus dem tatsächlichen Befund – das Können führt das Sollen mit sich. Der Dualismus von Innen und Außen, von Mensch und Natur, von Sein und Sollen wird zwar auf diese Weise vornehmlich in Form des Appellativen überwunden – was den Vorwurf des Moralisierens auf sich ziehen mag. Doch erfolgt zumindest eine Option auf »Einheit« – als Versuch, das Gesetz menschlichen Verhaltens aus der Ganzheit von theoretischer wie praktischer Vernunft abzuleiten. *H. Glaser*

Literatur: U. Eco: Über die Krise der Vernunft, in: Merkur Nr. 436/1985; M. Frank: Der kommende Gott. Vorlesungen über die Neue Mythologie. Frankfurt/M. 1982; E. Friedell: Kulturgeschichte der Neuzeit. 3 Bde., München 1930 (Neudruck); H. Glaser: Wege der deutschen Literatur. Eine geschichtliche Darstellung, Frankfurt/M./Berlin 1990; J. Habermas: Der philosophische Diskurs der Moderne, Frankfurt/M. 1985; J. Habermas: Die neue Unübersichtlichkeit, Frankfurt/M. 1985; M. Horkheimer/Th.W. Adorno: Dialektik der Aufklärung (1947), Frankfurt/M. 1971; H. Jonas: Das Prinzip Verantwortung. Versuch einer Ethik für die technologische Zivilisation, Frankfurt/M. 1979; O. Marquard: Abschied vom Prinzipiellen, Stuttgart 1981; E. Rötzer (Hrsg.): Denken, das an der Zeit ist, Frankfurt/M. 1987; J.H. Reichhoff: Das Rätsel der Menschwerdung. Die Entstehung des Menschen im Wechselspiel mit der Natur, Stuttgart [3]1991; J. Rüsen/E. Lämmert/P. Glotz (Hrsg.): Die Zukunft der Aufklärung, Frankfurt/M. 1988; P. Sloterdijk: Kritik der zynischen Vernunft, Frankfurt/M. 1983.

Aufsichtspflicht

Die A. berührt als Rechtsbegriff sehr unterschiedliche Ebenen und Rechtsgebiete, das Haftungsrecht ebenso wie das Versicherungsrecht, das Strafrecht wie das Verwaltungsrecht, insbesondere das Arbeits- und Dienstrecht. Gemeinsamer Ausgangspunkt aber ist, daß mit der A. ein Haftungstatbestand verbunden wird: Wenn jemand von Gesetzes wegen (bei Minderjährigkeit bzw. wegen seines geistigen oder körperlichen Zustandes) als aufsichtsbedürftig eingeschätzt und er einem anderen zur Erziehung, Betreuung oder Behandlung anvertraut wird (oder dieser vertraglich eine solche Aufgabe übernommen hat), so soll er nach Möglichkeit vor Schaden bewahrt werden. Es soll aber auch verhindert werden, daß andere Personen durch ihn zu Schaden kommen (§ 832 BGB). Nicht in diesen Zusammenhang gehören die behördliche Pflicht zur Aufsicht über Einrichtungen in der Kinder- und Jugendhilfe gem. §§ 45ff. SGB VIII/KJHG und der Alten- und Behindertenhilfe nach dem *Heimgesetz*.
Ein entsprechender Vertrag zur Übernahme der A. kann ausdrücklich (schriftlich oder mündlich) oder stillschweigend (»konkludent«) geschlossen worden sein. Übernimmt ein Minderjähriger die A., bedarf es der Zustimmung durch dessen gesetzlichen Vertreter. Der ursprünglich Verpflichtete kann die A. ggf. übertragen. Eine solche Übertragung ist pflichtwidrig, wenn die mit der Übernahme der A. betraute Person sichtlich überfordert würde (insb. zu beachten beim Einsatz von Praktikanten, Ehrenamtlichen, aber auch bei Mitarbeitern, die durch die aktuellen sachlichen oder personellen Rahmenbedingungen nicht in der Lage wären, der A. nachzukommen). Auch ein Träger der sozialen Arbeit kann insofern die A. verletzen und haftungspflichtig werden.
Der Aufsichtspflichtige haftet nur für den Schaden, für den die Verletzung seiner A. ursächlich war. Im Arbeitsrecht knüpft die Sanktion nicht am Schaden an, sondern an der Dienstpflichtverletzung im Hinblick auf die Pflicht zur Schadenvermeidung; Sanktionen sind hier also auch möglich, ohne daß es tatsächlich zu einem Schaden gekommen ist. Welche Handlungsanforderungen im Einzelfall zu erfüllen sind, insb. welches Maß an Sorgfalt notwendig ist, um den Vorwurf fahrlässigen Handelns und damit eine zivilrechtliche Haftung (Schadensersatz bzw. Auslöser für den Versicherungstatbestand der Haftpflicht) oder strafrechtliche Sanktion zu vermeiden, läßt sich nur allgemein umschreiben und hängt von den Umständen des Einzelfalls ab. Pädagogische und juristische Kriterien stehen dabei in einem Wechselverhältnis. Es entspricht diesem Wechselverhältnis nicht, wenn Verantwortliche sich unter Hinweis auf drohende Haftungsrisiken dem päd-

agogischen, pflegerischen o. ä. Auftrag entziehen. Mitunter ist die Diskussion über die A. weniger durch reale juristische Vorgaben geprägt als vielmehr durch Mißverständnisse und Vermutungen, die allerdings ein nicht unbedeutendes Mittel für Machtausübung und fachfremden Einfluß darstellen können.

Neben den allgemeinen Maßstäben der Hilfe bzw. pädagogischen Zielen wie Entwicklung zu Selbständigkeit und sozialem Handeln, Entfaltung individueller Fähigkeiten, Respekt vor der allgemeinen Handlungsfreiheit i.S. von Art. 2 GG sind auch detailliertere Bestimmungsfaktoren fachlichen Handelns zu bedenken wie das Alter der Aufsichtsbedürftigen, ihre körperliche und psychische Verfassung, die Gruppensituation bzw. -dynamik, örtliche und räumliche Gegebenheiten, Gefährlichkeit von Gegenständen, Aktionen, Spielarten. Bedeutsam und in der Rechtsprechung immer wieder hervorgehoben ist das Postulat, daß auf besonders belastende oder gefährliche Situationen soweit absehbar in geeigneter Weise vorbereitet werden muß (Informationen, Warnung, Ermahnung, evtl. auch Stichprobenkontrolle etc.).

Es kommt maßgeblich auf das fachliche Handlungskonzept an. Schutzmaßnahmen können z. B. – falsch und nur absichernd eingesetzt – zu Gefährdungsfaktoren werden, insb. wenn sie mit freiheitsbeschränkenden Interventionen verknüpft sind. Inzwischen stellt auch die höchstrichterliche Rechtsprechung solche Zusammenhänge heraus und verweist auf die Notwendigkeit sach- bzw. aufgabengerechter Abwägung, die selbstverständlich und notwendigerweise situativ geprägt ist. Die A. reicht nur so weit, wie die entsprechenden Handlungen machbar und zumutbar sind. Der Betreuer kann seine Augen nicht überall haben und nicht gleichzeitig an mehreren Stellen anwesend sein. A. bedeutet daher auch nicht unbedingt Anwesenheitspflicht. Es wird nur verlangt, daß der Aufsichtspflichtige den Überblick über das Geschehen hat, um ggf. schnell eingreifen zu können.

Von besonderer Bedeutung sind Vorkehrungen für einen möglichen Unglücksfall. Dazu zählen Erste-Hilfe-Fähigkeiten, Kenntnis der örtlichen Verhältnisse, ausreichende Personalstärke. Auch sind spezielle Schutzvorschriften zu beachten, die sich aus landesrechtlichen Vorgaben oder dienstlichen Anweisungen ergeben (z. B. beim Sport, insb. Schwimmen). Sehr problematisch sind mitunter dienstliche Anweisungen, wenn sie lediglich der Absicherung der anweisenden Stelle dienen, die vor Ort Aufsichtspflichtigen möglicherweise aber so einengen, daß Überforderungssyndrome auftreten können, die nach den Erkenntnissen des modernen Arbeitsschutzes ihrerseits zu Risiken führen. Es steigt u. U. auch unnötig das persönliche Haftungsrisiko derer, die die praktische Aufsicht führen (»Wir hatten Ihnen doch ausdrücklich verboten, daß ...«). Einen der bedeutendsten Risikofaktoren stellt erfahrungsgemäß die mangelhafte Absprache dar, insbesondere zu der Frage, wer wann welche Aufgabe/Verantwortung hat. Hier kann auch das sog. Organisationsverschulden eine Rolle spielen.

Das zivilrechtliche Haftungsrisiko wird dem Aufsichtspflichtigen meist durch eine gesetzliche (z. B. für Kindergarten und Schule) oder private (i. d. R. durch den Träger abzuschließende) Unfallversicherung abgenommen, wobei diese ihn allerdings bei Vorsatz und grober Fahrlässigkeit in Regreß nehmen kann. Ähnliches gilt für die Amtshaftung. Für eine Haftpflichtversicherung sollte sinnvollerweise zusätzlich gesorgt sein, um das Risiko für einen Schädigungsfall, verursacht durch einen Aufsichtsbedürftigen, zu mindern.

Th. Mörsberger

Literatur: S. Gastiger: Freiheitsrecht und Haftungsrecht in der stationären und ambulanten Altenhilfe, Freiburg 1989; G. Harms/C. Preissing: Rechtshandbuch für Erzieherinnen, Berlin [2]1992; Th. Klie: Rechtskunde, Hannover [3]1991; Th. Mörsberger: Die Angst vor der Aufsichtspflicht, TuPSozPäd 6/1980; B. Müller: Erziehung zur Selbständigkeit kontra Aufsichtspflicht?, in: np 2/88; R. Schmidt-Wenkebach: Das Haftungsrecht in der Jugendarbeit, Neuwied [2]1981.

Ausbildung/Ausbildungen

Lange Zeit galt die *Sozialarbeit/Sozialpädagogik* als ein Arbeitsfeld mit nur geringen fachlichen Anforderungen, mit einem hohen Anteil unausgebildeter oder fachfremd ausgebildeter Personen, v. a. *Frauen*, und einer geringen Zahl an qualifizierten Fachkräften. Soziale, pflegende, fürsorgliche und erziehende Tätigkeiten wurden als hausarbeitsnahe Tätigkeiten dem Erfahrungs- und Kompetenzbereich der Frauen und Mütter zugestanden (Rabe-Kleberg). »Mütterlichkeit als Beruf« wurde infolgedessen und in Anbetracht eines breiten ehrenamtlichen Engagements erst nach und nach im Zuge der Industrialisierung, Modernisierung und Professionalisierung der Gesellschaft zu einer eigenständigen und selbstverständlichen A.

Als A. wird eine formalisierte, öffentlich organisierte, befristete und zumeist staatlich reglementierte Zeit der Vermittlung und des Erwerbs von thematisch ausgewählten, arbeitsplatzspezifischen Wissensbeständen, Fertigkeiten und Fähigkeiten verstanden. In einem Ausbildungskonzept (Lehrplan, Richtlinien, Studienordnung) und einer Prüfungsordnung werden die jeweiligen Anforderungen systematisiert, wird eine vergleichbare Stoffmenge festgelegt und in ein Ausbildungscurriculum umgesetzt. Mit dem erfolgreichen Abschluß der A., der i. d. R. durch eine schriftliche und eine mündliche Prüfung (evtl. ergänzt durch eine praktische Prüfung) festgestellt wird, erhält der/die Auszubildende ein Zeugnis, das ihm/ihr entweder den Zugang zu einer begrenzten Menge von beruflichen Tätigkeiten und Arbeitsfeldern eröffnet und/oder mit dem er/sie die Berechtigung erwirbt, eine weitere A. zu beginnen.

In der *Sozialen Arbeit* lassen sich A. zunächst danach unterscheiden,

a) ob es sich um träger-, einrichtungs- bzw. arbeitsfeldinterne (Kurz-)A. handelt – oft auch als Lehrgänge, Schulungen, Kurse bezeichnet – oder um eine Qualifizierung an eigens dafür gegründeten Ausbildungsstätten, vor allem an öffentlichen *Schulen* und Hochschulen, aber auch an staatlich anerkannten Schulen und Hochschulen in privater Trägerschaft;

b) ob hier eine (tariflich) anerkannte Erstausbildung vorliegt oder eine A. i. R. der zahlreichen *Fort- und Weiterbildung*smöglichkeiten, etwa in Form einer Zusatzausbildung.

Schule, A., Unterricht und systematisierte Formen des Lernens gehören längst zum selbstverständlichen kulturellen Grundinventar moderner *Gesellschaften*. Und dies gilt zunehmend für alle Bereiche und Aufgaben des gesellschaftlichen Lebens. Vereinfacht und idealtypisch lassen sich dabei schulische, berufliche und wissenschaftliche A. unterscheiden.
Während die schulische A. vorrangig auf die Vermittlung von allgemeinen, berufs- und arbeitsplatzunspezifischen Fähigkeiten und Fertigkeiten zielt, ist eine berufliche A. sehr viel enger auf die Entwicklung und Einübung von eingrenzbaren beruflichen Fähigkeiten und Fertigkeiten ausgerichtet, mit dem Ziel, eine möglichst konkrete Berufs- und Arbeitsplatztauglichkeit zu erreichen. Die wissenschaftliche A. strebt demgegenüber weniger das Erlernen typisierbarer, routinisierter Handlungsabläufe an als vielmehr eine umfassende, handlungsentlastete Auseinandersetzung mit den komplexen Bestandteilen und Zusammenhängen, die die einzelnen Handlungsabläufe beeinflussen, um so auch selbst an der Entwicklung neuer Lösungen und Vorgehensweisen mitarbeiten zu können. Steht bei der beruflichen A. die Einübung und Beherrschung einer begrenzten Zahl von Handlungsschritten im Vordergrund, geht es bei der wissenschaftlichen A. gerade um den Erwerb eines möglichst komplexen Wissenshorizontes, der nicht allein auf die Bewältigung gegebener Handlungssituationen, sondern auf situationsübergreifende Perspektiven gerichtet ist.
In der SozPäd/SozArb gibt es – vor dem Hintergrund dieser Dreiteilung – bislang keine schulische A. i. S. einer allgemeinen, arbeitsplatzunspezifischen Vermittlung basaler sozialer Wissensbestände für alle Schüler und Schülerinnen wie etwa in Geschichte, Geographie, Sport, Chemie oder Physik (eine gewisse Ausnahme bilden hier die Fachoberschulen des Typs Sozialwesen). Obgleich wir nach wie vor davon ausgehen können, daß eine nicht unerhebliche Zahl von Menschen sich freiwillig, ehrenamtlich oder in Selbsthilfegruppen für soziale Belange engagiert (*Ehrenamtliche Helfer*, *Selbsthilfe/Selbstorganisation*) und daß »soziale Fragen« zu den Grundtatbeständen des menschlichen Lebens gehören, existiert keine dementsprechend allgemeinbildende Vermittlung derartiger Themenstellungen.
Im Unterschied dazu gibt es bereits vergleichsweise lange eine berufliche A. in SozPäd/SozArb, sei es im Bereich der Kinderpflege und *Kindergarten*arbeit, in der Jugendpflege, in der Armen- und Jugendfürsorge oder in der *Altenhilfe*. Heutzutage werden sozialpädagogische und sozialpflegerische Berufsausbildungen vor allem an Berufsfachschulen und Fachschulen angeboten, z. B. an der Fachschule für Sozialpädagogik (in Bayern: Fachakademie) die Ausbildung zur staatlich anerkannten Erzieherin, an der Berufsfachschule die Ausbildung für Kinderpflegerinnen oder Sozialassistent(inn)en.
Dagegen gibt es erst seit Anfang der 70er Jahre einschlägige wissenschaftliche A. an FHS und Universitäten in Form von Diplomstudiengängen, an den FHS (bzw. Gesamthochschulen mit Fachhochschulstudiengängen) in SozPäd und/oder SozArb mit staatlicher Anerkennung, an den Wissenschaftlichen Hochschulen, i. d. R. Universitäten, zumeist in Form von erziehungswissenschaftlichen Diplomstudiengängen mit der Studienrichtung SozPäd (allerdings bieten einige Universitäten auch grundständige Diplomsozialpädagogik-Studiengänge an).
Insgesamt stellt die Ausbildungslandschaft in SozPäd/SozArb ein zerklüftetes und unübersichtliches Bild dar, für das die Trägervielfalt und die föderalistische Zuständigkeit der einzelnen Bundesländer ebenso kennzeichnend ist wie die Eigengesetzlichkeiten der einzelnen Arbeitsfelder.
Die Wurzeln der heutigen A. im Feld der SozArb reichen bis in die erste Hälfte des letzten Jh. zurück. Als Vorläufer der heutigen Erzieherinnenausbildung wurden im Zuge der Industrialisierung Kinderbewahranstalten, Kleinkindschulen und schließlich Kindergärten eingerichtet. Mit diesen ersten privaten, zumeist christlich orientierten Aktivitäten lassen sich vor allem Namen wie J. Fölsing, T. Fliedner und F. Fröbel in Verbindung bringen.
Nahezu zeitgleich hat J.H. Wichern in Hamburg das »Rauhe Haus« gegründet, in dem er männliche Erzieher (Diakone) für die Arbeit mit schwierigen Jugendlichen qualifizierte. In dieser Tradition der konfessionellen Aktivitäten im Rahmen der Anstaltsarbeit kann der Beginn der Heimerzieherausbildung und des Engagements der freien Träger für die A. des Sozialwesens gesehen werden.
Erst gegen Ende des letzten Jh., in Anlehnung an die Weiterentwicklung der Kindergartenausbildung im Rahmen des Pestalozzi-Fröbel-Hauses und aus der Kritik an dem »gefährlichen Dilettantismus« in der Armenfürsorge und der freitätigen Hilfe für andere Menschen entstanden ab 1899 einjährige Kurse, in denen Mädchen und junge Frauen für soziale Aufgaben qualifiziert werden sollten (vgl. auch Sachße). Aus den Erfahrungen mit diesen Kursen entwickelten sich dann in den Anfängen dieses Jh. eigenständige A. an sozialen Frauenschulen, den Vorläufern der heutigen A. in Sozialarbeit. So gründete schließlich im Jahre 1908 Alice Salomon die erste soziale Frauenschule in Berlin, in der junge Frauen in einer 2jährigen A. für den Bereich Fürsorge und Wohlfahrtspflege qualifiziert wurden.
A. Salomon selbst beschreibt diese Gründungschronologie sozialer Ausbildungsstätten so, daß »zuerst innerhalb der Mädchen- und Frauengruppen für soziale Hilfsarbeit in Berlin aus den Unterweisungskursen für

ehrenamtliche Arbeitskräfte im Jahre 1899 ein Jahreskursus zur Ausbildung von Berufsarbeiterinnen für die Wohlfahrtspflege herauswuchs, der 1908 mit der Unterstützung des Pestalozzi-Fröbelhauses zu einer zweiklassigen sozialen Frauenschule umgestaltet wurde. Es folgt die Gründung von drei ähnlichen Anstalten auf konfessioneller Grundlage: der christlich-sozialen Frauenschule (später Seminar genannt) des Deutsch-Evangelischen Frauenbundes in Hannover (1905), der Frauenschule der Inneren Mission in Berlin (1909), des Evangelisch-sozialen Frauenseminars in Elberfeld (1910). Später entstanden weitere interkonfessionelle Anstalten: das Frauenseminar für soziale Berufsarbeit in Frankfurt a.M. (1913), die Wohlfahrtsschule der Stadt Köln (1915)« (Salomon 1917, 58).

Einen gewissen Abschluß findet diese erste Phase der Qualifizierung von Personen, v.a. Frauen, im Bereich der SozArb aus der Sicht der A. in dem erstmals 1911 in einem Preußischen Ministerialerlaß enthaltenen Recht einer staatlichen Abschlußprüfung für Kindergärtnerinnen und für Jugendleiterinnen (der Vorläuferausbildung im Bereich Sozialpädagogik), in der staatlichen Anerkennung der Prüfungsordnung für Hortnerinnen in Preußen 1915, in der Gründung der »Konferenz Sozialer Frauenschulen Deutschlands« im Jahre 1917 sowie in den 1918 bzw. 1920 nochmals neu geregelten Bestimmungen über die staatliche Prüfung von »Fürsorgerinnen« oder, wie sie dann ab 1920 hießen, »Wohlfahrtspflegerinnen« (vgl. Mayer-Kulenkampff).

Durch die Prüfungsordnung von 1920 wurden die Ausbildungsaktivitäten im Bereich der Fürsorge und der SozArb entscheidend stabilisiert: Nach 2jähriger A. und bestandener Prüfung an der Wohlfahrtsschule sowie nach Bewährung in einem anschließenden Berufsjahr wurde die staatliche Anerkennung als Wohlfahrtspflegerin im Falle der Vollendung des 24. Lebensjahres ausgesprochen (vgl. Salomon 1927). Das damit implantierte Ausbildungsmuster für SozArb sollte die spätere Entwicklung dauerhaft prägen: eine A. außerhalb der Universitäten, zunächst nur – und bis heute überwiegend – für Frauen sowie mit einem formalisierten Berufsübergang – das heutige Berufsanerkennungsjahr –, an dessen Ende die »staatliche Anerkennung« steht. Ab 1931 wurde dieses Muster einer 2jährigen A. mit einem sich daran anschließenden berufspraktischen Jahr zur reichseinheitlichen Ausbildungsform.

Nach dieser Phase des Aufbaus und einer ersten Konsolidierung der Wohlfahrtsschulen in den ersten 25 Jahren ihrer Existenz, die noch zusätzlich unterstützt wurde durch das Inkrafttreten des RJWG und die damit einhergehende Einrichtung von kommunalen *Jugendämtern* ab Mitte der 20er Jahre, erlitt das Ausbildungswesen für *soziale Berufe* ab 1933 einen Rückschlag und wurde dadurch in seiner Entwicklung nicht unwesentlich zurückgeworfen. Durch die Auflösung einzelner Wohlfahrtsschulen, die Umbenennung in »Nationalsozialistische Frauenschulen zur Volkspflege« und die Entlassung von Teilen des Lehrkörpers wurde vor allem die gewachsene Identität der Frauenschulen zerstört und durch eine »nationalsozialistische Geisteserhaltung« ersetzt (*soziale Arbeit im Nationalsozialismus*).

Sozialpolitik, *Soziologie* und *Psychologie* verschwanden ebenso aus den Lehrplänen wie allgemeinbildende, theoretische und historische Anteile. Pflegende Tätigkeiten und eine ideologisierte *Familien*orientierung wurden zu neuen Maßstäben einer nationalsozialistischen Volkspflege, die Anbindung der JÄ an die *Gesundheitsämter* und die Unterordnung der »Volkspfleger« unter ärztliche Regie verstärkten den Prozeß einer sozialpädagogischen Entfachlichung und einer größeren Distanz zu den theoretisch-wissenschaftlichen Ausbildungsanteilen der ehemaligen Wohlfahrtsschulen. Dieser Wandel sollte Auswirkungen bis in die 50er Jahre haben.

Mit dem Zusammenbruch der nationalsozialistischen Diktatur kam es im Bereich der SozArb zu einer Reorganisation der A., wobei auch Einflüsse der amerikanischen SozArb zum Tragen kamen. Nach einer anhaltenden Diskussion um die Aufwertung der bundesdeutschen SozArb im Horizont der internationalen Entwicklungen wurde dementsprechend 1958 eine Weiterentwicklung und Vereinheitlichung der A. beschlossen und zwischen 1959 und 1964 – mit Auftakt in NRW – in allen Bundesländern außer B-W eingeführt. Das modifizierte Konzept sah nunmehr eine 3jährige A. an den neu eingeführten »Höheren Fachschulen« sowie ein viertes berufspraktisches Jahr, ebenfalls in Regie der Ausbildungsstätten, vor. Aus den ehemaligen Wohlfahrtsschulen wurden Höhere Fachschulen für Sozialarbeit, aus den Wohlfahrtspflegern und -pflegerinnen der Nachkriegsjahre wurden »graduierte SozialarbeiterInnen«.

Mit dieser modernisierten Grundstruktur waren die Weichen für ein verbessertes Image der A. für SozArb bereits gestellt. Und dennoch wurde mit der Errichtung von Fachhochschulen und dem damit verbundenen Aufstieg der SozArb in den Hochschulbereich zu Beginn der 70er Jahre nochmals eine deutliche Attraktivitätssteigerung erreicht. In diesem Kontext kam es zu einem starken institutionellen Ausbau und zu Neugründungen sowie zu einer verstärkten Annäherung von SozPäd und SozArb, etwa in gemeinsamen Fachbereichen oder in eigenständigen, vor allem konfessionellen FHS für Sozialwesen.

Einen nicht unähnlichen Verlauf hat die Entwicklung von der Jugendleiterinnenausbildung zur Sozialpädagoginnenausbildung genommen. Lange Zeit handelte es sich bei der ab 1911 staatlich geregelten Jugendleiterinnenausbildung um einen einjährigen Weiterbildungskursus für examinierte Kindergärtnerinnen im Anschluß an eine mindestens 1-, ab 1929 2jährige Berufstätigkeit. Ziel war die Befähigung, einen Kindergarten, einen Hort, ein Kinderheim o.ä. zu leiten. Ende der 40er Jahre wurde die Ausbildung auf 1,5 Jahre und Mitte der 50er Jahre dann auf 2 Jahre verlängert. In dieser Phase wurden auch die Weichen gestellt für eine grundsätzliche Neukonzipierung der Ausbildung – jenseits einer reinen Zusatzqualifikation für Kindergärtnerinnen im Anschluß an ihre A. und Berufstätigkeit.

Diplomstudiengänge in Erziehungswissenschaft mit der Studienrichtung Sozialpädagogik an Wissenschaftlichen Hochschulen und in Sozialpädagogik/Sozialarbeit an Fachhochschulen nach Bundesländern (Stand: 01.04.1995)

Bundesland	Universitätsstudiengänge (n = 34)		Fachhochschulstudiengänge (n = 64)	
Baden-Württemberg	PH Freiburg (a), U Tübingen	2	FH Esslingen, FH Freiburg (e), FH Freiburg (k), FH Mannheim, FH Ravensburg, FH Reutlingen (e)	6
Bayern	U-GHS Bamberg, Kath. U-GHS Eichstätt, U BW München	3	GHS Bamberg, FH Coburg, GHS Eichstätt (k), FH Landshut, FH München, FH München (k; Standorte München u. Benediktbeuren), FH Nürnberg, FH Nürnberg (e), FH Regensburg, FH Würzburg	10
Berlin	FU Berlin, TU Berlin	2	FH Berlin (k), FH Berlin (e), FH Berlin	3
Brandenburg	–.–	–.–	FH Lausitz (Cottbus), FH Potsdam, FH Brandenburg	3
Bremen	U Bremen (a)	1	FH Bremen	1
Hamburg	U Hamburg	1	FH Hamburg, FH Hamburg (e)	2
Hessen	U Frankfurt, U Marburg, U-GHS Kassel	3	FH Darmstadt, FH Darmstadt (e), FH Frankfurt, FH Fulda, GHS Kassel, FH Wiesbaden	6
Mecklenburg-Vorpommern	U Rostock	1	FH Neubrandenburg	1
Niedersachsen	TU Braunschweig, U Hildesheim, U Lüneburg, U Oldenburg, U Osnabrück (Standort Vechta)	5	FH Braunschweig, FH Ostfriesland (Emden), FH Hannover (e), FH Hildesheim, FH Lüneburg, FH Norddeutschland (k; Standorte Osnabrück u. Vechta)	6
Nordrhein-Westfalen	U Bielefeld, U Dortmund, U Duisburg, U-GHS Essen, U-GHS Siegen, U Köln, U Münster, U Wuppertal	8	FH Bielefeld, FH Bochum (e), FH Dortmund, FH Düsseldorf, FH Düsseldorf (e), GHS Essen, FH Hagen, FH Köln, FH Mönchengladbach, FH Münster, FH Nordrhein-Westfalen (k; Standorte Aachen, Köln, Münster, Paderborn), GHS Siegen	12
Rheinland-Pfalz	U Mainz, U Koblenz-Landau (Abt. Koblenz), U Trier	3	FH Koblenz, FH Ludwigshafen (e), FH Mainz (k)	3
Saarland	–.–	–.–	FH Saarbrücken (k)	1
Sachsen	TU Chemnitz (a), TU Dresden	2	FH Dresden (e), FH Zittau/Görlitz, FH Mittweida, FH Leipzig	4
Sachsen-Anhalt	U Halle	1	FH Magdeburg, FH Merseburg, FH Stendal (in Planung)	3
Schleswig-Holstein	U Kiel	1	FH Kiel	1
Thüringen	PH/Uni Erfurt	1	FH Erfurt, FH Jena	2

U = Universität, PH = Pädagogische Hochschule, GHS = Gesamthochschule, TU = Technische Universität, U BW = Universität der Bundeswähr
(k) = katholischer Träger, (e) = evangelischer Träger
(a) = nur als Aufbaustudium

In einer Verknüpfung mit der damals noch getrennten und nicht staatlich geregelten Heimerzieherausbildung, die seit Wichern eine mehr oder weniger innerkirchliche Entwicklung hinter sich hatte, wurde ab Mitte der 60er Jahre in einzelnen Bundesländern nach und nach die Jugendleiterinnenausbildung zu einer 4jährigen Ausbildung (3 Jahre Schule plus 1jährigem Berufsanerkennungsjahr) an den – wie sie nunmehr analog zur Sozialarbeiterausbildung hießen – Höheren Fachschulen für Sozialpädagogik mit dem Abschluß »Sozialpädagoge (grad.)« aufgewertet. Mit der Überführung der Höheren Fachschulen in FHS bzw. deren Neugründung ab dem Jahre 1971 erreichte auch die Neuordnung dieser A. ihren vorläufigen Abschluß und ihre organisatorische Annäherung an die A. von SozialarbeiterInnen. Erst zu diesem Zeitpunkt kam dann – nach einer langen Vorgeschichte (vgl. Gängler) – eine sozpäd A. an Universitäten hinzu. Im Rahmen des neu eingeführten

Diplomstudiengangs *Erziehungswissenschaft* wurde ab Anfang der 70er Jahre eine eigene Studienrichtung Sozialpädagogik angeboten, die das Arbeitsfeld und Aufgabengebiet der SozArb auf universitärer Ebene abdekken sollte (vgl. Rauschenbach 1993b).
Heute stellt sich die Ausbildungslandschaft in der SozPäd/SozArb so dar, daß auf den unterschiedlichen Ebenen des *Bildungs*systems, der Berufsfachschule, der Fachschule, der Fachhochschule und der Universität einschlägige Ausbildungen angeboten werden.
Hierbei werden an rund 350 Fachschulen für Sozialpädagogik – davon über 40% in privater Trägerschaft – jährlich schätzungsweise etwa 12000 bis 15000 ErzieherInnen ausgebildet, die damit zur zahlenmäßig größten Gruppe an ausgebildeten Fachkräften in der SozArb geworden sind. ErzieherInnen werden an den Fachschulen für Sozialpädagogik in einer 2jährigen schulischen Phase und einem sich daran anschließenden berufspraktischen Anerkennungsjahr ausgebildet, zu dem allerdings – sofern keine einschlägige Berufsausbildung vorliegt – noch ein 1jähriges Vorpraktikum als Ausbildungsvoraussetzung vor Schulbeginn hinzukommt (in Bayern dauert dieses zwei Jahre). Daraus folgt, daß die gesamte Ausbildungsdauer vier Jahre dauert (in Bayern sogar fünf Jahre), auch wenn es sich hierbei weder um ein Studium noch um eine Hochschulausbildung handelt. Insgesamt wurden seit Anfang der 70er Jahre allein im früheren Bundesgebiet ca. 250000 ErzieherInnen ausgebildet.
Die A. zur Erzieherin soll die Auszubildenden befähigen, in verschiedenen sozialpädagogischen Bereichen selbständig tätig zu sein. Dennoch zeigt sich immer deutlicher, daß faktisch rund 9 von 10 berufstägigen ErzieherInnen im Elementarbereich (*Tageseinrichtungen für Kinder*) oder in der *Heimerziehung* beschäftigt sind.
Daneben werden in Ost und West an rund 250 Berufsfachschulen in überwiegend öffentlichen Schulen Kinderpflegerinnen ausgebildet, wobei aber bis heute umstritten ist, inwieweit deren A. – ebenso wie die der Sozialassistent(inn)en – unter fachlichen Gesichtspunkten als qualifiziert betrachtet werden kann.
An insgesamt über 60 FHS (Übersicht S. 81), davon 13 neu gegründete in den nBl, schließen jährlich etwa 6000 bis 7000 DiplomsozialarbeiterInnen bzw. DiplomsozialpädagogInnen erfolgreich ihr 6- bis 7semestriges Studium ab, zu dem entweder noch ein Berufsanerkennungsjahr oder zwei integrierte halbjährige *Praktika* hinzukommen (zwei- oder einphasige Ausbildung).
Auf universitärer Ebene wurden in den 80er Jahren jährlich ungefähr zwischen 800 und 1200 SozialpädagogInnen an inzwischen 34 Ausbildungsstätten – davon 5 in den nBl – diplomiert (Übersicht 1). Im Diplomstudiengang Erziehungswissenschaft, der zusammen an weit über 50 Hochschulstandorten angeboten wird, werden in der Studienrichtung Sozialpädagogik in einer Regelstudienzeit von 8 bis 9 Semestern (zuzüglich Prüfung und evtl. Praktika) Diplom-PädagogInnen ausgebildet.
Zu Beginn der 90er Jahre hat sich das Spektrum der A. in SozPäd und SozArb und ihre Lage verändert. Weit über 25000 Neuausgebildete in den A. für SozArb drängen jedes Jahr auf den Arbeitsmarkt und verändern langfristig die Akzeptanz und die Bedeutung dieser Ausbildungsberufe, die nach wie vor zu den wichtigsten Qualifizierungsmöglichkeiten für junge Frauen gehören. Deshalb ist es um so problematischer, wenn im Spiegel knapper öffentlicher Kassen durch die Absenkung der Personalstandards in der SozArb, durch die Einführung neuer Kurz- und Einfachausbildungen zur Gewinnung billiger Arbeitskräfte für den wachsenden Bereich der Kindertageseinrichtungen und der Altenhilfe sowie durch die großzügige Absicherung erwerbstätiger Personen ohne angemessene Ausbildung in den nBl die Bedeutung und die Qualität dieser A. in und für die SozArb wieder zur Disposition gestellt wird (vgl. Rauschenbach 1993a; Galuske/Rauschenbach).
Vermutlich gibt es keine A., die den »Praktikern« zufolge die Auszubildenden praxisnah genug ausbildet, aber auch keine A., die die »Ausbilder« von ihren Ansprüchen her zufriedenstellen könnte. Und dennoch wird es auch in Zukunft für die SozArb keine Alternative zu schulisch-eigenständigen Formen der A. geben. Gleichwohl wird noch genauer zu prüfen sein,

- inwieweit die vorhandenen Formen und Niveaus der A. im Nebeneinander von Fachschule, FHS und Universität nicht enger verzahnt und aufeinander abgestimmt werden müssen,
- inwieweit der Unterbau der nichtselbständigen Ausbildungsberufe vereinheitlicht und transparenter gemacht werden muß,
- inwieweit die A. durch Doppelfunktionen der Ausbilder in A. und Praxis besser auf das spätere Arbeitsfeld abgestimmt werden können,
- inwieweit mit einer guten Fachkraftausbildung ein dezidiert innovatives Konzept verbunden wird,
- inwieweit Erstausbildung, angewandte *Forschung* sowie Fort- und Weiterbildung institutionell besser aufeinander abgestimmt werden müssen.

Die A. in der SozArb haben in diesem Jh. den langen Weg eines mühsamen Aufstiegs, einer internen Ausdifferenzierung und einer qualitativen Reform hinter sich gebracht. Diese Reform- und Innovationsfähigkeit auch in Zukunft unter Beweis zu stellen wird die Aufgabe der nächsten Jahre sein. *Th. Rauschenbach*

Literatur: K. Arnold/B. Hoppe (Konzept und Bearbeitung): Curriculumentwicklung und Professionalisierung: Altenpflege, Altenhilfe, Altenarbeit, hrsg. vom DV, Frankfurt/M. 1994; BAG der Diplom-Pädagogen (Hrsg.): Die Ausbildungssituation im Diplomstudiengang Erziehungswissenschaft, Essen 1988; M. Galuske/Th. Rauschenbach: Jugendhilfe Ost. Entwicklung, aktuelle Lage und Zukunft eines Arbeitsfeldes, Weinheim/München 1994; H. Gängler: Akademisierung auf Raten? Zur Entwicklung wissenschaftlicher Ausbildung zwischen Erziehungswissenschaft und Sozialpädagogik, in: H.-H. Krüger/Th. Rauschenbach (Hrsg.): Erziehungswissenschaft. Die Disziplin am Beginn einer neuen Epoche, Weinheim/München 1994, 229–252; L. Mayer-Kulenkampff: Ausbildungsstätten für weibliche soziale Berufe, in: H. Nohl/L. Pallat (Hrsg.): Handbuch der Pädagogik, Bd. IV, Langensalza 1928, 282–293; U. Rabe-Kleberg: Verantwortlichkeit und Macht. Ein Beitrag zum Verhältnis von Geschlecht und Beruf angesichts der Krise traditioneller Frauenberufe, Bielefeld 1993; Th. Rauschenbach: Jugendhilfe als Arbeitsmarkt. Fachschul-, Fachhochschul- und UniversitätsabsolventInnen in sozialen Berufen, in: Sachverständigenkommission Achter Jugendbericht (Hrsg.): Jugendhilfe – Historischer Rückblick und neuere Entwicklungen. Materialien zum Achten Jugendbericht, Bd. 1, Weinheim/München 1990, 225–297 (a); Th. Rauschenbach: Zur Ausbildungssituation für soziale Berufe in der Bundesrepublik, in: NDV 9/1990, 270–274 (b); Th. Rauschenbach: Sind nur Lehrer Pädagogen? Disziplinäre Selbstvergewisserungen im Horizont des Wandels von Sozial- und Erziehungsberufen, in: Zeitschrift für Pädagogik 3/1992, 385–417; Th. Rauschenbach: Sind die sozialen Berufe auf dem Weg zur Deprofessionalisierung? KJHG, Tarife und neue Bedarfslagen im Spiegel sozialpädagogischer Fachlichkeit, in: NDV 3/1993, 99–106 (a); Th. Rauschenbach: Diplom-PädagogInnen. Bilanz einer 20jährigen Akademisierungsgeschichte, in: Der pädagogische Blick, 1/1993, 5–18 (b); Th. Rauschenbach: Der Sozialpädagoge, in: D. Lenzen (Hrsg.): Erziehungswissenschaft. Ein Grundkurs, Reinbek 1994, 253–281; Ch. Sachße: Mütterlichkeit als Beruf, Frankfurt/M. 1986; A. Salomon: Soziale Frauenbildung und soziale Berufsarbeit, Leipzig/Berlin 1917; A. Salomon: Die Ausbildung zum sozialen Beruf, Berlin 1927.

Ausbildungsförderung

Die berufliche Qualifikation der Arbeitskraft unterliegt zunehmender Vergesellschaftung, begleitet von wachsendem Unvermögen der Individuen, sie privat zu finanzieren (z. B. durch Hilfe der Familie, Einkommen oder Vermögen/*Unterhaltsrecht*).

Im rechtlichen Bereich entsprechen dieser Entwicklung ein Wegfall der Zahlungspflicht von »Lehrgeld«, »Schulgeld« oder »Hörgeld« und der Übergang zu Rechtsansprüchen auf »Ausbildungsvergütung« nach §§ 10, 18 BBiG und nach Tarifvertrag, nach »A.« gem. BAföG oder »Berufsausbildungsbeihilfen« und »Unterhaltsgeld« nach §§ 10, 40a, 44 AFG (*Arbeitsförderungsgesetz*). Daneben fördert der Staat berufliche Qualifikation vor allem durch das Bundesversorgungs-, Soldaten- und *Bundessozialhilfegesetz*. Weiterhin subventioniert der Staat private Einrichtungen der »Begabtenförderungswerke«: Cusanuswerk – Bischöfliche Studienförderung –, Evangelisches Studentenwerk Villigst; Friedrich-Ebert-Stiftung (SPD-nah); Dietrich-Naumann-Stiftung (FDP-nah); Hans-Böckler-Stiftung (DGB, vormals Stiftung Mitbestimmung); Konrad-Adenauer-Stiftung (CDU-nah); Studienstiftung des Deutschen Volkes.

Die Rechtsvorschriften zur Förderung von Ausbildung i. w. S. sind nicht in einem einheitlichen Gesetz zusammengefaßt, sondern über eine Vielzahl von Gesetzen verstreut. Das *Sozialgesetzbuch* soll künftig jedoch die wichtigsten Leistungsvorschriften integrieren: im zweiten Buch des SGB (SGB II) die Ausbildungsförderung, im SGB III die Arbeitsförderung, im SGB IX die *Sozialhilfe*.

A. i. e. S. wird nach dem BAföG vom 26. 8. 1971 (BGBl. I S. 1409) geleistet. Dadurch ist die Förderung im Sekundar- und Tertiärbereich des Bildungswesens vereinheitlicht und im Hochschulbereich das »Honnefer Modell« von 1955 abgelöst worden.

A. wird für den Besuch von Schulen, Hochschulen und Fernunterricht im In- und Ausland und ab 1995 auch für die Ausbildung von Fachkräften zu Meistern geleistet. Neben Erstausbildung bis zu deren berufsqualifizierendem Abschluß wird für eine einzige weitere Ausbildung A. in fünf genau definierten Fällen gewährt. A. beginnt mit dem Besuch ab Klasse 10 einer allgemeinbildenden oder berufsbildenden *Schule*. Der Auszubildende darf grundsätzlich das 30. Lebensjahr nicht vollendet haben. Schüler-BAföG wird nur noch geleistet, wenn von der Wohnung der Eltern aus eine entsprechende zumutbare Bildungsstätte nicht erreichbar ist.

Anspruch auf Förderung besteht »für eine der Neigung, Eignung und Leistung entsprechende Ausbildung, wenn dem Auszubildenden die für seinen Lebensunterhalt und seine Ausbildung erforderlichen Mittel anderweitig nicht zur Verfügung stehen« (§ 1 BAföG).

Die Förderung wird nach Bedarfssätzen und, außer beim Meister-BAFöG, abhängig vom Einkommen und Vermögen der Eltern, des Ehegatten und des Auszubildenden unter Berücksichtigung von Freibeträgen derzeit zur Hälfte als unverzinsliches Darlehen und zur Hälfte als Zuschuß gewährt. Das Darlehen ist nach Freijahren in Raten rückzahlbar, wenn das Einkommen der Berechtigten eine bestimmte monatliche Höhe übersteigt. Gute und frühzeitige Examen sowie Kindererziehung mindern die Darlehenssumme.

Die Bedarfssätze und Freibeträge sind alle zwei Jahre vom Gesetzgeber zu überprüfen und der Entwicklung der Einkommensverhältnisse, der Vermögensbildung und der Veränderung der Lebenshaltungskosten anzupassen. Diese klare Zielsetzung ist nicht eingehalten worden, wie die statistischen Angaben weiter unten belegen.

Die zunächst unterschiedlichen Bedarfssätze in den alten und den neuen Bundesländern sind ab 1993 weitgehend angeglichen worden; die Freibeträge vom Einkommen und Vermögen galten in Ost und West stets in gleicher Höhe.

Außer Deutschen haben heimatlose *Ausländer*, Asylberechtigte, ausländische Auszubildende, Gastarbeiter nach 5jähriger inländischer Erwerbstätigkeit, deren Kinder nach 3jähriger inländischer Erwerbstätigkeit der Eltern sowie weitere Ausländergruppen Anspruch auf A. Auslandsstudium der Berechtigten wird eigens gefördert.

Zentrale Forderungen der Auszubildenden sind durch das BAföG nicht voll erfüllt worden: Weder ist die A. kostendeckend (vgl. dazu die regelmäßige »Sozialerhebung des Deutschen Studentenwerkes«), noch erfolgt die A. familienunabhängig, d. h. unabhängig vom Einkommen und Vermögen der Eltern und des Ehegatten.

Restriktiv wirken sich kurz bemessene Förderungshöchstdauern für die einzelnen Studiengänge aus (vgl. Förderungshöchstdauer-Verordnung). Eine indirekte A. hat das BVerfG eröffnet, indem es den gesetzlichen Ausschluß arbeitsloser Studierenden von Arbeitslosengeld und -hilfe für verfassungswidrig erklärte.
Statistische Angaben: Für BAföG ist der finanzielle Aufwand seit 1972 von 1,59 Mia. DM auf 3,92 Mia. DM in 1991 gestiegen. Die Zahl der Geförderten erreichte 1991 insgesamt 0,885 Mio.
Seit Beginn der A. 1971 bis 1991 ist die Einkommensentwicklung der Arbeitnehmer von Index 100 auf Index 289 gestiegen, die Bedarfsätze der Studierenden entwickelten sich in derselben Zeit von 100 auf 179; der Lebenshaltungsindex stieg in der Vergleichszeit von 100 auf 206,6. *R. Kühnel*

Literatur: E.-A. Blanke: Ausbildungsförderungsrecht, Köln[23] 1994; G. Stephani: Das Honnefer Modell, Berlin 1968; Der Bundesminister für Bildung und Wissenschaft (Hrsg.): Das soziale Bild der Studentenschsaft in der Bundesrepublik Deutschland, 13. Sozialerhebung des Deutschen Studentenwerks, Bonn 1992; ders.: Grund- und Strukturdaten, Bonn, Ausgabe 1993/94; F. Rothe/E.-A. Blanke: Bundesausbildungsförderungsgesetz, Stuttgart, 2 Bde. Loseblatt Stand 1995.

AusländerInnen

Die BRD ist zwar nicht rechtlich, aber faktisch ein Einwanderungsland. Es hat sich eine multikulturelle und ethnische *Gesellschaft* mit einer zunehmenden kulturellen Pluralisierung herausgebildet. Zu dem Zusammenleben von Menschen unterschiedlicher ethnischer Herkunft gibt es auch in Zukunft keine Alternative.
In der BRD lebten Ende 1992 rund 6,5 Mio. A. Dies entspricht einem Anteil an der Gesamtbevölkerung von 8%. In den alten Bundesländern lag die Ausländerquote bei 9,8, in den neuen Bundesländern unter 1%. 61% der A. lebten 1990 bereits über 10 Jahre in der BRD, 24% sogar mehr als 20 Jahre. Von den in Deutschland 1991 lebend geborenen Kindern besitzen bereits 11% (ca. 90000) eine ausländische Staatsangehörigkeit. Von allen A. die 1990 in den alten Bundesländern wohnten, waren 21% in Deutschland geboren. Jede zehnte Ehe ist binational. Knapp 5% der Kinder stammen aus einer deutsch-ausländischen Ehe.
Die nichtdeutsche Bevölkerung ist zunehmend inhomogener geworden im Hinblick auf Nationalität, Wandermotive, Aufenthaltserwartung, Aufenthaltsstatus und tatsächliche Verweildauer. Wichtige Zuwanderergruppen sind heute: Arbeitskräfte und ihre Familien, Saisonarbeitskräfte, Werkvertragsbeschäftigte, ausländische Studierende und ausländische Selbständige, Flüchtlinge aus Krisenregionen, Asylsuchende, anerkannte politische Flüchtlinge, De-facto-Flüchtlinge, die aus humanitären Gründen nicht ausgewiesen werden dürfen, und *Aussiedler*. Diese zunehmende Heterogenität stellt große Anforderungen an die *soziale Arbeit*.

Ausländerbeschäftigung heute: Ausländische Erwerbstätige sind nach wie vor auf dem Arbeitsmarkt benachteiligt.
Die Ausländerbeschäftigung konzentriert sich einseitig auf nur vier Wirtschaftsabteilungen: verarbeitendes Gewerbe (51,2%), Dienstleistungsbereich (20,9%) und jeweils 8% im Bereich Handel und Baugewerbe.
A. sind vor allem in Branchen beschäftigt, die besonders von Strukturwandel und Arbeitsplatzabbau betroffen sind. In einigen Branchen ist ihr Anteil an der Gesamtzahl der Beschäftigten (1991) überproportional: Gießerei 24,1%; Hotel- und Gaststättengewerbe 21,2%; Textilverarbeitung 17,3%; Reinigung und Körperpflege 16,9%; Kunststoffverarbeitung 15,7%; Fischerei und Fischverarbeitung 15,4%; Bergbau 14,5%; Straßenfahrzeugbau 12,7%. Die deutsche Wirtschaft kommt ohne ausländische Beschäftigte nicht mehr aus.
Deutliche Unterschiede zwischen deutschen und ausländischen Erwerbstätigen zeigen sich auch bei der Stellung im Beruf. A. sind zu 72% (Deutsche: 35,5%) als ArbeiterInnen und als Un- und Angelernte beschäftigt. Von den ArbeiterInnen hatten 1991 24% einen Facharbeiterabschluß (bei den Deutschen 45%).
A. sind konzentriert vorwiegend in Bereichen mit besonders nachteiligen Arbeitsbedingungen beschäftigt: ungünstige Arbeitszeiten (Schicht- und Nachtarbeit, geteilte Arbeitszeiten, Akkordarbeit), gesundheitsschädigende Tätigkeiten, geringere Verdienstmöglichkeiten.
A. befinden sich an der untersten Stufe der Beschäftigungspyramide. Aufstiegsmöglichkeiten sind kaum gegeben, der Ausländeranteil an Fortbildung und Umschulung hat sich in den letzten 15 Jahren kaum erhöht und entspricht nicht ihrem Anteil an der Beschäftigungszahl. Fazit: In den Betrieben findet eine ethnische Unterschichtung statt, aus der sich nur ein kleiner Teil durch Aufstieg befreien kann.
A. sind nach wie vor überproportional von *Arbeitslosigkeit* betroffen: Januar 1994 lag die allgemeine Arbeitslosenquote bei 9,9%, die Arbeitslosenquote der ausländischen Beschäftigten bei 18,8%. Die überdurchschnittlich steigende Arbeitslosigkeit betrifft insbesondere A. (vor allem Türkinnen und Portugiesinnen). Die Funktion der Ausländerbeschäftigung heute ist widersprüchlich: Einerseits ist sie für die deutsche Wirtschaft notwendig, andererseits hat sie immer noch eine konjunkturelle Pufferfunktion. A. werden vom Personalmanagement als ein betrieblich besonders flexibles Arbeitskräftepotential genutzt.
Gesellschaftliche und soziale Situation: Die gesellschaftliche und soziale Situation der Zugewanderten ist nach wie vor durch Ausgrenzung und mangelnde gesellschaftliche Teilhabe gekennzeichnet. Der Anpassungs- und Assimilationsdruck ist sehr groß und geschieht vor dem Hintergrund eines Eingliederungsverständnisses, das die Aufgabe der Migrantenidentität und eine einseitige Anpassung verlangt.
Der größte Teil der Ausländerfamilien lebt nach wie vor in zu kleinen, schlecht ausgestatteten und zu teueren

Wohnungen (*Wohnen*). Das Wohnumfeld zeichnet sich durch eine unzureichende Infrastruktur aus. Die eher zugenommene Ausländerkonzentration in bestimmten Stadtteilen ist die Folge der Alternativlosigkeit auf dem Wohnungsmarkt, nicht das Produkt ethnischer Bedürfnisse.

Die interethnische Beziehung ist v.a. durch ein Nebeneinanderherleben gekennzeichnet. Sekundäre Kontakte im Arbeits- oder Schulbereich ziehen kaum dauerhafte soziale Beziehungen nach sich.

Im Verlauf der Migration haben sich ethnische Kolonien gebildet, die eine positive Funktion im Hinblick auf die Handlungsfähigkeit und die Auseinandersetzung mit der Aufnahmegesellschaft haben können. Eine negative Funktion hat eine solche ethnische Gemeinde nur dann, wenn sie lernunfähig wird und traditionalistisch erstarrt.

Ursachen für Konflikte zwischen Einheimischen und Zugewanderten sind vor allem die ungelösten Spannungen der Aufnahmegesellschaft selbst (soziale Krisen, Ungleichheit usw.). In Krisenzeiten werden A. unter Berufung auf ihre »abweichende« ethnische Herkunft als nichtdazugehörig etikettiert und diskriminiert.

Die Versagung von gesellschaftlichen Zugangschancen (Unterschichtung im Beruf, Bildungsbenachteiligung, ausländerrechtliche Sonderbehandlung, Vorenthaltung des Wahlrechts) führt zu einer ethnischen Marginalisierung.

Die Familie: Die Familiensituation wird durch die Erfahrungen im Heimatland und durch die o.g. Bedingungen im Aufnahmeland geprägt. Da die Bedingungsfaktoren im Heimatland, die soziokulturellen, familiären und individuellen Bedingungen im Aufnahmeland und die subjektiven Verarbeitungsformen unterschiedlich sind, haben sich verschiedene Typen von Migrantenfamilien mit unterschiedlichen Lebensformen herausgebildet. Es gilt also, eine dichotomische und polarisierende Gegenüberstellung von ausländischen und deutschen Familien oder eine pauschalisierende Herangehensweise zu vermeiden: Die ausländische Familie ist keine homogene Gruppe.

Folgende Entwicklungsprozesse scheinen für einen erheblichen Teil der Migrantenfamilien zuzutreffen:

Durch die Migration verliert die *Familie* ihre Solidargruppe des Familienverbandes und wird auf die Kernfamilie reduziert. Die familiale Binnenstruktur verändert sich: Die Familienorientierung wird differenziert oder in Frage gestellt; die traditionelle Autorität des Vaters wird durch die Erwerbstätigkeit der Mütter, die höhere lebenspraktische und sprachliche Kompetenz der Kinder, die Randständigkeit der Väter in Betrieb und Gesellschaft in Frage gestellt; die traditionelle geschlechtsspezifische Rollenverteilung ist in Bewegung geraten. *Frauen* erlangen eine größere Entscheidungs- und Handlungsautonomie in familiären und außerfamiliären Bereichen; partnerschaftliche Kooperationsformen nehmen zu. Ein Teil der Familien jedoch hält an der traditionellen Familienstruktur fest. Die Rückkehr wird immer wieder hinausgeschoben, weil Sparziele nicht erreicht werden, Kinder sich in der Ausbildung befinden, die Situation im Heimatland sich ungünstig darstellt. Aus Rechtfertigung der Migration und aus Kompensation für ein lang andauerndes Leben am Rande der Gesellschaft halten viele Familien jedoch an der Rückführstellung fest, auch wenn sie zur Rückkehrillusion wird.

Kinder und Jugendliche: Die soziale Lebenssituation der Kinder und Jugendlichen ist, wie die der Migrantenfamilien, sehr unterschiedlich. Es zeigen sich deutliche soziale Differenzierungsprozesse. Die Lebenslage eines Großteils der ausländischen Kinder und Jugendlichen ist jedoch durch folgende Merkmale gekennzeichnet:

Auseinandersetzung mit den Eltern: Der gesellschaftsübergreifende Konflikt zwischen traditioneller und moderner Lebensorientierung wird in den Migrantenfamilien in Form eines Generationskonfliktes ausgetragen, der eigentlich ein »Gesellschaftskonflikt« ist. Jugendliche sind über viele Jahre hinweg den Individualisierungseinflüssen der Bildungseinrichtungen und anderer Lernorte ausgesetzt: Die meisten Jugendlichen fordern ähnliche oder gleiche Rechte wie deutsche Jugendliche. Bei den meisten Eltern herrscht die Angst vor, ihre Kinder zu verlieren (»Normenlosigkeit«). Ihre Reaktion ist – unabhängig von der Nationalität – recht unterschiedlich. Es gibt Eltern, die an den traditionellen Werten und Normen festhalten und Einflüsse von außen dadurch versuchen abzuwehren, daß sie ihre soziale Kontrolle vergrößern. Andere Eltern sind völlig überfordert, orientierungslos oder resigniert und reagieren mit einer desinteressierten Gleichgültigkeit. Ein erheblicher Teil der Eltern akzeptiert die Anpassungsprozesse ihrer Kinder, hält aber an einigen zentralen traditionellen Werten und Normen fest. Die Verselbständigung ausländischer Jugendlicher verläuft häufig viel konflikthafter als bei einheimischen Jugendlichen. Es existiert jedoch ein breites Spektrum von Verhaltensstrategien der Jugendlichen gegenüber der elterlichen Autorität. Einige akzeptieren die elterliche Autorität und Kontrolle als selbstverständlich aus Gründen der Identifikation oder weil sie den eigenen Freiraum als ausreichend ansehen. Andere wiederum haben erhebliche Konflikte mit ihren Eltern (vor allem mit den Vätern). Sie nehmen die traditionelle und oft rigide Erziehungspraxis nicht länger hin, halten sich kaum noch zu Hause auf, verlassen zeitweilig die elterliche Wohnung, um den Ernst der eigenen Position zu demonstrieren und sich später wieder (meist oberflächlich) auszusöhnen, andere wiederum brechen endgültig mit ihrem Elternhaus. Ein erheblicher Teil der Jugendlichen jedoch versteht die Angst der Eltern, akzeptiert die zentralen Werte und Normen, die sie situationsadäquat uminterpretieren. Auf dieser Basis versuchen sie, ihre Freiräume zu vergrößern, ohne die Beziehung zur Familie aufzukündigen. Diese Balancestrategie ist weit verbreitet.

Freizeit: Während die männlichen Jugendlichen im Hinblick auf ihre Freizeitaktivitäten nur einer geringen Kontrolle unterliegen, ist die soziale Kontrolle bei

Mädchen größer. Eine totale Verbotssituation (»Mädchenklausur«) liegt aber nur selten vor, und sie verfügen über mehr *Freizeit* als häufig angenommen, auch wenn dies mit vielen Vorwänden erreicht worden ist. Bei dem Aushandeln von Freiräumen wird die Mutter häufig als Bündnispartnerin mit einbezogen.
Die Herausbildung von – oft ethnisch gemischten – Jugendcliquen geschieht meistens nicht im Rahmen einer neuen Besinnung auf die eigene Ethnizität, sondern eher aufgrund einer Negativsolidarität, als Reaktion auf gesellschaftliche Benachteiligung.
Obwohl in Untersuchungen Migrantenjugendliche immer wieder den Wunsch nach Kontakt mit deutschen Jugendlichen artikulieren, bleiben solche Kontakte außerhalb von Schule und Betrieb sporadisch und oberflächlich. Freundschaften entstehen kaum.
Ausländische Jugendliche bezeichnen die Diskriminierung im Alltag, die *Stigmatisierung* des eigenen Wohnviertels und die Ausgrenzung bei der Vergabe von Wohnungen und Arbeitsplätzen als zentrales Problem ihrer Lebenssituation. Seit A. Todesängste haben müssen, ist eine verstärkte Rückzugstendenz festzustellen. Es steigt die Zahl derer (64%), die sich im unklaren sind wo sie zukünftig leben möchten.
Bildung und Ausbildung: Im Hinblick auf die Frequentierung einzelner Schularten (*Schule*) gibt es trotz zunehmender Angleichung deutliche Unterschiede zwischen Deutschen und A.: Letztere sind an Sonder- und Hauptschulen überrepräsentiert (17,7% bzw. 18,5%) und an Realschulen (8%) und Gymnasien (5%) unterrepräsentiert. Der Ausländeranteil an den lebend Geborenen liegt demgegenüber bei 12% (1990).
Im Hinblick auf die schulischen Abschlüsse hat sich die Situation zwar tendenziell verbessert: 1980 verließ noch jede/r zweite A. die Hauptschule ohne Abschluß, 1990 nur noch jede/r fünfte (19,5%). Mittlere und höhere Bildungsabschlüsse haben ebenfalls deutlich zugenommen: Knapp jeder zehnte ausländische Jugendliche macht Abitur. Allerdings stieg auch das Niveau der Abschlüsse bei den deutschen SchülerInnen, so daß zwischen ausländischen und deutschen SchülerInnen die Schere noch immer weit geöffnet ist. Unter den ausländischen Kindern und Jugendlichen hat sich die Bildungssituation ausdifferenziert: Eine zunehmende Zahl ist erfolgreich, eine große Gruppe jedoch ist Verlierer der Migration.
Auch in der Berufsausbildung (*Berufliche Bildung*) sind AusländerInnen unterrepräsentiert. Zwar ist die absolute Zahl der ausländischen Auszubildenden deutlich angestiegen (1980: 34000; 1991: 109000) und ebenso die Ausbildungsquote (=Anteil der in Ausbildung befindlichen A. an der gleichaltrigen ausländischen Wohnbevölkerung) von 19,3% 1980 auf 35,5% 1990, aber immer noch liegt die Ausbildungsquote bei den deutschen Jugendlichen doppelt so hoch (74,8%). In qualifizierten Ausbildungsberufen sind ausländische Jugendliche stark unterrepräsentiert. Ausländische Jugendliche sind stärker als deutsche auf nur wenige Berufe konzentriert, weisen eine überdurchschnittliche Abbruchquote vor und lernen in Bereichen, die nach der Ausbildung nur geringe Beschäftigungsmöglichkeiten eröffnen, so daß ihr Risiko, am Ende der Berufsausbildung arbeitslos zu werden, doppelt so hoch ist wie bei den deutschen Jugendlichen.
Das deutsche Bildungssystem ist nach wie vor von einem monokulturellen, monolingualen nationalstaatlichen Selbstverständnis geprägt. Dieses Selbstverständnis und die unzureichenden Fördermaßnahmen machen aus kulturellen Unterschieden soziale Ungleichheiten und leisten einer ethnischen Unterschichtung der Schülerschaft Vorschub. Es fehlt ein Gesamtkonzept für das Bildungs- und Ausbildungssystem. Die Einrichtungen sind sowohl angesichts der »alten« als auch im Hinblick auf die »neuen« Einwanderergruppen (Aussiedlerkinder, Flüchtlingskinder) überfordert.
Die unzureichende Bildungsbeteiligung und ethnische Ausschließungsprozesse führen dazu, daß jugendliche A. anteilsmäßig weitaus häufiger von Arbeitslosigkeit (*Jugendarbeitslosigkeit*) betroffen sind als jugendliche Deutsche: Jeder vierte jugendliche Arbeitslose ist (1991) ein/e A. (Anteil an der Bevölkerung nur 14%). Die Dunkelziffer ist allerdings beträchtlich, da nur etwa 60% der jugendlichen Erwerbslosen sich arbeitslos melden.
Älter werdende Menschen: In den kommenden Jahren muß mit einer starken Zunahme älter werdender Menschen nichtdeutscher Herkunft gerechnet werden. Der geringe prozentuale Anteil der über 60jährigen an der nichtdeutschen Gesamtbevölkerung von 5,1% (1993) wird im Jahr 2010 auf 13,48% und im Jahre 2030 auf 24,1% ansteigen. Im Jahre 2010 z.B. sind 1307888 Menschen nichtdeutscher Herkunft 60 Jahre und älter (*Alter*).
Ursachen für den Verbleib in der BRD im Rentenalter sind: überdurchschnittlich arbeitsbedingt schlechter Gesundheitszustand und die bessere medizinische Versorgung in Deutschland; familiäre Bindungen durch den Verbleib der Kinder; Gefühl der Entfremdung gegenüber Heimatland und Verwandtenkreis; größere materielle Sicherheit trotz unterdurchschnittlicher Rentenbezüge; ausländerrechtlich eingeschränkte Wiedereinreisemöglichkeiten; bewußte Entscheidung für den Lebensmittelpunkt in der BRD v.a. bei Frauen.
Die Lebenssituation der älteren A. ist von folgenden Problemlagen gekennzeichnet: angewiesen sein auf ergänzende *Sozialhilfe*; Leben in Einpersonenhaushalten, da nicht ohne weiteres auf Familienverbände zurückgegriffen werden kann; gesellschaftliche Isolierung und häufiger Rückzug in ethnische Enklaven; seelische Belastungen aufgrund der materiellen und gesundheitlichen Lebensumstände; Ungewißheit über die zukünftige Entwicklung.
Sozialarbeit/Sozialpädagogik, *Altenpolitik* und *Altenhilfe* sind nur unzureichend auf die spezielle Situation älterer MigrantInnen vorbereitet.
Ausländersozialarbeit: Erst 1964, zehn Jahre nach Abschluß des ersten Anwerbeabkommens mit Italien, vereinbarte der Staat mit den *Wohlfahrtsverbänden* die Einrichtung von Ausländersozialdiensten. Diese wurden »nationalitätenspezifisch« organisiert und mit aus-

ländischen SozialberaterInnen besetzt, deren Berufsbild nicht genau definiert wurde. Ziele der Ausländersozialberatung waren damals: erste Orientierungshilfen, Erstberatung, Dolmetscherdienste und die Vermittlung zwischen angeworbenen Arbeitskräften und deutschen Stellen. Da der Aufenthalt als vorübergehend angesehen wurde, war politisch eine *soziale Integration* nicht geplant. So wurden die Sozialdienste für A. verwaltungsmäßig nicht an die kommunale Zuständigkeit angebunden. Es entstand zu den Regeleinrichtungen eine marginalisierte Nebenstruktur in der Form von Sonderdiensten. Die Regeldienste in öffentlicher und freier Trägerschaft blieben überwiegend Dienste für deutsche Zielgruppen.

Die längere Verweildauer, der zunehmende Familiennachzug, die relativ hohe Geburtenrate und die drastische Verringerung des Anteils der Beschäftigten an der ausländischen Wohnbevölkerung führten seit den 70er Jahren zu einer gravierenden Strukturveränderung in der ausländischen Wohnbevölkerung und zu einer Veränderung der Problemkonstellation. Politisch wurde das Ziel der »sozialen Eingliederung« angestrebt, die eher als eine »Integration auf Zeit« verstanden wurde. Es erfolgte eine Neuausrichtung der Beratungs- und Betreuungsarbeit auf die gesamte Familie. Verspätet verabschiedeten Bund und Länder 1984 im Einvernehmen mit den Betreuungsverbänden »Grundsätze der Ausländersozialberatung 1984«. Die Zuständigkeit der Verbände wurde festgeschrieben, das Profil der Sozialberatung blieb weiterhin breit angelegt, die Ausländerarbeit beschränkte sich auf »Anwerbenationalitäten«. Unter Hinweis auf die »Zuständigkeit« der Wohlfahrtsverbände verzichteten die Kommunen auf eine eigene Ausländersozialarbeit. Es wurden keine konzeptionellen Vorgaben und kommunalen Bearbeitungsstrategien entwickelt, obwohl die Defizite der infrastrukturellen Versorgung der Ausländerbevölkerung immer deutlicher wurden. In den 70er Jahren unternahmen nur wenige Kommunen eigene Anstrengungen, indem sie Gesamtprogramme konzipierten, interkulturelle Projekte einrichteten und ausländische Fachkräfte einstellten. In den 80er Jahren haben mehrere Kommunen flächendeckende Fördermaßnahmen durchgeführt oder angeregt, insgesamt jedoch bestand gerade im kommunalen Zusammenhang ein enormer Nachholbedarf. Obwohl in den 90er Jahren mehrere interkulturelle Ansätze der kommunalen Sozial- und *Jugendarbeit* zu verzeichnen sind, ist bis heute die konzeptionelle, personelle und finanzielle Absicherung einer kommunalen Ausländersozialarbeit nicht gegeben. Die Mehrzahl der Regeldienste und Einrichtungen hat bisher wenig unternommen, um ihre allgemeinen Versorgungsaufgaben gegenüber MigrantInnen gerecht zu werden.

Erste Ausländervereine wurden bereits in den 60er Jahren gegründet. Sie wurden jedoch ignoriert und auf Bundes- und Landesebene finanziell nicht berücksichtigt. Eine verbindliche Kooperation oder eine gezielte Aufbauhilfe und Multiplikatorenschulung wie z.B. in den Niederlanden unterblieb. Gleichzeitig jedoch wurde in »Leitlinien« und »Grundsätzen« das sozialpolitische Postulat »Hilfe zur Selbsthilfe« ständig rituell wiederholt. In den 80er Jahren konnte man eine gewisse Öffnung für Ausländervereine feststellen. Sie war die Folge einer gesellschaftlichen Diskussion über die Bedeutung der »Ausländerkolonien«. Heute gibt es eine Vielzahl von nationalen, binationalen und multinationalen ausländischen Selbstorganisationen, die auf die Bewältigung von Problemen ihrer Landsleute in der BRD ausgerichtet sind. Dieses große *Selbsthilfe*potential genießt nach wie vor nur eine sehr geringe gesellschaftspolitische Akzeptanz und wird von der deutschen Sozialarbeit nur unzureichend mit einbezogen.

Im Rahmen der aufkommenden *Bürgerinitiativen* und als Folge der Studenten- und Sozialarbeiterbewegung entstand in den 70er Jahren eine Vielzahl von Initiativgruppen in der Ausländersozialarbeit. Einige haben sich zu größeren Einrichtungen weiterentwickelt, andere sind in Wohlfahrtsverbänden aufgegangen. Parallel und z. T. als Folge der Initiativgruppenbewegung entstanden zeitlich befristete Modellprojekte, die die Landschaft lange Zeit prägten. Das gesellschaftliche Interesse an solchen Modellprojekten im Rahmen der Ausländersozialarbeit ist z.Z. kaum mehr vorhanden.

Die Veränderung in der Struktur der ausländischen Wohnbevölkerung seit den 70er Jahren machte eine differenzierte und methodenorientierte Ausländersozialberatung notwendig. 1982 wurde die berufsbegleitende Fortbildung zum/zur geprüften »Sozialberater/in für ausländische Arbeitnehmer/innen und ihre Familien« ins Leben gerufen. An den Fachhochschulen wurden seit 1970 immer mehr Lehrveranstaltungen zur Ausländersozialarbeit angeboten, seit 1980 an fast allen. Die Zahl der ausländischen Studierenden aus der zweiten Generation bleibt aber wegen der Hochschuleingangsvoraussetzung und der mangelnden offensiven Werbung erschreckend gering.

Anfang der 90er Jahre erfolgte eine verstärkte Diskussion über die Ausländersozialarbeit (Nestmann-Tiedt-Untersuchung). Auslöser waren zum einen Finanzierungseinschränkungen durch den Bund. Zum anderen wurde die Diskussion von der zunehmenden Einsicht der Fachbasis und von Teilen der Politik geprägt, daß aus der Multikulturalität der Gesellschaft endlich Konsequenzen gezogen werden müßten. Schließlich hat die zunehmende Zahl von Flüchtlingen und Aussiedlern sowie die Abnahme der Zahl der EG-AusländerInnen die Überlegungen über die Weiterentwicklung der Ausländersozialarbeit beeinflußt.

Aufgrund der weiterhin anhaltenden gesellschaftlichen Diskriminierung großer Teile der Ausländerbevölkerung, der veränderten Zusammensetzung der Zuwanderer und der Entstehung von neuen Problemlagen (psychosoziale Schwierigkeiten, Ehe- und Generationskonflikte, Langzeitarbeitslosigkeit, Obdachlosigkeit, Probleme älter werdender Menschen) gibt es weiterhin einen speziellen Beratungsbedarf und damit die Notwendigkeit spezifischer Sozialdienste und Projekte für die Beratungs- und Betreuungsarbeit. Die Angebotsstruktur muß jedoch geändert werden:

- Interkulturelle Öffnung von sozialen Diensten der Regelversorgung, Qualifizierung des Personals und Beschäftigung von Fachkräften ausländischer Herkunft.
- Umgestaltung der Sonderdienste der Ausländersozialberatung zu multikulturellen Migrationsfachdiensten, die ausschließlich migrationsspezifische Probleme für verschiedene Nationalitäten bearbeiten.
- Muttersprachliche Sonderdienste und Beratungsstellen nur für solche Problembereiche, die eine spezielle muttersprachliche Beratung erforderlich machen, z.B. im Bereich der psychosozialen Beratung.
- Interprofessionelle und interinstitutionelle Vernetzung und Koordination der migrantenspezifischen Dienste mit den Regeldiensten.
- Direkte finanzielle und organisatorische Unterstützung von Initiativgruppen und ausländischen Selbsthilfeorganisationen und -einrichtungen.

A. in der BRD: Im Dezember 1993 haben 6,878 Mio. A. in der BRD gewohnt (6% mehr als im Dezember 1992). Der Anteil der A. an der Gesamtbevölkerung betrug 1993 etwa 8%, 6,666 Mio. (=97%) lebten in den alten, 212000 (=3%) in den neuen Bundesländern (nach Ausländerzentralregister). Nach Angaben des Statistischen Bundesamtes stellten die Türken mit 1,918 Mio. die größte Gruppe der ausländischen Staatsangehörigen, gefolgt von Menschen aus dem ehemaligen Jugoslawien (1,24 Mio.), Italienern (563000), Griechen (352000) und Polen (261000) (zit. nach SZ vom 31.5.1994). *J. Vink*

Literatur: Arbeitsmigranten – Alt – und was dann? Schwerpunktheft Sozialmagazin 12/1994; G. Auernheimer: Einführung in die interkulturelle Erziehung, Darmstadt 1990; H. Banning: Bessere Kommunikation mit Migranten. Ein Lehr- und Trainingsbuch, Weinheim 1995; O. Filtzinger/ D. Hering (Hrsg.): Von der Ausländersozialberatung zu sozialen Diensten für Migranten, Freiburg 1993; U. Herbert: Geschichte der Ausländerbeschäftigung in Deutschland 1880 bis 1980, Bonn 1986; M. Heßler: Ausländische Jugendliche zwischen Integration, Benachteiligung und Protest, in: Bildungsarbeit mit ausländischen Jugendlichen, 18/1991, 9–28; HIPPY-Modellprojekt für Aussiedler und Ausländer, in: DJJ-Bulletin 26/1993; G. Holz/H. Scheib/S. Altun u.a.: Fremdsein, Altwerden, und was dann? Ältere Migranten und die Altenhilfe, ISS-pontifex 4/1994, Frankfurt/M.; B. Nauck: »Heimliches Matriarchat« in Familien türkischer Arbeitsmigranten?, in: Zeitschrift für Soziologie 6/1985, 450–465; A. Neusel/S. Tekeli/M. Akkent (Hrsg.): Aufstand im Haus der Frauen. Frauenforschung in der Türkei, Berlin 1991; F. Nestmann/Th. Siepel (Bearbeiter): Beratung von Migranten. Neue Wege der psychosozialen Versorgung, Berlin 1993; J. Puskeppeleit/ D. Thränhardt: Vom betreuten Ausländer zum gleichberechtigten Bürger, Freiburg 1990; S. Riesner: Junge türkische Frauen der zweiten Generation in der BRD, Frankfurt/M. 1990; G. Stüwe: Klischees und Selbstbilder. Lebenslagen, Perspektiven und Identitätsfindung von Jungen und Mädchen aus Migrantenfamilien, Berlin 1988; A. Treibel: Migration in modernen Gesellschaften, München 1990; Zeitschrift: Informationsdienst zur Ausländerarbeit, hrsg. von ISS in Frankfurt/M. (seit 1978, jährl. 4 Ausgaben).

Ausländerrecht

A. ist ein Sammelbegriff und umfaßt die rechtlichen Bestimmungen über die Einreise und den Aufenthalt von Ausländern, die rechtliche Behandlung von Flüchtlingen im Bereich des Asylrechtes sowie die kollektive Behandlung von Gruppen von *Ausländern* im Sinne internationaler Bestimmungen (Genfer Flüchtlingskonvention).

Als Ausländer wird nach § 1 Abs. 2 AuslG jede Person angesehen, die nicht Deutsche/r i.S.d. Art. 116 Abs. 1 GG ist. Die Ausländer unterliegen unterschiedlichen gesetzlichen Bestimmungen:

Ausländische Personen, die aus einem Mitgliedsland der Europäischen Gemeinschaft kommen, können kraft EG-Rechts größere Freizügigkeiten in Anspruch nehmen als die übrigen Ausländer. Dies betrifft insbesondere die Freizügigkeit zur Aufnahme einer Erwerbstätigkeit sowie zum Empfang bzw. zur Erbringung von Dienstleistungen. Diese Freizügigkeit gilt auch für Familienmitglieder. Die gesetzliche Grundlage gibt das Gesetz über die Einreise und den Aufenthalt von Staatsangehörigen der Mitgliedstaaten der Europäischen Wirtschaftsgemeinschaft (Aufenthaltsgesetz/EWG – Stand (zuletzt geändert durch EWR-Ausführungsgesetz v. 27.4.93/BGBl. I, 512, 528) ab.

Ausländische Personen, die nicht einem EG-Land angehören und in die BRD einreisen wollen, unterliegen dem Gesetz über die Einreise und den Aufenthalt von Ausländern im Bundesgebiet (Ausländergesetz – Stand: 9.7.1990). Für ausländische Personen, die eine Erwerbstätigkeit aufnehmen wollen, gilt darüber hinaus das *Arbeitsförderungsgesetz*. Unterhalb der gesetzlichen Ebene bestimmen darüber hinaus verschiedene Rechtsverordnungen die Einzelheiten des erlaubten Aufenthaltes und der erlaubten Arbeitsaufnahme: Verordnung über die Durchführung des Ausländergesetzes – DVAuslG –, Verordnung über die Arbeitserlaubnis für nichtdeutsche Arbeitnehmer – Arbeitserlaubnisverordnung –, Verordnung über Aufenthaltsgenehmigungen zur Ausübung einer unselbständigen Erwerbstätigkeit – Arbeitsaufenthalteverordnung –, Verordnung über Datenermittlungen an die Ausländerbehörden – Ausländerdatenübermittlungsverordnung – sowie Verordnung über Ausnahmeregelungen für die Erteilung einer Arbeitserlaubnis an neueinreisende ausländische Arbeitnehmer – Anwerbestoppausnahme-Verordnung.

In diesen rechtlichen Zusammenhang gehört auch das Reichs- und Staatsangehörigkeitsgesetz – Stand: 30.6.1993 –, weil es die Rechtsgrundlage abgibt, ob und unter welchen Bedingungen eine ausländische Person die deutsche Staatsangehörigkeit erwerben kann.

Das A., insbesondere das Aufenthaltsrecht und das Asylverfahrensrecht, haben in den letzten Jahren tiefgreifende Änderungen erfahren:

Die Änderungen des AuslG tragen mehr und mehr der Tatsache Rechnung, daß viele ausländische Familien auf Dauer in der BRD bleiben wollen. Demzufolge sind Rechtsansprüche auf

- Ehegatten- und Kindernachzug,
- Aufenthaltsverlängerung und Aufenthaltsverfestigung,
- eine Wiederkehroption für Ausländer der zweiten und dritten Generation und
- Einbürgerung geschaffen worden.

Der rechtmäßige Aufenthalt bemißt sich nach §§ 3ff. AuslG. Jede ausländische Person, auch eine minderjährige, benötigt eine Aufenthaltsgenehmigung für die Einreise und den Aufenthalt im Bundesgebiet (§ 3 AuslG) mit Ausnahme der Personen, die hiervon befreit sind wie z.B. Diplomaten oder EG-Angehörige.
Auf die Erteilung einer Aufenthaltsgenehmigung gewährt das AuslG nur in den ausdrücklich dort genannten Fällen einen Rechtsanspruch. Dies betrifft insbesondere solche Fälle, in denen der langjährige Aufenthalt in der BRD zu einer Verfestigung geführt hat oder Fälle, in denen Familienangehörige betroffen sind.
Das AuslG kennt unterschiedliche Formen der Aufenthaltsgenehmigung, mit denen abgestufte rechtliche Sicherungen verbunden sind:
- Aufenthaltserlaubnis nach §§ 15ff. AuslG: Die Aufenthaltserlaubnis ist nicht an einen bestimmten Aufenthaltszweck gebunden. Sie kann befristet oder auch unbefristet verlängert werden und ermöglicht so einen gesicherten Aufenthalt.

Erstmalig wird Ausländern, die als Minderjährige rechtmäßig ihren gewöhnlichen Aufenthalt im Bundesgebiet hatten, eine Wiedereinreise in Form der Aufenthaltserlaubnis erteilt, wenn die in § 17 AuslG genannten Bedingungen erfüllt sind (8jähriger rechtmäßiger Aufenthalt im Bundesgebiet, 6jähriger Schulbesuch, eigener gesicherter Lebensunterhalt, Stellung des Wiedereinreiseantrages vor dem 21. Lebensjahr und innerhalb von 5 Jahren seit der Ausreise).
Eine Härteklausel ermöglicht Abweichungen von diesen genannten Kriterien.
Während § 17 AuslG den Familiennachzug nur als Kann-Bestimmung regelt und dies von dem Vorliegen einer Aufenthaltserlaubnis oder Aufenthaltsberechtigung des bereits hier lebenden Ausländers sowie vom Vorliegen ausreichenden Wohnraumes und der Sicherung des Lebensunterhalts abhängig macht, stellt § 18 AuslG die Aufenthaltserlaubnis als Rechtsanspruch dar, wenn der hier lebende Ausländer eine Aufenthaltsberechtigung besitzt, als Asylberechtigter anerkannt ist oder die Ehe bereits vor der erstmaligen Einreise in die BRD bestanden hat oder der Ausländer hier im Bundesgebiet geboren und hier aufgewachsen oder in jungen Jahren hier eingereist ist. In all diesen Fällen handelt es sich um verschiedene Stadien der Aufenthaltsverfestigung.
Das Recht des Ehegatten wandelt sich im Falle einer Scheidung nach 4 Jahren in ein selbständiges Aufenthaltsrecht ohne Bindung an das des anderen Ausländers. Damit soll eine gewisse Sicherungsfunktion für die nachgereisten Familienangehörigen aufgebaut werden.

Auch der Nachzug für Kinder und das Aufenthaltsrecht für Kinder, die bei ihrer Muter oder ihrem alleinsorgeberechtigten Vater leben, wird erstmalig im Gesetz (§ 20 und § 21 AuslG) geregelt. Kinder unter 16 Jahren erhalten einen Rechtsanspruch auf Nachzug. Älteren Kindern unter 18 Jahren kann in Ausnahmefällen der Nachzug gestattet werden.
Gem. § 24 AuslG ist die befristete Aufenthaltserlaubnis nach 5 Jahren in eine unbefristete Aufenthaltserlaubnis umzuwandeln, wenn eine besondere Arbeitserlaubnis vorliegt, eine einfache Beherrschung der deutschen Sprache gegeben ist und ausreichender Wohnraum vorhanden ist. Auch nachgezogene Ehegatten und nachgezogene Kinder haben einen Anspruch auf eine solche unbefristete Aufenthaltserlaubnis, wenn die in §§ 25, 26 AuslG genannten Erfordernisse vorliegen. Dies sind deutliche Anzeichen für eine rechtliche Akzeptanz der tatsächlichen Aufenthaltsverfestigung. Sie baut auf den einzelnen Erfordernissen, die zur unbefristeten Aufenthaltserlaubnis für Ausländer generell, für Ehegatten und Kinder insbesondere gelten, auf und sieht als zusätzliche Bedingung u.a. vor: befristete Aufenthaltserlaubnis seit 8 Jahren oder unbefristete seit 3 Jahren bei vorheriger Aufenthaltsbefugnis, gesicherten Lebensunterhalt und mindestens 60 Monate Pflichtbeiträge oder freiwillige Beiträge zur gesetzlichen Rentenversicherung oder entsprechende Anwartschaften auf Versicherungs- oder Versorgungsleistungen (§ 27 Abs. 2 Nr. 3 AuslG). Wegen des letztgenannten Erfordernisses kommt die Aufenthaltsberechtigung für minderjährige Ausländer faktisch nicht in Betracht. Dies wird zu Recht in der sozialen Praxis kritisiert, weil sie einer vollständigen Integration in die Gesellschaft der BRD entgegenwirkt.
- Aufenthaltsbewilligung (§§ 28 AuslG): Die Aufenthaltsbewilligung ist ein neues Rechtsinstitut und regelt die Fälle, in denen zweckgebunden und befristet ein Aufenthalt erlaubt wird. Eine Verfestigung des Aufenthaltes ist gesetzlich ausgeschlossen.
- Aufenthaltsbefugnis (§ 30 AuslG): Sie betrifft Ausländer, die aus völkerrechtlichen, humanitären oder politischen Gründen um Aufenthalt nachsuchen.

Mit der Gewährung eines rechtmäßigen Aufenthaltes werden Ausländer in breitem Ausmaß in die geltende Rechtsordnung einbezogen. Sie können Ansprüche nach dem KJHG geltend machen und haben ein Recht auf soziale Hilfen, ohne daß dies Anlaß für Ausweisungs- und Abschiebemaßnahmen sein kann.
Als genereller Ausweisungsgrund wird in § 45 Abs. 1 die Beeinträchtigung der öffentlichen Sicherheit und Ordnung oder sonstiger erheblicher Interessen der BRD genannt.
Das AuslG unterscheidet drei unterschiedliche Arten von Ausweisungstatbeständen mit unterschiedlichen Rechtsfolgen:

1. Die Kann-Ausweisung nach §§ 45, 46 als die offenste Form mit einem weiten Ermessensspielraum für die Verwaltung unter Berücksichtigung einer Vielzahl von

unterschiedlichen Einzelfällen, die insbesondere in § 46 genannt sind (z. B. Inanspruchnahme von Sozialhilfe, Erhalt von Hilfe zur Erziehung außerhalb der eigenen Familie, wenn die Eltern oder der allein sorgeberechtigte Elternteil sich unrechtmäßig in der BRD aufhalten, Hilfen für junge Volljährige).

2. Die Regelausweisung nach § 47 Abs. 2: Als Tatbestände werden die rechtskräftige Verurteilung zu einer Freiheitsstrafe ohne Aussetzung zur Bewährung sowie ein Verstoß gegen das BTMG genannt. Eine Ausweisung erfolgt nur dann nicht, wenn besonders entlastende Umstände im Einzelfall vorliegen.

3. Die Ist-Ausweisung nach § 47 Abs. 1: Bei einer Verurteilung zu einer Freiheitsstrafe von mindestens 5 Jahren oder bei mehrfachen Verurteilungen zu Freiheitsstrafen wegen vorsätzlicher Straftaten von zusammen mindestens 8 Jahren oder bei der Anordnung von Sicherungsverwahrung ist ohne einen Ermessensspielraum auszuweisen.
Ausländer mit einem verstärkten Aufenthaltsstatus besitzen gem. § 48 einen besonderen Ausweisungsschutz. Dies gilt insbesondere für Ausländer
1. mit einer Aufenthaltsberechtigung,
2. mit einer unbefristeten Aufenthaltserlaubnis, die hier in der BRD geboren oder als Minderjährige eingereist sind,
3. mit einer unbefristeten Aufenthaltserlaubnis, die mit einer anderen ausländischen Person, deren eigener Status nach 1. oder 2. definiert ist, verheiratet sind,
4. die mit einem deutschen Ehegatten zusammenleben,
5. für Asylberechtigte oder Flüchtlinge im Sinne der internationalen Flüchtlingsbestimmungen.

Einen besonderen Schutz genießen minderjährige oder heranwachsende Ausländer, deren Eltern oder personensorgeberechtigter Elternteil in der BRD leben. Keinen hervorgehobenen Ausweisungsschutz genießen dagegen minderjährige Ausländer, die elternlos in der BRD aufwachsen (z. B. Tod der Eltern). Hier bedarf es einer gesetzlichen Änderung, weil es in Einzelfällen zur Ausweisung von solchen Minderjährigen kommt, ohne daß eine familiäre Beziehung in das Land der Eltern noch besteht. In den Fällen 1 bis 5 kann nur noch bei Serienstraftaten oder bei besonders schweren Straftaten (Mord) ausgewiesen werden.
Die Ausweisung kann durch die Abschiebung zwangsweise durchgesetzt werden. Als Voraussetzungen hierfür sind in § 49 zwingend geregelt: Vollstreckbarkeit der Ausreisepflicht aus Gründen der öffentlichen Sicherheit und Ordnung oder weil die freiwillige Ausreise nicht gesichert ist. Die Abschiebung ist anzudrohen und ist für politisch Verfolgte in bezug auf solche Staaten, in denen ihr Leben oder ihre Freiheit wegen ihrer Rasse, Religion, Staatsangehörigkeit oder Zugehörigkeit zu einer bestimmten sozialen Gruppe oder wegen ihrer politischen Überzeugung bedroht ist, verboten. Dies gilt besonders für Asylberechtigte und Flüchtlinge. Das Abschiebungsverbot wird allerdings durchbrochen, wenn die ausländische Person aus schwerwiegenden Gründen als eine Gefahr für die Sicherheit (nicht aber für die Ordnung) der BRD anzusehen ist. Gleiches gilt bei einer rechtskräftigen Verurteilung wegen einer besonders schweren Straftat. Als weitere Abschiebungshindernisse kommen drohende Folter, Gefahr der Todesstrafe in dem Drittstaat in Betracht. Nach § 54 kann die jeweilige oberste Landesbehörde eine Abschiebung aus bestimmten Gründen (völkerrechtlichen, humanitären, Wahrung politischer Interessen) für längstens 6 Monate aussetzen. Soll dieser Zeitraum überschritten werden, muß der Bundesminister des Innern zustimmen. Die Aussetzung der Abschiebung erfolgt als Duldung nach § 55.
Die zwangsweise Durchsetzung der Abschiebung erfolgt in vom Gesetz bestimmten Fällen durch die Inhaftierung (§ 57 Abschiebungshaft). Diese kann im Normalfall bis zu 6 Monaten dauern, im Einzelfall auch um 12 Monate verlängert werden.
Erstmalig werden in §§ 85f. AuslG einzelne Voraussetzungen geregelt, die zu einer Erleichterung der Einbürgerung führen sollen. Sie betreffen:
- junge Ausländer nach Vollendung des 16. und vor Vollendung des 23. Lebensjahres mit einem 8jährigen rechtmäßigen gewöhnlichen Aufenthalt in der BRD;
- alle anderen Ausländer mit einem rechtmäßigen gewöhnlichen 15jährigen Aufenthalt. Als Voraussetzung für eine Einbürgerung wird aber weiterhin die Aufgabe oder der Verlust der bisherigen Staatsangehörigkeit verlangt. Eine doppelte Staatsangehörigkeit wird weiterhin abgelehnt mit dem Ergebnis, daß viele junge Ausländer die Chance der Einbürgerung nicht nutzen werden. § 87 erlaubt eine Einbürgerung unter Hinnahme von Mehrstaatigkeit.

Im Bereich des Asylrechts haben die gesetzlichen Veränderungen der jüngsten Zeit zu einer Ausdifferenzierung der verschiedenen Tatbestände geführt. Vorausgegangen waren heftige politische Kontroversen um die Frage, ob und inwieweit eine Änderung des Art. 16 GG möglich und notwendig ist, um der anschwellenden Problematik von monatlichen Zehntausenden Asylsuchenden und Bürgerkriegsflüchtlingen gerecht zu werden.
Ausländische Personen können aus völkerrechtlichen oder humanitären Gründen zur Wahrung politischer Interessen eine Aufenthaltsbefugnis bekommen (§ 32). Für die Aufnahme von Kriegs- und Bürgerkriegsflüchtlingen wurde in § 32a eine spezielle Regelung geschaffen, die die Erteilung einer Aufenthaltsbefugnis unabhängig von den Einschränkungen von § 7 Abs. 2 vorsieht, wenn kein Antrag auf Asyl gestellt oder ein bereits gestellter Antrag zurückgenommen wird. Die einzelnen Bundesländer können für die Aufnahme von Flüchtlingen bestimmte Kontingente vereinbaren. Hinter dieser neuen Regelung stehen die weiterhin geltenden Regelungen der Genfer Flüchtlingskonvention.

Diese betreffen insbesondere Rechtsfragen des Personalstatuts, des Vereinigungsrechts, des Zugangs zu den Gerichten, der Erwerbstätigkeit und der Wohlfahrt.
Der Begriff der politischen Verfolgung ist der zentrale Begriff im Asylrecht. Nach Art. 16a Abs. 1 GG haben politisch Verfolgte einen Rechtsanspruch auf Anerkennung als Asylberechtigte, es sei denn sie kommen aus Staaten der EG oder aus sog. sicheren Drittstaaten, in denen die Genfer Flüchtlingskonvention sowie die Menschenrechtskonvention sichergestellt sind. Wer sicherer Drittstaat ist, ergibt sich aus der Anlage I (zu § 26a Abs. 2 AsylVerfG Stand: 1.12.94). Ob ein Heimatstaat als sicher einzustufen ist, ergibt sich einerseits aus Art. 16a Abs. 3 GG, andererseits aus der Anlage II zu § 29A AsylVerfG. Mit dem Versuch, sog. sichere Drittstaaten oder sichere Herkunftsstaaten pauschal zu klassifizieren, wird das Prinzip des individuellen Grundrechts auf Asyl durchbrochen bzw. bedenklich eingeschränkt.
Der Begriff der politischen Verfolgung unterliegt wegen der unbestimmten Inhalte vielfältigen Deutungs- und Definitionsversuchen. In der Rechtsprechung der obersten Gerichte (BVerfG und BVerwG) wird als politisch verfolgt jede Person angesehen, die sich aus der begründeten Furcht vor Verfolgung wegen ihrer Rasse, Religion, Nationalität, Zugehörigkeit zu einer bestimmten sozialen Gruppe oder wegen ihrer politischen Überzeugung außerhalb des Landes befindet, dessen Staatsangehörigkeit sie besitzt und dessen Schutz sie nicht in Anspruch nehmen kann oder wegen dieser Befürchtung nicht in Anspruch nehmen will. Eine politisch motivierte Verfolgung durch andere Personen kann dann als mittelbare staatliche Verfolgung gelten, wenn der Staat solche Handlungen billigt, unterstützt oder den erforderlichen Schutz versagt. Dies gilt auch dann, wenn der Staat solche Verfolgung nicht verhindern will oder kann. Die bloße Verfolgung durch einzelne Personen oder Gruppen wird nicht als asylbegründend angesehen. Menschenrechts- (Menschenwürde) oder allgemeine Rechtsgutverletzungen reichen als solche nicht aus. Hinzutreten müssen grobe und politisch begründete Rechtsverstöße. Eine asylrechtlich beachtliche Verfolgung setzt voraus: entsprechende Prognose, Rechtsgutverletzung, Individualeingriff, Intensitätserfordernis, politische Motivation, Gefahr, persönliche und wirtschaftliche Existenzgefährdung, hierauf begründete Verfolgungsfurcht.
Das AsylVerfG bestimmt in einer wachsenden Vielzahl von Vorschriften, wie das Anerkennungsverfahren durchzuführen ist: Das Gesetz sieht die Aufnahme von Asylsuchenden in entsprechenden Aufnahmeeinrichtungen der einzelnen Bundesländer, festgelegt nach bestimmten Verteilungsquoten, vor. Asylsuchende Personen sollen sich grundsätzlich bei solchen Aufnahmestellen melden bzw. werden dorthin verwiesen. Der Antrag auf Asyl selbst ist bei der Außenstelle des Bundesamtes für die Anerkennung ausländischer Flüchtlinge zu stellen, die der Aufnahmeeinrichtung zugeordnet ist. Zur Antragstellung sind alle ausländischen Personen, auch Kinder und Jugendliche, verpflichtet, es sei denn, die Familienasylregelung des § 26 AsylVerfG greift.
Durch die Neuregelungen von § 18a AsylVerfG haben die Grenzbehörden die Möglichkeit erhalten, das Asylverfahren vor der Entscheidung über die Einreise durchzuführen. Das Verfahren wird auf dem Flughafengelände durchgeführt, sofern eine Unterbringung dort möglich ist.
Das gerichtliche Anerkennungsverfahren ist durch die neuen gesetzlichen Regelungen 1993 weiter vereinfacht und verkürzt worden:

- Kriegs- und Bürgerkriegsflüchtlinge sind gänzlich ausgeschlossen;
- normalerweise keine Anerkennung bei Einreise aus einem sicheren Drittstaat;
- verkürztes Asylverfahren bei der Ausreise aus einem sicheren Herkunftsstaat oder in Fällen offensichtlicher Unbegründetheit (§ 30 Abs. 3, 4);
- Entscheidung durch den Einzelrichter als Regelfall.

Daneben sind die Möglichkeiten, Folge- oder Zweitanträge nach Durchführung des ersten Verfahrens zu stellen, nur dann noch möglich, wenn gem. § 51 VerwVerfG neue Fakten und eine neue Tatsachen- und Rechtslage ein anderes Ergebnis möglich scheinen lassen.
Asylberechtigte erhalten grundsätzlich eine unbefristete Aufenthaltserlaubnis. Sie genießen Ausweisungs- und Abschiebungsschutz. Sie können nur aus schwerwiegenden Gründen der öffentlichen Sicherheit und Ordnung ausgewiesen werden.
Neben dem AuslG bestimmt das AFG (Stand: 23.6.1993) in § 19 mit seinen nachgeordneten Rechtsverordnungen (Arbeitserlaubnisverordnung und Anwerbestoppausnahmeverordnung – Stand: 12.10.94) maßgeblich den Aufenthalt von ausländischen Arbeitnehmern in der BRD. Das AFG regelt die Erteilung der Arbeitserlaubnis für ausländische Arbeitnehmer, ohne deren Erteilung kein legaler Arbeitsaufenthalt möglich ist. Das AFG erlaubt sowohl eine zeitliche Beschränkung (z.B. auf 3 Monate/Jahr) als auch eine Beschränkung auf bestimmte berufliche Tätigkeiten in einem bestimmten Betrieb.
Die Kopplung zwischen Aufenthalts- und Arbeitserlaubnis bestimmt zentral den Aufenthalt von Ausländern in Deutschland, macht zum anderen aber deutlich sichtbar, daß Millionen von Menschen durch die entsprechenden gesetzlichen Bestimmungen zum Verfügungsgegenstand von wirtschafts- und arbeitsmarktpolitischen und letztendlich von sozialen Interessen gemacht werden. *H. Lauer*

Literatur: K. Barwig (Hrsg.): Asylrecht im Binnenmarkt, Baden-Baden 1989; ISS e.V.: Informationsdienst zur Ausländerarbeit, ftlfd. seit 1976; dort zum Thema »Asyl« H. 4/1993 und »Die verleugnete Einwanderungsgesellschaft« H. 3/4/1995; W. Kanein/W. Renner: Kommentar zum Ausländergesetz, [6]1993.

Ausreißer und Trebegänger

A. sind Kinder und Jugendliche, die aus sehr unterschiedlichen Motiven ihre bisherigen Lebens- und Beziehungssysteme (Familie, Heim, Schule etc.) verlassen. Anlässe dieser Ausbruchsversuche können sein: Konflikte und Spannungen mit Elternhaus und/oder Heim, Beziehungsenttäuschungen, Angst vor Strafe, Suche nach neuen Orientierungen, Intensivierung bzw. Erfüllung von Beziehungs- und Kontaktwünschen.
Damit kann mit dem Weglaufen Verschiedenes verbunden sein: Es kann ein Signal sein an Eltern, Verselbständigungstendenzen zu registrieren und zu akzeptieren; es kann die Bedeutung einer Spannungsreduktion haben; bei ambivalenten und ausstoßenden familiären Beziehungsmustern kann darin auch der Versuch der Realisierung einer Alternativorientierung gesehen werden.
Jugendliche, die über längere Zeit »untertauchen« und dann i.d.R. ohne festen Wohnsitz und ohne regelmäßige Einkünfte in subkulturelle Lebensmilieus ausweichen, werden auch als Trebegänger und Trebegängerinnen bezeichnet.
Zur Kennzeichnung der Größenordnung dieses Phänomens kann nur auf die recht unzulänglichen polizeilichen Vermißtenstatistiken zurückgegriffen werden. Aber auch danach ist feststellbar, daß das Ausreißen in seinem Umfang zugenommen hat, *Mädchen* in gleicher Weise betrifft wie Jungen und vor allem in verdichteten Räumen (Ballungsgebieten) massiert auftritt. Etwa zwei von tausend Kindern und mehr als sieben von tausend Jugendlichen, so realistische Schätzungen und Hochrechnungen, laufen jährlich von zu Hause weg. Inzwischen wird – vor allem aus Großstädten – berichtet, daß immer mehr Kinder sich in den Szenen aufhalten (»Straßenkinder«). Offensichtlich wird damit, daß die Gruppe der Ausreißer und Trebegänger heute in zunehmendem Maße auch Kinder und jüngere Jugendliche einschließt.
A. sind für die *Jugendhilfe* eine doppelte Herausforderung. Einmal signalisieren sie durch ihr Verhalten, daß sie sich in einer Krisensituation befinden und entsprechende flexible sozialpädagogische Hilfen (Krisenintervention) erforderlich wären. Zum anderen deutet das Ausreißen aber auch auf Probleme der Heimerziehung. In den letzten Jahren ist allerdings in der fachlichen Diskussion um dieses Thema ein Zugewinn an Sensibilität und Problembewußtsein zu verzeichnen. Es gibt eine Reihe von privaten und öffentlichen Initiativen, die versuchen, zu angemesseneren Hilfen unter primär pädagogischer Zielsetzung zu gelangen (dazu i.e. Trauernicht 1992). *E. Jordan/G. Trauernicht*

Literatur: M.L. Conen: Mädchen flüchten aus der Familie – »abweichendes« Verhalten als Ausdruck gesellschaftlicher und psychischer Konflikte bei weiblichen Jugendlichen, München 1983; W. Elger u.a.: Ausbruchversuche von Jugendlichen – Selbstaussagen, Familienbeziehungen, Biographien, Weinheim/Basel 1984; D. Hosemann/W. Hosemann: Trebegänger und Verwahrloste in sozialpädagogischer Betreuung außerhalb von Familie und Heim, Berlin 1984; E. Jordan/G. Trauernicht: Ausreißer und Trebegänger. Grenzsituation sozialpädagogischen Handelns, München 1981; E. Jordan u.a.: Jugendschutzstellen und Bereitschaftspflegefamilien. Schriftenreihe des Deutschen Städtetages, Köln 1985; E. Jordan/J. Münder: Ausreißer/innen und Jugendschutz. in: Praxismaterialien für Jugendhilfe und Sozialarbeit, Neuwied 1986; G. Trauernicht: Ausreißerinnen und Trebegängerinnen, Münster 1992.

Aussiedler

Mit A. werden Deutsche im Sinne des GG bezeichnet, die als dt. Staatsangehörige oder dt. Volkszugehörige vor dem 8.5.1945 ihren Wohnsitz in den ehemals dt. Ostgebieten bzw. – als Nachkommen ausgewanderter Deutscher – in anderen ost- und südosteuropäischen Gebieten hatten. Sie haben diese nicht infolge Vertreibung, sondern aufgrund zwischenstaatlicher Abmachungen verlassen, um in der BRD ihren ständigen Wohnsitz zu nehmen. A. sind auch die von diesen abstammenden Personen.
Die für die Anerkennung als A. zu erfüllenden Voraussetzungen leiten die rechtliche Gleichstellung mit den in der BRD lebenden und geborenen Deutschen ein. Die Aufnahme und Anerkennung als A. regelt das BVFG, das aktualisiert i.d.F. vom 1.1.1993 vorliegt; darin ist auch die terminologische Ablösung von A. durch Spätaussiedler enthalten.
Die Aufnahme erfolgt in einem vom BVA durchgeführten, inzwischen aus dem Herkunftsland zu betreibenden Verfahren. Nach einem vereinbarten Länderschlüssel nimmt das BVA die Verteilung auf Städte und Kommunen vor. Während in den Jahren 1950 bis 1987 im Jahresschnitt ca. 37500 A. in die BRD einreisten, war infolge der Öffnungstendenzen des Ostblocks in den Jahren 1988 bis 1990 mit 202679, 377055 und 397073 A. ein vorübergehend drastischer Anstieg der Zuzugszahlen zu verzeichnen. Seit den veränderten Bestimmungen des Aufnahmegesetzes 1990 löst die ehemalige UdSSR Polen als Hauptaussiedlungsgebiet ab. Von 218888 im Jahr 1993 kamen 207347 und von 222591 im Jahr 1994 gar 213214 A. aus den UdSSR-Folgestaaten, insbesondere aus Kasachstan.
Die politische Diskussion um ein Eindämmen des A.stromes ist vorerst mit der vom BVA zu überwachenden jährlichen Aufnahmequote von ca. 225000 A. verebbt. Die Einreise- und Antragszahlen sind seit dem 1. Halbjahr 1993 jedoch deutlich rückläufig und stabilisieren den Quotenwert. Unter Berufung auf die besondere historische Verantwortung für diesen Personenkreis hält die BReg an der Aufnahme fest, verstärkt jedoch durch gezielte Hilfeleistungen (Verbesserung der Lebensbedingungen, sprachlich-kulturelle Förderung) zugleich die Bemühungen, Deutschstämmige zum Verbleib in ihren Herkunftsgebieten zu bewegen.
Die gesellschaftliche Integration der A. erfordert umfassende sprachliche und berufsintegrative Maßnahmen, um die Diskrepanzen zwischen den Gesellschafts- wie Ausbildungssystemen der Herkunftsländer einer-

seits und denen der BRD andererseits auszugleichen. Eingliederungshilfe und Sprachförderung nach dem *Arbeitsförderungsgesetz* bilden die Säulen der finanziellen Hilfen. Speziell für die schulische und berufliche Ausbildung junger Zuwanderer stehen Fördermittel nach dem *Garantiefonds* bereit. Doch die zunehmenden Sparmaßnahmen der öffentlichen Haushalte gefährden bisherige Integrationserfolge. Weil das Land der Vorfahren sich nicht als die erwartete »Heimat« darstellt, erleiden A. zunehmend Illusionsverluste.
SozArb und SozPäd werden im Integrationsprozeß der A. in vielfältiger Weise tätig. Die *Wohlfahrtsverbände* unterhalten wichtige Anlaufstellen für Betreuung und Beratung der A.; die in der BAG Jugendaufbauwerk zusammengeschlossenen Jugendgemeinschaftswerke informieren jugendliche A. über Arbeitsplatz- und Ausbildungswahl. Zum einen erschweren die inzwischen auf 6 Monate verkürzte Sprachkursdauer und der Wegfall von Berufsanpassungsmaßnahmen den Integrationsprozeß zu Zeiten hoher Arbeitslosigkeit, zum anderen bedingt die Wohnungsnot für A. vielerorts eine längere Verweildauer in den Übergangseinrichtungen. Dadurch entstehen soziale und kulturelle Ausgrenzungen, die sich – ähnlich wie für Asylsuchende (*Ausländer/Ausländerrecht*) – in einer Stigmatisierung als Fremde darstellen.
Hier wird der Handlungsbedarf in qualitativer Hinsicht deutlich. Verbände und Bildungsträger nehmen Informations- und Integrationsaufgaben wahr. Doch unterschiedliche Kulturerfahrungen aus den Herkunftsländern erschweren die gesellschaftliche Eingliederung der A. Der Integrationsauftrag erfordert daher kulturübergreifend geschlechts-, alters-, rollen- und ausbildungsspezifische Angebote, die über formelle Ersthilfen hinausgehen, indem sie sich nach dem Multiplikatorenprinzip als »Hilfe zur Selbsthilfe« verselbständigen mögen. Dabei ist der Kontakt und Austausch mit der einheimischen Bevölkerung unabdingbar. Während jugendliche A. sich ihrer neuen Umgebung schnell anpassen, ist das Einfinden in die unbekannten Gesellschaftsstrukturen für ältere A. schwieriger. Es treten innerfamiliäre Spannungen auf, bei denen das neue Rollenverhalten den bisherigen familiären Rückhalt zu zerstören droht. Ziel aller Hilfestellungen muß es daher sein, A. in ihrer kulturellen Identität wahrzunehmen und zwischen Herkunfts- und Aufnahmekultur zu vermitteln. Der Beseitigung eines Informationsdefizites bei A. und Einheimischen kommt dabei eine entscheidende Rolle zu. *S. Klever*

Literatur: K.J. Bade: Ausländer – Aussiedler – Asyl. Eine Bestandsaufnahme, München 1994; H.-P. Baumeister (Hrsg.): Integration von Aussiedlern. Eine Herausforderung für die Weiterbildung, Weinheim 1991; J. Haberland: Eingliederung von Aussiedlern und Zuwanderern, Leverkusen [5]1991; ders.: Die Aufnahme und Eingliederung von Spätaussiedlern in: NDV 12/1994, 1, 2, 3/1995; HIPPY-Modellprojekt für Aussiedler und Ausländer, in: DJJ-Bulletin 26/1993; L. Kossolapow: Aussiedler-Jugendliche. Ein Beitrag zur Integration Deutscher aus dem Osten, Weinheim 1987; L. Kossolapow: Aussiedler-Integration, Köln 1989.

Baugesetzbuch

1 Das B. ist der wichtigste Teil des öffentlichen Baurechts. Während das private Baurecht die zivilrechtlichen Beziehungen zwischen den am konkreten Baugeschehen Beteiligten und die individuelle Nutzung des Eigentums an einem konkreten Grundstück regelt, umfaßt das öffentliche Baurecht alle Rechtsvorschriften, mit denen aus öffentlichem Interesse die Grundstücksnutzung und das Baugeschehen geordnet und gelenkt werden.
Das B. gliedert sich in die vier Kapitel Allgemeines Städtebaurecht, Besonderes Städtebaurecht, Sonstige Vorschriften sowei Überleitungs- und Schlußvorschriften. Das Allgemeine Städtebaurecht enthält die Vorschriften über die Bauleitplanung und die zu ihrer Sicherung und Verwirklichung vorgesehenen Instrumente wie die Veränderungssperre und das Vorkaufsrecht, die Regelung der Zulässigkeit von Vorhaben und das Planungsschadensrecht, die Umlegung und die Grenzregelung, die Enteignung sowie die Erschließung und die Erschließungsbeiträge. Das Besondere Städtebaurecht enthält vor allem die Vorschriften über die *Sanierung*, die städtebauliche Entwicklungsmaßnahme (*Stadtentwicklung*), die Erhaltungssatzung, die städtebaulichen Gebote sowie den Sozialplan und den Härteausgleich. Im 3. Kapitel mit den Sonstigen Vorschriften sind insbesondere die Regelungen über die Wertermittlung, das Verwaltungsverfahren, die Wirksamkeitsvoraussetzungen von städtebaulichen Satzungen sowie das gerichtliche Verfahren vor den Kammern und Senaten für Baulandsachen geregelt.

2 Schwerpunkt der Regelungen des B. sind die Vorschriften über die Bauleitplanung. Sie ist der wichtigste Bestandteil der von Art. 28 Abs. 2 GG als Teil der kommunalen Selbstverwaltung garantierten kommunalen Planungshoheit.
2.1 Die Bauleitplanung nach dem B. ist zweistufig angelegt: Aus dem das ganze Gemeindegebiet umfassenden und die beabsichtigte städtebauliche Entwicklung in den Grundzügen darstellenden Flächennutzungsplan (§ 5 BauGB) sind die für einen Teilbereich des Gemeindegebiets aufzustellenden Bebauungspläne zu entwikkeln. Während der Flächennutzungsplan für alle Behörden verbindlich ist und auch öffentliche Planungsträger bindet, die ihm nicht widersprochen haben, ist der Bebauungsplan als Satzung auch für den Bürger verbindlich. Enthält er, wie regelmäßig, mindestens Festsetzungen über die Art und das Maß der baulichen Nutzung, die überbaubaren Grundstücksflächen und die örtlichen Verkehrsflächen (qualifizierter Bebauungsplan nach § 30 Abs. 1 BauGB), so bestimmt er in seinem Geltungsbereich allein, was auf einem Grundstück städtebaurechtlich zulässig ist. § 9 Abs. 1 BauGB enthält einen 26 Punkte umfassenden abschließenden Katalog an möglichen Festsetzungen in einem Bebauungsplan. Festgesetzt werden können u.a. Flächen, in denen ganz oder teilweise nur Wohngebäude zulässig sind, die mit Mitteln des sozialen Wohnungsbaus ge-

fördert werden könnten, sowie Flächen, auf denen ganz oder teilweise nur Wohngebäude errichtet werden dürfen, die für Personengruppen mit besonderem Wohnbedarf bestimmt sind, Flächen für Gemeinschaftsanlagen für bestimmte räumliche Bereiche wie z.B. Kinderspielplätze und Freizeiteinrichtungen, öffentliche und private Grünflächen wie z.B. Parkanlagen, Dauerkleingärten, Sport-, Spiel-, Zelt- und Badeplätze.

2.2 Die Bauleitplanung kann weitreichende Auswirkungen auf das Leben der von ihr betroffenen Bürger hervorrufen. Das B. sieht daher eine intensive, zweistufige Bürgerbeteiligung im Rahmen der Aufstellung oder Änderung von Bauleitplänen vor. Nach § 3 Abs. 1 BauGB sind die Bürger möglichst frühzeitig über die allgemeinen Ziele und Zwecke der Planung und ihre voraussichtlichen Auswirkungen öffentlich zu unterrichten. Hierbei sind ihnen auch realistische Alternativen vorzustellen. Wichtig ist vor allem, daß Gelegenheit zur Äußerung und Erörterung der Pläne und Planalternativen gegeben wird. Üblich ist hier die Durchführung einer Bürgerversammlung; aber auch weitergehende Beteiligungsformen, wie die Bildung von Beiräten, Bürgerforen oder Planungszellen sind möglich. Im Rahmen ihrer planerischen Verantwortung ist die Gemeinde hier frei, jedes geeignete Verfahren zu wählen. Dabei wird es vor allem darauf ankommen, die von der Planung tatsächlich Betroffenen zu Wort kommen zu lassen, auch jene, die nicht von allein in der Lage sind, ihre Interessen zu artikulieren. Während die frühzeitige Bürgerbeteiligung in einem noch offenen Planungsstadium erfolgt, liegt bei der 2. Phase der Bürgerbeteiligung, der Planauslage nach § 3 Abs. 2 BauGB, bereits ein beschlußfähiger Planentwurf nebst Erläuterungsbericht (beim Flächennutzungsplan) oder Begründung (beim Bebauungsplan) vor. Ort und Dauer der Auslegung sind mindestens eine Woche vorher ortsüblich bekanntzumachen. Diese Bekanntmachung soll die Bürger dazu anregen, Bedenken und Anregungen zur Planung vorzutragen. Die Gemeinde hat alle vorgebrachten Anregungen und Bedenken zu prüfen und in ihre endgültige Abwägung einzubeziehen.

2.3 Neben der Bürgerbeteiligung ist die Beteiligung der Träger öffentlicher Belange wichtig für die Zusammenstellung des notwendigen Abwägungsmaterials. Träger öffentlicher Belange sind alle Behörden, Dienststellen und öffentlichen Verbände, die von der Planung berührt sein können. Hierzu gehören etwa Nachbargemeinden, die Gewerbeaufsicht, die Straßenbauämter, die Naturschutz-, Denkmalschutz- und Wasserschutzämter, die Energieversorgungsunternehmen, die Verkehrsbetriebe, die Post, die Bundeswehr, Industrie- und Handwerkskammern, die Kirchen.

Nicht zu den Trägern öffentlicher Belange werden im allgemeinen die *Sozialämter* und die *Jugendämter* gerechnet. Da Stadtplanung aber gerade für ihre Adressaten weitreichende Auswirkungen haben kann, etwa im Hinblick auf die Wohnungsversorgung für Einkommensschwache oder die Gestaltung des Sozialraums, in dem Jugendliche aufwachsen, sollten beide Ämter sich intensiv und frühzeitig an der Bauleitplanung beteiligen und ihre Belange für die Abwägung einbringen. Auch hier gilt, daß Vorsorge viel effektiver und billiger ist als Nachsorge (vgl. neuerlich auch den in § 1 Abs. 3 Nr. 4 KJHG normierten »Einmischungsauftrag« der *Jugendhilfe*).

2.4 Die Abwägung ist das zentrale Element bei der Aufstellung oder Änderung eines Bauleitplans. Nach § 1 Abs. 6 BauGB sind bei der Aufstellung der Bauleitpläne die öffentlichen und privaten Belange gegeneinander und untereinander gerecht abzuwägen. § 1 Abs. 5 S. 1 BauGB enthält hierzu allgemeine Ziele der Bauleitplanung, § 1 Abs. 5 S. 2 neun Planungsleitlinien. In Nr. 3 sind besonders hervorgehoben die sozialen und kulturellen Bedürfnisse der Bevölkerung, insbesondere die Bedürfnisse der *Familien*, der jungen und alten Menschen und der Behinderten, die Belange des Bildungswesens und von *Sport*, *Freizeit* und Erholung. Nicht genannt, aber gleichwohl zu berücksichtigen sind auch die Belange von *Frauen*. Dabei geht es letztlich nicht um einen weiteren spezifischen Belang, sondern darum, die soziale Brauchbarkeit von Wohngebieten etwa im Hinblick auf Einkaufsmöglichkeiten für den täglichen Bedarf, Kinderbetreuung und -spiel, Fußläufigkeit und Sicherheit zu bedenken. Dieses ist mit dem Begriff »Bedürfnisse der Familie« auch rechtlich abgedeckt.

3 In Gebieten, in denen kein Bebauungsplan mit den o.g. Mindestfestsetzungen gilt, richtet sich die Zulässigkeit von Vorhaben nach § 34 BauGB, wenn es sich um im Zusammenhang bebaute Ortsteile handelt, oder nach § 35 BauGB, wenn es sich um den Außenbereich handelt, also um den Bereich außerhalb von Bebauungsplangebieten und Gebieten nach § 34 BauGB. Während in im Zusammenhang bebauten Gebieten das Bauen grundsätzlich erlaubt ist, wenn sich das beabsichtigte Vorhaben in die nähere Umgebung einfügt, so ist im Außenbereich das Bauen grundsätzlich verboten, wenn nicht spezielle Privilegierungsgründe vorliegen.

4.1 Mit der Erhaltungssatzung nach § 172 BauGB steht den Gemeinden ein wichtiges und wirksames Instrument zur Erhaltung der städtebaulichen Eigenart eines Gebiets aufgrund seiner städtebaulichen Gestalt, zur Erhaltung der Zusammensetzung der Wohnbevölkerung (Milieuschutz) oder zur Ermöglichung eines sozialverträglichen städtebaulichen Umstrukturierungsprozesses zur Verfügung. Eine Milieuschutzsatzung kann angezeigt sein bei der drohenden Verdrängung der ansässigen Wohnbevölkerung infolge der Umwandlung von Miet- in Eigentumswohnungen, bei der Beseitigung alter Gebäude mit billigem Wohnraum durch hochwertige Gebäude oder der Verdrängung der ortsansässigen Wohnbevölkerung durch bauliche Veränderungen zur Errichtung von Zweit- oder Ferienwohnungen. Voraussetzung für den Erlaß einer Milieuschutzsatzung ist, daß die Erhaltung der Zusammensetzung der Wohnbevölkerung aus besonderen städtebaulichen Gründen erforderlich ist. Dies kann gegeben sein, wenn eine Veränderung der Zusammensetzung der Wohnbevölkerung nachteilige Folgen etwa für die Auslastung der Infrastruktur, die im Gebiet vorhandenen und auf eine bestimmte Wohnbevölkerung zugeschnittenen Geschäfte oder die Entstehung von Abwanderungsbewegungen in andere Gebiete hätte, die dort erneute Verdrängungen hervorrufen würden. Allerdings dient die Erhaltungssatzung der Kontrolle der baulichen Entwicklung in einem Gebiet und kann nicht allein aus sozialen Gründen erlassen werden. Jedoch werden die städtebaulichen und die sozialen Gründe in solchen Gebieten häufig zusammenfallen. Untersagt werden kann in Gebieten mit einer Erhaltungssatzung der Abbruch, die Änderung oder die Nutzungsänderung baulicher Anlagen, sofern die Erhaltung der baulichen Anlage auch unter Berücksichtigung des Allgemeinwohls wirtschaftlich nicht unzumutbar ist. Bei städtebaulichen Umstrukturierungen, die etwa aufgrund einer betrieblichen Erweiterung notwendig werden, kann die Erhaltungssatzung für den vorübergehenden Erhalt von Wohnraum eingesetzt werden. Auf diese Weise kann Menschen der Wohnraum erhalten werden, bis endgültig Ersatz geschaffen ist. Basis für eine solche Erhaltungssatzung ist die Aufstellung eines Sozialplans nach § 180 BauGB.

4.2 Ist absehbar, daß sich die Verwirklichung eines Bebauungsplans oder die Umsetzung einer städtebaulichen Sanierungsmaßnahme nachteilig auf die persönlichen Lebensumstände, also auf die Berufs-, Erwerbs- und Familienverhältnisse, die Wohnung, soziale Verflechtungen und örtliche Bindungen auswirken, ist die Gemeinde nach § 180 BauGB verpflichtet, mit den Betroffenen, d. h. den im Gebiet wohnenden und arbeitenden Menschen, zu erörtern, wie nachteilige Auswirkungen vermieden oder gemildert werden können. Die Gemeinde ist verpflichtet, den Betroffenen bei ihren eigenen Bemühungen zur Begrenzung der nachteiligen Auswirkungen zu beraten und ihnen zu helfen. Vor allem hat sie auf öffentliche Leistungen hinzuweisen, die die Betroffenen in Anspruch nehmen könnten, wie z. B. Leistungen nach dem *Bundessozialhilfegesetz*, dem *Arbeitsförderungsgesetz*, dem *Wohngeld*gesetz oder staatlichen Förderprogrammen für die gewerbliche Wirtschaft und auf den Härteausgleich nach § 181 BauGB. Sind die Betroffenen, z. B. wegen Alters oder Sprachschwierigkeiten, nicht imstande, sich selbst zu helfen, ist die Gemeinde verpflichtet, selbst geeignete Maßnahmen zu prüfen und, wenn möglich, den Betroffenen eine Wohnung zuzuweisen, einen Platz in einem Altersheim zu verschaffen oder eine Betreuung nach dem *Kinder- und Jugendhilfegesetz* zu organisieren. Einen Anspruch auf solche Leistungen verschafft § 180 BauGB den Betroffenen nicht; solche Ansprüche können sich nur aus den einschlägigen Gesetzen wie z. B. BSHG, WoGG oder KJHG ergeben.

Das Ergebnis dieser Erörterungen, Beratungen und Belehrungen ist im *Sozialplan* schriftlich festzuhalten. Da in dem Sozialplan u. U. weitreichende Aussagen über die persönlichen Lebensumstände der Betroffenen enthalten sind, darf der Sozialplan weder veröffentlicht noch Dritten zur Einsichtnahme gegeben werden. Ändern sich die dem Sozialplan zugrundeliegenden Umstände im Laufe des Verfahrens, ist der Sozialplan fortzuschreiben. Für Sanierungsverfahren ist dies in § 140 Nr. 6 BauGB ausdrücklich vorgeschrieben. Dies gilt aber auch dann, wenn bei der Verwirklichung eines Bebauungsplans ein längerer Zeitraum verstreicht und anderweitige Maßnahmen erforderlich werden könnten. Hieran wird zugleich deutlich, daß der Sozialplan das letzte Mittel ist, um die sozialen Belange der Bevölkerung zu berücksichtigen. Viel wirkungsvoller ist es i. d. R., die sozialen Belange der Bevölkerung entsprechend dem allgemeinen Ziel der Bauleitplanung nach § 1 Abs. 5 S. 1 BauGB, eine dem Wohl der Allgemeinheit entsprechende sozialgerechte Bodennutzung zu gewährleisten und dazu beizutragen, eine menschenwürdige Umwelt zu sichern, bei der frühzeitigen Bürgerbeteiligung offensiv zur Geltung zu bringen (vgl. oben 2.2).

5 Zunehmend an Bedeutung neben der Bauleitplanung gewinnt der städtebauliche Vertrag. Er hat in § 6 des das BauGB ergänzenden und teilweise ändernden BauGB-Maßnahmengesetzes nunmehr eine gesetzliche Regelung erfahren. Die Kooperation mit privaten Vorhabenträgern bietet den Gemeinden die Chance, deren Investitionsbereitschaft u. a. zur Erfüllung öffentlicher Gemeinwohlaufgaben zu nutzen. So kann mit städtebaulichen Verträgen erreicht werden z. B. die Bereitstellung von Bauland für auf dem Wohnungsmarkt nicht konkurrenzfähige Nachfragegruppen oder die Finanzierung von sozialen Einrichtungen wie Kindergärten, Jugendzentren und sonstigen Infrastruktureinrichtungen, die durch die beabsichtigten Baumaßnahmen erforderlich werden. Stehen diese städtebaulichen Verträge, wie häufig, im Zusammenhang mit der Aufstellung von Bauleitplänen, so können sie Einfluß haben auf den Inhalt der Bauleitpläne und die Abwägung. Hier ist daher im besonderen Maße darauf zu achten, daß die abwägungsrelevanten Sachverhalte städtebaulicher Verträge hinreichend transparent und öffentlich werden. Im besonderen Maße gilt dies für den Vorhaben- und Erschließungsplan, der auf Initiative eines privaten Investors zustande kommt, der auch den Plan zur Durchführung der Vorhaben und Erschließungsmaßnahmen erstellt. Der Vorhaben- und Erschließungsplan ist im übrigen, wie auch ein Bebauungsplan, aus dem Flächennutzungsplan zu entwickeln. In den neuen Bundesländern kann ein Vorhaben- und Erschließungsplan allerdings auch aufgestellt werden, bevor ein Flächennutzungsplan aufgestellt ist, wenn er der städtebaulichen Entwicklung des Gemeindegebiets nicht entgegenstehen wird. *R.-P. Löhr*

Literatur: U. Battis: Öffentliches Recht und Raumordnungsrecht, Stuttgart u. a. O., [3]1992; U. Battis/M. Krautzberger/R.-P. Löhr: Baugesetzbuch, München [4]1994; G. Schmidt-Eichstaedt: Städtebaurecht, Stuttgart u. a. O., [2]1993; H. Schulze-Fielitz: Sozialplanung im Städtebaurecht, Königstein/Ts. 1979.

Bedarfsbemessung in der Sozialhilfe

1. Die B. resultiert aus dem Bedarfsdeckungsprinzip, das eines der tragenden Grundprinzipien bundesrepublikanischer *Sozialhilfe* ist. Eine Orientierung am Bedarf bedeutet, daß das Maß materieller Grundsicherung nicht aus »externen« Größen, wie etwa dem Durchschnittslohn, abgeleitet wird, sondern aus einer eigenständigen direkten Vorstellung von dem, was der Mensch zum Leben braucht, um ein »menschenwürdiges Leben« (§ 1 BSHG) führen zu können. Die Schwierigkeiten beginnen bei der Konkretisierung des jeweiligen Bedarfs und bei der Ableitung der jeweiligen Maßstäbe für seine Bemessung. Der Bedarf kann überwiegend nicht auf der Basis unumstrittener wissenschaftlicher Untersuchungsergebnisse abgeleitet werden, er muß vielmehr größtenteils über begründungspflichtige Wertentscheidungen bestimmt werden.

2. Sozialpolitisch besonders bedeutend ist die B. bei der Festsetzung der Regelsätze. Als materielle Grundsicherung, auf die ein Rechtsanspruch besteht (§ 4 BSHG), gewährleistet die Sozialhilfe über die Hilfe zum Lebensunterhalt jedem Menschen den notwendigen Lebensunterhalt (§§ 11, 12 BSHG). Der notwendige Lebensunterhalt wird in laufende und einmalige Leistungen unterteilt (§ 21 BSHG). Vom materiellen Umfang her und auch in bezug auf die sozialpolitische Bedeutung stehen die laufenden Leistungen (Regelsätze, Mehrbedarfe, Kosten der Unterkunft, Heizkosten) und davon insbesondere die Regelsätze im Mittelpunkt. Das Maß dessen, was der Mensch zum Leben braucht wird über das Existenzminimum hinaus als sozialstaatlicher Teilhabeanspruch konkretisiert, in dem der notwendige Lebensunterhalt auch die persönlichen Bedürfnisse des täglichen Lebens sowie – in vertretbarem Umfang – Beziehungen zur Umwelt und zur Teilhabe am kulturellen Leben sichert (§ 12 BSHG).
Die nach Regelsätzen gewährten Geldleistungen der Hilfe zum Lebensunterhalt sollen pauschal den typischen Bedarf des Sozialhilfeempfängers, der regelmäßig jeden Monat anfällt, abdecken. Der sozialpolitisch entscheidende »Eckregelsatz« gilt für den jeweiligen Haushaltsvorstand. Die Regelsätze für die übrigen Haushaltsangehörigen errechnen sich auf Grund der in der Regelsatzverordnung (VO zu § 22 BSHG) festgelegten, nach dem Alter gestaffelten Relationen (0–6 Jahre 50%, bei Alleinerziehenden 55%; 7–13 Jahre 65%; 14–17 Jahre 90%; ab 18 Jahre 80% des Eckregelsatzes). In besonderen Lebenssituationen (etwa Schwangerschaft, *Alleinerziehende*, *Alter*, Behinderung) wird der Regelsatz um einen im BSHG festgelegten Prozentsatz aufgestockt (Mehrbedarf § 23 BSHG).

3. Für lange Jahre war der »Warenkorb« (W.) das der Festsetzung der Regelsätze zugrundeliegende Bedarfsbemessungssystem. Die Warenkorbmethode hat sich historisch in einem langen Prozeß herausgebildet. Im Jahr 1955 war zum ersten Mal ein W. die Grundlage für die Festsetzung der damaligen Richtsätze. Seitdem hat es 1962, 1970 und 1985 eine Reform des W. gegeben. Der W. 1985 bestand aus drei Teilwarenkörben. Der Teilwarenkorb »Ernährung« basierte auf einem vom DV entwickelten Bedarfsmengenschema von 1980, das seine Begründung aus ernährungsphysiologischen Gutachten bezieht. Es handelt sich dabei um eine idealtypische Zusammenstellung von Nahrungsmitteln, die nicht als konkreter Ernährungsvorschlag für Sozialhilfeempfänger mißverstanden werden darf. Der zweite Teilwarenkorb »hauswirtschaftlicher Bedarf« umfaßte im wesentlichen den Ansatz für Haushaltsenergie und kleinerer Gegenstände von geringem Anschaffungswert. Die Basis für die Energiezumessung waren Verbrauchsuntersuchungen der Vereinigung Deutscher Elektrizitätswerke. Der dritte Teilwarenkorb »persönliche Bedürfnisse« als am schwierigsten zu quantifizierender Bedarfstatbestand war normativ pauschal mit 30% vom Eckregelsatz und damit entsprechend dem Barbetrag für Heimbewohner (§ 21 Abs. 3 BSHG) festgelegt worden. Neben den Ausgaben für Körperpflege, Reinigung usw. sollten mit dieser Pauschale auch die Teilnahme am kulturellen Leben und die Beziehung zur Umwelt abgedeckt werden.

4. Nachdem an der Warenkorbmethode vielfach Kritik geübt worden war und vor allem, nachdem über die Zusammensetzung eines aktualisierten W. keine Einigung mehr erzielt werden konnte, beschlossen 1989 die Ministerpräsidenten der Länder, die für die Festsetzung der Regelsätze zuständig sind, ein neues Bedarfsbemessungssystem auf der Grundlage der Einkommens- und Verbrauchsstichprobe (EVS) in drei jährlichen Schritten vorzunehmen. Auf der Grundlage dieses Beschlusses erhöhten die Länder die Regelsätze in den Jahren 1990, 1991 und 1992 von durchschnittlich 425 DM im Jahr 1989 auf 507 DM im Jahr 1992 um insgesamt 19,3%.
Diesem Wechsel des Bedarfsbemessungssystems waren langwierige Diskussionen und Gutachten vorausgegangen, vor allem in der Konferenz der Obersten Landessozialbehörden wie auch beim DV. Zwischen Bund, Ländern, Kommunen und *Wohlfahrtsverbänden* bestand schließlich Übereinstimmung, daß künftig die Festsetzung der Regelsätze nicht mehr auf der Grundlage eines idealtypisch zusammengestellten W. erfolgen sollte, sondern auf der Grundlage empirisch nachweisbaren Verbrauchsverhaltens unterer Einkommensgruppen. Grundlage sollte für die Bedarfsgruppen Ernährung, hauswirtschaftlicher Bedarf ohne Haushaltsenergie, persönliche Bedürfnisse die alle 5 Jahre vom Statistischen Bundesamt erhobene EVS sein. Der Teilbereich der Haushaltsenergie sollte aus Daten der Haushaltskundenbefragung der Vereinigung Deutscher Elektrizitätswerke ermittelt werden.
Grundlage für die Regelsatzfestsetzungen der Jahre 1990–1992 waren die Daten aus der EVS aus dem Jahr 1983, weil das Statistische Bundesamt die 1988 erhobenen, aktuelleren Daten noch nicht ausgewertet zur

Verfügung stellen konnte. Für die verschiedenen Bedarfsgruppen wird zunächst der regelsatzrelevante private Verbrauch ermittelt und den einzelnen Bedarfsgruppen zugeordnet. In einem zweiten Schritt wird die sog. Sozialhilfeschwelle errechnet, um anschließend die Referenzgruppen festlegen zu können. Dabei muß die Referenzgruppe oberhalb der Sozialhilfeschwelle angesiedelt sein, um Zirkelschlüsse weitgehend zu vermeiden. In einem dritten Schritt werden die monatlichen Aufwendungen der Referenzgruppe – diese Daten ergeben sich aus der EVS – für den regelsatzrelevanten Verbrauch berechnet. Daraus ergibt sich ein DM-Betrag, der im Jahr der Erhebung für den regelsatzrelevanten Verbrauch von der Referenzgruppe aufgewendet worden ist. Der so ermittelte Betrag wird dann mit der Preisentwicklung auf das Jahr der Regelsatzfestsetzung hochgerechnet.
Die Daten der EVS werden vom Statistischen Bundesamt alle 5 Jahre erhoben, nach dem Jahr 1983 also im Jahr 1988 und 1993. Leider lagen bis zum Beginn des Jahres 1994 noch keine aufbereiteten Daten der Erhebung aus dem Jahr 1988 vor, bedingt durch die zusätzlichen Arbeiten, die durch den Beitritt der neuen Länder im Statistischen Bundesamt angefallen waren. Wegen der zeitlichen Verzögerung, aber auch weil die Daten der EVS nicht problemlos für die Bedarfsbemessung zur Festsetzung der Regelsätze verwendet werden können, wird jetzt erwogen, das Bedarfsbemessungssystem auf eigene empirische Füße zu stellen.

5. Die Bemühungen, die Festsetzung der Regelsätze auf ein nachvollziehbares, empirisch begründetes Fundament zu stellen, um die sozialpolitisch wichtige legitimatorische Bedeutung bei der Festsetzung dessen, was der Mensch zum Leben braucht, zu erhalten, sind vom Gesetzgeber an zwei Zeitpunkten durchbrochen worden. 1981 wurde die Fortschreibung der Regelsätze im Rahmen des 2. Haushaltsstrukturgesetzes erstmalig »gedeckelt«, indem ein unter dem Preissteigerungsniveau liegender Anstieg der Regelsätze für die folgenden Jahre gesetzlich festgeschrieben wurde. Dieser Vorgang wiederholte sich im Zuge der Spargesetzgebung des Jahres 1993. Zunächst wurde der Anstieg der Regelsätze im Gesetz zur Umsetzung des Föderalen Konsolidierungsprogramms unter der Inflationsrate für 1993 mit 2%, 1994 mit 3% und 1995 mit höchstens 3% gedeckelt. Mit dem Zweiten Gesetz zur Umsetzung des Spar-, Konsolidierungs- und Wachstumsprogramms wurde die Fortschreibung der Regelsätze noch weiter abgesenkt, und zwar für 1994 und 1995 auf höchstens 2% pro Jahr. Ganz neu eingeführt wurde ein neuer Orientierungsfaktor für die Festsetzung der Regelsätze, der alle bisherigen Überlegungen zum Bedarfsbemessungssystem relativiert. Die Regelsätze dürfen danach höchstens jeweils in Höhe der voraussichtlichen Entwicklung der durchschnittlichen Nettolohn- und -gehaltssumme je Arbeitnehmer in den alten Bundesländern angehoben werden.

6. Die B. in der Sozialhilfe bezieht sich aber nicht nur auf die Regelsätze. Sie ist ebenso bei den Mehrbedarfszuschlägen wichtig wie auch bei den einmaligen Leistungen. Die Mehrbedarfszuschläge wurden mehrfach geändert, ohne daß dafür systematische Bedarfsbegründungen genannt worden sind. Im Zuge der Reform des § 218 StGB wurde 1992 der Mehrbedarf für Alleinerziehende von 20% auf 40% erhöht (mit einem Kind unter 7 Jahren bzw. mit 2 oder 3 Kindern) und von 40% auf 60% (bei mehr als 4 Kindern), zusätzlich wurde der Zeitraum für den Mehrbedarf bei Schwangerschaft um 12 Wochen verlängert. Andererseits wurde im Rahmen der Spargesetzgebung 1993 die Altersgrenze für den Mehrbedarf für ältere Menschen von 60 Jahren auf 65 Jahre angehoben. Einmalige Leistungen werden künftig zentral über eine Rechtsverordnung der BReg (§ 21 Abs. 1b BSHG) näher definiert.

7. Die Bedarfslogik und damit auch das Bedarfsbemessungssystem spielt auch in anderen Lebensbereichen eine zunehmende Rolle. Beispielsweise orientiert sich der Pfändungsfreibetrag (§ 850c ZPO) an den Sozialhilfeleistungen, die Rechtsprechung zum *Unterhaltsrecht* muß sich bezüglich des Selbstbehalts des Unterhaltspflichtigen daran orientieren, das gleiche gilt für die von der BReg zu erlassende Regelunterhaltsverordnung, die für den Unterhalt von nichtehelichen und ehelichen Kindern von entscheidender Bedeutung ist. Die größten Auswirkungen hatte allerdings die Rechtsprechung des BVerfG in den Jahren 1991 und 1992 zu den Grundfreibeträgen und den Kinderfreibeträgen im Steuerrecht. Bei der Berechnung dieser Freibeträge bezieht sich das BVerfG ausdrücklich auf Sozialhilfeberechnungen und das diesen zugrundeliegende Bedarfsbemessungssystem. Es ist deshalb durchaus denkbar, daß die im Jahr 1993 vorgenommene »Deckelung« der Regelsätze, die ohne jede bedarfslogische Begründung erfolgte, einer Überprüfung vor dem BVerfG nicht standhält. *G. Wenzel*

Literatur: P. Galperin: Sozialhilfe und Bedarfsprinzip. Zum Streit um die Konkretisierung der Bedarfsdeckung, in: S. Leibfried/F. Tennstedt (Hrsg.): Politik der Armut und die Spaltung des Sozialstaates, Frankfurt/M. 1985; Institut für Sozialforschung und Gesellschaftspolitik: Regelsatz und Warenkorb in der Sozialhilfe, Schriftenreihe des BMJFG, Bd. 175, Stuttgart 1985; DV: Gutachterliche Äußerung, Neues Bedarfsbemessungssystem für die Regelsätze in der Sozialhilfe, Frankfurt/M. 1989; A. Tschoepe: Neues Bedarfsbemessungssystem auf der Grundlage der Einkommens- und Verbrauchsstichprobe, in: NDV 1987, 433; P. Klein: Regelsatzentwicklung und Wandel der Lebensformen, in: NDV 1994, 88; G. Wenzel: Regelsatzanhebung unter Konsolidierungsgesetzen, in: NDV 4/1994, 127–130.

Behindertenhilfe

Einen allgemeingültigen Behindertenbegriff i.d.S., daß er überall dort, wo von Behinderten die Rede ist, mit dem gleichen Inhalt besetzt wäre, gibt es nicht. Jede gesetzliche oder sonstige Regelung definiert die Behinderung so, wie es die Absicht des jeweiligen Regelungsgebers entsprechend der individuellen Zielsetzung erfordert. Eine Reihe von Gemeinsamkeiten enthält jedoch folgende Begriffsbestimmung: Eine Behinderung ist demnach jede nicht nur vorübergehende Beeinträchtigung, die das geschädigte, d. h. körperlich, geistig oder seelisch funktionsgestörte Individuum erfährt, wenn man es mit einem nicht geschädigten Individuum gleichen Alters, Geschlechts und gleichen kulturellen Hintergrunds vergleicht und es in der Planung seiner Lebensumwelt, seiner sozialen Beziehungen oder seiner materiellen Lebensicherung (soziale Bedarfslagen) besonderer Hilfe durch die Gesellschaft bedarf.

In den verschiedensten gesetzlichen und außergesetzlichen Vorschriften und Programmen werden jeweils Teilaspekte der Hilfen für Behinderte zur Behebung der Defizite in existenzwichtigen sozialen Beziehungsfeldern angesprochen; ein geschlossenes System einer B. gibt es daher nicht. Die Zielvorstellung ist jedoch übereinstimmend, daß Behinderte in die Gesellschaft einzugliedern (§ 29 SGB I, § 39 Abs. 3 BSHG) sind und damit ein Stück sozialer Gerechtigkeit herzustellen ist (*Rehabilitation*). Ist die volle medizinische, berufliche oder soziale Eingliederung nicht möglich, sollen begleitende, insbesondere finanzielle Hilfen die vorhandenen Nachteile ausgleichen oder zumindest mildern helfen.

Die Zahl der Behinderten ist real nicht feststellbar, da die Definitionen der Behinderungen zu unterschiedlich sind. Legt man den Behindertenbegriff des *Schwerbehindertengesetz*es (SchwbG) zugrunde, ergäbe sich ein Anteil von Schwerbehinderten an der Gesamtbevölkerung (alte Bundesländer, Stand 1991) von 8,48% bzw. von ca. 11,8% in den neuen Bundesländern (geschätzt 1990). Die größere Zahl Behinderter wird wohl mehr auf eine genauere Erfassung als auf tatsächlich mehr behinderte Menschen zurückgehen.

Ca. 70% der anerkannten Schwerbehinderten sind 60 Jahre und älter, ca. 75% leiden an körperlichen Behinderungen (=30% an Behinderungen des Geh- und Bewegungsapparates, 45% an Behinderungen an inneren Organen).

Problematisch ist die Feststellung, wie viele Personen ganz oder zumindest überwiegend auf einen Rollstuhl angewiesen sind, da dieser Personenkreis besonders im baulichen Bereich hohe Anforderungen stellt. Erfahrungswerte gehen von einem Rollstuhlfahreranteil von ca. 0,36% der Wohnbevölkerung zwischen 15 und 65 Jahren aus; Schätzungen der Versorgungsbehörden gehen von einem Rollstuhlfahreranteil von rd. 1/3 der Schwerbehindertenausweisinhaber mit dem Merkzeichen »aG« (=außergewöhnlich gehbehindert) aus.

Gesetzliche Leistungen werden durch die Rehabilitationsträger (§ 2 RehaAnglG) und Sozialhilfeträger (§ 9 BSHG) erbracht (§ 29 Abs. 2 SGB I):

Diese Regelungen gelten durch den *Einigungsvertrag* auch in den neuen Bundesländern, die durch die früher andersartigen Rechts- und Trägerstrukturen in der ehemaligen DDR deshalb mit ganz erheblichen Problemen zu kämpfen haben. Das Gesundheitswesen, dem die Rehabilitation Behinderter zugewiesen war, wurde zentral geleitet, organisiert und staatlich geplant. Verantwortlich für die einheitliche Durchsetzung der Maßnahmen zur Rehabilitation war das Ministerium für Gesundheitswesen, das auch für die Verteilung der Geld- und Sachmittel sowie für Personal- und Ausbildungsfragen zuständig war. Nachgeordnet waren die Abteilungen für Gesundheit und Sozialwesen auf Bezirksebene. Der inhaltliche Schwerpunkt der Behindertenrehabilitation in der ehemaligen DDR lag auf der Eingliederung in den Produktionsprozeß bzw. auf der (Wieder-)Herstellung der Arbeitsfähigkeit. Dieser Schwerpunkt führte zwangsläufig zu leistungsdifferenzierten Bildungsstrukturen sowie zur Aussonderung von Schulbildungsunfähigen.

Wohlfahrtsverbände, Selbsthilfegruppen (*Selbsthilfe/Selbstorganisation*), Verbänden usw. leisten ergänzende Integrationshilfe durch den unmittelbaren personalen Bezug zu Behinderten selbst und tragen in nicht zu ersetzender Weise zum Gelingen öffentlicher *Sozialpolitik* bei.

Im einzelnen können Behinderte im Rahmen der B. in ihren verschiedenen sozialen Bedarfssituationen mit folgenden Hilfestellungen von seiten öffentlicher und privater Stellen rechnen:

Frühkindlicher Bereich: Am wirkungsvollsten kann man Behinderungen behandeln, die durch möglichst frühzeitige Erkennung einer (drohenden) Behinderung im Säuglings- und Kleinkindalter festgestellt worden sind. Die Frühfördermaßnahmen als medizinisch-pädagogisch-soziale Betreuung entwicklungsgestörter Kinder erfordern die interdisziplinäre Zusammenarbeit verschiedener Fachleute (Ärzte, Psychologen, Sozialpädagogen, Krankengymnasten, Sozialarbeiter, Erzieher u. a. m.). Diese Betreuung – in den von meist freien Trägern (*Träger der Sozialen Arbeit*) getragenen Frühförderstellen – endet i. d. R. jeweils mit dem Übergang an eine schulvorbereitende Einrichtung (frühestens etwa ab 3. Lebensjahr) oder mit Beginn der Schulpflicht. Kostenträger sind die gesetzlichen und privaten Krankenkassen sowie die Sozialhilfeträger. Eltern behinderter Kinder sind, um ihre Motivation zu erhalten, durch entsprechende Regelungen von einer finanziellen Beteiligung weitgehend befreit (vgl. § 43 BSHG).

In der ehemaligen DDR wurde ebenfalls großer Wert auf die Früherkennung bzw. -vorbeugung gelegt. Durch finanzielle Unterstützung anläßlich der Geburt (allerdings geknüpft an regelmäßige Vorsorgeuntersuchungen) wurde der Großteil entwicklungsverzögerter bzw. -gestörter Kinder erfaßt und zur Behandlung weitergeleitet.

Vorschulischer und schulischer Bereich: Für die Sozialisation von behinderten Kindern ist etwa das 3. bis 6. Lebensjahr mit von entscheidender Bedeutung. Eine frühzeitige Aufnahme in geeignete Einrichtungen, die sich mit der entsprechenden Betreuung von Kindern befassen, ist unter behinderungsbedingten, erzieherischen und heilpädagogischen Notwendigkeiten zu beurteilen. Welche Form hier vorzuziehen ist (Sonderkindergärten, Sondergruppen in allgemeinen Kindergärten, Regelkindergärten oder schulvorbereitende Einrichtungen an Sonderschulen, evtl. mit Tagesstätten (*Heil- und Sonderpädagogik/Tageseinrichtungen für Kinder*)), hängt von Art und Schwere der Behinderung ab. Eine Integration behinderter Kinder in Regelkindergärten ist zwar grundsätzlich wünschenswert, es sollte aber nicht übersehen werden, daß behinderte Kinder zum Teil grundsätzlich andere, intensivere Fördermaßnahmen benötigen, die oftmals nur in Sondereinrichtungen angeboten werden können. Eine wechselseitige Durchlässigkeit von Regel- und Sondereinrichtungen, die im Einzelfall optimale Therapien anbieten, wäre daher anzustreben: »Ein Miteinander, wo möglich, eine gezielte Förderung, wo nötig.«

Die schulische Förderung behinderter Kinder und Jugendlicher geschieht überwiegend in »Sonderschulen«, d.h. in aus dem allgemeinen Schulsystem ausgegrenzten schulischen Institutionen (*Schule*). Hier sollen – sonderpädagogisch begründet – behinderten Kindern und Jugendlichen optimale Fertigkeiten, Kenntnisse und soziale Verhaltensweisen vermittelt werden, die aufgrund körperlicher, geistiger oder sozial bedingter Behinderungen nicht mehr in der Lage sind, dies auf Schulen des allgemeinen Schulsystems zu erwerben. Sonderschulen entstanden, weil sich die regulären Schulen nicht mehr in der Lage sahen, behinderte und sozial benachteiligte Kinder zu fördern und dadurch diese Schulen behinderte Kinder auch als Belastung des üblichen Schulbetriebs empfanden.

Dem Gedanken der integrativen Schule liegt zugrunde, daß diese darauf hinwirken soll, daß Behinderte soweit wie möglich unabhängig von späteren Hilfssystemen werden. Probleme beim integrativen Unterricht entstehen sicher bei gehörlosen, schwer geistig oder schwer lernbehinderten Schülern sowie Schülern, die in erheblichem Umfang pflegebedürftig sind. Insoweit sind unbestritten auch Sonderschulen notwendig.

In der ehemaligen DDR wurden nach Art der Behinderung Gruppen von Behinderten bestimmt, denen in unterschiedlichem Maße Bildungs- und Fördermaßnahmen zugänglich waren, z.B. Hörgeschädigte, Körperbehinderte, Sprachgeschädigte, schulbildungsunfähige sowie förderungsunfähige interlektuell Geschädigte und Verhaltensgeschädigte. Die Bildung und Erziehung Geschädigter war nur im Rahmen des sozialistischen Bildungsgesetzes und damit nur auf der Basis der für die Normalbevölkerung gültigen Lehrpläne möglich (= schulbildungsfähig).

Die Schulbildungsunfähigen, wurden in eigenen rehabilitativen Einrichtungen, die anderen förderunfähigen in Pflegeheimen untergebracht, wo keinerlei Förderung stattfand.

Problematisch ist die weitgehend nahtlos übergreifende Betreuung dadurch, daß an entscheidenden biographischen Schnittpunkten (z.B. Schuleintritt, -entlassung, Berufsaufnahme usw.) meist ein automatischer Übergang von einem Sonderlebensbereich in den nächsten stattfindet, was wiederum zu dem scheinbar unauflöslichen Widerspruch führt, daß Sondereinrichtungen mit ihren – unbedingt nötigen – speziellen Förderungsqualitäten zwangsläufig das Risiko dauerhafter Absonderung mit sich bringen.

Die Abgrenzung, ob Leistungen für behinderte junge Menschen nach dem KJHG zu gewähren sind, oder nach dem BSHG, war bis zum Inkrafttreten des 1. Änderungsgesetzes zum KJHG problematisch. Die Neuregelung sieht nun ab 1.4.1993 folgendes vor: Junge Menschen (Personen bis 27 Jahre), die körperlich oder geistig behindert oder von einer solchen Behinderung bedroht sind, erhalten Eingliederungshilfe nach dem BSHG (§ 10 Abs. 2 S. 2 SGB VIII). Junge Menschen, die seelisch behindert oder von einer solchen Behinderung bedroht sind, erhalten die Eingliederungshilfe bis zum 31.12.1994 nach dem BSHG, danach nach dem SGB VIII; bis dahin besteht demnach ein Vorrang des BSHG vor dem SGB VIII (§§ 10 Abs. 2, 35a, 41 Abs. 2 SGB VIII n.F., Art. 2 des 1. Gesetzes zur Änderung des KJHG). Dazu zählen ambulante Hilfen, Hilfen in Kindertageseinrichtungen und anderen teilstationären Einrichtungen, Leistungen von Pflegepersonen sowie in sonstigen Wohnformen und Einrichtungen über Tag und Nacht.

Eine solche umfassende Bedarfsdeckung, die sich auf die Zielsetzung und die Maßnahmen nach §§ 39 Abs. 3 und 40 BSHG sowie die EingliederungshilfeVO stützt, schließt die erforderlichen Beratungs- und Unterstützungsangebote für die Personensorgeberechtigten ein. Für Kinder die noch nicht im schulpflichtigen Alter sind, sollen – soweit dies möglich ist – heilpädagogische Maßnahmen in Einrichtungen in Anspruch genommen werden, die eine integrative Betreuung ermöglichen. Allerdings können Jugendhilfeleistungen nach dem KJHG für diesen Personenkreis neben den Maßnahmen der Eingliederungshilfe nach dem BSHG in Betracht kommen, sofern ein Bedarf besteht, der durch die Maßnahmen der Eingliederungshilfe nicht gedeckt werden kann.

Bei Maßnahmen der Frühförderung für Kleinkinder (bis etwa zum 3. Lebensjahr) ist es sinnvoll, Maßnahmen der Eingliederungshilfe nach dem BSHG zu gewähren, da seelische Behinderungen, die eine Zuständigkeit nach dem KJHG auslösen würden, kaum zu diagnostizieren sein dürften (entsprechende landesrechtliche Bestimmungen, z.B. in Bayern).

Arbeit und Beruf: Arbeit und Beruf (*Berufliche Bildung*) sind mehr als die bloße wirtschaftliche Sicherung und Existenz und ein Indikator der Stellung in Familie und Gesellschaft; sie prägen besonders die Persönlichkeit und geben im besonderen Maße Selbstwertgefühl und Anerkennung.

Behinderte finden aber heute eine Arbeitswelt vor, die nicht nur in Zeiten schlechter wirtschaftlicher Entwicklung oder bedeutender wirtschaftlicher Umstrukturierungsprozesse wenig Rücksicht auf ihre Situation nimmt. Es ist deshalb eine vordringliche Aufgabe, die Jugendlichen, die mit erheblichen Mitteln eine ihren Fähigkeiten entsprechende Schulbildung erhalten haben, optimal auszubilden und im Beruf einzusetzen. Die Berufsbildung Behinderter vollzieht sich daher abgestuft nach der Leistungsfähigkeit in der allgemeinen

Wirtschaft, in Berufsbildungswerken und in Werkstätten für Behinderte. Kommt eine Ausübung eines erlernten Berufes wegen einer später hinzutretenden Behinderung nicht in Betracht, erfolgt eine Umschulung auf für Behinderte geeignete Berufe in den Berufsförderungswerken. Berufsvorbereitende bzw. sonstige ergänzende Maßnahmen wie das Berufsgrundschuljahr, Lehrgänge für »berufsunreife« Behinderte oder Nachhilfeunterricht im Rahmen des BSHG erleichtern die Integration behinderter Jugendlicher. Die in Berufsbildungswerken angebotene Ausbildung erstreckt sich insbesondere auf körperliche und sinnesbehinderte Jugendliche sowie auf Lernbehinderte. Die Ausbildung ist u.a. darauf auszurichten, daß die erlernten Berufe vermittelbar sind und in Form »lebenspraktischer Ausbildung« vollzogen werden, damit behinderte Menschen mit den Anforderungen »richtiger« Betriebe zurechtkommen. Diese berufliche Rehabilitation obliegt in erster Linie der Arbeitsverwaltung nach dem AFG. Die bisherigen Regelungen zur Schaffung von behindertengerechten Arbeitsplätzen, die der individuellen Qualifikation angepaßt sind, bieten offenbar noch nicht genügend Anreize für die Arbeitgeber, da der überwiegende Teil der – öffentlichen und privaten – Arbeitgeber (ca. 70%) nicht bereit ist, die zu erfüllende Schwerbehindertenquote von 6% der zu berücksichtigenden Gesamtarbeitsplätze abzudecken.

Berufsfördernde Leistungen zur Rehabilitation sollen alle medizinischen, beruflichen und sozialen Leistungen umfassen, die die Erwerbsfähigkeit des Behinderten entsprechend seiner Leistungsfähigkeit erhalten, verbessern, herstellen oder wiederherstellen und ihn möglichst auf Dauer beruflich eingliedern. Für diesen Bereich wurde der Versuch der Harmonisierung unternommen und das RehaAnglG geschaffen (Rehabilitation). Durch eine Fülle nachgehender Hilfen wird nach erfolgreicher Eingliederung in das Arbeitsleben die Berufsausübung begleitend unterstützt. Finanziert werden diese Hilfen durch die BA (§ 1 Ausgleichsabgabeverordnung – SchwbAV) sowie die Hauptfürsorgestellen (§ 14 SchwbAV) durch die Ausgleichsabgabe (§ 11 SchwbG). Paradoxerweise beeinträchtigt gerade die Fülle von Schutzmaßnahmen zugunsten schwerbehinderter Arbeitnehmer deren berufliche Eingliederung, da der Arbeitgeber einem möglicherweise weniger leistungsfähigen schwerbehinderten Mitarbeiter skeptisch gegenüberstehen wird. Hier sind die Arbeitserprobungs- und Einarbeitungszuschüsse der Arbeitsverwaltung sowie begrenzte Probearbeitsverhältnisse ein geeignetes Mittel, derartige Vorbehalte abzubauen. Für Behinderte, die der Sicherung der beruflichen Eingliederung bedürfen, sind neue Lösungen gefunden worden: Die Einrichtung eines sog. »Arbeitsassistenten«, der Behinderte (besonders psychisch Behinderte) am Arbeitsplatz berät und als Kontaktperson zum Betrieb eingesetzt wird, ist institutionalisiert worden (§ 28 AusgleichsabgabeVO).

Für Behinderte, die trotz dieser umfangreichen Maßnahmen nicht, noch nicht oder noch nicht wieder auf dem allgemeinen Arbeitsmarkt tätig sein können, sind Werkstätten für Behinderte vorgesehen, die neben einem der Behinderung angepaßten Arbeitsplatz auch eine umfassende soziale Betreuung bieten. Der überwiegende Teil der in diesen Werkstätten Tätigen sind geistig Behinderte. Soweit psychisch Behinderte in Werkstätten tätig sind, hat sich eine Anbindung dieser Werkstätten an psychiatrische Einrichtungen, Übergangswohnheite oder Wohnheime evtl. im Verbund mit anderen Werkstätten bewährt. Behindertenwerkstätten befinden sich allerdings immer im Spannungsfeld zwischen der Ausrichtung am Ertrag (um angemessene Löhne erzielen zu können) und der vom Gesetzgeber auferlegten Zielsetzung sozialer Betreuung und Integration in einen geeigneten Arbeitsplatz, was erhebliche Kosten zu Lasten der Sozialhilfeträger mit sich bringt (s. § 40 Abs. 2 BSHG). Eine institutionelle Förderung der Werkstätten z.B. aus Mitteln der Ausgleichsabgabe, die den eigentlich arbeitsplatzfremden Bereich der Betreuung auffangen würde, könnte zu einer spürbaren Entlastung der Arbeitsplatzkosten führen.

In der ehemaligen DDR hatten die als schulbildungsfähig eingestuften Behinderten relativ günstige Integrationsbedingungen, insbesondere im Bereich der beruflichen Integration. Alle erhielten einen Ausbildungs- und Arbeitsplatz. Mit dem Arbeitsplatz verbunden war ein normaler Arbeitnehmerstatus und ein existenzsicherndes Einkommen. Die berufliche Eingliederung Jugendlicher reichte von der Vermittlung in Normalbetriebe, Bereitstellung behindertengerechter Arbeitsplätze und Schonarbeit bis zu speziellen Ausbildungsgängen in Reha-Zentren sowie geschützter Arbeit. Diese fand in geschützten Werkstätten, geschützten Betriebsabteilungen sowie geschützten Einzelarbeitsplätzen statt. Diese an sich sinnvolle und integrierende Anbindung dieser Arbeitsplätze an reguläre Arbeitsbetriebe hatte allerdings nach der »Wende« die fatale Folge, daß diesen integrierten Behinderten die Verträge – wegen der Wirtschaftslage – vorrangig gekündigt und diese entlassen wurden.

Wohnen: Erforderlich sind Wohnformen, die eine weitgehend selbständige Lebensführung – orientiert am Bedarf im Einzelfall – ermöglichen. Neben »normalen« Wohnungen mit extern organisierter Betreuung bieten sich Wohnformen an wie Wohngruppen mit loser Betreuung (bereits bewährt bei Besuchern der Behindertenwerkstatt z.B. in Nürnberg, deren Wohngruppen im Verbund mit der Werkstatt betrieben werden), Gruppenwohnungen mit angeschlossener Betreuerwohnung, Wohnheime mit Appartementcharakter und zentraler Pflegebereitschaft bis hin zum gruppengegliederten Wohnheim. »Servicehäuser« mit abgeschlossenen Wohnungen in der Nähe von Diakonie- oder Sozialstation decken den Bedarf nach ungestörtem Wohnen und notwendiger Pflege ab. Ähnliche Einrichtungen wären auch bei der Versorgung jüngerer (bis etwa 60 Jahre) Pflegebedürftiger eine sinnvolle Lösung (z.B. MS-Kranke, Unfallopfer, geistig und körperlich Behinderte ohne Betreuer/Eltern). Ein »Lebenswohnrecht« des Behinderten in einer seinen Bedürfnissen gerecht werdenden Wohnstätte, die aus Mitteln der Ausgleichsabgabe bezuschußt wurde und bisher an eine Tätigkeit in einer Behindertenwerkstatt oder auf dem freien Arbeitsmarkt geknüpft war, wird durch § 31 Abs. 2 Nr. 6 der AusgleichsabgabeVO unabhängig hiervon grundsätzlich gewährleistet. Anhaltspunkte, wie der Wohnraum den Bedürfnissen der verschiedenen Behinderungsarten anzupassen ist, kann der neuen DIN-Vorschrift (18025, Teil 1: Rollstuhlfahrer und Teil 2: andere Behinderungen) entnommen werden.

In der ehemaligen DDR waren Wohnstätten in Form von Alten- und Pflegeheimen die häufigste Wohnform für Behinderte, was dort – wie in den alten Bundesländern – zur »Fehlplazierung« jüngerer behinderter Menschen führte.

Erst allmählich werden alternative Wohnmöglichkeiten ausgebaut. Da hierfür besondere Voraussetzungen geschaffen werden müssen, wird dieser Veränderungsprozeß die nächsten Jahre dauern.

Öffentliche Verkehrsmittel und Individualverkehr: Bei Behinderten verschärft sich das ohnehin bestehende Mobilitätsproblem, wenn das Angebot an Beförderungsmitteln nicht auf die jeweiligen Behinderungen zugeschnitten ist und der einzelne aus eigenen Mitteln keine auf seine Bedürfnisse abgestimmte Beförderungsmittel beschaffen oder unterhalten kann.

Zur Mobilitätsverbesserung trägt die Ausstattung eines Teils der Fernzüge bei, u.a. des IC, ICE mit rollstuhlgerechten Großraumwagen und der rollstuhlgerechte Ausbau der Bahnsteige und Aufgänge bei (allerdings nicht möglich bei »Mischbenutzung« durch rollstuhlgerechte und nicht rollstuhlgerechte Züge). Dies ist besonders aktuell bei der S- und U-Bahn, was zumindest in Ballungsgebieten ein grobes Netz an rollstuhlgerechten Beförderungsmöglichkeiten entstehen läßt (wegen der großen Zahl der Bahnhöfe wird die »Deutsche Bahn« auf Jahrzehnte hinaus jedoch keine flächendeckende Alternative sein).

Ergänzt durch individuelle Behindertenfahrdienste (getragen von Verbänden der freien Wohlfahrtspflege, finanziert in der Regel im Rahmen des BSHG – vgl. § 40 Abs. 1 Nr. 8 BSHG –), ergäbe sich ein Verbund, der die vorhandenen Möglichkeiten optimal nutzt.

Erholung, Freizeit und sonstige Hilfen: Die Freizeitbedürfnisse Behinderter und Nichtbehinderter unterscheiden sich dem Grunde nach sicherlich nicht.

Eine spontane Teilnahme an allgemeinen kulturellen, Freizeit- bzw. Urlaubsangeboten der Allgemeinheit wird allerdings die Ausnahme sein. Die Wohlfahrtsverbände und die Behindertenorganisationen bieten eine breite Palette von Möglichkeiten an, wie organisierte Reisen oder spezielle Ferienführer für Rollstuhlfahrer. In einigen Großstädten (z.B. Nürnberg und München) sind vor Jahren bereits Aktivitäten an den Volkshochschulen angelaufen, die sich ausschließlich mit den Belangen Behinderter befassen und Programme für Weiterbildung, aber auch für musische und schöpferische Tätigkeiten anbieten. Neben sozialen (Ablehnung) und physischen (eingeschränkte Bewegungsfreiheit) Gründen ist es oftmals auch die finanzielle Situation, die Behinderte an einer Teilnahme am gesellschaftlichen und kulturellen Leben hindert.

Es werden deshalb bei vielen Einrichtungen für Schwerbehinderte ermäßigte Eintrittspreise verlangt bzw. finanzielle Erleichterungen gewährt (z.B. Nachteilsausgleiche in der gesetzlichen Sozialversicherung, Erhöhung von Einkommensgrenzen bei der Wohnungsbauförderung und beim Wohngeld, Befreiung von der Rundfunk- und Fernsehgebührenpflicht, Parkerleichterungen für Schwerbehinderte, Beitragsnachlaß in der Kraftfahrzeugversicherung usw.). Darüber hinaus gibt es noch direkte finanzielle Leistungen, die zur ersatzweisen Deckung des wegen der Behinderung nicht aus eigener Kraft erzielbaren Einkommens bzw. zur Deckung besonderer Bedarfslagen dienen (vorrangig: BSHG).

Eine umfassende *Beratung*, die auf die Fülle von gesetzlichen Vorschriften und Träger der Rehabilitation eingeht, ist notwendig. Die Anzahl der Träger und Stellen zeigt zwar, daß viele Lebensbereiche und Risiken weitgehend abgedeckt sind, andererseits ist die Vielzahl auch ein Ausdruck dafür, daß das Schicksal der Behinderung nicht einheitlich und umfassend betrachtet wird, sondern in der Regel nur ausschnittsweise. Als Hilfestellung für den planerischen und beratenden Bereich sind ebenfalls die Behindertenbeauftragten oder -koordinatoren zu sehen, die eine ganzheitliche Hilfestellung anbieten können.

Beseitigung baulicher und technischer Hindernisse: Bauliche und technische Hindernisse stellen sich insbesondere Rollstuhlfahrern, Gehbehinderten, aber auch Sinnesgeschädigten in den Weg. Erleichterungen bringen folgende Maßnahmen: Absenkung von Gehsteigkanten mit für Blinde fühlbarer Stufe, akustische Hinweise an Fußgängerampeln und tastbar geformter Bodenbelag im Bereich der Fußgängerüberwege für Blinde, stufenlose Zugänge für Rollstuhlfahrer, ausreichende Türöffnungen, Aufzüge entsprechender Größe wie auch farbige Markierungen an öffentlichen Gebäuden und ausreichende Beleuchtung.

Ist der Um- bzw. Ausbau öffentlicher Gebäude nicht möglich, dann helfen ebenerdige Besprechungsräume evtl. mit Gegensprechanlage Behinderten, den zuständigen Sachbearbeiter zu erreichen.

Leistungen der Träger der Freien Wohlfahrtspflege: Diese Hilfestellungen fächern sich in eine breite Palette von Tätigkeiten auf, von Trägern der Rehabilitationseinrichtungen medizinischer und beruflicher Art (Kurkliniken, Reha-Krankenhäuser, Berufsbildungs- und -förderungswerke, Behindertenwerkstätten, Wohnheime und Wohngemeinschaften für alle Behinderungsarten usw.) bis hin zu Hilfsdiensten und Beratungs- und Anlaufstellen, die es ermöglichen, Behinderte mit einer Reihe ergänzender Dienste in ihrer gewohnten Umgebung zu halten (z.B. Sozial- und Diakoniestationen, Krankenpflegevereine, Notrufsysteme, »Essen auf Rädern« u.dgl.).

Behinderte, besonders geistig oder psychisch Behinderte, sind oft nicht in der Lage, ihre Angelegenheiten selbst zu ordnen und zu erledigen und bedürfen der

Hilfe Dritter, mit oder ohne ihre Zustimmung. Die bisherigen Regelungen der für diese Zwecke vom Gericht bestellten Vormünder oder Pfleger des seit fast 100 Jahren geltenden Vormundschafts- und Pflegschaftsrechts wurden ab dem 1.1.1992 durch ein neues *Betreuungsrecht* abgelöst.

Schlußbemerkung: Das scheinbar dichte Netz der B. darf nicht darüber hinwegtäuschen, daß die Hilfen weitgehend durch die öffentlichen und privaten Träger gewährt und institutionalisiert wurden, während der Gedanke der Nächsten- oder Selbsthilfe mehr und mehr in den Hintergrund getreten ist. Die staatliche Gesetzgebung hat zwar formale Rahmenbedingungen für Verbesserungen festzulegen vermocht, damit aber noch nicht jene Bewußtseinsänderung bewirkt, die für ein befriedigendes mitmenschliches Verhältnis zwischen Behinderten und Nichtbehinderten unabdingbar ist. Da die Integration als eigentliches Ziel partnerschaftlichen Miteinanders kein »von oben her« reglementierbarer Prozeß ist, wird es auch in Zukunft darauf ankommen, wie Nichtbehinderte und Behinderte zusammenleben wollen. *N. Roth*

Literatur: Hinweis zur kommunalen Behindertenhilfe (Deutscher Städtetag, Reihe D, H. 9, Köln 1979); Behinderte und kommunale Planung (Universität Dortmund, Dortmunder Vertrieb für Bau- und Planungsliteratur, Dortmund 1984); Handbuch für die Behindertenarbeit (Kommunal-Verlag Recklinghausen); Koordination der Behindertenarbeit im örtlichen Bereich (H. 28 der Arbeitshilfen des DV Frankfurt/M. 1985); M. Frommann: Betrachtungen zum neuen Betreuungsrecht, NDV 1992, 2ff.; D.-R. Schneider: Die Situation der Behinderten in der ehemaligen DDR, NDV 1991, 83; Sozialmagazin, 19. Jg., H. 12: Themenschwerpunkt Behinderte: Mitleid und Aggression; H. Zanker/H. Donner: Schwerbehindertenrecht, München 1991; Arbeitskammer des Saarlandes: Schwerbehinderte und ihr Recht, Saarbrücken 1992.

Beratung

B. ist ein Zentralbegriff der *Sozialen Arbeit*: Es handelt sich um eine problemzentrierte *Interaktion* zwischen Ratsuchenden und Berater mit dem Ziel, Wissensrückstände aufzuarbeiten, Alternativen aufzuzeigen und Entscheidungshilfen zu geben. Dies vollzieht sich als *Einzelfallhilfe*, *Institutions-* und Politik*beratung* durch kompetente Fachkräfte im *Allgemeinen Sozialdienst*, in Beratungsstellen oder über Institute. Im Zusammenhang einer wachsenden Komplexität der Lebensverhältnisse, von unüberschaubaren Rechtslagen und von verschärften sozialen Problemen hat sich ein zunehmender Bedarf an differenzierter B. entwickelt. Die klassischen Erziehungs- und Eheberatungsstellen erhielten Ergänzungen durch Einrichtungen zur B. bei Fragen der Schwangerschaft, Drogenabhängigkeit, Verschuldung, Arbeitslosigkeit oder Integration von Ausländern. Sozialpolitisch trägt die B. zu Erhalt und Wiederherstellung der Teilhabe am gesellschaftlichen Leben von Benachteiligten und Ausgegrenzten bei. Stehen bei der klassischen B. individuelle Probleme der Rechtsfindung oder Lebensführung im Mittelpunkt, zielt die Institutionsberatung auf Entscheidungsvorbereitungen bei organisierten Systemen.

Als duale Beziehung zwischen *Klient* und Berater ist B. eine traditionelle Funktion der SozArb. Zur Geschichte: Die Annahme, Elemente der B. fänden sich in der Praxis der Armenhilfe seit der Hamburger Reform 1788, spätestens seit dem Elberfelder System (Armenordnung 1852), steht und fällt mit der Definition von B. (*Geschichte der Sozialarbeit/Sozialpädagogik*). Die Seemannsfürsorge (1885, 1923) betrieb schon früh B. in Gesundheits- und Rechtsfragen; Auswandererberatung gibt es seit 1902, gesetzlich geregelt seit 1919; öffentliche Rechtsberatung seit 1904 (*Rechtsverwirklichung*); *Berufsberatung* seit 1917 (Bayern), 1919 (Preußen), 1920 weitere Länder, Regelung durch Reichsgesetz 1927. Auch im Bereich der Gesundheitsfürsorge wird B. als Aufgabe früh erwähnt, so z.B. schon 1929 die Sexual- und Eheberatung.

Wurde also der Begriff der B. schon zwischen 1900 und 1930 in den Aufgabenkatalogen von Fürsorgeinstitutionen verwandt, findet B. als methodisches Instrument der SozArb in den theoretischen Schriften jener Zeit keine Erwähnung. Die damals einflußreichen Lehrbücher der SozArb (»Wohlfahrtspflege«) von Salomon 1921 (liberaldemokratisch) und der Arbeiterwohlfahrt 1927 (sozialistisch) kennen B. als Funktion der SozArb nicht. Salomons zentraler Begriff ist »pflegerische Fürsorge«, B. wird nur als »ärztliche B.« erwähnt; im Lehrbuch der AW werden zwar u.a. »Sportärztliche Beratungsstellen« erwähnt, zentrale Begriffe der Methoden der Fürsorge bleiben aber »behandeln«, »unterstützen«, »heilen«. Freilich wurden beide Bücher zu einer Zeit geschrieben, in der die ganze Aufmerksamkeit der SozArb der Diagnose galt, was historische Ursachen hatte (Entwicklungen in der Auffassung vom Hilfe- bzw. Erziehungsbedürftigen, vgl. RJWG 1922, Reichsgrundsätze 1924 u.a.), vor allem aber aktuelle; Beginn des Einflusses US-amerikanischer Theorien der SozArb durch Richmonds »Social Diagnosis«, New York 1917, ein Buch, das lange Zeit als die Bibel fortschrittlicher Fürsorgearbeit galt. Mit Unterbrechung durch die nationalsozialistische Ära gewannen die Auffassungen der amerikanischen SozArb – insbesondere die der psychoanalytisch orientierten »Diagnostischen Schule« mit ihren Methoden der *Einzelfallhilfe* und der (mehr sozialpädagogisch beeinflußten) sozialen *Gruppenarbeit* – steigenden Einfluß auf das Verständnis von SozArb in Deutschland. Im Zuge dieser demokratischeren, offeneren, partnerschaftlicheren, auf Veränderbarkeit von Menschen und Verhältnissen vertrauenden *Theorien* der *Sozialarbeit/Sozialpädagogik* fand B. als Begriff wie als Praxis in der SozArb/SozPäd stärkere Beachtung (s. Frommann/Schramm/Thiersch). Was Mollenhauer von der B. in der *Erziehung* sagt, gilt sinngemäß auch für B. in der SozArb: Beratungsvorgänge setzen offene Situationen voraus, fordern eine qualitative Veränderung des Beziehungsverhältnisses und ein

demokratisches Konzept zur Verbesserung individueller und kollektiver Lebenslagen.
Der Begriff der B.: »Professionelle B. ist die effektive Führung einer helfenden Beziehung zwischen Klient und Berater, und als solche ist sie ein problemzentrierter Interaktionsprozeß. B. intendiert Lernen, Wachstum, Veränderung und letzten Endes eine Problemlösung. Effektive B. ist daher stets auf Problemlösung ausgerichtet« (R.P. Lippitt).
B. ist zentrale Aufgabe bzw. *Methode der Sozialarbeit/Sozialpädagogik* (je nach Definition von SozArb/SozPäd). Sie zielt auf Veränderung durch Lernen, ist gleichermaßen Orientierungs-, Planungs- und Entscheidungshilfe. B. setzt sich von der Auskunft durch systematisches Gestalten der Kommunikation hin zu einer Einstellungs- und Verhaltensänderung des Ratsuchenden ab. Hierbei werden die Grenzen zur *Supervision* unscharf, wenn diese ganzheitlich orientiert ist und nicht nur partiell Verhaltensweisen bearbeitet. Von der Therapie (*Psychotherapien*) unterscheidet sich die B. dadurch, daß sie trotz eines intensiven und professionell strukturierten Kommunikationsprozesses dem Klienten die Option über Vorgehen und Änderung überläßt. B. ist somit auch nicht mit Anleitung oder Führung zu verwechseln, die tendenziell auf eine Beeinflussung von Personen ausgerichtet sind *(Sozialmanagement)*. Dennoch liegt besonders in der Institutionsberatung die Gefahr nahe, durch B. »stellvertretend« für Leitung zu agieren.
B. wird interpretiert als ein aufklärendes Verfahren:
- »Das höchste, was B. heute sich als Ziel setzen kann, ist, dem Ratsuchenden zu eigener Klarheit zu verhelfen, ihm das, worum es ihm wirklich geht, bewußt zu machen, ihm zu helfen, eine Entscheidung zu finden, mit sich selbst zu Rate zu gehen, eine Rangordnung der Ziele für sich zu setzen, ihn zum Denken, zum Nachdenken, zur Überlegung zu bringen, ihm deutlich zu machen, daß die Führung des Lebens nichts ist, was als Produkt einer einfachen Entscheidung dastehen kann, sondern was eine vorherige Reflexion voraussetzt, Was ein Mit-sich-zu-Rategehen zuläßt, ja fordert« (Hennis, 11).
- »Die Aufgabe des Beratenden ist es, dem Ratsuchenden zur Einsicht in die Voraussetzungen seiner Entscheidung zu verhelfen, seine Aufgabe ist aber nicht, auf diese Entscheidung selber einen Einfluß zu nehmen. ...« (Bollnow, 78).
- B. ist »die erschöpfende Orientierung über Mittel und Wege zur Erreichung eines Zieles, das entweder vom Ratsuchenden angegeben oder für ihn oder zusammen mit ihm mit Hilfe der Identifizierung von seiten des Beratenden ermittelt worden ist« (Giese/Melzer).

Oder als ein befähigendes, motivierendes Verfahren:
- »Insofern liegt der pädagogische Sinn in der Beratungssituation gerade darin, daß sie die Selbständigkeit, die Produktivität, die Rationalität und die Phantasie des Ratsuchenden anspricht und erregt, daß sie ihn instand setzt, selbst auf einen Ausweg zu verfallen bzw. die erteilte Antwort nun als gleichsam selbstvollzogene zu akzeptieren oder auch sie zu verwerfen« (Mollenhauer, 25f.).
- »Beraten wirkt – durch die situativen Funktionen – propädeutisch (hinführend, vorbereitend, anbahnend) hinsichtlich des zukünftigen Handlungsvollzugs, der an einem je speziellen Inhalt orientiert ist« (Sprey, 149).

Oder als ein kooperatives und unterstützendes Verfahren:
- »B. ... zielt auf die Unterstützung sachgerechten Handelns im konkreten Fall« (Brezinka, 313).
- B. ist ein »gemeinsames Lösen des Problems eines Ratsuchenden«. Konstitutive Merkmale sind »das ausdrückliche Offenhalten des Entscheidungsspielraums des Klienten und die altruistische Grundorientierung, d.h., daß der Berater sich bewußt und ausdrücklich in den Dienst des Klienten stellt und daß er dessen Erwartungen, persönliche Hilfe für die Lösung seines Problems zu finden, zur Richtschnur seiner Tätigkeit macht« (Hruschka, 20).

Diese Definitionen von B. stimmen darin überein, daß B. nur dann stattfindet, wenn ein Klient B. wünscht, wenn er in der Lage ist, den interaktionalen Prozeß B. als verbalen Dialog einzugehen und durchzuhalten, und wenn der Berater darauf keinen Einfluß nimmt, wann, wie und für was sich der Klient während oder nach der B. entscheidet. Ratsuchender, Berater und Beratungsproblem sind die relevanten Bestimmungsfaktoren im Beratungsprozeß. Ein ganzheitlich orientiertes Beratungsmodell aktiviert Klienten zur bewußten Gestaltung ihrer Lebenssituation und des sozialen Umfeldes.
Überschreiten des »klinischen« Beratungsbegriffs in der SozArb: Die SozArb steht vor der Frage, ob ihr ein Begriff von B. ausreicht, der weitgehend auf den Voraussetzungen beruht, daß ein Klient (1) eine Beratungsstelle aufsucht, (2) in der Lage ist, sachlich über seine Probleme in einen Dialog einzutreten, (3) sich entsprechend zu entscheiden bzw. zu verändern, und (4) daß der Klient ausschließlich solche Probleme hat, die durch seine Entscheidung bzw. seine Verhaltensänderung gelöst oder vermindert werden können. Während die Pädagogik in der Diskussion um »B. in der Erziehung« im wesentlichen noch immer einen klinisch orientierten Beratungsbegriff verwendet, sucht die SozArb nach zusätzlichen Konzepten von B.:

1. In Kenntnis von sozialen Defiziten, Fehlentwicklungen, entstehenden Krisen, kann der SozArb nicht abwarten, ob und wann die davon Betroffenen ihn um B. bitten. Er kann auch nicht davon ausgehen, daß es sich bei den Problemen seiner Klienten im wesentlichen um Probleme handelt, die durch Veränderung in den Klienten (mehr Wissen, anderes Bewußtsein, mehr Mut und Selbstvertrauen, Sich-anders-Verhalten) lösbar sind. Er benötigt einen über den o.a. Beratungsbegriff hinausgehenden Begriff einer aufsuchenden und eingreifenden B. Aufsuchende B. sowohl als Prophylaxe wie als

Krisenintervention. Eingreifende B. sowohl als Aufklärung und Aufmerksammachen wie als Führung und soziale Aktion. Dasselbe Problem stellt sich auch dem Psychologen: Die problemaufsuchende Gemeindepsychologie kann nicht mehr mit dem gleichen Begriff von B. arbeiten wie die klassische Beratungspsychologie.

2. Der am medizinischen bzw. klinisch-psychologischen Modell orientierte Begriff von B. ist mittelschichtspezifisch. Schon deshalb ist er für die SozArb weitgehend unergiebig. Auf der Suche nach einem angemesseneren Konzept von B. und nach Beratungsformen, die die Problemlage und Lebensverhältnisse der Mehrzahl der Klienten der SozArb beachten, haben sich in jüngerer Zeit verschiedene neue Ansätze entwickelt unter Bezeichnungen wie »Unterschichtsberatung«, »Anwaltsberatung«, »Solidarische B.«, »Parteiergreifende B.«, »Anti-B.« (in Anlehnung an die »Anti-*Psychiatrie*«).

3. Diese neuen Ansätze orientieren sich an sozialwissenschaftlichen Erkenntnissen. Sie reduzieren die dichotome und wertneutrale Beziehung zwischen Ratsuchendem und Berater, indem sie a) eine Interessenkongruenz bei der Definition und Lösung von Problemen zwischen beiden anstreben, b) den Ratsuchenden zur Verbesserung seiner Lebenslage motivieren und c) hierbei die Funktion des Beraters als Bündnispartner bestimmen. B. wird zur Innovationshilfe für qualifizierte Lebensverhältnisse. Dies bedeutet, »daß B. zwar auf zwischenmenschlichen Beziehungen aufbaut, daß darüber hinaus aber die Alltagswelt der Ratsuchenden mit ihren vielschichtigen und vor allem sozioökonomischen Bedingtheiten in den Mittelpunkt der gemeinsamen Überlegung zwischen Berater und Ratsuchenden tritt. B. erhält damit zugleich eine politische Dimension« (Sengling). Der 8. Jugendbericht von 1990 hat z.B. für stadtteilorientierte Jugendberatungsstellen dokumentiert, wie diese Funktionszuweisung für B. in der Praxis aussieht.
Theorien der B.: Je mehr B. innerhalb der beruflichen Aufgaben und Methoden an Gewicht gewinnt, desto größer wird das Interesse der SozArb/SozPäd, ihr berufliches Instrument B. auch theoretisch zu durchdenken. Der Stand der theoretischen Diskussion ist freilich unbefriedigend: Noch arbeitet die *Aus-* und *Fortbildung* vielfach mit den adaptierten psychologischen bzw. psychotherapeutischen Theorien von B. Diese lassen sich in fünf Beratungsansätze systematisieren (Milner, Benz/Caroli):

1. Der Trait-factor-Ansatz: Der Klient wird psychodiagnostisch untersucht, wobei es darauf ankommt, seine Fähigkeiten und seine Schwächen möglichst genau zu bestimmen. Sind diese erkannt, wird der Klient darüber beraten, welche Ziele er unter optimaler Nutzung seiner Fähigkeiten (Begabungen, sozial verwertbare Persönlichkeitsmerkmale u.a.) und unter möglichster Vermeidung seiner Schwächen (z.B. Neigungen zu depressiven Reaktionen, hohe Konfliktbereitschaft) erreichen kann und wie er, um diese Ziele zu erreichen, vorgehen soll. Die hier einzuordnenden Beratungstheorien gehen davon aus, daß der Klient Träger persönlicher Eigenschaften ist und daß es Aufgabe der B. sei, ihm diese bewußtzumachen und ihm zu zeigen, wie er sich als Träger dieser Eigenschaften vorteilhaft verhalten kann. Die diesen Ansatz betreffenden wissenschaftlichen Veröffentlichungen beziehen sich vor allem auf die Bildungsberatung. Gleichwohl ist dieser Ansatz in der Praxis der SozArb/SozPäd weit verbreitet.
Kritik: 1. statisches Persönlichkeitsbild; 2. Überschätzung der diagnostischen Möglichkeiten.

2. Der behavioristische Ansatz: Dieser Ansatz basiert auf der Lerntheorie: Menschliches Verhalten ist erlernt und ist durch Lernen veränderbar. Unter anderen Bedingungen kann sich der Klient anders verhalten. Deshalb sucht B. Verhalten durch Umweltveränderung zu ändern. Das Arrangement von B. entspricht der Problemlage des Klienten, die Techniken der B. variieren je nach Klient und Problem. Jedes Verhalten wird auf spezifische, erforschbare Lernsituationen zurückgeführt (Verhaltensdiagnose), angemessenes Verhalten wird verstärkt, unangemessenes modifiziert.
Kritik: 1. Gefahr der Manipulation des Klienten; 2. für viele Klienten der SozArb (mehrfachbehinderte, multikausalgestörte, langfristig »verwahrloste« Klienten mit Symptomhäufungen) nicht effektiv; 3. das klinische Arrangement ist für Teile der SozArb/SozPäd ungeeignet.

3. Der nichtdirektive oder klientzentrierte Ansatz: Dieser Ansatz geht von folgenden anthropologischen und politischen Hypothesen aus: Jeder Mensch kann sich selbst verwirklichen und dadurch zu größerer persönlicher Reife gelangen, soweit dies seine soziale und materielle Umwelt zuläßt. Durch aktive Beteiligung an der B. findet der Klient im Prozeß der B. seinen eigenen Weg zur Selbstverwirklichung durch Veränderung seiner Erlebnisfähigkeit, seiner Fähigkeit zu kommunizieren, seines Verhältnisses zu sich selbst u.a.m. Eine demokratisch-pluralistische *Gesellschaft* ist offen genug, in Grenzen jedem seinen Weg zur Selbstverwirklichung freizugeben. Er muß ihn nur finden, wobei B. helfen kann.
Die Prinzipien der auf der Basis dieser Hypothesen entwickelten Gesprächstherapie sind in ihrem Kern der Praxis der SozArb/SozPäd nicht fremd. Die Bedeutung des Vertrauens zwischen Berater und Klient ist schon früh in der SozArb erkannt worden. Das Prinzip des Akzeptierens gilt auch in der sozialen Einzelhilfe als eine der Voraussetzungen des helfenden Prozesses ebenso wie das Ernstnehmen der Selbstinterpretation des Klienten einschließlich seiner Auffassung von Zielen und von der Art und Weise, wie ihm zu helfen wäre. Zweifellos dürfen die Formen von B., die in der Praxis der SozArb/SozPäd heute am weitesten verbreitet sind, diesem Ansatz zugeordnet werden. Erziehungsberatungsstellen arbeiten zum großen Teil nach diesem Ansatz, zu dem auch die Spieltherapie zu rechnen ist (*Erziehungsberatung*, *Spielpädagogik*).

Kritik: 1. Die anthropologischen und die politischen Hypothesen (Freiheit der Persönlichkeit und Offenheit der Gesellschaft) verführen dazu, alle Probleme des Klienten als solche zu verstehen, die sich über persönliche Reifung – gefördert durch B. – lösen lassen (*Anthropologie*); 2. richtet sich vorwiegend an motivierte und intellektuell befähigte Klienten.

4. Der psychoanalytische Ansatz: Entschiedenster Vertreter in der SozArb der BRD ist Junker: »Für die Beurteilung interkommunikativen Erlebens und aufeinander bezogener Erfahrung bietet bis heute allein die Psychoanalyse eine umfassende Theorie an.« »Beratungswissenschaft und Beratungspraxis sind i.d.S. angewandte Psychoanalyse« (Junker, 33). Andere Autoren stellen dagegen fest: Eine psychoanalytische Theorie der B. gibt es nicht (s. Benz/Caroli).
Als theoretische Basis der psychoanalytisch fundierten SozArb gewinnt die Weiterentwicklung als Ichtheorie Vorrang. Strikte kausale Beziehungen zwischen Verhalten (Symptom) und biographischem Prozeß werden unterstellt, wobei der früheren Kindheit besondere Bedeutung zukommt. Wir verdanken der psychoanalytischen Forschung viele Erkenntnisse über den Prozeß zwischen B. und Klient (Übertragung, Gegenübertragung, Widerstand, negative therapeutische Reaktion u.a.m.). »Die Erklärungsmodelle der Psychoanalyse (Persönlichkeitsstruktur, psychosexuelle Phasen usw.) helfen dem Berater, auch wenn er nicht therapiert, verständnisvoller auf den Klienten einzuwirken« (Benz/Caroli, 94).
Kritik: Der psychoanalytische Ansatz akzeptiert weitgehend die Hypothese, daß das Problem im Klienten liegt (in der Lebensgeschichte) und an ihm behandelt werden kann. Neuere Ansätze der Psychoanalyse werden in der SozArb/SozPäd noch nicht berücksichtigt.

5. Beratung als Entwicklungshilfe (Development Counseling): Ursprünglich aus der Entwicklungspsychologie entstandener Ansatz: (1) Jede Entwicklungsphase produziert spezifische Beratungsbedürfnisse; (2) rechtzeitige (präventive) B. verhindert oder reduziert die Entstehung von Entwicklungskrisen; (3) Krisenintervention muß sich an der Entwicklungsphase des Klienten orientieren. Inzwischen hat sich dieser Ansatz von der engen Bindung an entwicklungspsychologische Kategorien gelöst und eine sozialwissenschaftliche Ausprägung erhalten. Es handelt sich um eine Gruppe von Ansätzen, die allerdings in einigen Grundpositionen übereinstimmen: (1) Die B. befaßt sich ganzheitlich mit Gegenwart und Zukunft des Ratsuchenden. Alle Bedürfnisse und Probleme werden in die B. einbezogen; (2) der Berater ist solidarischer Partner in einem Arbeitsbündnis. Wie alle Lehrer hat er eine moralische Position, bestimmte Interessen und auch persönliche Schwächen. Darüber läßt er den Klienten nicht im unklaren; (3) Klient und Berater versuchen, ohne sich ihre differenten Situationen gegenseitig zu verschleiern, Ziele der B. zu finden, denen sie beide zustimmen können; (4) Ratsuchender und Berater versuchen durch Partizipation, die Chancen der Zielrealisation zu vergrößern als Bündnispartner; (5) diese Realisation umfaßt auch die Lebenslagenverbesserung des Ratsuchenden.
Kritik: Je mehr sich dieser Ansatz von seiner ursprünglichen theoretischen Bildung löst, wird gegen ihn der Vorwurf der Theoriearmut erhoben: Er sei sozialpragmatisch und eklektizistisch. Dies überzeugt nicht, denn B. als Entwicklungshilfe vereint die Prinzipien zeitgemäßer SozArb an Ganzheitlichkeit, Lebensweltorientierung und Prävention. Sie enthält die Chance der Ursachenbekämpfung und vermeidet Interventionen an Symptomen.

Versuche, eine allgemeine Theorie der B. zu entwerfen (Hornstein 1966), sind bisher nicht überzeugend gelungen; Grundmuster einer Beratungssituation oder die für die B. konstitutiven Bezugspunkte (Hornstein u.a. 1977) lassen sich definieren. B. als gesetzlicher Auftrag an die SozArb: Das Sozialstaatsprinzip (Art. 20, 28 GG) verpflichtet den Staat, für eine gerechte Sozialordnung zu sorgen (BVerfGE 22, 180). Im Rahmen dieser Sozialordnung ist die B. der sozial schwachen Volkskreise über die sich aus den Gesetzen ergebenden Rechte und Vorteile eine Amtspflicht der zuständigen Träger und ihrer Bediensteten (vgl. dazu das Grundsatzurteil des BGH v. 26.9.1957).
Rechtsquellen der B.: Die Pflicht für Sozialbehörden (*Sozialadministration*), B. zu gewähren bzw. vorzuhalten, ist in zahlreichen Vorschriften einschlägiger Gesetze formuliert. Leitnorm ist § 1 des *Sozialgesetzbuches* – Allgemeiner Teil – mit dem Hinweis auf B. als Hilfe zur Selbsthilfe. § 14 SGB I begründet ausdrücklich den Anspruch auf eine umfassende und sorgfältige B. Darüber hinaus regeln u.a. die §§ 8 Abs. 2, 124 und 126 BSHG sowie die §§ 17, 18, 21, 51 und 53 des KJHG die Beratungsaufgaben. Die Beratungspflicht ist dem Grunde nach ausreichend abgesichert; Umfang und Qualität bleiben aber offen, sie ergeben sich aus dem Sinn und Zweck der Gesetze und sind vom jeweiligen Fall her zu bestimmen.
B. in der Praxis: Genaue Zahlen über Beratungsstellen als institutionalisierte Form der B. im Bundesgebiet liegen nicht vor. Für die *Jugendhilfe* wurden nach der Statistik von 1990 für das damalige Bundesgebiet 1316 Erziehungs-, Jugend- und Familienberatungsstellen gezählt. In ihnen waren 8467 Personen tätig. Insgesamt wird die Zahl wesentlich höher liegen, wenn man die Stellen der *Schuldner-*, *Schwangerschaft*s- oder Suchtmittelberatung und den Beitritt der neuen Bundesländer in Betracht zieht.
Die Fachkräfte verfügen über unterschiedliche Qualifikationen: Juristen, Psychologen, Pädagogen, Sozialarbeiter, Erzieher. In der Jugendhilfe überwiegen Psychologen und Psychagogen. Da die Beratungsaufgabe in den Ausbildungsgängen nur peripher und ohne verbindliches Theoriekonzept vermittelt wird, stellt die interdisziplinäre Zusammenarbeit mit der Konsensbildung zu einem Beratungsmodell für die Beratungsstellen eine wichtige Herausforderung dar. Im Hinblick auf

den Bedarf an Beratungsstellen ist zu konstatieren, daß er durch die vorhandenen Angebote nicht gedeckt wird. So wird z. B. der Anspruch auf eine Familienberatungsstelle auf 50000 Einwohner nicht erfüllt. Insbesondere in Kleinstädten und ländlichen Regionen besteht eine Unterversorgung.

Der administrative Umgang mit der B.:
1. B. ist auch Ausdruck eines Machtgefälles. Der Berater ist in überlegener Position. Wann, wieviel, worüber und wie er berät, ist von seiner Entscheidung und seiner Beratungskompetenz abhängig. Der Klient ist auf ihn mehr oder weniger angewiesen. Auflehnung gegen ihn und sein Amt (seinen Verband) oder Kritik an Qualität, Inhalt und Umstände der B. können leicht zur Disqualifizierung des Klienten führen (»Querulant«). Klagen gegen ein Amt bzw. einen freien Träger der SozArb auf unterlassene, unvollständige oder fehlerhafte B. sind für den Klienten ziemlich hoffnungslos (Schadensdogma, Ermessensspielraum, Auslegung von Vorschriften mit unbestimmten Rechtsbegriffen).
2. Der beratende SozArb steht häufig im Konflikt zwischen dem Recht des Staatsbürgers auf vollständige B. und den finanziellen Interessen seines Dienstherrn.
3. Der beratende SozArb gerät in Schwierigkeiten, wenn seine Problemdefinitionen, Diagnosen, Beratungsinhalte, -ziele, -arten von den institutionalisierten Formen seines Amtes (Verbandes) und/oder von den Auffassungen seiner Vorgesetzten (Arbeitgeber) und Kollegen in auffallender Weise abweichen.
4. Der beratende SozArb eines freien Verbandes kann da, wo er seine Ratsuchenden in Rechtsangelegenheiten berät, mit dem Rechtsberatungsgesetz in Konflikt geraten *(Rechtsverwirklichung)*.
5. Die Wirksamkeit der B. wird durch ihre zeitliche (B. unverzüglich bei Bedarf), räumliche (kurze Wegstrekken) und emotionale (geringe Sprachbarrieren, milieubetonte Sachausstattung) Erreichbarkeit für Ratsuchende bestimmt.

Beratung in der Praxis der SozArb/SozPäd: Die Praxis kennt B. vor allem in folgenden Formen:
- Individual- oder Gruppenberatung (z. B. Familienberatung) von Klienten i. S. v. persönlicher Hilfe, Erziehungshilfe, therapeutischer Hilfe, Lebenslagenverbesserung;
- Individual- oder Gruppenberatung von Eltern, Pflegeeltern, Tagesmüttern, Erziehungsbeiständen, Vormündern, Betreuern und anderen Helfern in allen Bereichen der SozArb/SozPäd;
- Fachberatung für Jugend- und Erwachsenengruppen, sozialpädagogische Aktionen oder Einrichtungen;
- Institutionsberatung für sozialpädagogische Initiativen, Dienste, Institutionen und Organisationen. Institutionsberatung von Schulen durch SozArb/SozPäd findet kaum statt.
- Politikberatung als Umsetzstrategie bei *Planung*, Modellversuchen, Begleitforschung.

Die professionelle Kompetenz für B. erweist sich in der Fachlichkeit von Diagnose, Beratungsplanung und -technik wie in der Fähigkeit, das verfügbare sozialpolitische System (Gesetze, Dienste, Institutionen, Initiativen) im Interesse der Klienten zu nutzen und zu entwickeln.
Das Angewiesensein des Bürgers auf B. und die Bedeutung der B. als einer öffentlichen Aufgabe in vielen Bereichen ist heute allgemein anerkannt. Vieles ist noch zu tun: Das Angebot an dezentralisierten Beratungsdiensten ist zu erweitern, die Effizienz für alle Gruppen von Klienten ist zu verbessern, der Vertrauensschutz für die Klienten muß erhöht, formale Schranken müssen reduziert werden. Jedoch bergen eine unkritische Verwendung von B. und ein unkritischer Ausbau des Beratungswesens auch Gefahren. Unkritisch konzipierte B. mutet dem Klienten Anpassungsleistungen zu, die dieser nicht erbringen kann: B. programmiert ihn zum doppelten Versager, und sie definiert dadurch B. als ein administratives Instrument zur Anpassung des einzelnen an die als normal und unverrückbar vordefinierten politischen, ökonomischen und moralischen Gegebenheiten. Unkritischer Ausbau des Beratungswesens ist auch ein Stück problemverdekkender politischer Utopie. Von Beratungsdiensten wird erwartet, daß sie Gefährdungen mildern, politische Mängel ausgleichen, die Not bestimmter Bevölkerungsgruppen in Grenzen halten.
Doch auch bei der Lösung »nur« sozialpädagogischer oder sozialtherapeutischer Aufgaben sind der institutionell fixierten B. engere Grenzen gesetzt, als dies allgemein erwartet wird. Gerade die für die BRD typischen institutionalisierten, justifizierten und administrativ bevormundeten Beratungsdienste und -institutionen haben noch zu wenig Flexibilität, um die Beratungsbedürfnisse ihrer Klienten in Inhalt, Ziel und Form wirklich zu erfüllen. Sie trennen problemverursachende von problemlösenden Feldern (Hornstein), isolieren ein einzelnes Problem, auf das sich ihre B. konzentriert, haben wenig Vorstellung davon, welche Wirkungen ihre B. im Alltag der Klienten haben, wie sie auch auf die Vermutung angewiesen bleiben, der in der Beratungsstelle interagierende Klient sei identisch mit dem Klienten in seinem Alltag.
Viel ist von einer systematischen *Forschung* zu erwarten. Diese wird neben B. als interpersonellem Prozeß auch die institutionellen und politischen Bedingungen von B. zum Gegenstand haben.
Bearbeiter bis zur 2. Auflage W. Bäuerle, seit der 3. Auflage H. Hottelet

Literatur: E. Benz/W. Caroli: Beratung im Kontext der Schule, Ravensburg 1977; O.F. Bollnow: Existenzphilosophie und Pädagogik, Stuttgart 1959; W. Brezinka: Über Elternberatung, in: Die Sammlung, 1956; BMJFFG (Hrsg.): Achter Jugendbericht, Bonn 1990 (BT-Drs. 11/6576); A. Frommann/ D. Schramm/H. Thiersch: Sozialpädagogische Beratung, in: Zeitschrift für Pädagogik 5/1976; D. Giese/D. Melzer: Die Beratung in der sozialen Arbeit, Frankfurt/M. 1974; D. Giese/ U. Krahmer (Hrsg.): Sozialgesetzbuch (SGB I und X), Köln u. a. O. 1992; U. Gluntz u. a.: Jugendberatung – Ein Bericht aus dreijähriger Erfahrung, Berlin 1977; B. Hennis: Rat und Beratung im modernen Staat, in: NDV 1/1963; W. Hornstein: Beratung – Ein Erfordernis unserer heutigen Gesellschaft, in: Jugendwohl 1966; W. Hornstein: Beratung in der Erziehung, in: Zeitschrift für Pädagogik 5/1976 (mit weiteren Literaturhinweisen; W. Hornstein: Jugendprobleme – Jugendberatung, in: CARITAS 85, Freiburg 1986, 91 ff.; W. Hornstein/R. Bastine/H. Junker/C. Wulf: Beratung in der Erziehung, Frankfurt/M. 1977 (Fischer-Funkkolleg, 2 Bde.); E. Hruschka: Versuch einer theoretischen Grundlegung des Beratungsprozesses, Meisenheim 1969; H. Junker: Das Beratungsgespräch, München 1973; M. Koschorke: Unterschichten und Beratung, Göttingen ^{2}1975; R.P. Lippelt: Beratung, in: B. Sievers: Organisationsentwicklung als Problem, Stuttgart 1977; P. Milner: Counseling in Education, London 1974; K. Mollenhauer: Das pädagogische Phänomen der Beratung, in: K. Mollenhauer/C.W. Müller, »Führung« und »Beratung« in pädagogischer Sicht, Heidelberg 1965; C.W. Müller: Wie helfen zum Beruf wurde. Eine Methodengeschichte der Sozialarbeit, Bd. 1 ^{2}1988, Bd. 2 ^{2}1992, Weinheim/Basel; U. Seibert: Soziale Arbeit als Beratung, Weinheim 1978; D. Sengling: Jugendberatung, in: Enzyklopädie Erziehungswissenschaft, hrsg. von D. Lenzen, Bd. 9, Stuttgart 1983; T. Sprey: Beraten und Ratgeben in der Erziehung, Weinheim 1968.

Berufliche Bildung (b. B.)

1. Unter b. B. (Berufsbildung) versteht man die für die Ausübung eines Berufes notwendigen qualifizierenden Maßnahmen, die die Kompetenzen der Erwerbstätigen im fachlichen, personalen und sozialen Bereich ausbilden sollen. B. B. ist im Bildungswesen als dritte Säule neben der Schule und der Hochschule anzusehen. B. B. umfaßt im Sinne des BBIG vom 14. 8. 1969 die
- Berufsausbildung,
- berufliche Fortbildung und die
- berufliche Umschulung.

Häufig wird b. B. reduziert auf die berufliche Erstausbildung im Rahmen des dualen Systems; zur b. B. gehören jedoch auch berufsorientierende und -erhaltende sowie -erweiternde Maßnahmen. In den letzten Jahren spielt insbesondere berufliche *Weiterbildung* nicht nur wegen ihrer arbeitsmarktpolitischen Bedeutung, sondern auch im Zusammenhang mit der Notwendigkeit lebenslangen Lernens eine stetig wachsende Rolle. Nicht zuletzt deshalb mehren sich die Stimmen, die Weiterbildung als vierte Säule des Bildungswesens zu etablieren.

a) Die berufliche Erstausbildung zielt auf das Erlernen eines anerkannten Ausbildungsberufes und hat neben einer breit angelegten beruflichen Grundbildung die für die Ausübung einer qualifizierten beruflichen Tätigkeit notwendigen fachlichen Fertigkeiten und Kenntnisse zu vermitteln sowie den Erwerb von Berufserfahrung zu ermöglichen (§ 1 Abs. 2 BBIG).

b) Berufliche Fortbildung soll beruflichen (Wieder-) Eintritt, aber auch beruflichen Aufstieg erleichtern, indem Kenntnisse und Fertigkeiten vermittelt werden, die sich an den stetig und immer schneller verändernden beruflichen Anforderungen orientieren und diesen angepaßt werden. Ggf. sind diese Angebote zertifikats- bzw. abschlußbezogen organisiert (z. B. Meisterqualifikation).

c) Berufliche Umschulung soll den Übergang in eine (andere) geeignete berufliche Tätigkeit ermöglichen, um v. a. die berufliche Mobilität, aber auch den Fachkräftebedarf zu sichern.

Über den Stellenwert der b. B. und die Organisierung derselben gibt es eine lange kontroverse Diskussion, die in unterschiedlichen Zeiten immer wieder neu entfacht wird. Unstrittig ist inzwischen, daß eine zeitgemäße, an den Erfordernissen der Wirtschaft und Gesellschaft, aber auch den Bedürfnissen der Erwerbstätigen orientierte b. B. zwei zentrale Kompetenzen zu vermitteln hat:
- fachliche Fertigkeiten und Kenntnisse und
- Schlüsselqualifikationen (Kreativität, Methodenkompetenzen wie selbständiges Planen, Durchführen und Kontrollieren, Kooperations- und Kommunikationsvermögen).

In der bildungstheoretischen Begründung der b. B. kommen unterschiedliche Einschätzungen und Beurteilungen des beruflichen Bildungswesens zum Ausdruck, die jeweils Einfluß auf die Berufsbildungspolitik zu nehmen suchen. Die vom Deutschen Bundestag eingesetzte Enquete-Kommission »Zukünftige Bildungspolitik – Bildung 2000« weist in ihrem Schlußbericht vom Sept. 90 ausdrücklich darauf hin, daß sich in ihrer Arbeit erhebliche kontroverse Standpunkte herauskristallisiert haben. Allerdings gibt es auch einen Konsens in folgenden Punkten:
- mit Blick auf die europäische Integration wird die Steigerung des Qualifikationsniveaus immer wichtiger;
- durch Ausbildung muß ein Beitrag zu einem neuen Verhältnis der Geschlechter geleistet werden;
- die gestiegenen Ansprüche an *Arbeit* und Beruf führen zu einem erweiterten Qualifikationsbegriff, bei dem Selbständigkeit und Kommunikationsfähigkeit von besonderem Gewicht sind;
- in allen beruflichen Qualifizierungen muß umweltgerechtes berufliches Handeln geweckt werden;
- die Veränderungen in der Arbeitswelt und der *Freizeit* verstärken die Bedeutung der Weiterbildung;
- allgemeine, politische, kulturelle und berufliche B. sind grundsätzlich gleichwertig.

2. Das berufliche Bildungswesen wird von öffentlichen und privaten Trägern in Form von unterschiedlichen Bildungsmaßnahmen organisiert, die zwei Zielen dienen: den Erwerbstätigen vermitteln sie die Grundlagen für einen erfolgreichen Berufsweg und der Volkswirtschaft sichern sie die für den wirtschaftlichen Erfolg nötigen Fachkräfte (»Standortvorteil Qualifikationsniveau«). Lernorte sind nicht nur die öffentlichen und privaten beruflichen *Schulen* (die in Teilzeit- und in Vollzeitform existieren), sondern vor allem die Betriebe. Hinzu kommen mit wachsender Bedeutung die über- und außerbetrieblichen Lehr- und Übungswerkstätten, die Rehabilitationszentren für Behinderte, sowie eine Vielzahl freier privater Bildungsträger, die insbesondere im Weiterbildungssektor verankert sind. Angesichts dieser Vielfalt beruflicher Lernorte, die

häufig kombiniert zu besuchen sind, ist es insbesondere aus pädagogischen Gründen wichtig, zwischen den verschiedenen Lernorten eine didaktisch hinreichend gesicherte Abstimmung herzustellen.
Um die Attraktivität b. B. und insbesondere des dualen Systems zu erhöhen, werden in jüngster Zeit immer häufiger neu gestaltete Systeme offener Berufs- und Weiterbildung diskutiert, die auch einen offeneren Zugang zu diesen Systemen, v. a. zur Hochschule (»Begabtenförderung«) ermöglichen.

3. Das quantitativ-kapazitäre Ziel der b. B. besteht angesichts der anhaltenden *(Jugend-)Arbeitslosigkeit* zum einen in der Sicherung eines ausreichend hohen Ausbildungsplatzvolumens, zum anderen im steten Ausbau des Instruments FuU und anderer Qualifizierungsmaßnahmen, um sowohl arbeitsmarktentlastend zu wirken als auch bestimmten Risikogruppen des Arbeitsmarktes (Un- und Angelernte) überhaupt Integrationschancen zu eröffnen.
Im Zuge der Bildungsreformdiskussionen in den 70er Jahren und der ab 1973 spürbar werdenden *Jugendarbeitslosigkeit* bzw. Lehrstellenknappheit wurde die Bedeutung der Berufsausbildung zur Herstellung von *Chancengleichheit* herausgestellt, zumal sich der Trend zunehmend verstärkte, daß das Arbeitsplatzrisiko für Un- und Angelernte stieg und gleichzeitig die für diese Gruppe von Erwerbstätigen zu Verfügung stehenden Arbeitsplätze rapide abnahmen. In diesem Zusammenhang entstand die Forderung nach einer »Berufsausbildung für alle«, die u. a. dazu führte, daß in wachsendem Maße staatliche finanzierte Sondermaßnahmen zur Qualifizierung bestimmter, insbesondere sozial benachteiligter Jugendlicher und junger Erwachsener, die nicht zum Klientel klassischer Jugendhilfeangebote gehörten, angeboten werden konnten. Herauszuheben ist das sog. Benachteiligtenprogramm (ab 1980), das mittlerweile (nach einer anfänglichen Modellphase in Verantwortung des BMBW) Bestandteil des AFG ist. Im Rahmen dieses Programms wurden Elemente einer durchgängig sozialpädagogisch orientierten Berufsausbildung entwickelt, deren Grundbestandteile aufgrund des wachsenden Problemdrucks auch in den »regulären« betrieblichen Ausbildungsverhältnissen Platz griffen. Erhöht wurde der Druck u. a. durch die mit der Neuordnung etlicher Berufsbilder (Vorreiter zu Beginn der 80er Jahre: die industriellen Metall- und Elektroberufe) zusammenhängende Erhöhung des Anforderungsprofils sowie der gleichzeitig steigenden Zahl an Ausbildungsabbrechern.
Nachdem sich Ende der 80er Jahre abzuzeichnen schien, daß sich in einzelnen Branchen und Regionen insbesondere aufgrund der demographischen Entwicklung das Kapazitätsproblem auf dem Ausbildungsstellensektor lösen ließe (mancherorts sprach man schon von einem drohenden Facharbeitermangel, dem man mit der Erschließung aller Bildungsreserven begegnen wollte), entstand mit der Wende in der ehemaligen DDR eine gänzlich neue Situation. Wie im Einigungsvertrag festgelegt wurde, war das Berufsbildungssystem der alten Bundesländer unverzüglich und ohne Übergangsregelung in den neuen Bundesländern umzusetzen; dies führte nicht nur zu erheblichen qualitativen Problemem (v. a. hinsichtlich berufspädagogischer Zielsetzungen und Grundlagen, aber auch der materiellen Voraussetzungen bezogen auf die Ausbildungsmittel), sondern verschärfte auch die quantitative Situation. Erhebliche Kapazitätsprobleme entstanden nicht nur durch die Vielzahl der »abgewickelten«, bzw. in Konkurs gegangenen Betriebe, sondern v. a. auch durch die Tendenz, Berufsausbildung und Qualifizierung nicht mehr als Aufgabe der Wirtschaft und Verwaltung zu sehen, sondern sie aus Kostengründen durch öffentliche Förderung von Bund und Ländern realisieren zu lassen.
Berufsbildungspolitisch-qualitativ sind insbesondere die notwendigen Transferleistungen in die neuen Bundesländer als vorrangige Aufgabe zu sehen. Dabei sollte allerdings nicht übersehen werden, daß das Ziel einer weiteren Novellierung und Strukturierung der Ausbildungsverordnungen nach wie vor Bestand hat. Insbesondere die Umsetzung eines erweiterten Qualifikationsbegriffs, der die Lernziele Selbständigkeit und Kommunikationsfähigkeit sowie allgemeinbildende Bildungsinhalte aufgreift und als gleichwertig anerkennt und Umweltlernen impliziert, bedarf neuer Anstöße. Schließlich müssen auf dem Hintergrund der europäischen Integration, aber auch einer partnerschaftlichen Zusammenarbeit mit den Ländern der Dritten Welt sowie den Ländern außerhalb der EU auch in der Berufsbildungspolitik Vorraussetzungen geschaffen werden, die zu Verständnis und Toleranz beitragen.
Berufsbildungspolitisch-strukturell wird das Augenmerk darauf zu richten sein, daß vor allem eine breite Grundbildung die steigenden Polyvalenzanforderungen erfüllt und gleichzeitig die Voraussetzungen für ein lebenslanges Lernen geschaffen werden, indem ein abgestimmtes Weiterbildungssystem entwickelt wird. Dabei ist methodisch darauf zu achten, daß die Möglichkeiten des Selbstlernens vor dem Hintergrund sich verändernden Arbeits- und Freizeitverhaltens stärker entfaltet werden. Bei sich weiter verengenden Arbeitsmarktchancen für Un- und Angelernte, aber auch einem erkennbaren hohen Bedarf der Unternehmen nach gut ausgebildeten Fachkräften wird es darüberhinaus notwendig sein, neue Konzepte und Formen der abschlußbezogenen (Nach-)Qualifizierung zu erproben und zuzulassen. Schließlich ist im Zusammenhang mit der europäischen Integration und der damit einhergehenden Freizügigkeit und der grenzüberschreitenden Mobilität weiterhin an der Vergleichbarkeit der Berufsbildungssysteme, v. a. aber der Berufsbefähigungsnachweise zu arbeiten. Ziel ist nicht die Vereinheitlichung der europäischen (Berufs-)Bildungspolitik, nicht die »Europäisierung der nationalen Bildungssysteme«, sondern vielmehr die Herstellung der »Europafähigkeit« der einzelnen Bildungssysteme, wie es im bereits erwähnten Schlußbericht der Enquete-Kommission formuliert ist. In diesem Sinne ist konsensuales Ziel

europäischer Berufsbildungspolitik die Herstellung größtmöglicher Transparenz in einer lebendigen Vielfalt der Systeme. Allerdings schließt die europäische Integration nicht nur eine gemeinsame Verantwortung für die Angleichung und Hebung des Qualifikationsniveaus mit ein, sondern auch für den sozialen Zusammenhalt. *H. Schild/S. Vogelsang*

Literatur: L. Alex: Die duale Ausbildung in ständiger Bewährungsprobe, in: Perspektiven der Dualen Berufsausbildung, Bielefeld 1994; Aufbruch nach Europa: 5. Bayrischer Berufsbildungskongreß Dokumentation, Nürnberg 1992; BiBB (Hrsg.): »Neue Berufe – Neue Qualifikationen – Entwicklungstendenzen und Lösungswerte für die Berufsbildungspraxis in Ost und West«, 9 Bde., Berlin/Bonn 1993; BMBW: Berufsbildungsbericht 1994. Bd. 40 der Reihe Grundlagen und Perspektiven für Bildung und Wissenschaft. Bonn 1994 (jährlich seit 1977); P. Diepold/A. Kell: Entwicklungen in der Berufsausbildung: deutsche Berufsbildung zwischen Modernisierung und Modernitätskrise im Kontext der europäischen Integration. Stuttgart 1993; Enquete-Kommission des Deutschen Bundestages: »Zukünftige Bildungspolitik – Bildung 2000«, BT-Drs. 11/7820 v. 5.9.90; P.W. Kloas/B. Selle: Vom Ungelernten zur Fachkraft. Modelle zur Kombination von Arbeit und Berufsausbildung im Überblick, BiBB-Berichte zur beruflichen Bildung. Berlin/Bonn 1994; A. Lipsmeier: Die Berufsausbildungspolitik der Gemeinschaft für die 90er Jahre: Analyse der Stellungnahmen der EU-Mitgliedstaaten zum Memorandum der Kommission. Bad Honnef 1994; G. Pätzold: Handlungsorientierung in der beruflichen Bildung. 4. Auflage, Frankfurt/Main, 1992; H. Schmidt: Das Prinzip der Partnerschaft in einem offenen europäischen Raum für Berufsausbildung und Qualifizierung, in: Berufsbildung in Wissenschaft und Praxis, H. 23/1994; B. Sellin: Strukturelle Bedingungen für Bildung, Ausbildung und Beschäftigung Jugendlicher in Europa, in: Entwicklungen in der Berufsausbildung: deutsche Berufsausbildung zwischen Modernisierung und Modernitätskrise im Kontext der Europäischen Integration, Stuttgart 1993; W. Schlaffke/R. Zedler: Wirtschaftlicher Wandel im neuen Bundesgebiet und Strategien der Qualifizierung. Köln 1992; R. Werner: Schaubilder zur Berufsbildung: Fakten, Strukturen, Entwicklungen, Band 1 Ausbildung. Bielefeld 1994.

Berufsberatung

B. bezeichnet die von der Bundesanstalt für Arbeit bei den einzelnen Arbeitsämtern organisierte *Beratung* für anerkannte Ausbildungsberufe und berufsbildende Schulen sowie die Vermittlung von Lehrstellen.
Zielgruppe der B. sind in erster Linie vor der Berufswahl stehende Jugendliche in allgemein- und berufsbildenden *Schule*n sowie Auszubildende und Studierende an Universitäten und Fachhochschulen. Besondere B. richtet sich an körperlich, geistig oder seelisch Behinderte (*Behindertenhilfe*) sowie sozial Benachteiligte. Zudem gehört die B. von Arbeitgebern in Berufsnachwuchsfragen zum Aufgabenspektrum.
Die B. umfaßt die *berufliche Beratung* – Auskunft und individueller Rat in Berufsfragen – und Fragen der *Berufsorientierung* – Berufswahl, berufliche Bildungswege, Berufe und ihre Entwicklungstendenzen. Zudem wirkt die B. unterstützend durch Vermittlung in berufliche Ausbildungsstellen und stellt, soweit erforderlich, finanzielle Hilfen bereit zur Förderung der beruflichen Ausbildung (*Berufliche Bildung*). Die B. ist als gemeinnützige staatliche Einrichtung für jeden tätig, der sie in Anspruch nehmen will, und arbeitet mit anderen Organisationen und Dienststellen zusammen: mit Schulen und Behörden, Hochschulen und Studienberatungsstellen, Gesundheitsämtern, Trägern der Berufsausbildung, der Berufsförderung und der Sozialhilfe, Einrichtungen der Arbeitgeber und Arbeitnehmer, wissenschaftlichen Forschungsstätten, Elternvertretungen, Jugend- und Sozialverbänden.
Im Rahmen der Berufsorientierung finden von der B. folgende Aktivitäten statt: Schulbesprechungen für Schüler/innen in allgemein- und berufsbildenden Schulen; berufsorientierende Vortragsveranstaltungen, Seminare, individuelle Betriebskontakte und Berufserkundungen etc. Zudem stehen flächendeckend, i.d.R. in den Hauptstellen der Arbeitsämter, sog. »Berufsinformationszentren« (BIZ) Interessierten zur Verfügung; diese Selbstinformationseinrichtung mit breitem Medienangebot dient der ersten Information über Berufe und berufsbezogene Fragestellungen und wird im Schwerpunkt von Klassen und Gruppen frequentiert. Es folgt danach die Einzelberatung nach persönlicher Anmeldung. Diese berufliche Beratung erhebt den Anspruch, auf die besonderen Verhältnisse des Jugendlichen und Erwachsenen abgestellt zu sein und umfassend zu informieren über Chancen, Risiken, sozialen Kontext sowie Gegebenheiten und Entwicklungen des in Frage kommenden Berufes. Reichen die im gemeinsamen Gespräch erarbeiteten Erkenntnisse für eine Entscheidung nicht aus, kann der Ratsuchende eine Eignungsuntersuchung vom Arbeitsamtpsychologen in Anspruch nehmen, an Gruppengesprächen und/oder Berufserkundung vor Ort, unter der fachlichen Anleitung des Berufsberaters, teilnehmen.
Der gesetzliche Auftrag zur B. leitet sich aus dem sozialen Grundrecht auf freie Entfaltung der Persönlichkeit und auf Freiheit der Berufswahl nach Art. 2 u. 12 GG ab. Rechtliche Grundlage der B. ist das *Arbeitsförderungsgesetz*, das der BA die Durchführung der B. überträgt (§ 3). Konkretisiert wird der Beitrag der B. zur Verwirklichung o.g. Grundrechte in den §§ 25–32 AFG. Die B. hat »die körperlichen, geistigen und charakterlichen Eigenschaften, die Neigungen und die persönlichen Verhältnisse des Ratsuchenden« und gleichzeitig die »Lage und Entwicklung des Arbeitsmarktes und der Berufe« angemessen zu berücksichtigen. Nach § 25 Abs. 1 AFG umfaßt »Berufsberatung« die: Berufsorientierung § 31 AFG, berufliche Bildung § 26 AFG, Ausbildungsvermittlung § 29 AFG, Förderung der beruflichen Bildung § 28 AFG. In § 27 wird auf der Basis der Freiwilligkeit auf das Recht zur ärztlichen Untersuchung und Durchführung eines Eignungstests hingewiesen, soweit dies der Berufsfindung dient. B. ist zudem zur Zusammenarbeit »mit den Einrichtungen der allgemeinen und beruflichen Bildung« verpflichtet (§ 32 AFG).

Die Aufgabenbereiche berufliche Beratung und Ausbildungsvermittlung sind mit dem Alleinrecht belegt und dürfen nur von der B. durchgeführt werden (§ 25 AFG). § 19 Abs. 1 SGB I bestimmt, daß B. einschließlich der Beratung über Ausbildungsfragen sowie Vermittlung in berufliche Ausbildungsstellen als Sozialleistung in Anspruch genommen werden kann. Alle berufsberaterischen Maßnahmen sind objektiv, unparteiisch und unentgeltlich auszuführen (§§ 20–22 AFG).
Seit einigen Jahren bildet die BA ihre Berufsberater selbst aus, und zwar in der »Akademie für Beratungsfachkräfte in der BA«, die der Universität Mannheim angegliedert ist.
Kritik an der Form der B. trifft vor allem ihre Schwachstellen im System. B. ist darauf ausgerichtet, den kurz vor der Berufswahl stehenden Ratsuchenden in seinem Berufsfindungsprozeß zu stärken, nach dem Prinzip »Hilfe zur Selbsthilfe«. Dem i.d.R. jugendlichen Ratsuchenden ist zuvor nur eine unzureichende Berufsvorbereitung in der Schule zuteil geworden. Dieser Mangel an beruflicher Bildung führt bei einem Teil der Jugendlichen zu einer persönlich und langfristig auch ökonomisch völlig falschen Ausbildungs- und Berufswahl. Der B. ist es im derzeitig bestehenden System – vor dem Hintergrund unzureichender Berufsvorbereitung in den Schulen, Überlastung von Berufsberatern hinsichtlich ihrer Fülle von Aufgaben (Einzelberatungsdauer von ca. 30–60 Min.), eingeschränkten Informationsflusses über die Nachteile bestimmter Berufe oder Lehrstellen bzw. Lehrfirmen etc. – nicht möglich, eine berufliche Bildung zu gewährleisten; sie ist mit diesem Anspruch überfordert – es stellt sich zudem die Frage, ob die B. die richtige Instanz ist, dies zu realisieren, oder ob nicht in die Schulausbildung die berufliche Bildung zu implementieren ist. Letzteres scheint notwendig und kann in verschiedenen Schulversuchen erfolgreich nachgewiesen werden. Untersuchungen belegen zudem, daß die Entscheidung über die Berufswahl, aufgrund dieser Ist-Situation, im Schwerpunkt durch die Hilfestellung in der *Familie* forciert wird und B. trotz des vielfältigen Angebots nicht den Stellenwert bei der Berufsentscheidung einnimmt. *J. Hetkamp*

Literatur: B. Bertram u.a.: Bildungsverhalten der Schulabgänger in den neuen Bundesländern, Berlin 1990; L. Bußhoff: Berufswahl, Stuttgart ²1995; Damm/Müller/Rottmann: Handbuch für Ausbildungsinitiativen, Frankfurt/M. 1985; W. Kirsch: Handbuch der Berufsberatung, Bern 1991; J. Kressin: Durch Schule zum Beruf, Berlin 1984; Kuratorium der deutschen Wirtschaft für Berufsbildung (Hrsg.): Für eine praxisgerechte Entwicklung der Berufsbildung, Bonn 1992; Material der Berufsberatung: Bundesanstalt für Arbeit, Regensburger Straße 104–106, 90478 Nürnberg (R. Dincher: Berufskundliche Information und Berufswahl von Abiturienten, Nürnberg 1987; Material der Unternehmerverbände (BDA, BDI, ZDH etc.) und der *Gewerkschaften*, speziell der Abt. Jugend u. Abt. Berufliche Bildung beim DGB, Hans-Böckler-Str. 39, 40476 Düsseldorf; W. Sarges u.a.: Analyse der beruflichen Einzelberatung, Nürnberg 1989; H. Schröder: Die Funktion und Rolle des Berufsberaters, Nürnberg 1989); R. Sudek u.a.: Berufswahlmotive der Jugendlichen und Berufsberatung, Mainz 1988.

Berufsbildungsgesetz (BBiG)

Das BBiG v. 14.8.1969 ist der vorläufige Abschluß der Bemühungen, die gesamte betriebliche Berufsbildung zu systematisieren und einheitlicher zu gestalten. Ziel der Neuordnung war es, die Rechtszersplitterung zu überwinden und eine umfassende, bundeseinheitliche Regelung zu schaffen, die dem technologischen und strukturellen Wandel gerecht wird und damit auch zur Sicherheit der Arbeitsplätze beitragen sollte (*Technologie*). Das Gesetz regelt vornehmlich die betriebliche Berufsausbildung, aber auch *Fortbildung* (*Weiterbildung*) und Umschulung, soweit nach dem GG nicht die Bundesländer zuständig sind. Ausgenommen ist die Berufsausbildung an berufsbildenden *Schulen*, die Berufsbildung in öffentlich-rechtlichen Dienstverhältnissen (u.a. Beamte, Richter, Soldaten) sowie die Berufsausbildung in den Heil- und Heilhilfsberufen (u.a. Krankenschwestern, Hebammen). I.e. werden geregelt: die rechtlichen Voraussetzungen für die Begründung eines Berufsausbildungsverhältnisses (Ausbildungsvertrag) und dessen Inhalt, die Ordnung der Berufsausbildung, hier vor allem die Voraussetzungen zum Einstellen und Ausbilden, das Prüfungswesen, die Überwachung der Berufsbildung und die berufliche Bildung Behinderter (*Behindertenhilfe*). Gesonderte Abschnitte befassen sich mit den Aufgaben und Mitwirkungsrechten paritätisch besetzter Ausschüsse für Berufsbildung.
In enger Beziehung zur SozArb/SozPäd steht die Überwachung der Berufsbildung (§ 45 BBiG). Sie geschieht durch Ausbildungsberater der Kammern (zuständigen Stellen), die Auszubildende und Ausbildende beraten. Die Überwachung erstreckt sich sowohl auf die persönliche und fachliche Eignung der Ausbilder als auch auf die Eignung der Ausbildungsstätten (§§ 20, 21, 22 BBiG). Sie steht daher auch in Zusammenhang mit der Arbeit der Gewerbeaufsichtsämter (u.a. § 25 JArbSchG), der *Berufsberatung* (Arbeitsverwaltung), der Berufsschule, *Gewerkschaften*, *Jugendämter* und *Vormundschaftsgerichte*. Die Ausbildungsberater sind insoweit auch Ansprechpartner für SozArb. Die Kammern und mittelbar auch die Ausbildungsberater haben wesentliche Kompetenzen. Sie können den Ausbildungsbetrieben Auflagen machen, Bußgeldanträge stellen, die Eintragung von Ausbildungsverhältnissen ablehnen und Verfahren zum Entzug der Ausbildungsbefugnis einleiten (§§ 22, 23, 24, 32, 99 BBiG). Die Ausbildungsberater können auch bei der Vermittlung von Ausbildungsplätzen mitwirken und bei der Klärung von Problemen zwischen Auszubildenden und Ausbildenden. Solche Schwierigkeiten führen vor allem in Kleinbetrieben häufig zu Vertragslösungen und Ausbildungsabbrüchen. Streitfälle aus bestehenden Berufsbildungsverhältnissen können durch Anrufen der bei den Kammern ggf. errichteten, paritätisch mit Arbeitnehmern und Arbeitgebern besetzten Schlichtungsausschüsse beigelegt werden. Sie sind vor Inanspruchnahme der Arbeitsgerichte anzurufen (§ 111 Arbeitsgerichtsgesetz).

In Beziehung zur SozArb/SozPäd steht ferner die Berufsbildung körperlich, geistig und seelisch Behinderter sowie Lernbehinderter (§ 48 BBiG). Bei ihnen können je nach Art und Schwere der Behinderung der Ausbildungsgang (sachliche und zeitliche Gliederung der Ausbildungsinhalte § 4 BBiG), die Ausbildungsinhalte (§§ 25, 28 BBiG) und die Prüfungsvoraussetzungen (§ 39 BBiG) durch die Kammern modifiziert werden. Im Rahmen ihrer Regelungsbefugnisse (§§ 44, 48 BBiG) wurde von den Kammern eine Vielzahl 2jähriger Behindertenberufe geschaffen, die den schutzwürdigen Belangen Behinderter nicht gerecht wurden. Das Bundesinstitut für Berufsbildung hat Empfehlungen zur inhaltlichen und zeitlichen Angleichung der Behindertenberufe an die regulären Ausbildungsberufe herausgegeben.

Seit Inkrafttreten des BBiG gab es starke Bestrebungen seitens der *Parteien*, Gewerkschaften, Unternehmerverbände und der BReg, das BBiG in wesentlichen Teilen zu novellieren. Hierunter fallen die »Markierungspunkte« des Bundeskabinetts v. 15.11.1973 und der Regierungsentwurf eines Berufsbildungsgesetzes v. 15.5.1975. Der Entwurf scheiterte am Widerstand des Bundesrates; Teile wurden im Ausbildungsplatzförderungsgesetz v. 7.9.1976 realisiert, das eine nie eingesetzte Finanzierungsregelung zur Sicherung eines ausreichenden Angebots von Ausbildungsplätzen vorsah. Das Gesetz wurde 1981 vom Bundesverfassungsgericht für nichtig erklärt. An seine Stelle trat – ohne Finanzierungsregelung – das Berufsbildungsförderungsgesetz vom 23.12.1981 (*Berufliche Bildung*).

H. Althoff

Literatur: Empfehlungen des Hauptausschusses des Bundesinstituts für Berufsbildung für Ausbildungsregelungen für behinderte Jugendliche. Bundesinstitut für Berufsbildung, Berlin 1979; Empfehlung des Hauptausschusses des Bundesinstituts für Berufsbildung vom 24.5.1985 zur Berücksichtigung besonderer Belange Behinderter bei Zwischen-, Abschluß- und Gesellenprüfung; G. Pätzold: Quellen und Dokumente zur Geschichte des Berufsbildungsgesetzes 1875–1981, Köln/Wien 1982; E. Hoffmann: Zur Geschichte der Berufsausbildung in Deutschland, Bielefeld 1962; U. Michelsen (Hrsg.): Das Berufsbildungsgesetz vom 14. August 1969 und seine Vorläufer, Kaiserslautern 1972; P. Weinbrenner: Bibliographie über die Diskussion um ein Berufsbildungsgesetz in der Bundesrepublik Deutschland, in: Deutsche Berufs- und Fachschule 9/1965; F.-H. Fredebeul/H. Krebs: Recht der Berufsbildung. Sammlung von Gesetzesmaterialien, Bielefeld o.J.; M. Wentzel: Autonomes Berufsausbildungsrecht und Grundgesetz, Stuttgart 1969; H. Götz: Berufsbildungsrecht, München 1992; *Kommentare:* J. Herkert: Berufsbildungsgesetz mit Nebenbestimmungen, Regensburg 1976; A. Siegert/H.-J. Musielak: Das Recht des Handwerks, München 1976.

Berufsverbände

1916 riefen Hedwig Wachenheim und Gertrud Israel zur Gründung von B. für den jungen Frauenberuf der Sozialarbeiterinnen (öffentliche und freie Wohlfahrtspflege) auf. Im Oktober 1916 erfolgte die Gründung des Deutschen Verbandes der Sozialbeamtinnen, im November 1916 die des Vereins katholischer deutscher Sozialbeamtinnen. 1921 wurde der 1902 gegründete Verband der Berufsarbeiterinnen der Inneren Mission in Verband evangelischer Wohlfahrtspflegerinnen Deutschlands umbenannt. Seit 1920 bilden alle drei Verbände die Arbeitsgemeinschaft der Berufsverbände der Wohlfahrtspflegerinnen Deutschlands. Ihre Zeitschrift war die »Soziale Berufsarbeit«, die eine Auflage von rd. 10000 Exemplaren erreichte. Berufsverbände für Männer entwickelten sich später. 1925 wurde der Bund Deutscher Sozialbeamter, 1928 der Verband katholischer deutscher Sozialbeamten, 1930 der Verband evangelischer Wohlfahrtspfleger und 1931 die Fachgruppe evangelischer Wohlfahrtspfleger im Deutschen Diakonen-Verband gegründet. In *Gewerkschaften* waren SozArb/SozPäd vor 1933 kaum organisiert. 1933 mußten alle B. ihre berufspolitische, gewerkschaftliche Arbeit einstellen. Sie lösten sich fast alle auf, einzelne versuchten, als Gesinnungsverband weiterzuarbeiten. Nach 1945 gab es wieder Gründungen von B. nach konfessionellen und überkonfessionellen Gesichtspunkten, auch die Trennung nach Geschlechtern wurde anfangs bei den Verbänden beachtet. Die zwei vorhandenen B. der SozArb/SozPäd in der BRD

1. Deutscher Berufsverband der Sozialarbeiter und Sozialpädagogen e.V. (DBS). Sitz: 45172 Essen, Schützenbahn 18. Zeitschrift: Die Berufliche Sozialarbeit, und
2. Berufsverband der Sozialarbeiter, Sozialpädagogen, Heilpädagogen e.V. (BSH). Sitz: 45143 Essen, Hedwig-Dransfeld-Platz 8. Zeitschrift: Sozial,

schlossen sich am 24.7.1993 in Frankfurt/M. nach längerer Diskussion zusammen: Deutscher Berufsverband der Sozialarbeiter/Sozialarbeiterinnen, Sozialpädagogen/Sozialpädagoginnen, Heilpädagogen/Heilpädagoginnen (DBSH). Sitz: 45127 Essen, Friedrich-Ebert-Str. 30. (Zeitschrift ab 1.1.1995 Forum Sozial).

Neben Sozialarbeitern, Sozialpädagogen, Heilpädagogen können heute u.a. Erzieher, Diplompädagogen mit dem Schwerpunkt Sozialpädagogik, Heilpädagogik Mitglied werden. Der B. ist Mitglied in der »Neuen Tarifgemeinschaft«, einem Zusammenschluß von mehreren Verbänden und Gewerkschaften (GGVöD, DAG, Marburger Bund), der anerkannter Tarifpartner bei allen Tarifverhandlungen mit den Arbeitgebern des öffentlichen Dienstes ist. Der B. gliedert sich in Landes- und Bezirksverbände. Auf Bundesebene gibt es Fachgruppen/Arbeitsgemeinschaften/Kommissionen, die spezielle Arbeitsgebiete betreuen, u.a. *Betriebliche Sozialarbeit*, SozArb im Gesundheitswesen (*Gesundheitshilfe*), in der *Psychiatrie*, *Altenhilfe*, freiberuflich tätige SozArb, Arbeitsrecht, *Ausbildung* usw. Alle

Funktionen im Vorstand und in den Arbeitsgruppen werden ehrenamtlich wahrgenommen.
Zweck und Aufgabenstellung des B.: Wahrnehmen der gesellschaftsbezogenen, fachspezifischen, berufspolitischen und arbeits-, tarif- und besoldungsrechtlichen Interessen seiner Mitglieder. Das will der B. insbesondere erreichen durch: Klären und Verdeutlichen des beruflichen Selbstverständnisses und der Funktion *Sozialer Arbeit* gegenüber Fachöffentlichkeit und *Gesellschaft* (Berufsbild und Berufsordnung); Mitgestalten der Sozial- und Gesellschaftspolitik durch Eingaben, Stellungnahmen und Beteiligen bei Anhörungen, Einflußnehmen auf einschlägige Gesetzgebung und Verwaltung unter Beachten gesellschaftlicher Entwicklungen; Einflußnehmen auf die Fortentwicklung *sozialer Berufe* und Mitwirken bei der Ausbildung; Mitarbeiten in Fachorganisationen und internationalen Verbänden; *Öffentlichkeitsarbeit*; Entwickeln und Anbieten berufsbezogener *Fort-* und *Weiterbildung*; Aufnehmen von Studenten und Berufspraktikanten als außerordentliche Mitglieder, um frühzeitig Kontakte und Mitarbeit an berufspolitischen und fachlichen Fragen zu ermöglichen; Durchführen von Fachtagungen zu speziellen Themen. Der B. ist Mitglied in der Internationalen Vereinigung der Sozialarbeiter (IFSW). In Österreich und der Schweiz bestehen ebenfalls B. der SozArb/SozPäd.

P. Reinicke

Literatur: DBS (Hrsg.): 60 Jahre DBS – 1916–1976. Ein Berufsverband zwischen Beharren und Verändern. Essen 1976; H. Gosejacob-Rolf: Deutscher Berufsverband der Sozialarbeiter und Sozialpädagogen e. V. (DBS), in: DV-Fachlexikon der sozialen Arbeit, Frankfurt/M. [3]1993; G. Grunert: Berufsverband der Sozialarbeiter, Sozialpädagogen, Heilpädagogen e. V. (BSG), in: DV-Fachlexikon der sozialen Arbeit, Frankfurt/M. [3]1993; W. Neubauer: 35 Jahre Berufsvertretung der Sozialarbeiter, in: Sozialarbeit in Österreich (SIO), Nr. 66/1985; P. Reinicke: Die Berufsverbände der Sozialarbeit und ihre Geschichte – Von den Anfängen bis zum Ende des zweiten Weltkrieges, Frankfurt/M. [2]1990; Berufsverbände: Welche Aufgaben sehen sie für sich selbst? Was legitimiert sie heute? Sind sie noch zeitgemäß? Beiträge zu diesen Fragen aus der BRD, aus Großbritannien, Österreich und der Schweiz, in: Soziale Arbeit, 40. Jg., H. 9/1991.

Betreuungsrecht

Mit der Einführung des B. zum 1.1.1992 wurde Abschied von dem aus dem letzten Jahrhundert stammenden diskriminierenden (und entrechtenden) Recht der Vormundschaft, Pflegschaft und Entmündigung für erwachsene Menschen genommen.
1. Das B. umfaßt alle durch das Betreuungsgesetz (BtG) erfolgten Regelungen (Änderungen des früheren Rechts der Vormundschaft und Pflegschaft für Volljährige) einschließlich der Landesausführungsgesetze zum BtG. Das durch das BtG neu eingeführte Rechtsinstitut der Betreuung ist seinem Wesen nach Interessenwahrnehmung für einen Volljährigen, der aufgrund einer psychischen Krankheit oder einer körperlichen, geistigen oder seelischen Behinderung seine Angelegenheiten ganz oder teilweise nicht besorgen kann. Für Minderjährige gilt das Recht der Vormundschaft, Pflegschaft und Beistandschaft daneben nahezu unverändert weiter. Die Schwerpunkte des B. liegen materiellrechtlich im bürgerlichen Recht (Art. 1 BtG) und verfahrensrechtlich im Recht der freiwilligen Gerichtsbarkeit (FGG; Art. 5 BtG). Durch das BtG wurden auch Normen des materiellen Rechts der Vormundschaft und Pflegschaft über Minderjährige geändert, insbesondere gelten die Bestimmungen über Aufwendungsersatz und Vergütung (§§ 1835 ff. BGB) sowohl für die Betreuung Volljähriger als auch für die Vormundschaft und Pflegschaft Minderjähriger. Eine umfassende Reform des Minderjährigenrechts steht noch aus. Das BtG läßt die herkömmliche Regelung der sog. natürlichen Geschäftsunfähigkeit des § 104 Nr. 2 BGB unberührt. Das BtG ist im gesamten Bundesgebiet am 1.1.1992 in Kraft getreten, sieht aber Übergangsfristen bis zur endgültigen Umsetzung vor. Die volle Umsetzbarkeit der Intentionen des B. wird allerdings immer wieder in Frage gestellt.
Kernpunkte des BtG sind: Beseitigung der früheren Entmündigung; die frühere Vormundschaft und Gebrechlichkeitspflegschaft über Volljährige wurde durch ein einheitliches Rechtsinstitut der »Betreuung« ersetzt. Die Betreuung wird vom Erforderlichkeitsgrundsatz beherrscht. Das Ausmaß der Betreuung richtet sich danach, wie weit der Betreute seine Angelegenheiten nicht mehr besorgen kann. Die Betreuung hat keine Auswirkungen auf die Geschäftsfähigkeit des Betreuten; ein sog. Einwilligungsvorbehalt muß gerichtlich besonders angeordnet werden.
Leitbild des B. ist die persönliche Betreuung. Vor allen anderen Möglichkeiten ist die Betreuung einer »natürlichen Person« zu übertragen. Bei der Auswahl des Betreuers ist primär den Wünschen des Betreuten, hilfsweise seinen sonstigen persönlichen Bindungen Rechnung zu tragen. Nur wenn die Betreuung durch eine natürliche Person nicht gewährleistet ist, darf – hilfsweise – ein anerkannter Betreuungsverein (»Vereinsbetreuung«) zum Betreuer bestellt werden. Wenn auch dies nicht möglich ist, wird die zuständige Behörde, die nach dem Betreuungsbehördengesetz (BtBG) gebildete Betreuungsbehörde, zum Betreuer bestellt (»Behördenbetreuung«). Der Betreuer ist verpflichtet, wichtige Angelegenheiten vor deren Erledigung i.d.R. mit dem Betreuten zu besprechen.
Das BtG hat der Personensorge gegenüber der Vermögenssorge mehr Gewicht als früher eingeräumt und die materiellrechtlichen Voraussetzungen im Bereich der Personensorge besonders konkretisiert, und zwar vor allem bei Maßnahmen, die sich auf die Gesundheit des Betreuten und seine persönliche Freiheit im Zusammenhang mit einer Unterbringung beziehen. Mit einbezogen sind sog. unterbringungsähnliche Maßnahmen, die dann vorliegen, wenn der Betreute zwar nicht untergebracht ist, jedoch in seine Freiheit erheblich durch mechanische Vorrichtungen, Medikamente oder auf andere Weise eingegriffen wird. Bereits bei der Be-

stellung eines Betreuers oder der Anordnung eines Einwilligungsvorbehaltes ist der Zeitpunkt festzulegen, zu dem das Gericht spätestens über die Aufhebung oder Verlängerung der Maßnahmen zu entscheiden hat. Die Frist darf längstens 5 Jahre betragen.

Ein zentrales Anliegen des BtG ist die Schaffung verbesserter Anreize für die Gewinnung geeigneter Betreuer. Das BtG enthält deshalb Neuregelungen zum Aufwendungsersatz, zur Vergütung und zur Aufwandsentschädigung sowie zur Übernahme der Kosten für eine Haftpflichtversicherung.

Der zweite große Schwerpunkt des B. sind die verfahrensmäßigen Absicherungen im Rahmen eines einheitlichen Verfahrens. Anstelle der früheren, gespaltenen Zuständigkeit des Prozeßgerichts und des Vormundschaftsgerichts sind alle Betreuungssachen und Unterbringungssachen beim Vormundschaftsgericht konzentriert. Die Rechtsstellung des Betroffenen im vormundschaftsgerichtlichen Verfahren wurde durch das BtG erheblich gestärkt, zum Teil wurden besondere Schutzvorkehrungen getroffen, etwa im Zusammenhang mit Eingriffen in die körperliche Integrität. Durch das B. wird eine einheitliche Zuständigkeit des Amtsgerichts (Vormundschaftsgericht) in Betreuungs- und Unterbringungssachen mit weitreichenden Verfahrensgarantien begründet: Anhörung des Betroffenen, Verfahrenspfleger, Anhörung weiterer Personen, rechtliches Gehör. Vor besonders eingreifenden Entscheidungen des Vormundschaftsgerichts (z. B. Genehmigung der Einwilligung des Betreuers in die Sterilisation) ist die verfahrensmäßige Absicherung des Betroffenen nochmals besonders verstärkt. Auch in Unterbringungssachen ist das Vormundschaftsgericht, unabhängig von der jeweiligen Rechtsgrundlage der Unterbringung, einheitlich zuständig; dies gilt neben der Unterbringung Betreuter (§ 1906 BGB) auch für die Unterbringung von Kindern und Jugendlichen (§ 1631 b BGB) sowie für die Unterbringung nach den Unterbringungsgesetzen oder Psychisch-Kranken-Gesetzen (PsychKG) der Länder. Die unterbringungsrechtlichen Verfahrensgarantien der §§ 70a bis 70g FGG sind elementar und dürfen insbesondere nicht durch die in § 70h FGG vorgesehene vorläufige Unterbringung unterlaufen werden.

2. Auch nach Einführung des B. haben Vormundschaft und Pflegschaft über Minderjährige ihre Bedeutung behalten. Während sich die Pflegschaft nur auf einzelne oder einen Kreis von Angelegenheiten des Pfleglings bezieht, hat die Vormundschaft grundsätzlich die allgemeine Fürsorge in persönlichen und Vermögensangelegenheiten des Mündels zum Gegenstand; die Betreuung ist nach dem Erforderlichkeitsprinzip grundsätzlich Teilbetreuung, nur im Ausnahmefall des gesondert anzuordnenden Einwilligungsvorbehalts Totalbetreuung.

Mit der Fürsorge für einen Minderjährigen wird ein Vormund betraut, der die Stellung eines gesetzlichen Vertreters des Mündels erhält. Die Anordnung einer Vormundschaft, die Bestellung und Überwachung des Vormundes erfolgen ebenso wie die Bestellung eines Betreuers im Verfahren der freiwilligen Gerichtsbarkeit, das heißt, daß auch hier das Amtsgericht als Vormundschaftsgericht zuständig ist. Als Vormund ist bei Minderjährigen vorrangig der von den Eltern Benannte zu berufen. Sind solche Personen nicht vorhanden oder sind diese ungeeignet, wählt das Vormundschaftsgericht nach Anhörung des Jugendamtes einen geeigneten Vormund aus und verpflichtet ihn zur treuen und gewissenhaften Führung der Vormundschaft. Die Übernahme des Amtes eines Vormundes ist ebenso wie die Übernahme einer Betreuung grundsätzlich ein Ehrenamt und staatsbürgerliche Pflicht; sie kann nur in den gesetzlich geregelten Fällen abgelehnt werden. Ist ein geeigneter Vormund nicht bekannt, kann auch eine bestellte *Amtsvormundschaft* des *Jugendamtes* oder eine Vereinsvormundschaft angeordnet werden. Die Vormundschaft endet durch Wiedereintritt des elterlichen Sorgerechts, in jedem Fall mit Erlangung der Geschäftsfähigkeit durch Volljährigkeit. Sie kann bei einem Minderjährigen, der das 17. Lebensjahr vollendet hat, auch bereits vor Eintritt der Volljährigkeit in eine vorsorgliche Betreuerbestellung überführt werden (§ 1908a BGB).

3. Die Umsetzung der zentralen Anliegen des neuen B. hängt nach wie vor in hohem Maße vom Tätigwerden der Bundesländer ab, die sowohl die notwendigen personellen und sächlichen Voraussetzungen für die Vormundschaftsgerichtsbarkeit zu schaffen haben als auch für die Ausführungsgesetzgebung zum BtG, vor allem nach dem Betreuungsbehördengesetz (BtBG) zuständig sind. Der Stand der Umsetzung ist von Bundesland zu Bundesland unterschiedlich; die Finanznöte der Bundesländer und der Kommunen verlangsamen das Umsetzungstempo und stellen zusätzlich die Erreichung der Gesetzesziele in Frage.

Die von den Bundesländern erlassenen Ausführungsgesetze zum BtG enthalten Regelungen über folgende Komplexe:

- die zuständige Betreuungsbehörde auf örtlicher Ebene (in der Regel die kreisfreien Städte und Landkreise),
- sowie ggf. die zuständige überörtliche Betreuungsbehörde (teilweise bei den Landeswohlfahrtsverbänden und Landschaftsverbänden, teilweise bei den Bezirksregierungen, landesunmittelbaren überörtlichen Trägern der Sozialhilfe, teilweise bei den Sozialministerien eingerichtet),
- die Aufgaben der Betreuungsbehörde,
- die Anerkennung von Betreuungsvereinen nach § 1908f BGB,
- die notwendigen Anpassungen der Landesunterbringungsgesetze wegen der bundesgesetzlichen Vereinheitlichung des Verfahrensrechts in Unterbringungssachen,
- sowie sonstige Anpassungsänderungen, insbesondere bei den Landes- und Kommunalwahlgesetzen wegen Art. 7 § 1 BtBG, welcher die früheren grundsätzlichen Einschränkungen beim Wahlrecht beseitigt hat.

Die von den Bundesländern erwartete finanzielle Förderung der Betreuungsvereine hat in den Ausführungsgesetzen der Länder sehr unterschiedliche Gestalt angenommen. Die meisten Ausführungsgesetze sehen Zuwendungen an anerkannte Betreuungsvereine »nach Maßgabe des Landeshaushaltsplans« vor. Nur Rheinland-Pfalz und Baden-Württemberg haben die Förderungsvoraussetzungen im Ausführungsgesetz und in untergesetzlichen Förderrichtlinien verläßlich konkretisiert.

Alles in allem wird aber die künftige tatsächliche Umsetzung der Ziele des B. weniger allein durch Rechtsnormen als vielmehr durch ehrenamtliche und professionelle soziale Arbeit geprägt sein. Zentrales Forum für die Arbeit im Betreuungswesen ist der durch die Reform mit initiierte Vormundschaftsgerichtstag; in Verbindung mit ihm wird als zentrales Publikationsorgan die Zeitschrift »Betreuungsrechtliche Praxis« herausgegeben. *M. Wienand*

Literatur: W. Bienwald: Vormundschaft-, Pflegschafts- und Betreuungsrecht in der sozialen Arbeit, Heidelberg [3]1992; BMJ (Hrsg.): Das Betreuungsgesetz in der Praxis. Ein Leitfaden, Köln 1992; A. Jürgens/D. Krüger/R. Marschner/P. Winterstein: Das neue Betreuungsrecht, München [2]1994; M. Wienand: Betreuungsrecht, Neuwied [2]1993.

Betriebliche Sozialarbeit (b. SozArb)

Die b. SozArb hat ihre Wurzeln in der vereinzelten, patriarchalisch-karitativen Betriebswohlfahrtspflege des ausklingenden 19. Jh. und der integrativen Werksfürsorge, die mit dem Eintritt einer großen Anzahl industrieungewohnter Frauen in die Waffen- und Munitionsfabriken zu Beginn des 1. Weltkrieges staatlich verfügt wurde. Seitdem ist die b. SozArb unter unterschiedlichen Bezeichnungen (Fabrikpflege, Werksfürsorge, Sozialberatung) ein fester, wenn auch nicht immer unumstrittener Bestandteil betrieblicher Sozialpolitik großer und mittlerer Produktions- und Verwaltungsbetriebe. Die Probleme b. SozArb liegen in ihrer Funktionsbestimmung und Aufgabenstellung im Rahmen der Institution Betrieb, denn Betriebe sind nicht in erster Linie auf die Erzielung einer sozialen Leistung, sondern auf die Herbeiführung wirtschaftlichen Erfolges ausgerichtet. So ist b. SozArb, ihrer Funktionsbestimmung folgend, als Teil der Bemühungen um die soziale Integration und Konfliktvermeidung im Betrieb zu verstehen. Sie ist dabei vor die schwierige Aufgabe gestellt, die persönlichen Belange des einzelnen mit den gesetzten Erfordernissen der betrieblichen Produktions- und Verwaltungszusammenhänge zu koordinieren und Interessen zu harmonieren. Zweifellos gerät sie in der Erfüllung der integrativen Aufgaben gleichermaßen in die Zone elementarer Interessenkonflikte wie auch in die Zone der Interessenkongruenz zwischen Belegschaft und Betriebsleitung. Die konkreten Aufgabenstellungen sind dabei von den sozialpolitischen Konzeptionen der einzelnen Unternehmens- bzw. Betriebsleitungen und der jeweiligen wirtschaftlichen Lage der Betriebe abhängig. Hinzu kommt der Einfluß der öffentlichen Sozialgesetzgebung sowie der verschiedenen die betriebliche Arbeitssituation unmittelbar beeinflussenden Gesetzgebung (z.B. BetrVerfG, MitbestG, SchwBeschG, MSchG, JArbSchG). Die b. SozArb verlagert heute ihren Schwerpunkt mehr und mehr von der unterstützenden zur vorsorgenden (gesundheitlichen Vorsorge, *Sport* und Freizeitgruppen) und vor allen Dingen zur beratenden Tätigkeit, die bei Fragen und Problemen ansetzt, die sich aus der betrieblichen Arbeitssituation der Betriebsangehörigen ergeben oder die aus der privaten, familiären Sphäre in die Arbeitssituation hineingetragen werden. Die zu Recht häufig kritisierte Kontrollfunktion des Privat- und Familienlebens durch die b. SozArb tritt dabei zunehmend zurück. Im allgemeinen gehören folgende Aufgaben zum Tätigkeitsbereich der b. SozArb (überwiegend von Sozialarbeiterinnen ausgeführt): beratende Mitarbeit in allen sozialen, »fürsorgerischen« Fragen innerhalb des Betriebs, Hilfe in persönlichen Angelegenheiten, Mitwirkung bei Maßnahmen der Gesundheitsvorsorge und Rehabilitation, Betreuung von Jugendlichen und Arbeitsemigranten, Beratung und Unterstützung bei unverschuldeten wirtschaftlichen Notlagen. Die Aufgaben werden wahrgenommen bei Besuchen am Arbeitsplatz, in Sprechstunden und bei Haus- und Krankenbesuchen. Die Inanspruchnahme der b. SozArb ist üblicherweise freiwillig und liegt im Ermessen des Betriebsangehörigen.

Als Problem der Aufgabenerfüllung stellen sich nicht zuletzt die unterschiedlichen Erwartungen der verschiedenen Ebenen der betrieblichen Hierarchie und der institutionalisierten Interessenvertretung der Belegschaft (Betriebsrat usw.) dar, die in Einklang mit der betrieblich zugeschriebenen Funktion und der spezifischen helfenden oder beratenden Intention der SozArb zu bringen sind. Da die b. SozArb als Einrichtung Teil der Betriebsleitung ist, die sich mit dem Einsatz und der Führung und Leitung der Arbeitskräfte beschäftigt, ist sie im allgemeinen der Personal- oder Sozialabteilung in Stabsfunktion zugeordnet, d.h. mit vorschlagender oder beratender Kompetenz, aber ohne Anweisungsbefugnis. Dies hat zur Folge, daß sie die Ansichten und Entscheidungen der Betriebsleitung mit zu vertreten hat. Um die für die sozialarbeiterische Tätigkeit im Betrieb notwendige Vertrauensbasis herzustellen bzw. nicht zu gefährden, sind die Betriebe auf Drängen der SozArb dazu übergegangen, Vereinbarungen und Richtlinien mit genauer Aufgabenstellung und Kompetenzbeschreibung für die SozArb zu erstellen, in denen die Informationsrechte und die Zugangsregelungen zu den betrieblichen Einrichtungen, die Interventionsrechte und das Recht auf Verschwiegenheit geregelt sind. Die besondere institutionelle Verfaßtheit der Industrie- oder Verwaltungsbetriebe in unserer Gesellschaft gibt der SozArb im Betrieb eine Sonderstellung, die vom SozArb eine spezifische berufliche Kompetenz erfordert: Interessengegensätze müssen genau erkannt werden, ihre institutionelle Bedingtheit bestimmt und die

spezifischen Verlaufsformen und Regelungen im betrieblichen Alltag für die Betroffenen nutzbar gemacht werden.
Allerdings ist die SozArb im Betrieb von den strukturellen Änderungen in Produktion und Dienstleistungen seit Mitte der 80er Jahre nicht unberührt geblieben. Kennzeichen der veränderten Rahmenbedingungen betrieblicher Arbeit sind die intensiven technischen und organisatorischen Rationalisierungen, internationalen Kapitalverflechtungen, Überproduktion und schließlich wirtschaftliche Rezession und Abbau sozialstaatlicher Grundlagen, verbunden mit struktureller *Arbeitslosigkeit*. Vor allem der Abbau von Arbeitsplätzen in der industriellen Produktion bringt Probleme hervor, die nicht mehr allein zum Arbeitsfeld b. SozArb gezählt werden können. Vielmehr werden Aufgaben b. SozArb jetzt häufig der außerbetrieblichen, öffentlichen Sphäre zugeordnet oder von Betriebs- oder Personalräten übernommen (*Betriebsverfassungsgesetz*). Entinstitutionalisierung und Entprofessionalisierung der b. SozArb werden auch durch betriebliche Organisations- und Managementphilosophien gefördert, die der menschlichen Arbeitskraft immer weniger Beachtung zumessen (z. B. Lean Production). Integration in den Betrieb und Loyalität sollen in diesen betrieblichen Konzepten durch eigenverantwortliche Tätigkeit in der Gruppe und schließlich durch den Druck des Arbeitsmarktes selbstregulierend gesichert werden, während zur Lösung von persönlichen Konflikten die Arbeitsgruppe und/oder der Betriebs- oder Personalrat oder das für das Problemfeld »menschliche Beziehungen« sensibilisierte Management selbst beitragen soll. Diese neuen betrieblichen Konzepte haben trotz der formalen Ähnlichkeit wenig zu tun mit der Art und Weise der spezifischen Konfliktbearbeitung in den Betrieben der DDR. Betriebskollektive und Konfliktkommissionen haben im Zuge des Zusammenschlusses der zwei gesellschaftlichen Systeme auch keinen Bestand gehabt.
Entwertung des Sozialen, Minderung der Bedeutung von menschlicher Arbeitskraft, Polarisierung der Qualifikationen, Arbeitsplatzunsicherheit und häufig Vereinzelung am Arbeitsplatz machen im Kontext mit den genannten betrieblichen Organisationsphilosophien den Gestaltungseinfluß der kollektiven Schutzorganisationen wie der *Gewerkschaften* in der betrieblichen Sphäre geringer, entwerten Arbeit und Betrieb als grundlegende Orientierungsinstanzen für die Individuen und stellen nicht zuletzt die traditionellen Aufgaben der b. SozArb in Frage. Der Status der b. SozArb wird tendenziell geringer. SozArb im Betrieb wird dadurch nicht einfacher. Sie muß aber den Veränderungen Rechnung tragen und angemessene Arbeitsformen finden. In Kooperation und Ergänzung der öffentlichen SozArb kann die b. SozArb als schwieriges, aber dennoch sinnvolles und interessantes Tätigkeitsfeld von SozArb betrachtet werden. *W. Siebel*

Literatur: R. Bendix: Herrschaft und Industriearbeit, Frankfurt/M. 1960; Betriebssozialarbeit: Schwerpunktheft Sozialmagazin 11/1994; U. Henke: Betriebliche Sozialarbeit. Versuch eines Vergleichs von Anspruch und Wirklichkeit, in: sozialmagazin 2/1992, 28–35; K. Lewin: Die Lösung sozialer Konflikte, Bad Nauheim 1953; M. Cordemann: Werksfürsorge – eine Monographie, Berlin 1955; M. Girmes: Die Sozialarbeiterin im Industriebetrieb. Versuch einer soziologischen Positionsanalyse, Weinheim 1970; L. Riedrich: Von der Werksfürsorge zur Sozialberatung. Eine Monographie, Essen 1976; R. Baur: Sozialarbeit im Industriebetrieb, Weinheim 1980; A. Schaarschuch: Tagungsbericht der AG Betriebliche Sozialarbeit 1990, in: np 2/1991, 167–168; J. Tafel: Strukturelle Aspekte einer Konfliktsituation in der Betriebssozialarbeit, in: np 2/1990, 160–168; Bundesfachverband Betriebliche Sozialarbeit e. V., Pf. 1382, 71303 Waiblingen.

Betriebserlaubnis

Die in den §§ 78/79 JWG geregelte institutionelle Heimaufsicht wurde durch das KJHG in den §§ 45 ff. neu geregelt. Bestimmend ist nicht mehr primär der Aufsichts- und Kontrollgedanke, sondern der Schutz der Minderjährigen in Einrichtungen soll durch einen im wesentlichen präventiv ausgerichteten Erlaubnisvorbehalt für die Betriebsaufnahme einer Einrichtung sichergestellt werden. Möglichen Gefahren für das Wohl der Minderjährigen soll möglichst im Vorfeld, im Rahmen des Erlaubniserteilungsverfahrens, im übrigen durch die Überprüfung der Einrichtung begegnet werden. Die Schließung von Einrichtungen und der damit notwendige Wechsel der Umgebung und der sozialen Beziehungen der Minderjährigen soll damit möglichst vermieden werden.
Das Instrumentarium, mit dem der Schutz von Minderjährigen in Einrichtungen primär gesichert werden soll, ist der Erlaubnisvorbehalt. Der Träger einer Einrichtung für Minderjährige bedarf gemäß § 45 KJHG für den Betrieb der Einrichtung der vorherigen Erlaubnis (Betriebserlaubnis). Dabei ist der Begriff der Einrichtung im Interesse des Wohls der Minderjährigen möglichst weit auszulegen, es genügt jede irgendwie geartete Betreuung oder auch die bloße Unterkunftsgewährung. Auf die Dauer der Betreuung oder Unterkunftsgewährung kommt es nicht an. Unter den Begriff der Einrichtung fallen daher nicht nur Heime (*Heimerziehung*), sondern z. B. auch Kinderkrippen, -gärten, -tagesstätten, Horte (*Tageseinrichtungen für Kinder*). Erfaßt werden auch sonstige betreute Wohnformen (§ 48 a KJHG), z. B. *Jugendwohngemeinschaften*. Eltern-Kinder-Gruppen (*Familienselbsthilfe*), die überwiegend in der Verantwortung der Eltern geführt werden, fallen allerdings nicht unter den Erlaubnisvorbehalt. Weitere Ausnahmen vom Erlaubnisvorbehalt i. S. d. § 45 KJHG (z. B. für Jugendherbergen, Schullandheime) sind in § 45 Abs. 1 KJHG ausdrücklich geregelt.
Zwar handelt es sich bei den Regelungen zur B. um eine »andere Aufgabe« der Jugendhilfe (§ 2 Abs. 3 Nr. 4 KJHG) und damit um eine ordnungsrechtliche Tätigkeit, doch die B. hat wesentlich auch eine sozialpädagogische Funktion: nämlich dafür zu sorgen, daß

qualifizierte, den pädagogischen Standards von *Jugendhilfe* entsprechende Leistungen erbracht und das Wohl und die Rechte der Minderjährigen in den Einrichtungen gesichert werden. Gemäß § 45 Abs. 2 KJHG ist dabei wesentlich auf die Betreuung durch »geeignete Kräfte« abzustellen und macht damit die Fachlichkeit zu einem wesentlichen Kriterium (*Ausbildung soziale Berufe*). Dabei ist nach der Art der Einrichtung und der konkret auszuübenden Tätigkeit zu differenzieren.

Nach § 45 Abs. 2 S. 3 KJHG sind mit den Trägern der Einrichtungen Vereinbarungen über die Voraussetzungen der Eignung anzustreben. Dieser »Vereinbarungsvorbehalt« ist zwingend, er hat der einseitigen hoheitlichen Regelung vorzugehen. Es entspricht der Sichtweise des KJHG von der Kooperation der Beteiligten und dem Grundsatz der partnerschaftlichen Zusammenarbeit zwischen öffentlicher und freier Jugendhilfe (§ 4 Abs. 1 KJHG).

Der Erlaubnisvorbehalt wird ergänzt durch die §§ 46, 47 und 48 KJHG. Nach § 47 KJHG haben die Träger einer erlaubnispflichtigen Einrichtung bestimmte Meldepflichten. Gemäß § 46 KJHG soll die zuständige Behörde nach den Erfordernissen des Einzelfalls an Ort und Stelle überprüfen, ob die Voraussetzungen für die Erteilung der Erlaubnis weiterbestehen. Eine regelmäßige, routinemäßige Überprüfung wird damit nicht verlangt und ist auch nicht zulässig. Überhaupt sollte die Überprüfung, so sie denn im Einzelfall notwendig ist, weniger als eine eingreifende Maßnahme verstanden werden. Vielmehr hat sie eher den Charakter von fachlicher *Beratung* und Unterstützung. Werden bei der Überprüfung Mängel festgestellt, die das Wohl der Minderjährigen tangieren, so richten sich die Folgen nach Art und Umfang der Mängel. Neben Beratungs- und Unterstützungsmaßnahmen kommen in Betracht: Tätigkeitsuntersagung in bezug auf einzelne Beschäftigte (§ 48 KJHG), nachträgliche Auflagen zur Betriebserlaubnis (§ 45 Abs. 2 S. 5 KJHG), Entzug der Betriebserlaubnis (§ 45 Abs. 2 S. 4 KJHG).

Gemäß § 49 KJHG können die näheren Einzelheiten durch das Landesrecht geregelt werden. Zuständig für die Erteilung der B. und die weiteren Aufgaben ist i.d.R. das LJA (zu den Einzelheiten § 85 i.V.m. § 69 Abs. 3 KJHG). Auch die Beratung der Träger von Einrichtungen während der Planung und der Betriebsführung gehört zum Aufgabenbereich (§ 85 Abs. 2 Nr. 7 KJHG). *Th. Lakies*

Literatur: G. Happe: Schutz von Kindern und Jugendlichen in Einrichtungen, in: RsDE H. 17 (1992); H. Krug u.a.: Kinder- und Jugendhilfe. Kommentar, Loseblatt, Starnberg; Th. Lakies: Zum Schutz von Minderjährigen in Einrichtungen, in: NDV 1991, 226ff.; Th. Lakies: Zu Funktion und Inhalt der Pflege- und Betriebserlaubnis, in: ZfJ 1995, 9ff; J. Münder u.a.: Frankfurter Lehr- und Praxiskommentar zum KJHG, Münster [2]1993; W. Schellhorn/M. Wienand: Kommentar zum KJHG, Neuwied [2]1995.

Betriebsverfassungsgesetz

1. Die betriebliche Interessenvertretung in privaten Betrieben nennt man Betriebsrat – BR – (in Kleinstbetrieben: Betriebsobmann/-frau), in öffentlichen Dienststellen Personalrat. Wie sie gebildet wird und sich zusammensetzt, wie sie auf betriebliche Entscheidungen Einfluß nehmen, im Konfliktfall Interessen und Rechte durchsetzen kann, wird im B. von 1972 geregelt (Bundes- und Landespersonalvertretungsgesetze, die dies für den öffentlichen Dienst regeln, bleiben außer Betracht).

2. Das »Sozialmodell« dieses Gesetz ist dreifach charakterisiert:

- Betriebliche Konflikte sind partnerschaftlich auszutragen. Ein reiner »Herr-im-Hause«-Standpunkt des Unternehmers wird abgelehnt. Der Unternehmer ist in wichtigen Fragen auf Kooperation und Beteiligung verpflichtet. Aber auch die Beschäftigten und ihre Vertretung sind auf Partnerschaftlichkeit verpflichtet. Sie sollen vertrauensvoll zusammenarbeiten, den Betriebskonflikt nicht mit Arbeitskämpfen austragen, sie sollen in vertraulichen Angelegenheiten Stillschweigen bewahren.
- Das Gegenüber der Betriebsleitung ist die gewählte Vertretung aller Beschäftigten des Betriebes – der BR –, nicht der Zusammenschluß der Arbeitnehmer – die *Gewerkschaft* –. Der dadurch begründete »Dualismus« von Betriebsrat und Gewerkschaft, prägendes Merkmal der Sozialordnung der Bundesrepublik, ist der Grund zahlreicher rechtlicher Streitpunkte, in welchen Fällen und in welchem Umfang die Gewerkschaft im Betrieb handeln kann.
- Betriebliche Mitbestimmung soll die Rahmenbedingungen der unternehmerischen Gewerbefreiheit beeinflussen, nicht an deren Stelle treten. Deshalb fällt die BR-Beteiligung um so schwächer aus, je mehr Fragen wirtschaftlicher Grundentscheidungen – etwa Standortentscheidungen, Investitionen, Produktpalette – im Spiel sind.

Das Sozialmodell der deutschen Betriebsverfassung verbleibt somit in einer ungelösten Spannungslage zwischen »wirklicher« Gleichberechtigung der Beschäftigtenvertretung und Vorrang der Unternehmensautonomie – einer Spannungslage, die sich in zahllosen juristischen Einzelkonflikten niederschlägt. Sie dürfte der Grund dafür sein, daß der BR von den Beschäftigten oft als »Vermittler« zur Geschäftsleitung, als Organ der »Abfederung« wirtschaftlich notwendiger Unternehmensmaßnahmen wahrgenommen wird. Bedeutsam für die Realität der deutschen Betriebsverfassung erscheinen zwei statistische Tatsachen:

- Rund 80% aller Betriebsratsmitglieder gehören den DGB-Gewerkschaften an. So bleibt das Modell des B. zwar für die Handlungsspielräume des BR bestimmend, entkräftet wird aber faktisch der Dualismus von BR und Gewerkschaft.
- Von allen Betrieben mit mindestens 5 Beschäftigten

(die nach § 1 BetrVG einen BR errichten müssen) haben nur etwa 20% tatsächlich einen BR. Legt man Beschäftigtenzahlen zugrunde, so stellt man fest, daß 66% aller Beschäftigten, die in einem Betrieb mit 5 und mehr Beschäftigten arbeiten, durch einen BR vertreten werden. Beide Zahlen machen in der Gesamtsicht deutlich, daß mit wachsender Betriebsgröße die Aussicht auf die (gesetzlich gebotene) betriebliche Interessenvertretung steigt. Wo kein BR existiert, sind die Beteiligungsrechte des BetrVG bedeutungslos. Demnach hat in zahllosen kleineren und mittleren Betrieben der BRD das Modell der Betriebsverfassung keine reale Geltung: Dort ist klar, wer Herr im Haus ist.

Bei der Bildung eines BR sind zwei Gesichtspunkte zu berücksichtigen, die sich manchmal schwer miteinander vereinbaren lassen. Einmal müssen im BR die vielfältigen in einer Belegschaft vorhandenen Interessen repräsentiert sein, um überhaupt vertreten werden zu können. Zum anderen müssen sich diese Interessen bündeln, um sich im Konfliktfall behaupten zu können. Über beide Gesichtspunkte – *Vielfalt und Einheit* – wird praktisch bereits bei der Betriebsratswahl entschieden.

Daß der BR repräsentativ zusammengesetzt ist, wird vom BetrVG nicht sehr konsequent geregelt. Einerseits verlangt das Gesetz zwar strikt, daß *Arbeiter* und *Angestellte* entsprechend ihrem zahlenmäßigen Verhältnis im BR vertreten sein müssen. Für die gleichmäßige Vertretung der *Geschlechter* gilt hingegen keine zwingende, sondern nur eine Soll-Vorschrift. Ähnliches gilt für VertreterInnen der Betriebsteile und Beschäftigungsarten. Für *Ausländer* gibt es nicht einmal eine solche Soll-Vorschrift. Ob eine betriebliche Interessenvertretung hinsichtlich Geschlecht und Nationalität wirklich der Vielfalt der zu vertretenden Interessen entspricht, also repräsentativ ist, wird somit vom Recht nicht garantiert. Es hängt vielmehr von der politischen Willensbildung im Betrieb ab.

Auch hinsichtlich der Einheitlichkeit der Interessenvertretung gegenüber Geschäfts- oder Dienststellenleitung weist das geltende Recht Lücken auf. Auf den »Dualismus« zwischen BR und Gewerkschaft wurde schon hingewiesen. Das BetrVG begünstigt ferner die eigenständigen Willensbildungsprozesse von Arbeitern und Angestellten, obwohl diese Unterscheidung heute längst nicht mehr so ein Gewicht hat wie etwa diejenige zwischen Männern und Frauen oder zwischen Deutschen und Ausländern. Das Sprecherausschußgesetz von 1988 hat die Gruppe der leitenden Angestellten ausgedehnt und von der einheitlichen betrieblichen Interessenvertretung abgespalten.

3. Die Rechte des BR sind Beschränkungen der einseitigen Weisungsmacht des Arbeitgebers im Betrieb – so weit sie reichen, darf der Arbeitgeber keine einseitigen Entscheidungen treffen. Man unterscheidet zwischen Mitbestimmungs- und sonstigen Mitwirkungsrechten des BR. Im Falle wirklicher Mitbestimmungsrechte (vgl. § 87 Abs. 1 und 2 BetrVG) steht der BR dem Arbeitgeber i.a. rechtlich gleich stark gegenüber: Er darf die Initiative ergreifen, um mit dem Arbeitgeber eine Betriebsvereinbarung abzuschließen – etwa um ein neues Entlohnungssystem einzuführen –; er kann verhindern – z.B. durch eine Verfügung des Arbeitsgerichts –, daß der Arbeitgeber ohne Verhandlungen einseitig entscheidet; er kann die Entscheidung eines paritätisch mit neutralem Vorsitzenden besetzten nichtstaatlichen Spruchkörpers – der sog. »Einigungsstelle« (§ 76 BetrVG) – herbeiführen, die innerhalb ihrer Kompetenz abschließend entscheidet. Von Mitwirkungsrechen wird gesprochen, wenn der BR nur ein Informationsrecht (z.B. das allgemeine Unterrichtungsrecht § 80 Abs. 2 BetrVG), ein Anhörungs- oder Konsultationsrecht (z.B. vor Kündigungen § 102 BetrVG, vor sog. »Betriebsänderungen« § 111 BetrVG) oder ein Widerspruchsrecht hat, das sich auf im Gesetz aufgezählte Gründe beschränkt (z.B. bei Versetzungen § 99 Abs. 2 oder Kündigungen § 102 Abs. 3 BetrVG). In diesen Fällen kann der Arbeitgeber, wenn er den Mitwirkungsbefugnissen entsprochen hat und Widerspruchsgründe nicht vorlagen, einseitig entscheiden.

Praktisch wichtig ist daher zu wissen, wo das Gesetz dem BR Mitbestimmungs- und wo es nur Mitwirkungsrechte einräumt. Das Zentrum der Mitbestimmung sind die sog. sozialen Angelegenheiten (vgl. § 87 BetrVG). Sie umfassen die wichtigsten kollektiv regelungsbedürftigen Fragen während laufender Arbeitsbeziehungen: Lohn-, Arbeitszeit-, Urlaubsgestaltung, Betriebsbußen, Werkswohnungen, betriebliches Vorschlagswesen, Berufsbildung u.v.m. Wo der Fortbestand der Arbeitsverhältnisse auf dem Spiel steht, bestehen nur Widerspruchsrechte, die praktisch voraussetzen, daß der BR nachweist, daß eine personelle Maßnahme personalwirtschaftlich sinnlos oder sozialwidrig ist. Bei wirtschaftlichen Angelegenheiten, Investitionen, Betriebsänderungen u.ä. ist das einzige, was der BR mittels der Einigungsstelle erzwingen kann, der »Sozialplan«, eine Einigung über Ausgleich oder Milderung der wirtschaftlichen Nachteile einer Betriebsänderung für Arbeitnehmer (s. § 112 Abs. 1 und 4 BetrVG). So wichtig Sozialpläne für die Betroffenen sind – die Betriebsänderung selbst bleibt mitbestimmungsfrei.

Diese Gewichtung des Gesetzes wird bei sog. Tendenzbetrieben verstärkt – Betrieben etwa mit (meist nichtkommerziellen) politischen, konfessionellen, karitativen, erzieherischen Zielen oder Betrieben der Medien (§ 118 Abs. 1 BetrVG – karitative und erzieherische Einrichtungen der Religionsgemeinschaften sind wie diese selbst vom BetrVG ausgenommen, § 118 Abs. 2 BetrVG: *Kirchen und Religionsgemeinschaften, Träger der Sozialen Arbeit, Wohlfahrtsverbände*). In Tendenzbetrieben gilt soziale Mitbestimmung meist fort, die personelle Mitwirkung besonders im Falle sog. Tendenzträger ist ausgedünnt, zahlreiche wirtschaftliche Informationsrechte bestehen nicht (vgl. § 118 Abs. 1 BetrVG). Von der Sozialplanpflicht bei Betriebsänderungen sind aber auch Tendenzbetriebe nicht befreit

(Einzelheiten und Streitfragen bei Fitting u. a. 1992: Rz 30–47).
Das BetrVG beschränkt die Beteiligung der Beschäftigten auf die gewählte betriebliche Interessenvertretung. Die Praxis zeigt, daß partizipative Politik betrieblicher Repräsentanten sich im letzten Jahrzehnt verstärkt hat; war sie Ende der 70er Jahre eher die Ausnahme, so hat sie seitdem deutlich zugenommen; siehe den Vergleich von Kotthoff 1981 und Kotthoff 1994. Direkte Beteiligung besteht nur ganz individualisiert (vgl. §§ 82, 83, 84–86 BetrVG). Betriebs-, Abteilungs- und Teilversammlungen (§ 42 Abs. 1 und 2 BetrVG) – besonders in der Form der Teilversammlungen – bieten den Beschäftigten die Chance einer arbeitsplatznahen Kommunikation: sowohl untereinander als auch im Verhältnis zu den gewählten Vertretern. Auch für diese Versammlungen gilt allerdings, daß sie dem BR nur Anträge unterbreiten und zu seinen Beschlüssen Stellung nehmen können (§ 45 S. 2 BetrVG).
Hinsichtlich der Arbeitsorganisation besteht nur ein abgeschwächtes Partizipationsrecht des BR: Es besteht aus Informations- und Anhörungsrechten (§ 80 BetrVG) sowie aus einer engumgrenzten Partizipation in Fragen der Ergonomie (§§ 90 und 91 BetrVG). Große praktische Wirkung hat diese Partizipation nicht erzielen können. Das betriebliche Vorschlagswesen (gemäß § 87 Abs. 1 Ziff. 12 BetrVG) enthält ein kollektives Beteiligungsrecht bei betrieblichen Verbesserungsvorschlägen der Beschäftigten. Hierunter lassen sich auch Vereinbarungen über betriebliche Qualitätszirkel fassen (Fitting et al. 1992, Rz 154ff. zu § 87). Von dem Mittel des betrieblichen Vorschlagswesens wird sehr viel Gebrauch gemacht.

4. Der technisch-organisatorische Wandel stellt das überkommene Repräsentationsprinzip in Frage. Formen von Beschäftigungspartizipation dringen vor, die informell, oft stark individualisiert und an den institutionalisierten Formen der Interessenvertretung vorbei verläuft. Neue Produktionskonzepte (Kern/Schumann 1984), Konzepte der »Flexiblen Spezialisierung« (Piore/Sabel 1989) verlagern Verantwortungs- und Entscheidungsprozesse »nach unten« und bilden dadurch oft eine informelle neben einer formellen betrieblichen Partizipation.
Auf die Ebene der Regulierung der betrieblichen Sozialbeziehungen transformiert, bedeutet das, daß die hierarchische, in Befehls- und Gehorsamsketten bestehende betriebliche Sozialbeziehung durch kooperative Netzwerke und Diskursbeziehungen zu ersetzen wäre. Insoweit müßte das Direktionsrecht des Arbeitgebers zugunsten eines Kommunikationszwanges eingeschränkt werden (s. Matthies u. a. 1994). Notwendig würden ferner partizipative Netzwerke, die sozusagen »auf der Mitte« zwischen individualisierter und kollektiv-mediatisierter Teilhabe anzusiedeln wären. Die Vorstellung der »Arbeitsgruppen«, also funktioneller Kooperationsbeziehungen, und der »Mitbestimmung am Arbeitsplatz« könnte hier eine neue Bedeutung gewinnen. Die Verankerung von Informations-, Kommunikations-, Beschwerde- und Anregungsrechten von Arbeitsgruppen bedürfte nicht einmal gesetzlicher Neuregelung, sondern allein tariflicher Praxis, da § 3 Ziff. 1 BetrVG sie durchaus zuläßt. *U. Mückenberger*

Literatur: W. Däubler et al.: Betriebsverfassungsgesetz. Kommentar, Köln 1994; K. Fitting et al.: Betriebsverfassungsgesetz. Handkommentar, München [17]1992; H. Kern/M. Schumann: Das Ende der Arbeitsteilung?, München 1984; H. Kotthoff: Betriebsräte und betriebliche Herrschaft, Frankfurt/New York 1981; ders., Betriebsräte und Bürgerstatus, München 1994; H. Matthies/U. Mückenberger/C. Offe/E. Peter/S. Raasch: Arbeit 2000, Reinbek 1994; W. Müller-Jentsch (Hrsg.): Konfliktpartnerschaft. Akteure und Institutionen der industriellen Beziehungen, München [2]1993; M. J. Piori/Ch. Sabel: Das Ende der Massenproduktion, Frankfurt/M. 1989.

Bevölkerungsentwicklung

1 Grundlagen: Unter Bevölkerung versteht man die Gesamtheit der in definierten geographischen Räumen oder deren administrativ abgegrenzten Teilräumen lebenden Menschen. Struktur und Entwicklung einer Bevölkerung sowie die sie beeinflussenden Prozesse sind Gegenstand systematischer Analysen der multidisziplinär angelegten Bevölkerungswissenschaft (Demographie). Die Gliederung einer Bevölkerung nach einzelnen demographischen Merkmalen wie Alter, Geschlecht, Familienstand, Erwerbsbeteiligung oder nach der räumlichen Verteilung bezeichnet man als demographische Strukturen; in diesen schlagen sich demographische Prozesse nieder, unter denen Ereignisse und Vorgänge wie Geburten, Sterbefälle, Eheschließungen und Zu- und Fortzüge verstanden werden. Der gesamte Prozeß einer B. ergibt sich aus dem Zusammenwirken von Fruchtbarkeit, Sterblichkeit, Eheschließungen und -lösungen (sog. natürliche Bevölkerungsbewegung) auf der einen Seite sowie Ein- und Auswanderungen über die Gebietsgrenzen (sog. räumliche Bevölkerungsbewegung) auf der anderen Seite.
Zwischen Bevölkerungsstruktur und demographischen Prozessen bestehen tiefgreifende Wechselwirkungen: So beeinflussen die demographischen Prozesse aus der Vergangenheit maßgeblich die gegenwärtige Struktur einer Bevölkerung, z. B. wenn deren Altersaufbau durch Fruchtbarkeit und Sterblichkeit auf Jahrzehnte geprägt wird. Hier wirkt sich das oft vernachlässigte sog. Gesetz der demographischen Trägheit aus, aus dem sich die Gefährlichkeit nicht rechtzeitig erkannter oder verharmloster Veränderungen in den Bestimmungsfaktoren der B. ergibt. Der Bevölkerungsprozeß auf der Makroebene steht dabei in vielfältigen Wechselbeziehungen zu den auf der Mikroebene von den einzelnen getroffenen Entscheidungen über Eheschließung, Familiengründung und Weitergabe des Lebens.
Die B. ist politikbereichsübergreifend und insofern den einzelnen gesellschaftlichen Handlungs- und Problem-

feldern vorgelagert, aber sie schlägt in fast alle bereichsspezifischen Felder durch. Die Auswirkungen z.B. auf Wirtschaftswachstum, Arbeitsmarkt, Alterssicherung, Bildungs- und Gesundheitswesen sind Anlaß für möglichst vorausschauende Berücksichtigung in der *Sozialplanung*. Eine problemangemessene Bewältigung der Aufgaben in der *Sozialpolitik* und -arbeit macht eine rechtzeitige Anpassung an sich abzeichnende demographische Veränderungen wie u.U. auch eine politisch-gestalterische Auseinandersetzung mit dem demographischen Prozeß selbst dringlich. Die Veränderungen von Bevölkerungsgrößen und – meist noch bedeutsamer – diejenigen von Bevölkerungsstrukturen können in ihrer auch sozialpolitischen Tragweite kaum überschätzt werden. Besondere Beachtung verdient dabei die »Unmerklichkeit der Vorgänge«, die deren politische Relevanz lange Zeit über verdecken kann. Der demographische Strukturwandel stellt ein ausgesprochenes Langfristproblem dar; die Zusammenhänge um die Bevölkerung verlangen ein Denken in Generationen.

2 Demographisches Szenario für Deutschland: In den westeuropäischen Industriegesellschaften, insbesondere auch in Deutschland, ist aufgrund des in den vergangenen Jahrzehnten eingetretenen starken Fruchtbarkeitsrückgangs und der gleichzeitigen tendenziellen Verlängerung der Lebenserwartung in den nächsten Jahrzehnten mit drastischen Strukturveränderungen in der Bevölkerung zu rechnen. Die hauptsächlichen Ergebnisse der sog. siebten koordinierten Bevölkerungsvorausrechnung der amtlichen Statistik vermittelt die tabellarische Übersicht S. 121). Dabei wird unterstellt, daß das Geburtenniveau im früheren Bundesgebiet konstant bleibt und das inzwischen ungewöhnlich niedrige Geburtenniveau in den neuen Bundesländern sich bis zur Mitte der 90er Jahre an das Niveau des früheren Bundesgebietes angleicht (was sich bisher allerdings noch kaum abzeichnet).
Hinsichtlich der Sterblichkeit wird für das frühere Bundesgebiet ein weiterer Anstieg der Lebenserwartung bis zum Jahr 2000 um rund zwei Jahre angenommen (gegenwärtig für neugeborene Jungen knapp 73 Jahre und für Mädchen rund 79 Jahre) und anschließend Konstanz auf dem erreichten Niveau, für die neuen Bundesländer eine nur allmähliche Anhebung der in der früheren DDR niedrigeren Lebenserwartung bis zum Jahre 2010 an die westdeutschen Sterblichkeitsverhältnisse zu Beginn der Vorausrechnung und dann bis zum Jahre 2030 an das für das frühere Bundesgebiet bereits für das Jahr 2000 angenommene Niveau. Hinsichtlich der sehr schwierig einzuschätzenden Wanderungsbewegung wird im Ergebnis über den gesamten Vorausrechnungszeitraum hinweg mit Zuwanderungsüberschüssen gerechnet, die sich bei den Ausländern nach der Jahrhundertwende stark vermindert haben könnten. Hier muß jedoch mit großen Unsicherheiten in den zugrundeliegenden Annahmen gerechnet werden; die Wanderungsbewegung dürfte in den nächsten Jahren nicht nur der wichtigste Bestimmungsfaktor für die Veränderungen in der B. in Deutschland, sondern auch die »große Unbekannte« sein. Die Möglichkeiten und Grenzen der Zuwanderung werden in jüngerer Zeit mit Recht eingehend diskutiert, wobei die sozialpolitische Integration als zuwanderungspolitisches Steuerungsinstrument besondere Aufmerksamkeit verdient.
Das Szenario unserer *Gesellschaft* läßt sich von der demographischen Seite her durch folgende Stichworte skizzieren, die jeweils unterschiedliche Problemlagen für Sozialarbeit und -politik bezeichnen:
1. auf der Makroebene ein nach der Jahrhundertwende sich abzeichnender rückläufiger Prozeß auch in der Gesamtbevölkerung, erst recht aber besonders ausgeprägt in der deutschen Bevölkerung, womit je nach Ausmaß weiterer Zuwanderung ein entsprechend ansteigender Ausländeranteil an der Gesamtbevölkerung verbunden ist;
2. auf der Mikroebene von Ehe und Familie relativ niedrdige und stark nivellierte Kinderzahlen, wobei gegenwärtig von etwa 45% der jungen Ehen auf die gesamte Ehedauer gesehen keine Kinder oder nur ein Kind zu erwarten sind, von den anderen 55% zwei oder mehr Kinder;
3. das Gewicht der kleineren Haushalte dürfte besonders stark zunehmen, besonders der Einpersonenhaushalte, wobei der absehbare weitere Rückgang der durchschnittlichen Zahl der Haushaltsmitglieder von Bedeutung gerade auch für die Versorgungslage der Haushalte ist;
4. eine voraussichtlich größere Variabilität von Familien- und Haushaltsformen in Verbindung mit höheren Scheidungs- und geringeren Wiederverheiratungsraten (Problem der »Scheidungswaisen«) und möglicherweise noch weiter verbreiteten Form nichtehelichen Zusammenlebens (*Scheidung/Scheidungsfolgen, Nichteheliche Lebensgemeinschaften*);
5. eine deutliche Veränderung in der Familienstandsgliederung im Sinne eines stark wachsenden Anteils Lediger in der Bevölkerung (*Familie*);
6. eine auf längere Sicht tendenziell gegenläufige Entwicklung des Anteils der unter 20jährigen und demgegenüber des Anteils der 60jährigen und Älteren als Ausdruck des ausgeprägten Alterungsprozesses, der durch verstärkte Zuwanderungen nur tendenziell abgeschwächt, aber nicht aufgehalten werden kann, so daß in den Jahrzehnten nach der Jahrhundertwende die ältere Generation der über 60jährigen das Bild der Gesellschaft mehr und mehr bestimmen dürfte (*Alter, Altenpolitik*);
7. innerhalb der Gruppe der älteren Menschen tendenzielle Zunahme des Gewichts der »alten Alten«, was z.B. unmittelbar Bedeutung für den Pflegebedarf hat, der nachweislich mit steigendem Alter positiv korreliert;
8. eine Abnahme des Gewichts auch der Bevölkerung im erwerbsfähigen Alter, was sowohl für das zu erwartende Erwerbspersonenpotential wie auch z.B. für die Bewältigung der sozialen Pflegedienste von Bedeutung ist;
9. Zunahme des zahlenmäßigen Gewichts der alleinste-

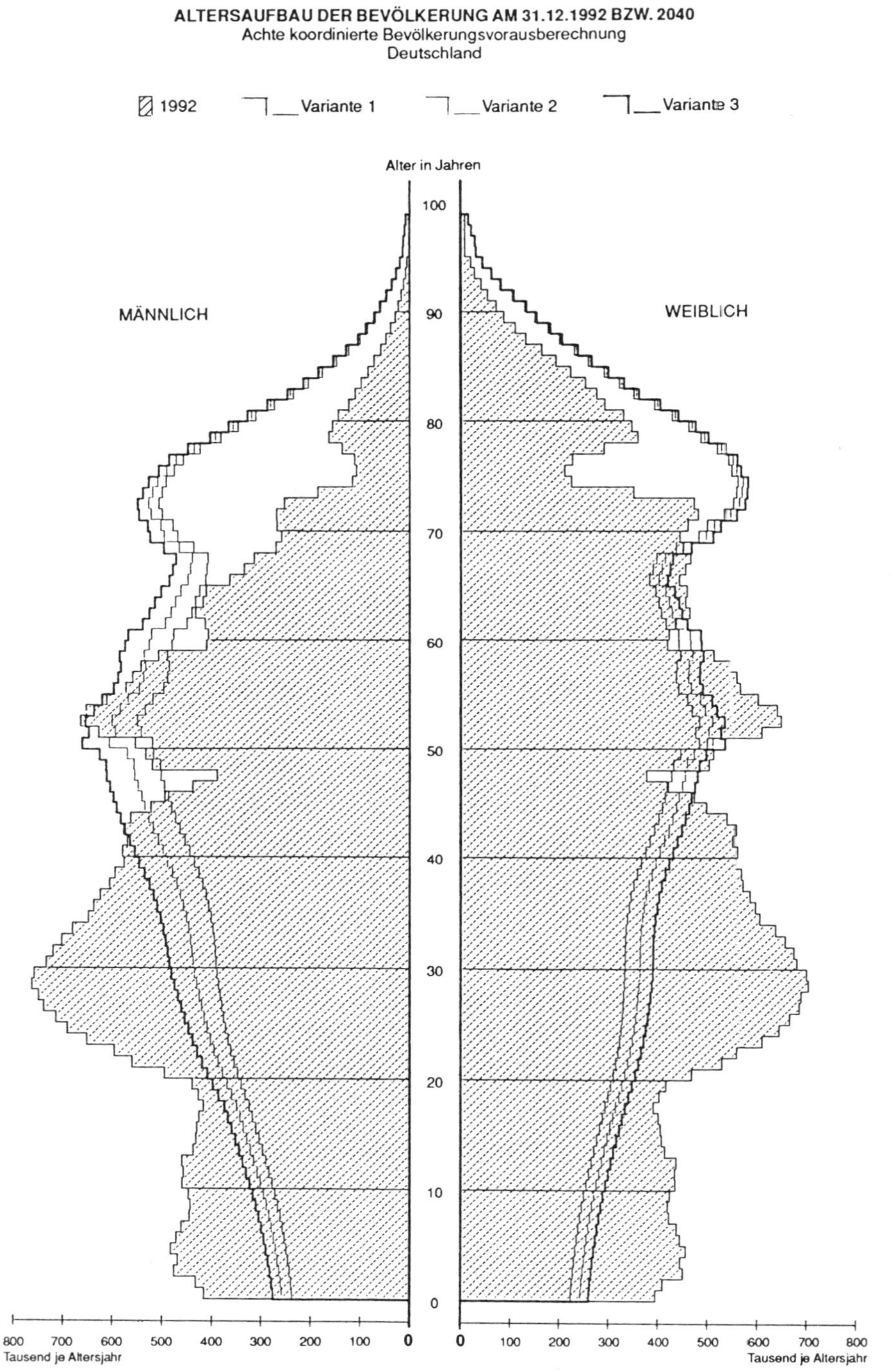

Quelle: Wirtschaft und Statistik 4/1992

Entwicklung der Bevölkerung (Siebte koordinierte Bevölkerungsvorausberechnung)

Am 31.12. des Jahres	Insgesamt	Davon im Alter von ... bis unter ... Jahren						Jugendquotient[1]	Altenquotient[2]	Gesamtquotient[2]
		unter 20		20–60		60 und älter				
	1000	1000	% von Spalte 1	1000	% von Spalte 1	1000	% von Spalte 1			
				Basisbevölkerung der Modellrechnungen						
1989 Früheres Bundesgebiet	62679,0	13071,0	20,9	36533,3	58,3	13074,8	20,9	35,8	35,8	71,6
Neue Bundesländer	16433,8	4182,7	25,5	9243,4	56,2	3007,7	18,3	45,3	32,5	77,8
Deutschland	79112,8	17253,6	21,8	45775,7	57,9	16062,5	20,3	37,7	35,1	72,8
				Früheres Bundesgebiet						
1990	63780,9	13261,9	20,8	37258,8	58,4	13250,2	20,8	36,6	35,5	71,2
2000	65755,3	13940,5	21,2	36202,2	55,0	15622,6	23,8	38,5	43,2	81,7
2010	63843,7	12139,1	19,0	34989,1	54,8	16715,4	26,2	34,7	47,8	82,5
2020	60711,0	10369,1	17,1	32368,4	53,3	17983,5	29,6	32,0	55,6	87,6
2030	56598,0	9840,7	17,4	26803,6	47,4	19963,7	35,3	36,7	74,4	111,2
				Neue Bundesländer						
1990	16009,1	4013,1	25,1	8980,6	56,1	3015,5	18,8	44,7	33,6	78,3
2000	15360,9	3376,3	22,0	8467,6	55,1	3517,0	22,9	39,9	41,5	81,4
2010	15014,7	2730,8	18,2	8548,3	57,6	3635,6	24,2	31,6	42,0	73,6
2020	14253,3	2580,9	18,1	7620,1	53,5	4062,4	28,4	33,9	53,2	87,1
2030	13304,3	2163,9	16,3	6728,3	50,6	4412,0	33,2	32,2	65,6	97,7
				Deutschland						
1990	79790,1	17275,0	21,7	46239,4	58,0	16275,7	20,4	37,4	35,2	72,6
2000	81125,2	17316,8	21,3	44689,8	55,1	19139,5	23,6	36,8	42,8	81,6
2010	78858,4	14869,9	18,9	43637,5	55,3	20351,1	25,8	34,1	45,6	80,7
2020	74964,3	12940,0	17,3	39968,5	53,3	22035,8	29,4	32,4	55,1	87,5
2030	69902,2	12004,6	17,2	33531,9	48,0	24365,8	34,9	35,8	72,7	108,5

[1] Unter 20jährige je 100 20- bis unter 60jährige.
[2] 60jährige und ältere je 100 20- bis unter 60jährige
[3] Summe aus Jugend- und Altenquotient
Quelle: Wirtschaft und Statistik 4/1992

henden älteren Menschen, bei denen es sich vor allem um Frauen handelt;
10. eine in Zukunft voraussichtlich noch wachsende Neigung der einzelnen zu einer möglichst unabhängigen und vom einzelnen und seinen individuellen Bedürfnissen her bestimmten Lebensführung (Tendenz er »Individualisierung«, so auch von elterlichen Lebensstilen).

In diesem demographischen Szenario ist die sich abzeichnende drastische Veränderung der Altersstruktur, die im übrigen auch europaweit vorgezeichnet ist, in ihrer sozialpolitischen Tragweite im Grunde sehr viel gewichtiger einzuschätzen als ein Rückgang der absoluten Bevölkerungszahlen als solcher. Wichtige Indikatoren für die Verschiebungen in der Altersstruktur der Bevölkerung bilden auch die Alten- und Jugendquotienten, in denen das Verhältnis der älteren bzw. der jüngeren Generationen zur mittleren Generation im erwerbsfähigen Alter dargestellt wird (Näheres siehe Tabelle am Ende des Textes). Die demographischen Quotienten dürfen allerdings nicht ohne weiteres mit wirtschaftlichen Belastungsquotienten gleichgesetzt werden, sie bilden aber einen wichtigen Orientierungsmaßstab auch für wirtschaftliche Belastungsverschiebungen. Die Betrachtung der Abhängigkeitsverhältnisse zwischen den noch nicht bzw. nicht mehr und den erwerbstätigen Altersgruppen darf nicht nur auf den monetären Aspekt der Einkommensverteilung eingeengt werden; daneben sagen diese Quotienten auch etwas aus über die Anforderungen, die sich im Bereich der sozialen Dienstleistungen stellen, und zwar sowohl der Versorgung und Erziehung von Kindern und Jugendlichen als auch der Betreuung und Pflege alter Menschen.

3 Weltweite Entwicklung: Weltweit ist die Bevölkerung durch ausgesprochen gegenläufige – sich im Endeffekt aber keineswegs kompensierende – Tendenzen gekennzeichnet: Den deutlich rückläufigen Bevölkerungszuwächsen und teilweise auf Rückgang vorprogrammierten Bevölkerungsprozessen in zahlreichen Industrieländern (»Bevölkerungsimplosion«) steht ein nach wie vor starkes Wachstum der Bevölkerungszahlen in weiten Teilen der Dritten Welt (»Bevölkerungsexplosion«) gegenüber. Daraus resultiert eine ausgeprägte Gewichtsverschiebung in der Verteilung der Weltbevölkerung auf die verschiedenen Regionen der

Erde. Der sog. »demographische Übergang« aus einer Situation mit relativ hohen Geburten- und Sterberaten zu einer solchen mit relativ niedrigen Geburten- und Sterberaten, den die westeuropäischen Industriegesellschaften hinter sich haben, ist bisher weltweit nicht so verlaufen wie in der Vergangenheit in Westeuropa, was die Problemlage zusätzlich verschärft hat.

Damit sind insgesamt – in je unterschiedlichen Problemlagen – innovative Politikansätze gefordert; die Lösung vor allem der menschheitsbedrohenden Problemlage in den Ländern der Dritten Welt duldet keinen Aufschub. Alle für die Änderung der gesellschaftlichen Verhältnisse und für die Bewußtseinslage der Menschen (mit-)verantwortlichen Instanzen und Kräftegruppierungen sind hier gefordert. Dabei sind Denkmuster – ohne dogmatische Verhärtungen – und Wirklichkeit – ohne ideologische Blickverengungen – immer neu in Übereinstimmung zu bringen. Die Bevölkerung ist nicht nur (insbesondere auf kürzere Sicht) ein Datum für die Politik, sondern ihre Rahmensteuerung ist eine bedeutsame ordnungspolitische Aufgabe als ein zentraler Aspekt der dem Menschen aufgegebenen personalen Steuerung seiner Lebensvorgänge.

M. Wingen

Literatur: G. Mackenroth: Bevölkerungslehre, Berlin 1953; Fragen der Bevölkerungspolitik in der Bundesrepublik Deutschland, hrsg. v. Kommisariat der Deutschen Bischöfe, Bonn 1979; K.M. Bolte/D. Kappe/J. Schmid: Bevölkerung (Statistik, Theorie, Geschichte und Politik des Bevölkerungsprozesses), Opladen [4]1980; Weltbevölkerungswachstum als Herausforderung an die Kirchen, hrsg. v. Kirchenamt i.A. des Rates der Evangelischen Kirche in Deutschland, Gütersloh 1984; R.H. Dinkel: Demographie (Bd. 1: Bevölkerungsdynamik), München 1989; M. Wingen: Perspektiven der demographischen Entwicklung und die Erfüllung sozialer Aufgaben, Bank für Sozialwirtschaft, Köln 1992; forum demographie und politik, Schriftenreihe hrsg. v. H.-U. Klose, Hefte 1 bis 6, Bonn 1992–1994; Erster Altenbericht der Bundesregierung, Bonn 1994; M. Wingen: Zur Theorie und Praxis der Familienpolitik, hier insbes. III. Kapitel: Familien – Bevölkerung – Sozialordnung, Schriften des DV, Bd. 270, Frankfurt/M. 1994, 327ff.

Bewährungshilfe

Die B. ist seit 1953 im deutschen Strafrecht gesetzlich verankert. Sie ist vorgesehen für Straftäter mit guter Sozialprognose, deren Strafe zur Bewährung ausgesetzt ist. Mit der 1975 erfolgten Einführung der Führungsaufsicht – einer Maßregel für Straftäter mit schlechter Sozialprognose, insbesondere Verurteilte, die eine Freiheits- oder Jugendstrafe von mindestens zwei Jahren voll verbüßt haben – erhielt die B. eine zusätzliche Aufgabe. Die zahlenmäßige Bedeutung der B. zeigt sich darin, daß von ihr inzwischen über 120000 Probanden im Jahresdurchschnitt betreut werden, nachdem es 1966 nur etwa 25000 und 1975 ca. 60000 gewesen sind.

1. Anwendungsbereich

Die Anordnung einer B. kommt in folgenden Fällen in Betracht:

(1) Bei Erwachsenen oder nach Erwachsenenstrafrecht verurteilten Heranwachsenden, deren (bis zu zweijährige, auch im Strafbefehlsverfahren nach dem Gesetz zur Entlastung der Rechtspflege von 1993 aussprechbare bis zu einjährige) Strafe zur Bewährung ausgesetzt ist, bestellt das Gericht für die Dauer der Bewährungszeit (zwei bis fünf Jahre) oder einen Teil davon einen Bewährungshelfer, falls das angezeigt ist, um den Verurteilten von Straftaten abzuhalten; dies ist i.d.R. der Fall, wenn das Gericht eine Freiheitsstrafe von mehr als neun Monaten aussetzt oder der Verurteilte noch nicht 27 Jahre alt ist (§§ 56d Abs. 1, 2 StGB, 56–56c StGB, 407 Abs. 2 S. 2 StPO). Wird die Reststrafe nach teilweiser Verbüßung zur Bewährung ausgesetzt, so soll das Gericht einen Bewährungshelfer für die Dauer oder einen Teil der Bewährungszeit bestellen, wenn der Verurteilte mindestens ein Jahr seiner Strafe verbüßt hat, bevor der Rest zur Bewährung ausgesetzt wird (§ 57 Abs. 3 S. 2 StGB).

(2) Für alle Jugendlichen und nach Jugendstrafrecht behandelten Heranwachsenden, die zu einem Schuldspruch mit Bewährung verurteilt sind, Jugendstrafe zur Bewährung erhalten haben oder bei denen der Rest der Jugendstrafe nach teilweiser Verbüßung zur Bewährung ausgesetzt wurde, ist in der Bewährungszeit von zwei bis drei Jahren für höchstens zwei Jahre ein Bewährungshelfer zu bestellen (§§ 22 Abs. 1, 24 Abs. 1, 29, 88 Abs. 6 S. 1, 89 Abs. 3, 105 Abs. 1, 110 Abs. 1 JGG).

(3) Verurteilte, die unter Führungsaufsicht stehen, erhalten für deren Dauer einen Bewährungshelfer; daneben unterstehen sie einer Aufsichtsstelle (§ 68a Abs. 1 StGB). Außerdem kann ein Bewährungshelfer bei Aussetzung eines Berufsverbots zur Bewährung bestellt werden (§ 70a Abs. 3 S. 1 StGB).

(4) Schließlich kann B. angeordnet werden, wenn eine Strafe gnadenweise zur Bewährung ausgesetzt wird.

Rechtstatsächlich ist die Strafaussetzung zur Bewährung neben der Geldstrafe die wichtigste (und wesentlich preiswertere) Alternative zum isolierenden und die kriminelle Karriere tendenziell fördernden Freiheitsentzug, die auch eine Einbeziehung der Opferbelange vor allem im Weg der Wiedergutmachung ermöglicht. Sie kommt in etwa 75% der Freiheitsstrafen bis zu einem Jahr und in ca. 50% der Freiheitsstrafen bis zu zwei Jahren zur Anwendung. Zunehmend geschieht dies nicht nur bei prognostisch günstig beurteilten Ersttätern, sondern auch bei dem risikobelasteten Kreis der schon wiederholt Vorbestraften, wobei auch die Aussetzung mehrerer Strafen vorkommt (sog. Mehrfachbestellung in etwa 15% der Fälle). Um so bemerkenswerter ist es, daß die große Mehrzahl der Bewährungen ohne Widerruf abgeschlossen werden kann.

2. Aufgaben

Die Aufgaben des Bewährungshelfers sind bezüglich der zu Freiheitsstrafe verurteilten Probanden im Straf-

gesetzbuch (§ 56d Abs. 3 S. 1–4, Abs. 4 S. 2) dahin umschrieben, daß er dem Verurteilten helfend und betreuend zur Seite steht. Er überwacht im Einvernehmen mit dem Gericht die Erfüllung der Auflagen und Weisungen sowie der Anerbieten und Zusagen. Gröbliche oder beharrliche Verstöße teilt er dem Gericht mit. Der Bewährungshelfer muß Anweisungen des Gerichts befolgen, dem er in bestimmten Zeitabständen über die Lebensführung des Verurteilten zu berichten hat, so daß es die Funktion einer Fachaufsicht wahrnimmt.
Zusätzlich über das Erwachsenenstrafrecht hinaus bestimmt das Jugendgerichtsgesetz (§§ 24 Abs. 3, 25 JGG), daß der Bewährungshelfer die Erziehung des Jugendlichen fördern und möglichst mit dem Erziehungsberechtigten und dem gesetzlichen Vertreter vertrauensvoll zusammenwirken soll. Er kann von ihnen, der Schule, dem Lehrherrn oder dem sonstigen Leiter der Berufsausbildung Auskunft über die Lebensführung des Jugendlichen verlangen. Bei der Ausübung seines Amtes hat er ein Recht auf Zutritt zu dem Jugendlichen.
Während der Führungsaufsicht stehen Bewährungshelfer und Aufsichtsstellen im Einvernehmen miteinander dem Verurteilten helfend und betreuend zur Seite. Die Aufsichtsstelle überwacht im Einvernehmen mit dem Gericht und mit Unterstützung des Bewährungshelfers das Verhalten des Verurteilten und die Erfüllung der Weisungen; besteht zwischen der Aufsichtsstelle und dem Bewährungshelfer in Fragen, welche die Hilfe für den Verurteilten und seine Betreuung berühren, kein Einvernehmen, so entscheidet das Gericht, das ihnen auch für ihre Tätigkeit Anweisungen erteilen kann (§ 68a Abs. 2–5 StGB).
Aus diesen Vorschriften ergibt sich, daß die Aufgabe der B. in erster Linie in der Hilfe und Betreuung für den Verurteilten zu sehen ist, vor allem in den Bereichen rechtliche und persönliche Beratung, Wohnung, Arbeit, wirtschaftliche Lage. Neuere empirische Untersuchungen (Bieker 1984 und 1989, Sobottka) haben ergeben, daß der Bewährungshelfer von den Adressaten vor allem dann beansprucht wird, wenn es um Schwierigkeiten mit Gericht und Leistungsbehörden (Arbeitsamt, Sozialamt usw.) sowie um die Regulierung von (Unterhalts- und anderen) Schulden geht; dagegen ist die Bereitschaft, ihn bei psychischen Problemen oder Partnerschaftskonflikten zu Rate zu ziehen, deutlich geringer. Sitzt der *Klient* in Untersuchungshaft, darf der Bewährungshelfer mit ihm wie ein Verteidiger verkehren (§ 93 Abs. 3 JGG, Nr. 37a UVollzO). Über die Einzelfallberatung und -hilfe hinaus haben Bewährungshelfer eine Reihe übergreifender Projekte initiiert (z.B. Arbeits- und Freizeitangebote, Fördervereine, Wohneinrichtungen).
Deutlich sind freilich auch die Grenzen, die den Hilfsmöglichkeiten des Bewährungshelfers gesetzt sind. Sie zeigen sich vor allem in der untergeordneten Stellung gegenüber dem Gericht. Seine Anweisungen muß der Bewährungshelfer befolgen, ihm gegenüber hat er Überwachungs-, Berichts- und Mitteilungspflichten. Zwar muß das Gericht den Bewährungshelfer bei nachträglichen gerichtlichen Entscheidungen, die infolge der Strafaussetzung erforderlich werden (z.B. Widerruf der Bewährung) anhören (§§ 58 Abs. 1 JGG, 453 Abs. 1 S. 4 StPO), doch hat er keine Anfechtungsmöglichkeit gegenüber der Gerichtsentscheidung. Kommt es zu einem neuen Strafverfahren, ist das Gericht nicht einmal verpflichtet, den Bewährungshelfer zur Hauptverhandlung zu laden oder vom Termin zu unterrichten; ihm ist lediglich das Recht eingeräumt, an den nichtöffentlichen Sitzungen des Jugendgerichts teilzunehmen (§ 48 Abs. 2 S. 1 JGG). Bei einer Anhörung im neuen Verfahren wird der Bewährungshelfer als Zeuge behandelt, der kein eigenständiges *Zeugnisverweigerungsrecht* hat, sondern lediglich die Aussagegenehmigung des Dienstherrn (§ 54 StPO) braucht.

3. Organisatorische Stellung
Die hauptamtlichen Bewährungshelfer – ehrenamtliche werden nur in etwa 2% der anfallenden Fälle eingesetzt – sind organisations- und dienstrechtlich gemäß den jeweiligen landesrechtlichen Bestimmungen (zum Teil Landesgesetze wie die Bewährungshilfegesetze in Bayern, Hessen, Nordrhein-Westfalen, Rheinland-Pfalz und Schleswig-Holstein, zum Teil Verwaltungsvorschriften) meist in die Justiz als eigenständige Abteilung des Landgerichts (Dienstaufsicht durch den Präsidenten) eingegliedert (was inzwischen auch in den neuen Ländern geschehen ist), gelegentlich auch in die Jugend- bzw. Sozialressorts. Ihre Büros haben sie jedoch vorwiegend außerhalb der Gebäude der Gerichte und Staatsanwaltschaften. Voraussetzung für eine Anstellung als Bewährungshelfer ist regelmäßig die Ausbildung zum SozArb oder SozPäd mit staatlicher Anerkennung. Die Fallbelastung wechselt von Land zu Land und kann auch innerhalb eines Landes unterschiedlich ausfallen. Im Bundesdurchschnitt kommen auf einen Bewährungshelfer ca. 60 Probanden (von 45 in Berlin bis 85 in Rheinland-Pfalz).
Der unmittelbare Zugriff der Justiz auf die B. manifestiert sich neben einem Verbeamtungsdruck vor allem in der Schaffung eines zentralistischen »Sozialen Dienstes der Justiz«, der in seiner umfassendsten Form Bewährungs- und Gerichtshilfe, Führungsaufsicht sowie auch die Straffälligenhilfe im Vollzug und nach der Entlassung umfaßt und bürokratisch-dirigistisch durch einen Dienststellenleiter geführt wird. Nach diesbezüglichen Ansätzen in Baden-Württemberg (fortgeführt mit dem »Esslinger Modell zur sozialräumlichen Neustrukturierung von Jugendgerichts-, Bewährungshilfe und Sozialarbeit im Vollzug«) und im Saarland hat das Land Bremen in Zusammenarbeit mit dem ISS-Frankfurt/M. eine entsprechende »Vereinheitlichung der Sozialen Dienste in der Justiz« vorgenommen, flankierend begleitet vom Entwurf eines »Bundesresozialisierungsgesetzes« der AG Sozialdemokratische Juristen (Bonn 1988). Unter dem verführerischen Anspruch einer »durchgehenden sozialen Hilfe« wird hier versucht, B. und Klienten in die totale Abhängigkeit von der Justiz zu überführen. Auch wenn es noch nicht bundesweit gelungen ist, die bisherige – auf kollegialer Part-

nerschaft beruhende – Zusammenarbeit der Bewährungshelfer nach dem Selbstverwaltungsprinzip vollständig zu zerschlagen, so sind doch Ansätze dazu in fast allen Bundesländern erkennbar.

4. Bewährungshilfe zwischen Klient und Justiz
Ähnlich wie bei der *Jugendgerichtshilfe* zeigt eine Untersuchung über die B. (Bieker 1979), daß sich vor allem jüngere Bewährungshelfer nicht als Instanz strafrechtlicher Kontrolle verstehen, sondern allenfalls als Instanz sozialer Kontrolle. Sie dringen nicht auf die Einhaltung einer Norm um der Norm willen, sondern weil sie Handlungsweisen anderer Instanzen sozialer Kontrolle heraufziehen sehen, die in der Konsequenz für den Probanden eindeutig negativ ausfallen würden (z. B. Widerruf der Bewährung bei Nichterfüllung einer Arbeitsauflage). Gegenüber den negativen *Sanktion*sabsichten von Staatsanwaltschaft und Gericht zeigen sie deutliche Bereitschaft, sich für den Probanden einzusetzen. Ihnen gilt der Kient nicht als »schuldig«, sondern als »bedürftig«. Um sein Vertrauen zu erhalten, verzichten sie weitgehend auf *Etikettierung*en und *Sanktion*ierungen. Dem entspricht das Verhalten gegenüber der Justiz, etwa in den von ihnen gefertigten Berichten. Aus diesem Selbstverständnis erklärt sich auch ihr Verlangen nach einer Verminderung der Berichtspflicht, Zeugnisverweigerungsrecht und Recht auf Anhörung in der Gerichtsverhandlung sowie der Abschaffung der Führungsaufsicht. Aus einer defensiven Haltung gegenüber Klient und Justiz sind die Bewährungshelfer aber noch nicht herausgekommen. Obwohl überwiegend in Landesarbeitsgemeinschaften und einem Bundesverband – Deutsche Bewährungshilfe e. V. in Bonn-Bad Godesberg, die u. a. Tagungen veranstaltet sowie Veröffentlichungen und die Zeitschrift »Bewährungshilfe« herausgibt – zusammengeschlossen, ist es ihnen bislang nicht gelungen, professionelle Arbeitsstandards im Anschluß an neuere kriminologische Ansätze wie etwa der Normalitätsperspektive sowie verbindliche Methoden der Selbstkontrolle wie Supervision zu entwickeln. Ebensowenig sind Versuche zu erkennen, sich aus dem Korsett der Justiz zu befreien (etwa gemäß dem österreichischen Vorbild in eigenständigen Vereinen). *A. Brühl*

Literatur: F. Berckhauer: Soziale Dienste in der Strafrechtspflege 1953–1983 (Auswahlbibliografie, 21–81), Bonn 1985; R. Bieker: »Soziale Intervention in der Bewährungshilfe«, Diplomarbeit Pädagogische Hochschule Köln 1979 (Kurzfassung in: Bewährungshilfe 1980, 261–278); R. Bieker: Bewährungshilfe aus der Adressatenperspektive, Bonn 1989 (Vorbericht in: Bewährungshilfe 1984, 299–313); P. Block: Rechtliche Strukturen der Sozialen Dienste in der Justiz, Wiesbaden 1993, 105 ff. (Bewährungshilfe), 165 ff. (Führungsaufsicht), 15 ff. (Soziale Dienste in der Justiz); A. Brühl: Strafrecht für Sozialarbeiter, Weinheim/Basel [2]1986; H. Damian: Die Rechtsstellung des Bewährungshelfers – ihre Auswirkung auf Schweigepflichten/Schweigerechte/Zeugnisverweigerungsrechte, Bonn-Bad Godesberg 1993; Ch. Dertinger/E. Marks: Führungsaufsicht, Bonn 1990; H. Fünfsinn: Bewährungshilfe und Datenschutz im Strafverfahren, in: Bewährungshilfe 1993, 117–127; D. Hermann/H.J. Kerner: Zwischen zwei Stühlen – Rollenkonflikte der Bewährungshilfe, in: Bewährungshilfe 1991, 229–241; M. Jehle/W. Sohn: Organisation und Kooperation der Sozialen Dienste in der Justiz, Wiesbaden 1994; H. Krieg: Fortentwicklung der Sozialen Dienste der Justiz im Lande Bremen, in: Bewährungshilfe 1991, 273–280; H. Leirer: Zustand und Zukunft der österreichischen Bewährungshilfe, in: Bewährungshilfe 1992, 17–24; R. Lochmann/H. Berner: Das »Esslinger Modell« – Ein Projekt zur sozialräumlichen Neustrukturierung von Jugendgerichtshilfe, Bewährungshilfe und Sozialarbeit im Vollzug, in: Bewährungshilfe 1992, 272–281; B. Maelicke/R. Simmedinger: Die Reform der sozialen Dienste in der Justiz – Argumente Pro und Contra – ISS-Paper Nr. 15, Frankfurt/M. 1986; J. Sobottka: Die soziale Arbeit des Bewährungshelfers, Bonn 1990; B. Thiem-Schräder: Normalität und Delinquenz. Sozialarbeit zwischen Resozialisierung und Nonintervention, Bielefeld 1989.

Bildung

Der Begriff »B.« ist ein spezifisch deutschsprachiger Begriff, dessen Bedeutungsinhalt allerdings vielfältig definierbar ist und sich in unterschiedlichen Theorien niedergeschlagen hat. B. wird inzwischen, weitgehend theorieentleert, häufig als Synonym für *Erziehung* und Ausbildung bzw. für den gesamten Bereich des institutionalisierten Unterrichtssystems verwendet.
Historisch entstammt der Begriff B. der *Aufklärung*spädagogik des 18. Jh., wenngleich das Gemeinte, nämlich die »Formung des Menschen nach der Idee seines Selbst« (Wulf, 66), seit der Antike zur Tradition der europäischen Philosophie gehört. Mit dem Zerfall selbstverständlich geteilter, unbefragter Ziele der Menschwerdung ist auch der Keim zum Gegensatz von *Individuum* und Gesellschaft, B. und Herrschaft (Heydorn) anelegt. Eine für kurze Zeit gleichsam revolutionäre Funktion erhält der Begriff B. im Prozeß der Ablösung von Monarchie und Adelsherrschaft durch das aufstrebende Bürgertum: als das Ideal individueller, geistig-seelischer Vervollkommnung, die Materialisierung dieses Ideals durch die Gleichsetzung von neuhumanistischer B. und B. schlechthin und damit die Institutionalisierung dieses so verstandenen Ideals des mündigen Bürgers. Nicht Geburts- und Standesrechte, sondern der Erwerb von B. sind fortan Voraussetzung für Aufstieg und Herrschaft. Mit der Konsolidierung des Bürgertums als neuer staatstragender Schicht verkehrt sich die ursprüngliche Intention, »Sachwalter aller Menschen« (Heydorn, 9) zu sein, wird B. zu einem Herrschaftsinstrument, *Schule*, die diese B. vermittelt, fortschreitend zu einer Institution sozialer Selektion (Preuß).
Im historischen Prozeß sind vielfältige Theorien der B. entwickelt worden: materiale Bildungstheorien, die B. als Verfügung über bestimmte Lerninhalte definieren, und formale Bildungstheorien, die sich auf die Entwicklung allgemeiner Fähigkeiten scheinbar unabhängig von konkreten Inhalten und Anforderungen gründen. Die ideologiekritische Analyse hat aufgedeckt, daß materiale wie formale Bildungstheorien gleichermaßen zur Legitimation für gesellschaftliche Herr-

schaftsinhalte benutzt werden können. Der in der deutschen Bildungstheorie traditionelle Gegensatz von B. und Ausbildung verdeutlicht dies exemplarisch. Die neuhumanistische Konzeption einer allgemeinen B., frei von wirtschaftlichen, technischen, politischen Aspekten ausschließlich der Förderung von Kritik- und Urteilsfähigkeit verpflichtet, ist zugleich kanonisiert worden und hat die gesellschaftliche Realität der beginnenden Industrialisierung damit von kritischer Reflexion abgespalten. Tendenziell richtet sich dieses Bildungsverständnis, das sich gegen bloße »*Anpassung*« absetzte, auch gegen die Ansprüche eines aufkommenden Industriebürgertums, gegen das sich der aufstrebende Mittelstand der künftigen Beamtenbürokratie, politisch und ökonomisch zunächst einflußlos, ebenso abgrenzte wie gegen die tradierte Adelsherrschaft. Mit der Institutionalisierung dieser B. als Abgrenzungs- und Herrschaftsinstrument im Gymnasium des 19. Jh. ist die soziale Bedeutung dieser Schulart bis heute begründet in Abgrenzung zur Volksschule (volkstümliche B.) und Realschule (»mittlere«, theoretisch-praktische B.). Auf dieser Entwicklung beruhen ebenso die hartnäckigen Widerstände gegen vereinheitlichende Schulreformen, insbesondere gegen eine Integration von allgemeiner und *beruflicher Bildung*, wie generell die Schwierigkeiten, eine tragfähige Theorie der beruflichen B. zu entwickeln.

Die Bildungsdiskussion nach 1945 ist gekennzeichnet durch unterschiedlich begründete Versuche, Lerninhalte neu zu legitimieren, nachdem der traditionelle Bildungskanon obsolet geworden war, die hierarchische Gliederung des Schulwesens zunehmend als fragwürdig empfunden wurde. Hintergrund dieses Neuansatzes ist in der wachsenden Verwissenschaftlichung aller Gesellschaftsbereiche zu sehen, die schließlich auch im Bildungswesen rationale statt normative Begründungskriterien erforderte, in dem steigenden Druck, Bildungsziele, -inhalte und -institutionen auch demokratisch zu legitimieren, und insbesondere im Zusammenhang von Bildungsreformpolitik und ökonomischer Entwicklung. Ausdruck dieser Tendenzen sind die zunächst vorwiegend strukturell, später stärker curricular orientierten Ansätze zu einer Bildungsreform in den 60er Jahren (Hüfner/Naumann; Robinsohn; Wulf, 89ff.), die im Strukturplan des Deutschen Bildungsrates von 1970 vom Vorschulbereich bis zum Weiterbildungssektor reichte. Grundtendenzen der Reformüberlegungen waren neben einer Verwissenschaftlichung der Lerninhalte in allen Schulformen eine stärkere Verzahnung aller Schul- und Ausbildungsinstitutionen bis hin zur Integration bislang hierarchisch getrennter Schul- und Hochschulformen (Gesamtschule, Gesamthochschule). In diesen Konzeptionen trafen sich die in den 60er Jahren artikulierten Forderungen nach einem steigenden Bedarf an wissenschaftlichen Qualifikationen ebenso wie solche nach größerer *Chancengleichheit* im Bildungswesen.

Im Zuge dieser Entwicklung sind der Aufschwung der Bildungsökonomie und der Aufbau einer erfahrungswissenschaftlich orientierten Bildungsforschung als der rationalen Grundlage von Bildungsplanung und Bildungspolitik zu sehen.

Bildungsökonomie als Spezialdisziplin der Wirtschaftswissenschaften beschäftigt sich mit Fragen der Rationalisierung und optimalen Nutzung von Ressourcen im Bildungsbereich. Fragen nach dem Zusammenhang von Wirtschaftswachstum und Investitionen in B., nach einer möglichst engen Passung von Bildungs- und Beschäftigungssystem zugunsten eines störungsfreien Wirtschaftswachstums standen zunächst im Vordergrund ökonomischer Untersuchungen, die zugleich wesentliche Anstöße für Reformansätze lieferten. Die Abhängigkeit wirtschaftlicher Entwicklungen wie solcher im Bildungsbereich von politischen Zielsetzungen, die problematische Verengung von B. auf am Arbeitsmarkt verwertbare Qualifikationen, das Auseinanderfallen von individuellen Bildungsansprüchen und einem postulierten gesamtgesellschaftlichen Bedarf haben schließlich zu einer breiten Kritik an den Prämissen der klassischen Bildungsökonomie geführt (Edding; Wulf, 80ff.).

Bildungsforschung hat seit den 60er Jahren wesentlich zur Kritik am überkommenen Bildungswesen beigetragen durch die empirische Aufdeckung von gruppen- und schichtspezifischen Chancenungleichheiten, von Selektionsmechanismen im Bildungswesen, von Diskrepanzen zwischen Qualifikationsanforderungen und schulischen Lerninhalten u.a.m. In geringerem Maße konnte sie sich jedoch als Planungsinstrument etablieren, mit dessen Hilfe Voraussetzungen und Realisierungsmöglichkeiten angestrebter Innovationen wissenschaftlich analysiert, Handlungsorientierungen entwikkelt werden, Aufgaben, wie sie noch im Bildungsgesamtplan der Bund-Länder-Kommission für Bildungsplanung (BLK) formuliert waren (71ff., Bd. 1). Dieses Defizit ist nicht zuletzt in dem spannungsreichen Verhältnis zwischen Bildungsforschung und Bildungspolitik begründet. Bildungsforschung kann zwar wissenschaftlich begründete Hilfen für bildungspolitische Entscheidungen bieten, nicht aber politische Zielsetzungen ersetzen; ihre eigenen Ansätze und Methoden enthalten immer schon politische Implikationen; politisch kontroverse Fragestellungen werden teilweise nicht gefördert, politischen Zielen entgegenstehende wissenschaftliche Befunde teilweise unterdrückt.

Die zunehmende Institutionalisierung immer breiterer Bereiche von Erziehung und Ausbildung analog zur fortschreitenden Arbeitsteilung, wachsende Verflechtung von Staat und Gesellschaft einerseits, Zielkonflikte in der Gesellschaft andererseits haben zu einem erhöhten Planungsbedarf auch in der Bildungspolitik geführt. Das Grundproblem moderner Bildungspolitik ist in der intendierten Balance zwischen dem Postulat der Chancengleichheit und der durch die Struktur des Arbeitsmarktes jeweils begrenzten Verwertbarkeit von Abschlüssen im Bildungsbereich zu sehen, ein Ansatz, der die Bildungspolitik analog zur ökonomischen Entwicklung »konjunkturellen« Schwankungen vom Bildungsboom der 60er Jahre bis zur Bildungskrise der 70er Jahre und schließlich der »Tendenzwende«, verstärkt seit den 80er Jahren, unterworfen hat (Hüfner/Naumann). Die grundgesetzlich verankerte Kulturhoheit der Bundesländer erschwert zugleich eine integrierte Bildungsplanung und führte auch in Koordinierungsgremien wie der Kultusministerkonferenz (KMK) häufig zu parteipolitischen Fraktionierungen. Ansätze zu einer gesamtstaatlichen Planung waren die Gründung von Beratungsgremien: der Deutsche Ausschuß für das Erziehungs- und Bildungswesen (1953–65), vor allem aber der 1957 konstituierte Wissenschaftsrat für den Bereich der Hochschulen und der Deutsche Bildungsrat (1965–75), die zugleich erstmals, wenn auch in unterschiedlicher Konstruktion, mit Vertretern des Bundes und der Länder zusammenarbeiteten. 1970 wurde schließlich die BLK für Bildungsplanung eingesetzt mit der Aufgabe, einen Rahmenplan für das gesamte Bildungswesen sowie Stufenpläne und ein Programm vordringlicher Maßnahmen zu erarbeiten. Schon in dem Bildungsgesamtplan von 1973 zeigen sich in den Minderheitenvoten einiger Bundesländer deutlich die Grenzen eines politischen Konsenses über die Funktion des Bildungswesens in einer modernen Gesellschaft. Die Komplexität der Entscheidungsfelder hat seither erheblich zugenommen durch neuartige Anforderungen an das Bildungssystem und einen Begriff von B.: *Ausländer*kinder im Bildungssystem als Folgeprobleme arbeitsmarktpolitisch bedingter Wanderungsbewegungen (Hüfner/Naumann u. a. 1986, 254 ff.); weitere Internationalisierung im Zuge des europäischen Einigungsprozesses und insbesondere mit Wegfall der Ost-West-Grenze. Die unerwartete Einigung Deutschlands birgt schwierige Anpassungs- und Transformationsprozesse, die zugleich durch (weltweite) ökonomische Restriktionen erschwert werden; Konsequenzen der »dritten technologischen Revolution« (Klemm/Rolff/Tillmann), die einerseits die traditionelle Trennung von »allgemeiner« und »beruflicher« Bildung vollends obsolet machen, andererseits die Diskussion um eine »neue Allgemeinbildung« entfacht haben (Ebert/Herter; Klafki; Tenorth). Der immer schnellere technologische Wandel und entsprechende Veränderungen in den Qualifikationsanforderungen fördern eine Entkopplung von Bildungs- und Beschäftigungssystem. Bildung, Beruf, Arbeit verändern sich in Inhalten und zeitlicher Abfolge. Lebenslanges Lernen in allen Bereichen wird notwendig; zugleich wird eine Neubesinnung auf einen Begriff von B. erforderlich, der die überkommene Arbeitsteilung von geistes- und sozialwissenschaftlichem Verstehen einerseits, natur- und technikwissenschaftlicher Erkenntnis andererseits überwindet. Multikulturalisierung, Internationalisierung, Interdisziplinarität des Denkens und Handelns, lebenslanges Lernen bedeuten nicht bloße zusätzliche Probleme. Sie eröffnen neue Dimensionen für den Begriff einer »allgemeinen Bildung«, der die Anerkennung partikularer Interessen ebenso umfaßt wie die Verpflichtung auf universelle Normen. Die Begründung der Notwendigkeit eines neuartigen Deutschen Bildungsrates (Edding) gewinnt von daher ihre Bedeutung.

H. Thomas

Literatur: Bund-Länder-Kommission für Bildungsplanung: Bildungsgesamtplan, 2 Bde., Stuttgart 1973; Deutscher Bildungsrat. Bildungskommission: Strukturplan für das Bildungswesen, Stuttgart 1970; ders.: Bericht '75, Entwicklungen im Bildungswesen, Stuttgart 1975; J. Ebert/J. Herter: Neue Allgemeinbildung, Frankfurt/M. 1987; F. Edding: Bildung: Bildungsökonomik, Bildungspolitik, in: Handwörterbuch der Wirtschaftswissenschaft, 15. Lfg., Stuttgart 1978; P. Faulstich (Hrsg.): Lernkultur 2000. Erwachsenenbildung und Weiterbildung in der Zukunftsgesellschaft, München 1990; H.-J. Heydorn: Zu einer Neufassung des Bildungsbegriffs, Frankfurt/M. 1972; K. Hüfner/J. Naumann: Konjunkturen der Bildungspolitik in der Bundesrepublik Deutschland. Bd. I: Der Aufschwung (1960–1967), Stuttgart 1977; K. Hüfner/J. Naumann/H. Köhler/G. Pfeffer: Hochkonjunktur und Flaute: Bildungspolitik in der Bundesrepublik Deutschland 1967–1980, Stuttgart 1986; W. Klafki: Neue Studien zur Bildungstheorie und Didaktik, Weinheim/Basel 1985; K. Klemm/H.-G. Rolff/K.-J. Tillmann: Bildung für das Jahr 2000, Reinbek 1985; D. K. Müller (Hrsg.): Pädagogik, Erziehungswissenschaft, Bildung, Köln/Weimar/Wien 1994; U. K. Preuß: Bildung und Herrschaft, Frankfurt/M. 1975; S. B. Robinsohn: Bildungsreform als Revision des Curriculum, Neuwied [3]1971; H. Roth/D. Friedrich (Hrsg.): Bildungsforschung. Probleme – Perspektiven – Prioritäten, 2 Bde., Stuttgart 1975; H.-E. Tenorth (Hrsg.): Allgemeine Bildung, Weinheim/München 1986. Ch. Wulf (Hrsg.): Wörterbuch der Erziehung, München 1974.

Bildungsurlaub

B. heißt »befristete Freistellung von ArbeitnehmerInnen zum Zweck der Teilnahme an Bildungsveranstaltungen«. Eine wesentliche Ergänzung dieser Definition ist – für den Fall, daß es sich um bezahlte Freistellung handelt – »unter Fortzahlung des Arbeitsentgelts«.
Seit Beginn der 60er Jahre wird in der BRD die Forderung nach Einführung eines bezahlten B. diskutiert: erstmalig bei Trägern der politischen Weiterbildung (*Politische Bildung*), dann Initiativen der *Parteien* ab 1964, Vorlage von Gesetzentwürfen 1966, Ablehnung einer bundeseinheitlichen Regelung des B. durch die BReg 1967 mit Hinweis auf die aktuelle wirtschaftliche Situation, allerdings bei grundsätzlicher Befürwortung der späteren Verabschiedung eines Bundesgesetzes. Da der Bund in Fragen eines B. bis heute nicht initiativ geworden ist und die Materie zur konkurrierenden Gesetzgebung gehört, haben einzelne Bundesländer wie Berlin, Hamburg, Hessen, Niedersachsen und Bremen in den 70er Jahren Gesetze zum B. erlassen, NRW folgte mit einem Freistellungsgesetz Mitte der 80er Jahre. Mit Rheinland-Pfalz, dem Saarland und Schleswig-Holstein sowie einer Ausweitung des Kreises der Anspruchsberechtigten in dem Berliner Gesetz Anfang der 90er Jahre hat nun die Mehrzahl der westdeutschen Arbeitnehmer einen Rechtsanspruch auf Bildungsfreistellung. Gesetzliche Regelungen zur Bildungsfreistellung fehlen noch in Baden-Württemberg und Bayern. Demgegenüber wurde bisher in keinem neuen Bundesland ein Bildungsurlaubsgesetz geschaffen. Lediglich in Brandenburg sieht das Weiterbildungsgesetz einen Abschnitt zum B. vor.

Die Gesetze unterscheiden sich hinsichtlich der Festlegung der Anspruchsberechtigten, der Zweckbestimmung, der Träger, der Bemessung des Entgelts etc. I.d.R. können den Anspruch auf B. geltend machen: alle ArbeitnehmerInnen, Auszubildende (außer NRW, in Rheinland-Pfalz nur eingeschränkt) und arbeitnehmerähnliche Personen. Die Dauer des B. beträgt 5 Arbeitstage im Jahr bzw. 10 innerhalb zweier aufeinanderfolgender Jahre, in Berlin bis zum 25. Lebensjahr 10 Arbeitstage pro Kalenderjahr. Überwiegend soll der B. der politischen oder beruflichen *Weiterbildung* bzw. deren Verbindung dienen. In Bremen und Schleswig-Holstein ist die allgemeine Weiterbildung Bestandteil der Regelungsbereiche, das Niedersächsische Gesetz spricht lediglich von Weiterbildung (Erwachsenenbildung). Allgemein erfolgt die Entgeltfortzahlung ohne Minderung, allerdings auf Grundlage unterschiedlicher Regelungen. Ein Anspruch entsteht erstmalig nach 6monatigem Bestehen des Arbeitsverhältnisses (Ausnahme Rheinland-Pfalz: 2 Jahre bzw. 1 Jahr für Auszubildende). Unbeschadet vom Fortbestehen der Ansprüche kann Bildungsfreistellung i.d.R. nur aus dringenden betrieblichen Gründen abgelehnt werden. Allerdings sehen die in jüngerer Zeit verabschiedeten Gesetze, mit Ausnahme von Schleswig-Holstein, eine Quotierung der Inanspruchnahme vor.
Neben den erwähnten Landesgesetzen bestehen gesetzliche Ansprüche auf B. bzw. Verordnungen für einzelne Personengruppen: so im *Betriebsverfassungsgesetz* bzw. den Personalvertretungsgesetzen für Schulungs- und Bildungsveranstaltungen; für Beamte und Richter, Angestellte und Arbeiter im Bundesdienst und dem öffentlichen Dienst der Länder und Gemeinden; für Soldaten auf Zeit und Polizeibeamte im Bundesgrenzschutz sowie für Werksärzte und Sicherheitsbeauftragte (Arbeitsstättengesetz); für JugendgruppenleiterInnen zur Qualifizierung ihrer nebenamtlichen Tätigkeit. Eine dritte Anspruchsgrundlage für B. bilden Tarifverträge und Betriebsvereinbarungen, die Regelungen für bezahlte wie nicht bezahlte Freistellung enthalten und für mehrere Mio. ArbeitnehmerInnen gelten. Dies sagt allerdings nichts über Regelungsbereiche, Dauer, Entgeltfortzahlung etc. aus.
Aus der unterschiedlichen gesetzlichen Entwicklung in verschiedenen Bundesländern – heute insbesondere der Unterschied in der Regelungsdichte der Bildungsfreistellung zwischen west- und ostdeutschen Ländern wie durch die Bevorzugung einzelner Personengruppen – folgt eine bildungspolitisch umstrittene Ungleichheit der Chancen der ArbeitnehmerInnen, sich politisch, beruflich oder allgemein weiterzubilden. Die Befürworter einer bundesweiten Regelung des B. argumentieren u.a. mit dem Grundgesetzauftrag, demnach der Bund die Verpflichtung habe, im Bundesgebiet für annähernd gleiche Lebensverhältnisse Sorge zu tragen. Darüber hinaus sei die BReg mit der Ratifizierung eines entsprechenden ILO-Übereinkommens im Jahre 1974 die Verpflichtung eingegangen, Bildungsurlaubsregelungen für alle ArbeitnehmerInnen zu schaffen. Als besonders wichtig wird die Einführung des bezahlten B. für

Wo gibt es Bildungsurlaub?

Bundesland	**Bildungsurlaub**
Baden-Württemberg	—
Bayern	—
Berlin	10 Tage in 2 Jahren
Brandenburg	10 Tage in 2 Jahren
Bremen	10 Tage in 2 Jahren
Hamburg	10 Tage in 2 Jahren
Hessen	5 Tage pro Jahr
Mecklenburg-Vorpommern	—
Niedersachsen	5 Tage pro Jahr
Nordrhein-Westfalen	5 Tage pro Jahr
Rheinland-Pfalz	10 Tage in 2 Jahren
Saarland	5 Tage pro Jahr
Sachsen	—
Sachsen-Anhalt	—
Schleswig-Holstein	5 Tage pro Jahr
Thüringen	—

ArbeitnehmerInnen angesehen, die aufgrund von bisheriger Bildungsbenachteiligung wenig weiterbildungsbereit sind bzw. denen ihre soziale Lage wenig Raum für die Aktualisierung und Erweiterung ihrer Kenntnisse und Fähigkeiten gibt. Die Gegner einer bundesweiten Einführung des B. führen insbesondere die hohen Kosten, die der Wirtschaft durch Arbeitsausfall und Lohnfortzahlung entstehen, sowie die nicht ausreichenden Kapazitäten, die ebenfalls durch hohe Investitionen geschaffen werden müßten, an. Umstritten sind des weiteren die Zweckbestimmung des B. (ob primär für politische Bildung oder auch für berufliche oder allgemeine Weiterbildung), die Dauer und Kumulierungsmöglichkeiten über mehrere Jahre, das Anerkennungsverfahren und die Anrechenbarkeit von Ansprüchen aus anderen Freistellungsregelungen.
Heftige Auseinandersetzungen um den B. wurden nach der Neufassung des B. in Hessen und der Gesetzgebung in NRW im Jahre 1984 geführt. In der Folge hatten die Vereinigung der hessischen Unternehmerverbände und die Landesvereinigung der Arbeitgeberverbände NRW Verfassungsbeschwerden beim BVerfG in Karlsruhe gegen die beiden Gesetze eingelegt. Mit seinem Beschluß vom Dez. 1987 hat das Gericht die Einwendungen gegen das Hessische Bildungsurlaubsgesetz und das Nordrhein-Westfälische Arbeitnehmerweiterbildungsgesetz zurückgewiesen und in diesem Zusammenhang neben der beruflichen auch der politischen Weiterbildung als Regelungsbereich die Verfassungskonformität bestätigt. Allerdings gingen die arbeitsge-

richtlichen Auseinandersetzungen mit Schwerpunkt in NRW auch nach dem BVerfG-Beschluß weiter. Mehrfach hat sich inzwischen auch das Bundesarbeitsgericht in Kassel mit dem B. beschäftigt, so daß die nordrheinwestfälische Landesregierung zwischenzeitlich ein Novellierungsverfahren begonnen hat, um bei Inanspruchnahme mehr Rechtssicherheit zu schaffen.
Die zentrale Frage in der Diskussion um den B. ist die nach der Gesamtzahl der freigestellten TeilnehmerInnen und damit der Quote der Inanspruchnahme. Bei allen methodischen Problemen der Berechnung ist davon auszugehen, daß die Inanspruchnahme z.Zt. zwischen 0,6% (NRW) und 2,0% in den Stadtstaaten (Bremen, Hamburg) liegt. Diskussionen der 70er/80er Jahre über gesetzliche Instrumentarien zur Anhebung dieser Quote (z.B. Ausgleichsabgabe für Betriebe mit unterdurchschnittlicher Freistellungsquote) sind nicht mehr relevant.
Bildungsurlaubsregelungen existieren auch in anderen europäischen Ländern, u.a. in Frankreich, Belgien, Italien. Allerdings konstituieren sie z.T. lediglich Anspruch auf nichtbezahlten B., ermöglichen bevorzugt die Teilnahme an Maßnahmen der beruflichen Weiterbildung oder bevorzugen jugendliche ArbeitnehmerInnen. *M. Merfeld/L. Jansen*

Literatur: Amt für Berufs- und Weiterbildung Hamburg: Bildungsurlaub in Hamburg 1989; Bildungsurlaub für alle! Informationsdienst des Bundesarbeitskreises ARBEIT UND LEBEN 1984–1992; Grundlagen der Weiterbildung, Loseblattsammlung, Neuwied; H.D. Krollzik: Jugendliche und junge Arbeitnehmer im Bildungsurlaub, Bochum 1992; E. Nuissl/H. Sutter: Rechtliche und politische Aspekte des Bildungsurlaubs, Heidelberg 1984.

Bürgerinitiativen

1 Definition und Umfang: Unter B. versteht man in der Literatur überwiegend spontan entstandene, informell strukturierte, lokal, zeitlich und thematisch begrenzte Aktivitäten von Bürgern, welche sich für oder gegen eine Sache oder eine Idee außerhalb der gesellschaftlich etablierten Verbände, *Parteien*, *Gewerkschaften*, Kirchen und Institutionen engagieren. Dieses Engagement kann sowohl auf den eigenen Interessen der Mitglieder einer B. als auch auf einer stellvertretenden Wahrnehmung der Interessen anderer Menschen und Lebewesen beruhen. Für diese setzen sich B. ein, wenn sie der Meinung sind, daß ihre *Klienten* nicht oder nicht ausreichend in der Lage sind, ihre Interessen selbst zu artikulieren, und wenn sie sich für deren Lebensbedingungen moralisch, politisch oder sozial mitverantwortlich fühlen. B. wollen entweder die konkreten Lebensbedingungen bestimmter Gruppen verbessern oder deren drohende Verschlechterung verhindern. B. sind i.d.R. nach innen egalitär und informell strukturiert. Gegenüber anderen gesellschaftlichen Organisationen sind sie unabhängig. Eine einheitliche Definition von B. gibt es jedoch nicht (vgl. Offe 1972; Mayer-Tasch 1985; Roth/Rucht 1991).
1984 wurde die Anzahl der B. in Westdeutschland auf ca. 10000 Initiativen geschätzt – bei einer durchschnittlichen Lebensdauer von ca. zwei Jahren pro Initiative. Von diesen Initiativen hatte sich etwa 1/10 organisatorisch durch die Hinwendung zu neuen Themenfeldern über einen längeren Zeitraum stabilisiert, und 1/100 der Initiative schufen sich dauerhafte Strukturen durch die Wahrnehmung überregionaler Aufgaben. Schätzungen zufolge waren Anfang der 90er Jahre etwa 640000 bis 800000 Menschen in der alten BRD in B. und *Selbsthilfegruppen* aktiv (vgl. Boeßenecker/Bühler 1991). Gleichwohl ist hervorzuheben, daß es derzeit keine umfassende und flächendeckende Bestandsaufnahme der B. in Deutschland gibt. Regional begrenzte deskriptive Erfassungen oder qualitative Untersuchungen liegen im wesentlichen nur für die 70er Jahre vor.

2 Aktionsfelder und Aktionsformen: Die meisten B. entfalten ihre Aktivitäten im Feld kultureller, kommunaler, sozialpolitischer oder ökologischer Problemstellungen an der Schnittstelle zwischen den gesellschaftlichen Produktions- und Reproduktionssystemen. Ihr Bezugspunkt sind objektive und subjektiv empfundene Funktionsdefizite der Versorgung mit Gütern oder Dienstleistungen durch private Haushalte, Familien und traditionelle Gemeinschaften, gemeinnützige Vereine und Verbände, den Markt oder öffentliche Dienste des Staates bzw. der Kommunen. So gibt es beispielsweise B., die sich für die Verbesserung des öffentlichen Nahverkehrs oder für die Erhaltung und Einrichtung von Freizeit- und Erholungsmöglichkeiten einsetzen. B. kämpfen gegen Atomenergieanlagen und für die Vermeidung von Müll. B. setzen sich für die Erhaltung oder die Beschaffung von Kulturgütern und -denkmälern ein, und sie streiten für oder gegen die Anerkennung und die Förderung der Kultur ethnischer und nationaler Minderheiten und kümmern sich um die Belange der Dritten Welt. B. engagieren sich für oder gegen den Einsatz militärischer Gewalt im In- und Ausland und wehren sich gegen die Anwendung der *Gentechnologie* oder der Lebensmittelbestrahlung. Andere kümmern sich um die Rechte von Arbeitslosen und streiten für die Erprobung alternativer Arbeitsformen. B. initiieren den Bau von *Spielplätzen* und Kindergärten (*Tageseinrichtungen für Kinder, Familienselbsthilfe*), sie engagieren sich für die Interessen von Menschen in besonderen Problemlagen, verlangen teilweise aber auch die Ausgrenzung von Behinderten, Obdachlosen, Süchtigen, Alten oder anderen hilfebedürftigen Gruppen. Eine besondere Stellung nehmen B. ein, die sich gegen die Diskriminierung von *Frauen* und für eine Veränderung der Beziehungen zwischen den Geschlechtern einsetzen. Sie können als gesonderte Frauen- oder *Männer*initiativen aber auch quer zu anderen Aktionsfeldern organisiert sein.
B. suchen meist die direkte Auseinandersetzung mit den für ihr Anliegen verantwortlich gemachten Behörden, Betrieben oder Personen. Dies geschieht sowohl

legalistisch auf dem Wege von Klagen und Eingaben als auch unter Umgehung oder Mißachtung institutionalisierter Vermittlungsinstanzen. B. wählen meist direkte Aktionen, wie die Verteilung von Flugblättern, Demonstrationen, Besetzungen, Blockaden, Unterschriftensammlungen, Solidaritätskonzerte und andere öffentlichkeits- und medienwirksame Veranstaltungen. Damit wollen sie unmittelbaren Druck auf die Entscheidungsträger ausüben und die öffentliche Meinung für ihre Interessen beeinflussen.

3 Entstehung, Entwicklung und Funktion: An sich ist bürgerschaftliches Engagement keine neue Erscheinung, sondern begleitete die Entstehung und Entwicklung der Moderne. Der Begriff B. setzte sich in Westdeutschland aber erst Ende der 60er Jahre durch. Damals betraten erstmals nach dem Kriege und nach der nationalsozialistischen Diktatur im größeren Umfang B. die politische Arena. Bei den Akteuren handelte es sich überwiegend, aber nicht ausschließlich, um Angehörige gebildeter Mittelschichten, die sich mit unkonventionellen, teilweise der Studentenbewegung entlehnten Aktionsformen, teils legal, teils mit bewußter Regelverletzung, für ihre Interessen einsetzten.
In den 60er und 70er Jahren wurde der Begriff B. von den gesellschaftlich eher konservativen Kräften in Politik und Wirtschaft vor allem mit Protest und Störung der öffentlichen Ordnung assoziiert. B. galten diesen Kräften als undurchsichtige und unberechenbare Akteure, die den mühsam hergestellten Konsens über kommunale, staatliche und kommerzielle Planungsprozesse behinderten oder zerstörten. Andere, sich selbst als progressiv verstehende Kräfte sahen in den B. dagegen die basisdemokratischen Keime der Transformation kapitalistischer Industriegesellschaften. In den 80er Jahren folgte eine überwiegend nüchterne und differenzierte Bewertung. Inzwischen haben sich die »Störenfriede« mit ihren unkonventionellen Aktionsformen in allen gesellschaftlichen Schichten und auf allen gesellschaftlichen Ebenen durchgesetzt und werden allgemein als eine Form des zivilen Engagements und der bürgerschaftlichen Mitbestimmung in pluralen Gesellschaften akzeptiert. Sie werden von staatlichen Instanzen und privaten Stiftungen teilweise gezielt gefördert und in öffentliche Planungsprozesse frühzeitig einbezogen. Einigen gelten B. als Ausdruck der und als ein Instrument gegen die sog. Politik- und Parteienverdrossenheit.
B. sind inzwischen ein quasi regelhafter, aber auch ein sehr ambivalenter Bestandteil der Regulierung und der Steuerung moderner *Gesellschaft*en. Bei ihrem Engagement kann es sich um die Verteidigung partikularer Privilegien einer Bevölkerungsgruppe gegen eine andere handeln wie auch um neue Formen eines modernen Philanthropismus, der sich um den solidarischen Ausgleich gesellschaftlicher Benachteiligung bemüht. Im Bereich *Sozialer Arbeit* können B. als Verbündete sozialer Verbände und Institutionen und deren MitarbeiterInnen im Kampf gegen soziale Not und soziale Benachteiligung, aber auch als deren Gegner auftreten. So entstehen beispielsweise B., die sich für die Einrichtung von Therapie-, Wohn- oder Beratungseinrichtungen für Drogenabhängige oder Prostituierte einsetzten, und gleichzeitig wehren sich andere B. dagegen, daß dies ausgerechnet in ihrem Wohnquartier geschehen soll.
Die Entstehung von B. ist häufig ein Anzeichen für neue gesellschaftliche Defizite und Bedarfe und bildet oft die Grundlage für die Institutionalisierung und Professionalisierung dieser Bedarfe in Form neuer Dienstleistungseinrichtungen. Trifft ihr Anliegen auf eine weitverbreitete gesellschaftliche Problematik, können aus B. immer wieder neue soziale Bewegungen entstehen. Die innere Entwicklungsdynamik solcher Bewegungen ist dabei meist auf deren Ausweitung und Verstetigung gerichtet. Immer wieder transformieren auf diese Weise Teile solcher Bewegungen zu formellen Parteien (z.B. Bündnis 90/DIE GRÜNEN), zu lobbyistischen Verbänden (z.B. BUND oder Robin Wood) oder zu gemeinnützigen wie auch kommerziellen Dienstleistungseinrichtungen (vgl. Roth/Rucht 1991). So entstanden aus B. im Bereich Sozialer Arbeit beispielsweise Mütter-, Kinderschutz- oder Jugendzentren. Den B. wird darum meist eine innovative Funktion im Prozeß der funktionalen Differenzierung und der Evolution moderner Gesellschaften zugesprochen. Dennoch gibt es keine zwingende Entwicklungslogik für eine Transformation der B. in Institutionen oder Parteien.
B. im Bereich der SozArb, die sich mit ihren Anliegen im wesentlichen auf die Bearbeitung eigener Problemlagen im Rahmen gegenseitiger Unterstützung beziehen, bezeichnet man im allgemeinen als Selbsthilfeinitiativen oder Selbsthilfegruppen (*Selbsthilfe*, *Selbstorganisation*). Anfangs sind diese oft ein Stachel im Fleisch der etablierten *Wohlfahrtsverbände* und Sozialsysteme und bedrohen deren angestammte Domänen. Mit ihrer Transformation in gemeinnützige Dienstleistungseinrichtungen können dann intermediäre Organisationen entstehen, die bürgerschaftliches Engagement und Selbsthilfe mit professioneller Berufsarbeit verbinden (vgl. Evers 1990). Meist ergänzen sie die Arbeit und Angebote anderer wohlfahrtsstaatlicher Sozialsysteme. Im Rahmen des *Subsidiarität*sprinzips werden auch sie vielfach öffentlich gefördert. Mit der Institutionalisierung von B. und Selbsthilfegruppen suchen die bezahlten und unbezahlten Mitglieder von B. und Selbsthilfegruppen oftmals nach alternativen Wegen der *Professionalisierung*. Jenseits obrigkeitsstaatlicher oder marktvermittelter Regulierung und damit verbundener einseitiger Macht durch Experten soll den Nutzern mehr Einfluß auf die Gestaltung SozArb ermöglicht werden (vgl. Kreft 1987, 1993; Olk 1986; Effinger 1993).

4 B. der DDR und in Ostdeutschland: Anders als in bezug auf die vielfältig dokumentierten und analysierten »Bürgerbewegungen« (vgl. Haufe/Bruckmeier 1993) gibt es bisher weder eine zureichende Analyse der Entstehungsherkünfte der B. in Ostdeutschland

noch einen einigermaßen repräsentativen und verläßlichen Überblick. In der DDR bildeten sich keine mit der westdeutschen Entwicklung vergleichbaren B. heraus. Sog. »Sozialistische Bürgerinitiativen« blieben jederzeit ein Bestandteil und ein Produkt der in der »Nationalen Front« zusammengefaßten staatsnahen Massenorganisationen. So fungierten beispielsweise die Wohnbezirksausschüsse der Nationalen Front als Träger der sozialistischen Bürgerinitiative «Schöner unsere Städte und Gemeinden – Macht mit!«.

B. können nur im intermediären Bereich zwischen Privatsphäre, Markt und Staat entstehen und sich hier entfalten. Dieser intermediäre gesellschaftliche Bereich war durch den Nationalsozialismus und den SED-Staat zerschlagen worden und mit ihm alle Ansätze einer nichtstaatlichen oder staats- und parteiunabhängigen Selbstorganisation der (Staats-)Bürger (vgl. Engler 1992). So sind B., wie man sie aus Westdeutschland kennt, erst seit dem Herbst 1989 entstanden. Ein regelrechter Gründungsboom ist im 1. Halbjahr 1990 zu verzeichnen (Krämer-Badoni/Söffler 1991). Diese B. entstanden z.T. aus den Bürgerbewegungen (Neues Forum, Demokratie Jetzt, Vereinigte Linke u.a.). Die Bürgerbewegungen und B. entwickelten sich aus den seit den 70er Jahren entstehenden gegenkulturellen Milieus in den Nischen der DDR-Gesellschaft (Künstlerkreise, kirchliche Gruppen, Kulturbund). Insbesondere im Bereich der evangelischen Kirche fanden diese sozialethischen Gruppen eine Art Ersatzöffentlichkeit vor, in der sie ihre Anliegen artikulieren und verbreiten konnten. Hier wurden die thematischen Schwerpunkte (Demokratie, Frieden, Umwelt) der späteren B. vorgeprägt. Nachdem die Bürgerbewegungen ihre größte Wirksamkeit zwischen dem Oktober 1989 und dem Frühjahr 1990 entfalteten, setzte mit der Vereinigung von West- und Ostdeutschland ein Bedeutungsverlust und nahezu ein Zerfall der Bürgerbewegungen ein. Dennoch wurden manche Aktivitäten thematisch auf lokaler Ebene in B. fortgeführt.

Einige der gegenwärtig aktiven B. entstanden aus der Transformation der Nationalen Front in eine Nationale Bürgerbewegung e.V. Die Akteure der vormaligen Wohnbezirksausschüsse gründeten stadtteilorientierte Bürgerkomitees und B. Neben der Herkunft aus den Bürgerbewegungen und aus der Nationalen Front entstehen seit der Eingliederung Ostdeutschlands in die BRD zunehmend auch von den o.g. Organisationen unabhängige B. (vgl. Schulz 1991).

Trotz aller zu beobachtenden Angleichungsprozesse sprechen einige Befunde dafür, daß sich die B. in Ostdeutschland von denen im Westen noch in mancher Hinsicht signifikant unterscheiden: In thematischer Sicht zeichnen sich die B. dadurch aus, daß es sich bei ihnen kaum um Einpunktinitiativen handelt. Initiativproteste und Anliegen, die sich an der Existenz räumlich eingeschränkter Defizite entzünden, sind noch in der Minderzahl. Es kann vielmehr von einer thematischen Allzuständigkeit gesprochen werden. In organisatorischer Hinsicht unterscheiden sich die B. dadurch, daß sie sich nahezu alle zu eingetragenen gemeinnützigen Vereinen entwickelt haben und so meist, schneller als in Westdeutschland, zu Trägern von Arbeitsbeschaffungsmaßnahmen wurden. Insbesondere die im Bereich SozArb entstandenen B. verbinden dabei auf engagierte Weise soziale Versorgungsdefizite mit eigenen Erwerbsinteressen. *H. Effinger/D. Söffler*

Literatur: H. Backhaus-Maul/Th. Olk: Intermediäre Organisationen als Gegenstand sozialwissenschaftlicher Forschung. Theoretische Überlegungen und erste empirische Befunde am Beispiel des Aufbaus von intermediären Organisationen in den neuen Bundesländern, in: W. Schmähl (Hrsg.): Sozialpolitik im Prozeß der deutschen Vereinigung, Frankfurt/New York 1992; K.H. Boeßenecker/Th. Bühler: Neue Verbände – neue Unübersichtlichkeiten, in: Forschungsjournal Neue Soziale Bewegungen 4/91, 68–76; H. Effinger: Von der politischen zur professionellen Identität. Professionalisierung personenbezogener Dienstleistungen in Kooperativen des Intermediären Sektors als biographisch gesteuerter Prozeß, in: Journal für Sozialforschung (33) 1/1993, 31–48; W. Engler: Die zivilisatorische Lücke. Versuche über den Staatssozialismus, Frankfurt/M. 1992; A. Evers: Im Intermediären Bereich – soziale Träger und Projekte zwischen Haushalt, Staat und Markt, in: Journal für Sozialforschung (30) 2/1990, 189–210; G. Haufe/K. Bruckmeier (Hrsg.): Die Bürgerbewegungen in der DDR und in den ostdeutschen Ländern, Opladen 1993; T. Krämer-Badoni/D. Söffler: Die Rolle der städtischen Bürgerinitiativen in Westdeutschland und Ostdeutschland bei der Ausprägung lokaler Demokratie, in: Arbeitspapier Nr. 13, Universität Bremen, ZWE »Arbeit und Region«, Bremen 1991; D. Kreft: Öffentliche Träger, Wohlfahrts- und Jugendverbände, selbstorganisierte (alternative) Projekte und Initiativen – Zur Entwicklung ihres Verhältnisses, in: F. Boll/Th. Olk (Hrsg.): Selbsthilfe und Wohlfahrtsverbände, Freiburg 1987, 56–68; D. Kreft: Alternative soziale Bewegung, in: DV (Hrsg.): Fachlexikon der sozialen Arbeit, Frankfurt/M. [2]1993, 29; P.C. Mayer-Tasch: Die Bürgerinitiativbewegung. Der aktive Bürger als rechts- und politikwissenschaftliches Problem, Reinbek 1985; C.W. Müller: Wie Helfen zum Beruf wurde, Bd. 2 (Kapitel 5: Neue Bewegungen), Weinheim [2]1992; C. Offe: Bürgerinitiativen und Reproduktion der Arbeitskraft im Spätkapitalismus, in: C. Offe: Strukturprobleme des kapitalistischen Staates, Frankfurt/M. 1972; Th. Olk: Abschied vom Experten. Sozialarbeit auf dem Weg zu einer alternativen Professionalität, München 1986; L. Probst: Ostdeutsche Bürgerbewegungen und Perspektiven der Demokratie, Köln 1993; R. Roth/D. Rucht (Hrsg.): Neue Soziale Bewegungen in der Bundesrepublik Deutschland, Bonn 1991; R. Schulz: Der Aufbruch der Selbsthilfebewegung in der DDR, in: Psychosozial 1/1991, 1991, 115–118.

Bürokratie

Der Übergang vom mittelalterlichen Almosenwesen zur städtischen Armenfürsorge war gekennzeichnet durch die Entstehung eines kommunalen Verwaltungsapparates, dessen Aufgabe u.a. darin lag, Hilfsbedürftigkeit nach Maßgabe rationaler Kriterien (Arbeitsfähigkeit, Arbeitseinkommen, Familiensituation) zu überprüfen, das Bettelwesen zu reglementieren und Unterstützungsmaßnahmen langfristig sicherzustellen. Die städtische Armenfürsorge entwickelte so bereits im

15. und 16. Jh. die wesentlichen Merkmale der B., wie sie Max Weber als erster herausgearbeitet hat, nämlich:

- feste, durch Regeln (Gesetze, Verwaltungsvorschriften) generell geordnete Kompetenzen (*Rechtsquellen*);
- ein fest geordnetes System (Amtshierarchie) von einander über- und untergeordneten Stellen (im öffentlichen Bereich: Behörden) mit Beaufsichtigung von oben nach unten (Instanzenzug);
- geregelte, Amt und Person voneinander trennende Sachbearbeitung auf der Grundlage von Schriftstükken (*Aktenführung*);
- durch spezialisierte Fachkräfte (z. B. Beamte/*Dienstrecht*).

Durch die kirchlichen und sonstigen nichtstaatlichen *Wohlfahrtsverbände* ist zwar bis heute in der *Sozialen Arbeit* ein starkes Laienelement (*Ehrenamtliche Helfer*) vorhanden; dennoch ist auch die Verbändewohlfahrt weitgehend bürokratisiert.

Zentrale Behörden der kommunalen Sozialadministration sind das *Jugendamt*, das *Sozialamt* und das (nicht überall kommunale) *Gesundheitsamt*, wobei traditionell die Sachverhaltsaufklärung als Aufgabe des »Außendienstes« und die Sachentscheidung als Aufgabe des »Innendienstes« voneinander getrennt waren. Diese von SozArb und SozPäd als Behinderung ihrer fachlichen Arbeit kritisierte und teils auch bekämpfte Organisationsform sollte durch verschiedene Modelle zur Neuorganisation sozialer Dienste überwunden werden. Die zusammenfassend von der KGSt und dem DV vorgelegten und in vielen Städten zumindest teilweise realisierten Modelle bezwecken einerseits zwar die Verbindung von Außendienst und Innendienst in einem einheitlichen *Allgemeinen Sozialdienst* (ASD), beinhalten aber nicht die Beseitigung der bürokratischen Prinzipien.

Angesichts der als fachliche Behinderung verstandenen bürokratischen Einbindung ist in der Diskussion um *HandlungsKompetenz/Professionalisierung* in der Sozialen Arbeit zumindest eine partielle Abkoppelung von der B. angestrebt worden, beispielsweise mit der Theorie vom sog. doppelten Mandat. Danach soll der SozArb/SozPäd einerseits zwar professioneller Helfer des *Klienten* sein und quasi in dessen Auftrag handeln (professionelle, fachliche Orientierung), andererseits aber durchaus im Auftrag der Institution tätig werden, um den Klienten zu kontrollieren (bürokratische Orientierung). In diesem und in ähnlichen Modellen wird stark auf den Rollenkonflikt der SozArb/SozPäd abgestellt. Diesem liegt aber letztlich der strukturelle Konflikte zugrunde zwischen den realen Bedürfnissen der auf *Hilfe* angewiesenen Menschen und dem von der Sozial-B. definierten Standard (Existenzminimum, Bedarf). Nicht die Abkoppelung von der B., sondern der bewußte Umgang mit diesem strukturellen, d.h. durch die soziale Arbeit nicht aufhebbaren Konflikt erscheint deshalb als sinnvolle Zielvorgabe für Handlungsansätze, die über eine im klassischen Sinn bürokratische Amtsführung hinausweisen und eine an den Bedürfnissen der Betroffenen orientierte Leistungsstruktur anstreben. *U. Maas*

Literatur: B. Becker: Öffentliche Verwaltung, Percha 1989; B. Dewe/H.U. Otto: Professionalisierung, in: Handbuch zur Sozialarbeit/Sozialpädagogik, hrsg. von Eyferth u. a., Neuwied 1984, 775ff.; Empfehlungen zur Organisation des kommunalen Allgemeinen Sozialdienstes. Deutscher Verein für öffentliche und private Fürsorge, Frankfurt/M. 1983; KGSt: Organisation sozialer Dienste, Bericht Nr. 6/1982, Köln; U. Maas: Soziale Arbeit als Verwaltungshandeln, Weinheim/München 1992; R. Mayntz: Soziologie der öffentlichen Verwaltung, Heidelberg ²1982; S. Müller/H.-U. Otto (Hrsg.): Sozialarbeit als Sozialbürokratie? Zur Neuorganisation sozialer Dienste, in: Neue Praxis, Sonderheft 5/1980; C. Sachße/F. Tennstedt: Geschichte der Armenfürsorge in Deutschland, Stuttgart u. a. O., 3 Bde., 1988–1992; M.R. Vogel: Die kommunale Apparatur der öffentlichen Hilfe, Stuttgart 1966; M. Weber: Wirtschaft und Gesellschaft, 1921 (Berlin ⁵1976); S. Wolff u. a.: Arbeitssituationen in der öffentlichen Verwaltung, Frankfurt/M. u. a. o. 1979.

Bundesjugendkuratorium

Gemäß § 83 Abs. 2 S. 1 KJHG wid »die Bundesregierung in grundsätzlichen Fragen der Jugendhilfe von einem Sachverständigengremium (Bundesjugendkuratorium) beraten«. Damit hat das KJHG die entsprechende Regelung in § 26 Abs. 1 JWG die Änderung übernommen. Nähere Einzelheiten sind in der »Allgemeinen Verwaltungsvorschrift zu § 26 des JWG über die Errichtung eines Bundesjugendkuratoriums vom 19. Mai 1969« geregelt. Diese gilt im Sinne des § 83 Abs. 2 KJHG weiter (vgl. Ziff. 1.2 der Unterrichtung durch die BReg zu »Zusammensetzung und Arbeit des Bundesjugendkuratoriums« vom 13.9.1991).

Die 20 Mitglieder des B. werden vom BMFSFJ nach Anhörung der übrigen BM berufen und setzen sich derzeit aus 15 Personen zusammen, die von verschiedenen bundesweiten Zusammenschlüssen der Kinder- und *Jugendhilfe* vorgeschlagen werden, sowie 5 ExpertInnen bzw. VertreterInnen der Wissenschaft. Sie werden auf 3 Jahre berufen, Wiederberufung ist zulässig. Die Sitzungen finden mindestens zweimal jährlich statt und sind nicht öffentlich. Der BMFSFJ und die zuständigen Länderminister können teilnehmen und müssen jederzeit gehört werden. Das B. kann Sachverständige hinzuziehen.

Das B. hat sich seit Mitte der 60er Jahre mit wesentlichen Angelegenheiten der Kinder- und Jugendhilfe befaßt. Zu grundsätzlichen wie zu aktuellen Fragen hat es der BReg z. T. umfangreiche Stellungnahmen zugeleitet, vereinzelt auch bei der Durchführung von Veranstaltungen mitgewirkt. Ein Recht auf eigene Öffentlichkeitsarbeit hat das B. nicht.

Der Beratungsauftrag des B. taucht auch in dem *Kinder- und Jugendplan* des Bundes (KJP; Richtlinien d. BMFJ v. 20.12.1993 – 221 – 2411/94) auf. Darüber hinaus wird das BMFSFJ bei der Entscheidung über

Anträge aus dem KJP-Programm »Neue Wege der Kinder- und Jugendhilfe« durch einen Ausschuß des B. beraten.
Die Wirksamkeit des B. ist immer wieder einmal in Frage gestellt worden. Wesentliche Gesichtspunkte waren dabei, daß
- die BReg nur selten Erwartungen und Wünsche (ist gleich Erwartungsbedarf) geäußert hat,
- die Arbeitsbedingungen bezüglich personeller und sächlicher Ausstattung der Geschäftsführung unzureichend waren,
- die Sachverständigen zugleich RepräsentantInnen konkurrierender Trägerbereiche sind, wodurch die Konsensbildung erschwert wird.

Daher sollten bei der nächsten Amtsperiode sowohl die Zusammensetzung als auch die Arbeitsweise des B. überprüft werden. *S. Borsche*

Literatur: H. Junge: Patient Bundesjugendkuratorium, in: Jugendwohl 1982, 413f.; s. auch Literaturhinweise zum *Kinder- und Jugendhilfegesetz*.

Bundessozialhilfegesetz (BSHG)

Das BSHG ist die grundlegende gesetzliche Rahmenordnung für Prinzipien, Leistungen und Organisation der *Sozialhilfe*. Das Gesetz, das am 1.6.1962 in Kraft trat, löste die überkommenen fürsorgerechtlichen Regelungen ab, insbesondere die Reichsverordnung über die Fürsorgepflicht und die Reichsgrundsätze über Voraussetzungen, Art und Maß der öffentlichen Fürsorge (beide von 1924) sowie das Gesetz über die Fürsorge für Körperbehinderte von 1957 und das Gesetz über die Tuberkulosenhilfe von 1959. Die Befugnis des Bundes zu einer solchen zentralisiert-vereinheitlichenden Regelung des Sozialhilferechts in einem Bundesgesetz folgt aus Art. 74 Nr. 7 GG (anders z.B. in Österreich und in der Schweiz: keine Bundeskompetenz und damit kein einheitliches Bundesgesetz). Nach dieser Vorschrift hat der Bund – vorrangig vor den Ländern – die Gesetzgebungskompetenz für die »öffentliche Fürsorge«, zu der neben der Sozialhilfe i.S.d. BSHG v.a. die *Jugendhilfe* gehört.
Das BSHG ist seit seinem Erlaß durch insgesamt 42 Bundesgesetze geändert worden; gegenwärtig gilt es in der Fassung der Bekanntmachung vom 23.3.1994 (BGBl. I S. 646). Zieht man eine Bilanz der Fortschreibung des BSHG, so waren die Änderungen bis 1980 durch Ausweitung des Berechtigtenkreises, Ausdifferenzierung des Leistungsangebots, Anhebung des Leistungsniveaus und Verbesserung der Leistungsmodalitäten gekennzeichnet. Die Gesetzgebung von 1980 bis 1985, die vor allem mit der notwendigen Konsolidierung öffentlicher Haushalte begründet wurde, hatte insbesondere Leistungsstagnation (vor allem durch »Deckelung« der Regelsätze), Leistungseinschränkungen und Möglichkeiten restriktiver Handhabung der Hilfegewährung zum Gegenstand. Die Gesetzgebung nach 1985 beschränkte sich zunächst im wesentlichen auf punktuelle Verbesserungen für die auf Sozialhilfe angewiesenen Personen (z.B. durch einen verbesserten Schutz des Hausgrundstücks) sowie auf Anpassungen an veränderte Verhältnisse. Auf der Grundlage des EinV von 1990 trat das BSHG zum 1.1.1991 auch in den neuen Bundesländern in Kraft (allerdings mit einschränkenden Maßgaben, z.B. hinsichtlich der Höhe und des Umfangs der Leistungen). Seit Mitte 1993 wurden durch Spargesetze (Gesetz zur Umsetzung des Föderalen Konsolidierungsprogramms und Zweites Gesetz zur Umsetzung des Spar-, Konsolidierungs- und Wachstumsprogramms) weitere Änderungen zum Nachteil der Sozialhilfebedürftigen vorgenommen (vor allem durch Begrenzung des Regelsatzanstiegs bis zum 30.6.1996, mit dem das Bedarfsdeckungsprinzip bei der Hilfe zum Lebensunterhalt erheblich gefährdet wird: *Bedarfsbemessung in der Sozialhilfe*). Seit dem 1.10.1993 erhalten Berechtigte nach dem Asylbewerberleistungsgesetz keine Leistungen der Sozialhilfe (sondern insbesondere nur erheblich niedrigere Grundleistungen: *Ausländer*).
Die Rahmenordnung des BSHG wird durch eine Fülle anderer Regelungen ergänzt und konkretisiert:
- Seit dem 1.1.1976 ist das BSHG Bestandteil des *Sozialgesetzbuchs*; die allgemeinen und übergreifenden Regelungen des SGB I und X ergänzen insofern die Vorschriften des BSHG.
- Das BSHG ergänzen Rechtsverordnungen. Diese (z.T. noch ausstehenden) Verordnungen befassen sich im wesentlichen mit den Regelsätzen (die zentrale Bedeutung vor allem für die *wirtschaftlichen Hilfen* haben), den einmaligen Leistungen, der Eingliederung Behinderter, der Hilfe zur Überwindung besonderer sozialer Schwierigkeiten, der Berechnung des sozialhilferechtlich relevanten Einkommens, der Festsetzung von Vermögensfreibeträgen, dem schiedsrichterlichen Verfahren bei Streitigkeiten über die Kostenerstattung zwischen Sozialhilfeträgern, der Überprüfung von Sozialhilfeempfängern im Wege des automatisierten Datenabgleichs sowie der Sozialhilfestatistik.
- Alle Bundesländer (auch die neuen) haben Ausführungsgesetze und Durchführungsverordnungen zum BSHG erlassen. Deren Vorschriften regeln vor allem die Organisation der Sozialhilfeträger, Erweiterungen der sachlichen Zuständigkeit der örtlichen bzw. überörtlichen Träger, das Eintreten der örtlichen Träger bei Zweifels- und Eilfällen, die Möglichkeit der Heranziehung örtlicher Träger und Gemeinden zur Durchführung von Aufgaben sowie die Aufbringung der Sozialhilfekosten (Sozialhilfeträger sind im örtlichen Bereich die kreisfreien Städte und Landkreise, während die Bestimmung der überörtlichen Träger vom BSHG den Ländern überlassen wird, dazu beim Stichwort *Sozialhilfe*).
- Die meisten Sozialhilfeträger ziehen bei der Durchführung des BSHG zusätzlich Sozialhilferichtlinien heran, die als Verwaltungsvorschriften v.a. der ein-

heitlichen Ermessensausübung und Auslegung unbestimmter Rechtsbegriffe dienen. Eine allgemeine Veröffentlichungspflicht und ein Recht auf Einsicht in die Verwaltungsvorschriften außerhalb eines konkreten Sozialhilfeverfahrens wird weder für den Hilfesuchenden noch für einen Rechtsanwalt anerkannt (BVerwGE 69, 278).
- Das zwischenstaatliche Sozialhilferecht regelt das Europäische Fürsorgeabkommen von 1953 sowie die Deutsch-Schweizerische Fürsorgevereinbarung von 1952 und das Deutsch-Österrreichische Fürsorgeabkommen von 1966.

Im BSHG ist – neben allgemeinen Grundsätzen und der Trägerschaft einschließlich des Verhältnisses der öffentlichen Träger zu den freien *Wohlfahrtsverbänden* (dazu beim Stichwort *Sozialhilfe*) – vor allem das Leistungsrecht geregelt. Dabei unterscheidet das BSHG (im Gegensatz zum früheren Fürsorgerecht und zu entsprechenden ausländischen Leistungssystemen, die sich meist auf Geldleistungen zur Sicherung des notwendigen Lebensunterhalts beschränken) die beiden Leistungsgruppen »Hilfe zum Lebensunterhalt« (HLU) und »Hilfe in besonderen Lebenslagen« (HbL). Die HLU soll die allen Menschen eigentümlichen Grundbedarfe des täglichen Lebens (Ernährung, Unterkunft, Kleidung usw.) abdecken und damit einer allgemeinen Hilfsbedürftigkeit begegnen. Die HbL soll demgegenüber qualifizierte Bedarfssituationen (z.B. bei einer Behinderung) erfassen, bei denen die Aufbringung der Mittel zum Bestreiten eines besonderen Bedarfs (z.B. nach einer behindertengerechten Wohnung) die finanziellen Kräfte des Hilfesuchenden übersteigt; insofern soll die HbL einer besonderen Hilfsbedürftigkeit begegnen. Die HbL ist in einer Reihe von (in § 27 Abs. 1 BSHG aufgezählten) Bedarfslagen vertypt und ihre Gewährung an Einkommensgrenzen gebunden, die gleichsam das Maß der eigenen (finanziellen) Kräfte des Hilfesuchenden markieren: Liegt das Einkommen unter der Grenze, wird die HbL grundsätzlich voll (d.h. ohne Eigenbeteiligung) gewährt; liegt es darüber, so muß sich der Hilfesuchende mit eigenen Mitteln angemessen beteiligen. Demgegenüber geht die HLU vom Gesamteinsatz des (nach bestimmten Regeln ermittelten) einsetzbaren Einkommens aus. In der Regelung der verschiedenen Bedarfslagen der HbL und in den Einkommensgrenzen als Schongrenzen sah der Gesetzgeber im übrigen eine entscheidende Verbesserung gegenüber dem herkömmlichen Fürsorgerecht. An Typen der HbL sieht das BSHG vor: Hilfe zum Aufbau oder zur Sicherung der Lebensgrundlage, vorbeugende Gesundheitshilfe, Krankenhilfe, Hilfe bei Schwangerschaftsabbruch oder bei Sterilisation, Hilfe zur Familienplanung, Hilfe für werdende Mütter und Wöchnerinnen, Eingliederungshilfe für Behinderte, Blindenhilfe, Hilfe zur Pflege, Hilfe zur Weiterführung des Haushalts, Hilfe zur Überwindung besonderer sozialer Schwierigkeiten und *Altenhilfe*. Das Leistungsrecht des BSHG enthält darüber hinaus Regelungen zum Einsatz von Einkommen und Vermögen, zum Rückgriff auf Ansprüche gegen Dritte einschließlich Unterhaltspflichtiger sowie zum Kostenersatz gegenüber dem Hilfeempfänger und Dritten.

Bei der Schaffung des BSHG (im Kontext einer positiven wirtschaftlichen Entwicklung der späten 50er Jahre) ging der Gesetzgeber im wesentlichen von drei Grundannahmen aus: von der kontinuierlichen Entlastung der Sozialhilfe durch den Ausbau der übrigen Sozialleistungsbereiche, vom Ausnahmecharakter der sozialhilferechtlich relevanten Notsituation und vom dominierenden Bedarf an persönlicher (nichtmaterieller) Hilfe. Diese Grundannahmen haben sich durchweg als unzutreffend erwiesen. Durch die ökonomische Situation der letzten rd. 10 Jahre (insbesondere durch die hohe *Arbeitslosigkeit*) ist das BSHG vielmehr von einer Rahmenordnung der ausnahmsweisen persönlichen Einzelfallhilfe für »Randexistenzen« zum »Grundgesetz« der Basissicherung durch materielle Hilfen für Millionen geworden (*Armut*). Ein solcher Funktionswandel führt zwangsläufig zu Bruchlinien mit einem Sozialhilferecht, das nach seiner rechtlichen Konstruktion und nach seinen Finanzierungsgrundlagen eigentlich ein Instrument der zuvörderst persönlichen (Sozialisations-)Hilfe für einen relativ kleinen, von Ausgrenzung bedrohten oder ausgegrenzten Personenkreis sein soll, nicht aber eine Grundsicherung für einen immer größer werdenden Teil der (vor allem durch Arbeitslosigkeit mittellos gewordenen) Bevölkerung.

P. Trenk-Hinterberger

Literatur: U.A. Birk u.a.: Bundessozialhilfegesetz. Lehr- und Praxiskommentar, Weinheim/Basel [4]1994; A. Brühl: Mein Recht auf Sozialhilfe, München [11]1994; D. Giese: 25 Jahre Bundessozialhilfegesetz, in: ZfSH/SGB 6/7/8 1986; ders.: 30 Jahre BSHG – Historie und Zukunftsperspektiven, ZfF 1/1993; H. Gottschick/D. Giese: Das Bundessozialhilfegesetz. Kommenar, Köln u.a.O. [9]1985; A. Knopp/O. Fichtner (Hrsg.): Bundessozialhilfegesetz. Kommentar, München [7]1992; O. Mergler/G. Zink/E. Dahlinger/H. Zeitler: Bundessozialhilfegesetz. Kommentar, Köln [4]1986ff.; J. Münder (Hrsg.): Zukunft der Sozialhilfe. Sozialpolitische Perspektiven nach 25 Jahren BSHG, Münster 1988; E. Oestreicher u.a.: Bundessozialhilfegesetz. Kommentar, München [4]1992ff.; W. Schellhorn u.a.: Das Bundessozialhilfegesetz. Kommentar, Neuwied/Darmstadt [14]1993; L. Schmitt: Bundessozialhilfegesetz, 1986ff.; B. Schulte/P. Trenk-Hinterberger: Bundessozialhilfegesetz. München [2]1988 (Nachtrag 1992).

Chancengleichheit

C. ist ein Begriff, der der Philosophie der *Aufklärung* entstammt. Er ist als normativer Anspruch aufgenommen worden in die »Allgemeine Erklärung der Menschenrechte« der Vereinten Nationen und ist impliziter oder expliziter Bestandteil des Grundrechtskatalogs fast aller sozialstaatlichen Verfassungen. So heißt es beispielsweise im GG unter der Überschrift »Gleichheit vor dem Gesetz« in Art. 3 (3): »Niemand darf wegen seines Geschlechts, seiner Abstammung, seiner Rasse, seiner Sprache, seiner Heimat und Herkunft, seines

Glaubens, seiner religiösen oder politischen Anschauungen benachteiligt oder bevorzugt werden.«
Die Gleichheitsbestrebung gelangte vor allem als Forderung nach »Gleichheit der Bildungschancen« zu neuer Aktualität, als in den 60er Jahren in der westlichen Welt empirische Untersuchungen über sog. Bildungsreserven diskutiert wurden, die nachwiesen, daß die Bildungschancen höchst ungleich verteilt sind und Schüler und Studenten durchaus wegen ihres Geschlechts, ihrer Herkunft, ihrer Rasse usw. benachteiligt oder bevorzugt wurden (OECD 1961, 1967; Coleman-Report). Vor allem soziologisch orientierte Analysen belegten detailliert die Mechanismen der Auslese durch das Bildungssystem (*Bildung*) und zeigten die Barrieren auf, die einer Realisierung der Gleichheit der Bildungschancen im Wege stehen. Diese Barrieren bestehen bis heute fort (Rolff u.a. 1990, S. 162ff.).
Der Aufweis der Ungleichheit der Chancen blieb nicht ohne Einfluß auf die Legitimationsprobleme der Gesellschaftspolitik, die zunehmend Reformmaßnahmen zum Zwecke der Verbesserung der C. propagierte und z.T. auch einleitete, so z.B. Ausbau der Vorschulerziehung, der *Ausbildungsförderung*, der *Behindertenhilfe*, der *Erziehungsberatung*, der *Erwachsenenbildung*, der *Gemeinwesenarbeit*, der *außerschulischen Jugendbildung*, der *Gesellschaft*shilfe und etlicher anderer Bereiche. In der daraufhin einsetzenden Debatte um die Art und Angemessenheit der Reformmaßnahmen zeigte sich allerdings sehr bald, daß mit der Forderung nach mehr C. unterschiedliche Zielvorstellungen verbunden sind, hinter denen sich unterschiedliche Interessen und Gesellschaftsbilder verbergen. Idealtypisch stilisiert lassen sie sich zwei Positionen zuordnen: einer liberalen und einer sozialdemokratischen Position.
Die liberale Position bezieht sich im Kern auf die juristische und politische Gleichheit jedes einzelnen. Sie läßt sich zugespitzt als C. verstehen, was auf die Forderung nach Verbesserung der Startchancen hinausläuft, also auf die Verbesserung der Chancen des einzelnen als Konkurrent im Wettbewerb. Dies bedeutet für den in diesem Zusammenhang zentral wichtigen Bildungsbereich vor allem Zugang zu guten Noten und weiterführenden Abschlüssen, z.B. durch Förderunterricht, Angleichung der örtlichen und regionalen Versorgung mit Bildungseinrichtungen, gleichmäßige Ausstattung aller Bildungseinrichtungen mit Lehrpersonal und Sachmitteln usw. C. meint dann das Recht auf begabungsmäßige Bildung und individuelle Begabungsförderung (Nunner-Winkler, 11f.) oder das »Bürgerrecht auf Bildung« (Dahrendorf).
Gegen die konkurrenzorientierte liberale Position ist anhand empirischer Untersuchungen (Jencks) kritisch eingewandt worden, daß mehr Startgerechtigkeit nicht zu C. führt, solange gesamtgesellschaftliche Ungleichheit herrscht – zumal sich belegen läßt, daß die Ungleichheit im Bildungs- und Sozialwesen wesentlich Ausdruck gesamtgesellschaftlicher Ungleichheit ist, die sich insbesondere über ungleiche »Chancen« am Arbeitsplatz (Pearlin/Kohn), ungleiche Teilhabe an gesellschaftlichen Prozessen und ungleiche Verteilung der Produktionsmittel und Produkte vermittelt. Herbeiführung von mehr Startgerechtigkeit erweist sich mithin als »Herstellung von Wettbewerbsgleichheit unter Ungleichen«, die den »latente(n) Konflikt zwischen Privilegierten und Unterdrückten kanalisiert« (Hänsel/Ortmann, 432). Realisierung von mehr C. i.S.d. liberalen Credos »Freie Bahn jedem Tüchtigen« (Tews) bedeutet zwar mehr Förderung der »Tüchtigen«, nicht aber Herstellung tatsächlich gleicher Lern- und Lebensbedingungen für alle Mitglieder einer Gesellschaft. Sie bedeutet zudem eine Verschärfung der Leistungskonkurrenz jedes gegen jeden, solange privilegierte Positionen knapp bleiben. Diese Kritik betont zudem, daß Leistungserbringung im wesentlichen auf kapitalistische Verwertungsinteressen bezogen bleibt und daß das Leistungsprinzip nicht nur als Norm fungiert, »die Gleichheit gewährleistet, sondern ebenso als Legitimationsprinzip, das gesellschaftliche Ungleichheit rechtfertigt; indem es den Anspruch auf soziale Gleichheit propagiert, engt es ihn ein. Es sanktioniert solche Formen der Ungleichheit, die durch individuelle Leistung zustande gekommen sind. Insofern ist das Leistungsprinzip auch eine Norm der Ungleichheit« (Offe, 43f.).
Diese Kritik begründet zugleich die zweite, sozialdemokratische Position. Diese geht davon aus, daß die Gleichheitsforderung nicht durch individualistische Konkurrenz, sondern vielmehr durch solidarisches Handeln eingelöst werden kann (*Solidarität*). C. bedeutet nach diesem Verständnis vor allem Gleichheit der Lebensbedingungen, Beteiligung an allen die Lebenslage betreffenden Entscheidungen und Teilhabe an allen Ressourcen von Natur und Gesellschaft. C. heißt ferner Abbau aller Vorrechte und Benachteiligungen in der Gesellschaft: Sie beinhaltet auch ein »Recht auf Kompensation« für vorübergehend oder dauernd Behinderte (*Behindertenhilfe*).
Die sozialdemokratische Position unterliegt dem Einwand, sie führe zu Gleichmacherei und Kollektivierung i.S. von Vermassung. Dagegen wird zu Recht argumentiert, es gebe auf der Welt nicht zwei Schüler, die sich in allen Merkmalen völlig gleichen – und es gibt mithin keinen vernünftigen Grund dafür, absolute Gleichheit herbeizuführen. Dies erkennt die sozialdemokratische Position allerdings auch an. Bekanntermaßen hatten die sozialistischen Väter der Sozialdemokratie formuliert: »Jeder nach seinen Fähigkeiten, jedem nach seiner Leistung.« Dieser Satz, der sich scharf von Gleichmacherei absetzt, wird häufig einseitig ausgelegt. Er ist als Verteilungsprinzip gedacht und eindeutig auf die Aneignung von Arbeitsentgelt und Gütern bezogen. Er bezieht sich gerade nicht auf Lernen und Bildung, also die Aneignung von kulturellen Traditionen, Wissensbeständen und Techniken. Hier gilt das Teilhabeprinzip: daß jeder unabhängig von seinen bisher ausgebildeten Fähigkeiten und Leistungen das Recht hat, sich weiterzuentwickeln, d.h., Lernangebote in Anspruch zu nehmen, die seine bisherigen Rückstände auszugleichen in der Lage sind. Weiterentwicklung ist dabei auf die gan-

ze Persönlichkeit zu beziehen, nicht nur auf durch Zensuren meßbare Lernfortschritte. Das sozialdemokratische Chancengleichheitskonzept intendiert also nicht, Persönlichkeiten dem Kollektiv zu opfern, sondern, gerade umgekehrt, die Lernpotentiale von Kollektiven (oder vertrauter: Gruppen) nutzbar zu machen für die umfassende Entwicklung aller Talente, Bedürfnisse und Interessen, was erst die Voraussetzung für die Herausbildung unverwechselbarer Individualität ist.

Weitgehend ungeklärt erscheint indes die Frage, inwieweit und unter welchen Bedingungen die Sozial- und Bildungspolitik dazu beitragen können, die Idee von C. konsequenter zu verwirklichen. Jede Politik, die mehr C. anstrebt, muß sich der Dialektik der C. vergewissern. Gleichheit und Ungleichheit bilden eine untrennbare Einheit, solange die gesellschaftliche Ungleichheit weiterwirkt, die das Gleichheitsproblem überhaupt erst erzeugt. Die Dialektik äußert sich in mindestens zweierlei Weise. Zunächst ist davon auszugehen, daß jede Maßnahme zur Erhöhung der C. in Widerspruch zu sich selbst gerät: Mehr C. mit der Absicht, die Chancen auf umfassendere Entfaltung der Persönlichkeit zu verbessern, erhöht unter den Bedingungen des bestehenden Beschäftigungssystems die Konkurrenz um privilegierte Lebenslagen, reduziert Lernen auf Erhöhung des Berechtigungsniveaus und engt damit die Persönlichkeitsentfaltung auf wenige Dimensionen ein, vor allem auf die kognitiven. Der zweite Widerspruch besteht darin, daß konsequente Maßnahmen einer Chancengleichheitspolitik nur durch ungleiche Behandlung durchzuführen sind. So benötigen z.B. Schüler, deren Startchancen bei Schuleintritt im Vergleich zu anderen gering sind, zusätzliche Förderung, d.h. zusätzliche Zuwendung, zusätzliche Lehrerstunden und zusätzliche Lernmaterialien. Diese zusätzliche Förderung erhalten nur einige Schüler, die »positiv diskriminiert« werden, andere jedoch nicht. Das schafft Konflikte und Probleme, weil die nicht zusätzlich Geförderten ihren Anspruch auf Gleichbehandlung eingeschränkt sehen. Würde diesem Recht auf Gleichbehandlung jedoch in formaler Weise gefolgt, wäre die Folge Ungleichheit, bezogen auf die Schulerfolgschancen. Hinzu kommt, daß eine dem Gerechtigkeitsprinzip verpflichtete Chancengleichheitspolitik keineswegs zwangsläufig auch dem Gerechtigkeitsempfinden entspricht, dieses im Gegenteil eher zu verletzen scheint. Die sozialpsychologische Grundlage dieses Widerspruchs hat Merton mit Hilfe des Begriffs der relativen Deprivation analysiert. Merton hat festgestellt, daß in sozialen Gebilden, in denen die Aufstiegs- und Beförderungschancen steigen, die subjektive Unzufriedenheit ebenfalls zunimmt. Er erklärt dieses scheinbar widersinnige Phänomen damit, daß sowohl die von stärker realisierter C. Betroffenen (die »Beförderten«) als auch die trotz der hohen Beförderungschancen Nichtbeförderten ihre Bezugsgruppe und damit auch ihre Maßstäbe wechseln. Die Letztgenannten relativieren ihre Maßstäbe, indem sie sich in ihren Urteilen nicht mehr auf die weniger C. vermittelnde Ausgangs- bzw. Herkunftsgruppen beziehen, sondern auf anspruchsvollere Maßstäbe, die durch neue Bezugsgruppen repräsentiert werden, also auf Maßstäbe, die das Chancengleichheitsversprechen ernster nehmen als bisher und mithin auch seine Uneingelöstheit.

Der Aufweis dieser komplizierten Dialektik der C. ist keineswegs pessimistisch zu verstehen. Er soll vielmehr die besondere Qualität einer hervorgehobenen gesellschaftspolitischen Zielvorstellung unterstreichen, die verfehlt werden müßte, wenn C. allzu simpel als Planziel unter anderen aufgefaßt würde, dessen Realisierung lediglich verlangte, die passenden Mittel bereitzustellen. *H.-G. Rolff*

Literatur: J.S. Coleman (u.a.): Equality of educational opportunity, Washington: U.S. Department of Health, Education 1966; R. Dahrendorf: Bildung ist Bürgerrecht, Stuttgart 1965; D. Hänsel/H. Ortmann: Kompensatorische Vorschulerziehung und sozialer Aufstieg, in: Z.f.Päd. 4/1971; Ch. Jencks (u.a.): Chancengleichheit, Reinbek 1973; R.K. Merton: Contributions to the theory of reference group behavior, in: R.K. Merton: Social theory and social structure, New York 1968; G. Nunner-Winkler: Chancengleichheit und individuelle Förderung, Stutttgart 1971; OECD (Hrsg.): Begabung und Bildungschancen (1961), Frankfurt/M. 1967; C. Offe: Leistungsprinzip und industrielle Arbeit, Frankfurt/M. 1970; L.J. Pearlin/M.L. Kohn: Social class, occupation, and parental values: A cross-national study, in: American Sociological Review 31 (1966) 4, 466–469; H.-G. Rolff: Sozialisation und Auslese durch die Schule, Heidelberg 1967; H.-G. Rolff u.a.: Jahrbuch der Schulentwicklung. Bd. 8, Weinheim 1994; J. Tews: Die deutsche Einheitsschule. Freie Bahn jedem Tüchtigen, Leipzig 1916.

Curriculum-Entwicklung (C.-E.)

Ursprünglich für die »*Schule*« entwickelt – der größte Teil der Curriculum-Literatur stammt noch heute aus dem schulischen Bereich –, gewann C.-E. zunehmend für die Arbeitsfelder der SozArb/SozPäd an Bedeutung, nämlich überall dort, wo Lernprozesse geplant und organisiert durchgeführt werden (*Tageseinrichtungen für Kinder*, *Jugend*- und *Erwachsenenbildung*, *Aus*- und *Fortbildung* etc.). Aus der dabei auftauchenden Frage, wie und was zu lernen sei, ergeben sich Regeln für eine »Verständigung« über die Ziele und Inhalte, die Begründung und die Art der Vermittlung dessen, was zu lernen ist. Die systematische Darstellung dieser Regeln wollen wir zunächst Curriculum (C.) nennen.

Der Begriff Curriculum stammt aus dem Lateinischen und meint: Lauf, Lebenslauf, auch Rundlauf in der Arena. In der Pädagogik der Barockzeit meinte man damit einen Kanon von Lernstoffen, welcher im Rahmen einer »Schullaufbahn« zu durchlaufen war.

Im Zusammenhang einer systematischen Erörterung von Lehren und Lernen taucht der Begriff »C.« erstmals bei G.D. Marhof 1888 in dem Werk »Polyhistor« auf und ist in der didaktischen Literatur dieser Zeit durchaus gebräuchlich. Bald wird er im deutschen Sprachraum ersetzt durch Begriffe wie Unterrichtsplan, Lehrplan. Im angelsächsischen Sprachraum taucht der

Begriff am Anfang unseres Jahrhunderts wieder auf und gewinnt mit der von J. Dewey stark beeinflußten Reformpädagogik wieder an Bedeutung. Die Schule sollte »demokratischer« werden, d.h., der Schüler selbst sollte aus einem größeren Lernangebot wählen können, wobei nun nicht mehr vom Lehrstoff allein die Rede war, sondern auch von sozialen Lernerfahrungen. Der Lehrplan wurde zum »Lernplan«. Den eigentlichen Beginn der C.-E. setzt man in den USA an mit Ende der 50er Jahre als ein Ergebnis der sog. »Sputnik-Schocks«. Ein vermuteter Ausbildungsvorsprung der UdSSR mußte aufgeholt werden, deshalb mußten systematische Ausbildungsprogramme besonders für den naturwissenschaftlichen Bereich entwickelt werden. Diese Form der C.-E. ist stark verkürzt wie folgt zu charakterisieren: Ergebnis sollten jeweils fertige Lerneinheiten (curriculum packages) für den Unterricht sein. Der Gesamtprozeß ihrer Entwicklung hat die folgenden Bestandteile: Curriculumforschung liefert wissenschaftliche Grundlagen (Research); auf ihnen baut die Herstellung, Entwicklung von C. auf (Development). Nach mehrfacher Erprobung und Auswertung (Evaluation) werden die Einheiten schließlich in den Schulen eingeführt (Implementation) (Achtenhagen/Meyer; Elbers).

In der BRD ist die Diskussion und Forschung zu Fragen zu Lehrplan und C. etwa ab 1967 in erheblichem Umfang in Gang gekommen. Eine wesentliche Rolle spielten dabei S.B. Robinshn und seine Mitarbeiter am Max-Planck-Institut für Bildungsforschung in Berlin. Sie definierten C. als »eine Beschreibung der Aufgaben der Schule in Form einer organisierten Sequenz von Lernerfahrungen, die auf beabsichtigte Verhaltensdispositionen gerichtet sind. Voraussetzung einer solchen Beschreibung ist die Entwicklung und Sicherung eines begründeten Zusammenhangs zwischen den Entscheidungen darüber, was Kinder lernen sollen, warum sie es lernen sollen und wann und wie sie es am besten lernen« (Knab). Daher leitet sich dann der Dreischritt ab, in dem sich bei Robinsohn C.-E. vollzieht:

- Ermittlung und Untersuchung relevanter »Lebenssituationen« und der in und von ihnen geforderten Funktionen, sei es im Beruf, sei es im privaten Leben (Freizeit, Familie, ...);
- Feststellen von »Qualifikationen«, die zur Bewältigung dieser Lebenssituation erforderlich sind. Unter Qualifikationen werden dabei Kenntnisse und Fertigkeiten ebenso verstanden wie Einstellungen und Haltungen;
- Auswählen von Bildungsinhalten – »Curriculumelementen« –, durch welche diese Qualifikationen hergestellt werden können.

Von diesem Ausgangspunkt ging eine lebhafte und oft in der Öffentlichkeit heftig umstrittene Entwicklung der C.-E. (vgl. Hessische Rahmenrichtlinien) aus. 1972 gab es ca. 300 Curriculumprojekte allein im Schulbereich. Entsprechend gab es auch eine Vielfalt unterschiedlicher Ansätze, Schulen, Konzepte. Schon zu Beginn der 70er Jahre wurde das Scheitern der »Curriculum-Packages«, also fertiger »Teacher-proof«-Elemente, deutlich. Sie scheiterten insbesondere an den strukturellen und institutionellen Realisierungsbedingungen. Diese abgeschlossenen C., fertig für die Hand der Unterrichtenden, nennt man auch »geschlossene « C.

Es setzten sich mehr und mehr Konzepte durch, die nun auch für den Bereich SozArb/SozPäd von größtem Interesse sind. Sie werden unter dem Schlagwort »offene Curricula« zusammengefaßt und haben den Anspruch, die spezifischen Bedingungen geplanter curricularer Reformen »vor Ort« zu erfassen und die Gruppen der »Betroffenen« – Lehrer, Schüler, Eltern – an den Entscheidungen zu beteiligen. In Anlehnung an Becker/Haller (242) stellen wir geschlossene/offene C. gegenüber (s. Tab.). Hier wird auf der Grundlage von Erfahrungen in der Aus- und Weiterbildung für *soziale Berufe* ein Konzept pragmatischer Curriculumreform vertreten.

»Curriculumreform soll verstanden werden als theoriegeleiteter Prozeß zur Veränderung organisierter Lernprozesse, der Ziele, Inhalte, Methoden und Kontrollen organisierter Lernprozesse einbezieht und der darum bemüht ist, ›Interessen und Fähigkeiten der lehrenden und lernenden Subjekte‹, ›Wissenschaft bzw. Sachstruktur‹ sowie ›Bedürfnisse der Lebenspraxis‹ zu berücksichtigen« (Menz).

Die pragmatische C.-E. geht von der Einsicht aus, daß die klassischen Konzepte der Curriculumtheorie unter den bildungsökonomischen Bedingungen der BRD nicht zu realisieren sind und eine ständig wachsende Notwendigkeit besteht, C. »an der Basis« zu entwikkeln. Hinzu kommt, daß alle relevanten Aussagen der Curriculumforschung für die Schule konzipiert sind und nicht direkt auf andere Lernorte übertragen werden können. Es ist also pragmatisch zu erproben, welche Wege und Mittel der C.-E. unter den jeweils herrschenden politischen und materiellen Bedingungen anzuwenden sind. Die pragmatische C.-E. bezieht die konkrete und aktuelle Situation des jeweiligen Lernortes ein und umfaßt damit auch die Durchsetzung der curricularen Planung innerhalb des Lernortes und innerhalb des bildungspolitischen Rahmens. Pragmatische Curriculumreform betont deshalb das aufgrund materieller Ressourcen und unter den jeweiligen politischen Bedingungen Machbare. In der pragmatischen Curriculumreform, die eher dem Konzept eines »offenen Curriculums« verpflichtet ist, sollen die Erfahrungen und Vorzüge des herkömmlichen Unterrichts – z. B. die Situationsbezogenheit – mit Vorzügen oder Ansprüchen der C.-E., wozu etwa die systematische Auswertung und Evaluation gehört, verbunden werden. Die pragmatische C.-E. ist noch nicht per se ein progressives Konzept, sondern schließt die Gefahr technokratischer und kostensparender Verplanung im Verwertungsinteresse wirtschaftlicher und staatlicher Institutionen mit ein. Soll die pragmatische Curriculumreform gegen eine technokratische Bildungsreform gerichtet sein, dann muß sie von den folgenden Prämissen ausgehen:

Geschlossenes Curriculum	Offenes Curriculum
Produktorientiert:	Prozeßorientiert:
Es entstehen komplette Unterrichtsprogramme einschießlich Lernmaterialien und Erfolgskontrollen (Tests).	Offenes Arrangement von Lernsituationen und Materialien. Wichtig ist, daß die Lernenden die Ziele mitsetzen. Wichtig ist, wie gelernt wird.
Lernende werden somit als Objekte gesehen. Entscheidungen fallen bei Wissenschaftlern und Politikern.	Lernende werden als Subjekte gesehen. Lehrer und Schule treffen curriculare Entscheidungen nach den Fragen was? warum? wann? wie?
C.-E. und -durchführung sind getrennt; Lehrer sind Ausführende.	Aufhebung der Trennung zwischen Entwicklung und Erprobung: Unterricht als Experiment.
Kontextneutral; die konkrete Schul- und Unterrichtssituation wird ausgeklammert.	Gleichberechtigung zwischen Wissenschaftlern und Lehrenden unter Einbeziehung der Lernenden.
Wissensorientiertes Lernen: Wissenserwerb als meist fremdgesteuerte Qualifikationsproduktion.	Die Situation der Lerngruppe und des Lernumfeldes wird berücksichtigt (kontextabhängig). Aufgabenorientiertes Lernen unter Einbeziehung der Lernvoraussetzungen, Interessen und Bedürfnisse des Lernenden.

- Die curricularen Entscheidungen werden nicht aufgrund wissenschaftsimmanenter Ableitung (z. B. aus der Struktur der Psychologie) oder kaum begründeter Sachzwänge gefällt, sondern von den »tatsächlichen, aber aufgeklärten« Bedürfnissen der Lehrenden und Lernenden mitbestimmt. Dabei steht der Terminus »aufgeklärt« durchaus auch für theoretische Vorentscheidungen.
- Folglich ist die Beteiligung dieser Betroffenen an der Konzipierung und Realisierung unabdingbar.
- Von einer völligen Fixierung und Instrumentalisierung des Lehr-Lern-Prozesses wird abgesehen, d. h., es gibt beispielsweise keine Stundentafeln.
- Eine permanente Evaluation dient der permanenten Revision des C. durch alle Beteiligten. Die Evaluation (*Evaluierung*) ist ein wesentlicher Aspekt, ja, eine Grundvoraussetzung einer prozeßorientierten pragmatischen C.-E. (Brauner/Hering/Oelschlägel): In sozialpädagogische Praxisfelder fand die C.-E. besonders Eingang in die Kinder- und *Jugendarbeit*. Hier hatte sie überwiegend den Charakter offener Planung, so beim »situationsorientierten Ansatz«. »Offene Curricula haben mehr den Charakter von Vorschlägen. Sie bestehen aus inhaltlichen und methodischen Angeboten, die aufgegriffen werden und auf die eigene sozialpädagogische Praxis bezogen werden können. Dabei werden sie abgewandelt und an die Lernstruktur und die Lernbedürfnisse der jeweiligen Zielgruppen angepaßt« (Martin, 157).
- Evaluation soll zu einer selbstkritischen Haltung und permanenten Aktivität von Lehrenden und Lernenden entwickelt werden; sie muß deshalb handlungsorientiert sein.
- Sie darf sich nicht auf das Ergebnis des Curriculums beschränken (summative Evaluation), sondern muß sich auf den Prozeß der C.-E. richten und diesen beeinflussen (formative Evaluation).
- Schließlich muß sie ihre Aufmerksamkeit auf den »heimlichen Lehrplan« (hidden curriculum) richten, dessen Bedeutung zunmehmend anerkannt wird.

Es bleibt die Frage offen, wie und in welchem Ausmaß die Informationen, die in der Curriculumevaluation gewonnen werden, in der C.-E. und -revision tatsächlich in Veränderungsprozesse umgesetzt werden. Heute ist der Begriff C.-E. weitgehend aus der wissenschaftlichen Diskussion in der SozArb/SozPäd verschwunden. Die Breite des Begriffs »curricular« hat bewirkt, daß er zwar vielseitig verwendet werden und man beliebig ganze Lehrpläne oder auch nur Elemente davon mit diesem Adjektiv versehen kann, die jeweilige Aussagen dabei jedoch unspezifisch bleibt. Zudem sind auch Zweifel laut geworden, ob – im Bereich der Ausbildung – die Curriculum-Diskussion überhaupt dauerhafte Auswirkungen auf die praktische Lehrplangestaltung hatte. *D. Oelschlägel*

Literatur: F. Achtenhagen/H. L. Meyer (Hrsg.): Curriculumrevision. Möglichkeiten und Grenzen, München 1971; Becker/Haller u. a.: Das Curriculum, München 1974; T. Brauner/S. Hering/D. Oelschlägel: Evaluation im Modellversuch ›Soziale Studiengänge‹ – Ein Diskussionsbeitrag, Hamburg 1976, in: Hochschuldidaktische Materialien des IZHD Hamburg; H. Colberg-Schrader/M. Krug: Lebensnahes Lernen im Kindergarten. Zur Umsetzung des Curriculums Soziales Lernen, München 1982; D. Elbers; Curriculumentwicklung in den USA, in: b:e 1/1971; K. Frey (Hrsg.): Curriculum-Handbuch. 3 Bde., München 1975; U. Hameyer/K. Frey/H. Haft (Hrsg.): Handbuch der Curriculum-Forschung, Weinheim 1983; D. Knab: Konsequenzen zur Curriculumproblematik im Hinblick auf Curriculum-Forschung und Lehrplanentscheidungen in der BRD, in: Achtenhagen/Meyer, a. a. O., 159 f.; W. Manz: Entscheidungsverfahren in der Studienplanung am Beispiel von Hochschulkursen, in: Curriculumhandbuch. Bd. 1, München 1975; E. Martin: Didaktik der sozialpädagogischen Arbeit. Eine Einführung in die Probleme und Möglichkeiten, Weinheim/München 1989; D. Oelschlägel: Ansätze einer praxisbezogenen Lehrplanentwicklung für soziale Berufe an einer Gesamthochschule, in: Kreuz/Landwehr (Hrsg.): Studienführer für Sozialarbeiter/Sozialpädagogen, Neuwied/Darmstadt 1977; S. B. Robinsohn: Bildungsreform als Revision des Curriculum, Neuwied/Berlin 1967; H. Siebert: Curricula für die Erwachsenenbildung, Braunschweig 1974; U. Siebert: Emanzipatorische Jugendarbeit. Theoretische Grundlegung, curriculare Ausdifferenzierung, didaktisch-methodische Exemplifizierung, Rheinstetten 1976.

Daten- und Geheimnisschutz (D. u. G.)

Einzelangaben über persönliche und sachliche Verhältnisse natürlicher Personen (personenbezogene Daten, p. D.), fremde Geheimnisse des persönlichen Lebensbereichs, Betriebs- und Geschäftsgeheimnisse sowie geheimhaltungsbedürftige Angelegenheiten der Verwaltung sind rechtlich geschützt und dürfen nicht unbefugt offenbart werden. Hinzu tritt der prozeßrechtliche Schutz des Wissens durch das Recht der *Zeugnisverweigerung* vor Gerichten und Behörden.

Die wachsende Bedeutung des D. u. G. wird an der Differenzierung und Vermehrung einschlägigen Rechts erkennbar. D. u. G. umfaßt folgende Schutzbereiche:

– Amts- und Dienstverschwiegenheit nach Beamten- und Arbeitsrecht, §§ 61 BBG, 9 BAT bzw. Arbeitsvertrag;
– *Schweigepflicht* im Strafrecht für bestimmte Berufsgruppen und Funktionsträger; im sozialen Bereich z. B. Dipl.-Psychologen, Berater in behördlich anerkannten Ehe-, Familien-, Jugend-, Sucht- und Schwangerschaftskonflikt-Beratungsstellen, staatlich anerkannte SozArb/SozPäd, §§ 203, 353b u. d StGB;
– Sozialdatenschutz nach § 35 SGB I, §§ 67–85 SGB X für öffentlich-rechtliche Sozialleistungsträger, zusätzlich die §§ 61–68 KJHG;
– allgemeiner D. nach dem Bundesdatenschutzgesetz sowie D. nach Kirchenrecht in *Kirchen* und bei konfessionellen *Wohlfahrtsverbänden*;
– Zeugnisverweigerung vor Gerichten und Behörden, §§ 53, 54 StPO, §§ 383, 376 ZPO, § 35 Abs. 3 SGB I, §§ 26 VwVfG, 21 SGB X.

Der Sozialdatenschutz (Sozialgeheimnis) gilt ausschließlich für öffentlich-rechtliche Träger, die Sozialleistungen erbringen, also nicht für *Schulen* oder Strafvollzugsanstalten. Die übrige Staatsverwaltung hat ebenso wie die freien Träger der Wohlfahrtspflege (*Träger der Sozialen Arbeit*) den allgemeinen D. nach dem Bundesdatenschutzgesetz zu beachten. Geschützt sind danach nur Daten, die in Dateien gespeichert und für automatische Bearbeitung verfügbar sind (*Datenverarbeitung*). Der Sozialdatenschutz umfaßt alle personenbezogenen Daten, unabhängig von der Art des Datenträgers, etwa Akten, Notizen, Gedächtnis des Mitarbeiters.

Für die Handhabung des D. u. G. lassen sich einige Grundsätze angeben: Es gibt keine »freien« p. D., über die jedermann verfügen dürfte (Recht auf informationelle Selbstbestimmung, BVerfGE 65, S. 1 ff.). P. D. dürfen nur im unbedingt erforderlichen Umfang erhoben, gespeichert und offenbart werden; so ausdrücklich § 62 KJHG. Erforderlich sind diejenigen Daten, ohne die eine bestimmte Aufgabe nicht erfüllt werden kann (Erforderlichkeit). P. D. dürfen nur zu den Zwecken verwendet werden, zu denen sie erhoben oder Dritten offenbart worden sind (Zweckbindung). Die Wahrung des D. u. G. ist die Regel – die Offenbarung die Ausnahme. Ausnahmen sind eng, Regeln weit auszulegen. Die Darlegungs- und Beweislast trägt derjenige, der eine Befugnis zur Offenbarung behauptet. Bleiben Zweifel, so ist der D. u. G. zu wahren und die Offenbarung unbefugt. *R. Kühnel*

Literatur: Kommunale Gemeinschaftsstelle für Verwaltungsvereinfachung (KGST), Gutachten: Informationstechnologie in der Kommunalverwaltung: Datenschutz und Datensicherung, Köln 1983; R. Kühnel: Geheimnis- und Datenschutz, in: Kühnel u. a.: Dienstrecht für die Soziale Arbeit, Weinheim/Basel 1985, 146–188; U. Maas: Soziale Arbeit als Verwaltungshandeln, Weinheim 1992; T. Mörsberger: Verschwiegenheitspflicht und Datenschutz. Ein Leitfaden für die Praxis der sozialen Arbeit, Freiburg 1985; J. Münder u. a.: Frankfurter Lehr- und Praxiskommentar zum KJHG (dort eine Kommentierung zu den §§ 61–68 mit weiteren Literaturhinweisen), Münster [2]1993.

Datenverarbeitung

Unter D. wird die Aufnahme, Speicherung, Verarbeitung und Übermittlung von Daten (Informationen) mit Hilfe elektronischer Rechenanlagen verstanden. Eingesetzt werden i. d. R. drei verschiedene Arten von Rechnern: Großrechner (main frame computer), Rechner der mittleren Datentechnik (minicomputer) und Personalcomputer (PCs). Die schnelle technische Entwicklung in den letzten Jahren hat erhebliche Steigerungen der Leistungsfähigkeit und der Einsatzmöglichkeiten (z. B. Mobilität) bei sinkenden Preisen hervorgebracht: Die Grenzen insbesondere zwischen PCs und Minicomputern werden fließend. Vielseitige Verwendungsmöglichkeiten eröffnet die Vernetzung von Computern gleicher oder unterschiedlicher Art (z. B. die Nutzung von PCs als »smart terminals« von Großrechnern oder die Vernetzung von PCs zu »local area networks« oder den Austausch von Daten über öffentliche Netze).

Die maschinelle Grundlage (Hardware) umfaßt Geräte zur Datenerfassung (z. B. Tastatur, Dateneinlesegeräte), eine zentrale Recheneinheit (central processing unit) und Datenausgabegeräte (Bildschirm, Drucker). Übliche Datenträger sind Magnetplatten und -bänder, Disketten, CD-Rom, Streamer, Festplatten. Anweisungen, wie welche Daten zu erfassen, zu verarbeiten, zu speichern und auszugeben sind (Programme), sind Voraussetzungen für die Nutzung von Rechnern zur D. Zu den notwendigen Programmen (Software) gehören das Betriebssystem und Anwendersoftware, die in sog. Computersprachen geschrieben sind. Textverarbeitung, Finanzbuchhaltung, Datenbankverwaltung, Tabellenkalkulation, Grafikaufbereitung und Kommunikationsprogramme sind Standardanwendungspakete; daneben gibt es eine Vielzahl von Anwendersoftware für spezifische Zwecke, u. a. auch für Anbieter sozialer Dienste.

An den Fachbereichen für Sozialwesen begann die Diskussion Anfang der 80er Jahre, ob künftige SozArb »computerliterat« sein sollen. Soziale Dienste wie auch SozArb sahen zunächst in der D. überwiegend Gefahren oder zumindest keine Vorteile für die SozArb und ihre Klienten: Seit Mitte der 80er Jahre ist in der Diskussion ein deutlicher Meinungsumschwung festzustellen. In Aus- und *Fortbildung* (*Weiterbildung*) werden regelmäßig Veranstaltungen zur D. angeboten und nachgefragt. Dreizehn FHS haben sich bereits 1991 zu einem Daten- und Forschungsverbund (Social Network Telecommunication – SONETT) zusammengeschlossen, um Möglichkeiten zur Unterstützung von SozArb und ihren Klienten durch Telekommunikation und ihre direkte Nutzung durch Klienten zu erforschen; gleichzeitig dient SONETT der internationalen Kommunikation und Zusammenarbeit.

Die kommerzielle Orientierung der Hard- und Softwareproduzenten wie auch die geringe Investitionsneigung sozialer Dienste ließen letztere zunächst für den Einsatz von Computern ungeeignet erscheinen. Diese Einschätzung wurde durch die ablehnende Haltung und Ratlosigkeit sozialer Berufe gegenüber D. bestärkt.

SozArb muß eine Vielzahl von Informationen erfassen, verarbeiten und vermitten. Sie scheint damit gerade für D. prädestiniert. Neben administrativen Erleichterungen (z. B. durch Textverarbeitung oder Kostenkalkulation) kann D. Information und Beratung verbessern sowie sozialpolitisch sinnvolle organisatorische Veränderungen (z. B. durch Dezentralisierung von Informationen und Beratungsangeboten) unterstützen und erleichtern. Gefahren, wie dem Mißbrauch persönlicher Daten, kann durch Ausschöpfung technischer, organisatorischer und rechtlicher Möglichkeiten begegnet werden; auch dies ist ein immer wichtigeres Tätigkeitsfeld für SozArb.

In der SozArb wird D. immer häufiger eingesetzt. Sozialhilfeanträge werden oft in kommunalen Großrechenzentren im sog. »Stapelverfahren« bearbeitet. Dieses Verfahren erlaubt während der Bearbeitung keinen Zugriff auf Daten und wird daher inzwischen durch neuere Verfahren, insbesondere auch dezentrale Ansätze, ersetzt, die dem Sachbearbeiter jederzeit den unmittelbaren Zugriff (Dialogverfahren, Online) ermöglichen. Gegenwärtig wird Software für diese Zwecke auf PC-Basis entwickelt und erprobt (z. B. Prosoz in Bremen u. a. O. oder Basic in Berlin).

In der freien Wohlfahrtspflege (*Wohlfahrts- und Jugendverbände/Selbsthilfe*, *Selbstorganisation*) werden seit einigen Jahren Computer für Finanzbuchhaltung, Lohn- und Gehaltsabrechnung, Pflegesatzkalkulation, Mitgliederverwaltung, Textverarbeitung und einige andere eher administrative Zwecke eingesetzt. Spezifische Software in der freien Wohlfahrtspflege wird eingesetzt, z. B. für »Essen auf Rädern«, für die Einsatzleitung und Abrechnung in *Sozialstationen*, für die Verwaltung von Heimen, für den Einsatz von Zivildienstleistenden, für Hausnotrufdienste. An weiterer Software wird gearbeitet. In der kommunalen und staatlichen Sozialarbeit (*Sozialadministration*) wird D. bisher neben den erwähnten Beispielen kaum eingesetzt. Dafür sind weniger Vorbehalte als vielmehr organisatorische, bürokratische oder investive Hemmnisse ausschlaggebend.

In der Behindertenarbeit (*Behindertenhilfe*) werden Computer zur Kompensation und Rehabilitation von körperlich und/oder geistig Behinderten benutzt. Daß hier eine größere Offenheit gegenüber dem Einsatz von D. besteht, erklärt sich vor allem daraus, daß in der Behindertenarbeit schon immer technische Hilfen anerkannt und in Anspruch genommen wurden.

Anwendersoftware in der *Beratung* (z. B. Soldi für Beratung in der Sozialhilfe) oder zur Informationen über soziale Dienste und ihr Beratungsangebot (z. B. für Berlin durch das Zentralinstitut für soziale Fragen oder die Alice-Salomon-Fachhochschule) wird inzwischen ebenfalls genutzt. *H.-J. Brauns/D. Kramer*

Literatur: H.-J. Brauns/D. Kramer: Sozialarbeit in der Informationsgesellschaft: Neue Herausforderungen und Aufgaben, in: Soziale Arbeit 1985, 22 ff.; Moritz/Landwehr: Der Sprung in die Zukunft. Zur Bedeutung der Informations- und Kommunikationstechnologien für die soziale Entwicklung, Weinheim/ Basel 1985; M. Frommann (Hrsg.): Dezentrale Datenverarbeitung in der sozialen Arbeit, Frankfurt/M. 1987; Computer in der sozialen Arbeit, in: sozialmagazin 11/1991; B. Meyer (Hrsg.): Hilfe vom Bildschirm. Computer in der sozialen Arbeit, Freiburg 1991; Technology in People Services: Research, Theory, and Applications II. Computers in Human Services 3/4, New York 1993; H. Kreidenweis: EDV-Handbuch Sozialwesen. Eine Marktübersicht mit Praxistips, Freiburg 1993.

Diagnostik

Mit dem Begriff D. wird ein Prozeß im Rahmen psychologischer und pädagogischer Tätigkeit charakterisiert, der die Suche und das Erkennen, das Beschreiben und Interpretieren, die Beurteilung und Vorhersage von persönlichen Merkmalen und Handlungen, psychischen Sachverhalten, Zuständen und Vorgängen beinhaltet.

Ziel diagnostischer Praxis ist die Erleichterung, Absicherung, Kontrolle oder auch lediglich die Legitimation folgender Entscheidungen oder beraterischer und therapeutischer Interventionen.

Theorie und Methodik der D. wurden vor allem in der *Psychologie* zu einem Kernbereich der Ausbildung und in ihren angewandten Formen zu einem Hauptarbeitsfeld praktisch tätiger Psychologen, bevor sie nahezu ungebrochen in pädagogische Bereiche übertragen wurden. Dies gilt sowohl für die heute aus unterschiedlicher Richtung stark kritisierte traditionelle Selektions- und Klassifikationsdiagnostik als auch für die modifikationsdiagnostischen Ansätze. Die traditionelle psychologische D. (im großen und ganzen gleichzusetzen mit Testdiagnostik) hat eine ihrer Grundlagen in der psychologischen Eigenschaftstheorie. Diese geht davon aus, daß individuelle Unterschiede im Denken, Fühlen und Handeln der Menschen auf einige – über Zeit und äußere Bedingungen stabile – Persönlichkeitsmerkmale zurückführbar und aus diesen erklärbar sind. Rückschlüsse auf diese als relativ unveränderlich betrachteten Merkmale aufgrund von diagnostischen Verhaltensstichproben (*Test*) liefern dem Diagnostiker nach dieser Konzeption die Möglichkeit zu Wahrscheinlichkeitsaussagen über zukünftiges Erleben und Verhalten des Diagnostizierten in Situationen, in denen gleiche Wesensmerkmale zum Tragen kommen. Zweiter Grundpfeiler ist die klassische Testtheorie, die Konstruktion und Qualitätskontrolle der diagnostischen Verfahren bestimmt. Beide Voraussetzungen sichern die im Laufe gesellschaftlicher Entwicklung und Veränderung gewachsenen Klassifizierungs-, Auslese- und Legitimationsfunktionen von D. in *Schule*, Personalauslese, *Psychiatrie* etc. Es ist diese Art von D., die vor allem im schulpädagogischen Bereich auf fruchtbaren Boden fiel und den in der Debatte um Objektivität, Zuverlässigkeit und Gültigkeit des Lehrerurteils verunsicherten Praktikern und Lehrern eine unüberschaubare Menge von testdiagnostischen Verfahren, vor allem zur Intelligenz- und Schulleistungsdiagnostik, antrug. Die Beschäftigung mit den theoretischen und methodischen Grundlagen blieb einigen Spezialisten überlassen. Die Problematisierung der Angemessenheit dieser Diagnosekonzeption und ihrer Verfahren im Rahmen pädagogischer Fragestellungen und die Analyse ihrer gesellschaftlichen Funktionen wurde nur von wenigen in Angriff genommen. Hier wird neben der Kritik der Eigenschaftstheorie vor allem eine Kritik an testtheoretischen Kriterien wie »Objektivität«, Normierung, Reliabilität und Validität etc. sowie an deren Bestimmung, Implikationen und Auswirkungen geübt.

Die D. in der Modifikationsstrategie entwickelte sich vor allem im Zusammenhang mit dem Aufkommen verhaltenstheoretisch orientierter psychologischer und pädagogischer Interventionen. In der Analyse der Beziehung diagnostischer Urteilsbildung und therapeutischer Folgeaktivität in der herkömmlichen psychologischen und psychiatrischen Praxis war schon deutlich geworden, daß Diagnose und Therapie auseinanderfallen, D. häufig faktisch folgenlos bleibt (Selektion nach anderen, z. B. ökonomischen Kriterien oder keine der Diagnose entsprechende Zuordnung zu bestimmten Behandlungsformen etc.) und lediglich Legitimationswert oder ideologische Folgen (Selbstzuschreibungen der Diagnostizierten als unintelligent, aggressiv, neurotisch etc.) hat. Im verhaltensorientierten Interventionskonzept wurde diese Unbrauchbarkeit traditioneller D. bei der Suche nach brauchbaren Informationen für die Planung und Durchführung von Therapie und Beratung noch offensichtlicher. Im Modifikationsansatz wird die Konzeption statischer und situationsunabhängiger Persönlichkeitsmerkmale zurückgewiesen, während der Prozeßcharakter einer Diagnose und die Möglichkeit und Notwendigkeit therapiebegleitender D. hervorgehoben werden. Die gerade im pädagogischen Bereich kritisierte Normorientierung (Bestimmung einer Größe an einer statistischen Norm, z. B. einer Leistung an den Leistungen anderer) wird zugunsten einer Orientierung an einem Kriterium (z. B. einem zu lösenden Problem) aufgegeben. Die Qualität einer Interventionsentscheidung wird als Kriterium der Qualität der Diagnose angesehen und nicht mehr die formalen Gütekriterien der klassischen Testtheorie. In erster Linie werden Handlungen und Erleben des Klienten (*Klient*) direkt erhoben und nicht indirekt über Testergebnisse erschlossen. Die D. in der Modifikationsstrategie sucht vor allem nach Informationen darüber, was ein Mensch in bestimmten Situationen tut, was an seinem Tun verändert werden soll, welche Bedingungen zu seinem Tun führen, welche es aufrechterhalten und wie es am günstigsten zu beeinflussen ist.

Die D. im Rahmen solcher verhaltensorientierter Veränderungsstrategien ist sicher als ein Fortschritt gegenüber der traditionellen, auf Auslese gerichteten D. zu bezeichnen, obwohl auch ihre Begrenztheit durch den pragmatisch-technologischen Charakter der sie hervorbringenden verhaltenstheoretischen/therapeutischen Konzepte kritisiert wird. Die Reduktion gesellschaftlicher Bedingungen und sozialer Lagen auf situationale Einflußfaktoren, die Vernachlässigung von Bewußtseinsprozessen (auch wenn mehr und mehr kognitive Aspekte berücksichtigt werden), die Begrenzung historischer Gewordenheit auf Lerngeschichte und das nur ansatzweise Verständnis von D. als Interaktions- und Kommunikationsprozeß zwischen Diagnostiker und Diagnostiziertem in bestimmten institutionellen Rahmen sind nur einige Kritiken an der Modifikationsdiagnostik. Sie scheint jedoch vor allem für die Soz Arb/SozPäd eine Möglichkeit, sowohl die Übernahme der klassischen Selektionsdiagnostik zu vermeiden als auch eine Abstinenz in der Auseinandersetzung mit notwendigen, weil handlungsleitenden diagnostischen Problemanalysen aufzugeben. Auf der Basis des Modifikationsansatzes scheinen sich im Hinblick auf gezielte pädagogisch-therapeutische Hilfen weiter gehende Diagnosestrategien zu entwickeln, die dem Klienten als historischem und gesellschaftlichem Wesen und den Widersprüchen, in denen sich seine Schwierigkeiten manifestieren, gerecht werden. So ist mit den Anforderungen und Zielsetzungen des Modifikationsansatzes eine Verschiebung der Konzentration auf andere informationsermittelnde Verfahren eng verbunden. Nicht mehr Tests stehen im Vordergrund, sondern flexible Verfahren der Beobachtung (in natürlichen und standardisierten Situationen) und des Gesprächs (Anamnese und Exploration), die ein breites Spektrum der Persönlichkeit, des menschlichen Handelns und Bewußtseins in ihrer Entwicklung und Veränderung erfassen, ohne Systematisierung in Planung, Durchführung und Auswertung, Prüfung von Genauigkeit, Gültigkeit etc. aufzugeben. Beide Diagnoseverfahren eignen sich besonders für die pädagogische, sozialpädagogische und sozialarbeiterische Praxis, da sie den Voraussetzungen und Möglichkeiten unterschiedlicher Arbeitsfelder durch den Diagnostiker anzupassen sind.

Die Beobachtung als diagnostisches Vorgehen erlaubt vor allem die direkte Erfassung von aktuellem Verhalten, ohne dieses aus der umgebenden Situation zu isolieren und ohne es in seinem Verlauf zu unterbrechen. Analysen von Interaktionen und Kommunikationsformen einzelner in Gruppen werden möglich, und Problemverhalten kann ohne Verzerrungen durch sozial erwünschtes Verhalten erfaßt werden. Anamnestisches und exploratives Gespräch bieten hingegen in erster Linie die Möglichkeiten, die subjektiven Einschätzungen des Klienten selbst zu berücksichtigen, Vergangenes und Hintergründe zu erhellen, die Problemgeschichte zu klären und zu einer offenen Auseinandersetzung über gegenseitige und unterschiedliche Einschätzungen zu kommen, sieht man hier einmal von den oft schon therapeutischen Gesprächsfunktionen ab. Beide Diagnoseverfahren bleiben jedoch für sich alleine unbefriedigend und bedürfen zur Verbesserung einer von Klient und Berater getragenen folgenden Entscheidung wechselseitiger Ergänzung.

Ein weiterer Mangel der D. auch im Modifikationsansatz ist jedoch ihre Beschränkung und Zentrierung auf psychische/psychologische Aspekte und das Ausklammern materieller, ökonomischer, ökologischer und sozialer Bestimmungsfaktoren von Problemen, an denen Menschen zusammenbrechen. Grundlegende Bedingungen für eine D., die den Menschen als gesellschaftliches Wesen versteht und seine Schwierigkeiten nicht auf individuelles Verschulden, tieferliegende Kindheitskonflikte, erlerntes Fehlverhalten oder ähnliches reduziert, ist jedoch neben der Analyse der aktuellen Problematik, auf die sich die Modifikationsdiagnostik weitgehend beschränkt, eine umfassende Kenntnis der sozialen Lage, Beziehungen und Netzwerke, der Lebens-, Arbeits- und Wohnverhältnisse etc. Die sozialökologischen Settings der Mensch-Umwelt-Interaktion werden Gegenstand der Diagnostik und das jeweilige Individuum als ein Systemelement darin. Die persönlichen Entwicklungsprozesse, die objektiven Umweltdimensionen und deren subjektive Deutungen müssen ebenso gemeinsam geklärt werden wie das Verhältnis zwischen Klient und Diagnostiker im jeweils unterschiedlichen institutionellen Zusammenhang. Diagnostisches Gespräch und diagnostische Beobachtung sind hier die Hauptquellen der Information und können durch Aktenauswertung, Gruppendiskussion, Analyse von Tätigkeitsergebnissen und zahlreiche andere diagnostischen Verfahren und sozialwissenschaftliche Forschungsmethoden im Rahmen einer multidimensionalen D. ergänzt werden.

Die Durchsetzung personeller, zeitlicher und institutioneller Möglichkeiten für eine D., die der Komplexität der Probleme zwischen Menschen in der gesellschaftlichen Realität angemessen ist, ist eine Voraussetzung für pädgogische und beraterische Intervention, die für sich mehr als nur Konfliktglättungs- oder Symptombeseitigungsfunktion bzw. Kontroll- oder Legitimationscharakter beansprucht. *F. Nestmann*

Literatur: G. Bartling u. a.: Problemanalyse im therapeutischen Prozeß, Stuttgart 1980; H. Bommert/M. Hockel (Hrsg.: Therapie-orientierte Diagnostik, Stuttgart 1980; H. Bommert/F. Petermann (Hrsg.): Diagnostik und Praxiskontrolle in der Klinischen Psychologie, Tübingen 1982; P. Fischer (Hrsg.): Therapiebezogene Diagnostik – Ansätze für ein neues Selbstverständnis, Tübingen 1985; G. Jüttemann (Hrsg.): Neue Aspekte klinisch-psychologischer Diagnostik, Göttingen 1983; E. Kleber: Diagnostik in pädagogischen Handlungsfeldern, Weinheim 1992; F. Nestmann: Diagnose psychosozialer Probleme: Von der Diagnostikkritik zum Entwurf praktischer Alternativen, in: Verhaltenstherapie und psychosoziale Praxis 1, 1982, 31–45; K. Pawlik: Diagnose der Diagnostik, Stuttgart 1976; E. Pflaum (Hrsg.): Diagnostik zwischen Grundlagenforschung und Intervention – Versuche einer Standortbestimmung, Weinheim 1982; D. Schulte (Hrsg.): Diagnostik in der Verhaltenstherapie, München 1974.

Didaktik

D. ist ein in der *Sozialen Arbeit* leider nicht sehr häufig gebrauchter Begriff. Das hängt damit zusammen, daß sozialpädgogische Einrichtungen und Verfahren *gegen* die Traditionen schulischer Unterweisung entwickelt worden sind und daß Maßnahmen und Einrichtungen der SozArb erst in einem langen und langsamen Prozeß ihre ehemals dominanten kontrollierenden Funktionen im Hinblick auf die *Armut*sbevölkerung durch unterstützende und den *Sozialisation*sprozeß befördernde Vorgehensweisen ergänzen und teilweise ersetzen konnten. Dadurch wurden sie erziehungswissenschaftlicher Fachterminologie zugänglich.

D. war ursprünglich die Lehre von den Bildungsinhalten. Sie wurde von der Methodik als Lehre von den Bildungsverfahren getrennt. Erst durch die Berliner Schule der Didaktik (*Soziales Lernen*) wurde diese unfruchtbare Unterscheidung überwunden. D. i.w.S. ist heute die Lehre von der Organisation von Lehr- und Lernprozessen im Hinblick auf kognitive, soziale und emotionale menschliche Tätigkeiten. Unter diesem Blickwinkel betrachtet haben die verschiedenen Bereiche der SozPäd (*Tageseinrichtungen für Kinder*, *Jugendarbeit*, *Heimerziehung*, *Erwachsenenbildung*) ihre jeweils spezifische D. hervorgebracht und weiterentwickelt. Aber auch im Hinblick auf Maßnahmen der SozArb kann die Forderung nach methodischem Arbeiten als eine didaktische Forderung interpretiert werden. A. Salomon hat schon 1926 darauf hingewiesen, eine bedeutsame Aufgabe der Wohlfahrtspflegerin sei es, die Kunst des Lebens zu lehren. Auch zeitgenössische sozialtherapeutische und familientherapeutische Verfahren können als didaktische Verfahren angesehen werden. Schließlich ist es offensichtlich, daß die klassischen Methoden Sozialer Arbeit (*Einzelfallhilfe*, *Gruppenarbeit*, *Gemeinwesenarbeit*) didaktische Arrangements und Verfahren darstellen, die darauf gerichtet sind, Menschen zu befähigen, sich aktiv und schöpferisch mit ihrer sozialen Umwelt, mit anderen Menschen in sozialen Kleingruppen und mit den Problemen von Nachbarschaft und Stadtteil auseinanderzusetzen (*Netzwerke, soziale*) und dabei kompetent für die eigenständige Gestaltung ihres Lebens zu werden. *C. W. Müller*

Literatur: N. Belardi (Hrsg.): Didaktik und Methodik Sozialer Arbeit, Frankfurt/M. 1980; H. Blankertz: Theorien und Modelle der Didaktik, München [9]1975; J. Diederich: Didaktisches Denken, Weinheim 1988; E. Martin: Didaktik der sozialpädagogischen Arbeit, Weinhgeim 1989; H.-D. Raapke u.a. (Hrsg.): Didaktik der Erwachsenenbildung, Stuttgart 1985; A. Salomon: Soziale Diagnose, Berlin 1926; J. Schilling: Didaktik/Methodik der Sozialpädagogik, Neuwied 1993.

Dienstrecht

Der Begriff umfaßt den öffentlichen und den privaten Dienst, das öffentlich-rechtliche Beamten- wie das privatrechtliche Arbeitsrecht, die nichtselbständige wie die selbständige Tätigkeit.

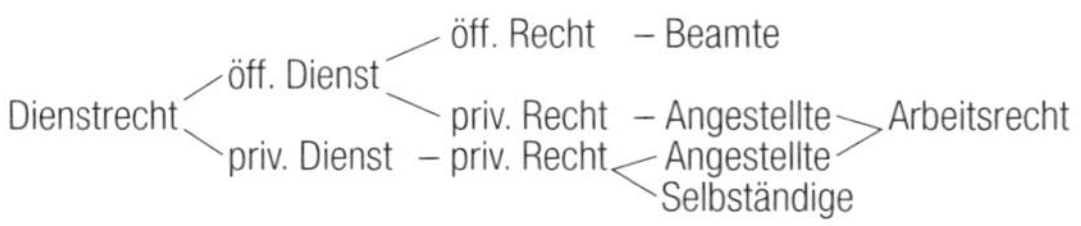

Die Grenze von öffentlichem und privatem D. verläuft nicht entlang der Unterscheidung von öffentlichem und privatem Dienst, sondern innerhalb des öffentlichen Dienstes zwischen Beamten einerseits und Angestellten (und Arbeitern) andererseits. D. ist auch der juristische Oberbegriff für nichtselbständige Tätigkeit der Angestellten und der selbständigen Tätigkeit freier Berufe. Unterscheidungskriterium sind nicht die von den Vertragsparteien gewählten Bezeichnungen (»freier Mitarbeiter«). Entscheidend ist die Weisungsgebundenheit oder Weisungsfreiheit der Tätigkeit: Die wirtschaftliche Abhängigkeit des Dienstleistenden ist unbeachtlich.

Die Darlegungen beziehen sich vor allem auf das D. in der *Sozialen Arbeit*, die von Absolventen der Fachschulen, Fachhochschulen und Universitäten in Ausbildung und Beruf geleistet wird (*Ausbildung*, *Soziale Berufe*). Ein besonderes D. für diese Berufsgruppen gibt es nicht; gemeinsame Fragestellungen in den Berufsvollzügen dieser Berufsgruppen lassen sich jedoch unter dienstrechtlichen Gesichtspunkten bearbeiten.

Eine geschlossene, allerdings mehrere Gesetze umfassende bundes- und landesrechtliche Regelung hat das Beamtenrecht gefunden; für Beamte der Gemeinden gilt das jeweilige Landesbeamtenrecht. Das privatrechtliche Arbeitsverhältnis hat keine entsprechende gesetzliche Regelung, etwa in Form eines Arbeitsgesetzbuches, erfahren. Zahlreiche Gesetze, Richterrecht, Tarifverträge und Kirchenrecht (*Rechtsquellen*) bestimmen das Arbeitsrecht der Angestellten.

D. regelt die Rechte und Pflichten zwischen nichtselbständig Tätigem und Arbeitgeber (bei Angestellten) bzw. Dienstherrn (bei Beamten). Die Rechte und Pflichten der Klienten folgen aus privatrechtlichen Verträgen bzw. öffentlich-rechtlichen Verwaltungsrechtsverhältnissen zu den Trägern sozialer Einrichtungen. D. findet zwischen Klienten und freiberuflich Tätigkeiten Anwendung, z.B. in einigen Modellen der *sozialpädagogischen Familienhilfe* oder bei freiberuflichen Beratungs- und Therapieangeboten.

Hauptpflichten sind die Leistung von Diensten gegen die Zahlung des vereinbarten bzw. gesetzlichen Entgelts. Nebenpflichten, wie Verschwiegenheit, Obhuts- und Sorgfaltspflichten, werden auf der Seite des Arbeitnehmers bzw. Beamten unter der Treuepflicht, auf seiten des Arbeitgebers bzw. des Dienstherrn unter der Fürsorgepflicht zusammengefaßt.

Für das D. in der Sozialen Arbeit ist ein Spannungsverhältnis zwischen nichtselbständiger Tätigkeit und beruflich-fachlichem Handeln (Berufsauftrag) von Bedeutung, m.a.W., Arbeitnehmerpflichten und Arbeitgeberinteressen einerseits sowie an Interessen und Rechten des *Klienten* orientierte Sozialarbeit andererseits können Konfliktlagen schaffen (Borgmann 1977; Kühnel 1985; Trenk-Hinterberger 1979). Der nichtselbständig Tätige ist verpflichtet, seinen Dienst entsprechend der erlernten Sachkunde, den anerkannten beruflichen Regeln sowie den Zielen und Aufgaben der Einrichtung (z.B. *Strafvollzug*, *Datenschutz*) seinen Dienst zu verrichten. Der Arbeitgeber/Dienstherr hat jedoch das Recht, ihm allgemeine Richtlinien oder Einzelweisungen für seine Tätigkeit zu erteilen, denen er nach arbeitsvertraglichen bzw. beamtenrechtlichen Pflichten bis zur Grenze der Begehung von Straftaten oder Ordnungswidrigkeiten zu folgen hat (Weisungsgebundenheit).

D. erfaßt grundsätzlich nur dienstliches, nicht auch privates Verhalten. Die Grundrechte (*Verfassungsrecht*) gelten sowohl für den Dienst der Beamten als auch der Angestellten (z.B. Meinungs-, Vereinigungsfreiheit), soweit durch ihre Ausübung der Betriebsfrieden nicht gestört wird.

Wohlfahrtsverbände und kirchliche Arbeitgeber (*Kirchen*) genießen Tendenzschutz. Als Einrichtungen mit politischen, konfessionellen, karitativen oder erzieherischen Bestimmungen sind sie entweder ganz (Kirchen und konfessionelle Wohlfahrtsverbände) oder weitgehend (Wohlfahrtsverbände, private Erziehungseinrichtungen) dem *Betriebsverfassungsgesetz* entzogen (§ 118 BetrVG). Sozial Tätige sind regelmäßig Tendenzträger, also Arbeitnehmer, die die vorgenannten Bestimmungen der Einrichtungen verwirklichen sollen. Für sie gilt als Kündigungsgrund auch, wenn ihr dienstliches und teilweise auch ihr außerdienstliches Verhalten gegen die Tendenz der Einrichtung verstößt, z.B. Meinungsäußerung, Kirchenaustritt, Scheidung. Die Kirchen und die konfessionellen Einrichtungen haben ein für ihre Mitarbeiter um wesentliche Elemente des allgemeinen Arbeitsrechts vermindertes Sonderarbeitsrecht geschaffen, dessen rasche Entwicklung wenig allgemeine öffentliche Beachtung gefunden hat (Keßler 1986; Kühnel 1985).

Für die im sozialen Bereich nicht seltenen Einrichtungen mit höchstens 5 Arbeitnehmern gilt das Kündigungsschutzgesetz nicht (§ 23 KSchG). Ein Beamter auf Lebenszeit kann nur in einem förmlichen Disziplinarverfahren durch Urteil eines Disziplinargerichts aus dem Dienst entfernt werden. Ein Beamter ist u. a. dann zu entlassen, wenn er wegen vorsätzlicher Tat rechtskräftig durch ein deutsches Gericht zu einer Freiheitsstrafe von mindestens einem Jahr verurteilt worden ist oder wenn er durch Urteil des BVerfG ein Grundrecht verwirkt hat.

Die Haftung für Schäden, die Dritten (z.B. Klienten) oder dem Arbeitgeber/Dienstherrn durch Verschulden des Bediensteten entstehen, ist differenziert geregelt. Im öffentlichen Dienst haftet der Staat für den Bediensteten und darf bei diesem nur Rückgriff nehmen, wenn der Schaden grob fahrlässig oder vorsätzlich verursacht worden ist. Im übrigen Arbeitsrecht ist die Rechtsprechung abweichend vom Gesetzeswort zu Haftungseinschränkungen gelangt durch Entwicklung der Begriffe »gefahrgeneigte Arbeit« und »Betriebsrisiko«, das der Arbeitgeber zu tragen hat. Auch das Verhältnis von Schadenshöhe und Monatseinkommen sowie alle Umstände des Einzelfalles schränken die Haftung ein mit folgenden Ergebnissen: volle Haftung bei Vorsatz und Haftungsausschluß bei leichter Fahrlässigkeit. Bei grober Fahrlässigkeit muß der Arbeitnehmer mit einer Belastung zwischen einem und drei, bei mittlerer Fahrlässigkeit zwischen einem halben und einem vollen Monatsbruttogehalt rechnen.

Für arbeitsrechtliche Streitigkeiten der Angestellten sind die Arbeitsgerichte, für beamtenrechtliche Streitigkeiten die Verwaltungsgerichte zuständig (*Gerichtsbarkeit*).

Die rechtlich gesicherte Einhaltung beruflicher Standards hat für Klienten Sozialer Arbeit großes Gewicht (*Professionalisierung*). Daran knüpfen Forderungen aus der Berufspraxis und Überlegungen aus der Wissenschaft zur Entwicklung eines Berufsrechts für professionell sozial Tätige. Hochprofessionalisierten Berufen der Ärzte, der Rechtsanwälte und der Architekten dient das Berufsrecht, neben der Wahrung berufsständischer Interessen, auch zur Durchsetzung gewissenhafter Berufsausübung »nach den Regeln der Kunst«. Für die Berufsausübung in der Sozialen Arbeit liegen Vorschläge zu einer berufsethischen Fundierung (Mollenhauer 1973) und zu einer auf den sozialstaatlichen Anspruch des Klienten nach annahmefähigen Sozialleistungen gestützten Berufsrechts vor (Kühnel/Randzio 1985). Unbestreitbar mehren sich die Vorgaben des Gesetzgebers, wonach bestimmte (Sozial-)Leistungen unter Mitwirkung professionell sozial Tätiger zu erbringen sind, z. B.: *Adoption*svermittlung, *Strafvollzug*, Werkstätten für Behinderte (*Behindertenhilfe*), *Bewährungshilfe*, *Kindergärten* (inzwischen allgemein für die *Sozialhilfe* § 102 BSHG und für die *Jugendhilfe* § 72 KJHG).

Besonderheiten in den neuen Bundesländern: Mit dem Staatsvertrag über die Währungs-, Wirtschafts- und Sozialunion zum 1.7.1990 begann noch zu Zeiten der DDR die Rechtsangleichung an das Arbeitsrecht der BRD. Der *Einigungsvertrag* führte grundsätzlich westdeutsches Arbeitsrecht im Beitrittsgebiet ein, ließ jedoch mit zeitlich gestaffelten Übergangsregelungen bis 31.12.1992 teilweise Vorschriften des Arbeitsgesetzbuches der DDR in Kraft oder ließ westdeutsches Recht erst später in Kraft treten.

Mit Erlaß des Kündigungsfristengesetzes vom 8.10.1993 bestehen nur noch wenige praktisch bedeutsame Rechtsunterschiede zwischen Ost und West; so bleiben der Sonderkündigungsschutz für Kämpfer gegen den Faschismus und Opfer des Faschismus gültig.

Für den öffentlichen Dienst sah der EinV vor, daß Verwaltungen aufgelöst und Personal ohne Kündigungen entlassen werden konnten (Warteschleife), allerdings gegen Zahlung eines Wartegeldes. Dadurch brauchte der Staat unerwünschtes (Armee, Staatssicherheit, Ministerien, Medien, Justiz usw.) oder überflüssiges Personal nicht zu übernehmen. Das BVerfG hat die Regelung gebilligt, jedoch den Sonderkündigungsschutz nach *Mutterschutz*- und *Schwerbehindertengesetz* durchgesetzt.

Praktisch bedeutsamer sind die unterschiedlichen Vorschriften im Besoldungsgesetz sowie im Tarifbereich, und zwar sowohl bei Mantel- als auch bei Vergütungstarifen. Für den öffentlichen Dienst ist ein eigener BAT-Ost vereinbart, dessen durchwegs wortgleiche Regelungen mit dem BAT jedoch keine Vorschriften über unkündbare Angestellte enthalten. Weitere Vorschriften lassen ausdrücklich die obenerwähnten Bestimmungen des EinV unberührt. Andererseits hat der EinV es weitgehend den Tarifparteien überlassen, die Arbeitsbedingungen der Altländer für die neuen Länder zu vereinbaren, ohne Fristen vorzugeben. *R. Kühnel*

Literatur: R.H. Borgmann: Konfliktsituation im Berufsfeld der Sozialarbeiter/Sozialpädgogen. Grundsätzliche Rechtsfragen anhand aktueller Probleme, in: NDV 1977, 48–53; G.P. Hanan, C. Rolfs: Abschied von der gefahrgeneigten Arbeit, in: NJW 1994, 1439–1442; R. Keßler: Die Kirchen und das Arbeitsrecht, Darmstadt 1986; R. Kühnel/J. Randzio/F. Roscher: Dienstrecht für die Soziale Arbeit, Weinheim/Basel 1985; U. Maas (Hrsg.): Sozialarbeit und Sozialverwaltung. Handeln im Konfliktfeld Sozialbürokratie, Weinheim/Basel 1985; U. Maas: Soziale Arbeit als Verwaltungshandeln, Weinheim 1992; P. Mollenhauer: Berufsrecht des Sozialarbeiters, in: H. Otto/S. Schneider (Hrsg.): Gesellschaftliche Perspektiven der Sozialarbeit, Neuwied/Darmstadt 1973, Bd. 2, 55–72; J. Münder u.a.: Frankfurter Lehr- und Praxiskommentar zum KJHG, Münster [2]1993; R. Richardi: Arbeitsrecht in der Kirche, München [2]1992; R. Roscher: Arbeits- und Dienstrecht der Sozialarbeiter und Sozialpädagogen, in: U. Maas: Sozialarbeit und Sozialverwaltung. Handeln im Konfliktfeld Sozialbürokratie, Weinheim/Basel 1985, 46–65; G. Schaub: Arbeitsrechts-Handbuch, München [7]1992; H. Schnellenbach: Beamtenrecht in der Praxis, München [3]1994; P. Trenk-Hinterberger: Zur »Treuepflicht« des Sozialarbeiters im Strafvollzug – Anmerkungen zu zwei Grundsatzurteilen, in: Neue Praxis, H. 4, 1979, 428–437.

Drogenabhängigkeit

Das Drogenproblem wurde häufig als eine »Welle« oder eine möglicherweise vorübergehende »Mode« bezeichnet. Historische Untersuchungen haben jedoch inzwischen erwiesen, daß es sich bei diesem Problem um eine »Dauerwelle« der bürgerlichen Gesellschaft handelte. Und nicht nur dieser. Denn das Problem des Mißbrauchs von Drogen trat und tritt in allen Gesellschaften auf, wo Drogen aus dem Bereich kultischer Handlungen wie Orakel, Initiationsriten, Abendmahl usw. heraustreten, profanisiert und zur Ware werden. Drogen als Modeerscheinung anzusehen ist nur dann möglich, wenn man jeweils nur eine oder einige wenige Sorten von Drogen betrachtet, die gerade neu in Erscheinung getreten sind. Bezieht man dagegen das gesamte Spektrum bekannter Drogen in die historische Betrachtung mit ein, so wird deutlich, daß es Drogen in allen Gesellschaften gibt, seit ihr Handelswert erkannt wurde, und daß »Moden« nur der Ausdruck von gezielten Marktoffensiven sind.

Unter Drogen werden hier alle Stoffe angesehen, die dem Körper weder zur Ernährung noch aus medizinischen Gründen zugeführt werden. Das bedeutet, daß diese Stoffe mißbraucht werden, d.h., in einer Menge und Häufigkeit konsumiert werden, daß sie zu körperlichen, seelischen oder sozialen Folgeschäden führen können. D. liegt dann vor, wenn der Konsum von Drogen zum physischen oder zum psychischen Drang nach Wiederholung des Konsums geführt hat. I.d.R. führt schon der einmalige Konsum von Drogen mindestens zu psychischer Abhängigkeit, weshalb der Begriff des Gebrauchs oder des nicht abhängigen Mißbrauchs von Drogen eigentlich mehr definitorischen, weniger praktischen Wert hat.

Es hat zahlreiche Versuche gegeben, die verschiedenen Drogen zu systematisieren: Rauschgift und Genußgifte, landwirtschaftliche und chemische Drogen, weiche und harte Drogen (ohne und mit körperlicher Abhängigkeit), gesellschaftlich tolerierte und gesellschaftlich unangepaßte Drogen, legale und illegale Drogen, Alkohol, Medikamente und Drogen usw. Alle diese Systematisierungen weisen Mängel auf, da sie entweder nur ein bestimmtes Kriterium (wie z.B. die Wirkung auf den menschlichen Körper) oder nur bestimmte nationale Besonderheiten (wie z.B. die Gesetzgebung) berücksichtigen).

Praktikabel erscheint demgegenüber die Klassifizierung der WHO, die von empirisch vorfindbaren Konsumententypen ausging und damit eine große Zahl der Konsumenten trifft. Im folgenden wird deshalb eine Darstellung der einzelnen Drogen, ihrer Anwendung, Wirkung und Folgen sich weitgehend an der WHO-Klassifikation orientieren. Ausgeklammert bleibt dabei der Alkohol (*Alkoholismus*), hinzugefügt werden Nikotin und die sog. Schnüffelstoffe, die bisher keine Aufnahme in die Klassifikation der WHO gefunden haben. Es muß jedoch betont werden, daß unter dem Begriff der Drogen auch Alkohol, Nikotin und Schnüffelstoffe zu verstehen sind, daß eine Trennung also von der Sache her nur als Artefakt angesehen werden kann.

1. Nikotin. Gewöhnlich wird Tabak als Zigarette, Zigarre oder in der Pfeife geraucht, seltener sind heute die Formen des Schnupfens oder Kauens von Tabak. Der Genußraucher konsumiert nur gelegentlich, meist Zigarre oder Pfeife. Folgen des Konsums können psychische Abhängigkeit, die insbesondere situationsbedingt (Streß, Nervosität) ist, oder auch physische Abhängigkeit sein. Körperliche Folgen des Rauchens sind vor allem Herzerkrankungen und Erkrankungen der oberen Luftwege. Soziale Folgen ergeben sich für den körperlich abhängigen Raucher, der nicht mehr in der Lage ist, auf seine Umgebung Rücksicht zu nehmen.

2. Cannabis, Marihuana oder Haschisch werden pur oder unter Beimengung von Tabak geraucht, gelegentlich auch als Tee aufgebrüht oder Backwaren zugesetzt. Die Wirkung besteht in einer gewissen Lockerung, Enthemmung und erhöhten Sinneswahrnehmung. Über körperliche Folgen gibt es widersprüchliche wissenschaftliche Aussagen, wahrscheinlich sind die körperlichen Schädigungen gering. Seelische Folgen dauerhaften Konsums sind Gewöhnung, psychische Abhängigkeit, Interesselosigkeit, Gleichgültigkeit. Soziale Folgen bestehen in der Vernachlässigung von Pflichten, geringer Erfüllung von Leistungsanforderungen und in der Anfälligkeit für andere, gefährlichere Drogen.

3. Halluzinogene. Sie werden üblicherweise geschluckt. Trips erscheinen auf dem illegalen Drogenmarkt als Minitabletten, getränkte Löschpapiere oder Zuckerstückchen. Ihre Wirkung besteht in erster Linie in unwirklichen Halluzinationen, einer gewissen körperlichen Leichtigkeit und verstärkten Sinneswahrnehmungen. Erheblich häufiger als bei Cannabis kann bei Halluzinogenen jedoch auch eine negative Wirkung eintreten: der Horrortrip, der i.w. durch Angst und angstbesetzte Bilder bestimmt ist. Mit einiger Wahrscheinlichkeit kann nach dem Konsum von Halluzinogenen mit Chromosomenschäden gerechnet werden. Die psychischen und sozialen Folgen entsprechen dem des Cannabiskonsums.

4. Barbiturate. Die Tabletten werden meist in überhöhten Dosen geschluckt, gelegentlich auch in Verbindung mit Alkohol. Ihre Wirkung besteht in einer starken Beruhigung, die bis zur Dämpfung oder Sedierung reichen kann. Es entsteht eine körperliche Abhängigkeit. Seelische Folgen sind erhöhte Reizbarkeit und Konzentrationsstörungen. Körperliche Folgen bestehen in erster Linie in einer Belastung der Leber. Soziale Folgen sind wegen der Unauffälligkeit der Droge, ihrer leichten Erreichbarkeit und ihres geringen Preises (jedenfalls bei der – häufig zu beobachtenden – ärztlichen Verordnung) selten, jedoch wirkt sich die Gleichgültigkeit, die als allgemeine Haltung entsteht, im sozialen Nahraum aus.

5. Amphetamine. Aufputschende Medikamente, aber auch Stimulantien wie Coffein werden gewöhnlich geschluckt, amphetaminhaltige Medikamente jedoch häufig auch – wegen der rascheren Wirkung – aufgelöst und injiziert. Ihre Wirkung besteht in einer gesteigerten Wachheit, Aktivität und Leistungsfähigkeit. Die Wirkung kann auch »»kippen«« und zu einer starken Beruhigung bis hin zur Sedierung führen. Psychische Folgen sind Aggressivität und Unruhe zwischen den einzelnen Konsumzeitpunkten. Physische Folgen sind Appetitlosigkeit und Bedarf nach ständig höheren Dosen. Längerfristig entsteht erheblicher Gewichtsverlust. Wegen der schwierigeren legalen Beschaffung von Amphetaminen spielt hierbei bereits die Beschaffungskriminalität eine wichtige Rolle.

6. Kokain. Diese Droge wird in der Anfangsphase des Konsums fast ausschließlich geschnupft, nur äußerst selten einmal gespritzt. Sie führt ein starkes Glücksgefühl bei gleichzeitigem amphetaminähnlichen Aktivitätsdrang herbei. Die körperlichen Folgen sind in erster Linie Gewichtsverlust und Kreislaufstörungen. Psychische Folgen bestehen in starker Erregbarkeit und Reizbarkeit, eher chemisch induziertem manisch-depressiven Zirkel und einem Verfall der Urteils- und Leistungsfähigkeit. Wegen des rasch erreichten hohen psychischen Abhängigkeitsgrades kommt es sehr schnell zu verheerenden sozialen Folgen wie ausschließlicher Ausrichtung auf die Beschaffung des Mittels, hoher Verschuldung und damit verbundener Kriminalität. Bei langdauernder Abhängigkeit wird eine Dosissteigerung beobachtet, die zu weitaus höheren Tagesdosen führt als beispielsweise beim Heroin. Die Folge ist ein erheblicher Anstieg der Beschaffungskosten. Deshalb wird (zur Beibehaltung der Wirkung und Senkung der Kosten) schließlich doch auf Spritze umgestiegen. Andere Formen der Intensivierung der Kokainwirkung bestehen im »»free-basing«« (Verdampfen und Einatmung der Kokainbase) oder im »»Crack««-Rauchen. »»Crack«« enthält nur einen sehr geringen Kokainanteil, weshalb schon nach sehr kurzer Zeit erneuter Bedarf entsteht. Dadurch wird der zunächst niedrige »»Einstiegspreis«« für die Slum- und Straßendroge »»Crack«« am Ende doch sehr hoch.

7. Opiate. Rohopium wird geraucht oder gegessen, Morphin geschluckt, Heroin geschnupft. I. d. R. jedoch werden Opiate wegen der höheren Wirksamkeit – zumindest bei längerem Konsum – injiziert. Ihre Wirkung besteht in einer anfänglich starken, schockartigen Euphorisierung (»»flash««), die schon nach kurzer Zeit in ein Gefühl der Entspannung, der Mattigkeit (»»feeling««), beim Heroin verbunden mit einem (»»heroischen««) Gefühl der Einmaligkeit, Besonderheit übergeht. Psychische Folgen bestehen in einer erheblichen Verringerung der Leistungsfähigkeit und des Antriebs. Aktivitäten richten sich nach kürzester Zeit nur noch auf Erreichung des Suchtstoffes. Körperliche Folgen sind neben der schon nach kurzer Gewöhnung bestehenden Abhängigkeit Magen-, Kreislauf- sowie Leberbeschwerden. Soziale Folgen sind identisch mit denen des »»drop-out««, der schlagartig aus Lebenszusammenhängen wie Familie, Ausbildung, Beruf usw. herausfällt. Alle Lebensfunktionen sind auf die Befriedigung der *Sucht* ausgerichtet, für die soziale Umgebung wird der Drogenabhängige ein Fremder.

8. Schnüffelstoffe. Leichtflüchtige Lösungsmittel für Klebstoffe und Farben werden aus damit getränkten Lappen oder aus eng um den Kopf abgeschlossenen Behältern, Plastiktüten usw. eingeatmet. Ihre Wirkung ähnelt der des Alkohols, führt zu Enthemmung, Freiheitsgefühl und gelegentlich auch zu Veränderungen der Sinneswahrnehmungen. Psychische und soziale Folgen sind mit denen des Cannabiskonsums vergleichbar. Die körperlichen Folgen sind noch weitgehend ungeklärt, jedoch sind bereits Nebenwirkungen wie Erstickungs- und Lähmungsanfälle aufgetreten.

Seit Mitte der 80er Jahre ist das Spektrum der auf dem illegalen Markt angebotenen Stoffe erheblich erweitert – zu sog. »»Designerdrogen««. Dabei handelt es sich i. d. R. um synthetisch hergestellte Drogen aus privaten Labors, die die Wirkung bekanner Drogen nachahmen, aber aus Stoffen zusammengesetzt sind, die (noch) nicht unter die Drogenkontrolle fallen. Sie werden also unmittelbar für die Bedürfnisse der Drogensubkultur »»designed«« und ggf. in einigen Molekülen noch einmal verändert, wenn ihr Verbot droht. Bekanntestes Produkt in Europa wie in den USA ist »»Ecstasy««, ursprünglich gemischt aus gleichzeitig dämpfender (wie bei den Opiaten) und aufputschender Wirkung (wie beim Kokain). Inzwischen dürften die meisten als »»E«« verkauften Drogen reine Aufputschmittel sein. Sie werden im Zusammenhang mit »»techno«« oder »»rave parties«« konsumiert und – wie früher Cannabis – mit hoher ritueller Bewertung bedacht.
Eine einheitliche Ursache für das Phänomen der D. i. S. eines Virus oder eines anderen Krankheitserregers wurde bisher nicht aufgefunden. Die WHO spricht von D. als einer Form der Interaktion zwischen Individuum, Droge und Gesellschaft, die Grundauffassung in der deutschsprachigen Literatur geht von der ätiologischen Trias von Droge, Persönlichkeit und Umwelt aus. Die verschiedenen Forschungsdisziplinen behandeln jedoch gewöhnlich nur einen dieser Aspekte und gewichten entsprechend. So werden vererbbare physiologische Faktoren der Persönlichkeit, frühkindlich erworbene Dispositionen, soziale Strukturen usw. für eine spezielle Bereitschaft zur D. verantwortlich gemacht. Dem nicht enden wollenden Meinungsstreit um die Ursachen der D. stellt sich neuerdings eine Tendenz entgegen, nach der die Ursachen weniger bedeutungsvoll sind als die aktuellen Verhaltensweisen des Drogenabhängigen, die es durch gezielte therapeutische Maßnahmen abzubauen gilt. Diese Tendenz hat für den Bereich der Therapie durchaus ihre Berechtigung, da es hier ja um die bereits manifeste D. und nicht mehr um deren Gewordenheit geht. Für den ebenso wichtigen Bereich der Vorbeugung aber hat die Ursachenfor-

schung weiterhin zentrale Bedeutung. Allerdings müßte dabei stärker als bisher die Methode der Längsschnittanalyse, d.h. der systematischen Verfolgung der Biografien Drogenabhängiger, in den Vordergrund treten. Überdies sollte Ursachenforschung nicht – wie bisher überwiegend geschehen – von speziellen Therapieeinrichtungen aus, die immer nur eine bestimmte Selektion von Drogenabhängigen erfassen, durchgeführt werden, sondern schon im Vorfeld, d.h. auf der Drogenszene selbst bzw. in den Beratungseinrichtungen.

Aus den Biografien zahlreicher Drogenabhängiger ergeben sich zur Frage der Entstehungsbedingungen einer individuellen »»Drogenkarriere«« folgende Kategorien, deren Bedeutung in jedem Einzelfall unterschiedlich zu bewerten ist:

1. Die gesellschaftlichen Ursachen
- die Notwendigkeit der Produktion von »»dropouts«« in einer am Leistungsprinzip orientierten Gesellschaft, die auch schlechte Beispiele benötigt;
- der Prozeß der Ausgrenzung und Stigmatisierung abweichenden Verhaltens und der dadurch fortschreitende Prozeß der Randgruppenbildung;
- die Doppelmoral gegenüber der Produktion, dem Vertreib und dem Konsum legaler Drogen einerseits, illegaler Drogen andererseits;
- die Konkurrenz der Kapitale, die in den legalen oder illegalen Drogenmarkt fließen und unterschiedliche Marktoffensiven provozieren;
- die in diesem Bereich kaum wirkungsvollen Einschränkungen unterworfene allgegenwärtige Macht der Werbung und der geheimen Verführer;
- die Verschlechterung der Lebensbedingungen im Gefolge einer krisenhaften ökonomischen Entwicklung, die Realitätsflucht als eine Möglichkeit der Bewältigung des Alltags erscheinen läßt;
- die Entwicklung eines spezifischen Marktes »»Jugend««, auf dem eine Vielzahl von Anbietern Waren für die Bereiche Mode, Freizeit, Musik usw. verkaufen und auf dem Drogen nur als eine weitere Ware unter vielen erscheinen.

Die Reihe der gesellschaftlichen Ursachen für Drogenkonsum oder auch andere Formen der Realitätsflucht läßt sich ohne weiteres fortsetzen, ohne daß damit allein ein Begründungsrahmen für die Entstehung von D. gegeben wäre. Vielmehr bedarf es weiterer Erklärungsebenen, denn schließlich wird nicht jeder Arbeitslose drogenabhängig und nicht jedermann wird von den Werbern erreicht.

2. Die Entstehungszusammenhänge: Auffällig ist sowohl an einschlägigen Statistiken als auch an den Lebensgeschichten Drogenabhängiger, daß das Haupteinstiegsalter zumindest in den Konsum illegaler Drogen etwa beim 16. Lebensjahr liegt. Erklärt wird dies häufig mit den Identitätskrisen, Verwirrungen und Frustrationen der Pubertät. Wichtiger als die Probleme der psychosexuellen Entwicklung erscheint jedoch bei genauerem Hinsehen die Problematik, die als der materielle Kern der Pubertätskrise anzusehen ist: Die Jugendlichen verlassen i.d.R. im Alter von 14 bis 16 Jahren zwei relativ sichere Orte bzw. bereiten sich darauf vor, sie zu verlassen: *Familie* und *Schule*. Mit 16 beginnt für die überwiegende Mehrheit aller Jugendlichen der »»Ernst des Lebens««, Lehrstellensuche, Berufsausbildung, Arbeitsplatzsuche, Distanzierung vom Elternhaus. Dieser Prozeß ist auch unter Bedingungen, die nicht von *Jugendarbeitslosigkeit* bestimmt werden, problematisch: Welchen Beruf wählen? Der Neigung oder der Fähigkeit folgen? Auf den Rat des Nachbarn hören oder die Tradition der Familie fortsetzen?
- Fragen, bei deren Beantwortung niemand wirklich hilft. Mangelnde Vorbereitung auf den Beruf, falsche Berufswahl, keine Wahl – das sind die Probleme, denen aus der Schule entlassene Jugendliche ausgesetzt sind. Statusunsicherheit, in der Kindlichkeit nicht mehr zugelassen und das Erwachsensein noch nicht respektiert wird – das sind die psychischen Erfahrungen, die das Ende der Kindheit begleiten. Drogenkonsum ist in dieser Lebenssituation nur eine vieler scheinhafter Formen des Erwachsenwerdens.

3. Die Voraussetzungen: Allgemeine gesellschaftliche Ursachen des »»Ausflippens«« und der Lebenszusammenhang der 16jährigen können zu den unterschiedlichsten Formen *abweichenden Verhaltens* führen: Sie können Rocker, Diebe (*Jugendkriminalität*) oder *Ausreißer* und *Trebegänger* werden. Für die Entwicklung zum Drogenkonsumenten müssen spezifische Voraussetzungen erfüllt sein:
- Wichtigste Voraussetzung ist ein Angebot an Drogen, d.h., es muß ein subjektives oder objektives Interesse dafür vorliegen, daß Drogen konsumiert werden und ein Markt entsteht;
- dadurch ist für den potentiellen Konsumenten die Möglichkeit zu Konsum gegeben, der Stoff ist erreichbar; niemand entschließt sich selbständig, Drogen zu erwerben, sondern reagiert wird auf ein Angebot;
- für den Erstkonsum muß ein Vorbild zur Verfügung stehen, das den Konsum anregen kann und als Modell für die Vermittlung von Kenntnissen und Fertigkeiten, die für den Drogengebrauch notwendig sind, dient;
- das Lernmodell muß für den Drogenkonsum eine positive Perspektive bieten – entweder dadurch, daß der Erstkonsument durch seinen Konsum dem Modell ähnlich wird, oder dadurch, daß das Modell glaubwürdig ist, wenn es positive Wirkungen des Konsums verspricht;
- der Konsum selbst muß leisten, daß eine positive Gefühlslage erzeugt wird oder daß negative Emotionen zumindest für den Zeitraum des Konsums an Bedeutung verlieren; tritt dies ein, so wird jede Situation, in der positive Emotionen gewünscht oder negativen Emotionen entgangen werden soll, zu erneutem Konsum anregen.

Diese Voraussetzungen müssen vollständig erfüllt sein,

um gefährdeten Jugendlichen Drogenkonsum als Verhaltensmöglichkeit erscheinen zu lassen. Ohne Verfügbarkeit von Drogen, ohne Lernmodell (sei es in der Realität, sei es in der Scheinwelt der Popidole), ohne erwünschte Wirkung einer Droge gibt es keinen Drogenkonsum.

4. Die Anlässe: Zur Einführung einer neuen Droge gehört gewöhnlich ein Ritual. So sind vor allem die exotischen Drogen auf dem Markt in Verbindung mit Situationen voller exotischer Reize durchgesetzt worden: Zum Konsum von Haschisch gehören Räucherstäbchen, Kerzenlicht und Tee ebenso wie indische Kleidungsstücke und allerlei importierte Gerätschaften. Auf diese Weise kann aus allgemeiner Orientierung an ungewöhnlichen Accessoires, wie sie bei Gruppen Jugendlicher häufig vorkommen und durch die sie sich von der genormten Häuslichkeit der elterlichen Wohnung absetzen, unversehens eine Orientierung an Drogenkonsum werden. Der Konsum von Haschisch hat dann keine gewichtigere Bedeutung als die Verwendung von indischem Parfüm oder Räucherstäbchen. Die Absetzung vom häuslichen Milieu ist zugleich eine Absetzung von den dort legal konsumierten Drogen wie Alkohol und Medikamenten.
Von besonderer Bedeutung für den Beginn einer Drogenkarriere ist die *soziale Gruppe*. Zugleich mit der räumlichen wie psychischen Ablösung vom Elternhaus gewinnt die Gruppe der Gleichaltrigen enorm an Bedeutung. Die Erfahrungen und Meinungen Gleichaltriger oder nur wenig Älterer sind als Orientierung wichtiger als die der Eltern und Lehrer. Gehört zu den Erfahrungen innerhalb der Peer-group auch der Umgang mit Drogen, so ist die Anregung zum Konsum ständig präsent. Gruppenzugehörigkeit und Abstinenz schließen einander aus. Eine Gruppe kann ebensosehr durch ein neu hinzukommendes Mitglied, das als Drogenkonsument als negatives Vorbild wirkt, infiziert werden, wie umgekehrt ein neues Gruppenmitglied in einer Konsumentengruppe seine Zugehörigkeit durch Teilnahme am Drogenkonsum unter Beweis stellen muß. In derartigen Gruppen wird nicht nur jede Feier (wie bei der gesellschaftlich integrierten Droge Alkohol) zum Konsumanlaß, sondern das bloße Zusammentreffen der Gruppenmitglieder. Ähnliches gilt für Partnerbeziehungen unter Jugendlichen, bei denen zunächst nur ein Partner Konsument ist, den anderen jedoch in der Hoffnung auf eine Vertiefung der Beziehung schließlich beteiligt.
Neben dem Konsumbeginn aufgrund einer Gruppenbindung gewinnt immer stärker auch der Einstieg in eine Drogenkarriere ohne entsprechende soziale Beziehung an Bedeutung. Dies ist auf die aggressiver werdenden Verkaufstechniken der Händler zurückzuführen, die völlig uninteressierte Jugendliche bei einem harmlosen Diskothekenbesuch »»anfixen«« oder unaufgeklärte Kinder zum Konsum verleiten.
Im Fall des Konsumbeginns mit Gruppenbindung liegt häufig das Motiv in der durch die Gruppe (und nicht durch den Konsum) überwindbaren Isolation oder Isolationsangst. Im Fall des isolierten Konsumbeginns steht häufig das gleiche Motiv bei der Fortsetzung des Konsums im Vordergrund. In allen Fällen handelt es sich um Selbstheilungsversuche gegenüber bestimmten sozialen (Isolation) oder psychischen (Verlusterlebnisse, Lebensängste) Problemen.

5. Die begünstigenden Faktoren: In der Biografie von Drogenabhängigen finden sich gewöhnlich zahlreiche Hinweise, warum gerade dieser Mensch auf die Verlockungen und Angebote der Drogenszene hereingefallen ist. Im Vergleich vieler Lebensgeschichten verdichten sich einige Faktoren, die offensichtlich von allgemeinerer Bedeutung sind. Die wichtigsten seien hier genannt:
- Das Vorhandensein eines Lernmodells im sozialen Nahraum des Kindes. Wenn beispielsweise der Vater Alkoholiker oder die Mutter medikamentenabhängig ist, kann darin für das Kind eine Vorbildfunktion liegen, auch wenn es sich protestierend anderen Drogen zuwendet.
- Das Verleiten von Kindern zum Drogenkonsum. Viele Eltern geben ihren Kindern schon in sehr frühem Alter, beispielsweise aus Anlaß von Familienfeiern, Alkohol zu trinken und freuen sich über die Wirkung. Gerade in den letzten Jahren mehren sich auch die Fälle von Eltern, die ihren Kindern beruhigende oder anregende Mittel als »»Intelligenzpillen«« verabreichen, damit sie den Anforderungen der Schule gewachsen sind.
- Eine allgemeine liberale Haltung gegenüber dem Drogenkonsum. Wenn Kinder jahrelang erlebt haben, daß bei jedem Schmerz zur Schmerztablette, bei Müdigkeit zu Aufputschmitteln und bei Nervosität oder Schlafstörung zu Beruhigungsmitteln wie selbstverständlich gegriffen wird, können sie kaum Abwehrkräfte gegen das Angebot von Drogen entwickeln.
- Die Befriedigung von Bedürfnissen überwiegend durch apersonale Mittel. Die Zivilisation stellt zunehmend Instrumente bereit, die Bedürfnisse wie Anregung, Ablenkung, Beschäftigung, Entspannung durch Instrumente statt durch persönlichen Einsatz, Fantasie, Kreativität, Fertigkeiten usw. befriedigen. Je stärker die Gewöhnung an apersonale Mittel wie vorgefertigtes Spielzeug, Fernsehen oder andere Formen der Bedürfnisbefriedigung »»durch Knopfdruck«« ist, desto stärker ist die Anfälligkeit für die Beseitigung von Unlustgefühlen o. ä. durch das apersonale Mittel Droge. Konsumerziehung muß auch unter diesem Gesichtspunkt gesehen werden.
- Die Erziehung zur Unselbständigkeit. Kinder, die beispielsweise durch eine überfürsorgliche Mutter von jeder unangenehmen Aufgabe entlastet werden, die es nicht gelernt haben, für sich selbst zu sorgen und selbständig Entscheidungen zu treffen, können allzuleicht zum Drogenkonsum verleitet werden oder sich einer sozialen Beziehung überlassen, in der andere entscheiden, was sie konsumieren. Eine meist mit der Überfürsorglichkeit im Ergebnis verbundene

allgemeine Konsumhaltung, die keinen Bedürfnisaufschub zuläßt, verstärkt die *Gefährdung*.

Über diese wohl wichtigsten Faktoren hinaus lassen sich noch andere Erziehungsfehler in Verbindung zum Drogenkonsum bringen wie z.B. Laissez-faire-Haltung, Widersprüchlichkeit im Erziehungsverhalten usw. Die Zusammenhänge sind hier jedoch weniger deutlich. Die Beispiele sind i.w. aus dem familiären Bereich gewählt. Dies ist nicht im Sinne einer Schuldzuweisung zu sehen. Das Verhalten von Mutter und Vater als begünstigender Faktor ist in allen Punkten austauschbar durch das Verhalten von Nachbarn, Lehrern, Freizeitpädagogen usw. Umgekehrt ergibt sich aus der Kenntnis dieser Faktoren die Notwendigkeit einer sorgsam durchdachten Drogenerziehung in allen pädagogischen Bereichen.

Die Einsicht in möglichst alle Entstehungsbedingungen von D. ist für die SozArb/SozPäd allein schon deshalb wichtig, damit nicht die Illusion Raum greift, allein durch soziale und pädagogische Arbeit sei das Drogenproblem zu lösen oder D. zu verhindern. Umgekehrt kann daraus jedoch auch abgelesen werden, in welchen Bereichen SozArb/SozPäd sinnvoll eingreifen kann. Dies sind vor allem

- die Anlässe, die für die soziale Arbeit solide Kenntnisse der Anzeichen und Erscheinungsformen fordern, zugleich die pädagogische Fähigkeit, auf dem schwierigen Grat zwischen Autonomie und Kontrolle, Liebe und Feindseligkeit zu wandern – und den Mut, Kinder und Jugendliche auch Umwege und Abwege in ihrer Entwicklung machen zu lassen, ohne selbst gleich das Schlimmste zu befürchten;
- die begünstigenden Faktoren, die zunächst einmal eine Selbstreflexion des sozialen Arbeiters bezüglich eines eigenen Suchtverhaltens, seiner Vorbildwirkung, seiner aktiven oder passiven Begünstigung von D. erfordern, darüber hinaus aber auch die Untersuchung und Beeinflussung des pädagogischen Umfeldes;
- die Entstehungszusammenhänge, die es von seiten der SozArb/SozPäd auch unter dem Gesichtspunkt der Entstehung von D. erforderlich machen, den Übergang von Schule/Elternhaus in die Lehre oder Leere zu erleichtern, Konflikte zu bearbeiten und konkrete Angebote zur Qualifikation und Selbsthilfe der Jugendlichen zu entwickeln und voranzutreiben.

Da D. insgesamt weit mehr ein soziales als ein medizinisches Problem darstellt, hat SozPäd und *Sozialtherapie* für die Betroffenen Vorrang vor medizinisch orientierten Maßnahmen. Für SozArb/SozPäd ergibt sich hier ein umfangreiches Arbeitsfeld in Vorbeugung, *Beratung* und Therapie, das in der *Ausbildung* seine Entsprechung finden muß.

Seit Beginn der 80er Jahre wird die praktische Vorherrschaft und der praktische Erfolg psychosozialer Maßnahmen auf diesem Gebiet allerdings durch eine standespolitisch und ökonomisch motivierte Remedizinisierung gefährdet. Eine weitere Quelle für diese Tendenz ist die seit dem Auftreten von *Aids* in der Drogenszene geführte Diskussion über die Wirksamkeit »»traditioneller«« Drogentherapie. Bemerkenswert ist, daß sich die heutige Drogentherapie, d.h. im wesentlichen sozialarbeiterische Beratung und sozialtherapeutische Behandlung in Therapeutischen Gemeinschaften, seit Ende der 60er Jahre gegen die medizinische (vorrangig) psychiatrische Domäne der Suchtkrankenbehandlung durchgesetzt hat. Solange es praktisch keine medizinischen Komplikationen gab, überließ man den sozialen Arbeitern auch gern das Feld und die »»schmuddeligen«« Patienten. Das Auftreten von Aids stellt dies noch einmal in Frage und erlaubt eine Dominanz der Medizin durch die Hintertür. Die Hoffnung auf eine Befriedung der Szene und auf eine Vermeidung weiterer Infektionen durch Ersatzdrogenprogramme bildet dafür einen wesentlichen Hebel (zur Reaktion des Systems der Drogenhilfe auf die Herausforderung durch HIV s. unter dem Stichwort *Aids*).

W. Heckmann

Wichtige Anschriften:
Deutsche Hauptstelle gegen die Suchtgefahren (DHS), Bahnhofstr. 2, 59065 Hamm; Bundeszentrale für gesundheitliche Aufklärung, Ostmerheimer Str. 200, 51109 Köln.

Literatur: BMG (Hrsg.): Drogenberatung – wo? Bonn 1993; G. Amendt/U. Stiehler: Sucht – Profit – Sucht. Politische Ökonomie des Drogenhandels, Frankfurt/M. 1972; Drogen (Schwerpunktthema), in: NR 4/1978; W. Heckmann: Drogentherapie in der Praxis, Weinheim/Basel 1991; W. Heckmann: Berliner Methadon-Colloquium, Weinheim/Basel 1985; W. Keup (Hrsg.): Sucht als Symptom, Stuttgart 1978; P. Kielholz/D. Ladewig: Die Drogenabhängigkeit des modernen Menschen, München 1972; D. Korczak: Die betäubte Gesellschaft, Frankfurt/M. 1986; G.M. Krauß: Konfliktberatung mit Drogenkonsumenten, Weinheim/Basel 1984; G.M. Krauß/W. Steffan: »»... nichts mehr reindrücken««. Drogenarbeit, die nicht bevormundet, Weinheim/Basel 1985; M. Kriener/W. Saller: Die mit der Pille tanzen. ZEIT-Dossier zu Designer-Drogen, in: DIE ZEIT v. 10.8.1993; W. Schmidtbauer/J. vom Scheidt: Handbuch der Rauschdrogen, Frankfurt/M. 1976; Projektgruppe TUdrop: Heroinabhängigkeit unbetreuter Jugendlicher, Weinheim/Basel 1984; Y. Seyrer: Aufbruch in den Alltag, Weinheim/Basel 1986; R. Sickinger: Drogenhilfe, München 1982; M. Wöbcke: Rauschmittelmißbrauch – Prävention und Therapie, München 1977.

Eherecht

Das E. ist Teil des Familienrechts (§§ 1297–1588 BGB und EheG). Es beinhaltet die allgemeinen Ehewirkungen (Name, Haushaltsführung, Unterhalt), das Güterrecht, die Eheschließung (u.a. Ehefähigkeit, Eheverbote, Nichtigkeit, Aufhebung) und die *Scheidung*. Wie im Familienrecht allgemein weisen auch hier die ausführlichen güterrechtlichen Bestimmungen (§§ 1363–1563 BGB) auf die ökonomische Determination hin. Die sozioökonomische Bedingtheit zeigt sich im Detail und in der Veränderung des E. Für den Normalfall beinhaltete das E. den gesetzlichen Güterstand der ehemännlichen Verwaltung und Nutznießung am Vermögen der Ehefrau – sein Vermögen unterstand allein ihm. In der Vorstellungswelt der Gesetzgeber des BGB war damit gesichert, daß dem ehemännlichen Unternehmen entsprechend Kapital zugeführt wurde, über das er verfügen konnte. Da der Ehemann so über die ökonomischen Ressourcen Alleinverfügungsgewalt besaß, hatte er auch im übrigen umfassende Rechte. Das deckte sich nahtlos mit dem normativen Verständnis der patriarchalischen Gesellschaft. Als »Ausgleich für die preisgünstige Kapitalverschaffung« war der Ehemann der Ehefrau zum Unterhalt verpflichtet. Da diese so von der Ehe abhängig war, konnte gegen ihren Willen bei entsprechendem Wohlverhalten (=keine Schuld) die Ehe nicht geschieden werden (Verschuldungsprinzip, §§ 42ff. EheG a.F.). Außerdem hatte sie für die Sicherung der Nachkommenschaft zu sorgen, um so den Bestand und die Vererbung des Unternehmens zu garantieren – deswegen wurde sie durch das Gesetz auf die Hausfrauen- und Mutterrolle festgelegt (§§ 1356, 1360 BGB a.F.). Diese Struktur des E. war für die Mehrzahl der abhängigen Beschäftigten, die keine Verfügungs- und Vererbungsmöglichkeiten hinsichtlich relevanter Vermögensmassen hatte, disfunktional; die Bestimmungen verstießen zudem massiv gegen die Gleichheit von Frau und Mann. Die Reformen des E. reagierten hierauf. Schon Art. 106 WV hatte die Gleichberechtigung gefordert. Art. 3 (2) GG nahm dies auf. Der Gesetzgeber kam aber erst mit dem Gleichberechtigungsgesetz, das am 1.7.1958 in Kraft trat, verspätet dieser Verfassungspflicht nach: Die Entscheidungsgewalt des Ehemannes, das Kündigungsrecht des Mannes für Arbeitsverhältnisse der Frau, die Verwaltung und Nutznießung des Vermögens der Frau durch den Ehemann wurden beseitigt, im Kindschaftsrecht stand nunmehr grundsätzlich beiden Ehegatten die elterliche Gewalt zu. Dennoch wurde die Ehefrau durch die Verpflichtung zur Haushaltsführung (§§ 1355ff. BGB a.F.) massiv auf die Hausfrauenrolle festgelegt; die massivsten Verstöße gegen den Gleichberechtigungsgrundsatz im Kindschaftsrecht – so das Ehescheidungs- (§ 1628 BGB a.F.) und Vertretungsrecht (§ 1628 BGB a.F.) des Vaters – gar mußte das BVerfG (1959) beseitigen. Angesichts der Berufstätigkeit verheirateter Frauen wurde aber auch das Gleichberechtigungsgesetz von 1957 der Realität der abhängig Beschäftigten und einem akzeptablen Gleichberechtigungsverständnis nicht gerecht. Erst das 1. EheRG, das wesentlich am 1.7.1977 in Kraft trat, reagierte umfassend auf diese Situation: 1. Die allgemeinen Ehewirkungen gehen nicht mehr von der Ehefrau als Hausfrau aus, vielmehr ist die innerfamiliale Aufgabenteilung den Eheleuten überlassen (§§ 1356, 1360 BGB). 2. Schwerpunkt war das Scheidungs- und Scheidungsfolgerecht: a) Eine Ehe kann geschieden werden, wenn sie zerrüttet ist, was bei 1jährigem Getrenntleben und einverständlichem Scheidungsantrag, ansonsten nach 3jähriger Trennung (§ 1566 BGB) vermutet wird; in gewissen Härtefällen als Ausnahme nach 5 Jahren (§ 1568 BGB). b) Ein Anspruch auf Unterhalt nach Scheidung besteht nur in gesetzlich geregelten Fällen (§§ 1570–1575 BGB: Kinderbetreuung, Alter, Krankheit, bis zur Erwerbstätigkeit, Ausbildung), u.U. aus Billigkeitsgründen (§ 1576 BGB). c) Neu ist der Versorgungsausgleich: Versorgungsansprüche der Ehegatten für den Fall des Alters, der Berufs- oder Erwerbsunfähigkeit werden miteinander verglichen und zugunsten des schlechter gestellten Ehegatten durch Übertragung bzw. Neubegründung der entsprechenden Versorgungsansprüche ausgeglichen (§§ 1587–1587p BGB). d) Bei der Zuteilung der elterlichen Sorge ist nur noch das Wohl des Kindes maßgebend (§ 1671 BGB). e) Scheidungs- und Scheidungsfolgeverfahren werden im Verbund vor dem *Familiengericht* durchgeführt (§ 623 ZPO). Diese Veränderungen entsprechen der Verallgemeinerung lohn- oder gehaltsabhängiger Arbeit: Die allgemeinen Ehewirkungen tragen der Tatsache Rechnung, daß eine Ehe heute faktisch aus zwei (zumindest potentiellen) Arbeitnehmern besteht und nicht mehr aus dem allein berufstätigen Mann und der Hausfrau. Da so grundsätzlich kein Ehegatte (d.h. faktisch die Ehefrau) zur Sicherung seines Lebensunterhalts auf die Ehe angewiesen ist, ist es nicht notwendig, daß ein Ehegatte bei eigenem Wohlverhalten eine Scheidung verhindern kann; das Zerrüttungsprinzip ermöglicht die Scheidung auch gegen den ausdrücklichen Widerstand des anderen Ehegatten. Deutlich wird die Abstellung auf die Situation abhängig Beschäftigter auch beim Versorgungsausgleich: Für Arbeitnehmer sind die Versorgungsansprüche häufig die einzigen vermögenswerten Rechte; ihr Ausgleich ist für die Mehrzahl der Arbeitnehmer das, was für Vermögensinhaber der Zugewinnausgleich ist. Hieraus läßt sich erkennen, daß die Reform des E. nicht ein beliebiger Prozeß, sondern in beachtlichem Umfang von ökonomischen Entwicklungstendenzen abhängig ist. Der Verlauf des konkreten Reformprozesses zeigt aber auch, daß er nicht automatisch, widerstandslos abläuft, sondern daß diese rechtlichen Angleichungen an sozioökonomische Veränderungen gerade auch im E. auf eine Vielzahl subjektiver, ideologischer Widerstände trifft. Die durch das 1. EheRG vorgenommenen grundlegenden Änderungen wurden vom BVerfG als verfassungskonform gebilligt, so der Übergang vom Verschuldens- zum Zerrüttungsprinzip (BVerfGE 53, 224), das verschuldensunabhängige *Unterhaltsrecht* (BVerfGE 57, 361) und die Einführung des Versorgungsausgleichs (BVerfGE 60, 329). Nicht gebilligt hat das BVerfG einige Details der Regelung, so die zeitliche Begrenzung der Härteklausel auf 5 Jahre (BVerfGE 55, 134) und den Ausschluß der Unbilligkeitsklausel des § 1579 Abs. 1 BGB a.F. in den Fällen des § 1579 Abs. 2 BGB a.F. (BVerfGE 57, 361). Durch das UÄndG 1986 wurden diese verfassungsrechtlichen Beanstandungen im Scheidungsunterhaltsrecht in problematischer Weise berücksichtigt; der Ausschluß des nachehelichen Unterhaltsanspruchs bei sog. schwerwiegendem Fehlverhalten (§ 1579 Nr. 6 (und auch Nr. 7) BGB) brachte z.T. die Wiedereinführung des Schuldgedankens durch die Hintertür. Schließlich mahnte das BVerfG weitere Reformen an: Falls die Ehegatten bei Heirat keine Bestimmung trafen, wurde der Name des Mannes Ehename, das ist verfassungswidrig (BVerfGE 84, 9). Das Familiennamenrechtsgesetz von 1993 beseitigte diese – wohl letzte rechtliche – Hürde der Gleichberechtigung. Damit sind zwar die gesetzlichen Hindernisse der Gleichberechtigung heute weitgehend beseitigt, aufgrund der Rollenverteilung in der Ehe übernimmt jedoch die Frau faktisch noch weitgehend die Führung des Haushaltes und die Erziehung der Kinder (*Familienpolitik*); ggf. zusätzlich zu ihrer Berufstätigkeit. Um diese faktische Ungleichheit zu beseitigen, sind gesetzliche, sozialpolitische Veränderungen nötig (z. B. Ausbau der Teilzeitarbeit für Frau und Mann; Bereitstellung von *Tageseinrichtungen für Kinder* usw.). *J. Münder*

Literatur: G. Beitzke: Gleichheit von Mann und Frau, in: F.L. Neumann/H.C. Nipperdey/U.S. Scheuner: Die Grundrechte, Handbuch der Theorie und Praxis der Grundrechte, Bd. 2, 1954, 199; B. Caesar-Wolf u.a.: Die gerichtliche Ehelösung nach dem neuen Scheidungsrecht: Normstrukturen, Verfahrenspraxis, in: ZfRSoz 1983; U. Gerhard: Verhältnisse und Verhinderungen. Frauenarbeit, Familien und Rechte der Frauen im 19. Jahrhundert, Frankfurt/M. [2]1981; J. Münder/V. Slupik: Rechtliche Diskriminierung von Mädchen und jungen Frauen im Sozialisationsbereich, in: J. Münder u.a.: Rechtliche und politische Diskriminierung von Mädchen und Frauen, Opladen 1984, 9ff.; T. Ramm: Familienrecht, Bd. I, Recht der Ehe, München 1985; K. Rausch/B. Zahlmann-Willenbacher: Soziologische Betrachtung der Ehescheidungsreform, in: J. Falke (ed.): Research on Divorce, München 1978; E. Scheffler: Ehe und Familie, in: F.L. Neumann/H.C. Nipperdey/U.S. Scheuner: Die Grundrechte, Bd. 3, 1960, 246; W. Zeidler: Ehe und Familie, in: R. Benda/W. Maihofer/H.J. Vogel: Handbuch des Verfassungsrechts, München 1983, 555; G. Zenz/L. Salgo: Die Diskriminierung der Frau im Recht der Eltern-Kind-Beziehung, Stuttgart u.a. 1983; vgl. auch Literatur: *Familienrecht, Elterliche Sorge/Elternrecht.*

Ehrenamtliche Helfer (eH)

Unter ehrenamtlichen Helfern werden Personen verstanden, die im Bereich der *Sozialen Arbeit* in Verbindung mit einem öffentlichen sozialen Dienst oder einem Träger der freien Wohlfahrtspflege *(Träger der sozialen Arbeit)* freiwillig und unentgeltlich tätig werden. Ehrenamtliche Mitarbeit ist eine spezifische Variante freiwilliger unentgeltlicher Tätigkeiten, die insbesondere durch die folgenden Merkmale gekennzeichnet ist:

1. Sie wird zwar nicht auf der Basis eines formalen Arbeitskontraktes ausgeübt, ist aber durchaus unter Umständen mit Vereinbarungen und Abmachungen verknüpft; sie wird zwar nicht zum Zwecke der Erzielung eines Erwerbseinkommens ausgeübt, ist aber mit Fahrtkostenerstattungen, Aufwandsentschädigungen, Anerkennungs-Pauschalen, Tagegeldern und gelegentlich auch mit stundenweisen Vergütungen verbunden; zu ihrer Ausübung ist zwar zumeist keine formale Qualifikation erforderlich, dennoch werden oft bereits bestehende (auch berufliche) Qualifikationen genutzt bzw. erforderliche Fähigkeiten und Fertigkeiten durch *Fortbildungs*maßnahmen erzeugt und schließlich wird sie im Rahmen einer formal organisierten Institution ausgeübt und ist damit an organisatorische Rahmenbedingungen, Einsatzplanungen, Kooperationsnotwendigkeiten mit professionellem Fachpersonal etc. gebunden.

2. Geschichte: Die Wurzeln des Systems der eH gehen auf die Hamburger Armenordnung von 1788 zurück, die bereits eine Einteilung der Gemeinden und Städte in Bezirke vorsieht, in denen eH tätig werden konnten. Den eigentlichen Beginn der modernen Entwicklung der eH markiert das sog. Elberfelder System, also die Armenordnung der Stadt Elberfeld von 1853. Dieses System, das in den folgenden Jahrzehnten in den meisten deutschen Großstädten übernommen wird, organisiert die Armenfürsorge in der Form des öffentlich-rechtlichen Ehrenamtes, wie es mit der preußischen Reform der Kommunalverfassung bzw. Städteordnung durch den Freiherrn vom Stein im Jahre 1808 institutionalisiert worden ist. Durch den Einsatz ehrenamtlicher Armenpfleger, die in den ihnen vertrauten Bezirken möglichst nicht mehr als 4 arme Familien oder Einzelpersonen zu betreuen hatten, sollten sowohl eine Ausrichtung der Hilfsmaßnahmen an den besonderen Bedingungen des Einzelfalls als auch eine sparsame Verwendung der Finanzmittel ermöglicht werden.
Der von der bürgerlichen Frauenbewegung um die Jahrhundertwende vorangetriebene Prozeß der Verberuflichung sozialer Arbeit, der schließlich zur Gründung sozialer Frauenschulen und zu staatlich anerkannten Prüfungsordnungen führt, löst einen langfristigen Verdrängungsprozeß eH aus dem Bereich der öffentlichen Fürsorge aus. Der Schwerpunkt der ehrenamtlichen Arbeit verlagert sich auf den Bereich der verbandlichen Wohlfahrtspflege *(Wohlfahrtsverbände)*. Es handelt sich nun allerdings überwiegend um eine Form unbezahlter weiblicher sozialer Arbeit, die weder mit einem öffentlichen Amt verbunden ist, noch die soziale Anerkennung (Ehre) befördert, da sie weitgehend jenseits öffentlicher Aufmerksamkeit als Ausdruck einer privaten Entscheidung der/des Einzelnen ausgeübt wird. Nach dem zweiten Weltkrieg – und hier insbesondere in den 60er und frühen 70er Jahren – ist die Soziale Arbeit durch eine enorme quantitative Expansion und qualitative Verfachlichung geprägt. Im Verlaufe der zügig voranschreitenden *Professionalisierung* werden eH faktisch marginalisiert und fachpolitisch an den Rand der Aufmerksamkeit gedrängt. Auch innerhalb des Systems der verbandlichen Wohlfahrtspflege sind Stellung und Bedeutung der Ehrenamtlichen keineswegs unumstritten, denn auch die freien Träger der Wohlfahrtspflege sind ebenfalls von Verrechtlichungs-, Bürokratisierungs- und Professionalisierungstendenzen betroffen. Die Bestimmung der Grenzen zwischen den Aufgaben und Zuständigkeiten eH zu hauptberuflichen Kräften stellt daher eines der vordringlichen Themen

dieser Phase dar. Seit den ersten tiefgreifenden ökonomischen Einbrüchen in der zweiten Hälfte der 70er Jahre und einer sich ausbreitenden Kritik am expandierenden Wohlfahrtsstaat werden alternative Leistungsreserven jenseits bezahlter Arbeit sowie Möglichkeiten zur Kostensenkung in der Sozialpolitik gesucht. Ferner setzt sich die Einsicht durch, daß der Einsatz hauptamtlicher professioneller Fachkräfte auch auf quantitative Grenzen stößt. Inzwischen besteht zumindest in der fachpolitischen Debatte weitgehend Konsens darüber, daß das System der eH nicht in einem Konkurrenz- sondern in einem Ergänzungsverhältnis zur beruflichen sozialen Arbeit steht, weshalb einer Verdrängung beruflicher durch ehrenamtlicher Arbeit enge Grenzen gezogen sind. Anerkannt wird aber auch, daß nicht alle Probleme durch Hauptamtliche bewältigt werden können und daß bestimmte Probleme und Aufgaben – bei denen Lebenserfahrung, Zeit zum Zuhören und Nähe zu den Lebensumständen sowie Kenntnisse der Verhältnisse vor Ort eine zentrale Rolle spielen – besonders gut durch eH bearbeitet werden können.

3. Empirische Befunde zu den eH: Zuverlässige statistische Informationen über die Anzahl und die soziale Zusammensetzung der innerhalb der verbandlichen Wohlfahrtspflege tätigen eH sind nicht verfügbar. Die in der BAG der Freien Wohlfahrtspflege zusammengeschlossenen Spitzenverbände schätzen die Gesamtzahl ihrer ehrenamtlichen Mitarbeiter – je nach Quelle und Trendfortschreibung – zwischen 2 und 1,5 Millionen. Zwei Drittel davon sind Frauen, ein Drittel Männer. Diese verbandsoffiziellen Zahlenangaben stützen sich auf inzwischen sechs turnusmäßig durchgeführte Repräsentativbefragungen des Allensbacher Instituts für Demoskopie zwischen den Jahren 1962 und 1994. Obwohl die offiziell geschätzte Gesamtzahl der ehrenamtlichen Helfer innerhalb der freien Wohlfahrtspflege seit über 20 Jahren konstant geblieben ist, wird sowohl in einigen Allensbacher Befragungen – mit Ausnahme der Befragung von 1985 – als auch bei den Wohlfahrtsverbänden ab 1973 ein allmählicher Rückgang sowohl der tatsächlich realisierten ehrenamtlichen Mitarbeit als auch der Bereitschaft in der Bevölkerung dazu behauptet. Dieser Rückgang betrifft insbesondere kontinuierliche und belastende Tätigkeiten wie hauswirtschaftliche und pflegerische Hilfen, die regelmäßige Betreuung Behinderter bzw. alter Menschen als auch ehrenamtliche Verwaltungs- und Sammlungstätigkeiten. Die Ursachen hierfür werden vor allem in der Entmutigung der eH im Zuge der Verberuflichung sozialer Arbeit, der zunehmenden Erwerbstätigkeit von Frauen sowie der Säkularisierung gesehen.
Repräsentative Bevölkerungsumfragen aus den 80er Jahren zeigen, daß das Interesse an einem Sozialengagement keineswegs generell abnimmt, sondern sich offensichtlich auf neue Betätigungsfelder und Organisationsformen verlagert. Danach betätigen sich zwischen 16 und 18 Prozent der Befragten ehrenamtlich im Sozial- und Gesundheitsbereich; dies waren hochgerechnet auf die über 18jährige Bevölkerung der damaligen BRD 7–8 Millionen Ehrenamtliche. Ein weiteres knappes Drittel der Befragten bezeichnet sich als am Ehrenamt interessiert. Im Hinblick auf die Mobilisierung ist von Interesse, daß insbesondere die Altersgruppen bis 45 Jahre sowie die Befragten mit höherer Bildung stärker interessiert sind als ältere Befragte mit geringer Bildung. Diese Studien belegen, daß die eH i. e. S. (also im Bereich der organisierten verbandlichen Wohlfahrtspflege) nur einen kleinen Ausschnitt aus dem Gesamtvolumen getätigter freiwilliger und unbezahlter sozialer Arbeit in der Gesellschaft darstellt. Hinzu kommt, daß ein wachsender Anteil des freiwilligen sozialen Engagements im Bereich neuer und unkonventioneller Organisationsformen wie autonomer Helfergruppen, Sozialprojekte und Initiativen realisiert wird. Die Übergänge zwischen dem System der eH und der Selbsthilfe bzw. der geringfügigen Beschäftigung sind hier oftmals fließend *(Freiwillige Dienste, Netzwerke, Selbsthilfe/Selbstorganisation).*

4. Zur Zukunft des Ehrenamtes: Die Befunde der empirischen Studien belegen, daß die quantitativen Entwicklungsmöglichkeiten der herkömmlichen Ehrenamtlichkeit innerhalb der Wohlfahrtsverbände offensichtlich an Grenzen stoßen, während im Bereich neuer Betätigungsfelder und Organisationsformen noch erhebliche Wachstumschancen zu liegen scheinen. Diese Tendenz drückt sich nicht zuletzt in den offiziellen Verbandsstatistiken der freien Wohlfahrtspflege aus, die unter der Rubrik »Selbsthilfegruppen und Helfergruppen« eine wachsende Anzahl von Gruppen ausweisen, die relativ unabhängig von Einrichtungen und Diensten in eher lockerem Kontakt zur freien Wohlfahrtspflege tätig werden. Hier kommen veränderte Motive zum sozialen Engagement zum Ausdruck, die seit einigen Jahren unter dem Stichwort »Strukturwandel des Ehrenamtes« diskutiert werden. In der hochindividualisierten Gegenwartsgesellschaft, in der die Entscheidung für ehrenamtliche Mitarbeit nicht mehr durch die Einbindung in sozialmoralische Milieus und kollektive Bindungen, sondern vielmehr als bewußt gewählter Bestandteil eines Lebensstils verstanden werden muß, individualisieren sich auch die Orientierungen und Erwartungen der Einzelnen hinsichtlich des Ehrenamtes. Viele Ehrenamtliche, die noch in festgefügten sozialen Milieus und unter restriktiven äußeren Bedingungen (z. B. Notzeiten in der Weimarer Republik und während des 2. Weltkrieges) aufgewachsen sind, entwickeln häufig eine Orientierung zur Opferbereitschaft und Verzichtsethik und realisieren ihr soziales Engagement als selbstverständliche Verpflichtung. Hingegen erwarten immer mehr Menschen, die unter günstigen kollektivhistorischen Bedingungen für die Entwicklung eigener biographischer Entwürfe aufgewachsen sind, daß sie sich durch ihr ehrenamtliches Engagement biographisch »weiter entwickeln« und neue Erfahrungen und Lernprozesse durchlaufen bzw. biographische Dispositionen im Ehrenamt verwirklichen bzw. abarbeiten können; ehrenamtliche Mitarbeit wird hier zum Bestandteil der »biographischen Arbeit«. Eine solche

Ausdifferenzierung von unterschiedlichen Motiven der ehrenamtlichen Mitarbeit legen bestimmte Konsequenzen für den wohlfahrtsverbandlichen Umgang mit eH nahe. Sowohl die Gewinnung als auch die Stabilisierung von eH sind prekärer und voraussetzungsvoller geworden. Der Umgang mit eH innerhalb der Einrichtungen und Dienste verbandlicher sozialer Arbeit stellt nun zunehmend eine eigene Managementaufgabe dar, für die sowohl personelle wie materielle Ressourcen bereit gestellt werden müssen. EH müssen zielgruppenspezifisch – entsprechend ihren unterschiedlichen biographischen Dispositionen und Orientierungen – angesprochen und durch entsprechende Bedingungen für die Realisierung biographischer Dispositionen motiviert werden (zur Förderungspflicht des KJHG Münder u. a. 473). Die Vorbereitung und Begleitung ehrenamtlicher Mitarbeit durch Fortbildungs- und Supervisionsveranstaltungen, mit deren Hilfe vor allem auch die Erfahrungen aus dem ehrenamtlichen Engagement reflektiert werden können, die sorgfältige und gezielte Vorbereitung hauptamtlicher, beruflich qualifizierter Mitarbeiter auf den Umgang mit eH als auch die Bereitstellung von Möglichkeiten zur Mitwirkung und Mitgestaltung des innerverbandlichen Geschehens sind wichtige Elemente eines angemessenen Umgangs mit der »neuen Ehrenamtlichkeit«. Nur wenn die eH glaubhaft das Gefühl vermittelt bekommen, daß ihnen ein Eigenwert, eine Eigenständigkeit innerhalb der Verbände zugestanden wird, werden sie angesichts der vielfältigen Möglichkeiten alternativer Zeitverwendung bereit sein, ihre freie, disponible Zeit den Trägern der Wohlfahrtspflege zur Verfügung zu stellen. *T. Olk*

Literatur: G.M. Aves u.a.: Freie Mitarbeiter in sozialen Diensten, Freiburg i.Br. 1973; G. Backes: Frauen und soziales Ehrenamt. Zur Vergesellschaftung weiblicher Selbsthilfe, Augsburg 1987; A. Ballhausen/U. Brandes/M. Karrer/R. Schreiber: Zwischen traditionellem Engagement und neuem Selbstverständnis – weibliche Präsenz in der Öffentlichkeit, Bielefeld 1986; T. Bock/L.Lowy/M. Pankoke u.a.: Kooperation freitätiger und beruflicher Mitarbeiter in sozialen Diensten, Freiburg i.Br. 1980; J. Braun: Einschätzungen zum sozialen Engagement der Bevölkerung, in: Sozialer Fortschritt, 36/1987, 21–28; J. Braun/P. Röhrig: Praxis der Selbsthilfeförderung. Das freiwillige soziale Engagement am Beispiel von vier Städten, Frankfurt/New York 1987, BAG Freie Wohlfahrtspflege – Ausschuß »Statistik«. Ehrenamtliche Arbeit in der Freien Wohlfahrtspflege, Internes Positionspapier, Bonn 1982; BAG Freie Wohlfahrtspflege: Gesamtstatistik der Einrichtungen der Freien Wohlfahrtspflege, Internes Positionspapier, Bonn 1994; DPWV (Hrsg.): Ehrenamtliche Mitarbeit – Motive sozialer Arbeit, Frankfurt/M. 1964; Ehrenamt: Schwerpunktheft sozialmagazin 3/1995; 9. Jgl: Rechtsfragen des freiwilligen Engagements. Ein Gutachter. Bd. 26 der Schriftenreihe des BMFS, Stuttgart 1994; G. Jakob: Zwischen Dienst und Selbstbezug, Opladen 1993; A.F. Kosmale: Bereiche ehrenamtlicher Mitarbeit in der sozialen Arbeit und Kategorien ehrenamtlicher Mitarbeiter, in: Reschke (Hrsg.): Die Aufgaben und Ausbildung ehrenamtlicher Mitarbeiter in der Sozialarbeit, Köln/Berlin 1967, S. 17–25; Ministerium für Arbeit, Gesundheit, Familie und Sozialordnung Baden-Württemberg (Hrsg.): Dem anderen helfen. Ehrenamtliche Arbeit im sozialen Bereich, Stuttgart 1987; J. Münder u.a.: Frankfurter Lehr- und Praxiskommentar zum KJHG, Münster [2]1993; G. Notz: Frauen im sozialen Ehrenamt. Ausgewählte Handlungsfelder: Rahmenbedingungen und Optionen, Freiburg i.Br. 1989; T. Olk: Zwischen Ehre und Amt – Zur Entwicklung professioneller und nicht-professioneller Formen sozialer Arbeit, in: Böllert/Otto (Hrsg.): Soziale Arbeit auf der Suche nach der Zukunft, Bielefeld 1989, S. 195–212; T. Olk: Förderung und Unterstützung freiwilliger sozialer Tätigkeiten – eine neue Aufgabe für den Sozialstaat?, in: R. Heinze/C. Offe (Hrsg.): Formen der Eigenarbeit. Theorie, Empirie, Vorschläge, Opladen 1990, 244ff.; E. Weinbrenner: Die Mitwirkung ehrenamtlicher Kräfte in der öffentlichen Fürsorge, in: NDV, 33/1953, S. 163–169.

Einigungsvertrag (EV)

1 Der EV (genau: Vertrag zwischen der Bundesrepublik Deutschland und der DDR über die Herstellung der Einheit Deutschlands vom 31.8.1990 – BGBl. II S. 889) ist gleichsam das Grundgesetz der Wiedervereinigung.
Er regelt nahezu alle Rechtsfragen und Rechtsfolgen des Beitritts der DDR zur BRD gem. Art. 33 GG.
Er ist einer der 4 Verträge, mit denen völkerrechtlich und staatsrechtlich die Einheit Deutschlands organisiert wurde. Die anderen drei sind

- der Staatsvertrag über die Schaffung einer Währungs-, Wirtschafts- und Sozialunion vom 18.5.1990;
- der Wahlvertrag zur Vorbereitung und Durchführung der ersten gesamtdeutschen Wahlen des Deutschen Bundestages vom 3.8.1990 (Wahl am 2.12.1990);
- der völkerrechtliche Zwei-plus-Vier-Vertrag über die abschließende Regelung in bezug auf Deutschland vom 12.9.1990.

2 Schon der Währungs- und Wirtschaftsunionsvertrag enthielt auch Bestimmungen zur Schaffung einer Sozialunion. Die DDR verpflichtete sich darin bereits,

- ein gegliedertes System der Sozialversicherung und der *Sozialhilfe* zu schaffen,
- ein der BRD entsprechendes System der Arbeitslosenversicherung und der *Arbeitsförderung* einzuführen,
- Rentenversicherung, Krankenversicherung und Unfallversicherung dem Recht der BRD anzugleichen (*Soziale Sicherung*).

Dazu sind bis zum Inkrafttreten des EV noch DDR-Gesetze erlassen worden, z.B. das Sozialversicherungs-Gesetz vom 28.6.1990 und das Sozialhilfegesetz vom 21.6.1990.

3 Der EV selbst besteht aus dem

- Vertrag zwischen der DDR und der BRD,
- dem Gesetz zum EV und
- 3 Anlagen (die der für die Verwaltungspraxis wichtigste und umfassendste Teil des EV sind): Anlage I: Besondere Bestimmungen zur Überleitung von Bundesrecht; Anlage II: Besondere Bestimmungen für fortgeltendes Recht der DDR; Anlage III: Gemein-

same Erklärung zur Regelung offener Vermögensfragen.

4 Zentraler Vertragsinhalt sind
- der Beitritt der DDR zur BRD,
- der Status der sog. neuen Länder Brandenburg, Mecklenburg-Vorpommern, Sachsen, Sachsen-Anhalt, Thüringen,
- der Zusammenschluß der beiden Teile Berlins zu einem Land,
- die Erklärung Berlins zur Hauptstadt (bei Ausklammerung der Frage des Sitzes von Parlament und Regierung),
- die Erklärung des 3. Oktober zum Tag der Deutschen Einheit und zum gesetzlichen Feiertag,
- das gesamte Bundesrecht tritt zum 3.10.1990 in den neuen Ländern in Kraft, soweit der EV selbst in Anlage I nichts anderes bestimmt,
- Recht der DDR, das nach dem GG die Qualität von Landesrecht hat, bleibt in den neuen Ländern in Kraft,
- das schon von der DDR erlassene Treuhand-Gesetz vom 17.6.1990 gilt weiter.

Der EV regelt weiter die Geltung völkerrechtlicher Verträge, die Überleitung der öffentlichen Verwaltung und der Rechtspflege, die Überleitung von öffentlichem Vermögen und Schulden.

Darüber hinaus wurden eine Reihe von Artikeln des GG durch den EV geändert und ergänzt.

5 Kap. VII des EV (Arbeit, Soziales, Familie, Frauen, Gesundheitswesen und Umweltschutz) regelt Einzelheiten der Angleichung der Sozialordnung der DDR an die BRD: Einführung des Vorruhestandes, Regelung der Überleitung der Rentenversicherung und der Unfallversicherung durch ein besonderes Gesetz (Rentenüberleitungsgesetz und Änderungsgesetz zum RÜG), Weiterentwicklung der Gleichberechtigung von Mann und Frau, Angleichung der Niveaus der stationären Versorgung im Gesundheitswesen.

Art. 32 EV (Freie gesellschaftliche Kräfte) nennt die Verbände der freien Wohlfahrtspflege und die Träger der freien Jugendhilfe (*Jugend- und Wohlfahrtsverbände*, *Selbsthilfe/Selbstorganisation*) und schreibt ihnen »einen unverzichtbaren Beitrag zur Sozialstaatlichkeit des GG« zu. Ihr Auf- und Ausbau soll gefördert werden. Alle Spitzenverbände der freien Wohlfahrtspflege und der freien Jugendhilfe sind inzwischen in den neuen Ländern tätig. Es bestehen (unterschiedlich tragfähige) Organisationsnetze in allen Ländern, Kreisen und sehr vielen Gemeinden. Die freien Träger haben Einrichtungen und Dienste der Sozial- und Jugendhilfe übernommen und neue (z.B. *Sozialstationen*) geschaffen. Der Bund und die Länder haben den organisatorischen Aufbau, die Übernahme und Modernisierung von Diensten und Einrichtungen finanziell gefördert.

6 Anlage I zum EV (Besondere Bestimmungen zur Überleitung von Bundesrecht) enthält in Kap. VIII Regelungen aus dem Bereich des BM für Arbeit und Sozialordnung, in Kap. X des (damaligen) BM für Jugend, Familie, Frauen und Gesundheit. Kap. VIII regelt im Sachgebiet E die Arbeitsmarktpolitik, die Arbeitsförderung und Arbeitslosenversicherung mit vielen Änderungen des AFG, des *Schwerbehindertengesetz*es und der dazu erlassenen Werkstätten-VO, Sachgebiet F die allgemeinen Vorschriften der Sozialversicherung, Sachgebiet G die Krankenversicherung und gesundheitliche Versorgung (Änd. des SGB V, des Krankenhausfinanzierungsgesetzes, der Bundespflegesatz-VO), Sachgebiet H die Rentenversicherung (Vorbehalte im Rentenform-Gesetz, abweichende Bestimmungen für das Inkrafttreten von Vorschriften), Sachgebiet I die Unfallversicherung, Sachgebiet K das soziale Entschädigungsrecht und die *Rehabilitation* (das Bundesversorgungsgesetz und die Kriegsopferfürsorge-VO brachte für die neuen Länder völlig neues Recht und neue Sozialleistungen, denn eine besondere Kriegsopferentschädigung hatte es in der DDR nicht gegeben).

In Kap. X regelt das Sachgebiet A die Frauenpolitik (Inkrafttreten des *Mutterschutzgesetz*es zum 1.1.1991), das Sachgebiet B Jugend (das KJHG trat in den neuen Ländern schon zum 3.10.1990 in Kraft; in den alten zum 1.1.1991), das Sachgebiet C den Zivildienst, das Sachgebiet D die *Gesundheitspolitik* (Änd. der Bundesärzteordnung und vieler Ausbildungs- und Prüfungsordnungen für medizinische Berufe), das Sachgebiet H Familie und Soziales (Änd. des Bundeskindergeldgesetzes, des Erziehungsgeldgesetzes, des BSHG).

7 Dem gleichen Gliederungsschema folgt Anlage II (fortgeltendes Recht der DDR).

Es geht im wesentlichen um Fortgeltung von Vorschriften des AFG der DDR vom 22.6.1990 (Sachgebiet E Abschn. III), des Sozialversicherungsgesetzes der DDR vom 28.6.1990 (Sachgebiet F Abschn. III), Weitergeltung von vielen Einzelvorschriften über Sonder- und Zusatzversorgungssysteme der DDR (Sachgebiet H Abschn. III).

8 Anhand des EV muß im Einzelfall genau geprüft werden, welches Recht der sozialen Sicherheit, der sozialen Versorgung, der Sozial- und Jugendhilfe von welchem Zeitpunkt ab, für welchen Personenkreis und mit welchen Leistungsunterschieden gilt oder gar nicht oder nicht mehr oder noch nicht gilt.

Einige Beispiele: Wesentliche Vorschriften des Häftlingshilfegesetzes, des Kriegsgefangenenentschädigungsgesetzes, des Lastenausgleichsgesetzes gelten nur für Personen, die zwischen dem 3.10.1990 und dem 1.1.1992 ihren ständigen Aufenthalt in den neuen Ländern genommen haben. Die Fristen der Heimmindestbau-VO gelten ab 3.10.1990 usw. Einschränkungen und Sondervorschriften dieser Art enthalten die Anlagen zum EV für sehr viele Vorschriften in Sozialleistungsgesetzen und RVO dazu.

9 Der EV ist von den traditionellen Parteien in der BRD (CDU, FDP, SPD) gebilligt, von den GRÜNEN

in der BRD und dem Bündnis 90 in der DDR abgelehnt worden.
Unabhängig von der Zustimmung oder Ablehnung der politischen Parteien hat es viel Kritik am EV gegeben.
Wesentliche Punkte dieser Kritik waren (und sind es z. T. noch):

a) Vor allem von den Kräften der Bürgerbewegung, aber auch Teilen der SPD in der BRD wurde ein Beitritt nach Art. 146 GG, d.h. unter einer neuen gesamtdeutschen Verfassung, gefordert.
b) Längere Übergangsfristen für die Angleichung der Sozialordnungen beider Seiten wurden gewünscht und stärkere Garantien für bewährte sozialpolitische und gesundheitspolitische Institutionen, aber auch für Dienste des Umweltschutzes (z. B. Kindertageseinrichtungen, Polikliniken, Dispensaires, SERO (Sekundär-Rohstoff-)-Erfassungssystem).
c) Sehr umstritten aus westdeutscher Sicht war die Anerkennung der Enteignungen durch die sowjetische Besatzungsmacht 1945–1949.
d) Die stärkste Kritik richtete und richtet sich gegen die zentrale Privatisierung aller volkseigenen Produktions- und Dienstleistungsbetriebe durch die Treuhand und gegen die Restitution von Enteignungen nach dem Grundsatz Rückgabe vor Entschädigung.

O. Fichtner

Literatur: Die Verträge zur Einheit Deutschlands – Textausgabe, Beck-Texte im dtv, München 1990 (dort auch eine ausführliche Einführung des Hrsg. Ingo v. Münch). Darüber hinaus hat insbesondere der Nachrichtendienst des Deutschen Vereins für öffentliche und private Fürsorge seit 1989 regelmäßig die zunächst noch eigenständige Rechtsentwicklung der DDR publizistisch begleitet, das frühere DDR-Sozialsystem in Beiträgen behandelt und zu der einmaligen Transformation des Sozialrechtssystems der (alten) BRD in das Beitrittsgebiet – die neuen Länder – Stellung genommen.

Einzelbetreuung, intensive sozialpädagogische (spE)

Bei der spE handelt es sich um ein offenes, nicht an tradierte Formen bzw. Institutionen gebundenes Angebot, ambulant oder mit Wohnhilfen verbunden. Im Kontext der Aufnahme der intensiven spE in das KJHG (dort § 35) wurde dabei bezüglich der Adressaten vor allem an Jugendliche/junge Erwachsene gedacht, die von anderen Hilfeangeboten nicht (mehr) erreicht werden bzw. sich in besonders gefährdenden Lebenssituationen befinden (spE als Alternative zur geschlossenen Unterbringung).
Für die spE finden sich in der Fachdiskussion vielfältige Begriffe: »Mobile Betreuung«, »Flexible Betreuung«, »Betreutes Wohnen«, »Betreutes Jugendwohnen«, »Schutzhilfe« (Berlin), »Jugendhelfer« (Kassel). Mit der Vielfalt der Begriffe korrespondieren unterschiedliche pädagogische Konzeptionen. Danach kann es bei der intensiven spE um eine Nachbetreuung, ein Angebot zur Verselbständigung, eine besondere Betreuungsform im Rahmen einer *Fremdunterbringung*, erlebnispädagogische Angebote (*Erlebnispädagogik*) oder um eine Krisenintervention gehen. Insgesamt kann dieses Betreuungsangebot gegenüber der Heimunterbringung (*Heimerziehung*) eine substituierende, z. T. eine ergänzende Funktion (als Anschlußhilfe) einnehmen.
SpE erfordert in aller Regel besondere Motivationen und Belastbarkeiten der sozialpädagogischen Fachkräfte, weil zu den Jugendlichen auch in sehr schwierigen und belastenden Situationen und Entwicklungsphasen enge personale Beziehungen aufrechtzuerhalten sind. Außerdem verlangt diese Arbeit ein hohes Maß an Reflexion, Spontaneität und Risikobereitschaft.

E. Jordan

Literatur: U. Gintzel/Chr. Schrapper: Intensive sozialpädagogische Einzelbetreuung. Konzeptionen, Kostenregelungen, Praxis, Münster 1991 (Soziale Praxis, Heft 11, hrsg. vom Institut für soziale Arbeit e. V.); J. Münder: Frankfurter Lehr- und Praxiskommentar zum KJHG, Münster [2]1993 (dort i.e. bei § 35); P. Myrda: Entwicklung und heutiger Stand des aufsuchenden Angebots, JugendhelferIn in der BRD und Berlin (West), in: D. Kreft/H. Lukas u. a.: Perspektivenwandel der Jugendhilfe, Bd. 2, Frankfurt/M. [2]1993, 219–231.

Einzelfallhilfe

Professionelle Berufstätigkeit (*Professionalität*) in der sozialen Arbeit kann nicht ohne Lüge verdrängen, daß sie zu den gesellschaftlichen Institutionen gehört, die »explizit auf die positive Sicherung von Massenloyalität ausgerichtet ist« (Narr/Offe 1975, 34). Sie dient der Sicherung sozialen Friedens; dieses fallweise zu tun und gleichzeitig einzelnen Menschen ihre Lebenssituation zu erleichtern, ist der Ansatz von E.
Das war schon vor über 100 Jahren so, als das »friendly visiting«, Vorläufer der E., als »einzige Hoffnung der Zivilisation gegen das zunehmende Elend der Armut in großen Städten« angesehen wurde (R. T. Paine 1878). Den sozialen Diensten ging es um die moralische Rehabilitation und die soziale Ordnung, damit der Wohlstand anderer Bürger weniger gefährdet wurde. Auch bei M. Richmond blieb die soziale Studie und die persönliche Lebenssituation Ausgangslage für die Hilfe. Soziale Probleme wurden zu privaten und persönlichen Schicksalen definiert und Ursachen in der individuellen Entwicklung sowie der Misere der näheren Umgebung gesucht.
In Deutschland wies die Sozialgesetzgebung durchaus auf gesellschaftliche Ursachen für *Armut* und deren Folgen. Die Praxis der zumeist regional organisierten staatlichen und privaten Fürsorge (*Träger der sozialen Arbeit*) unterstützte einzelne Menschen und deren Familien. Auch der Nationalsozialismus setzte diese Tradition fort und strebte über »die einzelnen Maßnahmen und Einrichtungen, gesetzlichen Bestimmungen und Anordnungen hinaus ein Verhältnis von Mensch zu

Mensch zu Mensch an«, um eine persönliche Begegnung von notleidenden und helfenden »Volksgenossen« zu schaffen. Diese Begegnung diente der Aktivierung des Betreuten, sollte dessen Widerstand gegen die Not wachrufen und ihn zur Selbsthilfe erziehen (Althaus, nach Landwehr/Baron 1983, 176). Fürsorgerinnen und Fürsorger, die nicht mit den Zielen des Faschismus übereinstimmten, wurden damals aus der Wohlfahrtspflege entfernt, so daß zu den Aufgaben der E. auch die »Abdrosselung kranken Erbstromes« werden konnte (*Eugenik*, *Soziale Arbeit im Nationalsozialismus*).

Eine politisch und moralisch neutrale Hilfe ist unmöglich. Alice Salomon formulierte 1928 die *Diagnostik* als »Erkennen eines subtilen Zusammenspiels der Eigenarten des Menschen und seiner besonderen Umstände«, betont aber den Vorrang der Weltanschauung, die niemals zweitrangig werden dürfe. Hier setzte H. Kraus ein und beschrieb 1949 die wichtigsten Elemente sozialer E.: eine Matrix von Werten und Zielen sozialer Arbeit, die immer wieder neu zu bestimmen sind, ein eindeutig formuliertes Menschenbild; aus diesen beiden zusammenhängenden Prämissen werden abgeleitet die Haltungen des Sozialarbeiters sowie seine technischen Instrumente der *Beratung*, des Verständnisses, der Interpretation, der Veränderung von Umwelt usw.

Außerdem wurden Bedingungen genannt, unter denen *Hilfe* gewährt wird. Die Freiwilligkeit des *Klienten* war die grundlegende Voraussetzung; es wurde unterstellt, daß er seine eigene Verantwortlickeit innerhalb der Gesellschaft anerkennt und grundsätzlich die Normen und Regeln einzuhalten bereit ist. Nicht gesagt wurde, wann keine Hilfe mehr gegeben werden sollte. Für H. Kraus leitete sich die Praxis der E. ab aus der »Verbindung von zwei wichtigen Elementen: 1. stete, im Kleinsten treue Anwendung der schlichten Grundbegriffe demokratischen Lebens auf die Beziehung zwischen Fürsorge und Klienten, auf die sog. »helfende Beziehung«; 2. psychoanalytische Grundauffassung menschlichen Seelenlebens« (H. Kraus 1950, 39). Sie hebt deutlich die Verantwortung freiheitlicher Demokratie hervor, einzelnen Menschen zu helfen, »wesentliche Gefährdungen des vollen Lebens zu überwinden« (a. a. O., 38).

Die aus dem angelsächsischen Sprachraum kommenden Wertvorstellungen, insbes. das Prinzip der Freiwilligkeit, wurden in der BRD oft als unpassend angesehen. Eine andere gesetzliche Lage und die Formen der Verwaltung (*Sozialadministration*) lieferten hinreichende Gründe. In den 60er Jahren wurde vor allen Dingen kritisiert, daß in diesen methodischen Konzepten Werturteile, persönliche Identifikation und fachlich begründetes Handeln vermischt würden. Die Forderung nach Wissenschaftlichkeit rief im Zusammenhang mit der formalen Aufwertung der *Ausbildung* zu FHS gesellschaftlich anerkannte Disziplinen zur Mitarbeit, so daß die traditionelle E. durch die Übernahme psychologischer oder soziologischer Arbeitsmethoden angereichert oder ersetzt wurde; dieses geschah vielfach unter dem Anspruch von Wissenschaftlichkeit, die bis heute – oft nebulös – als höherwertig angesehen wird.

Wird in diesem Zusammenhang von einer Vielfalt der Methoden geredet, ist zu klären, ob unterschiedliche Konzepte der E. gemeint sind oder aber Verfahren und Methoden, die in anderen wissenschaftlichen Disziplinen und helfenden Berufen entwickelt wurden (*Methoden der Sozialarbeit und Sozialpädagogik*).

Staub-Bernasconi weist in einem historischen Überblick nach, daß die Diskussion des Wertewissens und der Zielvorstellungen in der SozArb durchgängig vorhanden war. In den handlungs- und damit entscheidungsorientierten Methoden ist sie unverzichtbar. Das Werte- und Kriterienwissen der SozArb wird definiert als philosophisch-ethisches Wissen, das die Beurteilung und die Auswahl von Sachverhalten, Strategien und erwünschten Zuständen ermöglicht (Staub-Bernasconi 1986). Sie ergänzt dazu das Gegenstands- und Problemwissen, z. B. ökonomische Probleme, Armutssituationen: das Erklärungswissen, z. B. Handlungstheorien, psychologisches Wissen; das Verfahrenswissen, z. B. Methoden, Arbeitsbündnisse, Verwaltungsverfahren.

Gleichermaßen unterstreicht Lüssi die soziale Wertorientierung und betont, daß sich diese nicht von den Individualwerten, wie sie in der E. beschrieben sind, abgrenzen lassen (Lüssi 1992, 123).

Für die Praxis der sozialen Arbeit ist durchgehend gleich: Vieles, was an Methodik für die Fallarbeit gelehrt wird oder in vielen Büchern und Aufsätzen versammelt ist, läßt sich kaum fachgerecht anwenden: insbes. wenn es in anderen Disziplinen und für andere Arbeitssituationen entwickelt worden ist. Folglich sammeln SozArb Fakten und erhoffen, aus vielen Informationen zu Erkenntnissen zu gelangen. Diese Faktensammlungen sind vergleichbar mit einem Haufen bunter Perlen, in dem sich zufällig Muster ergeben – oder auch nicht. Solche Ordnungsmuster von Alltagswissen sind unterscheidbar und lassen sich auch als Menschenbilder identifizieren: Der Mensch an sich ist gut, seine Handlungen sind Reaktionen auf schlimme gesellschaftliche Zustände; der Mensch ist grundsätzlich auf Hilfe angewiesen, er braucht Eltern, Lehrer, Sozialarbeiter, um durchs Leben zu finden; der Mensch hat individuelle konstante Eigenschaften und Verhaltensweisen; jeder Mensch kann alles erlernen, wenn er Gelegenheit dazu hat; mit den richtigen Methoden lassen sich fast alle Verhaltensweisen ändern; grundsätzlich ist der Mensch nach Einsicht und Erkenntnis in der Lage, vernünftig zu handeln.

Solche mehr oder weniger unklaren Vorstellungen helfen Lebenssituationen zu interpretieren und Hilfen anzubieten. In diesem Zusammenhang hat die traditionelle E. mit ihren unterscheidbaren Konzepten eine – zugegeben mühsam erkennbare – Systematik.

E. hat immer eine Wertmatrix, zumeist als Prinzipien formuliert, die ein »ausbalanciertes Sinnganzes« (Lüssi) ergeben sollen. Zweitens findet sich ein formuliertes (z. B. H. Kraus) oder angedeutetes Menschenbild, oft auch ein Gesellschaftsbild. Hier vermischen sich leicht

empirische Wirklichkeit mit Wunschvorstellungen. Drittens sind daraus Handlungsschritte abgeleitet, die vielfach zu konkreten Arbeitsregeln führen. Viertens fehlt überwiegend ein empirischer Nachweis, daß die so beschriebene Methode den Klienten auch das bietet, was sie brauchen und damit, daß es diese Methode ist, die hilft.
Sieht man Methode als eine systematische Form des Handelns, so ist unausweichlich ein theoretisch begründeter Zusammenhang herzustellen und wissenschaftlich transparent darzustellen, damit er empirisch überprüfbar wird. Fallbeispiele reichen nicht, sind ohne diesen Zusammenhang anekdotisch. Sowohl in der vorliegenden Literatur als auch in den Verfahren der Praxis zeichnen sich Handlungsweisen für eine zunehmende systematische Form der Erkenntnis und des Handelns mit der Chance zu mehr Klarheit ab. Damit zeigt sich als Perspektive ein Konzept für systematisch formulierte und nachvollziehbare Methodik in der SozArb. Als Beispiel dafür können die sechs Handlungsarten der SozArb, die Lüssi beschreibt, genommen werden (Lüssi 1992), die alle in Konzepten der E. zu finden sind: Beratung, Verhandlung, Intervention, Vertretung, Beschaffung, Betreuung.
Seit einiger Zeit unterstützen die Datenschutzbestimmungen (*Daten- und Geheimnisschutz*), insbes. die Spezialvorschriften des KJHG, nachhaltig die Bemühungen um die Transparenz der Methodik. Die Zweckbindung der Faktensammlung und die Aufklärungspflichten gegenüber den Betroffenen haben zur Voraussetzung, daß die SozArb vorher wissen müssen, wozu und warum Informationen und Ereignisse aus dem Leben des Klienten diesem nützen sollen.
Der Zweck muß genau bestimmt und die Informationen geeignet und erforderlich sein. Mit der Aufklärungspflicht über den Verwendungszweck gegenüber dem Klienten ist das Ziel der Hilfeleistung nur in Übereinstimmung mit dem Betroffenen bestimmbar und muß selbstverständlich auch erreichbar sein. Gegen die Vorstellungen der Klienten – gar ohne ihr Wissen – darf überhaupt nichts angestrebt werden. Partnerschaftlicher Umgang, wie er in allen Lehrbüchern der E. als Prinzip beschrieben wird, ist rechtlich gesichert, auch vor Indiskretionen im Rahmen von Amtshilfe. Die für Hilfen häufig notwendige persönliche Beziehung beruht auf Vertrauen zwischen Menschen und nicht von Menschen zu Behörden oder anderen Institutionen, ist über den Schutz von Daten an den einzelnen Mitarbeiter gebunden (§ 65 KJHG). Die Ausnahme bestätigt dies. Der moderne Datenschutz fördert, verlangt aber auch nachdrücklich methodische Klarheit.
E. ist gegenwärtig aus der Praxis sozialer Arbeit nicht wegzudenken; sie ist durch andere Verfahren nicht ersetzbar. In der langen Tradition haben sich eine Vielzahl von Handlungsarten entwickelt, die je nach Arbeitsfeld und Einzelfall unterschiedlich eingesetzt werden können. Heute kann als eine Methode nur bezeichnet werden, wenn die Wertmatrix, das Menschenbild und die Vorstellung von Gesellschaft mit den Handlungsarten und den einzelnen Handlungsregeln in eine systematische formale und inhaltliche Übereinstimmung gebracht sind. Ohne diesen erkennbaren Zusammenhang besteht die Gefahr, daß Handlungsarten zu manipulativen Beeinflussungstechniken verkommen. Damit zeichnet die E. auch ihre Grenzen schärfer, sie ist nicht mehr für beliebige Zielvorstellungen einsetzbar und folgt keinesfalls allen Bedürfnissen und Wünschen von Klienten, sie setzt benennbare Bedingungen für die Hilfe, bietet Leistungen an, lindert Notlagen, unterstützt Menschen, ihre Lebensweisen zu verwirklichen. Die durchsichtige, auch für den Klienten erklärbare Methode ist in der Praxis stark gefordert, denn: »Das Böse in der Welt rührt fast immer von der Unwissenheit her, und der gute Wille kann so viel Schaden anrichten wie die Bosheit, wenn er nicht aufgeklärt ist« (A. Camus, Die Pest, 78).

W. Karberg

Literatur: Zu verschiedenen Konzepten der E.: R. Bang: Das gezielte Gespräch, 1–3, München/Basel 1968; F. Biestek: Wesen und Grundsätze der helfenden Beziehungen in der sozialen Einzelhilfe, Freiburg 1970; M. Kamphuis: Persönliche Hilfe in der Sozialarbeit unserer Zeit – Eine Einführung in die Methode der Einzelfallhilfe für Praxis und Ausbildung, Stuttgart 1968; H. Perlman: Soziale Einzelfallhilfe als problemlösender Prozeß, Freiburg 1969; F. Hollis: Soziale Einzelhilfe als psychosoziale Behandlung, Freiburg 1971; D. Jehu u.a.: Behavior Modification in Social Work, London u.a.O. 1972; H. Kraus: Case Worke in USA, Frankfurt/M. 1950. Zu grundsätzlichen Methodikproblemen: C.W. Müller: Wie Helfen zum Beruf wurde. Bd. 1, Weinheim [2]1988, Bd. 2, Weinheim [2]1992; O. Schneider: Gesellschaftliche Perspektiven der Sozialarbeit, Neuwied/Berlin 1973 (2. Halbbd.); H. Tuggener: Social Work Practice, London/New York 1970; H. Peters/H. Cremer-Schäfer: Die sanften Kontrolleure, Stuttgart 1975; Encyclopedia of Social Work. Vol. II, New York 1971; R. Landwehr/R. Baron: Geschichte der Sozialarbeit, Weinheim/Basel [2]1991; S. Staub-Bernasconi: Sozialarbeit, Heft 10, 1986 SBS/ASAS, Schweiz; Lüssi: Systemische Sozialarbeit, Bern/Stuttgart/Wien 1992.

Elterliche Sorge (eS)/ Elternrecht (ER)

ES und Er werden bisweilen undifferenziert synonym gebraucht. Dabei handelt es sich um Umterschiedliches. Die eS ist im *Familienrecht*, das ER im GG geregelt. Das ER befaßt sich mit der öffentlich-rechtlichen Beziehung zwischen den Eltern und dem Staat hinsichtlich des *Kindesrechts*. In Art. 6 Abs. 2 GG wird von der Pflege und Erziehung der Kinder als dem natürlichen Recht der Eltern und der ihnen zuvörderst obliegenden Pflicht gesprochen, über deren Betätigung die staatliche Gemeinschaft wacht. Damit ist entsprechend einem liberalen Verfassungsverständnis (Grundrechte als Abwehrrechte gegen den Staat) das ER zunächst ein Abwehrrecht gegen staatliche Eingriffe in die *Erziehung* des Kindes, allerdings ein besonderes: »Eine Verfassung, welche die Würde des Menschen in den Mittelpunkt ihres Wertsystems stellt, kann bei der Ordnung zwischenmenschlicher Beziehungen grundsätzlich niemandem Rechte an der Person eines anderen einräumen, die nicht zugleich pflichtgebunden sind und die Menschenwürde des anderen respektieren« (BVerfGE 24, 144). So ist das ER ein Freiheitsrecht gegen staatliche Eingriffe, den Eltern verliehen als fremdnütziges Recht im Interesse ihrer Kinder. Entsprechend der allgemeinen verfassungsrechtlichen Weiterentwicklung unter dem *Sozialstaat*sprinzip des GG ist Art. 6 GG aber nicht nur ein Abwehrrecht, sondern beinhaltet Verpflichtungen des Staates, »positiv die Lebensbedingungen für ein gesundes Aufwachsen des Kindes zu schaffen« (BVerfG 24, 145; BVerfGE 56, 384). Schwerpunkt dieses Aspektes in der Rechtsprechung des BVerfG war der Abbau vornehmlich materieller Benachteiligungen von Eltern mit Kindern und die Forderung an den Gesetzgeber, einen *Familienlastenausgleich* zu schaffen.

Die eS dagegen umfaßt die privatrechtlichen Beziehungen zwischen Eltern und minderjährigen Kindern, sie ist deswegen im Zivilrecht, im Familienrecht des BGB, geregelt. Mit dem ER hat die eS unmittelbar nichts zu tun. Wie die Rechtsverteilung zwischen Eltern und Kindern ist, dafür gibt das ER des Art. 6 Abs. 2 GG nichts her: »Die zivilrechtlichen Vorschriften über die elterliche Sorge in ihrer konkreten Ausgestaltung (werden) durch Art. 6 II GG (nicht) gewährleistet« (BVerfG FamRZ 1991, 915): Auf welches Alter die Volljährigkeitsgrenze festgelegt wird, ob ab einem gewissen Lebensalter den Minderjährigen bestimmte Rechte eingeräumt werden, ob Minderjährige das Recht haben, ihr weltanschauliches Bekenntnis selbst zu wählen: Für all dies läßt sich aus dem Art. 6 GG verfassungsrechtlich nichts ableiten. Die eS ist im Familienrecht geregelt, für eheliche Kinder in den §§ 1626–1698b BGB, für nichteheliche in §§ 1705–1711 – letzteres gilt aber nicht im Beitrittsgebiet (*Nichteheliche Kinder*). Die eS bezieht sich auf minderjährige Kinder, sie umfaßt die Personen- und Vermögenssorge, die jeweils aus der tatsächlichen, faktischen Sorge und der (für Rechtshandlungen relevanten) gesetzlichen Vertretung bestehen (§§ 1626ff. BGB). Die Vermögenssorge umfaßt die Erhaltung, Vermehrung, Verwaltung des Kindesvermögens: Mit ihr befaßt sich quantitativ die Mehrzahl der Paragraphen über die eS. Für die *Sozialarbeit/Sozialpädagogik* ist wesentlich die Personensorge von Bedeutung. Die eS steht beiden Eltern gemeinsam zu (§ 1627 BGB), bei Nichteinigung kann Antrag an das Vormundschaftsgericht gestellt werden, das die Entscheidungsbefugnis einem Elternteil überträgt (§ 1628 BGB). Das Personensorgerecht ist umfangreich, es umfaßt alle persönlichen Angelegenheiten des Kindes, insbes. Erziehung, Aufenthaltsbestimmung, Beaufsichtigung (§ 1631 BGB), die Bestimmung des Umgangs, die Regelung der Berufs- und Schulausbildung (§ 1631a BGB), die sexuelle, die politisch-weltanschauliche Erziehung. Die eS endet mit Volljährigkeit des Kindes. Vor Volljährigkeit kennt das deutsche Recht nur in geringem Umfang Teilmündigkeiten, sei es gesetzlich geregelt ab gewissen Altersstufen, sei es über die von der Rechtsprechung entwickelte Rechtsfigur des einsichtfähigen Minderjährigen (*Kindesrecht*). Ansonsten ist Grenze der Ausübung der eS das Wohl des Kindes (§ 1666 BGB). Aber nur in Ausnahmesituationen kommt es zu Eingriffen in das Sorgerecht (in der alten BRD: 1970=6244; 1980=5650; 1990=6823 Sorgerechtsentziehungen).

Über den Begriff des Wohls des Kindes nimmt so der Staat sein staatliches Wächteramt wahr. Hier findet eine Verknüpfung von ER und eS statt. Der Begriff vom Wohl des Kindes ist – weil er das staatliche Einfallstor in das private Erziehungskonzept ist – nicht unproblematisch, besteht doch die Möglichkeit, über diesen Begriff weltanschauliche, politische Vorstellungen zu transportieren, eigene Vorverständnisse und Vorurteile einfließen zu lassen. Soll deswegen die Formel vom Wohl des Kindes kindgerecht angewandt werden, so kann nicht von abstrakten Wertvorstellungen, Normen auf konkrete Einzelfälle deduziert werden, sondern auf der Basis sozialpädagogischer, humanwissenschaftlicher, sozialwissenschaftlicher Kenntnisse ist jeweils konkret orientiert am Einzelfall festzustellen, was dem Wohl des Kindes entspricht – oder: was die am wenigsten schädliche Alternative ist. Sowohl die Bestimmung durch die Eltern als auch der Eingriff des Staates über die Formel vom Wohl des Kindes geschieht von außen; hieran knüpft die Diskussion um die Entwicklung eigenständiger Kindesrechte an. Die grundsätzliche umfangreiche eS im privaten Eltern-Kind-Verhältnis erklärt sich aus dem Gesetzesverständnis über die Erziehung im Familienverbund bei der Schaffung des BGB.

Geschaffen wurde die eS als väterliche Gewalt; im Rahmen der privatrechtlichen Konstruktion des Familienrechts war die familiale *Sozialisation* der privaten Verfügungsgewalt des Familienvaters überlassen worden. Leitbild war dabei der Vater als Vermögensinhaber, der im Rahmen von *Erziehung* und *Ausbildung* den (männlichen) Nachwuchs in das väterliche Unternehmen einführte. Das Erziehungsrecht erlaubte es ihm, den Nachwuchs so zu sozialisieren, wie es für das Unternehmen nützlich erschien: Gleichzeitig trug er auch privat das Risiko: Bei einer Fehlentwicklung war sein Unterhalt (bei Krankheit, im Alter) gefährdet. Massiv abgesichert wurde die Erziehungsgewalt des väterlichen Vermögensinhabers durch die Testierfreiheit. Von daher erklärt sich die umfassende väterliche/elterliche Gewalt, in die nur bei schuldhafter Gefährdung des Kindeswohls (§ 1666 BGB a.F.) eingegriffen werden konnte. Diese 1900 geschaffene Konzeption wurde durch das Gleichberechtigungsgesetz von 1957 (*Eherecht*) zur elterlichen Gewalt: Inhaltliche Änderungen (1969 wurde allerdings die Konzeption der eS für nichteheliche Kinder wesentlich geändert) erfuhr sie erst später. Mit Wirkung vom 1.1.1975 wurde die Volljährigkeit auf das 18. Lebensjahr herabgesetzt (§ 2 BGB). Die zum 1.1.1980 in Kraft getretene Neuregelung der eS (BGBl. I S. 1061) veränderte den Gesetzeswortlaut des Eltern-Kind-Verhältnisses nicht unerheblich: So kann nun bereits bei einer objektiven Gefährdung des Kindeswohls eingegriffen werden (§ 1666 BGB), bei einer mit Freiheitsentziehung verbundenen Unterbringung eines Kindes ist eine vormundschaftliche Genehmigung nötig (§ 1631b BGB). Außerdem wird der Wille des Minderjährigen z.T. berücksichtigt, bei der Ausbildung (§ 1631a BGB) und bei der Verteilung der eS nach *Scheidung* (§ 1671 BGB). Diese Veränderung befriedigt keineswegs, berücksichtigte sie doch nur Entwicklungen der Rechtsprechung, ohne eine genügend konsequente Verbesserung der Rechtsstellung Minderjähriger zu bringen.

Kein Wunder, daß gegenwärtig nach wie vor die Reform des Kindschaftsrechts auf der Tagesordnung steht.

Von Bedeutung für die SozArb/SozPäd ist die elterliche Sorge schließlich im Rahmen von Scheidung (§ 1671 BGB) und Trennung (§ 1672 BGB) (*Scheidungs- und Trennungsberatung*, *Scheidungsfolgen*). Von der Scheidung betroffen waren jährlich in der alten BRD ca. 90000 Minderjährige, in der DDR ca. 50000 Minderjährige. Bei Trennung ist auf Antrag, bei Scheidung stets vom Familiengericht eine Regelung über die eS zu treffen. In der Praxis kommt es in ca. 1–2% zu einer Übertragung auf bzw. zu einer Belassung der eS bei beiden Elternteilen. Ansonsten wird die eS auf einen Elternteil, meist die Mutter, übertragen. Kriterium für die Entscheidung der Familiengerichte ist auch hier letztlich das Wohl des Kindes. Die Familiengerichte orientieren sich dabei gegenwärtig weitgehend am Aspekt der bestehenden sozialen Bindung des Kindes und der Kontinuität des Erziehungsprozesses.

Für die Entscheidungen über die eS sind das *Vormundschaftsgericht* und bei Trennung bzw. Scheidung das *Familiengericht* zuständig. §§ 49, 49a FGG verpflichtet die Gerichte zur Anhörung des *Jugendamt*es, gerade auch in Fällen, in denen es um die inhaltliche Ausfüllung des Wohls des Kindes geht (§§ 1634, 1666, 1671, 1672, 1679, 1707, 1711 BGB). Die Mitwirkung des JA ist auch in §§ 50–52 KJHG geregelt. Art und Weise der Aktivität steht in der fachlichen Beurteilungskompetenz der *Jugendhilfe*. Da bei den genannten Verfahren u.a. die sozialpädagogischen Kriterien eine große Rolle spielen, zu denen SozArb/SozPäd i.d.R. besser Zugang haben als Richter, bestehen hier nicht zu vernachlässigende Möglichkeiten für SozArb/SozPäd. Nach § 1666 BGB hat das VormG die »erforderlichen Maßregeln« zu treffen. So kann es die gesamte eS entziehen, meist werden jedoch nur Teile der eS entzogen (z.B. Aufenthaltsbestimmungsrecht). Dabei wird hier häufig das JA als Pfleger oder Vormund bestellt, und die konkrete Ausübung wird SozArb/SozPäd übertragen.

J. Münder

Literatur: M. Coester: Das Kindeswohl als Rechtsbegriff, 1983; Erichsen: Elternrecht – Kindeswohl – Staatsgewalt, 1985; W.E. Fthenakis u.a.: Ehescheidungen, 1982; J. Goldstein u.a.: Jenseits des Kindeswohls, Frankfurt (M.) 1974; J. Goldstein u.a.: Diesseits des Kindeswohls, 1982; J. Goldstein u.a.: Das Wohl des Kindes, Frankfurt (M.) 1988; P. Haeberle: Erziehungsziele und Orientierungswerte im Verfassungsstaat, Frankfurt (M.) 1981; M. Hinz: Kindesschutz als Rechtsschutz und elterliches Sorgerecht, 1976; R. Lempp: Die Ehescheidung und das Kind, 1989; J. Münder: »Wohl des Kindes« in vormundschaftsgerichtlichen und familiengerichtlichen Entscheidungen, in: RdJB 1981, 82ff.; R. Mnoobin: Was stimmt nicht mit der Formel Kindeswohl? FamzRZ 1975, 1ff.; Ossenbühl: Das elterliche Erziehungsrecht im Sinne des Grundgesetzes, 1981; Sozialpädagogisches Institut: Das Recht der elterlichen Sorge. Ein praxisorientierter und sozialwissenschaftlicher Wegweiser für Jugendämter, Familien- und Vormundschaftsgerichte, 1983; Schlüter: Elterliches Sorgerecht im Wandel verschiedener geistesgeschichtlicher Strömungen und Verfassungsepochen, 1985; weitere Literatur: *Familienrecht*, *Kinder- und Jugendhilfegesetz*.

Elternarbeit

1. Begriff: E. ist ein Sammelbegriff für ganz unterschiedliche Formen und Bereiche der Arbeit mit Eltern. Dazu gehören Familienbildung, Familienfreizeit und Familienerholung, *Familien- und Erziehungsberatung* als Angebote spezieller Institutionen und der *Jugendhilfe*; E. als flankierende Arbeit von Einrichtungen, die primär für die Kinder da sind (Kindergarten, *Schule*, Heim) (*Tageseinrichtungen für Kinder*, *Heimerziehung*); schließlich E., die weitgehend selbstorganisiert ist (Elterninitiativen, *Familienselbsthilfe*, Arbeit in *Mütter*- und Familien*zentren*).

2. Ziele und Arbeitsweisen: Die *Familie* in ihren unterschiedlichen Bestands- und Lebensformen (leibliche und soziale Eltern, Verheiratete und Nichtverheiratete, *Alleinerziehende*, Erst-, Zweit- und Drittfamilien usw.) ist als sozial und materiell geschützter Ort für das Aufwachsen von Kindern nach wie vor unentbehrlich. Sie braucht heute eine Vielzahl gesellschaftlicher Hilfestellungen, um die notwendigen Förderungs- und Anpassungsleistungen zu schaffen und den Kindern gute Beziehungs- und Selbstentfaltungsmöglichkeiten bieten zu können. Die Entwicklungschancen der Kinder hängen besonders von den Möglichkeiten der Mütter ab, ihre Zeit und Kraft für die Kinder selbstgewählt zu dosieren und ihre Identität auch außerhalb der Familie, z.B. in einem Beruf, zu gewinnen (»doppelter Lebensentwurf«). Ähnlich bedeutend für die Kinder ist aber auch eine hohe Präsenz der Väter in der Familie und ihre Beteiligung an der Erziehungs- und Hausarbeit.

Da das Zusammenleben von Eltern und Kindern keineswegs nur vom Erziehungswissen und -verhalten der Erwachsenen beeinflußt ist, sondern auch von gesellschaftlichen Bedingungen wie Erwerbsarbeit der Eltern, Kindergarten und Schule, Wohnsituation (*Wohnen*), gesellschaftlicher Arbeitsteilung zwischen *Frauen* und *Männern* usw., muß sich E., neben der Vermittlung von Inhalten und dem Training von Verhaltensweisen, auch auf die ganze Komplexität des familialen Alltags einschließlich der materiellen Situation, der sozialen Außenbeziehungen und der externen (Stör-)Faktoren beziehen. E. braucht den thematischen und organisatorischen Bezug zum Gemeinwesen und zur Sozial- und Kulturpolitik. Selbstverständlich kann E. Politik nicht ersetzen: Ohne eltern- und kinder-

freundliche Rechts-, Steuer-, Wohnbau- und Sozialpolitik, allein mit Bildungsmaßnahmen, läßt sich die »Erziehungskraft« der Familien nicht nachhaltig erhöhen (*Familienlastenausgleich*, *Familienpolitik*).
Mit diesen Einschränkungen kann als Ziel von E. gelten, daß sie Müttern, Vätern und Kindern dabei helfen will, tragfähige und befriedigende Beziehungen zu entwickeln, mit Krisensituationen fertig zu werden und ihre Innen- und Außenbeziehungen so zu gestalten, daß alle Mitglieder des Familiensystems die Chance zur Selbstverwirklichung erhalten. Insoweit geht es E. »nur« um die Realisierung der zentralen Grundrechte. Darüber hinaus formulieren bestimmte Träger von E., ihrer politischen, ideologischen oder religiösen Ausrichtung entsprechend, zusätzliche Ziele. Methodisch setzt E. auf eine Kombination aus Information und dem Üben innerfamilial notwendiger Fertigkeiten in Erziehung und Hausarbeit einerseits und der adressatenspezifisch gezielten Ausweitung des familialen Bezugs- und Unterstützungsnetzes andererseits. Familienbezogene Formen von Einzel- und Gruppenareit und sozialökologisch angelegte Formen von Initiativen- und Stadtteilarbeit ergänzen sich.
Weil die Mütter, selbst wenn sie berufstätig sind, nach wie vor die Hauptlast des Lebens und Arbeitens mit den Kindern tragen und die Väter infolge ihrer Arbeitszwänge und ihres traditionellinstrumentellen Selbstverständnisses noch wenig geneigt sind, ihre marginale Rolle in der Familie zu thematisieren und zu verändern, ist E. zu über 85% Mütterarbeit. Für Mütter ist es wichtig, daß Fachkräfte nicht in der Attitüde der Kritik und der Belehrung auf sie zugehen, sondern ihre Kompetenz in der Kinder- und Hausarbeit anerkennen und ihnen Angebote der Entlastung, des Erfahrungsaustauschs und der Erweiterung ihres sozialen Bezugsnetzes machen.
Neben Mütterarbeit gibt es Anfänge von Väterarbeit. Aufgrund der anhaltenden Diskussion über das seltene Erscheinen der Väter in der E. und der Gerüchte über »neue« Männer und Väter begannen viele Einrichtungen mit gezielten Angeboten. Besonders Möglichkeiten zur Reflexion der eigenen Rolle als Mann und als Vater sowie Angebote für Väter und Kinder werden zunehmend gerne angenommen.
Bei E. handelt es sich in erster Linie nicht um Lernen vom Typus *Bildung* oder Schule, sondern um soziales Lernen. Eltern thematisieren und verändern ihre erlernten Rollen als Mütter und Väter, als Frauen und Männer in der Auseinandersetzung mit aktuellen gesellschaftlichen Entwicklungen, neuen Erkenntnissen über Familiendynamik und veränderten eigenen Bedürfnissen. E. begleitet Mütter und Väter auf je eigene Art bei der Anpassung an die unaufhaltsamen äußeren und inneren Veränderungen der Familie.

3. Gesetzlicher Auftrag, Institutionen: Das *Kinder- und Jugendhilfegesetz* hat im Vergleich zum JWG den Anspruch von Eltern auf Unterstützung massiv betont und verstärkt. Im § 16 wird eine ganz »allgemeine« Förderung der Familienerziehung, vor jeder Notlage oder Auffälligkeit, garantiert, die folgende Bereiche umfassen soll: Familienbildung, Erziehungsberatung (§ 28) und Familienfreizeit/-erholung (*Erholungsmaßnahmen*). Dies sind die drei klassischen, seit langem institutionalisierten Bereiche von E. Eine Verpflichtung zur Förderung der Elternselbsthilfe ergibt sich hingegen nach § 16 höchstens indirekt aus dem Zielkatalog für die Familienbildung.
Weiter sind nach KJHG die folgenden intensiven Formen von E. Regelangebote der Jugendhilfe: Partnerschafts-, *Trennungs- und Scheidungsberatung* (§ 17), Beratung und Unterstützung von Alleinerziehenden (§ 18) und *Sozialpädagogische Familienhilfe* (§ 31). In diesen Bereichen sind zwar oft freie Träger beauftragt, doch bieten zunehmend auch die *Jugendämter* mit ihren Fachkräften diese Dienste an, um sich verstärkt als Leistungsbehörde zu profilieren. Das JA, als »Fürsorge« eine der beiden historischen Wurzeln von E., reduziert damit seine Aufgaben der Vormund- und Wächterschaft zugunsten adressatenspezifischer und fachlich geschulter Unterstützungsangebote.

4. Familienbildung, Familienfreizeit: Die zweite Wurzel der E. liegt im Bereich der »Volksbildung« (*Erwachsenenbildung*). Heute bieten Familienbildungsstätten, Volkshochschulen, Heimvolkshochschulen und Akademien, zunehmend auch die Anbieter von Mütter- und Familienerholung ein breites Spektrum von Kursen, Tagungen, Selbsterfahrungsgruppen und pädagogisch begleitete Freizeiten für Mütter, Väter und Familien an.
Die Familienbildungsstätten werden zu 70% von konfessionellen, im übrigen von freien und öffentlichen Trägern unterhalten (*Träger der Sozialen Arbeit*). Der Wechsel in der Bezeichnung (von der »Mütterschule« über die »Elternschule« zur »Familienbildung«) signalisiert zugleich Distanzierung von der traditionellen Arbeitsteilung in der Familie wie ideologiehaltiges Wunschdenken: Adressat sei die ganze, die heile Familie, unter Einbeziehung der Väter und der Kinder. Rund drei Viertel des Angebots richten sich auf praktische Fertigkeiten (Hauswirtschaft, Gesundheits- und Körperpflege, Werken), ein Viertel auf die Bereiche *Erziehung* und *Psychologie*. Bei den Volkshochschulen liegt dieser Anteil gar bei nur wenigen Prozent, allerdings ergänzt durch kommunal- und bildungspolitische Themen, die für Eltern relevant sind.
Seit erforscht ist, wie wenig rein rezeptives Lernen in die eigene Lebenspraxis umgesetzt werden kann, werden kurs- und vortragsartige Veranstaltungen zunehmend ergänzt durch Formen der *Gruppenarbeit* und der Selbsterfahrung, des Erfahrungsaustauschs und des Trainings von Kommunikation in der Familie. Auch hat eine Dezentralisierung des Angebots in die Stadtteile hinein und auf die Dörfer hinaus begonnen, doch besteht nach wie vor ein extremes Stadt-Land-Gefälle in der Versorgung mit Angeboten der Familienbildung. Die angestrebte TeilnehmerInnenorientierung wird eingeschränkt durch die Finanzierungsbedingungen (Fest-

legung von Gruppengrößen, Kurszeiten und -räumen, Planungsprozessen). Wegen der geringen Honorare werden die meisten Angebote nebenberuflich gemacht; Stellen für hauptamtliche pädagogische und sozialpädagogische Fachkräfte sind nur in den Großeinrichtungen der Ballungsgebiete vorhanden.

5. E. in Schulen, Kindergärten, Heimen: Seit es öffentliche Einrichtungen zur Betreuung und *Sozialisierung* von Kindern gibt, besteht die Notwendigkeit, die Arbeit dieser Institutionen den Eltern deutlich zu machen und Differenzen zwischen den Fachkräften und den Eltern in Stil und Auffassung von Erziehung und Lernen diskursiv aufzuarbeiten. In *Krippe* und Kindergarten wird versucht, gegenseitiges Verständnis für die Arbeit von Erzieherinnen und Eltern (vor allem Müttern) zu entwickeln und eine Annäherung im Umgang mit den Kindern zu erreichen. Neben regelmäßigen Elternabenden geschieht dies viel auch »zwischen Tür und Angel«. In der Schule spielt E., je nach Schultyp und Bundesland unterschiedlich ausgeprägt, eine Nebenrolle. Es geht weithin darum, ob sich die Eltern als Ausfallbürgen für die Defizite der Schule verantwortlich machen lassen oder ob sie im Interesse ihrer Kinder auch als Kritiker von Leistungsdruck und Schulbürokratie Gehör finden. Ein echtes Mitbestimmungsrecht der Eltern gibt es nur an freien Schulen (Waldorf, Montessori: *Anthroposophie*, *Montessori-Pädagogik*), wo die E. immer auch Elternmitarbeit bedeutet.

E. in Einrichtungen der Fremdunterbringung von Kindern (Pflegefamilien/*Pflegekinder*, Heimen) ist ein altes Postulat. Sie ist jedoch immer schwierig gewesen, weil systemisch gesehen ein Konkurrenzverhältnis zwischen abgebenden Eltern und den Betreuenden vorliegt, das diskursiv nicht behoben werden kann. Nur Pflegeeltern und Heime, die ihr Angebot ausdrücklich als zeitlich begrenzt verstehen, können mit Eltern daran arbeiten, die Rückkehr des Kindes in die Familie vorzubereiten.

Gemeinsam ist allen Fachkräften in diesem Bereich (Erzieherinnen und Lehrerinnen), daß sie in aller Regel nicht für E. ausgebildet sind und von vielen Anstellungsträgern noch die E. als zusätzliche unbezahlte Arbeit erwartet wird.

6. Probleme, Perspektiven: Ein Dauerthema in der E., speziell in der Familienbildung, ist die auffällige Mittelschichtorientierung. Mütter und Väter aus den unteren Bildungs- und Einkommenschichten, sozial benachteiligt und oft mehrfach belastet, sind für viele Angebote der E. wenig zu mobilisieren. Auf Elternabenden kann man oft den Satz hören, daß »die nicht da sind, die es besonders nötig haben«. Wir wissen heute, daß hier nicht einfach eine »Bildungsabstinenz« vorliegt. Solche Eltern sind oft wenig selbstbewußt und stark verunsichert, sie ziehen sich in familiäre Isolation zurück und haben es schwer, sich Hilfe und Rat zu holen, was ja immer auch eine gewisse Öffnung voraussetzt.

Niedriger sind die Zugangsschwellen bei Familien- oder *Mütterzentren* (bzw. *Familienselbsthilfe*). Solche Einrichtungen liegen zumeist im Wohngebiet, haben einladende offen-unverbindliche Programmteile und bieten ein breites Spektrum an Kontakt-, Aktivitäts- und Lernmöglichkeiten. Obwohl diese Einrichtungen in hohem Maße durch ehrenamtliche Arbeit mitgetragen werden, brauchen sie eine Regelfinanzierung für bezahlte Dienste und die Grundkosten des Betriebs. Nach § 16 KJHG besteht zwar ein Rechtsanspruch solcher Einrichtungen, doch müssen sie in Zeiten rückläufiger öffentlicher Haushalte stets um ihr Überleben kämpfen.

Ähnliches passiert inzwischen auch im Bereich der etablierten Familienbildung. In München z. B. wurde 1993 vorgeschlagen, sämtlichen Familienbildungsstätten die Zuschüsse zu streichen, was die Schließung der Einrichtungen samt Zweigstellen in den Stadtteilen und Entlassung der MitarbeiterInnen bedeutet hätte. Muß also E. und Familienbildung – schon immer ein gesellschaftlicher Bereich mit schwacher Lobby – damit rechnen, als entbehrlich gestrichen zu werden, und das in einer Zeit, da Armut und Ratlosigkeit in vielen Familien zunehmen? Familienpolitik in Form von Geld für E. würde damit nach rund 30 Jahren Bestand wieder abgeschafft, und Familienerziehung würde wieder deutlich erkennbar als das, was sie letztlich bis heute ist: Privatsache. *K. Leube*

Literatur: Arbeitsgruppe Elternarbeit/Frühkindliche Sozialisation: Orientierungsmaterialien für die Elternarbeit – Elternarbeit mit benachteiligten Familien. Schriftenreihe des BMJFG Bd. 94, Stuttgart 1981; W. Bäuerle: Theorie der Elternbildung, Weinheim [2]1972; BMJFFG (Hrsg.): 7. Jugendbericht, Bonn 1986; H. Braun/U. Leitner (Hrsg.): Problem Familie – Familienprobleme, Frankfurt/M. 1976; DJI (Hrsg.): Wie geht's der Familie?, München 1988; K. Leube: Die kompetente Familie – Zur Geschichte der Familie und ihrer Helfer, in: W. Hohmeier/ H. Mair (Hrsg.): Eltern- und Familienarbeit – Familien zwischen Selbsthilfe und professioneller Hilfe, Freiburg/Br. 1989; K. Wahl u. a.: Familien sind anders! Reinbek 1980.

Emanzipation

»Das Problem der E. in seinen individuellen und überindividuellen Aspekten ist das Zentralproblem im Zusammenhang von Demokratie und Erziehung; trotz der Gefahr modischer Überbeanspruchung des Terminus verweist die Leitidee der E. auf pädgogische und gesellschaftspolitische Aufgaben, die bisher unzureichend gelöst sind«, schrieb Horst Scarbath 1970 (Scarbath 1970). Und diese Aussage hat noch heute Gültigkeit, selbst wenn der Begriff inzwischen den Charakter eines sozialpädagogischen Modewortes wieder verloren hat.

E. stammt als Begriff aus dem römischen Recht und ist mit »aus der Hand herausgewachsen« zu übersetzen. E. bedeutete Freilassung aus der Hausgewalt des Familienoberhauptes (mancipium), auch Freilassung von Sklaven. Seinen ursprünglichen rein rechtlichen Wortsinn verliert der Begriff im Zusammenhang mit dem Aufstieg und den Befreiungsbewegungen des Bürgertums. Die Grundidee von E. ist aber weiterhin Freilassung i. d. S., daß eine bestimmte Gruppe innerhalb einer Rechtsgemeinschaft die Grundrechte aller Mitglieder dieser Rechtsgemeinschaft erhält (Gleichberechtigung). Hinzu kommt nun aber auch ein Emanzipationsverständnis, das sich auf die Entwicklung des *Individuums* bezieht (Mündigkeit). So können wir nun zwei Aspekte von E. unterscheiden:

- die Befreiung unterdrückter, unterprivilegierter und unselbständiger Individuen und Gruppen (Juden, Proletariat, Frauen ...)
- den pädagogisch unterstützten, schrittweisen Lernprozeß des (jungen) Menschen in Richtung auf seine Mündigkeit.

Klassisch formuliert wurde der bürgerlichen Emanzipationsbegriff durch Kant in der Schrift »Beantwortung der Frage: Was ist *Aufklärung*?« vom September 1783: »Aufklärung ist der Ausgang des Menschen aus seiner selbstverschuldeten Unmündigkeit. Unmündigkeit ist das Unvermögen, sich seines Verstandes ohne Leitung eines anderen zu bedienen. Selbstverschuldet ist diese Unmündigkeit, wenn die Ursachen derselben nicht am Mangel des Verstandes, sondern der Entschließung des Mutes liegt, sich seiner ohne Leitung eines anderen zu bedienen ... Habe den Mut, dich deines eigenen Verstandes zu bedienen« (Kant 1965, 1). E. ist hier die individuelle Anstrengung, über Erkenntnisprozeß und Einstellungsänderungen mündig zu werden.
Auf dieses Konzept von E. als dem Ergebnis individueller Bemühung, sich von unbegriffenen Zwängen, Erkenntnisschranken und Verhaltenszwängen zu befreien, läßt sich auch der Strang der *Erziehungswissenschaft* zurückführen, die E. als Kennzeichnung gegenüber normativen oder pragmatischen Konzepten bezeichnet (Mollenhauer 1968; Giesecke 1973 u.a.). Mollenhauer formuliert, daß das erkenntnisleitende Interesse der Erziehungswissenschaft E. sei. Emanzipatorische *Erziehung* ist deshalb immer über den Status quo hinausgehend: Emanzipatorische Pädagogik und *Soziale Arbeit* streben die Erweiterung der Wahrnehmungs- und Handlungsspielräume – unter der Perspektive der Beendigung von Herrschaft – an. Das kann nicht mehr nur individuell verhandelt werden. Emanzipatorische Pädagogik läßt sich nicht vornehmlich auf das personale Verhältnis einengen, sondern muß dessen soziale und politische Bedingtheiten mitreflektieren.
»Emanzipation heißt die Befreiung der Subjekte – in unserem Fall der Heranwachsenden in dieser Gesellschaft – aus Bedingungen, die ihre Rationalität und das mit ihr verbundene gesellschaftliche Handeln beschränken« (Mollenhauer 1968, 27).
Diese Position wurde als »halbierte Emanzipation« kritisiert, »weil sie sich den gesellschaftlichen Bedingungen für ihre Möglichkeit zwar nicht verschließt, aber dennoch und letztendlich die Beweislast für ihre Existenz dem einzelnen aufbürdet und noch dazu an das Vorhandensein kritisch rationalen Argumentierens bindet, ohne zu fragen, woraus sich dieses kritische Argumentieren bezieht, wofür und wogegen es gerichtet ist und welche Interessen es dabei vertritt« (Müller/Oelschlägel 1975). Ihr wurde ein Emanzipationsverständnis entgegengehalten, das sich auf Marx und Engels berief: »Alle Emanzipation ist die Rückführung der Verhältnisse auf den Menschen selbst.« Der Mensch als ein produzierendes Wesen produziert zugleich sich selbst, indem er seine Sinne und seine Vernunft in der Auseinandersetzung mit der Natur entwickelt. Dabei tritt er in Beziehung zu anderen Menschen, wird zum gesellschaftlichen Wesen. Dieser Aneignungsprozeß ist ein allseitiger Prozeß, umfaßt Wissen, Denken, Fühlen, Anschauen, Empfinden ... Nun ist es eine zentrale Einsicht der Marxschen Analysen, daß dieser allseitige Aneigungsprozeß des Menschen und seiner gesellschaftlichen Natur Einschränkungen erhält, ja, verhindert wird unter den Bedingungen der gegebenen gesellschaftlichen Verhältnisse, die bestimmt sind vom Grundwiderspruch zwischen Lohnarbeit und Kapital. Diese Einschränkungen, die an die Stelle der allseitigen Entwicklung des Menschen getreten sind, nennt Marx Entfremdung.
Entfremdung kann auf drei Ebenen gezeigt werden:

- im Verhältnis des Arbeiters zum Produkt seiner Arbeit, das den Charakter einer Ware angenommen hat und ihm als fremdes Produkt gegenübertritt (z. B. das er kaufen muß),
- im Verhältnis des Arbeiters zur Arbeit selbst als zu einer fremden Tätigkeit,
- im Verhältnis der Menschen zueinander, die von den Verhältnissen des Warentauschs geprägt und »entmenschlicht« werden.

Die Entfremdung zeigt sich nicht mehr nur in materieller Ausbeutung und politischer Unterdrückung, sondern zunehmend auch in erstarrten Verkehrsformen, in neurotischen oder psychotischen Symptomen etc. Soz Arb/SozPäd hat es in vielen Feldern ihrer Arbeit gerade mit solchen Erscheinungsweisen der Entfremdung zu tun.
In einem marxistischen Emanzipationskonzept, von dem viele Impulse für die Soziale Arbeit ausgegangen sind, bedeutet nun E. konsequenterweise Aufhebung von Entfremdung, Herausführung aus »allen versklavenden Verhältnissen«; bedeutet gleichermaßen jeden Schritt und jede Bemühung, die auf dieses Ziel gerichtet sind. Grundlage dafür ist E. als gesellschaftlicher Prozeß, zu verstehen als »positive Aufhebung des Privateigentums als menschliche Selbstentfremdung und darum als wirkliche Aneignung des menschlichen Wesens durch und für den Menschen: darum als vollständige bewußt und innerhalb des ganzen Reichtums der bisherigen Entwicklung gewordene Rückkehr des Menschen für sich als eines gesellschaftlichen, d. h. menschlichen Menschen« (Marx, in: H. Wittig 1968, 65). So ist die Marxsche Auffassung von E. die von einer universellen Befreiung: Die Aufhebung ökonomisch-struktureller Abhängigkeitsverhältnisse soll die Überwindung politischer Herrschaftsverhältnisse be-

wirken, so daß selbstbestimmtes, autonomes, solidarisches Handeln (*Solidarität*) in einer befreiten *Gesellschaft* möglich wird. Dieses wiederum wäre die Voraussetzung der individuellen Selbstverwirklichung des Menschen. Dieses Ziel einer umfassenden E. kann nicht von einem Individuum oder einer Gruppe erreicht werden, sondern ist an eine *Klasse* gebunden, »die selbständige Bewegung der ungeheuren Mehrzahl im Interesse der ungeheuren Mehrzahl«, wie Marx und Engels es im Kommunistischen Manifest formulierten.
Bei der weiteren Entwicklung des Emanzipationsgedankens ist dann ein weiterer Schritt gegangen worden: Es genügt nicht als E., lediglich die Gesellschaftsstruktur kritisieren und umwälzen zu wollen, sondern es muß erkannt werden, »daß diese Gesellschaft die Subjektive konstituiert« (Horn), daß sich Herrschaft im Menschen verinnerlicht und verfestigt. Demzufolge geht E. nicht auf im kollektiven Prozeß gesellschaftlicher Veränderungen: Jede Handlung und jede Erkenntnis, die Menschen materiell, sozial und psychisch freier macht, sie vom entfremdeten Bewußtsein zum Bewußtsein der Entfremdung bewegt, individuelle Verhaltenszwänge und Kommunikationsstörungen soweit als möglich beseitigt, ist ein Bestandteil von E., insbes. dann, wenn dadurch die Bedingungen für solidarisches und politisches Handeln gefördert werden. Hier könnte der Emanzipationsbegriff seine Bedeutung für SozArb als eine für deren Arbeit in allen Bereichen noch zu konkretisierende Zielbestimmung gewinnen.
Allerdings ist mit dem Zerfall der »großen Entwürfe« in den 80er Jahren auch E. aus der gesellschaftlichen und pädagogischen Diskussion verschwunden. Individualität, Subjektivität, Erfahrung, Alltag wurden zu Leitbegriffen. Ansätze, die an einem politischen Kern der Emanzipationsidee festhalten, werden an den Rand auch der sozialarbeiterischen Diskussion gedrängt. Offenbar traut man einem an lineare Fortschrittsmodelle und Weltentwürfe gebundenen Emanzipationsgedanken wenig Potential zur Lösung gesellschaftlicher Probleme zu. Aber mit der zunehmenden Individualisierung, Pluralisierung und Differenzierung von Gesellschaft und Lebenslagen wird E. nicht überflüssig, wie es der Stand der Diskussion suggerieren könnte, denn weder ist für alle gesellschaftlichen Gruppierungen die Gleichberechtigung noch für alle Menschen die Mündigkeit und die Möglichkeit zur selbstbestimmten Gestaltung ihrer Lebensverhältnisse gegeben. Es scheint so, als sei der Prozeß der E. nicht mehr an eine gesellschaftliche Klasse zu binden, sondern es geht wohl darum, E. in lebensweltlichen Formen der Vergesellschaftung (z.B. sozialen Netzen) zu realisieren. »Jenseits der blinden Versprechen fertiger utopischer Entwürfe sind Antworten eher dort zu suchen, wo die Vielfalt möglicher Emanzipationsprozesse, die irgendwo zwischen Alltagszwängen und Befreiungsträumen geschehen, erforscht wird, wo ungenutzte Möglichkeiten besseren Lebens und größerer Autonomie aufgewiesen werden und der Beitrag realistisch bestimmt wird, den Bildungs- (und Sozial- Oe.)arbeit in diesem Zusammenhang leisten kann« (Kade 1993, 23).
Der ethisch-moralische Impuls, das abzuschaffen, was den Menschen entmündigt, bleibt Grundanliegen einer »emanzipatorischen« SozArb. E. als Prozeß und Perspektive in der SozArb heißt Erweiterung von Handlungsspielräumen, so daß die Menschen nicht im Zustand der Abhängigkeit von vorgegebenen Lebensbedingungen bleiben müssen, sondern bewußt durch Teilnahme an gesellschaftlichen Prozessen Einfluß auf die eigenen Lebensbedingungen zu nehmen suchen. Dies muß bezogen werden auf die Behinderungen und Möglichkeiten der jeweiligen Lebenswelt und des jeweiligen gesellschaftlichen Standortes der Menschen und ist umzusetzen

- auf der Ebene der Lebenslage der jeweils Betroffenen (u.a. durch materielle Hilfen),
- auf der Ebene der psychischen Befreiung und der politischen Lernprozesse,
- auf der Ebene der Auseinandersetzung mit der Gesellschaft (Aufklärung, politische Aktion) über die Folgen und Auswirkungen der Entfremdung bei den Zielgruppen der Sozialarbeit und Sozialpädagogik.

Die Realisierung des Emanzipationsgedankens in der Sozialarbeit bedeutet für diese in Theorie und Praxis die befriedigende Vermittlung der politischen, pädagogischen und therapeutischen Dimension professionellen sozialen Handelns. *D. Oelschlägel*

Literatur: H. Giesecke: Bildungsreform und Emanzipation. Ideologiekritische Skizzen, München 1973; M. Greiffenhagen (Hrsg.): Emanzipation, Hamburg 1973; G. Hartfiel (Hrsg.): Emanzipation – Ideologischer Fetisch oder reale Chance?, Opladen 1975; J. Kade: Was ist aus der Theorie emanzipatorischer Erwachsenenbildung geworden?, in: GdWZ 4/1993/4, 233–236; I. Kant: Ausgewählte Kleine Schriften, Hamburg 1965; K. Marx: Bildung und Erziehung. Studientexte zur Marxschen Bildungskonzeption, Paderborn 1968; K. Mollenhauer: Erziehung und Emanzipation, München 1968; C.W. Müller/D. Oelschlägel: Gruppendynamik und Emanzipation, in: Hartfiel 1975; H. Scarbath: Emanzipation, in: Horney/Ruppert/Schulze (Hrsg.): Pädagogisches Lexikon in zwei Bänden, Gütersloh 1970.

Empirische Sozialforschung (e.S.)

Unter Sozialforschung (S.) wird gemeinhin eine Forschungspraxis verstanden, die mit ihren Gegenständen und Problemen nicht spekulativ, sondern empirisch (erfahrungsverarbeitend) umgeht, und zwar mit regelhaften Beobachtungs- und Meßverfahren (teilnehmende Beobachtung, Befragung (Interview), *Test*, Inhaltsanalyse, Fallstudie, Intraspektion).
Schon im Frühkapitalismus war S. eng mit Armenpolitik, *Sozialpolitik* und SozArb verbunden. Insbesondere in England wurden bereits im 18. Jh. systematische Untersuchungen über das Familienbudget von Landarbeitern und ihren Familien durch hauptamtliche Fabrikinspektoren im Auftrage parlamentarischer Untersuchungsausschüsse durchgeführt. Die frühen Arbeiten

von Marx und Engels stützen sich auf die Ergebnisse dieser Frühform e. S. In der 2. Hälfte des 18. Jh. werden solche sozialpolitischen Bestandsaufnahmen im Auftrag privater *Wohlfahrtsverbände* auch in den USA angefertigt. Sie wurden in der 1. Hälfte dieses Jh. an der Universität von Chicago zur empirischen Großstadtforschung weiterentwickelt, wobei die Großstadt als ein soziales Laboratorium angesehen wurde, das die Einwandererströme verwandelt und verschmilzt. Case study, social survey und community study sind seit dieser Zeit eingeführte Muster e. S.

Im Deutschland des 19. Jh. wurden Enqueten über soziale Verhältnisse vor allem von dem Verein für Socialpolitik befördert; in der 1. Deutschen Republik machten sich das Frankfurter Institut für Sozialforschung und die Deutsche Akademie für Frauenarbeit mit einer von Alice Salomon angeregten Forschungsreihe über »Bestand und Erschütterung der Familie« um die Entwicklung der S. verdient. Die Machtergreifung der Nationalsozialisten unterbrach die im Vergleich zu England und den USA verspäteten empirischen Ansätze in Deutschland. Die wichtigsten empirischen Sozialforscher mußten emigrieren und setzten ihre Arbeit in den USA, in England und Israel fort.

Nach dem Zusammenbruch des Faschismus in Deutschland (1945) kamen deutsche Sozialwissenschaftler zum erstenmal seit langem wieder in die Lage, sich mit der internationalen Weiterentwicklung der e. S. zu befassen. Das wiedergegründete Frankfurter Institut für Sozialforschung führte Gemeindestudien im Nachkriegs-(West-)deutschland durch, in anderen Universitätsstädten wurden die internationalen Ergebnisse der Kleingruppenforschung, der Arbeitsforschung, der Jugendforschung rezipiert, kommerzielle Markt- und Meinungsforschungsinstitute wandten sich der Prognose von Käufer- und Wählerverhalten auf der Basis der standardisierten Befragung repräsentativer Querschnitte der Bevölkerung zu.

Für *Sozialarbeit/Sozialpädagogik* relevante e. S. wurde in der Rekonstruktionsphase der westdeutschen Gesellschaft und Wirtschaft vor allem in den Bereichen der *Familie* (Wurzbacher u. a.), der Jugend und der *Jugendarbeitslosigkeit* (Schelsky u. a.), der *Jugendverbände* (Mollenhauer, Wurzbacher u. a.), der »unorganisierten« Jugend und der Jugendpflege (Grauer, Lüdtke, Müller) und der Anatomie *abweichenden* (meist kriminellen) *Verhaltens* durchgeführt. Methodologisch dominierten in dieser Phase der Entwicklung in der eher soziologisch orientierten S. die Befragung repräsentativer Querschnitte der Bevölkerung, in der eher psychologisch orientierten S. kontrolliertes Experiment und Test.

Nach 1960 wurden Gegenstände und Forschungsmethoden der e. S. in der BRD nachhaltig von drei international auftretenden Tatbeständen beeinflußt und geprägt, die in einem engen Zusammenhang zueinander standen: dem Mißverhältnis von Wirtschaftswachstum und Bildungsnotstand (*Armut*, *Bildung*, *Chancengleichheit*, *Sozialstaat*), dem weltweiten Aufstand von Angehörigen der jungen Generation gegen Neokapitalismus und Neokolonialismus (Korea, Vietnam, Lateinamerika, Afrika), der verstärkten Rezeption wissenschaftstheoretischer Positionen, die bisher nicht berücksichtigt oder unterdrückt worden waren.

Insbesondere der Sputnikschock, der in den kapitalistischen Industrieländern ein Zurückfallen im Bildungswettlauf mit den Ländern des sozialistischen Blocks signalisierte, führte zu verstärkten Anstrengungen in der Bildungsforschung (Edding), die im Zusammenhang mit der Studentenbewegung zur politisch-ökonomischen Grundlagenforschung des Ausbildungssektors und seiner Doppelfunktion (Qualifikation und Indoktrination) ausgeweitet wurde (Altvater). Im Zusammenhang mit dem offensichtlichen Versagen des bundesrepublikanischen Bildungssystems und seiner Dreiklassenteilung (Volksschule, Realschule, Gymnasium) verstärkten empirische Sozialforscher die Rezeption der anglo-amerikanischen Sozialisationsforschung, nicht zuletzt um herauszufinden, wie Arbeiterkinder in besonderer Weise auf die allgemeinbildende *Schule* vorbereitet werden konnten (*Kompensatorische Erziehung*) und wie die Einflüsse der Ursprungsfamilie auf die Bildungskarriere der Kinder verbessert werden könnten (*Familie*, *Frühkindliche Erziehung*, *Tageseinrichtungen für Kinder/Kindergarten*, *Elternarbeit*). Dabei wurden zunächst vorwiegend anglo-amerikanische Untersuchungen familialer Sozialisationsprozesse rezipiert (Sommerkorn/Goldschmidt; Gottschalch/Neumann-Schönwetter/Soukup; Fend), es folgte eine Kritik dieser Ansätze und ihrer Ergebnisse durch die Studentenbewegung (Hagemann-White/Wolff) in Verbindung mit einer verstärkten Rezeption psychoanalytischer Sozialisationsforschungen (*Antiautoritäre Erziehung*; Werder/Wolff u. a.), und es folgten eigene bundesdeutsche Untersuchungen (z. B. Oevermann).

Die Kritik der Studentenbewegung an den Sozialisationseffekten in Familie, *Heimerziehung*, Kirche und Schule wurde nicht mit den klassisch gewordenen Instrumenten der e. S. vorgetragen. Die neue Generation von Sozialforschern mißtraute diesen Instrumenten wegen ihrer vorgeblichen Neutralität, des formalen Charakters der von ihnen erhobenen quantifizierten Daten und des hohen finanziellen Aufwands, der mit professionell betriebener e. S. anschließend notwendig verbunden war.

Als Alternative zur klassischen S. (standardisierte Befragung repräsentativer Querschnitte bzw. kontrollierte Laborexperimente) bot sich die von K. Lewin u. a. in den USA entwickelte *Handlungsforschung* an. Sie wurde dann vor allem an Universitäten und Hochschulen und einigen unabhängigen Forschungsinstituten zu einem Forschungsinstrument entwickelt, mit dem sich die Binnenstruktur und die zeitliche Entwicklung pädagogischer und sozialpädagogischer Prozesse besser abbilden und auf ihr Bedingungsgefüge zurückführen ließ als mit den Mitteln repräsentativer Querschnittsbefragungen oder kontrollierter Laborexperimente, zumal es sich inzwischen herumgesprochen hatte, daß diese Instrumente den Ansprüchen ihrer Konstrukteure an Gültigkeit und Zuverlässigkeit der Ergebnisse nur in

wenigen Ausnahmefällen zu entsprechen vermochten (Maschewsky).
Das öffentliche Interesse an der empirischen Erforschung von Tatsachen und Prozessen, von Institutionen und Effekten der Bildung und Erziehung, der SozPäd und SozArb hat zweifellos zugenommen. Bund, Länder, Gemeinden und private Träger finanzieren Untersuchungen zur *Sozialisation*, Resozialisation und *Rehabilitation*, *Jugendhilfe* und Altenarbeit (*Altenhilfe*), *politischen Bildung* und Drogentherapie (*Drogenabhängigkeit*). Seit Beginn der 70er Jahre wurde die wissenschaftliche Begleitung von *Modellversuchen* in der Elementarerziehung besonders gefördert, dann Modellprojekte im Bereich von Tagesmüttern, *Medien*-Erprobungsprogramme, ein Programm zur Förderung ausländischer Kinder und ein Forschungsprogramm über die Wirkungen unterschiedlicher Lernorte.
Durch die stärkere Hinwendung der Universitätsforschung zu anwendungs- und berufsbezogenen Fragestellungen und durch die zunehmende *Professionalisierung* sozialpädagogischer Berufe in Gestalt universitärer Studiengänge scheint gesichert, daß das öffentliche Forschungsinteresse an Problemen der SozArb/SozPäd anhalten wird, auch wenn Bund, Länder und Kommunen ihre Forschungsförderung im Rahmen des Abbaus der Sozialstaatstätigkeit eingeschränkt haben. Dabei ist in den 90er Jahren eine verstärkte Hinwendung zur sog. »qualitativen Forschung« gerade im sozialen Bereich zu beobachten.
Obwohl es keinen direkten Zusammenhang zwischen Wissenschaftstheorien und Forschungsmethoden gibt, ist doch zu erkennen, daß der »*Paradigmen*«wechsel von der »quantitativen« zur »qualitativen« Sozialforschung indirekt mit der veränderten Optik vorherrschender Wissenschaftstheorien zusammenhängt. In den 60er und 70er Jahren beherrschten strukturell-funktionalistische Gesellschaftstheorien (Parsons, Merton) im Westen und historisch-materialistische Gesellschaftstheorien im Osten (Marx, Engels) die S. Mit dem Verblassen der Erklärungskraft beider gesamtgesellschaftlicher Ansätze wurden ältere Ansätze einer eher individualisierenden und vom »Wesen« auf das »Erscheinungsbild« einzelner gesellschaftlicher Phänomene rückverweisenden »Phänomenologie« wiederbelebt. Die neuerlichen Reden von »Alltagserfahrung« und »Lebenswelt«, von »Individualisierung« und »Pluralisierung« (U. Beck) befördern diesen Paradigmenwechsel. Begleitforschung von Modellprojekten und verstärkte Fragen nach der Effektivität und Effizienz von Maßnahmen und Einrichtungen der SozArb haben das Interesse an der sog. Evaluationsforschung geweckt und interessante neue Forschungsansätze im Hinblick auf Selbstevaluation (Heiner, von Spiegel) hervorgebracht (*Evaluierung*). *C. W. Müller*

Literatur: E. Altvater/F. Huisken (Hrsg.): Materialien zur politischen Ökonomie des Ausbildungssektors, Erlangen 1971; Arbeitsgruppe Methodenlehre: Didaktik sozialwissenschaftlicher Methodenlehre. Erfahrung, Analyse, Modell, Weinheim 1977; Bauer/Berg/Kuhlen: Forschung zu Problemen der Jugendhilfe. Bestandsaufnahme und Analyse, München 1976; H. Fend: Sozialisierung und Erziehung, Weinheim 1969; W. Friedrich/W. Hennig: Der sozialwissenschaftliche Forschungsprozeß, Berlin (DDR) 1975; W. Gottschalch/M. Neumann-Schönwetter/G. Soukup: Sozialisationsforschung. Materialien, Probleme, Kritik, Frankfurt/M. 1971; G. Grauer: Jugendfreizeitheime in der Krise, Weinheim 1973; C. Hagemann-White/R. Wolff: Lebensumstände und Erziehung. Grundfragen der Sozialisationsforschung, Frankfurt/M. 1975; M. Heiner (Hrsg.): Selbstevaluation in der sozialen Arbeit, Freiburg 1988; K. Hurrelmann/D. Ulich (Hrsg.): Handbuch der Sozialisationsforschung, Weinheim [4]1991; D. Kreft: Welche Bedeutung haben Arbeitsergebnisse aus Wissenschaft und Forschung für praktische Sozialarbeit?, in: TuP 2/1987; H. Lüdtke: Jugendliche in organisierter Freizeit, Weinheim 1972; R. König (Hrsg.): Handbuch der empirischen Sozialforschung, Stuttgart [3]1973, 14 Bände; S. Lamnek: Qualitative Sozialforschung. 2 Bde., München 1988; W. Maschewsky: Das Experiment in der Psychologie, Frankfurt/M. 1977; K. Mollenhauer u.a.: Evangelische Jugendarbeit in Deutschland, München 1969; C. W. Müller: Berliner Jugend 1962, Bad Godesberg 1962 und 1965; U. Oevermann: Sprache und soziale Herkunft, Frankfurt/M. 1971; H. Schelsky (Hrsg.): Arbeitslosigkeit und Berufsnot der Jugend. 2 Bde., Köln 1952; H. Skowronek/D. Schmied: Forschungstypen und Forschungsstrategien in der Erziehungswissenschaft, Hamburg 1977; I. Sommerkorn/D. Goldschmidt: Sozialisation und kompensatorische Erziehung, Berlin 1969; H. von Spiegel: Aus Erfahrung lernen, Münster 1993; L. v. Werder/R. Wolff (Hrsg.): Bernfeld. Antiautoritäre Erziehung und Psychoanalyse. Bd. 1–3, Darmstadt 1969; G. Wurzbacher (Hrsg.): Gruppe Führung Gesellschaft. Begriffskritik und Strukturanalysen am Beispiel der Christlichen Pfadfinderschaft Deutschlands, München 1961.

Empowerment

Die Dynamik, die die innere Verfassung der spätmodernen *Gesellschaft* verändert, läßt sich als ein Prozeß der Auflösung von festen sozialen Einbindungen verstehen. Das Subjekt wird zunehmend und notwendigerweise zum Baumeister des Sozialen, seiner eigenen Gemeinde oder Lebenswelt. Statt Einpassung von Subjekten in vorhandene soziale Zusammenhänge kommt es deshalb darauf an, Menschen dazu zu befähigen, sich selbst solche Zusammenhänge zu schaffen. Das Konzept des E., das seit etwa 10 Jahren zunehmend den fachlichen Diskursen von Gemeindepsychologie und SozPäd in den USA prägt und mit einer gewissen Verzögerung nun auch in die bundesrepublikanische Diskussion Einzug hält, hat genau an dieser Stelle seinen Wert. E. meint den Prozeß, innerhalb dessen Menschen sich ermutigt fühlen, ihre eigenen Angelegenheiten in die Hand zu nehmen, ihre eigenen Kräfte und Kompetenzen zu entdecken und ernst zu nehmen und den Wert selbsterarbeiteter Lösungen schätzenzulernen. E. bezieht sich auf einen Prozeß, in dem die Kooperation von gleichen oder ähnlichen Problemen betroffenen Personen durch ihre Zusammenarbeit zu synergetischen Effekten führt. Aus der Sicht professioneller und institutioneller Hilfen bedeutet die E.-Perspektive die aktive Förderung solcher solidarischer Formen der Selbstorganisation (*Selbsthilfe/Selbstorganisation*).

Die E.-Perspektive bündelt wichtige Lernprozesse des letzten Jahrzehnts. Sie knüpft ein Netz von Ideen zu einer neuen Orientierung psychosozialen Handelns. Es sind vor allem die folgenden Lernprozesse:

1. Von der Defizit- oder Krankheitsperspektive zur Ressourcen- oder Kompetenzperspektive. Das Wissen um die Stärken der Menschen und der Glaube an ihre Fähigkeiten, in eigener Regie eine lebenswerte Lebenswelt und einen gelingenden Alltag herzustellen, führt mit Notwendigkeit zu einer anderen beruflichen Perspektive als im Falle eines professionellen Szenarios der Hilfebedürftigkeit (*Hilfe*, *Professionalisierung*).

2. Nur jene Art von professionellem Angebot kann letztlich wirksam werden, das in das System des Selbst- und Weltverständnisses der KlientInnen integrierbar ist und das persönlich glaubwürdig und überwiegend vermittelt wird. Solche Einsichten führen mit Notwendigkeit zur Überwindung einer einseitigen Betonung professioneller Lösungskompetenzen und von der Orientierung an der Allmacht der Experten zu einer partnerschaftlichen Kooperation von Betroffenen und Fachleuten. Von Dauer können nur Veränderungen sein, die den Grundsatz »Hilfe zur Selbsthilfe« realisieren.

3. Jede professionelle Aktivität, der es nicht gelingt, zur Überwindung des Erfahrungskomplexes der »gelernten Hilflosigkeit« oder »Demoralisierung« beizutragen, wird wirkungslos bleiben. Die Wirksamkeit professioneller Hilfe wird davon abhängen, ob das Gefühl gefördert werden kann, mehr Kontrolle über die eigenen Lebensbedingungen zu erlangen.

4. Soziale Unterstützung im eigenen sozialen Beziehungsgefüge ist von großer Bedeutung bei der Bewältigung von Krisen, Krankheiten und Behinderungen sowie bei der Formulierung und Realisierung selbstbestimmter Lebensentwürfe. Gerade die Kräfte, die durch die Vernetzung von gleich Betroffenen entstehen können, sind von besonderer Qualität.

5. Psychosoziale Praxis läßt sich nicht in Kategorien von Widerspruchsfreiheit oder im Funktionskreis instrumentellen Denkens adäquat erfassen. Anstelle eines Diskurses, der von der Unterstellung eines hehren Allgemeinwohl ausgeht, ist es notwendig, Widersprüche, Interessenunterschiede und unterschiedliche Bedürfnisse zum Thema zu machen. Hierzu gehören auch Themen wie die Janusköpfigkeit von Hilfe und Kontrolle in allen Formen psychosozialen Handelns; die Analyse unerwünschter Nebenfolgen »fürsorglicher Belagerung« und ihrer institutionellen Eigenlogiken und schließlich auch die Anerkennung unterschiedlicher und teilweise widersprüchlicher Interessen von KlientInnen und Professionellen.

6. Die wichtigste Erkenntnis, die auf solchen Pfaden divergenten Denkens zu gewinnen ist, ist die Einsicht in die Dialektik von Rechten und Bedürftigkeiten. Die klassische wohlfahrtsstaatliche Philosophie war ausschließlich von einer Definition von Bedürftigkeiten und auf sie bezogener sozialstaatlicher Hilfe- oder Präventionsprogramme bestimmt. Die meisten Therapie- und Präventionsprogramme gehen – in aller Regel mit guten und nachvollziehbaren Gründen – von einer Annahme spezifischer Defizite und Bedürftigkeiten aus, die im wohlverstandenen Interesse der Betroffenen verhindert, kompensiert oder verändert werden sollen. Erst in den 70er Jahren wurde – nicht zuletzt infolge heftiger Konflikte zwischen wohlwollenden HelferInnen und zunehmend eigene Ansprüche formulierenden KlientInnen – die Ebene der Rechte als unabhängige Begründungsinstanz für Handeln oder dessen Unterlassung »entdeckt«. Es war sicher kein Zufall, daß diese Entdeckung in die Zeit der sich abzeichnenden Krise des Wohlfahrtsstaates fiel. In Zeiten wachsender Sozialbudgets ist eher die Vorstellung gewachsen, daß bei uns Professionellen die Angelegenheiten der Betroffenen in guten Händen seien. Die Segnungen immer neuer Spezialprogramme und -einrichtungen ließen sich beweiskräftig so verstehen. Die von uns so bereitgestellte »fürsorgliche Belagerung« hatte eine Qualität der tendenziellen Rundumversorgung, bei der der Gedanke der Einschränkung von KlientInnenrechten und der Kontrolle von Lebenssouveränität weniger Nahrung erhielt. Die Krise des *Sozialstaat*s hat auch für viele Betroffene sichtbar gemacht, daß ihre Rechte keineswegs in Wohlfahrtsleistungen gesichert sind und mit deren Abbau auch gefährdet sind und eigenständig vertreten und abgesichert werden müssen. Rappaport bringt die beiden Sichtweisen auf die Formel von »Kinder in Not« oder »Bürger mit Rechten«. Es handelt sich nicht um Entweder-oder-Perspektiven, sie müssen in dem Spannungsverhältnis, in dem sie zueinanderstehen, erhalten bleiben. Gerade an der Reaganschen Kahlschlagpolitik im Sozialbereich kann das aufgezeigt werden. Sie hat sich gerne mit Schlagworten wie Bürgerrechte oder »Freiheit« vom Staat drapiert und gleichzeitig wohlfahrtsstaatliche Leistungen abgebaut. Dazu bemerkt Rappaport treffend: »Rechte ohne Ressourcen zu besitzen, ist ein grausamer Scherz« (S. 268).

Aus diesen Grundgedanken folgt für die *Soziale Arbeit* dreierlei:

1. Verzicht auf professionelle Fertigprodukte. Die Versorgung mit vorgefertigten Standardlösungen für spezifische soziale Notsituationen, die von einzelnen Hilfesuchenden als durchaus entlastend erlebt werden mögen, können jedoch zugleich passive Erwartungshaltungen verfestigen. »Phantasie und Kreativität im Umgang mit Lebensproblemen werden verschüttet, der Klient ist nur noch Konsument von mundgerecht abgepackten Versorgungsleistungen« (Herriger 1991, 227). Solche Dienstleistungsroutinen werden natürlich häufig durch eine vorgegebene institutionelle Logik bestimmt (z. B. Einzelfallabrechnung, Notwendigkeit der

Diagnosestellung, von Kassen definierte Therapiestunden, die allein abrechnungsfähig sind). Insofern ist es notwendig, die institutionellen Arbeitsbedingungen für gestaltbare Strukturen zu öffnen.

2. Öffnung für aktives Handeln in Lebenswelten: *Präventions*strategien, so in der psychosozialen Praxis überhaupt entwickelt, gehen häufig davon aus, daß Menschen antizipatorisch für spezifische Krisenerfahrung »immunisiert« werden sollten. Dazu werden problemzentrierte Trainingsprogramme angeboten. Ch. Kieffer, einer der wichtigsten Vertreter der E.-Perspektive, ist skeptisch gegenüber Planspielen ohne Realkontext und plädiert für ein Handeln und Erfahrungensammeln in der Alltagswelt. Für ihn ist »reflektierte Eigenerfahrung die zentrale Quelle für persönliches Wachstum. Der einzelne muß lernen, verinnerlichte Vorstellungen von der eigenen Hilflosigkeit zu bewältigen ... und die politischen Einschüchterungsversuche zu ertragen. Diese Fähigkeiten aber erwachsen nur aus der Praxis ... Es gibt keinen Ersatz für das Lernen durch Erfahrung im Ernstfall« (1984, 27f.). Professionelle Arbeit soll die Möglichkeit für »reflektierte Eigenerfahrung« aktiv im jeweiligen Lebenskontext unterstützen. Dazu gehört etwa, Gleichbetroffene miteinander ins Gespräch zu bringen, eigeninitiierten Projekten organisatorische Hilfe zu vermitteln (z.B. räumliche Infrastruktur), in gruppeninternen Situationen des Konfliktes und der Interessenkollision moderierend zu wirken und gruppendynamisches Wissen einzubringen oder Wege kommunalpolitischer Initiative zu öffnen. Professionelle können hier wichtige Funktionen der Initiierung und Förderung von Selbstorganisationen übernehmen.

3. Stiften von sozialen Zusammenhängen: Psychosoziale Praxis soll dabei unterstützend wirken, daß sich Betroffene neue Ressourcen schaffen, neue »Kräfte entdecken«. W. Stark spricht von dem Ziel, »einen schöpferischen Umgang mit Situationen und Problemen durch das Stiften von Zusammenhängen zu ermöglichen und zu erleichtern« (1989, 8). Im neuen Fachjargon heißt das »*networking*«, also Netzwerkarbeit oder Netzwerkförderung. Sie kann sich auf einzelne Personen und Familien beziehen oder die Einbindung von Gruppen in das bestehende Feld von Selbsthilfeinitiativen im Sinne einer »Vernetzung der Netzwerke«.

H. Keupp

Literatur: N. Herriger: Empowerment – Annäherungen an ein neues Fortschrittsprogramm der sozialen Arbeit, in: Neue Praxis 21/1991, 221–229; ders. Empowerment: Fachteil in sozialmagazin 3/1995, 34–40; H. Keupp: Aufrecht gehen lernen in einer Welt riskanter werdender Chancen. Eine Empowerment-Perspektive für die Arbeit mit Kindern und Jugendlichen, in: Blätter der Wohlfahrtspflege 140/1993, 52–55; Ch. H. Kieffer: Citizen empowerment. A developmental perspective, in: Prevention in Human Services 3/1984, 9–36; J. Rappaport: In praise of paradox: A social policy of empowerment over prevention, in: American Journal of Community Psychology 9/1981, 337–356; dt.: Ein Plädoyer für die Widersprüchlichkeit, in: Verhaltenstherapie und psychosoziale Praxis 17/1985, 257–278; J. Rappaport: The power of empowerment language, in: Social Policy 16/1985, 15–21; J. Rappaport: Terms of empowerment/exemplars of prevention. Toward a theory for community psychology, in: American Journal of Community Psychology 15/1987, 121–148; W. Stark (Hrsg.): Lebensweltbezogene Prävention und Gesundheitsförderung. Konzepte und Strategien für die psychosoziale Praxis, Freiburg 1989; W. Stark: Die Menschen stärken. Empowerment als eine neue Sicht auf klassische Themen von Sozialpolitik und sozialer Arbeit, in: Blätter der Wohlfahrtspflege 140/1993, 41–44; M. A. Zimmerman: Taking aim on empowerment research: On the distinction between individual and psychological conceptions, in: American Journal of Community Psychology 18/1990, 169–177.

Erholungsmaßnahmen

Am siebten Tage aber sollst Du ruhen! Der Mensch soll sich immer wieder zurück*holen* in die Lage der äußeren Ruhe und der inneren Erholung. Nicht nur arbeiten! Fremdbestimmte *Arbeit* wurde zum Gegensatz selbstbestimmter Erholung. Der Mensch in den Industriegesellschaften wird von *Arbeitslosigkeit*, Umweltbelastung (*Umweltschutz*) und Freizeitspaß (*Freizeit/Freizeitpädagogik*) heute oft mehr gestreßt als von dem humanisierten Arbeitsplatz. Erholung muß überhaupt erst wieder neu definiert und gelernt werden.
Doch nicht das Grundbedürfnis des Menschen nach Erholung, sondern das System entsprechender öffentlicher Hilfen, das insbes. für Kinder und Jugendliche in den letzten 100 Jahren aufgebaut wurde, steht hier zur Diskussion. In § 11 (3) KJHG sind Maßnahmen der »Kinder- und Jugenderholung« als Schwerpunkt der Jugendarbeit gesetzlich vorgesehen, in § 16 (3) werden im Rahmen der »Allgemeinen Förderung der Erziehung in der Familie« Angebote der Familienfreizeit und der Familienerholung als gesetzliche Leistungen anerkannt. Ferner sind »Maßnahmen der Erholung, besonders für Kinder, Jugendliche und alte Menschen sowie für Mütter« als »vorbeugende Gesundheitshilfe« in § 36 (2) BSHG gesetzlich verankert. Neben diesen öffentlichen Erholungsmaßnahmen, die von *Jugend- und Wohlfahrtsverbänden*, von Vereinen und Selbsthilfegruppen (*Selbsthilfe/Selbstorganisation*) bzw. von Krankenkassen, von den *Jugend-, Sozial- und Gesundheitsämtern* der Städte, Kreise und Gemeinden organisiert werden, besteht eine Reihe privatrechtlicher Hilfen in Betrieben, *Gewerkschaften*, Innungen und Kammern, die für ihre Mitarbeiter bzw. Mitglieder E. – meistens in betriebseigenen Häusern – zur Verfügung stellen. Bei aller zentralstaatlichen Lenkung der Durchführungsprinzipien war das Erholungssystem der DDR betrieblich dezentral organisiert.
Die Gestaltungselemente der E. sind historisch gewachsen. Sie haben im wesentlichen erlebnisorientierte – jugendpflegerische bzw. kurative – gesundheitsfürsorgerische Wurzeln. Zu einer gesamtgesellschaftlichen Notwendigkeit wurde Erholung im Zuge der

Verelendung breiter Bevölkerungsschichten durch die Industrialisierung im 19. Jh. Insbesondere die Arbeiterjugend war wegen mangelhafter Lebens- und Hygieneverhältnisse zunehmend von psychischer und physischer Verwahrlosung bedroht. Familiäre und ständische Hilfsbereitschaft lösten sich mehr und mehr auf. *Hilfe* wurde zur Ware auf dem liberalisierten Markt. Gegen Ende des 19. Jh. begann der Gesundheitszustand der Jugend die Leistungsfähigkeit des Staates zu bedrohen. Der Kaiser wollte gesunde Soldaten. Gesundheitsschwache Kinder aus den Städten wurden deshalb zur Erholung aufs Land geschickt. Erste Ferienkolonien kamen auf, Kuren in See- und Solbädern wurden eingerichtet. Es entstanden Milchstationen, Waldschulen, Ferien- und Sommerspiele. Als wesentliche Mittel der Erholung sah man Ruhe, genügend Schlaf, Ernährungsdiät und Klimawechsel an. Je gesundheitsorientierter die Maßnahmen waren, um so mehr ging der Erziehungs- und Erlebnisanspruch der Kinder in hygienischer Disziplinierung und Reglementierung unter. Noch heute steht in vielen Kurerholungsheimen beispielsweise das Dünnmachen der Dicken vor dem Großmachen der Kleinen. In brotärmeren Zeiten galt das Umgekehrte. In beiden Fällen ist die Waage das wichtigste Meßinstrument für den Erholungserfolg. Im Nationalsozialismus standen Erholungsprogramme nur der biologisch gesunden, rassisch einwandfreien Jugend zur Verfügung. Disziplin, Hygiene, körperliche Ertüchtigung, Liebe zum Führer und zur heimatlichen Natur und Kultur waren die vorrangigen Bildungsziele (*Soziale Arbeit im Nationalsozialismus*).

Nach dem 2. Weltkrieg knüpften die E. zur Linderung der ersten Nachkriegsnot nahtlos an den historisch vorgegebenen Formen an. In beiden deutschen Staaten nahm die Erholungsentwicklung einen unterschiedlichen Verlauf. Im Osten fand die Jugenderholung in vereinheitlichten Pionier- und FDJ-Lagern, die Familienerholung in Betriebs- und Gewerkschaftsheimen statt. Anders als in den gesundheitsfürsorgerischen E. setzten sich in den jugendpflegerisch orientierten Programmen im Westen mehr sozialpädagogische Inhalte und Gestaltungselemente durch. Social group work wurde als wichtiges Mittel demokratischer Erziehung angesehen. Insbesondere im Zuge der Studentenbewegung sollten die Jugenderholungsmaßnahmen neben Elternhaus und Schule ergänzende und kompensatorische Erziehung leisten (Erziehung trotz Gesetz). Erholung trat in den Hintergrund, Emanzipation in den Vordergrund. Um eine verbesserte Koordination jugendpflegerischer und jugendfürsorgerischer Aktivitäten ging es in einem Modellvorhaben zwischen dem Berliner Senat und »Student für Berlin« in den 70er Jahren (vgl. Lauff/Dürr 1975). Bis heute ist das gesamte Feld der Kinder- und Jugenderholung konzeptionell und praktisch unübersichtlich geblieben. Ein Gesamtüberblick über Qualität sowie über den personellen und finanziellen Umfang der E. im vereinten Deutschland läßt sich wegen der reichhaltigen Vielfalt unzähliger Einzelprogramme mit vielen unterschiedlichen Trägern und Veranstaltern nicht gewinnen. Auch hier ist wieder die Gefahr der Kolonialisierung von West nach Ost groß. Es kommt darauf an, voneinander zu lernen und sich gegenseitig zu erneuern (vgl. Kazamel/Lauff 1992).

Politisch wie pädagogisch wird der Erholungsaspekt in der *Jugendarbeit* wichtiger werden. Gesundheitszustand und Leistungsvermögen der Jugend nehmen rapide ab. Globale Erziehungsdefizite werden immer offenkundiger. Die Verabschiedung des KJHG darf nicht Stillstand der Diskussion bedeuten. Das gesamte Feld der E. gilt es unter pädagogischem Anspruch neu zu vermessen. Jugenderholung ist von Freizeittourismus abzugrenzen. Es wird um eine pädagogische Integration von *Erziehung*, Erholung und *Bildung* gehen müssen. Die verwalterischen Differenzierungen zwischen Bildungs-, Begegnungs-, Freizeit-, Erholungs- und Heilungsprogrammen sollten überwunden werden. Sie dienen organisatorischen statt pädgogischen Zwekken. Erholung und *Gesundheit* sind Prinzipien aller Jugendveranstaltungen. Programme der letzten Jahre beim »Jugenderholungswerk Hamburg« weisen in die Zukunft: Erholungsreisen sind zugleich Bildungsreisen, Erholungsaufenthalte erweisen sich zugleich als erfolgreiche innerdeutsche bzw. europäische Begegnungsmöglichkeiten. Umweltgeschädigte Kinder aus der Bille-Siedlung in Hamburg, Kinder aus Bitterfeld und St. Petersburg machen gemeinsame Ferien. Neben Bewegung wird in all diesen Maßnahmen der Versuch unternommen, eine bedarfsgerechte Ernährung, wie sie im Forschungsschwerpunkt »Ernährung und Erziehung« an der Universität Hamburg entwickelt wurde, zum grundlegenden Bestandteil der Erholung zu machen. Die Beteiligung der Kinder an der Alltagsarbeit der Ernährung und des Heimlebens wird als bewußtes pädagogisches Mittel eingesetzt. Ernährung als Selbstversorgung statt als Dienstleistung. Eigenverantwortlichkeit und Eigenfähigkeit zur Erholung werden so schon in jungen Jahren gebildet. Ohne Selbständigkeit in der Erholung ist die Gesundheit der Bürger auch im sozialen Wohlfahrtsstaat nicht zu garantieren.

W. Lauff

Literatur: K. Hurrelmann: Sozialisation und Gesundheit, Weinheim 1988; J. Jaspert: Der Einfluß der Ernährung auf die Erholung von Kindern im Ferienlager, Diplom-Arbeit Uni Hamburg 1991; I. Kazamel/W. Lauff: Grenzenlos. Deutsch-deutsche Jugendbegegnung zwischen Mauerfall und Einheitsstaat, Hamburg 1992; T.M. Kühlmann: Beanspruchung und Erholung, Diss. Freiburg 1982; W. Lauff/H. Davidts/G. Herold: Adipositasbehandlung in Kinderkuren – pädagogisch gedacht, in: Unsere Jugend 11/93, 465–470; W. Lauff/E. Dürr: Ferienlager als komplexe Arbeitsfelder der Jugendhilfe, SV für Familie, Jugend und Sport Berlin 1975; W. Lauff/Hg. Homfeldt: Erziehungsfeld Ferienlager, Weinheim 1979; S. Lauff/D. Mack: Selbstversorgung in Ferienfreizeiten, Jugenderholungswerk Hamburg 1993; W. Rein: Enzyklopädisches Handbuch der Pädagogik, Bd. II, 483–488, 819–828, Langensalza 1904; W. Schellhorn/M. Wienand: KJHG-Kommentar, Neuwied [2]1995.

Erlebnispädagogik

E. verfügt über keine eigenständige Theorie und keine eindeutig beschreibbare Praxisform. Auf der 2. bundesweiten Fachtagung zur Erlebnispädagogik mit dem Titel: »Abenteuer – ein Weg zur Jugend?« im Herbst '92 wurden Praxisbeispiele vorgestellt, die über die inzwischen klassischen erlebnispädagogischen Medien Felsklettern, Kanu und Segeln berichteten, aber auch Reiten, schwarzes Theater und ein Sportmobilprojekt einbezogen. Häufig werden erlebnispädagogische Angebote als spektakuläre und teilweise exotisch wirkende Aktionen im Bereich der *Jugendhilfe* beschrieben und realisiert, es besteht jedoch zunehmend der Trend, E. für die Alltagspädagogik nutzbar zu machen.

Obwohl es inzwischen verschiedene Ansätze gibt, die den Versuch unternehmen, die Bedeutung von Erlebnis und Abenteuer für den erzieherischen Prozeß konzeptionell zu vertiefen, wird vor allem von seiten der Erlebnispädagogen selbst ein Theoriedefizit reklamiert (Schleske 1977, 24ff.; Weber/Ziegenspeck 1983, 259; Hofmann 1989, 3), denn ohne Theorie – so die Befürchtung – bleibt die Reputation aus. Als Begründung für die fehlende Theorie wird u. a. die latente Lustfeindlichkeit in der Pädagogik, die Unschärfe und Vieldeutigkeit des Erlebnis- und Abenteuerbegriffs und die vermeintliche Nähe von Abenteuer und Erlebnis zu dem Bereich des Illegalen (Schleske 1977, 24ff.) angeführt. Zugleich wird auf die Entwicklung von *Jugendarbeit* nach 1945 verwiesen, die sich von der sport- und aktionsorientierten Jugendarbeit der Nationalsozialisten abgrenzen mußte und die nach dem Zeitgeist der sozialen 68er Bewegung eher eine kopfgesteuerte Jugendarbeit war, die *Sport* den Beigeschmack des Primitiven, Normierten und Bornierten gab (Heckmair/Michl 1993, 30). E. ist in der sozialpädagogischen Landschaft als Schlagwort inzwischen relativ bekannt. Der Begriff ist in Mode gekommen und wird inflationär benutzt. Es wird sogar behauptet, daß die E. in den 90er Jahren den Platz der Ökopädagogik in der außerschulischen Bildung einnehmen wird. E. wird zur effektivsten, modernsten Methode erklärt, heute bei der zunehmenden Individualisierung und Pluralisierung einen Weg zur Jugend zu finden. Vor allem seit dem Inkrafttreten des neuen KJHG (1991) wird im Rahmen der §§ 27–35 (*Hilfen zur Erziehung*) E. als finales Rettungskonzept gehandelt, ohne daß im Bereich der Jugendhilfe eine inhaltliche Auseinandersetzung stattgefunden hätte. Die vorschnelle Adaption von E. führte vielerorts zu der Auffassung, alles, was aus dem Alltagsrahmen fällt, sei bereits E., andererseits wird E. als Schlagwort benutzt, um Angebote attraktiver zu verkaufen.

Was ist E.? Das Verhältnis von Erlebnis und *Erziehung* wird mit einer Vielzahl von Begriffen benannt: Erlebnis-, Abenteuer-, Aktionspädagogik, handlungsorientierte Methoden, Erfahrungslernen und neuerdings auch etwas breiter gefaßt als Bewegungspädagogik. Im englischsprachigen Raum kennen wir die Begriffe learning by doing, outdoor education und experiential education. Diese Art von Pädagogik wird i.d.R. in der Natur ausgeübt (Natursportarten). Bei näherem Hinsehen zeigt sich, daß E. sehr viel Gemeinsamkeiten mit anderen handlungsorientierten Methoden in der Bildungsarbeit hat, wie z.B. dem Planspiel, den Selbsterfahrungsübungen, der Theater- und der Reisepädagogik (Heckmair/Michl 1993, 64). Von einem Erlebnis wird gesprochen, wenn etwas Besonderes, etwas Einmaliges erlebt wurde und diese Situation zu einer psychischen Disposition führt, die meist gefühlsmäßiger und affektiver Art ist. Es geht dabei um ein inneres Erleben (intrinsisches Geschehen); was als Erlebnis definiert wird, ist individuell unterschiedlich und hängt von der persönlichen Erlebnisfähigkeit ab.

Obwohl ein Erlebnis ebensowenig wie ein Abenteuer planbar ist, kann von E. gesprochen werden, wenn die Elemente Natur, Individuum, Gemeinschaft und Erlebnis im Rahmen von Natursportarten pädagogisch zielgerichtet miteinander verbunden werden (Michl 1989, 487). Dabei hängt von der jeweiligen pädagogischen Zielsetzung ab, welches Element Priorität hat. Zwar kann gemeinhin davon ausgegangen werden, daß die Gemeinschaft im Zentrum steht, jedoch nimmt offenbar die Bedeutung des *Individuums* zu.

Abenteuer wird als Steigerung von Erlebnis definiert und kennzeichnet sich durch das Zusammenwirken von bestimmten Erlebnismerkmalen und Situationsfaktoren (Schleske 1988, 33). Thiersch (1993, 43) bezeichnet das Abenteuer in der heutigen *Gesellschaft* als Ausbruch aus und Kompensation zu den gegebenen Strukturen unserer Moderne. Für ihn ist evident, daß dies für Heranwachsende in der Gegenwart in besonderem Maße gilt. Abenteuerliche Situationen führen zu einer Steigerung des erlebten Augenblicks und verhelfen zu einer im Alltag nicht vorhandenen Lebensunmittelbarkeit (Schleske 1977, 33). Der Erlebnispädagoge hat dabei die Funktion, Erlebnisse in der Natur zu arrangieren und die Jugendlichen für diese Erlebnisse zu sensibilisieren. D.h., er hat nicht nur die Aufgabe, die Jugendlichen vorzubereiten, sondern auch nach einem intensiven Erleben das Erlebnis in Worte zu fassen und gemeinsam zu reflektieren. Das Erleben und Reflektieren bezieht sich auf das Individuum (*Handlungskompetenzen* erweitern, wie z.B. Klettern, Segeln können etc./Grenzerfahrungen machen – Selbstwertgefühl entwickeln/Schwierigkeiten bewältigen – Vertrauen zu sich selbst finden/körperliche Leistungsfähigkeit, Körperlichkeit entwickeln – sensory awareness) und Gemeinschaft (soziales Lernen, Rollenverteilung, Aufeinander-angewiesen-Sein) sowie die Natur (Natur wahrnehmen, mit Natur umgehen, ökologisches Bewußtsein).

Geschichte der E.: In seiner Publikation »Abenteuer – Wagnis – Risiko im Sport« setzte sich Schleske (1977) intenisiv mit dem Verhältnis von Erleben und Erziehen auseinander. Der Begriff E. wurde zum ersten Male von Ziegenspeck (Weber/Ziegenspeck 1983) in die Diskussion gebracht. Theoretisch wurde Bezug genommen auf Kurt Hahn (Erlebnistherapie) und die Reformpädagogen der pädagogischen Epoche von 1890–1933 (aus grauer Städte Mauern), für die die Begriffe: Erlebnis, Augenblick, Unmittelbarkeit, Gemeinschaft, Natur, Echtheit und Einfachheit von zentraler Bedeutung waren. Aber auch auf Philosophen wie Dilthey (Verhältnis von Erleben und Dichtung), Bergson (Erlebnis als Wirklichkeitskontrolle), Bollnow (Erleben und Erziehen als Wagnis), den Individualpsychologen Adler (Erleben zwischen Minderwertigkeits- und Gemeinschaftsgefühl) und den Soziologen Simmel (aktives Auseinandersetzen mit der Natur) wird u.a. verwiesen.

Inzwischen werden die Wurzeln der E. bei Rousseau und Thoreau verortet. Rousseau wird als Vordenker der E. gekürt, sein Hauptwerk, der Roman »Emile, über die Erziehung« fördert, mit den Augen des Erlebnispädagogen gelesen, so heißt es, erstaunliche und aktuelle Parallelen zutage. Mit Rousseaus Appell »Zurück zur Natur« und seinem Ausspruch »Leben ist nicht Atmen, Leben ist Handeln« wird die Erziehung durch die Natur und das Lernen durch Handeln als die Ultima ratio angesehen. Während Rousseau das Konzept und die theoretische Basis lieferte, sorgte der Amerikaner Thoreau für praktisches Anschauungsmaterial durch sein Leben in den Wäldern (walden experiment) und seine »Reise nach innen« (Heckmair/Michl 1993, 8ff.). Der eigentliche Gründungsvater der E. ist jedoch Kurt Hahn, der sein Erziehungsmodell als Lebenstherapie bezeichnet und als Begründer der Landeserziehungsheime der Outward-bound-Bildungsstätten gilt. Den Verfallserscheinungen und Mängeln der Zivilisation will Kurt Hahn durch sein erlebnistherapeutisches Konzept begegnen. Dieses Konzept besteht aus vier Elementen:

- dem körperlichen Training: körperliche Übungen und Natursportarten;
- der Expedition: mehrtägige Touren in herausfordernden Naturlandschaften mit intensiver Planungs- und Vorbereitungsphase;
- dem Projekt: eine thematisch und zeitlich abgeschlossene Aktion, die handwerklich-technische bzw. künstlerische Anforderungen an die Teilnehmer stellt;
- dem Dienst am Nächsten: Nach Standort wird darunter Erste Hilfe, Berg- und Seenotrettung verstanden (Heckmair/Michl 1993, 24ff.).

Praxis der E.: E.-Angebote werden i.d.R. als Freizeiten bzw. andere Kurzzeitmaßnahmen (Jugendarbeit) durchgeführt und dauern häufig nicht länger als zwei bis drei Wochen. Pädagogisch-therapeutische Segelfahrten (Heimjugendliche und Jugendliche aus dem Strafvollzug) erstrecken sich bis auf einen Zeitraum von 6 Monaten.

Das neue KJHG ermöglicht allerdings eine Vielzahl von Zugängen. So z.B. beim § 11 KJHG, in dem u.a. über *außerschulische Jugendbildung* mit sozialer, kultureller und naturkundlicher Bildung Jugendliche zur Selbstbestimmung befähigt und zu gesellschaftlicher Mitverantwortung sowie sozialem Engagement hingeführt werden sollen.

Im Rahmen der offenen Jugendarbeit, aber auch der *Jugendverband*sarbeit (§ 12 KJHG) gibt es inzwischen Ansätze, E. durch eine Verbindung von Highlights und kontinuierlicher Arbeit in den Alltag einzubetten (alpine Bergtouren werden an Übungswänden vorbereitet, für Bootstouren werden Boote gebaut etc.). Im Rahmen der »Hilfen zur Erziehung« (§§ 27–35 KJHG) besteht die Möglichkeit, über einen längeren Zeitraum mit festen Gruppen zu arbeiten, und zwar über soziale Trainingskurse, über E. in der *Heimerziehung* und sonstigen betreuten Wohnformen. Im Frankfurter Kommentar zu KJHG (Münder u.a. 1993) wird E. als ein Angebot zur *intensiven sozialpädagogischen Einzelbetreuung* (§ 35) genannt. Als Einwand gegen die E. in der Jugendhilfe werden häufig Rechtsfragen und Sicherheitsstandards angeführt. Insofern ist es angebracht, die zivilrechtlichen und strafrechtlichen Konsequenzen eines Unfalls, die Sicherheitstauglichkeit der Ausrüstung sowie die technische und fachliche Qualifikation der Leitung vorher zu klären. Träger der Jugendhilfe orientieren sich in Rechts- und Sicherheitsfragen inzwischen an den Bestimmungen der Sportverbände (z.B. Deutscher Alpenverein/Deutscher Kanu-Verband).

Dem Einwand, E. sei vom Aufwand und vom Material her zu arbeitsintensiv und zu teuer, wird über einen Kooperationsverbund lokaler Träger und einen gemeinsamen Materialpool begegnet.

Eine Zusammenarbeit mit E.-Projekten und E.-Trägern, wie z.B. Outward Bound (6 Bildungsstätten, davon 2 in den neuen Ländern), Verein zur Förderung bewegungs- und sportorientierter Jugendsozialareit (bsj) Marburg und Verein für sozialpädagogisches Segeln Reutlingen/Stockach, ist hilfreich. E. ist sicherlich männlich dominiert, denn während der *Junge* durch E. seine *Sozialisation* fortsetzen kann, müssen sich *Mädchen* zunächst einmal mit Rollenwidersprüchen auseinandersetzen. Es werden zwar E.-Projekte für Mädchen durchgeführt, eine mädchenspezifische Konzeptionsdebatte in der E. gibt es allerdings nur ansatzweise (Rose 1993, 92ff.).

E. sollte sich generell nicht auf exotische Ziele und extreme Aktionen konzentrieren. Es kommt vielmehr darauf an, Aktionen zu planen, die einen pädagogischen Wert haben und zugleich Spannung und Wagnis beinhalten. Ein Transferhemmnis im handwerklich-körperlichen Bereich kann in der nicht adäquaten Auswahl der Medien liegen. Die klassischen E.-Sportarten wie Felsklettern, Segeln und Kajakfahren lassen sich aufgrund der regionalen Gegebenheiten nicht überall durchführen, und es kommt darauf an, bei den E.-Aktivitäten eine gewisse Kontinuität zu entwickeln und die Aktionen in die Alltagspraxis einzubetten; dieses wird jedoch nicht machbar, wenn ein Medium mangels Möglichkeiten zu selten genutzt werden kann. Des weiteren ist es auch notwendig, immer wieder zu prüfen, welches Medium und welcher Schwierigkeitsgrad für die entsprechenden Jugendlichen angebracht sind.

Im Bereich der E. haben sich inzwischen 2 Fachzeitschriften etabliert, die einen fachlichen Erfahrungsaustausch fördern. Dabei handelt es sich um: »Zeitschrift für Erlebnispädagogik« (Verlag Edition Erlebnispädagogik Lüneburg/Ziegenspeck) und »Erleben und Lernen. Zeitschrift für handlungsorientierte Pädagogik« (Jagenlauf u. a., Lüneburg). Der Bundesverband Segeln – Pädagogik-Therapie mit Sitz in Lüneburg hat sich 1992 in den Dachverband Erlebnispädagogik umbenannt. *G. Stüwe*

Literatur: F. Düchting: Alles was lebt, erlebt was. Das interessante Verhältnis von Erlebnispädagogik und Jugendarbeit, in: np 5/1994, 407 ff.; B. Heckmair/W. Michl: Erleben und Lernen. Einstieg in die Erlebnispädagogik, Neuwied/Kriftel/Berlin 1993; M. Hofmann: Erlebnispädagogik als methodischer Ansatz in der Sozialpädagogik, in: Zeitschrift für Erlebnispädagogik 1/89, 1–51; W. Michl: Höhlentour. Zur Integration von Körpererfahrungen, Erlebnispädagogik und kultureller Praxis, in: Deutsche Jugend 11/1989, 485–489; J. Münder u. a.: Frankfurter Lehr- und Praxiskommentar zum KJHG, Münster [2]1993; L. Rose: Mädchen und Abenteuer, in: Tagungsdokumentation Abenteuer – ein Weg zur Jugend?, Marburg 1993, 91–103; J. Schiedeck/M. Stahlmann: »Tarzan-Pädagogik« oder der »thrill« als pädagogische Maßeinheit, in: np 5/1994, 397 ff.; W. Schleske: Abenteuer, Wagnis, Risiko im Sport, Schorndorf 1977; H. Thiersch: Abenteuer – ein Weg zur Jugend, in: Tagungsdokumentation Abenteuer – ein Weg zur Jugend?, Marburg 1993; H. Weber/J. Ziegenspeck: Die deutschen Kurzschulen, Weinheim 1983.

Erwachsenenbildung

Der Begriff der E. wird in der Literatur gegenüber den Begriffen *Weiterbildung* und Fortbildung uneinheitlich abgegrenzt. Zumeist wird E. verstanden als Oberbegriff organisierter allgemeiner, beruflicher, politischer, personenbezogener, wissenschaftlicher und kultureller Bildung Erwachsener, wobei die Mehrzahl der Autoren dazu neigt, die Weiterbildung als formalisierte berufliche Qualifikation, die Fortbildung als arbeitsplatzbezogene und im Arbeitgeberinteresse durchgeführte Qualifizierungsmaßnahme zu beschreiben. Diese Trennung wurde spätestens seit den Überlegungen der Bildungskommission des Deutschen Bildungsrates (1970) nicht mehr scharf vollzogen bzw. kontrovers diskutiert. Ein Teil der Autoren benutzt seitdem den Begriff Weiterbildung als Oberbegriff. Der Bildungsgesamtplan (1973) setzte E./Weiterbildung in einer sich immer schneller technisch und sozial wandelnden Gesellschaft als »vierte Säule« des Bildungswesens auf die Tagesordnung. Mit der 3. Empfehlung zur Weiterbildung (Wb) v. 2. 12. 1994 legte die KMK die Grundlage für ein qualitativ orientiertes System der E./Wb.

Die traditionellen Träger der E. (Volkshochschulen, Gewerkschaften, Arbeitgeberverbände, Kirchen und Religionsgemeinschaften, parteinahe Stiftungen und Betriebe) erfuhren eine Ergänzung durch eine zunehmende Zahl von zielgruppenspezifischen Trägern und Initiativen aus Frauenbildung, Arbeitslosenbildung und Obdachlosenarbeit. Auch Lesben- und Schwulengruppen, die Antiatombewegung und verschiedene politische Gruppierungen entwickelten alternative Bildungsangebote als Bereicherung der Angebote staatlicher/kommunaler und freier Träger.

Die Methoden der E. veränderten sich in den 70er und 80er Jahren zugunsten stärkerer Teilnehmerorientierung. Gemeinsam ist den Ansätzen der E. der Versuch, Beteiligungs- und Handlungsmöglichkeiten der TeilnehmerInnen an der Gesellschaft in allen Bereichen zu verbessern, nicht zuletzt unter dem Einfluß der Ideen von Negt und Freire.

Mit der deutschen Einheit trafen auf dem Gebiet der ehemaligen DDR die Konzepte staatlicher bzw. staatlich gesteuerter E. auf die emanzipatorisch ausgerichteten Konzepte westlicher Träger. Es ging nicht nur um die Veränderung der Inhalte der E., sondern vor allem auch um Marktanteile der Träger.

Die E. verändert sich derzeit bei engen öffentlichen Haushalten vor allem in den östlichen Ländern unter der Dominanz der AFG-finanzierten Maßnahmen, also der beruflichen Weiterbildung und der Umschulung, zu Lasten der Angebote der allgemeinen und der politisch-kulturellen Bildung.

In der *Sozialen Arbeit* ist die E. neben der beruflichen und auf schulische Abschlüsse gerichteten Weiterbildung/Fortbildung vor allem in der Elternbildung (*Elternarbeit*) von Bedeutung. Daneben ist die E. selbst ein wesentlicher Teil der SozArb, z. B. in der Altenbildung und in zahlreichen Orientierungsangeboten für Menschen in sozialen Umbruchsituationen. Dies gilt insbesondere für die Arbeit mit Zielgruppen, die aus dem Arbeitsmarkt herausgefallen sind, wie z. B. Langzeitarbeitslose, Vorruheständler. Seit der deutschen Einheit ist dieses Aufgabenfeld der E./Wb. auf der Grenze zur SozArb zunehmend bedeutender geworden. Die Zukunft der E. in der BRD wird vor allem von der Durchsetzung/dem Erhalt des Anspruchs auf bezahlte Freistellung für E. und von der Basisfinanzierung staatlicher/kommunaler und freier Angebote abhängen, aber auch davon, ob die Facetten der E. weiter die Utopie als das Bewußtsein, das sich nicht mit dem Sein in Deckung befindet (K. Mannheim), beleben können.

G. Harms

Literatur: W. Faber: Vom »Binnenmarkt« zum »Bildungsmarkt«, in: Grundlagen der Weiterbildung 6/1990; P. Freire: Pädagogik der Unterdrückten, Stuttgart 1972; J. H. Knoll: Erwachsenenbildung vor der 3. industriellen Revolution. Befunde und Zukunftsprogrammatik in Quellen und Dokumenten, Ehningen b. Böblingen 1988; J. H. Knoll: Erwachsenenbildung, in: BM für innerdeutsche Beziehungen: Vergleich von Bildung und Erziehung in der Bundesrepublik Deutschland und in der Deutschen Demokratischen Republik, Köln 1990; F. v. Küchler/S. Kade (Hrsg.): Erwachsenenbildung im Übergang, Frankfurt/M. 1992; O. Negt: Soziologische Phantasie und exemplarisches Lernen, Frankfurt/M. 1971; W. Sarges/R. Frikke: Psychologie für die Erwachsenenbildung-Weiterbildung, Göttingen 1986; H. Siebert: Rückkehr zum Begriff »Erwachsenenbildung«, in: Bildung und Erziehung 41/1988.

Erziehung

E. ist – ähnlich wie die Organausstattung des Menschen oder seine Arbeit – ein anthropologischer Grundsachverhalt menschlicher Existenz. Der Mensch kommt nicht fertig auf die Welt; seine eigentümliche »Instinktoffenheit« begründet seine Bildsamkeit und damit die Notwendigkeit der E. Nicht durch Reifung wird der Mensch erwachsen, sondern durch angeleitetes Lernen. Die Gattung wäre ohne E. so wenig überlebensfähig wie ohne *Arbeit*. E. nennen wir infolgedessen das Insgesamt von Handlungen zwischen Erwachsenen und Unerwachsenen, die die kompetente Beteiligung am gesellschaftlichen Lebenszusammenhang zum Ziel haben. Dieses Generationsverhältnis ist mindestens durch drei Momente bestimmt – und zwar in jeder Kultur: durch das Angewiesensein des menschlichen Organismus auf Unterstützung in einem relativ (im Vergleich zum Tier) langen und gebrochenen Bildungsprozeß (Pleßner); durch die prinzipielle (nicht faktische) Offenheit dieses Prozesses im Hinblick auf seine »Bestimmung« (Roth); durch die Nötigung der Erwachsenen, das Insgesamt der herrschenden Kultur durch ihre Person und ihre Handlungen in verstehbarer, sinnvoller Form der nachwachsenden Generation zu repräsentieren (Buber). Darin ist enthalten, daß E. nicht nur – je nach historischer und soziokultureller Situation – verschieden ist, sondern auch mißlingen kann: Die Unterstützung kann ausbleiben oder fehlgehen, die Bestimmung kann zur Dressur entarten oder in Formlosigkeit zerfließen, die Repräsentation der Kultur kann dem Erwachsenen mißglücken (Mollenhauer 1983).

In der E. stehen sich die Angehörigen der Generationen indessen nicht »rein« gegenüber: Das Erziehungsverhältnis ist vielfältig instrumentiert, hat eine gesellschaftliche Organisationsform. Die Mittel dieser Organisation sind: die Tätigkeiten der Erwachsenen; die Werkzeuge ihrer Tätigkeiten; die speziell für Kinder oder von Kindern hergestellten Materialien des Lernens; die Räume für das erzieherische Handeln; die Zeitperspektiven, die das erzieherische Verhältnis strukturieren; die Sprache bzw. besondere pädagogische Sprachspiele; die Körpergesten (*Körper*) usw. Diese Mittel können auch die Medien der pädagogischen Interaktion genannt werden. E. ist also zu einem wesentlichen Teil Instrumentieren der *Interaktion* zwischen den Generationen. Dabei haben solche Medien oder Instrumente eine dreifache Funktion: Sie fordern die Bildsamkeit des Educandus heraus, sie verweisen auf die Bestimmung des Erziehungsvorgangs, und sie konstruieren die Erziehungswirklichkeit, die Welt, die der nachwachsenden Generation im Erziehungsverhältnis repräsentiert wird. Dieser Zusammenhang ist der erziehenden Generation teils ausdrücklich bewußt und von ihr gewollt, teils gehört er zum latenten Hintergrundwissen bzw. zur Gewohnheit, Überlieferung, Selbstverständlichkeit gewordenen Lebensform. Die alte Unterscheidung zwischen »intentionaler« (absichtlich gewollter, geplanter) und »funktionaler« (unabsichtlicher, durch die Lernumwelt geschehender) E. bezeichnet diesen Sachverhalt. Die nichtintentionalen Bestandteile des Erziehungsvorgangs sind indessen dadurch nicht aus der pädagogischen Verantwortung entlassen; die erziehende Generation ist legitimationspflichtig für das Gesamt ihrer Lebensformen, für deren pädagogische »Glaubwürdigkeit«.

Es ist evident, daß Struktur und Inhalte der E. in der Geschichte nach Klassen/Schichten (*Klasse*, *Schicht*, *Milieu*) und nach pädagogischen Institutionen variieren. Die Unterscheidung nach intentionalen und nichtintentionalen Bestandteilen des Erziehungsfeldes, ebenso das differenzierte Nachdenken über die Medien/Instrumente der E., schließlich auch die Behauptung einer Legitimationspflicht des Erziehers sind geschichtlich jüngeren Datums. Ihre historische Bedingung liegt u.a. in der Absonderung einer Erziehungswirklichkeit aus der Welt des Erwachsenen, der gesellschaftlichen Konstruktion von eigens für den Nachwuchs gemachten Lernwelten – in der europäischen Geschichte mit Renaissance und Humanismus einsetzend, von der Pädagogik der bürgerlichen Gesellschaft entfaltet und durch die weitere Entwicklung der kapitalistischen Industriegesellschaft gestützt. Die weiteren Entwicklungen waren: die Differenzierung des Haushalts in die Arbeitswelt der Erwachsenen und die Kommunikationswelt der Familie; die innere Differenzierung der *Familie* nach pädagogisch relevanten *Rollen* (Kinderzimmer); die Differenzierung von Unterricht und *Schule* in Jahrgänge (Klassen), Bildungstypen (dreigliedriges Schulwesen) und Lernfähigkeiten (Sonderschulen); die Differenzierung der Erziehungsinstrumente (Spielzeug, Lernmaterial, Kommunikationscodes usw.). Die Differenzierung im Zwischenfeld von Familie und Schule brachte das verzweigte System der Erziehungseinrichtungen der *Jugendhilfe* hervor, das wiederum in sich nach je besonderen Arrangements unterschieden ist: ambulante und stationäre Formen der »Behandlung«; offene und geschlossene Heime; pädagogische und therapeutische Verfahren; Gesprächstherapie, analytische Therapie, Spieltherapie usw. – Die E. zersplittert auf diese Weise zu einem Kabinett von Techniken; das erzieherische Verhältnis zwischen den Generationen zerfällt in Expertenbeziehungen professioneller Berufssparten; die Sinnorientierung (die Frage nach der »Bestimmung« des Educandus) wird reduziert auf die Effektivität spezialisierter Arrangements, ein Sachverhalt, der beispielsweise von Habermas (1981) als das Auseinandertreten von »System« und »Lebenswelt« beschrieben wird.

Dieses – vermutlich epochale – Dilemma der E. in modernen Industriegesellschaften wurde verstärkt durch die sozioökonomische Differenzierung im Europa der bürgerlichen Gesellschaften nach bürgerlicher und proletarischer E. Die oben skizzierten Tendenzen neuzeitlicher E. setzen sich indessen in beiden Erziehungsformen zunehmend mehr durch i.S. einer Angleichung (Bronfenbrenner). Diese Angleichung als abgeschlossen zu unterstellen wäre indessen riskant und würde zu falschen Konsequenzen verleiten. Immer noch unterscheidet sich – durch den nach wie vor existierenden

Antagonismus von Arm und Reich gestützt – eine bürgerliche von einer proletarischen oder Unterschichtserziehungsform, unterscheiden sich die Erziehungspraktiken wohlhabender von armen Kulturen. Immer noch befindet sich die nichtbürgerliche Lebens- und Erziehungsform unter Druck und ist den Risiken von Diskriminierung und Disziplinierung nach Maßgabe der dominanten Erziehungswerte stärker ausgesetzt. Daneben aber gewinnen auch die Differenzen ethnisch-kultureller oder auch regionaler Erziehungsformen an Bedeutung, nachdem lange Zeit Nivellierungstendenzen nicht nur faktisch, sondern auch propagandistisch das Feld beherrschten: Es scheint so, als gäbe es für die Überzeugungskraft von Lebensformen (sozioökonomischer, ethnischer, regionaler Art) und ihrer Erziehungsverhältnisse eine Legitimationsschwelle: Werden die Orientierungsdaten für den Bildungsprozeß der nachwachsenden Generation (Erziehungsziele, Bildungsabschlüsse, Berufskarrieren usw.) derart abstrakt und werden die Lebenswelten derart diffus, daß sie nicht mehr als gestalteter sinnvoller Zusammenhang erfahren werden können, dann wird nicht nur die Repräsentanz der sozial-kulturellen Welt im Erziehungsprozeß zu einer in der Tendenz unlösbaren Aufgabe, sondern es zerbröckelt auch die Legitimation der erziehenden Generation. Diese Schwierigkeit greift die »Antipädagogik« auf und radikalisiert das Problem zur Empfehlung pädagogischer Enthaltsamkeit. Ob darin eine theoretische und geschichtspraktische Lösung liegt, ist mindestens strittig (Flitner, Mollenhauer, Lenzen). Wichtiger ist demgegenüber, angesichts der multikulturellen Herausforderungen, sich mit dem geheimen Eurozentrismus des Erziehungsdenkens auseinanderzusetzen, mit seiner Verankerung in kulturellen Traditionen, die auf je andere Weise auch von anderen Kulturen geltend gemacht werden können. In dieser Problemlage liegt vielleicht die am ehesten zukünftig zu nennende Schwierigkeit der Erziehungspraxis und des Nachdenkens über E. *K. Mollenhauer*

Literatur: P. Ariès: Geschichte der Kindheit, München/Wien 1975; M. Buber: Reden über Erziehung, Heidelberg 1960; J. Habermas: Theorie des kommunikativen Handelns, Bd. 2, Frankfurt/M. 1981; A. Flitner: Konrad, sprach die Frau Mama ... Über die Erziehung und Nichterziehung, Berlin 1982; A. Flitner/H. Scheuerl (Hrsg.): Einführung in pädagogisches Sehen und Denken, München 1967; W. Flitner: Die europäischen Lebensformen, München 1966; D. Lenzen: Mythologie der Kindheit, Reinbek 1985; A.S. Makarenko: Werke, Bd. V, Berlin 1956; K. Mollenhauer: Vergessene Zusammenhänge. Über Kultur und Erziehung, München 1983; H. Roth: Pädagogische Anthropologie, 2 Bde., Hannover 1966 u. 1971.

Erziehungsbeistandschaft

Die E. ist 1961 mit der Novellierung des JWG eingeführt worden (§§ 55–61) und löste die Schutzaufsicht ab. Der Namenwechsel sollte die Rücknahme der Kontrolle gegenüber der Erziehung dokumentieren. Dazu § 55 JWG: »Für einen Minderjährigen, dessen leibliche, geistige oder seelische Entwicklung gefährdet oder geschädigt ist, ist ein Erziehungsbeistand zu bestellen ...« Der Erziehungsbeistand hat nur beratende Funktion und ist nicht mit einem Vormund zu verwechseln. Die relativ schwache Position des i.d.R. ehrenamtlichen Erziehungsbeistandes sollte zwar die Freiwilligkeit der *Beratung* betonen, stand aber im Widerspruch zu der nicht seltenen gerichtlichen Anordnung (Vormundschafts- oder Jugendgericht) und führte lange Zeit zu einer geringen Einschätzung und seltenen Anwendung der E.

Erst in der Folge der Kritik an der *Heimerziehung* rückten Maßnahmen in ihrem Vorfeld wieder in den Vordergrund. In Hessen z.B. kam es zu der schon lange geforderten Bestellung hauptamtlicher Erziehungsbeistände, die neben der individuellen Betreuung i.d.R. auch *Gruppenarbeit* anbieten. Sie erscheinen außerdem nur effektiv, wenn sie mit einer *Elternarbeit* oder mit Jugendwohngruppen verbunden werden kann. Eine bloß individuelle Beratung ist gewöhnlich gegenüber belastenden Erfahrungen im Elternhaus oder Einflüssen der Peer-group machtlos und bleibt leicht bei der Kontrollfunktion stehen.

Der ehrenamtliche Erziehungsbeistand ist ohne eine regelmäßige Zusammenarbeit mit anderen und ohne *Supervision* häufig überfordert. Die Zahl der Erziehungsbeistandschaften hat sich bei jährlich 7000 eingependelt, wovon zwei Drittel bei männlichen Jugendlichen zu finden sind. Insgesamt hat sie trotz einiger guter Modelle (Kassel) die Erwartungen nicht erfüllt und gilt als zu umständlich. Deshalb haben viele *Jugendämter* relativ formlose Erziehungshelfer (Einzelbetreuung, Schulaufgabenhilfe) an ihre Stelle treten lassen.

Die jugendgerichtlichen Anordnungen sind fast völlig verschwunden. An ihrer Stelle sieht das neue KJHG im § 30 den »Betreuungshelfer« vor, der im Unterschied zur E. nicht freiwillig, sondern angeordnet ist (i.e. bei Münder u.a., Anm. zu § 30). *G. Iben*

Literatur: G. Iben: Von der Schutzaufsicht zur Erziehungsbeistandschaft, Weinheim 1967; H.P. Moritz/G. Meier: Jugendhilfe auf dem Prüfstand, Weinheim/Basel 1982; J. Münder u.a.: Frankfurter Lehr- und Praxiskommentar zum KJHG, Münster [2]1993; Ch. Schrapper: Erziehungs-Aufseher, Gerichts-Helfer oder mehr?, in: J. Blandow/J. Faltermeier: Erziehungshilfen in der BRD, DV Frankfurt 1989, 58ff.

Erziehungsberatung

E. ist eine Hilfe zur Erziehung (§§ 27ff. SGB VIII; KJHG: *Erziehungshilfen*). Sie soll Kinder, Jugendliche, Eltern und andere Erziehungsberechtigte bei der Klärung und Bewältigung von individuellen und familienbezogenen Problemen unterstützen (§ 28 KJHG). Dazu zählen Verhaltensauffälligkeiten, Entwicklungsstörungen sowie Lernschwierigkeiten von Kindern und Jugendlichen einschließlich damit zusammenhängender psychosomatischer Probleme, Erziehungsfragen sowie Konflikte und Krisen in der *Familie*. Nicht selten handelt es sich um Mehrfachbelastungen. Aufgabe der E. ist es, die seelische Entwicklung von Kindern und Jugendlichen zu fördern und auftretende Gefährdungen und Störungen zu klären und zu behandeln, möglichst bevor sie sich zu dauernden Beeinträchtigungen verfestigen.

Anlässe für die Inanspruchnahme von E. sind: emotionale Probleme (z.B. Ängste, Einsamkeit, depressive Zustände); soziale Verhaltensauffälligkeiten (z.B. Kontaktschwierigkeiten, Aggressivität, Geschwisterrivalität); Probleme im Schul- und Leistungsbereich (z.B. Leistungsversagen, Schulschwänzen, Teilleistungsstörungen); Schwierigkeiten in der familialen Interaktion (z.B. Gesprächsverweigerung, körperliche Züchtigung, Ablösung vom Elternhaus); psychosomatische Auffälligkeiten (z.B. Einnässen, Einkoten, Eß- oder Sprachstörungen) (Münder u.a., § 28 Rz 4). Dabei kann ein und dieselbe Auffälligkeit unterschiedliche Bedeutung haben. E. hat daher zunächst festzustellen, ob sie es mit einem Problem des Kindes oder Jugendlichen selbst, seiner Eltern, der Familie als ganzer oder einer Reaktion auf Bedingungen des sozialen Umfeldes zu tun hat. Dementsprechend ist die Ebene der Intervention zu bestimmen; häufig sind parallele Vorgehensweisen erforderlich. Dieses multiperspektivische Arbeiten ist kennzeichnend für E. (BKfE 1988).

Es setzt das Zusammenwirken verschiedener Fachrichtungen im Team einer Erziehungsberatungsstelle (EBSt), wie es das KJHG verbindlich gemacht hat (§ 28 S. 2), voraus (Schellhorn/Wienand, § 28 Rz 8). In den Förderrichtlinien der Länder zur E. werden für das Regelteam die folgenden Grundberufe genannt: Psychologe, Sozialarbeiter/Sozialpädagoge, Kinder- und Jugendlichenpsychotherapeut und ein ggf. nebenamtlich tätiger Arzt. Darüber hinaus wirken auch Heilpädagogen, Diplompädagogen und Logopäden in den Beratungsstellen mit.

Die praktische Arbeit mit Kindern und Jugendlichen, ihren Eltern und Familien setzt in der E. i.d.R. neben den Grundberufen eine auf das Arbeitsfeld bezogene Zusatzausbildung voraus. Die Mitarbeiter sollen deshalb mit unterschiedlichen methodischen Ansätzen vertraut sein (§ 28 S. 2 KJHG). Hierzu zählen in erster Linie therapeutische Qualifizierungen, z.B. Psychoanalyse, Verhaltenstherapie, Gesprächspsychotherapie und Familientherapie (*Psychotherapien*), aber auch Qualifizierungen zur Modifikation sozialer Netzwerke oder Systeme, z.B. Methoden sozialer Gruppenarbeit, Gemeinwesenarbeit (Hundsalz 1991) (*Systemisches Denken und Handeln, Methoden der Sozialarbeit und Sozialpädagogik*).

Daneben hat in den letzten Jahren eine auf Zielgruppen bzw. Problemlagen bezogene Kompetenz als dritte Qualifikationsebene zunehmend Relevanz gewonnen (Weber 1992; Münder u.a., § 28 Rz 6). Zielgruppen, die in einem relevanten Maße in der E. immer wieder auftreten, sind z.B. *Alleinerziehende*, Stiefeltern, Pflegeeltern, Eltern chronisch kranker Kinder, kriminell gefährdete Kinder und Jugendliche. Jede dieser Gruppen lebt in Situationen und ist mit Problemen belastet, die in einem bestimmten Maße typisch für sie und jeweils anders gelagert sind. Ein Hilfeangebot muß diese Spezifität der jeweiligen Lage der Betroffenen aufnehmen und ein darauf bezogenes Angebot entwickeln. Dasselbe gilt für wiederkehrende Problemlagen, sei dies die Konstellation von Trennung und Scheidung (*Trennungs- und Scheidungsberatung*), von *Gewalt in der Familie*, insbes. sexuellem Mißbrauch, oder von psychosomatischen Auffälligkeiten. Die Probleme sind jeweils so spezifisch, daß sie eine besondere Einarbeitung und Weiterbildung sowie kontinuierliche Erfahrung erfordern.

E. ist daher nur in einem Team von Fachkräften möglich, das aus verschiedenen Fachrichtungen zusammengesetzt ist, über unterschiedliche Zusatzqualifikationen verfügt und sich problem- und zielgruppenspezifisch qualifiziert (Schellhorn/Wienand, § 28 Rz 6). Erst diese Gesamtheit der beratenden und therapeutischen Kompetenzen bei emotionalen, sozialen, leistungsbezogenen und psychosomatischen Problemen erlaubt es, die im Einzelfall individuell angemessene Hilfe anzubieten. E. in diesem Sinne wird typischerweise in Beratungsstellen für Kinder, Jugendliche und Eltern (EBSten) erbracht. Sie kann auch durch »andere Beratungsdienste und -einrichtungen« (§ 28 S. 1 KJHG) geleistet werden; allerdings setzt dies ein multidisziplinäres Fachteam im dargestellten Sinne voraus (§ 28 S. 2 KJHG). Die möglichen Interventionen der E. reichen von informatorischer *Beratung* über das intensive Beratungsgespräch, diagnostische Klärung und Psychotherapie bis hin zur Arbeit im sozialen Umfeld (Stähr, § 28 Rz 9, 10). Dabei variieren nicht nur die »unterschiedlichen methodischen Ansätze« (§ 28), sondern auch das »Setting«, in dem gearbeitet wird. Es reicht von der Arbeit mit dem einzelnen Kind, mit dem Elternpaar oder der Familie, über Kinder- und Erwachsenengruppen bis zu Arbeitsformen außerhalb der Einrichtung.

Die Entwicklung dieses Problemzugangs ist durch den Übergang von einer kindzentrierten und diagnostiklastigen Arbeitsweise, wie sie E. nach dem 2. Weltkrieg kennzeichnete, zu einer breiteren psychotherapeutischen Qualifikation und die Einführung familientherapeutischer Arbeitsformen in den 70er Jahren vorbereitet worden und konnte durch die Rezeption gemeindepsychologischer Ansätze sowie die systemtheoretische Wende der Familientherapie in den 80er Jahren ausdifferenziert werden.

EBSten haben sich im Zuge ihrer psychotherapeutischen Qualifizierung am »medizinischen Modell« professionalisiert. Seit Mitte der 80er Jahre zeigt sich jedoch eine zunehmende »Öffnung der Beratung«. Die Beratungsstellen verorten sich verstärkt in ihrem jeweiligen Einzugsbereich. Bezogen auf die Bevölkerungsstruktur eines Stadtteils oder Landkreises werden unter Einbeziehung der vorhandenen sozialen Infrastruktur Angebote für die spezifischen Problemlagen der Bevölkerung entwickelt und die Beratungsstelle mit anderen Diensten und Einrichtungen vernetzt (Münder u.a., § 28 Rz 8). Für 1988 hat eine bundesweite Erhebung zu gemeindenahen Arbeitsweisen gezeigt, daß die EBSten sich mit ihren Angeboten auf die jeweilige Klientel ihres Einzugsgebietes eingestellt haben. Ein Drittel der Beratungsstellen erleichterte die Inanspruchnahme durch offene Sprechstunden, die ohne vorherige Anmeldung aufgesucht werden können. 83% der Beratungsstellen leisten auch zugehende Arbeit, gehen also selbst im Rahmen ihrer Arbeitsorganisation in das soziale Feld hinaus. Dabei werden insbes. Hausbesuche zur Überwindung der Schwellenangst, zur sozialen Erkundung, Krisenintervention oder Einleitung von Familientherapie genannt. 58% der EBSten haben unter dem Gesichtspunkt gemeindenaher Arbeit besondere Gruppen für Erwachsene eingerichtet, z.B. für Alleinerziehende, Adoptiv-, Stief- und Pflegeeltern, zur Gewalt in der Familie. Für Jugendliche wurden benannt: z.B. Gruppen für arbeitslose und für straffällige Jugendliche, für Schulverweigerer und junge Ausländer. Hausaufgabenbetreuung für Kinder im Obdach, Gruppen für Kinder im Vorschulalter, aber auch Freizeitgestaltung und therapeutisch orientierte Angebote wurden für die Kinder benannt. Schließlich unterstützen 43% der EBSten Selbsthilfegruppen oder problembezogene Initiativen (Frauengruppen, Müttergruppen, Initiative für Kinderkrippen u.a.; vgl. Roth 1994).

EBSten bringen ihre Kompetenz durch *Supervision* auch für Mitarbeiterinnen und Mitarbeiter anderer sozialer Einrichtungen ein (83%), insbes. für Kindergärten (*Tageseinrichtungen für Kinder*), *Schulen* und *sozialpädagogische Familienhilfe*. Die Kooperation mit anderen Institutionen ist die Regel (98,5%). Besonders benannt werden: kommunale soziale Dienste, psychosoziale Arbeitsgemeinschaften und Kirchengemeinden (Menne 1992, 321f.). Die Beratung in Trennungs- und Scheidungssituationen hat in neuerer Zeit auch zur Zusammenarbeit mit Gerichten und Rechtsanwälten, z.B. in speziellen Arbeitskreisen, Anstoß gegeben. Das KJHG stellt darüber hinaus die Hilfeplankonferenz nach § 36, den Jugendhilfeausschuß nach § 71 und die AGs nach § 78 als Orte institutioneller Zusammenarbeit zur Verfügung.

Als institutionelle Einrichtung ist E. zu Beginn des 20. Jh. entstanden. Sie ist Produkt des Modernisierungsprozesses der neuzeitlichen *Gesellschaft* und zugleich Reaktion auf diesen Prozeß. Sie ist Produkt, insofern erst in der modernen Gesellschaft, die sich verbindlicher Lebensformen nicht mehr sicher ist, ein soziales System entstehen kann, das Fragen individueller Lebensführung nicht mehr normativ thematisiert; und sie ist Reaktion auf den Modernisierungsprozeß, insofern sie seine Folgen, Verunsicherungen und symptomgebundene Reaktionen, bearbeitet. Der Zerfall der eingelebten Sozialordnung eröffnete den Menschen die Chancen einer individuellen Gestaltung des Lebens und die Risiken eines ebenso individuellen Scheiterns an ihnen zugleich. Erst mit der modernen Gesellschaft entstehen die Freiräume, in denen emotionale Konflikte – zwischen den Geschlechtern und zwischen den Generationen – ausgetragen und bewältigt werden können. E. ist daher Teil dieses Individualisierungsprozesses: ein Beitrag zu seiner Verwirklichung.

Medium der E. ist denn auch die individuelle Beziehung zwischen Berater und *Klient*. E. setzt die freiwillige Inanspruchnahme durch die Ratsuchenden voraus und garantiert den Schutz der Vertrauensbeziehung zum Berater (Stähr, § 28 Rz 15). Die Mitarbeiter der EBSt sind deshalb zur Wahrung des Privatgeheimnisses ihrer Klienten verpflichtet (§ 203 Abs. 1 Ziff. 4 StGB) (*Daten- und Geheimnisschutz*, *Zeugnisverweigerungsrecht*). Diese Vorschrift, die früher zum Bild einer E. im »Elfenbeinturm« beigetragen hat, ist heute Kern der Datenschutzregelungen des KJHG. Die Einrichtung stellt eine eigene Organisationseinheit dar und soll (auch als Abteilung des *Jugendamtes*) räumlich getrennt von der Behörde oder Organisation untergebracht sein (Schellhorn/Wienand, § 28 Rz 10).

Durch die Einbeziehung der E. in die Hilfen zur Erziehung besteht gemäß § 27 KJHG ein Rechtsanspruch der Personensorgeberechtigten auf E. Dies beeinträchtigt jedoch nicht den unmittelbaren Zugang zur E. (§ 17 Abs. 1 Ziff. 3 SGB I) und setzt keinen förmlichen Verwaltungsakt voraus (§ 33 Abs. 2 SGB X). Allerdings ist die Ablehnung der Leistung schriftlich zu begründen. Dies kommt jedoch nur in Grenzfällen in Betracht. Generell gilt, »daß die Notwendigkeit der Hilfe um so mehr zu bejahen ist, je stärker die Hilfe nur begleitenden Charakter hat und zeitlich begrenzt ist (z.B. die Beratungsleistungen nach § 28)« (Schellhorn/Wienand, § 27 Rz 21).

1992 bestanden in der BRD ca. 1000 EBSten. Davon entfielen etwa 830 auf das Gebiet der alten Länder. Sie waren zu 42% in öffentlicher und zu 58% in freier Trägerschaft. Auf eine EBSt entfielen ca. 75000 Einwohner. Damit ist die Richtzahl der Weltgesundheitsorganisation, die eine EBSt für 45000 Einwohner mit vier bis fünf Fachkräften vorsieht, noch nicht erreicht. In der ehemaligen BRD entfielen 1987 auf eine Fachkraft durchschnittlich 19000 Einwohner, also doppelt soviel wie von der WHO angezielt. Die Versorgungssituation ist jedoch regional sehr unterschiedlich: Westberlin konnte mit 13000 Einwohnern pro Fachkraft, gefolgt von Nordrhein-Westfalen (17000) und Baden-Württemberg (18000), die günstigste Personalsituation vorweisen, während in Bayern und im Saarland ca. 24000 und in Hamburg gar 27000 Einwohner auf eine Fachkraft entfielen (Menne 1992, 311ff.). In den kleinen Städten und den Landkreisen, in denen 51% der Wohnbevölkerung der alten BRD leben, ist ein Erziehungsberater für etwa 47000 Einwohner zuständig (Presting 1987, 53). Die ländlichen Bedingungen erfordern in besonderem Maße lebensweltorientierte Arbeitskonzepte (Hubbertz 1986; Lenz 1990). Von den in den alten Ländern bestehenden Beratungsstellen erfüllen knapp ein Viertel noch nicht die Mindestausstattung mit drei Fachmitarbeitern. Achter Jugendbericht (BMJFFG 1990, 136) und Wissenschaftlicher Beirat des BMFuS (1993, 43) fordern daher einen weiteren Ausbau. Die Bundeskonferenz für Erziehungsberatung tritt für ein dezentrales Netz von EBSten mit drei Fachmitarbeitern für jeweils 30000 Einwohner ein.

Zum 31.12.1987 waren in den EBSten der alten Bundesländer 2473 vollzeit- und 1474 teilzeitbeschäftigte Fachmitarbeiter tätig. Von den Vollzeitbeschäftigten waren 49% Diplompsychologen, 31% Sozialarbeiter/Sozialpädagogen und je 4% Kinder- und Jugendlichenpsychotherapeuten, Heilpädagogen und Diplompädagogen. Ärzte sind vor allem nebenamtlich in EBSten einbezogen (Menne 1992, 315).

EBSten wurden 1990 von 247000 Minderjährigen und jungen Volljährigen in Anspruch genommen. Davon waren 58,5% männlich und 41,5% weiblich. Das Maximum der Inanspruchnahme lag im Alter von 6 bis 9 und von 9 bis 12 Jahren mit 30 bzw. 27 Kindern auf 1000 der jeweiligen Altersgruppe der Bevölkerung. Die Bundesstatistik weist dabei für die Zahl der beratenden Personen in der Zeit von 1985 bis 1990 einen Anstieg von 20% nach. Eine erste Auswertung auf der Grundlage der neuen Kinder- und Jugendhilfestatistik für 1991 zeigt, daß bis zum Alter von 15 Jahren Jungen bei der Inanspruchnahme prozentual überwiegen. Unter den 15- bis 18jährigen und bei den jungen Volljährigen überwiegen die Mädchen und jungen Frauen. 21% der beratenen Kinder und Jugendlichen wohnen bei einem alleinerziehenden Elternteil (Deininger 1993, 552ff.). 30% der Kinder und Jugendlichen, die 1990 eine EBSt in Anspruch nahmen, waren durch Trennung oder Scheidung ihrer Eltern betroffen (Menne/Golias 1992, 414).

In EBSten wurden seit der Weimarer Zeit – wie in anderen Industriestaaten auch – doppelt soviel Jungen wie Mädchen vorgestellt. Dies ist auf die allgemeine gesellschaftliche Diskriminierung des weiblichen Geschlechts zurückgeführt worden. Zugleich wurden innerhalb der Beratungsstellen Selektionsprozesse zu Lasten von *Mädchen* (*Jungenarbeit*) nachgewiesen. Spätere Untersuchungen konnten dies allerdings nicht bestätigen. Vielmehr stieg mit der Einführung familientherapeutischer Arbeitsformen der Anteil von Mädchen in der E. kontinuierlich an. Es bleiben jedoch unterschiedliche Schwerpunkte bei den Symptomatiken bestehen: Während für Jungen Aggressivität und Lernprobleme im Vordergrund stehen, überwiegen bei Mädchen Gehemmtheit und Angst, also nach innen gerichtete Problemverarbeitungen. Mädchen nehmen – insbes. als Jugendliche und junge Volljährige – häufiger als Jungen E. aus eigenem Entschluß in Anspruch.

In der DDR wurde die psychosoziale Versorgung von Kindern und Jugendlichen im wesentlichen von Psychologen an Polikliniken übernommen. Erst nach 1989 wurde begonnen, ein flächendeckendes System von EBSten zu errichten. 1992 bestanden auf dem Gebiet der ehemaligen DDR ca. 180 EBSten. In ihnen waren etwa 400 Fachmitarbeiter tätig. Dabei entfielen auf eine Fachkraft ca. 43000 Einwohner. Die Versorgungsdichte in den neuen Ländern entspricht damit den unterversorgten ländlichen Regionen der alten BRD. Trotz der geringen Mitarbeiterzahl haben die Beratungsstellen oft zusätzliche Aufgaben (Ehe- und Lebensberatung, Schwangerschaftskonfliktberatung, Drogenberatung) übernommen, was ihre ohnehin geringe Kapazität für Aufgaben der E. weiter einschränkt. Jede vierte Fachkraftstelle wird durch ABM-Mittel finanziert und ist nicht auf Dauer gesichert (Menne 1994).

Fachverband der Erziehungsberatung ist die Bundeskonferenz für Erziehungsberatung e. V., Amalienstr. 6, 90763 Fürth.

K. Menne

Literatur: BMJFFG: 8. Jugendbericht. Bericht über Bestrebungen und Leistungen der Jugendhilfe, Bonn 1990, BT-Drs. 11/6576; Bundeskonferenz für Erziehungsberatung e.V. (BKfE): Seelische Gesundheit von Kindern und Jugendlichen als Auftrag institutioneller Erziehungs- und Familienberatung, in: Informationen für Erziehungsberatungsstellen, H. 2/1988, 20–22; dies. (Hrsg.): Das Leistungsspektrum von Erziehungsberatungsstellen. Ergebnisse einer Erhebung, Fürth 1994; D. Deiniger: Erziehungsberatung 1991, in: Wirtschaft und Statistik, H. 8/1993, 552–561; K.-P. Hubbertz: Prävention in ländlichen Erziehungsberatungsstellen, in: Praxis der Kinderpsychologie und Kinderpsychiatrie, H. 3/1986, 96–102; A. Hundsalz: Methoden- und Konzeptentwicklung in den Psychologischen Beratungsstellen, in: Praxis der Kinderpsychologie und Kinderpsychiatrie, H. 2/1991, 55–61; A. Lenz: Ländlicher Alltag und familiäre Probleme. Eine qualitative Studie über Bewältigungsstrategien bei Erziehungs- und Familienproblemen, München 1990; K. Menne: Neuere Daten zur Erziehungs- und Familienberatung – Anmerkungen zum 8. Jugendbericht, in: Zentralblatt für Jugendrecht, H. 6/92, 311–323; K. Menne: Erziehungsberatung in den neuen Ländern, in: Jugendhilfe, H. 1/1994, 12–19; K. Menne/E. Golias: Trennungs- und Scheidungsberatung in Erziehungsberatungsstellen, in: NP, H. 5/1992, 412–423; J. Münder u.a.: Frankfurter Lehr- und Praxiskommentar zum KJHG, Münster [2]1993; M. Roth: Gemeindenahe Arbeitsweisen an Erziehungsberatungsstellen, in: H. Cremer u.a. (Hrsg.): Jahrbuch für Erziehungsberatung, Bd. 1, Weinheim/München 1994, 239–252; W. Schellhorn/W. Wienand: Das Kinder- und Jugendhilfegesetz (KJHG), Neuwied [2]1993; A. Stähr: § 28 – Erziehungsberatung, in: Hauck/Haines: SGB VIII, Berlin 1991; M. Weber: Ganzheitliche Beratungskonzepte – Vernetzung von sozialen Diensten, FORUM Jugendhilfe, H. 1–2/1992, 31–35; Wiss. Beirat beim BMFuS: Familie und Beratung. Familienorientierte Beratung zwischen Vielfalt und Integration, Stuttgart 1993.

Erziehungsgeld/Erziehungsurlaub (ErzG./ErzU)

Das Gesetz über die Gewährung von Erziehungsgeld (ErzG) und Erziehungsurlaub (ErzU), das Bundeserziehungsgesetz (BErzGG), trat zum 1.1.1986 in Kraft. Es »löste« das Mutterschaftsurlaubsgesetz von 1979 ab, das nach dem *Mutterschutz* einen 4monatigen Mutterschaftsurlaub ermöglichte. Das BErzGG strebt an, daß sich Mütter und Väter für eine bestimmte Zeit ausschließlich ihrem Kind widmen. Das ErzG von DM 600 wurde in den ersten 10 Monaten einkommensunabhängig gewährt; für ab 1988 geborene Kinder: Verlängerung auf 12 Monate, jedoch nur noch in den ersten 6 Monaten einkommensunabhängig.

Die DDR kannte eine bezahlte Freistellung von der Arbeit nach Ablauf des Wochenurlaubs für Mütter oder Väter (1. und 2. Kind=12 Monate; 3. und weitere Kinder=18 Monate). Mütter erhielten Leistungen in Form von Mütterunterstützung in Höhe des Krankengeldes (bis 90% des Nettoentgelts, mindestens jedoch 250 M für das 1. Kind, für das 2. und weitere Kinder entsprechend mehr).

Das BErzGG wurde 1990 und 1994 geändert: Für ab dem 1.1.1993 geborene Kinder wird das ErzG einkommensabhängig vom 1. Lebensmonat bis zum 24. Lebensmonat gezahlt (Einkommensgrenzen sind je nach Alter des Kindes unterschiedlich: ab dem 7. Lebensmonat bei Verheirateten 29400 DM sowie 4200 DM für jedes weitere Kind). Die Höhe der Leistungen ist seit 1986 unverändert bei deutlich gestiegenen Lebenshaltungskosten. Das ErzG muß in den einzelnen Bundesländern bei unterschiedlichen Stellen beantragt werden.

Im Gegensatz zum ErzG wird der ErzU (mit Kündigungsschutz und Fortbestand der Mitgliedschaft in der gesetzlichen Krankenversicherung) 3 Jahre gewährt. Einige Bundesländer zahlen im 3. Jahr ein Landeskindergeld (Baden-Württemberg, Bayern, Berlin, Rheinland-Pfalz, alle einkommensabhängig). Während des ErzU ist ein 3maliger Wechsel zwischen Vater und Mutter möglich. Elternteile im ErzU können bis zu 19 Wochenstunden erwerbstätig sein.

Der Begriff Erziehungs-»urlaub« wird allgemein als problematisch angesehen, da Assoziationen zum Begriff Freizeit naheliegen, wohingegen die Übernahme von Erziehungsaufgaben mit Verantwortung zu tun hat. Bei dem Mangel an Angeboten (z.B. in *Tageseinrichtungen für Kinder* oder in Tagespflege) in den westlichen Bundesländern bedeutet der ErzU für viele *Familie*n vorübergehend Reduzierung von Streß im Alltag.

Andererseits ist kritisch anzumerken, daß die Höhe des ErzG weder eine Erwerbstätigkeit ersetzen noch die entstehenden Kosten für Kinder decken kann. Als Anerkennung für Erziehungsleistung kann ErzG ebenfalls nicht gesehen werden.

Der Anteil der Anspruchsberechtigten ist kontinuierlich gesunken. Der ErzU wird nur in geringer Zahl von Vätern, die zudem einen Karriereknick scheuen, in Anspruch genommen (1991 1,13% ErzG, ErzU noch darunter).

Insofern ist er als frauenpolitische Maßnahme wirksam (Einschränkung von beruflicher und rentenbezogener Biographie der Mütter, Aufrechterhaltung der traditionellen häuslichen Rollen- und Arbeitsverteilung). Dies soll durch Erwerbstätigkeit bis zu 19 Wochenstunden entschärft werden.

Gesamtgesellschaftlich »rechnen« sich ErzG und ErzU, da beides günstiger ist, als öffentliche Angebote für 0- bis 3jährige Kinder quantitativ auszubauen bzw. in den neuen Bundesländern zu erhalten und qualitativ so auszugestalten, daß sie die Entwicklung der Kinder fördern.

Fast zwei Drittel der Frauen im ErzU kehren an den Arbeitsplatz in Teilzeitform zurück. Ca. drei Viertel der als Vertretung eingestellten Kräfte werden anschließend in den Betrieben übernommen. Durchschnittlich befinden sich 1% der Mitarbeiter/-innen von Betrieben im ErzU. Wenn der Bundestag der Einführung eines Stichtages (1.8. eines jeweiligen Jahres) zur Einlösung des Rechtsanspruches auf einen Kindergartenplatz zustimmt, wird das ErzG so geändert, daß der ErzU gewährt wird, bis das Kind einen Anspruch auf einen Platz hat (Stand: August 1995). *I. Diller-Murschall*

Literatur: BMFuS: Familien und Familienpolitik im vereinigten Deutschland. 5. Familienbericht, Bonn 1994; E. Beck-Gernsheim: Vom Geburtenrückgang zur neuen Mütterlichkeit?, Frankfurt/M. 1989; Institut für Entwicklungsplanung und Strukturforschung (IES): Lebenssituation, Erziehungsurlaub, Erziehungsgeld – zur Lage von Alleinerziehenden, Hannover 1991; Institut für Entwicklungsplanung und Strukturforschung (IES): Erziehungsgeld und Erziehungsurlaub als Bestandteil der sozialen Marktwirtschaft, Hannover/Bonn 1992; G. Igl: Kindergeld und Erziehungsgeld. BKGG, BErzGG, Ländervorschriften, Geltung in den neuen Bundesländern, München 1993; G. Igl: Das Bundeskindergeldgesetz und das Bundeserziehungsgeldgesetz in Rechtssprechung und Literatur: Jahrbuch des Sozialrechts der Gegenwart, München 1988ff.; IG Metall (Hrsg.): Für zwei denken ... Informationen zum Mutterschutz und Erziehungsgeldgesetz, Frankfurt/M. 1993; I. Langer: Familie im Umbruch, Hannover 1993; M. Wingen: Zur Theorie und Praxis der Familienpolitik, Frankfurt/M. 1994; Grüner-Dalichau: Bundeserziehungsgeld. Kommentar – Loseblattausgabe, Starnberg, fortlaufend; J. Münder: Erziehungsgeld – Systemüberwindung, Systembruch, Weinheim 1987.

Erziehungshilfen

Im Kontext des Rechtsanspruches von Kindern und Jugendlichen auf Erziehung (JWG und KJHG) waren und sind die Hilfen zur Erziehung eine Kernaufgabe der *Jugendhilfe* zur Sicherung von Lebens- und Entwicklungsbedingungen von Heranwachsenden. Dabei ist seit Beginn der 80er Jahre die Entwicklungslinie, die – ausgehend von dem Ziel der Reduzierung von Heimunterbringung – zuerst zu einer Aufwertung und zu einem Ausbau von Familienpflege (*Pflegekinder*) geführt hat, weiter fortgeführt worden mit dem Ziel, Hilfen zur Erziehung deutlicher und konsequenter auf die Herkunfts-

Hilfen zur Erziehung (§§ 28ff. KJHG) 1991			
Hilfeform*	Insgesamt	Anteil Ost	Anteil West
Erziehungsberatung	154483	12035	142448
Erziehungsbeistand	12063	1741	10322
Betreuungshelfer	4062	1191	2871
Soz. Gruppenarbeit	4773	57	4716
Sozialpädagogische Familienhilfe	9089	2944	6145
Tagesgruppe	6049	103	5946
Vollzeitpflege	43947	6255	37692
Heimerziehung	64332	15993	48339
Intensive soz.päd. Einzelbetreuung	682	17	665

* Erziehungsberatung: 1991 beendete Fälle; Erziehungsbeistand, Betreuungshelfer, soziale Gruppenarbeit: 1991 durchgeführte Betreuungen; Sozialpädagogische Familienhilfe: Stand 31.12.1991; Vollzeitpflege, Heimerziehung, intensive sozialpädagogische Einzelbetreuung: Stand 1.1.1991 (Zahlen nach Beck 1993)

familie zurückzubeziehen und diese selbst stärker als in der Vergangenheit in den Jugendhilfeprozeß zu integrieren (Schone 1987). Kein anderes Entwicklungsziel der Jugendhilfe hat eine so allgemeine Zustimmung gefunden wie die Forderung nach dem Ausbau der ambulanten Hilfen.

Für dieses Ziel sprechen u.a.:

- Die Herkunftsfamilie ist trotz aller gesellschaftlichen Veränderungen und Einbrüche immer noch das vorherrschende Sozialisationsmodell. Von daher ist eine Stützung dieser Konstellation und eine Förderung der Erziehung in der *Familie* wünschenswert.
- Wenn die Störung der Entwicklung von Kindern und Jugendlichen vorwiegend eine Funktion der sozialen Gebilde ist, denen die Kinder angehören (hier: der Familie), so scheint es sinnvoll, in diesem Kontext anzusetzen und die Bedingungen und Voraussetzungen der Störungen zu beheben.
- Stationäre Maßnahmen haben erhebliche unerwünschte Nebenwirkungen, die durch ein familienergänzendes und im sozialen Umfeld der Minderjährigen angesiedeltes Angebot vermieden werden können.

Die Jugendhilfestatistik für 1991 macht allerdings deutlich, daß in der Praxis der Jugendhilfe – abgesehen von der Erziehungsberatung – die familientrennenden E. noch überwiegen (dazu: Tabelle), hier also noch ein erheblicher Entwicklungsbedarf – sowohl in quantitativer als auch in qualitativer Hinsicht – besteht.

1. Rechtliche Grundlagen:

Wie ein roter Faden durchzog die gesamte bisherige Reformdiskussion die Forderung, die im JWG prinzipiell schon angelegte, faktisch jedoch aufgrund der Dominanz familientrennender Maßnahmen nicht realisierte Gleichrangigkeit verschiedener Hilfeformen auf eine materiell-rechtliche Grundlage zu stellen und damit aus diesem Postulat eine handlungsorientierende Maxime werden zu lassen.

Mit dem KJHG wurden einige der Forderungen realisiert. Hierzu gehören u.a. die Zusammenfassung aller E. auf der Ebene des örtlichen *Jugendamt*es (Abschaffung von FE und FEH, umfassende Zuständigkeit des örtlichen Jugendhilfeträgers), die gesetzliche Verankerung ambulanter und teilstationärer Hilfen neben den klassischen Formen der Pflegefamilie und der *Heimerziehung* und die Qualifizierung der Entscheidungs- und Hilfeprozesse (Münder u.a. 1993, 225ff.; Jordan/Sengling 1994, 149ff.; Späth 1991, 91ff.).

§ 27 KJHG leitet die Bestimmungen des Abschnitts über die Hilfe zur Erziehung ein, nennt die Voraussetzungen (eine dem Wohl des Kindes oder Jugendlichen entsprechende Erziehung ist nicht gewährleistet) und knüpft daran die Rechtsfolgen (Anspruch auf Hilfe zur Erziehung, die für seine Entwicklung geeignet und notwendig ist). Eine dem Wohl des Kindes oder Jugendlichen entsprechende Erziehung ist nicht gegeben, wenn die erzieherischen, sozialisatorischen Leistungen und Standards durch die Familie nicht erbracht werden können oder die Leistungsfähigkeit nicht ausreicht, um den Stand zu erreichen, der als »Normalstandard« von *Sozialisation* und *Erziehung* angesehen wird. Dabei ist nicht zu verkennen, daß es sich hier um normative, also wertende Aussagen handelt, denn wer kann schon ohne Wertung bestimmen, was normal, was defizitär ist. I.d.R. wird dies denn auch zumeist gleichgesetzt mit Benachteiligungen, Auffälligkeiten, Störungen usw.

Im 4. Abschnitt des KJHG werden neben der Vollzeitpflege (§ 33) und der Heimerziehung/sonstigen betreuten Wohnform (§ 34) als ambulante und teilstationäre erzieherische Hilfen genannt: *Erziehungsberatung* (§ 28), *Soziale Gruppenarbeit* (§ 29), *Erziehungsbeistand*, *Betreuungshelfer* (§ 30), *Sozialpädagogische Familienhilfe* (§ 31), *Erziehung in einer Tagesgruppe* (§ 32) – und die entwicklungsoffene *Intensive sozialpädagogische Einzelbetreuung* (§ 35).

Nach § 27 KJHG (Rechtsanspruch) ist Hilfe zur Erziehung »insbesondere« als Leistung nach den §§ 28 bis 35 zu erbringen. Durch diese »Öffnungsklausel« bleibt der Weg frei für neue Entwicklungen und Lösungsversuche, bleibt die Möglichkeit, im Einzelfall unkonventionelle und im Gesetz nicht beschriebene Leistungen zu erbringen. Zudem handelt es sich bei den genannten Angeboten nicht um konkurrierende Hilfen, sondern um solche, die ggf. miteinander verknüpft und nebeneinander geleistet werden können.

Die im Gesetz vorgenommene katalogartige Aufzäh-

lung der verschiedenen Hilfeformen beinhaltet allerdings die Gefahr bzw. das Mißverständnis, daß die jeweiligen Angebote von hierauf spezialisierten Diensten bzw. Trägern anzubieten wären. Eine solche »Überspezialisierung« würde jedoch nicht nur die Effektivität des Hilfeprozesses gefährden, sondern auch den in den letzten Jahren verstärkt hervortretenden Bemühungen um einen ganzheitlichen Hilfeansatz, um eine alltags- und lebensweltorientierte Jugendhilfe – zuletzt noch einmal überzeugend dargelegt im 8. Jugendbericht der Bundesregierung (BMJFFG 1990) – entgegenwirken.
Die in einigen Orten im Erprobungsstadium befindlichen »*Jugendhilfestationen*« (Rößler 1991; Winter 1993) sind hier positive Beispiele für die Entwicklung von erzieherischen Hilfen »aus einer Hand«. Dieses Konzept folgt einem entspezialisierten Professionsverständnis, d. h., es gibt keine Spezialisten für bestimmte Hilfeformen, sondern die geeignete Hilfe im Einzelfall herauszufinden und zu erbringen ist Aufgabe des gesamten Teams. Damit können zugleich Probleme, die durch das Verweigern von Hilfeleistung (»Unzuständigkeit«), das Abschieben und Ausgrenzen von Kindern, Jugendlichen und Familien, die Unübersichtlichkeit von Strukturen etc. hervorgerufen werden, eingegrenzt und ggf. überwunden werden.

2. Ambulante und teilstationäre Hilfen:
Erziehungsberatung: Bei der Bewältigung familiärer Krisen und der Lösung von Entwicklungs- und Erziehungsproblemen von Kindern und Jugendlichen können Beratungsangebote Hilfen geben (vgl. Menne 1989; Jordan/Sengling 1994, 122 ff.). Vor allem im Bereich der Erziehungsberatungsstellen hat es in den letzten Jahren einen beachtlichen Ausbau gegeben. Im Kontext der Hilfen zur Erziehung wäre allerdings die Arbeit der institutionalisierten Beratungsstellen mit Blick auf die hier zu erreichenden Zielgruppen noch zu qualifizieren, dezentralisiert anzubieten (Stadtteilorientierung) und die Zusammenarbeit der Beratungsstellen mit den anderen Einrichtungen und Diensten der Jugendhilfe zu verbessern (i.e. bei *Erziehungsberatung*).
Soziale Gruppenarbeit: Soziale Gruppenarbeit als besondere Form der E. kann angesiedelt werden zwischen offenen pädagogischen Angeboten (*Jugendarbeit*) bzw. beratenden Hilfen (z. B. Jugend-/Erziehungsberatung) und der Erziehung außerhalb der eigenen Familie. Nach den bisherigen Erfahrungen (z. B. Elger u. a. 1987) befinden sich im Betreuungsfeld der sozialen Gruppenarbeit Kinder und Jugendliche aus langfristig sozial benachteiligten Familien, bei denen jedoch das familiäre Beziehungsnetz als ausreichend tragfähig eingeschätzt wird, um ein Verbleiben in der Familie zu ermöglichen.
Aus Sicht der Jugendhilfe gibt es kritische Kommentare und Äußerungen zu den Kursangeboten mit verpflichtendem Charakter (JGG). Angebote der sozialen Gruppenarbeit im Kontext der Jugendhilfe sind allein auf der Grundlage freiwilliger Mitarbeit zu realisieren, zumal im Bezugsfeld des JGG nunmehr die »sozialen Trainingskurse« (§ 10 Abs. 1 Z. 6 JGG) als »Erziehungsmaßregel« zur Verfügung stehen und die Teilnahme an Angeboten der sozialen Gruppenarbeit vom Jugendgericht nicht verpflichtend angeordnet werden kann (ergänzend bei *Gruppenarbeit, soziale*).
Erziehungsbeistand: Die aus der Schutzaufsicht (§§ 56 ff. RJWG) entwickelte und ursprünglich ehrenamtlich angelegte Erziehungsbeistandschaft hat sich zunehmend zu einem von hauptamtlichen Fachkräften getragenen pädagogischen Angebot weiterentwickelt (Münder u. a. 1993, 251 ff.; Gebert/Schone 1993). Auch inhaltlich hat sich die Erziehungsbeistandschaft, die ursprünglich auf »Verwahrlosung« (RJWG) bzw. Gefährdungen bzw. Schädigungen der Entwicklung (JWG) abstellte, zu einem Angebot zur »Bewältigung von Entwicklungsproblemen« (§ 30 KJHG) ausdifferenziert (ergänzend bei *Erziehungsbeistandschaft*).
Sozialpädagogische Familienhilfe: Im Rahmen des Ausbaus familienorientierter ambulanter erzieherischer Hilfen hat seit Mitte der 60er Jahre der Einsatz von Familienhelferinnen und (wenngleich noch selten) Familienhelfern bundesweit Beachtung gefunden (Elger 1990). Die sozialpädagogische Familienhilfe soll sich auf die gesamte Familie richten und Hilfe zur Selbsthilfe in den verschiedensten Bereichen des Alltagslebens leisten. Es besteht die Erwartung, daß die Familie im Laufe der Betreuung und Begleitung die Fähigkeit zur eigenständigen Problemlösung und Alltagsbewältigung (wieder)gewinnt. In den meisten Fällen bedarf es hierzu allerdings einer längeren Zeitspanne (i.e. bei *Familienhilfe, sozialpädagogische*).
Tagesgruppe: Mit der Erziehung in einer heilpädagogischen bzw. sozialtherapeutischen Tagesgruppe sollen Angebote des sozialen Lernens, der schulischen Förderung und der unterstützenden *Elternarbeit* in die Angebotspalette der Hilfen zur Erziehung aufgenommen werden, die sich vor etwa 10 Jahren aus ersten Modellversuchen teilstationärer Gruppen von Kinder- und Jugendheimen heraus entwickelt haben (Späth 1989 a und b). Tagesgruppen mit dieser pädagogischen Intention finden sich mittlerweile im gesamten Bundesgebiet. Die Tagesgruppe im Kontext der E. hebt sich bezüglich der Voraussetzungen, der Ziele und der Kostenregelungen von der allgemeinen Förderung der Kinder in Tageseinrichtungen ab (ergänzend bei *Fremdunterbringung/Heimerziehung/Tageseinrichtungen für Kinder*).
Intensive sozialpädagogische Einzelbetreuung: Bei der sozialpädagogischen Einzelbetreuung handelt es sich um ein offenes, nicht an tracierte Formen bzw. Institutionen gebundenes Angebot, ambulant oder mit Wohnhilfen verbunden (Gintzel/Schrapper 1991). Im Kontext der Aufnahme der intensiven sozialpädagogischen Einzelbetreuung in das KJHG (dort § 35) wurde dabei bezüglich der Adressaten vor allem an Jugendliche/junge Erwachsene gedacht, die von anderen Hilfeangeboten nicht (mehr) erreicht werden bzw. sich in besonders gefährdenden Lebenssituationen befinden (intensive sozialpädagogische Einzelbetreuung als Al-

ternative zur geschlossenen Unterbringung) (ergänzend bei *Einzelbetreuung*, *intensive sozialpädagogische*).
Ausblick: Die hier genannten Formen ambulanter und teilstationärer E. wollen präventiv wirken und (im Vergleich zu Fremdunterbringungen) kostengünstigere Angebote für Kinder und Jugendliche und ihre Familien in schwierigen, die Erziehungssituation beeinträchtigenden Konstellationen machen. Inwieweit dieser Anspruch durch die Praxis bisher eingelöst werden konnte, welche Umsetzungsprobleme, Grenzen und Schwierigkeiten sichtbar geworden sind, welche Folgerungen daraus zu ziehen sind – diese Fragen müssen in der weiteren konzeptionellen Diskussion und bei der Überprüfung der Wirksamkeit von Leistungen der Jugendhilfe immer wieder neu gestellt und beantwortet werden.

3. Unterbringungen außerhalb der eigenen Familie:
Vollzeitpflege: Das JWG betrachtete das Pflegekinderwesen noch in erster Linie aus dem Blickwinkel der Aufsicht über das Pflegekind und der Kontrolle der Pflegefamilie. In der Praxis der Jugendhilfe ist dieser Aspekt zunehmend gegenüber der sozialpädagogisch qualifizierten Vermittlung des Kindes in eine geeignete Familie, der Begleitung der Erziehung in der Pflegefamilie und ggf. der Vorbereitung und Unterstützung einer Rückführung des Kindes in die Herkunftsfamilie zurückgetreten (Deutsches Jugendinstitut 1988; Nienstedt/Westermann 1990). Dem entspricht das KJHG, wenn nunmehr »Hilfe zur Erziehung in Vollzeitpflege (...) entsprechend dem Alter und Entwicklungsstand des Kindes oder des Jugendlichen und seinen persönlichen Bindungen sowie den Möglichkeiten der Verbesserung der Erziehungsbedingungen in der Herkunftsfamilie Kindern und Jugendlichen in einer anderen Familie eine zeitlich befristete E. oder eine auf Dauer angelegte Lebensform bieten (soll)« (§§ 33 KJHG). Zudem fordert das KJHG die Beratung der Herkunftsfamilie vor und deren Beteiligung an der Inpflegegabe, die qualifizierte Vermittlung des Kindes in eine Pflegestelle, die Klärung der Verbleibensperspektive des Kindes in der Pflegestelle sowie die Begleitung und Beratung der Pflegepersonen während der gesamten Dauer der Inpflegegabe (Jordan 1992; Salgo 1991).
In der Praxis der Jugendhilfe haben sich in den letzten Jahren zunehmend »professionalisierte« Angebotsformen entwickelt, vor allem auch gedacht für »schwierigere« und ältere Kinder bzw. Jugendliche. Diese sind besonders darauf ausgerichtet, Kinder und Jugendliche, die in »Normalpflegestellen« kaum oder nur mit einem beträchtlichen Risiko vermittelt werden können, intensiv pädagogisch und/oder therapeutisch zu betreuen. In diesem Zusammenhang wird von den Pflegepersonen eine zumeist auch formal ausgewiesene pädagogische Qualifikation erwartet. Bezeichnungen für diese Sonderformen sind: Heilpädagogische Pflegestellen oder Erziehungsstellen.
Auf dem Gebiet der alten BRD lebt etwa jeder zweite außerhalb der eigenen Familie im Rahmen der Jugendhilfe untergebrachte Minderjährige in einer Pflegefamilie. In der DDR dominierte aufgrund gesellschaftlicher Realitäten und jugendpolitischer Grundentscheidungen die Heimunterbringung (Pflegefamilien waren nahezu ausschließlich nahe Angehörige des Kindes oder Jugendlichen). Ein nachhaltiger Ausbau der Vollzeitpflege muß hier erst noch erfolgen (vgl. auch Tabelle S. 177) (i.e. bei *Pflegekinder*).
Heimerziehung: Erziehung in einem Heim oder einer anderen betreuten Wohnform soll durch eine Verbindung von Alltagsleben mit pädagogischen und therapeutischen Angeboten Kinder und Jugendliche in ihrer Entwicklung fördern (Augustin/Brocke 1988; Peters 1988; Wolf 1992). Sie soll entweder »eine Rückkehr des Kindes oder des Jugendlichen in die Familie zu erreichen versuchen oder die Erziehung in einer anderen Familie vorbereiten oder eine auf längere Zeit angelegte Lebensform bieten und auf ein selbständiges Leben vorbereiten« (§ 34 KJHG).
Heimerziehung wird heute in vielfältigen Formen (größere Erziehungsheime mit mehreren Gruppen, heilpädagogische und therapeutische Heime, Kinderdörfer, Kinderhäuser, Kleinsteinrichtungen; Einrichtungen mit Schichtbetrieb oder kontinuierlicher Betreuung in familienähnlichen Lebensformen) realisiert. Neben der institutionalisierten Betreuungsvariante (»Einrichtung«) werden in § 34 KJHG gleichrangig »sonstige betreute Wohnformen« aufgeführt, wozu u.a. familienähnliche Betreuungsangebote, Wohngemeinschaften, Jugendwohnungen, aber auch Formen betreuten Einzelwohnens (vgl. dazu u.a. mobile Betreuung, flexible Betreuung, betreutes Wohnen, betreutes Jugendwohnen, sozialpädagogisch betreutes Wohnen, Schutzhilfe, Betreuung durch Jugendhelfer, ausgelagerte Heimplätze etc.) gehören. Mit der Vielfalt der Begriffe korrespondieren unterschiedliche pädagogische Konzeptionen. Von der Heimerziehung und sonstigen betreuten Wohnformen sind auch Großpflegestellen abzugrenzen, bei denen i.d.R. bis zu 5 Minderjährige außerhalb des Elternhauses betreut werden.
Einrichtungen der Heimerziehung und betreute Wohnformen bieten Kindern und Jugendlichen (wie die Vollzeitpflege, § 33 KJHG) unter Berücksichtigung ihrer wachsenden Fähigkeiten und Bedürfnisse zu selbständigem, verantwortungsbewußten Handeln (§ 9 Z. 2 KJHG) und ihrer Beziehung zur Herkunftsfamilie (§ 37 Abs. 1 KJHG) eine zeitlich befristete E. oder eine auf Dauer angelegte Lebensform. Je nach den Anforderungen im Einzelfall ist dies mit besonderen pädagogischen und ggf. therapeutischen Angeboten oder Ausbildungs- bzw. Beschäftigungsangeboten zu verbinden (§ 27 Abs. 3 KJHG).
Die Zahl der im Rahmen der Jugendhilfe außerhalb ihrer eigenen Familie in Einrichtungen untergebrachten Minderjährigen ist von 1968 (95409) bis 1988 (42108) kontinuierlich zurückgegangen, in den letzten Jahren aber wieder angestiegen (vgl. Tabelle – hier nur altes Bundesgebiet). Diese Entwicklung bedarf noch der genaueren Untersuchung (mögliche Gründe hierfür können sein: längere Aufenthaltsdauern, Zunahme gravierender familiärer Krisen, verschärfte Adoleszenzkon-

flikte, verstärkte Öffnung der Heimerziehung für junge Volljährige) (i.e. *Heimerziehung/Jugendwohngemeinschaften*).

4. Qualifizierung des Entscheidungs- und Hilfeprozesses:
Die Ausdifferenzierung des Angebots im Bereich der Hilfen zur Erziehung hat zur Konsequenz, daß die Entscheidungspraxis in den JÄ zu verbessern ist. Dort, wo auf Entwicklungsprobleme von Kindern und Jugendlichen erst dann reagiert wurde, wenn familientrennende Maßnahmen nicht mehr vermieden werden konnten bzw. dies auch die einzig relevanten Handlungsstrategien waren, konnten Entscheidungsprozesse auf Einrichtungen der Fremderziehung delegiert werden (Stichwort Heimdifferenzierung). Nach dem KJHG sind nunmehr auch im Feld der E. außerhalb der eigenen Familie Prinzipien wie Sicherung der Kontinuität sozialer Beziehungen, Transparenz der Entscheidungen, Mitwirkung aller Beteiligten und Unterordnung administrativer Strukturen unter sozialpädagogische Ansprüche zu respektieren und umzusetzen (Münder u.a. 1993, 283ff.).
Wenn nun auf kommunaler Ebene selbst ein differenzierteres Angebot zur Verfügung steht (stehen soll), stellt sich verschärft die Frage nach Zeitpunkt, Grundlage und Lösungsvorschlägen in fachlich begründeten Entscheidungsprozessen. Die §§ 36 und 37 KJHG (Mitwirkung, Hilfeplan, Zusammenarbeit bei Hilfen außerhalb der eigenen Familie) geben hierzu einige Grundorientierungen. Darüber hinaus können die §§ 72 (MitarbeiterInnen, Fortbildung), 79 (Gesamtverantwortung, Grundausstattung) und 80 KJHG (*Jugendhilfeplanung*) Grundlagen für eine fundiertere Fachlichkeit kommunaler Jugendhilfe geben. Das Gesetz definiert hier gleichwohl nur Mindeststandards.
Angesichts der Bedeutung, die der Jugendhilfe mit ihren Leistungen – aber auch mit ihren Interventionen – für die Entwicklung von Kindern und Jugendlichen zukommt, bedarf es hier zweifelsohne noch erheblicher Anstrengungen, um akzeptable Standards von Fachlichkeit und Rechtsstaatlichkeit noch zu erreichen. Die von einigen JÄ bereits schon jetzt erfolgreich eingesetzten Instrumente der Erziehungsplanung und der Erziehungskonferenzen sind hier weiterzuentwickeln.

5. Rahmenbedingungen und weitere Angebote:
Die mit dem KJHG beabsichtigte Aufwertung ambulanter und teilstationärer E. muß vor dem Hintergrund gesehen werden, daß eine wirksame und nachhaltige Bewältigung von problematischen Entwicklungsbedingungen von Kindern und Jugendlichen umfassenderer Lösungen – vor allem mit Blick auf das Ziel der *Prävention* – bedarf (so u.a. weiterer Ausbau und Qualifizierung der Beratungs- und Unterstützungsangebote v.a. nach §§ 16ff. KJHG sowie der Angebote zur Tagesbetreuung von Kindern v.a. nach §§ 22ff. KJHG).
Auswertungen von Akten über Minderjährige, die im Rahmen der Jugendhilfe außerhalb der eigenen Familie untergebracht sind (Fremdunterbringung), zeigen immer wieder, wenn nach den Gründen der Fremdunterbringung gefragt wird, daß in vielen Fällen nicht Verhaltensauffälligkeiten der Minderjährigen selbst bzw. »erzieherische Mängel« des familiären Milieus die ausschlaggebenden Ursachen sind, sondern daß oft beengte Wohnverhältnisse (*Wohnen*), *Armut* und Überschuldung (*Schuldnerberatung*), Schul- und Ausbildungsprobleme der Kinder und Jugendlichen im Vordergrund stehen. Werden kommunikative Störungen in den Familien, Vernachlässigungen der Kinder und andere Beeinträchtigungen ihrer Lebensbedingungen benannt, so stehen diese in vielen Fällen in einem direkten Zusammenhang mit den eben genannten Problemlagen.
Aus dieser Problemlagenanalyse hätte zu folgen, daß durch gezielte sozialpolitische Initiativen auf bundes-, landes- und kommunalpolitischer Ebene eine wesentliche Verbesserung in der materiellen Versorgung sozial benachteiligter Familien erreicht werden müßte. Hierzu gehören u.a. Sicherung eines ausreichenden Existenzminimums von Familien, Schaffung von geeignetem und preiswertem Wohnraum für kinderreiche Familien, Verbesserung der sozialen Infrastruktur, der Lebens- und Wohnformen vor allem in Neubaugebieten, Verbesserung der schulischen Betreuungs- und Förderungsmöglichkeiten für Kinder und Jugendliche.
Zu den noch auszubauenden bzw. zu qualifizierenden Hilfen gehören weiter zielgruppenorientierte Ansätze in der Kinder- und Jugendarbeit bei *Freizeit*hilfen, soziokulturellen Angeboten etc., sozialpädagogische Schülerhilfen, Spiel- und Lernstuben, *Schulsozialarbeit*, Angebote der *Jugendsozialarbeit*, stadtteilorientierte Verbundsysteme, integrative Angebote, Hilfen zur *Selbstorganisation*, sozialpädagogische Krisenhilfe wie z.B. Sorgen- und Nottelefon, qualifizierte Schutzstellen, Bereitschaftspflegefamilien, *Mädchenhäuser*.
Eine »offensive Jugendhilfe« ohne eine gleichfalls »offensive Sozialpolitik« bleibt somit ein Torso.

E. Jordan

Literatur: G. Augustin/H. Brocke: Arbeit im Erziehungsheim. Ein Praxisberater für Heimerzieher, Weinheim 1988; M. Beck: Konzeption der neuen Jugendhilfestatistik und erste Ergebnisse für die neuen Länder und Berlin-Ost, Manuskript Wiesbaden 1993; J. Blandow/J. Faltermeier (Hrsg.): Erziehungshilfen in der Bundesrepublik, Frankfurt/M. 1989; BMJFFG: 8. Jugendbericht. Bericht über Bestrebungen und Leistungen der Jugendhilfe, Bonn 1990, BT-Drs. 11/6576; Deutsches Jugendinstitut (Hrsg.): Handbuch Beratung im Pflegekinderbereich, Weinheim 1988; W. Elger/E. Jordan/J. Münder: Erziehungshilfen im Wandel. Untersuchungen über Zielgruppen, Bestand und Wirkung ausgewählter Erziehungshilfen des Stadtjugendamtes Kassel, Münster 1987; W. Elger: Sozialpädagogische Familienhilfe, Neuwied 1990; A. Gebert/R. Schone: Erziehungsbeistände im Umbruch. Eine ambulante Erziehungshilfe profiliert sich neu, Münster (Soziale Praxis H. 14) 1993; M. Gintzel/Chr. Schrapper: Intensive sozialpädagogische Einzelbetreuung – Konzeptionen, Kostenregelungen, Praxis, Münster (Soziale Praxis Heft 11) 1991, E. Jordan/D. Sengling: Jugendhilfe. Einführung in Geschichte und Handlungsfelder, Organisationsformen und Problemlagen, Weinheim/München [3]1994; E. Jordan: »Vollzeitpflege« als Hilfe zur Erziehung – Stand, Anforderungen und fachliche Perspektiven, in: Zentralblatt für Jugendrecht 1992, 18 ff.; K. Menne: Allgemeine Erziehungs- und Familienberatung, in: Blandow/Faltermeier 1989, 171 ff.; J. Münder u.a.: Frankfurter Lehr- und Praxiskommentar zum KJHG, Münster [2]1993; M. Nienstedt/A. Westermann: Pflegekinder. Psychologische Beiträge zur Sozialisation von Kindern in Ersatzfamilien, Münster [2]1990; F. Peters (Hrsg.): Jenseits von Familie und Anstalt. Entwicklungsperspektiven in der Heimerziehung, Bielefeld 1988; J. Rößler: Zur Gestaltung der Hilfen zur Erziehung nach dem KJHG in den neuen Bundesländern, in: Jugendhilfe, H. 5/1991, 198 ff.; L. Salgo: Die Regelung der Familienpflege im KJHG, in: Wiesner/Zarbock 1991, 115–150; R. Schone: Empirische Untersuchung zu Zielgruppen, Umfang und Wirksamkeit ambulanter Hilfen zur Erziehung als Alternative zur Erziehung außerhalb der eigenen Familie, Münster 1987; K. Späth: Die Hilfen zur Erziehung – vom Eingriffsinstrumentarium zum präventiv orientierten Leistungsangebot, in: Wiesner/Zarbock 1991, 91–114; K. Späth: Die sozialpädagogische Tagesgruppenbetreuung, in: Faltermeier 1989, 111 ff. (b); K. Späth: Sozialpädagogische Tagesgruppen, in: Blandow/Faltermeier 1989, 321 ff. (a); Statistisches Bundesamt: Jugendhilfe – Erzieherische Hilfen außerhalb des Elternhauses am 1.1.1991, Wiesbaden 1993; R. Wiesner/W. Zarbock (Hrsg.): Das neue Kinder- und Jugendhilfegesetz (KJHG) und seine Umsetzung in die Praxis, Köln u.a. 1991; H. Winter: Jugendhilfestationen – Konzeptionelle Gedanken und erste praktische Erfahrungen, in: Jugendhilfe, H. 6/1993, 260 ff.; K. Wolf (Hrsg.): Entwicklungen in der Heimerziehung, Münster 1992.

Erziehungswissenschaft

Begriff: E. nennen wir das Insgesamt der methodisch kontrollierten Erkenntnisbemühungen, die sich »*Erziehung*« und »*Bildung*« zum Gegenstand machen. Diese Gegenstandsbestimmung ist indessen nicht eindeutig. Durch die vielfältigen Formen der Institutionalisierung deckt der ursprüngliche Wortsinn von Erziehung längst nicht mehr die Thematik der E. ab. Gleiches gilt für den älteren Ausdruck »*Pädagogik*« (in der urspr. griech. Bedeutung: Lehre von der Führung der Knaben). Zieht man die Forschung zu Rate, die heute unter dem Namen E. oder Pädagogik geschieht, dann kann man den Gegenstand bestimmen als: alle Handlungen, die die Funktion haben, die nachwachsende Generation zum Status des Erwachsenen zu führen, und zwar je nach Maßgabe des gesellschaftlich geltenden Begriffs von »Erwachsensein«; ferner alle Handlungen, die sich an den Erwachsenen wenden, sofern er als Lernender erscheint; das schließt Prozesse der Selbstbildung ebenso ein wie die Prozesse nachholenden Lernens, des Umlernens, der »Resozialisierung«, also vor allem jene Vorgänge, die sich innerhalb des heranwachsenden Individuums abspielen, als Formierung seines Selbst- und Weltverhältnisses.

Geschichte: Das Nachdenken der Erziehung und ein entsprechender Bestand gesellschaftlichen Wissens sind vermutlich integraler Bestandteil jeder Kultur, da die Bildung des Nachwuchses zu den Basisfunktionen der Überlebensfähigkeit gattungsspezifisch gehört. Wie andere Teilsysteme unseres Wissenskorpus auch, hat sich das Erziehungswissen über verschiedene Stufen hinweg erst allmählich zu seiner gegenwärtigen i.e.S. wissenschaftlichen Gestalt entwickelt. Bis in die beginnende Neuzeit hinein war das Nachdenken über Erziehung und Bildung zunächst Teil der mythischen Erzählungen, dann Teil des Nachdenkens über den Oikos (Haushalt), dann auch pädagogisch interessierte Essayistik, schließlich auch Teil der praktischen Philosophie – so in der Antike, in der Kirchenväterliteratur, der mittelalterlichen Philosophie, im Humanismus bis zu Comenius, Locke, Rousseau und Kant. Im 17. und 18. Jh. setzt mit Entschiedenheit das ein, was Foucault die Differenzierung der »Humanwissenschaften« genannt hat und was ein wesentliches Merkmal der bürgerlichen Gesellschaft ist: Es entsteht – zunächst durch Comenius, dann durch Rousseau am pointiertesten – die Frage nach der Bildsamkeit des Menschen; sie enthält drei Teilfragen: die historisch-empirische Frage nach dem, was der erzogene Mensch ist, unter welchen Bedingungen er zu dem, was er ist, geworden ist; die anthropologische Frage nach dem, was der zu erziehende Mensch sein kann, nach den Bedingungen seiner Bildung, die gattungsspezifisch in seiner Natur als »animal educandum« liegen (*Anthropologie*); die praktisch-ethische Frage nach dem, was der Mensch sein soll und welche Handlungsziele sich also der Erzieher, an Vernunftsgründen orientiert, setzen solle. In diesem Sinne sagt wenig später Kant, »der Mensch kann nur Mensch werden durch Erziehung«. Und Schleiermacher (1826) präzisiert die durch Rousseau eingeleitete Trennung der Erziehungstheorie von weltanschaulichen bzw. ethischen Systemen mit dem Argument, daß faktisch eine noch wissenschaftlich zu nennende Reflexion von Erziehungsproblemen ihre Postulate aus keiner *Ethik* mehr deduzieren dürfte, da mit einer Pluralität von Ethiken gerechnet werden müsse. Fortan – und dies ist z.B. von Pestalozzi, Schleiermacher und Herbart bereits ausgeführt worden – entfaltet sich die E. als eine teils empirische, teils der praktischen Philosophie sich anschließende Disziplin. In der zugleich resümierenden und programmatischen Formulierung Roths, »Pädagogische Anthropologie: Bildsamkeit und Bestimmung«, ist das ausgedrückt.

Methodologie und Wissenschaftstheorie: Angesichts dieser verschiedenartigen Anforderungen an die E. entstand spätestens seit Diltheys Umriß einer Pädagogik als »Geisteswissenschaft« eine prinzipielle Kontroverse, die sich in den 60er Jahren des 20. Jh. – auch unter dem Eindruck des »Positivismusstreites« in den Sozialwissenschaften (Adorno, Albert, Habermas, Popper) – zuspitzte. In dieser Kontroverse spielen die Methodenprobleme eine Schlüsselrolle; es sind die folgenden: 1. Der Gegenstand der E. ist ein Teil sozialer Wirklichkeit, dessen Sinn verstanden werden muß; das bedeutet methodisch: an den Regeln kontrollierter Interpretation orientiertes Verstehen (Hermeneutik) von »Texten« der Erziehungswirklichkeit (Ausdrucksformen der handelnden Personen, Selbstzeugnisse, Handlungen, schriftliche Dokumente, Programme, Selbstdeutungen von Praktikern usw.). 2. Diese Erziehungswirklichkeit, d.h. besonders der Umgang der Generationen miteinander, folgt zwar eigentümlichen, von anderen gesellschaftlichen Bereichen relativ unabhängigen Regeln (Bourdieu), ist aber dennoch z.B. mit dem System gesellschaftlicher Arbeitsteilung, den gesellschaftlich geltenden Verkehrsformen, den Wissens- und Glaubenssystemen eng verknüpft; kurz: Sie ist eine historische Wirklichkeit, die mit den Methoden der Geschichtsforschung und der Gesellschaftswissenschaften aufgeklärt werden muß. 3. Innerhalb der Erziehungswirklichkeit spielen empirische Annahmen über Bedingungen, Ursachen und Folgen des Erziehungshandelns eine konstitutive Rolle; die E. greift deshalb solche in der Praxis enthaltenen Annahmen auf und überprüft sie mit den Methoden der *empirischen Sozialforschung* auf ihre Gültigkeit. 4. Zu solchen Annahmen gehören auch die Zwecksetzungen oder Zielvorstellungen des praktischen Handelns; diese aber sind empirisch zugänglich nur insofern, als sie beschrieben, nach ihrer Herkunft befragt (Ideologien, Interessen usw.) und auf ihre Realisierbarkeit hin geprüft werden können; ihr Geltungsgrund ist kein möglicher empirischer Gegenstand, aber dennoch »argumentationszugänglich« (Schwemmer); der Geltungsgrund pädagogischer Handlungsnormen muß begründungsfähig sein, wenn die pädagogischen Handlungsziele letztlich nicht dezisionistisch gesetzt werden sollen – dazu bedarf es der Methode ethischer Argumentation.

Das soll am Besipiel der *Familienberatung* erläutert werden: An der *Beratung* (als einem Handlungszusammenhang) sind Menschen aus verschiedenen Kontexten, also auch aus verschiedenen Sinnzusammenhängen beteiligt: die ratsuchende Familie mit ihren Problemen und der SozArb mit seiner institutionell verankerten Berufsrolle; die damit in den Blick genommene Wirklichkeit muß zunächst dokumentiert, beschrieben und verstanden werden (1). Beides – die Familie wie die Berufsrolle – ist Teil komplexerer Umwelten, größerer sozialer Systeme und ihrer Geschichte, aus der wir einiges über die gesellschaftliche Bedeutung der familialen Erziehung erfahren können, über die *Professionalisierung* des Berufsstandes der SozArb/SozPäd, der institutionalisierten Hilfeformen, die darin offensichtlichen oder verdeckten Kontrollinteressen usw. (2). Die Beratung soll ihr Ziel erreichen; sie hat den Zweck, etwas zu bessern (die Beziehung der Eltern zu ihren Kindern, die Fähigkeit der Kinder, Probleme lösen zu können, die Beziehungen der Familie zur Nachbarschaft usw.); sie wird also offenbar als geeignetes Mittel zur Erreichung jener Zwecke angesehen. Ist sie das? Liegen die Ursachen für die Beratungsbedürftigkeit dort, wo die Berater oder wo die Planer von Beratungseinrichtungen, die »Erfinder« von Beratungsmethoden sie vermuten? Fragen dieser Art sind nur durch empirische Forschung zu beantworten (3). Aber soll überhaupt die *Familie* als der primäre Ort der Erziehung erhalten bleiben? Diese Frage ist nur noch teilweise der empirischen Beantwortung fähig (*Familienpolitik*). Wer die Familie »für sich selbst« als einen Wert betrachtet, ohne Rücksicht auf die Aufgaben, die sie erfüllt, die Wirkungen, die sie erzeugt, verläßt hier schon den Kreis erfahrungswissenschaftlicher Argumentation. Er kann gefragt werden, wie denn dieser Wert und damit auch die mit ihm verbundenen Handlungsnormen begründet werden können. Aber auch, wer den Wert der Familie mit dem Hinweis auf ihre besondere pädagogische Leistungsfähigkeit begründet (also noch empirisch argumentierte), käme im nächsten oder einem späteren Schritt in Schwierigkeiten: Er müßte sagen, welches Kriterium er für »pädagogische Leistungsfähigkeit« wählt und mit welchem Grunde er das tut, zu welcher Form die Kinder in der Familie sich bilden sollen und warum. Die Warumfrage könnte so weit getrieben werden, daß schließlich ein empirischer Verweis nicht mehr möglich ist oder in einen Zirkelschluß gerät; dann kann nur noch das Gespräch abgebrochen – oder praktisch (ethisch) argumentiert werden (4).

Theorie und Praxis: Die Eigentümlichkeit erziehungswissenschaftlicher Fragestellungen (ihre »Autonomie« in bezug auf andere wissenschaftliche Disziplinen) entsteht aus der Tatsache, daß E. die Theorie eines Handelns und daß überdies dieses Handeln pädagogisch ist, d.h. beispielsweise vom ökonomischen und politischen Handeln unterschieden. Die Vorstellung, die wir (die »Praktiker« und »Theoretiker«) uns von diesem Handeln machen, ist also folgenreich für die Art, in der wir einerseits erziehen und andererseits theoretisieren. Diese Vorstellungen sind indessen ihrerseits geschichtlich: Nicht nur die angestrebten Handlungsziele (Erziehungsziele) sind verschieden, sondern auch die anderen Momente der Erziehungshandlung und der Vorstellung, die sich Erzieher von dieser Handlung machen. Trotz dieser Geschichtlichkeit gibt es indessen unhintergehbare Prinzipien, die eine pädagogische Handlung – ihrem Begriff nach – immer vor anderen Handlungen auszeichnen: In ihr wird das Kind (der Jugendliche, der *Klient*, allgemein der »Educandus«) nach Maßgabe seiner »Bildsamkeit und Bestimmung« (Roth), der Erziehungsvorgang als – freilich asymmetrischer – Dialog, die zu bewältigende Handlungsaufgabe als Herausforderung der möglichen Produktivität, der Handlungszusammenhang als sinnstiftend, darin sowohl Sinn tradierend als auch modifizierend, begriffen.

Das so skizzierte Verhältnis von Praxis und Theorie hat mehrere Aspekte: 1. Zunächst gibt es überhaupt keine Form von Praxis, die nicht Theorie in irgendeiner Weise enthielte, mindestens in Gestalt der Vorstellungen, Begriffe, Annahmen, die die Bedingung dafür sind, daß eine Handlung überhaupt zustande kommt; insofern ist das Verhältnis von Theorie und Praxis das Verhältnis von Denken und Handeln (Erweiterung der Erfahrung über die je eigene, besondere hinaus). 2. So entsteht ein gesellschaftliches Wissen über pädagogische Praxis, das sich teils als pragmatische Theorie (Alltagswissen), teils als wissenschaftliche Theorie niederschlägt und wiederum auf das Handeln zurückwirkt. 3. Wählt die E. eine »praxeologische« Begründung (Benner) für ihre eigenen Begriffe, Verfahren und Aussageformen, dann ergibt sich für sie die Aufgabe, diese Spirale aufzuklären (von der besonderen pädagogischen Handlungssituation und ihren theoretischen Elementen ausgehend, über generalisierendes Alltagswissen zum wissenschaftlichen Wissensbestand, seiner Leistungsfähigkeit und Funktion führend und als Aufklärung über diesen Zusammenhang wieder zur besonderen pädagogischen Handlung zurückkehrend). 4. Bei diesem Aufklärungsversuch stößt man auf eine epochal wesentliche Hypothese: Die Wissenssysteme industrieller Gesellschaften tendieren offenbar dazu, technologische Begründungen den praxeologischen vorzuziehen, d. h., die pädagogische Praxis nicht als Handlungsort für Sinnproduktion zu verstehen, sondern als Anwendungsfall für Wissen über Zweck-Mittel-Relationen bei gleichsam konstant gehaltenen Sinnentscheidungen; Erziehen wird dann nicht verstanden als eine fundamentale Form der Konfrontation mit dem Problem der Menschwerdung, sondern als ein Ensemble von Sozial- oder Lerntechniken, das zur Aufrechterhaltung eines kulturell eingespielten Sinnes zweckentsprechend eingesetzt wird; der Begriff »Bildsamkeit« umfaßt dann nur noch das Insgesamt der empirischen (anthropologischen, psychologischen, soziologischen, psychiatrischen) Kenntnisse über im Regelfall erwartbare Ausgangslagen, der Begriff »Bestimmung« nur noch Handlungsziele, die im Rahmen des je herrschenden Status- und Kompetenzsystems definierbar sind. 5. Sollte diese Hypothese zutreffen, dann ließen sich das Theorie-Praxis-Problem wesentlich betreffende Vorgänge der pädagogischen Wirklichkeit interpretieren: Einerseits können wir gegenwärtig beobachten, daß pädagogische Felder immer dichter mit technologischen Handlungsmodellen besiedelt werden (*Curriculum*konstruktionen, Spezialheime, Verhaltenstherapie, Beratungstechniken usw.), sich dabei wissenschaftlicher Konstrukte bedienen, im Typus aber eine »praxislose Theorie« (Kamper) darstellen, folgt man dem oben angedeuteten Begriff von Praxis; andererseits zeigt sich eine Flucht in »theorielose Praxis«, in Formen spontanen, unaufgeklärten Handelns, eine »falsche Unmittelbarkeit«, in der das Übergewicht technologischer Wissensbestände gleichsam unterlaufen werden soll. Auf SozArb/SozPäd angewendet, bedeutet – der Möglichkeit nach – das Plädoyer für weitere »Professionalisierung« eine Verstärkung der technologischen Wissensbestände, das Plädoyer für »Selbstorganisation« eine Verstärkung der theoretisch unaufgeklärten Attitüde der Aktion. Innerhalb dieses Dilemmas muß die E. ihren Weg einer praxeologisch orientierten und in Hinsicht auf ihre Erkenntnisse verläßlichen Theorie finden.

Gliederung der E.: Der Ausbau der E. als eine umfangreiche, mit vielerlei Methoden und Theorien operierende, einem breiten Spektrum von Forschungsgegenständen sich zuwendende und deshalb auch in sich relativ differenzierte Disziplin erfolgte erst in jüngster Zeit. Noch bis weit in die 50er Jahre hinein gab es an Universitäten i. d. R. nur einen Lehrstuhl für dieses Fach, zu dessen Verpflichtungen die Lehre der Pädagogik in ihrer ganzen Breite gehörte. Eine Änderung trat zunächst durch den Ausbau der Pädagogischen Hochschulen zu wissenschaftlichen Hochschulen für die Ausbildung des Volksschullehrers, dann durch das meist obligatorische Studium der Pädagogik für die Lehrer an weiterführenden Schulen, den sprunghaften Anstieg der Studentenzahlen in den 60er Jahren, vor allem aber durch die Reformen im Bildungswesen und den dadurch entstandenen Bedarf an Bildung und Erziehungsforschung, schließlich auch durch die Einführung von Magister- und Diplomstudiengängen an den Hochschulen ein. Die dadurch um ein Vielfaches erweiterte Lehr- und Forschungskapazität brachte nun auch eine stärkere Differenzierung nach Schwerpunkten oder Einzel-»Pädagogiken« mit sich. Während es – der auf die *Schule* konzentrierten öffentlichen Aufmerksamkeiten für pädagogische Fragen wegen – bis etwa 1962 nur eine allgemeine und eine Schulpädagogik gab mit ersten, aber spärlichen Andeutungen einer SozPäd und einer Theorie der *Erwachsenenbildung*, konnten schon wenige Jahre später Diplomstudiengänge an den Universitäten angeboten werden mit den Schwerpunkten Schulpädagogik, Erwachsenenbildung, SozPäd, Berufsbildung und Heilpädagogik (*Ausbildung*, *Soziale Berufe*). Obwohl diese Gliederung – durch das Diplom nahegelegt – plausibel ist im Hinblick auf die gegenwärtig institutionalisierten Berufsfelder, scheint doch fraglich, ob sie i. S. einer logischen Gliederung der Sache und i. S. einer Antizipation auch künftiger Aufgaben von professionellen Erziehern, Lehrern, Beratern usw. überzeugend genug ist. Nimmt man die Forschungsprobleme, die gegenwärtig diskutiert werden, zum Ausgangspunkt, dann ließe sich eine andere Gliederung denken:

1. In der allgemeinen Theorie der Erziehung/Bildung innerhalb der E. werden solche Probleme bearbeitet, die sich auf die gemeinsamen Merkmale aller Situationen beziehen, in denen Menschen – allerdings vorzugsweise unerwachsene – sich in Bildungsprozessen befinden. Darüber hinaus werden für die E. im ganzen die Fragen nach der angemessenen Forschungsmethode, nach den begründbaren leitenden Begriffen, der praxeologischen (auch ethischen) Orientierung aufgeworfen.

2. Die Erziehungs- und Bildungsgeschichtsforschung verfolgt solche Fragen in die Geschichte hinein und überprüft damit zugleich auch historisch-gesellschaftlich konkret Sinn und Funktion der Problemstellungen, die in der allgemeinen Pädagogik aufgeworfen wurden. Der nicht nur aufs Allgemeine, sondern auch aufs Konkrete und Besondere bezogenen Arbeitsweise historischer *Forschung* wegen richtet die historische Pädagogik ihre Aufmerksamkeit – nach einer längeren ideengeschichtlichen Phase – vornehmlich auf die institutionellen Ausprägungsformen des Erziehungs- und Bildungswesens im Verlauf der europäischen Geschichte; das bedeutet gegenwärtig noch vornehmlich die Geschichte des Schulwesens, aber auch Geschichte der Familie, der Jugendhilfe, der *Sozialisation* des Jugendalters und be-

stimmter Teilgruppen der Bevölkerung (Arme, Irre, Delinquente etc.) samt der damit verbundenen segregierenden Einstellungen und Institutionen.

3. Die didaktische Forschung bzw. Theorie befaßt sich mit den Formen geplanten Lernens in verschiedenen pädagogischen »Settings« (Schule, *Jugendarbeit*, Erwachsenenbildung, Free School, Pädagogik der Entwicklungsländer, Museumsdidaktik, *Heimerziehung* usw.). Dabei steht gegenwärtig noch die Unterrichts- und fachdidaktische Forschung (Curriculumforschung) im Vordergrund; eine durch wissenschaftliche Forschung gestützte *Didaktik* der außerschulischen Bildung beispielsweise gibt es noch ebenso nur in ersten Ansätzen wie eine Didaktik der Heimerziehung oder eine didaktische Reflexion der nicht oder nur schwach institutionalisierten Formen der Bildung (Familie, Straße, Subkultur etc.).

4. Auch die Theorie der Mittel, Medien und Methoden, der Instrumente der Erziehung befindet sich erst in den Anfängen. Eine erste Systematisierung hat Schulze versucht. Forschungsgegenstand ist hier die breite Skala der »Werkzeuge«: Körpergesten, Sprache, Spielzeuge, Lernmaterialien, Mittel der Unterstützung und Gegenwirkung, pädagogische Alltagsstrategien usw.

5. Die Theorie der Lebensalter und des Lebenslaufs wird immer wichtiger. Besonders Kindheits- und Jugendforschung gibt es auch im internationalen Rahmen umfänglich und verläßlich; die pädagogischen Fragestellungen aber kommen, wegen der i. d. R. nur psychologischen und soziologischen Orientierung solcher Forschung, häufig zu kurz.

6. Die Devianz- und Therapieforschung hat sich im letzten Jahrzehnt kräftig entwickelt. Ihr geht es – als pädagogischer Forschung – vor allem um die Frage, nach welchen Regeln die pädagogisch relevanten Klassifikationen von »normal« und »anormal«, »verhaltensgestört«, »kriminell« usw. vorgenommen werden (*Abweichendes Verhalten*), wie das so klassifizierte Verhalten im Bildungsprozeß entsteht, welche Probleme das für den Educandus mit sich bringt, welches die angemessenen Formen pädagogischen Umgangs (Therapie) wären.
Die institutionelle Gliederung der E. folgt gegenwärtig jedoch eher einer Differenzierung nach Ausbildungsgängen. Das hat eine nicht immer nützliche Spezialisierung zur Folge, die dazu führt, daß beispielsweise Lehrer wenig über Devianz, Sozialpädagogen wenig über *Didaktik*, Berater wenig oder nichts über Bildungsprozesse wissen, sehr zum Nachteil ihrer wissenschaftlich-beruflichen Kompetenz.

Eine Gliederung oder Arbeitsteilung der E. wird sich gegenwärtig kaum festschreiben lassen. Kulturtheoretische Problemstellungen gewinnen an Gewicht, damit auch die kulturvergleichende Forschung. Skepsis gegenüber dem »Eurozentrismus« der theoretischen Bemühungen nimmt zu. Das Verhältnis von Erziehung und Ökonomie muß neu bedacht werden. Die »Professionalisierung« pädagogisch relevanter Berufe bewegt sich teils von der E. weg. Wie also künftig eine Wissenschaft beschaffen sein wird, die sich um die Aufklärung der Frage bemüht, wie die Generationen in verschiedenen Gesellschaften faktisch miteinander umgehen und wie sie miteinander umgehen sollten, läßt sich gegenwärtig nicht zuverlässig sagen.

K. Mollenhauer

Literatur: D. Benner: Hauptströmungen der Erziehungswissenschaft, München 1978; H. Blankertz: Theorien und Modelle der Didaktik, München [9]1975; F. Blättner: Geschichte der Pädagogik, Heidelberg 1951; H. Giesecke: Einführung in die Pädagogik, Weinheim/München 1990; D. Lenzen (Hrsg.): Erziehungswissenschaft. Ein Grundkurs. Reinbek 1994; Th. Litt: Führen oder Wachsenlassen, Stuttgart 1949; W. Klafki u. a.: Erziehungswissenschaft, Fischerbücherei Funkkolleg, 3. Bde., Frankfurt/M. 1976ff.; K. Mollenhauer: Theorien zum Erziehungsprozeß, München 1972; D. Lenzen/K. Mollenhauer (Hrsg.): Enzyklopädie Erziehungswissenschaft Bd. 1. Theorien und Grundbegriffe der Erziehung, Stuttgart 1983; H. Roth: Pädagogische Anthropologie, 2 Bde., Hannover 1966; J. Speck/E. Wehle: Handbuch pädagogischer Grundbegriffe, 2 Bde., München 1970; Th. Schulze: Methoden und Medien der Erziehung, München 1978; H. Thiersch/H. Ruprecht/U. Herrmann: Die Entwicklung der Erziehungswissenschaft, München 1978.

Ethik

Unter E. versteht man im philosophischen Sprachgebrauch ein System von Handlungsaufforderungen (Sollensaussagen) und Handlungsorientierungen (Wert- und Zielaussagen), die es dem Menschen ermöglichen sollen, ihre Praxis an übergreifenden Sinn- und Wertzusammenhängen auszurichten bzw. die gegebenen Handlungsalternativen nach Kriterien von gut und böse, angemessen und unangemessen, verantwortbar und unverantwortbar usw. auszuwählen. Die ethische Reflexion richtet sich demgemäß zum einen auf die Begründung (Legitimation) der Praxis (eines Staates, einer Institution, einer Gruppe, eines Einzelmenschen) allgemein und insgesamt und zum anderen auf die Anleitung und Überprüfung einer konkreten Einzelaktion. Der ethischen Kritik kann also sowohl das System der SozArb insgesamt, das Handlungsprofil einer Sozialarbeitsinstitution wie das Handeln eines Praktikers unterzogen werden.
Die theoretische Durchdringung der sittlichen Begründungs- und Orientierungsprobleme der E. scheint seit langer Zeit in den Hintergrund verbannt gewesen zu sein; erst in den letzten Jahren bricht die Diskussion darüber wieder auf (Rauschenbach/Thiersch 1987; Müller/Thiersch 1990). Der Grund dafür lag wohl in dem vorherrschenden Bestreben einer modernen, sich wissenschaftlich und gesellschaftskritisch ausrichtenden SozArb, den ideologieverdächtigen Boden ethischer Postulate (die oft als Leerformeln geschmäht oder

als für die alltägliche Praxis untaugliche, weil uneinlösbare Idealisierungen verdächtigt wurden) zu verlassen und sich auf das sichere Gelände empirisch überprüfbarer Handlungsmethoden, fachlich begründeter und trainierbarer *Handlungskompetenz* und gesellschaftspolitisch und sozialisationstheoretisch ausgewiesener Handlungsziele zu retten.

Tradition: In den klassischen Entwürfen zu den Grundlagen sozialarbeiterischen Handelns seit den 20er Jahren bis weit in die 60er Jahre war dies noch anders. Dort tauchen moralisch-sittliche Kategorien als Elemente einer spezifischen »Berufsethik« unter dem Begriff »berufliche Haltung« auf. Der vom preußischen Ministerium für Volkswohlfahrt genehmigte Lehrplan der Sozialen Frauenschulen aus dem Jahr 1930 zählt als Lehrgegenstände des Faches »Berufskunde« auf: »Innere Berufsprobleme: Eignung für den Beruf; der Begriff des Erwerbsberufs und der Berufung; das Berufsethos; Hingabe und Selbsterhaltung«.

Für die Etablierung des sozialen Berufs hatte die Ausformulierung eines Berufsethos eine doppelte Funktion: Es sollte einmal die unentbehrliche »Überschußmotivation« bei den Fürsorgerinnen sicherstellen, die unter unzureichenden Bedingungen und bei schlechter Bezahlung eine von nur geringem äußeren Erfolg gekennzeichnete Arbeit verrichten mußten. Es diente andererseits der »Disziplinierung« der Emotionalität bürgerlicher Mildtätigkeit und sozialcaritativer Hingabe. Es verwies darauf, daß »Hingabe« und »mitfühlendes Herz« (modern gesagt: akzeptierende Haltung) allein nicht für eine qualifizierte soziale Arbeit ausreichen. Es betonte andererseits aber auch, daß Wissen und Kenntnisse allein ebensowenig genügen ohne die Hingabe des Herzens und die Aufopferung persönlicher Interessen, kurz: ohne sozialen Idealismus.

Der ethische Grundsatz, daß jeder Mensch in seiner Eigen- und Besonderheit zu achten sei, verband sich in diesem Zusammenhang mit der methodischen Forderung nach einer akzeptierenden Einstellung gegenüber dem Klienten, nach einer »akzeptierenden Haltung«. Die Hinwendung zum Klienten sollte als Motivierungsstrategie eingesetzt werden, um den Klienten aufzuschließen und zugänglich zu machen für die »sanfte Gewalt« des Helfers und für die ihm zugemuteten Verhaltenskontrollen und -änderungen. Diese »Instrumentalisierung« diente also dazu, das Grundproblem jeder SozArb zu verschleiern, nämlich den Widerspruch zwischen *Hilfe* und Kontrolle.

Ideologiekritik: An solchen Widersprüchen aber wird die Ideologieanfälligkeit der Postulate der »beruflich-sittlichen Haltung« besonders deutlich. Sie idealisiert die Person des Helfers, überschätzt die Autonomie des Klienten und verzeichnet die gesellschaftliche Realität oft genug ins kritiklos Positive. Mit der seit Ende der 60er Jahre einsetzenden Politisierung der SozArb und der ideologiekritischen Rekonstruktion ihrer gesellschaftlichen Funktionen traten deshalb die Postulate der Berufsethik zunächst fast völlig in den Hintergrund zugunsten von gesellschafts- und professionstheoretischen Konzepten.

Es zeigte sich jedoch in der jüngsten Vergangenheit, daß sich auch einer solchermaßen kritisch fundierten und professionalisierten SozArb/SozPäd ethisch-moralische Probleme stellen. Bei genauem Hinsehen werden selbst in der ideologiekritischen Demontage tradierter ethischer Setzungen die weiterbestehenden ethisch-moralischen Grundprobleme moderner SozArb/SozPäd sichtbar. So hat etwa die *Selbsthilfe*bewegung die Legitimation professioneller Problemdefinitionen und Interventionsstrategien im Vergleich zu alltagsweltlichen Klientensichtweisen als »Entmündigung« und »Klientifizierung« kritisiert und damit implizit wieder an die ethischen Kategorien von Eigenrecht und Integrität der Person appelliert. Im Kontext der *Professionalisierung*skritik wurden gerade die modernen Ansätze einer »lebensweltorientierten SozArb« als ambivalente »Kolonialisierung« der Lebenswelt der Klienten zu einem ethischen Problem der beruflichen Vollzüge gemacht (Müller/Otto 1984). Und im Rahmen der Sozialstaatskritik wurden die die SozArb in ihren Eingriffen gesellschaftlich legitimierenden Postulate einer sozial gerechten, chancengleichen und offenen *Gesellschaft* als in der Realität nicht eingelöste Überhöhungen bzw. als Legitimationsfloskeln zur ideologischen Rechtfertigung faktisch ungerechter Verhältnisse denunziert und damit erneut die Frage nach dem notwendigen und möglichen Verhältnis von SozArb und sozialer Gerechtigkeit gestellt.

Reflexive Diskursethik: Die in solcher Kritik aufgeworfenen Fragen nach der Rechtfertigungsmöglichkeit einer sozialarbeiterischen Praxis, die nicht einfach nur Hilfe ist, sondern immer auch Zwang, die nicht einfach nur das Beste für den Klienten suchen kann, sondern immer auch gesellschaftliche Spielregeln und oft genug ungerechte Faktizitäten berücksichtigen muß, die nicht auf die Gerechtigkeit und Integrationsfähigkeit der Gesellschaft vertrauen kann, sondern – sogar durch ihre eigene Praxis – mit Ausgrenzung, Marginalisierung und Sozialdisziplinierung konfrontiert wird, werden durch die derzeit vorliegenden ausformulierten »Berufsethiken« nicht oder nur sehr unzureichend berücksichtigt. Sie spiegeln eher noch die Tradition: »Berufliche Sozialarbeit entspricht im wesentlichen humanitären, religiösen und demokratischen Idealen und Grundlagen; sie begegnet unabhängig und umfassend menschlichen Nöten, die durch personal-soziale Interaktion entstehen; sie sieht ihre Aufgabe in der Entwicklung menschlicher Fähigkeiten. Sozialarbeiter dienen dem Wohlergehen und der Selbstverwirklichung der Menschen, sie entwickeln und nutzen Hilfsquellen zur Erfüllung individueller und gemeinsamer Bedürfnisse und Bestrebungen auf nationaler und internationaler Ebene, sie erstreben soziale Gerechtigkeit für jeden Menschen« (Internationale Vereinigung 1977, 23).

Demgegenüber hat sich in der neueren Diskussion die Forderung durchgesetzt nach einer »kommunikativen«, d.h. nur im Dialog mit den Betroffenen (und deshalb »diskursiven«) sowie im kritischen Rückbezug auf sich selbst (und darin »reflexiven«) E. Eine solche Konzeption von E. trägt dem Umstand Rechnung, daß unter den

Vorzeichen von »Pluralisierung« und »Individualisierung« ethische Probleme prinzipiell als offene Fragen zu verstehen sind (Oelkers 1992), die sich nicht durch den Rückgriff auf vermeintliche Wahrheiten »beantworten« lassen und deshalb als eigene kritische Lernaufgaben gefaßt werden müssen. Übertragen auf die SozArb/SozPäd, ergeben sich aus der Offenheit und Unabschließbarkeit berufsethischer Fragen folgende zentrale Reflexions- und Lernaufgaben, deren Wesen gerade darin liegt, nicht ein für allemal durch eine bestimmte Praxis eingelöst werden zu können, sondern kritische Selbstreflexion in Gang zu halten und auf Dauer zu stellen:

- Der ethische Grundsatz von der Einmaligkeit eines jeden Menschen soll die Einsicht in die Bedeutung der Autonomie und Integrität der Adressaten und ihre »Gleichberechtigtheit« im Hilfeprozeß schärfen.
- Ethische Reflexion des eigenen Verhältnisses zum Klienten soll pädagogischen »Takt« (Thiersch) und Respekt lehren gegenüber dem unbedingten Verstehenwollen (Brumlik 1984).
- Sie soll Bereitschaft erzeugen zur »Verständigung« mit den Betroffenen und zur Transparenz und Begründung der sozialpädagogischen Strategien gegenüber den Klienten.
- Sie soll widerstandsfähig machen gegenüber der impliziten »Institutionenmoral«, die Routine gleichsetzt mit dem Richtigen und fachlich Verantwortbaren.
- Sie soll die professionelle Selbstgenügsamkeit aufbrechen, die im engen Bereich des pädagogisch Erreichbaren verbleibt, und für die »Einmischung« (Mielenz 1981) in gesellschaftliche Probleme von sozialer Gerechtigkeit und gedeihlichen Lebensverhältnissen sensibilisieren.
- Sie soll auf seiten des SozArb die insgeheimen eigenen Motive und Intentionen des Helfens bewußt und reflektierbar machen, um »Klientifizierungen« der Adressaten zu vermeiden (Schmidbauer 1977).

R. Münchmeier

Literatur: M. Brumlik: Verstehen oder Kolonialisieren, in: S. Müller/H.-U. Otto, s. u.; Internationale Vereinigung der Sozialarbeiter 1976: Internationaler »Code of Ethics« für den Berufsstand der Sozialarbeiter/Sozialpädagogen, in: Der Sozialarbeiter 3/1977; J. Mielenz: Die Strategie der Einmischung. Sozialarbeit zwischen Kommunalpolitik und Selbsthilfe, in: NP Sonderheft 6/1981; B. Müller/H. Thiersch (Hrsg.): Gerechtigkeit und Selbstverwirklichung. Moralprobleme im sozialpädagogischen Handeln, Freiburg 1990; S. Müller/H.-U. Otto (Hrsg.): Verstehen oder Kolonialisieren? Grundprobleme sozialpädagogischen Handelns und Forschens, Bielefeld 1984; J. Oelkers: Pädagogische Ethik. Eine Einführung in Probleme, Paradoxien und Perspektiven, Weinheim/München 1992; T. Rauschenbach/H. Thiersch (Hrsg.): Die herausgeforderte Moral. Lebensbewältigung, in: Erziehung und soziale Arbeit, Bielefeld 1987; W. Schmidbauer: Die hilflosen Helfer. Über die seelische Problematik der helfenden Berufe, Reinbek 1977.

Ethnologie

E. wird vom Duden (Fremdwörterbuch 1990) definiert als: »1. Völkerkunde, Ethnographie; 2. Wissenschaft, die sich mit Sozialstruktur und Kultur der primitiven Gesellschaften beschäftigt; 3. in den USA betriebene Wissenschaft, die sich mit Sozialstruktur und Kultur aller Gesellschaften beschäftigt.« Der mit dieser Kurzbeschreibung angedeutete Wandlungs- bzw. Erweiterungsprozeß der E. ist in vollem Gange; die Selbstreflexion des Fachs hat auch dazu geführt, daß ein ressentimentbesetzter Begriff wie »primitiv« durch den »verkehrten Blick« korrigiert bzw. revidiert wurde: Durch Einfühlung (hermeneutische Kompetenz) erkennt man die Vielfalt und Komplexität bislang als »primitiv« eingeordneter Gesellschaften und sieht von deren Weltbild aus die Mängel und Defizite der sich auf Fortschritt und Zivilisation (überheblich) berufenden westlichen Welt. Damit wird die vor allem in der 2. Hälfte des 19. Jh. durch Imperialismus und Kolonialismus bewirkte Vereinseitigung der E. als Völkerkunde – in Völkerkundemuseen »verdinglicht« – überwunden.

Das durch die amerikanische (auch französische) E. geförderte umfassende Wissenschaftsverständnis der E. bewirkt freilich eine begriffliche »Fließstruktur«, ein Übergreifen in andere bzw. eine Vermischung mit anderen Wissens- und Wissenschaftsgebieten – was der Sache dient, aber die methodische Arbeit erschwert. So gibt es große Schnittflächen zwischen E. und Volkskunde, E. und Kulturanthropologie wie allgemeiner Anthropologie, E. und Psychologie bzw. Psychoanalyse, E. und Geographie, E. und Historiographie etc. E. könnte verstanden werden als zusammenfassende Menschheitsanthropologie, die über Komparatistik das Besondere im Allgemeinen und das Allgemeine im Besonderen menschlicher Existenz zu entdecken trachtet. Damit wird sie besonders wichtig für das Problem der multikulturellen Gesellschaft – durch theoretische Analyse das Handlungsmuster für Interkulturalität fundierend.

Berichte über »fremde Völker« sind Teil des Enkulturationsprozesses: Man interessiert sich, aus verschiedenen Gründen, für die außerhalb und jenseits des eigenen Kulturkreises angesiedelten »Anderen« (z. B. Tacitus für die Germanen). Das Wort »ethnographisch« wurde gefunden bzw. geschaffen, »als man es wirklich brauchte, d. h. als man die Beschäftigung mit Volk und Völkern als ein thematisch eigenständiges Feld, als ein wissenschaftliches Fach, erkannt hatte und entsprechend benennen wollte. Dies aber geschieht erst im 18. Jahrhundert. Die Entwicklungen, in deren Verlauf das vor sich geht, sind Teil und Konsequenz der Aufklärung« (Lutz). Zum einen geht es um den für die *Aufklärung* charakteristischen Versuch, die vielen vorliegenden Fakten und Kenntnisse enzyklopädisch zusammenzufassen; zum anderen will Aufklärung auch jeweils den »Sinn« der Weltenfülle – z. B. als Theodizee (die Toleranzidee implizierend) – deuten. »Je mehr Menschen ich gesehen habe aus unterschiedlichen Kli-

mazonen und mit unterschiedlichen Sitten, Sprachen, Gesetzen, Religionen und unterschiedlichem Intelligenzgrad, desto mehr fiel mir auf, daß sie alle die gleichen moralischen Grundsätze haben« (Voltaire).
Der Dialektik der Aufklärung (ins Gegenteil sich verkehrend) entspricht die Verengung und Vereinseitigung eines universalistisch angelegten E.-Begriffs. Dem Leitbild der eigenen Nation folgend, wurde der Blick auf das eigene Volk und seine Geschichte gelenkt, wodurch allerdings auch historische Tiefe gewonnen werden konnte. Zugleich aber hat man die »Stimmen der Völker« (Herder) »hierarchisiert«: die Lehre von den Völkern dazu benutzt – in der nationalsozialistischen Volks- und Rassenkunde gipfelnd –, die Qualität des eigenen Volkstums überheblich herauszustellen.
Mit dem Niedergang der völkischen Ideologie wurde auch die E. (Völkerkunde, Volkskunde) aus den selbstverschuldeten Banden befreit. Über einen Selbstklärungsprozeß (»Ethnographie der Ethnographen«) konnte sie sich in eine »Begegnungswissenschaft« wandeln; die vielfach sich als Projektionen eigener Kulturmuster erweisenden ethnologischen Feldstudien werden ersetzt durch »Writing Culture«, bei der »Kultur als Text« die hermeneutische Ausgangsmetapher darstellt. Die Formel fordert ein »Lesevermögen«, das sich vom ethnologischen Herrschaftsdiskurs früherer Zeiten radikal abwendet. »Die Einbindung des Ethnographie in das globale Netz multikultureller Beziehungen und die gleichzeitigen Auflösungs- und Angleichungserscheinungen traditioneller Gesellschaften lassen die Dichotomien von Selbst und Anderen, Eigenem und Fremdem, Wilden und Zivilisierten auseinanderbrechen. Kultur ist für die Vertreter der ›Writing Culture‹ keine empirische Wirklichkeit, die sich durch Beobachtung dekodieren ließe, sondern eine vielschichtige Konfiguration von Diskursen: Fiktion, Erfindung und die Wiederholung des immer schon Gesagten in einem Geflecht von Machtbeziehungen« (Bachmann-Medick).
Für die E. als Teil des Theoriesystems Sozialer Arbeit wäre in Exegese von Grund-Sätzen, wie sie Koepping formuliert hat, zu postulieren:

1. »Ethnologie als Diskurs über Anderssein und Ethnographie als die Praxis des Dialogs mit dem Anderssein sind untrennbar miteinander verbunden.« Da das Anderssein ein Ergebnis komplexer Entwicklungen und Zusammenhänge ist und auch das Miß- oder Unverständnis des Andersseins als komplexes Syndrom sich erweist, wird es darauf ankommen, daß der Diskurs nicht nur von der E. allein, sondern interdisziplinär geführt wird, vor allem zusammen mit Wissenschaften, die sich dem Menschen und seinen Befindlichkeiten wie Bedingtheiten widmen.

2. »Nur durch Verstehen von Anderssein kann Selbstidentität verwirklicht oder reflexiv wahrgenommen werden, wie die Äußerung von Genet belegt, daß authentische Schwarze nur von Weißen dargestellt werden könne, die Schwarze spielen.« Die Freude am anderen und die Irritation, auch Störung, die vom anderen ausgeht, sind für Selbstfindung entscheidend; vor allem *Psychologie*, *Anthropologie* und *Soziologie* haben dabei die Aufgabe, die Interaktionsstruktur sowohl auf analytische Weise wie mit Empathie nachvollziehbar zu machen, die Wechselwirkungen von Anderssein und Selbstidentität als Wurzelgeflecht zu begreifen.

3. »Es ist daher nicht angemessen, das Allgemein-Menschliche dem Spezifisch-Kulturellen als diametral gegenüberzustellen oder sich ganz auf einen absoluten Kulturrelativismus festzulegen. Die Verbindung mit absolut-transzendenten Werten und dem Glauben an die Einheit des Menschengeschlechts ist für die Arbeit mit konkret-partikulären kulturellen Äußerungen notwendig.« »Verständigung« erfolgt über die Einsicht in den Dualismus von abstraktem und konkretem Menschen. Die moralische Axiomatik, die der rigorosen Idee des humanen Menschen anhängt, kann bei dieser Grundsatzfrage eigentlich keine Vielfalt bzw. Abweichung zulassen; die religiös oder vom Standpunkt aufklärerischer Humanität aus zu postulierenden Grundwerte stehen über den verschiedenen »Kulturethiken«. Zugleich muß solche Überwölbung in einen fundamentalen Gegensatz zu allen fundamentalistischen, vor allem religiös-fundamentalistisch orientierten Kulturen treten, da diese wichtige Lebens- und Entfaltungsräume des Menschen mißachten. Die Grenzlinie, wo das Allgemein-Verbindliche in das Vielfältig-Unterschiedliche übergeht, also aus dem abstrakten Menschen der konkrete Mensch sich entpuppt, ist schwierig zu ziehen; sie liegt dort, wo die Grundrechte des Menschen, anthropologisch wie historisch fundiert, der Beachtung und Anwendung harren. Immanuel Kants kategorischer Imperativ gilt dabei absolut und unbedingt, überall und immer, vor aller Erfahrung, ohne jede empirische Bestätigung: »Handle so, daß die Maxime deines Willens jederzeit zugleich als Prinzip einer allgemeinen Gesetzgebung gelten könnte.« Die E. hat im Verbund mit den anderen Humanwissenschaften, vor allem auch mit der *Ethik*, nicht nur aufzuzeigen, was andere Kulturen konstituiert, sondern was Unkulturen charakterisiert. Selbstverständlich muß sie dies in Form eines selbstreflexiven kritischen Verfahrens tun, um nicht dogmatischer Einseitigkeit zu verfallen.
Die E. als Wissenschaft teilnehmender Beobachtung wird also genau zu prüfen haben, wo sie teilnimmt und beobachtet und wo sie kritisiert und eingreift. Wenn sie diesen Mut, der Trauerarbeit abfordert, nicht aufbringt, gerät sie in Gefahr, zur affirmativen Wissenschaft zu werden; diese findet eine unterschiedliche Ausprägung: exotistische Wissenschaft, als Beschwichtigungswissenschaft, als Farbigkeitsbedarfsdeckungs-Wissenschaft etc. Dort, wo die Würde des Menschen in Gefahr ist, muß die E. also eine parteinehmende Wissenschaft sein, um der vor allem auch in der Postmoderne drohenden Gleich-gültigkeit zu entgehen. *H. Glaser*

Literatur: N. Barley: Traumatische Tropen. Notizen aus meiner Lehmhütte, Stuttgart 1990; R.W. Brednich (Hrsg.): Grundriß der Volkskunde. Einführung in die Forschungsfelder einer europäischen Ethnologie, Berlin 1988; I. Chiva/U. Jeggle (Hrsg.): Deutsche Volkskunde – Französische Ethnologie, Frankfurt/M./New York o.J.; M. Erdheim: Die gesellschaftliche Produktion von Unbewußtheit. Eine Einführung in den ethnopsychoanalytischen Prozeß, Frankfurt/M. 1988; I.-M. Greverus/K. Köstlin/H. Schilling: Kulturkontakt – Kulturkonflikt. Zur Erfahrung des Fremden, Frankfurt/M. 1988; E. Heinemann/G. Krauß (Hrsg.): Beiträge zur Ethnopsychoanalyse, Nürnberg 1992; A. Klein: Die Rede von der multikulturellen Gesellschaft. Ein Reader, Berlin 1992; K.P. Koepping: Feldforschung als emanzipatorischer Akt? Der Ethnologe als Vermittler von Innen- und Außenansichten, o.O. 1984; M. Leiris: Die eigene und die fremde Kultur. Ethnologische Schriften, Frankfurt/M. 1985; G. Lutz: Volkskunde und Ethnologie, in: Zeitschrift für Volkskunde 65/1969; H. Nixdorff/Th. Hauschild (Hrsg.): Europäische Ethnologie. Theorie- und Methodendiskussion aus ethnologischer und volkskundlicher Sicht, Berlin o.J.; Th. Schweizer (Hrsg.): Netzwerkanalyse. Ethnologische Perspektiven, Berlin 1989; J. Zwernemann (Hrsg.): Die Zukunft des Völkerkundemuseums, Münster/Hamburg 1991.

Eugenik

Der Ausdruck E. geht auf den Engländer Francis Galton (1822–1911) zurück, der ihn 1883 einführte. Das Adjektiv »eugenisch« bedeutet soviel wie »von der Abstammung her gut; mit erblich guten Eigenschaften«. In Deutschland war seit 1895 auch der Ausdruck »Rassenhygiene« (R.) gebräuchlich, der von dem Mediziner Alfred Ploetz geprägt wurde.
Die Ausdrücke E./R. stehen für sozial-, bevölkerungs- und gesundheitspolitische Konzeptionen, die gegen Ende des 19. Jh. auf dem ideologischen Boden des *Sozialdarwinismus* und der Sozialbiologie entstanden. Sie stützten sich u.a. auf die Ergebnisse der menschlichen Erblehre und Fortpflanzungsbiologie als naturwissenschaftlicher Basisdisziplinen. Die Erbausstattungen aller Einzelmenschen einer *Gesellschaft* zusammen bezeichneten die Eugeniker als Rasse.
In Deutschland und in vielen anderen Ländern (u.a. in England, Frankreich, den Vereinigten Staaten, der Sowjetunion) entstanden um die Jahrhundertwende E.-Bewegungen und -Gesellschaften, die mit ihren Programmen mehr oder weniger Einfluß auf rechts-, sozial-, gesundheits- und bevölkerungspolitische Entscheidungs- und Interventionsinstanzen gewannen.
Die allen Spielarten der E./R. gemeinsame Strategie bestand darin, auf der Grundlage der Erforschung der erbbiologischen Gesetze zu einer Kontrolle und Manipulation der Fortpflanzungsprozesse in der Gesellschaft zu gelangen. Es sollten sog. Degenerations- oder Entartungserscheinungen in der Gesellschaft ausgemerzt werden (sog. »negative E./R.«) und erbpflegerische Maßnahmen (sog. »positive E./R.«) sollten zu einer Höherentwicklung der Gesellschaft (»Aufartung«) führen. Längerfristig sollte ein eugenischer und sozialbiologischer Umbau aller für »die Güte« der gesellschaftlichen Erbsubstanz als bedeutsam angesehenen Bereiche der sozialen Infrastruktur erfolgen. Gemeint waren vor allem die medizinischen Errungenschaften und das System der *sozialen Sicherungen*, nicht zuletzt auch die moderne Fürsorge und Wohlfahrtspflege, die ja nicht einfach nur den einzelnen »erbschwachen« und wenig leistungsfähigen Menschen das Überleben möglich machten, sondern – und dies ist der zentrale eugenische Ansatzpunkt – damit auch die Fortpflanzung und die Weitergabe »minderwertigen Erbgutes«.
Die phänotypischen Ausprägungen des »minderwertigen Erbgutes« können körperlicher wie seelisch-geistiger Art sein. Ihre sozialen Träger sind: «Geisteskranke und Geistesschwache«, »Psychopathen«, »Schwachsinnige und Taubstumme«, »Epileptiker und Trunksüchtige«, »Irre«, »Krüppel«, »Fürsorgezöglinge«, »Hilfsschüler«, »konstitutionelle Verbrecher«. In der Weimarer Zeit bildet sich in Deutschland ein – auch in wissenschaftlichen Publikationen – allseits gebräuchlicher Sammelbegriff heraus: »die Minderwertigen«.
Alles was in der Generationenfolge Kontinuitäten aufweist – Erb- und Geisteskrankheiten, körperliche Unzulänglichkeiten, *Kriminalität* und sozial auffälliges Verhalten, *Armut* und Fürsorgebedürftigkeit, *Alkoholismus* u.a. – ist nach eugenischer Auffassung vor allem durch die Erbanlagen bedingt.
Eine »positive Rassenhygiene« sollte auf dem Wege pronatalistischer Familien- und Steuerpolitik für die »Erbtüchtigen« erfolgen; »negative Rassenhygiene« als »Ausmerzung minderwertiger Keime« auf dem Wege eugenischer Eheberatung, Sterilisierung und Asylierung.
In Deutschland ist die Frage nach der gesellschaftspolitischen Konzeption der Rassenhygiene und ihrer Umsetzung untrennbar verbunden mit der Frage nach den politischen und ideologischen Entsprechungen zwischen der Rassenhygiene und der Bevölkerungs-, Rassen- und Vernichtungspolitik im 3. Reich (*Soziale Arbeit im Nationalsozialismus*). Die besondere Affinität zwischen der E./R. und nationalsozialistischer Ideologie und Politik ist deutlich herausgearbeitet worden. Es zeigt sich aber auch, daß eine unkritische Gleichsetzung den historischen Fakten nicht gerecht wird. Zwar dachten alle Nazi-Ideologen auch in rassenhygienischen Begriffen, aber nicht alle Ideologen der E./R. waren Anhänger und Parteigänger des Nationalsozialismus.
Die gegenwärtige Situation ist nicht nur in der BRD durch eine Vielgestaltigkeit von Themen und Entwicklungen mit eugenischer Relevanz gekennzeichnet, welche die Frage einer »neuen Eugenik« mit unabweisbarer Dringlichkeit auf die Tagesordnung setzt. Einfallstore neuer eugenischer Konzepte und Programme sind die genetische Beratung, *Familienpolitik* für diejenigen, »die etwas leisten«, pränatale Diagnostik und eugenische Abtreibung, Gentherapie und Reproduktionsmedizin. Die technischen Möglichkeiten der Keimbahn-Gentherapie sind gleichzeitig auch diejenigen,

die eine »Nachbesserung der biologischen Konstitution des Menschen« möglich machen (*Gentechnologie*).

J. Reyer

Literatur: W. van den Daele: Mensch nach Maß? Ethische Probleme der Genmanipulation und Gentherapie, München 1985; J. Reyer: Alte Eugenik und Wohlfahrtspflege. Entwertung und Funktionalisierung der Fürsorge vom Ende des 19. Jahrhunderts bis zur Gegenwart, Freiburg/Br. 1991; P. Weingart/ J. Kroll/K. Bayertz: Rasse, Blut und Gene. Geschichte der Eugenik und Rassenhygiene in Deutschland, Frankfurt/M. 1988.

Evaluierung

In der erziehungswissenschaftlichen, sozialpolitischen, entwicklungspolitischen und sozialpädagogischen Fachliteratur wird unter E. (valeo = lat.: kräftig sein, vermögen; evaluation = amerik.) die akkurate Einschätzung des Wertes einer Einrichtung oder Maßnahme mit Methoden und Instrumente der *empirischen Sozialforschung* verstanden. Einige Autoren machen dabei einen Unterschied zwischen formativer E. (wenn die Einrichtung oder Maßnahme im Prozeß der Untersuchung noch modifiziert werden soll) und summativer E. (wenn es darum geht, dem Auftraggeber ein abschließendes Bild von der Leistungsfähigkeit der untersuchten Maßnahme zu geben).

Nach dieser sehr allgemeinen Begriffsbeschreibung ließe sich schlechthin jede gesellschaftliche Einrichtung oder Maßnahme »evaluieren«, der Strafvollzug ebenso wie der Straßenverkehr, die Wettervorhersage oder die Bundesregierung. In der Praxis begnügen wir uns meist bei traditionellen Einrichtungen und Maßnahmen damit, deren behauptete Effekte zur Kenntnis zu nehmen und uns höchstens zu ärgern, wenn wir sie nicht zu erkennen vermögen. Evaluationsforschung setzt i. d. R. erst bei Neuerungen (Reformmaßnahmen) ein, die zusätzliches Steuergeld kosten und deren Einführung politisch legitimiert werden muß. Tradition versteht sich von selbst; die Sinnhaftigkeit von Neuerungen muß bewiesen werden.

Das klassische Vorgehen der Evaluationsforschung ist das kontrollierte und vergleichende Experiment. Eine möglichst genau definierte Bevölkerungsgruppe in der zu evaluierenden Einrichtung wird mit der zu evaluierenden Maßnahme »behandelt«. Gleichzeitig wird eine soziologisch möglichst »ähnliche« Kontrollgruppe mit gleichen Symptomen entweder nicht oder mit einer traditionellen Maßnahme »behandelt«. Werden alle anderen Bedingungen im Experiment konstant gehalten und zeigen sich am Ende der »Behandlung« von Untersuchungsgruppe und Kontrollgruppe Unterschiede, so werden diese Unterschiede als Effekte der zu evaluierenden Einrichtung und Maßnahme interpretiert und gegen die Absicht des Reformprojektes gemessen. Diese Art der Evaluationsforschung stammt von dem Statistiker R. A. Fisher, der in den 30er Jahren auf einer nordamerikanischen landwirtschaftlichen Versuchsstation Experimente mit Saatgut und künstlicher Düngung erfolgreich durchführte. Es ist einleuchtend, daß ein solches Vorgehen nicht ohne Schwierigkeiten von der Viehzucht auf die SozArb übertragen werden kann. Die Praxis der nordamerikanischen Evaluationsforschung in der SozArb/SozPäd zeigt denn auch sehr widersprüchliche Ergebnisse. Die meisten evaluierten Projekte (meist Projekte der *Einzelfallhilfe* oder eine Kombination von Einzelfallhilfe und *Gruppenarbeit*) leisten nicht das, was sie versprechen, oder sie leisten es in einem statistisch nicht überzeugenden Maße. Einige Forscher haben daraus die Konsequenz gezogen, daß die *Methoden der Sozialarbeit/Sozialpädagogik* unwirksam seien, andere Forscher argwöhnen, daß die Methoden der E. untauglich wären. Breedlove (in: Mullen) beispielsweise meint, daß bisher weder SozPäd noch Evaluationsforscher einen angemessenen Begriff davon hätten, was in den evaluierten Programmen wirklich passiert und warum es passiert. Er schlägt vor, daß es weniger wichtig sei, Hypothesen zu testen, als vielmehr genau zu registrieren, was in dem Reformprogramm wirklich geschieht. Dazu aber taugen kontrollierte und vergleichende Feldexperimente weniger als längsschnitthafte Prozeßanalysen mit dem Ansatz der Handlungsforschung. An diesem Punkt zeichnen sich schwerwiegende Meinungsverschiedenheiten zwischen produktorientierten und prozeßorientierten Evaluationsforschern ab. Die ersteren sind an der Entscheidung ihrer Geldgeber über die Einführung oder Nichteinführung eines Reformprogramms orientiert, die letzteren an Entscheidungen von SozPäd und deren Klienen über die notwendigen Modifikationen und Verbesserungen des Reformprogramms. Beide Ansätze sind legitim und sinnvoll. Insbesondere der erste Ansatz, der Bund, Länder und Kommunen in die Lage versetzen soll, über Reformprogramme zu entscheiden, wurde angesichts der zunehmenden Vergesellschaftung bisher privat getragener Reproduktionsrisiken und Reproduktionsleistungen immer aktueller. Mehr und mehr werden neben den *Schulen* und neben der Berufsausbildung (*Berufliche Bildung*) nun auch Einrichtungen und Maßnahmen der SozPäd in den Verteilungskampf um Mittel aus dem Staatshaushalt hineingezogen. Das gilt bisher nur für Reformprogramme (Vorschulerziehung, Eingangsstufe, Tagesmütter: *Tageseinrichtungen für Kinder*), aber auch traditionelle Einrichtungen und Maßnahmen vor allem der *Jugendhilfe* müssen die von ihnen behaupteten Effekte stärker als früher nachweisen, vor allem, wenn ihre politischen Konzepte nicht mit denen der staatlichen Exekutive übereinstimmen. Angesichts einer solchen Prognose besteht die Gefahr, daß die hoffnungsvollen Ansätze einer sinnvollen Evaluationsforschung in der BRD wieder in eine universitätsorientierte Evaluationsforschung auseinanderfallen, während die Interessen der praktizierenden SozArb und deren Klienten auf der Strecke bleiben. Wo immer es aussichtsreich zu sein scheint, sollte deshalb der Versuch gemacht werden, Fragestellungen aus der Forschungspraxis, der Erziehungspraxis und der Verwaltungspraxis im Rahmen von Evaluationsprojekten zusammenzubringen. Das wird mit handlungsforschungsorientierten Ansätzen leichter möglich sein als mit kontrollierten und vergleichenden Feldexperimenten. Dies insbesondere deshalb, weil in den untersuchten Programmen der SozArb der enge Zusammenhang zwischen Absicht, Ursache und Wirkung nicht so stringent ist wie in anderen Bereichen instrumenteller Staatstätigkeit. Außerdem haben bestimmte Formen der E. einen deutlichen Qualifizierungseffekt für das Fachpersonal der zu evaluierenden Einrichtungen und Maßnahmen. Deshalb haben in den 90er Jahren Formen der Selbstevaluation zugenommen (Heiner; von Spiegel). *C. W. Müller*

Literatur: C.C. Abt (Hrsg.): The Evaluation of Social Programs, Beverly Hills 1976; Bauer/Berg/Kuhlen: Forschung zu Problemen der Jugendhilfe. Bestandsaufnahme und Analyse, München 1976; Evaluation Quarterly. A Journal of Applied Social Research, Beverly Hills seit 1977; M. Guttentag/E.L. Struening (Hrsg.): Handbook of Evaluation Research. Vol. 1 and 2, Beverly Hills 1975; M. Guttentag (Hrsg.): Evaluation Studies. Review Annual, Beverly Hills 1977; M. Heiner (Hrsg.): Selbstevaluation in der sozialen Arbeit, Freiburg 1988; Institut für soziale Arbeit (Hrsg.): Sozialpädagogische Begleitforschung, Münster 1983; C.W. Müller (Hrsg.): Begleitforschung in der Sozialpädagogik. Analysen und Berichte zur Evaluationsforschung, Weinheim 1978; E. Mullen/J.R. Dumpson u.a.: Evaluation of Social Intervention, San Francisco 1982; H. Nielsen/K. Nielsen/C.W. Müller: Sozialpädagogische Familienhilfe, Weinheim 1986; H.W. Riecken/R.F. Boruch: Social Experimentation. A Method for Planning and Evaluating Social Intervention, London 1974; H. Skowronek/D. Schmied: Forschungstypen und Forschungsstrategien in der Erziehungswissenschaft, Hamburg 1977; H. von Spiegel: Aus Erfahrung lernen, Münster 1993; C.H. Weiss: Evaluierungsforschung. Methoden zur Einschätzung von sozialen Reformprogrammen, Opladen 1974.

Familie(n)

1 Eine einheitliche Auffassung darüber, was man als F. bezeichnet, gibt es weder im Alltag noch in der Wissenschaft, obwohl das Wort seit dem 16. Jh. in die deutsche Sprache aufgenommen wurde. So werden häufig F. und Verwandtschaft synonym gebraucht oder auch die kinderlose Ehe als F. bezeichnet. Überblickt man die in der Wissenschaft üblichen Definitionen von F., so betonen zumeist ihre Autoren, entsprechend dem von ihnen jeweils bevorzugten wissenschaftstheoretischen Paradigma, entweder die gesamtgesellschaftliche Bedeutung der F. oder ihren Gruppencharakter.
Unter makrosoziologischer Perspektive wird F. als eine soziale Institution bezeichnet, die bestimmte gesellschaftliche Leistungen erbringt bzw. zu erbringen hat. In diesem Zusammenhang wird zuweilen ein Funktionsverlust der modernen F. im Vergleich zur vorindustriellen konstatiert, da sie bestimmte Funktionen an den Staat oder an andere gesellschaftliche Gruppierungen abgetreten hat. So verlor sie z.B. als erstes die Kult- und Gerichtsfunktion, später, durch die Etablierung des Militärs, von Krankenhäusern u.a.m., reduzierte sich ihre Schutz- und Fürsorgefunktion für ihre Mitglieder. Dagegen hat sie die Reproduktions- und *Sozialisations*funktion (und damit auch eine gesellschaftliche Plazierungsfunktion) immer innegehabt, wobei die Pflege und *Erziehung* während der Säuglings- und Kleinkinderzeit erst in diesem Jh. in einem derartigen Umfang von ihr allein wahrgenommen wird. Hinzu kommt, daß andere Funktionen neu hinzugekommen sind, nämlich die Freizeitfunktion und die »Spannungsausgleichsfunktion«, d.h., es wird ihr die Aufgabe zugeschrieben, einen psychischen Ausgleich zur gesteigerten Anonymität und Zweckrationalität sowie zur hochspezialisierten, -organisierten und -bürokratisierten Arbeitswelt zu gewährleisten. Insofern ist es angemessener, nicht von Funktionsverlust, sondern von Funktionswandel zu sprechen.
Mikroperspektivisch gilt die F. als ein gesellschaftliches Teilsystem oder als »eine Gruppe besonderer Art«, die gekennzeichnet ist durch eine spezifische Binnenstruktur, nämlich durch genau festgelegte *soziale Rollen* und durch eine bestimmte Qualität ihrer Beziehungen zwischen den Mitgliedern. Die meisten aus dieser Theorietradition stammenden Definitionen beziehen sich – zum Teil implizit – auf die moderne (west-)europäische Kern-F., weil sie als Kennzeichen von F. den »F.-Sinn« herausstellen, d.h. die Emotionalisierung, Intimisierung und Exklusivität der innerfamilialen Binnenstruktur. Sie sind damit F.-Begriffe »mittlerer Reichweite« (vgl. ausführlicher Nave-Herz 1989, 2). Denn dieser F.-Typ entwickelte sich erst ab dem 16./17. Jh. in unserem Kulturbereich, und zwar begann dieser Prozeß der Herausbildung eines »F.-Sinnes« in den städtischen Bürger-F., den reichen Kaufmanns- und Handelshäusern und griff erst im 18. und 19. Jh. auch auf alle übrigen Stände über und »verschaffte sich tyrannisch Gehör« (Mitterauer). Voraussetzung für die Entstehung dieses F.-Sinnes, wodurch die F. zu einer eigenen geschlossenen Gemeinschaft mit Exklusivcharakter wurde, waren Distanzierungsprozesse zwischen den F.-Mitgliedern und familienfremden Personen, die ausgelöst wurden durch ökonomische Bedingungen, durch Veränderungen der Produktionsverhältnisse und durch einen Wandel von gesellschaftlichen Leitideen. Auf die vielen Fakten, die an diesem Veränderungsprozeß mitgewirkt haben, kann in dieser Abhandlung nicht eingegangen werden; infolge ihrer gegenseitigen Verflechtung ist es auch kaum auszumachen, welche als verursachende, auslösende oder bedingte Faktoren anzusehen sind.
Wenn man nach den Kriterien fragt, die F. von anderen sozialen Systemen unterscheiden, und man sowohl die Makro- als auch die Mikroebene berücksichtigen will, dann sind F. – gleichgültig, welche spezifische historische oder regionale Ausprägungsform sie besitzen – gekennzeichnet: a) durch die Übernahme bestimmter gesellschaftlicher Funktionen, und zwar zumindest der Reproduktions- und der Sozialisationsfunktion neben anderen, die kulturell variabel sind, b) durch die Generationsdifferenzierung und c) durch ein spezifisches

Kooperations- und Solidaritätsverhältnis zwischen ihren Mitgliedern.
Lange Zeit galt in der F.-*Soziologie* das Ehesubsystem als essentielles Kriterium für den Begriff »F.«. Zwar wurden und werden F. zumeist durch eine zeremonielle Eheschließung begründet oder ergänzt (im Falle von Verwitwung oder Scheidung) bzw. erweitert (im Hinblick auf die Mehrgenerationen- oder die polygame F.), aber zu allen Zeiten und in allen Kulturen gab es auch F. (zumeist Mutter-Kind-Einheiten), die nie auf einem Ehesystem beruht haben und deren Ehesystem im Laufe der F.-Biographie durch Rollenausfall infolge von Tod, Trennung oder Scheidung entfallen ist. Sie werden heute nicht mehr als »unvollständige F.« bezeichnet wegen des damit verbundenen wertenden Aspektes, sondern als »Ein-Eltern-F.« oder als »Vater-« bzw. »Mutter-F.« (*Alleinerziehende*).

2 Wissenschaftliche Abhandlungen über die F. sind schon in der Antike und im Mittelalter verfaßt worden. So haben bereits Aristoteles und viele andere Philosophen (wie Locke, Bacon), die politischen Arithmetiker, ferner die Autoren der »Hausväterliteratur« und die der frühen Haushaltsstudien wichtige familienwissenschaftliche Erkenntnisse gebracht, aber die F. war nicht zentraler Gegenstand ihrer wissenschaftlichen Analysen, sondern sie wurde als »Mittel zum Zweck«, nämlich im Hinblick auf die Staatsbildung, die Kirche und eine christliche Lebensführung, die *Bevölkerungsentwicklung* u. a. m., der wissenschaftlichen Reflexion unterzogen. Erst in der 1. Hälfte des vorigen Jh.s und schließlich mit der Entstehung der Soziologie setzte sich die Absicht durch, systematisch und überprüfbares Wissen über die F. selbst, über ihre Mitglieder und über die Transferwirkungen zwischen ihr und anderen gesellschaftlichen Teilbereichen methodisch zu gewinnen.

3 Trotz der über 100jährigen Forschung ist bislang keine Theorie über die historische Entstehung von F. und über die hierfür verantwortlichen verursachenden Bedingungen allgemein anerkannt. Es besteht aber heute kein Zweifel mehr darüber, daß die F. historisch älteren Ursprungs ist als der Staat und daß es in unserem Kulturbereich zu allen Zeiten, über die wir einigermaßen verläßliche Daten besitzen, immer verschiedene Formen von F. nebeneinander gegeben hat. So lebte die Mehrheit der Bevölkerung in der vorindustriellen Zeit nicht in den großen Haushalts-F. mit Produktionsfunktion, deren Hauptkennzeichen und Zentrum die Erstellung von Gütern und Waren, der Handel oder sonstiges Gewerbe war und die neben F.-Mitgliedern zumeist auch familienfremde Personen umfaßten, sondern in Kern-F. (=Eltern/Einelternteil – Kind(er)-Einheiten). Diese unterschieden sich von unseren heutigen F. nicht durch ihre Größe, sondern dadurch, daß diese zum Teil in großfamilialen Verbänden zusammenwohnten und v.a. durch eine Öffnung nach außen gekennzeichnet waren und keine »Zufluchtsstätten vor der Öffentlichkeit«, wie unsere heutigen, darstellten. Sie waren eigentumslos und zählten somit überwiegend zu den unteren Schichten. Ihre F.-Mitglieder gingen einer außerhäuslichen Erwerbstätigkeit nach. Denn außerhalb des Hauses geleistete Lohnarbeit ist nicht erst eine neuartige, sondern eine sehr alte Erscheinung. Trotz ihrer zahlenmäßigen Stärke ist ihre Existenz lange Zeit von der Wissenschaft fast vergessen worden, jedenfalls sind unsere Kenntnisse über sie selbst heute noch sehr dürftig.
Ferner gab es auch in der vorindustriellen Zeit neben den Eltern-F., v.a. wegen der geringen Lebenserwartung, Ein-Eltern-F., und zwar überwiegend aufgrund von Verwitwung (heute v.a. durch *Scheidung*). Diese Mutter- und Vater-F. blieben in jener Zeit nur in der Unterschicht, also bei der eigentumslosen Bevölkerung, längere Zeit bestehen. Ansonsten mußte aus ökonomischen Gründen möglichst schnell wieder geheiratet werden, weil mit dem Ausfall der F.-Rolle die Nichtbesetzung einer Berufsrolle verbunden war, nämlich bei den städtischen Handwerks- und Handelsbetrieben sowie bei den Bauern auf dem Lande. Dieser Grundsatz galt gleichermaßen für das Kleinbürgertum und für die vermögenden Schichten. Insofern waren Stief-F. in der vorindustriellen Zeit weit verbreiteter als heute.
Die soziale Bewertung der Ein-Eltern-F. war in der Vergangenheit von ihrer Entstehungsursache abhängig: Mitleid bei Verwitwung, Diskriminierung und Schuldzuschreibungen bei Nichtehelichkeit und Scheidung. Die Diskriminierung hat – wie neuere empirische Untersuchungen zeigen – stark abgenommen, dagegen bestehen Vorurteile gegenüber einer Alleinerzieherschaft weiterhin.
Genügend wurde in den letzten Jahren durch die historische F.-Soziologie auf den »Mythos der Groß-F.« hingewiesen, d.h. die Vorstellung revidiert, daß im Mittelalter und weit bis in die Neuzeit hinein die vorherrschende Familienform die Drei-Generationen-F. mit einer hohen Kinderzahl gewesen wäre. Durch die geringe Lebenserwartung, die hohe Säuglingssterblichkeit, durch die fast zyklisch wiederkehrenden Seuchen, Hunger- und auch andere Notzeiten, zuweilen auch durch spätes Heiraten, nämlich dann, wenn beide Eltern noch lebten und voll arbeiteten, war de facto die Drei-Generationen-F. und – trotz hoher Geburtenzahl – eine hohe Kinderzahl in der F. Seltenheit und allerhöchstens in vermögenden Schichten vorfindbar. Auch auf dem Lande waren nur bei wohlhabenden Bauern-F., die ohne große ökonomische Belastung ein »Ausgedinge« einrichten konnten, ein höherer Anteil Mehr-Generationen-F. gegeben. Dagegen nimmt heute die Drei- oder sogar Vier-Generationen-F. – wenn auch nicht unter einem Dach wohnend – stetig zu, und noch nie in der Geschichte unseres Kulturkreises hatten so viele Kinder die Chance, ihre Großeltern und sogar ihre Urgroßeltern selbst zu erleben.

4 Von den 35256 Privathaushalten in der BRD sind 23398 Mehrpersonenhaushalte (=65% in den alten und 72% in den neuen Bundesländern). Die Durchschnitts-

Zusammengefaßte Heiratsziffern lediger Frauen in beiden Teilen Deutschlands 1950–1991

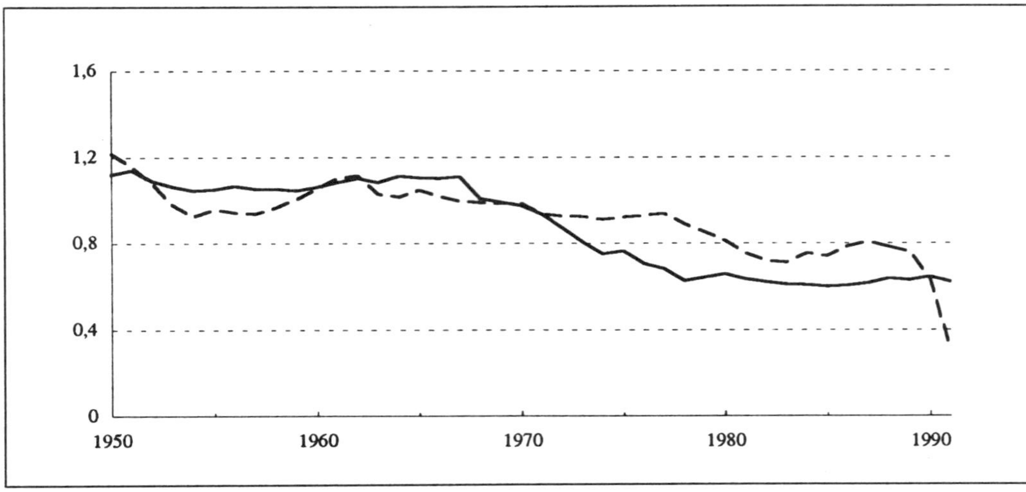

Quelle: StBA; Darstellung DJI

—— Frauen aus der Bundesrepublik bzw. den alten Bundesländern
– – – Frauen aus der DDR bzw. den neuen Bundesländern

Quelle: Fünfter Familienbericht, 1994, S. 47.

Zusammengefaßte Heiratsziffern lediger Männer in beiden Teilen Deutschlands 1950–1991

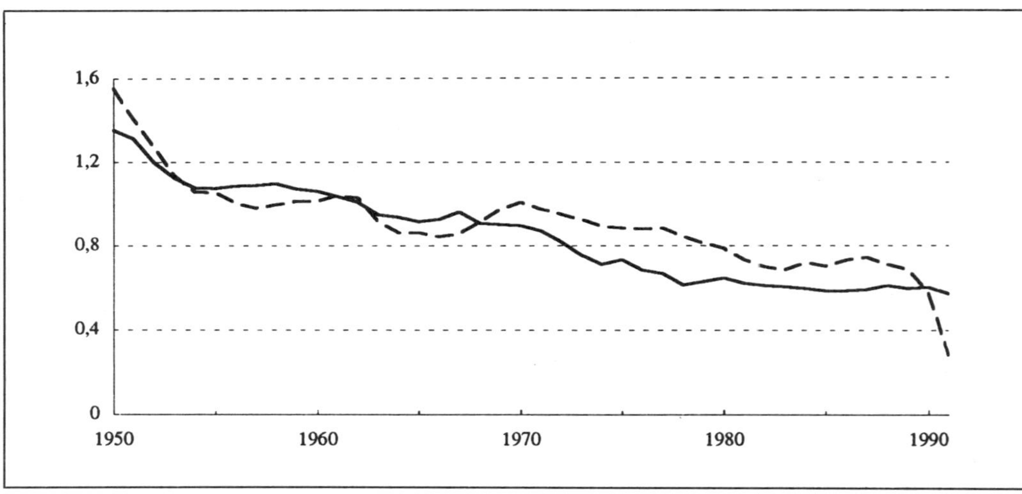

Quelle: StBA; Darstellung DJI

—— Männer aus der Bundesrepublik bzw. den alten Bundesländern
– – – Männer aus der DDR bzw. den neuen Bundesländern

Quelle: Fünfter Familienbericht, 1994, S. 48.

größe der Haushalte ist regional sehr unterschiedlich; am niedrigsten ist sie in den Gemeinden ab 100000 Einwohner (1,9 in den alten und 2,2 in den neuen Bundesländern) und am höchsten in den kleinsten Gemeinden (bis 20000 Einwohner=2,5 bzw. 2,4).

Die Zahl der Familienhaushalte (Eltern-Kind-Wohneinheiten) hat in den letzten Jahren stark abgenommen; ihr Anteil an allen Haushalten beträgt nur noch ca. ein Drittel, was vor allem eine Folge des starken Anstiegs von Einpersonenhaushalten ist. Immer mehr alte Menschen und Jugendliche besitzen heute ihren eigenen Haushalt.

Entwicklung der Scheidungsziffer in den letzten 100 Jahren: Deutsches Reich, BRD und DDR

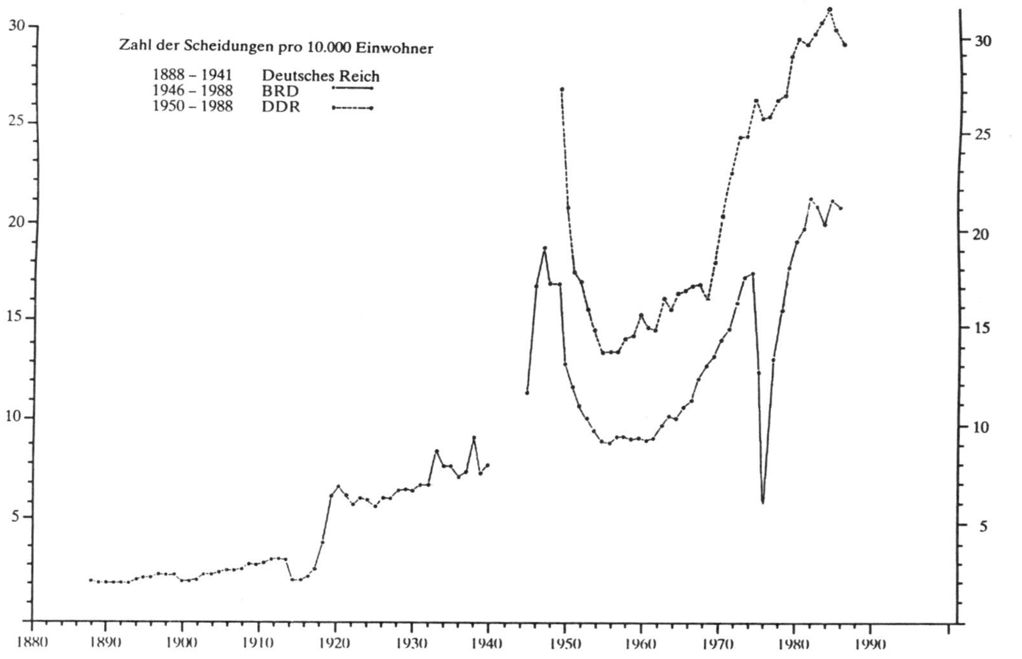

Quelle: Fünfter Familienbericht, 1994, S. 52.

Entwicklung der zusammengefaßten Geburtenziffern in beiden Teilen Deutschlands 1950–1990

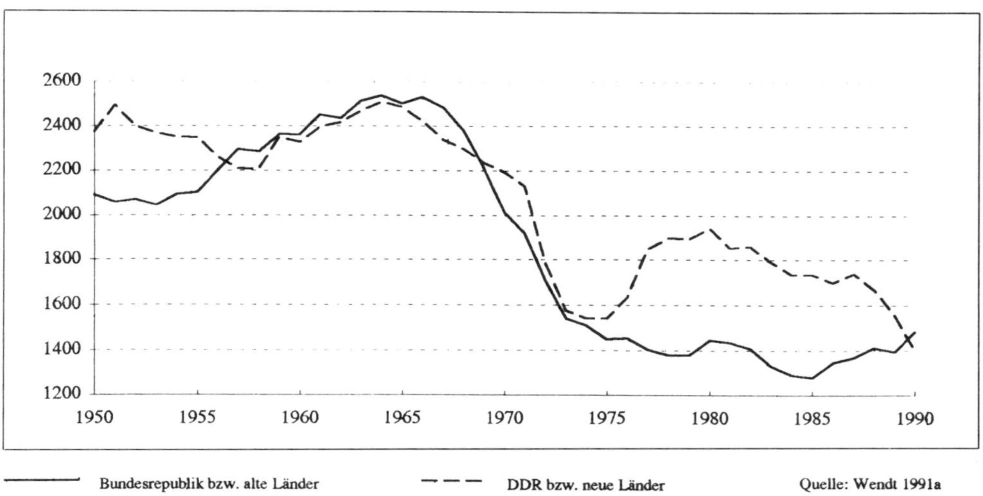

Quelle: Fünfter Familienbericht, 1994, S. 34.

Der Anteil alter Menschen steigt in allen Industriestaaten stetig an, so daß das nächste Jh. im Zeichen des demographischen *Altern*s steht, ein Phänomen, das in Europa ein nie gekanntes Ausmaß erreichen wird: Im Jahre 2020 werden die über 60jährigen ein Viertel der Bevölkerung ausmachen (1960 waren es nur 15%; 1990=20%).

Ebenso ist der Anteil der Haushalte von alleinerziehenden Eltern angestiegen, und er macht nunmehr ca. 10% von allen Haushalten aus. Dennoch wächst weiterhin in

der BRD die Mehrzahl der Kinder in Eltern-F. (=87%) und nicht in Ein-Eltern-F. auf (=13%).
Die haushaltsstatistischen Veränderungen der letzten Jahrzehnte sind auf eine Vielzahl von Faktoren zurückzuführen: auf die besseren ökonomischen Verhältnisse, die gestiegene Wohnungsversorgung, auf die längere Lebenserwartung u. a. m. Sie sind aber auch ein Resultat der familienstatistischen Veränderungen seit Mitte der 60er Jahre.

5 Aus diesen familienstatistischen Trends wird von vielen Autoren auf eine »Krise von Ehe und F.« in unserer Gesellschaft geschlossen. So nehmen die Eheschließungen zwar wellenförmig, aber stetig seit fast 30 Jahren ab.
Das durchschnittliche Erstheiratsalter ist seit Mitte der 70er Jahre bei Männern und Frauen um 3 Jahre in den alten Bundesländern und um 2 Jahre bei beiden Geschlechtern in den neuen Bundesländern gestiegen und ist im Vergleich zu anderen europäischen Staaten relativ hoch.
Ebenso steigen seit dem vorigen Jh. die Ehescheidungszahlen – wenn auch in Wellen und Sprüngen – insgesamt kontinuierlich an.
Der vieldiskutierte Geburtenrückgang ist in der BRD weiterhin festzustellen; er wird kompensiert allein durch die Geburten von Ausländerinnen und Aussiedlerinnen; hieraus erklärt sich der geringe Aufwärtstrend in den letzten Jahren, also während der Zeit, als gerade in den neuen Bundesländern die Geburtenquote sprunghaft zurückgegangen ist.
Aus diesen familienstatistischen Trendverläufen wird – wie bereits betont – häufig auf eine »Krise der F.« geschlossen, gestützt durch die Diskussion über die Individualisierungsthese und über die zugenommene Pluralität von Lebensformen. Doch statistische Verlaufsdatenreihen stellen keine Motivanalysen dar; und so zeigen Ergebnisse empirischer Erhebungen, daß die F. – etwas weniger die Ehe – noch immer bei der bundesrepublikanischen Bevölkerung in der Wertschätzung die oberste Priorität belegt. Allerdings heiraten viele heute erst – wie gezeigt – in einem höheren Alter, eine Folge der Zunahme von *nichtehelichen Lebensgemeinschaften*, die bei uns vorwiegend eine neue Lebensform während der Postadoleszenz darstellen. Erst dann, wenn ein Kind gewünscht oder erwartet wird, gehen viele Partner die Ehe mit ihrem gegenseitigen Verpflichtungscharakter ein. Insofern kann nicht von der Krise der F. gesprochen werden, sondern nur von einem Bedeutungswandel der Ehe.
Selbst die derzeit hohen Scheidungszahlen weisen nicht auf einen Bedeutungsverlust, auf ein Infragestellen oder gar auf eine Krise der Ehe und F. hin, sondern auf die hohe psychische Bedeutung der Ehe für den einzelnen, so daß die Partner eine unharmonische eheliche Beziehung heute weniger als früher ertragen können und sie deshalb ihre Ehe schneller auflösen. Gleichzeitig verstärkte die abnehmende Notwendigkeit, Ehen – mehr oder weniger allein – aufgrund zwanghafter Kohäsion, z.B. infolge der ökonomischen Lage, des sozialen Ansehens, v.a. für die Ehefrauen, u.a.m. zu erhalten, diesen Prozeß. Wie stark gerade diese beiden Faktoren das Ehescheidungsrisiko erhöht haben (ohne damit etwa zu unterstellen, daß alle Partnertrennungen nur hierauf zurückzuführen sind), wird auch an der noch höheren Scheidungsrate in den neuen Bundesländern deutlich.
Die gestiegenen psychischen Erwartungen an die Ehe haben also zu einem verstärkten Leistungsdruck in der Partnerbeziehung geführt. Außerdem wurden auch durch die Anforderungen seitens anderer gesellschaftlicher Teilsysteme (*Schule*, *Freizeit*bereich, Gesundheitsvorsorge, Arbeitswelt u.a.m.) die Leistungsanforderungen an die Elternrolle erhöht. Hinzu kommt, daß sich heute mehr Eltern ihrer Bedeutung für den Entwicklungsprozeß ihrer Kinder bewußt sind als noch vor ca. 30 Jahren, was z.T. aber nur zu erhöhter Verunsicherung im Erziehungsverhalten geführt hat und nicht zu der Einsicht in die Notwendigkeit einer Vorbildung für Eltern für ihre Erziehungsaufgabe. Die Forderung nach einer Erziehungskompetenz der Eltern hat sich bisher bei ihnen selbst, aber auch in der Öffentlichkeit überhaupt noch nicht durchgesetzt. *R. Nave-Herz*

Literatur: H. Bertram (Hrsg.): Die Familie in Westdeutschland. Stabilität und Wandel familialer Lebensformen, Opladen 1991; H. Bertram (Hrsg.): Die Familie in den neuen Bundesländern, Opladen 1992; M. Erler: Die Familie – eine gefährdete Art? oder: Der Wandel einer Lebensform, in: sm 7–8/1994; F.-X. Kaufmann: Zukunft der Familie. Stabilität, Stabilitätskrisen und Wandel der familialen Lebensformen sowie ihre gesellschaftlichen und politischen Bedingungen, München 1990; B. Nauck/C. Onnen-Isemann (Hrsg.): Familie im Brennpunkt von Wissenschaft und Forschung. Familie als Generationen- und Geschlechterbeziehung im Lebenslauf. Neuwied 1995; R. Nave-Herz (Hrsg.): Wandel und Kontinuität der Familie in der Bundesrepublik Deutschland, Stuttgart 1988; R. Nave-Herz/M. Markefka (Hrsg.): Handbuch der Familien- und Jugendforschung, Bd. I: Familienforschung, Neuwied 1989; R. Nave-Herz u.a.: Scheidungsursachen im Wandel. Eine zeitgeschichtliche Analyse des Anstiegs der Ehescheidungen in der Bundesrepublik Deutschland, Bielefeld 1990; R. Nave-Herz: Familie heute. Wandel der Familienstrukturen und Folgen für die Erziehung, Darmstadt 1994; R. Peuckert: Familienformen im sozialen Wandel, Opladen 1991; Fünfter Familienbericht, Stellungnahme der Bundesregierung zum Bericht der Sachverständigenkommission für den Fünften Familienbericht, hrsg. v. Bundesministerium für Familie und Senioren, Bonn 1994.

Familienberatung

F. bezeichnet zugleich eine Tätigkeit und eine Institution. F. als Tätigkeit und sozialer Prozeß wird, entsprechend den vielfältigen materiellen und sozialen Balanceaufgaben des familialen Systems, von vielen Fachleuten angeboten (ÄrztInnen, PsychologInnen, TherapeutInnen, AnwältInnen, SozialpädagogInnen), ist aber auch selbstverständlicher Teil der Alltagskommunikation mit Freunden, Verwandten, Nachbarn und Kollegen. Solche alltägliche Beratung verkümmert allerdings, wenn kommunikative Infrastrukturen im Wohnbereich und Kontakte zu einem weiteren sozialen Netz fehlen. In dem Maß, in dem die Fähigkeit zur Alltagsberatung den *Familie*n und Nachbarschaftssystemen verlorengeht, muß sie durch organisierte Dienste professioneller BeraterInnen ersetzt werden. Dies ist dann F. im engeren Sinn.

1. Institutionen und Auftrag: Dienste der F. sind infolge unterschiedlicher Finanzierungs- und Trägerstrukturen heute in Institutionen der Jugend-, Ehe-, Familien-, Erziehungs-, Sexual-, Schwangerschafts-, Drogen-, Suchtberatung usw. zersplittert. Dies zeigt eine gewisse Spezialisierung auf bestimmte Familienkonzepte und -probleme, macht das Angebot aber unübersichtlich und widerspricht oft dem inneren Zusammenhang familialer Problemlagen, denen ein eher unspezifischer Zugang angemessen wäre.

Der gesetzliche Auftrag zur F. ist im KJHG nicht klar formuliert. Nach § 16 Abs. 2 Nr. 2 gibt es eine Pflicht zur »Beratung in allgemeinen Fragen der Erziehung und Entwicklung junger Menschen«. Nach § 17 Abs. 1 soll Eltern »Beratung in Fragen der Partnerschaft angeboten werden«, die dazu beiträgt, »ein partnerschaftliches Zusammenleben in der Familie aufzubauen« und »Konflikte und Krisen in der Familie zu bewältigen«. Auch *Trennungs- und Scheidungsberatung* ist nach § 17 nun Pflichtaufgabe der Jugendhilfe. Der § 28 formuliert unter der Überschrift *Erziehungsberatung* nochmals mit etwas anderen Worten einen durchaus umfassenden Auftrag zur F.

Der Gesetzestext spiegelt damit die traditionelle, sachlich so nicht begründete Aufteilung der Institutionen der F. in solche der Familien- als Eheberatung und der Familien- als Erziehungsberatung. Überschneidungen liegen in der Natur der Sache und drücken sich in uneinheitlichen Bezeichnungen der Dienste aus. Viele Beratungsstellen umgehen heute das Dilemma der Benennung, indem sie sich z.B. als »Psychologische Beratungsstelle für Eltern, Kinder und Jugendliche« bezeichnen. Familientherapie hat inzwischen quer durch die Einrichtungen der F. Eingang gefunden, weshalb sie unten gesondert behandelt wird.

Der quantitative Ausbau der F. hat in den alten Bundesländern in den späten 60er Jahren verstärkt eingesetzt und war Anfang der 80er im ganzen abgeschlossen. Die Zählungen sind uneinheitlich. Wahl (1973) zählte 1971 273 »Ehe- und Familienberatungsstellen« im Bundesgebiet. 1987 gab es allein in Bayern 108 »Erziehungs-, Jugend- und Familienberatungsstellen« mit 66 »Außenstellen« in Stadtteilen der großen Städte und in kleineren Orten in den Landkreisen. Mit dem Ausbau des Beratungsnetzes hat sich das Stadt-Land-Gefälle in der Versorgung verringert, doch haben nach wie vor Familien außerhalb der Ballungsgebiete kaum Auswahl und weite Wege, wenn sie Beratung suchen.

Die Teams der F. setzen sich heute aus festangestellten Fachkräften mit medizinischer, psychologischer und sozialpädagogischer Grundausbildung zusammen, von denen viele therapeutische Zusatzausbildungen absolviert haben. Die Einrichtungen sind zu ca. 50% in katholischer, zu 20–30% in evangelischer Trägerschaft, im übrigen von Gebietskörperschaften und sonstigen Trägern eingerichtet.

2. Ehe- und Familienberatung: Die Ehe- und Familienberatungsstellen machen sich traditionell die »Beratung Jugendlicher und Erwachsener in Fragen der Vorbereitung und Praktizierung von Partnerschaft, Ehe und Familie« zur Aufgabe (Wahl, 50). Kern dieses Angebots ist die Eheberatung. »Eheberatung ist ein helfender Dienst an den Ehen unserer Gesellschaft. Sie steht unter der Verantwortung für die Ehe als einer vorgegebenen Seinsordnung« (Junker/Struck, 28). In diesen ersten zwei Sätzen der Grundsatzerklärung des Deutschen Arbeitskreises für Jugend-, Ehe- und Familienberatung von 1966 zeigt sich der christlich-konservative Ansatz der Träger. Der Arbeitskreis hat 1966 auch eine Rahmenordnung für die Ausbildung von Eheberatern formuliert, mit der in diesem Bereich eine gewisse *Professionalisierung* einsetzte. Aber noch 1973 klagt Junker über den »absolut unzureichenden Stand der Ehe- und Familienberatung in der Bundesrepublik« (78), weil internationale Publikationen und Forschungsergebnisse über Familiendynamik nicht bekannt seien. Dem suchten die Aus- und Fortbildungseinrichtungen abzuhelfen, darunter das Evangelische Zentralinstitut für Familienfragen, das sich u.a. mit Forschung über Unterschichtsberatung einen Namen gemacht hat (Koschorke).

Die Anlässe für das Aufsuchen von Ehe- und F. sind nach einer älteren Untersuchung (Wahl 1973) in erster Linie Störungen der Partnerschaft und »psychische« Probleme, gefolgt von Störungen der Beziehung zum sozialen Umfeld (bes. Kinder und Eltern); auch Sucht und Gewalt, Arbeit und Geld spielen eine große Rolle. In den Definitionen der FamilienberaterInnen jener Zeit spiegelt sich noch ein stark individualpsychologischer Ansatz; sie finden überwiegend »Störungen im Entwicklungs- und Reifeprozeß« und »Neurosen«. Doch diagnostizieren sie auch »Reifungskrisen der Ehe«, ein früher Ausdruck für die zyklischen und nicht glatt verlaufenden Wachstumsprozesse eines Familiensystems.

Zum Konzept der Beratung schreiben Junker/Struck 1971: »Beratung wird nicht als ›Ratgeber‹, als ›Rezeptausgabe‹ aufgefaßt ... (Der Berater geht mit seinen Klienten) eine befristete Arbeitsgemeinschaft zur Lösung von Problemen ein ... Der Berater fühlt sich nicht als Psychoanalytiker oder Psychotherapeut ... Die Grenzen zwischen Beratung und Psychotherapie lassen sich jedoch nicht scharf zeichnen« (26). Dieser Ansatz hat in Gestalt nichtdirektiver, klientenorientierter Beratungskonzepte und gesprächstherapeutischer Verfahren weite Verbreitung gefunden. Ziel der Beratung war und ist dabei die Mobilisierung von Selbsthilfekräften des Paares bzw. der Familie. Dies ist oft in wenigen Sitzungen erreichbar; Langzeittherapie ist die Ausnahme.

3. Familientherapie: Die zweifellos wichtigste Entwicklung im Feld der Ehe- und F. ist das Vordringen von Theorie und Praxis der Familientherapie seit den 70er Jahren. Ein Paradigmenwechsel bahnte sich an: An die Stelle der Betrachtung der einzelnen Familienmitglieder und ihrer Probleme trat eine ganzheitliche Sicht der Dynamik des Familiensystems und ihrer Folgen für den einzelnen. Ab 1976 stellte die neue Fachzeitschrift »Familiendynamik« den Anschluß an die internationale Diskussion her. Vorbild war zunächst Amerika, wo Familientherapie schon eine über 30jährige Tradition hat. Ausbildungs- und Fortbildungseinrichtungen entstanden, nachgefragt besonders von PsychologInnen und SozialpädagogInnen. Auch die Erziehungsberatung revidierte ihren kindzentrierten Ansatz und berücksichtigte zunehmend den familialen Entstehungszusammenhang kindlicher Auffälligkeiten.
In der Familientherapie wird die Familie als ein psychodynamisch vernetztes und kommunikativ interagierendes System gesehen, das in allen familialen Veränderungen sein inneres Gleichgewicht durch Regeln, Rollenzuweisungen, Koalitionsbildungen, Loyalitäten, Rituale, Mythenbildung u.a. zu erhalten sucht. Dabei wird oft einzelnen Mitgliedern der Familie zuwenig Spielraum zur individuellen Entfaltung gelassen, was sie in *abweichendes Verhalten* drängen und krank machen kann. Patient ist nun nicht mehr der einzelne, sondern die Familie, das Paar (womit letztlich der medizinisch-psychologische Krankheitsbegriff aufgegeben ist). Die einzelnen Richtungen der Familientherapie arbeiten je nach ihrem theoretischen Hintergrund mit dem »Patienten Familie« mit unterschiedlichen Zugängen und Strategien.
Die psychoanalytisch-psychodynamische Richtung (Richter, Stierlin u.a.) arbeitet primär an den emotionalen Übertragungsprozessen zwischen Ehepartnern und Eltern und Kindern. Es geht dabei z.B. um die Delegation unerfüllter Wünsche der Eltern an die Kinder, um den Ausgleich von Verdienst- und Schuldkonten in der familiären Buchführung, um unsichtbare Loyalitätsbindungen, oft über Generationen hinweg. Für den Bereich der Paartherapie wurde das Muster der familialen »Kollusion« identifiziert als eine Dynamik, die Konfliktpotential neutralisiert und »Koevolution« verhindert (Willi).
In der systemisch orientierten Familientherapie steht die Arbeit an der kommunikativen Struktur und der aktuellen Interaktion des Familiensystems im Vordergrund. Theoretischer Hintergrund, gewonnen ursprünglich in der Schizophrenieforschung, ist die Einsicht, daß eine Veränderung an einer Stelle im System (bei einer Person) immer die Veränderung des ganzen Systems nach sich zieht (*systemisches Denken und Handeln*). Symptome (auffällige Verhaltensweisen) werden primär als Kommunikation verstanden: Wichtig sind weniger die Ursachen als vielmehr ihre Botschaften an das System und ihre Funktionen für den Erhalt des Gleichgewichts. In der praktischen Arbeit geht es um die Analyse des Familiensystems, seiner Subsysteme und der Grenzen dazwischen (Minuchin); um die genaue Beobachtung der Kommunikation auf verbaler und nichtverbaler Ebene (Satir); einbezogen werden ferner Einflüsse der größeren sozialen Systeme, mit denen sich die Familie auseinandersetzen muß (Arbeit, *Schule*, Nachbarschaft usw.).
Systemische Therapie ist nicht ursachen-, sondern lösungs- und ressourcenorientiert. Ihr Ziel ist es, die Fähigkeit der Familie zur kommunikativen Verarbeitung neuer Lebensumstände so zu steigern, daß die Mitglieder ihr individuelles Wachstum gegenseitig nicht blockieren, sondern sich fördern. Das Selbstverständnis und das Verhalten systemisch orientierter TherapeutInnen kann dabei sehr unterschiedlich sein. In der Mailänder Schule z.B. wurde die Technik entwickelt, der Familie eine Aufgabe zu geben, welche ihr System »systematisch verstört« und sie so dazu anregt, ihr Problem auf kreative und neue Art selbst zu lösen (paradoxe Intervention, Selvini u.a.). In anderen Schulen wird stark mit bildlicher und szenischer Sichtbarmachung der Strukturen und Prozesse in der Familie gearbeitet und befriedigende Kommunikation direkt eingeübt. Ziele und Inhalte »richtigen« (Familien-)Lebens definieren nach systemischem Verständnis immer die Ratsuchenden selbst, und es wird ihnen stets die Fähigkeit zur Lösung ihrer Probleme zugetraut. Der Ansatz ist deshalb auch in Familien mit Wertemustern anwendbar, die von den Werten des Therapeuten abweichen (z.B. Slum-Familien in den USA), und er ist auch auf andere Systeme übertragbar (Arbeit mit größeren sozialen Systemen, z.B. Temas in psychosozialen Institutionen, in der Industrie).

4. Probleme, Perspektiven: Das Vordringen gesprächs- und einsichtsorientierter therapeutischer Verfahren in die F. wurde begünstigt durch die Tatsache, daß die Klientel bis heute ganz überwiegend aus der Mittelschicht kommt. Die Multiproblemfamilie aus der Unterschicht geht nicht zur F., weil sie aufgrund vielfacher negativer Erfahrungen mit sozialen Institutionen das Eingeständnis der Hilfsbedürftigkeit meidet und weil viele praktische Alltagsprobleme im Vordergrund stehen, bei denen sie von der F. keine Hilfe erwartet. Nicht zuletzt deshalb ist die *Sozialpädagogische Familienhilfe* als Konzept der nachgehenden Hilfe und ganzheitlichen Beratung so erfolgreich.
Aber auch die Fachkräfte der F. haben (vereinzelt) dazugelernt. Sie haben ihre Einrichtung z.B. näher an die Kundschaft verlegt (in den Stadtteil, zum sozialen Brennpunkt). Sie haben ihr fachlich-therapeutisches Beratungsangebot für Mütter und Familien ergänzt um praktische Angebote, die zeitlich und materiell entlasten, geselligen Kontakt ermöglichen und »Türöffner« für weiter und tiefer gehende Beratung sein können. So entstanden im letzten Jahrzehnt in verschiedenen Bereichen (Beratungsstellen, Frauenbewegung, Neuer *Kinderschutz*) eine Fülle von Mütter- und Familienzen-

tren, die auf eine Verbindung von *Selbsthilfe*, Laienarbeit und professioneller F. setzen und im Lebensfeld der Adressaten angesiedelt sind. *K. Leube*

Literatur: J. B. Burnham: Systemische Familienberatung. Eine Lern- und Praxisanleitung für soziale Berufe. Weinheim 1995; I. K. Berg: Familien-Zusammenhalt(en), Dortmund 1992; Familie und Beratung. Gutachten des Wiss. Beirats beim BMFS, Stuttgart 1993; H. Junker/G. Struck: Familienberatung – Sozialtherapeutische Aufgaben und Probleme, Kevelaer 1971; M. Koschorke (Hrsg.): Zur Praxis der Unterschichtberatung, Göttingen 1975; S. Minuchin: Familie und Familientherapie, Freiburg 1977; G. Presting (Hrsg.): Erziehungs- und Familienberatung, Weinheim 1991; L. Reiter (Hrsg.): Theorie und Praxis der systemischen Familientherapie, Wien 1986; H. E. Richter/H. Strotzka/J. Willi (Hrsg.): Familie und seelische Krankheit, Reinbek 1976; F. Straus/R. Höfer/W. Gmuer: Familie und Beratung, München 1988; K. Wahl: Familienbildung und -beratung in der Bundesrepublik, Bonn 1973.

Familiengericht

Das F. ist durch das 1. EheRG ab 1. 7. 1977 eingeführt worden. Es ist kein selbständiges Gericht, sondern eine Abteilung beim AG (wie etwa das *Vormundschaftsgericht*) und mit einem Einzelrichter besetzt (*Gerichtsbarkeit*). Hinsichtlich des Rechtszugs unterscheidet es sich vom AG: Gegen Entscheidungen des F. geht die Berufung/Beschwerde zum OLG, von da zum BGH. Im Gegensatz zum AG ansonsten besteht beim F. Anwaltszwang. Das F. hat eine umfassende sachliche Zuständigkeit für Rechtsauseinandersetzungen im Kontext Ehe/Familie und Trennung/Scheidung; der Schwerpunkt liegt bei der *Scheidung* und bei den *Scheidungsfolgen* (Eherecht); im einzelnen sind zu nennen (§ 23b GVG, §§ 606, 621 ZPO): Ehesachen (d.h. insbes. Scheidung); Probleme der *elterlichen Sorge* bei Scheidung (§ 1671 BGB), Getrenntleben (§ 1672 BGB), Verkehr mit dem Kind (§ 1634 BGB); Herausgabe des Kindes (§ 1632 BGB); Versorgungsausgleich (§§ 1587 ff. BGB); eheliches Güterrecht; Ehegattenunterhalt (§ 1360 BGB); gesetzlicher Unterhalt ehelicher Kinder (§§ 1601–1615 BGB). Von besonderer Bedeutung für die *Sozialarbeit/Sozialpädagogik* sind die Bereiche, in denen Mitwirkungsrechte des *Jugendamt*es bestehen (§ 49a FGG). Es sind die elterliche Sorge nach Scheidung und bei Getrenntlebenden, die Herausgabe des Kindes, der Verkehr mit dem Kind und Unterhaltsfragen (§ 50 KJHG). Das JA handelt hier als autonome Fachbehörde in eigener Verantwortung. Schon weit im Vorfeld der gerichtlichen Verfahren ist das JA hier im Rahmen der *Trennungs-* und *Scheidungsberatung* tätig. Die Schaffung spezieller F. sollte auch die Einbeziehung sozialwissenschaftlicher, sozialpädagogischer Erkenntnisse bei der juristischen Entscheidung sicherstellen. Hier müßte die verbindliche und maßgebliche Einbeziehung eines Stabes von qualifizierten Fachleuten aus dem Bereich der Sozialwissenschaften, *Psychologie*, *Pädagogik* sichergestellt werden. Dieser Gedanke des »großen« F. wurde jedoch nicht verwirklicht. Da das F. nur in Trennungs-/Scheidungssachen zuständig ist, sind für den Gesamtkomplex von Familie und Kindern zwei Abteilungen beim AG zuständig: F. und *Vormundschaftsgericht*; mit unterschiedlichen Rechtszügen. Beim Vormundschaftsgericht spielen Kindschaftsangelegenheiten nur zu etwa 20–25% eine Rolle. Deswegen wird diskutiert, für alle Kindschaftsangelegenheiten eine Gerichtszuständigkeit – ein erweitertes F. – zu schaffen.

J. Münder

Literatur: J. Münder u.a.: Lehr- und Praxiskommentar zum KJHG, § 50, Münster [2]1993; L. Salgo: Soll die Zuständigkeit des Familiengerichts erweitert werden, in: FamRZ 1984, 221 ff.; Sedemund-Treiber: Die Schaffung von Familiengerichten und das Verfahren vor den Familiengerichten, in: Deutsche Richterzeitung 1977, 103 ff.; außerdem Literatur: *Eherecht*.

Familienhilfe, sozialpädagogische (sF)

SF ist eine ambulante vorbeugende Hilfe zur Förderung der Entwicklung von Minderjährigen und des Erziehungsverhaltens von Eltern. Im § 27 des KJHG werden Hilfen zur Erziehung (*Erziehungshilfen*) benannt, auf die Personensorgeberechtigte, »wenn eine dem Wohl des Kindes oder des Jugendlichen entsprechende *Erziehung* nicht gewährleistet ist und die Hilfe für seine Entwicklung geeignet und notwendig ist«, einen Anspruch haben. In § 31 wird die sF beschrieben: »SF soll durch intensive Betreuung und Begleitung Familien in ihren Erziehungsaufgaben, bei der Bewältigung von Alltagsproblemen, der Lösung von Konflikten und Krisen, im Kontakt mit Ämtern und Institutionen unterstützen und Hilfe zur Selbsthilfe geben. Sie ist in der Regel auf längere Dauer angelegt und erfordert die Mitarbeit der Familie.«

Der im KJHG formulierte Anspruch der Erziehungsberechtigten wird in den neuen Bundesländern dem *Einigungsvertrag* entsprechend abweichend geregelt. SF wird in Berlin (West) seit 1969, im übrigen Bundesgebiet seit 1977 angeboten. Mitte der 80er Jahre expandierte sF boomartig (1993 rd. 10500 unterstützte Familien). Heute kann von der sF als integrierter, ambulanter familienunterstützender Maßnahme der *Jugendhilfe* gesprochen werden. Kostenträger der sF sind die *Jugendämter*. Freie Träger und JÄ als Anbieter von sF beschäftigen Familienhelfer überwiegend als Festangestellte, zum Teil als freie Mitarbeiter (Berlin ausschließlich, erweitert durch einige ABM-Anstellungen im Ostteil der Stadt) und in einigen Fällen sowohl als Honorarkräfte als auch in Festanstellungen. I. d. R. werden SozArb/SozPäd als geeignete Familienhelfer anerkannt.

Familienhelfer arbeiten 10–30 Stunden pro Woche mit der jeweiligen *Familie* über einen Zeitraum von durchschnittlich 2–3 Jahren und unterstützen die Familie bei der Bewältigung ihrer gesamten Lebenssituation. Hinsichtlich der Leistungsfähigkeit von F bestehen hohe

Erwartungen, insbesondere im Hinblick auf das Recht der Kinder auf ihre Familie (Abwendung vermeidbarer *Fremdunterbringungen*).
Die hohe Kontaktdichte von Familienhelfer und Familie macht es erforderlich, weniger mit Techniken i. e. S. als mit einer sozialpädagogischen Grundhaltung zu arbeiten:
- in Hilfestellung bei alltäglichen Dingen im konkreten Familienalltag mit dem Ziel der Hilfe zur Selbsthilfe und
- in einem vertrauensvollen und verständnisvollen Zugang die Familienmitglieder dafür zu gewinnen, ihre Probleme wieder anzupacken und sie bei der Bewältigung dieser Probleme psychisch und zugleich tatkräftig zu unterstützen. Der Familienhelfer sollte das Selbstwertgefühl der Familienmitglieder durch seine Art der Anerkennung und praktischen Unterstützung fördern. Aufgrund der außergewöhnlich intensiven Zusammenarbeit mit der Familie (räumlich, zeitlich und psychisch) ist *Supervision* als unverzichtbarer Bestandteil von sF erforderlich.

In bezug auf die »Fallen« in der sF wie
- Therapeutisierung sozialer Notlagen zugunsten der Minderung praktischer Hilfen,
- Bewertung und Kontrolle der Familie durch den Helfer und damit die Kolonialisierung von Lebenswelten,
- Druck von außen zur Annahme des Angebotes,
- die Regelung des Datenschutzes,

kann eine große Hoffnung zur Minderung dieser Schwachstellen aufgrund des § 36 KJHG (Hilfeplan und Mitwirkung) geschöpft werden. Der Hilfeplan ist bei jeder längerwährenden Erziehungshilfe im Zusammenwirken mehrerer Fachkräfte, der Personensorgeberechtigten und der Kinder oder Jugendlichen zu erstellen. Dies ist eine Erweiterung gegenüber der Helferkonferenz, die zuvor kein Standard war, sondern nur vereinzelt praktiziert wurde. Dem Transparenzgebot und der Förderung eigenverantwortlicher Lebenskonzeptionen der betroffenen Familien könnte durch deren Mitwirkung besser entsprochen werden. *H. Nielsen*

Literatur: W. Elger: Sozialpädagogische Familienhilfe. Praxismaterialien für die Jugendhilfe und Sozialarbeit. Bd. 3, Neuwied 1990; P. Frings/G. Ludemann/H. Papenheim: Sozialpädagogische Familienhilfe in freier Trägerschaft. Rechtliche Grundlagen und Rahmenbedingungen, Freiburg 1993; B. Fritsche/K. Fromm u. a. (Hrsg.): Wenn der Berg nicht zum Propheten kommt. Beiträge zur aufsuchenden psychosozialen Arbeit mit Einzelnen und Familien, Tübingen 1994; Fundamente Februar 1995: Starke Zunahme der sF bei freien Trägern; S. Großmann-Tippelt/R. Blumenstock: »Tabbouhleh im Schwobaländle«. Sozialpädagogische Familienhilfe am Beispiel der ausländischen Familie Aman, in: sozialmagazin, 3/1992, 14–23; P. Ludemann: Sozialpädagogische Familienhilfe im System der Erziehungshilfen, in: Jugendwohl, 6/1992, 256–263; P. Ludemann: Beteiligen ist mehr als anhören. Zur Planungsbeteiligung in der Kinder-, Jugend- und Familienhilfe, in: Jugendwohl, 10/1992, 448–456; H. Nielsen: Sozialpädagogische Familienhilfe, in: D. Kreft/H. Lukas: Perspektivenwandel der Jugendhilfe. Bd. 2 – Expertisentexte »Neue Handlungsfelder in der Jugendhilfe«, Frankfurt/M. [2]1993; H. Nielsen/K. Nielsen: Sozialpädagogische Familienhilfe, in: M. Textor (Hrsg.): Hilfen für Familien. Ein Handbuch für psychosoziale Berufe, Frankfurt/M. 1990; M. Rothe: Sozialpädagogische Familien- und Erziehungshilfe, eine Handlungsanleitung, Stuttgart 1990; M. Rothe: Grundsätze systemischer Familienarbeit und ihre Bedeutung für die sozialpädagogische Familienhilfe, in: Zentralblatt für Jugendrecht, 2/1993, 62–65; Soziale Arbeit, Heft 9–10/1993: Schwerpunktheft Sozialpädagogische Familienhilfe; M. R. Textor (Hrsg.): Praxis der Kinder- und Jugendhilfe. Handbuch für die sozialpädagogische Anwendung des KJHG, Weinheim 1992.

Familienlastenausgleich

Wird die *Familie* durch das Kind definiert, so ist F. Kinderlastenausgleich, d. h. Transferleistung aus öffentlichen Kassen an Familien zum Ausgleich ihrer durch Kinder verursachten wirtschaftlichen Benachteiligung. Dieser Ausgleich wird notwendig, weil bei der Primäreinkommensverteilung soziale Tatbestände, z. B. Kinder in der Familie, weitgehend unberücksichtigt bleiben (gleicher Lohn für gleichwertige Arbeit!). Aufgrund der neuen Untersuchungen über die sehr hohe unbezahlte Wertschöpfung der Familien (Human-Vermögensbildung) besonders im Fünften Familienbericht (Bundestags-Drs. 12/7560) wird zunehmend die Bezeichnung F. ersetzt durch Familienleistungsausgleich, um deutlich zu machen, daß für diese Leistungen der Familie für Kinder und Hauswirtschaft ein Ausgleich geschaffen werden muß. F. im System *sozialer Sicherung* der BRD besteht aus einer Vielzahl eigenständiger und abgeleiteter Geld- und Sachleistungen, wie die folgende Aufzählung deutlich macht (sie ist nicht vollständig; z. B. berücksichtigt sie nicht die familienfördernden Leistungen in einzelnen Bundesländern!):

Kindergeld; Kinderfreibeträge und Ausbildungsfreibeträge im Einkommensteuergesetz; *Ausbildungsförderung* (BAföG); *Erziehungsgeld*; Familienkrankenhilfe in der Krankenversicherung; Berücksichtigung von Erziehungszeiten in der Rentenversicherung; Waisenrente in Rentenversicherung, Unfallversicherung, Kriegsopferfürsorge; Kinderzuschüsse, -zulagen, -zuschläge in Rentenversicherung, Unfallversicherung, Kriegsopferfürsorge, Lastenausgleichsgesetz; Steuervergünstigungen in der Vermögensteuer, Erbschaft- und Schenkungsteuer, Grundsteuer; Lohnausgleichszahlungen während des Mutterschaftsurlaubs (*Mutterschutz*); an der Familiengröße orientierte Leistungen nach dem *Wohngeld*gesetz; Staffelung der Prämiensätze bzw. Sparzulage und des begünstigungsfähigen Einkommens nach der Kinderzahl im Wohnungsbauprämiengesetz, Sparprämiengesetz und Vermögensbildungsgesetz; kollektive Sach- und Dienstleistungen insbesondere im Bildungssektor (*Tageseinrichtungen für Kinder*, *Schule*, Hochschule).
Neben Ausbildungsförderung und Leistungen nach

dem Erziehungsgeldgesetz ist vor allem das Kindergeld die zentrale öffentliche Leistung (Bund) an Familien im Rahmen des F. Das derzeit geltende Kindergeldsystem als duales System will einen Kompromiß finden zwischen zwei gegensätzlichen Positionen: Kinderlastenausgleich durch Steuerfreibeträge oder Kinderlastenausgleich durch ein allgemeines und einheitliches Kindergeld. Der Kinderlastenausgleich in der BRD hat immer wieder Veränderungen erfahren. Jeweils nur kurze Zeit gab es das eine wie das andere Modell in reiner Form: die Steuerlösung zwischen 1948 und 1955, die Kindergeldlösung von 1975, dem Jahr der von der SPD durchgesetzten Reform mit Abschaffung der Freibeträge und Einführung eines einkommensunabhängigen, einheitlichen, nach der Ordnungszahl der Kinder gestaffelten Kindergeldes, bis 1983. Die politischen Akzente, die mit der Entscheidung für das eine wie für das andere Modell gesetzt werden, liegen auf der Hand: Steuerlösung heißt, daß die Steuerersparnis zum Ausgleich von Kinderkosten um so größer ist, je mehr die Eltern verdienen; daß bei steigendem Einkommen und steigenden Lebenshaltungskosten auch dann noch ein Entlastungseffekt eintritt, wenn das Kindergeld nicht angepaßt wird. Steuerlösung heißt auf der anderen Seite, daß bei niedrigem Einkommen der Entlastungseffekt durch Steuerfreibeträge gegen Null geht.
Die Kostenausgleichsfunktion des Kindergeldes – bezogen auf die Leistungen der Familien für die nachwachsende Generation – sowie das Postulat der *Chancengleichheit* für Kinder sprechen somit für das allgemeine Kindergeld. Diese Aussage gilt mit der Einschränkung, daß eine wirksame Entlastung der *Familien* nur mit einer deutlichen Erhöhung und einer Dynamisierung der Leistungen erreicht werden kann. Die SPD forderte schon in ihrem Entwurf eines sozialpolitischen Programms von 1986 eine Umverteilung zugunsten von Familien mit Kindern durch Abbau der Steuervorteile für kinderlose Ehepaare und die Wiedereinführung eines erheblich höheren, einheitlichen Kindergeldes für alle.
Strittig ist jedoch nach wie vor, wieweit der F. dem Gebot des BVerfG (zuletzt Urteil vom 28.5.1993 zum Schwangeren- und Familienhilfegesetz, in: NDV 93, 274), der Staat müsse zur Erfüllung seiner Schutzpflicht für werdendes Leben ausreichende Maßnahmen normativer und tatsächlicher Art ergreifen, entspricht und ob insbesondere der steuerliche Schutz der Ehe durch das Ehegattensplitting nicht unverhältnismäßig höher ist als der Schutz der Familien durch den F.
Die Diskussion um einen angemessenen F. hat auch neue Anstöße bekommen durch die Entscheidungen des BVerfG vom 29. Mai 1990 und 12. Juni 1990. Danach darf das Existenz-Minimum eines Kindes nicht beim Unterhaltspflichtigen besteuert werden. Die Wege, ein entsprechend hohes Kindergeld, ein Steuerfreibetrag oder eine Kombination von beidem, läßt das Gericht weitgehend offen. Derzeit laufen gesetzgeberische Bemühungen, im Rahmen des Jahressteuergesetzes 1996, den Vorgaben des BVerfG entsprechende Regelungen zu finden. Von dieser Grundlage gehen auch neue Vorschläge aus:
BReg, CDU/CSU und FDP wollen am dualen System festhalten, aber ein Wahlrecht zwischen einem Kindergeld von 200,– DM monatlich (ab dem dritten Kind mehr) und einem Steuerfreibetrag von 6264,– DM jährlich, der sich wegen der Steuerprogression bei höheren Einkünften günstiger auswirkt, einräumen.
Die SPD fordert ein einheitliches Kindergeld von 250,– DM monatlich und Wegfall des Steuerfreibetrages.
Die Arbeitsgemeinschaft der Familienverbände hat ein gleitendes Modell entwickelt: Das volle Existenz-Minimum (z.Z. etwa 600,– DM monatlich) als staatliche Transferleistung, die bei Einkünften, bei denen der jährliche Steuerfreibetrag zu gleicher Entlastung führt, ausläuft und degressiv ausgestaltet ist, d.h. der Steuerfreibetrag und die daraus nach der Steuertabelle sich errechnende Entlastung wird immer gewährt; die Transferleistung ist umso höher, je niedriger die zu versteuernden Einkünfte sind. Der vertikale F. (Ausgleich zwischen geringer und höher Verdienenden) wird stärker betont als der horizontale (Ausgleich zwischen Familien mit und ohne Kinder im gleichen Einkommensbereich). Damit soll eine Freistellung des Lebensunterhalts von Kindern von der Sozialhilfe erreicht werden.
Die Vorschläge der Parteien und der BReg sehen einen Abzug des Kindergeldes von der Steuerschuld und die Auszahlung eines nach Steuer verbleibenden Betrages durch die Finanzämter vor (Finanzamts-Lösung anstelle der heutigen Kindergeldkassen-Regelung).
Von vielen im Detail differierenden, aber von den o.g. Grundlagen ausgehenden Modellen hebt sich das ganz eigenständige Modell des ehem. Bundestags-Abgeordneten Habermann (SPD), das ein Kindergeld in Höhe der vollen durchschnittlichen Kinderkosten (im Modell ca. 800,– DM monatlich) vorsieht, das durch eine besondere Kindergeld-Abgabe finanziert wird, ab. Für Abgabe und Leistung soll eine zentrale Kindergeld-Kasse zuständig sein. *I. Gaertner*

Literatur: J. Borchert: Plädoyer vor dem BVerfG am 28. April 1992 für die AG der deutschen Familienorganisationen, in: Deutsche Liga für das Kind in Familie und Gesellschaft (Hrsg.): Das Jahrhundertunrecht an den Müttern. Neuwied 1992; Familien und Familienpolitik im geeinten Deutschland – Zukunft des Humanvermögens – Fünfter Familienbericht (Bundestagsdrucksache 12/7560); T. Kassella/B. Spahn: Familienlastenausgleich und Einkommenssteuer zur Reform der Familienbesteuerung, in: Sozialer Fortschritt 1991, 140ff.; F.X. Kaufmann: Zukunft der Familie. Stabilität, Stabilitätsrisiken und Wandel der familialen Lebensformen sowie ihre gesellschaftlichen und politischen Bedingungen, München 1990; Ch. Kennerknecht: Plädoyer für eine gerechte Familienpolitik. Deutscher Familienverband, Landesverband Bayern, München 1993; Ch. Leipert: Aufwertung der Erziehungsarbeit. Ein Vorschlag zur Schaffung eines Kinder- und Familienfonds. Deutscher Arbeitskreis für Familienhilfe. Kirchzarten o.J.; M. Pechstein: Familiengerechtigkeit als Gestaltungsgebot für die staatliche Ordnung. Baden-Baden 1994.

Familienpolitik

Einzelne Maßnahmen zur Unterstützung bedürftiger Familien existierten schon früher, Einschränkungen der Kinder- und der Frauenarbeit und *Mutterschutz*gesetze gibt es seit dem 19. Jh. In der Weimarer Republik wurden von Arbeitgebern Kinderbeihilfen und Familienzulagen gewährt, bei der Einkommensteuer wurden Kinderfreibeträge eingeführt. Der Nationalsozialismus operierte bevölkerungspolitisch mit Ehestandsdarlehen, der Prämierung von Geburten und durch rassistische Eheverbote. Im übrigen wurden entsprechende Maßnahmen eingesetzt, um *Frauen* je nach (kriegs-) wirtschaftlichem Bedarf vom Arbeitsmarkt fernzuhalten oder ihm zuzuführen. Bis zum Ende des 2. Weltkriegs geben sich die Anfänge einer F. vor allem als Bevölkerungspolitik und Arbeitsmarktpolitik. Von einer Systematisierung der Hilfen für Familien, die so etwas wie F. als eigenständige Gestalt erkennen lassen, kann in Deutschland erst in der Nachkriegszeit gesprochen werden. Zunächst standen dabei zum Schutz der Institution Familie Maßnahmen der Einkommensverteilung zugunsten von Familien im Vordergrund (Kinderfreibeträge, *Kindergeld*, Wohnungsbauförderung, Ehegattensplitting usw.), die später durch pädagogische und soziale Hilfen ergänzt wurden. Institutionell verankert wurde F. 1953 mit der Einrichtung eines Bundesministeriums für Familienfragen (Langer-El Sayed 1980; Textor 1991, 35ff.). In der DDR dominierte das Ziel der Einbeziehung der Frauen in den Produktionsprozeß und die Geburtenförderung, dem mit dem Ausbau eines breiten Systems der Kinderbetreuung, durch Geburtenprämien, Wohnungsvergabe bei Familiengründung usw. entsprochen wurde (5. Familienbericht 1994, 30f.).

F. in einem umfassenden Sinne kann als zielorientiert-geplantes Einwirken staatlicher (evtl. auch anderer) Träger öffentlicher Verantwortung auf die Struktur und die Funktionen von Eltern-Kind-Gemeinschaften betrachtet werden, die im Sinne dieser Maßnahmenträger als Familie definiert wurden. F. wirkt dazu sichernd, unterstützend oder kompensierend auf die wirtschaftlichen, sozialen, kulturellen und ökologischen Lebensbedingungen von Familien ein, zumindest implizit wirkt sie auch auf die Gestalt der Familienformen (wenn man etwa die auf Familien bezogene Rechtspolitik einbezieht). Eine solche Auffassung von F. macht klar, daß sie als Teil einer umfassenderen Gesellschaftspolitik und als Querschnittspolitik gesehen werden muß, da Familien von unterschiedlichsten politischen und gesellschaftlichen Bereichen beeinflußt und gesteuert werden können (Wingen 1994, 1; Münch 1990, 13).

Ihre Legitimation nimmt F. aus dem Umstand, daß Familien wichtige gesellschaftliche Funktionen erfüllen (deren Vollständigkeit, Ausmaß, Bedeutung und Wirksamkeit teilweise strittig sind und deren Aktualität stets neu geprüft werden muß): Erzeugung des gesellschaftlichen Nachwuchses, Pflege und *Erziehung* der Kinder, Bildung von Humanvermögen, Plazierung der Kinder im Bildungs- und Berufssystem, Haushaltsfunktion (Einkommenssicherung und wirtschaftliche Bedarfsdeckung), sozial-emotionale Versorgung der Partner und Kinder, Gesundheitsprävention, Pflege der Kranken und Alten usw. Insofern spielen Familien eine entscheidende Rolle bei der Prägung der heranwachsenden Gesellschaftsmitglieder wie bei der Vermittlung zwischen ihren Individuen und den verschiedenen anderen Bereichen der Gesamtgesellschaft. F. zielt demgemäß auf die Unterstützung der Familien bei der Erfüllung ihrer gesellschaftlichen Funktionen. Diese Funktionserfüllung wird auch im Zusammenhang mit der Struktur der Familien gesehen. Es ist allerdings teilweise umstritten, inwieweit bestimmte strukturelle Eigenschaften von Familien und verschiedenen Familienformen diese Funktionen tatsächlich beeinflussen.

Der zugrunde gelegten Definition von Familie, dem normativen Familienbild, kommt eine entscheidende Rolle für die Zielrichtung und die Mittelwahl der F. zu. In unserer heutigen *Gesellschaft*, die durch raschen kulturellen und sozialen Wandel, durch ein breites, pluralistisches Spektrum von Werten und unterschiedliche private Lebensformen gekennzeichnet ist und in der zunehmend das Zusammenleben, die Ehe und die Elternschaft entkoppelt sind, kann es daher leicht zu Diskrepanzen zwischen herkömmlichen Leitbildern und Normen hinsichtlich der Form und Struktur von Familien einerseits und den aktuell gelebten Formen andererseits kommen.

In der Familiensoziologie wie in der familienpolitischen Theorie setzten sich dementsprechend relativ »weiche« Definitionen von Familie durch – in deren Mittelpunkt meist einfach von Eltern-Kind-Gemeinschaften die Rede ist, die gewöhnlich, aber keineswegs immer, auf einer Ehe beruhen oder daraus abgeleitet sind. I.d.R. werden somit unter »Familie« auch die Einelternfamilien verstanden, in der der andere Elternteil entweder durch Tod oder Scheidung ausgeschieden ist, aber auch eine Gemeinschaft eines *nichtehelichen Kindes* mit seiner Mutter oder seinem Vater.

Ob dieser Familienbegriff auch dem des GG entspricht, wird gelegentlich kontrovers diskutiert. Art. 6 Abs. 1 GG, der Ehe und Familie i.S. einer Institutsgarantie unter den besonderen Schutz der staatlichen Ordnung stellt, basiert auf einer »pessimistischen Familiensoziologie«, die eine historische Kontraktion von der Großfamilie zur Kernfamilie und einen Funktionsverlust der Familie unterstellt und das vermehrte Aufkommen nichtehelicher Lebensgemeinschaften befürchtet – Entwicklungshypothesen, die sich faktisch keineswegs auf breiter Front bestätigt haben (AK-GG-Richter, Art. 6 Rz 11a; Familie). Immerhin wird Art. 6 GG nicht zum unantastbaren Kern des GG gerechnet, er könnte von einer verfassungsändernden Mehrheit modifiziert werden (Maunz/Dürig Art. 6 Rdn. 2). Der rechtliche Gehalt der Begriffe Ehe und Familie ist im Verfassungsrecht wie im bürgerlichen Recht unbestimmt und gibt unter sich verändernden gesellschaftlichen Verhältnissen ein gewisses Maß an Gestaltungsfreiheit. »Unvoll-

ständige Familien« in Gestalt von Mutter-Kind- bzw. Vater-Kind-Gemeinschaften sind verfassungsrechtlich »vollständigen« Familien gleichgestellt. Unstrittig ist bislang jedoch, daß *nichteheliche Lebensgemeinschaften* nicht unter den Schutz des Art. 6 GG fallen.
Der Staat begreift zwar »Familie als eine dynamische Form menschlichen Zusammenlebens, die Veränderungen unterliegt und von den kulturellen Vorstellungen und Werthaltungen ebenso geprägt ist wie von den sozialen und wirtschaftlichen Gegebenheiten einer Gesellschaft« (5. Familienbericht. Stellungnahme der BReg 1994, IV). Andererseits wird dieser dynamischen Formenentwicklung privaten Lebens in der familienpolitischen Praxis der BRD kaum Rechnung getragen. So gelten die meisten Maßnahmen des Familientransfers nur für Linienverwandte 1. Grades bzw. für verheiratet Zusammenlebende, etwa das Ehegattensplitting bei der Einkommensteuer (womit die Tatsache des Verheiratetseins als solche prämiert wird). Auf der anderen Seite zieht etwa das *BSHG*, um staatliche Zahlungen zu vermeiden, weitere Verwandte, Verschwägerte und selbst Partner in nichtehelichen Lebensgemeinschaften im selben Haushalt heran, wenn es um die Unterstützung bedürftiger Personen geht (Bien/Marbach 1991, 16). Das hier wirksame Familienleitbild des Staates bevorteilt also Ehe und Kernfamilie. Im Notfall aber, wenn familiale Solidaritätsleistungen nicht herangezogen werden können, weil keine »Familie« im rechtlichen Sinne vorliegt, werden selbst Nichtverwandte zu quasifamilialen Unterstützungsfunktionen instrumentalisiert. Anders gesagt: Ehe und Familie werden vom Staat Rechte und Pflichten zugedacht, nichtehelichen Lebensformen bislang überwiegend nur Pflichten.
In der F. der verschiedenen Staaten der EU existieren keine deckungsgleichen Vorstellungen von »Familie«, doch gibt es tendenzielle Übereinstimmung darin, daß es dabei um eine Lebensgemeinschaft in gerader Linie miteinander verwandter Personen geht, die durch Solidarleistungen und sozioemotionale Bindungen aufeinander bezogen sind. Dazu gehört mindestens ein Kind mit seinen (verheirateten) Eltern oder mit seinem alleinstehenden Elternteil. Variationen gibt es bei Bestimmung der Verwandtschaft (z.T. auch Seitenverwandte), der Abstammung (z.T. auch Adoptiv-, Pflege- oder Enkelkinder), der Familienzugehörigkeit des Kindes (bis Volljährigkeit, Auszug aus Elternhaus oder Gründung einer eigenen Familie) und bei der Bestimmung der Rechte und Pflichten von Eltern und Kindern (Neubauer u.a. 1993, 21). Besonders in den 80er Jahren ist F. in EG-Staaten stark ausgedehnt worden, einmal für alle Familien, speziell aber für Familien in besonderen Lebenslagen (z.B. Eltern mit Kleinkindern) und mit den Kindern als Zielgruppe (Wahl 1991).
Gemäß den o.a. verschiedenen gesellschaftlichen Funktionen von Familien lassen sich eine Reihe möglicher familienpolitischer Einzelziele differenzieren. So läßt sich beispielsweise die Unterstützung von Familien bei der *Sozialisation* ihrer Kinder bzw. bei der Bildung von Humankapital durch entsprechende Einzelziele und Teilpolitiken umsetzen: durch Sicherung eines entsprechenden Familieneinkommens, durch die Bereitstellung oder Förderung familiengerechter Wohnungen, durch *Bildung* und *Beratung* der Eltern in Erziehungs- und Familienfragen, durch Sicherung freier Zeit, die Familien gemeinsam verbringen können, usw.
Bei der Vielzahl und bei den unterschiedlichen Richtungen solcher familienpolitischer Einzelziele ist es offenkundig, daß es zu Zielkonflikten, insbesondere auch mit Zielen ganz anderer Politikbereiche, kommen kann. Im Hintergrund solcher Zielkonflikte geht es dabei letztlich um Grundwerte wie Freiheit, Gerechtigkeit und Solidarität. So kann etwa das Ziel der Sicherung oder Förderung der Entfaltung der individuellen Persönlichkeit von Müttern und Vätern mit dem Ziel der optimalen Versorgung und Erziehung des Kindes in der Familie in Widerstreit geraten (z.B. Frauen- vs. Kinderpolitik). Bekannt sind auch die Konflikte im Bereich von Arbeitszeitregelungen zwischen den Interessen der Wirtschaft und Wirtschaftspolitik an einer zeitlich extensiven Auslastung der Maschinen und einem Interesse von Familien und F. an einer Ermöglichung selbstbestimmter gemeinsamer Familienzeit. Ein anderer Zielkonflikt bewegt sich entlang der Linie zwischen den Interessen an freier Lebensplanung und -führung mit entsprechender wirtschaftlicher Einkommens- und Ausgabengestaltung von Alleinstehenden und dem ökonomischen Bedarf von Familien, die mit der Kinderaufzucht materiell erhebliche Lasten auf sich nehmen. Hier berührt man die lange Debatte um einen »*Familienlastenausgleich*, aber auch die gelegentlich in die Nähe familienpolitischer Diskussionen gebrachten Überlegungen zu einer Bevölkerungspolitik, die – und sei es zur langfristigen Rentensicherung – Ideen zur Geburtenförderung entwickelt.
Im politischen *Parteien*spektrum der BRD wurden in den letzten Jahrzehnten unterschiedliche Akzente auf bestimmte familienpolitische Ziele gesetzt. Konservative Kräfte betonten meist das Ziel der besonderen Förderung der Familie als Ganzes, ihren Eigenwert und die Bewahrung ihrer traditionellen Form. Sozialdemokratische Kräfte setzten mehr auf bestimmte Familienfunktionen und auf die Frage, wie diese zu unterstützen, zu ergänzen oder zu ersetzen seien (durch andere Institutionen, die entsprechende Funktionen übernehmen können, besonders im Bereich der Kinderbetreuung und -erziehung). Liberale und sozialdemokratische Positionen stellen die Individualrechte der Frauen bzw. Mütter und der Kinder stärker in den Vordergrund. Insgesamt stehen heute bei allen politischen Richtungen die Ziele – weniger die Mittel – einer Unterstützung der Familienfunktionen der Erzeugung und Erziehung der Kinder und der wechselseitigen sozial-emotionalen Versorgung der Familienmitglieder durch die Bildung von rechtlich-sozialen Schutzräumen für Familien und die materielle, bildungs- und beratungsmäßige Unterstützung ihrer Lebenslage im Zentrum. Gegenüber neuen Formen des Zusammenlebens hat sich mittlerweile eine gewisse pragmatisch-programmatische Offenheit eingestellt, die bei den Maßnahmen der F. aber noch kaum eingelöst wird.

Mit den politikleitenden Familienbildern sind auch Vorstellungen von der Rolle der *Frauen* und der anderen Familienangehörigen verbunden, daher geht es in der F. meist auch um frauenpolitische Fragen. So kam in der ersten Phase der F. in der BRD das konservative Leitbild der Mutter und Hausfrau zum Tragen, seit den 60er Jahren trat das Konzept der Wahlfreiheit zwischen Beruf und Familie nach vorn, während Sozialdemokraten und Liberale die Vereinbarkeit von Beruf und Familie (Doppelrolle) vertraten. Heute wird das Ziel der Vereinbarkeit quer durch die politischen Lager mehr oder weniger explizit geteilt.

Hinter Zielen und Mitteln der F. steckt die sozialwissenschaftlich untermauerte Einsicht, daß unser Wirtschafts- und Gesellschaftssystem gegenüber Familien »strukturelle Rücksichtslosigkeit« walten läßt und daß Familien gleichsam als eine Art »Knautschzone« für andere gesellschaftliche Bereiche (Wirtschaft, Bildungssystem, Gesundheitssystem usw.) dienen, die die dort produzierten Probleme aufzufangen und zu verarbeiten haben, ohne ihre sonstigen eigenen Funktionen zu vernachlässigen. Mit dieser Aufgabenfülle sind Familien – zumal sie oft auch idealitisch überhöhte Vorstellungen von Familienleben haben, die kaum zu verwirklichen sind – nicht selten überfordert, mit Konsequenzen wie z.B. psychosomatischen *Krankheiten* oder *Gewalt in Familien* (Wahl 1989). Eine dergestalt in Bedrängnis geratene Familie – so der Minimalkonsens quer durch die *Parteien* – braucht eine gewisse Hilfe bei der Bewältigung ihrer komplexen und schwierigen Aufgaben, zumal traditionelle Unterstützungssysteme (Verwandtschaft, Nachbarschaft usw.) historisch dezimiert wurden.

Die wichtigsten Maßnahmen gegenwärtiger F. in der BRD umfassen neben dem erwähnten rechtlichen Schutz von Ehe und Familie und der rechtlichen Gestaltung des Zusammenlebens in diesen Lebensformen wirtschaftliche Hilfen, Maßnahmen zur Verbesserung der Wohnungsversorgung für Familien, Maßnahmen zugunsten der Freistellung von Eltern für die Erziehung von Kleinkindern, pädagogische und soziale Hilfen.

Zu den die Rechtsbeziehungen der in Ehe und Familie lebenden Personen und ihre Außenbeziehungen ordnenden Regelungen gehören vor allem das Ehe- und *Familienrecht*, das Ehescheidungsrecht, das Recht der *elterlichen Sorge* und die rechtliche Stellung nichtehelicher Kinder. Wirtschaftliche Hilfen für Familien setzen an zwei Stellen an: bei der Beeinflussung des verfügbaren Familieneinkommens und bei der Beeinflussung der Familienausgaben (Kosten). Das erste Bündel von Maßnahmen versucht, die marktmäßige, auf Familienbelange nicht achtende Einkommensverteilung zugunsten des Bedarfes von Familien (nach ihrer unterschiedlichen Größe) zu korrigieren. Dies geschieht durch ein duales System des *Familienlastenausgleich*s in Form von *Kindergeld* als direkter Transferleistung und durch Kinderfreibeträge (Einkommensteuerermäßigung). Höhe und Bezugskriterien für das Kindergeld, eine der ersten familienpolitischen Maßnahmen nach dem 2. Weltkrieg, wurden wiederholt verändert. Derzeit (1994) wird es gestaffelt nach der Zahl der Kinder und bei Eltern mit höherem Einkommen mit einer Minderung für 2. und weitere Kinder ausbezahlt. Nach einer Entscheidung des BVerfG (1990) darf das Existenzminimum für Familien mit Kindern nicht einkommensteuermäßig belastet werden. Der Kinderfreibetrag war entsprechend zu erhöhen. Geringverdienende Eltern, die den Kinderfreibetrag nicht (vollständig) ausnützen können, enthalten als Kompensation einen Kindergeldzuschlag. Für Mütter oder Väter neugeborener Kinder wird für 2 Jahre (1994) ein steuerfreies *Erziehungsgeld* bezahlt (im 1. Halbjahr gleich, ab dann einkommensgestaffelt). Verschiedene Bundesländer zahlen in unterschiedlichem Umfange ergänzende Landeserziehungsgelder.

Zur Betreuung neugeborener Kinder wird an vorher erwerbstätige Mütter oder Väter ein 3jähriger (1994) *Erziehungsurlaub* mit Kündigungsschutz gewährt, wenn sie auf Vollzeitarbeit verzichten. Zur Versorgung kranker Kinder steht berufstätigen Eltern eine Freistellung von der Arbeit zu. In der Rentenversicherung werden Kindererziehungszeiten angerechnet. In einem weiteren Sinne können auch Versuche einer familiengemäßen Arbeitszeitgestaltung (Teilzeitarbeitsmöglichkeiten, flexible Arbeitszeiten für Mütter und Väter) durch die Tarifpartner als familienpolitisch akzentuierte Maßnahmen genannt werden.

Da gerade bei jungen Familien vielfach einerseits noch relativ niedriges Einkommen und der Ausfall einer Arbeitskraft zur Kinderbetreuung, andererseits hohe Kosten für Wohnung und Anschaffungen zusammentreffen, sind Maßnahmen für bedarfsgerechte Wohnungsversorgung für Familien ein wichtiger Punkt von F. Beim Wohngeld werden kinderreiche Familien stärker begünstigt, ergänzend gibt es ein Baukindergeld. Nach Familiengröße gestaffelte Darlehen sollen ebenfalls familiengerechtes Bauen fördern (*Wohnen*).

Weitere familienpolitisch akzentuierte Maßnahmen sind nach dem elterlichen Einkommen gestufte Ausbildungsfreibeträge für Kinder (BAföG). Zu nennen wären auch finanzielle Unterstützungen zum »Schutz des ungeborenen Lebens«, die im Zusammenhang mit der Schwangerschaftskonfliktberatung aus der Bundesstiftung »Mutter und Kind« bzw. dem »Hilfsfonds für schwangere Frauen in Not« gewährt werden können. Zum »unsichtbaren Familienlastenausgleich« gehört die Mitversicherung von einkommenslosen Familienangehörigen in der gesetzlichen Krankenversicherung und die Kostenfreiheit bzw. Ermäßigungen bei der Nutzung von Bildungseinrichtungen, öffentlichen Verkehrsmitteln usw.

Pädagogische Hilfen sollen Eltern und Familien dabei unterstützen, ihre Aufgaben besser zu meistern. Dazu gehören *Bildung* und *Beratung* (Familienbildung, Verbraucherberatung, Beratung zur Familienplanung, Schwangerschaftskonfliktberatung, *Erziehungsberatung*, Partnerschafts-, Ehe- und *Familienberatung*).

Familienergänzende pädagogische und soziale Hilfen stehen in Gestalt von Kinderbetreuung (*Tageseinrichtungen für Kinder*), von Familienferienstätten und von

Hilfen bei der häuslichen Pflege schwerpflegebedürftiger Familienangehöriger (neben steuerlicher Entlastung auch Urlaubsvertretung, Pflegeleistung oder Pflegegeld) bereit. Ein breites Spektrum von Hilfen, die Familien bei der Erziehung ihrer Kinder unterstützen sollen, sind seit einigen Jahren im *KJHG* zusammengefaßt.

Träger familienpolitischer Maßnahmen sind der Bund, die Länder und die Gemeinden, für bestimmte Maßnahmen auch die Tarifpartner (Gestaltung familienfreundlicher Arbeitszeiten), freie Träger (für soziale und pädagogische Maßnahmen), auch Initiativgruppen, die Familienbelange in *Selbsthilfe* angehen. Auf der europäischen Ebene kann noch nicht von Trägern familienpolitischer Maßnahmen gesprochen werden, doch gibt es grundsätzliche Programmatiken, etwa in der Europäischen Sozialcharta des Europarates (1956), die in ihrem Art. 16 auf das Recht der Familie und ihren wirtschaftlichen, gesetzlichen und sozialen Schutz abhebt. Die Gemeinschaftscharta der Sozialen Grundrechte der Arbeitnehmer (1989) sieht vor, daß *Männer*n und *Frauen* ermöglicht werden soll, ihre beruflichen und familiären Pflichten besser miteinander in Einklang zu bringen. Schwangeren- und Mutterschutz wurden in diesem Kontext von der EG ebenfalls erwähnt. Daneben gibt es eine Sicherung der Sozial- und Familienleistungen für Migranten innerhalb der EU, deren Familienangehörige nicht im selben Land leben.

Interessenverbände in Gestalt konfessioneller und überkonfessioneller Familienorganisationen versuchen, Einfluß auf Zielbestimmung und Hilfenkataloge der F. zu nehmen. Insgesamt wird aber immer wieder beklagt, daß die Lobby für Familienbelange in der Politik zu schwach sei.

Zu den in der aktuellen familienpolitischen Diskussion im Zentrum stehenden Problemen gehören u. a. die Fragen, wieweit neue Lebensformen in den Genuß familienpolitischer Maßnahmen kommen sollen, ob das Ehe- zu einem Familiensplitting (mit stärkerer Berücksichtigung der Existenz von Kindern) umgewandelt werden kann, ob familienpolitische Leistungen wie das Kindergeld und Erziehungsgeld dynamisiert werden können, wie sich ausdehnende *Armut* bei Familien verhindert werden kann, wie Frauen und Müttern bei der Realisierung ihrer Lebenspläne in Familie und Beruf besser geholfen werden kann (Kinderbetreuungsangebote, Arbeitszeitflexibilisierung), nicht zuletzt auch die Frage, wie Familien und Frauen in Ostdeutschland mit ihren erwerbszentrierteren Lebensläufen und ausgebauter Infrastruktur zur Kinderbetreuung zu DDR-Zeiten nach der Wende unterstützt werden können, ihr Leben zu meistern. *K. Wahl*

Literatur: V. Gräfin von Bethusy-Huc: Familienpolitik, in: E. Holtmann (Hrsg.): Politik-Lexikon, München [2]1994, 167–170; W. Bien/J. Marbach: Haushalt – Verwandtschaft – Beziehungen. Familienleben im Netzwerk, in: H. Bertram (Hrsg.): Die Familie in Westdeutschland, Opladen 1991, 3–44; 5. Familienbericht. BT-Drs. 12/7560, Bonn 1994; Kommentar zum Bonner Grundgesetz (Bonner Kommentar), Stand: Juli 1993; I. Langer-El Sayed: Familienpolitik, Frankfurt/M. 1980; T. Maunz/G. Dürig u. a.: Grundgesetz-Kommentar, Bd. 1, München Stand: Mai 1994; U. Münch: Familienpolitik in der Bundesrepublik Deutschland, Freiburg 1990; E. Neubauer/C. Dienel/M. Lohkamp-Himmighofen: Zwölf Wege der Familienpolitik in der Europäischen Gemeinschaft. Schriftenreihe des BMFuS, Bd. 22.1, Stuttgart 1993; Politik für die Familie, hrsg. vom Presse- und Informationsamt der BReg, Bonn [7]1992; M. Textor: Familienpolitik, Hrsg.: Bayerische Landeszentrale für politische Bildungsarbeit, München 1991; K. Wahl: Die Modernisierungsfalle, Frankfurt/M. 1989; K. Wahl: Familienpolitik in westeuropäischen Ländern, in: DISKURS 1/1991, 1, 61–62; R. Wassermann (Gesamt-Hrsg.): Reihe Alternativkommentare. Kommentar zum Grundgesetz für die Bundesrepublik Deutschland, Neuwied [2]1989; M. Wingen: Zur Theorie und Praxis der Familienpolitik, Frankfurt/M. 1994.

Familienrecht

Das F. ist Teil des BGB, mit diesem Ende des 19. Jh. konzipiert und am 1.1.1990 in Kraft getreten. Es besteht aus drei großen Bereichen: dem Ehe-, Verwandtschafts- und Vormundschaftsrecht. Diese Kapitel sind wiederum unterteilt. So beinhaltet das *Eherecht* (§§ 1297–1588 BGB und EheG) neben dem Verlöbnis- und dem Eherecht insbesondere das *Scheidungs*- und *Scheidungsfolgen*recht. Das Verwandtschaftsrecht (§§ 1589–1772 BGB) umfaßt die Abstammung (§§ 1589–1600p BGB), den Verwandtenunterhalt (§§ 1611–1615p BGB), die Regelungen des Eltern-Kind-Verhältnisses (§§ 1666–1711 BGB) – wobei in diesen Bereichen gegenwärtig noch zwischen ehelichen und *nichtehelichen Kindern* unterschieden wird (zudem gibt es einige weitere Sonderregelungen für nichteheliche Kinder, §§ 1719–1740g BGB) – und die *Adoption* (§§ 1741–1772 BGB). Das Vormundschaftsrecht (§§ 1773–1921 BGB) beinhaltet die Vormundschaft über Minderjährige (§§ 1773–1895 BGB), das *Betreuungsrecht* (§§ 1896–1908i BGB) und das Pflegschaftsrecht (§§ 1909–1921 BGB). Im Beitrittsgebiet (ehemalige DDR) gelten die Bestimmungen über das Sorgerecht bei nichtehelichen Kindern (§§ 1706–1710 BGB) nicht. Die DDR kannte in diesem Bereich die völlige elterliche Sorge der Mutter des nichtehelichen Kindes. Da auch zu Zeiten der alten BRD eine Reform des Nichtehelichenrechts erwogen wurde, wurde von der Überleitung dieser Vorschrift abgesehen; auch deswegen ist eine Reform des gesamten Kindschaftsrechts erforderlich.

Das F. umfaßt damit sehr Verschiedenes, und zu Recht wird die Frage gestellt, ob das F. als ein in sich geschlossenes Rechtsgebiet mit grundsätzlichen, verbindlichen, das gesamte Rechtsgebiet umfassenden Strukturen bezeichnet werden kann (Münder 1993). Der historische Gesetzgeber allerdings ging mit seinem familienrechtlichen Konzept von einer geschlossenen Vorstellung aus. Dies war nur möglich, weil er – auch unter Ausblendung von weiten Teilen der sozialen Realität – das F. von der Basis gefestigter weltanschau-

licher und ökonomischer Vorstellungen gestaltete. Weltanschaulich war das F. ausgerichtet auf die Vorstellungen der oberen Mittelschicht, wo der Vater als Herr der *Familie* für die »Seinen« zuständig war und die entsprechenden rechtlichen Kompetenzen besaß. Auch ökonomisch war das F. auf den Mann der oberen Mittelschicht als Vermögensinhaber konzipiert. Noch heute ist dies an der übergroßen Zahl vermögensrechtlicher Regelungen in allen Bereichen des F. erkennbar. Das trug dem F. schon frühzeitig Kritik ein: »Auch jener Teil des Privatrechts, durch welchen Fortpflanzung der Menschen und Wechsel der Generationen angeordnet sind, leidet an denselben Gebrechen wie das Vermögensrecht, indem auch die Rechtsregeln und Rechtsinstitute des Familienrechts vom Standpunkt der Besitzenden aus gedacht sind« (Menger 1908, 41).
Da so schon zum Zeitpunkt der Verabschiedung des F. sowohl ökonomisch der entstehenden Arbeitnehmergesellschaft nicht mehr entsprach wie auch weltanschaulich nur auf eine schmale Gruppe der Bevölkerung ausgerichtet war, ist nicht verwunderlich, daß das F. in den letzten 100 Jahren der am meisten geänderte Teil des gesamten BGB war. Die gesetzlichen Änderungen lassen sich schlagwortartig bezeichnen als: Anpassung an sozioökonomisch bereits stattgefundene Entwicklungen und vom gesetzlichen Leitbild zur Akzeptanz des Arrangements der Beteiligten (Simitis; Schwenzer; Münder). Zaghafte Veränderungen finden sich in den 50er Jahren. Wesentliche Änderungen des F. fanden in den 70er Jahren statt; Mitte der 90er Jahre steht die Reform des Kindschaftsrechts auf der Tagesordnung. Die Änderungen befaßten sich mit dem Ehe- und Scheidungsrecht, der Rechtslage der nichtehelichen Kinder, dem Adoptionsrecht, der allgemeinen Rechtsstellung von Minderjährigen und dem Betreuungsrecht. Im Detail ergeben sich, entsprechend den unterschiedlichen Materien des F., unterschiedliche Schwerpunkte:

- Im allgemeinen Eherecht wurde das gesetzliche Leitbild des patriarchalischen Mannes als Herr über Ehe und Familie aufgegeben, statt dessen steht den Ehegatten rechtlich frei, wie sie ihre Angelegenheiten (und damit ihre Rollen) regeln.
- Im Scheidungs- und Scheidungsfolgenrecht (Eherecht) wurde das durch das Verschuldungsprinzip gesicherte Leitbild der lebenslangen Ehe durch das Zerrüttungsprinzip und damit durch die einverständliche Scheidung (ja, sogar durch die einseitige Lösung eines Partners von der Ehe) ersetzt.
- Im Nichtehelichenrecht wurde versucht, die rechtliche Benachteiligung der nichtehelichen Kinder mittels Sonderregelungen auszugleichen. Da das aber immer noch eine gesonderte Behandlung nichtehelicher Kinder bedeutet, besteht hier gegenwärtig der größte Reformbedarf im F. – nicht zuletzt wegen der anderen Rechtslage nichtehelicher Kinder im Beitrittsgebiet.
- Im allgemeinen Kindschaftsrecht (*elterliche Sorge, Kindesrecht*) fand eine zögerliche Akzeptanz der Kinder als eigenständige Rechtspersönlichkeiten statt; am deutlichsten durch die Senkung des Volljährigkeitsalters auf das 18. Lebensjahr 1975. Da bei der Reform des Kindschaftsrechts jedoch nur ein vorsichtiger Schritt getan wurde, besteht auch hier weiterhin Reformbedarf.
- Bei der Entmündigung und Pflegschaft über Volljährige wurden die groben Instrumentarien der Vormundschaft über Volljährige und der Gebrechlichkeitspflegschaft abgeschafft und durch die auf den individuellen Einzelfall abgestellten Instrumente des Betreuungsrechts ersetzt.

Diese Veränderungen stellen – wie erwähnt – zunächst eine Anpassung des Rechts an schon stattgefundene sozioökonomische Entwicklungen dar. So ist die Unterordnung der Ehefrau in einer Arbeitnehmergesellschaft (wie sie ehemals im Kündigungsrecht des Mannes bei Diensten der Frau am deutlichsten wurde) dysfunktional. Eine Arbeitnehmergesellschaft erfordert, daß auch Arbeitnehmerinnen in der Verfügung und der Verwendung ihrer Arbeitskraft von familiären Zwängen entbunden sind. Die Erweiterung des Scheidungsfolgenrechts um die Versorgungsansprüche entspricht der Tatsache, daß bei Arbeitnehmern die sozialrechtlichen Versorgungsansprüche den wesentlichen Bestandteil des »Vermögens« bilden. Das im Kindschaftsrecht vorfindliche Konzept der Arbeit und Ausbildung im Familienverband stand im Widerspruch zur Auslagerung von Bildung, Ausbildung und Beruf aus der Familie. So wurde das aus der umfassenden (väterlichen) Gewalt fließende Bestimmungsrecht über die Kinder durch die Herabsetzung der Volljährigkeit gemindert, die noch vorhandene elterliche Gewalt durch den Vorrang des Wohls des Kindes reduziert. Diente das Adoptionsrecht ehemals zur Erbenverschaffung für Vermögensinhaber (zu ihrer Altersexistenzsicherung), so konnte es sich, weil die sozioökonomischen Voraussetzungen dieses Rechtsmodells zunehmend entfielen, zu einem sozialen Rechtsinstitut im Interesse des Wohls des Kindes wandeln. Auch die Reform des Nichtehelichenrechts liegt auf dieser Linie: Sicherte die ehemalige Leugnung verwandtschaftlicher Beziehungen zwischen Vater und nichtehelichem Kind dem Vater die uneingeschränkte Verfügung (Erbrecht!) über sein Vermögen, so konnten solche Bestimmungen aufgehoben werden, da der über große Vermögensmassen verfügende Vater in einer Arbeitnehmergesellschaft eher eine Randerscheinung ist.
Im F. spielen aber nicht nur sozioökonomische Aspekte eine Rolle, vielmehr fügen sich hier subjektive Faktoren, moralische Prinzipien, weltanschauliche Wertentscheidungen, fortwirkende Traditionen zu einem Komplex zusammen, der ökonomische Aspekte häufig gar nicht mehr durchscheinen läßt, ja sogar konkrete Bestimmungen des F. prägt. Deswegen stießen die Reformen stets auch auf erhebliche moralische, weltanschauliche, ideologische Widerstände. Das führte in verschiedenen Fällen zur Anrufung des BVerfG. Im großen und ganzen hat das BVerfG die Reformen der 70er Jahre, nämlich die des allgemeinen Eherechts, des Scheidungsrechts und des Kindschaftsrechts, für ver-

fassungsgemäß erklärt. Seit Antritt der konservativ-liberalen Regierung war es sogar das BVerfG, das teilweise den Gesetzgeber zu weiteren reformorientierten Änderungen des F. auffordern mußte, so beim Ehenamensrecht (Eherecht), bezüglich der Rechtsstellung nichtehelicher Kinder und hinsichtlich der gemeinsamen elterlichen Sorge bei Partnern einer *nichtehelichen Lebensgemeinschaft* bei gemeinsamen Kindern.
Von der Zahl der Paragraphen her spielt das F. wegen der nach wie vor gegebenen stark vermögensrechtlichen Ausrichtung für die Soziale Arbeit nur teilweise eine Rolle. Inhaltlich aber ist das F. wegen der Auswirkung auf die Gestaltung der Lebensverhältnisse der davon betroffenen Menschen für die *Sozialarbeit/Sozialpädagogik* von erheblicher Bedeutung. Im Rahmen der Beratungsarbeit ist so vornehmlich das Scheidungsrecht, insbesondere das Scheidungsfolgenrecht mit dem Schwerpunkt des Scheidungsunterhalts, relevant. Einschlägig ist das Gebiet des gesamten Verwandtenunterhalts, gerade auch deswegen, weil häufig Sozialleistungen (*Sozialhilfe, Jugendhilfe*, Familienförderung, Ausbildungsförderung) hieran anknüpfen. Von zentraler Bedeutung für die Arbeit von SozArb/SozPäd sind insbesondere die Regelungen für die elterliche Sorge, das Kindschaftsrecht. Ebenso sind von genereller Bedeutung all die Sonderregelungen, die für nichteheliche Kinder existieren: vom Abstammungsrecht über den Unterhalt, die elterliche Sorge bis ggf. zum Erbrecht. Das Recht der nichtehelichen Kinder ist auch deswegen von Bedeutung, weil die *Jugendämter* regelmäßig bei der Geburt nichtehelicher Kinder Amtspfleger (in den alten Bundesländern) oder Amtsvormund werden (*Amtspflegschaft/Amtsvormundschaft*). Da SozArb/SozPäd bei der Adoptionsvermittlung (*Adoption*) eingeschaltet ist, wird die Kenntnis des materiellen Adoptionsrechts wichtig. Nach der Reform des Vormundschaftsrechts über Volljährige und der Gebrechlichkeitspflegschaft kommen auf die SozArb/SozPäd auch erhebliche Aufgaben im Zusammenhang des neuen *Betreungsrechts* zu. *J. Münder*

Literatur: H. Dörner: Industrialisierung und Familienrecht, Berlin 1974; J. Gernhuber: Lehrbuch des Familienrechts, München [3]1980; G. Heinsohn/R. Knieper: Theorie des Familienrechts, Frankfurt/M. 1974; A. Menger: Das bürgerliche Recht und die besitzlosen Volksklassen, Tübingen [4]1908; J. Münder: Familien- und Jugenrecht. Bd. 1: Familienrecht, Weinheim/Basel [3]1993; K. Rebmann/F.J. Säcker (Hrsg.): Münchener Kommentar zum Bürgerlichen Gesetzbuch, Bd. 5, München [2]1987; J. Schwenzer: Vom Status zur Realbeziehung, Baden-Baden 1987; S. Simitis/G. Zenz (Hrsg.): Seminar: Familie und Familienrecht, 2 Bde., Frankfurt/M. 1975; W. Zeidler: Ehe und Familie, in: E. Benda/W. Maihofer/H.-J. Vogel (Hrsg.): Handbuch des Verfassungsrechts, Berlin 1983, 555 ff.; außerdem Literatur: *Eherecht, Elterliche Sorge, Kindesrecht, nichteheliche Kinder, Unterhaltsrecht.*

Familienselbsthilfe

F. unterscheidet sich von den übrigen Selbsthilfebewegungen wie z.B. den *Frauenhäusern*, Aids-, Behindertenselbsthilfe usw. (*Selbsthilfe/Selbstorganisation*) dadurch, daß sie am familiären Lebenszusammenhang ansetzt und die oft privat erscheinenden Probleme durch eine Erweiterung des Familiensystems zu bewältigen versucht, d.h., daß sie die Kleinfamilie öffnet (vgl. Erler/Tüllmann). Dabei orientiert sie sich an der traditionellen sozialen Institution *Familie* und ihrer Leistungsfähigkeit, deren Erneuerung sie anstrebt und nicht deren Überwindung, die vielfach noch für die Selbsthilfebewegungen der 70er Jahre charakteristisch war.
Ausgangspunkt der Aktivitäten von F., zu denen Krabbel- und Spielgruppen, Elterninitiativen, Mütter-, Familien- sowie Nachbarschaftszentren, Stillgruppen, Stiefelterngruppen zählen, sind vor allem gesellschaftlich bedingte Problemlagen:
- Entwertung des häuslichen Nahbereichs im Rahmen steigender Berufsorientierung – die Aktivitäten der Mütter-, Familien- und Nachbarschaftszentren haben einen neuen Raum zwischen der Privatheit der Familie und der Öffentlichkeit im Beruf geschaffen, in der das Leben mit Kindern und die darin liegende Verantwortung eine eigene Wertigkeit hat. Durch den Aufbau einer nachbarschaftlich orientierten sozialen Infrastruktur wird die Lebensqualität für Familien verbessert und die Austrocknung von Nachbarschaft verhindert (*Mütterzentren/Netzwerke, soziale*).
- Ausschließlichkeit der Mutter-Kind-Dyade, die einerseits eine Über-, aber auch eine Unterforderung für Mutter und Kind darstellt. Die Aktivitäten der Krabbel- und Spielgruppen, der Elterninitiativen, aber auch der Mütter-, Familien- und Nachbarschaftszentren schaffen hier eine Entlastung und Unterstützung durch die Erweiterung des sozialen Netzes und des Erfahrungsbereichs der Familie.
- Entmündigung von Eigen- und Elternkompetenzen durch institutionelle, professionell ausgerichtete Leistungsangebote für Familien, die eher von einem Defizitansatz der Familie ausgehen. Die Aktivitäten aller F.-Initiativen bauen auf den Fähigkeiten und Eigenkompetenzen derjenigen auf, die sich dort engagieren, und entwickeln im Rahmen von gemeinschaftlicher Stärke ihre Kompetenzen weiter. Damit schaffen Eltern (bzw. Mütter: die Mehrheit der in F.-Gruppen Engagierten sind Mütter) sich ein qualitativ verändertes Erziehungsumfeld, so ihre Kompetenzen nicht an den Rand geschoben werden.

Die Wirkungsweise aller F.-Grupen liegt vor allem in der »sozialen Prävention« i.S. einer Verbesserung der Lebensqualität durch den Aufbau einer sozialen Infrastruktur für Familien und ihre Kinder (Hebenstreit-Müller/Pettinger). Der *Prävention*sbegriff ist hierbei weiter gefaßt, strukturell offener als der des KJHG, der nur auf bestimmte Problemlagen abstellt (z.B. Allein-

erziehende mit Kindern). Andererseits ist der in § 1 Abs. 4 KJHG enthaltene Aufforderungscharakter, den subjektiven Kompetenzen der Eltern einen höheren Stellenwert als bisher beizumessen, eine Abkehr, Familien ausschließlich über ihre Sozialisationsdefizite wahrzunehmen. Er unterstützt vielmehr den Ansatz, Familien über ihre Kompetenzen wahrzunehmen, diese zu stabilisieren und weiterzuentwickeln.
Diese dafür benötigte professionelle *Hilfe* (*Handlungskompetenz, Professionalität*) muß daher auf einem anderen Selbstverständnis aufbauen als bisher, zumal der Aufgabenbereich jetzt stärker in der *Beratung* liegen muß und nicht wie bisher im Handeln für Eltern. Ein Beispiel für diese neue Form der Zusammenarbeit bieten Elterninitiativen, wenn sie professionelle Kräfte für ihre außerhäusliche Kinderbetreuung engagieren.
Elternselbsthilfegruppen haben sich mittlerweile einen bedeutenden Stellenwert in der öffentlichen Kinderbetreuung erkämpft. Sie sind durch ihre innovative pädagogische Arbeit und die Selbstbestimmtheit ihrer Einrichtung, die sich den Bedürfnissen der Familien flexibler anpassen kann als institutionelle Einrichtungen, inzwischen eine wichtige Ergänzung im Spektrum der benötigten Vielfalt von Kinderbetreuung geworden. Sie betreuen nach Zahlen des bundesweiten Zusammenschlusses der Elternselbsthilfe (BAGE e.V.) ca. 68000 Kinder. In den Elterninitiativen selbst sind etwa 135000 Eltern engagiert (Lachenmair).
Besondere Kennzeichen der Elterninitiativen sind:

- Eltern als Träger der Einrichtung, d.h., Eltern tragen die pädagogische, konzeptionelle und organisatorische Verantwortung und können somit auch Arbeitgeber für pädagogische Fachkräfte sein.
- Eltern gestalten den außerhäuslichen Betreuungsalltag ihrer Kinder aktiv mit, und zwar von der ausschließlichen Betreuung über Elterndienste bis hin zu Elterndiensten in Ergänzung zu einer pädagogischen Fachkraft. Ihre Kompetenzen, die sie als Eltern erworben haben, können dabei genutzt werden, und sie selbst können sie in der Gruppe oder mit Unterstützung einer Fachkraft weiterentwickeln.
- Eltern gestalten für sich ein bedarfsorientiertes Angebot, d.h., es kann eine Kindergruppe in der Art eines öffentlichen *Kindergarten*s angeboten werden, eine *Krippe* für Kinder unter 3 Jahren, altersgemischte Angebote, sog. Schulkinderläden, integrative Angebote mit behinderten Kindern (*Behindertenhilfe*) u.ä. Ebenso können die Betreuungszeiten in Absprache mit der Erzieherin flexibel gestaltet werden: von stundenweise wöchentlich bis hin zu einem Ganztagesangebot.

Trotz der positiven Einschätzung der Arbeit der Elterninitiativen und der vielfältigen Angebote der F., die auch in § 16 KJHG ihren Niederschlag gefunden hat, ist die Förderung von F. in den Bundesländern und speziell in den Kommunen abhängig von der »Beliebigkeit« kommunalpolitischer Entscheidungen. In einigen Bundesländern sind sog. Sockelfinanzierungen z.B. für Mütter-, Familien- und Nachbarschaftszentren ermöglicht worden. Einige größere Kommunen haben spezielle Förderinstrumente entwickelt. Insgesamt ist aber aufgrund der Freiwilligkeit solcher Leistungen im Kommunalhaushalt sehr viel Engagement von den F.-Initiativen notwendig, um z.B. Räume oder auch nur Finanzierungshilfen für Räume zu erhalten.
Der Zusammenschluß aller F.-Gruppen in eine »Bundesarbeitsgemeinschaft« dient zur Lobby und zu einer einheitlichen Vertretung gegenüber den traditionellen Familienverbänden, die gerade von der hier praktizierten »Familienpolitik von unten« neue Anregungen beziehen können. *A. Gerzer-Sass*

Literatur: G. Erler/G. Tüllmann: Familienselbsthilfe – ein neues Konzept stellt sich vor, in: DJI (Hrsg.): Wie gehts der Familie – Handbuch zur Situation der Familie heute, München 1988; A. Gerzer-Sass: Familienselbsthilfe – mehr als ein Treffpunkt in der Nachbarschaft, in: Diskurs 1991; S. Hebenstreit-Müller/R. Pettinger (Hrsg.): Miteinander leben, lernen, engagieren – Neue soziale Netze für Familien, München 1991; H. Lachenmair: Elterninitiativen, München 1985.

Fan-Clubs (F.C.)

Fan ist das englische Kürzel des deutschen Begriffes »Fanatiker«. Verstanden wird darunter hierzulande ein überschwenglicher Verehrer, ein begeisterter Schwärmer.
Jugendliche (*Jugend*) – involviert in Prozesse von Identitätsbildung und Persönlichkeitsentwicklung (*Jugendsoziologie*) – zeichnen sich u.a. durch Abgrenzung, oppositionelle Haltungen zur Erwachsenenkultur, kollektive Identifikations- und symbolische Aneignungsversuche von Umwelt im Kreis von Gleichaltrigen aus. Temporären »Rohstoff« zur entsprechenden Bearbeitung, Leitbilder und Orientierungen liefern Produkte der Kulturindustrie.
Musik und *Sport* als zwei der beliebtesten Freizeitbeschäftigungen (*Freizeit/Freizeitpädagogik*) von Jugendlichen kommt in dem Kontext eine große Bedeutung zu.
Rock- und Popmusik kann je nach Aufnahme und Verwendung seitens der Rezipienten unterschiedliche Bedürfnisse und Wünsche befriedigen. Sie kann das bindende Glied einer Clique sein, zur Unterstützung von Idolkulten beitragen.
Seit dem Ende der 50er Jahre galten die zahlreichen Schlagerfanclubs als Popularitätsindex der Musikbranche. Und sie bestimmten lange Zeit quasi als »Pressuregroup« entscheidend über die Hitparaden der Rundfunk- und Fernsehanstalten mit. Entsprechend wurden sie von Stars und Plattenfirmen protegiert. Heute ist die Bedeutung der F.C. wie auch das Interesse der Firmen an ihnen stark rückläufig. Gruppen der kritischen deutschen Szene verweigerten sich schon seit geraumer Zeit der Gründung von F.C.
Individuelle Betreuung von Abnehmern erübrigt sich inzwischen. Während früher die Mitgliedschaft im F.C. u.a. zum Erhalt von persönlichen Informationen be-

rechtigte, übernehmen heute eine erkleckliche Anzahl von Fachzeitschriften diese Funktion. Sie bieten eine wahre Flut von Informationen zu den Stars und Top-Acts.

F.C., schon früher in den jüngeren Altersklassen überrepräsentiert, sind heute noch bestenfalls im »Pop«- und »Heavy-Metal«-Bereich anzutreffen. Aber gerade im letzten Bereich scheint die Funktion der Absatzförderung durch F.C. zunehmend ersetzt durch den Verkauf von Accessoires und Utensilien (Poster, T-Shirts, u.a.) Schallplatten und CD's im Zusammenhang von Konzerten, auch »Merchandise« genannt. Weiteres verkaufsförderndes Instrument sind Musiksender wie »MTV«.

F.C. im Sinne von treuen Hörern und Anhängern von bestimmten Musikgruppen finden sich zumeist noch im Independent- und Szenebereich. Die gleichen Gruppen werden auch nach Jahren noch gehört, jede Platte von den Fans erstanden. Zuweilen geben einzelne Liebhaber auch Fanzines heraus, die aufgrund der Kommunikationskultur jedoch nur Szeneangehörigen bekannt sind.

Inwieweit solche Entwicklungen u.U. auch in einem Feld, das inzwischen als »Rechtsrock« beschrieben wird, Einzug halten bzw. sich verstetigen, bleibt abzuwarten. Der Bezug dieser Musik gestaltet sich meist szeneintern. Gesicherte Daten liegen bislang kaum vor. Einige der Produktionen stehen auf dem Index bzw. entsprechende Anträge sind in Vorbereitung. Eine Radikalisierung, soweit es die Texte betrifft, gerade bei jüngeren Gruppen deutet sich an. Es scheint sich zur Zeit aber nicht um ein Massenphänomen zu handeln. Die öffentliche Jugendpflege (*Jugendarbeit*), *Jugendverbände* und *Schule* haben auf diese Interessen an Musik(-Idolen) häufig mit Verachtung und Ablehnung reagiert bzw. letztgenannte Entwicklungen bislang nur ansatzweise zur Kenntnis genommen.

Ähnlich ignoriert bzw. oft als geringschätztige Freizeitbetätigung eingestuft wurden auch Fußballfans und F.C. im Umfeld der Bundesligavereine. Mit Beginn der 70er Jahre gerieten sie zunehmend in das Bild der Öffentlichkeit.

Heute reicht entsprechend Zusammenhalt und Bindung an den Verein das Spektrum von sog. »ordentlichen« bis hin zu so betitelten »wilden« F.C. Zentral für Aufenthalts- und Handlungsfelder sind die Spielbesuche.

Gleichsam eine Fortsetzung der Begegnungen auf dem Rasen stellen für manche F.C. die Auseinandersetzungen mit den gegnerischen Fans dar. Sie finden inzwischen zumeist auf den An- und Abfahrtswegen zu den Begegnungen statt, mitunter auch nach zeitlicher und örtlicher Absprache. Zuweilen erhebliche Verletzungen werden dabei von den Beteiligten in Kauf genommen.

Je nach Zusammengehörigkeit und regionaler Anbindung bewegen sich die Mitgliedszahlen zumeist zwischen 5 und 30 Personen, das Alter differiert zwischen 10 und 30 Jahren. Mädchen sind deutlich unterrepräsentiert. Hinsichtlich Schulabschluß und beruflicher Qualifikation bestehen bei Fans im Vergleich zu Durchschnittsjugendlichen keine signifikanten Unterschiede (Pilz u.a. 1982; Löffelholz 1993). Hinsichtlich der Gesamtzahl von Fans gibt es nur grobe Schätzungen, die zwischen 100000 und 150000 liegen.

Ein nennenswerter überregionaler Zusammenschluß von F.C. existiert nicht. Vereinzelt haben sich im Umfeld einzelner Bundesligavereine F.C. zu sog. Dachverbänden zusammengeschlossen.

Die Unterstützung der F.C. durch Vereine und Verbände ist gering. Für Vereine sind Fans und F.C. zumeist weder akzeptable noch relevante Gesprächspartner.

Als Diskussionsmittelpunkt für Vereine und Medien werden sie zumeist nur dann gehandelt, wenn es um gewalttätige und damit auch umsatz- wie imageschädigende Verhaltensweisen von F.C. geht. Trauriger Höhepunkt waren in dem Kontext die Ereignisse von Brüssel im Mai 1985, bei denen 39 Menschen ums Leben kamen.

Dieses Geschehnis deutete auf eine Entwicklung hin, die sich insbesondere während der 80er Jahre vollzog: eine Eskalation von Konflikten und Auseinandersetzungen zwischen jugendlichen Fans. Medial wurden die Hauptakteure innerhalb dieser Entwicklung als Hooligans (engl.: Radaubruder) betitelt.

Phänomenologisch gesehen läßt sich für den Zeitraum festhalten: Gruppenzusammenhänge und damit gegenseitige Verantwortlichkeiten wurden instabiler. Der klassische »Kuttenfan« und der dazugehörige F.C. verloren sich im Bild der Fankurve. Es setzte eine große Fluktuation und Abgrenzungen bis hin zu Selbstausgrenzungen unter den Fans ein. Auseinandersetzungen verlagerten sich zeitlich wie örtlich vom Fußballgeschehen weg, ohne jedoch den Bezug zum Fußball völlig zu verlieren. Selbstbegrenzungen zur Regulation von Konflikten (Rituale) finden sich seitdem gerade unter jüngeren Fans immer weniger, zuweilen wird auch auf Distanzwaffen zurückgegriffen. Eine weitere Gefahr bei zunehmender Verlagerung von Konflikten in die Stadtzentren besteht darin, daß originär vom Fußballgeschehen nicht betroffene Jugendszenen (auch unterschiedlicher ethnischer Zugehörigkeit) aktiv wie passiv in die Auseinandersetzungen involviert werden können. Nicht unerheblich ist dabei die Rolle der Ordnungshüter. Staatlicherseits mit der Aufgabe der Konfliktverhinderung und Strafverfolgung versehen, avancierten sie für manche Szenen unter den Fans zu einer Art »Mitspielpartner«.

Weiteres öffentlich diskutiertes Thema im Kontext mit F.C. und Fans ist das Aufgreifen und Verwenden nationalistischer bis rechtsextremistischer Insignien und Positionen, außerdem der nachweisliche Versuch der Einflußnahme durch rechtsextreme Organisationen. Einige F.C. wurden konkret rechtsextremistischer Orientierung und Taten verdächtigt. Von einigen Mitgliedern sind Verbindungen zu neonazistischen Organisationen bekanntgeworden.

Grundsätzlich aber bleibt festzuhalten, daß Vermutungen von einer rechtsextremistischen Unterwanderung von F.C. sich bisher nicht bestätigt haben. F.C. und

Fans waren in dem Sinne bislang nicht instrumentalisierbar. Aufgrund partieller Affinitäten im Hinblick auf Fremdenfeindlichkeit und gewalttätige Konfliktlösungsmuster ist aber auch der weiteren Entwicklung Aufmerksamkeit zu schenken.

Unabhängig von diesen Aspekten, die Fans immer nur auf ein ordnungs- und sicherheitstechnisches Problem (*Abweichendes Verhalten*) reduzieren, dringt nur selten ins Bewußtsein, daß sich in den Fußball-F.C. massenhaft Jugendliche eigenständig und außerhalb pädagogisch vorstrukturierter Orte (*Jugendfreizeitstätten*) eine Lebenswelt schaffen, die gekennzeichnet ist von Popularität, Spannung, Zugehörigkeit, Erlebnis und praktisch erfahrbarer Zusammengehörigkeit in Gruppen. Fußballfandasein ist für männliche Jugendliche verbunden mit Erregung, Möglichkeiten der Identifikation und Vergemeinschaftsprozessen, mit Selbstvergewisserungen und Mutproben für maskuline Selbstbehauptungsformen und Körpererfahrungen. Fußballfans überschreiten Konventionen, kehren turnusmäßig am Wochenende leidige Raum-Zeit-Strukturen um.

Angesichts des Fehlens »besetzbarer« Räume in der Großstadt, des Mangels an Lokalorientierung treibt es viele Jugendliche auf innerstädtische Wanderschaft und die Suche nach (risikobehafteten) Wirklichkeiten, die sich gemäß den eigenen Fähigkeiten noch erkennbar beeinflussen und bewegen lassen. Das Spektakel um Begegnungen der Fußballbundesliga, das Stadion, die Atmosphäre und die sozialräumliche Umgebung dieses Ortes zusammen mit den An- und Abfahrtswegen scheint in diesem Kontext eines der (letzten) großstädtischen Felder, die hierfür noch Möglichkeiten bereithalten.

Mitentscheidend für die Zukunft der F.C. und Fanszene werden die gesellschaftlichen Reaktionen sein. Restriktive Maßnahmen bis hin zu baulichen Veränderungen (Blockumzäunung, Rundum-Videoüberwachug, prophylaktisches In-Gewahrsam-Nehmen) sind eher dazu angetan, kurzzeitige Symptomkurierung zu betreiben, das Problem zu verlagern und u.U. ein subtil wirkendes Gewaltniveau zu reproduzieren. Längerfristige Folgen in Form von *Stigmatisierungen*, Selbstausgrenzungen und schließlich Radikalisierungen werden nicht mitbedacht. Zudem scheint paradoxerweise die Situation eingetreten, daß mit der sicherheitstechnischen Befriedung der Stadien und deren näherer Umgebung zugleich ein größeres Problem in den städtischen Zentralbereichen (mit-)produziert wurde.

Aufgrund der Ausschreitungen insbesondere auch in den neuen Bundesländern wurde unter Hinzuziehung verschiedener Institutionen (u.a. DFB, Innenministerkonferenz, BMFJ, Deutscher Städtetag u.a.) in den Jahren 1991 bis 1993 ein »Nationales Konzept Sport und Sicherheit« erarbeitet. Neben der Forcierung sicherheitstechnischer, ordnungspolitischer und baulicher Maßnahmen wird auch die Forderung nach Unterstützung und besserer Ausstattung von Fanprojekten erhoben.

Angezeigt ist damit im Unterschied zu eher restriktiven und sanktionierenden Maßnahmen eine Aufwertung präventiver sozialpädagogischer Arbeit in diesem Feld.

Erste Fanprojekte wurden bereis in der 1. Hälfte der 80er Jahre begründet. Inzwischen existieren bundesweit 13 Projekte. Sie sind zusammengeschlossen in einer Bundesarbeitsgemeinschaft (BAG Fußball-Fan-Projekte). Seit 1993 existiert eine »Koordinierungsstelle Fan-Projekte« (KOS) bei der Deutschen Sportjugend in Frankfurt/M. Sie bietet den örtlichen Projekten fachliche Unterstützung und hilft beim Aufbau neuer Projekte. Beteiligt an der Finanzierung ist neben dem Bundesjugendministerium auch der DFB.

Inhalte der Fanprojekte leiten sich aus Prinzipien der offenen Jugendarbeit ab – in bewußter Abkehr des Verständnisses einer reinen Interventionsstrategie. Pate des Engagements bei vielen Mitarbeitern ist die eigene Nähe zum Fußballsport. Sie erleichtert Kontakt und Zugang zu den F.C. Zum Gradmesser für Glaubwürdigkeit und Integrität der Pädagogen avancierten das Verhalten in Konfliktsituationen und die ständige Präsenz am Ort des Geschehens. Der Fußball und die Spielbesuche der Fans sind Ausgangspunkt und Eckpfeiler für die Arbeit. Das bedeutet zunächst sorgsames Zuschauen, das Sich-zur-Verfügung-Halten als Dialogpartner, (kritisches) Lobbytum, Verhinderung von Ausgrenzungen und Eskalationen durch angemessene Mäßigungs- und Schlichtungsversuche.

Vor dem Hintergrund einer tragbaren Vertrauensbasis sind weitere Angebote (erst) realisierbar. Mehrheitlich sind das neben der aufsuchenden Arbeit (*Straßensozialarbeit/Jugendarbeit, mobile*) sportbezogene und erlebnisorientierte Freizeitangebote (*Erlebnispädagogik*), Alltags- und Einzelfallhilfen, Öffentlichkeits- und Vermittlungsarbeit, die Bearbeitung gravierender Ausgrenzungsproblematiken sowie das Bereitstellen von echten Formen der Mit- und Selbstbestimmung. Nicht bezweckt und gewollt ist eine bewußte Konterkarierung des Fandaseins. Vielmehr mögen sich – beispielsweise bei erlebnispädagogischen Fahrten – Möglichkeiten bieten und erfahren lassen, die abseits von Spannung und situativem Druck des Bundesligaspektakels ebenso als Mittel dienen können, um Vergemeinschaftungsprozesse und sozialen Zusammenhalt zu erfahren.

Fanprojekte sind dort, wo sie bereits längerfristig existieren, zu einer festen Größe geworden. Beständig werden sie um Hilfeleistungen angegangen. Sie sind i.S. einer »Drehpunkteinrichtung« Ansprechpartner für Institutionen, Verbände, Medien, Fans und F.C. u.a. Anlaß zu großer Sorge gibt jedoch die finanzielle Situation. Etliche Projekte mußten in den letzten Jahren bereits wieder ihre Arbeit einstellen. Zeitverträge und Fluktuation in der Personalbesetzung aufgrund von ABM-Verträgen erschweren die praktische Arbeit.

Von der Öffentlichkeit kaum wahrgenommen wurden F.C., die seit 1976 im Zusammenhang mit der Bundeswehr entstanden. Ihre Anzahl wuchs schnell. Und Anfang der 80er Jahre existierten bereits – protegiert durch das Streitkräfteamt – mehrere hundert F.C. mit durchschnittlich 5 bis 20 Mitgliedern (Bartels 1984). Kon-

takte zwischen der Bundeswehr und den F.C. besorgte eine vom Streitkräfteamt herausgegebene und speziell an eine jugendliche Leserschaft gerichtete Zeitschrift mit Namen »Info-Post«. Mit Beginn der 80er Jahre wurde der Stil der Zeitschrift verändert, F.C. nicht mehr mit Materialien beliefert.
Nach aktuellen Angaben des Verteidigungsministeriums werden heute weder F.C. betreut noch Informationen über sie gesammelt.
Im Rahmen der Nachwuchswerbung werden Jugendliche angesprochen, die sich interessiert an die Bundeswehr wenden. Das heißt: Sie werden beispielsweise mit Informationsmaterial versehen, bekommen Geburtstagswünsche übersandt, erhalten Einladungen zu Truppenbesuchen und ein Abonnement der »Info-Post«. Diese erscheint kostenlos in vierteljährlichen Abständen und einer Auflage von 200000 Exemplaren. Das Alter der Interessierten reicht von 13 bis 20 Jahre.
Letztes Beispiel einer F.C.-Bewegung findet sich im Zusammenhang mit Computern (*Datenverarbeitung*). Mit Beginn der 80er Jahre trat sie erstmalig in Erscheinung. Inzwischen läßt sich aber eher nur noch von lockeren Zusammenschlüssen, Bewegungen, Szenen sprechen. Je nach Zweck und Charakter handelt es sich um Gruppierungen, die den Computer gewissermaßen subversiv nutzen (Hacker), durch Datennetze reisen (Cybernauten), Szenen, die sich um bestimmte Gerätschaften und technische Entwicklungen zusammenfinden oder Sympathien für Computerspiele entwickelt haben. Letzteres wird durch Firmen in einer stark monopolisierten Branche gefördert. Flankiert werden diese Entwicklungen durch eine Vielzahl von Fachzeitschriften. Sie sind auch wichtige Kommunikationsfelder, ebenso wie Mailboxen.
Die Altersspanne liegt für das gesamte Spektrum zwischen 12 und 30 Jahren. Überwiegend finden sich in ihnen Vertreter des männlichen Geschlechts.

H. Heitmann

Literatur: M. Annas/R. Christopf: Neue Soundtracks für den Volksempfänger, Berlin 1993; D. Baacke/M. Thier/C. Grüninger/F. Lindemann: Rock von Rechts, Bielefeld 1994; W. Bartels: Erziehung zum Militarismus – ein Bericht über Bundeswehr-Fan-Clubs, in: Kerbst/Witt (Hrsg.): Bundeswehr und Schule, Köln 1984; K.J. Bruder/E. Jänicke/K. Strempel: Die Aneignung des Computers durch die Jugend, in: D. Baacke/H.D. Kübler: Qualitative Medienforschung, Tübingen 1987; B. Buford: Geil auf Gewalt – unter Hooligans, München 1991; E. Hahn u.a.: Fanverhalten, Massenmedien und Gewalt im Sport, Schorndorf 1988; Koordinationsstelle Fan-Projekte (KOS): Anstoß: Impulse für die Fan-Arbeit, Frankfurt/M. 1994; B. Matthesius: Anti-Social-Front, Opladen 1992; H. Heitmann: Jugendliche Fußballfans als gesellschaftliches Phänomen, in: Beilage zur Wochenzeitung »Das Parlament«, B 21/84 v. 26.5.1984; H.G. Jaschke: Die Bundeswehr und die Öffentlichkeit. Sendung des NDR, 1985; M. Löffelholz: Ihre Losung lautet: Gewalt macht Spaß, in: FR v. 13.3.1993; M. Knaust/L. Linnemann: Das Bremer Fan-Projekt – Sozialpädagogik im Umfeld des Profi-Fußballs, in: Schriftenreihe der Bundeszentrale für politische Bildung, Bd. 206; W. Schindler (Hrsg.): Spieglein, Spieglein in der Hand – Kritische Texte zur Aneignung persönlicher Computer, Stuttgart 1990.

Finanzierung freier Träger der Sozialen Arbeit

Fragen der F. sind bei knappen Ressourcen ein zentrales Problem der Existenz der freien Träger (*Träger der Sozialen Arbeit, Jugend- und Wohlfahrtsverbände, Selbsthilfe/Selbstorganisation*). Sie entfalten ihre Tätigkeit zunächst unabhängig von einem gesetzlichen Leistungsanspruch. Die Allgemeinheit hat zu ihren Dienstleistungen nur dann Zugang, wenn dies dem Willen des Trägers entspricht, es sei denn, daß an die Entgegennahme von öffentlichen Zuwendungen dieser Zugang geknüpft ist.
Wir unterscheiden gemeinnützige und gewerbliche freie Träger. Bei den gemeinnützigen kommen sowohl öffentlich anerkannte als auch nicht öffentlich anerkannte Träger vor. Bei der Gemeinnützigkeit handelt es sich um einen steuerrechtlichen Begriff, der seine Grundlage im 3. Abschnitt der AO findet. Gemeinnützige Zwecke werden dann angenommen, wenn die Tätigkeit einer Körperschaft darauf gerichtet ist, die Allgemeinheit auf materiellem, geistigen oder sittlichen Gebiet selbstlos zu fördern. Die Anerkennung der Gemeinnützigkeit erfolgt durch die örtlich zuständigen Finanzämter. Sie führt zu weitgehender Steuerbefreiung.
Zu beachen bleibt, daß in einigen Bereichen der SozArb kein Anerkennungsverfahren vorgesehen ist. I.d.R. sind auch die Rechtsformen der freien Träger nicht vorgeschrieben. Bundesrechtlich gibt es ein öffentliches Anerkennungsverfahren nur im Bereich des KJHG, bei den Betreuungsvereinen (*Betreuungsrecht*) und den Werkstätten für Behinderte (*Behindertenhilfe*). So erwerben Jugendhilfeträger einen Rechtsanspruch auf öffentliche Anerkennung nach mindestens 3jähriger Tätigkeit, nach Vorliegen der Gemeinnützigkeit, wenn sie einen im Gesetz nicht genau definierten fachlichen Mindeststandard erfüllen sowie die Gewähr für eine Zielkonformität mit dem GG bieten (i.e. Münder u.a., § 75 Rz 5ff.). Es ist in der Vergangenheit immer wieder versucht worden, das Anerkennungsverfahren dazu zu benutzen, politisch unliebsame Träger auszugrenzen (was weiterhin unzulässig bleibt: jetzt Münder u.a. 1993, § 75 Rz 12; früher unter Geltung der JWG ausführlich Münder u.a. 1988, § 9, S. 135ff.). Auf Dauer angelegte öffentliche Förderung setzt die öffentliche Anerkennung voraus. Eine Förderung nicht anerkannter Träger ist nach Ermessen zulässig. Die Anerkennung führt dann aber nicht zu einer Förderungsverpflichtung (Münder u.a. 1993, § 74 Rz 14). Betreuungsvereine bedürfen für ihr Tätigwerden einer besonderen Erlaubnis. Voraussetzung hierfür ist das Vorhandensein einer ausreichenden Anzahl geeigneter Mitarbeiter, das Bemühen um Gewinnung, Fortbildung und Beratung ehrenamtlicher Mitarbeiter sowie die Ermöglichung eines Erfahrungsaustausches zwischen den Mitarbeitern. Als Werkstätten für Behinderte können nur solche Einrichtungen anerkannt werden, die die Voraussetzungen des § 52 des *Schwerbehindertengesetz*es erfüllen.
Es gibt unterschiedliche Finanzquellen für die freien

Träger. Zunächst wird die Finanzierung aus Sozialleistungsgesetzen und dem BGB behandelt.
Die Wege des Finanztransfers können sehr unterschiedlich sein. Hierzu folgende Grafik.
Auf Zuwendungen besteht grundsätzlich kein Rechtsanspruch. Der Zuwendungsgeber hat jedoch immer den Gleichheitsgrundsatz aus Art. 3 GG bzw. aus den entsprechenden Vorschriften der Leistungsgesetze zu beachten. Vergleichbare Maßnahmen und Einrichtungen sind innerhalb eines angemessenen Zeitrahmens gleich zu behandeln. Allerdings können Träger mit geringer eigener Leistungsfähigkeit durchaus höher subventioniert werden als andere. Der Gleichheitsgrundsatz gilt

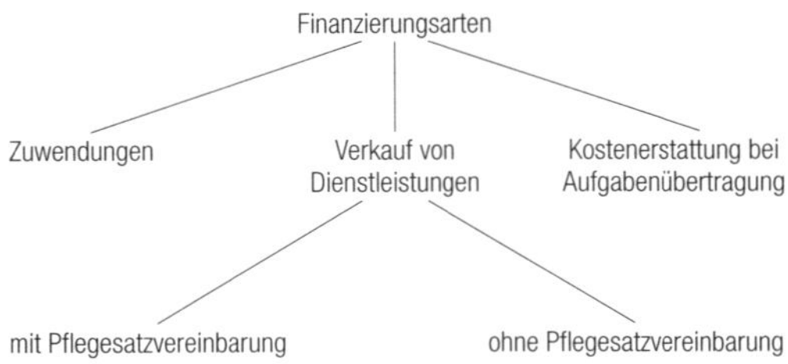

auch im Verhältnis zu den öffentlichen Trägern. Zuwendungen decken i.d.R. nie die wirklichen Kosten einer Maßnahme. Die freien Träger müssen also immer ergänzend weitere Mittel aufbringen. Zuwendungen werden in den Bereichen gewährt, in denen es keinen individuell einklagbaren Rechtsanspruch des einzelnen Leistungsempfängers gibt (i.e. BBJ-Consult 1989). Liegt ein derartiger Rechtsanspruch vor, so verkaufen die freien Träger ihre Dienstleistungen. Es kommt ein rechtliches Dreiecksverhältnis (dazu Münder u.a. 1993, § 39 Rz 7, § 74 Rz 2, § 77) zwischen Hilfeempfänger, freiem Träger und öffentlichem Träger zustande. Die Kosten der Maßnahme werden entweder vom freien Träger frei kalkuliert oder über eine Pflegesatzvereinbarung zwischen öffentlichem und freiem Träger vereinbart. Träger mit Pflegesatzvereinbarung genießen eine rechtliche Privilegierung im Hinblick auf Belegung. Pflegesatzrahmenvereinbarungen regeln darüber hinaus Strukturen und Verfahren der Pflegesatzgestaltung (z.B. die Berliner Platzgeldvereinbarung für Kindertagesstätten und die Heimpflegevereinbarung: beide abgedruckt in Kreft/Nagel; zur Neugestaltung für die Sozial-/Altenhilfe vgl. *Pflegesätze/Pflegeentgelte*). Nachfolgendes Schaubild erläutert die Zusammenhänge:

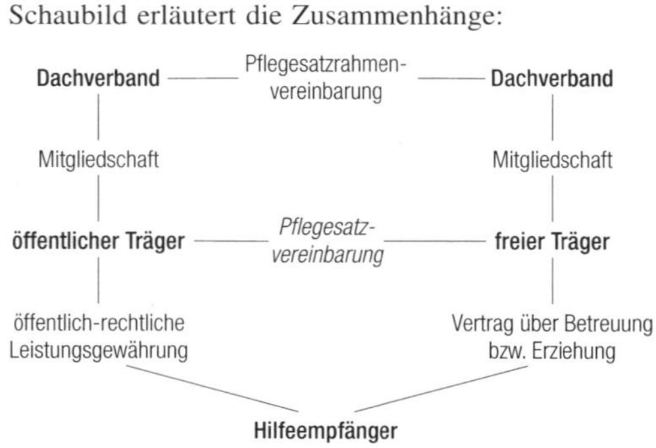

Pflegesätze und natürlich erst recht der Verkauf von frei kalkulierten Dienstleistungen sollen kostendeckend sein. Neben den gemeinnützigen freien Trägern werden in diesem Bereich auch die gewerblichen freien Träger tätig. Durch die Neufassung des § 93 BSHG gilt im Bereich der Sozialhilfe nicht mehr das sog. Selbstkostendeckungsprinzip. Es werden vielmehr im voraus (prospektiv) Pflegesatzvereinbarungen abgeschlossen. Die prospektiven Pflegesätze sollen im Bereich der SozArb eine größere Marktnähe schaffen, da sie sowohl Verlustrisiken als auch Gewinnmöglichkeiten beinhalten. Grundsätzlich ist darauf hinzuweisen, daß der öffentliche Träger nicht berechtigt ist, einem Hilfeempfänger einen bestimmten freien Träger zuzuweisen. Vielmehr ist dieser bei der Wahrnehmung seines Wunsch- und Wahlrechtes (so für die Jugendhilfe in § 5 KJHG ausdrücklich normiert) zu unterstützen. Den Wünschen ist so lange zu folgen, wie keine unvertretbaren Mehrkosten entstehen.
Bestimmte Aufgaben können die öffentlichen Träger durch zustimmungsbedürftigen Verwaltungsakt oder durch öffentlich-rechtlichen Vertrag auch an freie Träger zur Durchführung übertragen. Verantwortlich gegenüber dem Hilfeempfänger bleibt allerdings immer der öffentliche Träger. In den Fällen der Aufgabenübertragung sind dem freien Träger die angemessenen Selbstkosten zu erstatten.
Rechtsquellen für den Empfang von Zuwendungen sind im Bereich des KJHG die §§ 12 i.V.m. 74, 25, 4 i.V.m. 74, 89 Abs. 2 Nr. 3, im Bereich des BSHG § 10 Abs. 3, im AfG §§ 55, 61, im Betreuungsrecht § 6 BtGB.
Beim Verkauf von Dienstleistungen kommen u.a. die §§ 27ff. KJHG, die §§ 39ff., 68f., 70f., 72 und 75 BSHG, die §§ 37, 38 SGB V, die §§ 56ff. AfG und die §§ 1835f. BGB zum Tragen.
Die Aufgaben aus §§ 42, 43, 50–52 und 53 Abs. 2–4 KJHG sowie alle geeigneten Aufgaben aus dem BSHG sind an freie Träger übertragungsfähig (für die Jugendhilfe in § 76 KJHG geregelt).
Bei den nun folgenden Finanzierungsquellen ist eine Systematisierung kaum möglich, sie werden deshalb lediglich aufgelistet:

– Zuwendungen aus den Abgaben, die die Lotto-/Totounternehmen an die Länder abzuführen haben, können die freien Träger aufgrund landesrechtlicher Bestimmungen erhalten, ähnliches gilt auch für Spielbanken. Durch Satzungsrecht oder vertragliche Vorschriften müssen häufig öffentlich-rechtliche Sparkassen und manchmal auch monopolartige Energieversorgungsunternehmen einen Teil ihres Gewinns gemeinnützigen Zwecken zuführen. Diese Verteilung erfolgt i.d.R. nicht über objektiv nachprüfbare Richtlinien, sondern insbesondere im kommunalen Bereich über die Affinität zwischen bestimmten politischen *Parteien* einerseits und bestimmten *Wohlfahrtsverbänden* andererseits.
Finanzierungen aus Geldauflagen der Strafjustiz, die aufgrund gerichtlicher oder staatsanwaltschaftlicher

Ahndung von strafrechtlichem Fehlverhalten festgesetzt werden, spielen besonders bei kleinen Trägern eine nicht unerhebliche Rolle. Die Geldauflagen (sog. Bußgelder) werden aus den Bestimmungen von drei strafrechtlich relevanten Gesetzen gespeist, nämlich dem JGG, dem StGB und der StPO. Jugendrichter und Jugendstaatsanwälte können im Jugendstrafverfahren Geldauflagen festsetzen. Nach § 153 StPO kann der Staatsanwalt gegen Zahlung einer Geldauflage bei Straftaten mit geringem Schuldvorwurf ein Verfahren vorläufig einstellen. Geldauflagen sind auch als Bewährungsauflagen möglich. Grundsätzlich sind die Richter wegen der Weisungsfreiheit selbständig in ihrer Entscheidung, welcher freie Träger Zahlungen erhält. Die Länder haben jedoch jeweils Verwaltungsverfahren entwickelt, in denen geregelt ist, unter welchen Voraussetzungen freie Träger in den Genuß von Zuweisungen kommen können. In der Praxis fällt auf, daß Träger mit einer gewissen Justiznähe (z. B. Bewährungshilfevereine, Betreuungsvereine) bevorteilt werden.

– Mitgliedsbeiträge, Spenden und Sammlungen sind immer noch ein wichtiges Mittel, die Eigenkapitaldekke freier Träger zu verbessern. Über Mitgliedsbeiträge kommen größere Finanzmengen allerdings nur bei großen vereinsrechtlich verfaßten Wohlfahrtsverbänden zusammen. Für die freien Träger besteht außerdem die Möglichkeit der für den Spender steuerverkürzenden Spendenentgegennahme. Die Durchführung von Sammlungen bedarf der Genehmigung der zuständigen Ordnungsbehörden. Gewerbliche freie Träger sind nicht sammlungsberechtigt.

– Wohlfahrtslotterien können in eigener Regie durchgeführt werwden, es besteht aber auch die Möglichkeit, Zuwendungen aus den großen Wohlfahrtslotterien wie »Aktion Sorgenkind«, Stiftung »Hilfswerk Berlin«, Stiftung »Deutsches Hilfswerk« und »Glücksspirale« zu beantragen. I. d. R. besteht allerdings zu diesen Stiftungen nur eine Zugangsmöglichkeit über die Spitzenverbände der Wohlfahrtspflege. Weitere, auch regional tätige Stiftungen sind je nach Satzungsbestimmung bereit, für die unterschiedlichsten Felder der SozArb Gelder bereitzustellen. Wegen der geringen Finanzkraft handelt es sich jedoch allgemein entweder um einmalige Zahlungen oder um kleinere Summen.

– *Social-Sponsoring* ist nicht zu verwechseln mit der Entgegennahme von Spenden. Es geht hier vielmehr um eine Leistung auf Gegenseitigkeit, die üblicherweise vertraglich geregelt wird. Der Sponsor – i. d. R. ein Wirtschaftsunternehmen – erwartet gegen Zahlung eines Geldbetrages einen Werbeeffekt durch die Mitnutzung des positiven Image des gesponserten freien Trägers. Er kann die Kosten dieses Imagetransfers als Betriebsausgaben steuermindernd geltend machen. Der Gesponserte hat in der Öffentlichkeit deutlich zu machen, von wem er gesponsert wird. Hier ist nicht zu übersehen, daß das Sponsorship sich nur eignet für Träger mit einem positiven öffentlichen Image, das wird bei einer Tätigkeit für gesellschaftliche Randgruppen keineswegs immer zu erreichen sein. Umgekehrt kann auch der Zusammenhang mit einem Wirtschaftsunternehmen problematisch sein, wenn dessen mögliches verbraucherunfreundliches Verhalten auch dem freien Träger zugeschrieben wird. Auf der Seite der freien Träger bereitet das Social-Sponsoring daneben auch steuerrechtliche Probleme. Es wird sich i. d. R. um einen wirtschaftlichen Geschäftsbetrieb handeln, der nicht vom gemeinnützigen Zweck des freien Trägers gedeckt ist. Er unterliegt deshalb der Besteuerung.

– Der Europäische Sozialfonds sieht im Bereich der Bekämpfung der *Arbeitslosigkeit* von sog. Problemgruppen des Arbeitsmarktes immer wieder Programme vor, aus denen auch freie Träger der SozArb Gelder erhalten können. Diese Programme werden nicht selten durch nationale Maßnahmen ergänzt und/oder aufgestockt. Da diese Antragsverfahren verhältnismäßig kompliziert sind und ein häufiger Wechsel der Programme vorkommt, empfiehlt es sich für kleinere Träger, eine geeignete Beratungseinrichtung für diesen Bereich zu konsultieren (etwa den BBJ-Consult in Berlin u. a. O., der auch regelmäßig aktualisierte Informationsschriften zu Rechts-, Organisations- und Finanzierungsfragen freier Träger herausgibt). *R. Krüger*

Literatur: BBJ-Consult Info III/IV – 1989: Öffentliche Finanzierung von Maßnahmen und Projekten. Leitfaden durch das Zuwendungsrecht; M. Flierl: Freie und öffentliche Wohlfahrtspflege, München ²1992; M. Frommann: Die Vergütung des Berufsbetreuers und des nebenberuflichen Betreuers, in: NDV 1/93, 9 ff.; D. Kreft/F. Nagel u. a.: Jugendhilfe in Berlin. Loseblattsammlung seit 1978; R. Krüger: Gründung und Finanzierung freier Träger in der Sozialarbeit, in: NP 4/84, 314 ff. (Neufassung als Sonderdruck der FHS Lüneburg 1992); R. Krüger: Geldauflagen der Strafjustiz als Finanzquelle freier Träger der Sozialarbeit, in: Der Sozialarbeiter 2–3/88, 69 ff.; F. Lehmann: Social-Sponsoring, in: BfS-Informationen 4/93, 9 ff.; J. Münder u. a.: Frankfurter Kommentar zum JWG, Weinheim ⁴1988; J. Münder u. a.: Frankfurter Lehr- und Praxiskommentar zum KJHG, Münster ²1993; J. Münder: Die Übernahme sozialstaatlicher Aufgaben durch freie Träger – Eine Falle für freie Träger?, in: BBJ-Consult Info III/IV 1994; H. Oppl: Zur Finanzsituation der freien Wohlfahrtspflege, in: TuP 4/91, 128 ff.; W. Schellhorn/M. Wienand: Kommentar zum KJHG, Neuwied ²1994; W. Schellhorn u. a.: Kommentar zum BSHG, Neuwied ¹⁴1993; Social-Sponsoring Fachteil, in: Sozialmagazin 7–8/92, 13 ff.; Sponsoring, in: socialmanagement 1/94, 20–29.

Finanzwesen, öffentliches (öF.)

Inhalt des öF. sind die Aufbringung, die Verwaltung und der Einsatz der für die Erfüllung öffentlicher Aufgaben erforderlichen Finanzmittel durch die öffentliche Hand. Das öF. ist in Abschn. X GG (Art. 104 a–115) geregelt. Grundsatz ist hierbei, daß die Verantwortung für die Durchführung einer öffentlichen Aufgabe auch die Finanzverantwortung (d. h. die Verpflichtung zur

Aufbringung der Mittel für diese Aufgabe) einschließt. Nach dem Grundgesetz gehört auch die Ausführung von Bundesgesetzen in die Verantwortungszuständigkeit der Länder (einschl. der kommunalen Körperschaften, vgl. Art. 83 GG; begrenzte Ausnahme: Bundesauftragsverwaltung). Auch wenn das GG danach von der Trennfinanzierung ausgeht, hat die Mischfinanzierung nach wie vor erhebliche Bedeutung. Neben der Verpflichtung des Bundes, die Kriegsfolgelasten zu tragen (z.B. BVG und LAG, Art. 120 GG), sieht das GG Mischfinanzierungen durch Zuschüsse an die Sozialversicherung (Art. 120 GG), die Finanzierung von Geldleistungsgesetzen (z.B. Wohnungsbauprämiengesetz, WoGG, *BAföG*, bis 31.12.1986 auch Teile der Tuberkulosehilfe nach dem *BSHG*, Art. 104a Abs. 3 GG), die Gemeinschaftsaufgaben von Bund und Ländern (z.B. Hochschulbereich, Bildungsplanung, wissenschaftliche Forschung, Art. 91a, 91b GG), Finanzhilfen für besonders bedeutsame Investitionen (z.B. sozialer Wohnungsbau, Stadtsanierung, Art. 104a Abs. 4 GG) vor. Seit Mitte der 80er Jahre sind Bestrebungen der Länder im Gange, den Bund unmittelbar an den Geldleistungen der *Sozialhilfe* mit einer Anteilsquote zu beteiligen (vgl. Art. 104a Abs. 3 GG). Eine solche Beteiligung hat der Bund bisher abgelehnt und lediglich ab 1989 strukturelle Sonderzuweisungen für einen Zeitraum von 10 Jahren in Höhe von jährlich 2,45 Mrd. DM an die Länder vorgesehen (Strukturhilfegesetz vom 20.12.1988, BGBl. I S. 2358; das Gesetz ist jedoch bereits 1992 zugunsten einer Aufstockung des Fonds »Deutsche Einheit« wieder aufgehoben worden). Daneben gibt es noch ungeschriebene Finanzierungszuständigkeiten des Bundes, die das BVerfG allerdings in seiner grundlegenden Entscheidung zu einzelnen Vorschriften des JWG und des BSHG vom 18.7.1967 (BVerfGE 22, 180) nur bei Aufgaben von eindeutig überregionalem Charakter für zulässig erklärt hat. Hierunter fallen z.B. der *Bundesjugendplan*, der Bundesaltenplan, die *Sport*förderung, die Förderung nichtstaatlicher zentraler Organisationen sowie von Modellvorhaben.

Die zur Wahrnehmung der öffentlichen Aufgaben notwendigen Einnahmen werden vor allem durch Steuern, Gebühren, Beiträge und sonstige öffentliche Aufgaben aufgebracht. Dabei teilt sich die Ertragshoheit für die Einkommen- und Körperschaftsteuer zwischen Bund und Ländern zu je 50 v.H. nach Vorwegabzug des Gemeindeanteils von 15 v.H. auf (Art. 106 Abs. 3 GG); für die Umsatzsteuer (Mehrwertsteuer) beträgt das Anteilsverhältnis bis 31.12.1994 63 v.H. für den Bund und 37 v.H. für die Länder, ab 1.1.1995 56 v.H. bzw. 44 v.H. (wird jeweils durch Gesetz festgelegt). Für die neuen Bundesländer gelten nach dem *Einigungsvertrag* bzw. nach dem Gesetz zur Umsetzung des Föderalen Konsolidierungsprogramms (vom 23.5.1993, BGBl. I S. 944) teilweise Sonderregelungen. Durch Ergänzungszuweisungen im Rahmen des Finanzausgleichs zwischen Bund und Ländern, durch Zuweisungen aus dem Fonds »Deutsche Einheit«, der gemeinsam vom Bund und den alten Bundesländern finanziert wird, wird die Finanzausstattung der neuen Bundesländer und ihrer Kommunen sichergestellt. Dazu treten zweckausgerichtete Finanzierungs- und Ausgleichsmaßnahmen, vor allem im Rahmen des Investitionsförderungsgesetzes Aufbau Ost, des Erblastentilgungsfonds-Gesetzes und des Altschuldenhilfe-Gesetzes. Die Privatisierung des umfassenden Staatsbetriebsvermögens und des staatlichen Grund und Bodens der früheren DDR erfolgte durch die Treuhandanstalt.

Die Verteilung der öffentlichen Einnahmen deckt sich nicht voll mit der Aufgaben- und Finanzverantwortung der einzelnen öffentlichen Körperschaften; sie muß deshalb durch spezielle Ausgleichs- und Verteilungsmaßnahmen verfeinert werden. Dazu dient zwischen den Ländern der sog. horizontale Finanzausgleich, nach dem die finanzstarken Länder Ausgleichszahlungen an die finanzschwachen Länder zu leisten haben (die neuen Bundesländer waren hiervon bis 31.12.1994 ausgeklammert). Zusätzlich kann der Bund den finanzschwachen Ländern noch Ergänzungszuweisungen gewähren.

Die Gemeinden haben – neben ihrem Anteil an der Einkommensteuer – unmittelbare Steuereinnahmen vor allem durch die Realsteuern (Gewerbesteuer und Grundsteuer). Die Ertragshoheit für diese Steuern reicht jedoch bei weitem nicht aus; sie machen nur etwa 1/3 der Finanzausstattung der Gemeinden aus. Die wichtigsten anderen Einnahmequellen der Gemeinden sind die Zuweisungen der Länder sowie die Einnahmen aus Gebühren und Beiträgen. Die Mittelzuweisungen des Landes an die Gemeinden erfolgen im Rahmen des kommunalen Finanzausgleichs, der vertikal auf eine richtige Mittelverteilung zwischen Land und Gemeinden und horizontal auf eine angemessene Mittelverteilung unter den Gemeinden ausgerichtet ist. Die Hauptverteilung erfolgt dabei im Wege allgemeiner (zweckfreier) Zuweisungen, der sog. Schlüsselzuweisungen, die nach objektiven Berechnungsgrundlagen (z.B. Einwohnerzahl, Steuerkraft) verteilt werden. Daneben treten sog. Bedarfszuweisungen und zweckgebundene Zuweisungen. Die Landkreise, die über keine wesentlichen eigenen Steuereinnahmen verfügen, decken ihren Einnahmebedarf vor allem aus der Erhebung einer Umlage (Kreisumlage) bei den kreisangehörigen Gemeinden.

Der allgemeine Finanzausgleich wird für den Bereich der *Jugendhilfe* und der *Sozialhilfe* durch Sonderausgleiche ergänzt und verfeinert. Bundesrechtlich ist dabei als besondere Ausgleichsmaßnahme die Kostenerstattung zwischen den Trägern der Jugendhilfe (§§ 89–89h KJHG) und zwischen den Trägern der Sozialhilfe (§§ 103–113a BSHG) geregelt, die insbesondere die speziellen Belastungen durch eine Vielzahl von Einrichtungen in einem Trägerbereich und durch Personen mit wechselndem Aufenthalt ausgleichen will. Außerdem partizipieren die *Träger der Sozialen Arbeit* aufgrund ihres Nachrangs in erheblichem Umfang an den Kostenerstattungsansprüchen der Leistungsträger nach dem SGB untereinander (§§ 102–114 SGB X). Landesrechtlich tragen die örtlichen Träger der Sozialhilfe und der Jugendhilfe durch Umlage zu den Kosten des überörtlichen Trägers bei, soweit dieser kommunal organisiert ist. Umgekehrt erstatten einzelne Länder bei vom Bundesrecht abweichend geregelter sachlicher Zuständigkeit des überörtlichen Trägers den Kommunen die daraus erwachsenden Mehrausgaben in Form pauschaler Zuweisungen (Hessen, Niedersachsen und Schleswig-Holstein). Außerdem sind in Rheinland-Pfalz und Sachsen besondere Anteilsquoten der örtlichen Träger an den Einzelfallkosten des überörtlichen Trägers und in Rheinland-Pfalz auch der kreisangehörigen Gemeinden an den Einzelfallkosten der Landkreise bei der Hilfe zum Lebensunterhalt nach dem BSHG vorgesehen. In mehreren Bundesländern werden zudem im Rahmen des allgemeinen Finanzausgleichs besonders hohe Belastungen von Kommunen mit Sozialhilfekosten durch einen Sonderausgleich nach unterschiedlichen Maßstäben gemildert.

Alle Einnahmen und Ausgaben eines öffentlichen Trägers sind jährlich im Haushaltsplan zu veranschlagen, der in Einnahmen und Ausgaben auszugleichen ist und der – zusammen mit der mittelfristigen Haushalts- und Finanzplanung – die sachlichen und zeitlichen Prioritäten für die öffentlichen Augaben sowie die finanzielle Deckung festlegt; diese Budgetierung ist für die ausführenden Verwaltungsbehörden verbindlich (Art. 110 GG bzw. entsprechende Regelungen in den Länderverfassungen; für die kommunalen Träger enthält das Kommunalverfassungsrecht – Gemeindeordnungen, Kreisordnungen – die Grundlage). Dabei gilt der Grundsatz der Wirtschaftlichkeit und Sparsamkeit als oberstes Gebot. Im Rahmen der Haushaltswirtschaft kommt der Gewährung von Zuwendungen an Dritte zunehmende Bedeutung zu. Im sozialen Bereich sind dabei die Zielvorgaben für diese Zuwendungen zu beachten: Nach § 10 Abs. 3 S. 2 BSHG sollen die Träger der Sozialhilfe die Verbände der freien Wohlfahrtspflege in ihrer Tätigkeit auf dem Gebiet der Sozialhilfe angemessen unterstützen; nach §§ 4, 74, 75 KJHG soll das *Jugendamt* die freiwillige Tätigkeit zur Förderung der Jugendhilfe anregen und fördern. Auf solche Zuwendungen besteht zwar grundsätzlich kein Rechtsanspruch, jedoch muß der öffentliche Träger auf eine gleichmäßige Förderung der verschiedenen Vereinigungen achten und dabei ihre Selbständigkeit in Zielsetzung und Durchführung der Aufgaben respektieren (vgl. auch § 17 Abs. 3 SGB I). Als Träger sozialer Einrichtungen und Dienste haben die freien Träger Anspruch auf Zahlung eines angemessenen Entgelts (Pflegesatz); zunehmend werden dabei von den öffentlichen Trägern Ausgabenobergrenzen für zukünftige Zeiträume festgesetzt, die mit dem Begriff Budgetierung bezeichnet werden *(Finanzierung freier Träger der Sozialen Arbeit, Pflegesätze/Pflegeversicherungen).*

W. Schellhorn

Literatur: DV: Probleme bei der Gewährung von Zuwendungen im sozialen Bereich und Überlegungen zu ihrer Verbesserung, in: NDV 1986, 337; R. Eckartz: Der gesamtdeutsche Finanzausgleich im System des geltenden Verfassungsrechts, in: DÖV 1993, 281; H.-G. Henneke: Der kommunale Finanzausgleich, DÖV 1994, 1 ff.; W. Kitterer (Hrsg.): Sozialhilfe und Finanzausgleich, 1990; F. Klein (Hrsg.): Lehrbuch des öffentlichen Finanzwesens, Neuwied 1987; St. Korioth: Beteiligung des Bundes an den Sozialhilfekosten?, in: DVBl. 1993, 356; R. Steenbock: Kommunales Haushalts-, Kassen- und Rechnungswesen, in: Handbuch für die öffentliche Verwaltung, Neuwied 1984.

Forschung

F. ist der Sonderfall einer allgemeinen menschlichen Tätigkeit: der Widerspiegelung von Personen und Sachen, Verhältnissen und Beziehungen, Erscheinungen und Prozessen im Bewußtsein. Ziel dieser Tätigkeit ist es, die von ihr bearbeiteten Phänomene zu beschreiben, zu begreifen (Begriff), zu erklären und vorherzusagen. Dabei bedienen sich Forscher derselben Erkenntnisinstrumente, die auch andere Menschen in ihren alltäglichen Verrichtungen benutzen: Wahrnehmung, Speicherung (Gedächtnis), Vergleich, Bewertung. F. ist eine Spezialform menschlichen Denkens und Urteilens. Sie unterscheidet sich von unserem Alltagsdenken durch zwei einfache, aber folgenreiche Vorkehrungen: Der Forschungsprozeß ist für die Forschenden immer ein bewußter Prozeß, und er folgt formulierten und öffentlich bekanntgemachten Regeln (Methoden). Dadurch soll gesichert werden, daß Forschungsgegenstände, Probleme und Prozesse vollständig (und nicht selektiv) bearbeitet werden und daß ein Gedankenaustausch verschiedener Forscher über Gemeinsamkeiten und Unterschiede ihrer Ergebnisse stattfinden kann.

Institutioneller Ort von F. ist die Wissenschaft. Sie ist im geschichtlichen Prozeß der Entfaltung abendländischen Denkens in verschiedene Disziplinen zerlegt worden, die in die Bereiche Naturwissenschaften, Ingenieurwissenschaften, Geistes- und Kulturwissenschaften und Sozial- (oder Gesellschafts-)wissenschaften eingeordnet werden. Jeder dieser Wissenschaftsbereiche hat im Laufe seiner Entwicklung eigene Wege der Informationssammlung, Informationsdeutung und Erkenntnisgewinnung entwickelt, die einen sinnvollen Dialog zwischen den Wissenschaftsbereichen – und häufig auch innerhalb eines Wissenschaftsbereichs – erschweren (Methodenstreit). Bedeutsamer Ort der Tradierung und Entfaltung von Wissenschaft sind Universitäten. In ihnen fließen die Tätigkeiten von Forschung und Lehre zusammen und beeinflussen sich wechselseitig. Je bewußter sich Universitäten und Hochschulen der Aufgabe stellen, Lehre zum Zwecke gezielter Berufsausbildung zu betreiben (Hochschulreform), um so größer wird die Rolle, welche die Entfaltung von Wissenschaften für die Berufspraxis spielt (*Professionalisierung).*

Zum Zwecke der Berufsausbildung hat es sich als wenig sinnvoll erwiesen, Forschungsprozesse isoliert innerhalb einzelner Wissenschaftsdisziplinen (*Soziologie*, *Psychologie*, *Erziehungswissenschaft*, Wirtschaftswissenschaft) zu organisieren, zumal diese Disziplinen immer weniger in der Lage sind, separate Forschungsgegenstände für sich zu reklamieren. Gerade die Disziplinen, die für die Ausbildung von SozArb/SozPäd von besonderer Bedeutung sind, beschäftigen sich überwiegend mit Phänomenen der Entfaltung menschlichen Lebens in gesellschaftlichen Zusammenhängen, die von verschiedenen Wissenschaftsdisziplinen erforscht werden – nur unter unterschiedlichen Fragestellungen, Forschungsinteressen und Vorgehensweisen. Es erscheint deshalb als erfolgversprechend, daß zeitgenössische F. und Lehre mehr und mehr interdisziplinär, also nicht nur disziplinenorientiert, sondern auch problemzentriert betrieben wird (*Sozialisation*sforschung, *Jugend*forschung, Kriminologie, *Armut*sforschung, Erforschung ethnischer Traditionen). Dabei reicht es nicht aus, daß Forscher aus verschiedenen Wissenschaftsdisziplinen ihren Sachverstand einfach addieren. Sie msüsen vielmehr eine doppelte Loyalität gegenüber ihrer Disziplin und gegenüber den interdisziplinär zu bearbeitenden Forschungsgegenständen entwickeln. Sie sind dabei in der gleichen Lage wie SozArb/SozPäd, die durch das Gebot methodischen Arbeitens ebenfalls dazu angehalten werden, die Probleme und Aufgaben ihrer Alters- und Zielgruppen bewußt, methodisch und ganzheitlich zu bearbeiten. Es gibt Forscher, die daraus die Forderung nach einer eigenständigen Sozialarbeitswissenschaft ableiten. Dem wird entgegengehalten, daß eine solche Verengung auf berufsspezifische Gegenstandsbereiche und Problemstellungen den Blick auf Erkenntnisfortschritte in anderen gesellschaftlich bedeutsamen Forschungsbereichen und Wissenschaftsdisziplinen verstelle und die Selbstkorrektur durch diskursive wissenschaftliche Austauschprozesse erschwere. Einigkeit scheint darüber zu bestehen, daß Forschungen, die für SozArb/SozPäd relevant sind, interdisziplinär, methodenplural und erfahrungswissenschaftlich abgesichert sein müssen (*Empirische Sozialforschung*, *Evaluierung*). *C. W. Müller*

Literatur: H. Thiersch/K. Grunwald (Hrsg.): Zeitdiagnose Soziale Arbeit. Zur wissensch. Leistungsfähigkeit der SozPäd in Theorie und Ausbildung, Weinheim 1995; W. R. Wendt (Hrsg.): Sozial und wissenschaftlich arbeiten. Status und Positionen der Sozialarbeitswissenschaft, Freiburg 1994. Weitere Literatur bei *Empirische Sozialforschung*.

Fortbildung

F. ist nach der im Bildungsgesamtplan getroffenen Definition ein Teilbereich der Weiterbildung.
Da die *Ausbildung* nicht mehr als einzige, für das ganze Berufsleben ausreichende Bildungsphase angesehen wird, gewinnt die F. zunehmende Bedeutung. Im Bereich der SozArb/SozPäd sollte F. – über die Aktualisierung des Berufswissens, das Überdenken von Verhaltensweisen, die Förderung der *Handlungskompetenz* hinaus – Anstöße für gesellschaftspolitisches Engagement geben. Zur sozialpädagogischen F. im einzelnen s. *Weiterbildung*. *U. Denzin v. Broich-Oppert*

Frauen

Lange Zeit waren F. Gegenstand des Diskurses der Unterdrückung. Immer sind F. darin Objekte gewesen: Sie erscheinen als unterdrückte Opfer, als Unsichtbare, als Verliererinnen der *Gesellschaft*. Die neue Frauenbewegung hat diesen Diskurs der Unterdrückung in den 70er Jahren zum Ausgangspunkt für ihren politischen Kampf und ihre gesellschaftliche Analyse genommen, mit dem Ziel, für die F. mehr Freiheit und ihre Gleichwertigkeit in der Gesellschaft zu erreichen.
Mit den Erfahrungen der 80er Jahre sind die Ziele dieses Kampfes um die Befreiung und Gleichberechtigung auch von den F. zunehmend problematisiert worden, weil sie darin eine allzu einseitige Orientierung am Vorbild der *Männer* sahen. So sind einerseits die Ambivalenzen dieser Orientierung deutlich geworden: Macht es für F. Sinn, sich am männlichen Arbeitsideal der Vollzeitarbeit zu orientieren, wenn zugleich F. weiterhin am Wunsch festhalten, Kinder, eine *Familie* und auch Zeit für sie zu haben? F. betonten, daß sie nicht den Männern gleichzusetzen seien, und das Ziel einer Gesellschaft könne es nicht sein, ein angeblich humanes Neutrum zu schaffen, in dem Männer wie F. gleich sind (vgl. Knapp/Wetterer 1992; Irigaray 1991). Daher haben Feministinnen und Frauenforscherinnen in den letzten Jahren sich auch den Differenzierungen und Unterschieden innerhalb der F., aber auch in jüngster Zeit den Differenzierungen und Unterschieden zwischen Männern und F. zugewandt.
Mit den gesellschaftlichen Pluralisierungsprozessen, also der Zunahme an Lebensformen und möglichen Lebensentwürfen in den westlichen Indutriestaaten, haben sich auch die Lebensformen und Lebensentwürfe der F. ausdifferenziert: Neben die »weibliche Normalbiografie«, die Abfolge von Ausbildung, Beruf, Kinderphase und späterer Wiederaufnahme der Berufstätigkeit, sind so viele andere, »patchworkartige« Lebensentwürfe getreten, daß von einer gleichförmigen und globalen »Unterdrückung« oder Benachteiligung der F., aber auch von der neuen Frauenbewegung längst nicht mehr ausgegangen werden kann: Zu unterschiedlich und zu spezifisch sind die Interessen und die Strukturen heute geworden, in denen F. leben und die sie auch mitgestalten. Mit den Prozessen gesellschaftlicher Differenzierungen haben sich auch die politischen Interessen und Orientierungen der F. vervielfacht. Aus der Sicht vieler Frauenforscherinnen ist die Gefahr entstanden, daß durch den Einigungsprozeß der beiden deutschen Staaten diese Pluralisierungstendenzen der weiblichen Lebensentwürfe wieder zurückgenommen werden: F. hätten heute vermehrt mit alten Zuschreibungen und Unfreiheiten zu kämpfen. Auf der anderen Seite hat jedoch gerade der Zusammenbruch

der DDR deutlich gezeigt, daß es die Vielfalt und Pluralität einer Gesellschaft ist, die einem vereinheitlichenden Gesellschaftsmodell letztlich vorgezogen wird, weil gesellschaftliche Vielfalt trotz der daraus resultierenden Widersprüche der sozialen Wirklichkeit näher ist als politische Einheitsvorstellungen und Zwänge. Daher geht es heute bei der Beschreibung der Situation von F. nicht nur darum, Benachteiligungen aufzudecken, sondern auch, das Spezifische hervorzuheben, was F. untereinander und was sie von Männern unterscheidet bzw. worin sie sich gleichen, und den Blick zu erweitern auf die Beziehungen zwischen Männern und F. Das Spezifische, kurz: die Differenz zwischen den Geschlechtern, aber auch die Differenzierungen innerhalb der F. sind heute ins Blickfeld der Frauenbewegung, der Forschung und der Arbeit mit F. gerückt.

Weibliche Identität: Die Bemühungen, die Prozesse gesellschaftlicher Ausdifferenzierungen und ihre Folgen für F. herauszuarbeiten, werden wohl am deutlichsten, wenn es darum geht, die »weibliche Identität« zu beschreiben. Die Frage der F. nach dem, was ihre Identität ausmacht, ist historisch relativ neu: denn sie reflektiert ein Selbstbewußtsein und einen Aufbruch in eine öffentlich gewordene Eigenständigkeit aus einer gesellschaftlich stark auf die Polarisierung von Männern und F. angelegten Welt. Mit der philosophisch-politischen Festigung der bürgerlichen Gesellschaft in Deutschland zu Beginn des 19. Jh. entstanden Bilder von der »Polarisierung der Geschlechtscharaktere« (Hausen 1976), in denen Männern der »öffentliche Bereich« der Berufsarbeit und F. der »private Bereich« der Familien- und Hausarbeit zugeschrieben wurde. Weiblichkeit gerann in dieser Polarisierung zum Gegenpol für Macht, Durchsetzungsfähigkeit, Selbstbewußtsein: Beziehungsfähigkeit, Bescheidenheit, Güte und Fürsorge sind die historisch festgeschriebenen Eigenschaften, die F. zur idealen Kompensation männlicher Macht machen sollten. Ein solches Denken in Polarisierungen ist heute – durch die Veränderungen im Bildungsbereich, die mittlerweile selbstverständliche Teilnahme der F. im Bildungswesen und durch die veränderten Strukturen des Arbeitsmarktes in der spätindustriellen Gesellschaft – nicht mehr möglich, auch wenn es durchaus weiterhin politische Versuche gibt, F. in den »stillen Bereich« des Privaten zurückzudrängen. Weiblichkeit ist dem heutigen Verständnis nach nicht als bloßer Gegenpol zu männlichen Eigenschaften zu verstehen, und sie ist auch nicht als eine Art »defizitäre Männlichkeit« zu beschreiben i.S. von Eigenschaften, die F. im Gegensatz zu Männern nicht haben. Die Polarisierungen, die durch eine solche Gegenüberstellung entstehen, entsprechen nicht der komplexen sozialen Wirklichkeit, in der – wie Forschungen belegen (Bilden 1989; Hagemann-White 1984) – Männer und F. sich empirisch kaum durch ihre Eigenschaften unterscheiden lassen. Vielmehr zeigt sich, daß Männer wie F. diese unterschiedlichen Eigenschaften je nach Lebensphase und je nach gesellschaftlichen Zuschreibungsformen annehmen und daß Weiblichkeit daher auch etwas ist, was der Zeit, der Geschichte und der Veränderbarkeit von gesellschaftlichen Diskursen und Pluralisierungstendenzen unterliegt. Daher wird heute in der Bestimmung dessen, was weibliche Identität ist, immer darauf verwiesen, daß Identität kein geschlossenes Modell mehr sein kann, in dem sich die Vorstellung von der Ganzheit eines Geschlechts in einem überschaubaren und festen, zeitlosen »Gehäuse« verbirgt, das jederzeit, unabhängig von Entwicklungen und Interessenkonstellationen, beschrieben werden kann. Mit dem Begriff der »Patchworkidentität« hat man daher versucht, die Vielfalt und Flexibilität, aber auch die Widersprüchlichkeit von Lebensformen zu beschreiben: Identität ist demnach nicht mehr als Stufenmodell einer Entwicklung vom Kindsein zum Erwachsenwerden denkbar, sondern durch Gleichzeitigkeit und vor allem Gleichwertigkeit der Phasen und Eigenschaften gekennzeichnet. Mit einem solchen Verständnis von Identität ist auch das Konzept der Individualisierung von Lebensentwürfen verbunden: Individualisierung bedeutet vor allem die Möglichkeit der einzelnen Menschen, verschiedene Identitätsformen auszuprobieren und zu wählen. Diese Wahlmöglichkeit selbst ist zum Zeichen einer individualisierten modernen Identität geworden (Beck 1986). Für F. scheint dieses Modell der vielfältigen und wählbaren Identität aus Sicht heutiger Modernisierungstheorien jedoch weniger Gültigkeit zu haben: Weibliche Identität sei, trotz aller Vielfalt, nach wie vor durch den grundsätzlichen Widerspruch zwischen Erwerbs- und Familienbereich bestimmt, und im Gegensatz zu Männern hätten F. durch die gesellschaftliche Festlegung auf den Familienbereich weniger Wahlmöglichkeiten. Identität sei dann auch für F. nach wie vor kein sich der Vielfalt an Möglichkeiten öffnendes Projekt (Beck-Gernsheim 1989). Eine solche Sichtweise setzt allerdings voraus, daß weibliche Identität sich auf zwei wesentliche Merkmale: nämlich Beruf und das biologische Faktum, daß F. Kinder bekommen können, reduzieren ließe und daß ebendiese Möglichkeit, Kinder zu bekommen, ein wesentliches Hindernis auf dem Weg zu einer modernen, individualisierten Identität sei. Solche Bezugspunkte sind jedoch nicht mehr ausreichend, um die Vielfalt weiblicher Identitäten zu beschreiben, denn sie bewegen sich nach wie vor in einem hierarchischen Wertungsmodell, nach dem F. aus strukturellen Gründen weniger »modern« als Männer seien und auch weniger Chancen zu einer von Traditionen und Zwängen befreiten Identität hätten.

In der weiblichen Identität der heutigen Gesellschaft verschränken sich jedoch traditionelle und moderne Leitbilder, Altes und Neues jenseits von Bewertungen und Interpretationen zu einem sehr spezifischen und ausdifferenzierten Bild. F. können heute öffentlich ihre narzißtischen Wünsche leben und dennoch fürsorglich ihre Kinder erziehen, sie können hoch gebildet sein und dennoch keinen beruflichen Erfolg anstreben wollen. Äußere Widersprüche müssen nicht als innere erscheinen, und v.a. müssen sie nicht hierarchisch bewertet werden. Von hier aus gesehen, haben F. längst schon jenen Stand der »Patchworkidentität« erreicht, den

Theoretiker als Signatur der Moderne ausgemacht haben: Sie leben gleichzeitig widersprüchliche alte und neue Formen, produzieren Wünsche und Ambivalenzen, die sich einer hierarchischen und eindeutigen Bewertung entziehen.

F. und Beruf: Die Beteiligung der F. am Bildungs- und Erwerbsleben mit der entsprechenden Forderung nach *Chancengleichheit* in *Schule*, Ausbildung und Beruf (*Berufliche Bildung*) ist nach wie vor eines der zentralen Themen der Frauenbewegungen und der Frauenpolitik. Dabei ist dieses Thema in der Geschichte der neuen Frauenbewegung seit der 68er Zeit unterschiedlich akzentuiert worden: Während in den 70er Jahren eher versucht wurde, objektive Strukturen für einen erleichterten Zugang der F. zu Berufschancen zu schaffen, lag der Akzent in den 80er Jahren auf den Erfahrungen, die F. machen. In den Vordergrund trat das Interesse nach dem »doppelten weiblichen Lebensentwurf«, also der Frage, wie F. Beruf und Familie vereinbaren können, welche Schwierigkeiten sich ergeben, zwischen welche Widersprüche sie geraten und wie diese gesellschaftlich und politisch gelöst werden können. Durch den Einigungsprozeß der beiden deutschen Staaten ist v.a. wieder die Frage nach den objektiven Strukturen ins Blickfeld gerückt: F. sind in den neuen Bundesländern in ungleich stärkerem Maße von den Einbrüchen und Krisen auf dem Arbeitsmarkt betroffen (*Arbeitslosigkeit*). Sie sehen sich nach der Einigung einem veränderten, auch geschlechtsspezifisch aufgeteilten Arbeitsmarkt gegenüber und müssen sich mit »alten Mustern« wie »Frauen an den Herd« (Bertram 1993) auseinandersetzen. Aber auch hier finden Differenzierungen und spezifische Entwicklungen statt, die auf der Folie der Geschichte der DDR zu interpretieren sind. So betrifft das Risiko, arbeitslos zu werden, gerade jüngere und ältere F., die mittlere Generation der 40- bis 55jährigen F. hält offensichtlich am entschiedensten an ihrem Berufswunsch fest (BMFJ 1993). Trotz aller dramatischen Entwicklungen auf dem Arbeitsmarkt in den neuen Bundesländern darf zudem nicht vergessen werden, daß gerade für diese Generation der F. im mittleren Lebensalter die Situation in der DDR durchaus nicht ohne Risiken und Belastungen war: Die langen Arbeitszeiten und die belastenden Arbeitsbedingungen haben es den F. alles andere als leicht gemacht, Beruf und Familie zu vereinbaren. Auch zeigt sich, daß F. in der DDR trotz hoher Erwerbsbeteiligung deutlich weniger verdient haben als die Männer: Die durchschnittlichen Nettolöhne der F. lagen um 30% niedriger als die der Männer, Folge ihrer trotz Erwerbstätigkeit hohen familiären Aufgaben und der damit verbundenen geringen Aufstiegs- und Weiterbildungsmöglichkeiten.

Die gestiegene Arbeitslosenquote der F. in den neuen Bundesländern ist daher weniger Ausdruck für eine Wiederkehr alter Ideologien. Vielmehr drücken sich in der heutigen Entwicklung nun auch öffentlich sichtbar die Widersprüche aus, denen die F. in der DDR trotz hoher Erwerbsbeteiligung ausgesetzt waren, und durch die Bedrohung ihrer Arbeitssituation sehen sich gerade die jungen F. aus den neuen Bundesländern zusätzlich zu ihrer prekären Berufssituation mit einer Angleichung an die Situation der F. in den alten Bundesländern konfrontiert, die seit Bestehen der BRD mit den Ambivalenzen im Verlauf ihrer Erwerbsbiografien zu kämpfen haben.

In der alten BRD ist das Thema F. und Beruf in der Öffentlichkeit bis heute wesentlich zwiespältiger diskutiert worden. Die berufstätigen Mütter haben diesen Zwiespalt wohl am deutlichsten bei der Kinderbetreuung zu spüren bekommen: Bis heute ist die Kinderbetreuungssituation gekennzeichnet von Unterversorgung und schwierigen Finanzierungsverhältnissen (*Tageseinrichtungen für Kinder*). Bis heute müssen in der alten BRD erwerbstätige F. die Kinderbetreuung größtenteils individuell regeln. Die Frage »Frauen und Beruf« ist daher ohne Überlegungen zur Vereinbarkeit von Familie und Beruf nicht zu denken: Die Erwerbsbiografien der F. sind – im Gegensatz zu den bruchlosen Biografien der Männer – in den alten Bundesländern nach wie vor gekennzeichnet von Sprüngen und Brüchen, von zufälligen Entscheidungen, aber auch vom Risiko der Dequalifizierung beim Wiedereinstieg ins Berufsleben nach der Kinderphase und vom beruflichen Abstieg (Krüger 1989). Die Gleichberechtigung der F. im Bildungsbereich hat auch heute noch nicht dazu geführt, daß F. im Beruf gleiche Chancen haben. Nach wie vor sind mehr *Mädchen* als Jungen ohne Ausbildungsplatz. Für F. mit geringerer Qualifikation stellt sich daher auch die Frage nach der Vereinbarkeit von Familie und Beruf früher, sie heiraten früher und bekommen früher das erste Kind als F. mit höheren Qualifikationen. Aber auch für Hochqualifizierte gestalten sich der Einstieg ins Berufsleben wie auch die späteren Aufstiegschancen ungleich schwieriger, da junge F. generell als »potentielle Mütter« angesehen werden.

Trotz aller Widersprüche und Schwierigkeiten wird von F. in den neuen und alten Bundesländern jedoch das Erwerbsleben unverändert hoch bewertet. Neben den finanziellen Spielräumen und Unabhängigkeiten, die F. für sich bekommen, ist für sie der Beruf eine wichtige Quelle sozialer Stützungsnetze und -kontakte. Zwar zeigt sich, daß auch vollzeitliche Hausfrauen nicht – wie oft vermutet – sozial isoliert leben, sondern auf ein hohes nachbarschaftliches Netzwerk zurückgreifen können, die erwerbstätigen F. nehmen jedoch deutlich häufiger am öffentlichen Leben teil, sie sind häufiger in Vereinen, *Bürgerinitiativen*, kulturellen Gruppen (Mayr-Kleffl 1991). Trotz der größeren Teilhabe der erwerbstätigen F. am öffentlichen Leben besetzt jedoch nur ein verschwindend geringer Teil der berufstätigen F. Führungspositionen, und ihr Anteil an Eliten, also Trägern öffentlicher Macht, macht lediglich einen Bruchteil aus. Der Zusammenhang von F. und Macht wird daher unterschiedlich gedeutet: Nicht nur soziostrukturelle Merkmale wie die Einbindung der F. in den Familienbereich, sondern auch alte, auch von Feministinnen gemachte Zuschreibungen von den F. als den »Machtverweigerern« oder den DDR-Frauen als »Opfer politischer Strukturen« werden darin bemüht (Penrose 1993). Solche Zuschreibungen sind zu global und auch zu wertend, um den unterschiedlichen Karrieremustern und den Motivationen der F. zur Macht Rechnung zu tragen. Am Beispiel politischer Frauenkarrieren in der früheren DDR und BRD wird deutlich, daß das Verhältnis von F. zur Macht auch stark durch die jeweiligen Systeme und deren geistige »Armaturen« bestimmt wird. So galt für die politischen Karrieren der F. in der DDR ein eher einheitliches und undifferenziertes Orientierungsmuster, während F. in der alten BRD sehr vielfältige Motive und Leitlinien nennen und auch die Widersprüche ihrer Beteiligung an der Macht thematisieren (Penrose 1993). Für alle »Karrierefrauen« gilt jedoch nach wie vor, daß sich ihr Verhältnis zur politischen Macht prekärer gestaltet als bei den entsprechenden Männerkarrieren. Für die F. bedeutet Macht nichts Selbstverständliches, sondern immer auch etwas Widersprüchliches, mit dem sie sich beständig – gegen innere und äußere Widerstände – auseinandersetzen müssen. Diese Widersprüchlichkeit ist wohl weniger Ausdruck für eine prinzipiell weibliche »Unfähigkeit« oder »Verweigerung« zur Macht, sondern eher Ausdruck dafür, daß die Beteiligung an öffentlich wirksamer politischer Macht für F. etwas historisch Neues ist, das sie erst in diesem Jahrhundert mühsam und unter großen Opfern erobert haben und nach wie vor subjektiv als auch objektiv verteidigen müssen.

Frauenpolitik: Auch die Frauenpolitik als ein eigenständiges Feld gesellschaftlicher Politik ist historisch neu, weil sich erst in diesem Jahrhundert das gesellschaftliche Verständnis über die Rolle von F. verändert hat. Die staatliche Frauenpolitik ist dominiert von zwei Rollenbildern der F.: zum einen der Rolle der F. als »Mütter« und – auch in jüngster Zeit wieder verstärkt – als »Pflegerinnen« der Familienangehörigen; zum anderen die Rolle der F. als Berufstätige. In der Geschichte der BRD lassen sich verschiedene Gewichtungen dieser Rollen ausmachen: Während in den 60er Jahren trotz der Anerkennung der Berufsrolle nach wie vor die Hausfrauen- und Mutterrolle im Zentrum politischer Maßnahmen steht, akzentuiert die Frauenpolitik der sozialliberalen Koalition dann die Wahlfreiheit und Selbstbestimmtheit der Frau sowie die Maßnahmen zur Unterstützung der F. im Berufsleben. In den 80er Jahren verschiebt sich das Gewicht innerhalb dieses Konzeptes der Wahlfreiheit wieder deutlich hin zu einer Stärkung der Familie: Frauenpolitik wird wieder überwiegend zur *Familienpolitik*. In den 80er Jahren – als dem Jahrzehnt der Friedens- und Ökologiebewegung – entstehen dann auch die Diskussionen um die »besonderen weiblichen Qualitäten«: Die Diskussion um die »friedfertige Frau« (Mitscherlich 1987) gehört dazu ebenso wie ein neues Selbstbewußtsein von Weiblichkeit und das »Müttermanifest« der Grünen von 1987 mit seinen programmatischen Forderungen zur Verbindung von Mutterschaft und Beruf. Im Zuge der Institutionalisierung von Frauenpolitik sind neben eigenen Ministerien und Forschungsabteilungen auch bundesweit Gleichstellungsstellen entstanden, an denen sich exemplarisch die Problematik staatlicher frauenpolitischer Maßnahmen ablesen läßt – aber auch die Konflikte innerhalb der Frauenbewegung selbst. Gleichstellungsstellen sind seit Mitte der 80er Jahre zuerst auf der Ebene des Bundes und der Länder, später auch auf kommunaler Ebene entstanden, um ein möglichst dichtes frauenpolitisches Netz zu knüpfen; derzeit sind es bundesweit etwa 1200 Stellen mit unterschiedlicher Ausstattung. Neben einem grundsätzlichen Öffentlichmachen der Problematik von F. sollten Gleichstellungsstellen »Gesetze und Verordnungen ... auf ihre Auswirkungen auf Frauen überprüfen ... Anlauf-, Beschwerde- und Beratungsstelle sein, einen Frauenförderplan mit Elementen wie verbesserte Einstellungspraxis, Quoten für höherwertige Stellen, spezielle Fortbildungsangebote und Wiedereingliederungsmaßnahmen für Frauen erarbeiten« (Gröning 1991; vgl. auch Bednarz-Braun/Bruhns 1995). Die Einbindung in die kommunale Zuständigkeit hat jedoch dazu geführt, daß diese Ziele sehr unterschiedlich bewertet und verwirklicht werden: Gleichstellungsstellen unterscheiden sich nicht nur maßgeblich hinsichtlich ihrer personellen und finanziellen Ausstattung – so finden sich gerade in konservativ regierten Kommunen auffallend viele ehren- und nebenamtliche Frauenbeauftragte –, und schließlich fehlen noch gesetzliche Richtlinien oder bundesweit verbindliche Handlungsleitlinien, auch wenn mittlerweile auf Länderebene Gesetze und Gesetzentwürfe entstanden sind. Widersprüche zwischen Aufgaben und den dazu zur Verfügung stehenden Mitteln, zwischen den jeweiligen kommunalen Verwaltungsstrukturen und den verschiedenen parteipolitischen Interessen haben daher auch bald zu einer Aufsplitterung der Aufgaben geführt. Viele Gleichstellungsstellen können – als Folge mangelnder Einflußmöglichkeiten – lediglich beratende Aufgaben für hilfesuchende Bürgerinnen durchführen; auch werden Frauenfragen politisch-administrativ gefiltert und daher nur bestimmte Probleme wie z.B. die Frage der Kinderbetreuung aufgegriffen (Gröning 1991). An der Interpretation der jungen Geschichte der Gleichstellungsstellen lassen sich auch exemplarisch die in den 80er Jahren zunehmend ausdifferenzierten Flügel der Frauenbewegung ausmachen: Für einen Teil der autonomen Frauenbewegung sind Gleichstellungsstellen bürokratische »Alibiinstitutionen«, die sich zudem mit der patriarchalischen Macht verbünden, ohne diese zugleich zu gefährden. Für die stärker »realpolitisch« orientierten F. gelten Gleichstellungsstellen als eine – wenn auch mit den Kinderkrankheiten der Bürokratisierung kämpfende – frauenpolitische Institution, die die Prozesse gesellschaftlicher Modernisierung, als deren Kennzeichen die Bürokratisierung politischer Interessen zu gelten hat, für ihre Ziele: die Gleichberechtigung der F. in Beruf und Familie, nutzt. Zwischen diese Pole – den Vorwurf des »Staatsfeminismus« und die Forderung nach noch größerer Einbindung der Gleichstellungsstellen in die politische Willensbildung – sind die Gleichstellungsbeauftragten selbst geraten: Sie sehen sich sowohl mit alten Bildern der Frauenbewegung als den »besseren Frauen«, die für alle anderen F. sorgen müssen, ausgesetzt, haben aber auch gleichzeitig mit den patriarchalen Verwaltungsstrukturen vor Ort zu kämpfen. Nicht zuletzt deshalb ist in den letzten Jahren nicht nur die Institution, sondern auch die Frage nach der Person der Frauenbeauftragten ins Blickfeld gerückt: Gefordert werden heute vor allem eine größere Professionalisierung der in Gleichstellungsinstitutionen arbeitenden F., eine normative Festlegung ihrer Kompetenzen und – nicht zuletzt – ein Überdenken ihrer von vornherein zum Scheitern verurteilten derzeitigen Rolle als »allzuständige« Helferinnen (Gröning 1991).

Was für die Gleichstellungsbeauftragten gilt, läßt sich heute wohl von der Frauenpolitik insgesamt sagen: Die staatliche und autonome Frauenpolitik ist selbst zwischen den Widerspruch der »Allzuständigkeit« und der Ausdifferenzierung geraten. Einerseits ist sie angetreten mit dem Anspruch, eine grundsätzliche Veränderung von Machtstrukturen und dem »Patriarchat« zu bewirken, andererseits hat sich in den 80er Jahren eine von vielen als »Verwässerung« kritisierte Vervielfachung von teils gegensätzlichen, teils übereinstimmenden Strategien, Verbesserungen und Verschlechterungen im Feld der Frauenpolitik gezeigt. »Verwässerung« kann jedoch nur ein Vorwurf aus der Perspektive eines eindimensionalen Verständnisses von Frauenpolitik sein. Denn die Ziele der Frauenpolitik selbst – wie auch die Gruppen der F. – sind immer schon einer Mehrdimensionalität und Komplexität unterworfen, die die plurale gesellschaftliche Verfaßtheit widerspiegelt. Diese gesellschaftliche Verfaßtheit ist heute nicht mehr auf den einen Nenner der durchgängigen Unterdrükkung oder Verschlechterung der Lebensbedingungen von F. zu bringen, sondern zeigt sehr unterschiedliche und auch zwischen den F. uneindeutige Interessenkonstellationen: So haben gewerkschaftlich organisierte F. kaum dieselben frauenpolitischen Ziele wie Netzwerke weiblicher Führungskräfte, und kirchliche Frauenverbände haben andere Vorstellungen als etwa autonome Frauengruppen, auch wenn beide für ihre Tätigkeit das Label »Frauenpolitik« in Anspruch nehmen.

Frauenforschung: Die Entstehungsgeschichte der Frauenforschung spiegelt – ähnlich wie die der Frauenpolitik – die unterschiedlichen Gewichtungen und Interessenkonstellationen wider. Mit der »neuen Frauenbewegung« Ende der 60er Jahre sind an verschiedenen Lehrstühlen noch sehr personengebundene Projekte der Frauenforschung entstanden. Erst in den 80er Jahren hat sich dann Frauenforschung als ein eigenständiger Forschungszweig etabliert; an den Universitäten und teilweise auch an außeruniversitären Forschungsinstitutionen haben sich in bemerkbarem Maß erst seit etwa Mitte der 80er Jahre Lehrstühle, Forschungsprojekte und Forschungsgruppen institutionalisiert. Die Legitimation der Frauenforschung bestand zunächst darin, die weißen Stellen einer am »männlichen Subjekt« ausgerichteten Wissenschaft aufzudecken. Frauenforschung hat sich in erster Linie als ideologiekritische *Forschung* verstanden. Dabei haben sich verschiedene Zweige herausgebildet: Während die marxistisch orientierten F. angetreten waren, mit Hilfe einer aktionsnahen Forschung an der Abschaffung des Patriarchats mitzuwirken (Mies 1984), haben sich große Teile der Frauenforschung in der BRD der Tradition der Frankfurter Schule angeschlossen und als Ziel die Analyse und Aufdeckung von Ideologien und den damit verbundenen Ausgrenzungen der F. aus allen Teilen des gesellschaftlichen Lebens gesetzt (Becker-Schmidt 1992). Die soziologisch orientierte Frauenforschung untersuchte daher sowohl die Auswirkungen politischer Entwürfe – wie etwa das Konzept der Wahlfreiheit – auf F. aller Schichten, sie untersuchte – unter dem Stichwort der *Koedukation* – die Bedingungen der Teilnahme von F. am Bildungswesen, die Verläufe weiblicher Erwerbsbiografien etc. und zeigte die subtilen gesellschaftlichen Benachteiligungsmechanismen auf. Die historische Frauenforschung befaßte sich vor allem mit Legitimationsstrategien zur Ausgrenzung von F. aus der Geschichtswissenschaft, aber auch mit Entwürfen und Bildern von Weiblichkeit vom Mittelalter bis zur bürgerlichen Gesellschaft, um Kontinuitäten, aber auch verschüttetes weibliches Selbstbewußtsein wiederzufinden. In diese Reihe läßt sich auch die Matriarchatsforschung einordnen, die sich den Wurzeln und der Geschichte weiblicher Macht und Ohnmacht und den Übergängen von einer weiblich dominierten in eine patriarchale Welt gewidmet hat, dabei aber auch immer in die Gefahr geraten ist, das Matriarchat als »bessere« Herrschaftsform zu idealisieren. In den Literaturwissenschaften hat sich eine einflußreiche Richtung der Frauenforschung herausgebildet, da sich hier Überschneidungen mit allen Zweigen (*Soziologie*, Philosophie, Geschichte) wiederfanden und sich zudem die Literaturwissenschaft mit dem ureigentlichen menschlichen Medium, der Sprache, auseinandersetzt. Neben der sozialgeschichtlichen Orientierung hat die Frauenforschung in den 80er Jahren die wohl wichtigsten Impulse aus der Sprachphilosophie und der Psychoanalyse erfahren. Der Einfluß psychoanalytischer Theorien zeigt sich am deutlichsten in der inhaltlichen Hinwendung der Frauenforschung von der »Opferperspektive« zur »Subjektperspektive«: F. werden nicht mehr nur als Opfer gesellschaftlicher Verhältnisse angesehen, sondern haben ihre eigenen, auch gewinnbringenden Erfahrungen. Im Zuge dieser Subjektperspektive dominierte zu Beginn der 80er Jahre erneut das Interesse an der »geschlechtsspezifischen *Sozialisation*«, mit der vor allem psychoanalytische Modelle aus dem amerikanischen Feminismus aufgegriffen wurden: Nancy Chodorows Analyse der Kritik am weiblichen »Mothering«, der spezifischen, die geschlechtsspezifische Arbeitsteilung immer wieder neu reproduzierende Mutter-Kind-Beziehung in einer Gesellschaft, in der den F. die Betreuung der Kleinkinder zukommt, Carol Gilligans Modell einer »weiblichen Moral«, die im Gegensatz zum abstrakten Vernunftbegriff Kohlbergs auf Beziehung und Nähe gründet, später dann auch Jessica Benjamins bemerkenswert unideologische Analyse der Dynamik vom weiblichen Masochismus in Liebesbeziehungen dienten als Folie für einen ganzen Forschungszweig. Der Wechsel zur Subjektperspektive in der Frauenforschung hat dann auch einen weit fundamentaleren Perspektivenwechsel angekündigt, der die heutige Diskussion in der Frauenforschung durchzieht. In den Mittelpunkt der heutigen Diskussion ist das Interesse an der Geschlechterdifferenz gerückt, die nicht ausschließlich als monotones Unterdrückungsverhältnis, sondern als eine grundsätzliche Struktur, die jede Geschichte und jede Gesellschaft überlagert, verstanden wird. Das bedeutet – nach den Positionen französischer und anglo-amerikanischer Theoretikerinnen – vor allem eine Absage an die Vorstellung oder die Utopie von einer Welt angeblich neutraler Individuen, in der Männer und F. gleich sind, und die Absage an eine Welt, die auf Ganzheit und Vollständigkeit im Geschlechterverhältnis zielt (Irigaray 1991; Jardine 1985). Der Wechsel innerhalb der Frauenforschung von der »Defizitperspektive« zur »Differenzperspektive« bedeutet aber noch anderes: Er macht deutlich, daß sich die Frauenforschung nicht nur als eigenständiger Forschungszweig von anderer Forschung unterscheidet, sondern auch, daß sich die Frauenforschung in Teilen von der politischen Frauenbewegung abzukoppeln beginnt. Dieser Ablösungsprozeß wird von vielen F. aus der Praxis kritisiert: Wenn Frauenforschung das Ziel der Befreiung der F. aus dem Auge verliere, habe sie auch ihre Legitimation verloren. Auf der anderen Seite ist Frauenforschung mehr als ein politisches Instrument: Sie ist – wie jede Wissenschaft – der Erkenntnis verpflichtet und hat von hier aus ihre Funktion in einer pluralen, ausdifferenzierten Wirklichkeit.

M. Kurz-Adam/G. Seidenspinner

Literatur: U. Beck: Risikogesellschaft. Auf dem Weg in eine andere Moderne, Frankfurt/M. 1986; E. Beck-Gernsheim: Unter dem Neuen steckt noch das Alte, in: Frauenleben heute. Thema Lebensformen, 105–122, Frankfurt/M. 1989; R. Bekker-Schmidt: Verdrängung Rationalisierung Ideologie. Geschlechterdifferenz und Unbewußtes, Geschlechterverhältnis und Gesellschaft, in: G.-A. Knapp/A. Wetterer: Traditionen, Brüche. Entwicklungen feministischer Theorie, Freiburg 1992; I. Bednarz-Braun/K. Bruhns: Kommunale Frauenpolitik. Frauenbeauftragte – Gewerkschaften – Personalvertretungen, München 1995; J. Benjamin: Die Fesseln der Liebe. Psychoanalyse, Feminismus und das Problem der Macht, Frankfurt/M. 1988; B. Bertram: Zur Entwicklung der sozialen Geschlechterverhältnisse in den neuen Bundesländern, in: Aus Politik und Zeitgeschichte. Beilage zur Zeitschrift Das Parlament 6/1993, 27–38; H. Bilden: Geschlechtsspezifische Sozialisation, in: K. Hurrelmann/D. Ulich: Neues Handbuch der Sozialisationsforschung, Weinheim 1991; BMFJ (Hrsg.): Frauen im mittleren Alter. Lebenslagen der Geburtenkohorten von 1935 bis 1950 in den alten und neuen Bundesländern. Schriftenreihe des BMFJ, Bd. 13, Stuttgart 1993; BMFJ (Hrsg.): Frauenverbände und Frauenvereinigungen in der BRD, Schriftenreihe des BMFJ, Bd. 16, Stuttgart 1994; N. Chodorow: Das Erbe der Mütter. Psychoanalyse und Soziologie der Geschlechter, München 1985; C. Gilligan: Die andere Stimme. Lebenskonflikte und Moral der Frau, München 1985; K. Gröning: Gleichstellungsinstitutionen, in: SLR 22/1991, 63–78; C. Hagemann-White: Sozialisation: Weiblich – männlich? Opladen 1984; K. Hausen: Die Polarisierung der »Geschlechtercharaktere« – Eine Spiegelung der Dissoziation von Erwerbs- und Familienleben, in: W. Conze (Hrsg.): Sozialgeschichte der Familie in der Neuzeit Europas. Neue Forschungen. Stuttgart 1976; L. Irigaray: Die Zeit der Differenz. Für eine friedliche Revolution. Frankfurt/M. 1991; A. Jardine: Gynesis. Configurations of women and modernity, Ithaca 1985; G.-A. Knapp/A. Wetterer: Traditionen, Brüche. Entwicklungen feministischer Theorie, Freiburg 1992; H. Krüger: Sequenzmuster in unterbrochenen Erwerbskarrieren von Frauen. Arbeitspapier Nr. 7, Sonderforschungsbereich 186 der Universität Bremen, Bremen 1989; V. Mayr-Kleffel: Frauen und ihre sozialen Netzwerke. Auf der Suche nach einer verlorenen Ressource. Opladen 1991; M. Mies: Frauenforschung oder feministische Forschung? Die Debatte um feministische Wissenschaft und Methodologie, in: Beiträge zur feministischen Theorie und Praxis 11/1984, 40–60; M. Mitscherlich: Die friedfertige Frau. Eine psychoanalytische Untersuchung zur Aggression der Geschlechter. Frankfurt/M. 1987; V. Penrose: Orientierungsmuster des Karriereverhaltens deutscher Politikerinnen. Ein Ost-West-Vergleich, Bielefeld 1993.

Frauenhäuser

F. sind Zufluchtsstätten für körperlich oder seelisch mißhandelte Frauen und ihre Kinder (*Gewalt in Familien, Kinderschutz*). Es sind Orte, an denen Frauen Schutz vor weiterer Mißhandlung finden, aber auch die Gelegenheit, gemeinsam mit anderen *Frauen* nach Alternativen zu einem gewaltbestimmten Leben zu suchen.

F. sind in der BRD Mitte der 70er Jahre aus Initiativen der Neuen Frauenbewegung entstanden. Die Gründerinnen wollten vor allem auf das bis dahin tabuisierte Thema und das Ausmaß der physischen und psychischen *Gewalt in der Familie* aufmerksam machen. Nach Schätzungen kommt es in etwa der Hälfte aller *Familien* einmal im Monat zu Auseinandersetzungen. In ca. 5 Mio. Familien nehmen diese Konflikte Formen körperlicher Gewalt an. Diese Gewaltanwendung wurde als Ausdruck männlicher Vorherrschaft gedeutet. Entsprechend ablehnend und skeptisch waren die ersten Reaktionen, und die Initiativgruppen wurden aufgefordert nachzuweisen, daß für F. überhaupt ein Bedarf besteht. Denn letztlich wurde mit der Forderung nach selbstbestimmten Orten für Frauen auch das vorherrschende Bild von Ehe und Familie zur Disposition gestellt. Mit F. verbanden die Gründerinnen weit mehr als die Einrichtung von kurzfristigen Unterkünften bzw. das Angebot an Beratung und Unterstützung:

Das angestrebte Ziel der Selbstbestimmung von Frauen sollte sich auch in der Form der Organisation der Projekte niederschlagen: in der Selbstorganisation der Frauen im Haus sowie der Selbstverwaltung und konzeptionellen Autonomie der Vereine. Die fachlich-inhaltliche Diskussion der Frauenhausprojekte war daher in den ersten Jahren davon bestimmt, wie sich der politische Anspruch, aktiv gegen Gewaltanwendung gegen Frauen vorzugehen, mit der Projektarbeit realisieren lasse.

Frauenhausarbeit sollte sich unterscheiden von traditioneller SozArb, in der die Helfenden dominieren und die Hilfesuchenden u. U. ihre Eigenständigkeit delegieren. Gemeinsame, hierarchiefreie Entscheidungsstrukturen, ein ganzheitlicher *Beratungs*ansatz, der die übliche professionelle Arbeitsteilung vermeidet, und die Parteilichkeit für Frauen waren und sind der konzeptionelle Kern vieler Projekte. Die Umsetzung dieser Ansprüche hat sich am Projektalltag jedoch in vielerlei Weise gebrochen: Die Tatsache, daß die meisten Häuser ständig überfüllt sind, sowie die massiven sozialen, psychischen und materiellen Probleme, die die Mißhandelten zu lösen haben, und nicht zuletzt Hindernisse und Widerstände beim Umgang mit Verwaltung (*Sozialadministration*) stellen extreme Anforderungen an die Betroffenen und die Mitarbeiterinnen. Erschwerend kommen unzureichende Existenzbedingungen und eine fehlende finanzielle Absicherung dazu.

Um die Finanzierung von F. aus öffentlichen Mitteln hat es in den 80er Jahren eine auch für andere Bereiche der *Sozialen Arbeit* exemplarische Diskussion gegeben: Das Autonomiekonzept sollte auch für den Bereich der Finanzierung gelten. Angestrebt wurde eine pauschale institutionelle Förderung außerhalb des *Bundessozialhilfegesetzes*. Kritisiert wurde das Individualisierungsprinzip dieses Gesetzes, das das gesellschaftliche Problem der Gewalt gegen Frauen leugnet und jede Hilfesuchende durch bestimmte Formulierungen der Regelungen stigmatisiert, z.B. im § 72 BSHG. Es müßten Formen gefunden werden, die der gemeinschaftlichen Hilfe und der gesellschaftlichen Bedingtheit Rechnung tragen. Obwohl diese Frage viele Jahre lang in allen relevanten Institutionen (Städtetag, Deutscher Verein) und auf allen politischen Ebenen diskutiert wurde, haben die Initiativen das Ziel einer neuen Finanzierungsform nicht erreicht (vgl. dazu: Bericht der Bundesregierung zur Frage, ob bundesgesetzliche Regelungen zur Finanzierung von F. geschaffen werden können, Bonn 1983; Stellungnahme zur Finanzierung von Frauenhäusern in der Bundesrepublik und West-Berlin der Zentralen Informationsstelle der autonomen Frauenhäuser, Göttingen 1982; Deutscher Verein: Zweite Empfehlung zu den Kosten in Frauenhäusern und zur Übernahme dieser Kosten vom 28.4.1988).

Tatsächlich ist die finanzielle Situation der meisten F. durch eine Mischfinanzierung gekennzeichnet: Spenden und Bußgelder als Eigenmittel, sehr unterschiedliche Tagessätze, die über das BSHG abgerechnet werden, vereinzelte Länderzuschüsse (zu den Personal- oder den Sachkosten) und Mittel aus dem AFG (*Arbeitsförderungsgesetz*). Inzwischen gibt es in den alten Bundesländern etwa 230 und den neuen Bundesländern ca. 90 F. Zwei Drittel davon verstehen sich als autonome Projekte. Sie haben sich in der »Zentralen Informationsstelle für autonome Frauenhäuser« ihren Informationsaustausch und eine gemeinsame Interessenvertretung organisiert, ohne einen Dachverband zu gründen. F. von traditionellen *Wohlfahrtsverbänden* und kommunalen Trägern haben sich in der »Deutschen Arbeitsgemeinschaft Frauen- und Kinderschutzhäuser« zusammengeschlossen. Festzuhalten bleibt, daß sich der Alltag in den Häusern, trotz aller konzeptionellen – und damit auch gesellschaftspolitischen – Differenzen, vermutlich wenig unterscheidet.

Immer mehr Aufmerksamkeit und fachliche Bedeutung erhielt in den letzten Jahren die Arbeit mit Kindern in F. Es geht um pädagogische Unterstützung bei der Verarbeitung der familiären Gewalterfahrungen und von sexuellem Mißbrauch. Mit dem Bewußtwerden des Ausmaßes und des Zusammenhangs von *Gewalt* und sexuellem Mißbrauch entstanden eigene Zufluchtsmöglichkeiten für *Mädchen* und junge Frauen. Diese kämpfen seitdem um ein gemeinsames Finanzierungsgesetz, das jedoch wenig Aussicht auf Realisierung hat (vgl. Antwort der BReg auf eine große Anfrage der SPD-Fraktion v. 3.12.1992, BT-Drs. 12/2243). Zu den immer aktuellen Problemen gehören die zunehmende Verweildauer von Frauen in den Häusern wegen der großen Probleme auf dem Wohnungsmarkt *(Wohnen)* und die Situation von Flüchtlings- und ausländischen Frauen. Aus den neuen Bundesländern wird – im Vergleich zu Vorwendezeiten – eine Zunahme der Gewalt im Zusammenhang mit *Arbeitslosigkeit* und gesteigertem Alkoholkonsum (*Alkoholismus*) berichtet.

K. Stötzner

Literatur: J. Breckner: Weibliche Wohn(t)räume, Sammelbesprechung in SLR 28/1994, 75ff.; »Wendepunke – Frauen erzählen aus ihrem Leben«, Selbstverlag des Vereins Frauen helfen Frauen, Hamburg 1983; Hilfen für mißhandelte Frauen – Bericht der wissenschaftlichen Begleitung des Modellsprojekts Frauenhaus Berlin, Mainz 1981; »Nachrichten aus dem Ghetto Liebe«, Frauenhaus Köln, Frankfurt/M. 1980; Brandau/Hagemann-White/Hape/del Mestre: Wege aus Mißhandlungsbeziehungen, Pfaffenweiler 1990; M. Brückner: Die Liebe der Frauen, Frankfurt/M. 1983; Zweiter Bericht der Bundesregierung über die Lage der Frauenhäuser für mißhandelte Frauen und Kinder vom 1.9.1988.
Weitere Literatur bei *Frauen*

Freiwilliges Soziales und Ökologisches Jahr (FJS und FÖJ)

Das FSJ bietet jungen Menschen zwischen dem 17. und 27. Lebensjahr die Möglichkeit, ein Jahr lang im Feld *Sozialer Arbeit* ganztägig pflegerische, erzieherische oder hauswirtschaftliche Hilfstätigkeiten zu leisten.

Das FÖJ bietet jungen Menschen zwischen dem 16. und 27. Lebensjahr diese Möglichkeit beim Engagement für den Schutz von Natur und Umwelt sowie für den Erhalt und die Verbesserung der natürlichen Lebensgrundlagen (*Umweltschutz*).

Ziel der gesetzlichen Regelung, die den allgemeinpädagogischen und gesellschaftsbezogenen Gedanken des freiwilligen Engagements in den Vordergrund stellt (*Ehrenamtliche Helfer*), ist es, Härten und materielle Nachteile zu beseitigen, die junge Menschen und auch deren Eltern auf sich nehmen, wenn sie sich freiwillig zur Verfügung stellen. Insbesondere hinsichtlich der sozialen Sicherheit sind die jungen Menschen, die ein

solches freiwilliges Jahr leisten, annähernd so gestellt wie junge Menschen, die in einer Berufsausbildung stehen (*Berufliche Bildung*).
Die Träger sorgen für Taschengeld, Unterkunft, Verpflegung und Arbeitskleidung bzw. erstatten die Kosten mittels einer Pauschale. Die TeilnehmerInnen sind in vollem Umfang sozialversichert (gesetzliche Renten-, Unfall-, Kranken- und Arbeitslosenversicherung), erhalten *Kindergeld* und Kinderfreibeträge sowie Fahrtkostenermäßigungen bei der Deutschen Bahn und im öffentlichen Personennahverkehr. FSJ und FÖJ werden von der ZVS als Wartezeit anerkannt.
Das FSJ kann in Einrichtungen der Wohlfahrtspflege einschließlich der Kinder- und Jugendhilfe oder in Einrichtungen der Gesundheitshilfe, vor allem in Krankenanstalten, Altersheimen, Kinderheimen, Kindertagesstätten, Jugendzentren, Einrichtungen zum Schutz von Mädchen und Frauen vor Gewalt, Erholungsheimen sowie in Einrichtungen für körperlich oder geistig Behinderte und in Einrichtungen, die Familienhilfe leisten, geleistet werden. Das FÖJ wird ganztägig als überwiegend praktische Hilfstätigkeit in geeigneten Stellen und Einrichtungen wie z. B. Naturschutzzentren, Nationalparks, in der ökologischen Landwirtschaft, Vogelschutzstationen und Umweltämtern geleistet.
Junge Menschen haben so die Chance, sich zu orientieren und sich zurechtzufinden. Sie erhalten die Möglichkeit zu prüfen, ob sie für ein späteres berufliches Engagement in einem entsprechenden Arbeitsbereich geeignet sind. Dieses freiwillige Jahr soll zugleich junge Menschen zu einem verantwortlichen Verhalten gegenüber den Mitmenschen und gegenüber der Gemeinschaft anregen. Der Bildungs- und Orientierungscharakter wird in der gesetzlichen Verpflichtung zur pädagogischen Betreuung und zu 25 Seminartagen deutlich. Die pädagogische Begleitung wird von einer zentralen Stelle eines zugelassenen Trägers sichergestellt. Sie umfaßt einerseits die fachliche Anleitung und die individuelle Betreuung durch die Einsatzstelle sowie andererseits durch die pädagogischen Kräfte des Trägers und durch die Seminararbeit.
Das FSJ begann mit dem Aufruf der Diakonie (1954) zu einem sog. »Diakonischen Jahr« besonders an junge Frauen, die sich ein Jahr zur Verfügung stellen sollten, um den großen Personalmangel in den pflegerischen und sozialen Einrichtungen zu entlasten. Die katholische Kirche und die *Wohlfahrtsverbände* folgten. Mit dem Gesetz zur Förderung eines Freiwilligen Sozialen Jahres vom 17. 8. 1964 wurde die rechtliche Grundlage für ein jugendpolitisches Bildungsangebot geschaffen. Mit dem Gesetz zur Förderung eines Freiwilligen Ökologischen Jahres vom 17. 12. 1993 wurde ein weiteres Angebot im Umweltbereich geregelt und zugleich das FSJ reformiert.
Seit Beginn des FSJ haben weit mehr als 100000 junge Menschen teilgenommen. Derzeit leisten über 7000 ein FSJ und fast 800 ein FÖJ, das sich noch in der Aufbauphase befindet. Gefördert werden die Personalkosten der pädagogischen Begleitung, Arbeitstagungen und Kurse für MitarbeiterInnen und TeilnehmerInnen aus dem *Kinder- und Jugendplan des Bundes* mit 17. Mio. DM (1994). Heute hat sich das Selbstverständnis der Teilnehmer dahingehend geändert, daß der Orientierungs- und Persönlichkeitsbildungscharakter immer wichtiger werden. In der Praxis bedeutet dies, daß die Seminare, der Erfahrungsaustausch untereinander und die Aufarbeitung der Erfahrungen unter pädagogischer Anleitung in den Vordergrund getreten sind.
»Weitere längerfristige Freiwilligendienste sind nicht gesetzlich geregelt. Sie vermitteln vor allem einen Einsatz im Ausland. Dabei handelt es sich um die in der Aktionsgemeinschaft Dienst für den Frieden (AGDF), Arbeitsgemeinschaft Privater Entwicklungsdienste (APED), Bundesarbeitsgemeinschaft Internationale Soziale Dienste (BISD) zusammengeschlossenen Dienste sowie um Aktion Sühnezeichen Friedensdienste (ASF), Deutscher Entwicklungsdienst (DED), Deutscher Freiwilligendienst in Übersee (DFÜ), Internationalen Bauorden (IBO), Nothelfergemeinschaft der Freunde (NDF), pro international, Service Civil International (CI), Vereinigung Junger Freiwilliger (VJF).

P. Kupferschmid

Literatur: BMFJ: Freiwilliges Soziales Jahr/Freiwilliges Ökologisches Jahr. Informationsbroschüre, Bonn 1994; BMFSFJ: Freiwilliges Soziales Jahr/Freiwilliges Ökologisches Jahr – Junge Leute beteiligen sich. Bericht über einen Fachkongreß vom 6. 7. 1994, Bonn 1994; BMFSFJ/JSS: Freiwilliges ökologisches Jahr – Endbericht zum bundesweiten Modellversuch, Bonn 1996; R. Schmidt: Das Freiwillige Soziale Jahr – ein Bildungsjahr für junge Frauen, In: Unsere Jugend 1/1995.

Freizeit (F.)/Freizeitpädagogik (F.päd)

I. Definition: Zur Klärung des gesellschaftlichen und damit auch sozialpädagogisch aktuellen Problembereichs der F. erweist sich – trotz fließender Übergänge, Überschneidungen und Abgrenzungsschwierigkeiten – die Unterscheidung von »Freizeit«, »Halb-Freizeit« und beruflicher (bzw. schulischer) »Arbeitszeit« als zweckmäßig (Dumazedier); eine Unterscheidung, die auch als »produktive Zeit« – »rekreative Zeit« – »verhaltensbeliebige Zeit« (Blücher) oder »abhängige Zeit (Determinationszeit) – gebundene Zeit (Obligationszeit) – freie Zeit (Dispositionszeit)« (Opaschowski) bezeichnet wird. F. und Halb-F. können auch als »freie Zeit« zusammengefaßt werden. In ihnen stellt dann F. das eigentlich postmoderne Verhaltenssystem als innovatives Potential und Grundlage für »Wertwandel« (Inglehart 1989) zur »Risikogesellschaft« (Beck 1988) und »Erlebnisgesellschaft« (Schulze 1993) dar. *Arbeitslosigkeit* wird dabei als »schlechte« bzw. »erzwungene« F. mit besonderer arbeitsmarktpolitischer und sozialpädagogischer Relevanz aufgefaßt. Gesellschaftliche Kernfrage wird künftig sein, inwieweit es gelingt, durch gerechtere Verteilung der *Arbeit* »schlechte« in

»eigentliche« F. zu verwandeln. Diese Unterscheidung erlaubt auch, die Wiederentdeckung von »alternativer Ökonomie« und »Eigenarbeit« durch *Frauen-* und Ökobewegung sowie den »postmodernen« Wertwandel zur risikoreichen Erlebnisgesellschaft im Rahmen eines umfassenderen gesellschaftlichen Zeitkonzepts zu diskutieren. Damit erleichtert diese Unterscheidung, sowohl die gegenwärtige Verschiebung des Arbeitsbegriffs in den Freizeitbereich hinein als aber auch die Verselbständigung des Freizeitbereichs, die Flexibilisierung des Zeitsystems und damit die Veränderung des Freizeitbegriffs theoretisch zu fassen. F. umfaßt die individuell frei disponible (damit aber auch selbstbestimmt neu in Konsum, Kultur und Politik einsetzbare) *Zeit*, die nach Erledigung aller sozialer und individueller Verpflichtungen dem einzelnen verbleibt, täglich (nach Status unterschiedlich) etwa zwischen 4 und 6 Std., wöchentlich durchschnittlich gut 40 Std., jährlich für bestimmte Gruppen jedoch auch bereits Wochen und Monate (z.B. Schüler; Studierende; Neue Alte; Arbeitnehmer mit Jahresarbeitszeitvertrag). Die quantitative wie qualitative Entwicklung der F. wird als wichtiger Faktor angesehen für den Wertwandel zur Erlebnisgesellschaft mit neuen, auch sozialpädagogisch relevanten Risiken und Problemen, z.B. der individuellen Zeitstrukturierung im Ruhestand. Halb-F. bezeichnet den Zeitraum, der Gegenstand und Problembereich für eine *Emanzipation* von (Haus-)Frauen und Haus-Männern werden kann. Er liegt zwischen Arbeitszeit und F. und definiert damit den eigentlichen Gegenstand der alternativen Ökonomie, in dem die sozialen und individuellen Verpflichtungen außerhalb der Arbeitszeit bereits unter Einfluß größerer individueller Entscheidungsfähigkeit erfüllt werden wie Arbeitswege, Essen, Ausruhen, Einkaufen, Hausarbeit, Kinderversorgen, Verwandtschafts- und Nachbarschaftshilfe, Gartenpflege, Weiterbildung, berufspolitische Aktivität. Nach Ermittlungen des Emnid-Instituts wuchs die durchschnittlich »Freie Zeit« (F. plus Halb-F. ausschließlich der Arbeitswege) pro Woche bei allen über 15jährigen von 45,5 (1971) über 53,2 (1973) und 59,9 (1976) auf 63,3 (1982) Std., die effektive F. von 35,4 (1971) über 39,6 (1973) und 41,8 (1976) auf 44,0 (1982) Std. (Emnid 1973, 1976, 1983; Tokarski 1985).

Die seit 1978 angelaufenen Bemühungen der *Gewerkschaften* um die Durchsetzung der 35-Stunden-Woche sowie neue Modelle der Arbeitszeitverkürzung aufgrund des rasanten Anstiegs der Arbeitslosigkeit in Deutschland auf 3,5 Mio. (1993), in Europa auf über 20 Mio. wie 4-Tage-Woche (VW ab 1994) und Jahresarbeitszeitverträge (Stern vom 18.11.1993, 34) mit z.B. 3 bis 6 Monaten Urlaub haben diese Beträge bereits weiter erhöht. Von 1980 bis 1991 sank im früheren Bundesgebiet die durchschnittliche tarifliche Wochenarbeitszeit der Arbeiter und Angestellten so weiter von 40 auf 38 Std. (Statistisches Bundesamt 1992, 27). 1994 wurde mit Pilotfunktion bei VW die 35-Stunden-Woche mit faktisch 28,8 Arbeitsstunden eingeführt, allerdings bei 10% Lohnverzicht. Die Urlaubsdauer bewegt sich auf durchschnittlich 7 Wochen zu. Nach Vorausschätzungen des B.A.T.-Freizeit-Forschungsinstituts Hamburg wird bis zum Jahre 2010 die Arbeitszeit sinken auf 1660 Std., hingegen die Obligationszeit auf 1900 Std., die Freizeit sogar auf 2300, damit die freie Zeit auf insgesamt 4200 Std. ansteigen (Opaschowski 1988; Stehr u.a. 1992). Die Jahresarbeitszeit, Anfang der 70er Jahre noch über 2000 Std., sinkt damit gegen 1500 Std., die Jahresgesamtfreizeit (F. plus Halb-F.), Anfang der 70er Jahre etwa 3000 Std., steigt gegen 4000 Std. Insgesamt wird eine »Pädagogik der Zeit« mit dem Lernziel der »Zeitkompetenz« erforderlich (Nahrstedt 1990).

II. F. und SozArb/SozPäd: Maßnahmen der SozArb/SozPäd können danach unterschieden werden, ob sie sich auf die F., Halb-F. oder berufliche (schulische) Arbeitszeit beziehen. Auch wenn Probleme der einzelnen Bereiche i.d.R. einen Bezug zum Lebensgesamtzusammenhang zeigen und nur von einem integrativen »holistischen« Ansatz aus angemessen angegangen werden können, sind die erforderlichen konzeptionellen und organisatorischen Formen für Maßnahmen in den drei Bereichen sehr unterschiedlich. Als strukturell neues Aufgabengebiet auch der SozArb/SozPäd treten dabei gegenwärtig vor allem Maßnahmen für die »eigentliche« oder »wirkliche« F. hervor, die in strukturell unterschiedliche »Freizeitblöcke« differenziert erscheint wie Tagesfreizeit vor und/oder nach der täglichen Schul- bzw. Arbeitszeit, Wochenfreizeit, Urlaub, Bildungsurlaub, Kurzurlaub, Kururlaub, Altersfreizeit. Dieser zeitlichen Gliederung der F. entsprechen die unterschiedlichen strukturierten räumlichen Freizeitbereiche des Wohnumfeldes, des Naherholungsgebiets (der Region) und des Urlaubsgebiets, in denen die unterschiedlichen »Freizeiten« zu einem großen Teil verbracht werden. Wohnung und Wohnumfeld (*Wohnen*) kommen große Bedeutung zu, da in ihnen der Hauptaneil der Gesamtfreizeit (etwa 2/3), insbesondere der Tagesfreizeit, verlebt wird. Dies gilt vor allem für die einkommensschwachen Bevölkerungsgruppen, die in paradoxer Parallelität zur Verlängerung der freien Zeit ebenfalls zunehmen werden. Freizeitpolitik, Freizeitplanung und F.päd haben deshalb im Wohnumfeld anzusetzen. Weitere Arbeitszeitverkürzungen bei Lohnminderung sowie gesellschaftliche Trends zur Versingelung, zur Einkindfamilie, Einelternfamilie (*Alleinerziehende*), zum Einpersonenhaushalt werden die Bedeutung wohnungsnaher Freizeitgestaltung zur Sicherung von Öffentlichkeit und Kommunikation weiter erhöhen, aber auch Tages-, Kurz- und Langzeitreisen (Tourismus) werden zunehmen. Reiseberatung und Animation, Umweltinterpretation und interkulturelles Lernen werden wichtige neue Aufgaben auch für SozPäd. Die gegenwärtige Tendenz zur Entstaatlichung des Freizeitbereichs erfordert dabei neue Finanzierungs- und Trägermodelle (Selbstfinanzierung, Public-Private-Partnership), eine Reaktivierung der *Selbstorganisation*, aber auch einen neuen, der freizeitorientierten Risiko- und Erlebnisgesellschaft entsprechenden

Staatsbegriff. Für SozArb/SozPäd relevante Freizeitmaßnahmen sind: *Spielplätze*, Abenteuerspielplätze, Spielmobile, Jugendclubs, Häuser der offenen Tür, selbstverwaltete Jugendzentren, Freizeit-, Bürger-, Soziokultur-, Kommunikationszentren, *Bürgerinitiativen*, Altenclubs (Tagesfreizeit); Freizeithäuser, Museen, freie Theater, Musikgruppen, Kunsthäuser (*Kulturarbeit, soziale*), Freizeitparks, Angebote auf Campingplätzen und in der (Naherholungs-)Region (Wochenfreizeit); Ferienspiele, Stadtranderholung, Ferienfahrten, Feriendörfer, Ferienparks, Ferienzentren, Ferienclubs, Urlaubsorte, Urlaubsläden, Urlauberinitiativen, Reisemittler, Reiseveranstalter, Kurorte, Besichtigungs- und Informationsfahrten, Bildungsreisen, Animation im Tourismus (Jahresfreizeit). Für die nach 1945 in steigendem Umfang sich in diesen Freizeitbereichen entwickelten Maßnahmen und Einrichtungen öffentlicher, freier wie kommerzieller Träger wurden SozArb/SozPäd neben Sportpädagogen, Erwachsenenbildnern, Kunsterziehern, Freizeitpädagogen, Kulturpädagogen und Absolventen anderer Ausbildungsgänge herangezogen. Seit den 70er Jahre ist die Tendenz zu erkennen, in bestehende Studiengänge (auch sozialpädagogische: Nahrstedt 1978a; Fromme/Kahlen 1990) freizeitbezogene Studienrichtungen aufzunehmen und nach ausländischem Vorbild (USA, Schweden, Frankreich, Polen) auch grundständige freizeitbezogene Ausbildungsgänge zu konzipieren. 1985 wurden 53 »Freizeit-Curricula«, 1989 bereits 142, davon 53 an Hochschulen mit den 5 Schwerpunkten Freizeitpädagogik (24,5%), Tourismus (22,7%), Sozialwesen (20,8%), Kunst/Kulturpädagogik (20,8%), Sportwissenschaft (11,3%) registriert (Fromme/Kahlen 1990, 21). Für die Orientierung der Tätigkeit sowie als Grundlage für die *Aus- und Weiterbildung* von sozialpädagogischen und anderen Mitarbeitern in diesen neuartigen Freizeiteinrichtungen ist eine freizeittheoretische Abklärung erforderlich, da sich die bisherigen theoretischen Konzepte der SozArb/SozPäd für die freizeitorientierten Aufgaben einer Dienstleistungsgesellschaft als nicht mehr zureichend erweisen (Nahrstedt 1974, 1975, 1993). Auch die bisherigen Konzepte der *Erwachsenenbildung*, *außerschulischen Jugendbildung*, Sport- und Kunstpädagogik sind für diesen Freizeitzusammenhang unzureichend. Eine freizeittheoretische Klärung der Tätigkeit von Mitarbeitern in Freizeiteinrichtungen ist deshalb nicht nur für SozArb/SozPäd (und Erwachsenenbildner, Jugendbildner, Sportpädagogen, Kulturarbeiter, Freizeitpädagogen) in Freizeiteinrichtungen erforderlich, sondern die Herausbildung von F. hat Lebensgefüge und Gesellschaftsstruktur insgesamt verändert. Im folgenden sollen Grundelemente für eine freizeitpädagogische Theoriebildung skizziert werden.

III. F. und Gesellschaft: Das Verhältnis von Arbeitszeit, Halb-F. und F. sowie der Freiheitsbegriff der F. sind Produkt gesellschaftspolitischer Auseinandersetzungen. Maßgebend ist im kapitalistischen Gesellschaftssystem wie der BRD der Widerstreit profitorientierter und emanzipatorischer Tendenzen. Im Hinblick auf profitorientierte Interessen stellt F. einen neuen, expandierfähigen Markt dar, der sich nach steigender Expansion automatisierter Produktivität bei zunehmender internationaler Konkurrenz und Einengung der Absatzmöglichkeiten im Inland selbst entwickeln läßt. Freizeitartikel für den privaten Gebrauch, öffentliche Freizeiteinrichtungen, private Freizeitgärten wie öffentliche Freizeitparks, touristische Reisen usw. öffnen neue Bedarfs-, Investitions- und Absatzchancen. Absatzstrategien prägen daher in starkem Maße Freizeiterwartungen, -verhalten, -rollen, -interessen. Dingliche Ausgestaltung von Freizeiträumen werden zu einem bestimmenden Faktor der Freizeitplanung. Freizeitverhalten wird so durch eine »geheime«, indirekte, kommerzielle »Pädagogik« geformt. Markt und Marketing übernehmen, nach dem »Ende der Erziehung« (Giesekke 1988), über Freizeit (Cushman 1991) wesentliche Sozialisationsleistungen. Dem steht eine emanzipatorische Zielsetzung für die F. gegenüber. Der Zusammenbruch der Ost-West-Bipolarität hat die internationale Konkurrenz um die Freizeit- und Reisemärkte erhöht, die Ökonomisierung der Freizeit vorangetrieben, damit aber auch die pädagogische Aufgabe der Stärkung von Innenleitung, Ichstärke und Orientierungsfähigkeit gegenüber zunehmendem Angebotsdruck außerordentlich vergrößert. Der funktionalen »Pädagogik« durch Marketing steht so eine intentionale Pädagogik mit Blick auf Persönlichkeitsbildung und Ichidendität gegenüber. Sie erhofft Völkerverständigung und Friedenssicherung durch interkulturelles Lernen und Reisepädagogik im wachsenden Tourismus. Sie erhofft sich über die Reduzierung der Arbeitszeit eine Vergrößerung des individuellen Freizeitspielraums des Bürgers zur Entwicklung der eigenen Bedürfnisse, zum gesteigerten Lebensgenuß in Spiel, Geselligkeit, Muße, Bildung, in sozialer, kultureller und politischer Selbstbestimmung. Sie erwartet eine Demokratisierung der Gesellschaft durch erhöhte Partizipation des Bürgers an ökonomischen, sozialen, kulturellen wie politischen Entscheidungsprozessen (*Bürgerinitiativen*). Dieser Gedanke ist eine Triebfeder für die gewerkschaftlichen Kämpfe um Reduktion der Arbeitszeit seit Ende des 19. Jh. gewesen. Allerdings ist dieser emanzipatorischen Zielsetzung seitdem die politische Unterstützung weitgehend versagt geblieben, durch die sie allein die notwendige Gleichrangigkeit oder sogar Überlegenheit über profitorientierte Ausbeutung der F. erlangen und zu einem Faktor der Gesellschaftsveränderung werden könnte. Emanzipatorische Ansätze insbesondere im sozialpädagogischen Raum, Freizeit als Ort vergrößerter Mündigkeit und gesellschaftlicher Veränderung zu entwickeln (z.B. selbstverwaltete Jugend-, Bürger-, Soziokultur- und Urlaubszentren), konnten sich deshalb bisher nur in geringem Maße mit kurzer Lebensdauer entwickeln. Diese Zielsetzung ist daher im politischen Raum erneut zu aktivieren. Soziokultur- und Ökobewegung sowie die Thematisierung von »Freizeitkultur« schaffen dafür in Auseinandersetzung mit der »Neuen Technologie« seit Mitte der 70er Jahre veränderte Voraussetzungen, die sich seit Anfang der 80er Jahre durch sich verstärkende neokonservative »Wende«-Tendenzen konfrontiert sehen. Der im Freizeitbereich tätige SozPäd wird ein Bewußtsein des Spannungsfeldes zwischen profitorientierter und emanzipatorischer Interessenlage haben müssen. In diesem Spannungsfeld wird er sowohl in staatlichen, privaten wie kommerziellen Freizeiteinrichtungen tätig.

IV. Neue Chancenungleichheit: Die neue gesellschaftliche Zeitstruktur hat den hierarchischen Aufbau der Gesellschaft im Hinblick auf ökonomische, bildungsmäßige, berufliche usw. Lebensbedingungen verschoben, aber nicht aufgehoben. F. wird zu einem neuen Feld gesellschaftlicher Ungleichheit etwa im Bereich des sozialen und kulturellen Kapitals (Bourdieu 1987), aber auch der »Erlebnisrationalität« (Schulze 1993) und der Risikokompetenz (Beck 1988). Aufgabe von Politik und Pädagogik stellt dar, an der Überwindung von Chancenungleichheit im Freizeitbereich zu arbeiten und F. selbst als ein Feld der Überwindung gesellschaftlicher Ungleichheit zu entwickeln. Staatliche und private Initiative hat hier zumindest korrigierend und ausgleichend, wenn nicht verändernd gegenüber kommerziellen Freizeitmaßnahmen zu wirken, umgekehrt aber auch neue privatwirtschaftliche Modelle und eine neue Wirtschaftsethik mit Rückwirkung auf staatliches und gemeinnütziges Handeln zu entwickeln.

V. Freizeitpädagogik: F.päd stellt zusammen mit Freizeitplanung ein Element der Freizeitpolitik dar. Als »Freizeitpolitik (kann) verstanden (werden) ... die Vielfalt von Maßnahmen staatlicher, kommunaler und privater Träger zur Verbesserung der Freizeitsituation aller Altersstufen und Bevölkerungsgruppen« (Freizeitpolitik 1976, 33). »Aufgabe der Freizeitpolitik (ist es ...) räumliche, zeitliche, soziale Benachteiligungen und Mangel an Informationen abzubauen und so die freien Wahlmöglichkeiten in der Gestaltung der Freizeit zu vergrößern« (1. Freizeitbericht 1983, 9). F.päd stellt dabei ein entscheidendes Element zur »Verbesserung der Freizeitsituation« insofern dar, als erst durch die Befähigung der Bürger zur selbstbestimmten Gestaltung die individuellen wie gesellschaftlichen »freien Wahlmöglichkeiten« der F. in demokratischer Form realisierbar werden. Der Begriff F.päd umfaßt:

1. Angebote, Beratung, Unterstützung, Anregung des Bürgers zur Selbstgestaltung der F. im Freizeitbereich selbst, i.d.R. in Freizeiteinrichtungen wie Bürgerzentren, Jugendclubs, Altentreffs, Urlaubsläden; Animation; Reiseleitung, Stadtführung, Gästebetreuung; aber auch Freizeitarrangements; Freizeitgebieten als Lernlandschaften; Reiseregionen als Bildungsenvironments; Natur- und Kultur-Lehrpfaden (Selfguided Natural and Cultural Trails).
2. Vorbereitung auf die Selbstgestaltung von F. im Rahmen des Bildungswesens außerhalb der eigentlichen F., insbesondere durch die *Schule*.
3. Aus- und Fortbildung von ehrenamtlichem, halbamtlichem und vollamtlichem Personal für eine Tätigkeit im Freizeitbereich (Freizeitberater, Animateur, Freizeitlehrer, Freizeitadministrator, Freizeitplaner u.ä.).

VI. Freizeitorientierte Methoden: Die besondere, auf Freiwilligkeit der Teilnahme hin anelegte »offene« Struktur des Bereichs der F. erfordert für die Hilfestellung durch Freizeitdienste besondere, z.T. neuartige Methoden. Dies läßt sich insbesondere für den Bereich der F.päd bereits deutlich erkennen. Die Entwicklung besonderer freizeitpädagogischer Methoden stellt dabei ein Zeichen für die relative Verselbständigung der F.päd dar. Als Methoden lassen sich bereits erkennen: Freizeitberatung (Leisure Counseling, insbesondere in den USA seit den 60er Jahren entwickelt); Animation (von Frankreich aus über den Europarat als eine vom Freizeitbereich ausgehende, sich aber auf die Gesamtgesellschaft beziehende Methode wie Zielsetzung seit den 60er Jahren diskutiert); Umweltinterpretation (seit den 60er Jahren in den USA insbesondere für den Bereich des Tourismus und der Museumspädagogik entwickelt); Gestaltung offener Situationen; Freizeitinstruktion, Programmgestaltung, Freizeitaktion, Freizeitdidaktik; Beteiligung am Entscheidungs-, Planungs-, Durchführungs- und Evaluationsprozeß; Freizeitadministration/Freizeitmarketing und Freizeitpolitik/Freizeitplanung zur Entwicklung der Rahmenbedingungen für Freizeitpädagogik (s. das freizeitpädagogische Strategiemodell mit 4 Handlungsebenen in: Nahrstedt/Fromme u.a. 1986; Nahrstedt 1990, 1993).

W. Nahrstedt

Literatur: U. Beck: Risikogesellschaft. Auf dem Weg in eine andere Moderne, Frankfurt/M. 1988; P. Bourdieu: Die feinen Unterschiede. Kritik der gsellschaftlichen Urteilskraft, Frankfurt/M. 1987; P. Bramham/I. Henry/H. Mommaas/H. van der Poel (Ed.): Leisure Policies in Europe, Wallingford: CAB INTERNATIONAL 1993; G. Cushman: Perspectives on Leisure and Education. Presentation at the WLRA-World Congress on Leisure and Tourism 1991 in Sydney (Australien), Mskr. 1991; M. D'Amour: International Directory of Academic Institutions in Leisure, Recreation and Related Fields. 2nd. ed. Québec: WLRA 1991; Deutsche Gesellschaft für Freizeit (Hrsg.): Freizeitpolitik in Europa. Expertengespräch 1975, Düsseldorf 1976; J. Dumazedier: Vers une civilisation des loisirs? Paris [2]1972; R. Eckert/T. Drieseberg/H. Williams: Sinnwelt Freizeit. Jugendliche zwischen Märkten und Verbänden, Opladen 1990; Emnid-Institut: Freizeitbedingungen und Freizeitentwicklungen. 5. Trendmessung seit 1969, Bielefeld 1983; Forschungsteam SelF (Nahrstedt/Hey/Stehr u a.): Selbstorganisierte Freizeitkultur im Wohnumfeld, hrsg. v. Institut für Landes- und Stadtentwicklungsforschung des Landes NRW (ILS), Dortmund 1987; FreizeitPädagogik. Forum für Kultur, Medien, Sport, Tourismus. Mit Mitteilungen der Kommission Freizeitpädagogik der Deutschen Gesellschaft für Erziehungswissenschaft, Baltmannsweiler (seit 1979); J. Fromme: Freizeit als Lernzeit, Köln 1985; J. Fromme/B. Kahlen: Berufsfeld Freizeit. Aus-, Fort- und Weiterbildungsangebote im tertiären Bildungsbereich, Bielefeld (IFKA-Schriftenreihe 11) 1990; H. Giesecke: Leben nach der Arbeit. Ursprünge und Perspektiven der Freizeitpädagogik, München 1983; H. Giesecke: Das Ende der Erziehung. Neue Chancen für Familie und Schule, Stuttgart [4]1988; E. Gräßler (Hrsg.): Ich oder Wir? Wir und Ich!

Freizeitkultur zwischen Individualisierung, Regionalisierung und Globalisierung. 3. Zwickauer Freizeittage 1992, Zwickau: Gesellschaft für Freizeitforschung e. V. (GeF-Dokumenation 3) 1992; R. Inglehart: Kultureller Umbruch. Wertwandel in der westlichen Welt, Frankfurt/M. 1989; B. Kahlen/D. Eibach/W. Nahrstedt (Hrsg.): Modelle der Gästebetreuung im Bäderland Nordrhein-Westfalen. Projektstudie in Heilbädern und Kurorten. Gefördert und hrsg. vom Ministerium für Wirtschaft, Mittelstand und Technologie NRW. In Kooperation mit dem Nordrhein-westfälischen Heilbäderverband e. V. und dem Institut für Freizeitwissenschaft und Kulturarbeit e. V. (IFKA) Bielefeld 1993; H. Kirchgäßner: Freizeitpädagogik, Gelnhausen 1980; Landesregierung NRW: 1. Freizeitbericht der Landesregierung NRW, Düsseldorf 1983; W. Nahrstedt: Die Entstehung der Freizeit, Göttingen [2]1988; W. Nahrstedt: Freizeit. 2 Bde., Neuwied 1974; W. Nahrstedt: Freizeitberatung, Göttingen 1975; W. Nahrstedt (Hrsg.): Freizeit in Schweden, Düsseldorf 1975; W. Nahrstedt (Hrsg.): Freizeitdienste, Freizeitberufe und Freizeitwissenschaft in den USA, Düsseldorf 1978; W. Nahrstedt: Die Bedeutung der Freizeitpädagogik für die Sozialpädagogik, in: H. Wollenweber (Hrsg.): Sozialpädagogik in Wissenschaft und Unterricht, Paderborn 1978, 61–84; W. Nahrstedt/J. Sandmann u. a.: Der Freizeitpädagoge. Freizeitberatung, Animation, Freizeitadministration. Neue Aufgaben für Sozialarbeiter, Erwachsenenbildner und Sportpädagogen, Opladen 1982; W. Nahrstedt/J. Fromme u. a.: Strategien offener Kinderarbeit. Zur Theorie und Praxis freizeitpädagogischen Handelns, Opladen 1986; W. Nahrstedt (Hrsg.): Freizeit-Curricula. Aus- und Weiterbildungsmodelle für Freizeitpädagogen, Kulturpädagogen, Freizeitsportleiter, Touristiker. 4. Bielefelder Winterakademie, Bielefeld: Institut für Freizeitwissenschaft und Kulturarbeit (IFKA) 1987; W. Nahrstedt: Die Wiederentdeckung der Muße. Freizeit und Bildung in der 35-Stunden-Gesellschaft, Baltmannsweiler 1989; W. Nahrstedt: Leben in freier Zeit. Grundlagen und Aufgaben der Freizeitpädagogik, Darmstadt 1990; W. Nahrstedt (Hrsg.): Reiseleiter und Reisemanager. Weiterbildung für den Tourismus von morgen. Dokumentation des 2. Bielefelder Tourismustages, Bielefeld (IFKA-Dokumentation) 1992; W. Nahrstedt: Zur Freizeit berufen. Berufsperspektiven, Handlungsfelder, Ausbildungsgänge für Freizeit- und Kulturpädagogen im internationalen Vergleich, Bielefeld: Institut für Freizeitwissenschaft und Kulturarbeit e. V. (IFKA) 1993; H. W. Opaschowski: Wie leben wir nach dem Jahr 2000? B. A. T.-Freizeit-Forschungsinstitut, Hamburg 1988; H. W. Opaschowski: Pädagogik und Didaktik der Freizeit (Freizeit- und Tourismusstudien 1), Opladen [2]1990; H. W. Opaschowski: Freizeitökonomie. Marketing von Erlebniswelten (Freizeit- und Tourismusstudien 5), Opladen 1993; H. W. Prahl/A. Steinecke: Der Millionen-Urlaub. Von der Bildungsreise zur totalen Freizeit, Bielefeld (IFKA-Faksimile) [3]1989; M. Schmidt/W. Nahrstedt (Hrsg.): Der Reiseleiter im Europa '93. Arbeitsfeld – Berufsfeld – Ausbildung 3. Bielefelder Tourismustag, Bielefeld: Institut für Freizeitwissenschaft und Kulturarbeit e. V. (IFKA-Dokumenation) 1993; Statistisches Bundesamt: Tourismus in Zahlen, Wiesbaden 1992; W. Tokarski/R. Schmitz-Scherzer: Freizeit, Stuttgart 1985; W. Tokarski (Hrsg.): Freizeit im neuen Europa. Perspektiven in Wissenschaft, Freizeit und Politik, Aachen 1993; J. Stehr: Kompetenztransfer. Zur theoretischen Begründung einer Freizeitpädagogik mit älteren Erwachsenen, Hohengehren 1991; J. Stehr/J. Fromme/W. Nahrstedt (Hrsg.): Freizeit bildet – bildet Freizeit? Theoretische Grundlagen für eine freizeitorientierte Weiterbildung. 8. Bielefelder Winterakademie (IFKA-Dokumentation), Bielefeld 1991; J. Stehr/W. Nahrstedt: Freizeitbarometer. Daten – Analysen – Trends für die 90er Jahre (IFKA-Schriftenreihe 10), Bielefeld 1992; G. Schulze: Die Erlebnisgesellschaft. Kultursoziologie der Gegenwart, Frankfurt/M. 1993.

Fremdunterbringung

F. bezeichnet die Unterbringung, Versorgung und *Erziehung* von Kindern und Jugendlichen außerhalb der eigenen *Familie*. Sie bietet Hilfen bei Erziehungs- und Lebensschwierigkeiten, sie ermöglicht einen neuen Lebensort und beinhaltet bei älteren Jugendlichen und jungen Volljährigen vor allem eine Begleitung in die Selbständigkeit.

Die Unterbringung findet entweder in einer anderen Familie oder einer Institution statt und kann kurzzeitig (z. B. bei Krankheit oder Kuraufenthalt der Eltern) oder auf Dauer angelegt sein, und zwar immer dann, wenn Eltern nicht in der Lage sind, die Versorgung und Erziehung ihrer Kinder zu gewährleisten. Die Unterbringungen werden entweder von den personensorgeberechtigten Eltern selbst oder durch *Jugendämter* initiiert.

Neue Lebensorte oder kurzzeitige Unterbringung finden Kinder und Jugendliche bei *Adoption*seltern, Erziehungsstellen, in Pflegefamilien (*Pflegekinder*), in Kinder- und Jugendschutzstellen, in (jugendpsychiatrischen) Kliniken, in Heimen und anderen betreuten Wohnformen (*Heimerziehung*) oder in Internaten.

Unterbringungen für Kinder und Jugendliche außerhalb des gewohnten Lebensortes können auch zusammen mit einem oder beiden Elternteilen erfolgen, wenn diese sich aus einer Notsituation heraus oder auf Grund staatlicher Interventionen in einer Institution aufhalten müssen: Mütter und Kinder können in *Frauenhäusern* Schutz suchen, Mütter können mit ihren Kindern in Drogentherapieeinrichtungen (in Einzelfällen auch mit den Vätern) oder in Mutter-Kind-Einrichtungen des Strafvollzugs für die Dauer der Therapie oder des Vollzugs leben, aber auch in Mutter-Kind-Einrichtungen der *Jugendhilfe*.

Rechtliche Grundlagen für eine F. bietet in erster Linie das *Kinder- und Jugendhilfegesetz* mit den §§ zur Vollzeitpflege in Familien (§ 33), zur Hilfe zur Erziehung in Heimen und sonstigen betreuten Wohnformen (§ 34), zur intensiven sozialpädagogischen Einzelbetreuung (§ 35) und zur Inobhutnahme (§ 42). Über weitere Einzelparagraphen sind Hilfen für junge Volljährige (§ 41) und Eingliederungshilfen (§ 35 a) für »seelisch behinderte« Kinder und Jugendliche beschrieben. Die F. körperlich und geistig behinderter Kinder und Jugendlicher wird über §§ 39, 34 des *Bundessozialhilfegesetzes* (*Behindertenhilfe*) geregelt. Unterbringungen in Institutionen des *Strafvollzug*s oder der Drogentherapie (*Drogenhilfe*) sind gesetzlich nicht eigenständig definiert. Die Unterbringung in Internaten wird von den Eltern eigenverantwortlich vorgenommen.

F. ist im Rahmen der Jugendhilfe der gravierendste Eingriff in die Lebensverhältnisse von Kindern und deren Familien. Sie schafft durch den Wechsel des vertrauten Lebensumfeldes nicht nur Chancen, sondern auch Risiken für die weitere biographische Entwicklung der Kinder und Jugendlichen. Im Wissen um die Risiken und Belastungen wird F. im Spektrum aller Jugendhilfeleistungen oft erst nach der Erprobung am-

bulanter Hilfen gewährt, obwohl sie nach dem KJHG als gleichrangig gilt, und sie unterliegt über die »Hilfeplanung« einer fachlichen Prüfung.
Um Lebensortwechsel abzumildern und Entfremdungen zu vermeiden, wird die institutionelle F. in jüngster Zeit konzeptionell mehr auf die Lebenswelt der Kinder, Jugendlichen und Familien hin ausgerichtet. Einrichtungen der Heimerziehung sind heute vielfach dezentralisiert, d.h. verkleinert und in das Gemeinwesen integriert worden. In einer auf diesem Wege regionalisierten Heimerziehung kann an Erfahrungen, Orientierungen und Lebenszusammenhängen der Kinder, Jugendlichen und ihrer Eltern angeknüpft und können Hilfen zur Lebensbewältigung leichter entwickelt werden. Oftmals ist Regionalisierung aber noch nicht mehr als eine programmatische Formulierung und als Arbeitsform lebensweltorientierter Jugendhilfe noch nicht genügend ausgearbeitet.
Im heute ausdifferenzieren Spektrum von Hilfeformen kommt es auch zu Überlappungen. So existieren z.B. Heime mit milieunah arbeitenden Tagesgruppen, und sie bieten sowohl offene Hilfen für Kinder und Jugendliche im Stadtteil als auch kurzfristige Krisenunterbringung und längerfristige Wohnmöglichkeiten an.
Unter den Arrangements der F. wird, bezogen auf einzelne Zielgruppen, aber auch unterschieden. So wird vor allem bei jüngeren Kindern und langfristigen Unterbringungen möglichst familiären Settings der Vorzug gegeben, d.h. den Pflege- und Adoptionsstellen. Pflegestellen werden i.d.R. mit Kindern bis zu 4 Jahren belegt. Für ältere oder als schwierig eingeschätzte Kinder werden eher die pädagogisch speziell qualifizierten »Erziehungsstellen« bzw. »Sonder- oder Heilpädagogische Pflegestellen« ausgewählt. Bei komplizierten rechtlichen Situationen (z.B. bei langwierigen vormundschaftsgerichtlichen Sorgerechtsverfahren), bei der Ablehnung der Pflegestellenunterbringung durch die Eltern oder bei Kindern mit besonderen Problembelastungen sind Heimunterbringungen oft unverzichtbar, auch wenn sie Risiken des Bezugspersonenwechsels durch den Schichtdienst enthalten.
Das Leben von Kindern und Jugendlichen gemeinsam mit ihren Müttern in Frauenhäusern, mit Müttern – und in Einzelfällen auch mit Vätern – in Institutionen des Strafvollzugs oder der Drogentherapie steht i.d.R. unter dem Aspekt der Vermeidung einer Trennung von Kind und Eltern. In Situationen, die für die Kinder insgesamt beeinträchtigend sind, wird diese Form der Unterbringung als eine am wenigsten schädliche Alternative angesehen, wobei man negative Einflüsse institutioneller Sozialisationserfahrungen der Kinder in Kauf nimmt.
Bei allen Bemühungen, die Akzeptanz und Erreichbarkeit der Hilfen für Kinder, Jugendliche und ihre Familien zu verbessern, bleibt F. in Heimen und Pflegefamilien aus der Sicht der Betroffenen doch mit einem gesellschaftlichen Makel behaftet, nicht jedoch die Unterbringung in Internaten. Ein Versagen in der Elternschaft wird nicht nur von den Betroffenen selbst erlebt, sondern es wird ihnen oftmals immer noch von den Fachkräften der zuständigen Behörden vermittelt, auch wenn die mit der vergangenen »Fürsorgeerziehung« verknüpfte *Stigmatisierung* deutlich abgebaut werden konnte. Soll sich F. aber als wirkliche Hilfe zur Erziehung entwickeln, so werden auch die für die Unterbringung zuständigen Jugendbehörden zu veränderten Arbeitsformen finden müssen.
F. hat nicht nur qualitativ, sondern auch quantitativ Veränderungen erfahren. Am 31.12.1991 lebten 131903 junge Menschen unter 21 Jahren außerhalb der eigenen Familie im Rahmen der Hilfen zur Erziehung nach dem KJHG (Statistisches Jahrbuch 1994). Davon lebten 70682 in Heimen und sonstigen betreuten Wohnformen, dies entspricht einem Anteil von 53,6% an der F. insgesamt. In Tagesgruppen lebten 9022 Kinder und Jugendliche (6,8%), und 51293 Kinder und Jugendliche lebten in einer anderen Familie im Rahmen der Vollzeitpflege (38,9%). Bezieht man die Gruppe der auf diese Weise fremduntergebrachten jungen Menschen auf die Gruppe der unter 21jährigen in der Bevölkerung, so ergibt sich ein Anteil von 6,7%. Um einen Überblick über die insgesamt fremduntergebrachten jungen Menschen zu erhalten, müßten diejenien hinzugerechnet werden, die im Rahmen des BSHG und des JGG untergebracht sind, hierzu liegen jedoch keine genauen Angaben vor. Auf der Basis früherer Schätzungen sind dies heute vermutlich etwa 15000. Die in Internaten lebenden Kinder und Jugendlichen sind dabei noch nicht berücksichtigt.
Auch Kinder und Jugendliche, die adoptiert wurden, sind bei quantitativen Schätzungen der F. mit einzubeziehen. Die Zahl der Adoptierten ist in den vergangenen Jahren deutlich zurückgegangen. Die Zahl der *Adoptionen* erreichte 1991 einen Tiefstand und lag 1992 bei 7018 im früheren Bundesgebiet und bei 1385 in den neuen Ländern. Nach Inkrafttreten des neuen Adoptionsrechtes im Jahre 1977 wurden 1978 mit 11224 die meisten Adoptionen gezählt. Seit 1977 ist unter den Adoptionen vor allem die Zahl der Verwandtenadoptionen angestiegen. In fast 60% aller Adoptionen geht es heute um die Regulierung real existierender familiärer Verhältnisse. Der Rückgang der Adoptionen steht in einem Mißverhältnis zur Zahl der ständig wachsenden Adoptionsbewerber. Am 31.12.1991 waren den Behörden 20000 Adoptionsbewerber bekannt. Dies hat zur Folge, daß die adoptierten Kinder nur noch zu einem geringen Teil aus Deutschland selbst kommen (1991: 1355) und zum größeren Teil international vermittelt werden. *V. Birtsch*

Literatur: V. Birtsch/J. Rosenkranz (Hrsg.): Mütter und Kinder im Gefängnis, Weinheim 1988; J. Blandow/J. Faltermeier (Hrsg.): Erziehungshilfen in der Bundesrepublik Deutschland, hrsg. vom DV, Frankfurt/M. 1989; A. Groenemeyer/V. Birtsch: Frauen und Männer mit Kindern in der Drogentherapie, Frankfurt/M. 1991; J. Lapp: Adoptionen – ein Instrument der Jugendhilfe, in: AFET-Mitglieder-Rundbrief, 4/1993; M. Nienstedt/A. Westermann: Pflegekinder, Münster 1989; J.M. Niederberger/D. Bühler-Niederberger: Formenvielfalt in der Fremderziehung, Stuttgart 1988.

Friedenserziehung/ Friedenspädagogik

Zum begrifflichen und inhaltlichen Gesamtrahmen der F. gehören unumstritten und jenseits der Ideologisierung Erörterungen über politische und gesellschaftliche Gewaltrealitäten und Unfriedensentwicklungen sowie über pädagogische, soziale und kulturelle Normen und Werte (*Gewalt*, *Sanktionen*). An emanzipatorischen (*Emanzipation*) und demokratischen Zieldimensionen, Inhalten, Methoden und Problemen einer offensiven und fortschrittlichen *Erziehung*, die richtungweisende Erkenntnis- und Handlungsschritte mit Entwicklungen des gesellschaftlichen Wandels verknüpft, sollen Menschen im Kontext von pädagogisch-politischer *Aufklärung* und Veränderung Selbstbestimmung, Konfliktfähigkeit, Freiheits- und Handlungsräume zur Gewaltreduzierung gestalten lernen. Sie sollen weiter lernen, Friedensfähigkeit und Alltagsengagements zur Widerspruchs- und *Solidarität*sarbeit gegen materielle Not, soziale Ungerechtigkeit und politische Fehlentwicklung auf verschiedenen Ebenen kooperativ und innovativ umzusetzen.

Theoretische und handlungsorientierte Konzepte und Ansätze der F. sind mit einem positiven Friedensbegriff verschränkt, bei dem Frieden als Prozeß und unverzichtbares Lebensbedürfnis sowie als Lebens- und Gestaltungsprinzip eingestuft wird. Als Basisposition von F. ist dabei anzusehen, daß sich sowohl subjektiv gewaltträchtige Alltags- und Lebenssituationen, ojektive lokale/regionale und überregionale Armut, Not, Ausgrenzung, Zerstörung von Lebensperspektiven und Zukunft als auch Krieg durch veränderte politische Verhältnisse von Menschen grundsätzlich vermindern bzw. aufheben lassen. Der kooperativen und öffentlichen Erarbeitung und Bewußtmachung der Ursachen der traditionellen und der neuen Bedrohungen sowie der gesellschaftlichen Gewaltpotentiale kommt deshalb im Kontext von politischer Pädagogik heutzutage eine besondere Bedeutung zu.

Die Geschichte der F., die mit der Friedensforschung verzahnt ist, kann in einer kurzen Übersicht durch drei Phasen skizziert werden:

Die erste Phase konzentriert sich nach dem 2. Weltkrieg auf grundsätzliche Überlegungen zur F., wobei etwa Fragen nach dem gesellschaftlichen und kulturellen Stellenwert der Erziehung, nach der individuellen Friedfertigkeit, nach den Friedensaufgaben der Pädagogik (*Erziehungswissenschaft*) sowie nach den Grundbedingungen einer kollektiven Friedensfähigkeit erörtert werden. Das Konzept der Erziehung zur Völkerverständigung und internationalen Kooperation gewinnt an Beachtung.

Die zweite Phase der F. wird seit Beginn der 70er Jahre inhaltlich etwa durch Forschungsergebnisse der inzwischen institutionell verankerten Friedensforschung über die internationale Militärpolitik, durch damit verzahnte Probleme des Nord-Süd-Konflikts, durch Feindbildstrategien, durch dramatische Hochrüstungsentwicklungen sowie durch die (nicht aufgehobenen) atomaren Gefahren des Ost-West-Konflikts bestimmt. F. versucht des weiteren in dieser Zeit in mehreren Ansätzen am Konzept der strukturellen Gewalt einen gesellschaftskritischen Arbeitsansatz sowie in heftigem fachwissenschaftlichen Diskurs Theorien der Konfliktpädagogik zu entwickeln, damit ineinandergreifende internationale, innergesellschaftliche und institutionelle Machtsysteme und Gewaltpotentiale als Bedrohungssysteme transparent werden.

Die dritte Phase der F. fällt mit dem Ende des Ost-West-Konflikts zusammen, das weltweit zu einer ungewöhnlichen Häufigkeit von Kriegen und Bürgerkriegen, bewaffneten Konflikten und neuen nationalistischen Auseinandersetzungen führt. Zusätzlich entwikkeln sich zu neuen Schlüsselproblemen internationale. gesellschaftliche und regionale Unübersichtlichkeiten, massive soziale und politische Risikosituationen sowie demokratische Instabilitäten und Politikkrisen.

Zu den Perspektiven der Weiterentwicklung der F. in den 90er Jahren zählt vor allem, an internationalen, innergesellschaftlichen und lokalen Problemen, Fakten und Situationen entwicklungsfeindliche Unfriedensstrukturen und Gewaltpotentiale zu erfassen und nachdrücklich friedensfördernde pädagogische Arbeitsansätze und Konzepte zu erarbeiten. Im einzelnen sind für die theoretische und praktische Arbeit in den angeführten Bezugsebenen mindestens diese Schwerpunkte von Relevanz: Aufarbeitung vielfältigster traditioneller und neuer internationaler und innergesellschaftlicher Gewaltprobleme einschließlich der Entwicklung innovativer Schritte zur Gewaltprävention/Problematisierung der unbewältigten alten und der neuen intenationalen und europäischen Rüstungs- und Militärpolitik (in Kontexten der »Festung Europa«)/Konzeptualisierung der Chancen und Hindernisse zur multikulturellen Gesellschaft/Entwicklung und Umsetzung neuer Partizipationsmethoden für die kommunale Friedenskultur (»Demokratie von unten« durch Vorschulenrichtungen, *Schule* und *Jugendarbeit*)/Erarbeitung von Alltagskonzepten gewaltfreier Konfliktlösungen als lebenspraktische Hilfen und Motivationen zur Überwindung neuer Feindbilder und Haßformen im Stadtteil, in der Kommune und als Konzepte gegen Isolierung, Angst, Entfremdung, Vereinzelung, Perspektivlosigkeit.

Die Handlungs- und Veränderungskompetenz von Kindern und Jugendlichen spielt hier eine große Rolle. Beispielgebende friedensfördernde öffentliche Zeichen, Leitlinien und/oder Arbeitskonzepte von Erziehungseinrichtungen für den Aufbau einer solidaritätsfähigen Friedenskultur in der Kommune und für einen gewaltfreien Alltag sind ja noch längst nicht die Regel.

J. Esser

Literatur: D. Birnbacher: Verantwortung für zukünftige Generationen, Stuttgart 1988; J. Calließ/R. E. Lob (Hrsg.): Praxis der Umwelt- und Friedenserziehung. Bd. 3: Friedenserziehung, Düsseldorf 1988; Deutsche UNESCO-Kommission (Hrsg.): Empfehlung zur Internationalen Erziehung (Neufassung), Bonn 1990; B. Dietrich u. a. (Hrsg.): Den Frieden neu denken. Friedenswissenschaftliche Entwicklungen in Lehre und Forschung, Münster 1994; J. Esser: Mit Kindern Frieden und Zukunft gestalten. Grundlagen für die Kindertagesstättenarbeit, Mülheim 1992; J. Esser/D. v. Kietzell: Alltagsfriedensforschung und Friedensarbeit in der Kommune, 1995; J. Esser/Th. Dominikowski: Die Lust an der Gewalttätigkeit bei Jugendlichen. ISS-Pontifex, Frankfurt/M. [2]1995; J. Galtung: Strukturelle Gewalt, Reinbek 1975; J. Galtung u.a. (Hrsg.): Gewalt im Alltag und in der Weltpolitik. Friedenswissenschaftliche Stichwörter zur Zeitdiagnose, Münster 1993; G. Gugel: Friedenserziehung, Tübingen 1994; G. Heck/M. Schurig (Hrsg.): Friedenspädagogik. Theorien, Ansätze und bildungspolitische Vorgaben einer Erziehung zum Frieden (1945–1985), Darmstadt 1991; H. v. Hentig: Arbeit am Frieden. Übungen im Überwinden der Resignation, München 1987; ISS-Frankfurt/M./IFFJ Berlin: Materialien zum Aktionsprogramm des Bundes gegen Aggression und Gewalt (fortlfd. seit 1992); W.R. Vogt (Hrsg.): Mut zum Frieden. Über die Möglichkeiten einer Friedensentwicklung für das Jahr 2000, Darmstadt 1990.

Frühkindliche Entwicklung (f.E.)

In den letzten Jahrzehnten hat die amerikanische und englische Forschung (entsprechende Untersuchungen fehlen in der BRD fast völlig) zur f.E. und zur Entwicklung der Kompetenzen von Kindern in den ersten Lebensjahren einen bedeutenden Aufschwung genommen.

Die Frage nach einer Förderung dieser Kompetenzen durch Umwelteinflüsse, besonders durch die Mutter-Kind-Beziehung, wurde jedoch nur zögernd aufgegriffen, da die klassischen Arbeiten von Spitz (1945) und Bowlby (1951) für lange Zeit den Schwerpunkt auf das Problem möglicher Entwicklungsschädigungen durch die Trennung des Säuglings von der Mutter festlegten (*Hospitalismus*). Im Vordergrund des Interesses standen deshalb eher die schädlichen Auswirkungen einer gestörten Mutter-Kind-Beziehung als die Frage nach einem förderlichen Einfluß auf die Entwicklung von Kompetenzen des Kindes in den ersten Lebensjahren. Erst in den letzten Jahrzehnten begannen Forscher, sich mit den fördernden Wirkungen der Eltern-Kind-Beziehung auf die Entwicklung des Kindes in den ersten Lebensjahren intensiv zu befassen.

Erziehung und kognitive Entwicklung: Zwischen der kognitiven Entwicklung des Kindes und der elterlichen Anregung sind bereits im Säuglingsalter Beziehungen festzustellen. Wichtig ist, hervorzuheben, daß es sich eher um eine gegenseitige Anregung als um eine rezipiente Rolle des Kindes handelt (Moss 1967).

Visuelle Zuwendung, das Ansprechen des Kindes und Spielen mit dem Kind hat eine stärker fördernde Wirkung auf die kognitive Entwicklung des Säuglings als physischer Kontakt allein und die pflegerische Fertigkeit der Eltern.

Die Anpassung der Anregung an Inhalt und Sinn des Verhaltens des Kindes ist ebenfalls ausschlaggebend für die kognitive Entwicklung des Säuglings. Die Mannigfaltigkeit der Anregung hat eine größere Wirkung auf die kognitive Entwicklung des Säuglings als die Reichhaltigkeit der physischen Umwelt oder die Anzahl von Spielmaterialien, die dem Kind zur Verfügung stehen.

Die Einfühlung der Eltern in das Kind und ihre kontingenten Reaktionen auf seine Signale erhöhen die Bereitschaft des Säuglings, seine Umwelt zu erkunden; dies ist wichtig für seine kognitive Entwicklung. Einige Untersuchungen heben dabei rasche und zuverlässige Reaktion auf Kummersignale des Säuglings hervor; andere betonen das Vermögen der Eltern, beim Kind einen hohen Grad von Interessiertheit aufrechtzuerhalten, oder bereitwilliges Eingehen auf Lächeln, Blicke und Laute des Säuglings.

Gezielte Aufmerksamkeit der Eltern während des Spiels des Kindes erhöht nicht nur die Quantität, sondern auch die Qualität der Erkundung im Spiele des Kindes (Belsky u.a.).

Während im 1. Lebensjahr Sensomotorik die kognitive Leistung darstellt, spielen im 2. und 3. Lebensjahr Sprache und symbolische Repräsentation eine wichtige Rolle. Visuelle und sprachliche Zuwendung sowie Spielen mit dem Kind fördern ebenso wie im 1. Lebensjahr seine kognitive Entwicklung. Dies trifft besonders dann zu, wenn sprachliche Zuwendung und Spiele der Entwicklung des Kindes angemessen sind und in einem Kontext von Entgegenkommen eher als von kontrollierendem Lenken und Eingreifen stattfinden (Clarke-Stewart u.a. 1979).

Wie stark die in früher Kindheit fördernden Einflüsse langfristig die kognitive Entwicklung bestimmen, wurde aus verschiedenen Forschungsergebnissen deutlich (zit. nach Beller). In den Untersuchungen wurde mütterliches Verhalten während der ersten Lebensphase des Kindes auf die kognitive Entwicklung bis zum Alter des Kindes von 2 Jahren und bis zu 18 Jahren bezogen. Dabei wurde festgestellt, daß zwischen mütterlichem Verhalten und der späteren kognitiven Leistung des Kindes signifikante Korrelationen bestehen. Diese Feststellungen lassen zwei wichtige Schlüsse zu: 1. Frühförderung hat auf die kognitive Entwicklung des Kindes eine kumulative Wirkung. 2. In der Frage der Frühförderung geht es durchweg um eine Gegenseitigkeit in der Beziehung zwischen Erwachsenem und Kind, in der das Kind eine aktive Rolle spielt und ebenso bestimmend ist für die Anregung und Unterstützung von seiten der sozialen Umwelt wie diese für seine kognitive Entwicklung (Papousek/Papousek; *Kinderkrippe*).

Erziehung und Sprachentwicklung: In den ersten 2 Monaten des Lebens sind Vokalisieren und Plappern noch vielfach unabhängig von sprachlicher Anregung durch die Umwelt. Selbst Säuglinge mit tauben Eltern unterscheiden sich nicht von Säuglingen mit hörenden Eltern in der Häufigkeit, mit der sie vokalisieren.

Im Alter von 3 Monaten treten allerdings Zusammenhänge zwischen sprachlicher Anregung durch die äußere Umwelt und Häufigkeit des Vokalisierens auf. Hier zeigt sich im Einklang mit Piagets »Theorie der primären Kreisläufe« und dem Begriff des »kontingenten Lernens« (Rheingold), daß die Wirkung sprachlicher Anregung höher ist, wenn sie als Reaktion auf die Laute des Säuglings erfolgt. Die Forschungsliteratur zeigt, daß kontingente sprachliche Anregung und Verstärkung sowohl Vokalisieren im allgemeinen wie auch die Häufigkeit spezifischer Laute erhöht. Neben sprachlicher Anregung und Verstärkung fördern auch Augenkontakt, Anlächeln und Körperkontakt das Vokalisieren beim Säugling.

Darüber hinaus bestehen Zusammenhänge zwischen Anregungen im 1. und 6. Lebensmonat und sprachlicher Kompetenz bei 2- und 3jährigen Kindern: Zärtliches Berühren, soziales Spiel, kontingentes Reagieren auf die Laute des Säuglings und Augenkontakte im 1. Lebensmonat korrelieren mit der Sprachkompetenz bei 2jährigen. Eine enge Beziehung der Eltern zum Kind, die Gestaltung der Umwelt, das Angebot von Spielmaterialien, das Eingehen der Eltern auf das Kind und ein vielfälties Reizangebot im 6. Lebensmonat erbringen eine hohe Leistung im Sprachverhalten bei 3jährigen. Allerdings ergaben sich einige Geschlechtsunterschiede.

Darüber hinaus sind dieselben Anregungsfaktoren und zusätzlich das Akzeptieren des Kindes im Alter von 24 Monaten mit sprachlicher Leistung bei 3jährigen positiv korreliert. Diese Korrelationen wurden für zwei dieser Faktoren, nämlich die enge Beziehung zum Kind und mütterliches Eingehen auf das Kind, für dieselben Altersstufen bestätigt.

Während im 1. Lebensjahr kontingente Anregung die wichtigste Bedingung für die Förderung der sprachlichen Entwicklung war, wird die Sprachentwicklung des Kindes im 2. und 3. Lebensjahr durch die Qualität der Sprache des Erwachsenen bestimmt, die dem Kind als Modell dient. Der Wortschatz des Kindes und der Zeitpunkt des Beginns von Mehrwortsätzen wird von der Menge und Reichhaltigkeit der Sprache, die das Kind in seinem direkten Umgang mit der Bezugsperson wahrnimmt, bestimmt.

Der Gebrauch von kürzeren Sätzen, lenkenden Anweisungen und eine geringe Häufigkeit von Fragen seitens der Eltern bedingt eine niedrigere sprachliche Kompetenz des Kindes. Es scheint wichtig, daß die qualitative Aufstufung der Sprache des Erwachsenen mit der Sprachentwicklung des Kindes harmonisiert ist. Erweiterter Wortschatz und zunehmend komplizierte grammatische Strukturen der Sprache des Erwachsenen, die dem Kind als Modell dienen, sollten dann einsetzen, wenn das Kind durch sein Verhalten andeutet, daß es in der Lage ist, dem Modell verstehend zu folgen. Auf dieser Altersstufe sind wachsender Wortschatz und Verstehen spezifischer Begriffe besonders wichtig. Der Erwachsene als Modell fördert sie durch beschreibende Hinweise auf konkrete Gegenstände, mit denen sich das Kind beschäftigt, und durch Fragen, die sich auf die Aktivität des Kindes beziehen.

Das Kind macht Aussagen über seine Wahrnehmungen und über den Sinn von Worten und lernt durch die Reaktionen des Erwachsenen, ob seine Aussagen akzeptiert werden. Wichtig dabei scheint, daß das Kind Anerkennung für seine Sprache erhält, daß der Erwachsene seine Sprache durch Aussagen und Hinweise erweitert und nicht durch autoritäre Hinweise korrigiert.

Erziehung und sozial-emotionale Entwicklung: Eine der wichtigsten Entwicklungsaufgaben im sozial-emotionalen Bereich ist, ein gewisses Ausmaß an Frustration ertragen zu lernen, ohne von *Angst* und Panik überwältigt zu werden. In den ersten Lebensmonaten reagieren die meisten Säuglinge auf Schmerz und Frustration mit Weinen und Schreien. Im Gegensatz zu der noch weit verbreiteten Auffassung, daß sofortige und häufige Versuche, das Weinen des Säuglings zu beschwichtigen, der Entwicklung von Frustrationstoleranz entgegenzuwirken, hat die Forschung gezeigt, daß das Gegenteil der Fall ist. Wenn die Mutter bzw. die betreuende Umwelt bereitwillig auf ernste Streßsignale des Säuglings reagiert, entwickelt der Säugling eher größere Frustrationstoleranz, die sich durch selteneres Schreien bemerkbar macht. Anscheinend helfen dem Säugling bereitwillige, beschwichtigende und vorhersehbare Reaktionen der betreuenden Umwelt, Selbstvertrauen aufzubauen. Der Säugling kann warten, ohne zu schreien, da er gelernt hat, daß seine Betreuungsumwelt seine Signale aufnimmt und darauf positiv reagiert.

Während Schreien und Weinen ein Ausdruck von Unlust sind, wird im allgemeinen Lächeln als ein Ausdruck von Befriedigung, Freude und Lust gesehen. Ebenso wie Schreien und Weinen hat Lächeln nicht nur eine subjektive, sondern auch eine wichtige soziale Bedeutung. Während man Lächeln ohne äußere Reize kurz nach der Geburt antrifft, kann es im 2. Lebensmonat bereits durch Stimmen, Kopfnicken, Berührung oder Schaukeln hervorgerufen werden. Am Ende des 3. Monats sind allgemein die menschliche Stimme und das Gesicht die wirkungsvollsten Auslöser von Lächeln beim Säugling, aber danach nur noch das Gesicht oder die Stimme einer vertrauten Person. Die Häufigkeit des Lächelns kann weiterhin durch Aufheben, Halten und Schaukeln des Säuglings erhöht werden.

Wenn ein Betreuer aufmerksam, zärtlich und entgegenkommend auf das Kind eingeht, dann entwickelt das Kind ebensolche Verhaltensmuster seinem Betreuer gegenüber. Augenkontakt beeinflußt die Beziehung zwischen Säugling und Betreuer. Häufiger Augenkontakt korreliert mit erhöhter Spieltätigkeit des Betreuers mit dem Kind und engerer Beziehung des Säuglings zum Betreuer im 1. Lebensjahr. Kinder, die eine konfliktfreie Beziehung zu ihren Eltern haben, sind aufgeschlossen in ihrem sozialen Verhalten.

Aufgeschlossenheit und Vertrauen des Kindes gegenüber Erwachsenen werden durch eine Eltern-Kind-Beziehung gefördert, in der die Eltern responsiv auf das Kind reagieren, das Kind häufig loben, mit dem Kind spielen, das Kind akzeptieren, weniger eingreifen und das Verhalten des Kindes wenig kontrollierend lenken.

Aufgeschlossenheit wird auch durch häufigere Kontakte des Kindes mit Erwachsenen außerhalb der *Familie* gefördert. Obwohl aus einigen Untersuchungen hervorgeht, daß eine gute Mutter-Kind-Beziehung, charakterisiert durch ihre Sicherheit, häufiges Loben, sprachliche Anregung und Spiel mit dem Kind, beim Kind Aufgeschlossenheit und gute Beziehungen zu Gleichaltrigen fördert, konnten in anderen Untersuchungen zwischen Mutter-Kind-Beziehung und Aufgeschlossenheit des Kindes in den ersten Kontakten zu unbekannten Gleichaltrigen keine Zusammenhänge gefunden werden.

Abschließend ist es notwendig, wieder darauf hinzuweisen, daß auch die Förderung der sozialen Entwicklung des Kindes keine Einbahnstraße ist. Ganz früh in den ersten Lebensmonaten bedingt das Verhalten des Kindes ebenso das Verhalten seiner sozialen Umwelt wie umgekehrt. In den Worten eines Untersuchers: »Entweder bewirkt das Schreien des Säuglings, daß seine Mutter weniger reagiert, oder ihr Nichtreagieren führt zu seinem Schreien oder beides« (Beckwith 1972, 409). Immer wieder betonen Forschungsberichte, daß das frühe Lächeln des Säuglings positive Reaktionen in seiner Umwelt auslöst, die ihrerseits positive Reaktionen des Säuglings auf seine Umwelt fördern. Diese Dynamik bedingt wahrscheinlich die relativ hohen Korrelationen zwischen frühem und späterem Sozialverhalten der Kinder und die hohe Stabilität der mütterlichen erwachsenen Verhaltensweisen gegenüber dem Kind von den ersten Lebensmonaten an. Im Sinne einer bestmöglichen f.E. in und außerhalb der Familie sowie im Sinne einer gelingenden kognitiven, sprachlichen und sozial-emotionalen Entwicklung von Kindern sind die Zusammenhänge bedeutend.

K.E. Beller

Literatur: L. Beckwith: Relationships between infants vocalization and their mothers' behavior, in: Child Development 43/1972, 397–411; E.K. Beller: Untersuchungen zur familialen und familienergänzenden Erziehung von Kleinstkindern, in: J. Zimmer (Hrsg.): Enzyklopädie Erziehungswissenschaft, Bd. 6, Stuttgart 1985 (mit Sekundärliteratur zu amerikanischen und englischen Untersuchungen); J. Belsky/M.K. Goode/R.K. Most: Maternal Stimulation and Infant Exploratory Competence, in: Child Development 51/1980), 1163–1178; R.H. Bradley/B.M. Caldwell: Home environment and cognitive development in the first three years, Boston 1981; K.A. Clarke-Stewart: Child care in the family, New york 1977; K.A. Clarke-Stewart u.a.: Analysis and replication of mother-child relations at two years of age, in: Child Develoment 50/1979, 777–793; S.E. Cohnen/L. Beckwith: Preterm infant interaction with the care-giver in the first year of life and competence at the age of two, in: Child Development 50/1979, 767–776; H.A. Moss: Sex, age and state as determinants of mother-infant interaction, in: Merill-Palmer Quarterly 13/1967, 19–96; H. Papousesk/M. Papousek: Die Mutter-Kind-Bezeihung und die kognitive Entwicklung des Kindes, in: R. Nissen/P. Strunk (Hrsg.): Seelische Fehlentwicklung und Gesellschaftsstruktur, Neuwied 1974; J. Piaget: The origins of intelligence in children, Paris 1936; H.L. Rheingold: The effect of environmental stimulation, in: B.M. Foss (Hrsg.): Determinants of infant behavior, London 1961; R.A. Spitz: Hospitalism, in: R. Eissler u.a. (Hrsg.): Psychoanalytic Study of the Child. Vol. I, New York 1945.

Garantiefonds

Aus dem G. können junge *Aussiedler*, junge anerkannte Asyl- und Kontingentflüchtlinge (*Ausländer*) bis zum 30. Lebensjahr finanzielle Zuwendungen (Beihilfen) zur schulischen, beruflichen und gesellschaftlichen Integration erhalten.

Durch den G. soll die Fortsetzung der im Herkunftsland begonnenen Schul- oder Berufsausbildung bzw. die Fortsetzung oder Aufnahme eines Hochschulstudiums dieser jungen Menschen garantiert werden – daher auch der Name »Garantiefonds«.

Der G. wird beim BMFSFJ verwaltet. Er gliedert sich in zwei Bereiche auf: 1. in den G. für die Vergabe von Beihilfen zur schulischen, beruflichen und gesellschaftlichen Eingliederung junger Aussiedler und junger Asylberechtigter; und 2. in den G. für die Gewährung von Zuwendungen an die Otto-Benecke-Stiftung e. V., Bonn, und für die Vergabe von Beihilfen durch die Otto-Benecke-Stiftung e. V. an junge Aussiedler sowie junge Asylberechtigte zur Vorbereitung und Durchführung eines Hochschulstudiums.

Die RL in der ab. 1. 1. 1993 geltenden Fassung sind im GMBl. Nr. 46 S. 1145ff. vom 21.12.1992 abgedruckt.

Eine entscheidende Voraussetzung für einen erfolgreichen Schulbesuch bzw. für die Teilnahme an der Berufsausbildung ist das Beherrschen der deutschen Sprache. Insbesondere junge Aussiedler und junge Asylberechtigte beherrschen die deutsche Sprache oft gar nicht oder nicht ausreichend.

Deshalb ist es ein wichtiger Bestandteil der Eingliederungshilfe, Beihilfen zum Besuch von Sprachkursen bzw. Sprachunterricht zu vergeben.

Zuwendungen entsprechend den G.-Richtlinien sind nachrangig gegenüber Leistungen, die aufgrund anderer Rechts- und Verwaltungsvorschriften, z.B. nach dem *Arbeitsförderungsgesetz*, dem *Bundessozialhilfegesetz* oder dem *Wohngeldgesetz*, gewährt werden.

P. Fricke

Literatur: J. Haberland: Eingliederung von Aussiedlern und Zuwanderern, Leverkusen [5]1991; des weiteren Literatur bei *Ausländer* und *Aussiedler*.

Gefährdung

Allgemeines: Der Begriff steht in einem doppelten Spannungsverhältnis: Er ist allgemeiner Grundbegriff der *Sozialpädagogik/Sozialarbeit* (vgl. Mollenhauer 1979), läßt sich aber nur historisch bestimmen: Ohne die Annahme, daß ein Kind, ein Jugendlicher oder ein Erwachsener gefährdet sei, läßt sich politisch, rechtlich und gesellschaftlich keine in das Schicksal eines Menschen oder einer *Familie* eingreifende sozpäd/sozarb Intervention begründen; was aber als gefährdend gilt, ist historisch variabel. Dem Begriff zu eigen ist zum anderen eine schillernde Stellung zwischen einem transitiven und einem intransitiven Gebrauch: Jemand wird durch etwas oder jemanden gefährdet, und jemand gefährdet sich, andere, die *Gesellschaft*, »das menschliche Zusammenleben« oder was immer sonst. Sowohl juristisch wie gesellschaftlich und gesellschaftspolitisch ist G. somit nur als unbestimmter Begriff zu fassen, als ein Begriff, der sich nur interessengeleitet, als »herrschende« oder »abweichende« Meinung in einem bestimmten historischen Kontext interpretieren läßt.

Zur Geschichte des Gefährdungsbegriffes: Historisch wurde der Begriff entlang von drei in ihren Absichten zunächst sehr unterschiedlichen, sich später aber auch überlappenden Diskursen entfaltet. Im Kontext von entweder kulturpessimistischen/-kritischen oder von gesellschaftskritischen Diskursen stellte er auf normative, politische und gesellschaftliche Entwicklungen ab, denen für die Entwicklung von Kategorien von Menschen (Kinder, Jugendliche, Proletarier u. a.) oder für die »*Emanzipation*« der Menschheit überhaupt behindernde Bedingungen zugesprochen wurden. In konservativ-restaurativen Varianten wurde dabei dann z. B. auf den Verfall religiöser bzw. ethischer Normen oder auf den »Funktionsverlust« der Familie verwiesen, in sozialistischen Varianten auf das kapitalistische System und den Klassencharakter der Gesellschaft (*Klasse*, *Schicht*, *Milieu*). Eine solche an kollektiven Bedingungen ansetzende Argumentation findet sich in modernen Diskursen in den Klagen über die Gefahren, die von *Medien*, von sexueller Libertinage, vom Computer, dem »Habenwollen«, der Werbung etc. ausgehen, wieder oder auch in Klagen und Nachweisen benachteiligender Sozialisationsbedingungen. In Jugendschutzgesetzen (*Jugendschutz*) einerseits, in sozialisationstheoretischen Debatten andererseits fand dieser historische Strang seine Institutionalisierung.

Der zweite, sich teilweise mit dem ersten überlappende historische Diskurs stellt weniger auf kollektive Gefährdungen, mehr auf die G. einer individuellen Entwicklung ab. Seinen Ursprung hat er in der Kritik ausbeuterischer Arbeitsbedingungen für Kinder (institutionalisiert in der frühen Arbeitsschutzgesetzgebung für Kinder), von familiärer Vernachlässigung und Mißhandlung von Kindern (besonders in subproletarischen Familien), der sexuellen Ausbeutung der Dienstmädchen durch die »Herrschaften« oder jener Männer, die ihre Frauen und Kinder an oder über den Rand der *Armut*sgrenze hinaus tranken. Diese entweder von philanthropischen Damen (vgl. Donzelot) oder der Armengesetzgebung »bearbeiteten« Themen, haben sich in die Gegenwart hinein als Kinderschutzgesetze (*Kinderschutz*), als – jetzt von sozialen Bewegungen und Professionellen getragene – Diskurse um die sexuelle Ausbeutung von Kindern und Frauen und im Diskurs um das »Kindeswohl« im Jugendhilfe- und Familienrecht fortgesetzt.

Die bisher genannten Diskurse gingen und gehen von den Gefahren aus, die »etwas« oder »jemand« Dritten zufügt, die deshalb vor jenem »Etwas« oder jenem »Jemand« zu schützen sind. Im dritten historischen Diskurs neigte frau/man dazu, die gefährdenden Ursachen in den Hintergrund zu stellen und das Augenmerk auf jene zu richten, die in ihren Symptomen und Verhaltensweisen die Konsequenzen jener gefährdenden Momente aufwiesen. Die oder der »Gefährdete« wurde von seiner Opferrolle abgelöst und als Person mit der spezifischen Eigenschaft, »gefährdet« zu *sein*, betrachtet. In der »Gefährdetenfürsorge« (für Straffällige, »gefallene Mädchen«, »Trinker«, »Asoziale« und »Psychopathen«) verschmolzen Opfer- und Täterrolle zu einer eigenen Entität, der frau/man nur noch über ein eigenes Institutionensystem (zwischen »vorbeugender« und »geschlossener«, in der Weimarer Republik auch »bewahrender«, im Nationalsozialismus dann »unfruchtbar machender«, schließlich mordender »Fürsorge«) beizukommen glaubte (vgl. Peukert: *Soziale Arbeit im Nationalsozialismus*). Im Institutionensystem der BRD lebte diese Betrachtungsweise noch bis 1967 in »Trinkerheilstätten« und Arbeitshäusern fort, im § 72 des *Bundessozialhilfegesetz*es (»Hilfe für Gefährdete«; seither »Hilfe zur Überwindung besonderer sozialer Schwierigkeiten«) noch bis 1974, im Jugendhilferecht sogar noch bis 1990/91, bis zur Verabschiedung des *KJHG*, das dann mit dem im JWG noch kodifizierten »Gefährungstatbestand« als Anspruchsvoraussetzung zur Gewährung der »Freiwilligen Erziehungshilfe« aufräumte.

Gegenwärtige Tendenzen: Wie bereits angedeutet: In seinem essentialistischen (auf das »Wesen« eines Menschen verweisenden) Bedeutungsgehalt geriet der Gefährdungsbegriff etwa seit Anfang der 70er Jahre zunehmend unter die Kritik einer an Ent*stigmatisierung* und Objektivierung von Interventionsnormen bedachten SozPäd/SozArb. Dabei hatte die Kritik vier Momente hervorgehoben: a) Die herrschende Orientierung des Gefährungsbegriffs an Durchschnitts- oder gar Idealnormen negierte die Existenz verschiedener, schicht- und lebenslagenspezifisch geprägter Normalitäten (Münder u.a.). b) Er individualisierte gesellschaftlich verursachte Probleme; er machte die/den als »gefährdet« Bezeichnet/n zum »Sündenbock« für gesellschaftliche Mißstände. c) Er war zu statisch, indem er sowohl die Prozeßhaftigkeit jedes Gefährdungsgeschehens als auch die aktive Rolle der Instanzen sozialer Kontrolle an der Konstruktion von Gefährdungskarrieren negierte (5. Jugendbericht). d) Er war ein Kampfbegriff der Erwachsenen gegenüber Jugendlichen, die sich dem Normalitätskonzept der Erwachsenen widersetzten (Kluth).

So begrüßenswert die Eliminierung des Begriffs aus den Leistungsgesetzen BSHG und KJHG auch ist, ob es sich um mehr als um eine sprachliche Glättung handelt, wird sich erst dadurch erweisen, daß sich die mit ihr gemeinte Enthierarchisierung des Interventionssystems, die durchgehende Orientierung der Sozialen Dienste und Gerichte an den Bedürfnissen im Einzelfall und die Verobjektivierung von Eingriffen in die Autonomie von Personen oder Familien auch praktisch durchsetzt. Im gegenwärtigen Recht findet sich der Gefährungsbegriff nur noch in Wendungen, die auf von außen auf eine Person einwirkende Gefahren – die es dann von ihr abzuwenden gilt – ausgehen. Das Jugendarbeitsschutzgesetz (*Arbeitsschutz*) will Jugendliche vor Unternehmerwillkür schützen und eine den physiopsychischen Kräften der jungen ArbeitnehmerInnen angepaßte allmähliche Übernahme der vollen Arbeitsrolle ermöglichen. Andere Schutzgesetze wollen Kinder und Jugendliche in einer altersmäßig abgestuften Weise von gefährdenden Orten (z.B. Spielhallen oder Bordellstraßen) fernhalten und sie vor gesundheits- und entwicklungsgefährdenden Einflüssen der Erwachsenenwelt beschützen. Verschiedene Normen des Familienrechts, z.B. § 1666 BGB (*Familienrecht*), sollen Kinder vor elterlicher Willkür oder objektiv das Kindeswohl gefährdenden Momenten des Familienmilieus in Schutz nehmen. Vielfach wird in der Kommentierung solcher Normen die Erwachsenenwelt zudem angemahnt, nicht nur Schutz zu gewähren, sondern auch nichtgefährdende Bedingungen zu schaffen.

Im Rahmen dieser neueren Diskurse hat sich das Verhältnis von gefährdenden Umständen und gefährdeter Entwicklung in einer doppelten Weise neu radikalisiert. Zum einen wird die Welt zunehmend insgesamt als eine gefährdende betrachtet (von universellen Gesundheitsgefährdungen bis hin zur Menschheitsgefährdung durch Umweltzerstörung und globale Katastrophen), der deshalb nicht mehr durch individuelle Reaktion, sondern nur noch durch »radikales« Umdenken und globale politische Neuorientierung begegnet werden kann. Zum anderen werden auch individuelle G. als universeller betrachtet: auf der Straße, durch ausbeuterische Erwachsene, durch Gewalttätigkeit, durch »Konsumterror«. Kein Ort und grundsätzlich auch keine Person, von der nicht gefährdende Einflüsse ausgehen könnten und denen deshalb nur durch eine verinnerlichte »Habacht-Stellung« begegnet werden kann. Das neue Credo des Kinder- und Jugendschutzes ist folglich: Lerne, Gefahren zu erkennen, und lerne, mit ihnen umzugehen. Pädagogisch wird dies im neuen Paradigma der »Lebensbewältigung« (Böhnisch) reflektiert. Wenn die Welt (die materiellen und normativen Umweltbedingungen), in die hinein sich Kinder, Jugendliche und Erwachsene integrieren sollen, insgesamt brüchig geworden ist, müssen normativ geprägte Appelle verhallen.

»Lebensbewältigung«, schreibt Böhnisch (1992, 216), »meint gerade nicht den normativen Charakter des Verhaltens, sondern (verweist) auf die Problematik der Handlungsfähigkeit und die biographischen Möglichkeiten der sozialen Integration.« Gefährdet sind damit jene, deren Handlungskompetenzen nicht ausreichen, um G. zu begegnen.

Das sich durch die Geschichte ziehende Spannungsverhältnis zwischen gefährdender Welt und gefährdetem Individuum, die Janusköpfigkeit des Gefährdungsbegriffs, ist damit nicht aufgelöst. Sie wurde eher noch unheimlicher.

J. Blandow

Literatur: L. Böhnisch: Sozialpädagogik des Kindes- und Jugendalters, Weinheim/München 1992; J. Donzelot: Die Ordnung der Familie, Frankfurt/M. 1980; 5. Jugendbericht. BT-Drs. 8/3685 v. 20.2.1980; H. Kluth: Jugendgefährdung als soziales Phänomen, in: H. Röhrs (Hrsg.): Die Jugendfrage als eine erzieherische Aufgabe, Frankfurt/M. 1965; K. Mollenhauer: Einführung in die Sozialpädagogik, Weinheim [10]1993; J. Münder u.a.: Frankfurter Kommentar zum Gesetz zur Jugendwohlfahrt, Weinheim/Basel [4]1988 (jetzt Frankfurter Lehr- und Praxis-Kommentar zum KJHG, Münster [2]1993); D. Peukert: Grenzen der Sozialdisziplinierung, Köln 1986.

Gemeinwesenarbeit (GWA)

In der Fachliteratur wird GWA gemeinhin als eine *Methode der Sozialarbeit* verstanden – und an den Fachhochschulen wird sie als Vertiefungsfach neben *Einzelhilfe, sozialer Gruppenarbeit* gelehrt –, die im Gegensatz zu den anderen Methoden ganze Nachbarschaften, Stadtteile und Gemeinden zum Gegenstand sozialpädagogischer Einflußnahme macht. Einige Autoren machen dabei einen Unterschied zwischen GWA als Methode der SozArb und GWA als methodenübergreifendem Prinzip. Sie unterscheiden ferner zwischen GWA als Steuerungsinstrument »von oben« und Stadtteilarbeit als basisverpflichteter Einmischungsstrategie »von unten«.

1884 gründete der Pfarrer S.A. Barnett in London das settlement (die Niederlassung) Toynbee Hall. D.h., er zog zusammen mit seiner Familie und mit Studenten in ein Elendsquartier der Hauptstadt, um den Leuten zu helfen, gemeinsam als eine informierte und aktive Bürgerschaft für die Verbesserung ihrer Lebensumstände und ihrer Lebensqualität tätig zu werden. Die Siedler sorgten zusammen mit ehrenamtlich tätigen Bürgern dafür, daß Sozialgesetze eingehalten wurden, sie halfen, Selbsthilfekindergärten, Spielplätze und Kinderkliniken einzurichten, sie kümmerten sich um Müttererholung und versuchten sich mit stadtteilbezogenen Erwachsenenbildungsprogrammen und Reformen im Wohnungsbau. St. Coit exportierte die Nachbarschaftsidee nach New York, wo noch heute die Neighborhood Guild als University Settlement existiert; weitere Gründungen in Chicago und Boston folgten. Bevor die Einwanderungsströme in die USA gesetzlich beschränkt wurden (quota laws von 1921 und 1924), sammelten sich vor allem in den großen Hafenstädten der Ostküste Zehntausende von Immigranten, die wenig Chancen hatten, nordamerikanische Staatsbürger zu werden, eine Wohnung zu bekommen und Arbeit zu finden. Um ihre Überlebenschancen zu erhöhen, gründeten ihre Gemeindepfarrer und sie Nachbarschaftsheime in den ethnischen und religiösen Ghettos, in denen die Einwanderer erste Orientierungshilfen erhielten und in die basalen Kulturtechniken des neuen Heimatlandes eingewiesen wurden.

Im Gegensatz zu der ökonomischen und sozialen Situation, welche in den urbanen Ballungszentren Großbritanniens und der nordamerikanischen Ostküste die settlement movement proviziert hatte, stand die Situation im Mittleren Westen der USA: Dorthin lockte der

Homestead Act vom 20.5.1862 zahllose landlose Einwanderer, denen bis zu 160 acres unbebauten Landes versprochen wurden, wenn sie es innerhalb von 5 Jahren bebauen und kultivieren würden. Hinter diesem Gesetz standen die wirtschaftlichen Expansionsinteressen der Länder westlich der Appalachians; erbitterten Widerstand leisteten die Großgrundbesitzer und Fabrikherren der Ostküste, die von teurem Land und billigen Arbeitskräften profitieren wollten. Um die Besiedlung des Westens erwachsenenpädagogisch zu unterstützen, erließ die nordamerikanische BReg mitten im Bürgerkrieg den Morrill Act, dem zufolge jeder Bundesstaat kostenloses Land erhielt, um landwirtschaftliche Hochschulen zu gründen, welche sich zu Zentren der Landwirtschaftswissenschaft, der Ingenieurwissenschaft und der Gemeindeentwicklung ausbilden sollten. Im Gefolge des Morrill Act wurden 69 agricultural colleges gegründet, die nicht nur Landwirte wissenschaftlich aus- und fortbilden, sondern die ganz allgemein das wirtschaftliche, kulturelle und soziale Niveau des dörflichen Lebens heben und entwickeln sollten.

Diesen beiden unterschiedlichen Ansätzen von GWA – der Entwicklungshilfe für unterbevölkerte, landwirtschaftlich unergiebige Gebiete im Mittleren Westen und der Rekonstruktion großstädtischer Wohnquartiere in den überbevölkerten Elendsquartieren der Ostküste – entsprachen zwei Begriffe, die später häufig synonym verwendet wurden: community organization für Gemeindereform und community development für Gemeindeaufbau.

In den sozialen Krisen nach dem 1. und vor allem nach dem 2. Weltkrieg erhielt GWA eine zusätzliche Dimension. Im Krieg gegen die Armut (war on poverty) investierte die Johnson-Administration in den 60er Jahren Milliarden Dollar, um regionale infrastrukturelle Disparitäten durch Gemeindekampagnen (community action programs) auszugleichen.

Anders als in Großbritannien und Nordamerika, wo GWA eine reale, praktische Tradition besitzt, ist GWA in der BRD in den 60er Jahren rein literarisch rezipiert worden – wenn man von der Praxis der Sozialen Arbeitsgemeinschaft Berlin-Ost (SAG), dem Hamburger Volksheim und dem Jüdischen Volksheim in Berlin zu Beginn des Jahrhunderts und in den 20er Jahren absieht. Sie stützte sich nicht auf historisch gemachte, politisch und ökonomisch ableitbare Erfahrungen, sondern auf die Übernahme der literarischen Verallgemeinerung dieser (fremden) Erfahrungen in Gestalt von Lehrbüchern über GWA (M. Ross; J. Boer u.a.). Träger dieser literarischen Rezeption waren zunächst (ähnlich wie im Hinblick auf soziale Gruppenarbeit) die Fachhochschulen für SozPäd und SozArb. Sie übersahen häufig, daß es neben der religiös verbrämten GWA von J. Boer und der sozialpädagogisch-idealistischen GWA von M. Ross auch eine Praxis aggressiver, quasiklassenkämpferischer GWA in der Tradition von S. Alinsky und D. Dolci gegeben hatte. Erst der mit großer Verspätung auch in der BRD wahrnehmbare Verfall innerstädtischer Sanierungsgebiete einerseits, die infrastrukturelle Unterversorgung neuer Schlafstädte an der Peripherie der urbanen Ballungszentren andererseits und schließlich die nicht auf individuelle Einzelfälle zurückführbare soziale Problematik sog. Problemgruppen (*Ausländer*, Obdachlose (*Obdachlosenhilfe*), *Randgruppen, soziale Brennpunkte*) sowie die zunehmende Verschlechterung der Lebensbedingungen im Reproduktionsbereich allgemein (*Wohnen, Stadtentwicklungsplanung, Sozialplan*) führte Ende der 60er Jahre zu einer der literarischen Rezeption von GWA folgenden Praxis, die allerdings zunächst meist nicht von der Sozialverwaltung selbst initiiert wurde, sondern von *Bürgerinitiativen* und Stadtteilgruppen mit tatkräftiger Unterstützung von Kirchengemeinden und Parteiorganisationen. In dieser Phase stand GWA für viele engagierte Studenten und Praktiker der SozArb/SozPäd als Synonym für eine systemdehnende Praxis, die weder den individualisierenden Irritationen der Einzelhilfe noch den harmonisierenden Hoffnungen der sozialen Gruppenarbeit auf den Leim gehe.

Gleichzeitig entdeckte allerdings auch die Sozialverwaltung GWA als Frühwarnsystem sozialer und regionaler Disparitäten. Im Sinne vorausschauender *Planung, Sozialplanung, Stadtentwicklungsplanung* und Betroffenenbeteiligung setzten Stadtverwaltungen wie Hamburg, Berlin, Frankfurt/M., Stuttgart und München GWA als ein globales soziales Steuerungsinstrument ein, mit dem besonders gravierende soziale Probleme im Vorfeld aktueller Konflikte abgefangen und bearbeitet werden sollten. Auf diese Weise standen sich häufig (hauptamtliche) Gemeinwesenarbeiter und die (ehrenamtlich tätigen) Vertreter von Bürgerinitiatien gegenüber und versuchten, ihre je eigene Identität zu entwickeln und zu bewahren.

Im Zuge eines allgemeinen Abbaus reformerischer Aktivitäten des sozialliberalen Sozialstaates der BRD ist GWA spätestens seit Mitte der 70er Jahre als eine Methode der SozArb ins Gerede gekommen, die mehr Konflikte produziert, als sie zu lösen vermag. Im Zuge dieser Entwicklung sind viele GWA-Projekte beschnitten, gekürzt oder eingestellt worden. Andererseits hat sich das Konzept einer GWA als Strukturprinzip der Organisation sozialer Dienste auf regionaler Grundlage mehr und mehr durchgesetzt. Bürgernähe, Betroffenenbeteiligung und regionale Transparenz von Einrichtungen und Maßnahmen der SozArb/SozPäd sind Reizworte, die nicht so schnell aus der öffentlichen Diskussion verschwinden werden, zumal Bürgerinitiativen und neue soziale Bewegungen sich anschicken, den etablierten politischen Großorganisationen den Anspruch auf alleinige Repräsentation und Massenloyalität streitig zu machen.

Im übrigen hat sich der Partizipationsgedanke in der Kommunalpolitik zumindest literarisch weitgehend durchgesetzt und ist im Konzept der »Einmischungsstrategie« sogar zu einem Recht aller in der Jugendhilfe Handelnden festgeschrieben worden (vgl. § 1 (3) KJHG). *C. W. Müller*

Literatur: Arbeitsgruppe Gemeinwesenarbeit der Victor Gollancz-Stiftung (Hrsg.): Reader zur Theorie und Strategie von

Gemeinwesenarbeit. Materialien zur Jugend- und Sozialarbeit 8, Frankfurt/M. [2]1975, Reprint AGJ, Bonn 1978; S. Alinsky: Leidenschaft für den Nächsten. Strategien und Methoden der Gemeinwesenarbeit, New York 1946, Gelnhausen 1973; Autorengruppe Märkische Viertel Zeitung. Stadtteilzeitung, Reinbek 1974; Autorengruppe Westberliner Volkstheaterkooperative Blumen und Märchen. Stadtteilarbeit mit Kindern im Märkischen Viertel, Reinbek 1974; Bahr/Gronemeyer (Hrsg.): Konfliktorientierte Gemeinwesenarbeit, Darmstadt 1974; Betroffene des Märkischen Viertels. Wonste sozial haste die Qual, Reinbek 1974; J. Boer/K. Utermann: Gemeinwesenarbeit, Stuttgart 1970; Boulet/Kraus/Oelschlägel: Gemeinwesenarbeit, Bielefeld 1980; M. Brückner: Die Wurzeln der Gemeinwesenarbeit, in: NR 3/1977; G. Buck: Gemeinwesenarbeit und Kommunale Sozialplanung, Berlin 1982; D. Dolci: Vergeudung. Bericht über die Vergeudung im westlichen Sizilien, Zürich 1965; Graf Raiser/Zalfen: Sozialarbeit im Obdachlosenbereich, Berlin 1976; G. Iben: Gemeinwesenarbeit in sozialen Brennpunkten, München 1981; Jahrbuch Gemeinwesenarbeit, München 1984, 1986ff.; M. Mohrlok u.a.: Let's organize! GWA und CO im Vergleich, München 1993; C.W. Müller/P. Nimmermann: Stadtplanung und Gemeinwesenarbeit, München 1971; C.W. Müller: Das Dilemma des Gemeinwesenarbeiters, in: K.-U. Otto/S. Schneider (Hrsg.): Gesellschaftliche Perspektiven der Sozialarbeit. 2. Halbbd., Neuwied 1973; C.W. Müller: Wie Helfen zum Beruf wurde, Weinheim [2]1988 (Bd. 1) und [2]1992 (Bd. 2); G. Oesterreich: Nachbarschaftsheime. Gestern, heute – und morgen?, München 1965; M. Ross: Gemeinwesenarbeit. Theorie, Prinzipien, Praxis, New York 1955, Freiburg 1968; Vogel/Oel: Gemeinde und Gemeinschaftshandeln, Stuttgart 1966.

Gentechnologie

Der Aufstieg der Bio- und G.: Medizin, einst umfassend als ärztliche Heilkunst verstanden, als Sorge für den Menschen in seiner leib-seelischen Ganzheit (*Sozialmedizin*), hat sich zur Gegenwart hin immer mehr am Leitbild der Naturwissenschaften orientiert. Weitgehend durchgesetzt hat sich das »Paradigma der Durchschaubarkeit« (Schücking), des restlosen und rastlosen Erfassens. Forschung und exakte Erkenntnis sind zu vorrangigen Zielen geworden.
Mit dem Aufstieg der neuen Biotechnologien, die in den letzten Jahren enorme Dynamik entfaltet haben, hat diese Entwicklung weitere Schubkraft gewonnen. Je enger die Verbindung zwischen Medizin, Biologie und Genetik wurde, desto mehr schoben sich die naturwissenschaftlichen Disziplinen – jetzt bezeichnend »Grundlagen«fächer genannt – in den Vordergrund. Wo die Grundlagenforschung dominiert, wird der Bezugsrahmen neu definiert: Die Komplexität endogener und exogener, physischer, psychischer und sozialer Verursachungsfaktoren von Krankheit wird vielfach verkürzt, ausgeblendet, z.T. sogar negiert.
Dabei ist zweifellos richtig, daß die moderne hochtechnisierte Medizin spektakuläre Erfolge vorweisen kann. Sie kann in vielen Fällen, die noch vor wenigen Jahrzehnten aussichtslos schienen, heute *Krankheit*en heilen und Leiden abwenden. Aber offensichtlich ist auch, daß sie, weil nicht auf den Menschen in seiner leib-seelischen Gesamtheit ausgerichtet, ein enormes Potential an »nichtintendierten Nebenfolgen« enthält. Als These formuliert: Die neuen Biotechnologien beinhalten einen Eingriff in den gesamten Lebenszusammenhang der Patienten/Klienten, in deren physisches, psychisches und soziales Befinden. Aber ins Blickfeld der Grundlagenforschung gerät nur ein Teil dieses Eingriffs, nämlich derjenige, der das physische Funktionieren betrifft. Dagegen bleiben die weiter gehenden Bezüge der Patienten in der Dunkelzone, werden verdrängt und beiseite geschoben.
Es ist diese Dominanz des naturwissenschaftlichen Paradigmas, die systematisch »nichtintendierte Nebenfolgen« erzeugt. Im folgenden soll dies an dem wohl bekanntesten Anwendungsbereich der G., nämlich der Pränataldiagnostik, gezeigt werden.
Genetische Beratung und Pränataldiagnostik: Zu den Zielen genetischer Beratung gehört es, »informiertere Fortpflanzungsentscheidungen« des *Individuum*s möglich zu machen (Pander u.a. 1992, B-2786). Die Frage ist freilich, ob dies Ziel erreicht werden kann; oder genauer, bei wem dies Ziel erreicht wird, bei welchen *Klient*engruppen bzw. Fallbildern, und wo es dagegen eher verfehlt wird.
Beginnen wir mit der unproblematischen Konstellation. Sie ist dann gegeben, wenn einem Paar mit Kinderwunsch mitgeteilt werden kann, daß vor dem Hintergrund der jeweiligen Familiengeschichten kein Anlaß besteht, mit einem erhöhten genetischen Risiko für den Fall einer Schwangerschaft zu rechnen. Ähnlich ist die Situation, wenn einer schwangeren Frau mitgeteilt werden kann, aufgrund des Befunds der Pränataldiagnostik könne eine befürchtete Anomalie (z.B. Down-Syndrom) ausgeschlossen werden. Solche Fälle sind deshalb unproblematisch, weil die genetische Information mit den Wünschen und Hoffnungen der Klienten übereinstimmt. So können bestehende Ängste ausgeräumt werden, und die Freude aufs Kind kann sich freier entfalten.
Anders dagegen ist die Situation da, wo die Gendiagnostik nur eine Wahrscheinlichkeitsaussage erlaubt (etwa der Art: Es besteht ein Erkrankungsrisiko von 25% für jedes Kind). Bekanntlich können statistische Wahrscheinlichkeitsangaben nie etwas aussagen über den konkreten Fall, die jetzt und hier bestehende oder geplante Schwangerschaft. Aber gleichzeitig gilt, »ein bißchen schwanger gibt es nicht«. Von daher paßt die Qualität des gendiagnostischen Befunds nicht zusammen mit der Logik der Entscheidungssituation, die nur zwei Alternativen kennt: Ja oder Nein, Schwangerschaft oder keine. Hier fühlen sich die KlientInnen oft allein gelassen mit ihren Ängsten, ihren Gefühlen. Und dies ist kein Zufall, auch kein individuelles Versagen der Berater, vielmehr systematisch bedingt. Denn das Wissen, das die Gendiagnostik bereitstellt, ist ein technisch beschränktes Wissen, keines, das die existentiellen Fragen und Konflikte auffangen kann, die bei den KlientInnen angerührt werden.
Wohl noch schwerere psychische Belastungen sind zu erwarten, wenn einer schwangeren Frau ein Befund

mitgeteilt werden muß, der ihre Hoffnungen direkt zerstört, d.h., wenn tatsächlich eine genetische Anomalie festgestellt wird. Hier erst recht wird die Patientin vor existentielle Fragen gestellt, in ganz wörtlichem Sinn. Es geht um Leben oder Tod des Kindes, das in ihr heranwächst, nein genauer: um ihre *Entscheidung* über Leben und Tod, d.h. um eine aktive Handlung, ggf. um die bewußte Zustimmung, den Tod des Kindes herbeizuführen. Hier erst recht öffnet sich ein existentielles Dilemma: auf der einen Seite die Angst vor Leid und Behinderung, vor den Auswirkungen auf das eigene Leben; auf der anderen Seite die Schuldgefühle, die Angst vor dem Töten, die Trauer um ein Kind, das (wie gerade bei den Schwangeren in höherem Alter häufig) vielleicht schon seit langem sehnlichst erhofft wurde. Hier erst recht hat die Gendiagnostik mit ihrem technisch beschränkten Wissen keine Antwort zu bieten für die emotionalen Konflikte der KlientInnen, für ihren Schmerz, ihre Verzweiflung, ihre Ratlosigkeit.

Hier liegt wohl tatsächlich ein unlösbares Dilemma. Es begleitet den Alltag der humangenetischen Beratung, bricht immer wieder auf, in manchmal direkten, manchmal versteckteren Formen. Es ist unbequem, ja auch lästig, es kostet den Arzt oder die Ärztin Kraft und Geduld, es konfrontiert sie mit der Begrenztheit ärztlichen Könnens, ja vielleicht auch mit eigenen emotionalen Konflikten: Er oder sie wird zum »hilflosen Helfer« (Schmidbauer). Es ist nicht leicht, eine solche Situation einzugestehen. Die Versuchung liegt nahe, sie wegzudefinieren und abzuschieben. In einem Artikel über humangenetische Beratung heißt es z.B.: »Die von vielen Ratsuchenden in der Humangenetischen Beratung gestellte Frage ›Was würden Sie mir raten?‹ deutet auf ein verbreitetes Mißverständnis hin« (Zerres 1993, 17). Nun gibt es sicherlich gute Gründe, die in der modernen Humangenetik zum Leitbild der nondirektiven Beratung geführt haben, wonach Sachinformationen vermittelt werden, jedoch keine direkte Einflußnahme ausgeübt wird. Und dennoch offenbart der zitierte Satz das Dilemma, den immanenten Widerspruch humangenetischer Beratung, er weist auf ein technologisches Mißverständnis: Er ignoriert nämlich die leib-seelische Ganzheit der Patientin, er bleibt blind gegenüber der enormen Psychodynamik, die ein gendiagnostischer Befund auslösen kann. Wie kann man erwarten, daß Ratsuchende (sic!) nicht um einen Rat bitten? Wie kann man annehmen, daß Klienten, die in emotionale Abgründe stürzen, sich z.B. Wahrscheinlichkeitsaussagen über drohende Krankheiten anhören, diese Informationen geordnet zur Kenntnis nehmen – und dann ihre Verzweiflung, ihre Wut, ihre Ausweglosigkeit einpacken und sich damit nach Hause begeben? Daß sie pflegeleicht reagieren, die Hilflosigkeit des Helfers antizipieren?

Das Ziel der Humangenetik ist es, den KlientInnen zu mehr Autonomie zu verhelfen. Aber in den hier geschilderten, den tragischen Fällen sieht die Situation anders aus, wenn man sie aus der Perspektive der Patienten betrachtet: Sie fühlen sich einer Situation ausgeliefert, die – welche Entscheidung auch immer sie fällen – eine angst- und schuldbeladene ist. Sie finden sich plötzlich in einer »Double-bind«-Situation mit allen Verstrickungen.

Das Dilemma, das hier aufbricht, ist im naturwissenschaftlich verengten Selbstverständnis der modernen hochtechnisierten Medizin angelegt. Auf eine Formel gebracht: »Logik der Forschung« und »Logik der Gefühle« stehen sich gegenüber. Da ist auf der einen Seite der Forscher, auch Arzt, dessen Leitprinzip die Weiterentwicklung des Wissens und die »informierte Fortpflanzungsentscheidung« ist. Da sind auf der anderen Seite die Ratsuchenden mit ihrem Wunsch, der da lautet: Ein gesundes Kind soll es sein. Dazwischen ist eine Kluft – in den glücklichen Fällen überbrückbar, in den anderen nicht.

Die politische Dimension: Mit den Möglichkeiten, die die moderne Medizin, Biologie und Genetik anbieten, sind wir bis in die Grundfragen des Lebens der Natur nicht mehr ausgeliefert, sondern können das Schicksal selbst in die Hand nehmen. Eröffnet wird, so Christa Hoffmann-Riem, »eine menschliche Steuerung, die das Konzept von Elternschaft verändert: Entsprechend den technologischen Möglichkeiten dehnt sich elterliche Verantwortung für das entstehende Leben aus« (1988, 40).

Auf dem Spiel stehen freilich nicht nur private Entscheidungen. Was sich heute in Ansätzen schon abzeichnet, könnte sich weiter verschärfen, die Auseinandersetzungen in der öffentlichen Arena bestimmen, in eine Konkurrenz der Risikobegriffe einmünden. Sozialwissenschaftler sind gewohnt, wenn sie von Risikogruppen sprechen, dabei an soziale Risiken zu denken und an diejenigen Gruppen, die den Imperativen der individualisierten Leistungsgesellschaft nicht nachkommen können (Arbeitslose, *Alleinerziehende*, Nichtseßhafte usw.; *Arbeitslosigkeit*, *Obdachlosen-*, *Wohnungslosenhilfe*). In der Humangenetik dagegen werden unter Risikogruppen diejenigen Menschen verstanden, die ein bestimmtes genetisches Risiko tragen, eine vererbte Krankheit oder Krankheitsdisposition. Nun ist die Verdrängung des einen durch den anderen Risikobegriff zwar wissenschaftstheoretisch nicht haltbar, eine unzulässige Verkürzung des Verhältnisses von Natur vs. Kultur. Die Frage ist aber, wie die Praxis ausschaut, wie diese beiden Risikobegriffe in der Konkurrenz um öffentliche Aufmerksamkeit, politische Anerkennung, finanzielle Mittel, politische Maßnahmen und Prioritäten sich zueinander verhalten, ob sie gegeneinander ausgespielt werden, welcher am Ende sich durchsetzen wird.

Zur Illustration sei aus einer Ansprache zitiert, die Daniel Koshland, der Herausgeber des »Science Magazine«, vor einem großen Naturwissenschaftler-Kongreß in Kalifornien gehalten hat. Koshland sagte: »In Washington gibt es Leute, die meinen, man solle lieber mehr Geld in die Wohnungsbauprogramme für die Obdachlosen stecken als in die Erforschung des menschlichen Genoms. Nun, ich denke, langfristig wird das Human-Genom-Projekt mehr zur Lösung des Obdachlosen-Problems beitragen als der Bau von Wohnungen

... Viele der Obdachlosen sind physisch oder psychisch gestört. Wenn wir also die Ursachen und nicht die Symptome bekämpfen wollen, dann sollten wir das Geld in die Erforschung der menschlichen Gene investieren ...« (zit. nach Greffrath 1990, 17).

Ein solcher biologischer Reduktionismus ist in der Genomanalyse sicher nicht zwangsläufig angelegt. Aber er ist ihr auch keineswegs fern, wie die Äußerungen prominenter Genetiker zeigen. Und auch wenn er wissenschaftstheoretisch sich als nicht haltbar erweist, so hat er doch Folgen. Wie einer der berühmtesten Sätze der Soziologie, das sog. Thomas-Theorem, lautet: »What men define as real is real in its consequences.« Wo ein biologischer Reduktionismus aufkommt, bleibt er nicht nur Theorie, sondern enthält auch ein Praxiskonzept: Er enthält direkte Vorgaben für politisches Handeln. Wo man von der determinierenden Kraft der Gene ausgeht, verlieren die Ansprüche auf *Chancengleichheit* im *Bildungs*system an Durchsetzungskraft. Wo früher soziale Reformen notwendig schienen, kann man dann auf die genetische Verbesserung der Anlagen setzen. Kurz, die Gefahr des biologischen Reduktionismus besteht darin, daß statt nach sozialen allein nach technischen Lösungen gesucht wird.

Soll es nicht dahin kommen, müssen Sozialwissenschaftler und Naturwissenschaftler gemeinsam darangehen, die Herausforderung des Biologismus aufzunehmen und seine Lücken – für Erziehung, soziale Arbeit, soziale Dienste – systematisch sichtbar zu machen (*Eugenik*). Ebendies könnte zu einer entscheidenden Frage für die Gestaltung der Zukunft werden: ob es gelingt, die gesellschaftlichen und politischen, die sozialen und psychischen Dimensionen auszuleuchten, die in einer ganz aufs Technische reduzierten Planung menschlichen Lebens aus dem Blick geraten.

E. Beck-Gernsheim

Literatur: E. Beck-Gernsheim: Technik, Markt und Moral. Über Reproduktionsmedizin und Gentechnologie, Frankfurt/M. 1991; E. Beck-Gernsheim (Hrsg.): Welche Gesundheit wollen wir? Dilemmata des medizintechnischen Fortschritts – das Beispiel Humangenetik, Frankfurt/M. 1995; W. van den Daele: Technische Dynamik und gesellschaftliche Moral. Zur soziologischen Bedeutung der Gentechnologie, in: Soziale Welt, H. 2/3, 1986, 149–172; M. Greffrath: Der lange Arm von Chromosom Nr. 7. Visionen und Ambitionen der Top-Genforscher, in: Transatlantik, Dez. 1990, 14–28; Ch. Hoffmann-Riem: Chancen und Risiken der gentechnologisch erweiterten pränatalen Diagnostik. Eine qualitative Studie bei Klienten humangenetischer Beratungsstellen. Mskr., Hamburg 1988; H. J. Pander/A. Artlich/E. Schwinger: Heterozygoten-Testung bei Mukoviszidose. Eugenik, Prävention oder Instrument der humangenetischen Beratung?, in: Deutsches Ärzteblatt 89, H. 51/52, 21. 12. 1992, B-2786–B-2790; E. Schindele: Gläserne Gebärmütter. Vorgeburtliche Diagnostik – Fluch oder Segen, Frankfurt/M. 1990; K. Zerres: Humangenetische Beratung: Klientel, Aufgaben, Grenzen, Probleme, in: Pro familia Magazin 1/1993, 17–20; K. Zerres/R. Rüdel (Hrsg.): Selbsthilfegruppen und Humangenetiker im Dialog. Erwartungen und Befürchtungen, Stuttgart 1993.

Geriatrie

(Griech.: »geron« Greis und »iatreia« das Heilen;) Wissenschaft, die sich mit der Vorbeugung (Prävention), dem Erkennen (Diagnose) und der Behandlung (Therapie) altersbedingter Krankheiten wie auch von Erkrankungen im *Alter* beschäftigt bzw. die durch höheres Lebensalter bedingten Einflußfaktoren im medizinischen Umgang mit alten Menschen besonders berücksichtigt. Als Teilaspekt der Medizin konzentriert G. das Wissen verschiedener medizinischer und medizinisch relevanter Fachgebiete. Geriatrische Medizin berücksichtigt, daß Alternsprozesse individuell differenziert verlaufen. Die Alternsvorgänge einzelner Menschen entwickeln sich sowohl in den verschiedenen Bereichen »Körper«, »Geist«, »Psyche« als auch innerhalb dieser Bereiche – etwa der verschiedenen Organsysteme – höchst unterschiedlich.

Die Zusammenfassung relevanten Wissens aus verschiedenen Bereichen und die Notwendigkeit seiner differenzierten Betrachtung machen eine trennscharfe Abgrenzung der G. gegenüber anderen medizinischen Bereichen (z. B. Innere Medizin, Psychiatrie u. a.) ebenso schwierig wie gegenüber anderen Disziplinen, z. B. Psychologie, Soziologie (*Gerontologie*).

Viele Erkrankungen und ihre Folgen sind im Alter ganz oder teilweise irreversibel, sie haben Auswirkungen auf die weitere Lebensqualität, d. h. auf den Grad der Selbständigkeit bzw. der Hilfsbedürftigkeit und auf die verbleibende Lebensspanne. So beschränken sich die Folgen etwa eines Schlaganfalles keineswegs auf die körperlichen Beeinträchtigungen des Betroffenen, sondern wirken sich auf dessen seelische Verfassung wie auch auf die von Angehörigen und Freunden aus. Hieraus ergibt sich die Notwendigkeit einer umfassenden »ganzheitlichen« Betrachtung eines alten Menschen und seiner Lebenssituation, um Krankheiten in ihrem Stellenwert für den Patienten einzuschätzen und angemessene medizinische Maßnahmen einzuleiten.

Die geriatrische Sicht des Alterns ist naturgemäß auf Abbau, Funktionsverlust und *Krankheit* gerichtet. Dennoch ist Altern keine Krankheit, und es ist schwierig, den Einfluß von Altersprozessen auf Krankheitsentstehung und -verlauf eindeutig festzulegen. Eine Reihe bestimmter Symptome korreliert aber sehr stark mit dem höheren Lebensalter: die Inkontinenz, die Instabilität, die Immobilität und der intellektuelle Abbau (Hafner/Meier). In allen Fällen können die Probleme des alten Menschen mit seiner Umwelt – und umgekehrt – erheblich zunehmen und damit wiederum zur Verstärkung der Ausgangserkrankung oder zu Sekundärerkrankungen (Depressionen, Verletzungen durch Stürze, Infektionen) führen. Die geriatrische Medizin versucht, diesen Prozeß zirkulärer Verstärkung aufzuhalten.

Mit höherem Alter zunehmend auftretende Erkrankungen sind Erkrankungen des Kreislaufsystems – hier vor allem Gefäßverschlüsse (Infarkte) im Bereich des Gehirns (Schlaganfall), des Herzens und der Beine (zur Verbreitung altersrelevanter Erkrankungen – Epidemiologie – vgl. BMFuS 1993). Des weiteren sind es Erkrankungen des Bewegungsapparates – hier vor allem Knochenschwund (Osteoporose) und Knochenbrüche (Frakturen) sowie Herz- und Stoffwechselkrankheiten (z.B. Diabetes mellitus) und (bösartige) Neubildungen. Außer an körperlichen Erkrankungen leiden 30–50% aller erheblich kranken alten Menschen kurzfristig an Hirnleistungsstörungen oder dauerhaft an (seniler) Demenz. Mehr als die Hälfte der dementiellen Erkrankungen wird der »Alzheimerschen Erkrankung« zugerechnet. Eine andere große Gruppe psychischer Störungen im Alter sind die – äußerst schwierig abgrenzbaren – depressiven Erkrankungen. Frauen, Verwitwete und Alleinlebende sind von schweren Depressionen signifikant stärker betroffen.

Suizid im Alter zählt in den europäischen Ländern zu den 10 häufigsten Todesursachen. Die Suizidgefährdung steht im Zusammenhang mit Altersdepressionen, mit körperlichen Krankheiten und mit Vereinsamung und Isolation. In diesem Kontext hat auch die Gerontopsychiatrie, als Zweig der Psychiatrie, in den vergangenen Jahren wachsende Bedeutung erlangt. Die Übergänge hin zu psychischer Krankheit sind fließend, und oft sind psychische Störungen eng mit körperlichen Krankheiten und der spezifischen Lebenssituation und Patientenpersönlichkeit verknüpft. Pflegebedürftige Demenzkranke, die zu 80% zu Hause versorgt werden, stellen hohe Anforderungen an die Belastbarkeit von Angehörigen und Pflegepersonal (*Altenhilfe*).

Wesentliche Charakteristika geriatrischer Erkrankungen insgesamt sind vor allem deren Neigung zu Chronizität, d.h. ein verlangsamter und lang andauernder Verlauf, die Komplexität verschiedener Einflußfaktoren, abgeschwächte, abweichende Symptome und atypische Verläufe sowie das gleichzeitige Auftreten mehrerer Erkrankungen (Multimorbidität). Hierbei kann es sich um Alterskrankheiten handeln, um Erkrankungen im Alter und um sog. alternde Krankheiten, die früher aufgetreten sind und meist chronifiziert mit ins Alter übernommen werden. Die nebeneinander auftretenden Erkrankungen können von unterschiedlicher Schwere und von individuell unterschiedlicher Bedeutung für den Betroffenen sein. Das im Alter verstärkte Auftreten von nicht heilbaren Leiden im Nebeneinander von rehabilitier- bzw. heilbaren Krankheiten erfordert besonderes Augenmerk in Diagnose und Therapie. Veränderte Normwerte (z.B. für Lungenfunktion, Herz-Kreislauf-Tätigkeit u.a.) müssen bei der Interpretation von Daten ebenso berücksichtigt werden wie der veränderte Einfluß des Organismus auf Arzneistoffe (Pharmakokinetik) und von Arzneistoffen auf den Organismus (Pharmakodynamik). Hieraus erklärt sich z.T. die für ältere Menschen erhöhte Gefahr iatrogener Störungen, das sind im weitesten Sinne alle gesundheitsschädlichen Einflüsse durch medizinische Maßnahmen in Diagnostik, Therapie und Pflege, sowie das fehlerhafte Unterlassen notwendiger Eingriffe. Eine unkoordinierte Verordnung von Medikamenten als Antwort auf Multimorbidität kann zu unübersehbaren Wechselwirkungen und schädlichen Nebenwirkungen führen. Ein therapeutischer Aktionismus (Polypragmasie) ist ebenso problematisch wie vorschnelle Resignation und therapeutischer Nihilismus (Kruse). Eine aus dieser Problematik erwachsende Verunsicherung und die verbreiteten kognitiven Einschränkungen älterer Patienten haben Konsequenzen für die Compliance, d.h. die Zuverlässigkeit eines Patienten, das diagnostische und therapeutische Vorgehen mitzutragen. Eine hohe Patientencompliance aber ist unerläßlich für den langfristigen Therapieerfolg, für Rückmeldungen und für angemessene Korrekturen der Behandlung. Compliance setzt Offenheit, Einfühlungsvermögen und Bemühen um größtmögliche Transparenz in der Arzt-Patient-Beziehung voraus.

In der geriatrischen Medizin bedarf es einer engen Zusammenarbeit verschiedener ärztlicher Fachbereiche genauso wie einer zunehmend interdisziplinären Behandlung. Das ist die kollegiale Kooperation von Ärzten mit verschiedenen Berufsgruppen, wie Alten- und Krankenpflegern, Sozialarbeitern, Krankengymnasten, Ergotherapeuten, Logopäden, Psychologen u.a. Die multiprofessionelle Diagnose (Geriatrisches Assessment) und Behandlung erfordern neben systematischer Planung und Abstimmung auch die Bewältigung von Hierarchie- und Statusdifferenzen.

Ein unverzichtbarer Bestandteil ist diese Multiprofessionalität vor allem im Bereich der Geriatrischen Rehabilitation, deren Ziel die größtmögliche Wiederherstellung und Sicherung der Selbständigkeit alter Menschen nach ganz oder teilweise reversiblen Erkrankungen ist. Daß die Bedeutung der Geriatrischen Rehabilitation weiter wachsen wird, liegt vor allem an den absehbaren demographischen Veränderungen in den nächsten Jahrzehnten. So wird sich der Anteil der über 60jährigen an der Gesamtbevälkerung von z.Zt. ca. 20% hin zu einem Anteil von über 30% im Jahr 2030 erhöhen (*Bevölkerungsentwicklung*). Hinzu kommt der Kostendruck besonders der stationären Versorgung und die Tatsache, daß Pflegebedürftigkeit oft Sozialhilfeabhängigkeit nach sich zieht, sowie der verstärkte Wunsch älterer Menschen nach einem Lebensabend in größtmöglicher Selbständigkeit.

Durch das GRG, das 1989 in Kraft trat, wurde erstmals die Möglichkeit der Rehabilitation für ältere Menschen explizit festgeschrieben. Die 1995 mit ihrer 1. Stufe (Finanzierung der häuslichen Pflege) in Kraft getretene *Pflegeversicherung* trägt dem Gedanken »Rehabilitation vor Pflege« ebenso Rechnung wie dem Primat der größtmöglichen Selbständigkeit im Alter. Durch die Diagnose und Feststellung des Grades der Pflegebedürftigkeit (Stufe 1: erheblich pflegebedürftig, Stufe 2: schwer pflegebedürftig, Stufe 3: schwerstpflegebedürftig) kommt der G. bei der Behandlung und Bewertung von Alterspatienten zentrale Bedeutung zu.

G. ist als ein zunehmend bedeutsamer Bestandteil des Netzes der Altenhilfe zu sehen. Statistisch gesehen werden die Menschen immer älter und die Älteren relativ und absolut immer mehr. Die durchschnittliche Lebenserwartung hat sich in den letzten 100 Jahren mit nunmehr knapp 80 Jahren etwa verdoppelt. Unter Fortschreibung der Entwicklung unserer Lebensverhältnisse ist es zwar vorstellbar, diese Grenze noch weiter hinauszuschieben (z.Zt. geht man von einer genetisch bedingten Obergrenze von ca. 120 Jahren aus), doch sollte es das Ziel der (geriatrischen) Medizin sein, primär die gegebene Lebensspanne in ihrer Qualität zu verbessern. Die Akutmedizin, die erfolgreich Leben verlängert, kann nicht die damit einherehende Zunahme chronischer (Alters-)Krankheiten aufhalten.

Wenn auch über die ursächlichen Zusammenhänge des Alterns noch keine Einigkeit besteht, so gibt es doch Empfehlungen zur Prävention von Erkrankungen im Alter. Eine ausgewogene Ernährung, körperliche und geistige Aktivitäten (Sport, »Gehirn-Jogging«, soziale Kontakte), Hygiene und Vorsorgeuntersuchungen gelten als die wichtigsten Ansatzpunkte einer erfolgreichen Geroprophylaxe. Die G. verfügt nicht über Mittel, die Alternsprozesse zu stoppen oder gar umzukehren. Geriatrische Medizin bedeutet, Krankheiten vorzubeugen, sie nach Auftreten so lange als möglich aktiv therapeutisch zu bekämpfen, den Lebenswillen zu stärken und schließlich Unheilbares fürsorglich zu begleiten und Leiden zu lindern (Palliativmedizin). Hierzu gehört der Respekt vor dem Unabwendbaren genauso wie die Achtung des Willens des Patienten. Dies sollte genauso für demente und verwirrte Patienten gelten und auch dann, wenn deren Wille nur noch aus Gebärden und Verhalten abgeleitet werden kann. Die Verordnung von Maßnahmen muß sich immer an der Erhaltung subjektiver Lebensqualität orientieren und die verbleibende Lebensspanne berücksichtigen. Dem Patienten sollten also im vermeintlichen Interesse seiner Gesundheit weder bisherige Lebensgewohnheiten verboten noch Behandlungsmaßnahmen aufgezwungen werden. Hier kann ein rechtzeitig niedergelegtes »Patiententestament« Verfügungen für den Fall treffen, daß der Kranke sich nicht mehr selbst artikulieren kann. Wenn auch solche Patienten- oder Pflegetestamente die Ärzte, Pfleger und die Angehörigen nicht völlig von ihrer verantwortlichen Entscheidung entbinden, so sind sie doch in der betreffenden Situation juristisch und moralisch eine wertvolle Orientierungshilfe.

Trotz unstrittig wachsender Bedeutung fehlt der G. bisher weitgehend eine Eigenständigkeit innerhalb der Medizin. So gibt es z.B. keine Facharztbezeichnung »G.«, lediglich für Internisten und Psychiater besteht »Klinische G.« als sog. fakultative Weiterbildung.

Ob sich die G. endgültig als eigener medizinischer Fachbereich etabliert (Spezialisierung der G.) oder ob einzelne medizinische Sparten stärker von geriatrischem Wissen und ihrer Sichtweise durchdrungen werden (Geriatrisierung der Medizin), darüber herrscht derzeit noch keine Einigkeit. Für die SozArb/SozPäd wird – gerade hinsichtlich zunehmender Interdisziplinarität in der Altenhilfe – auch geriatrisches Wissen an Bedeutung gewinnen. Möglichkeiten zur Weiterbildung bieten z.B. die Aufbaustudiengänge für (Fach-)Hochschulabsolventen in Gerontologie und Psychogerontologie der Universitäten Osnabrück, Kassel und Erlangen-Nürnberg. *S. Dellith/G. Hopfengärtner*

Literatur: M.M. Baltes/H. Gutzmann: Brennpunkt Gerontopsychiatrie. Internationale Pflegekonzepte zu Langzeitbetreuung in der Altenhilfe, Hannover 1990; P.B. Baltes/J. Mittelstraß (Hrsg.): Zukunft des Alterns und gesellschaftliche Entwicklung, Akademie der Wissenschaften zu Berlin, Forschungsbericht 5, Berlin 1992; BMFuS (Hrsg.): Erster Altenbericht der Bundesregierung, Bonn 1993; J. Bruder/C. Lucke/A. Schramm/H.P. Tews/H. Werner: Was ist Geriatrie? Expertenkommission der Deutschen Gesellschaft für Geriatrie und Deutschen Gesellschaft für Gerontologie zur Definition des Faches Geriatrie, Rügheim 1991; K. Dörner/U. Plog: Irren ist menschlich – Lehrbuch der Psychiatrie/Psychotherapie, Bonn [5]1989; I. Füsgen/M. Gadomski (Hrsg.): Der geriatrische Patient, München 1989; E. Grond: Praxis der psychischen Altenpflege, Betreuung körperlich und seelisch Kranker, Leitfaden für ausbildende Ärzte, Schwestern, Helfer, Sozialarbeiter und pflegende Angehörige, München [6]1987; E. Grond: Die Pflege und Begleitung depressiver alter Menschen, Hannover 1993; M.D. Hafner/A. Meier: Geriatrische Krankheitslehre, Teil I: Gerontopsychiatrische und neuropsychiatrische Syndrome, Bern 1993; W. Kruse/Th. Nikolaus: Geriatrie, Berlin 1992; E. Lang: Geriatrie – Grundlagen für die Praxis, Stuttgart [2]1981; E. Lang (Hrsg.): Praktische Geriatrie, Stuttgart 1988; W. D. Oswald/W.H. Herrmann/S. Kanowski/U. Lehr/H. Thomäe (Hrsg.): Gerontologie, Stuttgart 1991.

Zeitschriften:
Altenpflege, Zeitschrift für Gerontologie und Geriatrie, Zeitschrift für Gerontopsychologie und -psychiatrie.

Gerichtsbarkeit

G. ist Ausübung der Rechtspflege, insbesondere der Rechtsprechung durch Gerichte, die über Streitigkeiten zwischen Bürgern, zwischen Bürgern und Staat und zwischen Staatsorganen entscheiden. Die Rechtsprechung ist prinzipiell von den anderen staatlichen Funktionen abgesondert, um die verfassungsrechtliche Unabhängigkeit der Gerichte zu sichern. Diese Unabhängigkeit (geregelt in Art. 97 GG) ist in zweifacher Hinsicht gegeben: die sachliche Unabhängigkeit dadurch, daß dem Richter keine Weisungen erteilt werden dürfen; die persönliche Unabhängigkeit durch die Unabsetzbarkeit des Richters. Um diese Unabsetzbarkeit eines Richters und seine Unbeeinflußbarkeit zu gewährleisten, wird die Rechtsprechung in der BRD ganz überwiegend von Berufsrichtern vorgenommen. Die Richter werden auf Lebenszeit berufen. Mit zur Unabhängigkeit der Gerichte gehört die Garantie des gesetzlichen Richters (Art. 101 GG). Das bedeutet, daß das zuständige Gericht vorher durch Gesetz und daß der zuständige Richter innerhalb des Gerichts vorher durch Geschäftsverteilung festgelegt sind. Das Gericht darf nicht erst gebildet werden, wenn ein konkreter Fall zu behandeln ansteht, denn dies wäre ein verfassungsrechtlich unzulässiges Ausnahmegericht. Die Zusammensetzung eines Gerichts darf auch nicht im Hinblick auf einen Einzelfall geändert werden, das wäre sonst

eine Entziehung eines gesetzlichen Richters. Neben den Berufsrichtern urteilen in einer Reihe von Fällen ehrenamtliche Richter, die auf Zeit berufen werden.
Die G. gliedert sich im Rahmen der deutschen Gerichtsverfassung dem Wesen nach in die Verfassungs-, Zivil-, Straf- und Verwaltungsgerichtsbarkeit; nach Gerichtszweigen in die ordentliche G., die Arbeitsgerichtsbarkeit, die allgemeine Verwaltungsgerichtsbarkeit und die besondere Verwaltungsgerichtsbarkeit (Finanz-, Sozial-, Disziplinar- und Wehrdienstgerichtsbarkeit) sowie die Patentgerichtsbarkeit und die Ehrengerichtsbarkeit (Berufsgerichte). Eine Sonderstellung nimmt die Verfassungsgerichtsbarkeit ein (Verfassungsgerichte in den meisten Ländern, das BVerfG im Bereich des Bundes) (Übersicht S. 240). Die ordentlichen Gerichte entscheiden in Zivilsachen und Strafsachen. Zivilsachen sind insbesondere Rechtsstreitigkeiten aus Kauf, Miete, wegen Schadensersatzansprüchen aus unerlaubten Handlungen und Grundstücksstreitigkeiten, alle Familien-, Ehe- und Vormundschaftssachen, Erbrechtsstreitigkeiten und alle Fragen des Handelsrechts. Die ordentlichen Gerichte entscheiden auch in allen Strafsachen. In Zivilsachen von geringerem Streitwert entscheidet in erster Instanz das Amtsgericht mit einem Einzelrichter und in der Berufungsinstanz das Landgericht in der Besetzung mit 3 Berufsrichtern. Bei höheren Streitwerten entscheidet in erster Instanz das Landgericht in der Besetzung mit 3 Richtern, in der Berufungsinstanz das Oberlandesgericht, das z.T. andere, historische Bezeichnungen hat (Kammergericht in Berlin), mit 3 Richtern und in der Revisionsinstanz der Bundesgerichtshof in der Besetzung mit 5 Richtern. Familien-, Vormundschafts-, Vollstreckungs-, Konkurs- und Nachlaßgerichte sind besondere Abteilungen der Amtsgerichte mit besonderer Aufgabenzuweisung.
In der ersten Instanz und in der Berufung erfolgt eine vollständige Überprüfung des Streites, und zwar sowohl in tatsächlicher Hinsicht (der Sachverhalt wird jedesmal neu untersucht) wie auch in rechtlicher Hinsicht. Die Revision ist dagegen eine rein rechtliche Überprüfung. Neue tatsächliche Untersuchungen sind hier ausgeschlossen.
In Strafsachen werden meist ehrenamtliche Richter an der Urteilsfindung beteiligt.
In Strafsachen, die Straftaten mit geringerem Schweregrad zum Gegenstand haben, entscheidet in erster Instanz das Amtsgericht mit einem Richter, sog. Strafrichter. Bei Straftaten mit höherem Schweregrad entscheidet das Amtsgericht als erste Instanz mit einem Berufsrichter und 2 ehrenamtlichen Richtern, die Schöffen genannt werden. In der Berufungsinstanz entscheidet das Landgericht mit einem Berufsrichter und 2 ehrenamtlichen Richtern, sog. kleine Strafkammer. Die sog. große Strafkammer des Landgerichts (3 Berufsrichter und 2 ehrenamtliche Richter) entscheidet in erster Instanz über Verbrechen; für bestimmte Verbrechen ist das Schwurgericht beim Landgericht zuständig (ebenfalls mit 3 Berufsrichtern und 2 ehrenamtlichen Richtern besetzt). Das Oberlandesgericht mit einem Strafsenat von 5 Berufsrichtern entscheidet als erste Instanz in bestimmten Staatsschutzsachen und über Revisionen der Berufungsurteile der kleinen Strafkammern. Erstinanzliche Urteile des Landgerichts sind nur unter bestimmten Voraussetzungen mit der Revision bei dem Oberlandesgericht angreifbar, ansonsten beim Bundesgerichtshof. Erstinstanzliche Urteile des Oberlandesgerichts können ebenfalls mit der Revision bei den mit 5 Berufsrichtern besetzten Senaten des Bundesgerichtshofs angegriffen werden.
Die Darstellung der ordentlichen G. zeigt die komplizierte Verästelung der rechtsprechenden Gewalt auf, wobei zusätzliche Besonderheiten, wie bei den Streitigkeiten im Handelsrecht, auftreten können. Die G. mit ihrem komplizierten Aufbau ist für den betroffenen Bürger nur schwer durchschaubar. Nicht selten fühlt er sich gegenüber den Gerichten deshalb nicht als ernstgenommenen Beteiligten an einem Rechtsstreit, sondern als bloßes Objekt. Die Inanspruchnahme der ordentlichen Gerichte durch den Bürger geschieht daher häufig nur über Rechtsanwälte (*Rechtsverwirklichung*). Eine weitere Erschwernis für den Recht suchenden Bürger stellt es dar, daß die Gerichte für ihre Tätigkeit nach dem Streitwert berechnete Gebühren verlangen. In verschiedenen gerichtlichen Verfahren (insbesondere zivilrechtlichen Streitigkeiten) wird die Tätigkeit des Gerichts von einem Gerichtskostenvorschuß abhängig gemacht, den derjenige, der sein Recht sucht, erst einmal vorstrecken muß, auch wenn im Ergebnis dafür der unterlegene Teil aufzukommen hat. Hinzu kommen die Kosten für einen Rechtsanwalt, die der Unterliegende ebenfalls zahlen muß. Das erhebliche Kostenrisiko verhindert nicht selten ein Anrufen des Gerichts. Parteien mit geringem Einkommen erhalten deswegen unter bestimmten Voraussetzungen auf Antrag vom Gericht Prozeßkostenhilfe. Bewilligung von Prozeßkostenhilfe bewirkt, daß die Staatskasse die Gerichtskosten nur nach Maßgabe der gerichtlichen Entscheidung (z.B. Raten) geltend machen kann und, soweit eine Vertretung durch Anwälte vorgeschrieben ist, ggf. auch sonst, der Partei ein von ihr gewählter, zur Vertretung bereiter, sonst ein vom Gericht bestellter Rechtsanwalt beigeordnet wird, der durch die Staatskasse vergütet wird, soweit seine Vergütungsansprüche gegen die von ihm vertretene Partei betroffen sind (i.e. Roscher).
Die Verwaltungsgerichte entscheiden in Streitigkeiten zwischen dem Bürger und dem Staat, so in Baufragen, in Fragen der Zulassung zu einer Schule oder Universität, in Streitigkeiten nach dem BAföG oder in Streitigkeiten des Beamtenrechts. Der Gerichtsaufbau der Verwaltungsgerichtsbarkeit ist ähnlich wie bei den ordentlichen Gerichten, wenn auch klarer. Auch hier wirken in der ersten und zweiten Instanz ehrenamtliche Richter mit. In der ersten Instanz entscheidet das Verwaltungsgericht, in der Berufungsinstanz das Oberverwaltungsgericht und als Revisionsinstanz das BVerwG.
Die Finanzgerichte entscheiden in allen Steuerstreitigkeiten, also beim Streit des Bürgers mit seinem Finanz

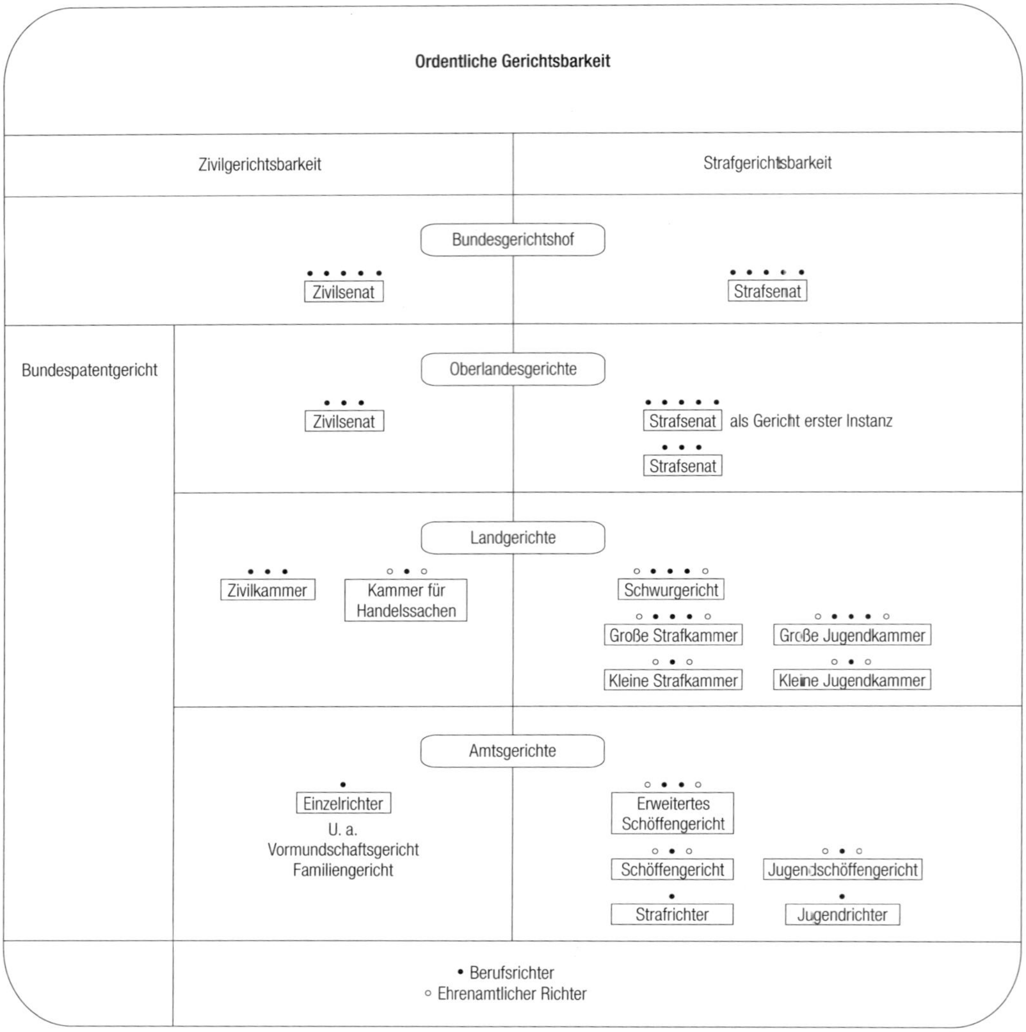

Bundesverfassungsgericht				Verfassungsgerichte der Länder		
	Ordentliche Gerichtsbarkeit		Arbeits-gerichtsbarkeit	Sozial-gerichtsbarkeit	Verwaltungs-gerichtsbarkeit	Finanz-gerichtsbarkeit
Oberste Instanz	Bundesgerichts-hof		Bundesarbeits-gericht	Bundessozial-gericht	Bundesverwaltungs-gericht	Bundesfinanz-hof
Mittlere und untere Instanz	Bundes-patent-gericht	Oberlandes-gerichte Landgerichte Amtsgerichte	Landesarbeits-gerichte Arbeitsgerichte	Landessozial-gerichte Sozialgerichte	Oberverwaltungs-gericht Verwaltungsgerichte	Finanzgerichte

amt. In der ersten Instanz entscheidet das Finanzgericht, eine Berufungsinstanz gibt es nicht. Die Entscheidungen des Finanzgerichts werden in rechtlicher Hinsicht vom Bundesfinanzhof als Revisionsinstanz überprüft.
Die Sozialgerichte entscheiden in allen sozialversicherungsrechtlichen Fällen wie Arbeitslosenunterstützungs- und Rentenfragen. Auch hier wirken neben den Berufsrichtern ehrenamtliche Richter mit. In erster Instanz entscheidet das Sozialgericht, in zweiter Instanz das Landessozialgericht und als Revisionsinstanz das Bundessozialgericht.
Die Arbeitsgerichte entscheiden u.a. in allen Rechtsstreitigkeiten zwischen Arbeitnehmer und Arbeitgeber, ferner in Streitigkeiten nach dem *Betriebsverfassungsgesetz* und dem Mitbestimmungsgesetz. In erster Instanz entscheidet das Arbeitsgericht mit einem Berufsrichter und je einem ehrenamtlichen Richter aus Kreisen der Arbeitnehmer und der Arbeitgeber. In der Berufungsinstanz entscheidet das Landesarbeitsgericht mit einem Berufsrichter und ebenfalls je einem ehrenamtlichen Richter aus den Kreisen der Arbeitnehmer und der Arbeitgeber. In Revisionssachen entscheidet das Bundesarbeitsgericht mit 3 Berufsrichtern und wiederum je einem ehrenamtlichen Richter aus Kreisen der Arbeitnehmer und der Arbeitgeber.
Die Verfassungsgerichte der Länder sind unterschiedlich zusammengesetzt. Neben den Verfassungsgerichten der Länder gibt es das Bundesverfassungsgericht (BVerfG), dessen Richter je zur Hälfte vom Bundestag und vom Bundesrat für die Dauer von 12 Jahren gewählt werden (*Verfassungsrecht*). Das BVerfG besteht aus 2 Senaten mit je 8 Richtern. Es entscheidet in erster Linie über Verfassungsbeschwerden von Bürgern. Um eine zu starke Inanspruchnahme des Gerichts zu verhindern, entscheidet das BVerfG nur, wenn der Rechtsweg erschöpft ist. Das bedeutet, daß ein Recht suchender Bürger erst alle Instanzen der für seine Rechtsstreitigkeit zuständigen G. durchlaufen muß, bevor er das BVerfG anrufen kann. Das BVerfG entscheidet außerdem bei Streitigkeiten zwischen Bundesorganen, wie dem Bundestag, dem Bundesrat, der BReg und dem Bundespräsidenten. Auch in Streitigkeiten über die Verfassungsmäßigkeit einer Partei ist ausschließlich das BVerfG zuständig.
Die Darstellung der Besonderheiten in der G. in den neuen Bundesländern während einer Übergangszeit nach Herstellung der Einheit Deutschlands erübrigt sich, nachdem die neuen Länder die personellen und sachlichen Voraussetzungen für die Einrichtung der nach der Gerichtsverfassung der BRD vorgesehenen Gerichte geschaffen haben. *E. Körting/C. Hübner*

Literatur: R. Herzog, in: Maunz/Dürig/Herzog/Scholz: Kommentar zum Grundgesetz, Art. 97 und Art. 101; D. Kreft/J. Münder u.a.: Soziale Arbeit und Recht, Weinheim [4]1994; Minister für Wissenschaft und Forschung – Landeszentrale für politische Bildung (Hrsg.): Legislative, Exekutive, Rechtsprechung, Düsseldorf 1977; F. Roscher: Außergerichtliche und gerichtliche Rechtverwirklichung, in: Kreft/Münder u.a. 1994, 126–173.

Gerichtshilfe

Im Gegensatz zur *Jugendgerichtshilfe* führt die G. für Erwachsene ein Schattendasein. Das hängt sicher damit zusammen, daß sie erst 1975 und dazu in sehr unverbindlicher Form gesetzlich institutionalisiert wurde. Im Ermittlungsverfahren kann sie von der Staatsanwaltschaft herangezogen werden, um die Umstände zu ermitteln, die für die Bestimmung der Rechtsfolgen von Bedeutung sind (§ 160 Abs. 3 StPO); das erscheint besonders angebracht bei Erstbeschuldigten, Jungerwachsenen bis zum 27. Lebensjahr, älteren Beschuldigten, Personen mit psychischen Auffälligkeiten und in allen Fällen, in denen die Verhängung einer freiheitsentziehenden oder ambulanten Sanktion zu erwägen ist. Im Vollstreckungsverfahren kann sich das Gericht oder die Vollstreckungsbehörde der G. zur Vorbereitung von Entscheidungen bedienen, die dem Urteil nachfolgen; dies kommt insbesondere vor einer Entscheidung über den Widerruf der Strafaussetzung oder der Aussetzung des Strafrestes in Betracht, sofern nicht ein Bewährungshelfer bestellt ist (§ 463d StPO) (*Bewährungshilfe*). Außerdem kann die Erwachsenengerichtshilfe zur Vorbereitung von Gnadenentscheidungen eingeschaltet werden.
Nach eigener Selbstdarstellung durch den Vorsitzenden der AG Deutscher Gerichtshelfer ist die »allzu häufig in das Nach- und Gnadenverfahren abgedrängte« G. in erster Linie SozArb im Bereich der psychosozialen Diagnose, in deren Mittelpunkt das gezielte methodische Gespräch mit dem Beschuldigten/Angeklagten und Personen seines sozialen Umfeld steht; ihre »Ermittlungen und Erkenntnisse« werden der Strafjustiz berichtet »ohne Rücksicht darauf, ob ent- oder belastende Tatsachen und Beurteilungskriterien überwiegen«.
Kennzeichnend für die Rolle der G. insgesamt ist es danach, daß ihr Einsatz im Belieben der Justizorgane steht. Gesetzliche Angaben, wann und wie die G. tätig wird und welche verfahrensrechtliche Stellung sie hat, fehlen fast vollständig. Lediglich in länderinternen Verwaltungsvorschriften sind z.T. Aufgabenbeschreibungen enthalten (z.B. in der Gerichtshelferdienstordnung von Baden-Württemberg).
Die unbefriedigende Stellung der G. wird noch dadurch verstärkt, daß den Ländern die tatsächliche Einführung und Organisation überlassen bleibt (Art. 294 EStGB). Zwar haben alle Länder inzwischen G. eingerichtet und mit SozArb/SozPäd besetzt, die Zahl der Stellen aber sehr gering bemessen. Organisatorisch ist die G. der Justizverwaltung zugeordnet worden, und zwar bezeichnenderweise den Staatsanwaltschaften bei den Landgerichten, so daß sie eher die Bezeichnung »staatsanwaltliche Ermittlungshilfe« verdient. In den meisten Ländern ist sie mit der Bewährungshilfe, z.T. auch mit der SozArb im Vollzug, zu einem Sozialen Dienst der Justiz zusammengefaßt.
Bei der G. sind Bestrebungen erkennbar, von der reinen Ermittlungstätigkeit wegzukommen und die fürsorgerischen Aufgaben mehr in den Vordergrund zu rücken.

In diesem Zusammenhang sind auch Modellversuche wie Frühhilfe, Haftentscheidungshilfe, Haftvermeidungshilfe (»Gemeinnützige Arbeit statt Ersatzfreiheitsstrafe«), Opferhilfe sowie Gruppenarbeit mit wiederholt auffälligen Verkehrsstraftätern (einschließlich »Führerschein statt Gefängnis«) zu sehen, bei denen die G. beteiligt ist. Dies bleiben aber Alibifunktionen, solange die Strafjustiz nicht mehr als bisher bereit ist, soziale Gesichtspunkte bei ihren Entscheidungen zu berücksichtigen. *A. Brühl*

Literatur: F. Berckhauer: Soziale Dienste in der Strafrechtspflege 1953–1983 (Auswahlbiografie, 89–109), Bonn 1985; P. Block: Rechtliche Strukturen der Sozialen Dienste in der Justiz, Wiesbaden 1993, 47ff.; A. Brühl: Strafrecht für Sozialarbeiter, Weinheim/Basel [2]1986; K.H. Groß/W. Schädler (Hrsg.): Kriminalpolitischer Bericht für den Hessischen Minister der Justiz, Wiesbaden 1990; R.D. Hering: Gerichtshilfe – der psychosoziale Grundlagendienst der Justiz, in: Rundbrief Soziale Arbeit und Strafrecht Nr. 16/1990, 20, 25; R.D. Hering: Fortentwicklung der Gerichts- und Bewährungshilfe, in: Bewährungshilfe 1992, 169–176.

Gerontologie

Die G. als Wissenschaft vom Altern ist eine relativ junge Disziplin. Ihr Gegenstand ist das Altern – nicht »das *Alter*« oder der ältere Mensch, wie oft mißverständlich angenommen wird. Vielmehr sprechen Gerontologen primär vom Altern als Prozeß, von individueller und kollektiver Entwicklung und Veränderung im Rahmen des Strukturwandels der *Gesellschaft*. Gerontologische Untersuchungen haben dabei aufgezeigt, daß nicht von einem universell (für alle Menschen) und generell (für alle Lebensfähigkeiten und -bereiche) verlaufenden Alternsprozeß auszugehen ist. Vielmehr wird vom differentiellen Altern gesprochen, je nach sozialer Lage und Geschlechtszugehörigkeit, gesundheitlicher Situation, Lebensform, Art des Erlebens und Verhaltens im Rahmen der Lebensgeschichte und nach weiteren mikro- und makrosozialen Kriterien. Im folgenden wird die gerontologische Sichtweise beschrieben als Analyse intra- und interindividueller Veränderungen (1), als multidimensionales Geschehen (2) mit multidirektionalen Verläufen (3) unter multikausaler Rahmung (4) im sozialen und strukturellen Kontext.

1. Grundsätzlich ist Altern als ein das ganze Leben begleitender Vorgang des Älterwerdens zu verstehen und ist nicht identisch mit einem durchgehenden Abbauprozeß, wie es negative Stereotype des Alters nahelegen. Vielmehr hat die G. in allen Altersgruppen eine breite Varianz intra- und interindividueller Merkmalsausprägungen aufgezeigt. Die Unterschiedlichkeit menschlichen Verhaltens und von Erlebens- und Bewältigungsmustern nimmt mit wachsendem Alter sogar noch zu. *Intraindividuell*, also in den vielfältigen Eigenschaften und Merkmalen einer Person, verlaufen organische, physiologische und psychische Alternsprozesse unterschiedlich in Intensität und Tempo. Leistungsstärken bei einem Teil der Fähigkeiten, die aufrechterhalten oder ausgebaut werden können, und Leistungsschwächen oder Leistungsabnahmen bei einem anderen Bereich von Fähigkeiten existieren nebeneinander. *Interindividuelle Veränderungen* beziehen sich auf Alternsverläufe beim Vergleich mehrerer Personen, z.B. Mitgliedern verschiedener Altersgruppen, der Geschlechter, von Stadt- und Landbewohnern, Armen und Reichen, Mitgliedern unterschiedlicher Familien- und Verwandtschaftsnetze usw. Dabei variiert nicht nur das Altern von Personen oder Personengruppen einer Jahrgangsgruppe, auch im historischen Ablauf verläuft das Altern ganzer Generationen ungleichmäßig.

2. G. versteht Altern des weiteren als *multidimensionalen Prozeß*. Alternsverläufe sind in vielfachen Facetten des Lebens zu beobachten: in der körperlichen Dimension, im psychischen Bereich, in der Art sozialer Beziehungen, den Alltagsbeschäftigungen usw. In der Realität existieren vielfältige Kombinationen zwischen diesen Dimensionen. Das Spektrum reicht von der Kumulation privilegierender Lebensumstände, Kompensation von Verlusten durch Konstanz oder Ausbau anderer Lebensbereiche und Aktivitäten bis hin zur Kumulation von Benachteiligungen und zum Rückzugsverhalten.

3. Schließlich wird Altern von der G. als *multidirektionaler Prozeß* gesehen. Dies bedeutet Entwicklung in verschiedene Richtungen: Die Dynamik von Alternsverläufen kann bei einem Teil individueller Fähigkeiten (z.B. der Bewegungsfähigkeit und Reaktionsschnelligkeit) in negative Richtung (zeigt also Einbußen und Verluste), in anderen Dimensionen (z.B. Erfahrungswissen) in die Richtung von Ausdifferenzierung und Reifung weisen. Altersbilder hängen davon ab, was von den alternden Menschen, ihren Bezugspersonen sowie von der Öffentlichkeit und Altenpolitik als wichtig erachtet wird: Ist die Blickrichtung auf Verluste fixiert, oder werden auch Reserven, Entwicklungschancen wahrgenommen?

4. Die Wissenschaft vom Altern sucht nach Ursachen und Bedingungen von Alternsverläufen und versteht Altern als *multikausalen Prozeß*. Wie Menschen altern, stellt eine vielfache Verknüpfung aus biologischen, sozialen, individuellen Ausprägungen der Person und Bedingungen der physikalischen, ökologischen Verfaßtheit der Umgebung dar. G. als Wissenschaft vom Altern ist deshalb wesentlich multidisziplinäre Querschnittswissenschaft, sie hat Beiträge vieler Einzelwissenschaften im Rahmen einer interdisziplinären Anstrengung zu integrieren (hierbei und bei der Entwicklung übergreifender theoretischer Ansätze steht die G. noch in den Anfängen). Die genannten Person-Umwelt-Bedingungen wirken nicht nur in der aktuellen Situation; Alternsprozesse sind wesentlich auch von der Entwicklung in früheren Lebensphasen beeinflußt,

sind Teil der Biographie. Altern hängt zudem von historischen und epochalen Bedingungen ab sowie davon, in welcher Kultur und Region, mit welchen Werten Menschen einer Gesellschaftsform altern. Dabei darf nicht vergessen werden, daß die Menschen durch ihr Tun eben diese Ursachen, diese Bedingungen und Verhältnisse selbst mit beeinflussen. Dieser Aspekt verweist auf die Rolle der G. als anzuwendende und angewandte, praxisorientierte Wissenschaft. Der Anwendungsbezug der Alternswissenschaft wird z.B. in der Entwicklung von Konzepten und Maßnahmen einer »Interventionsgerontologie« deutlich, die versucht, sämtliche optimierenden, rehabilitativen, korrigierenden und präventiven Maßnahmen zur Beeinflussung des Alternsprozesses und Management von Problemsituationen konzeptionell zu entwickeln, praktisch umzusetzen und mit Hilfe geeigneter Forschungsinstrumente zu evaluieren. Neuerdings werden in Verbindung mit der SozArb Konzepte einer »sozialgerontologischen Interventionskompetenz« entwickelt.

G. als Versuch, Individuen und soziale Gruppen in ihren »biologisch-psychologisch-sozialen« Bezügen integriert zu betrachten, stellt also ein multidisziplinäres Fach dar, in das auf Alternsprozesse und Alternsformen bezogenes Grundlagenwissen und empirische Ergebnisse von verschiedenen Einzeldisziplinen aus dem Bereich der Natur-, Geistes- und Sozialwissenschaft eingehen. Damit von einer eigenständigen Disziplin mit interdisziplinärer Ausrichtung gesprochen werden kann, müssen ein eigener Begriffsapparat und ein dem Prozeßcharakter des Alterns angemessenes Methodenarsenal entwickelt werden. Dieser Anspruch konnte bisher nur ansatzweise eingelöst werden, zumal unter den beteiligten Disziplinen (vor allem zwischen Natur- und Sozialwissenschaft) unterschiedliche wissenschaftstheoretische Vorstellungen und *Paradigma*ta bestehen. Ebenso fehlt eine Theorie des Alterns, sofern es sie überhaupt geben kann. Gegenwärtig liegen einige bereichsspezifische Theorieansätze (Kompetenzansatz, Aktivitätsthese, Disengagementtheorie u.a.) im sozialgerontologischen Bereich vor.
Im Entstehungsprozeß der Disziplin entwickelte sich die G. zunächst als Absplitterung aus dominierenden Einzelwissenschaften, z.B. im Rahmen der Medizin oder Entwicklungs*psychologie*. Nach der Durchführung multidisziplinär besetzter Forschungsprogramme in den 60er Jahren und der Gründung interdisziplinärer Arbeitsgruppen seit Ende der 70er Jahre, in denen Vertreter verschiedener Fächer miteinander kooperieren, ist ein Kommunikationsnetz gerontologisch arbeitender Wissenschaftler und Praktiker entstanden, das sich auf Tagungen, in Zeitschriften und Publikationen sowie in der Deutschen Gesellschaft für Gerontologie und Geriatrie (DGGG) und in der Teilnahme an internationalen Wissenschaftlervereinigungen manifestiert. In den 80er Jahren sind an einigen Hochschulen desweiteren Aufbaustudiengänge in Sozialer Gerontologie (Kassel), Gerontologie bzw. Psychogerontologie (Heidelberg und Erlangen-Nürnberg) und in Alternswissenschaften (Osnabrück-Vechta) mit entsprechenden Diplomabschlüssen oder Zertifikaten entstanden. Eindeutige, gegenüber anderen Berufsgruppen abgrenzbare Berufsprofile des Gerontologen/der Gerontologin bzw. des Sozialgerontologen/der Sozialgerontologin stehen gegenwärtig ebenso aus wie abgestufte und sich ergänzende, gerontologisch begründete Tätigkeitsbeschreibungen und Qualifikationserfordernisse verschiedener Berufsgruppen (Pflegeberufe, *soziale Berufe*, Professionen im Rahmen von *Prävention* und *Rehabilitation*; *Beratung*, Therapie, *Planung* und Leitung).
Die fachliche Aufgabe der Sozialen G., Wissensbestände mehrerer Disziplinen zu integrieren und nicht nur additiv aneinanderzureihen, ist mit ähnlichen Herausforderungen zu vergleichen, wie sie sich angesichts der Pluralität vieler Fachzugänge auch für eine »Sozialarbeit als Wissenschaft« ergeben. Während es schwierig sein dürfte, auf der Basis von Teilaspekte der menschlichen Existenz erforschenden Einzeldisziplinen (z.B. der Psychologie, *Soziologie*, *Pädagogik* oder Medizin) eine multidisziplinäre Ausrichtung zu begründen, bestehen Entfaltungschancen für eine sozialwissenschaftlich und anwendungsorientierte G. im Rahmen der SozArb. Der Beitrag von SozArb in der *Altenarbeit* ist mehrdimensional; er zielt nicht nur unmittelbar auf *Individuen*, sondern auch auf deren Umfeld und *Netzwerke* sowie auf die institutionellen Rahmenbedingungen. SozArb kann gegenüber spezialisierten Berufsgruppen eine umfassendere Gesamtsicht entwickeln, sie berücksichtigt die Auswirkungen gesellschaftlicher Bedingungen und lebenslanger *Sozialisation*sprozesse auf das Altern und die Alterssituation.
Weil und wenn SozArb/SozPäd sich nicht auf Einzelaspekte von sozialen und individuellen Problemlagen und Entwicklungspotentialen eingrenzt, sondern sozialwissenschaftliches Wissen mehrerer Fächer mit methodischen Prinzipien von Casework, Gruppenarbeit und Gemeinwesenorientierung verknüpft (*Methoden der Sozialarbeit und Sozialpädagogik*), sollte sie mit ihrer generalistischen Kompetenz und der konkreten Anwendung auf Brennpunkte der Praxis zur Integration verschiedener Wissenstraditionen und Praxiskonzepte in der Sozialen G. beitragen können. Ob die Integration einer angewandten G. bereits in der grundständigen Ausbildung von SozArb/SozPäd geleistet werden kann, ist strittig.
Praktiker und Lehrende der SozArb brauchen institutionell verankerte Handlungsspielräume (z.B. durch Forschungsmöglichkeiten an den FHS und die Installierung von Aufbaustudiengängen in G. und Pflegewissenschaften), um den Rückkopplungsprozeß zwischen Hochschule und Praxisfeld organisieren und evaluieren zu können. Im Kasseler Aufbaustudiengang Soziale G. wird solches versucht: wissenschaftliche Erkenntnisse der Sozialen G. in berufliches Handeln zu transformieren, Felderfahrungen der Praktiker in Wissenschaft und Forschung aufzunehmen und damit letztlich auch die strukturellen Rahmenbedingungen der Arbeit mit älteren Menschen zu verändern.
Dies geschieht auf Basis der in den Arbeitsfeldern real

stattgefundenen Veränderungen. In den letzten 10 Jahren gerontologisierten sich Berufsfelder der *Sozialen Arbeit.* In Krankenhäusern, Sozialen und Sozialpsychiatrischen Diensten (*Psychiatrie*) und der *Ausländer*arbeit haben SozArb immer öfter mit älteren Menschen zu tun. Mit der Vorruhestandsregelung hat sich ein neues sozialpädagogisches Betätigungsfeld zur Vorbereitung auf das Alter, für Bildungs- und Freizeitaktivitäten und für die Gestaltung der »dritten Lebensphase« erschlossen. Schließlich werden im Rahmen von Reformmaßnahmen und Modellversuchen im Bereich der Altenhilfe zunehmend SozArb eingesetzt, da sie besonders dafür geeignet sind, sowohl mit der Zielgruppe zu arbeiten, begleitende und unterstützende Netzwerke aufzubauen als auch Ressourcen aus dem Gemeinwesen zu erschließen. Ziel sozialer Altenarbeit ist dabei letztlich die Erhaltung der menschlichen Würde und der individuellen Persönlichkeit im Alternsprozeß. Dies erfordert sowohl eine globale Absicherung von Lebensrisiken durch *Sozialpolitik* als auch mikrosoziale Unterstützung für die Aufrechterhaltung eines selbstgewählten, selbständigen Lebens in der eigenen Wohnung und die Bereitstellung von außerhäuslichen Handlungsspielräumen (*Altenhilfe/Altenarbeit, Geriatrie*).

In den 90er Jahren lassen sich somit Arbeits- und Einsatzfelder gerontologisierter SozArb in der Arbeit mit und für ältere Menschen in folgenden Bereichen aufzeigen: in der Lebensbegleitung und gemeindlichen Arbeit; hinsichtlich stadtteil- und raumbezogener sowie zugehender Angebote; im Rahmen vermittelnder, koordinierender und leitender Funktionen; in offenen und ambulanten Diensten für hilfs- und pflegebedürftige Menschen; in Akut-, Rehabilitations- und psychiatrischen Krankenhäusern; in teilstationären Einrichtungen wie der Tagespflege und Kurzzeitpflege; im Alten- und Pflegeheim auf bewohner-, mitarbeiter- und milieubezogener Ebene.

Auch wenn quantitativ gesehen SozArb/SozPäd in den Einrichtungen der Altenarbeit und des Gesundheitswesens sowie in weiteren mit dem Alternsprozeß befaßten gesellschaftlichen Institutionen eine Minderheitenposition einnimmt, so kommt ihnen inhaltlich doch eine wichtige verbindende Rolle im intergenerationellen Handlungszusammenhang zwischen *Klienten* bzw. Nachfragern, Angehörigen, Mitarbeitern und Gemeindemitgliedern zu. Im Zuge der *Professionalisierung* einer SozArb in diesem Arbeitsfeld müssen dabei auch Grenzen des Zugriffs von »Experten« auf die Lebensgestaltung von Menschen am Ende ihrer Lebensspanne aufgezeigt werden. Gerade die SozArb stellt eine Profession dar, die neben ihrem Beitrag zur Unterstützung sozial benachteiligter, hilfsbedürftiger und bedrohter Menschen die subjektive Lebenswelt und Autonomie ihrer Klientels zu bewahren und aufrechtzuerhalten sucht – und somit ggf. auf Intervention von außen verzichtet. *F. Karl*

Literatur: F. Karl: Sozialarbeit in der Altenhilfe, Freiburg 1993; W. D. Oswald u. a. (Hrsg.): Gerontologie, Stuttgart 1991; R. Schmitz-Scherzer/A. Kruse/E. Olbrich (Hrsg.): Altern – Ein lebenslanger Prozeß der sozialen Interaktion, Darmstadt 1990.

Geschichte der Sozialarbeit/Sozialpädagogik

Forschungsstand, Methoden und Tendenzen: Bis in die 70er Jahre war die historische Forschung in der *Sozialarbeit/Sozialpädagogik* nicht sehr gut entwickelt. Das hängt zum einen mit dem heterogenen Gegenstandsbereich zusammen, den wir »SozArb/SozPäd« nennen; zum anderen mit dem besonderen Charakter der Quellen, die in diesem Bereich ganz überwiegend Dokumente über die Armen, Kranken und Waisen mit einer entsprechenden Optik sind; schließlich mit der Schwierigkeit einer theoretischen Konzeptualisierung ihrer selbst, bei welcher die SozArb/SozPäd weitgehend der gesellschaftswissenschaftlichen Diskussion folgte.

Seit Ende der 70er Jahre sind jedoch eine Reihe historisch orientierter Untersuchungen erschienen, die unser Wissen über die Geschichte der SozArb/SozPäd beträchtlich erweitert haben. Dies ist wohl der allgemeinen Expansion des Faches zu danken sowie den gegenständlichen, methodischen und theoretischen Anregungen, die von den Nachbardisziplinen, insbesondere der neueren Sozialgeschichte, ausgingen und in denen Geschichtsschreibung der SozArb/SozPäd aufgegriffen wurden.

In diesen neueren Arbeiten zeichnet sich ein Wandel im historischen Selbstverständnis der SozArb/SozPäd ab: von einer selbstverständlich erscheinenden Identifikation mit der Tradition der »*Hilfe*« zu einer kritischen Betonung der Tradition sozialer »Disziplinierung«. Damit kann aber die Geschichte der SozArb/SozPäd nicht länger zur Selbsterhöhung des Faches und zur Legitimation seiner Expansion benutzt werden; eher ist sie nun eine Herausforderung, eine produktive Befremdung, die dem Gewohnten seine Selbstverständlichkeit nimmt und nach Alternativen ausschaut (Marzahn 1986).

Die folgende Skizze will die Grundzüge der Konstitution sozialer Probleme, ihrer institutionellen Beantwortung und der Theoretisierung des Zusammenhangs beider im Kontext der gesellschaftlichen Entwicklung in Deutschland darstellen. Strukturelle Zusammenhänge stehen im Vordergrund, das historische Einzelereignis hat exemplarischen Charakter. Einzelheiten sind den angegebenen Untersuchungen und den dort verarbeiteten Quellen und Studien zu entnehmen.

1. SozArb/SozPäd als Caritas: Die mittelalterliche, ständisch-feudale Gesellschaft meisterte soziale Not primär im Rahmen der bäuerlichen Großfamilie und der städtischen Zünfte und Korporationen (Scherpner 1963; Fischer 1979; Sachße/Tennstedt 1980).

Armen, deren Existenz hierdurch nicht gesichert war,

half das Almosen, das ihnen von den Reichen direkt oder über Kirchen und Klöster zuteil wurde. Kirchliche Hospitäler versorgten diejenigen, die sich auch durch Betteln nicht mehr erhalten konnten: Alte, Kranke, Gebrechliche, Sieche, Irre und Kinder. Die Armen bildeten einen eigenen Stand, den untersten in der sozialen Pyramide. *Armut* galt als gottgewollt, nicht als verächtlich (Th. v. Aquin). Den Reichen war sie Anlaß zu christlicher Caritas. Deren sündentilgende Wirkung war den Spendern wichtiger als die reale soziale Wirkung. So blieb das Almosenwesen planlos und taugte kaum zur Linderung individueller Not.

2. SozArb/SozPäd als Sozialdisziplinierung. Mit der Ausweitung von Handel, Verkehr und Geldwirtschaft löst sich die Sozialstruktur des Feudalismus seit dem 13. Jh. langsam auf. Verarmte und freigesetzte Landbevölkerung strömte in die Städte – die Bettler- und Vagabundenplage des ausgehenden 15. Jh. (Scherpner 1963; Fischer 1979; Sachße/Tennstedt 1980). Dieser Prozeß ist Teil der langandauernden historischen Scheidung von Produzent und Produktionsmittel, der sog. Ursprünglichen Akkumulation (Marx). Aus dem Handels- und Wucherkapital, dem Bodenkapital und den reichen Handwerkern rekrutiert sich die neue Klasse der Produktionsmittelbesitzer. Der doppelt freie Lohnarbeiter, der weder Teil der Produktionsmittel ist noch Verfügungsgewalt über diese besitzt, entsteht aus den expropriierten Bauern, verarmten Handwerkern, entlassenen Dienstboten und Söldnern. Die aufkommende Manufaktur konnte diese gewaltsam aus ihren sozialen Bezügen Vertriebenen nicht ebensoschnell assimilieren und absorbieren, wie sie freigesetzt wurden. Als Bettler und Vagabunden wurden sie daher durch Blutgesetzgebung und Bettlerjagden in ganz Europa verfolgt (Nürnberger Bettelordnung von 1478; die englischen Bettelgesetze von 1530, 1547 und 1572; die niederländischen Edikte von 1537 und 1614). So ist diese Periode insgesamt von einer gleichzeitigen Freisetzung und Einschließung der Armenbevölkerung gekennzeichnet.
Ende des 15. Jh. wandelte sich die Armenfürsorge in den Städten (Fischer 1979; Sachße/Tennstedt 1980). Durch ihre Übernahme erweiterten die städtischen Räte ihre politische Macht. Die Administration wird ausgebaut, die sich nun zwischen Almosenspender und -empfänger schiebt. Die Fürsorge wird kommunalisiert, nur ortsansässige Arme erhalten Unterstützung. Almosen und Bettellizenzen werden den arbeitsunfähigen Armen nach festgesetzten Kriterien der Bedürftigkeit zugeteilt. Arme, die man für arbeitsunwillig hält, werden bestraft. Armut gilt nun als individuelles Versagen; ihr darf auch nur individuell begegnet werwden. Da geschäftliche Tüchtigkeit und Erfolg die Leitsterne des Handwerkerstandes und insgesamt des aufsteigenden Bürgertums sind, wird Arbeit zur unbedingten Pflicht (so bei G. v. Kaysersberg, J.l. Vives, J. Major und sozialkritisch Th. Morus).
Gegenüber der bisherigen Praxis der Körperstrafen und Hinrichtung legt man im 17. Jh. zunehmend Gewicht auf die Erziehung und Besserung der Armen: »Was nutzet ein Dieb, der um 50 Gulden ist gehenket worden, sich oder diesem, dem er gestohlen, da er doch im Werkhaus in einem Jahr wohl viermal so viel verdienen kann?« (J.J. Becker 1688). Freiheitsentzug und Arbeitszwang werden zum dominierenden Straftypus.
Die zentrale Institution, mittels deren die Probleme des Übergangs gelöst werden sollten, ist das Zucht- und Arbeitshaus (auch Werk- oder Armenhaus oder Correctionsanstalt; Sachße/Tennstedt 1980 und 1981; Marzahn/Ritz 1984). Arbeitshäuser entstehen seit 1550 in allen entwickelten Ländern Europas (London 1555, Paris 1556, Amsterdam 1596/97, Bremen 1604, Lübeck 1605, Hamburg 1616, Danzig 1636, Bern 1614, Basel 1616, Freiburg 1617, Frankfurt/M. 1679). Gegründet wurden sie gegen die Bettelplage, mit der Absicht ihrer Besserung und weil sie Aussicht auf gute Profite boten. Ihre Insassen waren arbeitsfähige Bettler, Landstreicher, Prostituierte, Verbrecher, bisweilen Arme und Notleidende, Kranke und Irre, Witwen und Waisen. Das Zucht- und Arbeitshaus nimmt die alte, bewahrende Kloster- und Spitaltradition auf, fügt jedoch die neuen Strategien des Freiheitsentzuges und des Arbeitszwangs hinzu und schafft so etwas Neues und für die weitere Entwicklung sehr Bedeutsames: die Pädagogisierung sozialer Probleme, verstanden als der Versuch, soziale Problemlagen durch Verhaltensanforderungen an die Subjekte zu beseitigen.
Damit kann das Zucht- und Arbeitshaus als Paradigma frühbürgerlilcher *Sozialpolitik* gelten. Es vereinigt in sich Populationen und sozialpädagogische/-politische Funktionen, die im 18. und 19. Jh. einem Prozeß institutioneller Ausdifferenzierung unterworfen sind (Fabrik-, Erziehungs-, Gesundheitswesen, Strafvollzug, Pflegewesen, Sozial- und Rentenversicherung). In diesem Prozeß der schubweisen Differenzierung bilden sich besondere Personalstäbe heraus, die, legitimiert durch spezielle Kenntnisse und Kompetenzen, ein Monopol auf die Problemdeutung und -lösung der verschiedenen Bereiche erhalten.

3. SozArb/SozPäd als private Initiative: Mit beginnender Industrialisierung und der Herausbildung kapitalistischer Produktions- und Verkehrsformen entsteht das Lohnarbeitsverhältnis als allgemeiner Reproduktionstypus. Die Vermarktung der Arbeitskraft bedeutet die Privatisierung ihrer Produktion und ihrer Risiken. So entstehen Populationen, die sich temporär oder dauerhaft aus objektiven oder subjektiven Gründen nicht über den Verkauf ihrer Arbeitskraft reproduzieren können.
Durch die Bauernbefreiung und die Einführung der Gewerbefreiheit, in Preußen mit großer Verspätung erst zu Beginn des 19. Jh. durchgeführt, verloren große Teile der Bevölkerung ihren Lebensunterhalt.
Die Industrialisierung vollzog sich aufgrund von Kapitalmangel und geringen Produktionsverbesserungen sehr schleppend; die Bevölkerung hingegen wuchs. Das Resultat ist Massennot und Massenverelendung größten Ausmaßes (Pauperismus). Nach der aktiven Wirtschafts- und Sozialpolitik des merkantilistischen

Staates zur Herstellung des Verhältnisses von Lohnarbeit und Kapital beschränkte sich der Staat des Liberalismus (Köhler 1977) auf die globale Regulierung allgemeiner Produktionsbedingungen. Theoretiker des Liberalismus (A. Smith und insbesondere Th. R. Malthus) bestritten die Berechtigung einer besonderen Armenfürsorge; diese wäre ein Eingriff in das Gleichgewicht des Marktes bzw. die Naturnotwendigkeit der Armut. Die staatlichen Maßnahmen beschränkten sich auf den Schutz insbesondere der Kinder und Jugendlichen vor allzu krasser Schädigung und Ausbeutung (Preußisches Regulativ 1839, Gewerbeordnung von 1869 und 1891, Kinderschutzgesetz von 1903), den Schutz der Pflegekinder (1840, 1878), erste Arbeitsschutzgesetze (1845, 1869) und die Reorganisation der kommunalen Armenfürsorge (»Elberfelder System« 1852).
Die erste Hälfte des 19. Jh. ist die Zeit der privaten Initiative (Mollenhauer 1959/1987; Köhler 1977; Sachße/Tennstedt 1980 und 1981; Landwehr/Baron 1983/1991). Die unzähligen Vorschläge und Aktivitäten zur Lösung der »Sozialen Frage« lassen sich den gesellschaftlichen Hauptklassen folgendermaßen zuordnen: Das besitzende Bürgertum, in der Koalition mit den Arbeitern gegen den Adel noch Träger der frühbürgerlichen Sozialpolitik, zieht sich aus dieser weitgehend zurück; präventive Sozialmaßnahmen bleiben die Ausnahme und umfassen ideologisch ein weites Spektrum (R. Owen, F. Karkort, A. Krupp, C. F. v. Stumm-Holberg u. a.). Elementares Interesse an sozialen Verbesserungen haben das entstehende Proletariat und seine Theoretiker (W. Weitling, St. Born, K. Marx, F. Engels, F. Lassalle, A. Bebel, W. Liebknecht). Assoziationen aller Art sollten dies bewirken: Konsum- und Produktionsgenossenschaften, Hilfs-, Kranken-, Invaliden- und Sterbekassen, Betreuungs- und Pflegegemeinschaften, Lesegesellschaften und Bildungsvereine, die Arbeiterverbrüderung, die Gewerkschaften und die Arbeiterparteien. Sozialreform und Revolution sind die Pole des politischen Selbstverständnisses.
Mit besonderem Eifer diente schließlich das Kleinbürgertum seine Hilfe an. Die Rettungshausbewegung (J.H. Pestalozzi, J.J. Wehrli, J. Falk, Chr. H. Zeller, J.H. Wichern), die Einrichtung des Kindergartens (1840 durch F. Fröbel), die Kinderrettungsvereine (I. Wessenberg, A. Bräm), die evangelischen Jünglingsvereine (1805ff.), der »Katholische Gesellenverein« (1846) A. Kolpings und die zahllosen Initiativen, Vereine und Anstalten zur Unterstützung und »Versittlichung« der Eigentumslosen – alle diese Maßnahmen lindern ggf. individuelle Not, ändern aber nichts an den gesellschaftlichen Ursachen der Armut. Am Leitbild der heilen Familie und oft einer ständisch-patriarchalischen Sozialordnung orientiert, definieren sie den Armen zum Asozialen um, wollen ihn resozialisieren, indem sie ihn (in den Anstalten) von der Produktion absondern, und ersetzen allgemeine materielle Hilfen immer mehr durch modellhafte, individualisierende Besserungsprogramme. Im Anwachsen der industriellen Reservearmee und im erwachenden Selbstbewußtsein der Arbeiter sehen diese Zwischenschichten ihre Existenz bedroht. Der Abwehr dieser Gefahr gilt ihre Beschwörung des sozialen Ausgleichs.

4. SozArb/SozPäd als Beruf: Seit 1850 entwickelt sich Deutschland in einem stürmischen Aufschwung zu einem durchkapitalisierten Industriestaat, zyklisch unterbrochen durch Krisen und Stagnation (1857ff., 1873ff.). Die Auswirkungen dieser Entwicklung auf die Arbeiter, ihre völlig unzureichende Sicherung durch Lohn und Armenfürsorge und schließlich das Anwachsen der politisch bewußten Arbeiterbewegung und ihrer sozialpolitischen Forderungen bilden die Voraussetzung der Bismarckschen Arbeiterversicherungspolitik und Sozialgesetzgebung, mit welcher der Staat eine gewisse Verantwortlichkeit für die Risiken der Arbeiterexistenz anerkennt: Krankenversicherungsgesetz (1883), Unfallversicherungsgesetz (1884), Invaliden- und Altersversicherungsgesetz (1889).
Arbeiterpolitik und Armenpolitik treten nun auseinander. Durch die Etablierung der Sozialversicherung verändert sich die traditionelle Armenfürsorge. Ihr Anteil an der materiellen Sicherung nimmt ab; ihr Schwerpunkt verlagert sich von der äußeren auf die innere Not, von gesellschaftlichen auf individuelle Problemlagen, denen durch pädagogisch-psychologische Maßnahmen begegnet werden soll (Münchmeier 1982). Dem entspricht die Tendenz zur *Professionalisierung* der SozArb/SozPäd (C.W. Müller 1994/1992; Münchmeier 1982; Landwehr/Baron 1983/1991), die aus der Frauenbewegung das Element der sozialen Mütterlichkeit in sich aufnimmt (Peters 1984; Sachße 1986), dem Vorwurf des Dilettantismus entgegenwirken soll und sich nach der Jahrhundertwende in den ersten sozialpädagogischen Ausbildungsstätten und der Vermehrung hauptamtlicher Kräfte manifestiert (*Ausbildung*, *Ehrenamtliche Helfer*, *soziale Berufe*).
Die Kooperation zwischen privater und öffentlicher Fürsorge wird reorganisiert und nach dem Prinzip der *Subsidiarität* (der Nachrangigkeit staatlicher Initiative) geregelt. Die älteren Verbände der freien Wohlfahrt (»Innere Mission« 1848, »Rotes Kreuz« 1863, »Dt. Verein für Armenpflege und Wohltätigkeit« 1880, »Caritas-Verband« 1897) und die neu entstandenen (»Zentralwohlfahrtsstelle der Juden in Deutschland« 1917, »Arbeiterwohlfahrt« 1919, »Dt. Paritätischer Wohlfahrtsverband« 1920, »Zentralwohlfahrtsausschuß der christlichen Arbeiterschaft« 1921) schließen sich zu Spitzenorganisationen zusammen, die ihre Existenzberechtigung gegenüber dem subventionierenden Staat und gegenüber den Kommunalisierungsforderungen der Arbeiterbewegung bekräftigen (*Wohlfahrtsverbände*). Sie nehmen eine mediatisierende Funktion wahr im Ausgleich zwischen widerstreitenden Interessen.

5. SozArb/SozPäd im Wohlfahrtsstaat: Unter dem Eindruck der Massennotstände nach dem 1. Weltkrieg wird der Sozialinterventionismus weiter ausgebaut:
1918 Rechtsanspruch auf Erwerbslosenunterstützung,

1918 8-Std.-Tag, 1920 Betriebsrätegesetz, 1926 Arbeitsgerichtsgesetz. Die Reichsfürsorgepflichtverordnung von 1924 legte die Fürsorgepflicht der Gemeinden fest, enthielt aber keinen Rechtsanspruch auf Unterstützung. Der Bereich der *Jugendhilfe* wurde durch das Reichsjugendwohlfahrtsgesetz (1922) und das Jugendgerichtsgesetz (1923) geregelt (Hasenclever 1978). Ersteres kodifizierte das Recht des Kindes auf Erziehung, faßte die Entwicklung der Jugendfürsorge und Jugendpflege zusammen, installierte das Jugendamt als Erziehungsbehörde und fixierte das Subsidiaritätsprinzip. Das JGG nahm die Bestrebungen der Jugendgerichtsbewegung auf, das Straf- durch das Erziehungsprinzip zu ersetzen. Die Bemühungen der USPD, beide Gesetze zu einem einheitlichen Jugendgesetz zusammenzufassen, blieben ohne Erfolg.

Die Initiativen und Vorstöße der Reformpädagogik waren getragen vom Gedanken einer gesellschaftlichen Erneuerung und der Überbrückung der Klassengegensätze. Ihr breites Spektrum gab Impulse in der Reform der Fürsorgeerziehung und des Jugendstrafvollzugs (K. Wilker, C. Bondy, W. Herrmann, A. Verleger), in der Landerziehungsheimbewegung (H. Lietz, G. Wyneken, P. Geheeb), in der Arbeitsschulbewegung (G. Kerschensteiner, P. Oestreich), in der Volkshochschulbewegung und Arbeiterbildung (J. Tews, R. v. Erdberg, Th. Bäuerle, W. Hofmann, E. Rosenstock-Huessy). In der sozialistischen Arbeiterbewegung wurden diese Bestrebungen unterschiedlich beurteilt. Man sah in ihnen ernsthafte Angebote, aber auch Augenwischerei. Grundsätzlich hielt sie an der Verursachung sozialer Not und Verelendung durch die kapitalistische Gesellschaftsstruktur fest, mit der diese auch erst zu beseitigen seien (Ahlheim 1971). Von dieser Position aus kritisierte sie die bürgerliche Sozial- und Fürsorgepolitik (K. Liebknecht, C. Zetkin, S. Bernfeld, M. Hoffmann-Gewinner, H. Wachenheim, A. Brandt), forderte Reformen (u.a. die Entkonfessionalisierung und vollständige Kommunalisierung der Fürsorge) und baute selbst zahlreiche soziale Einrichtungen auf: die »Rote Hilfe« (1924; Rechtsschutz, Streikhilfe, Gefangenenbetreuung, Kinderheime), die »Internationale Arbeiterhilfe« (1921; Massenverpflegung, Lebensmittelhilfe, Kinderverschickung), die »Arbeitsgemeinschaft Sozialpolitischer Organisationen« (1928; ein Dachverband der sozialpolitischen Organisationen der Arbeiterbewegung), die proletarischen Kinder- und Jugendorganisationen der SPD und KPD.

Von 1933 bis 1945 wurden alle Bereiche der SozArb/SozPäd den politischen Herrschaftszielen des Faschismus unterworfen (Otto/Sünker 1986; Sachße/Tennstedt 1992); soziale Hilfe wurde zur Sache der Volksgemeinschaft erklärt. Die Jugendorganisationen wurden in die »Hitler-Jugend« (1933) gezwungen oder verboten. Die sozialpolitischen Organisationen der Arbeiterbewegung wurden verboten. Die freien Wohlfahrtsverbände wurden aufgehoben, durch Eingliederung in einen NS-Dachverband gleichgeschaltet oder in eine der NS-Institutionen überführt: »Winterhilfswerk« (WHW, 1933), »NS-Volkswohlfahrt« (NSV, 1933), »Kraft durch Freude« (KdF, 1933), »Reichsarbeitsdienst« (RAD, 1933) (*Soziale Arbeit im Nationalsozialismus*). Sie orientierten sich an jener sozialdarwinistischen Rassenideologie (E. Krieck, A. Bäumler), die die Überlegenheit der Arier und die Legitimität der sozialen Selektion bis zur Vernichtung »lebensunwerten Lebens« proklamiert. In ihrem Namen wurden unvorstellbare Verbrechen begangen (*Sozialdarwinismus*).

Nach 1945 versuchte die SozArb/SozPäd organisatorisch und ideologisch an die Zeit vor 1933 anzuknüpfen (Hasenclever 1978; Landwehr/Baron 1983/1991). Nach Beseitigung der Nachkriegsnot und wirtschaftlichem Wiederaufbau wird der Fürsorgebereich durch das *Bundessozialhilfegesetz* (1961) neu geregelt. Es enthält erstmalig einen Rechtsanspruch auf *Sozialhilfe*; das Prinzip der Subsidiarität wird bekräftigt. Die Entwicklung fachlicher *Methoden* (Einzelfallhilfe, Gruppenarbeit, Gemeinwesenarbeit) und die Reform der *Ausbildung* (1971 Umwandlung der Höheren Fachschulen in Fachhochschulen; seit 1969 Diplomstudiengänge mit dem Studienschwerpunkt SozArb/SozPäd an Pädagogischen Hochschulen und Universitäten) signalisieren die weitere Professionalisierung der SozArb/SozPäd. Dagegen scheitert die seinerzeit bereits geplante Jugendhilferechtsreform der sozialliberalen Koalition am Widerstand der Konservativen und ihren eigenen Inkonsequenzen (*Jugendhilferechtsreform*); erst 1990/91 ersetzt das *Kinder- und Jugendhilfegesetz* das JWG.

Mit der krisenhaften wirtschaftlichen Entwicklung traten Ende der 60er Jahre auch die mit ihnen verbundenen sozialen Probleme und die Mängel in der sozialen Versorgung der Bevölkerung deutlicher hervor. Die Institutionen der SozArb/SozPäd, ihr Selbstverständnis und Berufsbild wurden einer scharfen theoretischen und – in Gestalt zahlreicher Selbsthilfeinitiativen (*Selbsthilfe*) – praktischen Kritik unterzogen (Ahlheim 1971). Kritisiert wurde das Zurückbleiben der Wirksamkeit hinter dem eigenen Anspruch, die Organisation der SozArb/SozPäd, die den Adressaten einen ohnmächtigen Objektstatus zuweist, und schließlich ihre grundsätzliche Orientierung am gesellschaftlichen Status quo, wodurch sie ihre Adressaten immer wieder in gerade jene Normalität zu integrieren sucht, an der diese gescheitert sind. Eine andere Orientierung verbindet sich mit dem Konzept einer »neuen Professionalität« (Müller u.a. 1982/84), die ein offenes und dialogisches Verhältnis zwischen Sozialarbeiter und Klient postuliert und Merkmal eines eher um- als ausgebauten Sozialstaats ist (Olk/Otto 1985). *Chr. Marzahn*

Literatur: R. Ahlheim u.a.: Gefesselte Jugend. Fürsorgeerziehung im Kapitalismus, Frankfurt/M. 1971 ([4]1976); Th. Fischer: Städtische Armut und Armenfürsorge im 15. und 16. Jahrhundert, Göttingen 1979; C. Hasenclever: Jugendhilfe und Jugendgesetzgebung seit 1900, Göttingen 1978; E. Köhler: Arme und Irre, Berlin (West) 1977; R. Landwehr/R. Baron (Hrsg.): Geschichte der Sozialarbeit, Weinheim 1983, [2]1991; C. Marzahn: Bücher der Sozialarbeit. Thema: Geschichte, in: Sozialmagazin 7–9, 1986; C. Marzahn/H.-G. Ritz (Hrsg.): Zähmen und Bewahren. Die Anfänge bürgerlicher Sozialpolitik, Bielefeld

1984; K. Mollenhauer: Die Ursprünge der Sozialpädagogik in der industriellen Gesellschaft, Weinheim 1959 und 1987; C. W. Müller: Wie Helfen zum Beruf wurde. 2 Bde, Weinheim, Bd. 1 1982, [4]1994, Bd. 2 1988, [2]1992; S. Müller u. a. (Hrsg.): Handlungskompetenz in der SA/SP. Bd. I, Bielefeld 1982; Bd. II, Bielefeld 1984; R. Münchmeier: Zugänge zur Geschichte der Sozialarbeit, München 1982; Th. Olk/H.-U. Otto (Hrsg.): Der Wohlfahrtsstaat in der Wende, Weinheim 1985; H.-U. Otto/ H. Sünker (Hrsg.): Soziale Arbeit und Faschismus, Bielefeld 1986; D. Peters: Mütterlichkeit im Kaiserreich, Bielefeld 1984; D. Peukert: Grenzen der Sozialdisziplinierung, Köln 1986; C. Sachße: Mütterlichkeit als Beruf, Frankfurt/M. 1986; C. Sachße/F. Tennstedt: Geschichte der Armenfürsorge in Deutschland. Bd. 1: Vom Spätmittelalter bis zum 1. Weltkrieg; Bd. 2: Fürsorge und Wohlfahrtspflege 1871–1929; Bd. 3: Der Wohlfahrtsstaat im Nationalsozialismus, Stuttgart 1980, 1988, 1992; C. Sachße/F. Tennstedt: Geschichte und Geschichten. Jahrbuch der Sozialarbeit 4, Reinbek 1981; H. Scherpner: Theorie der Fürsorge, Göttingen 1962; W. R. Wendt: Geschichte der sozialen Arbeit, Stuttgart [2]1985.

Geschlechtskrankheitenfürsorge

Geschlechtskrankheiten i. S. des Gesetzes sind 1. Syphilis (Lues), 2. Tripper (Gonorrhoe), 3. Weicher Schanker (Ulcus molle), 4. Venerische Lymphknotenentzündung (Lymphogranulomatosis inguinalis); dabei ist es unbedeutend, an welchen Körperteilen die Krankheitserscheinungen auftreten.
Die internationale Bezeichnung STD (Sexually transmitted diseases) ist weitreichender und umfaßt außer den o. g. Krankheiten auch Chlamydien (z. Z. die häufigste Erkrankung), Trichomoniasis, Candida, Herpes, Genitalwarzen, aber auch Hepatitis und *AIDS*.
Rechtsgrundlage für die G. – ein etwas veralteter Begriff – ist das »Gesetz zur Bekämpfung der Geschlechtskrankheiten« vom 23. 7. 1953 (BGBl. I S. 700, zuletzt geändert am 12. 3. 1993, mit entsprechender Durchführungsverordnung). Einzelne Bundesländer haben darüber hinaus in ihren Gesetzen über den öffentlichen Gesundheitsdienst ergänzende Regelungen geschaffen, die Beratung und Betreuung bei allen Erkrankungen der Geschlechtsorgane durch die *Gesundheitsmter* ermöglichen (*Gesundheitshilfe*, *Gesundheitsrecht*).
In der DDR bestand bis 1990 die »Verordnung zur Verhütung und Bekämpfung der Geschlechtskrankheiten« vom 23. 2. 1961 (Gesetzblatt der DDR Teil II Nr. 17). Sie entsprach in den Grundzügen der westdeutschen Regelung, war aber stärker infektionsorientiert, da es Prostituierte (*Prostitution*) in der DDR offiziell nicht gab.
Das heute als überholt geltende Gesetz geht auf eine Rechtsvorschrift der Weimarer Republik von 1927 zurück. Damals wurde ein Polizeigesetz durch eine Regelung ersetzt, die den Fürsorgegedanken in den Vordergrund rückte. Nach dem 2. Weltkrieg beschränkten sich die Behörden weitgehend auf die epidemiologischen Aspekte, da die Geschlechtskrankheiten stark anstiegen. Die weibliche Prostitution wurde über die ärztliche Gesundheitsüberwachung reglementiert und Ansteckungsquellen wurden erfaßt.
Seit Anfang der 70er Jahre trat ein allmählicher Wandel in der behördlichen Arbeit im Bezug auf Geschlechtskrankheiten ein.
Durch Aufklärung über die Erkrankungsrisiken sollte die Eigenverantwortlichkeit des einzelnen gestärkt werden. Heute werden ärztliche Routinekontrollen nur noch in wenigen Bundesländern durchgesetzt.
Viele der staatlichen Beratungsstellen, in denen neben dem ärztlichen Dienst SozArb arbeiten, verstehen sich heute als Anlaufstelle für randständige Jugendliche und Erwachsene (*Randgruppen*), für die es sonst kein Beratungs- und Hilfsangebot gibt. Die Klientel umfaßt Armutsprostituierte aus Osteuropa, Schwarzafrika und Südostasien. Der ungeklärte Aufenthaltsstatus (illegale Einreise bzw. Einreise auf Touristenvisum) und die Tatsache, daß dieser Personenkreis Objekt des Menschenhandels, d. h. der organisierten Kriminalität, ist, macht zahlreiche Hilfestellungen notwendig, verbunden mit der Zusicherung der Verschwiegenheit gegenüber anderen Behörden. Die Heirat mit deutschen Ehepartnern bringt neue Probleme und erfordert oft die Intervention der Mitarbeiter der Beratungsstellen.
Ein weiteres Feld der SozArb im Bezug auf Geschlechtskrankheiten ist die Beschaffungsprostitution von Drogenabhängigen (*Drogenabhängigkeit/Sucht*). Hier gilt es, Angebote im sog. »Harm-reduction«-Bereich zu machen, d. h., vor Ort Hilfe zu leisten und dabei präventiv hinsichtlich STD und AIDS zu arbeiten.
Grundvoraussetzung für erfolgreiche Beratung und Betreuung ist die Nähe der Beratungsstellen zu den sozialen Brennpunkten und die Anwendung der Methode der »Streetwork-Arbeit« (*Straßensozialarbeit/streetwork*).
Prostituiertenselbsthilfegruppen haben sich in vielen Großstädten etabliert. Ziel dieser Projekte ist die individuelle Hilfe für Prostituierte, aber auch das Eintreten für mehr Rechte bis hin zu einer Berufsanerkennung.
Die Aufklärung über sexuell übertragbare Krankheiten in *Schulen*, *Jugendfreizeitstätten* und Berufsbildungseinrichtungen (*Berufliche Bildung*) ist eine wichtige Aufgabe des öffentlichen Gesundheitsdienstes. Der primärpräventive Ansatz soll Erkrankungen nicht heilen, sondern ihre Entstehung verhindern. Medizinisch-naturwissenschaftliche Wissensvermittlung allein führt noch nicht zu einer Verhaltensänderung. Das Arbeiten an den Themenkomplexen Freundschaft, Liebe, Partnerschaft soll zu einer Eigenverantwortlichkeit im Bezug auf Sexualverhalten anregen (*Sexualität/Sexualerziehung*). Hier wird deutlich, daß G. nicht bei der Frage von *Krankheit* und Gesundheit stehenbleiben darf, sondern den Menschen in seiner Gesamtheit sehen muß.

Chr. Mooshake

Literatur: Akademie für öffentliches Gesundheitswesen (Hrsg.): Beratung und Hilfen für Prostituierte, Düsseldorf 1990; Beruf: Hure, hrsg. vom Prostituiertenprojekt Hydra, Galgenberg 1988; C. Gersch/W. Heckmann/B. Leopold/Y. Syrer: Drogenprostituierte und ihre Freier, Berlin 1988; A. Heinz-Trossen: Zur Reglementierung der Prostitution – insbesondere zur Arbeit der Gesundheitsämter der Bundesrepublik Deutschland West, in: Öffentliches Gesundheitswesen 53 (1991), 311–324; Safe Sex, Eine Broschüre über Safe Sex Beruflich und Privat, Hrsg. SOA Stichting, Postbus 19061, Utrecht.

Gesellschaft

G. ist der Begriff für die wichtigste Ebene der Konstitution sozialer Wirklichkeit, die andere Strukturebenen wie *Interaktion*, *Gruppen*, Organsationen, Institutionen, soziale Bewegungen umfaßt, bestimmt und von ihnen bestimmt wird; Leitbegriff für die Reflexion der komplexen Zusammenhänge der unterschiedlichen Bereiche des sozialen Lebens (*Soziologie*).

Trotz zunehmender internationaler (z. B. EU) und globaler Verflechtungen (Weltgesellschaft) wird, wenn von G. die Rede ist, immer noch Bezug auf die historisch überwiegend als Staaten entstandenen bzw. verfaßten, territorial abgrenzbaren, durch eigene Populationen und Institutionen gekennzeichneten Gebilde genommen, etwa die BRD. Die Vereinigung der beiden deutschen Staaten als Start für den Transformationsprozeß der ostdeutschen G. und ihre auch die westdeutsche G. verändernde Integration bringt dabei die Komplexität der mit »G.« umschriebenen Wirklichkeit ins Bewußtsein: Sie umfaßt Geschichte, Ideologien, Herrschaftssysteme, Wirtschaftsordnungen, Institutionen, Alltagskulturen, Milieus, Mentalitäten und Persönlichkeitsformen, die untereinander in vielfältigen Zusammenhängen stehen.

Mikrosoziale (z. B. Gruppen) wie mesosoziale Strukturen (z. B. Verbände) werden in ihren Eigenheiten auch von makrosozialen Strukturen, einer bestimmten Gesellschaftsformation, bestimmt.

Gesellschaftsformationen können heute nicht mehr als eine klar bestimmbare Totalität (die kapitalistische oder moderne westliche G.), als »Wesen« verstanden werden, ohne die Vielfältigkeit und Widersprüchlichkeit moderner G. unzulässig zu vereinfachen. G. wird zum Konzept, das die Aufforderung, über das »Ganze« nachzudenken, beinhaltet, ohne das »Wesen« dieses Ganzen in Begriffssystemen allgemein, abschließend und konsensuell fixieren zu können. Dies macht Gesellschaftstheorie wichtig:

Typisierungen der G. dienen der Vergewisserung der historischen Qualität sozialen Zusammenlebens. Stammesgesellschaftlichen, ständische G., bürgerliche, früh-, hoch- und spätkapitalistische G. kennzeichnen Hegemonien von Produktionsweisen, Institutionen und Gruppen. Typisierungen sind immer stark von gesellschaftlichen Programmatiken selbst beeinflußt, waren und sind immer auch Selbstthematisierungen von Gruppen im Rahmen von Ideologien. Nach dem Ende der Hegemonie von Gesellschaftstheorien, wie sie der Marxismus oder die biologistisch angelegte Evolutionstheorie darstellen, unter der Konkurrenz unterschiedlicher sozialwissenschaftlicher Paradigmen werden Gesellschaftstypisierungen selbst Gegenstand wissenschaftlichen Diskurses. Dieser hat eine zunehmende Fülle widersprüchlicher Befunde über soziale Sachverhalte zu integrieren (*Klasse/Schicht/Milieu*).

Das Nachdenken über G. ist auf einzelne soziale Verhältnisse und Probleme wie auf den Gesamtzusammenhang von Lebensverhältnissen und der Weise ihrer Konstitution und Reproduktion bezogen. Darüber hinaus wird für die Gesellschaftstheorie die Umwelt von G. immer wichtiger: Die Abhängigkeit einzelner G. von internationalen politischen, ökonomischen, kulturellen und zunehmend: ökologischen, die natürlichen Lebensbedingungen der Menschheit bedrohenden Prozessen und Institutionen erweitert sich. Die Blicke auf G. werden pluraler.

Die G. der BRD gilt als moderne, marktwirtschaftlich regulierte, wohlfahrtsstaatlich orientierte, parlamentarisch-demokratische Industriegesellschaft.

Moderne G. ist im Zuge fortlaufender funktionaler und sozialer Differenzierung entstanden, sie ist gekennzeichnet durch relativ autonome Teilbereiche: durch eine an Produktivität und Profit orientierte Ökonomie, durch ein den demokratischen Werten, der Erhaltung der Loyalität der Bürger und zugleich den Reproduktionserfordernissen anderer Teilsysteme, etwa der Ökonomie, verpflichtetes politisch-administratives System, durch ein durch Verfassung und fortlaufende Rechtssetzung garantiertes Rechtssystem, durch in Grenzen autonome und eigenlogisch funktionierende Bereiche wie Wissenschaft, *Erziehung* und *Bildung*, Religion, den sozialen Sektor der Einrichtungen und Dienste, die private und durch die Politik der Teilsysteme und deren Folgen bestimmte Sphäre der *Familie*. Moderne G. umfaßt Lebenswelten, Milieus, Mentalitäten.

Gesellschaftstheorie versucht, die Faktizität und Bedeutung vieler Einzelbefunde für das Ganze zu deuten. Sie ist Rahmen der kritischen Reflexion über »Gesellschaftsbilder« und -programmatiken. Die marxistische Gesellschaftstheorie faßt G. als Totalität, bestimmt durch Produktionsverhältnisse, deren Struktur sich in den Formen der Herrschaft (Staat), in Lebensverhältnissen, die letztlich durch Klassenzugehörigkeit bestimmt sind, wie in sozialen Beziehungen und Persönlichkeitsformationen vermittelt. Die Differenzierung der modernen Industriegesellschaften in allen Bereichen, insbesondere die auf die Folgen kapitalistischer Produktion bezogene staatliche Wohlfahrtspolitik, kulturelle Eigendynamiken haben die Vorstellung einer G. als Totalität freilich entleert. Marxistische Gesellschaftstheorie behält als Fundus kritischer Thematisierung der auch von der Systemtheorie zugestandenen Priorität der Ökonomie in modernen G. ihre Bedeutung.

Systemtheoretisch fundierte Gesellschaftstheorie (z. B. Willke 1989) betont die evolutionären Eigenschaften gegenwärtiger G.: ihren hohen Differenzierungsgrad mit der Folge der Steigerung systemischer wie persönlicher Optionen, die gestiegene Machbarkeit der Welt in der Reichweite der Teilsysteme (z. B. Ökonomie, Recht), zugleich die Tendenz zum selbstbezogenen, nur noch den eigenen »Codes« der Systeme (Macht, Geld

u. a.) folgenden Strategien. Sie betont und bearbeitet die Folgeprobleme, die aus dieser Entwicklung entstehen: ob die Rationalität komplexer Systeme hinreicht, die Selbstgefährdung der G. zu bewältigen; wie die überschießenden Möglichkeiten von Wissenschaft und Technologie sozial- und naturverträglich eingebunden werden können; wie die Notwendigkeit und zugleich Schwierigkeiten einer Steuerung der gesamten Entwicklung bewältigt werden können, eine zukunftssichernde Ordnung trotz aller Komplexität erreicht werden kann.

Die These, daß kommunikativer, in zwischenmenschlichem Gespräch und Diskurs verankerter Rationalität zur Bearbeitung dieser Fragen unabweisbare Bedeutung zukommt, ist Kern der gesellschaftstheoretischen Arbeiten von J. Habermas. G. ist demnach als systemischer und lebensweltlicher Zusammenhang zu konzipieren, sie reproduziert sich über die Leistungen funktional differenzierter Systeme wie der Ökonomie, Politik, des Rechtssystems und den Austausch dieser Leistungen (systemische Integration) ebenso wie über verständigungsorientiertes Handeln, das in Lebenswelten eingelagert ist (*soziale Integration*). Gesellschaftstheorie umfaßt notwendigerweise einzelne Systeme (etwa die Theorie politischer Institutionen, politischer Kultur oder eine Theorie des sozialen Sektors, der Wohlfahrtsproduktion), die Formen der Vergesellschaftung der Natur, des Austauschs zwischen den Teilbereichen (die Bezüge des sozialen Sektors zur Ökonomie, Politik, zum Bildungswesen u. a.). Sie umfaßt daneben, aus lebensweltlicher Sicht, die Vorgänge der kulturellen Reproduktion, der *Sozialisation* von Personen und deren soziale Integration durch Anschluß an die Leistungssysteme und kommunikatives Handeln.

Neben sozialwissenschaftlichen *Paradigmen* bestimmen aktuelle Problemstellungen Gesellschaftstheorie. Die höchst ungleiche soziale Konstitution der Geschlechter als Ordnungsprinzip der Industriegesellschaft wird im Paradigma der »patriarchalischen G.« aufgearbeitet. Die spätestens seit Tschernobyl deutlich gewordene Dimension einer Gefährdung der Industriegesellschaften durch die Folgen ihrer eigenen wissenschaftlich-technologischen Entwicklung und ihr Einfluß auf die Lebensverhältnisse findet im ökologischen Diskurs Ausdruck, der neue Deutungen der modernen G. (die »Risikogesellschaft«, Beck 1986) erzeugt.

Darüber hinaus bringt die Komplexität der gegenwärtigen G. viele Gesellschaftsbilder hervor, in denen Teilaspekte erfaßt und in die öffentliche Diskussion gebracht werden. So erscheint G. als Konsumgesellschaft, Leistungsgesellschaft, Mediengesellschaft, Zweidrittelgesellschaft u. a.

Die Perspektivität in der Beschreibung der G. führt dazu, daß die Vergewisserungen der »gesellschaftlichen« Bedingungen *Sozialer Arbeit* wichtiger und zugleich schwieriger werden, eher den Charakter von Reflexionen annehmen als klare Standortbestimmungen abgeben. Die Verständigung über die G. der BRD konzentriert sich gegenwärtig auf folgende Punkte: die Basisinstitutionen; die Sozialstruktur; die lebensweltliche Seite der G.; die Internationalisierung der G. und die zentralen Überlebens- und Entwicklungsprobleme.

Die Basisinstitutionen: G. kann durch ihre Grundinstitutionen gekennzeichnet werden. Zapf nennt als solche für »moderne« G.: Konkurrenzdemokratie (politische Systeme, in denen in einer geregelten Auseinandersetzung von Parteien etc. Macht auf Zeit erworben wird); *Marktwirtschaft* (ökonomische Systeme, in denen Entscheidungen über Investitionen und Beschäftigung dezentral getroffen werden und »Arbeitnehmer frei über das Angebot ihrer Arbeitskraft entscheiden«: S. 186); Wohlfahrtsgesellschaft mit Massenkonsum und Wohlfahrtsstaat (moderne G. sind letztlich an der Wohlfahrt ihrer Bürger zu messen, diese umfaßt Massenkonsum, Wahlmöglichkeiten und soziale Sicherheit für alle). Ob die Basisinstitutionen in gleichem Maß über die Entwicklung der G. entscheiden, ist strittig. Die fundamentalen Konflikte, die sich aus dem Verhältnis der Ökonomie zu Politik und Lebenswelten ergeben und die sich an uneingelösten Gerechtigkeitsansprüchen, an Naturzerstörung zeigen, lassen den Schluß zu, daß die Ökonomie Schlüsselsystem der gesellschaftlichen Entwicklung ist. Strittig ist auch, ob die Basisinstitutionen der modernen Industriegesellschaft die Folgeprobleme der industriegesellschaftlichen Entwicklung im Rahmen der normativen Vorgaben der »Moderne« – Individualismus, Rationalität, allgemeine, konsensfähige Moral – noch bewältigen können.

Die Sozialstruktur: Neben den Institutionen umfaßt die Sozialstruktur der modernen G. v. a. die Verteilung von Ressourcen wie Einkommen, Vermögen, *Bildung*, Erwerbsarbeit, Lebenschancen in der G., die sich in *Klassen*, *Schichten*, Lebenslagen und *Milieus* niederschlagen. Sie weist bedeutsame Ungleichheiten hinsichtlich des Einkommens und Vermögens, der Bildung, der Teilhabe an Macht, des Prestiges, der sozialen Sicherheit, der Arbeitsbedingungen, des Zugangs zu öffentlichen Einrichtungen aus. Diese Ungleichheiten verfestigen sich zunehmend in alten und neuen Formen von *Armut*, in der Bildung von *Randgruppen*.

Aus der Handlungsperspektive ist G. Anforderungsstruktur wie Möglichkeitsraum individueller Lebensführung. Der soziale Wandel, der mit den Begriffen der Pluralisierung der Lebenslagen und Lebensformen umschrieben ist, verändert über die Vermehrung von Chancen und Risiken Anforderungen an moderne Lebensführung. Ihr Kern liegt in der Erwartung an den einzelnen, das eigene Leben durch den Umgang mit komplexen Institutionen, unter ungleich verteilten Ressourcen und unter pluralen Orientierungsmöglichkeiten führen zu können und zu müssen und das Zustandekommen einer eigenen Biographie immer weniger Institutionen, Gruppen oder Milieus überantworten zu können. Individualisierung bedeutet so immer Chance der Selbstentfaltung und Risiko des Scheiterns.

Lebenswelt und G.: G. umfaßt eine Reihe unterschiedlicher sozialer Lebenswelten und Milieus, die insgesamt ein vielfältiges Bild von Lebensweisen zeigen und

sich in unterschiedlichen Werthaltungen, Orientierungen und politischen Präferenzen im Alltagsleben zeigen. Die sozialwissenschaftliche *Forschung* geht von unterschiedlichen Lebensstilen aus, die sowohl durch Lebenslagen, verfügbare materielle Ressourcen, durch Zugänge zu den Handlungs-, Erlebnis und Sinngebungsmöglichkeiten von *Kunst*, Kultur, *Medien* als auch durch selbstbestimmte Praxis, Gruppen- und Milieubildung bestimmt werden und sich in unterschiedlichen Lebensformen niederschlagen.
Die Internationalisierung der G.: Immer weniger läßt sich G. als nationale, durch ein politisches System verkörperte und gesteuerte Größe verstehen. Die ökonomische Verflechtung der Volkswirtschaften, die Entstehung supranationaler Wirtschaftsräume und -akteure (Konzerne), die Institutionalisierung regulierender Politik in der EU etc. verlagern Steuerungsmöglichkeiten aus den nationalen Rahmen hinaus und schaffen Vernetzungen, welche die Handlungsmöglichkeiten zugleich erweitern und, vom lokalen Standpunkt aus gesehen, beschneiden.
Über die Dynamik der marktwirtschaftlichen Vernetzung hinaus bildet die grenzüberschreitende, globale Gefährdung der natürlichen Ressourcen zunehmend – freilich institutionell nur sehr unbefriedigend bearbeitbare – Zwänge, G. als Weltgesellschaft zu verstehen. Damit stehen neue Bezüge zu G. als politischem Handlungszusammenhang an – Politik als »Erdpolitik« (E.-U. v. Weizsäcker).
Zentrale Überlebens- und Entwicklungsprobleme: Die Folgen moderner Gesellschaftsentwicklung haben eine fundamentale Gefährdung der natürlichen Umwelt und der Ressourcen der Menschheit hervorgebracht; sie haben neben die traditionellen Risiken von Armut, Arbeitslosigkeit etc. »Gefährdungslagen« treten lassen, die sich auf Leib und Leben richten und dem wissenschaftlich-technologisch-ökonomischen Fortschritt selbst zu verdanken sind. Sie machen neue Imperative der Entwicklung zwingend, auch und gerade, wenn sich die moderne G. aus der Eigenlogik ihrer Teilsysteme heraus – vor allem der auf einseitige Produktivität orientierten Ökonomie und der auf kurzfristige Sicherung von Loyalität zielenden Politik – damit schwertut.
Weltgesellschaft ist letztlich der Bezugsrahmen, auf den das Nachdenken über G. verwiesen ist, auch wenn im sozialen Bereich dieser Bezug sich nur langsam an den Problemen selbst zeigt. *W. Schefold*

Literatur: U. Beck: Risikogesellschaft, Frankfurt/M. 1986; A. Giddens: Die Konstitution der Gesellschaft, Frankfurt/M./New York 1992; J. Habermas: Theorie kommunikativen Handelns. 2 Bde., Frankfurt/M. 1981; W. Hanesch u.a.: Armut in Deutschland, Hamburg 1994; W. Hornstein/G. Mutz: Die europäische Einigung als gesellschaftlicher Prozeß, Baden-Baden 1993; N. Luhmann: Soziale Systeme, Frankfurt/M. 1984; J. Ritsert: Gesellschaft. Einführung in den Grundbegriff der Soziologie, Frankfurt/M. 1987; E.-U. v. Weizsäcker: Erdpolitik, Darmstadt 1992; H. Willke: Systemtheorie entwickelter Gesellschaften, Weinheim/München 1989; W. Zapf: Entwicklung und Sozialstruktur moderner Gesellschaften, in: H. Korte/B. Schäfers (Hrsg.): Einführung in die Hauptbegriffe der Soziologie, Opladen 1993.

Gesundheitsamt

G. sind Einrichtungen des öffentlichen Gesundheitsdienstes (öGD) in der Trägerschaft von Kommunen oder Ländern. Sie gehören zur öffentlichen Verwaltung und bilden auf der Ebene der kreisfreien Städte und der Landkreise als Fachbehörden ein flächendeckendes Versorgungsnetz. Der öGD berät andere Behörden, erstellt Gutachten und wird als Vollzugsbehörde nur tätig, wenn dies aufgrund eines Gesetzes besonders bestimmt ist. Für die Einrichtung und Aufgabenstellung von G. gilt in einigen Bundesländern noch immer das Gesetz zur Vereinheitlichung des Gesundheitswesens (GVG) von 1934 mit seinen Durchführungsverordnungen, wenn auch unter Streichung überholter Regelungen. Andere Länder haben eigene Gesetze für den öGD (Gesundheitsdienstgesetze) erlassen. G. werden tätig auf der Grundlage von Bundes- (z.B. Bundesseuchengesetz, Trinkwasser-Verordnung) und Ländergesetzen (z.B. Gesundheitsdienstgesetz, Unterbringungsgesetz) und erfüllen damit hoheitliche Aufgaben. G. in kommunaler Trägerschaft übernehmen dazu noch, allerdings in sehr unterschiedlichem Umfang, Aufgaben der Gesundheitsvor- und -fürsorge in der Gemeinde (*Gesundheitshilfe*, *Gesundheitsrecht*).
In der BRD waren 1989 in 298 G. 3633 Ärzte und 2460 SozArb/SozPäd tätig. In den neuen Bundesländern gab es 1990 209 G., alle in kommunaler Trägerschaft, mit 817 Ärzten und 172 SozArb/SozPäd. Bei einer Gesamtzahl von 195254 berufstätigen Ärzten (1990) in den alten Bundesländern bildet somit der öGD ein verhältnismäßig kleines medizinisches Subsystem. Im Vergleich dazu waren 75251 (38,5%) Ärzte in freier Praxis, 96203 (49,3%) in Krankenhäusern, 8356 (4,3%) hauptamtlich in Behörden oder öffentlich-rechtlichen Körperschaften und 15444 (7,9%) Ärzte in sonstiger ärztlicher Tätigkeit beschäftigt. In den neuen Bundesländern gab es 1990 42496 berufstätige Ärzte.
Als historische Vorläufer des heutigen öGD gelten die Stadtärzte, deren Berufung bis ins 13. Jh. zurück nachweisbar ist. Ihre Aufgabe, seit Ende des 16. Jh. auch in Medizinalordnungen geregelt, war die öffentliche Gesundheitspflege, das hieß in erster Linie Seuchen- und Medizinalaufsicht, aber auch ärztliche Behandlung armer Bürger. Die *Aufklärung* mit ihren Vorstellungen vom weltlichen Staat entwickelte auch Konzepe für einen öGD. Johann Peter Frank publizierte 1784 ein »System einer vollständigen medicinischen Policey«, nach der die Wissenschaft der Medizin das Gesundheitswohl aller in der *Gesellschaft* lebenden Menschen zu befördern habe.
Die Industrialisierung ab Mitte des 19. Jh. mit der Landflucht und der Verelendung des Proletariats in den Städten zwang die Kommunen, die Gesundheitsfürsor-

ge für die Bürger kreativ auszubauen. Nach der Reichsgründung (1871) entwickelte sich neben der Sozialgesetzgebung eine systematische Gesundheitsfürsorge, allerdings mit regionalen Unterschieden in Aufgaben und Struktur. Hier liegen die Anfänge der städtischen Säuglingsfürsorge, meist durch Vereine oder Stiftungen getragen, weiter für die Schulgesundheitspflege, Schulzahnpflege, Schwangerenfürsorge, Tuberkulose-Fürsorge, Beratung für Geschwulstkranke, psychisch Kranke (Psychopathenfürsorge), Behinderte (Krüppelfürsorge), für Trinker und Geschlechtskranke. In Frankfurt/M. beispielsweise wurde bereits 1917 ein Stadtgesundheitsamt gegründet. Eine »Blütezeit« der öffentlichen (kommunalen) Wohlfahrts- und Gesundheitspflege in Deutschland, insbesondere in Berlin, war die Zeit der Weimarer Republik, auch als Reaktion auf die wirtschaftliche Not nach dem 1. Weltkrieg. Ihre Leitwissenschaft war die Sozialhygiene, deren Anfänge mit den Leitideen der bürgerlichen Revolution von 1848 und Namen wie Salomon Neumann (1819–1908) und Rudolf Virchow (1821–1902) eng verknüpft sind. 1920 wurde an der Berliner Universität der erste Lehrstuhl für Sozialhygiene egründet, den Alfred Grotjahn erhielt. Gleichzeitig entstanden »Sozialhygienische Akademien«, Vorläufer der heutigen »Akademien für das öffentliche Gesundheitswesen« in Düsseldorf und München.

Auch in den Territorialstaaten, z. B. in Preußen, wurde nach dem Vorbild der großen Städte Anfang des 17. Jh. eine Medizinal- und Sanitätsaufsicht eingeführt (Medicinaledikt 1685). Pflichtaufgabe der Land-, Kreis- und Stadtphysici war die Bekämpfung ansteckender Krankheiten (Sanitätspolizei), die Aufsicht über Personen und Einrichtungen im Gesundheitsbereich (Medizinalpolizei), die Tätigkeit als Berater und Gutachter der staatlichen Ordnungsverwaltung und die gerichtliche Arzneikunde einschließlich psychischer Begutachtung. Das preußische Kreisarztgesetz (1899) und die Dienstanweisung von 1909 nennen neben der Medizinal- und Sanitätsaufsicht auch sozialhygienische Aufgaben (Fürsorge für Schulkinder, Mutter und Kind, Behinderte, Geisteskranke, Sieche und Süchtige) sowie gerichts- und vertrauensärztliche Gutachtertätigkeit als Aufgaben der Kreisärzte.

Der historisch gewachsene Dualismus der Aufgaben des öGD von staatlicher Gesundheitsaufsicht und kommunaler Gesundheitsfürsorge wurde 1934 durch Einführung des GVG aufgehoben. Danach waren in allen Stadt- und Landkreisen in Anlehnung an die untere Verwaltungsbehörde staatliche G. (1935 insgesamt 745 Ämter) zu gründen. Aufgabe dieser gleichgeschalteten Ämter war in erster Linie die Wahrnehmung der Aufgaben der Gesundheitspolizei, der Erb- und Rassenpflege, der gesundheitlichen Volksbelehrung und die amts- und gerichtsärztliche Tätigkeit. Daneben stand die Aufgabe der Schulgesundheitsfürsorge, der Mütter- und Kinderberatung sowie die Fürsorge für Tuberkulose, Geschlechtskranke (*Geschlechtskrankenfürsorge*), körperlich Behinderte, für Sieche und Süchtige sowie die Aufsicht über Krankenhäuser, Pflegeanstalten und Heime. Es waren also Aufgaben der Gesundheitsfürsorge für Kranke und Behinderte aufgeführt, aber die vom Gedankengut der Rassenhygiene und des *Sozialdarwinismus* geprägte Gesundheitspolitik des NS-Systems (*Soziale Arbeit im Nationalsozialismus*) sah darin eher eine Last. Entsprechend dem Selbstverständnis des NS-Staates wurde die Abkehr vom Fürsorgeprinzip zugunsten einer »Gesundheitsführung«, die den Gesunden festigte, »daß er ein Bollwerk gegen alles Krankhafte« bilden würde, ausdrücklich hervorgehoben. Das GVG konnte allerdings nicht verhindern, daß zumindest in einigen Großstädten wie beispielsweise Frankfurt/M., Stuttgart, Leipzig, München, Nürnberg, Augsburg die G. in kommunaler Trägerschaft blieben. Die Nachwirkungen des GVG haben das Verständnis für Gesundheitsfürsorge und -vorsorge als Aufgabe der kommunalen Selbstverwaltung in der BRD so nachhaltig zerstört, daß man sich erst heute, rund 50 Jahre nach Ende des 3. Reiches, im Zuge der Umstrukturierung und Neuorientierung des gesamten Gesundheitssystems ihrer Tradition und ihrer beachtlichen Leistungen in Deutschland wieder erinnert.

In den ersten Jahren der BRD mit ihrem enormen wirtschaftlichen Aufschwung war die Situation des öGD durch Verlust an Zuständigkeit und Kompetenz gekennzeichnet. Neben dem staatlichen Rückzug aus der Gesundheitsaufsicht stand der Übergang gesundheitsfürsorgerischer Aufgaben auf frei praktizierende Ärzte (z. B. *Jugendarbeitsschutz*, Schwangeren- und Säuglingsfürsorge, Gesundheitsvorsorge usw.) oder auf andere Einrichtungen (Suchtberatungsstellen, Sozialpsychiatrische Dienste, *Familien-* und Ehe*beratung*, *Sozialstationen* usw.). Während die Individualmedizin mit ihren Einrichtungen der ambulanten und stationären Versorgung finanziell und personell stetig prosperierte, wurde der öGD in eine Außenseiterrolle gedrängt, Personal und Einrichtungen wurden abgebaut. 1960 gab es in der BRD 502 G. mit 4335 Ärzten und 4347 SozArb/SozPäd, 1989 waren es noch 298 Ämter mit 3633 Ärzten und 2460 SozArb/SozPäd.

Den Vätern des GG (*Verfassungsrecht*) war die Bildung föderaler Strukturen ein wichtiges Anliegen als Abkehr von Zentralismus und Gleichschaltung der Verwaltung in der Nazizeit (1933–1945). Trotzdem blieb das GVG, zwar in bereinigter Form, noch verhältnismäßig lange Zeit, in einigen Bundesländern bis heute die Rechtsgrundlage für den auf Länderebene organisierten öGD. So kommt es, daß es heute Bundesländer mit staatlichen oder mit kommunalen G. gibt oder beide Trägerschaften nebeneinander existieren. Städte mit kommunalen G. erhalten vom Land einen auf die Einwohnerzahl bezogenen Zuschuß für die Übernahme staatlicher Aufgaben im öGD. Entsprechend der Tendenz, den Aufgabenbereich Gesundheitsfür- und -vorsorge zu stärken, wählten die neuen Bundesländer die kommunale Trägerschaft für ihre Ämter.

Aufgaben der G. sind heute: Seuchenhygiene und Gesundheitsschutz, Umwelthygiene und Toxikologie, Gesundheitsförderung und Prävention, Jugendgesundheitspflege, sozialmedizinischer Dienst zur Beratung

und Betreuung bei Krankheit und Behinderung, amtsärztlicher Dienst und gutachterliche Aufgaben, Gesundheitsberichterstattung und Epidemiologie.
Spezielle Aufgaben der Gesundheitsfürsorge sind dabei: Beratung und Betreuung einzelner Bevölkerungsgruppen wie Säuglinge, Kinder, Jugendliche, Mütter, Schwangere sowie Behinderte, psychisch Kranke, Suchtkranke, Tuberkulosegefährdete, HIV-Infizierte (*AIDS*), *Prostituierte*, Asylbewerber usw. Auch gutachterliche Aufgaben fallen in diesen Bereich. Sie betreffen den Vollzug des *Bundessozialhilfegesetzes*, die Feststellung von Pflegebedürftigkeit, die Unterbringung psychisch Kranker usw. Auch die Medizinalaufsicht tangiert das Aufgabengebiet der Gesundheitsfürsorge, indem Einrichtungen (Krankenhäuser, Pflegeheime, Altenheime, Kurheime usw.) auf Einhaltung der Hygiene und des Gesundheitsrechts überwacht werden.
G. in staatlicher Trägerschaft werden als Einrichtungen des Landes im Bereich der Gesundheitsfürsorge gegenüber anderen Trägern, z.B. den Kommunen oder den Trägern der Freien Wohlfahrt, nur subsidiär tätig. Auf G. in kommunaler Trägerschaft werden in Zeiten guter Finanzlage öffentlicher Haushalte von ihren Trägern Aufgaben der freiwilligen Gesundheitsfürsorge übertragen, die dann in Zeiten niedriger Steuereinnahmen oft zurückgenommen werden, obwohl gerade dann erhöhter Bedarf herrscht. Die Aufgaben des öGD sind also auch mit der jeweiligen wirtschaftlichen Situation und den gesundheitspolitischen Vorstellungen eng verknüpft.
Die öffentliche Gesundheitspflege und mit ihr auch der öGD kann in Deutschland auf eine lange sozialmedizinische Tradition mit beachtlichen Leistungen in der Gesundheitsfürsorge zurückblicken. Neben der Fortführung klassischer Aufgaben steht heute die Notwendigkeit zur Neuorientierung öffentlicher Gesundheitsfürsorge. Sie ergibt sich aus der Ungleichheit in der medizinischen Versorgung bestimmter Bevölkerungsgruppen im Rahmen der neuen *Armut* mit ihren Indikatoren wie *Arbeitslosigkeit*, Wohnungslosigkeit (*Wohnen*, *Wohnungslosenhilfe*), *Drogenabhängigkeit* und weltweiter Migration. Hinzu kommt die Aufgabe der Neuorientierung der Gesundheitsziele und Qualitätsstandards für die öffentliche Gesundheit gem. Art. 129 des Maastricht-Vertrages und der Einzelziele für die »Gesundheit 2000« der WHO. *J. G. Gostomzyk*

Literatur: T. Bauer/H. Drummer/L. Krämer: Von »stede arzt« zum Stadtgesundheitsamt. Die Geschichte des öffentlichen Gesundheitswesens in Frankfurt/M., Frankfurt/M. 1992; A. Böttger: Die Charta von Frankfurt, in: Bericht über die Tagung »Das öffentliche Gesundheitswesen im Jahr 2000«, St. Augustin 1989; Daten des Gesundheitswesens, Ausgabe 1991, Bd. 3, Schriftenreihe des Bundesministeriums für Gesundheit, Baden-Baden 1991; Deutsche Zentrale für Volksgesundheitspflege e.V. (Hrsg.): Einzelziele für »Gesundheit 2000«. Weltgesundheitsorganisation 1985, Frankfurt/M. 1985; Koordinierungsstelle Gesundheitswissenschaften/Public Health an der Abt. Medizinische Soziologie der Albert-Ludwigs-Universität: Entwicklung der Gesundheitswissenschaften/Public Health in Deutschland. Sachstandsbericht 1993, Bd. 1, Freiburg 1993; A. Labisch/F. Tennstedt: Der Weg zum »Gesetz über die Vereinheitlichung des Gesundheitswesens« vom 3.7.1934, Teil 1 u. 2, Düsseldorf 1985; A. Labisch, in: »50 Jahre Gesetz über die Vereinheitlichung des Gesundheitswesens«, Düsseldorf 1985; Ministerium für Arbeit, Gesundheit, Familie und Sozialordnung, Baden-Württemberg: Zukunftsperspektiven des öffentlichen Gesundheitsdienstes (Aufgaben, Organisation, Ausstattung), Stuttgart 1989.

Gesundheitshilfe

Der Begriff wurde in Anlehnung an den der »*Sozialhilfe*« entwickelt. Er ersetzt und umfaßt die früheren Begriffe Gesundheitspflege, Gesundheitsvor- und -fürsorge.
Es bestehen Beziehungen zur Sozialhygiene (die auf die Gesellschaft bezogene Lehre von der Gesunderhaltung) und *Sozialmedizin*, die die wissenschaftlichen Grundlagen für die Tätigkeit der G. liefern. Inhaltlich orientiert sich G. am aktuellen Stand der Medizin und der SozArb sowie an gesellschaftlichen Bedürfnissen, die ständigem Wechsel unterliegen.
Geschichtliche Entwicklung: 1790 wies J.P. Frank auf die Zusammenhänge zwischen *Krankheit* und *Armut* hin. Die Revolution 1848 sah programmatisch auch eine »medizinische Reform« vor. R. Virchow bestätigte 1849 unter dem Eindruck einer Typhusepidemie und Hungersnot in Schlesien die von Frank aufgestellten Thesen.
Diese Initiativen wurden in der 2. Hälfte des 19. Jh. zunächst wieder überdeckt durch Fortschritte der naturwissenschaftlichen Medizin unter Führung der Bakteriologie (u.a. R. Koch, Entdecker des Tuberkuloseerregers), bis sich um die Jahrhundertwende die Erkenntnis Bahn brach, daß Probleme wie Tuberkulose, Rachitis und Säuglingssterblichkeit sich allein durch medizinische Maßnahmen nicht lösen ließen. A. Grotjahn (1869–1931) vertrat nachdrücklich den gesellschaftspolitischen Aspekt der Gesundheitsversorgung, indem er den Einfluß sozialer Zustände auf die Gesundheit der unterschiedlichen Gesellschaftsgruppen und -schichten betonte.
Gesetzliche Grundlagen: Eine gesetzliche Grundlage erhielt die G. 1934 im »Gesetz zur Vereinheitlichung des Gesundheitswesens«, das das *Gesundheitsamt* zum organisatorischen Mittelpunkt der Maßnahmen auch der G. macht. Spezialgesetze wie das Körperbehindertengesetz (1957) und das Tuberkulosehilfegesetz (1959) gingen 1961 im *Bundessozialhilfegesetz* auf, das unabhängig von der behördlichen Zuständigkeit im Abschn. 3 auch Aufgaben der G. regelt (Vorbeugende Gesundheitshilfe, Hilfe für werdende Mütter, Eingliederungshilfe für Behinderte, Hilfe zur Pflege). Einige Bundesländer haben das alte Reichsgesetz von 1934 inzwischen durch Landesgesetze über den öGD ersetzt: Schleswig-Holstein 1979, Berlin 1980, Bayern 1986, Baden-Württemberg (1994). In den neuen Bundesländern werden Gesundheitsdienstgesetze vorbereitet. In

Brandenburg u. Mecklenburg-Vorpommern bereits in Kraft. Gesetzliche Grundlagen für Leistungen der G. finden sich außerdem im SGB V (Gesetzliche Krankenversicherung) von 1988 (i.e. bei *Gesundheitsrecht*).

Haupttätigkeitsfelder der G.:

1. Maßnahmen der Prävention 1. Ordnung
Ziel: Verhütung von Gesundheitsschäden
Beispiele: Impfen, Rachitisprophylaxe, *Schwangerenberatung*, Schwangerschaftsverhütung, Gesundheitserziehung (letztere gewinnt zunehmend an Bedeutung, weil aus Tradition und Religion abgeleitete Gesundheitsregeln ihre Wirksamkeit verloren haben, Fehlverhaltensweisen wie übermäßiger Nahrungs- und Genußmittelkonsum sowie Bewegungsmangel in großen Gruppen der Bevölkerung zu beobachten sind. Die Lebensweise – WHO spricht von »Life style« – wird zunehmend als wichtiges Instrument zur Gesunderhaltung erkannt).
2. Maßnahmen der Prävention 2. Ordnung
Ziel: Früherkennung von Gesundheitsschäden mit dem Ziel der Frühbehandlung
Beispiele: Vorsorgeuntersuchungen während der Schwangerschaft, bei Kindern im Rahmen der Säuglings- und Kleinkinderfürsorge (Mütterberatung) und der Schulgesundheitsfürsorge (Jugendgesundheitsdienst), Diabetes, Tbc sowie auf Geschlechtskrankheiten (*Geschlechtskrankenfürsorge*), Früherkennungsuntersuchungen auf Krebs.
3. Maßnahmen der Prävention 3. Ordnung
Ziel: Verhütung von Sekundärschäden bei bereits Geschädigten und Vermeidung von Rückfällen
Beispiele: G. für körperlich und geistig Behinderte (*Behindertenhilfe*) sowie für Alkohol- und Drogenabhängige (*Alkoholismus*, *Drogenabhängigkeit*). *Nachgehende* Krankenfürsorge für Krebskranke und für Tuberkulosekranke.

Entsprechend ihren Tätigkeitsfeldern umfaßt die G. die Gesundheitsvorsorge (Präventivmaßnahmen 1. und 2. Ordnung) und die Gesundheitsfürsorge (Präventivmaßnahmen 3. Ordnung), die sich in vielen Bereichen miteinander vermischen.

I.w.S. gehören zur G. auch häusliche Krankenpflege (*Hauskrankenpflege*, *Hauspflege*, *Haushaltshilfe*), die es Kranken und Behinderten ermöglicht, in der häuslichen Umgebung zu verbleiben oder einen Krankenhausaufenthalt abzukürzen, sowie Klimakuren zur Stärkung von natürlichen Abwehrkräften oder zur Förderung der Genesung.

Seit Beginn der 80er Jahre verstärkte Entwicklung von Selbsthilfeinitiativen (*Selbsthilfe/Selbstorganisation*) auch im Bereich der G., z.B. für Krebskranke, Chronischkranke (u.a. Rheuma, Multiple Sklerose) und Abhängigkeitskranke (*Sucht*). Die Selbsthilfeinitiativen im Bereich der G. haben sich gut entwickelt. Ihre Vielfalt ist im Anhang I (Katalog der fachspezifischen Organisationen und Institutionen) nachgewiesen. Die Einrichtungen der G. sollten mit ihnen eine enge Zusammenarbeit anstreben.

Trägerschaft: G. wird kommunal erbracht als Leistungsangebot der Gesundheitsämter. Auch die Verbände der freien Wohlfahrtspflege (*Wohlfahrtsverbände*) und die ihnen angeschlossenen Vereine betätigen sich zunehmend auf diesem Gebiet.

Beispiele: G. für Alkohol- und Drogenabhängige durch Caritas, Diakonisches Werk u.a. – Familienplanung durch Pro Familia e.V. (angeschlossen dem DPWV) – häusliche Krankenpflege als Leistung der Ligaverbände. In den letzten 2 Jahrzehnten erbringen auch die Krankenkassen Leistungen der G.

Arbeitsmethode: Schon das Gesetz von 1934 spricht von der Notwendigkeit, daß SozArb (damals »Gesundheitspflegerinnen«) die ärztlichen Feststellungen unterstützen und »beratend eingreifen«. »Die zunehmende Kompliziertheit und Unüberschaubarkeit der Faktoren, die das menschliche Leben beeinflussen, führt dazu, daß Hilfe für den einzelnen und besonders gefährdete Gruppen nicht mehr fachlich isoliert, sondern nur noch in der Kooperation von Fachkräften möglich ist. Dies gilt auch für die Leistungsbereiche der präventiven, kurativen bzw. rehabilitativen Medizin und der Sozialarbeit und erfordert ein Verständnis von Gesundheit und Krankheit, das die Interdependenz aller Lebensbezüge bei Entstehung, Verlauf, Heilung oder Chronifizierung von Krankheit im Blick hat. Hierbei muß der Arzt die soziale Komponente der Krankheitsgenese und der Sozialarbeiter bzw. Sozialpädagoge die Realität von Krankheit und bedrohter Gesundheit richtig einzuschätzen imstande sein« (Dt. Verein 1978).

G. erfordert das Zusammenwirken von Ärzten, den Angehörigen anderer Berufe des Gesundheitswesens (z.B. Krankengymnasten, Logopäden, Beschäftigungstherapeuten), SozArb/SozPäd und Psychologen.

Die Tätigkeit der Ärzte besteht schwerpunktmäßig in *Diagnostik* und *Beratung*. Einem Verbot, selbst medizinische Behandlungen durchzuführen, unterliegt die G. entgegen häufig geäußerter Meinung nicht, doch gehören diese nicht zu ihren typischen Arbeitsmethoden. In neuerer Zeit wird, ausgehend von Entschließungen der Gesundheitsministerkonferenz in den Jahren ab 1975, darüber diskutiert, ob G. auch medizinische Behandlungsmaßnahmen beinhalten soll, und zwar für Patientengruppen, die aus krankheitsbedingten Gründen keine ausreichenden Kontakte zu einem praktizierenden Arzt herstellen (Beispiel: bestimmte Gruppen von psychisch Kranken). Das Berliner Landesgesetz über den öGD sieht diese Möglichkeit ausdrücklich vor.

Krankengymnasten, Logopäden und Beschäftigungstherapeuten arbeiten mit den für ihre Berufe typischen Methoden insbesondere mit Behinderten (*Soziale Berufe*).

Schwerpunkt der Tätigkeit von SozArb/SozPäd im Bereich der G. sind das Erstellen sozialer Diagnosen und Beratung. In Zusammenarbeit mit dem Arzt, ggf. um zur Aufnahme und Durchführung einer medizinischen Betreuung oder Nachbetreuung zu motivieren, hat der SozArb/SozPäd die Aufgabe, als seinen berufsspezifischen Beitrag entsprechende Hilfsangebote aus den *Methoden der Sozialarbeit/Sozialpädagogik* einzubringen. Typische Beispiele für die Notwendigkeit besonders enger Zusammenarbeit zwischen SozArb/SozPäd und Arzt sind die Eingliederungsmaßnahmen (*Rehabilitation*) für Behinderte (*Heil- und Sonderpädagogik*) oder die langfristige Betreuung von Patienten mit chronischem Nierenversagen, die auf Dauer-(Heim)dialyse angewiesen sind. Der im Bereich der G. tätige SozArb/SozPäd muß während seiner *Ausbildung* mit Problemen von Gesundheit und *Krankheit* und deren sozialen Bezügen vertraut gemacht werden, nicht um »medizinische Fachkraft« zu werden, sondern um seine Tätigkeit in den verschiedenen Arbeitsfeldern der G. ausüben zu können (DV 1978). Im Selbsthilfebereich hat der SozArb/SozPäd wichtige Aufgaben der Anregung und organisatorischen Unterstützung (»Hilfe zur Selbsthilfe«).

Große Bedeutung im Rahmen der G. kommt der Gesundheitsförderung zu. Nach den Vorstellungen der WHO (Ottawa-Charta 1986) zielt die Gesundheitsförderung »auf einen Prozeß, allen Menschen ein höheres Maß an Selbstbestimmung über ihre Lebensumstände und ihre Umwelt zu ermöglichen und sie damit zur Stärkung ihrer Gesundheit zu befähigen«. Diesem Auftrag sollte sich die G. verpflichtet fühlen, da der Ort des Handelns die Gemeinde und damit der unmittelbare Lebensbereich ihrer Bewohner ist. In vielen Städten und Gemeinden wurde die Gesundheitsförderung verstärkt in den Aufgabenkatalog der G. aufgenommen. Gesetzlich verankert wurde die Gesundheitsförderung in § 20 SGB V (*Gesundheitsamt*).

Finanzierung: Kommunale G. wird aus öffentlichen Mitteln finanziert, die von den Verbänden der freien Wohlfahrtspflege aus deren Haushaltsetats, die sich i.d.R. aus Eigenmitteln wie Spenden, Sammlungen und Beiträgen sowie aus Zuwendungen der öffentlichen Hand zusammensetzen. Die gesetzlichen Krankenkassen erbringen Leistungen der G. Auch häusliche Krankenpflege ist unter bestimmten Voraussetzungen neuerdings eine Pflichtleistung der gesetzlichen Krankenkassen (§ 185 RVO) und wird außerdem vom Sozialhilfeträger finanziert. *R. Mattheis*

Literatur: B. Badura/T. Elkeles/B. Grieger/E. Huber/W. Kammerer (Hrsg.): Zukunftsaufgabe Gesundheitsförderung, Berlin 1991; K. Biener: Lebensgewohnheiten und Gesundheit, Bern 1992; Brennecke/Schelp: Sozialmedizin, Stuttgart 1993; DV: Stellungnahme zum Anteil der Fächer Sozialmedizin und Psychopathologie in der Ausbildung von Sozialarbeitern und Sozialpädagogen, in: ND 9/1978; DV: Sozialarbeit im Gesundheitswesen; K. Gedicke: Sozialhyiene. Bd. 2, Gesundheitsfürsorge, Neuwied 1972; Gesundheitsförderung eine neue oder eine wiederentdeckte Aufgabe der Sozialarbeit, in: Soziale Arbeit, 1/1990, 16–24; E. Grond: Einführung in die Sozialmedizin für Sozialarbeiter. Sozial- und Heilpädagogen, Dortmund 1985; W. Hagen/E. Schröder: Das öffentliche Gesundheitswesen. Bd. IV, Gesundheitsfürsorge, Stuttgart 1962; H. Hildebrandt/A. Trojan (Hrsg.): Gesündere Städte – kommunale Gesundheitsförderung. Materialien und Ideen zum »Healthy Cities«-Projekt der WHO, Hamburg 1987; Laaser/Wolters/Kaufmann (Hrsg.): Gesundheitswissenschaften und öffentliche Gesundheitsförderung, Berlin/Heidelberg 1990; H. Oppl/H. Weber (Hrsg.): Soziale Arbeit im Gesundheitswesen; Gesundheitswesen und Recht; Ganzheitliche Arbeit im Gesundheitswesen, 3 Bde., Neuwied 1986; J. Stahr/S. Jungk/E. Schulz (Hrsg.): Frauen und Gesundheitsbildung, Weinheim 1991; W. Steuer: Sozialhygiene, Sozialmed. Grundlagen, Öffentliches Gesundheitswesen, Stuttgart/New York [2]1982; W. Thürk: Recht im Gesundheitswesen, Loseblattausgabe fortlfd., Köln.

Gesundheitspolitik

G. bezeichnet politisches Handeln mit Wirkung auf die Gesundheit von Gruppen bzw. der gesamten Bevölkerung. Sie findet in zahlreichen Konfigurationen aus Themen und Akteuren statt. Das Ziel dieses Handelns ist dabei die Verbesserung der gesundheitlichen Lage der Bevölkerung. Dabei ergeben sich Schwierigkeiten aufgrund unterschiedlicher Definitionen von Gesundheit: Gesundheit sei nicht allein die Abwesenheit von *Krankheit*, sondern vielmehr ein Zustand völligen körperlichen, seelischen und sozialen Wohlbefindens – so faßt die Weltgesundheitsorganisation (WHO) in ihrer Ottawa-Charta den Gesundheitsbegriff. Er wurde oft als zu umfassend, als nicht operationalisierbar und utopisch bezeichnet. Der Wert dieser weiten Definition besteht allerdings unbestritten darin, daß sie das dominierende reduktionistische bio-medizinische Modell im Sinne einer Abwesenheit meßbarer »Regelwidrigkeiten« (Krankheit) überwindet und Gesundheit positiv, in einer engen Assoziation mit seelischem Wohlbefinden und sozialer Teilhabe, faßt. In diesem Sinne beabsichtigt G. mehr als die Gestaltung des »Gesundheitswesens«. Folgerichtig wies schon Robert Virchow darauf hin, daß Medizin eine Sozialwissenschaft sei und Politik nichts anderes als Medizin in einem größeren Maßstab.

Eine solche Sicht ist Ausgangslage für eine *G. als Gesellschaftspolitik*. Die Ergebnisse gesundheitswissenschaftlicher Forschung belegen, daß viele Krankheiten Folge defizitärer Lebenslagen sind (*Sozialmedizin*). Überforderungen, negative Statuszuweisungen (Einkommen, Bildungsstand, Ansehen, Abhängigkeiten, Partizipationsverweigerungen), konfliktträchtige soziale Beziehungen, Gewohnheitsbildungen usw. verhindern die Bildung von Gesundheitspotentialen und fördern die Entstehung von Krankheiten. Die Möglichkeiten aktiven Gesundheitsverhaltens liegen zumeist nicht allein im individuellen Bereich. Sieht man Gesundheit im Zusammenhang mit der Teilhabe am sozialen Leben, besonders als Chance der Selbsterhaltung und Selbstbestimmung in allen wesentlichen Sozialbezügen, so stellen Schwierigkeiten mit der Definition und dem Ausfüllen sozialer Rollen gesundheitliche Defizite dar. Natürlich ist die Gewährleistung elementarer Körperfunktionen (z.B. Kreislauf- und Atemfunktion) eine wesentliche Grundlage für eine solche Teilhabe am sozialen Leben, macht aber allein noch nicht die Gesundheitssicherung und damit die G. aus.

Die Lebensbedingungen und -chancen und damit auch die Rahmenbedingungen für die Erhaltung und Förderung der Gesundheit sind zunehmend sozialer und ökologischer Natur (*Sozialökologie, Umweltschutz*). Gesundheit wird durch Faktoren und Entwicklungen mitbedingt, die gesellschaftlich produziert werden. G. heißt dann, die gesellschaftlichen Rahmenbedingungen für gesunde Lebensverhältnisse zu schaffen und individuelles Gesundheitsverhalten zu ermöglichen und zu fördern.

G. als Gesellschaftspolitik reicht somit in viele Politikbereiche hinein. Unstrittig ist dies für Bereiche wie Umweltpolitik, *Arbeitsschutz*, Lebensmittelrecht und andere verbraucherpolitische Gebiete. Weniger üblich ist es, Verteilungs-, *Bildungs-*, Verkehrs- oder Wohnungspolitik (*Wohnen*) unter gesundheitspolitischen Aspekten zu sehen. Zunehmende Spezialisierung und Abgrenzung der Politikbereiche erschweren eine solche umfassende Sicht von Politik, Verwaltung sowie sozialer und medizinischer Alltagsarbeit ohnehin. Insofern ist es auch Aufgabe der G. diese umfassende Sicht zu ermöglichen und Strukturen zu schaffen, diesen Ansatz praktisch umzusetzen.

Die als G. bezeichneten politischen Aktivitäten der letzten Jahre gehen dagegen von einem viel engeren Begriff aus. In der politischen Praxis und in der Öffentlichkeit herrscht überwiegend ein Verständnis von G. als Versorgungspolitik vor, das von einer liberalkonservativen Sozialidee geprägt ist. G. soll die Bereitstellung von Dienstleistungen organisieren, damit im Krankheitsfall eine als ausreichend angesehene Behandlung für jeden Bürger gewährleistet ist. Vor dem Hintergrund einer Ausgabenexpansion seit Mitte der 70er Jahre, für die das plakative Stichwort der »Kostenexplosion im Gesundheitswesen« geprägt wurde, verstand sich staatliche G. in der jüngsten Vergangenheit weitgehend als Kostendämpfungspolitik, die der Selbstverwaltung durch die Akteure des Gesundheitswesens Rahmenbedingungen setzt.

Wird G. so gesehen, dann sind die wesentlichen Bereiche der Gesundheitsversorgung, die ambulante ärztliche Versorgung, die stationäre Versorgung und die Versorgung mit Arzneimitteln, Aktionsfelder der G.

Für die ambulante Versorgung haben im Rahmen der Selbstverwaltung die Kassenärztlichen Vereinigungen und die Krankenkassen den »Sicherstellungsauftrag« vom Gesetzgeber übertragen bekommen. Wesentliche Entscheidungen zur Zulassung zur kassenärztlichen Versorgung und zur *Weiterbildung* werden von den Ärzteorganisationen im Rahmen der staatlichen Vorgaben selbst getroffen. Der Gesetzgeber hat in den letzten Jahren einige Versuche der Kostendämpfung – z.T. mit strukturbildenden Effekten – gemacht: z.B. Ausgabendeckelung, Veränderung in der Gebührenordnung für einzelne Leistungen, Großgeräteplanung, Veränderungen in der Medizinerausbildung.

Bei der stationären Versorgung kommt den Ländern eine wichtige Aufgabe bei der Planung der Krankenhauskapazitäten (Bedarfsplanung) zu. Im Rahmen der dualen Finanzierung von Krankenhausleistungen werden im wesentlichen die Investitionskosten (z.B. Baumaßnahmen, Wiederbeschaffung von Geräten) durch die Bundesländer im Rahmen ihrer Förderprogramme getragen. Die Betriebskosten (z.B. Personalkosten, Verbrauchsgüter) übernehmen die Krankenkassen. Dazu wird zwischen dem Krankenhausträger und den Krankenkassen ein prospektives Budget für die gesamten Leistungen eines Jahres vereinbart. Mit dem Gesundheitsstrukturgesetz (GSG) von 1993 wurde das Selbstkostendeckungsprinzip aufgehoben, statt dessen wird das Budget auf der Grundlage des Budgets von 1992 unter Berücksichtigung der Grundlohnsummensteigerung verhandelt. Wesentliche Verrechnungsgröße für die Krankenhausleistungen ist der tagesgleiche Pflegesatz, daneben gewinnen zunehmend Fallpauschalen und Sonderentgelte für bestimmte Leistungskomplexe an Bedeutung.

Die wichtigsten Akteure bei der Arzneimittelversorgung sind die Pharmaindustrie und die Ärzte. Der Arzt entscheidet aufgrund seiner Steuerungsfunktion (»Gate keeper«) und der professionellen Dominanz wesentlich über den Kauf von Arzneimitteln. Die Industrie versucht, diese Entscheidung zu beeinflussen. Die wesentlichen Steuerungsinstrumente der staatlichen G. sind hier die Zulassung der Arzneimittel, die Rezeptpflicht und die Zuzahlung seitens der Krankenkassen und der Patienten. Daneben wurden mit dem GSG Mechanismen wie Wirtschaftlichkeitsprüfungen für Ärzte, die überdurchschnittlich rezeptieren, eingeführt, um auch in diesem Bereich einer weiteren Kostenexpansion entgegen zu wirken.

Das Gesundheitssicherungssystem hat sich mit der Entwicklung medizinischer Institutionen und der sozialen Sicherungssysteme (*Soziale Sicherung*) erheblich ausdifferenziert. Dies erfolgte aber unkoordiniert und ohne Gesamtziel, geschweige denn Gesamtverantwortung. Unabhängig voneinander entwickelten sich Angebotsstrukturen, Kostenträgerschaften und partielle öffentliche Zuständigkeiten bei Bund, Ländern und Gemeinden. Das »gewachsene gegliederte System« ist nicht planmäßig entwickelt worden, eine »organisierte Verantwortungslosigkeit« (v. Ferber) wird dem Gesundheitswesen bescheinigt. Staatliche G. war bisher fast ausschließlich Krisenintervention und Stückwerkpolitik.

Anknüpfend an eine solche Analyse, wird die Notwendigkeit gesehen, G. als Strukturpolitik zu betreiben, also das Zusammenwirken der Beteiligten so zu organisieren, daß der Nutzen hoch ist, die Kosten angemessen sind und sich kein Einzelinteresse zu Lasten anderer unverhältnismäßig stark durchsetzen kann. Auch hier gibt es je nach Gesundheitsbegriff und Interessen unterschiedliche Haltungen. Man kann zwei Grundorientierungen unterscheiden: Die erste betont die persönliche Verantwortung des Einzelnen und die Beschränkung auf die »Grundversorgung« durch die Sozialversicherung. Folgen sind eine Begrenzung der Leistungen, die Erhöhung der Selbstbeteiligung, Ausgrenzung von Risikogruppen und Appelle an mehr *Selbsthilfe* und ehrenamtliche Fremdhilfe (*Ehrenamtliche Helfer*).

Die zweite Grundorientierung stellt die Organisationen des Gesundheitswesens in den Vordergrund. Sie geht davon aus, daß die Organisation von Angebot, Planung, Finanzierung, Qualitätssicherung und Kontrolle mangelhaft ist und optimiert werden müsse. Gerade in einer Gesellschaft mit unterschiedlichen Chancen und Ressourcen müsse ein so wichtiger Bereich wie das Gesundheitswesen von diesen Disparitäten unbeeinflußt bleiben. Jedem muß der Zugang im Bedarfsfalle möglich sein. Eine bessere Koordination der Leistungserbringer und ein Zurückschrauben der Macht der Anbieter seien in erster Linie nötig.
Die G. der letzten Jahre ist zunächst beiden Orientierungen gefolgt. Mit dem GSG wurden einige Strukturprobleme angegangen: mehr Verzahnungen zwischen den ambulanten und stationären Bereichen. Abkehr von einer technik-orientierten (Kostenexpansion) ärztlichen Gebührenordnung, Erweiterung der Wahlmöglichkeiten zwischen den Krankenkassen, erste Schritte für verbesserte Qualitätskontrolle.
Doch nicht nur die Vorbereitung der anstehenden nächsten Schritte zeigt, daß die Politik derzeit der ersten Orientierung folgt: Leistungskataloge werden überprüft, Höchstbeträge für bestimmte Leistungen erörtert, und es wird eine Abgrenzung von Regel- und Wahlleistungen geprüft. Zudem könnten weitere Einkommensarten neben den Löhnen und Gehältern beitragspflichtig werden. Auch das in Kraft getretene SGB XI (*Pflegeversicherung*) zeigt auf, wie man auch in der gesetzlichen Krankenversicherung SGB V verfahren könnte. Diese finanziert sich faktisch allein durch die Arbeitnehmerbeiträge, wobei die Beiträge vom Gesetzgeber festgelegt werden. Für Versicherungsleistungen gibt es sowohl untere Grenzen (Versicherungsleistungen erst ab erheblicher Pflegebedürftigkeit) als auch gesetzlich festgelegte Höchstbeiträge. Diese »strukturbildenden Elemente« der Pflegeversicherung sind gewollt. Bei unveränderter sozialpolitischer Grundströmung sind in der Krankenversicherung Analogien zu erwarten.
Kennzeichnend für das Gesundheitswesen in allen entwickelten Industriestaaten ist eine medizin-technische Orientierung mit einem kurativen Ansatz bei einer einhergehenden Kostenexpansion. Doch der Gesundheitszustand der Bevölkerung bessert sich nicht wesentlich. Indikatoren dafür sind z. B. die Säuglingssterblichkeit, die Lebenserwartung oder die Zunahme von Zivilisationskrankheiten und chronischer Krankheiten. Dies führt zu Forderung der Schwerpunktverlagerung in der G. in Richtung eines präventiven Ansatzes. *Prävention* kann unterschieden werden in sozialorientierte Prävention (Verhältnisprävention) und personenorientierte Prävention (Verhaltensprävention). Erstere gehört zu einer als Gesellschaftspolitik verstandenen G. Sie will gesundheitsförderliche Lebensbedingungen schaffen. Personenorientierte Prävention soll aktives Gesundheitsverhalten fördern. »Health Promotion« ist der von der WHO gefundene Oberbegriff. Organisierte Prävention in diesem Sinne umfaßt neben der klassischen Aufklärung und Erziehung alles, was zu eigener Aktivität anregt, was Impulse für Verhaltensänderungen gibt. Diese müssen, um wirksam zu sein, an der Lebenssituation und an den Veränderungsmöglichkeiten ansetzen. Häufig mangelt es an den Ressourcen für solche Veränderungen. Diese aufzubauen ist ebenfalls Gegenstand präventiver G., deshalb gehören z. B. die Förderung von Selbsthilfekompetenzen und sozialer Unterstützung (social support systems; etwa »kleine soziale Netze«) zum Aufgabenbereich der Prävention (*Netzwerke, soziale/Selbsthilfe/Selbstorganisation*). Ohnehin darf G. nicht übersehen, daß die meisten Krankheiten, auch solche schwerer Art, von den Betroffenen selbst und innerhalb der engeren sozialen Beziehungen bewältigt werden, ohne professionelle Hilfen. Gesundheitsberufe können nur für bestimmte Teilprobleme und Zeitabschnitte hilfreich und wichtig sein. Selbsthilfe ist daher die primäre Art der Hilfe. Gerade wenn man Gesundheit und Krankheit mit persönlichen, sozialen und situativen Bezügen verknüpft sieht, wird die nur punktuelle Aufgabe der »Fachleute« deutlich. G. muß daher auch auf die Förderung von Selbsthilfe gerichtet sein.
Soll G. nicht Stückwerkpolitik sein und sich ihrer gesellschaftlichen Funktion bewußt werden, bedarf sie einer ethischen Fundierung. Vordergründig wird deren Bedeutung sichtbar an den Diskussionen über *Gentechnologie*, künstliche Befruchtung oder Sterbehilfe (*Hospizbewegung*). Die Medizin kann in natürliche Abläufe eingreifen und stößt dabei oft auf grundsätzliche ethische Fragen (*Ethik*). Doch einer ethischen Fundierung bedarf G. auch wegen ihrer offenkundigen Mitwirkung bei der Ausübung sozialer Kontrolle und der Zuweisung von Ressourcen und Lebenschancen. Hinter den Auseinandersetzungen über die G. verbergen sich letztlich weltanschauliche Gegensätze und unterschiedliche soziale Lagen. Über die ethische Orientierung der Ärzte hinaus, die sich meist normativ zu den Grenzen beim Umgang mit moderner Medizintechnik äußern, bedarf G. einer breiteren ethischen und sozialphilosophischen Fundierung, will sie nicht weiter ziellos bleiben und abhängig von Macht- und Interessenpositionen sein.

D. Thamm

Literatur: J. Alber: Das Gesundheitswesen in der Bundesrepublik Deutschland: Entwicklung, Struktur und Funktionsweise, Frankfurt/M. 1992; G. Bäcker u. a. Sozialpolitik und soziale Lage in der Bundesrepublik Deutschland, Köln 1989; H.-U. Deppe: Krankheit ist ohne Politik nicht heilbar, Frankfurt/M. 1987; Deutscher Bundestag, 11. Wahlperiode: Endbericht der Enquete-Kommission »Strukturreform der gesetzlichen Krankenversicherung«, Bonn 1990; C. v. Ferber/L. v. Ferber: Der kranke Mensch in der Gesellschaft, Reinbek 1978; C. v. Ferber: Medizin und Sozialstruktur, in: Blohmke u. a. (Hrsg.): Handbuch der Sozialmedizin. Bd. 1, Stuttgart 1975; W. Gehrmann: Der medizinisch-industrielle Komplex. ZEIT-Dossier, in: Die ZEIT v. 12. 6. 1992; I. Illich: Die Enteignung der Gesundheit, Reinbek 1978; T. McKeown: Die Bedeutung der Medizin, Frankfurt/M. 1982; N. Milio: Making healthy public policy, in: Badura/Kickbusch (Edit.): Health promotion research, Copenhagen 1991; R. Pitschas: Europäische Gesundheitspolitik und berufliche Sozialarbeit im Gesundheitswesen, in: NDV 12/ 1994, 459–466; P. Reinicke: KrankenHaus, Weinheim/Basel

1994; R. Rosenbrock: Gesundheitspolitik, in: Hurrelmann/ Laaser (Hrsg.): Gesundheitswissenschaften, Weinheim 1993; Sachverständigenrat für die Konzertierte Aktion im Gesundheitswesen: Jahresgutachten lfd., Baden-Baden 1987; A. Schmidt/E. Jahn/B. Scharf (Hrsg.): Der solidarischen Gesundheitssicherung die Zukunft, WSI-Studie Nr. 60, Köln 1987.
Weitere Literatur bei den Stichwörtern *»Gesundheitshilfe«* und *»Gesundheitsrecht«*

Gesundheitsrecht

1. Begriffsbestimmungen: Innerhalb des Gesamtsystems unserer Rechtsordnung gibt es eine Vielzahl von Normen, die dem Schutz, der Pflege und der Förderung der Gesundheit des Menschen dienen. Derartige Regelungen sind sowohl in zusammenhängenden Gesundheitsgesetzen zu finden als auch in einzelnen Vorschriften oder Vorschriftengruppen im Rahmen anderer auf die Ordnung sonstiger sozialer Zwecke gerichteter Gesetze. Unter G. ist die Gesamtheit dieser bundes- oder landesrechtlichen Vorschriften, die die Belange des Gesundheitswesens regeln, zu verstehen. Das G. ist in einer Vielzahl von Vorschriften zu allen Rechtsbereichen (Zivilrecht/Arbeitsrecht/Strafrecht etc.) geregelt. Sein Schwerpunkt liegt jedoch in den Vorschriften des öffentlichen Rechts.
Heilung und Hilfe für Kranke sowie *Gesundheitshilfe* sind aus dem Sozialstaatsprinzip der Art. 20 und 28 sowie 74 Nr. 12, 19, 19a, 20 GG abgeleitete Gemeinschaftsanliegen. Auf diesem Gebiete betreuend und beaufsichtigend tätig zu werden ist Aufgabe des öffentlichen Gesundheitswesens. Seine Entwicklung und Ausgestaltung richten sich nach der Verfassung und der allgemeinen politischen Zielsetzung des Staates sowie nach dem Stand der medizinischen Erkenntnisse. Die wichtigsten Bereiche des öffentlichen Gesundheitswesens sind: der öffentliche Gesundheitsdienst, die Krankenhäuser für die stationäre Versorgung und die niedergelassene Ärzteschaft für die ambulante Versorgung.

2. Gesetzgebung im Bereich des Gesundheitswesens: Aufgrund der förderalen Struktur der BRD hat der Bund nur in ganz bestimmten Sachbereichen, die einer bundeseinheitlichen Regelung bedürfen, die Gesetzgebungskompetenz. Daneben steht die eigene Gesetzgebungskompetenz der Länder im Gesundheitswesen. Die Gesetzgebungskompetenz des Bundes für den Bereich des (öffentlichen) Gesundheitswesens ergibt sich im wesentlichen aus Art. 74 Nr. 19, 19a und 20 GG und bezieht sich nach Art. 74 Nr. 19 GG auf: Maßnahmen gegen gemeingefährliche und übertragbare Krankheiten bei Menschen und Tieren; die Zulassung zu ärztlichen und anderen Heilberufen und zum Heilgewerbe; Maßnahmen im Rahmen des Verkehrs mit Arzneien, Heil- und Betäubungsmitteln und Giften.
Hierzu sind z.B. das Chemiekaliengesetz und das Betäubungsmittelgesetz ergangen.
Aus Art. 74 Nr. 19a GG ergibt sich die Gesetzgebungskompetenz auf dem Gebiet des *Krankenhauswesens*. Sie umfaßt die wirtschaftliche Sicherung der Krankenhäuser und die bundeseinheitliche Regelung der Krankenhauspflegesätze.
In allen zu Art. 74 Nr. 19 und 19a GG ergangenen Bundesgesetzen haben auch die Länder ein Recht zur Gesetzgebung, solange und soweit der Bund seine Gesetzgebungskompetenz nicht ausgeschöpft hat. So finden sich daher z.B. landesrechtliche Regelungen über die Zulassung zu bestimmten Medizinalberufen oder im Bereich des Krankenhauswesens zur Sicherstellung einer bedarfsgerechten Versorgung der Bevölkerung mit Krankenhausbetten.
Im folgenden werden weitere wichtige Gesetze mit gesundheitsrechtlichem Bezug dargestellt:
(a) Das Gesetz zur Verhütung und Bekämpfung übertragbarer Krankheiten beim Menschen (Bundesseuchengesetz) enthält neben der Regelung von Bekämpfungsmaßnahmen allgemeine und spezielle Vorschriften über die Verhütung übertragbarer Krankheiten.
Als notwendige Voraussetzung für jede behördliche Seuchenbekämpfungsmaßnahme ist die Meldepflicht und damit im Interesse der Allgemeinheit eine Ausnahme vom Grundsatz der ärztlichen *Schweigepflicht* und damit eine Einschränkung des *Datenschutz*es geregelt.
(b) Das Gesetz zur Bekämpfung der Geschlechtskrankheiten stellt eine Spezialregelung gegenüber dem Bundesseuchengesetz dar und enthält neben einer Aufzählung der von diesem Gesetz erfaßten Krankheiten eine Reihe von Ge- und Verboten für den Betroffenen, die weit über die Verpflichtungen nach dem Bundesseuchengesetz hinausgehen (*Geschlechtskrankenfürsorge*).
(c) Der allgemeinen Hygiene dienende Rechtsvorschriften finden sich in verschiedenen Rechtsgebieten, z.B. im Gewerberecht und im Baurecht, weiterhin im Wasserhaushaltsgesetz und Abfallbeseitigungsgesetz sowie in landesrechtlichen Hygieneverordnungen.
(d) Von den Gesetzen über die Zulassung zu den Heil- und Heilhilfsberufen seien lediglich beispielhaft erwähnt die Bundesärzteordnung, die Approbationsordnung für Ärzte, das Krankenpflegegesetz und das Heilpraktikergesetz.
(e) Einer bedarfsgerechten und den Anforderungen der modernen Medizin entsprechenden Versorgung der Bevölkerung mit Krankenhausbetten nach den Grundsätzen einer sparsamen Wirtschaftsführung dienen die Vorschriften des *Sozialgesetzbuch*es über Sicherstellung notwendiger Krankenhausbehandlung (der Versicherten) (SGB V), das Gesetz zur wirtschaftlichen Sicherung der Krankenhäuser (Krankenhausfinanzierungsgesetz) sowie die Verordnung über die Festsetzung der Krankenhauspflegesätze (Bundespflegesatzverordnung).
(f) Das *Arzneimittelgesetz* regelt den Begriff der Arzneimittel, die Verschreibungspflicht, die Herstellung und die Voraussetzungen für die behördliche Erlaubnis zu Herstellung von Arzneimitteln, Abgabe,

Verfallsdaten und die Vorgaben, die an eine Gebrauchsanweisung zu stellen sind.
(g) Nach dem Betäubungsmittelgesetz bedürfen Einfuhr und Ausfuhr, Anbau und Gewinnung, Herstellung und Verarbeitung von Betäubungsmitteln einer Erlaubnis durch das Bundesgesundheitsamt (BGA). Erwerb und Inverkehrbringen sind zusätzlich von der Erteilung eines Bezugsscheines abhängig. Nach einer hierzu ergangenen Rechtsverordnung ist das Verschreiben von Betäubungsmitteln durch Ärzte an besondere Voraussetzungen gebunden. So dürfen bestimmte Verschreibungshöchstmengen nicht überschritten werden, und über die Verschreibung muß Buch geführt werden.
(h) Das Lebensmittelgesetz definiert zunächst die Begriffe »Lebensmittel« und »Bedarfsgegenstände«. Besonders wichtig ist die Regelung, daß zum Schutz der menschlichen Gesundheit schädliche Stoffe weder in Lebensmitteln noch in Bedarfsgegenständen, die mit Lebensmitteln in Berührung kommen, enthalten sein dürfen.
Gesundheitsrechtlichen Bezug haben auch die folgenden Gesetze: *Kinder- und Jugendhilfe*gesetz (SGB VIII); *Jugendarbeitsschutz*gesetz; *Mutterschutz*gesetz; SGB V, betreffend die gesetzliche Krankenversicherung: Es enthält wichtige gesundheitsrechtliche Bestimmungen insoweit, als es Krankenkassen und niedergelassene Ärzteschaft verpflichtet, die ärztliche Versorgung der Versicherten sicherzustellen; Reichsversicherungsordnung (RVO), betreffend die gesetzliche Unfallversicherung. In Verbindung mit hierzu ergangenen Unfallverhütungsvorschriften wird z. B. der Umgang mit Gefahrstoffen im Arbeitsprozeß zur Vermeidung von Berufskrankheiten geregelt; Bundesimmissionsschutzgesetz. Gesundheitsrechtlichen Bezug hat auch das Strafgesetzbuch: Es enthält neben den Vorschriften, deren Rechtsgut das Leben oder die körperliche Unversehrtheit sind (z. B. Tötungsdelikte, Körperverletzung, Schwangerschaftsunterbrechung bei Nichtvorliegen einer Indikation) (*Schwangerenberatung*), auch Vorschriften, die die unterlassene Hilfeleistung bei Unglücksfällen, Gefahr oder Not sowie das Verlassen in hilfloser Lage wegen jugendlichen Alters, Krankheit oder Gebrechlichkeit unter Strafe stellen.
Der Landesgesetzgebung sind – neben Regelungen über die Ausübung der Heil- und Heilhilfsberufe – insbesondere die Organisation des öffentlichen Gesundheitswesens in den Ländern und die allgemeine Hygiene und Gesundheitsvorsorge uneingeschränkt vorbehalten. Dazu im einzelnen:
(a) Heute noch stellt das Gesetz über die Vereinheitlichung des Gesundheitswesens (Vereinheitlichungsgesetz von 1935!) – mit den zu seiner Durchführung erlassenen Rechtsverordnung –, das nach Errichtung der BRD von den einzelnen Ländern als Landesgesetz übernommen wurde, die Grundlage für den Aufbau und die Aufgabenstellung der unteren Verwaltungsbehörden des öffentlichen Gesundheitswesens dar. Zahlreiche Vorschriften der dort geregelten Aufgabengebiete sind in einigen Bundesländern bereits außer Kraft gesetzt worden. Folgender wichtiger Regelungsbereich hat noch allgemein Bestand: die Errichtung von *Gesundheitsämtern* mit einem Amtsarzt an der Spitze, deren wesentliche Aufgabenbereiche die Abwehr von Gesundheitsgefahren für die Allgemeinheit (gesundheitspolitische Aufgaben) sowie Gesundheitshilfe sind.
(b) Zum Schutz des einzelnen und der Allgemeinheit erlauben die Unterbringungsgesetze der Länder, psychisch- oder suchtkranke Personen, die sich oder andere oder die öffentliche Sicherheit gefährden, auch gegen ihren Willen in einer geschlossenen Anstalt unterzubringen. In einigen Ländern wurden diese bisher vorwiegend polizeirechtlich ausgestalteten Gesetze durch Regelungen über die medizinische Behandlung und Ausgestaltung des Vollzuges der Unterbringung ergänzt oder neugefaßt (*Psychiatrie*). *J. Fröde*

Literatur: P. Etmer/P. Lundt/P. Schiwy: Deutsches Gesundheitsrecht. Sammlung des gesamten Gesundheitsrechts des Bundes und der Länder. Loseblattsammlung, Percha am Starnberger See, Stand 1993; O. Helfer: Kleine Gesetzeskunde für Medizinalhilfspersonen, [18]1986; W. Thürk: Recht im Gesundheitswesen. Textsammlung, Loseblatt-Sammlung, Köln, Stand 1993; W. Thust/P. Trenk-Hinterberger: Recht der Behinderten, Weinheim [2]1989.

Gewalt

Von »G.« wird dann gesprochen, wenn einem Menschen gegen dessen Willen ein Verhalten oder Tun aufgezwungen wird: bis hin zur physischen Überwältigung oder gar Vernichtung. Diese an Max Webers berühmte »Soziologische Grundbegriffe« (1952) angelehnte Gewaltdefinition zeichnet sich durch ihre interaktionistische Handlungsdimension aus. Darin unterscheidet der Gewaltbegriff auch von dem mehr personenzentrierten, dispositiven Begriff der »Aggression«. Dieser meint nach W. Hacker (1973) »manifestes oder latentes Angriffsverhalten« im Spektrum von »sozial gelernten und sozial vermittelten Formen von Selbstbehauptung bis hin zur Grausamkeit« (S. 73). Entsprechend werden für die Aggressionserklärung psychologische Konzepte wie z. B. psychoanalytische Triebkonzepte, Instinktmodelle der Verhaltensforschung, Frustrations-Aggressions-Modelle und lerntheoretische Konzepte eingesetzt (vgl. den Überblick bei Ceh 1988).
Natürlich ist im Gewalthandeln die Aggressionsdisposition immer enthalten – bis hin zu der Spezifikation, daß nach den Erkenntnissen der Humanbiologie der männlichen Geschlechtstypik von G. auch eine hormonell-konstitutionsbedingte höhere männliche Aggressionsveranlagung entspricht –; dies ist aber für die Erklärung und Bestimmung von G. nicht hinreichend.
Die besondere zwischenmenschliche Problematik von G. konkretisiert sich in der Dimension der »Abwertung« des oder der anderen als Herabsetzung ihrer/seiner persönlichen Integrität und/oder Verneinung ih-

res/seines menschlichen Werts. Die Abwertung anderer stellt gleichsam die geistige Struktur und den einstellungsstrukturierten »Vorhof« der G. dar. Deshalb spricht die Frauenforschung bei der Bewertung der in den modernen Industriegesellschaften herrschenden geschlechtshierarchischen Arbeitsteilung, in welche die Abwertung des Frauseins und der reproduktiven »weiblichen« Kompetenzen eingelassen ist, prinzipiell von einem »Gewaltverhältnis«.

In der sozialwissenschaftlichen Fachdiskussion wird zwischen »manifester« und »struktureller« G. unterschieden. Strukturelle G. ist sozial und personal nicht sichtbar, sie ist über Regeln und Institutionen, aber auch über die Verwehrungen und Risiken, die in der sozialen Ungleichheit einer Gesellschaftsstruktur liegen, oder über »Zwangslagen«, die aus ökonomischen Krisen entstehen, vermittelt. Strukturelle G. liegt in gesellschaftlichen Ausgrenzungs- und Abwertungsprozessen gegenüber sozialen *Randgruppen*, Mitbürgern ausländischer Herkunft oder auch Menschen mit nonkonformen Lebensstilen. Die eingangs erwähnte geschlechtshierarchische Arbeitsteilung ist in diesem Sinne auch als »strukturelles« Gewaltverhältnis zu begreifen.

Kinder und Jugendliche spüren strukturelle G. vor allem dort, wo ihre sozialräumlichen Aneignungsmöglichkeiten, ihr kinder- und jugendkultureller Entfaltungsraum durch eine einseitig kommerziell und konsumtiv funktionalisierte *Stadtentwicklungspolitik* eingeschränkt oder blockiert sind. Daß strukturelle G. in offenen sozialräumlichen Kontexten und bei denen, die auf solche Räume angewiesen sind (auch alte Menschen), besonders gespürt wird, hängt damit zusammen, daß die nicht sichtbare G. sonst in Institutionen und Regelsystemen eingeschlossen und so »legitimiert« ist: die elterliche G., die G. der Lehrer über die Schüler, die G., die von ökonomischen und politischen Entscheidungen ausgeht. Bei der Analyse manifesten Gewalthandelns ist deshalb der Hintergrund »struktureller G.« nicht zu vernachlässigen. Er vermittelt sich uns auch in sozialemotionalen Zusammenhängen wie dem »Sozialklima«, dem Zulassen oder Verwehren einer öffentlichen »Streitkultur« (öffentliche Ausgrenzung sozialer Konflikte). G. richtet sich i.d.R. gegen andere, und doch wird immer wieder von »G. gegen sich selbst« gesprochen. Soll dieser Begriff nicht mit dem der »Autoaggression« gleichgesetzt werden, muß er – der Gewaltdefinition gemäß – auch eine deutlich interaktionistische Dimension enthalten. Diese ist dann gegeben, wenn sich die Gewaltdisposition im sozialen Prozeß entwickelt, der sozial vorgegebene – »tradierte« – Bewältigungsmechanismus aber ein innengerichteter ist. Damit sind geschlechtstypische Bewältigungsmuster angesprochen: Vor allem in der weiblichen Geschlechterrolle ist das Bewältigungsverhalten nach »innen« gerichtet: Medikamentenmißbrauch, Magersucht oder extreme Depressionen können Ausdruck dieser »G. gegen sich selbst« sein (Flake/King 1992). Die Frage der Öffentlichkeit und Privatheit spielt schließlich bei der sozialpädagogischen Diagnostik des Gewalthandelns eine wichtige Rolle. »Verhäuslichte G.« (Honig 1986) – vor allem männliche Gewalttätigkeit gegenüber Kindern und Frauen in der Familie (*Gewalt in Familien*) – verweist i.d.R. nicht nur auf männliche Bewältigungsprobleme, sondern auch auf sozialökonomische und sozialemotionale Überforderungssyndrome, denen die *Familie* ausgesetzt ist.

In seiner soziologischen Ausrichtung verweist G. auf gesellschaftliche Desintegrationsprozesse. Schon E. Durkheim hat in seinem soziologischen Klassiker zur Moderne, »Die Arbeitsteilung« (La division de travail, 1896), auf den zentralen Umstand verwiesen, daß die Differenzierungs- und Rationalisierungsprozesse der modernen Arbeitsteilung zum Zerfall des gesellschaftlichen Zusammenhalts und des Gemeinschaftsbewußtseins und damit zu »anomischen« (sozial regellosen) Zuständen und daraus erwachsendem asozialen Verhalten führen können. Dieser gesellschaftliche Hintergrund der »Desintegration« ist in der modernen Theorie der »gesellschaftlichen Individualisierung« (Beck 1986) weiterentwickelt und von W. Heitmeyer u.a. (1991) explizit auf den Verursachungszusammenhang von G. bezogen worden. Heitmeyers Modell entfaltet sich in der Alltags- und Milieuanalyse: Wie erfahren Jugendliche soziale Desintegrations- und Auflösungserscheinungen, und wie beeinflußt diese Erfahrung ihr Sozialverhalten? Der gesellschaftliche Individualisierungsprozeß ist mit der Erosion dauerhafter Beziehungen und Bindungen, Inkonsistenzen im Erziehungsverhalten und einer »Zeitzerstücklung« durch die Erfordernisse von rationalisiertem Arbeitsrhythmus und Mobilität verbunden. Aber auch die Pluralisierung der Wertvorstellungen, das biographisch verfrühte »Auf-sich-gestellt-Sein« der Kinder und die Verinselung der Wohnumwelten stellen soziale Desintegrationspotentiale dar. Gleichzeitig greift eine Ökonomisierung der Sozialbeziehungen um sich, welche die tradierten »bindungsintensiven« Verhaltensweisen verdrängen und instrumentell-kalkulative und konkurrente Orientierungen fördern. Hinter den Fassaden »äußerlicher« Intaktheit verbirgt sich die Auflösung sozialer Beziehungen, da instrumentalistische und kalkulierende Umgangsformen auf die Verfügung über andere hinauslaufen und eben nicht auf die Anerkennung des anderen und seiner Integrität (Heitmeyer). Hier scheint der Abwertungsaspekt wieder durch. Chance und Risiko, individuelle Freiheit und gesellschaftliche Orientierungslosigkeit und Unsicherheit liegen eng beieinander.

Dies sind Hintergrundsbedingungen möglichen Gewalthandelns. Gewalttätig werden aber nach empirischen Untersuchungen (Willems 1993) nur oder vor allem jene, die über wenig psychische und soziale Ressourcen verfügen, um desintegrative Situationen gewaltfrei zu bewältigen. Niedriger Bildungsabschluß und sozial instabiles Herkunftsmilieu sind die sozialen Charakteristiken der meisten Gewalttäter. Daß es meist Jugendliche sind, hängt einmal mit dem allgemeinen Phänomen der »potentiellen Devianz« des Jugendalters (Eisenstadt 1956), zum anderen mit der noch offenen, meist sozialräumlich vermittelten Kontrollstruktur im

Jugendalter zusammen. Insgesamt ist die Wahrscheinlichkeit, daß junge Leute zu G. greifen, um so höher, je weniger G. in der *Gesellschaft* stigmatisiert ist. Die diffuse Ästhetisierung von G. in der Konsumgesellschaft trägt ihren Teil zum Verschwimmen der Grenzen und zur Senkung der Schwellen bei.
Die *Sozialarbeit/Sozialpädagogik* hat es vor allem mit den Kindern und Jugendlichen zu tun, für die Gewalterfahrung und Gewalthandeln als milieugelernte Sozialform und als extremes Erlebnis- und Bewältigungsmuster zur Biographie und zum Alltag gehören. Es kommt deshalb für die sozialpädagogische Diagnose darauf an, diesen Bewältigungscharakter von G. zu verstehen und die subjektive Funktion, die sie für die betreffenden Jugendlichen hat, zum Ausgangspunkt der Arbeit zu nehmen. Das Prinzip dieser »akzeptierenden« Jugend- und Sozialarbeit (vgl. Krafeld 1992) ist nun nicht, daß die SozArb G. gutheißen – im Gegenteil: Sie müssen den Jugendlichen ihre ablehnende Haltung zur G. deutlich zeigen. Ihre Arbeit mit den *Klienten* können sie aber nicht an der Gewalttat ansetzen, sondern sie müssen auf die psychosozialen Bewältigungsprobleme eingehen, die sich dahinter verbergen.
Für die Zwecke der sozialpädagogischen Diagnostik lassen sich dabei verschiedene Ebenen der subjektiven Bedeutung von G. für die Lebensbewältigung unterscheiden. G. kann sein:
- Mittel zur Selbstwertsteigerung und -demonstration;
- der Versuch, die »Eindeutigkeit« in der sozialen Orientierung in einer unübersichtlich und widersprüchlich gewordenen sozialen und kulturellen Umwelt wieder herzustellen;
- nach außen gerichtete Reaktion auf Überforderung in sozialen Beziehungen und gegenüber Problembelastungen;
- strategisches Verhalten (Umwegverhalten) bei sozialer Isolation und Kontaktschwäche; man möchte mangels kommunikativer und sozialemotionaler Kompetenzen soziale Beziehungen im wahrsten Sinne des Wortes »mit Gewalt« herbeiführen und tut dies über den Umweg der gewalttätigen Annäherung.

Damit die sozialpädagogischen Hilfen in diesen Problemzusammenhängen auch greifen, müssen folgende Voraussetzungen erfüllt sein:
- Die SozArb/SozPäd muß über Räume, regelmäßige Aktionen und persönliche Beziehungen *Milieu*s anbieten können, in denen man sich aufgehoben und nicht ausgesetzt fühlen kann. Jugendliche müssen in Kontrast zu ihren Ohnmachtserlebnissen ihren Selbstwert über eigenverantwortliche Aktionen und Projekte – je nach ihren Fähigkeiten – erleben, darstellen, inszenieren können.
- Die körperliche und räumliche Grundstruktur des gewalttätigen Handelns – Körpereinsatz, Bewegung, Ausagieren – darf im sozialpädagogischen Arbeitsfeld nicht verpönt sein, sondern muß in Abläufe und Kontexte gelenkt werden, in denen sie ohne Abwertung und Demütigung anderer auskommt.
- Die Angebote und Projekte müssen so aufgebaut sein, daß sie intensive aber gewaltfreie Gruppenerlebnisse ermöglichen und somit zur Gewalttätigkeit alternative Kristallisationspunkte schaffen können (funktionale Äquivalente).

Jugendarbeit mit gewaltbereiten Jugendlichen ist auch ein Auftrag des seit 1992 durchgeführten Aktionsprogrammes gegen Aggression und Gewalt (AGAG). Die Erfahrungen dieses Großmodells (1995 noch rd. 120 Projekte in 30 Regionen) zeigen deutlich, daß v. a. jüngere Jugendliche mit sozialpädagogischer Arbeit erreicht und »bewegt« werden können, wenn die Angebote »mehrdimensional sind und einen hohen Gebrauchswert haben« (Kreft 1994). *L. Böhnisch*

Literatur: Aktionsprogramm gegen Aggression und Gewalt (AGAG). Berichte und Materialien Nr. 2. Gegen Aggression und Gewalt. Ein Lesebuch, Frankfurt/M. 1992; U. Beck: Risikogesellschaft, Frankfurt/M. 1986; I. Ceh: Konflikte und Aggressionen bewältigen, Landsberg a. Lech 1988; C. Flake/V. King (Hrsg.): Weibliche Adoleszenz, Frankfurt/M. 1992; F. Hacker: Aggression. Die Brutalisierung der modernen Welt, Reinbek 1973; W. Heitmeyer u. a.: Die Bielefelder Rechtsextremismus-Studie, Weinheim/München 1992; M. Honig: Verhäuslichte Gewalt, Frankfurt/M. 1986; F.J. Krafeld (Hrsg.): Akzeptierende Jugendarbeit mit rechten Jugendlichen, Bremen 1992; D. Kreft: Jugend und Gewalt, in: Jugendhilfe 32 (1994) 2, 67–76; M. Weber: Soziologische Grundbegriffe, Tübingen 1952; H. Willems u. a.: Fremdenfeindliche Gewalt, Opladen 1993.

Gewalt in Familien

Innerhalb einer *Gesellschaft*, die ein staatliches Gewaltmonopol dem Anspruch nach sicherstellt (s. dazu auch *Gewalt*), bestehen Reservate der zugelassenen, legitimen G., der körperlichen und/oder sexuellen Verletzung. Die *Familie* nimmt dabei eine Schlüsselstellung ein, weil in ihr zwei fundamentale Abhängigkeitsverhältnisse sich treffen: das Geschlechter- und das Generationenverhältnis. Beide erlauben in besonderem Maße Machtmißbrauch und körperliche Übergriffe. In ihrer traditionellen Ausprägung sind beide, Geschlechter- wie Generationenverhältnis, hierarchisch angelegt; als Ort der Nähe und der Bedürfnisbefriedigung bietet die Familie daher Raum für das einseitige Ausleben der Impulse des Stärkeren. Nur schwer setzt sich das neuere Ideal der Ehe als Partnerschaft gegen die Tradition männlicher Dominanz ansatzweise durch.
In der Familie werden auch heute noch Primärerfahrungen davon vermittelt, wer gegen wen G. anwenden kann oder darf. Sie kumulieren nicht selten bei *Mädchen*, die in beiden Machtachsen unterlegen und ausbeutbar sind. Als Folge erscheinen sie später wie prädestiniert dafür, Übergriffe am eigenen Körper in der Schule, am Arbeitsplatz oder in Beziehungen hin-

zunehmen; zuweilen hat es sogar den Anschein, als würden sie Übergriffe als Bestätigung ihrer Weiblichkeit empfinden, oder sie bieten sich dafür an (*Prostitution*). Repräsentative Studien deuten darauf hin, daß etwa ein Viertel aller Mädchen bis zum 16. Lebensjahr (und ein Zehntel aller Jungen) sexuelle G., meist in der Familie oder im nahen Familienumfeld, erlebt haben; dies muß zum Verständnis des oft zwiespältigen Verhaltens von weiblichen Jugendlichen gegenüber männlichem Dominanzgebaren bedacht werden.

Ist die Familie strukturell ein Ort möglicher G., so ist die inhaltliche Seite – die fatale Vermengung von G. und männlicher Sexualität – in unserer Kultur angesiedelt und durchdringt alle Bereiche des Lebens. »Die gängige Liebesordnung ist offenbar mit Besitzansprüchen und Machtübergriffen verknüpft« (Godenzi); das bedeutet, daß »ganz normale« Sexualität mit einem Potential an Männergewalt versehen ist, das ebensogut eigenständig und ohne Beimischung von »Liebe« auftreten kann – als Vergewaltigung, als G. an Prostituierten oder als Sextourismus. Umgekehrt erleben wir täglich in der Ersatzwirklichkeit der Medien, wie G. geradezu sexualisiert wird: Kriegsvorbereitung und Waffensysteme werden in Bildern und Fantasien von Potenz gekleidet, Sieger in der Armee wie in der privaten Prügelei werden als begehrenswerte *Männer* dargestellt. Pornographie und Werbung neigen beide dazu, kindlich wirkende Mädchen erotisch herzurichten: Die Botschaft, daß der kindliche Körper für männliche sexuelle Wünsche bereitsteht, legitimiert unterschwellig den sexuellen Mißbrauch. Kurzum: Die sexuelle G., die in Familien ungehindert stattfindet, hat ihre Ursachen in einer Kultur, die Vergewaltigung als Möglichkeit vorsieht.

Die Bemühung um eine Begriffsbestimmung von G., die seelische Verletzungen berücksichtigt, unterliegt einer Täuschung von Objektivität: G. so zu definieren, daß sie für einen unbeteiligten Dritten erkennbar ist. In Wirklichkeit gibt es jedoch keinen unbeteiligten Dritten bei Mißhandlung, besonders in der Familie. Hat nur ein Elternteil das Kind geschlagen, so hat der andere zugesehen, davon gewußt, ohne zu verhindern und vielleicht ohne zu trösten – wenn auch nur aus Angst um die eigene Haut. Im Erleben des Kindes sind alle, die stärker als es selbst sind, an dem eigenen Ausgeliefertsein mitbeteiligt. Es gibt nicht wenige Frauen, die deshalb selbst mißhandelt werden, weil sie sich schützend vor ihre Kinder stellen. Aber auch Kinder können beteiligt sein an der Mißhandlung der Mutter: Es kann z. B. ein 3jähriges Mädchen in die Lage kommen, darüber zu bestimmen, wie lange die Mutter geschlagen wird, weil Papa erst aufhört, wenn seine Tochter ihn darum bittet.

Es gibt keinen unbeteiligten Beobachter, solange das Gewaltverhältnis fortbesteht. Jeder, der von Mißhandlung erfährt, ohne dagegen Stellung zu beziehen, Schutz oder Hilfe anzubieten, trägt dazu bei, daß das Opfer sich wertlos und schuldig fühlt. Das Problem der G. im Geschlechterverhältnis verweist auf das Versagen des Gemeinwesens, auf die Fragmentierung und Isolierung der Paare und der Familien. Solange es möglich ist, die G. selbst oder ihre unmittelbaren Auswirkungen zu beobachten, kann nur parteilich geurteilt werden, inwiefern es sich um G. gehandelt hat. Daher wird jede empirisch brauchbare Definition von G. entweder den Standpunkt des Mißhandlers oder den Standpunkt des Mißhandelten widerspiegeln.

Vom Standpunkt des Mißhandlers liegt dann G. vor, wenn eine gewalttätige Absicht eingestanden wird oder wenn die Auswirkungen (etwa Blut oder Knochenbrüche) unübersehbar darauf verweisen. Diese Sichtweise ist vorherrschend in unserer Gesellschaft: eine Denkweise, die eine Ohrfeige nicht als G. begreift, die Verständnis erheischt, wenn »nur« im Affekt geschlagen wird, die Schläge in erzieherischer Absicht anerkennt.

Vom Standpunkt der Mißhandelten ist G. grundsätzlich anders zu fassen: Sie ist durch die Unmöglichkeit bestimmt, sich gegen eine Grenzverletzung zu wehren oder überhaupt erst Grenzen zu setzen. Und wir gelangen dabei zu unterschiedlichen Begriffen von G., je nachdem, welche Art von Solidarität wir mit den Opfern halten. Ein Begriff von G., die nicht auf Rechtfertigung und Verständnis für Mißhandler fußt – ein parteilicher Begriff gegen G. –, entsteht in der praktischen Stellungnahme. Emanzipatorische Solidarität mit den Opfern heißt dann: Unterstützung zur Eigenständigkeit, Bekräftigung darin, sich aus dem Ausgeliefertsein zu lösen; nicht aber Unterstützung zum Selbstmitleid und zur Suche nach einem milderen Herrn. Wenn in einem ausgeweiteten Gewaltbegriff alles, was Wut, Stärke oder Durchsetzung ausdrückt, einbegriffen und verpönt wird, so entspricht dies einer bloß karitativen Praxis der Wehklage. Nicht die Ausdrucksformen machen die G. aus, sondern die eingeschränkten Reaktionsmöglichkeiten der Betroffenen. Zur Überwindung der G. und zur Heilung der Verletzungen benötigen sie Erfahrungen eines sozialen Umfeldes, das G. unmißverständlich ablehnt.

Solidarität steht vor besonderen Schwierigkeiten bei sexuellem Mißbrauch, da hier gezielte Verheimlichung die Regel ist. Mißbrauchende Männer – dies hat sich bei der Arbeit mit Tätern bestätigt – gehen i. d. R. planmäßig vor und legen es darauf an – oft lange Zeit mit Erfolg –, daß niemand davon erfährt; verängstigt und verwirrt trägt das betroffene Kind das Schweigen mit. Für Helfer ist die Gefahr groß, aus Identifikation mit dem Kind zu unterstellen, die Mutter habe den Mißbrauch wissentlich zugelassen. Sie werden dabei von einer Kultur beeinflußt, die bei sexueller G. die Schuld überall sucht, nur nicht beim Täter selbst. Das tun die Opfer auch selbst: Mißhandelte Frauen schreiben die G. des Mannes seiner Kindheit oder den Umständen zu oder geben den Kindern die Schuld dafür, daß sie ihm ausgeliefert waren; mißbrauchte Kinder sind vom Mitwissen der Mutter überzeugt. Es wäre keine Solidarität und keine Hilfe, diese den Täter entlastenden Hilfskonstruktionen zu übernehmen. Die Definition davon, was G. war, muß zwar aus der Perspektive des Opfers geschehen; aber Ziel der Hilfe ist es, auf jene innere und äußere Freiheit hinzuarbeiten, die es erlaubt, die Verantwortung dafür beim Täter anzusiedeln. Dies ist individuell und allein nicht zu leisten: Die soziale Hilfe hat daher eine unabdingbare Pflicht zur gesellschaftlichen Aufklärung.

Frauenmißhandlung: Seitdem es selbstverwaltete Zufluchtsstätten für mißhandelte Frauen gibt (*Frauenhäuser*), wissen wir, daß die Gruppe der mißhandelten *Frauen* sich nicht wesentlich anders zusammensetzt als die weibliche Bevölkerung insgesamt, daß Männer aus allen sozialen Schichten ihre Frauen schlagen. Frauen werden jahrelang in der Ehe oder im Zusammenleben vom Mann geschlagen, getreten, gedemütigt und bedroht; sie werden mit Gegenständen traktiert, eingesperrt und überwacht, bis zur Bewußtlosigkeit gewürgt; Knochenbrüche und innere Verletzungen sind häufige Folgen. Männer, die unter Alkoholeinfluß zuschlagen, tun dies auch nüchtern. Vielfach ist eine Schwangerschaft Anlaß für den Beginn oder eine Steigerung der Mißhandlungen. Männer beschimpfen und schlagen »ihre« Frauen vor den Kindern, damit diese ihre Mutter verachten lernen. Doch Schläge sind nicht alles. Ein Drittel der Frauen im Berliner Frauenhaus waren zuvor erwerbstätig; doch als Folge der Prügel haben viele Frauen keinen Arbeitsplatz lange halten können. Oft erhalten sie vom Mann kaum Geld, auch wenn er gut verdient, es kommt vor, daß eine Frau nicht einmal eigene Wohnungsschlüssel hat. So wird deutlich, daß Mißhandlung Teil einer Strategie der Beherrschung ist, die nach und nach das ganze Leben einer Frau der Kontrolle des Mannes unterwirft.

Dabei hat die Mißhandlungsbeziehung offenbar eine Eigendynamik der Steigerung. Tradierte Vorstellungen, daß der Mann der Herr im Hause sei und die Frau seine Bedürfnisse zu erfüllen habe, stehen am Anfang, doch die G. verstärkt wiederum diese Rollenvorstellungen. Innerhalb der Beziehung verschwindet immer mehr die konkrete Person hinter abstrakte Bilder der Frau, des Mannes, wie sie zu sein haben. Frauen klammern sich oft an die Hoffnung, durch eigene Bemühungen diesen Erwartungen zu genügen, erleben aber, daß Rollenerfüllung und Unterwerfung nur noch die G. steigern. Es bedarf daher eines inneren Wendepunktes, einer völligen Umorientierung, damit eine Frau die Mißhandlungssituation verläßt. Daher, aber auch aufgrund der erschwerenden materiellen Hindernisse, kommen Frauen oft mehrmals für kurze Zeit in Notsituationen ins Frauenhaus und kehren erst einmal zum mißhandelnden Mann zurück. Nachgehende Befragungen zeigen, daß diese Frauen teilweise später die Trennung schaffen.

Die individuelle G. gilt im öffentlichen Bewußtsein als bedauerliche Ausnahme, erklärbar durch das Fehlverhalten einzelner. Möglich ist diese G. jedoch, weil gesellschaftliche Institutionen sie fördern. Frauen fehlt u.a. jeder rechtliche oder polizeiliche Schutz bei Gewaltdelikten aller Art, einschließlich der intimen Erniedrigung der Vergewaltigung, sofern sie zuvor mit dem Täter zusammengelebt haben. Dies hat im kodifizierten Recht eine Grundlage, so etwa bei der ausdrücklichen Definition der Vergewaltigung »außerhalb der Ehe«. Bis 1988 legten Richtlinien der Staatsanwaltschaft fest, daß bei Körperverletzung im privaten Lebenskreis das Opfer auf den Privatklageweg zu verweisen ist. Zehn Jahre nach dem ersten Frauenhaus-Erfahrungsbericht haben die Justizminister der Länder dies geändert, doch weder Politik noch Justiz, noch Polizei zog daraus praktische Konsequenzen; bei Mißhandlung wird meist gar nicht erst ermittelt. Hilfreicher als solche Richtlinien scheint die Einrichtung von Sonderdezernaten in der Staatsanwaltschaft zu sein: Die kontinuierliche Begegnung mit Fällen sexueller G. qualifiziert und motiviert zur aktiven Intervention. Derzeit bereitet das BMFJ ein Modellprojekt vor, das Strafandrohung und Resozialisierung für Mißhandler mit Schutz für Frauen verbinden würde.

Mißhandlung wird gelernt. Mißhandler wurden immer wieder darin bestärkt, ihre Bedürfnisse gewaltsam durchzusetzen. Damit mag zusammenhängen, daß sie äußerst selten Beratung oder Hilfe suchen, um ihr eigenes Verhalten zu verändern, sondern allenfalls dann, wenn die gewohnte G. nicht mehr »greift«, die Frau sich trennt. Das Anliegen des verlassenen Mannes an einer Beratungsstelle ist zumeist, ihm zu der gewohnten Wirksamkeit seiner G. zu verhelfen: dafür zu sorgen, daß die Frau ihm wieder verfügbar ist, das Kind gehorcht. Für den Mißhandler hat die G. zunächst nicht den Stellenwert eines Problems, sondern den einer Lösung: und man trennt sich ungern von eingeübten Lösungen, solange sie Erfolg zeitigen. Jede therapeutische oder beratende Hilfe für Mißhandler muß daher zuallererst die Hilfe zur erneuten Verfügung über Mißhandlungsopfer eindeutig verweigern. In den letzten Jahren gibt es auch in der BRD Ansätze zu einer kritischen Arbeit mit gewalttätigen Männern. Während mehrheitlich – auch anhand ausländischer Erfahrungen – für notwendig gehalten wird, Druck auszuüben, vertreten einige Männerprojekte das Prinzip der Freiwilligkeit und berichten von Erfolg, auch massiv gewalttätige Männer zu erreichen. Inwieweit diese sich dabei verändern, ist noch offen.

Kindesmißhandlung: Zeitlich parallel zu den Frauenhäusern entstanden Kinderschutzzentren mit einem neuen Konzept der Hilfe für Familien, in denen Kinder mißhandelt werden. Deren Ausrichtung war von Anfang an viel stärker pädagogisch-therapeutisch, die Betroffenenperspektive spielt eine geringere Rolle. Schon deren Definition von G. geht von feststellbaren objektiven Folgeschäden aus, die schutzwillige Erwachsene erkennen. Das hat Gründe: Mißhandelte Kinder sind oft weder subjektiv noch objektiv in der Lage, »Erziehung« als G. zu benennen oder Hilfe zu suchen.

Die Aufmerksamkeit des heutigen *Kinderschutz*es gilt der Familie als ganzer. Tatsächlich scheint Kindesmißhandlung sich auch grundlegend von Frauenmißhandlung zu unterscheiden, obwohl sie teilweise zusammen vorkommen. Wo Kinder nicht nur gelegentlich »mitgeschlagen« werden, sondern längerfristig mißhandelt, sind weder Opfer noch Täter typisch dem einen oder anderen Geschlecht zuzuordnen. Das Austragen, die Beibehaltung und die Grundversorgung eines Kindes sind kaum freiwillig, so daß überforderte Eltern mit dem Kind auch dann zusammenleben müssen, wenn ihnen diese Beziehung nichts mehr gibt. Demgegenüber äußert sich bei Männern gegenüber ihren mißhandelten Frauen der starke Wille, sie als Besitz zu behalten; die Paarbeziehung wurde ja zu Beginn nach dem Kennenlernen, wie unbedacht auch immer, gewählt, während das Kind in die Elternschaft hineingeboren wird, die als schicksalhaft erfahren wird. Zugleich erzeugt die Unbedingtheit, mit der Kinder auf Erwachsene angewiesen sind und sie auch lieben, enorme und bindende Schuldgefühle. Die Wurzeln der G. scheinen bei Kindesmißhandlung in die Kindheit der Eltern zurückzureichen: Sie können die Bedürftigkeit ihres Kindes nicht ertragen, weil sie selber noch so bedürftig sind. Deshalb ist eine relativ große Bereitschaft erkennbar, wenn die Angst vor Strafe abgebaut wird, Hilfe zu suchen und anzunehmen.

Sexueller Mißbrauch: Jede einem Kind aufgedrängte sexuelle Intimität, die auf die Befriedigung der Bedürfnisse eines Erwachsenen angelegt ist, muß als sexueller Mißbrauch betrachtet werden. In der erwachsenen *Sexualität* sind zärtliche und aggressive Anteile miteinander verwoben, die bei Kindern noch je für sich bestehen; daher ist die sexuelle Begegnung mit den Begierden der Erwachsenen immer – auch wenn die eigene erotische Aktivität des Kindes im Vorfeld hineingespielt hat – für Kinder bedrohlich und verletzend. Wird dazu noch Vertrauen oder Autorität ausgenutzt, um sexuelle Übergriffe fortzusetzen, so ist eine Traumatisierung wahrscheinlich. Die Folgen können das Opfer ein Leben lang begleiten; sie ähneln in vielem den seit längerem erforschten Wirkungen von Trauma durch Krieg oder Katastrophe, u.a. darin, daß sie typisch psychosomatisch sind und daß die Erinnerung daran fragmentarisch und abgespalten ist. Sexuelle G. greift in besonderem Maße schädigend in das Körpererleben ein: Die »Flucht aus dem Körper« als Überlebensweg, der Wiederholungszwang und der Selbsthaß führen teilweise zu Magersucht, Prostitution oder Drogengebrauch. Betroffene Frauen werden aufgrund von Unterleibsschmerzen u.ä. immer wieder operiert, ohne daß der Grund ihres Leidens erkannt wird.
Durch die oft erhitzte öffentliche Diskussion der letzten 10 Jahre wurden soziale und pädagogische Fachkräfte zunehmend aufmerksam und informiert. Die Alltäglichkeit gewaltförmiger Sexualität, wie sie insbesondere an Mädchen verübt wird, tritt ins Bewußtsein und auch, daß diese G. meist weit vor der Pubertät und oft schon im Säuglings- und Kleinkindalter beginnt. Jungen werden eher außerhalb der Familie mißbraucht; auch bei ihnen sind die Täter zumeist Männer. Wenn Frauen mißbrauchen, steht dies oft im Zusammenhang mit Pflege; sie wenden weniger physischen Zwang an, die Übergriffe sind nur selten mit Körperverletzung verbunden. Nur eine Minderheit der Mißbrauchsopfer üben als Erwachsene selbst G. an Kindern aus; diese Verarbeitung ist eher bei Männern zu finden. Mißbrauchte Mädchen haben jedoch als Frauen eine hohe Wahrscheinlichkeit, erneut sexualisierte G. zu erleiden.
Die erheblich häufigere Betroffenheit, das Eindringende und Verletzende der typischen Mißbrauchsformen sowie der vorrangige Tatort Familie rechtfertigen die besondere Sorge um sexuelle G. an Mädchen. Hinzu kommt, daß das Kindheitstrauma auf so viele Weisen im Leben von Frauen sich wiederholen kann: Alltagserfahrungen von sexueller Nötigung und Belästigung vermitteln auf diesem Hintergrund das Gefühl der Unausweichlichkeit.
Der aktuelle sexuelle Mißbrauch ist ein schwieriges Feld der Intervention. Die Betroffenen können meist nicht, oder erst nach Jahren, aus eigenem Antrieb Schutz und Hilfe suchen und nicht klar darstellen, was geschehen ist; die ersten Signale und Mitteilungsversuche sind oft nonverbal, bspw. durch Zeichnungen oder sexualisiertes Agieren. Verdachtsmomente richtig einzuschätzen erfordert Fachwissen, aber auch persönliche Aufgeschlossenheit und die Fähigkeit, die mitgeteilte G. auszuhalten. Während es im Ausland, z.B. in mancher Region der USA, eine Vielzahl von Stellen gibt, deren Beurteilungskriterien und Handlungskonzepte durch langjährige Erfahrung gut abgesichert sind, bieten sich Fachkräften in der BRD kaum Beratungs- oder Fortbildungsmöglichkeiten, die zum Handeln befähigen. Es sind jedoch zahlreiche Arbeitskreise und Berufsgruppen entstanden, meist außerhalb der Dienstzeit, die sowohl der Weiterbildung wie auch der Verbesserung der Zusammenarbeit verschiedener Institutionen – eine unabdingbare Notwendigkeit effektiver Intervention – dienen. Dieser Austausch ist um so notwendiger, seitdem vereinzelte Fälle übereilter Intervention in den Medien aufgebauscht werden – nicht etwa zur Forderung nach mehr Fortbildung und besseren Handlungskonzepten, sondern zur Verunsicherung, ob es die G. überhaupt gäbe.
Die Kontroverse über den sexuellen Mißbrauch macht deutlich, daß es nicht ausreichend war, das Recht auf »Nein« – für Frauen und Kinder – geltend zu machen. Denn die schlimmste Verlassenheit erfahren die, die gar nicht erst nein sagen können. Wir werden in Zukunft nicht nur über Macht, sondern auch über Sexualität reden müssen, und dies nicht progressiv wertfrei, sondern in der Verpflichtung auf die Vision eines gewaltfreien Geschlechterverhältnisses. *C. Hagemann-White*

Literatur: H. Brandau u.a.: Wege aus Mißhandlungsbeziehungen, Pfaffenweiler 1990; U. Brockhaus/M. Kolshorn: Sexuelle Gewalt gegen Mädchen und Jungen, Frankfurt/M. 1993; U. Enders: Zart war ich, bitter war's, Köln 1990; Familiendynamik, 18. Jg. H. 3/1993: Gewalt in Familien; A. Godenzi: Bieder, brutal, Zürich 1989; ders: Gewalt im sozialen Nahraum, Basel 1994; C. Hagemann-White: Strategien gegen Gewalt im Geschlechterverhältnis, Pfaffenweiler 1992; J.L. Herman: Die Narben der Gewalt, München 1994; D. Janshen (Hrsg.): Sexuelle Gewalt, Frankfurt/M. 1991; B. Rennefeld: Institutionelle

Hilfe für Opfer von sexuellem Mißbrauch, Bielefeld 1993; S. Rückert/W. Gehrmann: Die Keimzelle der Gewalt, ZEIT-Dossier, Die ZEIT Nr. 15/1995; E. Steinert/U. Straub: Interaktionsort Frauenhaus, Heidelberg 1988.

Gewerkschaften

G. sind freiwillige, demokratische, auf Dauer angelegte überbetriebliche Interessenvereinigungen von abhängig Beschäftigten. Das gewerkschaftliche Interesse ist primär auf die nachhaltige Sicherung und Verbesserung der wirtschaftlichen und sozialen Lage ihrer Mitglieder und darüber hinaus aller abhängig Beschäftigten gerichtet. Gewerkschaftliche Interessenvertretung stützt sich auf die *Solidarität* aller Arbeitnehmerinnen und Arbeitnehmer, Beamtinnen und Beamten, die aus deren Interessengleichheit als abhängig Beschäftigte erwächst. Nach eigenem, in demokratischen Gesellschaften akzeptierten Selbstverständnis haben G. drei Grundfunktionen zu erfüllen:

1. Schutz der abhängig Beschäftigten und ihrer Familien vor den Risiken und Gefährdungen des beruflichen und privaten Lebens, insbesondere vor den Folgen wirtschaftlicher und sozialer Ungleichheit, einseitigen Gewinnstrebens und der Diskriminierung Schwächerer. In diesem Sinne verstehen sich G. auch als große, mit anderen Selbsthilfeeinrichtungen kooperierende Selbsthilfeorganisationen.

2. Mit der gesellschaftlichen und staatlichen Anerkennung der G. als Koalition der abhängig Beschäftigten und als Verhandlungspartner der Arbeitgeberseite (Tarifvertragsparteien) übernahmen die G. eine natürliche, weitgehend rechtlich verankerte Ordnungsfunktion auf dem Arbeitsmarkt, in den Beziehungen zu den Arbeitgebern und zum Staat sowie in der Selbstverwaltung der Institutionen der sozialen Sicherung.

3. Aus dem erweiterten Selbstverständnis und dem größeren Aktionsraum als Gegenmacht in kapitalistischen Wirtschaftsordnungen erwuchs schließlich die Gestaltungsfunktion der G. zur Weiterentwicklung der Arbeits- und Lebensbedingungen der abhängig Beschäftigten und eines demokratischen, sozialen und rechtsstaatlichen Gemeinwesens schlechthin. Der unermüdliche Kampf der G. um die politische, soziale und kulturelle Gleichberechtigung der abhängig Beschäftigten hatte den Erfolg, daß wichtige Teile der gewerkschaftlichen Programmatik heute in den demokratischen Verfassungen und in der öffentlichen Meinung bestätigt werden. Es wird auch künftig eine zentrale Aufgabe der G. sein, »am Ausbau des sozialen Rechtsstaates und an der demokratischen Gestaltung der Gesellschaft mitzuwirken und den Kampf um die Gleichberechtigung der Arbeitnehmer fortzusetzen« (DGB-Grundsatzprogramm, 1981).

Die wirksame Erfüllung der genannen Grundfunktionen der G. ist für die künftige Entwicklung der sozialen Sicherheit der abhängig Beschäftigten sowie für die Qualität des Standortes BRD gleichermaßen von entscheidender Bedeutung. Die gesellschaftlichen und wirtschaftlichen Umbrüche der letzten Jahre und die vorhersehbaren Entwicklungen des laufenden Jahrzehnts stellen für die G. eine besondere Herausforderung an ihre organisatorische und politische Handlungsfähigkeit dar. Die G. »verbinden ihre Zukunftsvision mit den Prinzipien der Freiheit, Solidarität und Gerechtigkeit. Sie verknüpfen ihre Politik und Praxis mit den Ansprüchen auf individuelle Selbstentfaltung und demokratischer Mitwirkung an der Gestaltung der Arbeits- und Lebensbedingungen« (vgl. »Aufbruch und Erneuerung«, programmatische Erneuerung und organisatorische Erneuerung des DGB, DGB-Bundeskongreß Juni 1994).
Die deutschen G. sind in der Mitte des vorigen Jahrhunderts im Zusammenhang mit der Industrialisierung – von Anfang an als solidarische Selbsthilfe-, Unterstützungs- und Widerstandsorganisationen, jedoch bis in die Zeit der Weimarer Republik hinein berufsständisch und weltanschaulich zersplittert – entstanden. Die erste berufs- und branchenübergreifende Organisation wurde 1880 gebildet. Sie berief 1892 den ersten allgemeinen Gewerkschaftskongreß in Halberstadt ein. Eine gewisse, wenn auch abnehmende Zersplitterung in weltanschauliche Richtungsgewerkschaften blieb allerdings selbst nach der Institutionalisierung der Koalitionsfreiheit im Jahre 1918 noch erhalten. Der Neuaufbau nach der Zerschlagung des Faschismus im Jahre 1945 bot den G. die große Chance zur strukturellen Neugliederung und zur Überwindung gewerkschaftlicher Zersplitterung.
Die 1989/1990 begonnene deutsche Vereinigung stellt auch für die Organisation und Politik der G. den tiefsten Einschnitt seit Ende des 2. Weltkrieges dar. Eine erneute gewerkschaftliche Zersplitterung wurde vermieden. Auch in den neuen Bundesländern wurden die G. durch solidarische Anstrengungen stark und handlungsfähig. Bis weit in die 90er Jahre hinein ist indessen die Gefahr einer Entsolidarisierung der Menschen in West und Ost noch nicht überwunden. Für den Prozeß des Zusammenwachsens der Gesellschaft in den neuen und alten Bundesländern auf der Basis praktizierender Solidarität leisten die deutschen G. einen entscheidenden Beitrag. Soziale Gerechtigkeit und gleiche Lebensgrundlagen in Deutschland, in ganz Europa und in der Einen Welt zu schaffen ist aber nicht Aufgabe der G. allein, sondern »Auftrag für alle gesellschaftlichen Gruppen und Herausforderung für die verantwortlichen Entscheidungsträger in Wirtschaft und Politik« (vgl. »Aufbruch und Erneuerung«, DGB a. a. O.). Die weitere Entwicklung der G. ist untrennbar mit der Weiterentwicklung des Solidaritätsgedankens in der Gesellschaft und unter den Völkern verbunden.
Heute sind G. in Deutschland, ähnlich wie z. B. in Schweden, i. d. R. nach dem sog. Industrieverbandsprinzip organisiert. Danach ist für eine Branche und

somit für einen Betrieb stets nur eine G. zuständig (»ein Betrieb, eine G.«) und nicht mehrere getrennte Organisationen, die sich nach Berufen, Qualifikationen, politischer Einstellung oder Religion ihrer Mitglieder unterscheiden. Eine solche Zersplitterung in mehrere für einen Betrieb zuständige G. dominiert z. B. in England heute noch und erschwert häufig die Interessendurchsetzung.

Die Kraft gewerkschaftlicher Interessendurchsetzung hängt entscheidend auch von dem in Deutschland fast vollständig realisierten Prinzip der – weltanschaulich und parteipolitisch grundsätzlich unabhängigen – Einheitsgewerkschaft ab. Im Gegensatz dazu existierten noch in der Weimarer Republik mehrere ideologisch und parteipolitisch unterschiedlich ausgerichtete G. und Gewerkschaftsbünde, sog. Richtungsgewerkschaften. Diese Zersplitterung in mehrere Gewerkschaftsbünde schafft z. B. in Frankreich und Italien heute noch erhebliche Probleme für die Durchsetzung der Mitgliederinteressen und für die weitere Entwicklung des Organisationsgrades und der Organisationskraft. Die Einheitsgewerkschaft ist in Deutschland aus leidvollen Erfahrungen der Arbeitnehmerinnen und Arbeitnehmer vor und während der Weimarer Republik und der Verfolgung durch die Nazidiktatur entstanden und hat die historischen Traditionen, geistigen Ströme und politischen Richtungen der Arbeiterbewegung in einer gemeinsamen Organisation zusammengeführt.

Auf der Grundlage von Solidarität und gemeinsamer Kraftentfaltung konnten die in den G. organisierten abhängig Beschäftigten wesentliche soziale und politische Fortschritte erkämpfen. Der Achtstundentag und das allgemeine Wahlrecht gehören ebenso dazu wie die Grundlagen unseres heutigen Systems der *sozialen Sicherung*. Die ersten Ansätze der Arbeitslosen-, Kranken- und Rentenversicherung führten die G. zunächst sogar in eigener Regie durch, bevor sich der Staat dieser Aufgaben annahm. Die Tarifautonomie sorgte und sorgt dafür, daß die Einkommens- und Arbeitsbedingungen der abhängig Beschäftigten nicht staatlichem oder einseitigem Arbeitgeberdiktat unterworfen sind und daß sie sozialverträglich ausgehandelt und zukunftsgerecht weiterentwickelt werden können. Das von den abhängig Beschäftigten erkämpfte Streikrecht machte und macht die G. stark genug, um die Lage der Arbeitnehmerinnen und Arbeitnehmer trotz ökonomischer Übermacht der Arbeitgeber zu sichern und zu verbessern.

In Deutschland waren 1992 etwa 13 Mio., gleich 40,4% der insgesamt 32 Mio. abhängig Beschäftigten, gewerkschaftlich organisiert, davon über 11 Mio. (gleich 84,7% aller Organisierten) in den 16 Mitgliedsgewerkschaften des Deutschen Gewerkschaftsbundes (DGB, 1,1 Mio. (8,5%) im Deutschen Beamtenbund (DBB), 0,58 Mio. (4,4%) in der Deutschen Angestelltengewerkschaft (DAG) und 0,31 Mio. (2,4%) im Christlichen Gewerkschaftsbund (CGB). In den nach dem Einheitsgewerkschafts- und Industrieverbandsprinzip organisierten DGB-G. sind somit – und dieses Stärkeverhältnis besteht seit Jahrzehnten – über 4/5 aller organisierten Arbeitnehmerinnen und Arbeitnehmer, Beamtinnen und Beamten Deutschlands zusammengeschlossen. Seit der Vereinigung Deutschlands ist die absolute Größe der Mitgliederzahlen von starken Schwankungen als Folge des Umbruches und des starken Beschäftigungsrückganges im Osten geprägt. Nachdem die DGB-G. in den ersten beiden Aufbaujahren nach 1989 zunächst einen im Vergleich zum Westen weitaus höheren Anteil aller abhängig Beschäftigten organisierten konnten, wurden ab dem dritten Jahr infolge der dramatischen Beschäftigungseinbrüche in vielen Branchen teilweise erhebliche Mitgliederrückgänge verzeichnet. So führte der Kahlschlag in der ostdeutschen Textil- und Bekleidungsindustrie zu einem Mitgliederrückgang bei der G. Textil-Bekleidung im Osten von fast 50%. Im Bereich der G. Öffentliche Dienste, Transport und Verkehr führten die Folgen des Umbruchs im Osten zu einem Minus von 83 000 Mitgliedern (fast 9%) bei einem gleichzeitigen außerordentlichen Zuwachs von 60 000 Mitgliedern (5%) in den westlichen Bundesländern.

In den 80er und 90er Jahren sind die *Frauen* in den G. zunehmend zu Hoffnungsträgerinnen geworden. Schon in den 70er und 80er Jahren konnten die G. vor allem Frauen als Mitglieder gewinnen. Ohne die Beitritte der Frauen wäre die Mitgliederstärke der G. bereits seit einem Jahrzehnt gesunken. Bei langsam, aber stetig steigender Frauenerwerbstätigkeit stellen Frauen auch künftig das bedeutendste Mitgliederreservoir für die G. dar. Während der Frauenanteil an den Gewerkschaftsmitgliedern 1988 bei fast einem Viertel lag, waren Ende 1992 von den in den DGB-G. organisierten Mitgliedern fast ein Drittel (32,1%) Frauen. Die Gewerkschaftsfrauen setzen angesichts dieser Entwicklung auf erheblich mehr Teilhabe an Öffentlichkeit, Einflußnahme und Partizipation an Macht in der gewerkschaftlichen Politik und Organisation. Frauenförderpläne für den Bereich der haupt- und ehrenamtlichen Mitarbeiterinnen und Mitarbeiter, die seit 1986/87 im DGB und seinen Mitgliedsgewerkschaften aufgestellt wurden, sollen den Frauenanteil in der gewerkschaftlichen Arbeit und Politik erhöhen.

Die 16 Mitgliedsgewerkschaften des DGB sind wie der DGB als Dachverband selbst i. d. R. dreistufig, d. h. auf örtlicher bzw. Kreisebene, auf Bezirks- bzw. Länderebene und auf Bundesebene gegliedert. Die innergewerkschaftliche Demokratie stützt sich auf ein entsprechendes mehrstufiges Delegiertensystem. Den Mitgliedsgewerkschaften obliegt die unmittelbare Interessenvertretung der abhängig Beschäftigten, insbesondere in den klassischen gewerkschaftlichen Aufgabenbereichen, in den Betrieben und in der Tarifpolitik. Kernaufgabe des DGB als Dachverband ist die Zusammenführung übergreifender Mitgliederinteressen. Der DGB als dreistufiger Dachverband vertritt die Gewerkschaftsbewegung in der Kommunal- und Kreispolitik, gegenüber den Landes- und Bundesregierungen, den Parteien, Vereinigungen der Arbeitgeberverbände und gesellschaftlichen Gruppen. Der DGB arbeitet im Europäischen Gewerkschaftsbund (EGB) und im Interna-

tionalen Bund Freier Gewerkschaften (IBFG) mit und vertritt die Interessen der deutschen Arbeitnehmerinnen und Arbeitnehmer auf EU-Ebene und z.B. im Rahmen der Internationalen Arbeitsorganisation (IAO). Schwerpunkte der DGB-Arbeit auf allen Ebenen sind insbesondere die Politikfelder der Gesellschafts-, Gleichstellungs-, Sozial-, Arbeitsmarkt-, Wirtschafts-, Struktur-, Umwelt- und Bildungspolitik. Der DGB koordiniert gemeinsame Forderungen, Themen und Aktionen der 16 Mitgliedsgewerkschaften, unterstützt sie bei Arbeitskämpfen, tritt gegenüber der Politik für sie ein, fördert Verständnis und Unterstützung gewerkschaftlicher Positionen in der Öffentlichkeit und entwickelt die notwendige Diskussion und Kooperation mit anderen gesellschaftlichen Verbänden, Selbsthilfegruppen und -einrichtungen.
In den Betrieben und Verwaltungen unterstützt der DGB die Gewerkschaften in ihrer Schutz- und Gestaltungsfunktion, z.B. bei der Information und Beratung ihrer Mitglieder in den Betriebs- und Personalräten oder den Schwerbehindertenvertretungen. Allen Gewerkschaftsmitgliedern wird kostenlose Rechtsberatung und Rechtsschutz vor allem vor den Arbeits- und Sozialgerichten geboten. In der paritätisch besetzten sozialen Selbstverwaltung der Kranken-, Unfall- und Rentenversicherungsträger sowie der Bundesanstalt für Arbeit vertreten der DGB und seine Gewerkschaften die Interessen der abhängig, d.h. zugleich versicherungspflichtig beschäftigten Arbeitnehmerinnen und Arbeitnehmer. DGB-Vertreterinnen und -Vertreter wirken in den Berufsgenossenschaften, bei Institutionen der beruflichen Bildung und in der Rechtsprechung der Arbeits- und Sozialgerichte mit und haben z.B. Sitz und Stimme in den öffentlich-rechtlichen Rundfunkbeiräten und in den Landesmedienanstalten der Privatsender. Zwei gewerkschaftliche Akademien, in Dortmund und Frankfurt, vermitteln wissenschaftliche Qualifikationen. Zahlreiche gewerkschaftliche Bildungszentren stehen mit ihren Seminaren, Arbeitsgruppen und Gesprächskreisen den Mitgliedern zur Verfügung. Das DGB-Berufsbildungswerk ermöglicht berufliche Aus- und *Weiterbildung*. Das in vielen Gemeinden präsente Bildungswerk Arbeit und Leben, eine Arbeitsgemeinschaft zwischen Volkshochschule und DGB, fördert durch politische Bildungsarbeit die demokratische Weiterentwicklung unserer Gesellschaft.
Der DGB – mit dem Hauptsitz in Düsseldorf – verfügt über zahlreiche Büros und Einrichtungen in den Bundesländern, den Städten und Kreisen. Gemeinsam sichern die regionalen und zentralen Gliederungen des DGB und seiner Mitgliedsgewerkschaften eine möglichst mitgliedernahe gewerkschaftliche Präsenz »in der Fläche«. Sie entwickeln Programme und Initiativen in der regionalen Beschäftigungs- und Strukturpolitik, setzen in Betrieben, Verwaltungen, Kommunen, Ländern und bundesweiten Institutionen Frauenförderpläne durch, engagieren sich in Projekten für die Dritte Welt, unterstützen soziale Initiativen, kulturelle Zentren, Jugendcafés oder Initiativen für Kinderbetreuung. Gewerkschafterinnen und Gewerkschafter in allen DGB-Gliederungen unterstützen und initiieren seit Jahren Aktionen gegen Rassismus und Ausländerfeindlichkeit. Die Gewerkschaften sind ein unverzichtbarer Bestandteil der gesellschaftlichen Bewegung gegen die seit Beginn der 90er Jahre nochmals verstärkte Politik des Sozialabbaus mit der Folge wachsender Armut und der sozialen Ausgrenzung von Millionen Menschen.
Gewerkschaftliche Kernaufgaben der 90er Jahre und des kommenden Jahrzehnts sind vor allem
- die Sicherung und der Ausbau des Sozialstaates in Ost und West, die Überwindung sozialer Spaltung und Ausgrenzung,
- die Erweiterung der Möglichkeiten zur selbstbestimmten Gestaltung des Lebens und der *Arbeit* und eine gerechte Aufteilung der Arbeit und gesellschaftlichen Aufgaben unter beide Geschlechter,
- die Bewahrung der Natur und der Umwelt als unser aller Lebensgrundlage, die sorgfältige Abstimmung des Wirtschaftens, Produzierens und Konsumierens mit den ökologischen Erfordernissen,
- gleiche Lebenschancen für alle Völker dieser Erde und eine gerechte internationale Wirtschafts- und Sozialordnung.

N. Möller-Lücking

Literatur: G. Bäcker/R. Bispinck/K. Hofemann/G. Naegele: Sozialpolitik und soziale Lage in der Bundesrepublik. Bd. I u. II, Köln ²1989; H. Bilden/R. Marquardt/N. Poppe: Frau geht voraus. Frauen – ein unterschätztes Innovationspotential in den Gewerkschaften, München/Wien 1994; W. Buschak: Von Menschen, die wie Menschen leben wollten, Köln 1985; DGB: Dialog mit Macht, Düsseldorf 1993; DGB: Grundsatzprogramm, Düsseldorf 1981; DGB: Programmatische Erneuerung und organisatorische Modernisierung des DGB (vom 15. Ord. Bundeskongreß beschlossener Antrag), Protokoll, Düsseldorf 1994; DGB (Hrsg.): Da haben wir uns alle schrecklich geirrt. Zur Geschichte der gewerkschaftlichen Frauenarbeit, Pfaffenweiler 1993; U. Engelen-Kefer: Dem Sozialstaat eine Zukunft, in: Soziale Sicherheit 5/1993; B. Keller: Einführung in die Arbeitspolitik, München/Wien ²1991; M. Kittner: Gewerkschaften heute. Jahrbuch für Arbeitnehmerfragen, Köln 1994 und 1995; Schwerpunktheft, Arbeitsbeziehungen 2000, Perspektiven der Gewerkschaften für Europa, WSI-Mitteilungen 12/1992; s. auch Literatur bei *Marktwirtschaft, soziale*.

Gruppenarbeit, soziale (s. G.)

In der Fachliteratur wird unter G. gemeinhin eine *Methode der Sozialarbeit/Sozialpädagogik* verstanden – und an den Fachhochschulen wird sie als Vertiefungsfach gelehrt –, bei der Kenntnisse, Meinungen und Verhaltensweisen von Individuen in Kleingruppen zum Gegenstand und gleichzeitig zum Medium sozialpädagogischer Einflußnahme gemacht werden. Einige Autoren machen dabei einen Unterschied zwischen G. (sich selbst überlassenen Interaktionen in Gruppen) und s. G. oder Gruppenpädagogik (pädagogisch angeleiteter und verantworteter Arbeit mit Gruppen).
Es wird gesagt, die Entdeckung der Gruppe als einer besonderen Organisationsform menschlicher Tätigkeit

sei ebenso bahnbrechend gewesen wie die Entdeckung des Feuers als Energiequelle oder die Erfindung des Rades als Transportmittel. Allerdings muß die Fähigkeit, sich in Gruppen zu verhalten und mit ihnen tätig zu werden, von jeder Generation und von jedem *Individuum* neu angeeignet werden. Zu Beginn dieses Jahrhunderts ist die Tätigkeit von Menschen in Gruppen und mit Gruppen als Ergebnis *sozialen Lernens* v.a. innerhalb der Jugendbewegung und der Reformpädagogik thematisiert worden. Gleichzeitig entdeckten in Nordamerika Sozialforscher die Kleingruppe und ihre Bedeutung für *Sozialisation* und *Sozialstruktur*. Insbesondere in der nordamerikanischen *Freizeitpädagogik* (recreation movement) der 20er und 30er Jahre wurde die Organisation sozialen Lernens in Gruppen und mit Gruppen gepflegt. Ende der 30er Jahre entdeckten K. Lewin und seine Mitarbeiter R. Lippitt und R.K. White den Einfluß des Erziehungsstils Erwachsener auf das Sozialverhalten nordamerikanischer Kinder. Jugendbewegung, Reformpädagogik und Kleingruppenforschung gehören zu den Wurzeln s.G. 1946 entschieden sich die nordamerikanischen Gruppenpädagogen für ihre Integration in die damals schon weitgehend professionalisierte, aber von den Methoden der Einzelhilfe beherrschte National Conference of Social Work und damit für eine weniger freizeitpädagogische, sondern eher therapeutische Orientierung.

Nach dem Zusammenbruch des Nationalsozialismus in Deutschland wurde insbesondere von den amerikanischen Besatzungstruppen die s.G. als Instrument der politischen Umerziehung der deutschen Jugend eingesetzt. Fortbildungsstätten wie das von den Engländern gegründete Institut für Jugendgruppenarbeit/Haus am Rupenhorn (Berlin-West) oder das von den Amerikanern gegründete Haus Schwalbach (Wiesbaden) versuchten in den 50er und 60er Jahren, s.G. als einen pädagogisch angeleiteten und verantworteten Lehr-Lern-Prozeß nicht nur in der SozPäd, sondern auch in *Erwachsenenbildung*, betrieblichem Aus- und Fortbildungswesen und in *Kindergarten*, Hort und Schulklasse populär zu machen. Vor allem aber von den Ausbildungsstätten für SozArb und SozPäd wurde s.G. als amerikanische Methode der SozArb rezipiert und dabei häufig von ihren europäischen Wurzeln in Jugendbewegung und Reformpädagogik abgeschnitten.

In den 50er und 60er Jahren war in Nordamerika eine andere pädagogische Tradition des Umgangs in und mit Gruppen entwickelt worden, die, ebenso wie Kleingruppenforschung und Erziehungsstilexperimente, von K. Lewin angeregt und ausgelöst wurde: die Gruppendynamik. Ursprünglich als ein Mittel in der Erwachsenenbildung konzipiert, gemeinsam über rationale wie emotionale Erfahrungen und Prozesse in Kleingruppen nachzudenken, wurde sie, v.a. im Westen der USA, mehr und mehr zu einem Entlastungserlebnis für frustrierte Individuen, die trainieren wollten, sich ohne schlechtes Gewissen gegenüber ihren Mitmenschen durchzusetzen.

Wie andere Praktiken der internationalen Reformpädagogik auch, enthält die s.G. wichtige didaktische Erkenntnisse über die Organisation von Lehrprozessen in Gruppen (*Didaktik*). Die G. betont z.B. die Bedeutung individueller und situativer Motivationen für das menschliche Lernen (»Anfangen, wo die Gruppe steht, und sich mit ihr in Bewegung setzen«), die Notwendigkeit, Lehrprozesse von den Gruppenmitgliedern her zu konstruieren und nicht vom Gruppenpädagogen, die Gruppe langfristig gesehen vom Gruppenpädagogen zu emanzipieren (»sich überflüssig machen«; »Raum für Entscheidungen geben«), und das Gebot, vor allem anderen das Vertrauen der Gruppenmitglieder in ihre eigenen Fähigkeiten zu stärken (»nicht mit den Schwächen der Gruppenmitglieder arbeiten, sondern mit ihren Stärken«; »Zusammenarbeit mehr pflegen als Einzelwettbewerb«).

Kritisch ist gegen die s.G. eingewandt worden, sie kultiviere Gruppenprozesse »an sich«, ohne zu fragen, welche Gegenstände in diesen Gruppenprozessen vermittelt würden – und sie wirke als pädagogisches Instrument der Dämpfung berechtigten Widerstandes von Kindern, Jugendlichen und Erwachsenen gegen unberechtigte gesellschaftliche Ansprüche und Forderungen (J. Henningsen, G. Weber, H. Lessing). Schließlich wird s.G. von materialistisch orientierten Pädagogen in einen deutlichen Gegensatz zur Kollektiverziehung (A. Makarenko) gerückt.

Die Einschätzung einer didaktischen Tradition (und um eine solche handelt es sich bei der G. eher als um eine »Methode der SozArb«) hängt von der Wahl des Maßstabes ab, gegen den man diese Tradition mißt. Gemessen an der Entwicklung einer allgemeinen Didaktik des Schulunterrichtes, enthalten die gesammelten Erfahrungen und Erkenntnisse der G. wichtige Hinweise über die Selbstorganisation von Lernprozessen und über die Möglichkeiten erwachsener Pädagogen, diese Lernprozesse durch vernünftiges und sensibles Lehrverhalten zu unterstützen (und nicht etwa zu zerstören). Gemessen an einer allgemeinen Didaktik als Einheit von Aneignung und Vergegenständlichung gesellschaftlicher Erfahrungen und Erkenntnisse durch menschliche Tätigkeit in Gestalt von Arbeit, verbleibt G. im Vorraum der Unverbindlichkeit liberaler Freizeitpädagogik.

Es ist wahrscheinlich fair, den meisten Vertretern s.G. zu bescheinigen, daß sie die individuelle *Emanzipation* von Menschen didaktisch befördern möchten. Sie gehen dabei allerdings meist von einer (unausgesprochenen) Unterstellung aus: daß die gesellschaftlichen Umstände, unter denen Gruppen arbeiten und G. geschieht einer solchen individuellen Emanzipation freundlich gesonnen seien. Deshalb ist G. keine sinnvolle Konfliktpädagogik, weil in ihr Konflikte nicht oder immer nur als zwischenmenschliche Mißverständnisse vorkommen. Deshalb kann s.G. verwendet werden, um zwischenmenschliche Dysfunktionalitäten innerhalb vorgegebener Hierarchien (beim Militär, im Krankenhaus, im Großbetrieb) abzubauen. Gleichzeitig stellt s.G. jedoch, radikal betrachtet, diese vorgegebenen Hierarchien in Frage, indem sie ihnen per se menschliche und menschenfreundliche Zwecke unterstellt.

C. W. Müller

Literatur: L.P. Bradford/J.R. Gibb/K.D. Benne: Gruppentraining. T-Gruppentheorie und Laboratoriumsmethode, New York 1964, Stuttgart 1973; G. Konopka: Soziale Gruppenarbeit: ein helfender Prozeß, Englewood Cliffs 1963, Weinheim 1968ff.; H. Lessing: Jugendpflege oder Selbsttätigkeit, Köln 1976; R. Lippitt/R.K. White: An Experimental Study of Leadership and Group Life, in: E. Maccoby/Th.M. Newcomb/ E.L. Hartley (Hrsg.): Readings in Social Psychology, New York 1958; A. Makarenko: Gesammelte Werke. Marburger Ausgabe, Ravensburg 1976ff.; K. Mollenhauer/C.W. Müller: ›Führung‹ und ›Beratung‹ in pädagogischer Sicht, Heidelberg 1965; C.W. Müller: Der Einfluß von Gruppen auf den Prozeß der Meinungsbildung, in: Publizistik, Festschrift für Fritz Eberhard, Bremen 1966; C.W. Müller (Hrsg.): Gruppenpädagogik. Auswahl aus Schriften und Dokumenten, Weinheim (1970) 1987; C.W. Müller: Wie Helfen zum Beruf wurde. Bd. 1 u. 2, Weinheim [2]1988, [2]1992; C.W. Müller/D. Oelschlägel: Gruppendynamik und Emanzipation, in: G. Hartfiel (Hrsg.): Emanzipation: Ideologischer Fetisch oder reale Chance?, Opladen 1975; H. Schiller: Gruppenpädagogik als Methode der Sozialarbeit, Wiesbaden 1963; Haus Schwalbach: Gruppenpädagogik. Auswahl aus den Schwalbacher Blättern, Wiesbaden 1959; Haus Schwalbach: Beiträge zur Gruppenpädagogik. Neue Auswahl aus den Schwalbacher Blättern, Wiesbaden 1965; Schwalbacher Haus: Auswahl vier in 2 Bänden, Wiesbaden 1978; K. Spangenberg: Chancen der Gruppenpädagogik. Gruppendynamische Modelle für Erziehung und Unterricht, Weinheim 1969; G. Weber: Kritische Anmerkungen zur sozialpädagogischen Gruppenarbeit, in: H.-U. Otto/S. Schneider (Hrsg.): Gesellschaftliche Perspektiven der Sozialarbeit. 2. Halbbd., Neuwied 1973.

Handlungsforschung

H. (Tatforschung, Aktionsforschung, aktivierende Sozialforschung) ist ein aus der Kritik der herkömmlichen Sozialforschung hervorgegangener neuer Zweig der *empirischen Sozialforschung*. Die Kritik an den herkömmlichen Forschungsmethoden setzte insbesondere an folgenden Punkten an (*Forschung*):

- Die Entscheidung über die Ergebnisse der Forschung liegt allein beim Auftrag- und Geldgeber, die Erforschten sind lediglich Objekt, Träger von Meinungen, Einstellungen und Verhaltensweisen;
- konventionelle Forschung kann nur Aufnahmen von Ist-Zuständen hervorbringen, die Ursachen und Veränderungsprozesse des sozialen Systems bleiben im vagen;
- konventionelle Forschung vereinzelt ihre Objekte, statt sie zu solidarisieren;
- Lernprozesse des Erforschten sind Störvariablen und keineswegs Forschungsziel;
- konventionelle Forschung arbeitet zu langsam. Wenn Ergebnisse vorliegen, sind sie von der sich rascher verändernden Wirklichkeit schon überholt;
- die Komplexität der sozialen Felder und Probleme kann aufgrund des Zwangs zur Isolation von Variablen nicht komplex erfaßt werden;
- der Methodenkonsensus zwischen den Wissenschaftlern verhindert den Ausbruch aus verengten Paradigmen.

Gegen Ende der 60er Jahre kam es in der BRD deshalb zu einer Wiederentdeckung der Ansätze, die Lewin während des 2. Weltkrieges als Tatforschung (action research) entwickelt hatte. Im Bestreben, die antifaschistische Allianz durch Minderung der Binnenspannungen in den demokratischen Ländern zu stärken, unternahm er den Versuch, Wissenschaft und Sozialwissenschaftler direkt für die soziale Praxis nutzbar zu machen. Seiner Ansicht nach müssen Sozialwissenschaftler befähigt werden, »mit Praktikern produktive durchgreifende Arbeitsgruppen zu bilden (…)«. Solche Projektgruppen durchlaufen (nach Lewin) folgende Phasen:

1. Planungsphase, Formulierung einer »Idee« besserer Praxis; Prüfung der Idee im Zusammenhang mit den zur Verfügung stehenden Mitteln, Beschaffung von Tatsachenmaterial über die Lage.
2. Entwurf eines Generalplanes, wie man das Ziel erreichen kann; Entscheidung über den ersten Schritt in der gefundenen Richtung. Dabei findet bereits eine erste Modifikation des Generalplanes und der Idee statt.
3. Phase der Tatsachenfindungen. Die Wirkungen, die vom ersten Schritt ausgehen, werden zurückgemeldet. Dadurch wird die erste Handlung bewertbar, die Situation aufgehellt.
4. In dieser und den folgenden Phasen wird wiederum von einer Kreisbewegung: Planung/Ausführung/Tatsachenfindung ausgegangen.

Eine vernünftige Sozialtechnik schreitet daher in einer Spirale von Schritten voran, deren jeder aus einem Kreis von Planung, Handlung und Tatsachenfindung zusammengesetzt ist. Im günstigsten Fall entsteht so neben der Aufklärung über den Tatbestand auch zugleich die Lösung des Problems – zumindest für die unmittelbar Beteiligten (Lewin, 283ff.).
Lewin hat mit seinem Vorschlag vernünftiges Alltagshandeln in eine Systematik gebracht, dabei zugleich »Salonfähigkeit« im Wissenschaftsbetrieb herzustellen versucht. Er sah bereits 1946 einen Teil der Widerstände und Widersprüche, die einer breiten Entfaltung des Ansatzes entgegenstehen: »Gruppen, die an der Macht sind … scheinen von der Furcht besessen zu sein, sie könnten nicht tun, was sie wollten, wenn sie und andere wirklich die Tatsachen kennen würden« (Lewin, a.a.O.).
Eine zweite Quelle der H. ist das Werk Dolcis, eines italienischen Architekten, der seit dem Ende des 2. Weltkrieges in der praktischen kämpferischen SozArb Siziliens wirkt. Auf der Seite armer Dorfbewohner gegen ein konservativ-korruptes Regime und die Mafia zugleich kämpfend, entwickelte er ein Konzept, das allerdings eher aus lohnunabhängiger Position heraus möglich ist. Nach Dolcis Auffassung ist es unabdingbar, daß die Forscher sich einlassen auf die Konflikte: »Mitmachen, um verstehen zu lernen und den notwendigen inneren Anstoß zu bekommen; umfassende, tiefgreifende Selbstanalysen in die Wege leiten, um die genaue Kenntnis der Situation, der Ursachen und der

strukturellen Hindernisse für den Fortschritt zu erwerben; Dokumentationen zu veröffentlichen und die Anklage in der Weise zu führen, daß alle die Lage genau begreifen können; durch experimentelle Initiativzentren die Lösung der Probleme in die Wege leiten und zusammen mit den schon bestehenden Kräften in Angriff nehmen; bei den Einzelanalysen minutiös verfahren, ohne das Gesamte aus den Augen zu verlieren, diejenigen herausfinden, die an Veränderungen interessiert sind und sich mit ihnen verbünden, aber nicht durch bürokratische Schliche, sondern indem man eine neue, notwendige Organisationsform sucht; Vorstellungen, Gruppen, Techniken der Gruppenarbeit und die fehlenden Instrumente in ein System bringen (...) speziellen Druck ausüben, um zu erreichen, was nicht unmittelbar von uns selbst abhängt; von einem Punkt ausgehend andere miteinbeziehen, um so eine Verbreiterung zu erreichen (...)«.

In den letzten Jahren haben sich einige Kriterien entwickelt, die es gestatten, Projekte einzuordnen: H. liegt dann vor,

- wenn ein komplexes soziales oder pädagogisches Problem mit komplexen Forschungsstrategien bearbeitet wird;
- wenn die Forscher nicht mit isolierten Laborgruppen, sondern mit real verknüpften sozialen Bezugssystemen arbeiten und mit diesen in konkreten Bezug treten (*Gruppenarbeit*);
- wenn die Forscher ihre Vorgehensweise so gestalten, daß die Erforschten im Prozeß der Zusammenarbeit mehr und mehr zu Erforschern ihrer eigenen Praxis (und der Bedingungen, die sie determinieren) werden, dies setzt wahrscheinlich voraus; daß die Ziele nicht von den Forschern ins Feld gebracht werden;
- wenn die Forscher zwar mit den Instrumentarien der Empirie umzugehen wissen, sie aber nur dort einsetzen, wo dies zum Zwecke der Erreichung der angestrebten Veränderung geboten ist, im übrigen aber neue und unkonventionelle Methoden zum Zweck der Aufdeckung von Zusammenhängen erproben und einsetzen;
- wenn die Forscher ihre Vorannahmen, also auch und gerade ihre Irrtümer und Fehleinschätzungen, ihre jeweilig investierten Intentionen und Erwartungen Schritt für Schritt dokumentieren und sie so der retrospektiven Analyse zugänglich machen (Sozialwissenschaft als »bedingungskontrolliert-exemplarische Praxis« – Holzkamp, 175ff.);
- wenn die Lernprozesse von Forschern und Erforschten als wichtiger Bestandteil des Forschungsergebnisses verstanden werden;
- wenn die Feldpartner an der Einschätzung der Forschungsergebnisse beteiligt werden.

Schwierigkeiten: Die Quellen, aus denen professionell zu betreibende H. finanziert wird, sind nicht sehr zahlreich. Dazu trägt eine Tendenz zur Diskriminierung durch verharschte akademische Traditionen ebenso bei wie die Befürchtungen von zuviel Unruhe bei den Trägern von SozArb. Enttäuschte Hoffnungen auf Erlösung durch die Wissenschaft bei Praktikern der Fachbasis wirken ebenfalls hemmend auf die Entfaltung eines breiten Stromes von – dann auch besser vergleichbaren – Projekten. Der Mangel an Prozeß- und Ergebnisvergleichen erschwert es aber, den Haupteinwand der Empiriker zu entkräften, die die intersubjektive Übertragbarkeit von Ergebnissen der H. bestreiten. Da Handlungsforschungsprojekte i. d. R. nur von Forschergruppen durchgeführt werden können, stellen die Binnenbeziehungen zwischen ihnen einen weiteren Risikofaktor dar. Im Gewirr der Macht- und Interessenkonstellationen, die das Forschungs-Praxis-Feld bestimmen, werden diese Beziehungen überaus belastenden Zerreißproben ausgesetzt. Viele Projekte scheitern an diesem Problemkomplex.

Anwendbarkeit: Handlungsforschungsprojekte sind geeignet, in relativ überschaubaren sozialen Institutionen Reformtendenzen auszulösen, ihnen Richtung zu geben und voranzutreiben. Sie sind dabei zugleich auch Instrumente der Aufklärung darüber, welche gesellschaftlichen Rahmenbedingungen und institutionsspezifischen Interessenkonstellationen der Durchsetzung vernünftiger Veränderungen entgegenstehen. Insofern sind sie geeignet, realistische Veränderungsziele auszuloten und Schritte zu erkunden, die die Praxis den Zielen näherbringen könnten.

Darin besteht ihr großer Vorteil gegenüber Reformplanungen vom grünen Tisch aus. Da, wo Initiativ- und Selbsthilfegruppen die Planungshilfen der H. nutzen, wo sie also außerhalb der lohnabhängigen Berufsrolle angewandt werden, ist eine erhebliche Steigerung der operativen Energie der Gruppen zu erwarten.

Grenzen: Die großen Hoffnungen, die zunächst auf die H. gerichtet waren, haben sich nur in geringem Maße verwirklichen lassen. Wo H. als Strategie gesamtgesellschaftlicher Veränderung verstanden wurde, war der Anspruch zu weit gefaßt.

Angesichts der veränderten gesellschaftlichen und politischen Bedingungen ist der Handlungsforschungsansatz in den Hintergrund getreten. Er hat nach wie vor aber große Bedeutung im Zuge von Ausbildungsgängen, die sich als Projektstudium organisiert haben (zu neueren Entwicklungen i. e. Altrichter/Gstetter 1993).

G. Soukup

Literatur: H. Altrichter/P. Gstetter: Aktionsforschung – ein abgeschlossenes Kapitel in der Geschichte der deutschen Sozialwissenschaft?, in: SLR 26/1993, 67–83; Biresch/Ferchoff/Peters/Stüwe: Handlungsforschung und Interaktionstheoretische Sozialwissenschaft, in: NP II/1978, 114ff.; D. Dolci: Die Zukunft gewinnen, Bellnhausen 1969; Haag/Krüger/Schwärzel/Wildt: Aktionsforschung. Forschungsstrategien, Forschungsfelder und Forschungspläne, München 1972; Heinze/Müller/Stickelmann/Zinnecker: Handlungsforschung im pädagogischen Feld, München 1975; K. Holzkamp: Kritische Psychologie. Vorbereitende Arbeiten, Frankfurt/M. 1972; W. Klafki: Handlungsforschung, in: C. Wulf (Hrsg.): Wörterbuch der Erziehung, München [4]1978; H. Kremer: Aktionsforschung »Tegeler Modell«. Zur Praxis und Strategie sozialen Trainings im Strafvollzug, in: Hollstein/Meinhold: Sozialpädagogische Modelle: Möglichkeiten der Arbeit im sozialpädagogischen

Bereich, Frankfurt/M./New York 1977; K. Lewin: Tat-Forschung und Minoritätenprobleme, in: K. Lewin: Die Lösung sozialer Konflikte, Bad Nauheim 1975 (1953); H. Moser: Aktionsforschung als kritische Theorie der Sozialwissenschaften, München 1975; H. Moser: Praxis der Aktionsforschung, München 1977; H. Wendisch: Probleme und Positionen sozialpädagogischer Forschung, in: Lukas/Mees-Jacobi/Schmitz/Skiba (Hrsg.): Sozialpädagogik/Sozialarbeit: Eine Einführung, Berlin 1977.

Handlungskompetenz

Der »Weg versuchter Klärungen« ist bereits lang, das zu bestimmen, was hauptberuflich in der *Sozialen Arbeit* Tätige (so z. B. Fachkräfte i. S. der §§ 72 KJHG und 102 BSHG) »können müßten«, um ihren Beruf angemessen auszuüben. Dennoch: »Sozialarbeit als Beruf, hauptamtlich ausgeübt wie andere qualifizierte Berufe, als ›festumrissener bürgerlicher Beruf, der bestimmte Kenntnisse, ein fachliches Können voraussetzt und die Möglichkeit des Lebensunterhaltes bietet‹ (Alice Salomon), gibt es erst seit einer vergleichsweise kurzen ... Zeit« (Otto/Utermann 1973, 7). H. Dießenbacher hat sich 1984 noch genauer festgelegt: So »verließ im Jahre 1849 der erste professionelle Armenpfleger das Rauhe Haus zu Horn bei Hamburg. Er trug alle Merkmale der Modernität: Er hatte eine dreijährige Ausbildung im Rauhen Haus hinter sich; war lohnabhängig und bezog sein Salär vom Hamburger Verein für Innere Mission; er übte seinen Beruf hauptamtlich aus ...« (in: np 4/1984, 380).

Heute arbeiten vielfältig unterscheidbare *Soziale Berufe*, Menschen mit den unterschiedlichsten berufsqualifizierenden Abschlüssen (*Ausbildung*) in den differentesten Arbeitsfeldern der *Sozialen Arbeit*. Sie arbeiten ganz überwiegend (als Angestellte/Beamte) bei öffentlichen und freien *Trägern der Sozialen Arbeit*; die selbständige Berufsausübung ist immer noch die Ausnahme. Sie sind daher in das System der öffentlichen und freien *Sozialadministration* eingebunden, das durch die klassischen Steuerungsinstrumente Recht (*Rechtsquellen*), Finanzen (*Finanzwesen, öffentliches, Finanzierung freier Träger*), Personal (i. d. R. BAT oder diesem nachgebildet AVR der *Wohlfahrtsverbände*) und *Planung* (*Jugendhilfe-/Sozialplanung*) bestimmt wird.

Viel Bindung und wenig Freiraum wird damit suggeriert: Dabei ist die Diskussion auf der Linie »Arbeit, Beruf, Profession« (Hartmann 1968), »Sozialarbeit als Beruf« (Otto/Utermann 1971, 1973), auch noch die um »Handlungskompetenz in der Sozialarbeit/Sozialpädagogik« (Müller u. a. 1982, 1984) bis zuletzt bestimmt vom Idealfall der praktischen Berufsausübung in weitestgehender Autonomie gegenüber *Klienten* und Institutionen (so auch hier im Beitrag *Professionalisierung*). Gewissermaßen in einer »selbstgewählten definitorischen Falle« bleibt dann aber letztlich SozArb/SozPäd (doch) nur eine »Semi-Profession« (so schon Müller u. a. 1982 in ihrem Vorwort).

Ist dann aber (überhaupt und ggf. in welchem Umfange) autonomes berufliches Handeln in bürokratisch verfaßten sozialen Organisationen möglich? Ja, wenn das Handeln kompetent ist, aus ihm die Fähigkeit erkennbar wird, in Arbeitsfeldern der SozArb berufstätig zu sein (zur Konkretisierung für Fachkräfte der Jugendhilfe vgl. die Kommentierung bei Münder u. a. zum Fachkräftegebot des § 72 KJHG). Und: Wenn sich dieses »kompetente Handeln« zudem deutlich von der »Kompetenz für alltägliches soziales und pädagogisches Handeln, die jedermann hat« (Nieke 1982, 129f.), unterscheidet, dann kann sich daraus ein Raum autonomen sozialarbeiterischen/sozialpädagogischen Handelns ergeben, in den nicht ohne weiteres (etwa aufgrund unreflektierter Alltagstheorien), sondern wiederum nur »belegt kompetent« eingegriffen werden darf. Im Vieleck unterschiedlicher Interessen und Kompetenzen der in der SozArb handelnden Personen und Organisationen (öffentliche und freie Träger, besondere Ausschüsse wie JHA/LJHA, SHA, GA, andere Ausschüsse, Räte, Betroffene, andere FachkollegInnen) haben die Fachkräfte die besondere Verpflichtung, die Standards zeitgemäßen Handelns in der SozArb zu kennen, sie hervorzuheben, sie in die Diskussionen einzuführen und Regelverletzungen kompetenten Handelns stets aufs neue zu thematisieren.

In diesen Überlegungen meint Kompetenz nicht eine an den Anstellungsträger gebundene Zuständigkeit/Befugnis, sondern eine begründete, beleg- und nachweisbare personale Fähigkeit.

Der Begriff H. will dann genauer markieren, welche Kompetenzprofile unverzichtbar sind, um in Arbeitsfeldern der SozArb berufstätig zu sein. H. in der SozArb muß – i. S. einer ihr hier zugeordneten Verpflichtung zur betroffenenorientierten Parteilichkeit – dreifach profiliert sein:

1. Sie muß sich durch Fachlichkeit auszeichnen: Fachkräfte der SozArb müssen sowohl auf die aktuellen Wissensbestände der SozArb und die sie stützenden Nebendisziplinen (vgl. dazu *Theorie der Sozialarbeit/Sozialpädagogik*, *Psychologie*, *Soziologie*) als auch auf die Erfahrungs- und Erkenntnisbestände der für ihr unmittelbares Handeln bedeutungsvollen (Teil-)Arbeitsfelder (dazu: *Soziale Arbeit*, *Sozialarbeit/Sozialpädagogik*) zurückgreifen können. Die Fachkompetenz ist in den verschiedenen Handlungsebenen durchaus unterschiedlich (zur Einteilung Kreft 1987): Genügt in einem *Jugendhilfeplanungs*prozeß für Angehörige der politischen Entscheidungsebene u. U., die im 8. Jugendbericht von 1990 beschriebenen Strukturmaximen zeitgemäßen Jugendhilfehandelns zu kennen, müssen z. B. JugendhilfeplanerInnen über weit mehr Wissen verfügen. Am umfassendsten ist der Anspruch an die Fachkompetenz in der Handlungsebene: In der Ebene der pädagogischen Intervention muß das gesamte Fachwissen immer wieder angemessen gebündelt, auf die Bedingungen der Praxis eines bestimmten Arbeitsfeldes und der in ihnen lebenden Menschen hin konkretisiert werden.

Kurz: Es geht bei der Fachkompetenz um Wissen und Anwendung (*Methoden der Sozialarbeit/Sozialpädagogik*).

2. Sie muß sich durch Kommunikationsfähigkeit auszeichnen: Das ist »(zunächst) die Fähigkeit zur Kommunikation in verschiedenen Lebenssituationen wie auf zweckgerichtetes Handeln ...« (Deutscher Bildungsrat 1974, 49). Es gibt inzwischen einige wenige allgemeine Erkenntnis- und Verpflichtungsmodule, auf die sich weiterhin reformorientierte SozArb verständigt hat: Die Strukturmaximen/Handlungsprinzipien (8. Jugendbericht 1990; Kreft/Lukas u.a. 1990/1993), die Verpflichtung zur betroffenenorientierten Parteilichkeit, und die Auffassung, die Forderung »Hilfe zur Selbsthilfe« bleibe eine »Leerformel«, wenn SozArb nicht durch eigene Angebote (*Soziale Arbeit und Arbeitsmarkt*, *Stadtentwicklung*, *Wohnen*) mit dazu beiträgt, die Voraussetzungen dafür zu schaffen, um überhaupt ein selbstbestimmtes Leben führen zu können (Einmischungsstrategie: Mielenz 1981/1985/1992). Z.B. mit Punks in einem besetzten Haus oder Jugendlichen in einem Freizeitheim »verhandeln«, die mit ihnen gemeinsam bestimmten/erfaßten Interessen dann am nächsten Tag im (Amts-/Träger-)Kollegenkreis vertreten/abstimmen, sie bei der Kämmerei oder in politischen Gremien erläutern/durchsetzen – das ist hier gemeint (zur Praxis als zeitloses Dokument für das »sozialpädagogische Handwerk« Brokke 1985; zur theoretischen Klärung Baacke/Nieke 1982).
Kurz: Kommunikative Kompetenz meint in diesem Argumentationskontext die Fähigkeit und Bereitschaft, in den verschiedensten Lebenswelten und in mindestens 3 Ebenen betroffenenorientiert zu agieren und zu koordinieren (im Verhältnis zu Betroffenen, trägerintern, trägerübergreifend).

3. Sie muß sich dadurch auszeichnen, den in einem kommunikativen Prozeß zwischen Beteiligten und Betroffenen in einer bestimmten Situation »als richtig erkannten Inhalt« auch umzusetzen.
Gleichgültig, ob SozArb/SozPäd bei öffentlichen oder freien Trägern arbeiten, immer wird ihnen ein Mindestmaß administrativer H. abverlangt. Dabei gilt: Je ungesicherter die Existenz (Staat/Kommune/freie Träger/*selbstorganisierte Selbsthilfe-Projekte*), um so stärker der Druck, auch administrativ kompetent zu handeln (d.h. Fachkräfte werden bei freien Trägern von diesem Zwang durchaus nicht befreit).
Einseitig allein auf den Inhalt ausgerichtet, ist das Scheitern häufig vorprogrammiert. Wer nicht die politischen/rechtlichen/administrativen/finanziellen Rahmenbedingungen seines Handelns kennt, wird schließlich frustriert aufgeben.
Der Kern der administrativen H. ist dann wieder über folgende Begriffe erfaßbar: Recht, Organisationen/Organisationsformen, Finanzen/Personal, Planung (genauer bei Kreft 1984 u. 1992).
Kurz: Administrative H. meint die Fähigkeit, gewollte Inhalte in gegebenen Handlungsstrukturen zu realisieren.
In Zeiten zunehmender Mittelknappheit droht sich die hier vorgestellte Handlungskompetenz-Trias (fachlich, kommunikativ und administrativ ausgewiesene Fachkräfte) auf »das Machbare« zu reduzieren, Begriffe wie dezentrale Ressourcenverantwortung, Outputorientierung, Budgetierung, Plafonierung, Controlling sind die Signale, *Institutionsberatung*, *Organisationsentwicklung* und *Sozialmanagement* die neuen Handlungsstrategien.
Aber: SozArb ist (und bleibt) fachlich fundierte Beziehungsarbeit, in der die Fachkräfte als Lernhelfer fungieren. »Im Unterschied zum privaten familiären Handeln ist berufliches pädagogisches Handeln öffentliches Handeln und insoweit in gesellschaftliche Institutionen eingebunden. Deren Erwartungen z.B. ökonomischer und administrativer Art müssen deshalb in das pädagogische Handeln mit übernommen werden. Es gibt also kein ›reines‹, d.h. nur auf Lernhilfe orientiertes pädagogisches Handeln« (Giesecke 1994, 13f.).
Administrative H. dient der Entwicklung und Durchsetzung fachlicher Arbeit. Sie ist nicht Selbstzweck. Gesucht wird die kommunikative Fachkraft mit sozialadministrativen Kenntnissen, nicht der/die SozialbürokratIn. *D. Kreft*

Literatur: 8. Jugendbericht. Bericht über Bestrebungen und Leistungen der Jugendhilfe. BT-Drs. 11/6576, Bonn 1990; F. Ackermann/D. Seeck: Handlungskompetenz und generative Deutungs- und Handlungsmuster in der sozialen Arbeit (Forschungsnotiz mit weiteren Literaturhinweisen), in: np 1/1995, 79ff.; D. Baacke: »Handlungskompetenz«, handlungstheoretisch betrachtet, in: Müller u.a. 1984, Bd. II, 147–162; H. Brocke: Sozialarbeit in der Stadterneuerung. Erfahrungen eines sozialpädagogischen Sanierungsträgers, in: np 1/1985, 45–56; Bundessozialhilfegesetz: Lehr- und Praxiskommentar, Baden-Baden [4]1994; D. Dießenbacher: Nehmen – Verteilen – Geben. Die Geburt des modernen Sozialarbeiters im Geist der Heuchelei, Essay in: np 4/1984, 374–380; H. Giesecke: Pädagogik als Beruf. Grundformen pädagogischen Handelns, Weinheim/München [4]1993; H. Hartmann: Arbeit, Beruf, Profession, in: Soziale Welt 1968, 193–216; D. Kreft: Administrative Handlungskompetenz in der sozialen Arbeit, in: RdJB 3/1984, 183–189; D. Kreft: Veränderungsbedarf aus der Sicht der Praxis der sozialen Arbeit, in: B. Maelicke (Hrsg.): Soziale Arbeit als soziale Innovation. Veränderungsbedarf und Innovationsstrategien, Weinheim/München 1987, 23–32; D. Kreft: Sozialmanagement oder administrative Handlungskompetenz?, in: socialmanagement 4/1992, 51–54; D. Kreft/H. Lukas u.a.: Perspektivenwandel der Jugendhilfe. 2 Bde., Nürnberg 1990, Frankfurt/M. [2]1993 (unverändert); I. Mielenz: Die Strategie der Einmischung – Soziale Arbeit zwischen Selbsthilfe und kommunaler Politik, in: np Sonderheft 6/1991, 57ff.; dies.: Aufgaben der Jugendhilfe bei Jugendarbeitslosigkeit und Berufsnot junger Menschen. Praxisbeispiele zur Einmischungsstrategie, Bonn 1985; dies.: Jugendhilfe als Querschnittspolitik – Jugendhilfe im Widerstreit von Abgrenzung und Einmischung, in: AGJ (Hrsg.): Lebenswelten gestalten, Münster 1992; S. Müller/H.-U. Otto/H. Peter/H. Sünker (Hrsg.): Handlungskompetenz in der Sozialarbeit/Sozialpädagogik, Bd. I: Interventionsmuster und Praxisanalysen, Bielefeld 1982 und Bd. II: Theoretische Konzepte und gesellschaftliche Strukturen, Bielefeld 1984; J. Münder u.a.: Frankfurter Lehr- und Praxiskommentar zum KJHG, Münster [2]1993; W. Nieke: Zum Begriff der professionellen pädagogischen Handlungskompetenz, in: Müller u.a. 1984, 129–146; H.-U. Otto/K. Utermann: Sozialarbeit als Beruf. Auf dem Weg zur Professionalisierung?, München 1971, [2]1973.

Haushaltshilfe

Nach § 38 Abs. 1 SGB V erhalten Versicherte H., wenn ihnen oder ihrem Ehegatten wegen Aufenthalt in einem Krankenhaus, bei Teilnahme an einer Kurmaßnahme, bei einer Vorsorgekur für Mütter, bei einer medizinischen Rehabilitationsmaßnahme die Weiterführung des Haushalts nicht möglich ist und eine andere im Haushalt lebende Person den Haushalt nicht weiterführen kann. Voraussetzung ist, daß ein Kind im Haushalt lebt, das das 12. Lebensjahr noch nicht vollendet hat oder behindert und auf Hilfe angewiesen ist.

Die H. umfaßt die notwendige Weiterführung des Haushalts und die familiengerechte Kinderbetreuung. H. wird von Ersatzkräften erbracht, die nach ihrer Eignung und Ausbildung in der Lage sein müssen, den verhinderten Ehegatten zu vertreten. Die Kosten für die Ersatzkraft müssen von den Krankenkassen in angemessener Form erstattet werden. Kein Anspruch auf Erstattung haben Verwandte und Verschwägerte bis zum 2. Grad; die Krankenkasse kann jedoch die erforderlichen Fahrtkosten und den Verdienstausfall erstatten, wenn die Erstattung in einem angemessenen Verhältnis zu den sonst für eine Ersatzkraft entstehenden Kosten steht (§ 38 Abs. 4 SGB V).

Da eine Leistungsverpflichtung der Krankenkassen für eine qualifizierte erzieherische Betreuung durch examinierte FamilienpflegerInnen nicht besteht und dies auch durch die von den Krankenkassen gewährten Kostensätze nicht zu finanzieren ist, hat der Bundesgesetzgeber im KJHG (§ 20) die Leistungsverpflichtung des Trägers der *Jugendhilfe* festgelegt. Er hat dafür Sorge zu tragen, daß die Betreuung und Versorgung des Kindes in Notsituationen gewährleistet wird, solange dies für das Wohl des Kindes erforderlich ist.

Nach § 38 Abs. 2 SGB V können die Krankenkassen in ihrer Satzung festlegen, in welchen Fällen H. zur Verfügung gestellt wird. Die Leistung kann beansprucht werden, wenn dem Versicherten wegen Krankheit die Weiterführung des Haushalts nicht möglich ist und eine andere im Haushalt lebende Person den Haushalt nicht weiterführen kann.

Diese Regelung gibt der Krankenkasse auch die Möglichkeit, H. als Mehrleistung zur Verfügung zu stellen, z.B. wenn sich der kranke Versicherte zu Hause aufhält, aber keinen Anspruch auf häusliche Pflege hat oder mehr als hauswirtschaftliche Versorgung (Anspruch nach § 37 Abs. 1) notwendig ist. Eine Analogregelung zum § 38 SGB V findet sich im § 70 BSHG.

Die Ersatzkräfte müssen alle Tätigkeiten erbringen, die zum Erhalt des eigenen Haushalts des Versicherten erforderlich sind.

H. werden von *Sozialstationen* vermittelt und eingesetzt. Es gibt jedoch auch hier gewerbliche Anbieter.

H. W. Pollmann

Literatur: s. Sozialstation.

Hauskrankenpflege

Nach § 37 SGB V erhalten Versicherte in ihrem Haushalt oder ihrer Familie häusliche Krankenpflege durch geeignete Pflegekräfte, wenn Krankenhausbehandlung geboten, aber nicht ausführbar ist oder wenn sie durch häusliche Krankenpflege vermieden oder verkürzt wird. Sie umfaßt im Einzelfall die erforderliche Grund- und Behandlungspflege sowie hauswirtschaftliche Versorgung. I.d.R. besteht ein Anspruch von bis zu 4 Wochen je Krankheitsfall. In Ausnahmefällen kann die Krankenkasse einen längeren Zeitraum bewilligen, wenn der Medizinische Dienst (§ 275 SGB V) die Erforderlichkeit festgestellt hat. Der Anspruch auf häusliche Krankenpflege besteht allerdings nur, soweit eine im Haushalt lebende Person den Kranken in dem erforderlichen Umfang nicht pflegen und versorgen kann.

§ 132 SGB V legt fest, daß die Krankenkassen zur Erbringung dieser Hilfen geeignete Personen anstellen können. Weiter heißt es: »Wenn die Krankenkasse dafür andere geeignete Personen, Einrichtungen oder Unternehmen in Anspruch nimmt, hat sie über Inhalt, Umfang, Vergütung sowie Prüfung der Qualität und Wirtschaftlichkeit der Dienstleistungen Verträge zu schließen« (Rahmen- und Gebührenvereinbarungen). Die Krankenkassen schließen i.d.R. sowohl mit den Trägern von *Sozialstationen* als auch mit gewerblichen Anbietern Verträge. Als Regelleistung umfaßt die häusliche Krankenpflege:

- die Behandlungspflege: z.B. Injektionen, Verbandswechsel, Dekubitusversorgung, Katheterisierung, Einläufe, Spülungen, Einreibungen; zusätzlich – insbesondere bei psychisch Kranken z.B. auch Krisenintervention (u.a. Veranlassen diagnostischer Klärung und therapeutischer Maßnahmen), Feststellung und Beobachtung des Krankheitszustandes und der Krankheitsentwicklung, Überwachung der Medikamenteneinnahme, Gedächtnistraining;
- Grundpflege: z.B. Körperpflege, Betten und Lagern, Dekubitusvorsorge, Mobilisation, Hilfen bei der Nahrungsaufnahme, Hilfe bei Ausscheidungen, Kontrolle von Blutdruck, Puls und Temperatur;
- hauswirtschaftliche Versorgung: z.B. im Krankenzimmer anfallende – auf den Patienten bezogene – Tätigkeiten im hygienischen Bereich, Zubereiten oder Aufwärmen vorbereiteter Mahlzeiten, Spülen des Geschirrs, notwendige Erledigungen zur Versorgung der Patienten – Einkäufe in Wohnungsnähe, dringende Botengänge usw.

Wichtig ist, daß der Arzt die Leistungen verordnet. Die Krankenkassen prüfen den Leistungsumfang und be-

willigen die Übernahme der Kosten. Die H. wird schwerpunktmäßig von den Sozialstationen durchgeführt, die sich aufgrund von Rahmen- und Gebührenvereinbarungen den Krankenkassen gegenüber zur Erbringung dieser Leistung verpflichtet haben.
Die in der H. tätigen examinierten Fachkräfte arbeiten nach den gleichen ethischen Grundregeln für die Krankenpflege wie die Fachkräfte im stationären Bereich. Sie haben die Aufgabe, Gesundheit zu fördern, *Krankheiten* zu verhindern, Gesundheit wiederherzustellen, Leiden zu lindern. Hinzu kommt im ambulanten Bereich die Verpflichtung, Sorge für die Lebensführung des Patienten zu tragen. *H. W. Pollmann*

Literatur: Synpose der Rahmenvereinbarungen und Gebührenverordnungen über die häusliche Krankenpflege in den Bundesländern, Hrsg.: Forum Sozialstationen, Rheinbach 1985; außerdem: s. *Sozialstation.*

Hauspflege

H. ist eine Leistungsmöglichkeit der Hilfe zur Pflege nach §§ 68f. BSHG. Anspruchsvoraussetzung ist, daß der Antragsteller durch Krankheit oder Behinderung so hilflos ist, daß er nicht ohne Wartung (Hilfe zur Weiterführung des Haushaltes) und Pflege bleiben kann. Nach § 69 Abs. 2 BSHG soll der Träger der *Sozialhilfe* darauf einwirken, daß die Wartungs- und Pflegeleistung von Familienangehörigen oder im Wege der Nachbarschaftshilfe übernommen wird. Er hat in diesem Fall die angemessenen Aufwendungen der Pflegeperson zu erstatten, kann angemessene Beihilfen gewähren und Beiträge der Pflegepersonen für eine angemessene Altersversorgung übernehmen. Nach § 69 Abs. 3 S. 3 kann neben oder anstelle des nicht vorhandenen Familienangehörigen oder Nachbarn eine besondere Pflegekraft (Hauspflegerin) herangezogen werden; die angemessenen Kosten hierfür sind zu übernehmen, sofern das Einkommen des Hilfesuchenden die besondere Einkommensgrenze (nach § 81 BSHG) nicht übersteigt. Ab 1.4.1995 ist vom Hilfesuchenden zunächst vorrangig die Leistung nach dem *Pflegeversicherungsgesetz* in Anspruch zu nehmen.
Sozialpolitisches Ziel des Gesetzgebers ist es, über die Gewährung von häuslicher Pflege dem Hilfesuchenden so lange wie möglich ein Leben in seiner vertrauten häuslichen Wohnumgebung zu ermöglichen. Sicherlich sind beim Gesetzgeber auch volkswirtschaftliche Motive ausschlaggebend (Einsparung höherer Kosten durch Unterbringung in einem Alten- oder Pflegeheim).
Die H. umfaßt folgende Hilfen:
- pflegerische Betreuung (z.B. Hilfe beim An- und Auskleiden, bei der Körperpflege, beim Wäschewechsel, Betreuung bei der Medikamenteneinnahme und beim Essen);
- persönliche Betreuung (z.B. Gespräche, Vorlesen von Büchern und Zeitschriften, Erledigung von Schriftverkehr, Gänge zu Ämtern und Institutionen, Erledigung von Überweisungen und Einzahlungen);
- versorgende Betreuung (z.B. Einkauf, Vorratshaltung, Zubereitung von Mahlzeiten);
- hygienische Betreuung (z.B. Wohnungsreinigung, Wäschewaschen etc.).

HauspflegerInnen werden von *Sozialstationen* vermittelt und eingesetzt. Es gibt jedoch auch hier gewerbliche Anbieter. *H. W. Pollmann*

Literatur: W. Hesse-Schiller: Ergänzungsfunktion der Sozialhilfe bei Leistungen der Pflegeversicherung zur häuslichen Pflege, in: NDV 12/1994, 449–454; Lehr- und Praxiskommentar BSHG, Baden-Baden [4]1994; W. Schellhorn: Kommentar zum BSHG, Neuwied [14]1993; Der Senator für Soziales: Die Berliner Sozialstationen, Berlin 1992; weitere Literatur bei: *Sozialstation.*

Heil- und Sonderpädagogik

Begrifflichkeit: 1861 wurde der Begriff »Heilpädagogik« von Georgens und Deinhardt zum ersten Mal verwendet und in der Folgezeit unterschiedlich gefüllt, wobei das Wort »Heil« im Sinne medizinischen Heilens, einer korrigierenden *Erziehung* oder sogar einer theologischen Heilserwartung (L. Bopp) verstanden wurde. Da vornehmlich Mediziner und Psychiater sich der Behinderten annahmen, dominierte in der Heilpädagogik eine medizinische Sichtweise.
Hanselmann führte 1941 den Begriff der »Sondererziehung« ein, um die Mißverständnisse des Begriffs Heilpädagogik zu vermeiden und den pädagogischen Aspekt zu verstärken. Mit dem Neubeginn des Schulwesens nach 1945 nannten sich die bisherigen »Hilfsschulen« nun »Sonderschulen« und verstärkten den Begriffsgebrauch von »Sonderpädagogik«, während in der Schweiz und in Österreich der Begriff »Heilpädagogik« weiterhin verwendet wurde. Später führte v.a. Bleidick den Begriff »Pädagogik der Behinderten« oder »Behindertenpädagogik« ein, ohne aber eine hinreichende Begründung dafür zu liefern. Gegen ihn spricht, daß Behinderte i.d.R. keine Pädagogik machen und der Begriff erhebliche Diskriminierungen enthält. Auch Sonderpädagogik ist stärker mit dem Makel der Aussonderung behaftet als mit dem Anspruch einer besonderen *Pädagogik.* Deshalb erscheint uns der alte Begriff der Heilpädagogik weiterhin als am wenigsten diskriminierend. Er liegt allen integrativen Förderformen Behinderter näher als Sonder- und Behindertenpädagogik. Deshalb halten wir an ihm fest, meist in Kombination mit Sonderpädagogik. Dabei ist uns bewußt, daß mit dem Wechsel der Etiketten i.d.R. wenig gewonnen ist.
Sonderschulen: Innerhalb der Heil- und Sonderpädagogik haben sich meist Schulen für Blinde und Taubstumme entwickelt. Es folgten »Idiotenanstalten« und erst seit der 2. Hälfte des vorigen Jahrhunderts »Hilfsklas-

sen« und später »Hilfsschulen« für Lernbehinderte. Zuletzt wurden, besonders durch Initiativen der »Lebenshilfe für das geistig behinderte Kind«, auch Schulen für »Praktisch Bildbare« oder »Geistigbehinderte« seit Beginn der 60er Jahre gegründet. Hinzu kamen Einrichtungen für »Verhaltensgestörte« oder »Erziehungsschwierige«, meist in Verbindung mit Heimerziehung, Schulen für Hör- und Sehgeschädigte und zuletzt »Frühförderstellen«, die Eltern mit behinderten Kindern von Anfang an *Beratung* und Förderprogramme anbieten. In »Sonderkindertagesstätten« (*Tageseinrichtungen für Kinder*) soll dann eine weitere vorschulische Förderung einsetzen, während in sog. »Beschützenden Werkstätten« ein Übergang in die Arbeitswelt oder Dauerarbeitsplätze für Behinderte angeboten werden (*Behindertenhilfe*).

Dieses Spektrum an Sonderschulen und Behinderteneinrichtungen orientiert sich quantitativ an der statistischen Verteilung der unterschiedlichen Behinderungsarten. Insgesamt gelten etwa 6% eines Altersjahrganges als Behinderte. Diese verteilen sich wie folgt:

Lernbehinderte	2,5%
geistig Behinderte	0,6%
Verhaltensgestörte	0,9%
Blinde	0,012%
Sehbehinderte	0,3%
Gehörlose	0,05%
Schwerhörige	0,3%
Sprachgestörte	0,7%
Körperbehinderte	0,3%
langfristig Kranke	0,2%

(*Dt. Bildungsrat 1973, 90*)

Den größten Anteil stellen die Lernbehinderten, die es als Behindertenkategorie im Ausland kaum gibt. Ihre Zahl wird vom Versagen des Schulwesens (*Schule*) gegenüber allen benachteiligten und irgendwie belasteten Schülern bestimmt. Ihre schulische Aussonderung ist Ausdruck einer überzogenen Leistungsselektion und mangelnder Hilfen für Schüler mit Schwierigkeiten. Diese Gruppe findet zwar in der Sonderschule für Lernbehinderte einen gewissen Schonraum und eine individuellere Beschulung, wird aber zugleich dauerhaft stigmatisiert (*Stigmatisierung*) und in den Berufs- und Lebenschancen reduziert. Deshalb ist diese Schulform in den letzten Jahren am stärksten kritisiert worden.

Diagnostik: Der Diagnose von Behinderungen fiel im Rahmen der Heil- und Sonderpädagogik eine Schlüsselrolle zu, indem einmal Ursachen von Behinderungen zu erforschen und zum anderen institutionelle und methodische Behandlungswege zu begründen waren (*Diagnostik*).

Die Untersuchung der Ursachen war lange Zeit eine ausschließliche Domäne der medizinischen Forschung. Zwar wiesen schon zu Beginn der Geschichte der Hilfsschule einzelne Fachleute auf elende Lebensbedingungen als Ursachen von Lernbehinderungen hin, und Ende der 20er Jahre belegten Hildegard Hetzer in »Kindheit und Armut« (Leipzig 1937) und Adolf Busemann in seiner »Pädagogischen Milieukunde« (erste Beiträge um 1930) den Zusammenhang von Schulerfolg und Milieu, doch blieben diese Einsichten für die Hilfsschule und Sonderpädagogik nahezu folgenlos. Statt dessen wurde seit der Jahrhundertwende die von Binét eröffnete Entwicklung von Intelligenz- und Begabungstests (*Test*) zum dominierenden Diagnose- und Legitimationsinstrument für die Einweisung in die Sonderschule für Lernbehinderte oder Geistigbehinderte. Dabei wurde der ermittelte Intelligenzquotient weithin mit angeborener Begabung gleichgesetzt. Das »sonderpädagogische Gutachten« wurde zum wichtigsten Auslesekriterium und gleichzeitig zum professionellen Statussymbol der Sonderschullehrer. In Verbindung mit medizinischen Untersuchungen schien es mit naturwissenschaftlicher Exaktheit die Intelligenz- und Begabungsmängel aufzudecken und eine Umschulung unumstößlich zu begründen.

Erst der von Heinrich Roth in seinem Gutachten für den Bildungsrat formulierte dynamische Begabungsbegriff, der Ruf nach *Chancengleichheit*, die beginnende *Sozialisation*sforschung und die Studentenbewegung seit 1968 drängten zu einer Umorientierung. Ebenfalls 1968 kritisierten wir aus den Erfahrungen der Obdachlosenarbeit (*Obdachlosenhilfe*) heraus die Testgläubigkeit und die pauschale Überweisung der Obdachlosenkinder zur Sonderschule für Lernbehinderte (bis zu 80% – vgl. Iben 1968).

Es brauchte aber noch mehrere Jahre, bis sonderpädagogische Diagnostik sich stärker auf den Aspekt der Förderung statt der Selektion besann und in den 80er Jahren endlich eine »Förderdiagnostik« anstrebte, die nicht nur die Defizite, sondern auch die Fähigkeit beschreibt und auf direkte Fördermaßnahmen zielt. Sie steht damit aber noch immer am Anfang.

Didaktik: Der Begriff Sonderpädagogik legt die Erwartung einer besonderen Pädagogik nahe, während Heilpädagogik die Wiederherstellung erkrankter oder gestörter pädagogischer Beziehungen suggeriert. Beides trifft kaum zu. Die entstehenden Hilfs- und späteren Sonderschulen für Lernbehinderte standen stark unter dem Diktat der Grund- und Hauptschulen, deren Schulversager sie mit geeigneten Hilfen zurückführen oder zu ähnlichem Schulabschluß befähigen sollten. Dadurch blieb sie weithin eine lediglich reduzierte Leistungsschule, die zwar einige spezifische Methoden entwickelte, aber keine alternative Pädagogik hervorbrachte. Die Blinden- und Taubstummenpädagogik ging aufgrund der spezifischen Anforderungen eigene Wege.

Die Anstöße der Reformpädagogik der 20er Jahre und die Alternativschulbewegung seit den 60er Jahren blieben für die Sonderschulen weitgehend folgenlos. Es wurde nach den generellen pädagogischen Prinzipien der Anschaulichkeit, der kleinsten Schritte und der Berücksichtigung des individuellen Kenntnisstandes gearbeitet. Unter den verschärften Bedingungen der Schulen für Geistigbehinderte wurden hingegen besondere Formen des Unterrichts und des Lebens- und Verhaltenstrainings entwickelt.

Weite Verarbeitung fand das sog. Radigk-System, ein medienunterstützter Lese- und Rechtschreibelehrgang, der aber ursprünglich an Grundschulen eingesetzt wurde.
In den letzten Jahren wurden zunehmend Ansätze eines handlungsbezogenen Unterrichts auf der Basis der Aneignungsmethode diskutiert und erprobt (Rohr, Manske, Jantzen, Kornmann/Ramisch) oder mit Projektunterricht gearbeitet (Jarkowsky/Prengel/Knigge-Tesche). Letztere haben eine Ähnlichkeit mit dem von uns vertretenen »Situationsansatz«, der sich auf Paulo Freire beruft und von Lebenssituationen der Zielgruppe (z. B. Randgruppenkinder, Ausländer, Behinderte, Arbeitslose, Analphabeten) ausgeht und an sog. »Schlüsselsituationen« Lernprozesse ansetzt, statt von überkommenen Stoffsammlungen auszugehen. Dieser Situationsansatz hat sich als sehr effektiv erwiesen, gerade auch bei Schulversagen, weil dieses Lernen eng mit der eigenen Lebenswelt verknüpft und deshalb sehr motivierend ist. Viele Lernbehinderungen entstehen aus der Erfahrung, daß weder die schulische Sprache noch die Inhalte etwas mit den eigenen Lebenserfahrungen zu tun haben. Ein situatives Lernen, das sich auf das »dialogische Prinzip« (Buber) stützt und sich als gegenseitiges Lernen versteht, kann die Aussonderung von Lernbehinderten vermeiden helfen und Sonderschulen eine »besondere Pädagogik« bieten. Die Ausgliederung der Behinderten aus der Regelschule ist auch Ausdruck eines falschen pädagogischen Selbstverständnisses und ungeeigneter didaktischer Konzepte der Regelschule.
Integration: Die Bemühungen um eine Integration Behinderter in die Regelschule und die Vermeidung der Aussonderung setzen eine Veränderung des schulischen Selbstverständnisses und des institutionellen wie didaktischen Konzepts der Schule voraus. In Italien begann die Integration mit der Abschaffung der Zensurengebung, in den skandinavischen Schulen mit einer weitgehenden Individualisierung des Unterrichts. Die ersten deutschen Erfahrungen mit der Integration Behinderter weisen darauf hin, daß sich der Umgangsstil zwischen Lehrern und Schülern, besonders aber der Schüler untereinander deutlich verändert und das Konkurrenzprinzip von einem Miteinander und einer Rücksichtnahme abgelöst wird.
Noch fürchten aber die meisten Lehrer zusätzliche Belastungen, mit denen sie allein gelassen werden könnten, und viele Eltern erwarten von einzelnen Behinderten in Regelklassen das Absinken des Leistungsniveaus. Beides ist durch die notwendige zusätzliche Ausstattung mit heilpädagogischen Lehrern, mit Sozialpädagogen und einem System der »Schülerhilfe« sowie durch die innere Differenzierung des Unterrichts zu entkräften. Integrative Beschulung Behinderter ist deshalb keineswegs kostensparend oder gar zum Nulltarif durchführbar. Die Zusammenfassung bestimmter Behinderungsarten in eigenen Einrichtungen kann sogar kostengünstiger sein. Dem vielgebrauchten Argument mit dem besonderen Schonraum für Behinderte ist nur dort zuzustimmen, wo durch Diskriminierung und rücksichtslosen Konkurrenzkampf ebenso rücksichtslose Eliten erzeugt werden sollen. Eine menschliche Gesellschaft und Schule braucht hingegen die Behinderten und Benachteiligten in ihrer Mitte, um im selbstverständlichen Umgang mit ihnen das ganze Spektrum menschlichen Seins zu erfahren. Die Aussonderung der Problemfälle ist immer auch ein Armutszeugnis für die Aussonderer und geschieht nur scheinbar zum Wohle des Behinderten. Sie hat zunehmend auch Migrantenkinder in Sonderschulen gebracht.
Theorie: Hier stellt sich die Frage nach dem Selbstverständnis einer pädagogischen Fachrichtung. Wird Behinderung ausschließlich medizinisch-biologisch verstanden, so werden Maßnahmen der klinischen Isolierung und der Krankentherapie das professionelle Bewußtsein dominieren. Die Anlehnung an die Medizin hat in der Heil- und Sonderpädagogik eine lange Tradition. Sie verdankt auch verschiedenen medizinischen Disziplinen sehr viel und bleibt auf die Zusammenarbeit mit ihnen angewiesen, muß als pädagogische Disziplin aber andere Akzente setzen und ein eigenes Verständnis von Behinderung begründen (*Behindertenhilfe*).
Im Laufe ihrer Theoriegeschiche wurde dies mit spekulativen Ansätzen (Erziehungsphilosophie, Theologie), mit positivistischen (empirisch-statistische Forschung), mit materialistischen, interaktionistischen oder mit mehrere Theorien kombinierenden Ansätzen zu leisten versucht.
Die Vielschichtigkeit der Behinderungen, ihre Ursachen und Folgewirkungen, läßt sich kaum mit einer einzigen Theorie hinreichend fassen. Deshalb kann man den genannten Theorieansätzen die Berechtigung nicht absprechen. Das Entscheidende und Gemeinsame aller Behinderungen liegt aber nicht in der Behinderung selbst, sondern in ihren Folgen für die Teilhabe an der menschlichen Gesellschaft bzw. für das Maß an Isolation und Aussonderung. Darum kommt einer kommunikationstheoretischen Sichtweise der Behinderung ein besonderer Erklärungswert zu. Sie sagt zwar wenig über biologische Ursachen, um so mehr aber über soziale Faktoren, über Prozesse der Stigmatisierung und Ausschließung und über Möglichkeiten der Einbeziehung und der dialogischen Beteiligung der Behinderten. Einen solchen Ansatz gilt es aber noch zu entfalten und ein ihm entsprechendes Selbstverständnis der Heil- und Sonderpädagogen zu gewinnen. Dies bleibt auch für das bisher aufgebaute System sonderpädagogischer Einrichtungen nicht folgenlos. Der Ausbau der präventiven Arbeit zwingt zu einer engen Zusammenarbeit mit SozArb/SozPäd, die ihrerseits, z. B. in der *Schulsozialarbeit*, heilpädagogische Einsichten verwenden. Da auch SozArb/SozPäd und Heil- und Sonderpädagogik sich weitgehend der gleichen Klientel der sozial Deklassierten widmen, werden starre Grenzziehungen zwischen beiden Disziplinen überflüssig, ohne daß beide Bereiche völlig ineinander übergehen. Die präventive Aufgabe ist aber wie alle Bereiche heilpädagogischer Arbeit auf sozialpolitische Initiativen und eine Veränderung des öffentlichen Bewußtseins angewiesen, denn *Armut*, Wohnungsnot (*Wohnen*, *Arbeitslosig-*

keit), Diskriminierung und Aussonderung lassen sich von Heil- und Sozialpädagogik allein nicht überwinden. *G. Iben*

Literatur: J. Aab/Th. Pfeifer/H. Reiser/H. Rockemer: Sonderschule zwischen Ideologie und Wirklichkeit, München 1974; J. Altstaedt: Lernbehinderte. Kritische Entwicklungsgeschichte eines Notstandes ..., Reinbek 1977; U. Bleidick: Pädagogik der Behinderten, Berlin [5]1984; U. Bleidick (Hrsg.): Handbuch der Behindertenpädagogik. Bd. 1 u. 2, München 1979; Deutscher Bildungsrat: Gutachten und Studien, dt. Bildungskommission 25; H. Eberwein (Hrsg.): Behinderte und Nichtbehinderte lernen gemeinsam, Weinheim/Basel 1988; G. Iben (Hrsg.): Das Dialogische in der Heilpädagogik, Mainz 1988; W. Jantzen: Sozialisation und Behinderung, Gießen 1974; A. Möckel: Geschichte der Heilpädagogik, Stuttgart 1988; J. Muth (Hrsg.): Sonderpädagogik 1 u. 2, Stuttgart 1973; N. Myschker: Verhaltensstörungen bei Kindern und Jugendlichen, Stuttgart/Berlin/Köln 1993; H. Reiser/H.G. Trescher (Hrsg.): Wer braucht Erziehung?, Mainz 1987; S. Solarova: Geschichte der Sonderpädagogik, Stuttgart/Berlin/Köln/Mainz 1983.

Heimerziehung

H. stellt die institutionelle Form der *Fremdunterbringung* von Kindern und Jugendlichen dar. Sie bietet einen kurz- oder längerfristigen Lebensort in unterschiedlichen Formen: in Heimen oder anderen betreuten Wohnformen wie familienähnlichen Betreuungsangeboten, Wohngemeinschaften, Jugendwohnungen, aber auch Formen betreuten Einzelwohnens wie der mobilen oder flexiblen Betreuung.

H. ist eine Hilfe zur Erziehung (*Erziehungshilfe*), auf die die Personensorgeberechtigten, i.d.R. die Eltern, nach § 27 des *Kinder- und Jugendhilfegesetz*es (KJHG) dann einen Rechtsanspruch haben, wenn sie »eine dem Wohle des Kindes oder Jugendlichen entsprechende Erziehung nicht gewährleisten können«. Nach dieser seit 1991 gültigen Rechtslage ist H. für die Eltern nun grundsätzlich eine freiwillige Maßnahme, was für Einrichtungen und *Jugendämter* starke Umorientierungen bei Gestaltung, Vermittlung und Begleitung der Angebote (Hilfeplanung) mit sich gebracht hat.

Zielsetzung der H. ist nach dem KJHG in erster Linie, die Rückkehr der Kinder und Jugendlichen in die eigene *Familie* zu fördern, die *Erziehung* in einer anderen Familie vorzubereiten (z.B. Pflegefamilie) oder die Selbständigkeit in einer auf längere Zeit angelegten Wohnform zu unterstützen.

Gründe für eine Unterbringung sind vielfach materielle Notlagen in den Familien, Wohnraummangel (*Wohnen*), *Arbeitslosigkeit* und psychische Belastungen. Über die Unterbringung eines Kindes oder Jugendlichen in einem Heim entscheidet das JA am Wohnort der Familie. Das JA kommt auch für die Kosten der Unterbringung auf, die über einen Pflegesatz des Heimerziehungsträgers berechnet werden. H. ist die teuerste Form der Fremdunterbringung, Pflegesätze betragen heute durchschnittlich DM 200 pro Tag und damit DM 73000 für ein Kind oder einen Jugendlichen im Jahr.

H. hat eine lange Geschichte und begann bereits im Mittelalter mit Häusern für in Not geratene Waisen und ausgesetzte Findelkinder. Später kamen Arbeits-, Armen- und Zuchthäuser hinzu, in denen bettelnde, vagabundierende und verwahrloste Kinder zusammen mit ihren Eltern eingesperrt und zur Arbeit gezwungen wuden (*Geschichte der Sozialarbeit/Sozialpädagogik*). Waisenversorgung und Armenpflege waren also traditionell getrennt.

Die erste »Heimkritik« wurde als »Waisenhausstreit« in der 2. Hälfte des 18. Jh. u.a. von Pestalozzi geführt, der im Geiste der *Aufklärung* eine kindgemäße und natürliche Erziehung der Kinder in ländlichen Pflegefamilien einklagte und damit Absichten zur Reform des Pflegekinderwesens und der Anstaltserziehung hervorgerufen hatte. Statt dieser Reform setzte im Verlauf der Industrialisierung im 19. Jh. aber im Gegenteil die verstärkte Ausbeutung von Kindern notleidender Bevölkerungsschichten als Arbeitskräfte ein.

Auch spätere Reformbestrebungen wie die der »Rettungshäuser« des 19. Jh., aber auch die Reformbewegungen der Weimarer Republik von Aichhorn und Bernfeld konnten keine Verbesserungen für die überwiegend von karitativen Vereinigungen geleistete Versorgung und Erziehung der Waisen und Armenkinder erreichen.

Erst nach dem 2. Weltkrieg zeichneten sich durchgreifendere Reformen ab: zuerst in der Waisenhauserziehung im familienanalogen Ansatz Mehringers. Der Skandal der insgesamt isolierenden, stigmatisierenden und v.a. im Rahmen der geschlossenen Unterbringung strafenden H., die kriminelle Karrieren der betreuten Kinder und Jugendlichen eher förderte als deren *Sozialisation*sentwicklungen positiv beeinflussen konnte, wurde nachhaltig jedoch erst im Gefolge der »Heimkampagne« diskutiert. Im Zentrum der Kritik standen die schlechte finanzielle und personelle Ausstattung der Einrichtungen, das zumeist unausgebildete Personal und der niedrige pädagogische Standard. Statt dessen herrschte ein ritualisierter, die Individualität der Kinder degradierender und Abweichungen sanktionierender Alltag.

Nach den Forderungen u.a. des Zwischenberichts der »Kommission Heimerziehung« (1977): sich an den natürlichen Lebenszusammenhängen der Kinder und Jugendlichen zu orientieren und damit die Praxis der lebensfernen Anstalten zu überwinden, wurden Prozesse der »Dezentralisierung, Normalisierung und Entspezialisierung« eingeleitet.

Die »Dezentralisierung« der H. begann mit der Initiative vieler ErzieherInnen, die nach dem Familienmodell selbständige Kleinheime gründeten, parallel etablierten sich *Jugendwohngemeinschaften*. Später begannen auch traditionelle Heime in großem Umfang mit der Auslagerung von Wohngruppen. Unter dem Stichwort »Entspezialisierung« wurde die Auflösung von Spezialdiensten, v.a. aber von Spezialeinrichtungen betrieben. Die Praxis der Spezialeinrichtungen hatte oft das Abschieben von Kindern aus der regulären H. bewirkt. Am Ende dieser Verschiebungen hatten dann oft nur noch geschlossene H. gestanden, die durch Ausgrenzung und Disziplinierung fehlgeleitete Sozialisationsentwicklungen zu korrigieren versuchten.

Im Prozeß der Entspezialisierung konnte die Zahl der geschlossenen Plätze in der H. deutlich reduziert werden. Sie sank von etwa 1300 im Jahr 1975 auf ca. 350 im Jahr 1986 und liegt inzwischen deutlich darunter. Obwohl in verschiedenen Untersuchungen die mangelnde Effizienz der geschlossenen Unterbringung und eine Problemverschärfung als Folge dieser Unterbringung als nachgewiesen gelten kann, werden insbesondere in der Öffentlichkeit immer wieder Hoffnungen an den Einschluß von Kindern und Jugendlichen geknüpft, so daß die Debatte um geschlossene Heime noch nicht abgeschlossen ist.

In diesem Zusammenhang und in Anknüpfung an die Forderungen der 70er Jahre zur Heimreform sind in neuerer Zeit Strukturmaximen der »Lebensweltorientierung«, »Regionalisierung« und »Partizipation« von Kindern und Jugendlichen und ihren Familien für die Organisation der H. als besonders wichtig herausgearbeitet worden. Dabei sind für die Realisierung der Partizipation von Personensorgeberechtigten und Kindern und Jugendlichen an den sie betreffenden Entscheidungen und ihrer Umsetzung Organisations- und Arbeitsformen zu verändern, damit sie diesem Anspruch wirklich gerecht werden können.

Zur Entwicklung einer regionalisierten H. im Widerspruch stehen Trends, pädagogische Betreuung von Kindern und Jugendlichen z.T. bewußt weit entfernt von der Herkunftsregion in fremde Umgebungen zu verlegen. *Erlebnispädagogik* als Schiffs-, Trekking- oder Bergfahrten soll unter dem Einfluß der fremden und fordernden Lebensbedingungen neue Erfahrungen der Jugendlichen mit sich selbst, untereinander und mit den begleitenden Pädagogen ermöglichen. Erlebnispädagogik wird deshalb auch in besonders schwierig gewordenen pädagogischen Situationen gewählt in der Hoffnung, auf diese Weise neue Entwicklungen initiieren zu können.

Durch die Prozesse der Dezentralisierung der H. ist zu Beginn der 90er Jahre eine breite Palette von Unterbringungsformen entstanden. Neben Wohngruppen, in denen PädagogInnen mit Kindern und Jugendlichen zusammenleben, existieren Kleinsteinrichtungen, in denen durchschnittlich 10 Kinder im Schichtdienst betreut werden. Oft sind diese Einrichtungen auch zu größeren Verbünden zusammengeschlossen oder als Außenwohngruppen Teil einer Großeinrichtung. Zur traditionellen H. gehören weiterhin Einrichtungen mit 4 bis 6 oder mehr Gruppen von meistens 10 Kindern unter einem Dach, die im Zuge der Dezentralisierung zwar seltener geworden sind, aber immer noch einen erheblichen Anteil von Kindern aufnehmen. Neben den traditionellen Heimen gibt es weiterhin Kinderdörfer, in denen mehrere »Kinderdorffamilien« auf einem Gelände zusammenleben.

Bei allen Verbesserungen, die im Verlauf dieser Reformprozesse für die betreuten Kinder und Jugendlichen erreicht worden sind, besteht aber eine Reihe struktureller Probleme weiterhin fort. H. ist als gravierender Eingriff in die Lebensverhältnisse von Kindern und Jugendlichen immer noch mit erheblichen Risiken verknüpft. Leistungsuntersuchungen haben weiterhin auf Mängel in Organisation und pädagogischem Alltag hingewiesen. Auch zeigt sich, daß gerade im modernen, differenzierten System der H. Abschiebemechanismen und Ausgrenzungsstrategien noch nicht überwunden werden konnten und ihnen ständig durch Überprüfung der Arbeitsweisen entgegengewirkt werden muß. H. hat aber zunehmend mit wachsenden gesellschaftlichen Problemen, der *Arbeitslosigkeit* und dem Wohnraummangels zu tun, die es immer schwerer machen, auf die Selbständigkeit von jungen Menschen erfolgreich hinzuarbeiten.

In den vergangenen 20 Jahren hat sich H. nicht nur qualitativ, sondern auch quantitativ deutlich verändert. Heime sind v.a. kleiner geworden und haben sich von 1976 mit einer durchschnittlichen Platzzahl von 47,4 auf 33,3 im Jahr 1986 verringert. Diese Zahl ist vermutlich weiter zurückgegangen.

Mit dem Rückgang der Platzzahlen sind auch die absoluten Zahlen von Kindern und Jugendlichen in der H. zurückgegangen. Dieser Rückgang erklärt sich zum großen Teil mit der demographischen Entwicklung, die einen Geburtenrückgang in den 70er Jahren zu verzeichnen hatte, aber auch mit dem Ausbau des Pflegekinderwesens und später der ambulanten Hilfen. Die Beschreibung der quantitativen Entwicklungen ist in jüngster Zeit allerdings außerordentlich schwer geworden, da Umstellungen der Jugendhilfestatistik im Zusammenhang mit der Einführung des KJHG sowie die Einbeziehung der neuen Bundesländer seit 1991 die Vergleiche von Jahresraten erheblich erschweren. Seit Beginn der 90er Jahre sind die Zahlen wieder steigend.

Nach jüngsten Daten der neuen BRD lebten am 31.12.1992 70682 junge Menschen bis zum Alter von 21 Jahren in Heimen, davon waren 57468 minderjährig, was einem Anteil an dieser Altersgruppe der Bevölkerung von 3,7% entspricht (Statistisches Jahrbuch 1994). Trotz des allgemeinen Rückgangs der Unterbringungszahlen in der H. (zu neueren Trends vgl. ISS 1994) sind aber auch Zuwächse bei einzelnen Zielgruppen zu beobachten. So lag der Anteil der *Mädchen* 1982 bei 38,7% und 1992 bei 40,7%, der Anteil der ausländischen Kinder und Jugendlichen betrug 1982 4,9%, 1992 dagegen 12,2% im früheren Bundesgebiet. Der Anteil der Mädchen nähert sich damit dem Anteil an der Bevölkerung an, der Anteil der ausländischen Minderjährigen hat sich bereits angenähert. Zuwächse zeigen sich auch in den Altersgruppen zwischen 18 und 21 Jahren. Hier betrug die Unterbringungsquote 1985 2,3%, Ende 1991 lag sie dagegen bei 3,6%.

Die qualitativen und quantitativen Veränderungen der H. durch Reformprozesse haben also insgesamt betrachtet Verbesserungen der Angebote für Kinder, Jugendliche und ihre Familien im Sinne bedarfsgerechter

Hilfen hervorgebracht, andererseits konnten bisher keine Strukturen geschaffen werden, die überregional vergleichbar sind, so daß sich für die *Jugendhilfeplanung* der JÄ und der LJÄ noch eine Fülle von Entwicklungsaufgaben stellt. *V. Birtsch*

Literatur: 8. Jugendbericht. Bericht über Bestrebungen und Leistungen der Jugendhilfe, BMJFFG (BT-Drs. 11/6576), Bonn 1990; J. Blandow: Heimreform in den 80er Jahren, in: F. Peters (Hrsg.): Jenseits von Familie und Anstalt, Bielefeld 1988, 28–49; Internationale Gesellschaft für Heimerziehung (Hrsg.): Heimerziehung in der Bundesrepublik Deutschland, Frankfurt/M. 1990; U. Bürger/K. Lehning/B. Seidenstücker: Heimunterbringungsentwicklung in der BRD. Theoretischer Zugang, Datenlage, Hypothesen, JSS-Pontifex 2/94, Frankfurt/M. 1994; H. Kallert/S. Akpinar-Weber: Ausländische Kinder und Jugendliche in der Heimerziehung, ISS-Pontifex 10/93, Frankfurt/M. 1993; G. Landenberger/R. Trost: Lebenserfahrungen im Erziehungsheim, Frankfurt/M. 1988; F. Peters/W. Trede: Strategien gegen Ausgrenzung. Politik, Pädagogik und Praxis der Erziehungshilfen in den 90er Jahren. Internationale Gesellschaft für Heimerziehung, Frankfurt/M. 1992; Planungsgruppe Petra: Analyse von Leistungsfeldern der Heimerziehung, Frankfurt/M. 1987; H. Scherpner: Geschichte der Jugendfürsorge, Göttingen 1966; Ch. Wolffersdorff/V. Sprau-Kuhlen: Geschlossene Unterbringung in Heimen, Weinheim 1990; Zwischenbericht Kommission Heimerziehung der Obersten Landesjugendbehörden und der Bundesarbeitsgemeinschaft der Freien Wohlfahrtspflege. Internationale Gesellschaft für Heimerziehung, Frankfurt/M. 1977.

Heimgesetz

Das H. vom 7.8.1974 regelte seit dem 1.1.1975 die Aufsicht und Beratung für Heime, die alte Menschen sowie pflegebedürftige oder behinderte Volljährige nicht nur vorübergehend aufnehmen und betreuen. Es wurde durch Gesetz vom 23.4.1990 (BGBl. I S. 763, ber. S. 1069) geändert und in der ab 1.8.1990 geltenden Fassung neu bekanntgemacht.

Es gilt für Heime im Alten-, Pflege- und Behindertenbereich (*Alten-/Behindertenhilfe*), nicht aber für Kurzzeit- und Tagespflegeeinrichtungen und Krankenhäuser (*Gesundheitshilfe*), wohl aber auch für jene Teile von Einrichtungen zur *Rehabilitation*, die der Unterbringung behinderter Volljähriger dienen.

Dem besonderen Schutzbedürfnis alter, pflegebedürftiger oder behinderter Menschen, die i. d. R. ohne Alternative und oft ohne andere – sie schützende – soziale Bezüge in Heimen leben, soll durch dieses Gesetz und seine Folgevorschriften entsprochen werden. Zweck des Gesetzes ist es, die Interessen und Bedürfnisse bereits der Bewerber für die Aufnahme im Heim und die der Heimbewohner vor Beeinträchtigungen zu schützen, insbesondere die Selbständigkeit und Selbstverantwortung der Bewohner im Heim zu wahren und die Beratung in Heimangelegenheiten zu fördern.

Auf der Grundlage der Gewerbeordnung geschaffene Regelungen der 60er Jahre, die nur für gewerbliche Träger galten (Regelungen über bauliche und personelle Mindestanforderungen, Buchführungspflichten und Überwachungsbefugnisse der Behörden), waren zunehmend ebenso als unzureichend angesehen worden wie der damit verbundene Verzicht auf einen Erlaubnisvorbehalt und damit auf jede präventive Kontrolle.

Das H. gilt dagegen auch für öffentliche, für gemeinnützige sowie freigemeinnützige Träger i. S. des § 10 Abs. 1 BSHG (*Träger der Sozialen Arbeit/Wohlfahrtsverbände*) und gewerbliche Träger. Gemeinnützige Träger ohne Verbandszugehörigkeit sowie die gewerblichen Träger bedürfen für den Betrieb eines Heimes der Erlaubnis, alle übrigen Träger sind gegenüber der zuständigen Behörde anzeigepflichtig und unterliegen im Betrieb den gleichen Regelungen des H.

Mit der Herstellung der Einheit Deutschlands sind gem. den Bestimmungen des *Einigungsvertrag*es vom 31.8.1990 (in Anlage I, Kap. X, Sachgebiet H, Abschn. III Nr. 12 – BGBl. II S. 889) die bis zu diesem Zeitpunkt in der DDR für die Altenheime und ihre Bewohner geltenden Regelungen, insbesondere die Verordnung über Feierabend- und Pflegeheime vom 1.3.1978, außer Kraft getreten und durch das H. abgelöst worden, das in den neuen Ländern und in der östlichen Stadthälfte Berlins seit dem 3.10.1990 uneingeschränkt Anwendung findet. Heimverhältnisse, die beim Wirksamwerden des Beitritts bestanden, richten sich von diesem Zeitpunkt an nach dem neuen Recht.

Der Erlaubnisvorbehalt des H. ermöglicht den von den Landesregierungen bestimmten, für die Durchführung des H. zuständigen Behörden die Festlegung der Erlaubnis auf einen bestimmten Träger, eine bestimmte Art der Einrichtung und auf bestimmte Räume, d. h. ein konkretes Objekt. Im Erlaubnisverfahren sind Prüfungen hinsichtlich der Zuverlässigkeit des Antragstellers und dessen wirtschaftlicher Leistungsfähigkeit zum Betrieb der Einrichtung ebenso vorzunehmen wie hinsichtlich der ärztlichen und gesundheitlichen Betreuung, der Zahl der Beschäftigten und deren persönlicher und fachlicher Eignung für die von ihnen ausgeübte Tätigkeit. Die Träger haben bestimmte Mindestanforderungen in baulich-technischer Hinsicht (wie z. B. Raumgrößen, Gemeinschaftsräume, stufenloser Eingang, vom Pflegebett erreichbare Rufanlage u. ä.) ebenso zu erfüllen wie Anforderungen in personeller Hinsicht (z. B. Ausbildung des Heimleiters zu einer Fachkraft in bestimmten Berufen sowie Erwerb der Kenntnisse und Fähigkeiten für die Leitung des Heimes durch mindestens 2jährige hauptberufliche Tätigkeit in einem Heim, Sicherstellung eines mindestens 50%igen Anteils an Fachkräften unter dem Pflegepersonal u. a.). Zwischen den gebotenen Leistungen und dem Entgelt soll ein Mißverhältnis ausgeschlossen werden (ohne daß das H. oder die Praxis ein wirksames Instrumentarium dafür entwickelt hätten). Eine besondere Sicherungspflicht für mitunter verlangte Darlehen von Bewohnern soll deren Rückzahlung gewährleisten. Vorschriften über die Erlaubnisrücknahme und eine auf den Erlaubnisvorbehalt bezogene Untersagungsvorschrift für Heimbetriebe, für die eine Erlaubnis nicht erforder-

lich ist, ermöglichen eine Gleichbehandlung aller dem H. unterliegenden Träger.
Zu den wesentlichen Veränderungen des H. im Jahre 1990 gehört die Schaffung eines eigenständigen Rechts der Heimverträge durch umfangreiche Regelungen für die Inhalte der zwischen den Parteien im privatrechtlichen Vertrag zu beschreibenden Rechte und Pflichten, z.B. bei Entgelterhöhungen, und durch die Einführung eines besonderen Kündigungsschutzes für Heimbewohner.
Zum Schutz vor finanzieller Übervorteilung der Heimbewohner ist es im übrigen dem Träger, Leiter oder den Beschäftigten eines Heimes untersagt, sich über das im Heimvertrag vereinbarte Entgelt hinaus ohne die Zustimmung der Behörde Zuwendungen versprechen oder gewähren zu lassen. Diese Regelung dient z.B. dem Schutz der Testierfreiheit von Heimbewohnern.
Die aufsichtsführenden Behörden haben gegenüber den Trägern ein umfassendes Auskunfts- und Nachschaurecht. Sie sind befugt, bei festgestellten Mängeln – wenn diese nach Beratung nicht abgestellt werden – Auflagen zu erteilen und Anordnungen zu erlassen, ggf. hinsichtlich des Leiters oder einzelner Mitarbeiter der Einrichtung Beschäftigungsverbote auszusprechen und u.U. den weiteren Betrieb der Einrichtung zu untersagen. Verstöße gegen das H. sowie seine Verordnungen können die Behörden als Ordnungswidrigkeiten mit Geldbußen ahnden. Die zuständigen Behörden haben Einzelpersonen über Einrichtungen und die Rechte und Pflichten der Bewohner zu informieren; sie sind verpflichtet, die Träger bei der Planung und dem Betrieb von Einrichtungen zu beraten.
Als wichtige Folgevorschriften sind bisher erlassen worden:

1. Die HeimMitwirkungsVerordnung, die die Bildung, Zusammensetzung und Zuständigkeiten der Heimbeiräte regelt und in der novellierten Fassung vom 16.7.1992 (BGBl. I S. 1341) u.a. mit dem im H. von 1990 neu geschaffenen Institut des Heimfürsprechers der Tatsache Rechnung trägt, daß in immer mehr Einrichtungen z.B. mit hochaltrigen, pflegebedürftigen Bewohnern die Bildung eines Heimbeirates nicht möglich ist.

2. Die besonders wichtige, aber wegen ihres Regelungscharakters für Mindestanforderungen nicht auf einen zeitgerechten Regelstandard hinwirkende Verordnung über bauliche Mindestanforderungen i.d. novellierten Fassung vom 3.5.1983 (BGBl. I S. 550). Trotz ihrer Orientierung an Anforderungen, die unter Abwägung aller Interessen noch vertretbar erschienen, hat diese Verordnung in nahezu jeder bestehenden Einrichtung bauliche Verbesserungen für die Sicherheit und Lebenssituation der Heimbewohner bewirkt. Einzelne Anpassungsfristen der Behörden in den neuen Ländern reichen bis zum Jahre 2000.

3. Die HeimsicherungsVerordnung vom 24.4.1978 (BGBl. I S. 553), die die Sicherungspflichten der Träger regelt, die Leistungen für die Unterbringung (z.B. Darlehen) entgegennehmen.

4. Die HeimPersonalVerordnung vom 19.7.1993 (BGBl. I S. 1205), die die Mindestzahl von Pflegekräften in Heimen, bezogen auf die Zahl der Heimbewohner, allerdings offenläßt. Weil zwischen dem BR und der BReg hierzu keine Einigung erzielt werden konnte, obliegt es den – hier besonders geforderten – Heimaufsichtsbehörden, in jedem Heim gesondert Maßstäbe für die Feststellung von möglichen Mängeln hinsichtlich der Personalausstattung zu entwickeln.

Eine vorbereitete Verordnung über die Buchführungs- und Meldepflichten ist wegen der Kritik u.a. von freien Trägern an den darin vorgesehenen weitreichenden Einblicksmöglichkeiten der Behörden auch in die Wirtschaftsführung der Einrichtungen im BR gescheitert. Einige der vorgesehenen Regelungen zu Aufzeichnungs- und Aufbewahrungspflichten sind im Rahmen der Novellierung in das H. übernommen worden; eine Verordnungsermächtigung über Art und Umfang der genannten Pflichten ist bis heute von der BReg nicht ausgefüllt worden.
Nach nahezu 20 Jahren seit seinem Inkrafttreten gehört es zu den üblichen Verlautbarungen der BReg und der Länder, daß das H. sich als Schutzinstrument für Bewohner von Einrichtungen durchaus bewährt habe und die Situation in Heimen verbessern helfen konnte. Es bleibt aber unbestritten, daß das H. als Ordnungsgesetz und auch in seinem Beratungsansatz wohl mehr voraussetzt, als in der Praxis entfaltet wurde.
Interessenkollisionen zum Nachteil des Schutzauftrages nach dem H. sind in einzelnen alten Bundesländern zu beobachten, in denen die Zuständigkeit zur Durchführung des H. bei den Kreisen als unteren Verwaltungsbehörden liegt, obwohl diese auch Träger von kommunalen Einrichtungen i.S. des H. sind und zugleich als Sozialhilfeträger auch für die Abschlüsse von Kostenvereinbarungen nach dem BSHG und damit die Festsetzung von *Pflegesätzen* verantwortlich sind.
Die Bestimmung von sog. Mittelbehörden (z.B. Landessozial- oder Versorgungsämter, Bezirksregierungen o.ä.) in einigen Ländern hat derartige Interessenkollisionen umgangen. Diese Erfahrung wurde von den 5 neuen Bundesländern in ihren Zuständigkeitsregelungen berücksichtigt.
Die Abgrenzung der überwachtungspflichtigen Heime, die dem H. unterfallen, zu Einrichtungen der Kurzzeitpflege, die i.d.R. Pflegebedürftige nur für 4 bis 6 Wochen aufnehmen, ist in der Praxis schwierig. Das H. bietet mit seinen Auskunftspflichten Kontrollmöglichkeiten, um festzustellen, ob derartige – keiner gesetzlichen Erlaubnis- und Überwachungspflicht unterliegende – Kurzzeitpflegeeinrichtungen Dauergäste aufnehmen. Wegen der Zunahme der Zahl von Kurzzeitpflegeheimen, wegen zahlreicher Hinweise darauf, daß es in der Kurzzeitpflege an ordnungsgemäßer Pflege mangelt, weil einige Träger ohne gesetzlichen Zwang nicht den gebotenen Pflegestandard gewährleisten, und

wegen festgestellter Fälle der Falschdeklarierung von Dauerpflegeverträgen als Kurzzeitpflege zur Umgehung der Vorschriften des H. und seiner Verordnungen ist beabsichtigt, im Rahmen einer Novelle des H. auch den Heimtypus Kurzzeitpflegeheim in das H. aufzunehmen. Nach einem entsprechenden Beschluß des BR im Jahre 1993 liegt ein entsprechender Antrag seither bei der BREg.

Mit Art. 19 des Gesetzes zur sozialen Absicherung des Risikos der Pflegebedürftigkeit (PflegeVG/*Pflegeversicherung*) vom 26. Mai 1994 (BGBl. I Nr. 30, S. 1014) wurde das H. erneut novelliert. Insbesondere wurde das Vertragsrecht der Versicherten der sozialen Pflegeversicherung, die Leistungen der stationären Pflege in Anspruch nehmen, den Regelungen der Art. 1 (SGB XI) angepaßt, die künftig die Finanzierung der Pflegeleistungen durch die Pflegekassen, die finanzielle Förderung der Investitionskosten durch die Länder und die Finanzierung von Unterkunft und Verpflegung durch die Pflegebedürftigen vorsehen. Zur Qualitätssicherung in Heimen sollen nach Inkrafttreten entsprechender Regelungen nach dem SGB XI zum 1. Juli 1996 die erforderlichen Versorgungsverträge der Pflegekassen mit den Einrichtungsträgern und die öffentliche Investitionsförderung im Rahmen der Landesplanung zur Sicherung einer leistungsfähigen, zahlenmäßig ausreichenden und wirtschaftlichen pflegerischen Versorgungsstruktur beitragen. Wegen des in seiner Grundstruktur marktwirtschaftlichen Ansatzes des PflegeVG sind die ordnungsbehördlichen Schutzbestimmungen des H. daneben weiterhin erforderlich.

F. Walter

Literatur: H.-O. Bahrke: Das neue Heimgesetz – Aufsicht, Beratung, Partnerschaft, in: TuP 1979, 283; O. Dahlem: Bauliche Mindestanforderungen nach dem Heimgesetz, in: ZfF 1983, 248; O. Dahlem: Personalbedarf nach dem Heimgesetz, RsDE H. 17/1992, 36; O. Dahlem/D. Giese/G. Igl/Th. Klie: Das Heimgesetz/Kommentar, Köln seit 1974 (Loseblatt); Deutscher Verein (Hrsg.): Aufbruchstimmung in der Heimaufsicht?, Frankfurt/M. 1993; D. Giese: Kurzzeitpflege und die Weiterentwicklung des Heimgesetzes, in: ZfF 1989, 256; W. Gitter/J. Schmitt: Heimgesetz/Kommentar, Starnberg, Stand: Dez. 1993 (Loseblatt); S. Gössling/A. Knopp: Handkommentar zum Heimgesetz, Hannover 1980; C.F. Hauenschild: Heimvertrag und Mitwirkung – zu den Rechten von Heimbewohnern, in: ZfF 1985, 27; E. Kunz: Datenschutz und Heimaufsicht in Altenheimen, Altenwohnheimen und Pflegeheimen für Volljährige, in: ZfS 1983, 481; E. Kunz/F. Ruf/E. Wiedemann: Heimgesetz/Kommentar, München 1992; F. Ruf/P. Hütten: Der Schutz der wirtschaftlichen Interessen der Heimbewohner nach dem Heimgesetz, in: Bayer. Verwaltungsblatt 1978, 37.

Hilfe

Unter H. verstehen wir solche Interaktionsformen, durch die ein oder mehrere Handlungspartner einen oder mehrere andere unterstützen, Ziele zu verwirklichen. Dabei dominiert das Interesse an den hilfsbedürftigen Partnern und deren Zielen vor dem evtl. erreichbaren Eigennutz (z.B. Bezahlung) der Helfer (*Altruismus*).

Anthropologisch läßt sich der Mensch als »homo auxilians« bezeichnen, womit gemeint ist, daß er zur Erfüllung seiner Existenz auf H. angewiesen, aber auch zur Hilfeleistung angefordert ist (*Anthropologie*). Schon für die prähistorischen Lebensgemeinschaften stand fest, daß sich Gesunde um ihre schwerverletzten Artgenossen kümmerten und so für die *Gesellschaft* nutzlos gewordene Mitglieder gepflegt und versorgt wurden.

Die wechselhafte Hilfebezogenheit des Menschen dürfte darin begründet sein, daß er von seiner Geburt an mehr und länger als jedes andere Lebewesen auf solche Interaktionsformen angewiesen ist, mit denen seine Elternpartner die Verwirklichung seiner Lebensziele: Nahrung, Wärme, Hygiene, Orientierung und Problemhandeln bis zu einer relativen Selbständigkeit gewährleisten. Neben dem Pflegeinstinkt wird als zweites vorkulturell basiertes Hilfemotiv der Eros genannt. Es spricht viel dafür, daß der Primärimpuls der Hilfeleistung für Kleinkind und (potentielles) Sexualobjekt über die Wahrnehmung ihrer Gestalt ausgelöst werden (Kindchenschema und Sexualschema: Lorenz 1968). Ein drittes Hilfemotiv dürfte auf das Phänomen der interaktionellen Identifikation (Buchkremer 1977) zurückzuführen sein: In seinem hilfsbedürftigen Gegenüber erkennt der Helfer sich selbst, sei es, daß er schon in gleicher Lage war bzw. ist oder daß er vorstellungsmäßig eine ähnliche Situation für sich antizipiert. Die vierte erkennbare Motivation der Hilfeleistung hat ebenfalls identifikatorischen Charakter. Ihr Identifikationsobjekt ist jedoch nicht in erster Linie der Hilfsbedürftige, sondern eine dritte Instanz, die ihrerseits das Prinzip der Hilfeleistung vertritt: Identifiziert mit den gemeinsamen Eltern, helfen sich Geschwister gegenseitig. Biblisch findet sich diese Beziehungslinie bei Lucas 6, 36: »Seid also barmherzig, wie euer Vater barmherzig ist!« oder – bekannter noch –: »Was ihr einem dieser meiner geringsten Brüder getan habt, das habt ihr mir getan« (Matthäus 25, 40).

In der kulturellen Entwicklung der Menschheit hat sich eine Ablösbarkeit dieses Motivs von persönlichen bzw. personal gedachten vermittelnden Bezügen ergeben. Zunächst noch verpflichtet den Eltern, den Manen, den Göttern, Gott und dem rettenden Gottessohn, erkennt die Menschheit ihre Pflicht der H. für Nächste und Fernste, für den Menschen als solchen.

Scheinbar unvereinbar erklären metatheoretische Grundannahmen das Prinzip H. entweder aus einer geistig-moralischen Sonderkonstitution des Menschen oder als Spezialfall von Egoismus, der sich langfristig für das helfende *Individuum* oder seine Art als Vermehrung von Lebenschancen auszahlt.

Eine soziologisch-philosophische Perspektive läßt sich aus dem Konstruktivismus entwickeln: Als zentrale Einheit betrachtet der Konstruktivismus autopoietische Systeme. Als solche bezeichnet Luhmann Systeme, »die die Elemente, aus denen sie bestehen, selbst produzieren und reproduzieren« (Luhmann, zit. nach Martens 1991, 626); sie »sind geschlossene Systeme insofern, als sie das, was sie als Einheit zu ihrer eigenen

Reproduktion verwenden (...) nicht aus ihrer Umwelt beziehen können« (ebd.). Nun erweist sich in Extremfällen der H., daß sehr wohl vordergründig als autopoietisch angesehene Individualexistenzen nur lebensfähig bleiben, indem sie Einheiten anderer, ebenfalls als autopoietisch angesehener Systeme leihweise oder auf Dauer einverleiben. Evident ist dieser Tatbestand angesichts des gemeinsamen Blutkreislaufes von Mutter und Kind, aber auch bei medizinischen Fällen von Organspenden. Psychisch und mental entspricht dem die H. bei der Genese der Ich-Identität oder ihrer Neuformierung bei Ich-Krisen in biographischen Extremlagen und therapeutischen Konstellationen.
M.E. haben wir es in diesen Fällen mit Sonderformen autopoietischer Systeme zu tun, indem die Dyaden oder Gruppen aus Hilfsbedürftigen und Helfern passager oder auf Dauer in Art einer Kernverschmelzung selbst zu autopoietischen Systemen aus mehreren Symbionten werden.
Sieht man von der möglicherweise negativen Verklammerung symbiotischer Prozesse ab, so wird auf der positiven Seite H. zur Ursache für die Konstitution von multipolarer Autopoiesis, eine Tendenz, auf die wir als Gegenkraft zur gegenseitigen Konkurrenz, Störung und Zerstörung autopoietischer Systeme setzen können.
Trotz unterschiedlichster, nämlich soziobiologischer Betrachtungsweise gerät der Ausblick ähnlich bei einer zusammenfassenden Würdigung des Phänomens H.
Gem. Ansätzen der Soziobiologie (Wilson 1980; vgl. Meyer 1982) kongruieren die Motive von Egoismus und Altruismus: Als Antrieb des Handelns dienen sie dem Erhalt der Gene, die sich im Handelnden in einer zufälligen Konstellation zusammengefunden haben, die aber als identische Chromosomensegmente in Zusammenwürfelungen anderer Individuen ebenfalls auftreten. H. für andere Individuen kommt so gesehen mit hoher Wahrscheinlichkeit unterschiedlichen Teilmengen des dem Helfer-Ego genidentischen Materials zu (vgl. Dawkins 1978). Aus dieser Perspektive geben die generative Einheit der Menschheit und die zellstrukturell nachweisbare Verwandtschaft alles Lebendigen Hoffnung: Die notwendige Ausweitung des Ego-/Altruismus auf Nächste und Fernste, auf ferne Völker, Kulturen, Spezies und Biotope findet in der Tatsache der Genidentitäten auch ein biologisches Fundament. Auf dieses kann gebaut werden ein fortwährender kultureller, politischer und pädagogischer Prozeß der unerläßlichen Hominisation der Erde, d.h. einer Entwicklung der Biosphäre i.S. einer ökologisch-ethisch ideal gedachten Menschlichkeit.
Auf das gesellschaftliche und staatliche Selbstverständnis hat die theoretische Auseinandersetzung mit dem Prinzip H. eine starke Auswirkung gehabt. So wandelte sich mit dem Gedankengut der *Aufklärung* das bis dahin vorwiegend auf religiös-caritativen Motiven beruhende System der Armenpflege zu einem humanitären Handlungsprinzip (*Geschichte der Sozialarbeit/Sozialpädagogik*). Unter seinem fortwirkenden Einfluß setzt sich in der reichsdeutschen Gesetzgebung im 1. Drittel des Jahrhunderts der Grundsatz der Pflichtleistung durch. Auf ihm beruht die maßgebende Entscheidung des BVerwG v. 24.6.1954, die den subjektiven Rechtsanspruch auf Fürsorgeleistungen anerkennt. Sie ist als inhaltliche Bestimmung in das *Bundessozialhilfegesetz* eingegangen und beendet damit den Wandlungsprozeß der gesellschaftlichen Sicht der H.: War bisher Hilfeleistung in das gewährende Ermessen der Helfenden gestellt, so sind von jetzt an die Interessen der Hilfsbedürftigen in gesetzlich artikulierten Bereichen z.B. der *Jugend-*, *Alten-*, der *Gesundheits-* und *Sozialhilfe* als Ansprüche verankert. Darüber hinaus wird in *Subsidiarität*, *sozialer Marktwirtschaft* und Sozialismus der Grundsatz von Hilfeleistung und *Solidarität* Dominanzakkord staatsphilosophischer Kompositionen (*Sozialstaat*).
Daß dies gegen den Trend einer »Zweidrittelgesellschaft« so bleibt, ist eine politische, pädagogische, staatsphilosophische und sozialwissenschaftliche Aufgabenstellung. Was ihre Lösungen positiv bewirken und negativ verhindern könnte, zeigt ein historischer Rückblick auf den Nationalsozialismus, der mit sozialdarwinistischen Parolen das Prinzip sozialer Selektion und Vernichtung gegen das gesellschaftlicher Solidarität und H. durchsetzte (*Soziale Arbeit im Nationalsozialismus*).
Forschungslage: Mit der gesellschaftlichen Gewährleistung notwendiger und anspruchsgesicherter H. ging eine Professionalisierung der Hilfeleistung einher. Denn nur durch Bereitstellung abrufbarer Hilfskapazitäten kann dem Hilfsanspruch Genüge getan werden. Vor allem die Berufsfelder SozArb/SozPäd, *Heil- und Sonderpädagogik* und *Rehabilitation*spädagogik sind den Hilfesuchenden und Hilfeberechtigten aufgeschlossen.
Im Zuge dieser Entwicklung gibt es für die sozialwissenschaftlichen Bemühungen zwei Forschungsschwerpunkte: den des nichtberuflichen Helfens in Alltagssituationen sowie den der beruflichen Hilfeleistungen (*Ehrenamtliche Helfer*, *Professionalisierung*).
Systematische Ansätze zur Erforschung nichtberuflichen helfenden Verhaltens finden sich erst seit Mitte der 60er Jahre in der amerikanischen Sozialpsychologie unter den Bezeichnungen altruism, helping behaviour und donating behaviour. Als Sammelbegriff stellt sich immer mehr der Begriff des prosozialen Verhaltens (prosocial behaviour) heraus (Lück 1975). Ein forschungsmethodisches Problem bei einer derartigen motivationalen Definition liegt freilich in der Schwierigkeit, in unterschiedlichem Maße bewußte Intentionen zu erfassen. Da bei Befragungen mit erheblichen Verzerrungen in Richtung sozial erwünschter Antworten zu rechnen ist, hat man sich meist mit dem Rückschluß auf entsprechende Motive bei manifest gewordenem Verhalten begnügt. Forschungsmethode der Wahl ist das Feldexperiment (Koch 1976). Aufgabe der Entwicklungspsychologie ist es, die Bedingungen des Entstehens prosozialer Motive aufzuzeigen. Das z.Z. vorherrschende *Paradigma* stellt die Kognitive Entwicklungstheorie Kohlbergs (z.B. 1976) auf der Grundlage und in Fortsetzung der empirischen For-

schungen Piagets (1932) dar. Kohlberg nimmt an, daß der Mensch potentiell »gut«, somit auch hilfreich ist. Er versucht den Aufweis einer universellen, d.h. kulturunabhängigen Abfolge moralischer Beurteilungsniveaus; danach entwickelt sich das moralische Urteil einerseits von mehr Fremdbestimmtheit zu mehr Autonomie, andererseits von Ergebnisbewertung von Handlungen zu Gesinnungs- bzw. Absichtsbewertung des Handelnden. Als Grundlage für die überindividuelle und überkulturelle Gesetzmäßigkeit wird die Struktur des menschlichen Geistes angenommen. Humanethologisch läßt sich hier von einer »Rahmenveranlagung« (Winkel 1979) sprechen, die wie z.B. das Sprachvermögen genetisch vorgegeben ist und trotz verschiedener inhaltlicher Eingaben Regelhaftigkeiten erkennen läßt, die von Individuum und Umwelt unabhängig sind. Angesichts der Vorleistungen der *Soziologie* und der Entwicklungspsychologie steht die *Pädagogik* vor der Aufgabe, die Bedingungen zu erforschen, unter denen auf dem genetischen Fundament und innerhalb der geistigen Rahmenveranlagung moralisches Urteil in prosoziale Einstellungen und Handlungsbereitschaften überführt werden kann (vgl. Staub 1981). Dazu gibt es zahlreiche Bemühungen von Pädagogen, die Entwicklung (pro)sozialer Fähigkeiten und Fertigkeiten durch gezielte Übungen und Spiele zu fördern (z.B. Klippstein/Klippstein 1978). Im Laufe der 70er Jahre hat sich die empirische Erforschung prosozialen Verhaltens zu einem umfangreichen Teilgebiet der Sozialwissenschaften entwickelt. Eine systematische Synopse liegt seit 1980 mit Bierhoffs »Hilfreiches Verhalten« vor. Typisch ist meist alltagsnahes, am Erhalten orientiertes Überprüfen von Einzelhypothesen, die oft nicht aus umfassenden Theorien deduziert sind (vgl. z.B. Bungard 1977). Starke Beachtung fanden mehrere Untersuchungen von Darley/Latańe (1977), die von reduzierter Hilfsbereitschaft bei größer werdender Zeugenzahl berichteten. Offensichtlich begünstigt dieser Tatbestand ein Abschieben der Verantwortung. Reduzierte Hilfsbereitschaft fand Milgram (1977) auch in amerikanischen Großstädten. Seine zahlreichen Einzelversuche interpretiert er vorwiegend informationstheoretisch: In einer Großstadt strömen auf den einzelnen so viele Reize ein, daß er viel stärker selektieren muß als etwa ein Dorfbewohner.

Neben dem Gebiet des mehr oder weniger von Einzelsituationen abhängigen Helfens sind berufliche Hilfeleistungen ein wichtiges, bisher wenig beachtetes Problemgebiet der Sozialwissenschaften. Die Fragestellung könnte lauten: Welcher Art sind, welche Intensität haben, welchen Wandlungen unterliegen die Motivationen solcher Menschen, die sich in beruflicher Hinsicht mit Hilfeleistung befassen? Eine empirische Untersuchung über die Erfolgsbedingungen von Angehörigen in helfenden Berufen stammt von Combs u.a. (1977). Eines der Ergebnisse besagt, daß das Fachwissen dem erfolgreichen Helfer wichtig ist und die »Qualität einer Überzeugung« hat. Ferner sehen tüchtige Helfer andere Menschen als fähig, freundlich, wertvoll, von innen motiviert usw. an. Sie selbst schreiben sich ebenfalls positive Eigenschaften zu. Als Ziele sehen sie u.a. die Befreiung und nicht die Beherrschung anderer Menschen an. Bezüglich ihrer Aufgabenbewältigung sehen sie eher das Menschliche als Gegenstände, Vorschriften usw. Eine andere empirische Arbeit von Blinkert u.a. (1979) geht dem Selbstbild und der Berufswirklichkeit Freiburger SozArb nach. Die Untersuchung zeigte, »daß bei Berufsanfängern in deutlichem Maße die Erzieher-Helfer-Perspektive dominiert«, von der sich viele SozArb nach Identitätskrisen abwenden, da sie meist Vollzugspositionen mit bürokratischer Kontrolle innehaben. Mit seinem Buch »Die hilflosen Helfer« (1977) hat Schmidbauer eine auch heute noch aktuelle Diskussion über das »Helfer-Syndrom« entfacht. Aufgrund umfangreicher psychotherapeutischer Erfahrungen geht er davon aus, daß das berufliche Helfen erheblich motiviert ist aus der »Abwehr von Ängsten von innerer Leere, von eigenen Wünschen und Bedürfnissen« (219). Zwar erkennt auch er ein schmales Fundament biogenetischen Altruismus an und belegt es durch Beispiele aus Völkerkunde und Primatenforschung. Lebensentscheidend für die Berufsorientierung der helfenden Berufe sind nach seiner Meinung jedoch die Einzelbiographien seit früher Kindheit narzißtisch gekränkter Individuen. M.E. ist der Beitrag Schmidbauers wertvoll. Aber er dürfte aus der Sicht eines für ihn als Therapeuten überproportionierten Krankengutes in der Tendenz der Verallgemeinerung zu weit gegangen sein.

Angesichts der Unvollkommenheit des Helfers als seelischen Systems liegt es nahe, seine Vervollkommnung i.e.S. der Professionalisierung zu fordern. Die Diskussion hierzu ist für SozArb/SozPäd aufgenommen. Als notwendige Bedingungen werden genannt (Otto/Utermann 1971): Spezialausbildung, Berufsethik, sanktionsberechtigte Berufsverbände, öffentliche Bedeutsamkeit. Problematisch erscheint in diesem Zusammenhang die Forderung von Blau/Scott (ebd. 125), daß affektive Neutralität zum *Klient*en ein notwendiges Kriterium gelungener Professionalität sei: M.E. verhindert eine solche Haltung die einfühlende Initialzündung der Hilfemotivation und bedient sich eines mechanischen Startes, wo ein systemimmanenter Anlasser zur Verfügung steht.

Trotz seiner geringen empirischen Erforschung ist das Phänomen H. ein wesentlicher Tatbestand hermeneutischer Reflexion innerhalb der Pädagogik. Für viele Autoren scheint Erziehen H. schlechthin zu sein. Mollenhauer (1976, 98) schreibt z.B.: »Alles Erziehen ist in irgendeinem Sinn Hilfe ...«. Scherpner (1974, 122) bezeichnet H. als einen »Grundtatbestand«, »eine Urkategorie menschlichen Handelns«.

Vor allem SozArb/SozPäd haben das Prinzip H. assimiliert (Müller 1988, 1992). Dies zeigte z.B. der synonyme Wortgebrauch von Casework und *Einzelfallhilfe* oder der ernsthafte, wenn auch heute nicht mehr aktuelle Vorschlag Wilhelms (1966), den Terminus SozPäd gegen den der Jugendhilfe auszutauschen. Auch die Heilpädagogik ist sich der identifikatorischen Wurzeln ihrer Tätigkeit bewußt. So fordert Lenzen seit

1968 als heilpädagogische Valenz »Konviktion« und erklärt: »Unter Konviktion wird eine heilpädagogische Haltung oder Einstellung verstanden, in der der Erzieher quasi identisch, inniggemeinsam mit dem Hilfsbedürftigen das Leid und die Erziehungsmöglichkeit zugleich erlebt« (vgl. Lenzen 1981, 161).
Es liegt nahe, den Gesichtspunkt der zusätzlichen, über die normale Hilfeleistung des Erziehungsprozesses hinausgehenden H. zum gemeinsamen Definitionskriterium der Bereiche SozArb, SozPäd, Heil- und Sonderpädagogik zu machen. Dieser Vorschlag wird mit den Termini der »Subsidiären Erziehung« sowie der »Theorie der Subsidiären Erziehung« (Bruchkremer 1982 u. 1995) realisiert. *H. Buchkremer*

Literatur: H.W. Bierhoff: Hilfreiches Verhalten, Darmstadt 1980; B. Blinkert u.a.: Berufskrisen in der Sozialarbeit, Weinheim, 1979; H. Buchkremer: Handbuch Sozialpädagogik, Darmstadt 1995; H. Buchkremer: Einführung in die Sozialpädagogik, Darmstadt 1982; H. Buchkremer: Verständnis für Außenseiter, Stuttgart 1977; W. Bungard: Methodische Probleme der empirischen Erforschung prosozialen Verhaltens, in: H.E. Lück (Hrsg.): Mitleid – Vertrauen – Verantwortung, Stuttgart 1977; A.W. Combs/D.L. Avilar/W.W. Purkey: Die helfenden Berufe, Stuttgart 1977; J.G. Darley/B. Latané: Wann helfen Menschen in einer Krise?, in: H.E. Lück (Hrsg.): Mitleid – Vertrauen – Verantwortung, Stuttgart 1977, 100–111; R. Dawkins: Das egoistische Gen, Berlin 1978; E. Klippstein/H. Klippstein: Soziale Erziehung mit kooperativen Spielen, Bad Heilbrunn 1978; J.J. Koch (Hrsg.): Altruismus und Aggression, Weinheim 1976; H. Lenzen: Konviktion, in: G. Peuser/S. Winter (Hrsg.): Angewandte Sprachwissenschaft, Bonn 1981, 150–166; K. Lorenz: Antriebe tierischen und menschlichen Verhaltens, München 1968; H.E. Lück: Prosoziales Verhalten. Empirische Untersuchungen zur Hilfeleistung, Köln 1975; L. Kohlberg: Moral Stages and Moralisation: The Cognitive development approach, in: T. Lickona (Hrsg.): Moral Development and Behavior, New York 1976; W. Martens: Die Autopoiesis sozialer Systeme, in: Kölner Zeitschrift für Soziologie und Sozialpsychologie 4/1991, 625–646; P. Meyer: Soziobiologie und Soziologie, Darmstadt 1982; S. Milgram: Das Erleben der Großstadt, in: H.E. Lück (Hrsg.): Mitleid – Vertrauen – Verantwortung, Stuttgart 1977, 131–144; K. Mollenhauer: Einführung in die Sozialpädagogik, Weinheim 1976; C.W. Müller: Wie Helfen zum Beruf wurde, Bd. 1 + 2, Weinheim [2]1988 u. [2]1992; H.-U. Otto/K. Utermann (Hrsg.): Sozialarbeit im Beruf. Auf dem Wege zur Professionalisierung, München 1971; J. Piaget: The Moral Judgment of the Child, London 1932; H. Scherpner: Theorie der Fürsorge, Göttingen 1974; W. Schmidbauer: Die hilflosen Helfer, Reinbek 1977; E. Staub: Entwicklung prosozialen Verhaltens, München 1981; E.O. Wilson: Biologie des Schicksals, Frankfurt/M. 1980; G. Winkel (Hrsg.): Humanethologie und Schulorganisation, Köln 1979.

Hospitalismus

Der Ausdruck H. wurde von Spitz (1945) geprägt und bezieht sich auf eine gesteigerte Form von anaklitischer Depression. Spitz sammelte seine Beobachtungen dieses klinischen Syndroms im Verlaufe einer Untersuchung des Verhaltens von Kleinkindern in einem Säuglingsheim. Die Kinder wurden jeweils 12 bis 18 Monate lang beobachtet. In der 2. Hälfte des 1. Lebensjahres entwickelte sich bei einigen Kindern ein weinerliches Verhalten, das im scharfen Gegensatz zu dem fröhlichen Verhalten der Kinder im ersten halben Jahr ihres Lebens stand. Das Syndrom entwickelte sich in folgender Weise weiter: Das weinerliche Verhalten wird nach einer Weile von Kontaktverweigerung abgelöst. Die Kinder liegen dann meist mit abgewandtem Gesicht da und lehnen jedwede Beteiligung am Leben ihrer Mitwelt ab. Wenn Erwachsene sich ihnen nähern, beachten die Kinder sie nicht. Manchmal scheint es, als ob die Kinder jemanden suchen, ohne sich auf die Person zu konzentrieren, die in der Nähe des Kindes steht. Wenn die erwachsene Person ihre Annäherungsversuche fortsetzt, fangen die Kinder an zu weinen oder sogar zu schreien. Diese Art der Reaktion auf die Annäherung von erwachsenen Personen hält für eine Dauer von 2 bis 3 Monten an. Während dieser Zeit verlieren einige der Kinder, die diese Verhaltensweisen an den Tag legen, Gewicht, leiden an Schlaflosigkeit, und beinahe alle Kinder zeigen Anfälligkeit für Erkältungen oder Ekzeme. Die geistige Entwicklung der Kinder sinkt während dieser Periode ab.
Am Ende der 3 Monate hört die Weinerlichkeit auf, und an ihre Stelle tritt ein gefrorener, starrer Gesichtsausdruck. Die weitgeöffneten Augen werden ausdruckslos, und die Kinder scheinen – wie in einer Betäubung – nicht wahrzunehmen, was in ihrer Umgebung vor sich geht. Wenn die Kinder einmal dieses Stadium erreicht haben, wird es unmöglich, mit ihnen Kontakt aufzunehmen. Die einzige Reaktion, die man hervorheben kann, ist Schreien. In einigen Fällen wird es möglich, die Ablehnung der Annäherungsversuche zu durchbrechen. Die rigide, ausdrucksleere, ablehnende Haltung wird dann von einem verzweifelten Sichanklammern an den Erwachsenen abgelöst.
Säuglinge, die ein solches Syndrom entwickeln, fallen immer mehr in ihrer geistigen Entwicklung zurück. Am Ende des 2. Lebensjahres sinkt ihr Entwicklungsquotient so tief, daß sie das geistige Alter eines 10 Monate alten Kindes zeigen. Im 3. Lebensjahr entwickeln diese Kinder extrem abweichende Reaktionen auf fremde Menschen. Ihr Verhalten schwankt zwischen extremer Freundlichkeit, verbunden mit gleichzeitigem ängstlichen Ausweichen vor Gegenständen, und allgemeinen Angstzuständen, die sich in herzzerreißendem Schreien ausdrücken, welches lange Zeit anhält.
Alle Kinder, die dieses Syndrom entwickelten, hatten eine Trennung von ihren Müttern zwischen dem 6. und 8. Lebensmonat erlebt. Die Untersuchungen von Spitz und die kurz darauf folgenden Veröffentlichungen von Bowlby hatten großen Einfluß auf die Beurteilung von Mutter-Kind-Bindung und -Trennung (sozialpolitische Folgen für jedwede Trennung von Mutter und Säugling). Obwohl die klinischen Beobachtungen von H. nicht angezweifelt wurden, sind die Folgen von Mutter-Kind-Trennung durch zwei Jahrzehnte in Untersuchungen, die den Berichten von Spitz und Bowlby folgten, weitgehend relativiert worden. Dies betrifft v.a. die Folgen von »maternal deprevation« und »Entziehung mütterlicher

Zuwendung« oder Mutter-Kind-Beziehung vor der Trennung, die Dauer der Trennungserfahrung und die Bedingungen, unter welchen die Trennung erlebt wurde, etwa in einer vertrauten oder fremden Umgebung (*Frühkindliche Entwicklung, Kinderkrippe*).
D. h., eine zeitweilige Trennung wie z. B. bei einer Tagesbetreuung außerhalb der Familie, die auf die Bedürfnisse des Kindes eingeht und eine stabile Umgebung gewährt, läßt keine negativen Folgen von Trennungserscheinungen erwarten. Je größer die Reizarmut, je instabiler die soziale Umwelt, je unpersönlicher der Umgang mit dem Kind, um so größer ist die Wahrscheinlichkeit extremer Reaktionen wie H.

E. K. Beller

Literatur: R. Spitz: Hospitalism. An Inquiry into the Genesis of Psychiatric Conditions in Early Childhood, in: R. Eissler u. a. (Hrsg.): The Psychoanalytic Study of the Child. Vol. I, New York 1945, 53–74; Hospitalism. A Follow-up Report on Investigation Described in Volume I, 1945, in: The Psychoanalytic Study of the Child, Vol. II, 1946, 113–117; weitere Literaturangaben: s. *Frühkindliche Entwicklung, Kinderkrippe*.

Hospizbewegung

»Hospiz« kommt aus dem lat. »hospitum« und meint »Herberge« und »Gastfreundschaft«. In beiden Begriffen finden sich auch die Anliegen der H.: Zum einen geht es um Orte des Sterbens (Herberge), zum anderen um Grundhaltungen und Konzepte der Sterbehilfe (Gastfreundschaft). Hospize leisten Hilfen für Sterbende und ihre Angehörigen, sie sind keine Orte aktiver Sterbehilfe. Ihre modernen Ursprünge hat die H. in den 60er Jahren in England, wo in einem Londoner Vorort die Ärztin und Sozialarbeiterin Cicely Saunders das Christopher's Hospiz als erstes Haus für Sterbende eröffnete. Die von ihr entwickelten Grundideen sind auch heute noch für die H. von Bedeutung.
Weltweit gibt es heute rd. 2000 Hospize, davon in den USA etwa 1500. In der BRD sind seit 1983 mehrere Hospize entstanden.
Die verbindenden Grundideen der H. lassen sich in den folgenden Prinzipien/Anforderungen an ein Hospizprogramm darstellen:

- Hospizdienste stellen die Wünsche der Sterbenden und deren Angehörigen in den Mittelpunkt ihrer Arbeit. Dabei geht es v. a. um die Bedürfnisse Sterbender, nicht alleingelassen zu werden, in vertrauter Umgebung (d. h. möglichst zu Hause) zu sterben, nicht unter Schmerzen zu sterben, letzte, noch unerledigte Regelungen zu treffen und die Sinnfrage zu erörtern.
- Es soll ein interdisziplinäres Team zur Verfügung stehen, um alle Dimensionen des Sterbens (sozial, körperlich, psychisch, ggf. religiös) zu berücksichtigen.
- Der Hospizdienst/das Hospiz ist rund um die Uhr erreichbar.
- Das Team soll gründliche Kenntnisse der Symptomkontrolle und spezielle Erfahrungen in der Schmerztherapie haben. Ziel ist Symptomfreiheit bei vollem Bewußtsein.
- Einsatz von ehrenamtlichen Helfern mit eigenständigen Aufgaben.
- Dem Hospizdienst folgt eine nachgehende Betreuung der Angehörigen in ihrer Trauer.
- Medizinisch-ärztliche Kompetenz wird in das Team kooperativ eingebunden.
- Die Kooperation mit anderen Diensten mit Sozialstationen, Krankenhäusern und Altenheimen (*Altenhilfe*) ist von grundlegender Bedeutung. Wird der Hospizdienst zu Hause geleistet, dann ist eine stationäre Einbindung der Helfer erforderlich.

Hospize gibt es als eigenständige stationäre und ambulante Einrichtungen, sie können als solche aber auch in ein Krankenhaus eingebunden sein. Darüber hinaus gibt es das Hospiz als ambulant arbeitendes Team oder als beratendes Team, das fürsorgenden Einrichtungen angeschlossen ist und betroffene Familien unterstützt. Der Schwerpunkt liegt heute eindeutig im ambulanten Hospizdienst für Sterbende zu Hause mit einer stationären Anbindung für den Notfall.
Bei der Aufnahme in den Hospizdienst sollten die folgenden Kriterien gegeben sein:
Der Betroffene leidet an sehr schweren (chronischen) therapieresistenten Erkrankungen, die Todesursache ist absehbar geworden, der behandelnde Arzt und die Familie billigen das vom Hospiz vertretene Prinzip der lindernden Pflege unter Verzicht auf eingreifende Untersuchungen und Therapieversuche.
Die professionellen und ehrenamtlichen Helfer bedürfen der umfassenden Vorbereitung und Schulung. Dazu gehört die Klärung der eigenen Lebensperspektiven, der Umgang mit Sterben, Tod und Trauer genauso wie Kenntnisse in der Gesprächsführung, Grundpflege und Seelsorge.
Die Defizite im Umgang mit Sterbenden sind groß. Die H. kann insoweit als Antwort auf gesellschaftliche Mängel verstanden werden, die v. a. in der Verdrängung des Sterbens liegen, in einer Gesellschaft, die sich an Gesundheit und Jugendlichkeit orientiert. Die demografische Entwicklung der Bevölkerung mit einer Zunahme des Anteils alter Menschen und ihrer Bedürfnisse, zu Hause zu sterben, erfordern, die Impulse der H. in bestehenden Einrichtungen aufzunehmen bzw. Hospize als Ergänzung bestehender Einrichtungen zu fördern.

I. Mielenz

Literatur: G. Bönisch/H. Leyendecker: Das Geschäft mit der Sterbehilfe, Göttingen 1993; H. Beutel/D. Tausch (Hrsg.): Sterben – eine Zeit des Lebens. Ein Handbuch der Hospizbewegung, Stuttgart 1989; K. Leiter: Lebensbegleitung bis zum Tod. Wir brauchen Hospize, Innsbruck 1993; B. Schär: Den Tod ins Leben integrieren. Die Hospizidee, Initiativen und Perspektiven, Caritas Schweiz 1993; H. Schmidbauer (MdB): Hospiz; unveröff. Manuskript, Bonn 1992; S. Stoddard: Die Hospiz-Bewegung. Ein anderer Umgang mit Sterbenden, Freiburg

[2]1988; ders.: Leben bis zuletzt. Die Hospizbewegung, München 1989; J.-C. Student (Hrsg.): Das Hospiz-Buch, Freiburg 1991.

Implementation

Von I. zu reden ist nicht nur im sozialwissenschaftlichen Forschungsjargon, sondern auch in der politischen und administrativen Alltagssprache inzwischen durchaus üblich geworden, um – einen Handlungs- und Politikzyklus vor Augen, in dem die Formulierung von Politikzielen, die auf deren Verwirklichung gerichteten Handlungsschritte und die sich einstellenden Wirkungen unterschieden werden – die Phase und den Prozeß der Durchführung zu bezeichnen. Dabei ist der Ausdruck I. offenkundig an den anglo-sächsischen Sprachgebrauch angelehnt (vgl. Pressman/Wildavsky). Auch wenn diese Handlungsphasen in der Politik- und Verwaltungswirklichkeit in Wahrheit vielfältig verschlungen sind und eher einen zusammenhängenden »politisch-administrativen Prozeß« darstellen, ist das Konzept der I. geeignet, die analytische Aufmerksamkeit auf Strukturen, Prozesse und Probleme der »Politikverwirklichung« zu lenken.

Die »zielgerichtete« I. von Handlungs- und Politikzielen wird in dem Maße unsicher, wie die Formulierung der Ziele einerseits und deren Verwirklichung andererseits in die Zuständigkeit und Aufgabe unterschiedlicher Akteure fallen. Dies trifft insbesondere unter den Gegebenheiten eines bundesstaatlichen Systems zu, wo, wie in der BRD, – vereinfacht gesprochen – die Formulierung von Politikzielen in Gesetzen und Handlunsprogrammen weitgehend beim Bunde liegt, während deren Durchführung (»Verwaltung«) überwiegend den Ländern und innerhalb dieser wiederum weitgehend den Kreis- und Stadtverwaltungen (als »unterster Vollzugsebene«) zugewiesen ist. Dadurch, daß mithin unterschiedliche politische und administrative Ebenen, Sektoren und Akteure im Spiel sind, erweist sich I. als ein »langer Marsch durch die Institutionen«, in dessen Verlauf die »oben« einmal formulierten Ziele vielfältig verändert, wenn nicht verkehrt werden können. In der *Sozial-*, *Kinder-* und *Jugendpolitik* ist die Mannigfaltigkeit der ins Spiel kommenden Akteure um so ausgeprägter, als – aufgrund des hier bestimmenden Grundsatzes der institutionellen »*Subsidiarität*« – nichtöffentliche bzw. gesellschaftliche Träger (*Träger der Sozialen Arbeit*), insbesondere die *Wohlfahrtsverbände*, eine maßgebliche Rolle bei der I. von Sozial- und Jugendpolitik spielen.

Zum anderen verfehlt die Modellfigur einer zielgenauen und reibungslosen I. in dem Maße die Wirklichkeit, wie der Implementationsinstanz die Wahl der Handlungsmittel, wenn nicht die Konkretisierung der Handlungsziele überlassen bleiben. Eine Steuerung und Bindung der Implementationsinstanz liegt am ehesten dann vor, wenn die I. dadurch (konditional) programmiert ist, daß die Ziel-Mittel-Verknüpfung i.S.v. »Wenn-dann«-Sätzen vorgeschrieben ist. Dies gilt z.B. für Geldleistungsgesetze, in denen bestimmte Lebenssachverhalte als Voraussetzung für bestimmte Ansprüche formuliert werden. Jedoch läßt sich etwa an der Regelung der Geldleistungen nach dem *Bundessozialhilfegesetz* (§§ 21 ff. BSHG) zeigen, daß auch bei »konditional programmierten« Vorschriften die Definitions- und Gestaltungsmacht der Implementationsinstanz erheblich sein kann, worauf mit dem Konzept der »Filterung« von Sozialleistungen hingewiesen worden ist (vgl. Leibfried).

Noch wesentlich ausgeprägter ist die Handlungs- und Gestaltungsmacht der Implementationsinstanz bei einem Handlungs- und Politiktypus, der darin (final) programmiert ist, daß der Implementationsinstanz lediglich eine Zielsetzung vorgegeben ist und es dieser weitgehend überlassen bleibt, die geeigneten Mittel zu wählen, wenn nicht die Zielsetzung für den Einzelfall überhaupt erst zu definieren und zu konkretisieren. Als Beispiel sei etwa auf § 1 Abs. 2 BSHG verwiesen. Dies gilt vor allem für das Feld der persönlichen Dienstleistungen, deren Leistungsfähigkeit wesentlich davon abhängt, ob die Probleme und Nöte des einzelnen »ganzheitlich« – anstatt entlang der administrativen Zuständigkeiten (»selektive Perzeption«) zerstückelt – wahrgenommen und die in Betracht kommenden Handlungsmittel und Hilfestellungen in problemangemessener Kooperation und Koordination auf- und eingebracht werden. Die problemangemessene I. erweist sich mithin als entscheidende Handlungsressource, aber auch als prekärer Handlungsengpaß.

Wissenschaftsgeschichtlich läßt sich das sozialwissenschaftliche Untersuchungsinteresse an den Implementationsprozessen und -problemen und die Entstehung der sog. Implementationsforschung, wie die Entwicklung in den USA und in der BRD zeigt, mit Politikphasen in Verbindung bringen, in denen (in den USA der »Krieg gegen die Armut« in den 60er Jahren, in der BRD die »Politik der inneren Reformen« der frühen 70er Jahre) umfangreiche reformpolitische Gesetzgebungswerke und Politikprogramme initiiert und in deren Verlauf die geringe Zielerreichung, wenn nicht die Zielverfehlung aus reformpolitischer, aber auch sozialwissenschaftlicher Sicht zum »Problem« wurden (vgl. Wollmann 1980). War Implementationsforschung anfangs vielfach aus dem Sichtwinkel auf der Bundesebene formulierter Politiken und Programme (z.B. *Umweltschutz*recht, Städtebauförderung) konzipiert und hob sie auf den Handlungsbeitrag öffentlicher Akteure ab, wandte sie sich dann vermehrt, v.a. mit Blick auf sozialpolitische Handlungsfelder, den Prägemustern dezentraler Implementationsstrukturen und dem vielfältigen Geflecht öffentlicher und gesellschaftlicher Akteure zu (vgl. Mayntz 1980, 1983).

Zwar ist die Implementationsforschung in ihren bisherigen Erträgen zweifellos noch weit davon entfernt, theoretisch anspruchsvollere und gesicherte Aussagen beispielsweise über den systematischen Zusammenhang zwischen gesellschaftlichen Problemstrukturen, politischen und administrativen Handlungstypen und

Implementationsstrukturen zu erlauben, was angesichts der hohen Variabilität der Problem- und Handlungsfelder nicht zu verwundern braucht. Hingegen ist die Implementationsforschung durchaus imstande, als angewandte Politikforschung zur Aufhellung von Handlungsnischen und Handlungshindernissen beizutragen. Dies gilt vor allem für Varianten der Begleitforschung, die geeignet scheinen, Analysen nicht erst dann zu erbringen, »wenn das Kind in den Brunnen gefallen ist«, sondern handlungsrelevantes Wissen bereits in einer Phase zu gewinnen, in der Erkenntnisse von Handlungshindernissen und Handlungschancen noch im laufenden Handlungsprojekt umgesetzt und genutzt werden können. *H. Wollmann*

Literatur: A. Héritier (Hrsg.): Policy-Analyse. Kritik und Neuorientierung, Opladen 1993; S. Leibfried: Armutspotential und Sozialhilfe in der Bundesrepublik. Zum Prozeß des Filterns von Ansprüchen auf Sozialhilfe, in: Kritische Justiz 1976, 377ff.; R. Mayntz (Hrsg.): Implementation politischer Programme, Königstein 1980; R. Mayntz (Hrsg.): Implementation politischer Programme (II), Opladen 1983; J.L. Pressman/A. Wildavsky: Implementation, Berkeley 1973; H. Wollmann (Hrsg.): Politik im Dickicht der Bürokratie. Beiträge zur Implementationsforschung, Leviathan, Sonderheft 3/1979, Opladen 1980; H. Wollmann: Implementationsforschung/Evaluationsforschung, in: J. Kriz u.a. (Hrsg.): Politikwissenschaftliche Methoden, München 1994, S. 173ff.

Individuum

In der ursprünglichen (lat.) Wortbedeutung meint der Ausdruck I. das »Unteilbare«, in der antiken Philosophie sowohl auf menschliche als auch tierische und pflanzliche Natur angewendet. In der neuzeitlichen Geistesgeschichte hat sich ein Sprachgebrauch durchgesetzt, der sich nur noch auf den Menschen bezieht: Danach ist die Rede vom Menschen als eines je einzelnen, unverwechselbar mit sich Identischen, von anderen Unterschiedenen und die darin ausgedrückte Sichtweise ein Charakteristikum der abendländischen Geschichte, das sich in mindestens vier Formen manifestierte: in der »Entdeckung des Ich« (Snell) im Übergang von der archaischen zur klassischen Periode der griechischen Antike, in der frühen mittelalterlich-christlichen Philosophie (Augustinus), in Renaissance und Humanismus (Erasmus), in der idealistisch-bürgerlichen Philosophie des 18. und 19. Jh. Diese philosophische Problemstellung, besonders dort, wo sie auf Probleme des Handelns bezogen wurde, also in Politik und *Pädagogik*, hatte es immer auch mit der Frage zu tun, wie denn dieses einzigartige I. zum Zusammenleben mit anderen fähig, also ein zwar unteilbares, aber dennoch gesellschaftliches Wesen sein könne. Die Antworten auf diese Frage verteilen sich zwischen zwei Extremen, die – zumal in der neuzeitlichen Problemgeschichte – immer wieder zur Sprache gebracht wurden:

1. Das I. entfalte seine »Individualität«, seine unverwechselbaren Wesenszüge also, aus sich selbst, nach einem gleichsam inneren Programm, und da dieses Programm (beispielsweise als »Monade« bei Leibniz, als »Natur« bei Rousseau) hinreichend viel Allgemeines, mit anderen Exemplaren der Menschengattung Gemeinsames enthalte, sei auch soziales Leben möglich.

2. Die andere Extremposition behauptet demgegenüber, daß der Mensch zunächst eine Tabula rasa, ein unbeschriebenes Blatt sei, daß seine Individualität sich erst allmählich bilde, und zwar nach Maßgabe der Sinneseindrücke (Locke) bzw. der sozialen Bedingungen, unter denen das I. heranwächst.

Über das I. reden heißt also, immer auch die Bildung von Individualität und Sozialität sich zum Thema machen. Da beide Positionen hervorragend handlungsrelevant sind und im Extremfall sich ausschließende praktische Entscheidungen nahelegen oder rechtfertigen können – beispielsweise im ersten Fall eine Pädagogik des »Wachsenlassens«, im zweiten Fall eine Pädagogik der autoritären Formung oder Prägung –, beide aber auch ein Moment von Wahrheit zu enthalten scheinen, haben sich Philosophen wie Pädagogen und Sozialtheoretiker immer wieder um eine mögliche Vermittlung bemüht.
Diese Bemühungen haben auch ihren Grund darin, daß die beiden Extrempositionen notwendig in Aporien führen, zu unbeantwortbaren Fragen: Die These, das I. entwickele seine Individualität und damit auch seine Sozialfähigkeit nach einem inneren Programm, gerät in Beweisnot angesichts der Tatsache, daß faktisch solche Entwicklung gar nicht anders stattfinden kann als unter dem Eindruck äußerer Sinneswahrnehmung und sozialer Erfahrung. Die andere These, das I. werde zur Individualität und Sozialität gebildet nur durch die Umstände, unter denen es lebt, gerät in Beweisnot angesichts der Tatsache der faktisch unendlichen Vielfalt von Individuen; sie müßte so viele Umwelten konstruieren, wie es Individuen gibt, und diese wiederum bestünden ja zu einem wesentlichen Teil auch aus Individuen; verstehbar würde also zwar die Tatsache, daß Individuen in einer Reihe von Merkmalen übereinstimmen, nicht aber die Tatsache, daß sie auch in einer Reihe von Merkmalen sich unterscheiden. Dieses theoretische und zugleich praktisch bedeutsame Dilemma ist nur aufzulösen – so scheint es –, wenn das Verhältnis von »Individuum und Gemeinschaft« (Litt) bzw. Individualität und Welt zum Ausgangspunkt des Nachdenkens gemacht wird. Humboldt und Schleiermacher z.B. betrachten dieses Verhältnis als Wechselwirkung dergestalt, daß das I. seine Kräfte in Auseinandersetzung mit der dinglichen und sozialen Wirklichkeit bildet, daß das Ich »die Masse der Gegenstände sich selbst näher« bringt, daß es zu dem übergeht, was außer ihm ist, sich aber in dieser »Entfremdung« (Humboldt) nicht »verlieren« dürfe, sondern die Mannigfaltigkeit der Bildungen als Sinneinheit des eigenen Daseins zusammenhal-

ten müsse. Dieser Gedanke bekommt seine »materialistische« Wendung in der These Marx', daß die Basis dieser Auseinandersetzung des I. mit der Welt in der *Arbeit* als der gesellschaftlichen Auseinandersetzung mit der Natur zu suchen sei. Stand bei Humboldts Betrachtungen die Individuation (als Prozeß) und Individualität (als deren Ergebnis) im Vordergrund, so bei Marx die *Sozialisation* und Sozialität des einzelnen. Diese Problematik des Verhältnisses von Individualität und Sozialität des I. wurde im 20. Jh. genauer aufgeklärt, beispielsweise von der Sozialphilosophie G.H. Meads, der Psychoanalyse S. Freuds und der kognitiven Entwicklungstheorie J. Piagets: Die Anpassung des menschlichen Organismus an seine Umwelt wird nun verstanden als eine Folge produktiver Akte des I., in denen es sowohl sich selbst im Hinblick auf seine Umwelt als auch die Umwelt im Hinblick auf sich selbst verändert; diese Produktivität hat einerseits eine Triebbasis (Antriebe, Motivationen usw.), andererseits eine Sozialbasis (Werkzeuge, Instrumente der Verständigung und Weltbewältigung usw.). Da sowohl Trieb- wie Sozialbasis nur durch Interpretationen, die das I. vornimmt, für es bedeutsam und handlungsrelevant werden, ist jede Form von Determinismus ausgeschlossen (sowohl ein psychologischer wie ein ökonomischer). Diese Interpretationen nehmen die I. vornehmlich mit Hilfe der Sprache vor. Sie teilen sich so wechselseitig ihre Deutungen, Erfahrungen und Handlungserwartungen mit; auf diese Weise vollzieht das I. beides: seine Bildung zur Individualität und zur Sozialität.

Für die SozArb/SozPäd ist dieser Problemkomplex besonders bedeutsam geworden, und zwar in verschiedener Hinsicht: (1) Die besondere Situation, in der jemand zum »*Klient*en« wird, läßt sich i.d.R. als Beschädigung der Individualität und/oder der Sozialität dieses I. interpretieren. Dieser Interpretationsspielraum kann als eine Quelle für Ideologien angesehen werden, sofern beide Interpretationen ohne Rücksicht auf die tatsächliche Lage des Klienten nach Maßgabe eines Interesses der »behandelnden« Instanzen, Institutionen, Gruppen oder des einzelnen SozArb/SozPäd ins Spiel gebracht werden können; die Ideologie einer »individualistischen« Hilfe (auf den einzelnen Fall beschränkte casework, Pädagogisierung von sozialpolitischen Problemlagen, Isolierung von I. aus ihren sozialen Erfahrungskontexten usw.) ignoriert die Tatsache, daß Individuation sich nur im sozialen Bezugssystem entfalten kann und nur im Hinblick auf dieses voll verstehbar ist, ersetzt damit die Frage nach der richtigen Politik durch die Frage nach dem individuell richtigen Bildungsprozeß; die Ideologie einer »kollektivistischen« Hilfe (die alte Armenfürsorge, die Reduzierung von Problemen des I. auf Probleme der »Klassenlage« usw.) ignoriert die unleugbare »Individuallage« (Pestalozzi) solcher I. und ihrer Probleme und ersetzt die Fragen nach dem richtigen Bildungsprozeß der I. durch Fragen nach der richtigen Politik. (2) Die Alternative der Sichtweisen hat etwas zu tun mit der gesellschaftlichen Lage der Klienten selbst; die Thematisierung des I. und seiner Individualität ist vermutlich ein Privilegierungsprodukt (da die Quellenlage für unterprivilegierte gesellschaftliche Gruppen, jedenfalls in der vormodernen Geschichte, mager ist, kann gegenwärtig eine solche Behauptung nur hypothetischen Charakter haben). Die Bildung und Kultivierung persönlicher Eigentümlichkeit setzt vermutlich ein Niveau materieller Sicherung und Arbeitsteilung voraus, von dem i.d.R. nur gesellschaftlich herrschende Schichten profitieren (z.B. die antike Aristokratie, das Patriziat in den Stadtstaaten der italienischen Renaissance, das neuzeitliche Bürgertum bürgerlich-kapitalistischer Gesellschaften); unter Bedingungen materieller Deprivationen haben – so scheint es – an der Individualitätskomponente des Bildungsprozesses orientierte Hilfekonzepte geringere Chancen als solche, die sich an der Sozialitätskomponente orientieren. (3) Die Verabsolutierung der Individualitätskomponente tendiert zum »praktischen Solipsismus« (Sohn-Rethel), die Verabsolutierung der Sozialitätskomponente tendiert zum Konformismus, zur unkritischen Solidarität, zum Kampf der Gruppen gegeneinander, zur Bevorzugung von Freund-Feind-Schemata. Dem Individualitätskonzept drohen demnach gegenwärtig vor allem zwei Gefahren: durch die Hypostasierung des I. in einer quasitherapeutisch, meditativ oder neokosmologisch vorgetragenen Option für Lebenseinigungs- oder Verschmelzungsphantasien oder auch nur als neueuropäisches Plädoyer für individuelle »Autonomie«, das anderen Kulturen gelegentlich unverständlich ist – und durch einen soziologischen Reduktionismus, in dem »Individualität« nur noch als »Vereinzelung« vorkommt, also als Abweichung von den gemeinschaftlich anerkannten, manchmal dann auch »fundamentalistisch« scheinenden Wertorientierungen.

Die Aufgabe der SozArb/SozPäd bestünde demnach darin, zwar den Ausgangspunkt und die einzelnen Schritte der Hilfe an der kulturellen Lokalisierung des Klienten als den Bedingungen des Hilfehandelns zu orientieren, dabei aber weder den kollektiven Charakter von Problemsituationen noch die Individualität, und d.h. auch die Selbständigkeit des einzelnen, in der Bestimmung des Handlungszieles einander zu opfern.

K. Mollenhauer

Literatur: U. Beck: Risikogesellschaft, Frankfurt/M. 1986; P.L. Berger/T. Luckmann: Die gesellschaftliche Konstruktion der Wirklichkeit, Frankfurt/M. 1970; M. Buber: Ich und Du, Berlin 1936; Th. Litt: Individuum und Gemeinschaft, Leipzig/Berlin 1924; K. Löwith: Das Individuum in der Rolle des Mitmenschen, Tübingen 1928; G.H. Mead: Geist, Identität, Gesellschaft, Frankfurt/M. 1962; M. Parmentier: Frühe Bildungsprozesse. Zur Struktur der kindlichen Interaktion, München 1979.

Institutionsberatung

Im Gefolge der wachsenden Diskrepanz zwischen Hilfebedarf und Ressourcen hat sich das *Sozialmanagement* als eine neue Herausforderung für die *Soziale Arbeit* ergeben. In ihm ist die I. ein Element von *Organisationsentwicklung*.

I. im Bereich der SozArb/SozPäd ist fachliche *Beratung* sozialadministrativer oder sozialpädagogischer Institutionen (auch Organisationen) in allen sie berührenden Angelegenheiten. Der Schwerpunkt einer I. kann formal Planungs-, Innovations- oder Konfliktberatung sein, inhaltlich sich mehr mit kommunikativen, pädagogischen, wirtschaftlichen, organisatorischen, juristischen, personalfördernden o.a. Problemen befassen. Aufgabe der I. ist eine Verbesserung der Kompetenz und Effizienz der gesamten Institution und der Lebens- und Arbeitsbedingungen in ihr.

I. ist Beratung unter Fachleuten (Ausnahme: Beratung fachlich nichtqualifizierter Vorstände oder Behördenleiter bei Mischbehörden im Zuge einer I.). Der Berater soll den in der Institution tätigen Fachleuten bei der Überwindung von Problemen und bei der Entwicklung und Durchsetzung gewünschter Veränderungen helfen. Dabei achtet er darauf, alle Beteiligten in den Beratungsprozeß einzubeziehen, ihre je besonderen persönlichen und funktionsimmanenten Auffassungen, Interessen, beruflichen Qualitäten und Mittel zur Machtausübung und Durchsetzung bewußtzumachen, u.a. in der Absicht, es dem einzelnen zu erleichtern, unangemessene persönliche oder dysfunktional wirkende sachliche Interessen zurückzustellen oder aufzugeben zugunsten einer größeren Bereitschaft und Fähigkeit aller, die Ziele der Institution kooperativ zu verfolgen. Die Ziele einer Institution sind dann selbst Gegenstand der I., wenn darüber die Auffassungen der Beteiligten voneinander oder wenn die Auffassung oder/und die Interessen des Trägers der Institution von den Interessen jener, denen die Institution helfen will, erkennbar abweichen. I. umfaßt dabei Anteile von *Supervision* und interner *Fortbildung*. Sind Strukturen und externe Anforderungen Gegenstand der I., spricht man von Organisationsentwicklung.

I. kennt interne und externe Berater. Vorteile des internen Beraters: kann mehr Zeit investieren, verfügt über mehr interne Informationen, spricht die Sprache der Institution, steht weniger unter Erfolgszwang. Vorteile des externen Beraters: ist nicht vorbelastet und gilt mehr, hat einen breiteren Erfahrungshintergrund, trägt neue Informationen in die Institution, ist unabhängiger (Kontraktpartner, nicht weisungsgebunden), gehört zu keiner Gruppierung in der Mitarbeiterschaft, hat mehr Distanz zur Institution und ihrer Tradition, erfährt von Mitarbeitern mehr, weil er eher als »neutrale Instanz« gesehen wird, hat leichter Zugang zum Träger (Vorstand, Geschäftsführer, Behördenleiter) als ein angestellter Berater. Aus diesen und weiteren Gründen (s. Lippitt in Sievers) gilt der externe Berater im allgemeinen als effizienter, wenn es gelingt, zeitlich und inhaltlich Beratungskontinuität durchzuhalten.

In Anlehnung an R. und G. Lippitt lassen sich folgende Phasen eines Beratungsprozesses mit externem Berater beschreiben: (1) Phase des Kontaktes, des Einstiegs und des Aufbaus einer Beziehung; (2) Phase der Kontraktformulierung und des Aufbaus einer Arbeitsbeziehung; (3) Phase der Planung von Zielen und Problemlösungsschritten; (4) Phase der Durchführung; (5) Phase der Sicherung erreichter Veränderungen und Definition von Perspektiven für die weitere Entwicklung der Institution; wobei es offenbleibt, an welchen theoretischen Innovationsmodellen sich der Institutionsberater orientiert: Research-, Development- und Diffusions-Modelle, Social-Interaction-Modelle, Problem-Solving-Modelle, Linkage-Modelle. I. sollte durch ein Team erfolgen. Da I. überwiegend von Träger oder Leitung intiiert wird, ist Transparenz ihrer Position gegenüber allen Beteiligten notwendig.

I. wird im Bereich von SozArb/SozPäd immer mehr in Anspruch genommen: als Planungsberatung v.a. (a) bei der Entwicklung von Jugendplänen, Kindergartenentwicklungsplänen, mittel- und langfristiger Aktionsplanung freier Träger, Programmplanung und Programmevaluation *(Jugendhilfeplanung)* und (b) beim Entwurf und bei der Realisation neuer Einrichtungen oder Dienste; als Innovationsberatung z.B. bei Umstrukturierung kommunaler sozialer Dienste, Übernahme neuer Aufgaben durch einen freien Verband, Anpassung älterer sozialer Einrichtung an eine veränderte Bedarfslage, Vergrößerung von Kompetenz und Effizienz einer sozialtherapeutischen Institution, Umstrukturierung eines Jugendheimes (Außenwohngruppen u.a.) bei gleichzeitiger Differenzierung des sozialpädagogischen Angebots; als Konfliktberatung z.B. bei Kommunikations- und Kooperationsproblemen innerhalb der Mitarbeiter oder zwischen Träger, Institutionsleitung und Mitarbeiterschaft.

Bearbeiter bis zur 2. Auflage W. Bäuerle, seit der 3. Auflage H. Hottelet

Literatur: W. Bäuerle: Sozialforschung und Institutionsberatung, in: Blätter der Wohlfahrtspflege 7/1973; P. Fürstenau: Institutionsberatung – ein neuer Zweig angewandter Sozialwissenschaft, in: Gruppendynamik 3/1970; S. Hebenstreit: Fachberatung für Tageseinrichtungen für Kinder, München 1984; H. Hottelet: Lotsen von draußen für den Wandel im Innern, in: socialmanagement 3/1993; S. Karstedt: Grundbegriffe für die Organisationsanalyse pädagogischer Institutionen, in: Deutsches Institut für Fernstudien (DIFF), Manuskripte, Tübingen 1974; H. Klein: Die Konsultation externer Berater, in: H. Klein/J. Knorpp: Entscheidung unter Einfluß, Tübingen 1974; F. Nestmann: Beratung von sozialpädagogischen Institutionen, in: NP 1/1985, 12ff.; M. Selvini-Palazzoli u.a.: Der entzauberte Magier, Stuttgart [2]1989; B. Sievers: Organisationsentwicklung als Problem, Stuttgart 1977; Gruppendynamik 4/1971 (mit verschiedenen Aufsätzen); W. Weigand: Zusatzausbildung für Institutionsberater und Leiter von Organisationen, in: Sachbeiträge zum Fortbildungskonzept der Akademie für Jugendfragen, Münster 1981, 63ff.
Weitere Literatur bei *Organisationsentwicklung* und *Sozialmanagement*.

Integration, soziale (s.I.)

Der Ausdruck s.I. ist terminologisch nicht festgelegt und wird infolgedessen in verschiedenen Bedeutungen verwendet. Dem Wortsinne nach bedeutet er ursprünglich (lat.) »Wiederherstellung, Erneuerung«; gegenwärtig wird er meistens i.S. von Eingliederung, *Anpassung*, Angleichung usw. verwendet. Diese Vieldeutigkeit macht ihn – jedenfalls gegenwärtig – als wissenschaftlichen Begriff untauglich. Wo er verwendet wird, muß seine je besondere Bedeutung eigens ermittelt werden. Gelegentlich taucht der Ausdruck s.I. als Name für einen begrenzten Sachverhalt auf, so z.B. für die Integrierte Gesamtschule (*Schule*) zur Bezeichnung der Aufgabe gemeinsamer Unterrichtung aller Schüler eines Jahrgangs in einer einzigen Schulform; in der *Jugendarbeit* zur Bezeichnung einer bestimmten Konzeption (»sozial-integrative Jugendarbeit« der 60er Jahre), in der Interaktionsforschung zur Bezeichnung eines bestimmten Verhaltens- oder Gruppenstils (sozialintegratives Verhalten). Das gemeinsame Merkmal derart verschiedenartiger Verwendung verweist indessen auf ein wichtiges Problem: Was geschieht mit Individuen und Gruppen unterschiedlicher soziokultureller Herkunft und/oder unterschiedlicher psychosozialer Kompetenz, wenn sie in einem größeren sozialen Kontext (Schule, Stadtquartier, Region, Heim usw.) zusammentreffen; und was geschieht mit der sozialen Struktur dieses Kontextes? Soziale Integrationsprobleme tauchen demnach immer auf, wenn überlieferte oder erzwungene Formen sozialer Segregation aufgegeben werden oder aufgegeben werden sollen.

Entscheidungssituationen dieser Art. (s.I. vs. soziale Segregation) entstehen dann, wenn die kulturelle Einheitlichkeit einer Kultur nicht mehr gewiß ist (z.B. Verschiedenartigkeit oder Widersprüchlichkeit verschiedener Subkulturen), wenn unterschiedliche Kulturen miteinander in dichten Kontakt kommen (Gastarbeiter/*Ausländer*) oder wenn das soziale System problematische Elemente innerer Segregation enthält (*Randgruppen*) bzw. im ganzen einen problematischen Grad innerer Segregation erreicht (*Psychiatrie*, Sonderschulen, Stadtentwicklung). In diesem Sinne wurde das Problem zum ersten Mal zu Beginn des 19. Jh. zum Thema, als im Rahmen der preußischen Schulreform »Allgemeinbildung« für alle, ohne Unterschied der sozialen Herkunft, verwirklicht werden sollte. Da nun einerseits jede soziale Segregation/Integration eine Machtkomponente, insofern also auch ein Moment gesellschaftlicher Herrschaft enthält, andererseits aber auch die unterscheidenden Merkmale der beteiligten Gruppen sehr verschiedene Bedeutung haben können, erfordert die Entscheidung für oder gegen eine s.I. eine je genaue Prüfung der besonderen Situation und ist eine allgemeine Option unsinnig. Die s.I. von Gastarbeiterfamilien, die segregierte oder integrierte *Erziehung/* Unterrichtung von Kindern verschiedener sozialer Herkunft, die homogene oder heterogene Zusammensetzung von Kindern/Jugendlichen im Heim (*Heimerziehung*), die Konzeption von Jugendarbeit als spezielles und gezieltes Bildungsangebot für proletarische Jugendliche, die I. Behinderter in die Einrichtungen allgemeiner Erziehung und Bildung usw. werfen jeweils andere und besondere Probleme auf. – Gleichsam hinter Fragen dieser Art steht die allgemeinere nach der s.I. als eines Momentes jeden Bildungsprozesses. Insofern nämlich jede Handlung zwischen Menschen ein Stück gemeinsamer Bedeutung schafft, findet dort auch immer s.I. statt. Dieser Sachverhalt indessen findet theoretisch gesehen in Begriffen wie *Sozialisation*, *Interaktion*, Kommunikation u.ä. hinreichend Berücksichtigung. Praktisch gesehen sind indessen die Sachverhalte der sozialen Ausgrenzung von Bevölkerungsteilen, die nicht dem kulturell dominanten Habitus folgen (*Ausländer*, Behinderte, Deviante, »Zigeuner«, Irre usw.) unübersehbar; deren Eingliederung oder Wiedereingliederung in den Gesamtkorpus der Sozietät, ohne Diskriminierungen, erscheint heute als eine schlichte, aus den Menschenrechten sich ergebende Aufgabe (z.B. die Reduzierung der stationären Psychiatrie auf ein human rechtfertigungsfähiges Maß; die Verkleinerung von Sonderschulen; die Zurückhaltung bei der Kriminalisierung von Jugendlichen; der Verzicht auf frühe »Begabungs«-Trennung nach Schularten usw.).

Andererseits können auch die oben skizzierten Fragestellungen recht gut ohne Verwendung des Ausdrucks s.I. expliziert werden; er ist deshalb vielleicht entbehrlich; seine Funktion hat er freilich in der knappen (aber zumeist ungenauen) Etikettierung von jugendhilfe- und bildungspolitischen Meinungen und Absichten.

K. Mollenhauer

Literatur: P. Berger/Th. Luckmann: Die gesellschaftliche Konstruktion der Wirklichkeit, Frankfurt/M. 1970; H. Gerth/C.W. Mills: Person und Gesellschaft, Frankfurt/M. 1970; H. Lessing/M. Liebel: Jugend in der Klassengesellschaft, München 1974; H.-G. Rolff (Hrsg.): Strategisches Lernen, Reinbek 1974.

Interaktion, soziale (s.I.)

Der Begriff »Interaktion«, ein Kunstwort aus dem Lateinischen, bedeutet das Geschehen, das sich zwischen verschiedenen Personen oder allgemein zwischen den Elementen eines Systems vollzieht und durch welches diese Elemente miteinander in Beziehung stehen. S.I. ist dementsprechend zunächst das Geschehen zwischen Menschen, die miteinander in Beziehung stehen. Insoweit ist der Begriff global, er erfaßt sämtliche sozialen (zwischenmenschlichen oder gesellschaftlichen) Prozesse. Der Holzfäller in Ostafrika, der die Bäume fällt, in deren Rauch der Tabak getrocknet wird, interagiert mit dem Raucher in Hamburg-Altona. Produkt und Geld sind die Medien, über die die Beziehung verläuft.

Wenn s.I. zum Forschungsgegenstand wird, so ist meist ein demgegenüber eingeschränkter Sinn gemeint: Die

»face to face interaction«, also das Geschehen in der Begegnung von Angesicht zu Angesicht.
Der Begriff s. I. wird oft sinngleich mit »Kommunikation« verwandt. Wo zwischen beiden unterschieden wird, bezeichnet »Kommunikation« nur die unmittelbaren (sprachlichen und nichtsprachlichen) Äußerungen in der Begegnung selbst, während als Element der s. I. außerdem die Voraussetzungen und Rahmenbedingungen gesehen werden, die in der Begegnung bedeutsam sind, also etwa: Rollen und Funktionen der Interaktionspartner, Zweck der Begegnung, Ort und Zeit.
Als Schlüsselbegriff einer sozialwissenschaftlich orientierten *Erziehungswissenschaft* trat der Ausdruck s. I. erst seit Beginn der 70er Jahre in die deutschsprachige Diskussion. Es wurden vornehmlich Ansätze aus dem angelsächsischen Sprachraum rezipiert, in dem die ausführliche Befassung mit dem Gegenstand ein Jahrzehnt früher einsetzte. Durch die Interaktionsforschung wurde der Alltag zum Beobachtungsgegenstand. Das zwischenmenschliche Geschehen interessiert gerade dort, wo es nicht experimentell hergestellt ist. Das scheinbar Selbstverständliche wird problematisiert: Nach welchen Regeln wird das Zusammenleben gestaltet und organisiert? Wie werden solche Regeln mitgeteilt und durchgesetzt? Welche dieser Regeln sind offen und bewußt, welche »geheim«, also dem Bewußtsein der Handelnden nicht präsent?
Die Ansätze interaktionistischer Forschung lassen sich grob in folgende Fragestellungen gliedern:

1. Elemente der I.: S. I. geschieht als Austausch von Mitteilungen, durch die Inhalt und Form der Beziehung bestimmt werden. Dies setzt voraus, daß Zeichen verfügbar sind, deren Bedeutung allen Interaktionspartnern bekannt ist oder für die eine Gemeinsamkeit der Bedeutung erreicht werden kann (Signalcodes). Solche gemeinsame Bedeutung kann entweder vereinbart sein (Sprache, Zahlensymbole), oder sie besteht von vornherein durch Offensichtlichkeit (bildliche Darstellung) oder durch ererbte Signalbedeutungsverknüpfung. (Zahlreiche Signalcodes bei Tieren sind nicht erlernt, sondern vererbt. Beim Menschen scheinen z. B. einige Begrüßungs- und Abwehrgesten auf angeborenen Verhaltensmustern zu beruhen.) Der Erforschung solcher Signalcodes widmet sich – i. S. obiger Unterscheidung – eher die Kommunikationsforschung.
Watzlawick u. a. nennen die vereinbarten Zeichen »digital«, da Zeichen und Bedeutung willkürlich – wie in den Elementen eines Computers – verknüpft sind, die anschaulichen dagegen »analog«, da eine Entsprechung zwischen Zeichen und Bezeichnetem besteht. In das menschliche Gespräch von Angesicht zu Angesicht gehen ständig außer den digitalen Sprachelementen wie Silben, Wortgefüge, grammatische Verknüpfungen auch analoge ein: Tonfall, Satzmelodie, Lautstärke, Mimik und Gestik (*Körper*). Diese Elemente enthalten wesentliche Mitteilungen über die Art der Beziehung, in der das Gespräch stattfindet. Solche »Mitteilung über die Mitteilung« – also Metakommunikation – ist unerläßlich, da ohne Bezugsrahmen eine Mitteilung nicht sinnvoll verstanden werden kann. Metakommunikation geschieht allerdings oft auch sprachlich, also digital: »Ich möchte, daß ihr jetzt zuhört« ... »Das verstehe ich nicht« ...

2. I. und Produktion: Jegliche Form menschlicher Produktion ist ein Interaktionsprozeß, nicht nur im allgemeinen Sinne, da es sich immer um einen Austausch mit der umgebenden Umwelt handelt, sondern auch ein Prozeß von s. I. durch die Einbindung der Produktion in Arbeitsteilung, Zulieferung, Nachfrage etc. Die Marxsche Aussage, daß die gesellschaftlichen Verhältnisse wesentlich durch die Entwicklung der Produktionsverhältnisse bestimmt sind, wurde zum Ausgangspunkt mehrerer Versuche, die Formen der s. I. aus den ökonomischen Bedingungen herzuleiten (Sève, Ottomeyer, Grubitzsch/Rexilius). Spezifischer ist die Erforschung der Auswirkungen der sozioökonomischen Stellung auf das Interaktionsverhalten, etwa auf Sprache oder Schemata der Körperbewegung. Für beide Bereiche konnte gezeigt werden, daß die soziale Benachteiligung der Herkunftsfamilie auch zu einer Einschränkung der kommunikativen Ausdrucksmöglichkeiten und damit zu einer Verringerung der sozialen Handlungskompetenz führt (Bernstein, Oevermann).

3. I. als normativer und interpretativer Prozeß: Die Möglichkeit des einzelnen, in sozialen Situationen überhaupt sinnvoll, d. h. in Verfolgung bestimmter Zwecke und mit zumindest teilweise vorhersagbarem Ergebnis handeln zu können, setzt eine gemeinsame Regelhaftigkeit des wechselseitigen Verhaltens voraus. Bedingung ist also, daß die Codes von Mitteilungen sowie das Verständnis der jeweiligen Situation von den Partnern in der s. I. geteilt werden.
Praktisch bestimmt ein solcher Konsens in jeder einzelnen Situation das Spektrum der möglichen (also sinnvollen oder »erlaubten«) Handlungsweisen des einzelnen bzw. die Spannweite der Erwartungen, denen er ausgesetzt ist. Die Gesamtheit solcher auf einzelne Situationen bezogenen »Rollenerwartungen«, die für ein *Individuum* verfügbar sind (also erlernt oder erworben wurden), bestimmt seinen Ort in der Gesellschaft, seinen »Status« (*Rolle, soziale*).
Da die Durchsetzung jenes – sozial und historisch bestimmten – Konsenses im Prozeß des Handelns, also in der s. I. erfolgt, erfüllt diese zentral eine normative Funktion (Merton, Parsons). Die Durchsetzung geschieht dem einzelnen Individuum gegenüber durch ständige positive Verstärkung bzw. durch *Sanktionen*. Das Erleben, »verstanden zu sein«, oder auch die Erfahrung, sich »adäquat verhalten zu haben«, wirken als Verstärkung, die Sanktion kann im Extremfall der Ausschluß aus der Gemeinschaft der Interaktionspartner sein, etwa durch Abbruch einer Beziehung, durch die Abstempelung als »verrückt«, durch Unterbringung in psychiatrischer Klinik oder Gefängnis.
Immerhin kann eine begrenzte Abweichung vom ge-

sellschaftlichen Konsens toleriert werden. Dem »Sonderling« wird eine solche Abweichung zugestanden, die Etikettierung als Sonderling bedeutet zwar einen partiellen, keineswegs aber den völligen Ausschluß aus der »normalen« Interaktionsgemeinschaft. Ferner gibt es innerhalb jeder Gesellschaft Regel- und Normsysteme, die von den allgemein geteilten abweichen, diesen sogar widersprechen. Solche »subkulturellen« Normsysteme können toleriert werden, solange das Funktionieren der Gesamtgesellschaft nicht beeinträchtigt ist. Häufig kann die subkulturelle Norm auch integriert und damit ihres Charakters beraubt werden (vgl. etwa die Kontrolle, die Industrie und Werbung über neue jugendliche Subkulturen ausüben).

Der Betrachtung der normativen Funktion der s. I. steht als anderer Ansatz gegenüber die Überlegung, daß die s. I. zunächst ein Prozeß des Herstellens von Konsens ist, also nicht schon dessen Durchsetzung. Es muß die gemeinsame Verständigungsbasis erst konstituiert werden (Mead, Garfinkel, Turner). Das Individuum erfüllt nicht einfach eine Rolle in einer vorgegebenen Situation, sondern es entwickelt das Verständnis der Situation im wechselseitigen Austausch. Jede Wahrnehmung ist dabei ein impliziter Rollentausch. Indem A die Mitteilung von B empfängt, versetzt er sich an Bs Stelle, um zu begreifen, was er, A, selbst mit diesem Signal hätte ausdrücken wollen. Dieser (normalerweise nicht bewußt vollzogene) Rollentausch ist die Informationsquelle, aus der A die Möglichkeit bezieht, Bs Mitteilung zu entschlüsseln. Indem jeder Interaktionspartner mit jedem anderen ständig solchen impliziten Rollentausch vollzieht, konstituiert sich in jedem eine Interpretation der Interaktionssituation. Die intersubjektive Gültigkeit dieser Interpretation wird dadurch ständig überprüft, daß jeder auf der Grundlage seines Verständnisses am Fortgang der s. I. teilnimmt.

4. I., *Sozialisation*, Identität: Aus der Erforschung der s. I. ergeben sich Beschreibungen und Modelle des Sozialisationsprozesses, die z. T. auch Neuformulierungen und Weiterentwicklungen älterer Konzepte sind. Die psychoanalytische Theorie Freuds enthält zentral einen interaktionistischen Ansatz. Die für die Persönlichkeitsbildung wesentlichen Prozesse im »ödipalen Dreieck« (Kind-Mutter-Vater) wurden von Freud zwar mit Begriffen beschrieben, die innerpsychische Prozesse der Libidoentwicklung erfassen, aber auch in seiner Sicht geschieht das Lernen und Erfahren dieser Prozesse im sozialen Austausch. Zahlreiche moderne Schulen (Lacan, Lorenzer, Laing u. a.) bemühen sich, diesen Aspekt explizit zu machen.

Lerntheoretische Ansätze der Sozialisationsforschung erfuhren ihre Weiterentwicklung durch rollentheoretische Modelle. Das Erleben von Rollenvorbildern, das Erproben und Übernehmen von Rollen – z. B. geschlechtsspezifischen sozialen Rollen – vollzieht sich in der s. I. des Familienzusammenhanges, später in Schule und Peer-group. Diese Betrachtung eröffnete auch den Blick auf weitere Probleme. Als Ziel eines geglückten Sozialisationsprozesses ist die Entwicklung einer stabilen Identität zu nennen. Dieses Ziel ist in sich widersprüchlich (Goffman, Krappmann). Denn einerseits kann die akzeptierte Zugehörigkeit zur Interaktionsgemeinschaft nur erreicht werden, wenn der einzelne sich in der s. I. gemäß den Rollenerwartungen verhält, andererseits bedarf der einzelne auch der Anerkennung seines Besonderseins, seiner Unverwechselbarkeit. Er muß sich also gleichzeitig gemäß den Erwartungen der anderen und anders als jeder andere verhalten. Als »balancierte Ich-Identität« (Krappmann) ist die Fähigkeit zu sehen, in der s. I. weder so konform zu handeln, daß die eigene Identität unerkennbar wird, noch so anders, daß die gemeinsame Verständigungsgrundlage verlassen wird.

5. I. und *abweichendes Verhalten*: Die umfassende Bedeutung der s. I. für das Verständnis von Sozialisation und Identität legt es nahe, bei allen Bereichen gestörter Persönlichkeitsentwicklung zu untersuchen, welchen Einfluß Störungen des Interaktionssystems haben.

Daß die Probleme von sog. »verhaltensgestörten« Kindern i. d. R. auf Störungen der Beziehungen in der Familie zurückgehen, ist inzwischen Allgemeingut pädagogischer Theorien und Handlungsstrategien. Aber auch im Bereich schwerer Erkrankungen erweist sich dieser Ansatz als fruchtbar. Bahnbrechend ist hier die Schizophrenieforschung (Bateston, Laing, Lidz, Wynne u. a.). Das Verhalten des sog. schizophrenen Patienten erweist sich in diesen Untersuchungen als das vernünftige, weil einzig mögliche Reagieren auf eine Situation, in der andere Handlungsmöglichkeiten verhindert sind. Den Kranken »im Rechte seiner eigenen Erfahrung« (Fromm-Reichmann) zu verstehen, heißt also, die krank machenden Regeln der s. I. zu entschlüsseln, der er ausgesetzt ist. Die Entstehung von verschiedenen Persönlichkeitsstörungen aus der gestörten s. I. des Familiensystems untersuchte in Deutschland besonders Richter. Ähnliche Ansätze begreifen die sog. endogene Depression als »gelernte Hilflosigkeit«. Auch Körperkrankheiten werden als Antworten auf schwere Störungen der s. I. verstehbar. Das hierauf bezogene Forschungsinteresse der 70er und frühen 80er Jahre ist später deutlich in den Hintergrund getreten. Dennoch wurden für die Ursachensuche u. a. bei Krebs, Infarkt und Asthma wichtige Aspekte gewonnen. In der neueren (seit Anfang der 90er Jahre) Erforschung der massiven körperlichen und psychischen Schädigungen bei Überlebenden von sexuellem Mißbrauch spielen Aspekte der s. I. eine zentrale Rolle (s. dazu Abs. 6), auch wenn eine ausdrückliche Verknüpfung mit der Forschung zur s. I. sich erst langsam entwickelt.

6. Macht, Grenzen und Raum in der s. I.: Das gezielte Mißachten und Durchbrechen persönlicher Schranken und Grenzen (Scham, Intimität, Vertraulichkeit, auch räumliche Distanz) als Mittel der Unterwerfung und Unterdrückung war immer schon Thema in Literatur und Drama. Mit Sartre begann eine wissenschaftliche Bearbeitung, die jedoch erst am Ende der 80er Jahre

aufgegriffen wurde und nun rasch an Bedeutung gewinnt. Obwohl dieser Aspekt alle Zweige der Forschung zur s.I. durchdringt, seien einige Themen hervorgehoben:
Von zentraler Bedeutung für die Persönlichkeits-, Identitäts- und auch Kompetenzentwicklung ist es, ob z.B. einem Kind das Recht zugestanden wird, »Geheimnisse« zu haben, den Zugang zu seinem Zimmer (oder seiner »Ecke«) zu bestimmen, sich ohne Entschuldigung einmal zurückzuziehen etc.
Die – unbeabsichtigten – ständigen und massiven Grenzverletzungen im Heim-, Krankenhaus- und Pflegebereich werden erst allmählich in dem vollen Ausmaß ihrer zerstörerischen Gewalt gesehen.
Während das brutale Durchbrechen körperlicher Schranken in diesem Sinne bei allem Vergewaltigungsgeschehen bedeutsam ist, tritt beim sexuellen Mißbrauch von Kindern oft das gezielte Zerstören »innerer Räume« hinzu. Daß das hierdurch gebrochene Kind in Scham und Leere verstummt, ist der sicherste Schutz des Täters.

7. Pädagogisches Handeln und I.: Da jede pädagogische Situation eine s.I. ist, unterliegt sie allen genannten Regeln und Funktionen. Hieraus lassen sich einige Konsequenzen für das pädagogische Handeln ziehen. Erstens bietet sich ein erweitertes Verständnis von Lernbehinderungen und Verhaltensstörungen an, wenn wir die Frage der sozialen Bedingungen der kindlichen Entwicklung umformulieren: Welchen Regeln der s.I. war bzw. ist das Kind in seiner Lebenswelt ausgesetzt, und wie konfligieren diese Regeln mit jenen, die etwa in der Schule oder einer anderen Erziehungsinstanz bestehen? – Gelingt es, im Rollentausch mit dem Kinde oder Jugendlichen zu entschlüsseln, warum er sich gerade so verhält, was er also eigentlich mitteilt?
Damit ist zweitens die Bedeutung der Beziehung zwischen Erzieher und Zögling angesprochen. Da jede Mitteilung nur in einem Bezugsrahmen verstehbar ist, gilt auch, daß der Charakter der Beziehung sich auf Wert und Bedeutung jeder Mitteilung auswirkt, die in ihr geschieht. Der autoritäre Erzieher mag sein Hilfsangebot noch so aufrichtig meinen, der Zögling wird vermutlich nur den Wunsch nach Kontrolle heraushören.
Es wird also, drittens, in der pädagogischen Situation keineswegs nur das mitgeteilt, was der Erzieher bewußt ausdrückt. In den Regeln der s.I. vermitteln sich weitere Bedeutungen, die oft dem Inhalt des Gesagten widersprechen. Beispiele seien: Erziehung zu Mißtrauen und Konkurrenz durch Notendruck, obwohl in Worten Solidarität gewünscht wird; Lernen von autoritärem Verhalten durch Frontalunterricht, obwohl Eigenständigkeit angestrebt wird; Lernen von Unterwürfigkeit und taktischer Raffinesse durch die Sanktionssysteme in zahlreichen Heimen.
Viertens folgt als Konsequenz aus diesen Gesichtspunkten, daß Chancen für ein verbessertes, bewußteres Erziehungsverhalten wesentlich davon abhängen, wieweit solche Strukturen der s.I. offenbar gemacht bzw. verändert werden können. Dies kann zum einen dadurch geschehen, daß die interaktionistische Forschung Innovationsmöglichkeiten für die pädagogischen Institutionen aufzeigt, zum anderen dadurch, daß eine *Supervision* sich durchsetzt, in der die Beziehung von Erzieher und Zögling, die Regeln der s.I., in der beide stehen, sowie die Chancen des Erziehers, seine Rollenflexibilität und -sicherheit zu vergrößern, Thema sind.

B. Achterberg

Literatur: B. Achterberg: Intimität als Un-Ort, in: M. Buchholz (Hrsg.): Intimität, Weinheim 1989; M. Argyle: Soziale Interaktion, Köln 1972; H. Blumberg u.a. (Hrsg.): Small Groups and Social Interaction, Chichester 1983; E. Goffman: Das Individuum im öffentlichen Austausch, Frankfurt/M. 1974; H.P. Dürr: Nacktheit und Scham, Frankfurt/M. 1988; L. Krappmann: Soziologische Dimensionen der Identität, Stuttgart 1969; J. Forgas: Soziale Interaktion und Kommunikation, Weinheim 1992; P. Watzlawick u.a.: Menschliche Kommunikation, Bern 1969; E. Weingarten u.a.: Ethnomethodologie, Frankfurt/M. 1976.

Internationale Jugendarbeit (I.J.)

»I.J. soll die persönliche Begegnung junger Menschen aus verschiedenen Ländern, ihr gemeinsames Lernen und Arbeiten, den Erfahrungsaustausch von Führungskräften der *Jugendarbeit* sowie die Zusammenarbeit der Träger der *Jugendhilfe* über die Grenzen hinweg ermöglichen.
I.J. soll jungen Menschen helfen, andere Kulturen und Gesellschaftsordnungen sowie internationale Zusammenhänge kennenzulernen, sich mit ihnen auseinanderzusetzen und die eigene Situation besser zu erkennen sowie ausländischen MitbürgerInnen Verständnis und Toleranz entgegenzubringen. Sie soll ihnen darüber hinaus bewußtmachen, daß sie für die Sicherung und demokratische Ausgestaltung des Friedens und für mehr Freiheit und soziale Gerechtigkeit in der Welt mitverantwortlich sind. I.J. soll junge Menschen zur Mitarbeit beim Aufbau eines freiheitlich-demokratischen Europas unter Einbeziehung der Staaten Mittel- und Osteuropas motivieren und ihnen Wege zum solidarischen Handeln, besonders mit jungen Menschen in Entwicklungsländern, eröffnen« (soweit die Zielvorstellungen der Richtlinien für den *Kinder- und Jugendplan* des Bundes von 1994).
Erziehung zur internationalen Verständigung durch gemeinsames Lernen und Arbeiten wird in der BRD als wesentlicher Teil *politischer Bildung* verstanden. Sie hebt sich damit vom Jugendtourismus ab. I.J. ist jedoch zugleich Element deutscher auswärtiger Kulturpolitik und steht so im Spannungsfeld zwischen staatlicher Außenpolitik, *Jugendpolitik* und frei bestimmter Jugendarbeit (Vorreiterfunktion im Verhältnis zu Israel und Polen).
Träger der I.J. im eigentlichen Sinne sind alle in der außerschulischen Jugendarbeit (*Außerschulische Jugendbildung*) tätigen Organisationen und Institutionen, insbesondere Jugend- und Studentenorganisationen,

Jugendbildungsstätten, Akademien und Kommunen (i.w.S. wird dazu auch der Austausch zwischen Schulen und Hochschulen, z.B. im Rahmen von Partnerschaften, gerechnet).
Die Formen der I.J. sind vielfältig: Einzel- und Gruppenreisen ins Ausland, i.d.R. mit abgesprochenem Programm mit einer ausländischen Partnergruppe; internationale Freizeiten im In- und Ausland, in Zeltlagern und Jugendstätten, kulturelle Workshops, Sporttreffen und Sozialdienste; internationale Seminare zu ausgewählten Themen, Auslandspraktika, jugendpolitische Zusammenarbeit mit mittel- und osteuropäischen Staaten sowie Ländern der Dritten Welt u.a. durch Fortbildung von Fachkräften der Jugendarbeit, Praktika und Hospitationen.
Die I.J. hat, soweit öffentlich gefördert, als Zielgruppe i.d.R. Jugendliche im Alter von 12 bis 26 Jahren im Auge, ihre inhaltliche Bestimmung liegt bei dem verantwortlichen deutschen Träger gemeinsam mit seinem ausländischen Partner bzw. den Teilnehmern selbst. Lehrlinge und junge Berufstätige werden durch gezielte Programme angesprochen; ebenso wird versucht, junge Behinderte (*Behindertenhilfe*) in den Austausch mit Nichtbehinderten einzubeziehen.
Die Förderung der I.J. ist entsprechend der föderalistischen Struktur der BRD auf 3 Ebenen verlagert:
- durch das BMFSFJ aus dem Kinder- und Jugendplan des Bundes für bundeszentrale Träger der Jugendarbeit, insbesondere *Jugendverbände* (jährlich ca. 30 Mio. DM);
- durch die oberen Jugendbehörden der Länder aus den Landesjugendplänen für regionale und örtliche Träger sowie
- durch die Kommunen zur Partnerschaftspflege.

In begrenztem Umfang fördern auch das Auswärtige Amt Programme des Jugendaustauschs, insbesondere im Rahmen kommunaler Partnerschaften, und das BMBW für Auszubildende. Als bilaterale Förderungsinstitution ragt das gemeinsam von der deutschen und französischen Regierung getragene Deutsch-Französische Jugendwerk heraus (Sitz Bad Honnef, Jahresetat 44 Mio. DM). Seit 1963 hat die BReg eine Reihe weiterer bilateraler Absprachen zur beiderseitigen Intensivierung des Jugendaustauschs mit europäischen bzw. außereuropäischen Staaten getroffen (Großbritannien, Israel, Italien, Niederlande, Belgien, Finnland, Portugal, Spanien, Griechenland, Ungarn, Vereinigte Staaten von Amerika, Ägypten, Marokko, Tunesien). Als zweite binationale Förderinstitution nahm das Deutsch-Polnische Jugendwerk 1993 seine Arbeit auf (Jahresetat gegenwärtig: 10 Mio. DM). Der Reformprozeß in Mittel- und Osteuropa führte zu weiteren Regierungsabsprachen mit der Russischen Föderation und der Ukraine (in Vorbereitung solche mit Belarus, Estland, Lettland, Litauen und Kasachstan). Europäische Jugendarbeit wird maßgeblich durch zwei Institutionen des Europarates unterstützt: Das 1972 gegründete »Europäische Jugendwerk« (Jahresetat: 12 Mio. FF, Sitz Straßburg) fördert europäische Jugendveranstaltungen und europäische Jugendorganisationen. In dem Europäischen Jugendzentrum, einer Bildungs- und Begegnungsstätte des Europarats (ER), haben europäische Jugendleiter Gelegenheit zu Fortbildungskursen. Ein weiteres Europäisches Jugendzentrum entsteht unter der Ägide des ER in Budapest.
Neben umfangreichen Austauschprogrammen im Hochschulbereich (insbesondere ERASMUS und COMETT) und im Bereich der beruflichen Bildung (PETRA) besteht auf der Ebene der EU in Brüssel mit dem Aktionsprogramm »Jugend für Europa« ein Jugendaustauschprogramm, das ab 1995 in erweiterter Form bis 1999 gelten soll. Das deutsche Büro ist dem IJAB e.V., Bonn, angegliedert.
Probleme: Besondere Herausforderungen für die I.J. ergeben sich aus der verstärkten multilateralen Zusammenarbeit aufgrund des westeuropäischen Einigungsprozesses und der Veränderungen in Mittel- und Osteuropa, wo zunächst Beratung und Hilfe beim Aufbau demokratischer Jugendstrukturen gefragt sind, die mit den herkömmlichen Instrumenten des Austauschs und der jugendpolitischen Zusammenarbeit nur unvollkommen geleistet werden können. Darüber hinaus hat die I.J. noch unklare Konturen und Konzepte. Eine pädagogische Grundlegung, d.h. die notwendige Vorbereitung der verantwortlichen Mitarbeiter und Gruppenleiter auf die internationale Bildungssituation, fehlt weitgehend. Noch allzuhäufig wird I.J. mit deutscher Freizeit im Ausland gleichgesetzt. Die gleichberechtigte Beteiligung ausländischer Partner bei Vorbereitung und Durchführung von Programmen im In- und Ausland wird selten praktiziert. Eine zielgerichtete Wechselwirkung von nationaler Jugend- und Bildungsarbeit und I.J. fehlt weitgehend. Gleichwohl hat I.J. zu einem eindrucksvollen Netz persönlicher und institutioneller Verbindungen in Europa und darüber hinaus geführt. *W. Linckelmann*

Literatur: Allgemeine und berufliche Bildung, Jugend-Leitfaden zu den Programmen und Gemeinschaftsaktionen, Kommission der Europäischen Gemeinschaften, Brüssel ²1993; BV Kulturelle Jugendbildung (Hrsg.): Kulturelle Jugendbildung: Europäische Förderungsmöglichkeiten, Remscheid 1993; Jugend in Europa, hrsg. vom BMFJ, Bonn 1992; W. Linckelmann: Aktuelle Herausforderungen an Internationale Jugendarbeit und Jugendsozialarbeit, in: Chancen für die Jugend (Festschrift zum 65. Geburtstag von Dr. Franz Schade, hrsg. von Tilman Schmieder, IB-Eigenverlag), Frankfurt/M. 1992; H. Oberste-Lehn/W. Wende (Hrsg.): Handbuch Internationale Jugendarbeit. Interkulturelles Lernen, DKV Düsseldorf 1990; H. Otten: Zur politischen Didaktik interkulturellen Lernens, Opladen 1985.

Internationalität

Die Verwendung des Begriffs I. im Kontext der SozArb meint dreierlei: Zum einen zielt er auf diejenige Beziehung, die zwischen jeweils nationalstaatlichen Einrichtungen SozArb in Form von Kooperationen angestrebt wird oder bereits besteht (z. B. Internationale Vereinigung für Soziale Sicherheit; Internationale Konferenz für Sozialarbeit). Hier lassen sich Institutionen, deren Zweck ausdrücklich im Aufbau, der Pflege oder der Erweiterung internationaler Kontakte besteht, von jeweils projektbezogenen Formen der Zusammenarbeit zwischen Trägern sozialer Arbeit (*Träger der sozialen Arbeit*) unterscheiden. Solche Projekte sind an zeitlich befristete Vereinbarungen gebunden und haben jeweils konkrete Zielsetzungen, die an der Veränderung einzelner Gegebenheiten in beteiligten Ländern orientiert sind (z. B. Beteiligung bei der sog. Entwicklungshilfe; Unterstützung beim Aufbau eines Straßenkinderhauses in Rio de Janeiro, Arbeit mit Straßenkindern in Nicaragua).

Teils in Verbindung hiermit geht es zweitens um diejenigen für die SozArb relevanten sozialen Gegebenheiten, die durch transnationale Wanderungs-, Asyl- oder Fluchtbewegungen (*Ausländer, Ausländerrecht*) entstehen. I. richtet sich damit auf Aufgabenstellungen, die sich aus jeweiligen nationalen politischen Kontexten, den Standards ihres sozioökonomischen Systems und den daraus resultierenden Wechselwirkungen im Hinblick auf die Wahrnehmung sozialer Probleme und die Anerkennung ihrer Bearbeitungsbedürftigkeit ergeben. Hier kann zwischen den jeweiligen Besonderheiten auf dem Boden eines nationalstaatlich definierten Territoriums (Inland) und dem von hier aus – bzw. aus der Perspektive eines Drittlandes – beobachteten Wechselverhältnis zu einem anderen Nationalstaat unterschieden werden (Ausland). Hierzu zählt auch die Debatte um Multikulturalität, die sich u. a. mit jenem Problemkreis befaßt, der sich aufgrund internationaler Wanderungsbewegungen auf dem Territorium eines einzelnen Nationalstaats abzeichnet. International entstandene Anforderungen repräsentieren sich für die lebensweltlichen und institutionellen Bewältigungsformen je betroffener Nationalstaaten auf je bestimmte Weise und berühren z. B. Fragen des Asylrechts, der Leistungsgewährung und der Dauer von Ansprüchen und Erwartbarkeit sozialer Hilfe – und zwar in Abhängigkeit von verschiedenen historischen Hintergrundslagen (z. B. ehemalige Kolonialgeschichte; Kriegsreparationen).

Drittens geht es – mit Blick auf vergleichende Forschung – um einen Untersuchungsgegenstand, der durch wissenschaftliche Erkenntnisinteressen konstituiert wird. Von Interesse sind beispielsweise Unterschiede und Ähnlichkeiten zwischen jeweils nationalen Standards der sozialen Sicherheit (*Soziale Sicherung*) oder sozialen Lebens- und Risikolagen (*Armut*; Stand der Modernisierung). Dieser Zweig der wissenschaftlichen SozPäd steht indessen noch in den Anfängen.

Der Bezug auf I. stellt immer auch ein Vergleichsverhältnis her. Im Vergleich sollen einzelne Aspekte z. B. zwischen den Systemen sozialer Sicherheit, den differenten Formen von Hilfsbedürftigkeit und ihrer Anerkennung aufgeklärt und – evtl. in Politikberatung – verändert werden. Zugleich geraten innerhalb eines solchen Vergleichsverhältnisses die jeweils im Herkunftsland eingespielten Selbstverständlichkeiten in eine Position, die ihre bloß relative Geltung sichtbar werden lassen. Der wissenschaftliche Zugang zu I. – etwa als Vergleich einzelner Länderstatistiken zur Ausbildungs- oder zur Armutspopulation – setzt also nicht zwingend eine Zusammenarbeit zwischen Dienstleistungsagenturen sozialer Arbeit voraus, während etwa die bilaterale Zusammenarbeit zwischen Sozialverbänden oder einzelner Initiativen eine dazu kontrastierende Form der I. erst praktisch herstellt.

Diese praktische Konstitution bi- oder multilateraler Beziehungen wird also auf den verschiedenen Ebenen unterschiedlich erzeugt. Sind es auf der Ebene der Lehre und Forschung internationale Studien-, Austausch- und Forschungsprogramme, so sind es auf der Ebene der *Sozialpolitik* Zusammenschlüsse sozialer Verbände; sind es auf der Basis informeller Kontakte beginnende Vernetzungen zwischen sozialen Bewegungen, so sind es auf der Ebene politischer Vereinbarungen (z. B. der Vertrag von Maastricht) institutionalisierte Kooperationen. Teils geht es um Vernetzung von Einzelinitiativen, die aufgrund ähnlicher regionaler Bedingungen mit SozArb und sozialen Problemen befaßt sind, teils geht es um das Abrufen bestimmter Ausschreibungen und Förderungsprogramme, die mit jeweiligen lokalen oder regionalen Sozialpolitiken abgestimmt werden. So stellt beispielsweise der »Europäische Sozialfonds« als arbeitsmarktpolitisches Instrument der Europäischen Gemeinschaft (*Sozialpolitik/soziale Sicherung, europäische*) Mittel für die Eingliederung von Jugendlichen in das Erwerbsleben und für die Bekämpfung von Langzeitarbeitslosigkeit (*Arbeitslosigkeit, Jugendarbeitslosigkeit, Soziale Arbeit und Arbeitsmarkt*) bereit; sie müssen allerdings unter Erfüllung bestimmter Auflagen beantragt werden.

Im Zuge der sich intensivierenden Beziehungen in der »Weltgesellschaft«, der Veränderungen zwischen Marktschauplätzen (Europäischer Binnenmarkt; asiatisch-pazifische Schwellenländer) und kontinentaler (Des-)Integrationsprozesse (ehemaliger Ostblock) gerät die Frage, welche Ähnlichkeiten und Unterschiede in den Formen der Hilfs- und Unterstützungsbedürftigkeit, der Armuts- und Anspruchsdefinitionen einerseits und den Formen des lebensweltlichen oder institutionellen Umgangs andererseits zwischen Nationalstaaten bestehen, zunehmend ins Zentrum des Interesses (vgl. Weltsozialgipfel 1995) in Kopenhagen. Dieser Interessenzuwachs läßt sich sowohl in sozialen Dienstleistungsagenturen als auch in der wissenschaftlichen SozArb/SozPäd nachweisen. Es handelt sich (insbesondere in Deutschland) – im Vergleich mit dem Voranschreiten wirtschaftlicher Freizügigkeit der Warenströme – um eine zeitliche »Nachzüglerreaktion« des Sozialen Sektors. Denn zwischen den marktbezogenen Integrationsstrategien und dem Wegfall der Grenzen für den Austausch von Waren, Dienstleistungen und Personen einerseits und der »Harmonisierung« sozialer Sicherungssysteme, der Abstimmung nationalen Sozialrechts und nationaler Sozialpolitiken andererseits besteht in der Europäischen Gemeinschaft zeitlich ein diachronisches Verhältnis. Dies führt dazu, daß Verhandlungen über ein europäisches Sozialrecht, über die wechselseitige Anerkennung von Ausbildungsabschlüssen usw. erst in der Nachfolge bereits hergestellter wirtschaftspolitischer Prozesse anlaufen.

Mit dem Begriff I. wird häufig ein globaler Horizont angesprochen: die weltweite, kontinentübergreifende Interdependenz. Tatsächlich zeigen aber die jeweils empirisch hergestellten Beziehungen, daß einerseits rasch »Ähnliches auf Ähnliches« bezogen wird, d.h., ähnliche regionale Gegebenheiten und Problemlagen führen zu Kooperationsbeziehungen, die dann die Ausblendung anderer zur Folge haben, die als »unvergleichbar« gelten und für das jeweilige Binnenverhältnis nicht integrierbar. Andererseits verpflichtet die Bindung an ein jeweils ethisch begründetes Selbstverständnis große Träger (z.B. Diakonie, Caritas, *Wohlfahrtsverbände*) dazu, insbesondere auch in Regionen tätig zu werden, die aufgrund ihrer wirtschaftlichen, sozialen, kulturellen Bedingungen Armutsniveaus aufweisen, die nur noch mit annähernd gleichgestellten Ländern verglichen werden können. Bei allen Kooperationsprojekten der SozArb sollte es indessen selbstverständlich sein, daß der Respekt vor den jeweilig im Partnerland eingespielten Traditionen eine einseitige, bloß aus der Sicht westlicher Industrieländer zustande gekommene Perspektive verbietet; vielmehr geht es im Bewußtsein um die Relativität der jeweiligen nationalstaatlichen Gepflogenheiten darum, sich an universalistischen Prinzipien (Menschenrechte) zu orientieren und dies auch in wechselseitigem Aushandelungsprozeß einzuhalten.

R. Treptow

Literatur: R. Bauer/A.M. Thränhardt (Hrsg.): Verbandliche Wohlfahrtspflege im internationalen Vergleich, Opladen 1987; E. Eichendorfer: Systeme sozialer Sicherheit im internationalen Vergleich, in: Maydell/Kannengießer (Hrsg.): Handbuch Sozialpolitik, Pfullingen 1988, 387–396; W. Haase: Internationale Zusammenarbeit im sozialen Bereich, in: Maydell/Kannengießer (Hrsg.), a.a.O., 366f.; F. Hamburger (Hrsg.) o.J.: Studien zur vergleichenden Sozialpädagogik, Rheinfelden, Bd. 1–13; H. Kreidenweis/R. Treptow: Internationalität. Fragen an eine vergleichende Sozialarbeit/Sozialpädagogik, in: Neue Praxis 1/1990, 36–49; S. Leibfried: Sozialstaat Europa. Integrationsperspektiven europäischer Armutsregimes, in: Deutscher Verein für öffentliche und private Fürsorge (Hrsg.): Soziale Sicherung und soziale Arbeit in Deutschland und Europa, Heft 9/1990, 295f.; U. Mende: Internationale Sozialarbeit. Eine einführende Betrachtung ihrer Organisation und Aufgabe, Neuwied/Berlin 1972; H.F. Zacher: Internationalisierung und Europäisierung der sozialen Arbeit, in: Deutscher Verein (Hrsg.), a.a.O. 1990, 283f.

Jugend

Von den vielfältigen Bedeutungen und Vorstellungen, die sich mit dem Begriff J. verbinden, soll im nachfolgenden v.a. in zwei Hinsichten die Rede sein: Einmal soll unter J. verstanden werden ein bestimmter Lebensabschnitt, eine bestimmte Phase im individuellen Lebenslauf, nämlich die Phase zwischen *Kindheit* und Erwachsenenalter, also das individuelle Jugendalter. Von J. soll aber auch zweitens die Rede sein im Sinne einer bestimmten sozialen Gruppe in der *Gesellschaft*, im Sinne der »Jugend von heute«; hier steht der Sachverhalt im Vordergrund, daß J. eine gesellschaftlich-geschichtliche Größe ist, die mit gesellschaftlichen Wandlungsprozessen Veränderungen unterworfen ist. Diese wirken sich zwar auch auf Ablauf und Form der individuellen Entwicklungsphase des Jugendalters aus; doch erweist es sich als fruchtbar und nützlich, die Unterscheidung zwischen J. als individuellem Lebensabschnitt und als gesellschaftlich-geschichtlichem Phänomen aufrechtzuerhalten.

Die Abgrenzungsprobleme gegenüber Kindheit und Erwachsenenalter, die sich bei der Verwendung des Jugendbegriffs stellen, werden von den verschiedenen Wissenschaften, die sich mit dem Gegenstand J. befassen, in unterschiedlicher Weise behandelt: Traditionellerweise hat die biologisch-physiologische und entwicklungspsychologische Betrachtung (*Psychologie*) den Beginn des Jugendalters gleichgesetzt mit dem Eintreten der biologischen Geschlechtsreife und den damit verknüpften psychischen Umstrukturierungen; soziologisch (*Soziologie*) sind als Jugendliche diejenigen bezeichnet worden, »die mit der Pubertät die biologische Geschlechtsreife erreicht haben, ohne mit Heirat und Berufsfindung in den Besitz der allgemeinen Rechte und Pflichten gekommen zu sein, welche die verantwortliche Teilnahme an wesentlichen Grundprozessen der Gesellschaft ermöglichen und erzwingen« (Neidhardt 1970, 14).

Derartige Definitionen setzen Heirat und ökonomische Selbständigkeit (*Eherecht*, *Berufliche Bildung*) als eindeutige Markierungen des Übergangs vom Jugendlichenstatus zum Erwachsenenalter. Beide Kriterien haben heute an Trennschärfe verloren: An die Stelle klarer Zäsuren ist heute, was den Gesichtspunkt des Berufseintritts betrifft, bedingt durch die Verknappung von Ausbildungs- und Arbeitsplätzen (*Arbeitslosigkeit*, *Jugendarbeitslosigkeit*), die Entstehung einer auch für junge Leute zugänglichen Schattenwirtschaft, durch erzwungene oder auch freiwillig gewählte Formen alternativer, gegenkultureller Lebens- und Arbeitsformen (*Selbsthilfe/Selbstorganisation*), eine breite Übergangszone getreten, deren Vorhandensein es schwierig macht, das Kriterium »Berufseintritt« weiterhin zur Abgrenzung von Jugendalter und Erwachsenenstatus zu verwenden. Ebenso fließend sind die Verhältnisse heute in bezug auf das Kriterium »Heirat«. Die Praxis des Zusammenlebens in mehr oder weniger festen, eheähnlichen Verhältnissen (*Nichteheliche Lebensgemeinschaft*) in Wohngemeinschaften und zahllosen anderen

Formen (*Jugendwohngemeinschaften*, *Wohnen*) haben dazu geführt, daß auch dieses Kriterium an Geltung verloren hat. Derartige Entwicklungen machen verständlich, daß in der jugendsoziologischen Diskussion (*Jugendsoziologie*) von der Entstehung einer »Nachjugendalter-Phase« (Jugendwerk der Deutschen Shell 1981) die Rede ist: Zwischen das Jugend- und das Erwachsenenalter schiebt sich dieser These zufolge ein neuer Altersabschnitt, der auch gesellschaftlich deutlich in Erscheinung tritt und sowohl als Folge erzwungener als auch freiwillig gewählter Formen einer Alternativkultur betrachtet werden kann und deren Angehörige bis weit in das 3., ja 4. Lebensjahrzehnt hineinreichen. Diese Lebensform ist v.a. charakterisiert durch »Mündigkeit ohne wirtschaftliche Grundlage« (Gillis 1980, 206).

Sozialgeschichtliche Aspekte: J. in dem uns vertrauten Sinn des Wortes, also einerseits als eine soziale Gruppe in der Gesellschaft mit eigenen Merkmalen, Lebensbedingungen, Ausdrucksformen wie andererseits als eine Phase im individuellen Lebensablauf mit spezifischen Lern- und Entwicklungsaufgaben, ist in einem dezidierten Sinn des Wortes eine Erscheinung der Neuzeit und hängt mit deren grundlegenden Prozessen zutiefst zusammen. Wohl gibt es in der Antike, im Mittelalter, in der frühen Neuzeit »Vor-Formen« von J. (Hornstein 1965, Gillis, Mitterauer), aber sie unterscheiden sich grundlegend von der »modernen« J. dadurch, daß sie in die jeweilige Gesellschaft voll inkorporiert sind und daß ihnen gesellschaftliche Aufgaben (Verteidigung, Verantwortung für Feste, Feiern, Brauchtum) übertragen sind.

»Moderne« J. ist gekennzeichnet v.a. durch den Prozeß der zunehmenden Ausgliederung immer größerer Teile der Heranwachsenden für immer längere Zeit aus der Erwachsenengesellschaft zum Zwecke eines auf die Erfordernisse des Berufslebens vorbereitenden Lernens in *Schulen* und schulmäßig organisierten Formen der Ausbildung. Dieser Vorgang steht in engem Zusammenhang mit dem durch Industrialisierung und technologische Entwicklung erzwungenen Prozeß gesellschaftlicher Arbeitsteilung, mit steigenden Qualifikationsanforderungen, dem Auseinandertreten von *Familie* und Arbeitswelt (*Arbeit*). Das Ergebnis dieses Prozesses ist J. als ein v.a. durch Lern- und Vorbereitungsanforderungen gekennzeichneter Sozialstatus, die Zusammenfassung der J. in altersgleiche Gruppierungen in Schule und Ausbildung, die Bildung informeller Gruppen (Eisenstadt) wie schließlich die Entstehung der vom einzelnen zu erbringenden Entwicklungs- und Lernaufgaben im Rahmen eines immer weiter ausgestalteten gesellschaftlichen Moratoriums (Hornstein u.a. 1975).

Dieser Prozeß betrifft zunächst nur eine kleine, privilegierte Schicht (die Gymnasiasten), weitet sich dann aber bis in die Gegenwart hinein immer weiter aus; heute ist J. – ehedem ein privilegierter Status für wenige – ein »Massenphänomen« geworden.

Zum sozialgeschichtlichen Aspekt der J. gehört auch der Hinweis darauf, daß die »Freisetzung« der J. aus dem Zwang der Mitarbeit in der Produktion und die Entstehung altersgleicher Gruppierungen die äußere Voraussetzung für die allerdings auch aus anderen, z.B. geistesgeschichtlichen Quellen gespeisten Jugendbewegungen darstellt, die am Ausgang des 18. und im beginnenden 19. Jh. eher literarisch-ästhetisch lebensreformerischen Charakter haben, in der Jugendbewegung des ausgehenden 19. und beginnenden 20. Jh. eine breitere Schicht ergreifen – ansatzweise, in der proletarischen Jugendbewegung der ausgehenden 60er Jahre und im neuen Jugendprotest der 80er Jahre, Formen eines politisch intendierten Protests artikulieren.

Strukturwandel und Problemlagen in der Gegenwart: Spätestens seit der Mitte der 70er Jahre zeigen sich Phänomene, die deutlich machen, daß die herkömmlichen Formen der Integration der J. in die Gesellschaft nur noch sehr bedingt funktionieren. Es zeichnen sich ein tiefgreifender Strukturwandel und eine Veränderung grundlegender Problemlagen der J. ab – beides im Zusammenhang gesamtgesellschaftlicher Wandlungsprozesse. Während bis in die 70er Jahre die ökonomische Integration der nachwachsenden Generation in die Gesellschaft im Zeichen einer expandierenden Wirtschaft problemlos gesichert und die kulturelle Integration mittels pädagogisch-kultureller Angebote (*Kulturelle Jugendarbeit/Kulturarbeit, soziale*) zumindest grundsätzlich nicht fragwürdig war, ist seit diesem Zeitpunkt die ökonomisch-materielle Integration zu einem Dauerproblem geworden, während sich gleichzeitig im Zeichen von alternativen Gruppierungen, Schattenkultur, der Entstehung »neuer sozialer Bewegungen« (Hornstein 1984) auch das Verhältnis der nachwachsenden Generation zur »herrschenden« Kultur gewandelt hat und damit auch das Problem ihrer ideologisch-kulturellen Integration sich in vielerlei Hinsicht neu stellt.

Die Gründe für den damit verbundenen Wandel in den zentralen Problemlagen liegen sowohl in den ökonomischen Krisen des spätkapitalistischen Systems wie in den Veränderungen hinsichtlich der Wertorientierungen, wie sie in der Kritik am »industriellen Entwicklungsparadigma« (Brand), in den »neuen sozialen Bewegungen«, im Aufkommen auch politisch relevanter Gruppierungen wie der Grünen (*Parteien*) und der Alternativen in vielfältiger Ausprägung sich dokumentieren.

Vor diesem Hintergrund ist die Situation dadurch gekennzeichnet, daß auf der einen Seite institutionell die Ausweitung des Jugendstatus sich verstärkt und immer neue soziale Schichten ergreift (wo die Chancen auf dem Arbeitsmarkt schlecht sind, bleibt häufig nichts anderes übrig, als zusätzliche Ausbildungsgänge zu durchlaufen!), es also noch niemals »so viel« J. gegeben hat wie heute, daß aber auf der anderen Seite der innere Sinn dessen, was J. traditionell war (Bedürfnisaufschub im Hinblick auf spätere Gratifikationen usw.), zerstört, zumindest in einem tiefgreifenden Sinn problematisiert erscheint (Hornstein 1982).

Die »Antworten«, die Jugendliche heute in ihrem Verhalten und in ihren Orientierungen auf diese Situation geben, sind so unterschiedlich wie die konkreten sozialen Lebenslagen und Verhältnisse, innerhalb deren sie sich befinden. Sie reichen von Formen apathischen Rückzugs, in denen sich Jugendliche in Drogen, Alkohol, religiösem Sektierertum (*Drogenabhängigkeit, Sucht, Alkoholismus, Jugendreligionen*) den Anforderungen der Erwachsenengesellschaft entziehen und ihre eigene Welt ausbauen, über Protest und Widerstand bis hin zu Überanpassung und aggressiv-konkurrenzbetontem Verhalten, das von dem Bestreben geleitet wird, es angesichts schwieriger gewordener Verhältnisse dennoch zu schaffen und auf der Karriereleiter nach oben zu kommen.

Grundsätzlich läßt sich sagen, daß für *Mädchen* bzw. junge *Frauen* die Bewältigung dieser Situation in einer von *Männern* bestimmten Gesellschaft und angesichts eines »männlich geprägten Arbeitsmarkts« sehr viel schwerer ist als für männliche Jugendliche, für die die geschilderte Situation immer noch eher Orientierungspunkte und Festlegungen enthält, obwohl auch für sie die Situation komplexer geworden ist. Zum einen fehlen ihnen die Rückzugsmöglichkeiten in andere Rollen bei einem mißlungenen Berufseinstieg fast gänzlich, zum anderen ist eine uneingeschränkte Identifikation mit Beruf und Karriere in Frage gestellt angesichts ökologischer Krise und brüchig gewordenem Fortschrittsglauben.

Neuere Jugenduntersuchungen konstatieren, was die Grundstimmung und Orientierung der J. betrifft, einen tiefgreifenden Wandel: Auf die eher pessimistisch besorgte, gegenüber gesellschaftlichen Entwicklungen kritisch, aber auch engagementbereite Grundhaltung in den 80er Jahren sei in den 90ern die Generation der »desengagierten Optimisten« gefolgt (Jugendwerk der Deutschen Shell 1992, kritisch dazu Hornstein/Schefold). Sie ist diesen Forschungen zufolge dadurch bestimmt, daß die Jugendlichen durchaus optimistisch in die Zukunft blicken – auch wenn die Zeiten schlecht sind –, aber daß sie sich kaum mit den gesellschaftlichen Institutionen einlassen, kein Interesse an deren Weiterentwicklung äußern, sich ganz auf sich selbst und das eigene Wohlergehen beschränken.

Über derartige Feststellungen hinaus haben v.a. die rechtsextremistisch orientierten Gewalttaten und Anschläge die Jugenddebatte der letzten Jahre bestimmt. Die – im übrigen unbestreitbare – Feststellung, daß es sich bei den Gewaltaktionen, ob politisch motiviert oder nicht, v.a. um Jugendliche und Heranwachsende handelte (Willems), hat eine Debatte ausgelöst darüber, in welchem Umfang J. nunmehr sich rechtsradikalem Gedankengut zuwende. Zahlreiche Untersuchungen (Heitmeyer u.a.) haben den Faktoren nachzuspüren versucht, die Anfälligkeit für neonazistisches und rechtsextremistisches Gedankengut und v.a. in der Ausprägung als Ausländerfeindlichkeit bewirken. Als Fazit aus dem derzeitigen Forschungsstand kann konstatiert werden, daß von einem generellen »Rechtsruck« bei »der Jugend« nicht gesprochen werden kann, daß aber im Zusammenwirken einer Reihe von Faktoren (Sinn- und Orientierungsprobleme, Wegfall eindeutiger sozialer und politischer Bezugssysteme nach dem Ende des Blockdenkens usw.) die Anfälligkeit für fundamentalistische, also Sicherheit und Halt versprechender dogmatische Programme, wie sie nazistische Angebote enthalten, wohl gegeben ist. Für die Notwendigkeit der Einbeziehung allgemeiner gesellschaftlicher Entwicklungstendenzen in die Frage nach den Determinanten derartiger Orientierungen spricht auch die Tatsache, daß Gewalttäter in überraschendem Maße über einen durchschnittlich-normalen Lebenslauf verfügen (Willems 1993).

Im Gefolge der deutsch-deutschen Einigung hat die Jugendforschung v.a. die Frage beschäftigt, ob und in welchem Umfang die J. Ostdeutschlands vor dem Hintergrund ihrer Vergangenheit in einem staatssozialistischen System mit seinen *Sozialisation*einflüssen geeignet und bereit sein würde, sich mit den Institutionen und der politischen Programmatik einer Demokratie nach westlichem Vorbild zu identifizieren.

Entgegen der Erwartung, daß die Werte und Orientierungen der Heranwachsenden in den neuen Bundesländern sehr stark vom SED-Staat geprägt seien, zeigt sich, daß sich ostdeutsche Jugendliche in ihren Wertorientierungen, Lebenszielen und in ihrem Demokratieverständnis kaum von ihren Altersgenossen im Westen unterscheiden.

Weitergehende Analysen weisen allerdings auf tiefer liegende Unterschiede und Problemlagen hin: Forschungen, die konsequent die Subjektivität der Jugendlichen zum Gegenstand machen, also auf die Rekonstruktion individueller Erfahrungen, auf Biographie und Lebenslauf ausgerichtet sind, zeigen die Brüche und die Art ihrer Verarbeitung. Darüber hinaus zeigen Forschungen, die die jeweiligen Kontexte thematisieren, die also die Vielschichtigkeit von Institutionen, Milieus und alltäglichen Lebensformen ins Auge fassen, daß sie zu einem sehr viel tiefer gehenden Verständnis der Problem- und Lebenslagen der Jugendlichen vorstoßen als die lediglich auf das Abfragen von Meinungen ausgerichtete Forschung.

Sozialpolitische und sozialpädagogische Aspekte: Die skizzierten Wandlungen stellten bzw. stellen die Praxis der *Jugendarbeit* vor neue Aufgaben; sie haben dazu geführt, daß in den letzten Jahren der sozialpolitische Aspekt (*Sozialpolitik*) der Jugendproblematik in den Vordergrund gerückt ist. Die Probleme der Versorgung und Betreuung arbeitsloser oder von *Arbeitslosigkeit* bedrohter Jugendlicher (zunächst in den alten Bundesländern, dann aber mit steigender Dramatik und Brisanz in den neuen!), die Probleme jugendlicher *Ausländer*, der Behinderten (*Behindertenhilfe*), aber auch allgemein von Jugendlichen aus sozial benachteiligten Bevölkerungsschichten (*Klasse/Schicht/Milieu, Randgruppen*) – alle diese Entwicklungen haben zu einer verstärkten Rolle sozialpolitischer und sozialpädagogischer Aspekte in der Jugendarbeit geführt. Während Politik und Bildungswesen kaum auf diese neuen Problemlagen reagieren, haben sich an vielen Orten im Bereich der Jugendarbeit, sowohl auf kommunaler Ebene als auch auf verbandlicher, Ansätze einer sozialpolitisch motivierten sozialpädagogischen Jugendarbeit entwickelt, in denen die Grenzen traditioneller Jugendarbeit mit ihrer Betonung der kulturell-politischen Seite der Bildungsarbeit zugunsten einer problem- und lebenslagen-bezogenen Arbeit ausgeweitet wurden (Hornstein u.a. 1982; Mielenz).

Konsequenzen, Perspektiven: Die öffentliche Thematisierung der Gewaltthematik mit ihrer Akzentuierung der J. hat schließlich zu einer verstärkten Erwartung gegenüber der Jugendarbeit im Hinblick auf ihre Problemlösungskapazität, was Gewaltbereitschaft Jugendlicher betrifft, geführt (Hafeneger, Scherr). Ein kritischer Umgang mit diesen Erwartungen und eine reflektierte Entwicklung entsprechender Arbeitsformen stellen sich derzeit als aktuelle Herausforderung an die Jugendarbeit (*Gewalt*).

Für die Jugend*forschung* stellen die skizzierten Entwicklungen und Umbrüche eine starke Herausforderung zum *Paradigmen*wechsel dar: Im Unterschied zu einer stark an der Beschreibung und Analyse von wechselnden Jugendkulturen orientierten Forschung, wie sie insbesondere durch Shell-Jugend-Untersuchungen in Mode gekommen sind, im Unterschied aber auch zu Ansätzen, in denen jugendliche Problem- und Lebenslagen zum Bezugspunkt einer auch pädagogisch interessierten Forschung gemacht wurden, stellt sich heute, vor dem Hintergrund der letzten Jahre, zwingend die Frage, wie die gesellschaftlichen Institutionen in der Lage sind, in der jungen Generation diejenigen personalen Ressourcen zu aktivieren, die notwendig sind, um die Zukunft zu bewältigen (Hornstein 1990; Schefold/Hornstein 1993). *W. Hornstein*

Literatur: K.-W. Brand: Neue soziale Bewegungen, Opladen 1982; G. Eisenberg/R. Gronemeyer: Jugend und Gewalt. Der neue Generationenkonflikt oder Der Zerfall der zivilen Gesellschaft, Reinbek 1993; S.V. Eisenstadt: Von Generation zu Generation, München 1965; J.R. Gillis: Geschichte der Jugend, Weinheim/Basel 1980; B. Hafeneger: Rechte Jugendliche, Bielefeld 1993; W. Heitmeyer u.a.: Die Bielefelder Rechtsextremismus-Studie: erste Langzeituntersuchung zur politischen Sozialisation männlicher Jugendlicher, Weinheim/München 1992; W. Hornstein: Jugend in ihrer Zeit, Hamburg 1966; W. Hornstein: Vom ›Jungen Herrn‹ zum ›hoffnungsvollen Jüngling‹, Heidelberg 1965; W. Hornstein u.a.: Lernen im Jugendalter, Stuttgart 1975; W. Hornstein u.a.: Situation und Perspektiven der Jugend. Problemlagen und gesellschaftliche Maßnahmen, Weinheim/Basel 1982; W. Hornstein: Neue soziale Bewegungen und Pädagogik, in: Zeitschrift für Pädagogik 1984, 147–166; W. Hornstein: Aufwachsen mit Widersprüchen. Jugendsituation und Schule heute, Stuttgart 1990; W. Hornstein: Fremdenfeindlichkeit und Gewalt in Deutschland, in: Zeitschrift für Pädagogik 1993, 3–16; W. Hornstein/W. Schefold: »Stimmungsumschwung«. Von den Pessimisten der achtziger Jahre zu den desengagierten Optimisten der neunziger, in: LSR 1993, 73–89; ISS – Frankfurt/M.: Informationen und Materialien zum Aktionsprogramm gegen Aggression und Gewalt in den neuen Ländern 1992–1994; Jugendwerk der Deutschen Shell (Hrsg.): Jugend '81. 3 Bde., Hamburg 1981; Jugendwerk der Deutschen Shell (Hrsg.): Jugend '92. Lebenslagen, Orientierungen und Entwicklungsperspektiven im vereinigten Deutschland. 4 Bde., Opladen 1992; I. Mielenz: Aufgaben der Jugendhilfe bei Jugendarbeitslosigkeit und Berufsnot junger Menschen – Praxisbeispiele zur Einmischungsstrategie, Bonn 1985; M. Mitterauer: Sozialgeschichte der Jugend, Frankfurt/M. 1986; F. Neidhardt: Bezugspunkte einer soziologischen Theorie der Jugend, in: Neidhardt u.a.: Jugend im Spektrum der Wissenschaften, München 1970; W. Schefold/W. Hornstein: Pädagogische Jugendforschung nach der deutsch-deutschen Einigung, in: Zeitschrift für Pädagogik 1993, 909–930; A. Scherr (Hrsg.): Jugendarbeit mit rechten Jugendlichen, Bielefeld 1992; H. Willems: Fremdenfeindliche Gewalt. Einstellungen, Täter, Konflikteskalation, Opladen 1993.

Jugendamt

JÄ sind in Kommunalverwaltungen der kreisfreien Städte und der Landkreise der BRD zu errichten und eingerichtet. Das JA nimmt die Aufgaben des örtlichen Trägers der *Jugendhilfe* wahr. Das JA erfüllt seine Aufgaben als öffentlicher Träger in enger Abstimmung mit den freien Trägern, und zwar auf der Basis des *Subsidiarität*sprinzips (Ausnahme: das 3. Kapitel des KJHG, die »anderen Aufgaben« der JH; es handelt hier im wesentlichen als Erlaubnisbehörde oder Fachbehörde in gerichtlichen Verfahren und der *Amtspflegschaft* und *Amtsvormundschaft*, bei Beurkundungen und bei Fällen von Inobhutnahme und Krisenintervention, was alles eher als originär hoheitlich und deswegen z.T. nicht auf freie Träger übertragbar angesehen wird: i.e. § 76 KJHG).

Das JA hat die Gesamtverantwortung dafür, »daß die zur Erfüllung der Aufgaben nach diesem Buch erforderlichen und geeigneten Einrichtungen, Dienste und Veranstaltungen den verschiedenen Grundrichtungen der Erziehung entsprechend rechtzeitig und ausreichend zur Verfügung stehen; ...« (§ 79 Abs. 2 S. 1 KJHG). Dazu gehört als Konsequenz, daß das JA entsprechende Leistungen selbst anzubieten hat, wenn freie Träger diese nicht anbieten wollen oder können; dazu gehört weiter, daß das JA über seine Planungsverantwortung und die *Jugendhilfeplanung* (§§ 69 und 70 KJHG) Grenzen von Bedarf und Angeboten definiert.

Das JA unterscheidet sich von anderen Ämtern insbesondere dadurch, daß

- die Aufgaben des JA in einem speziellen Gesetz vorgegeben sind (KJHG vom 3.10.90/1.1.91 bzw. SGB VIII);
- das KJHG den Kommunen das JA als ausführende fachliche Organsationseinheit vorgibt (§ 69 Abs. 3 KJHG: »Für die Wahrnehmung der Aufgaben nach diesem Buch errichtet jeder öffentliche Träger ein Jugendamt, ...«);
- das JA aus den üblichen Verwaltungsabläufen und kommunalpolitischen Entscheidungsmechanismen herausgelöst ist, weil das JA im KJHG zweigliedrig angelegt ist (§ 70 Abs. 1 KJHG: »Die Aufgaben des Jugendamtes werden durch den *Jugendhilfeausschuß* und durch die Verwaltung des Jugendamtes wahrgenommen«);

– das JA im Spannungsfeld lebt zwischen therapeutischen und fürsorgerischen Arbeitsansätzen mit dem Ziel der individuellen An- und Einpassung der Klienten an/in vorgegebene gesellschaftliche Rahmenbedingungen (historische Grundlegung z. B. der Familienfürsorge) und kritisch-politischem Selbstverständnis mit dem Ziel, eine Veränderung der gesellschaftlichen Lebensbedingungen zu bewirken und den Versuchen, das JA mit ausdrücklich politisch-aufklärerischem Selbstverständnis wirken und auftreten zu lassen.

Die Entwicklungsgeschichte des JA verläuft zeitgleich mit der des Wohlfahrtsamtes (*Sozialamt*) und des *Gesundheit*samtes, die allerdings nie umstritten waren. Im Juli 1922 verabschiedete der Reichstag ein RJWG. Mit dem Ziel der Zusammenfassung zersplitterter konkreter Hilfen für Kinder und der dafür verantwortlichen Regelungen der Kinderfürsorge wurde die Vereinheitlichung in einem Amt und in einem Gesetz schon zuvor angestrebt, allerdings bis zur Revolution 1918 nicht vollendet. Nach der Revolution gingen neben dem Gesichtspunkt der Zusammenfassung der Kinderfürsorge stärker politische Ansprüche in die Diskussion ein, nämlich aktiv-politische, demokratisierende, reformpädagogische Bestrebungen im JA zu verankern. Das RJWG von 1922 führte das JA als gesetzlich einzurichtende Dienststelle mit einem der herkömmlichen Verwaltung völlig widersprechenden Demokratisierungsansatz ein. Die JA-Leitung wurde nach § 9 RJWG durch einen hauptamtlichen leitenden Beamten und durch gewählte Vertreter der Öffentlichkeit zu einem gemeinsamen Entscheidungsgremium ausgebildet. Neben den Gesichtspunkt, den widerstrebenden freien Trägern (*Jugend- und Wohlfahrtsverbände*) die Angst vor einer Existenzgefährdung durch ein schlagkräftiges JA über die Mitsprache in diesem JA zu nehmen, trat 1922 das politische Moment der Demokratisierung des Verwaltungshandelns im Sinne der Reformpädagogik. Bereits 2 Jahre nach Verabschiedung des RJWG wurde 1924 – mit Hinweis auf die Finanznot des Reiches – das Gesetz geändert (Einführungsgesetz und Verordnung zum RJWG vom 14. 2. 1924). Danach konnten die Einrichtung der JÄ unterlassen und die Aufgaben durch andere Organisationseinheiten erledigt werden. Es ist angesichts der oben aufgezeigten Konfliktstoffe verständlich, daß daraufhin überhaupt nur wenige JÄ eingerichtet worden sind, deren Aufgaben i. d. R. streng an die verwaltungsüblichen Maßstäbe gebunden wurden. Durch ein Reichsgesetz 1939 wurde der Aufgabenkatalog bestehender JÄ vollends um alle pädagoischen Funktionen auf eine reine Eingriffsverwaltung reduziert. Erst nach Gründung der BRD wurde der Gedanke des JA in alter Form wieder aufgegriffen. Das RJWG von 1924 galt übergangsweise, bis mit der »Novelle« 1953 (Bundesgesetz zur Änderung von Vorschriften des RJWG vom 28. 8. 1953) u. a. das Demokratieprinzip in veränderter Form und die rechtliche Verpflichtung, JÄ einzuführen, wieder aufgegriffen wurden. Die dargestellten Probleme des JA im Gegensatz zu anderen Verwaltungseinheiten sind in milderer Form sowohl bezüglich denkbarer Konflikte aus pädagogisch-gesellschaftspolitischen Ansprüchen heraus als auch bezüglich der Demokratisierungsvorstellungen in der institutionellen Verflechtung von JA-Verwaltung und JHA in der Tendenz ähnlich geblieben. Innovation, Einmischung und gesellschaftspolitischer Veränderungswille als offensives Selbstverständnis eines Amtes bleiben untypisch und werden als Regelverletzung empfunden und manchmal auch geahndet (zur Entwicklung: Hasenclever, Jordan/Münder, C. W. Müller).

Es kann davon ausgegangen werden, daß in jeder kreisfreien Stadt und in jedem Landkreis in der Zwischenzeit ein JA eingerichtet ist. Dem Gebot, alle Aufgaben nach dem KJHG in dem JA der jeweiligen Kommunalverwaltung organisatorisch zusammenzufassen, wird aber keinesfalls überall entsprochen. Nicht selten sind der Aufgabenbereich des Kindergartens z. B. und der Horte beim Schulbereich angesiedelt, ab und zu erfüllen auch Kultur- und Sportämter Aufgaben der *Jugendarbeit*, und die zentrale Funktion der Bezirkssozialarbeit bzw. des *Allgemeinen Sozialdienstes* (ASD) wird noch immer nicht überall als Basis der gesamten JA-Arbeit erkannt und im JA angesiedelt. Eine Untersuchung ergab 1990, daß z. B. der ASD in 78% der Fälle im JA angesiedelt war, in 7,2% der Fälle als selbständiges Amt ressortierte, aber auch im Sozialamt, in einem gemeinsamen Jugend- und Sozialamt, im Gesundheitsamt auftauchte (Kreft/Lukas u. a., 146). Das Recht der kommunalen Selbstverwaltung, der kommunale Gestaltungsanspruch und historisch unterschiedliche Entwicklungen stehen weiterhin in Konkurrenz zum KJHG. *K. Wagner*

Literatur: Chr. Hasenclever: Jugendhilfe und Jugendgesetzgebung seit 1900, Göttingen 1978; E. Jordan/J. Münder (Hrsg.): 65 Jahre Reichsjugendwohlfahrtsgesetz, Münster 1987; Chr. J. Klumker: Jugendamt, in: HwSt Bd. 5, 4. Aufl., Jena 1923, 515–524; D. Kreft/H. Lukas u. a.: Perspektivenwandel der Jugendhilfe. 2 Bde., Frankfurt/M. [2]1993; C. W. Müller: Jugend-Amt. Geschichte und Aufgaben einer reformpädagogischen Einrichtung, Weinheim 1994; J. Münder u. a.: Frankfurter Lehr- und Praxiskommentar zum KJHG, Münster [2]1993; H. Schärpner: Geschichte der Jugendfürsorge, Göttingen 1966; W. Schellhorn/M. Wienand: Kommentar zum KJHG, Neuwied [2]1993; M.-R. Vogel: Die kommunale Apparatur der öffentlichen Hilfe, Stuttgart 1966; K. Wagner: Organsation kommunaler Sozialarbeit, Stuttgart 1981.

Jugendarbeit

1. Begriff: Um den Bereich der J. formal von anderen Handlungsfeldern der *Jugendhilfe* abzugrenzen, kann auf die Definition von Giesecke zurückgegriffen werden, wonach »Jugendarbeit diejenigen von der Gesellschaft Jugendlichen und Heranwachsenden angebotenen Lern- und Sozialisationshilfen (bezeichnet), die außerhalb von *Schule* und Beruf (*berufliche Bildung*) erfolgen, die Jugendliche unmittelbar, also nicht auf

dem Umweg über die Eltern, ansprechen und von ihnen freiwillig angenommen werden« (Giesecke 1983, 84f.). Neben der bereits von Giesecke angesprochenen Freiwilligkeit der Teilnahme werden der J. häufig noch folgende Eigenschaften zugesprochen: Verzicht auf Leistungskontrollen, Herrschaftsarmut, Altersheterogenität, Flexibilität der Angebote, Methoden und Kommunikationsformen, Orientierung an den Bedürfnissen der Jugendlichen, erfahrungsbezogene Lernfelder mit Offenheit zur Aktion, Gruppenorientierung. J. als Teil der Jugendhilfe bedient sich der Erkenntnisse und *Methoden der Sozialpädagogik* (z.B. Gespräch, vertiefte Einzelhilfe, Gruppenarbeit, Beratung, handlungsorientierte Angebote).

2. Träger: Hauptträger der J. sind – neben öffentlichen Trägern der Jugendhilfe (Jugendamt), *Wohlfahrtsverbänden* und Kirchen – die *Jugendverbände* (vgl. Böhnisch u.a. 1991; Damm u.a. 1990). Der Trägerpluralismus der Jugendhilfe kommt in der J. besonders stark zum Ausdruck. Der größte Teil der Freizeitangebote für junge Menschen wird von den Jugendverbänden bestritten. Sie unterhalten allein ca. 20000 Jugendfreizeitstätten und Jugendheime, wovon die Mehrzahl wiederum den konfessionellen Gliederungen gehört. Jeder Jugendverband setzt in seiner J. ganz spezifische inhaltliche Akzente, je nachdem ob es sich um einen Fachverband (z.B. Jugend des Deutschen Roten Kreuzes), Freizeitverband (Jugend des deutschen Alpenvereins), um eine konfessionelle (z.B. Katholische Junge Gemeinde), gewerkschaftliche (DGB-Jugend) oder politische Gruppierung (Junge Union etc.) handelt.
Die Form der *Gruppenarbeit* ist bei den Jugendverbänden das tragende Organisationsprinzip, allerdings leisten sie auch vielerorts »offene Jugendarbeit«, nachdem ihnen die Jugendzentrumsbewegung in den 70er Jahren und ein langsamer, aber anhaltender Rückgang der Mitgliederzahlen in den 80er Jahren deutlich machten, daß viele Jugendliche weniger an organisatorischen Dauerbindungen, sondern vielmehr an einzelnen Veranstaltungen bzw. themenbezogener Arbeit in Projekten interessiert sind. Die Freizeitindustrie und die Konkurrenz kommerzieller J., die vom Jugendclub der Reithalle bis zu den Computerzirkeln von Banken und Elektronikfirmen reicht, sind für die Jugendverbände eine programmatische Herausforderung.
Trotz einer Reihe offener Angebote dominiert in der verbandlichen J. die Gruppenstruktur. Anders ist es bei den öffentlichen Trägern. J. ist hier in großem Umfang offene und Jugendzentrumsarbeit. Der Alltag fordert zugleich eine umfassende praktische SozArb angesichts der Aufgaben: »Auseinandersetzung mit den Drogenproblemen, Betreuung von jungen Ausländern, Arbeit mit deklassierten Randgruppen und in sozialen Brennpunkten sowie Hilfen zur Bewältigung vorschulischer und schulischer Probleme, Integrationshilfen bei Arbeitslosigkeit und spezielle Beratung zum verbesserten Übergang von Schule und Beruf« (Arbogast/Tippel 1981, 25; auch Bauer 1991). Durch adressatenspezifische und stadtteilorientierte Angebote nähert sich die kommunale J. den Lebensbereichen der Jugendlichen und entwickelt Jugendhilfeprofile zwischen traditioneller »Jugendpflege« und moderner SozArb.

3. Historische Entwicklung: Parallel zur Entwicklung der bürgerlichen und der proletarischen Jugendbewegung (dazu Giesecke 1983) zeigten sich zu Beginn des 20. Jh. auch erste Ansätze einer organisierten staatlichen Einflußnahme auf den Freizeitbereich von Jugendlichen (staatliche Jugendpflege, vgl. Naudascher 1990). Insbesondere in Preußen sicherten entsprechende Erlasse (1901–1911) eine staatliche Förderung bürgerlicher Vereine. Erklärte Ziele dieser Förderung waren: Ausdehnung der sozialen Kontrolle auf den Freizeitbereich, Aktivierung und Motivierung Jugendlicher für Militär und Kriegsdienst, Zurückdrängung der Arbeiterjugendbewegung. Deutlich wird damit, daß weder »der Gedanke der Wahrnehmung der Interessen der Jugend noch der Wille, mögliche Veränderungen durchzusetzen, (...) für die Anfänge der sich im Rahmen der Sozialpolitik konstituierenden Jugendpolitik maßgebend waren, sondern der Wunsch, die Unruhe der Jugend um der eigenen politischen und sozialen Sicherheit willen unter Kontrolle zu bekommen« (Keil).
Auch in der Weimarer Republik konnte sich keine in ihren Zielen alternative staatliche Jugendförderung durchsetzen. Folgerichtig wurden auch die alten preußischen Erlasse nicht außer Kraft gesetzt; sie sollten weiter – wenn auch in »zeitgemäßer« Anwendung – Geltung behalten.
Hatte sich staatliche Jugendpflege bislang darauf beschränkt, ihre Zielsetzungen »indirekt«, also über die Subventionierung genehmer bzw. die Einschränkung und Entfaltungsmöglichkeiten kritischer Organisationen zu realisieren, so griff der deutsche Faschismus radikaler und direkter in diesen Bereich ein. Deutlich wird dies an der umfassenden Eingliederung der J. in den NS-Staat, dem Ausbau der Hitlerjugend zum allumfassenden »Staatsjugendverband«, der allgemeinen Jugenddienstpfllicht u.a.m. (*Geschichte der Sozialarbeit/Sozialpädagogik*, *Soziale Arbeit im Nationalsozialismus*).
Nach 1945 wurde in der staatlichen Jugendförderung der Versuch unternommen, in Zielsetzung und Struktur der Förderung an die Politik der Weimarer Republik anzuknüpfen. Das Hauptgewicht der Förderung lag dabei in der ersten Nachkriegszeit bei Maßnahmen zur Behebung der »Jugendberufsnot« (*Jugendarbeitslosigkeit*), später rückte die Förderung der »staatspolitischen Erziehung« (*Politische Bildung*) der Jugend in den Vordergrund.

4. Rechtliche Grundlagen: Gegenüber dem alten JWG werden die Aufgaben und Träger der J. im KJHG differenzierter beschrieben (§§ 11, 12) und dadurch tendenziell aufgewertet (vgl. Münder u.a. 1993; Bernzen 1991). Auch wird versucht, eine stärkere Absicherung der materiellen Ressourcen der J. zu erreichen. Verwirklicht werden soll dies einerseits durch eine klare

Zuordnung der J. zu den Leistungen der Jugendhilfe in § 2 Abs. 2 Nr. 1, andererseits durch die Verpflichtung des öffentlichen Trägers, von den für die Jugendhilfe bereitgestellten Mitteln einen angemessenen Anteil für die J. zu verwenden (§ 79 Abs. 2 S. 2 KJHG). Mit der Formulierung, daß »die zur Förderung der Entwicklung junger Menschen *erforderlichen Angebote zur Verfügung zu stellen*« (§ 11 Abs. 1 S. 1) sind, macht der Gesetzgeber deutlich, daß die Jugendhilfeträger hier eine Bereitstellungspflicht haben. Maßgebliches Instrument zur Umsetzung dieser Pflicht ist die *Jugendhilfeplanung* nach den §§ 80, 81 im Rahmen der Gesamtverantwortung des Jugendamtes nach § 79 KJHG. Diese hat u.a. sicherzustellen, daß im Bereich eines örtlichen öffentlichen Trägers der Jugendhilfe alle Schwerpunkte nach § 11 Abs. 3 auch vorzufinden sind. Weitere Bestimmungen zur J. finden sich in Landesjugendplänen und Jugendbildungsgesetzen einzelner Länder.
Die finanzielle Förderung der J. fällt in den Aufgabenbereich von Bund, Ländern und Gemeinden. Hier ist nicht nur aufgrund der unbestimmten Rechtsbegriffe des KJHG und der unterschiedlichen Leistungsfähigkeit und -bereitschaft der Kommunen und Länder ein starkes Gefälle festzustellen. Auch gegenüber den Aufwendungen für die Kindertagesbetreuung und die erzieherischen Hilfen wird die J. unterbewertet.

5. Arbeitsfelder: Im KJHG wird der Versuch unternommen, Schwerpunkte und Arbeitsfelder der J. zu benennen. Dazu gehören u.a. (vgl. § 11 Abs. 3 Z. 1 KJHG):
a) Politische J.: Diese soll junge Menschen zu demokratischem Denken und Handeln befähigen und dazu anregen, Gesellschaft und Staat mitzugestalten. Sie soll darüber hinaus die Bereitschaft zur Übernahme sozialer Verantwortung stärken.
b) Kulturelle J.: Hierzu werden Angebote gezählt, die die aktive und kritische Auseinandersetzung junger Menschen mit künstlerischen Gestaltungsformen, Massenmedien und den Erwerb musikalischer, darstellender und gestaltender Fertigkeiten fördern ((*Jugendarbeit, kulturelle*).
c) Arbeitsweltbezogene J.: In Ergänzung zu berufsvorbereitenden Angeboten von Schule und Arbeitsverwaltung soll J. hier junge Menschen durch Seminare, ausbildungs- und berufsbegleitende Lehrgänge, Praktika, Werkstattangebote etc. zusätzliche Hilfen beim Übergang von der Schule in den Beruf geben und bei besonderen Schwierigkeiten flankierend unterstützen (*Jugendsozialarbeit*).
d) J. in Geselligkeit, Spiel und Sport: Hier werden alle allgemeinen Freizeitangebote der J. zusammengefaßt, die die Entfaltung und Entwicklung junger Menschen fördern, ihre Fähigkeiten zu Aktivität, Kreativität, Aufbau sozialer Beziehungen in Gruppen etc. entfalten helfen. Diese Angebote und Lernfelder ergeben sich insbesondere im Rahmen von *Jugendfreizeitstätten*, Jugendherbergen, Zeltlagern, Fahrten, Spiel- und Bolzplätzen, Jugendgruppen.
e) Jugendberatung: Jungen Menschen sollen umfassende Angebote zur *Beratung* und Information über alle Fragen ihrer Entwicklung angeboten werden. Dabei sind auch die Probleme zu behandeln, die sie aufgrund ihrer Einbindung in Familie, Schule, Betrieb oder andere Institutionen zu bewältigen haben.
f) *Internationale* J.: Dieses Angebot für junge Menschen, andere gesellschaftliche Systeme, Kulturen und soziale Organisationsformen – und die Einstellungen und Verhaltensweisen der darin lebenden Menschen – kennenzulernen, soll Vorurteile abbauen ebenso wie den Willen zur internationalen Verständigung und Friedenssicherung stärken. Das bekannteste und umfassende Einzelprogramm in diesem Bereich ist das »Deutsch-Französische Jugendwerk«.
Diese Aufgliederung zeigt, daß nach dem neueren Verständnis von J. diese sowohl allgemeine (d.h. prinzipiell an alle Kinder und Jugendliche gerichtete) wie auch ergänzende (»kompensatorische«) Angebote für Gruppen benachteiligter bzw. besonders förderungsbedürftiger junger Menschen umfaßt.

6. Konzeptionen: Es war das Verdienst der insbesondere von Kentler beschriebenen problembewußten J. Ende der 50er Jahre, Lehrlinge und Jungarbeiter als Zielgruppe der J. zu »entdecken« und Jugendlichen aus dieser sozialen Gruppe »die Möglichkeiten zu geben, persönliche, berufliche und gesellschaftliche Probleme zu besprechen und Lösungswege zu finden« (Meinhold/Hollstein, 261).
In den späteren Theorieversuchen, die über diesen Ansatz hinausgehen und eine emanzipatorisch ausgerichtete J. (*Emanzipation*) zu begründen versuchten (Müller u.a. 1974; Giesecke 1983), wird deutlicher herausgearbeitet, daß die Situation der Jugendlichen in *Familie*, Schule und Betrieb in das Lernfeld J. ausdrücklich einbezogen und thematisiert werden muß, um – ausgehend von den sich hier ergebenden Konflikten und Spannungen – emanzipatorische Aktionen gegen entmündigende Einflüsse in Staat, *Gesellschaft*, Familie, Schule und Betrieb zu entwickeln. In der emanzipatorischen J. sollte damit der Versuch unternommen werden, politische und pädagogische Perspektiven miteinander zu verschränken. J. stellt sich aus dieser Sicht dar als ein Experimentierfeld zur Einübung neuer Fähigkeiten und Handlungsorientierungen und zur partiellen Vorwegnahme neuer Möglichkeiten der Lebens- und Freizeitgestaltung.
Während in den emanzipatorischen Ansätzen zu einer Theorie der J. die Zwänge der Herrschaftsstrukturen in unserer Gesellschaft kaum in den Rahmen einer differenzierten Analyse der Sozial- und Wirtschaftsstruktur der BRD (*Klasse/Schicht/Milieu*, *Sozialstruktur*) gestellt und keine präzisen politischen Zielvorstellungen entwickelt werden, gehen die Vertreter einer »antikapitalistischen« J. (insbesondere Lessing/Liebel 1975) davon aus, daß J. sich mit dem Widerspruch von Arbeit und Kapital, den daraus resultierenden Herrschaftsverhältnissen und deren Auswirkungen auf die Situation und die Lebenschancen der arbeitenden und lernenden *Jugend* zu beschäftigen habe.

Im Zusammenhang mit der antiautoritären Protestbewegung entstanden in größerem Umfang Basisinitiativen Jugendlicher, die im Freizeitbereich neue Modelle selbstbestimmter und selbstorganisierter J. (Jugendzentren, *Jugendwohngemeinschaften*, Lehrlingsaktionen) zu entwickeln suchten. Dieser Ansatz wird hier als »jugendeigener« bezeichnet, da er einen Versuch der Jugendlichen darstellt, soziale Probleme, insbesondere an der Freizeitsituation anknüpfend, in eigener Regie und eigener Verantwortung zu bewältigen.
Wenn auch viele dieser Ansätze und Versuche zur Reform der J. am Widerstand der Sozialbürokratie (*Bürokatie/Sozialadministration*) bzw. auch an ungelösten inneren Spannungen gescheitert sind, so sind doch von dieser neueren Bewegung wesentliche Impulse ausgegangen, die sich insbesondere in theoretischen und praktischen Überlegungen zur Entwicklung eines »bedürfnisorientierten« Ansatzes in der J. (Damm 1986) niedergeschlagen haben. Die empirisch vorfindbaren subjektiven Bedürfnisse bzw. Interessen der Jugendlichen sollen aufgegriffen und an deren Aufarbeitung ihre objektiven Interessen bewußtgemacht werden, wobei auch Handlungsstrategien zur Durchsetzung derselben vermittelt werden müssen.
Eine zusammenfassende Bewertung der neueren theoretischen Ansätze in der J. ist – insbesondere mit Blick auf die Praxis der J. – zweifelsohne vorsichtig, wenn nicht skeptisch zu formulieren. Denn: »In dieser Diskussion wird nicht der reale Standort der Jugendarbeit verhandelt, sondern eine gesellschaftliche Funktion der Jugendarbeit, wie sie aus den gesellschafts- und erziehungspolitischen Prämissen folgt, in die Zukunft projiziert« (Böhnisch/Schefold, 57). Hieraus folgt, daß die heute gegebenen strukturellen, institutionellen und/ oder organisatorischen Rahmenbedingungen für die Praxis der J. vernachlässigt wurden, zumindest aber den Transformationsproblemen zu wenig Beachtung geschenkt wurde.
Eine weiter gehende Analyse der Rahmenbedingungen der Praxis der J. könnte zudem aufzeigen, daß die Forderung progressiver, emanzipatorischer, antikapitalistischer und anderer Entwürfe fortschrittlicher J. Anforderungen an Bewußtsein und Handlungsmöglichkeiten der Praxis stellen, die heute nur in wenigen Bereichen eingelöst, sicherlich auch von der Mehrzahl der etablierten Trägerorganisationen der J. und Jugendhilfe nur in stark abgeschwächter Form akzeptiert werden. Trotz beachtlicher theoretischer Anstrengungen wird die Praxis der J. über weite Strecken noch bestimmt durch die Hilflosigkeit von Gruppenleitern bei der Auswahl von Inhalten und Methoden der Vermittlung, durch unstrukturierte Angebote und den Mangel an praxiserprobten Curricula. Mit diesen Feststellungen werden gleichwohl die neuen Ansätze und Fragestellungen nicht bedeutungs- und funktionslos: Sie können als Maßstab dienen, um die Diskrepanzen zwischen Ist und Soll, zwischen Lernziel und Status quo aufzuweisen und die Richtung der Veränderungen anzugeben.
Als eine Konsequenz der nur teilweise gelungenen theoretischen Fundierung der J. haben sich in den letzten Jahren Ansätze herauskristallisiert, die aus praktischen Problemen der J. heraus eher pragmatisch-experimentierend zu neuen Angebotsformen kommen wollen. Hierzu gehören v.a. neue Entwicklungen und Akzentsetzungen im Bereich der musisch-kulturellen, der politischen und der medienbezogenen J. Es zeigt sich die Tendenz, J. von einer unverbindlichen Freizeitaktivität einerseits und einer primär kognitiv-vermittelnden Jugendbildungsarbeit andererseits zu lösen, um somit auch kritische Sozialisationsinhalte (emanzipatorischer Anspruch) über »jugendgemäße« Angebotsformen (Spiel, Theater, Musik, Medienarbeit etc.) zu vermitteln. Damit werden auch Konsequenzen aus der Feststellung gezogen, daß anspruchsvollere Inhalte Jugendliche nicht erreichen, wenn Vermittlungsformen gewählt werden, die Assoziationen zum schulischen Unterricht, zu fremdbestimmtem Lernen aufkommen lassen.
Wesentliche Impulse für ein kritisches Nachdenken über und das Entwickeln neuer Ansätze ergaben sich auch aus dem Bemühen, neben allgemeinen, d.h. im Prinzip für alle Jugendlichen offenen Angebote zunehmend auch solche zu entwickeln, die auf bestimmte – bislang eher vernachlässigte – Zielgruppen ausgerichtet sind. Dieser neue Arbeitsansatz schlägt sich v.a. auch nieder in den Ansätzen einer mädchenspezifischen, feministischen (*Mädchen*) J. (vgl. dazu Savier/Wildt 1978; Eichelkraut/Simon 1984; Trauernicht 1986). Zielgruppenorientierungen werden auch entwickelt für die J. mit arbeitslosen oder ausländischen Jugendlichen bzw. Jugendlichen im ländlichen Raum (*Ausländer/ Jugendarbeitslosigkeit*), sozial auffälligen bzw. gewaltbereiten Jugendlichen (Hoppe u.a. 1979; Kraußlach u.a. 1985; Specht 1979) und Kindern bzw. jüngeren Jugendlichen (Deinet 1989; Lücke-Projekt 1984).
Eine neuere Diskussion hat auch die zunehmende Einbeziehung der J. in dem Bereich der »kompensatorischen Aufgaben« hervorgerufen. So warnt beispielsweise Giesecke (dj, 409) vor einer »Sozialpädagogisierung der J.«. Dem wird auf der anderen Seite entgegengehalten, daß, wenn J. sich mit wesentlichen Lebenssituationen und zentralen Problemen der heranwachsenden Jugend nicht ernsthaft beschäftigt und hierfür spezifische Angebote entwickle, sie ihre Glaubwürdigkeit verlöre und sich ins Abseits stellen würde. Aus dieser Position ergibt sich auch die Forderung an J., in einer zerstörten bzw. von Zerstörung bedrohten Lebensumwelt wieder Ganzheitlichkeit zum Prinzip werden zu lassen, was bedeuten kann, Arbeit, Umwelt und Kultur »neu zu entdecken«, kritisch zu erarbeiten und wieder aufeinander zu beziehen. Vor allem aus Praxisbeispielen der Jugendhilfe abgeleitet, hat sich in den letzten Jahren unter dem Begriff »Einmischungsstrategie« (Mielenz 1981) ein neues Handlungsverständnis entwickelt, das darauf abzielt, lebensweltorientiert konkrete Hilfen als Voraussetzungen für ein selbstbestimmtes Leben anzubieten.
Diese neuen Diskussionen und Entwicklungen weisen

auf ein Spezifikum von J.: Sie kann – im Unterschied zu anderen Handlungsfeldern der Jugendhilfe – nicht »verordnet« werden. Hier bedarf es der ständigen Sensibilität für Interessen, Lebenslagen und Probleme junger Menschen, der adäquaten Ansprache und der partnerschaftlichen und solidarischen Auseinandersetzung mit der Lebensrealität junger Menschen. Das bedeutet dann zugleich für J. auch eine Chance prinzipieller Offenheit und Veränderbarkeit. *E. Jordan*

Literatur: C. Arbogast/R. Tippelt: Jugendarbeit (Reihe Praxisfelder der Sozialarbeit/Sozialpädagogik), München 1981; B. Bauer: JugendHaus, Geschichte, Standort und Alltag offener Jugendarbeit, Weinheim 1991; C. Bernzen: Zukunft der Jugendarbeit, in: Wiesner/Zarbock 1991, 230–266; L. Böhnisch/W. Schefold: Die gegenwärtige Diskussion um ein neues Praxisverständnis der Jugendarbeit, in: L. Böhnisch (Hrsg.): Jugendarbeit in der Diskussion, München 1973; L. Böhnisch/H. Gängler/T. Rauschenbach (Hrsg.): Handbuch der Jugendverbände, München 1991; D. Damm/J. Eigenbrodt/B. Hafeneger (Hrsg.): Jugendverbände in der BRD, Neuwied 1990; D. Damm: Die Praxis bedürfnisorientierter Jugendarbeit. Projekte und Anregungen, München [2]1986; H. Deinet: Hortarbeit im Jugendhaus, in: deutsche jugend 9/1989, 398–406; R. Eichelkraut/A. Simon: Neue Wege der Jugendarbeit mit Mädchen (Expertise zum 6. Jugendbericht), Opladen 1984; M. Faltermeier (Hrsg.): Nachdenken über Jugendarbeit, München 1985; H. Giesecke: Die Jugendarbeit, München [6]1983; H. Giesecke: Wozu noch Jugendarbeit?, in: deutsche jugend 10/1984, 443–449; W. Hollstein/M. Meinhold: Theorie und Praxis der Jugendarbeit, in: Neue Praxis 4/1975, 279–289; J.R. Hoppe/M. Hespos/H. Stapelfeld: Alltag im Jugendclub. Vom Umgang mit den Jugendlichen, von Freizeitaktivitäten und Starthilfen für den Beruf, München 1979; Institut für Sozialarbeit und Sozialpädagogik (Hrsg.): Projekte im Aktionsprogramm gegen Aggression und Gewalt; Info-Dienst 1/1992, Berlin/Frankfurt/M. 1992 (ISS 1992); A. Keil: Jugendpolitik und Bundesjugendplan. Analyse und Kritik der staatlichen Jugendförderung, München 1969; J. Kraußlach/F.W. Düwer/G. Fellberg: Aggressive Jugendliche. Jugendarbeit zwischen Kneipe und Knast, München [5]1985; H. Lessing/M. Liebel: Jugend in der Klassengesellschaft. Marxistische Jugendforschung und antikapitalistische Jugendarbeit, München [2]1985; Lücke-Projekt: Die Lücke-Kinder. Zur Freizeitsituation von 9–14jährigen, Weinheim 1984; M. Meinhold/W. Hollstein: Erziehung und Veränderung. Entwurf einer handlungsbezogenen Sozialisationstheorie, Neuwied/Darmstadt 1975; J. Mielenz: Die Strategie der Einmischung, in: Neue Praxis, Sonderheft 6/1981; C.W. Müller/H. Kentler/K. Mollenhauer/H. Giesecke: Was ist Jugendarbeit? Vier Versuche zu einer Theorie, München [8]1977; J. Münder u.a.: Frankfurter Lehr- und Praxiskommentar zum Kinder- und Jugendhilfegesetz, Münster [2]1993; B. Naudascher: Freizeit in öffentlicher Hand. Behördliche Jugendpflege in Deutschland von 1900–1980, Düsseldorf 1990; M. Savier/C. Wildt: Mädchen zwischen Widerstand und Anpassung. Neue Ansätze in der feministischen Jugendarbeit, München 1978; W. Specht: Jugendkriminalität und mobile Jugendarbeit. Ein stadtteilbezogenes Konzept von Street Work, Neuwied 1979; G. Trauernicht (Hrsg.): Mädchenforschung in der Jugendhilfe, Münster 1986.

Jugendarbeit, kulturelle (k.J.)

Innerhalb der verschiedenen Formen der *Jugendarbeit* (offene, mobile, verbandliche) akzentuiert k.J. i.e.S. den Umgang Jugendlicher mit medialen und ästhetischen Gegenständen und Ereignissen – gleichwohl es immer wieder zu Überschneidungen zwischen den verschiedenen Formen der Jugendarbeit kommt. So gibt es kaum eine offene, mobile oder verbandliche Jugendarbeit, die nicht auch mediale und ästhetische Elemente berücksichtigt. Indessen handelt es sich bei Jugendkulturarbeit um ein auf den Umgang, auf das Experimentieren, auf das Aneignen und Gestalten des Ästhetisch-Medialen besonders spezialisiertes Segment (*Ästhetik*), in das nicht nur die kulturelle Kompetenz von Jugendlichen selbst, nicht nur die Reflexions- und Handlungskompetenz von SozPäd/SozArb, sondern in mindestens ebenso starkem Maße das Kompetenzprofil von Künstlern, Medienpädagogen, Designern usw. einfließen. Entstanden in der Jugendbewegung der Jahrhundertwende, hat sich Jugendkulturarbeit v.a. auf die Artikulation jugendeigener Ausdrucksformen bezogen, wie sie in musisch-ästhetischen Sparten gepflegt werden konnten: *Musik*, Tanz, Theater, bildnerisches Gestalten usw. Hierbei ging es nicht um die Einhaltung professioneller Standards, sondern um die Entwicklung einer »selbstbewußten Spielunvollkommenheit«, ja des Laienhaften und Dilettantischen. Die Ausgestaltung des spezifischen jugendlichen »Lebensgefühls« bediente sich bereits vorhandener Ausdrucksweisen, überformte und veränderte diese jedoch durch neu entwickelte Symbole und Verständigungsformen. Dadurch sicherte sich *Jugend* einen Binnenraum der Gleichaltrigengesellung, der v.a. der Artikulation von medial und ästhetisch vermittelten Erlebnissen und Ereignissen diente, die für diese Lebensphase typisch – auch: generationentypisch – waren. In der Zeit nach dem 2. Weltkrieg, zu Beginn der 70er Jahre, erweiterte sich der bis dahin stark auf das Erleben und das Gestalten musisch-ästhetischer Gegenstände beschränkte Horizont der Jugendkulturarbeit um die Dimension des Politisch-Öffentlichen. Ästhetisch-mediale Praxis wurde nicht nur in ihrer Immanenz, nicht nur in ihrer Relation zur anerkannten Hochkultur der professionellen Opernhäuser und Theater, sondern im Kontext populären Geschmacks und politischer Beteiligung gesehen. Ausdruck dieser Ausweitung des Selbstverständnisses sind Kulturinitiativen, soziokulturelle Zentren, Stadtteilzentren, Straßentheater usw. – kurz: alle jene Formen ästhetischen Ausdrucks, die sich thematisch und formal durch eine große Nähe zu alltäglichen Lebenswelten und aktuellen politischen Fragen auszeichnen. Ein wichtiger Traditionsbestand ist beispielsweise die *Internationalität* bzw. Multikulturalität: Jugendkulturarbeit gibt der Vielfalt der Kulturen Raum und verteidigt die Idee der friedlichen Koexistenz gegen nationalistische und rassistische Beschränktheiten (»Rock gegen Rechts«). Zugleich setzt sie sich der Jugendkulturkritik immer dann aus, wenn die an Humanität, Toleranz und Respekt orientierten demokratischen Werte durch Form oder Inhalt ästhetisch-medialer Praxis außer Kraft gesetzt werden. Jugendkulturarbeit zu Beginn der 90er Jahre zentriert sich indessen nicht mehr nur um das spezifisch Jugendliche; denn je stärker die Jugendphase entstrukturiert ist, je weniger lassen sich spezifische ästhetische Besonderheiten ausmachen. Zwar bleibt sie um den Kern ästhetisch-praktischer Aneignung und Gestaltung bezogen, aber sie wendet sich nicht nur in Negation von Hochästhetik ab; zwar behält sie Fragen der politischen Teilhabe im Auge, hat aber den Bezug von Ästhetik und Kommunikation gelockert; zwar räumt sie dem Dilettantischen Platz ein, ermöglicht aber auch Orientierung an den Perfektionsidealen der Kulturindustrie. Sie wird zur Kulturarbeit (*Kulturarbeit, soziale*). Sie hat sich ebenso pluralisiert, wie sich die Lebens- und Geschmacksformen der Gesellschaft insgesamt vervielfältigt haben. Im Kontext sozialpädagogischer Arbeitsfelder gewinnt sie besonders deutlich an Boden, wo es um die gemeinsame Bewältigung individueller Problemlagen geht – etwa als Theater- und Revuearbeit mit Drogenabhängigen, als Rockmusikarbeit mit Hauptschülern, als Tanzwerkstattarbeit mit *Mädchen* usw. Hier, in der Möglichkeit der Vergemeinschaftung und Individualisierung durch ästhetisch-mediale Praxis, findet Kulturarbeit ihren festen Platz, den sie in der *Jugendhilfe* einmal hatte, zurück. *R. Treptow*

Literatur: H.D. Kübler/S. Kuntz/Ch. Melchers: Angst wegspielen. Mitspieltheater in der Medienerziehung, Opladen 1987; H. Lessing u. a. (Hrsg.): Lebenszeichen der Jugend. Kultur, Beziehung und Lebensbewältigung im Jugendalter, Weinheim/München 1986; S. Müller-Rolli (Hrsg.): Kulturpädagogik und Kulturarbeit. Grundlagen, Praxisfelder, Ausbildung, Weinheim/München 1988; R. Nachtwey: Pflege, Wildwuchs, Bricolages. Ästhetisch-kulturelle Jugendarbeit, Opladen 1987; R. Treptow: Kulturelle Aktivitäten und Produktivitäten der Jugendhilfe unter regionalen Gesichtspunkten, in: Sachverständigenkommission 8. Jugendbericht (Hrsg.): Lebensverhältnisse Jugendlicher. Zur Pluralisierung und Individualisierung der Jugendphase. Bd. II, München 1990, 193–290; R. Treptow: Bewegung als Erlebnis und Gestaltung. Zum Wandel jugendlicher Selbstbehauptung und Prinzipien moderner Jugendkulturarbeit, Weinheim/München 1993; J. Zinnecker: Literarische und ästhetische Praxen in Jugendkultur und Jugendbiographie, in: Jugendwerk der Deutschen Shell (Hrsg.): Generationen im Vergleich. Bd. II: Freizeit und Jugendkultur, Opladen 1985, 143–348.

Jugendarbeit, Mobile (MJA)

Das Konzept der MJA entstand in der BRD in den 60er Jahren als ein gruppen- und lebensfeldbezogener Jugendarbeits- bzw. Jugendberatungsansatz.

Zum einen stellte es eine praktische Kritik an den im Bereich der *Jugendhilfe* dominanten individualisierenden Hilfskonzepten dar; zum anderen ist es der ständige Versuch einer Kompensation von Teilaspekten der Krise in der offenen *Jugendarbeit*. Offene Jugendarbeit erklärt sich vielfach für unzuständig und inkompetent, gefährdeten Jugendlichen gerecht zu werden. Ausgrenzungen von Jugendlichen mit bestimmten Problemen werden so legitimiert. Nichtbedürfnisorientierte Angebote, starre, verregelte Raumkonzepte und ein Festhalten an der »Komm«-Struktur begründen des weiteren nichtzustande gekommene Berührungen zwischen Pädagogen und zuwendungsbedürftigen Kindern und Jugendlichen. Die Frage nach der Kontaktmöglichkeit des Pädagogen mit Straßenkindern und aggressiven, delinquenzbelasteten oder drogengefährdeten Jugendlichen stellt sich damit in gleicher Weise sowohl für die meist wohnbereichsfernen und mittelschichtsorientierten Beratungsstellen (*Beratung*) als auch für die von »auffälligen« Jugendlichen eher unberührten oder entleerten *Jugendfreizeitstätten*.

Heute stellt MJA im Rahmen des KJHG (§§ 11, 13, 29) ein niederschwelliges Jugendhilfekonzept dar, das einerseits durch seine Lebensweltorientierung im Alltag von Kindern und Jugendlichen ambulante Freizeit- und Beratungsangebote bereitstellt bzw. miteinander vernüpft und andererseits stationäre Unterbringung vermeiden hilft.

Die Position MJA im System der Jugendhilfe wird mit den folgenden 4 Thesen etwas genauer beleuchtet:

1. MJA als ein Bereich zwischen offener Jugendarbeit und *Jugendsozialarbeit* ist eine offene sozialpädagogische Handlungsstrategie, die in ihren zielgruppen- und lebensfeldorientierten Ansätzen versucht, primär für und mit gefährdeten Jugendlichen, also z.B. allein gelassenen, extremistischen, arbeitslosen, suchtgefährdeten, aggressiven oder bereits delinquenzbelasteten Jugendlichen, Jugendlichen mit lebensresignativen Tendenzen (Sinnkrise), Beratungs- und Hilfsangebote zu entwickeln.

2. MJA geht von einem mit den Zielgruppen parteilichen und geschlechtsspezifischen Konzept aus und praktiziert *Streetwork*, Einzelberatung, Gruppen- und Gemeinwesenarbeit (*Methoden der Sozialarbeit/Sozialpädagogik*). Dies bedeutet Arbeit im Lebensfeld der Jugendlichen, in den meist cityzentrierten Verelendungszonen der Städte ebenso wie im Stadtteil, in Mittelstädten und in ländlichen Regionen, in der Gemeinde, in multikulturellen Kontexten, in *sozialen Brennpunkten*, auf der Straße, in Jugendhäusern, auf Bahnhöfen und im Fußballstadion, in Clubs und Beratungszentren, in der Disco; meint Arbeit in der jugendlichen Straßengruppe (Clique, »Bande«) und v.a. mit ihren informellen Führern; meint Arbeit mit den Bezugsgruppen der Jugendlichen (*Familie*, Nachbarn/Nachbarschaft, Bewohner, *Schule*, Betrieb, Polizei, *Jugendamt*, Gericht und *Öffentlichkeitsarbeit; Netzwerke, soziale*).

3. MJA betont die Wahrnehmung von Bewohnerinteressen und die Veränderung von sozialökologischen Lebensbedingungen (*Sozialökologie*), so daß soziale Probleme stärker in ursächlichen Zusammenhängen angegangen werden. Bei diesem präventiven Aspekt

spielt das Moment der gemeinde- bzw. stadtteilöffentlichen Behelligung, Mobilisierung und Beteiligung der Bewohner an Problemlösungsstrategien eine zentrale Rolle. Durch den damit auch angestrebten Aufbau einer informellen Sozialkontrolle durch Bewohner sollen gleichzeitig immer weniger staatliche Sanktionspotentiale aktiviert werden müssen.
Sofern in der notwendigen Kooperation mit öffentlichen Kontrollinstanzen (z.B. Polizei, Jugendamt) von diesen gegen den Jugendlichen (wenn auch »zu seinem Wohl«) rechtliche Eingriffe vorgenommen werden, versteht sich MJA als ein nichtjustitiell definierter anwaltlicher Ansatz, d.h., er sollte stets von hoheitlichen Aufgaben frei bleiben, da die zentrale Grundlage der Arbeit das Vertrauen zwischen Jugendlichen und Pädagogen darstellt.

4. MJA versucht, den Jugendlichen ein politisches Verständnis ihrer Lage zu vermitteln. Dem Konzept emanzipativer Lernschritte (*Emanzipation*) in der MJA (Specht 1979) folgend, soll der einzelne Jugendliche durch erlebnisorientierte Erfahrungen (*Erlebnispädagogik*) aus problembedingten Einschränkungen und Fesselungen (z.B. Isolation, Sucht, Strafe) durch einen zunehmend gelingenden Alltag und wachsendes Selbstbewußtsein herausgeführt werden, so daß für ihn die Voraussetzungen für ein selbstverantwortliches Handeln auch in politischer Hinsicht erfüllt werden.

Andere Bezeichnungen für diesen Jugendarbeitsansatz, die während der letzten Jahre ebenfalls verwendet wurden, sind »zielgruppenorientierte«, »bedürfnisorientierte« oder »lebensfeldbezogene« Jugendarbeit. Eine Gemeinsamkeit mit dem oft sehr verkürzten Lernkonzept von »*Straßensozialarbeit*« ist in dem Bereich gegeben, wo der Jugendarbeiter auch – aber eben nur auch – auf die Straße geht. Denn bei der Bezeichnung »Straßensozialarbeit« handelt es sich um eine wenig treffende Übersetzung des aus den USA stammenden Begriffs »street work«, der ausschließlich in der Arbeit mit jugendlichen Banden entwickelt wurde. Findet heute in der BRD »Sozialarbeit auf der Straße« statt, dann handelt es sich zunächst lediglich um die Frage des Zugangs, der Kontaktaufnahmemöglichkeit zu ganz bestimmten Zielgruppen (z.B. Straßenkinder, jugendliche Straßenbanden, Drogenabhängige, Obdachlose, Treber, Arbeitslose, Stricher), an die man anders offensichtlich nicht herankommt. Neben der Kontaktaufnahme und Einzelberatung gelingt es hierbei häufig, wichtige Informationen über Hilfemöglichkeiten weiterzugeben. Dennoch bleibt die Realisierung von Beratung, Unterstützung oder gar Therapie vor Ort sehr begrenzt oder ist unmöglich. »Warme Gespräche« allein reichen meist nicht aus. Entscheidende Handlungen, die Bestandteil eines umfassenden Jugendarbeits-, Beratungs- oder Gemeinwesenarbeitskonzeptes darstellen, müssen daher folgen.
Die Zunahme jugendlicher Cliquen- und Bandenbildung und von Berichten über gestiegene Gewaltbereitschaft Jugendlicher haben die Relevanz der MJA als einer weichen, wenngleich konsequenten Antwort darauf eminent erhöht und den Bedarf nach nationalem und internationalem fachlichen Austausch unter Mobilen Jugendarbeitern verstärkt. Hinzu kam das Auftauchen von Straßenkindern in Deutschland und in anderen europäischen Ländern seit etwa 1990. Bis zu diesem Zeitpunkt war die Existenz von Straßenkindern primär ein Thema der Dritten Welt. Dies führte 1993 zur Gründung der International Society for Mobile Youth Work (ISMO), Stuttgart, die vor allem den internationalen Erfahrungsaustausch unter Praktikern, Wissenschaftlern und politisch Verantwortlichen fördert.

W. Specht

Literatur: M.W. Klein: Streetgangs and Street Workers, Englewood Cliffs 1971; W. Miltner: Street Work im Arbeiterviertel, Neuwied 1982; U. Piaszczynski: Mobile Jugendarbeit mit rechtsextrem orientierten Jugendlichen in Baden-Württemberg, in: Aus Politik und Zeitgeschichte. Beilage zur Wochenzeitung »Das Parlament«, B 46–47/1993; W. Specht: Jugendkriminalität und Mobile Jugendarbeit, Neuwied 1979; W. Specht: Jugendliche Banden und Präventionsprogramme in den USA, in: Neue Praxis 2/1984; W. Specht: Drogenproblematik und Hilfsmöglichkeiten. Studienbriefe Diakonie D 13, Stuttgart 1992; W. Specht (Hrsg.): Die gefährliche Straße. Jugendkonflikte und Stadtteilarbeit, Bielefeld 1991; W. Specht (Hrsg.): Straßenfieber, Stuttgart 1991; I.A. Spergel: Street Gang Work. Theory and Practice, Reading/Mass. 1966; W. Steffan (Hrsg.): Straßensozialarbeit, Weinheim 1989; VHS Videocassette (21 Min.): Mobile Jugendarbeit. Diakonisches Werk der EKD, Stuttgart 1992 (Lehrfilm).

Jugendarbeitslosigkeit

Entwicklung und Ursachen: J. bezeichnet die Berufsnot einer steigenden Zahl von Jugendlichen, denen es nicht oder nur schwer gelingt, einen Ausbildungs- bzw. Arbeitsplatz zu finden. Waren 1973 in der BRD 20960 Jugendliche unter 20 Jahren arbeitslos gemeldet, stieg ihre Zahl bis Juni 1993 in den alten Bundesländern auf 63381. Am stärksten betroffen ist die Altersgruppe der 20- bis 25jährigen. Die offiziellen Zahlen über J. spiegeln nur einen Teil des Problems wider, da hier nur die Jugendlichen erfaßt werden, die sich beim Arbeitsamt arbeitslos melden. Die Dunkelziffer der arbeitslosen Jugendlichen dürfte die offiziellen Zahlen wenigstens verdoppeln, wenn ausländische Jugendliche und »freiwillige Verzichte« mit eingerechnet werden. Besonders hoch ist hierbei der Anteil der jungen Frauen, die auf einen Ausbildungs- bzw. Arbeitsplatz verzichten und sich auf ihre traditionelle Rolle als zukünftige Hausfrau und Mutter mehr oder weniger freiwillig zurückdrängen lassen. Ebenfalls kaum erfaßt sind ausländische Jugendliche, die zusätzlich auf den Arbeitsmarkt drängen (Ausländer).
Durch den Fall der Mauer setzte eine neue Entwicklung in der J. ein. Der erhebliche Abbau von betrieblichen Arbeitsplätzen durch den durchgreifenden Strukturwandel ging mit der Verringerung von betrieblichen Ausbildungsplätzen einher, wozu die Unterstellung der

Betriebsberufsschulen unter kommunale Hoheit (zum 1.9.1990) sowie die Auslagerung der betrieblichen Ausbildung an außerbetriebliche Weiterbildungsträger beitrugen. So gab es vor der Wiedervereinigung offiziell keine J. in der DDR. In den neuen Ländern stieg der Anteil von arbeitslosen Jugendlichen unter 20 Jahren in nur 4 Jahren von Null auf 6,1%, Stand Juni 1993. In den alten Bundesländern lag die Quote im Juni 1993 bei 6,0%. Der Anteil der 20- bis 25jährigen Arbeitslosen lag in den neuen Bundesländern im Juni 1993 bei 14,6%. Das sind Jugendliche, die z.T. noch vor der Wende ihre Berufsausbildung abgeschlossen haben. Hier kann also nur vermutet werden, wo die noch nicht begonnene berufliche Karriere geendet hat. Hinzu kommt die Zahl der Jugendlichen, die ihre Ausbildung, bedingt durch die Schließung ihrer Ausbildungsbetriebe, nicht zum Abschluß bringen konnten. Zu den arbeitslosen jungen Menschen zählen außerdem Schulabgänger niederer Klassen (9. Klasse und darunter), die in der DDR größtenteils eine Teilfacharbeiterausbildung absolvierten, wobei dieser Abschluß jedoch nicht nach dem Berufsbildungsgesetz anerkannt und daher auch auf dem Arbeitsmarkt kaum verwertbar ist.

Vor diesem Hintergrund verringern sich die Chancen für Jugendliche ohne abgeschlossene Berufsausbildung entscheidend, einen qualifizierten Arbeitsplatz zu finden. Erschwerend wirkt sich dabei der Verdrängungseffekt »von oben« aus, da Abiturienten in die berufliche Ausbildung drängen und somit Plätze besetzen, die ehemalige Realschüler eingenommen hatten. Hier konkurrieren sie wiederum mit Hauptschülern um Ausbildungsplätze. Für Jugendliche ohne Hauptschulabschluß und Sonderschüler bleiben kaum noch Chancen, wenn man gleichzeitig den Rückgang der Ausbildungs- und Arbeitsplätze in Rechnung stellt. Das Ausweichen auf unqualifizierte Arbeitsplätze nutzt in dieser Situation wenig. Diese Arbeitsplätze sind am krisenanfälligsten und von Rationalisierung bedroht.

Neben fehlender Berufsausbildung wird Langzeitarbeitslosigkeit sowohl in den alten als auch in den neuen Bundesländern zum zunehmenden Vermittlungshemmnis für Jugendliche.

Weder demografische Entwicklung allein noch die mangelnde schulische Qualifikation vieler Jugendlicher sind ursächlich für die J. verantwortlich. Jugendliche zählen heute aufgrund struktureller Änderungen des Arbeitsmarktes, ausgelöst durch den Einsatz arbeitssparender Technologien, generell zu den »Problemgruppen des Arbeitsmarktes«. Entsprechende Änderungen zeichneten sich bereits in den 60er Jahren ab, in denen ein eklatanter Mangel an Facharbeitern herrschte. Um diesem Arbeitskräftemangel zu begegnen, wurde bereits in jener Zeit verstärkt in Rationalisierungsmaßnahmen und arbeitssparende Technologien investiert. Konjunkturelle Schwankungen und die technologische Entwicklung haben diesen Trend verstärkt. Diesem Vorschlag entspricht die »Einzelwirtschaftliche Rationalität«, nach der sich der Betrieb weitgehend von Umwelteinflüssen zu befreien sucht, um damit auch eine Abhängigkeit vom Arbeitsmarkt soweit wie möglich zu reduzieren. Davon abhängig zeigt sich heute zunehmend eine Polarisierung der Belegschaft in Stamm- und Randbelegschaften ab. »Jugendliche zählen, wie Frauen und Ausländer, überwiegend zur Randbelegschaft, da ihnen, ... – bezogen auf betriebliche Arbeitserfordernisse – ... eine ... fachliche ..., betriebliche ... und verhaltensbezogene Qualifikation, die zur Ausübung industrieller Arbeit erforderlich sind, fehlt« (Olk/Leppin, 230f.).

Darüber hinaus sind Jugendliche durch Berufsschulpflicht (*Schule*), *Jugendarbeitsschutz* sowie Wehrdienst nicht im selben Maße produktiv einsetzbar wie ihre erwachsenen Kollegen. Ähnliche Gründe gelten auch für die Verringerung des Ausbildungsplatzangebotes. Mit dem *Berufsbildungsgesetz* (1969) hat sich die betriebliche Ausbildung verteuert, sind die Anforderungen an die Qualität der Ausbildung gestiegen. Für viele Betriebe entfiel damit der Anreiz, über ihren Bedarf hinaus auszubilden. Sie reduzierten ihre Ausbildungskapazitäten und paßten ihre Ausbildung stärker an die eigene Personalplanung und ihren Facharbeiterbedarf an. Dagegen verhielt sich das Handwerk »antizyklisch«, indem es sein Ausbildungsplatzangebot ausweitete, und dies auch in Berufen, die kaum noch Zukunftschancen haben. Die somit falsch ausgebildeten Jugendlichen finden allenfalls als Ungelernte Arbeitsplätze in der Industrie. Aus ihnen rekrutieren größere Betriebe, oft über eigene Weiterbildungsmaßnahmen, Mitarbeiter für ihre »Stammbelegschaft«. Diesen Jugendlichen kommt aber immerhin der »Sozialisationseffekt« einer betrieblichen Ausbildung zugute. Die Strukturanpassung der ostdeutschen Betriebe und Industriezweige folgt genau diesem Prozeß.

Folgen: Die Folgen dieser Entwicklung sind für die betroffenen Jugendlichen fatal. Das Recht der freien Berufswahl gilt für eine ganze Generation faktisch nicht mehr. Es besteht die Gefahr, daß diese Jugendlichen um ihre Zukunfts- und Lebenschancen betrogen werden. Immer stärker lastet auf ihnen Konkurrenzdruck im Kampf um Zensuren und Arbeits- bzw. Ausbildungsplätze, der sich immer häufiger in Resignation und Apathie auswirkt (Jugendprotest im demokratischen Staat, Bonn 1983).

Maßnahmen: Um dieser Situation zu begegnen, wurde von Bund und Ländern (und der EG) in den letzten Jahren eine Reihe von Maßnahmen entwickelt (*Soziale Arbeit und Arbeitsmarkt*). Sie umfassen Finanzierungsprogramme zur Subvention von Ausbildungsplätzen in Betrieben und bei freien Trägern, insbesondere in strukturschwachen Regionen; Finanzierung von Grundausbildungs-, Förderungs- und Eingliederungslehrgängen; bildungspolitische Maßnahmen, die mit Hilfe der Verlängerung der Schulzeit und der Einführung mehr berufsorientierter Ausbildungen die schulische und berufliche Qualifikation der Jugendlichen verbessern sollen. Gleiches gilt für die Maßnahmen »Arbeit und Lernen«. Träger der oft über die BA finanzierten Maßnahmen sind zum großen Teil die freien Träger der Jugendhilfe (*Träger der Sozialen Arbeit*).

Funktion der Jugendhilfe: Die Funktion der Jugendhilfe und ihr Beitrag im Rahmen der Maßnahmen gegen die J. ist nach wie vor umstritten (3. AGJ-Gespräch, Bonn 1986). Noch zu häufig beschränkt sich die Jugendhilfe auf die Verminderung der Folgen der J. (*Jugendsozialarbeit*), anstatt ihre Aufgabe verstärkt in der Berufsausbildung der betroffenen Jugendlichen zu suchen. Es ist klar, daß J. nicht eine Frage von Lernbehinderungen und Berufsunreife ist. Ebenso muß klar sein, daß sich Jugendhilfe nicht auf den Bereich der Verminderungen der Folgen der Arbeitslosigkeit beschränken kann, will sie nicht ihre Glaubwürdigkeit für die betroffenen Jugendlichen verlieren und ihrem eigenen Anspruch in der *Jugendarbeit* gerecht werden (Kern u. a., 229). Sicher ist, daß die Jugendhilfe Beratungs- und Bildungsangebote bereitstellen muß und auch bereitstellt, die dem einzelnen Jugendlichen helfen, seine Arbeitslosigkeit und ihre gesellschaftlichen Gründe zu verstehen. Doch darüber und über die Trägerschaft von Eingliederungs- und Förderlehrgängen hinaus ist gerade die Jugendhilfe aufgerufen, Modelle und Maßnahmen zu entwickeln, die einer weiteren Stigmatisierung vieler arbeitsloser Jugendlicher als »Berufsunreife« und »Lernbehinderte« entgegenwirken. Sie muß sich für Maßnahmen und Projekte einsetzen, die allen betroffenen Jugendlichen einen qualifizierten Berufsabschluß ermöglichen – und dies auch auf die Gefahr hin, »unmittelbar in Entwicklungsprozesse auf der Ebene der Wirtschaftspolitik, Arbeitsmarkt und Betrieb« einbezogen zu werden (Jugendarbeitslosikeit, 36). Dazu gehört, für arbeitslose Jugendliche ohne Hauptschulabschluß, Sonderschüler, Mädchen und ausländische Jugendliche den Zugang zur Berufsausbildung offenzuhalten. Es genügt dabei nicht, »nur« die individuellen schulischen oder sozialisationsbedingten Defizite ausgleichen zu wollen, sondern es müssen auch die notwendien Einrichtungen hierfür gefördert und bereitgestellt werden, wenn die Deklassierung und Desintegration dieser Jugendlichen vermieden werden soll. § 13 KJHG »*Jugendsozialarbeit*« trägt diesen Entwicklungen und Förderungen Rechnung, indem mit seiner Aufnahme in das neue Kinder- und Jugendhilfegesetz Ausbildung und Beschäftigung explizit als Aufgabe der Jugendhilfe genannt werden, insbesondere wenn die Maßnahmen anderer Träger und Institutionen nicht ausreichen, um jungen sozial Benachteiligten Integrationsmöglichkeiten in den Arbeitsmarkt zu eröffnen. Auch wenn § 13 KJHG keinen eindeutigen Rechtsanspruch auf Ausbildung und Arbeit für den einzelnen Jugendlichen enthält, so manifestiert er doch den Auftrag der Jugendhilfe als Sozialisationsinstanz, die Teilhabe am gesellschaftlichen Leben zu gewährleisten, das wesentlich durch Erwerbsarbeit geprägt ist. In diesem Sinne sind in den letzten Jahren viele Projekte freier Initiativgruppen entstanden mit dem Ziel, sozial benachteiligten Jugendlichen durch die Verbindung von Wohnen und Arbeiten oder Freizeit und Arbeit eine Berufsausbildung zu ermöglichen (Mielenz 1985). Hierbei haben Projekte mit stadtteil- und regionalbezogenen Ansätzen (z. B. Verbundmodelle nach dem Bundesjugendplan) zunehmend an Bedeutung gewonnen (*Gemeinwesenarbeit*).

Der Beitrag der Jugendhilfe kann also nicht allein in der Ausweitung der Einzelfallhilfe und der Freizeitangebote bestehen, sondern muß die besondere Situation arbeitsloser Jugendlicher (auch unter den regionalen und stadtteilbezogenen Besonderheiten) durch neue Formen individueller Förderung kooperativer Lernprozesse und Selbsthilfeaktionen berücksichtigen (Jugendarbeitslosigkeit, 34). Dies kann auch vom *Jugendfreizeitheim* oder vom *Jugendzentrum* aus geschehen. Eine besondere Bedeutung gewinnt die Berufsausbildung in den Heimen der öffentlichen Erziehung, wenn es gelingt, die Berufsausbildung in die Diskussion um die Alternativen der *Heimerziehung* stärker mit einzubeziehen und für Nichtheiminsassen zu öffnen (IGfH e. V., Frankfurt/M. 1983).

All den oben skizzierten Maßnahmen der Jugendhilfe liegt die Erkenntnis zugrunde, daß die Jugendhilfe/-arbeit in keinem Fall eine Aufhebung der J. erreichen kann, daß aber die Jugendhilfe vorhandene gesellschaftliche Spielräume zugunsten der Berufsausbildung der betroffenen Jugendlichen, insbesondere der sozial benachteiligten Jugendlichen nutzen kann und muß. Mit ihrem Beschluß vom 1. 6. 1984 haben die Jugendminister und Senatoren die beschriebene Entwicklung der Jugendhilfe anerkannt. Die Jugendhilfe sieht sich bereits seit Mitte der 80er Jahre vor neue Herausforderungen gestellt (vgl. 3. AGJ-Gespräch, Bonn 1986). Neben der sozialpädagogisch orientierten beruflichen Erstausbildung hat die Schaffung von Beschäftigungs- und Arbeitsplätzen durch und mit Hilfe der Jugendhilfe zunehmend an Bedeutung (BBJ CONSULT Materialien 7 und 8, Berlin 1990 und 1992, BBJ CONSULT INFO I/II 1991) gewonnen.

Das Problem der J. hat sich in seinen Grundzügen seit Mitte der 70er Jahre nicht verändert, sondern ist trotz arbeitsmarktpolitischer Programme zu einem Dauerproblem geworden. Die Forderung des 8. Jugendberichts nach Einmischung der Jugendhilfe in die Arbeitsmarktpolitik hat nicht an Aktualität verloren. Sie muß angesichts der anhaltenden Strukturkrise eindringlich wiederholt werden, um einen Großteil der jungen Generation vor einer u. U. lebenslangen Abhängigkeit von sozialstaatlichen Leistungen zu bewahren.

M. Schneider

Literatur: AGJ, DBJR, BAGJAW (Hrsg.): Jugendarbeitslosigkeit, Analyse, Maßnahmen, Konzepte (Loseblattsammlung), Neuwied 1976: Amtliche Nachrichten der Bundesanstalt für Arbeit [3]1987: BBJ-CONSULT: Materialien, Programm zur Beschäftigung und Qualifizierung von Langzeitarbeitslosen und Sozialhilfeempfänger, Berlin 1986: BBJ-CONSULT: Materialien. Dokumentation einer Eisenbahntagung, Berlin 1987; BBJ-CONSULT: Materialien 7. Arbeitsbuch Kinder- und Jugendhilfegesetz (KJHG) Berlin 1990; BBJ-CONSULT: Materialien 8. Das Berliner Programm 501 – ein innovatives (Jugend-)Beschäftigungs- und Qualifizierungsprogramm, Berlin 1992; BBJ-CONSULT: Info Nr. 11. Ausbildungsorganisation – Lernorganisation, Berlin 1986: BBJ-CONSULT: Info Nr. 12. Ausbilden darf nur, wer … Berlin 1986; BBJ-CON-

SULT: INFO I/II 1991. Verbundsysteme in der Jugendsozialarbeit-Werkstattberichte und Analysen, Berlin 1991; Burga/Seidenspinner: Jugend unter dem Druck der Arbeitslosigkeit, München 1977: Europäisches Zentrum für die Förderung der Berufsbildung (CEDEFOP): Ausbildung in neuen Beschäftigungsinitiativen in der Bundesrepublik Deutschland, Luxemburg 1984; P. Collingro u. a.: Modellversuch Ausbildung Jugendlicher ... in: IGFH, Jugendhilfe und Berufsausbildung, Frankfurt/M. 1983; DIFU (Hrsg.): Arbeitshilfe 5. Planung der Jugendhilfe, C VI Anhang: Jugendarbeitslosigkeit: G. Friedrichs: Technischer Wandel und Beschäftigung, in: Technologie und Politik Nr. 10, Reinbek 1978; H. Giesecke: Jugendarbeit, München 1975; H. C. Harten: Jugendarbeitslosigkeit in der EG, in: Politik und Zeitgeschichte, Bd. 28/1978; IGfH (Hrsg.): Zwischenbericht Kommission Heimerziehung, Frankfurt/M. 1977; IGfH (Hrsg.): Jugendhilfe und Berufsausbildung, Frankfurt/M. 1983; Jugendprotest im demokratischen Staat, in: Zur Sache 1/83. Schlußbericht 1983 der Enquête-Komission »Jugendprotest im demokratischen Staat« des 9. Deutschen Bundestages; H. A. Kern u. a.: Jugendarbeitslosigkeit, in: NP 3/81; M. Liebel: Arbeitslust durch Arbeitsverlust, in: Jugendarbeitslosigkeit, Reinbek 1975; I. Mielenz: Die Strategie der Einmischung, in: NP Sonderheft 3/1981; I. Mielenz: Aufgaben der Jugendhilfe bei Jugendarbeitslosigkeit und Berufsnot junger Menschen. Praxisbeispiele zur Einmischungsstrategie, AGJ (Hrsg.), Bonn 1985; J. Münder u. a.: Frankfurter Lehr- und Praxiskommentar zum KJHG, Münster [2]1993; C. Offe (Hrsg.): Opfer des Arbeitsmarktes. Zur Theorie der strukturierten Arbeitslosigkeit, Neuwied 1977, insbesondere T. Olk/H. Leppin: Jugend in der Massenarbeitslosigkeit – Aktivposten oder Restkategorie des Arbeitsmarktes: SPI Berlin (Hrsg.): Partei ergreifen: Beiträge zur Entwicklung einer neuen Fachlichkeit in der Jugend- und Familienhilfe, in: Festschrift für Ilse Reichel, Berlin 1985; A. Weitacher: »Wie wurden arbeitslose Jugendliche vermittlungsfähig gemacht?«, in: NP 2/1977.

Jugendarbeitsschutz

1. Schon von seiner Entstehung her wohnt dem J. – wie allem *Arbeitsschutz* in industriekapitalistischen Ländern – eine Ambivalenz inne. Legitimiert wird J. mit dem Ziel, Kinder und Jugendliche (*Jugend/Kindheit*) vor Überforderung und vor Gefahren am Arbeitsplatz zu schützen sowie ihnen genügend *Freizeit* zu Erholung und zur Entfaltung ihrer Persönlichkeit zu sichern. Geschichtlich freilich geht die erste Gesetzgebung zum Schutze Jugendlicher nicht aus diesem humanistischen Motiv hervor, sondern aus kirchlichen und militärischen Interessen an einer Mindesttauglichkeit Jugendlicher für die Schule bzw. fürs Militär (Mückenberger 1985, 262 ff.). Und bis heute verbleibt der J. halbherzig: Er »schützt« die Arbeitskraft Jugendlicher – aber nur soweit dies mit der Verwertbarkeit dieser Arbeitskraft und ihrer ökonomischen Verwendbarkeit vereinbar erscheint. Gerade die neueste, neokonservativ inspirierte Gesetzgebung hat den J. wieder verstärkt den Imperativen der Flexibilisierung und Ökonomisierung untergeordnet.

2. Das JArbSchG stammt vom 12.4.1976 (BGBl. I S. 965) und ist durch Gesetz vom 15.10.1984 (BGB. I S. 1277) erheblich geändert worden – um, wie es offiziell heißt, der Verringerung »ausbildungs- und beschäftigungshemmender« Regelungen willen. Das JArbSchG gilt für die Beschäftigung von Personen unter 18 Jahren in der Berufsausbildung, als Arbeitnehmer oder Heimarbeiter, mit sonstigen Dienstleistungen, die der Arbeitsleistung von Arbeitnehmern oder Heimarbeitern ähnlich sind sowie in einem der Berufsausbildung ähnlichen Ausbildungsverhältnis. Ausgenommen sind jedoch geringfügige Hilfeleistungen, soweit sie gelegentlich aus Gefälligkeit, aufgrund familienrechtlicher Vorschriften, in Einrichtungen der *Jugendhilfe* oder in Einrichtungen zur Eingliederung Behinderter erbracht werden. Ausgenommen ist ferner die Beschäftigung durch die Personensorgeberechtigten im Familienhaushalt.

Eine zu frühe Heranziehung zur *Arbeit* soll das Kinderarbeitsverbot verhindern, das alle noch nicht 14jährigen, aber auch Ältere betrifft, sofern diese noch der Vollzeitschulpflicht unterliegen. Ausnahmen sind nur für die Kinder über 13 Jahre in der Landwirtschaft, für das Austragen von Zeitungen und Zeitschriften und für Handreichungen vom *Sport* vorgesehen. Für die Mitwirkung von Kindern ab 3 Jahren bei Aufführungen können von den Aufsichtsbehörden unter Mitwirkung der *Jugendämter* Ausnahmebewilligungen erteilt werden. Zusätzlich zu diesen Ausnahmen vom Verbot der Kinderarbeit – die sozialpolitisch alles andere als unproblematisch sind, freilich differenzierterer Beurteilung bedürften, als sie hier möglich ist – ist 1984 die Erleichterung der Ferienarbeit von Schülern getreten.

Die Arbeitszeit der Jugendlichen ist auf 8 Stunden täglich und 40 Stunden wöchentlich begrenzt. Die Schichtzeit (= Arbeitszeit unter Einschluß der Pausen) darf 10 Stunden nicht überschreiten. Die von beiden Regeln schon bestehenden Ausnahmen wurden 1984 erweitert: Bei flexibilisierter Arbeitszeit darf die Tagesarbeitszeit 8 1/2 Stunden, in der Landwirtschaft darf sie 9 Stunden betragen; Schichtzeiten sind branchenspezifisch (z. B. Landwirtschaft, Bau) auf 11 Stunden erhöht worden.

Zeiten des Berufsschulbesuches (*Schule*) und der Teilnahme an außerbetrieblichen Ausbildungsmaßnahmen sind auf die Arbeitszeit anzurechnen. Bis 1984 durften Jugendliche bei einer Unterrichtszeit (inkl. Pausen) von mindestens 5 Stunden an Berufsschultagen nicht mehr beschäftigt werden. Seither gilt dieses Beschäftigungsverbot nur noch einmal in der Woche – und auch dann nur, wenn auf den Berufsschultag mehr als 5 Stunden mit wenigstens 45 Minuten fallen. Unzulässig ist auch die Beschäftigung vor einem vor 9.00 Uhr beginnenden Berufsschulunterricht. Den Jugendlichen müssen Arbeitspausen von täglich insgesamt 60 Minuten in angemessener zeitlicher Lage gewährt werden.

Zwischen 2 Arbeitsschichten muß eine mindestens 12stündige beschäftigungsfreie Zeit liegen. Außerdem bestand bis 1984 in der Zeit von 20.00 Uhr bis 7.00 Uhr ein Nachtarbeitsverbot; die Neuregelung hat hier freilich gravierende Einschnitte vorgenommen: Das allgemeine Nachtarbeitsverbot wurde auf 6.00 Uhr zurückgeschraubt, für bestimmte Bereiche auf 5.00 Uhr, in

Bäckereien gar 4.00 Uhr. Waren früher solche Ausnahmen noch an den Vorbehalt geknüpft, daß die Ausnahme dem Ausbildungsziel dienlich sein müsse, so ist dieser Vorbehalt 1984 durchweg entfallen – Zeichen dafür, daß die Jugendlicher weniger als Träger eines Bildungsanspruches denn als billige Arbeitskraft bewertet werden. Die gesetzliche 5-Tage-Woche, verknüpft mit einem (durch Ausnahmen aufgelockerten) Beschäftigungsverbot an Sonnabenden, Sonn- und Feiertagen dient der Sicherung von Freizeit und Erholung. Auch hier sind 1984 die bereichsspezifischen Ausnahmen erweitert worden (Tierhaltung, Kraftfahrzeughandwerk, Gaststätten). Das Gesetz sieht einen nach dem Alter gestaffelten Anspruch auf Erholungsurlaub (27–30 Werktage) vor. Jugendliche dürfen nicht mit bestimmten gefährlichen Arbeiten beschäftigt werden, z.B. Arbeiten, die ihre Leistungsfähigkeit übersteigen, mit für sie schwer erkennbaren Unfallgefahren, unter außergewöhnlicher Hitze oder Kälte, in starker Nässe sowie unter schädlicher Einwirkung von Lärm, Erschütterungen, Strahlen oder von giftigen, ätzenden oder reizenden Stoffen. Unzulässig sind auch Untertagearbeiten sowie die Beschäftigung mit Akkordarbeit sowie mit Arbeiten, bei denen das Arbeitstempo vorgegeben ist (z.B. Fließarbeiten). Auch hier bestehen kritikbedürftige Ausnahmen.

Jugendliche dürfen nur beschäftigt werden, wenn sie innerhalb der letzten 14 Monate vor dem Eintritt in das Berufsleben ärztlich untersucht worden sind und dem Arbeitgeber hierfür eine ärztliche Bescheinigung vorliegt. Hat der Arzt in der Bescheinigung Arbeiten aufgeführt, durch die der Jugendliche gesundheitlich gefährdet würde, so darf der Arbeitgeber den Jugendlichen mit diesen Arbeiten nicht beschäftigen. Ein Jahr nach Aufnahme der ersten Beschäftigung muß sich der Arbeitgeber die Bescheinigung über eine ärztliche Nachuntersuchung vorlegen lassen. Damit sollen die Auswirkungen der Beschäftigung auf die Gesundheit und die Entwicklung des Jugendlichen ermittelt werden.

Die Einhaltung des JArbSchG wird von den Gewerbeaufsichtsämtern (Berlin: Landesamt für Arbeitsschutz und technische Sicherheit, Hamburg: Amt für Arbeitsschutz) überwacht. Die Ämter haben polizeiliche Befugnisse. Ausschüsse für J. bei den obersten Landesbehörden und bei den Gewerbeaufsichtsämtern, bestehend aus Vertretern der Sozialpartner und anderen Sachkundigen, haben die Aufgabe, die Öffentlichkeit zu informieren und die zuständigen Behörden zu beraten.

3. Das JArbSchG von 1984 weist neben den genannten Lockerungen des Arbeitsschutzes ein vielgliedriges System von Prozeduren auf, unter denen Ausnahmen selbst noch von seinen Regeln zulässig sind (durch Tarifvertrag/Betriebsvereinbarung, durch Kirchenregelungen, Rechtsverordnungen usw.). In der Summe der genannten substantiellen Einschnitte in den J. und der erweiterten Delegation zur Erteilung von Ausnahmeregelungen erweist sich die Neuregelung als eines der ersten neokonservativen »Flexibilisierungs«-Gesetze, denen in der späteren Zeit noch weitere folgten (Beschäftigungsförderungsgesetz 1985, verschiedene Befristungsgesetze usw.). So wie diese Art der Flexibilisierung ausgestaltet ist, erhöht sie mit der Verminderung gesetzlicher Schutzstandards immer auch das unternehmerische Weisungsrecht, macht also den Bereich betrieblicher Arbeit wieder stärker zur Domäne unternehmerischer Alleinherrschaft – zu Lasten aber auch der Interessen der Allgemeinheit an der physischen und psychischen Integrität der Jugendlichen.

U. Mückenberger

Literatur: Diekershoff/Kliemt/Diekershoff: Jugendarbeitsschutz aus der Sicht Jugendlicher, Essen 1972; U. Mückenberger, Rechtliche Aspekte industrieller Arbeit, in: W. Georg u.a.: Arbeit und Wissenschaft – Arbeitswissenschaft, Bonn 1985, 248ff.; U. Mückenberger: Deregulierendes Arbeitsrecht, in: Kritische Justiz 1985, 255ff; J. Zmarzlik/Anzinger: Jugendarbeitsschutzgesetz (Kommentar), München [4]1993.

Jugendbildung, außerschulische (a.J.)

Der Begriff der a.J. findet in einer zweifachen Bedeutung Verwendung: Einmal dient er zur Bezeichnung des gesamten Feldes der *Jugendarbeit*, zum anderen soll er in spezifischer Weise den Bereich der Bildungsarbeit kennzeichnen, der nach dem KJHG (§ 11 Abs. 3 Z. 1) untergliedert wird in die Bereiche allgemeine, politische, soziale, gesundheitliche, kulturelle, naturkundliche und technische Bildung.

E. Jordan

Literatur: s. *Jugendarbeit.*

Jugendfreizeitstätten

Freizeiteinrichtungen, die allen Jugendlichen zur Verfügung stehen (»Häuser der offenen Tür«) haben sich nach dem 2. Weltkrieg insbesondere in Städten und Ballungsgebieten – zumeist in kommunaler Trägerschaft – in Ergänzung zu den »Verbandsheimen« organisierter Gruppen und Jugendverbände (*Jugendarbeit, Jugendverbände*) entwickelt. Heute haben sich auch die meisten Verbandseinrichtungen z.T. für nichtorganisierte Jugendliche geöffnet. Die Arbeit der J. wird zumeist bestimmt durch unstrukturierte Kommunikationsmöglichkeiten (Treff, Teestube etc.) und spezifische Neigungsgruppenangebote (z.B. Theater, Werken, Photo, Diskussionsgruppen etc.). Mit Blick auf die Situation sozial benachteiligter Jugendlicher haben J. z.T. auch versucht, umfassendere Angebote (Aufbau von Werkstätten, Durchführung von Kursen etc.) anzubieten. Ausgelöst wurden damit auch Diskussionen über das Verhältnis von allgemeinen (im Prinzip an alle Jugendlichen gerichteten) Angeboten zu solchen, die sich an spezifische Zielgruppen (arbeitslose oder ausländische Jugendliche) richten (*Jugendarbeitslosigkeit/AusländerInnen*). Diese Frage ist auch unter dem Aspekt einer »mädchenorientierten« Arbeit in J. im Gefolge des 6. Jugendberichtes (BMJFG 1984) und entsprechender Untersuchungen (Trauernicht 1986) diskutiert worden (*Mädchen*).

Neue Diskussionen beziehen sich auf die Frage, in welchem Umfang J. auch Angebote für ältere Kinder (»Lückekinder«) zu entwickeln hätten (mit Betreuungs- und Versorgungsfunktionen, tendenziell Hortfunktion für ältere Kinder). *E. Jordan*

Literatur: BMJFG (Hrsg.): Verbesserung der Chancengleichheit von Mädchen in der Bundesrepublik Deutschland – 6. Jugendbericht, Bonn 1984; G. Trauernicht (Hrsg.): Mädchenforschung in der Jugendhilfe, Münster 1986; weiter bei *Jugendarbeit*.

Jugendgerichtshilfe (JGH)

Die JGH ist gesetzlich im § 38 JGG bzw. § 52 KJHG geregelt. Organisatorisch ist sie den *Jugendämter*n zugeordnet. Inhaltlich ergibt sich ihre Aufgabe aus dem im JGG zum Ausdruck kommenden *Erziehungs*gedanken. Damit verpflichten sich zwei Institutionen (Systeme), nämlich *Strafrecht* und *Jugendhilfe*, zur Zusammenarbeit. Programmatisch kommt dies in § 38 Abs. 2 zum Ausdruck: »Die Vertreter der Jugendgerichtshilfe bringen die erzieherischen, sozialen und fürsorgerischen Gesichtspunkte im Verfahren vor den Jugendgerichten zur Geltung.« In kaum einer anderen Vorschrift des JGG wird dessen Absicht, den Rechtsfolgen erzieherischen Charakter verleihen zu wollen, so deutlich erkennbar. Die Justiz bekundet einen bestimmten Bedarf – die Jugendhilfe erklärt sich zur Übernahme dieses Auftrages bereit. Diese scheinbar vielversprechende Kooperation birgt jedoch nicht unerhebliche Probleme in sich. Ein Stichwort dafür ist das sog. doppelte Mandat. Es besagt, daß neben dem eindeutigen staatlichen Auftrag u. U. auch kraft des angestrebten pädagogischen Bezuges eine Art Auftrag des *Klient*en bestehen kann bzw. von der SozPäd/SozArb angenommen wird. Zwischen beiden Erwartungen besteht ggf. ein Widerspruch.

Entstehungsgeschichte: Die Entstehungsbedingungen der Institution JGH geben Aufschluß über die Denk- und Handlungslogik in *Jugendstrafrecht* und Jugendhilfe auch in heutiger Zeit. Die »Entdeckung des Jugendalters« um die Jahrhundertwende rief die Befürchtung hervor, daß *Familie* und *Schule* allein die *Sozialisation* der nachwachsenden Generationen nicht mehr hinreichend gewährleisten könnten. Der Staat sah bei sich selbst einen Handlungsbedarf. In der Folgezeit wurden erste JÄ und Jugendgerichte gegründet. Zwischen 1922 und 1924 entstanden bis dahin unbekannte Gesetzestypen: Das RJWG regelte erstmals die staatliche – ersatzweise – Zuständigkeit bei der Erziehung Minderjähriger (Legitimation: »Recht des Kindes auf Erziehung«). Das RJGG enthielt – gegenüber dem Erwachsenenstrafrecht – Rechtsfolgen, die bloß repressive staatliche Reaktionen überwinden wollten. So hatte das Gericht zu prüfen, ob es Erziehungsmaßregeln für ausreichend hält und dementsprechend von Strafe absehen kann (§§ 5f.). Damit hatte die allgemein wachsende Überzeugung, daß »Erziehung« ein angemessenes Instrument sei, um gesellschaftliche und individuelle Probleme zu lösen, auch Eingang in das Strafrecht gefunden.

Die neue Zielsetzung verlangte Spezialisierung und Professionalität. Schon das damalige RJGG forderte von Staatsanwaltschaft und Jugendgericht eine spezielle Qualifikation. Doch eine Art »erzieherische Befähigung« zum Amt, dies war den Protagonisten klar, konnte allein nicht genügen. So legte § 22 fest, daß »zu allen Abschnitten des Verfahrens in Jugendsachen die Organe der Jugendgerichtshilfe zur Mitarbeit herangezogen werden« sollten. Von ihr erwartete man sich maßgebliche Hilfe bei der Entscheidung. Die Zuarbeit sollte darin bestehen, »bei den Ermittlungen möglichst frühzeitig die Lebensverhältnisse des Beschuldigten sowie alle Umstände zu erforschen, welche zur Beurteilung seiner körperlichen und geistigen Eigenart dienen können«. (§ 31).

Das damit angesprochene JA übte im Rahmen der vom Gesetz selbst so bezeichneten Jugendhilfe nicht nur in diesem Falle obrigkeitliche Aufgaben aus. Unstreitig handelte es sich beim RJWG insgesamt um ein Gesetz mit ordnungs- und polizeirechtlichem Charakter.

Da zum damaligen Zeitpunkt noch keine *Bewährungshilfe* existierte – sie kam erst mit der Reform 1953 –, oblagen die Ermittlungen über die Führung des Verurteilten während seiner Probezeit dem JA (§ 10). Mit den Änderungen des JGG 1990 wuchs der JGH die Aufgabe zu, Haftentscheidungshilfe zu leisten. Die kriminalpolitische Favorisierung der sog. Ambulanten Maßnahmen eröffnet seither der JGH neue Betätigungsfelder.

Die JGH repräsentiert damit eine weitaus anspruchsvollere Institution als die *Gerichtshilfe* für erwachsene Straftäter (vgl. § 160 Abs. 3 Nr. 2 StPO).

Formale Stellung der JGH: Die JGH nimmt eine eigenständige Rolle im Verfahren ein. Sie ist nicht Teil der Verteidigung oder gar der Staatsanwaltschaft. Im wesentlichen treffen sie folgende Rechte und Pflichten:

- Mitwirkung während des gesamten Verfahrens;
- Recht auf Anwesenheit in der Hauptverhandlung;
- Recht auf Äußerung;
- Zugangsrecht zu Untersuchungshaft- und Strafgefangenen.

Den Vertretern der JGH steht kein *Zeugnisverweigerungsrecht* zu (vgl. § 53 Abs. 1 Nr. 3 StPO und BVerfG 33, 282).

An der Zuordnung von JGH und Justiz hat auch der § 52 KJHG nichts geändert. Die Vorschrift enthält im wesentlichen nur Klarstellungen hinsichtlich der bestehenden Praxis.

Aufgaben der JGH: Die Aufgaben der JGH ergeben sich aus den §§ 38 und 43 JGG. »Nach Einleitung des

Verfahrens sollen so bald wie möglich die Lebens- und Familienverhältnisse, der Werdegang, das bisherige Verhalten des Beschuldigten und alle übrigen Umstände ermittelt werden, die zur Beurteilung seiner seelischen, geistigen und charakterlichen Eigenart dienen können« (§ 43 Abs. 1). Die beteiligten Behörden erwarten Unterstützung »durch Erforschung der Persönlichkeit der Entwicklung und der Umwelt des Beschuldigten« (§ 38 Abs. 2).

Die JGH wird – damit gilt der Grundsatz möglichst frühzeitiger Beteiligung – von der Staatsanwaltschaft bzw. vom Gericht »herangezogen« (§ 38 Abs. 3). Von besonderem Interesse ist, was passiert, wenn dies unterbleibt oder die JGH von sich aus nicht mitwirkt. Das Gericht muß ihr zwar den Termin mitteilen; die Hauptverhandlung kann aber auch ohne die JGH stattfinden; es besteht keine Anwesenheitspflicht, da sie nicht zu den notwendigen Verfahrensbeteiligten zählt. Die Verantwortung für prozessuale Formfehler – einschließlich des Aspekts, ob für die getroffene Verhandlung hinreichende »erzieherische« Gesichtspunkte geprüft wurden – liegt somit beim Gericht. An diesen … wird deutlich, daß die JGH zum Jugendstrafverfahren schon dazugehört, es aber nicht »entscheidend« auf sie ankommt. Strittig ist die Frage, welche Konsequenzen sich ergeben, wenn die JGH die Teilnahme an der Verhandlung verweigert, sozusagen aus dem »doppelten Mandat« eine parteiliche Position für den Angeklagten macht. Hier droht die Auferlegung der Kosten des Verfahrens.

»Heranziehen« und »unterstützen« drücken nicht nur formal die Bindung zweier Institutionen aus. Sie weisen auch auf die Inhalte der Aufgabenstellung hin. Der Begriff »Ermittlungen«, der sehr an polizeiliche Tätigkeiten erinnert, macht die tatsächliche Aufgabenstellung besonders deutlich. Die JGH soll sich – gerade im Namen des Erziehungsgedankens – in das Privatleben des Betroffenen einmischen, u. U. auch die Erziehungsberechtigten und sogar Schule bzw. Ausbildungsleiter ansprechen. All dies geschieht zu einem Zeitpunkt, für den noch die Unschuldsvermutung gilt.

An diese Recherchen schließt sich die Pflicht an, sich zu den zu ergreifenden Maßnahmen zu äußern (§ 38 Abs. 2).

Über die vom Gericht ausgesprochenen Weisungen und Auflagen »wacht« die JGH (sofern nicht die Bewährungshilfe beauftragt wurde). »Erhebliche Zuwiderhandlungen« hat sie dem Gericht mitzuteilen (hier droht dem Betroffenen gem. § 11 Abs. 3 JGG u. U. ein sog. Beugearrest).

Ein zentrales Instrument der Arbeit ist der Bericht der JGH. Zu unterscheiden sind dabei Erstberichte und ggf. im Laufe der Überwachung der Sanktionen notwendige Folgeberichte (bis hin zum Abschluß der Maßnahme). Seit der Etablierung des sog. *Stigmatisierung*sansatzes hat sich in der Kriminologie und SozArb ein Bewußtsein für die Gefahren von *Aktenführung* entwickelt. *Datenschutz*rechtliche Probleme und fragwürdige Bewertungen des Denkens und Handelns der Betroffenen kennzeichnen den Konflikt. Ganz besonders bei derartigen Dokumentationen, nicht zuletzt beim Sanktionsvorschlag selber, ist der jeweils für richtig gehaltene Erklärungsansatz für straffälliges Verhalten ablesbar.

JGH und Diversion: Seit Anfang der 80er Jahre gibt es in der BRD einen neuen kriminologischen Trend zu verzeichnen. Im Rahmen der »Inneren Reform« des JGG fanden die sog. Ambulanten Maßnahmen steigendes Interesse (Jugendstrafrecht). Begann diese Diversionspolitik mit Erziehungskursen und qualifizierteren Arbeitsauflagen, erhielten alsbald die Betreuungsweisungen nach § 10 JGG quantitativ und qualitativ die größte Bedeutung. Diese Entwicklung fand formale Absicherung in den entsprechenden Passagen des 1990 geänderten JGG.

Die Ausweitung der Sanktionsfolgen im Jugendstrafrecht brachte der JGH großen Bedeutungszuwachs. § 38 Abs. 3 sagt nun ausdrücklich, daß vor der Erteilung von Weisungen die Vertreter der JGH stets zu hören seien. »Kommt eine Betreuungsweisung in Betracht, sollen sie sich auch dazu äußern, wer als Betreuungshelfer bestellt werden soll.«

An der flächendeckenden Ausbreitung von Projekten im Rahmen Ambulanter Maßnahmen ist die JGH maßgeblich beteiligt. Im übrigen zeichnen Freie Träger (*Träger der Sozialen Arbeit*) verantwortlich, denen hoheitliche Aufgaben teilweise per Übertragungsverfügung zugestanden werden.

Mehrere Zielsetzungen treffen hier aufeinander: die JGH wird »pädagogischer«. Der vermehrt gegenüber der Jugendhilfe geäußerten Forderung »Raus aus den Hütten!« kommt sie nach, indem sie insbesondere freizeitorientierte Angebote macht. Für diese Aktivitäten sind Stichworte wie Handlungs-, Erlebnis- und Themenorientierung gebräuchlich. Derartige Formen von Zusammenarbeit bieten die Möglichkeit, Schwellenangst der Jugendlichen gegenüber Behördenvertretern abzubauen, Vertrauen bei ihnen zu erwecken und personen- wie problembezogen erzieherischen Einfluß zu nehmen. All dies verlangt von den Vertretern der JGH ein Umdenken. Der administrativ-distanzierte Stil weicht zunehmend einer kommunikativen Haltung und entspricht damit den Impulsen des Gesetzgebers (vgl. z.B. § 1626 Abs. 2 BGB oder § 8 KJHG).

Die Ausweitung der dem Jugendstrafrecht zur Verfügung stehenden Rechtsfolgen bis zu dieser Stufe ist bereits eindrucksvoll und nicht unumstritten. So ist zu fragen, ob das grundgesetzlich garantierte Privileg elterlicher Autonomie bei der Erziehung (Art. 6) nicht durch derartige Eingriffe unterlaufen wird. Neuere Bestrebungen, auch den sog. *Täter-Opfer-Ausgleich* in die Diversionspolitik mit einzubeziehen, verlangen in noch grundsätzlicherer Weise nach Klärung. Damit nämlich wird endgültig das Strafrecht prinzipiell in Frage gestellt zugunsten einer »kommunikativen«, dem Zivilrecht ähnelnden Konzeption.

Die JGH ist damit in die kriminalpolitische Debatte einbezogen und betreibt selbst die Entwicklung mit. D.h. u.a., daß sie Position bezieht zur Erklärung und zum Stellenwert von Jugendkriminalität. In der herrschenden Kriminologie hat sich die Auffassung durchgesetzt, *abweichendes Verhalten* (männlicher) Jugendlicher sei episodenhaft, allgemein verbreitet, jugendtypisch, mithin »normal«. Diese Erkenntnisse leiten sich aus dem Stigmatisierungsansatz (Dunkelfeld, Selektion usw.) ab. So nahe die Konsequenz des Nichteingreifens liegt – und etliche Diversionskonzepte verlangen dies für Erst- und Bagatelldelikte –, so inkonsequent bleibt die Haltung der Befürworter der Ambulanten Maßnahmen: die ihnen zugewiesene Klientel repräsentiert nur ausnahmsweise die Gruppe derer, denen mit dieser Sanktion das Einsperren im Jugendarrest bzw. Jugendstrafvollzug erspart werden sollte. Theoretisch bleiben die Konzepte einer individualisierenden Sichtweise verhaftet (primäre Devianz). Bei den Betroffenen wahrgenommene persönliche Defizite sowie ihr Verhalten sollen durch Freizeitaktivitäten positiv beeinflußt werden.

Beurteilung: Die Beurteilung der JGH und ihrer aktuellen Entwicklung steht und fällt mit der Einstellung zum sog. Erziehungsgedanken im JGG sowie zur »Parteilichkeit« der *Sozialarbeit/Sozialpädagogik.*
Die Befürworter des Erziehungskonzeptes im JGG behaupten, (nur) dadurch würde das repressive Strafrecht in seinen Auswirkungen begrenzt. Aus Anlaß der Tatahndung könnten auf diese Weise dem Jugendlichen/Heranwachsenden Hilfestellungen für seine Erziehung und Sozialisation gegeben werden. Je nach Theoriemode (in den 20er Jahren war es die Idee der »pädagogischen Führung«, in den 60er/70er Jahren die Hoffnung auf therapeutischen Einfluß) gilt es auf dieser Basis, auf die entsprechenden Persönlichkeitsanteile Einfluß zu nehmen. Die JGH bildet dabei eine Art Speerspitze. Sie ermittelt, erkundet, schlägt Sanktionen vor, führt Maßnahmen durch und überwacht auch den Verlauf.
Die Gegner dieses Ansatzes bezweifeln, daß der »erzieherische« Anspruch auch nur annähernd eingelöst werden kann. Dies sei und bleibe Aufgabe der Jugendhilfe unabhängig von Strafverfahren. Ansonsten würden die Belange des Strafrechts und der Jugendhilfe in problematischer Weise miteinander vermischt. Sowohl aus strafrechtsdogmatischer Sicht (Strafzweck; rechtsstaatlicher Schutz durch Beachtung formaler Verfahrensregeln) wie auch aus kriminalsoziologischer (Konsequenz des Stigmatisierungsgedankens) sei eine deutliche Aufgabenteilung erforderlich.
Entsprechende Kritik kommt auch aus dem Lager der sog. Parteilichen Jugendarbeit. Sie verweist auf die Probleme, die aus einer Zusammenarbeit zwischen Justiz und Jugendhilfe erwachsen. Das vielzitierte Vertrauen vom Jugendlichen zum Bewährungshelfer könne zwar entstehen; der behördlich-justizielle Auftrag belaste aber das Verhältnis grundsätzlich. Im übrigen könne eine derartige Konzeption besonders belastete Jugendliche nicht erreichen. Deren Mißtrauen sei prinzipiell viel zu groß. Gerade sie aber bedürfen der advokatorischen Hilfe (Gerdes u.a.).
Die Behauptung, der Erziehungsgedanke im JGG und die Arbeit der JGH dienten dazu, helfend und strafrechtsbegrenzend zu wirken, ist empirisch und theoretisch umstritten. Insbesondere eine Untersuchung von Heinz/Hügel (1986) hat Aufmerksamkeit erregt. Danach übertrafen die Vorschläge der JGH oftmals die Entscheidung des Jugendgerichts an Eingriffsintensität. Dies Ergebnis wurde von seiten der JGH bestritten. Für derartige Handlungsweisen gab es zumindest einige Plausibilität. Im Grunde kommt darin das allgemeine Problem zum Ausdruck, das bei solch einer schwierigen Allianz zwangsläufig ist. Der naive Irrtum beruht darauf, das Strafrecht als »böse« und die Jugendhilfe als »gut« zu betrachten. Diese Einschätzung teilen selbst etliche JugendrichterInnen.
Im Kern kann es nur darum gehen, über die Angemessenheit jugendstrafrechtlicher Zielsetzungen, ihnen zugrundeliegender Erklärungsansätze sowie jugendhilfewie sozialpolitische Erfordernisse zu streiten. In diesem Zusammenhang lautet die Frage: »JGH, quo vadis?« (vgl. DVJJ-Journal Nr. 138, Heft 1–2, 1992 sowie BMJ, 1991).
Die Chancen für eine grundsätzliche selbstkritische Bestandsaufnahme stehen nicht gut. Der Glaube an die Richtigkeit des Erziehungsgedankens und die damit verbundene Überzeugung, als »Kinderretter« wichtig zu sein, ist tief verwurzelt. Hinzu kommt, daß die JGH geprägt ist von einem jahrzehntelang wirksamen Mangel an Selbstwertgefühl. Dies Bewußtsein der – strukturell bedingten – Unterlegenheit führt auch zu Immunisierungstendenzen gegenüber Kritik von außen. Um so wichtiger ist es, die Auseinandersetzungen im Rahmen von Fortbildung zu suchen.
Die Arbeiterwohlfahrt hat in einem Positionspapier 1994 eine Neubestimmung von Jugendhilfe und Jugendstrafrecht vorgeschlagen. Dazu gehört die Abschaffung des Erziehungs-Jugendstrafrechts einschließlich der dazugehörigen Institutionen (v.a. der JGH). Strafe (als Aufgabe der Justiz) soll aller weiter gehenden Zweckbestimmungen entkleidet werden, Jugendhilfe sich realitätsbezogen für gegenwärtige und zukünftige Aufgaben qualifizieren. Unabhängig von der Beurteilung dieser radikalen Herausforderung gerade auch der Praxis sollte ein Grundgedanke der Pädagogik in jedem Fall respektiert werden: Das »pädagogische Verhältnis« verträgt sich nicht mit Polizeiaufgaben.

H.-J. Plewig

Literatur: P.-A. Albrecht: Jugendstrafrecht, München [2]1993; Arbeiterwohlfahrt (Hrsg.): Jugend ohne Zukunft? Befähigen statt bestrafen. Grenzen des Strafrechts und Möglichkeiten der Jugendhilfe, Bonn 1994: DVJJ (Hrsg.): Dokumentation – Bundestreffen der JugendgerichtshelferInnen, in: DVJJ-Journal Nr. 138/1992; P. Gerdes u.a.: »Ab in die Normalität«, in: DVJJ-Journal Nr. 143/1993, 219–244; W. Heinz: Jugendgerichtshilfe in den 90er Jahren, in: DVJJ 1990, 128ff.; Heinz/Hügel: Erzieherische Maßnahmen im deutschen Jugendstrafrecht. Abschlußbericht für das BMJ, Bonn 1986; J. Münder u.a.: Frankfurter Lehr- und Praxiskommenar zum KJHG, Münster [2]1993; H. Ostendorf: Jugendgerichtsgesetz. Kommentar, Köln u.a.O. [3]1994.

Jugendgesundheitsdienst

Unter diesem Begriff werden die Einrichtungen der Säuglings- und Kleinkinderfürsorge (in einigen Bundesländern Mütterberatung) und der Schulgesundheitsfürsorge zusammengefaßt: Angebot der *Gesundheitshilfe* für Kinder und Jugendliche von der Geburt bis zum Ende der Schulpflicht.

Geschichtliche Entwicklung: Seit Beginn der Schulpflicht (in Preußen 1717) wiesen Ärzte, darunter J. P. Frank (1745–1821) und R. Virchow (1821–1902), auf die Verpflichtung des Staates hin, gesundheitlichen Schäden, die sich aus dem »Sitzzwang« und der Verbreitung von Infektionskrankheiten in der Schule ergeben können, durch laufende gesundheitliche Überwachung und Betreuung der Schüler zu begegnen.

Dieselbe Notwendigkeit für Säuglinge und Kleinkinder erkannte man Ende des 19. Jh., als bei rascher Städtegründung mit der Bildung von »Slums« Rachitis, Tuberkulose und andere Infektionskrankheiten in dieser Altersgruppe zahlreiche Todesopfer forderten und zugleich die Geburtenhäufigkeit nachließ.

Gesetzliche Grundlagen: Gesetz zur Vereinheitlichung des Gesundheitswesens von 1934 (*Gesundheitsrecht*) und Schulgesetze der Länder, die z. T. die Teilnahme an schulärztlichen Untersuchungen ausdrücklich zur Pflicht machten. Einige Bundesländer haben Ländergesetze über den öffentlichen Gesundheitsdienst erlassen, die den J. den *Gesundheitsämtern* als Aufgabe zuweisen (Schleswig-Holstein, Berlin, Bayern).

Tätigkeitsfelder und Arbeitsmethoden: Beobachtung des Gesundheits- und Entwicklungszustandes der Kinder von der Geburt bis zum Schulalter, überwiegend in den Sprechstunden der Säuglings- und Kleinkinderfürsorge, in Beratungsstellen für Risikokinder, aber auch in Kindertagesstätten, in Heimen, *Beratung* der Eltern und sonstiger Erziehungspersonen durch Ärzte und SozArb. Zahl, Zeitpunkt und Inhalte von Vorsorgeuntersuchungen in den ersten 4 Lebensjahren wurden in Anlehnung an die seit 1971 auch von der Sozialversicherung finanzierten zunehmend systematisiert. Wichtig für diese Altersgruppe sind außerdem die Durchführung der Rachitisprophylaxe, v. a. im 1. Lebensjahr, und von Schutzimpfungen (z. B. gegen Kinderlähmung, Diphtherie, Wundstarrkrampf).

Vor Eintritt in die *Schule* Durchführung der sog. Einschulungsuntersuchung zur Feststellung von gesundheitlichen Beeinträchtigungen, die die schulische Entwicklung behindern können, während der Schulzeit sog. Reihenuntersuchungen (d. h. Untersuchung von Kindern einer Schulklasse) in 3- bis 4jährigen Abständen, im Jahr vor der Schulentlassung eine in bezug auf Intensität der Einschulungsuntersuchung vergleichbare Schulentlassungsuntersuchung, in einigen Ländern, z. B. Berlin, nach den Vorschriften des Jugendarbeitsschutzgesetzes (*Jugendarbeitsschutz*), um gesundheitliche Beeinträchtigungen zu erkennen, die bei der Berufswahl beachtet werden müssen. Ärzte und Soz Arb führen bei Schülern sowohl Einzelberatungen als auch Gruppengespräche durch, letzteres v. a. im Rahmen der Gesundheitserziehung (z. B. *Sexualität/Sexualerziehung*). Ein Tätigkeitsschwerpunkt für beide Berufsgruppen liegt bei der Betreuung von behinderten Kindern in Sonderschulen und Sonderklassen (*Heil- und Sonderpädagogik*).

Der ursprünglich überwiegend im Bereich körperlicher Gesundheitsvor- und -fürsorge liegende Arbeitsschwerpunkt des J. verschiebt sich allmählich entsprechend dem Gesundheitsbegriff der WHO (körperliches, geistiges und soziales Wohlbefinden) in den psychosozialen Bereich, wodurch die Mitarbeit der SozArb zunehmend an Bedeutung gewinnt. Das gilt v. a. in Großstädten für z. T. spezielle kinder- und jugendpsychiatrische Beratungsstellen (*Psychiatrie*), die eng mit dem J. zusammenarbeiten. In den neuen Bundesländern, aber auch in den alten wurden vielerorts die Einrichtungen des J. (Mütterberatung und Jugendgesundheitsschutz) geschlossen. Die dort geleisteten medizinischen Aufgaben werden heute vorwiegend von niedergelassenen Ärzten wahrgenommen. Die psychosozialen Aufgaben nimmt i. d. R. der *Allgemeine Sozialdienst* wahr. Im Rahmen der Gesundheitshilfe sollte i. S. der Aufgabenstellung des J. eine enge Zusammenarbeit zwischen den verschiedenen Institutionen angestrebt werden. Besondere Beachtung müßten dabei die sozial benachteiligten Gruppen der Gesellschaft finden, beispielsweise minderjährige und alleinstehende Schwangere, ebenso Schwangere aus *sozialen Randgruppen*. Bedeutsam ist die Beachtung der Einschulungsuntersuchungen. Bei etwa 10–15% der Schulanfänger werden Hinweise auf mögliche Behinderungen (Hör-, Seh-, Sprachbehinderungen) und Verhaltensauffälligkeiten (Stottern, Einnässen, Aggressivität, Gehemmtheit, Trotz, Unruhe und Nervosität) gefunden. Notwendig ist hier eine Zusammenarbeit mit den Eltern, den Ärzten, den Einrichtungen, die diese Kinder betreuen, um eine Frühförderung anzuregen oder zu unterstützen. Das Motivieren der Eltern, aktiv die Interessen der Kinder wahrzunehmen, ist v. a. im Bereich sozial benachteiligter Bevölkerungsgruppen oft unerläßlich.

R. Mattheis

Literatur: K. Bienert: Jugend und Gesundheit, Bern 1991; D. Bürgin: Psychosomatik im Kindes- und Jugendalter, 1993; W. Hagen/E. Schröder: Das öffentliche Gesundheitswesen. Bd. IV Gesundheitsfürsorge, Stuttgart 1962; K. Gedicke: Sozialhygiene. Bd. 2 Gesundheitsfürsorge, Neuwied 1972; J. Gleis: Vorbeugende Kinderheilkunde, Stuttgart 1964; Prävention, Gesundheitsförderung in Schwangerschaft, Kindheit und Jugend (Empfehlungen für die Gesundheitspolitik), in: Blickpunkt Gesundheit, 10. Jg., H. 4/1993, 7; P. Reinicke: Sozialarbeit im öffentlichen Gesundheitsdienst (Überblick über Sozialarbeiter und Fürsorge). 1. Teil, in: Heilberufe 45/1993, H. 4, 188 f.; Sozialarbeit im öffentlichen Gesundheitsdienst (Sozialarbeit), 2. Teil, in: Heilberufe 45/1993, H. 7, 340 f.; Schmidt/Kolmer/Neubert: Kinder- und Jugendgesundheitsschutz, Berlin 1972; M. R. Textor (Hrsg.): Allgemeiner Sozialdienst, Weinheim 1994; i. ü. Literatur zu *Gesundheitshilfe*.

Jugendhilfe

1. Begriff und Gegenstandsbereich: Der Versuch einer theoretischen und systematischen Bestimmung von Zielsetzungen, Funktionen und Gegenstandsbereich der J. stößt auf beträchtliche Schwierigkeiten. Die in der Praxisliteratur vorherrschenden Definitionsversuche sind traditionell Negativabgrenzungen: J. soll danach »alles was *Erziehung*, aber nicht *Schule* und nicht *Familie* ist« (Bäumer 1929, 3) umfassen, also diejenigen Angebote, Dienste und Einrichtungen, die die Erziehungsansprüche von jungen Menschen erfüllen, die durch Elternhaus (Familie), Schule und *berufliche* Bildung allein – bzw. durch deren Versagen – nicht sichergestellt werden. Danach ist J. primär eine ergänzende bzw. subsidiäre *Sozialisation*shilfe, erhält aber als Erziehungsinstanz neben Familie und Schule eigene Zuständigkeiten und verfügt über spezielle Methoden und Organisationsformen.

Ein Rückblick auf die mehr als 150jährige Geschichte der J. (Scherpner 1966; Mollenhauer 1959; Hasenclever 1978) zeigt, daß die direkten Hilfen als fürsorgerische Aufgabe die Qualität der J. vorrangig bestimmten. Allgemein fördernde Angebote und die politische Anwaltschaft für junge Menschen entwickelten sich nur zögernd. Soziale Kontrolle und Disziplinierung erschwerten Bemühungen, das Eigenrecht junger Menschen auf Erziehung und Entwicklung als Maßstab sozialpädagogischen Handelns durchzusetzen.

Nach neuerem und umfassenderem Verständnis (vgl. i.e. bei 2.) liegen die Aufgaben der J. darin, junge Menschen in ihrer individuellen und sozialen Entwicklung zu fördern, Benachteiligungen zu vermeiden und abzubauen sowie Sorge zu tragen für positive Lebensbedingungen und eine kinder- und familienfreundliche Umwelt. J. ist danach generell an der Frage interessiert, wie das Recht jedes jungen Menschen »auf Förderung seiner Entwicklung und auf Erziehung zu einer eigenverantwortlichen und gemeinschaftsfähigen Persönlichkeit« (§ 1 Abs. 1 KJHG) realisiert werden kann. Angesichts einer gegenwärtig rapide zunehmenden Individualisierung der Lebensführung und der Pluralisierung von Lebensverhältnissen und einer damit in Zusammenhang stehenden Auflösung traditioneller Milieus, Handlungs- und Orientierungsperspektiven, der schwindenden Geltungskraft universeller Werte und Normierungen, der Veränderung familialer Lebensformen und der tendenziell abnehmenden Bedeutung der Familie für Sozialisation und gesellschaftliche Integration von Kindern und Jugendlichen wird dieser sozialpädagogische Auftrag zunehmend bedeutsamer. Danach hat J. in Ergänzung zur Familie und neben Schule und Ausbildung junge Menschen in ihrer Entwicklung allgemeinerzieherisch zu fördern, durch Beratung und Unterstützung sozialen Benachteiligungen und Entwicklungskrisen entgegenzuwirken, Hilfe zur Erziehung zu leisten, wenn das Wohl des Kindes oder des Jugendlichen nicht gewährleistet ist, und an gerichtlichen Verfahren mitzuwirken (*Erziehungshilfen/ Jugendgerichts-/Vormundschafts- und Familiengerichtshilfe*). Zugleich soll J. sich anwaltschaftlich-politisch für bessere Lebensbedingungen junger Menschen einsetzen. Damit verbunden ist die Erarbeitung und Durchsetzung korrigierender Alternativen ebenso wie die Vertretung der betroffenen Gruppen gegenüber anderen gesellschaftlichen Interessen und Gruppen (Jordan/Sengling 1994, 14). Um diese Ansprüche zu erfüllen, hat sich J. in die Belange und Zuständigkeiten anderer Sozialisationsinstanzen und Politikbereiche »aktiv einzumischen« (Mielenz 1981).

2. Entwicklungen seit 1970: Perspektiven und Handlungspotentiale von J. sind vor dem Hintergrund einer mehr als 20 Jahre intensiv geführten Diskussion um Anspruchsprofil, Standards und Aufgaben der J. zu sehen. Wesentliche Impulse sind hier v.a. ausgegangen von

- den politischen Kontroversen um Funktion und Stellenwert von J. in der Gesellschaft,
- der Entwicklung und sozialwissenschaftlichen Öffnung der (sozialpädagogischen) Fachdiskussion und
- den mit dem Diskussionsentwurf von 1972 (BMJFG 1973) eingeleiteten Bemühungen, die J. auf eine leistungsfähige rechtliche Grundlage zu stellen.

Im Gefolge der studentischen und außerparlamentarischen Protestbewegung gegen Ende der 60er Jahre hat auch die J. eine radikale politische Kritik erfahren (vgl. Hollstein/Meinhold 1973). Einem als ideologisch verstandenen, individualisierenden Handlungs- und Selbstverständnis wurde eine Situationseinschätzung entgegengehalten, die auf die zudeckenden, repressiven Dimensionen der Jugendhilfepraxis abstellte. Diese Kritik hat insofern bleibende Spuren hinterlassen, als die Frage, welchen Beitrag J. zur ideologischen und faktischen Reproduktion der bestehenden Gesellschaft leistet (J. als Instanz der sozialen Kontrolle), in der Folgezeit zu einer größeren Sensibilität gegenüber den tatsächlichen Problemen und Lebenschancen der Handlungsadressaten und zu einer deutlichen Problematisierung repressiver Interventionen (z.B. geschlossene *Heimerziehung*) geführt hat. Ihre praktische Wendung hat diese Kritik gefunden in der Kinderladenbewegung, in Ansätzen einer antikapitalistischen Jugendarbeit, der Jugendzentrumsbewegung und – als Ausfluß der Heimkritik und der Heimkampagnen – im Bereich selbstorganisierter Wohnkollektive.

Die radikalen Kritikpositionen haben seit Anfang der 70er Jahre auch die fachliche Diskussion um das sozialpädagogische Profil der J. mitbestimmt. Von besonderer Bedeutung war die grundsätzliche Ausarbeitung zu »Inhalt und Begriffe moderner Jugendhilfe« (BMJFG 1974; Hottelet u.a. 1976): Die Erarbeitung allgemeiner und grundlegender Sozialisationsziele (Autonomie, Sexualität, Kreativität, Produktivität, Soziabilität) sollte dazu beitragen, daß sich J. auf Sicherung von Entwicklungsbedingungen junger Menschen, Realisierung von Emanzipation und auf Parteilichkeit ausrichtet. Unter dem Begriff der »offensiven J.« hat

diese Konzeption auf breiter Basis fachliche Diskussionen bestimmt und Entwicklungen ausgelöst.
Aber auch die Jugendberichte der Sachverständigenkommisionen der BReg haben zu einer fachlichen Weiterentwicklung der J. beigetragen. Zu nennen wären hier v. a.: der 3. Jugendbericht (BMJFG 1972), der aus einer kritischen Bilanz des damaligen Profils der JÄ in der BRD deren Weiterentwicklung zur »Sozialpädagogischen Fachbehörde« fordert; der 5. Jugendbericht (Deutscher Bundestag 1980), der Lebenslagen benachteiligter Gruppen thematisiert; der 6. Jugendbericht (Deutscher Bundestag 1984), der die Diskriminierung und Benachteiligung von Mädchen und jungen Frauen in den Mittelpunkt rückt, und der 8. Jugendbericht (BMJFFG 1990), der das Konzept einer »lebensweltorientierten« J. vertritt.
Parallel zu den skizzierten fachlichen Entwicklungen verlief die mit der Vorlage eines »Diskussionsentwurfes eines Jugendhilfegesetzes« (BMJFG 1973) eingeleitete Diskussion um die Reform des Jugendhilferechts (*Jugendhilferechtsreform*), die mit der Verabschiedung des KJHG 1990 ihren vorläufigen Abschluß gefunden hat (vgl. dazu bei 5.).

3. Standards: Schon Mitte der 80er Jahre wurden Zielbestimmungen und Prinzipien einer umfassend konzipierten und offensiv verstandenen J. mit Begriffen wie »Leistung statt Eingriff«, »Prävention statt Reaktion«, »Flexibilisierung statt Bürokratisierung« und »Demokratisierung statt Bevormundung« belegt. Der 8. Jugendbericht der BReg (BMJFFG 1990) hat zuletzt diese Standards einer zeitgemäßen J. mit dem Begriff der »Lebensweltorientierung« (Thiersch 1992) belegt. Dieses Konzept wird durch Strukturmaximen wie Prävention, Regionalisierung, Alltagsorientierung, Partizipation und Integration bestimmt.
Prävention meint eine Orientierung an lebenswerten, stabilen Verhältnissen und Hilfe bei der Bewältigung kritischer Lebensphasen und -ereignisse. Dezentralisierung/Regionalisierung verlangt von der J. eine Arbeit in gewachsenen lokalen Strukturen und die Entwicklung tragfähiger kleinräumiger Förderungs- und Unterstützungsstrukturen. Alltagsorientierung bezieht sich auf die Respektierung der (unterschiedlichen) Lebenserfahrungen der Handlungsadressaten, bedeutet leichte Zugänglichkeit und ganzheitliche Konzeption der Hilfen. Integration betont das Prinzip der Normalisierung gegenüber Ab- und Ausgrenzung und soll zur Überwindung traditioneller Zuständigkeitsbegrenzungen der J. beitragen. Partizipation meint umfassende Beteiligung der Betroffenen am Hilfeprozeß, Sicherung von Rechtspositionen und des Prinzips der Freiwilligkeit in den Hilfen.
Die hier formulierten Ansprüche an eine offensive J. stehen allerdings oftmals noch in einem deutlichen Widerspruch zur alltäglichen Praxis (vgl. als neueste empirische Untersuchung Kreft/Lukas u. a. 1993). J. – das darf nicht übersehen werden – wird mit gesellschaftlichen Benachteiligungen konfrontiert, deren Ursachen weitgehend in sozioökonomischen Bedingungen zu suchen sind. »Hausgemachte« Probleme kommen hinzu: Eingriffsdenken, Bevormundung und *Bürokratie* erschweren noch immer eine offensive J. Beratungs- und Betreuungsangebote (z. B. Krippen, Kindergärten und Horte in den alten Bundesländern) sind nicht hinreichend vorhanden, *Spielplätze* regen kaum Kreativität und Phantasie der Kinder an. Angebote der *Jugendarbeit* erreichen nur selten benachteiligte Jugendliche und sprechen eher Jungen (*Jungenarbeit*) als *Mädchen* an. Einzelfallbetreuungen haben oftmals nur *Anpassung* an gegebene Verhältnisse zum Ziel, die ambulanten (familienergänzenden) Hilfen sind noch nicht bedarfsgerecht ausgebaut, und noch immer werden zu viele Kinder und Jugendliche außerhalb der eigenen Familie untergebracht. Hinzu kommt, daß Programme und Angebote in ihren Ansätzen, Inhalten und Zielen oft unverbunden nebeneinanderstehen. So wird auf komplexe Problemlagen einzelner oder spezifischer Gruppen zumeist nicht mit koordinierten und sich ergänzenden Leistungen reagiert. Die Veränderung solcher Bedingungen ist eine sozial- und gesellschaftspolitische Herausforderung, die J. allein nicht bewältigen kann.

4. J. in der DDR: Die J. in der DDR hat sich, aus einer gemeinsamen deutschen Vergangenheit kommend – namentlich ausgehend von dem im RJWG von 1922 vorgenommenen Verständnis –, wegentwickelt und deckte seit Anfang der 50er Jahre begrifflich im wesentlichen nur noch jenen Bereich ab, der dort als »Jugendfürsorge« bezeichnet wurde (Seidenstücker 1990; BMFJ 1994).
Die historische Entwicklung der J. in der DDR ist nur vor dem Hintergrund der gesellschaftspolitischen Absichten eines angestrebten sozialistischen Staates zu interpretieren. Auf der Grundlage der Fiktion, daß bei ausreichender ökonomischer Grundlage massenhaft eine Bewußtseinsentwicklung i. S. einer sozialistischen Gesellschaft vor sich gehen werde und insofern Erziehungsdefizite und abweichendes Verhalten nur noch in Ausnahmesituationen aufträten, wurde gefolgert, daß es perspektivisch keines solchen Sonderbereiches wie der J. mehr bedürfe. Insofern wurde ständig darauf geachtet, daß sich die Spezialorganisation J. nicht ausweitete.

5. Das KJHG von 1990: Schon für den Beginn der neueren Reformdiskussion war bestimmend, daß das JWG in weiten Teilen den Anforderungen an eine leistungsorientierte J. nicht mehr gerecht wurde (vgl. u. a. BMJFG 1962). Bei allen Reformbemühungen war von daher das Interesse bestimmend, ein neues Jugendhilferecht als ein Leistungsrecht auszugestalten, das von Rechtsansprüchen Betroffener ausgeht, deren Partizipation in den Mittelpunkt stellt, repressive Momente zurückdrängt und J. nach den Grundsätzen moderner Leistungsverwaltung mit stark präventiven Ansprüchen und Möglichkeiten aufbaut.
Erst 1990 kommt die Jugendhilferechtsreform mit der Verabschiedung des »Gesetzes zur Neuordnung des Kinder- und Jugendhilferechs« zu ihrem vorläufigen

Abschluß. Das *Kinder- und Jugendhilfegesetz* trat zum 1. 1. 1991 (in den neuen Bundesländern mit materiellen Einschränkungen schon zum 3. 10. 1990) in Kraft und löste damit als neue rechtliche Grundlage der J. in der BRD das noch wesentlich auf Strukturprinzipien und Vorgaben des RJWG von 1922 basierende JWG ab (vgl. Münder u. a. 1993; zur neueren Reformgeschichte Wiesner 1990).
Es stimmt in diesem Zusammenhang allerdings nachdenklich und dient als Warnung vor überzogenem Optimismus, wenn der für das KJHG verantwortliche Mitarbeiter im zuständigen Jugendministerium in einer ersten Zwischenbilanz seine »tiefe Sorge« darüber zum Ausdruck bringt, daß wir bald in »zwei Welten« leben könnten: »Einer schönen Scheinwelt dieses Gesetzes und der realen Wirklichkeit, die weit hinter diesen Anforderungen zurückbleibt. Dies fängt schon damit an, daß manche Jugendämter in eingefahrenen Gleisen denken, daß sie – nach 70 Jahren Jugendwohlfahrtsgesetz – gar nicht mehr in der Lage sind, sich auf etwas Neues einzulassen. Statt dessen ist ein Stöhnen und Klagen darüber vernehmbar, man müsse sich nun mit neuen Rechtsvorschriften vertraut machen. Anderen aber, die die Chancen nutzen wollen und ihr Angebot den Erfordernissen des neuen Rechts anpassen wollen, werden Knüppel zwischen die Beine geworfen« (Wiesner 1991, 348).

6. Leistungen und Aufgaben der J. nach dem KJHG: Zu den Grundzielen und und Grundverpflichtungen der J. gehört es nach § 1 Abs. 3 KJHG, junge Menschen in ihrer individuellen und sozialen Entwicklung zu fördern und Benachteiligungen zu vermeiden oder abzubauen, Eltern und andere Erziehungsberechtigte bei der Erziehung zu beraten und zu unterstützen, Kinder und Jugendliche vor Gefahren für ihr Wohl zu schützen und dazu beizutragen, positive Lebensbedingungen für junge Menschen und ihre Familien sowie eine kinder- und familienfreundliche Umwelt zu erhalten oder zu schaffen. J. ist nach § 2 KJHG Oberbegriff für alle Leistungen (§§ 11–41) und anderen Aufgaben (§§ 42–60) nach dem KJHG (vgl. Gernert 1991; Wiesner/Zarbock 1991). Dabei geht es sowohl um die allgemeinen Förderungsbereiche (Jugendarbeit, *Jugendsozialarbeit*, erzieherischer Kinder- und Jugendschutz, Erziehung in der Familie, Tageseinrichtungen und Tagespflege) als auch um den Bereich der Hilfe zur Erziehung. Andere Aufgaben der J. nach dem KJHG betreffen vorläufige Maßnahmen (Inobhutnahme von Kindern und Jugendlichen), Schutz von Kindern und Jugendlichen in Familienpflege (Pflegefamilie) und in Einrichtungen (Heimaufsicht/*Betriebserlaubnis*), Mitwirkung in gerichtlichen Verfahren (Vormundschaftsgerichtshilfe, Familiengerichtshilfe, Jugendgerichtshilfe), Pflegschaft und Vormundschaft für Kinder und Jugendliche, Beurkundung und Beglaubigung.
J. umfaßt damit allgemein fördernde, direkt helfende und politische Aufgabenbereiche. Im Rahmen der allgemeinen Förderung geht es um die Entwicklungsmöglichkeiten von jungen Menschen und die Ausbildung ihrer Fähigkeiten. Dies geschieht einerseits durch pädagogisch unterstützende, familienergänzende Angebote, z. B. in Kindergärten oder in *Jugendfreizeiteinrichtungen*. Andererseits sollen gezielte Maßnahmen soziale Ungleichheiten und Benachteiligungen verringern und Entwicklungsdefizite beheben, z. B. durch Spiel- und Lernhilfen in einem *sozialen Brennpunkt* oder durch das Angebot einer heilpädagogischen Kindergruppe. Daneben tritt J. durch pädagogische und wirtschaftliche Leistungen direkt ein, wenn akute individuelle Schwierigkeiten bei jungen Menschen und ihren Familien erkannt werden. Beispiele für solche Situationen sind individuelle Verhaltensauffälligkeiten – was immer auch deren Ursachen sein mögen –, zerbrochene Familien, Scheidungen, Notlagen bei nichtehelicher Geburt oder Jugendkriminalität. Die Formen der Hilfen reichen von *Beratung*, *Einzelbetreuung*, *sozialpädagogischer Familienhilfe* über die Unterbringung von Kindern außerhalb der eigenen Familie bis hin zur Familien- und Jugendgerichtshilfe. Schließlich nimmt eine anwaltschaftlich verstandene J. einen unmittelbaren Einfluß auf die Politik. Dies kann durch öffentliche Fachdiskussionen ebenso geschehen wie durch *Einmischung* in andere Ressorts (Stadtplanung) oder durch die Beeinflussung der Gestaltung von Sozialpolitik im Rahmen der Gesetzgebungsverfahren (Mielenz 1981).

7. Träger und Strukturen: Vielfältig sind in der J. auch die Trägerschaften für Aufgaben und Leistungen. Auf der einen Seite gibt es die Träger der öffentlichen J., die JÄ, LJÄ. Sie tragen die Gesamtverantwortung für die Erfüllung der Leistungen, wie sie das KJHG vorsieht. Auf der anderen Seite nehmen freie Träger (Jugend- und Wohlfahrtsverbände, Selbsthilfegruppen und sonstige Vereinigungen) Aufgaben der J. wahr. Auch sie bieten Einrichtungen und soziale Dienste an (*Träger der Sozialen Arbeit*).
Die Träger der öffentlichen J. sind zur partnerschaftlichen und planvollen Zusammenarbeit mit den freien Trägern verpflichtet, wobei die öffentliche J. mit eigenen Angeboten sich dort zurückhalten soll, wo freie Träger in gleicher Weise die fachlichen Voraussetzungen für die jeweiligen Leistungen erfüllen. Die Notwendigkeit zur Kooperation ergibt sich aber allein schon daraus, daß die freien Träger auf dem Gebiet der alten BRD 1990 fast 70% (in den neuen Bundesländern 1991 allerdings nur 6%) der Angebote, Dienste und Einrichtungen stellen.
Dies setzt bei öffentlichen und freien Trägern der J. Strukturen und Organisationsformen voraus, die den genannten Zielen einer offensiven J. wirksam dienen. Und notwendig ist eine systematische Planung (vgl. Jordan/Schone 1992) der sich aus den Zielen der J. ergebenden Aufgaben und ihre hinreichende finanzielle Absicherung (*Jugendhilfeplanung*).

8. Zielkonflikte in der J.: J. – und dies gilt nicht nur für den i. e. S. fürsorgerischen Bereich – ist durch eine doppelte Aufgabenstellung gekennzeichnet. Zum einen

kommen ihr Erziehungsfunktionen zu, soll sie Interessenvertreter von Kindern und Jugendlichen sein, diese bei Krisen und Entwicklungsproblemen beraten und pädagogische Hilfen anbieten. Zum anderen hat J. aber auch Kontrollaufgaben zu erfüllen. J. hat zwischen sozial akzeptiertem und abweichendem Verhalten zu differenzieren und zu intervenieren.

J. bedeutet im Regelfall Sozialisation, Kompensation, Hilfe und soziale Kontrolle (»doppeltes Mandat«). Diese Gratwanderung zwischen Akzeptierung, Toleranz und Interessendurchsetzung einerseits und sozialer Kontrolle andererseits, die Spannung widersprüchlicher Orientierungen und die damit verbundenen Zielkonflikte erschweren eine Profilierung der J. als sozialpädagogische Erziehungsinstitution.

Eine Auflösung bzw. Minderung dieser Widersprüche ist langfristig nur in dem Maße zu erwarten, wie aus veränderten gesellschaftlichen Anforderungen an die Fähigkeiten und Dispositionen der nachwachsenden Generation die quantitative Ausdehnung des Jugendhilfebereichs (Erschließung neuer Aufgabenfelder) und Veränderungen der Inhalte und Ziele von J. begünstigt werden. Im Zusammenspiel von objektiven gesellschaftlichen Entwicklungstendenzen, die der J. weniger die Rolle einer ausgrenzenden, unterdrückenden und anpassenden Instanz als vielmehr die Aufgabe einer allgemeinen, aktiven und antizipatorischen Sozialisation zuweisen, ist ein solcher Funktionswandel von J. denkbar. Soll dieser Wandel allerdings nicht auf der Ebene einer bloß technokratischen Ebene ablaufen, so muß die konfliktorientierte Politisierung dieses Handlungsfeldes und der Innovationsdruck von kritischen SozArb, von gesellschaftlichen Gruppen, von *Forschung* und *Ausbildung* hinzukommen. Die mit einem solchen Wandel zwangsläufig verbundene stärkere Institutionalisierung und Ausdehnung der J. bedarf darüber hinaus der kritischen und korrigierenden Konfrontation mit Modellen und Ansätzen, die Freiräume für selbstbestimmtes Lernen, eigenständige und solidarische Interessenvertretung und selbstverwaltete Freizeit schaffen. Dieses »antiinstitutionelle« Korrektiv bietet die Chance, daß Kinder und Jugendliche dem Zugriff pädagogischer Instanzen und der umfassenden Verwaltung ihrer Lebenssituationen sich zumindest partiell entziehen, zu subjektiv befriedigenden Bedürfnisinterpretationen kommen und diese auch gegen etablierte Interessen anmelden und vertreten können. *E. Jordan*

Literatur: G. Bäumer: Die historischen und sozialen Voraussetzungen der Sozialpädagogik und die Entwicklung ihrer Theorie, in: H. Nohl/L. Pallat 1929, 3 ff.; BM für Frauen und Jugend (BMFJ): 9. Jugendbericht »Situation der Kinder und Jugendlichen und die Entwicklung der Jugendhilfe in den neuen Bundesländern«, Bonn 1994; BM für Jugend, Familie und Gesundheit (BMJFG): 3. Jugendbericht. Aufgaben und Wirksamkeit der Jugendämter in der Bundesrepublik Deutschland. BT-Drs. VI/3170, Bonn-Bad Godesberg 1972; BM für Jugend, Familie und Gesundheit (BMJFG): Mehr Chancen für die Jugend. Zu Inhalt und Begriff einer offensiven Jugendhilfe, Stuttgart 1974; BM für Jugend, Familie, Frauen und Gesundheit (BMJFFG): 8. Jugendbericht. Bericht über Bestrebungen und Leistungen der Jugendhilfe, Bonn 1990; BM für Jugend, Familie und Gesundheit (BMJFG): Diskussionsentwurf eines Jugendhilfegesetzes, Bonn 1973; Deutscher Bundestag: Bericht über Bestrebungen und Leistungen der Jugendhilfe. 5. Jugendbericht, Bonn 1980; Deutscher Bundestag: Verbesserung der Chancengleichheit von Mädchen in der Bundesrepublik Deutschland. 6. Jugendbericht, Bonn 1984; H. Eyferth/H.-U. Otto/H. Thiersch (Hrsg.): Handbuch zur Sozialarbeit/Sozialpädagogik, Neuwied 1984, 537–547; E. Friedeberg/W. Polligkeit: Reichsjugendwohlfahrtsgesetz (Kommentar), Berlin [2]1930; W. Gernert (Hrsg.): Freie und öffentliche Jugendhilfe – Einführung in das Kinder- und Jugendhilfegesetz (KJHG), München 1991; C. Hasenclever: Jugendhilfe und Jugendgesetzgebung seit 1900, Göttingen 1978; W. Hollstein/M. Meinhold: Sozialarbeit unter kapitalistischen Produktionsbedingungen, Frankfurt/M. 1973; H. Hottelet/P. Braasch/P. Plosdorf/A. Müller-Schöll/D. Sengling: Offensive Jugendhilfe. Neue Wege für die Jugend, Stuttgart 1978; E. Jordan/J. Münder (Hrsg.): 65 Jahre Reichsjugendwohlfahrtsgesetz, Münster 1987; E. Jordan/R. Schone: Jugendhilfeplanung – aber wie? Eine Arbeitshilfe für die Praxis, Münster 1992; E. Jordan/D. Sengling: Jugendhilfe. Einführung in Geschichte und Handlungsfelder, Organisationsformen und Problemlagen, Weinheim/München [3]1994; D. Kreft/H. Lukas u. a.: Perspektivenwandel der Jugendhilfe. 2 Bde., Frankfurt/M. [2]1993; J. Mielenz: Die Strategie der Einmischung. Soziale Arbeit zwischen Selbsthilfe und kommunaler Politik, in: Neue Praxis, Sonderheft 6, 1981, 57 ff.; K. Mollenhauer: Die Ursprünge der Sozialpädagogik in der industriellen Gesellschaft. Eine Untersuchung zur Struktur sozialpädagogischen Denkens und Handelns, Weinheim/Basel 1959 (Reprint Weinheim 1987); J. Münder u. a.: Frankfurter Lehr- und Praxiskommentar zum Kinder- und Jugendhilfegesetz, Münster [2]1993; H. Scherpner: Geschichte der Jugendfürsorge, Göttingen 1966; B. Seidenstücker: Jugendhilfe in der DDR, in: B. Seidenstücker/J. Münder: Jugendhilfe in der DDR, Soziale Praxis H. 8, Münster 1990, 9–59; H. Thiersch: Lebensweltorientierte soziale Arbeit, Weinheim 1992; R. Wiesner/W. Zarbock (Hrsg.): Das neue Kinder- und Jugendhilfegesetz (KJHG) und seine Umsetzung in die Praxis, Köln u. a. 1991; R. Wiesner: Der mühsame Weg zu einem neuen Jugendhilfegesetz, in: Recht der Jugend und des Bildungswesens 2/1990, 112–125; R. Wiesner: Das neue Kinder- und Jugendhilfegesetz – Chance und Herausforderung für die Jugendhilfepraxis, in: Zentralblatt für Jugendrecht, H. 7–8/1991, 345–352.

Jugendhilfeausschuß

Als Bundesgesetz enthält das KJHG kaum Bestimmungen über die Organisation der *Jugendhilfe*; dies fällt grundsätzlich in die Kompetenz der Landesgesetzgebung. Allerdings wird in § 80 Abs. 1 KJHG die sog. Zweigliedrigkeit des *Jugendamtes* festgelegt: Das JA besteht aus dem J. und der Verwaltung des JA. Des weiteren wird in §§ 70, 71 KJHG die Kompetenzabgrenzung zwischen dem J., der Verwaltung des JA und der sog. Vertretungskörperschaft (Kreistag, Stadtverordnetenversammlung, Stadtrat o. ä.) vorgenommen. In § 71 KJHG wird auch bundesgesetzlich die Zusammensetzung bei den stimmberechtigten Mitgliedern des J. geregelt. Weitere Regelungen (z. B. zu den beratenden Mitgliedern, zum Verfahren, zur Wahl usw.) sind dem Landesrecht überlassen. Sofern weder Bundesrecht (KJHG) noch Landesrecht (regelmäßig AGe zum KJHG) Regelungen treffen, können auf kommunaler Ebene für den J. Regelungen vorgesehen werden (meist durch Jugendamtssatzungen).

Im Verhältnis zur Verwaltung des JA ist der J. rechtlich gesehen das übergeordnete Gremium: Nach § 70 Abs. 2 KJHG werden (auch) die »Geschäfte der laufenden Verwaltung ... vom Leiter der Verwaltung ... im Rahmen ... der Beschlüsse ... des Jugendhilfeausschusses geführt«. Das bedeutet, daß der J. in grundsätzlichen Angelegenheiten im Verhältnis zur Verwaltung des JA allein zuständig ist. Auch bei laufenden Geschäften gilt dieser Vorrang des J.; wenn allerdings keine einschlägigen Beschlüsse des J. vorliegen, kann die Verwaltung des JA selbständig handeln. Laufende Geschäfte sind im allgemeinen diejenigen, die zu einer ungestörten und ununterbrochenen Fortdauer der Verwaltungstätigkeit notwendig sind, es sei denn, daß es sich um einmalige und außergewöhnliche Geschäfte oder solche von erheblicher finanzieller Bedeutung handelt. Diese rechtliche Aussage über die Kompetenzverteilung zwischen J. und Verwaltung des JA deckt sich jedoch nicht mit der Realität. Die Jugendhilfe wird vornehmlich durch die hauptamtlichen Mitarbeiter der Verwaltung des JA gestaltet, die hinsichtlich der Informationen, der Kompetenzen, der Handlungsressourcen deutliche Vorsprünge gegenüber dem J. besitzen.

Das Verhältnis zur Vertretungskörperschaft ist ebenfalls rechtlich eindeutig: Die Vertretungskörperschaft ist im Verhältnis zum J. das übergeordnete Organ, berechtigt, den J. durch einzelne oder generelle (z.B. Satzungen) Beschlüsse zu binden, Beschlüsse des JA aufzuheben und ggf. durch eigene zu ersetzen; dabei sollte sich die Vertretungskörperschaft aber auf grundlegende Fragen beschränken, damit dem J. Aufgaben von »substantiellem Gewicht« bleiben (OVG Münster NWVBl 1991, 17ff.). So kann sich insbesondere das wichtigste Recht des J., das Beschlußrecht in Angelegenheiten der Jugendhilfe, nur innerhalb des Rahmens der durch die Vertretungskörperschaft gefaßten Beschlüsse und der von ihr bereitgestellten Mittel abspielen. Die J. sind in allen Angelegenheiten der Jugendhilfe vor Beschlußfassung der Vertretungskörperschaft zu hören, sie haben das Recht, an die Vertretungskörperschaft Anträge zu stellen.

Die Zusammensetzung des J. ist in § 71 KJHG hinsichtlich der stimmberechtigten Mitglieder geregelt: Zu 3/5 bestehen diese aus Mitgliedern der Vertretungskörperschaft oder aus Frauen und Männern, die in der Jugendhilfe erfahren sind und von der Vertretungskörperschaft direkt gewählt werden, zu 2/5 aus Frauen und Männern, die auf Vorschlag der anerkannten Träger der freien Jugendhilfe (*Träger der Sozialen Arbeit*, *Jugend- und Wohlfahrtsverbände*) von der Vertretungskörperschaft gewählt werden. Mittels des Vorschlagsrechtes der Träger der freien Jugendhilfe soll ganz bewußt die Einbeziehung dieser Trägergruppen stattfinden.

War im JWG zumindest zum größten Teil noch geregelt, wer die beratenden Mitglieder waren, so ist dies nunmehr ausdrücklich nach § 71 Abs. 5 KJHG dem Landesrecht überlassen. Landesrechtlich wird auch bestimmt, inwiefern der Leiter der Verwaltung der Gebietskörperschaft (Leiter der Gesamtverwaltung) oder der Leiter der Verwaltung des JA stimmberechtigt sind.

J. Münder

Literatur: H.-J. David: Der Jugendhilfeausschuß, Frankfurt/M. u.a. 1993; J. Münder: Der Jugendwohlfahrtsausschuß, Neuwied 1987.

Jugendhilfeplanung

1 Entwicklung: Schon im 3. Jugendbericht von 1972 (BT-Drs. VI/3170, 118f.) wurde festgestellt, daß »Planung ... im Jugendhilfebereich unerläßlich (ist), weil bei nachwachsendem Bedarf an Jugendhilfe die Begrenztheit der finanziellen und personellen Möglichkeiten dazu zwingt, die vorhandenen Kapazitäten rationell einzusetzen und auszunutzen sowie Kriterien dafür zu entwickeln, welche Aufgaben in welcher Reihenfolge anzugehen sind«. Unbestritten war auch, daß § 7 JWG (Rechtszustand vor Inkrafttreten des *Kinder- und Jugendhilfegesetz*es) eine »Pflicht zur Planung« enthielt (Münder u.a. 1988, § 7 Nrn. 1, 2).

Dennoch ist es nicht zu einer flächendeckenden J. gekommen: 1988/89 hatten in den alten Bundesländern noch rd. 65% der JÄ keine Planungsaktivitäten entwikkelt, nur wenige – etwa 13% – gaben an, umfassende Jugendhilfepläne erstellt zu haben, im übrigen ergab sich die allgemein bekannte Verteilung auf bestimmte Teilfachpläne (vgl. Kreft/Lukas u.a., Bd. I, 5.12).

Dafür gab es Gründe, die z.T. auch gegenwärtig noch Wirkung entfalten: Die Sorge vor »Verplanung« fachlich orientierter Arbeit überwog, J. wurde immer wieder als »freiwillige« und nicht als Pflichtaufgabe der *Jugendhilfe* verstanden, J. wurde häufig als praxisfern bezeichnet, weil sie oft im Stadium der Analyse verblieb und ihren Nutzen für die Praxisentwicklung nicht hinreichend nachweisen konnte. Erst Ende der 70er Jahre fand J. zu einer eigenständigen Begriffsbestimmung, die dann dem planerischen Handeln der öffentlichen Träger der J. zugrunde gelegt wurde. Im Laufe der 70er Jahre entwickelten sich dann verbindliche Forderungen an eine standardgemäße J., konturierten sich theoriegeleitete Planungskonzeptionen (Jordan/Mielenz 1990 [1993]).

Im Vergleich zu anderen Planungbereichen wurden für die J. erst spät praxisrelevante Arbeits- und Planungshilfen vorgelegt, die die verschiedenen Planungsversuche der öffentlichen Träger der Jugendhilfe aus- und bewerteten und sie allgemein zugänglich machen (DJfU 1978; DV 1986).

2 J. aktuell: Es gibt wohl bis heute keine theoretisch, fachlich und fachpolitisch eindeutigen Erkenntnisse und Erfahrungen, auf die sich PlanerInnen »selbstverständlich« beziehen könnten, aber inzwischen doch deutliche normative Sicherheiten und erfahrungsge-

stützte nützliche Informationen für den Jugendhilfeplanungsalltag:

2.1 Klarere Handlungsvorhaben brachte zunächst das neue KJHG (in Kraft getreten am 3.10.1990/ 1.1.1991):

- Die öffentlichen Träger der Jugendhilfe (tatsächliche Durchführungsbehörden die JÄ/LJÄ) sind jetzt verpflichtet zur Bestandserhebung unter Berücksichtigung der Wünsche, Bedürfnisse und Interessen der jungen Menschen und ihrer Familien und zur Maßnahmenplanung (Gesamtverantwortung/Grundausstattung: § 79; J.: § 80 Abs. 1 KJHG).
- Das Gesetz schreibt vor, daß auf der Grundlage des Handlungsprinzips der Lebenswelt- und Lebenslagenorientierung zentrale Kriterien der Jugendhilfe zu berücksichtigen sind: Sicherung des sozialen Umfeldes, Pluralität und Vernetzung des Angebots von Jugendhilfeleistungen, Berücksichtigung besonderer Lebensverhältnisse, Vereinbarkeit von Erwerbs- und Familienarbeit (§ 80 Abs. 2 KJHG).
- An der Vorbereitung und Durchführung dieser Planungen, an allen Entscheidungen im Planungsverlauf sind die freien Träger stets angemessen zu beteiligen, die jeweiligen örtlichen Jugendhilfeplanungen sind mit anderen Planungen abzustimmen (§ 80 Abs. 3, 4 KJHG; auch die *Arbeitsgemeinschaften* nach § 78 KJHG können zu »Orten einer offenen Fachdiskussion« ausgestaltet werden); entscheidendes Beschluß- und Kontrollorgan ist der *Jugendhilfeausschuß* (§ 71 Abs. 2, 3 KJHG).
- Das Gesetz spricht von Jugendhilfeplanung, nicht von einem Jugendhilfeplan oder von Planerstellung. J. ist demnach auch als ständige Aufgabe zu verstehen: In einem fortzuführenden Prozeß – bestimmt durch Kommunikation und Partizipation (der Betroffenen und freien Träger) – muß (idealtypisch) immer wieder aufs neue geprüft werden, ob die aktuellen Angebote, Dienste und Veranstaltungen der Jugendhilfe im Jugendamtsbezirk zeitgemäßen Handlungsstandards entsprechen.
- Bleibt der öffentliche Träger entgegen der Verpflichtung des § 80 KJHG untätig oder wird er völlig unzureichend tätig, ist dies eine Rechtsverletzung, die zu einem kommunalaufsichtsrechtlichen Verfahren führen kann (Münder u.a., § 80 Rz 5).

2.2 Begriff und Strukturprinzipien von J.: Die hier bereits in der 1. Aufl. 1980 zugrunde gelegte Definition von J. (Mielenz 1980) hat sich in der Fachdiskussion durchgesetzt (vgl. Jordan/Schone 1992) und entspricht auch der neuen KJHG-Gesetzeslage:

J. wird verstanden als eine auf bestimmte Zielgruppen bezogene, am Bedarf orientierte, integrierte Fachplanung, die sowohl den Ansprüchen politischer *Planung* als auch den Ansprüchen offensiver, präventiver SozArb/SozPäd genügen muß. Als Fachplanung geht es bei der J. um die Entwicklung längerfristiger, zukunftsbezogener Strategien zur Lösung der komplexen Aufgaben der *Jugendhilfe*. Als politischer Prozeß ist J. ein Instrument kommunaler Willensbildung und Entscheidungsvorbereitung, in den die von der J. Betroffenen (z.B. Jugendliche), die an der J. Beteiligten (z.B. freie Träger [z.B. *Jugendverbände*, *Wohlfahrtsverbände*], JHA/LJHA, andere Fachverwaltungen/Behörden, SozArb/SozPäd, *Gewerkschaften*, Ausbildungsstätten) sowie Experten (WissenschaftlerInnen) einzubeziehen sind. J. kann sich nicht auf reine »Anpassungsplanung« beschränken (Reaktion auf außerhalb der Planungsprozesse getroffene Entscheidungen) und in »Berichten« Bestehendes fortschreiben, sondern muß unter Einbeziehung der Zielsetzungen und Aufgaben für Entwicklungen offen sein bzw. diese überhaupt initieren. Damit ist J. keine einmal erledigte Aufgabe, sondern ein ständiger Prozeß zwischen Planern, Betroffenen, Beteiligten und politischen Entscheidungsträgern. Die politische Verbindlichkeit erhält J. aus der Entscheidung der Vertretungskörperschaft und der damit i.d.R. verbundenen Sicherung der finanziellen Mittel zur Durchführung der J.

Der 8. Jugendbericht von 1990 (BT-Drs. 11/6576, 183) beschreibt in dieser Argumentationslinie handlungsleitende Strukturprinzipien von J.: Sozialraumorientierung statt quantitativer Flächendeckung, Lebensweltorientierung statt Einrichtungsplanung, offensive Prozeßplanung statt statischer Festschreibung, Einmischung statt Abgrenzung, (fach-)politischer Diskurs statt Konfliktvermeidung und Beteiligung statt Ausgrenzung.

2.3 Verfahren: J. wird heute allgemein in Phasen unterteilt, zu denen bestimmte Planungselemente (Aufgaben) gehören (Mielenz 1980):

(1) Einleitungsphase (Vorbereitung, Planung der Planung): Grobbeschreibung des Gegenstandes, Beschreibung des verfahrensmäßigen Ablaufs (Zeitraster), Darstellung des personellen und materiellen Bedarfs sowie der Organisationsform zur Bearbeitung des Planungsvorhabens (z.B. Projektgruppe und/oder Planungsbeauftragter), Abstimmung und Entscheidung über das Planungsvorhaben in den Fachverwaltungen, JHA/ LJHA, Entscheidung in der Vertretungskörperschaft, Information der Öffentlichkeit.

(2) Planungsphase (unter Beteiligung der Beteiligten/ Betroffenen): Problemanalyse, Zielentwicklung (Grobziele, Ableitung von Teilzielen, Entwicklung sozialpädagogischer Konzeptionen/Strategien, Entwicklung eines »Sollrahmens«, d.h. u.U. auch Quantifizierung der sozialpädagogischen Konzeptionen in Soll- oder Richtwerte, wenn diese nicht bereits vorgegeben sind), Aufgabenbeschreibung, Zielgruppenbestimmung, Bedarfsermittlung (Festlegung von Planungsregionen, Bestandsaufnahme für die einzelnen Aufgabenbereiche, Beschreibung infra- und sozialstruktureller Bedingungen in den Planungsregionen, Soll-Ist-Vergleich mit der Ermittlung des Fehlbedarfs für die Aufgabenbereiche/Planungsregionen), Planung der Maßnahmen (Darstellung von Alternativen, Abstimmung mit anderen Fachplanungen, Entwicklung von Prioritäten für die Planungsregionen in bezug auf Maßnahmen/Sozialstruktur), Kosten- und Finanzierungsrahmen einschließlich der Flächensicherung.

(3) Entscheidungsphase (i.d.R. in die Planungsphase integriert): in der Fachverwaltung, mit zu beteiligenden Fachverwaltungen, JHA/LJHA, sonstige Institutionen/ Organisationen, Vertretungskörperschaft.
(4) Durchführungsphase: Umsetzung/Realisierung, Planungskontrolle.
(5) Fortschreibungsphase: Festlegung der Zeitabstände, i.d.R. Ablauf wie Einleitung, Planung und Entscheidung mit den jeweiligen Planungselementen, ggf. Korrektur des Jugendhilfeplanes, Entwicklung neuer Schwerpunkte usw.
Diese allgemeine Zuordnung der Planungselemente bedarf der jeweiligen »regionalen Spezifizierung«, wobei schon bei der Planung der Planung folgende Aspekte berücksichtigt werden sollten: politische Strategie und potentielle Bündnispartner, Stand des Planungs- und Problembewußtseins in bezug auf den zu planenden Gegenstand und die angestrebte sozialpädagogische Strategie, Anknüpfungsmöglichkeiten an laufende Programme und Maßnahmen, Grad der Mobilisierung der Betroffenen (z.B. Initiativen), infra- und sozialstrukturelle Bedingungen.
Die Reihenfolge der Aufgabenbearbeitung insbesondere in den ersten 3 Planungsphasen richtet sich nach diesen regionalen Bedingungen. So kann es u.U. notwendig sein, bereits in der Einleitungsphase Problemanalyse und mögliche Zielvorstellungen grob darzustellen, um die jeweiligen Entscheidungsinstanzen genauer über das Planunsvorhaben zu informieren.

3 Planungspraxis:
3.1 Organisation/Fachkräfte: Wenn die öffentlichen Träger zur J. verpflichtet sind, kann diese Daueraufgabe angemessen auch nur von entsprechend qualifizierten und erfahrenen Fachkräften geleistet werden, am zweckmäßigsten in institutionell abgesicherten Organisationsformen (»Planungsgruppen« mit entsprechenden Ressourcenzuweisungen) und nicht durch MitarbeiterInnen mit zeitlicher Beauftragung (etwa über ABM). Für die Wahrnehmung dieser Aufgabe gilt im besonderen das Fachkräftegebot der §§ 72 und 79 KJHG.
3.2 Die zentralen Aufgaben der J.: Zu Beginn jedes Planungsprozesses ist zu entscheiden, welche Planungsansätze zugrunde gelegt werden sollen: zielorientierte (aus sozialpädagogischen Wertansätzen abgeleitete), bereichsorientierte (ausgerichtet an der Entwicklung vorfindlicher Arbeitsfelder der Jugendhilfe), sozialraumorientierte (auf der sozialräumlichen Analyse von Lebenslagen, Handlungspotentialen und Defizitlagen aufbauend) oder zielgruppenorientierte Planung (Ausgangsorientierungen sind spezielle Zielgruppen)?
In der Planungspraxis wird i.d.R. der bereichsorientierte Ansatz gewählt, immer mit einer starken sozialräumlichen Ausrichtung (nach Jordan/Schone 1992, 40ff.: dort auch mit einer genauen Beschreibung der jeweiligen Vor- und Nachteile der unterschiedlichen Ansätze).
Dann folgen als Aufgabenschritte:

- Bestandserhebung als Leistungsbeschreibung: Es ist nach § 80 KJHG der Bestand an Einrichtungen und Diensten festzustellen. Wie das i.e. zu geschehen hat, wird nicht festgelegt; Zweck dieser Bestandserhebung ist zunächst allein die Aufstellung eines aktuellen Leistungskataloges im Planungsbezirk – Leistungsnachweis und Ausgangslage aller weiteren Überlegungen auf dem Wege zur Maßnahmenplanung. Diese Leistungsbeschreibung muß aber umfassend sein, die Leistungen aller Träger umfassen, bei den freien Trägern zumindest die ausweisen, die öffentlich finanziert/mitfinanziert werden. Sie darf nicht nur quantitativ-zählend sein, sondern sie muß auch qualitativ-beschreibend gestaltet werden, um als Grundlage der Bedarfsermittlung und Bestimmung von Handlungsdefiziten geeignet zu sein. Die Bestandserhebung sollte EDV-gestützt, d.h. damit ständig fortschreibungsfähig gestaltet werden, die Bestände sind bereits Sozialräumen zuzuordnen, um später notwendige Prioritätenentscheidungen zu stützen.
- Bedarfsermittlung: der fachlich wichtigste Planungsschritt, denn mit ihm wird entschieden, welche Standards für die jeweilige Planung gelten sollen, welche der alternativen Planungsorientierungen für den konkreten Jugendamtsbezirk am geeignetsten erscheinen und welche fachlichen Orientierungen gewählt werden.
  Für diese fachlichen Orientierungen werden heute mindestens herangezogen: die Materialien zur *Jugendhilferechtsreform* seit 1973 bis hin zu den Gesetzesmaterialien des neuen KJHG (Überblick bei Kreft/Proksch), inzwischen die KJHG-Kommentierungen (u.a. Münder u.a. 1993; Schellhorn/Wienand 1994) und der 8. Jugendbericht von 1990 mit seinen 4 Materialienbänden; ergänzt/aktualisiert um die jeweils neuesten Wissensbestände zu den Arbeitsfeldern der Kinder-, Jugend- und Familienhilfe oder relevanter sozialwissenschaftlicher Nachbardisziplinen (*Handlungskompetenz/Professionalisierung*).
- Maßnahmenplanung und Vorbereitung von Prioritätensetzungen: Der zur Planung verpflichtete öffentliche Träger der Jugendhilfe hat die anerkannten Träger der freien Jugendhilfe in allen Phasen der Planung frühzeitig zu beteiligen. Betroffene haben Mitwirkungsrechte. J. ist mit anderen örtlichen und überörtlichen Planungen abzustimmen, und es sind immer wieder (Zwischen-)Entscheidungen zu treffen, damit J. fachpolitisch operationalisierbar und über nachvollziehbare Handlungsschritte verständlich bleibt. Hier wird die Doppelwirkung von J. (Fachplanung und Instrument kommunaler Willensbildung und Entscheidungsvorbereitung) konkret: J. schafft Grundlagen für die politischen Entscheider, hat zu agieren in dem verwirrenden Vieleck unterschiedlicher Interessen und Kompetenzen.
  Der JHA hat für die J. eine zentrale Bedeutung (§ 71, insbes. die Abs. 2 und 3), die Arbeitsgemeinschaften nach § 78 können als Orte der offenen Fachdiskussion zwischen allen am Planungsprozeß Beteiligten

ausgestaltet werden (bei denen dann nicht nur die anerkannten, sondern auch die lediglich geförderten freien Träger einbezogen werden). Ob dann die Entscheidungen in einem UA des JHA vorbereitet werden (wie jetzt bereits mancherorts praktiziert) oder sich der JHA auch dieses Recht immer als Plenum sichert, dafür gibt es schließlich keine verbindlichen Vorgaben. Immer gilt, daß J. dazu beitragen soll, daß Entscheidungen letztlich in den dafür zuständigen politischen Gremien im Wissen um Sachverhalte, divergierende Interessen und Konsequenzen bestimmter Prioritätensetzungen getroffen werden können.

4 Ausblick: Die J. gehört zu den 3 Regelungsbereichen des KJHG (neben den *Datenschutz*bestimmungen der §§ 61–68 und den Regelungen des § 36 zur *Mitwirkung*/zum Hilfeplan), mit denen zeitgemäße Entwicklungen durch Verfahren gesichert werden sollen. Inzwischen zeigt sich, daß die »KJHG-Planungslinie« (Bestandserhebung/Bedarfsermittlung/Maßnahmenplanung) um 2 zusätzliche Aufgabenvarianten zu ergänzen ist: Im Planungsprozeß sind immer wieder Fragen zur allgemeinen und besonderen Organisationsentwicklung (z.T. auch Personalentwicklung) zu beantworten (etwa zum *Allgemeinen Sozialdienst*, zur Organisation von Spezialdiensten u.ä.), aufgrund der kommunalen Haushaltsentwicklungen muß auch beantwortet werden, wie bei den Trägern der Jugendhilfe die Prinzipien einer dezentralen Ressourcenverantwortung (gekennzeichnet durch Begriffe wie outputorientierte Jugendhilfe, Budgetierung, Plafonierung, Controlling; vgl. dazu: KGSt – Berichte 5, 6/1993 und 8, 9/1994; vgl. *Institutions-*, *Organisationsentwicklung*, *Sozialmanagement*) um- und durchsetzbar sind (eine Zusammenfassung aktuellster J.-Ansätze findet sich im Schwerpunktheft Jugendhilfeplanung des Sozialmagazins 9/1994).
Was im Grunde immer selbstverständlich war, beweist sich erneut: Planung als Prozeß hat alle Veränderungsaspekte zu berücksichtigen: gesellschaftliche, fachliche, organisatorische, rechtliche, finanzielle. Auch hier ist jede eindimensionale Ausrichtung kontraproduktiv. *D. Kreft/J. Mielenz*

Literatur: 8. Jugendbericht: BT-Drs. 11/6576 v. 6.3.1990, Bonn 1990, mit den Materialienbänden (sämtlich erschienen im DJI-Verlag, Weinheim/München 1980): (1) Jugendhilfe – historischer Rückblick und neuere Entwicklungen, (2) Lebensverhältnisse Jugendlicher. Zur Pluralisierung und Individualisierung der Jugendphase, (3) Risiken des Heranwachsens. Probleme der Lebensbewältigung im Jugendalter, (4) Datenhandbuch. Zur Situation von Familien, Kindern und Jugendlichen in der BRD; Arbeitskreis Jugend- und Familienhilfe beim ISS e.V.: Jugendhilfeplanung als kommunikativer Prozeß, in: Blätter der Wohlfahrtspflege 4/1992, 98–101; J. Bourgett/N. Preußer/R. Völkel: Jugendhilfe und kommunale Sozialplanung, Weinheim 1977; DV (Hrsg.): Handbuch der örtlichen Sozialplanung, Stuttgart 1986; DIfU (Hrsg.): Planung der Jugendhilfe, Arbeitshilfe 5, Berlin 1978; KGSt-Berichte Nrn. 5/1993 (Das neue Steuerungsmodell), 6/1993 (Budgetierung), 8/1994 (Definition und Beschreibung von Produkten) und 9/1994 (Outputorientierte Steuerung der Jugendhilfe); D. Kreft: Jugendhilfeplanung – Rechtsgrundlagen, fachliche Dimension, organisatorische Bedingungen, Praxisbeispiele, in: AGJ (Hrsg.): Reader Jugendhilfe 1992, Bonn 1992, 85–96; D. Kreft/H. Lukas u.a.: Perspektivenwandel der Jugendhilfe. 2 Bde., Nürnberg 1990, Frankfurt/M. [2]1993; D. Kreft/R. Proksch (Hrsg.): Das neue Kinder- und Jugendhilfegesetz. Einführung und Materialien, Nürnberg 1990; E. Jordan/I. Mielenz: Jugendhilfeplanung im Kontext neuer Handlungsfelder der Jugendhilfe und unter Berücksichtigung der Fortentwicklung der Einmischungsstrategie, in: Kreft/Lukas u.a., Bd. 2, 127–138; E. Jordan/R. Schone: Jugendhilfeplanung – aber wie? Eine Arbeitshilfe für die Praxis, Münster 1992; J. Merchel: Kooperative Jugendhilfeplanung. Eine praxisbezogene Einführung, Opladen 1994; I. Mielenz: Jugendhilfeplanung – mit welchen Zielen, für wen, mit wem, wie, was, wo?, in: Theorie und Praxis der sozialen Arbeit 19/1980, 363ff.; P. Mollenhauer: Rechtliche Verbindlichkeit der Jugendhilfeplanung und Landesausführungsrecht, in: Hessische Jugend 12/1991, 7–8; J. Münder u.a.: Frankfurter Kommentar zum JWG, Weinheim/Basel [4]1988; J. Münder u.a.: Frankfurter Lehr- und Praxiskommentar zum Kinder- und Jugendhilfegesetz, Münster [2]1993; K.P. Prüß/A. Tschoepe: Planung und Sozialplanung, Weinheim 1974; W. Schellhorn/M. Wienand: Kommentar zum KJHG, Neuwied u.a.O. [2]1994; Sozialmagazin 9/1994: Schwerpunktheft Jugendhilfeplanung mit Praxisbeispielen, Hinweisen zur Fort- und Weiterbildung sowie einem umfassenden Literaturverzeichnis; Verein für Sozialplanung (VSOP): »Jugendhilfeplanung braucht Beteiligung« – Fachpolitische Stellungnahme des Vereins für Sozialplanung, in: Sozial Extra, Mai 1992, 18f.

Jugendhilferechtsreform

Das *Kinder- und Jugendhilfegesetz* steht in der Traditionslinie des am 14.6.1922 verabschiedeten Reichsjugendwohlfahrtsgesetzes (RJWG). Dieses sollte am 1.4.1924 in Kraft treten. Aufgrund der »Verordnung über das Inkrafttreten des RJWG« vom 24.2.1924 wurde das Inkrafttreten der Teile des Gesetzes außer Kraft gesetzt, bei denen es sich um neue Aufgaben, die wesentliche Erweiterungen bisheriger Aufgaben oder die Errichtung von *Jugendämtern* und Landesjugendämtern gehandelt hätte. Das RJWG war der erste Ansatz zu einer umfassenden gesetzlichen Regelung des Jugendhilferechts. Detailliert wurde der jugendfürsorgerische Bereich geregelt und die Einrichtung von JÄ vorgeschrieben. Erst mit der Novelle vom 28.8.1953 wurden die Beschränkungen durch die VO über das Inkrafttreten des RJWG aufgehoben, so daß erst zu diesem Zeitpunkt das RJWG in seinem 1922 gewollten Zustand in Kraft trat. Zu diesem Zeitpunkt hatten sich bereits die Wege der *Jugendhilfe* in Deutschland getrennt. In der DDR wurde insbesondere die Schaffung spezieller Jugendhilfeinstitutionen im Rahmen der Wohlfahrt abgelehnt (*Soziale Arbeit in der DDR*).
Nachdem in den Jahren 1957ff. die großen Sozialgesetzgebungen im Bereich der Renten- und Krankenversicherung abgeschlossen waren, konzentrierte sich in der BRD das Augenmerk auf die Sozial- und Jugendhilfe. Während in der *Sozialhilfe* mit dem *Bundessozi-*

alhilfegesetz von 1961 ein neues Gesetz geschaffen wurde, scheiterte die beabsichtigte umfassende Reform der Jugendhilfe: Am 11.8.1961 wurde anstelle eines neuen Gesetzes nur eine Novelle verabschiedet, die aus dem RJWG das Gesetz für Jugendwohlfahrt (JWG) in neuer Paragraphenfolge machte, auch inhaltlich einige Änderungen brachte, jedoch die Mängel und Schwächen des RJWG fortschrieb. In der Folgezeit wurde die Diskussion um eine Reform zwar weitergeführt (insbesondere die AWO engagierte sich und legte 1967 Vorschläge für ein erweitertes Jugendhilferecht vor), aber erst 1969 wurde die J. in der Regierungserklärung wieder erwähnt. Das BMJFG setzte 1970 eine trägerpluralistische Sachverständigenkommission ein, die am 8.3.1973 den Diskussionsentwurf (DE) vorlegte, der aufgrund der Struktur der Kommission notwendigerweise ein Kompromiß war. Im März 1974 wurde vom BMFJG ein Referentenentwurf (RE) vorgelegt, dem weitere folgten. Aber erst am 8.11.1978 wurde ein Gesetzesentwurf von der BReg verabschiedet, in den parlamentarischen Gremien überarbeitet und am 23.5.1980 mit den Stimmen der SPD/FDP im Bundestag verabschiedet, im Bundesrat jedoch mit der Mehrheit der CDU/CSU-regierten Bundesländer abgelehnt, so daß er als zustimmungsbedürftiges Gesetz nicht in Kraft treten konnte. Nach dem Regierungswechsel 1982 in Bonn mit einer CDU/CSU/FDP-Regierung wurde das Vorhaben einer umfassenden Reform der Jugendhilfe, die sich ja nach außen stets in einem neuen Gesetz ausdrücken sollte, zunächst aufgegeben. Statt dessen wurden Pläne zu einer Novellierung aufgegriffen. Mit Datum vom 29.8.1984 wurde ein RE zur Novellierung des JWG vorgelegt. In der 10. Legislaturperiode ist es jedoch nicht zur Novellierung gekommen.

Erst in der 11. Legislaturperiode (1987–1990) kam es dann zum Abschluß der unendlichen Geschichte der J. Basierend auf einem RE von 1988, legte die BReg am 29.9.1989 den Gesetzesentwurf vor (BT-Drs. 11/5948 mit amtlicher Regierungsbegründung und Stellungnahme des Bundesrats in der Anlage 2), der mit der Gegenäußerung der BReg zur Stellungnahme des Bundesrates (BT-Drs. 11/6002) dem Bundestag zugeleitet wurde. Mit z.T. gewichtigen Veränderungen wurden die Beschlußempfehlungen in dem Bericht des für die Beratung im Deutschen Bundestag federführenden Ausschusses für Jugend, Familie, Frauen und Gesundheit (BT-Drs. 11/6748 vom 21.3.1990) zur Basis des Gesetzesbeschlusses des Bundestags vom 28.3.1990, wo das *Kinder- und Jugendhilfegesetz* von der Mehrheit der Regierungsfraktionen und der Fraktion der SPD bei Gegenstimmen der Grünen angenommen wurde. Am 11.5.1990 fand es die Zustimmung des Bundesrats (BR-Drs. 267/90). Das Kinder- und Jugendhilfegesetz trat zum 1.1.1991 in Kraft; im Beitrittsgebiet bereits mit dem Beitritt der Länder der ehemaligen DDR am 3.10.1990 (BGBl. I S. 1163). Dieses Gesetz zur Neuordnung des Kinder- und Jugendhilferechts enthält als »Artikelgesetz« alle Regelungen, die im Rahmen der Neuordnung des KJHG geschaffen, geändert, angepaßt worden sind. Das Kernstück ist das Achte Buch Sozialgesetzbuch (SGB) – Kinder- und Jugendhilfe, meist als KJHG zitiert.

Schon 1992 wurde die Korrektur einiger Bestimmungen vorgenommen. Sie konzentrierten sich auf Zuständigkeits- und Kostenbestimmungen. Dies geschah durch das 1. Gesetz zur Änderung des Achten Buches des Sozialgesetzbuches (oft als »Reparaturnovelle« bezeichnet), das am 1.4.1993 in Kraft trat. Inhaltlich bedeutender für die weitere Entwicklung des KJHG war dann das am 5.8.1992 in Kraft getretene »Schwangeren- und Familienhilfegesetz«. Dieses insgesamt 17 Artikel umfassende Gesetz schuf in Art. 5 mit Wirkung ab 1.1.1996 einen Rechtsanspruch auf einen *Kindergarten*platz für alle Kinder, die das 3. Lebensjahr vollendet haben und noch nicht die *Schule* besuchen.

J. Münder

Literatur: AW Bundesverband: Situation und Perspektiven der Jugendhilfereform, Bonn 1976; DJI (Hrsg.): Zur Reform der Jugendhilfe, München 1973; C. Hasenclever: Jugendhilfe und Jugendhilfegesetzgebung seit 1900, Göttingen 1978; E. Jordan (Hrsg.): Jugendhilfe, Weinheim 1975; E. Jordan/J. Münder (Hrsg.): 65 Jahre (Reichs-)Jugendwohlfahrtsgesetz, Münster 1987; D. Kreft/R. Proksch (Hrsg.): Das neue Kinder- und Jugendhilfegesetz. Einführung und Materialien, Nürnberg 1990; J. Münder: Reform des Jugendwohlfahrtsgesetzes, seine Geschichte aus jugendpolitischer und rechtlicher Sicht, in: RdJB 1985, 232ff.; J. Münder: Das Jugendwohlfahrtsgesetz von 1922 – »in Kraft getreten« – 1953, in: RdJB 1990, 43ff.; U. Preis: Eine notwendige Reform ohne sozialpolitischen Fortschritt, in: ZRP 1990, 90ff.; R. Wiesner: Der mühsame Weg zu einem neuen Jugendhilfegesetz, in: RdJB 1990, 112ff.; außerdem Literatur zum *Kinder- und Jugendhilfegesetz*.

Jugendhilfestationen

Als J. werden kleine innovative Organisationen bezeichnet, in denen von einem professionellen Team *Hilfen zur Erziehung* nach dem *Kinder- und Jugendhilfegesetz* (KJHG §§ 27ff.) für einen definierten Sozialraum aus einer Hand durchgeführt werden. Die metaphorische Formulierung aus einer Hand meint, daß J. nicht ein Standardrepertoire von Hilfearten unabhängig von den Problemlagen einzelner Kinder und Jugendlicher vorbehalten, sondern für den jeweiligen Einzelfall ein geeignetes Betreuungsarrangement neu schaffen. J. folgen zu diesem Zweck einem Modell flexibel organisierter Erziehungshilfen (Klatetzki 1994), dessen konzeptuelle Vorläufer in Formen der dezentralisierten *Heimerziehung* (Rößler 1988) und besonders der Flexiblen Betreuung (Klatetzki/Winter 1989) zu finden sind. J. sind allerdings nicht im Sinne eines Verbundsystems unterschiedlicher sozialpädagogischer Hilfeangebote zu verstehen, ihr besonderes Charakteristikum besteht vielmehr in ihrer wandlungsfähigen Handlungsstruktur. Im einzelnen läßt sich der Grundgedanke von J. auf vier Ebenen verdeutlichen: 1. der gesetzlichen, 2. der Ebene der Organisation, 3. des professionellen Handlungsverhältnisses und 4. der der Finanzierungsform.

1. Auf der gesetzlichen Ebene sind J. durch eine bestimmte Auslegung der §§ 27–35a KJHG charakterisierbar. Im § 27 KJHG verlangt der Gesetzgeber, daß notwendige und geeignete Hilfe zu leisten ist, wenn eine dem Wohle des Kindes oder Jugendlichen dienende Erziehung nicht gewährleistet ist. Eine angemessene Erziehung soll dabei insbesondere durch verschiedene sozialpädagogische Hilfeformen gewährleistet werden, die in den §§ 23–35a aufgezählt werden. In J. wird nun davon ausgegangen, daß der Gesetzgeber mit den genannten Hilfeformen sozialpädagogische Konzepte, also gedankliche Gebilde meint, die nicht notwendig in Form einer eigenen Einrichtung oder als Abteilungen von Einrichtungen zu institutionalisieren sind. Im Gegensatz zu dieser in der *Jugendhilfe* weitverbreiteten Gleichsetzung von Hilfekonzept und Einrichtung – die negativ zur Folge hat, daß ein Wechsel der Hilfekonzeption für Kinder und Jugendliche einen Wechsel der Einrichtung bedeutet – stützen sich J. für ihr Handeln auf die im § 27 des KJHG auffindbare relativierende Formulierung ›insbesondere‹: Sie gehen davon aus, daß die im Gesetz gemachte Aufzählung sozialpädagogischer Hilfen zur Erziehung zum einen keine Institutionalisierung in jeweils spezifischen Einrichtungen verlangt und zum anderen nicht erschöpfend gemeint ist, sondern Raum für weitere pädagogische Phantasie läßt (dazu Münder u.a. § 27 Rz 12). J. stellen daher den Versuch dar, dem § 27 des KJHG für die Hilfegestaltung das entscheidende Gewicht zu verleihen – zugespitzt formuliert: Sie realisieren den Rechtsanspruch auf die individuell geeignete Hilfe, und sie schaffen zu diesem Zweck für jeden Einzelfall von neuem ein sozialpädagogisches Betreuungsarrangement, das der Persönlichkeit des betreffenden Kindes oder Jugendlichen Rechnung trägt.

2. Damit Betreuungsarrangements für den Einzelfall entstehen können, bedarf es in den Einrichtungen der Jugendhilfe flexibler Strukturen. Mit der Etablierung von J. vollzieht sich daher auf der Ebene der Organisation ein folgenreicher Perspektivenwechsel: Es wird nicht gefragt, ob ein Kind oder Jugendlicher zu dem bestehenden Angebot einer Einrichtung paßt – denn eben dies bedeutet, von feststehenden Einrichtungsstrukturen auszugehen, mit der bekannten Folge, daß das Kind oder der Jugendliche dann in eine andere Institution zu verlegen ist, wenn sie/er das Angebot nicht annimmt. Vielmehr gilt das Interesse jetzt der Frage, wodurch die Veränderbarkeit von organisatorischen Handlungsregeln und -routinen gewährleistet werden kann, so daß individuell variable Betreuungsformen realisierbar werden. Die Antwort auf diese Frage lautet, daß die Strukturen von Einrichtungen dann variabel bleiben, wenn drei Bedingungen erfüllt sind: 1. Die Organisation lernt zu lernen (Argyris/Schön 1978). Konkret bedeutet das, daß die Organisation Zeit und Raum vorsieht, damit ihre Mitglieder nicht nur über die Angemessenheit gemeinsamer handlungsleitender Normen reflektieren, sondern auch Veränderungen bestehender Regelsysteme vornehmen können. 2. Die Organisation verfügt über funktionelle Redundanzen, die sie koordiniert dort einsetzt, wo es für die Hilfedurchführung notwendig ist (Morgan 1986). Wiederum konkret bedeutet das, daß mehrere Organisationsmitglieder in der Lage sind, mehrere sozialpädagogische Tätigkeiten wie z.B. Beratungsgespräche, aufsuchende Arbeit oder Gruppenbetreuungen durchzuführen und daß der Einsatz dieser Fertigkeiten dann und dort erfolgt, wenn und wo er jeweils pädagogisch erforderlich ist. 3. Von Seiten der Organisation erfolgt für die Durchführung der sozialpädagogischen Betreuungstätigkeit eine lediglich minimale Spezifikation. D.h., daß den MitarbeiterInnen möglichst wenig Vorgaben gemacht werden, wie Hilfen zur Erziehung durchzuführen sind, und sie statt dessen ihre Tätigkeitsfelder autonom gestalten können. Die Verwirklichung dieser drei Bedingungen führt zu einem entwicklungsorientierten Handlungsrepertoire, durch das die Organisation in der Lage ist, auf gewandelte Problemsituationen adäquat zu reagieren. Zugleich bedeutet dies, daß in J. die wechselseitige Abstimmung zum zentralen Koordinationsmechanismus wird (Mintzberg 1992). Da eine wechselseitige Abstimmung in kleinen Organisationen besser verwirklicht werden kann, erreichen J. dort eine kritische Größe, wo informelle Kommunikation durch formale Regelungen ersetzt werden muß, um die Integration der Einrichtung zu gewährleisten.

3. Auf der Ebene des professionellen Handlungsverständnisses unterscheiden sich J. von einem in der Jugendhilfe weitverbreiteten fachlichen Denken, das Erziehung im Rahmen der Mittel-Zweck-Kategorie analog zu technischen Problemlösungen konzipiert. Demgegenüber stellen MitarbeiterInnen von J. in Rechnung, daß pädagogisches Handeln an einem *Technologie*defizit (Luhmann/Schorr 1982) leidet, daß es also nicht möglich ist, ein *Individuum* mit einem freien Willen kausal zu beeinflussen. Aus diesem Grund setzen J. an die Stelle pädagogischer Zielsetzungen pragmatische, von allen Beteiligten getragene Problemkonstruktionen, die einen realistischen Handlungsrahmen dergestalt abstecken, daß Hoffnung auf bessere Formen der Lebensbewältigung (Böhnisch/Schefold 1986) bestehen kann. Genauer gesagt bedeutet das, daß MitarbeiterInnen in J. für ihr Tun die Frage der Problemkonstruktion, nicht die Frage der Problemlösung zum Ausgangspunkt nehmen (Schön 1983; Klatetzki 1992). Sie fragen also angesichts der Notwendigkeit einer Hilfe zur Erziehung zunächst nicht: Können wir das Problem lösen? sondern: Wie wollen wir das Problem verstehen? Aus der so für jeden Einzelfall erfolgenden Problemsetzung, werden dann begründete Handlungsanweisungen für die Etablierung eines individuellen Betreuungssetting abgeleitet. Zudem herrscht in J. ein Bewußtsein darüber, daß die vorgenommenen Problemdeutungen unvermeidlich auf einem hoch selektiven und unvollständigem Wissen basieren (Simon 1976). Kommt es deshalb im Laufe des Betreuungsprozesses zu neuen Informationen, werden neue, verbesserte Problemdeutungen vorgenommen, die dann

Konsequenzen in der Gestaltung des Betreuungsarrangements nach sich ziehen – eben deshalb muß, wie oben beschrieben, die Organisationsstruktur beweglich sein (Klatetzki 1994a, für einen Praxisbericht s. Winter et. al. 1994).

4. Schließlich ist mit der Einführung von J. in das System der erzieherischen Hilfen eine neue Finanzierungsform, die sozialpädagogische Fachleistungsstunde verbunden (Haferkamp 1995). Im Unterschied zu Finanzierungsinstrumenten, die gegenüber individuellen Betreuungsarrangements indifferent sind (Pflegesätze, Zuwendungen: *Finanzierung Freier Träger der sozialen Arbeit*), ist die Fachleistungsstunde ein Leistungsentgelt das die organisatorische Flexibilität von J. unterstützt: Sie erlaubt eine Kostenberechnung für den Einzelfall gemäß der tatsächlich geleisteten Betreuungsintensität. Insofern trägt sie bei zu ökonomischer Transparenz und sorgt innerhalb von J. für einen effizienten Umgang mit Ressourcen. *Th. Klatetzki*

Literatur: C. Argyris/D. Schön: Organizational Learning. A Theory of Action Perspective, Reading 1978; L. Böhnisch/W. Schefold: Lebensbewältigung, München 1986; R. Haferkamp: Die Fachleistungsstunde. Eine praxisorientierte Handreichung, Hamburg 1995; T. Klatetzki: Professionelles Handeln als Problemsetzung. Das Konzept der flexibel organisierten Erziehungshilfen, in: F. Peters (Hrsg.): Professionalität im Alltag. Entwicklungsperspektiven der Heimerziehung Bd. 2, Bielefeld 1992; T. Klatetzki: Flexible Erziehungshilfen. Ein Organisationskonzept in der Diskussion, Münster 1994; T. Klatetzki: Sollen impliziert Können. Vorschläge für Erziehungskonferenzen, in: Standpunkt: Sozial, Heft 2, 1994 (1994a); T. Klatetzki/H. Winter: Zwischen Streetwork und Heimerziehung – Das Konzept der Flexiblen Betreuung, in: np, 1/1990, 1–16; N. Luhmann/K.-E. Schorr (Hrsg.): Zwischen Technologie und Selbstreferenz, Frankfurt/M. 1982; H. Mintzberg: Die Mintzberg-Struktur. Organisationen effektiver gestalten, Landsberg 1992; G. Morgan: Images of Organisation, London 1986; J. Münder u. a.: Frankfurter Lehr- und Praxiskommentar zum KJHG, Münster ²1993; J. Rößler: Vom klassischen Heim zum Wohnungsverbund. Das Beispiel des Rauhen Hauses, in: F. Peters (Hrsg.): Jenseits von Familie und Anstalt. Entwicklungsperspektiven der Heimerziehung, Bielefeld 1988; D. Schön: The Reflective Practionier. How Professionals think in Action, New York 1982; H. Simon: Administrativ Behavior. A Study of Decision-Making Processes in Administrative Organisations, New York 1976; H. Winter et. al.: Die Jugendhilfestation Greifswald. Erfahrungen beim Aufbau eines innovativen Projekts in Mecklenburg-Vorpommern, in: AGJ (Hrsg.): Jugendhilfe in den neuen Bundesländern, Bonn 1994.

Jugendreligionen

Seit mehr als vier Jahrzehnen machen sich J. mit wachsendem Erfolg und zum Schaden der Betroffenen in der ganzen Welt breit. Von der Öffentlichkeit anfangs weitgehend unbemerkt, sind sie seit 1970 auch in der BRD und Westberlin aktiv. Parallel zum Zerfall der politischen Systeme Osteuropas ist die Ausbreitung von J. in diesen Regionen zu beobachten. Seit dem Fall der Mauer im Herbst 1989 ist insbesondere das Gebiet der ehemaligen DDR ein Missionsfeld der J. geworden. Jugendliche, v.a. junge Erwachsene empfinden unser Gesellschaftssystem, in dem sie noch ihren Platz suchen, mittlerweile als unüberschaubar. Es fehlen Orientierungshilfen, die ihren persönlichen Fragen und Ängsten Rechnung tragen. Das gilt v.a. dann, wenn es sich um Fragen der Selbstverwirklichung, des Lebenssinnes oder der persönlichen Zukunft handelt. In dieser Situation bieten die J. anscheinend genau das, was gesucht wird: ein einfaches, überschaubares System, das mittels unterschiedlicher Programme und Techniken Antwort auf alle diese Fragen so gut wie garantiert. Flucht vor der Selbstverantwortung ist nach Ansicht des kalifornischen Analytikers Janov mitbestimmend für den Weg in die Sekte: »Die verschiedenen Kulte und Sekten stimmen in einem Punkt überein: Sie bieten die Erfüllung eines ungestillten kindlichen Verlangens nach Liebe und Schutz (vor der Wirklichkeit). Dieses Verlangen, das von den ersten Tagen seines Lebens an nie befriedigt worden ist, bringt den Novizen dazu, sich auf die Sekte einzulassen. Er ist in der Macht eines unbewußten inneren Drangs, der viel stärker und viel älter ist als sein Verstand und sein Urteilsvermögen und der ihn so naiv und verletzbar werden läßt wie ein Kleinkind, das sich der Mutter zuwendet und ihre Wärme sucht.«

Den Anhängern von J. wird selten bewußt, daß sie gezielt und allmählich aus allen bisherigen sozialen Bindungen herausgelöst werden. Selbständigkeit und Individualität, Kritikfähigkeit und Entscheidungsfreiheit werden nach und nach reduziert. Mittels verschiedener Pseudotherapien, Rituale oder Psychotechniken – entsprechend der jeweiligen J. – wird es dem einzelnen nahezu unmöglich gemacht, seine persönliche Entwicklung und augenblickliche Lebenssituation mit dem realen Alltag außerhalb der Gruppe zu vergleichen. Häufig unterdrücken antrainierte Schuldgefühle gegenüber der J. jegliche Kritik, Skepsis und den Willen, diese »Gemeinschaft« zu verlassen. Anstelle von verantwortlichem Selbstbewußtsein und der Fähigkeit, mit Problemen zu leben, können je nach Persönlichkeitsstruktur Selbstzerstörung, Desorientierung und Glaubensfanatismus treten.

Das Europäische Parlament verabschiedete im Mai des Jahres 1984 einen Bericht über Jugendsekten mit dem Titel: »Betreffend das Vorgehen der Mitgliedstaaten im Hinblick auf Rechtsverletzungen neuerer Organisationen, die im Schutz der Religionsfreiheit arbeiten.« Im einzelnen forderte das Europäische Parlament die Innen-, Justiz- und Sozialminister der Mitgliedstaaten der EG auf, die Probleme zu erörtern, die durch die Tätigkeit der Jugendsekten aufgeworfen werden, um die Mitgliedstaaten in die Lage zu versetzen, in gegenseitig abgestimmter Weise auf der Grundlage von Art. 220 des Vertrages von Rom die Rechte ihrer Bürger zu wahren.

Als Ergebnis einer Anhörung »Jugendsekten« am 9.10.1991 veröffentlichte der Ausschuß für Frauen und Jugend des Deutschen Bundestages die Forderungen: »... Anliegen für uns Politiker(innen) muß es sein, diese Gemeinschaften bei bestehenden Verdachtsmomenten auf möglicherweise unreelle Machenschaften zu überprüfen. ... Handlungsbedarf besteht, als Betroffene immer wieder durch die Wahrnehmung solcher Angebote psychisch geschädigt oder materiell ausgebeutet werden. Nicht nur im Osten, sondern auch im Westen der BRD ist es eine dringende Aufgabe, gerade auf dem Sektor der Angebote zur Lebenshilfe für zugängliche Informationen und Beratungen zu sorgen. Gefordert werden muß eine sachliche, fundierte Auseinandersetzung, die eine Bewertung von Angeboten zur Lebenshilfe und Lebensberatung ermöglicht.«

Neben der BReg gaben die Länder Baden-Württemberg, Bayern, Berlin, Nordrhein-Westfalen und Rheinland-Pfalz in den Jahren von 1978 bis 1989 Veröffentlichungen heraus, die sich ausführlich mit den von J. ausgelösten Problemen auseinandersetzten. Darüber hinaus beauftragten die Bundesländer Baden-Württemberg und Berlin das Kultusministerium bzw. die Senatsverwaltung für Jugend und Familie, sich intensiv diesen neuen Fragestellungen zu widmen. Im Jahr 1992 richtete der Senat der Freien und Hansestadt Hamburg bei der Behörde für Inneres eine Arbeitsgruppe »Scientology« ein, mit dem Auftrag: die Ausbreitung und Strategien dieser Organisation aufzudecken, zu analysieren und das weitere staatliche Vorgehen zu koordinieren.

Die Aktivitäten der J. sind ein bleibendes Problem. Ihre Praktiken bedeuten insoweit eine Herausforderung, als sie neben religionswissenschaftlichen und theologischen Fragen zunehmend medizinische, soziale, psychologische, soziologische und juristische Bereiche berühren.

Kritiker der J. beobachten mit Sorge die wachsenden Aktivitäten der inzwischen nicht mehr überwiegend in den Großstädten, sondern auch in ländlichen Regionen ansässigen Transzendentalen Meditation (TM), Vereinigungskirche (VK), Scientology-Church (SC), Rajneesh-/Osho-Bewegung. Diese »Ideologischen Imperien« sind »organisierte und institutionalisierte Gruppen mit der Zielorientierung, zu beherrschenden Mächten zu werden mit Missionierungscharakter und Orientierung an wirtschaftlichem Handeln« (Müller, 22). Die konzernartig organisierten J. verbreiten ihre Ideologien mit modernen Marketingmethoden. Es gibt kaum noch einen gesellschaftlichen Sektor, in dem J. nicht präsent sind. Zu den gängigen Verbreitungsmethoden gehören auch die systematischen Versuche, Einfluß und Kontrolle über Persönlichkeiten aus der Öffentlichkeit zu gewinnen, die über Ansehen, Einfluß, Macht und nicht zuletzt Geld verfügen. Insofern bedeutet das Problem der J., mit ihren Entstehungsbedingungen und ihren Praktiken, eine Herausforderung zur geistigen Auseinanderrsetzung für alle gesellschaftlich relevanten Gruppen – von den Kommunen über die Länderparlamente, politischen *Parteien* bis hin zur BReg, von den Wirtschaftsverbänden und *Gewerkschaften*, den Handwerks-, Industrie- und Handelskammern über die Berufs- und Standesverbände bis hin zu Printmedien und Rundfunk- und Fernsehanstalten.

In juristischen Auseinandersetzungen berufen sich J. i.d.R. auf Art. 4 GG, um so in den Genuß des verfassungsrechtlich garantierten Freiraumes der Glaubens- und Gewissensfreiheit zu gelangen. Dies hat in der Vergangenheit, sofern die Gerichte diesem Ansinnen gefolgt sind, oftmals zu Entscheidungen geführt, die v.a. von Betroffenen mit Skepsis zur Kenntnis genommen wurden. Zwei vielbeachtete Beschlüsse der höchstrichterlichen Rechtsprechung tragen zu größerer Transparenz dieses umstrittenen Themenkomplexes bei: Mit seinem Urteil vom 23.5.1989 erklärt das Bundesverwaltungsgericht (BVerwG 7 C 2.87), daß staatliche Stellen auf Bundes- wie auf Landesebene aufgrund und im Rahmen ihres Äußerungs- und Informationsrechts bei hinreichendem Anlaß berechtigt, u.U. sogar verpflichtet sind, zu Religions- und Weltanschauungsgemeinschaften nicht nur berichtend, sondern auch kritisch wertend Stellung zu nehmen, solange sie sich bei der Wahrnehmung ihrer Befugnisse innerhalb der ihnen vorgegebenen verfassungsrechtlichen Schranken halten. Diese Entscheidung wurde durch den Beschluß des Bundesverfassungsgerichts vom 15.8.1989 (1 BvR 881/89) bestätigt: »... Die verfassungsrechtlichen Schranken ergeben sich aus dem Grundsatz der Verhältnismäßigkeit einerseits und dem alle Staatsorgane bindenden Willkürverbot andererseits. Das bedeutet, daß sich öffentlichkeitsbezogene staatliche Stellungnahmen innerhalb der Grenzen der Erforderlichkeit und der Zumutbarkeit halten und daß mitgeteilte Tatsachen zutreffend wiedergegeben werden müssen, Werturteile nicht auf sachfremden Erwägungen beruhen und den sachlich gebotenen Rahmen nicht überschreiten dürfen.«

In juristischen Verfahren ist es J. – mit der Mahnung an die religiöse und weltanschauliche Neutralität des Staates – oftmals gelungen, die Gerichte bei der Prüfung, ob es sich um eine Religion, einen Glaubensinhalt oder eine Weltanschauung handelt, dahingehend zu bewegen, diese Frage ausschließlich aufgrund des Selbstverständnisses der jeweiligen J. zu beantworten. Das BVerfG hat dagegen mit seinem richtungweisenden Beschluß vom 5.2.1991 (2 BvR 263/886) zum Ausdruck gebracht, daß es nicht allein auf das Selbstverständnis der sich auf Art. 4 GG berufenden J. ankommt, sondern es müsse sich auch tatsächlich, nach geistigem Gehalt und äußerem Erscheinungsbild, um eine Religion handeln.

Eltern- und Betroffeneninitiativen, die in der Vergangenheit die breite Öffentlichkeit über Auftreten und Praktiken der J. informierten, verfügen weder über Rezepte noch über Sofortlösungen für Ehemalige oder betroffene Angehörige. Sie bieten jedoch dem Betroffenen neben sachkundiger Beratung die Möglichkeit einer selbstkritischen Mitarbeit an, eigene Verantwortung an der bestehenden Situation zu erkennen und nicht in der Schuldzuweisung an andere zu stagnieren.

R.-D. Mucha

Literatur: Aktion Psychokultgefahren e. V. (Hrsg.): Die Rechtsprechung zu neueren Glaubensgemeinschaften, Krefeld 1991; Der STERN Nr. 19/1995: Sekten, 32–42; F.-W. Haack: Die neuen Jugendreligionen, Teil 1 bis 4, Evangelischer Presseverband für Bayern in München 1986; F.-W. Haack: Findungshilfe – Religion 2000, München 1986; F.-W. Haack: Scientology-Magie des 20. Jahrhunderts, München 1982; S. Hassan: Ausbruch aus dem Bann der Sekten, Hamburg 1993; Minhoff/Lösch: Neureligiöse Bewegungen, München 1988; SZ-Serie über religiöse Bewegungen, seit 29./30. 4. 95 fortlfd.

Jugendschutz

1 J. betrifft einen Teil der *Jugendsozialarbeit* bzw. des Jugendrechts: »Schutz« steht im Gegensatz insbesondere zu *Jugendhilfe* und *Jugendbildung* (einschließlich *Schule*) und betrifft Gefahrenabwehr, also einen Teilbereich des traditionellen Aufgabengebiets der »Polizei«. Alle Jugendsozialarbeit wird *Gefährdungen* der Jugend vorzubeugen oder entgegenzuwirken suchen, aber i. d. R. durch positive Einwirkung. Der J. umfaßt weitere Felder, auf denen sich die öffentliche Hand aus Rücksicht vor privaten Interessen auf die Ziehung bestimmter (negativer) Grenzen (Verbote) beschränkt. Deshalb kommen heute – abgesehen von Jugendschutzbestimmungen im (neuerdins durch das 27. StrRÄndG verschärften) *Strafrecht* (z. B. §§ 170b, 170d, weitgehend §§ 174–184c, §§ 217, 221, 223b, 235, 236 StGB) und dem *Jugendarbeitsschutz*, der sich als Teil des *Arbeitsschutzes* gesondert entwickelt hat – insbesondere der Schutz der Jugend in der Öffentlichkeit und vor Verbreitung jugendgefährdender Schriften (Jugendmedienschutz) in Betracht (zum Erzieherischen Kinder- und Jugendschutz vgl. Münder u. a. § 14 KJHG).

2 Das Gesetz zum Schutz der Jugend in der Öffentlichkeit (JÖSchG) ist durch Gesetz vom 25. 2. 1985, unter teilweiser Anknüpfung an die (auch in der 1. Aufl.) geäußerte Kritik an einem J. neu gefaßt worden, der der Akzeleration einerseits, neuen Gefährdungen der *Jugend* andererseits Rechnung tragen müßte und der diesen angesichts des vielfach irrealen Modells der *Familie* kein positives Gegenbild gegenüberstellen kann. Das Gesetz ermöglicht nun eine flexiblere Reaktion auf jugendgefährdende Veranstaltungen (z. B. Catchen, Revuen), regelt den Spielhallenbesuch sowie die Abgabe von Alkohol (*Alkoholismus*) präziser und spricht nüchterner von den »zur Abwendung der Gefahr« für »das geistige, körperliche oder seelische Wohl« der Kinder und Jugendlichen »erforderlichen Maßnahmen«. Nach wie vor bestehen diese aber v. a. in Alters- und Zeitgrenzen für Veranstaltungen und Betätigungen und in Eingriffsbefugnissen des Jugendamts. Zentraler Anlaß der Neuregelung waren denn auch weniger diese Anpassungen als die Ergänzung des im Gesetz wenig veränderten Filmjugendschutzes (dazu unter 3b) durch eine entsprechende Regelung für die neu aufgekommenen Videofilme u. a. Bildträger (unter 3c); dies hatte auch Änderungen des GjS zur Folge.

3 Damit ergibt sich, vermehrt durch das Nebeneinander privater und öffentlicher *Medien*, eine rechtspolitisch und sozialpädagogisch problematische Vierteilung des Jugendmedienschutzes.

a) Dessen Kernstück ist die Beschränkung der Verbreitung jugendgefährdender Schriften (Bücher, Zeitschriften; auch Ton- und Bildträger usw.) gem. dem durch das JÖSchG ebenfalls geänderten Gesetz über die Verbreitung jugendgefährdender Schriften (*GjS*) i. d. F. v. 12. 7. 1985. Danach sind »Schriften, die geeignet sind, Kinder oder Jugendliche sittlich zu gefährden, ... in eine Liste aufzunehmen«, insbesondere »unsittliche, verrohend wirkende, zu Gewalttätigkeit, Verbrechen oder Rassenhaß anreizende sowie den Krieg verherrlichende Schriften« (§ 1). Die Listenaufnahme und deren Veröffentlichung haben zur Folge, daß die Schrift Kindern und Jugendlichen nicht zugänglich gemacht und deshalb praktisch nur in darauf spezialisierten Geschäften (Sexshops u. ä.) vertrieben werden darf; ferner bestehen Beschränkungen der (auch gegenstandsneutralen: BVerfG, in: NJW 1986, 124) Werbung (§§ 3–5). Offensichtlich und schwer jugendgefährdende Schriften unterliegen diesen Beschränkungen schon vor der Listenaufnahme (§ 6). Sind innerhalb eines Jahres zwei Nummern einer periodischen (nicht jedoch politischen) Schrift indiziert worden, so kann eine Dauerindizierung auf 3–12 Monate ausgesprochen werden (§ 7). Das Verfahren findet vor einer Verwaltungs-(Bundesober-)behörde, der Bundesprüfstelle (BPS) in Bonn-Bad Godesberg, statt; diese besteht aus einem vom Bund bestellten Vorsitzenden, Länderbeisitzern sowie aus Kreisen von Kunst, Literatur, Buchhandel, Verlegern, Jugendverbänden, Jugendwohlfahrt, Lehrerverbänden, Kirchen bestellten Beisitzern (§§ 8–10); die bisher unzureichend geregelte Besetzung bedarf aufgrund der BVerfGE 83, 130 (149ff.) derzeit gesetzlicher Präzisierung. Auf Antrag des zuständigen Bundes- oder Landes-(Jugend-)Ministers, LJA oder JA entscheidet die BPS in gerichtsähnlichen Verfahren. Gegen Indizierungen steht der Verwaltungsrechtsweg offen.

Die Tätigkeit der BPS war bis weit in die 60er Jahre von der Tendenz bestimmt, unsittliches Schrifttum von der Jugend fernzuhalten und diesen Begriff, auch im Verhältnis zur Kunst, die nach § 1 II Nr. 2 GjS nicht indiziert werden darf, weit auszulegen. Das führte zu Konflikten und Einwänden aus Kreisen von Wissenschaft und Kultur. Dagegen engte das BVerwG in einer Reihe von Urteilen (E. 23, 104, 112; 25, 318; 27, 21; 28, 223; 39, 210; vgl. auch BVerfGE 7, 330; 30, 336) die Tatbestandsmerkmale des GjS ein. In der Folge nahm ab etwa 1969 die Zahl der Anträge (auf deren Stellung das BMJFG und mehrere Länder 1970–77 verzichteten) und Indizierungen stark ab. Die Praxis wurde liberaler, wissenschaftlich besser begründet und kunstfreundlicher. Ende 1971 änderte jedoch das BVerwG seine Praxis und räumte der BPS einen weiten Beurteilungsspielraum bei der Indizierung ein (BVerwGE 39, 197); in der weiteren Rechtsprechung (BVerwGE 77, 75 und NJW 1987, 1429–1435) ist dieser im einzelnen präzisiert worden. Dies und das Antragsrecht der JÄ erhöhte die Bedeutung des BPS wieder. Nun standen neben einem »Sockel« pornographischer verrohende und kriegsverherrlichende (neonazistische) Schriften im Vordergrund; ferner kam es zu Auseinandersetzungen mit großen Zeitschriften (z.B. Bravo) und angesichts der intensiveren Spruchtätigkeit zu gerichtlichen Korrekturen zugunsten der Kunstfreiheit, die den Jugendmedienschutz begrenzt (Fall Mutzenbacher, BVerfGE 83, 130). In den 80er Jahren verlagerte sich der Schwerpunkt der Tätigkeit der BPS auf die Indizierung von Videofilmen (Februar 1993: 2392, dazu 204 Computerspiele usw.).

Die neueren Tendenzen sind aus sozialpädagogischer Sicht überwiegend positiv zu beurteilen. Problematisch bleiben jedoch die mit der Zusammensetzung notwendig gegebenen äußeren Einwirkungen auf die BPS, die sich insbesondere zu Lasten von Minderheitspositionen auswirken können. Die Indizierung (nur) einzelner neonazistischer Schriften wirft das Problem der Gleichbehandlung auf; »Verrohung« ist schwer abzugrenzen. Ferner reichen die Kriterien des § 1 GjS für die Bekämpfung neonazistischen Schrifttums nur dank problematisch weiter Auslegung aus. Schließlich können die vom BVerwG eingeräumten Beurteilungsspielräume auch Entwicklungen der Praxis in bedenklichere Richtungen ermöglichen und bleibt die Tragweite der in Einzelfällen angebrachten gerichtlichen Korrekturen oft zweifelhaft.

b) Für Spielfilme werden die erwähnten Altersgrenzen (unbeschränkt, ab 6, 12 oder 16, sonst ab 18 Jahre) im Einzelfall nach § 6 JÖSchG durch die obersten Landesbehörden festgelegt. Diese bedienen sich bei der Freigabe der Prüftätigkeit der »Freiwilligen Selbstkontrolle der Filmwirtschaft« (FSK), einer Einrichtung der (privaten) Spitzenorganisation der Filmwirtschaft e.V. (SPIO), und zwar seit der Neuregelung einer besonderen Jugendprüfstelle (FSK/J) unter Vorsitz eines Ständigen Vertreters der obersten Landesbehörden, mit Beteiligung der öffentlichen Hand, der Filmwirtschaft und eines Jugendsachverständigen sowie mit interner Berufungsmöglichkeit. Freigabekriterium ist, ob Filme »geeignet sind, das körperliche, geistige oder seelische Wohl von Kindern und Jugendlichen zu beeinträchtigen« (§ 6 II JÖSchG); Näheres regeln die im Zusammenwirken von Ländern und Filmwirtschaft erlassenen Grundsätze der FSK. Einzelbegründungen werden nicht veröffentlicht. – Außerhalb dieses Verfahrens und für Jugendliche verboten bleiben Vorführungen pornographischer u.ä. Filme in Nachtlokalen und besonderen Kinos (vgl. BVerfGE 47, 109). Nur solche Filme sollen, in Klarstellung eines alten Konflikts, auch dem GjS unterliegen (§ 6 VII JÖSchG).

c) Vor allem Videofilme u.ä. Bildträger fallen an sich unter das GjS, so daß zunächst die Indizierung das wichtigste Instrument gegen schlimmste Auswüchse war; sie beruhen aber regelmäßig auf Kinospielfilmen. Daher hat das JÖSchG die dafür vorgesehene Freigabelösung auch auf Videofilme erstreckt und für sie eine entsprechende Alterskennzeichnung eingeführt. Nur nach deren Maßgabe dürfen die Filme Kindern und Jugendlichen zugänglich gemacht werden, was eine entsprechende Gestaltung der Videotheken erzwingt, bei häuslichem Konsum freilich theoretisch bleibt, zumal Personensorgeberechtigte kraft des verfassungsrechtlichen Elternrechts (Art. 6 II GG, vgl. BVerfGE 7, 320) dadurch nicht gebunden sind (§ 12 II 2 JÖSchG). Für Kinder oder Jugendliche freigegebene Videofilme sollen jedoch auch nicht nach dem GjS indiziert werden können (§ 7 V JÖSchG), während nicht für Jugendliche freigegebene Videofilme durch Indizierung zusätzlichen Werbe- und Vertriebsbeschränkungen unterworfen werden können, freilich – entgegen rechtspolitischen Bestrebungen – keinem Verbot der Vermietung durch Videotheken (BGHSt 27, 52).

d) Für den Rundfunk, insb. das Fernsehen, verweisen einige Regelungen, insbesondere § 3 des Rundfunkstaatsvertrags vom 31.8.1991, ausdrücklich auf den strafrechtlichen und spezialgesetzlichen J. Gegen Strafvorschriften verstoßende und schwer jugendgefährdende Sendungen sollen gar nicht, andere jugendgefährdende Sendungen erst nach 23 Uhr, bei Freigabe von Filmen ab 16 Jahren nach 22 Uhr ausgestrahlt werden dürfen. Schon die Handhabung dieser Bestimmungen, erst recht die Praxis der einzelnen Veranstalter, ist von der Art der Durchführung der Programmgrundsätze abhängig und vollzieht sich im wesentlichen durch die interne Aufsicht über die Programmgestaltung. Folgerichtig müßte, namentlich seit dem Durchbruch des Privatfernsehens, auch hier eine Indizierung nach dem GjS in Betracht kommen; BVerwGE 85, 169 läßt sie jedoch nur insoweit zu, als Fernsehfilme auch zur Verbreitung außerhalb des Fernsehens bestimmt sind.

4 Trotz der Neuregelungen ist daher die Lage des J., v.a. des Jugendmedienschutzes, höchst unbefriedigend und eine neue Lösung des Problemkomplexes wünschbar, zumal die stärkere staatliche Beteiligung an der FSK/J, deren Ausdehnung auf die Büchern vergleichbaren Videofilme und das faktische Obligatorium den Schluß nahelegen, daß es sich hier um verfassungswidrige Zensur (Art. 5 I 3 GG, vgl. BVerfGE 33, 52, 72; 87, 203, 230–232) handelt. Neben eigentlichen Selbstkontrolleinrichtungen ist daher rechtspolitisch trotz aller Probleme der Medienwirkungsforschung eine durch gruppenpluralen Sachverstand legitimierte nachträgliche staatliche Eingriffsmöglickeit unterhalb der Ebene des Strafrechts zu Zwecken des J. mit den jeweiligen Medien angemessenen Zugangsbeschränkungen (wohl auch einem Vermietverbot für jugendgefährdende Videofilme) zu fordern. Dabei ist allerdings der Informationsfreiheit Erwachsener, der Kunst- und Wissenschaftsfreiheit und der Gefahr ökonomischer Beherrschung der Prüfstell(n) Rechnung zu tragen.

D. Schefold

Literatur: G. Bienemann/M. Hasebrink/B. Nikles (Hrsg.): Handbuch des Kinder- und Jugendschutzes, Münster 1995; B. Brockhorst-Reetz: Repressive Maßnahmen zum Schutze der Jugend im Bereich der Medien Film, Video und Fernsehen,

München 1989;B. Dankert/L. Zechlin (Hrsg.): Literatur vor dem Richter, Baden-Baden 1988; J. Münder u. a.: Frankfurter Lehr- und Praxiskommentar zum KJHG, Münster [2]1993; D. Oehler u. a.: Jugendschutz und Medien, München 1987; H. Scarbath/V. Straub (Hrsg.): Die heimliche Miterzieher, Hamburg 1987; D. Schefold/H. Viets: Freigabe und Indizierung von Filmen, RdJB 1987, 294; R. Scholz: Jugendschutz, München [2]1992.

Jugendsozialarbeit

J. ist im Kern ein im § 13 KJHG näher beschriebener Teilbereich der *Jugendhilfe*. Ihr Ziel ist die schulische, berufliche und soziale Integration junger Menschen, d.h. deren chancengleiche Teilhabe am Leben in der Gemeinschaft (vgl. auch *Jugendarbeitslosigkeit*). Basierend auf einem ganzheitlichen Förderkonzept, bietet J. sozial-, schul- und berufspädagogische Hilfen und übernimmt eine gesellschaftliche Anwaltsfunktion für ihre Adressaten. J. mischt sich über *Jugendpolitik* hinaus in andere Politikbereiche ein und wirkt im Schnittbereich von Jugend-, Bildungs- und Arbeitsmarktpolitik. Rechtsgrundlagen bzw. Finanzierungsquellen sind das KJHG und seine Landesausführungsgesetze, das AFG, das BSHG, verschiedene Landesprogramme, der *Kinder- und Jugendplan des Bundes* und der *Garantiefonds*. Immer bedeutsamer werden der Europäische Sozialfonds und europäische Aktionsprogramme (*Sozialpolitik/Soziale Sicherung, europäische*). Formen heutiger J. haben sich schon in den Nachkriegsjahren als lebenslagen-, bildungs- und berufsorientierte Jugendhilfeleistung für arbeits-, berufs- und heimatlose Jugendliche herausgebildet. Zielgruppen, Zielsetzungen und Handlungsansätze von J. haben sich aber entsprechend den ökonomischen und sozialen Entwicklungen verändert.

Prinzipiell ist jeder junge Mensch, der zur sozialen und beruflichen Integration einer Hilfe bedarf, Adressat von J. Ihre Zielgruppe besteht aber tatsächlich überwiegend aus sozial benachteiligten und individuell beeinträchtigten Jugendlichen und jungen Erwachsenen. Handlungsfelder von J. sind Jugendberufshilfe, Eingliederungshilfe, Mädchensozialarbeit, Jugendwohnen, AusländerInnenarbeit.

Zur Jugendberufshilfe gehören alle Beratungs- und Betreuungsangebote im Übergang von der Schule in den Beruf (inkl. der Arbeit mit SchülerInnen), berufsvorbereitende Bildungsmaßnahmen, sozialpädagogisch orientierte Berufsausbildung, sozialpädagogisch begleitete Beschäftigungs- und Qualifizierungsprojekte sowie die arbeitsweltbezogene J.

Eingliederungshilfen unterstützen, durch Beratungs- und Betreuungsdienste der (offenen) Jugendgemeinschaftswerke sowie durch Intensivsprachkurse, die schulische, berufliche und soziale Integration junger AussiedlerInnen unter Berücksichtigung ihrer kulturellen Wurzeln und Identität.

Angebote des Jugendwohnens wenden sich an alle jungen Menschen während der Teilnahme an schulischen oder beruflichen Bildungsmaßnahmen und des beruflichen Einstiegs. Jugendwohnheime, -wohngruppen, -pensionen usw. bieten neben Unterkunft und Freizeitgestaltung sozialpädagogische Hilfen an.

Innerhalb von J. hat sich die »Arbeit mit *Mädchen* und jungen Frauen«/»Mädchensozialarbeit« als eigenständiger Ansatz und Querschnittsaufgabe entwickelt, um geschlechtsspezifische Hilfen anzubieten sowie in den Angeboten und Maßnahmen weibliche Stärken und Lebenskonzepte zu berücksichtigen und (gesellschaftliche) Benachteiligungen abzubauen.

Junge *Ausländer*Innen sind häufiger als deutsche Jugendliche auf dem Ausbildungsstellen- und Arbeitsmarkt benachteiligt. Deshalb gilt es, spezifische, die bikulturelle Lebenssituation der Adressaten berücksichtigende Hilfen in den Bereichen Jugendberufshilfe, Jugendwohnen und Mädchensozialarbeit anzubieten. In den Maßnahmen soll die Dialogbereitschaft zwischen Deutschen und Ausländern gefördert und interkulturelles Lernen ermöglicht werden; dies auch zur Vermeidung von Fremdenfeindlichkeit und Gewaltbereitschaft sowie zur Förderung von gesellschaftlicher Gleichstellung. Zunehmende Migrationsbewegungen werden die AusländerInnenarbeit bzw. die Arbeit mit jungen MigrantInnen vor neue Aufgaben stellen, die die Zukunft der J. beeinflussen und ihre Inhalte verändern wird.

Träger von J. sind die Einrichtungen der Trägergruppen, die in der Bundesarbeitsgemeinschaft Jugendsozialarbeit (BAG JAW) zusammengeschlossen sind. J. wird zudem durch öffentliche Träger, weitere freie Träger, im Rahmen von *Jugendarbeit*, aber auch von Bildungseinrichtungen des Handwerks und der Industrie angeboten. J. ist im regionalen Kontext auf Partnerschaft und Kooperation angewiesen und benötigt Verbundsysteme von Jugendhilfe, Arbeitsverwaltung, *Schule* und Wirtschaft.

Zur bedarfsgerechten Ausgestaltung von J. muß *Jugendhilfeplanung* für das Handlungsfeld relevante Daten liefern und Vorschläge für das Hilfesystem unterbreiten. *P. Fülbier*

Literatur: BAGJAW: »Jugend, Beruf, Gesellschaft«, Zeitschrift für Jugendsozialarbeit; BBJ-Consult: Fortlfd. und regelmäßig aktualisierte Informationsdienste und Materialien zur Förderung der beruflichen Bildung; K. H. Breuer: Jugendsozialarbeit im Rahmen der Jugendhilfe, in: Forum Jugendsozialarbeit H. 7, Köln 1991; P. Fülbier/M. Schnapka: Jugendsozialarbeit im KJHG – Neue Rechtsgrundlage für bewährte Praxis, in: R. Wiesner/W. Zarbock (Hrsg.): Das neue KJHG, Köln 1991; I. Mielenz: Aufgaben der Jugendhilfe bei Jugendarbeitslosigkeit und Berufsnot junger Menschen – Praxisbeispiele zur Einmischungsstrategie, AGJ (Hrsg.), Bonn 1984; J. Münder u.a.: Frankfurter Lehr- und Praxiskommentar zum KJHG; Kommentierung zu § 13 (mit weiteren Literaturhinweisen), Münster [2]1993.

Jugendsoziologie

Die J. (sog. »Bindestrichsoziologie«) beschäftigt sich mit dem Verhältnis von *Jugend* und *Gesellschaft* (Makroaspekt: Jugend als Teil bzw. Gruppe der Gesellschaft) sowie mit Fragen, Problemen und Prozessen des Übergangs von der *Kindheit* zum Erwachsenenalter (Mikro- bzw. biographischer Aspekt: *Jugend* als Abschnitt im individuellen Lebenslauf). J. kann also gesellschaftstheoretisch (Funktion und Stellenwert der Jugend in der Gesellschaft, Jugend als »Faktor des sozialen Wandels«) oder sozialisationstheoretisch (Jugend als Phase und besonderer Interaktionszusammenhang innerhalb der lebenslangen *Sozialisation*) betrieben werden und bietet sich von diesem Doppelaspekt her zu Synthese von Makro- und Mikrosoziologie an.

Die *Soziologie* begreift Jugend als relativ neuartiges, gesellschaftlich-historisch bedingtes und mit den veränderten Produktions-, Lebens- und Ausbildungsverhältnissen zusammenhängendes Phänomen in komplexen Kulturen. Jugend ist also kein Naturprodukt, kein Ergebnis biologischer Prozesse, sondern ein Kulturprodukt, ein von Menschen selbst durch die arbeitend und handelnd veränderten Existenzbedingungen hervorgebrachtes Gattungsmerkmal mit soziokulturellem und gesellschaftlichem Charakter. Wenig komplexe Kulturen (sog. »primitive Kulturen«) kennen z. B. keine Jugend im soziologischen Sinne – Übergangsprobleme werden durch »Initiationsriten« bewältigt. Andererseits kann man sagen, daß differenzierte Gesellschaften, die sich im Krieg befinden, junge Menschen nicht als Jugend freisetzen, d. h.: Der Krieg hebt die gesellschaftlichen Voraussetzungen für Jugend auf, er verhindert, daß sich Jugend als Interaktions- und Gruppenzusammenhang bildet.

Fragestellungen und Erkenntnisinteressen der traditionellen J. beziehen sich auf die Besonderheiten des Verhaltens, der (politischen) Einstellungen, Wertorientierungen, Bedürfnisse und Gruppenbeziehungen der Heranwachsenden, deren empirische Erfassung (durch Befragung) und theoretische Interpretation sowie auf das Verhältnis der Jugend zu den gesellschaftlichen Institutionen (*Familie*, *Schule*, *Betrieb/Ausbildung*, Kirche, *Parteien*, Wirtschaft) und Phänomene wie *Freizeit*, Konsum, *Medien*, *Sexualität* usw.

Die neuere J. (etwa seit 1980/81: Zürich/Berlin und die Folgen) befaßt sich (wegweisend war die Shell-Studie 1981) schwerpunktmäßig mit Themen wie Zukunftsperspektiven, Lebenspläne, Alltags- und Subkulturen, Gewaltpotential, Dialog der Generationen etc. und arbeitet mit mehr qualitativ-hermeneutischen Methoden (Interview, Biographie- und Fallstudien). Als neue Perspektiven der 80er Jahre haben sich die Theorie von NST (»narzistischer Sozialisationstypus«), »Jugend als soziales Problem«, die »*Mädchen*forschung« und eine enge Anlehnung an die englische Subkulturenforschung des CCCS durchgesetzt.

Insgesamt ist das Bild der J. bis Ende der 80er Jahre äußerst diffus und unübersichtlich. Neue (theoretische) Konturen erhielt die J. dann, als im Kontext der (Post-)Moderne-Diskussion bzw. modernistischer Kulturtheorien in der allgemeinen Soziologie, v. a. durch das Theorem der »Risikogesellschaft« (Beck), auch in der J. die Thesen der »Pluralisierung« (familialer Lebensformen und -welten/Milieus) und der »Individualisierung« (jugendlicher Biographien) dominant wurden und sich als erklärungskräftig erwiesen. Die J. wurde in der Folge davon noch stärker biographieorientiert. Einen zweiten Impuls erhielt die J. Ende der 80er/Anfang der 90er Jahre durch die (Folgen der) deutsche(n) Einheit mit ihren dramatischen Veränderungen und neuen Erscheinungsformen – gerade für die Jugend, v. a. im Gebiet der ehemaligen DDR. Bilanzierende Studien zur Situation der Juend in der (Ex-)DDR, empirisch-vergleichende Erhebungen (Jugend im geeinten Deutschland) und Analysen der »neuen« Phänomene *Gewalt*(-bereitschaft/-akzeptanz), Rechtsradikalismus/Neonationalismus und Ausländerhaß/Fremdenfeindlichkeit prägen nunmehr das Bild der J. Ganz typisch dafür war/ist wiederum die Shell-Studie »Jugend '92«.

Für die Theorie und Praxis der *Jugendarbeit* sind die problemorientierten Basistheoreme der J. von Bedeutung: Jugend als (Rand-)Gruppenphänomen (Übergang), Fragen der Identität(-sdiffusion und -sbildung), Verhaltensunsicherheit und Orientierungskrise, antizipatorische Aktivität (Auseinandersetzung mit Zukunft), Subkultur(en)-Bildung und deren Verhältnis zur dominanten bzw. Stammkultur, Generationenkonflikte, mangelnde Handlungskompetenz, Peer-group-Orientierung und »Sozialisation in eigener Regie«, Freizeit-, Mode-, Medien- und Popkultur mit ihren kreativ-innovativen, aber auch manipulierenden Aspekten, die Diskrepanz zwischen körperlicher Reife und sozialer Unmündigkeit sowie das Phänomen der »Postadoleszenz« (ökonomische Abhängigkeit bei psychosozialem Erwachsenenstatus bei Arbeitslosen, verlängerter Aus- oder Weiterbildung und Leben in der Alternativkultur).

Die gegenwärtig besorgniserregendsten sog. »Jugendprobleme«, die jedoch immer in Relation zur politisch-ideologischen, ökonomisch-ökologischen sowie kulturellen Situation und v. a. Veränderung der Gesellschaft (z. B. durch die deutsche Einheit) gesehen und analysiert werden müssen, sind m. E.: die reale oder drohende *Arbeitslosigkeit*, der Konsum harter Drogen mit der dramatischen Zunahme an Herointoten Anfang der 90er Jahre (ca. 2000 Tote/Jahr mit der Tendenz zur Verfestigung), kontinuierlich zunehmender Alkoholmißbrauch (*Alkoholismus*, *Drogenabhängigkeit*, *Sucht*), die Radikalisierung politischer Subkulturen, v. a. die enorme Steigerung nationalistisch-rechtsextrem motivierter Gewalt immer Jüngerer gegenüber gesellschaftlich unterprivilegierten Gruppen wie »Ausländern«, Asylbewerbern und Behinderten. Von besonderer Bedeutung erscheint, daß die »klassischen« »Jugendprobleme« (fehlende Zukunftsperspektiven, die Aufgabe der Identitätsfindung und die Frage nach einem sinnvollen und glücklichen Leben einerseits sowie die

Auseinandersetzung mit globalen Problemen wie Ökologie/Naturzerstörung, Krieg und Frieden/neue Weltordnung, Europa und der Nord-Süd-Konflikt, neue Techniken und Medien andererseits) nicht geringer geworden sind und wahrscheinlich sogar die aktuellen Problemlagen potenzieren – wobei die subjektive Interpretation der eigenen Lage im geeinten Deutschland wie ein Katalysator wirken kann. Hier, bei der subjektiven Deutung der objektiven Lage, gilt es für eine präventive und sich politisch aufklärend verstehende Jugend(-bildungs-)arbeit anzusetzen.
Eine besondere Thematik ist die Situation der jugendlichen *Ausländer* der 2. und 3. Generation sowie der deutschstämmigen Jugendlichen aus Mittel- und Osteuropa (*Aussiedler*) – als oftmals stigmatisierte und unterprivilegierte *Randgruppe* und als Objekt nationalistisch-rassistischer Gewalttaten. Gerade hierbei wird deutlich, wie sehr Jugendphänome/-probleme in Abhängigkeit von der politischen Kultur und den gesellschaftlichen Rahmenbedingungen gesehen und interpretiert werden müssen. Dieses Relationsgeflecht provoziert natürlich auch die wichtige Frage nach dem Verhältnis von J., *Jugendpolitik* und Jugend(-bildungs-)arbeit.
Für eine praxisorientierte Betrachtung sind m.E. folgende Themen/Erkenntnisse der aktuellen J. von Relevanz: Pluralisierung, aber auch Polarisierung jugendlicher Alltagswelten, Lebensstile und Milieus/Subkulturen; Individualisierung der Jugendbiographie und (sub-)kulturelle Suchbewegungen sowie gruppenspezifische Versuche der Bewältigung der allgemeinen und der aktuellen Jugendprobleme; Ursachen und Folgen von Gewalt, Rechtsextremismus und Fremdenfeindlichkeit; Jugend(-vergleich) im geeinten Deutschland – Gemeinsamkeiten und Unterschiede; Jugenddeutungen zur Lage der Nation und Europas – wobei jeweils nach Geschlecht, Herkunftsmilieu, Altersgruppe, Bildungsstand, Stadt-Land-Situation unterschieden werden muß. Daneben bleibt die traditionelle Sichtweise von Jugend als eigenständiger bzw. Übergangsphase der »sekundären Offenheit« (als Chance und Gefahr) nach wie vor praxisrelevant. Die jüngsten theoretischen Erkenntnisse und empirischen Forschungsergebnisse der J. haben sich direkt auf die Diskussion und Praxis der *Jugendarbeit* ausgewirkt – vgl. z.B. die Kontroverse um eine »akzeptierende Jugendarbeit«, die *Erlebnispädagogik* oder die »Repädagogisierung der Jugendarbeit« als (sozial-)pädagogische Reaktion auf die Herausforderung durch die »rechte« (Skinhead-)Szene« und/oder die zunehmende Jugendgewalt *(Gewalt)*.

H.M. Griese

Literatur: D. Baacke/W. Heitmeyer (Hrsg.): Neue Widersprüche. Jugendliche in den achtziger Jahren, München 1985; D. Baacke: Jugend und Jugendkulturen, Weinheim/München 1987; M. Baethge u.a.: Jugend und Krise. Krise aktueller Jugendforschung, Frankfurt/M. 1983; M. Brusten/P. Malinowski (Hrsg.): Jugend – ein soziales Problem?, Opladen 1983; J. Clarke u.a.: Jugendkultur als Widerstand, Frankfurt/M. 1979; P. Förster/W. Friedrich/H. Müller/W. Schubarth: Jugend Ost: Zwischen Hoffnung und Gewalt, Opladen 1993; W. Friedrich/H. Griese (Hrsg.): Jugend und Jugendforschung in der DDR, Opladen 1991; W. Fuchs-Heinritz/H.-H. Krüger (Hrsg.): Feste Fahrpläne durch die Jugendphase? Jugendbiographien heute, Opladen 1991; H.M. Griese: Sozialwissenschaftliche Jugendtheorien. Eine Einführung, Weinheim/Basel [3]1987; H.M. Groese: Jugend, in: G. Albrecht und F. Stallberg (Hrsg.): Handbuch Soziale Probleme, Stuttgart 1995; W. Heitmeyer: Rechtsextremistische Orientierungen bei Jugendlichen, Weinheim 1988; W. Helpser (Hrsg.): Jugend zwischen Moderne und Postmoderne, Opladen 1991; ISS e.V.: Im Rahmen des Aktionsprogrammes des Bundes gegen Aggression und Gewalt in den neuen Bundesländern wurden seit 1992 ein Informationsdienst und Materialien herausgegeben, die über das ISS in Frankfurt/M. zu beziehen sind und in denen alle Aspekte von »Jugend/Gewalt und Sozialer Arbeit« behandelt werden; Jugendwerk der Deutschen Shell: Jugend '81. Lebensentwürfe, Alltagskulturen, Zukunftsbilder, Hamburg 1981; Jugendwerk der Deutschen Shell (Hrsg.): Jugend '92, Opladen 1992; H.-H. Krüger (Hrsg.): Handbuch der Jugendforschung, Opladen [2]1993; M. Markefka/R. Nave-Herz (Hrsg.): Handbuch der Familien- und Jugendforschung. Bd. 2: Jugendforschung, Neuwied 1989.

Jugendstrafrecht

Das J. ist 1923 aus dem »Strafrecht für Erwachsene« hervorgegangen. Für Jugendliche und ggf. auch Heranwachsende (§ 105) bleiben die Straftatbestände des StGB verbindlich. Die Eigenständigkeit beruht auf dem Grundgedanken, auf diese Altersgruppen in erster Linie »erzieherisch« zu reagieren. Dementsprechend enthält das JGG spezielle Rechtsfolgen, aber auch besondere Verfahrensregeln und Vorschriften über die Vollstrekkung. Dadurch kommt es zu einer Verknüpfung von Kontrolle (Reaktionen auf Gesetzesübertretungen) und als Hilfe gedachten Sanktionen. Begründet wird dies mit dem Hinweis, es gehe i.d.R. um »jugendtypische Verfehlungen«. Personenorientierte Maßnahmen könnten am ehesten die noch offenen Entwicklungsmöglichkeiten der Betroffenen schützen.
Der gegenwärtige kriminalpolitische Trend geht dahin, verstärkt sog. Ambulante Maßnahmen anzuordnen, um *Stigmatisierung* mit der Folge weiterer Ausgrenzungen zu vermeiden (Diversion). Das Konzept des JGG beruht auf Ansprüchen gegenüber der *Pädagogik* (Kriminalpädagogik) und *Psychologie*. Zunehmend wird dabei auf die Mitwirkung der Sanktionierten gesetzt (Devianzpädagogik). Hierin liegen reizvoller Anspruch, erwiesene Widersprüchlichkeit und Anlaß für prinzipielle Zweifel begründet.
Historischer Zusammenhang: Für die Beurteilung der Thematik, der gegenwärtigen Situation und denkbaren Entwicklungen ist es unerläßlich, die historischen Umstände zu kennen, unter denen es zum J. auf der Basis eines Erziehungskonzeptes kam.
Um die Jahrhundertwende setzte sich in den meisten Ländern Europas das »Konzept des Jugendalters« (Gillis) durch. Zwischen *Kindheit* und Beginn des Erwachsenenalters schob sich zunehmend eine eigenständige Lebensphase. Die relative Eigenständigkeit junger Arbeiter (die bürgerliche Jugend blieb auf Grund der sich

verlängernden Schulzeit noch vom Erwerbsleben freigestellt), führte zu einer Art Kontrollücke »zwischen Schulportal und Kasernentor«. Zur Idealisierung »der *Jugend*« als Hoffnungsträger zukünftiger gesellschaftlich-nationaler Entwicklung gehörte spiegelbildlich die Furcht vor deren *abweichendem Verhalten*. Ein radikaler Perspektivenwechsel deutete die nun als typisch erlebten Konflikte zwischen den Generationen folgendermaßen: *Kriminalität* resultiert nicht aus Frühreife, sondern ist Ausdruck von Unreife. Das Jugendalter allgemein, nicht die Herkunft aus einer unteren Schicht ist die Ursache von Devianz (Gillis, 176). Damit gerieten alle Minderjährigen, unabhängig von Herkunft, Stand und Klasse, prinzipiell in Verdacht. Wegen dieser Anfälligkeit erschienen deshalb vielfältige Schutzmaßnahmen geboten (Kinderretterdenken). Ob die neuen Zeiten (Industrialisierung, Wohnungs- und Gesundheitsprobleme, Belastungen der Familien) veränderte Verhaltensweisen hervorriefen oder die »Entdeckung des Jugendalters« bloß den Blick der Erwachsenen verschob: Die Klagen über geistig-moralische Fehlentwicklungen, Gefahren der Freizeit, Ansteigen der Kriminalität usw. führten zu weitreichenden, heute noch maßgeblichen Konsequenzen.

Denn der Staat hatte sich im 19. Jh. weitgehend zurückgehalten, nicht zuletzt hinsichtlich bedürftiger, gefährdeter Kinder. Als Gesetze gab es – seit 1900 – nur das *Familienrecht* im BGB (mit dem Begriff des Kindeswohls als Eingriffstatbestand) sowie ein *Strafrecht*, das die Strafmündigkeit ab 12 Jahren festgelegt hatte und für Jugendliche (relative Strafmündigkeit) wie Erwachsene gleichermaßen galt. Im Rahmen einer umfassenden Fachdebatte wurden zwei Mängel festgestellt: Es fehlten ein auf das Phänomen Jugendalter zugeschnittener fortschrittlicher Leitgedanke und ein System von Rechtsgrundlagen, um Prävention und Intervention umfassend ausgestalten zu können.

Ausgehend vom Kinderretterdenken, das sich bereits im Kindeswohlkonzept manifestiert hatte, versprach der Erziehungsgedanke als Formel wie als Maßstab im Einzelfall eine konstruktive Lösung. Mit Hilfe der darin begründeten Rechtfertigung gelang es, die entscheidende Barriere zu überwinden: die Autonomie der *Familie* (genauer: der damals so bezeichneten väterlichen Gewalt), die den Staat daran gehindert hatte, selbst in die *Erziehung* und *Sozialisation* einzugreifen. Er machte sich die Forderung der Pädagogik »Recht des Kindes auf Erziehung« zu eigen. Hierauf gründete das JWG, das seit 1922 staatliche Institutionen dazu ermächtigte, Elternrechte zu begrenzen, auch wenn entweder von den Kindern keine Straftaten begangen worden oder sie noch nicht strafmündig waren. Ergänzend hierzu dienten ordnungsrechtliche Jugendschutzregelungen dazu, den Aufenthalt und die Aktivitäten von Minderjährigen in der Öffentlichkeit einer von Polizei und Fürsorge organisierten Kontrolle zu unterziehen.

Aus all diesen Bestrebungen, von vornherein ein einheitliches Jugendrecht zu gestalten, um damit dem Erziehungsgedanken auch konsequent Vorrang zu geben, darauf konnten sich die Verantwortlichen nicht einigen. Vielmehr setzte die Mehrheit eine Struktur durch, in der eine schichtorientierte Abstufung zum Ausdruck kommt: Familienrecht für den Normalfall, Jugendwohlfahrtsrecht für Angepaßte (Jugendpflege) und stark Gefährdete (Fürsorgeerziehung) sowie ein Sonderstrafrecht für die Gefährlichen. Die Strafmündigkeit wurde konsequenterweise auf 14 Jahre festgelegt. Dann endete die Schulpflicht, die Kinder »aus den unteren Volksschichten traten ins praktische Leben ein« (Weyl). Für sie ist das J. geschaffen worden.

Das RJGG trat 1923 in Kraft. 1943 und 1953 wurde es reformiert. Sonstige, kleinere Änderungen folgten, zuletzt 1990 (s. unten bei Diversion). Eine grundlegende Reform, die eine Stärkung der *Jugendhilfe* bei gleichzeitiger Begrenzung der strafrechtlichen Teile angestrebt hatte, scheiterte Anfang der 70er Jahre.

Konzeption des JGG: Der Erziehungsgedanke ist der Eckpfeiler des J. Damit ist gemeint, daß auf – noch nicht abgeschlossene – Entwicklungsprozesse abgestellt wird. Die strafrechtlich bedeutsamen Handlungen sind zwar vom Betroffenen individuell zu verantworten. Bei den Sanktionen wie auch in der Handhabung des Verfahrens insgesamt soll jedoch das pädagogische Moment im Vordergrund stehen. Dies führt dazu, daß die Kontrolle und Beeinflussung der Lebensführung der Straffälligen zum Dreh- und Angelpunkt allen Bemühens wird.

Ein sich erzieherisch verstehendes J. muß von seiner Denk- und Handlungslogik her prinzipiell unbegrenzte Maßnahmen ergreifen. Das Modell von Unreife und Mündigkeit erlaubt es ferner, das JGG auch auf junge Erwachsene anzuwenden.

All dies hat seit 1923 im Gesetz sowie in den ergänzenden »Richtlinien zum JGG« folgenden Niederschlag gefunden:

a) Mündigkeit, Verantwortung und Reife – die Altersstufen: Die Strafmündigkeit liegt bei 14 Jahren. Vor dem JGG gilt als Jugendlicher, wer zur Zeit der Tat 14, aber noch nicht 18, als Heranwachsender, wer zur Zeit der Tat 18, aber noch nicht 21 Jahre alt ist (§ 1 Abs. 2).

Ein Jugendlicher ist strafrechtlich aber nur dann verantwortlich zu machen, wenn ihm zur Tatzeit hinreichende sittliche und geistige Entwicklungsreife zuerkannt wird, um das Unrecht der Tat einzusehen (intellektuelle Ebene) und nach dieser Einsicht zu handeln (Willensebene; § 3). Die so u.U. entstehende Regelungslücke ist dadurch wieder geschlossen, daß bei Feststellung entsprechender Defizite vormundschaftsgerichtliche Maßnahmen (BGB/KJHG) angeordnet werden können. Die Bedeutung dieser Vorschrift wird weitgehend unterschätzt.

Seit 1953 besteht die Möglichkeit, auch Heranwachsende nach dem JGG abzuurteilen, »wenn die Gesamtwürdigung der Persönlichkeit des Täters bei Berücksichtigung auch der Umweltbedingungen ergibt, daß er zur Tatzeit nach seiner sittlichen oder geistigen Entwicklung noch einem Jugendlichen gleichstand oder es sich nach der Art, den Umständen oder den Beweggründen der Tat um eine Jugendverfehlung handelt«

(§ 105). § 3 ist auf diese Altersgruppe nicht anwendbar.

b) Erziehungsmaßregeln, Zuchtmittel, Jugendstrafe – die Rechtsfolgen: Ursprünglich bestand das JGG aus zwei Teilen. Die Alternative von Erziehungsmaßregeln und *Strafe* brachte den Leitgedanken der *Subsidiarität* klar zum Ausdruck: Hielt das Gericht erstere für ausreichend, hatte es von Strafe abzusehen. Seit 1953 ist dies durch die Einbeziehung der dritten Variante Zuchtmittel durchbrochen. Die Folgen einer Straftat sind in § 5 geregelt. Auch er betont den Vorrang der Erziehungsmaßregeln (Abs. 2).

Gemäß § 9 zählen dazu die Erteilung von Weisungen bzw. die Inanspruchnahme von Hilfen zur Erziehung (§ 12 i.V.m. dem KJHG: *Erziehungshilfen*). Ein Schwerpunkt gegenwärtiger jugendstrafrechtlicher Sanktionspraxis liegt eindeutig bei den »Geboten und Verboten«, welche die Lebensführung des Jugendlichen regeln und dadurch seine Erziehung fördern und sichern sollen« (so die Definition von Weisungen in § 10). Die 1990 erfolgten Änderungen haben insoweit neue Akzente gesetzt. Der in der Vorschrift enthaltene Katalog ist nicht abschließend gefaßt. Besonders hervorzuheben sind die Erbringung von Arbeitsleistungen, Unterstellung unter Betreuung und Aufsicht einer bestimmten Person, Teilnahme an einem sozialen Trainingskurs sowie der Ausgleich mit dem Verletzten.

Zwei Ziele verfolgt die Kriminalpolitik mit der Propagierung gerade dieser Sanktionen: Zum einen soll Einsperren vermieden werden; zum anderen setzt sie auf ein Erziehungsmodell, das nunmehr einen dialogischen Stil bevorzugt. Während sich die Kriminalpädagogik seit den 20er Jahren am Prinzip des Führens orientierte, favorisiert die Devianzpädagogik (Plewig 1994) die Erziehung als Lebenshilfe. Darin dokumentiert sich nicht mehr und nicht weniger als der gesellschaftliche Trend, autoritäre Strukturen durch flexible, kommunikative zu ersetzen. Über die pädagogische und psychologische Stichhaltigkeit ist damit noch nichts gesagt. Wohl aber wird der latente Widerspruch plausibel: Mißverständlich sprechen Befürworter dieser Entwicklung vom Angebotscharakter. Tatsächlich ist und bleibt jede Erziehungsmaßregel eine Zwangsmaßnahme. Folglich kann das Gericht Jugendarrest verhängen, kommt der Jugendliche Weisungen schuldhaft nicht nach (§ 11 Abs. 3 regelt den sog. Beugearrest).

Am umstrittensten im J. sind die Zuchtmittel. Das Gesetz versteht darunter Verwarnung, Erteilung von Auflagen und Jugendarrest. Sie dienen dazu, dem Jugendlichen eindringlich zum Bewußtsein zu bringen, daß er für das von ihm begangene Unrecht einzustehen hat (§ 13).

Mit einer Verwarnung soll die in jeder strafrechtlichen Entscheidung ausgedrückte Mißbilligung in spezifischer Form erzieherische Wirkung erzielen. Da die Praxis ihr selbst aber nicht so recht vertraut, wird sie häufig zusammen mit anderen Maßnahmen angeordnet.

Die Weisungen folgen dem Gedanken, die in der Person des Täters erkannten Mängel auszugleichen. Die Zuchtmittel hingegen setzen auf Gedanken der Zurechtweisung. Wenn § 15 als Auflagen die Schadenswiedergutmachung, die persönliche Entschuldigung beim Verletzten, das Erbringen von Arbeitsleistungen und die Zahlung eines Geldbetrages für eine gemeinnützige Einrichtung nennt, zielt die Norm auf punktuelle Ahndung (nicht auf prozeßhafte Beeinflussung der Lebensführung).

Als stationäres Zuchtmittel unterscheidet § 16 den Freizeit- bzw. Kurz- vom Dauerarrest. Die Richtlinien präzisieren die Zielvorstellung: Der Jugendarrest ist ein geeignetes Zuchtmittel bei nicht allzu schweren Verfehlungen gutgearteter Jugendlicher, die durch eine kurze, strenge Freiheitsentziehung, den damit verbundenen Zwang zur Selbstbesinnung und die Betreuung während des Arrests noch erzieherisch beeinflußt werden können. Ungeeignet ist deshalb die Sanktion für verwahrloste oder geistig zurückgebliebene Jugendliche. Die Richter werden ermahnt, bei der Begründung der Entscheidung die Begriffe »Strafe« oder »Bestrafung« zu vermeiden.

Die Jugendarrest-Vollzugsordnung regelt detailliert die Anwendung der Maßnahme (Stichworte: Unterbringung, Persönlichkeitserforschung, Behandlung, Verhaltensvorschriften, Erziehungsarbeit, Arbeit und Ausbildung, Lebenshaltung usw.).

In der jugendstrafrechtlichen Diskussion wird – wie auch im Erwachsenenstrafrecht – immer wieder über Sinn und Zweck kurzzeitigen Freiheitsentzuges gestritten. Das StGB setzt die Mindeststrafe bei einem Monat an (§ 38). Das JGG dagegen verfügt über die Arrestformen und die Jugendstrafe, deren Mindestmaß aber bei 6 Monaten liegt. Unabhängig von der Frage, was Einsperren überhaupt an Zwecken erreichen kann, ist die Klage darüber, kein flexibleres Eingriffsinstrumentarium zur Verfügung zu haben, nachvollziehbar.

Die gründlichsten Untersuchungen zum gesamten J. liegen nach wie vor über den Jugendarrest vor (Eisenhardt). Sie beziehen sich auf den inhaltlichen Anspruch des Zuchtmittels. Im Ergebnis werden vielfältige Einwände gegen den Jugendarrest vorgebracht. Die Reformentwürfe Anfang der 70er Jahre sahen seine Abschaffung vor. Es zeigt sich jedoch, daß die Praxis anhaltend das Bedürfnis hat, diese Variante der Normverdeutlichung nicht aufzugeben.

Die Jugendstrafe ist die eigentliche Kriminalstrafe im JGG und wird als Freiheitsstrafe in Jugendstrafanstalten vollzogen. Das Gericht verhängt sie unter zwei unterschiedlichen Voraussetzungen:

- wenn wegen der schädlichen Neigungen, die in der Tat hervorgetreten sind, Erziehungsmaßregeln oder Zuchtmittel nicht als ausreichend erachtet werden oder
- wegen der Schwere der Schuld Strafe erforderlich ist.

Die Höchstdauer beträgt 10 Jahre (§ 19). Ein zur Jugendstrafe Verurteilter gilt als vorbestraft und wird in das Bundeszentralregister eingetragen.

Die Richtlinie zu § 17 (RL JGG) besagt, daß die Ju-

gendstrafe in erster Linie Erziehungsstrafe sei. Sie erfolgt nur noch in zeitlich bestimmter Form. Seit 1990 ist die Sanktionsform der unbestimmten Jugendstrafe aufgehoben (§ 19). Ihr Höchstmaß betrug 4 Jahre. Die jeweilige Spannbreite der unteren und oberen Begrenzung sollte mindestens 2 Jahre betragen. Wenn im Vollzug (vgl. dazu unten, e) Erziehungsziele erreicht werden sollen, bedarf es einerseits einer klaren Zielformulierung (z. B. spezielle Trainingsaufgaben), andererseits eines vorher selten präzise feststellbaren Zeitraumes. Im Rahmen stationärer Sanktionierung erscheint deshalb v. a. die unbestimmte Jugendstrafe logisch konsequent. In der Praxis hat sich allerdings gezeigt, daß diese Überlegung i. d. R. nicht umgesetzt werden konnte. Rechtsstaatlich bedenkliche Handhabung, pädagogische Fragwürdigkeiten und unerwünschte Anpassungshaltungen der Strafgefangenen bewogen den Gesetzgeber, diese Strafform aufzugeben.
Im Kriterium der »schädlichen Neigungen« kommt der Erziehungsgedanke des JGG zum Ausdruck. Das Unwerturteil über die Person erlangt einen hohen Grad. Der Begriff gilt zunehmend als zu stigmatisierend, um ihn länger aufrechterhalten zu können. Entsprechende Reformvorschläge wurden bislang aber nicht umgesetzt.
In der Voraussetzung der Schuldschwere hingegen drückt sich reines Tatstrafrecht aus. Ganz besonders an dieser Stelle setzt die generalpräventive Zweckbestimmung ein. Nicht nur der einzelne Täter wird – weil er anders hätte handeln können – hart zur Rechenschaft gezogen. Auch die Allgemeinheit soll erfahren, daß der Staat bestimmte Rechtsbrüche nicht ungestraft hinnimmt.
In Anlehnung an das Kriterium »Arrestgeeignetheit« stellt sich auch hinsichtlich der Jugendstrafe die Frage, was im Falle der »Unerziehbarkeit« geschehen solle (vgl. die Richtlinien zum abgeschafften § 19). Es ist bezeichnend, daß in der Fachliteratur das Thema zumeist nur am Rande oder gar nicht erwähnt wird.
c) Ermittlung, Öffentlichkeit und Rechtsmittel – das Verfahren: Die wichtigste Vorschrift im J. ist – unter dem Gesichtspunkt des Erziehungsgedankens – § 43: Nach Einleitung des Verfahrens sollen so bald wie möglich die Lebens- und Familienverhältnisse, der Werdegang, das bisherige Verhalten des Beschuldigten und alle übrigen Umstände ermittelt werden, die zur Beurteilung seiner seelischen, geistigen und charakterlichen Eigenart dienen können.
§ 45 räumt der Staatsanwaltschaft, § 47 dem Gericht die Möglichkeit ein, unter bestimmten Voraussetzungen – mit und ohne Bedingungen – das Verfahren einzustellen (vgl. unten, Diversion). Diese Paragraphen haben aktuell quantitativ an Bedeutung gewonnen und erfuhren im Rahmen der Änderungen 1990 Klarstellungen und Erweiterungen. Damit ist gleichzeitig eine qualitative Verschiebung eingetreten. Erstmals in der Geschichte des J. übernimmt die Staatsanwaltschaft richterliche Aufgaben. Die Einstellung kann von zwei Motiven geleitet sein: Entweder handelt es sich um einen Strafverfolgungsverzicht »ohne Wenn und Aber«, oder es werden spezifische Erziehungsvorstellungen verfolgt. Im zweiten Fall droht den betroffenen Jugendlichen bzw. Heranwachsenden eine härtere Sanktion als Erwachsenen im Vergleichsfall (vgl. § 153 StPO).
Die Verhandlung vor dem erkennenden Gericht ist nicht öffentlich (§ 48). Die Anwesenheit einer größeren Zahl von Personen ist, so die Richtlinie, aus erzieherischen Gründen unerwünscht. Der Ausschluß von Medien und Besuchern dient der Begrenzung stigmatisierender Wirkungen, schränkt aber auch die Möglichkeit ein, daß Angeklagte sich in Szene setzen.
Rechtsstaatlich von Bedeutung ist die Tatsache, daß die Anordnung von Erziehungsmaßregeln oder Zuchtmitteln weitgehend nicht angefochten werden kann, auch dies aus erzieherischen Gründen (Verfahrensbeschleunigung; § 55).
d) Erzieherische Qualifikation – die Verfahrensbeteiligten: Nach § 36 sollen für die Verfahren am Jugendgericht Jugendstaatsanwälte bestellt werden. Von ihnen und den Jugendrichtern wird zudem erwartet, daß sie erzieherisch befähigt und in der Jugenderziehung erfahren sind (§ 37; s. auch die RL JGG). Der Erziehungsgedanke im JGG, aber auch § 37 wecken vielfach die Illusion, als ginge es der Justiz um eine auch in dieser Hinsicht konsequente Verwirklichung der Leitformel. Tatsächlich kann davon nicht die Rede sein. Maßgeblich in der Justiz ist das Rotationsprinzip. RichterInnen sollen regelmäßig allseitig ihre Fähigkeit auf verschiedenen Rechtsgebieten beweisen. Außerdem darf nicht übersehen werden, daß die besagten Ämter nicht beförderungsträchtig, mithin eher unattraktiv sind.
Um so klarer wird, daß das J. qualifizierte Unterstützung benötigt. Ein realer Stützpfeiler des Erziehungskonzeptes ist eine bei den *Jugendämtern* angesiedelte Institution: die *Jugendgerichtshilfe*. Deren Vertreter bringen die erzieherischen, sozialen und fürsorgerischen Gesichtspunkte im Verfahren vor den Jugendgerichten zur Geltung (§ 38). Die JGH arbeitet im Auftrag der Strafjustiz (»Ermittlung«). Von ihrem Selbstverständnis her sieht sie sich häufig aber – auch – als pädagogische Hilfsinstanz. Die Widersprüche sind im Rahmen des gegenwärtigen J. nicht auflösbar.
e) Jugendarrest und Jugendstrafvollzug – die Vollstreckung: Unter dem Aspekt der Umsetzung erzieherischer Zielvorstellungen wie auch in rechtsstaatlicher Hinsicht verdienen die Vollstreckungs- und Vollzugsverfahren besondere Aufmerksamkeit. Aufschlußreich ist die Tatsache, daß für den Jugendstrafvollzug – anders als im Fall des Erwachsenenstrafrechts – kein Strafvollzugsgesetz existiert. Dies darf als rechtsstaatlicher Skandal gewertet werden, wird aber erklärbar vor dem Hintergrund der begrenzten Aushandlungschancen der vom JGG Betroffenen.
Gemäß § 90 JGG soll der erzieherisch zu gestaltende Vollzug des Jugendarrestes das Ehrgefühl des Jugendlichen wecken, ihm eindringlich zum Bewußtsein bringen, daß er für das von ihm begangene Unrecht einzustehen hat, und dabei helfen, die Schwierigkeiten

zu bewältigen, die zur Begehung der Straftat beigetragen haben (vgl. auch die JAVollzO).
Durch den Vollzug der Jugendstrafe soll der Verurteilte dazu erzogen werden, künftig einen rechtschaffenen und verantwortungsbewußten Lebenswandel zu führen. Ordnung, Arbeit, Unterricht, Leibesübungen und sinnvolle Beschäftigung in der freien Zeit sind die Grundlagen dieser Erziehung (§ 91).
Seit 1953 kennt das JGG auch das Institut der Bewährung, entweder, wenn das Gericht auch ohne jeden Vollzug vom Verurteilten einen »rechtschaffenen Lebenswandel« erwartet (§ 21), oder indem es einen Rest zur Bewährung aussetzt (§ 88). In diesen Fällen der Aussetzung zur Bewährung stellt das JGG höhere Anforderungen an die Jugendlichen/Heranwachsenden als bei den nach dem StGB Verurteilten (§§ 56, 57 StGB). Zu den bereits erwähnten Jugendinstitutionen kommt also noch die Jugend*bewährungshilfe* hinzu (§§ 24, 25). Auch von ihr wird erwartet, daß sie den Erziehungsgedanken umsetzt.

Empirische Daten: Generell muß hinsichtlich verfügbarer Daten über die Praxis des J. auf entsprechende Übersichten hingewiesen werden (z. B. Eisenberg; Albrecht).
Im einzelnen gilt für die Jugendstrafe, daß sie etwa 15% der Sanktionen ausmacht, die Strafdauer sich zu verlängern scheint, das Durchschnittsalter teilweise in Vollzugsanstalten schon bei 20 Jahren liegt. Diese Tatsache, die Drogenproblematik und der wachsende Ausländeranteil lassen die These gerechtfertigt erscheinen, daß der »reformpädagogisch« ausgerichtete Erziehungsstrafvollzug (offene Anstalt, pädagogischer Bezug, Gemeinschaft) vor dem Ende steht. In jedem Fall machen die veränderten Bedingungen neuartige Vollzugskonzeptionen erforderlich. Die sind z. Zt. noch nicht in Sicht.
Die Verhängung von Jugendarrest geht seit Jahren zurück. Der Anteil des Kurzarrestes lag stets bei wenigen Prozent. Der Freizeitarrest macht in etwa die Hälfte aus (zur Qualität des Zuchtmittels vgl. Eisenhardt).
Den Erziehungsmaßregeln, ganz besonders den Weisungen, kommt in den letzten Jahren wachsende Bedeutung zu. Allein daran zeigt sich, daß die Devianzpädagogik zunehmend in den Blickpunkt rückt. Die reale Bedeutung des »Erziehungsgedankens« im JGG zeigt sich ganz besonders deutlich an dem weitgehenden Fehlen qualitativer Untersuchungen über die inhaltliche Ausgestaltung und Wirkung der Sanktionen einschließlich der Berücksichtigung der Sichtweisen der Betroffenen (positive Ausnahme: Mollenhauer/Uhlendorff). Weder der Gesetzgeber noch die Rechtsanwender oder gar die – eigentlich zur Kritik verpflichtete – Wissenschaft stellen sich dieser Herausforderung. Statt dessen herrschen quantitative, an bloßem Zahlenwerk orientierte Forschungen vor, z. B. über die Sanktionspraxis im Vergleich, soziale Merkmale der Verurteilten, Schnelligkeit des Verfahrens (Nachweise u. a. bei Eisenberg und Ostendorf). Immerhin bestätigen Befürworter des Erziehungsgedankens selbst, daß die Sanktionspraxis tendenziell zur »Doppelbestrafung« führt. Damit ist gemeint, daß es aus der Sicht der Gerichte pädagogisch kaum vertretbar sei, Jugendliche ohne eindeutige Reaktion »davonkommen« zu lassen. Wo bei Erwachsenen in vergleichbaren Fällen eine Einstellung erfolgt, verführt die Denk- und Handlungslogik des JGG zur »erzieherischen Normverdeutlichung« unter dem Motto, es könne ja nicht schaden ... Genau da beginnt der Pakt der Devianzpädagogik mit der Justiz.
Mit dem Makel fehlender theoretischer Begründung und rechtsstaatlicher Legitimation muß sich die Kriminalpolitik der letzten 15 Jahre in besonderer Weise auseinandersetzen. Die wildwüchsig entstandenen Praxisinitiativen, vielfach als Diversion bezeichnet, kennen den empirisch fundierten Vorwurf, für eine sog. Netzerweiterung verantwortlich zu sein.
Diversion: Nach dem Scheitern der *Jugendhilferechtsreform* Mitte der 70er Jahre gaben Kriminologen die Parole aus, nun müsse das vorhandene JGG selber phantasievoll ausgeschöpft werden. In der ersten Phase lokaler Reformversuche standen Erziehungskurse und pädagogisch gestaltete Arbeitsauflagen im Vordergrund. Der Stigmatisierungsdebatte wollte man insofern Rechnung tragen, als zumindest die Institution Jugendarrest durch Alternativen überflüssig gemacht werden sollte. Maßgebliches Argument für die aktuelle Diversionspolitik ist die These von der Normalität abweichenden Verhaltens, auch der sog. Jugendkriminalität, im Jugendalter. Verzicht auf – weitergehende – Sanktionen sei verantwortbar, zumindest bei Erst- und Bagatelldelikten. In der Diskussion werden zwar Begriffe des labeling approach rhetorisch benutzt. Tatsächlich basieren die vorgeschlagenen und praktizierten Ansätze aber auf individuumbezogenen Theorien (Defizitmodell/primäre Devianz).
Die sich in der BRD ausdehnenden Projekte erhielten erst nachträglich die Bezeichnung Diversion. Der Begriff stammt aus den USA. Dort wollte sich die Justiz eines Teils der im Strafvollzug befindlichen Kinder (Strafmündigkeit teilweise 7 Jahre; auch »Weglaufen/ Schulschwänzen« gilt als Strafbestand) entledigen. Dies geschah mittels »Umleitung« in den sog. ambulanten Bereich. Das in den USA herrschende Opportunitätsprinzip räumt bereits der Polizei entsprechenden Spielraum ein, bestimmte Sachverhalte nicht weiter zu verfolgen. Diversion in Deutschland bedeutet also die Übernahme eines Begriffes aus einem anders gelagerten Rechtssystem (mit unterschiedlichen Zielsetzungen) als Oberbegriff für die aus der jugendstrafrechtlichen Praxis heraus entwickelten sog. Ambulanten Maßnahmen. Zunächst stand die Verbesserung vorhandener Sanktionen und die Vermeidung von Einsperren ganz im Vordergrund. Erst im Laufe der Zeit kam die zweite Zielsetzung hinzu: Einstellung des Verfahrens vor einer Hauptverhandlung. Schlagwortartig geht es folglich um die Alternativen »Betreuen statt Einsperren« und »Verfahrenseinstellung« (mit und ohne vorherige erzieherische Einflußnahme). Der Gesetzgeber hat auf die Entwiklung reagiert und die §§ 45, 47 entsprechend umstrukturiert.

Eine Analyse der Projektkonzeptionen erbrachte bedenkliche Ergebnisse: Sowohl unter rechtsstaatlichen Gesichtspunkten (formale Kontrolle des Verfahrens zum Schutze der Betroffenen) wie auch unter theoretischen (Strafziele; erziehungswissenschaftliche Begründung) finden Eingriffe in das Leben Jugendlicher und deren Umgebung statt, die am ehesten damit zu erklären sind, daß die Adressaten nur über geringe Gegenmacht verfügen (vgl. den Überblick bei Plewig 1990; s. auch Müller/Otto und BMJ 1986).

Ambulante Maßnahmen existieren inzwischen überall in den Bundesländern. In den Vordergrund sind dabei die Betreuungsweisungen getreten. Bezugspunkt ist damit die Freizeit der Betroffenen. Vielfach wird konzeptionell von *Erlebnispädagogik* gesprochen. Gemeint ist damit, daß bestimmte Unternehmungen als erzieherisch sinnvoll gelten. Ob damit bedeutsame Bedürfnisse der Sanktionierten angesprochen werden, bleibt fraglich. In jedem Fall verschafft sich die Justiz über die SozArb einen dichteren Kontakt zu den Jugendlichen. Hierfür existieren einschlägige Formulierungen: Zugang bekommen, Vertrauen gewinnen bei der *Klientel.* Festzustellen ist jedenfalls, daß eine entscheidende Verlagerung der Sanktionspraxis zu Lasten stationärer Maßnahmen nicht stattgefunden hat. Die Gerichte geben ihre Kontrollmittel nicht preis. Dies bestätigt den Verdacht der »Netzerweiterung« durch die Diversionspraxis.

Diversion bedeutet nicht zuletzt auch eine Aktivierung der Polizei. Als Hilfsorgan der Staatsanwaltschaft (Legalitätsprinzip) wird von ihr erwartet, daß sie die Ermittlungen entsprechend aufbereitet. Die StA richtet sich wiederum weitgehend an Diversionsrichtlinien aus, wie sie in den jeweiligen Bundesländern geschaffen wurden.

Kritische Würdigung – zwischen Hoffen und Bangen ...: Eine kritische Würdigung hängt davon ab, welche Position zum Thema generell eingenommen wird. In jedem Fall hat sich eine rationale Betrachtungsweise von dem Glauben zu lösen, daß der Erziehungsgedanke im JGG an sich etwas »Gutes« sei. Überhaupt lebt die seit Jahrzehnten stattfindende Debatte von dem Klischee, Strafrecht sei »böse«, Erziehung bzw. Jugendhilfe aber »gut«. Diese Auffassung ist historisch und theoretisch unzutreffend. Befürchtungen wurden bestätigt, daß die Maßnahmen unverhältnismäßig eingriffsintensiv ausfallen könnten (Müller/Otto).

Erforderlich ist es also, überhaupt einen klaren Ausgangspunkt zu finden. Der liegt nun einmal in der Tatsache begründet, daß es sich um Straftatbestände handelt. Zur Bewältigung derartiger Konflikte bieten sich prinzipiell drei Wege an: reines Strafrecht, ausschließlich Jugendhilfe oder ein Mischsystesm. Letzteres existiert seit 1923. Seither ist auch die Unzufriedenheit unüberhörbar. Die Richter sollten »milder« sein, mehr Geld und mehr pädagogisches Personal seien erforderlich.

Tatsache ist, daß Jugendarrest und Jugendstrafvollzug nicht als erfolgreich gelten. Zwar sind die wenigen empirischen Daten zur Rückfälligkeit (schon die Definition hierfür ist schwierig) fragwürdig. Es gibt jedoch hinreichend Anhaltspunkte für die Nachteile, die aus sozialer Ausgrenzung folgen können (Totale Institution). Da dieses Erfahrungswissen seit rund 100 Jahren bekannt ist, rechtfertigt sich das Fortbestehen des Wegschließens aus anderen Gründen. Der symbolische Wert der Leidzufügung durch Einsperren besitzt u.a. sozialpsychologische Bedeutung für den Rest der Bevölkerung. Das Eigentümliche dieser beharrlichen Praxis wird um so deutlicher, wenn ein Fazit der Sanktionen insgesamt gezogen wird: Die inhaltliche Ausgestaltung scheint relativ gleichgültig zu sein. »Nothing works« oder »Anything goes« lauten entsprechende Beurteilungen.

Tatsache ist auch, daß eine systematische Forschung, eine gründliche theoretische Auseinandersetzung im Rahmen von Strafrecht, Kriminologie und Erziehungswissenschaft fast überhaupt nicht stattfindet. Das erhärtet den Verdacht, daß der Erziehungsgedanke eine Chiffre ist, dessen sich ein auf Sozialdisziplinierung aufbauendes System bedient. Demnach würde der Pakt zwischen Strafjustiz und SozArb stets und immer im Dienste der »sozialisatorischen Zurichtung« von Unterschichtsjugendlichen liegen.

Im J. geht es nicht vorrangig um die Schaffung einer »gerechteren Welt«, wie es die SozPäd/SozArb anstreben. Die Grenzziehung steht im Vordergrund, die Einwirkung auf den Täter und die Botschaft an die *Gesellschaft.* Erste Pflicht ist es, hierbei rechtsstaatliche Regeln einzuhalten. Erzieherische Wirkungen, so sie denn gewollt und realistisch sind, stehen erst an zweiter Stelle. Die Praxis der sog. Ambulanten Maßnahmen gefährdet diesen Rechtsschutz. Diversion, das bestätigen auch Verfechter dieser Kriminalpolitik, hat zudem zur »Netzerweiterung« geführt. Mehr und nicht weniger Tatverdächtige werden durch Verfahren erfaßt. Der Stigmatisierungsansatz, einst mit aufklärerischem Potential in die Diskussion eingeführt, verkommt zur rhetorischen Formel. Die Devianzpädagogik schließlich beteiligt sich zunehmend an Disziplinierungsprozessen. Die Denk- und Handlungslogik der Integration und Ausgrenzung bleibt erhalten. Waren es einst »Gemeinschaftsunfähige«, später »Therapieungeeignete«, so sind es heute die »Diversionsunfähigen« oder gar »nicht Vereinbarungsfähigen« (Drogenabhängigen), die den Preis dieser Zweiteilung bezahlen müssen.

Was ist zu tun? Zu erinnern ist an die Diskussion vor Schaffung des JGG. Damals standen sich Anhänger eines reinen Strafrechts und eines einheitlichen Jugendrechts gegenüber. Auf Grund der seither gemachten Erfahrungen mit dem »Kompromißmodell«, noch mehr aber in Anbetracht zu erwartender Probleme mit »Jugendlichen in besonders schwierigen Lebenslagen« stellt sich schärfer denn je die Frage nach der zukünftigen Konzeption von Grenzziehung/Strafe, Entwicklungs- und Lebenstatsachen. Die aktuelle Diskussion bewegt sich zwischen »Reformulierung des Erziehungsgedankens« (Heinz) und konsequenter Abschaffung des JGG (AWO).

Die Befürwortung des JGG-Ansatzes ist Glaubenssache. Daß mit seiner Hilfe eine Besserstellung jugendlicher gegenüber erwachsenen Straftätern erfolge, ist aber gerade von dessen Anhängern empirisch widerlegt worden. Das Gegenmodell sieht eine strikte, unbedingte Trennung von strafrechtlicher Normverdeutlichung und Förderung individueller Entwicklung im Rahmen des KJHG vor (herausragendes Beispiel für Konzeption und Praxis: Gerdes u.a.). Der Zweck des Strafrechts wird auf die Ahndung der Tat begrenzt. Um Besserung des Täters und Überwachung seines Lebenswandels geht es dann nicht mehr, schon gar nicht durch Pädagogen. SozPäd/SozArb stehen vor der Entscheidung, wie sie die Ziele der Unterstützung, Förderung und materiellen Hilfe angemessen verwirklichen wollen und welche Einstellung sie zur Kriminalstrafe einnehmen. Von einer richtigen oder falschen Konsequenz kann nicht geredet werden, wohl aber von Grundpositionen und Prinzipien, die vor dem Hintergrund empirischer Tatsachen überprüfbar sind. Mit den Reformvorschlägen der Arbeiterwohlfahrt (1994) und der DVJJ (1992) liegen zwei klare Gegenpositionen vor. SozPäd/SozArb müssen dazu Stellung nehmen, ob sie die Pädagogisierung des Strafrechts rechtsstaatlich, soziologisch und pädagogisch für vertretbar halten.

H.-J. Plewig

Literatur: P.A. Albrecht: Jugendstrafrecht, München [2]1993; Arbeiterwohlfahrt: Jugend ohne Zukunft? Befähigen statt bestrafen, Bonn 1994 (Positionspapier); BMJ (Hrsg.): Neue ambulante Maßnahmen nach dem JGG, Bonn 1986; DVJJ (Hrsg.): Für ein neues JGG – Die Vorschläge der DVJJ-Kommission, in: Journal 1992 (Rundbrief Nr. 138); U. Eisenberg: Kriminologie, Köln u.a.O. [3]1990; Th. Eisenhardt: Die Wirkungen der kurzen Haft auf Jugendliche, 1977/1980; Th. Eisenhardt: Gutachten über den Jugendarrest, 1989; P. Gerdes u.a.: »Ab in die Normalität«, in: DVJJ Nr. 143 (1993), 219–244; J.R. Gillis: Geschichte der Jugend, Weinheim/Basel 1980; W. Heinz: Abschaffung oder Reformulierung des Erziehungsgedankens im Jugendstrafrecht?, in: BMJ (Hrsg.): Grundfragen des Jugendkriminalrechts und seiner Neuregelung, Bonn 1992, 369–414; K. Mollenhauer/U. Uhlendorff: Sozialpädagogische Diagnosen, Weinheim/München 1993; S. Müller/H.U. Otto (Hrsg.): Damit Erziehung nicht zur Strafe wird, Bielefeld 1986; H. Ostendorf: Jugendgerichtsgesetz. Kommentar, Köln u.a.O. [2]1991; H.-J. Plewig: Devianzpädagogik, in: F. Stimmer (Hrsg.): Lexikon der Sozialpädagogik und Sozialarbeit, München 1994; H.-J. Plewig: Diversion, in: D. Kreft/H. Lukas u.a.: Perspektivenwandel der Jugendhilfe, Frankfurt/M. [2]1993; R. Weyl: Das deutsche Jugendrecht, Leipzig 1927.

Jugendverbände

J. sind Zusammenschlüsse junger Menschen mit dem Ziel, individuelle, soziale und politische Orientierung durch *Erziehung* und *Bildung* zu vermitteln und damit zur Herausbildung der persönlichen Identität und Wertorientierung von Kindern und Jugendlichen beizutragen. Ihre wesentlichen Aufgaben liegen in den Bereichen »Erziehung und Bildung«, »Interessenvertretung«, »Geselligkeit und Freizeitgestaltung« sowie »Hilfen und Beratung«. Die Angebote beruhen auf den Merkmalen der Freiwilligkeit, der Wertgebundenheit und der Selbstorganisation (*Jugendarbeit*).

Ihre Gründung reicht z.T. bis ins 19. Jh. zurück. Hauptgründungsstränge sind die kirchlichen Gruppen, die bereits im 19. Jh. in Form von Jugend- und Jünglingsvereinen entstanden, die bürgerliche und die proletarische Jugendbewegung, die sich Anfang des 20. Jh. bildeten. Heute besteht eine Vielzahl solcher Zusammenschlüsse, die zwar über nahezu gleiche Strukturen und Organisationszusammenhänge verfügen, sich aber unterscheiden in ihrer jeweils spezifischen Zielsetzung, ihrer Größe und ihrem Organisationsansatz.

Hafeneger und Svoboda unterscheiden die J. wie folgt:

a) Fachverbände (z.B. Feuerwehrjugend, Jugend des Deutschen Roten Kreuzes);
b) gewerkschaftliche bzw. politische Verbände (z.B. DGB-Jugend, SJD – Die Falken);
c) Freizeitverbände (z.B. Sportjugend, Naturschutzjugend, Wanderjugend);
d) weltanschauliche bzw. konfessionelle Verbände (z.B. die im Bund der katholischen Jugend und der AG evangelische Jugend zusammengeschlossenen Verbände).

Die wesentlichen auf Bundesebene bestehenden J. sind – außer der Sportjugend – im Deutschen Bundesjugendring (DBJR) zusammengeschlossen (vgl. Anhang I).

Mitglied im DBJR sind außerdem die Landesjugenringe und der Arbeitskreis zentraler Jugendverbände (AzJ). Im AzJ sind kleinere – nicht im DBJR vertretenen bundeszentrale J. – zusammengeschlossen.

Neben den klassischen J. bestehen die Jugendorganisationen der politischen Parteien, Jungsozialisten (SPD), Jugend Union (CDU/CSU), Junge Liberale (F.D.P.), Die Jungdemokraten und seit 1994 das Grün-Alternative Jugendbündnis (Bündnis 90/Die Grünen). Sie sind im Ring Politischer Jugend (RPJ) zusammengeschlossen. Eine direkte Form der Zusammenarbeit zwischen den Verbänden besteht nicht. Sie findet lediglich mit den im DBJR zusammengeschlossenen J. im Deutschen Nationalkomitee für internationale Jugendarbeit (DNK) statt.

In den Bundesländern sind J. in Landesjugendringen und auf kommunaler Ebene i.d.R. in Stadt- bzw. Kreis-/Gemeinde-Jugendringen zusammengeschlossen (i.e. zur Organisation IJAB 1994).

Über die genannten bundeszentral tätigen J. hinaus bestehen z.T. in den Städten bzw. auf Kreisebene kleinere J., die auf die örtliche Ebene beschränkt sind.

Zentrale Aufgaben der J. sind die Interessenvertretung durch Kinder und Jugendliche selbst, die Durchsetzung der Beteiligung junger Menschen an politischen Entscheidungen und Angebote für Freizeit und Bildung. Die Funktion der Interessenvertretung ist in § 12 des *Kinder- und Jugendhilfegesetzes* (KJHG) normiert. J. verstehen sich als Anwalt Jugendlicher gegenüber Staat und *Gesellschaft*. So stellen sie z.B. Forderungen zur

Umwelt- und Friedenspolitik (*Umweltschutz, Frieden*) auf, zum Recht der Kriegsdienstverweigerung (*Zivildienst*), zur Bekämpfung der *Jugendarbeitslosigkeit* und nehmen darüber hinaus zu spezifischen jugendpolitischen Fragen Stellung (*Jugendpolitik*), wie z.B. zu Fragen der Förderung der Jugendarbeit, zur Ausgestaltung der gesetzlichen Grundlagen der Jugendarbeit und zur *Jugendhilfeplanung*.

Eine bedeutende Arbeit leisten die J. auf dem Gebiet des *internationalen Jugendaustausches*. Bereits in der Vergangenheit haben J. oftmals als erste Organisationen Kontakte zu Jugendorganisationen im Ausland geknüpft, obwohl noch keine offiiellen politischen Verbindungen bestanden. Aufbauend auf ihre Ansätze der internationalen Friedensarbeit v.a. in den 50er und 60er Jahren, bestehen heute breite und intensive Kontakte zu Jugendorganisationen in vielen Ländern der Welt. Auf europäischer Ebene sind die J. zum einen im Rahmen ihrer eigenen Struktur und internationalen Verbindung vertreten, zum anderen über den DBJR bzw. das DNK im Europäischen Jugendrat (CENYC).

Neuere Entwicklungen in der Jugendverbandsarbeit zeigen, daß die Arbeitsansätze von einer Vielfalt in den Methoden, den inhaltlichen Orientierungen und den Zielen geprägt sind. Vor allem ihre Orientierung auf eine Jugendarbeit vor Ort hat neue, zumeist offene Formen in der Arbeit und den Angeboten entstehen lassen, so daß eine strikte Trennung zwischen verbandlicher und offener Jugendarbeit immer weniger besteht. Hauptarbeitsansatz der J. bildet aber weiterhin die Gruppenarbeit. Die Jugendgruppe als kleinste Gestaltungs- und Organisationseinheit ist deshalb in allen Handlungsfeldern der J. wiederzufinden.

Ein wesentliches Prinzip der J. ist die ehrenamtliche Arbeit (*Ehrenamtliche Helfer*). Sie ist gekennzeichnet durch die Übernahme politischer und pädagogischer Verantwortung mit dem Ziel, die Interessen und Bedürfnisse junger Menschen realisieren zu helfen sowie die Ziele des Verbandes zu formulieren und umzusetzen. Nach eigenen Angaben der J. sind zwischen 400000 und 600000 Personen ehrenamtlich tätig.

Vor allem seit den 70er Jahren ist ein Professionalisierungsschub bei den J. erkennbar. So geht Rauschenbach davon aus, daß sich die Zahl der hauptberuflich Tätigen von 13000 im Jahre 1974 auf ca. 21000 im Jahre 1986 erhöht hat.

Genaue Mitgliederzahlen der J. sind nicht bekannt. Über sie wird vielfach spekuliert. Die letzte Repräsentativbefragung stammt aus dem Jahr 1977 und wurde in Rheinland-Pfalz durchgeführt. Dort gaben 31% der Jugendlichen an, Mitglieder in J. zu sein. Sicher scheint zu sein, daß in den letzten Jahren die tatsächliche Mitgliederzahl eher rückläufig ist. Auch dürften *Mädchen* in der Minderheit sein. Bei einigen J. ist die Zahl der Mitglieder genauer erfaßt, so z.B. bei den gewerkschaftlichen J. Der größte J. ist die Deutsche Sportjugend – ein Zusammenschluß von 17 Einzelverbänden mit insgesamt ca. 7,5 Mio. Mitgliedern vom 6. Lebensjahr an.

Angesichts der in den letzten Jahren festzustellenden Intensivierung der Arbeit mit Kindern kann die Bedeutung der J. aber nicht mehr allein nach ihren Mitgliederzahlen gemessen werden. Bei vielen J. wird inzwischen ein offener Mitgliederbegriff angewandt. Erfahrungswerte der J. selbst gehen davon aus, daß etwa 30 bis 40% aller Kinder und Jugendlichen von den J. erreicht werden.

Rechtliche Grundlage der Förderung der J. durch Städte, Kreise und Gemeinden, durch die Länder und den Bund ist das KJHG. So regelt § 11 die Grundlage für die Förderung der Jugendarbeit. § 12 hebt die besondere Stellung der J. im System der Angebote der Jugendarbeit hervor. Dabei wird auch das Besondere der J. dargelegt: ihre Selbstorganisation, die Mitgestaltung und Mitverantwortung der Arbeit durch Kinder und Jugendliche, ihre i.d.R. auf Dauer angelegte Tätigkeit und ihr jugendpolitisches Mandat (§ 12 Abs. 2 KJHG). Daraus abgeleitet wird den J. bei der Besetzung des Jugendhilfeausschusses eine besondere Bedeutung zugemessen. Sie sind bei der Besetzung angemessen zu berücksichtigen (§ 71 Abs. 1 KJHG).

Ausführungsgesetze nach § 15 KJHG, die die Förderung der Jugendverbandsarbeit differenzierter und verbindlicher regeln, bestehen derzeit in Schleswig-Holstein und in Thüringen. In Ländern, die bisher Jugendbildungsgesetze als Ausführungsgesetze zum Jugendwohlfahrtsgesetz hatten, gelten diese entweder weiter fort oder werden derzeit den Vorschriften des KJHG angepaßt.

Instrument des Bundes für die Förderung der J. ist der *Kinder- und -jugendplan des Bundes*. Neben der Förderung der Verbandszentralen und ihren länderübergreifenden Aufgaben der Jugendarbeit wird v.a. ihr internationaler Jugendaustausch gefördert. In den Ländern bilden i.d.R. Landesjugendpläne die Grundlage für die Förderung der J.

In den neuen Bundesländern gestaltet sich der Aufbau von Jugendverbandsstrukturen weiterhin schwierig. Angesichts der Erfahrungen der Jugendlichen mit der Jugendorganisation FDJ und mit der Politik der SED ist ihre Bereitschaft, sich in J. zu organisieren, wenig ausgeprägt. Zwar bestehen inzwischen in allen neuen Bundesländern J., und sie haben Landesstrukturen – in Ballungsgebieten auch örtliche Strukturen und Organisationen – aufgebaut, dennoch steht die Verankerung der J. bei Kindern und Jugendlichen erst noch am Anfang. Die Förderung ihrer Arbeit durch die Länder und die öffentlichen Träger der Jugendhilfe zeigt jedoch, daß J. auch hier eine bedeutende Aufgabe haben.

J. sind seit ihrer Gründung immer wieder von unterschiedlichen Bewegungen beeinflußt worden. Dabei sahen sich J. wachsender Kritik hinsichtlich ihrer gesellschaftlichen Bedeutung ausgesetzt. In den letzten Jahren haben sie diese Kritik aufgegriffen und, gerade auch angesichts der Schwierigkeit, junge Menschen auf Dauer für die Arbeit zu gewinnen, neue Formen des Zugangs auf Kinder und Jugendliche entwickelt. Die Öffnung zum Stadtteil, die Beteiligung in sozialen Bewegungen, ein Ausbau der kulturellen Angebote (*kulturelle Jugendarbeit*) und eine Qualifizierung der *politischen Bildung* hat ihre Attraktivität wieder wachsen lassen. Dies ist jedoch unterschiedlich ausgeprägt, sowohl verbandlich wie regional verschieden. Diejenigen J. jedoch, die stärker auf Projekte und lockere, offene Angebotsformen setzen, die Angebote für Kinder ausbauen und den Zugang zur Kooperation mit der *Schule* verbessern, haben größere Chancen, von jungen Menschen angenommen zu werden.

Ihre politische Bedeutung – darauf weisen die J. besonders hin – liegt in der Organisierung junger Menschen, der Ermöglichung politischer *Sozialisation* und in der Interessenvertretung. Gerade angesichts zunehmender Individualisierungs- und Entsolidarisierungstendenzen und wachsender Ausgrenzung sozial benachteiligter Kinder und Jugendlicher dürfte gerade die Bedeutung der J. wieder wachsen. Sie müssen aber jungen Menschen Orientierung geben und ihnen eine »soziale Heimat« anbieten können, wollen sie auf Dauer eine sinnvolle Ergänzung in der Freizeit von Kindern und Jugendlichen sein.

In die Kritik gerieten J. v.a. wegen ihrer Haltung zur Übernahme von Aufgaben in kompensatorischen Feldern der *Jugendhilfe*. So wehrten sich die J. lange gegen die Mitwirkung an konkreten Projekten im Rahmen der Jugendberufshilfe (*Jugendsozialarbeit*). Sie befürchteten – und befürchten – durch die Wahrnehmung von klassischen Aufgaben der Jugendhilfe eine Zielverschiebung ihrer Arbeit. Wenngleich in den letzten Jahren hier eine gewisse Veränderung festzustellen ist, so wird die Diskussion wieder aktuell: Gerade angesichts der wachsenden sozialen Ausgrenzung junger Menschen und der Zunahme von *Arbeitslosigkeit*, Wohnungsnot (*Wohnen*) und *Armut* kommt auf die Jugendhilfe insgesamt wieder verstärkt die Aufgabe zu, durch neue Ansätze der Ausgrenzung zu begegnen. Hier werden auch die J. gefordert sein. Interessenvertretung darf nicht reduziert werden auf rein proklamatorische Positionen. Es wird auch darauf ankommen, wie J. sich im Rahmen von Einmischung auch um die konkrete Veränderung der Lebenswelten junger Menschen bemühen. Sie werden sich daher auch in den Aufgabenbereichen stellen müssen, die an der Schnittstelle von Jugendarbeit und anderen Feldern der Jugendhilfe liegen.

K. Schäfer

Literatur: Bayerischer Jugendring (Hrsg.): Jugendarbeit in Bayern, München 1985; L. Böhnisch/H. Gängler/T. Rauschenbach (Hrsg.): Handbuch Jugendverbände, Weinheim/München 1991; Bundesminister für Jugend, Familie, Frauen und Gesundheit (Hrsg.): 8. Jugendbericht – Bericht über Bestrebungen und Leistungen der Jugendhilfe, Bonn 1990; Deutscher Bundesjugendring (Hrsg.): Jugendpolitische Leitsätze, Bonn 1987; ders. (Hrsg.): Jugendverbände im Spagat – zwischen Erlebnis und Partizipation, Münster 1994; M. Faltermeier (Hrsg.): Nachdenken über Jugendarbeit. Zwischen den 50er und 60er Jahren, München 1983; H. Gieseke: Wozu noch Jugendarbeit?, in: Deutsche Jugend, H. 10/1984; B. Hafeneger/H. Svobota: Im Westen Deutschlands: Nichts Neues, in: Info Sozialarbeit Nr. 19/1978; IJAB (Hrsg.): Verbände und Institutionen der Kinder- und Jugendhilfe in der BRD, Bonn 1994; F.J. Krafeld: Geschichte der Jugendarbeit von den Anfängen bis zur Gegenwart, Weinheim/Basel 1984; D. Kreft (Hrsg.): Jugendhilfe und KJHG. Zwischenbewertungen, aktuelle Rahmenbedingungen und Handlungsperspektiven, Frankfurt/M. 1993; Ministerium für Arbeit, Gesundheit und Soziales NRW: Kinder und Jugendliche in NRW – 6. Jugendbericht, Düsseldorf 1995; C.W. Müller: Wie Helfen zum Beruf wurde, Bd. 1, Weinheim/Basel [2]1988; J. Münder u.a.: Frankfurter Lehr- und Praxiskommentar zum KJHG, Münster [2]1993; T. Rauschenbach: Jugendverbände im Spiegel der Statistik, in: Böhnisch/Gängler/Rauschenbach (Hrsg.): Handbuch Jugendverbände, Weinheim/München 1991; M. Wissmann/R. Hauck (Hrsg.): Jugendprotest im demokratischen Staat, Bonn 1983.

Jugendwohngemeinschaften

J. sind Wohn- und Betreuungsangebote der Jugendhilfe i.d.R. für Jugendliche ab 14 Jahren. Sie zählen zu den »Hilfen zur Erziehung« (*Erziehungshilfen*) und sind nach § 34 *Kinder- und Jugendhilfegesetz* eine der traditionellen *Heimerziehung* gleichwertige »sonstige betreute Wohnform«. Zu diesen Wohnformen gehören auch mobile und flexible Betreuung und betreutes Wohnen, also Formen der Einzelbetreuung von zumeist älteren Jugendlichen.

J. werden von freien und öffentlichen Trägern der Jugendhilfe angeboten. I.d.R. leben bis zu 8 Jugendliche weitgehend eigenverantwortlich zusammen und werden sozialpädagogisch betreut oder begleitet. Begleitung und Betreuung unterscheiden sich in Umfang, Intensität und Methode.

Struktur, Alltagsabläufe und pädagogischer Handlungsrahmen sollen Jugendlichen die Lebensbewältigung und Entwicklung von Zukunftsperspektiven nach eigenen Orientierungen ermöglichen und auf ein selbständiges Leben vorbereiten.

Die ersten J. wurden als »Jugendwohnkollektive« während der Studentenbewegung am Ende der 60er Jahre begründet. Die Wohnkollektive hatten eine besondere Bedeutung im Zusammenhang mit der »Heimkampagne« der damaligen politisch bewußten Linken. Sie sollten eine Alternative zur Heimerziehung bieten, welche den Charakter repressiver Anstaltungserziehung trug, und zielten auf die Abschaffung der Heime überhaupt. Die Organe der öffentlichen Jugendhilfe wie auch der öffentlichen Ordnung reagierten zunächst mit repressiven Auflösungsstrategien und dann mit Versuchen der Integration. So wurde in einem Beschluß der BAG LJÄ von 1970 die »Schaffung von Wohngemeinschaften als ein weiterer Versuch zur zeitgerechten Durchführung der öffentlichen Erziehung (einhellig) begrüßt« (zit. nach Tegethoff 1984, 6).

In Berlin, wo es die meisten J. gab, existierten 1974 14 Wohngemeinschaften (darunter das Groß-Kollektiv Georg-von-Rauch-Haus), 1981 waren es 48. 1984 errechnete Tegethoff, daß bundesweit 7% der 15- bis 18jährigen Jugendlichen in J. leben würden.

Mit der Entwicklung der Jugendwohnkollektive/-wohngemeinschaften drückte sich das Bestreben der Jugendlichen nach selbstbestimmten Wohn- und Lebensformen aus. Frei verfügbarer Wohnraum wurde v.a. in Berlin »instandbesetzt« und bot damit zur Etablierung der Wohngemeinschaften notwendigen Raum. In der Verfolgung des Ziels, Alternativen zur Heimerziehung zu sein, leiteten sich konsequent bestimmte Prinzipien ab: So sollten die Jugendlichen selbst entscheiden können, ob sie in der Wohngemeinschaft leben wollten. Zum anderen war ein wichtiges Prinzip die Selbstbestimmung der Regeln des Zusammenlebens. Ziel war, in einem demokratischen, selbstverfaßten Regelsystem in Ablösung der fremdbestimmten Anstaltsstruktur leben zu können. Ein drittes wichtiges Merkmal lag in der Selbstversorgung mit der Voraussetzung selbständigen Einkommens. Die sozialpädagogischen Leistungen waren konsequent als Beratung statt Betreuung definiert. SozialpädagogInnen verstanden sich als von außen kommende Begleiter der Jugendlichen.

Organisatorisch waren Jugendwohnkollektive durch belegungsunabhängige Projektfinanzierung abgesichert. Dabei waren die Personalkosten der sozialpädagogischen Betreuung und Mietkosten generell abgedeckt, während die Lebensunterhaltskosten von den Sozialhilfeträgern für jeden einzelnen Jugendlichen finanziert wurden.

Die Zahl der heute in der BRD vorhandenen J. ist aufgrund nicht ausreichend differenzierter statistischer Aufbereitungen der Angebotsstruktur im Rahmen der Heimerziehung nicht feststellbar. Zu den J. werden heute nicht nur selbständige kleine Einrichtungen, sondern auch dezentralisierte Gruppen größerer Einrichtungen gezählt, die statistisch einzeln nicht erfaßt werden.

In ihrem Charakter als Alternative zur Heimerziehung sind J. heute nicht mehr erhalten. Sie zählen statt dessen zum Regelangebot der Jugendhilfe in unterschiedlichen Strukturformen. Die Projektfinanzierung ist in *Pflegesatzfinanzierung* z.T. noch mit gesplitteten Pflegesätzen (Jugend- und Sozialhilfe) überführt worden. Rund-um-die-Uhr-Betreuung ist dabei zum Standard geworden. Bremen und Hamburg halten bisher erfolgreich an nicht rund um die Uhr betreuten Formen der J. und Jugendwohnungen fest. Die Grenzen zur flexiblen Betreuung im eigenen Wohnraum der Jugendlichen sind dabei fließend geworden.

Arbeits- und Strukturprinzipien der früheren Jugendwohnkollektive, die in Abgrenzung zur Heimerziehung gedacht waren, sind von den Trägern der Heimerziehung auf breiter Ebene zur eigenen Fortentwicklung genutzt worden. So ist es heute zu einem wichtigen Merkmal der Betreuung von Jugendlichen geworden, eigenständige Lebensbewältigung unter sozialpädagogischer Beratung oder intensiveren Betreuung zu ermöglichen. Durch Pflegesatzfinanzierungen und die allgemeinverbindliche Hilfeplanung sind J. heute eine anerkannte und integrierte Betreuungsform der Jugendhilfe und keine außenstehende Alternative mehr. *V. Birtsch*

Literatur: J. Blandow: Heimerziehung und Jugendwohngemeinschaften, in: J. Blandow/J. Faltermeier: Erziehungshilfen in der Bundesrepublik Deutschland, hrsg. vom DV, Frankfurt/M. 1989, 276–315; V. Birtsch: Jugendwohnungen – Zwischen selbstbestimmtem Wohnen und sozialräumlicher Pädagogik, in: K. Wolf (Hrsg.): Entwicklungen in der Heimerziehung, Münster 1993, 172–189; M. Liebel u.a. (Hrsg.): Jugendwohnkollektive. Alternativen zur Fürsorgeerziehung, München 1972; H.G. Tegethoff: Jugendwohngemeinschaften als eigenständige Einrichtungen der Jugendhilfe. Forschungsbericht, Ruhr-Universität, Bochum 1984; H. G. Tegethoff: Jugendwohngemeinschaften als Innovationspotential der Jugendhilfe, in: NP 2/3/1985.

Jungenarbeit

J. als eigenständiger Zweig geschlechtsspezifischer *Jugendarbeit* ist in Deutschland erst in den 80er Jahren des 20. Jh. entstanden. Zwar gab es schon in der Jugendbewegung Strömungen, welche den besonderen Beitrag des männlichen Geschlechts zu gesellschaftlichen Bewegungen und damit verbunden das pädagogische Erzieher-Zöglings-Verhältnis als männliches Vorbildverhältnis thematisierten (v.a. Blüher 1918). Auch die in den Jugendbünden der Weimarer Repbulik verbreiteten sexualpädagogischen Strömungen (z.B. Hodann 1926) akzentuieren die Besonderheiten männlicher Identitätsentwicklung und ihrer Bewältigung im Erziehungsverhältnis. All diese historischen Vorläufer waren aber auf das *Männer*bild und die Männerrolle der herrschenden geschlechtshierarchischen Arbeitsteilung fixiert (vgl. Beck-Gernsheim 1985); es ging v.a. darum, die dort eingeschriebene Rolle des Mannes moralisch und ethisch zu »reinigen« und schon die Jungen über die selbstbestimmte Erfahrung von Körperlichkeit und eigenem Geschlecht zu einem Mannsein »der Verantwortung« und nicht der tradierten bürgerlichen Patriarchalgewalt zu erziehen. Insofern sind für die moderne J. aus dieser Geschichte weniger die gesellschaftlichen Begründungen interessant, sondern in erster Linie die pädagogischen Anfänge der Thematisierung von männlicher Körperlichkeit und *Sexualität* in der Jugendarbeit.

Daß nach Jahrzehnten des Übergehens einer eigenen Jungenperspektive in der Jugendarbeit – der scheinbar geschlechtsindifferente Freizeit- und Bildungsaspekt war in den Vordergrund gerückt – »Jungenarbeit« in den ausgehenden 70er und v.a. in den 80er Jahren jugendpolitisch und pädagogisch angemahnt wurde, ist in Deutschland v.a. der *Frauen*bewegung und Frauenforschung zu danken. Mit der frühen Parole »Jugendarbeit ist Jungenarbeit« wurde eine offene und verbandliche Jugendarbeit ins Visier genommen, welche sich nur an den Bedürfnissen der männlichen Jugendlichen orientiere und die Interessen der *Mädchen* nicht nur nicht berücksichtige, sondern geradezu zur sozialen und kulturellen Benachteiligung der Mädchen beitrage. Daraus ergab sich für die Vertreterinnen einer »Mädchenarbeit« logischerweise die Forderung, daß nicht nur mit

den Mädchen besonders gearbeitet werden müßte, sondern daß auch, gewissermaßen komplementär, eine geschlechtsspezifische Jugendarbeit für Jungen aufgebaut werden sollte, welche die Jungen aus ihrem Dominanz- und Abwertungsverhalten gegenüber Frauen und weiblichen Tätigkeitsbereichen früh herausholen sollte.
Diese Aufforderung zu »antisexistischer« J. ist zuerst in den relativ geschützten Räumen der Jugendbildungsarbeit von männlichen Sozialpädagogen aufgenommen und umgesetzt worden (vgl. Ottemeyer-Glücks 1988). Grundprinzip dieser Arbeit ist es, daß Jungen lernen, in ihren alltäglichen Bewältigungsstrategien und in ihrer männlichen Identifikation ohne die Abwertung Schwächerer – v. a. der Mädchen und Frauen – auszukommen. Dies soll pädagogisch v. a. durch Methoden der Empathie – des Sich-hinein-versetzen-Könnens in andere – und der geschlechtsalternativen Rollenerweiterung – Jungen lernen ihre verdeckten und verwehrten »weiblichen« Anteile kennen und sozial gebrauchen – in Gang gesetzt werden.
In dem Maße, in dem deutlich wurde, daß die »antisexistische J.« nur eine von den Prinzipien der Mädchenarbeit »abgeleitete« Form war, entwickelte sich unter männlichen Jugendarbeitern und Jugendforschern das Bemühen um eine eigenständige Begründung einer J. (Willems/Winter 1990). Unter dem Motto »Die Benachteiligung der Mädchen bedeutet nicht automatisch die Bevorzugung der Jungen« wird inzwischen versucht, J. nicht nur komplementär zu Mädchenarbeit, sondern aus den spezifischen Bedingungen des Aufwachsens von Jungen heraus zu entwickeln. Den Mittelpunkt dieser Theorien männlicher *Sozialisation* (vgl. Böhnisch/Winter 1993) steht die Annahme, von der besonderen Problematik für Jungen im Erziehungssystem moderner Industriegesellschaft zu einer gelungenen männlichen Geschlechteridentität – als wesentlichem Teil der personalen Identität überhaupt – zu kommen. Meistens stellt sich die durchschnittliche männliche Sozialisation als fortlaufendes Bewältigungsdilemma männlicher Geschlechteridentität dar. Die »Abwesenheit der Väter« i. S. der unzureichenden Alltagsrepräsentation väterlicher männlicher Geschlechtervorbilder und die nahezu durchgängige Alltagsbetreuung der Jungen durch weibliche Bezugspersonen im gesamten Kindesalter führen dazu, daß sich Jungen kaum ein richtiges Bild von ihrem Mannsein machen können und in der alltäglichen Geschlechteridentifikation auf Frauen und Männeridole angewiesen sind. Dies führt einerseits zur negativen Identifikation über die Mutter und die weiblichen Bezugspersonen, andererseits zur Isolierung der alltäglich nicht greifbaren Männer. Frauenabwertung und männliche Idolisierung – verstärkt durch eine an der gesellschaftlich sanktionierten Männerrolle orientierten *Erziehung* – prägen also früh die Tiefenstruktur der männlichen Persönlichkeit und erschweren, ja verhindern die Entfaltung von emotionalen und sozialen »reproduktiven« Kompetenzen, die als weiblich gelten und daher abgewertet sind. Vielmehr wird eine »Außenorientierung« (DPSG 1990) gefördert, die Jungen den Rückbezug auf die eigenen Gefühle erschwert und dazu führen kann, daß Lebensschwierigkeiten nach außen, ohne Rücksicht auf andere, v. a. Schwächere, ausagiert und so bewältigt werden. Jungen und Männer haben es schwer, ihr Verhalten zu reflektieren, sie können oft kaum ausdrücken, was sie bedrückt, was sie aus ihren Gefühlen heraus eigentlich wollen (vgl. Schnack/Neutzling 1990), und neigen daher in psychosozialen Konfliktsituationen zu ritualisierenden und regressiven Verhaltensmustern (Wahl 1990).
Entsprechend diesen Befunde ergibt sich für die J. eine prinzipielle pädagogische Schwierigkeit: Sie muß zum einen darauf hinarbeiten können, daß Jungen – gerade auch Mädchen gegenüber – Situationen aushalten und als befriedigend und produktiv empfinden können, in denen sie nicht die Stärkeren und Dominanten sein müssen, zum anderen muß die Arbeit mit Jungen aber auch das alltägliche Dominanzverhalten »akzeptieren«, d. h. zum Ausgangspunkt der pädagogischen Arbeit nehmen können, da es als »Bewältigungsverhalten« für die Jungen funktional ist (Sielert 1989). Jungen können nicht unvermittelt mit alternativen Rollenbildern konfrontiert und damit überfordert werden. Sie müssen aus der (männlichen) Selbstverständlichkeit heraus sukzessive Erfahrungen von Männlichkeit und männlichem Selbstwert machen können. Dabei geht es nicht nur darum, daß diese neuen Erfahrungen nicht nur antisexistisch sind, sondern daß sie die Handlungsfähigkeit der Jugendlichen subjektiv spürbar und sozial sichtbar erweitern. Die sozialpädagogischen Angebote (vgl. dazu praktische Anleitungen bei Sielert 1989) sind in diesem Sinne Übergangsräume, in denen zwischen dem Gewohnten und dem Neuen gependelt werden kann. Dabei gelten für die J. zwei grundsätzliche Arbeitsprinzipien:

- Jungen brauchen – zumindest zeitweise – eigene, d. h. geschlechtsgetrennte Räume, wenn sie zu sich selbst finden wollen. Denn Jungen definieren sich in ihrem jugendkulturellen Alltag meist nicht über sich selbst, sondern nach außen, und über Mädchen, und dies führt immer wieder zu »zwanghaftem« männlichen Dominanzverhalten.
- Gerade in der J. werden SozPäd/SozArb von den Jungen »als Mann« und als zugängliches männliches Vorbild wahrgenommen und aufgefordert. Die Reflexion des eigenen Geschlechterrollenverhaltens und seiner pädagogischen Wirkung gehört deshalb in der J. zum zentralen Bestandteil sozialpädagogischer Professionalität. *L. Böhnisch*

Literatur: L. Böhnisch/R. Winter: Männliche Sozialisation, Weinheim/München 1993; E. Beck-Gernsheim: Das halbierte Leben. Männerwelt Beruf – Frauenwelt Familie, Frankfurt/M. 1980; H. Bilden: Geschlechtsspezifische Sozialisation, in: K. Hurrelmann/D. Ulich (Hrsg.): Handbuch der Sozialisationsforschung, Weinheim/Basel 1980; H. Blüher: Die deutsche Wandervogelbewegung als erotisches Phänomen, Prien 1918; W. Hodann: Bub und Mädel, Rudolstadt 1926; F. G. Ottemeier-Glücks: Antisexistische Jungenarbeit – Versuch einer Konzeptentwicklung, in: Außerschulische Bildung Nr. 4, Bonn 1988; D. Schnack/R. Neutzling: Kleine Helden in Not. Jungen auf der Suche nach Männlichkeit, Reinbek 1990; U. Sielert: Jungenarbeit, Weinheim/München 1989; P. Wahl: Einige Aspekte männlicher Sozialisation, in: H. Willems/R. Winter: »... damit du groß und stark wirst«, Schwäbisch Gmünd/Tübingen 1990; R. Winter/H. Willems: Was fehlt, sind Männer. Ansätze praktischer Jungen- und Männerarbeit, Schwäbisch Gmünd/Tübingen 1991.

Kindergeld

K. wurde erstmals 1955 (KGG vom 13.11.1954) als Form des *Familienlastenausgleich*s gewährt (ab 3. Kind 25 DM; ab 1961 25 DM für das 2. Kind, für das 3. Kind 40 DM). Nach dem Bundeskindergeldgesetz (BKGG) gab es zusätzlich ab 1964 für das 3. Kind 50 DM, das 4. Kind 60 DM, für das 5. Kind und jedes weitere 70 DM.

In der DDR wurde K. bis zum vollendeten 16. Lebensjahr gezahlt: 1. Kind bis 12 Jahre 95 M, über 12 Jahre 115 M, 2. Kind bis 12 Jahre 95 M, über 12 Jahre 165 M, 3. und weitere Kinder bis 12 Jahre 195 M, über 12 Jahre 215 M.

Nach der Neufassung des BKGG vom 31. 1. 1994 erhält K., wer in der BRD seinen Wohnsitz oder gewöhnlichen Aufenthalt hat: für das 1. Kind 70 DM, 2. Kind 130 DM, 3. Kind 220 DM, jedes weitere Kind 240 DM. Das K. für das 1. Kind ist einkommensunabhängig, für das 2. Kind einkommensabhängig (schriftlicher Antrag beim zuständigen Arbeitsamt). Die Einkommensgrenzen sind je nach Kinderzahl unterschiedlich, mindestens bleibt jedoch ein Sockel von 70 DM für das 2. Kind und jedes weitere Kind.

K. wird bis zur Vollendung des 16. Lebensjahres für alle Kinder gezahlt und darüber hinaus bis zum 27. Lebensjahr, sofern sie sich noch in Schul- oder Berufsausbildung oder Studium befinden. Für behinderte Kinder gibt es i.d.R. keine Altersbegrenzung. Für K. und *Erziehungsgeld* wurden 1992 insgesamt ca. 30 Mrd. DM aufgewendet. Das K. ist eine der wenigen staatlichen Leistungen, die nicht automatisch dynamisiert angepaßt werden.

Die konservativen BRegen gestalteten den Familienlastenausgleich über Kinderfreibeträge und K. sowie ab 1958 über das Ehegattensplitting in der Einkommensteuer (EKSt) (duales System). Letzteres wirkt sich um so höher aus, je größer der Einkommensunterschied zwischen Mann und Frau ist: d.h. Begünstigung der Hausfrauenehe – gegen die Erwerbstätigkeit von Frauen (antiemanzipatorisch). *Alleinerziehende* profitieren gar nicht, sondern insbesondere Familien mit mehreren Kindern. K. als Teil des Familienlastenausgleichs wurde somit auch als politisches Instrument eingesetzt.

Die sozialliberale Koalition versuchte mit der K.-Reform, den insgesamt sehr schwer durchschaubaren Familienlastenausgleich sozial gerechter zu gestalten, und schaffte zum 1. 1. 1975 das duale System zugunsten eines vom Einkommen unabhängigen K. für jedes Kind ab (ein degressives K., das um so höher ausfällt, je niedriger das Einkommen ist, scheiterte damals an der FDP).

Schon 1982 wurde die Abschaffung des Ehegattensplittings durch die konservative BReg wieder rückgängig gemacht (Einführung von Kinderfreibeträgen, Kinderbetreuungsfreibeträgen, Ausbildungsverträgen usw. im Einkommensteuerrecht).

Das BVerfG hat in 2 Entscheidungen von 1990 und 1992 festgestellt, daß die deutsche Einkommensteuer insoweit verfassungswidrig erhoben wird, als das Existenzminimum sämtlicher Familienmitglieder (orientiert an den Leistungen der *Sozialhilfe*) nicht steuerfrei bleibt. »Ausgangspunkt der verfassungsrechtlichen Beurteilung ist der Grundsatz, daß der Staat dem Steuerpflichtigen sein Einkommen insoweit steuerfrei belassen muß, als es zur Schaffung der Mindestvoraussetzungen für ein menschenwürdiges Dasein benötigt wird«. Dieses verfassungsrechtliche Gebot folgt aus Art. 1 Abs. 1 GG i.V. mit dem Sozialstaatsgrundsatz des Art. 20 Abs. 1 GG. Der Staat darf dem Bürger das selbst erzielte Einkommen bis zu diesem Betrag (Existenzminimum) nicht entziehen. Bei der Besteuerung einer Familie muß das Existenzminimum sämtlicher Familienmitglieder steuerfrei bleiben. Unabhängig vom sozialen Status der Familie kann es nicht Grundlage der steuerlichen Leistungsfähigkeit sein (vgl. BVerfGE 40, 121, 133). Bis 1996 muß dieser verfassungswidrige Tatbestand beseitigt werden. Die Benachteiligung von *Familien* mit Kindern gegenüber Kinderlosen im Einkommensteuerrecht und auf die Altersrente bezogen muß aufgehoben werden. Insgesamt übersteigen die Leistungen, die die Familien steuerlich erbringen, die Transferleistungen, d.h., Familien finanzieren ihre eigene Entlastung überwiegend selbst. Das *Armut*srisiko von Familien wächst zunehmend ab dem 3. Kind. Die Bundesregierung beabsichtigt die Vorgaben des BVGG durch das Jahressteuergesetz 1996 umzusetzen. Danach entfällt die Gleichzeitigkeit von K. und steuerlichen Kinderfreibeträgen zugunsten der Wahl zwischen K. und Freibetrag. Das Finanzamt muß überprüfen, welches im Einzelfall die bessere Möglichkeit ist. Ab 1996 beträgt das K. für das 1. und 2. Kind DM 200,– (ab 1997 DM 220,–), für das 3. Kind DM 300,– und das 4. und jedes weitere Kind jeweils DM 350,–. Das steuerfreie Existenzminimum beträgt DM 12.095,–.

Wohlfahrts- und Familienverbände bezweifeln, ob die Vorgaben des BVGG umgesetzt werden, vor allem die Festsetzung des Existenzminimums wird für zu niedrig gehalten (Stand: August 1995).

Aufgabe der Zukunft muß eine offensive, in sich abgestimmte *Familienpolitik* sein. *I. Diller-Murschall*

Literatur: Deutscher Bundestag, Beschlußempfehlung zum Jahressteuergesetz (Drucksache 13/2100, 2. 8. 95); BMFuS: Familie und Familienpolitik im vereinten Deutschland. 5. Familienbericht, Bonn 1994; BMFuS: Leitsätze und Empfehlungen zur Familienpolitik im vereinten Deutschland. Gutachten des wissenschaftlichen Beirats für Familienpolitik, Stuttgart

1991; J. Borchert: Renten vor dem Absturz. Ist der Sozialstaat am Ende? Frankfurt/M. 1994; Deutscher Bundestag: Entwicklung des Kinderlastenausgleichs und des Bundeserziehungsgeldes, Bonn 1993; Gesellschaft für Familienforschung (GEFAM): Vergleichende Analyse der familienpolitischen Fördersysteme in der europäischen Gemeinschaft. Länderberichte, Bonn 1992; W. Dumen: Kommission der europäischen Gemeinschaft: Nationale Familienpolitik in den EG-Ländern 1991, Brüssel 1992; U. Hamm-Büchen: Kindergeld, Erziehungsgesetz. Loseblatt-Kommentar, Neuwied 1995; G. Igl: Das Bundeskindergeldgesetz und das Bundeserziehungsgeldgesetz in Rechtsprechung und Literatur, in: Jahrbuch des Sozialrechts der Gegenwart, München 1988ff.; G. Igl: Kindergeld und Erziehungsgeld, München 1994; I. Langer: Familie im Umbruch. Fernstudium EKD, Hannover 1993; F.R. Marburger: Kindergeld und Kindergeldzuschlag, München 1993; E. Wickenhagen/H. Krebs: Bundeskindergeldgesetz. Kommentar, Berlin 1990. Weitere Literatur s. bei *Familienlastenausgleich*.

Kinderhort (H.)

Mit Inkrafttreten des *Kinder- und Jugendhilfegesetz*es am 3.10.90/1.1.91 erhielt der H. erstmals in § 22 den gesetzlich ausdrücklich vorgeschriebenen Status einer Tageseinrichtung der *Jugendhilfe* – wie der *Kindergarten*. Laut KJHG soll in ihm die Entwicklung des Kindes zu einer eigenverantwortlichen und gemeinschaftsfähigen Persönlichkeit gefördert werden. Betreuung, *Bildung* und *Erziehung* sollen sich an den Bedürfnissen der Kinder und ihrer *Familien* orientieren.

Der H. ist eine familienergänzende und schulbegleitende Tagesstätte für bis zu 10- bis 12jährige Kinder. Er ist nach dem Selbstverständnis eine sozialpädagogische Tageseinrichtung mit »bildungspolitischem« Auftrag. Seinen Ursprung hat der H. in den Bewahranstalten und Arbeitsschulen des 18. und 19. Jh., deren unterschiedliche Anliegen im wesentlichen immer unter 2 Aspekten zusammengefaßt werden können, die – unter geänderten gesellschaftlichen Bedingungen – die Horterziehung auch heute noch prägen. Zum einen sollten Kinder betreut werden, deren bisheriger Lebenszusammenhang durch die Fabrikarbeit der Eltern während der beginnenden Industrialisierung zerstört wurde und die darüber zu verwahrlosen drohten, zum anderen waren die damals noch ausschließlich privaten Träger dieser Anstalten von der Idee einer umfassenden Volksbildung durch ihre Arbeit geprägt. Diese *Bildung* war stark auf das noch überschaubare Arbeitsleben und die darauf bezogene Ausbildung, die Arbeitstechnik und Arbeitshaltung ausgerichtet.

Parallel zum Bedeutungsverlust der *Familie* entwickelte sich die öffentliche Schulbildung (*Schule*). Es entstand eine Spaltung zwischen familiärer Erziehung und öffentlicher Bildung, die mit wachsender Anforderung an die Ausbildung zunehmend weniger hinreichend aufeinander bezogen waren. Heute stehen sich historisch gewachsen die Halbtagsschule mit weitgehend erstarrten Bildungszielen und eher kognitiv orientierten *Curricula* und eine Kleinfamilie gegenüber, die über weite Strecken kaum noch zwischen den – das Leben der Kinder und Eltern – beherrschenden schulischen Anforderungen und Lernzwängen einerseits und den psychischen und sozialen Entwicklungsbedürfnissen der Kinder andererseits vermitteln kann.

Die Versorgung mit Hortplätzen ist in der BRD extrem unterschiedlich, und zwar sowohl von Bundesland zu Bundesland, von Kommune zu Kommune als auch von Stadt- und Industrieregionen zur ländlichen Region. Heute ist der H. noch vorrangig eine Einrichtung von Stadt- und Industrieregionen.

Nach dem Beitritt der ostdeutschen Bundesländer 1990 wird die Situation noch differenzierter: in der ehemaligen DDR war eine annähernde Vollversorgung mit Hortplätzen erreicht; inwieweit diese über die Jahre aus ökonomischer und konservativ-bildungspolitischen Gründen allmählich »wegbrechen« werden, kann nicht prognostiziert werden. In den 5 neuen Bundesländern waren H. übrigens Bestandteile der Schulpädagogik in staatlicher Trägerschaft des Schulwesens (*Soziale Arbeit in der DDR*); die Differenzierung in schulische und sozialpädagogische Erziehungseinrichtungen gab es dort nicht, ebenso wie es keine Vielfalt der Trägerschaft der Horte nach dem *Subsidiaritätsprinzip* gab, welches für die alten Bundesländer galt und gilt.

Für die Feststellung des Bedarfs und die Festlegung des notwendigen Ausbaus von H. gibt es keine allgemein üblichen Grundsätze.

Während der Bedarf an *Kindergärten* als Angebotsplanung ermittelt wird (*Jugendhilfeplanung*), bezieht sich der Hortplatzbedarf überwiegend auf die Nachfrage und eher arbeitsmarktorientierte Kriterien (z.B. Vormerkungen, Anteil ausländischer Kinder, Erwerbsquote von *Frauen*, berufstätige *Alleinerziehende*).

Große Probleme für die Kinder ingesamt ergeben sich aus der Situation in der Schule selbst (aus Forum Jugendhilfe, AGJ-Mitteilungen, H. 3/4/1980, 5): »In der *Schule* liegt der Schwerpunkt weiterhin beim kognitiven (=erkenntnismäßigen) Lernen; sie hat bisher keine befriedigende Möglichkeit als ›Erziehungseinrichtung‹ unter Berücksichtigung der Bedürfnisse und Interessen der einzelnen Kinder entwickelt. Besonders durch die Hausaufgaben und die damit verbundenen vielfältigen Probleme verlagert die Schule einen Teil ihrer Aufgaben auf das Elternhaus, auf Nachhilfelehrer und auch auf den Hort. Besonders der hohe Aufwand von Zeit und Energie für die Erledigung der Hausaufgaben bedeutet für viele Kinder, daß sie anderen Interessen kaum mehr nachgehen können. Leistungsanforderungen der Schule produzieren bei den Schülern oft Versagensängste, die sich wiederum leistungshemmend auswirken. Die Eltern sehen sich oftmals nicht (mehr) in der Lage, ihre Kinder bei der Lösung schulischer Probleme zu unterstützen.«

Als Konsequenz soll der H. am Nachmittag alle die Probleme kompensatorisch auf- und nacharbeiten, die durch ausfallende Elternhäuser im emotionalen Bereich, durch körperliche und geistige Überforderung der Kinder während der intensiven, zu langen, ununterbrochenen Vormittagsarbeit in der Schule und deren

insgesamt zu lange »Arbeitstage«, durch die häufig fehlende emotionale Förderung und Entlastung während der Unterrichtszeit durch LehrerInnen und ihre Lehrplanzwänge ebenso entstehen wie durch die Unterstellung der Schule, das Elternhaus (oder der H.) könnten nachmittags Mängel des kognitiven Unterrichts nacharbeiten (Hausaufgaben und Streßabführung). Dies kann der H. nicht oder nur bedingt. Er muß Prioritäten setzen. Das kann aber aus fachlich-sozialpädagogischer Sicht nur heißen, der H. darf sich selbst nicht mehr vorrangig so verstehen, wie viele Eltern und LehrerInnen es fordern: Ersatz der Familie, bezogen auf Ausgleich schulischer kognitiver Defizite (also Sicherung des Schulerfolgs durch Schularbeitenhilfe und Nachhilfe).
Es gilt der Vorrang sozialpädagogischer Ziele: Der H: ist eine sozialpädagogische Tagesstätte, die den Auftrag hat, den Kindern Entwicklungsraum zu bieten, in dem sie inneren Halt, Ich-Stärke, Willensführung, Handlungsfähigkeit, Sozialverhalten in sich selbst aufbauen können. Diese Ziele fordern vom H. konzeptionell:
a) die Öffnung des H. nach innen, was heißt, daß die Kinder durch ihre Wachheit, Aufmerksamkeit, Kreativität, persönlichen Einsatz, Verantwortungsfähigkeit, Zuverlässigkeit den Hortalltag mitentscheiden, mitgestalten, für sich nutzen (in Interessengruppen, zurückziehen usw.); daß die Kinder ihre Freunde in den H. einladen dürfen;
b) die Öffnung des H. nach außen (Lebensweltorientierung), was heißt, daß die Kinder mit dem H. zu einem aktiven Bestandteil des Gemeinwesens werden (Umwelterfahrungen, Exkursionen, Ausflüge, Ferienfahrten, Stadtteilaktivitäten, Sportaktivitäten, Büchereien usw.).

Aus diesem sozialpädagogischen Ansatz resultiert die Notwendigkeit, daß alle H. als – von der Schule deutlich abgegrenzte Wohnräume – gemütlich eingerichtet sind. Materiell sind sie so auszustatten, daß sie eine handwerkliche, sportliche, musische Freizeitgestaltung abdecken können. Dabei können diese Räume durchaus Bestandteil des Schulgebäudes oder Schulgeländes sein. Von dieser bereits räumlich gekennzeichneten Rückzugsstation der Schulkinder können dann auch vom H. her schulische Möglichkeiten genutzt werden wie Turn- und Gymnastikhallen, Werkräume, Schulhöfe, andere Klassenzimmer und bei fortschrittlich organisierten Schulen ganze Nachmittagsangebote der Schule in Neigungsgruppen usw.
Um das Erreichen dieser fachlichen Standards absichern zu können, bedürfen die Träger von H. der Erlaubnis für den Betrieb nach § 45 KJHG (*Betriebserlaubnis*). Damit wird die Einhaltung fachlicher Mindestbedingungen abgesichert wie Räumlichkeiten und deren Einrichtung, Gruppengröße, Zahl hauptamtlichen Personals und Qualifikation.
Um diese hohen Anforderungen der Jugendhilfe in fachlicher Art – aus Kostengründen und wegen des großen Betreuungsbedarfs der Familien – umgehen zu können, entwickeln Schulträger und z.T. Kultusministerien vielfältigste Formen von schulischen Billigstbetreuungsangeboten anstelle oder neben den H., bei denen mit wenig oder gar keinem sozialpädagogischen Fachpersonal, mit hohen Zahlen an Schülern ohne Gruppenorientierung im Schulhaus, betreut wird.
Weil eine grundsätzliche Reform des Bildungswesens nicht mehr möglich scheint, bleibt nur der Weg, daß die *Jugendhilfe* mit ihren eigenen Mitteln und langem Atem in die »bildungspolitische Offensive« geht. Dabei scheint Erfolg möglich, weil gerade auch konservative Bildungspolitiker und Vertreter der herkömmlichen Schulen aller politischen Farben bereit sind, Jugendhilfe als Kompensationshilfe an Stelle einer grundlegenden, sozialpädagogisch orientierten Bildungsreform zuzulassen (z.B. Öffnung der Curricula in der Grundschule für sozialpädagogische Elemente im Unterricht; Einbezug der praktischen Hortarbeit und ihrer Ziele in die Ausbildung der Grund-, Haupt- und Sonderschullehrer; Einführung sozialpädagogisch orientierter H. als gesetzlicher Anspruch für alle Schulen; Ausbau vorhandener H. für Kinder bis 12 Jahre; Trägerschaft der H. – ebenso wie der Kindergärten – durch Träger der Jugendhilfe; Aufbau von schulbezogenen »Jugendhorten« für Kinder über 12 Jahre; Sicherung der Kooperation und gegenseitigen Durchdringung beider pädagogischer Bereiche bei Wahrung der Eigenständigkeit, Gleichrangigkeit in »vertraglicher Form« zwischen Jugendamt, Schulaufsicht, Schulleitungen und kommunalen Schulverwaltungen hinsichtlich der *Jugendsozialarbeit* und Hortarbeit).
Die Summe eines ausgebauten – umfassend schulbezogenen – Jugendhilfesystems kann geeignet sein, die Nachteile des heutigen H. zu überwinden, die sich aus den Anforderungen von Elternhaus und Schule – bezogen auf die konkrete reine »Leistungsorientierung« – ergeben, und eine »Reform« des Schulwesens durch die Praxis der Jugendhilfe praktisch einzuführen.

K. Wagner

Literatur: E. Barow-Bernstorff u.a.: Beiträge zur Geschichte der Vorschulerziehung, Berlin 1971; Bericht über Bestrebungen und Leistungen der Jugendhilfe. 8. Jugendbericht, BT-Drs. 11/6576, Bonn 1990; R. Briel/H. Mörsberger: Kinder brauchen Horte. Bestandsaufnahme – Praxis – Beispiele – Perspektiven, Freiburg 1984; Empfehlungen zum Thema: »Jugendhilfe und Schule«, BAGLJÄ Landschaftsverband Rheinland – Landesjugendamt, Köln 1993; Horterziehung in der Jugendhilfe, AGJ, Bonn 1980; Hort heute, Zeitschrift Erziehung im Schulalter 11/12, Neuwied 1993; Jugendhilfe und Familie – die Entwicklung familienunterstützender Leistungen der Jugendhilfe und ihre Perspektiven. 7. Jugendbericht, BT-Drs. 10/6730, Bonn 1983; Leben und Lernen in Kindertagesstätten, DJI-Materialien, München 1984; R. Lentes/D. Rumpf: Entwicklung von Kindern im Hort – Entwicklung der Institution Hort, (Jugendamt) Hanau 1986; J. Rolle u.a.: Der Hort – Handbuch für die Praxis. Bd. 1: Der Hort als Erziehungs- und Bildungseinrichtung für Kinder im schulpflichtigen Alter, Köln 1986; Schulkinderhaus – Hort und Schule unter einem Dach, Projekt-Post SPI NRW Januar 1991, Dezember 1992; D. Spanhel/S. Hoctamenidis (Hrsg.): Die Zukunft der Kindheit, Weinheim 1988.

Kinderkrippe

Mit der Industrialisierung mußten Väter und Mütter 12 bis 16 Stunden am Tag außerhalb der *Familie*, d.h. in der Fabrik, verbringen, um die Familie zu erhalten. Kleinkinder stellten für diese Familien eine zusätzliche Belastung dar, da sie Anteil an der familiären Arbeitskraft in Form von Aufsicht und Pflege abzogen und so die Konsumseite des Haushaltes belasteten. Weitverbreitete Aufsichtslosigkeit und Verwahrlosung, zahlreiche Erkrankungen, Mangel- und Fehlernährung sowie nicht zuletzt die hohe Sterblichkeit von Säuglingen führten zu der Notwendigkeit, gesellschaftliche Einrichtungen zu schaffen, die sich der Kinder annahmen, um die Minderung ihres physischen Leidens sowie ihres »sozialen und sittlichen Verderbens« anzustreben. Vorläufer der K. entstanden bereits Ende des 18. und Anfang des 19. Jh. 1779 gründete Pfarrer Oberlin in der Waldersbach eine »Aufbewahrungsanstalt«, die Säuglinge und Kleinstkinder bis zum 4. Lebensjahr tageweise versorgte. 1802 rief Fürstin von Lippe in Detmold eine Säuglingspflegeanstalt in Form einer Erntekrippe ins Leben, und 1819 gründete Wadzeck in Berlin eine Anstalt, in der er 12 Kinder im Alter von 9 Monaten bis zu 2 Jahren aufnahm, deren Mütter arbeiteten (Reyer; Zwerger).

Zweck und Ziele der K.: Die Einrichtung der K. hatte einen 3fachen Zweck: einen bevölkerungspolitischen, der Sterblichkeit von Kindern entgegenzuwirken, einen ökonomischen, die Erhaltung der Arbeitskraft der Frau und Mutter, die für den Produktionsprozeß notwendig war, und einen moralischen, nämlich die Gewährleistung der sittlichen, schichtspezifischen Erziehung des Kindes. Ein Ziel der K. war Elternbildung. Man ging davon aus, daß Mütter, die arbeiten mußten, nicht wußten, wie ihr Kind aufzuziehen sei. Die Leiterin einer K. sollte, unterstützt durch den Arzt und durch Aufsichtsdamen, den Müttern Kenntnisse über Pflege und Ernährung ihrer Kinder vermitteln.

Die Erziehung für die Schicht der Herkunftsfamilie wurde immer wieder als wichtige Zielrichtung der Arbeit mit Eltern und ihren Kindern betont. In den K. sollten die Kinder armer Eltern zu Liebe und anstrengender Arbeit, zu einem einfachen, anspruchslosen Leben und zu solchen sittlichen Eigenschaften wie Pünktlichkeit, Dienstfertigkeit, Mäßigung, Dankbarkeit, Gehorsam und Freude an nützlicher Tätigkeit erzogen werden.

Die K. sollte nur von Kindern der Armen besucht werden. Diese sollten nicht mit Kindern aus höheren Ständen gemeinsam erzogen werden. Nach Helm (1851) verdiente eine Anstalt nicht den hohen Namen K., wenn sie eine ständige Besuchszahl aufwies. Diese Einstellung bedeutete, daß 1. die K. als ein Notbehelf angesehen wurde und 2. daß ihre Funktion pflegerisch und nicht pädagogisch definiert war. Eine Folge der nahezu ausschließlichen Pflegeorientierung der K. war ihre Geschlossenheit gegenüber Eltern. Die Kinder wurden bei ihrer Ankunft entkleidet, gereinigt, gekämmt und mit Wäsche der Anstalt bekleidet.

Diesen Regeln, die ein Jahrhundert lang eingehalten wurden, kam eine vielfältige Bedeutung zu. Die K. hatte denselben Stellenwert wie ein Krankenhaus, in dem der Arzt für die hygienischen Bedingungen und Maßnahmen verantwortlich war. Es bedeutete auch, daß K. und Familie als zwei scharf getrennte Betreuungsumwelten des Kindes gesehen wurden. Dies mußte so sein, denn die armen Arbeitereltern waren nicht fähig, ihre Kinder vor dem physischen und sittlichen Verderben zu schützen. Dennoch wurde den Müttern empfohlen, das Kind soviel als möglich zu Hause zu behalten, da die Familie die beste Bedingung für die optimale Entwicklung des Kindes böte. Der Widerspruch ist offensichtlich. Eltern waren gleichzeitig die kompetentesten und die inkompetentesten Erzieher ihres Kleinstkindes.

Über ein Jahrhundert lang hat sich die Angst vor einem schädlichen Einfluß der K. und jeglicher, selbst zeitlich begrenzter Trennung des Kleinstkindes von seiner Mutter erhalten (*Hospitalismus*). 30 Jahre Forschung haben eine realistische Basis für diese Ängste allerdings nicht bestätigt (Beller).

Räume, Personal, Verwaltung: In der Anfangsphase der Kleinkinderziehung wurden selten gebäudekundliche Überlegungen angestellt. Es wurden Räume in sonst anders genutzten Häusern angemietet. Die Ausstattung war meistens spärlich, eine reichhaltige Ausstattung wurde nicht befürwortet, weil man befürchtete, daß die Kinder aus den armen Arbeiterfamilien ihrem Herkunftsmilieu entfremdet werden und über ihren Stand hinaus Bedürfnisse entwickeln könnten.

Zur Aufteilung der Räume empfahl Fellner, daß eine gut eingerichtete K. drei Räumlichkeiten für die Kinder haben sollte, und zwar ein Zimmer für die Säuglinge, eines für die »Kriechlinge« und eines für die »Gehlinge« (Fellner). Diese altershomogene Gruppenzusammensetzung hat sich bis nahezu Ende des 20. Jh. erhalten. Mit Ausnahme von NRW fing erst in den 80er Jahren des 20. Jh. eine Wende zu »altersgemischten« Gruppen an.

Die Richtlinien für eine gut eingerichtete K. waren: ein Warteraum für die Mütter, eine Kleiderablage, ein Badezimmer, separate Räume für die Säuglinge, die »Kriechlinge« und »Gehlinge«, ein Schlafraum, ein Zimmer zum Stillen, ein Isolierzimmer, eine Küche, eine Waschküche, ein Raum für einen Spind und Wirtschaftssachen oder Keller, ein Raum für die Verwaltung, ein überdeckter Außenraum und ein Garten (Neumann). Während sich in der Einrichtung der Aufenthaltsräume vieles geändert hat, blieben die Funktionen der Räume in den meisten K. über 100 Jahre fast identisch.

Die K. wurden von Ärzten als Pflegern der Gesundheit, Frauen als Aufsichtsdamen und Herren als Direktoren verwaltet. Die Kindswärterinnen oder Kindsmägde, die für die direkte Betreuung der Kinder verantwortlich waren, hatten keine besondere Ausbildung für diese Arbeit. Das pädagogische Modell für ihre Tätigkeit war die idealisierte Mutterfigur. Im krassen Widerspruch dazu wurden die Kindeswärterinnen von den Trägern als Gesinde bezeichnet, das streng überwacht werden mußte, da es ansonsten einen verderblichen Einfluß auf die Kinder haben würde. Dieser niedrige berufliche Status des Krippenpersonals hat sich über ein ganzes Jahrhundert erhalten.

Aus dem Vorhergehenden wird deutlich, daß die Einstellung unserer Gesellschaft zu K. seit ihrer Entstehung im 19. Jh. von Widersprüchen und Konflikten gekennzeichnet ist. Obwohl Krippenkinder von ihren Familien vernachlässigt wurden und verwahrlost waren und deshalb des Schutzes der K. bedurften, war das Kriterium einer guten Einrichtung, daß das Kind so oft als möglich von der Familie zu Hause behalten wurde, d.h. von derselben Familie, die für die Vernachlässigung und Verwahrlosung des Kindes verantwortlich war. Hinter diesem ersten Widerspruch verbirgt sich ein zweiter, nämlich der Zweck der K. Während die K. das Kind vor Verwahrlosung und Vernachlässigung schützen sollte, schien es am besten für das Kind zu sein, der K. so oft als möglich fernzubleiben. Der dritte Widerspruch ergibt sich aus der Aussage, daß die K. zur Schwächung der Beziehung zwischen Mutter und Kind führen könne. Die K. wurde also nicht als unterstützendes soziales Netz überlasteter Mütter und deprivierter Kinder dargestellt, sondern als konkurrierender Ersatz der Mutter. Es ist erstaunlich zu beobachten, daß nach mehr als 100 Jahren dieselben Vorurteile und Gedankengänge mit derselben Intensität von Gegnern der K. ins Feld geführt werden.

Anstöße zu pädagogischen Reformen im 19. Jh.: Für pädagogische Reformen gab es im 19. Jh. u.a. 4 Quellen: Pestalozzi und Fröbel in Deutschland, Owen in England und Fourrier in Frankreich. Aufgrund der vorliegenden Informationen kann man dabei nur von Anstößen, aber nicht von stattgefundenen pädagogischen Reformen sprechen.

Johann Heinrich Pestalozzi (1748–1827) ist einer der wichtigsten Vorläufer der modernen Frühpädagogik. Der Grundgedanke Pestalozzis war, daß das Kind durch Tätigkeit seiner Sinne und seines Körpers sich Kenntnisse über die Umwelt aneignet. Die zentrale Person in diesem Lernprozeß sollte, besonders in den ersten Lebensjahren, die Mutter des Kindes sein. Pestalozzis Beiträge befaßten sich beinahe ausschließlich mit der Mutter als Erzieherin des Kleinstkindes in den ersten Lebensjahren. Dies mag einer der Gründe sein, weshalb er nicht als pädagogischer Reformer der Krippenerziehung angesehen werden kann. Weiterhin war Pestalozzi der Meinung, daß die Erziehung eines jeden Kindes in den Grenzen seines Standes durchgeführt werden sollte. Pestalozzis Ideen auf diesem Gebiete stimmten mit der schichtspezifischen Erziehung in K. überein und gaben keine Anstöße zu Reformen für Integration und Chancengleichheit. Dasselbe traf auf seine Einstellung zu Sittlichkeit und Disziplin zu. Er vertrat den Standpunkt, daß das Kind von Geburt an an Ordnung und Regelmäßigkeit gewöhnt und seine Bedürfnisse einer festen häuslichen Ordnung untergeordnet werden müssen. Es soll geduldig auf Nahrung warten und seine »tierische Gierigkeit« überwinden lernen.

Friedrich Wilhelm August Fröbel (1782–1851) versuchte, die Ideen Pestalozzis in Deutschland zu verbreiten. Die Ausbildung der Mütter und die Wichtigkeit der frühesten Erziehung erschienen ihm, wie Pestalozzi, bedeutend. Fröbels Absicht war es, den Müttern durch die Entwicklung praktischen Spielmaterials Hilfe und Anleitung für eine verbesserte vorschulische Erziehung zu geben. Er war ebenso bemüht – und erfolgreich – in der Schaffung einer systematischen Ausbildung für Kindergärtnerinnen. Ein 3. Ziel seiner Arbeit war es, die Öffentlichkeit in den Bildungs- und Erziehungsprozeß einzubeziehen. Vor allem strebte Fröbel eine enge Zusammenarbeit zwischen Kindergarten, Familie und Öffentlichkeit an.

Fröbels zentrale pädagogische Arbeit lag im Kindergartenalter. Sein grundlegender pädagogischer Ansatz reicht jedoch darüber hinaus, wie z.B. die Achtung der kindlichen Persönlichkeit, die ebenso im Säuglingsalter wie im Kindergartenalter anwendbar ist (*Tageseinrichtungen für Kinder/Kindergarten*).

Anders als Pestalozzi vertrat Fröbel die Ansicht, daß der Kindergarten die Erziehungseinrichtung für alle Kinder des Volkes wäre und dieselben Erziehungsziele für alle Kinder, ungeachtet ihres Standes, zuträfen. Diese Ansätze waren in den K. des 19. Jh. nicht einmal ansatzweise umsetzbar. Ebenso war die Umsetzung von Fröbels Beitrag zur systematischen Ausbildung von Erziehern für ihre pädagogische Arbeit mit Kleinkindern für die »Kindeswärterinnen« in den K. des 19. Jh. denkbar. Es dauerte mehr als 120 Jahre nach Fröbels Tod (1851), bevor pädagogisch ausgebildete Erzieherinnen zusätzlich zu oder anstelle von Kinderkrankenschwestern und Kinderpflegerinnen in deutschen K. erwünscht waren und eingestellt wurden.

Bereits zu Lebzeiten Pestalozzis und Fröbels gab es in England und Frankreich ganz andere Anstöße zu pädagogischen Reformen im Krippenbereich.

Owen (1771–1858) war ein Pionier für die Gruppenerziehung von Kleinstkindern. Er befürwortete Gruppenerfahrungen außerhalb der Familie mit erwachsenen Personen, die besser als Eltern positive soziale Interaktionen zwischen Kindern fördern können. In einem gemeinschaftlichen Rahmen frei von Bestrafung und Belohnung können Kinder lernen, den menschlichen Egoismus zu überwinden. Owen befürwortete auch altersgemischte Gruppen, weil diese es jüngeren Kindern ermöglichen, von älteren zu lernen, und älteren Kindern, sanft und fürsorglich mit jüngeren umzugehen.

Charles Fourrier (1772–1837) sah in seinen Ideen über Gruppenerziehung von Kleinstkindern einen Ansatz zu einer harmonischen Pädagogik. Er formulierte 5 Neigungen von Kleinst- und Kleinkindern: (1) zu wählen, alles in die Hände zu nehmen, zu versuchen, es zu gebrauchen oder zu manipulieren, es zu explorieren und immerfort seine Aktivität zu wechseln, (2) Aktivitäten zu genießen, die Geräusche produzieren oder Lärm machen, (3) die Sucht, nachzuahmen, (4) die Vorliebe für eine Werkstatt mit kleinen Werkzeugen, (5) angezogen zu sein von Älteren, Größeren und Stärkeren, als es selbst ist. Fourrier behauptete, daß die natürlichen Erzieher von Kindern auf jeder Altersstufe wiederum Kinder sind, die älter sind als sie selbst. Der beste Weg, 1- oder 2jährige Kinder zu leiten, ist, sie auf Besuch zu einer »Werkstatt« von 3- und 4jährigen Kindern zu nehmen. Sie werden es lieben, dasselbe oder etwas Ähnliches zu tun wie das, was sie bei den älteren Kindern beobachten. Fourrier sah Gruppenerfahrung in frühester Kindheit als einen wirksamen Kontext für motiviertes Lernen. Seine Formulierung beinhaltet auch eine Andeutung auf altersgemischte Gruppen. Anstöße zu pädagogischen Reformen von den utopischen Sozialisten des 19. Jh. für den Krippenbereich wurden erst in der 2. Hälfte des 20. Jh. wirksam. Eines der fortschrittlichsten Modelle der Kleinstkindpädagogik im 20. Jh., die »British Infant School«, führte die Ideen von Owens Infant School weiter und übernahm vieles von Owen und Fourrier. So hat sie z. B. das Planen von Arbeitsprojekten und Interessenecken für Kinder zu einem zentralen Teil ihres Modells gemacht. Dieser Gedanke ist heutzutage die Regel für die meisten kindzentrierten K. und Kindergärten.

Veränderungen des Krippenwesens in der 1. Hälfte des 20. Jh.: Die K. gewann für die Bekämpfung der Säuglingssterblichkeit an Bedeutung, weil sie in der Kette der Fürsorgemaßnahmen für Säuglinge und Kleinstkinder erwerbstätiger Mütter nicht zu entbehren war. Diese Einsicht spiegelte sich in einem rapiden Anstieg der Krippenzahl von 1890 bis 1910 wider. Während die Anzahl der K. in Deutschland von 1831 bis 1890 auf 45 stieg, stieg die Zahl 1910 auf 148 K.

1910 stellte die »Bayerische Zentrale für Säuglingsschutz« im Einvernehmen mit der Bayerischen Staatsregierung eine Anzahl von Forderungen an das Krippenwesen (Meier). Eine der Forderungen war die Einstellung eines ausreichend geschulten Personals, eine andere, daß auf eine Pflegerin nicht mehr als 6 Säuglinge treffen. Die dritte Forderung befaßte sich mit der Eingrenzung der Funktion der Krippenbetreuerinnen, indem gesonderte Arbeitskräfte für hauswirtschaftliche Arbeiten verlangt wurden.

Obwohl die Schulung des Personals sich auf Säuglingspflege beschränkte, indem Kinderpflegerinnen und Säuglingsschwestern eingestellt wurden, war es ein wichtiger Schritt zur besseren Qualifizierung des Krippenpersonals. Wie wichtig die Forderung nach speziellen Arbeitskräften für hauswirtschaftliche Arbeiten war, bestätigt sich dadurch, daß erst 1989 Krippenleiterinnen in Bayern von hauswirtschaftlichen Arbeiten wie z. B. Kochen entlastet wurden. Der Schlüssel von einer Betreuerin für 6 Säuglinge trifft selbst 80 Jahre später auf die K. in Berlin nicht zu. Die Forderungen der »Bayerischen Zentrale für Säuglingsschutz« von 1910 muß dennoch als ein wichtiger Schritt zu späteren pädagogischen Reformen bewertet werden.

Im Zuge der öffentlichen Forderungen an K. wurde eine Anzahl von Mißständen in den Einrichtungen offengelegt. Das Bekanntwerden dieser Mißstände löste eine Diskussion in Fachgremien aus, die Vorschläge für eine gesetzliche Regelung des Krippenwesens in Deutschland zur Folge hatte. Diese Diskussion führte auch dazu, daß 1913 der »Deutsche Krippenverband zur Förderung des Krippenwesens im Deutschen Reich« gegründet wurde. Dieser Verband formulierte folgende Aufgaben für sich: Zusammenschluß der im Deutschen Reich bestehenden K. und Krippenvereine, Förderung der Gründung von neuen K., Unterstützung der bestehenden K. und Anregung von Verbesserungen. Da das Krippenwesen in den Händen lokaler, kirchlicher und privater Wohlfahrtspflege verblieb, war die Gründung dieses Verbandes auf nationaler Ebene von großer Bedeutung. Mit ihm wurde eine gesellschaftliche Struktur für die Vertretung der Interessen der K. auf kommunaler und nationaler Ebene geschaffen.

Zwischen den zwei Weltkriegen und bis zum Ende des 2. Weltkrieges gab es nur eine Veränderung im Krippenwesen: die Herrschaft des Nationalsozialismus. Alle K. wurden von der nationalsozialistischen »Volkswohlfahrt« übernommen und geleitet. Ziele und Methoden der Krippenerziehung stellten eine Fortsetzung der »schwarzen Pädagogik« aus der Mitte des 19. Jh. dar.

Anstöße zu pädagogischen Reformen in der 1. Hälfte des 20. Jh.: Obwohl es nur wenige Veränderungen im Zweck und Ziel für K. von 1900 bis 1933 gab, gab es in dieser Zeit die Anstöße für pädagogische Reformen in der Kleinkinderziehung.

In den 20er Jahre begannen die ersten Versuche, psychoanalytische Kenntnisse in die Pädagogik einzubringen. 1926 erschien die Zeitschrift für psychoanalytische Pädagogik; unter der Leitung von August Eichhorn wurde im selben Jahr die »Arbeitsgemeinschaft für interessierte Pädagogen« von der Internationalen Psychoanalytischen Vereinigung gegründet. In der Schweiz befaßten sich Oskar Pfister und Hans Zulliger mit der Anwendung psychoanalytischer Erkenntnisse auf die frühkindliche Erziehung. In Berlin befaßte sich Siegfried Bernfeld intensiv mit Fragen der Psychoanalyse und Erziehung, während Nelly Wolffheim bereits seit 1922 einen privaten Kindergarten auf psychoanalytischer Grundlage führte. Vera Schmidt berichtete 1924 über das von ihr geleitete Kinderheim/Laboratorium in Moskau.

Sigmund Freud warnte davor, Erziehungsarbeit mit psychoanalytischer Beeinflussung zu verwechseln. *Erziehung* ist ein Prozeß, der durch psychoanalytische Erkenntnisse gewinnen kann. Nach psychoanalytischer Sicht wirken im Erziehungsprozeß unbewußte Triebkräfte des Kindes und des Erziehers mit. Erziehung ist demnach nicht nur eine bewußte Maßnahme des Erwachsenen, um die Entwicklung des Kindes zu bestimmen. Eine zentrale Aufgabe, die sich die psychoanalytische Pädagogik zu eigen machte, war die Erziehung von Erziehern. Grundpfeiler dieser Erziehung waren Kenntnisse über das Triebleben des Kleinstkindes; Erziehung, die das Kind zwingt, seine infantilen Triebe zu unterdrücken, bewirkt Verdrängung dieser Triebe ins Unbewußte, was häufig eine psychisch gestörte Entwicklung zur Folge hat. Das Ziel psychoanalytisch orientierter Kleinstkinderziehung ist es, dem Kind besonders in den ersten Lebensjahren freien Ausdruck seiner infantilen Triebe zu gewähren und es in der Überwindung des Lustprinzips zu unterstützen (Freud).

Von großer Wichtigkeit für die Kleinstkinderziehung war das Modell von psychoanalytischer und kollektiver Erziehung, das Vera Schmidt am Anfang der 20er Jahre in Moskau durchführte. Die wichtigste Voraussetzung für den Aufbau der pädagogischen Arbeit in diesem Modell war die Ausbildung der Erzieherinnen. Die Reaktionen der Erzieherinnen sollten eher sachlich als affektgeladen sein, um dem Kind zu helfen, das Lustprinzip allmählich aufzugeben und sich anstelle dessen der Realität anzupassen. Aber die Realität sollte nicht nur im Vordergrund stehen, sie sollte auch so angenehm wie möglich gemacht werden. Forderungen nach Grenzen sollten eher aus der Lebensordnung der Kindergemeinschaft als aus der Willkür des Erwachsenen kommen. Das Kind sollte aus Liebe zum Erwachsenen auf gewisse Triebbefriedigungen verzichten. Beschränkungen dieser Art erhöhen das Selbstwertgefühl und fördern die Anpassung des Kindes an die Realität aufgrund eigener Entscheidungen.

Ein weiterer Beitrag zur psychoanalytischen Interpretation des Erziehungsbegriffes kam von Wilhelm Reich (1926/27). Er unterscheidet zwischen notwendigen und unnötigen Versagungen für das Kind. Notwendige Verbote sind diejenigen, die dem Kinde dienen. Dazu gehören Versagungen von Trieben, die seine soziale Anpassung stören würden. »Die natürliche Grausamkeit des Kindes muß sich z. B. teilweise in Mitleidsempfinden, teilweise in soziale Aktivität verwandeln.« Unnötige Versagungen sind Verbote, die häufig einen Erziehungszwang darstellen. Verbote, die einen Erziehungszwang darstellen, sind Handlungen, die von unbewußten verdrängten Konflikten, Ängsten und Haß bestimmt werden. Wenn für das Kind die Möglichkeit besteht, seinen Erziehern zuliebe Einschränkungen zu akzeptieren oder Forderungen der Gesellschaft zu den eigenen zu machen, verändert sich sein Ich und paßt sich der Realität an. Eine lieblose Erziehung ermöglicht nur eine künstliche, durch Strenge allein entstandene Hemmungen behindern eine Vereinheitlichung der Persönlichkeit.

Nelly Wolffheim (1926, 1966) befaßte sich mit der Frage, welchen Beitrag frühe Gruppenerfahrungen, die sich auf psychoanalytische Erkenntnisse aufbauen, zur Entwicklung des Kindes leisten können. Sie hob drei solcher Beiträge hervor: Frühe Gruppenerfahrungen können dem Kind helfen, sich ohne triebfeindlichen Druck, den es in der Familie erfährt, an die Realität anzupassen; sie können Fehler der familiären Entwicklung ausgleichen, und sie sind besonders geeignet, zu starke Bindungen an die Eltern zu lockern. Für das Kind ist es leichter, sich mit der Realität der Kindergruppe als mit der Realität der Erwachsenen auseinanderzusetzen. Die Forderungen, die sich aus der Kindergemeinschaft ergeben, können vom Kind eher bewältigt oder verkraftet werden als Forderungen von Erwachsenen. Kinder identifizieren sich miteinander, und das hilft ihnen, sich anzupassen. Konflikte zwischen Kindern in der Gruppe können von ihnen besser verarbeitet werden als Konflikte mit Erwachsenen.

Fehler der familiären Erziehung bestehen v. a. in zu frühen und zu starken Anpassungsforderungen an das Kind. In der K. oder im Kindergarten kann dieser Fehler in zweierlei Hinsicht korrigiert werden. Erstens durch die Tatsache, daß der Erzieher weniger hohe Anforderungen an das Kind stellt und zweitens dadurch, daß das Kind in der Gruppe andere Kinder findet, mit welchen es sich identifizieren und auf diese Weise neue Modelle verinnerlichen kann. Auch sind die Forderungen der Gruppe von Kindern dem Entwicklungsstand des Kindes viel angemessener als die Forderungen von Erwachsenen bzw. seinen Eltern.

Die antiautoritäre Kinderladen-Bewegung: Es dauerte nahezu ein Vierteljahrhundert nach Beendigung des 2. Weltkrieges, bevor die Impulse der pädagogischen Reformen in der Weimarer Zeit aufgegriffen wurden. Die Studenten- und Kinderladenbewegung leistete wichtige Beiträge zu pädagogischen Reformen in der Kleinkinderziehung (*antiautoritäre Erziehung*):

- der Versuch, Kinder von den Erziehungszwängen ihrer Eltern und Erzieher zu entlasten;
- Befürwortung eines »repressionsarmen« Erziehungsstils;
- eine größere Bereitschaft, Entwicklungsimpulse vom Kind selbst und von der Kindergruppe kommen zu lassen;
- Erziehung der Erzieher;
- Auflockerung rigider vertikaler Strukturen sowohl in der Familie als auch in der K.;
- Öffnung und Einbettung der Kleinstkinderziehung in Nachbarschaft und Gemeinde;
- eine enge Zusammenarbeit der Erzieher und der Eltern mit dem Ziel, die unterschiedlichen Erfahrungsumwelten der Kinder in der Familie und in der K. zu koordinieren, d. h. bewußt mit den Unterschieden umzugehen.

Indirekt beeinflußte die Kinderladenbewegung auch die grundlegende Bewertung der Krippenerziehung. Man sah,

- daß K. keine Notlösung sind und sein müssen;
- daß die K. eine wichtige pädagogische Funktion in der Entwicklung von Kleinstkindern hat;
- daß frühe Gruppenerfahrungen für die psychosoziale Entwicklung aller Kinder förderlich sein können.

Im 7. Jugendbericht (1986) wird betont, daß die Bereitstellung von Betreuungsmöglichkeiten für Kinder unter 3 Jahren außerhalb der eigenen Familie nicht pauschal als Notlösung bezeichnet werden kann. Vielmehr wird die Tagesbetreuung von Kindern unter dem Aspekt der Vereinbarung von Familie und Beruf betrachtet und als Möglichkeit gesehen, Kleinstkindern familienübergreifende Erfahrungen zu bieten. Das Zusammenleben in der Gruppe soll den Kindern soziale Erfahrungen ermöglichen und selbstbestimmtes Aushandeln von Regeln gestatten. In der Gruppe sollen Kinder mit unterschiedlichen Voraussetzungen und Entwicklungsstufen integriert werden. Das Erziehungskonzept der Einrichtung soll die Schwerpunkte Bildung, Betreuung und Förderung der Kinder vereinen. Es wird auch empfohlen, die Betreuungsinstitutionen zu öffnen und Kinder unterschiedlicher Betreuungsformen, wie z.B. K. und Eltern-Kind-Gruppen, zusammenzubringen (DJI 1993). Um diesen erhöhten Anforderungen gerecht werden zu können, muß das Personal der K. über eine qualifizierte Ausbildung verfügen. Die Entwicklung der letzten 20 Jahre in bezug auf die Ausbildung des Personals zeigt, daß sich der Anteil der Erzieherinnen in den alten Bundesländern 1990 verdreifacht hat, während der Anteil des nur pflegerisch ausgebildeten Personals rückläufig ist (DJI 1993).

In Berlin (West) wurden schon in den 70er Jahren zwei Kindertagesstätten-Entwicklungspläne (KEP I 1974 und KEP II 1978) veröffentlicht, in denen die pädagogische Funktion der K. anerkannt und befürwortet wurde. Im KEP II wird betont, daß Kinder hochsensible Individuen sind, deren Wahrnehmungs-, Aufnahme- und Lernvermögen in der Vergangenheit unterschätzt wurde. Kleinstkinder treten von den ersten Lebensmonaten an aktiv in einen von ihnen mitgesteuerten Austausch mit ihrer Umwelt. Ziel der Krippenerziehung ist es, die selbsttätige und selbstgesteuerte Auseinandersetzung mit der Umwelt zu ermöglichen und zu unterstützen. Kinder sollen zu eigenen Problemlösungsversuchen ermutigt werden und sollen durch Erfahrungen die Gewißheit erlangen, daß Bezugspersonen Entwicklungen von Vorlieben und Interessen unterstützen, Gefühle und Tätigkeiten ernstnehmen.

Angestrebt wurde eine Senkung der Gruppengröße mit dem Ziel, dem einzelnen Kind mehr individuelle Zuwendung zu ermöglichen. Die Ausstattung der Räume sollte so verändert werden, daß eine Vielzahl von Anreizen den Kindern eine Erprobung ihrer Umwelt ermöglichen. Weitere Veränderungen, die für die Verbesserung der pädagogischen Funktion der K. angestrebt wurden, waren ein verstärkter Abbau des Einsatzes von Kinderpflegerinnen, Fortbildungsprogramme für Säuglingsschwestern und Kinderkrankenschwestern. Die pflegerisch-hygienischen Aufgaben der K. sollen verstärkt in einem pädagogischen Rahmen ausgerichtet sein. Die Konzeption der pädagogischen Arbeit wird nach Möglichkeit von Eltern und Erziehern gemeinsam erarbeitet und die Eltern in die Arbeit miteinbezogen. Um ausländischen Eltern von Krippenkindern entgegenzukommen, sollen Fortbildungsprogramme für Erzieher, die sie mit sozio-kulturellen Erziehungsinhalten vertraut machen, angeboten werden. Diese und ähnliche Angebote sollen dazu dienen, Chancenungleichheiten für Kinder abzubauen.

Strukturelle Veränderungen in den K.: Im gesamten Bundesgebiet gibt es keine einheitlichen Personalschlüssel; die Angaben der Länder variieren innerhalb des Minimums von 2 Fachkräften für 15 Krippenkinder und dem optimalen Personalschlüssel, der 2 Fachkräfte für 8 Kinder vorsieht. Ebenso unterscheiden sich die Öffnungszeiten der Betreuungseinrichtungen; im Schnitt liegt die Betreuungszeit zwischen 4 und 12 Stunden. Um die pädagogische Qualität der Krippenarbeit zu verbessern, wird es als notwendig erachtet, »Springerkräfte« in die Personalstruktur einzubeziehen. Ein Ausfall durch Krankheit, Urlaub, Fortbildung oder andere Gründe erzwingt ansonsten einen Rückfall auf ausschließlich pflegerische Tätigkeit des Krippenpersonals.

Während in der Geschichte der K. die Aufgabe der Leitung Aufsicht, Verwaltung und Organisation war, haben sich der Inhalt und die Struktur dieser Position in den 70er Jahren erheblich verändert. Inhaltlich rücken die Unterstützung und Weiterentwicklung der pädagogischen Arbeit, die Förderung der Zusammenarbeit in der Erziehergruppe und in Elternausschüssen sowie Abstimmung mit pädagogischen Sachbearbeitern und Praxisberatern in den Vordergrund. Ebenso wichtig für die pädagogische Qualität der K. sind der Wechsel von einer vertikalen, hierarchischen zu einer horizontalen, demokratischen Struktur, in der den verschiedenen Teilen des Systems mehr Verantwortung und mehr Entscheidungsbefugnis eingeräumt wurde. Diesen Veränderungen stehen (noch immer) zwei Hindernisse im Wege: die historisch-traditionellen hierarchischen Strukturen gesellschaftlicher Institutionen und die zunehmende Größe der Tageseinrichtungen für Kinder. Um den Leitungskräften zu ermöglichen, stärker bei der pädagogischen Planung der Arbeit des Kollegiums mitzuwirken, werden stellvertretende Kindertagesstätten-Leitungen mit 20 Wochenstunden eingesetzt und damit eine erweiterte pädagogische Funktion der Leiterin strukturell abgesichert. Darüber hinaus sollte der Beschäftigung von Teilzeitkräften in Bereichen, wo dies im besonderen Maße notwendig ist, wie im Früh- und Spätdienst, verstärkt Aufmerksamkeit gewidmet werden.

Die beschriebenen strukturellen Veränderungen können als Infrastruktur zur Absicherung pädagogischer Reformen innerhalb der Krippensituation gesehen werden. Weitere Bereiche der Infrastruktur zur Unterstützung und Weiterentwicklung pädagogischer Reformen in K. sind pädagogische Materialien, die für die Krippenerzieher vorbereitet und ihnen zur Verfügung gestellt werden, sowie Beratungs-, Aus- und Fortbildungsinstitutionen, die sich besonders in den 70er Jahren konstituierten und entwickelten.

Obwohl der Begriff »K.« im KJHG nicht ausdrücklich genannt wird, sollen nach § 22 KJHG auch Einrichtungen für Kinder unter 3 Jahren (als »andere Einrichtungen«) bedarfsgerecht ausgebaut werden. Die Einschätzung des Bedarfs an Krippenplätzen »vor Ort« ist differenziert und wird von der jeweiligen Regionalstruktur (Stadt–Land), der Sozialstruktur (z.B. Anteil erwerbstätiger Mütter mit Kindern unter 3 Jahren, Alleinerziehende), der Infrastruktur (z.B. Ausbau der Tagespflege) sowie von den individuellen Möglichkeiten der Inanspruchnahme von *Erziehungsgeld* und Erziehungsurlaub abhängig sein. Die BReg hält einen Ausbau auf 15% von Plätzen in Einrichtungen (und 5% in Tagespflege) für bedarfsgerecht (zit. nach Münder u.a., 203).

Während in den neuen Bundesländern nahezu Vollversorgung mit Krippenplätzen bestand, ergeben sich in den alten dramatische Versorgungsdefizite – mit 1,6% praktisch ein »Null-Angebot« (8. Jugendbericht, 95) –, zumal sich dieses Angebot auf wenige Großstädte konzentriert. Die Folge: »Nicht wenige Kinder, die auf zusätzliche Betreuungsorte angewiesen sind, können, wenn sie als Drei- oder Vierjährige in den Kindergarten kommen, auf abenteuerliche ›Betreuungskarrieren‹ zurückblicken« (8. Jugendbericht, 96). Neben den informellen (oft instabilen) Unterstützungsnetzen (z.B. Großmütter, »Leihomas«, Nachbarn, Kinderfrauen, Au-pair-Mädchen) sind aus der Mangelsituation an institutionellen Formen der Kleinkindererziehung an vielen Orten Elterninitiativen entstanden. Diese (privaten) Lösungen werden oft von den Eltern selbst finanziert, teilweise bestehen auch öffentliche (kommunale) Formen der finanziellen Unterstützung (z.B. Personalkostenzuschüsse). Diese Elterninitiativen zeigen deutlich, daß es ihnen nicht nur um die Verbindung von Familie und Berufstätigkeit geht, sondern auch (und gerade) um die gemeinsame Erziehung ihrer Kinder, um die Erweiterung des sozialen Umfeldes für ihre Kinder. Da Finanzierungsregelungen für K. von Ländern und Kommunen häufig unzureichend sind oder gar gänzlich fehlen (z.B. in Bayern), sind Eltern (soweit nicht die wirtschaftliche Jugendhilfe einspringt) bereit, für die gemeinschaftliche Erziehung ihrer Kinder oftmals sehr hohe Kosten zu tragen.
Die »bedarfsgerechte« Entwicklung von K. in Zukunft wird davon abhängen, ob von Ländern und Gemeinden finanzielle Mittel in notwendigem Umfang bereitgestellt werden und ob damit K. als sozialpädagogische Tageseinrichtungen für Kinder unter 3 Jahren (nach einer langen Entwicklungsgeschichte) als regelmäßig erforderliche Einrichtungen tatsächlich auch anerkannt werden. Die fachlichen und strukturellen Voraussetzungen sind längst gegeben. *E.K. Beller*

Literatur: BMJFFG (Hrsg.): 7. Jugendbericht: Jugendhilfe und Familie – die Entwicklung familienunterstützender Leistungen der Jugendhilfe und ihre Perspektive, BT-Drs. 10/6730, Bonn 1986; BMJFFG (Hrsg.): 8. Jugendbericht, BT-Drs. 11/6576, Bonn 1990; E.K. Beller: Kinderkrippe, in: M. Markefka/E. Naucke: Handbuch der Kindheitsforschung, Neuwied 1993; DJI: Tageseinrichtungen für Kinder: Informationen, Erfahrungen, Analysen, Zahlenspiegel, München 1993; Der Senator für Familie, Jugend und Sport Berlin: Kindertagesstätten-Entwicklungsplan (KEP) I (1974) und II (1978); A. Fellner: Der Volkskindergarten und die Krippe. Wegweiser bei Gründung und Führung dieser Kleinkinder-Erziehungsanstalten, Wien/Leipzig 1884; C. Fourrier: Die harmonische Erziehung, Berlin 1958; S. Freud: »Das Ich und das Es«, in: Gesammelte Werke. Bd. 13, London 1947, 235ff.; F. Fröbel: Fröbels Theorie des Spiels (I, II, III), Weimar 1947; C. Helm: Die Krippe im Breitenfeld zu Wien. Eine Monographie samt einer Statistik der Krippen (Creches) Europas, Leipzig 1851; J. Meier: Das Krippenwesen Deutschlands, in: A. Keller/C.J. Klumker (Hrsg.): Säuglingsfürsorge und Kinderschutz in den europäischen Staaten. Bd. 1, Berlin 1912; J. Münder u.a.: Frankfurter Lehr- und Praxiskommentar zum KJHG, Münster [2]1993; H. Neumann: »Öffentlicher Kinderschutz«, in: Handbuch der Hygiene, hrsg. von Theodor Weyl, Bd. 7: Kinder und Kinderbewahranstalten, Jena 1895, 431ff.; R. Owen: Erziehung in Kinderschulen. Pädagogische Schriften, Berlin 1955; H. Pestalozzi: Wie Gertrud ihre Kinder erzieht, in: Pestalozzis sämtliche Schriften. Bd. 5, Stuttgart 1920; W. Reich: Eltern als Erzieher, der Erziehungszwang und seine Ursache, in: Zeitschrift für psychoanalytische Pädagogik 1 (1926/27), 65–74; J. Reyer: Wenn die Mütter arbeiten gingen ... eine sozialhistorische Studie zur Entstehung der öffentlichen Kleinkinderziehung im 19. Jahrhundert in Deutschland, Köln 1993; W. Schmidt: Psychoanalytische Kindererziehung in Rußland, in: W. Schmidt: Drei Aufsätze zur Kindererziehung, Frankfurt/M. 1977; N. Wolffheim: Zur Psychologie des modernen Erziehers, in: Imago 12 (1926), 88ff.; N. Wolffheim: Psychoanalyse und Kindergarten und andere Arbeiten zur Kinderpsychologie, München 1966; B. Zwerger: Bewahranstalt – Kleinkinderschule – Kindergarten. Aspekte nichtfamilialer Kleinkinderziehung in Deutschland im 19. Jahrhundert (Deutsches Institut für internationale pädagogische Forschung, Studien und Dokumentationen zur deutschen Bildungsgeschichte, Bd. 17), Weinheim 1980; K. Zwiener: Einflüsse von Familie und Krippe auf Entwicklung und Gesundheit bei Krippenkindern – eine Untersuchung aus 200 Kinderkrippen der DDR (1988), Expertise zum 5. Familienbericht, Materialien, München 1994.

Kinderschutz

Historisch: K. hat es nicht immer schon gegeben. Als Idee und als Praxis stellt K. eine Antwort auf sozialgeschichtliche Entwicklungen dar, die zu einer erheblichen Gefährdung des Nachwuchses führten (Reproduktionskrise). Was für das Recht des Kindes (*Kindesrecht*) auf Leben, Entfaltung und Förderung gilt, das sich erst allmählich Bahn bricht, trifft auch auf Maßnahmen zum Schutz von Kindern zu. K. hat historisch zur Voraussetzung eine mit der Herausbildung der bürgerlichen *Gesellschaft* schärfer werdende Altersklassengliederung der Gesellschaft (gewissermaßen die soziale »Erfindung« der Kindheit) und die Trennung von Leben und *Arbeit* in zwei voneinander geschiedene Sphären, wie sie sich im Zuge der Verallgemeinerung der kapitalistischen und industriellen Produktionsweise durchsetzt. Die damit geschaffenen Problemlagen heißen: a) Kinder gehören nicht mehr selbstverständlich zum gesellschaftlichen Leben, an dem zuvor alle (große und kleine) teilnahmen; sie müssen nunmehr gesondert aufbewahrt, betreut und beaufsichtigt, »erzogen« werden (was auch zuerst für die Kinder der begüterten und herrschenden Klassen Zug um Zug ins Werk gesetzt wurde). b) Die Kinder der besitzlosen Arbeiter hingegen werden als billige und geschickte Arbeitskräfte in der sich rasend ausbreitenden großen Industrie des 19. Jh. gebraucht, kommt es, soweit die Kinder sich nicht selbst überlassen bleiben, zur schonungslosen Ausbeutung von Kindern im kapitalistischen Arbeitsprozeß. K., von dem im eigentlichen Sinne erst im 19. Jh. zu sprechen ist, antwortet auf beide Entwicklungen: Er zielt auf die Durchsetzung außerfamilialer bzw. familienergänzender Betreuung und Erziehung von Kindern in der Schule und in Fürsorgeerziehungsinstitutionen (Armen- und Waisenhäusern) und auf das Verbot bzw. auf die Einschränkung der Kinderarbeit. Dabei ist bemerkenswert, daß Initiativen des K. historisch in erster Linie gesellschaftliche Aktionen »von oben« darstellten. Die Sorge um die Militärdienst- und Arbeitstauglichkeit des proletarischen Nachwuchses klingt auch in der ersten einschlägigen königlich preußischen Kabinettsorder vom 12.5.1828 an, in der es heißt: »Ich kann ein solches Verfahren (Kinder ›in Masse‹ sogar nachts arbeiten zu lassen, R.W.) um so weniger billigen, als dadurch die physische Ausbildung der zarten Jugend unterdrückt wird und zu besorgen ist, daß in den Fabrikgegenden die künftige Generation noch schwächer und verkrüppelter werden wird, als es die jetzige schon sein soll.« Das preußische Gesetz zur Beschränkung der Kinderarbeit vom 6.4.1839, das die Kinderarbeit »vor dem zurückgelegten neunten Lebensjahr« verbot und das einen 3jährigen regelmäßigen Schulunterricht bzw. den Nachweis verlangte, daß der Schüler »seine Muttersprache geläufig lesen kann und einen Anfang im Schreiben gemacht hat«, wurde allerdings erst in dem Maße wirksam, wie Mitte des 19. Jh. die Arbeit in der Industrie selbst qualifiziertere Arbeitskräfte erforderte (von der extensiven zur intensiven Auseutung der Arbeitskraft) und wie die erstarkende und organisierte Arbeiterbewegung den Kampf gegen weitverbreitetes Kinderelend aufnahm. Mit Rücksicht auf den Menschen als Arbeitskraft und im Konflikt mit den Forderungen der demokratischen und sozialistischen Bewegungen sieht sich die bürgerliche Gesellschaft am Ende des 19. Jh. gezwungen, schrittweise und zögernd Maßnahmen zum Schutz von Kindern einzuleiten. Hierher gehören auch organisierte Bestrebungen, wie sie nach dem Modell der New Yorker Society for the Prevention of Cruelty to Children (1875) entstehen. 1897 wird der erste Kinderschutzverein – »der Deutsche Verein der Kinderfreunde« – gegründet, der aber bald wieder zerfällt. An seine Stelle tritt 1898/99 der (Berliner) »Verein zum Schutz der Kinder vor Ausnutzung und Mißhandlung«, ein bürgerlicher Honoratioren- und Philanthropenverein, dem es um die Einschränkung der Kinderarbeit und um Maßnahmen gegen die »sittliche Verwahrlosung«, nach der Jahrhundertwende auch in zunehmendem Maße gegen Mißhandlungen von Kindern im großstädtischen Milieu geht. Die Arbeit dieses Vereins hat zur Herausbildung einer öffentlichen Familienfürsorge beigetragen; auch hat man sich für die Unterbringung von Kindern in Kleinheimen eingesetzt. Insgesamt blieb, auch nach dem 1. Weltkrieg, eine individualistische und moralistische Konzeption des K. vorherrschend; Hilfen im Einzelfall (Unterbringung in Heimen, materielle Unterstützung) bzw. Schuld- und Strafvorwürfe gegenüber Eltern und Familien kennzeichneten die Arbeit. Gesellschaftliche und politische Ursachen des Kinderelends wahrzunehmen lag den traditionellen Kinderschutzvereinen fern. Nicht überraschend leisteten sie gegen ihre Eingliederung in die nationalsozialistische Volkswohlfahrt (NSV) keinerlei Widerstand, die einen strafeorientierten K. bruchlos fortsetzte, der aus dem gleichen Arsenal stammt wie die Mißhandlung von Kindern, auf das er sich bezieht: gesellschaftlichen Unterdrückungsverhältnissen.

Eine verbandliche Kinderschutzarbeit wurde in der BRD nach dem Zusammenbruch des Faschismus mit dem Deutschen Kinderschutzbund (DKSB) 1953 in Hamburg durch den Arzt Dr. Fritz Lejeune neu begründet, der jedoch sozialpolitisch und sozialpädagogisch nur geringe Bedeutung erlangte. Programmatisch blieb der DKSB lange Jahre einer reaktionären Konzeption verhaftet, die auf den Schutz »unserer Kinder vor Triebverbrechern und anderen Gefahren«, auf Strafverschärfung bei Kindesmißhandlung sowie auf die Forderung nach Sicherungsverwahrung bzw. die Einweisung von »Triebtätern« in Arbeitslager oder ferne Inseln hinauslief. Die kampagnenmäßig geschürte Wut auf den sog. »Kinderschänder« diente allerdings viel eher der eigenen Entlastung von drückenden (Sexual-)Ängsten der Erwachsenen als dem Schutz mißhandelter Kinder. Erst 1975 gelang dem DSKB eine Loslösung von triebrepressiven und gegenaggressiven Konzepten des K. (Dt. Charta des Kindes, 1975; Hamburger Erklärung, 1977).

Neue Entwicklungen im Ausland und v.a. eine verstärkte wissenschaftliche (insbesondere medizinische und sozialwissenschaftliche) Forschung haben der Kinderschutzarbeit auch hierzulande in den 70er Jahren neue Anstöße gegeben (herausragend die Bedeutung der Arbeiten von Kempe und Gil in den USA). Eine konkrete und wissenschaftlich fundierte Arbeit, wie sie im »Kinderschutz-Zentrum Berlin«, einer Einrichtung interdisziplinärer, bevölkerungsnaher Familienhilfe und des K., 1975 begonnen wurde, ist erst dadurch möglich geworden. Sie hat Diskussionen und Maßnahmen auf dem Gebiet des K. in der BRD in Richtung auf eine fachlich qualifizierte, nichtsanktionsorientierte Kinderschutzarbeit erheblich beeinflußt.

Begriff: K. stellt weitgefaßt die gesellschaftliche Bemühung und Bewegung dar, Kinder vor Verhältnissen und Maßnahmen zu schützen, die dazu führen, daß das Recht der Kinder auf ein menschenwürdiges Leben, freie Entfaltung der Persönlichkeit und wirkliche Förderung beschnitten wird.

I.e.S. heißt K.: Schutz und Hilfe bei Mißhandlungen und Vernachlässigungen von Kindern innerhalb und außerhalb der *Familie* zu gewähren (*Gewalt in Familien*), d.h., bei einer gewaltsamen, nicht zufälligen physischen oder psychischen, das Wohl und die Rechte eines Kindes beeinträchtigenden oder bedrohenden Schädigung, durch die ein Kind verletzt, in seiner Entwicklung gehemmt oder sogar zu Tode gebracht wird, helfend einzugreifen. So gefaßt ist K. eine konkrete Reaktion auf Probleme (Krise familialer und außerfamilialer Erziehung, allgemeiner: die soziale Paria-Stellung des Nachwuchses, seine Entrechtung, Bedrohung und Zurichtung durch die Erwachsenengeneration, seine soziale Benachteiligung), die im Zentrum der Aufgaben staatlicher wie verbandlicher Familien- und *Jugendhilfe* liegen. K. ist insofern kein Rand- oder Spezialproblem der SozArb, sondern er stellt eine

Hauptaufgabe in sozialpolitischer, sozialpädagogischer und -therapeutischer Hinsicht einer modernen SozArb/SozPäd dar.

Probleme: Diese Aufgabe des K. ist produktiver als bisher nur zu bewältigen, wenn Fehlentwicklungen und Probleme, die eine wirksame Arbeit immer wieder verhindert haben, erkannt und überwunden werden. Dazu gehören:

1. K. wird häufig zu einer Maßnahme zum Schutz vor den eigenen andrängenden und unbewältigten Konflikten des Helfers, die in der Kindheit und Jugend nicht gelöst werden konnten und nun in der rastlosen Tat für Kinder, angetrieben von dunklen Rettungsphantasien, zum Vorschein kommen; K. ist in besonderem Maße anfällig, vom »Helfersyndrom« durchsetzt zu werden, was am Ende zu ständigen Überforderungen und Enttäuschungen in der Arbeit führt, nicht zuletzt zu Überidentifikationen mit dem u. U. mißhandelten Kind, wodurch ein offenes Verhältnis zu den Eltern eines Kindes in Frage gestellt wird. Ohne eine Klärung der emotional außerordentlich beunruhigenden seelischen Grundeinstellung zum Kind und zur Mißhandlung ist eine kritische, produktive Kinderschutzarbeit nicht möglich.

2. K. ist mit einer Tradition moralistischer, individualistischer bzw. familistischer *Einzelfallhilfe* belastet, d. h., am einzelnen will man verändern, kurieren, was doch viel eher gesellschaftlich vermittelt und verursacht ist. K. ist viel zu oft blind gegenüber der Bedeutung sozialer Lebensverhältnisse für Elend und Zurichtung von Kindern, die aber weder reflektiert noch auch kritisch in Frage gestellt werden. Gerade in präventiver Hinsicht müßte der gesellschaftliche Gesamtzusammenhang viel genauer bedacht und verändert werden (grundsätzliche Maßnahmen gegen soziale Diskriminierung und Entrechtung der Kinder), um Kinder wirksam schützen zu können. Will K. mehr sein, als hier und da ein Loch zu stopfen, muß er gesellschaftspolitisch aktiv werden: für ausreichende materielle Lebensbedingungen (Lebensmittel, Wohn- und Spielraum), ausreichende Pflege und (gerade auch gesundheitliche) Versorgung, für befreiende *Erziehung* und Ausbildung kämpfen, ohne die weltweite Diskriminierung der Kinder (v. a. in der Dritten, armen, ausgebeuteten Welt) aus den Augen zu verlieren.

3. K. ist herkömmlich außerordentlich stark »täterfixiert« und damit zusammenhängend »punitiv« (auf Strafe abzielend) eingestellt gewesen. Eine solche Sicht der Mißhandlungsproblematik hat eine Zusammenhänge solidarisch verändernde Arbeit des K. immer wieder verhindert und hat gerade bei den Betroffenen eine Abwehr gegenüber Hilfeangeboten geschaffen; für die betroffenen Kinder hat sie überhaupt nichts eingebracht, es sei denn zusätzliche Beeinträchtigungen. Punitiver, strafeorientierter K. ist nichts anderes als der Schlag, den das Kind traf; er bessert niemanden. Punitiver K. ist wie die Faust aufs blaue Auge; er ist ein Relikt aus der Geschichte von Rache und Faustrecht. Wer das Wohl des Kindes im Auge hat und wirksam helfen will, muß eine Trennungslinie zwischen sich und der Tradition strafender Gesellschaft ziehen; alles andere läuft auf ein Betrugsmanöver hinaus und hat mit K. nichts zu tun.

4. Insbesondere im Zusammenhang der Diskussion um den »sexuellen Mißbrauch« (ein strafrechtlicher Begriff) hat sich diese Tendenz erneut verstärkt. Dabei werden ohne genaue empirische Grundlage sehr hohe Fallzahlen und riesige Dunkelziffern unterstellt (jedes 3. Mädchen und jeder 10. Junge seien bedroht), und die sexuelle Kindesmißhandlung wird pauschal als besonders »traumatogen« eingeschätzt. Gleichzeitig hat sich der Umgang mit Familien, in denen es zu sexuellen Mißhandlungen gekommen ist, verschärft. Trotz der neuen Betonung partnerschaftlicher Formen der Jugend- und Erziehungshilfe im KJHG, v. a. der Betonung der notwendigen Zusammenarbeit des Jugendamtes mit der Familie bei Fremdunterbringungen von Kindern, werden seit Mitte der 80er Jahre mit steigender Tendenz nur aufgrund irgendeines sexuellen Mißbrauchverdachtes mit schnellem Rückgriff auf die §§ 42 (Inobhutnahme) bzw. 43 (Herausnahme ohne Zustimmung) des KJHG Kinder aus Familien gerissen. Damit wird aber wiederhergestellt, was moderne soziale Dienste bereits überwunden glaubten: das doppelte Mandat von Hilfe und Repression. Vor allem die erneute Koppelung von Strafverfolgungsmaßnahmen und sozialen Hilfsangeboten hat die eigene Fachlichkeit und den Erfolg öffentlichen wie freigemeinnützigen K. im Kern getroffen. Aber auch undurchschaubare Allianzen hinter dem Rücken von Klienten zwischen Jugendämtern, speziellen Kinderschutzeinrichtungen, Kliniken und Polizei haben dazu beigetragen, daß K. in den meisten modernen Wohlfahrtssystemen zu einer bevölkerungsfernen, schwerfälligen und schwer durchschaubaren und klientenfeindlichen Angelegenheit wurde. Jedenfalls ist K. ein Feld, in dem Mythologisierungen (regelrechte symbolische Kreuzzüge) sich geradezu anbieten und beste Absichten (Kinder zu schützen und in ihrer Entwicklung zu fördern) leicht ins Gegenteil umschlagen. Neuer, bevölkerungsnaher, solidarischer K. ist daher konzeptuell an einer Kritik solcher interventionistischen Verkehrungen des K. orientiert. An die Stelle eines reaktiven Protektionismus tritt ein präventives Konzept gemeinwesenorientierter Jugendhilfe, die offen ist für Kinder, Eltern, Familien und ihre vielgestaltigen Probleme, deren lebensgeschichtliche Zuspitzung Kindesmißhandlungen darstellen. Ein solcher kritischer K. fixiert sich nicht auf die Tätersuche und die emotionalisierte Opferrettung, wie er überhaupt solche Spaltungskonzepte vermeidet. So verstanden, ist K. ein Angebot der Begegnung, gemeinsamer Lebensbewältigung und konkreter Hilfe. *R. Wolff*

Literatur: Bast/Bernecker/Kastien/Schmitt/Wolff (Hrsg.): Gewalt gegen Kinder, Reinbek [5]1986; J. Beiderwieden/E. Windaus/R. Wolff: Jenseits der Gewalt – Hilfen für mißhandelte

Kinder, Basel/Frankfurt/M. 1986; A. Bernecker: Entwicklungen und Probleme des Kinderschutzes in der BRD, unveröffentl. Dipl.-Arbeit, FU Berlin 1975; A. Bernecker u. a. (Hrsg.): Ohnmächtige Gewalt, Reinbek 1982; J. Carter (Hrsg.): The Maltreated Child, London 1977; Der Senator für Familie, Jugend und Sport: Bericht über die Situation mißhandelter und vernachlässigter Kinder in Berlin, 1977; D.G. Gil: Violence against Children, Cambridge/Mass. ^{5}1975; R.E. Helfer/C.H. Kempe (Hrsg.): Child Abuse and Neglect, Cambridge/Mass. 1976; M.-S. Honig: Verhäuslichte Gewalt. Eine Explorativstudie über Gewalthandeln von Familien, Frankfurt/M. 1986, mit einem Nachwort zur Taschenbuchausgabe: Sexuelle Ausbeutung von Kindern, Frankfurt/M. 1992; J. Kuczynski: Studien zur Geschichte der Lage des arbeitenden Kindes in Deutschland von 1700 bis zur Gegenwart. (Die Lage der Arbeiter, Bd. 19 u. 20.), Berlin/DDR 1968; C.H. Kempe/R.E. Helfer (Hrsg.): Helping the Battered Child and His Family, Philadelphia 1972; B. Nelson: Making an Issue of Child Abuse, Political Agenda Setting for Social Problems, Chicago/London 1984; K. Rutschky: Erregte Aufklärung, Hamburg 1992; K. Rutschky/R. Wolff: Handbuch Sexuelle Kindesmißhandlung, Hamburg 1994.

Kinder- und Jugendhilfegesetz (KJHG)

Das Gesetz zur Neuordnung des Kinder- und Jugendhilferechts vom 26.6.1990 (BGBl. I S. 1163) beinhaltet als »Artikelgesetz« alle Gesetze, die im Rahmen der Neuordnung des Kinder- und Jugendhilferechts geschaffen oder geändert wurden. Kernbereich ist das 8. Buch Sozialgesetzbuch – Kinder- und Jugendhilfe –, SGB VIII. Dieses Gesetz wird meist, da es der inhaltliche Kernbereich ist, als das Kinder- und Jugendhilfegesetz bezeichnet. Damit hat die fast 30jährige Geschichte der *Jugendhilferechtsreform* ein Ende gefunden, das JWG wurde durch das KJHG abgelöst. Das KJHG ist Kernbereich des Jugendhilferechts. Zum Jugendhilferecht sind weiterhin zu rechnen die AGe der Länder zum KJHG, Gesetze der Länder zu einzelnen Bereichen des KJHG (z.B. *Kindergarten*, Jugendbildung). Zum Jugendhilferecht i.w.S. gehören auch das JGG (*Jugendstrafrecht*) und materielle Leistungen für das Aufziehen von Kindern (z.B.BErzGG; BKGG). Vergleicht man den Gesetzeswortlaut des KJHG mit dem des alten JWG, so sind folgende inhaltliche Änderungen von besonderer Bedeutung:

- Konzentration der *Jugendhilfe*tätigkeit bei den örtlichen *Jugendämtern*: Mit der Beseitigung der freiwilligen Erziehungshilfen und der Fürsorgeerziehung (für die i.d.R. die LJÄ zuständig waren) und mit der umfassenden sachlichen Zuständigkeitserklärung des örtlichen JA für fast alle Aufgaben des Gesetzes (§ 85 KJHG) findet die Konzentration der Jugendhilfeaktivitäten beim kommunalen JA statt; die Kommunalisierung der Jugendhilfe wird ausgebaut und bewußt verstärkt.
- Dokumentation des Abbaus repressiver Maßnahmen: Spielten in den letzten Jahren etwa die Fürsorgeerziehung oder die angeordnete Beistandschaft kaum noch eine Rolle in der Jugendhilfe, so dokumentiert der Gesetzestext des KJHG diese in der Praxis eingetretenen Entwicklungen. Anstelle ehedem umfangreicher gesetzlicher Regelungen solcher repressiven Maßnahmen findet sich nun im KJHG eine ausführliche Benennung von präventiven, sozialpädagogischen Angeboten, wie sie von der Praxis bereits vor dem Inkrafttreten entwickelt wurden.
- Umfassende Benennung allgemeiner Förderungsangebote und präventiver Leistungen: Dies ist das Gegenstück zum Abbau der repressiven Maßnahmen. Hier kommt die Entwicklung der letzten Jahrzehnte zum Ausdruck. Schwerpunkt des Gesetzes ist nunmehr die umfassende Beschreibung der Jugendhilfeaktivitäten in diesem Bereich.

Damit ist das KJHG weitgehend die zeitangemessene, aktualisierte Beschreibung einer in Teilen schon seit längerer Zeit real existierenden Jugendhilfe. Es steht damit auch in der Traditions- und Entwicklungslinie des bisherigen Jugendhilferechts.

1. Inhalt: Diese Grundstrukturen der Veränderungen finden sich im Inhalt des KJHG wieder.
Das 1. Kapitel (§§ 1–10) enthält die Benennung einiger allgemeiner Grundsätze, so insbesondere Aussagen zum Grundverhältnis zwischen öffentlichen und freien Trägern (§§ 3, 4), zum Wunsch- und Wahlrecht der Leistungsberechtigten (§ 5), zur Beteiligung von Kindern und Jugendlichen und ihrer zunehmenden Fähigkeit und Berücksichtigung ihrer unterschiedlichen Lebenslagen (§§ 8, 9) und zum Verhältnis des KJHG zu anderen Leistungen und Verpflichtungen (§ 10).
Das 2. Kapitel (§§ 11–41) ist der sozialpädagogische Kernbereich des KJHG mit seinen 4 Abschnitten über die *Jugendarbeit*, die *Jugendsozialarbeit*, den erzieherischen *Kinder- und Jugendschutz* (§§ 11–15), über die Förderung der Erziehung in der Familie (§§ 16–21) mit den inhaltlichen Schwerpunken der Beratung in *Trennungs- und Scheidungsangelegenheiten*, der Unterstützung *Alleinerziehender* und der Betreuung und Versorgung in Notsituationen, dem 3. Abschnitt (§§ 22–26) über die Förderung von Kindern in *Tageseinrichtungen* und Tagespflege mit dem später eingefügten Rechtsanspruch aller Kinder vom vollendeten 3. Lebensjahr bis zum Schuleintritt auf einen Kindergartenplatz (der jedoch erst ab 1.1.1996 in Kraft tritt – § 24) und mit dem Herzstück dieses 2. Kapitels, dem 4. Abschnitt (§§ 27–41 KJHG). Dieser 4. Abschnitt wiederum enthält den 1. Unterabschnitt mit der Hilfe zur Erziehung (*Hilfen zur Erziehung*) (§§ 27–35, wo die rechtlichen Voraussetzungen des individuellen Rechtsanspruchs auf Hilfe zur Erziehung und die wichtigsten Hilfen zur Erziehung beispielhaft genannt sind), den 2. Unterabschnitt (§ 35 a), der sich mit der Eingliederungshilfe für seelisch behinderte Kinder und Jugendliche befaßt, den 3. Unterabschnitt (§§ 36–40), der die gemeinsamen Vorschriften für die genannten Unterabschnitte beinhaltet, so insbesondere den wichtigen § 36 mit der Mitwirkung von Minderjährigen und der Personensor-

geberechtigten und der Verpflichtung zur Aufstellung eines Hilfeplans im Zusammenwirken mehrerer Fachkräfte, den Regelungen zu den materiellen Leistungen bei Hilfe zur Erziehung (§§ 39, 40), und schließlich den 4. Unterabschnitt (§ 41), der sich mit der Hilfe für junge Menschen nach Erreichung des Volljährigkeitsalters befaßt.

Daß das KJHG in der Tradition des RJWG und JWG steht, zeigt sich im 3. Kapiel (§§ 42–60), das mit »anderen Aufgaben der Jugendhilfe« überschrieben ist. In den 5 Abschnitten dieses 3. Kapitels finden sich Elemente eines ordnungsrechtlichen Verständnisses (deutlich z. B. bei der Inobhutnahme gem. § 42 Abs. 3) und solche einer autoritativen Fürsorglichkeit (am deutlichsten bei der in § 55 genannten *Amtspflegschaft/Amtsvormundschaft*). Im Gegensatz zur sozialpädagogischen Orientierung wird die ordnungsrechtliche bzw. autoritativ-fürsorgliche Ausrichtung daran deutlich, daß das KJHG hier nicht dem Konzept einer sozialpädagogisch orientierten Sozialleistung folgt, deren Inanspruchnahme entscheidend davon abhängig ist, ob die Leistungsberechtigten dies wünschen, sondern unabhängig von deren Vorstellungen und Wünschen die Wahrnehmung von Aufgaben vorsieht.

Das 4. Kapitel (§§ 51–68) scheint mit der Überschrift »Schutz personenbezogener Daten« auf eher organisatorische Vorschriften hinzuweisen. Inhaltlich kommt jedoch gerade in diesem Kapitel das Grundverständnis einer sozialpädagogischen Orientierung zum Ausdruck. Ausgehend vom informellen Selbstbestimmungsrecht, verdeutlicht sich bei den *Datenschutz*vorschriften, daß die Leistungsberechtigten, Betroffenen im Mittelpunkt der Aufgabenwahrnehmung stehen und insofern über sie als Objekte unter Datenschutzgesichtspunkten nicht verfügt werden kann, sondern sie die Subjekte sind, die selbst entscheiden, wie mit ihrem informationellen Selbstbestimmungsrecht umgegangen wird.

Die Organisationsvorschriften beginnen mit dem 5. Kapitel (§§ 69–81). Hier wird – bundesgesetzlich singulär – den Trägern der öffentlichen Jugendhilfe (*Träger der Sozialen Arbeit*) die Einrichtung bestehender Ämter, eben der *Jugendämer*, vorgeschrieben und diesen die Aufgabenwahrnehmung nach diesem Buch übertragen (§ 69) sowie die sog. Zweigliedrigkeit des JA (Verwaltung und *Jugendhilfeausschuß*) festgelegt, das Verhältnis zwischen den öffentlichen freien Trägern (Förderung, Anerkennung, Beteiligung – §§ 73–78) strukturiert und die Gesamtverantwortung einschließlich der Planungsverantwortung der Träger der öffentlichen Jugendhilfe gesetzlich verbindlich festgelegt (§§ 79–81).

Das 6. Kapitel (§§ 82–84) befaßt sich mit Aufgaben der Länder und des Bundes. Im 7. Kapitel findet die sachliche Aufgabenzuordnung zwischen den örtlichen und überörtlichen Trägern der Jugendhilfe statt (§ 85) sowie die Zuständigkeit zwischen den verschiedenen örtlichen Trägern (§§ 86–88), einschließlich der Kostenerstattungsregelungen (§§ 89–89h).

Daß eine der zentralen Wurzeln der Jugendhilfe die Armenfürsorge war, zeigt sich im 8. Kapitel: Jugendhilfe ist nur in wenigen Bereichen kostenfrei, ansonsten ist die Erhebung von Teilnahmebeiträgen (§ 90), die Heranziehung zu den Kosten (§§ 91–94) und die Überleitung von Ansprüchen (§§ 95–96) vorgesehen.

Das 9. Kapitel enthält die Vorschriften für die Kinder- und Jugendhilfestatistik (*Sozialstatistiken*), ein häufig unterschätzter wichtiger Bereich, verfügt doch Jugendhilfe heute noch nicht über hinreichende Informationen zur sozialen Arbeitslage, zur Sozialinfrastruktur, zu Problemlagen und Interventionsanlässen. Das 10. Kapitel beinhaltet Straf- und Bußgeldvorschriften. Nicht vergessen werden dürfen (gegenwärtig noch) die Überleitungsvorschriften der Art. 10–19, durch die insbesondere bis zum 31.12.1994 der Rechtsanspruchscharakter einiger Vorschriften abgesenkt wird, und die in Art. 22 verankerte Stadtstaatenklausel, die den Stadtstaaten in einigen Bereichen abweichende Regelungen erlaubt.

2. Strukturelemente: Will man über eine Beschreibung des Inhalts hinaus das KJHG in seinen strukturierenden Grundlagen beschreiben, so bietet sich als Schlagwort an: Jugendhilfe als sozialpädagogische Sozialleistungen durch eine sozialpädagogische Fachbehörde (das JA). Daß das KJHG sozialpädagogisch ausgerüstet ist, zeigt sich insbesondere in seinem Kernstück, dem 2. Kapitel. Dieses Kapitel enthält einen »Minikatalog« von Angeboten und Leistungen der Jugendhilfe. Wesentlich für die sozialpädagogische Ausrichtung ist die Tatsache, daß sie nicht einseitig vom JA realisiert werden können, sondern nur dann, wenn die Leistungsberechtigten diese Angebote und Leistungen wollen. Rechtlich kommt die Orientierung auch in § 5, dem Wunsch- und Wahlrecht der Leistungsberechtigten, zum Ausdruck: Betroffene sind nicht Objekte staatlichen Handelns, sondern Jugendhilfe ist Unterstützungstätigkeit zur Selbstverwirklichung nach eigenen Vorstellungen (*Mitwirkung/Mitbestimmung*). Die offene Struktur wird auch dadurch deutlich, daß in § 3 Abs. 2 im Bereich der Leistungen eine uneingeschränkte Betätigungsmöglichkeit für die Träger der freien Jugendhilfe existiert. Und nicht zu vergessen: Das 4. Kapitel mit den Datenschutzvorschriften macht auf der Ebene der informationellen Selbstbestimmung Ernst mit der Orientierung an den Leistungsberechtigten als Subjekten. Die sozialpädagogische Orientierung stellt sich auf rechtlicher Ebene darin dar, daß Jugendhilfe als Sozialleistung konzipiert ist. Deutlichsten Ausdruck findet diese Tatsache nunmehr darin, daß das KJHG mit seiner Verabschiedung VIII. Buch des SGB ist. Damit verdeutlicht der Gesetzgeber, daß es in einer Linie mit anderen klassischen Sozialleistungen steht. Die Tatsache, daß das KJHG Teil des SGB ist, hat Auswirkungen: So gelten die Bestimmungen des SGB I, etwa die allgemeinen Grundsätze des Leistungsrechts, die Mitwirkung der Leistungsberechtigten bei der Angabe von Tatsachen. Von besonderer Bedeutung sind die Bestimmungen des SGB X, wo vornehmlich das Verwaltungsverfahren geregelt wird und damit auch

klar ist, daß für Jugendhilfeleistungen die Grundsätze gelten, die für die Erbringung aller Sozialleistungen gelten. Besonders deutlich wird die Tatsache von Jugendhilfe als Sozialleistung dort, wo es um individuelle Rechtsansprüche auf Jugendhilfeleistungen geht. Solche mit Rechtsansprüchen ausgestattete Jugendhilfeleistungen finden sich im Wortlaut des KJHG in größerem Umfang als im alten JWG; dennoch bleiben hier Probleme. Daß die sozialpädagogischen Leistungen des 2. Kapitels des KJHG methodisch sozialpädagogisch umzusetzen sind, ist offenkundig. Die Tatsache, daß auch die anderen Aufgaben des 3. Kapitels dem JA als sozialpädagogischer Fachbehörde zugeordnet sind, macht deutlich, daß auch hier methodisch sozialpädagogisch zu handeln ist: Die Legitimation, daß JÄ (und nicht die allgemeinen Sicherheits- und Ordnungsämter oder die Fürsorge) zuständig sind, liegt darin, daß das KJHG davon ausgeht, daß letztlich alle Tätigkeit der JÄ sozialpädagogisch zu orientieren ist. Rechtlich ergibt sich die durchgängige Verpflichtung zum sozialpädagogischen methodischen Handeln daraus, daß insbesondere das 1. Kapitel und das 4. Kapitel des KJHG für alle Bereiche der Jugendhilfe gelten. Diese am Persönlichkeitsrecht der Menschen ausgerichteten Vorstellungen werden im alltäglichen Handeln der Jugendhilfe nur durch einen sozialpädagogischen Handlungsansatz realisiert, der versucht, die Leistungsberechtigten/Betroffenen für die Vorstellungen der Jugendhilfe zu gewinnen. Das bedeutet nicht den Verzicht auf die Entwicklung eigener, auf fachlich begründete Positionen, sondern fordert geradezu dazu heraus, für diese Vorstellungen »zu werben«, die Bürger dafür zu gewinnen. Der sozialpädagogische Handlungsansatz verbietet aber »unangreifbaren Experten« das, was sie für »das Beste« halten, einseitig, autoritativ zu realisieren, er erfordert das »gemeinsam Gefundene und Vereinbarte« umzusetzen. Deutlich wird dieses Konzept insbesondere in den Verfahrensvorschriften der §§ 36, 37. Insofern ist das KJHG auch Ausdruck einer programmatischen Weiterentwicklung der Jugendhilfe. Diese Weiterentwicklung wird durch das Gesetz an vielen Stellen dokumentiert und unterstützt. Dennoch sind auch mit dem neuen KJHG Probleme verbunden.

3. Probleme: Deutlichster Ausdruck der sozialpädagogischen Orientierung ist auf der Sozialleistungsebene die Begründung von Rechtsansprüchen. Rechtsansprüche bestehen auf Leistungen. Deswegen ist Schwerpunkt der Rechtsansprüche das 2. Kapitel des KJHG. Rechtsansprüche können einen unterschiedlichen Verbindlichkeitsgrad für den öffentlichen Träger haben: Bei Muß-Vorschriften ist der öffentliche Träger bei Vorliegen der Voraussetzungen verpflichtet, auf jeden Fall zu leisten. Bei Soll-Vorschriften muß der öffentliche Träger im Regelfall leisten, ihm obliegt der Beweis dafür, daß ausnahmsweise eine Abweichung von der i.d.R. zu erbringenden Leistung vorliegt. Bei Kann-Vorschriften liegt es im Ermessen der Behörde, ob sie leistet; die Behörde ist dabei an rechtsstaatliche Grundsätze gebunden. Im 2. Kapitel findet sich eine Vielzahl von Rechtsansprüchen, meist als Soll-, z.T. aber auch als Muß-Regelungen. Dennoch besteht ein deutlicher Unterschied zu sonst üblichen Rechtsansprüchen auf Sozialleistungen, die meist Ansprüche auf Geldleistungen sind. Davon unterscheiden sich die Rechtsansprüche im Jugendhilferecht: Hierbei bestehen Ansprüche auf »weiche« Leistungen. Denn die Leistung Beratung, Unterstützung, Förderung der Erziehung ist eben nicht genau festlegbar und berechenbar. Zwar sichern die Rechtsansprüche, daß ein Mindestmaß an Beratung, Unterstützung usw. erbracht wird. Um aber diese Rechtsansprüche auf weiche Leistungen tatsächlich inhaltlich zu untermauern, wäre es notwendig, Bestimmungen über Faktoren zu treffen wie: Zugänglichkeit, Erreichbarkeit, Ausstattungsgrad, personelle Ausstattung usw. Dies ist nicht erfolgt, der Grund dafür liegt darin, daß eine solche Flankierung der Rechtsansprüche erhebliche Kosten verursacht hätte. Besondere Bedeutung haben die Rechtsansprüche bei den individuellen Hilfen zur Erziehung bei §§ 27ff. Hier liegt auch im pragmatischen Handeln der Schwerpunkt der Umsetzung von Rechtsansprüchen. Und hier wird ein zweites grundlegendes Problem, ja ein »Geburtsfehler« des KJHG deutlich. Inhaber der Rechtsansprüche auf individuelle Hilfen zur Erziehung nach §§ 27ff. ist der »Personensorgeberechtigte«. Hier wird an exemplarischer Stelle erkennbar, daß das KJHG keine angemessene Regelung des Verhältnisses von Jugendhilfe, Minderjährigen und Personensorgeberechtigten gefunden hat. In übertrieben deutlicher Weise wird dies aus der Stellungnahme der BReg zu anderen Vorschlägen des Bundesrats erkennbar, wenn dort ausgeführt wird, daß die Hilfe zur Erziehung nur demjenigen gewährt werden könne, der erzieht, und nicht dem, der erzogen werden solle; weswegen die öffentliche Jugendhilfeleistung sich nur an die Eltern richten könne und die Eltern insofern Erziehungssubjekte seien, während die Kinder und Jugendlichen als Erziehungsobjekte bezeichnet werden (BT-Drs. 11/5002, 5). Zwar enthält das KJHG Anknüpfungspunkte, um Angebote und Leistungen auf Minderjährige zu orientieren. So in § 8 mit der Beteiligung von Kindern und Jugendlichen und in § 36 bei den erzieherischen Hilfen, wo die Einbeziehung der Minderjährigen bei der Entscheidung über die Inanspruchnahme einer Hilfe gesetzlich festgeschrieben wird. Dennoch – § 27 Abs. 1 ist hierfür symbolischer Ausdruck – findet in der Struktur des KJHG eine überzogene Orientierung hin auf die Personensorgeberechtigten statt, was dem Gesetz den Vorwurf eingetragen hat, eher ein Familienhilfe- denn ein Kinder- und Jugendhilfegesetz zu sein. Dieser problematischen Grundstruktur liegt ein überholtes Verständnis über das verfassungsrechtliche Verhältnis von *Elternrecht*, Staat und Minderjährigen (*Kindesrecht*) zugrunde, das nicht mehr dem aktuellen Stand der verfassungsrechtlichen Diskussion entspricht. Damit ist wohl durch das KJHG die 30jährige Diskussion über die Reform des Jugendhilferechts zum Abschluß gekommen, die Weiterentwicklung des Jugendhilferechts jedoch nicht zu Ende.

J. Münder

Literatur: K. Hauck: Sozialgesetzbuch VIII, Kinder- und Jugendhilfe, Kommentar, Loseblattsammlung, Berlin 1991ff.; K.W. Jans u.a.: Kinder- und Jugendhilferecht, Kommentar, Loseblattsammlung, Köln 1991ff.; H. Krug u.a.: Kinder- und Jugendhilfe, Kommentar, Loseblattsammlung, Starnberg/Percha 1991ff.; W. Möller/C. Nix (Hrsg.): Kurzkommentar zum KJHG, Weinheim/Basel 1991; P. Mrozynski: Das neue Kinder- und Jugendhilfegesetz (SGB VIII), München 1991; J. Münder: Familien- und Jugendrecht. Bd. 2: Jugendhilferecht, Weinheim/Basel [3]1993; J. Münder u.a.: Frankfurter Lehr- und Praxiskommentar zum KJHG, Münster [2]1993; W. Schellhorn/ M. Wienand: Das Kinder- und Jugendhilfegesetz (KJHG). Ein Kommentar für Ausbidlung, Praxis und Wissenschaft, Neuwied 1991.

Kinder- und Jugendplan des Bundes (KJP)

Der KJP (Richtlinien v. 20.12.1993 des BMFJ, in: GMBl 1994, 42ff.) ist das wesentliche Förderungsinstrument des Bundes im Bereich der Kinder- und *Jugendhilfe*. Er ist am 1.1.1994 in Kraft getreten und hat damit den Bundesjugendplan abgelöst.
Der Bundesjugendplan wurde 1950 als besonderer Fonds der BReg ins Leben gerufen und zunächst für die Eingliederung der großen Zahl junger Flüchtlinge, insbesondere aus den ehemaligen deutschen Ostgebieten, und anderer in (Berufs-)Not befindlicher Jugendlicher verwendet. Er diente zudem der Arbeit von Trägern der freien Jugendhilfe auf Bundesebene, schwerpunktmäßig den *Jugendverbänden*.
Durch die Novellierung des JWG von 1961 erhielt der Bundesjugendplan mit der Vorschrift des § 25 Abs. 1 (»Die Bundesregierung kann Bestrebungen auf dem Gebiet der Jugendhilfe anregen und fördern, soweit sie über die Verpflichtungen der Jugendämter, Landesjugendämter und Obersten Landesjugendbehörden hinaus zur Verwirklichung der Aufgaben der Jugendhilfe von Bedeutung sind«.). Diese Vorschrift stieß in der einschlägigen Entscheidung des BVerfG v. 18.7.1967 (BVerfGE 22, 180) auf keine verfassungsrechtlichen Bedenken, solange der Bund Aufgaben eindeutig überregionalen Charakters fördert. Nach dem KJHG soll nunmehr »die fachlich zuständige oberste Bundesbehörde die Tätigkeit der Jugendhilfe anregen und fördern, soweit sie von überregionaler Bedeutung ist und ihrer Art nach nicht durch ein Land allein wirksam gefördert werden kann« (§ 83 Abs. 1).
Die Richtlinien für den Bundesjugendplan sind im Laufe der Zeit mehrmals geändert worden, zuletzt am 6.11.1984. Ziel des Bundesjugendplan war es, dazu beizutragen, daß junge Menschen ihre Persönlichkeit frei entfalten, ihre Rechte wahrnehmen und ihrer Verantwortung in Staat und Gesellschaft gerecht werden. Der KJP soll »zur Verwirklichung der Ziele und Aufgaben nach §§ 1 und 2 SGB VIII (KJHG) dazu beitragen, daß junge Menschen ihre Persönlichkeit frei entfalten, ihre Rechte wahrnehmen und ihrer Verantwortung in Gesellschaft und Staat gerecht werden können«.
Darüber hinaus sollen nunmehr explizit durch die Förderung Rahmenbedingungen für eine leistungsfähige Infrastruktur der Kinder- und Jugendhilfe auf Bundesebene geschaffen und gesichert werden. Voraussetzung für die Förderung ist, daß der Zuwendungsempfänger die Gewähr für eine den Zielen des Grundgesetzes förderliche Arbeit und für eine sachgerechte, zweckentsprechende und wirtschaftliche Mittelverwendung bietet.
Wesentliche Förderbereiche des KJP sind:
- politische Bildung
- kulturelle Bildung
- Jugend und Sport
- soziale Bildung (einschl. Freiwilliger Sozialer Dienste und Freiwilliger Ökologischer Dienste)
- Jugendsozialarbeit
- Mädchenarbeit
- Arbeit mit behinderten jungen Menschen
- Hilfen für junge Menschen und Familien; andere Aufgaben gem. § 2 Abs. 3 KJHG
- Hilfen für Kinder
- Schutz von Kindern und Jugendlichen
- Jugendverbandsarbeit, studentische Verbandsarbeit
- Kinder- und Jugendhilfe der freien Wohlfahrtspflege
- zentrale Einrichtungen der Fortbildung
- neue Wege der Kinder- und Jugendhilfe
- internationale Jugendarbeit
- Eingliederung junger AussiedlerInnen
- Bau, Erwerb, Einrichtung und Bauerhaltung von Stätten der Kinder- und Jugendhilfe.

Der im Bundesjugendplan noch enthaltene Förderbereich »Sonderplan Berlin« taucht wegen der deutschen Einigung nicht mehr auf. Im Zusammenhang mit der Einigung hat es im übrigen mehrere Sonderprogramme innerhalb und außerhalb des Bundesjugendplans gegeben. Soweit noch vorhanden, sind sie derzeitig im KJP-Förderbereich »Sonstige Fördermaßnahmen« enthalten und sollen tendenziell auslaufen.
Der KJP leistet grundsätzlich keine Voll-, sondern nur Teilförderung. Die Förderung geschieht als Projektförderung oder als institutionelle Förderung zur Abdekkung eines Fehlbedarfs bei der Gesamtarbeit eines Zuwendungsempfängers. Die Mittel werden vergeben im Verfahren der Direktförderung (unmittelbarer Antrag an das BMFSFJ), im Zentralstellenverfahren (Antrag bei der Zentralstelle des jeweiligen Trägers der freien Jugendhilfe auf Bundesebene) und im Länderverfahren (Antrag an zuständige Oberste Landesjugendbehörde).
Kurz- und mittelfristig geht es bei der Umsetzung des (neuen) KJP im wesentlichen um Antworten auf die folgenden Herausforderungen:
- Die durch den KJP vorgenommene Ausdehnung der Zielgruppen auf Kinder sowie Eltern und andere Erziehungsberechtigten, die Festschreibung der 1991 zusätzlich in den Bundesjugendplan aufgenomme-

nen Programme aus dem 3. und 4. Leistungsabschnitt des KJHG sowie die Einbeziehung des 2. Leistungsabschnitts und der »anderen Aufgaben« bedeuten eine Änderung des Charakters des Bundesjugendplans und zugleich eine Ausweitung seines Fördergegenstandes. Eine solche sowohl »vertikale« als auch »horizontale« Ausweitung setzt aber voraus, daß – unbeschadet der Notwendigkeit einer regelmäßigen Reflexion und Überprüfung von Inhalt und Umfang der Förderung – entweder die Mittel erheblich aufgestockt oder politische Vorgaben gemacht werden, wo die bisherigen Förderbereiche eingeschränkt werden sollen. Dies muß noch geschehen.
Die mit der Neufassung des Bundesjugendplans vorgesehenen und im Interesse einer effektiven kinder- und jugendhilfepolitischen Praxis dringend erforderlichen »Verwaltungsvereinfachungen« konnten noch nicht in ausreichendem Umfang erreicht werden.

- Die Interessen der freien Jugendhilfe im Zusammenhang mit der zugesagten Sicherung ihrer Infrastruktur auf Bundesebene einerseits und die der öffentlichen Jugendhilfe mit Blick auf in der Öffentlichkeit darstellbare Erfolge einer Regierungspolitik andererseits bergen die Gefahr, daß sie nicht mehr »unter einen Hut« gebracht werden können.
- Die freie Jugendhilfe muß sich tendenziell darauf einstellen, daß trotz erweiterter Aufgaben und Verantwortungsbereiche die Zuwendungen aus Steuermitteln in den kommenden Jahren eher noch weiter abnehmen als bedarfsgerecht aufgestockt werden.

Um diesen Herausforderungen zu begegnen, muß der entsprechende Dialog zwischen der öffentlichen und freien Jugendhilfe erheblich verbessert werden. Dies ist durch den KJP auch vorgesehen: Das Bundesministerium führt ihn »im partnerschaftlichen Zusammenwirken mit den Ländern, den komunalen Gebietskörperschaften und den bundeszentralen Trägern der freien Jugendhilfe durch und wird in grundsätzlichen Fragen vom Bundesjugendkuratorium beraten«. *S. Borsche*

Literatur: A. Baetcke: Widersprüche staatlicher Jugendpolitik – eine Analyse der Ziele und Inhalte ministerieller Jugendförderung, Weinheim 1978; BMJFG (Hrsg.): Perspektive zum Bundesjugendplan, Bonn 1978; Bundesjugendkuratorium: Bundesjugendplan. Zuständigkeit und Interesse des Bundes, Stellungnahme v. 19. 10. 1993; Bundesjugendkuratorium: Kinder- und Jugendplan des Bundes, Stellungnahme v. 5. 5. 1994; A. Keil: Jugendpolitik und Bundesjugendplan – Analyse und Kritik der staatlichen Jugendförderung, München 1969; Müller-Stackebrandt: Bundesjugendplan – Verteilungsinstrument oder Instrument zur inhaltlichen Qualifizierung von Jugendarbeit, in: Böhnisch/Müller-Stackebrandt/Schefold (Hrsg.): Materialien zur Jugendpolitik in der Bundesrepublik Deutschland, München 1980; J. Münder u. a.: Frankfurter Lehr- und Praxiskommentar zum KJHG, Münster [2]1993; 20 Jahre Bundesjugendplan, in: dj Sonderheft Nov. 1970.

Kinder- und Jugendpolitik

1. Gegensätzliche Positionen: Mit Kinder- und Jugendpolitik ist ein komplexer, in sich vielfältig ausdifferenzierter und in der Abgrenzung zu anderen uneindeutiger Politikbereich gemeint. Der Ausdruck wird zum einen benutzt zur Bezeichnung der spezifischen auf Kinder und Jugendliche gerichteten sozialpolitischen Leistungen (z. B. Schüler-Bafög). Er wird zum anderen verwandt, um den Nutzen bzw. die Folgen von politischen Entscheidungen in anderen Politikbereichen (Wohnungs-, Verkehrs-, Umwelt-, Wirtschaftspolitik usw.) für Kinder und Jugendliche zu charakterisieren. Schließlich findet sich ein enger gefaßter Sprachgebrauch, der unter Jugendpolitik nur deren institutionellen Kern versteht, also die Regelungsbereiche von *Jugendhilfe*, Jugendförderung und *Jugendschutz*.
Diese Uneindeutigkeit des Verständnisses hat Ursachen, die mit der Geschichte der Jugendpolitik eng verwoben sind. Von Anfang an standen sich zwei verschiedene Auffassungen gegenüber. Die eine – um P. Felisch u. a. gescharte – Gruppe forderte eine umfassende Jugendpolitik und die Normierung eigenständiger sozialer Rechte und Ansprüche für Kinder und Jugendliche. Nach der Auffassung von Felisch durfte sich Jugendpolitik gerade nicht auf den ausgegrenzten Bereich der Jugendfürsorge und Jugendpflege beschränken. »Da die Jugendpolitik das Beste der gesamten Jugend zu fördern hat, erstreckt sich ihr Arbeitsfeld überall dahin, wo das Wohl der *Jugend* in Frage steht« (Felisch 1918, 39). Nicht um die Normierung eigener – vom Erziehungsrecht der Eltern unabhängiger – sozialer Rechte von Kindern und Jugendlichen ging es der Gegenposition, sondern um die Integration und rechtliche Regelung des Praxisfeldes der Jugendfürsorge und Jugendwohlfahrtspflege (heute: Jugendhilfe). Ihr jugendpolitisches Verständnis bezog sich v. a. auf die Institutionalisierung und rechtliche Kodifizierung von Interventions- und Fördermaßnahmen. Jugendpolitik war für sie zuvörderst »Jugendhilfepolitik«. Beide Positionen markieren gegensätzliche Jugendbilder: Felisch schwebte eine Jugendpolitik vor, die Kinder und Jugendliche zum »Rechtssubjekt« machte und auf ihre Fähigkeit vertraute, sich eigenständig und selbstverantwortlich mit den alterstypischen und gesellschaftlichen Bewältigungsaufgaben auseinanderzusetzen. Der Gegenposition ging es dagegen vorrangig um die Bearbeitung der »Riskanz der Jugendphase«. Jugend war für sie eine durch Risiken und Probleme gefährdete Lebensphase und deshalb auf erzieherische Hilfen angewiesen.

2. Konzepte: Folgende Konzepte sind zu unterscheiden (Böhnisch/Schefold 1989): Als »Ressortpolitik« wird Jugendpolitik fokussiert auf die rechtlich-institutionellen Zuständigkeiten der bei Kommunen, Ländern und Bund für Jugend zuständigen Administrationen. Diese Zuständigkeiten beschränken sich im wesentlichen auf die Bereiche Jugendhilfe, Jugendförderung und Jugendschutz. Sie ist hier vertikal (zwischen den staatlichen Ebenen) differenziert und horizontal gegen andere

benachbarte Politikbereiche (Familie, Bildung) abgegrenzt. Sie verfügt hier über rechtliche Grundlagen und etatisierte Finanzmittel und hat deshalb operative Qualität. Freilich bezieht sich diese Ressortpolitik nur auf einen vergleichsweise eingegrenzten Ausschnitt der Lebenslage von Kindern und Jugendlichen oder auf besondere Probleme, während andere zentrale Bereiche des Jugendalters (Bildung, Ausbildung, Wohnen) jugendpolitisch kaum zugänglich, sondern in anderen Teilpolitiken institutionalisiert sind.

Diese Begrenztheit der operativen Möglichkeiten von Ressortpolitik hat immer wieder Forderungen laut werden lassen, Jugendpolitik müsse als »Querschnittspolitik« gefaßt werden und ihren adressatenbezogenen Gesichtspunkt in allen anderen Politikfeldern zur Geltung bringen (Westphal 1976). Kinder und Jugendliche werden in diesem Konzept wie andere soziale Gruppen (z. B. Frauen, Senioren, Arbeitnehmer) als Adressatengruppen verstanden, deren Lebenslagen von vielen gesellschaftlichen Faktoren, Institutionen und politischen Entscheidungen geprägt werden und deren Interessen und Ansprüche deshalb »anwaltschaftlich« in einer Vielzahl von politischen Entscheidungsprozessen zur Geltung gebracht werden müssen. Im politischen System der BRD sind aber kaum Zuständigkeiten und Beteiligungsverfahren institutionalisiert worden, die gewährleisten, daß die Bedürfnisse von Kindern und Jugendlichen bei den durch andere Rationalitäten bestimmten Teilpolitiken berücksichtigt werden. Jugendpolitik als Querschnittspolitik muß deshalb immer wieder neu ins Spiel gebracht und durchgesetzt werden. Insbesondere I. Mielenz (1981, 1992) hat mit dem Konzept der »Einmischungsstrategie« diese Aufgabe fachlich begründet. Eine prinzipielle rechtliche Legitimation hierfür findet sich in § 1, 3.4 KJHG.

In den Diskursen über gesellschaftliche Krisen und Zukunftschancen taucht ein Konzept von Jugendpolitik als »Zukunftspolitik« auf. Ihre zentralen Problemstellungen sind die Integrationsbereitschaft der jungen Generation sowie die Zukunftsfähigkeit der gesellschaftlichen und ökonomischen Grundstrukturen (DJI 1982). Sie thematisiert Jugend als Garant bzw. als Risiko für gesellschaftliche Kontinuität und Legitimation. Angesichts von jugendlichem Protestverhalten im Kontext von Friedens- und Ökologieproblemen, angesichts von Aussteigerverhalten und Politikverdrossenheit stellt sie die Frage nach gesellschaftlich-politischem Reformbedarf. Damit bezieht sich dieses jugendpolitische Konzept besonders stark auf die legitimatorische und symbolische Seite von Jugendpolitik und entwickelt kaum operative Bedeutung, wie das Beispiel der vom Deutschen Bundestag eingesetzten Enquetekommission »Jugendprotest im demokratischen Staat« zeigt (Wissmann/Hauck 1983). Analysen zeigen (Böhnisch u. a. 1980), daß Jugendpolitik immer dann eine starke öffentliche Akzeptanz und eine Ausweitung ihrer finanziellen und organisatorischen Infrastruktur erfahren hat, wenn das Thema Jugend im Zusammenhang mit gesellschaftspolitischen Problemen und Zukunftsfragen verhandelt worden ist.

3. Funktionen und Grenzen: Die Kernbereiche der operativen Jugendpolitik (Jugendhilfe, Jugendförderung und Jugendschutz) stellen Kindern und Jugendlichen sowie deren Familien Leistungen zur Verfügung, die im wesentlichen »personbezogene Dienstleistungen« oder das »Verfügbarmachen von infrastrukturellen Ressourcen« beinhalten. Damit hat Jugendpolitik Gewährleistungsfunktionen, die einmal bezogen sind auf die Sicherung von Sozialisations- und Erziehungsbedingungen. Sie hat zum anderen die soziale Qualität von Lebensverhältnissen zu gewährleisten bzw. Strukturdefizite auszugleichen. Jugendpolitik läßt sich demgemäß als »Sozialisationspolitik«, aber auch als »soziale Infrastrukturpolitik« entfalten; beide Seite bedingen einander.

Hierin wird freilich noch einmal die prinzipielle Nachrangigkeit der Jugendpolitik gegenüber den anderen Sozialisationsinstanzen (insbesondere der Familie) sowie den anderen Teilpolitiken deutlich. Da nach den grundgesetzlichen Bestimmungen Erziehung primär das Recht und die Pflicht der Eltern ist, begrenzt das Elternrecht die operativen Möglichkeiten der Jugendpolitik und verweist die Jugendhilfe auf eine nachrangige Position. Ähnlich begrenzt z. B. das Grundrecht auf Schutz des Eigentums die jugendpolitischen Einwirkungsmöglichkeiten auf die Bau-, Verkehrs- oder Wirtschaftspolitik.

4. Akteure und Verfahren: Wichtigste operative Verfahren der Jugendpolitik sind Planung (*Jugendhilfeplanung*) und Gesetzgebung (*Kinder- und Jugendhilfegesetz*). Jedoch kann dem Staat nicht an einer konsequenten Verstaatlichung des Handlungsfeldes gelegen sein. Dies würde nicht nur zu drastisch höheren Kosten führen, sondern auch die wert- und weltbildbezogenen Legitimationen gefährden und einer fachlich nicht tolerierbaren Standardisierung der Ziele und Inhalte Vorschub leisten (Münchmeier 1982, 380 ff.). Die Institutionalisierung und Verrechtlichung der Jugendpolitik erfordert deshalb »Verschränkungen von Kontextbedingungen und Autonomiespielräumen ... Vorkehrungen für die Institutionalisierung von Heterogenität« (Willke 1989, 59). Diese Verschränkungen und Vorkehrungen sind:

- *Subsidiarität:* Der Bereich der Jugendpolitik ist nach dem Grundsatz der Subsidiarität und Partnerschaft zwischen öffentlich-staatlichen und freien Trägern geregelt. Durch die Teilhabe der freien Träger an der öffentlichen Aufgabe werden sie mit dem Staat in eine gemeinsame Verantwortung eingebunden.
- Korporative Struktur: Der Staat beteiligt die Verbände an der Festlegung und Fortschreibung der Grundsätze, Richtlinien und Zielbestimmungen des Handlungsfeldes. »Charakteristisch für (neo-)korporatistische Arrangements ist, daß gesellschaftliche Organisationen und Verbände neben ihrer Aufgabe der Repräsentation von partikularistischen Interessen ihrer jeweiligen Mitgliederbasis zusätzlich Regierungsfunktionen übernehmen und daher einen quasi öffentlichen Status erhalten. Indem sie den

Staat bei seinen ... Steuerungs- und Ordnungsaufgaben entlasten, geht ein Teil der Kompetenzen parlamentarisch-repräsentativer Institutionen (Parlamente, Ausschüsse) und der Exekutive (etwa der Ministerialbürokratie) in die Zuständigkeit dieser gesellschaftlichen Organisationen und Verbände über ...« (Olk 1991, 132f.).
Beide Strukturmuster zeigen sich mit voller Deutlichkeit und Strittigkeit im Bereich der Jugendförderungspolitik, insbesondere am Beispiel des *Kinder- und Jugendhilfeplans* (er wurde 1950 zum erstenmal als Bundesjugendplan zur Förderung der Jugendarbeit aufgelegt und mit 17,5 Mio. DM ausgestattet; im Jahr 1989 stellte er insgesamt Mittel in Höhe von 466 Mio. DM zur Verfügung; vgl. Müller-Stackebrandt 1991). Dieses als »gesetzesfreie Fondsverwaltung« konzipierte Förderungsinstrument des Bundes ermöglicht der Bundesbehörde die Vorgabe jugendpolitischer Ziele, die Steuerung der Praxis entlang jugendpolitischer Prioritätensetzungen und die Kontrolle der Verbände über Förderungsanträge und -abrechnungen bis hin zum Förderungsentzug. Deshalb sind die Verbände sehr stark daran interessiert, auf die Jugendförderungspolitik Einfluß nehmen zu können und bei der Festlegung von Zielen und Erarbeitung von Richtlinien beteiligt zu werden. Diesem wechselseitigen Interessenausgleich dienen bestimmte Verfahren (z.B. Anhörungen) und Gremien, in denen der Staat als »semi-souveräner Akteur« auftritt. Dies muß keinen Verlust an effektiver Steuerung bedeuten; denn die Beteiligung der Verbände »an der Bestimmung der kontextuellen Parameter schafft die Voraussetzung dafür, die jeweilige Selbststeuerung auf die Prämissen der Kontextsteuerung auszurichten, also eine Selbstbindung über Partizipation zu erreichen. Man könnte von einem Prinzip der ›Ordnung durch Selbstbindung‹ sprechen« (Willke 1989, 59). *R. Münchmeier*

Literatur: L. Böhnisch/J. Müller-Stackebrandt/W. Schefold (Hrsg.): Jugendpolitik im Sozialstaat. Befunde und Perspektiven, München 1980; L. Böhnisch/W. Schefold: Jugendpolitik, in: Markefka/Nave-Herz (Hrsg.): Handbuch der Familien- und Jugendforschung, Neuwied 1989; DJI (Hrsg.): Die neue Jugenddebatte. Was gespielt wird und um was es geht: Schauplätze und Hintergründe, München 1982; P. Felisch: Wesen und Aufgaben der Jugendpolitik (H. 1 der Schriften über Jugendpolitik), Berlin 1918; J. Mielenz: Die Strategie der Einmischung. Soziale Arbeit zwischen Selbsthilfe und kommunaler Politik, in: NP 1981, Sonderheft 6; J. Mielenz: Jugendhilfe als Querschnittspolitik – Jugendhilfe im Widerstreit von Abgrenzung und Einmischung, in: AGJ (Hrsg.): Lebenswelten gestalten, Münster 1992; R. Münchmeier: Institutionalisierung pädagogischer Praxis am Beispiel der Jugendarbeit, in: ZfPäd 38/1992/3, 371–384; J. Müller-Stackebrandt: Jugendförderungspolitik, in: L. Böhnisch/H. Gängler/Th. Rauschenbach (Hrsg.): Handbuch Jugendverbände. Eine Ortsbestimmung der Jugendverbandsarbeit in Analysen und Selbstdarstellungen, Weinheim/München 1991, 205–217; Th. Olk: Jugendverbände im Neokorporatismus, in: ebd., 132–144; H. Westphal: Was ist Jugendpolitik? Abgrenzungen und Orientierungsgesichtspunkte, in: dj 12/1976; H. Willke: Systemtheorie entwickelter Gesellschaften. Dynamik und Riskanz moderner gesellschaftlicher Selbstorganisation, Weinheim/München 1989; M. Wissmann/R. Hauck (Hrsg.): Jugendprotest im demokratischen Staat. Enquete-Kommission des Deutschen Bundestages, Bonn 1983.

Kinder- und Jugendtheater (KJ-T.)

Definition: KJ-T. im eigentlichen Sinn ist das (professionelle) Vorführtheater für Kinder und Jugendliche unter Einschluß von Mitspielformen (Animationstheater). Manchmal wird auch das Theater von Kindern und Jugendlichen als KJ-T. bezeichnet; es sollte besser Amateur- (oder Schul-)theater genannt werden.
Geschichte: Auch nach der Entwicklung des Berufstheaters sind Kinder und Jugendliche bis ins 19. Jh. hinein gleichberechtigte Theaterbesucher; aus dem Literaturtheater werden sie mehr und mehr verdrängt. Im Gegenzug entwickelt sich in Deutschland ab 1854 ein kommerzielles Kindertheater: das Weihnachtsmärchen, das bald zur Weihnachtsoperette verkommt. Nach dem 1. Weltkrieg werden eigentliche KJ-T. in vielen europäischen Ländern gegründet (in Deutschland Brecht, Kästner, Hindemith). Die Sowjetunion ist bis zur Stalinzeit organisatorisch und künstlerisch führend. Ihr Modell eines straff zentral organisierten Lerntheaters als Teil der öffentlichen Erziehung wird nach 1945 für alle Volksdemokratien verbindlich. In der BRD gibt es neben den ganzjährig spielenden Figurentheatern einige dauerhafte Gründungen an Städtischen Bühnen (Nürnberg seit 1948, Dortmund seit 1953) und eine neue Entwicklung seit 1966 mit freien Gruppen (Kindertheater im Reichskabarett Berlin, später »Grips«, Leiter und Hauptautor Volker Ludwig). Nachfolgend entstanden und entstehen eine Fülle von professionellen und Amateurgruppen, häufig auf hohem Niveau.
Gegenwart: Heute spielen KJ-T. mit mancherlei Formen von Subventionen und öffentlichen Zuschüssen zum größeren Teil in einem festen, manchmal in einem eigenen Haus; sie sind fast immer zu Gastspielen bereit, manchmal grundsätzlich mobil. Z.T. sind sie selbständig, z.T. mehr oder weniger abhängig von städtischen oder staatlichen Bühnen; auch diese bieten sporadisch oder kontinuierlich Aufführungen für Kinder und Jugendliche an. Vertreten sind neben dem dominierenden Sprechtheater (fast immer mit musikalischen Elementen, insbesondere Liedern), Oper, Musical, Tanz, Ballett, Pantomime, Kabarett, Revue bis hin zu Straßentheater, Fest, buntem Abend. Wichtig ist insbesondere die Form des Figurentheaters, die für die meisten Kinder die erste Begegnung mit der dramatischen Form vermittelt; in der DDR waren die Figurentheater als gut ausgestattete Abteilungen der großen professionellen Theater eingerichtet. Folgende Formen, grob klassifiziert, lassen sich unterscheiden: Aufklärungstheater (es zielt auf Einsicht in gesellschaftliche Verhältnisse), Aufregungstheater (es vermittelt Spaß und Bewegung), Bildertheater (es bietet Projektions- und Identifikationsmöglichkeiten), Titeltheater (es dramatisiert be-

kannte Stoffe und Titel), Animationstheater (es lädt die Zuschauer ein zum Mitdenken, Mitreden, Mitentscheiden und/oder Mitspielen). Schon in den 80er Jahren zeigen sich verstärkt Bemühungen um Formen von Theater»kunst« im KJ-T.: Bühnenmärchen und vertraute Kindertitel dringen vor (v. a. bei kommerziell ausgerichteten Betreibern); das sozialpolitisch-sozialpädagogische Problem- und Eingreiftheater tritt zurück; vielfach wird Weltliteratur als Kindertheater entdeckt. Nach der Auflösung der DDR haben sich deren große Figurentheater verkleinert oder aufgespalten in eine Vielzahl freier Gruppen; das zentrale Puppentheater in Berlin besteht zumindest als Gastspielort »Schaubude« weiter. Die ehemaligen DDR-KJ-T. versuchen seit 1992 im Rahmen eines vom KJ-T.-Zentrum unterstützten Modellversuchs, sich »zunehmend als soziokulturelle Orte, als Ausgangs- und Mittelpunkt für Kinder- und Jugendkultur im Stadtteil und der Stadt zu etablieren«. Das gesamte »Theaterhaus soll zum Spielraum werden, in dem die Zuschauer selbst die Spieler sind und ihre Lebenssituation mittels Theater artikulieren und bearbeiten können« (Kulturzentrum Theater). Von diesen Versuchen gehen schon jetzt wichtige Impulse aus.

Funktion: Das KJ-T. kann erst im Zusammenhang mit dem eigenen Spiel der Kinder und Jugendlichen (*Spielpädagogik*) und eigenen Theaterversuchen (Amateurtheater) seine volle Wirkung entfalten. Es eröffnet kommunikativ den Zugang zu den dramatischen Formen Fernsehen, Film, Video, auch Funk, Schallplatte, Kassette; es läßt sich günstig verbinden mit den *Medien* Buch, Zeitung, Zeitschrift, Flugblatt, Foto, Zeichnung, Bild. Seine Nähe zur öffentlichen Rede (insbesondere in der Verbindung von Theater mit Diskussion), seine Wirkung durch das Lernen am Modell (zugleich eröffnet es, anders als der Film, die Möglichkeit zur Überprüfung des Modells), sein Angebot einer gesteigerten, verdichteten Kommunikation machen es zu einem idealen Übungs- und Experimentierfeld *sozialen Lernens*.

Sozialpädagogische Organisation: Der Besuch im Theater mit seiner besonderen »Theateratmosphäre« bietet häufig die künstlerisch eindrucksvollere Aufführung; der größere Aufwand der Zuschauer führt zu einer Aufwertung; die Mischung mit anderen Zuschauergruppen verringert die gruppenindividuellen Reaktionen; der Unterschied zwischen Theater und Alltag wird deutlicher. Demgegenüber verwischt die Aufführung im Jugendheim (am Ort der Zuschauer) diese Unterschiede; die Schwellenangst vor dem Theater entfällt; die Überprüfung der Aufführung erfolgt innerhalb der vertrauten Umwelt; die Reaktionen auf die Aufführung sind gruppenspezifischer.

Dem SozPäd obliegen die Information über KJ-T. und neben der Auswahl und Organisation von Gastspielen bzw. Theaterbesuchen die sinnvolle Vor- und/oder Nachbereitung: Gespräche mit Autor, Regisseur, Darstellern, Betroffenen; eigene Spielversuche; Besuch von Bühne und Werkstätten (Tag der offenen Tür). Zu nutzen sind Kritiken, Fotos, Programm- und Nachbereitungshefte. Besonders glücklich ist die engere Zusammenarbeit eines Jugendheims (einer Jugendgruppe) mit einem professionellen Theater, die sich als kontinuierlicher Lernprozeß für beide auswirkt (*Kulturelle Jugendarbeit*). In den letzten Jahren wurden vielfach intensiv arbeitende Jugendclubs an professionellen Theatern eingerichtet. *H.-W. Nickel*

Kontaktanschriften: Verband Deutsche Puppentheater e. V., Moorweg 1, 21337 Lüneburg; BAG (Bundesarbeitsgemeinschaft Spiel und Theater), Falkenstr. 20, 30449 Hannover; BUT (Bundesverband Theaterpädagogik), Turmstr. 7, 50733 Köln; Kinder- und Jugendtheaterzentrum, Schützenstr. 12., 60311 Frankfurt; ASSITEJ (Association Internationale du Théatre pour l'Enfance et la Jeunesse), Deutsche Sektion, c/o Kinder- und Jugendtheaterzentrum; Kinder- und Jugendtheaterarchiv, Hochschule der Künste, 10595 Berlin.

Literatur: H. W. Nickel: Kindertheater, in: Lexikon der Kinder- und Jugendliteratur. 2. Bd. Weinheim 1977 (mit weiteren Literaturangaben); M. Klewitz/H. W. Nickel (Hrsg.): Kindertheater und Interaktionspädagogik, Stuttgart 1972; M. Schedler: Kindertheater. Geschichte, Modelle, Projekte, Frankfurt/M. 1972; W. Kolneder/S. Fischer-Fels: Das GRIPS Buch THEATER, Berlin 1994; Kulturzentrum Theater. Hrsg. Kinder- und Jugendtheaterzentrum, Berlin 1993.

Kindesrecht

Von der Grundstruktur her geht das *Familienrecht* bei der *elterlichen Sorge* vom umfassenden Bestimmungsrecht der Eltern aus. Die Formel vom Wohl des Kindes (§ 1666 BGB) dient dazu, dieses umfassende Bestimmungsrecht zu begrenzen, und ist damit der Begriff, über den das Wächteramt der staatlichen Gemeinschaft für das Kind realisiert wird (*Elternrecht*). Die Akzeptanz der selbstartikulierten Autonomie des Kindes ist damit weder im elterlichen Sorgerecht noch über das staatlich zu sichernde Wohl des Kindes systematisch gegeben. Erst mit Erreichung der Volljährigkeit setzen sich die selbstartikulierten Vorstellungen der Kinder auch rechtlich durch. Möglichkeiten für die Berücksichtigung von K. wäre die Etablierung von Teilmündigkeiten vor Beginn der Volljährigkeit. Bisher gab es im deutschen Recht nur vereinzelt eigenständige Rechtspositionen i. S. von K., z. B. ab 14 Jahren: die Wahl des Bekenntnisses (§ 5 RKEG), das Beschwerderecht des § 59 FGG; ab 15 Jahren das bedingte Antragsrecht auf Sozialleistungen (§ 36 SGB I); ab 16 Jahren das eigenständige Testierrecht; die Neuregelung der elterlichen Sorge bringt hier bedauerlicherweise keine Erweiterung des K. Die massivste Ausweitung von K. brachte die Senkung des Volljährigkeitsalters von 21 auf 18 Jahren (§ 2 BGB); hierdurch wurde für diese Altersgruppe die elterliche Sorge durch das »K.« abgelöst.

Neben solchen gesetzlich formulierten Teilmündigkeiten wurde in Rechtslehre und Rechtsprechung die Rechtsfigur des sog. einsichtsfähigen Minderjährigen entwickelt: Wo es um tatsächliches Verhalten, insbe-

sondere in höchstpersönlichen Angelegenheiten, geht, können Minderjährige, wenn sie hinreichende Einsichtsfähigkeit in die konkrete, zur Entscheidung anstehende Angelegenheit haben, selbst – und nur selbst – die entsprechenden Entscheidungen treffen; das bedeutet zugleich, daß die Zuständigkeit der Eltern diesbezüglich eingeschränkt ist. Beispiele sind etwa die Entbindung eines Arztes von der Schweigepflicht, die Einwilligung in ärztliche Behandlungen, die Ausübung des *Zeugnisverweigerungsrechts*, die Einwilligung in eine psychiatrische Untersuchung usw.
Die Etablierung solcher Rechte für Minderjährige wird als K. bezeichnet. Mit einer kasuistischen Regelung wird allerdings das grundsätzliche Problem der rechtlichen Akzeptanz der eigenständigen Vorstellungen Minderjähriger nicht gelöst. Dies erkannte die Position, die schon frühzeitig unter dem Stichwort »Grundrechtsmündigkeit« Lösungen entwickelte: Hier geht es darum, inwiefern aufgrund von Grundrechten, insbesondere des Persönlichkeitsrechts des Art. 2 Abs. 1 GG, Minderjährige Rechtspositionen gegen ihre Eltern unmittelbar besitzen. Diesem Ansatz ist die Rechtslehre und Rechtsprechung kaum gefolgt. Sie sieht die Etablierung von K. für Minderjährige in erster Linie als eine Aufgabe des Gesetzgebers an. Da der Gesetzgeber mit der 1980 in Kraft getretenen Neuregelung des Rechts der elterlichen Sorge nur zögerliche Schritte in diese Richtung unternommen hat, blieb es der (Verfassungs-)Rechtsprechung vorbehalten, die Rechtsposition von Minderjährigen im Sinne von K. zu verstärken. Ausgehend von der Tatsache, daß es zwischen Eltern und Kindern Interessenkollisionen geben kann, hat das BVerfG in den Fällen, in denen die Eltern nicht in der Lage oder nicht willens waren, für die Minderjährigen Verfassungsbeschwerde zu erheben, gefordert, daß den Minderjährigen der Zugang zum Verfassungsgericht nicht versagt werden kann (BVerfGE 72, 122ff.). Es hat – falls der Gesetzgeber keine andere Lösung findet – die Bestellung eines Ergänzungspflegers für notwendig gehalten und dies dann auch realisiert (BVerfGE 75, 201ff.; BVerfG NJW 1989, 519ff.). Damit ist bei Interessenkonflikten zwischen Eltern und Minderjährigen den Minderjährigen generell in allen Verfahren, sei es vor dem *Vormundschaftsgericht*, dem *Familiengericht* oder dem Verfassungsgericht, eine entsprechende Verfahrensvertretung zur Seite zu stellen. Die Verfassungsrechtsprechung hat nicht zuletzt auch die Diskussion um den Anwalt des Kindes als Verfahrensvertreter des Kindes verstärkt.
Die Einräumung von Rechtspositionen allein genügt jedoch nicht. Durch gezielte Information, Beratung und Angebote muß dem Minderjährigen die Übernahme der Rechtspositionen ermöglicht werden (*Jugendarbeit/ Jugendhilfe*). *J. Münder*

Literatur: U. Fehnemann: Die Innehabung und Wahrnehmung von Grundrechten im Kindesalter, Berlin 1983; S. Jäger: Mitspracherechte Jugendlicher bei persönlichkeitsrechtlichen Entscheidungen, Rheinfelden/Berlin 1988; H. Krüger: Grundrechtsausübung durch Jugendliche (Grundrechtsmündigkeit) und elterlicher Gewalt, in: FamRZ 1956, 329ff.; J. Münder: Beratung, Betreuung und Erziehung, Münster [2]1991; M. Roell: Die Geltung der Grundrechte für Minderjährige, Berlin 1984; L. Salgo: Der Anwalt des Kindes, Darmstadt 1993; G. Zenz: Elterliche Sorge und Kindesrechte, in: Standesamtsanzeiger 1973, 257ff.; außerdem Literatur: *Elterliche Sorge, Familienrecht.*

Kindheit

K. bezeichnet im Gesamt der Abfolge von Lebensabschnitten eine Phase, die, in sich noch einmal unterteilt in frühe K., Kindergartenzeit und Schulkindphase, dem Jugendalter (*Jugend*) vorangeht. K. ist weiterhin ein Objekt wissenschaftlicher *Forschung*, dem v.a. seit dem Beginn dieses Jahrhunderts Entwicklungspsychologie (*Psychologie*), Biologie, Anthropologie und *Soziologie* ihr Interesse zugewandt haben (Gstettner), und schließlich ist K. ein Zustand, der Hilfs- und Schutzmaßnahmen der Erwachsenen provoziert, also ein Adressat pädagogischer Maßnahmen und Bemühungen. Im nachfolgenden sollen v.a. Aspekte des Themas behandelt werden, die sozialpolitisch (*Sozialpolitik*) und im Hinblick auf sozialpädagogisches Handeln (*Sozialarbeit/Sozialpädagogik*) von besonderem Interesse sind, Aspekte also, die mit Schutz und Förderung, mit Erziehung und Lebenschancen der Kinder unter den konkreten Bedingungen unserer gesellschaftlichen Gegenwart zu tun haben.
Sozialgeschichtilche Aspekte: Auch Kinder, nicht erst Heranwachsende, sind in die gesellschaftlichen Wandlungsprozesse einbezogen und insofern in einem dezidierten Sinn des Wortes Kinder ihrer jeweiligen Zeit. Darauf hat die neuerdings sehr stark sich entwickelnde Sozialgeschichte des Kindes mit aller Deutlichkeit aufmerksam gemacht. Eine Fülle neuerer Forschungen (Aries; de Mause; van den Berg; Shorter; Elias) hat aufgezeigt, wie sich die Lebenssituation der Kinder mit dem Beginn der Neuzeit drastisch verändert:
Im ganzen betrachtet, handelt es sich um einen historischen Prozeß, in dessen Verlauf sich die Lebensgemeinschaft, das ungetrennte Zusammen von Erwachsenen und Kindern, immer mehr auflöst. Im Mittelalter und in der frühen Neuzeit, so zeigen diese Studien, gab es für die Kinder keinen von der Erwachsenenwelt abgetrennten eigenen Lebensbereich; Kinder trugen die gleiche Kleidung wie die Erwachsenen, sahen und hörten dasselbe wie die Erwachsenen, arbeiteten in gleicher Weise wie die Erwachsenen, soweit und in dem Maße es ihre wachsenden körperlichen Kräfte erlaubten.
Das änderte sich erst, als *Schule* und *Familie* das Kind aus der *Gesellschaft* herauslösten und ihm einen eigenen Bereich schufen: die Schule mit der Zielsetzung einer spezifischen, auf die Möglichkeiten und Bedürfnisse des Kindes zugeschnittenen, aber zugleich streng auf die künftigen Arbeitsanforderungen ausgerichteten Form des Lernens, und die Familie mit dem Angebot

einer gefühlsmäßigen Zuwendung innerhalb des jetzt von der Öffentlichkeit abgetrennten Bereichs des Privaten. Es liegt auf der Hand, wie Prozesse der Modernisierung, die Entstehung einer bürgerlichen, auf Kapitalakkumulation angelegten Gesellschaftsformation hier im Hintergrund die entscheidende Rolle spielen: Jetzt entsteht eine eigene Kinderwelt, die sich in allem und grundlegend von derjenigen der Erwachsenen unterscheidet: Das Kind soll (und darf) spielen und braucht nicht zu arbeiten wie der Erwachsene; es hat eigene emotionale Bedürfnisse, und diese werden als solche anerkannt, es ist schwach und braucht deshalb die Förderung und den Schutz des Erwachsenen; die »Reinheit« des Kindes steht im Gegensatz zum unvermeidlich belasteten Erwachsenen, schließlich, aber das wird erst in jüngster Zeit wieder spürbar, kann man, weil Kinder eine eigene Form der Welterfahrung haben, auch von ihnen lernen (Doehlemann).
Doch zeigt sich auch schon in der sozialgeschichtlichen Perspektive und in den theoretischen Diskussionen zur Entstehung der K. die große Ambivalenz dieser geschichtlichen Entwicklung: Der These, die v.a. de Mause vertritt, daß die Geschichte der K. eine solche der Befreiung des Kindes sei (»je weiter wir in die Geschichte zurückgehen, desto unzureichender wird die Pflege der Kinder, die Fürsorge für sie und desto größer die Wahrscheinlichkeit, daß Kinder getötet, ausgesetzt, geschlagen, gequält und sexuell mißbraucht werden«, de Mause, 12), steht die entgegengesetzte von Ariès gegenüber, der behauptet, daß Schule und Familie »das einstmals freie Kind in den Rahmen einer zunehmend strengeren Disziplin gepreßt« (Aries, 262) hätten. Derartige verallgemeinernde Thesen werden sicherlich der höchst unterschiedlichen Situation der Kinder in den verschiedenen Soziallagen nicht gerecht: Für die von physischer und psychischer Ausbeutung und Verelendung gekennzeichnete Lage der Kinder im Industrieproletariat war die Einführung der Schulpflicht sicherlich eher ein Schutz und damit Verbesserung ihrer Lebenssituation als für die Kinder der höheren sozialen Schichten.
Aktuelle Probleme: Die öffentliche Diskussion zum Thema K. war über eine lange Zeit hinweg bestimmt durch die von dem amerikanischen Medienforscher N. Postman propagierte These vom »Verschwinden« der K. (Postman).
Demgegenüber ist zu betonen, daß auch die gegenwärtige Situation, was die Chancen und die Möglichkeit eines eigenständigen Kinderlebens betrifft, durch die sozialgeschichtlich bereits angelegte Ambivalenz bestimmt ist: Die Thesen vom »Ende« oder von der »Liquidierung« der K. übersehen, daß K. in ihrer inneren Qualität nicht nur ein Projekt und abgeleitete Größe objektiver gesellschaftlicher Strukturen und Prozesse ist, sondern eine Größe, die immer auch bestimmt ist durch die Form der Auseinandersetzung der Kinder mit ihrer Situation. So ist K. heute sicherlich beides, einerseits beeinflußt durch *Medien*, Werbung, Propaganda und Bewußtseinsindustrie, durch die Rationalisierung des Lebens, wie sie zunehmend alle Bereiche durchdringt; zugleich gibt es jedoch auch weiterhin Ausgrenzung und Exterritorialisierung der K. in vielfachen Formen und die subjektiv gestaltete eigene Erfahrungswelt der Kinder, die zugleich den Ansatz- und Bezugspunkt sozialpolitischen und sozialpädagogischen Handelns darstellt. Dabei kann allerdings, gerade im Hinblick auf die sozialpolitische und sozialpädagogische Sichtweise, die Vielzahl der gesellschaftlichen Wandlungsprozesse, die die Situation der Kinder heute berühren, keinesfalls außer acht gelassen werden: Dazu gehören in erster Linie der Wandel in Funktion und Struktur der Familie im gesellschaftlichen Zusammenleben; hier spielen eine Rolle die Veränderungen in Familiengröße, Rollenstruktur und -definitionen, die Aufweichung und Neudefinition der Geschlechterrollen, die Frage nach der Rolle, die das Kind im Zusammenhang der Lebensentwürfe und Selbstverwirklichungsansprüche der Eltern spielt, das Kind als »Größe«, die mit anderen, z.B. dem Beruf, »verrechnet« werden muß; darüber hinaus spielen die zunehmende Auflösung der klaren Trennung von Privatheit und Öffentlichkeit durch die Bewußtseinsindustrie und andere Faktoren eine wichtige Rolle. In diesem Zusammenhang ist es notwendig, die vielfältigen, in sich ambivalenten Wirkungen der immer weiter fortschreitenden Institutionalisierung der K. zu reflektieren: Obwohl die vielfältigen Räume, die für Kinder eingerichtet werden und zu Kinderghettos der verschiedensten Art führen, als »Kinder«räume firmieren, sind die dadurch entstehenden Lebensverhältnisse für die Kinder dennoch weitgehend durch die Rationalität der Erwachsenengesellschaft bestimmt. Weil die geplante und organisierte K. mit den Mitteln der herrschenden gesellschaftlichen Muster erfolgt, bedeutet dieser Vorgang zugleich eine wirksamere Form der Vergesellschaftung der K.
Von weitreichender Bedeutung ist in diesem Kontext auch die Frage, wieweit Prozesse gesellschaftlicher Individualisierung, wie sie v.a. in ihrer Auswirkung für die Problemstruktur der Jugendphase (*Jugend*) diskutiert werden, bereits für die Phase der mittleren und v.a. auch späten K. zutreffen. In Analysen zur früheren und größeren Verselbständigung der Kinder (Preuss u.a.; Geulen) und in den Debatten zu einer eigenen Kinderkultur (Lenzen; Berg), aber auch auf europäischer Ebene (Hengst) spiegelt sich die Tatsache, daß in einer sich radikalisierenden Moderne auch die K. in ihrer Struktur und Verlaufsform von derartigen Prozessen nicht unberührt bleibt.
Pädagogische Aufgaben: Angesichts dieser Situation bleibt als vordringlichste pädagogische Aufgabe bestehen die Sicherung des kindlichen Lebensraums angesichts der in dieser Situation enthaltenen und sicherlich wachsenden Schwierigkeiten; pädagogisches Bemühen muß sich darauf richten, gegenüber der immer weiter fortschreitenden »Besetzung« des kindlichen Lebensraums durch Interessen und Ansprüche vielfältiger Art dem Kind die Möglichkeiten zu selbstbestimmter, aktiver Auseinandersetzung mit seiner Welt zu erleichtern. Es bedeutet dies auch, Sorge zu tragen

für Aktivitäts-, Lern- und Orientierungsbedürfnisse der Kinder – v.a. angesichts der Angebote der »Wirklichkeit aus zweiter Hand«, wie sie die Kinderwelt heute sehr stark bestimmen.

Hindernisse im Hinblick auf die Erfüllung dieser Aufgaben liegen auf den verschiedensten Ebenen: Zunächst fehlt es in Deutschland nach wie vor an einer auf die Lebenslagen und Situationen von Kindern bezogenen Sozialberichterstattung; Kinder kommen in sozialpolitisch motivierten Analysen i.d.R. nur im Zusammenhang mit Familie vor (Nauck 1993). So fehlt es auch weitgehend an qualitativen Analysen zur Situation und den Problemlagen von Kindern, die nicht in »Normalverhältnissen« (also leibliche Kinder, bei beiden Elternteilen lebend) aufwachsen (erste Analysen dazu s. Nauck 1993).

Zweitens fehlt es trotz der Ausweitung von Angeboten in den letzten beiden Jahrzehnten nach wie vor an einem flächendeckenden Angebot an Einrichtungen zur Betreuung und Erziehung für das vorschulische Alter ebenso wie besonders drastisch an Horten und Ganztagseinrichtungen für das Schulalter (Nauck 1991: *Tageseinrichtungen für Kinder*), und bis 1996 (Inkrafttreten des Rechtsanspruches auf einen Kindergartenplatz gem. § 24 KJHG n.F.) bleibt die Entscheidung über Ausmaß und Art des Ausbaus der entsprechenden Einrichtungen den Ländern und Kommunen überlassen, die angesichts der von ihnen beklagten Finanznot eine eher restriktive Politik praktizieren.

Schließlich heißt Bewahrung von K. auch heute noch Kampf gegen Vernachlässigung und physische und psychische Ausbeutung der Kinder (*Gewalt in Familien*, *Kinderschutz*) in vielerlei Formen (Hornstein u.a.; zum Problem Kindesmißhandlung vgl. Beiderwieden u.a.).

Sozialpädagogische Akzentuierungen dieser Aufgabenstellung liegen vor in der *Familienhilfe*, wo es darum geht, sozial benachteiligten Kindern in Familien mit beschränkten sozialen und materiellen Ressourcen einen Ausgleich zu schaffen und so die Startchancen zu verbessern; im *Kindergarten* stehen ebenfalls Aufgaben der Kompensation und Reduzierung sozialer Benachteiligung und die Sicherung einer kindgemäßen, sozialpädagogisch (und nicht von antizipierten Schulanforderungen her) bestimmten Kindergartenarbeit an; bezüglich der Schule haben sich die Ansätze der *Schulsozialarbeit*, die ihre Schubkraft im Rahmen der bildungsreformerischen Bestrebungen der 70er Jahre erhalten haben, nicht in der wünschenswerten Weise weiterentwickelt und bedürfen konzeptionell und institutionell neuer Impulse.

W. Hornstein

Literatur: Ph. Aries: Geschichte der Kindheit. Mit einem Vorwort von H. v. Hentig, München 1975; M. Doehlemann: Von Kindern lernen, München 1979; J. Beiderwieden u.a.: Jenseits der Gewalt – Hilfen für mißhandelte Kinder, Basel/Frankfurt/M. 1986; Chr. Berg (Hrsg.): Kinderwelten, Frankfurt/M. 1990; J.H. van den Berg: Metabletica. Über die Wandlung des Menschen, Göttingen 1960; N. Elias: Über den Prozeß der Zivilisation. 2 Bde., Frankfurt/M. 1977; D. Geulen (Hrsg.): Kindheit. Neue Realitäten und Aspekte, Weinheim 1989; P. Gstettner: Die Eroberung des Kindes durch die Wissenschaft, Reinbek 1981; H. Hengst (Hrsg.): Kindheit in Europa. Zwischen Spielplatz und Computer, Frankfurt/M. 1985; W. Hornstein u.a.: Situation und Perspektiven der Jugend. Problemlagen und gesellschaftliche Maßnahmen, Weinheim/Basel 1982; A. Lang: Kindheit im Fadenkreuz der Wissenschaft. Ein Literaturbericht, in: SLR 28/1994; K.D. Lenzen: Kinderkultur – die sanfte Anpassung, Frankfurt/M. 1978; L. de Mause: Hört ihr die Kinder weinen? Eine psychogenetische Geschichte der Kindheit, Frankfurt/M. 1979; B. Nauck: Familien- und Betreuungssituationen im Lebenslauf von Kindern, in: H. Bertram (Hrsg.): Die Familie in Westdeutschland, Opladen 1991, 389–428; B. Nauck: Regionale und sozialstrukturelle Differenzierung der Kindschaftsverhältnisse in Deutschland, in: Zeitschrift für Pädagogik 1993, 953–969; N. Postman: Das Verschwinden der Kindheit, Frankfurt/M. 1983; U. Preuss-Lausitz/T. Rülcker/H. Zeiher (Hrsg.): Selbständigkeit für Kinder – die große Freiheit?, Weinheim/Basel 1990; E. Shorter: Die Geburt der modernen Familie, Reinbek 1977.

Kirchen und Religionsgemeinschaften (Religionsgesellschaften) des öffentlichen Rechts (K. u. R. d.ö.R.)

In den Vorschriften des *Kinder- und Jugendhilfegesetzes* sowie des *Bundessozialhilfegesetzes* zum Verhältnis zwischen öffentlichen Trägern und freier Wohlfahrtspflege (*Subsidiarität*, *Wohlfahrtsverbände*) sind die K. u. R. d.ö.R. besonders erwähnt (§ 75 Abs. 3 SGB VIII/KJHG, § 10 Abs. 1, 2 BSHG). Hierunter fallen in erster Linie die katholische und die evangelische Kirche, welche allein aufgrund der Mitgliederzahlen (auf dem Stand von 1987 84,5% der Bevölkerung) eine herausragende Stellung einnehmen. Neben den beiden Großkirchen gibt es in der BRD zahlreiche kleine Kirchen und Religionsgemeinschaften (denen 1987 5,4% der Bevölkerung angehörten). Auch hierbei handelt es sich z.T. um K. u. R. d.ö.R. (z.B. evangelische Freikirchen, altkatholische Kirche); die übrigen kleinen Religionsgemeinschaften sind privatrechtlich organisiert (z.B. Zeugen Jehovas). (Die vorstehenden Angaben beziehen sich auf die alten Bundesländer.)

1. Der Status der K. u. R. d.ö.R. hat seine Grundlage in Art. 137 WV, der gemäß Art. 140 GG geltendes Verfassungsrecht ist. »Die Religionsgesellschaften«, so heißt es in Art. 137 Abs. 5 WV, »bleiben Körperschaften des öffentlichen Rechtes, soweit sie solche bisher waren. Anderen Religionsgesellschaften sind auf ihren Antrag gleiche Rechte zu gewähren, wenn sie durch ihre Verfassung und die Zahl ihrer Mitglieder die Gewähr der Dauer bieten. Schließen sich mehrere derartige öffentlich-rechtliche Religionsgesellschaften zu einem Verbande zusammen, so ist auch dieser Verband eine öffentlich-rechtliche Körperschaft.« Hat hiernach die Kirche den Status einer Körperschaft des öffentlichen Rechts, so ist damit keine Eingliederung in den Staat verbunden. Eine solche wäre unvereinbar mit dem

Verfassungsgrundsatz der Trennung von Staat und Kirche (Art. 137 Abs. 1 WV). Die K. u. R. d.ö.R. sind demnach keine Körperschaften des öffentlichen Rechts im verwaltungsrechtlichen Sinne, womit man rechtsfähige Personenverbände bezeichnet, die staatliche Aufgaben wahrnehmen und unter staatlicher Aufsicht stehen (z.B. Industrie- und Handelskammer). Im Rahmen des Art. 137 WV hat der Begriff der Körperschaft des öffentlichen Rechts im wesentlichen die Funktion, den Kirchen bestimmte, mit dem öffentlich-rechtlichen Status traditionell verbundene Vorrechte (insbesondere das Recht auf Steuererhebung) auch unter den durch die WV veränderten staatskirchenrechtlichen Bedingungen zu sichern.

2. Der Status der K. u. R. d.ö.R. hat nicht zur Folge, daß alle Aufgaben der Organisation in öffentlich-rechtlicher Form erfüllt werden müßten. Das zeigt sich insbesondere an der *sozialen Arbeit* der beiden Großkirchen. Zu den zahlreichen Trägern von Diensten und Einrichtungen der kirchlichen Wohlfahrtspflege gehören nämlich nicht nur Gliederungen der öffentlich-rechtlich verfaßten Kirche (z.B. Kirchengemeinde, Kirchengemeindeverband), sondern auch dieser rechtlich selbständig gegenüberstehende Organisationen mit privatrechtlichem Status (z.B. eingetragener Verein, GmbH, Stiftung). Daß die privatrechtlich organisierten Träger soziale Arbeit i.S. der katholischen bzw. evangelischen Kirche leisten, kommt etwa in Satzungsbestimmungen zum Ausdruck, welche die Orientierung am kirchlichen Auftrag festlegen. Außerdem gehören die Träger der kirchlichen Wohlfahrtspflege (einschließlich der öffentlich-rechtlich verfaßten) i.d.R. dem jeweiligen Spitzenverband (Wohlfahrtsverbände) an; bei den Spitzenverbänden der kirchlichen Wohlfahrtspflege (DCV, DW) handelt es sich um juristische Personen des Privatrechts (eingetragene Vereine), die mit der verfaßten Kirche eng verflochten sind. Besonders weitgehende Einwirkungsmöglichkeiten auf die Arbeit privatrechtlich organisierter Träger ergeben sich für die verfaßte Kirche dann, wenn sie lt. Satzung über maßgeblichen Einfluß in den Organen verfügt oder eine gewichtige Gesellschafterstellung innehat.
Die unterschiedliche Einbeziehung der Träger in das kirchliche Organisationsgefüge soll nun anhand typischer Einrichtungen verdeutlicht werden:

(1) Träger eines Kindergartens ist die katholische Kirchengemeinde. Sie hat – als Gliederung der verfaßten Kirche – den Status einer Körperschaft des öffentlichen Rechts. Da sie sich in der Wohlfahrtspflege betätigt, ist sie dem DCV angeschlossen.
(2) Träger von 4 Altenpflegeheimen ist der C.-Kirchenbau-Verein e.V., dessen Arbeit sich am Auftrag der evangelischen Kirche orientiert. Er ist dem DW angeschlossen.
(3) Träger des W.-A.-Hospitals ist eine rechtsfähige Stiftung des privaten Rechts, deren Arbeit sich am Auftrag der katholischen Kirche orientiert. Im aus 7 stimmberechtigten Mitgliedern bestehenden Kuratorium der Stiftung sind die jeweiligen Pfarrer zweier katholischer Kirchengemeinden geborene und ständige Mitglieder. Beschlüsse des Kuratoriums über Satzungsänderungen bedürfen der Genehmigung durch die Bischöfliche Behörde. Im übrigen ist die Stiftung dem DCV angeschlossen.
(4) Träger eines Krankenhauses ist eine GmbH, deren alleiniger Gesellschafter der I.-Orden ist. Die von diesem Orden betriebene Krankenpflege orientiert sich am Auftrag der evangelischen Kirche. Die GmbH ist dem DW angeschlossen.

3. Die mit dem Status der K. u. R. d.ö.R. verbundenen Vorrechte können im religiös und weltanschaulich neutralen Staat des GG nicht auf die Großkirchen bzw. etablierte Religionsgemeinschaften beschränkt sein. So eröffnet der oben zitierte Art. 137 Abs. 5 WV bei Erfüllung bestimmter formaler Voraussetzungen beispielsweise auch neueren oder aus fremden Kulturkreisen stammenden Religionsgemeinschaften den Zugang zum öffentlich-rechtlichen Status. Darüber hinaus werden nach Art. 137 Abs. 7 WV den Religionsgemeinschaften »die Vereinigungen gleichgestellt, die sich die gemeinschaftliche Pflege einer Weltanschauung zur Aufgabe machen«. Mit anderen Worten: Die nichtreligiösen und antireligiösen Weltanschauungsgemeinschaften können die gleichen Rechte – einschließlich ggf. der Gewährung des öffentlich-rechtlichen Status – beanspruchen wie die Kirchen und Religionsgemeinschaften.
So wichtig für die K. u. R. d.ö.R. (insbesondere die beiden Großkirchen) die mit dem öffentlich-rechtlichen Status verbundenen Vorrechte auch sind, für die Grundstruktur des Verhältnisses zwischen Staat und Kirche nach den durch Art. 140 GG übernommenen Vorschriften der WV ist der Art. 137 Abs. 5 WV nur von sekundärer Bedeutung. Vielmehr hat neben dem in Art. 137 Abs. 1 WV niedergelegten Trennungsprinzip das Selbstbestimmungsrecht nach Art. 137 Abs. 3 WV den zentralen Stellenwert. »Jede Religionsgesellschaft«, so lautet Satz 1 dieser Vorschrift, »ordnet und verwaltet ihre Angelegenheiten selbständig innerhalb der Schranken des für alle geltenden Gesetzes.« Dieses Selbstbestimmungsrecht gilt nicht nur für die K. u. R. d.ö.R., sondern unabhängig vom rechtlichen Status für alle (auch die privatrechtlich organisierten) Religions- und Weltanschauungsgemeinschaften (zu letzteren Art. 137 Abs. 7 WV). In einem Kernbereich ihrer Selbstbestimmung sind die Kirchen etc. zudem durch das Grundrecht der Religionsfreiheit (Art. 4 Abs. 1, 2 GG) geschützt.
Die Interpretation des Art. 137 Abs. 3 WV (insbesondere der darin enthaltenen Schrankenklausel) ist freilich äußerst umstritten. Zum Teil wird hieraus eine weitreichende Sonderstellung der Kirchen in der staatlichen Rechtsordnung hergeleitet, z.B. mit der Folge, daß große Teile des staatlichen Arbeitsrechts im kirchlichen Bereich nicht gelten sollen (dies ist insbesondere für Einrichtungen der Wohlfahrtspflege relevant). Nach anderer (m.E. zutreffender) Ansicht stehen – unbescha-

det gewisser tradierter Vorrechte – die Kirchen als »Verband unter Verbänden« innerhalb der staatlichen Rechtsordnung und können z.B. hinsichtlich des Arbeitsrechts keine weiter gehenden Sonderrechte beanspruchen, als sie auch anderen Tendenzverbänden (etwa in der Wohlfahrtspflege) eingeräumt werden.

R. Keßler

Literatur: A. Frhr. v. Campenhausen: Staatskirchenrecht, München [2]1983; J. Isensee/P. Kirchhof (Hrsg.): Handbuch des Staatsrechts. Bd. VI, Heidelberg 1989, §§ 136–140; R. Keßler: Die Kirchen und das Arbeitsrecht, Darmstadt 1986; Statistisches Bundesamt (Hrsg.): Statistisches Jahrbuch 1994, Wiesbaden 1994, Abschn. 3.13 und 5.

Klasse/Schicht/Milieu

Klasse/Schicht/Milieu sind Begriffe, mit denen die *Sozialstruktur* moderner Industriegesellschaften beschrieben und erklärt wird, insbesondere die Formen und Ursachen sozialer Ungleichheit. Sie kennzeichnen in ihrer Reihenfolge den sozialen Wandel der Sozialstruktur in den Industriegesellschaften.

Die marxistische Gesellschaftstheorie sieht die Industriegesellschaft als Klassengesellschaft: K. werden durch die Verfügungsmöglichkeit über Produktionsmittel konstituiert: Der Proletarier ist gezwungen, zur eigenen Reproduktion seine Arbeitskraft zu verkaufen. Während Marx schon die Begrenztheit des Klassenbegriffs zur Beschreibung von Lebensverhältnissen sah und Differenzierungen einführte (z.B. das »Lumpenproletariat«), hielt er an der Bedeutung der K. für die Entwicklung der kapitalistischen Gesellschaft fest: Diese würde über den Klassenkampf vorangetrieben; die Arbeiterklasse würde im Klassenkampf ihrer Lage und ihrer objektiven Bestimmung bewußt.

Die Differenzierung von Lebensverhältnissen in der Entwicklung der Industriegesellschaft hat in den Sozialwissenschaften zu einer Differenzierung und Ablösung des Klassenkonzeptes geführt. Max Weber unterschied Besitz- und Erwerbsklassen. Neben deren ökonomischer Bestimmung betonte er die Abhängigkeit unterschiedlicher Lagen von ständischen Traditionen und Formen der Lebensführung.

Die Berücksichtigung nichtökonomischer Faktoren von Lagen hat im Konzept der »*Schicht*« Ausdruck gefunden. Sch. sind Bevölkerungsgruppen, die hinsichtlich spezifischer Merkmale ähnlich sind: »objektiver« Merkmale (Einkommen, Bildung, Qualifikation, Erwerbsverhältnis u.a.) und »subjektiver« Merkmale (Prestige, Kompetenzen, Lebensführung). Das Bemühen, mit Schichtmodellen die ganze Gesellschaft zu beschreiben (die BRD der 60er Jahre als »nivellierte Mittelstandsgesellschaft«, als *Gesellschaft* mit Ober-, Mittel- und Unterschicht), und das Bemühen, zunehmend differenzierte Konstellationen von Lebensbedingungen möglichst realitätsnah zu beschreiben, lassen sich immer schwerer vereinbaren. Für die 80er der alten BRD konstatieren Bolte/Hradil »eine durch mehrdimensionale Statusabstufungen, milieuspezifische Lebensstile, individualisierte Lebenskarrieren sowie durch spezifische Randgruppenerscheinungen differenzierte mittelschichtdominierte Wohlstandsgesellschaft«. Sie weist bedeutsame Ungleichheiten hinsichtlich des Einkommens und Vermögens, der Bildung, der Teilhabe an Macht, des Prestiges, der sozialen Sicherheit, der Arbeitsbedingungen, des Zugangs zu öffentlichen Einrichtungen aus. Für Verteilungen von Einkommen, Vermögen und des Prestiges sind Verteilungen in Form einer Zwiebel mit breitbesetzten Mittellagen charakteristisch. Die Schichtungsstruktur weist zunehmend regionale und lokale Unterschiede auf; insgesamt ist sie durch Statusinkonsistenzen gekennzeichnet: Die Merkmale zeigen bei einzelnen Personen und Gruppen unterschiedliche Ausprägungen. Konsistenz, d.h. durchgehend hohe Verfügung über bzw. das Fehlen von Einkommen, Vermögen, Prestige, Bildung zeigt sich in den Polen des Statusgefüges, also bei den Reichen und Armen.

Bei aller Komplexität weist das Schichtgefüge auf eine »Tiefenstruktur« hin (Geißler): Als Schichtdeterminanten treten Beruf und Bildung hervor. Bildungschancen, Studienchancen, Aufstiegschancen in die Machteliten u.a. sind nach wie vor von Mustern sozialer Vererbung (Berufsstatus der Väter) bestimmt; mit *Bildung* und Beruf (*Berufliche Bildung*) variieren viele Handlungsmuster. Daneben werden freilich andere Faktoren wie Familienstatus, Alter, Region, sozialpolitischer Status immer bedeutsamer und führen zu einer Pluralisierung von Lebenslagen.

Die Differenzierung des Schichtgefüges hat eine Betrachtungsweise forciert, die nicht mehr allein Verteilungen von »Gütern« in der Gesamtbevölkerung abbilden will, sondern für einzelne Handlungsmuster (politische Präferenzen, Erziehungsstile etc.) relevante Konstellationen von Ressourcen identifiziert. Dies führt zu Konzepten wie dem der Lebenslage, der Soziallage; die zunehmende Bedeutung individueller Lebensführung bringt kulturelle Faktoren ins Spiel: als Milieus, Lebensstile, Lebensformen; vor dem Hintergrund der Individualisierung werden neue kollektive Privilegien und Benachteiligungen deutlich (Berger/Hradil).

Soziale Ungleichheit zeigt sich in der Ungleichheit von Handlungskontexten, aus denen heraus Personen Ziele realisieren wollen. Soziale Lagen sind nach Hradil »typische Kontexte von Handlungsbedingungen, die vergleichsweise gute oder schlechte Chancen zur Befriedigung allgemein anerkannter Bedürfnisse gewähren«. Handlungskontexte von Personen sind durch Merkmale – sehr viel bzw. sehr wenig Geld, hohe, niedrige Qualifikation etc. – gekennzeichnet, die andere Merkmale beeinflussen und bei der Erreichung von Lebenszielen nicht ersetzt werden können; die soziale Lage ergibt sich dennoch erst in der spezifischen Kombination vieler Merkmale. Sie setzt nicht mehr eine Linie vertikaler Ordnung von Lebenschancen voraus, sondern betont den mehrdimensionalen Charakter von Lebensbedingungen.

In neuen Ansätzen zur Beschreibung von Lebensverhältnissen wird den Konstitutionsprozessen von sozialen Verortungen selbst Rechnung getragen, werden subjektive Anteile wie kulturelle Faktoren stärker einbezogen.
Milieus (soziale Lebenswelten, Subkulturen, Lebensformen, Lebensstile) gelten in der gegenwärtigen Gesellschaft als Strukturen, die Handeln von der Sozialstruktur her verständlich machen.
M. sind nach Schulze große Personengruppen, die sich durch gruppenspezifische Existenzformen und erhöhte Binnenkommunikation voneinander unterscheiden. Existenzformen werden als komplexe Syndrome äußerer Situationseigenschaften (Einkommen, Beschäftigung etc.) und Subjektivität (Werte, Deutungsmuster etc.) verstanden. M. beeinflussen das Handeln in allen Bereichen, sie werden ihrerseits durch Handeln fortlaufend modifiziert. Sie haben eigene Ausdrucksformen, die Zuordnung, Abgrenzung, Identität erlauben.
Die Wahlforschung, Markt- und Meinungsforschung hat M. in der BRD identifiziert. Stark beachtet ist der Lebensweltansatz des SINUS-Instituts. Darin werden insgesamt für die (alte) BRD 8 M. unterschieden, in deren Erforschung neben dem sozialen Status Wertorientierungen und Alltagsbewußtsein Eingang finden: das konservativ-gehobene M., das technokratisch-liberale, das kleinbürgerliche, das aufstiegsorientierte, das hedonistische, das alternative, das traditionslose wie das traditionelle Arbeitermilieu. Schulze unterscheidet nach zentralen Lebenszielen Unterhaltungs-, Selbstverwirklichungs-, Harmonie-, Integrations- und Niveaumilieus. Auch nach Alter und Bildungsstand lassen sich die Milieus zuordnen: das Unterhaltungs- bzw. Selbstverwirklichungsmilieu den unter 40jährigen mit eher niederer bzw. höherer Bildung, den älteren höher Gebildeten das Niveau-, den durchschnittlich Gebildeten das Integrations-, den geringer Gebildeten das Harmoniemilieu.
Die Komplexität und Dynamik der in die empirische Rekonstruktion von M., Lebensstilen oder Lebenswelten eingehenden Faktoren bedingt, daß verschiedene Modelle für die alte BRD vorliegen und laufend erzeugt werden (Berger/Hradil).
M.- bzw. Lebensstilforschung zeigt, daß die im Begriff der Klasse geöffnete Debatte um Ungleichheit heute ökonomische, politische und kulturelle Mechanismen einbezieht, Staat, Markt und Gemeinschaften tragen zur Differenzierung von Lebensverhältnissen bei. Lagen ändert sich entlang individueller Lebenszeit, dem institutionalisierten Lebenslauf. Die Mischung objektiver und subjektiver Faktoren führt dazu, daß individuelle Biographien eigene Orte von Chancenverteilung werden.
Die Komplexität der Erscheinungs- und Herstellungsformen von Ungleichheit kann aber neue kollektive Strukturen und Mechanismen von Ungleichheit nicht verdecken: In der auf sozialstaatlichen Ausgleich angewiesenen deutschen Industriegesellschaft rücken – verstärkt durch den Prozeß der Vereinigung – in den Bestimmungen von Lagen und M. die Faktoren in den Vordergrund, welche durch die *Sozialpolitik* i.w.S. beeinflußt werden: soziale Sicherheit als Abdeckung gegen die Risiken der Lohnarbeit, Arbeitsbedingungen, Versorgung mit sozialer Infrastruktur und sozialen Diensten. Je mehr Handlungskontexte auch von individueller Lebensführung bedingt werden und sich Chancenstrukturen entlang der Lebenszeit, insbesondere entlang den Erwerbsbiographien mit all ihren systemimmanenten Risiken (*Arbeitslosigkeit*, Entwertung von Qualifikationen u.a.) ändern, desto mehr werden die sozialen Rechte auf Leistungen des *Sozialstaates* bedeutsam; sie schließen lokal und regional bedingte Ressourcen, Einrichtungen wie *Kindergärten*, soziale Dienste (z.B. *Sozialstationen*) ein. Sie können in Notsituationen Chancen offenhalten bzw. Desintegration verfestigen. Die Verteilung horizontaler – neben der traditionellen vertikalen – Disparitäten (Offe) hängt freilich von der »Organisations- und Konfliktfähigkeit« der betroffenen Gruppen ab. Neue Bedarfsgruppen haben gegenüber den traditionellen korporatistisch organisierten Interessen der verschiedenen Erwerbs- und Funktionsgruppen geringere öffentlich-politische Durchsetzungschancen.
Die feministisch inspirierte Frauenforschung hat die geschlechtstypischen Lagen von *Frauen*, die in öffentlichem Bewußtsein wie in der Forschung weitgehend in *Familie* bzw. Haushalt versteckt waren, herausgearbeitet. Sie weist auf spezifisch weibliche Lebensverlaufsmuster, die – von gleichen Bildungsniveaus – entlang den Lebensphasenmodellen zu Statusverlusten in Erwerbsleben führen, auf typisch weibliche Randgruppen (*Alleinerziehende*, alte Frauen u.a.: *Alter*).
Hinter den hochdifferenzierten Lebenslagen und M. werden gegenwärtig wiederum in einzelnen gesellschaftlichen Bereichen Konstellationen sichtbar, die für wesentliche Teile der Bevölkerung Chancen einer selbstbestimmten Lebensführung auf dem durchschnittlichen Niveau der BRD beeinträchtigen bzw. unmöglich machen. Stagnation im sozialen Wohnungsbau (*Wohnen*), Strukturwandel der Haushalte etc. haben zu einem auf 1–3 Mio. geschätzten Fehlbedarf an Wohnungen wie zu überproportionalen Steigerungsraten bei Mieten geführt. Dadurch werden insbesondere Haushalte mit kleineren Einkommen in ihren Möglichkeiten stark eingeschränkt. Der Anstieg der Obdachlosen bzw. Nichtseßhaften hängt damit zusammen (*Obdachlosen-, Wohnungslosenhilfe*). Die hohe, auch strukturell und von der gewaltigen Transformationskrise im Osten Deutschlands bedingte Arbeitslosigkeit beschränkt auf Dauer Lebenschancen von gering qualifizierten, dem Arbeitsmarkt nur begrenzt zur Verfügung stehenden und in die Nähe des Rentenalters rückenden Personen.
Verminderte Chancen in Erwerbsarbeit, im Wohnungs- und Dienstleistungsbereich, geringer sozialpolitischer Status, *Stigmatisierung*, ethnisch begründete Diskriminierung (*AusländerInnen*), Belastungen in alltäglicher Lebensführung kumulieren in der Situation von »Randgruppen«: Obdachlose, Alleinerziehende, Langzeitarbeitslose, Sinti und Roma, Asylbewerber, Haftentlas-

sene u. v. m., die in der Sozialstruktur der BRD immer auffälliger werden.
Neben den alten Formen sozialer Ungleichheit, die mit der ökonomisch-technologischen Entwicklung von Arbeitsmärkten und den Formen sozialstaatlicher Kompensation der Risiken, die daraus entstehen, zusammenhängen, hat sich die Ungleichheitsforschung seit Mitte der 80er Jahre (Beck) neuen Risiken zugewandt, die aus den nicht bewältigten und nicht bewältigbaren Folgen der Großtechnologien resultieren und Gefährdungslagen mit sich bringen, die relativ unabhängig von traditionellen Schichtzugehörigkeiten und neuen M. alle betreffen: die Risiken der Atomtechnologie, der fortlaufenden Verschmutzung und Beschädigung von Luft, Wasser, Böden, Atmosphäre (Ozonschicht u. a.). Diese Risiken bringen neue qualitative Gefährdungen von Leben und Zukunft, sie zeigen neue sozialräumliche Verteilungsmuster, sie führen zu neuen Formen sozialer Konflikte, welche die traditionelle industriegesellschaftliche Szene der Verteilungskonflikte stark relativieren. Sie erfordern über die traditionelle Sozialpolitik hinaus – und diese modifizierend – neue Formen der Gesellschaftspolitik, die nationale Grenzen überschreitet.

W. Schefold

Literatur: U. Beck: Risikogesellschaft, Frankfurt/M. 1986; K. M. Bolte/S. Hradil: Soziale Ungleichheit in der Bundesrepublik Deutschland, Opladen 1988; P. Bourdieu: Die feinen Unterschiede, Frankfurt/M. 1982; R. Geißler: Soziale Schichtung und Lebenschancen, Stuttgart 1987; W. Hanesch u. a.: Armut in Deutschland, Hamburg 1994; S. Hradil: Sozialstrukturanalyse in einer fortgeschrittenen Gesellschaft, Opladen 1987; K. U. Mayer/H. P. Blossfeld: Die gesellschaftliche Konstruktion sozialer Ungleichheit im Lebenslauf, in: P. A. Berger/S. Hradil: Lebenslagen, Lebensläufe, Lebensstile, Göttingen 1990; C. Offe: Strukturprobleme des kapitalistischen Staates, Frankfurt/M. 1972; G. Schulze: Die Transformation sozialer Milieus in der Bundesrepublik Deutschland, in: Berger/Hradil, a. a. O.; M. Weber: Wirtschaft und Gesellschaft, Tübingen 1972.

Klient

1. Jeder Beruf in der modernen Gesellschaft erbringt Leistungen für Nachfrager oder Adressaten, wobei die begrifflichen Bezeichnungen oder Definitionen je nach den ökonomischen oder sozialen Bedingungen variieren. In Theorie und Praxis der SozArb steht der Begriff K. zentral für die Benennung der Adressaten. Für das Verständnis des Begriffs wichtig sind die Definitionen in Theorie und Praxis, die aus Adressaten sozialarbeiterischer Aktivität K. machen. Klientifizierung bedeutet dann, »Klienten werden gemacht« (Knieschewski 1978).
Das organisatorische und institutionelle Angebot von SozArb bindet Menschen in Hilfe und Beratung ein, jedoch schafft der berufliche Handlungsvollzug überwiegend komplementäre Beziehungsmuster (Helfer – Hilfsbedürftiger). Komplementarität ist wesentlicher Teil beruflicher Austauschbeziehungen, in denen es gilt, Mängel zu beheben. Auf die Leistung des Berufs folgt i. d. R. die Gegenleistung des Adressaten. Im Ergebnis wird jedoch nicht nur ein Mangelproblem, vielmehr auch ein Äquivalenzproblem (Geld, Bank) gelöst. Die Situation gilt als gelungen, wenn der »Kunde« nicht nur die Ware bezahlt hat, sondern auch mit der »Bedienung« zufrieden ist.
Im Kontext von SozArb ist davon auszugehen, daß Äquivalenz strukturell nicht erreicht werden kann, weil K. zu Äquivalenzleistungen nicht in der Lage sind: Ungewollt geraten sie in Not, sie können nicht finanziell entgelten und können keine Hilfealternativen entwikkeln. K. zu werden und K. zu sein bedeutet, in komplexen defizitären Situationen sich bewegen zu müssen. Daraus folgt leider auch, daß das Bild vom K. gesellschaftlich mit defizitären Merkmalen umschrieben wird. Obwohl die Berufs*ethik* der SozArb Akzeptanz des K. fordert, ist das Klientenbild auch vieler Fachkräfte defizitär geprägt.
Betrachtet man im komplementären Beziehungsmuster SozArb – K. die *sozialen Berufe*, dann fallen Tendenzen zur Ausprägung eines positiven, aktiven Selbstbildes der *Sozialen Arbeit* auf: Ökonomisch bedingte Defizite werden durch Einsatz finanzieller Transferleistungen bearbeitet, und der Orientierungsbedürftigkeit der Adressaten wird durch *Beratung* abgeholfen. Die Bemühungen um *Professionalisierung* der SozArb unterstreichen das Ziel, ein aktiv geprägtes Selbstbild zu realisieren.

2. Berufe und Professionen in der modernen *Gesellschaft* kennen jeweils typische Adressatenbegriffe. SozArb lehnt sich in ihrer Theorie und Praxis u. a. an Ökonomie, Rechtsprechung und Medizin an und holt sich Anleihen bei den jeweiligen Adressatendefinitionen von Patient, Kunde oder Mandant.
a) Die klassische Methodenlehre der SozArb läßt den Eindruck entstehen, die Adressaten seien »Patienten«, deren Probleme zu diagnostizieren und zu behandeln wären und über deren Problementwicklung eine Prognose erstellt werden könne. Das methodische Handeln wird in Anlehnung an die »ärztliche Kunst« zu einer »Kunst des Helfens« hypostasiert. Der Adressat habe sich mit seinen Problemen der pflegenden Hilfe zu überantworten. Die »Wohlfahrtspflegerin« legitimierte sich durch ein charismatisch-maternalistisches Berufsverständnis gegenüber dem »Wohlfahrtsempfänger«. Diese Analogien zur ärztlichen Profession waren typisch für das Adressatenverständnis früherer »Wohlfahrtspflege«.
Das »Patientenkonzept« erwies sich als wenig geeignet zur berufsspezifischen Gestaltung des Adressatenbildes. Die das Patientenbild konstituierende Passivität bot kaum Ansatzpunkte für sozialreformerische Ambitionen einer sich professionalisierenden SozArb. Der Adressat »Patient« blieb Domäne der ärztlichen Profession.
b) SozArb fällt es schwer, ihre Adressaten als »Kunden« zu verstehen, da die Nachfrager nach sozialen

Dienstleistungen zumeist als »unfreiwillige Kunden« vorsprechen, die kaum eigenen Einfluß oder finanzielle Mittel einbringen können. Es gelten i. d. R. keine marktähnlichen (reziproken) Beziehungen. Der »Kunde« in der SozArb muß zumeist sogar mitarbeiten, damit die Beratung oder *Hilfe* gelingt. Die Annahme einer »schlechten« Leistung kann er kaum ablehnen, selten eine bessere Dienstleistung oder finanzielle Transferleistungen einklagen.

Zum Bild des Kunden auf dem Markt gehört auch, daß Zahler und Nutzer identisch sind: Die Dienstleistung wird direkt bezahlt oder auf Kredit gekauft und konsumiert. Soziale Organisationen beziehen jedoch öffentliche Mittel oder Spenden, mit denen sie die Kosten der Hilfe für die Adressaten decken. Sie dürfen von den Adressaten keine monetären Äquivalente für ihre Dienste verlangen.

Weiterhin haben soziale Dienste und Transferleistungen für die K. keinen Marktwert, noch unterliegt der Preis den Bedingungen des Tauschs. Zaghafte Versuche von K., mit dieser »Ware« zu handeln, werden i. d. R. rigoros unterbunden.

Sozialarbeiter lehnen ein Klientenbild i. S. des »Kunden« weitgehend ab. Sie wollen sich nicht vorstellen, mit ihren Adressaten als Kunden in einer beruflichen Marktsituation zu arbeiten. Nach ihrem Leitbild von beruflicher Praxis sollten sich Mitarbeiter und K. frei von beruflichen und institutionellen Konkurrenzen »wohl fühlen«.

Die Entwicklung eines Adressatenverständnisses i. S. des »Kunden« wird in Theorie und Praxis der SozArb vernachlässigt, wenn nicht sogar bewußt vermieden. Hier werden erhebliche Modernisierungsdefizite für die Konzeption von SozArb in einer weitgehend ökonomisch orientierten Dienstleistungsgesellschaft deutlich.

c) Der Begriff »Mandant« verweist auf berufliche Zusammenhänge, die dem juristischen Berufsfeld entnommen sind. Fachkräfte der SozArb wären danach Anwälte ihrer Adressaten und Vertreter von Mandanteninteressen. Kritiker der SozArb weisen darauf hin, daß die Fachkräfte in restriktiv gestaltete Handlungsfelder ihrer Organisationen eingebunden sind und kein freies Mandat für ihre K. ausüben können. Auch die Beobachtung, daß Adressateninteressen und Berufsfunktionen der Fachkräfte oft erheblich divergieren, sollte eine größere Zurückhaltung bei der Nutzung des Mandantbegriffs zur Folge haben. Sozialarbeiter, die sich als Mandatsträger und ihren Adressaten als Mandanten verstehen, scheinen diese strukturellen Konfliktlagen weitgehend zu verdrängen oder zu vergessen, daß sie als Träger eines »doppelten Mandats« sowohl Interessen und Bedürfnisse der K. als auch Arbeitsaufträge ihrer Anstellungsträger zu erfüllen haben.

3. Die besondere Vorliebe der SozArb für den K.-Begriff scheint sich u. a. aus ihrer Orientierung an traditionellen Adressatenkonzepten der »freien Berufe« zu ergeben. Die möglichen Professionalisierungsvorteile werden jedoch dann verspielt, wenn SozArb sich nicht von defizitären Klientenbildern lösen kann. Den K. wird tendenziell eine eingeschränkte Fähigkeit zu sozialem Austausch und »soziale Schwäche« unterstellt.

Fachkräfte neigen dazu, die Adressaten aufgrund von Not und Hilfebedürftigkeit als orientierungslos, nicht marktfähig und weitgehend vertragsunfähig zu verstehen. Immer noch tauchen in Fallberichten attributive Klientenbilder mit *Stigmatisierungen* auf. Trotz Verwissenschaftlichung der *Sozialarbeit/Sozialpädagogik* perpetuiert die Praxis Verfahren, mit denen sie Verhaltensweisen und Handlungszusammenhänge der K. mit naiven Verhaltenstheorien bzw. Alltagstheorien zu »erklären« versucht.

Diese defizitären Vorstellungen über die K. weisen auf ein deutliches Professionalisierungsdefizit Sozialer Arbeit hin: Da eine gemeinsame, explizite und die Fachkräfte bindende Klientendefinition fehlt, fließen implizit sozialromantische Vorstellungen (»mein Klient«) in den Hilfeprozeß mit ein. Im und durch den beruflichen Handlungsvollzug werden »Klienten gemacht«. Klientifizierungen sind so stetiger impliziter Anteil im Vollzug sozialer Hilfen.

4. Für die zukünftige Profilierung der SozArb müssen mehr Bemühungen zur Entwicklung eines positiven, aktiven Klientenbildes unternommen werden. Als Voraussetzung dazu sollte SozArb die Komplexität ihrer Fachlichkeit den K. transparent machen, ihre Fachsprache übersetzen und die K. als Vertragspartner eines Hilfeprozesses verstehen. Ein modernes Klientenbild wird betonen müssen und im politischen Raum durchzusetzen haben, daß K. Inhaber von Rechtspositionen bezüglich sozialer Leistungen sind. Theorie und Praxis der SozArb könnten eine zusätzliche Perspektive entwickeln, indem sie die K. als Kunden in einem sozialen Servicesystem begreifen und so zum Abbau traditioneller Klientenbilder beitragen.

Schließlich wird sorgfältig zu beobachten sein, welche Selbstbilder und Rollendefinitionen Beteiligte und Betroffene einer alternativen SozArb (*Selbsthilfe*bewegung) von sich selbst im Kontext gegenseitiger Hilfeleistung entwickeln. *E. Knieschewski*

Literatur: K. M. Bolte/E. Treutner (Hrsg.): Subjektorientierte Arbeits- und Berufssoziologie. Frankfurt/M./New York 1983; E. Knieschewski: Sozialarbeiter und Klient. Eine empirische Untersuchung, Weinheim 1978; U. Laucken: Naive Verhaltenstheorie, Stuttgart 1973; C. W. Müller: Wie Helfen zum Beruf wurde. Bd. 2, Eine Methodengeschichte der Sozialarbeit 1945–1990, Weinheim/Basel ²1992; H. Oppl/A. Tomaschek (Hrsg.): Soziale Arbeit 2000. Bd. 2, Modernisierungskrise und soziale Dienste, Freiburg 1986.

Koedukation

K. bezeichnet die gemeinsame Erziehung von Jungen (*Jungenarbeit*) und *Mädchen* in *Sozialisation*sinstanzen auch außerhalb der *Familie*. Begrifflich muß – was in der Tradition meist versäumt wurde – zwischen K. und Koinstruktion unterschieden werden, wobei letztere lediglich den gemeinsamen Unterricht in gemischten Klassen unter Ausklammerung der inhaltlichen Dimension meint. Die meist synonyme Verwendung der beiden Begriffe führte zu dem Mißverständnis, Koinstruktion von Jungen und Mädchen wäre bereits K.

Allgemein praktiziert wurde Koinstruktion in Deutschland erstmals – bezeichnenderweise aus rein pragmatischen Gründen zur Gewährleistung eines ausreichenden Unterrichtsangebotes für alle Kinder unterer Schichten (vgl. *Klasse/Schicht/Milieu*) – bei der Einführung der Volksschulpflicht (Reichsgesetz vom 28.4.1920). Für Kinder höherer Schichten war weiter die getrennte Unterweisung der Geschlechter selbstverständlich.

In anderen europäischen Ländern war K. zunächst auf protestantische Regionen beschränkt, wo bereits gegen Ende des 19. Jh. K.-Schulen zu finden sind (z.B. Schweden 1876, England 1899). Romanische und katholische Länder lehnten K. bis in die jüngste Zeit ab (vgl. Erziehungsenzyklika von Leo XI 1929). Sozialistische Bewegungen sahen in der getrennten Erziehung von Jungen und Mädchen Relikte bürgerlicher Lebensformen und bejahten K. (Ansätze von K. in Rußland im Zuge der Revolution um 1918).

Auch das Schulwesen der USA ist schon in seinen Anfängen am Grundsatz der K. orientiert. K. im wörtlichen Sinne wurde in Deutschland erstmals im Zusammenhang der Landerziehungsbewegung und deren Vorläufer eingeführt (z.B. Schulgemeinde Wickersdorf 1906, Odenwaldschule 1910); vehement propagiert wurde K. auch von der Jugendbewegung (*Jugend/Jugendverbände*) und der Reformpädagogik. Hier war K. stets verbunden mit der Forderung nach neuen Erziehungs-, Bildungs- und Lebensformen.

Ansätze zur gemeinsamen Unterrichtung der Geschlechter in der Weimarer Republik wurden durch den Faschismus unterbrochen.

In der Nachkriegsperiode war der Aufbau eines neuen Schulwesens in der DDR verbunden mit dem Programm der K.; in der BRD konnte sich K. in den verschiedenen Bundesländern an den höheren Schulen erst in den 70er Jahren durchsetzen, wobei man auch hier von Koinstruktion sprechen muß, da bei der Realisierung von Koinstruktion eher pragmatische als bildungstheoretische Aspekte im Mittelpunkt standen.

Verantwortlich für die verzögerte Realisierung von K. bzw. Koinstruktion gerade im deutschsprachigen Raum sind im wesentlichen zwei Aspekte: Einmal ist es eine zählebige und im Grunde bis heute reichende Geschlechterphilosophie bzw. -ideologie, die von Kant über Rousseau bis Campe, Pestalozzi und Fröbel reicht und sich durch die Forderung nach weiblicher Charakterbildung zur »Erfüllung der besonderen Bestimmung des Weibes« auszeichnet. Daneben wird das Problem der K. seit dem Ende des 19. Jh. überlagert vom Kampf der *Frauen* und Mädchen um gesellschaftliche Gleichberechtigung, verbunden mit der Forderung nach eigenen Bildungseinrichtungen.

Der gegenwärtige Stand der Diskussion um K. ist gekennzeichnet von der Einsicht, daß *Bildung* und damit auch K. in das Fahrwasser patriarchalisch strukturierter und einseitig am denkenden Subjekt orientierter abendländischer Rationalität geriet (Schön u.a.). Erziehungsprogramme orientieren sich bis heute weitgehend am *Paradigma* der Herrschaft (über Natur, über andere Kulturen, über Menschen) und negieren dabei zentrale und heute neu zu entdeckende Lebens- und Gesellschaftsformen, wie sie insbesondere von der Frauenbewegung (vgl. Faulstich-Wieland), aber auch von Gesellschaftskritikern (Böhme) gefordert werden.

Die bis heute noch weithin patriarchalisch-zweckrational strukturierte *Schule* hat in den letzten Jahren eine heftige und kontrovers geführte Diskussion zu der Frage entfacht, ob es sinnvoll sei, einen Weg »zurück zur Mädchenschule?« (Pfister 1989) einzuschlagen. Die Befürworter einer reinen Mädchenschule weisen bis heute immer wieder darauf hin, daß in der heute praktizierten Form der K. einerseits »männliche Inhalte« dominierten und andererseits die Mädchen bei der Vermittlung von Technikkompetenzen benachteiligt würden (Kreienbaum/Metz-Göckel 1992).

In der gegenwärtigen Diskussion um Für und Wider reiner Mädchenschulen zeichnet sich deutlich eine Tendenz ab, die von der Notwendigkeit der »Umwertung der Werte und einer Kritik der technischen Zivilisation« bestimmt ist (Kreienbaum/Metz-Göckel, 78ff.). Zentrale Aufgabe von Schule und Unterricht ist es dabei, Mädchen und Jungen in der gemeinsamen Verantwortung für eine humane Gesellschaft unter Integration des immer brennender werdenden Problems der Bewahrung der Schöpfung zu sensibilisieren und zu qualifizieren.

E. Müller

Literatur: F. Bachmann/M. Döring/H. Kelber/L. Wagner: Weibsbildung (Wie Frauen trotz allem zu Wissen kamen), Berlin 1990; G. Böhme: Anthropologie in pragmatischer Hinsicht, 1985; K.-J. Bruder: Männliche Sozialisation und ihre Folgen für die Einstellung zur Technik, in: B. Schorb/R. Wielpütz (Hrsg.): Basic für Eva?, Opladen 1990; BMJFG: Konzertierte Aktion Gleichberechtigung für die 90er Jahre (Erste bundesweite Gleichberechtigungskonferenz am 23.4.1990), Bonn 1990; H. Conrads/A. Conrads: Mädchen in Naturwissenschaft und Technik. Grundlagen und Ergebnisse, Frankfurt/M. 1992; U. Enders-Dragässer (Hrsg.): Frauensache Schule (Aus dem deutschen Schulalltag: Erfahrungen, Analysen, Alternativen), Frankfurt/M. 1990; H. Faulstich-Wieland: Abschied von der Koedukation?, Materialien zur Sozialarbeit und Sozialpädagogik, Bd. 18, FHS Frankfurt/M. 1987; H. Faulstich-Wieland/G. Schefer-Vietor: Koedukation – Geschlechterverhältnisse in der Erziehung, in: K. Beck/H.-G. Herrlitz/W. Klafki (Hrsg.): Erziehung und Bildung als öffentliche Aufgabe, in: ZfP Beiheft 23, 1988; H. Frasch/A.C. Wagner: Frauen und Schule: Für eine reformierte Koedukation, Hamburg 1988; S. Harding: Feministische Wissenschaftstheorie (Zum Verhältnis von Wissenschaft und sozialem Geschlecht), Hamburg 1990; J. Hopfner: Mädchenerziehung und weibliche Bildung um 1800 (Im Spiegel der populär-pädagogischen Schriften der Zeit), Bad Heilbrunn 1990; K. Hurrelmann u.a.: Koedukation – Jungenschule auch für Mädchen?, Opladen 1986; M. Imhof: Mädchen – Jungen. Veränderungen der Geschlechterbeziehungen im Zusammenhang mit Selbsterfahrungsarbeit in der Grundschule, in: A. Prengel/P. Schmid/G. Sitals/C. Willführ (Hrsg.): Schulbildung und Gleichberechtigung, Frankfurt/M. 1987; E. Kloehn: Typisch weiblich? Typisch männlich?, Reinbek 1982; C. Kolmer: Mädchen auf neuen Wegen (Leitlinien von Mädchen- und Frauenarbeit), Internationaler Bund für Sozialarbeit, Frankfurt/M. 1990; M.A. Kreienbaum: Erfahrungsfeld Schule. Koedukation als Kristallisationspunkt, Weinheim 1992; H. Krüger: Gehören technische Fähigkeiten vielleicht auch »zum weiblichen Arbeitsvermögen«?, in: Rabe-Kleberg (Hrsg.): Besser gebildet und doch nicht gleich! Frauen und Bildung in der Arbeitsgesellschaft, Bielefeld 1990; Ministerium für Bildung, Wissenschaft, Jugend und Kultur des Landes Schleswig-Holstein (Hrsg.): Koedukation und Naturwissenschaften (Was leistet der gemeinsame Unterricht für Jungen und Mädchen?) (Dokumentation zum Forum am 12.1.1990 in Kiel), Kiel 1990; U. Müller: Zur Erotik der Gleichheit, in: A. Schlüter/Ch. Roloff/M.A. Kreienbaum (Hrsg.): Was eine Frau umtreibt, Pfaffenweiler 1990; G. Pfister (Hrsg.): Zurück zur Mädchenschule?, Pfaffenweiler 1989; A. Prengel: Der Beitrag der Frauenforschung zu einem anderen Blick auf die Erziehung von Jungen, in: Sozialmagazin, 1990, H. 7/8, 36–47; K. Schnorrenberg/K. Völkel: Koedukation: Oder die Anpassung an das allgemein Männliche, in: G. Pfister (Hrsg.): Zurück zur Mädchenschule?, Pfaffenweiler 1988; B. Schön/I. Brehmer/A. Prendel/A. Kaiser: Allgemeinbildung aus weiblicher Sicht, in: ZfP Beiheft 21, 1987.

Körper

1. Über und mit dem K. erzeugen und entwickeln wir das Leben. Jeder Lebensvorgang hat einen körperlichen Bezug, ist ein Gestaltungspunkt mit und über den K., stellt diesen selbst her. Nur indem wir hören, sehen, sprechen, gehen, greifen, stehen, Nahrung und Eindrücke aufnehmen, uns in der Welt bewegen, uns dieser Welt mitteilen oder handelnd auf sie Einfluß nehmen, also unsere Ohren, Augen, unseren Mund, die Hände, die Füße, unseren Organismus und K. aktivieren und in Tätigkeit versetzen, setzen wir uns in Beziehung und nehmen auf diese Weise wahr, was als Vernunft und Weisheit in unserem K. angelegt und gleichzeitig in diesem verborgen ist. Erst im erfahrenen und erlebten Umgang wird sichtbar, was in uns steckt. Der K. stellt eine »dauernde und unvermeidbare Tatsache unseres Lebens dar« (Leder) und ist dabei die Voraussetzung für den Austausch mit anderen Lebewesen wie mit der Welt, die uns umgibt. Zur Berührung gehört das Berührtwerden, zum Sehen das Gesehenwerden, zum Hören das Gehörtwerden lebensnotwendig dazu.
Der K. ist das erste Werkzeug der Kulturen und lebensgeschichtliches Werkzeug für unser eigenes Leben zugleich. In diesem Sinne ist er radikal »subjektiv«, wenngleich mit objektivierbaren Merkmalen, er *ist* nicht, sondern *geschieht*, ist immer im Prozeß des Werdens, der Bewegung, der Gestaltung wie das Leben selbst. Die menschliche Geschichte ist eine Geschichte der Sinne. Wir machen sie nicht nur mit unseren Gedanken, sondern auch mit unseren Gefühlen und ganz besonders mit unseren Händen und Füßen, mit unserem K. als dem Haus der Sinne – kein Gedanke und kein Gefühl käme ohne ihn aus. Als Werkzeug gestaltet der K. im Innen wie Außen. Die Hände waren mit ihren Fingern Vorbild für die Werkzeuge wie den Pflug und die Hacke, mit denen wir die Erde umgraben können, um auf diese Weise die Lebens-Mittel zu gewinnen, die wir zum Leben brauchen. Die Hand findet sich aber auch wieder in der Kelle, mit der wir Wasser schöpfen. Die Faust wird nachgeahmt vom Hammer, mit dem wir etwas befestigen und ein Haus bauen können. Die Füße sind die Grundlage für unseren Stand. Mit und auf ihnen lernen wir, selbständig zu werden, die Balance zu halten. Jeder Mensch wiederholt in der Entwicklung seines K., was die Geschichte der Menscheit ihm vorgelebt hat. In der Auseinandersetzung mit der Schwerkraft muß unser ganzer K., müssen alle Sinne, Muskeln, Sehnen und Gelenke sowie die Gleichgewichtsorgane eine hochkomplexe und vernetzte Arbeit leisten, um im feinen Zusammenwirken der tragenden Strukturen die Voraussetzungen dafür zu schaffen, daß wir auf eigenen Füßen stehen können und von dort aus unsere Schritte in die Welt wagen (zur Lippe; Kükelhaus).
Der aufrechte Gang des Menschen ist eine lebenslange Übung in allen Dimensionen seiner Existenz. Die aufrechte Haltung des Menschen in seinem K. bedarf der »aufrechten« Seele, der aufrechten wie aufrichtigen Gedanken sowie aufrechter sozialer Situationen, die ihm helfen, wirklich von innen heraus diese Haltung einzunehmen und zu entwickeln.
In diesem Sinne ist der K. ein soziales Gebilde, das die Subjektivität des Menschen historisch und gesellschaftlich konkretisiert. Die Frage nach den körperlichen Momenten der Subjektivität ist nicht isoliert zu stellen: Sie schließt die Frage nach den Bedingungen für eine bewußte Verbindung und Vernetzung aller Momente der Subjektivität in den empirischen Individuen ein, kann jenseits der historischen Formationen, die Seele, Geist und Soziales angenommen haben, also nicht beantwortet werden.
Wer vom K. des Menschen spricht, kann über die Gefühle und Gedanken nicht schweigen. Sie leben von einer austauschenden, sich gegenseitig gestaltenden wie sich aufeinander einstellenden Wechselbeziehung, die gesellschaftlich geprägt und Veränderungen unterworfen ist. Da wir nichts von dem, was wir »organisch« mitbringen, dauerhaft oder gar selbstverständlich zur Verfügung haben, sondern es immer wieder neu gestaltend einsetzen müssen, d.h., uns erneuern wie anpassen müssen, um unseren K. wie letztlich uns selbst zu besitzen, sind wir in einen Stoffwechsel hineingezwungen, der den Austausch von allem mit allem umfaßt und uns auffordert, den eigenen Horizont ständig zu überschreiten, um Leben zu haben (Jonas).
In diesem Sinne sind Geschichte und Theorie der *Sozialisation*, insbesondere der körperlichen Sozialisation, ein Teil der Geschiche der Naturbeherrschung am

Menschen (zur Lippe) und ein Stück Naturgeschichte menschlicher Sinnlichkeit wie Körperlichkeit. Aus dem Prozeß der gesellschaftlichen Produktion körperlicher, seelischer und geistiger Strukturen im Sozialisationsprozeß erfahren wir etwas über die Konstitution wie auch die Gefährdung körperlicher Momente der Subjektivität als Teil einer menschlichen Identität im Werden. Wer die Frage stellt, wie das Leben über und mit dem K. lebt, muß notwendigerweise auch die Gegenfrage stellen: Wer oder was behindert die Lebendigkeit des K., welche Prinzipien und Denkformen stehen seiner Entfaltung entgegen? So haben mechanistisch ausgerichtete Konzepte der Naturwissenschaften nicht nur das entfremdete, objekthafte Verhältnis vieler Menschen zu ihrem eigenen K. wesentlich verstärkt und die subjektive Körpererfahrung des Körpersein mit der äußeren Haltung des Körperhabens überlagert (Milz), sondern die gesellschaftliche Reduktion des K. auf ein Arbeitsinstrument, das wie eine Maschine zu funktionieren hat, nachhaltig legitimiert und die schonungslose Ausbeutung des K., der in diesem bis heute vorherrschenden Paradigma seiner Seele und seines Geistes beraubt wurde, vorangetrieben.

Zwischen dem sozialen Körperverständnis und dem subjektiven Körpererlebnis findet ein ständiger Austausch von Bedeutungsgehalten statt, bei dem sich die Kategorien beider wechselseitig stärken. »Die Sorgfalt, die auf seine Pflege verwendet wird, die Regeln der Nahrungsaufnahme und der Therapie, die Theorien über das Schlaf- und Bewegungsbedürfnis, über die normalen körperlichen Entwicklungsstadien, über die Erträglichkeitsgrenzen bei Schmerzen, die normale Lebensspanne – kurz, all die kulturell geprägten Kategorien, die die Wahrnehmung des Körpers determinieren, müssen den Kategorien, in denen die Gesellschaft wahrgenommen wird, eng korrespondieren, weil und insofern auch diese sich aus den kulturell verarbeitenden Körpervorstellungen ableiten« (M. Douglas).

Die Lebensgeschichte der Individuen (*Individuum*) als Entwicklung oder Störung ihrer spezifischen körperlichen Verhaltensfähigkeiten ist immer auch eine Geschiche ihrer sozialen Beziehungen, an denen sie mit »Leib und Seele« teilnehmen. Körperlichkeit als Ausdruck menschlicher Einmaligkeit wie Wiederholung eines sich dennoch selbstgestaltenden Prozesses entsteht als Wirkungszusammenhang von Gattungsgeschichte mit Lebens- und Sozialgeschichte, in dem sich der K. zusammen mit der Psyche und dem Denkvermögen auf der Basis genetischer Anlagen, einem offenen Lebenssinn und Individuationsprozeß (C.G. Jung) folgend, Schritt für Schritt entwickelt und dabei gleichzeitig geprägt wird. Die soziale Biographie des Individuums hinterläßt ihren »Eindruck« als Körpergeschichte in der Physis, wird »einverleibt« und prägt damit auch den individuellen »Ausdruck« (Haltung, Bewegung, Gesten, Mimik, Sprechweise). Menschen sitzen, stehen oder gehen, so wie sie denken und fühlen und beansprucht werden. Im Alltag orientieren wir uns sehr viel eher an dem, was uns der K. des anderen Menschen sichtbar und symbolisch entgegenbringt. Wissenschaftlich haben wir v.a. in den pädagogischen wie sozialen Professionen kaum gelernt, den Zusammenhang zwischen Körperlichkeit als Ausdruck menschlicher Subjektivität und sozialer Situation systematisch zu reflektieren. Die Medizin hat diesen Zusammenhang im Blick auf den pathologischen Befund geradezu gelöscht.

2. Die Fähigkeit wie die Notwendigkeit des Menschen zur Vereinheitlichung sinnlich-körperlicher, geistiger und emotional-psychischer Vermögen ist die Bedingung seiner Lebenstätigkeit. Diese bei allen Menschen angelegte Sinnesfähigkeit hält Psyche, Bewußtsein, soziales Handeln und körperliche Befindlichkeit nicht nur zusammen, vielmehr bestimmen Umfang und Differenziertheit der sinnlichen und körperlichen Wahrnehmungsfähigkeit auch Umfang und Differenziertheit des Bewußtseins.

Unser K. ist dabei als Leib Versammlungsstätte unserer verschiedenen Sinnestätigkeiten, der Gestimmtheiten, Gebärden und Gedanken, ist Mittelpunkt des subjektiven Erlebens wie Orientierungspunkt unserer Wahrnehmungen (Milz). Mit den Sinnen, die sich immer nur zusammen bilden und die in ihrer Tätigkeit untrennbar mit den übrigen Lebenstätigkeiten verbunden sind, drücken wir uns selbst mit und über den K. aus und stellen so Verbindungen zwischen uns und der Umwelt her. K. und Sinne liefern dem Bewußtsein die Informationen und Anregungen, aus denen es seine Kenntnisse gewinnt und zu Wissen und Ansichten vernetzt und strukturiert. Im K. versammeln sich unsere Aufnahme- und Handlungsmöglichkeiten, geraten Intuition und Planung in einen Dialog, streiten Erkenntnis und Phantasie. Die Einengung der Fähigkeiten zu sehen, zu hören, zu riechen, zu schmecken, zu tasten und zu empfinden steht deshalb in direktem Zusammenhang mit der Einengung des Bewußtseins vom eigenen Selbst, von der Umwelt und der Interdependenz dieser beiden Bereiche. Wird ein Sinn getroffen, werden alle anderen beeinträchtigt und müssen, selbstgestaltend und integriert, wie sie arbeiten, nach einer neuen Ordnung suchen. Das Kunstwerk der Sinne besteht im Zusammenspiel, und nur so schaffen sie Leibhaftigkeit. Sehen, hören, riechen, atmen, bewegen geschieht immer als »biologischer Akt« (V. v. Weizsäcker), in dem Empfänglichkeit zugleich Tätigsein ist. Erst beides zusammen macht das Leben aus, auch wenn es so aussieht, daß wir entweder wahrnehmen oder handeln und uns bewegen. Der »biologische Akt«, wie wir ihn auch in Geburt und Tod sehen, ist ein »Gestaltkreis«, in der die Einheit als ein Weg erscheint, auf dem wir das Lebendige als eine geschlossene und in sich zusammenhängende Figurierung erfahren. Dieser »biologische Akt« weist als Ausdruck ständiger Bewegung und Gestaltung über sich hinaus, ist transzendent, wie v. Weizsäcker sagt, oder selbsttranszendierend und autopoietisch, wie Maturana in seiner Biologie der Erkenntnis formuliert. Im biologischen Akt sehend, sehen wir als gesamter menschlicher Leib, ob wir nun schauen, beobachten, angstvoll fixieren oder in Demut unsere

Augenlider niederschlagen. Der ganze K. sieht aus dem Blickwinkel der gegenwärtigen Lebenssituation, und der Begriff »optische Wahrnehmung« kann nicht umfassend beschreiben, was geschieht.
Lebende Organismen – und der K. ist ein solcher – sind autopoietische Systeme, die in sich geschlossen mit anderen über spezifische Interaktionsbereiche zu anderen Systemen verkoppelt sind.
»Einer dieser Bereiche ist der gesamte periphere Körper mit all seinen stofflichen Vorgängen, ein anderer das Nervensystem als alles durchdringendes ... neurales Netzwerk, ein dritter das beobachtbare Verhalten des Organismus in seinen Interaktionen mit der Umwelt« (Ciompi 1986). Ein weiterer in dieser Weise funktionell geschlossener Bereich, der sich autopoietisch und selbsttranszendierend gestaltet, ist der psychische Bereiche, in dem Fühl-, Denk-, Wahrnehmungs-, Kommunikations- und Handlungsprogramme als ineinander integriert erscheinen. Gefühle und Gedanken müssen nur als verschiedenartige Erfassungsweisen der begegnenden Wirklichkeit aufgefaßt werden. Die »Psychodynamik« erscheint als Resultante ständiger Aneignungs- und Integrationsprozesse in der Auseinandersetzung mit der Außenwelt, die notwendig subjektiv, d. h. von der autopoietisch determinierten inneren Struktur des Systems abhängig ist und sich ihrerseits des Systems des K. für eine eigene Ausdrucksweise bedient und dabei entsprechend umstrukturiert wird (Ciompi).
Es gibt keine Gedanken und Gefühle, die für sich allein existieren, immer ist beides auch mit körperlichen (physiologischen) Vorgängen verbunden. Daher sind die körperlichen Prozesse so bedeutsam für unser Denkvermögen und unser Gefühl, wie umgekehrt die Modi von Denken und Fühlen die Dimensionen körperlicher Subjektivität beeinflussen und gestalten. Körperlichkeit in ihren konkreten Ausdrucksformen wird erlernt. Ein Teil der körperlichen Regulationsmechanismen (besonders zur Steuerung der Organfunktionen) ist schon mit der Geburt vorhanden und als Schaltplan in den Neuronenverbindungen des menschlichen Gehirns »gedruckt«. Ein bedeutsamer Teil jedoch entwickelt sich erst nach der Geburt auf der Basis der »frühen Informationen« durch unser erstes Tasten, Riechen, Schmecken, Fühlen. So arbeitet jeder von uns noch mit genau denselben (Gehirn-)Zellen, die er schon als Säugling entwickelt hatte (Vester).
Wenn ein Kind emotionale Probleme hat, so kann der Lern- und Wachstumsprozeß nicht ungehindert ablaufen. Beim Erwachsenen gilt dasselbe für seine Anpassungs-, Entwicklungs- und Wachstumsprozesse. Die sozialen Bedingungen können die körperliche, geistige und seelische Anpassungsfähigkeit »falsch«, einer anderen Verwertungslogik als der menschlichen entsprechend lenken und damit den Organismus auf Dauer überfordern. So führen stressende psychische Einflüsse unweigerlich zu Haltungsschäden, Muskelverspannungen etc. wie umgekehrt körperliche Fehlanpassungen zu psychischem Streß. Diese Wechselwirkungen zwischen K. und Psyche wurden durch die psychosomatische Medizin und die Erfahrungen der auf die Beeinflussung des K. orientierten Psychotherapien eindrucksvoll nachgewiesen. Die o. g. »Fehlanpassungen« sind das Ergebnis eines historischen Prozesses, in dem der koordinierte und vernetzte wie sich selbst organisierende Gebrauch von organischen Potenzen des Individuums einem Prozeß zunehmender Isolierung und Vereinseitigung wie auch fundamentaler und folgenreicher Trennung von geistiger und körperlicher *Arbeit* unterworfen wurde.
In Wirklichkeit findet die Umweltaneignung aber als ein Prozeß statt, in dem die Menschen durch die Einheit und Wechselbeziehung von geistiger Handlungsplanung und -korrektur, körperlicher Arbeit und sinnlicher Wahrnehmung in historisch bestimmter sozialer Organisation auf die äußere Natur einwirken, um deren Rohstoffe so zu verändern und zu gestalten, daß sie diese sich »einverleiben« können (»tote« Produkte der Arbeit). Gleichzeitig wirkt diese Bearbeitung der Naturstoffe auf die Menschen zurück, entwickelt und verändert ihre geistigen und körperlichen Fähigkeiten, ihr sinnliches Wahrnehmungsvermögen und ihre sozialen Verhaltensweisen (»lebendige« Produkte der Arbeit). Die geistige Arbeit kann nur scheinbar von sinnlicher Wahrnehmung, von Körperwissen und sozialen Kontext abstrahieren. So ist die Trennung von K. und Geist zuerst ein Produkt der gesellschaftlichen Arbeitsteilung, dann ein Produkt des menschlichen Denkens. Für den einzelnen Menschen führt die systematische gesellschaftliche Trennung von körperlicher und geistiger Arbeit zur Vereinseitigung seiner Betätigungsmöglichkeiten und zur Stereotypie seiner Handlungen. Da der Organismus eine Einheit von Wechselbeziehungen ist, wird die Isolierung und dauernde Beanspruchung wie Unterforderung einzelner Funktionen mit wachsendem Verschleiß einerseits und einer Unterbrechung lebendiger Verbindungen andererseits erkauft. Anders als die Geschichte der Krankheit entschlüsselt die Geschichte des kranken Menschen den Weg, den lebendige Arbeitskraft, d.h. menschliches Leben geht, wenn die Prinzipien lebendiger Körperlichkeit aus den »Angeln« gehoben werden. Nicht ein Organ erkrankt, sondern der ganze Mensch.

3. Zum Zusammenhang von körperlicher Subjektivität und professionalisierter SozArb: Dem bisher Gesagten kommt eine spezifische Bedeutung dadurch zu, daß Pädagogen und SozPäd in ihrer Gesamtheit jene Profession darstellen, die am Prozeß der Beherrschung der inneren Natur des Menschen beteiligt sind. In dem vom Produktionsprozeß getrennten Sozialisationsbereich werden die für die spezifische Produktions- und Reproduktionsweise dieser Gesellschaft notwendigen psychischen, physischen, geistigen und sozialen Strukturen des Menschen »hergestellt« und dort, wo das nicht gelingt, spezifischen Formen sozialer Kontrolle und sozialpädagogischer Intervention unterworfen. Denn während man schleppend begann, »... die Naturkräfte systematischer in den Dienst kalkulierbarer und ertragreicher Produktion zu stellen, machte man zu deren

wichtigster die Natur in den arbeitenden Menschen selbst. Alle Triumphe der Beherrschung des eigenen K., alle Erfolge der Regelmäßigkeit über naturwüchsige Ungewißheit, die bei den Herrschenden zu kühnen sportlichen und ästhetischen Leistungen führten, wurden sehr viel systematischer und zugleich stumpfsinniger von unerbittlichen Akkumulationsinteressen an den unmittelbaren Produzenten exerziert« (R. zur Lippe). Die *Geschichte* der öffentlichen und gesellschaftlichen Erziehung in ihren institutionalisierten Formen ist von Anfang an immer auch verbunden mit diesem Prozeß der Arbeit an der inneren Natur des Menschen, d.h. wesentlich mit dem Prozeß der »Einschränkung« von sinnlichem Verlangen und körperlicher Lust. In dieser Form ist sie auch eine Geschichte der Beteiligung am Prozeß der körperlichen und sozialen Kompensierung wie Isolierung wie Herstellung von Distanz, denn der gesellschaftlich verursachte Verlust körperlicher und sinnlicher Erfahrung ist immer auch der Verlust ganzer Bereiche der Wirklichkeit. Was wir sehen, ist Dissoziation im Prozeß der Sozialisation. Wo die übliche Erziehungsleistung nicht greift, um die soziale Struktur auch in unserer Körperlichkeit zu verankern bzw. dieser dienlich zu machen, da greifen die sozialpädagogischen Formen sozialer Intervention und Kontrolle: In den »geschlossenen Anstalten« nimmt man die Menschen in die körperliche Sicherungsverwahrung, und da der K. in der SozArb ohnehin meistens der kranke, der verwahrloste, der geprügelte, der gewalttätige, der auffällige ist, bekommt der Prozeß der instrumentellen Verfügung über den K. eine strukturelle Dimension für die SozArb. Im System der SozArb legen die gesellschaftlichen Verhältnisse Hand an den K. (Foucault): zur Wiederherstellung seiner Arbeitskraft, zur Verinnerlichung von Zeitstrukturen (*Zeit*), die der Disziplin dienen, zur Herstellung seiner Loyalität gegenüber den Verhältnissen. Insofern ist es kein Zufall, daß die Geschichte der Sozialarbeit/Sozialpädagogik sehr stark mit der Entwicklung der kapitalistischen Produktionsweise verbunden war und dieser insbesondere in der Anfangsphase mit der Entstehung und Entwicklung totaler Institutionen als körperliche Bewahr- und Disziplinierungsanstalten zur Seite steht.

An diese historische Funktion ist die SozArb nicht unaufhebbar gebunden. In Verbindung mit den Erkenntnissen aus der soziopsychosomatischen, der humanbiologischen Forschung, den theoretischen und praktischen Ansätzen von Körper- und Bewegungstherapien sowie den Erkenntnissen einer Sozialisationsforschung, die den Zusammenhang von Lebensgeschichte und Gesellschaftsgeschiche wieder rekonstruiert, könnte die SozPäd in Verbindung mit den Emanzipations- und Widerstandsbewegungen der Betroffenen wie deren Selbstartikulation in ihrer Vorschulerziehung, in der *Jugendarbeit*, in der Arbeit mit Erwachsenen und kranken Menschen und v.a. in ihrer psychosozialen Arbeit mit jenen gesellschaftlichen *Randgruppen*, deren auffällige Körperlichkeit immer schon als Ausdruck sozialer Abweichung galt, einen Beitrag zur Förderung jener körperlichen Gesundheits- und Verhaltenspotentiale leisten, die die Menschen trotz aller Versuche systematischer Zerstörung immer noch haben. Voraussetzung dafür ist, daß sie einen Begriff von dem gewinnt, was hier als körperliche Momente der Subjektivität bezeichnet wurde, und daß sie daraus mehr als verbale Konsequenzen zieht. In diesem Zusammenhang gewinnt SozArb eine besondere Bedeutung für eine ganzheitliche Gesundheitsförderung, in der der K. wieder als das erscheint, was er ist: das Haus, in dem ein Mensch wohnt. *A. Keil*

Literatur: E. Blechschmidt: Wie beginnt das menschliche Leben, Stein am Rhein 1989; R. du Bois: Körper-Erleben und psychische Entwicklung, Göttingen 1990; L. Ciompi: Affektlogik, Stuttgart 1982; M. Douglas: Ritual, Tabu und Körpersymbolik, Frankfurt/M. 1986; M. Feldenkrais: Die Entdeckung des Selbstverständlichen, Frankfurt/M. 1985; M. Foucault: Überwachen und Strafen. Die Geburt des Gefängnisses, Frankfurt/M. 1986; B. Hoppe: Körper und Geschlecht, Berlin 1991; H. Jonas: Organismus und Freiheit, Göttingen 1973; D. Kamper/V. Ritter (Hrsg.): Zur Geschichte des Körpers. Perspektiven der Anthropologie, München/Wien 1976; A. Keil: Gezeiten. Leben zwischen Gesundheit und Krankheit, Kassel 1991; H. Kükelhaus: Hören und Sehen in Tätigkeit, Zug 1978; D. Leder: The Absent Body, Chicago 1990; R. zur Lippe: Naturbeherrschung am Menschen. Teil I, II, Frankfurt/M. 1974; R. zur Lippe: Sinnenbewußtsein, Reinbek 1987; R. zur Lippe: Am eigenen Leibe, Frankfurt/M. 1983; G. Luce: Körperrhythmen. Die Uhr in uns geht ganz genau, Hamburg 1973; G. Mattenklott: Der übersinnliche Leib, Reinbek 1982; H. Maturana/G. Verden-Zöller: Liebe und Spiel. Heidelberg 1994; H. Milz: Der wiederentdeckte Körper, München 1992; A. Montagu: Körperkontakt. Die Bedeutung der Haut für die Entwicklung des Menschen, Stuttgart 1974; W. Reich: Charakteranalyse, Reinbek 1979; S. Schérer: Das dressierte Kind. Sexualität und Erziehung, Berlin 1975; N. Tinbergen: Ethology and Stress Diseases, in: Science 185/20/1974; T. von Uexküll: Lehrbuch der psychosomatischen Medizin, München 1993; F. Vester: Phänomen Streß, München 1976; D. Virilio: Die Eroberung des Körpers, München 1994; V. von Weizsäcker: Gesammelte Schriften, Frankfurt/M. 1987; E. Wenzel: Die Ökologie des Körpers, Frankfurt/M. 1986.

Kommunale Spitzenverbände (KSV)

KSV sind freiwillige Vereinigungen der kommunalen Gebietskörperschaften auf Bundes und Landesebene in der Rechtsform des nicht eingetragenen Vereins (mit Ausnahme von Bayern, wo die KSV als Körperschaften des öffentlichen Rechts organisiert sind). Auf Bundesebene handelt es sich um den Deutschen Städtetag mit Sitz in Köln, den Deutschen Städte- und Gemeindebund mit Sitz in Düsseldorf und den Deutschen Landkreistag mit Sitz in Bonn. Alle Spitzenverbände haben sich im Jahre 1953 zur Bundesvereinigung der kommunalen Spitzenverbände (Federführung Deutscher Städtetag) mit Sitz in Köln zusammengeschlossen. Seit einiger Zeit gibt es auch Zusammenschlüsse der Kommunen auf internationaler Ebene, insbesondere den Internationalen Gemeindeverband (IULA) mit Sitz in

Den Haag und den Rat der Gemeinden und Regionen Europas (RGRE) mit Sitz in Paris.
Der Deutsche Städtetag wurde im Jahre 1905 in Berlin gegründet. Ab 1933 wurden die KSV zum Deutschen Gemeindetag zusammengeschlossen, dem als Einheitsverband alle Gemeinden und Gemeindeverbände zwangsweise als Mitglieder angehörten. 1946 wurde der wiedergegründete Deutsche Städtetag von der amerikanischen Militärregierung akzeptiert. Die erste ordentliche Hauptversammlung des neuen Deutschen Städtetages fand im Mai 1948 statt. Dem Deutschen Städtetag gehören derzeit 281 unmittelbare Mitgliedsstädte (unabhängig von ihrer Größe) mit über 33 Mio. Einwohnern an. Über die 12 Landesverbände sind weitere 6820 Mitgliedsstädte/-gemeinden mit über 17 Mio. Einwohnern als mittelbare Mitglieder mit dem Deutschen Städtetag verbunden. Außerordentliche Mitglieder sind 9 höhere Kommunalverbände, Regional- und Fachverbände.
Der Deutsche Städte- und Gemeindebund entstand im Jahre 1973 aus der Fusion der Vorgängerverbände Deutscher Städtebund (hervorgegangen aus dem 1910 gegründeten Reichsbund Deutsche Städte) und Deutscher Gemeindetag (hervorgegangen aus dem 1922 gegründeten Deutschen Landgemeindetag). Dem Deutschen Städte- und Gemeindebund gehören als unmittelbare Mitglieder die 17 auf Landesebene organisierten Mitgliedsverbände an, die ca. 15000 kreisangehörige Städte und Gemeinden mit rd. 40 Mio. Einwohnern repräsentieren. Einzelmitglieder sind die beiden Landschaftsverbände in Nordrhein-Westfalen und der Kommunalverband Ruhrgebiet.
Der Deutsche Landkreistag (früher Verband Deutscher Landkreise) wurde 1920 gegründet und entstand 1949 neu. Ihm gehören als unmittelbare Mitglieder die 13 auf Landesebene organisierten Landkreistage sowie 6 höhere Kommunal- bzw. Regionalverbände an. Mittelbare Mitglieder sind die den Landesverbänden angehörenden 426 Landkreise mit ca. 53 Mio. Einwohnern.
Organe der KSV sind die Mitgliederversammlung (bzw. Hauptversammlung), der Hauptausschuß und das Präsidium mit dem Präsidenten an der Spitze. Die Fachaufgaben werden von Fachausschüssen wahrgenommen, die Finanzierung erfolgt durch Umlagen der Mitglieder. Die in Fachabteilungen gegliederten Geschäftsstellen werden von einem geschäftsführenden Präsidialmitglied geleitet.
Die Aufgaben der KSV bestehen im wesentlichen darin, ihre Mitglieder zu beraten, über alle kommunal bedeutsamen Vorgänge und Entscheidungen zu informieren und den Erfahrungsaustausch zwischen den Mitgliedern herzustellen (innere Verbandstätigkeit). Daneben wirken die KSV maßgeblich auch nach außen in staatliche und gesellschaftliche Entscheidungsprozesse durch zahlreiche Mitwirkungsreche u.a. bei der Vorbereitung von Rechts- und Verwaltungsvorschriften (äußere Verbandstätigkeit). Nach der gemeinsamen Geschäftsordnung der Bundesministerien (GGO II) etwa sind vorbereitende Entwürfe zu Gesetzen, durch die Belange der Gemeinden und Gemeindeverbände berührt werden, den KSV frühzeitig zuzuleiten und deren ggf. abweichende Meinung in Kabinettsvorlagen darzulegen. Ähnlich sieht die Geschäftsordnung des Bundestages eine Mitarbeit der KSV an den Beratungen der Ausschüsse des Bundestages vor. Auf Landesebene bestehen teilweise entsprechende Regelungen. Die KSV gehören kraft Gesetzes neben Bund und Ländern z.B. dem Konjunkturrat und dem Finanzplanungsrat an. Darüber hinaus sind sie zur Interessenvertretung in zahlreichen anderen staatlichen und privaten Entscheidungs- und Beratungsgremien sowie in Bund/Länder-Arbeitskreisen vertreten. Die Mitwirkungsrechte der KSV sind als Ausgleich dafür zu verstehen, daß die Gemeinden und Gemeindeverbände institutionell nicht an der gesamtpolitischen Willensbildung – etwa über eine Gemeindekammer – beteiligt sind. Neben Bund und Ländern kommt den Kommunen aber als dritte Ebene im Staatsgefüge insgesamt ein hohes Maß an Verantwortung zu, die letztlich auf die Legitimation der kommunalen Selbstverwaltung und auf ihre unentbehrliche Bindegliedfunktion zwischen kommunalen und staatlichen Entscheidungsinstanzen zurückgeht.

M. Scholle

Literatur: Deutscher Landkreistag (Hrsg.): Deutscher Landkreistag '92, Bonn 1992; Deutscher Städtetag (Hrsg.): Geschäftsbericht '93, Köln 1993; Deutscher Städte- und Gemeindebund (Hrsg.): Geschäftsbericht 1988–1991, Düsseldorf 1991; P.M. Mombaur: Der Deutsche Städte- und Gemeindebund, in: G. Püttner (Hrsg.): Handbuch der kommunalen Wissenschaft und Praxis, Kommunalverfassung, Berlin/Heidelberg/New York [2]1982, 491ff.; G. Püttner: Kommunale Spitzenverbände, in: Görres Gesellschaft (Hrsg.): Staatslexikon. Bd. 3, Freiburg/Basel/Wien [7]1987, 579; W. Roters: Spitzenverbände, kommunale, in: Voigt (Hrsg.): Handwörterbuch zur Kommunalpolitik, Opladen 1984, 413ff.; R. Stober: Kommunalrecht in der Bundesrepublik Deutschland, Stuttgart/Berlin/Köln [2]1992; H. Tiedeken: Der Deutsche Landkreistag, in: G. Püttner (Hrsg.): Handbuch der kommunalen Wissenschaft und Praxis. Kommunalverfassung, Berlin/Heidelberg/New York [2]1982, 484ff.; B. Weinberger: Der Deutsche Städtetag, in: G. Püttner (Hrsg.): Handbuch der kommunalen Wissenschaft und Praxis. Kommunalverfassung, Berlin/Heidelberg/New York [2]1982, 474ff.

Kompensatorische Erziehung (k.E.)

Entstehung: Das erste kompensatorische Programm wurde seit 1958 von Deutsch in New York City entwickelt. Es handelte sich um ein sog. »Bereicherungsprogramm«, das verschiedene Zielstellungen verfolgte:

1. »Entwicklung eines ›therapeutischen Curriculums‹ für Sprache, Mathematik, Wissen, Lesefähigkeit und Begriffsbildung;
2. den Einfluß dieses Programms auf benachteiligte Kinder zu prüfen;
3. zu prüfen, wie ein Vorschulprogramm die Intelligenzleistung und den späteren Schulerfolg beeinflußt;

4. zu bestimmen, in welcher Weise gesteigerter Erfolg zu positiven Einstellungen zur Gesellschaft und zu sich selbst fördert und das Aspirationsniveau hebt;
5. ein Lehrer-Trainings-Programm zu entwickeln, das für Benachteiligte ein besonderes Verhältnis weckt;
6. eine enge Zusammenarbeit zwischen Schule und Elternhaus zu schaffen, damit die Ziele und Werte der Schule vom Elternhaus unterstützt und verstärkt werden.«

Die Experimente Deutschs und ihre Ergebnisse haben eine Fülle weiterer Programme angeregt. Auch das nationale Head-Start-Programm wurde durch die Vorarbeiten Deutschs stimuliert.
Nachdem der »Civil Rights Act« und der »Economic Opportunity Act« von 1964 die gesetzlichen Grundlagen für den »Krieg gegen die Armut« gelegt hatten, wurden bereits 1965 die ersten »Child Development Centers« in Slums eröffnet, die in Sommerkursen mehr als eine halbe Mio. Kinder mit einem Bereicherungsprogramm und mit Gesundheits- und Ernährungsprogrammen betreuten. Die Sommerkurse wurden in der Folgezeit zunehmend von ganzjährigen Vorschuleinrichtungen abgelöst, die außerdem eine intensive Elternarbeit betrieben und den Eltern eine Mitwirkung im Programm anboten.
Nachdem sich gezeigt hatte, daß die Lernfortschritte von Vorschulprogrammen sehr rasch verschwanden, wenn die Schule sie nicht aufnahm und weiter förderte, wurden sog. Follow-Through-Programme entworfen, die v. a. eine zusätzliche Ausbildung und Beratung der Lehrer anstrebten, um damit die Lehrer-Schüler-Beziehungen zu intensivieren und die Zusammenarbeit mit dem Elternhaus zu verbessern.
Ein weiteres schulisches Programm war das »Upward Bound«, das vorzeitigen Schulabbruch der potentiellen »Drop-outs« verhindern und Slumschüler in größerer Zahl zum Collegebesuch stimulieren sollte.
Für Angehörige farbiger Minderheiten blieb die Rassentrennung in Schulen die schwerwiegendste Behinderung ihrer schulischen Entwicklung (Coleman-Report). Die versuchte »Desegregation« durch den Transport farbiger Schüler in weiße Schulen erwies sich als wenig effektiv und wurde aus Kostengründen und wegen des Widerstandes in den Südstaaten aufgegeben.
Während die kompensatorischen Programme seit 1972 zunehmend zurückgenommen wurden, wurden einige ihrer Elemente von alternativen Schulformen (Free Schools, Open Classroom, Community Schools) aufgegriffen, so v. a. die Orientierung an der Community und der Lebenssituation der Schüler.
Kritik: Ende der 60er Jahre erwachte im Rahmen der Reform- und Demokratisierungsbestrebungen im Bildungswesen der BRD ein starkes Interesse an den Ansätzen und Ergebnissen der amerikanischen k. E., versprach man sich doch davon eine größere *Chancengleichheit* für sozial benachteiligte Kinder. Gleichzeitig kam es zu einer Aufwertung der vorschulischen Erziehung, nachdem Bloom glaubte nachweisen zu können, daß bereits im Alter von 4 Jahren die Intelligenzentwicklung zu 50% fixiert sei. Die von Lückert, Kratzmeier und Correll initiierte Frühlesebewegung oder »basale Bildungsförderung« kam im wesentlichen dem Bildungsinteresse der Mittel- und Oberschicht entgegen und vergrößerte den Rückstand der Unterschichtkinder.
Die ersten gezielten Hilfen für sozial Benachteiligte i. S. einer k. E. entstanden als Übertragung eines Head-Start-Programms durch Harde, Siersleben und Wogatzki (Hannover 1968) und in Form von Sprachtrainingsmappen von Schüttler-Janikulla. Bevor es aber zu einer breiteren Entwicklung kam, setzte eine massive Kritik der k. E. ein Ende. Die amerikanische Kritik speiste sich aus den mangelnden Langzeiteffekten, die wiederum Argumente für die finanzielle Drosselung der Programme während des Vietnamkrieges und damit die Beendigung des »Kampfes gegen die Armut« einleiteten. Die bekannte Jensen-Kontroverse war nur die wissenschaftliche Legitimation eines sinkenden öffentlichen Engagements für die Benachteiligten.
Die Kritik in der BRD richtete sich v. a. gegen die einseitige schulische Orientierung der k. E. und gegen ihre Defizithypothese. Diese ließ sprachliche Abweichungen, andersartige Erziehungsstile und ihre Folgen als defizitär erscheinen, ohne ihre Bedeutung und ihre Bedingungen zu reflektieren. Allerdings verfielen auch manche Kritiker in den gleichen Fehler, wenn sie Unterschichtsozialisation zur proletarischen Kultur oder *Randgruppen* zu erhaltenswerten politischen Potentialen stilisierten, ohne die sie bedingende Unterdrückung in Frage zu stellen. Wir selbst haben versucht, v. a. mit Erfahrungen aus der Obdachlosenarbeit, der k. E. eine neue Wendung zu geben und sie als Alternative zur dominierenden schulischen und Mittelschichterziehung zu formulieren (Iben 1971, 125 ff.). Doch war der Begriff inzwischen so diskriminiert, daß alle weiteren Versuche zur Förderung sozial benachteiligter Kinder sich anders firmierten.
Weiterentwicklung in der BRD: Als kompensatorische Fernsehserie wurde 1972 die »Sesamstraße« von den USA übernommen und in der Folgezeit immer stärker mit deutschen Neuproduktionen angereichert. Diese Neudrehs standen ursprünglich stark unter kompensatorischem Anspruch und stellten das *»soziale Lernen«* in den Mittelpunkt. Als Alternativserie entwickelte das ZDF die »Rappelkiste«, die noch eindeutiger dem Konzept des sozialen Lernens und der Förderung kindlicher Selbständigkeit gewidmet war. Beide Serien erhoben zwar einen gewissen kompensatorischen Anspruch, orientierten sich aber dennoch an dem Durchschnittskind und nicht ausdrücklich am benachteiligten, wie es noch die »Sesame Street« getan hatte.
Das Anliegen der k. E., wie es v. a. in den USA geprägt wurde, gewinnt erneute Aktualität durch die wachsende *Armut* in der 3. Welt wie in den Industrieländern (*Arbeitslosigkeit*/Wohnungsnot), wie wir sie im 1. Armutsbericht des Paritätischen Wohlfahrtsverbands beschrieben haben. Da aber Armut in einem reichen Land

weitgehend tabuisiert ist, gibt es auch kaum Ansätze einer gezielten Förderung sozial benachteiligter Kinder und Jugendlicher.
Nur im Rahmen der Obdachlosigkeit (*Obdachlosenhilfe*) wurden Weiterentwicklungen der k. E. in Form des »Situationsansatzes« erprobt und in die Kritik an der Schule eingebracht, die noch immer Benachteiligungen verfestigt und sich wenig an der Lebenswelt und an den Lebensproblemen ihrer Schüler orientiert. Aber auch für diese Bemühungen wird der Begriff der k. E. kaum verwendet, da er durch die Kritik in den 70er Jahren in Mißkredit geraten ist. *G. Iben*

Literatur: M. du Bois-Reymond: Kompensatorische Erziehung, Frankfurt/M. 1971; G. Iben: Kompensatorische Erziehung, München 1971 (mit weiteren Literaturnachweisen); G. Iben: »Abweichende« und »defizitäre Sozialisation«, in: F. Neidhardt (Hrsg.): Frühkindliche Sozialisation, Stuttgart 1975; G. Iben (Hrsg.): Erzieheralltag, Mainz [2]1990; G. Iben: Schulversagen oder das Versagen der Schule, in: H. Eberwein (Hrsg.): Behinderte und Nichtbehinderte lernen gemeinsam, Basel 1988, 128ff.; Paritätischer Wohlfahrtsverband (Hrsg.): Armutsbericht, in: Blätter der Wohlfahrtspflege 11/12, 1989.

Konflikt, sozialer

Auf der umgangssprachlichen Ebene wird K. i. d. R. als Begriff für streitbare Auseinandersetzungen benutzt. In diesem Zusammenhang kann er u. a. in Verbindung mit Partnerschwierigkeiten, Gruppenproblemen, Parteiauseinandersetzungen, kriegerischen Streitigkeiten zwischen Völkern, um nur einige Möglichkeiten aufzuzählen, genannt werden. Es zeigt sich hierbei schon deutlich, daß bei einer wahllosen Benennung von Konfliktfeldern noch nichts über die Form und die Intensität ausgesagt wird. Aus der Umgangserfahrung kann verallgemeinert gesagt werden, daß K. in fast allen Lebensbereichen zu finden sind.
Innerhalb der wissenschaftlichen Betrachtung hat die internationale *Soziologie* das Phänomen »sozialer Konflikt« seit ca. 1950 wiederentdeckt. Innerhalb der deutschsprachigen Soziologie ist es das besondere Verdienst von Dahrendorf, daß diese Frage wieder Gegenstand wissenschaftlicher Auseinandersetzung ist. Dahrendorf versucht, im Vorfeld einer Theorie des K. »das breite Feld einschlägiger Phänomene« unter den beiden Aspekten »1. der charakteristischen Konfliktzusammenhänge, also der sozialen Einheiten, innerhalb deren Konflikte ausbrechen, und 2. der Ausdrucksformen der Konflikte zu untergliedern.« Nach ihm sind typische K. »Rollenkonflikt, Proportskonflikt, industrieller Konflikt, Klassenkonflikt, internationaler Konflikt« (*Rolle, Klasse/Schicht/Milieu*). Den Aspekt der Ausdrucksform beschreibt Dahrendorf im Hinblick auf die Intensität (Grad der inneren Beteiligung und der Wahl der Ausdrucksmittel), aber auch im Hinblick auf die Erscheinungsform als manifester, latenter oder umgeleiteter K. Für ihn sind für alle Konfliktformen die theoretischen Grundfragen dieselben. »Mit welchem Bild von Gesellschaft erschließen sich soziale Konflikte zum Zugriff der Theorie? Wie lassen sich die strukturellen Ausgangslagen gegebener sozialer Konflikte bestimmen? In welcher Weise kommen soziale Konflikte zum Ausbruch? Unter welchen Bedingungen variieren die Ausdrucksformen von sozialen Konflikten? Wie lassen sich soziale Konflikte lösen?«
Nach seiner Auffassung sind K. in allen *Gesellschaft*en vorhanden. Es geht ihm also daher nicht darum, Konfliktsituationen grundsätzlich zu vermeiden, sondern Lösungsmodelle zu entwickeln, die dazu führen, daß K. in kontrollierbare Bahnen gelenkt werden. »Für diese Bahnen können gewisse Wege als Modell gelten. Dazu zählt insbesondere die parlamentarische Diskussion sowie, bei ihrem Versagen, die Einschaltung eines Dritten als Vermittler oder Schlichter.« Als Lösungsmittel für K. nennt Dahrendorf die Möglichkeit eines rationalen Diskurses. Soziale K. werden daher nicht als destruktiv oder disfunktional betrachtet, sondern sind entscheidende Elemente von Innovation und Beeinflussungsfaktoren des sozialen Wandels.
Innerhalb des konflikttheoretischen Modells zeigt Dahrendorf auf, daß gesellschaftliche Realität nicht allein durch Konformität zu erfassen ist, sondern daß die Kategorie des sozialen K. notwendigerweise in ein Erklärungsmodell sozialer Wirklichkeit einbezogen werden muß. Er zeigt jedoch nicht hinreichend die grundsätzliche Abhängigkeit sozialer K. von den Stufen und Verhältnissen gesellschaftlicher Arbeit und Existenzsicherung auf. So bleibt sein Konzept teilweise unausgereift, da auch sein Modell der rationalen Kommunikation die Frage nach Entscheidungswerten nicht hinreichend löst. Dieses Problemfeld will ich an 2 Beispielen der SozArb verdeutlichen.

1. Das Selbstverstndnis der beruflichen SozArb, insbesondere wie es in der vielfältigen Methodenliteratur zum Ausdruck kommt, konzentriert sich auf ein Erziehungsverhältnis, das mit einer Erzieherhelferrolle gegenüber dem Klienten definiert werden kann. Sowohl Ausbildungsinhalte als auch Erwartungsprozesse lassen bei angehenden SozArb die Erwartung entstehen, daß ihr späteres berufliches Handeln über Prozesse der Legitimierung kontrolliert wird und daß eine bürokratische Kontrolle der Berufsleistungen relativ gering oder nicht vorhanden ist. Zwischen diesem Berufungsanspruch und der beruflichen Realität bestehen jedoch unüberbrückbare soziale Differenzen.
Aus dem Selbstverständnis der SozArb, die auf der Grundlage sozialstaatlich verfaßter Prinzipien v. a. von öffentlichen und halböffentlichen Institutionen (*Sozialadministration*) getragen wird, ergibt sich ein sozialer K., der für den einzelnen zentrale Auswirkungen haben kann. »Diese gemeinhin als ›Berufsschicksal‹ und ›zentraler Rollenkonflikt‹ des Sozialarbeiters herausgestellte Problematik, also der mit dem institutionell-organisatorischen Handlungsrahmen öffentlicher Sozialarbeit i. d. R. implizit gesetzte Zwang« (Böhnisch/Lösch), und das Selbstverständnis der SozArb enthalten ein Konfliktpotential, das in der Literatur häufig

behandelt wird. Die Lösung des K. durch die Verstärkung der Autonomie sozialarbeiterischen Handelns (z.B. eigene Praxen wie ein Arzt einzurichten) wird das Loyalitätsproblem nicht lösen können, da Zentralursachen des sozialen K. offensichtlich unterschiedliche Normen und Wertsysteme zwischen staatlichen Interventionsagenturen und Klientsystemen sind.

2. Ein zweites Problem ist die Unvereinbarkeit von Anspruch und Wirklichkeit in der SozArb. Das Selbstverständnis, wie es in der Literatur der SozArb meistens zum Ausdruck kommt, konzentriert sich auf eine Erzieherhelferfunktion der SozArb. Im Gegensatz dazu haben neuere Untersuchungen ergeben, daß in stärkerem Maße SozArb Kontrollfunktionen wahrnimmt. Dies entspricht auch dem Fremdbild des Berufes im stärkeren Maße. *F. Bäcker*

Literatur: H. Bilger: Konflikte in der Sozialarbeit, Weinheim 1978; B. Blinkert: Berufskrisen in der Sozialarbeit, Weinheim, Neuausgabe 1979; L. Böhnisch/H. Lösch: Das Handlungsverständnis des Sozialarbeiters und seine institutionelle Determination, in: Otto/Schneider: Gesellschaftliche Perspektiven der Sozialarbeit. 2. Bd., Neuwied/Darmstadt 1973; R. Dahrendorf: Sozialer Konflikt, in: W. Bernsdorf (Hrsg.): Wörterbuch der Soziologie, Frankfurt/M. 1972; T. Olk u.a.: Sozialarbeitspolitik in der Kommune – Argumente für eine aktive Politisierung der Sozialarbeit, in: NP Sonderheft 6/1981.

Kränkung

Unter K. versteht man gemeinhin die Verletzung der Gefühle (insbesondere der Selbstwertgefühle) eines Menschen. Eine K. kann von Personen, aber auch von Sachen, Situationen und Lebenslagen ausgehen. Das Besondere der kränkenden Verletzung besteht darin, daß der gekränkten Person mitgeteilt wird, sie bleibe hinter (eigenen oder fremden) Anforderungen an Vollkommenheit, Mächtigkeit und Kompetenz zurück. In der SozPäd wie auch in der allgemeinen Pädagogik sind K. häufig unvermeidliche Beigaben noch unvollkommener *Sozialisation*. Kinder und Jugendliche verfügen noch nicht über jene Fähigkeiten, Fertigkeiten und Positionen, welche Erwachsene für sich als selbstverständlich in Anspruch nehmen. Andere K. im Sozialisationsprozeß entstehen durch die *Stigmatisierung* besonderer Umstände des Heranwachsens: keine Mutter oder keinen Vater zu haben, bei fremden Menschen untergebracht zu werden, *Strafen* hinnehmen zu müssen, weniger zu haben, weniger zu sein, weniger geliebt zu werden, als andere es von sich behaupten (*Armut*, Behinderung, *Fremdunterbringung*, Verwahrlosung). Durch verständnisvolle und unterstützende *Erziehung* können die Folgen solcher K. gemildert werden.
Für die Klienten des *Allgemeinen Sozialen Dienstes* und der Spezialfürsorgen gilt in besonderer Weise, daß sie sich mit vielfältigen K. aufgrund ihrer individuellen Lebens- wie auch ihrer kollektiven Klassenlage (*Klasse/Schicht/Milieu*) auseinandersetzen bzw. abfinden müssen. *Arbeitslosigkeit* und Deklassierung, Verletzungen körperlicher Unversehrtheit durch *Gewalt* (*Frauenhäuser*) und *Krankheit*, Einschränkungen der Arbeits- und Lebensfähigkeit durch *Strafvollzug*, *Sucht* und *Psychiatrie*, Nachlassen der Leistungsfähigkeit im *Alter* – das alles sind kränkungsauslösende Lebenslagen, weil sie den anerkannten Forderungen an ein gelingendes Leben und den in ihm erwarteten Leistungen widersprechen und das eigene Bild vom idealen Selbst zerstören können.
Umgangssprachlich gibt es eine enge Beziehung zwischen K. und *Krankheit*. Insbesondere die *Psychoanalyse* S. Freuds hat psychische und psychosomatische Krankheiten auf Ursachen untersucht, welche in der Verletzung menschlichen Selbstgefühls wurzeln.
Das Selbstgefühl besteht neben Anteilen kindlicher Selbstliebe (Narzißmus) aus positiven Erfahrungen menschlicher Durchsetzungsfähigkeit in der sozialen Wirklichkeit und aus befriedigenden Beziehungen zu anderen Menschen (Schmidbauer). Dort, wo solche positiven und befriedigenden Erfahrungen nicht gemacht werden konnten (oder vorenthalten wurden), besteht die Möglichkeit, als Ausweg die isolierende »Liebe zu sich selbst« als einzige zuverlässige Quelle des Gewinns von Lust zu wählen. S. Freud hat diesem Gedanken erstmals 1914 eine längere Abhandlung gewidmet, sein spezieller Ansatz ist später von Argelander (1972) und Kohut (1973) weiterverfolgt worden. Im Zusammenhang mit der Diskussion um ein neues Sozialisationsprofil Jugendlicher (*Jugend*) haben Ziehe und Strytz in den 70er Jahren den ursprünglichen individualpsychologisch gefaßten Begriff der narzißtischen K. zur Kennzeichnung einer jüngeren Generation weiterentwickelt und ausgeweitet, die durch narzißtische Störungen geprägt sei. Diese Störungen seien Kennzeichen einer konsumorientierten, spätkapitalistischen Gesellschaft und hätten die für die Aufbauphase des Kapitalismus typische Form von Leistungsverweigerung durch neurotische Fehlanpassungen und Symptombildungen ersetzt. Der »orale Flipper« sei an die Stelle des »autoritären Scheißers« getreten. Solche Kennzeichnungen werden vor dem Hintergrund psychoanalytischer Entwicklungslehre verständlich, nach der Kinder die Phasen oralen, analen und genitalen Lustgewinns durchmachen, um in ihrer ödipalen bzw. elektralen Phase durch Identifikation mit dem gleichgeschlechtlichen Elternteil jene gesellschaftlichen Normen zu übernehmen (Über-Ich-Bildung), die ihnen eine konforme Lebens- und Konflikt-Bewältigung ermöglichen. Der Sozialisationstyp des »neuen Narzißmus«, dem es an sinnhaften Lebensperspektiven mangele, suche orale Befriedigung im »Hier« und »Jetzt« durch diffuse Teilhabe an Konsum und Freizeit. *C.W. Müller*

Literatur: S. Freud: Zur Einführung des Narzißmus, in: S. Freud, Studienausgabe Bd. III, Frankfurt/M. 1975, 39–68; H. Kohut: Narzißmus, Frankfurt/M. 1973; W. Schmidbauer: Alles oder nichts, Reinbek 1980; K. Strytz: Sozialisation und Narzißmus, Wiesbaden 1978; H. Stubenrauch u.a. (Hrsg.): Narziß – ein neuer Sozialisationstyp?, Bensheim 1979; Th. Ziehe: Pubertät und Narzißmus, Frankfurt/M. 1975.

Krankenhauswesen

Geschichtliche Entwicklung und Aufgabenstellung: Das Krankenhaus war ursprünglich v. a. Stätte der Pflege für Kranke und Verwundete, die fern der Heimat pflegebedürtig wurden (Ritter der Kreuzzüge, Reisende) oder aus anderen Gründen keine Pflege durch die Familie erfuhren (z.B. Bedienstete), im Mittelalter auch Stätte der Absonderung (große Seuchenzüge von Pest, Pocken, Syphilis); bis ins 19. Jh. Pflege- und Behandlungsstätte nur für die unteren sozialen Schichten: »Du wirst mal im Krankenhaus sterben« war ein Ausdruck sozialer Geringschätzung *(Hospizbewegung)*.
Durch rasche Entwicklung der operativen Medizin im 19. Jh. sowie der technischen Medizin im 20. Jh. ist das Krankenhaus heute z.T. hochtechnisierte »Reparaturwerkstatt«, in der die Behandlung überwiegt und Pflege zunehmend weniger geboten wird, so daß der Bedarf an »Anschlußeinrichtungen« (z.B. Kranken- und Pflegeheimen) und »flankierenden Maßnahmen« (z.B. häuslicher Krankenpflege) zunimmt.
Das Angebot an Betten für Akutkranke liegt in den Industrieländern zwischen 4–8 pro tausend Einwohner. In Entwicklungsländern wird z.T. 1 pro Tausend erheblich unterschritten.
Man unterscheidet Allgemeinkrankenhäuser (mit mehreren Fachdisziplinen, darunter regelmäßig Innere Medizin und Chirurgie) und Fachkrankenhäuser (für *Psychiatrie*, Orthopädie usw.). Weiterhin wird heute i. S. eines abgestuften Versorgungssystems vielfach unterschieden zwischen Krankenhäusern der Grund- und Regelversorgung (Bettenzahl 200–400 mit den sog. Grunddisziplinen Innere Medizin, Chirurgie, Geburtshilfe, evtl. auch Kinderheilkunde), der Schwerpunktversorgung (bis etwa 600 oder 700 Betten mit zusätzlichen Fachdisziplinen wie Augen- und Ohrenheilkunde) und der Zentralversorgung (bis zu 1000 Betten und mehr mit allen Fachdisziplinen).
Trägerschaft: In der BRD befinden sich rd. 60% der Krankenhäuser in kommunaler, 35% in freigemeinnütziger und 5% in privater Trägerschaft (1993).
Finanzierung: Durch das Krankenhausfinanzierungsgesetz (in Kraft getreten 1972) und Folgegesetze sind die Bundesländer verpflichtet, Krankenhauspläne aufzustellen. Die in diesen Plänen ausgewiesenen Häuser, die für die Versorgung der Bevölkerung als notwendig gelten, erhalten unabhängig von der Trägerschaft Bau- und Investitionskosten von der öffentlichen Hand und fordern von den »Benutzern«, d.h. den Patienten, Pflegesätze. Da über 90% der Bevölkerung krankenversichert sind, bezahlen die Krankenkassen in der weitaus größten Zahl der Fälle den Pflegesatz, der z. Z. (1993) in einem Allgemeinkrankenhaus zwischen 400 und 500 DM pro Tag, z. T. auch darüber liegt (70–80% dieser Summe sind Personalkosten).
Berufsgruppen: Neben den traditionell im Krankenhaus vertretenen Berufsgruppen (Ärzten, Pflegekräften) sind heute tätig medizinisch-technisches Personal, Krankengymnasten, Beschäftigungstherapeuten, Logopäden, v. a. in psychiatrischen Krankenhäusern auch Psychologen. SozArb sind im Krankenhaus seit rd. 100 Jahren tätig, zunächst vereinzelt, heute wirken SozArb in den meisten Krankenhäusern, Krankenheimen (Pflegeeinrichtungen), Rehabilitationskliniken. Sie sind wichtigste(r) PartnerIn des Arztes und der anderen im Krankenhaus tätigen Fachkräfte für den Bereich der psychosozialen Beratung und Betreuung der Patienten. Der *Sozialdienst im Krankenhaus* ist heute in allen Landeskrankenhausgesetzen verankert.
Die Krankenhäuser stehen in ständiger Auseinandersetzung mit den Kostenträgern, den Krankenkassen. Deutlich wird das in dem Bemühen, die Krankenhausaufenthalte zu verkürzen. In einem System der gestuften Versorgung muß daher den Einrichtungen, die für die Nachsorge der Krankenhauspatienten und damit für die Verkürzung der Verweildauer unverzichtbar sind, Beachtung geschenkt werden. Dazu gehören Krankenheime, *Sozialstationen* und andere Einrichtungen, die sich um Pflegebedürftige bemühen. Die Krankenhäuser müssen hier eine intensive Zusammenarbeit anstreben. Die Versorgung kranker und pflegebedürftiger Menschen verlangt einen ganzheitlichen Ansatz. Hier ist ein Umdenken notwendig. Die zunehmende Zahl alter Menschen benötigt eine Kooperation der verschiedenen Träger (*Gesundheits- und Sozialpolitik*). Ein Problem stellt im Krankenhaus die Auseinandersetzung mit dem Pflegenotstand dar. *Berufsverbände* der Pflegekräfte, *Gewerkschaften*, Arbeitgeber bemühen sich um Abhilfe. In diesem Zusammenhang verdienen die Anstrengungen um die Qualifizierung der Pflegekräfte Beachtung. Es findet eine breite Diskussion statt, in welchem Rahmen Lehr- und Leitungskräfte für die ambulante, teilstationäre und stationäre Krankenpflege ausgebildet werden sollen. Vorgeschlagen wird das Studium an Universitäten (Lehrkräfte) und Fachhochschulen (Leitungskräfte). Vergleichbare Diskussionen für die anderen Medizinalfachberufe (Krankengymnasten, Logopäden etc.) werden folgen. Erste Studiengänge für »Pflege/Pflegemanagement« an Fachhochschulen wurden eingerichtet (u.a. Berlin, Darmstadt, Frankfurt/M., Freiburg, Hannover, Osnabrück).

R. Mattheis

Literatur: D. Adam: Krankenhausmanagement im Konfliktfeld zwischen menschlichen und wirtschaftlichen Zielen, Wiesbaden 1972; J. Albert: Ausmaß und Ursachen des Pflegenotstands in der Bundesrepublik, Max-Planck-Institut für Gesellschaftsforschung, Köln 1990; F. Beske/J.G. Brecht/A.M. Reinkemeier: Das Gesundheitswesen in Deutschland, Köln 1993; S. Eichhorn: Krankenhausbetriebslehre. Theorie und Praxis des Krankenhauses, Stuttgart 1973; K. Gedicke: Sozialhygiene. Bd. 4, Krankenhauswesen, Neuwied 1975; E. Haeflinger/V. Chasser (Hrsg.): Medizinische und ökonomische Probleme im Krankenhaus aus der Sicht von Arzt, Krankenschwester und Administrator, Bern 1974; H.W. Hoefert/E. Holthaus/B. Kolleck/J. Korporal/S. Streckel/R. Wolff/W. Zielinski/N. Zillich: Pflege/Pflegemanagement. Curriculare Konzeption, in: Deutsche Krankenpflege-Zeitschrift. Beilage Dokumentation Aus- und Fortbildung, H. 11/1993; P. Reinikke: KrankenHaus – Sozialarbeiter als Partner in der Gesundheitsversorgung. Eine Einführung, Weinheim/Basel 1994; J.J. Rohde: Soziologie des Krankenhauses. Zur Einführung in die Soziologie der Medizin, Stuttgart [2]1974.

Krankheit

Der Begriff K. umfaßt objektive und/oder subjektive (das psychisch, vegetativ, funktionell oder organisch bedingte Gefühl, nicht mehr gesund zu sein) Störungen körperlicher, geistiger und seelischer Funktionen, die medizinisch zu Krankheitseinheiten (z.Z. ca. 30000) mit mehr oder weniger typischer Symptomatik und entsprechenden Verläufen zusammengefaßt werden, unterschieden nach Geschlecht, Alter, Sitz und erforderlicher Therapie (innere, chirurgische, Frauen-, Kinder-, Nerven-, Geistes-, Stoffwechsel-, Augen-, Herz-/Kreislauf-, Hautkrankheiten etc.), nach akuten und chronischen Verläufen, Ausbreitung (örtlich oder allgemein), Entstehung (organisch/somatisch, funktionell, psychogen, psychosomatisch) und Ursache (erblich/genetisch bedingte, Abnutzungs-, Infektions-, Geschlechts-, Berufs- und iatrogen/ärztlich verursachte K.), ferner nach anzeigepflichtigen, übertragbaren, gemeingefährlichen K. Unter Krankenstand wird der in den gesetzlichen Krankenkassen ermittelte Prozentsatz der erkrankten Mitglieder, i. w. S. auch die Zahl der Arbeitsunfähigen einer Population verstanden. In den Gewerbehygiene bezeichnet die Krankenziffer die Zahl der Krankmeldungen (berechnet auf 100 Vollarbeiter), aus der sich eine Vergütung der Krankheitstage ergibt (*Soziale Sicherung*). Zur Krankenhilfe gehören ärztliche Behandlungen, Versorgung mit Arzneien und anderen Heilmitteln (*Gesundheitshilfe*) und Krankengeld als Leistungen der Sozialversicherung (§§ 182–186 RVO), die ausreichend und zweckmäßig sein müssen, aber auch das Maß des Notwendigen nicht überschreiten dürfen (§ 182 (2) RVO). Träger dieser Leistungen sind die gesetzlichen Krankenversicherungen, die RVO-Kassen (Orts-, Innungs-, Landes-, Betriebskrankenkassen), die See-, Knappschafts- und Ersatzkassen, die als Regelleistungen im Falle der K. Kranken-, Wochen-, Familienhilfe- und Sterbegeld gewähren, ferner die privaten Krankenkassen, die aufgrund eines privatrechtlichen Vertrags ganzen oder teilweisen Ersatz für die aus Anlaß einer K. entstehenden Kosten sowie Wochen- und Sterbegeld gewähren (Gesetz über den Versicherungsvertrag von 1906, zuletzt geändert 1965). Das am 1.1.1993 in Kraft getretene neue Gesundheitsstrukturgesetz begrenzt den Anspruch des Versicherten auf Versorgung mit Arzneimitteln aus der sog. Positivliste (§§ 34a u. 92a SGBV), die bis 1995 erstellt werden soll. Ausnahmen sind nur mit besonderer Begründung vorgesehen. Hilfsmittel (Brillen, Hörgeräte, orthopädische Prothesen, Rollstühle) werden bezahlt, wenn sie den Erfolg der Krankenbehandlung sichern oder ausgleichen. Ausgenommen sind hingegen Mittel mit geringem oder umstrittenen therapeutischen Nutzen. Das Krankengeld ist eine Leistung der gesetzlichen Krankenversicherung bei Arbeitsunfähigkeit des Versicherten infolge von K. (§ 182 RVO) und beträgt in Deutschland ca. 65% des Arbeitsentgelts (bei entsprechendem Vertrag auch eine Leistung der privaten Krankenversicherung).

Krankenhausträger sind öffentliche (Stadt, Kreis, Gemeinde), gemeinnützige (karitative), freie oder private Institutionen und Personen (*Krankenhauswesen*), die ein Krankenhaus allein oder mit öffentlichen Zuschüssen führen und in wirtschaftlichen und betriebstechnischen, nicht dagegen in ärztlichen Fragen und Belangen weisungsberechtigt und überwachungspflichtig sind. Sämtliche mit der Erkennung, Behandlung und Nachbetreuung von Kranken befaßten Personen (Ärzte, Krankenpflege- und Krankenhelferpersonal) unterliegen der *Schweigepflicht* (§ 300 StGB). Ihre Aufzeichnungen dürfen auch im Falle eines Strafverfahrens nicht beschlagnahmt werden (§ 90 StPO).

Der Begriff der K. ist in den letzten Jahrzehnten um die Aspekte gesellschaftlicher Ursachen von K. erweitert und problematisiert worden. Soziale Einflüsse auf körperliches, geistiges und seelisches Wohlbefinden sind zunehmend Gegenstand von Untersuchungen. Dabei wird der Krankheitsbegriff z. T. auch entpersonalisiert gebraucht i. S. von sozialer K., d. h. K. der *Gesellschaft*. K. als Etikett kann in einer Gesellschaft als Mittel der Diffamierung, Ausstoßung und eines Unwerturteils über den Betroffenen – bewußt oder unbewußt angewandt – weitreichende Folgen haben (Prozeß der Marginalisierung). Forschungsarbeiten auf diesem Gebiet werden um so notwendiger, je größer die Gefahr ist, daß über öffentliche Institutionen und Datenverarbeitung das Recht des Patienten auf Verschwiegenheit seitens des medizinischen Personals nicht lückenlos gewahrt wird.

Mit dem Fortschritt der Wissenschaft unterliegt auch das Krankheitsspektrum einem Wandel. So treten z. B. nach erfolgreicher Therapie Infektionskrankheiten zurück, während psychosomatische K., Suchtkrankheiten (*Sucht*), *Suicid*e und die sog. Zivilisationskrankheiten das derzeitige Spektrum bestimmen, die z. T. auf erhöhte Gesundheitsrisiken durch den technischen und zivilisatorischen Fortschritt zurückzuführen sind. Der Krankheitsbegriff ist durch die Medizinsoziologie problematisiert worden (Sozialmedizin), indem auch das ärztliche Handeln zum Untersuchungsgegenstand gemacht und die Auswirkungen dieses Handelns auf Verlauf und Prognose von K., insbesondere bei Patienten in geschlossenen psychiatrischen Institutionen (Initiativverlust, Unselbständigkeit, Entscheidungsunfähigeit, Passivität, Regression auf eine kindliche Anspruchshaltung mit Verlust von gesunden Ichleistungen, fehlender Reaitätskontrolle und Entwicklung von magischen und wahnhaften Vorstellungen), untersucht werden (*Psychiatrie*). *G. Hardtmann*

Literatur: H. Baier: Medizin im Sozialstaat: medizinsoziologische und medizinpolitische Aufsätze, Stuttgart 1978; K. Biener: Streß. Epidemiologie und Prävention, Bern [3]1992; E. Goffman: Asyle. Über die soziale Situation psychiatrischer Patienten und anderer Insassen, Frankfurt/M. 1973 (1969); E. Goffman: Stigma. Über Techniken zur Bewältigung beschädigter Identität, Frankfurt/M. 1975 (1963); A. Mitscherlich: Krankheit als Konflikt. Studien zur psychosomatischen Medizin, Frankfurt/M. 1971; A. Mitscherlich/T. Brocher/O. v. Mehring/K. Horn (Hrsg.): Der Kranke in der modernen Gesellschaft, Köln/Berlin 1967; G. Overbeck: Krankheit als Anpassung: Der sozio-psychosomatische Zirkel, Frankfurt/M. 1983; H. Petri: Umweltzerstörung und die seelische Entwicklung unserer Kinder, Zürich 1992; M. Pflanz: Sozialer Wandel und Krankheit, Stuttgart 1962; L. A. Sagan: Die Gesundheit der Nationen. Die eigentlichen Ursachen von Gesundheit und Krankheit im Weltvergleich, Reinbek 1992; J. Siegrist: Lehrbuch der medizinischen Soziologie, München 1974; T. v. Uexküll/R. Adler u. a. (Hrsg.): Integrierte Psychosomatische Medizin in Praxis und Klinik, 1992.

Krebskrankenberatung (nachgehende Krankenfürsorge)

Krebskrankenfürsorge wurde 1928 erstmalig durch ausgebildete SozArb der Sozialen Krankenhausfürsorge (heute *Sozialdienst im Krankenhaus*) der Berliner Universitätskliniken, durch das Hauptgesundheitsamt Berlin und »Nachgehender Krankenhilfsdienst« in Hamburg angeboten. Seit 1960 gibt es ein dezentrales Angebot einer nachgehenden Krankenfürsorge für alle Krebskranken durch SozArb der *Gesundheits-* und *Sozialämter* in Berlin. In der DDR gab es Betreuungsstellen für Geschwulstkranke (Dispensaire). Die Beratung und Betreuung von Krebskranken – in einzelnen Bundesländern auch Beratungsstellen für Krebskranke, Genesendenhilfe oder nachgehender Krankenhilfsdienst, Geschwulstkrankenfürsorge, Psychosoziale Beratungsstelle für Krebskranke und Angehörige, Tumorzentrum genannt – ist ein Arbeitsfeld für SozArb/SozPäd innerhalb der *Gesundheitshilfe*. Sie ist angesiedelt beim Sozialdienst im Krankenhaus, im Gesundheits- und Sozialamt, bei einem Wohlfahrtsverband oder als private Initiative. Auch Hilfeangebote durch Selbsthilfegruppen (*Selbsthilfe/Selbstorganisation*) kommen in Betracht.

Es handelt sich um ein Beratungs- und Betreuungsangebot v. a. für Menschen, die nach einer Krankenhausbehandlung, Bestrahlung mit dem mehr oder weniger klaren Wissen, krebskrank zu sein, leben müssen. Durchschnittlich 300 von 100000 Einwohnern erkranken jährlich daran.

Die Aufgabe, die der SozArb/SozPäd hier wahrnimmt, kann nur in enger Zusammenarbeit mit einem Krankenhaus (Arzt und Sozialdienst) oder einem niedergelassenen Arzt geschehen (*Sozialdienst*, *Arztpraxen*, *Krankenhauswesen*, Sozialdienst im Krankenhaus). Für die SozArb ist ein zentrales Kennzeichen ihr direkter Bezug zu den sozialen und emotionalen Problemen, die sich aus der *Krankheit* und ihrer medizinischen Behandlung ergeben, und zu allen daraus folgenden Veränderungen im Leben eines Patienten und seiner Angehörigen. Ein Hauptmerkmal der Arbeit ist die ständige Berührung mit physischem Leiden, seelischem Schmerz, verschiedenen Formen der Verstümmelung und dem Tod.

Probleme der Patienten: Häufig plötzliche Konfrontation mit der schweren, oft lebensbedrohenden Krankheit; ständige Ungewißheit, ob die Krankheit beendet oder nur gebremst ist und wieder zum Vorschein kommen kann; oft Verlust der Leistungsfähigkeit (körperlich, sexuell), verbunden mit einer dauerhaften Behinderung (*Behindertenhilfe*), z. B. Entfernen des Kehlkopfes, der Brust, Anlegen eines künstlichen Darmausganges und seinen Folgen im psychosozialen Bereich. Eine erhebliche Bedeutung hat der sehr oft mit der Krankheit einhergehende Verlust der sozialen Kontakte, z. B. Spannungen in der Ehe, Ehescheidung, von denen meistens Frauen betroffen sind, Verlust des Arbeitsplatzes, Isolation infolge entstellender Narben nach der Operation.

Materielle Fragen und Probleme: Für den Patienten und SozArb gilt es, Möglichkeiten herauszufinden, Kontakt zu anderen Betroffenen aufzunehmen, z. B. zu Selbsthilfeorganisationen und -gruppen, um sich gegenseitig mit Rat und Erfahrungen auf Grund des eigenen Betroffenseins zu helfen. Der SozArb/SozPäd sollte nach Beratung mit dem Krebskranken zur Teilnahme an einer Selbsthilfegruppe anregen bzw. den Aufbau einer Selbsthilfegruppe fördern. Praktische Aufgaben der K. sind: Kontaktaufnahme zum Patienten und seinen Angehörigen, Erstellen einer Sozialanamnese (*Diagnostik*). Der SozArb/SozPäd soll Unsicherheiten, Hemmungen und Ängste überwinden helfen und das Selbstbewußtsein des Patienten neu aufbauen durch das Angebot von *Beratung*, durch Hausbesuche, Besuche im Krankenhaus, durch *Einzelfallhilfe* und *Gruppenarbeit*; in Zusammenarbeit mit dem Arzt die psychosoziale Versorgung sicherstellen, darüber hinaus die Versorgung des Patienten mit Heil- und *Hilfsmitteln* (z. B. Prothesen, Pelotten, Perücken, Stützkorsetts, Epithesen, Sprechgeräten, Krankenfahrstuhl); Aufzeigen der Möglichkeit von Nach- und Festigungskuren, Sicherstellen der Versorgung und Pflege im häuslichen Bereich durch Angehörige, *Nachbarschaftshilfe*, *Sozialstationen*, ggf. Unterbringung in geeigneten Einrichtungen der *Altenhilfe*; Klärung von Leistungsansprüchen nach dem *Schwerbehindertengesetz*, dem SGB (u. a. Schwerbeschädigtenausweis, ambulante und berufliche *Rehabilitation*). Eine nachgehende Krankenfürsorge sollte durch SozArb/SozPäd für alle Gruppen von Langzeitkranken, chronisch Kranken im Rahmen einer psychosozialen Beratung und Betreuung im beschriebenen Sinne angeboten werden, beispielsweise für: Epileptiker, Herz- und Kreislaufkranke, Hörbehinderte, Gesichtsentstellte, Rheumakranke, Tuberkulosekranke.

P. Reinicke

Literatur: M. Hahn: Lebenskrise Krebs, Hannover 1981; M. Hahn: Sozialdienst für kehlkopfoperierte Patienten, in: Sozialdienst im Krankenhaus 3–4/1983; Krebs – und danach? Zur psychosozialen Beratung Krebskranker und ihrer Angehörigen, Hrsg.: Arbeiterwohlfahrt Bundesverband e. V., Bonn 1985; P. Reinicke: Sozialarbeit im öffentlichen Gesundheitswesen Berlins, in: Öffentliches Gesundheitswesen 48/1986; P. Reinicke: Sterbebeistand: Eine Aufgabe des Sozialarbeiters, in: MMG 4 (1983); K. Röttger: Sozialarbeit mit Krebskranken, in: Soziale Arbeit 2/1986; U. Kissel: Die Führung des incurablen Tumorpatienten, in: Sozialdienst im Krankenhaus 7–8/1987; P. Reinicke: Psychosoziale Hilfen für Tumorkranke und ihre Familien – gestern und heute, in: Soziale Arbeit 7/1989; P. Reinicke: Gesundheitliche Hilfen, in: M.R. Textor: Allgemeiner Sozialdienst. Weinheim und Basel 1994, 139–150; P. Reinikke: Tuberkulose, ein Stiefkind der modernen Gesundheitsfürsorge, in: Soziale Arbeit, 43. Jg., H. 12/1994, 406–412.

Kriminalität

Unter K. wird eine Form abweichenden Verhaltens verstanden, die gegen Tatbestände des Strafrechts (lat. crimen: Straftat, Verbrechen) verstößt. Unstreitig existieren Verhaltensweisen (Tun/Unterlassen), die vom StGB erfaßt werden. Nicht jede Tat und nicht jeder »Täter« wird aber von der Polizei entdeckt bzw. vom Gericht verurteilt. K. hängt also von dem ab, was gesetzlich verboten ist, was als »kriminell« betrachtet und was zum Gegenstand formeller Sozialkontrolle wird.
Der Duden definiert K. als a) Straffälligkeit und b) Umfang der strafbaren Handlungen, die in einem bestimmten Gebiet innerhalb eines bestimmten Zeitraumes – von einer bestimmten Tätergruppe – begangen werden. Als »kriminell« wird das Verhalten bezeichnet, das a) straffällig bzw. b) strafbar, verbrecherisch ist. Ein »Krimineller«, so unser Sprachverständnis, hat die Grenze des Erlaubten überschritten, handelt unverantwortlich, schlimm.
Zum Umgang mit dem Phänomen gehören zwei Zielsetzungen: Vorbeugung und Reaktionen (Strafverfolgung; *Sanktionen*). In beiden Fällen ist *Sozialarbeit/Sozialpädagogik* in umfassender Weise als Umsetzer dieser Zielsetzungen beteiligt (Devianzpädagogik). Will sie nicht die Aufträge der Justiz erfüllen, muß sie sich einen eigenen fachlichen Standard erwerben. Dabei erweist sich die Kriminologie, die Wissenschaft zur Erklärung von K., als ein Fach voll unterschiedlicher, teils auch widersprüchlicher Theorieansätze, Begriffe und Forschungen.
Geschichte – Wie die K. zum Gegenstand von Wissenschaften wurde: Das Nachdenken über Verbrechen erhielt eine neue Richtung, seit in Folge der *Aufklärung* die Überzeugung wuchs, daß der Mensch in freier Selbstbestimmung sein Leben selbst in die Hand nehmen könne. Er begann, sich für sich selbst und die sozialen Verhältnisse zu interessieren. Im 19. Jh. war es dann soweit: Die Entfaltung des Kapitalismus, die zunehmenden Desintegrationsprozesse (Anwachsen der Städte; Zerfall der *Familie*) und sozialpolitische Konflikte schufen ein Bewußtsein dafür, daß der Störung der Ordnung mittels staatlicher Initiative begegnet werden müsse. Hierfür bediente man sich der im Aufblühen befindlichen Sozialwissenschaften, aber auch der Naturwissenschaften einschließlich der Medizin und nicht zuletzt ihrer Teildisziplin, der *Psychiatrie*.
Erste statistische Untersuchungen vor der Jahrhundertwende alarmierten Fachwelt und Öffentlichkeit. Sie stellten ein Anwachsen registrierter Straftaten fest und – aufgrund der hohen Rückfallquote – Probleme effektiver Sanktionierung. Die zentralen Fragestellungen wurden alsbald in allen beteiligten Wissenschaften – hinzu kamen *Psychologie*, Psychoanalyse und Pädagogik – bearbeitet: Wie entsteht K., und wie kann auf sie wirksam reagiert werden? Dabei trat der Besserungsgedanke immer mehr in den Vordergrund: Der sog. Kriminelle sollte nicht nur büßen, sondern »resozialisiert« in die *Gesellschaft* zurückkehren. Die Folge waren darum Untersuchungen am Menschen und seiner sozialen Umgebung, um Auskunft darüber zu erhalten, an welchen Stellen und mit welchen Mitteln erfolgreich vorgebeugt und interveniert werden könnte (s. Erklärungsansätze).
Statistiken – eine Quelle gesellschaftlicher Wirklichkeit: Statistiken sind – neben der subjektiven Furcht vor K. – wohl der einflußreichste Faktor für die Kriminalpolitik. Im Rahmen der Erfassung des Phänomens gibt es Datensammlungen zu Zahl, Art und Schwere, zur räumlichen Verteilung und über Entwicklungstrends. Ferner liegen Erkenntnisse über Geschlecht, Alter, Merkmale der »Täter« und deren Umgebung vor. Schließlich wird nach Schadenshöhe und Ausländeranteil differenziert.
Die beiden wichtigsten Quellen sind die Polizeiliche Kriminalstatistik (PKS) und die u.a. über Verurteilungen Auskunft gebende Rechtspflegestatistik. Die PKS listet auf, was bei der Polizei zur Anzeige gekommen ist, sei es durch Mitteilung aus der Bevölkerung, sei es durch eigene polizeiliche Ermittlungsarbeit. 1993 wurden in Gesamtdeutschland ca. 6,5 Mio. Straftaten registriert. Hinzuzuzählen sind schätzungsweise 3 Mio. Verkehrsstraftaten. Sie machen rd. 40% aller von deutschen Strafgerichten abgeurteilten Rechtsbrüche aus. Hieraus allein sind nur begrenzt Schlußfolgerungen über Entwicklungen abzuleiten. Der erste Analyseschritt besteht darin, die absolute Zahl auf die Bevölkerung pro 100000 umzurechnen. Hieraus ergibt sich die sog. Kriminalitätsbelastungsziffer.
Eine bei der Polizei registrierte Anzeige führt jedoch nicht unbedingt zur Anklage durch die Staatsanwaltschaft (z.B. wegen unzureichender Beweise) oder gar Verurteilung. 1991 gab es hinsichtlich der Verurteilungen den niedrigsten Stand seit 1966: 1274 pro 100000 (Zahlen für die alten Bundesländer). 38% davon betreffen Straßenverkehrsdelikte, 22% Diebstahl. Auch bei Jugendlichen ging die Verurteiltenziffer zurück (von 1348 im Jahre 1990 auf 1278); bei den Heranwachsenden hingegen stieg sie von 2554 auf 2614.
Bei der Betrachtung dessen, was als K. angezeigt bzw. durch Gerichte rechtskräftig festgestellt wird, ist also auf den Trichtereffekt zu achten. Vom Tatverdacht bis zum tatsächlichen *Strafvollzug* findet ein enormer Auswahlprozeß statt. Gegenwärtig besagen Schätzungen, daß etwa 1/3 der männlichen Bevölkerung gerichtlich bestraft wurde. Bei den *Frauen* sind es nur rd. 5%. K. ist demnach u.a. ein Problem von geschlechtsspezifischer Bedeutung (*Abweichendes Verhalten*). Bereits der erste genauere Blick auf Statistiken mahnt folglich zur Vorsicht. Qualifizierte Aussagen ergeben sich u.U. aus den Anteilen einzelner Deliktgruppen (Struktur und Schwere). Die Eigentumsdelikte machen die Masse aus (mit Sachbeschädigung und Betrug rd. 80% der regi-

strierten Straftaten). Die gesamte Gewaltkriminalität (Mord, Totschlag, Raub, Vergewaltigung und schwere Körperverletzung) fällt hingegen statistisch nicht ins Gewicht.

Doch auch damit kann eine Analyse noch nicht auskommen. Das subjektive Empfinden in der Bevölkerung ist ebenfalls ein gesellschaftlicher Indikator, der nicht unterschätzt werden darf. Gleichwohl müssen die unstreitigen Tatsachen im Vordergrund stehen. Da klafft ohne Zweifel eine Lücke zwischen den statistischen Hinweisen und der Einschätzung in weiten Teilen der Bevölkerung. Für deren Wahrnehmung zeichnen die Massenmedien mit verantwortlich. Weder die Zahl schwerer Delikte noch bestimmter gefährlicher Personen, schon gar nicht der Ausländer, kann als Beleg für eine »Bedrohung durch wachsende Kriminalität« herhalten.

Statistiken lehren uns ferner etwas über das Anzeigeverhalten und die damit jeweils bedeutsamen Rechtsgüter. Die Autorität des Staates (Kaiserreich), der besondere Schutz des Eigentums (Holzdiebstahl), der Umwelt, der sog. sexuellen Selbstbestimmung usw. standen oder stehen im Zentrum der Anzeigen und Strafverfolgung. Die »K.« macht Moden durch, beeinflußt von jeweils im Vordergrund stehenden Werten, der Aussicht auf Ermittlungserfolge, Zwänge durch Versicherungsvorschriften, nicht zuletzt aber den Möglichkeiten alternativer Konfliktregulierung.

Statistiken vermitteln mithin eine bestimmte, aber keine alle Dimensionen erfassende Wirklichkeit. Sie schaffen gleichzeitig Tatsachen, die Anlaß für kriminalpolitischen Mißbrauch sind und seriöses Nachdenken sein müßten.

Ergänzen lassen sich die offiziellen Zahlen durch Befragungen von »Tätern« und »Opfern«. Insbesondere Auskünfte von nicht registrierten Personen, die Verstöße gegen das StGB und sonstige einschlägige Vorschriften zugegeben haben, erlauben Vermutungen über das sog. Dunkelfeld. Hochrechnungen aus diesen Hinweisen erreichen eine Zahl von bis zu 35 Mio. Straftaten pro Jahr in allen Bundesländern. Das wirft Fragen nach der Bedeutung von »Verbrechen« in einer Gesellschaft auf, ebenso nach Gründen der offenbar selektiven Kontrolle (wer landet vor Gericht und im Strafvollzug?) und der Kapazität der für die Verbrechensbekämpfung Verantwortlichen. Von Ansätzen, die das Phänomen K. zu erklären versuchen, ist deshalb zu erwarten, daß sie nicht nur über Motive der Tatverdächtigen und ihre Lebensumstände Auskunft geben, sondern auch Normsetzung, Anzeigeverhalten sowie selektive Kontrolle berücksichtigen.

Erklärungsansätze – Quellen zur Deutung des Phänomens K.: Die sich seit der letzten Jahrhundertwende etablierenden Human- und Sozialwissenschaften liefern alle Beiträge zur Deutung des Phänomens K. Dabei stehen Fragen der Entstehung und der wirksamen Begrenzung im Vordergrund (General- und Spezialprävention). Die Bezugswissenschaften akzeptieren fast ausschließlich das Strafrecht als maßgeblichen Bezugspunkt. Dies geht von individueller Schuld auf der Basis prinzipieller Willensfreiheit aus (anders z. B. die Sicht der Psychoanalyse oder des Abolitionismus). Insofern muß von herrschenden Sichtweisen gesprochen werden, die über entsprechende Macht verfügen, ihre Theorie durchzusetzen. Hinsichtlich der K. basieren sie auf dem Prinzip der Strafe und des Freiheitsentzuges als – nicht häufigsten, aber – letzten Mitteln.

Zunächst einmal galt die Medizin mit ihrem biologischen Ansatz als zuständig. Aus ihr ging ein Teil der Psychiatrie hervor. Die forensische Psychiatrie spielt heute noch eine große Rolle im Rahmen der Begutachtung der Schuldfähigkeit (§§ 20, 21 StGB) und der Durchführung von Maßregeln (§§ 61 ff. StGB). Anfang des Jahrhunderts kamen die Psychologie und Psychoanalyse hinzu. Letztere zeichnet sich dadurch aus, daß sie von ihrem Denkmodell her andere Maßstäbe an die Frage von »Willensfreiheit« und »Schuld« legt als eine somatisch fixierte Medizin.

Körper, Seele und Entwicklungsmerkmale einschließlich der Intelligenz waren also die ersten Bezugspunkte auf der Suche nach den »Ursachen der Kriminalität«.

Später kamen die – v. a. in den USA entwickelten – soziologischen Gesichtspunkte hinzu: Wohnsituation, Kontakt zu Gleichaltrigen, Zugangsmöglichkeiten usw. Basierten die vorgenannten Ansätze im wesentlichen auf einem Pathologiemodell, so läßt sich im Fall der soziologischen Fragestellungen eher von einem Defizitdenken sprechen.

Keiner dieser Erklärungsversuche konnte und kann befriedigen, auch keine Addition von Merkmalen (sog. multifaktorieller Ansatz). Zudem bleiben als Tatsache: das Dunkelfeld und die selektive Kontrolle. Die darin begründeten Zweifel an der traditionellen Betrachtung von K. führten zu einem Perspektivenwechsel (*Paradigma*). Der Blick auf die Prozesse sozialer Kontrolle rückte die Verantwortung und die Handlungsweisen der beteiligten Institutionen (Polizei, StA, Gericht) in den Mittelpunkt des forscherischen Interesses. Die Impulse für diese neue Perspektive kamen aus dem Symbolischen Interaktionismus, speziell dem labeling approach, dessen Kerngedanken der berühmte Satz von H. S. Becker: »Abweichend ist das Verhalten, das als abweichend definiert wird« (8) prägnant zusammenfaßt. Eine derartige Betrachtungsweise schafft eine völlig andere Sicht von der Wirklichkeit. »Täter« sind danach die »Opfer« bestimmter Gesetze und selektiver Kontrollpraxis.

Seither stehen sich zwei Sichtweisen gegenüber: Die Verwendung des Begriffs K. verheißt, Verhalten von Tätern wissenschaftlich erfaßbar und praktisch bekämpfbar machen zu können. Kriminalisierung hingegen dient als Formel, um die aktive Handlung des Staates und seiner Organe zu erfassen und sie als Verursacher der Verfestigung abweichenden Verhaltens zu benennen. An dem Phänomen K. Interessierte befassen sich folglich mit der sog. primären Devianz; Anhänger des Stigmatisierungsansatzes konzentrieren sich auf die sekundäre Devianz, die Produktion abweichenden Verhaltens durch Reaktionen auf individuelles Handeln.

Nachdem die kritische Betrachtung der Statistik also Anlaß gibt, ihre begrenzte Reichweite und Aussagekraft zu beachten, verschärfen nun offenbar zwei miteinander im Wettstreit liegende Paradigmen die Probleme. Dies führt zusammengenommen zu unabweisbaren Konsequenzen: Die Analyse von K. ist – zunächst einmal – Ansichtssache, nämlich eine Frage, von welcher Perspektive aus der Gegenstand betrachtet werden soll.
In der Fachliteratur unterscheiden sich folglich die Versuche einer Systematisierung des Themas: So ordnet Lamnek (1979) die abgehandelten Erklärungsansätze mit Hilfe der Begriffe »ätiologisches« (individuumbezogenes) und Kontrollparadigma. Kaiser (1989) unterscheidet Theorien der Verbrechenskontrolle und der Kriminalisierung von Theorien des Verbrechens und der K. sowie Theorien der Täterpersönlichkeit bzw. des Verbrechensopfers und der Viktimisierung. Eisenberg (1990) schließlich differenziert nach Verständnisebenen: die der Erwartungsverletzung, des Konflikts und von Funktionen.
Unumstößlich ist nunmehr die Erkenntnis, daß es registrierte Straftäter und unentdeckte »Normalbürger« gibt, die sich »kriminell« verhalten. Diese schlichte Tatsache sollte dazu dienen, pharisäerhaftes Denken zu verhindern. Damit eröffent sich der Blick für eine Ausdifferenzierung des Phänomens K.: Es gibt die üblicherweise Verdächtigen und Verurteilten, deren sozialer Status in der Regel niedrig ist. Diese Gruppe ist die Domäne von SozArb/SozPäd. Schon länger bekannt ist die Gruppe der »Weiße-Kragen-Täter« oder auch der »Mächtigen«. Nicht beachtet und damit unterschätzt hatte man bis vor kurzem die »Kriminalität der Angepaßten« (Frehsee). Die nüchterne Betrachtung dessen, was »jedermann«, v.a. aber der »respektable Bürger« an Gesetzesverstößen und materiellem wie persönlichem Schaden (auch der sog. sexuelle Mißbrauch gilt als schichtunabhängig) hervorruft, läßt endgültig eine Unterscheidung in »gute Normale« und »böse Kriminelle« als absurd erscheinen.
Die Favorisierung eines Erklärungsansatzes (individuumbezogen vs. instanzenkritisch) hängt vom jeweiligen Gesellschaftsbild ab. Der grundlegende Unterschied liegt auch darin, ob die Idee sich darauf richtet, Gesellschaft prinzipiell für ordnungsfähig zu halten. Dann besteht das Ziel darin, K. zu überwinden, illegale Drogen zu bekämpfen usw. – Das Gegenmodell geht davon aus, daß Gesellschaft widersprüchlich ist und bleibt. Abweichendes Verhalten kann nicht »ausgerottet« werden, sondern ist – auch produktiver – Bestandteil des Lebens. Wenn dem so ist, bleibt die Frage, ob nicht auch Durchsetzungsfähigkeit im Rahmen gesellschaftlicher Verteilungskämpfe ein zu beachtender Faktor ist. Welche Sektoren von Verhalten jeweils als abweichend definiert und öffentlich verfolgt werden, sei da v.a. eine Machtfrage.

Zusammenfassung – welche Perspektive zählt? SozArb/SozPäd ist an der Bearbeitung von K. und an Prozessen der Kriminalisierung beteiligt. Sie ist tätig in der *Bewährungs-* und *Gerichtshilfe* sowie im *Strafvollzug*. Im *Jugendstrafrecht* hat sie eine nie zuvor gekannte quantitative und qualitative Bedeutung gewonnen. Ihr Aufgabenbereich bewegt sich zwischen Aufsicht und Hilfestellung (*Resozialisierung*). Vorrang hat sie die vom Staat vorgegebenen Normen und Ziele umzusetzen. Doch seit rd. 2 Jahrzehnten gibt es eine Fraktion, die sich als staats- und institutionenkritisch versteht. Hieraus ergibt sich die Chance, die Definitionsmacht der Justiz zu durchbrechen und eigene Standards zur Grundlage von Absprachen bzw. Zusammenarbeit zu machen. Hierfür muß die SozArb/SozPäd jedoch erst ihre eigene Geschäftsgrundlage klären: Welchem Erklärungsansatz von K. will sie folgen? Der Vorwurf, an Kriminalisierung beteiligt zu sein, trifft die Zunft hart. Zu ihrem – historischen – Selbstverständnis gehört es, Benachteiligte zu unterstützen. Dazu zählt in diesem Zusammenhang der Schutz von Tätergruppen (z.B. Drogenabhängige, »Mehrfachtäter«, Gewalttäter, aber auch Abwendung von Untersuchungshaft).
Engagierte Arbeit innerhalb der vorgegebenen Institutionen, Verweigerung der Kooperation oder ein dritter Weg? Stichworte wie Abschaffung des Strafrechts und Strafvollzuges (Abolitionismus), *Täter-Opfer-Ausgleich*, Konfliktregulierung/Tatausgleich (Österreich) signalisieren eine Bandbreite von Konzeptionen und in praktischer Erprobung befindlichen neuen Ansätzen (vgl. z.B. BMJ, 1992). In Anbetracht massiver nationaler wie internationaler Verteilungskämpfe und damit verstärkt aufkommender Furcht vor K. erwachsen gleichzeitig harte neue Rahmenbedingungen. SozArb/SozPäd sind gefordert. *H.-J. Plewig*

Literatur: BMJ (Hrsg.): Grundfragen des Jugendkriminalrechts und seiner Neuregelung, Kap. V, Bonn 1992, 218ff.; U. Eisenberg: Kriminologie, Köln [3]1990; D. Frehsee: Zur Abweichung der Angepaßten, in: KrimJ 1/1991, 25–45; G. Kaiser: Kriminologie, Heidelberg [8]1989; G. Kaiser u.a. (Hrsg.): Kleines Kriminologisches Wörterbuch (KKW), Heidelberg [3]1993; S. Lamnek: Theorien abweichenden Verhaltens, München 1979; D. Matza: Abweichendes Verhalten, Heidelberg 1973; W. Naucke: Schwerpunktverlagerungen im Strafrecht, in: KritV, 135–162; U. Wesel: Fast alles, was Recht ist. Jura für Nicht-Juristen, Frankfurt/M. 1992.

Kulturarbeit, soziale (s.K.)

S.K. bezieht sich axiomatisch (im Hinblick auf das ihr zugrundeliegende Denksystem) auf die Einsicht, »daß das Politische und Soziale ein Teilgebiet des Menschlichen ausmacht, daß es der Totalität des humanen Problems angehört, vom Geiste in sie einzubeziehen ist und daß diese Totalität eine gefährliche, die Kultur gefährdende Lücke aufweist, wenn es ihr an dem politischen, dem sozialen Engagement gebricht« (Thomas Mann).
Soziokultur als ideale Zielvorstellung durchbricht die Trennung zwischen der »reinen Welt des Geistes« und den Niederungen der Realität (eben der politischen und

sozialen Verhältnisse); sie korrigiert den Irrtum deutscher Bürgerlichkeit, daß man ein unpolitischer Kulturmensch sein könne, und bejaht die Integration von Kultur in den gesellschaftlichen Gesamtraum. Soziokultur beabsichtigt nicht die Minderung des ästhetischen Anspruchs (*Ästhetik*); sie will vielmehr die Wege zur Kultur jedem erschließen, eben das Bürgerrecht auf Kultur verwirklichen.

S.K. ist der Versuch, vorrangig, neben anderen Aspekten, *Kunst* als Kommunikationsmedium zu begreifen – als eine, und zwar sehr gewichtige Möglichkeit, die in vielfältige Einzel- und Gruppeninteressen, Weltanschauungskonflikte, Verständigungsbarrieren zerklüftete Gesellschaft auf der »kommunikativen Ebene« zusammenzubringen. Gerade in der komplexen Industriegesellschaft kann Kultur mit Hilfe ihrer Symbole kollektive Identität ermöglichen – das »Beieinandersein« im Widersprüchlichen, wobei die oft gegensätzliche Pluralität diskursiv miteinander verbunden ist. Kunst vermittelt dabei weniger Inhalte für Kommunikation; wohl auch diese; sie stellt v.a. kommunikative Strukturen bereit. Darunter ist zu verstehen:

1. die Bereitschaft, aus sog. Selbstverständlichkeiten herauszutreten und damit Befragungssituationen, Fragwürdigkeiten und »Bedenklichkeiten« zu ermöglichen bzw. zu fördern;
2. Überwindung der (psychosomatisch mitbedingten) immer wieder sich einstellenden Denkträgheit durch Denkanstöße bis zur Provokation, um auf diese Weise dialektisch verlaufende Geistesprozesse einzuleiten;
3. Vermittlung vielfältiger Wahrnehmungsweisen, wobei der Pluralismus in der Wahrnehmung auch zu einem Pluralismus der Standpunkte und Denkpositionen hinführt.

Das »Begaben« des Menschen für das Verstehen von Kunst und die Ausübung von Kunst (Amateurkunst) können jene »Auflockerung« erreichen, welche die Vorausssetzung kommunikativer Prozesse darstellt. Erst wenn die »Auflockerung« (Aleatorik) erreicht ist, wird Kommunikation aus dem Mißverständnis befreit, sie sei Aneinanderreihung stereotypisierter (unbeweglicher und unbewegbarer), aus der jeweiligen Position oder Ideologie heraus entwickelter Phrasen. Statt dessen soll sie sein: Rückkopplungsprozeß, gegenseitige, durch Argumentation und Anschauung bewirkte geistige Annäherung bzw. gemeinsames Bemühen um Wahrheit – eine Wahrheit, die, i.S. des demokratischen Prinzips, immer wieder weiterentwickelt, »fortgeschrieben« werden muß, somit als Weg und nicht als Besitz zu verstehen ist.

S.K. ist dem überwölbenden Begriff von Kultur (als gesellschaftsverbindender Totalität) integriert; sie grenzt sich freilich ab von dem einseitigen Überheblichkeitsanspruch »affirmativer Kultur«, die – nach Herbert Marcuse – die geistig-seelische Welt als ein selbständiges Reich von der Zivilisation abzulösen und über sie zu erhöhen trachtet. Bei der »affirmativen Kultur« wird die v.a. in der Kunst sinnlich vor-scheinende Ideenwelt als unbedingt zu »bejahende, ewig bessere, wertvollere Welt« von der tatsächlichen Welt des alltäglichen Daseinskampfes abgelöst und deren Rezeption zu einem Akt der Feierstunde bzw. der Erhebung ritualistisch gemacht.

S.K. will das Idealitäts- und das Realitätsprinzip dadurch miteinander verbinden, daß sie stets über die »erreichte Organisation des Daseins« hinausweist, aber solches Transzendieren allen zu ermöglichen trachtet (»Kultur für alle«). Dies bedeutet:

– besondere Hinwendung zu Personengruppen und Gesellschaftsschichten, denen die Erschließung von »Kulturräumen« weitgehend versagt geblieben ist; sei es aufgrund des Milieus, innerhalb dessen sich ihre *Sozialisation* vollzug, oder aufgrund der Defizite von *Erziehung* (v.a. angesichts des Mangels von »Kulturpädagogik« in den Haupt- und Berufsschulen);
– eine besondere *Didaktik* s. K.: Sie muß, um »Rückstände« überwinden zu können, ihre Ziele sehr anschaulich definieren, in ihren Methoden und Stoffen (Inhalten) an alltäglichen Lebens- und Arbeitserfahrungen anknüpfen.

Dies darf jedoch nicht so verstanden werden, als ob es eine Zweiklassenkultur gäbe: die hohen erhabenen Güter (»Hochkultur«) für die Privilegierten; für die anderen eine »Popularkultur«. So ist z.B. Geschichtsarbeit, die sich dem Alltag zuwendet (»Geschichte von unten«), immer auch im Rahmen gesamtgeschichtlicher Betrachtung zu sehen; eine gesamtgeschichtliche Betrachtung wiederum, die die Geschichte des Alltags mißachtet, verfehlt ihre aufklärerische Wirkung (*Aufklärung*).

Kulturpädagogik als wichtiger Teil der s.K. intendiert die Demokratisierung des Ästhetischen. Vom *Kindergarten* bis zur *Fort- und Weiterbildung* der Erwachsenen sollte »kulturelle Kompetenz« ein wichtiges Ziel sein – aus human-idealistischen wie human-pragmatischen Gründen. Ohne »ästhetische Erziehung« bleibt, anthropologisch gesehen (*Anthropologie*), der Mensch viel mehr seiner Triebdynamik (Frustrationen, Aggressionen) verhaftet, als wenn er mit Sublimierungsmöglichkeit »begabt« wird. Kulturpädagogik, die für das »Gute, Schöne, Wahre« öffnet (wobei der Vorschein der Kunst stets auch als Kontrast das Häßliche und Böse einschließt), gibt dem Menschen Ichstärke: mehr zu sein als Schein. Angesichts dominanter Warenästhetik und einer zunehmend veroberflächlichten Medienwelt – lediglich an »Farbigkeitsbedarfsdeckung« und der Befriedigung triebhafter Interessen interessiert (Pornograpie und Pornographie des Todes – im Gegensatz zum »Obszönen«, das die »ganze Wahrheit« über den Menschen, also auch seine Schattenseiten und Abgründe aufzuzeigen trachtet) –, angesichts einer anästhetisierenden Beliebigkeitsästhetik hat Kulturpädagogik einen schweren Stand. Human-pragmatisch ist Kulturpädagogik wichtig, weil die moderne Industriegesellschaft im Rahmen ihrer »Reprofessionalisierung«, in Überwindung des auf Drill und Dressur zielenden

Taylorismus, neuer Qualifikationsprofile bedarf. In der humanen Computergesellschaft (Homuter-Gesellschaft) kommt es produktionsphilosophisch nicht nur auf Expertenwissen, sondern auch auf Schlüsselqualifikation und soziokulturelle Kompetenz (»Prinzip Verantwortung«) an. Diese verschaffen betriebswirtschaftliche Vorteile: Management wie Facharbeit bedürfen heute der Diagnosefähigkeit, der kreativen Phantasie, der selbständigen Entscheidungsfähigkeit, insgesamt kulturell entwickelter »Tugenden«, die nicht lektionenmäßig gelehrt werden können, sondern atmosphärisch, »kulturklimatisch« sich entfalten müssen (Bedeutung des »Kulturklimas« in der Großstadt, Kleinstadt und auf dem Land). So »rechnet sich« sogar die an sich volkswirtschaftlich zu kalkulierende Kulturinvestition via Kulturpädagogik – wenn man bei Kosten-Ertrags-Berechnungen (cost-benefit) mittel- und langfristig denkt.

S. K. bedarf ihrer eigenen Topographie (Infrastruktur), die jedoch nicht für sich allein bestehen sollte, sondern mit den räumlichen und organisatorischen Mustern der gesamten K. zu vernetzen ist. Zentrale Orte (Theater, Bibliothek, Museum, Kunsthalle, Volkshochschule etc.) haben zum Pendant dezentrale, die teilweise der gleichen »Sparte« zugehören (Kleintheater, Stadtteilbibliothek, Stadtteilmuseum, Stadtteilgalerie, Volkshochschulzweigstelle) oder aber auch durch neue »Kombinationen« charakterisiert sind (Kulturläden, Gemeinschaftshäuser, Kunstquartiere, Kulturwerkstätten etc.).

S. K. fordert ein besonderes Berufsprofil (»Animator«). Der hier Tätige muß auf der einen Seite von der Bedürfnislage und Mentalität einer sehr unterschiedlich strukturierten »Klientel« ausgehen, auf der anderen darf er darüber das erkenntnisleitende Interesse (die »Idealität« von Kunst) nicht aus dem Auge verlieren – da sonst eine Zweiteilung von Kultur die Folge wäre. (Die Arbeiterbildungsvereine etwa haben dementsprechend keine »alternative« Kunst, sondern die Teilhabe an der Gesamtkultur angestrebt; die Betonung von kulturellen Teilaspekten, z. B. »Arbeiterkultur«, hat durchaus ihre historische Bedeutung, darf jedoch nicht zu einer Separierung in den kulturellen Ansprüchen führen.)

Der in s. K. Tätige muß psychologisches Einfühlungsvermögen und solide kulturelle Kenntnisse, möglichst interdisziplinärer Art, besitzen; er sollte sich bei seinen vermittelnden, beratenden, informierenden, kommunikativen und letztlich sozialisierenden Bemühungen auf das Verbundsystem anderer kultureller Einrichtungen stützen können. Das entsprechende Eignungsprofil ist v. a. dadurch zu erreichen, daß, ausgehend von einer Spezialqualifikation, die notwendige Schlüsselqualifikation (soziokulturelle Kompetenz bewirkend) als Zusatzqualifikation in Theorie und Praxis erworben wird. Entsprechende Ausbildungsstätten fehlen weitgehend, weshalb sich in s. K. noch ein gewisser Dilettantismus bemerkbar macht; dieser wirkt sich freilich auch wegen seiner Spontaneität, seines Phantasiereichtums und konventionellen Engagements positiv aus.

S. K. ist ein wichtiges Element demokratischer Sozialstaatlichkeit. Ihre Bedeutung nimmt zu angesichts der sich abzeichnenden Entwicklung der Industriegesellschaft. Die weitere Automatisierung mit Hilfe der Mikroelektronik führt dazu, daß *Arbeit* knapper wird. Um die Zweidrittelgesellschaft (2/3 im Besitz von Arbeit, 1/3 arbeitslos) zu verhindern, muß ein kontinuierlicher Lastenausgleich, d. h. die gerechte Verteilung vorhandener Arbeit, stattfinden, v. a. durch die Reduzierung der Lebensarbeitszeit sowie die Einführung der 35- bzw. 25-Stunden-Woche (4-Tage-Woche). Die dadurch anfallende *Freizeit* wird nur dann nicht zum sozialpsychologischen bzw. sozialpathologischen Problem, wenn die Menschen dazu »begabt« werden, ihre freie Zeit selbstbestimmt (autonom) zu nutzen (*Zeit*), d. h., verhindert wird, daß die Bewußtseins- bzw. Vergnügungsindustrie mit Surrogaten die Freizeitbedürfnisse absättigt. Die zu erwartenden Arbeitszeitverkürzungen sind somit nicht nur unter quantitativem, sondern v. a. auch unter qualitativem Aspekt zu sehen: »Zum ersten Mal in der modernen Geschichte könnte die Situation eintreten, daß bereits in der rein quantitativen Aufgliederung jene Zeit, die ich als ›Emanzipations- und Orientierungszeit‹ bezeichnen möchte, größer ist ... als die Zeit, die der Mensch stückweise zu verkaufen genötigt ist, um genügend Mittel zum Leben zu erwerben« (Oskar Negt).

Freizeit wird in Zukunft nicht mehr vorrangig eine Rolle als Erholungs- bzw. Rekreationszeit spielen (zumal ein Übermaß von Freizeit zu Langeweile und Frustration führt); s. K. muß jenseits von Erwerbsarbeit und Freizeitbeschäftigung einen »dritten Weg« auftun: nämlich soziokulturelle »Tätigkeit« (Meta-Arbeit) ermöglichen helfen. Solche Möglichkeiten für »Tätigkeit« lassen sich im Begriff »Werkstatt« lokalisieren, als einem Ort, da »Werke stattfinden«. »Werkstatt« als Topos eines soziokulturellen Begründungszusammenhanges ist geprägt durch »spürbare Nähe« und nicht durch »soziale Fernwärme« (Hilfe zur Selbsthilfe!); ihre Inhalte können speziell oder komplex sein (Medienwerkstatt, Theaterwerkstatt, Filmwerkstatt, Stadterneuerungswerkstatt, Ökowerkstatt, Kunstwerkstatt, Gesundheitswerkstatt etc.).

Eine Kategorientafel für Werkstattpraxis sollte beachten:

- Nähe zum Wohnort, aber doch so weit von ihm abgetrennt, daß ein deutlicher Ortswechsel stattfindet, da allein schon dieser motiviert bzw., im recht verstandenen Sinne, diszipliniert (Überwindung des Sich-gehen-Lassens);
- Tätigkeit in Gruppen, die die individuelle Selbstbestimmung ernst nehmen, die offen sind für das Hineinwachsen neu Hinzukommender, die aber auch das Ausscheren in eigenwillige Tätigkeitsbereiche fördern, also keine In-group-Repressionen entwickeln;
- produktiv-kreative Tätigkeit, die sinnvoll ist, jenseits des Hobbyismus, der zu Hause seinen Ort haben mag; sinnvoll ist es z. B., wenn individuelles Engagement dem Gemeinwohl zugute kommt;

– gesellschaftliche Anerkennung: Solche Werkstätten müßten, abgesehen von der notwendigen Grundversorgung der in ihnen Tätigen, eine der Erwerbsarbeit adäquate »Rangstellung« einnehmen.

»Trachte jeder, überall sich und anderen zu nutzen« (Johann Wolfgang Goethe) – und zwar auf eine Weise, die dem einzelnen, der Gruppe, der Gemeinschaft, der Gesellschaft, dem Staat die »Ressource Sinn« mehr als bislang erschließt.
Essentielle Aufgabe von s. K. insgesamt: Heteronomie in Autonomie verwandeln helfen. *H. Glaser*

Literatur: D. Baacke u. a.: Am Ende – postmodern? Next Wave in der Pädagogik, Weinheim/München 1985; M. Bosch (Hrsg.): Kulturarbeit. Versuche und Modelle demokratischer Kulturarbeit, Frankfurt/M. 1977; H. Glaser/K. H. Stahl: Bürgerrecht Kultur, Frankfurt/M./Berlin/Wien 1983; I. M. Greverus: Kultur und Alltagswelt, München 1978; H. Hoffmann: Kultur für alle. Perspektiven und Modelle, Frankfurt/M. 1981; H. Marcuse: Kultur und Gesellschaft. Bd. 1, Frankfurt/M. 1970; H. Mayrhofer/W. Zacharias: Ästhetische Erziehung, Reinbek 1976; O. Negt: Lebendige Arbeit, enteignete Zeit, Frankfurt/M. 1985; W. Niess: Volkshäuser, Freizeitheime, Kommunikationszentren. Zum Wandel kultureller Infrastruktur sozialer Bewegungen, Hagen 1984; H. W. Opaschowski: Einführung in die freizeit-kulturelle Breitenarbeit, Heilbronn 1979. Vgl. auch die Literaturhinweise bei *Jugendarbeit, kulturelle*.

Kunst

Jenseits menschlichen Wirtschaftens – wir sind immer noch das gefährdete und sich selbst gefährdende Tier« (Musil) – gilt seit der Entwicklung gemeinschaftlicher Tätigkeit des Menschen K. als »progressive Anthropologie« (Novalis).
K. der Vorgeschichte: Mit der Bewußtwerdung und dem klaren Erleben von Tod als Begrenzung individuellen Lebens, mit der Erkenntnis von Wachsen und Zerfall als Entsprechung dazu in aller übriger Natur entstehen festhaltende, sinnsuchende Bilder, kultische Formen, gemeinsamer Tanz, gemeinsamer Rhythmus in Einklang und Einstimmung mit der Natur. Die paläolitischen Felsbilder enthalten formal und darstellerisch alle Merkmale von K.: gespannte, in die Tiefe gerichtete Raum-Körper-Linie, manchmal skizzenhaft umreißende Grenzen des malerischen Gegenstandes, ausgewogene Proportionen der Einzelteile zum Ganzen bei der Ausarbeitung auf der Fläche. Charakteristische Darstellung, z. B. fluchtartiger Lauf eines Tieres, erstarrtes Innehalten, ist wichtiger als Nachbildung. Am Anfang steht nicht die Dekoration, sondern Ergreifen und Ergriffensein, expandierende Aneignung der Natur und Besänftigung der Rachegeister durch beschwörende, bannende jagdzauberische Darstellung. Die Geschichte des dekorativ Schönen entwickelt sich mit den Produktivkräften, mit der Entfaltung des Augensinns und der Entdeckung des Naturschönen als Lebensbejahung.
K. beginnt als geistig-materieller Erkenntnisvorgang (wie bewegt sich das Tier, wie sieht es im Lauf aus etc.), als Totenkult, mit dramatisch rhythmischen Bewegungen, als gemeinsamer Arbeitsrhythmus, Arbeitsgesang.
Kunstbestimmung in der Geschichte: Seit der griechischen Geschichte verfügen wir über ausgeführte Begriffe und Bestimmungen von K. und deren Wirkung. Zum Teil sind sie nebeneinander mit veränderter Wertigkeit bis heute gültig: *Ästhetik* als Wissenschaft der sinnlichen Wahrnehmung.

1. K. ist sinnliche Aneignung des Mannigfaltigen in K. und Natur, Hinführen des Mannigfachen, des dissonanten Werdens und Vergehens zur dramatischen Einheit und Harmonie, der »Vernunft des Alls«. Die wahrnehmenden Sinne müssen von der inneren Seele erleuchtet sein (Heraklit, Philosoph aus Ephesos, um 500 v. Chr. einflußreichster Vorsokratiker).
2. K. ist Nachahmung, Nachbildung gegenständlicher Wirklichkeit: »Wer Kunst hervorbringt, ahmt nach, wer Kunst genießt, erfreut sich an der Übereinstimmung zwischen Original und Nachbildung.«
»Die sechs nachahmenden Qualitäten der Tragödie sind: Mythos, Charakter, Rede, Absicht, Szenerie, Musik, außerdem gibt es nichts« (Aristoteles, geb. 384 v. Chr., Schüler Platons).
K. als Nachahmung von Qualität reicht mit veränderter Interpretation über Mittelalter und Renaissance bis ins 18. Jh. (Lessing: Hamburgische Dramaturgie). K. gilt in diesem Sinne als lehr- und lernbar.
3. K. ist Erzeugung des Schönen (Plotin, 205 n. Chr. in Ägypten). Er trennt in seinem philosophischen System das Geistige vom Sinnlichen. Auch diese Bestimmung bleibt erhalten im Mittelalter und in der Renaissance (z. B. Dürer).
4. K. ist anschauliche Erkenntnis der Wirklichkeit (Theorie des Naturalismus aus dem Umkreis der Maler Böcklin, Lehnbach, Marée u. a. ca. 1860).
5. K. ist schöpferische Auseinandersetzung mit der Welt und mit sich selbst (Schmarsow, Kunsttheoretiker der Jahrhundertwende).
6. K. ist in erster Linie gestalteter Ausdruck von Seelischem, unabhängig von Naturvorbildern (Tendenzen im Expressionismus).
7. Kunstausübung wird gesteuert vom Nachahmungs- und Spieltrieb (Schiller; Huisinga: Homo ludens).
8. K. ist auf »Verdrängung« beruhende »Sublimierung sexueller Libido« (Kunsttheorie der Psychoanalyse).
9. In Korrespondenz zu den naturwissenschaftlichen und politischen Entdeckungen entstehen Kunsttheorien und -bewegungen gegen Historismus und Konventionen mit Begriffen wie: lebendige Form, elementare Ausdrucksweise in Malerei und Plastik, Strukturdenken, materialgerechte Verarbeitung in allen Künsten, Funktionalismus in der Architektur.
10. Eine marxistische Kunsttheorie befindet sich in den Anfängen. Die »mechanische« Aufspaltung der menschlichen Wirklichkeit in Basis und Überbau, praktische Wertsetzung zugunsten der materiellen Basis hat

die historische Kunstfeindlichkeit kleinbürgerlicher Tendenzen wieder verstärkt. Sie hat in Kunstproduktion und -betrachtung zu reduzierter, sklavisch gegenständlicher, erlebnisarmer »Informationskunst« geführt, die den intellektuellen und emotionalen Stand allgemeiner, materiell formaler Entwicklung mißachtet.

Aus allen Ansätzen zur Kunstbestimmung sind Momente therapeutischer Substanz begründbar und abzuleiten.
Wirkung von K.: K. ist Sache einer zahlenmäßig sich immer vergrößernden Elite. Vorgeschichtlich gilt sie als allgemeines, in der weiteren Geschichte als besonderes Mittel der Bewußtwerdung des menschlichen Selbst und der Umwelt. Die aristotelische Tragödie will mit Hilfe von Mitleid und Furcht eine Reinigung (Katharsis) von eben diesen Affekten herbeiführen. Lessing und Brecht haben für jeweils ihre Zeit diese Grundlegung abgewandelt. Die Menge der Menschen wird durch allseitigen Einfluß eher eng an den Kreislauf des materiellen ökonomischen Angebots und Konsums angeschlossen und gehalten, als daß neben der sozial notwendigen Arbeit die Möglichkeit geistig-seelischer Entfaltung und Vertiefung propagiert wird.
Die Umverteilung der etwas widerspenstigen geistig-künstlerischen Güter findet in hoffnungsvollen Ansätzen dennoch statt. Zunehmend wird das Praktisch-Sinnlich-Schöne dem Praktisch-Nützlichen beigegeben.
K. und SozArb: Für die Arbeit mit Menschen haben Kunstwerke und K. wesentliche Bedeutung.

a) Aktives Sehen – Selbstbestätigung als Nachvollzug: Die ganztätige, lebenslange Arbeit des Künstlers im Selbstauftrag beinhaltet die systematische Erforschung des menschlichen Zeit-Raum-Maßes in unabhängiger Kalkulation aller aktuell erregenden Einflüsse. Ausgesondert von der unmittelbaren Verzweckung eines ökonomisch straffen Menschenlebens, erzeugt der Künstler über vorhandene Gegenstände hinaus Gedanken, Motive, Empfindungen, Gestimmtheiten in Verschmelzung von äußerer und innerer Welt: eine sinnlich erfahrbare mögliche Gestalt.
Es gibt kein zwingendes Curriculum, das zu Genuß und hilfreichem Erleben von Kunstwerken führt. Wenn die spezifisch eigene Anschauung in einem Kunstwerk eine Entsprechung zur seelisch-geistigen Disposition erkannt hat, wird die darin enthaltene bestätigende und weiterführende Energie wirksam (Seelenhygiene). Eine Farbkombination, eine Lichtführung im Bild, eine präzise Gestimmtheit in der Musik wirken nicht auf den Begriffsapparat des Menschen. Die positiv energetische Wirkung rührt noch her von der frühkindlichen Ausgangssituation und der immerwährenden elastischen Bindung des Menschen an die Natur.
Entwicklung der Tiefensensibilität: Nach Spitz arbeitet, während die Methode des sach- und sensorenbezogenen, diakritischen Wahrnehmens im Laufe des 1. Lebensjahres gebildet wird, die koenästhetische Organisation als Austauschmodus mit der Umwelt. Dieses tut sie mit allseitig empfindsamer, nervöser Rezeption und Reaktion. Die Reizung der frühkindlichen »Tiefensensibilität« geschieht durch: Gleichgewichtsänderung, Spannung, Vibration, Rhythmus, Dauer, Tonhöhe, Farbschwingungen, Licht etc., sie ist kaum in Begriffen, sondern nur in künstlerischer Gestalt erfahrbar. Die »Tiefensensibilität« besteht weiter, wird aber durch das diakritische System überlagert. »Diejenigen Erwachsenen, die die Fähigkeit behalten haben, sich einer oder mehrerer dieser gewöhnlich verschwundenen Wahrnehmungs- und Kommunikationskriterien zu bedienen, gehören zu den besonders Begabten. Sie sind Komponisten, Musiker, Tänzer, Akrobaten, Flieger, Maler und Dichter und vieles andere, und wir halten sie oft für übersensible oder labile Persönlichkeiten« (Spitz, in: Psychoanalytic Review). K. ist daher: Aneignung der Welt mit allen Wesenskräften unter besonderer Berücksichtigung der Gestaltung von Reizungen für die menschliche Tiefensensibilität zu deren positiv harmonischer Beeinflussung. K. zielt auf Entfaltung der Sinne und Zusichselbstkommen und dient als Korrektiv zur chaotisch ungestalteten Umwelt, die mit totaler Reklame und ständiger einseitiger Forderung nach Pflichterfüllung in Arbeit und Konsum kräftezehrend auf den Menschen einwirkt.

b) Selbstbetätigung mit künstlerischem Material: Umgang mit Farbe, plastischem Material als sozial- und psychotherapeutisches Mittel ist üblich geworden. Die spielerisch selbstgesteuerte Tätigkeit mit Farbe und anderem Rohstoff kann zu einer aktiven Selbsterkenntnis und Selbstannahme führen. Die Wirkung der Farbe wird gezielt heilsam in bewußten Kompositionen und Kombinationen, es muß die Übersicht des Spezialisten beratend und harmonisierend hinzukommen. Durch Kunsterleben sind die Aktivitäten zu ergänzen.
Im Vorfeld psychisch defizitärer Entwicklung von Kindern, Jugendlichen und Erwachsenen ist die Anwendung von intelligenter, affektentladender Wirkung der bildenden K., von Theater, *Musik* etc. unerläßlich. Es geht dabei gleichzeitig um die Erweiterung der Erkenntnis von menschlichen Eigenschaften, Leidenschaften und deren Auswirkungen, um aktiv innerlich mimetische Betrachtung von Bildwerken, gleichsam als geistig-seelische Gymnastik.
K. und Existenz: Die diakritische (unterscheidende, analysierende) Wahrnehmung hat das perspektivische Abbilden und richtungsbetonte, gezielt kalkulierende, fixierende Denken und damit gleichsam die Methode für technischen Fortschritt ausgebildet. Aus der Leib-Seele-Ebene werden sinnlich Informationen mit umfassend ganzheitlichen, komplexen Inhalten weiterhin wahrgenommen und einverleibt.
K. materialisiert, verbildlicht die gegenwärtigen Möglichkeiten, Tendenzen und Zusammensetzungen von Zeit-Geist und setzt Maßstäbe und Marksteine für Anpassung und Widerstand.
Es gibt aber auch die Illustratoren von Zeiterscheinungen, die sie lediglich verdoppeln. Zeit-Geist bezeichnet hier den kontemplativen, geschichtsbildenden Rückbe-

zug auf die materielle Basis des Menschen. Ihre Erfüllung mit Sinn und Sinnlichkeit erzeugt die Überlebensenergie und Phantasie. Für die weitere produktive Auseinandersetzung mit der Natur ist das perspektivische Bewußtsein, das sich auf dem sicheren Zahlenstrahl in die Zukunft glaubt, durch das aperspektivische, abstrakt ganzheitliche Wahrnehmen und Denken abzulösen. Letzteres versetzt in die Lage, unperspektivisch mehrere Standpunkte in raum-zeitlichen Denkversionen gleichzeitig wahrzunehmen und Wirkungsgefüge gleichsam akausal zu beeinflussen, und zwar ohne Abschwächung von Ichdramatik.

K. als Gesamtheit schöpferischer Werke mit authentischer Handschrift künstlerischer Persönlichkeit ist »progressive *Anthropologie*«. Authentizität – griech. authentikos = gültig, echt, glaubwürdig – kann nicht mit Spontaneität verwechselt werden. Außerhalb physisch-natürlicher Schöpfung bestimmen Können, Fertigkeit, Beherrschung des geistig-sinnlichen und materiellen »Handwerks« den Rang künstlerischer Produktion. Subjektive Wahrnehmung und Durchdringung von Entwicklungsformen zeitgeschichtlicher Sinnlichkeit und Sinnhaftigkeit sind Voraussetzungen. In diesem Sinne betrifft die zutiefst subjektive künstlerische Aussage das progressiv Allgemeine. K., produziert als Aktie für den Markt und Staatskunst umgeht diesen subjektiven Faktor, der sich zur schnellen Verwertung wenig eignet.
Im Zusammenhang von Therapien und Fortbildung besteht die Chance, durch Gestaltung Erlebnissen, die der Sprache unzugänglich sind, nicht-verbal Ausdruck zu geben. In besonderer Weise wirkt hier Authentizität in Werken künstlerischer Laien erkenntnisfördernd und heilsam für die Identitätsbildung. (G.A. Henkel 1991)

G.A. und M. Henkel

Literatur: Ph. Ariès/G. Duby (Hrsg.): Histoire de la vie privée, Paris 1986; Aristoteles: Die Nikomachische Ethik, München 1991; E. Bloch: Das antizipierende Bewußtsein, Frankfurt/M. 1972; M. Buhr/G. Klaus (Hrsg.): Marxistisch-Leninistisches Wörterbuch der Philosophie, Reinbek 1972; H. Fränkel: Dichtung und Philosophie des frühen Griechentums, München 1962; J. Gebser: Ursprung und Gegenwart, München 1973; P. Härtling: Schubert, Hamburg 1992 (u. a. Künstlerbiografien und Selbstzeugnisse); G. A. Henkel: Rekonstruktion einer Maltheorie für Jugendliche. Prinzenerziehung für Verwahrloste, unveröff. Dipl.-Arbeit an der TU Berlin/Institut für Sozialpädagogik, Berlin 1991; H. Knell/H.-G. Sperlich (Hrsg.): Ullstein Lexikon der Kunst, Frankfurt/M. 1967; S. Langer: Philosophie auf neuem Wege. Das Symbol im Denken, im Ritus und in der Kunst, Frankfurt/M. 1984; Lexikon der Kunst, Leipzig 1968; G. Mead: Geist, Identität und Gesellschaft, Frankfurt/M. 1968; R. Musil: Der Mann ohne Eigenschaften, Hrsg. A. Frisé, Ges. Werke, Bd. 3, Reinbek 1978; R. Spitz: Diacritic and Coenesthetic Organization, in Psychoanalytic Review XXXII Nr. 2; R. Spitz: Angeboten oder erworben, Amsterdam 1971; A.N. Whitehead: Prozeß und Realität, Frankfurt/M. 1987; A.N. Whitehead: Die Funktion der Vernunft, Stuttgart 1987; L. v. Wilckens: Grundriß der abendländischen Kunstgeschichte, Stuttgart 1967.

Mädchen

Sexismus, geschlechtsspezifische *Sozialisation* und Arbeitsteilung sind Ursachen der Diskriminierung von M. und *Frauen* in der patriarchalischen *Gesellschaft*. Einschränkungen der Selbstverwirklichung und mangelnde politische und berufliche Partizipation stehen im Widerspruch zu propagierter Chancen- und formaler Rechtsgleichheit. Wenngleich sich das Leben von M. vom »Dasein für andere« zum Anspruch auf ein Stück »eigenes Lebens« verändert hat, so befindet es sich doch noch in einem irritierenden Zwischenstadium des »Nicht mehr und noch nicht« (Beck-Gernsheim; des weiteren u.a. DJI, Allerbeck/Hoag).
Benachteiligung von M. in der *Jugendhilfe*: »Verbesserte Chancengleichheit von Mädchen in der Bundesrepublik Deutschland« lautete der 6. Jugendbericht der BReg und löste in der Jugendhilfe eine Diskussion über notwendige Aktivitäten für M. aus (BT-Drs. 10/1007 v. 15.2.1984). Dies nicht zuletzt deshalb, weil der Bericht offenbarte, daß Jugendhilfe als gesellschaftliches Subsystem zur Benachteiligung von M. durch direkte und indirekte Diskriminierung sowie aufgrund fehlender kompensatorischer Angebote beiträgt (vgl. Münder/Slupik). So wird in der Vorschulerziehung noch weitgehend unreflektiert geschlechtsspezifisch sozialisiert. M. werden u.a. nicht hinreichend zu raumgreifenden Spielen und Erkundungen ermutigt, zu konfliktvermeidendem und nachsichtigem Verhalten Jungen gegenüber angehalten, von ErzieherInnen zu Aufräumarbeiten herangezogen und somit wird traditionelles Geschlechtsrollenverhalten frühzeitig trainiert. Angebote von *Jugendarbeit* orientieren sich stärker an Interessen, die bei Jungen qua geschlechtsspezifischer Sozialisation bereits ausgeprägt sind, führen zur Dominanz von Jungen und zur Entstehung »männlicher Territorien« (*Jungenarbeit*). Die damit verbundene Unterrepräsentanz von M. wird nicht als strukturelle Ausgrenzung wahrgenommen, sondern den M. als Desinteresse ausgelegt, und sie selbst werden als »Defizitwesen« definiert. In der *Jugendsozialarbeit* fehlen sowohl in Berufsvorbereitungs- als auch -ausbildungsprojekten pädagogische Konzepte, die der Zuständigkeit von M. für *Familie* und Beruf (*Berufliche Bildung*) und daraus resultierenden Konflikten Rechnung tragen. Obgleich M. bei den Ausbildungsstellensuchenden überrepräsentiert sind, sind sie in Ausbildungsprojekten deutlich unterrepräsentiert und werden auf wenig zukunftsträchtige Frauenberufe wie Hauswirtschafterin und Schneiderin beschränkt. Für den Bereich der *Erziehungshilfen* wird festgestellt, daß Probleme von M. in Familien seltener als bei Jungen erkannt werden, für spezifische Konfliktlagen wie z.B. den sexuellen Mißbrauch Unterstützungsangebote nicht bestehen sowie auf »Auffälligkeiten ausagierender Art« bei M. mit härteren Maßnahmen reagiert wird *(Gewalt in Familien)*.
Kritik an der *Koedukation* und Entwicklung von Mädchenarbeit: Die Entdeckung der Benachteiligung von M. durch die Jugendhilfe wurde gekoppelt mit einer Kritik an der praktizierten Koedukation. Diese führe

zur Verschleierung geschlechtsspezifischer Diskriminierung, orientiere sich an männlich normierten Standards und beeinträchtige zugleich Entwicklungsmöglichkeiten von M. Vor diesem Hintergrund entwickelte sich Mitte der 70er Jahre die »feministische Mädchenarbeit« als zielgruppenbezogener und gesellschaftspolitischer Ansatz (Savier/Wildt). M. über den Zusammenhang von »Sein und Mädchensein« aufzuklären, sie in die Lage zu versetzen, gesellschaftsspezifische Normierungen und Diskriminierungen zu erkennen und eine selbstbestimmtere Geschlechtsidentität zu fördern, ist Kernstück dieser Konzeption. Wenngleich die Gruppenarbeit mit M. wesentlicher methodischer Bestandteil ist, so hat sich die feministische Mädchenarbeit nie konzeptionell auf sie beschränkt. Daß das Ziel der Befreiung beider Geschlechter von Rollenzwängen und die Entwicklung eines geschlechtsübergreifenden humaneren Wert- und Normsystems durch die feministische Mädchenarbeit in der Jugendhilfe bislang wenig Beachtung findet, daß sie als »Angriff auf die Koedukation oder Rückschritt in überholte Erziehungstraditionen von Geschlechtertrennung« diskreditiert wird, ist kein Zufall. Ignoranz, Mißachtung und Widerstand sind gesellschaftliche Reaktionen auf frauenpolitische Belange – und dies eben auch in ihrem Subsystem Jugendhilfe.

Entwicklung mädchenorientierter Jugendhilfe: In den letzten Jahren befindet sich die Mädchenarbeit in einer beachtlichen Entwicklung. Bereits in der Hälfte der Jugendfreizeiteinrichtungen bestehen Mädchengruppen, Mädchencafés, Mädchentage und Mädchenfeste (vgl. MAGS). In zahlreichen Orten der ehemaligen BRD gibt es inzwischen Freizeit- und Beratungseinrichtungen ausschließlich für M. In Hamburg errichtete die Jugendbehörde das erste »Mädchenhaus« für M. in Not- und Krisensituationen, dem mehrere Städte folgten (u.a. Berlin, Bielefeld, Köln, München, Frankfurt/M.; weit verbreitet sind insbesondere spezielle Angebote bei sexuellem Mißbrauch von M.). Programme zum Abbau von *Jugendarbeitslosigkeit* richten sich zunehmend bevorzugt an M. wie z.B. das »Benachteiligungsprogramm« des AFG oder das 3. Sonderprogramm des Landes Hessen (vgl. Die Bevollmächtigte der Hessischen Landesregierung für Frauenangelegenheiten), oder es existieren spezielle »Mädchenprogramme« wie z.B. in NRW. In Ämtern und Verbänden werden »Beauftragte für Mädchenarbeit« eingesetzt bzw. Referate zur Mädchenarbeit eingerichtet und vielerorts themenbezogene Arbeitskreise von Fachkräften gebildet. Regional wird bereits an der Erstellung und Durchführung von Mädchenförderungskonzepten (z.B. Köln und Düsseldorf) oder die Abfassung von Mädchenberichten gearbeitet (z.B. Gießen). M. und Mädchenarbeit sind Thema von Fortbildungsveranstaltungen, Fachtagungen und auch Jugendministerkonferenzen.

Zunehmend spezialisieren sich sozialwissenschaftliche Institute auf mädchengerechte Jugendhilfeplanung (z.B. ISA in Münster) oder bieten bundesweit Serviceleistungen zur Förderung der Mädchenarbeit an (z.B. Zentralstelle zur Förderung der Mädchenarbeit, Münster). Mädchenarbeit ist ausgewiesener Schwerpunkt von Bundes- und Landesjugendplänen und Bestandteil des *Kinder- und Jugendhilfegesetzes* sowie zahlreicher Ausführungsgesetze. Auch bei der *Implementation* von Jugendhilfestrukturen in den neuen Bundesländern wird die Mädchenarbeit nicht vernachlässigt. Trotz dieser positiven Entwicklungen bedarf aber die Mädchenarbeit auch zukünftig besonderer fachlicher Aufmerksamkeit, um sie strukturell, konzeptionell und personell abzusichern. *G. Trauernicht*

Literatur: K. Allerbek/W. Hoag: Jugend ohne Zukunft: Einstellungen, Umwelt, Lebensperspektiven, München 1985; E. Beck-Gernsheim: Vom »Dasein für andere« zum Anspruch auf ein Stück »eigenes Lebens«. Individualisierungsprozesse im weiblichen Lebenszusammenhang, in: Soziale Welt 3/1983; BT-Drs. 10/1007 vom 15.2.1984: Verbesserung der Chancengleichheit von Mädchen in der Bundesrepublik Deutschland – 6. Jugendbericht sowie Stellungnahme der Bundesregierung zum 6. Jugendbericht; DJI: BRIGITTE Mädchen '82. Eine repräsentative Untersuchung, durchgeführt von G. Seidenspinner und A. Burger, München 1982; Die Bevollmächtigte der Hessischen Landesregierung für Frauenangelegenheiten: Hessische Mädchenstudie (1), Bestandsaufnahme zur Situation von Mädchen in der Jugendarbeit, und (2), Berufsausbildung von Mädchen, Wiesbaden 1986; ISA e.V.: Mädchenforschung in der Jugendhilfe, Soziale Praxis H. 2, Münster 1986; MAGS: Mädchen und Mädchenarbeit in Häusern der Offenen Tür. Eine Studie zur verbesserten Einbeziehung von Mädchen in die Angebote der offenen Jugendarbeit, Düsseldorf 1986 (MAGS); J. Münder/V. Slupik: Rechtliche Diskriminierung von Mädchen und jungen Frauen im Sozialisationsbereich, in: J. Münder/V. Slupik/R. Schmidt-Bott: Rechtliche und politische Diskriminierung von Mädchen und Frauen, Opladen 1984; M. Savier/C. Wildt: Mädchen zwischen Anpassung und Widerstand – Neue Ansätze zur feministischen Jugendarbeit, München 1978.

Männer

1. Nachdem jahrhundertelang Männlichkeit niemals reflektiert, geschweige denn in Frage gestellt worden ist, hat sich das in den vergangenen Jahren auch im deutschsprachigen Raum geändert. Pauschal besehen sind dafür im wesentlichen 4 Gründe verantwortlich:

- Die Arbeit als primärer Ort männlicher Leistung und Identität verliert im Leben des einzelnen quantitativ und qualitativ immer mehr an Bedeutung.
- Die Frauenbewegung fordert 50% aller Berufsmöglichkeiten, Positionen und Karrierechancen. Das bedeutet längerfristig die Einbuße von 50% männlicher Macht.
- Die ökologische Krise veranschaulicht den Bankrott männlichen Naturverständnisses und entzieht damit auch unserem Leistungsdenken eine seiner wichtigsten Legitimationen.
- Die Perspektiven von Männlichkeit verschlechtern sich zusehends. Es entsteht ein männlicher Leidensdruck an der eigenen Männerrolle.

Männlichkeit ist gesellschaftlich nach wie vor definiert als Ausübung von Macht und Kontrolle, Stärke, Führung, Dominanz, Logik, Stringenz, Erfolg, Härte, Ehrgeiz und Besitz.
Die Folgen dieser sozialen Festlegung und der ihr zugrundeliegenden *Sozialisation* bestimmen noch immer das Kräfteverhältnis zwischen den Geschlechtern.
Die Daten über die Erwerbstätigkeit dokumentieren die Konsequenzen der gesellschaftlichen Arbeitsteilung und ihrer sozialisatorischen Bedingungen. M. steuern überwiegend technische Anlagen und warten sie, bauen, installieren und stellen her, planen, konstruieren und forschen, leiten, organisieren und führen, sichern, bewachen und wenden Vorschriften an. Frauen hingegen verkaufen, kassieren, beraten Kunden, arbeiten im Büro, bewirten, reinigen und packen, erziehen, helfen, pflegen und versorgen (*Frauen*).

2. Die äußere Machtstellung des Mannes in der Gesellschaft bedingt die Negativseite der inneren Ohnmacht. Der Mann zahlt psychisch und physisch einen hohen Preis für seine Fixierung auf Macht und Erfolg.
James M. O'Neil hat in einer verdienstvollen Arbeit alle vorliegenden medizinischen, psychologischen und sozialmedizinischen Untersuchungsergebnisse zur gegenwärtigen Krise von Männlichkeit in 6 großen Problemgebieten zusammengefaßt:

- Das eingeschränkte Gefühlsleben bedeutet, daß M. Schwierigkeiten haben, sich emotional frei und offen auszudrücken, und daß sie auch anderen aus eigener Angst diese Fähigkeit nicht zugestehen. Das bedingt, daß M. ihre emotionale Kontrolle nicht aufgeben, sich nicht verletzlich zeigen wollen und vor neuen Erfahrungen zurückschrecken. Als Folge solch unterdrückter Emotionalität entstehen Verärgerung, Frustration, Feindseligkeit und Wut, die sich nicht selten dann explosionsartig in Aggressivität und Gewalt äußern.
- Homophobie ist die männliche Angst vor der Nähe zu anderen M. und damit ganz eng verbunden: die Abwehr von Homosexualität. Auch hier dominiert die Furcht, für weiblich, weich und damit für schwul gehalten zu werden.
- Die Kontroll-, Macht- und Wettbewerbszwänge dienen dazu, den Mann Situationen und Mitmenschen beherrschen zu lassen. Alle 3 Attribute sind Gradmesser für die eigene Männlichkeit. Bereits im Kindesalter erhalten Jungen viel mehr Ermutigung, Lob und Feedback, um dominant, aktiv, mächtig und kontrolliert zu sein, und ebensoviel mehr Strafe, Liebesentzug und Verachtung als Mädchen, wenn sie es nicht zur Genüge sind. Sie lernen früh, ihren Selbstwert über Konkurrenz, Machterwerb und Dominanz zu bestimmen. Niederlagen sind mit Entmännlichung identisch; wer nicht siegt, ist kein Mann. Kontrolle, Macht und Wettbewerb sind auch die entscheidenden Indikatoren, nach denen M. ihre persönlichen Beziehungen werten, was notwendigerweise zur Abwertung von Verantwortung, Ethos, Mitmenschlichkeit, Liebe und Fürsorge zwingt.
- Das gehemmte sexuelle und affektive Verhalten basiert im wesentlichen auf der männlichen *Angst*, die eigenen weiblichen Seiten zuzulassen. Das verhindert Gefühle, Sinnlichkeit, Intimität und Liebe zu anderen und führt dazu, die eigene Sexualität von Zärtlichkeit und Emotionalität abzuspalten und unter dem Aspekt von Leistung und Dominanz zu leben. Die Forschung ist sich einig, daß der Mann sexuell zum Opfer seiner eigenen »Obsession von Leistung und Erfolg« wird; in seiner Frustration spiegelt sich die Unterdrückung seiner Gefühle, sein Kontrollzwang und sein Dominanzstreben. Nicht Herrschaft, sondern Hingabe ist das Essential von Liebe und Sexualität.
- Sucht nach Leistung und Erfolg ist die zwanghafte Notwendigkeit, das eigene Mannsein immer wieder neu erfahrbar zu machen und zu messen. Die Konsequenz ist, daß M. wenig *Zeit* und Energie für Entspannung, Vergnügen, Spaß und Freizeit aufzubringen in der Lage sind. Alle empirischen Untersuchungen, die O'Neil zitiert, weisen aus, daß M. ihr Selbstwertgefühl ebenso wie ihr Erleben von Glück und Sinn des Lebens nur über ihre *Arbeit* und deren Gratifikationen zu bestimmen vermögen. Ihr Leben ist Tun und Haben, nicht Lassen und Sein. Eine besondere Bedeutung spielt dabei die Verknüpfung der männlichen Arbeitsrolle mit der des Familienernährers. Je mehr ein Mann für seine Frau und Kinder materiell erwirtschaftet, desto sicherer fühlt er sich in seiner Männlichkeit. Doch diese Erfolgsorientierung beinhaltet per se, daß der Mann das meiste seiner Zeit und Kraft in seine Arbeitsleistung investiert, sich dementsprechend sukzessive von Frau und Kindern emotional entfernt und schließlich zwar erfolgreich, aber menschlich entfremdet sich wiederfindet.
- Die unsorgsame Gesundheitspflege äußert sich darin, daß M. unzureichend entspannen, sich zuwenig physisch betätigen, zuwenig zum Arzt gehen und körperliche Warnsignale mißachten. Auch hier wird die Sorge um das eigene leibliche Wohl als weiblich oder gar weibisch belächelt und abgetan. Dementsprechend sind M. im Durchschnitt kränker als Frauen und sterben erheblich früher.

3. Die Vereinseitigung der männlichen Rolle wird in der Sozialisation angelegt. O'Neil, der in den USA Hunderte von empirischen Untersuchungen über den männlichen Erziehungsprozeß zusammengefaßt hat, kommt zu dem Resultat: »Männer werden sozialisiert, um wettbewerbsbetont, leistungsorientiert, kompetent zu sein ... Männer glauben, daß persönliches Glück und Sicherheit von harter Arbeit, Erfolg und Leistung abhängig sind.« Schon 8jährige Jungen haben dieses gesellschaftliche Credo von Männlichkeit verinnerlicht. Sie wissen, daß sie kämpfen, arbeiten, sich anstrengen müssen und nicht schwach und mädchenhaft sein dürfen, wenn sie M. werden wollen (*Jungenarbeit*). Das Erziehungsdrama zur Männlichkeit beginnt mit der Geburt. Von dem Moment an, da Eltern wissen, daß sie einen Jungen haben, fördern sie nachgewiese-

nermaßen Verhaltensweisen, die gesellschaftlich als männlich etikettiert sind, und diskreditieren dementsprechend andere Verhaltensweisen, die als unmännlich oder weiblich gelten.

Die amerikanischen Sozialwissenschaftlerinnen Maccoby und Jacklin haben festgestellt, daß geschlechtsspezifische Aktivitäten von Jungen mehr gefördert werden als jene von Mädchen; gleichermaßen werden Jungen wesentlich härter für geschlechtsunspezifisches Verhalten bestraft. Entgegen dem Tatbestand, daß die weiblichen Neugeborenen physiologisch stärker und viel weniger anfällig sind, spielen Eltern mit ihren Söhnen kräftiger als mit ihren Töchtern. Obwohl es der Realität widerspricht, betrachten Väter ihre männlichen Kleinkinder als stärker, lebhafter und zäher als Mädchen.

Die Erziehung zur Männlichkeit verlangt die Härtedressur der Buben, denen körperliche Kontakte, Schmusen und Küssen frühzeitig abtrainiert werden. Ebensosehr wird von den Buben verlangt, daß sie ihre Emotionen kontrollieren und insbesondere Gefühle von Schwäche, Schmerz, Traurigkeit und Nachgiebigkeit unterdrücken. Während Mädchen in der Einheit von Fühlen und Lernen aufwachsen, ist bei Buben die Verbindung zwischen affektiven Prozessen und dem Rollenlernen gespalten. Die gesellschaftliche Erziehung verlangt vom Knaben, daß er sich auf Leistung und Erfolg fixiert, sich damit auf äußerliche Ziele konzentriert und sein – dabei nur störendes – Gefühlsleben abtrennt. M. müssen unverletzbar sein, jederzeit dominieren und kontrollieren. Das aber heißt: ständig Druck und – Versagensangst.

Einer der renommiertesten Männerforscher, James A. Doyle, zeigt in seinem Buch »The Male Experience«, wie M. sich beständig im Streß von Wettbewerb und Konkurrenz befinden. »Winning isn't everything; it's the only thing.«

4. Trotz der offenkundigen Krise von Männlichkeit fällt es noch immer einer großen Mehrheit von M. äußerst schwer, sich realitätsgerecht mit ihrer äußeren und inneren Verfaßtheit auseinanderzusetzen. Erfahrungsberichte aus Männergruppen und noch mehr aus Männerzentren (Biesinger) dokumentieren ein umfängliches Arsenal von Verdrängungsstrategien und Rationalisierungen:

- M. getrauen sich aufgrund der Verhaltenserwartungen ihrer männlichen Rolle kaum bis gar nicht, ein Problem einzugestehen und um Hilfe zu bitten.
- M. sind überzeugt, daß es ihnen die männliche *Rolle* verbietet, in eine eigene Krisensituation zu geraten, geschweige denn, diese auch noch offen einzugestehen.
- Auch manifeste Schwierigkeiten werden von M. aus der Angst heraus, für schwach gehalten zu werden, zunächst einmal bagatellisiert.
- M. projizieren ihre Probleme auf andere, bevor sie sie in einem späteren Stadium als eigene anerkennen können.
- M. sehen sich so stark in sozialen Situationen und Sachzwängen verankert, daß sie wenig an Mut, Phantasie und Veränderungswillen zu entwickeln in der Lage sind.
- Nach der Erkenntnis eines Problems wollen M. schnell und nahezu technokratisch Abhilfe schaffen.

Das heißt: Die meisten M. sind noch so sehr in ihre Rollen eingebunden, daß sie nicht einmal das Eingeständnis zulassen können, mit diesen Rollen zunehmend vitale Schwierigkeiten zu haben. Dabei gäbe es Grund genug, die Verhaltenserwartungen dieser Männlichkeit endlich zu verändern, da der Nachweis vom Zusammenhang der männlichen Rolle und männlicher Krankheit mittlerweile vielfach geliefert worden ist.

5. Die Herausforderung der traditionellen Männlichkeit insbesondere durch die Frauenbewegung hat sukzessive eine Männerbewegung wachsen lassen. Das erste amerikanische Männerzentrum entstand schon 1970 in Berkeley. In einem Manifest formulierten die Gründer damals, was auch noch heute Zielvorstellung der Männerbewegung geblieben ist: »Wir als Männer wollen unsere volle Menschlichkeit wiederhaben. Wir wollen nicht mehr länger in Anstrengung und Wettbewerb stehen, um ein unmögliches, unterdrückendes, männliches Image zu erreichen ... Wir möchten uns selbst gern haben. Wir möchten uns gut fühlen und unsere Sinnlichkeit, unsere Gefühle, unseren Intellekt und unseren Alltag zufrieden erleben« (Scher). Zwei Organisationen auf internationaler Ebene – »National Organization of Men against Sexism« und die »Free Men« – koordinieren seit einigen Jahren die Aktivitäten der M. in Bewegung, betätigen sich als »Propagandisten der Männerfrage« und versuchen sich als Lobby, um die Interessen der sich verändernden M. politisch zu vertreten.

Auch für eine Männerpraxis ist der Boden in den USA bereitet: Für Männerberatung, Männerarbeit in Gruppen (Männergruppen) und Männertherapie gibt es männerspezifische Konzepte.

Psychologen, Psychiater und Psychoanalytiker haben zahlreiche differenzierte Ansätze erarbeitet, die gezielt auf die besonderen Problematiken eingehen, die M. in unserer Gesellschaft aufweisen, z. B. das Leistungssyndrom, Abspaltung von Gefühlen, Homophobie. Diese Ansätze fundieren auf einer sorgfältigen Analyse gesellschaftlicher und individueller Bedingungen von Männlichkeit in hochindustrialisierten Staaten.

Dabei wird grundsätzlich auch nicht einfach Männlichkeit verworfen und den Betroffenen simplizistisch empfohlen, weiblicher zu werden – wie das populäre Bücher in Deutschland propagieren –, sondern introspektive Ansätze erlauben den M., auf eine »Entdeckungsreise« zu gehen und »die Wurzeln ihrer Männlichkeit« aufzuspüren.

Dabei unterscheiden sich Theoriekonzepte nach sozialen, ethnischen und sexuellen Kriterien; es gibt – um Beispiele zu nennen – spezifische Behandlungsansätze für verlassene M., alleinstehende M., M. mit Bindungs-

ängsten, überlastete Väter, alte M., Schwarze, Mittel- und Südamerikaner, Homosexuelle, Heterosexuelle, M. mit Karriereproblemen, M., die HIV-infiziert sind u.v.m. Diese Therapien begründen sich durchaus unterschiedlich; es gibt verhaltenstherapeutische Konzepte, psychoanalytische Ansätze, körperzentrierte Behandlungen, Einzel- und Gruppenkonzepte (Scher).
Teils in Zusammenarbeit, teils unabhängig vom Bereich dieser Männertherapien hat die Männerbewegung in den USA zahlreiche Institutionen und Aktivitäten geschaffen. Dazu gehören: Männergruppen, Treffpunkte für M., Beratungszentren, Projekte z.B. über Männerveränderung, Erziehung, Sexualität, Körperlichkeit, das Verhältnis zu Frauen, M.-WGs, Selbsthilfeprogramme z.B. für verlassene M., alleinerziehende Väter, drogenabhängige M., mißhandelte M., kulturelle Aktivitäten und Unterstützungsaktionen für mißbrauchte Frauen (Doyle).
Auch in der BRD gibt es inzwischen Beratungszentren, die sich zumeist etwas selbstironisch als »Männerbüros« bezeichnen. Diese Institutionen – z.B. in München, Göttingen, Frankfurt/M. und Düsseldorf – bieten ebenfalls Beratung und Information für ratsuchende M. an, organisieren Veranstaltungen, Vorträge und Gruppen (z.B. »Männer gegen Männergewalt«). 1994 haben sich die Männerprojekte in Hessen zum »Männernetzwerk Hessen« zusammengeschlossen. Einen Zusammenschluß auf nationaler Ebene gibt es inzwischen auch.
Erste Konzepte für eine Männerarbeit sind mittlerweile entstanden. Die Notwendigkeit, traditioneller Männlichkeit frühzeitig »prophylaktisch« zu begegnen, hat verschiedene sozialpädagogische Modelle von Jungenarbeit entwickeln lassen (Weilbach/Kiessling).
Männlichkeit, Mannsein und deren gesellschaftliche Voraussetzungen wie soziale Auswirkungen sind in Deutschland allerdings noch kein »großes« Thema, mit dem sich die akademische Wissenschaft systematisch beschäftigen würde. In den USA gibt es hingegen eine institutionalisierte Männerforschung und an vielen Hochschulen des Landes die »Men's Studies« als Studiumschwerpunkt. Dementsprechend zeigt sich eine Reihe theoretischer Arbeiten, die Männlichkeit historisch und in ihrer gegenwärtigen Ausformung reflektieren. Viele Einzeluntersuchungen beschäftigen sich mit männlicher Sozialisation, männlicher Gesundheit, männlicher Sexualität u.v.a. Das gilt auch für Großbritannien, Kanada und Australien. Dementsprechend gibt es im deutschsprachigen Raum noch keinen systematischen Entwurf von Männlichkeit, der dann auch praktisch und therapeutisch nutzbar wäre. *W. Hollstein*

Literatur: M. Biesinger: Die Krise des Mannes als Chance für seine Veränderung, in: Fraktion der SPD: Die Frauenfrage als Männerfrage, Bonn 1990; J.A. Doyle: The Male Experience, Dubuque/Iowa 1989; W. Hollstein: Der Kampf der Geschlechter, München 1993; W. Hollstein: Nicht Herrscher, aber kräftig – Die Zukunft der Männer, Hamburg 1988; E. Maccoby/C. Jacklin: The Psychology of Sex Difference, Stanford 1974; J.M. O'Neil: Gender-Role Conflicts and Strain Men's Lives, in: K. Salomon/N.B. Levy (Hrsg.): Men in Transition, New York/London 1982; M. Scher u.a.: Handbook of Counseling and Psychotherapy with Men, Newbury Park 1987; U. Sielert: Jungenarbeit, Weinheim/München 1989; K. Weilbach/W. Kiessling: Mannsein – ein Wagnis, Oldenburg 1992; B. Zilbergeld: Männliche Sexualität, Tübingen 1983.

Marktwirtschaft, soziale

Auf Märkten treffen Angebot und Nachfrage nach Sachgütern und Dienstleistungen aufeinander und es finden Austauschprozesse statt. Dazu ist kein persönlicher Kontakt zwischen Anbietern und Kunden notwendig. Informationen über Produkteigenschaften, Preise, Lieferbedingungen etc. reichen für eine Markttransaktion aus, z.B. für den Kauf eines Produkts, das vielleicht erst später geliefert und bezahlt wird. Märkte in diesem Sinne haben in einer marktwirtschaftlichen Ordnung die bedeutsame Funktion, ökonomische Entscheidungen und Verhaltensweisen einer Vielzahl von Wirtschaftssubjekten (Konsumenten, Haushalten, Unternehmen etc.) zu koordinieren. Mit Hilfe von funktionierenden Märkten wird angestrebt, die Menge der hergestellten und angebotenen Güter der verschiedensten Art auf den jeweils vorhandenen Bedarf abzustimmen und das Ausmaß der beim Erwerb der Güter zu erbringenden Gegenleistungen (zu zahlende Preise) der Knappheit der Güter entsprechend zu gestalten. Hohe Preise bei knappen Gütern sollen einen Anreiz für eine Verstärkung des Angebots bieten und zu einem Gleichgewicht zwischen Angebot und Nachfrage führen.
Kennzeichnend für eine M. sind vielfältige dezentrale Entscheidungsprozesse bezüglich wirtschaftlicher Aktivitäten, die in Unternehmen, Haushalten etc. stattfinden. Dadurch wird die M. der Komplexität einer arbeitsteiligen Gesellschaft offenkundig besser gerecht als Systeme, die auf zentraler Planung beruhen. Weiteres Wesenselement einer marktwirtschaftlichen Ordnung ist der Wettbewerb. Durch ihn werden für die Wirtschaftssubjekte Anreize geschaffen bzw. wird Druck auf diese ausgeübt, um Angebote auf entstehende Nachfrage auszurichten sowie im Vergleich zu Konkurrenten verbesserte bzw. kostengünstigere Leistungen zu erbringen. Mindestens drei Voraussetzungen eines funktionierenden Wettbewerbs sind zu nennen:

- In den verschiedenen Teilmärkten (z.B. für Energie, Lebensmittel oder Urlaubsreisen) müssen hinreichend viele konkurrierende Anbieter und Nachfrager existieren, die in weitgehender – natürlich durch die Rechtsordnung eingeschränkter – Freiheit ökonomische Entscheidungen treffen können.
- Anbieter und Nachfrager müssen genügend Informationen verfügbar haben, um auf vorhandene Bedarfe reagieren bzw. leistungsfähigere und/oder kostengünstigere Produkte auswählen zu können.
- Für die Wirtschaftssubjekte müssen Anreize gegeben sein, bessere Leistungen als andere zu erbringen. Der Schwerpunkt dieser Anreize liegt meist im materiellen Bereich (Einkommen, Gewinne).

In der kaum je realisierten reinen Form einer solchen M. würde sich die Aufgabe des Staates darauf beschränken, den rechtlichen Rahmen (Rechtsschutz, Verhinderung von Gewalt etc.) zu gewährleisten und Einschränkungen des Wettbewerbs zu verhindern.
In real existierenden M. – z. B. in den USA, Japan oder in der sog. sozialen M. (s. u.) der BRD – findet man ein größeres Maß staatlicher Eingriffe und Regulierungen als im vorstehend skizzierten idealtypischen Modell, mit denen bestimmte gesellschaftlich unerwünschte Wirkungen vermieden werden sollen. So dienen progressive Steuern u. a. dazu, extreme Einkommensunterschiede abzumildern, und Mindestlöhne, soziale Sicherungssysteme (*Soziale Sicherung*, *Sozialpolitik*) etc. dazu, eine extreme Verarmung breiter Bevölkerungsschichten zu verhindern. Zahlreiche Vorschriften des Lebensmittelrechts, des Arzneimittelrechts, des Baurechts usw. sollen eine Gefährdung von Konsumenten durch Produkte ausschließlich gewinnorientierter Anbieter verhindern.
Die Grundidee und das Ziel der sozialen M. der BRD besteht darin, die Leistungsfähigkeit eines freiheitlichen marktwirtschaftlichen Systems mit den gesellschaftlichen Erfordernissen eines sozialen Ausgleichs zu verbinden, die M. also gewissermaßen sozialverträglich zu gestalten. Der Anspruch der sozialen M. läßt sich durch einige Stichworte umreißen:

- Gleichzeitige Gewährung von persönlicher Freiheit, sozialer Sicherung und wirtschaftlichem Wachstum.
- Sozialer Ausgleich.
- Aufrechterhaltung wirtschaftlichen Wettbewerbs u. a. durch Beschränkung von Unternehmenskonzentration und Förderung des Mittelstands.
- Marktkonformität staatlichen Handelns.
- Wachstumspolitik als Sozialpolitik.
- Aktive staatliche Wirtschaftspolitik mit den Zielen Vollbeschäftigung, Wachstum, Geldwertstabilität und außenwirtschaftliches Gleichgewicht.

Die M., nicht zuletzt die soziale M. der BRD, hat in der jüngeren Vergangenheit in einigen Industrieländern zu einer beispiellosen Steigerung des materiellen Wohlstands geführt. Offenkundig waren die Versuche, in anderen Ländern – v. a. Osteuropas – wirtschaftliche Prozesse zentral (staatlich) zu lenken, deutlich weniger erfolgreich. Trotzdem sind einige Fragen hinsichtlich der Leistungsfähigkeit marktwirtschaftlicher Systeme offengeblieben, von denen einige kurz skizziert seien.

- Gelegentlich treten Konflikte zwischen kurzfristigen und langfristigen ökonomischen oder gesellschaftlichen Zielen auf. So gilt es als eine Schwäche der US-Wirtschaft, daß zahlreiche Kapitalgeber (insbesondere Aktionäre) eher an kurzfristigen Gewinnen als an einer langfristigen Sicherung und Entwicklung von Unternehmen interessiert sind. Dadurch wurde es der US-Industrie erschwert, in manchen neuen wachsenden Märkten eine starke Position zu gewinnen.
- Offenbar ist in Zeiten teilweise gesättigter Märkte und arbeitssparender Technologien das Ziel der Vollbeschäftigung mit marktwirtschaftlichen Mitteln kurzfristig nicht immer erreichbar.
- In vielen Bereichen beobachtet man eine Internationalisierung bzw. Globalisierung des Wettbewerbs. Vor allem der Abbau von Handelsbarrieren, neue Kommunikations- und Transporttechnologien und die Internationalisierung der Finanzmärkte ermöglichen es, weltweit als Anbieter oder Einkäufer von Produkten tätig zu sein sowie Produktionsstätten und Arbeitsplätze in andere Länder zu verlagern. Die Wirksamkeit von Regelungen in einer (sozialen) M. wird eingeschränkt, wenn Unternehmen sich diesen durch Produktionsverlagerung in andere Länder entziehen können.
- Unternehmen sind i. d. R. nicht nur – wie es idealtypisch sein sollte – bestrebt, vorhandenen Kundenbedürfnissen mit ihren Leistungen möglichst optimal gerecht zu werden. Sie versuchen vielmehr, die Marktverhältnisse in ihrem Sinne zu beeinflussen. Gelegentlich wird sogar die Auffassung vertreten, daß Kundenbedürfnisse von Anbietern manipulierbar sind.
- Durch die Ausrichtung der M. auf materielle Bedürfnisse und Anreize können andere gesellschaftliche Werte (z. B. menschliche *Solidarität*, Gerechtigkeit) in den Hintergrund gedrängt werden. *A. Kuß*

Literatur: R. Blum: Soziale Marktwirtschaft, in: W. Alberts u. a. (Hrsg.): Handwörterbuch der Wirtschaftswissenschaft, Stuttgart u. a. O. 1980; G. Gutmann: Marktwirtschaft, in: W. Alberts u. a. (Hrsg.): Handwörterbuch der Wirtschaftswissenschaft, Stuttgart u. a. O. 1980; P. Kotler/F. Bliemel: Marketing-Management, Stuttgart [7]1992.

Medien

Begriff: M. sind dem traditionellen Wortsinne nach Mittel oder Mittler (Brockhaus). In der *Pädagogik* wird der Begriff derzeit zusammenfassend für alle »Träger und Vermittler von Information« gebraucht.
Dabei unterscheidet man zwischen »personalen« M.: Bewegungen, Gesten, Blicken, vokalen Äußerungen etc. und »apersonalen« M.: den didaktisch weitgehend neutralen M. wie Gegenständen, Modellen, Bildern, Texten usw., den didaktisch aufbereiteten M. (Software) wie Programmen, Filmen, Hörfunksendungen, Medienverbundsystemen und den handwerklich-technischen und elektronischen M. (Hardware) wie Kreide, Tafel, Projektoren, Filmgeräten, Fernsehgeräten, Computern etc. Diesem sehr weit gefaßten Medienbegriff der Pädagogik steht der kommunikationswissenschaftliche Medienbegriff gegenüber. M. sind hier »M. der Massenkommunikation« (Schanze), deren Institutionen, Programme und Technologien (Maletzke). In der neueren Diskussion wird der Begriff M. immer mehr mit den sog. Massenmedien identifiziert und hier, ent-

sprechend ihrer Bedeutung, mit den technisch-elektronischen Mittlern. Für sie hat sich der Begriff »audiovisuelle Medien« (AV-M.) eingebürgert. Audiovision heißt Hören und Sehen. AV-M. sind alle Technologien, die das Abspielen von Programmen über Band oder Platte (z.B. VHS), sowie Geräte zur Bild-/Tonaufzeichnung (Kamera, Abtaster, Mikrofon) einschließlich der Programme und deren abschließbaren Datensysteme (franz. Telematik). Im weiteren Sinne lassen sich auch Film und Hörfunk als Subsysteme unter den Begriff AV-M. fassen.

M. im sozialen Prozeß: Die AV-M. spielen bereits gegenwärtig eine wesentliche Rolle im sozialen Prozeß. Hier braucht nur das Fernsehen erwähnt zu werden. Die Entwicklung der audiovisuellen und elektronischen Informations- und Kommunikationssysteme hat sich in den letzten Jahren erheblich ausgeweitet. Die zukünftige Bedeutung von Bildplatte, Datenfernsehen, Kabelfernsehen, Satellitenfernsehen und Video für alle gesellschaftlichen Bereiche, v.a. aber für die Bereiche *Ausbildung* und *Erziehung*, läßt sich heute bereits absehen.

1. Verstärkte Individualisierung des Programms: Durch Bildplatte, Videokassette und Kabelfernsehen wird es möglich, ein auf die eigenen Wünsche abgestimmtes Programm zusammenzustellen (Pay-TV-System). Das gibt sowohl die Möglichkeit, Unterhaltungssendungen nach eigenem Geschmack abzufordern als auch Bildungssendungen (im Medienverbund) und Informationssendungen nach eigener Zeiteinteilung in Anspruch zu nehmen. Insbesondere für *Weiterbildung* und Spezialisierung sind die Möglichkeiten der M. noch nicht ausgeschöpft (Haefner). Verstärkte Isolierung der Lernenden und Veränderung der Interaktionsmuster sind jedoch nicht auszuschließen (Sturm).

2. Internationalisierung und Industrialisierung des Programmangebots: Die hohen Kosten der Produktion von AV-Medienmaterial machen hohe Auflagen bzw. einen großen Abnehmerkreis notwendig, um Gewinne zu erzielen. Das bedeutet, alle »Störfaktoren« (Politik, Probleme) möglichst auszuschließen, um auch internationalen Absatz zu sichern und industrielle Produktion betreiben zu können. Andererseits wächst durch die zunehmende Anzahl der Fernsehsender die Nachfrage nach Programmen mit hohen Einschaltquoten. Die Einschaltquotenprogramme orientieren sich an dem sog. »Massengeschmack«. Im einzelnen: Die Programme spiegeln eindeutiger als offenbar manche wissenschaftliche Untersuchungen vorhandene Sehnsüchte, Wünsche, Ängste sowohl bei einer größeren Anzahl von Erwachsenen als auch bei Jugendlichen. Werden die Einschaltquoten als Basis angenommen, existiert eine gewisse Prädisposition für *Gewalt* (= für das Schlagen, Schießen, Erschlagen) zumindest in den Ländern der beobachtbaren westlichen Welt.

Die Fragen nach den Ursachen von Gewalt ebenso wie die nach der verstärkenden oder der kathartischen Wirkung von Gewaltdarstellungen werden noch immer zwischen den wissenschaftlichen Richtungen (Triebiehre, Lerntheorie, Psychoanalyse etc.) kontrovers diskutiert.

3. Einbeziehen lokaler Bereiche in den Fernsehdienst: Neben der Internationalisierung von Unterhaltungs-, Informations- und Bildungsprogrammen wird v.a. durch den Ausbau des Kabelfernsehens der lokale Bereich (die eigene Stadt, das eigene Stadtviertel) für das audiovisuelle Informationsnetz aufgeschlossen. Kabelfernsehen bedeutet den Empfang von Programmen über ein Kabel (Breitbandkommunikation) ähnlich wie beim Telefon. Allerdings werden hier Kabel eingesetzt, die bis zu 30 Programme und mehr übertragen können. Durch den Einbau eines Rückkanals kann der reine Informationsapparat zu einem Kommunikationsgerät gemacht werden (interaktives Fernsehen). Haefner hat 30 unterschiedliche Dienste genannt, die über Kabel dem Fernsehteilnehmer angeboten werden könnten: Hilfen für den Alltag, Bildungs- und Weiterbildungsprogramme, Behindertenhilfen, Behördeninformation, Spiele.

In den meisten Bundesländern gibt es inzwischen eine größere Anzahl sog. offener Kanäle oder Bürgerkanäle über Kabel. Finanziert aus Fernsehgebühren, bieten sie allen Bürgern und Bürgergruppen die Chance, ein eigenes Programm zu machen und lokal zu senden. Für die SozArb/SozPäd öffnen sich hier bisher noch wenig genutzte Möglichkeiten, auf zeitgemäße Weise ihre eigene Klientel anzusprechen und neue Formen sozialarbeiterischer Information und Kommunikation zu entwickeln.

4. Verbreitung von Video-, Computer- und technischen Speicher- und Vermittlungssystemen für den Hausgebrauch (Miniaturisierung, Digitalisierung, Vernetzung, Online-Dienste): Mit der technischen Entwicklung geht die Verkleinerung und Kostensenkung und damit die weitere Verbreitung von Videosystemen, Mikroprozessoren, Tonkassettengeräten, Funksprechgeräten etc. einher. Die Geräte werden in zunehmendem Maße zur Bild-/Tonspeicherung, Wissensspeicherung und Informationsübermittlung auf privater und beruflicher Ebene genutzt.

M. in der SozArb/SozPäd: Die Pädagogik und hier speziell die SozPäd hat die gesamte Entwicklung bisher nur am Rande zur Kenntnis genommen. Begriffe und Fächer wie »Mediendidaktik« und »Medienpädagogik« kennzeichnen diese Situation: Was bereits jetzt dominierende Einflußgröße in den gesellschaftlichen Beziehungen ist, wird pädagogisch-institutionell gleichsam in Nebenfächern abgehandelt. Mit Einschränkungen ist Dichanz zuzustimmen, der Begriffe wie Mediendidaktik und Medienpädagogik abgeschafft sehen möchte. Seiner Meinung nach handelt es sich strukturell in allen Fächern immer darum, »die Stellung und Funktion von Medien in verschiedenen Formen von Kommunikationsprozessen zu erkennen und zu interpretieren« und die »Kommunikationspartner zur Artikulation ihrer (u. U. gemeinsamen) Interessen gegenüber oder durch Medien zu befähigen« und sie mit den dazu »notwendigen Kenntnissen, Fähigkeiten und Fertigkeiten auszurüsten«. Dahinter steckt der wichtige Gedanke, die M. mehr als Mittel und weniger als Zweck zu begreifen. Obwohl die AV-M. mehr und mehr die Kommunikationsstruktur der *Gesellschaft* bestimmen, werden sie bislang als bloße Informationssysteme eingerichtet und so für den Empfänger häufig genutzt zum Selbstzweck. Von den SozPäd und deren Klientel als Mittel können sie jedoch in Anspruch genommen werden. SozArb/SozPäd wachsen damit 3 Aufgaben zu:

1. Der *Klient*el die praktische Nutzung und Inanspruchnahme der M. als Informations- und Kommunikationsmittel nahezubringen und sie selber funktionsadäquat in den Arbeitsfeldern einzusetzen: Dazu ist die Kenntnis der technischen und sachlogischen Funktionen notwendig: Man kann aufnehmen, speichern und wiedergeben; man kann die Geräte (Tonband, Film- und Videokamera) zum bloßen Protokollieren von Informationen benutzen (beim Beobachten, Kontrollieren, Befragen), zum dokumentarischen und spielerischen Produzieren von Information (produkt- oder prozeßbezogen) und zum zeitgleichen oder zeitverschobenen wechselseitigen Austausch von Informationen (wechselseitige Information = Kommunikation). Zur Funktion Kommunikation können u. a. gerechnet werden: wechselseitiger Sprechfunk, Kabelkommunikation, Austausch von selbsterstellten Bändern und Filmen als prozessuales Verhalten. Ferner ist die Kenntnis der Vermittlungsformen (Wirkungen) und der Vermittlungsmöglichkeiten (Institutionenkenntnis, Presserecht) bis zu einem gewissen Grad erforderlich. Dabei sind M. in der SozArb/SozPäd stets im Rahmen des praktischen Lebensvollzugs der Bevölkerung zu nutzen. Es geht nicht um die fachliche Ausbildung von »Medienarbeitern«, Videographen u. ä. Das spricht allerdings nicht gegen eine fundierte Ausbildung der SozArb/SozPäd auf diesem Gebiet und auch nicht gegen die Einrichtung sozialpädagogischer Mediengruppen, die sich professionell die Darstellung von Bürgerinitiativen zum Ziele gesetzt haben (s. offene Kanäle, Videogruppen).
Aus der Praxis liegen zur Nutzung und Inanspruchnahme der M. viele beispielhafte Erfahrungen vor: Projekt Filmstadt Aubing mit Kindern und Jugendlichen in München (Mayrhofer/Zacharias), Projekt Medienerziehung mit Kindern im Wannseeheim Berlin (Berg u. a.), Filmprojekt in der Straffälligenhilfe in Berlin-Tegel (Wietz), Filmprojekt Bonames mit Rockern in Frankfurt/M. (Czura/Bosboom), M. in der offenen und organisierten *Jugendarbeit* im JZ Essen, Stadtteilarbeit mit M. im Märkischen Viertel Berlin, Medieneinsatz in ländlichen Regionen wie in Krummhörn/Ostfr. für dörfliche Monatsschauen und aktiven Urlaub, M. in der *Altenhilfe* in Frankfurt/M. und Berlin sowie Projekte zum Kabelfernsehen mit Strafgefangenen. Darüber hinaus gibt es verschiedene Projekte Kabelkommunikation und Kabelfunk in Altenheimen, Krankenhäusern und mit Behinderten (vgl. zur praktischen Mediennutzung auch Brandt, Schlund, Straka) sowie offene Kanäle in NRW, Berlin, Hessen, Niedersachsen (seit 1993).

2. Aufklärung über Funktion und Wirkung von AV-M. im Kommunikationsprozeß geben: Hierbei handelt es sich um Maßnahmen, die nach herkömmlichem Verständnis unter die Bezeichnung »Medienpädagogik« fielen. Mit der Zunahme der Erfahrungsvermittlung über M. tut Aufklärung sicher not. Die Methoden, mit denen eine solche Medienerziehung erfolgt, werden jedoch entgegen den schulischen Vermittlungsformen sehr viel variabler sein müssen: So sind je nach Praxisfeld Formen der Unterhaltung, des Spiels, des Quiz, der eigenen Produktion zur Aufschlüsselung der inhaltlichen, politischen und ökonomischen Zusammenhänge der M. sinnvoll.

3. Schulung für den Umgang mit Medienprogrammen: Durch die Informationsflut und die Zunahme des Wissens, das auf indirektem Wege vermittelt wird, sind Fähigkeiten des Auswählens, Systematisierens und Verstehens erforderlich. Wenngleich es Aufgabe der *Schule* ist, diese Fähigkeiten zu vermitteln, werden insbesondere SozArb/SozPäd im Weiterbildungsbereich Unterstützung und Hilfen anbieten müssen.

Wissenschaftliche Fragestellung der SozArb/SozPäd in bezug auf M.: Aus der wachsenden Bedeutung der AV-M. – auch in Verbindung mit Computern – lassen sich eine Reihe von Fragen für die wissenschaftliche Arbeit der SozArb/SozPäd formulieren:
1. Welchen Einfluß kann die Entwicklung der AV-M. auf die Lehre der SozArb/SozPäd haben?
2. Welche Probleme bringt die weitere Verbreitung der AV-M. für die Klientel (kognitives und emotionales Verhalten), und wie werden SozArb/SozPäd darauf vorbereitet? Zum Beispiel: Hat die einseitige elektronische Information (Kurzzeitreize) ohne Erwiderungsmöglichkeit eine besondere negative Wirkung auf Wahrnehmung und Verhalten von Behinderten und depravierten Kindern und Jugendlichen (Sturm)?
3. Welche Bedeutung haben Fernsehen und Video für die SozArb/SozPäd?
   a) Führt die immer größere Orientierung des Publikums auf die angebotenen Programme zur Desorientierung in der Wirklichkeit?
   b) Sind wir auf dem Weg, die Wahrheit als Fernsehwahrheit zu begreifen, und entwickeln sich die Geisteswissenschaften auf der gleichen Basis?
   c) *Mädchen* und *Frauen* in den M. und vor den M. – gibt es eine weibliche Medienspezifik und Medienproblematik? *G. Kühnel/H. Hülsewede*

Literatur: C. Berg u. a.: Filme kieken is nich ... Praktische Medienarbeit mit Kindergruppen, Wannseeheim für Jugendarbeit e. V., Berlin 1975; R. Bergler/U. Siv: Psychologie des Fernsehens. Wirkungsmodelle und Wirkungseffekte unter besonderer Berücksichtigung der Wirkung auf Kinder und Jugendliche, Bern 1979; P. Brandt/R. Vilgerthofer: AV-Medien in Schule und Jugendarbeit, Donauwörth 1993; K. Brepohl: Lexikon der neuen Medien, Köln 1977; M. Czura/B. Bosboom/T. Scholl: Als ginge Euch das nichts an! Über Entstehung und Rezeption eines »Rockerfilms«, in: Medium 10/1975; A. Buß: Die Vielseher. Fernsehzuschauerforschung in Deutschland, Frankfurt/M. 1985; H. Dichanz: »Medienpädagogik« oder »Mediendidaktik« oder was sonst?, in: Medien und Erziehung 2/1976; R. Fröhlich: Frauen in den Massenmedien – Der andere Blick, Bochum 1992; K. Haefner: Bildungspolitische und bildungsstrukturelle Konsequenzen autonomen Lernens. Jahrestagung der Gesellschaft für Programmierte Instruktion und Mediendidaktik e.V., Hannover 1977 (Sonderdruck); U. Henfe/F. Orbbe/G. Seilenberg: Videoarbeit mit Kindern, Tübingen 1982; E. Hess-Lüttich (Hrsg.): Medienkultur – Kulturkonflikt, Opladen 1992; M. Hülsewede: Kommunikationspädagogik/Massenkommunikation, in: W. Wrisch (Hrsg.): Der Lernbereich Ästhetik und Kommunikation im Rahmen der Ausbildung von Sozialarbeitern und Sozialpädagogen, Seevetal 1978; G. Maletzke: Psychologie der Massenkommunikation, Hamburg 1963; H. Mayrhofer/W. Zacharias: Projektbuch ästhetisches Lernen, Reinbek 1977; H. Schanze: Zum Begriff des Mediums, in: H.H. Knoll/J. Hüter (Hrsg.) Medienpädagogik, München 1976; I.A. Straka et al.: Aktive Mediennutzung im Alter, Heidelberg 1990; B. Schorb (Hrsg.): Medienerziehung in Europa, München 1991; I. Schlund: Handbuch für kreative Weiterbildung, München 1990; H. Sturm: Die kurzzeitigen Angebotsmuster des Fernsehens, in: Fernsehen und Bildung 1/1975; H. Wietz: Die Wahrheit wird uns freimachen. Filminformation der Common-Film über einen Filmkurs in der Haftanstalt Berlin-Tegel, Berlin 1975 (Common-Filmverleih, Rosenheimer Straße 40, 10779 Berlin); R. van Vugt: Audiovisuelle Kommunikation. Elektronische Medien in Aus- und Weiterbildung, Präsentation und Konferenz, Weinheim 1994.

Methoden der Sozialarbeit/Sozialpädagogik

1. Begriffsbestimmung: M. der SozArb/SozPäd sind Handlungskonzepte zum beruflichen Umgang mit sozialen Problemen, die werthaft, wissenschaftlich und auf Berufserfahrung fußend begründet sind. M. sind verallgemeinerbar und machen Aussagen über die Ziele, Gegenstände und Mittel des Handelns; sie sind zielgerichtet, prozeßorientiert und systematisch. M. bestimmen den Rahmen, in dem sie anwendbar sind (setting, institutionelle und organisatorische Bedingungen), und die Indikation (für welche Personen und Problemlagen geeignet bzw. ungeeignet); ferner das Verhältnis der methodischen Schritte zueinander und ihre Abfolge. M. sind abzugrenzen gegenüber Techniken/Verfahren/Interventionen; diese bezeichnen i.d.R. erprobte, in ihrer Wirkung voraussagbare standardisierte Verhaltensweisen, die im Dienst methodischen Handelns zur Erreichung strategischer Ziele stehen. Strategien sind Handlungspläne zur Lösung eines bestimmten Problems; je nach Problemlage sind die angemessenen Methoden zur Zielerreichung zu wählen.

2. Grundsätze: Die Methodenkonzepte der SozArb/SozPäd werden unterteilt nach »klassischen« oder »primären« M. (soziale *Einzelfallhilfe*, soziale *Gruppenarbeit* und soziale *Gemeinwesenarbeit*) und »sekundären« M. (*Supervision*, *Planung*, *Beratung*). Nach vorherrschendem Methodenverständnis sollen die handelnden SozArb/SozPäd die nachstehend referierten Grundsätze zum Ausgangs- und Zielpunkt ihres Handelns machen (hier in Anlehnung an Friedländer/Pfaffenberger):

- Das menschliche *Individuum* habe Würde, Wert aus sich heraus und sei glaubwürdig.
- Das Individuum habe das Recht, seine Bedürfnisse und die Art ihrer Befriedigung selbst zu bestimmen.
- Jedes Individuum in den westlichen Demokratien habe *Chancengleichheit* mit den anderen Individuen, die allein durch die Art seiner angeborenen Fähigkeiten begrenzt werde.
- Die angenommenen Werte, Rechte und Chancen des Individuums ständen in Beziehung zu seiner sozialen Verantwortung, die es sich selbst und den Erscheinungsformen von *Gesellschaft* (z.B. *Familie*, Betrieb, Ortsgemeinde) gegenüber habe.

Ausgehend von diesen Grundsätzen, gelte als übergeordnetes Ziel methodischer SozArb/SozPäd: Die SozArb sollen Individuen, Gruppen und Gemeinwesen helfen, den höchstmöglichen Grad sozialen, geistigen und leiblichen Wohlbefindens zu erreichen. Dem entsprechen Unterziele: Übereinstimmung zwischen dem Wohlbefinden des einzelnen und der Wohlfahrt der Gesellschaft schaffen; dem *Klienten* oder Klientensystem helfen, eine grundlegende ökonomische Sicherheit zu erlangen; individuum- und gruppenangemessene Wege ohne Konformitätsdruck finden, ohne das Wohlergehen anderer Menschen zu beeinträchtigen.

Die Prozeßorientierung der M. drückt sich durch den inszenierten methodischen Dreischritt aus. Seine Elemente sind Erhebung, Diagnose und Behandlung. Sie werden nicht streng zeitlich hintereinander verstanden, sondern vollziehen sich im Prozeßverlauf auch parallel; z.B. werden während der Behandlung neue Erkenntnisse gewonnen, die zur Überprüfung und ggf. Korrektur der Diagnose und des Behandlungsplanes dienen.
Die handlungsbegründenden theoretischen Überlegungen werden aus *Psychoanalyse*, Lerntheorie, Systemtheorie (*Psychologie*), Sozialpsychologie und *Soziologie* gewonnen.
Die Problemerkennungskapazität bei der Arbeit nach diesen Methodenkonzepten ist – entsprechend dem jeweiligen Betrachtungsfokus – so tief (z.B. ins Individuum hinein bei der sozialen Einzelfallhilfe) und so weit (z.B. in sozialräumliche Zusammenhänge bei territorialer Gemeinwesenarbeit), wie es Problembestimmung und -sichtweise der M. zulassen.
Die Fokussierung reduziert die Totalität von Wirklichkeit auf eine begrenzte Dimension und ermöglicht damit zielgerichtetes Handeln durch Konzentration auf einen Teilaspekt des sozialen Problems.
Die Intermethodik schafft eine quantitative Erweiterung der Problemerkennungskapazität und -bearbei-

tungsmöglichkeiten. Bei ihrer Anwendung werden für ein bestimmtes soziales Feld verschiedene M. verkoppelt und ggf. durch andere M. und Handlungskonzepte ergänzt, z.B. *Familienberatung*, Erziehungskurse, Krisenberatung. Die Intermethodik ist systemtheoretisch fundiert und in den Konzepten der »Agogischen Intervention« und des »Social functioning« bekanntgeworden.

3. Wirkungen: Zuverlässige Wirkungsprognosen methodischen Handelns sind nicht möglich, da aussagefähige Wirkungsforschungen (*Evaluierung*) nicht vorliegen. Die *Handlungsforschung* stellt einen Sonderfall dar, der auf M. gemäß o.g. Begriffsbestimmung nicht umstandslos anwendbar ist.
Für Wirkungen i.S. der Problembearbeitung sprechen jedenfalls die Merkmale wegkundig, systematisch und zielgerichtet wie auch die dialogische Grundorientierung der M., die die Eigenbeteiligung der Betroffenen evoziert.
Indem M. Modelle des Problemverstehens und -bearbeitens zur Verfügung stellen, ermöglichen sie ihren Anwendern Verhaltenssicherheit. Methodische Stringenz der Anwender bietet den Betroffenen Orientierung. Insofern kann methodisches Arbeiten zumindest einen Beruhigungs- und Klärungseffekt in vieldimensionalen Konfliktsituationen haben.
Der Prozeß der *Professionalisierung* und Statusanhebung für die Berufsgruppe kann durch die Anwendung gesicherter M. vorangetrieben werden.

4. Historische Aspekte: Mit der unlängst begonnenen seriösen Erforschung der *Geschichte der SozArb/SozPäd* werden auch Materialien zur Methodengeschichte bereitgestellt; hier sei v.a. auf die zahlreichen Arbeiten von Sachße/Tennstedt, spezifisch aber C.W. Müller (1982/1988) und Sachße (1986, v.a. 271 ff.) hingewiesen. Ein noch weitgehend ungelöstes Problem wird dabei deutlich: Die M. der SozArb/SozPäd im modernen Sinne, beginnend mit der sozialen Einzelfallhilfe, sind US-amerikanische Entwicklungen. Zum Beispiel wurden die bahnbrechenden Arbeiten von Mary E. Richmond (v.a. Social Diagnosis, 1917) durch Alice Salomon nachvollzogen (Soziale Diagnose, 1926), ohne sie allerdings für die politischen und gesellschaftlichen Bedingungen der Weimarer Republik umzuformen. Bis heute bleiben bei der Rezeption Unterschiede unberücksichtigt wie Art und Umfang der *Armut*, das System *sozialer Sicherung* (*Sozialpolitik*, *Sozialstaat*), die Stellung der Kommunen in der Staatsorganisation (Vogel/Oel 1966) und das demokratische Alltagsbewußtsein (s.a. Sachße, a.a.O.).
Da im deutschen Faschismus 1933–45 die Methodenentwicklung in Deutschland zum Verstummen gebracht wurde, begann der erneute Methodenimport 1948 aus den USA mit dem European-Recovery-Programm (ERP). Dieser sog. Marshall-Plan begleitete seine ökonomische Zielsetzung durch demokratische Umerziehungsprogramme und Hilfen gegen die massenhafte Verelendung; beides auch im Rahmen von SozArb/SozPäd. Am Methodenimport beteiligten sich auch deutsche Emigranten wie G. Konopka und W. Friedländer (in: Friedländer/Pfaffenberger).
Zunächst wurden in der BRD nach 1948 die soziale Einzelfallhilfe und die soziale Gruppenarbeit übernommen, begünstigt durch Studienaufenthalte deutscher Kollegen in den USA (v.a. Cleveland-Programm), US-amerikanische Leiter in deutschen Nachbarschaftsheimen und US-amerikanische Referenten bei Fortbildungslehrgängen. Beide Methoden fanden ihre Anwendung insbesondere bei den kriegs-, wohnungs- und konsumgeschädigten Familien einerseits und der heranwachsenden Jugend, die zu parlamentarisch-demokratischen Verhaltensformen erzogen und zum aktiven Mitmachen am Wirtschaftsaufbau angesichts des hohen Arbeitskräftemangels gewonnen werden sollte. Meistens mit mehrjähriger Verzögerung wurde zunehmend US-amerikanische Methodenliteratur übersetzt und auf den bundesdeutschen Markt gebracht.
Frühe Hinweise auf die GWA fanden noch kein breites Echo (Vogel/Oel 1966) oder blieben auf einzelne Ausbildungsstätten begrenzt. Erst als sich nach dem Bauboom der »Wirtschaftswunderjahre« eine große, konstante Gruppe von Obdachlosen als Folge des zunehmend freien Wohnungsmarktes stabilisierte (*Obdachlosigkeit*) und die *Randgruppen*, ausgehend von der Studentenbewegung, zunächst als Träger politischer Veränderungsprozesse definiert wurden, kam es zu verkürzten Übernahmen von GWA-Konzepten, häufig im vorprofessionellen Bereich. Damit einher ging die ideologiekritisch begründete Ablehnung der sozialen *Einzelfallhilfe* und der sozialen *Gruppenarbeit* (individualisierend, integrierend, entpolitisierend), die von den verunsicherten FHS nachvollzogen wurde. Statt der M. wurden Orientierungen als Handlungsmaximen eingeführt: emanzipatorische, antikapitalistische, parteiliche, bedürfnis-, stadtteilbezogene und Alltagsorientierung.
Mit entsprechend veränderter politischer Zielrichtung wurden nach Bildung der sozialliberalen Koalition (1969) GWA-Projekte im Rahmen des Reformprogramms gefördert und initiiert. Die Notwendigkeit dazu ergab sich aus den bekannten und vielfach beschriebenen Problemlagen und sich anbahnenden Konflikten in den Großneubaugebieten. Im Rahmen der forcierten *Stadtentwicklungsplanung* wurden auch in Sanierungsgebieten (*Sanierung*) staatliche Eingriffe der Konfliktregulierung und Loyalitätssicherung der betroffenen, häufig armen Wohnbevölkerung erforderlich. Hier wurde GWA ebenfalls als gezieltes Mittel der SozArb/SozPäd eingesetzt. Mit der zunehmenden Verschärfung wirtschaftlicher Krisenerscheinungen in der BRD und ihren Verelendungsfolgen für weite Teile der Bevölkerung, besonders dem Ansteigen der Arbeitslosenrate (*Arbeitslosigkeit*, *Jugendarbeitslosigkeit*) und in der Folge Funktionsunfähigkeit von Familien – also mit dem Scheitern der Reformpolitik –, wurden zunehmend Sonderprogramme der SozArb/SozPäd (z.B. Familienhilfe, Erziehungskurse) initiiert, bei deren Durchführung erneut Fragen nach methodisch-techni-

schen Möglichkeiten durch SozArb/SozPäd gestellt wurden, nachdem sich die Orientierungen (s.o.) als zu offen für den konkreten Handlungs- und Entscheidungsbedarf des Arbeitsalltags erwiesen hatten.
Die Reformpolitik initiierte verstärkt *Sozialplanung* als Steuerungsinstrument für gesellschaftliche Krisenerscheinungen, versuchte die Wirksamkeit pädagogisch-sozialer Einrichtungen durch *Institutionsberatung* zu verbessern und gleichzeitig durch die Neuorganisation von Jugend- und Sozialämtern (Bürgernähe) die Jugend- und Sozialarbeit an die veränderten gesellschaftlichen Notstände anzupassen.
Die politische »Wende« – Übernahme der Regierungsverantwortung durch CDU/CSU und FDP 1982 – korrespondierte auf der Bewußtseinsebene mit der stärkeren Gewichtung individueller psychischer Probleme als Basis gesellschaftlicher Problemlagen. Dem entsprach, daß in der Ausbildung und Berufspraxis von SozArb/SozPäd zunehmend erfahrungsorientierte und körperbezogene M. und Arbeitsformen eingeführt wurden. Sie sind neben anderem zu verstehen als Reflex auf die Sinnkrise der Individuen nach dem Scheitern der Reformhoffnungen; sie zeichnen sich häufig durch Entpolitisierung, Antiinstitutionalismus und Verstandesfeindlichkeit aus, während sie Ichzentriertheit, Gefühlsbetontheit und Mystizismen fördern.
Zugleich wurden, entsprechend der psychosozialen Tradition der »klassischen« M., familientherapeutische Verfahren für die SozArb/SozPäd entwickelt, die in der Berufspraxis zunehmend Verbreitung finden (*Familienberatung*, *Psychotherapie*).

5. Gegenwärtiger Stand: Die gegenwärtige Handlungspraxis von SozArb/SozPäd (s. dazu ausführlich 8. Jugendbericht, 167ff.) ist bestimmt durch Streben nach Professionalität, Solidität, Betroffenenbeteiligung und konzeptionellem Handeln, während grundlegende kritische Fragen zu gesellschaftlichen Funktionen von SozArb für die Alltagspraxis weniger bestimmend sind.
Der heutige Stand der M. der SozArb kann unter 5 Gesichtspunkten betrachtet werden:
a) Die Methodenspezialisierung. Ausgehend vom Studium und vertieft in Zusatzausbildungen, erwerben SozArb/SozPäd hohe spezifische Qualifikationen in *Beratung*, (systemischer) *Familienberatung* und *Familienhilfe*, *Erlebnispädagogik*, *Streetwork*, Psychodrama und Soziodrama (*Soziometrie*), Medienarbeit (*Medien*), *Supervision*, *Institutionsberatung* u.a., die sie für die tägliche Berufstätigkeit fruchtbar machen.
b) Dem entspricht, entgegen der »klassischen« Kanonisierung, ein Methodenpluralismus, der mehr gezielte Handlungsmöglichkeiten als bisher erschließt, aber auch als »anything goes« weg von der Problemorientierung hin zum (Status-)Selbstzweck führen kann.
c) Institutionalisierte Reflexivität. Inzwischen ist die Einsicht in die Notwendigkeit der Reflexion sozialberuflichen Handelns verbreitet. Dies gilt auch für die Träger von SozArb. Diesem Postulat entsprechen verschiedene Arbeitsformen auf verschiedenen Reflexionsebenen und mit unterschiedlicher Reflexionsintensität: *Teamarbeit*, Praxisberatung, *Supervision*, Kollegialberatung und Organisationsentwicklung. Vor allem Teamarbeit, Supervision und Kollegialberatung sind bereits weit verbreitet.
d) Die ökologische Orientierung (Wendt 1990) entspricht sowohl dem Arbeitsprinzip GWA als auch der vermehrten Anwendung systemtheoretischer Konstrukte für *Soziale Arbeit*. Ihre Anwendungsmerkmale: Problembearbeitung als *systemisches Denken und Handeln*, lebensraumorientierte (*Sozialökologie*) Aktivierung und Einbeziehung von Netzwerken (*Nachbarschaft*), Koordinierung und Kooperation beruflicher SozArb mit anderen Aktivitäten auf Stadtteilebene in Arbeitskreisen.
e) Strategien der Einmischung (Mielenz 1981) mit v.a. den Mitteln der Projektorientierung eröffnen SozArb die Chance, ihre sozialer Gerechtigkeit verpflichtete Berufsethik *(Ethik)* i.V.m ihrer Fachlichkeit wirksam werden zu lassen. Ironischerweise zwingen wachsende Armut der privaten und zunehmende Einschränkung der öffentlichen Haushalte SozArb/SozPäd dazu, über Einmischungsstrategien Projekte zur Vermeidung von bzw. gegen Folgen von Sozialabbau, Ausgrenzung und Diskriminierung zu etablieren.
Gegenüber den bis hier beschriebenen Aspekten professioneller Methodenorientierung verdient eine Bewegung Beachtung, die der Laienkompetenz nicht nur höchste, sondern auch fast ausschließliche Bedeutung für die Lösung sozialer Konflikte zumißt; sei es als Selbsthilfe von Betroffenen oder durch ehrenamtliche Helfer. Dieser Ansatz ist häufig in der Form freigemeinnütziger Vereine organisiert. Das methodische Instrumentarium der dort tätigen SozArb/SozPäd besteht primär aus Beratung, Selbsterfahrungs-und Kreativtechniken. Sie wenden sich gegen die Verwissenschaftlichung von SozArb und suchen nach ganzheitlichen Lebens- und Arbeitskonzepten.

6. Ausblick: Beiderseits weitgehend unverstanden blieb bis heute Unterschiedlichkeit und jeweilige Eigenart des Methodenbegriffs in SozArb und Sozialwissenschaften. Entsprechend unzureichend ist bisher die wissenschaftstheoretische Kritik am sozialarbeiterischen Methodenbegriff. Einige Versuche für schlüssige Handlungskonzepte liegen vor: z.B. Seibert mit der Forderung der Aufhebung der Kontrollfunktion zugunsten reiner Beratungstätigkeit; Geißler/Hege mit dem Versuch einer nichteklektizistischen Handlungskonzeption, abgeleitet aus widersprüchlichen Handlungskonzepten; Boulet/Krauß/Oelschlägel mit der Entwicklung eines gemeinwesenorientierten Arbeitsprinzips von SozArb, abgeleitet aus der Bestimmung ihrer gesellschaftlichen Funktion; Rauschenbach/Ortmann mit der Heranführung an lebensweltorientierte M. und B. Müller mit hermeneutischem Zugang zu einer an die Klassiker anknüpfenden Kunstlehre des Fallverstehens.
Wieweit der von B. Müller vertretene »offene Typus sozialpädagogischer Professionalität« mit mehr techni-

zistischen, aber hochentwickelten Instrumenten in Beziehung gesetzt werden kann, muß die weitere Entwicklungsarbeit zeigen.
Das Klima für die Anwendung von M. in Institutionen der SozArb ist durch das KJHG mit seiner Betonung von Fachlichkeit und methodischen Arbeitsformen günstiger geworden.
Die dramatische Verelendung (*Armut*) großer Bevölkerungsteile verlangt von SozArb ihren Anteil an den Problembearbeitungen durch Bereitstellung und Einsatz wirkungsvoller methodischer Instrumente. Auf Mikro- und Mesoebene schreitet die Entwicklung zeitgemäßer M. voran. Auf sozialpolitischer Ebene ist die Fortentwicklung und Verbreitung wirkungsvoller M. und ihre Umsetzung durch SozArb/SozPäd mit Verstand und Engagement weiter geboten. *E.J. Krauß*

Literatur: 8. Jugendbericht des BMJFFG (Hrsg.), Bonn 1990; Bernler/Johnsson: Supervision in der psychosozialen Arbeit, Weinheim 1993; Boulet/Krauß/Oelschlägel: Gemeinwesenarbeit, eine Grundlegung, Bielefeld 1980; Friedländer/Pfaffenberger: Grundbegriffe und Methoden der Sozialarbeit, Neuwied 1974; Geißler/Hege: Konzepte sozialpädagogischen Handelns, München 1978; I. Mielenz: Die Strategie der Einmischung, in: NP Sonderheft 6, 1981; B. Müller: Sozialpädagogisches Können, Freiburg i.Br. 1993; C.W. Müller: Wie Helfen zum Beruf wurde. Bd. 1, Weinheim [2]1988 und Bd. 2, Weinheim 1988; Rauschenbach/Ortmann/Karsten (Hrsg.): Der sozialpädagogische Blick, Weinheim 1993; C. Sachße: Mütterlichkeit als Beruf, Frankfurt/M. 1986; U. Seibert: Soziale Arbeit als Beratung, Weinheim 1978; Vogel/Oel: Gemeinde und Gemeinschaftshandeln, Stuttgart 1966; W.R. Wendt: Ökosozial denken und handeln, Freiburg i.Br. 1990.

Mietrecht

Die Industrialisierung um die Jahrhundertwende und die damit verbundene Wanderungsbewegung in die Ballungszentren hat auch die Wohnstrukturen radikal geändert. Der dadurch entstandene Mietwohnungsmarkt ist seitdem zu einem sozialpolitischen Diskussionsstoff geworden, der auch heute noch vor dem Hintergrund eines erheblichen Wohnungsmangels brandaktuell ist (*Wohnen*). Durch die drastischen Verluste belegungs- und mietpreisgebundener Sozialwohnungen und die Umwandlungswelle von Miet- in Eigentumswohnungen gehen den großen Städten und den Mietervereinigungen die Vorgaben des Mietrechts nicht weit genug. Die Vermieterseite, hier v.a. der Grund- und Hausbesitzerverein, spricht dagegen von einem zu »extremen Mieterschutz«, der wenig »investitionsfreundlich« für den Bau neuer Wohnungen ist. Einen möglichst ausgewogenen Interessenausgleich zwischen Mieter und Vermieter zu finden und dabei auf eine soziale Ausgestaltung zu achten, ist das Wesen des heutigen M.
Die rechtliche Grundlage eines Mietverhältnisses richtet sich nach den Bestimmungen des BGB.
Die meisten dieser allgemeinen Festlegungen gelten sowohl für die alten wie auch für die Neubauten in den neuen Bundesländern. Besonderheiten für den Altbaubestand der neuen Bundesländer und für Sozialwohnungen sind am Ende des Beitrags kurz dargestellt.
Den Mietvertrag können Mieter und Vermieter im Prinzip frei gestalten; er bedarf nicht einmal der Schriftform. Nachdem aber Mietangelegenheiten zu den spannungsreichsten Rechtsverhältnissen zählen, wird heute ein schriftlicher Mietvertrag als unumgänglich angesehen. Falls nicht Einzelheiten vereinbart werden, gelten die §§ 535–580 BGB und die Vorschriften des Gesetzes zur Regelung der Miethöhe (MHG). Vereinbarungen, die von diesen Bestimmungen abweichen, sind zwar grundsätzlich erlaubt, zwingend sind jedoch einige wichtige soziale Schutzbestimmungen, wie z.B.

- die Regelung der Miethöhe,
- der Schutz vor Modernisierungen,
- der Kündigungsschutz oder
- das Vorkaufsrecht des Mieters bei Umwandlungen in Eigentumswohnungen.

Die Miete kann bei freifinanzierten Wohnungen (also nicht bei Sozialwohnungen) frei vereinbart werden. Dies gilt auch für Mieterhöhungen, wobei jedoch jeweils Grenzen gesetzt sind. Das BGB enthält keine Regelungen zur Miethöhe, weil man wohl davon ausgegangen ist, daß sich die Miete nach Angebot und Nachfrage richtig einpendelt. Die geschichtliche Entwicklung zeigte allerdings eine andere Realität.

- Grundsätzlicher Maßstab, ob eine Miete angemessen ist, bildet die »ortsübliche Vergleichsmiete« (§ 2 Abs. 2 MHG), die sich am einfachsten nach einem Mietspiegel bestimmen läßt. Möglich sind aber auch ein Sachverständigengutachten oder die Benennung von Mieten dreier vergleichbarer Wohnungen.
- Unangemessen hoch sind nach § 5 Wirtschaftsstrafgesetz Mieten, die mehr als 20% über der »ortsüblichen Vergleichsmiete« liegen. Diese Grenze darf jedoch überschritten werden, wenn dies zur Deckung der laufenden Aufwendungen des Vermieters (z.B. Kapitalmarktzinsen) erforderlich ist. Mietpreisüberhöhungen sind Ordnungswidrigkeiten, die mit Bußgeld bis zu 100000 DM belangt werden können.
- Der § 302a StGB setzt jedoch auch bei nachgewiesenen Aufwendungen des Vermieters eine Grenze, wenn die Miete 50% der ortsüblichen Vergleichsmiete übersteigt. Bei Überschreitung dieses Wertes liegt Verdacht auf Mietwucher vor, der als Straftat mit einer Freiheitsstrafe bis zu 3 Jahren oder einer Geldbuße bis zur Höhe von 360 Tagessätzen belegt werden kann. Dabei ist allerdings auch Voraussetzung, daß eine Zwangslage, die Unerfahrenheit, der Mangel an Urteilsvermögen oder eine erhebliche Willensschwäche eines Mieters ausgenutzt worden sind.
- Auch Mieterhöhungen sind Regeln unterworfen, damit auch Mieten, die deutlich unter der ortsüblichen Vergleichsmiete liegen, nicht sprunghaft ansteigen können. So gilt, daß die Miete seit mindestens 1 Jahr unverändert gewesen sein muß, bevor es zu einer

Erhöhung kommt. Dies gilt jedoch nicht bei der Umlegung von Modernisierungskosten, bei Betriebskosten- und Kapitalkostenerhöhungen. Darüber hinaus ist die »Kappungsgrenze« zu beachten. Dieser Wert für eine maximale Mietanhebung beträgt 20% für Wohnungen, die vor dem 1.1.1981 fertiggestellt worden sind und bei denen die Nettomiete 8 DM/qm übersteigt. Liegt der Mietpreis unter 8 DM, so darf die erhöhte Miete 9,60 DM/qm nicht übersteigen. Für alle anderen Mietverhältnisse gilt eine Kappungsgrenze von 30%, wobei die Gesamterhöhung innerhalb von 3 Jahren ausgeübt werden darf.

Ein Mietverhältnis endet bei einer wirksamen *Kündigung* nach Ablauf der Kündigungsfrist. Kündigen darf ein Vermieter aber nur, wenn er ein berechtigtes Interesse hat oder wenn Gründe für eine fristlose Kündigung (Schwere Beleidigung, Bedrohung, tätliche Angriffe o.ä.) vorliegen. Das BGB nennt beispielhaft 4 Gründe für ein berechtigtes Interesse des Vermieters, und zwar

- die nicht unerhebliche Verletzung der Vertragspflichten (z.B. Mietrückstände),
- Eigenbedarf,
- die Hinderung an der angemessenen Verwertung des Grundstücks (z.B. notwendige umfangreiche Modernisierungen) und
- die Teilkündigungen für Nebenräume (z.B. Dachboden), die der Vermieter zu Wohnraum ausbauen will.

Kein Kündigungsgrund sind z.B. die Erhöhung der Miete oder der Verkauf der Wohnung!
Die Kündigung hat schriftlich zu erfolgen (§ 564a Abs. 1 BGB). Die Fristen richten sich nach der Mietdauer, wobei die kürzeste Kündigungsfrist 3 Monate beträgt und bei allen Mietverhältnissen gilt, die bis zu 5 Jahren bestehen. Die Frist verlängert sich bei über 5jährigen Mietverhältnissen auf 6 Monate, bei über 8jährigen Mietverhältnissen auf 9 Monate und über 10jährigen auf 12 Monate.
Bei einer Umwandlung von Miet- in Eigentumswohnungen gilt zunächst, daß ein Kauf die Miete nicht bricht (§ 571 BGB). Dies bedeutet, daß ein neuer Eigentümer vom Mieter keinen neuen Mietvertrag verlangen darf. Außerdem steht dem Mieter ein Vorkaufsrecht zu (§ 570b BGB).
Einen weiteren Schutz hat der Gesetzgeber bei der Umwandlung für den Eigenbedarf geregelt. So darf Eigenbedarf grundsätzlich erst 3 Jahre nach dem Erwerb einer Wohnung geltend gemacht werden. Die Landesregierungen können diese Frist auf 5 Jahre (§ 564b BGB) und seit dem 1.5.1993 auf 10 Jahre verlängern (Gesetz über eine Sozialklausel in Gebieten mit gefährdeter Wohnungsversorgung, Art. 14 Investitionserleichterungs- und Wohnbaulandgesetz), wenn die ausreichende Versorgung der Bevölkerung mit Mietwohnungen zu angemessenen Bedingungen gefährdet ist. Erst nach Ablauf der Frist kann dann zu den »üblichen« Bedingungen des BGB gekündigt werden. Gilt eine Sperrfrist von 10 Jahren, so besteht für den Mieter zudem eine Sozialklausel, wenn die Beendigung des Mietverhältnisses für den Mieter oder ein bei ihm lebendes Familienmitglied eine nicht zu rechtfertigende Härte bedeuten würden (z.B. Krankheit, Alter u.a.). Eine Ausnahme gibt es nur, wenn der Vermieter dem Mieter angemessenen Ersatzwohnraum zu zumutbaren Bedingungen nachweist.
Wohnungsmodernisierungen sind grundsätzlich notwendig und wünschenswert. Der Mieter hat Maßnahmen zur Modernisierung oder zur Einsparung von Heizenergie sowie Wasser zu dulden (§ 541b BGB). Dies gilt jedoch nicht, wenn sie für ihn oder seine Familie eine nicht zu rechtfertigende Härte bedeuten würden.
Hierbei wären bei einer Abwägung z.B. die umfangreiche Art der Arbeiten, die baulichen Folgen bei dem Verlust eines Zimmers oder die Leistungen von Modernisierungen des Mieters selbst zu berücksichtigen, die er mit Zustimmung des Vermieters durchgeführt hat. Eine Härte wären auch die mit der Modernisierung verbundenen Mieterhöhungen bei Luxusmodernisierungen.
Der Vermieter hat zwei Möglichkeiten, wenn er die Kosten für die Modernisierung auf die Mieten umlegen will. Er kann entweder die Miete bis zur »ortsüblichen Vergleichsmiete« erhöhen (§ 2 MHG) (Gutachten oder Mietenspiegel) oder 11% des Modernisierungsaufwands pro Jahr auf die Miete legen (§ 3 MHG). Zu beachten ist, daß Kosten für Instandsetzungsmaßnahmen (z.B. Erneuerung des Daches, Ausbesserung der Fassaden o.ä.) nicht auf die Mieten umgelegt werden dürfen.
Bei Modernisierungen durch den Mieter sind die Maßnahmen mit dem Vermieter abzusprechen und mit seiner Zustimmung auszuführen. In jedem Fall sollten dabei die Rechte und Pflichten beider Parteien vertraglich festgelegt werden, um späteren Ärger zu ersparen.
In den neuen Bundesländern gilt u.a.

- ein verstärkter Kündigungsschutz bis 31.12.1995 (z.B. bei Eigenbedarf),
- der Schutz des umfangreichen preisgebundenen Wohnraums, der auch schon am 2.10.1990 preisgebunden war und
- eine Regelung zur Mieterhöhung für den preisgebundenen Wohnraum (1. Grundmietenverordnung vom 1.10.1991, 2. Grundmietenverordnung vom 1.1.1993, Beschaffenheitszuschlag vom 1.1.1994), die dem besonderen Zustand und der Miete der Wohnungen Rechnung trägt.

Sozialwohnungen unterliegen einer Mietpreis- und Belegungsbindung und dürfen nur an Berechtigte vermietet werden, deren Einkommen die in § 25 des II. Wohnungsbaugesetzes festgelegten Grenzen nicht überschreiten. Die Miete und auch Mieterhöhungen für die sog. »Kostenmiete« werden von der örtlichen Kreisverwaltungsbehörde festgelegt. Eine Ausnahme bilden die seit 1989 möglichen »vereinbarten Förderungen« und seit 1994 »einkommensorientierten Förderungen« von

Wohnungen, bei denen vertraglich die Miete sowie die Belegung festgelegt werden und Mieterhöhungen möglich sind. *H.-J. Schlößl*

Literatur: Presse- und Informationsamt der Bundesregierung: Das Mietrecht, Bonn 1993; W. Schmitt-Futter/Blank: Mietrecht von A–Z, München 1988; Taschenbuch der Wohnungswirtschaft, Hamburg 1994; Mietgesetze, München 1994.

Mitbestimmung/Mitwirkung (MB/MW)

MB ist ein aus dem Arbeitsrecht stammender Begriff und meint dort die MB von Arbeitnehmern und Arbeitnehmerinnen an innerbetrieblichen und unternehmerischen Entscheidungen.
MB in der SozArb ist eine elementare Forderung nach Berücksichtigung und Beachtung der jeweiligen individuellen Interessen und Wünsche einer hilfesuchenden Person. Sie bezieht ihre verfassungsmäßige Grundlage aus den Art. 1 und 2 GG (Menschenwürde, Freie Entfaltung der Persönlichkeit) sowie aus Art. 6 GG (Schutz von Ehe und Familie).
MW meint das in verschiedenen Gesetzen begründete Gebot, bestimmte Angaben oder Mitwirkungshandlungen zur Entscheidungsfindung über die Leistungsgewährung zu machen.
MB im Bereich der Sozialleistungen ist in verschiedenen Gesetzen geregelt. § 16 SGB I sieht vor, daß Sozialleistungen auf Antrag zu bewilligen sind, setzt mithin eine entsprechende Absicht und Bekundung des Hilfesuchenden voraus. Daß in einzelnen Fällen der Gefährung auch ohne entsprechende Antragstellungen ein Tätigwerden der Leistungsträger vom Gesetz vorgesehen ist (z.B. Inobhutnahme nach § 42 KJHG), bestätigt nur diese Grundregel. Zu beachten ist, daß nach § 14 SGB I jede Person über ihre Rechte und Pflichten nach diesem Gesetzbuch zu beraten ist. Darüber hinaus haben die Leistungsträger darauf hinzuwirken, daß unverzügliche klare und sachdienliche Anträge gestellt und unvollständige Angaben ergänzt werden (§ 16 Abs. 3 SGB I).
§ 36 SGB I legt das Recht auf Antragstellung und Leistungserhalt auf das 15. Lebensjahr fest. Diese Handlungsfähigkeit Minderjähriger kann aber vom gesetzlichen Vertreter durch schriftliche Erklärung eingeschränkt werden.
MW umfaßt den verpflichtenden Leistungsbereich nach §§ 60ff. SGB I, bei der Beantragung bzw. Entgegennahme von Sozialleistungen alle benötigten Erklärungen abzugeben bzw. in bestimmte Untersuchungen einzuwilligen.
Die MW stellt für diesen Bereich eine rechtliche Verpflichtung dar, deren Nichterbringung für die betroffene Person entsprechende Nachteile zur Folge hat. Leistungen können nach § 66 SGB I versagt oder entzogen werden.
Bedeutsam sind die Mitbestimmungsregelungen des *Kinder- und Jugendhilfegesetz*es, die in einer Reihe von Bestimmungen eine MB von den Personensorgeberechtigten oder den Kindern oder Jugendlichen selbst vorsehen.
Das Leitbild des *KJHG* ist die Erziehung zur Selbständigkeit und gesellschaftspolitischen Mündigkeit (Individualität und Soziabilität), versagt sich allerdings bei der Etablierung eigener Leistungsansprüche für die Kinder und Jugendlichen (mit Ausnahme des Rechtsanspruchs auf einen Kindergartenplatz). Während den Leistungsberechtigten ein Wunsch- und Wahlrecht hinsichtlich der verschiedenen Leistungen verschiedener Träger in § 5 KJHG eingeräumt wird, gesteht § 8 den Kindern und Jugendlichen ein Recht auf Beteiligung an allen sie betreffenden Entscheidungen der Jugendhilfe zu. Darüber hinaus sind sie auf ihre Rechte im Verwaltungsverfahren und in Verfahren vor den Gerichten (insbesondere Vormundschafts- und Familiengerichten) hinzuweisen. Kinder und Jugendliche können sich in allen Fragen an das Jugendamt wenden. § 9 Nr. 2 KJHG verpflichtet die Jugendhilfe, die wachsende Selbständigkeit und das Verantwortungsbewußtsein von Kindern und Jugendlichen zu berücksichtigen. Gleiches gilt nach § 1626 BGB für die Eltern. Eine ausdrückliche Mitbestimmungs- und Mitwirkungsregelung fehlt allerdings im BGB (bis auf die Regelung des § 1618a BGB – gegenseitige Pflicht zu Beistand und Rücksicht und § 1671 Abs. 3 BGB – Vorschlagsrecht eines Kindes ab dem 14. Lebensjahr bei der Entscheidung über die elterliche Sorge nach Scheidung der Eltern). Lediglich § 50b FGG sieht eine persönliche Anhörung von Kindern in Sorgerechtsverfahren sowie die Einräumung der Möglichkeit, eigene Äußerungen abzugeben, vor. In Sozialverwaltungsverfahren sind Jugendliche ab dem vollendeten 15. Lebensjahr gem. § 36 SGB I handlungsberechtigt und damit Beteiligte nach § 12 SGB X. Als Beteiligte sind sie nach § 24 SGB X bei belastenden Verwaltungsakten anzuhören und haben ein Recht auf Akteneinsicht. Ein entscheidendes Beteiligungsrecht haben Personensorgeberechtigte sowie Kinder und Jugendliche bei der Leistung von Hilfen zur Erziehung nach § 36 KJHG. Nicht nur, daß sie vor der Inanspruchnahme der Hilfe zur Erziehung zu beraten sind, sie haben auch bei einer außerfamiliären Unterbringung ein Recht auf Beteiligung bei der Auswahl der möglichen Hilfeart und der Erstellung des dieser Hilfeart zugrundeliegenden Hilfeplans. Gleiches gilt für die Überprüfung und ggf. erforderliche Fortschreibung des Hilfeplans und die Beendigung der Hilfe.
Eine bedeutsame Ausprägung hat der Gedanke der MB im Bereich der Datenschutzbestimmungen des KJHG (§§ 61ff. KJHG) erfahren. Eine Erhebung und Verwertung der Daten kommt im Regelfall nur unter Einwilligung des Betroffenen zustande. Nur in den gesetzlich vorgesehenen Ausnahmefällen (§ 64 KJHG) kann hiervon abgewichen werden. Soweit Kinder und Jugendliche verständig genug sind, können sie über ihre zu schützenden Daten selber bestimmen, sonst obliegt dies den Personensorgeberechtigten.

Der Mitbestimmungsgedanke erhält eine weitere Verstärkung durch die gesetzliche Verankerung im Bereich der *Jugendhilfeplanung* nach § 80 Abs. 1 Nr. 2 KJHG, wonach der mittelfristige Bedarf unter Berücksichtigung der Wünsche, Bedürfnisse und Interessen der jungen Menschen und der Personensorgeberechtigten zu ermitteln ist. Diese Rechtsverpflichtung eröffnet den einzelnen Bürgern die Möglichkeit, durch eine aktive Interessenvertretung Einfluß auf die Gestaltung sozialer Strukturprozesse zu nehmen.

MB ist zunehmend auch zu einer gesellschaftspolitischen Forderung geworden, Kindern und Jugendlichen neben Erwachsenen einen eigenständigen Ort der Selbst- und Mitbestimmung zu gewähren.

Am deutlichsten zeigt sich dies in den vielfältigen politisch-strukturellen Versuchen, Kindern und Jugendlichen ein eigenständiges Forum zu verschaffen: z. B. Kinderparlamente entsprechend dem Vorbild der Erwachsenen mit entsprechenden Parteien und einem Arbeitsmodus, der ähnlich dem der Erwachsenen funktioniert. Daneben entwickeln sich zunehmend andere Beteiligungsformen und -strategien. In europäischen Nachbarländern (insbesondere in Dänemark) werden bereits erfolgreiche Beteiligungen von Kindern und Jugendlichen z. B. an städtischen Verkehrsplanungen und Spielflächengestaltungen praktiziert.

In der Funktion Anwalt des Kindes, Kinderbüro, Kinderbeauftragte, Kinderkommissionen oder Ombudsmann/Ombudsfrau wird eine Vertretungsmöglichkeit von Kinderinteressen versucht, die mehr der klassischen Schutzfunktion für Kinder und Jugendliche entspricht. Auch die Einführung von Kinder*verträglichkeitsprüfungen* ist eher ein Versuch, objektive Kinderinteressen zur Grundlage von insbesondere kommunaler Planungs- und Entscheidungspolitik zu machen, kann und soll aber die aktive Einbeziehung von Kindern und Jugendlichen nicht ersetzen. Kritisch ist zu fragen, inwieweit durch solche neuen Institutionen der Auftrag der *Jugendhilfe* (*Jugendamt*) vermindert wird bzw. sich Konkurrenzen ergeben, die Kindesinteressen zu einem Streitobjekt unterschiedlicher Institutionen werden lassen können (dazu: ISS 1993).

MB und MW beschränken sich aber in der SozArb nicht auf den Bereich der Jugendhilfe, sondern ist auch ein Prinzip in der *Sozialhilfe* und der Arbeit mit älteren Menschen (*Heimgesetz*). In § 3 Abs. 2 BSHG sind ähnliche Prinzipien zur Ausgestaltung der Hilfen entsprechend den Wünschen des Hilfeempfängers wie in § 5 KJHG verankert. Auch hier kommt es auf die eigenen Vorstellungen des Hilfesuchenden über die Gestaltung seines Lebens mitentscheidend an. Im Bereich der Eingliederungshilfen fordert § 46 BSHG darüber hinaus die Aufstellung eines Gesamtplanes, an dem die hilfesuchende Person und sonstige im Einzelfall Beteiligte (Ämter und einzelne Fachpersonen) mitwirken. Das Unterbleiben solcher MW stellt einen Verfahrensfehler dar und führt dann zu einer Aufhebung der Entscheidung nach § 42 S. 1 SGB X, wenn bei Unterbleiben dieses Verfahrensfehlers eine andere Entscheidung in der Sache hätte getroffen werden können. Eine Aufhebung eines Verwaltungsaktes erfolgt immer dann, wenn eine erforderliche Anhörung unterblieben oder nicht wirksam nachgeholt ist.

Die Mitbestimmungs- und Mitwirkungsregelungen sind letztendlich auf die grundgesetzlichen Bestimmungen von Art. 2, 4, 5, 8, 9, 11, 12 und 13 GG zurückzuführen (Individualisierungsprinzip).

MB und MW kennzeichnen als Begriffe aber auch Demokratisierungsentwicklungen, die v. a. Einrichtungen der SozArb betreffen. Sie gelten z. B. für *Tageseinrichtungen für Kinder*, ihre Öffnung in das Gemeinwesen, die Beteiligung von Eltern und von ErzieherInnen genauso wie für die *Heimerziehung*. *H. Lauer*

Literatur: ISS e. V.: Untersuchung der Arbeitsweisen, Arbeitsbedingungen und Wirksamkeit von Kinderbeauftragten, Endbericht ISS-Aktuell 15/1993; Kommunale Kinderbeauftragte oder Jugendamt. Neue Instanz oder zusätzliche Funktion, in: NP 2/1994; MAGS: Kinderfreundlichkeit – Das Prüfverfahren, Düsseldorf 1993; L. Salgo: Der Anwalt des Kindes, Köln 1993; Stiftung Mitarbeit: Kinderpolitik, Bonn 1993.

Mitleid

Der Begriff M. griech., symmatheia, lat. compassio, meint im passiven Sinn ein im Gefühl verharrendes Miterleiden bzw. Erleben von Leid, Schmerz oder Not anderer. M. kann sich auch in tätiger *Hilfe* äußern, wobei hier eine Unterscheidung zwischen affektivem, gefühlsbetontem und spontanem Helfen einerseits, vernunftgeleitetem, reflektiertem Handeln andererseits zu treffen ist. Eine aktuelle und gesellschaftlich wichtige Variante erhält M. im Begriff des Mit-Leidens als *Solidarität* mit der Situation eines anderen Menschen oder ganzer Bevölkerungsgruppen. Neu ist ebenfalls die Erfahrung, daß Menschen mit-leiden am Leid der Natur durch Technik und Zivilisation.

In der gebotenen Kürze wird hier die Explikation des Begriffes M. auf die für gegenwärtige SozArb relevanten Aspekte begrenzt: In der pädagogischen Forschung (*Erziehungswissenschaft*) erscheint M. als Teil der moralischen Entwicklung und Erziehung im *Sozialisations*prozeß. Die Lerntheorie, die *Psychotherapie* und v. a. der an der Entwicklung der Kognition orientierte Ansatz (Piaget, Kohlberg) stellen emphatisches bzw. sympathisches Mitleiden (Schreiner, 235 ff.) als wichtige Stufen beim Erwerb prosozialen Handelns heraus. Sie sind Stufen auf dem Weg zum Erwerb der Fähigkeit zu solidarischem Handeln.

Philosophie, Sozialwissenschaft und *Ethik* fragen im Hinblick auf unser Thema nach der Rolle der Vernunft, d. h. der rationalen Kontrolle gefühlsbetonten und affektiven Handelns, wie es dem M. entspricht. In der Tradition Kants versucht Habermas (1983) eine Moral zu begründen, die jenseits partikularer, religiöser und metaphysischer Interpretation universalen Charakter hat. Er sieht in neuen, jenseits von »Macht und Geld« angesiedelten Lebensformen Möglichkeiten einer herrschaftsfreien, postkonventionellen Moral, in der die

Frage nach Glück, nach Leid usw. kollektiv bearbeitet wird. Die Rückverlagerung der Sinnfrage in die Lebenswelt hängt nach Habermas mit der prinzipiellen Unmöglichkeit moderner *Gesellschaft*en zusammen, in administrativen oder bürokratischen Kontexten Sinn zu erzeugen (Habermas 1983, 53ff.). Für Adorno (1982, 356) ist M. der Gegenbegriff zur »Kälte als dem Grundprinzip der bürgerlichen Subjektivität, ohne das Auschwitz nicht möglich gewesen wäre«. Für den späten Marcuse gründen unsere »elementarsten Werturteile ... im Mitleid, in unserem Gefühl für das Leiden anderer« (Habermas 1984, 335). Als analytische, ethische und politische Kategorie hat auch im Funkkolleg Philosophie M. eine zentrale Stellung (Apel u.a.).

Böhme betont in seiner »Anthropologie in pragmatischer Hinsicht« »das Andere der Vernunft« (1985, 11) und entlarvt in gegenaufklärerischer Absicht »den Vernunftmenschen« als Verursacher des Todes der Natur draußen, der zugleich die »Abtötung der Sympathie, des Mitleidens« in und mit dem Menschen betreibt. »Menschseinkönnen« heute heißt für Böhme, betroffen sein können, Erkenntnis durch Teilnahme, durch Sympathie, durch eine erwachsene Beziehung zu sich selbst (1985, 11ff.).

In der dritten Welt ist das Mit-einander-Leiden zentrales Motiv für die Forderung nach politischen Veränderungen (*Internationalität*).

Die Theologie der Befreiung (Boff) definiert die Kirche als Kirche der Leidenden und fordert Mit-Leid i.S. einer gerechteren Verteilung der Reichtümer der Schöpfung. Auch für Sölle gibt es im Blick auf das Leid keine Neutralität. M. heißt für sie Solidarität (1978, 37).

Für den Psychoanalytiker H.E. Richter ist M. i.S. von Sympathie und Solidarität Grundlage einer neuen Moral. M. stellt in dem so definierten Sinne nach Richter ein gegenwärtig nicht zu unterschätzendes kulturrevolutionäres Potential dar, das v.a. in *Bürgerinitiativen* oder selbstorganisierten Gruppen (*Selbsthilfe/Selbstorganisation*) zu finden ist (1979, 26ff.; 1993, 189ff.). Die Stärke dieser neuen Gruppierungen besteht nach Richter darin, menschliches Leiden, gesellschaftliche Zwänge, politische Unzulänglichkeiten gemeinsam zu tragen und daraus Strategien für Veränderungen zu erwirken. Dieser Gedanke Richters wird in der neueren sozialpädagogischen Diskussion verstärkt aufgegriffen, verbunden mit der Forderung, »im Gegenzug zur modernen Systemdifferenzierung nach kontrollierbaren und rationalisierbaren Funktionsbereichen« (Pankoke, 58) Ansätze zu entwickeln, die bewußt ganzheitliche Lebenszusammenhänge sozialen Leidens und sozialen Helfens berücksichtigen. Für die Neuorientierung sozialer Dienste ergibt sich hieraus die Forderung, »den Subjektivitäts- und Identitätsansprüchen von Beteiligten und Betroffenen« verstärkt Aufmerksamkeit zu widmen (Pankoke, 59). Entsprechend diesen Überlegungen öffnen sich sowohl freie als auch öffentliche *Träger* der *Sozialen Arbeit* zunehmend selbstaktiven Feldern, wie neuere Projekte gesellschaftspolitisch engagierter Gemeinwesenarbeit, der *Altenarbeit* oder der *Jugendarbeit* zeigen.

In jüngster Zeit mehren sich die Stimmen, die auf die Gefahren einer »Kultur ohne Mitleid« (Sölle 1993, 45; Richter 1993, 189ff.; Gronemeyer, 172ff.) hinweisen, in der Stichworte wie Produktionskraft, wirtschaftlicher Erfolg und individuelles Wohlergehen im Mittelpunkt stehen.

Verwiesen wird ferner auf die Tatsache, wie stark das gegenwärtige menschliche Bedürfnis nach einem Leben ohne Leid, ohne Krankheit, ohne Tod, ohne Krieg usw. der Realität breiter Massen in allen Kulturen entgegensteht (Gronemeyer, 123). Notwendig scheint hier ein *Paradigmen*wechsel mit Blick auf die Grenzen des zweckrational Herstellbaren, verbunden mit der Einsicht, daß angesichts der globalen Situation und der sozialen und politischen Probleme zwischen Menschen und Völkern neue Konzepte solidarischen Handelns erarbeitet werden müssen. *E. Müller*

Literatur: W. Adorno: Negative Dialektik, Frankfurt/M. [3]1982; W. Adorno/M. Horkheimer: Dialektik der Aufklärung, Frankfurt/M. 1971; K.O. Apel u.a.: Funkkolleg praktische Philosophie/Ethik, Frankfurt/M. 1984; U. Beck: Gegengifte, die organisierte Unverantwortlichkeit, Frankfurt/M. 1988; G. Böhme: Anthropologie in pragmatischer Hinsicht, Frankfurt/M. 1985; L. Boff: Kirche: Charisma und Macht, Düsseldorf [3]1985; M. Gronemeyer: Das Leben als letzte Gelegenheit, Darmstadt 1993; J. Habermas: Die neue Unübersichtlichkeit, Frankfurt/M. 1985; J. Habermas: Philosophisch-politische Profile, Frankfurt/M. [2]1984; J. Habermas: Moralbewußtsein und kommunikatives Handeln, Frankfurt/M. 1983; H.E. Lück (Hrsg.): Mitleid/Vertrauen/Verantwortung, Köln 1975; P.H. Mussen/N. Eisenberg/L. Berg: Helfen, Schenken und Anteilnehmen, Stuttgart 1959; E. Pankoke: Solidarität, Subsidiarität, Pluralität: Soziale Dienste im Wandel II, hrsg. von Th. Olk/H. Otto, Neuwied/Frankfurt/M. 1989; H.E. Richter: Der Gotteskomplex, Reinbek 1979; H.E. Richter: Die Chance des Gewissens, Hamburg [2]1986; H.E. Richter: Leben statt Arbeiten, Hamburg 1987; W. Schmidbauer: Die hilflosen Helfer, Reinbek 1977; W. Schmidbauer: Helfen als Beruf, Reinbek 1983; G. Schreiner (Hrsg.): Moralische Entwicklung und Erziehung, Braunschweig 1983; D. Sölle: Leiden, Stuttgart [4]1978; D. Sölle: Mutanfälle, Texte zum Umdenken, Reinbek [2]1993; E. Staub: Entwicklung prosozialen Verhaltens, München/Wien 1982; H.J. Wirth: Motive sozialen Engagements, Garbenheim 1979; L. Samson: Artikel Mitleid, in: Historisches Wörterbuch der Philosophie. Bd. 5, hrsg. von Ritter/Gründer, Darmstadt 1980, Sp. 1411ff.

Modellversuche (Modellförderung)

M. sind Projekte in der *Sozialen Arbeit*, die im Rahmen exemplarischer Praxis bestehende Methoden und Konzeptionen zielgerichtet weiterentwickeln und/oder neue Methoden und Konzeptionen erproben sollen, um so Erkenntnisse über Bedingungen und Wirkungsweisen innovativer Wege (Innovationen) zu erhalten. M. sind damit »Vorposten«/»Prototypen« einer neuen Praxis, die – bei allerdings sachlicher Begrenzung und zeitlicher Befristung, aber dafür befreit von vielen Zwängen eingefahrener Strukturen und unter i.d.R. finanziell günstiger Ausstattung – an neuartigen Problemdefinitionen und alternativen Lösungsstrategien arbeiten können und sollen. M. stellen damit ein spezifisches Instrument einer vom politisch-administrativen System gewollten, akzeptierten, zumindest aber tolerierten und finanziell unterstützten Innovationsförderung dar, ohne daß damit schon allgemeine Reformprogramme mit ungewissen Implikationen festgeschrieben würden.

Die Durchführung von Modellprojekten in der SozArb setzte in größerem Umfang – eingebunden und motiviert durch die Reformpolitik der sozialliberalen Koalition – Anfang der 70er Jahre ein. Die Kritik der traditionellen, eher ordnungsrechtlich motivierten Reaktionsweisen und Organisationsformen der SozArb (z. B. *Jugendhilfe*/Heimerziehung, *Psychiatrie*) und der politisch-emanzipatorische Anspruch im Hinblick auf die Lebensbedingungen und Bedürfnisse der Betroffenen stellten i. V. m. der raschen Expansion der an Hochschulen und Fachhochschulen ausgebildeten Fachkräfte (*Ausbildung*) die Schubkraft für diese Entwicklung dar.

Schon Ende der 70er und verstärkt durch die politische Trendwende der 80er Jahre trat Ernüchterung über die Möglichkeit grundlegender Reformen gesellschaftlicher Verhältnisse und damit auch über die Wirkungen von Modellprojekten ein. Sie wurden zunehmend als Legitimationsinstrument einer grundsätzlich nicht reformorientierten *Sozialadministration* gesehen. Sie demonstrieren – so die KritikerInnen – Aktivität, Innovationsbereitschaft und Problembewußtsein in abgegrenzten Räumen (»Modellinseln«), ohne daß die vorherrschende gesellschaftliche Praxis tatsächlich zur Veränderungsdisposition gestellt sei. Zunehmend wuchsen daher (z. T. professionell vermittelte und unterstützte) Selbsthilfeaktivitäten und -organisationen in die Funktion der Erprobung und Realisierung anderer/alternativer Konzepte (*Selbsthilfe/Selbstorganisation*).

Für die 90er Jahre ist allerdings unter dem Eindruck sich rasch wandelnder gesellschaftlicher Lebensverhältnisse (Individualisierung und Pluralisierung von Lebens- und Problemlagen), durch die daraus abgeleiteten neuen fachlichen Herausforderungen einer alltags- und lebensweltorientierten Gestaltung Sozialer Arbeit (vgl. z. B. 8. Jugendbericht der BReg von 1990), durch veränderte gesetzliche Grundlagen (z. B. KJHG, *Betreuungsrecht*) sowie durch die sich immer weiter öffnende Schere zwischen sich verschärfenden Ausgrenzungs- und Verarmungsprozessen großer Bevölkerungsteile und den stagnierenden – wenn nicht gar sinkenden – finanziellen Ressourcen öffentlicher und freier *Träger Sozialer Arbeit* ein neuer, deutlicher Veränderungsdruck zu spüren.

Da diese Herausforderungen universal sind, d. h., alle Instanzen mehr oder weniger direkt von ihnen betroffen sind, besteht ein deutlich steigendes Interesse an exemplarisch/modellhaft erprobten Alternativen zur derzeitigen Regelpraxis. Modellprojekte werden in dieser Phase wieder zunehmend als wichtige Instrumente zur Erprobung innovativer Handlungsmodelle (jetzt allerdings nicht mehr unter dem politisch-strukturell verstandenen Begriff der »Reform«, sondern unter dem eher institutionell-methodisch gefaßten Begriff der ziel- und problemangemessenen »Innovation«) anerkannt und sind damit Impulsgeber für zeitgemäße Praxisentwicklungen.

Modellprojekte sollen dabei die Handlungschancen bestimmter Innovationskonzepte ausloten. Innovationsrichtungen sind z. B. die Entwicklung und Erprobung ganzheitlicher, lebensweltorientierter Angebote für bestimmte Zielgruppen (z. B. Einelternfamilien, ältere Menschen), die organisatorische und fachliche Neukonzeption von Handlungsfeldern Sozialer Arbeit (z. B. die ganzheitliche, entspezialisierte Gestaltung von *Erziehungshilfen* im Rahmen von Jugendhilfestationen), die Entwicklung und Erprobung interdisziplinärer Arbeitsformen und Zusammenarbeitsstrukturen (z. B. Jugendhilfe und *Schule*, Jugendhilfe und Justiz), die Entwicklung und Erprobung neuer Finanzierungsmodelle (Fachleistungsstunden) und Bewirtschaftungsgrundsätze (Budgetierung), die Umsetzung neuer Management- und Leitungskonzepte (lean management, Leitung als Informationsmanagement [*Organisationsentwicklung/Sozialmanagement*]) sowie die Erarbeitung neuer Steuerungskonzepte und -instrumente für eine zukunftsgerichtete Art der Aufgabenwahrnehmung, die Entwicklung und Erprobung von Partizipationsmodellen (im Rahmen individueller Inanspruchnahme von Hilfsleistungen, aber auch im Rahmen von Angebotsplanungen), der Einsatz der EDV-Technologie in der SozArb u. a. m.

Der Durchführung von Modellprojekten liegt i. d. R. ein überregionales öffentliches Interesse zugrunde. Daher werden Modellprojekte auch nur in Ausnahmefällen von kommunalen und freien Trägern selbst finanziert. Die Förderung von Modellprojekten erfolgt in erster Linie durch die verschiedenen Fachministerien des Bundes und der Länder, die jeweils über bestimmte Sachmittel für Forschungs- und Entwicklungsaktivitäten für die einzelnen ihnen zugeordneten Ressorts verfügen (z. T. werden eigens entsprechende Förderpläne unter Nennung von Modellschwerpunkten aufgelegt – *Bundesjugendplan*, Landesjugendpläne). Im Bereich der Jugendhilfe sind zudem die Landesjugendämter sachlich zuständig für »Planung, Anregung, Förderung und Durchführung von Modellvorhaben zur Weiterentwicklung der Jugendhilfe« (§ 89 Abs. 2 Nr. 4 KJHG). Ein weiteres wesentliches Förderinstrument sind Stiftungen, die innovative und modellhafte Vorhaben der SozArb finanziell unterstützen (z. B. Stiftung Deutsche Jugendmarke e. V., Robert-Bosch-Stiftung) (Stiftungshandbuch). Zunehmend werden im Zuge des Europäischen Zusammenschlusses auch Mittel der EU für die Förderung von Modellvorhaben in den Mitgliedstaaten bereitgestellt (z. B. ESF im Bereich beruflicher Qualifizierung benachteiligter Gruppen) (*Sozialpolitik/Soziale Sicherung, europäische*).

Eine Förderung durch all diese Instanzen geschieht im Regelfall auf Antrag der Träger im Rahmen der jeweils gesetzten Förderungsprioritäten und der zur Verfügung stehenden/gestellten Mittel. Seltener werden Modellprojekte im sozialen Bereich im Rahmen öffentlicher Ausschreibungen an interessierte Träger vergeben. Es ist eine wichtige Aufgabe der *Wohlfahrtsverbände* und von Beratungsstellen auf Bundesebene (z. B. BBJ-Consult), die interessierten Träger bei der Inanspruchnahme von Modellfördermöglichkeiten zu beraten und zu unterstützen.

Wenn das Instrument der M. bzw. der Modellförderung den jeweiligen InitiatorInnen dazu dienen soll, Innovationen experimentell zu erproben, neue Erfahrungen zu gewinnen, soziale Leistungen effektiver, d. h. problemangemessener und zieladäquater zu erbringen und dabei zugleich – seinem Zweck gemäß – auch noch Kriterien der Übertragbarkeit auf die Bedingungen der Regelpraxis (Generalisierbarkeit) erfüllen soll, bedarf das Modell notwendigerweise einer methodisch kontrollierten, d. h. einer wissenschaftlichen Begleitung i. S. einer praxisorientierten Forschung. Nur eine systematische Analyse der Bedingungen und Einflußgrößen auf die Modellpraxis und der tatsächlich bewirkten (beabsichtigten und unbeabsichtigten) Effekte erlaubt eine befriedigende Antwort darauf, ob und wie die auf das Modell gerichteten Erwartungen und Hoffnungen, bezogen auf die gestellten Problemstellungen und Anforderungen, eingelöst werden konnten.

Modelle haben als »Vorposten« oder »Prototypen« einer besseren Praxis nur einen begrenzten »Wert an sich«. Neben den Projektbeteiligten ist es v. a. eine Aufgabe der wissenschaftlichen Begleitung, sicherzustellen, daß der im Projekt gesammelte Fundus an Erfahrungen nicht verlorengeht, sondern im Rahmen von Transferüberlegungen weiterdiskutiert und für die Regelpraxis nutzbar gemacht wird. Der Erfolg eines Modells kann sich nämlich nicht nur danach bemessen, wie geradlinig und erfolgreich die Modellkonzeption umgesetzt worden ist, sondern bemißt sich zu einem noch größeren Teil daran, welche Impulse es für die Regelpraxis gibt oder – um im Bild zu bleiben – ob der Prototyp bzw. wichtige Elemente des Prototyps serientauglich sind.

Damit angesichts der skizzierten Lage der SozArb in den 90er Jahren Modellvorhaben als Instrumente einer innovativen Praxisentwicklung wieder zur Geltung kommen, ist es erforderlich, daß

- die Förderpolitik der »Finanziers« (Ministerien, Stiftungen, EU) übersichtlicher gestaltet und Transparenz von Förderentscheidungen hergestellt wird, um den Zugang zu Modellfördermitteln auch für neue Träger mit neuen Ideen zu erleichtern;
- dort, wo Modelle gefördert werden, eine angemessene Mittelausstattung zur Sicherung der Flexibilität bei der Erprobung innovativer Wege gewährleistet ist;
- die zu erprobenden Modelle stärker an bestehende Praxisnetzwerke angebunden sind, um ihre Bedeutung im Kontext der jeweiligen Infrastruktur Sozialer Arbeit bestimmen zu können und um ihre Chancen, sich über die Modellphase hinaus zu etablieren, zu erhöhen;
- eine umsetzungsorientierte wissenschaftliche Begleitung und Projektevaluation z. B. durch anerkannte Praxisforschungsinstitute sichergestellt wird;
- eine stärkere Verbindung von Modellförderung und Transferförderung erfolgt, um positive Projekterfahrungen möglichst effektiv und breit auf Einrichtungen der Regelpraxis übertragen zu können;
- eine angemessene (Fach-)Öffentlichkeitsarbeit zu Projektverlauf und den Projektergebnissen sichergestellt wird.

R. Schone

Literatur: G. T. W. Dietzel/J. von Troschke: Begleitforschung bei staatlich geförderten Modellprojekten – Strukturelle und methodische Probleme. Schriftenreihe des BMJFFG, Bd. 216, Bonn 1988; G.-M. Hellstern/H. Willmann (Hrsg.): Experimentelle Politik – Reformstrohfeuer oder Lernstrategie? Beiträge zur sozialwissenschaftlichen Forschung 27, Opladen 1983; W. Hollstein/M. Meinhold: Sozialpädagogische Modelle, Frankfurt/M. 1977; M. Heiner (Hrsg.): Praxisforschung in der sozialen Arbeit, Freiburg 1988; Institut für soziale Arbeit (Hrsg.): Sozialpädagogische Begleitforschung, ISA-Schriftenreihe, H. 9, Münster 1983; E. Jordan: Modelle in der Jugendhilfe, ISA-Schriftenreihe, H. 1, Münster 1981; K. Neuhoff/A. Schindler/H.-J. Zwingmann: Stiftungshandbuch, Baden-Baden 1983; R. Schone: Theorie–Praxis–Transfer in der Jugendhilfe – Sozialpädagogische Praxisforschung zwischen Analyse und Veränderung, Münster 1995.

Zur Übersicht »Wissenschaftliche Institute/Beratungseinrichtungen« vgl. *Anhang I*, Abschnitt 2.4.

Montessori-Pädagogik

Maria Montessori (1870–1952) war die Begründerin der nach ihr benannten pädagogischen Bewegung. Sie wurde als einzige Tochter des Finanzbeamten Allessandro Montessori und seiner Frau Renilde in Chiaravalle bei Ancona (Italien) geboren. Ab 1875 lebte die Familie in Rom. Maria M. besuchte dort nach der 6jährigen Grundschule von 1883 bis 1890 die naturwissenschaftlich-technische Sekundarschule, studierte zunächst Naturwissenschaften (1890–1892), danach Medizin und promovierte 1896 als erste Frau Italiens. Ab 1897 arbeitete sie als Assistenzärztin an der Psychiatrischen Klinik der Universität Rom. Von dieser Zeit an befaßte sie sich mit medizinisch-heilpädagogischen Fragen. Durch die Arbeit mit behinderten Kindern erweiterte sie ihr Verständnis für das behinderte Kind und erkannte, daß es nicht nur medizinischer, sondern auch heilpädagogischer Hilfe bedarf (*Behindertenhilfe, Heil- und Sonderpädagogik*). Sie studierte die medizinisch-heilpädagogischen Schriften Itards und Séguins und entwickelte, auf deren Ansätzen aufbauend, ihre spezifische Methode zur Förderung geistig behinderter Kinder. Ihr grundlegendes Ziel war es, die Unabhängigkeit und Selbständigkeit des Kindes in jeder Hinsicht zu fördern, wobei sie forderte, die Würde des Kindes zu achten und keinen Zwang auszuüben. Sie konzipierte ihre didaktischen Materialien, mit deren Hilfe die Sinne der Kinder, ihre Konzentrationsfähigkeit und kognitiven Fähigkeiten gefördert werden sollten. Später über-

trug sie diese ursprünglich für behinderte Kinder entwickelte Methode auf die Arbeit mit »normalen« Kindern. Die Lehrmittel zur Erziehung der Sinne, mit denen Montessori-Kindergärten auch in der Gegenwart arbeiten, bestehen u.a. aus Zylinderblöcken zum Einsetzen, verschiedenen geometrischen Körpern, rechtwinkligen Tafeln mit glatter und rauher Oberfläche, einer Sammlung verschiedener Stoffe, Holztäfelchen von verschiedenem Gewicht, 2 Schachteln mit je 64 farbigen Täfelchen, Karten mit aufgeklebten Buchstaben aus Sandpapier u.a.m.
1907 gründete sie in dem durch Bodenspekulation heruntergekommenen römischen Stadtteil San Lorenzo im Rahmen eines Sanierungskonzeptes der Stadt das erste Kinderhaus (»casa dei bambini«) für noch nicht schulpflichtige Kinder, deren Mütter arbeiten mußten. Dort erprobte sie ihre didaktischen Materialien an »normalen« Kindern und machte dabei die Erfahrung, daß die geistigen Kräfte des Kindes durch den freien Umgang mit dem didaktischen Material aktiviert wurden und daß sich die Kinder ganz auf den Gegenstand zu konzentrieren vermochten. Sie nannte dies die Polarisation der Aufmerksamkeit. Zwei Jahre leitete sie die Einrichtung, und die erzieherischen Erfolge bei den soziokulturell benachteiligten und z.T. verwahrlosten 2- bis 6jährigen Kindern führten dzau, daß in den folgenden Jahren weitere Kinderhäuser eröffnet wurden.
Auch in der Schulpädagogik folgte M. ihrem Ansatz, nach dem das Kind sich sein Können und Wissen selbsttätig aneignen sollte. In den Montessori-Schulen herrscht nicht der lehrerzentrierte Frontalunterricht, sondern das Kind erarbeitet sich fachliche Zusammenhänge weitgehend selbständig. Hierfür ist eine reichhaltige Ausstattung der Schule mit Material die Voraussetzung.
Durch ihre in viele Sprachen übersetzten Schriften und ihre internationiale Vortragstätigkeit erfuhr ihre Methode internationale Verbreitung und Anerkennung. 1911 wurden zahlreiche nationale Montessori-Gesellschaften gegründet. 1929 erfolgte die Gründung der Association Montessori Internationale (AMI), die bis 1935 ihren Sitz in Berlin, dann in Amsterdam hat. 1933 mußte sich die deutsche Montessori-Gesellschaft auf Druck der Nazis auflösen und wurde erst 1952 neu gegründet. In Italien wurden 1934 nach Konflikten mit den italienischen Faschisten alle Montessori-Schulen geschlossen. M., die seit 1916 in Barcelona lebte, mußte 1936 mit Beginn des Franco-Aufstandes Spanien verlassen und ging nach Amsterdam, wo sie bis zum Beginn des 2. Weltkrieges lebte. 1939 ging sie auf Einladung der indischen Montessori-Gesellschaft nach Indien. Dort unterstützten Gandhi und Tagore die von der Theosophischen Gesellschaft getragene Montessori-Bewegung. In dieser letzten Phase ihres Lebens wurde sie mit dem 2. Weltkrieg konfrontiert, was sie veranlaßte, sich intensiv mit Fragen der Erziehung zum Frieden zu befassen (*Friedenserziehung/Friedenspädagogik*). Erst 1949 kehrte sie nach Europa zurück und hielt noch in ihren letzten Lebensjahren zahlreiche Vorträge u.a. in Schweden, Norwegen, Italien, London. Sie starb 1952 in den Niederlanden (zur Bibliographie i.e. s. Böhm und Heiland). *W. Grossmann*

Literatur: W. Böhm: Maria Montessori – Hintergrund und Prinzipien ihres pädagogischen Denkens, Bad Heilbrunn 1969; W. Böhm: Maria Montessori – Texte und Diskussion, Bad Heilbrunn 1971; W. Grossmann: Kindergarten. Eine historisch-systematische Einführung in seine Entwicklung und Pädagogik, Weinheim/Basel [2]1993, 55–61; H. Heiland: Maria Montessori mit Selbstzeugnissen und Bilddokumenten, Reinbek 1991.

Mütterzentren

M. sind Treffpunkte vor Ort (meistens gemietete Wohnungen oder Ladenlokale) für *Frauen* mit Kindern während der Familienphase und eines der erfolgreichsten Projekte der *Familienselbsthilfe*.
Ursprünglich aus Forschungsergebnissen des DJI 1981 als Modellprojekt des BMJFG initiiert, gibt es inzwischen an die 300 M. in der BRD, davon 40 in den neuen Bundesländern.
In Langen, Stuttgart, München, Salzgitter und Leipzig sind Mütterbüros gegründet worden, um die M. untereinander zu koordinieren und zu vernetzen.
Informationen sind erhältlich bei der Geschäftsstelle des M.-Bundesverbandes, Müggenkampstraße 16, 20257 Hamburg.
M. haben sich auch über die Grenzen Deutschlands hinaus verbreitet, es gibt sie inzwischen auch in Österreich, in der Schweiz, in Holland, in Prag und in Lissabon.
Der Erfolg beruht auf zentralen Konzeptpunkten, mit denen M. das traditionelle Angebot von Familienbildung, Spielkreisen und Mütter-Kind-Gruppen erweitern:

- Der Laienansatz: Die M. werden von den Müttern selber initiiert und gestaltet, sie erleben sich dort als Praxisexpertinnen, nicht als *Klient*el. Profis arbeiten nur ambulant mit.
- Kein Defizitansatz: Es herrscht das Prinzip: Jede kann etwas besonders gut, das sie ins M. einbringen kann.
- Offener Betrieb: Durch die täglich offene Caféstube und das Vermeiden eines geschlossenen Kurssystems können die Frauen jederzeit kommen, wann es ihnen in ihren Familienalltag hineinpaßt.
- Ein öffentlicher Raum, den Erwachsene und Kinder sich teilen: Anders als z.B. bei Spielkreisen stehen im M. die Mütter im Zentrum des Interesses. Die Kinder sind jederzeit selbstverständlich willkommen. Es gibt für sie eine Kinderbetreuung und eigene Angebote, sie können aber auch bei den Müttern mit dabeisein.
- Keine Ehrenamtlichkeit: In M. werden an die Mütter Honorare gezahlt: z.B. für Cafédienst, Secondhandladen, Laienberatung, Massage, Friseurecke, Mittagstisch, Bügelservice, Babysittervermittlung, Literaturkreis.

Selbsthilfe gibt es nicht zum Nulltarif. M. brauchen einen Jahresetat von 60000–100000 DM. Sie müssen meist bitter um diese Zuschüsse kämpfen, und viele haben eine gesicherte Förderung noch nicht erreicht.

M. Jaeckel

Literatur: M. Jaeckel/G. Tüllmann: Mütter im Zentrum, Mütterzentrum, Weinheim 1988; M. Jaeckel: Mütterzentren, in: D. Kreft/H. Lukas u.a.: Perspektivenwandel der Jugendhilfe. Bd. 2, Frankfurt/M. [2]1993, 109–125.

Musik

Voraussetzung musikalischer Arbeit im Sozialwesen ist die Erkenntnis, daß sie kein abgelöster musikalischer Teilbereich sein kann, sondern Bestandteil sozialpädagogischer Didaktik und Methodik (*Methoden der Sozialarbeit/Sozialpädagogik*) sein muß (vgl. Seidel 1978, 55).
Damit ist die M. nicht primär ästhetischer Gegenstand (*Ästhetik*), sondern Handlungsmittel: »Kommunikationsmittel in Form einer schriftlos benutzten Umgangssprache« (Vogelsänger, 168), die der Kommunizierende im Gegensatz zur verbalen Äußerung in jedem Augenblick neu gestalten und als ein individuelles, authentisches Ausdrucksmittel seiner selbst erfahren kann.
Ausgangspunkt eines solchen Musikverständnisses ist die Überzeugung, daß jeder Mensch »angeborene musikalische Kompetenz besitzt« (Vogelsänger, 168), d.h., durch M. ansprechbar ist und – v.a. – sich mit M. ausdrücken kann, ohne vorher eine (oft negativ besetzte – schulische) Lernerfahrung machen zu müssen.
Diese eindeutig personen- (und nicht musik!-)bezogenen Inhalte einer musikalischen SozArb/SozPäd, die körperliche, seelische, soziale und kulturelle Wirkungen musikalischen Handelns nutzt, rückt die M. im Sozialwesen in die Nähe der Musiktherapie. Dies belegt formal eine Sektion Sozial- (und Sonder-)pädagogik innerhalb der Deutschen Gesellschaft für Musiktherapie.
Während sich aber die Arbeit des Musiktherapeuten im schützenden Rahmen des therapeutischen Settings vollzieht, muß sich der SozArb/SozPäd stärker auf laufende Prozesse beziehen, in die er eingreifen, die er fördern, stören oder gestalten kann. In Abgrenzung zur Musiktherapie kann die SozArb mit M. gekennzeichnet werden als »situations- und bedürfnisbezogenes soziales Lernen mit Musik« (Kapteina, 3).
Ein wichtiges Experimentierfeld für Ausbildung und Praxis musikalischer SozArb/SozPäd ist die Gruppenimprovisation, die instrumental oder/und vokal im Entwicklungsprozeß mehr oder weniger von Spielregeln bestimmt – das nonverbale »Gespräch« als idealtypische Form anstrebt.
Der diesem Konzept zugrundeliegende elementare Ansatz – mit einer Einbeziehung auch szenischer, grafischer oder Bewegungselemente – ist eine ideale Basis für die Arbeit mit der weitstreuenden sozialpädagogischen *Klient*el: Aus dieser Grundlage erwächst beispielsweise im Bereich Früherziehung/Kinderarbeit eine elementare Musik-, Sprach- und Bewegungserziehung, in der *Jugendarbeit* das Spiel mit Percussionsinstrumenten bzw. im Erwachsenenbereich eine mehr oder weniger therapeutisch orientierte musikalische Gruppen- (Einzel-)arbeit.
Da die musikalische *Sozialisation* sozialpädagogischer Zielgruppen meist von Massenmedien und Konsumhaltung geprägt ist (*Medien*), wird das Entdecken des Mediums M. als wesentliches persönliches Ausdrucks- und Kommunikationsmittel zunächst erschwert.
So steht der musikalisch aktive SozArb/SozPäd vor der Aufgabe, durch vielfältige Initiativen oder Spielideen (mit musikalischen, assoziativen oder kommunikativen Ausgangspunkten) einen Rahmen zu schaffen, der es möglich macht, als einzelner/als Partner/als Gruppe Erfahrungs- und Entwicklungschancen wahrzunehmen. Solchen musikalischen Prozessen, die keine Vorbedingungen stellen, niemanden ausgrenzen wollen, entspricht auch das Instrumentarium: elementare (Orff-, Selbstbau-, Effekt-)instrumente Stimme bzw. »klassische« Instrumente frei-unkonventionell genutzt.
Sozialpädagogische Zusatzqualifikationen in der *Aus-, Fort-, Weiterbildung* – nicht nur im Bereich M. – sind als Reaktion auf die vielfältigen Anforderungen der Praxis, aber auch auf die hohe Arbeitslosenquote der Hochschulabsolventen bzw. die angestrebte Abgrenzung zur berufsständischen Musiktherapie zu verstehen. Erste Konzepte in Richtung »Musikalisch-therapeutische Zusatzausbildung« (GSH Siegen), »Fort- und Weiterbildung: Sozialpädagogische Musiktherapie« (FH Frankfurt) u.ä. liegen vor bzw. sind in der Erprobung.
Neben angestammten Arbeitsfeldern, wie *Jugend-, Behinderten*-, *Beratung*sarbeit oder *Heim*erziehung, kann – bislang weitgehend unerschlossen – als wichtiges Feld der Zukunft die sozialpädagogisch-musikalische Erwachsenen- und *Altenarbeit* gelten. Hier wird sich zunehmend der Akzent von der pflegerischen Tätigkeit hin zur Mitgestaltung eines ganzen Lebensabschnittes verschieben.

K. Leidecker

Literatur: H.-H. Decker-Voigt: Aus der Seele gespielt, München 1991; H.-H. Decker-Voigt (Hrsg.): Handbuch Musiktherapie. Lexikalische Stichwörter, Lilienthal/Bremen 1983; H.-H. Decker-Voigt (Hrsg.): Musik und Kommunikation, Zeitschrift (H. 1–10) und Jahrbuch 1, Lilienthal/Bremen 1987; K. Finkel (Hrsg.): Handbuch Musik und Sozialpädagogik, Regensburg 1979; F. Hegi: Improvisation und Musiktherapie, Paderborn 1986; H. Kapteina: Musiktherapie in der Sozialarbeit, Papier Siegen 1986 sowie Protokoll zur Mitgliederversammlung der Sektion »Sozial- und Sonderpädagogik« der Deutschen Gesellschaft für Musiktherapie am 28. u. 30.11.1986, Siegen 1987; Musiktherapeutische Umschau, hrsg. i.A. d. DGMT, Stuttgart; Neue Musikzeitung, Regensburg/München; A. Seidel: Kriterien sozialpädagogisch orientierter Arbeit mit Musik, in: Zeitschrift für Musikpädagogik 1978; A. Seidel: Soziale Kulturarbeit am Beispiel Musik, Regensburg 1980; A. Seidel: Sozialpädagogische Musiktherapie, in: Musiktherapeutische Umschau 13/1992, 298–306; T. Timmermann: Musik als Weg, Zürich 1987; S. Vogelsänger: Musik mit Behinderten als sozialpädagogisches Handlungsfeld – Zur Ortsbestimmung der Musik im Sozialwesen, in: Musik und Bildung 3/1985.

Mutterschutz

Der über den allgemeinen *Arbeitsschutz* hinausgehende gesetzlich geregelte M. will Mutter und Kind vor und nach der Geburt vor insbesondere gesundheitlichen Schäden durch Erwerbstätigkeit und vor finanziellen Einbußen schützen. Neben den Vorschriften des Mutterschutzgesetzes (MuSchG, zuletzt geändert am 3.7.1992, BGBl I S. 1191; MuSchG gilt nicht für Beamtinnen) sind v.a. Regelungen in der Reichsversicherungsordnung (RVO, §§ 195ff., neu gef. durch GRG v. 20.12.1988, BGBl. I S. 2477) und seit dem 1.1.1986 auch im Bundeserziehungsgeldgesetz (BErzGG v. 6.12.1985, BGBl. I S. 2154/*Erziehungsgeld/Erziehungsurlaub*) von Bedeutung. Die Regelungen gelten seit dem 1.1.1991 auch im Beitrittsgebiet. Der besondere Schutz wird angestrebt durch Vorschriften über (a) die Gestaltung des Arbeitsplatzes, (b) Beschäftigungsverbote und -beschränkungen, (c) Kündigungsschutz und (d) wirtschaftliche Absicherungen. Der gesetzliche Schutz – insbesondere die Vorschriften über die Gestaltung des Arbeitsplatzes und die Beschäftigungsverbote und -beschränkungen – kann nur greifen, wenn der Arbeitgeber von der Schwangerschaft/Mutterschaft weiß. Deshalb soll sie ihm nach Kenntniserlangung mitgeteilt werden. Es handelt sich hierbei nur um eine gesetzliche Empfehlung, keine Rechtspflicht. Der Arbeitgeber seinerseits hat die Aufsichtsbehörde unverzüglich von der Mitteilung der Schwangerschaft zu benachrichtigen.

(a) Hinsichtlich der Gestaltung des Arbeitsplatzes ist der Arbeitgeber verpflichtet, die erforderlichen Vorkehrungen und Maßnahmen zum Schutz von Leben und Gesundheit der werdenden oder stillenden Mutter zu treffen. Diese Pflicht wird z.T. im MuSchG, z.T. in VO weiter konkretisiert. So müssen z.B. für Frauen, die bei der Arbeit ständig stehen oder gehen müssen, Sitzgelegenheiten zum kurzen Ausruhen bereitstehen. Auch kann die Aufsichtsbehörde Anordnungen erlassen.

(b) Generelle Beschäftigungsverbote, d.h. für jede Mutter unabhängig von ihrem körperlichen Zustand und der Art ihrer Arbeit, gelten für die letzten 6 Wochen vor und die ersten 8, bei Füh- und Mehrlingsgeburten die ersten 12 Wochen nach der Geburt (sog. Schutzfristen). Für die Zeit vor der Geburt (nicht aber danach) kann die Frau – jederzeit widerrufbar – darauf verzichten. Darüber hinaus ist werdenden Müttern z.B. schwere körperliche Arbeit oder Arbeit mit gesundheitsgefährdenden Emissionen untersagt. Werdende und stillende Mütter dürfen i.d.R. keine Akkord-, Mehr-, Nacht- oder Sonntagsarbeit leisten. Stillenden Müttern ist auf ihr Verlangen bei Lohnfortzahlung die zum Stillen erforderliche Zeit freizugeben. Individuelle Beschäftigungsverbote bestehen, soweit bei Fortdauer der Beschäftigung Leben oder Gesundheit von Mutter oder Kind gefährdet sind. Je nach Lage ist die Beschäftigung überhaupt untersagt oder die Beschäftigung mit bestimmten Arbeiten.

(c) »Die Kündigung gegenüber einer Frau während der Schwangerschaft und bis zum Ablauf von vier Monaten nach der Entbindung ist unzulässig, wenn dem Arbeitgeber zur Zeit der Kündigung die Schwangerschaft oder Entbindung bekannt war oder innerhalb zweier Wochen nach Zugang der Kündigung mitgeteilt wird.« Erfolgt die Mitteilung unverschuldet später, unverzüglich nach Kenntnis von der Schwangerschaft, führt dies ebenfalls zur Unwirksamkeit der Kündigung. Ggf. kann eine Kündigung von der Aufsichtsbehörde genehmigt werden. Ein Kündigungsverbot besteht auch während des Erziehungsurlaubs.

(d) Die wirtschaftliche Absicherung der Frau erfolgt während der Schutzfristen und für den Entbindungstag durch das sog. Mutterschaftsgeld. Voraussetzung ist, daß die Frau zwischen dem Beginn des 10. und bis Ende des 4. Monats vor der Entbindung mindestens 12 Wochen Mitglied einer gesetzlichen Krankenkasse war oder in einem Arbeitsverhältnis gestanden hat (oder z.B. beides zusammen 12 Wochen ergibt) und zu Beginn der Schutzfrist vor der Entbindung noch in einem Arbeitsverhältnis steht oder aber das Arbeitsverhältnis vom Arbeitgeber während der Schwangerschaft zulässig aufgelöst worden ist. Das Mutterschaftseld wird für Mitglieder der gesetzlichen Krankenversicherung von dieser, für Nichtmitglieder vom Bundesversicherungsamt gezahlt. Das Mutterschaftsgeld ist nicht einheitlich. Es beträgt für Mitglieder der gesetzlichen Krankenversicherung höchstens 25 DM für jeden Kalendertag, für Nichtmitglieder höchstens 400 DM für die gesamte Zeit der Schutzfristen und den Entbindungstag. Zusätzlich erhalten Frauen, deren Nettoeinkommen höher als 25 DM täglich war, vom Arbeitgeber einen Zuschuß in Höhe der Differenz zwischen 25 DM und dem letzten täglichen Durchschnittsentgelt. Bei wirksamer Auflösung des Arbeitsverhältnisses während der Schwangerschaft wird der Zuschuß vom Bund gezahlt. Neben dem Mutterschaftsgeld gibt es nunmehr auch noch das sog. Erziehungsgeld in Höhe von z.Z. 600 DM monatlich. Das Mutterschaftsgeld wird auf das Erziehungsgeld angerechnet. Soweit aufgrund von Beschäftigungsverboten oder -beschränkungen außerhalb der Schutzfristen der Schwangeren andere erlaubte Tätigkeiten zugewiesen werden oder sie teilweise oder ganz mit der Arbeit aussetzt, ist ihr mindestens der Durchschnittsverdienst der letzten 3 Monate vor Beginn der Schwangerschaft weiterzuzahlen (sog. Mutterschaftslohn).

Im Anschluß an die Schutzfristen besteht ein Anspruch auf Erziehungsurlaub und Erziehungsgeld. *B. Mehr*

Literatur: J. Heilmann: Mutterschutzgesetz, Kommentar, Baden-Baden 1991; J. Zmarzlik/M. Zipperer/H.P. Viethen: Mutterschutzgesetz, Köln 1991; Handbuch zum Mutterschutzgesetz, Praxiskommentar, Hannover 1992; H.P. Zerl: Mutterschutz, Erziehungsgeld, Erziehungsurlaub, 1992.

Netzwerke, soziale (s. N.)

Der Begriff s. N. ist in den letzten Jahren nach und nach in die SozArb gedrungen. Das Konzept der sozialen Netzwerkanalyse selbst ist zwar bereits in den 50er Jahren bei ethnologischen und soziologischen Forschungen britischer Wissenschaftler entwickelt worden, aber erst über den Umweg der amerikanischen Rezeption in den 60er und 70er Jahren auch in Deutschland seit den 80er Jahren in den Sozialwissenschaften populär geworden. Hintergrund für diese positive Aufnahme sind die zahlreichen Interpretationen und Anwendungsmöglichkeiten des Begriffes s. N. in verschiedenen Wissenschaften, um sich wandelnde Lebenszusammenhänge zu untersuchen und neue Bewältigungsstrategien zu entwickeln. Sie reichen von der normativen Kategorie des kleinen Netzes als Maß des sozialen Zusammenlebens über die Vernetzung als sozialtechnokratische Zauberformel und die soziale Unterstützung in psychosozialen Handlungszusammenhängen bis hin zum Analyseinstrument für soziale Beziehungen (Kardorff u. a. 1989). S. N. ist als Analyseinstrument eine präzise Methode zur Untersuchung sozialer Beziehungen von *Klienten* und als Strategie ein Ansatz zur Mobilisierung sozialer Unterstützung für sie. Beides ist eine sinnvolle und nützliche Ergänzung für die alltägliche Praxis in vielen Feldern der *Sozialen Arbeit*.

Netzwerkisierung der Gesellschaft: In den letzten beiden Jahrzehnten haben Soziologen und Psychologen den sozialen Wandel und die aktuellen gesellschaftlichen Entwicklungen durch folgende Schlagworte charakterisiert: Vergesellschaftung, Komplexität und Bürokratisierung aller Lebensbereiche, Funktionsverlust der *Familie*, Verlust an Gemeinschaftsbeziehungen und Individualisierung, Werteverlust und Bindungslosigkeit, Weltgesellschaft und Rückzug ins Private.

Hinter all diesen Einzelprozessen steht die Dialektik der doppelten Netzwerkisierung der modernen westlichen *Gesellschaft*: einerseits die zunehmende Vergesellschaftung aller Lebensbereiche auf dem Wege zu einer Weltgesellschaft, deren Teilsysteme alle hochgradig arbeitsteilig miteinander verzahnt sind (Interdependenzketten), andererseits die wachsende Individualisierung der Lebenswelt duch Auflösung traditionaler Bindungen wie u. a. durch Zerfaserung der Familie, d. h., die kleinen, dichten Beziehungsgeflechte von lebenslangen festen Gemeinschaften werden durch viele lockere, selbstgewählte Beziehungsnetzwerke mit wechselnden sozialen Bezugsfeldern ergänzt bzw. ersetzt. Zwischen den abnehmenden traditional-überschaubaren Gemeinschaften und der zunehmend bürokratisierten, komplexen Gesellschaft entwickelt sich eine Vielfalt von persönlichen, sozialen und institutionellen N. Das Individuum ist heute in vielen familiär-verwandtschaftlichen, nachbarschaftlichen, beruflichen, gesellschaftlichen und Freizeitbeziehungen mit unterschiedlicher Intensität, Dauer, Häufigkeit und Wechselseitigkeit eingebunden. S. N. beschreiben die tatsächlichen sozialen Beziehungen zwischen Personen, wie sie sich gegen- und miteinander verhalten und handeln. N. können zwangsweise oder freiwillig sein. Sie können als positiv unterstützend, aber auch negativ belastend empfunden werden.

S. N. als Analyse: An der wachsenden Komplexität der sich wandelnden gesellschaftlichen Wirklichkeit setzt die soziale Netzwerkanalyse an, um die Interdependenz sozialer Lebenszusammenhänge zu erfassen. Sie ist eine Methode, um soziale Beziehungen zu untersuchen: Wer ist mit wem wie verbunden. Klassisch geht es um folgende morphologischen und interaktionalen Kriterien zur Untersuchung eines Netzwerkes: (1) Verankerung als Ausgangspunkt der Analyse, (2) Erreichbarkeit als Möglichkeit, weitere Individuen über andere Personen zu erreichen, (3) Dichte oder Verbundenheit als Grad der tatsächlich vorhandenen Beziehungen, (4) Reichweite als Größenordnung des N., (5) Inhalt als die Frage, ob ein N. uni- oder multiplex ist, d. h., nur eine oder mehrere inhaltliche Ebenen hat, (6) Direktheit als Frage nach der Einseitigkeit oder Reziprozität der Beziehung, (7) Dauer als Zeitkomponente, (8) Intensität als Grad der Stärke oder Schwäche eines Netzes und (9) Häufigkeit als Grad der Regelmäßigkeit sozialer Kontakte.

Durch die soziale Netzwerkanalyse wird die traditionelle Perspektive Mikro- vs. Makrosoziologie überwunden, denn es geht nicht mehr entweder um die Aggregation individueller Bedürfnisse und Verhaltensweisen oder um die Untersuchung großer Institutionensysteme (Familie, Staat, Wirtschaft usw.), sondern mittels der Netzwerkanalyse werden Figurationen von Interdependenzketten (Norbert Elias) analysiert: Es können Individuen mit Individuen, Institutionen mit Institutionen und auch Individuen mit Institutionen analytisch verbunden sein. Folgendes Beispiel illustriert ein individuell-gesellschaftliches N., in dem primäre, d. h. persönliche N., und sekundäre, d. h. institutionelle N. miteinander verknüpft sind: Eine alleinerziehende Mutter hat 2 Kinder, die zum Kindergarten und zur Schule gehen. Sie arbeitet halbtags in einer Firma. Am Wochenende werden die Kinder manchmal vom Vater oder von der Großmutter betreut. In der Woche trifft sich die Mutter gelegentlich mit 2 alten Freundinnen. Sie hat Erziehungsschwierigkeiten mit dem einen Kind, das u. a. in der Schule schwer lernt. Weiterhin bestehen noch flüchtige Kontakte zur Nachbarin. Dieses s. N. ist relativ klein und für die Betroffene mangelhaft, denn es fehlt ein ausreichendes Maß an sozialer Unterstützung.

Netzwerkarbeit und soziale Unterstützung: An der Netzwerkanalyse schließt sich für die SozArb die Netzwerkarbeit oder Vernetzung an. Da im positiven Fall angenommen wird, daß s. N. eine unterstützende Funktion für den Klienten haben, sucht die *Sozialarbeit/*

Sozialpädagogik nach Strategien und Möglichkeiten, das s. N. eines Klienten durch neue Kontakte und Personen zu erweitern und wiederherzustellen.

Nach dem mehrdimensionalen Konzept von Diewald (1991) läßt sich folgende Typologie sozialer Unterstützung für ein Ego aufstellen: personen- und güterbezogene Arbeitshilfen, Pflege am Ego, materielle Unterstützung durch Sachleistungen und Geld, Intervention für ein Ego bei anderen Personen und Institutionen, Information als praktisches Wissen, Beratung in sachlichen und persönlichen Angelegenheiten, Geselligkeit, alltägliche Interaktionen, Vermittlung von Anerkennung durch Wertschätzung und Statusvermittlung, Orientierung als Vermittlung von Verhaltensmodellen und sozialen Normen, Vermittlung als Zugehörigkeitsbewußtsein, Erwartbarkeit von Hilfe als Rückhalt, Ort für den Erwerb sozialer Kompetenzen, Vermittlung eines Geborgenheitsgefühls, Vermittlung von Liebe und Zuneigung und motivationale Unterstützung.

In der sozialen Netzwerkarbeit tritt nun die SozArb als intermediärer Netzwerker auf, um das vorhandene persönliche N. der Mutter durch zusätzliche primäre und sekundäre N. zu erweitern und miteinander zu verbinden. Im Fall der alleinerziehenden Mutter wird ihr durch den Klassenlehrer in der *Schule* geraten, wegen ihrer Erziehungsschwierigkeiten zur Familienfürsorge (*Allgemiener Sozialdienst*) zu gehen. Nach Beratung mit ihren Freundinnen geht sie dorthin. Nach der Analyse des persönlichen N. der Mutter setzt die Netzwerkarbeit durch die SozArb ein, d.h., es wird ein/e FamilienhelferIn (*Familienhilfe, sozialpädagogische*) bereitgestellt, um die Mutter bei ihrer Hausarbeit und bei den Schulaufgaben ihrer Kinder zu unterstützen. Gleichzeitig wird der gestreßten Mutter eine *Selbsthilfe*gruppe vermittelt und für diesen Abend ein Babysitter aus der Nachbarschaftshilfe organisiert. Das persönliche N. wird um unterstützungsfunktionale Personen ergänzt, um die (unvollständige) Familie (*Alleinerziehende*) zu stabilisieren. Diese lange Beschreibung eines vorhandenen und nun durch sozialarbeiterisches Handeln ergänzten N. ließe sich graphisch einfacher durch ein Schaubild an der Wand darstellen.

In der Praxis sind s. N. als Unterstützungs- und Interventionsstrategien in folgenden Bereichen eingesetzt worden: *Altenarbeit* wie ambulante Versorgung älterer Menschen, Gesundheitsbereich wie Versorgung psychisch Kranker und pflegebedürftiger Patienten, Familienarbeit, Arbeitslosenarbeit, Gesundheitsförderungsprojekte, Krankenhaussozialarbeit, netzwerkbezogene Beratungsansätze und Gemeinwesenarbeit (*Gesundheitshilfe*, *Psychiatrie*, *Krankenhauswesen*, *Arbeitslosigkeit*, *Beratung*, *Methoden der Sozialarbeit/Sozialpädagogik*).

Netzwerk- und Case-Management als Praxisstrategien: Da sich die sozialen Dienste immer weiter pluralisieren, d.h., spezialisieren und aufsplitten, gibt es die sozialpolitische Notwendigkeit, sie wiederum für den Klienten und dessen Bedürfnisse und Rechtsansprüche zu mobilisieren. Der SozArb ist als Netzwerk- oder – in Anlehnung an das amerikanische Konzept – Case-Manager tätig, der drei Funktionen in einer Rolle vereinigt: Koordinator, Advokat und Berater gleichzeitig. Die Aufgaben des Case-Managers lassen sich in 5 Schritte gliedern: (1) Prozeß der Informationssammlung über die Probleme, Interessen, Fähigkeiten, Finanzen, s. N. und Motivationen des Klienten, (2) Entwicklung eines individuellen Aufgabenplans auf der Basis der gesammelten Informationen und der verfügbaren Ressourcen, (3) Vernetzung als Koordiniation der verschiedenen sozialen Dienste im Interesse des Klienten, (4) Überwachung und Überprüfung des Fortschritts des Klienten und (5) Einsatz als Advokat für dessen Interessen. Der Case- oder Netzwerk-Manager ist der Koordinator aller einzuholenden Informationen und Promoter der sozialen Dienstleistungen, die der Klient für seine Problemlösung braucht.

Modell einer ökologischen Netzwerkförderung – Fazit und Kritik: Zusammenfassend läßt sich ein Konzept der ökologischen Netzwerkförderung formulieren (*Sozioökologie*), in dem der Mensch in seiner Lebens- und Umwelt als Ganzes eingebettet ist. Ein Netzwerkdefizit des Klienten soll durch eine Netzwerkförderung ausgeglichen werden. Der SozArb wirkt als Vermittler und Vernetzer zwischen drei Lebenswelten: 1. den sich zerfasernden N. von Familie, Verwandtschaft und Nachbarschaft, 2. den pluralisierten sekundären N. einer Vielzahl sozialer Dienste und 3. den in den letzten Jahren sich entwickelnden tertiären oder intermediären N. der vermittelnden Berufe (Anwalt, Steuerberater, Makler usw.) und der neuen sozialen Bewegungen (*Bürgerinitiativen*, *Selbsthilfe*gruppen usw.).

Kritisch lassen sich folgende Punkte anmerken: (1) Es fehlt eine kritische Debatte in der SozArb über das Verhältnis von Netzwerker und Selbsthilfe: *Selbsthilfe/Selbstorganisation* als Einsparungsstrategie, Netzwerkstrategien nur für Privilegierte, oder läßt sie sich auch für sozial Benachteiligte nutzen? (2) Bisher hat sich die theoretische Diskussion zum Netzwerkkonzept weiterentwickelt als die methodische Umsetzung in der SozArb. Hier fehlt es an Praxisprojekten und -forschung, um die Methodik auszudifferenzieren. (3) Die Ausdifferenzierung unterschiedlicher Interventionsformen in soziale Netze wie Selbsthilfeförderung, institutionelle Settings (Treffpunkte mit bestimmter, netzwerkfördernder Struktur), netzwerkorientierte Beratung, Helferkonferenz usw. muß noch weiter vorangetrieben werden, um das s. N. als Handlungskonzept der SozArb umzusetzen. *J. Nowak*

Literatur: H. Bullinger/J. Nowak: Einführung in die Soziale Netzwerkarbeit, Freiburg i. Br. 1995; B. Röhrle: Soziale Netzwerke und soziale Unterstützung, Weinheim 1994; B. Dewe/N. Wohlfahrt (Hrsg.): Netzwerkförderung und soziale Arbeit. Empirische Analyse in ausgewählten Handlungs- und Politikfeldern, Bielefeld 1991; M. Diewald: Soziale Beziehungen: Verlust oder Liberalisierung? Soziale Unterstützung in informellen Netzwerken, Berlin 1991; R.E. Pearson: Counseling and Sozial Support. Perspectives and Practice, Newburg Park/London/New Delhi 1990 (deutsche Übersetzung 1997 im Beltz Verlag); E. v. Kardoff/W. Stark/R. Rohner/P. Wiedemann (Hrsg.): Zwischen Netzwerk und Lebenswelt – Soziale Unterstützung im Wandel. Wissenschaftliche Analysen und praktische Strategien, München 1989; H. Keupp/B. Röhrle (Hrsg.): Soziale Netzwerke, Frankfurt/M./New York 1987; F. Nestmann: Die alltäglichen Helfer. Theorien sozialer Unterstützung und eine Untersuchung alltäglicher Helfer aus vier Dienstleistungsberufen, Berlin/New York 1988; W. R. Wendt (Hrsg.): Unterstützung fallweise. Case Management in der Sozialarbeit, Freiburg i. Br. 1991.

Nichteheliche Kinder (nK)

Bis zum Gesetz über die rechtliche Stellung nK (NEG), das am 1. 7. 1970 in Kraft trat, war das uneheliche Kind (so die damalige Bezeichnung) mit seinem Vater nicht verwandt (§ 1589 (2) BGB a. F.). Das bedeutete, daß keine gesetzlichen Unterhalts- und Erbansprüche bestanden. Diese Regelung entsprach der Konzeption des Familienrechts: Das *Familienrecht* ging vom Vater als Vermögensinhaber aus, der in seiner Vermögensdispositionsbefugnis uneingeschränkt zu respektieren war; die Anerkennung der Verwandtschaft zum nK hätte eine Einengung dieser Bedürfnisse bedeutet (von daher erklärt sich auch die noch rigidere Bestimmung des Art. 340 code civil: La recherche de la paternité est interdite). Dieser sozioökonomische Hintergrund wurde massiv auch durch weitere Regelungen über die unehelichen Kinder flankiert: Der Mutter stand nur die tatsächliche Personensorge zu, die Vermögenssorge und die gesetzliche Vertretung (*Elterliche Sorge*) oblag einem Vormund. Durch das NEG kam der Gesetzgeber – recht verspätet und durch das BVerfG (E 25, 167 ff.) angemahnt – dem Auftrag des Art. 6 (5) GG nach, die Gleichstellung der nK herbeizuführen. Zentrale Änderung im Verhältnis zum Vater war: Er ist nunmehr mit dem nK verwandt; hieraus werden grundsätzlich familienrechtliche Konsequenzen gezogen, was insbesondere Auswirkungen auf Unterhalt und Erbrecht hat. So gelten die allgemeinen, gegenseitigen Unterhaltsvorschriften (§§ 1615 a, 1615 ff. BGB), so daß der Unterhalt individuell ermittelt werden kann. Weit häufiger ist jedoch die Form des Regelunterhalts (§ 1615 f BGB); hier kommt es auf die allgemeinen Voraussetzungen (Bedürftigkeit, Leistungsfähigkeit) nicht an; der Regelbedarf wird durch Rechtsverordnung, differenziert nach Altersgruppen, festgelegt und der jeweiligen wirtschaftlichen Entwicklung angepaßt. Die Mutter hat gegen den Vater Anspruch auf Entbindungskosten (§ 1615 k BGB) und auf Unterhalt 6 Wochen vor und 8 Wochen nach der Geburt (§ 1615 l BGB). Im Erbrecht hat das nK neben ehelichen Kindern oder der Ehefrau des Vaters nur einen Erbersatzanspruch in Höhe des Wertes des Erbteils (§§ 1934 a ff. BGB). Die Regelung widerspricht jedoch dem verfassungsrechtlichen Gleichstellungsgebot nK. Zentral wichtig für diese Rechtsfolgen ist die Feststellung der Vaterschaft (§§ 1600 a ff. BGB – 1980: 46587, 1990: 79694 Fälle), die entweder durch freiwillige Anerkennung (§§ 1600 b ff. BGB – 1980: 74,6%, 1990: 84,5% aller Fälle) oder durch gerichtliche Feststellung (§ 1600 n BGB – erfolgreiche Klagen 1980: 12,6%, 1990: 7,9% aller Fälle; Rest: Klageabweisung oder Vater nicht feststellbar) erfolgt. Wesentliche Änderungen brachte das NEG auch bezüglich der Rechtsstellung der Mutter: Sie ist nunmehr Inhaberin der elterlichen Sorge (§ 1705 BGB). Für die Vaterschaftsfeststellung, die Geltendmachung von Unterhaltsansprüchen und die Regelung von Erbrechten erhält das nK von Gesetzes wegen einen Pfleger (§ 1706 BGB); dies ist grundsätzlich das *Jugendamt* (§ 1709 BGB; § 55 KJHG, *Amtspflegschaft*). Auf Antrag der Mutter hat das *Vormundschaftsgericht* die *Pflegschaft* aufzuheben, zu beschränken usw., wenn eine solche Entscheidung dem Wohl des Kindes entspricht (§ 1707 BGB). *Vormundschaft* besteht insbesondere nur noch bei minderjährigen Müttern (§ 1709 BGB, § 55 KJHG; § 1673 Abs. 2 BGB). Vormund ist ebenfalls das JA (*Amtsvormundschaft*). Aufgrund der Urkundsbefugnis des JA im Rahmen der Amtspflegschaft/Amtsvormundschaft (§§ 59 f. KJHG) wird eine Vielzahl der Vaterschaftsanerkennungen und Unterhaltsansprüchen der nK durch das JA geregelt.

Diese Regelungen über die elterliche Sorge gelten im Territorium des Beitrittsgebietes (frühere DDR) nicht. In der DDR hatte die Mutter die unbeschränkte elterliche Sorge. Gemäß Art. 230 Abs. 1 des *Einigungsvertrages* wurden die §§ 1706–1710 BGB nicht auf das Gebiet der ehemaligen DDR übergeleitet. Dies gilt auch für die Kinder, die erst nach dem Tag des Wirksamwerdens des Beitritts (3. 10. 1990) geboren sind. Maßgeblich ist die Tatsache, ob sich die Mutter des nK auf dem Territorum des Beitrittsgebietes oder der alten BRD befindet: Wechselt eine Mutter aus der BRD in das Beitrittsgebiet, so entfällt die Amtspflegschaft. Und umgekehrt: Wechselt eine Mutter aus dem Beitrittsgebiet in das Gebiet der alten BRD, so entsteht die Amtspflegschaft. Schon diese Tatsache der unterschiedlichen und in ihrer Unterschiedlichkeit überhaupt nicht legitimierbaren rechtlichen Regelungen verdeutlicht den Reformbedarf des Nichtehelichenrechts (dies war auch der Grund, warum die Bestimmungen nicht übergeleitet wurden). Der Reformbedarf ergibt sich in erster Linie daraus, daß den bisherigen gesetzlichen Regelungen ein fürsorglich-autoritatives Bild zugrunde liegt von der »hilflosen, unterstützungsbedürftigen« Mutter, der in zentralen Angelegenheiten im Regelfall automatisch unabhängig von ihrem Willen zu helfen ist, und dem Vater als »interessenlosen Erzeuger«, der an seinem Kind kein Interesse hat und sich – belastet mit finanziellen Unterhaltszahlungen – aus der Verantwortung ziehen will. Dieses Bild des Gesetzgebers stimmt mit den geänderten Lebensverhältnissen – gerade angesichts der Entwicklung von *nichtehelichen Lebensgemeinschaften* – nicht mehr überein. Dabei kann es der Gesetzgeber nicht bei der Reform einzelner kleinerer Bestimmungen belassen (etwa des Umgangsrechts des Vaters – § 1711 BGB – oder des Erbrechts), sondern notwendig ist eine grundlegende Reform. Dazu ist der Gesetzgeber auch aufgefordert durch die Entscheidungen des BVerfG zum Erbrecht (s. o.) und die Feststellung der Verfassungswidrigkeit des gegenwärtigen gesetzlichen Ausschlusses einer gemeinsamen elterlichen Sorge für ein Kind einer nichtehelichen Lebensgemeinschaft (BVerfG FamRZ 1992, 913ff.). Kernstück einer solchen Reform muß die Aufgabe der gesetzlich eintretenden Amtspflegschaft und die Ersetzung durch eine freiwillige Beistandschaft sein. *J. Münder*

Literatur: G. Beitzke u.a.: Vaterschaftsgutachten für die gerichtliche Praxis, Göttingen [3]1978; M. Grasnick: Das neue Nichtehelichenrecht, Baden-Baden 1971; J. Münder: Vom vorgegebenen gesetzlichen Leitbild zur autonomen Gestaltung bei nichtehelicher Kindschaft, in: FuR 1992, 191ff.; H. Oberloskamp: Zum Stand der Diskussion um die gesetzliche Amtspflegschaft, in: ZfJ 1991, 586ff.; F. Odersky: Nichtehelichengesetz, Bielefeld 1978; G. Winter: Sozialer Wandel durch Rechtsnormen, erörtert an der sozialen Stellung der unehelichen Kinder, Berlin 1969; H. Zeller: Das Recht des nichtehelichen Kindes, Stuttgart 1976; außerdem Literatur: *Familienrecht.*

Nichteheliche Lebensgemeinschaften (NeL)

Über die NeL bestehen bisher nur sehr grobe Erkenntnisse. Aus der bisher einzigen empirisch angelegten Studie (BMJFFG 1985) ergibt sich, daß es zwischen 1 und 2,5 Mio. (wahrscheinlich ca. 1,9 Mio.) NeL gibt, was bedeutet, daß ihr Anteil ca. 7,5% aller Haushalte beträgt. Die Zahl der NeL hat zwischen 1972 und 1982 um 277% zugenommen; bezogen auf die Gruppe der unter 24jährigen hat sich ihr Anteil in dieser Zeit verzehntfacht. Zwar sind NeL vornehmlich in Großstädten (z.B. in Städten mit über 200000 Einwohnern zu 10,8%) und in höheren Bildungsschichten anzutreffen, sind aber inzwischen ein Erscheinungsbild des alltäglichen sozialen Lebens. Die NeL sind durch z.T. erhebliche Unterschiedlichkeiten geprägt. Bezüglich ihrer Einstellung zur Ehe läßt sich z.B. sagen, daß die Anteile mit festen Heiratsabsichten (33%), mit unklaren Heiratsabsichten (38%) und ohne Heiratsabsichten (28%) in etwa gleich große Bedeutung haben; die Ablehnung der Ehe als Lebensform spielt nur bei einer Minderheit (9%) eine Rolle. In der BRD findet sich keine umfassende gesetzliche Regelung der NeL. Erwähnung findet sie seit langem in § 122 BSHG und seit dem 1.1.1986 in § 137 Abs. 2a AFG – jeweils mit der Intention, im Bereich der *Sozialhilfe* und der Arbeitslosenhilfe (*Arbeitsförderungsgesetz*) die NeL der Ehe gleichzustellen. Dort wird der Begriff der eheähnlichen Gemeinschaft verwendet. Im Zusammenhang mit der verfassungsrechtlichen Überprüfung des § 137 Abs. 2a AFG hat das BVerfG die eheähnliche Lebensgemeinschaft/NeL definiert: »Lebensgemeinschaft zwischen einem Mann und einer Frau, die auf Dauer angelegt ist, daneben keine weitere Lebensgemeinschaft gleicher Art zuläßt und sich durch innere Bindungen auszeichnet, die ein gegenseitiges Einstehen der Partner für einander begründen, also über die Beziehungen in einer reinen Haushalts- und Wirtschaftsgemeinschaft hinausgehen« (BVerfGE 87, 234ff.). Die rechtliche Befassung mit der NeL ist bisher weitgehend Angelegenheit der Rechtsprechung. Seit Mitte/Ende der 70er Jahre hat es hier eine deutliche Zunahme von Entscheidungen gegeben. Inzwischen lassen sich rechtliche Grundpositionen darstellen: Die NeL ist rechtlich akzeptiert, eine »moralische Bestrafung« der NeL ist rechtlich unzulässig. Es erfolgt keine Gleichstellung mit der Ehe, das bedeutet, daß alle Rechtsregelungen (z.B. im Erbrecht, Sozialrecht, Steuerrecht, Prozeßrecht), die direkt und ausschließlich an den Sachverhalt der Ehe anknüpfen, für die NeL nicht gelten (z.B. kein gesetzliches Erbrecht, kein Splittingtarif, keine Aussageverweigerungsrechte). Auch die Anwendung anderer Rechtsinstitute für die NeL als Ganzes kommt grundsätzlich nicht in Frage, so finden etwa die Bestimmungen des Verlöbnisrechts ebensowenig Anwendung, wie das BGB-Gesellschaftsrecht auf die NeL als Ganzes nicht angewendet werden kann (was nicht ausschließt, daß für einzelne Aspekte Gesellschaftsrecht von Bedeutung sein kann). Entscheidend kommt es bei der NeL in rechtlicher Hinsicht auf die konkreten Vereinbarungen der Partner, auf ihren Konsens an. Dieser ist sorgfältig und konkret zu ermitteln. Wegen der Schwierigkeit der Beweislage haben Vorschläge, Fragen der NeL vertraglich zu regeln, einen gewissen Sinn, wenn dies auch nicht selten der Intention der Partner widerspricht. Bei der Ermittlung der konkreten Vereinbarung ist auf die jeweilige Situation des Einzelfalls abzustellen. Häufig liegen keine ausdrücklichen Erklärungen vor, vielmehr gibt es einen hohen Anteil stillschweigender, konkludenter Erklärungen, die sich aus den sozialen Gegebenheiten ergeben. Wegen der Bezugnahme auf die sozialen Gegebenheiten ist ein detailliertes Eingehen auf die konkrete Interessenlage der Beteiligten nötig, da es *die* NeL nicht gibt. Auf diese Weise kann auch bei der NeL der Schutz des sozial Schwächeren (auch hier nicht selten: die Frau) gesichert werden, denn so verschiedene Typen der NeL, wie etwa: beiderseits berufstätige Partner, sog. Onkelehe, Hausfrau-/Hausmannehe führen aufgrund der unterschiedlichen sozialen Gegebenheiten und der sich daraus begründenden unterschiedlichen Interessenlagen durchaus möglicherweise zu unterschiedlichen Ergebnissen.

Relevant werden Rechtsfragen der NeL regelmäßig (wie bei Ehen) mit bzw. nach Beendigung der NeL. Hier ist besonders rechtlich zu klären, was mit den z.T. nicht unerheblichen Vermögenszuwächsen geschieht und inwiefern Vereinbarungen über das Ende der NeL hinaus gelten. Bei Beendigung der NeL vorhandene Vermögenszuwächse werden von der Rechtsprechung grundsätzlich ausgeglichen, wobei rechtsdogmatisch noch nicht endgültig geklärt ist, welcher Weg dazu eingeschlagen wird. Vereinbarungen über das Ende der NeL hinaus – relevant sind hier insbesondere unterhaltsrechtliche Vereinbarungen – werden rechtlich akzeptiert, wenn es solche Vereinbarungen gab. Hier ist (s.o.) mittels Auslegung und unter Berücksichtigung der unterschiedlichen Interessenslagen der Partner ei-

ner NeL zu ermitteln, ob es solche Vereinbarungen gab.
Zugenommen haben in letzter Zeit die NeL mit gemeinsamen Kindern. Rechtlich handelt es sich dabei um *nichteheliche Kinder* der Mutter. Die Väter sind rechtlich entsprechend dem Status eines Vaters eines nichtehelichen Kindes von der Beteiligung an der Erziehung weitgehend ausgeschlossen. Rechtliche Wege, dies entsprechend den Lebensverhältnissen einer NeL zu regeln, sind gegenwärtig gesetzlich nicht gegeben. Hier ist allerdings der Gesetzgeber zum Handeln aufgefordert: Der Ausschluß der gemeinsamen elterlichen Sorge durch den Vater und die Mutter eines nichtehelichen Kindes, wenn diese mit dem Kind zusammenleben und bereit und in der Lage sind, die elterliche Verantwortung gemeinsam zu übernehmen, und dies dem Kindeswohl entspricht, verstößt gegen Art. 6 Abs. 2 GG (BVerfG FamRZ 1991, 913ff.). Das bedeutet, daß bei einer NeL die Teilhabe beider Eltern an der elterlichen Sorge zu schaffen ist. Auch dies ein Grund für die umfassende Reform des gesamten Kindschaftsrechts (*elterliche Sorge*).
Aufgrund der zunehmenden Bedeutung wird diskutiert, ob es sinnvoll ist, detaillierte rechtliche Regelungen für die NeL zu schaffen (Stichwort: Verrechtlichung der NeL). Dies ist nicht unproblematisch. Die NeL stellt für eine Anzahl von Personen die von ihnen gewählte Lebensform dar; unter Verzicht auf das ja auch »stützende Gerippe« eherechtlicher Bestimmungen entwickeln sich hier Kommunikation, Zusammenleben, *Solidarität*. Insofern liegen in der NeL auch Perspektiven für die Entwicklung der Möglichkeiten zwischenmenschlicher Beziehungen. Diese Möglichkeiten sollen nicht durch juristische Regelungen beschränkt werden, vielmehr gilt es, die Weigerung von Personen, ihre Beziehung in Form der Ehe verwirklichen zu wollen, zu akzeptieren. *J. Münder*

Literatur: R. Battes: Nichteheliches Zusammenleben im Zivilrecht, Köln 1983; BMJFG (Hrsg.): Nichteheliche Lebensgemeinschaft in der Bundesrepublik Deutschland, Stuttgart u.a.O. 1985; J. Limbach/J. Schwenzer (Hrsg.): Familien ohne Ehe, Frankfurt/M./München 1988; S. Meyer/E. Schulz: Nichteheliche Lebensgemeinschaften – Alternativen zur Ehe?, in: KZfSS 1983, 735ff.; Verhandlungen des Deutschen Juristentages, 57. (Hrsg.): Bd. I, Gutachten, Bd. II, Sitzungsberichte, München 1988; M. Wingen: Nichteheliche Lebensgemeinschaften, Zürich 1984; S. de Witt/J. Huffmann: Nichteheliche Lebensgemeinschaften, München [2]1986.

Normalität

Die Funktionen und Leistungen der SozArb/SozPäd wurden und werden immer wieder entlang einem durchschnittlichen und durchgesetzten gesellschaftlichen Verständnis von N. gemessen: SozArb hatte es in der *Geschichte* i.d.R. mit einer Klientel zu tun, deren Verhalten zu dem gesellschaftlichen »Normalverhalten« als abweichend galt, und ihre Leistungen werden ebenfalls wieder danach beurteilt, ob es ihr gelingt, ihre Klienten in eine einigermaßen »normale« Lebensführung zurückzubringen. War die SozArb in ihrer Geschichte den herrschenden gesellschaftlichen Normalitätsdefinitionen i.d.R. instrumentell »ausgesetzt«, so schien sich mit der sozialstaatlichen und v.a. der wohlfahrtlichen Perspektive der »Sozialintegration« ein gesellschaftliches Normalitätsmaß gefunden zu haben, in dem sie positiv aufgehen und ihre gesellschaftliche Emanzipation betreiben konnte. Sozialintegration und N. sind also in ihrer gesellschaftlichen und disziplinären Bedeutung für die SozArb/SozPäd eng miteinander verknüpft (*Abweichendes Verhalten*).
Den ersten Bezugspunkt zur Bestimmung dessen, was »N.« umfaßt, finden wir in der phänomenologischen Soziologie, der Wissenssoziologie. Berger/Luckmann (1976) haben hier mit dem Begriff der »Grundwelt« die Richtung gewiesen: N. wird verstanden als eine »Grundwelt«, die das sozial Selbstverständliche in der *Gesellschaft* darstellt – das Selbstverständliche, das nicht mehr thematisiert werden muß. Die Gesellschaft funktioniert, weil sie eben einen nicht hinterfragten Grundbestand an normativen Orientierungen hat. »Grundwelt« beinhaltet ja, daß etwas Konsens ist, daß es nicht immer wieder durch Verfahren oder Argumentationen neu hergestellt werden muß.
Diese Dimension der Grundwelt ist in den Sozialwissenschaften von den Ethnomethodologen als Grundwelt der interpersonalen Kommunikation und ihrer Selbstverständlichkeiten über das Aufzeigen von »Basisregeln« aufgeschlüsselt worden. Solche Basisregeln – du bist so wie ich, ich bin auch morgen so, wie ich heute bin – legen dar, daß sich die Leute nicht in den alltäglichen Situationen immer neu verständigen müssen, sondern so etwas wie einen gemeinsamen und geteilten Wissens- und Anschauungsvorrat mitbringen. Neben dieser kognitiven Dimension verweist der Begriff der »Vertrautheit«, der N. als konstitutiv zugeschrieben wird (vgl. Grathoff 1991), darauf, daß es sich hier genauso um eine emotionale Kategorie handelt. Deshalb kann der Normalitätsbegriff auch zu dem für die SozArb/SozPäd zentralen psychosozialen Konstrukt der »Handlungsfähigkeit« in bezug gesetzt werden.
In der kritischen ethnomethodologischen Diskussion ist allerdings auch deutlich geworden, daß die Selbstverständlichkeiten der Grundwelt eben nicht so selbstverständlich sind. So hat Garfinkel (1967) die sozialen Umstände und Konstellationen in den Vordergrund gerückt, in dem sich Leute interpersonal völlig erwartungswidrig verhalten; Situationen, in denen dem anderen signalisiert wird, daß es dieses gemeinsame Wissen so selbstverständlich gar nicht gibt, sondern daß man sich darüber immer neu und konfliktreich verständigen muß. Wenn wir an die alltägliche Gewalttätigkeit der 90er Jahre denken, so wird uns dieser Zusammenhang – das Selbstverständliche der Ächtung von Gewalt und die zunehmende Selbstverständlichkeit von Gewalt bestehen nebeneinander – besonders spektakulär gegenwärtig. Die historische Kritik der

phänomenologischen Grundwelthypothese wurde in der Kritik des Alltagslebens, wie sie in Anknüpfung an H. Lefèbvre (1977) in den bundesrepublikanischen Sozialwissenschaften in den 70er Jahre betrieben wurde, weiter verdichtet und differenziert. Alltagstheoretiker wie Leithäuser (1976) nehmen explizit Bezug auf diese Grundweltkonzeption. Grundwelt und Alltag haben v.a. eine soziale Integrationsfunktion, sind so etwas wie der »soziale Kitt« (Leithäuser) der Gesellschaft. Dieser Alltag – so lautet dann allerdings die historische Kritik des Alltagslebens – verarmt, indem er zunehmend in den Verwertungszusammenhang und Verwertungszwang des Kapitals gerät. Soziale Integrationsfunktionen der Grundwelt Alltag werden dadurch entleert, verkommen zu Ritualen und Klischees.

Vor allem zeigt uns diese Kritik, wie voll von Widersprüchlichkeiten auf der einen Seite unsere Alltagswelt ist und wie selbstverständlich es von uns erwartet wird, daß wir diese Widersprüchlichkeit personal bewältigen. Hier kommen wir an einen sozialpädagogisch entscheidenden Punkt: Die Grundwelt der Alltagsnormalität ist nicht nur sozialanthropologisch strukturiert, sie bedarf der sozialen Selbstverständlichkeit der Bewältigung und damit der sozialen Sicherheit, in der die Bewältigungsmodi aufgehoben und institutionalisiert sind, damit sie nicht täglich in Frage gestellt und erneuert werden müssen. Alltagsnormalität und soziale Sicherheit stehen also in einem »sozialintegrativen« Zusammenhang.

N. in den lebensweltlichen Milieus, aber auch in der gesellschaftlichen Szenerie sozialer Sicherheit lebt aber nicht nur von der »Vertrautheit« des Selbstverständlichen, Geteilten und Wiederkehrenden, sondern auch von der »konstitutive(n) Fähigkeit zur Typisierung« (Grathoff 1991, 346). Typisierung bedeutet, daß die Menschen dazu tendieren, um der Selbstverständlichkeit und Vertrautheit willen dingliche und soziale Phänomene weniger nach ihrer inneren Struktur und Logik (wie bei der wissenschaftlichen Typisierung), sondern gemäß den Bedingungen der Aufrechterhaltung von N. zu typisieren. Dieses Zusammenspiel von Typik und Vertrautheit konstituiert auch die sozialpädagogisch relevante Dimension der »Handlungsfähigkeit«: Gestörte Handlungsfähigkeit wird wiederhergestellt, indem Typik über Vertrautheit oder Vertrautheit über Typik gesucht wird. Dieser Mechanismus bedarf prinzipiell einer sozialintegrativen Stützung, wenn individuelle Handlungsfähigkeit (als subjektive N.) und gesellschaftliche Ordnung (als herrschende gesellschaftliche N.) miteinander in Einklang gebracht werden sollen.

Typik und Typisierung sind somit Strukturmerkmale sowohl der alltäglichen, »lebensweltlichen« als auch der gesellschaftlichen, »systemischen« N. Auch der Sozialstaat nimmt kulturelle Typisierungen (Menschenbilder, soziale Zumutbarkeiten) vor, die immer auch in einem Bezug zu Alltagstypisierungen stehen.

Indem sich N. nicht nur auf der lebensweltlichen, sondern korrespondierend damit auch auf der gesellschaftlichen Ebene entwickelt, bildet sie auch einen eigenen gesellschaftlichen Charakter aus. So können wir auch von einer besonderen »sozialstaatlichen N.«, einer spezifischen Selbstverständlichkeit und Vertrautheit, die wir mit den Kontexten, aber auch kulturellen Mustern des *Sozialstaates* verbinden, sprechen. Diese sozialstaatliche N. läßt soziale Probleme bewältigbar und in dieser Bewältigung selbstverständlich werden, die uns von den historisch gewachsenen, konventionellen Selbstverständlichkeiten her noch als »anormal« erschienen, wie z.B. die Arbeitslosigkeit, aber auch die komplexen interkulturellen Herausforderungen. Nicht umsonst scheint die Zunahme von Ausländerhaß mit der Abnahme der sozialstaatlichen Integrationsfähigkeit zu korrespondieren.

Dieses verallgemeinerte Integrations- und Normalitätsinteresse bezieht der Sozialstaat aus dem Gebot der sozialen Modernisierung. Soziale Modernisierung bedeutet Angleichung der Lebenswelten an die fortschreitende technische und ökonomische Entwicklung. Es handelt sich hier um eine gesellschaftlich allgemeine Integrationsperspektive, in der alle vom Ausgrenzungsdruck der Arbeitsgesellschaft entlastet sein sollen. Nur so kann sich das für das Gelingen des sozialen Modernisierungsprozesses notwendige Klima der sozialen Befriedung entwickeln Die Teilhabe an diesem Modell verlangt aber von den Individuen, daß sie aus ihrer Privatheit heraustreten und die sozialstaatlichen Angebote der Bildung und Weiterbildung, der Partizipation und sozialen Versorgung »annehmen«. Diese »sozialstaatliche Mobilisierung« setzt bei dem einzelnen Bürger die (sozialintegrative) Bereitschaft voraus, die subjektiven Lebensentwürfe mit der wohlfahrtsstaatlichen Modernisierungs- und Fortschrittsperspektive in Einklang bringen zu wollen. Das wohlfahrtspolitisch Selbstverständliche soll sein, daß jeder Bürger eine offene Zukunft vor sich sieht, daß er in ihr an seine sozialen Chancen glauben und sie wahrnehmen kann, daß ihm das in den Alltag eingeht und daß er sich auch danach verhalten kann. Die Bürger müssen also so etwas wie ein »wohlfahrtsstaatliches Lebensgefühl« entwickeln, ihnen muß das, was der Wohlfahrtsstaat anbietet und verheißt, selbstverständlich werden. Diese wohlfahrtsstaatliche vermittelte »Grundwelt« – hier können wir mit Recht begrifflich an die lebensweltliche Normalitätsdefinition anschließen – funktioniert eben deshalb, weil sie schon über die sozialstaatliche Vergesellschaftung der sozialen Sicherheit einen nicht hinterfragten Grundbestand an sozialen Orientierungen und Vergewisserungen hat. Diese werden nun durch eine wohlfahrtsgesellschaftliche Definition erweitert und überformt: Zu der sozialstaatlichen Grundwelt gehört die soziale Selbstverständlichkeit von Bildungsanstrengungen und das Vertrauen auf Bildungsverheißungen. Der Sozialstaat versucht so, die Selbstverständlichkeit der Alltagswelt – daß es immer so weitergeht und weitergehen muß – in eine wohlfahrtspolitische Dimension zu bringen. Individuelle Ansprüche und Antriebe sollen in der offenen Zukunft, individuelles Sicherheitsstreben in der sozialstaatlich garantierten sozialen Sicherheit der Wohlfahrtsgesellschaft aufgehen.

Dem entspricht auf der subjektiven (Handlungs-)Ebene das Streben der Subjekte nach N., d.h. nach Verläßlichkeit und Handlungssicherheit, das v.a. bei Lebensschwierigkeiten und konflikthaften Sozialsituationen als Bewältigungs- und »Normalisierungshandeln« hervortritt. Die neuere entwicklungspsychologische Jugendforschung (vgl. Olbrich/Todt 1984) hat darüber hinaus in der Adaption der »Coping-Theory« diese Normalisierungsperspektive für die biographische Entwicklungsarbeit insgesamt betont.

»Lebensbewältigung« und »Normalisierungshandeln« erscheinen so als Management der Übergänge und Brüche im lebensaltertypischen Sozialisationsprozeß, bei dem die Subjektleistung im Vordergrund steht. In der SozArb/SozPäd hat die Übernahme dieser Sichtweise einen Perspektivwechsel von der »problematisierenden« hin zur »verstehenden« Sicht abweichenden Verhaltens gebracht. Die primär gestaltete Frage nach der Subjektleistung auch in psychosozial erodierten Konstellationen (und nicht nach dem Scheitern) steht somit im Mittelpunkt einer integrationsorientierten sozialarbeiterischen Praxis, welche das subjektive Streben nach Normalisierung und die gesellschaftliche Perspektive sozialer Integration zueinander in Beziehung setzen kann. Diesem interventionsleitenden Prinzip der Normalisierung sind v.a. netzwerkbildende und soziale Unterstützung organisierende Arbeitsformen (vgl. Keupp 1985) angemessen. *L. Böhnisch*

Literatur: P. Berger/Th. Luckmann: Die gesellschaftliche Konstruktion der Wirklichkeit, Frankfurt/M. 1972; L. Böhnisch: Gespaltene Normalität, Weinheim/München 1994; H. Garfinkel: Studies in ethnomethodology, Englewood Cliffs 1967; R. Grathoff: Milieu und Lebenswelt, Frankfurt/M. 1989; H. Keupp: Psychisches Leiden und alltäglicher Lebenszusammenhang aus der Sicht sozialer Netzwerke, in: B. Röhle/ W. Starck (Hrsg.): Soziale Netzwerke und Stützsysteme, Tübingen 1985, 18–28; H. Lefèbvre: Kritik des Alltagslebens, München 1977; Th. Leithäuser: Formen des Alltagsbewußtseins, Frankfurt/M. 1979; E. Olbrich/E. Todt (Hrsg.): Probleme des Jugendalters, Berlin/Heidelberg 1984.

Obdachlosenhilfe (OH.)

OH. bezeichnet die Gesamtheit aller Maßnahmen kommunaler und freier Träger Sozialer Arbeit, die darauf gerichtet sind,

- Obdachlosigkeit zu vermeiden (präventive OH.),
- Obdachlose unterzubringen (»Verwaltung« der Obdachlosigkeit) und
- deren Obdachlosigkeit zu beenden.

Als obdachlos und damit als Zielgruppe der OH. gelten alle jene *Familien* und Einzelpersonen, die tatsächlich ohne Unterkunft sind (*Wohnungslosenhilfe*), und jene, die in Obdachlosenunterkünften untergebracht sind (der weitaus größere Anteil); weiterhin müssen jene hinzugerechnet werden, denen der Verlust der Unterkunft droht oder unmittelbar bevorsteht, und jene, die in absolut unzureichenden, nicht für ein menschenwürdiges Wohnen geeigneten Wohnungen leben.

Erstaunlicherweise gibt es keine bundesweit einheitliche, z.B. aus einer Gesetzesnorm ableitbare Definition von Obdachlosigkeit und von OH. Die Definition ergibt sich weitestgehend aus der entwickelten und sich entwickelnden Praxis der SozArb, die dann wieder in Erlässe, Verordnungen und Satzungen auf Landes- und kommunaler Ebene einfließt.

Für die Entwicklung von Ansätzen der OH. ist es unabdingbar, sich mit den Entstehungsmechanismen von Obdachlosigkeit auseinanderzusetzen. Bis vor wenigen Jahren noch herrschte das Bild eines komplexen individuellen Prozesses von sozialer Abwärtsmobilität als Hauptursache vor, eng verbunden mit Vorstellungen eines schuldhaften Verhaltens der Betroffenen selbst; die noch verwendeten Begriffe »unwirtschaftliches« oder »mietwidriges« Verhalten deuten auf diesen Sachverhalt hin. Erst in jüngster Zeit zeichnet sich hier ein Perspektivenwandel ab: Obdachlosigkeit wird nicht mehr vordergründig als »schlimmes Schicksal« oder »eigene Schuld« betrachtet; die Sichtweise der Obdachlosigkeit als Funktion des Marktes, als Endprodukt einer Ausgrenzung auf dem Wohnungsmarkt (*Wohnen*) stellt sich mehr und mehr als der bessere Weg dar, Obdachlosigkeit zu erklären und OH. weiterzuentwickeln.

Entscheidende Voraussetzung für das Entstehen von Obdachlosigkeit ist die Tatsache, daß das (lebenswichtige) Gut Wohnung in der BRD auf einem Markt angeboten und nachgefragt wird und damit den Marktmechanismen unterliegt. Die langjährige Betrachtung zeigt, daß auf dem Wohnungsmarkt fast ausnahmslos ein großer Nachfragedruck besteht – Phasen des Überangebots sind äußerst selten und meist auf bestimmte Marktsegmente (teuere Miet- und Eigentumswohnungen) beschränkt. Seit Beginn der 90er Jahre hat sich die Wohnungsknappheit und damit der Nachfragedruck (v.a. in den Balltungsgebieten) noch einmal drastisch verschärft, eine Entlastung ist in den nächsten Jahren nicht zu erwarten.

Die Ursachen für diese Entwicklung sind auf der Angebots- und auf der Nachfrageseite des Marktes zu finden, und sie betreffen v.a. das Marktsegment der preiswerten Mietwohnungen: Das Angebot konnte seit Jahren kaum ausgeweitet werden, bei den Sozialwohnungen geht der Bestand sogar zurück. Zugleich steigt die Nachfrage durch den anhaltenden Trend zu Einpersonenhaushalten und durch die verstärkte Zuwanderung v.a. in die Ballungsgebiete der alten Bundesländer (Umsiedler aus den neuen Bundesländern, *Aussiedler*, neue Arbeitsmigration aus den osteuropäischen Ländern; diese Personengruppen haben in den Warteschlangen der Wohnungsämter und unter den *Klienten* der OH. die größten Zuwachsraten). Die Schätzungen des derzeitigen Fehlbestands variieren je nach Interessenlage sehr stark: Die BReg geht von 800000 fehlenden Wohnungen aus, das Ifo-Institut von 1,7 Mio., der Deutsche Mieterbund von 2,5 Mio. (Mündemann 1992).

Der Markt reagiert in dieser Situation »nach Lehrbuch«, nämlich mit ständig steigenden Mietpreisen; die Mietbelastung bei kleinen und mittleren Einkommen tendiert in den Städten bereits gegen 50%.
In einer solchen Situation wird Obdachlosigkeit zu einem Phänomen, das nicht mehr nur eine verschwindende Minderheit betrifft, und die Schwelle zur Obdachlosigkeit ist für breite Schichten mit kleinem bis mittlerem Einkommen sehr niedrig geworden. Die Obdachlosenzahlen belegen den Zusammenhang mit dem Marktgeschehen eindeutig: Seit Beginn der 90er Jahre sind sie in allen Kommunen parallel zur Wohnungsverknappung dramatisch angestiegen. Heute kann man von mehr als 1 Mio. Betroffenen im Bundesgebiet ausgehen (BM Bau 1993, 2).
Die beste OH. wäre also – verkürzt ausgedrückt – eine erfolgreiche Wohnungspolitik. Gerade in diesem Politikbereich sind aber seit einigen Jahren eher kontraproduktive Handlungsstrategien zu beobachten: Bei den Fachleuten (auch in der Wohnungswirtschaft) ist mittlerweile die Überzeugung verbreitet, daß eine bedarfsgerechte Versorgung mit dem Gut Wohnung durch einen freien Markt nicht erreicht werden kann. Tatsächlich war Wohnungspolitik auch traditionell staatliche Eingriffspolitik in den Markt, am deutlichsten beim sozialen Wohnungsbau, der die Preise (Mieten) durch direkte staatliche Zahlungen heruntersubventioniert und die Verteilung des Gutes Wohnung den Kommunen überläßt. Von dieser Tradition hat sich die Wohnungspolitik der BReg aber deutlich entfernt – die Fördermittel werden zunehmend umverteilt von der direkten Objektförderung (sozialer Wohnungsbau) hin zur direkten Subjektförderung (*Wohngeld*, das allerdings unzureichend ausgestaltet ist und keinen Effekt der Angebotsausweitung hat) und zur indirekten Förderung von freifinanziertem Wohnungsbau über steuerliche Abzugs- und Abschreibungsmöglichkeiten. So entsteht per Saldo weniger Wohnraum als durch eine direkte Objektförderung, und der wenige Wohnraum ist auch noch sehr teuer zu bezahlen (Mündemann 1992, 152ff.).
Die OH. steht also vor einem großen und noch wachsenden Obdachlosenproblem, und sie hat, durch Unterlassungen und Fehlentwicklungen der Wohnungspolitik noch verschärft, kaum die geeigneten Mittel (sprich: Verfügungsrechte über Wohnungen), das Problem zu bewältigen.
Gesetzliche Grundlagen für das Handeln der OH. finden sich nur für den Kernbereich des Tätigkeitsspektrums, d.h. für die vorbeugende OH. i.e.S. (Übernahme von Mietrückständen durch das *Sozialamt* bei Vorliegen einer Kündigung bzw. einer Räumungsklage nach § 15a oder besser, weil als Pflichtleistung ohne Nachrangigkeit formuliert, nach § 72 Abs. 2 BSHG) und für die Unterbringung von Obdachlosen in den verschiedenen Arten von Obdachlosenunterkünften. Bei der Unterbringung kann das Handeln der OH. ebenfalls aus § 72 Abs. 2 bzw. aus § 12 Abs. 1 BSHG abgeleitet werden, oft verbunden mit ordnungs- oder polizeirechtlichen Regelungen auf Länderebene, die Obdachlosigkeit (in dem Fall: akute Wohnungslosigkeit) als Notstand oder Gefährdung der öffentlichen Sicherheit und Ordnung qualifizieren, die die Behörde zur Abwendung dieses Zustands verpflichtet.
Die Unterbringung von Obdachlosen in Obdachlosenwohnanlagen, Heimen, Einzelwohnungen und – wegen der laufend steigenden Fallzahlen – zunehmend in Billigpensionen und -hotels ist der für die Fachöffentlichkeit und die Öffentlichkeit am deutlichsten wahrnehmbare Teil der OH. Wohnanlagen und Heime schaffen *soziale Brennpunkte*, und dementsprechend sieht sich dieses Handlungsfeld auch der Kritik von verschiedenen Seiten ausgesetzt: Die Unterbringung ist sehr teuer, die Unterkünfte sind oft nicht in einem menschenwürdigen Zustand, die Betroffenen werden noch weiter ausgegrenzt und stigmatisiert, die Obdachlosigkeit wird tendenziell nur verwaltet und verstetigt – diese und andere Kritikpunkte sind weitgehend berechtigt, dennoch ist ein Gegensteuern – bei wachsendem Problemdruck – oft sehr schwierig (zur Geschichte und Gegenwart der kommunalen Obdachlosenpolitik i.e. Preusser 1993).
Vorbeugende OH. und Unterbringung als Kernaufgaben der OH. sind in allen Kommunen und Landkreisen als Pflichtaufgabe der sozialen Dienste zu verstehen und dementsprechend zu erfüllen. Erstaunlicherweise gibt es aber noch viele Kommunen und Landkreise, die bei der vorbeugenden OH. noch nicht oder nur sehr zögerlich tätig werden – obwohl es sich hier um ein sehr effektives und im Vergleich zur Unterbringung höchst kostengünstiges Instrument handelt.
Das eingangs genannte Tätigkeitsfeld der OH. ist jedoch wesentlich breiter zu sehen – es umfaßt über die vorbeugende OH. und die Unterbringung nach dem BSHG hinaus weitere präventive Maßnahmen und – besonders wichtig – alle Maßnahmen, die vorhandene Obdachlosigkeit beenden, d.h., den Umzug der Betroffenen aus der Obdachlosenunterkunft in eine »Normalwohnung« ermöglichen sollen. Darunter sind zunächst alle »weichen« sozialarbeiterischen Hilfen und Angebote zu subsumieren, die zum Standardrepertoire der Mitarbeiter der OH. gehören, also z.B. Beratung in Wohnungs- und Mietrechtsfragen, über Wohngeld, Hilfe bei der Wohnungssuche (insbesondere bei Sozialwohnungsberechtigung), Beratung und Hilfe beim Übergang in besondere, zielgruppenbezogene Wohnformen (Altenwohnungen, Mutter-Kind-Heime, Formen des betreuten Wohnens). Diesem Handlungsfeld müssen auch die »begleitenden« sozialpädagogischen Angebote hinzugerechnet werden, die sich traditionell in oder neben sozialen Brennpunkten oder Obdachlosensiedlungen etablieren und konzeptionell dem Ziel der »Stabilisierung« und »Reintegration« der Bewohner verschrieben sind (Angebote der Jugend- und Gemeinwesenarbeit, Beratungsangebote etc.). Effekt und Verdienste dieser Angebote sollen nicht geschmälert werden, nur: Die Erfahrung zeigt, daß sie die Aufgabe der erfolgreichen Beendigung von Obdachlosigkeit alleine nicht bewältigen, das derzeit konstante Anwachsen der Problematik nicht verhindern können.

Die sozialen Dienste, die sich mit OH. beschäftigen, müssen sich also wie in keinem anderen Tätigkeitsfeld neue, weitergehende Instrumente und Handlungsmöglichkeiten selbst entwickeln, müssen strukturelle und politische Voraussetzungen schaffen und sich massiv in andere Zuständigkeiten einmischen, um dort vorhandene Ressourcen und Kooperationsmöglichkeiten zu nutzen, wenn sie nicht angesichts der wachsenden Problematik zunehmend handlungsunfähig werden wollen. Es gilt hier analog das Prinzip der Einmischung, das von I. Mielenz ursprünglich für die *Jugendhilfe* formuliert worden war. Einmischung bedeutet für die OH., in den Wohnungsmarkt und in die Wohnungspolitik (nicht nur auf örtlicher Ebene) einzugreifen mit dem Ziel, dort Ressourcen für die Obdachlosen und von Obdachlosigkeit Bedrohten zu erschließen.

Die Einmischung der OH. kann auf den »Ersten Wohnungsmarkt« (freifinanzierte Mietwohnungen) und auf den »Zweiten Wohnungsmarkt« (sozialer Wohnungsbau) gerichtet sein, sie kann aber auch bedeuten, einen »Dritten Wohnungsmarkt« (für besondere Problemgruppen) gemeinsam mit Bündnispartnern aus dem Wohnungsbereich zu zu eröffnen.

Im »Ersten Wohnungsmarkt« muß die OH. v.a. der kommunalen Träger offensiver werden und selbst auf dem Markt als Nachfrager auftreten; eine Mietgarantie aus Sozialhilfemitteln und eine Belegungsgarantie über 10 oder 20 Jahre durch den öffentlichen Träger sind erfahrungsgemäß für manche Investoren auf dem freien Markt interessant. Auch der Kauf von Belegungsrechten an freifinanzierten oder aus der Sozialbindung entlassenen Wohnungen durch die OH. ist ein erprobtes und dazu noch höchst effektives Instrument, auch unter Kosten-Nutzen-Gesichtspunkten.

Solche Aktivitäten können ergänzt werden durch planungsrechtliche Maßnahmen: In der Bebauungsplanung für Neubaugebiete kann festgeschrieben werden, daß ein bestimmtes Kontingent an Wohnungen für »Personengruppen mit besonderem Wohnbedarf« gemäß § 9 *Baugesetzbuch* errichtet werden muß. Freiwillig, d.h. ohne Einmischung der OH., werden das die Stadtplaner i.d.R. allerdings nicht tun.

Im »Zweiten Wohnungsmarkt« kann eine Kontingentierung der freien Sozialwohnungen für bestimmte Zielgrupen, d.h. auch für Obdachlose, erreicht werden. Dabei darf allerdings das Problem des Verdrängungswettbewerbs nicht übersehen werden – andere Bewerber aus der Warteschlange, oft auch unzureichend untergebracht, kommen dafür nicht zum Zuge.

Es ist daher vielerorts sinnvoll und notwendig, über einen »Dritten Wohnungsmarkt« den Bau neuer – speziell der OH. zur Verfügung stehender – Wohnungen anzuregen. Dabei müssen verschiedene Ressourcen phantasievoll kombiniert werden: Mittel aus dem sog. »Dritten Förderweg«, Stadterneuerungsmittel, Mittel aus dem experimentellen Wohnungs- und Städtebau und natürlich eigene Mittel der *Sozialadministration* (die u.U. unter Verweis auf spätere Einsparungen bei den teueren Pensionsunterbringungen herausverhandelt werden können) u.a.m.

Für solche von der OH. initiierten Aktivitäten eines »Dritten Wohnungsmarktes« bedarf es geeigneter, sozial orientierter Bauträger als Bündnispartner. Das können vorhandene, ehemals gemeinnützige Wohnungsbauträger sein, die der Kommune oder den Wohlfahrtsverbänden verpflichtet sind, es kann aber auch nötig werden, einen eigenen »Sozialbauträger« zu errichten. Projekte des »Dritten Wohnungsmarktes«, also der Bau von Wohnraum für Problemgruppen, können vielfältig verknüpft werden mit Selbsthilfeelementen, experimentellen Wohnungsbauansätzen, Stadterneuerungs- und Gemeinwesenarbeitsprojekten etc. Solche Verknüpfungen sind sogar die Voraussetzung dafür, eine entscheidende neue Qualität der OH. – über den bloßen Bau neuer, großer Obdachlosenunterkünfte hinaus – erreichen zu können.

Es sei noch einmal betont: Für die OH. bedeutet die Einmischung in den Wohnungsmarkt eine Herausforderung, das Verlassen des traditionellen Rahmens von Sozialamt und Sozialbetreuung und die Erweiterung der traditionellen Handlungsfelder. Hilfe von außen ist dabei nicht zu erwarten. Um das alles leisten zu können – Einarbeiten in Kostenrechnungsmodelle der Wohnungswirtschaft, Förderrichtlinien des sozialen Wohnungsbaus, Bauleitplanung und Baurecht u.v.m. – bedarf es mit Sicherheit einer geplanten und gezielten Fortbildung für die Fachkräfte und Planer der OH.

D. Maly

Literatur: BM für Raumordnung, Bauwesen und Städtebau (BM Bau): Bundesforschungsanstalt für Landeskunde und Raumordnung, EXWOST Informationen Nr. 1, Bonn/Berlin 1993; T. Mündemann: Kein Dach über dem Kopf – keinen Boden unter den Füßen, Hamburg 1992; P. Nossek-Bock: Konzeption, Erstellung und Analyse eines journalistischen Produktes zum Thema Obdachlosenzeitungen – eine neue Form lokaler Kommunikation? Abschlußarbeit im FB Kommunikationswissenschaften der FU Berlin, Berlin 1995; N. Preusser: ObDach, Weinheim 1993. Weitere Literatur bei *Wohnungslosenhilfe*.

Öffentlichkeitsarbeit

SozArb ist ohne Kommunikation nicht möglich. Das betrifft die Verständigung zwischen *Klient*, Sozialarbeiter, *Träger* und Öffentlichkeit gleichermaßen. Die kommunikativen Prozesse zwischen diesen Ebenen in Gang zu setzen und zu halten verlangt einen offensiven Austausch, Reflexion und Präsentation der eigenen Tätigkeit. Die Organisation dieser Prozesse erfordert Kommunikationsmanagement, nämlich eine umfassende, langfristig angelegte und systematisch geplante Ö., die Inhalte, Absichten und Ziele der SozArb darstellt und darüber mit der Öffentlichkeit in einen Dialog eintritt. Ö. hat die Aufgabe, interne Verständigung, fachliche Vernetzung und öffentliche Aufmerksamkeit herzustellen. Um das zu erreichen, informiert sie über soziale und sozialpolitische Zusammenhänge, *Prävention* oder Abhilfe von Notlagen, versucht ein Verständ-

nis für soziale Belange zu vermitteln und wirbt um Vertrauen in sozialarbeiterische Maßnahmen.
Generell ist Ö. Kommunikationsarbeit, die alle Formen mündlicher, schriftlicher und visueller Informationsvermittlung umfaßt. Ö. in der SozArb unternimmt (nach C.W. Müller) den selbstinitiierten Versuch, der eigenen Tätigkeit zu öffentlicher Wirksamkeit zu verhelfen. Die SozArb hat dafür jedoch noch keine brauchbaren Konzepte entwickelt; sie übernimmt statt dessen Methoden und Instrumente aus Wirtschaft und Werbung, die nicht daraufhin untersucht sind, ob sie sich für den sozialen Bereich und seine immateriellen Werte eignen. In der Praxis wird Ö. unreflektiert und unsystematisch betrieben und beschränkt sich in aller Regel auf Pressearbeit für Einzelaktionen.
Faktisch hat Ö. im Sozialen noch keine große Rolle gespielt, obwohl sie in den politisch bewegten 70er Jahren als »Gegenöffentlichkeit« verstanden worden ist und heute als sog. vierte *Methode der Sozialarbeit* bezeichnet wird. Allerdings findet sich in der Ausbildung von SozArb/SozPäd, von eher zufälligen Ausnahmen abgesehen, kein Lehrfach Ö. Dieser Tatsache stehen interessanterweise die hohen Erwartungen vieler Einrichtungen an *social sponsoring* und andere neue Formen der Mittelbeschaffung gegenüber, die sich jedoch ohne effiziente Ö. und dementsprechend hohen Bekanntheitsgrad der Einrichtungen nicht erfüllen können.
Auch wenn SozArb sich bislang nicht in notwendigem Maß auf die Erfordernisse einer offensiven Kommunikationspolitik eingestellt hat, nimmt der Stellenwert der Ö. (Public Relations ist ein synonymer Begriff) im Prozeß der öffentlichen Meinungsbildung unaufhaltsam zu: Menschen wollen informiert sein und wichtige Entscheidungen mittragen oder zumindest nachvollziehen können; hier mag das Stichwort Informationsgesellschaft genügen. SozArb als intermediäre Instanz (zwischen Staat, Markt und *Selbstorganisation*) muß sich aus vielen Gründen zu ihren Teilöffentlichkeiten in Beziehung setzen. Das bedeutet für die SozArb als Expertin sozialer Leistungen auf der Ebene der
Adressaten:
- soziale Dienstleistungen bekanntmachen;
- über Gemeinsamkeiten und Rechte der Klientel informieren und Selbsthilfe initiieren;
- das politische Mandat von sozial Schwachen übernehmen;

Sozialarbeit:
- die Tätigkeit als legitimationspflichtigen »öffentlichen Dienst« kommunizieren;
- für Identifikation, Motivation und Personalentwicklung sorgen;

Träger:
- Erfolge wie Mißerfolge nennen;
- verdeutlichen, daß sozialer Nutzen nicht nach materiellem Ertrag zu werten ist;

Politik und Gesellschaft:
- herausstellen, inwiefern SozArb von öffentlichem Interesse ist;
- sich um öffentliche Aufmerksamkeit und gesellschaftliche Wertschätzung bemühen;
- Information über Entstehung, Abhilfe bzw. Konsequenzen sozialer Notlagen;
- am Abbau von Vorurteilen mitwirken;
- an einem gesellschaftlich günstigen Klima für sozialstaatliches Tun mitwirken.

Zusammenfassend läßt sich festhalten: Ein professionelles Verständnis von Ö. hat in der SozArb eine sozialpolitische Funktion; wird die Bedeutung von öffentlicher Kommunikation unterschätzt, bedeutet das, gerade in Phasen immer knapper werdender Ressourcen, Chancen zu verschenken.
Dieser modernen Auffassung von Kommunikationsmanagement oder Ö. stehen aber in der SozArb eine Reihe alter ideologischer Vorbehalte entgegen wie z.B.: Gute Arbeit spricht für sich, hat im verborgenen zu blühen, weil andernfalls das Vertrauensverhältnis zu den Klienten belastet wird; PR ist wie Werbung, und Werbung ist Manipulation.
Allerdings können sich die Vorbehalte auch zusätzlich daraus speisen, daß Öffentlichmachen zwangsläufig bedeutet, gesehen zu werden. Das Sich-Exponieren und das Sich-Präsentieren verursachen Ängste: denn Transparenz ermöglicht Kontrolle, Fehler werden sichtbar, Mauscheln wird schwieriger, umfassende Information der Klientel provoziert Anspruchslawinen (»die Geister, die ich rief«).
Das sind, in Kürze, einige der Gründe, warum Ö. in der SozArb noch immer reaktiv »eingesetzt« wird oder als verdeckte Werbemaßnahme für Mitglieder- und Spendenakquisition und zur Imagepflege dient; in jedem Fall wird Ö. dabei instrumentell gehandhabt. Sie wird als Methode verstanden und nicht als das, was sie ist: ein integraler Bestandteil fachlicher SozArb mit sozial(politisch)er Querschnittsfunktion. Als solche ist professionelle, effektive Ö. in sozialen Einrichtungen an bestimmte Voraussetzungen geknüpft:
- Organisationsintern: Es muß ein klares Selbstverständnis entwickelt sein, das sich inhaltlich (Corporate Identity) und optisch (Corporate Design) vermittelt; es muß darüber hinaus einen tragfähigen Konsens der Mitarbeiter über Aufgaben, Inhalt, Vorgehensweisen und Ziele ihrer Ö. geben; die Kommunikationsbemühungen dürfen sich nicht nur nach außen, sondern müssen sich auch nach innen richten (interne Kommunikation).
- Personell: Kontinuierliche Presse- und Medienarbeit wird durch einen qualifizierten Referenten für Ö. gewährleistet.
- Materiell: Ö. ist mit den notwendigen finanziellen Mitteln und Zeitressourcen ausgestattet, denn qualifizierte Ö. läßt sich nicht nebenbei erledigen.
- Strukturell: Ö. ist als Leitungssache beim Management angesiedelt.
- Inhaltlich: Die Kriterien und Instrumente der Ö. müssen bekannt sein und angewendet werden. Die Formel AIDA gibt nähere Auskunft: A=attention (Aufmerksamkeit wecken), I=interest (Interesse herstellen), D=desire (Wünsche ansprechen) und A=action (Handlungen anbieten).

Zwei Drittel aller Meldungen in den tagesaktuellen Medien stammen aus PR-Abteilungen. Für die SozArb heißt das zwingender denn je, sich aktiv am modernen Kommunikationsfluß zu beteiligen: Jede soziale Einrichtung muß sich über ihre fachliche Arbeit hinaus als kleine PR-Agentur in eigener Sache verstehen und Informationen i.S. einer Bringschuld liefern. Die Frage »Welche Informationen interessieren meine Zielgruppen am meisten?« ist handlungsleitend, wobei die unterschiedlichen Zielgruppen speziell angesprochen werden: tatsächliche und potentielle Klienten und deren Umfeld; eigene Mitarbeiter; Kooperationspartner; Geschäftspartner und Lieferanten; tatsächliche und potentielle Geldgeber; politische Entscheidungsträger; Fachöffentlichkeit; sog. breite Öffentlichkeit.
Um die verschiedenen Zielgruppen zu erreichen, nutzt moderne Ö. vielfältige (massen-)mediale Kommunikationswege: persönliche Gespräche, Briefe, Rundbriefe, Jahresberichte; Pressemitteilungen, Presseberichte, Pressefotos; Pressekonferenzen, Pressegespräche, Interviews; Rundfunk- und Fernsehberichte (auch der privaten Anbieter); Druckerzeugnisse (Broschüren, Prospekte, Zeitschriften, Plakate, Flugblätter, Handzettel); Informationsstände, Unterschriftensammlungen; Fernseh-, Video-, Tonband-, Diavorführungen; Kinowerbung; Vorträge, Seminare, Fachtagungen, Kongresse; Aktionen (Ausstellungen, Stadtteilfeste, Preisausschreiben, Diskussionsveranstaltungen); Gründung von Interessenverbänden und Zusammenschlüssen, Vernetzungen.
Um zu evaluieren, welche Kommunikationsmittel für die eigenen Kommunikationswünsche am geeignetsten sind, ist eine präzise Erfolgskontrolle der Ö. unerläßlich; die korrigierten Maßnahmen fließen dann in die nächste Kommunikationsplanung ein. Schon im Interesse der eigenen Sache gelten dabei die internationalen ethischen Richtlinien, wie sie 1965 im Code d'Athènes für die Ö. proklamiert worden sind: Achtung der Menschenwürde, Wahrheitstreue, Sachlichkeit und Aktualität.
Über die Auskunftspflicht (§ 13 SGB I) hinaus ist die Ö. sozialer Einrichtungen durch das *Datenschutz*recht (SGB X), die Persönlichkeitsrechte (GG) und die Presserechte (Landespressegesetze) geregelt.
Ö. gehört zusammen mit Spenden- und Dienstleistungsmarketing zum Gesamtkonzept des Sozialmarketing. Innerhalb des sich wandelnden Selbstverständnisses der SozArb kommt Ö. in bezug auf Marktorientierung und bei der Suche nach neuen Ressourcen (fund raising, social sponsoring) eine große Bedeutung zu, der faktisch noch nicht Rechnung getragen wird. Im Wissen um dieses Defizit delegieren manche sozialen Organisationen ihre Außendarstellung an kommerzielle Agenturen, ohne daß innerhalb ihrer Einrichtungen die notwendigen Voraussetzungen (*Sozialmanagement*; *Organisationsentwicklung*) erfüllt und die unerläßlichen Kriterien für eine erfolgreiche Ö. schon bekannt wären. Agenturen liefern aber keine Konzepte für das Selbstverständnis einer sozialen Einrichtung; sie eignen sich für festumrissene Arbeitsaufträge im Rahmen einer PR-Konzeption, die sich die soziale Einrichtung selbst gegeben hat.
Als Fazit gilt: Kommunikation ist zentrale Aufgabe und wichtiges Anliegen von SozArb; Ö. als Teil dieser Fachlichkeit wird immer bedeutsamer. *R. Puhl*

Literatur: F.F. van Bebber/G. Neises: Wie sage ich es der Öffentlichkeit?, hrsg. vom DV, Frankfurt/M. 1990; G. Brauer: Econ-Handbuch der Öffentlichkeitsarbeit, Düsseldorf 1993; M. Bruhn/J. Tilmes: Social-Marketing. Einsatz des Marketing für nichtkommerzielle Organisationen, Stuttgart [2]1994; P. Kotler/E. Roberto: Social Marketing, Düsseldorf 1991; Marketing im Gesundheits- und Sozialbereich: Einführung und Grundlagen für die Praxis. Hrsg. von Dieter Stemmle, Bern 1992; P. Marchal/U.K. Spura: Öffentlichkeitsarbeit im sozialen Bereich, Weinheim 1981; B. Müller: Öffentlichkeitsarbeit und sozialpädagogische Fachlichkeit, in: Sozialmagazin 11/1993; C.W. Müller: Methoden der Sozialen Arbeit, in: Sozialmagazin 6/1994; G. Pfannendörfer: Offensive Öffentlichkeitsarbeit als Innovationsstrategie sozialer Arbeit, in: B. Maelicke (Hrsg.): Soziale Arbeit als soziale Innovation, Weinheim 1987; J. Peter: Presse- und Öffentlichkeitsarbeit in der Kommune, München 1992; R. Puhl: Machen Sie Öffentlichkeitsarbeit? Auswertung einer Leserbefragung, in: Sozialmagazin 3/1994; W. Reinike/F. Eisele: Taschenbuch der Öffentlichkeitsarbeit. Public Relations in der Gesamtkommunikation, Heidelberg [2]1994; E. Schürmann: Öffentlichkeitsarbeit für soziale Projekte und Organisationen, BBJ-Consult Info II. 1994, Berlin 1994; Themenheft: Öffentlichkeitsarbeit für soziale Organisationen, in: Blätter der Wohlfahrtspflege 6/1990; W. Thorun: Geschichte der Öffentlichkeitsarbeit im Sozialwesen der Bundesrepublik, in: Blätter der Wohlfahrtspflege 2/1987.

Organisationsentwicklung (OE)

1 Die Wurzeln der OE als eines Feldes angewandter Sozialforschung gehen zurück auf die Arbeiten Kurt Lewins in den 40er Jahren in den USA und wurden maßgeblich durch die Arbeiten McGregors und Beckhardts am Massachusetts Institute of Technology (MIT) in Boston weitergeführt. Kontroversen bestehen hinsichtlich der grundsätzlichen Frage, ob OE sich primär als Set ausgefeilter Interventionstechnologien präsentiert oder auf sozialwissenschaftlichen Grundannahmen basiert und sich in der Zielsetzung an sozialphilosophischen und sozialwissenschaftlichen Entwicklungen orientiert.
Jenseits dieser Kontroverse besteht Konsens über zwei zentrale Grundanliegen von OE: Auf der einen Seite geht es um eine Humanisierung der Arbeitswelt, um Raum für Persönlichkeitsentwicklung, Selbstverwirklichung und Selbstgestaltung für und durch Mitglieder einer Organisation. Auf der anderen Seite geht es um die Erhöhung der Leistungsfähigkeit einer Organisation, um mehr Flexibilität, Innovationsbereitschaft und die Erarbeitung von Veränderungsstrategien.
Die Entwicklung und Anwendung von OE-Konzepten war bis vor kurzem v.a. auf den Bereich der Wirtschaftsunternehmen, den Profitbereich, konzentriert. Seit dem Ende der 80er Jahre erlebt OE auch im Bereich der Non-Profit-Organisationen, und hier vor allem im

Bereich der sozialen Organisationen (*Organisationsrecht, Träger der Sozialen Arbeit*), einen rasanten Aufschwung. Dies hat zu einer Verdrängung des klassischen Ansatzes der *Institutionsberatung* geführt, der auf die fachliche und konzeptionelle Beratung institutioneller Probleme gerichtet ist. Institutionsberatung definiert – im Unterschied zu OE – die Beraterrolle als Arzt-Patient-Verhältnis, betont also weniger die Sichtweise einer sich selbst regulierenden, lernenden Organisation (vgl. W. Bäuerle 1973). Definitorischer Abgrenzungsbedarf besteht auch hinsichtlich der Unterscheidung von OE zu den Ansätzen von *Supervision*. Gerade für die definitorische und konzeptionelle Bestimmung von OE in ihrer Wirksamkeit für soziale Organisationen ist es geboten, einer technokratischen Verkürzung von OE als einem von Experten eingesetzten Set von Interventionstechniken entgegenzuwirken und sich auf die sozialwissenschaftlichen Traditionen von OE zu beziehen. Von wesentlicher Bedeutung ist hierbei der Aktionsforschungsansatz K. Lewins, der davon ausging, daß menschliche Systeme nur verstanden und verändert werden können, wenn man die Mitglieder dieser Systeme in den Forschungsprozeß mit einbezieht (menschliche Systeme können nur verstanden werden, indem man versucht, sie zu verändern) (*Handlungsforschung*). Eine Rückbindung von OE an das ursprüngliche Ziel der Demokratisierung von Organisationen als gesellschaftlichen Systemen ist damit ein wesentlicher Ansatzpunkt zur Vermeidung der Mystifizierung von OE als quasi technokratischem Durchgang durch die Organisationen.

2 Ausgangspunkt der Diskussion um OE im Bereich der sozialen Organisationen sind die im Zuge der *Professionalisierung* zu einer eigenständigen Dienstleistungsbranche deutlicher werdenden Strukturprobleme und Strukturkonflikte. Im Mittelpunkt der Auseinandersetzung um soziale Organisationen steht die Kritik an deren bürokratischer Erstarrung zu Apparaten, die sich immer weiter von den realen Lebenslagen ihrer *Klient*en entfernen und zunehmend damit beschäftigt sind, ihren Platz in der Verteilungsstruktur staatlicher Transferleistungen zu erhalten (vgl. Merchel 1990). Als weiteres zentrales Strukturproblem lassen sich die unzureichend geklärten Steuerungsfunktionen und Aufgabenbereiche ehrenamtlicher Mandatsträger (*Ehrenamtliche Helfer*) sowie des hauptamtlichen Managements von Freien Trägern benennen (vgl. Seibel 1992). Ein drittes wesentliches Strukturproblem liegt in den bisher völlig unzureichend entwickelten Konzepten der Personalentwicklung, d.h. der Motivierung und Qualifizierung von MitarbeiterInnen in sozialen Organisationen, sowie fehlenden Konzepten der Qualifizierung der Managementebene dieser Organisationen (*Sozialmanagement*). Als Reaktion auf die deutlich zutage getretenen Strukturkonflikte ist für den Bereich der sozialen Organisationen in den zurückliegenden Jahren OE immer bedeutungsvoller geworden.
Diese Strukturprobleme und -konflikte prägen nicht nur die Organisationen der freien Wohlfahrtspflege (*Jugend-, Wohlfahrtsverbände* u.a.), sondern gerade auch den öffentlichen Sektor. Auch hier sind seit Ende der 80er Jahre verstärkte Bemühungen zur Entwicklung der öffentlichen Verwaltung von einer hoheitlich organisierten und operierenden Behörde zu einem bürgernahen, effektiven und effizienten Dienstleistungsunternehmen zu beobachten (vgl. hierzu u.a. KGST 1992). Im Mittelpunkt dieser Reformbemühungen steht derzeit noch das öffentliche Rechnungswesen. Die Zielvorstellung von der öffentlichen Verwaltung als einem leistungsstarken Dienstleistungsunternehmen ist jedoch nicht ohne eine Entwicklung aller organisatorischen Gliederungen zu erreichen. OE in der öffentlichen Verwaltung muß dabei die Besonderheiten und spezifischen Strukturen des öffentlichen Sektors – wie z.B. Rechts- und Verwaltungsvorschriften, parlamentarische Kontrolle, Mittelbewilligung und Rechnungswesen oder Personalwesen im öffentlichen Dienst – berücksichtigen.

3 In der Diskussion setzt sich immer stärker ein systemisches Konzept von OE durch, das Organisationen als lebendige soziale Systeme betrachtet, die im Binnenverhältnis aus verschiedenen Subsystemen bestehen, sich im Austausch mit anderen Systemen befinden und von gesellschaftlichen Prozessen maßgeblich in ihrer Aufgabenwahrnehmung beeinflußt werden (*Systemisches Denken und Handeln*). Diese Sichtweise ermöglicht einen Zugang zu Organisationen von SozArb, der über traditionelle strukturtheoretische Sichtweisen hinausgeht und den Blick öffnet auf die handelnden Personen in der Organisation – und das sind sowohl MitarbeiterInnen und Hierarchien als auch Klienten. Der systemische Ansatz richtet darüber hinaus den Blick auf das »Es« im Unternehmen, d.h. auf die Tatbestände von informellen Machtstrukturen, persönlichen Motiven und Phantasien, also auf die spezifische Organisationskultur, die das Handeln der Organisation wesentlich prägt. Von entscheidender Bedeutung ist hierbei, daß der systemische Ansatz eine Zugangsweise zu Organisationen eröffnet,
- die formale Organisationsstrukturen nicht abkoppelt von den alltäglichen Handlungsprozessen;
- die »Störungen« als produktiv begreift zur Erhaltung und Weiterentwicklung des Systems;
- die MitarbeiterInnen und Leitungskräfte als gleichberechtigte Potentiale sieht und Leitungskräfte nicht als »Beherrscher« des Systems definiert;
- die v.a. auch den Blick auf die Auseinandersetzung der Organisation mit ihrer Umwelt als wesentlichen Faktor begreift.

OE i.d.S. wird als Innovationsstrategie verstanden, die es ermöglicht, die Aufdeckung von Strukturproblemen einer Organisation sowie ihren Entwicklungsbedarf zu analysieren und daraus gezielte Ansatzpunkte und Strategien der konkreten Weiterentwicklung abzuleiten. Wesentliches Merkmal ist hierbei der Ausgangspunkt, daß die Sicherung der qualitativen Weiterentwicklung der Organisation nur dann gelingen kann, wenn die

Analyse nicht bei der Benennung abstrakter Strukturdefizite stehenbleibt, sondern sie gleichzeitig als produktive Anforderungen an strategische Zukunftsentwicklung definiert. OE, verstanden als Innovationsstrategie, kann vorhandene Ressourcen in den Organisationen freisetzen, weil sie die konkreten Arbeitsbedingungen, -formen und -strukturen in den Organisationen selbst zum Thema macht; MitarbeiterInnen sind damit eine zentrale Ressource im Prozeß der Gestaltung neuer Organisationsveränderung. OE läßt sich als Strategie definieren, die die Balance zwischen Beharren und Verändern einer Organisation so erhält, daß die Organisation auf interne sowie externe Veränderungsimpulse angemessen reagieren kann. Ziel von OE ist die Einleitung eines geplanten, gesteuerten und systematischen Prozesses zur Veränderung der Kultur, der Strukturen sowie des Verhaltens einer Organisation und ihrer Mitglieder, um die eigene Wirksamkeit bei der Lösung ihrer Probleme und der grundsätzlichen Erreichung der Organisationsziele zu verbessern.

4 Ein systemisches OE-Konzept unterscheidet sich von anderen Konzepten, indem es sich zum einen explizit auf die Zielgruppe sozialer Organisationen sowie deren spezifische Dienstleistung bezieht und darüber hinaus den Zusammenhang zwischen der Entwicklung der Organisation und dem jeweiligen Diskussionsstand um fachliche Qualitätsstandards einbezieht. Wenn OE qualitative Innovationswirkung im sozialen Bereich entfalten will, darf sich die Analyse der Strukturprobleme nicht nur auf Fragen der betriebswirtschaftlichen und organisationellen Effizienz beziehen, sondern muß um die kritische Betrachtung des erreichten fachlichen Entwicklungsstandes von *SozArb* erweitert werden. Die Aufarbeitung der Geschichte von sozialen Organisationen legt die Vermutung nahe, daß im Gefolge der Professionalisierung sozialer Organisationen eine Tabuisierung von Ziel- und Wertkonflikten in der *Sozialarbeit/Sozialpädagogik* stattgefunden hat, die den Zusammenhang von Strukturentwicklung und qualitativer Weiterentwicklung der Handlungskonzepte zunehmend als differente Entwicklungsstränge formuliert. Die in der gegenwärtigen Diskussion eher getrennten Stränge der Weiterentwicklung eines fachlichen Selbstverständnisses von SozArb i. S. einer Handlungstheorie einerseits und der Anforderung nach einer Innovation sozialer Institutionen andererseits müssen im Rahmen von OE zusammengeführt werden (*Theorie der Sozialarbeit/Sozialpädagogik*). Dies bedeutet konzeptuell, daß OE im sozialen Bereich sich als ganzheitliche OE definieren muß, die die Einbettung der Organisation in ihre gesellschaftlichen Bezüge sowie die sich aus fachlichen Anforderungen ergebenden Zielorientierungen von SozArb als wesentliche Faktoren in die Entwicklung der Organisation mit einbringt. OE i. d. S. versteht sich eben nicht als reine technokratische »Anpassungsmodernisierung«, sondern verfolgt das Ziel einer zukunftsorientierten Innovation, deren Wirksamkeit sich auch am erreichten fachlichen Stand der Dienstleistungserbringung mißt.

5 OE mit dem Ziel der fachlichen und strukturellen Innovation von sozialen Organisationen muß sich an einigen grundsätzlichen Handlungsprinzipien orientieren:
- Die Qualität von OE-Prozessen bemißt sich an der fachlichen Qualität des Handelns der Organisation;
- OE muß als fortlaufender und regelmäßiger Prozeß gestaltet werden (»rollende Planung«);
- OE geschieht unter weitestgehender aktiver Partizipation und Information der betroffenen Organisationsmitglieder;
- OE-Konzepte sind prozeßorientiert, wesentliche Elemente hierbei sind Rückkopplung und Konfliktbearbeitung.

Dies bedeutet in der Praxis, daß OE-Projekte wesentlich gesteuert und inhaltlich durchgeführt werden durch eine heterogen zusammengesetzte Arbeitsgruppe, in der externe BeraterInnen moderierende Funktionen übernehmen. Hier wird der Unterschied zum Ansatz der Unternehmensberatung deutlich, der Veränderungsziele und Strategien wesentlich in einem dialogischen Kontext von Unternehmensspitze und externen BeraterInnen quasi als Arzt-Patient-Verhältnis definiert. OE arbeitet mit den Instrumenten der Organisationsanalyse, Problemmodellation, Zukunftswerkstätten, Survey-Feedbacks, Workshops, Qualitätszirkeln.
Nach den bisherigen Erfahrungen mit OE-Projekten in sozialen Organisationen müssen v. a. die folgenden inhaltlichen Schwerpunktbereiche thematisiert werden: Für soziale Organisationen zentral ist die Klärung des spezifischen kulturellen und fachlichen Selbstverständnisses der Organisation, d. h. die Klägung der spezifischen Corporate identity (CI) und die Entwicklung von organisationsspezifischen Leitbildern. Hierauf bezogen können die strategischen Unternehmensziele konkretisiert und Aufgabenbeschreibung für die jeweiligen Organisationseinheiten operationalisiert werden. Die Analyse und Neugestaltung von formalen Organisationsstrukturen (Aufbau- und Ablauforganisation) muß sich hierbei funktional auf die vorgegebenen fachlichen Anforderungen der zu erbringenden Dienstleistung beziehen. Die Gestaltung formaler und informeller Organisationsstrukturen ist daran zu messen, inwieweit sie vorhandene Mitarbeiterpotentiale fördert und unterstützt (Personalentwicklung). Auch wenn zu einem wesentlichen Handlungsprinzip systemischer OE die Offenheit für die jeweilige Organisation und ihre spezifischen Strukturanforderungen gehört, müssen sich die Gestaltungsprinzipien doch an den fachlich gebotenen Innovationsanforderungen messen lassen. Die Qualitätsmerkmale einer an den Lebenslagen von Klienten und sozialpolitischen Entwicklungslinien ausgerichteten SozArb müssen sich auch in den Vorschlägen zur Neustrukturierung von sozialen Organisationen wiederfinden: Kommunalisierung und Regionalisierung der Aufgabenwahrnehmung, Vernetzung von Trägerangeboten, Stärkung der Selbstbestimmung der Betroffenen, sozialpolitische Konfliktfähigkeit sind nach den bisherigen Erfahrungen eher dann zu realisie-

ren, wenn soziale Organisationen in ihren formalen Strukturen beweglicher sind und Arbeits- und Entscheidungsabläufe so gestaltet werden, daß die *Handlungskompetenzen* der MitarbeiterInnen unmittelbar eingebracht werden können. *B. Reinbold*

Literatur: W. Bäuerle: Sozialforschung und Institutionsberatung, in: Blätter der Wohlfahrtspflege 7/1973; G. Fatzer (Hrsg.): Organisationsentwicklung für die Zukunft, Köln 1993; W. French/E. Bell: Organisationsentwicklung, Stuttgart 1977; F. Glasl (Hrsg.): Verwaltungsreform durch Organisationsentwicklung, Bern/Stuttgart 1982; KGST: Wege zum Dienstleistungsunternehmen Kommunalverwaltung, Köln 1992; K. Lewin: Feldtheorie in den Sozialwissenschaften, Bern 1963; B. Maelicke/B. Reinbold: Ganzheitliche und sozialökologische Organisationsentwicklung für Non-Profit-Organisationen, Schriftenreihe der Bank für Sozialwirtschaft, Köln 1990; J. Merchel: Wohlfahrtsverbände müssen sich ändern, in: NP 4/1990, 283 ff.; B. Reinbold: Organisationsentwicklung – Vom Kopf auf die Füße stellen, in: Social Management, 1991; W. Seibel: Der funktionale Dilettantismus, Baden-Baden 1992; B. Siewers: Organisationsentwicklung als Problem, Stuttgart 1995; A. Wöhrle: Wir sind alle gleich. Steuerungstabus und Organisationsentwicklungserfordernisse in alternativen Projekten und bei kleinen Trägern, in: sm 6/1994.

Organisationsrecht

1. Grundsätzliches: Personen, Sachen und Rechte sind die zentralen Begriffe, denen sich alle rechtlich relevanten Erscheinungen des gesellschaftlichen Lebens zuordnen lassen. Bei den Personen wird dann weiter zwischen natürlichen (= Menschen: §§ 1–12 BGB) und juristischen Personen (= z. B. rechtsfähige Vereinigungen und Vermögensmassen: §§ 21–89 BGB) unterschieden.
Alleiniger Zweck dieser Konstruktionen »juristische Personen« (j. P.) ist, neben den Menschen (soweit sie voll geschäftsfähig sind) auch andere Rechtssubjekte zur Verfügung zu haben, die am Geschäftsleben teilnehmen und wirksam Rechtsgeschäfte abschließen können: Verträge schließen, Prozesse führen, Rechte erwerben usw. Für j. P. handeln dann wieder Menschen über ihre Organe (z. B. im Verein Vorstandsmitglieder und Geschäftsführer, für die GmbH Geschäftsführer/innen).

2. Juristische Personen in der Übersicht (nach Kühnel 1994, 93):

Juristische Personen		Teilrechtsfähige Vereinigungen
des privaten Rechts	des öffentlichen Rechts vgl. § 89 BGB	des privaten Rechts
– Vereine §§ 21–79 BGB z. B. Eingetragene Vereine – Aktiengesellschaften, Aktien-Ges. – Genossenschaften, Genossenschafts-Ges. – Gesellschaft mit beschränkter Haftung, GmbH-Ges. – Stiftungen §§ 80–88 BGB z. B. Stiftung Volkswagenwerk, Robert-Bosch-Stiftung, Sozialpädagogisches Institut Berlin	– Anstalten z. B. Rundfunk- und Fernsehanstalten – Körperschaften z. B. Bund, Länder, Gemeinden, Kirchen, Kammern, Hochschulen – Stiftungen z. B. Stiftung, »Behindertes Kind«, Deutsches Institut für Pädagogische Forschung in Frankfurt/M., Stiftung »Preußischer Kulturbesitz«	– Nichtrechtsfähige Vereine § 54 BGB z. B. Parteien, Gewerkschaften, Initiativgruppen – Gesellschaften §§ 705–740 BGB z. B. Fahrgemeinschaft, Anwaltssozietät, Konsortium – Gemeinschaften §§ 741–758, §§ 1415 ff., §§ 2032 ff. BGB z. B. Bruchteilsgemeinschaft, Gütergemeinschaft, Erbengemeinschaft – Handelsgesellschaften §§ 105–177 HGB z. B. Offene Handelsgesellschaft §§ 105 ff. HGB Kommanditgesellschaft §§ 161 ff. HGB

3. Juristische Personen des privaten Rechts: Die Aufgabenwahrnehmung in der *Sozialen Arbeit* ist in der BRD nicht allein öffentlichen (hoheitlichen) Trägern auf kommunaler und staatlicher Ebene überantworte (vgl. Schaubild auf dieser Seite), sondern freien Trägern ist ein eigenständiges (nicht von den öffentlichen Trägern abgeleitetes) Handlungsrecht zugestanden (§§ 17 Abs. 3, 27 Abs. 2, 28 Abs. 2 *SGB* I, § 3 *KJHG*, § 10 *BSHG*). Und diese freien Träger sind regelmäßig private Organisationen: j. P. überwiegend des privaten Rechts in der Form von eingetragenen Vereinen (so sämtliche *Wohlfahrts*- und *Jugendverbände* einschließlich ihrer Gliederungen), Gesellschaften mit beschränkter Haftung und Stiftungen (zu den Ausnahmen bei *Kirchen und Religionsgemeinschaften des öffentlichen Rechts*, *Träger der Sozialen Arbeit*).
Allerdings haben diese drei Typen unterschiedliche Bedeutung für die SozArb:

- Rechtsfähige Stiftungen des privaten Rechts sind selten direkt Anbieter sozialer Dienstleistungen i. w. S. (eine bemerkenswerte Ausnahme ist das spi-Berlin); ihre Bedeutung besteht vielmehr i. d. R. darin, daß mit/aus den Erträgnissen des Stiftungsvermögens oder den Stiftungseinnahmen Vorhaben von Trägern der SozArb, entsprechend dem Willen des Stifters, gefördert werden (Beispiele: Robert-Bosch-Stiftung, Deutsche Bank Stiftung »Hilfe zur Selbsthilfe«, Stiftung Deutsche Jugendmarke u. a. m.).

Rechtsgrundlagen sind die §§ 80–88 BGB sowie das jeweilige Landesrecht. Für Ende 1992 wurden ca. 4500 rechtsfähige Stiftungen des privaten Rechts angenommen (i.e. Binz/Sorg, 9; Neuhoff nennt sogar 11000–12000).

– Dagegen sind v.a. eingetragene Vereine und inzwischen zunehmend GmbHs die Organisationsformen der Träger der SozArb. Mehr als 38 Mio. Deutsche waren zuletzt in 340000 Vereinen organisiert, der e.V. ist immer noch der typische »juristische Mantel« auch für sozial i.w.S. ausgerichtete Tätigkeiten (Zahlen bei Neuhoff).

4. E.V. und GmbH im Vergleich: Natürliche und juristische Personen gründen andere juristische Personen. In der SozArb ist zuvor zu entscheiden, welcher Inhalt dadurch und wie am besten befördert werden soll. Erst wenn dazu Klarheit besteht, kann entschieden werden, ob der e.V. oder die GmbH die dafür angemessenere Organisationsform ist.

Grundsätzlich gilt, daß der e.V. des BGB als nichtwirtschaftlicher Verein (Idealverein) angelegt ist (wenn er auch durchaus in einem gewissen Umfange wirtschaftlich tätig sein kann). Wirtschaftliche und ausländische Vereine erlangen ihre Rechtsfähigkeit nicht durch die Eintragung in das Vereinsregister, sondern durch Verleihung (nach Landesrecht: dazu i.e. Friedrich, 43ff.). Wegen dieser Handlungsbegrenzungen des e.V. wird seit Jahren zunehmend die Rechtsform GmbH gewählt, wenn die Erbringung der sozialen Leistungen wesentlich mit einer wirtschaftlichen Tätigkeit verbunden ist (dazu: Trube).

Im übrigen gilt allgemein folgendes:

	Verein	GmbH
Definition	eine auf Dauer angelegte, freiwillige Verbindung einer größeren Zahl von Personen, die sich hierzu nach einer Satzung körperschaftlich organisieren	eine Kapitalgesellschaft mit wirtschaftlicher Ausrichtung, in der die Kapitalgeber die entscheidende Position haben
Rechtsfähigkeit	durch Eintragung in das Vereinsregister: e.V., juristische Person	durch Eintragung in das Handelsregister beim Registergericht: juristische Person
Festlegung des inhaltl. Rahmens	durch Satzung	durch Gesellschaftsvertrag, der der notariellen Beurkundung bedarf
Organe	Vorstand, Mitgliederversammlung, u.U. besondere Vertreter nach § 30 BGB	Geschäftsführung und Gesellschafterversammlung
Gründungsvorgaben	mind. 7 Gründungsmitglieder	auch eine Einzelperson kann eine Gesellschaft mbH gründen
finanzielle Barrieren bei Gründung	kein Startkapital notwendig, die Gründungskosten sind relativ gering	zur Gründung sind mind. 50 TDM Stammkapital notwendig; i.ü. sind die Gründungskosten nicht unerheblich
Eignung/ Folgepflichten	eignet sich für Projekte und Gruppen, die allgemeine soziale, nicht hauptsächlich wirtschaftliche Ziele und Zwecke verfolgen. Der Verein ist prinzipiell demokratisch angelegt (... jede Person, die sich zur Satzung des Vereins bekannt, kann grundsätzlich Mitglied werden). Dadurch ist aber auch eine Vielzahl von Personen an der Willensbildung beteiligt	Eintritt in die GmbH nur durch Einsatz von Kapital. Die Gesellschafterversammlung befindet über den Eintritt von neuen Gesellschaftern; dadurch wird ein nicht kalkulierbarer Einfluß fremder Personen ausgeschlossen. Es gibt im Betrieb eine eindeutige Hierarchie (Geschäftsführer) und es besteht (kostenträchtig) Bilanzierungspflicht
Haftung	begrenzte H. der Handelnden und Mitglieder auf das Vereinsvermögen	begrenzt auf das Stammkapital
(dazu: allgemein Friedrich sowie Vogel für den Verein und Ripfel/Raststätter für die GmbH).		

5. Die Gemeinnützigkeit: Vereine und Gesellschaften sind gewerbe-, umsatz- und körperschaftssteuerpflichtig. Das gilt (eingeschränkt) dann nicht, wenn sie (lt. Satzung oder Gesellschaftsvertrag) ausschließlich und unmittelbar gemeinnützige, mildtätige oder kirchliche Zwecke verfogen (§§ 51–68 AO: dazu detaillierte BBJ-Consult). *D. Kreft*

Literatur: BBJ-Consult INFO III/IV/1992: Gemeinnützigkeit und Steuern, Berlin 1992; M.K. Binz/M.H. Sorg: Die Stiftung (Heidelberger Musterverträge 72), Heidelberg [2]1993; W.J. Friedrich: Vereine und Gesellschaften, München [7]1994; R. Kühnel: Rechtliche Grundlagen der sozialen Arbeit – Teil II: Grundbegriffe und Strukturen der Rechtsordnung, in: D. Kreft/ J. Münder u.a.: Soziale Arbeit und Recht. Eine Einführung in das Recht für Sozialarbeiter/Sozialpädagogen. Kap. 4, Weinheim/Basel [4]1994; K. Neuhoff: Vereinsforschung, in: BfS-Trendinfos 6/1994, 17f.; Palandt: Kurzkommentar zum Bürgerlichen Gesetzbuch, München: in der jeweils aktualisierten Ausgabe; F. Ripfel/M. Raststätter: Die Satzung der GmbH (Heidelberger Musterverträge 7), Heidelberg [10]1993; A. Trube: Rechtsform GmbH, in: socialmanagement 1/1994, 30–45; A. Vogel: Die Vereinssatzung (Heidelberger Musterverträge 35), Heidelberg [6]1991.

Pädagogik

Im ursprünglichen griechischen Wortsinne bedeuten: die Silbe päd ... Kind ..., Pädagoge ... Knabenführer und P. ... Lehre von der Knabenführung. Heute wird statt P. häufig der neuere Begriff *Erziehungswissenschaft* verwandt. Der Begriff der Sozialpädagogik (*Sozialarbeit/Sozialpädagogik*) umfaßt nach traditionellem Verständnis pädagogische Hilfen für gefährdete, geschädigte und straffällige Kinder und Jugendliche sowie die Familie, Schule und Berufsausbildung ergänzende Angebote (*Jugendhilfe*), geht heute allerdings weit darüber hinaus (z.B. *Altenhilfe*, *Gesundheitshilfe*). Inzwischen wird weiterführend für das nicht mehr klar trennbare Begriffspaar *Sozialarbeit/Sozialpädagogik* als neuer Oberbegriff *Soziale Arbeit* verwendet.
Das pädagogische Handlungsfeld wird bestimmt durch das Erziehungssubjekt, die Erziehungsziele, -normen und -erwartungen sowie durch den Erzieher. Dabei findet *Erziehung* als pädagogischer Prozeß in einer bestimmten historisch-gesellschaftlichen Situation, in einem bestimmten sozialen Feld und jeweils konkreten Bedingungen statt, die sich – beabsichtigt oder unbeabsichtigt – auf Erziehungsanspruch und -wirklichkeit auswirken. So wird gesellschaftlich immer wieder diskutiert werden müssen, wie Erziehung zu verwirklichen ist und welche Möglichkeiten z.B. Kinder durch Erziehung haben sollen. *I. Mielenz*

Literatur: s. *Erziehung*, *Erziehungswissenschaft*.

Paradigma

Ein P. umfaßt sowohl die generellen Überzeugungen und Erwartungen als auch die spezifischen Kenntnisse, Methoden und Techniken, die als explizites und implizites Regelwissen die Art und Weise des Herangehens eines Wissenschaftlers/einer Wissenschaftlergemeinschaft an den jeweiligen Forschungsgegenstand leiten (*Forschung*, *empirische Sozialforschung*). Aus der Perspektive des P.-Konzeptes gilt die bislang geläufige Vorstellung einer linearen, durch kumulative Anhäufung von theoretischen Annahmen und empirischem Faktenwissen gekennzeichneten Entwicklung wissenschaftlichen Erkenntnisfortschritts nur für die Phase »normalwissenschaftlicher« Forschung, in der ein bestimmtes P. als »leitendes Vorverständnis« von einer Wissenschaftlergemeinschaft akzeptiert wird. Wenn sich die Frage, Tatsachen und Probleme (Anomalien) häufen, die im Rahmen des herrschenden P. nicht produktiv bearbeitet werden können, dann kann es zu einer »wissenschaftlichen Revolution« i.S. der Ablösung des alten durch ein neues P. kommen. Thomas S. Kuhn (1967), der das P.-Konzept ursprünglich im Zusammenhang mit seinen Studien zur Wissenschaftsgeschichte der Naturwissenschaften in die Diskussion eingeführt hat, wähnte die Sozialwissenschaften in einem »vorparadigmatischen« Stadium.
Abgesehen davon, daß auch unter Sozialwissenschaftlern ungeklärt ist, ob ihre jeweiligen Disziplinen überhaupt oder wegen ihres Entwicklungsstandes paradigmenfähig sind, besteht weitgehend Einigkeit darüber, daß sich P. nicht auf der Ebene begrenzter Teilgebiete und Objektbereichstheorien, sondern allenfalls im Hinblick auf die gesamte Disziplin und ihrer Gegenstandsbereiche identifizieren lassen. Demgemäß werden etwa in der *Erziehungswissenschaft* die geisteswissenschaftliche, die kritisch-rationalistische sowie die kritisch-emanzipatorische Richtung als P. bezeichnet.
Weder für die noch vergleichsweise gering entwickelte Disziplin der Sozialpädagogik (*Sozialarbeit/Sozialpädagogik*) noch für die *Theorie der Sozialarbeit* bzw. Sozialarbeitswissenschaft kann eine paradigmatische Struktur unterstellt werden. Auch für die unterschiedlichen Richtungen in den für die SozArb/SozPäd relevanten Teilbereichstheorien – so etwa für den labeling approach oder die Alltagstheorie – gilt, daß sie eher unterscheidbare »Perspektiven« bzw. »Herangehensweisen« bezeichnen als paradigmatische Grundoptionen. *T. Olk*

Literatur: W. Hornstein: Die Bedeutung erziehungswissenschaftlicher Forschung für die Praxis sozialer Arbeit, in: NP 1985, 463–477; E. König/H. Ramsenthaler: Zum Stand der wissenschaftstheoretischen Diskussion in der Pädagogik, in: Z.f.P. 1979, 433–446; T.S. Kuhn: Die Struktur wissenschaftlicher Revolutionen, Frankfurt/M. 1967; T.S. Kuhn: Postskript – 1969 zur Analyse der Struktur wissenschaftlicher Revolutionen, in: P. Weingart (Hrsg.): Wissenschaftssoziologie 1, Frankfurt/M. 1972, 287–319; H. Thiersch/Th. Rauschenbach: Sozialpädagogik/Sozialarbeit: Theorie und Entwicklung, in: H. Eyferth u.a. (Hrsg.): Handbuch Sozialarbeit/Sozialpädagogik, Neuwied/Darmstadt 1984, 984–1016.

Parteien

SozArb/SozPäd selbst ist allen P. keine eigene Broschüre wert, und so muß man von den allgemeinen Themen »*Sozial-*«, »*Familien-*«, »*Jugendpolitik*« in Programmen, Grundwertekommissionen, Berichten und Dokumenten die grundlegenden Positionen selbst erschließen; immerhin lassen sich doch gesellschaftstheoretisch erhebliche Unterschiede feststellen, die bei bloßer Betrachtung kommunaler sozialpolitischer Praxis oder bei Berücksichtigung des Selbstverständnisses von SozArb/SozPäd häufig bis zur Unkenntlichkeit verschwimmen (Kreutz/Landwehr).
Betrachtet man SozArb/SozPäd im Rahmen bisher erreichter und im GG vorgegebener Sozialstaatlichkeit (*Sozialstaat*), so lassen sich anhand unterschiedlicher Interpretationen des Sozialstaatsprinzips (Hartwich/Widmaier) und dem gewandelten (wissenschaftlichen) Selbstverständnis der SozArb/SozPäd idealtypisch drei Ansätze festhalten, die – natürlich nicht in reiner Form – auch den Grundpositionen der P. zuzuordnen sind.

1. Die liberal-konservative Position betrachtet bis heute die Entwicklung zur Sozialstaatlichkeit mit erhebli-

chem Mißtrauen. Sie setzt Sozialstaatlichkeit in einen gewissen Gegensatz zum Rechtsstaatsprinzip, da dieser eher die individuellen Abwehrrechte gegen den Staat betont. Die Dominanz des individualistischen Leistungsprinzips im Marktgeschehen blendet gesellschaftlich verursachte Defizite von »Leistungsversagen« bzw. das Problem ungleicher Bewertung von Leistung aus und damit auch eine gesellschaftlich-interaktionistisch verstandene Sozialpädagogik und -therapie. Die sozialphilosophische Prämisse der Freiheit für »das größte Glück der größten Zahl« fragt nicht systematisch nach dem fehlenden Glück des »kleinen« Rests. Politische Freiheit baut – in diesem Verständnis – auf die im einzelnen voraus- und freigesetzte (private) Freiheit, die sich in der sozialen (Wettbewerbs-)Organisation der Gesellschaft erfüllt, d. h., sie gründet auf der Voraussetzung, daß jedes Individuum seine Fähigkeiten und Mittel für seine eigenen, frei gewählten Zwecke einsetzt und daß seine Teilnahme am Wettbewerb durch dessen wechselseitige ökonomische und individuelle Vorteile motiviert ist. Das Problem des Schutzes und der Sicherung dieser Freiheit wird prinzipiell nach dem Kausalitätsprinzip als je individuell zu lösendes Versicherungsproblem betrachtet. »Im Extremfall« genießen aber die an der Verwirklichung von Freiheit Gehinderten den besonderen Schutz (Brüderlichkeit, Nächstenliebe) der liberalen Gesellschaft (Schroers, 240).
Diese Grundposition trifft heute wieder den Kern der FDP-Ideologie, auch wenn Anfang der 70er Jahre Ansätze zum sozialen Liberalismus (Freiburger Programm 1971) zu registrieren waren. Inzwischen kennzeichnet allerdings die F.D.P. sich selbst als eine »Partei der Besserverdienenden«.

2. Obwohl auch in der CDU und – mehr noch – der CSU diese altliberale Position vorherrscht, so ist sie doch durch das aus der katholischen Soziallehre herrührende Fürsorgeprinzip, das bei erkannter Bedürftigkeit subsidiär (*Subsidiarität*) eintritt, gemildert. Insbesondere das mit dem christlich-konservativen organologischen Staatsdenken verbundene patriarchalische Fürsorgeprinzip kommt dem Sicherheitsbedürfnis gerade auch ganz unterprivilegierter Schichten entgegen. Dieses Denken in den Kategorien des »sozialen Königtums« (L. v. Stein) hat in den vergangenen Jahrzehnten zu bemerkenswerten Ausformungen umfassender konservativer Gesellschaftsproblematik (dynamische Rente z.B.) geführt (W. Schreiber, H. Baier, N. Blüm, H. Geißler). Sie nimmt die von C. Offe u.a. 1968 formulierte »Disparitätenthese« auf, setzt sie aber in einen direkten Gegensatz zur »bisherigen Betonung des Konflikts zwischen Kapital und Arbeit«. Immerhin ist hervorzuheben, daß der Hinweis auf die »Probleme der wirklich Schwachen und Bedürftigen in unserer Gesellschaft«, der nicht Artikulations-, Organisations- und Konfliktfähigen, Einsicht in die gesellschaftliche Bedingtheit verrät. Die von der CDU bisher gegebene Antwort bewegt sich allerdings in traditionellen (und in Wahlwerbungs-)Bahnen: Die – durchaus verdienstvolle – Arbeit der nichtstaatlichen christlichen Hilfs-, Caritas- und Fürsorgevereine (*Wohlfahrtsverbände*) erhält so eine weitere Begründung: »Unser Leitbild ist der sozial engagierte und motivierte Bürger, der über den eigenen Interessen nicht die Bedürfnisse seiner Mitbürger und des Gemeinwesens vergißt« (Geißler). Diese Position einer gesellschaftlich begründeten »privaten« Fürsorgetätigkeit ist ein Vorschlag, die Gewichte staatlicher Ordnungspolitik unter dem Gesichtspunkt von Stabilität und Effizienz anders zu verteilen. Die Zwekke der SozArb/SozPäd werden unter finanziellem Aspekt bewußt begrenzt, was sich insbesondere bei den Fragen zeigt, wo sozialpädagogische Ansätze »delikt«-verursachende Abweichungen und Strukturdefekte langfristig abzubauen versuchen (schichtengebundene Inferioritätsgefühle, Resozialisierung, Strafvollzug z.B., aber auch »soziale Indikation« § 218).
Die unterschiedlichen Strömungen innerhalb der Unionsparteien (individualistisches liberal-konservatives Privatversicherungsprinzip/aus christlicher Soziallehre stammendes Subsidiaritäts- und Fürsorgeprinzip/Ansätze aus begrenzt finalem Vorsorgeprinzip) stehen schon aus wahlstrategischen Gründen mehr oder weniger unverbunden nebeneinander. Das führt zu einer erheblichen Diskrepanz zwischen »richtigen Aussagen« (Armut in der BRD – Geißler), programmatischen Vorschlägen und tatsächlicher Durchsetzungsbereitschaft der Partei auf gesamtstaatlicher gesetzgeberischer Ebene, ein Dilemma, das sich in Zeiten knapper Kassen in besonderer Weise stellt. In ihrem Grundsatzprogramm von 1994 wird dieser programmatische Spagat der CDU besonders deutlich. Einerseits hält sie daran fest: »Die Lösung sozialer Probleme ist und bleibt für uns zentrale Verpflichtung.« Andererseits betont sie stärker als früher liberal-konservative Prinzipien, wenn es um den »Umbau des Sozialstaats« geht: »Im gesamten Bereich der Sozialpolitik (sollen) stärker Eigenvorsorge, Eigenverantwortung und Selbstbeteiligung verwirklicht werden.«

3. Sozialdemokratische Vorstellungen werden noch am ehesten von Ansätzen bestimmt, die vorbeugende Sozialpolitik und -therapie als gesellschaftliche Ordnungs- und Reformaufgaben zu betrachten. Neuerdings bahnt sich auch in der SPD – zumindest programmatisch – eine leichte Umorientierung an, die man schlagwortartig als Schritt von der »nachfolgenden zu einer vorbeugenden – integrierten – Sozialpolitik« bezeichnen kann. Oder wie es J. Strasser in kritischer »Aufhebung« des Subsidiaritätsprinzips genannt hat: nicht nur »Hilfe zur Selbsthilfe«, sondern »sozialistische Subsidiarität als praktizierte Solidarität«: Sie soll die Entstehung physischer und psychischer Krankheiten bekämpfen, deren Ursachen immer noch zu einem erheblichen Teil in den heutigen Arbeits- und Lebensbedingungen liegen. Durch »gesellschaftspolitische Reformen und sozialpädagogische Bemühungen« (Kindergärten, Ganztagsschulen, offene Jugendarbeit) soll die Fähigkeit zu gleichberechtigter Teilnahme geschaffen werden, so daß der einzelne die Freiheit, sich als Persönlichkeit eigener Prägung in die Gemeinschaft einzufü-

gen, und die Fähigkeit, sich in ihr zu behaupten, überhaupt erst ergreifen kann (vgl. Pfaff/Voigtländer und den sozialpolitischen Teil des SPD-Regierungsprogrammes '94 in TuP 7/1994, 246ff.).
Die sozio-ökonomisch bedingten Veränderungen seit Anfang/Mitte der 70er Jahre – mit der Folge hoher struktureller *Arbeitslosigkeit* –, die veränderten Sicht- und Handlungsweisen großer Bevölkerungsgruppen zu grundsätzlichen Fragen der Politik (Abrüstung und *Frieden*, Ökologie/*Sozialökologie*, *Technologie*, *Umweltschutz*) hatten zum einen die Parteienlandschaft der alten BRD mit der Ende der 80er Jahre abgeschlossenen parlamentarischen Etablierung der »Grünen/Alternativen« verändert, zum anderen die *Soziale Arbeit* vor neue Herausforderungen gestellt, auf die auch die P. reagieren mußten (*Selbsthilfe*/*Selbstorganisation*). Der Zweifel der P. daran, ob die arbeitsmarktzentrierte sozialstaatliche Sicherung nicht in Schwierigkeiten gerät, »wenn die Arbeitsgesellschaft selbst ihr Gesicht verändert« (Olk/Otto, 9), hatte Diskussionen provoziert, die noch nicht abgeschlossen sind. Die deutsche Vereinigung hat neue soziale und sozialpolitische Herausforderungen gebracht. Die P. der früheren BRD (SPD, CDU, CSU, F.D.P.) reagieren darauf weitestgehend mit ihren traditionellen Handlungs- und Angebotsschemata, nur Die GRÜNEN sind schon durch besondere organisatorische Veränderung (jetzt: Bündnis 90/Die GRÜNEN) stärker auf die Folgen dieses Wandlungsprozesses bezogen; den Umbau oder die Fortentwicklung des Sozialstaates wollen alle, wenn auch mit sehr unterschiedlichen Zielen und Methoden (dazu: diese Parteien zur Wahl 1994 in: AWO 1994). Die Position der PDS ist noch nicht deutlich: Sie versucht bislang in einem eher traditionell-sozialistischen Sinne ein sozialpolitisches Profil zu präsentieren, in dem all die sich wiederfinden, die von den Folgen der deutschen Vereinigung politisch, wirtschaftlich und sozial enttäuscht sind (dazu Rückert u. a.).
C. Fenner; für die 4. Aufl. durchgesehen von *W. Dettling*

Literatur: Arbeiterwohlfahrt 1994 (TuP 7/1994): Schwerpunktheft »Wie stellen sich die politischen Parteien den Umbau des Sozialstaates vor?«; mit Beiträgen bezogen auf CDU, SPD, F.D.P., CSU und Bündnis 90/Die GRÜNEN; R. Bendit/G. Marger/Chr. v. Wolffersdorf ((Hrsg.): Jugend und Gesellschaft, Baden-Baden 1993; K. v. Beyme: Sozialismus oder Wohlfahrtsstaat?, München 1977; A. Borgmann/A. Vollmer: Grüne über Grüne Sozialpolitik, in: Sozialmagazin 7/8/1984, 4f.; E. Bueb/W. Hoss/M. Opielka/K. Zeitler: Warten auf's Öko-Paradies, in: Sozialmagazin 7/8/1984, 6; G.W. Brück/H. Eichner (Hrsg.): Perspektiven der Sozialpolitik, Synopse sozialpolitischer Vorstellungen der Bundesregierung, SPD, FDP, CDU, CSU, DAG, des DGB und des BDA, Göttingen 1974; W. Dettling: Jenseits von Markt und Macht – die Krise des Menschen in der Wirtschaftsgesellschaft, in: Olk/Otto, a. a. O., 53ff.; H.H. Hartwich: Sozialstaatspostulat und gesellschaftlicher status quo, Köln/Opladen [2]1977; H. Geißler: Die neue soziale Frage, Freiburg 1976; H. Kreutz/R. Landwehr: Studienführer für Sozialarbeiter und Sozialpädagogen, Darmstadt/Neuwied 1978; H.-W. Meyer (Hrsg.): Sozial gerecht teilen – ökologisch steuern?, Köln 1994; A. Mintzel/H. Oberreuter (Hrsg.): Parteien in der Bundesrepublik Deutschland, Bundeszentrale für politische Bildung, Bonn 1992; C. Offe: Politische Herrschaft und Klassenstrukturen, in: G. Kress/D. Senghaas (Hrsg.): Politikwissenschaft, Frankfurt/M. 1973; T. Olk/H.-U. Otto: Umrisse einer zukünftigen Sozialarbeit, in: Olk/Otto, a. a. O., 7ff.; T. Olk/H.-U. Otto (Hrsg.): Der Wohlfahrtsstaat in der Wende. Umrisse einer zukünftigen Sozialpolitik, Weinheim/München 1985; M. Opielka: Ökosoziale Zukünfte – Anmerkungen für eine ökologische Wende in der Sozialpolitik und Sozialarbeit, in: Olk/Otto, a. a. O., 61ff.; M. Opielka/I. Ostner: Umbau des Sozialstaats, Essen 1987; M. Pfaff/H. Voigtländer (Hrsg.): Sozialpolitik im Wandel, Bonn 1978; G. Potthast (Interview mit), in: Sozialmagazin 4/1984, 12ff.; S. Rückert/W. Gehrmann/K. Kruse/D. Kurbjuweit: Die Einheiz-Partei, Dossier in: Die ZEIT 26/1994; SPD (Hrsg.): Materialien: Die Zukunft des Sozialstaates. Zwischenbericht der Arbeitsgruppe Sozialpolitisches Programm, Bonn 1986; H.-J. Scherer/F. Vilmar (Hrsg.): Ein alternatives Sozialismuskonzept – Perspektiven des Öko-Sozialismus, hrsg. von der FU Berlin, Berlin [2]1983, R. Schroers: Liberale Politik, in: Demokratische Gesellschaft, Konsens und Konflikt (hrsg. v. der Landeszentrale für polit. Bildung NRW), München/Wien 1975; J. Strasser: Grenzen des Sozialstaats oder Grenzen kompensatorischer Sozialpolitik?, in: Ch. Fenner u. a. (Hrsg.): Unfähig zur Reform? Eine Bilanz der inneren Reformen seit 1969, Köln/Frankfurt/M. 1978; J. Strasser: Grenzen des Sozialstaats? Soziale Sicherung in der Wachstumskrise, Köln/Frankfurt/M. 1979; J. Strasser: Die Wende ist machbar, München 1994; H.P. Widmaier: Sozialpolitik im Wohlfahrtsstaat, Reinbek 1976.

Pflegehilfe, häusliche (h. P.)

Nach § 53 Abs. 1 SGB V erhalten Versicherte, die nach ärztlicher Feststellung so hilflos sind, daß sie im Ablauf des täglichen Lebens auf Dauer in sehr hohem Maße der Hilfe bedürfen (Schwerpflegebedürftige), h. P. Sie soll darauf ausgerichtet sein, daß Pflegebedürtige in ihrer häuslichen Umgebung verbleiben können und somit stationäre Pflege vermieden wird. Der Anspruch besteht jedoch nur, sofern kein Anspruch nach § 37 SGB V besteht und die Mindestversicherungszeiten nach § 54 Abs. 1 SGB V bei Feststellung der Schwerpflegebedürftigkeit erfüllt sind.
Die h. P. umfaßt im Einzelfall die notwendige Grundpflege und hauswirtschaftliche Versorgung bis zu einer Stunde je Pflegeeinsatz und bis zu 25 Pflegeeinsätzen im Monat. Die Aufwendungen für diese Leistungen dürfen im Einzelfall 750 DM je Kalendermonat nicht übersteigen (§ 55 Abs. 1 SGB V).
Die h. P. wird hauptsächlich von *Sozialstationen* durchgeführt, die sich aufgrund von Rahmen- und Gebührenvereinbarungen den Krankenkassen gegenüber zur Erbringung dieser Leistung verpflichtet haben. Die Krankenkassen haben aber auch Verträge mit gewerblichen Anbietern geschlossen. Nach § 57 Abs. 1 SGB V kann auf Antrag der Schwerpflegebedürftigen die Krankenkasse seit dem 1. 1. 1991 anstelle der h. P. auch einen Geldbetrag in Höhe von 400 DM monatlich zahlen, wenn die Schwerpflegebedürftigen selber die Pflege durch eine Pflegeperson in geeigneter Weise sicherstellen können.

Eine Entlastung der pflegenden Angehörigen oder sonstiger Pflegepersonen wird bei Urlaub, Krankenhausaufenthalt, Kur o.ä. durch den § 56 SGB V bis zu längstens 4 Wochen je Kalenderjahr sichergestellt. Voraussetzung ist, daß die Pflegeperson den Schwerpflegebedürftigen vor der Verhinderung mindestens 12 Monate gepflegt hat. Die Aufwendungen dürfen im Einzelfall 1800 DM für eine Ersatzpflegeperson im Kalenderjahr nicht überschreiten. Werden die Schwerpflegebedürftigen während dieser Zeit außerhalb ihres Haushalts, z.B. in einer Kurzzeitpflegestation, gepflegt, übernimmt die Krankenkasse die Kosten bis zur Höhe des Betrages, den sie bei Pflege und Versorgung des Patienten im eigenen Haushalt hätte aufwenden müssen. *H. W. Pollmann*

Literatur: s. *Sozialstation.*

Pflegekinder

1. Definitionen, Allgemeines: P. sind Kinder bzw. Jugendliche, die während des Tages (Tagespflege: § 23 KJHG) oder über Tag und Nacht (Vollzeitpflege, Familienpflege: §§ 33 und 44 KJHG) im Haushalt der Pflegeperson/Tagesmutter, bei Tagespflege (T.) auch im Haushalt der Eltern oder in angemieteten Räumen betreut, versorgt und erzogen werden. Das KJHG kennt den Begriff P. nicht, unterschiedliche Begriffsbestimmungen zur Vollzeitpflege (V.) bestehen im BKGG, Besoldungs-, Sozialhilfe-, Straf-, Steuerrecht, BGB. Eine besondere Rechtsfigur stellt die »Adoptionspflege« (§ 1744 BGB i.V.m. § 8 AdVermG) dar. T. und V. verbindet ihr privater, familiärer, ehrenamtlicher, laienpädagogischer Charakter, ihre Prägung als Frauen- und Hausarbeit und Vereinzelung – Merkmale, die Pflegestellen von der institutionellen, professionellen, kostendeckend arbeitenden Kindertagesstätte (*Tageseinrichtungen für Kinder*) und *Heimerziehung* unterscheiden. T. und V. werden häufig als billige Alternative oder »Notlösung« genutzt und jugendhilfepolitisch nur langsam für voll genommen. V. unterscheidet sich als familienersetzende Hilfe (Pflegestelle als Lebensmittelpunkt) von der präventiven/familienergänzenden T. Die V. stellt eine mit harten Rechtsansprüchen ausgestattete »Hilfe zur Erziehung« (*Erziehungshilfen*) für gefährdete und entwicklungsbeeinträchtigte Kinder und Jugendliche (§§ 33 i.V.m. § 27 KJHG) dar, die T. dient der allgemeinen Betreuung und »Förderung«. Ein besonderer Handlungskontext zwischen beiden Formen ist in den jugendamtlichen Pflegekinderdiensten gegeben die i.d.R. für T. und V. zuständig sind, sowie in der nicht geringen Zahl von Pflegestellen, die Kinder im Rahmen der T. und V. betreuen (Mischformen).

2. Tagespflege. Entwicklung: Die private Betreuung von Kindern ist uralt. Mütter der herrschenden Klasse hielten sich Ammen, Gouvernanten. Arme Frauen betreuten gegen Almosen in ihrem Haushalt Kinder von Handwerkern, Kaufleuten, Fabrikarbeiterinnen und vernachlässigten dabei häufig ihre eigenen. Mit den Genehmigungs- und Schutzbestimmungen des RJWG (1922) reagierte der Gesetzgeber auf das Elend der T. Als erzieherische Hilfe und Pflichtaufgabe des *Jugendamtes* blieb die T. jedoch bedeutungslos. Angesichts der katastrophalen Versorgungslage kleiner Kinder erwerbstätiger, alleinerziehender Mütter wurden Anfang der 70er Jahre, auch im Kontext mit der Frauenbewegung, staatliche Maßnahmen eingeklagt. Begleitet von Kontroversen zur frühkindlichen *Sozialisation* wurde unter wissenschaftlicher Begleitung des DJI mit zahlreichen JÄ das »Modellprojekt Tagesmütter« durchgeführt, das sich an der flächendeckenden und professionellen Praxis familialer Tagesbetreuung in Skandinavien (Tagesmütter als Beruf) orientierte. Resultate dieser und anderer Erfahrungen sind: Tagespflegekinder haben gegenüber Kindern, die in der eigenen Familie betreut werden, keine Entwicklungsnachteile. Im Vergleich zur institutionellen Tagesbetreuung bietet die T.: a) flexiblere Betreuungsarrangements (bei ungünstiger Arbeitszeit, Krankheit, familiären Krisen der Mütter/Eltern); b) größere Beständigkeit der Betreuungspersonen; c) individuelleres Eingehen auf die Bedürfnisse der Kinder und Eltern; d) T. fördert *Selbsthilfe* (-Gruppen), Nachbarschaftsinitiativen, *Emanzipation.* Gefährdungsmomente der T. sind: a) Wechsel der Bezugsperson insbesondere im 1. Lebensjahr; b) unvereinbare Erziehungsstile, Weltanschauungen; c) fehlende emotionale/soziale Akzeptanz der Mutter/Tagesmutter; d) durch lange Betreuungszeiten bedingte Streßsituationen. Die öffentliche Förderung eines differenzierten und ausreichenden, fachlich begleiteten Angebotes trägt wesentlich zur Verminderung dieser Risikofaktoren bei.

Die jüngste Entwicklung der T. ist durch eine große Kluft zwischen jugendhilfepolitischer Akzeptanz sowie großem Bedarf und unzureichender öffentlicher Förderung gekennzeichnet. Den etwa 43000 erlaubnispflichtigen (größtenteils nicht öffentlich finanzierten) T. standen 1990 20000–30000 »graue« T. gegenüber. Wegweisende Beiträge zur Aufwertung/Qualifizierung der T. (Informationen, Vermittlungen, Beratung, Fortbildung, Betreuungsverträge, Einfluß auf Gesetzgebungsverfahren) leisten die AG Tagesmütter, der Bundesverband für Kinderbetreuung in Tagespflege e.V., ein Zusammenschluß der Landes- und Ortsverbände. Sie werden z.T. mit monatlich durchschnittlich 120 DM pro Kind von JÄ unterstützt. 55% der Kinder kommen aus Einelternfamilien, 70% der Mütter/Eltern sind berufstätig/in Ausbildung. Bei 4 von 5 Tagespflegestellen handelt es sich um Kernfamilien. Soziale und finanzielle Gründe (1994 lag der monatliche Pflegesatz zwischen 500 und 750 DM) sind wesentliche Betreuungsmotive. Die Betreuungsdauer liegt bei den überwiegend unter 4jährigen Kindern zwischen 2 und 2 1/2 Jahren, bei der nur in Berlin institutionalisierten Tagesgroßpflegestelle (4–8 Kinder von 0 bis Einschulungsalter) liegt sie höher.

KJHG: Die gesetzliche Aufwertung der T. ist eine Antwort auf die defizitäre Versorgungslage, positiven Erfahrungen und das Wunsch- und Wahlrecht der Eltern (§ 5 KJHG). Grundsätzlich sind T. und Tageseinrichtungen gleichwertig; der T. kommt als individuelle Betreuungsform besondere Bedeutung für Kinder »in den ersten Lebensjahren« (§ 23 KJHG) zu, die Kindertagesstätte stellt ein gruppen- und bildungsorientiertes Angebot für ältere dar. Tagespflegepersonen und Personensorgeberechtigte haben Anspruch auf *Beratung*, Zusammenschlüsse von Tagespflegepersonen sollen unterstützt werden. Der entstehende Aufwand, dazu gehört das Entgelt für die Betreuung (»Kosten der Erziehung«), soll ersetzt werden, wenn die geeignete Pflegeperson durch Mitwirkung des JA vermittelt worden und T. für das Kind geeignet und erforderlich ist (§ 23 KJHG). Bedeutung kommt der Erziehungshilfe in einer T. (§ 32 i. V. m. §§ 27, 35 a KJHG) zu. Als eigenständige sozialpädagogische Figur knüpft sie an die vereinzelt (insbesondere in Berlin) institutionalisierte »heilpädagogische« T. an und dient, auch älteren Kindern, für vielfältige Problemlagen und zur Abwendung von Heimerziehung. Kritisiert wird: die geförderte Betreuung im eigenen Haushalt (»subventionierter Babysitter«) und die Legalisierung des »grauen« Marktes durch die Erlaubnisfreiheit bis zu 3 Pflegekinder (§ 44 Abs. 1 KJHG), die den Gleichwertigkeitsgrundsatz (die Kindertagesstätte ist erlaubnispflichtig) verletzt. Die Länder kommen der Pflicht zum bedarfsgerechten Ausbau und der Ausfüllung des KJHG (§§ 24 und 80 Abs. 2 KJHG) überwiegend nur unzureichend nach. Angesichts der Haushaltslage und schwachen Lobby ist kein Professionalisierungsschub zu erwarten. Geburtenrückgang, *Arbeitslosigkeit* und die Entwicklung im Kindertagesstättenbereich erschweren Bedarfsprognosen. In der ehemaligen DDR gaben Ausbildung/volle Berufstätigkeit beider Eltern und die staatlich favorisierte und bedarfsdeckende institutionelle Betreuung keinen Raum für T. Die Versorgung lag hier 1989 für die 2- bis 3jährigen bei 84%; die 0- bis 1jährigen blieben, gefördert durch das Babyjahr, häufig zu Hause.

3. Vollzeitpflege. Frühe Entwicklung: Von jeher wurden privat, durch kirchlich-caritative Gruppen und staatliche Instanzen unerwünschte, verwaiste, verwahrloste, delinquente und mißbildete Kinder und Jugendliche in Anstalten (Armen-, Findel- und Waisenhäuser), die jüngeren Kinder bei anderen Frauen, Verwandten, gegen Entgelt in Koststellen untergebracht. Anstalts- und Familienerziehung wurden, abhängig vom Geist der Zeit, von Krisen-, Kriegssituationen und ordnungspolitischen Vorstellungen, wechselnd bevorzugt. Die *Fremdunterbringung* war bis ins 20. Jh. gekennzeichnet durch *Armut*, Ausbeutung, *Krankheit* und Tod der Kinder und Jugendlichen. Auf die katastrophale Situation der »Kostkinder« reagierten Ende des 19. Jh. vereinzelt Regionalbehörden und, mit der Einführung der Berufsvormundschafte und staatlichen Aufsicht (Pflegekinderschutz), 1922 der Gesetzgeber (RJWG). Bis in die 70er Jahre war die öffentliche Fremderziehung beherrscht von institutioneller Massenpflege für die kleinen Kinder (*Hospitalismus*) und eine disziplinierende-aussondernde Anstaltserziehung (totale Institution). Während der NS-Zeit fand man, trotz Propaganda, kaum V., nach dem 2. Weltkrieg mangelte es an Wohnungen und Nahrungsmitteln, die meisten der 1,5 Mio. verwaisten Kinder und Jugendlichen lebten in Lagern, Massenunterkünften und Ruinen.

Reformdiskussion: Mit der Skandalisierung der Heimerziehung(-skampagne) Ende der 60er Jahre richtete sich die Aufmerksamkeit auf die V. Wegen ihres Familiencharakters und der erheblich geringeren Kosten wurde sie auch für entwicklungsgeschädigte Kinder und Jugendliche als sozialpädagogische Alternative propagiert. Die defizitären rechtlich-materiellen Rahmenbedingungen, das mangelnde Wissen um die sozialpsychologische Situation der Pflegekindschaft und die fahrlässige Vermittlungspraxis der JÄ kamen in den Blick. In der Unterversorgung der V. spiegeln sich die strukturellen Widersprüche der Pflegekindschaft: Privatheit/verfassungsrechtlicher Schutz als *Familie* vs. Öffentlichkeit/Kontrolle: das laienpädagogische /ehrenamtliche vs. (semi-)professionelle, vergütete Handeln und der für Rechtsgestaltung und Praxis folgenschwere, in den Begriffen »Ergänzungs-« und »Ersatzfamilie« angelegte Antagonismus und sozialwissenschaftliche Richtungsstreit. Die im mehrsystemischen Denken begründete Ergänzungsfamilie wird als Ergänzung zur Herkunftsfamilie verstanden. Das P. ist psychosozial in zwei Familiensystemen, in einer doppelten Elternschaft verankert. Es gelte, Eltern und Pflegepersonen durch Beratung zur Kooperation und gemeinsamen Verantwortung zu führen, die Zukunft des Kindes (Verbleib in der V., Rückkehr) offenzuhalten. Mit der Ersatzfamilie, einer psychoanalytisch orientierten Funktionszuweisung, wird dafür plädiert, die Beziehung des Kindes zu seinen Eltern abzubrechen, damit traumatische Erfahrungen, therapeutisch begleitet, aufgearbeitet und das Kind eine neue Elternbeziehung eingehen kann. Diese »soziale Elternschaft« (»De-facto-Adoption«) bedürfe einer stärkeren rechtlichen Absicherung.

Rechtsbeziehung zwischen Personensorgeberechtigten und Pflegepersonen: Soweit für das P. kein Vormund/Pfleger bestellt ist, bleiben die Eltern sorgeberechtigt, die Pflegeeltern üben, vertraglich begründet, das Sorgerecht aus, d.h., sie versorgen, erziehen das Kind, schließen Rechtsgeschäfte des täglichen Lebens ab. Grundlegende Entscheidungen wie Einwilligungen zur Operation, Auswahl der Schulform, Berufsausbildung und die Bestimmung des Aufenthaltes gehören nicht zu deren Vollmachten. In die Sorgerechtsreform von 1979 wurden ansatzweise Bestimmungen für einen erhöhten Schutz der Pflegekindschaft aufgenommen: § 1630 Abs. 3 BGB, wonach Pflegepersonen auf Antrag der Eltern Angelegenheiten der Sorge übertragen werden können, blieb für die Praxis bedeutungslos. Nach § 1632 Abs. 4 BGB kann das Herausnahmebegehren der leiblichen Eltern rechtlich abgewehrt werden, wenn das Kind seit »längerer Zeit« in der Pflegefamilie lebt und solange bei den leiblichen Eltern Gefährdungstatbestände (§ 1666 Abs. 1 S. 1 BGB) gegeben sind. Pflegepersonen sind im Sorgerechtsverfahren anzuhören (§ 50c FGG).

Pflegestellenformen: Neben der Dauer-(Einzel-)Pflege, die wegen der niedrigen Kosten in 90%–95% aller Fälle für alle Problemlagen genutzt wird, haben einige JÄ spezielle Formen entwickelt: die Kurz-/Bereitschaftspflege für vorübergehende, häufig rasch gebotene Unterbringung, z.B. bei Erkrankung der Mutter, Familienkrisen oder im Rahmen der Inobhutnahme; die Wochenpflegestelle für einzelne volle Tage (z.B. wegen Schichtarbeit alleinerziehender Eltern); die Großpflege als familial-gruppenpädagogisches Angebot für 3 bis 5 P.; die meistens fachlich ausgewiesenen heilpädagogischen Pflegestellen (Sonderpflege) für besonders entwicklungsgeschädigte/behinderte und die für ältere und Jugendliche von überörtlichen Jugendhilfeträgern im Rahmen der FEH/FE gemäß JWG geschaffenen und auf KJHG-Basis fortgeführten Erziehungsstellen. Professionelle Besonderheiten stellen die Heimen angesiedelten Erziehungsstellen und die von freien Trägern angestellten Pflegepersonen dar.

Finanzielle Leistungen: Das altersbezogene Pflegegeld für den Unterhalt des P. wurde zunehmend dem Bedarf der Kinder angepaßt. Es lag 1994, regional und zwischen den neuen und alten Bundesländern unterschiedlich, zwischen etwa 600 und 1000 DM. Trotz der 5- bis 10fach höheren Heimkosten gibt es im allgemeinen keine adäquate Honorierung der Erziehungs- und Betreuungsleistung der Pflegeeltern. Sie lag in den 80er Jahren durchschnittlich monatlich bei 100 DM, 1994 etwa bei 300 DM abzüglich des Kindergeldes, und nur für die 5–10% Spezialpflegestellen mit überwiegend (semi-)professionellem Anspruch werden 600 DM, selten über 1000 DM, gezahlt. Selbst für die schwer zu vermittelnden behinderten P. kennen die zuständigen überörtlichen Sozialhilfeträger (Eingliederungshilfe §§ 39, 40 i.V.m. Abs. 1 Nr. 1 BSHG), ausgenommen Hessen und Berlin, keine Förderungsprogramme.

Vermittlungspraxis: Hohe Heimunterbringungszahlen, der Mangel an geeigneter V. und identitätsverletzende Abbrüche der Eltern-Kind-Kontakte und -Pflegeverhältnisse sind wesentlich auf unzureichende Fachkompetenz und Personal-/Sachmittel zurückzuführen. Ein langsamer Wandel ist gekennzeichnet durch weniger kontrollierend-obrigkeitliches, pragmatisch-defensives Handeln, Ad-hoc-Vermittlungen und mehr leistungs-fachorientiertes Handeln, Kooperieren zwischen den Fachkräften und -diensten und eine öffentlichkeitswirksame Aktivität (Werbung).

DDR: Die Fremdunterbringung spielte sich fast ausschließlich in Einrichtungen ab, eine dezidierte Vollzeitpflegearbeit gab es nicht. Die privat vermittelten P. wuchsen meistens bei Verwandten auf. Bei den überwiegend mit Eingriffen ins Elternrecht verbundenen Unterbringungen in staatlich geförderten, adoptionsähnlichen V. handelte es sich in der Mehrzahl um »eltern-/familiengelöste« Kinder.

Daten, empirische Befunde: sind spärlich. Am 1.1.1993 lebten in der BRD 52000 junge Menschen in V., davon 8000 in den neuen Bundesländern, (in Heimerziehung und sonstigen betreuten Wohnformen befanden sich – ohne Berücksichtigung der Unterbringung im Rahmen der Eingliederungshilfe – 73000 junge Menschen; davon waren 18000 durch die neuen Länder und Ost-Berlin untergebracht). Am Stichtag waren 21% P. unter 6 Jahren, 50% zwischen 6–15, 19% zwischen 15–18 und 10% über 18 Jahre, (in Heimen dominieren dagegen Jugendliche). Etwa 2 von 5 P. wurden nichtehelich geboren, 3 von 4 kommen aus unvollständigen Familien, 6% sind ausländischer Herkunft. Bei 70% der P. sind andere Hilfen vorausgegangen, 16% der P. kommen aus den Heimen, 6% aus einer anderen Pflegestelle (6% der jungen Menschen in Heimen befanden sich vorher in V.). Jedes dritte P. kommt über vormundschaftliche Entscheidungen in V. Die durchschnittliche Verweildauer liegt bei 5½ Jahren, 13% sind weniger als 2, 32% mehr als 7 Jahre in V. Pflegepersonen rekrutieren sich überwiegend aus unter 35jährigen, die in Kernfamilien leben und vom Berufs-/Bildungsstatus der unteren bis mittleren Mittelschicht angehören. Die meisten Pflegemütter sind nicht berufstätig.

KJHG: Es fordert ein zeit-/zielgerichtetes, methodisches und kooperatives Handeln. Die V. kann eine »zeitlich befristete« oder eine auf Dauer angelegte sein (§ 33 KJHG). In dem durch das Zusammenwirken der Fachkräfte/-dienste und unter Beteiligung des Kindes, der Eltern und Pflegepersonen erarbeiteten, regelmäßig zu überprüfenden »Hilfeplan« sind alle relevanten Daten, die Leistungen und Ziele festzuhalten (§ 36 KJHG). Zuvörderst ist die Verbesserung der herkunftsfamiliären Situation in einem »vertretbaren Zeitraum« und damit die Rückkehr des Kindes anzustreben (§ 37). Eine zeitliche Konkretion (2 Jahre) bieten die, wegen des regionalen Leistungsgefälles problematischen, Zuständigkeitsregelungen (§§ 86, 6 i.V.m. § 39 Abs. 4 KJHG). Pflegeerlaubnis benötigen nur noch die wenigen Pflegepersonen, die ohne Vermittlung des JA ein P. betreuen und wenn kein Erziehungshilfebedarf gegeben ist (§ 44 i.V.m. § 27 KJHG). Das JA hat jedoch stets die Prüfungspflicht und ein Informationsrecht (§ 37 Abs. 4 KJHG). Alle Beteiligten sind zu beraten und zu unterstützen (§ 37 KJHG). Mit der gesetzlichen Regelvermutung zur Ausübung der *elterlichen Sorge* durch die Pflegepersonen (§ 38 KJHG) wurde zwar nichts Neues, jedoch mehr Klarheit für die Praxis geschaffen. Künftig kommen professioneller und quantitativer Bedeutung zu: a) der V. »auf Zeit«; b) »geeigneten Formen« für »besonders entwicklungsbeeinträchtigte« P.; c) der Bereitschaftspflege für vorläufige Unterbringungen im Rahmen der Inobhutnahme (§ 42 KJHG). Die mit Rechtsanspruch versehenen Leistungen zum Unterhalt und zur Krankenhilfe (§§ 39, 40 KJHG) sind Annex der erzieherischen Hilfe und gelten auch für Verwandtschaftspflege, deren spezifische Probleme in jüngster Zeit thematisiert werden.

Die Realisierung der rechtlichen Vorgaben erfordert einen erheblichen Professionalisierungsschub (u.a. höhere fachliche Standards und Ressourcen in den JÄ, eine

den Erziehergehältern vergleichbare Vergütung für Spezialpflegestellen) und eine zuverlässig geförderte Mitwirkung der freien Träger (Pluralisierung der Angebote, Wahlfreiheit).
Der in den neuen Bundesländern von 10 auf 30% angestiegene Anteil der P. im Unterbringungsbereich (1992) ist wesentlich auf die Umwandlung privater V. in öffentlich geförderte zurückzuführen. Ein qualifizierter Ausbau des Pflegekinderbereiches ist wegen der Perspektiv-/Wohnungsprobleme, der Ungeübtheit mit V. als sozialpädagogische Hilfe erschwert.

P. Widemann

Literatur: AG Tagesmütter, Bundesverband e. V.: Grundlagenpapier zur Familientagespflege, Meerbusch 1993; J. Blandow/ B. Frauenknecht: Evaluation des Dauerpflegekinderwesens, in: Materialien zum 5. Jugendbericht, München 1980; H. Blüml: Tagesmütter – vom Modellprojekt zum Bundesverband, Hrsg.: Arbeitsgemeinschaft Tagesmütter, Meerbusch 1991; Bundesregierung: Gesetzentwurf zum KJHG – Begründung, Drucksache 11/5948 vom 1. 12. 1989; Deutscher Verein: Empfehlungen des DV zur Ausgestaltung der Tagespflege nach § 23 KJHG, in: NDV 6/1992; Deutsches Jugendinstitut: Tageseinrichtungen für Kinder, München 1993; Deutsches Jugendinstitut: Handbuch der Beratung im Pflegekinderbereich, München 1987; E. Gerszonowicz: Tagespflege: Notlösung oder Alternative?, Berlin 1994; J. Goldstein/A. Freud/A. J. Solnit: Jenseits des Kindeswohls, Frankfurt/M. 1974; Hamburger Pflegekinderkongreß: »Mut zur Vielfalt«, Dokumentation, Münster 1990; F. Huber: Konzept Pflegekinder – Materialien zum kommunalen Jugendplan (München), München 1992, vervielfältigtes Manuskript; E. Jordan: Vollzeitpflege als Hilfe zur Erziehung – Stand, Anforderungen und fachliche Perspektiven, in: ZfJ 1/ 1992; J. Maywald/R. Weißmann: Fachkräfte im Pflege-Kinderbereich – ein Handbuch zur Weiterbildung, hrsg. vom Arbeitskreis zur Förderung von Pflegekindern e. V., Berlin 1995; J. Münder u. a.: Frankfurter Lehr- und Praxiskommentar zum KJHG, Münster [2]1993; M. Nienstedt/A. Westermann: Pflegekinder, Münster 1989; L. Salgo: Pflegekindschaft und Staatsintervention, Darmstadt 1987; C. Schiemann/P. Widemann: Pflegeelternschule, Hrsg.: Senatsverwaltung für Jugend und Familie, Berlin 1994; Senatsverwaltung für Jugend und Familie: Pflegekinderbericht, Berlin 1988; A. Stähr, in: Hauck SGB VIII K §§ 33, 36, 37, 38; P. Widemann: Die Pflegefamilie – mehr benutzt als geschätzt, in: Materialien zur Heimerziehung Nr. 4/1991.

Pflegesätze (P.)/ Pflegesatzvereinbarungen (PV.)

P. sind Entgelte für Leistungen der Einrichtungen in der *Jugend-* und *Sozialhilfe*. PV. sind Kostenerstattungsvereinbarungen zwischen den Trägern von Einrichtungen und den Trägern von Jugend- und Sozialhilfe im Einzelfall. Solche Kostenerstattungsvereinbarungen regeln keine zuwendungsrechtlichen Tatbestände i. S. des öffentlichen Haushaltsrechtes (*Finanzierung freier Träger*).
Die Kostenerstattungsvereinbarungen haben ihre Rechtsgrundlage im § 77 SGB VIII für die Jugendhilfe und hatten eine solche bis zum 30. 6. 94 in § 93 Abs. 2 BSHG a. F. für die Sozialhilfe. Mit diesen Vereinbarungen werden Rechtsbeziehungen zwischen den Berechtigten in der Jugend- und Sozialhilfe einerseits und den Trägern von Einrichtungen und den gesetzlichen Kostenträgern in der Jugend- und Sozialhilfe andererseits abgewickelt. Der Berechtigte in der Jugend- und Sozialhilfe tritt mit dem Träger einer Einrichtung in ein privatrechtliches Vertragsverhältnis, aus dem Rechte auf Inanspruchnahme und Pflichten zur Übernahme von Kosten aus dieser Inanspruchnahme erwachsen. Mit dem Abschluß einer PV. wird die Voraussetzung dafür geschaffen, daß im Einzelfall die Rechte und Pflichten des Berechtigten in der Sozial- und Jugendhilfe durch den gesetzlichen Kostenträger unmittelbar dem Träger der Einrichtung gegenüber geltend gemacht bzw. erfüllt werden.
In den PV., die auf Landesebene zwischen den Spitzenverbänden der Kostenträger und den Trägern der Einrichtungen geschlossen werden, wird der Verpflichtung zur partnerschaftlichen Zusammenarbeit nach § 4 Abs. 1 SGB VIII und § 10 Abs. 2 BSHG entsprochen und auch dem Gebot der Zweckmäßigkeit sowie der Sparsamkeit und Wirtschaftlichkeit von Verwaltungshandeln Rechnung getragen. Die PV. auf Landesebene sind i. d. R. Rahmenvereinbarungen und erreichen ihre volle Wirkung erst durch ihre Konkretisierung auf regionaler oder lokaler Ebene.
Die Kostenübernahme erfolgt auf der Grundlage des Prinzips der Deckung der Selbstkosten. Maßstäbe für die Kostenübernahme sind nach§ 93 Abs. 2 BSHG a. F. die Grundsätze der Wirtschaftlichkeit, Sparsamkeit und Leistungsfähigkeit. Der Grundsatz der Leistungsfähigkeit mißt sich an der Zielsetzung der Einrichtung und an der Konzeption für die Durchführung ihrer Arbeit. Für die Grundsätze der Sparsamkeit und Wirtschaftlichkeit gelten die Interpretationen, wie sie von Lehre und Rechtsprechung entwickelt worden sind. Danach sind Ausgaben sparsam und wirtschaftlich, wenn mit den gegebenen Mitteln der größtmögliche Erfolg, gemessen an Zielsetzung und Konzeption der Einrichtung, erreicht wird.
Unter Beachtung dieser Grundsätze werden mit den P. die Personal- und Sachkosten gedeckt, die unmittelbar mit der Förderung, Erziehung, Pflege und Versorgung der in einer Einrichtung betreuten Personen im Zusammenhang stehen. Zu den Sachkosten rechnen auch sog. kalkulatorische Kosten, wie z. B. Abschreibungen und Instandsetzungsaufwendungen. Berechnungsgrundlagen für die kostendeckenden P. sind die in der Einrichtung vorhandenen Plätze und ihre durchschnittliche Belegung.
Seit dem 1. 7. 1994 gilt für die Sozialhilfe § 93 Abs. 2 BSHG i. d. F. des Zweiten Gesetzes zur Umsetzung des Spar-, Konsolidierungs- und Wachstumsprogramms (2. SKWPG). An die Stelle von Pflegesätzen, die sich auf der Grundlage des Selbstkostendeckungsprinzips errechnen, treten seitdem Entgelte, die leistungsgerecht sein und es einer Einrichtung bei sparsamer und wirtschaftlicher Betriebsführung ermöglichen müssen, eine bedarfsgerechte Hilfe zu leisten. Diese die bisherigen

PV. in der Sozialhilfe ablösenden Entgeltvereinbarungen setzen eine Leistungsvereinbarung voraus, die sich auf Inhalt, Umfang und Qualität der von der Einrichtung zu erbringenden Leistungen bezieht und Grundlage für die Bemessung des leistungsgerechten Entgelts ist. Bei der Bemessung des Entgelts bleiben darüber hinaus die Grundsätze der Wirtschaftlichkeit, Sparsamkeit und Leistungsfähigkeit auch weiterhin zu beachten. Mit dieser Neuregelung wird auch das sog. prospektive Entgelt (Pflegesatz) eingeführt, ein Prinzip, das einerseits einen nachträglichen Ausgleich von Defiziten ausschließt, andererseits aber auch erwirtschaftete Überschüsse der Einrichtung beläßt.
Mit diesen Neuerungen will der Gesetzgeber die sozialen Einrichtungen zu mehr Wirtschaftlichkeit anhalten. Der Kostennachweis allein ist hierfür nicht maßgebend. Das leistungsgerechte Entgelt (anstelle des kostendekkenden P.) wird sich mehr an Kostenpauschalen und Durchschnittswerten orientieren, die für vergleichbare Einrichtungen ermittelt worden sind. Die Zukunft wird zeigen, inwieweit es den Einrichtungen ebenso wie den Kostenträgern durch die gesetzliche Neuregelung gelingt, von der vorrangigen Beschäftigung mit Kostenproblemen abzugehen und auf verstärkt betriebswirtschaftliches Denken und Handeln überzugehen.
Für die Jugendhilfe wird eine dem § 93 Abs. 2 BSHG n. F. vergleichbare gesetzliche Regelung erwartet. Es sind Bestrebungen erkennbar, bis zu einer solchen gesetzlichen Regelung in der Jugendhilfe, die durch § 93 Abs. 2 BSHG n. F. ausgelöste Pflegesatzpraxis auch in der Jugendhilfe zu praktizieren. *P. Motsch*

Literatur: M. Friedrich: Die neue Pflegesatzregelung im BSHG, in: NDV 5/1994, 166ff.; LPK-BSHG § 93 Rz 18ff.; Baden-Baden [4]1994; R. Sans: Die neuen §§ 93, 94 BSHG aus Sicht der freien Wohlfahrtspflege, in: NDV 4/1994, 125f.; G. Vigener: Prospektive Pflegesätze in Einrichtungen der Alten- und Behindertenhilfe nach Änderung des BSHG, in: NDV 4/1994, 122ff.

Pflegeversicherung, soziale (s. P.)

Nach mehr als 20jähriger Diskussion ist zum 1. 1. 1995 das Gesetz zur sozialen Absicherung des Risiko der Pflegebedürftigkeit in Kraft getreten. Wesentlicher Teil dieses Gesetzes ist das neue Elfte Buch des Sozialgesetzbuches (SGB XI), die s. P.

1. Wer ist versichert?: Grundsätzlich sind alle BürgerInnen versichert, Erwerbstätige, nichterwerbstätige Ehepartner und Kinder, Rentner, Arbeitslose und alle anderen Bezieher von Sozialleistungen.
Alle Mitglieder der gesetzlichen Krankenversicherung, unabhängig davon, ob Pflichtmitglied oder freiwilliges Mitglied, sind automatisch bei ihrer Pflegekasse versichert. Freiwillig Versicherte können zwischen sozialer und privater P. wählen. Versicherte privater Krankenversicherungen müssen bei ihrer Versicherung eine private P. abschließen.
Der Beitragssatz ist gesetzlich festgeschrieben und beträgt ab 1. 1. 1995 1% des Bruttogehalts – davon tragen Arbeitgeber und Arbeitnehmer, wie bei allen anderen Sozialversicherungsbeiträgen auch, jeweils die Hälfte. Ab dem 1. 7. 1996 wird der Beitragssatz auf 1,7% angehoben. Beitrag wird höchstens bis zur Beitragsbemessungsgrenze der Krankenversicherung erhoben.

2. Wer hat Anspruch auf Leistungen?: Leistungen erhalten zum einen Pflegebedürftige, zum anderen Angehörige, Freunde oder Nachbarn, die als Pflegepersonen ehrenamtlich pflegen. Leistungen werden auf Antrag bewilligt. Als pflegebedürftig gelten Menschen, die wegen einer körperlichen, geistigen oder seelischen Krankheit oder Behinderung auf Dauer Hilfen im Alltag benötigen. Die Hilfsbedürftigkeit bezieht sich auf die
- Körperpflege wie Waschen, Duschen, Baden, Zähneputzen, Kämmen, Rasieren, Hilfen beim Toilettengang;
- Ernährung wie das Zubereiten und Zerkleinern des Essens, Hilfen beim Essen;
- Mobilität wie das selbständige Aufstehen und Zu-Bett-Gehen, An- und Ausziehen, Gehen, Stehen, Treppensteigen und das Verlassen der Wohnung sowie das Nach-Hause-Kommen;
- hauswirtschaftliche Versorgung wie das Einkaufen, Kochen, Putzen, Spülen, Wäschewaschen, Heizen.

Die Pflegebedürftigen werden nach dem Grad der Pflegebedürftigkeit in 3 Pflegestufen eingeteilt:
- Die erheblich Pflegebedürftigen (I) müssen mindestens einmal täglich Hilfe benötigen,
- die Schwerpflegebedürftigen (II) müssen mindestens dreimal täglich Hilfe benötigen und
- die Schwerstpflegebedürftigen (III) müssen rund um die Uhr, auch nachts, Hilfe benötigen.

Die Einzelheiten zur Feststellung des unterschiedlichen Grades der Pflegebedürftigkeit sind bundeseinheitlich in Richtlinien festgelegt.
Der Medizinische Dienst der Krankenversicherung prüft, ob die Voraussetzungen der Pflegebedürftigkeit erfüllt sind und welche Stufe der Pflegebedürftigkeit vorliegt. Dabei wird auch geprüft, ob und in welchem Umfang es sinnvoll ist, professionelle Pflegekräfte einzusetzen, und ob rehabilitative Maßnahmen nötig sind. Die Untersuchung erfolgt i. d. R. in der Wohnung der Pflegebedürftigen. Untersuchungsergebnisse anderer Ärzte sollen bei der Begutachtung hinzugezogen werden. Beantragt der Pflegebedürftige Pflegegeld, äußert sich der Medizinische Dienst auch dazu, ob die häusliche Pflege ohne den Einsatz professioneller Pflegekräfte sichergestellt ist.
Auf der Grundlage des Gutachtens des Medizinischen Dienstes entscheidet die Pflegekasse über den jeweiligen Antrag.

3. Auf welche Leistungen besteht ein Anspruch?: Wenn die Voraussetzungen erfüllt sind, besteht auf die Lei-

stungen der s. P. ein Rechtsanspruch. Die Leistungen der privaten P. sind grundsätzlich entsprechend hoch. Es wird unterschieden zwischen Sachleistungen, das sind Pflegeleistungen professioneller Pflegekräfte (= Erwerbstätige), und einer Geldleistung in Form eines pauschalen Pflegegeldes. Mit dem Pflegegeld sollen pflegende Angehörige, Freunde oder Nachbarn »bezahlt« (= Aufwandsentschädigung) werden können, wenn diese die notwendige Grundpflege und hauswirtschaftliche Versorgung übernehmen.

3.1 Häusliche Pflege: Wird die Pflegebedürftige zu Hause versorgt, besteht Anspruch ab dem 1.4.1995 auf folgende Leistungen:

	Sachleistung monatlich bis zu	Geldleistung (Pflegegeld monatlich)
Erhebliche Pflegebedürftige (I)	750 DM	400 DM
Schwerpflegebedürftige (II)	1800 DM	800 DM
Schwerstpflegebedürftige (III)	2800 DM	1300 DM
in besonderen Härtefällen	3750 DM	

Kombinationsleistungen: Wenn die Sachleistung in voller Höhe in Anspruch genommen wird, besteht kein Anspruch mehr auf eine Geldleistung. Wird nur ein Teil der Sachleistung in Anspruch genommen, besteht ein Anspruch auf ein anteiliges Restpflegegeld. Wenn kein Restpflegegeld bewilligt wird oder das Restpflegegeld geringer als 1/3 des Pflegegeldes ist, kann ein Anspruch auf ein ergänzendes Pflegegeld nach dem Bundessozialhilfegesetz bestehen.
Qualitätssicherung bei Bezug von Pflegegeld: Wenn ausschließlich Pflegegeld beantragt und bewilligt worden ist, müssen die Pflegebedürftigen in bestimmten Zeiträumen – viertel- oder halbjährlich – eine professionelle Pflegekraft zu sich bitten, um sich über die häusliche Pflege beraten zu lassen, aber auch um zu prüfen, ob die häusliche Pflege sichergestellt ist.
Ergänzende Leistungen zur häuslichen Pflege: Außerdem hat der Pflegebedürftige einen Anspruch auf folgende die häusliche Pflege ergänzende Leistungen:

- Wenn die Pflegeperson wegen Krankheit, Urlaub oder aus anderen Gründen die Pflege zeitweise nicht übernehmen kann, übernimmt die Pflegekasse die Kosten für eine professionelle Ersatzpflegekraft für bis zu 4 Wochen jährlich, höchstens bis zu einem Betrag von 2800 DM;
- wenn aus den gleichen Gründen oder weil die häusliche Pflege alleine noch nicht ausreicht (aktivierende Pflege), die Pflege zeitweise nicht sichergestellt ist, besteht ein Anspruch auf 4 Wochen vollstationäre Kurzzeitpflege pro Jahr, v.a. auch im Anschluß an eine stationäre Behandlung des Pflegebedürftigen, höchstens bis zu einem Betrag von 2800 DM;
- wenn die häusliche Pflege auch längerfristig nicht im ausreichenden Umfang sichergestellt werden kann, besteht ein Anspruch auf teilstationäre Tages-/Nachtpflege einschließlich der notwendigen Fahrtkosten.
- Diese Leistungen sind nach dem Grad der Pflegebedürftigkeit gestaffelt mit Stufe I 750 DM, Stufe II 1500 DM und Stufe III 2100 DM. Daneben können zu Hause professionelle Pflegekräfte eingesetzt werden, und es kann ein Anspruch auf ein ergänzendes Restpflegegeld bestehen. Die Leistungen dürfen allerdings insgesamt nicht höher sein als die nach Pflegestufen gestaffelten Sachleistungen (s.o.);
- es besteht auf laufend zum Verbrauch benötigte Pflegehilfsmittel ein Anspruch bis zu 60 DM monatlich. Längerfristig benötigte Hilfsmittel werden ebenfalls zur Verfügung gestellt, u.U. mit einer Selbstbeteiligung. Für die Verbesserung des Wohnumfeldes des Pflegebedürftigen können einmalige Zuschüsse bis zu 5000 DM bewilligt werden.

Soziale Sicherung der Pflegeperson: Eine Versorgung der Pflegebedürftigen zu Hause ist i.d.R. nur möglich, wenn der größte Teil der Pflege von ehrenamtlich pflegenden Verwandten, Freunden oder Nachbarn übernommen wird. Sobald diese ehrenamtliche Pflege einen gewissen Umfang überschreitet, besteht ein Anspruch auf Alterssicherung dieser Pflegepersonen in der Gesetzlichen Rentenversicherung. Voraussetzung ist, daß mindestens 14 Stunden in der Woche gepflegt wird und die Pflegeperson andererseits nicht mehr als 30 Stunden pro Woche an anderer Stelle erwerbstätig ist. Je höher der wöchentlich von der Pflegeperson erbrachte Pflegeaufwand ist und je höher der Grad der Pflegebedürftigkeit ist, desto höher sind die entsprechenden Beitragszahlungen der Pflegekasse an die Gesetzliche Rentenversicherung. Für die Beitragszahlungen werden im Jahr 1995 bis zu 80% eines Bruttogehalts von 4060 DM zugrunde gelegt.
Neben der Alterssicherung sind die Pflegepersonen während der pflegerischen Tätigkeit beitragsfrei in die Gesetzliche Unfallversicherung einbezogen.

3.2 Stationäre Pflege: Wenn häusliche oder teilstationäre Pflege nicht ausreicht oder nicht möglich ist, besteht ab dem 1.7.1996 ein Anspruch auf vollstationäre Pflege in einem Pflegeheim. Die Kosten bei vollstationärer Pflege werden wie folgt aufgeteilt:

- Die Pflegekasse übernimmt die Kosten für die pflegebedingten Aufwendungen bis zu 2800 DM monatlich. In besonderen Härtefällen können pflegebedingte Aufwendungen bis zu 3300 DM monatlich übernommen werden.
- Die Kosten für Unterkunft und Verpflegung trägt der Pflegebedürftige. Das ist insofern auch sinnvoll, da er ja keine anderen Kosten mehr für eine eigene Wohnung oder für selbstgekaufte Lebensmittel hat. Wenn der Pflegebedürftige nicht in der Lage ist, diese Kosten aus eigenem Einkommen oder Vermögen zu tragen, hat er einen entsprechenden Anspruch auf *Sozialhilfe*leistungen.
- Die Kosten für die betriebsnotwendigen Investitionen, v.a. für Gebäude, werden entsprechend dazu ergangenen Ländergesetzen ganz oder teilweise

durch öffentliche Zuschüsse von den Ländern getragen. Soweit diese Kosten nicht voll gedeckt sind, können die Heimträger diese Restkosten den Pflegebedürftigen in Rechnung stellen.
- Die Pflegebedürftigen können sich in den Heimen Zusatzleistungen kaufen, etwa besonderen Komfort bei der Unterbringung oder beim Essen oder auch zusätzliche pflegerisch-betreuende Leistungen. Diese Leistungen werden dem Pflegebedürftigen gesondert in Rechnung gestellt.
- Ärztlich verordnete Heil- und Hilfsmittel, etwa Inkontinenzartikel oder Arzneimittel, aber auch krankengymnastische Leistungen oder andere rehabilitative Leistungen werden von den Krankenkassen getragen.

Die verschiedenen Kostenbestandteile werden den jeweiligen Kostenträgern getrennt in Rechnung gestellt. Grundlage sind dafür besonders ausgehandelte Versorgungs- und Vergütungsverträge, in denen auch die fachlichen Standards der pflegerischen Versorgung vereinbart werden.

4. Soziale Pflegeversicherung und Hilfe zur Pflege nach dem BSHG: Die Definition des Grades der Pflegebedürftigkeit ist in der s.P. und bei der Hilfe zur Pflege nach dem BSHG identisch. Anspruch auf ergänzende Leistungen nach dem BSHG gibt es v.a. für folgende Betroffenengruppen:
- Wenn die – begrenzte – Sachleistung der s.P. für die ambulant versorgte Pflegebedürftige nicht ausreicht, besteht ein Anspruch auf Leistungen auch oberhalb der Stufe III. Dies ist v.a. für Schwerstpflegebedürftige wichtig, die beispielsweise im Rahmen der individuellen Schwerstbehindertenbetreuung versorgt werden.
- Pflegebedürftige, die nur geringfügig pflegebedürftig sind – unterhalb der Stufe I – und deshalb keine Leistungen aus der s.P. erhalten, haben einen Anspruch auf die angemessenen Aufwendungen der Pflegeperson, es können auch Beihilfen gewährt werden.
- Wird bei der Inanspruchnahme von Sach- und Geldleistungen (Kombinationsleistung) von der s.P. kein Pflegegeld oder ein Pflegegeld gezahlt, das geringer als 1/3 des vollen Pflegegeldes ist (bei Stufe I: 133,33 DM; bei Stufe II: 266,67 DM; bei Stufe III: 433,33 DM), besteht ein Anspruch auf entsprechend ergänzende Sozialhilfeleistungen, bis 1/3 des vollen Pflegegeldes erreicht ist.
- Für Pflegebedürftige, die bis zum 31.3.1995 bereits Pflegegeld nach dem BSHG erhalten haben, besteht eine Bestandsschutzregelung. Danach besteht ein Anspruch auf ein ergänzendes Pflegegeld, wenn die neuen Leistungen der s.P. auf Grund einer anderen Beurteilung der Pflegebedürftigkeit niedriger sind als das bisherige Pflegegeld nach dem BSHG. Dabei sind auch die bisherigen Leistungen der Krankenversicherung für Schwerpflegebedürftige zu berücksichtigen.

5. S.P. und Eingliederungshilfe nach dem BSHG: Anspruch auf Leistungen der s.P. haben auch Behinderte (*Behindertenhilfe*), wenn ihre Pflegebedürftigkeit vom Medizinischen Dienst der Krankenversicherungen anerkannt worden ist. Daneben haben sie einen Anspruch auf ambulante oder stationäre Eingliederungshilfe nach dem BSHG. Beide Leistungen werden nebeneinander gewährt. Um doppelte Antragstellungen, Begutachtungen und Bearbeitungsvorgänge zu vermeiden, sollen die Pflegekassen mit den jeweiligen Sozialhilfeträgern Verträge schließen, um eine umfassende Vorleistung durch den Sozialhilfeträger zu ermöglichen, der sich seinerseits die Leistungen der Pflegekassen von diesen erstatten läßt. Soweit diese Verträge bestehen, brauchen die Behinderten nur noch einen Antrag bei dem für sie zuständigen Sozialhilfeträger zu stellen, um pflegerische Leistungen und Eingliederungshilfe zu erhalten.

6. Empirische Daten: Empirische Daten zum Umfang der Pflegebedürftigkeit liegen bislang kaum vor. Die aktuellste Untersuchung wurde von der BReg in Auftrag gegeben und stammt von Infratest. Danach benötigten in privaten Haushalten 1991 in der BRD rd. 190000 Personen ständig, 468000 Personen täglich und 465000 Personen mindestens mehrfach wöchentlich Pflege, insgesamt gibt es also 1123000 zu Hause versorgte Pflegebedürftige. Weitere rd. 450000 Pflegebedürftige leben in Pflegeheimen.
Pflegebedürftigkeit ist bis zum Inkrafttreten der P. im wesentlichen über die Hilfe zur Pflege nach dem BSHG abgesichert worden und über die Gesetzliche Krankenversicherung. Die Zahl der Empfänger von Pflegeleistungen und der finanzielle Aufwand im Jahr 1992 ergibt sich aus der folgenden Aufstellung:

	Zahl der Empfänger	Finanzieller Gesamtaufwand in Mio. DM
BSHG: ambulant Versorgte	276734	1411
BSHG: stationär Versorgte	398469	13272
Krankenversicherung: ambulant Versorgte	732857	2836
Kriegsopferversorgung Kriegsopferfürsorge	61847	1486
Sonstige	96800	650
Insgesamt	(1566707)	19655

Anmerkung: Die Addition der Zahl der Leistungsempfänger ist nur bedingt zulässig, da viele Sozialhilfeempfänger gleichzeitig Leistungen aus der gesetzlichen Krankenversicherung erhalten.

Im Rahmen der P. wird mit einer Zahl von etwa 1650000 Leistungsempfängern gerechnet und mit Gesamtaufwendungen in einer Größenordnung von 30 Mrd. DM. *G. Wenzel*

Literatur: BT-Drs. 12/5262: Gesetzentwurf mit Begründung; W. Frank: Zur Umsetzung der Pflegeversicherung, in: NDV

10/1994, 366–373; W. Gerlach: Die Umsetzung der Pflegeversicherung aus Sicht der Krankenkassen/Pflegekassen, in: NDV 10/1994, 373–376; K. Jung: Pflegeversicherung: Auf dem Weg zur fünften Säule der Sozialversicherung, in: Zeitschrift für Sozialhilfe und Sozialgesetzbuch 1992, 618–632; Hilfe- und Pflegebedarf in Deutschland 1991 (Infratest Sozialforschung), München 1992.

Planung

1. Begriff: In einer allgemeinen Bedeutung kann man unter P. die gedankliche Vorwegnahme von Handlungen verstehen, die z.T. unter Verwendung materieller Ressourcen erfolgen und mit deren Hilfe bestimmte Zwecke (Ziele) erreicht werden sollen. Die Handlungen sowie die verwendeten Ressourcen werden als Mittel zur Zweckerreichung begriffen. Für jede Form der P. steht somit das Denken in Zweck-Mittel-Zusammenhängen im Mittelpunkt. Diese Zweck-Mittel-Zusammenhänge müssen »als (vermeintliche oder wirkliche) Kenntnisse über Abläufe und Zusammenhänge im jeweiligen Objektbereich des Planens vorliegen« (Tenbruck), so daß aufgrund dieser Kenntnis durch einen Mitteleinsatz die erstrebte Zweckerreichung auch erwartet werden kann. In dieser allgemeinen Formulierung läßt sich der Planungsbegriff sowohl auf das individuelle Handeln (der Planende plant aufgrund individueller Ziele seine zukünftigen Handlungen zu deren Erreichung) als auch auf kollektive Prozesse anwenden. Im letzteren Fall muß unterschieden werden, ob das Kollektiv insgesamt seine Handlungen selbst (-bestimmt) plant oder ob aufgrund gesellschaftlicher Arbeitsteilung planende Spezialisten (Planer) zukünftige Handlungen, Verhaltens- oder Lebensweisen für andere gedanklich in einem Plan vorwegnehmen. Ist letzteres der Fall – und das ist die Regel für gesellschaftliche P. –, so entsteht zusätzlich das Problem, in welcher Weise und durch wen die Ziele des Planungsprozesses formuliert werden. Die gesellschaftliche Arbeitsteilung hat zur Folge, daß zielsetzende Instanzen, Ziel-Mittel-Zusammenhänge analysierende, also planende Personen und Planungsbetroffene i.d.R. nicht identisch sind. Es ist – je nach planungstheoretischer Konzeption – heute kontrovers, ob Zielformulierung und Planausführung überhaupt als Bestandteil des Planungsprozesses angesehen werden sollen.

2. Geschichte: Aus den bisherigen Überlegungen geht bereits hervor, daß P. durch die Arbeitsteilung und Spezialisierung zu einer gesellschaftlichen Aufgabe wird. Die individuelle Tätigkeit dient unmittelbar der Bedürfnisbefriedigung des handelnden Menschen. Erst indem die fortschreitende Arbeitsteilung den unmittelbaren Zusammenhang zwischen Bedürfnissen, Zwekken der eigenen Praxis und praktischer Tätigkeit auflöst, d.h. also, indem Kooperation zwischen den arbeitsteiligen Prozessen und deren systematischer Organisation erforderlich werden, muß notwendig auch P. einsetzen (Tenbruck). Es scheint deshalb nicht verwunderlich, daß sich auch erste theoretische Überlegungen zur P. auf die Organisation kollektiver Lebensvorsorge, also auf ökonomische Prozesse, beziehen. Dies gilt sowohl in der sozialistischen Tradition als auch in der bürgerlichen Auseinandersetzung damit (Röpke). Erst seit etwa 30 Jahren werden zunehmend auch andere gesellschaftliche Bereiche in theoretischen Analysen auf die in ihnen erfolgende P. hin untersucht (z.B. betriebliche P., *Stadtentwicklungsplanung*, Regionalplanung, Bildungsplanung, *Sozialplanung*, *Jugendhilfeplanung*, Altenhilfeplanung, Krankenhausplanung u.a.). Das beruht einerseits darauf, daß in immer stärkerem Maße Eingriffe in die genannten Bereiche durch Verwaltungen erfolgen, die ihre Legitimation aus der (häufig nur vermeintlichen) Rationalität einer wissenschaftlich begründeten Form vorausschauender Problemlösung beziehen, und daß andererseits verbesserte Kenntnisse sozialer Prozesse eine P. auch ermöglichen bzw. zu ermöglichen scheinen.

3. Theorie: Obwohl es möglich ist, unterschiedliche theoretische Ansätze von P. zu unterscheiden (Habermas, 182ff.), ist heute das technologische Planungsmodell unbestreitbar herrschend und wird häufig als einzig mögliche Form von P. begriffen. Dieses Modell baut auf dem empirisch-analytischen Wissenschaftsverständnis auf (zur Charakterisierung dieses Planungsverständnisses vgl.: Ortmann 1976, 102–114). Nach diesem Wissenschaftsverständnis wird streng zwischen positivem Wissen über die Realität und wertenden Urteilen unterschieden. Für den Planungsprozeß bedeutet dieses, daß die Planer (1.) i.S. des Wertfreiheitspostulats sich wertender Urteile zu enthalten, vielmehr von (z.B. durch politische Instanzen) vorgegebenen Zielen für P. auszugehen haben und daß es (2.) ihre wesentliche Aufgabe ist, aufgrund ihrer Kenntnis der Zweck-Mittel-Zusammenhänge die zur Erreichung dieser ihnen vorgegebenen Ziele erforderlichen Mittel zu benennen. Die Rolle des Planers reduziert sich also auf die Bereitstellung »technischen Wissens« zur Zielerreichung. Dieses technische Wissen gewinnt der Planer aus wissenschaftlichen Theorien über den zu planenden Objektbereich. Derartige Theorien sind nach empirisch-analytischem Wissenschaftsverständnis Aussagen, die gesetzmäßige, als kausal interpretierte Ursache-Wirkungs-Zusammenhänge (immer wenn das Ereignis A eintritt, folgt als Wirkung der Eintritt des Ereignisses B) zwischen in der Realität beobachtbaren Ereignissen (A und B) darstellen. Für die P. lassen sich diese kausalen Aussagen in finale transformieren (wenn das Ereignis B eintreten soll, muß das Ereignis A herbeigeführt werden), die zugleich Ziel-Mittel-Aussagen darstellen (B ist das Ziel, A das Mittel). Damit können Planer – zunächst im gedanklichen Vorgriff in der Form eines Plans – die Auswirkungen einzelner Handlungen/Mittel auf die vorgegebenen Ziele beschreiben. – Für die Realisierbarkeit von P. nach diesem hier nur grob skizzierten Planungsverständnis ist (a) die Kenntnis der Gesetzmäßigkeiten (Ursache-

Wirkungs- bzw. Ziel-Mittel-Zusammenhänge), (b) ihre Prognose für die Zukunft und (c) die Möglichkeit eines Eingriffs in den Ursache-Wirkungs-Zusammenhang (Herstellen von A) erforderlich. Beispielhaft läßt sich das Verfahren so beschreiben: Plant die Regierung, die konsumtiven Ausgaben der Haushalte aus Konjunkturgründen zu senken (Ziel), so muß sie – da bekannt ist, daß und wie diese Ausgaben vom Haushaltseinkommen abhängig sind (Gesetzeswissen), und eine Veränderung dieses Gesetzes für die Zukunft nicht zu erwarten ist (Prognose) – die Einkommen senken (Mittel); sie kann dieses durch Erhöhung der Steuern vom Einkommen (Eingriffsmöglichkeit).

Was hier unter dem Aspekt von P. als einem arbeitsteiligen Prozeß beschrieben worden ist, ist gesamtgesellschaftlich von hoher Bedeutung. Diese Form der P. wird nämlich implizit in unserer Gesellschaft mit Rationalität überhaupt gleichgesetzt. »Rationalität« ist – nach vorherrschendem Verständnis – »Zweckrationalität« (Weber), d.h., rationales Handeln muß sich daran ausweisen, daß mit diesem Handeln Zielerreichung optimal möglich ist. Alles Handeln, das diesen Nachweis nicht zu erbringen vermag, unterliegt dem Verdacht der Irrationalität. Das führt dazu, daß selbst in Handlungsfeldern, in denen eindeutige Ursache-Wirkungs-Zusammenhänge auf der Grundlage empirisch-analytischer Wissenschaft und damit auch eindeutige Ziel-Mittel-Zusammenhänge nicht beschrieben werden können, dennoch eine implizite Orientierung an einer – dann nicht genau bestimmbaren – Zweckrationalität erfolgt. Insofern ist dieses Planungsmodell heute zur Grundlage nahezu aller arbeitsteiliger gesellschaftlicher Handlungsmuster geworden.

Dieses Planungsmodell läßt sich aus einer Vielzahl von Gründen kritisieren (Ortmann 1976, 115–135); hier sollen lediglich zwei Problembereiche kurz benannt werden: 1. ist darauf hinzuweisen, daß empirisch-analytische sozialwissenschaftliche Theorie Gesetze (Ursache-Wirkung-Zusammenhänge) nicht sicher, sondern nur als mit einer bestimmten Wahrscheinlichkeit gegeben zu beschreiben vermag (also nicht: Immer wenn A, dann B, sondern nur: Immer wenn A, dann in x% der Fälle B). Das aber bedeutet, daß über keinen konkreten Einzelfall vorhergesagt werden kann, ob das Gesetz für ihn Gültigkeit hat oder nicht, sondern daß immer lediglich Wahrscheinlichkeitsvoraussagen für Einzelfälle bzw. Aussagen über »Massenereignisse« möglich sind. P. aber ist in den meisten Fällen P. von einzelnen Objekten bzw. Handlungen, so daß diese P. in ihren Ziel-Mittel-Aussagen notwendigerweise mit erheblichen Unsicherheiten für den Einzelfall belastet sind. 2. ist zu beachten, daß in der beschriebenen Form der P. sozialwissenschaftliche Kenntnisse dazu benutzt werden, das Verhalten der Planungsbetroffenen – ohne diese darüber aufzuklären – zu beeinflussen bzw. zu manipulieren. Das heißt auch, daß die (impliziten) Normen und Werte der Planer vielfach größere Berücksichtigung finden als die der Planungsbetroffenen, so daß insbesondere bei Planungsaktivitäten für soziale Randgruppen (z.B. in der Stadtplanung oder P. sozialpädagogischer Einrichtungen) deren Interessen und Bedürfnisse durch die an Mittelschichtsnormen orientierten Planungsergebnisse nicht befriedigt werden können. Daraus resultierende soziale Konflikte (in den USA) machten die Notwendigkeit deutlich, andere Planungsverfahren zu entwickeln. Damit die Bedürfnisse der Planungsbetroffenen, die ja als Nutzer die geplanten Einrichtungen auch annehmen müssen, möglichst unverzerrt Grundlage der Zielformulierungen für den Planungsprozeß sein können und auch in der Bereitstellung der Mittel sich keine Widersprüche zu diesen Bedürfnissen ergeben, ist es erforderlich, daß die Planungsbetroffenen die Möglichkeit haben, am gesamten Planungsprozeß zu partizipieren, ihre Erfahrungen und die im Planungsprozeß selbst erworbenen Kenntnisse in das Planungsverfahren einzubringen und die Planausführung zu beeinflussen (Ortmann 1983).

4. Methoden: Es ist offenkundig, daß unterschiedliche Planungsauffassungen auch unterschiedliche Planungsmethoden erfordern. Während auf der Basis alleiniger Anwendung des technologischen Planungsverständnisses insbesondere die Frage der sinnvollen Operationalisierung von Zielen und Mitteln (z.B. mit Hilfe von sozialen Indikatoren; vgl. Werner) sowie die Effektivierung der Planungsvorgänge und -ergebnisse (z.B. durch Kosten-Nutzen-Analysen; vgl. Recktenwald) im Vordergrund stehen, zielt ein Planungsverständnis, das die Betroffenenbeteligung hoch bewertet, in der Methodendiskussion primär auf die Entwicklung von Problembewußtsein bei den Planungsbetroffenen sowie auf Partizipationsstrategien (Davidoff, Arnstein, Peattie, in: Lauritzen), weil erst bei »gelingender« Partizipation angenommen werden kann, daß die P. tatsächlich i.S. der Betroffenen erfolgt (zu den Durchsetzungschancen vgl. Langenbach/Widmaier, in: Ortmann 1976).

5. Probleme: Das Planungsproblem kann weder theoretisch noch praktisch als »gelöst« bezeichnet werden. Aus der Fülle der existierenden Probleme seien hier nur einige genannt:

(a) P. findet in unserer Gesellschaft, soweit sie sich auf soziale Prozesse und Einrichtungen bezieht, vorwiegend im Rahmen von bürokratisch strukturierten Verwaltungen (Weber, 703–738) statt. Dabei entsteht das Problem, daß gerade nichttechnologisch orientierte Planungsverfahren ihrer Struktur nach mit herkömmlicher Verwaltungsstruktur in Konflikt geraten (Ortmann 1983, 238ff.). Das bedeutet, daß partizipative P. bzw. selbstorganisierte Planungsprozesse immer partiell auch gegen Verwaltung mit ihrer festgefügten hierarchischen Entscheidungsstruktur gerichtet sein müssen.

(b) Partizipative Planungsprozesse, in denen sowohl die Kenntnisse der unmittelbar Betroffenen als auch der in dem betreffenden Feld Handelnden eingebunden werden, gewinnen aber deshalb nochmals besondere Bedeutung, weil in den sozialarbeiterischen und sozialpädagogischen Handlungsfeldern nicht allein ein

Mangel an empirisch-analytischer Theorie, sondern auch zugleich ein »strukturelles Technologiedefizit« (Luhmann/Schorr) besteht; d.h., daß über Ziel-Mittel-Zusammenhänge günstigstenfalls Wahrscheinlichkeitsaussagen möglich sind. Planungen können also nur gelingen, wenn das nicht technologisch verwendbare hermeneutische Wissen und Alltagswissen (Heller) über den zu planenden Objektbereich in die P. Eingang finden können. Dies ist grundsätzlich nur möglich, wenn P. in Zusammenarbeit von Experten, im Feld Handelnden und Planungsbetroffenen als kommunikativer Prozeß verstanden wird (*Sozialplanung*).

(c) P. darf nicht Prozesse festlegen, die im Planungsverlauf nicht mehr beeinflußt werden köpnnen, weil auch im Verlauf der P. selbst Bedürfnisveränderungen und Lernprozesse stattfinden können, die neue P. erforderlich machen. Wird diesen Veränderungen nicht Rechnung getragen, so kann P. nur eine Einengung des Freiheitsspielraumes des Menschen und damit Verplanung bedeuten. *F. Ortmann*

Literatur: J. Habermas: Legitmationsprobleme im Spätkapitalismus, Frankfurt/M. 1973; A. Heller: Das Alltagsleben, Frankfurt/M. 1978; L. Lauritzen (Hrsg.): Mehr Demokratie im Städtebau, Hannover 1972; N. Luhmann/K.E. Schorr: Das Technologiedefizit der Erziehung und die Pädagogik, in: dies. (Hrsg.): Zwischen Technologie und Selbstreferenz, Frankfurt/M. 1982, 11–40; F. Ortmann (Hrsg.): Sozialplanung für wen?, Neuwied/Darmstadt 1976; F. Ortmann: Bedürfnis und Planung in sozialen Bereichen, Opladen 1983; H.-C. Recktenwald (Hrsg.): Nutzen-Kosten-Analyse und Programmbudget, Tübingen 1970; W. Röpke, Planwirtschaft, in: Handwörterbuch der Staatswissenschaft. Bd. 6, Jena 1925, 876f.; F. Tenbruck: Planung I: Theorie der Planung, in: Staatslexikon, 10 Bde. (2. Erg.-Bd.), Freiburg 1970, Sp. 885–896; M. Weber: Wirtschaft und Gesellschaft (Studienausgabe), Köln/Berlin 1964; R. Werner: Soziale Indikatoren und politische Planung, Reinbek 1975.

Politische Bildung (PB)

In der Deutschland taucht PB als eigenständiger Lehrbereich erstmals in der Weimarer Republik als »Staatsbürgerkunde« auf. Danach soll Erziehung »einerseits durch die Vermittlung demokratischer ›Werte‹ und durch die Darstellung der ›ethischen Grundlagen des Staates‹ ›republikanische Gesinnung‹ erzeugen«; andererseits wird die Einübung von »Kenntnissen über normative Prinzipien in der gegebenen Form von Demokratie« über den Schulunterricht hinaus verlangt (Tjaden). Der so angelegte Widerspruch, einen Staat durch blindes Fungieren zu erhalten, wurde durch den Nationalsozialismus darauf in einer Form PB »gelöst«, die sich v.a. durch aggressive chauvinistische und rassistische Inhalte und Zieldefinitionen kennzeichnete.
Alle Versuche einer Definition der PB nach 1945, die fast immer auch mit konkreten Ziel- und Aufgabenbestimmungen verbunden sind, lassen sich grob zu drei Begriffsbereichen zusammenfassen (Schierholz):

1. PB als Umschreibung bewußt initiierter und geplanter Lernprozesse, um zu einem bestimmten politischen Verhalten zu erziehen,
2. PB als Ergebnis und Erklärung für eine bestimmte empirisch vorfindbare politische Einstellung und
3. PB als Beschreibung für einen politischen Sozialisationsprozeß.

Daraus wird ersichtlich, daß PB als mehr oder weniger bewußtem Bestandteil primärer und sekundärer *Sozialisation* in fast allen Bereichen von *Erziehung* und *Bildung* (etwa Kindergarten, *Tageseinrichtungen für Kinder*, Vorschule/*Schule*, *Jugendarbeit/Jugendverbände*, *Gewerkschaften*, *Weiterbildung*) besondere Bedeutung zukommt.
Zur Klassifizierung der didaktischen Konzeptionen der PB werden seit geraumer Zeit vorwiegend zwei Ordnungsprinzipien bemüht. Es wird entweder systematisch nach gesellschaftspolitischen Positionen oder chronologisch nach phasenbildenden Zielsetzungen gegliedert. Gemäß dem Kriterium »gesellschaftspolitische Position« macht schon 1970 Holtmann – unter Vernachlässigung des chronologischen Gesichtspunktes und unter Bezug auf ein von Hilligen entwickeltes und anscheinend zeitlos plausibles Raster – vier nebeneinanderstehende Richtungen aus, die auch heute noch als Grundkonzeptionen gelten können:
a) »Die national-konservative Konzeption einer harmonisierenden Gesellschaftsauffassung« mit stark betonender »Berücksichtigung nationaler Gruppenbildung und emotionaler Gruppenidentifikation als anthropologische Grundgegebenheiten« (*Anthropologie*);
b) »die ›altliberale‹ Konzeption unpolitischer humanistischer Bildungstradition und einer harmonisierenden Gesellschaftsauffassung‹«, die in den meisten Schulbüchern zur PB mit »unkritische(m) harmonisierende(m) Demokratiebegriff, Antiparteien- und Antigewerkschaftseffekte(n), (früher auch) relativ undifferenzierte(m) Antikommunismus und ... Bevorzugung des historischen Aspekts vor dem politisch-sozialwissenschaftlichen ...« vertreten ist;
c) »die linksliberale Konzeption mit einer »Konflikttheorie von der Gesellschaft« als Basis der Bejahung »des Pluralismus der sozialstaatlichen Demokratie und ... institutionalisierte(r) Konfliktlösung auf der Grundlage eines gesellschaftlichen Minimalkonsensus ... in bezug auf grundlegende Einsichten«;
d) »die demokratisch-sozialistische Konzeption einer antagonistischen Auffassung«, die »in den ökonomischen und gesellschaftlichen Strukturen und Machtverhältnissen zu beseitigende Barrieren für die Verwirklichung sozialstaatlicher Demokratie als Bedingung für die *Emanzipation* des Menschen« sieht.
Die anderen Ordnungsversuche klassifizieren nach diversen phasenbildenden Zielkonzeptionen und gehen ebenfalls bis auf das Ende der 60er Jahre zurück. Sutor etwa greift die von Michel bis 1965 konstatierten drei Phasen (1. Partnerschaftsbeziehung, 2. staatsbürgerliche Erziehung, 3. ethischer Personalismus) auf und ergänzt sie um zwei weitere, die neuere Entwicklung

betreffend: 4. die gesellschaftskritische Konzeption sowie 5. die an einer Erneuerung nationaler Werte orientierten Konzeptionen.
Als »ihre eigene dialektische Ausformung« begreift Messerschmidt (1970) die Entwicklung der politischen Bildungsarbeit und gliedert danach in drei Hauptphasen:
»1. Phase (etwa 1945–1956): geprägt von der Auseinandersetzung mit Nationalsozialismus und Kommunismus;
2. Phase (etwa bis 1962): geprägt von einer formalisierten, meist kritiklosen Darstellung demokratischer Institutionen, und eine
3. Phase (seit 1962/1963): geprägt von einer mehr kritischen Auseinandersetzung mit demokratischen Entscheidungsprozessen«.
Bei Wallraven/Dietrich (1970) sind es seit 1945 »die Erziehung
1. zur Gemeinschaft und Partnerschaft seit 1945/49;
2. zu fundamentalen Erkenntnissen und Einsichten (ab 1953);
3. zur politischen Aktivität und Beteiligung (ab 1956);
4. zu kritischem Denken, zur Kritikfähigkeit (1962);
5. zu Konfliktbewußtsein und Konfliktverhalten (ab 1965)«, die maßgeblich phasenbildend wirkten.
Ähnlich diesen Autoren, den Zusammenhang zwischen politisch-ökonomischer Entwicklung und den jeweils dominierenden und schulwirksamen Konzeptionen besonders betonend, äußert sich Schmiederer (1974): Während in einer 1. Phase v. a. die Partnerschaftsbeziehungen Oetingers die Analyse staatlicher und wirtschaftlicher Organisationsformen, gesellschaftlicher Interessengegensätze usw. zugunsten des Entwurfs harmonischer Lösungsversuche, zwischenmenschlicher Beziehungen vernachlässigte, kam es mit Gründung der BRD in einer 2. Phase der PB vorrangig darauf an, über Anleihen bei staatsbürgerlichen Moral- und Tugendlehrern (Spranger, Litt, Weniger) mittels einer formalen Institutionenlehre und vereinfachender Totalitarismustheorie eine behauptete normative Überlegenheit des westlichen gesellschaftspolitischen Ordnungssystems zu untermauern.
Sichtbare krisenhafte Entwicklungen dieses Systems leiteten in einer 3. Phase Rückbesinnungstendenzen zu fundamentalen Einsichten und Werten des Politischen (sog. Hessische Schule: Fischer, Engelhardt, Hilligen) ein sowie die Konstituierung des mit harmonischen Mitteln (grundsätzlich möglicher Interessenausgleich in einer als pluralistisch deklarierten Gesellschaft) zu lösenden Konflikts als zentraler Kategorie (Giesecke). Erst in einer 4. Phase lösen sich verschiedene Autoren auch noch von einem harmonisch eingebetteten Konfliktmodell, entdecken für die PB gesellschaftliche Grundwidersprüche (*Gesellschaft*, *Klasse/Schicht/Milieu*) und stellen Analysen der Lage sowie Parteinahme für die Interessen politisch und sozial benachteiligter Bevölkerungsgruppen ins Zentrum ihrer Überlegungen. Sie erheben deshalb – z. B. im Zusammenhang mit der Forderung nach »universaler Mitbestimmung« als Gegenstand politischer Erziehung (etwa bei Wallraven) – PB in den Rang einer Kapitalismus- und Parlamentarismuskritik; sie verlangen die Beschäftigung mit den sozialpsychologischen Konsequenzen der Konsum- und Leistungsgesellschaft und sehen eine auf Befreiung des Menschen aus seiner »Eindimensionalität« (Marcuse) zielende PB und Erziehung als Bestandteil der von etablierten Herrschaftsinteressen abgehobenen allgemeinen, fortschrittlichen Theorie der gesellschaftlichen Bedürfnisse des Menschen. Teilarbeiten hierzu liegen vor – immer noch lt. Schmiederer – etwa in ideologiekritischen Analysen von Manipulationsmechanismen und Herrschaftsstrukturen (der sog. kritischen Theorie), der Erklärung der Zusammenhänge zwischen privater Existenz und gesellschaftlicher Bedingung (Negt) oder in Form von neuerstellten emanzipatorischen Lernzielen (damals in Hessen und NRW).
Schmiederer kam mit dieser Beschreibung zeitlich recht genau an jene Schwelle in den 80er Jahren heran, an der sich mit neuerlichen »krisenhaften Erscheinungen« größeren Umfangs und längerer Dauer (ökonomische Wachstumsschwierigkeiten, strukturelle hohe Sockelarbeitslosigkeit, ökologische Katastrophen, Friedensunfähigkeit) »auch die Politische Bildung innerhalb ihrer gesellschaftlichen Grundlagen immer wieder im Gerede« sah und sieht: »Legitimationsschwierigkeiten von strukturellem Zuschnitt werden zur ›Krise der Politischen Bildung‹ erklärt, obgleich es sich eher um eine ›politische Krise der Bildung‹ handelt« (Schmiederer).
An diesen Verwechslungen hat sich nichts geändert. In Westdeutschland verdeutlichte sich das seit Mitte der 80er Jahre vor dem Hintergrund offensichtlich zunehmender Krisenanfälligkeit des kapitalistischen Systems – parallel zum Niedergang des realsozialistischen – an der Entstehung einer sog. »Zweidrittelgesellschaft« und einer allgemeinen »Krise des Sozialstaats«.
Hier – in der Mitte der 80er Jahre – hat denn auch eine Fortführung der Phasierung PB ähnlich der von Schmiederer anzusetzen (die systematische Klassifizierung nach gesellschaftspolitischen Positionen oder ideologischen »Schulen« wirkt im großen und ganzen unverändert fort, wenn auch mit z. T. nachgerückten Namen bestückt und im Falle der auf die Emanzipation des Menschen bedachten Konzeption unter Verzicht auf das allem Anschein nach derzeit weltweit diskreditierte Adjektiv »sozialistisch«).
Auf den Verlust eines intakten *Sozialstaat*s als Hintergrundkonsens reagiert PB (in einer 5. Phase) mit Ausfransen. Sie sucht in Varianten dazu nach neuen, integrationspotenten Hintergrundverständnissen. Als erstes drängen sich »Neue Soziale Bewegungen« in den Vordergrund mit der Betonung ökologischer Fragen und ökosozialer Orientierung; die Ökologie wird seitdem im Range einer Gattungsfrage gehandelt. Fast gleichzeitig damit wird Lebens- und Alltagsorientierung als Hintergrundkonsens entdeckt auch für die PB. Besonders über die *Frauenbewegung* wird – nachdem erstmals bereits in den 70er Jahren Geschlechterdiffe-

renzierung in lebensweltlichen Fragen Thema geworden war – Privates politisch. Davon profitiert PB wohl in Form zahlenmäßig zunehmender politischer Themen von plötzlich allgemeiner Relevanz, gleichzeitig tritt aber auch eine Verwässerung, ja Entpolitisierung der PB ein.
Die ausgehenden 80er Jahre entdecken verstärkt auch für die PB den Alltag, das Subjekt und die Kultur. Neuer Subjektivismus und Kulturalismus geraten als Zielsetzungen in das Blickfeld politischer Bildner. Diese wenden sich vermehrt existentialistisch definierter Persönlichkeitsbildung zu, dem Trend der in den Sozialwissenschaften entdeckten, aber allseits im Munde geführten »Individualisierung« (nicht nur der Jugend – Heitmeyer) Tribut zollend: *Erlebnispädagogik* wird in einer Freizeit- und Erlebnisgesellschaft (Schulze) zur PB für alle.
Die bereits vor Jahren beklagte und o. g. Krise der PB ist damit allerdings mitnichten behoben. Im Gegenteil. Der Streit geht erneut um Definition und Legitimation und letztlich sogar darum, ob angesichts solch offensichtlich zentripetaler Tendenzen überhaupt noch von eigenständiger PB gesprochen werden kann oder diese zum nachrangigen Spezialfall allgemeiner Bildung herabgesunken ist. Politikwissenschaft und *Soziologie*, als Mutter- oder Zuliefererdisziplinen bislang scheinbar unverzichtbar, fühlen sich zunehmend weniger zuständig und kündigen schon vor der Jahrzehntwende (1987, Hartwich) die Zusammenarbeit mit der PB auf, sofern sie nicht selber Kultur als »weiches«, sozialpsychologisches Thema favorisieren.
Die ausgehenden 80er Jahre bieten also ein buntes Gemisch an, das eine auch derzeit noch anhaltende Diffusion der PB samt ihrer Schwerpunkte nicht verbergen kann. Trotz einiger auffällig im Vordergrund stehender Schwerpunktthemen (Subjekt, Alltag(-s) Kultur), die jedoch alle nicht die Konsistenz einer dominanten Zielkonzeption beanspruchen können, herrscht gewissermaßen eine »neue Unübersichtlichkeit« (Habermas). Auch die »alten« Themen, so wird etwa im Lager der Grünen oder von der Frauenbewegung gesagt, haben sich erledigt, z. B. die Sozialstaatsfrage angesichts des schier unaufhaltsamen Abbaus des Sozialstaats. Und obwohl seit Ende der 70er Jahre die anhaltend hohe *Arbeitslosigkeit* (mit Tendenzen zur Bildung einer Zweitdrittelgesellschaft) auch als Thema der PB vorhanden ist und als »Krise der Arbeitsgesellschaft« verhandelt wurde (Negt), steht es nie im Zentrum. Auf der eher altliberal-unpolitischen »bürgerlichen« Seite werden »neue« Schwerpunkte favorisiert, die über die bevorzugte Thematisierung von »Technikakzeptanz«, allgemeiner »Modernisierung« von Leben und Arbeit PB als eigenständigen Bereich sogar als überflüssig gelten lassen wollen. Neokonservative Modelle beklagen mit moralisierendem Impetus allseits starken Wertewandel und Normenverfall, trachten danach, mit Mut »Zurück zur Erziehung« zu müssen. Beiden konzeptionellen Verständnissen scheint zudem – in diesem Punkt im Verein mit linksliberalen Positionierungen – eine Wiederbelebung der Institutionenkunde als zentrales Agens einer notwendigen Stärkung der *Parteien-* und Verbandsdemokratie durch PB angelegentlich.
Noch unmittelbar vor der historischen Zäsur 1989 (sog. »Wende«) und 1990 (»Wiedervereinigung«) ist also eine auffällige Unentschiedenheit in der PB nicht zu übersehen, geschweige denn beseitigt worden, eher bestätigt. Allerdings wird die unentschiedene Lage unterschiedlich interpretiert. Während eine Position, eher der linken, demokratisch-humanistischen Tradition verpflichtet, weiterhin und verstärkt auf eine Neubesinnung der PB auf den alten Auftrag »*Emanzipation* durch *Aufklärung*« verweist, sieht die gesellschaftliche Lage und damit die der PB von einer anderen Position viel undramatischer aus: Die deutsche Entwicklung seit 1945 befindet sich ganz allgemein am »Ende der Reedukation«; politisch Desinteressierte und damit für PB unerreichbare Adressaten hat es schon immer gegeben (Giesecke), nicht nur in Deutschland, in wesentlich älteren Demokratien auch (England, USA).
Neben diesen beiden vorherrschenden Interpretationen der Lage vor 1989 hält sich eine dritte, die, namentlich von den Neuen Sozialen Bewegungen ideell und organisatorisch getragen, behauptet, daß mittlerweile wesentlich mehr politisch Interessierte und Gebildete praktisch viel mehr bewegen würden, nur eben in neuen, nichttraditionellen Formen, wohl nicht mehr im klassischen Sinne alle dem *Subsidiaritäts*prinzip geschuldet, allzumal aber im politischen Raum (*Selbsthilfe*gruppen, *Bürgerinitiativen*, Wählergemeinschaften usw.). Anlaß zu Hoffnung sei also gegeben. Diese Position verlängert gewissermaßen die schon in früheren Jahren gehegte und belegbare Erkenntnis von einer spürbaren Tendnenz zur Aussparung der sog. großen Politik in der PB, der auch eine thematische und räumliche Provinzialisierung entspricht (*Netzwerke, soziale*).
Mit der historischen Zäsur 1989/90 – die im übrigen in ihren Ursachen und Wirkungen nicht nur auf Deutschland zu beziehen ist (Osteuropa, Gesamteuropa) – haben nun in der Tat die ökonomischen Probleme an Brisanz gewonnen, zeitigen massive sozialpolitische, denen sich die bereits erwähnten und z. T. dazu querliegenden Fragen hinzugesellen. Eine Neubesinnung der PB ist also begründet und erneut geboten, sozusagen steht eine weitere, 6. Phase an.
Neben der sich zuspitzenden wirtschaftlichen und sozialökonomischen Lage mit noch nicht absehbaren allgemeinen negativen Auswirkungen auf das gesamte Land und die wiedervereinigte Bevölkerung (mögliches Wachstum bei hoher, hartnäckiger Arbeitslosigkeit, Verstetigung der Zustände einer Zweidrittelgesellschaft in einer »Dreiviertelwelt«) drängen sich nun als Aufgaben für PB besonders zwei weitere Phänomene in den Vordergrund: eine sog. »Politikverdrossenheit«, was v. a. die massive Abwendung der BürgerInnen von Parteien, sozialen und politischen Großinstitutionen (Gewerkschaften etwa) meint, sowie eine erschreckend deutliche Barbarisierung der Gesellschaft durch extremistische Entwicklungen im politischen Bereich (ein-

schließlich der Parteien), verbunden mit einer fast alle gesellschaftlichen Bereiche erfassenden Enttabuisierung von *Gewalt*(-bereitschaft, -anwendung, -akzeptanz).
Keinswegs wird die daraus resultierende Fülle von Anforderungen an PB – im Verein mit (Jugend-)Sozialarbeit, (Sozial-)Pädagogik u.a. – dadurch weniger kompliziert zu bearbeiten, daß zusätzlich Rücksicht genommen werden muß auf gravierende Unterschiede zwischen den alten und den neuen Bundesländern. Schließlich haben diese in der Genese ihrer Problemlagen unterschiedliche Voraussetzungen und Entwicklungen zu bieten, die bei einer Einbeziehung in Bemühungen der PB (thematisch/didaktisch, sogar methodisch) unbedingt berücksichtigt werden müssen. »Zurück zur Nation« (Klönne) ist gleichermaßen zuwenig wie offenkundig schwierig.
Zwei Hauptentwicklungslinien der PB sind in der derzeitigen Phase denkbar: Entweder wird die PB zu einer Konzentration ihrer Aufmerksamkeit auf die benannten drei gesellschaftlichen Hauptanliegen gezwungen, nimmt sich ihrer im Bildungsalltag an. Oder die bereits vor der historischen Zäsur gegebene Diffusion ergreift PB für länger, und sie verläuft sich in Phänomenen und bildnerischer Verwaltung.
Die Notwendigkeit, PB schlechthin abhängig zu machen von einer unklaren und prekären Lage oder von dem seit langem bekannten und beklagten geringen Wirkungsgrad PB (Teschner), geht allerdings an der eigentlichen Fragestellung vorbei. Diese besteht darin, inwieweit auch PB immer wieder mitwirken kann an der Erarbeitung und Umsetzung von (Bildungs-)Konzepten für eine zivile Gesellschaft. Auch die bereits seit langem bestehenden Bemühungen um die Verbesserung der pädagogischen Vermittlung anzustrebender Ziele (neue Unterrichtsmethoden und verbesserte didaktische Konzepte) müssen deshalb ständig fortgeführt werden. Das alles bleibt Aufgabe, auch wegen der immanent fortwirkenden Behinderungen durch Grundphänomene der Gesellschaft wie »Komplexität, Interdependenz und Abstraktheit« der Gegenstände (v. Hentig), wegen der Schwierigkeiten, Interessenten für Angebote im alten, aufklärerischen Sinne zu finden und (fast) nur aktive Minderheiten mobilisieren zu können. Nicht zuletzt durch diese wird Demokratie stabilisiert, und PB hat die Aufgabe, diese Minderheiten zu ihrem demokratischen Geschäft befähigen zu helfen (Borinski 1950). Die Schwierigkeiten, denen PB wieder einmal gegenübersteht, unterstreichen also wieder einmal nur ihre Notwendigkeit. Daß sie stattzufinden hat – als bewußt initiierter und geplanter Lernprozeß mit aufklärerischem Anspruch und emanzipatorischer Wirkung –, ist ernsthaft nicht zu bestreiten. *Chr. Glaß*

Literatur: Auf die Angabe einzelner Texte zur PB wird hier verzichtet. Eine fortlaufende Orientierung kann anhand der »Bibliographie zur PB« in der Zeitschrift »Materialien zur PB«, Bonn/Bad Godesberg, seit 1973, erfolgen. Sie setzt den Abschnitt »PB« in der »Bibliographie zur Politik in Theorie und Praxis« von K.D. Bracher/H.A. Jacobsen (Hrsg.), Düsseldorf 1970, 264–329, fort, die die nach 1970 erschienene einschlägige Literatur erfaßt. Für den Zeitraum von 1947–1967 kann die »Bibliographie zur besonderen Unterrichtslehre«, Teil 2, »PB, Geschichte, Heimatkunde«, dienen, von H. Schmidt/F.J. Lützenkirchen, Weinheim 1970, zusammengestellt.
Von zusätzlichem Interesse gerade für die Entwicklungen der letzten Jahre sind die Veröffentlichungen des Wochenschau Verlags, Politische Bildung Kleine Reihe, Schwalbach/Ts.

Prävention

P. ist für die *Soziale Arbeit* (SozArb) kein neues Thema. Bereits in ersten sozialpädagogischen Diskussionen diente der Präventionsbegriff dazu, bestimmte Eingriffe gegenüber den AdressatInnen SozArb und entsprechende Organisationsformen zu legitimieren. Trotz seiner langen Tradition ist der Präventionsbegriff aber bis heute inhaltlich unbestimmt geblieben. Auch Vorstellungen darüber, wie präventive Angebote SozArb strukturiert werden können, lassen immer noch eine einheitliche Systematik vermissen.
Im allgemeinen Sprachgebrauch hat sich allerdings eine Definition von P. als »vorbeugendes Eingreifen« durchgesetzt. Intervention meint dagegen nachgehende Eingriffe gegenüber bereits manifesten Störungen. Diese Unterscheidung geht auf eine zeitliche Differenzierung des Präventionsbegriffes von Caplan in primäre, sekundäre und tertiäre P. zurück. Unter tertiärer P. werden demnach solche Maßnahmen verstanden, die der Besserung, Nacherziehung und der Resozialisierung mit dem Zweck dienen, zukünftige Normverstöße zu vermeiden. Die kritische Auseinandersetzung mit dieser Definition einer tertiären P. hat aber dazu geführt, daß in diesem Zusammenhang nicht mehr länger von präventiven Maßnahmen ausgegangen wird, sondern in den Fällen, in denen auf bereits vorhandene Problemlagen bzw. auf normabweichendes Verhalten reagiert wird, statt dessen der Gebrauch des Interventionsbegriffes nahegelegt wird. In Abgrenzung hierzu richten sich sekundäre Präventionsmaßnahmen an solche Personengruppen, deren normabweichendes Verhalten noch nicht manifest ist. Frühzeitige beratende, behandelnde und betreuende Angebote sollen die Verfestigung abweichenden Verhaltens verhindern. Aufklärung, Anleitung und Beratung sind schließlich die zentralen Angebotsformen der primären P. Ihre Leistungen sollen dazu befähigen, potentiell abweichendes Verhalten ohne die Zuhilfenahme von Angeboten staatlicher Instanzen bewältigen zu können. P. ist somit die Vermeidung von Normabweichung, im Unterschied hierzu umfaßt Intervention die Bearbeitung von Normabweichungen. Gemeinsam ist präventiven und interventionistischen Maßnahmen, daß beide von der Annahme ausgehen, daß es verallgemeinerbare, gesellschaftlich anerkannte Vorstellungen davon gibt, was konformes bzw. was *abweichendes Verhalten* ist. Das, was P. und Intervention in dieser Perspektive dann letztendlich voneinander unterscheidet, ist der Zeitpunkt, zu dem entsprechende Angebote und Maßnahmen umgesetzt werden. P. ist in diesem Sinne eine

rechtzeitige Intervention. Der gesellschaftlich anerkannte Normenkontext, in den hinein vorbeugend integriert bzw. der reaktiv wiederhergestellt werden soll, wird nicht problematisiert und gilt insofern als unhinterfragte Zielkategorie sowohl präventiver als auch interventionistischer Strategien. Ähnlich wie bereits der Prophylaxebegriff als Zusammenfassung aller Maßnahmen zur Verhinderung der Entwicklung gesellschaftlich unerwünschter Persönlichkeitsstrukturen und Verhaltensmuster definiert worden ist (Brusten), gilt P. somit als Bezeichnung jener gesellschaftlich organisierten Maßnahmen, die die Konformität der Gesellschaftsmitglieder mit Verhaltenserwartungen des sozialen Systems sichern und dementsprechend das Auftreten normabweichender Verhaltensweisen verhindern sollen (Herriger).

Neben der zeitlichen Differenzierung von P. existieren solche Konzeptualisierungen, die bei den jeweiligen Bezugsebenen präventiver Strategien ansetzen und strukturbezogene und personenbezogene Präventionsstrategien (Herriger) bzw. institutionelle und personelle P. (Vobruda) voneinander unterscheiden. Vor diesem Hintergrund werden strukturbezogene Präventionsstrategien durch ihre Verursachungszentrierung definiert. Ihre Ansatzpunkte sind restriktive soziale Lebenslagen als relativ konstante Rahmenbedingungen für die Produktion sozialer Auffälligkeit. Ihr Ziel ist die Verbesserung dieser Lebenslagen durch die Herstellung von kulturellen, ökonomischen und ökologischen Ressourcen. Personenbezogene Präventionsstrategien sind dagegen durch ihre Verhaltenszentrierung gekennzeichnet, pädagogisch-therapeutische Angebotsformen bezwecken die Verhinderung von Verhaltensauffälligkeiten. Personelle P. ist schließlich die dominante Interventionsebene behördlichen Handelns, während die institutionelle P. wesentlich in den Aufgabenbereich zentralstaatlicher Politik fällt. Damit wird eine Dichotomisierung des Präventionskonzeptes vorgenommen, die zwar auf der einen Seite die strukturellen Grenzen sozialpädagogischen Handelns berücksichtigt, auf der anderen Seite aber eine mögliche Komplementarität dieser beiden Präventionsstrategien nicht erfassen kann. Zudem werden für den Bereich SozArb nahezu ausschließlich personenbezogene Ansatzpunkte konkretisiert, darüber hinausreichende strukturbildende Maßnahmen sind eher nachrangig.

Trotz der genannten Schwächen bisheriger Präventionsvorstellungen hat der Präventionsbegriff seine Attraktivität insbesondere in der SozArb nicht verloren. Hier gilt er nach wie vor als Synonym für eine erhöhte Problemadäquanz und eine gesteigerte Effektivität sozialer Dienstleistungen. Nicht mehr nur der Einzelfall, sondern das ihn umgebende Milieu, das Gemeinwesen, schließlich alle Lebensbereiche sollen im Mittelpunkt einer präventiven Problembearbeitung stehen. Folgende Veränderungen werden daher angestrebt: Mit der Integration von Einrichtungen in Stadtteilen, der Dezentralisierung sozialer Dienste sollen die Schwellenängste von sozial benachteiligten Personengruppen abgebaut werden. Zugleich verspricht man sich hiervon eine bessere Kenntnis der Lebensbedingungen der Betroffenen. Die Kooperation mit anderen Institutionen erfolgt mit dem Ziel, einerseits die Kontakte sowohl für die Fachkräfte als auch für die Klientel überschaubarer zu gestalten. Andererseits soll hierüber eine frühzeitige Problemwahrnehmung ermöglicht werden. P. als neue professionelle Perspektive soll dementsprechend vorrangig durch institutionelle Veränderungen erzielt werden (Trabandt/Wurr), womit allerdings die Annahme einhergeht, daß v.a. administrative Veränderungen präventive Wirkungen unterschiedlicher Problembearbeitungsstrategien erzielen können. Eine Sichtweise schließlich, mit der P. nahezu all das umfassen soll, was als Umorientierung, Veränderung und Innovation im Bereich SozArb gilt, leistet außerdem einer Tendenz Vorschub, die unter dem Motto »Prävention statt Intervention« letztendlich nicht mehr klären kann, für welche Problembereiche und Aufgabenstellungen präventive oder interventionistische Strategien die angemessenen Reaktionsweisen beinhalten (Otto). Unberücksichtigt bleibt weiterhin, daß gängige Präventionsvorstellungen dahingehend problematisiert worden sind, daß sie der Gefahr unterliegen können, zu einer technokratischen Rekonstruktion potentieller Risikogruppen beizutragen (Castel) und zu einer Verstärkung der Fremdbestimmung von Lebensläufen zu führen (Schulz/Wambach).

Wenn trotz dieser kritischen Einwände weiterhin an der Forderung nach P. festgehalten wird, so deshalb, weil in dem Verhältnis von sozialem Anspruch der SozArb und ihrer kontrollierenden Normalisierungsfunktion eine neue Gewichtung vorgenommen werden soll. Bezugnehmend auf die Anforderungen des gesellschaftlichen Modernisierungsprozesses, wird von daher ein Präventionsverständnis formuliert, das ausdrücklich darauf hinweist, daß Angebote und Maßnahmen der Jugendhilfe im Kontext von P. nicht unter dem Gesichtspunkt der Verhütung von Schwierigkeiten bzw. als (Wieder-)Herstellung von *Normalität* zu verstehen sind. Primäre P. wird in diesem Zusammenhang definiert als Orientierung auf lebenswerte, stabile Verhältnisse, sekundäre P. meint demgegenüber vorbeugende Hilfen in Situationen, die belastend sind und sich zu Krisen auswachsen können (8. Jugendbericht). Beiden Ansatzpunkten ist der Anspruch gemeinsam, den Widerspruch SozArb in ihrer Institutionalisierung zwischen Sozialstaatspostulat und Sozialdisziplinierung so zu bewältigen, daß präventive Leistungsprofile tatsächlich möglich werden.

In einer darüber hinausgehenden modernisierungstheoretischen Begründung des Präventionsbegriffes ist aber davon auszugehen, daß angesichts der Komplexität gesellschaftlicher Rahmenbedingungen der SozArb und insbesondere im Hinblick auf die veränderten Lebensbedingungen ihrer Klientel sowohl die gängigen Interventions- als auch die üblichen Präventionsmuster revidiert werden müssen. Eine perspektivische Konzeptualisierung präventiver und interventionistischer Maßnahmen hat dabei darauf Bezug zu nehmen, daß sich aufgrund gesellschaftlicher Modernisierungsprozesse die Lebensentwürfe der AdressatInnen von SozArb zunehmend pluralisieren. Dies ist Ausdruck der Tatsache, daß Lebensentwürfe und Beziehungsmuster in einer Risikogesellschaft (Beck) immer häufiger ohne Rückgriff auf tradierte Vorbilder entwickelt und ausgehandelt werden müssen. Subjektive Biographien sind immer weniger das Resultat klassen- und schichtspezifischer Zugehörigkeiten *(Klasse/Schicht/Milieu)*, statt dessen müssen sie vor dem Hintergrund weitreichender Individualisierungsprozesse verstärkt als Ergebnis eigener Entscheidungen interpretiert werden. Individuen haben somit in einem hohen Maße ihre gesellschaftliche Integration selbst zu bewerkstelligen. Für SozArb heißt dies, daß von verallgemeinerbaren Normalitätsentwürfen zugunsten einer Ausdifferenzierung unterschiedlichster Lebensentwürfe nicht mehr länger ausgegangen werden kann. Für präventive und interventionistische Maßnahmen folgt daraus, daß sie nicht mehr länger auf der Grundlage durchgängig definierbarer Normalitätsentwürfe institutionalisiert werden können. P. als Verhinderung von Normabweichung und Intervention als deren Bearbeitung werden in diesem Kontext tendenziell obsolet.

Gleichzeitig muß festgehalten werden, daß die Individualisierung von Lebensentwürfen und Lebensläufen keineswegs voraussetzungslos ist. Sie stellt sowohl hohe Anforderungen an die einzelnen Individuen als auch an die Ausgestaltung ihrer Lebensbedingungen. Einerseits können gesellschaftliche Freisetzungsprozesse als ein Zugewinn an individuellen Gestaltungsmöglichkeiten begriffen werden, andererseits sind aber die Zugangsvoraussetzungen zu diesen Gestaltungsmöglichkeiten ungleich verteilt. So sind materielle und soziale Ressourcen für die Teilhabe am Individualisierungsprozeß unerläßlich, wenn selbstbestimmt entwickelte Lebensentwürfe tatsächlich eine Realisierungschance haben sollen. Von einer ebenso großen Bedeutung sind zudem individuelle Kompetenzen und Fähigkeiten, die den einzelnen erst dazu in die Lage versetzen, selbstbestimmte Lebensentwürfe entwickeln zu können. Für SozArb heißt dies, daß sie auf die strukturellen und individuellen Bedingungen des Individualisierungsprozesses Bezug nehmen muß.

Vor diesem Hintergrund macht ein konträres Verständnis von P. und Intervention schließlich keinen Sinn, wenn sie den gleichen Zielsetzungen verpflichtet sind. Dann sind die entsprechenden Angebotsformen als ein Kontinuum unterschiedlicher, situativ jeweils zu spezifizierender Maßnahmen der SozArb zu verstehen. Das heißt, daß immer wieder neu reflektiert werden muß, inwieweit auf seiten der AdressatInnen SozArb bereits von selbstbestimmten Lebensentwürfen ausgegangen werden kann und in welchem Umfang SozArb dann die Grundlagen für ihre Umsetzung zur Verfügung zu stellen hat. In diesem Sinne heißt P. dann, strukturelle und kontextuelle Möglichkeiten und Voraussetzungen dafür zu schaffen, daß selbstbestimmte Lebensentwürfe tatsächlich realisiert werden können. Scheitern die AdressatInnen von SozArb dagegen bei dem Versuch, eigenständige Lebensentwürfe zu entwickeln, stellt sich die Frage, welche unterstützenden Leistungen erforderlich sind, die der Klientel der SozArb entsprechende Kompetenzen vermitteln können. Intervention gewährleistet somit, daß die AdressatInnen der SozArb in die Lage versetzt werden, selbstverantwortete Lebensentwürfe zu begründen. Das, was P. und Intervention dann voneinander unterscheidet, sind die Ansatzpunkte ihrer jeweiligen Maßnahmen. P. umfaßt solche strukturbezogenen Angebote, die über die Gestaltung von Lebensbedingungen individuelle Partizipationsmöglichkeiten beeinflussen. Intervention meint dagegen solche personenbezogenen sozialen Hilfen, die über die Befähigung des einzelnen Gestaltungsspielräume eröffnen. *K. Böllert*

Literatur: U. Beck: Risikogesellschaft, Frankfurt/M. 1986; M. Brusten: Stichworte »Delinquenzprophylaxe«, »Prävention« und »Prophylaxe«, in: W. Fuchs u. a. (Hrsg.): Lexikon der Soziologie, Opladen 1978; BMJFG (Hrsg.): 8. Jugendbericht, Bonn 1990; G. Caplan: Principles of Preventive Psychiatry, London/New York 1964; R. Castel: Von der Gefährlichkeit zum Risiko, in: M.M. Wambach (Hrsg.): Der Mensch als Risiko, Frankfurt/M. 1983; N. Herriger: Präventives Handeln und soziale Praxis, Weinheim/München 1986; H.-U. Otto: Sozialarbeit zwischen Routine und Innovation, Berlin/New York 1991; Chr. Schulz/M.M. Wambach: Vorbemerkungen, in: M.M. Wambach (Hrsg.), a.a.O., Frankfurt/M. 1983; H. Trabandt/R. Wurr: Prävention in der sozialen Arbeit, Opladen 1989; G. Vobruda: Prävention durch Selbstkontrolle, in: M.M. Wambach (Hrsg.), a.a.O., Frankfurt/M. 1983.

Praktikum

P. in der SozArb sind zeitlich begrenzte, z.T. angeleitete, beaufsichtigte Übungs- und Erkundungsphasen in einem ausgewählten Arbeitsfeld, durch die ein junger Mensch erste Eindrücke und exemplarische berufsähnliche Erfahrungen sammeln soll. Sie sind i.d.R. im Umfeld einer *Ausbildung* für *Soziale Berufe* angesiedelt (z.B. an FS, FHS oder Universitäten) und werden vor Aufnahme einer eigenverantwortlichen regulären Berufstätigkeit durchgeführt.

Aus der Sicht der Auszubildenden dient ein P. v.a. dem Kennenlernen eines Arbeitsfeldes oder eines Tätigkeitsbereichs und der damit verbundenen Aufgaben für einen angestrebten Beruf. Es soll aber auch zugleich dazu beitragen, daß Auszubildende sich selbst probeweise mit den Anforderungen des jeweiligen Praxisfeldes vertraut machen können, um ihre Neigungen und Interessen, aber auch ihre eigenen Stärken und Schwächen besser einschätzen zu lernen.

Aus der Sicht der Ausbildungsstätte verbessert ein gelungenes P. auf seiten der Auszubildenden das Einfühlungsvermögen in die Abläufe und Eigengesetzlichkeiten praktischer SozArb und erhöht die Einsicht in bestimmte Notwendigkeiten wichtiger Ausbildungsinhalte. Praktikumserfahrungen können zugleich eine wichtige Quelle der Konfrontation von diffusen Hoffnungen, Vorstellungen und Wünschen künftiger Berufstätiger mit den Realitäten einer vielfach ernüchternden Praxis sein, die zu einer produktiven Auseinandersetzung mit dem »Praxisschock« bereits während der Ausbildung führt.

Aus der Sicht der Anstellungsträger und der Anbieter sozialer Dienste eröffnet das P. die Möglichkeit, als »Praxis« selbst unmittelbar Einfluß auf die Ausbildung dadurch zu nehmen, daß die Auszubildenden gewissermaßen auf die bereits bestehenden Handlungsmodalitäten und Praxisabläufe »eingeschworen« werden können. Darüber hinaus werden – v.a. bei länger andauernden P. – die Auszubildenden auch häufig als feste, kostengünstige Arbeitskräfte in bestehende Arbeitsplatz- und Stellenstrukturen eingerechnet. Ohne den Rückgriff auf die Gruppe der PraktikantInnen wäre die ordnungsgemäße Erledigung der Arbeit in einigen Bereichen der SozArb vielfach gefährdet oder zumindest erheblich erschwert. Allerdings werden PraktikantInnen bei kürzeren P. eher als hinderlich für den routinisierten Tagesablauf betrachtet und mehr oder weniger bereitwillig »durchgeschleust«.

P. lassen sich zeitlich danach unterscheiden, ob sie vor, während oder nach einer Ausbildung durchgeführt werden. I.d.R. handelt es sich dabei um verpflichtende P., die als integraler fachpraktischer Anteil einer Ausbildung nachgewiesen werden müssen. Zu unterscheiden sind hiervon nicht-begleitete P., die als Zugangsvoraussetzung für eine Ausbildung vor Aufnahme einer Ausbildung nachzuweisen sind (»Vorpraktikum«), was vielfach bei FS- und FHS-Ausbildungen der Fall ist. Von der zeitlich-organisatorischen Form her können Blockpraktika, Tagespraktika und studienbegleitende P. (»Längsschnittpraktika«) unterschieden werden. Während Blockpraktika in einer zusammenhängenden Form (4 Wochen bis max. 1 Jahr) in Anlehnung an die Arbeitszeiten der Einrichtung abgeleistet werden müssen, werden Tages- und studienbegleitende P. nur an 1 oder 2 Tagen der Woche – ggf. über mehrere Monate hinweg – durchgeführt. Bei den sozialen Ausbildungen an FS und FHS wird das Jahresblockpraktikum am Ende der Ausbildung auch Berufsanerkennungsjahr genannt.

Während längerfristig-obligatorische P., v.a. das Berufsanerkennungsjahr, tarifrechtlich geregelt und auch in den Stellenplänen vieler Einrichtungen entsprechend berücksichtigt sind, ist v.a. bei den kürzeren P. und bei nichtetablierten Trägern die rechtliche und finanzielle Stellung der PraktikantInnen vielfach ungeklärt. Unbefriedigend ist auch an vielen Ausbildungsstätten die personelle Unterausstattung, die eine intensive Betreuung und Begleitung der P. nicht immer möglich macht. Eine fehlende Verzahnung von theoretischem Unterricht und fachpraktischer Ausbildung wird infolgedessen – etwa bei einem unbegleiteten Vorpraktikum – von den Auszubildenden bemängelt.

Das P. bildet in der SozPäd/SozArb seit jeher die Nahtstelle zwischen Ausbildung und Beruf bzw. zwischen den Ausbildungsstätten und den Anstellungsträgern. Je höher der »praktische« Anteil, je länger das P., um so praxisqualifizierender ist die Ausbildung – so lautet vielfach eine stillschweigende Hypothese bei den sozialen Ausbildungen. Diese Annahme wird jedoch von den Ausbildungsstätten vielfach nicht umstandslos geteilt. Entscheidend sei hierbei, so die Kritiker dieser Position, in welcher Phase der Ausbildung diese fachpraktischen Ausbildungsanteile angesiedelt werden – vor, während oder nach der »theoretisch-schulischen« Ausbildung –, und wie deren Verbindung mit dem theorieorientierten Unterricht fachlich organisiert ist, also in intensiver Betreuung (am Arbeitsplatz und in der Ausbildung), etwa in Form spezieller Kolloquien, kasuistischer Seminare oder praktikumsbezogener Gruppensupervision sowie verarbeitet in einem abschließend anzufertigenden Praktikumsbericht. Als Alternative zu der herkömmlichen Form des P. wird deshalb an manchen Ausbildungsstätten auch die Idee des Projektstudiums diskutiert bzw. praktiziert.

In der *Jugendhilfe* ist die Zahl der PraktikantInnen in den letzten Jahren mengen- wie anteilsmäßig zurückgegangen. War Anfang der 80er Jahre noch jede 10. tätige Person in der Jugendhilfe PraktikantIn – das waren damals fast 27000 Auszubildende –, so waren dies Anfang der 90er Jahre nur noch knapp 20000 bzw. gut jede 20. tätige Person. Dies könnte ein Indiz für die zurückgehende Bedeutung der PraktikantInnen – etwa im Horizont der steigenden Zahlen von Zivildienstleistenden und anderen kostengünstigen Personengruppen – aus der Sicht der Anstellungsträger sein.

Eine ähnliche Entwicklung zeichnet sich in den neuen Bundesländern ab, da hier von organisierten, tariflich geregelten und fachlich betreuten P. in vielen Bereichen noch nicht die Rede sein kann. Beide Entwicklungen könnten zusammengenommen auch ein Ausdruck dafür sein, daß in Zeiten knappen Fachpersonals explizit als Ausbildung definierte Praxisphasen eher gekürzt und statt dessen von seiten der Träger eine frühere eigenverantwortliche Berufstätigkeit angestrebt wird. P. in der SozArb bleiben auf diese Weise – ähnlich wie das Referendariat in Ausbildungen mit Staatsexamen – ein offenes Bindeglied zwischen Ausbildungsstätten und Anstellungsträgern mit unscharfen Grenzen und eine gemeinsame Aufgabe mit unterschiedlichen Akzentsetzungen und Interessen. *Th. Rauschenbach*

Literatur: J.R. Hoppe/H. Zern (Hrsg.): Praxisanleitung im Spannungsfeld von sozialpädagogischer Praxis und Ausbildung (Materialien für die sozialpädagogische Praxis 17), Deutscher Verein, Frankfurt/M. 1988; A. Knierim/W. Trede (Hrsg.): Die Ausbildungssituation im Diplomstudiengang Erziehungswissenschaft. Eine Dokumentation der Studiengangsprofile bundesdeutscher Hochschulen im Auftrag der Bundesarbeitsgemeinschaft der Diplom-Pädagogen, Essen 1988; H. Kreutz/R. Landwehr (Hrsg.): Studienführer für Sozialarbeiter/Sozialpädagogen. Ausbildung und Beruf im Sozialwesen, Neuwied/Darmstadt 1977; K. Leube: Praxisbezüge in der Ausbildung, in: Projektgruppe Soziale Berufe (Hrsg.): Sozialarbeit: Ausbildung und Qualifikation. Expertise I, München 1981, 120–144.

Professionalisierung

1 Begriff: Professionen gelten als »gehobene Berufe« mit den entsprechenden Ausprägungen in Einkommen, Status, Prestige und Einfluß. Basis dafür ist die Herausbildung spezifischer Qualifikationsanforderungen an die Berufsausübung auf der Grundlage systematisierten (wissenschaftlichen) Wissens. Um diese Qualifikation sicherzustellen, üben Professionen eine Kontrolle über den Berufszugang durch die Einrichtung von speziellen (akademischen) Ausbildungsgängen und durch die Herausbildung berufsständischer Normen (Berufsethik) aus. Die Berufsausübung selbst ist durch ein hohes Maß an Freiheit von Fremdkontrolle gekennzeichnet. An deren Stelle tritt die Selbstkontrolle der Professionsangehörigen: *Berufsverbände* übernehmen die Aufgabe, die Berufsausübung nach fachlichen und ethischen Standards zu überwachen.
Im Idealfall geschieht die praktische Berufsausübung also in weitestgehender Autonomie gegenüber *Klienten* und Institutionen – Modell ist hier die selbständige, freiberufliche Tätigkeit. Grundlage dafür ist ein gesellschaftliches Mandat, das den Professionellen ein Monopol beim Angebot der von ihnen erbrachten Leistungen sichert. Als Prototyp des »vollprofessionalisierten Berufs« gilt der Arztberuf. Den Prozeß, in dem ein Beruf zu einer Profession wird, nennt man P.

2 P. – Expertisierung: Die Kombination »gehobener Beruf«, »Monopolisierung«, »Freiheit von Fremdkontrolle« hat in den letzten Jahren viel Kritik hervorgerufen. In dieser Kritik wurde P. immer wieder mit »Expertisierung« gleichgesetzt. »Expertisierung« bedeutet, daß in der gesellschaftlichen Arbeitsteilung ein Mechanismus der Monopolisierung und der Abschottung von Kompetenzbereichen wirksam wird. Wenn aber immer mehr Berufe den Status des »professionellen Experten« für sich beanspruchen, so machen sie damit automatisch die anderen zu »Laien« (»Entmündigung durch Experten«). Diese Kritik macht einerseits deutlich, daß P. unabdingbar gebunden ist an die Prinzipien der Arbeitsteilung und damit auch an deren Folgen: Differenzierung, Hierarchiebildung, Sicherung von Macht- und Einflußsphären. Andererseits bewirkte die Gleichsetzung von P. mit Expertentum, daß einige Besonderheiten professionalisierter Berufstätigkeit aus dem Blick gerieten, etwa die, daß professionelles Handeln sich im Fallbezug bewähren muß, also neben das auf Allgemeingültigkeit zielende (wissenschaftliche) Wissen die (hermeneutische) Kompetenz des Fallverstehens tritt (Oevermann 1981).

3 P. in der *Sozialen Arbeit*: Der Beruf des SozArb/SozPäd gilt als »unvollständige« oder »Semiprofession«, d.h., er verfügt (noch) nicht über die o.g. Merkmale in ihrer vollen Ausprägung. Gründe hierfür werden in den verschiedenen Entstehungslinien des Tätigkeitsfeldes der SozArb gesehen, nämlich a) der mittelalterlichen »Christlichen Liebestätigkeit«, b) der bürgerlichen Frauenbewegung zu Beginn des Jahrhunderts und c) der Herausbildung des modernen Wohlfahrtsstaates verstärkt nach dem 2. Weltkrieg (*Geschichte der Sozialarbeit/Sozialpädagogik*).
Diese Entstehungslinien wirken bis heute fort: So besteht latent im öffentlichen Bewußtsein immer noch eine Nähe zur Ehrenamtlichkeit, erscheint »bezahlte Nächstenliebe« als etwas Anrüchiges (*Ehrenamtliche Helfer*). Auch heute noch ist die SozArb/SozPäd ein *Frauen*beruf. Die Strukturen in solchen Berufen sind darauf ausgelegt, daß Frauen heiraten und nur in Ausnahmefällen lebenslänglich im Beruf arbeiten. Dies hat zur Folge, daß Frauenberufe i.d.R. schlecht bezahlt werden, intern wenig strukturiert sind und nur geringe Aufstiegsmöglichkeiten bieten (Rabe-Kleberg 1993). Und schließlich erfolgt die Berufstätigkeit in enger Anbindung an die Institutionen des modernen *Sozialstaat*s, die i.d.R. bürokratisch organisiert sind, und eben nicht professionellen Maßstäben folgend. Eine »Autonomie« der Berufsausübung ist damit nicht gewährleistet.
Aber nicht nur in der historischen Herausbildung des Berufsfeldes, auch im Gegenstandsbezug der SozArb selbst liegen Widerstände für eine P. im klassischen Verständnis. Der SozArb/SozPäd fehlt ein eindeutiger Fokus ihres Tätigseins. So bestehen Schwierigkeiten einer eindeutigen Trennung der zu bearbeitenden Probleme in solche, die auf der Ebene des Einzelfalls anzugehen sind, solche, die das soziale Netz betreffen, und solche, die auf der (sozial-)politischen Ebene angesiedelt werden müssen (*Methoden der Sozialarbeit/Sozialpädagogik*). Entsprechend heterogen ist die für P. zentrale Wissensbasis und Wissenssystematik: Die »Fundierungsdisziplinen« umfassen nahezu das gesamte Spektrum der Sozial- und Humanwissenschaften. Als Reaktion darauf hat sich zudem eine enorme Vielfalt individueller Handlungsstrategien von SozArb herausgebildet (Sahle 1987), die einen Rückbezug auf einen kollektiv gehaltenen Wissensfundus und eine kollektive Berufsidentität praktisch unmöglich machen und somit eine berufsständische Organisation erschweren.
Gegen eine P. im herkömmlichen Verständnis sprechen also folgende Faktoren: a) eine diffuse »Allzuständigkeit« der SozArb für alle möglichen Probleme, aus der heraus es nicht gelingt, verbindliche Kernfunktionen und abgegrenzte Aufgabenfelder zu benennen, so daß eine nur für die SozArb spezifische Domäne der beruflichen Kompetenz (Monopolisierung) nicht ausgewiesen werden kann;
b) eine starke Abhängigkeit von staatlicher Steuerung und direkter Einbindung in bürokratische Organisationen sowie die damit verbundene enge Verkoppelung von Hilfe und Kontrolle. Das Handeln in der SozArb ist damit zwei entgegengesetzten Sphären gleichzeitig verpflichtet, den pädagogisch-sozialtherapeutischen Maßnahmen auf der einen Seite und den rechtlich-organisatorischen Bedingungen auf der anderen. Dies wird unter dem Stichwort des »doppelten Mandats« angesprochen und steht einer Autonomisierung der Berufsausübung systematisch entgegen;

c) die Schwierigkeit, Kompetenzansprüche in bezug auf Probleme durchzusetzen, die solche des täglichen Lebens sind (d.h. einer kulturell vermittelten Lebenspraxis), so daß es für ein Laienpublikum schwer einsehbar ist, daß es hier besonderer Fähigkeiten oder besonderer »Experten« bedarf. Entsprechend ist das öffentliche Ansehen des Berufs geringer als das des Arztes oder des Rechtsanwaltes.

In der aktuellen Diskussion um P. der SozArb wird daher gefordert, diese Basis- und Rahmenbedingungen des Berufsfeldes ernst zu nehmen und weiterzuentwickeln in die Richtung einer »alternativen Professionalität« (Olk 1986). Die neuere Professionalisierungsdiskussion richtet sich daher nicht so sehr an den Merkmalen der P. aus, sondern stellt die Frage nach den die Berufsvollzüge fundierenden Handlungslogiken in der SozArb und der Möglichkeit, über deren Analyse eine eigenständige wissenschaftliche Grundlage zu etablieren.

4 Aktueller Diskussionsstand: Wenn wir oben gesagt haben, daß sich professionelles Handeln im »Fallbezug« bewähren muß, so stellt sich die Frage, was denn in der SozArb ein »Fall« ist. Eben weil ein eindeutiger Fokus ihres Tätigwerdens nicht ausgewiesen werden kann, ist »der Fall« in der SozArb nicht gleichzusetzen mit einer Einzelperson und ihrer individuell problematisch gewordenen Lebenspraxis. Neben »individuelle Einzelfälle« treten »kollektive Einzelfälle« (Schütze 1993) wie z.B. *Interaktions*zusammenhänge von *Familien*, Gruppen, Institutionen oder auch *Milieus*.
Die traditionellen Professionalisierungsstrategien in der SozArb beruhten dennoch v.a. auf der Betonung der »persönlichen helfenden Beziehung« und einem darauf bezogenen Methodenkanon. Durch »Techniken der Gesprächsführung«, die »soziale *Einzelfallhilfe*«, »*soziale Gruppenarbeit*« etc. wurde versucht, in dieser Dimension eine Expertisierung herbeizuführen. Ziel war es, Kompetenzansprüche zu begründen und eine relative Autonomie gegenüber den Anstellungsträgern zu erreichen (Otto/Utermann 1971; vgl. auch *Handlungskompetenz*). Dies erwies sich aus zwei Gründen als schwierig und wenig erfolgversprechend:

a) weil mit dem Anstellungsträger auch die rechtlich-organisatorischen Rahmenbedingungen des beruflichen Handelns gesetzt waren, über die eine noch so methodisch kompetente Einzelfallhilfe sich nicht hinwegsetzen konnte (»doppeltes Mandat«);
b) weil sich das berufliche Handeln in seiner diffusen »Allzuständigkeit« nicht auf abstrakte Einzelpersonen, Familien oder Gruppen richtet, sondern auf deren »Alltag«, auf die Gestaltung einer kulturell vermittelten Lebenspraxis.

Eine von diesen Bedingungen absehende und sich abkoppelnde Methodik steht immer in Gefahr, sich gegenüber dem Handlungsadressaten zu verselbständigen. Ganz grundsätzlich gilt, daß Interaktionen zwischen SozArb und KlientInnen sich nicht in speziell institutionalisierten »therapeutischen Räumen« vollziehen, sondern im doppelten Bezug auf den lebensweltlichen Kontext der Handlungsadressaten und den administrativen Handlungskontext der SozArb stehen.
Weder »Allzuständigkeit« noch die Bindung an Organisationen sind damit »Fehler« der SozArb, sondern sie sind konstitutiv für sie, und genau darauf richten sich die neueren Versuche, eine Wissensbasis und eine Wissenssystematik zu entfalten, die die P. der SozArb fundieren können (im Überblick: Gildemeister 1992). Einen wesentlichen Schub erhielt diese Diskussion durch einen systematischen Bezug auf den Alltag und die Lebenswelt der AdressatInnen und KlientInnen. Darin geht es um Analyse- und Rekonstruktionsverfahren, die in der allgemeinen sozialwissenschaftlichen Methodologie verankert sind (Lebenswelt- und Milieuanalyse, Biographieanalyse, Interaktionsfeldstudien). Diese wissenschaftlichen Analysemethoden folgen der Logik der faktischen Fallbearbeitung in der SozArb: Indem die SozArb z.B. an den »Kundgaben« des/der KlientIn entlang versucht, das Problem zu identifizieren, herauszufinden, »was der Fall ist«, verwendet sie intuitiv ihr Wissen über den Aufbau sozialer Wirklichkeit. Sie benutzt das, was ihr in Gesprächen und/oder Besuchen mitgeteilt wird, bzw. das, was sie bei diesen Gelegenheiten beobachtet, implizit als »Daten«, die sie interpretiert, um so zu einer Einschätzung der »Gesamtsituation« zu kommen. Dies geschieht jedoch überwiegend intuitiv, nicht systematisch und schon gar nicht kontrolliert. Und damit sind verschiedene Fehlerquellen angelegt, etwa die, sich in naiven Alltagstheorien zu verfangen und von deren selbstverständlicher Geltung auszugehen, ohne dann die davon möglicherweise abweichende Lebensrealität von Klienten und Adressaten adäquat in ihrer eigenen Logik erfassen zu können.
Die sozialwissenschaftlichen Analysemethoden können dazu beitragen, diesen Prozeß zu systematisieren und zu kontrollieren: hier geht es um methodische Rekonstruktionen »in der Sprache des Falles«, um so von innen heraus jene Mechanismen und Muster aufzuspüren, die einen jeweils spezifischen Lebenszusammenhang zum »Fall« in der SozArb werden lassen.
Solche sich derzeit entwickelnden sozialwissenschaftlich fundierten Fallanalyseverfahren (z.B. Schütze 1993) sind eine Voraussetzung dafür, ein spezifisches sozialarbeiterisch-professionelles Wissen entstehen zu lassen, das eine eigenständige Professionalität auch begründen kann.

5 Probleme beruflicher Identität in professionalisierten Berufen: Jenseits der o.g. Merkmalsausprägungen, die den Beruf der SozArb/SozPäd als »Semiprofession« kennzeichnen, gilt für die Handlungspraxis, daß hier Widersprüche oder Paradoxien wirksam werden, die auch in anderen Professionen bestehen, dort aber besser kanalisiert werden können. Solche »Paradoxien professionellen Handelns« (Schütze 1992) sind in der Struktur der Experten-Laien-Beziehung angelegt und im Kern nicht aufhebbar. Ein Beispiel für solche Para-

doxien ist etwa, daß der/die SozialarbeiterIn in der Beziehung zu den KlientInnen »ganzheitlicher menschlicher Bezugspunkt« sein soll und als ExpertIn sozialer Beziehungen Techniken einsetzt, die die Vertrauensgrundlage der Beziehung gefährdet. Ein anderes, daß er/sie in der »Hilfe zur Selbsthilfe« auf den Alltag des Klienten zurückwirken soll, gleichzeitig aber sieht, daß sein/ihr Handeln zur *Stigmatisierung*, Unselbständigkeit und Abhängigkeit beiträgt. Die sicherlich brisanteste Paradoxie ist die (rechtlich legitimierte) Eingrenzung der Entscheidungsfreiheit des Klienten unter Verweis auf sein »Wohl« oder das seiner Angehörigen, wenn faktisch Ordnungs- und Sicherheitsgesichtspunkte handlungsleitend sind.
Paradoxien professionellen Handelns tragen dazu bei, daß es in der Berufsausübung zu einem Plausibilitätsverlust ursprünglicher Orientierungen kommt, d.h., SozArb/SozPäd treffen auf eine Berufsrealität, die sie so nicht erwartet haben. In der Folge treten Desillusionierungen und Berufskrisen auf: das »Burning-out-Syndrom«, das Ausbrennen bedeutet, aber zugleich auch ein Auskühlen ist. Solche Berufskrisen sind verbunden mit Gefühlen von Sinnlosigkeit, Machtlosigkeit und Hoffnungslosigkeit. Sie zeigen an, daß die für professionelle Berufe zentrale Balance von Engagement und Distanzierung nicht gelungen ist. Insofern ist das »Burning-out-Syndrom« selbst ein Anzeichen eines nicht gelungenen oder nicht abgeschlossenen Professionalisierungsprozesses auf der Ebene des einzelnen Professionellen. Die Berufsgruppe der SozArb/SozPäd ist hier aber gerade deshalb besonders gefährdet, weil um die P. des Berufs nach wie vor gerungen wird. Generell verweist das »Burning-out-Syndrom« auf die Notwendigkeit systematischer und im Grunde lebenslanger Reflexion auf die eigene Berufstätigkeit (*Supervision*). Vor dem Hintergrund der Professionalisierungsprobleme von SozArb aber wird verständlich, daß Supervision von hier aus ihren Ausgang nahm und sich bislang in keiner anderen Berufsgruppe in dem Maße wie in der SozArb durchsetzen konnte.

R. Gildemeister

Literatur: E. Aronson u.a.: Ausgebrannt, Stuttgart 1983; B. Dewe u.a.: Professionelles soziales Handeln. Soziale Arbeit im Spannungsfeld zwischen Theorie und Praxis, München 1993; R. Gildemeister: Als Helfer überleben. Beruf und Identität in der Sozialarbeit/Sozialpädagogik, Darmstadt/Neuwied 1983; R. Gildemeister: Neuere Aspekte der Professionalisierungsdebatte: Soziale Arbeit zwischen immanenten Kunstlehren des Fallverstehens und kollektiven Strategien der Statusverbesserung, in: Neue Praxis, 22. Jg., 3/1992, 207–219; U. Oevermann: Hermeneutische Sinnrekonstruktion: Als Therapie und Pädagogik mißverstanden, oder: Das notorische strukturtheoretische Defizit pädagogischer Wissenschaft, in: D. Garz/K. Kraimer (Hrsg.): Brauchen wir andere Forschungsmethoden? Beiträge zur Diskussion interpretativer Verfahren, Frankfurt/M. 1983, 113–155; T. Olk: Abschied vom Experten. Sozialarbeit auf dem Wege zu einer alternativen Professionalität, München 1986; T. Olk/H.U. Otto (Hrsg.): Soziale Dienste im Wandel. Bd. 2, Entwürfe sozialpädagogischen Handelns, Neuwied/Frankfurt/M. 1987; H.U. Otto/K. Utermann (Hrsg.): Sozialarbeit als Beruf. Auf dem Wege zur Professionalisierung, München 1971; U. Rabe-Kleberg: Verantwortung und Macht, Münster 1993; Th. Rauschenbach/H. Gängler (Hrsg.): Soziale Arbeit und Erziehung in der Risikogesellschaft, Neuwied 1992; Th. Rauschenbach/F. Ortmann/M. Karsten: Der sozialpädagogische Blick, München 1993; Ch. Sachße: Mütterlichkeit als Beruf, Frankfurt/M. 1986; R. Sahle: Gabe, Almosen, Hilfe, Opladen 1987; F. Schütze: Sozialarbeit als »bescheidene« Profession, in: B. Dewe/W. Ferchhoff/F.O. Radtke (Hrsg.): Erziehen als Profession. Zur Logik professionellen Handelns in pädagogischen Feldern, Opladen 1992, 191–221; F. Schütze: Die Fallanalyse, in: Rauschenbach/Ortmann/Karten (Hrsg.): Der sozialpädagogische Blick, München 1993, 132–170.

Prostitution

Seit dem 15./16. Jh. ist das vom lateinischen »prostituere« übernommene Fremdwort prostituieren zunächst für »jemanden bloßstellen, entehren« bekannt. Dies steht wohl im Zusammenhang mit der Schlechterstellung und Verfolgung von Prostituierten z.B. während der Hexenpogrome, als Prostituierte u.a. an den Pranger gestellt wurden. Seit dem 18. Jh. hat sich dann, über Frankreich vermittelt, P. für den Kauf und Verkauf sexueller Dienstleistungen eingebürgert.
Von den vier möglichen Erscheinungsformen der P. – weiblich und männlich heterosexuell, weiblich und männlich homosexuell – überwiegt die weibliche heterosexuelle P. und ist als einzige institutionalisiert. P. ist mit Sicherheit nicht das älteste Gewerbe der Welt. Wohl aus Fruchtbarkeitsriten in matriarchalischen Gesellschaften hat sich im Patriarchat als früheste bislang bekannte Form der P. die bezahlte Tempel-P. entwikkelt.
Auch wenn die Lage der Prostituierten und ihre gesellschaftliche Stellung in den letzten rd. 2500 Jahren sehr unterschiedlich waren, so sind die Grundlagen und Voraussetzungen der P. im wesentlichen gleichgeblieben: die Vorherrschaft des Mannes über die Frau in patriarchalischen (Klassen-)*Gesellschaft*en (*Klasse/Schicht/Milieu*); erzwungene Monogamie; Doppelmoral und die Ideologie von der Ware Frau als Gebrauchswert für den Mann, als Tauschwert unter Männern. P. vermittelt Männern das Gefühl, über einen anderen Menschen, eine Frau, total verfügen zu können.
Annähernd ist dies schon in einem alten griechischen Epigramm aus den 4./3. Jh. v.Chr. ausgedrückt: »Nimm dir für sechs Obolen Europa, die attische, wo du/ Niemand zu fürchten brauchst, die dir nie widerspricht,/ die ein untadeliges Bett dir bietet und Heizung im Winter./ Unnötig, guter Zeus, verwandelst du dich zum Stier!« (Morus 1965). Die ehemalige Prostituierte J. sagt es heute so: »Aber das, was sie kaufen, ist, wenn man so will, Macht. Sie erwarten von uns, daß wir ihnen etwas zu Gefallen tun … Das ist das Erniedrigendste – ihnen immer recht geben zu müssen, weil man von ihnen gekauft ist« (J. in: Kate Millet 1983).
In Griechenland, v.a. in Athen, und später auch in Rom arbeiteten hauptsächlich Besiegte, Sklavinnen, kaserniert in Bordellen; freie Römerinnen mußten sich registrieren lassen, wenn sie P. betrieben.

Die Geschichte der P. seit dem frühen Mittelalter zeigt, wie sehr die Lage der Prostituierten und ihre gesellschaftliche Stellung von wechselnden Einstellungen zur *Sexualität*, von der wirtschaftlichen Entwicklung, gesellschaftlichen Auseinandersetzungen abhängen. Im Zuge der Christianisierung, im 6. Jh. und z. Zt. Karls des Großen (um 800), sind gesetzliche Verbote von Ehebruch, Hurerei, P. unwirksam. Unter seinen Nachfolgern (bis etwa 10./11. Jh.) wird die P. auf den großen Fronhöfen (Villikationen) geduldet, aber dennoch der Kampf gegen die Prostituierten geführt. Die meisten Prostituierten ziehen während des Mittelalters umher, u. a. mit den Kreuzfahrerzügen und später den Landsknechtsheeren. Seit dem 13. Jh. entstehen in den Städten die Frauenhäuser (später: Freudenhäuser) unter Kontrolle der Obrigkeit (des weltlichen, kirchlichen Adels, der städtischen Patrizier), die alle vom Geschäft profitieren. Gute Geschäfte, die Durchsetzung des Zölibats (Heiratsverbot) für alle Geistlichen (um 1050), das aus sozialen und religiösen Gründen z. T. hohe Heiratsalter und eine weitverbreitete arabische Sexualmoral (die »Körpersäfte« des Mannes verderben, und er stirbt infolge sexueller Enthaltsamkeit) machen die P. zu einer selbstverständlichen Einrichtung. P. als »Ventilsitte« für Männer, zum Schutz der »ehrbaren« Frauen und Töchter und die Ausgrenzung der »unehrenhaften« Prostituierten – diese Einstellung zur P., ihrer Funktion und Folgen hat sich bis heute mit immer neuen Rechtfertigungen und wechselnden Erscheinungsformen in allen westlichen Ländern erhalten. Obwohl zu den »unehrenhaften Leuten« zählend, können Prostituierte im Mittelalter in einigen Städten Bürgerrechte erwerben, schließen sich in Genf und Paris zu Zünften zusammen, gehören selbstverständlich zu Reichstagen und Kirchenversammlungen. Ihre wirtschaftliche Lage – die meisten trieb die Armut in Frauenhäuser – ist einigermaßen gesichert (Ketsch 1983). Zunehmend bis zum 16. Jh., steigt die Zahl diskriminierender Verordnungen (Kleidervorschriften, Heiratsverbote), wird die Rechtsstellung schlechter: So gelten jetzt Beleidigung und Vergewaltigung von Prostituierten als weniger schwere Verbrechen.

Der schrittweise Ausschluß der Prostituierten aus dem öffentlichen Leben, die Verschlechterung ihrer wirtschaftlichen und sozialen Lage fallen in die Zeit der allgemeinen Wirtschafts- und Gesellschaftskrise des Feudalsystems und der ständischen Ordnung, der politischen Auseinandersetzungen im Übergang zur Neuzeit. Die Ausbreitung der erstmals 1494 in Neapel registrierten Syphilis, die Verschärfung katholischer Sexualmoral wie die Durchsetzung der protestantischen Moraltheologie führen im 16. Jh. zur Schließung der meisten Frauenhäuser. Prostituierte werden im Namen der Sittlichkeit diffamiert, gebrandmarkt, verfolgt, als Hexen verbrannt; viele werden, wie das »einfache und fahrende Volk« insgesamt, zur Lohnarbeit gezwungen.

Im 18. und 19. Jh. gehört die P. an den Fürstenhöfen Europas und in vielen Städten wieder zum Alltag. In unterschiedlichem Ausmaß in den einzelnen Ländern nimmt die P. wohl insgesamt bis zum 20. Jh. mit der Industrialisierung, der Entwicklung der Großstädte, fehlenden Erwerbsmöglichkeiten, niedrigen Frauenlöhnen, miesen Arbeitsbedingungen zu, entwickelt sich die Zuhälterei. Die kasernierten und registrierten Prostituierten werden geduldet, die freien schikaniert, zeitweilig verfolgt. VermieterInnen, Gastwirte, Hoteliers, die Polizei, staatliche und private BordellbesitzerInnen kassieren – den meisten Frauen bleibt wenig. In der 2. Hälfte des 19. Jh. kämpfen zunächst in England auf Initiative von Josephine Butler in der (später internationalen) Abolitionistenbewegung (von lat. abolitia = das Anschaffen) Frauen aus der Frauenbewegung und Prostituierte gegen die Reglementierung, Kasernierung, Entwürdigung und Entrechtung der Prostituierten. Zum erstenmal taucht die heute in der Frauenbewegung gültige Orientierung auf: Kampf gegen die P. mit den Prostituierten. In Deutschland ist die Sozialistin Gertrud Gillaume-Schack 1880 die erste Abolitionistin. Trotz Rede- und Auftrittsverbot und einer Anklage wegen »sozialistischer Umtriebe« gelingt es ihr, in Berlin den »Kulturbund« zu gründen; Gründungen in anderen Städten folgen, z. T. mit Beratungs- und Anlaufstellen für Prostituierte. Die Widerstände seitens der »guten Gesellschaft« und der von Gillaume-Schack angegriffenen Polizei sind enorm. 1884 löst sie entmutigt den Verband auf. Frauen aus der bürgerlichen Bewegung greifen in den 90er Jahren das Problem auf, aber erst mit der Gründung der abolitionistischen Vereinigung (1899) durch Frauen vom radikalen Flügel entsteht ein öffentlich geführter Kampf. Dieser Kampf, dem sich weitere Gruppen anschlossen, sollte in Deutschland vorläufig 1927 (Reichsgesetz zur Bekämpfung der Geschlechtskrankheiten) mit der Abschaffung der Reglementierung (mit gewissen Einschränkungen) enden (*Geschlechtskrankenfürsorge*). Zwischen 1933 und 1945 gelten verschärfte Strafbestimmungen, werden Prostituierte zeitweise als »Asoziale« verfolgt. Es existiert jedoch, trotz gesetzlichen Verbots, ein mehr oder weniger offener Bordellbetrieb.

In der BRD ist P. grundsätzlich nicht strafbar; seit 1973 auch die männlich-homosexuelle nicht mehr. Aber es bestehen Reglementierungen wie Beschränkung der P. auf bestimmte Betriebe (Eros-Center) bzw. Bezirke; als anstößig und jugendgefährdend geltende Formen der Straßen-P. sind nicht erlaubt, wobei die Auslegungsfähigkeit solcher Bestimmungen individueller, polizeilicher, behördlicher Willkür und Gewalt Vorschub leistet. Prostituierte müssen sich beim *Gesundheitsamt* registrieren lassen und alle 8 – 14 Tage auf Geschlechtskrankheiten untersuchen lassen, Zwangsuntersuchungen können angeordnet werden. Gerade diese Bestimmungen mit den damit verbundenen staatlichen Kontrollmöglichkeiten sorgen dafür, daß P. in Stundenhotels, Massagesalons, Saunen, im Auto, auf der Straße außerhalb der Bezirke und Einrichtungen betrieben wird, wobei die Prostituierten ständig Gefahr laufen, kriminalisiert zu werden durch ihre Kunden, Nachbarn und Nachbarinnen, v. a. aber die Zuhälter, die diesen Bereich überwiegend kontrollieren. Obwohl der Staat von den Prostituierten Einkommenssteuer einzieht (Dirnensteuer), haben die Frauen keinen rechtlichen Anspruch auf ihren Lohn. Sie können ihren Lohn nicht einklagen, da P. als sittenwidrig gilt und daher nicht versicherungsfähig ist. Diese rechtliche Diskriminierung ist die entscheidende Grundlage für alle Arten von Zuhälterei. Nur etwa 10% der Prostituierten arbeiten als »freie«.

Kinder-P. hat in den letzten Jahren zugenommen. Wie neuere Untersuchungen in verschiedenen Ländern ergeben haben, ist das Einstiegsalter in die P. gesunken, das Durchschnittsalter liegt zwischen 12 und 14 Jahren. Schätzungen gehen davon aus, daß z.Z. bis zu 10% der ca. 400000 Prostituierten in Deutschland unter 18 Jahren sind, das wären bis zu 40000 Kinder und Jugendliche (Stern 43/93). Seit einigen Jahren regt sich international Widerstand gegen den Mißbrauch von Kindern. 1993 ist in Deutschland ein strafrechtliches Änderungsgesetz in Kraft getreten, das Sextouristen, die sich an Kindern vergehen, mit einschneidenden Strafen bedroht.

Die Wege zur P. sind alltäglich: gelegentlich schnelles Geld nebenbei verdienen; im Milieu aufgewachsen; von zu Hause, aus einem Heim fortgelaufen, ohne Aussicht auf einen Job oder einen Ausbildungsplatz; nicht so abhängig und unterwürfig werden wollen wie die Mutter; nicht so hart arbeiten müssen wie Mutter und Vater; Schulden; sexueller Mißbrauch; auf den Strich geschickt werden vom Freund, vom Ehemann; Drogenabhängigkeit und »die Sucht nach Geld« (Millet 1983). Für die meisten Prostituierten bleibt der Traum vom vielen Geld nur ein Traum. Prostituierte kommen in den westlichen und östlichen Industriegesellschaften aus allen Schichten der Bevölkerung, haben eine bessere Berufsausbildung als der Durchschnitt der Bevölkerung, stehen aber, wie andere Frauen auch, überwiegend mit ihren erlernten Berufen am unteren Ende der Lohnskala. Mehr Geld mit dem Anschaffen zu verdienen ist dann das Hauptmotiv für den Einstieg in den Umsteige- bzw. Zusatzberuf Hure.

In Ländern der 3. Welt sind die Massen-P. in Verbindung mit Frauenhandel und Sextourismus v.a. auf fehlende alternative Erwerbsmöglichkeiten und die nackte Not zurückzuführen. Teilweise gilt dies auch für die osteuropäischen Länder seit der Öffnung der Grenzen und dem Zusammenbruch des Wirtschafts- und Gesellschaftssystems. Zuvor überwiegend verboten, wurde P. aber durchaus geduldet. Neu sind Erscheinungen wie die Europastraße 55 zwischen Dresden und Prag, die zu einem einzigen Bordell wurde, oder die vielfältigen Geschäfte zwischen dem Osten und Städten wie Wien, Frankfurt, München und Hamburg. Mehr als 100000 osteuropäische Frauen gehen nach Schätzungen des Bundeskriminalamtes allein in Westdeutschland auf den Strich. Auch das Ausmaß der deutsch-deutschen Frauenverschiebung von Ost- nach Westdeutschland dürfte beträchtlich sein.

Die wirtschaftliche Ausbeutung, die würdelosen Dienste, die Männer von Prostituierten verlangen, v.a. die psychischen Folgen, die Verinnerlichung der Entwürdigung als Scham, Selbstverachtung, Selbsthaß sind die wesentlichen Begründungen der Frauenbewegung für die Ablehnung der P. In einer Gesellschaft, in der Männer das Sagen haben, trifft nicht den Käufer der Ware Frau die gesellschaftliche Verachtung. Dies erfahren die Prostituierte täglich am eigenen Leib. Dennoch in den Handel einzuwilligen und die eigene Entwürdigung zu verkaufen (Millet 1983) und mit sozialer Ächtung gestraft zu werden, macht es ihnen noch schwerer als anderen *Frauen*, für sich zu kämpfen: Prostituierte haben ihre Selbstachtung zu gewinnen und zu verteidigen gegen die Verachtung all derer, die sie benutzen und an ihnen verdienen. Sie treffen vor Gericht und in der Öffentlichkeit auf die allgemeine und besonders gegen sie gerichtete Frauenverachtung einschließlich der durch die Frauen selbst.

Prostituierte haben seit den 70er Jahre wieder einmal begonnen, für ihre Rechte und ihr Ansehen zu kämpfen. Zunächst in den USA, England und Frankreich, dann in Holland und auch in der BRD haben sich Prostituierte zusammengeschlossen, arbeiten international zusammen. In Frankreich gab es schon 1975 – aus Protest gegen nur lässig verfolgte Prostituiertenmorde – einen Streik; die Zuhälter wurden vor Gericht gebracht, und trotz aller Drohungen wurde gegen sie ausgesagt. In Berlin ist in Zusammenarbeit mit Frauen aus der Frauenbewegung ein Treffpunkt entstanden, in Hamburg ein autonom organisiertes Prostituiertenhaus. Die in den letzten Jahren zu beobachtende Annäherung und Zusammenarbeit zwischen Frauenbewegung und Prostituiertengruppen ist aufgrund der distanzierten Haltung vieler Frauen aus der Frauenbewegung gegenüber Prostituierten mit Spannungen und Konflikten verbunden. Die von Prostituiertengruppen immer wieder aufgezeigten Gemeinsamkeiten der Situation von Prostituierten mit der der Ehefrauen und Lohnarbeiterinnen, die ihren Ehemännern bzw. Arbeitgebern zu Dienste sein müssen, werden als zu undifferenziert betrachtet.

Die noch junge Hurenbewegung fordert v.a. eine Verbesserung der Lebens- und Arbeitsbedingungen, die Anerkennung der P. als Beruf und eine gewerkschaftsähnliche Interessenvertretung der Prostituierten. Das abwertende Wort »Hure« wurde von Prostituierten als Berufsbezeichnung und Ausdruck eines gestiegenen Selbst- und Protestbewußtseins übernommen. In der autonomen Frauenbewegung ist der Kampf auf die Überwindung patriarchalischer Verhältnisse und damit auch der P. gerichtet. Und in der v.a. aus der SozArb entwickelten Informations- und Beratungspraxis geht es insbesondere um (öffentlich geförderte) Ausstiegsmöglichkeiten. Innerhalb der Hurenbewegung existieren alle genannen Orientierungen.

Als Ergebnis der Selbstorganisation der Prostituierten wurden in den letzten Jahren Kampagnen gegen die gefährliche doppelmoralische Behandlung des Problems *AIDS* durchgeführt. Prostituierte werden überall zur »Risikogruppe« erklärt, in Bayern zu AIDS-Test-Zwangsuntersuchungen vorgeführt. Mit Ausnahme der Gelegenheitsprostituierten gehören die Prostituierten jedoch zu denjenigen, die a) als Registrierte sich re-

gelmäßig untersuchen lassen und b) auf Körper und Gesundheit achten, sind diese doch ihr Betriebskapital. Die große Gefahr der Verbreitung der Immunschwäche geht von den nichtkontrollierten Freiern aus.
Ein zweites Dauerproblem sind die Sperrgebietsverordnungen v. a. in Großstädten (Hamburg, Frankfurt, München) mit der Tendenz zur Kasernierung, Ghettoisierung und der Ausbeutung durch offizielle Zuhälterei. Und schließlich fehlen den Prostituierten Möglichkeiten einer sozialen Absicherung, der Zugang zur Sozialversicherung, Arbeitslosen- und Rentenversicherung sowie der gesetzlichen Krankenversicherung.
Zur Durchsetzung der Menschen- und Bürgerinnenrechte der Prostituierten wurde 1985 auf dem ersten internationalen Kongreß in Amsterdam eine internationale Organisation der Prostituierten gegründet und die »Welt-Charta für die Rechte der Prostituierten« verabschiedet, worin u. a. die Freiheit der Berufswahl und des Arbeitsplatzes, das Recht auf Sozialversicherung, die Abschaffung von Zwangsuntersuchungen, die Entkriminalisierung der Erwachsenen-P. und Strafgesetze gegen die Prostituierer von Kindern und zum Schutze der Mädchen und Jungen vor P. gefordert werden. 1986 fand der zweite Kongreß in Brüssel statt.
Der »Protest im Spitzenhöschen«, so die Autorin Irene Hübner (1988), ist notwendig widersprüchlich. Um ihre Jobs zu erhalten, müssen sich Prostituierte in Zeiten schlechter gehender Geschäfte werbewirksam verkaufen mit speziellen Dienstleistungen, Professionalität, Spaß am Sex, Fachpresse, Stadtplänen für Männer, Handzetteln etc. und tragen dadurch gleichzeitig zum Erhalt der auch von ihnen bekämpften ausbeuterischen patriarchalischen Strukturen bei.

R. Wurms/K. Bergdoll

Literatur: BMFJ (Hrsg.): Dokumente zur rechtlichen und sozialen Situation von Prostituierten in der BRD, Bd. 15 der BMFJ-Schriftenreihe, Stuttgart 1994; B. de Coninck/Chr. de Coninck: Die geteilte Frau, Berlin 1980; A. Frohnert: Ansichten der Prostitution, Berlin 1990; I. Hübner/M. Roper: Protest im Spitzenhöschen. Huren wehren sich, Frankfurt/M. 1988; M. Janssen-Jurreit (Hrsg.): Frauen und Sexualmoral, Frankfurt/M. 1986; P. Ketsch: Frauen im Mittelalter. Bd. 1, Düsseldorf 1983; M.D. Kreuzer: Prostitution. Eine sozialgeschichtliche Untersuchung in Frankfurt am Main. Von der Syphilis bis Aids, Stuttgart 1988; K. Millet: Das verkaufte Geschlecht, Reinbek 1983; Morus (Richard Lewinsohn): Eine Weltgeschichte der Sexualität [3]1965; Prostituiertenprojekt Hydra (Hrsg.): Beruf: Hure, Hamburg 1988; A. Wolf-Graaf: Die verborgene Geschichte der Frauenarbeit. Eine Bildchronik, Weinheim/Basel 1983; A. von Zahn-Harnack: Die Frauenbewegung, Berlin 1928.

Psychiatrie

P. ist die Lehre von den seelischen Erkrankungen und ihrer Behandlung. Medizinisch hat sie eine deskriptive, statistische Seite (exakte Diagnosen, charakteristische Symptome, beobachtbare Verläufe und Prognosen) und eine psychodynamische: Seit dem Altertum (Hippokrates) wird nach Zusammenhängen zwischen bestimmten seelischen Erlebnissen, Motiven und Krankheitssymptomen gefragt. Die Unzugänglichkeit der Kranken regte zu zahlreichen Spekulationen an: Sie galten als göttlich inspiriert oder vom Teufel besessen, wurden teils idealisiert, teils verketzert.
Zwar wurden bereits im Mittelalter Asyle für psychisch Kranke eingerichtet, doch kam es erst nach 1710, beginnend in Bologna, zu einer systematischen Verwahrung und Behandlung durch eine Welle von Anstaltsgründungen in Europa. Weil die Kranken der sich entwickelnden bürgerlichen Wertordnung nicht entsprachen (Dörner), wurden sie, nach Geschlechtern getrennt und z. T. unter unmenschlichen Bedingungen, kaserniert und verwahrt. Dennoch befanden sich nach Schätzungen von Nasse noch 1821 nur 1/6 in ärztlicher oder stationärer Behandlung; die Mehrzahl vagabundierte nach wie vor zwischen Zuchthäusern, Asylen und Straße. Im Zuge der *Aufklärung* und der Französischen Revolution wurden auch die Kranken aus ihren Ketten, in die man sie zwangsweise gesteckt hatte, befreit (Foucault) und kamen zunehmend aus einer vorwiegend moralisierenden pädagogischen in ärztliche Behandlung. Die erste offene Anstalt wurde von dem Quäker William Tuke 1796 in York gegründet.
Von der P. als Wissenschaft kann erst im 19. Jh. gesprochen werden. Das erste Lehrbuch der Psychiatrie von Haindorf (1811) ist noch weitgehend geprägt von philosophischen und sozialmoralischen (moral management) Vorstellungen. 1818 gründete Nasse die erste Zeitschrift für psychische Ärzte. Seit 1864 wurden in Deutschland an den Universitäten Lehrstühle für P. eingerichtet. In der Folgezeit kam es zu einer bis heute noch nicht ganz aufgehobenen Kluft zwischen Universitäts- und Anstaltspsychiatrie. Auch die Psychiater waren geprägt von den Vorurteilen ihrer Zeit (Blasius) und forschten, dem medizinisch vorgegebenen naturwissenschaftlichen Trend folgend, weniger nach seelischen als nach körperlichen Ursachen der Geisteskrankheiten (Griesinger: »Geisteskrankheiten sind Gehirnkrankheiten«). Positiv wurden auf diesem Weg degenerative und traumatische Hirnschäden (Meynert; Wernicke, Broca) entdeckt, negativ wurden erbbiologisch und sozialdarwinistisch begründete Diskriminierungen der Patienten unterstützt (*Sozialdarwinismus*). In ihrem Selbstbild oft schwankend zwischen Polizist und Arzt (»medizinische Polizei«) und in ihren Methoden an militärischen Vorbildern (Drill) orientiert, leistete ein großer Teil der Ärzte wenig Widerstand, als Degenerationstheoretiker (Möbius; Lombroso) und *Eugenik*er eine Euthanasiedebatte über »lebensunwertes Leben« (Jost; Haeckel; Bindung und Hoche) begannen, die 1905 zur Gründung der Gesellschaft für

Rassenhygiene führte und die Verbrechen der Nazis mental vorbereitete. Während der NS-Zeit wurden bereits am 1.1.1934 durch das Gesetz zur Verhütung erbkranken Nachwuchses die Kranken und Behinderten erfaßt. Am 1.9.1939 wurde die Euthanasie-Ermächtigung erlassen, die unter dem Namen Aktion T4 – Tiergartenstraße 4 in Berlin – praktisch umgesetzt wurde. Die Verfolgungsmaßnahmen führten unter Mithilfe von Sozialarbeitern und Ärzten zu ca. 350000 Zwangssterilisationen und ca. 100–200000 Toten (Klee) und wurden erst durch den massiven Protest der protestantischen und katholischen Kirche – vorläufig und nie ganz vollständig – eingestellt. Die Folgen dieses Verrats am Kranken waren in der Nachkriegszeit in Deutschland noch lange in Gestalt eines tiefsitzenden Mißtrauens gegenüber der P. spürbar.

Auch bei kritischer Betrachtung sind die Bemühungen der Psychiater um eine exakte Beschreibung und Zuordnung von Symptomen und Krankheitseinheiten positiv zu bewerten, da sie ermöglichen, Prognosen über zukünftige Entwicklungen zu machen und Angehörigen bei ihren Planungen behilflich zu sein. Abgesehen von wenigen hirnorganischen Krankheitsbildern, sind jedoch die Anstrengungen der Wissenschaft, organische Ursachen psychischer Erkrankungen zu finden, nur begrenzt erfolgreich gewesen. Bestimmte neurotische Erkrankungen (Hysterie, Zwänge, Phobien) konnten mit der Entdeckung der Psychoanalyse durch S. Freud, einer Forschungs- und Behandlungsmethode zur Aufdeckung unbewußter Konflikte, erfolgreich behandelt werden (Brenner). Mit der Entwicklung der Psychopharmaka konnte darüber hinaus ein großer Teil der ehemaligen Psychiatrieinsassen (Goffman) die klinischen Institutionen verlassen und in seiner häuslichen Umgebung betreut werden. Nur eine Restgruppe von akut oder chronisch psychotisch Erkrankten oder schwer hirnorganisch Geschädigten ist immer noch stationär behandlungsbedürftig und stellt v.a. die Klientel der Landeskrankenhäuser und Anstalten.

Die Ursache der psychotischen Krankheitssymptome und -verläufe ist – abgesehen von den organischen Psychosen – nach wie vor ungeklärt. Trotz einer breiten Kritik der antipsychiatrischen Bewegung (Bateson; Cooper; Laing) an den Institutionen (*Hospitalismus*) und ihren theoretischen und praktischen Behandlungskonzepten und trotz zahlreicher innovativer Impulse ist es bis heute nicht gelungen, psychotische Erkrankungen zu verhindern oder zu heilen. Es ist jedoch nicht zu übersehen, daß mit zunehmender ambulanter Betreuung auch bestimmte artefizielle Symptome (Anstaltsartefakte) weggefallen sind und daß die Kranken über ein höheres Gesundungs- und Selbsthilfepotential verfügen, als man ärztlicherseits angenommen hat (Basaglia; Dörner; Finzen).

Nachdem in England in der Nachkriegszeit therapeutische Gemeinschaften (Sullivan) gegründet wurden und nachdem zunehmend der Einfluß sozialer Faktoren auf die Entstehung und den Verlauf der Krankheiten (Hollingshead/Redlich) untersucht worden war, kam es im Zuge der Psychiatriereform (nach der Psychiatrie-Enquete 1973–75) in der BRD zu einer weitgehenden Öffnung der Anstalten, einer Verlagerung der stationären Behandlung auf kleinere Abteilungen an Allgemeinkrankenhäusern, einem dichten Netz von ambulanten Versorgungseinrichtungen und v.a. zu einem breitgefächerten Angebot von Hilfe und Betreuung, das über das rein medizinische hinausging und dem Kranken Möglichkeiten zu einer Wiedereingliederung (oder gar nicht erst Ausgliederung) in soziale Strukturen (*Familie*, Beruf, Beschäftigung, Gemeinde) bereitstellte. Auch wenn das Fernziel der völligen Unabhängigkeit und Betreuung in vielen Fällen nicht erreicht wird, zählt jeder Schritt in diese Richtung, weil er den Kranken ihre Würde und das Recht auf Selbstbestimmung beläßt oder zurückgibt. Der Abbau der Großkrankenhäuser, Aufbau einer gemeindenahen Versorgung und eines sozialpsychiatrischen Netzes und eine umfassende bauliche und strukturelle Modernisierung der vorhandenen Einrichtungen ist auch die wichtigste Aufgabe in den neuen Bundesländern.

Mit dem zunehmenden Abbau stationärer Betreuung wurde auch erreicht, daß die gesellschaftliche Diskriminierung der Kranken teilweise abgebaut wurde. Diesem Zweck dient auch das 1989 verabschiedete Betreuungsgesetz (*Betreuungsrecht*), das anstelle der diffamierenden Entmündigung und Vormundschaft weniger einschneidende persönliche Betreuungsmaßnahmen (Heilbehandlung, Unterbringung, Vermögensangelegenheiten), die vorwiegend dem Schutz der Kranken vor einer Selbstgefährdung dienen, nach dem Erforderlichkeitsgrundsatz vorsieht.

Die Klienten der P. finden sich in allen Altersstufen, meist mit spezifischen Krankheitsbildern, die bei Kindern und Jugendlichen v.a. geprägt sind durch Probleme der Entwicklung und Reifung (Lempp; Remschmidt), bei Erwachsenen, insbesondere bei *Frauen*, durch generative Umstellungen (Menstruation, Schwangerschaft, Menopause) und im *Alter* oft überlagert durch Abbauvorgänge, die auch den chronisch Kranken ein besonderes »Altersgesicht« geben (Radebold). Um den Problemen der jeweilien Altersstufe gerecht zu werden, wurden Spezifizierungen wie Kinder- und Jugendpsychiatrie, Erwachsenenpsychiatrie und Gerontopsychiatrie geschaffen. Ein besonderes Teilgebiet der P. ist auch die forensische (gerichtliche) P., die sich mit Problemen der Unterbringung psychisch Kranker – geregelt nach Verordnungen der Bundesländer –, ihrer Geschäfts- und Testierfähigkeit (§§ 104, 114 BGB), Verhandlungs- und Prozeßfähigkeit (§ 51 ZPO), Testierunfähigkeit (§ 229 Abs. 4 BGB), der Entziehung der Fahrerlaubnis (§ 69 Abs. 1, 1 StGB), der Verantwortungsreife (§ 3 JGG) *Jugendlicher und Heranwachsender* (Lempp) und der strafrechtlichen Verantwortlichkeit psychisch kranker Straftäter befaßt, deren *Einsichts- und Steuerungsfähigkeit* zur Tatzeit erheblich eingeschränkt oder aufgehoben war (§§ 20, 21 StGB).

Entsprechend finden sich auch sozialpädagogische Arbeitsfelder in allen Altersstufen. In der Kinder- und Jugendpsychiatrie ist die fruchtbare Zusammenarbeit zwischen Ärzten und Pädagogen von Anfang an selbstverständlich gewesen und hat dazu geführt, daß in diesem Bereich zuerst systematisch Betreuungskonzepte erarbeitet wurden, die auf eine Vergrößerung der Handlungskompetenz der Kranken zielen. Inzwischen arbeiten SozArb/SozPäd sowohl im ambulanten als auch im stationären Bereich und v.a. in alternativen Projekten, die Einzelfall-, Familien- und Gruppenbetreuung über *Sozialstationen*, sozialpsychiatrische und schulpsychologische Dienste, in der *Jugendgerichts*- und *Bewährungshilfe* anbieten. In Tageszentren werden psychisch Kranke tagsüber betreut, im sozialen Training werden sie stationär auf ihre Entlassung vorbereitet, in *Selbsthilfe*gruppen (für Stotterer, Magersüchtige, Selbstmordgefährdete, Behinderte) werden Eigeninitiative und Erfahrungsaustausch unterstützt. Der Ausbau der ambulanten gemeindenahen Dienste, deren Aufgaben vorrangig die Bereitstellung von Wohnraum, Arbeit, Beschäftigung, Betreuung und eine Entlastung der Angehörigen sind, ist regional noch nicht ausreichend. Humanere Formen des Umgangs mit psychisch Kranken sind kostenintensiv und müssen deshalb immer wieder gezielt von *Öffentlichkeitsarbeit* flankiert werden, die, aufklärend und aktiv die Rechte der Kranken vertretend, politisch die Schonräume einfordert, die den Schwächsten unserer *Gesellschaft* ein Leben in relativer Freiheit und Selbstbestimmung ermöglichen.

G. Hardtmann

Internationale Klassifikation psychischer Störungen ICD–10: Der ICD-10, der Diagnosenschlüssel der WHO, ist ein atheoretischer Ansatz, weil er i.w. mit deskriptiven Kategorien arbeitet. Er ist das Ergebnis einer über 30jährigen Arbeit an einer Verbesserung (und Vergleichbarkeit) der psychiatrischen Diagnostik und Klassifikation. Für den Gebrauch wird vorgeschlagen, in unklaren Fällen eine vorläufige Diagnose zu verwenden. Abweichend vom bisherigen Sprachgebrauch wird anstelle von Krankheit der Begriff Störung verwandt und anstelle von psychosomatischen von somatoformen Störungen gesprochen. Der Begriff psychogen wird benutzt, wenn ein Zusammenhang mit Lebensereignissen gemeint ist.

F0 Organische einschließlich symptomatische psychische Störungen: Dazu gehören: Demenz, hirnorganischer Abbau durch verschiedene bekannte und unbekannte Ursachen wie z.B. Gefäßleiden, Stoffwechselkrankheiten, Alkohol und Drogen und Funktionsstörungen des Gehirns. Es handelt sich um psychische Krankheiten, die durch Gehirnkrankheiten, Verletzungen oder andere Schädigungen zu einer Hirnfunktionsstörung führen. Sie können in jedem Lebensalter beginnen. Einige sind irreversibel und progredient, andere vorübergehend und behandelbar. Wesentliche Merkmale: Störungen kognitiver Funktionen wie des Gedächtnisses, des Lernens, des Denkens, Störungen des Sensoriums wie Bewußtseins- und Aufmerksamkeitsstörungen, Störungen der Wahrnehmung (Halluzinationen), der Denkinhalte (Wahn), der Stimmung und der Gefühle (Depression, Manie, Angst).

F1 Psychische und Verhaltensstörungen durch psychotrope Substanzen: Dazu gehören: Alkohol, Opiate, Beruhigungsmittel, Kokain, Lösungsmittel und die durch sie bedingten akuten und chronischen Veränderungen, Entzugserscheinungen und psychotische Episoden. Das Spektrum dieser Störungen ist sehr weit; es reicht von unkomplizierten Intoxikationen bis zu schädlichem Dauergebrauch, psychotischen Störungen und Demenz. Die Substanzen selbst können durch Blut- und Urinproben nachgewiesen werden. Wesentliche Merkmale: bei der akuten Intoxikation v.a. Störungen des Bewußtseins, der Wahrnehmung, des Affekts und des Verhaltens; ohne Substanzzufuhr verschwinden diese Symptome nach einiger Zeit. Unterschiedliche Wirkungen hängen oft von unterschiedlichen Mengen oder vom Zusammenwirken unterschiedlicher Substanzen ab. Von einem schädlichen Gebrauch wird dann gesprochen, wenn das Konsumverhalten negative körperliche, psychische und soziale Folgen hat. Beim Abhängigkeitssyndrom besteht ein übermächtiger Wunsch oder Zwang, eine verminderte Kontrollfähigkeit, eine erhöhte Toleranzschwelle, eine fortlaufende Einengung der Interessen und ein Entzugssyndrom bis hin zum Delir, das durch Bewußtseinstrübung, Verwirrtheit, Angst, Halluzinationen, Wahnvorstellungen, Zittern, vegetative Übererregbarkeit und Schlaflosigkeit gekennzeichnet ist.

F2 Schizophrene, schizotype und wahnhafte Störungen: Dazu gehören u.a.: akute und vorübergehende und anhaltende schizoaffektive Mischzustände auch mit vorübergehender manischer und depressiver Symptomatik, weiter die paranoide, katatone, undifferenzierte und hebephrene Schizophrenie und die schizophrenen residualen Zustände. Wesentliche Merkmale: Störungen des Denkens und der Wahrnehmung und eine verflachte Affektivität. Ein Erklärungswahn kann entstehen, bei dem sich das Individuum von übernatürlichen Kräften beeinträchtigt und gesteuert fühlt. Bei akustischen Halluzinationen werden Kommentare zu Verhalten und Gedanken gehört, Wahrnehmungsqualitäten werden verändert – d.h. intensiviert oder abgeschwächt – registriert. Die Entwicklung kann schleichend oder akut sein und wird v.a. im Beginn oft bedrohlich erlebt. Hauptsymptome sind 1. das Gedankenlautwerden oder der Gedankenentzug, 2. der Kontroll- und Beeinflussungswahn, 3. kommentierende und dialogische Stimmen, 4. Größen- und Kleinheitswahn, 5. Halluzinationen und überwertige Ideen, 6. Gedankenabreißen, Zerfahrenheit und Neologismen, 7. katatone Erregung und Haltungsstereotypien, 8. Apathie, Verflachung, sozialer Rückzug, 9. durchgängige Persönlichkeitsveränderungen. Für die Diagnose ist mindestens ein eindeutiges Symptom (i.d.R. mehrere) über einen Zeitraum von mindestens einem Monat erforderlich.

F3 Affektive Störungen: Dazu gehören: manische, depressive, bipolare, rezidivierende und anhaltende Störungen. Die Beziehungen zwischen Ursachen, Symptomatik, psychischen und möglichen biochemischen Prozessen sind noch ungeklärt. Das Hauptsymptom ist die Veränderung der Affektivität i.S. einer gedrückten oder gehobenen, mitunter von Angst begleiteten Stimmungslage. Bei der Hypomanie oder Manie geht sie mit gesteigerter Aktivität und gehobenem psychischen und körperlichen Wohlbefinden einher. Soziale Konflikte können durch Reizbarkeit, Selbstüberschätzung und Hemmungslosigkeit entstehen. Bei der Depression sind v.a. eine verminderte Konzentration und Aufmerksamkeit, ein vermindertes Selbstwertgefühl, Schuld- und Unwertgefühle, negative und pessimistische Zukunftsperspektiven, Suizidgedanken, Selbstverletzungen, Schlaf- und Appetitstörungen zu beobachten. Alle diese Störungen können abwechselnd mit gesunden Intervallen, gemischt und anhaltend auftreten und werden je nach Schweregrad in leichte, mittelgradige und schwere – u.U. mit psychotischen Episoden – eingeteilt.

F4 Neurotische, Belastungs- und somatoforme Störungen: Dazu gehören: Phobien, Zwänge, Reaktionen auf schwere Belastungen, dissoziale Störungen und somatoforme Störungen. Sie sind größtenteils psychisch verursacht. Phobische Patienten entwickeln Ängste vor objektiv ungefährlichen Objekten, die sie meinen meiden zu müssen und deren Vorstellung allein mitunter schon angstauslösend wirkt. Phobien leiten nicht selten Depressionen ein und sind bei Frauen häufiger als bei

Männern zu beobachten. Die häufigsten sind die Agarophobie (Angst vor einer Ansammlung von Menschen), soziale Phobien und umschriebene Phobien wie die Klaustrophobie (Angst vor geschlossenen Räumen), die Höhenangst und Tierphobien. Eine Sonderform ist das Panikgefühl. Zwangskranke leiden unter Zwangsgedanken, -ideen, -vorstellungen und -impulsen, die aber als eigene Gedanken und Impulse erkannt werden. Ihre Ausführung führt zu keiner Erleichterung der Spannung (Wiederholungszwang). Sie zeigen meist insgesamt zwanghafte Persönlichkeitszüge. Viele Zwangsgedanken und -handlungen beziehen sich auf die Reinlichkeit und stellen ritualisierte Handlungen dar, die auf magische Weise Gefahren abwenden sollen. Sie führen oft – Zwangsgrübeleien – zu Entschlußlosigkeit und Langsamkeit. Außergewöhnlich belastende Lebensumstände können das Anpassungsvermögen eines Menschen übersteigen und zu Betäubung, Depression, Angst, Ärger, Verzweiflung, Überaktivität und Rückzug führen. Diese Symptome sind i.a. rückläufig, können aber auch chronisch werden und sind dann oft damit verbunden, daß das traumatisierende Erlebnis sich im Traum wieder aufdrängt und zu schweren Anpassungsstörungen führt. Neben depressiven Symptomen finden sich häufig Beeinträchtigungsgefühle und Störungen des Sozialverhaltens. Bei den speziellen dissoziativen Störungen liegt meist ein Erinnerungsverlust für das auslösende Ereignis vor, auch wenn es objektiv nicht so schwerwiegend war. Ortsveränderungen bringen keine Abhilfe. Trancezustände treten bei Verlust der Identität auf, gleichzeitig können Bewegungs- und Sinnesempfindungen gestört sein. Somatoforme – früher psychosomatische – Störungen führen zu körperlichen Mißempfindungen, die physiologisch nicht begründet sind. In der Körpersprache drücken die Patienten mitunter seelische Konflikte aus, die sie bewußt nicht als solche wahrnehmen. Nach längerer seelischer Belastung kann es auch zu z.T. erheblichen Funktionsstörungen kommen (z.B. Magengeschwür). Zu trennen sind davon die Hypochondrien, bei denen sich die Patienten beharrlich und uneinsichtig mit ihren »eingebildeten« Krankheiten befassen.

F5 Verhaltensauffälligkeiten mit körperlichen Störungen: Dazu gehören: Eßstörungen, Schlafstörungen, sexuelle Störungen, Wochenbettstörungen, Mißbrauch von Substanzen, die keine Abhängigkeit erzeugen. Unter die Eßstörungen fällt v.a. die Anorexia nervosa, ein absichtlich v.a. von heranwachsenden Mädchen und jungen Frauen herbeigeführter Gewichtsverlust. Oft bestehen ein falsches Körperschema und Störungen der Hypothalamus-Hypophysen-Gonaden-Achse mit einer Amenorrhoe. Eine Bulimie hingegen besteht aus anfallsweisem Heißhunger und oft gleichzeitig künstlich herbeigeführtem Erbrechen. Anorexie und Bulimie können bei demselben Patienten auftreten. Dyssomnien sind Schlafstörungen, die die Dauer und Intensität des Schlafes betreffen. Parasomnien werden umgangssprachlich als »Schlafwandeln« bezeichnet und sind nicht ungefährlich wegen des hohen Verletzungsrisikos durch die Bewußtseinseinschränkung. Sie sind häufig psychisch bedingt, können aber auch in Zusammenhang mit organischen Krankheiten auftreten. Das Gegenteil von Schlafstörung ist eine extreme Schläfrigkeit – Hypersomnie –, bei der sorgfältig organische Ursachen ausgeschlossen werden müssen. Alpträume (Angstträume) sind bei Kindern häufig und deuten auf ein äußerst lebhaftes Traumerleben hin.

Nichtorganische sexuelle Funktionsstörungen (Mangel an Verlangen, Orgasmusstörung, Ejaculatio praecox (vorzeitiger Samenerguß), Vaginismus (Krampf der Vagina), Dyspareunie (Schmerzen beim Verkehr) haben vielfältige seelische Ursachen; mitunter liegen diese auch in den aktuellen Objektbeziehungen. Psychische Störungen im Wochenbett sind nicht selten; führend ist i.d.R. eine depressive Symptomatik. Des weiteren können psychische Störungen durch chronische Einnahme von Medikamenten (Beruhigungs-, Schmerz-, Schlaf- und Abführmittel) ausgelöst werden.

F6 Persönlichkeits- und Verhaltensstörungen: Dazu gehören: eine Persönlichkeitsstörung (paranoid, schizoid, dissozial, emotional instabil wie Borderline z.B.), andauernd (aber ohne hirnorganische Grundlage), abnorme Gewohnheiten und Störungen der Geschlechtsidentität. Von Persönlichkeitsstörungen spricht man erst, wenn es sich um lang anhaltende, tief verwurzelte Verhaltensmuster handelt. Sie werden nach Merkmalsgruppen eingeteilt, wobei Überschneidungen unvermeidbar sind: paranoid (empfindlich, mißtrauisch, streitsüchtig, selbstbezogen), schizoid (kühl, distanziert, gleichgültig, einzelgängerisch, kontaktscheu), dissozial (gefühl- und verantwortungslos, beziehungsgestört, intolerant gegenüber Frustrationen, geringe Scham- und Schuldgefühle), emotional instabil, impulsiv, Borderline-Typus, histrinoisch (Tendenz zur Dramatisierung i.S. von »hysterisch«), anankastisch (zwanghaft, perfektionistisch, pedantisch, eigensinnig), ängstlich (unbeholfen, zersorgt, eingeschränkter Lebensstil), abhängig (unselbständig, Angst vor dem Alleinsein, entschlußlos). Persönlichkeitsveränderungen können auch durch Extrem- oder Dauerbelastungen ausgelöst werden (Mißtrauen, sozialer Rückzug, Leere und Hilflosigkeit, Nervosität und Angst vor Bedrohung, Entfremdung). Zu den Persönlichkeitsstörungen gehören auch abnorme Gewohnheiten wie das pathologische Glücksspiel, die Pyromanie (Brandstiftung), die Kleptomanie (Stehlen) und die Trichitillomanie (Haarausreißen). Störungen der Geschlechtsidentität finden sich bei Transsexuellen und Transvestiten. Andere Störungen des Sexualverhaltens sind der Fetischismus, der Exhibitionismus, der Voyeurismus, die Pädophilie und der Sadomasochismus.

F7 Intelligenzminderung: Eingeteilt in: leichte, mittelgradige, schwere und spezielle Intelligenzminderungen. Eine in der Entwicklung zurück- oder stehengebliebene geistige Entwicklung kann sich in Störungen der Motorik, der Wahrnehmung, der Sprache und der sozialen Fähigkeiten ausdrücken. Hinzu kommen oft sekundäre, d.h. durch die primäre Störung bedingte Folgeerscheinungen, weil Menschen mit intellektuellen Behinderungen häufig ausgenutzt und mißbraucht werden. Da sich die Intelligenz aus verschiedenen Fähigkeiten zusammensetzt, sind die Bilder vielfältig: Eine Intelligenzminderung auf einem Sektor kann mit außergewöhnlich hohen Fähigkeiten auf einem anderen Sektor kombiniert sein. Eine schwerwiegende Folge von Intelligenzminderung sind oft Anpassungsschwierigkeiten; deshalb sind geschützte Räume und eine spezielle Betreuung notwendig. Zu den leichten Formen werden Menschen mit einem meßbaren IQ von unter 50–69 (normal 70–120) gezählt, zu den mittleren die mit einem IQ von 35–49, zu den schweren die mit einem IQ 20–34 und zu den schwersten die mit einem IQ unter 20; im letzteren Fall ist auch das Sprachverständnis erheblich gestört, und selbst die einfachsten Verrichtungen sind nur unter Beaufsichtigung und Anleitung möglich.

F8 Entwicklungsstörungen: Dazu gehören: Störungen des Sprechens und der Sprache, der schulischen Fertigkeiten, der motorischen Funktion und tiefgreifende Persönlichkeitsstörungen, z.B. der Autismus. Es handelt sich um Störungen, die meist im Kleinkind- oder Kindesalter beginnen, stetig sind und keine Remissionen zeigen. Bei Störungen des Sprechens und der Sprache ist z.B. der Spracherwerb von Anfang an beeinträchtigt; davon abgeleitete Fähigkeiten wie die des Lesens und Schreibens sind in der Folge ebenfalls betroffen, wobei mitunter schwer zu diagnostizieren ist, ob und in welchem Grad zusätzlich eine Intelligenzminderung vorliegt. Artikulationsstörungen sind mit 4 Jahren üblich und werden meist bis zum Alter von 6–7 Jahren abgebaut. Eine Besonderheit ist die expressive Sprachstörung, die es Kindern mit normalem Sprachverständnis schwierig macht, ihre Gedanken auszudrücken. Bei der rezeptiven Sprachstörung ist das Sprachverständnis erschwert. Umschriebene Störungen sind die Lese- und Rechtschreibstörung, die isolierte Rechtschreibstörung, die Rechenstörung und verschiedene Kombinationen dieser Störungen. Darüber hinaus gibt es spezielle Störungen der Entwicklung motorischer Fähigkeiten. Mit Autismus wird eine tiefgreifende Entwicklungsstörung v.a. im sozialen und kommunikativen Bereich bezeichnet und auffällige Stereotypen im Gesamtverhalten.

F9 Verhaltens- und emotionale Störungen mit Beginn in der Kindheit und Jugend: Dazu gehören: hyperkinetische Störungen, Störungen des Sozialverhaltens, emotionale Störungen, Tics und – unter den »übrigen Störungen« – das Einnässen, Einkoten und das Stottern u.a. Hyperaktive Störungen äußern sich in einem unruhigen und wenig modulierten Verhalten, Mangel an Ausdauer und Unaufmerksamkeit; sie sind bei Jungen häufiger als bei Mädchen und sind zu trennen von einfacheren Aktivitäts- und Aufmerksamkeitsschwankungen.

Störungen des Sozialverhaltens zeigen sich in aggressiven, dissozialen und unkontrollierten Verhaltensmustern; sie sind oft kombiniert mit anderen Störungen und können auf den familiären Rahmen beschränkt bleiben, mit und ohne soziale Bindungen einhergehen und häufig auch zusammen mit schweren emotionalen Störungen (Depression, Trennungsangst, Phobie, Angstneurose) auftreten. Weitere Störungen sind der elektive Mutismus, bei dem eine Sprachkompetenz nur in bestimmten Situationen gezeigt wird, reaktive Bindungsstörungen durch Traumatisierung und Tics, die vorübergehend oder dauerhaft auftreten können. Häufig und oft monosymptomatisch sind die Enuresis und die Enkopresis, weniger häufig das Stottern und Poltern (gestörte Sprachrhythmik).

Literatur: F. Basaglia (Hrsg.): Die negierte Institution oder die Gemeinschaft der Ausgeschlossenen, Frankfurt/M. 1972; G. Bateson u.a.: Schizophrenie und Familie, Frankfurt/M. 1984; D. Blasius: Der verwaltete Wahnsinn, Frankfurt/M. 1980; Ch. Brenner: Grundzüge der Psychoanalyse (1955), Frankfurt/M. 1968; BMJFG (Hrsg.): Zur Reform der Versorgung im psychiatrischen und psychotherapeutischen/psychosomatischen Bereich. Abschlußbericht, Bonn 1988; L. Ciompi: Affektlogik, Stuttgart 1982; D. Cooper: Psychiatrie und Antipsychiatrie (1967), Frankfurt/M. 1971; Dachverband Psychosozialer Hilfsvereinigungen e.V. Bonn (Hrsg.): Familien helfen sich selbst, Bonn 1976; Deutsche Gesellschaft für soziale Psychiatrie DGSP: Hilfen im Alltag statt Psychiatrisierung, in: Spektrum Psychiat. Nervenheilk. 17/1988, 257–263; Deutscher Bundestag: Bericht über die Lage der Psychiatrie, Drs. 7/4200, 1975; K. Dörner: Bürger und Irre, Frankfurt/M. 1984; K. Dörner/R. Köchert u.a.: Gemeindepsychiatrie, Stuttgart 1979; H. Ehrhardt: Euthanasie und Vernichtung »lebensunwerten« Lebens, Stuttgart 1965; A. Finzen: Das Ende der Anstalt, Bonn 1985; M. Foucault: Wahnsinn und Gesellschaft, Frankfurt/M. 1973; S. Freud: Neue Folge der Vorlesungen zur Einführung in die Psychoanalyse (1932), GW, 1. Aufl., London 1944; E. Goffman: Asyle (1969), Frankfurt/M. 1984; W. Griesinger: Die Pathologie und Therapie der psychischen Krankheiten für Ärzte und Studierende, Braunschweig 1845; G. Hardtmann: Irrenhaus, Weinheim 1991; A.B. Hollingshead/ F.C. Redlich: Der Sozialcharakter psychischer Störungen (1958), Frankfurt/M. 1975; E. Klee: »Euthanasie« im NS-Staat (1983), Frankfurt/M. 1989; R.D. Laing: Das geteilte Selbst (1959), Köln 1972; R. Lempp: Gerichtliche Kinder- und Jugendpsychiatrie, Stuttgart 1983; H. Petri: Soziale Schicht und psychische Erkrankung im Kindes- und Jugendalter, Göttingen 1979; H. Radebold u.a.: Psychosoziale Arbeit mit älteren Menschen, Freiburg 1973; H. Remschmidt: Kinder- und Jugendpsychiatrie, Stuttgart 1979; H.E. Richter: Eltern, Kind, Neurose (1963), Reinbek 1969; E. Seyfried (Hrsg.): Arbeit und seelische Gesundheit, Bonn 1985; H. Stierlin u.a.: Familie und seelische Krankheit, Reinbek 1976; Weltgesundheitsorganisation (H. Dilling u.a., Hrsg.): Internationale Klassifikation psychischer Störungen ICD 10 Kapitel V, Bern 1993; D.W. Winnicott: Reifungsprozesse und fördernde Umwelt, München 1974.

Psychologie

P. zwischen gesellschaftlicher Nachfrage und Elfenbeinturm: P. ist die Wissenschaft vom Erleben und Handeln des Subjektes. Als angewandte Wissenschaft entwickelt sie Interventionsmethoden für die unterschiedlichsten gesellschaftlichen Kontexte (z.B. Arbeitswelt, Wirtschaft und Organisationen, Institutionen des Bildungswesens, Institutionen des Gesundheits- und Sozialsystems), die auf eine gezielte Veränderung menschlicher Erlebnis- und Handlungsweisen zielen.

Um die Jahrhundertwende ist Sigmund Freuds Buch über die »Traumdeutung« erschienen, es hat ein »psychologisches Jahrhundert« eingeläutet (Koch/Leary 1985). Und v.a. in den letzten 4 Jahrzehnten hat die P. ihr Imperium noch einmal entscheidend erweitert. Sie ist die Disziplin und Profession, die im vergangenen Vierteljahrhundert stolze Zuwachsraten zu verzeichnen hatte, an die kaum ein anderes Fach heranreicht (vgl. Pion/Lipsey 1984). Hat sie ihre Wissenspotentiale erweitert und verbreitet? Ist sie die Trägerin einer zunehmenden Psychologisierung der Welt mit der problematischen Konsequenz, daß Menschen einen wachsenden narzißtischen Selbstbezug aufweisen? Dieser Vorwurf ist gegenüber der akademischen P. sicherlich nicht ungerechtfertigt. Der psychologische Diskurs hat zwar seinen infiltrierenden Siegeszug bis in die letzten Ritzen unseres Alltagslebens angetreten, aber diesem korrespondiert kein erkennbarer Erfolg der P. als wissenschaftlicher Disziplin, die sich durch ihre Problemlösungskompetenz, bezogen auf aktuelle psychosoziale Konflikte, Krisen und Problemlagen, auszeichnen würde. Die P. übt nach wie vor eine anhaltende Faszination aus. Trotz eines außerordentlich engen Arbeitsmarktes drängen noch immer viele Studienanfänger in dieses Fach, und der »Hunger nach P.« ist noch längst nicht gestillt. Es gibt kaum ein Thema, zu dem sich die Medien vom Psychologen keinen Kommentar wünschen.

Das Interesse an psychologischen Fragen steht in einem krassen Mißverhältnis zu den Antworten der Disziplin, wie sie sich in ihrem Hauptstrom versteht. Sie hat zu den anstehenden psychosozialen Problemkomplexen entweder keine oder höchst abstrakt-allgemeine Aussagen anzubieten. Weil es häufig so ist, entstehen eine Fülle von »selbstgestrickten Psychologien« oder Antworten auf dem Niveau psychologischer Stammtischdiskurse. Wie konnte dieses strukturelle Defizit der P. in bezug auf die Entwicklung zeitdiagnostischer und problemlösender Kompetenzen entstehen? Wie ist eine solche Diskrepanz zwischen dem gesellschaftlichen »Hunger nach P.« und der Abstinenz des Faches zu erklären?

Die P. ist ein Kind der entstehenden bürgerlichen Gesellschaft. Das sich selbst entdeckende bürgerliche *Individuum* hat die P. als Medium der Reflexion geschaffen. Die P. ist also von ihrem Ursprung her ein Unternehmen der reflexiven Selbstverständigung der Subjekte, bezogen auf epochale Veränderungen, bezogen auf den krisenhaften Verlust bislang leitender Sinnkonstrukte und Leitseile jeweils möglicher oder geforderter Lebensführung. Sie ist ein Produkt der Moderne und hat dem Menschen der Neuzeit einen disziplinären Ort der rationalen Selbstvergewisserung geschaffen. Warum sollte sie sich gerade dieser Aufgabe in einer Zeit verweigern, in der die allseits erlebte und beklagte existentielle oder ontologische Bodenlosigkeit geradezu nach einem reflexiven Modus der Selbstvergewisserung dieser unaufhebbaren Bodenlosigkeit verlangt?

Gerade in einem soziokulturellen Kontext, in dem die Subjekte die Erfahrung machen, daß ihre Lebenskonzepte immer weniger aus scheinbar bewährten Traditionsbeständen bezogen werden können, daß alles disponibel und daß die Lebensführung unhintergehbar reflexiv geworden ist, wäre von der P. ein fachwissenschaftlicher Rahmen zu erwarten, in dem der Prozeß der aktuellen Umbrüche in seinen subjektwissenschaftlichen Konsequenzen aufgearbeitet werden könnte. Warum macht sie dieses Angebot nicht? Vielleicht gerade deshalb, weil die P. ein Kind der Moderne ist. Sie wäre gar nicht möglich gewesen, wenn sich nicht das »bürgerliche Subjekt« aus den feudalen Abhängigkeiten und Weltbildern befreit hätte. Das war ein ungeheurer Reflexionsschub, aber zugleich hat die P. den eigenen Reflexionsprozeß auf einem Niveau abgebrochen, das Rationalität i.S. der modernen Naturwissenschaften versprach. Sie begab sich auf den Weg der »Entdekkung« kultur- und kontextfreier universeller Gesetze des Psychischen. Das war der Weg der Moderne, dessen geistiges Baugerüst Descartes errichtet hat. Gestützt durch dieses geistige Baugerüst, hat sich die P. erfolgreich institutionalisiert und professionalisiert. Aber sie hat damit auch Anteil an jenem Prozeß der Selbstdogmatisierung, in dessen Gefolge Vernunft und wissenschaftliche Rationalität mit den instrumentellen Rationalitätskriterien der Naturwissenschaften gleichgesetzt wurden. Das »Projekt der Moderne« hat sich in seinen reflexiven Möglichkeiten »halbiert«. Spürbar wird dies v.a. im Bereich der Ökologie: Die Technologien der Moderne gefährden heute zunehmend die Lebensgrundlagen der gesamten Gattung. Dies wird heute in allen Sozialwissenschaften und in der Philosophie diskutiert, und das ist der systematische Ort der »postmodernen Kritik« (*Sozialökologie*, *Technologie*, *Umweltschutz*). Sie artikuliert sich als Zweifel an den Segnungen der Moderne, v.a. kritisiert sie deren »Verengungen und Verkrustungen«, also den Verlust an Reflexivität auf ihre eigenen Grundlagen. Sie nährt systematisch den Zweifel an der »modernen Glaubensgewißheit«, man könne die Welt oder auch das Subjekt aus einem universellen Rationalitätsmodell begreifen.

Sigmund Koch hat das »psychologische Jahrhundert« immer wieder zu evaluieren versucht und die P. an ihren eigenen Ansprüchen gemessen, eine Wissenschaft mit einem einheitlichen Konzept und einem anerkannten Methodenkanon zu sein. Seine Einschätzungen fielen mit jedem Anlauf skeptischer aus. Eindeutig ist sein Urteil in bezug auf eine weder vorhandene noch mögliche Kohäsion oder Einheitlichkeit der P. als Wissenschaft. Für ihn ist die Vorstellung, »daß die Psychologie eine integrale Disziplin sein *kann*, der Mythos des 19. Jahrhunderts« (1981, 268). Vielmehr sei die P. »keine einzelne oder kohärente Disziplin, sondern vielmehr eine Gesamtheit von Studien unterschiedlichen Zuschnitts« (ebd.). Daß das so werden mußte, ist kein Ausdruck der Unreife, sondern ist der Charakteristik »psychologischer Ereignisse« geschuldet. Denn diese seien »vielfältig bestimmt, mehrdeutig in ihrem menschlichen Sinn, polymorph ... und äußerst flüchtig und labil« (ebd.). Eine solche Sichtweise des Gegenstandsfeldes der P. ist nicht vereinbar mit der Kanonisierung eines überlegenen Weges der psychologischen Erkenntnisgewinnung. Genau hier hat Koch schon in seiner früheren Einschätzung (1973, 209) der P. ihren Geburtsfehler gesehen: Sie hatte sich bereits auf Methoden eingeschworen, ehe sie ihren Gegenstand zur Kenntnis genommen hatte und seine Probleme kannte. Diese Methoden hätte sie den Naturwissenschaften nachgeahmt – deshalb nennt Koch die P. eine »Imitationswissenschaft« (ebd., 220) –, und ihre Geschichte sei »weitgehend eine Geschichte wechselnder Ansichten, Lehrmeinungen und Vorstellungen darüber, was in den Naturwissenschaften und v.a. der Physik nachzuahmen sei« (210). Mit guten Gründen läßt sich auch fragen, ob sich die nomothetische P. mit ihrem Vorbild überhaupt mitentwickelt hat, in dessen Bezirken ja aufregende Theorieentwicklungen stattgefunden haben und stattfinden. Die nomthetische P. ist in ihrem methodologischen Selbstverständnis auf einem Niveau der physikalischen Theoriebildung verknöchert, das von Newton etabliert wurde, das aber längst in das Museum der Physik gewandert ist.

Wenn die P. wieder als Subjektwissenschaft, als professionelles Handlungssystem und als Ort reflexiver Selbstverständigung der Subjekte im soziokulturellen Raum Kompetenz gewinnen will, wird sie als Disziplin ihre hermetische Abwehr solcher Gedanken überwinden müssen.

Vom Doppelcharakter menschlicher Subjektivität: Natur und Kultur zugleich: In den Kultur- und Sozialwissenschaften wird seit etwa 30 Jahren von den »zwei Kulturen« gesprochen (Snow 1964). Die eine Kultur kristallisierte sich um die klassischen Naturwissenschaften, die andere um die Geisteswissenschaften. 20 Jahre nachdem Snow das Konzept von den »zwei Kulturen« geprägt hat, taucht er auch in der P. auf (Kimble 1984). Und noch einmal ein paar Jahre später wird er auch in der deutschen akademischen P. aufgegriffen, um auf eine Bewegung im Fach zu reagieren, die sich für eine »Erneuerung der P.« einsetzt (Prinz 1992). Auch in der P. wird vermehrt wieder darüber diskutiert, ob sie, die sich fast ausschließlich im Gefolge der Naturwissenschaften entwickelt hat, ihrem Gegenstand, dem menschlichen Erleben und Handeln, gerecht werden kann. Diese paradigmatische Diskussion hat die P. auf dem Weg zur Wissenschaft von Anfang an verfolgt. Wilhelm Wundt, der als der Begründer der modernen akademischen P. gilt, hat sich um die Etablierung einer experimentell-naturwissenschaftlich verfahrenden P. bemüht und gleichzeitig eine hermeneutisch-kulturwissenschaftliche Völkerpsychologie betrieben und mit einer Fülle großer Studien bereichert. Diese »zwei Kulturen« der P., die Wundt noch in einem fruchtbaren Spannungsverhältnis zu halten vermochte, sind nach ihm zerfallen und haben sich zu zunehmend voneinander abgeschottenen Wissenschaftskulturen entwickelt. Sie können mit guten Gründen jeweils ein für sich fruchtbares Gegenstandsfeld definieren und bearbeiten, die in der Doppelnatur des Menschen als Natur- und Kulturwesen begründet liegen. Der Mensch ist insofern Naturwesen, als alle Vorgänge des Wahrnehmens, Erlebens, Fühlens und Verhaltens eine biologisch-naturhafte Basis haben, die legitimerweise mit naturwissenschaftlichen Methoden untersucht werden sollte. Diese Naturseite des Menschen unterliegt spezifischen Gesetzmäßigkeiten, die in kooperativer Weise von Biologie, Physiologie und P. zu erforschen sind. Aber gerade die biologische *Anthropologie* (v.a. vertreten durch Adolf Portmann) hat überzeugend aufgezeigt, daß menschliches Handeln durch keine naturhaften Determinationen festgelegt ist. Der Mensch ist von seiner biologischen Ausstattung offen und plastisch angelegt. Seine Handlungssicherheit bezieht er aus keinen instinktmäßig festgelegten Ablaufplänen, sondern in soziokulturell bestimmten Regel- und Sinnzusammenhängen. Der Mensch ist also bereits durch seine biologische Basisausstattung nicht nur Natur-, sondern zugleich auch Kulturwesen, das sich in einer soziokulturell spezifischen Welt zu orientieren und zu handeln hat. Psychologische Forschung, insofern sie den Menschen als kulturell bestimmtes und kulturschaffendes Subjekt zum Gegenstand hat, bedarf einer hermeneutisch-interpretativen Vorgehensweise.

Die Anerkennung von zwei Kulturen in der P., die jeweils ihre eigenständigen Erkenntnisinteressen, theoretischen Traditionen und legitimen Methoden haben, scheint ein wichtiger Schritt in Richtung der Überwindung hegemonialer Ansprüche zu sein. Wie werden die beiden Kulturen charakterisiert? Dazu Prinz (1992, 3):

> Sie »unterscheiden sich v.a. in den allgemeinen *Leitwerten* und den damit verbundenen theoretischen und methodischen *Prinzipien*, die sie für sich als verbindlich ansehen. Die eine Kultur betreibt die Kultivierung von *Universalität* und *Eindeutigkeit*. Sie strebt möglichst allgemeine und höchst eindeutige Aussagen über psychische Prozesse und Strukturen an, die sie losgelöst von ihren Inhalten betrachtet. Ihr Gegenstand sind ahistorisch gedachte und nomothetisch untersuchte psychische Funktionen, d.h. Mechanismen, die in selektiver Abstraktion untersucht werden. Die andere Kultur betreibt demgegenüber die Kultivierung von *Singularität* und *Komplexität*. Sie strebt nach Aussagen über singuläre psychische Inhalte, die sie jeweils im Kontext ihrer konkreten inhaltlichen Antezedentien betrachtet. Ihr Gegenstand sind historisch verstandene und idiographisch untersuchte Subjekte, und Ziel der Untersuchung ist es, sowohl der Totalität der Subjekte als auch der Komplexität der Historie gerecht zu werden.«

Die schwierigste Konfliktlinie zwischen diesen beiden Wissenschaftskulturen tut sich v.a. zwischen dem Anspruch auf Universalität und der Entwicklung allgemeiner Gesetzmäßigkeiten einerseits und der Anerkennung kulturspezifischer Besonderheiten andererseits auf.

Möglicherweise wären die paradigmatischen Konflikte in der P., die sich vornehmlich um die Frage drehen, ob P. eine Natur- oder eine Sozial- bzw. Geisteswissenschaft sei, überflüssig, wenn die Doppelnatur menschlichen Seelenlebens anerkannt werden würde. Die »zwei Kulturen« in der P. wären dann auch nicht als konkurrierende Unternehmen zu begreifen, sondern als Ausfluß unterschiedlicher Gegenstandsseiten. Ihre unterschiedlichen Methodologien und konkreten Methoden sind dann auch nicht einfach Alternativen, sondern werden in ihrem jeweiligen Nutzen und ihrer Angemessenheit durch die jeweils konkrete Forschungsfragestellung bestimmt. Die »Glaubenskriege« zwischen Vertretern quantitativ-statistischer Methoden und qualitativ-hermeneutischer Verfahren sind deshalb oft steril, weil die Frage nach dem Gegenstandsbezug unbeachtet bleibt und abstrakte Sollvorstellungen des methodischen Vorgehens in der P. dogmatisch verfochten werden (*Empirische Sozialforschung*, *Statistik*).

Schulrichtungen der P.: Unterhalb der großen Scheidelinie in die beiden Wissenschaftskulturen der P. gibt es einige Denkschulen in der P., die mit je unterschiedlichen Paradigmen individuelles Erleben und Handeln zu klären versuchen.

(a) Die auf Wilhelm Wundt zurückgehende Tradition läßt sich als die »P. der Bewußtseinselemente« bezeichnen. Durch Selbstbeobachtung (»Introspektion«) sollten die elementarsten Bausteine des menschlichen Bewußtseins identifiziert werden. Als Aufgabe der P. wurde die Erforschung des gesetzmäßigen Zusammenspiels dieser Grundbausteine des Bewußtseins in Gestalt komplexer psychischer Erscheinungen (wie Gedächtnis, Lernen, Denken) definiert. Das Experiment wurde zum Königsweg für die Überprüfung von Assoziationsgesetzen der Verbindung der psychischen Bewußtseinselemente.

(b) Zur provokativen Alternative zu einer reinen Bewußtseinspsychologie hat sich zum Ausgang des 19. Jh. die »Psychoanalyse« entwickelt. Sigmund Freud hat zunächst mit neuen Formen der Neurosenbehandlung begonnen und dabei die enorme Rolle unbewußter Motive und Phantasien entdeckt. Zunehmend hat er aus seinen Einsichten ein eigenständiges System zum Verständnis menschlichen Erlebens und Verhaltens entwickelt. Als Arzt und Naturwissenschaftler ging Freud zunächst von der Annahme aus, daß sich seine introspektiv und an klinischem Fallmaterial gewonnenen Einsichten durch biologische Befunde auf ein solides naturwissenschaftliches Fundament würden stellen lassen. Seine eigene Hauptmethode war jedoch ein tiefenhermeneutisches Vorgehen, das latente Sinngehalte zu entschlüsseln versuchte und dadurch ihre Handlungsbedeutsamkeit aufdecken sollte. Trotz bis heute anhaltender Ausgrenzungsversuche aus dem Kanon der anerkannten wissenschaftlichen Schulen der P. ist die Psychoanalyse eine eigenständige und produktiv sich entfaltende Schulrichtung, die gerade außerhalb der akademischen Bezirke eine anhaltende Faszination ausübt.

(c) Am radikalsten hat sich der »Behaviorismus« (mit seinen Hauptrepräsentanten J.B. Watson und B.F. Skinner) am naturwissenschaftlichen Vorbild einer ausschließlich an objektiven Sachverhalten orientierten Verhaltenswissenschaft ausgerichtet. Alle subjektiven Erfahrungen und Erlebnisse (also alle mentalen oder »inneren Vorgänge«) sollten ausgeschlossen werden, und Erklärungen sollten ausschließlich auf objektiv beobachtbare Reiz-Reaktions-Verkettungen bezogen sein. Vor allem Lernprozesse wurden über solche gesetzmäßigen Stimulus-Response-Verknüpfungen erklärt. Allerdings hat der radikale Behaviorismus, der jegliche Annahme über innerseelische oder -organismische Prozesse ausschloß, eine Reihe von neobehavioristischen Nachfolgern gefunden, die das behavioristische Grundprinzip mit der Annahme »innerer Prozesse« für vereinbar hielten.

(d) Eine zum Elementarismus des Behaviorismus gegenläufige Position hat die »Gestaltpsychologie« (wichtige Repräsentanten: M. Wertheimer, W. Köhler, K. Lewin) entwickelt, die ihre wichtigsten Impulse aus wahrnehmungs- und denkpsychologischen Untersuchungen erhielt. In ihrem Zentrum steht die programmatische Einsicht: »Das Ganze ist mehr als die Summe seiner Teile.« Wahrnehmen und Denken vollzieht sich demnach nicht als Summation einzelner Grundelemente, sondern durch Strukturbildung, innerhalb deren die einzelnen Elemente einen spezifischen Sinnzusammenhang bilden. Der zentrale Grundgedanke der Gestaltpsychologie ist in allen systemtheoretischen Ansätzen aufbewahrt (*Systemisches Denken und Handeln*).

(e) Wesentliche Impulse hat die Gestaltpsychologie dem heute in der akademischen P. vorherrschenden Paradigma der »kognitiven P.« (Hauptvertreter: U. Neisser, G.A. Miller, E. Gallanter, K.H. Pribram) gegeben. Es hat das Stimulus-Response-Modell des Behaviorismus einer radikalen Kritik unterzogen und hat seinen Platz als vorherrschendes Denkmodell übernommen. Seinen Siegeszug verdankt die kognitive P. nicht zuletzt der Computer- und Informatikentwicklung. Sie modelliert den Menschen als ein »informationsverarbeitendes System«: Denken, Sprechen und alle Formen der Problemlösung ließen sich als Prozesse der Verarbeitung und Manipulation von Symbolen erfassen. Das »Innere« der Psyche ist keine »Tabula rasa« mehr, sondern ein rekonstruierbares System »konstruktiver Akte«, dessen Funktionsprinzipien weitgehend in der Metaphorik der Computersprache formuliert werden.

(f) Ursprünglich als Reaktion auf Psychoanalyse und Behaviorismus hat sich die »Humanistische P.« (Hauptvertreter: A. Maslow, R. May, C. Rogers) als »dritten Weg« begriffen. Heute sieht sie sich wohl eher in einer Gegnerschaft zu dem dominierenden Kognitivismus. Sie begreift sich als Sinn- und Hoffnungsträger in einer von Entfremdung und Sinnverlust geprägten Welt. Im Zentrum ihres pluralen Ansatzes stehen Konzepte, die die Ganzheitlichkeit menschlicher Erfahrung, das Streben nach Selbstverwirklichung und Sinnfindung betonen. In der Suche nach dem »wahren Selbst« und in der Möglichkeit, es zu finden, steckt ein Angebot, das sehr viele Menschen fasziniert und die hohe Nachfrage nach humanistisch-psychologischen Angeboten auf dem Psychomarkt erklärt.

(g) Nicht zuletzt als kritische Gegenbewegung zu einer P., die von historisch-gesellschaftlichen Bestimmungen menschlichen Erlebens und Handelns abstrahiert und sich im Kokon eines naturwissenschaftlichen Selbstverständnisses einspinnt, haben sich in den 60er und 70er Jahren unterschiedliche Varianten »kritischer P.« (zu nennen wären hier: K. Holzkamp, G. Rexilius, S. Grubitzsch) entwickelt. Sie setzten im wesentlich zunächst ideologiekritisch an und versuchten den Nachweis zu führen, daß die zentralen Konstrukte der P. eine Ahistorizität menschlicher Subjektivität unterstellten, aber genau dadurch das Subjekt an die bestehenden Entfremdungsbedingungen der kapitalistischen Gesellschaft alternativlos anpassen würden. Die Alternative sucht eine »P. als Subjektwissenschaft« zu entwickeln, die die historisch-gesellschaftlichen Bedingungen menschlicher Subjektivität ernst nimmt und versucht, sozialwissenschaftliche Theorien (wie die Kritische Theorie, die Ansätze von N. Elias, M. Foucault und in jüngster Zeit die Individualisierungstheorie von U. Beck) für die P. zu erschließen, die einen Begriff vom handelnden Subjekt entwickelt haben, das sich als Produkt und als Produzent seiner materiellen und gesellschaftlichen Lebensbedingungen begreifen kann. Vor allem die »feministische P.« hat diese kritische Tradition fortgeführt und mit ihrer Sensibilisierung für das historisch bestimmte Geschlechterverhältnis entscheidend erweitert.

Subgebiete der P.: Menschliches Erleben und Handeln läßt sich unter verschiedenen Aspekten thematisieren und erforschen. In den Prüfungsfächern im Rahmen des Diplomstudiums der P. sind diese Subgebiete der P. kodifiziert:

Die »Allgemeine P.« beschäftigt sich mit basalen Vorgängen des Wahrnehmens, Denkens, Lernens und Fühlens. Sie sieht sich hauptsächlich in der naturwissenschaftlich-experimentellen Tradition und begreift die psychischen Grundfunktionen als naturale Prozesse, die einen universellen Status haben und unabhängig von soziokulturellen Kontexten zu erforschen sind. Hingegen thematisiert die »Sozialpsychologie« die interaktiven Einflüsse auf diese psychischen Grundfunktionen. Ein Teil der akademischen Sozialpsychologie reduziert diesen sozialen Rahmen auf experimentell modellierbare soziale Reize. Ein anderer definiert sich gesellschaftstheoretisch und sucht seine »Zugänge zum Subjekt« (Keupp 1993) über Theorien, die das Verhältnis Invididuum – Gesellschaft historisch rekonstruieren. Die »Entwicklungspsychologie« stellt ins Zentrum ihrer Aufmerksamkeit die individualhistorischen Prozesse des Erlebens und Handelns. Durch die Vermittlung von natural-körperlichen Entwicklungsprozessen mit solchen der *Sozialisation* entstehen Modelle der individuellen Handlungsfähigkeit, bezogen auf biographische Veränderungen. Die »Differentielle und Persönlichkeitspsychologie« interessiert sich für das Gesamt einer Person im Unterschied zu anderen Personen und bildet insofern die grundlagenwissenschaftliche Basis für die »Psychodiagnostik«, die das Spezifikum menschlicher Fähigkeiten, bezogen auf die Bewältigung spezifischer Aufgaben und Situationen, meßbar zu machen versucht. Von zunehmender Bedeutung ist in der P. die Biologische oder Physiologische P., die sich vom Status der Hilfswissenschaft, die in Physiologie, Biologie oder Humangenetik als Nebenfach nachgefragt wurde, zunehmend zu einer genuin psychologischen Basisdisziplin zu entwickeln beginnt. Diese Entwicklung ist auf dem Hintergrund des Paradigmenstreits um die zwei Wissenschaftskulturen nicht unumstritten. Gerade die auf Universalisierung und Vernaturwissenschaftlichung ausgerichteten Strömungen in der P. sehen in der biologischen Fundierung ihrer Konstrukte einen beweiskräftigen Weg für ihren Standpunkt. Im Sinne einer gründlichen wissenschaftlichen Durchdringung der Naturseite des Menschen ist allerdings die Entwicklung einer qualifizierten Biopsychologie unumstritten. Ein sich zunehmend zu einem eigenen Subgebiet der P. entwickelndes Revier ist die »psychologisch-sozialwissenschaftliche Methodenlehre«. Sie umfaßt nicht nur die statistischen Grundlagen der experimentellen *Forschung*, sondern auch die qualitativen Forschungsverfahren und die allgemeinen methodologischen Grundannahmen der Sozialwissenschaften.

Anwendungsfelder P.: Bei den Anwendungsfeldern der P. ist ebenfalls sinnvoll, der Fächersystematik im Hauptstudium der P. zu folgen. Die große Mehrheit der diplomierten PsychologInnen (etwa 2/3 der AbsolventInnen sind weiblichen Geschlechts) bereitet sich mit dem Studium auf eine praktisch-psychologische Tätigkeit vor. In den 60er, 70er und 80er Jahren hat sich als Hauptarbeitsfeld der praktischen P. der »klinisch-psychologische Bereich« erwiesen. Er hat den Professionalisierungsboom der P. am stärksten repräsentiert. Prägten in den 40er und 50er Jahren v.a. psychodiagnostische Aufgaben das Fachprofil der P., so waren und sind bis heute *Beratung* und *Psychotherapie* die Tätigkeitsfelder, die sich expansiv entwickelten. Neben die Psychoanalyse als traditionsreichste Form der Psychotherapie traten nun weitere therapeutische Ansätze auf psychologischer Grundlage (v.a. Verhaltenstherapie, Gesprächspsychotherapie und Gestalttherapie). Die Handlungsfelder entstanden zunächst schwerpunktmäßig im Bereich der psychosozialen Versorgung (v.a. *Erziehungsberatungsstellen*, Frühfördereinrichtungen, sozialpsychiatrischer Dienste: *Behindertenhilfe*, *Psychiatrie*). Mit der Finanzkrise des Wohlfahrtsstaates kam es hier allerdings zu einer Stagnation. Die gesetzliche Regelung für die nichtärztliche Psychotherapie ist zwar seit 1978 immer wieder auf dem parlamentarischen Weg gewesen und gleichzeitig, ist sie noch immer nicht realisiert. So wird noch immer ein größerer Teil psychotherapeutischer Arbeit außerhalb von staatlich geförderten Wohlfahrtseinrichtungen privatwirtschaftlich aufgebracht. Ein Effekt dieser unbefriedigenden Situation besteht in der Reproduktion gesellschaftlicher Ungleichheit im Bereich psychologischer Hilfeleistungen: Menschen mit den schwerwiegendsten psychosozialen Problemen haben die geringste Chance auf eine gezielte psychotherapeutische Hilfe. Aus der Klinischen P. heraus hat sich die »Gemeindepsychologie« entwickelt, die sich gezielt auf diese Situation der gesellschaftlichen Ungleichheit bezieht und psychosoziale Hilfeformen zu entwickeln versucht, die gezielt auf die Lebenswelt von sozial benachteiligten Bevölkerungsgruppen Bezug nehmen und generell gesellschaftliche Entwicklungen und psychosoziale Problemlagen als Zusammenhang zu begreifen versucht.

Ein zweites Hauptanwendungsgebiet der P. ist das Gesamtfeld des Bildungswesens: *Schulpsychologie* und pädagogische P. bilden hier traditionelle Aufgabengebiete. Sie sollen über diagnostische Verfahren möglichst adäquate Entscheidungen für schulische Laufbahnen ermöglichen oder dort, wo Leistungs- oder Verhaltensprobleme den schulischen Erfolg gefährden oder mindern (*Diagnostik*, *Tests*).

Ein drittes zentrales Anwendungsfeld bilden Berufs- und Arbeitswelt, die Wirtschaft und Organisationen. Hier stehen Fragen der Personalauswahl durch Methoden der Eignungsdiagnostik, Qualifizierungsmaßnahmen, der Mitarbeiterführung und der psychologisch begründeten Veränderung von Organisationen im Mittelpunkt.

Generell läßt sich eine zunehmende Ausweitung von Anwendungsfeldern feststellen: Jedes neue gesellschaftliche Problem führt mit einer gewissen Notwendigkeit zu einer neuen Bindestrich-P.: Geronto-, Familien-, Umwelt-, politische P., Freizeit-, Tourismus-, Gesundheits-P. *H. Keupp*

Literatur: R. Asanger/G. Wenninger (Hrsg.): Handwörterbuch Psychologie, Weinheim 1988; U. Flick/E. v. Kardoff/H. Keupp/L. v. Rosenstiel/S. Wolff (Hrsg.): Handbuch Qualitativer Sozialforschung, München 1991; G. Hörmann/W. Körner (Hrsg.): Klinische Psychologie. Ein kritisches Handbuch, Reinbek 1991; H. Keupp (Hrsg.): Zugänge zum Subjekt. Perspektiven einer reflexiven Sozialpsychologie, Frankfurt/M. 1993; H. Keupp (Hrsg.): Der Mensch als soziales Wesen, München 1995; G.A. Kimble: Psychology's two cultures, in: American Psychologist 39/1984, 833–839; S. Koch: Psychologie und Geisteswissenschaften, in: H.G. Gadamer/P. Vogler (Hrsg.): Neue Anthropologie. Bd. 5, Stuttgart 1973, 200–236; S. Koch:

The nature and limits of psychological knowledge. Lessons of a century qua »science«, in: American Psychologist 36/1981, 257–269; S. Koch/D.E. Leary: A century of psychology as science, New York 1985; H. Legewie/W. Ehlers: Knaurs moderne Psychologie, München 1992; G.M. Pion/M.W. Lipsey: Psychology and society. The challange of change, in: American Psychologist 39/1984, 739–754; W. Prinz: Fünf Thesen zur sogenannten Erneuerung zur sogenannten Psychologie. Reprint, München (Max-Planck-Institut für psychologische Forschung) 1992; A. Schorr (Hrsg.): Handwörterbuch der Angewandten Psychologie, Bonn 1994; C.P. Snow: The two cultures and a second look, Cambridge 1964.

Psychotherapie

Der Sammelbegriff P. steht für eine Gruppe unterschiedlicher Verfahren zur Behandlung psychischer und psychosomatischer Auffälligkeiten und Beschwerden im Verhalten, Denken und Erleben von Menschen. Diese Verfahren unterscheiden sich insofern voneinander, als sie auf unterschiedlichen psychologischen Theorien und somit auf unterschiedlichen Menschenbildern und wissenschaftstheoretischen Grundannahmen basieren.

Ziel jeder P. ist es, diejenigen, die sie in Anspruch nehmen, dazu zu befähigen, sich ihrer Probleme sowie der Einschränkungen, die damit für die eigene Person und evtl. auch für andere Personen verbunden sind, bewußt zu werden, mögliche Ursachen dafür herauszufinden und Möglichkeiten zur Überwindung dieser Problematiken zu erarbeiten, um wenigstens ein Mindestmaß an psychischem Wohlbefinden einerseits und ein Mehr an Handlungskompetenz, Autonomie und Eigenverantwortlichkeit andererseits erwerben zu können.

Jedes psychotherapeutische Verfahren ist gekennzeichnet durch eine mehr oder weniger enge (mehr oder weniger distanzierte) interpersonelle Beziehung zwischen einem (oder auch mehreren) *Klienten* (der/die zur Behebung seiner/ihrer Probleme *Hilfe* sucht/suchen) und einem/einer TherapeutIn (der/die aufgrund einer speziellen Ausbildung befähigt ist/sein sollte, durch geplantes und strukturiertes Vorgehen diese Hilfe zu geben und somit den o. g. Zielen nahe zu kommen bzw. sie zu verwirklichen).

Die Interaktion zwischen Klient(en) und TherapeutIn ist in erster Linie eine verbale (wobei auch Gestik, Mimik, Körperhaltung und emotionaler Ausdruck von Bedeutung für die gegenseitige Verständigung sind). Je nach Art des psychotherapeutischen Verfahrens (bzw. des ihm zugrundeliegenden Menschenbildes) werden darüber hinaus auch Handlungsaspekte (z.B. Rollenspiele, Verhaltensproben, Entspannungsübungen usw.) als von entscheidender Bedeutung für den Erfolg des psychotherapeutischen Prozesses angesehen und zum Einsatz gebracht.

Die psychotherapeutischen Verfahren lassen sich – ausgehend von den psychologischen Theorien, aus denen heraus bzw. in deren Entwicklungszusammenhang sie entstanden sind – in 4 große Gruppen unterteilen: in (1) die psychoanalytischen Therapien; (2) die humanistischen Therapien; (3) die Verhaltenstherapien und (4) die systemischen Therapien.

Das Spektrum der psychoanalytischen Therapien (1) (die durchweg entwickelt wurden auf dem Hintergrund tiefenpsychologischer Theorien bzw. in Wechselwirkung mit deren Ausformulierungen entstanden sind) reicht von der klassischen Psychoanalyse nach Freud über das individualpsychologische Therapievorgehen nach Adler und die analytische P. nach Jung bis hin zu den unterschiedlichen neopsychoanalytischen Verfahren nach Schultz-Hencke, Horney, Sullivan, Ferenci und Balint. Gemeinsam ist all diesen P.

- der Versuch, konfliktbeladene, ins Unbewußte verdrängte Wünsche und Strebungen (meist sexuellen und/oder aggressiven Inhaltes), die auszuleben der betroffene Klient sich aufgrund der Verinnerlichung stark restriktiver Normen und Werte der *Gesellschaft* (vermittelt über eine versagende Erziehung und Lebenserfahrung) nicht gestattet und die von daher zur Ausbildung von Symptomen als Ersatzhandlungen führen, bewußtzumachen;
- die (vom Analytiker geförderte) Aktivierung dieser unbewußten, konfliktbeladenen Wünsche und Strebungen im psychoanalytischen Prozeß dadurch, daß der Klient diese unerlaubten Wünsche und Strebungen auf den Analytiker überträgt, sie sich so bewußtmachen, sie reflektieren und bearbeiten kann.

  Und in diesem Zusammenhang:
- die – seitens des analytischen Therapeuten geförderte – »freie Assoziation« zu bestimmten (angstbesetzten, nicht erlaubten und mit der Symptomatik zusammenhängenden) Thematiken und deren Interpretation (Deutung) durch den Analytiker, die zu Widerständen gegen die Wahrnehmung des unbewußten Materials führen kann (wobei die Bearbeitung dieser Widerstände – ebenso wie die oben angesprochene Übertragung – zentrale Geschehen bei der psychoanalytischen Behandlung darstellen).

Zu den humanistischen P. (2) (die auf dem Menschenbild und den unterschiedlichen Persönlichkeitstheorien der humanistischen *Psychologie* – in denen sich auch Elemente tiefenpsychologischer Ausrichtungen wiederfinden lassen – beruhen) gehören u.a. die Klientenzentrierte Gesprächspsychotherapie (Rogers, Tausch), die Gestalttherapie (Perls), die Transaktionsanalyse (Berne), die Themenzentrierte Interaktion (Cohn) sowie das Psychodrama (Moreno).

Das klientenzentrierte psychotherapeutische Vorgehen zeichnet sich durch folgende Grundprinzipien aus:

- Die Aktivierung sog. »selbstheilender Kräfte« (die nach Ansicht von Rogers jeder Mensch besitzt) durch Förderung der Selbstexploration ist Ziel des therapeutischen Vorgehens und führt zur Selbsterkenntnis und damit zur erfolgreichen Bearbeitung psychischer Probleme;
- Daraus folgend: Der/die PsychotherapeutIn gilt nicht

> mehr als »ExpertIn«, sondern als empathische(r) »HelferIn«, der/die den therapeutischen Prozeß durch »Wärme«, »Echtheit« und verstehendes Eingehen auf die Äußerungen des Klienten (und die ihnen zugrundeliegenden Gefühle, Motive und Wünsche) in Richtung Selbstexploration, Autonomie und somit Entfaltung selbstheilender Kräfte vorantreiben soll.

Psychodrama und Gestalttherapie betonen die Wichtigkeit und Effektivität szenischer Darstellungen für den therapeutischen Prozeß, indem davon ausgegangen wird, daß Handeln (z.B. im Rollenspiel) zum Bewußtwerden unterdrückter Wünsche und Bedürfnisse, zur Erhöhung von Rollenflexibilität und somit zur Selbstreflexion, zu Einsichten bezüglich eigener Problematiken und damit zur Verhaltensänderung führen kann.
Und schließlich wird bei der Themenzentrierten Interaktion und der Transaktionsanalyse der Schwerpunkt im psychotherapeutischen Prozeß stark ausgerichtet auf das Finden einer Balance zwischen bestimmten grundlegenden Komponenten, die menschliches Sein, Agieren und Erleben in hohem Maße bestimmen. So kann es beispielsweise zur Lösung psychischer Probleme wichtig sein, eine Balance zu finden zwischen den Ansprüchen von Gruppen, in und mit denen ein Klient ständig agieren muß, und seinen eigenen Bedürfnissen und Wünschen, sofern er sie mit den Anforderungen der Gruppe nicht oder nur ungenügend in Einklang bringen kann.
Als Verhaltenstherapien (3) bezeichnet man eine Vielzahl von unterschiedlichen (überwiegend auf lern-, kognitions- und sozialpsychologischen Theorien und Erkenntnissen basierenden) direktiven Verfahren, deren übergeordnetes Ziel die Modifikation des Verhaltens (i.S. von Umlernen, Verlernen und Neulernen) ist. Die Bandbreite verhaltenstherapeutischer Techniken reicht von den klassischen Methoden der Gegenkonditionierung und der systematischen Desensibilisierung (Wolpe) über die verschiedenen Methoden der Verhaltensmodifikation und die auf dem Imitationslernen (Bandura) fußenden Verfahren des Rollenspiels, des Rollentauschs, der stellvertretenden Desensibilisierung u.a. bis hin zu den – heute sehr verbreiteten – kognitiven Verhaltenstherapien (Ellis, Beck, Meichenbaum).
Das Prinzip der »klassischen« Verfahren (Gegenkonditionierung und systematische Desensibilisierung), die überwiegend bei der Behandlung von Phobien zum Einsatz gelangen, besteht darin, den Klienten mit den eine Angstreaktion auslösenden Reizen (z.B. mit einem Hund bei einer Hundephobie) direkt oder schrittweise (erst in der Vorstellung, später in der Realität) zu konfrontieren und ihn gleichzeitig anzuweisen, eine zuvor erlernte tiefe Körperentspannung als angstantagonistische Reaktionsweise zu zeigen. Phobische Reaktionen können so – meist schrittweise – abgebaut werden.
Bei den Verhaltensmodifikationstechniken wird die gezielte positive Verstärkung (Skinner) benutzt, um erwünschtes Verhalten in seiner Auftrittswahrscheinlichkeit zu erhöhen. Und um Problemverhaltensweisen abzubauen, wird mit Stimulusveränderung (=Vermeiden der Stimuli, die das unerwünschte Verhalten nach sich ziehen), mit Veränderung der dem Problemverhalten zugrundeliegenden Motivation, mit Löschung (=Ausschalten aller Verstärker, die auf das Problemverhalten folgen und es festigen), mit gezielter positiver Verstärkung von Alternativverhaltensweisen und – in seltenen Fällen – mit Bestrafung (=Entzug positiver Verstärker und Ausschluß aus der Gruppe) gearbeitet.
Den kognitiven Verhaltenstherapien ist der Versuch gemeinsam, irrationale Kognitionen (z.B. die Annahme, man werde von anderen Menschen deshalb abgelehnt, weil man dem gängigen Schönheitsideal nicht entspricht) und Fehlwahrnehmungen (z.B. man werde von seinem Chef nicht akzeptiert, weil dieser einem bei der Begrüßung nicht zugelächelt hat) sowie die mangelnde Fähigkeit, die daraus resultierenden Probleme aktiv zu lösen, durch eine Art »sokratischen Dialog« bewußtzumachen und mit Hilfe direktiver Anweisungen und Absprachen die notwendige Handlungskompetenz zu erarbeiten.
Zu den systemischen Therapien (4) gehören die unterschiedlichen Formen der Kommunikations- und Familientherapien (Bateson, Bell, Haley, Satir, Minuchin, Stierlin u.a.), die sich durch folgende Grundsätze auszeichnen:
- Ganze Systeme (Paare, Familien, Gruppen) und ihre Interaktion sind Gegenstand der Behandlung.
- Das Ziel solcher Behandlungen ist weniger die Veränderung einzelner Personen (sog. »Symptomträger« bzw. »identifizierter Patienten«), sondern vielmehr die Veränderung der Beziehungen und der Kommunikation zwischen den einzelnen Mitgliedern eines Systems (z.B. einer Gruppe, der Familie).
- Es wird also davon ausgegangen, daß einzelne Personen (auch die »Symptomträger«) ihr Verhalten erst dann besser und andauernder verändern können, wenn die Systeme, in denen sie leben, sich verändern.

Auch innerhalb der systemischen Therapien gibt es solche, die psychoanalytisch/familiendynamisch orientiert sind, und solche, die verhaltenstherapeutische/trainingsorientierte Verfahren zum Einsatz bringen.
Die Entwicklung der psychotherapeutischen Praxis insgesamt geht zunehmend mehr dahin, vor dem Hintergrund der Analyse der Problematik der jeweiligen Klienten jedenfalls da, wo es angebracht erscheint, eine Methodenintegration anzustreben.
Nahezu alle der genannten psychotherapeutischen Verfahren lassen sich – mit bestimmten Modifikationen – auch in der Arbeit mit verhaltensauffälligen Kindern anwendenden.
Darüber hinaus hat sich in den letzten Jahren die feministische Therapie (Brodsky, Carlson/Johnson, Dewey u.a.) etabliert, die als Einzel-, Paar- oder Familientherapie stattfinden kann, die überwiegend mit den Methoden der humanistischen P. und der Verhaltensthera-

pie arbeitet und deren ethische und wissenschaftstheoretische Grundlagen auf dem politischen Feminismus beruhen.
Kenntnisse über die unterschiedlichen psychotherapeutischen Vorgehensweisen sind für die *Sozialarbeit/Sozialpädagogik* aus folgenden Gründen unabdingbar:

- SozArb/SozPäd sind (insbesondere dann, wenn sie in den Bereichen der psychosozialen Familien*beratung*, der *sozialpädagogischen Familienhilfe*, in den sozialen Diensten, in Selbsthilfegruppen, aber auch in der wohngebietsbezogenen SozArb tätig sind) häufig die ersten, die bei ihrer Klientel Problematiken und Auffälligkeiten erkennen bzw. mitgeteilt bekommen, zu deren Behebung eine P. notwendig wäre; von daher haben sie die Aufgabe, entsprechende Motivationen zu wecken und an die geeigneten Fachkräfte weiterzuvermitteln.
- Von SozArb/SozPäd sollte erwartet werden (insbesondere dann, wenn sie im klinischen Bereich tätig sind), daß sie verstehen, was mit der von ihnen mitzubetreuenden Klientel im Rahmen von psychotherapeutischer Behandlung geschieht und warum es bestimmte Methoden sind, die zur Anwendung gelangen.
- Und schließlich sind Kenntnisse über sowie aktives Beherrschen von psychotherapeutischen Methoden generell für die Praxis *Sozialer Arbeit* (insbesondere in den Bereichen der *Heimerziehung*, der Einzel- und *Gruppenarbeit* im Knast, der *Jugendgerichtshilfe*, der Arbeit in Erziehungs- und sonstigen Beratungs- und Therapieeinrichtungen sowie im *Sucht*bereich) notwendig und hilfreich. *G. Adam-Lauer*

Literatur: R. Corsini (Hrsg.): Handbuch der Psychotherapie, München 1993; R. Grawe/F. Donati/Bernauer: Psychotherapien im Wandel, Göttingen 1994; T. Kivits (Hrsg.): Handbuch Psychotherapie, Düsseldorf 1993; D. Revenstorf: Psychotherapeutische Verfahren I (Tiefenpsychologische Therapien), Stuttgart 1991; ders: Psychotherapeutische Verfahren II (Verhaltenstherapien), Stuttgart 1989; ders: Psychotherapeutische Verfahren III (Humanistische Therapien), Stuttgart 1993; ders: Psychotherapeutische Verfahren IV (Gruppen-, Paar- und Familientherapie), Stuttgart 1993.

Randgruppen

Um es vorab zu sagen: Der Begriff »R.« ist zu ungenau und unspezifisch, als daß er heute noch sinnvoll verwendet werden könnte. Der Begriff suggeriert, daß es ein Zentrum in der *Gesellschaft* gibt, an deren Peripherie die Vergessenen und Unterprivilegierten sich (zwangsweise durch Ausgrenzung) wiederfinden. Zum einen wird dabei davon ausgegangen, daß eine Gesellschaft nur ein (Haupt-)Zentrum habe, zum anderen ohne große Umstände die Behauptung transportiert, als wollten die, welche am Rand von gesellschaftlichen Zentren stehen, partout Bestandteil dieser Zentren sein. Die fatalste Assoziation des Begriffs R.: Es sind (bezogen auf die Mehrheit) nur wenige unterprivilegierte Bevölkerungsgruppen, die R. bilden.
Der Begriff der R. ist geschichtlich gesehen mit der Sozial- und Wirtschaftsgeschichte der BRD verbunden. Der Begriff hängt zusammen mit der verstärkten Sensibilisierung für soziale Probleme Ende der 60er Jahre durch die Studentenbewegung und dem Ende der Reformphase, ausgelöst durch die Ölkrise 1973/74. Ende der 60er bis in die 80er Jahre hatte der Begriff R. in der Diskussion um eine *Theorie der Sozialarbeit/Sozialpädagogik* Konjunktur. Klassenanalytische Theorien und empirische Studien zeigten, daß es sich bei den traditionell marginalisierten Gruppen um Fraktionen der Arbeiterklasse handelte, die als die industrielle Reservearmee des Spätkapitalismus beschrieben wurden.
Dem Theorem des *»abweichenden Verhaltens«* wurde das Theorem der *Stigmatisierung* und der objektiven Reproduktionsbedingungen der Ausgrenzungen zugesellt. Es gab um Baader/Meinhoff den Versuch, in der SozArb eine »Randgruppenstrategie i.S. einer politischen Sozialen Arbeit« zu etablieren (z.B. die Heimkampagne), da dieses »Lumpenproletariat« im Gegensatz zur Arbeiterklasse (und den sozialpädagogischen Akteuren) nichts zu verlieren hatte als seine Ketten. Kapitalismuskritik, Klassenkampf und SozArb verbanden sich in den 70er Jahren mit dem Begriff R. Die abweichende Lebensform wurde zum Resultat allein der Stigmatisierung und Unterprivilegierung. Mit der Zunahme von Massenarbeitslosigkeit und *Armut* (Stichwort: Zweidrittelgesellschaft) und dem Beginn der sozialen Bewegung (Alternativbewegung) im Sozialbereich der 80er Jahre verlor der Begriff R. seine Klassenkampffunktion endgültig.
Dem Begriff R. wohnt eine demagogische Kraft inne. Er wird, obwohl untauglich, dennoch weiter benutzt für so unterschiedliche Bevölkerungsgruppen wie: Rocker, Punker, Prostituierte, Sozialhilfeempfänger, Behinderte, Obdachlose, psychisch Kranke, kinderreiche Familien, alleinerziehende Mütter, Künstler, Alte, Jugend, Mädchen, Strafgefangene, Migranten, schulmüde Kinder/Jugendliche usw. usw.
R. ist ein beliebiges Etikett (*Etikettierung*) und verhindert deshalb die genaue Analyse der sozialen Lage einzelner und von Gruppen, bezogen auf deren materielle Teilhabechancen in dieser Gesellschaft. Der Begriff R. zieht Trennlinien zwischen Bevölkerungsgruppen auch da, wo Massenphänomene wie Armut, *Arbeitslosigkeit*, *Krankheit* durch Umwelt, Fremdenfeindlichkeit, *Gewalt* usw. herrschen und die Auseinandersetzzung über den *Sozialstaat* BRD geführt werden müßte. Verelendungsprozesse sind nicht mehr für statistisch kleine Bevölkerungsgruppen reserviert. Die aktuelle Phase der Vergesellschaftung von materieller Not hat die traditionellen Grenzziehungen zwischen arbeitender Bevölkerung und Armutsbevölkerung, Arbeiterklasse und Lumpenproletariat, *Normalität* und abweichendem Verhalten gesprengt. *H. Brocke*

Literatur: R. Ahlheit u.a.: Gefesselte Jugend, Frankfurt/M. 1972; M. Brusten/J. Hohmeier: Stigmatisierung, zur Produktion gesellschaftlicher Randgruppen, Neuwied 1975; F. Haag u. a.: Aktionsforschung. Forschungsstrategien, Forschungsfelder und Forschungspläne, München 1975; G. Kahl u. a.: Kein Thema. Geschichten aus zehn beschädigten Jahren, Weinheim 1982; N. Preußer (Hrsg.): Armut und Sozialstaat. 4 Bde., München 1981–83; H. Peters (Hrsg.): Sozialarbeit als Sozialplanung, Opladen 1982; C.W. Müller (Hrsg.): Einführung in die Soziale Arbeit, Weinheim/Basel, [3]1993.

Recht auf Erziehung (RaE)

Ein Recht des Kindes auf Erziehung wurde erstmals in § 1 (1) RJWG genannt. Bereits in der Vorlage des RJWG durch die Reichsregierung war diese sich darüber im klaren, daß das RaE verschieden ausgelegt werden könne; sie formulierte in der Begründung zum RJWG deswegen: »Diesen Grundsatz des Rechts auf Erziehung spricht § 1 (1) programmatisch aus. Abs. 1 schafft zwar kein klagbares Recht des Kindes auf Erziehung, stellt aber die Verantwortung des Staates, im Rahmen des Abs. 3 für die Erziehung jedes Kindes zu sorgen, außer Zweifel.« Die Diskussion um den Charakter des RaE wurde insbesondere bei § 1 JWG geführt. War das dort genannte RaE nur als programmatische Erklärung zu verstehen, oder ist das RaE ein subjektiver, ggf. einklagbarer Rechtsanspruch? Für die Meinung, daß das RaE nur ein Programmsatz sei, wird v. a. der Wille des Gesetzgebers, der das RaE eben nur als Programmsatz ausgestalten wollte, angeführt und auf die historische Entstehung des RJWG hingewiesen, durch das keine neuen Ansprüche entstehen, sondern nur die landesrechtlich zersplitterten Jugendwohlfahrtsregelungen reichsgesetzlich vereinheitlicht werden sollten.
Die Position (Denninger, Münder), die im RaE einen subjektiven einklagbaren Rechtsanspruch auf Erziehung sieht, begründet ihre Position damit, daß zwar der Gesetzgeber des Jahres 1922 keinen Rechtsanspruch schaffen wollte, seit dem Inkrafttreten des GG diese Bestimmung jedoch verfassungsrechtlich insbesondere unter dem *Sozialstaats*gebot auszulegen sei. Außerdem ist zu berücksichtigen, daß der Allgemeine Teil des SGB fordere, daß bei der Auslegung sicherzustellen sei, daß soziale Rechte »möglichst weitgehend verwirklicht« würden.
Diese Grundlinien der Argumentationen finden sich auch in der Diskussion um die Frage, ob sich aus § 1 des *Kinder- und Jugendhilfegesetz*es ein RaE ergibt. Unter der Geltung des KJHG hat die Diskussion allerdings an pragmatischer Bedeutung verloren, weil durch das KJHG der Charakter des Jugendhilferechts als eines Sozialleistungsrechts verstärkt wurde und das Gesetz selbst verschiedene individuelle Rechtsansprüche auf Beratung, Unterstützung, Förderung, Hilfe zur Erziehung gesetzlich etabliert hat. So hat die Diskussion um das RaE auch symbolhafte Bedeutung für das Grundverhältnis von Elternrecht, elterlicher Sorge, Kindesrecht.
Gegen die Interpretation des RaE als subjektiven Rechtsanspruchs wird nicht zufälligerweise eingewandt, daß diese Interpretation einen Verstoß gegen das *Elternrecht* des Art. 6 (2,3) GG darstelle, da dort die Eltern/die *Familien* als vorrangige Erziehungsträger genannt seien und durch das Verständnis des RaE als subjektiver Rechtsanspruch der Staat an die Stelle dieser Personen trete. Dabei wird übersehen, daß das Verständnis des RaE als subjektives Recht wesentlich bedeutet, daß der Minderjährige Rechtsansprüche gegen die öffentliche Gewalt geltend machen kann, daß aber nicht die öffentliche Gewalt Erziehungsrecht anstelle der Eltern erlangt (*Elterliche Sorge/Elternrecht*).
Bei der Geltendmachung dieses Rechtsanspruchs werden die Minderjährigen zunächst durch ihre Eltern gesetzlich vertreten, eigene Verfahrensrechte werden dem Minderjährigen regelmäßig erst nach Vollendung des 14. Lebensjahres eingeräumt; § 36 SGB I ermöglicht es dem Minderjährigen nach Vollendung des 15. Lebensjahres, Anträge auf soziale Leistungen zu stellen, und gemäß § 8 KJHG können Minderjährige eigenständige Beratung in Anspruch nehmen (*Mitwirkung/Mitbestimmung*).
Abgesehen von diesen Ausnahmen setzt die Inanspruchnahme des RaE regelmäßig Aktivitäten der Personensorgeberechtigten voraus. Wenn man also das RaE i. d. S. versteht, so würde sich an der gegenwärtigen Familien- und Elternzentrierung nichts ändern.
So ist mit dem RaE in der Tat auch die Frage verbunden, inwiefern Minderjährige solch ein Recht selbständig in Anspruch nehmen und realisieren können; hier besteht die Verbindung zur Diskussion um das *Kindesrecht*. Von besonderer Bedeutung ist dies für die *Jugendhilfe*, die es ja nicht selten mit Problemen zwischen Eltern und Kindern bis hin zu massiven Interessengegensätzen zwischen diesen zu tun hat.
Das BVerfG hat durch seine Rechtsprechung in den letzten Jahren die Rechtsstellung Minderjähriger deutlich erweitert, vornehmlich dadurch, daß es die verfahrensrechtliche Stellung von Minderjährigen in solchen Konfliktsituationen verbesserte.
Über diese formalen, verfahrensmäßigen Aspekte hinaus beinhaltet die Diskussion um das RaE auch eine jugendhilfepolitische Dimension. Im Gegensatz zu den im KJHG vorfindlichen punktuellen Rechtsansprüchen auf individuelle Leistungen hätte die Anerkennung eines RaE eine allemeine, offensive Bedeutung für die Jugendhilfe. Wegen der Breite eines solchen Rechtes, das nicht auf einzelne, konkret bereits etablierte und vorhandene Leistungen eingeengt ist, wäre Jugendhilfe gezwungen zu einer permanenten fachlichen Weiterentwicklung ihrer Angebote, Leistungen und sozialen Dienste. Das ist der über die rechtliche Diskussion hinausgehende jugendhilfepolitische Hintergrund des Streites um den Charakter des RaE. *J. Münder*

Literatur: E. Denninger: Jugendfürsorge und Grundgesetz, in: KJ 1969, 379 ff.; J. Münder: Das Recht des Minderjährigen auf Erziehung im Jugendwohlfahrtsgesetz – subjektives Recht oder Programmsatz?, in: TuP 1977, 217 ff.; T. Würtenberger: Das Recht auf Erziehung, in: Jugendwohl 1972, 219 ff.

Rechtsquellen

Der Rechtsstaat bindet das gesamte Verwaltungshandeln (vollziehende Gewalt) an Gesetz und Recht (Art. 20 Abs. 3 GG), wobei zwischen Vorrang des Gesetzes (negative Gesetzmäßigkeit) und Vorbehalt des Gesetzes (positive Gesetzmäßigkeit) unterschieden wird. Bedeutet Vorrang des Gesetzes, daß kein Verwaltungshandeln gegen Gesetze oder gesetzesgleiche Vorschriften verstoßen darf (Art. 20 Abs. 3 GG), ist der Vorbehaltsbegriff enger: Die Verwaltung (Exekutive, vollziehende Gewalt) darf demnach nicht nur nicht gegen Gesetz und Recht verstoßen, sie braucht, um befugt zu handeln, eine gesetzliche Grundlage. Dazu genügt beim Fehlen einer anderen Rechtsgrundlage ggf. auch die Mittelbereitstellung im Haushaltsplan als »genügende demokratische Legitimation«, allerdings nur, »wenn der Gesetzgeber die angesprochene Materie nicht abschließend geregelt hat, der Leistungserbringung also nicht der Vorrang des Gesetzes entgegensteht (h.M.: Scholz, 70). Für den Anwendungsbereich des *Sozialgesetzbuch*es hat der Gesetzgeber in § 31 Abs. 1 SGB I die zuständigen Behörden auf den Gesetzesvorbehalt festgelegt: »Rechte und Pflichten in den Sozialleistungsbereichen dieses Gesetzes dürfen nur begründet, festgestellt, geändert oder aufgehoben werden, soweit es ein Gesetz *vorschreibt* oder *zuläßt*« (Hervorhebungen: D.K.). Methoden der praktischen Rechtsanwendung – Rechtstechnik – (was heißt z.B., soweit ein Gesetz es vorschreibt bzw. es zuläßt?) sind daher gerade im Bereich des Sozialrechts dann wichtig, wenn es um eine zulässige klientenfreundliche Auslegung geht.

Das Rechtsquellensystem der BRD besteht im wesentlichen aus geschriebenem Recht, läßt aber auch ungeschriebenes Recht (Gewohnheitsrecht) zu, dessen Bedeutung allerdings immer geringer wird und das für den Bereich der *Sozialen Arbeit* keine Rolle spielt.

Die wichtigsten R. sind:

- *Verfassungsrecht* (GG, Länderverfassungen),
- Gesetze (Gesetze im formellen Sinne, d.h. an eine bestimmte Form des Zustandekommens gebundene Gesetzgebungsverfahren, und im materiellen Sinne: generell-abstrakt, für und gegen jedermann wirkende Rechtsnormen) bilden im Rechtsquellensystem der BRD den Schwerpunkt der geschriebenen Rechtsordnung (z.B. im Sozialrecht zentrale Gesetze wie das BSHG und das KJHG),
- Rechtsverordnungen (Gesetze nur im materiellen Sinne: gem. Art. 80 Abs. 1 GG an bestimmte Voraussetzungen gebunden; von erheblicher Bedeutung für das Sozialrecht, z.B. die RVOen zum BSHG) und
- die öffentlich-rechtliche Satzunng (wichtig für Gemeinden, Gemeindeverbände, Universitäten, Kammern u.a., ihre eigenen Angelegenheiten selbst zu regeln).

Eine besondere Rolle spielt das Richterrecht. Bestimmte Entscheidungen der Verfassungs- und Verwaltungsgerichte (Normenkontrollverfahren) sind R. (z.B. Entscheidungen des BVerfG/vgl. § 31 Abs. 2 BVerfGG und gem. § 47 VwGO das OVG).

Im übrigen handelt es sich bei der (allgemeinen) Rechtsprechung um Rechtsanwendung (die nur für den entscheidenden Einzelfall gilt) und nicht um Rechtsetzung. Diese Rechtsprechung hat jedoch ihre besondere Bedeutung darin, daß von Obergerichten (*Gerichtsbarkeit*) entwickelte Grundsätze (grundsätzliche Entscheidungen) von anderen Gerichten und Behörden beachtet werden, d.h., ihre Praxis »rechtsquellengleich« beeinflussen.

Zwischen den R. gibt es eine Stufenfolge, die regelt, welche Norm vorgeht, wenn zwei geltende R. einander widersprechen:

1. Rangfolge zwischen (1) Bundesrecht, (2) Landesrecht (Art. 31 GG: Bundesrecht bricht Landesrecht) und (3) autonomem Recht (Satzungen);
2. innerhalb des Bundes- und des Landesrechts besteht folgende Rangfolge: GG, Bundesgesetz, BundesRVO; Landesverfassung, LandesRVO, autonomes Recht (i.e. u.a. in diesem Zusammenhang Vorschriften des EU-Gemeinschaftsrechts, Völkerrechts, des Gewohnheits- und Richterrechts; vgl. Kreft, 64).

Nicht zu den R. gehören die Verwaltungsvorschriften, auch als Anordnungen, Erlasse, Grundsätze, Richtlinien usw. bezeichnet, die ihre Wirkung nach innen, in den Behörden, für die sie gelten, nicht nach außen entfalten.

Dennoch ist ihre Bedeutung für die SozArb erheblich, denn sie »formen« vielfach erst die konkreten Handlungsvorgaben des SozArb/SozPäd. So sind z.B. in der *Jugend- und Sozialhilfe* vielfach regelungsbedürftige Sachverhalte durch gesetzliche Vorschriften (Gesetz, RVO) nur unzureichend konkretisiert: Das geschieht in der Jugend- und Sozialhilfe regelmäßig erst detailliert und einzelfallbezogen durch Verwaltungsvorschriften. So ist z.B. das für die Jugendhilfe außerordentlich bedeutungsvolle Pflegekinderrecht in § 44 KJHG allgemein und z.T. durchaus speziell geregelt, aber i.S. einer Handlungsorientierung auf den Einzelfall lückenhaft. Erst durch z.T. umfangreiche Verwaltungsvorschriften werden alle wesentlichen Einzelpunkte geregelt (Öffentlichkeitsarbeit, Vermittlung, Anerkennung von Pflegestellen, Pflegevertrag, materielle Leistungen des JA). Diese Verwaltungsvorschriften, nicht die R. KJHG, sind dann tatsächlich die eigentlich handlungsstrukturierende Vorgabe für die SozArb/SozPäd als Pflegekinder-SachbearbeiterIn! Es ist daher für die handelnden Dienstkräfte und die betroffenen Bürger tatsächlich ebenso wichtig, diese Verwaltungsvorschriften zu kennen, wie die allgemein akzeptierten R. Gesetz und Rechtsverordnung. *D. Kreft*

Literatur: R. Keßler: »Soziale Arbeit und Grundgesetz« und »Methoden der praktischen Rechtsanwendung – Rechtstechnik«, in: D. Kreft/J. Münder u.a.: Soziale Arbeit und Recht, Weinheim/Basel [4]1994; D. Kreft: Rechtliche Grundlagen der sozialen Arbeit. Teil I: Rechtsquellen und Verwaltungsvorschriften, in: Kreft/Münder u.a., a.a.O.; D. Kreft/F. Nagel:

Jugendhilfe in Berlin. Rechts- und Verwaltungsvorschriften für die Jugendhilfe. Loseblattsammlung, Neuwied seit 1978; U. Maas: Soziale Arbeit als Verwaltungshandeln, Weinheim 1992; J. Münder u. a.: Frankfurter Lehr- und Praxiskommentar zum KJHG, Münster [2]1993; F. Ossenbühl: Die Quellen des Verwaltungsrechts, in: Erichsen/Martens: Allgemeines Verwaltungsrecht, Berlin [9]1992; G. Scholz: Allgemeines Verwaltungsrecht I, München [6]1987.

Rechtsverwirklichung

R. wird zum Problem *Sozialer Arbeit* dann, wenn sich Recht gar nicht oder nur in problematischer Weise verwirklicht und SozArb davon berührt wird. Mangelnde oder zumindest problematische R. wird heute regelmäßig im Diskussionszusammenhang der »Verrechtlichung« erörtert. Die damit gekennzeichnete Erfassung von immer mehr Lebensverhältnissen durch das Recht weckt in zunehmendem Maße Zweifel, ob die betroffenen Sozialbereiche gesellschaftlich sinnvoll reguliert werden (»Kolonialisierung von Lebenswelten«) und ob sich der materiale Gehalt des Rechts auch tatsächlich verwirklicht (»Vollzugsdefizite«). Im folgenden werden die Aufgaben typisiert dargestellt, die SozArb bei der R. wahrnehmen kann.

1. Die kompensatorischen Aufgaben: Sie kommen v. a. dann in Betracht, wenn vorhandene Rechte, z. B. bei einer Räumungsklage, nicht wahrgenommen werden. Hierzu gehört auch das »Ankoppeln an das vorhandene Rechtshilfesystem«, d. h. insbesondere die Nutzung des Beratungshilfe- und Prozeßkostenhilferechts. Ersteres erschließt der *Armut*sbevölkerung (Grenze für einen Alleinstehenden gegenwärtig bei einem monatlichen Nettoeinkommen von 850 DM – verfassungsrechtlich bedenklich niedrig) Beratung und Vertretung durch Anwälte im außergerichtlichen Bereich gegen eine Gebühr von 20 DM prinzipiell für den Bereich von Zivil- und Verwaltungsrechtsstreitigkeiten. Außergerichtlich sind ferner von Bedeutung die Möglichkeiten der Hilfe nach §§ 13–15 SGB I, nach § 17 BSHG, durch *Gewerkschaften* und Mietervereine für ihre Mitglieder, durch kirchliche Träger (*Träger der Sozialen Arbeit*). Rechtsbesorgung durch Selbsthilfegruppen ist denkbar nach § 7 RGB, sofern sie ihre Hauptaufgabe im sozialpolitischen Bereich haben. Prozeßkostenhilfe sichert demgegenüber die anwaltliche Hilfe in Gerichtsverfahren (nicht in Strafverfahren/*Gerichtsbarkeit*).
Kompensierend müssen den Hilfesuchenden auch Fähigkeiten und Kenntnisse vermittelt werden, mit welchen sozialen Situationen unter juristischen Gesichtspunkten erfaßt und schließlich mit Hilfe des Rechts beeinflußt werden, z. B. bei Konflikten am Arbeitsplatz die Möglichkeiten der *Mitbestimmung*. Weiter sind »professionalisierte Muster selektiver Wahrnehmung« herkömmlicher Institutionen der R. (Anwälte, Gerichte, Verwaltungen) zu kompensieren, damit soziale Probleme nicht nur auf Rechtsprobleme reduziert, sondern problemangemessene Lösungen möglich werden.

2. Verrechtlichungsaufgaben: SozArb wirkt an Verrechtlichung überall dort mit, wo sozialpädagogische »Subventionierung« der juristischen Argumentation nötig ist, z. B. über Berichte und Gutachten für Justiz und Verwaltung. Dies ist sowohl beim Einbringen von Folgen der zu treffenden Entscheidungen als auch bei der Ausfüllung zunächst juristischer Begriffe mit sozialwissenschaftlichem Inhalt der Fall (z. B. unbestimmte Rechtsbegriffe, Ermessensspielräume). Soweit SozArb als persönliche Dienstleistung rechtlich vorgeschrieben ist, z. B. allgemeine Beratungsvorschriften, verrechtlicht erst sie diese Dienstleistung endgültig durch ihr standardisiertes, theoriegeleitetes Handeln, nachdem das Recht selbst i. d. R. die konkreten Handlungsvollzüge nur sehr allgemein vorformen kann.

3. Regulatorische Aufgaben: Besteht das Rechtsverwirklichungsproblem darin, daß für bestimmte soziale Problemlagen keine oder keine angemessenen Rechtsregeln vorhanden sind, bekommt R. den Inhalt, für ungelöste Probleme erst rechtliche Lösungen zu entwickeln – »erweiterte R.«. Bei dieser zunächst politischen Aufgabe kann SozArb mitwirken und tut es auch, wie z. B. die Auseinandersetzungen um die rechtlichen Grundlagen sinnvoller *Frauenhaus*arbeit zeigen.

4. Deregulierungsaufgaben: Mit diesen kann SozArb versuchen, Rechtsverwirklichungsprobleme dadurch zu lösen, daß die geregelten Sozialbereiche dem Recht (wieder) entzogen werden, und zwar durch die eigenständige Entwicklung von Lösungen, die v. a. unter Einbeziehung der Selbsthilfekräfte der Betroffenen versuchen, »Alternativen zum Recht« zu ermöglichen. Beispiele sind die Vermittlung bei Konflikten im mietrechtlichen Bereich, die Erschließung von nachbarschaftlichen Hilfen, wenn es um Pflegehilfen geht, u. a. Hierher gehört auch die verstärkte institutionelle Anknüpfung der SozArb an vorhandene »Institutionen der Deregulierung« wie z. B. Verbraucherschutzverbände (»*Schuldnerberatung*«) oder Selbsthilfegruppen (*Selbsthilfe/Selbstorganisation*).

5. Freiheitsverbürgende Aufgaben: Mit diesen Aufgaben wird Bezug genommen auf die Zwiespältigkeit des Rechts, welches einerseits freiheitsverwirklichenden Charakter hat, indem es Handeln erst ermöglicht (z. B. durch Gewährung materieller Ansprüche), andererseits aber Freiheitsbereiche einengt, weil es interveniert, gestaltet, begrenzt. Hier kann es Aufgabe der SozArb sein, Freiheit zu verbürgen: einmal durch die Wahrnehmung der kompensatorischen Aufgaben, zum anderen aber dort, wo SozArb in den Vollzug von Recht eingespannt wird, indem sie ihr sozialpädagogisches Handeln an den Freiheitsrechten, wie sie insbesondere in den Grundrechten verbürgt sind, orientiert. Dies gilt v. a. in den sog. besonderen Gewaltverhältnissen (Strafvollzug, Obdachlosensiedlungen), aber auch bei allen »freieren« Pflege- und Betreuungsverhältnissen, wie z. B. in Alten- und Pflegeheimen, die den einzelnen aufgrund seiner Hilfsbedürftigkeit »abhängig« machen.

Insbesondere bei den kompensatorischen Aufgaben bestehen rechtliche Grenzen durch das RBG, welches prinzipiell die Rechtsberatung den Rechtsanwälten vorbehält. Die Abgrenzung zwischen sozialer *Beratung* und Rechtsberatung wird jedoch nicht zuletzt wegen der fortschreitenden »Verrechtlichung« zunehmend schwieriger. Gerade im Bereich SozArb ist eine oft schon lange am Recht orientierte Beratung nötig, um überhaupt die Chance der R. zu eröffnen. Die Grenze wird man daher nicht orientiert an Standesinteressen ziehen können, sondern dort, wo das vorhandene und durch das RBG geschützte Rechtshilfesystem die notwendige R. für die Klientel der SozArb (*Klient*) tatsächlich sichern kann, ggf. ergänzt durch soziale Beratung. *F. Roscher*

Literatur: F. Kübler (Hrsg.): Verrechtlichung von Wirtschaft, Arbeit und sozialer Solidarität, Frankfurt/M. 1985; F. Roscher: Außergerichtliche und gerichtliche Rechtsverwirklichung, in: D. Kreft/J. Münder u. a.: Soziale Arbeit und Recht, Weinheim [4]1994, 126ff.; F. Roscher: Rechtsverwirklichung durch soziale Arbeit, in: Brennpunkte Sozialer Arbeit, Frankfurt/M. 1986, 9ff.; A. Schoreit/J. Dehn: Beratungshilfe/Prozeßkostenhilfe. Kommentar, Heidelberg [4]1993; R. Voigt (Hrsg.): Verrechtlichung, Königstein 1980.

Rehabilitation

R. ist heute allgemein der Begriff für die Eingliederung Behinderter oder von Behinderung Bedrohter in die *Gesellschaft*. Ziel aller Maßnahmen und Leistungen zur R. ist es, körperlich, geistig oder seelisch Behinderte möglichst auf Dauer in Arbeit und Beruf sowie in alle anderen Bereiche des sozialen Lebens zu integrieren. Das System der R. umfaßt die Gesamtheit der medizinischen, berufsfördernden und sonstigen Maßnahmen und Leistungen, die dieses Ziel anstreben. Der Begriff R. ist umfassender als der der *Behindertenhilfe*. Rehabilitieren in seiner lateinischen Wortbedeutung heißt, jemanden wieder in seine alten Rechte einsetzen; jemandem die Würde zurückgeben.

Die moderne Geschichte der R. als eigenständiger sozialpolitischer Bereich (*Sozialpolitik*) hat ihren Anfang genommen mit der finanziellen Absicherung von Rehabilitationsmaßnahmen durch das Unfallversicherungsgesetz von 1884. Damit wurde erstmals das Recht von Unfallopfern auf eine (berufliche) R. – nicht nur auf die finanzielle Entschädigung – festgeschrieben. Ihren Höhepunkt hatte die legislative und sozialpolitische Entwicklung 1974: Mit dem *Schwerbehindertengesetz* wurde umfassend die berufliche Eingliederung Schwerbehinderter geregelt; mit dem Gesetz über die Angleichung der Leistungen zur R. – Rehabilitationsangleichungsgesetz (RehaAnglG) – wurde eine Koordination der unterschiedlichen Leistungsträger und Rechtsgrundlagen vorgenommen; mit der 3. Novelle zum *Bundessozialhilfegesetz* (BSHG) wurde die Eingliederung Behinderter verbindlicher für den Sozialhilfeträger festgelegt. Bis zum Ende der 60er Jahre war für Art und Umfang der Gewährung einer Leistung der R. entscheidend die Ursache (Krieg, Unfall oder Krankheit). Mit dem RehaAnglG wurde das Kausalprinzip der Hilfegewährung aufgegeben. Unabhängig von der Ursache soll, bezogen auf Art und Schwere der Behinderung, eine bestmögliche Eingliederung gewährleistet sein. Heute bezieht sich der Begriff R. auf alle Arten von Behinderung über alle Lebensphasen hinweg (*Kindheit*, *Jugend-* und Erwachsenenalter). Verantwortlich für die Gewährleistung von R. sind das Gesundheits-, das Sozial- und das Bildungssystem.

Das Aktionsprogramm der BReg von 1970 war Ausgangspunkt für die Schaffung eines dichten Netzes von Rehabilitationseinrichtungen. Die gesetzlichen Vorschriften für die verschiedenen Bereiche der R. finden sich in einer Vielfalt, die für den Fachmann kaum und für den Laien mit Sicherheit nicht mehr überschaubar ist. Die Ursache liegt darin, daß die Aufgaben der R. der Behinderten nicht einem bestimmten Zweig der *sozialen Sicherung* zugeordnet sind. Rehabilitationsvorschriften gibt es sowohl in der Sozialversicherung, in der Versorgung, in der *Sozialhilfe*, in schulrechtlichen Vorschriften (insbesondere Sonderschulgesetze) sowie in Gesetzen zur Berufsausbildung und zur beruflichen Eingliederung, insbesondere im SchwbG i. d. F. vom 26. 8. 1986. Deshalb spielt die umfassende *Beratung* des Behinderten eine wichtige Rolle für den Erfolg der R. Hierzu haben die verschiedenen Leistungsträger eine »Gesamtvereinbarung über Auskunft und Beratung nach dem RehaAnglG« vom 1. 7. 1977 abgeschlossen.

Um sicherzustellen, daß die in Betracht kommenden Maßnahmen aufeinander abgestimmt, nahtlos und zügig durchgeführt werden, sollen die zuständigen Rehabilitationsträger einen Gesamtplan erstellen; insbesondere, wenn verschiedene Stellen und Träger am Rehabilitationsverfahren beteiligt sind. Gleiches gilt für den Sozialhilfeträger (§ 46 BSHG), der in das RehaAnglG nicht einbezogen ist. Je frühzeitiger eine Behinderung erkannt und Maßnahmen zur Beseitigung oder Milderung der Behinderung und zur Integration des Betroffenen eingeleitet werden, um so zügiger und sicherer kann das Ziel der R. erreicht werden.

§ 4 Abs. 2 RehaAnglG schreibt den Rehabilitationsträgern die frühzeitige Einleitung der gebotenen Maßnahmen vor. Dieses Gebot betrifft auch die Förderung und soziale Integration behinderter Kinder. Dabei geht es heute nicht mehr nur um die medizinische R., vielmehr wird unter dem Begriff »Frühförderung« ein umfassendes ganzheitliches Konzept der Förderung aller Fähigkeiten des behinderten Kindes verstanden. Die interdisziplinäre Zusammenarbeit der beteiligten Fachleute und der betroffenen Eltern muß dabei verwirklicht werden. R. wird nicht nur gewährleistet durch die Existenz spezialisierter Leistungen und Einrichtungen; vielmehr kommt es zunehmend darauf an, der Gefahr der sozialen Aussonderung von vornherein zu begegnen durch sozialpolitische Maßnahmen der Öffnung von alltäglichen Lebensbereichen Nichtbehinderter (z. B. *Wohnen*, Verkehr, öffentliche Einrichtungen) sowie der Öffnung von Bildungs- und Erziehungseinrichtungen für behinderte Kinder und Jugendliche. Das SGB I von 1975 (zuletzt geändert 1991) sieht ein eigenständiges und umfassendes soziales Recht der Behinderten auf ihre Integration in die Gesellschaft vor. Wer körperlich, geistig oder seelisch behindert ist oder wem eine solche Behinderung droht, hat ein Recht auf die Hilfe, die notwendig ist, um die Behinderung abzuwenden, zu beseitigen, zu bessern, ihre Verschlimmerung zu verhüten oder ihre Folgen zu mildern und um ihm eine seinen Neigungen und Fähigkeiten entsprechenden Platz in der Gemeinschaft, insbesondere im Arbeitsleben, zu sichern (§ 10 SGB I). Im konkreten Einzelfall richten sich die tatsächlich gewährten Leistungen nach den für den jeweiligen Reha-Träger geltenden besonderen Rechtsvorschriften. Die Gesetze, Normen und konkreten Anwendung des Rehabilitationsrechts ändern sich jedoch vor dem Hintergrund der jeweils gegebenen sozialen, politischen und ökonomischen Verhältnisse. So haben wir heute nach der Vereinigung der beiden deutschen Teilstaaten eine Explosion der Verschuldung öffentlicher Haushalte, eine Rekordzahl von rd. 4 Mio. Arbeitslosen und eine allgemein schwierige wirtschaftliche Situation. Da verwundert es nicht, wenn der Gesetzgeber Einschnitte in das vorhandene Netz der sozialen Sicherung plant oder beschließt, wie mit der 10. Novelle des *Arbeitsförderungsgesetz*es. Realisiert ist eine Ausgabenbegrenzung durch Einschränkungen des Leistungskataloges.

Die Leistungen der Eingliederungshilfe für Behinderte werden in 4 Bereiche unterschieden:

1. Medizinische Leistungen, insbesondere ärztliche Behandlung, Heilmittel, Krankengymnastik, Beschäftigungstherapie, orthopädische u. a. Hilfsmittel, Belastungserprobung, Arbeitstherapie sowie *Psychotherapie*, auch in Kur- und Spezialeinrichtungen, z. B. für Alkoholkranke oder Drogenabhängige (*Alkoholismus/ Drogenabhängigkeit/Sucht*).
2. Berufsfördernde Leistungen, insbesondere Hilfen zur Erhaltung oder Erlangung eines Arbeitsplatzes; Berufsfindung, Arbeitserprobung und Berufsvorbereitung; berufliche Anpassung, Ausbildung, Fortbildung, Umschulung; sonstige Hilfen zur Förderung einer Erwerbs- oder Berufstätigkeit auf dem allgemeinen Arbeitsmarkt oder in einer Werkstatt für Behinderte.
3. Leistungen zur allgemeinen sozialen Eingliederung, insbesondere zur Entwicklung der geistigen und körperlichen Fähigkeiten vor Beginn der Schulpflicht; zur angemessenen Schulbildung einschließlich der Vorbereitung hierzu (*Schule*); für Behinderte, die nur praktisch bildbar sind, zur Ermöglichung einer Teilnahme am Leben in der Gesellschaft; zur Ausübung einer angemessenen Tätigkeit, soweit berufsfördernde Leistungen nicht möglich sind; zur Ermöglichung und Erleichterung der Verständigung mit der Umwelt; zur Erhaltung, Besserung und Wiederherstellung der körperlichen und geistigen Beweglichkeit sowie des seelischen Gleichgewichts; zur Ermöglichung und Erleichterung der Haushaltsführung; zur Verbesserung der wohnungsmäßigen Unterbringung; zur Freizeitgestaltung und zur sonstigen Teilnahme am gesellschaftlichen und kulturellen Leben.
4. Ergänzende Leistungen, insbesondere Übergangs- oder Krankentagegeld; sonstige Hilfen zum Lebensunterhalt; Beiträge zur gesetzlichen Kranken-, Unfall- und Rentenversicherung sowie zur Bundesanstalt für Arbeit; Übernahme besonderer mit einer berufsfördernden Leistung zusammenhängenden Kosten (§ 29 SGB I).

Rechtsanspruch und Lebenswirklichkeit der Behinderten klaffen in manchen Bereichen noch auseinander. Dies liegt zum einen daran, daß zur vollen Verwirklichung der beruflichen und sozialen Integration finanzielle Mittel aufgewendet werden müßten, die nicht vorhanden sind oder die von seiten politischer Entscheidungsträger nicht bewilligt werden können, weil andere politische Ziele entgegenstehen. Zum anderen aber auch an der mangelnden Bereitschaft in vielen Teilen der Gesellschaft, dies auch wirklich zu wollen. Mangelnde Akzeptanz und Verständnis für die Situation von Behinderten sind nach wie vor verbreitet. In einer am Konkurrenz- und Leistungsprinzip orientierten Gesellschaft kann ein Bewußtseinswandel u. a. über die Einsicht herbeigeführt werden, daß Behinderung ein Ereignis ist, das jeden treffen kann.

Darüber hinaus hat jahrzehntelang die Einstellung geherrscht, Behinderte seien am besten in Sondereinrichtungen aufgehoben. Dies ist inzwischen ersetzt durch die sozialpolitische Kontroverse um die Förderung behinderter Kinder in Sonderkindergärten und Sonderschulen (*Heil- und Sonderpädagogik/Tageseinrichtungen für Kinder*) gegenüber ihrer Förderung in Regelkindergärten und Regelschulen. Die wissenschaftlichen Erkenntnisse zur Rehabilitationsprognose beispielsweise bei geistig und seelisch Behinderten haben dazu geführt, daß in den letzten 15 Jahren eine Öffnung der großen Anstalten und psychiatrischen Krankenhäuser und damit einhergehend eine tendenzielle Reduzierung des Bestandes an Betten für Dauerpatienten eingesetzt hat, so daß heute auch geistig und seelisch behinderte Mitbürger in kleinerem Umfang in der eigenen Wohnung oder in einer Wohngemeinschaft wohnen können – betreut von ambulanten Hilfsdiensten oder sozialpsychiatrischen Beratungsstellen (*Psychiatrie*).

Die Durchführung der R. liegt in der BRD bei den Trägern unterschiedlicher Sozialleistungsbereiche. Rehabilitationsträger nach dem RehaAnglG sind: die gesetzliche Krankenversicherung, die gesetzliche Unfallversicherung, die gesetzliche Rentenversicherung, die Altershilfe für Landwirte, die Kriegsopferversorgung, einschließlich der Kriegsopferfürsorge, für die ihnen speziell übertragenen Personengruppen, die Bundesanstalt für Arbeit nach dem AFG.

Die Kosten, die beispielsweise der Bundesanstalt für Arbeit im Jahr 1992 für die berufliche R. von Behinderten entstanden sind, belaufen sich auf rd. 4 Mrd. DM. 200 000 Behinderte suchen jährlich Rat und Hilfe bei den Arbeitsämtern. Dabei stellen den größten Teil

Personen mit Krankheiten der Wirbelsäule und der Muskeln; Allergien und psychische Behinderungen haben in den letzten Jahren stark zugenommen.
Die Träger der Sozialhilfe sind nach dem BSHG ebenfalls zur R. Behinderter verpflichtet. Personen, die nicht nur vorübergehend körperlich, geistig oder seelisch wesentlich behindert sind oder von einer Behinderung bedroht sind, ist Eingliederungshilfe zu gewähren (§ 39 BSHG). Die Verordnung zu § 47 BSHG (Eingliederungshilfe-Verordnung) regelt den Inhalt und Umfang der Eingliederungshilfe. Der Träger der Sozialhilfe erbringt allerdings nur dann Leistungen zur R., wenn der Behinderte keine Ansprüche gegen einen anderen Rehabilitationsträger hat (Nachrangprinzip, § 2 BSHG). Gerade in den Bereichen der »sozialen« R. (z. B. Hilfe zur behindertengerechten Gestaltung des Wohnens) und der vorschulischen R., in denen andere Rehabilitationsträger fast keine Leistungen erbringen, ist die Sozialhilfe praktisch der alleinige Rehabilitationsträger. Beispiel für die von den Sozialhilfeträgern zusätzlich übernommenen Verpflichtungen ist die Schaffung und Finanzierung von kleinen, in die Gemeinde integrierten Wohnheimen und betreuten Wohngemeinschaften für geistig oder seelisch Behinderte. Die systembedingten Beschränkungen der vorrangig zuständigen Rehabilitationsträger auf bestimmte Personengruppen und Leistungen bedingen die große praktische Bedeutung der Eingliederungshilfe. In der BRD erhalten rd. 30000 Personen Hilfen nach § 39 BSHG. Die Ausgaben belaufen sich auf rd. 6 Mrd. DM. Der Anteil der Ausgaben an Hilfen in teilstationären und stationären Einrichtungen (z. B. in Werkstätten für Behinderte und Heimen) beansprucht dabei 96% der gesamten Eingliederungshilfe.
Wesentlichen Einfluß auf die R. Behinderter hat auch das SchwbG, in dem u. a. die Pflicht von Arbeitgebern, Schwerbehinderte im Umfang von 6 v. H. zu beschäftigen, sowie die Rechte von Schwerbehinderten im Arbeitsleben festgelegt sind. Sofern die Beschäftigungspflicht nicht erfüllt wird, ist eine sog. Ausgleichsabgabe zu entrichten, die zur Finanzierung von Maßnahmen der beruflichen Eingliederung verwandt wird. Die Durchführung des SchwbG, also auch die Verwaltung der Einnahmen aus der Ausgleichsabgabe, obliegt den Hauptfürsorgestellen und der Bundesanstalt für Arbeit in enger Zusammenarbeit. Zugleich gewähren die Hauptfürsorgestellen nachgehende Hilfe im Arbeitsleben, wenn der Schwerbehinderte besonderer Hilfe zur Sicherung eines angemessenen Platzes im Arbeitsleben bedarf (z. B. haben einige Hauptfürsorgestellen Fachdienste für berufsbegleitende psychosoziale Betreuung eingerichtet). Nicht nur eine Vielzahl von Werkstätten für Behinderte, Berufsförderungswerken und Wohnheimen konnte mit Hilfe des SchwbG geschaffen werden; auch die Schaffung und Sicherung von ungezählten Arbeitsplätzen auf dem allgemeinen Arbeitsmarkt durch die Finanzierung ihrer behindertengerechetn Ausstattung oder durch Lohnkostenzuschüsse wurde möglich. Historisch betrachtet hat das starke staatliche Bemühen um die R. Behinderter volkswirtschaftliche Gründe. Der Arbeitskräftemangel in den 50er und 60er Jahren forderte eine offensive Beschäftigungspolitik für Behinderte und eine Bekämpfung der Frühinvalidität. Grundsatz der Rehabilitationspolitik wurde der Vorrang der R. vor Gewährung einer Rente. In diesem Zusammenhang ist auch die *Prävention* als bedeutsamer Bestandteil umfassender Rehabilitationspolitik zu sehen. Allerdings wird auf der Ebene globalen politischen Handelns der Prävention noch zu wenig Rechnung getragen.
Luftverschmutzung, Umweltbelastungen im Wohnbereich (*Umweltschutz*) und am Arbeitsplatz u. a. m. tragen mit zu einer Ausbreitung chronischer Krankheiten (z. B. der Atemwege, des Herz-Kreislauf-Systems, der Haut) bei, die den Rehabilitationsbedarf weiter erhöhen und den Anteil der Frührentner ansteigend auf hohem Niveau halten. Hier ist eine vorausschauende Umwelt- und *Gesundheitspolitik* die beste Prävention. Staatliche Rehabilitationspolitik muß deshalb in stärkerem Maße als bisher auch die Bekämpfung der Entstehungsfaktoren für Krankheiten und Behinderungen in den Blick nehmen.
Bei der Begrenzung der Soziallasten als zentralem Motiv von staatlicher Rehabilitationspolitik steht also die berufliche Wiedereingliederung Behinderter im Mittelpunkt des öffentlichen Interesses. Bundesweit gibt es 27 Berufsförderungswerke (6 davon sind in den letzten Jahren in den neuen Bundesländern errichtet worden) mit insgesamt über 15000 Ausbildungsplätzen. Berufsförderungswerke sind überregionale gemeinnützige Einrichtungen der beruflichen R., in denen behinderte Erwachsene für einen neuen Beruf qualifiziert werden, die wegen ihrer Behinderung ihren alten Beruf nicht mehr ausüben können und die zur Ausbildung der besonderen Hilfen eines Berufsförderungswerkes bedürfen. Die Qualifizierung erfolgt in über 100 Berufen. Als besondere Hilfen bieten die Berufsförderungswerke v. a. »begleitende Dienste« an. Dazu gehören ein Medizinischer, ein Psychologischer und ein Sozialer Dienst. *Teamarbeit* der an der R. beteiligten Fachleute ist ein wesentliches Arbeitsprinzip, um den Erfolg ganzheitlicher R. zu gewährleisten.
Die in der AG Deutscher Berufsförderungswerke zusammengeschlossenen Berufsförderungswerke haben bisher insgesamt 122400 Behinderte erfolgreich ausgebildet. Der Erfolg der beruflichen R. bemißt sich darüber hinaus insbesondere aber an der Eingliederung in den Arbeitsmarkt. Regelmäßige Untersuchungen belegen, daß etwa 85% dieser Behinderten dauerhaft beruflich eingegliedert sind.
Beispielsweise zeigen Kostenvergleiche bezogen auf Berufsförderungswerke, daß Investitionen in berufliche Qualifizierung Behinderter wirtschaftlich richtig sind und politisch beabsichtigte Kürzungen in diesem Bereich volkswirtschaftlich unsinnig sind. Dies auch vor dem Hintergrund, daß die Wirtschaft auch in Zeiten hoher *Arbeitslosigkeit* immer qualifizierte Fachkräfte benötigen wird und daß nach Untersuchungen der bayerischen Wirtschaft im Jahr 2010 über 200000 Facharbeiter fehlen werden.

Ein weiterer Grund für die wachsende Bedeutung der R. und ihre heute feste Verankerung als eigenständiger politischer Bereich liegt natürlich auch in den Aktivitäten der großen Behindertenorganisationen, insbesondere denen der Kriegsopferverbände nach den beiden Weltkriegen und der Interessenorganisationen Behinderter, die mit ihren Forderungen die gesetzliche Verankerung und Weiterentwicklung der R. initiiert und bewirkt sowie auf die Schaffung geeigneter R.-Einrichtungen gedrungen haben. Die R. wird heute in einer unübersehbaren Vielzahl verschiedener Einrichtungen durchgeführt. Träger dieser Einrichtungen sind teils die Rehabilitationsträger selbst, teils staatliche und staatsnahe Institutionen, Wohlfahrtsorganisationen (*Wohlfahrtsverbände*) und Behindertenverbände. Zu den Einrichtungen zählen Rehabilitationskrankenhäuser, psychiatrische Krankenhäuser, Berufsförderungswerke, Werkstätten für Behinderte. Berufsbildungswerke zur Ausbildung behinderter Jugendlicher, Sonderschulen, Sonderkindergärten, Wohnheime für geistig Behinderte, betreute Wohngemeinschaften für psychisch Kranke, ambulante Betreuungsdienste für Rollstuhlfahrer, Beratungsstellen für Drogen- und Alkoholabhängige u. a. m.
Unterschiedliche Berufsgruppen sind im Prozeß der R. beteiligt. Die Beschäftigungsfelder umfassen die Planung von Maßnahmen und Angeboten, die Diagnose und Therapie, die Beratung von Betroffenen, wissenschaftliche Begleitung neuer Modelle sowie die Berufsausbildung, Schulung und Erziehung. Im Prozeß der R. sind u. a. folgende Berufsgruppen beteiligt: Ärzte, Krankenschwestern, Therapeuten verschiedener Fachrichtungen, Erzieher, Sonderpädagogen, Sozialarbeiter, Psychologen, Lehrer, Berufspädagogen, Sozialwissenschaftler, Juristen und auch die Mitarbeiter in den öffentlichen Verwaltungen des Gesundheits- und Sozialwesens sowie der Arbeitsverwaltung.
In den letzten Jahren sind zwei gegenläufige Bewegungen im Hinblick auf den gesellschaftlichen Umfang mit Behinderten zu beobachten. Einerseits wurde auf der Ebene praktischer Arbeit in vielen Bereichen die Integration Behinderter in unserer Gesellschaft gefördert durch Verbesserungen im Leistungsangebot und durch Öffnung vorhandener Reha-Einrichtungen für psychisch Behinderte oder Hörbehinderte (z. B. in Berufsförderungswerken). Die Chancen für eine gleichberechtigte Teilhabe am gesellschaftlichen Leben sind für Behinderte gestiegen. Die Betroffenen selbst forderten von Politikern und Planern in administrativen Bereichen die behindertengerechte Gestaltung aller öffentlichen Lebensbereiche und die Öffnung des Bildungs- und Erziehungssystems für behinderte Kinder. Verstärkt wurden Alternativen entwickelt und neue Modelle u. a. im schulischen Bereich erfolgreich erprobt: Beispiele für ein neues, akzeptierendes Verhältnis zum behinderten Bürger wurden gesetzt. Die öffentliche Verwaltung (z. B. Hamburg) beschäftigt Behinderte aus einer Werkstatt für Behinderte auf regulären Arbeitsplätzen; in einem integrierten Kindergarten spielen nichtbehinderte Kinder ganz selbstverständlich mit schwerbehinderten Kindern. Andererseits bergen die allgemeine wirtschaftliche Lage mit den Finanzproblemen der öffentlichen Haushalte und der Reha-Träger sowie der wachsende Rechtsradikalismus Gefahren für den Erfolg der R. und für die Behinderten. In einer Gesellschaft, in der Wohlstandswachstum an seine Grenzen stößt und der Kampf um *Arbeit* härter wird, werden Schwächere leichter an den Rand gedrängt. Die *Solidarität* der Menschen, die heute noch gesund sind und Arbeit besitzen, mit behinderten Menschen sollte in ihrem eigenen Interesse selbstverständlich sein. Der Erhalt der bestehenden Reha-Gesetze und der Einrichtungen zur R. ist unverzichtbar in einer Gesellschaft, in der die Würde des Menschen und sein Recht auf Selbstbestimmung erklärte Maßstäbe für politisches Handeln sind. Ziel aller therapeutischen und rehabilitativen Arbeit muß sein, den behinderten Menschen zu einer weitgehend selbstverantwortlichen Gestaltung seines Lebens in Gemeinschaft mit Nichtbehinderten zu führen. *B. Bützer*

Literatur: A. Mühlum/H. Oppl (Hrsg.): Handbuch der Rehabilitation, Neuwied 1992; Leitfaden für Behinderte, Hrsg. Reichsbund e. V., Bonn [9]1994 ; H. Deppe-Wolfinger: Behindert und abgeschoben, Weinheim 1983; C. W. Jansen (Hrsg.): Sozialwissenschaftliche Aspekte der Rehabilitation, Rheinstetten 1977; J. Scholz: Rehabilitation Bd. I–III, Stuttgart 1975; E. Klee: Behindert – Ein kritisches Tagebuch, Frankfurt/M. 1980; W. Seyd (Hrsg.): Berufliche Rehabilitation im Umbruch, Hamburg 1985; K. E. Stepman/F. Blum (Hrsg.): Behinderte zwischen Anspruch und Wirklichkeit, Stuttgart 1981; A. Mühlum/E. Kemper: Rehabilitation in Berufsförderungswerken. Konzepte, Organisation, Ergebnisse, Freiburg i. Br. 1992; S. Istanbuli: Berufliche Rehabilitation behinderter Menschen. Beiträge zur Gesellschafts- und Bildungspolitik, Institut der deutschen Wirtschaft in Köln, 1, 1993; M. Thrun/U. Wittwer: Berufliche Rehabilitation gestern, heute und morgen am Beispiel der Berufsförderungswerke, in: Die Rehabilitation, (Sonderdruck) Stuttgart 1990; Informationssystem zur beruflichen Rehabilitation: Datenbank REHADATA beim Institut der Deutschen Wirtschaft, Köln.

Rolle, soziale (s. R.)

Der Rollenbegriff gilt als zentrale Elementarkategorie der soziologischen Analyse, der wie kein anderes Konstrukt zur theoretischen Erfassung der Vermittlung von *Individuum* und *Gesellschaft* geeignet erscheint. Die Rollentheorie als »Theorie mittlerer Reichweite« (Merton) beinhaltet sowohl makro- als auch mikrosoziologische Aspekte (handlungs- und systemtheoretischer Zugang) und dient der empirischen und theoretischen Erklärung und Beschreibung menschlichen Verhaltens. Allerdings gibt es nicht die Rollentheorie schlechthin, sondern verschiedene Ansätze und Versionen mit unterschiedlichen Prämissen und Intentionen.
Unter s. R. versteht man allgemein ein Bündel bzw. die Summe von Erwartungen und Ansprüchen einer Gruppe oder der Gesellschaft an das Verhalten (Rollenverhalten) und die Erscheinung (Rollenattribute) eines

Inhabers einer sozialen Position in einem Handlungssystem (z. B. Lehrer, Vater). Die s. R. ist also unabhängig von der Person und dem tatsächlichen Verhalten denkbar und existent; sie ist Bestandteil der sozialen Realität, eine »Tatsache sui generis« (Durkheim). Die Gesellschaft und ihre Handlungssysteme (z. B. die *Familie*, *Schule*, Kirche, der Betrieb etc.) lassen sich so als Systeme funktional und hierarchisch differenzierter und voneinander abhängiger R. auffassen, die vor jeder Einnahme durch ein handelndes Individuum vorhanden sind. Andererseits (mikrosoziologischer Zugang) müssen R. in Interaktions- und Sozialisationsprozessen immer erst zugewiesen, gelernt und übernommen werden (*Interaktion*, *Sozialisation*).

Der Rollenbegriff hat eine anthropologische Komponente. Menschen verhalten sich rollengemäß (soziologisches Axiom), weil ihr Handeln gesellschaftlich-sozialen Lernprozessen unterworfen und an Normen orientiert ist (Gegensatz zum Tier). R. sind nichts Natürliches, sondern Ergebnis von Typisierungs- und Interaktionsprozessen, sind kulturabhängig (z. B. die Geschlechtsrollen), ein reales, aber auch veränderbares Phänomen zur Regulierung menschlichen Zusammenlebens (z. B. in Institutionen).

S. R. lassen sich nach der Stärke der Normierung und Sanktionierung in Kann-, Soll- und Muß-Typen unterscheiden, ferner nach dem Grad der erwarteten Ich- bzw. Eigenleistung, nach mehr zugeschriebenem oder mehr erworbenem Charakter, nach der Definitionsmacht des Rolleninhabers (Machtrolle), nach der geforderten oder realisierten Distanz (Rollendistanz) oder Identifikation mit der R., nach Basis- (Berufs-, Geschlechts- oder schichtspezifischen R.) oder Marginalrollen (Gastgeber, Kunde). Für die pädagogische Praxis ist v. a. die Analyse von Rollenkonflikten als Orientierungsschwierigkeiten aufgrund unterschiedlicher Erwartungen an eine oder mehrere R. (Intra- und Interrollenkonflikt) und ihre gesellschaftliche Verursachung (z. B. bei Lehrern oder SozArb) von Relevanz. Weiter interessiert das Problem von Freiheit und Zwang im Verhalten, die Frage, inwieweit Handlungsspielräume existieren, wie Verhalten sanktioniert wird, inwieweit R. und tatsächliches Verhalten auseinanderfallen können und welchen Grad an Spontaneität und Engagement eine R. erlaubt oder fordert. Diese Beispiele verweisen auf die Bedeutung der Bezugsgruppe und den Stellenwert eigener Erfahrungen und Kompetenzen beim Rollenspieler. Die Fähigkeit zur Rollenübernahme (role-taking) und der darin implizierte Lerneffekt (Sozialisation durch Rollenlernen) werden in der pädagogisch-praktischen Version der Rollentheorie, im Rollenspiel, in *Kindergarten*, *Schule* und *Jugendarbeit*, angewandt. Probleme und Kontroversen in der Rollentheorie beziehen sich auf folgende Fragen: Welche Bedeutung haben *Sanktionen* für die Motive des Handelnden, inwieweit sind R. und Selbst, R. und Verhalten voneinander geschieden, kann man wertfrei von »Grundqualifikationen des Rollenhandelns« sprechen (Empathie, Rollendistanz, Ambiguitätstoleranz, Ich-Identität), beinhaltet die Rollentheorie verschleiernde, bildungsbürgerliche und ideologische Aspekte, degradiert das Rollenmodell den Menschen zum »Homo Sociologicus«, welche anthropologischen Prämissen gehen in die Theorie mit ein, ist der Mensch nicht durch mehr als durch seine R. definiert?

Neuere rollentheoretische Analysen stellen eine Verbindung zu sozialisationstheoretischen und soziolinguistischen Ansätzen her, beziehen *abweichendes Verhalten* (Lernen devianter R. durch Stigmatisierungsprozesse) mit ein und differenzieren sich in einem allgemeinen Identitätsmodell. Letzteres gilt v. a. für interaktionistische Rollenkonzepte.

So überzeugend und praktikabel das Rollenmodell mit seiner Begrifflichkeit (Rolle, Position, Norm, Erwartung, Sanktion, Bezugsgruppe) auch erscheinen mag, so darf nicht darüber hinweggesehen werden, daß die Rollentheorie nur begrenzte Aussagen und Erklärungen liefern kann und durch eine Analyse der biographischen Voraussetzungen der Rolleninhaber, seiner Kompetenzen und Identität (Individualitäts- bzw. Sozialisationsaspekt) und durch Einbeziehung gesellschaftlicher und politisch-ökonomischer Variablen wie Macht, Herrschaft, soziale Ungleichheit und Wissensverteilung (Gesellschaftsaspekt) ergänzt und erweitert werden muß. Ansätze dazu kann v. a. ein differenziertes Identitätsmodell leisten. Seit den 80er und bis in die frühen 90er Jahre lassen sich keine neuen rollentheoretischen Diskussionen oder Publikationen mit innovativem Charakter nennen. *H. M. Griese*

Literatur: D. Claessens: Rolle und Macht, München 1968; U. Coburn-Staege: Der Rollenbegriff, Heidelberg 1973; R. Dahrendorf: Homo Sociologicus, Opladen 1964; H.-P. Dreitzel: Die gesellschaftlichen Leiden und das Leiden an der Gesellschaft, Stuttgart 1968; H. M. Griese: Rollentheorie und Anthropologie, Duisburg 1977; H. M. Griese/B. Nikles/ C. Rülcker (Hrsg.): Soziale Rolle, Opladen 1977; H. M. Griese: Rolle, in: G. Endruweit und G. Trommsdorff (Hrsg.): Wörterbuch der Soziologie, Stuttgart 1989; J. Habermas: Kultur und Kritik, Frankfurt/M. 1973; H. Joas: Die gegenwärtige Lage der soziologischen Rollentheorie, Frankfurt/M. 1973; L. Krappmann: Soziologische Dimensionen der Identität, Stuttgart 1971.

Sanierung

Bis zum Jahr 1971 war das Städtebaurecht fast ausschließlich auf den Neubau und die Stadterweiterung ausgerichtet. Erst mit dem Städtebauförderungsgesetz 1971 wandte sich die Aufmerksamkeit der Stadterneuerung zu. Dabei stand am Anfang die Flächensanierung, d. h. der gebietsbezogene Abriß und Neubau von Wohnungen in innerstädtischen Quartieren im Vordergrund. Diese Flächensanierungen brachten erhebliche soziale Spannungen mit sich, da sie zu einem großen Verlust an preiswertem Wohnraum führten. Zunehmend trat daher neben die Flächensanierung die sog. behutsame Stadterneuerung, die bestandserhaltend und -verbessernd ausgerichtet ist und so stärker den Interessen der Bewohner Rechnung tragen kann.

Voraussetzung für die Durchführung einer städtebaulichen Sanierungsmaßnahme ist das Vorliegen städtebaulicher Mißstände. Dabei unterscheidet das *Baugesetzbuch* die Substanzschwäche und die Funktionsschwäche. Erstere liegt vor, wenn ein Gebiet von der Bausubstanz her den allgemeinen Anforderungen an gesunde Wohn- und Arbeitsverhältnisse oder an die Sicherheit der in ihm wohnenden oder arbeitenden Menschen nicht entspricht. Der zweite Mißstand liegt vor, wenn ein Gebiet in der Erfüllung seiner städtebauliche Aufgaben erheblich beeinträchtigt ist, also Probleme mit dem Verkehr, der wirtschaftlichen Situation oder der infrastrukturellen Erschließung des Gebiets mit Grün- und Spielflächen und sonstigen Anlagen des Gemeinbedarfs bestehen. Ziel von Sanierungsmaßnahmen ist dementsprechend, die bauliche Struktur in dem Gebiet nach den sozialen, hygienischen, wirtschaftlichen und kulturellen Erfordernissen zu verbessern, die Entwicklung der Wirtschaftsstruktur zu unterstützen oder die Siedlungsstruktur insbesondere den Anforderungen an gesunde Lebens- und Arbeitsbedingungen der Bevölkerung entsprechend zu entwickeln.

Um diese Ziele der S. zu erreichen, ist zum einen oft erforderlich, gegenläufige Maßnamen der Eigentümer zu verhindern. Hierzu dient die Verfügungs- und Veränderungssperre nach §§ 144 und 145 BauGB. Danach bedürfen die Errichtung, Änderung, Nutzungsänderung oder Beseitigung baulicher Anlagen, aber auch die Begründung längerfristiger Miet- oder Pachtverhältnisse, die Veräußerung von Grundstücken oder die Bestellung von belastenden Rechten an Grundstücken der Genehmigung durch die Gemeinde. In Fällen der sog. einfachen S., bei der keine tiefgehenden Umstrukturierungen geplant sind, bedarf es der Veränderungssperre nicht. Daher kann die Gemeinde hier die Genehmigung für alle diese Vorgänge oder für einzelne von ihnen generell im vorhinein erteilen, um unnötigen Verwaltungsaufwand zu vermeiden.

Genauso wichtig wie die Sicherung gegen unerwünschte Veränderungen im Gebiet ist es zum anderen, die Betroffenen, d.h. insbesondere die Eigentümer, Pächter und Arbeitenden in dem Gebiet zur Mitwirkung zu gewinnen. Dies gilt nicht nur für die vorbereitenden Untersuchungen, die vor Beginn der S. i.d.R. durchgeführt werden müssen, um Beurteilungsgrundlagen für die Notwendigkeit der S., die sozialen, strukturellen und städtebaulichen Verhältnisse im Gebiet sowie die anzustrebenden allgemeinen Ziele und die Durchführbarkeit der S. zu gewinnen, sondern es gilt während der gesamten Durchführung der S. Daher werden i.d.R. im Gebiet Sanierungsbüros eingerichtet, wo die Betroffenen ihre Probleme und Anregungen vorbringen können.

Auch bei behutsamen Stadterneuerungen kann eine Aufwertung innerstädtischer Wohnanlagen und damit eine Verteuerung der Wohnungen eintreten, die zur Verdrängung einkommensschwacher Bevölkerungsgruppen führen kann *(Mietrecht)*. § 137 BauGB sieht daher vor, daß die S. sehr frühzeitig mit allen Betroffenen erörtert wird und diese zur Mitwirkung bei der S. angeregt und hierbei beraten werden. Daneben hat die Gemeinde bei der Vorbereitung der S. einen Sozialplan zu erarbeiten und während der Durchführung der S. fortzuschreiben (i.e. bei *Baugesetzbuch*). Die Beteiligung der Betroffenen zur Vermeidung von nachteiligen Auswirkungen ist wichtiger als die Aufstellung eines Sozialplans, der letztlich das Eintreten nachteiliger Auswirkungen voraussetzt und sie lediglich sozial auffangen soll. Durch ihr Mitwirken bei der S. können die Betroffenen ihre Vorstellungen einbringen und oft auch durchsetzen. Dies gilt besonders, wenn sie sich zu *Bürgerinitiativen* zusammenschließen. Eine wichtige Aufgabe der Gemeinde ist es, durch geeignete Formen der Bürgerbeteiligung dafür zu sorgen, daß nicht nur die Wortgewandten zu Gehör kommen, sondern auch jene berücksichtigt werden, die ihre Interessen nicht ohne fremde Hilfe artikulieren können. *R.-P. Löhr*

Literatur: M. Alisch/J.S. Dangschat: Die solidarische Stadt. Ursachen von Armut und Strategien für einen sozialen Ausgleich, Darmstadt 1993; R. Autzen/H. Becker/R. Schäfer/E. Schmidt: Stadterneuerung. Erfahrungen und Perspektiven, Schriftenreihe »Stadtentwicklung« des Bundesministeriums für Raumordnung, Bauwesen und Städtebau, H. 02.036, Bonn 1986; U. Battis/M. Krautzberger/R.-P. Löhr: Baugesetzbuch, München [4]1994; H. Becker/J. Schulz zur Wiesch (Hrsg.): Sanierungsfolgen, Stuttgart u.a.O. 1982; R. Schäfer: Städtebauliche Erneuerung von Dörfern und Ortsteilen. Qualitative Analyse von Aufgaben und Instrumenten, Schriftenreihe Forschung des Bundesministeriums für Raumordnung, Bauwesen und Städtebau. Bd. 477, Bonn 1990; Sozialpädagogisches Institut Berlin (Hrsg.): Stadterneuerung und soziale Arbeit, Berlin 1986.

Sanktion

Der Begriff S. umfaßt rechts- und sozialwissenschaftliche Inhalte. Soweit sich die Rechtswissenschaft mit positivem Recht befaßt (z.B. Straf-, Zivil-, Verwaltungsrecht), findet der Begriff nur vereinzelt Verwendung; so im *Verfassungsrecht*, wo man unter S. (abgeleitet von sancire=heiligen) die Erteilung des Gesetzesbefehls, d.h. die Umwandlung des Gesetzesentwurfes in den gültigen Gesetzestext versteht. In der Staatenpraxis des Völkerrechts spielen S. eine bedeutsame Rolle. Sie bezeichnen Zwangsmaßnahmen, wie Retorsion (Vergeltung unfreundlicher Akte) oder Repressalien (Erwiderung eines völkerrechtswidrigen Aktes durch einen ebensolchen), mit denen ein Völkerrechtssubjekt auf das Verhalten eines anderen Völkerrechtssubjekts reagiert.

Rechtsphilosophische und -soziologische Theorien verstehen unter der S. eine durchsetzbare Rechtsfolge, die sich an die Verwirklichung eines bestimmten Tatbestandes durch ein Rechtssubjekt knüpft, z.B. an die vorsätzliche Tötung eines Menschen (*Strafe*, *Strafrecht*); an den Abschluß oder Bruch eines Vertrages; an die Ausführung eines Bauwerkes ohne Genehmigung. Die S. soll Rechtssätzen durch Androhung von Zwang oder Strafe Geltung verschaffen.

Eine ungleich stärkere theoretische Bearbeitung hat die S. in den Sozialwissenschaften gefunden. Der Begriff soll a) die soziologische Unterscheidung von Recht, Sitte, Moral sowie Konvention leisten; b) einen Theorieansatz von Erklärung sozialer Ungleichheit bieten sowie c) als Element der Rollentheorie das Funktionieren sozialer Systeme erklären.

a) An den Inhaber einer *sozialen Rolle* richten sich – in Anlehnung an den juristischen Sprachgebrauch – Muß-, Soll- und Kannerwartungen. Den genannten Erwartungen lassen sich unterschiedliche soziale Normen und diesen unterschiedliche S. zuordnen, die mit der Einhaltung oder Verletzung der Normen verbunden sind. Das nachfolgende Schema soll die Zusammenhänge darstellen:

Normen	Erwartungen	Sanktionen
des Rechts	Mußerwartung	ausschließlich negative durch Justiz/Administration
der Sitte/Moral	Sollerwartung	überwiegend negative durch soziale Ächtung
der Konvention	Kannerwartung	positive und negative durch Sympathie und Antipathie

b) Das Verhalten der Mitglieder einer Gesellschaft regeln verfestigte Erwartungen, denen soziale Normen entsprechen. Die Gültigkeit der Normen wird durch S. garantiert. Normen und S. begründen nicht nur soziologische Rangstufen zwischen Menschen, sondern auch bleibende Strukturen sozialer Positionen (*Klasse/Schicht/Milieu, Sozialstruktur*). Sie manifestieren Herrschaftsstrukturen und damit gesellschaftliche Ungleichheit (Dahrendorf).
c) Durch S. wird das Verhalten eines anderen bewertet, und zwar entweder belohnt oder bestraft. Derartige Einwirkungen auf den Handlungsspielraum eines anderen bedürfen der Billigung unbeteiligter Dritter. Vor dem Hintergrund hierarchischer sozialer Positionsrollen ergibt sich ein unterschiedliches Sanktionspotential für die Rollenträger. Zur Herstellung gesellschaftlicher Stabilität werden Sanktionspotentiale delegiert: von Sanktionsrollen auf Positionsrollen; von Rollen geringeren Ranges auf Rollen höheren Ranges (Gerhardt).

R. Kühnel

Literatur: R. Dahrendorf: Homo Sociologicus. Ein Versuch zur Geschichte, Bedeutung und Kritik der Kategorien der sozialen Rolle, Opladen [15]1977; U. Gerhardt: Rollenanalyse als kritische Soziologie, Neuwied/Berlin 1971; E. Schmidhäuser: Vom Sinn der Strafe, Göttingen [2]1971; K.F. Schumann: Zeichen der Unfreiheit. Eine Theorie sozialer Sanktionen und ihrer Messung, Freiburg 1968.

Scheidung/Scheidungsfolgen (Sch./Schf.)

Von den jährlich rd. 500 000 geschlossenen Ehen in Deutschland wird etwa 1/3 durch Sch. aufgelöst. Die meisten Ehescheidungen erfolgen nach 4jähriger Ehedauer. Beantragt wird die Sch. in 2/3 der Fälle von der Frau.
Im Bundesgebiet – und das trifft auch auf alle europäischen Länder und verstärkt auf Nordamerika zu – sind die Scheidungsraten in den letzten 3 Jahrzehnten sprunghaft angestiegen. Im früheren Bundesgebiet hat sich die Zahl der Ehescheidungen von 48 874 im Jahr 1960 auf 122 869 im Jahr 1990 fast verdreifacht. Im gleichen Zeitraum erreichte die Zahl der Ehescheidungen in der DDR ein Niveau von etwa 50 000. Dies bedeutet, daß die Scheidungshäufigkeit dort um 50% höher war als im früheren Bundesgebiet (Wirtschaft und Statistik 1/1993, 43). Mit der Vereinigung am 3.10.1990 kam es in den neuen Bundesländern zu einem drastischen Absinken der Scheidungsrate. Während in den alten Bundesländern 1991 mehr Ehen geschieden wurden als im Vorjahr (insgesamt 127 341), führten die Umstellung auf das bundesdeutsche Scheidungsverfahren sowie die Umbrüche der sozialen und wirtschaftlichen Lebensverhältnisse in den neuen Ländern und Berlin-Ost zu einem erheblichen Rückgang der Sch. Sie sanken von 50 063 im Jahr 1989 auf 8976 im Jahr 1991 ab. Inwieweit und wie lange sich diese Veränderungen auf das Scheidungsverhalten auswirken, läßt sich z.Z. nicht abschätzen.
Während im früheren Bundesgebiet in den letzten Jahren in etwa 50% der Scheidungsfamilien minderjährige Kinder lebten, erreichte dieser Anteil in den neuen Ländern und Berlin-Ost rd. 70%. In ganz Deutschland waren 1990 insgesamt 118 340 Kinder von der Sch. ihrer Eltern betroffen (Wirtschaft und Statistik 1/1993, 47).
Studien über die Auswirkungen, die die Sch. insbesondere auf Kinder aus Scheidungsfamilien hat, haben in den vergangenen 10 Jahren zugenommen. Die Mehrheit dieser Studien richtete ihr Augenmerk auf die kurzfristigen Auswirkungen der Sch. Das heißt, Kinder und Eltern wurden zu einem Zeitpunkt untersucht, als die Sch. 1 bis 2 Jhare zurücklag (vgl. Emery/Hetherington/Dillala 1984; Fürstenberg/Cherlin 1991; Kalter/Rembar 1981; Kurdeck/Berg 1983; Wallerstein/Kelly 1980). Bei allen Forschern besteht jedoch Konsens darüber, daß die Ehescheidung nicht als ein singuläres Ereignis, als eine relativ fest umrissene Krise zu begreifen ist, von der man sich nach einigen Wochen oder Monaten wieder erholt hat. Vielmehr ist sie gerade dort, wo Kinder involviert sind, als ein sich über einen längeren Zeitraum erstreckender Veränderungsprozeß zu verstehen. Im Verlauf dieses Prozesses ändern sich nicht nur die Familienbeziehungen für das Kind, sondern auch seine Lebensbedingungen sind vielfältigen Veränderungen unterworfen. Welchen Einfluß solche Veränderungen langfristig auf die Bewältigung der Sch. ausüben, steht im Mittelpunkt einer deutschen Längs-

schnittstudie über Scheidungsfamilien (Napp-Peters 1988).

Bislang gab es nur einige amerikanische Studien, die die langfristigen Auswirkungen von Sch., Wiederheirat und Stiefelternfamilien auf Kinder unterschiedlichen Alters, Geschlechts und in verschiedenen Entwicklungsstadien untersucht haben. M. Hetherington (1985) fand heraus, daß Kindern aus geschiedenen *Familien* häufiger »negative Lebensveränderungen« widerfuhren als Kindern aus nicht geschiedenen Familien, und daß diese Veränderungen noch 6 Jahre nach der Sch. im Zusammenhang mit Verhaltensproblemen auftauchten. J. Wallerstein (1989) beobachtete 60 Familien über einen Zeitraum von 10 Jahren. Ihre Untersuchung zeigt, daß eine Sch. nicht nur voraussagbare Auswirkungen auf die Kinder hat, sondern auch einen Schatten ins Erwachsenenleben hineinwirft und Einfluß auf die Fähigkeit nimmt, das Leben selbständig zu gestalten.

In der deutschen Längsschnittstudie von 150 Scheidungsfamilien richtete sich das Forschungsinteresse in der ersten Erhebungsphase auf die damalige Situation der Eltern als alleinstehende Haushaltsvorstände (*Alleinerziehende*), auf ihre Interaktion mit dem getrennt lebenden Elternteil und auf die Reaktion der Kinder auf die Sch. Die meisten der 269 Kinder erlebten die Sch. der Eltern als einen schweren Einbruch in ihre Lebenswelt, der sie vorübergehend aus dem Gleichgewicht brachte und von ihnen grundlegende Umstellungen erforderte. Typische unmittelbare Reaktion auf die Sch. waren bei 37% Trennungsängste, Depressionen und Schuldgefühle, während 13% ein überwiegend aggressives Verhalten zeigten, das mit häufigen Wutanfällen und Lügen einherging. 20% der Kinder reagierten auf die Trennung der Eltern mit Sprachstörungen, Hautausschlag oder Magen- und Darmstörungen. Bei 29% der Kinder haben ihre Eltern keine unmittelbare Reaktion auf die Sch. festgestellt, die meisten waren noch zu klein, um die neue Situation zu verstehen.

Die mit der Sch. verbundenen Erfahrungen hatten bei Kindern verschiedener Altersstufen qualitativ unterschiedliche Auswirkungen (vgl. Napp-Peters 1988, 37 ff.). Sie klangen i. d. R. nach 1 bis 2 Jahren ab, wenn das Kind sich auf die neue Familiensituation eingestellt hatte. Zu unterscheiden waren diese unmittelbaren Reaktionen auf die Sch. von andauernden Anpassungsschwierigkeiten. Sie betrafen etwa jedes 4. Kind und bereiteten z. T. erhebliche Erziehungsschwierigkeiten. Die Auszählung ergab, daß 69% der Kinder mit andauernden Störungen Jungen waren, 31% entfielen auf Mädchen. Die Hypothese, wonach Jungen im Vorschulalter unter 6 Jahren und im Grundschulalter von 6–10 Jahren mehr scheidungsbedingte Verhaltensauffälligkeiten zeigen als Mädchen, wurde von den Ergebnissen der Untersuchung bestätigt. Für die Frage nach den Ursachen für scheidungsbedingte Störungen erwiesen sich drei Faktoren als relevant: der sozioökonomische Status der Familie (rd. 40% der Kinder mit scheidungsbedingten Störungen lebten mit ihren Eltern und Geschwistern an der Armutsgrenze/*Armut*), die Beziehung des Kindes zum nichtsorgeberechtigten Elternteil (bei jedem 2. Kind mit andauernden Störungen bestand kein Kontakt mehr zum nichtsorgeberechtigten Elternteil) und das nacheheliche Kontaktmuster der Eltern (bei der Mehrheit der Eltern – 54% – war der Kontakt zum geschiedenen Partner ganz abgebrochen).

Das wichtigste Ergebnis der ersten Erhebungsphase dieser deutschen Studie zu Scheidungsfamilien liegt in der Bedeutung, die der kontinuierliche Kontakt der beiden geschiedenen Eltern für die psychosoziale Entwicklung und emotionale Stabilität des Kindes hat. Bei Kindern, die den Kontakt zum getrennt lebenden Elternteil verloren hatten, waren Verhaltensauffälligkeiten und psychosoziale Störungen am stärksten ausgeprägt. Kinder dagegen, deren Eltern es gelungen war, auch nach der Trennung ihre Elternrolle gemeinsam oder in Absprache miteinander wahrzunehmen, hatten die wenigsten Schwierigkeiten, sich auf die veränderte Familiensituation einzustellen.

Das neue KJHG hat in § 17 KJHG die *Trennungs- und Scheidungsberatung* zur Pflichtaufgabe der *Jugendämter* gemacht. Begründet wird der sozialpädagogische Handlungsbedarf mit dem »erschreckend hohen Anteil von Kindern alleinerziehender geschiedener Eltern an Heim- und Pflegekindern« (BMJFFG 1990, 12 f.). Die Tatsache, daß rd. 80% der Kinder in öffentlicher Erziehung aus Scheidungsfamilien kommen, betrachtet der Gesetzgeber als ein »Indiz für die Schwierigkeiten, mit denen Kinder und Jugendliche aus gescheiterten Bindungen zu kämpfen haben«. Nach einer Trennung soll also das JA helfen, zu einem einvernehmlichen Konzept zu gelangen, das als Grundlage für die richterliche Entscheidung über das Sorgerecht nach der Sch. dient. Damit soll eine möglichst gemeinsame Elternverantwortung für das Kind oder den Jugendlichen auch nach einer Trennung/Sch. gesichert werden.

Zur Zeit wird Eltern das gemeinsame Sorgerecht (*Elterliche Sorge/Elternrecht*) im Scheidungsfall nur dann erteilt, wenn beide dies ausdrücklich fordern und der Richter der Meinung ist, daß diese Lösung dem Kindeswohl zuträglich ist. In der Regel erhält die Mutter das alleinige Sorgerecht. Von Interessenverbänden wie Dialog, aber auch von Familienrechtlern und Psychologen (Jopt 1992) wird gefordert, die gemeinsame elterliche Sorge zum Regelfall nach Trennung oder Sch. zu machen. Gerichte sollten nur noch bei »strittigen« Fällen eingreifen. Ansonsten sollte, wie etwa in Dänemark, eine einverständliche Eheaufhebung – ohne jeglichen Anwaltszwang – von einer neutralen und weisungsunabhängigen Stelle vorgenommen werden, die beide Eltern begleitet und berät (dazu i. e. Münder u. a. 1993; Münder 1993). *A. Napp-Peters*

Literatur: BMJFFG (Hrsg.): Das neue Kinder- und Jugendhilfegesetz, Bonn 1990; R. E. Emery/M. Hetherington/L. F. Dillala: Divorce, children and social policy, in: H. W. Stevenson/A. E. Siegel (Hrsg.): Child development research and social policy. Bd. 1, Chicago 1984; F. F. Fürstenberg/A. J. Cherlin: Divided Families. What happens to children when parents part, Harvard University Press, London 1991; E. M. Hetherington/M. Cox/R. Cox: Long-Term Effect of Divorce and Remarriage on the Adjustment of Children, in: Journal of the American Academy of Child Psychiatry, Bd. 24, Nr. 5, 1985, 518–530; U.J. Jopt: Im Namen des Kindes. Plädoyer für die Abschaffung des alleinigen Sorgerechts, Hamburg 1992; N. Kalter/J. Rembar: The significance of a child's age at the time of parental divorce, in: American Journal of Orthopsychiatry 1981, 51, 85–100; L.A. Kurdeck/B. Berg: Correlates of childrens adjustment to their parent's divorces, in: L.A. Kurdeck (Hrsg.): Children and Divorce, San Francisco 1983; J. Münder: Familien- und Jugendrecht. Bd. 1 Familienrecht, Weinheim [3]1993; J. Münder u.a.: Frankfurter Lehr- und Praxiskommentar zum KJHG, Münster [2]1993; A. Napp-Peters: Scheidungsfamilien – Interaktionsmuster und kindliche Entwicklung, Schriftenreihe des DV, Frankfurt/M. 1988; J.S. Wallerstein/J.B. Kelly: Surviving the Breakup: How children and parents cope with divorce, New York 1980; J.S. Wallerstein/S. Blakeslee: Gewinner und Verlierer, Frauen, Männer, Kinder nach der Scheidung, München 1989; Wirtschaft und Statistik: Ehescheidungen 1990/1991, H. 1/1993, 43–47.

Schuldnerberatung

Sch. ist ein sozialpädagogisches, ganzheitliches Beratungsangebot für überschuldete Einzelpersonen oder *Familien* mit dem Ziel, die verschiedenartigen, mit Überschuldung verbundenen Probleme und Konflikte zu klären, zu beseitigen oder zu mindern. Als Teil umfassender Lebensberatung mit deutlichen Schwerpunkten im finanziellen, rechtlichen (unmittelbare Schuldenregulierung), im hauswirtschaftlichen, ökologischen (Konsumenten- und Haushaltsberatung) und im psychosozialen Bereich (sozialpädagogische Einzelhilfe) ist Sch. Fachberatung (§ 17 S. 2 BSHG) und persönliche Hilfe (§§ 11 SGB I, 8 Abs. 1 BSHG) zugleich. Sch. ist staatliche Pflichtaufgabe und gründet sich insbesondere auf § 14 SGB I i.V.m. §§ 1 Abs. 2, 6, 8 Abs. 2, 17, 72 BSHG, §§ 1 Abs. 3 Nr. 4, 13, 28, 31, 35, 41 SGB VIII (KJHG), §§ 73, 74 StVollzG und § 24 JGG. Von Überschuldung von Personen oder Haushalten wird gesprochen, wenn diese wegen nicht nur vorübergehenden Finanzmangels ihre fälligen Zahlungsverpflichtungen im wesentlichen nicht mehr erfüllen können (vgl. § 21 Abs. 2 Entwurf einer Insolvenzordnung). Sch. erfolgt als interdisziplinäre Beratung durch Bankkaufleute, sozialpädagogische und juristische Fachkräfte und ist die Antwort der *Sozialen Arbeit* auf immer drängender werdende Probleme von Überschuldung von immer mehr Haushalten. War Sch. bis Ende der 70er Jahre fast ausschließlich in der SozArb mit Personen mit besonderen sozialen Schwierigkeiten verankert (Strafentlassene, Obdachlose, Nichtseßhafte, Suchtabhängige), so gewann sie mit zunehmender Überschuldung auch »normaler« Haushalte – insbesondere durch steigende *Arbeitslosigkeit*, Verteuerung der Lebenshaltung (Mieten), Abbau sozialer Leistungen durch die sog. Haushaltskonsolidierungsgesetze 1993 – zunehmend an Aktualität (dazu auch bei: *Armut*, *Bedarfsbemessung in der Sozialhilfe*, *Drogenabhängigkeit*, *Obdachlosenhilfe*, *Sucht*, *Wohnen*, *Wohnungslosenhilfe*). Von 1977–1994 hat sich allein das Volumen der Verbraucherkredite von 81 Mrd. DM auf ca. 340 Mrd. DM vervierfacht. Ca. 1,5–1,9 Mio. Privathaushalte in Deutschland gelten als überschuldet – mit durchschnittlich 30–50000 DM (ISKA-Statistik). Überschuldung trifft überdurchschnittlich Personen und Haushalte, die auch sonst verstärkt gesellschaftlichen Armutsrisiken ausgesetzt sind. So war 1989 in den alten Ländern bei rd. 2/3 der überschuldeten Haushalte der Haushaltsvorstand Arbeiter (33%) oder arbeitslos (28%). In den neuen Ländern hat Verschuldung bereits Ende 1992 »Westniveau« erreicht: Dort nahmen zwischen dem 30.10.1990 und Ende 1991 25% der Familien einen Kredit (4% mehrere Kredite) auf. Ende 1991 hatten 39% (repräsentativ) befragter Familien Kreditverpflichtungen mit durchschnittlich 22500 DM (in den alten Ländern hatten 1989/1990 »nur« 27% der Familien Kreditverpflichtungen). Der höchste Kreditnehmeranteil fand sich 1992 bei verheirateten Familien mit 3 und mehr Kindern.

Träger von Schuldnerberatungsstellen sind sowohl Kommunen wie *Wohlfahrtsverbände* und gemeinnützige Vereine bzw. GmbHs, die speziell für diese Aufgabe gegründet wurden. Mittlerweile gibt es eine Reihe von Modellen und Konzeptionen. Sie reichen von bloßer Kreditberatung über wirtschaftliche Einzelfallberatung als Teilangebot sozialer Dienstleistungen bis hin zu besonderen stadtteilorientierten Beratungsansätzen mit verbraucherpolitischem Anspruch und sozialpädagogischen Fachberatungsstellen mit interdisziplinärer Besetzung. Die gesetzlich gebotene Sch. wird noch immer nicht ausreichend von den örtlichen Trägern der *Sozial- und Jugendhilfe* wahrgenommen bzw. durch – finanziell unterstützte – freie Träger erfüllt. § 17 BSHG, der 1993 auch zur Förderung der präventiven Schuldnerberatungsarbeit neu in das BSHG aufgenommen wurde, schafft nur teilweise Abhilfe. Er schafft keinen ›harten‹ Beratungsanspruch Überschuldeter. Indem § 17 BSHG sich nur auf Personen bezieht, für die Leistungen der Hilfe zum Lebensunterhalt erforderlich oder zu erwarten sind, bleiben erwerbstätige Personen mit pfändbarem Einkommen ausgegrenzt, wenn nicht ihre Überschuldenssituation bei der Bedürftigkeitsfeststellung ausreichend berücksichtigt wird. Dies steht im Ermessen der Träger. Da § 17 BSHG den Kommunen neue finanzielle Belastungen auferlegt, ohne sie an anderer Stelle zu entlasten, bleibt die Finanzierung von Schuldnerberatungsstellen weiter problematisch.

Überschuldung entsteht regelmäßig durch eine Verbindung unterschiedlicher Lebensereignisse, wobei die häufigsten Auslöser Arbeitslosigkeit, *Krankheit*, Trennung oder Scheidung sind. Indizien weisen auch auf eine »anbieterbegründete Überschuldung« hin. So dominieren Bankschulden deutlich (66%) (vornehmlich bei Teilzahlungsbanken), vor Versandhausschulden (41%), Schulden bei Sozialleistungsträgern, Ämtern und Gerichten (30%), Mietschulden (27%) und Energieschulden (24%). Die Belastung von Schuldnern durch sittenwidrige Kreditverträge, überhöhte Verzugszinsen oder Vermittlungsgebühren und ungenügende Aufklärung wurden durch das Verbraucherkreditgesetz vom 17.12.1990 (in Kraft seit 1.1.1991) nur zum Teil behoben. Dringend erforderlich ist die Einführung eines Insolvenzverfahrens für Privatpersonen. Dem soll die neue Insolvenzordnung (InsO) vom 5.10.1994 (BGBl. I, 2866) dienen. Das Inkrafttreten dieses Gesetzes auch für »Verbraucherinsolvenzverfahren und sonstige Kleinverfahren« (§§ 304ff. InsO) ist gemäß Art. 110 Abs. 1 des EinführungsG zur Insolvenzordnung (EGInsO) vom 5.10.1994 (BGBl. I, 2911, 2952) auf den 1.1.1999 (!) hinausgeschoben worden. Mit dieser Verschiebung soll den Ländern Gelegenheit gegeben werden, die notwendigen Voraussetzungen, insbesondere die personelle Qualifikation, zur Umsetzung der Reform zu schaffen.

Das G. sieht eine Befreiung von im Insolvenzverfahren nicht erfüllten Verbindlichkeiten – Restschuldbefreiung – der Schuldner vor (§ 287 InsO). Voraussetzung dafür ist eine bis zu 3jährige Wohlverhaltensperiode der Schuldner vor dem Antrag auf Eröffnung des Insolvenzverfahrens (§ 290 InsO), die Zustimmung aller Gläubiger oder des Insolvenzgerichts zum Schuldenbereinigungsplan des Schuldners im Insolvenzverfahren und die störungsfreie Abwicklung des Schuldenbereinigungsplans in einer 7jährigen Treuhandphase (§§ 305ff., 292, 287 Abs. 2, 289–291 InsO). Das neue G. wurde insbesondere von Verbraucherverbänden, Wohlfahrtsverbänden und Schuldnerberatungsstellen kritisiert, daß es vorrangig auf den klassischen Konkurs und eine optimale Gläubigerbefriedigung ziele. Sanierung von überschuldeten Personen kann nur dann erfolgversprechend sein, wenn wirtschaftliche, soziale und persönliche Aspekte miteinander verknüpft werden. Notwendig sind deshalb Schuldner-Fachberatungsstellen, die überschuldeten Personen ganzheitliche sozialpädagogische Hilfen bieten, ihre Überschuldung in übersichtlichen Zeiträumen zu überwinden, ferner v.a. präventiv wirkende Sch. Hierzu bedarf es flächendeckend finanziell abgesicherter Schuldnerberatungsstellen als Fachberatungsstellen mit interdisziplinärer Besetzung und einer entsprechenden Qualifikation der Fachkräfte für Schuldnerberatung.

R. Proksch

Literatur: Blätter der Wohlfahrtspflege: Schwerpunktthema Schuldnerberatung, H. 10/1985 und 10/1987, Stuttgart; Bundestags-Drucksache 12/5477 vom 21.7.1993, Verschuldung privater Haushalte; S. Freiger (BAG Schuldnerberatung e.V.): Schuldnerberatung in der Bundesrepublik. Teil 2, Statistische Deskription und Analyse, Kassel 1989; U. Groth/R. Schulz-Rackoll/R. Schulz: Handbuch Schuldnerberatung, Frankfurt/M./New York 1994; W. Just: Sozialberatung für SchuldnerInnen. Methodische, psychodynamische und rechtliche Aspekte, Freiburg 1990; D. Korczak/G. Pfefferkorn: Überschuldungssituation und Schuldnerberatung in der Bundesrepublik Deutschland. Studie im Auftrag des Bundesministeriums für Familie und Senioren und des Bundesministeriums der Justiz, Bd. 3, Schriftenreihe des BMFG, Stuttgart 1992; P. Mrozynski: Verschuldung und sozialer Schutz. Eine Untersuchung zum Verhältnis von Sozial- und Zwangsvollstreckungsrecht, Neuwied 1989; J. Münder/G. Höfker/R. Kunz/J. Westerath: Schuldnerberatung in der sozialen Arbeit, Münster [3]1993; G. Nothacker: Zur Neuregelung des Insolvenzrechts für Privatpersonen-Hintergrund, Inhalt, Kritik und Folgerungen für die Schuldnerberatung, in: NDV 1993, 210–217; R. Proksch: Schuldnerberatung – notwendige Sozialarbeit im Verbraucher-Konkurs, in: SLR H. 20/1990, 45–58; U. Reifner/C. Reis: Überschuldung und Hilfen für überschuldete Haushalte in Europa, hrsg. vom DV, Frankfurt/M. 1992; C. Reis: Konsum, Kredit und Überschuldung. Zur Ökonomie und Soziologie des Konsumentenkredits, Schriftenreihe DDD 21 des DV, Frankfurt/M. 1992; C. Reis/B.F. Siebenhaar: Soziale Arbeit und Schuldnerberatung. Rahmenbedingungen, Rechtsprobleme, Ansätze, Arbeitshilfen des DV H. 39, Frankfurt/M. 1989; J. Suter/H. Wagner: Schuldnerberatung und Schuldenregulierung in der sozialen Arbeit, Heidelberg 1986.

Schule

1. Begriff: Während in der europäischen Antike »schola« noch mit »Muße«, »Innehalten bei der Arbeit« verbunden wurde, wird heute unter S. eine Bildungseinrichtung verstanden, die einer verantwortlichen Leitung untersteht und in der Lernprozesse organisiert werden, die zeitliche und inhaltliche Planmäßigkeit und Kontrollierbarkeit der Abläufe und Lernergebnisse aufweisen.

2. Zwecke/Funktionen: Der S. werden unterschiedliche Zwecke zugeschrieben, hauptsächlich: das Vermitteln von Arbeitsvermögen und individueller Ausbildung (Qualifikation), die Einpassung in die bzw. Loyalisierung mit der etablierten *Gesellschaft* (*Sozialisation*), oft verbunden mit der Vorauslese nach unterschiedlichen Zugangsberechtigungen zum Berufsleben (Selektion).

Der Sozialisationsaufgabe ist in Nationalstaaten auch die sog. Nationalerziehung zuzurechnen. Damit ist die Absicht einer Planierung ethnischer Minderheiten verbunden, die in Deutschland von der Fiktion einer gemeinsamen Abstammung getragen wird, in der Staatsbürgerrechte mit »völkischer« Zugehörigkeit gekoppelt werden sowie ethnische und kulturelle Pluralität als zu überwindende Störfaktoren gelten (*Ausländer*, *Ethnologie*).

Ziele, Inhalte und Strukturen von S. hängen vom aktuellen Zustand der Gesellschaft ab. In historischen Abschnitten mit einem offenen gesellschaftlichen Kräfteverhältnis können die Funktionen der S. im Interesse der etablierten Herrschaft von aufklärerischen und emanzipatorischen Interessen durchsetzt und überlagert sein (*Aufklärung*, *Emanzipation*). Inhalte und Struktur der S. spiegeln also weitgehend das jeweilige historische und regionale/nationale gesellschaftliche Kräfteverhältnis wider. Ihre Funktionen sind nicht statisch determiniert, sondern historischen Prozessen unterworfen. Schulprobleme können also nicht als abgehobene Fragen einer als autonom verstandenen Pädagogik begriffen werden, sondern sind elementar politische Probleme im Ringen sich widersprechender Interessen von gesellschaftlichen Gruppen und Klassen (*Klasse/Schicht/Milieu*). Eine S., die »die Menschen stärken

und die Sachen klären« will (H. v. Hentig), ist also möglich.
In Deutschland besteht die allgemeine Schulpflicht. Gegenwärtig dauert sie in fast allen Bundesländern 12 Jahre: auf eine erste Phase der Vollzeitschulpflicht (9 Jahre; in Berlin, Brandenburg und NRW: 10 Jahre) folgt die der Teilzeitschulpflicht, die an einer Berufsschule oder an einer allgemeinen oder berufsbildenden Vollzeitschule erfüllt werden kann.

3. Entwicklung: Das heute in der BRD vorherrschende Schulsystem mit seinem Nebeneinander von Schulformen, die gegeneinander hierarchisch abgestufte Ansprüche und Berechtigungen aufweisen und vergeben, hat seine Wurzeln in vor-demokratischer Zeit, in der jeder sein Leben lang in der sozialen Schicht verbleiben sollte, in die er zufällig hineingeboren worden war: die (karg ausgestattete) Volksschule war für das »gemeine Volk« bestimmt, die Mittelschule diente dem Bürgertum und die Höhere Schule den »oberen Zehntausend«. Insbesondere in der Volksschule sollten gehorsame, gläubige Untertanen erzogen werden (geistliche Schulaufsicht z. T. bis 1919).
Nach dem 2. Weltkrieg wurde im überwiegenden Teil der westlichen Zonen Deutschlands das Schulwesen in den althergebrachten Strukturen wiederbelebt. Dabei wurde die Dreigliedrigkeit (Hauptschule, Realschule, Gymnasium) und faktische Undurchlässigkeit dieses Systems nun nicht mehr mit dem Erhalt der tradierten *Sozialsstruktur*, sondern mit statisch-nativistischen Begabungstheorien begründet (»Dreifaltigkeit der Begabung«: praktische, technische, wissenschaftliche Begabung entsprechend den 3 traditionellen Schularten).
In der sowjetisch besetzten Zone Deutschlands (SBZ) und in Groß-Berlin führte man in Rückgriff auf reformpädagogische Modelle der 20er Jahre (Fritz Karsen, Paul Oestreich) eine elastische, differenzierte, »demokratische Einheitsschule« mit 8jähriger gemeinsamer Grundschule ein, in deren Mittelpunkt nicht Stoffe und Methoden, sondern der Mensch stehen und die »allen Kindern« soziale Gerechtigkeit bringen sollte. Ab 1948/49 (Beginn des Kalten Krieges zwischen Ost und West, »Aufbau des Sozialismus«) wurde in der SBZ diese demokratisch-humanistische Orientierung zunehmend ersetzt durch ein kommandozentriertes System mit stalinistischer Verengung, zentralistischen Vorgaben und Kontrollen. Reformpädagogische Zielsetzungen und Modelle wurden zunehmend als »bürgerliche Pädagogik des Westens« diffamiert, die mit »sozialistischer Pädagogik«, mit »Erziehung zur sozialistischen Persönlichkeit« unvereinbar seien. Ansätze »neuen pädagogischen Denkens« (wie nach 1985 im Rahmen des gesellschaftlichen Erneuerungsprozesses in der UdSSR), durften in der DDR nicht öffentlich diskutiert werden. Bis etwa 1975 wurde die 1959 im »Gesetz über die sozialistische Entwicklung des Schulwesens der DDR« eingeführte »allgemeinbildende polytechnische Oberschule« (POS) eingerichtet, die auch auf dem Lande fast überall bis zur 10. Klasse ausgebaut war und mit ihrer meist Ein- bis Zweizügigkeit eine (aus westlicher Sicht) bemerkenswerte Übersichtlichkeit und Wohnortnähe aufwies. Ihr folgte die auf das Hochschulstudium vorbereitende »erweiterte allgemeinbildende polytechnische Oberschule« (EOS, 11. und 12. Klassenstufe), in die – entsprechend den staatlichen Planungen – etwa 10% eines Altersjahrganges (die bestimmten politischen und leistungsorientierten Kriterien genügen mußten) aufgenommen wurden. Daneben gab es im Anschluß an die 8. oder 10. Klasse der POS Betriebsberufsschulen und (für etwa 6% der POS-Absolventen) doppelqualifizierende Ausbildungsgänge (Facharbeiterprüfung plus Abitur). Diese Struktur sowie die verfassungsmäßige Sicherung von Recht (und Pflicht) auf Berufsausbildung und Erwerbstätigkeit für alle trugen in der DDR durchaus deutlich zum sozialen Chancenausgleich bei, ohne aber die soziale Selektion innerhalb der S. (und der Gesellschaft) völlig zu überwinden (Abb. 1).
Neben POS und EOS existierten Spezialschulen, Spezialklassen, Kinder- und Jugendsportschulen sowie Sonderschulen. Verstärkt seit Beginn der 70er Jahre kamen schulübergreifende überregionale Förderungsformen für »Hochbegabte« hinzu (Spezialistenlager, Schülergemeinschaften, Schülerakademien, Fach-Olympiaden, Freizeitzentren).
Nach einer kurzen Phase eigenständiger Reformdiskussion um 1989/90 wurde in der (ehemaligen) DDR durch weitgehende Übernahme westdeutscher Schulstrukturen das alte Schulsystem abrupt abgelöst. Alle Lehrpläne und Unterrichtsbücher wurden ersetzt, die Schulgesetzgebung erneuert und die Lehrerschaft auf ihre politische Vergangenheit und fachliche/formale Qualifikation hin überprüft. Fast 6000 S. des alten Einheitsschulsystems verloren ihre gewachsene personelle und organisatorische Identität, ihre enge Verflechtung mit der kommunalen Nachbarschaft und die Verbindung mit außerschulischen Bildungs- und Betreuungseinrichtungen. Für die Kinder und Jugendlichen verschwand innerhalb kurzer Zeit Standardisierung und Vorstrukturierung ihrer schulischen Erfahrungen und Perspektiven. Das (westdeutsche) Gymnasium wurde in allen neuen Bundesländern eingeführt, die Gesamtschule jedoch allenfalls als Angebotsschule, nirgends aber als einzige, als »ersetzende« Schulform ermöglicht.
In Westdeutschland ließen in den 60er Jahren u. a. folgende Ereignisse und Ansätze eine Reform des Bildungswesens notwendig erscheinen:

- der Anstieg der Geburtenzahlen zwischen 1955 und Mitte der 60er Jahre, der einen stark erhöhten Lehrerbedarf zur Folge hatte,
- die schlechte Stellung der BRD bei Ausbau und Ergiebigkeit des Bildungswesens im internationalen Vergleich (z. T. auch gegenüber der DDR und Osteuropa),
- der »Sputnik-Schock« 1957,
- der Zusammenhang von Bildungsinvestitionen und wirtschaftlichem Wachstum (OECD 1961),
- der Bau der Mauer 1961, der den Zustrom qualifizierter Fachkräfte aus der DDR unterbrach,

Abbildung 1: Schüler in verschiedenen Bildungseinrichtungen der DDR nach der beruflichen Qualifikation der Eltern (Stichprobe 1982)
(Auswahl nach: Büchner/Krüger 1991, S. 58. Gezählt wurden die Qualifikationen von Mutter und Vater, daher addieren sich die Angaben auf mehr als 100 Prozent.)

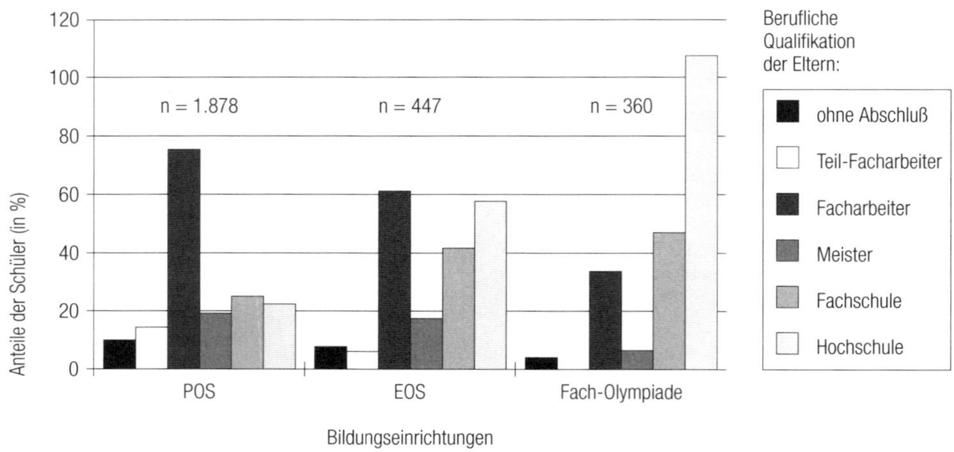

- die publizistische Ausrufung eines »Bildungsnotstandes«,
- erste Ergebnisse empirischer Schulforschung, die erhebliche Rückstände bestimmter Bevölkerungsgruppen an weiterführender Schulbildung erkennen ließen (Arbeiter, Mädchen, Landbewohner, Katholiken) und dazu führte, durch »Bildungswerbung« eine bessere »Ausschöpfung der Begabungsreserven« zu erreichen,
- die zunehmende Kritik an der vordemokratischen Herkunft des dreigliedrigen Schulwesens (im Gegensatz zu den USA und den Schulreformen in Nord-, West- und Südeuropa),
- die beginnende Akzeptanz eines »dynamischen« Begabungsbegriffes (H. Roth) (im Gegensatz zu den in Westdeutschland bislang vorherrschenden statisch-nativistischen Begabungsideologien).

Die Ergebnisse dieser Reformforderungen sind im Vergleich zum Aufwand der öffentlichen Diskussionen eher mager und werden v.a. dann nur sehr zögernd angegangen, wenn ähnliches in der DDR bereits strukturell verwirklicht war (»Bildungspolitische Hallstein-Doktrin«):

- Die »Landschulreform« überwindet durch die Einführung von Mittelpunktschulen/Dorfgemeinschaftsschulen schrittweise die Tradition der oft nur ein- oder zweiklassigen »Zwergschulen«,
- im öffentlichen Schulwesen wird mit der Einführung von (christlichen) »Gemeinschaftsschulen« die Trennung der Konfessionen weitgehend überwunden,
- die Vollzeitschulpflicht wird nun in allen Bundesländern auf mindestens 9 Jahre ausgeweitet,
- die Volksschul-Oberstufe wird in eine selbständige Oberschule mit Namen »Hauptschule« umgewandelt und
- mit der teilweisen Einführung von »Orientierungs-« oder »Förderstufen« für die 5. und 6. Klassen soll die Übergangsauslese in das dreigliedrige System entschärft werden.

Tabelle 1: Anzahl und Anteil der Schüler im 7. Jahrgang in der BRD (nur alte Bundesländer) (Rolff u.a. 1992, S. 61)

Schuljahr	Anteile (in Prozent) an					
	Volks-/Hauptschule (HS)	Realschule (RS)	Gymnasium (GY)	Sonderschule (SO)	Gesamtschule (IGS)	Insgesamt (absolut)
1952/53	79,3	6,1	13,2	1,5	–	913748
1958/59	66,1	11,4	19,4	3,0	–	561636
1976/77	42,9	23,8	25,2	4,9	3,3	1103997
1980/81	38,0	26,4	27,2	4,6	3,7	1043535
1988/89	32,6	26,9	30,5	4,4	5,6	604191
1990/91	31,4	26,9	31,3	4,1	6,4	627826

Tabelle 2: Verteilung der Wohnbevölkerung (Deutsche und Ausländer) im Alter von 13 und 14 Jahren auf Schulformen nach der Stellung im Beruf des Familienvorstandes (ohne Selbständige und sonstige) in Prozent (nach: Rolff u.a. 1992, S. 67)

Schulform	Arbeiter			Beamte			Angestellte			Insgesamt		
	1972	1980	1990	1972	1980	1990	1972	1980	1990	1972	1980	1990
IGS	–	4,8	5,8	–	3,5	4,9	–	4,5	5,1	–	4,3	5,2
HS+SO	77,5	63,2	54,5	31,8	21,2	13,0	39,4	26,8	21,5	61,7	53,0	37,7
RS	16,3	22,3	26,9	22,5	24,5	21,1	24,5	30,0	29,7	19,0	25,0	26,5
GY	6,3	9,8	12,9	45,7	50,7	61,1	36,1	38,7	43,8	19,2	23,9	30,6
in % aller 13–14j	47,4	41,6	37,9	8,1	8,4	10,1	20,5	26,4	28,9	100,0	100,0	100,0

- Ab Mitte der 60er Jahre werden schließlich Modelle der »Gesamtschule« entwickelt und erprobt, einer neuen Schulreform, die die herkömmliche Schulstruktur ersetzen und ihre Mängel überwinden soll, deren Abschlüsse jedoch (aus politischen, nicht pädagogischen Gründen) an das herkömmliche Schulsystem gebunden bleiben.

Bei einer historischen Betrachtung des quantitativen Bedeutungswandels der einzelnen Schulformen für die altersentsprechende Wohnbevölkerung wird die »Bildungsexpansion« deutlich: Bundesweit hat die Volksschule/Hauptschule ihre in den 50er Jahren quantitativ überragende Bedeutung längst eingebüßt, während die Mehrheit der Schüler nun S. mit höherwertigen Abschlüssen (Realschulen, Gymnasien) besucht. (Dieser Trend verlief weitgehend unabhängig von den zeitweise überaus starken Schwankungen bei den absoluten Schülerzahlen.)
Die soziale *Chancengleichheit* hat sich teilweise verbessert. *Mädchen* haben mit den *Jungen* mindestens gleichgezogen. Der Anteil von Arbeiterkindern an der Zahl der Gymnasiasten hat sich zwar in 20 Jahren etwa verdoppelt, aber noch immer beträgt er nur 1/3 ihres Anteils an der entsprechenden Wohnbevölkerung. Der Anteil der Beamtenkinder an Gymnasien ist dagegen weiter gestiegen und beträgt nun mehr als das 6fache seines altersentsprechenden Vergleichswertes.

4. Grundstruktur: In der föderativen BRD, in der die »Kulturhoheit« (zu der auch der Bereich S. gehört) bei den einzelnen Bundesländern liegt, zeigt die regional unterschiedliche Vielfalt von Schulformen deutlich, wie sehr das Schulwesen von den jeweiligen historisch-regionalen gesellschaftlichen Bedingungen, von den politischen Kräfteverhältnissen und Prioritätensetzungen abhängig ist (dies gilt nicht erst seit dem »Beitritt« der ehemaligen DDR zur BRD). Um trotz dieser Unterschiede das im GG verankerte Recht auf Freizügigkeit im gesamten Bundesgebiet zu gewährleisten, hat die KMK seit 1948 eine Reihe von Vereinbarungen getroffen, die ein Mindestmaß an Vereinheitlichung und Vergleichbarkeit bewirken sollen.
Gegenwärtig läßt sich das Schulwesen der BRD in seiner Grundstruktur nur vorläufig beschreiben: Einerseits sind nach dem Beitritt der neuen Bundesländer der Prozeß der bildungspolitischen Willensbildung sowie die Abstimmungen innerhalb der KMK noch nicht abgeschlossen; andererseits erscheinen im Zuge eines Zusammenwachsens der Staaten Europas (wo die deutschen Schulstrukturen eine Sonderstellung einnehmen) weitere Änderungen wahrscheinlich.

4.1 Gesamtübersicht: Auf den (freiwilligen) Besuch von Kindergarten und/oder Vorschule (Elementarbereich) folgen am Beginn der Schulpfllicht zunächst die für (fast) alle Kinder gemeinsame Grundschule (Primarbereich) mit den Klassenstufen 1–4 oder 1–6 und parallele Sonderschuleinrichtungen. Ab Klasse 5 wird eine Fremdsprache gelehrt, meist pflichtmäßig.
Als Übergang zwischen Primarstufe und Sekundarstufe wurden für die Klassenstufe 5 und 6 in manchen Ländern Orientierungsstufen (OS) eingerichtet.
Die auf die Grundschulen aufbauende Sekundarstufe I (Sek. I) umfaßt mehrere Schularten. Im herkömmlichen, gegliederten Schulwesen Westdeutschlands sind dies (neben den Sonderschulen):
- die »Hauptschule« (je nach Bundesland bis zur 9. oder 10. Jahrgangsstufe ausgebaut),
- die »Realschule« (die ehemalige Mittelschule, Klassen 5–10 oder 7–10) und
- die Mittelstufe des »Gymnasiums« (ab Klasse 5 oder 7).

Seit der Vereinigung Deutschlands gibt es außerdem in einigen Bundesländern die »Sekundarschule«, die »differenzierte Mittelschule«, die »Regelschule« oder die »Regionalschule«, die jeweils die traditionellen Haupt- und Realschulen Westdeutschlands in additiver Form ersetzen.
Zu diesem vertikal gegliederten Schulwesen hinzugekommen ist seit 1968 die »Gesamtschule«. Sie sollte nach den Intentionen ihrer Befürworter (wie in den meisten Ländern Europas) als »ersetzende Schulform« an die Stelle des traditionell gegliederten Schulsystems treten.
Im Sekundarbereich II (Sek. II) gabeln sich die Bildungsgänge in einen berufsbildenden und einen (direkt zur allgemeinen Hochschulreife führenden) allgemeinbildenden Bereich.
Zum folgenden Tertiär-Bereich schließlich gehören die wissenschaftlichen und künstlerischen Hochschulen, Fachhochschulen, Fachschulen und andere Einrichtungen der allgemeinen und beruflichen Weiterbildung

(auch Abendgymnasien und Kollegs), in denen nach Abschluß der Schulpflicht sowie nach Abschluß einer (ersten) Bildungsphase und/oder nach Aufnahme einer Berufstätigkeit das organisierte Lernen fortgesetzt oder wiederaufgenommen werden kann und von immer mehr Menschen auch aufgenommen wird: Wegen des raschen Verfalls inhaltlicher und formaler Qualifikationen fällt für viele das Ende der Ausbildung zusammen mit dem Beginn der (lebenslangen) *Weiterbildung*.
Die Pflichtschule wird i.d.R. in aufsteigenden Jahrgangsklassen (Lerngruppen bestimmter Größe [Klassenfrequenz], relativ konstanter Zusammensetzung und mit SchülerInnen etwa gleichen Alters) mit jeweils vorgegebenem Fächerkanon durchlaufen. Über das Aufsteigen in die nächsthöhere Jahrgangsstufe entscheidet die Lehrerkonferenz zum Ende eines jeden Schuljahres.

4.2 Beschreibung einzelner Schularten
4.2.1 Vorschule: Vorschulen, Vorklassen und Schulkindergärten sind meist einer Grund- oder Sonderschule zugeordnet und sollen die Kinder zur Schulreife führen und sozialpädagogisch fördern. Vermittlungsgruppen/Vorschulgruppen als Bestandteile von Kindertagesstätten (*Tageseinrichtungen für Kinder*) erfüllen die gleiche Aufgabe.
4.2.2 Grundschule (G): Die G. umfaßt die Jahrgangsstufen 1–4 (in Berlin, Brandenburg und Bremen: 1–6). Sie wurde 1919/20 als gemeinsame S. für alle Kinder gegründet, löste die Vorklassen für »mittlere und höhere Lehranstalten« ab (Weimarer Schulkompromiß, Reichsgrundschulgesetz) und sollte in kindgemäßer Form, ganzheitlich, anschaulich und lebensnah zur umfassenden Entfaltung der Anlagen aller Kinder beitragen. In der Reformphase der 60er Jahre begann eine neue Grundschuldiskussion, die auf Individualisierung, Differenzierung, Wissenschaftsorientierung und kompensatorische Förderung zielte.
In der aktuellen Grundschuldiskussion wird v.a. nach Modellen gesucht, die die veränderte Lebenssituation von Kindern (*Familie*, gesellschaftliches und ökologisches Umfeld) in Zielen, Inhalten, Organisation und Gestaltung des alltäglichen Schullebens stärker berücksichtigen (S. als Lebensort) und angstfreies, ganzheitliches Lernen ermöglichen. Anforderungen weiterführender S. (insbesondere der Gymnasien), als »Zulieferschule« auf dort übliche Lernformen und -inhalte vorzubereiten, werden abgelehnt.
4.2.3 Übergang in die Sekundarstufe/Orientierungsstufe (OS): Der Übergang aus der G. in eine Schulart des gegliederten Systems der Sek. I stellt eine entscheidende Weichenstellung für Berufs- und Lebenschancen dar, da mit den Abschlüssen des traditionellen Schulwesens unterschiedlich gewertete Berechtigungen und deutlich abgestuftes gesellschaftliches Ansehen verbunden sind. In der BRD erfolgt diese Aufteilung in verschiedene Schulformen (trotz ungesicherter Prognosen über die individuelle Lernentwicklung der Jugendlichen) meist bereits im 10. Lebensjahr (nach dem 4. Schuljahrgang; im europäischen Ausland überwiegend erst nach dem 8. Schuljahrgang; s. Abb. 2).
Zwar können in einigen Ländern die Eltern entscheiden, auf welche Schulform ihr Kind übergehen soll, faktisch aber wird die Aufnahme in eine Realschule oder in ein Gymnasium von einem bestimmten (durch Zensuren belegten) Leistungsstand der Schüler (in einigen Ländern auch von Aufnahmeprüfungen oder einigen Tagen Probeunterricht) abhängig gemacht. Zu Beginn der Realschule und des Gymnasiums besteht für die Schüler meist ein Bewährungszeitraum, an dessen Ende die Entscheidung der Erziehungsberechtigten über die Schulart durch die S. korrigiert werden kann. Diese Auslese wird bei zahlenmäßig starken Schülerjahrgängen strenger gehandhabt als bei geburtenschwachen Jahrgängen, auch um die Existenz der jeweiligen S. nicht zu gefährden.
Mit der Einrichtung von OS (auch: Förderstufen, Beobachtungsstufen) für den 5. und 6. Jahrgang wird in einigen Ländern mit 4jähriger Grundschule dieser Übergang um 2 Jahre hinausgeschoben. OS sind organisatorisch entweder den weiterführenden S. zugeordnet (schulartabhängige OS) und haben dann primär die Funktion der »Erprobung und Bewährung« an der jeweiligen Schulart, oder sie bilden selbständige Einheiten (schulartunabhängige OS).
4.2.4 Schulen der Sekundarstufe I (Sek. I): Hauptkennzeichen der traditionellen westdeutschen Schulstruktur im Bereich der Sek. I ist die soziale Klassifizierung und Trennung im Nebeneinander von Sonderschule, Hauptschule, Realschule und Gymnasium. Seit 1968 kommt als 5. Schulart die Gesamtschule hinzu.
4.2.4.1 Sonderschulen (SO): Das Sonderschulwesen hat sich nach der Reichsschulkonferenz von 1920 als »Typen-Sonderschulwesen« herausgebildet. Neben SO für Lernbehinderte (auch: Hilfsschulen, Förderschulen) und SO für Geistigbehinderte gibt es Sonderschulen für Blinde, Sehbehinderte, Gehörlose, Schwerhörige, Körperbehinderte, Sprachbehinderte und für Verhaltensgestörte, denen (sofern ein entsprechendes Angebot für sie erreichbar ist) prinzipiell sämtliche Schulabschlüsse offenstehen. SO sind Einrichtungen mit Vollzeitschulpflicht für Kinder und Jugendliche, die nach traditionellem Verständnis nicht oder kaum in »normalen« S. unterrichtet werden können. In der BRD gibt es im Gegensatz zum vergleichbaren Ausland nur vereinzelt Ansätze einer Integration behinderter Kinder und Jugendliche in allgemeine S. (v.a. an G., HS und IGS, aber auch an RS, GY und gyOSt).
Die gegenwärtig dominierende traditionelle Sonderpädagogik (*Heil- und Sonderpädagogik*) hat zum Ziel, diagnostizierte »Defizite« (im Vergleich zum »normal« ausgestatteten Menschen) durch besondere Programme und spezielle Institutionen zu kompensieren. Für Mehrfach-Behinderte (die keinesfalls die Ausnahme bilden, da sich Behinderungen meist auf sämtliche Funktionsbereiche auswirken) gibt es keine Spezial-Sonderschulen.
Reformansätze mit integrativer Grundhaltung gehen dagegen davon aus, daß es keine klaren Grenzen zwi-

Abbildung 2: Dauer der gemeinsamen Schulzeit in West-Europa und in den USA (Stand: 1991)
(In Anlehnung an eine Darstellung in: P. Heyer / R. Valtin [Hrsg.]: Die sechsjährige Grundschule in Berlin. AK Grundschule, Frankfurt/M. 1991, S. 13)

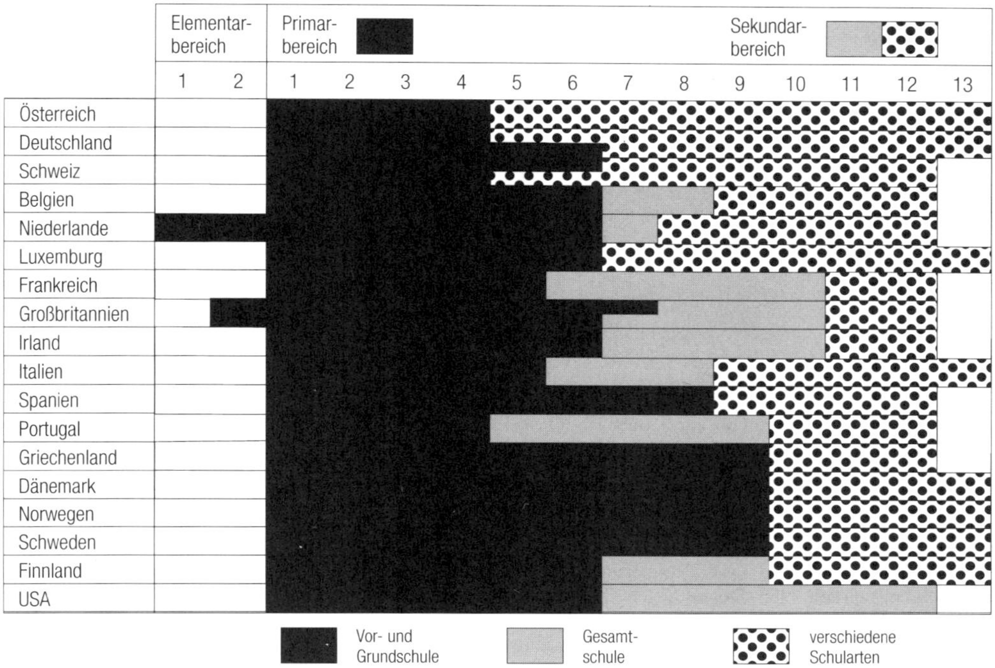

schen Behinderten und Nichtbehinderten (*Behindertenhilfe*) gibt, betonen die mit jeder Aussonderung verbundenen Nachteile (soziale Diskriminierung, unnatürlicher »Schonraum«) und zielen darauf ab, die S. insgesamt so zu verändern, daß sie die Bedürfnisse und Lernvoraussetzungen aller Kinder und Jugendlichen anerkennen und berücksichtigen kann und so einen Beitrag zur Einübung in Toleranz, zur Kultur des sozialen Umgangs in der Gesellschaft, zur Integrationskraft unseres sozialen Systems leistet.

4.2.4.2 Hauptschule (HS): Die HS gilt als Pflichtschule für alle schulpflichtigen Kinder und Jugendlichen, die keinen weiterführenden Abschluß anstreben oder die den an Realschulen und Gymnasien gestellten Ansprüchen nicht genügen und keine Sonderschule besuchen. Sie trägt bundesweit einheitlich ihren Namen seit 1964 (Hamburger Abkommen), ist aber inzwischen faktisch zur »Nebenschule«, zur »Restschule« geworden.

Die Reform der HS (1969: KMK-Vereinbarung) zog sich in einigen Bundesländern bis weit in die 70er Jahre hinein. Zu ihren Ergebnissen gehören: Festlegung der Vollzeitschulpflicht auf mindestens 9 Jahre, ein (freiwilliges) 10. Hauptschuljahr, Verringerung der Klassenfrequenzen, meist obligatorischer Fremdsprachenunterricht, Einführung des Faches Arbeitslehre, z.T. leistungsdifferenzierter Unterricht in Englisch und Mathematik sowie allgemeine Erhöhung der Unterrichtsqualität, die wiederum besser qualifizierte Lehrer voraussetzte (»Verwissenschaftlichung« der Lehrerausbildung).

Der an HS erreichbare (»kleine«, »einfache«) Abschluß nach der 9. und der (»erweiterte«, »qualifizierte«) Abschluß nach der 10. Klassenstufe werden in einigen Ländern als »Berufsreife« bezeichnet; sie haben aber auf dem Arbeits- und Lehrstellenmarkt nur einen sehr geringen Tauschwert (in einigen Bundesländern kann am Ende der 10. Hauptschulklasse unter bestimmten Voraussetzungen die formale Qualifikation eines Realschulabschlusses erworben werden).

4.2.4.3 Realschule (RS): Die RS steht als ehemalige »Mittelschule« in ihren Anforderungen, ihrem Image und in der Bewertung ihres Abschlusses zwischen HS und GY. Kennzeichnend für diese Schulart ist eine Wahlpflichtdifferenzierung, auf die bis zu 25% der Wochenstunden entfallen. In diesem Bereich kann u.a. zu der obligatorischen 1. Fremdsprache eine zweite hinzugewählt werden. Mit der Versetzung in die 10. Klassenstufe wird in der RS (wie in allen anderen S. der Sek. I) die Qualifikation des »kleinen« Hauptschulabschlusses erworben. Der Abschluß der RS (»Mittlere Reife«, früher auch: das »Einjährige«) wird nach dem erfolgreichen Besuch der 10. Klasse (z.T. nach einer Abschlußprüfung) erreicht, bildet faktisch die Voraussetzung für eine Ausbildung im kaufmännischen und technischen Bereich und berechtigt (z.T. unter bestimmten Bedingungen) zum Besuch der Fachober-

Tabelle 3: Deutsche und ausländische Schüler in der Sek. I 1991 (nach Angaben aus: BMBW 1992)

Schüler insg. (in Tausend)		davon an (in %)							
		Hauptschule		Realschule		Gymnasium		Gesamtschule	
dt.	ausl.	dt.	ausl.	dt.	ausl.	dt.	ausl.	dt.	ausl.
2871,7	411,2	29,3	52,2	28,0	17,4	35,0	19,6	7,6	10,8
Ausl.-Anteil: 14,3%		Ausl.-Anteil: 20,3%		Ausl.-Anteil: 8,2%		Ausl.-Anteil: 5,1%		Ausl.-Anteil: 16,9%	

(Anmerkung: Bei den vorstehenden Angaben handelt es sich um bundesweit gültige Globalzahlen. In einzelnen Bundesländern, Regionen, Schulen ist der Ausländeranteil weitaus höher, an Hauptschulen manchmal bis über 90%.)

schule und zum Übergang in eine 3- oder 4jährige Aufbaustufe des Gymnasiums.

4.2.4.4 Sekundarschule, Regelschule, Regionalschule, Mittelschule: Hierbei handelt es sich um neue Schulformen, die seit 1991 in einigen Ländern eingerichtet wurden und verschiedene Formen additiver Kombination von Haupt- und Realschulen darstellen. Sie beginnen mit der 5. Klasse, führen bis zur 9. oder 10. Klasse und gliedern sich von Jahrgangsstufe 7 an entweder in Haupt- und Realschulklassen oder in ein abschlußbezogenes Kurssystem. Neben diesen neuen Schulformen können in manchen Ländern zusätzlich auch Gesamtschulen eingerichtet werden.

4.2.4.5 Gymnasium (GY): Das GY trägt seinen Namen bundeseinheitlich seit 1955 (Düsseldorfer Abkommen) und beginnt mit Klasse 5 oder Klasse 7. Sein Ausbildungsziel ist traditionell die Vorbereitung auf das Universitätsstudium (Hochschulreife/Abitur; Tutzinger Maturitätskatalog 1958), auf das es zunächst in 3 Grundtypen vorbereiten sollte (altsprachliches, neusprachliches, mathematisch-naturwissenschaftliches GY). Das Hamburger Abkommen der KMK (1964) und die Oberstufenreform (1972) haben diese traditionellen Bildungsgänge jedoch überwunden. Faktisch stellt das »ent-typisierte« GY gegenwärtig ein 2stufiges System dar, dessen Zäsur zwischen den Jahrgängen der Sek. I und dem Kurssystem der Sek. II im didaktischen, curricularen und organisatorischen Bereich so stark ist, daß der 11. Jahrgang (in Ländern mit 12jährigem GY: der 10. Jg.) als besondere »Einführungsphase« in die gymnasiale Oberstufe gestaltet wurde.

Trotz aller bildungspolitischen Reformen ist das GY weiterhin auch eine soziale »Auslese-S.«: Zwar ist mit der Bildungsexpansion das GY in seiner Schülerschaft heterogener geworden, doch werden hier noch immer weit überproportional Kinder der »höheren« Sozialschichten ausgebildet und mit der Studienberechtigung der »allgemeinen Hochschulreife« zum schulischen Abschluß mit dem höchsten gesellschaftlichen Prestige und Berechtigungsumfang geführt (s. Tab. 2).

4.2.4.6 Gesamtschule/Integrierte Gesamtschule (IGS): Als Antwort auf den strukturellen und inhaltlichen »Modernitätsrückstand« im westdeutschen Schulwesen wurde in den 60er Jahren die Gesamtschule konzipiert, die das herkömmlich vertikal in HS, RS und GY aufgespaltene Schulsystem ersetzen sollte. In der BRD haben sich seither 2 Grundtypen von Gesamtschulen entwickelt:

- die »Kooperative Gesamtschule« (KGS), die die Schularten des alten Systems additiv in getrennten HS-, RS- und GY-Zügen zusammenfaßt, und
- die »Integrierte Gesamtschule« (IGS).

Die IGS ist das »eigentliche« Gesamtschulmodell, das (im Vergleich zur KGS) das herkömmliche Schulsystem auch intern überwunden hat: Unabhängig von ihren Abschlußerwartungen werden hier alle Jugendlichen gemeinsam (wenn auch in einigen Fächern nach inhaltlichem Interesse oder nach dem jeweils aktuellen fachlichen Leistungsstand in Kursen differenziert) unterrichtet. Erst am Ende der Sek. I wird aufgrund der dann erwiesenen Leistungen entschieden, welcher Schulabschluß (entsprechend denen des herkömmlichen Systems) erreicht wurde (ein einheitlicher, inhaltlich unterschiedlich profilierter Mittelstufenabschluß [»Abitur I«] kam bisher nicht zustande).

Um ihre Ziele erreichen zu können, haben die Gesamtschulen unterschiedliche Formen der Schul- und Unterrichtsorganisation, der curricularen Schwerpunktsetzung und Ausgestaltung des allgemeinen »Schullebens« entwickelt, so daß man bei der Vielfalt der Ausprägungen eigentlich nicht von »der« Gesamtschule sprechen kann. Insbesondere geben eine Reihe von IGS einer »äußeren« Leistungsdifferenzierung in Fächern wie Mathematik, Fremdsprachen, Deutsch und Naturwissenschaften den Vorzug (»homogene« Fachleistungskurse), während andere IGS mehr Wert auf das soziale Lernen in heterogenen, aber über alle Fächer hinweg möglichst stabilen Gruppen legen (z.B. im »Team-Kleingruppen-Modell« [TKM]).

Die erste IGS nahm 1966 in West-Berlin ihre Arbeit auf, Hessen folgte kurz danach. 1969 beschloß die KMK ein bundesweites Experimentierprogramm. 1982 wurde die IGS bundesweit als »Regelschule« anerkannt, dabei wurde in der KMK die Bindung an äußere Leistungsdifferenzierung in einigen Fächern vereinbart.

4.2.5 Sekundarstufe II (Sek. II): Die Sek. II gliedert sich in einen hoch differenzierten berufsbildenden und einen relativ einheitlich strukturierten allgemeinbildenden Bereich. Reformansätze der 60er und 70er Jahre, berufliche und allgemeine Bildungsgänge innerhalb der Sek. II zu integrieren oder zumindest eng miteinander zu verzahnen, die Ungleichwertigkeit zwischen beiden zu beseitigen und eine integrierte Sek. II (mit unterschiedlichen Abschlüssen gleichen Wertes) zu

Abbildung 3: Grundstruktur des Bildungswesens in Deutschland (1995)
(Evers / Mancke 1995)

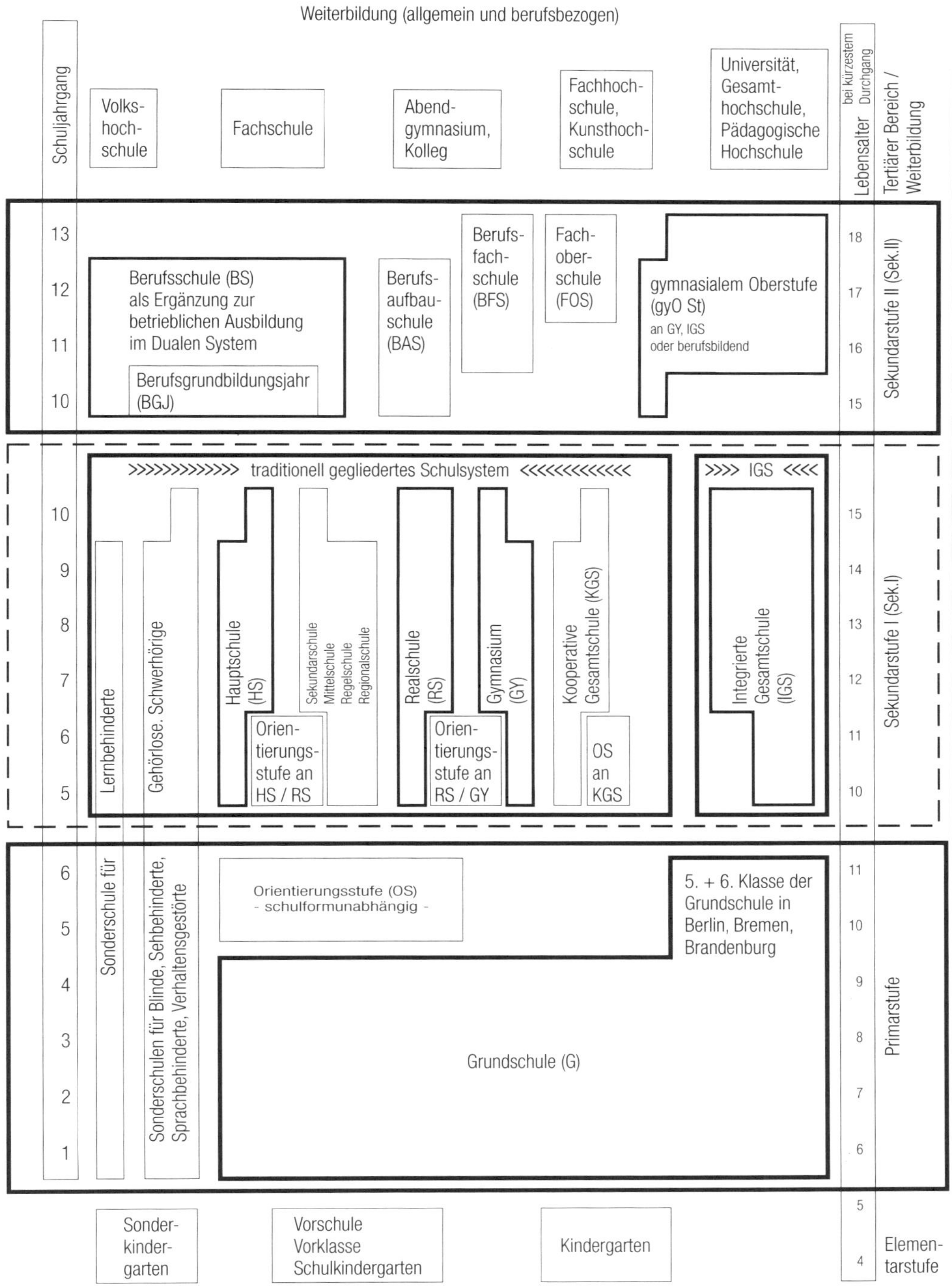

Anmerkung: Die Jahrgangsstufen 5, 6 und 10 tauchen in dieser Übersicht zweimal auf, weil ihre Zuordnungen zu Schulstufen unterschiedlich sind.

Tabelle 4: Schüler in der Sekundarstufe II (nach: BMBW 1992, S. 46ff.)

Jahr	Schüler insges. (in allgemeinbild. Tausend)	davon (in Prozent) berufsbildend							
		BS	BGJ	BAS	BFS	FOS	FG	GY	IGS
1960	2003,5	82,9	–	–	6,3	–	–	10,5	0,2
1970	2203,3	72,6	0,0	1,8	8,3	2,3	0,4	14,4	0,2
1980	3112,2	60,7	2,6	0,7	10,5	2,9	1,8	20,3	0,6
1990	2494,5	59,9	3,4	0,3	9,8	3,0	2,5	19,9	1,1

entwickeln, wurden nur zaghaft erprobt und blieben quantitativ nahezu bedeutungslos (doppelqualifizierende Ausbildungsgänge, Kollegstufen in NRW).

4.2.5.1 Berufsschule (BS): Im berufsbildenden Bereich der Sek. II ist das System der nach Berufsfeldern gegliederten BS als obligatorische Teilzeitschule Bestandteil der Berufsausbildung im »dualen System«, die neben dem Lernort Betrieb (und/oder der überbetrieblichen Lehrwerkstatt) besonders die fachtheoretische Berufsausbildung vermitteln soll (*Berufliche Bildung*). Dabei wird der Lernort BS an 1 oder an 2 Tagen der Woche besucht. Dieser schulische Anteil des dualen Systems kann auch zu mehrwöchigem Blockunterricht mit täglichem Schulbesuch gebündelt werden, wobei der zeitliche Umfang der Blöcke dem sonst auf das ganze Schuljahr verteilten 1 bis 2 Berufsschultagen entspricht; die Ausbildung außerhalb des Blockunterrichts erfolgt dann ohne den sonst wöchentlich begleitenden Berufsschulbesuch ausschließlich im Betrieb. Teilweise führen größere Betriebe oder Innungen beide Komponenten des dualen Systems in eigener Regie (Werkberufsschule).

Jugendliche ohne Ausbildungsvertrag, die keine andere S. besuchen, sind meist bis zum Ende ihres 18. Lebensjahres ebenfalls berufsschulpflichtig.

4.2.5.2 Berufsgrundbildungsjahr (BGJ): Das BGJ sollte ursprünglich durch Voll- und Teilzeitunterricht unter voller Anrechnung auf ein späteres Ausbildungsverhältnis im dualen System der breiten allgemeinen und fachlichen Fundierung in einem Berufsfeld (Gruppe von verwandten Ausbildungsberufen) dienen und zur Erhöhung von Mobilität, Flexibilität und Disponibilität sowie zur politischen Bildung beitragen. Es ist jedoch zunehmend zu einer Maßnahme zur Milderung der *Jugendarbeitslosigkeit* verkümmert.

4.2.5.3 Berufsaufbauschule (BAS): Die BAS kann von Auszubildenden und Berufstätigen besucht werden und vermittelt (als Vollzeitform in einem 1jährigen Lehrgang) den Realschulabschluß.

4.2.5.4 Berufsfachschule (BFS): Die BFS vereinigt theoretische und praktische Berufsausbildung als Vollzeitschule nach Erfüllung der Vollzeitschulpflicht. In bestimmten Fällen kann der Besuch einer Berufsfachschule eine Ausbildung im dualen System ersetzen, oder er soll unter bestimmten Bedingungen auf ein späteres Ausbildungsverhältnis im dualen System ganz oder teilweise angerechnet werden können.

An der BFS kann meist der Realschulabschluß nachgeholt werden.

4.2.5.5 Fachoberschulen (FOS): Die FOS soll eine wissenschaftlich-theoretische und praktische Ausbildung vermitteln. Sie setzt den Realschulabschluß voraus und bereitet auf die Berechtigung zum Eintritt in Fachhochschulen vor (Fachhochschulreife). Eine Fremdsprache ist obligatorisch. Die Regelform dauert 2 Jahre in Vollzeitform, z. T. unter Einschaltung von Praxisphasen in Betrieben, Verwaltungen oder Ausbildungsstätten, und läßt den Schülern die Wahl zwischen verschiedenen inhaltlichen Schwerpunkten.

4.2.5.6 Gymnasiale Oberstufe (gyOSt): Der »allgemeinbildende« Bereich der Sek. II ist als gyOSt fast ausschließlich mit der Mittelstufe des GY organisatorisch und personell verbunden. Hinzu kommen gyOSt an etlichen IGS (wo sie sich jedoch rechtlich, curricular und strukturell nicht von der an GY unterscheiden) sowie gymnasiale Bildungsgänge im berufsbildenden Bereich. Jugendliche mit gutem RS-Abschluß können unter bestimmten Bedingungen in eine »gyOSt in Aufbauform« übergehen.

Die gyOSt dauert 3 Jahre und ist nach einer 1jährigen Eingangsphase in 4 Halbjahresperioden gegliedert. In der DDR beanspruchte der Bildungsgang bis zum Abitur 12 Jahre, in der BRD 13 Jahre. Bis auf das Land Brandenburg behielten die neuen Bundesländer die 12jährige Schulzeit bei. Gegenwärtig werden auch in einigen alten Bundesländern Modelle erprobt, in denen das Abitur bereits nach insgesamt 12 Schuljahren erreicht werden kann (»Expreß-Abitur«) (in den meisten EG-Staaten wird die Studienberechtigung nach 12 Jahren erreicht; s. Abb. 2).

Die Schüler müssen Pflichtfächer absolvieren und 2 Leistungsfächer wählen. Unterrichtsinhalte sind bundesweit stark normiert. Schulleistungen werden in einem Punktsystem bewertet. Das Bestehen der »Reifeprüfung«, die an eine bestimmte Anzahl von erreichten Leistungspunken gekoppelt ist, führt zur allgemeinen Hochschulreife. Gegenwärtig eröffnen nur besonders gute Durchschnittszensuren den Zugang auf einen der Studienplätze von »Numerus-clausus-Fächern« wie Jura, Medizin, Zahnmedizin, Pharmazie, obwohl es keinerlei Zusammenhang zwischen sehr guten Abiturzensuren und (fachlichen, menschlichen) Berufsanforderungen z.B. eines Anwaltes, Richters oder Arztes gibt.

4.3 Weitere Strukturmerkmale

Ganztagsschulen (GTS): Erstreckt sich das schulische Programm an der Mehrzahl der Werktage und pädago-

Abbildung 4: Anzahl von Ganztagsschulen (GTS) und Anteile an Schulstufen und Schulformen 1988/89 (Grundschule, Orientierungsstufe, Hauptschule, Realschule, Gymnasium, Gesamtschule)
(nach Daten aus: BMBW 1990)

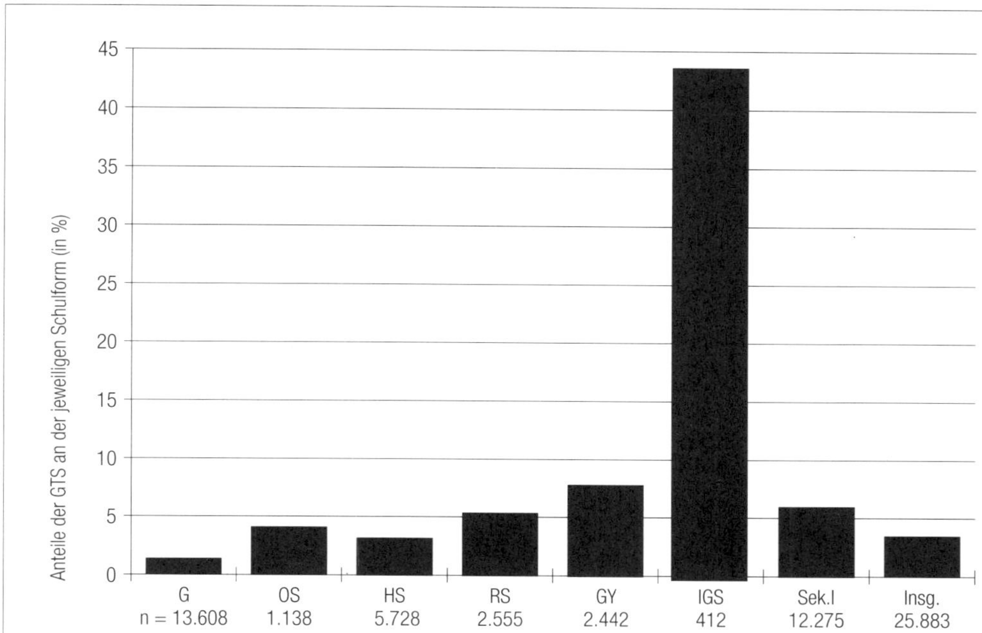

gisch beabsichtigt auch auf die Nachmittage, so handelt es sich um eine GTS (auch: Tagesheimschule). Internate, Heime und Horte zählen nicht dazu. Häufig werden auch solche S. als »GTS« bezeichnet, deren Alltag keine auf den ganzen Tag bezogene pädagogische Konzeption erkennen läßt, bei denen es sich also lediglich um S. mit ganztägiger Betreuung handelt. Zu unterscheiden sind S. mit »offenem« (freiwillig genutztem) oder mit »gebundenem« (obligatorischem, pädagogisch durchstrukturiertem) Ganztagsbetrieb sowie solche mit »erweiterten« (meist auf Hausaufgabenbetreuung und Förderkurse zielenden) Bildungsangeboten und solche, die (meist nach Jahrgangsstufen differenziert) mehrere dieser Merkmale aufweisen.
Die GTS bildet in den meisten Staaten der EG (ebenso wie in der ehemaligen DDR die POS mit ihren Horteinrichtungen für Grundschüler) die übliche Schulform. In der BRD dagegen wurde lange Zeit (entsprechend dem hier vorherrschenden Bild von Familie und der Rolle der Frau) die ganztägige Betreuung von Schulkindern überwiegend als privat zu bewältigende Aufgabe angesehen. Erst 1969 wurde von der KMK ein Experimentalprogramm zur ganztägigen schulischen Betreuung beschlossen, an dem von 1971–1978 34 S. teilnahmen. Im Schuljahr 1988/89 gab es bundesweit 852 GTS (Tab. 3), 1990/91 rd. 1600.
Gegenwärtig wird in der BRD der Ausbau der GTS v.a. mit dem Wandel in der Familienstruktur, in der Arbeitswelt und in den allgemeinen Lebensbedingungen von Kindern und Jugendlichen begründet und gefordert. Hinzu kommt die besondere Situation in den neuen Bundesländern: Hier wurden die bisherigen Jugendorganisationen, Jugendclubs sowie die Hortbetreuung für Grundschulkinder weitgehend beseitigt.
Neben Lehrern sind v.a. im »außerunterrichtlichen Bereich« (AUB) von GTS zuweilen auch Sozialpädagogen und Erzieher tätig, insbesondere für *Einzelfallhilfe*, *sozialpädagogische Gruppenarbeit*, Projektarbeit und Arbeitsgemeinschaften. Die strukturelle und personelle Ausstattung in GTS erlaubt kaum, von einer »sozialpädagogischen S.« zu sprechen (*Schulsozialarbeit*).
Zeitliche Organisation: Schulunterricht in Vollzeitschulen findet überwiegend am Vormittag von Werktagen statt (Halbtagsschule). Teilweise gibt es S. mit ständiger oder periodischer Fünf-Tage-Woche mit freiem Sonnabend. Die Gesamtdauer der Schulferien während eines Schuljahres beträgt in Deutschland z.Z. 75 Werktage. Mit Rücksicht auf den Reise- und Fremdenverkehr werden die (unterschiedlichen) Termine der Sommerferien zwischen den Ländern abgesprochen.
Koedukation: Die Einführung der gemeinsamen Unterrichtung von Mädchen und Jungen in »gemischten« Klassen sollte das verständnisvolle Zusammenleben von Frauen und Männern fördern und zum Chancenausgleich der im Bildungsbereich früher deutlich benachteiligten Mädchen beitragen. Neuerlich gibt es

Zweifel, ob eine »Koinstruktion« in traditionell von Männern dominierten Bereichen den Mädchen förderlich ist. Deshalb werden (in explizit emanzipatorischer Absicht) zeit- und probeweise wieder Mädchengruppen unterrichtet (v. a. im mathematisch-naturwissenschaftlichen und technischen Bereich).
Ethnische Pluralität: In Hinblick auf die europäische Integration wird Mehrsprachigkeit (z. B. in bilingualen S.) in den letzten Jahren zunehmend gefördert; gleichzeitig aber wird sog. »natürliche« Mehrsprachigkeit bei Kindern von Migranten oder *Aussiedlern* vernachlässigt. Hierin zeigt sich die Widersprüchlichkeit im Umgang mit ethnischer Pluralität: Bezogen auf EG-Europa und sog. »Kultursprachen« werden Mehrsprachigkeit und interkulturelle Kommunikationskompetenz nicht mehr nur für eine kleine »Elite« gefordert; am anderen Ende des sozioökonomischen Spektrums werden diese Kompetenzen überwiegend zugunsten von Einsprachigkeit bei unzureichender Förderung der Mehrsprachigkeit vernachlässigt (häufig Verzicht auf muttersprachlichen Ergänzungsunterricht). Die traditionelle Orientierung an der vermeintlich ethnisch homogenen »Nation« und der Beitrag der S. zu deren Herstellung haben bisher zu keinem Schulkonzept unter den Bedingungen von Internationalisierung geführt. Auch deshalb trägt die S. weiterhin dazu bei, die große Mehrzahl der Kinder und Jugendlichen anderer Ethnien und/oder Muttersprachen für untergeordnete Arbeitsplätze zu sozialisieren (G. Hansen).
Status/Träger: Vom Status her werden öffentliche S. und private S. unterschieden. Auch Privatschulen unterliegen der staatlichen Schulaufsicht (Art. 7 GG). Sie wird traditionell als Fachaufsicht mit »unmittelbarem Durchgriffsrecht« des Staates betrachtet. Öffentliche Schulträger sind Gebietskörperschaften (Gemeinde, Kreis, Land), Träger privater S. sind natürliche oder juristische Personen (z. B. Religionsgemeinschaften oder Schulvereine wie bei den Waldorfschulen). Auch S. mit dem Bund als Träger gelten nach den Landesgesetzen als private S. Privatschulen, an denen die gesetzliche Schulpflicht erfüllt werden kann, heißen Ersatzschulen. Sie benötigen eine staatliche Genehmigung nach Landesrecht und erhalten nach Maßgabe der Privatschulgesetze der Länder unterschiedlich hohe staatliche Zuschüsse. Statt des Namens »Privatschule« wird heute für S., die keinen öffentlichen Träger haben, häufig auch die Bezeichnung »Freie S.« gebraucht.
Pflichtschule, Ersatzschule, Wahlschule, Ergänzungsschule: Neben Pflichtschulen und privaten Ersatzschulen, an denen die Schulpflicht erfüllt werden kann, gibt es Wahlschulen/Ergänzungsschulen, deren Besuch freiwillig ist. Wahlschulen sind auch Einrichtungen in Tages- oder Abendform, auf denen nicht erreichte oder zunächst nicht angestrebte Schulabschlüsse nachgeholt werden können (z. B. Kollegs zur Erlangung der Hochschulreife). Auch Fachschulen sind Wahlschulen. Auf ihnen erfolgt eine berufliche Weiterbildung im erlernten Beruf (z. B. Technikerfachschulen für Facharbeiter) oder eine berufliche Ausbildung außerhalb der Schulpflicht (z. B. Erzieher; Assistentenberufe). Vergleichsweise wenige Fachschulen befinden sich in öffentlicher Trägerschaft; die meisten sind private Ergänzungsschulen, die einer Anzeigepflicht bei der staatlichen Aufsichtsbehörde unterliegen (z. B. Meisterschulen, Sprachschulen).

5. Lerninhalte, Lernverfahren; Mitbestimmung: Die Reform der Lehrpläne (*Curriculum*) galt in den 70er Jahren als Schlüsselproblem der Bildungspolitik und unabdingbare Voraussetzung für eine »innere« Schulreform (S. B. Robinson 1967: Bildungsreform als Revision des Curriculums). Aus heutiger Sicht unterliegen Inhalte und Methoden des Unterrichts i. d. R. noch immer einem beträchtlichen »Modernitätsrückstand«: Während die Pflichtschule zu Beginn ihrer Entwicklung noch davon ausgehen konnte, Kenntnisse und Fertigkeiten in einer von ihr als sinnvoll erachteten Systematik und in von ihr bestimmtem Umfang den Kindern und Jugendlichen zu vermitteln, hat sie dieses Monopol im Zeitalter leicht zugänglicher elektronischer Medien verloren. Radio, Video, Telefon, Computer und Fernsehen lassen der S. längst keine Chance mehr, den Wissenserwerb ihrer Schüler planmäßig zu strukturieren und zu kontrollieren. Diese Informationsflut ist jedoch mit einem schwerwiegenden »Verlust an Sinnlichkeit« (H. Rumpf) und Direktheit verbunden. Hinzu kommt die breiten Bevölkerungsschichten ermöglichte globale Mobilität, die zu einer Vielzahl und Vielfalt von »originalen Begegnungen« führt, die die S. nicht bieten kann, von denen S. meist nichts erfährt und die sie nicht in einen systematischen Unterrichtsplan einbauen kann. Der ständigen Erweiterung des Wissens (»Wissensexplosion«) steht eine Skepsis im Hinblick auf einen »Fortschritt der Wissenschaften« gegenüber. Die ökologische Verträglichkeit alter und neuer *Technologien* ist ein gesellschaftliches Problem geworden. Aufgeklärte Vertreter von Politik und Wirtschaft erwarten von ihren (künftigen) Mitarbeitern berufsübergreifende »Schlüsselqualifikationen«: die Fähigkeit, zu entdecken, Sachverhalte zu erkennen, in Zusammenhängen zu denken, Situationen zu analysieren, selbständig in Teams zu arbeiten und eigenverantwortlich zu handeln.
Dessen ungeachtet erlassen die zuständigen Landesministerien oft noch immer umfangreiche Pläne für Unterricht und *Erziehung*, die keine fachübergreifende Koordination erkennen lassen. Solche Lehrpläne sehen meist nicht vor, die außerhalb der S. erworbenen beliebigen Wissensbrocken zu strukturieren. Sie fordern von Schülern und Lehrern Abstraktion und Distanz zu den eigenen Lebenszusammenhängen, und sie lassen kaum Raum zur Erprobung und Übung im selbständigen Denken, Strukturieren von Informationen, Abwägen, Urteilen und in der Entwicklung sozialer und human verantwortlicher Handlungsdispositionen.
Zwar nennen schulische Richtlinien für Unterricht und Erziehung auch Verhaltenslernziele, wie z. B. Hinführen zu Selbstbestimmung und Mitbestimmung, Erziehung zur Kritikfähigkeit, zur Vertretung von Interessen, zum rationalen Austragen von Konflikten sowie Erzie-

hung zu Kooperation und Solidarität. In der schulischen Alltagspraxis jedoch stehen meist kognitive Lernziele im Vordergrund, wobei besonderer Wert auf (leicht überprüfbares) fachgebundenes Faktenwissen gelegt wird, ohne hinreichend Zusammenhänge und Ursachen von Erscheinungen zu reflektieren.
Zeit für Muße (»schola«) lassen diese Pläne kaum. Abfragbares Wissen, leicht überprüfbare Kenntnisse überwiegen, statt Raum zu lassen, um das Lernen lernen zu können.
Lernen in der Pflichtschule heißt zudem: vorstrukturierte und kontrollierte Lernpflicht. Freiwilliges Lernen, Lernen aus Neugier, persönlichem Interesse oder entsprechend den konkreten persönlichen Fähigkeiten und Bedürfnissen ist administrativ nicht antizipierbar (oder kontrollierbar!) und wohl deshalb in der deutschen S. wenig anzutreffen. So überlagert Konkurrenzverhalten, anpasserisches Wohlverhalten bis hin zum Duckmäusertum und inhaltsentleertes Streben nach guten Zensuren bei Schülern besonders in als höherwertig geltenden Schularten nicht selten die oft deklarierte Aufgabe der S., durch soziales Lernen zur sozialen Mündigkeit, zur Ausbildung von Zivilcourage beizutragen, egoistische Verhaltensweisen zu überwinden und das gegenseitige Anerkennen, das vorbehaltlose Aufeinandereingehen in einem gleichberechtigten, dialogischen Verhältnis zueinander (Martin Buber) zu erlernen und einzuüben.
Es gibt jedoch Ansätze zu lebensnahen, ganzheitlichen Unterrichtsformen und -inhalten (Projektunterricht, Öffnung des Unterrichts, Entdeckendes Lernen, Ganzheitlichkeit). Gesellschaftliche Reformkräfte fordern, der Einzelschule innerhalb eines weiten Rahmens mehr Autonomie zu geben, den Schülern, Lehrern und Eltern mehr Mitbestimmung zu überantworten und Schulaufsicht auf eine Rechtsaufsicht zu reduzieren. Bremen und Hessen sind erste gesetzliche Schritte in diese Richtung gegangen.

6. Schule und Gesellschaft: Die Arbeit der S. in der aktuellen gesellschaftlichen Situation wird durch außerschulische Rahmenbedingungen nicht unbeträchtlich eingegrenzt und beeinflußt:
Beim Eintritt in die Pflichtschule haben die Kinder bereits einen Sozialisationsprozeß durchlaufen, der herkunftssozialschichten-, ethnisch und geschlechtsspezifisch ist. Kinder von Eltern ausländischer Herkunft, von Arbeitslosen, von gesellschaftlich Ausgegrenzten sind meist stark benachteiligt, auch wenn die S. versucht, individuell zu fördern. Angesichts der Massenarbeitslosigkeit und der oft rigiden Arbeitsbedingungen im Beschäftigungssystem werden solche Jugendlichen oft perspektiv- und hoffnungslos. Ansätze zu kollektiver Gegenwehr läßt die staatliche Institution S. kaum zu, so daß Bemühungen der S. um eine Stärkung der Menschen oft brüchig sind.
Durch schulische Beratungsdienste, durch den *Schulpsychologischen Dienst* oder durch Ansätze von Schulsozialarbeit sollen solche Widersprüche aufgefangen oder gemildert werden. Die Ursachen für solche Erscheinungen werden jedoch meist als individuelles Problem ausgegeben, kaum jedoch als gesellschaftlich bedingt (und mithin veränderbar) betrachtet.

C.-H. Evers/K. Mancke

Literatur: P. Büchner/H.H. Krüger (Hrsg.): Aufwachsen hüben und drüben. Deutsch-deutsche Kindheit und Jugend vor und nach der Vereinigung, Opladen 1991; A. Bolder/K. Rodax (Hrsg.): Das Prinzip der aufge(sc)hobenen Belohnung. Die Sozialisation von Arbeiterkindern für den Beruf, Bonn 1987; BMBW: Ganztagsschule. Angebot, Nachfrage, Erfahrungen, Bonn 1990; BMBW: Grund- und Strukturdaten. Ausgabe 1993/94, Bonn 1993; Deutscher Bildungsrat (Hrsg.): Strukturplan für das Bildungswesen, Stuttgart 1970; Deutscher Bildungsrat (Hrsg.): Bericht '75. Entwicklungen im Bildungswesen, Stuttgart 1975; G. Hansen: Die exekutierte Einheit, Frankfurt/M./New York 1991; H. v. Hentig: Die Schule neu denken. Eine Übung in praktischer Vernunft, München 1993; Keim u.a. (Hrsg.): Jahrbuch für Pädagogik. Bd. 1 ff., 1992 ff.; Bd. 3 Frankfurt/M. 1993; C. Kuhlmann: Lernen und Verwalten, Stuttgart 1972; OECD: Bildungswesen: mangelhaft. BRD-Bildungspolitik im OECD-Länderexamen, Frankfurt/M. 1973; U. Preuss-Lausitz: Die Kinder des Jahrhunderts. Zur Pädagogik der Vielfalt im Jahr 2000, Weinheim 1993; Rolff/Hansen/Klemm/Tillmann (Hrsg.): Jahrbuch der Schulentwicklung. Daten, Beispiele und Perspektiven. Bd. 1 ff., 1980 ff.; Bd. 8, Weinheim 1994; H. Roth (Hrsg.): Begabung und Lernen, Stuttgart 1968; J. Schöler: Integrative Schule – Integrativer Unterricht, Reinbek 1993; R. Winkel (Hrsg.): Reformpädagogik konkret, Hamburg 1993.

Schulpsychologie

In Schulen wird im gesellschaftlichen Auftrag versucht, das Verhalten nachwachsender Generationen zu formen. Seit der Etablierung der Psychologie als Wissenschaft wird daher immer wieder erwartet, daß die pädagogische Verhaltensformung in der *Schule* durch die Psychologie und deren Einsichten in Gesetze der Persönlichkeitsentwicklung Hilfe für die Schulpraxis geboten bekommt. Die Pädagogische Psychologie ist der Teilbereich der Psychologie, der sich um wissenschaftliche Einsichten in pädagogische Arbeit bemüht. S. ist dann einerseits die Bezeichnung für den Teil der Pädagogischen Psychologie, der schulische Abläufe wissenschaftlich zu erfassen versucht. Zum anderen ist S. die Sammelbezeichnung für alle Bemühungen, psychologisches Wissen durch schulpsychologische Arbeit entsprechender Institutionen in Hilfeleistungen für Lehrer, Schüler, Eltern, Schulverwaltung und Öffentlichkeit bei der Bewältigung schulischer Probleme umzusetzen. Obschon 1913 ein erster Schulpsychologe in London tätig wurde und vereinzelt weitere Schulpsychologen in anderen europäischen Ländern (Deutschland 1924, Dänemark 1934 u.a.) und in den USA (1920) folgten, setzte die Entwicklung Schulpsychologischer Dienste (S.D.) in Europa und USA erst nach dem 2. Weltkrieg in nennenswertem Umfange ein. Inzwischen verfügen in Europa mehrere Länder über leistungsfähige S.D. In der BRD entwickelten sie sich wegen der Kulturhoheit der Bundesländer in unterschiedlicher Weise. Die Unterschiede zeigen sich v.a. am jeweiligen Entwicklungsstand des Dienstes, an seinem personellen und strukturellen Ausbau und damit auch in dessen Leistungsfähigkeit. Institutionen des S.D. sind die Schulpsychologischen Beratungsstellen. In einigen Bundesländern wird die Bezeichnung Bildungsberatung für das Gesamtsystem benutzt. Ein oder mehrere Schulpsychologen arbeiten in den Beratungsstellen für einen regional begrenzten Bereich im Schulwesen. Die Schulpsychologen werden in den leistungsfähigeren Institutionen der Dienste von Spezialisten wie beispielsweise Therapeuten und manchmal auch von SozPäd unterstützt und arbeiten mit Beratungslehrern als Mitarbeiter im S.D. zusammen. Beratungslehrer erteilen wie andere Lehrer Unterricht, sind aber in einigen Stunden ihrer wöchentlichen Arbeitszeit schulpsychologisch tätig.

Schulpsychologische Arbeit wird durch die Erfahrung mit zuvor aufgetretenen schulischen Problemen und durch absehbare künftige Schwierigkeiten zunächst auf die Prävention von Schulproblemen gerichtet. Durch *Beratung* von Lehrern, Schülern, Eltern u.a. soll dem Entstehen von Problemen vorgebeugt werden. Schulpsychologische Arbeit ist dabei genötigt, sowohl die personale als auch die soziale Bedingtheit von Problemfällen zu erfassen und ggf. zu ändern. Neben der Beratung i.e.S. müssen dabei zahlreiche andere pädagogische und psychologische Arbeitsmethoden verfügbar sein. Wo trotz präventiver Maßnahmen oder wegen ihres Fehlens Schulprobleme auftreten, versucht die S. bei der Problemlösung zu helfen. Trotz der Bemühungen um Prävention und trotz der Interventionen gegen aktuelle Problemfälle würde allein schon wegen der Fehlerhaftigkeit menschlichen Verhaltens auch immer mit dem Auftreten von Schädigungen durch Schule oder außerschulische Erziehung zu rechnen sein. Die S. hat dementsprechend dann auch die Modifikation von Fehlentwicklungen und Lernunfällen zu betreiben. Deren Auftreten gibt insgesamt erneut Anlässe für präventive Arbeit. Dazu gehören dann auch das Erkennen notwendiger Veränderungen in Schulen und die fachliche Information und Diskussion darüber.

Zur Inanspruchnahme schulpsychologischer Hilfe ist nach den vorliegenden Regelungen allgemein jeder berechtigt, der mit Schulproblemen konfrontiert ist. In der bisherigen Geschichte der S. war der Bedarf an Hilfeleistungen i.d.R. überall viel größer als die verfügbaren Kapazitäten. Schulpsychologische Hilfe kann auch von Institutionen angefordert werden, deren Arbeitsbereich von Schulproblemen berührt wird.

Wegen der wechselseitigen Abhängigkeiten zwischen Schulproblemen und außerschulischen Lebensumständen von Schülern ist die Zusammenarbeit zwischen Schulpsychologischen Beratungsstellen und *Soziale Arbeit* leistenden anderen Institutionen unerläßlich. Die Entwicklung entsprechender Kooperationsmodelle und die wirklichen institutionellen und personellen Kontakte zur Zusammenarbeit blieben in der BRD bisher allgemein hinter Notwendigkeiten und Möglichkeiten zurück und sind dementsprechend eine aktuelle Aufgabe.

E. Perlwitz

Literatur: S. Brunthaler-Wiesinger: Schulpsychologischer Dienst, Frankfurt/M. 1994; J.A. Friedel: Beratungslehrer und Schulpsychologe im Tätigkeitsfeld der Systemberatung, Münster 1993; P. Gaude: Beobachten, Beurteilen und Beraten von Schülern, Frankfurt/M. 1989; Chr. v. Hanckel/Chr. Gangnus (Hrsg.): Schulpsychologie heute, Bonn 1993; Chr. v. Hanckel/ H. Heyse/U. Kalweit (Hrsg.): Psychologie macht Schule. Kongressbericht der 10. Bundeskonferenz 1992 in Heidelberg, Bonn 1994; W. Hoffmann: Konzeption und Wirklichkeit des schulrelevanten Beratungswesens in Bayern, Regensburg 1988; R. Käser: Neue Perspektiven in der Schulpsychologie, Handbuch der Schulpsychologie auf ökosystemischer Grundlage, Bern 1993; R. Kohnstamm: Praktische Psychologie des Schulkindes, Bern 1994; B. Malsch: Schulpsychologie, Frankfurt/M. 1994.

Schulsozialarbeit

Unter S. werden unterschiedliche Arbeitsansätze gefaßt, bei denen SozArb/SozPäd in der *Schule* arbeiten.

S. gibt es an allen Schulformen, einschließlich berufsbildenden Schulen. Entsprechend vielfältig sind auch die Arbeitsansätze: Hausaufgabenhilfe, Freizeitangebote, Pausenbeaufsichtigung und Krisenintervention sind ebenso vertreten wie *Beratung* von Schülern und ihren Eltern, Lehrern und Schulklassen. Interkulturelle Aktivitäten, Mädchen- und Jungenarbeit, soziale Gruppenarbeit, Abenteuerpädagogik, Beratung und meditative Arbeit sind nur einige Beispiele für Angebote von S.

Im KJHG ist S. nicht ausdrücklich erwähnt. Lediglich aus § 13 kann S. abgeleitet werden, allerdings eingeschränkt auf »schulische und berufliche Ausbildung« und »Eingliederung in die Arbeitswelt« (§ 13 Abs. 1 KJHG). Das KJHG wird damit dem derzeitigen Stand in der S. nicht gerecht.

Die weitest entwickelten Schulsozialarbeitsprojekte verstehen sich als Projekte der *Jugendhilfe* und leiten ihren Auftrag und ihre Betrachtungsweise der Problemlagen aus dem Auftrag der Jugendhilfe ab. Sie versuchen, die SchülerInnen in ihrem gesamten sozialen Umfeld zu begreifen, bestehende Problemlagen ganzheitlich zu erklären, neu sich entwickelnde Problemfelder rechtzeitig zu erkennen und präventive Arbeitsansätze zu entwickeln. Dabei folgen sie sozialpädagogischen Prinzipien wie z.B. dem Freiwilligkeitsprinzip.

Bisher sind alle Schulsozialarbeitsprojekte konfliktreich verlaufen. Dies erklärt sich durch die unterschiedlichen Aufträge, Selbstverständnisse und Prinzipien der Systeme Schule und Jugendhilfe, die in S. aufeinandertreffen. Schule ist eine Pflichtveranstaltung, S. folgt dem Prinzip der freiwilligen Teilnahme. Schule hat feste Strukturen und verfolgte feste Lehrpläne. S. muß sich flexibel auf die individuellen Mög-

lichkeiten und Bedürfnisse der SchülerInnen einstellen können. Schule vermittelt Kulturtechniken und soziales Verhalten, verteilt Zukunftschancen, betreibt Selektion, bewertet und normiert. S. befaßt sich u. a. mit den Schäden, die Schule und *Gesellschaft* bei Kindern und Jugendlichen anrichten.
Die Forderungen der Schule nach eingreifender SozArb, gekoppelt mit der Erwartung, S. müsse sich an ihrem Bedarf orientieren, trifft auf den Anspruch der S., sich an den Bedürfnissen der SchülerInnen zu orientieren. Der Kampf um die Regelung der Dienst- und Fachaufsicht und damit um den Einfluß auf Form und Inhalt der S. gehörte daher von Anfang an zu den zentralen Auseinandersetzungspunkten.
In der Folge haben sich unterschiedliche Trägerschaften etabliert. Erfahrungsgemäß haben Schulsozialarbeitsprojekte, die von freien Jugendhilfeträgern durchgeführt werden, die größten Gestaltungsspielräume, stehen jedoch i. d. R. auch unter großem Legitimationsdruck (Beispiel: Projekt Sozialarbeit in der Schule Frankfurt/M.; S. in Kassel und Baunatal bis 1991, beide in Trägerschaft der Arbeiterwohlfahrt). S. in Trägerschaft des *Jugendamt*es unterliegt dessen Gesetzmäßigkeiten, Ansprüchen, Erwartungen und Aufträgen, hat aber häufig in dem oben beschriebenen Konflikt eine stärkere Position, weil eine kommunale Institution dahintersteht (Beispiel: S. Wiesbaden). S. in schulischer Verantwortung ist bisher immer den schulischen Bedürfnissen untergeordnet worden (Beispiel: S. an Mittelstufenzentren Berlin).
Abgesicherte institutionalisierte Formen von S. gibt es z. Z. nur in Schul- oder Jugendamtsträgerschaft. Die Projekte Freier Träger sind i. d. R. von jährlich wiederkehrender Bewilligung abhängig.
Die ersten Schulsozialarbeitsprojekte entstanden in der BRD und West-Berlin zu Beginn der 70er Jahre im Rahmen der Bildungsreform.
Ziel der Bildungsreform war, Bildungsreserven zu mobilisieren, für eine gerechtere Verteilung der Bildungschancen zu sorgen und der Persönlichkeitsbildung mehr Aufmerksamkeit zu schenken (*Bildung*). Schon in ihren Anfängen wurde die Bildungsreform aber durch massive politische Auseinandersetzungen behindert und schließlich zum Stillstand gebracht. Die Bund-Länder-Kommission für Bildungsplanung und Schulentwicklung beschloß 1974 in einem großzügig angelegten Modellprogramm, mit Hilfe von Schulsozialarbeitsprojekten das Bildungsreformziel, die Arbeit der Schule stärker an sozialpädagogischen Zielsetzungen zu orientieren, wiederaufzunehmen. Lediglich 3 Modellversuche wurden in bescheidenem Umfang realisiert. Alle 3 Projekte wurden von freien Trägern der Wohlfahrtspflege durchgeführt und waren daher dem direkten Zugriff der Schulen entzogen.
Auch in den Stadtstaaten Hamburg, Bremen und West-Berlin wurde S. eingeführt. Während in Bremen der Sozialdienst in Schulen bewußt organisatorisch von der Schule getrennt, beim Senator für Jugend, Familie und Sport angesiedelt wurde, konnte dieses Modell in Hamburg und West-Berlin nicht durchgesetzt werden.
Eine regelmäßige Kooperation von Schulsozialarbeitsprojekten findet z. Z. nur im Land Hessen im Rahmen des Hessischen Arbeitskreis S. statt. Ein bundesweiter Erfahrungsaustausch wurde über den Arbeitskreis S. des Bundesverbandes der AWO (Bonn) bis Ende 1993 organisiert. *G. Segel*

Literatur: BAG Jugendaufbauwerk (Hrsg.): Schulsozialarbeit. Bde. 1–4, Bonn 1973 ff.; DJI Reihe Materialien zur Schulsozialarbeit. Bde. 1–10, München 1983 ff.; Bundesminister für Bildung und Wissenschaft (Hrsg.): Schulsozialarbeit – Erste Erfahrungen und einige Konsequenzen aus den Modellversuchen Schulsozialarbeit, Bonn 1978; Gemeinnützige Gesellschaft Gesamtschule e. V. (Hrsg.): Schulsozialarbeit an Gesamtschulen, Ammersbek 1980; W. Großmann: Aschenputtel im Schulalltag. Historische Entwicklungen und Perspektiven von Schulsozialarbeit, Weinheim 1987; H. Rademacker: Schulsozialarbeit – die beargwöhnte Liaison von Jugendhilfe und Schule, in: Jugendarbeit und Schule, Weinheim 1995; P. Salustowicz: Schulsozialarbeit – ein Plädoyer für verlorene Sache?, Darmstadt 1986; G. Segel: Autonomie und Corporate Identity, eine Betrachtung am Beispiel der Schulsozialarbeit in Kassel und Baunatal, Dipl. Arbeit an der GHS, Kassel 1994; K. J. Tillmann (Hrsg.): Schulsozialarbeit – Problemfelder und Erfahrungen aus der Praxis, München 1982.

Schwangerschaftsberatung

S. umfaßt die Information und *Beratung* schwangerer Frauen und ihnen nahestehender Personen über gesundheitliche, psychische, soziale und wirtschaftliche Aspekte von Schwangerschaft und Geburt (d. h. zugleich: Familiengründung bzw. -erweiterung) sowie die Vermittlung von Sozialleistungen und Hilfen bei Problemen in den genannten Lebensbereichen. Ziele der S. sind insbesondere, einen in physischer, psychischer und sozialer Hinsicht komplikationsarmen Verlauf von Schwangerschaft und Geburt zu ermöglichen, werdenden Eltern Orientierungshilfe gegenüber den zahlreichen Sozialleistungen und sonstigen Hilfen für diese Lebensphase zu geben und sie bei schwierigen Entscheidungen zu unterstützen (z. B. über Fortsetzung oder Abbruch einer ungewollten Schwangerschaft, Reaktion auf Diagnose einer erblichen oder durch pränatale Einflüsse bewirkten Krankheit oder Behinderung). Darüber hinaus will S. durch Aufklärung und Vermittlung von Hilfen auch die Voraussetzungen für pränatale Entwicklung und frühkindliche Sozialisation (frühkindliche Erziehung) verbessern.
S. entstand Ende des 19. Jh. ursprünglich aus der Einsicht in die Notwendigkeit gesundheitsfürsorgerischer Maßnahmen, um die hohe Mütter- und Säuglingsmortalität und -morbidität besonders in den unteren sozialen Schichten zu senken und daraus folgende soziale Notlagen zu lindern oder zu vermeiden (*Mutterschutz*), wobei auch bevölkerungspolitische Gesichtspunkte eine Rolle spielten (verstärkter Geburtenrückgang um 1900, *Bevölkerungsentwicklung*). Als Reaktion auf die nach dem 1. Weltkrieg rapide steigende Zahl illegaler Abtreibungen und ihre gesundheitlichen und sozialen

Folgen erweiterte sich der Horizont der Beratung allmählich auch auf die Verhütung ungewollter Schwangerschaften (Familienplanung) und Sexualaufklärung; mit der Machtergreifung durch die Nationalsozialisten, die ihre pronatalistische Bevölkerungspolitik auch durch Ächtung der Verhütung durchzusetzen versuchten, wurde diese Entwicklung allerdings wieder unterbrochen.

Die gesundheitliche S. ist heute bis auf Teilbereiche mit ausgeprägter psychosozialer Ausrichtung (z.B. Geburtsvorbereitungskurse, Stillgruppen) weitgehend in die allgemeine Gesundheitsversorgung (ärztliche Versorgung im Rahmen der gesetzlichen Krankenversicherung; §§ 195ff. RVO, § 38 BSHG) und den öffentlichen Gesundheitsdienst (Gesundheitsämter) integriert. Daneben sind aber v.a. seit den 60er Jahren (Vorläufer schon in den 20er Jahren) Beratungsstellennetze für die psychosoziale S. (besonders durch Träger der freien Wohlfahrtspflege) und für die humangenetische Beratung (besonders an Universitätskliniken) entstanden.

Humangenetische S. entstand zu Beginn des 20. Jh. zunächst v.a. aus eugenischen Motiven (*Eugenik*). Nach einer Phase der Diskreditierung durch die Vernichtungspolitik des Nationalsozialismus gegenüber Minderheiten und Behinderten (Zwangssterilisation und -abtreibung) erlebt die genetische Beratung seit den 60er Jahren eine Renaissance, die durch die rapide wachsenden Möglichkeiten pränataler Diagnose nicht nur vererbbarer Krankheiten und Behinderungen, sondern auch vorgeburtlicher Schädigungen der Leibesfrucht begünstigt wird. Wenn auch medizinische, psychologische und soziale Hilfe für Kinder und Eltern im Selbstverständnis der genetischen Beratung heute an erster Stelle steht, sieht diese sich doch der Kritik ausgesetzt, da derartige Hilfen nur sehr begrenzt zur Verfügung stehen und nicht zuletzt deswegen eugenisches Denken – oft unausgesprochen – weiterhin eine bedeutende Rolle spielt.

Soziale S. entwickelte sich zunächst in einem sozialmedizinischen Kontext aus der Einsicht, daß die Gesundheit von Schwangeren, Müttern und Kleinkindern durch die Verarmung breiter Schichten der Bevölkerung im Zuge der Industrialisierung und infolge von Wirtschaftskrisen besonders stark gefährdet wurde. Einen enormen Aufschwung und eine psychologische Erweiterung erfuhr die soziale S. in den 70er Jahren. Dazu trug zum einen die zunehmende Unübersichtlichkeit von Sozialleistungen (nach BKGG, BErzGG, BSHG, AFG, BAFöG, KJHG, Wohnungs- und Steuerrecht, um nur die wichtigsten zu nennen) und anderen sozialen Hilfen (z.B. Bundesstiftung »Mutter und Kind« seit 1984 und ähnliche Stiftungen und Hilfsfonds der Länder, Kommunen und Kirchen) bei. Hinzu kam ein wachsendes Bewußtsein von der Bedeutung sozialer und psychischer Konfliktpotentiale während der Schwangerschaft und nach der Geburt. Den stärksten Anstoß jedoch gab die 1976 mit der Reform des § 218 StGB eingeführte gesetzliche Pflicht zu Beratung über soziale Hilfen (sowie ärztlicher Beratung), die damit neben einer ärztlich festgestellten Indikation Voraussetzung für einen legalen Schwangerschaftsabbruch wurde. Für die gesetzlich vorgeschriebene Sozialberatung entstand, durch ein Modellprogramm von Bund und Ländern gefördert, innerhalb weniger Jahre ein bundesweites Netz von annähernd 1000 anerkannten Beratungsstellen und mehr als 1000 als (Sozial-)Beratern anerkannten niedergelassenen Ärzten. Der 1976 geschaffene strafrechtliche Zwang zu einer Beratung ist bis heute kontrovers geblieben, da er mit elementaren Prinzipien wissenschaftlich begründeter Beratung kaum oder gar nicht vereinbar ist (z.B. Freiwilligkeit, Freiheit von Einflußnahme durch Dritte).

In der DDR war etwa zeitgleich ein flächendeckendes Netz von Schwangerschaftsberatungsstellen mit sozial- und gesundheitsfürsorgerischen Aufgaben aufgebaut worden. Dort spielte die Beratung bei ungewollter Schwangerschaft jedoch bis 1989 nur eine marginale Rolle. Mit dem Gesetz über die Unterbrechung der Schwangerschaft von 1972 hatten Frauen dort das Recht auf einen Schwangerschaftsabbruch innerhalb von 12 Wochen nach der Empfängnis erhalten. Voraussetzung war lediglich die Aufklärung der Frau über die medizinische Bedeutung des Eingriffs und ihre Beratung über die künftige Anwendung schwangerschaftsverhütender Methoden und Mittel durch den Arzt, der den Abbruch durchführte.

Nach dem Beitritt der DDR zur BRD bestanden beide Regelungen zunächst fort. Das Schwangeren- und Familienhilfegesetz vom 27.7.1992 sollte das Rechtsgebiet des Schwangerschaftsabbruchs durch eine Fristenregelung mit Beratungspflicht vereinheitlichen. Teile des SFHG, darunter die Beratungsregelung, wurden jedoch vom BVerfG mit Urteil vom 28.5.1993 für nichtig erklärt und durch eine Übergangslösung ersetzt, die bis zum Inkrafttreten der parlamentarisch beschlossenen Neuregelung (Schwangeren- und Familienhilfeänderungsgesetz) am 1.10.1995 galt.

Seither ist der Schwangerschaftsabbruch bundesweit innerhalb von 12 Wochen nach der Empfängnis erlaubt, wenn die Frau durch eine Bescheinigung nachweist, daß sie sich mindestens drei Tage vor dem Eingriff in einer staatlich anerkannten Beratungsstelle hat beraten lassen. Eine Pflicht zur Beratung besteht hingegen nicht bei kriminologischer (Schwangerschaft aufgrund einer Straftat, z.B. Vergewaltigung; Frist ebenfalls 12 Wochen) oder medizinischer Indikation zum Abbruch (schwerwiegende Gesundheits- oder Lebensgefahr für die Schwangere; keine Frist).

Die S. ist seit 1.10.1995 durch das Schwangerschaftskonfliktgesetz (SchKG) geregelt. Abschnitt 1 des SchKG befaßt sich unter der Überschrift »Aufklärung, Verhütung, Familienplanung und Beratung« mit der allgemeinen S. und mit weiteren präventiven Aufgaben im Vorfeld einer Schwangerschaft.

Die obligatorische S. in dem Fall, daß die Frau einen Abbruch ihrer Schwangerschaft erwägt oder wünscht, regeln Abschnitt 2 SchKG (»Schwangerschaftskonfliktberatung«) und § 219 StGB. Diese Beratung soll dem Schutz des ungeborenen Lebens dienen, zugleich allerdings »ergebnisoffen« sein, von der Verantwortung der Frau ausgehen und ohne Belehrung oder Bevormundung erfolgen. Da dem BVerfG zufolge die wissenschaftlich anerkannten Grundsätze einer Konfliktberatung zu berücksichtigen sind, darf die Gesprächs- und Mitwirkungsbereitschaft der Frau nicht erzwungen werden. Aufgabe der Beratung ist neben der Konfliktberatung im engeren Sinne die medizinische, soziale und juristische Information, die Darlegung von Rechtsansprüchen und möglichen praktischen Hilfen, sowie das Angebot weiterer Unterstützung (z. B. bei der Wohnungssuche), einer Nachbetreuung und der Beratung über Schwangerschaftsverhütung. Für die sog. Schwangerschaftskonfliktberatungsstellen gilt ein spezielles staatliches Anerkennungs- und Überwachungsverfahren, wonach z. B. zu jeder Beratung Aufzeichnungen über den wesentlichen Inhalt des Gesprächs und angebotene Hilfsmaßnahmen angefertigt werden müssen. Als Beratungsstellen können auch Ärzte anerkannt werden. Die Beratung ist für die Frau und sie begleitende Personen unentgeltlich.

Bemühungen um eine umfassendere räumliche und institutionelle Integration der verschiedenen Angebote medizinischer, sozialer und psychologischer S. mit dem Ziel, ihre Qualität durch interdisziplinäre Teams (v. a. sozialarbeiterische und -pädagogische, psychologische und ärztliche Fachkräfte) zu verbessern und ihre Inanspruchnahme zu erleichtern, gibt es bisher nur in Ansätzen, etwa in den Gesundheits- und Sozialdiensten einzelner Großstädte (»sozialmedizinische Dienste« in Berlin) oder in den Einrichtungen der PRO FAMILIA Deutsche Gesellschaft für Familienplanung, Sexualpädagogik und Sexualberatung, ebenso eine stärkere Verknüpfung mit angrenzenden Beratungsangeboten (*Familienberatung*). Statt dessen hat die im alten Bundesgebiet vorherrschende Struktur der S. mittlerweile auch in den neuen Bundesländern das in der DDR entstandene, stärker integrierte Versorgungssystem (ärztliche und soziale S. in Polikliniken) abgelöst.

J. v. Baross

Literatur: P.-A. Albrecht u. a. (Hrsg.): Das Urteil zu § 218 StGB in Wortlaut und Kommentar, KritV (Kritische Vierteljahresschrift für Gesetzgebung und Rechtswissenschaft), Sonderheft 1/1993; BMFuS (Hrsg.): Familie und Beratung. Familienorientierte Beratung zwischen Vielfalt und Integration. Gutachten des Wissenschaftlichen Beirats für Familienfragen beim BMFuS, Schriftenreihe des BMFuS Bd. 16, Stuttgart 1993; B. Holzauer: Schwangerschaft und Schwangerschaftsabbruch, Freiburg 1989; M. Koschorke/J. F. Sandberger (Hrsg.): Schwangerschafts-Konflikt-Beratung, Göttingen 1978.

Schweigepflicht

Für staatlich anerkannte SozArb/SozPäd sowie deren Gehilfen und Praktikanten besteht eine mehrfach gesetzlich normierte S., d. h. sie dürfen fremde Privatgeheimnisse nicht weitergeben.

Von zentraler Bedeutung ist hierfür der § 203 StGB (Verletzung von Privatgeheimnissen), aber auch die Regelungen des § 35 SGB I (Sozialgeheimnis) und §§ 67 ff. SGB X (Schutz der Sozialdaten), sowie Verschwiegenheitspflichten als arbeitsrechtliche vertragliche Nebenpflichten aus der Treuepflicht des Arbeitnehmers sind zu nennen. In der DDR war die Verletzung von Berufsgeheimnissen durch § 136 des StGB unter Strafe gestellt.

Die strafrechtlich sanktionierte S. ist Ausdruck anderweitig materiell geregelter Geheimhaltungspflichten und letztlich Folge des aus Art. 1 und 2 GG abgeleiteten ›informellen Selbstbestimmungsrechts‹, nämlich der Befugnis des einzelnen, grundsätzlich selbst zu entscheiden, wann persönliche Lebenssachverhalte offenbart werden (vgl. BVerfGE 65, 1).

Geheimnisse i. S. d. § 203 StGB sind alle nur einem beschränkten Kreis bekannten Tatsachen, an deren Bewahrung der Klient ein Interesse hat. Offenbart ist ein Geheimnis dann, wenn die geheime Tatsache – das kann auch der Kontakt selbst sein – und die Person, auf die sich das Geheimnis bezieht, einem anderen mitgeteilt wird. Eine allgemeine Fallbesprechung oder das Führen einer anonymisierten Statistik gehört also nicht dazu.

Da nicht jede Offenbarung strafbar sein kann, ist das wichtigste und umstrittenste Tatbestandsmerkmal der Begriff ›unbefugt‹, das immer dann vorliegt, wenn etwas ohne Rechtfertigungsgrund geschieht. Für SozArb/SozPäd lassen sich folgende Rechtfertigungsgründe kurz nennen – in allen anderen Fällen gilt die S. mit einer Strafandrohung von bis zu 1 Jahr Freiheitsstrafe, in besonderen Fällen sogar 2 Jahre:

1. Erlaubt ist die Offenbarung bei Einwilligung des Klienten. Diese kann explizit oder stillschweigend gegeben werden, sie muß nicht schriftlich, aber eindeutig sein. Die Notwendigkeit der Einwilligung gilt grundsätzlich auch für den Sozialdatenfluß innerhalb von Behörden (vgl. Giese/Kramer 1991, § 35 Rz 10). Die S. wird hier nur insoweit eingeschränkt, als man davon ausgehen kann, daß der Klient zumindest stillschweigend einwilligt, daß Daten beispielsweise an eine Urlaubsvertretung, eine Schreibkraft oder einen Vorgesetzten weitergegeben werden (*Daten- und Geheimnisschutz*).
2. Gerechtfertigt ist die Offenbarung, wenn ausnahmsweise eine gesetzliche Anzeigepflicht gem. § 138 StGB besteht. Dieses betrifft aber nur eine sehr kleine Gruppe schwerster geplanter Straftaten (z. B. Mord, Völkermord, Raub), wobei straffrei gem. § 139 Abs. 4 der bleibt, der die Tat anders, beispielsweise durch ein Gespräch, abwendet. Für SozArb gibt es keine Pflicht zur Anzeige abgeschlossener Straftaten – somit rechtfertigt ein solches Vorhaben auch nicht den Bruch der S.
3. Legitimiert sind Offenbarungen von Privatgeheimnissen, wenn dies einem gesetzlichen Auftrag beispielsweise der Gerichts- oder *Bewährungshilfe* entspricht. Befugt ist der SozArb zu der Berichterstattung aber nur entsprechend dem Auftrag und gegenüber dem beauftragenden Gericht.
4. Da SozArb/SozPäd im allemeinen kein *Zeugnisver-*

weigerungsrecht gem. § 53 StPO zugebilligt wird, sie also eine Pflicht zur Zeugenaussage haben, sind entsprechende Mitteilungen befugt und damit kein Bruch der S.
5. Gerechtfertigt kann eine Offenbarung eines Privatgeheimnisses auch durch einen allgemeinen rechtfertigenden Notstand gem. § 34 StGB sein, der SozArb wie jedem anderen Bürger zusteht. Dies betrifft z.B. Informationen über Kindesmißhandlungen zu dem Zweck, diese abzuwenden. Dies kann in letzter Konsequenz, wenn das Ziel nicht anders zu erreichen ist, auch eine Mitteilung an die Polizei unter Bruch des Schweigens sein.

Unbefugt ist eine Offenbarung eines Privatgeheimnisses grundsätzlich auch dann, wenn sie gegenüber einer Person erfolgt, die selbst gem. § 203 StGB schweigepflichtig ist.
Strafbar oder ordnungswidrig kann eine unbefugte Datenoffenbarung zusätzlich nach dem Bundesdatenschutzgesetz sein. *H. Cornel*

Literatur: D. Giese/U. Kramer: Kommentar zum Sozialgesetzbuch, Köln/Berlin/Bonn/München 1991; K. Lackner: Strafgesetzbuch mit Erläuterungen, München 1993, § 203; J. Münder u.a.: Frankfurter Lehr- und Praxiskommentar zum KJHG, Münster [2]1993.

Schwerbehindertengesetz

Eine der wichtigsten Grundlagen zur Förderung der *Rehabilitation* der Behinderten ist das »Gesetz zur Sicherung der Eingliederung Schwerbehinderter in Arbeit, Beruf und Gesellschaft« (Schwerbehindertengesetz – SchwbG) i.d.F. der Bekanntmachung vom 26.8.1986 (BGBl. I S. 1421, 1550), zuletzt geändert durch Art. 6 des Gesetzes zur Änderung des Gesetzes zur Bekämpfung der Schwarzarbeit und zur Änderung anderer Gesetze vom 26. Juli 1994 (BGBl. I S. 1792).
Seine grundlegende Bedeutung für die *Rehabilitation* besteht in der Hinwendung zum Finalprinzip der Rehabilitation, d.h. zu einem Leistungssystem, das nicht mehr an den Ursachen der Behinderung (Kausalprinzip), sondern nur noch am Bedarf ausgerichtet ist. Während frühere Regelungen v.a. auf die berufliche Eingliederung der kriegsbeschädigten Soldaten, später auch der schwerbeschädigten Arbeitsopfer, der Unfallgeschädigten sowie der Opfer der nationalsozialistischen Gewaltherrschaft abzielten, richtet sich das SchwbG auf die umfassende gesellschaftliche Eingliederung aller Schwerbehinderten.
Diese Entwicklung erfolgte durch das »Gesetz zur Weiterentwicklung des Schwerbeschädigtenrechts« vom 24.4.1974, mit dem das neue SchwbG geschaffen wurde, das am 1.5.1974 in Kraft trat. In den geschützten Personenkreis wurden unabhängig von der Art und Ursache der Behinderung als Schwerbehinderte alle anerkannten Behinderten mit einer Minderung der Erwerbsfähigkeit (MdE) von wenigstens 50% einbezogen, außerdem als gleichgestellte Personen mit einer MdE von wenigstens 30%, wenn infolge der Behinderung ein geeigneter Arbeitsplatz nicht erlangt oder behalten werden kann.
Seit der Neufassung des SchwbG von 1986 ist der Begriff des Schwerbehinderten nicht mehr durch den Grad der Minderung der Erwerbsfähigkeit, sondern sachgerecht durch den Grad der Behinderung (GdB) definiert. Der Begriff MdE wurde ersetzt, um Mißverständnisse zu vermeiden, die sich auf das Einstellungsverhalten der Arbeitgeber nachteilig auswirken können. Die Maßstäbe und Kriterien zur Beurteilung wurden beibehalten. Zur Klarstellung wurde der Begriff »Behinderung« im Gesetz definiert (§ 3 SchwbG). Behinderung ist danach die Auswirkung einer nicht nur vorübergehenden Funktionsbeeinträchtigung, die auf einem regelwidrigen körperlichen, geistigen oder seelischen Zustand beruht. Als »regelwidrig« wird der Zustand angesehen, der von dem für das Lebensalter typischen abweicht. Als »nicht nur vorübergehend« gilt ein Zeitraum von mehr als 6 Monaten. Bei mehreren sich gegenseitig beeinflussenden Funktionsbeeinträchtigungen ist deren Gesamtauswirkung maßgeblich.
Zur Verwirklichung der Ziele des SchwbG enthält das Gesetz ein aufeinander abgestimmtes System von Förderungs- und Schutzvorschriften, die unmittelbare Rechtspflichten insbesondere für Arbeitgeber begründen, so z.B.:

- Private Arbeitgeber und Arbeitgeber der öffentlichen Hand, die über mindestens 16 Arbeitsplätze verfügen, haben auf wenigstens 6 v.H. der Arbeitsplätze Schwerbehinderte zu beschäftigen (§ 5 Abs. 1 – Beschäftigungspflicht).
- Solange Arbeitgeber die vorgeschriebene Zahl Schwerbehinderter nicht beschäftigen, haben sie für jeden unbesetzten Pflichtsatz eine Ausgleichsabgabe von 200 DM je Monat und unbesetzten Pflichtplatz zu zahlen (§ 11 Abs. 1 und 2).
  Alle Arbeitgeber, auch solche, die nicht beschäftigungspflichtig sind oder die ihre Beschäftigungspflicht erfüllt haben, müssen bei der Besetzung freier Arbeitsplätze prüfen, ob diese mit Schwerbehinderten, insbesondere mit beim Arbeitsamt gemeldeten Schwerbehinderten, besetzt werden können (§ 14 Abs. 1 Satz 1).
- Jeder Arbeitgeber ist verpflichtet, die Schwerbehinderten so zu beschäftigen, daß diese ihre Fähigkeiten und Kenntnisse möglichst voll verwerten und weiterentwickeln können, sie bei innerbetrieblichen Maßnahmen der beruflichen Bildung bevorzugt zu berücksichtigen und die Teilnahme an außerbetrieblichen Maßnahmen in zumutbarem Umfang zu erleichtern (§ 14 Abs. 2).
  Darüber hinaus hat er für eine behindertengerechte Ausstattung des Arbeitsplatzes, des Arbeitsumfeldes und ggf. der Arbeitsabläufe Sorge zu tragen (§ 14 Abs. 3).
- Die Beschäftigungsverhältnisse Schwerbehinderter können im Regelfall durch Rechtshandlungen des

Arbeitgebers gegen den Willen des Arbeitnehmers nur beendet werden, wenn die Hauptfürsorgestelle der Beendigung zuvor zugestimmt hat oder wenn ihre Zustimmung durch eine Entscheidung im Rechtsmittelverfahren ersetzt wird (§§ 15ff.).

- Der Arbeitgeber hat einen Beauftragten zu bestellen, der ihn in Angelegenheiten der Schwerbehinderten vertritt. Dieser hat v.a. darauf zu achten, daß die dem Arbeitgeber obliegenden Verpflichtungen aus dem SchwbG erfüllt werden (§ 28).
- Zur Vertretung der Interessen der Schwerbehinderte sind in Betrieben und Dienststellen, in denen wenigstens 5 Schwerbehinderte nicht nur vorübergehend beschäftigt sind, ein Vertrauensmann oder eine Vertrauensfrau zu wählen (§ 24). Nach den Erfahrungen in der Praxis kommt den Vertrauensleuten für die Eingliederung Schwerbehinderter in das Arbeits- und Berufsleben besondere Bedeutung zu. Sie sollen deshalb ebenso wie die kollektive Interessenvertretung der Beschäftigten schon im Vorfeld, nicht nur wenn Bewerbungen Schwerbehinderter vorliegen, an der Prüfung beteiligt werden, ob freie Arbeits- und Ausbildungsplätze mit Schwerbehinderten, insbesondere beim Arbeitsamt arbeitslos, arbeitssuchend oder Ausbildungsstellen suchend gemeldeten Schwerbehinderten, besetzt werden können (§ 14 Abs. 1 Satz 1). Hierzu ist es erforderlich, daß sie vom Arbeitgeber, der zur Prüfung verpflichtet ist, vor der Besetzung des Arbeits- oder Ausbildungsplatzes i.d.R. rechtzeitig und umfassend unterrichtet und vor einer Entscheidung angehört werden; die getroffene Entscheidung ist ihnen unverzüglich mitzuteilen (§ 25 Abs. 2).
- Schwerbehinderte haben weiterhin Anspruch auf einen bezahlten zusätzlichen Urlaub von 5 Arbeitstagen im Urlaubsjahr (§ 47) und sind auf Verlangen von Mehrarbeit freizustellen (§ 46).

Das SchwbG ist kein Gesetz, in dem alle für Behinderte und Schwerbehinderte relevanten Vorschriften über Maßnahmen, Leistungen und Einrichtungen zur Rehabilitation und Integration und über sog. Vergünstigungen zusammengefaßt sind (*Behindertenhilfe*). Vielmehr ist es ein Teil des Rechts zur Rehabilitation Behinderter.

Das SchwbG ist in erster Linie ein Gesetz für Arbeitnehmer und sonstige abhängig Beschäftigte. Insofern hält es ein Instrumentarium vor, das dazu beitragen soll, Schwerbehinderten einen geeigneten, behindertengerechten Ausbildungs- oder Arbeitsplatz zu verschaffen und zu erhalten sowie behinderungsbedingte Nachteile oder Mehraufwendungen im Arbeits- und Berufsleben auszugleichen.

Soweit die Verpflichtungen aus dem SchwbG nicht durch freie Entschließung der Arbeitgeber erfüllt werden, wird das Gesetz von den Hauptfürsorgestellen und der Bundesanstalt für Arbeit in enger Zusammenarbeit durchgeführt (§ 30). Diese verfügen über ein umfangreiches Instrumentarium an Hilfen zur beruflichen Eingliederung von Schwerbehinderten, insbesondere auf der Rechtsgrundlage des *Arbeitsförderungsgesetzes* und der Schwerbehinderten-Ausgleichsabgabeverordnung. Durch finanzielle Hilfen an Arbeitgeber bzw. an Schwerbehinderte können die Hauptfürsorgestellen der Länder und die Dienststellen der Bundesanstalt für Arbeit die Einstellung und Beschäftigung Schwerbehinderter wirksam fördern. Im wesentlichen werden diese finanziellen Leistungen aus der Ausgleichsabgabe (§ 11) bereitgestellt.

Die zulässige Verwendung der Ausgleichsabgabe ist i.e. durch die Zweite Verordnung zur Durchführung des Schwerbehindertengesetzes (Schwerbehinderten-Ausgleichsabgabeverordnung – SchwbAV) vom 28.3.1988 (BGBl. I S. 484) festgelegt. Danach sind die Mittel ausschließlich zu verwenden für: die besondere Förderung der Einstellung und Beschäftigung; Leistungen zur Förderung des Arbeits- und Ausbildungsplatzangebots für Schwerbehinderte; Leistungen zur begleitenden Hilfe im Arbeits- und Berufsleben für Schwerbehinderte; Leistungen für Einrichtungen zur Eingliederung Schwerbehinderter in das Arbeits- und Berufsleben; Leistungen zur Durchführung von Aufklärungs-, Fortbildungs- und Forschungsmaßnahmen auf dem Gebiet der Eingliederung Schwerbehinderter in das Arbeits- und Berufsleben; die Entwicklung technischer Arbeitshilfen und Modellvorhaben zur Weiterentwicklung der Arbeits- und Berufsförderung Schwerbehinderter.

Das SchwbG wurde durch vier Durchführungsverordnungen weiter ausgeformt: a) Erste Verordnung zur Durchführung des Schwerbehindertengesetzes (Wahlordnung Schwerbehindertengesetz – SchwbWO) i.d.F. vom 23.4.1990 (BGBl. I S. 811); b) Zweite Verordnung zur Durchführung des Schwerbehindertengesetzes (Schwerbehinderten-Ausgleichsabgabeverordnung – SchwbAV) vom 28.3.1988 (BGBl. I S. 484); c) Dritte Verordnung zur Durchführung des Schwerbehindertengesetzes (Werkstättenverordnung Schwerbehindertengesetz – SchwbWV) vom 13.8.1980 (BGBl. I S. 1365), geändert durch die Erste Verordnung zur Änderung der Werkstättenverordnung Schwerbehindertengesetz vom 14.12.1992 (BGBl. I S. 2013) und d) Vierte Verordnung zur Durchführung des Schwerbehindertengesetzes (Ausweisverordnung Schwerbehindertengesetz – SchwbAwV) i.d.F. der Bekanntmachung vom 25.7.1991 (BGBl. I S. 1739).

Eine besondere Funktion bei der Eingliederung Schwerbehinderter haben die Werkstätten für Behinderte (§§ 54f. i.V.m. der Werkstättenverordnung). Sie bieten denjenigen Behinderten, die wegen Art oder Schwere der Behinderung nicht, noch nicht oder noch nicht wieder auf dem allgemeinen Arbeitsmarkt tätig sein können, einen Arbeitsplatz oder Gelegenheit zur Ausübung einer geeigneten Tätigkeit. Die Werkstatt muß es den Behinderten ermöglichen, ihre Leistungsfähigkeit zu entwickeln, zu erhöhen oder wiederzugewinnen und ein dem Leistungsvermögen angemessenes Arbeitsentgelt zu erreichen. Hierzu soll ein möglichst breites Angebot an Arbeitsplätzen und Plätzen für Arbeitstraining angeboten werden. Bundesweit stehen

derzeit ca. 580 anerkannte Werkstätten für Behinderte mit rd. 140000 Plätzen für diesen Personenkreis zur Verfügung. Die rechtliche und wirtschaftliche Situation der Behinderten in Werkstätten für Behinderte ist schon seit Jahren Gegenstand intensiver Überlegungen. Leider haben die vielfältigen Bestrebungen, die Entlohnung, die Mitwirkungsrechte und den Status der beschäftigten behinderten Mitarbeiter wirkungsvoller zu regeln, bis jetzt noch keinen Erfolg gehabt.
Das SchwbG beschränkt sich aber nicht nur auf Schwerbehinderte, die im Arbeitsleben stehen, sondern hat auch für Schwerbehinderte Bedeutung, die nicht, noch nicht oder nicht mehr im Arbeitsleben stehen. Dies gilt insbesondere im Hinblick auf das im 11. Abschnitt geregelte Recht der unentgeltlichen Beförderung im öffentlichen Personenverkehr (§§ 59ff.). Dieser Abschnitt wurde mit Wirkung vom 1.10.1979 in das SchwbG eingefügt und begründet für Schwerbehinderte, die infolge ihrer Behinderung in ihrer Bewegungsfähigkeit im Straßenverkehr erheblich beeinträchtigt oder hilflos oder gehörlos sind, dem Grunde nach einen Anspruch auf unentgeltliche Beförderung im öffentlichen Personenverkehr. Die zur unentgeltlichen Beförderung verpflichteten Verkehrsunternehmen haben nach Maßgabe der §§ 62ff. gegenüber Bund und Ländern einen Erstattungsanspruch der ihnen entstandenen Fahrgeldausfälle.
Das derzeitige System von Leistungen und sonstigen Hilfen zur Rehabilitation und Eingliederung Behinderter wird von vielen Fachleuten, insbesondere aber auch von den Betroffenen selbst, als unübersichtlich angesehen. So wird seit vielen Jahren, v.a. seit dem Beschluß der 62. Arbeits- und Sozialministerkonferenz der Länder im Juni 1986, die Forderung erhoben, »das gesamte Leistungsrecht der medizinischen, beruflichen und sozialen Rehabilitation in einem besonderen Buch des Sozialgesetzbuches soweit wie möglich zu harmonisieren und zu kodifizieren«. Für die Zusammenfassung der Regelungen zur Eingliederung Behinderter in einem Neunten Buch des *Sozialgesetzbuch*es – SGB IX – sprechen viele Gründe, insbesondere könnte hierdurch gewährleistet werden, allen gleich Betroffenen unabhängig von Art und Ursache der Behinderung gleichwertige Leistungen und sonstige Hilfen zukommen zu lassen, und zwar unter möglichst weitgehender Bereinigung, Vereinheitlichung und damit auch Vereinfachung der einschlägigen Rechtsvorschriften. Der Deutsche Bundestag hat zuletzt bei der Diskussion des 2. Berichts der Bundesregierung über die Lage der Behinderten und die Entwicklung der Rehabilitation am 20.2.1992 durch einstimmigen Beschluß ein entsprechendes Gesetzgebungsvorhaben zum SGB IX gefordert.
Die Einordnung des Schwerbehinderten- und Rehabilitationsrechts in ein SGB IX dürfte einen Schwerpunkt der sozialpolitischen Arbeit des 13. Deutschen Bundestages bilden. *H. Rauschenbach*

Literatur: U. Adlhock: Die neue Schwerbehinderten-Ausgleichsabgabeverordnung, in: Behindertenrecht 1988, 73ff., 107ff., 131ff.; H. Cramer: Schwerbehindertengesetz. Kommentar, München [4]1992; D. Dewolle: Schwerbehindertengesetz, Loseblattsammlung, Percha, seit 1974; Dörner: Schwerbehindertengesetz. Kommentar, 83. Erg.-Lfg., Starnberg 1995; K. Heuser: Die Wahl der Schwerbehindertenvertretungen, in: Behindertenrecht 1990, 25ff.; Jung/Preuß: Rechtsgrundlagen der Rehabilitation, Loseblattsammlung, Starnberg 1994; E. Kunz: Auswirkungen des Einigungsvertrages auf das Schwerbehindertenrecht, in: Behindertenrecht 1990, 160f.; Neubert/Becke: Schwerbehindertengesetz. Kommentar, Stuttgart [2]1986.

Selbsthilfe/Selbstorganisation

Der Begriff S. (im Gegensatz zu Ehrenamtlichkeit [*Ehrenamtliche Helfer*] und *Professionalisierung*) kennzeichnet in der *Geschichte der Sozialarbeit/Sozialpädagogik* überaus widersprüchliche Entwicklungen. S. steht für unterschiedliche sozialpolitische Strömungen, Bewegungen (und Gegenbewegungen), für Forderungen von Jugendlichen und Erwachsenen für neue, eigene, den Menschen nahe Gestaltungs- und Selbstbestimmungsmöglichkeiten, gegen überkommene, einschränkende, unterdrückende, unzulängliche (öffentliche) Angebotsstrukturen. So läßt sich mit dem Begriff S. vielleicht jener politische Prozeß markieren, in dem sich soziale Sicherungssysteme und professionelle Helfer herausgebildet haben, in dem sich (selbst-)organisierte Jugend- und Wohlfahrtsverbände gründeten, in dem »Gegenbewegungen« (z.B. Arbeiterjugend, »wilde Cliquen«, Kinderfreundebewegung) immer wieder aufkamen – und in dem diese Bewegungen durch ein sich entwickelndes öffentliches Rechts- und Fördersystem auch immer wieder einvernommen, kontrolliert oder unterdrückt wurden.
Die Zielsetzung des Reichsarbeitsministeriums (1929), »den Hilfebedürftigen in Willen und Kraft so zu stärken, daß er sich durch eigenes Können, Mühen und Schaffen selbst behauptet«, blieb als »Hilfe zur Selbsthilfe« jedoch auf den einzelnen bezogen, meist plakativ und wurde kaum mit (autonomer) Selbstorganisation und schon gar nicht mit Gegenbewegung gleichgesetzt.
Das Handlungsprinzip der »Hilfe zur Selbsthilfe« ist bis heute die meist zitierte Maxime *Sozialer Arbeit* – und »eine besonders liebevoll gepflegte Utopie« (Heckmann, in: C.W. Müller 1993). »Hilfe zur Selbsthilfe« bedeutet die Befähigung der Adressaten der SozArb, durch materielle und immaterielle Hilfe (wieder) ein eigenständiges, von fremder Hilfe unabhängiges Leben zu führen. Dennoch wird die »Stärkung der Selbsthilfekräfte« (modern: *Empowerment*) immer wieder in Frage gestellt, sei es, daß Fähigkeiten der Adressaten überschätzt werden, Problem- und Konfliktpotentiale immer wieder neu entstehen (z.B. Arbeitslosigkeit, Wohnungsnot, psycho-soziale Probleme), zu früh oder zu spät »losgelassen« wird. Wirklich neu ist allerdings, daß die Maxime der »Hilfe zur Selbsthilfe« nicht mehr nur auf einzelne bezogen bleibt (*Netzwerke, soziale*).

Seit Ende der 60er Jahre gibt es in den alten Bundesländern »Selbsthilfegruppen/-projekte«. In den neuen Bundesländern gab es das Wort S. vor der Wende nicht (Stein in: C.W. Müller 1993; vgl. auch *Bürgerinitiativen*). Dort haben sich daher erst, z.T. gestützt durch Selbsthilfekontakt- und Beratungsstellen, seit der Vereinigung auch so bezeichnete Selbsthilfegruppen gegründet.
Dabei sind ihre Organisationsformen, Tätigkeitsschwerpunkte und Finanzierungen so vielfältig wie ihre Bezeichnungen (Alternativprojekte, Selbsthilfe-, Initiativgruppen).
Unbestritten ist, daß es sich um Initiativen von einzelnen Betroffenen, meist aber von Gruppen handelt – also nicht von Ämtern, Behörden oder großen Verbänden (*Jugend- und Wohlfahrtsverbände*). Es sind (überwiegend) Initiativen, die »alternativ« zu bestehenden Strukturen selbstbestimmt (selbstverwaltet) organisiert sind und die sowohl aus ihrer Entstehungsgeschichte als auch mit ihrer Arbeit deutlich machen, daß bestimmte Bedürfnisse der Betroffenen durch die bestehenden Angebote, Arbeits- und Organisationsformen (noch) nicht oder nicht mehr befriedigt werden. Weitere Kennzeichen sind Autonomie des Handelns, Transparenz der Binnenstruktur, die Aufhebung von (üblicherweise) getrennten Lebenswelten (ganzheitlicher Ansatz), Veränderung interner Kommunikationsformen durch die Berücksichtigung emotionaler und subjektiver Faktoren sowie der weitgehende Verzicht auf Effektivität des Handelns im üblichen Sinne.
Drei Ebenen (Tätigkeitsschwerpunkte) von S. lassen sich unterscheiden:

1. Soziale S.: Hierzu gehören die zahlreichen Initiativen im Bereich SozArb, die vorwiegend zielgruppenspezifisch von den Betroffenen selbst initiiert und organisiert sind.
2. Sozial-ökonomische S.: Diesem Bereich sind überwiegend Berufsausbildungs- und (qualifizierende) Beschäftigungsprojekte zuzuordnen, die mit einer, wenn auch begrenzten ökonomischen Orientierung (Produktivität) zugleich bestimmte Aufgaben SozArb übernehmen. Diese Projekte sind selten von den Betroffenen selbst initiiert, aber aufgrund ihrer sozialen Ausrichtung (»Hilfe zur Selbsthilfe«) und ihrer selbstverwalteten Organisationsform dem Selbsthilfebereich zuzurechnen.
3. Ökonomische S.: Hier geht es um die eigenständige Teilnahme am Markt- und Wirtschaftsgeschehen. Da diese Projekte als (kleinere) Firmen/Betriebe überwiegend ökonomisch ausgerichtet sind, lassen sie sich nur schwer sozialen Zielsetzungen (i.e.S.) verknüpfen.

Die Entwicklung neuer Träger und neuer Handlungsansätze in der SozArb kam jedoch nicht von ungefähr. Es gab Rahmenbedingungen und Impulse durch gesellschaftliche Entwicklungen und erste Ansätze, aus anderen Politikbereichen zu lernen. Zu den allgemeinen Entstehungsbedingungen von S. gehören u.a.:

- die Kritik an bestehenden Handlungsstrukturen und Negativerscheinungen SozArb (z.B. Institutionalisierung, Bürokratisierung/*Bürokratie*, Spezialisierung, *Stigmatisierung*);
- die Diskussion zur Betroffenenbeteiligung im Rahmen der *Jugendhilfe-* und *Sozialplanung*, die mit Sicherheit dazu beigetragen hat, das Verständnis des »*Klientel*s« zu entbürokratisieren und *Planung* als eine längerfristige Strategie der »Hilfe zur Selbsthilfe« zu begreifen;
- die Auseinandersetzungen um die Beteiligung der Betroffenen im Baubereich und die vielfältig entstandenen *Bürgerinitiativen*, die das soziale bzw. sozial-ökonomische Selbsthilfepotential erheblich verstärkt haben;
- die Arbeitssituation und die Berufschancen ausgebildeter Fachkräfte insbesondere in den »sparenden« Strukturen des sozialen Bereichs, die bei der Entstehung von S. seit Ende der 70er Jahre keine unwesentliche Rolle gespielt haben dürften, sowie das Engagement in der SozArb völlig untypischer Professionen (z.B. Bauingenieure, Architekten, Handwerker).

Die Behauptung, die (später) so bezeichnete »Selbsthilfebewegung« habe ihren Ursprung in der Berliner Jugendhilfe der frühen 70er Jahre, ist sicher nicht falsch. Der Weg damals, neue, selbstorganisierte Träger mit (radikal) neuen Arbeitsansätzen zu fördern, war für die politisch Verantwortlichen nicht leicht (erbitterte Auseinandersetzungen gab es z.B. um das Georg-von-Rauch-Haus, antiautoritäre Kinderläden und später um die Hausbesetzerbewegung). Beschimpfungen von allen Seiten waren an der Tagesordnung. Niemand war zufrieden: die einen nicht, weil es viel Unruhe gab, die anderen nicht, weil sich Konkurrenzen um Förderungen entwickelten (und fachliche Bedrohungen); und die, die gefördert wurden, fühlten sich nicht hinreichend abgesichert oder es wurde zuviel »hineingeredet«. Ämter hatten Mühe mit »Kollektivvereinen« und der Verläßlichkeit der Angebote. Der Widerspruch zwischen öffentlicher Gesamtverantwortung und Trägerautonomie trat deutlich zutage und wurde heftig diskutiert (z.B. Heimaufsicht, »Staatsknete«).
Ende der 70er Jahre weitete sich die Selbsthilfebewegung bundesweit (z.T. mit europäischen »Vernetzungen«) rasant aus. Es gab einen »Nachholbedarf« in fast allen Politikbereichen (z.B. Gesundheit, Frauen, Alte, autonome Kulturarbeit usw.). In vielen Städten wurden »Alternativtöpfe« (d.h. disponible Finanzierungsmöglichkeiten) sowie Selbsthilfekontakt- und Beratungsstellen eingerichtet (z.B. SEKIS in Berlin). Die von ihrem Selbstverständnis eher autonome »Alternativ-Szene« bündete ihre Aktivitäten in »Netzwerken« (z.B. Netzwerk Selbsthilfe e.V. in Berlin) als trägerübergreifende Zusammenschlüsse regional und überregional. Die (fach-)politischen Auseinandersetzungen dieser Zeit lassen sich kennzeichnen durch Stichworte wie z.B. Krise des Wohlfahrtsstaates, informeller Sektor, Vernetzung, Erwerbsarbeit/Lohnarbeit, Staatsknete, Schattenwirtschaft, alternative Ökonomie.

Selbstorganisierte, selbstverwaltete Initiativen und Projekte haben sich im Bereich SozArb durchgesetzt, sie haben vielfältige Aufgaben übernommen und zu einer Wiederbelebung des Selbsthilfegedankens beigetragen. Soziale und sozial-ökonomische sind inzwischen (fach-)politisch weitgehend akzeptiert. Für die Übernahme von Jugendhilfeaufgaben werden Selbsthilfeträger (neben öffentlichen Trägern, Kirchen, Religionsgemeinschaften des öffentlichen Rechts und Verbänden der freien Wohlfahrtspflege) im KJHG (§§ 4 (3), 25) ausdrücklich erwähnt und (unter den Bedingungen des § 75 KJHG) als förderungswürdig anerkannt (*Subsidiarität, Familienselbsthilfe*).
Heute ist es wieder ruhig geworden um die Selbsthilfebewegung und selbstorganisierte Projekte – vielleicht weil sie zum selbstverständlichen Bestand von SozArb gehören (und ihre Exotik verloren haben), vielleicht aber auch, weil »Traditionen« in den Hintergrund treten. Auch wenn der Druck der »Bewegung« nicht mehr fordernd ist, Netzwerke sich aufgelöst haben oder sich in Auflösung befinden, die fachliche Auseinandersetzung mit S. stagniert, S. in Veröffentlichungen, Beschlüssen und Tagungen kaum noch vorkommt, verändert hat S. in der SozArb vieles (vgl. Kreft/Lukas u.a.):

- Die Einmischungsstrategie (Mielenz 1981) hat einen gesetzlichen Auftrag in § 1 Abs. 3 Nr. 4 KJHG. Ohne alternative Projekte hätte es diesen Arbeitsansatz mit der Ausweitung der Handlungsfelder und Kompetenzen der Jugendhilfe (der *Sozialen Arbeit*) nicht so schnell und nicht in dieser Form gegeben. Dazu gehört auch ein (wieder) offensives Verständnis und die Entwicklung von handfesten Hilfen in der SozArb; die kleinen überschaubaren Einheiten, die Teilhabe von Betroffenen, die Erschließung neuer Finanzierungsquellen.
- Orientierungen und Handlungsprinzipien haben sich verändert: stärkere Lebensweltorientierung und ein stärkerer regionaler (kleinräumlicher) Bezug, Zugänglichkeit im Alltag, Ganzheitlichkeit, Situationsbezogenheit.
- Neben Professionellen und Ehrenamtlichen ist eine neue Helfergruppe entstanden, die gleichberechtigt neben den anderen steht. Die neue Trägerstruktur hat sich etabliert. Die traditionellen Träger haben sich geöffnet und verändert, sind in der Konkurrenz um Adressatengruppen und Zugängen selbstkritischer geworden.

S. soll jedoch auch nicht überbewertet werden. Trotz des Zulaufs zu selbstorganisierten Projekten ist die Leistungsfähigkeit nicht-professioneller Sozialsysteme und Gruppierungen (z.B. *Familie*, Nachbarschaft) im Zuge gesellschaftlicher Veränderung eher eingeschränkt, wenn nicht in Auflösung begriffen. S. ist kein Allheilmittel, jedoch gegen konservative, liberalistische oder sozialromantische Auslegungen nicht gefeit. S. läßt sich nicht verordnen. Es ist die Aufgabe der »großen Netze«, für S. Voraussetzungen und Rahmenbedingungen zu schaffen, Raum zu lassen, zu ermutigen und zu befähigen. Dabei muß die »Gratwanderung« zwischen Förderung und Einbindung bewußt bleiben. Die politische, fachliche und strukturelle Chance für die Entwicklung von SozArb ist die Vielfalt ihrer Angebote, die Vielfalt ihrer Träger und die Nähe zu ihren Adressaten. *I. Mielenz*

Literatur: AW Bundesvorstand e.V. (Hrsg.): Alternative Projekte der Jugendhilfe in Berlin. Endbericht und Materialien, Bonn 1983; F. Boll/T. Olk (Hrsg.): Selbsthilfe und Wohlfahrtsverbände, Freiburg i.Br. 1987; Deutscher Verein (Hrsg.): Selbsthilfe und Soziale Arbeit, Frankfurt/M. 1985; Enquête-Kommission »Jugendprotest im demokratischen Staat«. Schlußbericht 1983, in: ISA/spi-Berlin (Hrsg.): Alternativbewegung, Jugendprotest, Selbsthilfe, ISA-Schriftenreihe H. 5, [2]1983; DJI (Hrsg.): Materialien zum 8. Jugendbericht, insbesondere Bd. 3 u. 4, v.a. H. Keupp: Förderung präventiver Netzwerkressourcen und Empowermentstrategien, München 1990; U. Fink (Hrsg.): Keine Angst vor Alternativen – Ein Minister wagt sich in die Szene, Freiburg i.Br. 1983; P. Grottian: Großstadt und neue Soziale Bewegungen, Basel u.a.O. 1983; J. Huber: Die neuen Helfer, München 1987; D. Kreft: Öffentliche Träger, Kirchen und Religionsgemeinschaften des öffentlichen Rechts, Wohlfahrts- und Jugendverbände, selbstorganisierte (alternative) Projekte und Initiativen. Zur Entwicklung ihres Verhältnisses, in: spi-Berlin 1987; D. Kreft/H. Lukas u.a.: Perspektivenwandel der Jugendhilfe, 2 Bde., Frankfurt/M. [2]1993; I. Mielenz: Die Strategie der Einmischung – Soziale Arbeit zwischen Selbsthilfe und kommunaler Politik, in: NP, Sonderheft 6/1981; I. Mielenz: Jugendhilfe und alternative Projekte – Möglichkeiten und Grenzen, in: NDV 10/1984; J. Mielenz: Der Selbsthilfegedanke in der Jugendhilfe, in: AGJ (Hrsg.): Der Jugend eine Zukunft sichern, Münster 1991; C.W. Müller (Hrsg.): Selbsthilfe. Ein einführendes Lesebuch, Weinheim/Basel 1993; Netzwerk Selbsthilfe Berlin e.V.: Netzwerkrundbriefe seit 1979ff.; T. Olk: Abschied von Experten. Sozialarbeit auf dem Weg zu einer alternativen Professionalität, München 1986; spi-Berlin (Hrsg.): Großstadtjugendämter und alternative Jugendprojekte und -initiativen. Eine empirische Kurzzeitstudie zu Erfahrungen und Problemen der Jugendämter, veröffentlicht in der Reihe D/Heft 16 des Deutschen Städtetages, Köln 1984; spi-Berlin (Hrsg.): Sie fördert uns, sie fördert uns nicht ..., Berlin 1987; Stattbuch 3: Ein Wegweiser durch das andere Berlin, Berlin 1984; A. Trojan (Hrsg.): Wissen ist Macht. Eigenständig durch Selbsthilfe in Gruppen, Frankfurt/M. 1986; F. Vilmar/B. Runge: Auf dem Weg zur Selbsthilfegesellschaft? Essen 1986.

Sexualität/Sexualpädagogik (S., SP)

SP meint die gezielte Beeinflussung der Werthaltungen und Verhaltensweisen von Kindern und Jugendlichen im Bereich der S., der Begriff Sexualerziehung (Geschlechtserziehung) bezieht sich auf die erzieherische Praxis.
Entscheidend für die Form der Sexualerziehung ist der ihr zugrundeliegende Begriff der S. Wird S. einseitig instrumentell, als Reproduktion, verstanden, so hat Sexualerziehung in der *Kindheit* eine sehr untergeordnete Funktion. Masturbation, Homosexualität oder Empfängnisregelung können in einer solchen Konzeption nur abwertend behandelt werden. Fernhalten, ablenken

und die Unterdrückung von sexuellen Bedürfnissen bis zum Eingehen einer Ehe sind die Leitprinzipien dieser »negativen« (auch »repressiven«) Sexualerziehung. Sie hat in unserer Kultur die längste Tradition. S. wurde nach diesem Verständnis einseitig biologisch, als Trieb, als Gefährdung des Menschen definiert, die durch Reglementierung und *Erziehung* eingeschränkt werden müsse.
Der gesellschaftliche Wandel nach 1968 begünstigte ein S.-Verständnis, das eine Enttabuisierung mit sich brachte und dem *Individuum* ein größeres Maß an Freizeit zugestand. Sehr oft jedoch wurden – namentlich in den Massenmedien – durch die Kopplung der S. an Konsum und Leistung – neue Zwänge inszeniert. Aufklärung in Illustrierten (Jugendzeitschriften etc.) orientiert sich oft an einem solchen S.-Verständnis, indem sie ihre Informationen mit der Werbung für Mode, Kosmetik und andere Artikel verbindet, die als Symbole für sexuelle Attraktivität suggeriert werden (»scheinaffirmative« oder »scheinliberale« Sexualerziehung). Gesellschaftliche, ökonomische, politische oder psychoanalytische Aspekte der S. werden in dieser, wie auch in der »negativen« Position, nicht berücksichtigt.
S. als Ausdruck der Kommunikation ist das S.-Verständnis der emanzipatorischen Sexualerziehung (Emanzipation). S. wird nicht einseitig als biologisch determinierter »Trieb« verstanden, sondern als ein umfassender Komplex, der aus vielen Elementen besteht. Er hat zu tun mit Identifikationsprozessen, mit Lebensentwürfen, mit Phantasien, Wünschen, Bedürfnissen und Begierden, sowie mit entsprechenden Interaktionszusammenhängen, die fördernd oder hindernd sein können. S. und sexuelles Verhalten ist nach dieser Definition individuell und sozial geformt und daher grundsätzlich mit Lernen verbunden.
Emanzipatorische Sexualerziehung, die sich an diesen sexologischen Erkenntnissen orientiert, hebt sich deutlich von den autoritären und scheinliberalen Mustern ab. Sie bejaht die S. in allen Lebensphasen des Menschen – von der Geburt bis zum Tod – als Zärtlichkeits- und Liebeserlebnis, das freizuhalten ist von einseitigen Reproduktionsansprüchen, Leistungserwartungen und Konsumdruck. Emanzipatorische S. fordert die Gleichberechtigung der Geschlechter und sexueller Minderheiten (Lesben, Schwule). Sie bejaht Masturbation, Necking, Petting, sowie alle Formen der S., die auf Partnerschaft und Zärtlichkeit angelegt sind.
Zugleich bezieht sie die Aufklärung über die gesellschaftlichen Bedingungen für die Entfaltung der S. in die Erziehung ein und veranschaulicht ihr Gefährdungen, z.B. durch die sexuelle Denunziation im Alltag und in der Politik (Koch). Emanzipatorische Sexualerziehung wirkt freilich nicht nur über Belehrung und Information. Erkundung, Selbsterfahrung, handlungsorientiertes Lernen, Rollen- und Interaktionsspiele haben in den letzten Jahren zunehmende Bedeutung gewonnen.
Die Entwicklung der neueren SP begann ausgangs der 60er Jahre mit den Anstößen, die die Schüler- und Studentenbewegung gegeben hatte. Im schulischen Bereich reagierten die Kultusminister mit den »Empfehlungen zur Sexualerziehung in den Schulen«, im außerschulischen Bereich verabschiedeten die Kirchen und andere Institutionen (Pro Familia u.a.) Richtlinien und Leitfäden für die praktische Arbeit (vgl. Kluge; Gamm u.a.).
Die Initiativen der antiautoritären Bewegung wirkten sich zunächst in den Kinderläden aus, erst später wurden die Impulse auch in Kinderhorten und Kindergärten übernommen (*Familienselbsthilfe*). Entscheidend für die Entwicklung der S. sind die frühen Lebensphasen. Hautkontakte der Bezugspersonen mit dem Neugeborenen, ein verständnisvoller Umgang mit der frühkindlichen Masturbation, mit »Doktorspielen« und der Verzicht auf eine rigide Reinlichkeitserziehung sind wichtige Momente einer positiven Erziehung in diesen Jahren. Insofern sind die *Familie* bzw. die Pflegefamilie (*Pflegekinder*) oder die Arbeit in der Säuglingsgruppe die entscheidenden Instanzen für eine Grundlage emanzipatorischer S. Kinder, die gelernt haben, ihre S. positiv zu erleben, stellen auch schon in frühen Jahren unbefangen Fragen nach Geburt, Schwangerschaft und Zeugung. Wird dieses Bedürfnis nach Informationen kindgemäß, aber sachlich richtig, befriedigt, so lassen sich in späteren Jahren die Kenntnisse erweitern, ohne daß die frühen Inhalte korrigiert oder zurückgenommen werden müssen (Schuh-Gademann). Oft hat der Kindergarten bereits die Aufgabe, falsche Informationen oder Fehleinstellungen behutsam zu korrigieren. Diese Korrekturen sind nur dann sinnvoll zu leisten, wenn zugleich auch eine intensive Elternarbeit betrieben wird (Kentler).
Zu den Praxisfeldern der Sexualpädagogen zählt die Arbeit in den *Jugendverbänden*, in den Heimen der offenen Tür, in Sportvereinen (*Sport*) und in Ferienlagern (*Erholungsmaßnahmen*). Für diese Bereiche bieten sich auch zahlreiche *Medien* an, die eine emanzipatorische Einflußnahme unterstützen. Eine kritische Reflexion der Rolle des Sexualerziehers bzw. der Sexualerzieherin sowie auch die Beachtung der rechtlichen Gegebenheiten (*Jugendschutz*) ist geboten. Oft überschneidet sich hier die erzieherische Arbeit mit der *Beratung*. Das ist auch in der Sexualberatung, etwa bei Pro Familia, der Fall, wo zunehmend auch pädagogische und prophylaktische Maßnahmen in Erwägungen gezogen werden (Fricke, Klotz, Paulich). In vielen Institutionen ist die Arbeit oft noch von einem negativen Erziehungsmodell bestimmt. In der Heimerziehung oder in der Betreuung von Trebegängerinnen (*Ausreißer und Trebegänger*) werden nicht selten Fehlentwicklungen im Namen der Behütung und Bewahrung herbeigeführt (Kerscher). Das gilt auch in Bereichen der Behindertenbetreuung (*Behindertenhilfe*), in denen noch häufig ein negatives Sexualitätskonzept der Durchführung positiver Ansätze im Wege steht. Sexualpädagogische Momente reichen in der SozArb weit über die Zielgruppen hinaus, für die im allgemeinen die Erziehung zuständig ist. Von Nacherziehung oder Sexualandragogik zu sprechen, wäre sinnvoll. Das betrifft etwa die Arbeit in den *Frauenhäusern*, in denen die

Mitarbeiterinnen grundlegende Einsichten in die Verhaltensmuster der geschlechtsspezifischen Erziehung vermitteln, oder den Bereich der Gefängnisarbeit, wenn es darum geht, mit den Vergewaltigern ein neues Ich aufzubauen.
Soziosexuelle Probleme müssen in der Ausländerarbeit (*Ausländer*) ebenso berücksichtigt werden wie in Bereichen der Gesundheitsfürsorge (*Gesundheitshilfe*). Die *Geschlechtskrankenfürsorge* enthält neben der medizinischen Versorgung andragogische Maßnahmen und in der *Schwangerenberatung* müssen häufig erst einmal falsche Vorstellungen abgebaut werden, die in einer verfehlten Sp. erworben wurden. Ein Versuch der »Erziehungskorrektur« ist zu einem Gutteil auch die *Prostituierten*beratung, die noch in den Anfängen steht. Die neuen Gefährdungen durch *Aids* machen eine konsequente Fortführung des emanzipatorischen Ansatzes erforderlich. Umfassende Aufklärung, Ich-Stärke, Verantwortung und Solidarität sind notwendiger denn je. Probleme des Umlernens bringt schließlich die Altenarbeit (*Altenhilfe*). Bei den Betroffenen wie bei den BetreuerInnen und den Trägern sind die Vorstellungen noch überwiegend von den negativen Konzepten bestimmt, die der S. in der 2. Lebenshälfte keinen Raum zugestehen. Die Ent*stigmatisierung* der S. in der 2. Lebenshälfte ist aber nicht nur eine vordringliche Aufgabe der *Altenarbeit*. Sie hat bereits in frühen Jahren zu beginnen, damit das Bild von der Asexualität des Alters gar nicht erst entstehen kann. *F. Koch*

Literatur: Bundeszentrale für gesundheitliche Aufklärung (Hrsg.): Kein ›typisches Mädchen‹ kein ›typischer Junge‹? Unser Kind fällt aus der Rolle. Über Geschlechtsrollen und sexuelle Orientierungen, Köln 1994; D. Cadura-Saf: Das unsichtbare Geschlecht, Berlin 1981; Deutsche AIDS-Hilfe e. V. (Hrsg.): AIDS. Unterrichtsmaterialien, Weinheim 1988; S. Fricke/M. Klotz/P. Paulich: Sexualerziehung?, Reinbek 1983; W. Frieling-Sonnenberg: Sexualität im Altenheim, in: TuP 11/1994, 427 ff.; H.-J. Gamm u. a. (Hrsg.): Bilanz der Sexualpädagogik, Frankfurt/M. und New York 1977; G. Glück u. a.: Heiße Eisen in der Sexualerziehung, Weinheim ²1992; J. Heinrichs (Hrsg.): Vergewaltigung. Die Opfer und die Täter, Braunschweig 1986; H. Kentler: Sexualerziehung, Reinbek 1970; H. Kentler: Eltern lernen Sexualerziehung, Reinbek 1975; K.-H. I. Kerscher (Hrsg.): Konfliktfeld Sexualität, Neuwied/Darmstadt 1977; Fr. Koch: Sexualpädagogik und politische Erziehung, München 1975; Fr. Koch (Hrsg.): Sexualerziehung und Aids, Hamburg 1992; Fr. Koch: Sexuelle Denunziation, Hamburg ²1995; Fr. Koch/K. Lutzmann (Hrsg.): Stichwörter zur Sexualerziehung, Weinheim und Basel ²1989; G. Schmidt: Das große Der Die Das, Reinbek 1988; H. D. Schneider: Sexualverhalten in der zweiten Lebenshälfte, Stuttgart 1980; U. Sielert: Sexualpädagogik, Weinheim 1993; U. Sielert u. a.: Sexualpädagogische Materialien für die Jugendarbeit in Freizeit und Schule, Weinheim 1993; L. Schuh-Gademann: Erziehung zur Liebesfähigkeit, Heidelberg 1972; Sozialmagazin 10/1991: Beiträge zum Schwerpunktthema Transsexualität: Der falsche Körper; zu diesem Thema auch S. Ratzer/M. Meckel, in: TuP 6/1991.

Social Sponsoring (S. Sp.)

Während mit »Fundraising« (etwa: Mehrung des Vermögens) die systematische Auseinandersetzung der (sozialen) Organisation mit ihren eigenen Zielen, ihren Marketingstrategien und dem Einwerben von Finanzierungen (aller Art) bezeichnet wird, ist S. Sp. eine besondere Form der Bereitstellung von Geld, Sachmitteln oder Dienstleistungen durch Unternehmen zur Förderung von Personen, Gruppen und/oder Organisationen im sozialen Bereich. Im Gegensatz zu anderen Arten der Unterstützung orientiert sich S. Sp. wesentlich am Prinzip von Leistung und Gegenleistung. Während bei Mäzenentum und Spendenwesen die Unterstützung aus altruistischen Gründen als vorrangiges Motiv anzusehen ist, wird S. Sp. gezielt als Marketingstrategie eingesetzt. Weitere wichtige Abgrenzungen des S. Sp. von anderen Förderinstrumenten ergeben sich hinsichtlich der Entscheidungsgremien bzw. der durch S. Sp. verfolgten Ziele: Im Gegensatz zu anderen Unterstützungsleistungen durch die privaten Hände betätigen sich im S. Sp. weniger einzelne Privatpersonen oder Stiftungen, sondern v. a. Vorstandschaften von Unternehmen bzw. deren PR- oder Werbeabteilungen. Wirtschaftsbetriebe, die als Sponsoren auftreten, erwarten i. d. R. von ihrem Engagement eine positive Wirkung für die eigene Darstellung in der Öffentlichkeit. Dieser beabsichtigte Sympathie- und Imagetransfer (»Tue Gutes und rede darüber«) spielt als Teil der Unternehmenskommunikation v. a. in den USA neben Werbung und Kundenbetreuung eine bedeutende Rolle. In Deutschland kann von Sponsoring in nennenswertem Umfang erst seit den 80er Jahren gesprochen werden. Als Werbekonzept wurde es insbesondere im professionellen Sportbereich eingesetzt. Weit weniger Mittel kamen der Förderung kultureller, sozialer bzw. ökologischer Aktivitäten, Gruppen und Einrichtungen zugute. Nach Schätzungen (Bruhn) wurden 1986 etwa 500 Mio. DM, 1988 etwa 1 Mrd. DM und 1991 etwa 1,4 Mrd. DM an Sponsorenmitteln ausgegeben. Davon entfielen auf das Sportsponsoring etwa 80%, gefolgt vom Kulturbereich mit ca. 15%. Die Aufwendungen für S. Sp. liegen unter 5%. Im Vergleich zu den Mitteln der öffentlichen Hand ist dies ein verschwindend geringer Betrag. Dennoch wird sich nach Experteneinschätzung der Trend eines weiteren Anwachsens von Sponsorenmitteln in den 90er Jahren fortsetzen. Prognosen gehen davon aus, daß sich parallel zur absoluten Zunahme auch der relative Anteil der S. Sp. am Gesamtaufkommen des Sponsoring weiter vergrößern wird (1991 = ca. 5%; 1995 = ca. 10%).
Sponsoren erwarten i. d. R., daß die Botschaft oder das Image einer geförderten sozialen Veranstaltung bzw. Institution mit ihren Unternehmen öffentlich in Zusammenhang gebracht wird. Empirische Untersuchungen (Burmeister u. a.) haben festgestellt, daß die Bereitschaft zur Unterstützung eher bei zeitlich umgrenzten sozialen Aktivitäten vorhanden ist, deren Ziele innovativ sind und daher öffentlichkeitswirksam zum Ausdruck gebracht werden können. Geringes Interesse

findet hingegen eine institutionelle und kontinuierliche (Teil-)Finanzierung von Verbänden, die von potentiellen Sponsoren eher als halbstaatliche Behörden wahrgenommen werden. Für soziale Einrichtungen, die an Sponsoring interessiert sind, folgt aus dieser Erwartungshaltung die Notwendigkeit, sich »markt- und werbegerecht« zu verhalten, die Kritiker des S.Sp. für schwer vereinbar mit dem allgemeinen Auftrag SozArb halten. Befürworter des S.Sp. sehen hierin hingegen eine Entwicklungschance für viele soziale Einrichtungen, die motiviert werden, ihre Aktivitäten und Ziele prägnanter und transparenter darzustellen. Unabhängig davon bleibt der Stellenwert des S.Sp. im Vergleich zu den staatlichen Aufwendungen im sozialen Bereich eine randständige Erscheinung. In Zeiten knapper öffentlicher Mittel sollte S.Sp. als Finanzierungskonzept gesamter Einrichtungen eher skeptisch gesehen werden. Als eine potentielle Quelle zusätzlicher Mittel für besondere, umgrenzte Veranstaltungen wird S.Sp. hingegen zunehmend Anwendung finden. *T. Röbke*

Literatur: M. Bruhn: Sozio- und Umweltsponsoring, München 1990; M. Bruhn/R. Mehlinger: Rechtliche Grundlagen des Sponsoring. Vertragsrecht – Steuerrecht – Medienrecht – Wettbewerbsrecht. Bd. 1: Allgemeiner Teil, München 1992; Bd. 2: Spezieller Teil, München 1994; J. Burmeister: Sozio-Sponsoring – Ergebnisse einer Unternehmensbefragung in Bayern, in: NDV 1/1994; Deutscher Sportbund (Hrsg.): Sponsoring Fibel, Frankfurt/M. 1991; K. Fohrbeck: Renaissance der Mäzene, Köln 1989; F. Haunert: Was bringt Sozial-Sponsoring?, in: Sozial Extra 6/1992; R. Lang/F. Haunert: Sponsoring-Konzepte im Sozialbereich, spi-Berlin 1993; R. Lang/F. Haunert: Handbuch Sozial-Sponsoring, Weinheim/Basel 1995; D. Luthe: Fund raising, in: sm 6/1994; Spi Service Gesellschaft Berlin: Sozial-Sponsoring, Berlin 1994; Sozial-Sponsoring Fachteil, in: Sozialmagazin 7–8/92, 13 ff.; Sponsering, in: socialmanagement 1/94, 20–29.

Solidarität

1. Zu keiner Zeit wahrscheinlich dürfte es so viel Ungewißheit über den Inhalt des Begriffs S. gegeben haben wie heute. Hat sich noch der Lebenszusammenhang abhängig Beschäftigter in den früheren Phasen kapitalistischer Entwicklung in relativ geschlossenen Wohnvierteln vollzogen, wo sich nicht nur über die *Arbeit*, sondern auch über bestimmte Bereiche der Kultur (z.B. *Sport*, Arbeiterbildungsvereine, Kneipen) ihre Gemeinsamkeit herstellte (Arbeiterkultur), so sind diese Anknüpfungspunkte von S. heute weithin in einem Auflösungsprozeß (K. Tenfelde). Es nimmt nicht wunder, daß S. einem heute in völlig denaturierter Form entgegenschlägt. Wenn etwa öffentlich von der »Solidarität der Demokraten« die Rede ist, wird der Begriff geradezu zur Waffe, zum Mittel der Ausgrenzung gegen Andersdenkende. Oder wenn es heißt, die in den Betrieben Arbeitenden solten »S.« mit den Arbeitslosen üben, indem sie z.B. ihre Lohnforderungen senken, dann wird der Begriff zur Durchsetzungsstrategie der Kapitalseite zu Lasten der abhängig Beschäftigten. Nicht anders verhält es sich, wenn von »S.« im Zusammenhang mit dem »Generationenvertrag« zwischen denen, die in den Betrieben zur Rentenversicherung einzahlen, und denen, die in Rente stehen, die Rede ist: diese Verwendung des Begriffs hat nichts mehr gemein mit S. als selbstbestimmten Kampfverbund zur gegenseitigen Hilfe, sondern wird zum Vehikel völlig fremdbestimmter, beliebiger Interessen zum Bestandsschutz des Status quo. Hat S. ihre elementare Bedeutung für abhängig Beschäftigte verloren? Ist sie damit auch zu einer Art professionellen Lebenslüge derer geworden, die sich noch immer anschicken (wie Bildungsarbeiter, SozArb/SozPäd), Lohnabhängige zu praktischer S. anzuleiten?

2. S., als Tatbestand gemeinsamen praktischen Handelns wie auch als Begriff für dieses Handeln, hat sich nicht als eine Kategorie des Verzichts herausgebildet, sondern als eine solche des Erfolges und der gegenseitigen Hilfe; sei es durch die Durchsetzung materieller Interessen, sei es durch die Ausprägung von Arbeits- und Lebensformen, die der wechselseitigen Wahrnehmung und Bewältigung von Problemen und der Freude aneinander näherkommen als der parzellierte Arbeits- und Lebenszusammenhang, der der lohnabhängigen Existenz im Zuge der Kapitalisierung der gesamten *Gesellschaft* zugewiesen wird. S. verweist nicht auf das Gewesene, auf die Erhaltung des Status quo – wie uns die öffentliche Ideologie heute glauben machen will –, S. verweist vielmehr auf das Kommende, auf bewußt gesellschaftlich gestaltete Befriedigung von Bedürfnissen, und auf den Weg, wie zu dieser Bedürfnisbefriedigung zu gelangen ist.
Historisch läßt sich beobachten, daß S. eng zusammenhängt mit Gleichheit in der Lebens- und Arbeitssituation Unselbständiger. Gleichheit hat aber unter kapitalistischen Bedingungen immer etwas Widersprüchliches an sich: wenn ein Arbeiter mit dem anderen Arbeiter gleich, also austauschbar ist, beide aber ihre Arbeitskraft an die Kapitalseite verkaufen müssen, so stehen sie untereinander in Konkurrenz, wodurch sie zunächst einmal voneinander getrennt werden. Nun ist aber zugleich die historische Erfahrung der Konkurrenzlage zwischen Arbeitern der Ausgangspunkt dafür, daß sie sich als in der gleichen Lage (Notlage) befindlich interpretieren, nämlich gleichermaßen ihre Arbeitskraft verkaufen müssen und dabei untereinander noch in Konkurrenz zu stehen, und daß sie auf der Basis dieser praktischen Erfahrung vermögen, die Konkurrenz untereinander aufzuheben und gemeinsam zu handeln; insofern ist die Gleichheit nicht nur objektiv gegeben, sondern auch subjektiv erlebt und akzeptiert und schlägt um in S.
Dieser Doppelcharakter von Gleichheit – gleichermaßen Ausgangspunkt von Konkurrenz und S. zu sein – bezeichnet das gewerkschaftliche Prinzip und läßt sich auch historisch an der Entwicklung des Gewerkschaftswesens nachvollziehen. Wir können verfolgen, daß *Gewerkschaften* sich zunächst als *Berufsverbände* her-

ausbilden. Das Gemeinsame, gleichermaßen dasselbe Handwerk erlernt zu haben und auszuüben, damit also gegeneinander austauschbar zu sein, hat zunächst die Gesellen dazu motiviert, gegen alle rechtlichen und politischen Widerstände ihre Organisationsfreiheit durchzusetzen, Gewerkschaften zu bilden und ihre Arbeitskraft nunmehr gemeinsam zu untereinander abgestimmten Mindestbedingungen zu verkaufen.

Später verallgemeinert sich das Lohnarbeitsverhältnis; es wird zur gesellschaftlichen Durchschnittsexistenz; zugleich wachsen die Betriebsgrößen an, Arbeiter verschiedenster Handwerke kooperieren im Betrieb miteinander, entwickeln Gemeinsamkeiten sowohl in ihren Arbeitsvollzügen wie in ihren Notlagen und Interessen. Dies ist die Basis dafür, daß der Anknüpfungspunkt praktischer S. nicht mehr nur das gemeinsame Gewerbe, sondern die Zugehörigkeit zum gleichen Betrieb, zur gleichen Industrie wird; dies ist der Ausgangspunkt der Industriegewerkschaft, die sich in Deutschland schon während der Weimarer Republik andeutet, aber erst nach dem 2. Weltkrieg verwirklicht wird. Es ist absehbar – und hat sich zu gewissen Umbruchperioden (etwa nach 1945) partiell bereits auch realisiert –, daß auch nicht mehr die Industriezugehörigkeit, sondern die Lohnabhängigkeit als gesellschaftliches Schicksal schlechthin – freilich unter Anerkennung zwischenzeitlich eingetretener Individualisierung und Pluralisierung der Lebensstile gerade auch von Beschäftigten (vgl. Hoffmann u.a. 1992) – zum Ausgangspunkt gewerkschaftlicher Organisierung in sog. »Allgemeinen Gewerkschaften« wird.

Immer wirkt in dieser Entwicklung das in der Gleichheit liegende, beschriebene Widerspruchselement. Die objektive Lage der abhängig Beschäftigten nähert sich einander an – sei es nun, daß die Lohnabhängigenexistenz zum gesellschaftlichen Durchschnitt wird, sei es, daß die Arbeitsinhalte zunehmend nicht mehr stofflich-fachliche, sondern vielmehr allgemein-gesellschaftliche werden –, womit sich zugleich die Chance (nicht schon die automatische Folge) ergibt, daß diese objektive Angleichung auch subjektiv begriffen, bejaht und praktisch vorangetrieben wird.

3. Die soeben hervorgehobene Differenz zwischen möglicher und wirklicher S. steckt das Feld für theoretische wie praktische Lernprozesse ab, ob diese nun im Gefolge praktischer Auseinandersetzungen erworben oder mit Hilfe von Bildungsarbeit, SozArb/SozPäd entfaltet werden. Die kapitalistische Gesellschaft kennt ja nicht nur die Angleichung in der Lebenslage abhängig Beschäftigter, sondern auch (und heute zunehmend) Individualisierung, Differenzierung, damit aber auch den beharrlich verfolgten Versuch, die Konkurrenz zwischen den abhängig Beschäftigten zu schüren, Differenzierungen und daraus resultierende Neid- und Vereinzelungsfolgen aufrechtzuerhalten und zu verstärken. Viele Arbeiter nehmen gerade nicht wahr, was sie mit ihren Kollegen am Arbeitsplatz, in der Entlohnung, in der Behandlung durch Vorgesetzte bei all ihrer individuellen Unterschiedlichkeit gemeinsam haben, sondern gerade das, was sie voneinander unterscheidet (z.B. die höhere Lohngruppe, die Gunst des Meisters usw.). Und in der *Freizeit* nehmen sie häufig sog. »positionelle Güter« wahr, z.B. daß der andere etwas »mehr« hat (ein Auto, einen Farbfernseher, ein Gärtchen usw.) als sie selbst, und beneiden (oder aber auch verachten) ihn deshalb. Sie sehen dann nicht das Gemeinsame, sondern nur das Trennende zwischeneinander; und das macht sie unfähig miteinander zu handeln.

Man kann dies mit Bloch die »Ungleichzeitigkeit des Bewußtseins« nennen: daß das Bewußtsein das Ausmaß der tatsächlich erreichten Gemeinsamkeit, Gesellschaftlichkeit noch längst nicht erreicht hat, ja sich bisweilen sogar dagegen wehrt, dies Gemeinsame wahrzunehmen, und eben deshalb auf dem Trennenden beharrt. Oft genug fehlt überhaupt die Kenntnis von der Lebenslage des Anderen, und darüber kommt die Idee gemeinsamen Handelns überhaupt nicht auf. Hier eben setzen Bildungsprozesse in gesellschaftsverändernder Absicht an. Wenn wir heute »S.« zum Lernziel erklären, so wollen wir ja nicht den abhängig Beschäftigten etwas ihnen Fremdes »überstülpen«, sie über einen Leisten scheren, sondern wir wollen bewußt und handhabbar machen, was in ihrer Lebenslage längst schon enthalten ist. Deshalb ist das Ansetzen an Erfahrung und deren Entfaltung, an Erfahrung von Gleichheit wie von Differenz, derart zentral für Bildungsprozesse – dies gilt genauso für gewerkschaftliche wie außergewerkschaftliche Bildungsarbeit, für die Arbeit in Jugendzentren, in Obdachlosenheimen, in Stadtteilgruppen o.ä. (*Erwachsenenbildung*, *Jugendarbeit*). Dieses Ansetzen an Erfahrung bedeutet immer einmal zunächst, daß Bedingungen hergestellt werden, unter denen Menschen scheinbar oder wirklich verschiedener Lebenssituationen untereinander in Kommunikation treten können, etwa in einer Jugendgruppe, bei der Erprobung eines Lehrlingstheaters, bei Begegnung zwischen Ost und West, Nord und Süd, wo Alle Allen gegenüber *Ausländer* sind, im Rahmen einer Videowerkstatt oder auf einem gewerkschaftlichen Seminar. Denn freie und selbstbestimmte Kommunikation ist stets Voraussetzung dafür, daß scheinbar »private« Beobachtungen, Probleme, Ängste und Hoffnungen »öffentlich« gemacht, anderen mitgeteilt, von ihnen »geteilt« werden können. Darüber erst kann sich die Einsicht vermitteln, nicht nur, daß die verfolgten Interessen gemeinsame sind, sondern auch, daß sie nur durchschlagen können, wenn sie auch praktisch gemeinsam betrieben werden. Ziel kann auch sein zu erkennen, daß man eben nicht gleich ist und doch das Interesse gemeinsam hat, an sich wechselseitig das Unterschiedliche, die Differenz, wahrzunehmen und zu achten. Das gilt schon für die heutige Alltags-S., erst recht für die S. zwischen den Geschlechtern und – zunehmend brisant – zwischen Rassen und Ethnien (*Ethnologie*). Die Einsicht in die Gemeinsamkeit der Lage läßt gemeinsame Forderungen entstehen, weckt erst die Hoffnung darauf, daß in der als gemeinsam erkannten Lage auch Ansätze von Veränderung sind. Was immer wichtiger wird: Auch die Erfahrung von Verschiedenartigkeit kann Quelle von S. sein – auf dem Wege über die Einsicht, daß Verschiedenartigkeit keineswegs Verschiedenwertigkeit bedeuten muß (z. B. die Verschiedenartigkeit der Geschlechter, der Nationalitäten, der Ethnien usw.) (vgl. Mathies u. a. 1994).

4. Das Ziel der S. ist heutzutage vor wenigstens 3 Aufgaben gestellt, die neuartige sozialpolitische Konzepte und Lösungen fordern. Unbestreitbar ist die entwickelte kapitalistische Gesellschaft »gespalten«, indem sie mit der Duldung und Ausweitung »segmentierter« Arbeitsmärkte die Chancen des Erwerbs und der sozialstaatlichen Teilhabe strukturell ungleich verteilt und damit bestimmte Gruppen ebenso strukturell diskriminiert (*Frauen*, Jugendliche, Ältere, Ungelernte, Ausländer usw.). Zweitens beruht das Gelingen des arbeitspolitischen und sozialstaatlichen Modells in der BRD vielfach auf der Herausverlagerung betrieblicher Probleme auf die *Gesellschaft* – ein Vorgang, der in der Volkswirtschaft als »Externalisierung« bezeichnet wird und der sich am deutlichsten in der gnadenlosen Umweltverschmutzung (*Umweltschutz*), aber auch in der Verdrängung weiter Bevölkerungsbereiche aus dem Erwerbsleben, niederschlägt. Drittens müssen wir heute auch die Krise eines S.-Modells konstatieren, das allein auf die Uniformität menschlicher Bedürfnisse abhebt. Unzweifelhaft ist das Bedürfnis der Menschen nach selbstbestimmter Individualität, nach Neuorientierung der Geschlechterrollen, nach einer Neubewertung des Verhältnisses von erwerblicher und außererwerblicher Arbeit, damit von Arbeit und Leben, gewachsen.
Jede der 3 Entwicklungen stellt auf seine Weise überkommene S.-Vorstellungen auf die Probe; die erste durch die Gefahr einer »Zwei-Drittel-Gesellschaft« (P. Glotz); die zweite durch die eines die Lebensgrundlagen bedrohenden Industrialismus; die dritte durch bloße Individualisierung der Menschen (*Individuum*). Wer unter diesen Bedingungen an S. als einer glaubwürdigen gesellschaftlichen Integrationskraft festhalten will, kann nicht am allein arbeitspolitischen S.-Begriff festhalten, sondern muß ihn um den sozialpolitischen (=reproduktions-, damit aber auch umweltbezogenen) erweitern. Und er muß der Tatsache Rechnung tragen, daß Wege der gesellschaftlichen Konsenserzielung zur S. notwendig werden, die nicht mehr einfach auf der Gleichartigkeit gesellschaftlicher Lagen beruhen (S.-Formel: »Gleichheit – Einheit – S.«), sondern die bewußt von der Vielfältigkeit gesellschaftlicher Lagen und Optionen ausgehen (neue S.-Formel: »Vielfalt – selbstbewußte Vereinigung – S.«).

5. Ohne Frage: unsere Gesellschaften treiben auf eine Situation zu, in der ihr inneres Band, ihre Kohäsion, nicht mehr durch eine selbstverständliche traditionelle S. gewährleistet ist. Über die Frage, wie diese Kohäsion gesichert werden könne, ist denn auch sozialphilosophischer Streit entbrannt. Der »liberalen« Schule (J. Rawls), die die Gesellschaft über kontraktualistische Verfahren zusammenzuhalten verspricht, ist die »kommunitaristische« entgegengetreten, die die moralischen Ressourcen moderner Gesellschaften in vorgängigen gemeinschaftlich geteilten Werten sieht (instruktiv Honneth 1993), die aber Gegenstand, Herkunft und Perspektive dieser Werte vergeblich zu bestimmen versucht. Mag die liberale Position auch im Ausgangspunkt zu abstrakt und geschichtlos formuliert worden sein – ihr Kern ist unbestreitbar richtig: in einer individualisierten pluralen demokratischen Gesellschaft kann Gegenseitigkeit nur noch über die wechselseitige Anerkennung der Individuen im Diskurs erzielt und erwartet werden. Die Anerkennung des (ethnisch, geschlechtlich, national, sozial, politisch) »Anderen«als diskursfähiger Bürger dürfte zur zentralen Bedingung des Bestandes unserer Gesellschaften werden. Insofern kann S. ohne eine bewußt gepflegte Kultur des Dialoges, des Streits, der Öffentlichkeit nicht mehr gedacht werden. Auf dieser Basis jedoch hat auch ein neues kulturelles Modell einer »Alltags-Solidarität« (R. Zoll) eine Chance, erfolgreich gegen Segmentationen, De-Thematisierungen und Entfremdung der bestehenden Gesellschaften anzugehen.

6. Nun ist S. sicherlich nicht nur ein Problem derer, mit denen Bildungsarbeit, SozArb/SozPäd zu tun hat, sondern genauso derer, die diese Arbeit betreiben. Es hat in dem vergangenen Jahrzehnt Phasen gegeben, wo im gewerkschaftlichen Bereich wie im öffentlichen Dienst relativ freizügig Bildungs- und praktische Arbeit betrieben werden konnte. Es zeigt sich aber mehr und mehr, daß die Krise der Ökonomie und des Staates den Handlungsspielraum von Bildungs- wie SozArb empfindlich schmälert. Nicht nur, weil diese Bereiche, besonders der öffentliche Dienst, zunehmend unter den Druck knapper Mittel geraten, sondern auch weil vermittelt über diese Ressourcenknappheit politische Selektion, Ausgrenzung systemoppositioneller Anschauungen und Konformitätsdruck in den Bereich jeglicher SozArb einwirkt.
Damit wird das gewerkschaftliche Prinzip für die in der SozArb Tätigen selber zur Bedingung ihrer weiteren Wirksamkeit. Sie müssen sich genauso wehren wie ihre Klientel. Sie können diese Gegenwehr wie ihre Klientel auch nur durch Organisierung und kollektives Handeln wirksam machen. So sind die im Bildungs- und Sozialbereich Arbeitenden nicht nur vom Inhalt ihrer Arbeit her – der sich von den Anforderungen der Zielgruppe her definiert bzw. definieren sollte – dem Prinzip der S. verpflichtet, sondern auch um ihres eigenen Überlebens und Wirkens willen darauf angewiesen.

U. Mückenberger

Literatur: F. Barabas u. a.: Jahrbuch der Sozialarbeit, Bde. 1976 u. 1978, Reinbek 1975, 1977; J. Hoffmann u. a.: Jenseits der Beschlußlage. Gewerkschaft als Zukunftswerkstatt, Köln [2]1992; A. Honneth (Hrsg.): Kommunitarismus, Frankfurt/M./New York 1993; Leibfried/Tennstedt: Politik der Armut und die Spaltung des Sozialstaats, Frankfurt/M. 1985; H. Matthies u. a., Arbeit 2000, Reinbek 1994; U. Mückenberger: Bildungsurlaub im Rahmen gewerkschaftlicher Bildungspolitik. Perspektivische Überlegungen zum Verhältnis von Arbeitsprozeß und

Qualifikationsentwicklung, in: Hafeneger/Kesselgruber: Bildungsurlaub in der BRD. Beitrag zur Arbeiterbildung?, Gießen 1976; U. Mückenberger: Die Krise des Normalarbeitsverhältnisses, in: Zeitschrift für Sozialreform, H. 7/8/1985; O. Negt: Soziologische Phantasie und exemplarisches Lernen. Zur Theorie und Praxis der Arbeiterbildung, Frankfurt/M./Köln [4]1974; H.E. Richter: Lernziel Solidarität, Reinbek 1974; M. Vester: Was dem Bürger sein Goethe, ist dem Arbeiter seine Solidarität, in: Ästhetik und Kommunikation, 24/1976; K. Tenfelde: Überholt von der demokratischen Massengesellschaft. Vom Ende und Erbe der Arbeiterkultur, in: FAZ 7.3.1988; C. Zahlmann (Hrsg.): Kommunitarismus in der Diskussion, Berlin 1992; R. Zoll: Nicht so wie unsere Eltern! Ein neues kulturelles Modell?, Opladen 1989.

Sozialadministration

1. Unter S. wird im folgenden verstanden:
- die Organisation der Entscheidungsvorbereitung, Entscheidungsfindung und des Entscheidungsvollzugs über alle Leistungen und Verpflichtungen im System der sozialen Sicherheit und Daseinsvorsorge (Sozialleistungssystem/*Soziale Sicherung*) in der BRD (Sozialversicherung, Allgemeinversorgung, Schadensausgleichsversorgung, *Sozialhilfe*, *Jugendhilfe*, *Gesundheitshilfe*);
- die Organisation der Bewirtschaftung der dazu erforderlichen Finanzmittel (*öffentliches Finanzwesen*);)
- die Verwaltung des Personals und der Sachmittel für die Einrichtungen, Dienste und Veranstaltungen innerhalb dieses Systems.

2. Entsprechend dem stark zersplitterten Sozialleistungsrecht (*Wirtschaftliche Hilfen*) im Sozialleistungssystem der BRD ist auch die S. überaus stark gegliedert. In der gesamten S. üblich ist die Unterscheidung zwischen den Leistungsträgern (Gebietskörperschaften, Selbstverwaltungskörperschaften) bzw. Finanzträgern (den Gebietskörperschaften, die die Mittel für eine Sozialleistung aufzubringen haben) und den ausführenden (Leistungs-)Behörden.
Einen guten Überblick über die Gliederung der S. gibt das SGB I §§ 11–29 (Einweisungsvorschriften/Einzelne Sozialleistungen und zuständige Leistungsträger).
Es lassen sich unterscheiden:
2.1 eine vertikale Gliederung:
- Bund – Finanzträger für Kriegsopferversorgung und Familienlastenausgleich (*Kindergeld*); zur Hälfte für *Wohngeld*; zu 35% für *Ausbildungsförderung*; Leistungsträger für Fonds (z.B. Ausgleichsfonds; *Bundesjugendplan*) und einzelne Förderungsprogramme im Bundeshaushalt (Modellprogramme: *Modellversuche/Modellförderung*).
- Länder – Leistungsträger und Ausführungsbehörde für Kriegsopferversorgung (staatliche Versorgungsämter); Finanzträger zur Hälfte für Wohngeld; zu 65% für Ausbildungsförderung; höhere Ausführungsbehörde für Lastenausgleich (Landesausgleichsämter); Ausführungsbehörde für Ausbildungsförderung im Hochschulbereich (Hochschulen, Fachhochschulen, Akademien); teilweise Leistungsträger und Ausführungsbehörde für *Gesundheitshilfe* (grundsätzlich staatliche Gesundheitsämter mit einigen kommunalen Ausnahmen in Niedersachsen, Hessen, Rheinland-Pfalz, Saarland, Baden-Württemberg und Bayern und in den neuen Ländern).
- Länder oder Kommunalverbände – Leistungsträger und Ausführungsbehörde für Teile der Sozial- und Jugendhilfe (überörtliche Sozial- und Jugendhilfeträger; Landessozialämter und Landesjugendämter als staatliche Behörden in Schleswig-Holstein, Hamburg, Bremen, Berlin, Niedersachsen, Rheinland-Pfalz, Saarland; als Kommunalverbände in NRW (Landschaftsverbände), Hessen (Landeswohlfahrtsverband, jedoch staatliches Landesjugendamt), Baden-Württemberg (Landeswohlfahrtsverbände mit Landesjugendämtern), Bayern (Bezirksverbände, jedoch staatliches Landesjugendamt); Landesämter für Soziales und Familie u.ä. in den neuen Ländern; Ausnahme: Landeswohlfahrtsverband als überörtlicher Sozialhilfeträger in Sachsen; in allen neuen Ländern staatliche Landesjugendämter).
- Gemeinden und Gemeindeverbände – Leistungsträger und Ausführungsbehörde für Teile der Sozial- und Jugendhilfe: örtliche Träger (kreisfreie Städte und Kreise) mit *Sozialamt*, *Jugendamt*; teilweise für die Gesundheitshilfe (kommunale Gesundheitsämter in Bremen, Hamburg, Berlin, Schleswig-Holstein, NRW, in den neuen Ländern sowie in einzelnen Gemeinden anderer Länder, z.B. Hannover, Braunschweig, Frankfurt, Wiesbaden, Modellgesundheitsamt Marburg, München, Nürnberg, Augsburg); Ausführungsbehörde für Wohngeld (größtenteils Wohnungsämter); Ausbildungsförderung im schulischen und berufsbildenden Bereich (Schulämter, Jugendämter, Ämter für Ausbildungsförderung) und für Lastenausgleich (Ausgleichsämter).

2.2 Eine horizontale Gliederung:
- Gebietskörperschaften – (wie unter 2.1 aufgeführt).
- Selbstverwaltungskörperschaften – Bundesanstalt für Arbeit: Leistungsträger und mit ihren behördlichen Untergliederungen Landesarbeitsämter und Arbeitsämter, Ausführungsbehörde für Arbeitsförderung nach dem *Arbeitsförderungsgesetz* und für Kindergeld; Orts-, Betriebs-, Innungs-Landkrankenkassen; Leistungsträger und Ausführungsbehörde für Krankenversicherung; Rentenversicherungsträger (Bundesversicherungsanstalt für Angestellte, Bundesknappschaft, Seekasse, Bundesbahnversicherungsanstalt, Landesversicherungsanstalten, landwirtschaftliche Alterskassen für die Altershilfe für Landwirte); Leistungsträger und Ausführungsbehörde für die Rentenversicherung; Berufsgenossenschaften; Leistungsträger und Ausführungsbehörde für die Unfallversicherung.

3. In weiten Bereichen des Sozialleistungssystems ist eine Beteiligung kirchlicher und privatrechtlich verfaßter Organisationen rechtlich vorgesehen und üblich, die u. a. Träger von Einrichtungen, Diensten und Veranstaltungen sind, aber auch in der Entscheidungsvorbereitung in Einzelfällen beteiligt werden können (z.B. Delegation nach § 76 KJHG). Solche Organisationen (freie Träger oder freie Verbände oder frei gemeinnützige Träger) wirken u.a. mit
- in der Krankenversicherung als Träger der stationären Versorgung (Krankenhäuser);
- in der Unfallversicherung als Träger der stationären Versorgung (Unfallkliniken);
- als Einrichtungsträger für Kur- und *Rehabilitations*maßnahmen;
- in der Rentenversicherung als Einrichtungsträger für Kur- und Rehabilitationsmaßnahmen;
- in der Kriegsopferversorgung als Einrichtungsträger für Kur- und Rehabilitationsmaßnahmen;
- in der Arbeitsförderung als Träger von Umschulungs- und Rehabilitationsmaßnahmen;
- in der Sozial- und Jugendhilfe als Träger von Einrichtungen, Diensten und Veranstaltungen;
- in der Gesundheitshilfe als Träger für vorbeugende Maßnahmen und Spezialuntersuchungen.

Eine herausragende Rolle spielen als freie Träger die Verbände der freien Wohlfahrtspflege (*Wohlfahrtsverbände*), die *Jugendverbände*, die Kriegsopfer- und Rentnerverbände; neuerdings zunehmend auch Selbsthilfeorganisationen (*Selbsthilfe/Selbstorganisation*). Historisch gewachsen, bietet sich heute ein verwirrendes Bild (Übersicht S. 501).

4. Die S. wird i.d.R. bürokratisch tätig (Mayntz, 109ff.), d.h. in der Form des Gesetzesvollzugs nach festen Verfahrensregeln innerhalb hierarchischer Zuständigkeiten (Entscheidungsbefugnisse aufgrund gesetzlicher Regelung oder schriftlicher Verwaltungsordnung; Kontrolle und Weisungsbefugnis durch Dienst- und Fachvorgesetzte).

4.1 Um die im Sozialleistungssystem notwendige Einzelfallgerechtigkeit zu erreichen, gibt es in hohem Maße Beurteilungsspielräume für die Auslegung unbestimmter Gesetzesbegriffe (z.B. Härte; Besonderheit des Einzelfalles; angemessener Mehrbedarf) und Ermessensspielräume. Diese Spielräume werden eingegrenzt durch allgemeine Verwaltungsweisungen, um wiederum Gleichbehandlung gleichgelagerter Fälle innerhalb einer Ausführungsbehörde zu erreichen.

4.2 In einigen Fällen werden an der Entscheidungsfindung ehrenamtliche Beratungsgremien beteiligt (z.B. Förderungsausschüsse in der Ausbildungsförderung; Ausgleichsausschüsse im Lastenausgleich; Widerspruchsausschüsse in der Sozialhilfe).

4.3 Als Besonderheit der S. kann schließlich das Zusammenwirken von Fachkräften unterschiedlicher Berufe (*Soziale Berufe*) angesehen werden. Zu unterscheiden ist dabei
- das Zusammenwirken bei der Entscheidungsvorbereitung, v.a. von SozArb/SozPäd; Fachkräften der nichtärztlichen Heilberufe und Verwaltungsfachkräften in der Sozial-, Jugend- und Gesundheitshilfe;
- das Zusammenwirken von Fachkräften in den Ausführungsbehörden und Fachkräften in den Einrichtungen und Diensten in der Sozialversicherung, Arbeitsförderung, Sozial-, Jugend- und Gesundheitshilfe sowie in der *Rehabilitation*.

4.4 Der Leistungsbegehrende bzw. Leistungsempfänger hat gegenüber der S. rechtlich geregelte Mitwirkungspflichten (z.B. SGB I §§ 60–67 *Mitbestimmung/Mitwirkung*).

5. Das Verwaltungsverfahren, nach dem die S. tätig zu werden hat, ist hauptsächlich geregelt

5.1 im SGB I (gemeinsame Leistungsvorschriften); im SGB IV (gemeinsame Vorschriften für die Sozialversicherung) und im SGB X (Verwaltungsverfahren);

5.2 im Verwaltunsverfahrensgesetz (das jedoch nicht gilt für Ausbildungsförderung, Wohngeld, Sozialhilfe, Jugendhilfe, Lastenausgleich);

5.3 in den jeweiligen Leistungsgesetzen (z.B. Wohngeldgesetz, Bundeskindergeldgesetz, AFG, LAG, BAföG, *BSHG*, *KJHG*);

5.4 in speziellen Verwaltungsgesetzen (z.B. Gesetz über das Verwaltungsverfahren in der Kriegsopferversorgung, Gesetz über die Selbstverwaltung in der Sozialversicherung);

5.5 in Landesgesetzen über das Verwaltungsverfahren.

6. Entscheidungen der S. werden gerichtlich überprüft (die Rechtsweggarantie des Art. 19 GG gilt für die gesamte S./*Gerichtsbarkeit*)
- von den Verwaltungsgerichten (Sozial-, Jugend-, Gesundheitshilfe; Allgemeinversorgung; Lastenausgleich);
- von den Sozialgerichten (Sozialversicherung, Arbeitsförderung, Kriegsopferversorgung).

7. Für die Bewirtschaftung von Haushaltsmitteln durch die S. gelten die Bestimmungen der Bundeshaushaltsordnung, der Haushaltsordnungen der Länder und die Gemeindehaushaltsverordnungen. Von Bedeutung sind dabei u.a. die haushaltsrechlichen Vorschriften über Zuwendungen (Zuschüsse, Beihilfen, Subventionen, Darlehen, Bürgschaften) aus öffentlichen Mitteln an Dritte.

8. Seit geraumer Zeit wird die bürokratische Umständlichkeit, die Bürgerferne, die ungenügende Berücksichtigung nicht-administrativer fachlicher Gesichtspunkte in vielen Bereichen der S. kritisiert und diskutiert. Diskussionspunkte, z.T. auch durch Organisationsmodelle in praktischer Erprobung begriffen, sind u.a.:

8.1 die Organisation der S. innerhalb der Gemeinde, d.h. im wesentlichen des Sozial- und Jugendamtes. Auffassungen, die an der Eigenständigkeit des Jugendamtes unbedingt festhalten wollen, stehen anderen gegenüber, die einer Zusammenfassung von Sozial- und Jugendamt ganz oder teilweise (z. B. bei der Verwaltung von Diensten und Einrichtungen) das Wort reden. Das erste neuartige Modell wurde in Trier entwickelt (Trierer Modell); über andere frühere Modelle berichtete R. Groell. Eine umfassende Studie hat das Land Berlin bereits 1975 vorgelegt (Neustrukturierung der sozialen Dienste, Berlin); in Bremen wurde durch die Neuordnung der sozialen Dienste (NOSD), begleitet vom ISS, das Amt für soziale Dienste mit Zuständigkeit für die Sozial- und Jugendhilfe eingerichtet. In den letzten Jahren ist es um dieses Diskussionsthema stiller geworden, zumal das KJHG an der Eigenständigkeit und Zweigleisigkeit des Jugendamtes festgehalten hat und § 69 Abs. 3 KJHG jetzt für die Jugendhilfe eindeutige Aufgabenzuweisungen an das Jugendamt vornimmt (Münder u. a., § 69 Rz 8ff.);

8.2 die Organisation der S. innerhalb der kommunalen Gebiets- und Funktionalreform. Hier geht es u. a. um die Delegation der Aufgaben der örtlichen Sozial- und Jugendhilfeträger auf kreisangehörige Gemeinden und um die Möglichkeit, kreisangehörige Gemeinden zu örtlichen Sozial- und Jugendhilfeträgern zu machen;

8.3 die Organisation der Gesundheitshilfe innerhalb der Gemeinden in Ländern mit kommunalen Gesundheitsämtern als Gesundheitsfachverwaltung mit integrierten Instituten für besondere Aufgaben (z. B. Veterinärämter, Medizinaluntersuchungsämter, Wahrnehmung der Aufgaben des Umweltschutzes und Umwelthygiene, Beratungsstellen) oder als Gesundheitsämter mit den Aufgaben nach dem Gesetz über die Vereinheitlichung des Gesundheitswesens vom 3. 7. 1934 (RGBl. I S. 531) und weiteren Ämtern für neue Aufgaben der Gesundheitshilfe (*Gesundheitsrecht*);

8.4 die Organisation der sozialen Dienste (organisatorische Einheit für die Fachkräfte der SozArb zur Wahrnehmung ihrer Aufgaben in der Sozial-, Jugend- und Gesundheitshilfe) innerhalb der kommunalen S. Es gibt dafür Beispiele eigenständiger Ämter für Familienfürsorge, soziale Dienste u. ä.; besonderer Abteilungen im Sozial- und Jugendamt bzw. Sozial- oder Jugendamt und unmittelbarer gemeinsamer Erledigung der Aufgaben von Verwaltungsfachkräften und Fachkräften der SozArb in einer Organisationseinheit (Einheit von Innen- und Außendienst) (*Allgemeiner Sozialdienst*);

8.5 die Organisation der Zusammenarbeit mit unterschiedlichen Fachkräften (Über- bzw. Unterordnung der Verwaltungsfachkräfte bzw. der Fachkräfte der SozArb, gemeinsame Fallverantwortung, größeres Team gleichberechtigter Fachkräfte mit zugeordneten Hilfskräften: *Teamarbeit*);

8.6 die Berücksichtigung fachlicher Kompetenzen in der Organisation der S., d. h. das Maß der Bindung der Fachkräfte der SozArb an administrative Weisungen;

8.7 die stärkere Mitwirkung der Leistungssuchenden und Leistungsempfänger, auch der von allgemeinen Maßnahmen kommunaler *Sozialpolitik* (z. B. Gemeinwesenarbeit) Betroffenen an der Entscheidungsvorbereitung und Entscheidungsfindung.

8.8 Inzwischen werden unter den Stichwörtern Dezentrale Ressourcenverantwortung, Budgetierung, Planfondierung und Controlling weitergehende Überlegungen zu einem neuen Steuerungsmodell für die Kommunalverwaltungen vorgetragen (dazu KGSt 12/1991), wird auf internationale Erfahrungen dazu verwiesen (Tilburger Modell, in: KGSt 19/1992), wird zunehmend auf den Umstellungszwang der kommunalen Finanzkrise verwiesen (T. Hanke: Crash-Kurs im Rathaus. Kommunalfinanzen: Städte und Gemeinden in der Krise, in: Die Zeit vom 10. 9. 1993) und werden erste Ergebnisse dieser Umstellungsprozesse vorgestellt (so G. Grandke: Das Modell Offenbach. Der lange Weg zu einem modernen Dienstleistungsbetrieb, in: FR vom 22. 7. 1993) (*Organisationsentwicklung*, *Sozialmanagement*). Dabei spielt in der S. eine gewichtige Rolle die rechtliche Verselbständigung und wirtschaftliche Eigenverantwortung oder Privatisierung bisher kommunaler, als unselbständige Eigenbetriebe geführter Einrichtungen (Heime) und Dienste.

9. Die neuen Länder haben sich in Behördenaufbau und -Zuständigkeiten weitgehend an die alten angelehnt. In allen neuen Ländern gab es bzw. stehen bevor Gemeindereform (Schaffung größerer Gemeinden; Bildung von Samtgemeinden, Ämtern o. ä.) und Kreisreformen (starke Verringerung der Zahl der Kreise und kreisfreien Städte).

In Mecklenburg-Vorpommern, Brandenburg und Thüringen wurde die Mittelinstanz (Regierungspräsident) abgeschafft. In Brandenburg, Sachsen-Anhalt und Thüringen wurden Landesämter für die staatlichen Aufgaben der S. mit – i. e. unterschiedlichen – Zuständigkeiten für Sozialhilfe, Jugendhilfe, Kriegsopferversorgung und -fürsorge, Gesundheitsangelegenheiten (insbesondere Aufgaben der psychiatrischen Versorgung) geschaffen. In Sachsen wurde ein Landeswohlfahrtsverband als höherer Kommunalverband für die Aufgaben des überörtlichen Trägers der Sozialhilfe gegründet.

O. Fichtner

Literatur: H. Bethke: Das Gesundheitsamt, in: F. Pürckhauer u. a.: Das öffentliche Gesundheitswesen. Bd. 1, Stuttgart 1962; Der Regierende Bürgermeister von Berlin, Senatskanzlei/Planungsleitstelle: Neustrukturierung der sozialen Dienste. Abschlußbericht des ressortübergreifenden Planungsteams, Berlin 1975; Freie Hansestadt Bremen: Neuorganisation der sozialen Dienste, Bremen 1978; R. Groell: Organisationsmodelle im Bereich der kommunalen Sozial- und Jugendhilfe. Arbeitshilfen des DV H. 7/1972; U. Haas (Hrsg.): Sozialarbeit und Sozialverwaltung, Weinheim 1985; U. Haas: Soziale Arbeit als Verwaltungshandeln, Weinheim 1992; W. Haus u. a.: Städte, Kreise und Gemeinden. Wie funktioniert das? Mannheim 1986; K. Hesse: Grundzüge des Verfassungsrechts der Bundesrepublik Deutschland, Karlsruhe [18]1991; W. Kantel: Kommunale Verfassung und Verwaltung in der Bundesrepublik Deutschland. Der Verwaltungsbeamte, H. 3, Göttingen [3]1977; KGSt-Bericht Nr. 12/1991: Dezentrale Ressourcenverantwortung: Überlegungen zu einem neuen Steuerungsmodell; KGSt-Bericht Nr. 19/1992: Fallstudie Tilburg. Wege zum Dienstleistungsunternehmen Kommunalverwaltung; D. Kreft/J. Münder u. a.: Soziale Arbeit und Recht, Weinheim [4]1994; D. Kühn:

Vertikale Gliederung der staatlichen und kommunalen Sozialadministration[1,2]

		Gesundheitshilfe	Jugendhilfe	Sozialhilfe
Bund[3]	(Bundesverwaltung) Bundesministerium als oberste Bundesbehörden, Bundesober-, Bundesmittelbehörden, örtliche Behörden (ohne Bedeutung für Gesundheits-, Jugend- und Sozialhilfe)	BM für Gesundheit	BM für Familie, Senioren, Frauen und Jugend	BM für Gesundheit
Länder	(Landesverwaltung) Landesministerien als oberste Landesbehörden, Landesober-, Landesmittelbehörden (z.B. Regierungspräsident), örtliche Behörden	zuständiges Landesministerium (z.T. mehrere) Mittelbehörden (Regierungspräsidenten) als Fachaufsichtsbehörden über die örtlichen Gesundheitsämter	Oberste Landesbehörde Landesjugendamt (oder mehrere) Landesjugendwohlfahrtsausschuß[5]	überörtlicher Träger der Sozialhilfe[6]
Kommunen	(Kommunale Selbstverwaltung) Landschaftsverband, Landeswohlfahrtsverbände (Zusammenschluß mehrere Kreise und/oder Gemeinden) kreisfreie Städte[2] Gemeinden	Gesundheitsämter (i.d.R. als staatliche Einrichtungen)[4]	Jugendamt/Jugendwohlfahrtsausschuß	Sozialamt als Behörde des örtl. Trägers der Sozialhilfe

[1] Da die Aufgaben der Gesundheitshilfe (z.B. Krankenhausfinanzierungsgesetz), Jugendhilfe (§ 3 KJHG) und Sozialhilfe (§§ 10, 93 BSHG) von öffentlichen und freien Trägern wahrgenommen werden, sind Aufbau und (selbstgewählte) Aufgabenstellung der *Jugendverbände* und *Wohlfahrtsverbände* von besonderer Bedeutung auch für die staatliche und kommunale Sozialadministration.

[2] Die kommunale Selbstverwaltung ist in der BRD grundsätzlich 2stufig aufgebaut, bei den kreisfreien Städten fallen jedoch die Kreis- und Gemeindeebene zusammen.

[3] Zu den Aufgaben des Bundes auf dem Gebiet der Jugendhilfe: § 83 KJHG; zum Bundesjugendkuratorium: § 83 KJHG.

[4] Vgl. §§ 1 und 4 des Gesetzes über die Vereinheitlichung des Gesundheitswesens vom 3.7.1934 (*Gesundheitsrecht*).

[5] Zu Aufbau und Aufgabenstellung der verschiedenen Ebenen der Jugendhilfe: §§ 69ff. (*Jugendämter*/Landesjugendämter) und § 82 KJHG (Oberste Landesbehörde).

[6] Träger der Sozialhilfe: §§ 9, 96ff. BSHG.

Kommunale Sozialverwaltung, Bielefeld 1985; R. Mayntz: Soziologie der öffentlichen Verwaltung, UTB 765, Heidelberg 1978; J. Münder u.a.: Frankfurter Lehr- und Praxiskommentar zum KJHG, Münster [2]1993; R. Pitschas: Sozialer Fortschritt durch Verwaltungsreform? Bemerkungen zur Reform der sozialen Dienste im Land Berlin und ihrer Kritik, in: Soziale Arbeit 7 u. 8/9/1978 (mit weiteren Literaturnachweisen); Schäfer/Koch: Zukunftsorientierte Umorganisation eines Sozialdezernats am Beispiel Dortmund, in: NDV 1993, 184ff.; W. Schellhorn/H. Jirasek/P. Seipp: Das Bundessozialhilfegesetz (Kommentar), Neuwied [14]1993; Trierer Modell, in: R. Groell, 34ff.; H.J. Wolff: Verwaltungsrecht II (Organisations- und Dienstleistungsrecht), München [3]1970.

Sozialamt

Die bei den örtlichen Trägern der Sozialhilfe eingerichtete Behörde, die für die Durchführung der gesetzlich vorgeschriebenen Maßnahmen nach dem BSHG sowie für verwandte Aufgaben zuständig ist. Örtliche Träger der *Sozialhilfe* sind nach § 96 BSHG die kreisfreien Städte und Landkreise. Allerdings haben alle deutschen Flächenländer von der in § 96 Abs. 1 gegebenen Möglichkeit Gebrauch gemacht, den Landkreisen das Recht einzuräumen, Aufgaben nach dem BSHG auf kreisangehörige Gemeinden zu übertragen. Teilweise wurde dabei eine Mindestgröße von 5000 Einwohnern als Voraussetzung für eine entsprechende Aufgabenübernahme festgesetzt. Faktisch unterhält damit nahezu jede deutsche Stadt bzw. Verbandsgemeinde ein eigenes S. (i.e. Schellhorn, § 96 Rz 5ff.).

Die zentrale Aufgabe des S. ist die Allgemeine Sozialhilfe nach dem BSHG (Hilfe zum Lebensunterhalt, Hilfe in besonderen Lebenslagen), die den größten Teil seiner Arbeit ausmacht. Weiterhin befinden sich nach dem Aufgabengliederungsplan der KGSt u.a. folgende Sachgebiete im Zuständigkeitsbereich des S.:

- Aufgaben der Sozialhilfe, die durch den überörtlichen Träger nach Landesrecht auf den örtlichen Träger delegiert sind,
- Aufgaben nach dem *Sozialgesetzbuch* (SGB I, SGB X),
- Aufgaben als örtlicher Träger der Kriegsopferfürsorge nach dem Bundesversorgungsgesetz,
- Zusammenarbeit mit und Förderung von Trägern freier Wohlfahrtspflege (*Träger der Sozialen Arbeit/Wohlfahrtsverbände*),
- Planung, Verwaltung und Betrieb der gemeindlichen Einrichtungen der Sozialhilfe (z.B. Altenheime, Altenpflegeheime, Obdachlosenunterkünfte),

- Überwachung der entsprechenden Einrichtungen in Trägerschaft der Verbände der freien Wohlfahrtspflege,
- Obdachlosenangelegenheiten (*Obdachlosenhilfe*),
- Betreuung von *Ausländern*, Vertriebenen, Flüchtlingen und *Aussiedlern*,
- Befreiung von der Rundfunkgebührenpflicht und Mitwirkung bei der Fernsprechgebührenermäßigung,
- Krankenversorgung für Empfänger von Unterhaltshilfen nach dem Lastenausgleichsgesetz,
- Aufgaben nach dem Unterhaltssicherungsgesetz,
- Aufgaben nach dem *Schwerbehindertengesetz*,
- Beschäftigungsmaßnahmen für arbeitslose Sozialhilfeempfänger (*Soziale Arbeit und Arbeitsmarkt*).

Zu diesen Zuständigkeiten hinzu kommen in der Praxis häufig Aufgaben aus benachbarten Sachgebieten (z.B. *Wohngeld* oder solche aus dem Bereich Sozialversicherung). Da sich weder der Begriff »S.« noch eine anderweitige organisatorische Vorgabe im BSHG findet, den Gebietskörperschaften also freie Hand bei der Zuweisung der Aufgaben der Sozialfürsorge zu bestimmten Organisationseinheiten gelassen ist, hängt es von den örtlichen Gegebenheiten ab, welche Aufgaben i.e. dem S. zugeordnet sind.
Die traditionelle Binnenstruktur des S. weist eine klare Unterscheidung zwischen Innen- und Außendienst auf. Im Innendienst arbeiten Beamte des gehobenen Verwaltungsdienstes, die als Sachbearbeiter auf der Grundlage von Berichten des Außendienstes und unter Anwendung des BSHG über die Gewährung von Hilfsleistungen an Bedürftige entscheiden. Den Außendienst, dem i.d.R. auch die Aufgabe der persönlichen Hilfe obliegt, leistet regelmäßig der *Allgemeine Sozialdienst*.
Nicht flächendeckende Strukturreformen der 60er und 70er Jahre (*Sozialadministration*) haben dazu geführt, daß sich heute in städtischen und ländlichen Regionen gleichermaßen herkömmlich organisierte S. neben Ämtern mit mehr oder weniger weitreichenden neuartigen Strukturelementen finden (*Organisationsentwicklung/ Sozialmanagement*). *G. André*

Literatur: G. André: SozialAmt. Eine historisch-systematische Einführung in seine Entwicklung, Weinheim 1994; KGSt der Gemeinden: Aufgaben-/Verwaltungsgliederungsplan, Köln 1979; KGSt: Organisation des Sozialamtes, Köln, Bericht 1987/9 und Bericht 1989/16; D. Kühn: Kommunale Sozialverwaltung. Eine organisationswissenschaftliche Studie, Bielefeld 1985; W. Schellhorn u.a.: Kommentar zum BSHG, Neuwied [14]1993.

Sozialarbeit in Arztpraxen

In Deutschland hat dieses Arbeitsfeld (bei niedergelassenen Ärzten) keine Tradition, es gibt nur wenige beispielhafte Modelle. Ein England und den USA finden wir dagegen vergleichbare Einrichtungen. Schwerpunkte der Arbeit sind dort: Hilfen bei der Unterbringung von Patienten, bei Erziehungsproblemen und Partnerschaftskonflikten, für körperlich Behinderte, Hilfen bei psychiatrischen Krankheiten (neurotischen Depressionen, *Angst*gefühlen), bei psychosomatischen Krankheiten, Beratung bei materiellen Problemen (*Schuldnerberatung*) usw.
Erfahrungen und Untersuchungen zeigen, daß Patienten, die eine Arztpraxis aufsuchen, ergänzende psychosoziale Beratungs- und Betreuungsangebote i.S. einer umfassenden medizinischen Versorgung benötigen. Rd. 20% aller Patienten kommen dafür in Frage. Die ergänzenden Hilfen kann der Arzt i.d.R. nicht erbringen, dafür können SozArb/SozPäd eingesetzt werden. Ein SozArb könnte, je nach Bedarf, mehrere Arztpraxen versorgen. Die Angebote sollten u.a. enthalten: Erstellen der Sozial*anamnese* (*Diagnostik*) zur Ergänzung der ärztlichen Behandlung, Beratung bei materiellen Problemen, Hilfen bei Fragestellungen und Problemen im persönlichen Bereich, *nachgehende Krankenfürsorge*, *Rehabilitation* (ambulant oder stationär), Hilfen in sozialen Konfliktsituationen beispielsweise bei Herzinfarktpatienten, Krebskranken, psychisch Kranken, Schwangeren, Senioren usw. Ein besonderer Aufgabenbereich könnte die psychosoziale Begleitung (Reintegration) für Drogenabhängige im Rahmen der medikamentösen Ersatzbehandlung (Substitutionstherapie) sein. Wichtig wären Angebote im präventiven Bereich. Das Angebot der Gesundheitserziehung, -beratung und -förderung stand bisher abseits im Rahmen der kassenärztlichen Versorgung. Hier bieten sich für Arzt und SozArb/SozPäd Möglichkeiten an, gemeinsam für Risikogruppen (u.a. Raucher, Übergewichtige, Bluthochdruckpatienten, Schwangere, Arbeitslose, Berufstätige mit vorwiegend sitzender Tätigkeit, Diabetiker, Frauen und Männer in der Lebensmitte, Patienten mit süchtigem Verhalten, Senioren) Präventivprogramme zu erarbeiten, auch i.S. einer Früherkennung und Bekämpfung von Krankheiten. Für diese Zusammenarbeit ist es wichtig, daß der SozArb u.a. Kenntnisse in der *Sozialmedizin*, im Sozialrecht (*Sozialgesetzbuch*), im methodischen Arbeiten (*Methoden der Sozialarbeit/Sozialpädagogik*), Kenntnisse über Gesundheitserziehung mitbringt. Unklar ist bisher noch die Frage der Finanzierung dieser Tätigkeit.
P. Reinicke

Literatur: A.W. Clare/R.H. Corney: Social work and primary health care, London 1982; G. Jungmann: Sozialarbeit und freie ärztliche Praxis, in: Dt. Ärzteblatt 41/1975; P. Reinicke/H. Göpel: Sozialarbeit in der Allgemeinpraxis, in: Der Sozialarbeiter 5/1985; I. Weidemann: Modellversuch »Sozialarbeiter in der Nervenarztpraxis«, in: Der Sozialarbeiter 5/1987; E. Große-Schulte: Integration eines Sozialarbeiters in die Praxis-Arbeit, in: Sozialpsychiatrische Informationen 3/1989. Neue Untersuchungs- und Behandlungsrichtlinien zur Methadon-Substitution, verabschiedet am 9.7.1991 vom Bundesausschuß der Ärzte und Krankenkassen.

Sozialarbeit/Sozialpädagogik (SozArb/SozPäd)

Unter diesen beiden Begriffen wird eine Vielzahl von Einrichtungen und Maßnahmen zusammengefaßt, die Menschen helfen sollen, sich in ihre Gesellschaft zu integrieren (SozPäd) und in ihr ein Leben zu führen, das der Würde des Menschen entspricht (SozArb). Das gesellschaftliche Verständnis von der Notwendigkeit, der Bedeutung und der Reichweite dieser beiden Aufgaben unterliegt einem historischen Entwicklungsprozeß, der noch nicht abgeschlossen ist, der es aber notwendig macht, das Wesen von SozArb und SozPäd aus ihrer historischen Entfaltung zu erschließen.

Geschichte: Am Anfang des Weges, den die gegenwärtige SozArb zurückgelegt hat, stand das Arbeitshaus (*Geschichte der Sozialarbeit/Sozialpädagogik*), in das um materielle Unterstützung nachsuchende Familienväter eingewiesen wurden, um ihren Willen zur *Arbeit* zu prüfen (Armenhaustest). Die Unterstützung war knapp bemessen, zeitlich eng begrenzt und an diskriminierende Umstände gebunden: Verlust des Wahlrechtes, Veröffentlichung der Namen der Unterstützungsempfänger, Rückzahlungsgebot, Konfiszierung des Nachlasses durch die Armenbehörde. Dadurch sollte sichergestellt werden, daß die unterstützten Familien sich nicht an die Armenhilfe als Lohnersatz gewöhnten und daß ihr Wille zur Arbeit nicht erlahme, auch wenn sie über längere Zeit keine Arbeit fänden. Diese Forderung erwies sich angesichts zyklischer kapitalistischer Wirtschaftskrisen in der 2. Hälfte des 19. Jh. als zunehmend unrealistisch. Außerdem lag es im Interesse der expandierenden deutschen Industrie im internationalen Konkurrenzkampf, auch in Krisenzeiten einen festen Stamm qualifizierter Facharbeiter zu erhalten und gleichzeitig die Kampfkraft von *Gewerkschafts*- und Arbeiterbewegung zu schwächen. Bismarcks Sozialgesetzgebung (Krankenversicherung, Unfallversicherung, Invaliden- und Altersversicherung) schuf die gesetzliche Grundlage, durch die Teile der Arbeiterschaft unabhängig von den Almosen der Armenhilfe wurden. Nun konzentrierte sich die Armenhilfe (heute *Sozialhilfe*) auf jene Teile der Bevölkerung, die keinen Versicherungsanspruch erworben hatten oder deren Anspruch nicht ausreichte, sich und ihre Angehörigen am Leben zu erhalten.

Am Anfang des Weges, den die gegenwärtige SozPäd zurückgelegt hat, standen Erziehungsheim (*Heimerziehung*) und *Kindergarten*. Erziehungsheime in kirchlicher, später auch in kommunaler Regie gewährleisteten die Pflege und Erziehung von Kindern und Jugendlichen, die ihre Eltern verloren hatten (oder ihnen verlorengegangen waren/*Fremdunterbringung*); Kindergärten, später auch *Kinderkrippen* und *Kinderhorte* sollten die Pflege und Erziehung in Ursprungsfamilie und *Schule* begleitend ergänzen und unterstützen. Bei den von Einrichtungen der SozPäd betreuten Personengruppen handelte es sich um Kinder und Jugendliche, deren Pflege- und Erziehungsbedürftigkeit nicht als Ausdruck individuellen Verschuldens der Eltern interpretiert werden konnte. SozPäd war deshalb von vornherein dazu prädestiniert, als kollektive Pflichtaufgabe aller Erwachsener an der Generation ihrer Kinder begriffen und verallgemeinert zu werden, während SozArb bis in unsere Zeit mit dem Odium belastet ist, durch ungeprüfte Gewährung materieller Hilfen den Willen zur individuellen Lebenserhaltung zu schwächen und deshalb eine sorgfältige Prüfung jedes Einzelfalles (*Einzelfallhilfe*) erfordert. Das Recht jedes deutschen Kindes auf Erziehung zur leiblichen, seelischen und gesellschaftlichen Tüchtigkeit wurde im Reichsjugendwohlfahrtsgesetz von 1922 (*Jugendwohlfahrtsgesetz*) festgeschrieben, während das Recht jedes Menschen auf ein Leben, das der Würde des Menschen entspricht, erst im *Bundessozialhilfegesetz* 1962 und im *Sozialgesetzbuch* (SGB I) 1976 als allgemeiner Rechtsanspruch formuliert worden ist.

Bei dem langen Entwicklungsweg von der Reaktion auf besondere, historisch, sozial und individuell bedingte Lebenslagen bis zur Formulierung allgemeiner Ansprüche aller Menschen unterschiedlichen Alters und unterschiedlicher Lebenslagen auf gesellschaftliche *Hilfe* und Unterstützung bei der Bewältigung von *Sozialisation*saufgaben und Krisensituationen haben soziale Bewegungen eine hervorragende Rolle gespielt: religiöse Bewegungen des Mittelalters (Orden und Klöster), christlich-caritative Bewegungen der Neuzeit, philanthropische Bewegungen des sich etablierenden Bürgertums, *Frauen*bewegung, *Jugend*bewegung, Arbeiterbewegung (*Gewerkschaften*), pädagogische Reformbewegungen und alternative Selbsthilfebewegungen (*Selbsthilfe/Selbsthilfeorganisation*) der Gegenwart. Sie alle haben mehr oder weniger Tendenzen hervorgebracht und unterstützt, um bisher als individuell begriffene Notlagen als Begleiterscheinungen gesamtgesellschaftlicher Entwicklungen zu reformulieren, neue Wege zur Bearbeitung dieser Lebens- und Not-Lagen zu beschreiten und angemessene Formen der Hilfe zu entwickeln, weiterzugeben und zu professionalisieren (*Professionalisierung/Soziale Berufe*).

Prinzipien: Die Sorge für das körperliche, geistige und seelische Wohl des Nächsten (unabhängig von verwandtschaftlichen, ethnischen und religiösen Bindungen) ist ein altes christliches Gebot. Es wurde durch das Gleichnis vom Barmherzigen Samariter illustriert und in der deutschen Aufklärung durch die Ring-Parabel von G.E. Lessing bekräftigt. Die Arbeitserziehung (*Arbeit*) als Einübung in die Fähigkeit, durch eigener Hände Arbeit die Mittel für sein Leben zu verdienen und für das Wohl der Familie zu sorgen, war tragendes Prinzip sowohl christlich-caritativer als auch liberaler und sozialistischer Erziehungstätigkeit. In der katholischen Soziallehre erhielt es die spezielle Fassung, daß Menschen in Not zunächst von jenen Personen unterstützt werden sollten, die ihnen am nächsten stehen (*Familie*). Danach sei die örtliche Religionsgemeinschaft gefordert und erst nachrangig Kommune, Land und Bundesstaat (*Subsidiarität*). Der Liberalismus suchte hingegen von Anfang an nicht das Recht des Staates auf sozialarbeiterische und sozialpädagogische Eingriffe in das Schicksal des Einzelnen zu begrenzen, sondern seine Verpflichtung zur Hilfe. Er ging von dem Recht des Einzelnen aus, sein Leben selbst zu bestimmen, und überantwortete die Vorsorge für individuelle Krisensituationen den Gesetzen des Dienstleistungsmarktes. Dagegen wiederum setzten Arbeiterparteien und Gewerkschaften die kollektive Selbsthilfe von Menschen in ähnlicher sozialer Lage und die Notwendigkeit, diese Selbsthilfe zu verrechtlichen und mehr und mehr als Aufgabe der gesamten staatlichen Gemeinschaft zu bestimmen. Von diesem *Solidaritäts*begriff leiteten die Befürworter des *Sozialstaat*s den Begriff des Generationenvertrages ab. Die Generation der arbeitsfähigen Erwachsenen soll durch ihre Versicherungsleistungen den Lebensabend der Generation ihrer Eltern und Großeltern finanziell sichern. Aus der historischen Entwicklung der *sozialen Sicherung* aus den ›Bruderbüchsen‹ mittelalterlicher Bergleute wurde das Prinzip der Hilfe zur Selbsthilfe abgeleitet: jegliche Fremdhilfe sei so zu gewähren, zu leisten und zu bemessen, daß sie die Selbsthilfekräfte der in Not Geratenen mobilisiert. Dieses Prinzip hat eine emanzipatorische und eine restriktive Seite. Es unterstreicht die anthropologische Annahme, daß Menschen in der Lage sind, ihr Leben in eigener Bestimmung und Verantwortung zu gestalten. Es unterstellt aber gleichzeitig, daß Menschen prinzipiell mit den gleichen Voraussetzungen ausgestattet wären, dieses Ziel unabhängig von der Unterstützung durch die Gemeinschaft zu erreichen. Die Betonung von Selbsthilfe (*Selbstorganisation*) kann also einerseits als Warnung vor staatlicher Bevormundung verstanden werden, sie kann andererseits als Rechtfertigung staatlicher Untätigkeit in strukturellen Krisensituationen benutzt werden.

Gemeinsame Grundlagen: Es hat vielfältige Versuche gegeben, die unterschiedlichen Einrichtungen und Maßnahmen von SozArb und SozPäd als überzeitliche menschliche Pflichtaufgaben (›Hilfe als Urphänomen‹, Scherpner) zu definieren. Dies hat seine Berechtigung, aber es verstellt den Blick für die besonderen Ausformungen dieses ›Urphänomens‹ in der Gegenwart und für die vielgestaltigen ideologischen Grabenkämpfe, die Forderungen nach seiner Erweiterung, Erhaltung oder Einschränkung in der zeitgenössischen *Sozialpolitik* begleiten. Es erscheint deshalb als wissenschaftlich angemessen, die Genese moderner SozArb und SozPäd in den Ursprüngen der Industriegesellschaft (Mollenhauer) bzw. in den Bewegungsgesetzen des Kapitalismus (Danckwerts) zu suchen. Der den Einrichtungen und Maßnahmen von SozArb und SozPäd gemeinsame Nenner scheint darin zu bestehen, die in der Vergangenheit dem *Individuum* und seiner Ursprungsfamilie geschuldeten Aufgaben der generativen Wiederherstellung menschlichen Arbeitsvermögens und der intergenerativen Sicherung und Erziehung der Nachkommenschaft zu vergesellschaften bzw. zu verstaatlichen (›Vergesellschaftung von Reproduktionsrisiken‹ als Folge der ›Entkoppelung von Produktion und Sozialisation‹, Jahrbuch 1976, 1978). Die in diesem Erklärungsansatz enthaltene Vermutung über die historische Entkoppelung von Produktion und Reproduktion wird dreifach begründet. Einmal ist die Lohnarbeit zur allgemeinen Form menschlicher Produktionstätigkeit geworden. Das gilt auch und insbesondere für Frauen, deren in der Vergangenheit massenhaft geleistete unbezahlte Reproduktionsarbeit (Haushalt, Pflege, *Erziehung*) mehr und mehr durch bezahlte, professionelle außerhäusliche Arbeitskräfte übernommen werden muß. Zum anderen hat die Intensität dieser Lohnarbeit deutlich zugenommen. Der rechnerischen gesamtgesellschaftlichen Arbeitszeitverkürzung steht ein Mehr an Reproduktionsbedürfnissen gegenüber, um die verausgabte Arbeitskraft zu regenerieren. Zum dritten sind die Anforderungen an die allgemeine Reproduktionsarbeit auch qualitativ erheblich gestiegen: Haushaltsführung, Kindererziehung, Krankenpflege, Altenhilfe und Freizeitgestaltung erfordern heute Fähigkeiten, Fertigkeiten, Kompetenzen und ein *Zeit*-Budget, das früheren Generationen nicht auferlegt worden ist oder zur Verfügung stand (Müller-Wichmann).

An der Jahrtausendwende konstatieren wir in den fortgeschrittenen Industrienationen die abnehmende Bedeutung von Lohnarbeit für die Ausformung personaler Identität. Diese Feststellung ist überall dort zynisch, wo es darum geht, Arbeitslose mit ihrem gesellschaftlich gewollten Schicksal zu versöhnen. Sie erscheint diskutabel, wenn es darum geht, die für den Ausbau des Industriekapitalismus notwendige ›Pflicht- und Opfer-Ethik‹ von Lohnarbeitern und doppelt belasteten Arbeits- und Haus-Frauen historisch zu relativieren. Damit aber gerät das alte Prinzip der SozArb ins Gerede, Sozialhilfe solle nur der erhalten, dem es am Arbeitswillen nicht gebricht. Insbesondere in gesamtgesellschaftlichen Situationen (Dritte Welt), in denen es Menschen verwehrt wird, die Zahl ihrer Nachkommen selbst zu bestimmen.

SozArb und SozPäd und ihre historisch getrennten Ursprünge in der Armenverwaltung, der Ersatzerziehung und der familienergänzenden Sozialerziehung scheinen seit den Reformen der *Sozialen Arbeit* in der 1. Deutschen Republik mehr und mehr zusammenzuwachsen. Mehr und mehr ergänzen (und ersetzen) sie die in der Vergangenheit privat und unbezahlt erbrachten Reproduktionsleistungen bei der Sozialisation und Erziehung von Kindern (*Kindheit*) und Jugendlichen, bei der Hilfe und Unterstützung in individuellen Krisensituationen, bei der Pflege bei *Krankheit* und im *Alter*, als Hilfen bei den immer noch dominierenden individuellen Anstrengungen, mit Krisen und Konflikten in den unterschiedlichen Situationen des Lebenszyklus selbständig und angemessen fertig zu werden. Reproduktionsleistungen, die nahezu ausschließlich von Frauen erbracht werden. Nicht ohne Grund sind auch die professionalisierten Formen dieser Reproduktionsleistungen Frauenberufe.

Arbeitsfelder: Diese Sichtweise auf vorhandene und verstärkte Gemeinsamkeiten von SozArb und SozPäd rechtfertigt eine dreifache Einteilung von Einrichtungen und Maßnahmen der Sozialen Arbeit, ein Sammelbegriff für SozArb und SozPäd, den Danckwerts vorgeschlagen hat und der anglo-amerikanischer Fach-Terminologie entspricht. Einrichtungen und Maßnahmen können nach den Stationen im Lebenszyklus geordnet werden, in dem sich die Menschen befinden, die von ihnen betroffen werden; sie können an den besonderen Problemen marginalisierter ›Zielgruppen‹ orientiert werden, die besonderer Lebens- und Überlebens-Hilfen bedürfen; und sie können nach den *Methoden der Sozialarbeit/Sozialpädagogik* geordnet werden, welche in der Entwicklung sozialer Berufe ausgeformt und in deren Ausbildung formuliert worden sind.

Einrichtungen und Maßnahmen der SozPäd begleiten das Leben von Säuglingen, Kindern, Jugendlichen und jungen Erwachsenen: *Schwangerschaftsberatung* und Säuglingsfürsorge, Kinderkrippen, Kindergärten und Kinderhorte, Erziehungsheime, Freizeitheime und Häuser der offenen Tür, Zeltlager und Erholungsmaßnahmen, Förderung von *Jugendverbänden*, Jugendgruppen und Maßnahmen internationalen Jugendaustausches, Überwachung des *Pflegekinder*wesens und der *Adoptions*vermittlung, *Amtsvormundschaft*, *Jugendgerichtshilfe* und *Bewährungshilfe*. Die meisten dieser sozialpädagogischen Tätigkeiten, die Förderung und die Einrichtung der für sie notwendigen Institutionen sind seit dem Reichsjugendwohlfahrtsgesetz (1922) in einem selbständigen *Jugendamt* auf kommunaler Ebene zusammengefaßt. Das JA gilt als Inbegriff sozialpädagogischer Reformpolitik. Durch seine Errichtung wurde die materielle Hilfe für Familien mit Kindern aus der Zuständigkeit der alten Armenverwaltung herausgelöst und in den Händen der für alle Probleme dieser Familienzuständigen Familienfürsorge (*Allgemeiner Sozialdienst*/ASD) zusammengefaßt. Für materielle und zunehmend auch für zwischenmenschliche und seelische Probleme von Erwachsenen in Krisensituationen, also für SozArb i.e.S., waren zwei andere klassische Ämter der SozArb zuständig: *Sozialamt* und *Gesundheitsamt*. Nachdem 1927 als letzter Teil gesetzlicher Sozialversicherung die Arbeitslosenversicherung eingeführt worden war, konzentrierte sich die Arbeit des Sozialamtes mehr und mehr auf materielle Zuwendungen für Bevölkerungsgruppen ohne (zureichenden) Versicherungsschutz, auf Probleme und Krisensituationen, die nicht (allein) durch Hilfen zum Lebensunterhalt bearbeitet werden konnten und auf die Sorge für Personengruppen, die aus Arbeitsprozeß und Familienzusammenhang ausgegliedert worden waren (*Altenhilfe*).

Krisenhafte gesellschaftliche Entwicklungen haben immer wieder dazu geführt, daß über diese, an der Normalbiographie von Menschen orientierte Kette von Einrichtungen und Maßnahmen der SozArb und SozPäd hinaus neue Problem- und Risiko-Gruppen angesprochen werden mußten, denen durch Ausgliederung aus (oder Nicht-Eingliederung in) gesellschaftliche Netzwerke Lebenschancen vorenthalten wurden. Dazu gehören etwa: Jugendliche ohne Ausbildungs- und Arbeitsplatz (*Soziale Arbeit und Arbeitsmarkt*); *alleinerziehende* Mütter; ausländische Familien, die in Deutschland arbeiten und wohnen und deren Kinder (*Ausländer*); *Aussiedler* und Umsiedler; Menschen, die drogenabhängig (*Drogenabhängigkeit*) geworden sind oder die an bisher nicht zu heilenden Krankheiten leiden: Behinderte (*Behindertenhilfe*). So sehr die Hilfe von SozArb und SozPäd für solche Bevölkerungsgruppen Fortschritte im gesellschaftlichen Problembewußtsein signalisiert, so sehr besteht auch die Gefahr, daß die Reduktion von Lebensläufen und Lebenskrisen auf einzelne Symptome von Gefährdungen zu *Stigmatisierungen* führt oder bereits vorhandene Stigmatisierungen befestigt.

Bis in die 50er Jahre ging man davon aus, daß die unterschiedlichen Tätigkeitsfelder von SozArb und SozPäd zu disparat wären und zu unterschiedliche Kenntnisse, Fertigkeiten und Kompetenzen erforderten, um einheitliche Ausbildungsgänge für alle sozialen Berufe einrichten zu können. Die *Ausbildung* wurde deshalb zunächst in die Vorbereitung auf sozialpädagogische Tätigkeiten (Kindergärtnerin, Hortnerin, Jugendleiterin, Heimerzieherin) und auf sozialarbeiterische Arbeitsplätze (Sozialamt, Jugendamt, Gesundheitsamt) getrennt.

Diese Trennung wurde in den 60er Jahren gegenüber einer Differenzierung der Ausbildung in Wahlpflichtfächer in den Hintergrund gestellt, die an den ›klassischen Methoden‹ der SozArb orientiert waren (*Einzelfallhilfe*, *Gruppenpädagogik* (*-arbeit*), *Gemeinwesenarbeit*). Diese Differenzierung und Spezialisierung stand nicht immer und überall im Einklang mit den Anforderungen unterschiedlicher Arbeitsplätze, die häufig methodenübergreifendes Arbeiten erforderten. Fachhochschulen und Universitäten gingen deshalb teilweise dazu über, statt ›Methoden sozialer Arbeit‹ ›methodisches Arbeiten‹ zu lehren. Damit ist ein schrittweises Problemlösungsverfahren von SozArb und ihren *Klienten* gemeint, das über die Beschreibung der Erscheinungsformen von Problemen und Krisen zum Versuch ihrer Herleitung und Begründung (*Anamnese* und Diagnose/*Diagnostik*) über die kritische Musterung vorhandener Ressourcen und alternativer Handlungsstrategien zu bewertenden Einschätzungen (*Evaluation*) möglicher Interventionsziele und zur Beantwortung der Frage führt, ob und wann diese Ziele erreicht worden sind. Eine Orientierung an den klassischen Methoden der SozArb, die diesen problemlösenden Dreischritt immer schon beherzigt haben, scheint weiterhin geboten, weil der organisatorische Kontext, in dem er vollzogen wird (Beratungsgespräch, Gruppenarbeit, Arbeit im Stadtteil und in der Gemeinde (*soziale Netzwerke*), die dabei erforderlichen professionellen Kompetenzen mit unterschiedlichen Akzenten versieht.

Träger: Es mag den Anschein haben, als werde SozArb und SozPäd im wesentlichen von kommunalen ›Ämtern‹ mit ausschließlich professionell ausgebildetem

Personal betrieben. Dieser Eindruck wäre sowohl im Rückblick auf die Geschichte als auch in der Beschreibung der Gegenwart falsch. Im Laufe der letzten 100 Jahre ist vielmehr eine funktionale Arbeitsteilung zwischen lokalen Selbsthilfegruppen, regionalen (privaten) Wohlfahrtsvereinen und -verbänden und Ämtern und Behörden auf Kreis- und Landesebene herausgebildet worden (*Träger der Sozialen Arbeit*). Die Zahl unbezahlter Mitarbeiter in Selbsthilfegruppen und *Wohlfahrtsverbänden* überschreitet das bezahlte Personal um ein Vielfaches. Bei der Identifizierung und Bearbeitung neuer sozialer Krisensituationen und Problemlagen erweisen sich Selbsthilfegruppen und soziale Bewegungen häufig als sensibler und flexibler als die kommunalen und regionalen Ämter der SozArb (*Selbsthilfe/Selbsthilfeorganisation*). Diese wiederum arbeiten zuverlässiger in der Sicherungstellung flächendeckender Angebote von Maßnahmen und Dienstleistungen, auf die Bürger einen Rechtsanspruch haben, und bei der Kontrolle des professionellen Standards dieser Dienstleistungen. Es ist immer wieder der Versuch gemacht worden, das Gleichgewicht zwischen privaten und behördlichen Trägern von SozArb und SozPäd in der einen oder anderen Richtung zu verändern und dem zugrundeliegenden Subsidiaritätsprinzip neue interpretative Akzente zu geben. Solche Versuche haben sich als nicht durchsetzbar erwiesen und sind wahrscheinlich auch wenig wünschenswert. Das hängt damit zusammen, daß die Ziele der Befürworter einer prinzipiellen Kommunalisierung von SozArb und SozPäd und ihrer weitgehenden Verrechtlichung durch das gesetzlich gesicherte System der sozialen Sicherung in der BRD im Vergleich zu anderen Ländern eines entsprechenden Entwicklungsniveaus weitgehend erreicht worden sind.

Das ›Sozialbudget‹, das die BReg seit 1968 regelmäßig vorlegt, weist zwischen 1960 und 1990 einen Anteil aller sozialen Leistungen am Bruttosozialprodukt aus, der bei 30% liegt und im Jahre 1990 mehr als 700 Mrd. DM betrug. Dazu steuerten Arbeitgeber und Arbeitnehmer mit zusammen 60% den Löwenanteil in Gestalt ihrer Einzahlungen in die gesetzlichen Versicherungssysteme bei. Der Bund finanzierte über allgemeine Steuergelder rd. 21%, die Länder 11% und die Gemeinden 8%. Die Ausgaben im Rahmen der gesetzlichen Versicherungssysteme betrugen 1990 64% des Sozialbudgets, Sozialhilfe und Wohngeld machten 5% der Ausgaben des Sozialbudgets aus, für Jugend und Gesundheit wurden rd. 2% ausgegeben (Sozialbericht 1990). Diese Prozentsätze zeigen, daß die Umverteilungseffekte des Sozialstaates geringer sind, als seine Gegner befürchten und seine Befürworter erhoffen.

C. W. Müller

Literatur: R. Landwehr/R. Baron (Hrsg.): Geschichte der Sozialarbeit, Weinheim [2]1991; D. Danckwerts: Grundriß einer Soziologie sozialer Arbeit und Erziehung, Weinheim [2]1981; Deutscher Verein (Hrsg.): Fachlexikon der sozialen Arbeit, Frankfurt/M. [3]1993; H. Eyferth/H.-U. Otto/H. Thiersch (Hrsg.): Handbuch zur Sozialarbeit/Sozialpädagogik, Neuwied 1984; Jahrbuch der Sozialarbeit 1976 und 1978, Reinbek 1975 und 1977; F. Flamm: Sozialwesen und soziale Arbeit in der Bundesrepublik Deutschland, Frankfurt/M. [3]1980; W. Friedländer/H. Pfaffenberger: Grundbegriffe und Methoden der Sozialarbeit, Neuwied (1958) 1966; E. Kerkhoff (Hrsg.): Handbuch Praxis der Sozialarbeit und Sozialpädagogik, 2 Bde., Düsseldorf 1981; K. Mollenhauer: Die Ursprünge der Sozialpädagogik in der industriellen Gesellschaft, Weinheim (1959) 1987; K. Mollenhauer: Einführung in die Sozialpädagogik, Weinheim [10]1993; C.W. Müller (Hrsg.): Einführung in die Soziale Arbeit, Weinheim [4]1995; C.W. Müller (Hrsg.): Reihe: Berufsfelder Sozialer Arbeit. Bd. 1: Wilma Grossmann: KinderGarten, Weinheim [2]1994; Bd. 2: JugendAmt, Weinheim 1994; Bd. 3 W. Bauer: JugendHaus, Weinheim 1991; Bd. 5 N. Preusser: ObDach, Weinheim 1993; Bd. 6: Gefängnis, Weinheim 1989; Bd. 7 G. Hartmann: IrrenHaus, Weinheim 1991; Bd. 9 C.W. Müller: Selbsthilfe, Weinheim 1992; Bd. 11 G. André: Sozialamt, Weinheim 1994; Bd. 12 P. Reinicke: Krankenhaus, Weinheim 1994; C.W. Müller: Wie Helfen zum Beruf wurde. Eine Methodengeschichte der Sozialarbeit, Bd. 1883–1945, Weinheim [2]1988, Bd. 2: 1945–1985, Weinheim 1988; C. Müller-Wichmann: Zeitnot, Weinheim 1984; H. Nohl/L. Pallat (Hrsg.): Handbuch der Pädagogik. Bd. 5: Sozialpädagogik, Weinheim (1929) 1981; C. Sachße/F. Tennstedt: Geschichte der Armenfürsorge, Stuttgart 1980, 1988, 1992; H.-U. Otto/S. Schneider (Hrsg.): Gesellschaftliche Perspektiven der Sozialarbeit. 2 Bde., [2]1973; H.-U. Otto/K. Utermann (Hrsg.): Sozialarbeit als Beruf, München 1971; Projektgruppe Soziale Berufe (Hrsg.): Sozialarbeit. Ausbildung und Qualifikation; Problemwandel und Institutionen; Professionalisierung und Arbeitsmarkt. 3 Bde., München 1981; H. Scherpner: Theorie der Fürsorge, Göttingen [2]1974; Sozialbericht 1990, Bonn 1990; H. Thiersch: Die Erfahrung der Wirklichkeit, München 1986; S. Zeller: Volksmütter. Frauen im Wohlfahrtswesen der zwanziger Jahre, Düsseldorf 1987; S. Zeller: Geschichte der Sozialarbeit als Beruf. Bilder und Dokumente, Pfaffenweiler 1994.

Sozialdarwinismus

Mit diesem Begriff wird ein breites Spektrum von mehr oder weniger wissenschaftlich ambitionierten, teils auch alltagsphilosophischen Deutungen von Geschichte und *Gesellschaft* umrissen, das zum gemeinsamen Kern die Vorstellung hat, der »Kampf ums Dasein« als Durchsetzung der »Starken« und Untergang der »Schwachen« sei die naturgesetzmäßige Regel im Umgang von Menschen und Menschengruppen untereinander.

Diese Vorstellung beruft sich auf biologische Erklärungsmuster des britischen Forschers und Schriftstellers Darwin (1809–1882), die – zunächst im Hinblick auf die Tier- und Pflanzenwelt – »Evolution« und »Selektion« als miteinander verbundene Gesetzmäßigkeiten natürlicher Höherentwicklung behaupteten, i.S. eines »Überlebens« und einer »Hochzucht« der »Tüchtigsten«, also derjenigen, die sich den Bedingungen des »Kampfes ums Dasein« am besten anpassen können. In der Literatur ist nach wie vor strittig, ob die Übertragung solcher naturalistischen Sichtweisen auf die menschliche Gesellschaft schon bei Darwin selbst vollzogen oder der Übergang zum S. erst von Darwins Nachfolgern betrieben wurde.

Darwinistische Konzepte zeigten sich in den letzten Jahrzehnten des vergangenen und in den ersten dieses Jh. als äußerst anziehungsfähig, insbesondere deshalb, weil sie als (natur-)wissenschaftliche Alternativen zum metaphysischen, etwa religiösen Denken angesehen wurden. Theoretiker der sozialistischen Bewegung, insbesondere in Deutschland, griffen vornehmlich die Darwinsche Idee der »Evolution« auf und interpretierten die Menschheitsgeschichte als »naturgesetzmäßige« Entwicklung hin zu »höheren« gesellschaftlichen Formationen. Karl Kautsky, maßgeblicher Ideologe der deutschen Sozialdemokratie, deutete den Marxschen historischen Materialismus in einen fortschrittsgläubigen sozialen Biologismus um.

Auf der anderen Seite machten sich zahlreiche Vordenker damaliger bürgerlich-kapitalistischer gesellschaftlicher Kräfte das von Darwin formulierte »Naturgesetz der Selektion« zunutze, um soziale Bewegungen ideologisch abzuwehren, die gleiche Rechte für alle Menschen einforderten. Der deutsche Zoologe Ernst Haekkel (1834–1919) popularisierte den S. mit großem Erfolg in dieser politischen Stoßrichtung. Der Sozialismus, so Haeckel, verlange »für alle Staatsbürger gleiche Rechte, gleiche Pflichten, gleiche Güter, gleiche Genüsse«, was »mit der tatsächlich überall bestehenden und notwendigen Ungleichheit der Individuen in unlöslichem Widerspruch« stehe. Der Darwinismus habe für Tiere wie für Menschen als »unleugbare Tatsache den grausamen und schonungslosen Kampf ums Dasein« erkannt, und die »Selektion, die Auslese der Auserwählten« sei »notwendig mit dem Verkümmern und dem Untergang der übrig bleibenden Mehrzahl verknüpft«.

Die sozialdarwinistische Weltanschauung war und ist variabel in ihren Anwendungsbereichen und in ihren Konsequenzen. Schon vor dem 1. Weltkrieg diente sie teils der Legitimation einer »natürlichen« wirtschaftlichen Herrschaftsstruktur, die als Ergebnis einer Begabungs- und Leistungskonkurrenz galt, die durch sozialstaatliche Eingriffe nicht gestört werden dürfe; zum anderen Teil bot der S. eine Rechtfertigung für den internationalen Machtkampf, bei dem sich die »tüchtigsten Völker« notfalls mit kriegerischen Mitteln an die Spitze zu setzen hätten. Die Ausweitung sozialdarwinistischer Lehren vom selektiv wirkenden »Daseinskampf« der Individuen auf den »Weltkampf« der Völker und »Rassen«, bei dem es ums »Überleben« ging, lag nahe und machte massenwirksam Schule. Im S. war nicht von vornherein definiert, ob und inwieweit die besondere, zum »Überleben« und zur Herrschaft befähigende »Tüchtigkeit« von Individuen oder Völkern, »Rassen« etc. im »Daseinskampf« erworben oder per Erbanlage weitergegeben sei; auch Kombinationen beider Definitionen boten sich an. Sozialdarwinistisch fundiert waren auch die »eugenischen« und rassenanthropologischen Konzepte, die in Deutschland schon um die Jahrhundertwende zu Einfluß kamen (*Eugenik*). Leitend war hier die Vorstellung, daß in der eigenen Gesellschaft wie auch im Verhältnis der Völker und »Rassen« zueinander beim »Daseinskampf« auch »künstlich« (d.h. durch bevölkerungspolitische oder »rassenhygienische« Maßnahmen und ggf. »Ausmerze«-Handlungen) die »Starken« gefördert, die »Schwachen« verdrängt werden müßten. Die vorgeblich wissenschaftliche Unterscheidung von »wertvollem« und »minderwertigem« oder »wertlosem« Leben war eine Konsequenz dieser Ausformung des S.

In den kapitalistischen Gesellschaften vor dem 1. Weltkrieg, so hat der Historiker Hans Ulrich Wehler dargelegt, funktionierte der S. als ideologische Stütze der Ablehnung nicht nur der sozialistischen Arbeiterbewegung, sondern auch einer ausgleichenden Sozialpolitik und zugleich – außenpolitisch – einer imperialistischen, auch gegen die Emanzipationswünsche von Kolonialvölkern gerichteten Strategie.

In den faschistischen Weltanschauungen und Bewegungen der 20er und 30er Jahre fand der S. seine politische Zuspitzung, im deutschen Falle als Nationalsozialismus in einer extrem rassistischen Variante.

Als Grundsatz nationalsozialistischer Programmatik formulierte Adolf Hitler (»Mein Kampf«), daß »gemäß dem ewigen Wollen des Universums der Sieg des Besseren, Stärkeren gefördert, die Unterordnung des Schlechteren, Schwächeren verlangt werden« müsse. Der Nationalsozialismus folge dem »aristokratischen Grundgedanken der Natur«, indem er den »verschiedenen Wert der Rassen wie auch der Einzelmenschen« in Politik umsetze; dies schloß erklärtermaßen die »Ausmerze« mit ein.

Auch nach dem Untergang des Nationalsozialismus ist der S. als Weltanschauung und als politisches Programm nicht an sein Ende gekommen, er stellt eine wesentliche Komponente sowohl der Ideologien des Neofaschismus und der »Neuen Rechten« als auch alltäglicher gegen das Prinzip der gleichen Menschenrechte gerichteter Weltbilder und Mentalitäten dar. In einer dem eigenen Anspruch nach wissenschaftlichen Form findet sich S. heute v.a. als Sozialbiologismus mit politischen Konsequenzen, wobei »Territorialität«, »Hierarchie« und »Aggression« als »naturgesetzliche« menschliche Verhaltensmaximen ausgegeben werden, denen sich die Gesellschaft anzupassen habe.

Fremdenfeindlichkeit und sozialbiologisch argumentierende Ausgrenzungen bestimmter Bevölkerungsgruppen, insbesondere »belastender« Zuwanderer liegen hier als Konsequenzen nahe. Sozialdarwinistische Vorstellungen dienen aber auch als Begründungen für gegenwärtige Konzepte einer »ungehemmten« Leistungsgesellschaft, die um der Konkurrenzfähigkeit willen auf »sozialen Ballast« verzichten müsse.

Die andauernde Attraktivität sozialdarwinistischer Ideologieangebote hängt auch damit zusammen, daß Weltbilder von der »natürlichen« Herrschaft der »Starken« und Unterwerfung der »Schwachen« in den banalen Alltagserfahrungen einer sozial-ökonomischen Konkurrenz leicht ihre Bestätigung als »realistisch« finden können. *A. Klönne*

Literatur: B.-M. Baumunk/J. Rieß (Hrsg.): Darwin und Darwinismus, Berlin 1994 (darin: P. Sieferle über Sozialdarwinismus); H. G. Marten: Sozialbiologismus, Biologische Grundpositionen der politischen Ideengeschichte, Frankfurt/M. 1983; H. U. Wehler: Sozialdarwinismus im expandierenden Industriestaat, in: I. Geiss/B. J. Wendt (Hrsg.): Deutschland in der Weltpolitik des 19./20. Jahrhunderts, Düsseldorf 1973; H. G. Zmarzlik: Der Sozialdarwinismus in Deutschland, in: Vierteljahresschrift für Zeitgeschichte, XI. Jg., München 1963.

Sozialdienst bei Krankenkassen

In Berlin gab es von etwa 1928–1933 bei den Ambulatorien des Verbandes der Krankenkassen Sozialarbeiterinnen, die schwerpunktmäßig in der »Schwangerenfürsorge« und in der »Sozialen Auskunftsstelle« wirkten. Aufgaben: rechtliche und wirtschaftliche Beratung, ermittelnde und nachgehende Fürsorge bei Schwangeren, insbesondere bei geschlechtskranken Schwangeren, Durchführung von Säuglingspflegekursen, Wohnungs-, Ernährungs- und Erholungsfürsorge. 1919 stellte die AOK Duisburg eine »Familienfürsorgerin« ein. 1933 wurden diese Beratungsstellen aufgelöst; 1958 (Neu-)Aufbau eines Sozialdienstes bei der AOK Berlin. Beachtung fanden 1974 Aktivitäten der »Braunschweiger Kasse«, einer Arbeiterersatzkasse, die einen Sozialen Dienst aufbaute. 1977 empfahl der »Ortskrankenkassentag«, SozArb einzusetzen. Sie sollen mitwirken bei der Aufhellung von psychosozialen Faktoren, die bei der Entstehung von Krankheiten eine Rolle spielen. Der Vorstand der Innungskrankenkassen verabschiedete 1983 ein Konzept für den Aufbau entsprechender sozialer Dienste. Anlaß für alle Aktivitäten waren u. a. die Kostenexplosion im Gesundheitswesen, Erkenntnisse über den Wandel der Krankheitsbilder, weniger Infektionskrankheiten, dafür mehr Krankheiten, die ein anderes Beratungs- und Betreuungskonzept erforderten, beispielsweise: Herz-Kreislauf-Erkrankungen, Depressionen, Psychosen, Suizide und Suizidversuche, Krebserkrankungen, Leberzirrhosen, Drogen-, Alkohol-, Medikamentenabhängigkeiten, Allergien, chronische Erkrankungen vielfacher Art, Verkehrsunfälle und ihre Folgen. Hinzu kamen gesetzliche Aufträge, umfassende Auskunfts- und Beratungspflicht in allen sozialen Fragen, u. a. aus dem *Sozialgesetzbuch* und *Rehabilitation*sangleichungsgesetz und Forderungen nach effizienterer Leistungserbringung.

»Nicht Leistungsgewährung nach dem Gießkannenprinzip, sondern jedem Versicherten die Leistungen, die ihm angesichts seiner persönlichen Lebenssituation den größten Gewinn an Gesundheit einbringen. Dies setzt das In-Erfahrung-Bringen dieser Lebensumstände ... voraus« (Brückel 1980). Aufgabenschwerpunkte des Sozialdienstes, Zielsetzung und seine Organisation gestaltet jede Kasse nach dem in ihrer Region erforderlichen Bedarf und ist u. a. abhängig vom Beratungsangebot anderer Träger sozialer Dienste. Die Sozialdienste nehmen vorwiegend Beratungs- und Koordinierungsaufgaben (Filterfunktion) wahr. Zielgruppen können nach Eichner sein: »Kranke Personen in besonderen Belastungssituationen; Personen mit möglichen psychosomatischen Erkrankungen; Personen nach Suizidversuchen; suizidgefährdete Personen und Personen mit Verdacht auf oder festgestellter Alkohol-, Medikamenten- oder Drogenabhängigkeit.« Hinzu kommen Personen, die nach ihrem Lebensalter gesundheitlich gefährdet sind (Kinder, Senioren). Folgende Aufgaben könnten von den Sozialen Diensten wahrgenommen werden: Mitwirken am Gesamtplan zur Rehabilitation; Beratung bei sozialen Problemen im Ursachen- und Folgezusammenhang mit Krankheit; Beratungs- und Hilfsangebote nach *Suizid*versuchen; Beratung und Betreuung von Abhängigkeitskranken, chronisch Kranker und ihrer Angehörigen; Zusammenarbeit mit Selbsthilfegruppen (*Selbsthilfe/Selbsthilfeorganisation*); sichern, gemeinsam mit anderen Diensten, der Versorgung und Betreuung von Angehörigen bei Krankenhaus- und Kuraufenthalten der Betreuungsperson; Beratung von Patienten mit langen Krankenhausaufenthalten; Erarbeitung von Programmen für die Gesundheitsberatung und -förderung (§ 20 SGB V), beispielsweise für Gesundheitsseminare zur Hilfestellung für das Einüben konkreter Möglichkeiten gesundheitsgerechten Verhaltens; Entwickeln von Freizeitangeboten für besondere Versichertengruppen, u. U. für Kinder, Behinderte, Arbeitslose, Senioren. Wichtig ist die Zusammenarbeit mit den Sozialversicherungsfachangestellten der Krankenkassen, mit dem *Sozialdienst im Krankenhaus*, den *Gesundheits*-, *Jugend*- und *Sozialämtern*, mit Ärzten, mit der freien Wohlfahrtspflege (*Wohlfahrtsverbände*), den betrieblichen Sozialbetreuungen (*Betriebliche Sozialarbeit*), den Selbsthilfegruppen.

Wichtige Voraussetzungen: Vorbereitung durch die Fachhochschulen, Kenntnisse über Sozialversicherungsrecht, sozialpolitische Rechtsvorschriften, *Sozialmedizin* und Gesundheitserziehung sollten vorhanden sein. Sinnvoll wäre der Aufbau vergleichbarer Dienste bei den Rentenversicherungsträgern. In Österreich sind diese Dienste vorhanden. *P. Reinicke*

Literatur: S. Brückel: Soziale Dienste der AOK – Brücke zwischen Gesundheitssystem und Selbsthilfe, in: Die Ortskrankenkasse 6/1985; H. Eichner: Sozialarbeit und Soziale Dienste bei Krankenkassen, in: H. Weber-Falkensammer/H. Oppl (Hrsg.): Einführung in Sozialarbeit/Sozialpädagogik im Gesundheitswesen. Ein Arbeitsbuch für soziale Berufe, Erlangen 1983; J. Ely-Herbst: Sozialer Dienst der AOK in einer ländlichen Region, in: Die Ortskrankenkassen 6/1985; U. Kruse: Primäre Sozialarbeit der gesetzlichen Krankenversicherung, in: Die Sozialversicherung, Dezember 1978; R. Neuhaus: Gesundheitsschutz oder Krankheitsbewältigung als Aufgabenschwerpunkt der AOK-Sozialarbeiter?, in: a. a. O., 260–264; P. Reinicke: Schwangerenberatung – Historischer Rückblick am Beispiel Berlins, in: Soziale Arbeit 3/1984; K. Stange: Soziale Dienste Gesetzlicher Krankenkassen. Wirtschaftsverlag Nordrhein-Westfalen 1994; ders.: Einführung der Gesetzlichen Pflegeversicherung – Neue Aufgaben für die Sozialen Dienste der JKK? In: Krankenversicherung, März 1994, 69–74; G. Tegetmeier: Sozialer Dienst der AOK in einer Großstadt, in: a. a. O., 264–267; M. Wenig: Soziale Betreuung in der Krankenversicherung, in: Die Krankenversicherung, Oktober 1983; H. Feser (Hrsg.): Gesundheitliche Prävention durch Sozialarbeiter und Sozialpädagogen, Dortmund 1990.

Sozialdienst im Krankenhaus (S. i. K.)

Bereits 1895 beschreibt Cabot, Arzt in Boston/USA, die Notwendigkeit eines S.i.K.: »Der Sozialarbeiter soll wirtschaftliche, häusliche und psychologische Hindernisse beseitigen, die der Genesung entgegenstehen, und er soll Vorsorge treffen für die erste Zeit nach der Entlassung aus dem Krankenhaus.« In Berlin lassen sich erste Anfänge ebenfalls 1895 nachweisen, 1913 durch Alice Salomon Ausbau des S. i. K. in Berlin, 1913 Anfänge in Frankfurt/M., 1917 in Breslau, Hamburg, Stettin. 1925 Erlaß von Richtlinien in Berlin.

Der S. i. K. ist ein Arbeitsfeld der SozArb im Gesundheitswesen (*Gesundheitshilfe*). Er arbeitet in Einrichtungen, in denen durch ärztliche und pflegerische Hilfeleistung Krankheiten, Leiden und Körperschäden festgestellt, geheilt oder gelindert werden sollen oder Geburtshilfe geleistet wird.

Ende 1988 waren in der BRD 3754 SozArb/SozPäd in 3106 Krankenhäusern der Grund-, Regel- und Maximalversorgung mit 678708 Betten tätig. In der DDR gab es 1989 rd. 650 Krankenhausfürsorger in 539 Krankenhäusern mit 169952 Betten. Anstellungsträger können sein: Krankenhäuser, *Gesundheitsämter*, Sozialhilfe-, Rentenversicherungs-, Rehabilitationsträger, Ärzte, *Wohlfahrtsverbände*.

Indikationskatalog für ein Tätigwerden: Der S.i.K. wird insbesondere tätig in allen Fragen, die die soziale Situation betreffen und die während eines Krankenhausaufenthaltes bekannt werden, einschließlich der Vermittlung materieller Hilfen; bei der Ergänzung der ärztlichen Diagnose durch Klärung sozialer Umstände (Sozial*anamnesen*, *Diagnostik*), die ursächlich mit der Erkrankung oder dem Unfall und den Folgen im Zusammenhang stehen bzw. den Heilungsverlauf beeinflussen könnten, bei der Beratung von Patienten, Angehörigen und Bezugspersonen mit dem Ziel, sie für die Probleme der Genesung und Nachsorge zu gewinnen; bei der Einleitung von Maßnahmen der beruflichen, schulischen und sozialen *Rehabilitation*; bei der Vermittlung von Plätzen, die im Einzelfall erforderlichen Einrichtungen der *Alten-*, Gesundheits- und *Jugendhilfe*; bei der Entlassung des Patienten sowie bei der Sicherstellung nachgehender Betreuung z. B. durch Angehörige, Nachbarschaftshilfe, *nachgehende Krankenfürsorge*, durch Wohlfahrtsverbände und *Sozialstationen*, fahrbarer Mittagstisch, *Hauskrankenpflege*; bei der Vermittlung von persönlicher Hilfe, Kuren, Anschlußheilbehandlungen, Haus-, Familienpflege, Selbsthilfegruppen (*Selbsthilfe/Selbstorganisation*) etc., im Anschluß an die Krankenhausheilbehandlung in Zusammenarbeit mit niedergelassenen Ärzten sowie anderen sozialen Diensten. Bei der Planung und Durchführung von therapeutischer Einzel- und Gruppenarbeit entsprechend den Einrichtungen des Krankenhauses.

Die Einschaltung des S.i.K. erfolgt durch Mitarbeiter im Krankenhaus, Mitarbeiter gesetzlicher, rehabilitativer und sozialer Hilfen, z. B. Berufsgenossenschaften, Krankenkassen, Rentenversicherungs-, Sozialhilfeträger, Arbeitsämter, von Mitarbeitern der Wohlfahrtsverbände, Arztpraxen, den Patienten, seinen Angehörigen und schließlich aus eigener Initiative. Die Zusammenarbeit aller am Heilungsprozeß Beteiligten ist erforderlich. Schwierig für SozArb/SozPäd ist die oft nur als Kurzkontakt bestehende Zusammenarbeit mit den Patienten. Ein bisher ungelöstes Problem: Welcher Schlüssel und welche Kriterien sind für die Personalbemessung zugrunde zu legen? Ein sinnvoller Einsatz bei Schlüsselzahlen von 800 bzw. 500 Betten pro SozArb/SozPäd ist wenig erfolgversprechend. Im Gegenteil, diese Zahlen schränken Erfolgsmöglichkeiten, z.B. rechtzeitige Verlegung, rechtzeitige Einleitung von Rehabilitationsmaßnahmen, erheblich ein. Die Deutsche Vereinigung für den S.i.K. (Langenbeckstr. 1, 55131 Mainz) empfiehlt in ihren 1990 überarbeiteten Richtlinien als Personalanhaltszahlen für den Sozialdienst im Akutkrankenhaus 1 SozArb/SozPäd auf etwa 200 durchschnittlich belegte Betten. Bei Krankenhäusern der Maximalversorgung sowie in Krankenanstalten und Krankenhausabteilungen mit besonderen medizinischen Aufgaben kann ein höherer Personalbedarf im Einzelfall (höherer Anteil von Problempatienten) erforderlich sein. Für die psychiatrischen Krankenhäuser und Abteilungen brachte die Psychiatrie-Personalverordnung vom 18.12.1990 eine Verbesserung der Ausstattung mit Fachpersonal. SozArb/SozPäd gehören nach dieser Vorschrift zu dem »sonstigen therapeutischen Fachpersonal«.

Die Fachvereinigung wurde 1926 in Berlin von führenden sozialen Persönlichkeiten gegründet. Die Entwicklung des S.i.K. wurde durch die Vereinigung wesentlich vorangebracht. Heute ist der S.i.K. in einzelnen Bundesländern gesetzlich verankert: Rheinland-Pfalz, Berlin, Baden-Württemberg, NRW, Saarland, Sachsen, Hessen regelt ihn durch Richtlinien. *P. Reinicke*

Literatur: Basisinformationen für die Praxis, in: Sozialdienst im Krankenhaus, Sonderdruck 1/1991; V. Garms-Homolová/D. Schaeffer: Strukturprobleme sozialarbeiterischen Handelns im Krankenhaus, in: Neue Praxis 2/1990; P. Reinicke: KrankenHaus – Sozialarbeiter als Partner in der Gesundheitsversorgung, Weinheim 1994; H. Senftleben: Klinische Sozialarbeit, FHS Wiesbaden 1988; Viefhues/Nülens/Kersken-Nülens (Hrsg.): Soziale Dienste im Krankenhaus, Stuttgart 1986; Psychiatrie-Personalverordnung, in: BGBl. I/1990, 2930; P. Reinicke: Wie kommt Sozialarbeit ins (katholische) Krankenhaus?, in: Caritas '92. Jahrbuch des DCV, Freiburg 1991, 337; P. Reinicke: Die jüdische Soziale Krankenhausfürsorge in Deutschland – Aufgabe und Rolle, in: Archiv für Wissenschaft und Praxis der sozialen Arbeit, Nr. 4/1993, 265.

Soziale Arbeit (SozA)

Der Wechsel verwendeter Begriffe verweist auf Veränderungen von Problemlagen, Sichtweisen und Einstellungen: Diese Linie ist grob gekennzeichnet durch Begriffe wie Armenfürsorge, Wohlfahrtspflege, Fürsorge (*Geschichte der Sozialarbeit/Sozialpädagogik*) bis hin zur »verbundenen Schrägstrichverwendung«

Sozialarbeit/Sozialpädagogik. Die letztere deutet wiederum bereits darauf hin, daß es (fast) keine sozialpädagogisch bzw. sozialarbeiterisch klar zu trennenden Methoden und Arbeitsfelder gibt (Iben).

Vorläufiger Schlußpunkt der Versuche, neue Entwicklungen zu erfassen, Positionen zu markieren, auf Verbundenes hinzuweisen, ist die immer häufigere Verwendung des Begriffes »Soziale Arbeit«.

Die Einführung dieses Begriffes ist jedoch nicht zufällig: Er bietet die Möglichkeit, auf v.a. sozioökonomisch bedingte Veränderungen des Handlungsalltags von SozArb/SozPäd und daraus sich ergebende neue Handlungsanforderungen einzugehen.

Zunächst suggeriert die Verwendung des Begriffs SozA, daß damit auf Zusammenhänge pädagogisch orientierter sozialer Arbeitsfelder verwiesen werden könnte, die praktisch und theoretisch zumindest grundsätzlich von einem einheitlichen Handlungsmuster bestimmt werden. Es gibt aber keine Eindeutigkeit über die Arbeitsfelder, die zur SozA gehören, es gibt kein verbindendes Grundmuster des Handelns (*Paradigma*), es fehlt überdies bislang ein prägendes theoretisches Konzept (*Theorie der Sozialarbeit/Sozialpädagogik*; zu neueren Bestrebungen unter dem Begriff Sozialarbeitswissenschaft vgl. Wendt 1994).

Somit besteht die Tauglichkeit auch dieses Begriffes v.a. auf einer Ebene pragmatisch orientierter Überlegungen: SozA als Sammelbegriff für alle Teilbereiche der SozArb/SozPäd, die jeweils durch Angebote, Dienste und Veranstaltungen bestimmt werden, in denen die Handlungsmöglichkeiten »Beratung«, »Erziehung«, »Fürsorge«, »Hilfe« und »Pflege« mehr oder weniger dominierend sind, als Verweis »auf das Insgesamt von Einrichtungen und Dienstleistungen, welche über die privaten, individuellen Anstrengungen zur Daseinsvorsorge hinaus ein menschenwürdiges Leben sichern und gegen Risiken und Notlagen im Lebenszyklus und Arbeitsprozeß beschützen sollen« (C.W. Müller, Manuskript 1987).

Das sind heute unbestritten die Bereiche *Alten-*, *Gesundheits-*, *Jugend-* und *Sozialhilfe*.

Diese Abgrenzung schränkt allerdings seit langem die Handlungsfähigkeit der SozA ein. Bekannt unter dem Begriff »doppeltes Mandat« (Böhnisch/Lösch), ist SozA im Alltagshandeln nur für bestimmte Arbeitsbereiche als zuständig akzeptiert und produziert immer wiederkehrend widersprüchliche Handlungsformen (z.B. Hilfe vs. Kontrolle; s. i.e.: Olk u.a. mit weiteren Verweisen). In diesem Zusammenhang begründet sich auch die Kritik sozialbürokratischen Handelns (*Bürokratie*), der sich die Großorganisaton der *Sozialadministration* (*Träger der Sozialen Arbeit*) zwar gestellt haben, jedoch sind die Versuche, durch eine Neustrukturierung der sozialen Dienste neuen inhaltlichen Handlungsanforderungen gerechter zu werden, weitgehend gescheitert; umfassend, flächendeckend sind keine Änderungen eingetreten.

Beispiele einer veränderten Praxis bieten insbesondere selbstorganisierte Projekte/Initiativen (*Selbsthilfe/Selbstorganisation*), die – ausgehend von einem alternativen Organisations- und Handlungsverständnis – das Betreuungs-/Abhängigkeitsverhältnis Sozialarbeiter: *Klient* ablösen wollen, indem ganzheitliche, an den Lebensbedingungen der Betroffenen anknüpfende Handlungsansätze eröffnet werden, deren praktische Konsequenzen Voraussetzung für ein selbstbestimmtes Leben sind (z.B. Berufsausbildung in der Jugendhilfe; weitere Beispiele bei Kreft/Lukas u.a. 1993).

Einerseits wird wohl der sozialpolitische Anspruch der SozArb/SozPäd immer wieder betont, der u.a. darauf abzielt, die rechtlichen, organisatorischen und finanziellen Bedingungen permanent kritisch zu überprüfen, sie i.S. der Eröffnung neuer Handlungsspielräume zu verändern. Andererseits herrschen Praxiserhaltung vor, die als »freiwilliger Rückzug in zugestandene Kompetenzen« bezeichnet werden können. Für bestimmte Aufgaben sind eben andere (Ämter/Organisationen) zuständig, »produzieren« sie auch noch so viele Probleme, die schließlich Gegenstand der SozA sein werden. Man verharrt im Zuständigkeitsghetto, es fehlt vielfach an Kompetenz und Selbstbewußtsein (*Handlungskompetenz*), sich in diese problemverursachenden Bereiche einzumischen.

Vor dem Hintergrund dieser Überlegungen wird – insbesondere durch Praxisbeispiele im Bereich der Jugendhilfe belegt – die bisherige einengende, arbeitsfeldorientierte Konzentration der SozA auf die Bereiche Alten-, Gesundheits-, Jugend- und Sozialhilfe verlassen und durch weiterführende Ansätze ergänzt, d.h. z.B. *Schule* (*Schulsozialarbeit*), *berufliche Bildung*, *Arbeit*, *Wohnen*, Stadtsanierung (*Stadtentwicklung*) werden als Gegenstandsbereiche der SozA angesehen (SozA i.w.S.).

Es gibt heute bereits mindestens 4 Praxiskomplexe, in denen entsprechend diesen Überlegungen gehandelt wird:

- Jugendhilfe und Berufsausbildung (dazu Mielenz 1985a), auch als sozialpädagogisch orientierte Berufsausbildung bezeichnet (*Arbeitsförderungsgesetz, Soziale Arbeit und Arbeitsmarkt*);
- Jugendhilfe und Wohnen (Buck);
- Bauen/Wohnen und Soziale Arbeit (Kreft; Brocke-Weblus 1985, spi-Berlin 1986b);
- Soziale Arbeit und Arbeitsmarkt (Mielenz 1985b, spi-Berlin 1986a).

Die damit angedeutete Entwicklung wird heute allgemein als »Einmischungsstrategie« (Mielenz 1981, 1985a, 1992) bezeichnet. Eine Begriffsbildung, die zunächst (»Einmischung«) auf neue Handlungsmöglichkeiten verweist, die aber auch (»Strategie«) in einem theoretischen Sinne Erweiterung bringt und auf einen Perspektivenwandel der SozA verweist (Kreft/Lukas u.a. 1993). Einmischung (Querschnittspolitik), die sich aus der Jugendhilfepraxis entwickelt hat, erhält seit Inkrafttreten des KJHG für die Jugendhilfe einen klaren gesetzlichen Auftrag und damit eine »Idee«, einen normativen Rahmen. Nach § 1 Abs. 3 Nr. 4 KJHG soll Jugendhilfe dazu beitragen, positive Lebensbedingungen für junge Menschen und ihre Familien sowie eine kinder- und familienfreundliche Umwelt zu erhalten oder zu schaffen. In der Begründung der BReg zum Gesetzestext heißt es, daß Jugendhilfe künftig noch stärker auf die Erfüllung öffentlicher Aufgaben Einfluß nehmen muß, die die Lebenssituation von Kindern, Jugendlichen und Eltern entscheidend beeinflussen. In diesem Zusammenhang (»Einmischung«) ist auch das Zusammenarbeitsgebot in § 81 KJHG gestellt: »Aus der besonderen Stellung der Jugendhilfe im Kontext mit anderen Leistungsträgern und Aufgaben ergibt sich ihre besondere Verpflichtung, mit diesen Trägern zusammenzuarbeiten und dabei Zuständigkeitsgrenzen, die sich historisch entwickelt haben, im Interesse einer ganzheitlichen Betrachtungsweise von Lebenslagen junger Menschen zu überwinden« (Begründung der BReg zu § 81 KJHG: BT-Drs. 11/5948 v. 1.12.1989, 102). Fachliche Standards und Handlungsprinzipien SozA (8. Jugendbericht, Kreft/Lukas u.a.) lassen sich nicht ohne Einmischung realisieren. Lebensweltorientierung (Thiersch) und Einmischungsstrategie haben in der Vergangenheit dazu beigetragen, eine neue Fachlichkeit und einen Perspektivenwandel SozA zu prägen. Mit einem weitreichenden Anspruch, nämlich konkret zur Verbesserung der Lebensbedingungen ihrer Adressaten beizutragen, mit Ansätzen akzeptierender SozA, die die Voraussetzungen für ein selbstbestimmtes Leben schafft (und dafür auch Instrumente entwikkelt), hat sich eine offensive Praxis SozA begründet (aktuell dazu: Mielenz 1994). *D. Kreft/I. Mielenz*

Literatur: AGJ (Hrsg.): Lebenswelten – Lebenslagen, Veränderungen in der Praxis der Jugendhilfe (mit Beiträgen v. H. Thiersch, R. Münchmeier, W. Schefold u.a.), Bonn 1992; L. Böhnisch/H. Lösch: Das Handlungsverständnis des Sozialarbeiters und seine institutionelle Determination, in: Otto/Schneider (Hrsg.): Gesellschaftliche Perspektiven der Sozialarbeit. Bd. 2, Neuwied 1973; H. Brocke-Weblus: Sozialarbeit in der Stadterneuerung, in: NP 1/1985; G. Buck: Jugendwohnen: Eine neue Jugendhilfeaufgabe, in: NP 1/1985; BMJFFG (Hrsg.): 8. Jugendbericht, BT-Drs. 11/6576; D. Danckwerts: Grundriß einer Soziologie sozialer Arbeit und Erziehung, Weinheim/Basel [2]1981; G. Iben: Bereiche und Begriffe der Sozialpädagogik und Sozialarbeit, in: Klafki u.a.: Funk-Kolleg Erziehungswissenschaft, Bd. 3, Frankfurt/M. 1971; D. Kreft: Bauen und Wohnen als Aufgabenfeld sozialer Arbeit, in: NP 1/1985; D. Kreft/H. Lukas u.a.: Perspektivenwandel in der Jugendhilfe. Bd. I u. II, ISS 5/1993, Frankfurt/M. [2]1993; I. Mielenz: Die Strategie der Einmischung – Soziale Arbeit zwischen Selbsthilfe und kommunaler Politik, in: NP Sonderheft 6/1981; dies.: Aufgaben der Jugendhilfe bei Jugendarbeitslosigkeit und Berufsnot junger Menschen. Praxisbeispiele zur Einmischungsstrategie, hrsg. von der AGJ/Bonn, Bonn 1985 (Mielenz 1985a); dies.: Soziale Arbeit und Arbeitsmarkt, in: NP 2–3/1985 (Mielenz 1985b); dies.: Jugendhilfe als Querschnittspolitik – Jugendhilfe im Widerstreit von Abgrenzung und Einmischung, in: AGJ (Hrsg.): Lebenswelten gestalten, Münster 1992; dies.: Wo stößt Jugendhilfe in ihrer Leistungsfähigkeit an die Grenzen anderer sozialer Systeme?, in: AGJ (Hrsg.): Jugendhilfe 2000. Visionen oder Illusionen, Bonn 1994, 20–37; T. Olk/S. Müller/H.-U. Otto: Sozialarbeitspolitik in der Kommune – Argumente für eine aktive Politisierung der Sozialarbeit, in: NP Sonderheft 6/1981; Sozialpädagogisches Institut Berlin: Soziale Arbeit und Arbeitsmarkt. Finanzierungsmöglichkeiten für Selbsthilfegruppen und alternative Projekte – Wirtschaftsförderung, Sozialhilfe, Arbeitsbeschaffungsmaßnahmen, Berlin 1986 (spi-Berlin 1986a); Sozialpädagogisches Institut Berlin (Hrsg.): Stadterneuerung und Soziale Arbeit, Berlin 1986 (spi-Berlin 1986b); H. Thiersch: Die Erfahrung der Wirklichkeit. Perspektiven einer alltagsorientierten Sozialpädagogik, Weinheim/München 1986; W.R. Wendt (Hrsg.): Sozial und wissenschaftlich arbeiten. Status und Position der Sozialarbeitswissenschaft, Freiburg i.Br. 1994.

Weitere Literatur zu neuen Handlungsfeldern: *Selbsthilfe/Selbstorganisation* und *Soziale Arbeit und Arbeitsmarkt.*

Soziale Arbeit im Nationalsozialismus

1. *Soziale Arbeit* (SozArb) in der Gestalt von »Volkspflege« gehört mit ihren Institutionen und Handlungsfeldern, Organisationsformen und Programmatiken zu den Elementen der nationalsozialistischen Gesellschaft, die im Rahmen der bundesdeutschen Diskussion erst spät und bisher noch unvollkommen aufgeschlossen und erkundet worden sind (Otto/Sünker 1986, 1989, 1991; Hansen 1991; Sachße/Tennstedt 1992). Im Rahmen einer inzwischen etablierten gesellschaftsgeschichtlichen Betrachtungsweise des Nationalsozialismus, die dessen gesamtgesellschaftliche und damit auch gesellschaftspolitische Zusammenhänge zu analysieren sucht, um genauere Aufschlüsse über die Funktionsweise dieses Gesellschaftssystems zu erhalten, wird SozArb entscheidend: als gesellschaftlicher Bereich, dem eine wesentliche Bedeutung für die Analyse von Vergesellschaftungsprozessen im Rahmen von »Integration und Ausgrenzung« zukommt.

Wird in klassischen Gesellschaftsanalysen die Verknüpfung von *Sozialpolitik* und SozArb in der bürgerlich-kapitalistischen Gesellschaftsformation über die »Verlohnarbeiterungsthese« hergestellt, so zeigt die Analyse der Rolle SozArb wie deren Vermittlung mit Sozialpolitik im nationalsozialistischen System in akzentuierter Weise ihre Einbindung in eine allgemeine Gesellschaftspolitik, dies geht somit über die klassischen Dimensionierungen hinaus. Damit handelt es sich um die Frage, inwieweit SozArb (vom Typus »Volkspflege«) in der Folge ihrer strukturellen Bedingungen und ideologischen Bestimmungen wie auch ihrer Handlungsmuster zur Herrschaftssicherung und damit zur Verfestigung von Normalität suggerierenden, tatsächlich aber immer auch terroristischen Standards im Alltagsleben während des Nationalsozialismus beigetragen hat.

Zu bedenken ist in diesem Zusammenhang, daß zum einen die ›Durchsetzung‹ dieser Politik und professionellen Praxis in weiten Bereichen insbesondere der öffentlichen und auch verbandlichen »Wohlfahrtspflege« mit Hilfe eines Personals – soweit dies nicht entlassen, verfolgt bzw. ins Exil gezwungen wurde (Wieler 1989) – erfolgte, das seine Ausbildung in der Zeit der Weimarer Republik erhielt, und zum anderen die nationalsozialistische Funktionalisierung SozArb größtenteils auf der judikativen Grundlage der Wohlfahrtsgesetzgebung eben dieser Weimarer Republik in der widersprüchlichen Form von Verkehrung und Destruktion durchgesetzt werden konnte (Sünker 1994).

2. Inzwischen gibt es grundsätzliche Kenntnisse über ideologische und ›realpolitische‹ Bestimmungsgrößen der Rahmung und noch unvollständige über die konkrete Praxis SozArb im Nationalsozialismus. Auszugehen ist dabei von der Destruktion wohlfahrtsstaatlicher Ansätze, wie sie sich in der Weimarer Republik herausgebildet hatten, die sich im Kern durch Rechtsansprüche einzelner – auf der Basis hilfepolitischer und professioneller Diskurse – auszeichneten. Zentriert um das Modell von »Volkskörper« und »Volksgesundheit«, basierend auf der Ideologie der Volksgemeinschaft (Otto/Sünker 1991), die auch die Basis für die nationalsozialistische Arbeiterpolitik abgibt (Mason 1977), wird die »Wohlfahrtspflege« durch »Volkspflege« ersetzt. Die in diesen Begriff eingebundenen Ideologeme von Erbbiologie und Rassenhygiene, die sich in der Rede von »nutzlosen Lebewesen«, von der Ausgliederung »asozialer Elemente« niederschlagen, führen in praktischer Hinsicht zu einer Selektionspolitik, die die Formen von Auslese und Ausmerze annimmt. »Planmäßige Aufartungspolitik«, die Auslese »gemeinschaftsfähiger Volksgenossen« und die Ausmerze – von der Ausgrenzung bis hin zur Mordaktion – sog. »Nichtgemeinschaftsfähiger« korrespondieren dabei miteinander. Die Entwicklungen in diesem Bereich vollziehen sich ausgehend von einer medizinisch verbrämten Diagnostik im Rahmen einer sog. »Erbgesundheitslehre« hin zu Konzepten »Sozialer Diagnostik« (Aly/Roth 1984, 105 ff.), was in der Forschung zur Diskussion um die Vorstellung von einer »Endlösung zur sozialen Frage« im NS führte (Peukert 1988, 25; de Witt 1978, 257 f.; Aly/Roth 1984, 142).
Programmatisch heißt es beim »Chefideologen« der Nationalsozialistischen Volkswohlfahrt (NSV), Althaus: »Der Nationalsozialismus kennt keine Fürsorge um der Befürsorgung willen. ... Es geht nicht um das Wohl des einzelnen, sondern des ganzen Volkes. Im völkischen Interesse wird dem einzelnen Volksgenossen geholfen, und das Individuum hat nicht mehr Rechte als es auch Pflichten gegenüber der Allgemeinheit anzuerkennen und zu erfüllen Willens ist ... Aus dieser weltanschaulichen Einstellung heraus ist eine Wohlfahrtspflege nationalsozialistischer Prägung grundsätzlich erbbiologisch und rassehygienisch orientiert. Ihr gilt nicht der Satz von der Gleichheit der Staatsbürger. Sie weiß, daß die Erbanlage die Menschen ungleich in ihrem Wert für das Wohl des Ganzen macht ... Eine Wohlfahrtspflege, die auf das Wohl des Volkes ausgerichtet ist, wird im Gegensatz hierzu die Minderwertigen in einer ausmerzenden Erbpflege zurückdrängen ... Dies gilt v.a. auch für die Individuen, deren Eigenschaft als Träger von Erbkrankheiten nicht feststeht, deren asoziales Verhalten dies aber vermuten läßt« (Althaus 1937, 8; vgl. Beiträge 1988).
Mit der Orientierung an »Aufartung«, »Zucht«, »Wertigkeitsskalen« und entsprechenden »Sonderbehandlungen« – von Selektion bis Mord –, der Rede und der Realität von der »Volksgemeinschaft als Leistungsgemeinschaft« (T. Mason) stellt sich die entscheidende Frage nach Identität und Differenz dieses »Konzeptes« zum humanwissenschaftlichen Diskurs um die Jahrhundertwende: Zu dessen Grundlagen gehört durchaus auch die Einteilung in »Werte« und »Unwerte«, in »Hochwertige« und »Minderwertige« (Weingart/Kroll/Bayertz 1988). Dies hat Peukert zu der These geführt, in dieser qualitativen Menscheneinteilung kristallisiere sich jene abstrakte, von einem fiktiven, rassistisch definierten Ganzen ausgehende Selektionspraxis und das Prinzip einer dem Kosten-Nutzen-Denken folgenden großtechnischen »Lösung« heraus. Die »Endlösung«, innerhalb derer die Juden als Opfer die größte Gruppe ausmachten, sei dann als systematische großtechnische »Ausmerze« von »Unwerten« zu verstehen, in der sich die Dichotomien krank/gesund in bezug auf den »Volkskörper«, normal/deviant in bezug auf die »Volksgemeinschaft«, Volk/volksfremd in bezug auf »Nation« und »Rasse« vereinten (Peukert 1988, 26).

3. Schließt demzufolge – in der Form einer negativen Radikalisierung – die nationalsozialistische Ideologie und Praxis im Bereich SozArb 1. an einen verbreiteten humanwissenschaftlichen Diskurs an, so bricht sie 2. mit einer als sozialintegrativ vorgestellten Funktionsbestimmung von Sozialpolitik und SozArb und verkehrt darüber hinausgehend 3. auf der Ebene »positiver Zielsetzungen« professionstheoretische Problemstellungen, die dem hilfepolitischen Diskurs in Weimar unterlegt waren: Neben der Verallgemeinerung des Erziehungsgedankens in der SozArb – als Erziehung zur Volksgemeinschaft zum Zwecke der Einpassung – geht es hier v.a. um den Bezug auf das Problem der Beschreibung von »Hilfe«-Prozessen, die die Funktionalität der nationalsozialistischen Positionen erweisen. Wer als gesund, erb- und rassebiologisch brauchbar und als erziehbar, damit als potentiell gemeinschaftsfähig definiert und selektiert wurde, sollte nicht nur mit menschlicher Nähe auch in der Volkspflege bedacht werden, er oder sie sollte sich zugleich nicht als Objekt von Hilfeleistungen verstehen, sondern als Glied der Volksgemeinschaft, als Teil eines größeren Ganzen, dem/der Unterstützungsleistungen zukamen, damit er/sie wieder befähigt werde, seinen/ihren Pflichten als Volksgenosse/Volksgenossin nachzukommen.
Dieser Motivstruktur auf Empfängerseite entspricht diejenige auf der Helferseite: Es geht insgesamt um die Ablösung der Hilfeprozesse von individueller Befindlichkeit – etwa als Mildtätigkeit oder Mitleid – durch die Einsicht in die Pflicht zur Unterstützung der Volksgemeinschaft, damit ihrer – wesentlich militärischen – Kraft und ihrer zukunftsgerichteten Erhaltung. Daraus folgt die Privatisierung von Hilfeprozessen in zweifacher Hinsicht: Der Überhöhung von »Selbsthilfe« und »Vorsorge« korrespondiert die Auffassung von »*Hilfe*« als einer Angelegenheit aller.

4. Der – auch im Selbstverständnis von nationalsozialistischen Ideologen – konstatierbare Wechsel vom Wohlfahrtsstaat zum funktionalen, d.h. auf Erziehung zur Volksgemeinschaft ausgerichteten Erziehungsstaat ist ein wesentlicher Inhalt dieser Entwicklung. Ein anderer besteht in der Umverlagerung und Umverteilung von Wohlfahrtskosten: Im Prinzip handelt es sich in der Folge einer Verstaatlichung der Gesellschaft um die Entstaatlichung sozialer Hilfe auf der Basis der gerade hier zu realisierenden Volksgemeinschaftsideologie; dies zum Zwecke der ›Entlastung der öffentlichen Kassen‹ (de Witt 1978), der Umverteilung von Sozialausgaben in Militärausgaben.

Selbst wenn man festhält, daß es sich hier auch um die Entwicklung einer immer restriktiver gehandhabten Sozialpolitik – v.a. im Kontext von Fürsorgeleistungen – handelt, die ihren Beginn im letzten Drittel der Weimarer Republik hat und sich im Nationalsozialismus vollendet (Leibfried u.a. 1986), bleibt doch die entscheidende Frage, wie sich die in unterschiedlicher Form, aber immer in menschenfeindlichen Lösungen endenden Kosten-Nutzen-Rechnungen in den Bereichen SozArb realisieren konnten. Demzufolge ist es unmöglich, den Nationalsozialismus mit einem wie auch immer gearteten »Wohlfahrtsstaatsgedanken« (Hansen 1991; Sachße/Tennstedt 1992) zu verbinden; möglich ist es allein, mit dem Begriff der »Volkspflege« zu operieren, da hierin die Abkehr vom Allgemeinheitsanspruch des Wohlfahrtsgedankens, in dem Leistungen für alle BürgerInnen das Zentrum bilden, verkörpert wird (Sünker 1994).

Ein Synkretismus aus Rassismus, Erbbiologie und der Suche nach Asozialität, innerhalb dessen *Eugenik* in Rassenhygiene aufgeht, führt zu Vorstellungen über Förderungswürdigkeit und Ausmerze. SozArb hat hierin ein wesentliches Zentrum ihrer praktischen Arbeit, ist sie doch unmittelbar mit »Volksgesundheit« und Erziehung als Normalisierungsarbeit verknüpft. Konkret bedeutet dies immer auch die professionelle ›Befassung‹ mit ›Aussonderungsaufgaben‹: Entscheidungen etwa zu ›Förderung‹ und ›Nicht-Förderung‹, Sterilisation; im Kontext der Jugendfürsorge handelt es sich um die besonders repressiven Konsequenzen aus den Diskussionen um das sog. Bewahrungsgesetz bis hin zur Einrichtung der Jugendkonzentrationslager Moringen und Uckermark (Schnurr 1991; Guse/Kohrs 1989; Knüppel-Dähne/Mitrovic 1989).

Auch organisatorische Differenzierungen haben hierin ihren Bezugspunkt: Aufgaben und Klienten werden entsprechend zugeteilt und »behandelt«; dies ›gemäß‹ der Spaltung in Würdigkeitsskalen, die rassisch, erbbiologisch und politisch mit der Zuschreibung von »Gemeinschaftsfähigkeit als Wohlverhalten« vermittelt werden. Ein entscheidendes Instrument zur Durchsetzung der nationalsozialistischen Vorstellungen in diesem Bereich ist die Nationalsozialistische Volkswohlfahrt (NSV), die zum einen die zweitgrößte Massenorganisation des Nationalsozialismus (nach der DAF) darstellt und zum anderen bereits im März 1934 die Führung in der »Arbeitsgemeinschaft der Spitzenverbände der freien Wohlfahrtspflege« erobert, der nach dem Verbot der Arbeiterwohlfahrt, dem Ausschluß des jüdischen Wohlfahrtsverbandes und der Selbstauflösung bzw. Überleitung des DPWV in die NSV nur noch das DRK, der Central-Ausschuß für die Innere Mission der Dt. Ev. Kirche und der Dt. Caritas Verband angehörten (Kaiser 1989). Wichtig ist in diesem Zusammenhang, daß die gesamte Arbeit dieser AG im Sinne des nationalsozialistischen Staates stattfinden sollte. Mit ihren 12,5 Mio. Mitgliedern (1938) ist die NSV zudem ein wichtiger Transmissionsriemen zwischen Partei und Bevölkerung und stellt nicht zuletzt eine bedeutende Voraussetzung zur organisatorischen, »restlosen Erfassung« (Zimmermann 1938/39, 27) aller VolksgenossInnen dar.

In der Folge ihres »Selbstverständnisses« und ihrer selbstgesetzten Aufgabenzuschreibung, der Arbeit mit »förderungswürdigen Volksgenossen«, grenzt sich die NSV von den anderen Organisationen innerhalb der AG ab. Den kirchlichen Verbänden bleibt primär die Arbeit mit den als »minderwertig« Definierten: Sie werden dementsprechend auch besonders von den Problemen in der *Psychiatrie*, den Sterilisationsverfahren, dem Krankenmord betroffen.

Aufgrund ihrer organisatorischen Verbindung mit der NSDAP in Gestalt des »Hauptamtes für Volkswohlfahrt«, ihrer Mitgliedsbeiträge, ihrer Privilegierung u.a. durch ein Sammlungsmonopol, ihrer Unterorganisation »Winterhilfswerk« und »Mutter und Kind« ergibt sich eine exzeptionelle Stellung der NSV im nationalsozialistischen System, die aber erst seit kürzerer Zeit in ihrer formierenden Bedeutung für die nationalsozialistische Herrschaft ins Bewußtsein von Forschung geraten ist.

5. Vor dem Hintergrund der Einschätzungen T. Masons zu Rahmenbedingungen wie deren Konsequenzen für konkrete Lebensverhältnisse im Nationalsozialismus denen zufolge das 3. Reich »eine politische Synthese von Arbeitshaus und Supermarkt (bedeute) – eine gnadenlos fordernde und bedrohliche Konstruktion, die ihre Insassen dazu bringt, zumindest einige der gebotenen Waren zu konsumieren und gleichzeitig nicht über die Zusammenhänge zwischen ihnen nachzudenken« sowie der damit einhergehenden Rede vom »fürsorglichen Gehabe« des Regimes, das die real existierende Kombination von »Fürsorge und Unterdrükkung« (Mason 1982, 46, 39f.) in sich barg, wird der weitere Klärungsbedarf zum Thema deutlich:

a) im Rahmen einer historischen Theorie des Nationalsozialismus geht es im Kontext der sozialen Frage um Zusammenhänge von Politik, Ökonomie und Erbbiologie/Rassenhygiene;

b) im Rahmen des professionspolitisch und -theoretisch grundlegenden Problems von Kontinuität und Diskontinuität SozArb von Weimar über den Nationalsozialismus bis zur BRD handelt es sich um weitere Aufschlüsse über die administrativ verregelte alltägliche Praxis, die ›Umsetzung‹ der, aber auch Produktion von nationalsozialistischen gesellschaftspolitischen

Vorgaben in die Handlungsrealität(en) SozArb in ihren konkreten Vollzügen und Wirkungen auf ›Betroffene‹ und professionelle Akteure. *H. Sünker*

Literatur: H. Althaus: Nationalsozialistische Volkswohlfahrt. Wesen, Aufgaben und Aufbau, Berlin [3]1937; G. Aly/K.H. Roth: Die restlose Erfassung. Volkszählen, Identifizieren, Aussondern im Nationalsozialismus, Berlin 1984; W. Ayaß: ›Asoziale‹ im Nationalsozialismus, Stuttgart 1995; Beiträge zur Nationalsozialistischen Gesundheits- und Sozialpolitik 6: Feinderklärung und Prävention. Kriminalbiologie, Zigeunerforschung und Asozialenpolitik, Berlin 1988; H. Giesecke: Hitlers Pädagogen, Theorie und Praxis nationalsozialistischer Erziehung, Weinheim/München 1993; M. Guse/A. Kohrs: Zur Entpädagogisierung der Jugendfürsorge in den Jahren 1922–1945, in: H.-U. Otto/H. Sünker 1989, 228–249; E. Hansen: Wohlfahrtspolitik im NS-Staat. Motivationen, Konflikte und Machtstrukturen im »Sozialismus der Tat« des Dritten Reiches, Augsburg 1991; J.-Ch. Kaiser: Sozialer Protestantismus im 20. Jahrhundert. Beiträge zur Geschichte der Inneren Mission 1914–1945, München 1989; H. Knüppel-Dähne/E. Mitrovic: Helfen und Dienen. Die Arbeit von Fürsorgerinnen im Hamburger Öffentlichen Dienst während des Nationalsozialismus, in: H.-U. Otto/H. Sünker 1989, 176–197; St. Leibfried/E. Hansen/M. Heisig: Bedarfsprinzip und Existenzminimum unter dem NS-Regime: Zu Aufstieg und Fall der Regelsätze in der Fürsorge, in: H.-U. Otto/H. Sünker 1986, 163–198; T. Mason: Sozialpolitik im Dritten Reich. Arbeiterklasse und Volksgemeinschaft, Opladen 1977; T. Mason: Die Bändigung der Arbeiterklasse im nationalsozialistischen Deutschland, in: C. Sachse u.a.: Angst, Belohnung, Zucht und Ordnung: Herrschaftsmechanismen im Nationalsozialismus, Opladen 1982, 11–53; H.-U. Otto/H. Sünker (Hrsg.): Soziale Arbeit und Faschismus. Volkspflege und Pädagogik im Nationalsozialismus, Bielefeld 1986; H.-U. Otto/H. Sünker (Hrsg.): Soziale Arbeit und Faschismus, Frankfurt/M. 1989; H.-U. Otto/H. Sünker (Hrsg.): Politische Formierung und Soziale Erziehung im Nationalsozialismus, Frankfurt/M. 1991; H.-U. Otto/H. Sünker: Nationalsozialismus, Volksgemeinschaftsideologie und soziale Arbeit, in: H.-U. Otto/H. Sünker 1991, 50–77; D. Peukert: Die Genesis der »Endlösung« aus dem Geiste der Wissenschaft, in: Forum für Philosophie Bad Homburg (Hrsg.): Zerstörung des moralischen Selbstbewußtseins: Chance oder Gefährdung?, Frankfurt/M. 1988, 24–48; Ch. Sachße/F. Tennstedt: Der Wohlfahrtsstaat im Nationalsozialismus. Geschichte der Armenfürsorge in Deutschland. Bd. 3, Stuttgart 1992; S. Schnurr: Die Nationalsozialistische Funktionalisierung Sozialer Arbeit. Zur Kontinuität und Diskontinuität der Praxis sozialer Berufe, in: H.-U. Otto/H. Sünker 1991, 106–140; H. Sünker: Sozialpolitik und ›Volkspflege‹ im Nationalsozialismus: Zur faschistischen Aufhebung von Wohlfahrtsstaatlichkeit, in: Tel Aviver Jahrbuch für deutsche Geschichte XXIII (1994), 79–92; P. Weingart/J. Kroll/K. Bayertz: Rasse, Blut und Gene. Geschichte der Eugenik und Rassenhygiene in Deutschland, Frankfurt/M. 1988; J. Wieler: Emigrierte Sozialarbeit nach 1933, in: H.-U. Otto/H. Sünker 1989, 306–327; Th.E.J. de Witt: The Economics and Politics of Welfare in the Third Reich, in: Central European History XI (1978), 256–278; F.J. Zimmermann: Die NS-Volkswohlfahrt und das Winterhilfswerk des Deutschen Volkes, Würzburg o.J. (1938/39).

Soziale Arbeit in der DDR

1. Allgemeines: Die dominierenden gemeinsamen historischen Wurzeln der *Sozialpolitik* (S.) und *sozialen Arbeit* (SozArb) in Deutschland verlassend, entwickelte sich nach 1945 in der östlichen Besatzungszone und späteren DDR auf der Grundlage von Befehlen der sowjetischen Militäradministration im Kontext der veränderten Gesellschaftskonzeption ein anderes sozialpolitisches Verständnis, mit z.T. grundlegenden – auch strukturellen – Auswirkungen auf die sozialen Handlungsfelder.

Insofern können Assoziationen, die in der (Alt-)BRD mit Begriffen aus der S. und SozArb üblicherweise verbunden sind, nicht ohne weiteres übertragen werden. So war beispielsweise betriebliche S. integraler Bestandteil der nach einheitlichen Grundsätzen zentral gelenkten staatlichen S. Auch der Begriff Ehrenamtlichkeit (*Ehrenamtliche Helfer*), etwa in Gremien der *Jugendhilfe*, hatte insofern eine zumindest modifizierende Bedeutung. Bei den ehrenamtlichen Mitarbeitern der Jugendhilfe handelte es sich zumeist um beruflich einschlägig Vorgebildete. Zudem hatten sie die arbeitsrechtliche Möglichkeit, einen Teil der zu lösenden Aufgaben während der regulären Arbeitszeit – bei Fortzahlung des Gehaltes bzw. Lohnes durch die Arbeitsstelle – zu realisieren sowie z.B. Reisekosten in den Kommunalverwaltungen abzurechnen. Insofern handelte es sich im alt-bundesrepublikanischen Sprachgebrauch eher um Semi*professionalität*.

Der historisch überkommene Fürsorgebegriff wurde in der DDR als Zentralkategorie eines sich als allzuständig-fürsorglich definierenden Staates beibehalten. Die damit verbundenen Verregelungen führten einerseits zu Normalbiographien in einem »vormundschaftlichen« Staat, der andererseits weitestgehend soziale Sicherheit auf elementarem Niveau ermöglichte (G. Gauss: »Land der kleinen Leute«).

Die Kehrseite bezahlbarer Mieten und des Wohnrechts kontrastierte der Verfall innerstädtischer Altbausubstanz im Spiegelbild gewaltiger (monolither) Neubaugebiete. Die Altersmindestrenten lagen kaum über dem Existenzminimum, im Pflegefalle wurde zwar nicht auf das Ersparte rekurriert, der innere und äußere Zustand der Pflegeheime war aber nicht selten entlarvend desolat.

Das Konzept der S. war jugend- und produktionsorientiert, d.h. vorrangig wurden jene Bereiche finanziell und materiell abgesichert, von denen am ehesten eine Reproduktionswirksamkeit zu erwarten war (Gesundheitsprävention, Arbeitsmedizin, Rehabilitation usw.) und von denen perspektivische Wirkungen erhofft wurden (Kinder- und Jugendgesundheitsdienst, Jugendförderungsprogramme, sozialpolitische Maßnahmeprogramme zur Förderung junger Ehen usw.).

Die Sicherung von elementaren Lebensbedingungen (etwa Preisstützungen von Grundlebensmitteln, Mieten, Tarife) und das (auch unter Einschluß unhaltbarer ökonomischer Verluste) Recht auf Arbeit und Wohnung hatte Auswirkungen auf das Maß und die Breite Soz-

Arb, so daß solche Arbeitsfelder wie *Jugendsozialarbeit*, *Obdachlosenhilfe*, Arbeitslosen- und *Schuldnerberatung* usw. nicht etabliert waren. Vor allem vor der anfänglich euphorischen (Marx'schen) Vision, mit der Gestaltung menschlicher Umstände dem Menschen ein menschliches Leben ermöglichen zu können, wurde die Entwicklung spezifischer sozialer Arbeitsfelder (bis hin zum theoretisch-konzeptionellen Instrumentarium) lange Jahre völlig vernachlässigt. Subsidiäre Wahrnahme von sozialen Aufgaben wurde abgeschafft; den Kirchen mit ihren Verbänden Diakonie und Caritas verblieben nur eng abgesteckte Handlungsfelder, zumeist in pflegeintensiven und medizinischen Bereichen – bei permanenter Zurückdrängung aus dem bildungsnahen Sektor. Andere freie Träger der SozArb hatten keine Wirkungsmöglichkeiten mehr, auch nicht die aus dem sozialdemokratisch-proletarischen Milieu hervorgegangene Arbeiterwohlfahrt. S. wurde als »Kernstück« der Gesellschaftsstrategie propagiert und als ureigenste politische Aufgabe des Staates wahrgenommen. Insofern war S. zentral (auch etatmäßig) und in den Kommunen über hierarchische Verwaltungsstrukturen unter Einbindung der Betriebe und aller »gesellschaftlichen Kräfte im jeweiligen Territorium« (Parteien und Organisationen) einheitlich umzusetzen. Der in den letzten Jahren zwar benannte Gestaltungsspielraum bei der Durchsetzung der S. auf kommunaler Ebene (territoriale S.) über die Sozialpolitikplanung unter Einbeziehung betrieblicher S. ließ sich in der Alltagspraxis wegen detaillierter und reglementierender VO und Anweisungen schwerlich ausschreiten (starre, zumeist formale Abrechnungskriterien).

Die Mitwirkung von sozialen Organisationen, wie die der Volkssolidarität, des DRK, wiesen einen fundamentalen Unterschied zur Stellung sozialer Verbände im marktwirtschaftlichen System auf (*Wohlfahrtsverbände*), als das auch diese Organisationen staatlich initiiert und subventioniert – quasi halbstaatlich – als Teil der S. zur »planmäßigen Durchsetzung der Verbesserung sozialistischer Lebensweise« konzeptionell gefaßt und damit vereinnahmt waren. Oftmals jenseits dieser politischen Intentionen gab es aber im Selbstverständnis der in solchen Strukturen Tätigen ein hohes persönliches, auch häufig selbstloses, Engagement im Interesse alter Menschen, Kinder, Jugendlicher, Eltern und anderer auf die besondere Zuwendung angewiesener Menschen.

Die fast ausschließliche Subventionierung sozialer Leistungen aus dem Staatshaushalt, bei nur geringfügig beizusteuerndem individuellen Anteil, beruht ebenfalls auf dem anderen gesellschaftspolitischen Grundverständnis.

So wurden durch die Betriebe ca. 85% in den sog. gesellschaftlichen Konsumtionsfond eingespeist, durch den die Subventionierung u. a. finanziert wurde: Grundwarenbedarf (1988: ca. 20% des Staatshaushaltes); Dienstleistungen (etwa Tarife, Wäschereikosten usw.), gesundheitliche und soziale Versorgung; Stützung des öffentlichen Wohnungsmarktes; Sozialversicherung; Kultur und Bildung.

Nutznießer dieses Verteilungsprinzips waren in diesem Elementarbereich einkommensunabhängig gleichermaßen alle Mitglieder der *Gesellschaft*. Dies hatte als Kehrseite zur Konsequenz, daß der zur individuellen Entlohnung und mit leistungsstimulierender Absicht verfügbare Teil des Produktionsergebnisses proportional entsprechend geringfügig ausfiel. Individuelle Leistung lohnte sich zumeist finanziell kaum, moralische Alternativen zeitigten nicht den erwünschten Leistungsschub.

Propagandistisch wurde versucht, über Appelle an das »Bewußtsein« die Vorzüge der sozialen Sicherheit – die »zweite Lohntüte« – mit dem disponiblen Lohnanteil, also über die Reklamierung des sog. Realeinkommens einen Vorzug der »sozialistischen« Gesellschaft kenntlich zu machen. Die erhofften Effekte traten nicht ein. Vielmehr wurden massenhaft Versorgungsmentalitäten produziert, schöpferisch-innovatives Potential, u. a. auch durch diese Egalisierungen, die »Gleichheit im Zwang« und damit einhergehender Normierung von Lebensansprüchen, verschüttet.

Die Zusammenhänge zwischen ökonomischer Leistungskraft und Realisierungsmöglichkeiten der sich im Laufe der DDR-Geschichte immer weiter ausdifferenzierenden und damit kostenintensiveren sozialpolitischen Programme wurden mit der Betonung der Einheit von Wirtschafts- und S. programmatisch reflektiert: ökonomische Leistung (erwirtschaftetes Potential) sollte in soziale Leistungen umgesetzt werden.

Gleichwohl wurde dieses Prinzip unter der Allgegenwärtigkeit, daß zwischen sozialer Sicherheit und der Stabilität der politisch-ökonomischen Machtverhältnisse ein unmittelbarer Zusammenhang bestehen würde (Schock vom 17. Juni 1953), durchbrochen. So wurde 1986 von der SED-Parteispitze verkündet, Probleme, Widersprüche und Disproportionen seien nicht durch einen zeitweiligen Wachstumsverzicht auf dem sozialen Sektor, sondern nur »durch die Beschleunigung der wirtschaftlichen Entwicklung, durch konsequente Erhöhung ihrer Effektivität ... lösbar« (Bericht auf dem IX. Parteitag der SED 1986, 49).

Eine auf stetige Steigerung (auch unter außenpolitischem Aspekt) orientierte S. als innenpolitischer Gegenpol zur tatsächlichen und mentalen Abwanderung (besonders der Jugend) bewirkte eine immer größere Eigendynamik. Politisch gezielt eingesetzte Vergünstigungen (zumeist für junge Menschen, Eliten ...) favorisierte gleichsam weitere Erwartungshaltungen und verschärfte Unproportionierungen (Rentner, Pflegebedürftige ...), so daß auch dort nachgebessert werden mußte. Die soziale Spirale ließ sich immer weniger mit der mangelnden wirtschaftlichen Effizienz in Kongruenz bringen. Die Folge war ein Leben aus der Substanz des Kapitalbestandes, die Vernachlässigung des Akkumulationsfonds für die Wirtschaft zu Lasten ihrer Reproduktion.

Vor diesem Hintergrund wird weiter auf wesentliche Bereiche der S. und SozArb/SozPäd eingegangen, wie sie sich in ihrer Ressortierung in den letzten Jahren darstellte, ohne i.e. deren Genese seit 1945 reflektieren zu können:

2. Gesundheits- und Sozialwesen: Dieser Bereich (zugleich Fachabt. der Kommunalverwaltungen) umfaßte die medizinische und soziale Betreuung der Bevölkerung, einschließlich die alter und pflegebedürftiger Menschen in ambulanten und stationären Angeboten. Die Ärzte und sonstiges medizinisches sowie pflegerisches Personal befanden sich fast ausnahmslos im Angestelltenverhältnis innerhalb des prinzipiell – bis auf einige konfessionelle Einrichtungen (1989 Anteil von 6,8%) – staatlichen Gesundheits- und Sozialwesens. Die ambulante medizinische Versorgung erfolgte in einem relativ dichten Netz der Verflechtung von territorialen Gesundheitsdiensten mit betrieblichen Gesundheitseinrichtungen (ca. 2/3 aller Berufstätigen wurden dort medizinisch betreut).
Das Kernstück der ambulanten medizinischen Versorgung bildeten kommunale und betriebliche Polikliniken (1989: durchschnittlich 21 Ärzte pro Poliklinik). Dort war eine interdisziplinäre medizinische Betreuung unter einem Dach (einschließlich die zahnärztliche Versorgung) möglich, die durch staatliche und betriebliche Ambulatorien bzw. Arztpraxen ergänzt wurde. In ländlichen Regionen existierten sog. Landambulatorien mit zumeist mehreren Fachärzten und Gemeindeschwesternstationen (1989: für 800 bis 1500 Einwohner eine Gemeindeschwester, in Städten für ca. 2500 Einwohner).
Dieses ambulante medizinische Versorgungsnetz erlaubte abgestufte kostengünstige Konsultations- und Mitbehandlungsmöglichkeiten, auch durch die kooperative Nutzung der Medizintechnik, Laborkapazitäten und der Physiotherapieplätze.
Die Hauptmängel der medizinischen Versorgung in der DDR waren gem. einer Einschätzung des Sachverständigenrates nicht funktionaler, sondern eher struktureller Natur (vgl. dort 354ff.).
Probleme ergaben sich neben der permanent chronischen Unterfinanzierung (mit fatalen Auswirkungen auf die Infrastruktur, besonders in Alten- und Pflegeheimen)
- aus der nicht tatsächlich freien Arztwahl (Wohnortprinzip) und damit des
- weitestgehenden Fehlens konkurrierender Angebote,
- zumeist wenig ausgeprägtem persönlichem Arzt-Patienten-Verhältnis,
- nicht leistungsgerechter Vergütung (keine leistungsbezogene Abrechnung),
- permanenter Überlastung des ärztlichen u.a. Personals, i.d.R.
- überlanger Wartezeiten für die Patienten und damit einhergehendem
- tendenziellen Motivationsverlustes der Mediziner und des anderen Personals (vgl. dazu Sachverständigenrat, 354).

Medizinstatistische Indikatoren, etwa die äußerst geringe Müttersterblichkeit – bis 1980 unterhalb der der BRD –, höherer Durchimpfungsgrad bei Kindern, niedrigere Infektionserkrankungsrate usw. (aber: hohe Morbilität der Atemwege) lassen keine dramatischen Bewertungen des Gesundheitssystems der DDR zu, wenngleich die mittlere Lebenserwartung der Bevölkerung niedriger lag als die in der (Alt-)BRD: Im Vergleich von 33 Industrieländern nahm die BRD Platz 3 und die DDR Platz 7 ein (wobei hierfür auch andere Faktoren wie Umweltbelastung usw. relevant sind) (vgl. dazu Offe, 67).
Eine Besonderheit in der ambulanten medizinischen Versorgung stellte seit Mitte der 70er Jahre der Aufbau eines umfassenden Dispensairesystems dar. Zu den obligaten Dispensaires gehörten Schwangerenberatung, Mütterberatung, Jugendgesundheitsschutz, Diabetikerberatung, Geschwulstbetreuung, Lungenkranken- und Tuberkulosebetreuung. In diesen Arbeitsfeldern wurden auch Fürsorgerinnen wirksam.
Bei aller bürokratischen Verregelung dieses Bereiches gelang eine weitestgehende Verknüpfung von medizinischer und sozialer Betreuung in Einheit von Prophylaxe, Diagnostik, Therapie und Rehabilitation (Dispensairebetreuungsgrad 1989: 34 pro 1000 Frauen, 18 pro 1000 Männer; für politisch definierte Eliten existierte darüber hinaus ein hoher Dispensairegrad mit aufwendiger personeller, finanzieller und materieller Absicherung zuungunsten der beschränkten Gesamtkapazität).
Die stationäre medizinische Versorgung erfolgte in einem differenzierten Krankenhaussystem mit ausreichender Bettenzahl (1989: 98 Betten pro 10000 Einwohner; Kapazitätsauslastung 74,6%). Bis auf wenige Spezialkliniken bestanden im Vergleich zur BRD Defizite in der apparativen Ausstattung und in der medikamentösen Versorgung, was zu einer qualitativ schlechteren Patientenversorgung führte und gleichwohl zu erheblichen Arbeitsbelastungen des Personals.
Die medizinischen und ebenso die sozialen Leistungen waren auf der Grundlage des einheitlichen staatlichen Versorgungssystems grundsätzlich ohne individuelle Kostenbeteiligung. Der Sozialpflichtversicherungssatz lag bei 10% des Bruttoeinkommens (mit einer Höchstbegrenzung von 60 Mark zzgl. der Beitragsabführungen der Betriebe von 12,5%). Bei Einkommensüberschreitungen von 600 Mark bestand die Möglichkeit einer freiwilligen Zusatzversicherung in Höhe von 10% des Bruttoeinkommens, die durch Versicherungsnehmer und Betriebe zu leisten waren. Dies entfiel jedoch in einer Reihe von staatsnahen und akademischen Berufen, für die erhöhte Leistungen staatlich zugesichert waren.
Die Ausgaben des einheitlichen staatlichen Versicherungsträgers, der Sozialversicherung (die dem Gewerkschaftsbund – FDGB – unterstellt war), waren etwa doppelt so hoch wie ihre Einnahmen durch die Beiträge. Diese Differenz wurde aus dem Staatshaushalt subventioniert (1986: 46,9%). Das Leistungsspektrum der Sozialversicherung umfaßte sowohl finanzielle Leistungen bei vorübergehender Arbeitsunfähigkeit durch

Krankheit, Arbeitsunfall, bei Kuren, Mutterschaft, der Erziehung der Kinder in den ersten beiden Lebensjahren, der Erkrankung des Kindes usw. als auch Sachleistungen etwa bei ärztlicher Behandlung, Krankenhausaufenthalt, Arznei-, Hilfs- und Heilmittel, Zahnersatz, Fahr- und Transportkosten usw. sowie Rentenleistungen bei Invalidität, im Alter und für Hinterbliebene. Sozialfürsorge mußte in nur quantitativ geringfügigem Maße (1970: für 56966 Personen, 1989: nur noch für 5535 Personen) dann gewährt werden, wenn weder aus den vorgenannten Leistungen, noch aus dem Arbeitseinkommen der Lebensunterhalt bestritten werden konnte. Dies betraf regelmäßige monatliche finanzielle Unterstützungen, zusätzliche Mietbeihilfen, die Übernahme von Aufenthaltskosten in Krankenhäusern, Alten- und Pflegeheimen und einmalige Beihilfen (für Bekleidung, Heizungskosten, Wohnungsinstandsetzung usw.). Überdies wurden Leistungen im Rahmen der Sozialfürsorge erbracht, wenn die Pflege durch andere erforderlich war (Pflege-, Sonderpflege- und Blindengeld) sowie Beihilfen für bestimmte Krankheitsbilder, wenn kein Anspruch über die Sozialversicherung bestand.
Zu den Einrichtungen des Sozialwesens für die vornehmlich pflegerisch-soziale Betreuung gehörten:
- Kinderkrippen (Versorgungsgrad 1988: 84%) und Dauerheime für Kinder bis zum 3. Lebensjahr;
- Heime für schulbildungsfähige, schwerstkörpergeschädigter Kinder und Jugendlicher, die der besonderen Pflege bedurften;
- Tagesstätten, Wochen- und Dauerheime für schulbildungsunfähige (rehabilitationspädagogisch-)förderungsfähige Kinder und Jugendliche;
- Rehabilitationszentren für Berufsbildung;
- Geschützte Werkstätten (auch Abteilungen, Arbeitsplätze) mit spezifisch ausgestalteten Arbeitsplätzen und Arbeitsrechtsverhältnissen für Schwer- und Schwerstgeschädigte (i. S. der Durchsetzung von deren Recht auf Arbeit; 1986: 42000 Rehabilitationsarbeitsplätze);
- Geschützte Wohnheime als Wohnstätten für geistig Geschädigte und psychisch Kranke, die nicht stationär behandlungsbedürftig waren, jedoch der Betreuung bedurften (Dennoch bestand ein erhebliches Defizit in der psychiatrischen Betreuungskette. Neben nicht selten letztlich auf Verwahrung hinauslaufender stationärer Unterbringung fanden zeitgemäße betreuungsintensive gemeindepsychiatrische Ansätze o. ä. in den zumeist instabilen ambulanten Betreuungsformen kaum Anwendung. Realisiert wurden vornehmlich ordnungspolitisch überschaubare institutionelle Konzepte);
- Feierabendheime (übliche Bezeichnung anstatt Alten- bzw. Seniorenheim) für altersbedingt Betreuungsbedürftige und Pflegeheime für Pflege-, aber nicht der stationären Behandlung Bedürftigte.

Neben dem oftmals sanierungsbedürftigen Zustand des älteren Bestandes an Alten- und Pflegeheimen wurde im Rahmen des Wohnungsneubauprogramms ein Kapazitätszuwachs (ebenso für Seniorentagesheime/-treffs) geschaffen, der jedoch die Nachfrage nicht befriedigen konnte (1970: 96171 Plätze, 1989: 139716 Plätze). Dies hing nicht nur mit der demographischen Entwicklung (1986: 16,4% der Wohnbevölkerung im Rentenalter) und des Verhältnisses der Generationen zueinander zusammen, sondern auch mit der von der jüngeren Generation erwarteten Mobilität, der Wohnungspolitik (zu kleine Wohnungen) usw. Zudem stellte der dortige Aufenthalt eine finanziell erträgliche Variante, zumindest für die Bezieher von Mindestrenten dar (1989: 120 Mark, d.h. weniger als 1/3 der Mindestrente).
Gleichwohl wurde durch Mitarbeiter und ehrenamtliche Helfer der quasi halbstaatlichen (Wohlfahrts-)Organisation Volkssolidarität und des DRK sowie des Demokratischen Frauenbundes (DFD) im ambulanten und halbambulanten Bereich engagierte SozArb für alte Menschen geleistet. So im Rahmen der Hauswirtschaftshilfe, des fahrenden Mittagstisches, in Seniorentreffs und Tagesheimen (Mittagstisch, Rentnernachmittage, Vorträge, Buchlesungen, Rentnerfahrten und -feiern, Seniorensport- und Kulturgruppen usw.). Dieses Angebot wurde durch das staatliche Gemeindeschwesternsystem und das eigenständige humanistisch-christliche Wirken im Rahmen zugelassener konfessioneller SozArb ergänzt.
Die Umsetzung des Konzepts der sog. komplexen Betreuung älterer Menschen, die deren Einbeziehung in das geistig-kulturelle Leben der bisherigen Arbeitsstelle und in das Wohngebiet bzw. die Gemeinden vorsah, gelang nur ansatzweise. Zum einen war das soziale Betreuungsnetz nicht flächendeckend (besonders in Großstädten), die vorgesehene »Veteranen«-arbeit durch die Betriebe und die Gewerkschaften (Veteranenkommission) beschränkte sich oftmals nur (pflichtgemäß) auf den Mittagstisch, die Vergabe von Ferienplätzen und die jährliche Rentnerweihnachtsfeier, so daß der zu vermeiden gesuchten sozialen Isolation älterer Menschen nicht ausreichend begegnet werden konnte.
In der Behindertenarbeit (in der DDR-Terminologie zumeist Begriff der Schädigung und Rehabilitation) lassen sich sachliche Unterscheidungen in medizinisch, pädagogisch, beruflich und sozial orientierte Rehabilitation vornehmen: Als *Geschädigte* wurden Kinder, Jugendliche und Erwachsene begrifflich bezeichnet, »bei denen auf Grund eines biologischen Mangels und dafür inadäquaten sozialen Entwicklungsbedingungen die Persönlichkeitsentwicklung beeinträchtigt ist. Ein biologischer Mangel tritt in Form von Organschäden, Mißbildungen bzw. funktionellen Störungen in Erscheinung, die weder mit medizinischen Mitteln noch mit technischen zur Zeit psychosozial unwirksam gemacht werden können« (Theiner, 57).
Auch quer zu o. g. inhaltlichen Zugängen gestaltete sich die ressortmäßige Zuständigkeit. So fand bezogen auf Kinder und Jugendliche eine humanistisch bedenkliche administrative Trennung in Schulbildungsunfähige und Schulbildungsfähige statt. Für die ersteren waren die

genannten Einrichtungen des (Gesundheits- und) Sozialwesens zuständig und für die anderen die der Volksbildung. Ein ausdifferenziertes Netz des Sonderschulwesens bestand 1989 für ca. 120000 physisch-psychisch geschädigte Kinder und Jugendliche (die Schädigungsquote lag bei 5%).
Wenngleich staatliche Rehabilitationszentren (mit Koordinierungsfunktion der Leistungsträger) auf den verschiedenen Verwaltungsebenen und diese beratende (ehrenamtliche) Rehabilitationskommissionen eine komplexe und interdisziplinäre Sichtweise eröffneten, so wurde durch die Separation der jeweiligen Institutionen die Segregationen der Behinderten de facto noch befördert.
Die durchaus unter Förderungsabsichten frühzeitige »Erfassung« und Früherziehung nach Schädigungs- und Bildungskategorien von physisch-psychisch geschädigten Kindern in einem nahezu perfekt anmutenden System des Zusammenwirkens von Medizinern, (Sonder-)Pädagogen, Psychologen und FürsorgernInnen stand dennoch den eigenen Absichten nach Integration Behinderter im Wege: verfrühte Selektion, unflexible Handhabungsmöglichkeiten, keine Alternativen, mangelnde Variantenvielfalt der inhaltlichen, strukturellen und didaktisch-methodischen Arbeit (vgl. dazu die Erkenntnisse der DDR-Arbeitsgruppen in der »Wendezeit«, Kraus, 35).
Gemeindeorientierte und individualisierende Ansätze fanden – bis auf die minimalen Nischen experimentierender konfessioneller SozArb (aber immerhin befand sich 1989 jeder 5. Unterbringungsplatz für schulbildungsunfähige Kinder und Jugendliche in kirchlicher Trägerschaft) – kaum Beachtung. Vor allem in fachlich ausdifferenzierten (und damit großen) Einrichtungen wurden (ökonomisch verkraftbare) Lösungen gesehen. Als Folge ergaben sich außerhalb von Ballungsgebieten häufig lange Wegezeiten, so daß überwiegend nur die Unterbringung über Tag und Nacht (Internate) in Frage kam. Dies führte nicht selten zur Schwächung der emotional-sozialen Bindungen zwischen den Behinderten und ihren Familien mit all ihren Folgeproblemen. Diesbezügliche Kontroversen – auch von Eltern – führten erst in den 80er Jahren in der Praxis zu anfänglichen Modifikationen, ohne das Grundkonzept verändern zu können.

3. Jugendhilfe: Obwohl den Terminus des RJWG beibehaltend, haben sich das Verständnis und die Struktur von Jugendhilfe (J.) mit der Gründung der DDR (1949) fundamental verändert. Die Einheit von Jugendpflege(-förderung) und Jugendfürsorge innerhalb eines Ressorts wurde aufgegeben. Jugendförderung wurde in einem umfassenden Verständnis zu einer zentralen politischen Aufgabe erklärt (1. Jugendgesetz von 1950) und in die Zuständigkeit der verwaltungsmäßigen und politischen Spitze verlagert (Ministerrat, Zentralkomitee der SED und Zentralrat des Staats-Jugendverbandes – FDJ). Die allgemeine Jugendförderung vollzog sich über sog. Jugendförderungspläne in einem komplexen System verschiedener staatlicher, kommunaler und betrieblicher Verantwortung unter wesentlicher Trägerschaft der Kinder- und Jugendorganisation (JP, FDJ), des Sportbundes (DTSB), der (wehrpolitischen) Gesellschaft für Sport und Technik (GST) in einem relativ dichten infrastrukturellen Netz (Pionierhäuser, touristische Stationen, Jugendfreizeitstätten, -herbergen, -clubs, Ferienlager, Kulturhäuser, Musikschulen, Sporteinrichtungen usw.).
Als Bestandteil des einheitlichen Bildungssystems gehörten Kinderkrippen zum Sozialwesen, Kindergärten (für Kinder vom 3. Lebensjahr bis zu ihrer Einschulung, Versorgungsquote 1988: 94%) und (Schul-)Horte (für Schüler der 1.–4. Klasse, Versorgungsquote 1988: 83%) umittelbar zum Bildungswesen.
Damit geriet die J. in eine jugendpolitische und pädagogische Randstellung. Das Aufgabenfeld beschränkte sich im wesentlichen nur noch auf die traditionelle Einzelfallarbeit in den Kernbereichen

- (intervenierender) Erziehungshilfe
  (einschließlich Jugendgerichtshilfe, Mitwirkung bei der Regelung des Erziehungsrechts im Falle der Ehescheidung der Eltern und der Umgangsregelung, in Jugendstrafverfahren, bei Strafverfahren wegen Verletzung des Erziehungsrechts u. ä.);
- Vormundschaftswesen
  (Sorge für elternlose und »familiengelöste« Kinder und Jugendliche, Vermittlung in Pflegefamilien und Adoptionsstellen, Übertragung des Erziehungsrechts auf Verwandte, einschließlich der Durchführung des Verfahrens);
- Rechtsschutz für »Minderjährige«
  (Reste des Nichtehelichenrechts und der Amtsvormundschaft – Beistandswesen – verstanden als staatliche Schutzfunktion für außerhalb einer Ehe geborene Kinder auf freiwillig durch die Mütter in Anspruch zu nehmender Basis; auch zur Sicherung wirtschaftlicher Interessen von Nichtvolljährigen gegenüber ihren Eltern – Vaterschaft, Unterhalt, Vermögen – sowie Urkundswesen; (vgl. dazu Jugendhilfe-VO, § 18).

Zwar nahm damit die J. im Vergleich zum vorherigen Aufgabenspektrum selbst nur noch rudimentäre Aufgabenbereiche wahr, gleichwohl wurden ihr im Zuge der Auflösung der Vormundschaftsgerichte (1952) Aufgaben der freiwilligen Gerichtsbarkeit und damit rechtsrelevante Befugnisse übertragen. Bis auf den als äußersten und schwerwiegendsten Eingriff definierten Entzug des elterlichen Erziehungsrechts (das den Gerichten vorbehalten war) hatte die J. (vermittels des »Jugendhilfeausschusses«) damit weitestgehende Eingriffs- und Entscheidungskompetenzen, die das elterliche Erziehungsrecht (Personensorgerecht) tangierten: Diejenigen, die durch ihre Beratungs- und Betreuungstätigkeit die Kinder, Jugendlichen und Eltern sowie sonstige Betreuungs- und Erziehungspersonen sowie die damit zusammenhängenden Problem- und Lebenslagen am genauesten kannten, sollten auch mit(entscheiden) können, wenn es um Veränderungen der Lebens- und Erziehungsbedingungen ging.

Erst in den 80er Jahren kamen diesbezüglich rechtliche Bedenken auf, inwieweit zumindest eine Überprüfbarkeit solcher (und anderer durch Verwaltungen) getroffener Verwaltungsentscheidungen durch ein unabhängiges Verwaltungsgericht – das nicht in die Prozesse involviert war – vonnöten sei. Fortan unterlagen die wesentlichen Entscheidungen der J. auch der gerichtlichen Überprüfung, sofern die Erziehungsberechtigten (Personensorgeberechtigten) es einforderten (Rechtsmittel). Zuvor meinte man dies durch ehrenamtliche Mitarbeit in den Entscheidungsgremien sowie durch den dreistufigen Rechtsmittelweg innerhalb der J.-verwaltungsebenen sichern zu können. Die Ehrenamtlichen sollten nicht nur ihre vielgestaltige persönliche Lebenserfahrung in die Jugendhilfepraxis einbringen, sondern auch die demokratische Kontrolle über die Jugendhilfeentscheidungen sichern (VO über die Mitarbeit der Bevölkerung auf dem Gebiet der J. von 1953). Allerdings gestaltete sich die Erfüllung dieses Doppelmandates ambivalent: Denn Laienkompetenz war in dieser filigranen Sphäre nicht ohne ein Minimum an Fachlichkeit – neben pädagogisch-psychologischer auch juristischer – zu erreichen. Die fatale Folge war, daß sich die Ehrenamtlichen aus einschlägigen Berufsgruppen kaprizierten. Die Einbeziehung »breitester Schichten und Klassen« (namentlich von Arbeitern) wurde aus politischen Gründen zwar immer wieder angemahnt, ohne jedoch aus dem Dilemma treten zu können. Gleichwohl wurde aus den genannten politischen Gründen kein höherer Professionalisierungsgrad angestrebt.

Dies galt besonders für die Jugendhilfeausschüsse, dem Entscheidungsgremium bei den kommunalen Verwaltungen (Räte der Kreise und Bezirke; 1989: 490 mit 2667 Mitgliedern) sowie den Vormundschaftsräten (analoges ehrenamtliches Gremium mit Entscheidungs- und Beratungskompetenz für Elternlose, 1989: 216 mit 1233 Migliedern). Die eigentliche Basisarbeit (zur Festigung der Erziehungsverhältnisse in der Familie, deren Beratung und Kontrolle, Knüpfung von sozialpädagogisch bedeutsamen Kontakten zu institutionellen und gesellschaftlichen »Erziehungsträgern« sowie die Einbeziehung in die Erarbeitung von Stellungnahmen bei Vormundschaften, Pflegschaften und Adoptionen sowie für Gerichte) wurde von den Mitgliedern der Jugendhilfekommissionen (1989: 4179 mit 26582 Mitgliedern) in den Städten und Gemeinden geleistet.

Ihnen standen lediglich (permanent zeitlich überlastete) ca. 1500 hauptamtliche MitarbeiterInnen (JugendfürsorgerInnen) bei den örtlichen Verwaltungen (Referate J.) auf Kreisebene gegenüber. Bis auf Großstädte arbeiteten somit dort durchschnittlich lediglich 5–7 Mitarbeiter. Vom Konzept her kam ihnen vornehmlich eine die ehrenamtlichen Mitarbeiter fachlich begleitende bzw. anleitende Aufgabe und die Mitwirkung (in jedem Fall der Vorsitz) in den Entscheidungsgremien zu. Vielfach wurden sie jedoch durch die unmittelbare Einzelfallbearbeitung erdrückt.

Das Prinzip der Ehrenamtlichkeit stieß immer wieder auf fachliche Grenzen: Spätestens dann, wenn es nicht schlechthin um die »Organisierung des gesellschaftlichen Einflusses« (auch über die Arbeits-»kollektive« der Eltern), zur Aktivierung von deren Erziehungshaltung ging oder die anderer »Erziehungskräfte« (Lehrer, Erzieher, Trainer usw.), sondern gezielte psychosoziale und auch spezifisch beraterische und therapeutische Angebote erforderlich gewesen wären.

Überdies: die unterstellte weiter zu entwickelnde Bereitschaft von den an der Erziehung Beteiligten (Eltern, ebenso in den Schulen und Ausbildungsstätten) war im Falle des Wirksamwerdens der J. nicht selten bereits ausgereizt oder stellte eine menschliche wie fachliche Überforderung dar.

Gleichwohl zeitigte der gemeinwesenorientierte und gruppenpädagogisch favorisierte Ansatz, also die gezielte Nutzung der kulturellen, sportorientierten und sonstigen freizeitpädagogischen Infrastruktur sowie der institutionellen Bildungs- und Erziehungseinrichtungen im Interesse der Integration von Kindern und Jugendlichen durchaus Erfolge: Methodisch ging es um die Organisierung »spezifischer sozialpädagogischer Aktivitäten«, quasi i. S. einer gezielten Verstärkung erzieherisch-sozialisatorischer Einflüsse. Besonders dem engagierten Einsatz nicht weniger humanistisch gesonnener haupt- und ehrenamtlicher Mitarbeiter war dies geschuldet. In 1/3 aller der J. bekanntgemachten Fälle (ca. 1% aller Nichtvolljährigen) gelang es, die Gefährdungssituation bei Verbleib des Kindes bzw. Jugendlichen im sozialen Herkunftsmilieu zu überwinden.

Wenn dies mißlang, verblieb im Kern der Möglichkeiten fast ausschließlich die Unterbringung in einem Heim (Unterbringungsquoten-Eckwert 1989: 7%). Lediglich 9% wurden aus konzeptionellen Gründen (Doppelbindung an Herkunfts- und Pflegefamilie, hohe Berufstätigkeit von Frauen usf.) in einer Pflegefamilie – vorwiegend in Verwandtenpflege – untergebracht.

Die Heimerziehung wurde durch eine Kollegialentscheidung des Jugendhilfeausschusses »angeordnet«. Rechtliche Grundlage war der § 50 des Familiengesetzbuches in i. V. m. § 23 der J(H)VO: weil »die Erziehung und Entwicklung oder die Gesundheit Minderjähriger gefährdet und auch bei gesellschaftlicher und staatlicher Unterstützung der Eltern nicht gesichert« ... werden konnte. 1989 erfolgten von den 10744 Heimunterbringungen 9526 auf der genannten rechtlichen Grundlage und damit bei lediglich 1218 Kindern bzw. Jugendlichen im eindeutigen Einvernehmen mit den Eltern auf der Basis einer sog. freiwilligen Erziehungsvereinbarung.

Vor der rechtlich prinzipiellen Gleichwertigkeit von familiärer und gesellschaftlicher Erziehung erfolgte in der Praxis der Jugendhilfearbeit eine Parteinahme für die Kindesinteressen (Anwaltsfunktion: »Kein Kind in keiner Situation allein lassen.«). Dabei wurde – auch in den gesetzlichen Grundlegungen (s. Verfassung der DDR, Jugend- und Bildungs- sowie Familiengesetz usf.) von dem Selbstverständnis ausgegangen, daß die Kindesinteressen mit denen des Staates (auch den politischen) übereinstimmen würden. Insofern erfüllte die

J. de facto auch eine (systemstabilisierende) ordnungspolitische Funktion.
Die Struktur der Heime war durch eine allzugroße Differenzierung unter überbetont schulpolitischen Gesichtspunkten zuungunsten sozialpädagogischer Kriterien gekennzeichnet (Differenzierung nach Normal- und Spezialheimen nach dem angenommenen Maß von Erziehungsschwierigkeiten, dem Alter, nach Bildungsgesichtspunkten usf.), so daß über lange Jahre häufige Verlegungen (Beziehungsabbrüche) beklagt wurden. Das Prinzip der Kollektiverziehung (Makarenko) und mehrgruppiger (also damit zu großer Heime) wurde favorisiert. Familienanaloge und individualisierende, die auf die in der Erziehungshilfepraxis heterogenen Problemlagen hätten eingehen können, fanden in dem konzeptionell verkrusteten System keine Anwendung.
Dennoch entfalteten sich im Erfahrungsschatz einfühlsamer Fachkräfte keimhaft neue Denkansätze und Handlungsalternativen, an die im gesellschaftlichen Umbruch nahtlos angeknüpft werden konnte (s. Positionspapier der Arbeitsgruppe J./Heimerziehung und dazu Jugendhilfe 1/2/1990).
Der Strukturaufbau der J. sicherte die Durchsetzung des Prinzips des Zentralismus: Staatlichkeit aller Jugendhilfegremien, vertikale politisch-fachliche Orientierung und Anleitung sowie deren einheitliche Durchsetzung von oben nach unten (Ministerium, Bezirks- und Kreisebene). Der umgekehrte Beschwerdeweg (Rechtsmittel) gegen Entscheidungen der Jugendhilfeausschüsse auf den jeweiligen örtlichen Entscheidungsebenen brachte als Konsequenz das Prinzip der doppelten Unterstellung der J.: fachlich unterstand sie der jeweils nächsthöheren Jugendhilfeverwaltungsbehörde (Referat J., Fachabt. J. im Ministerium) und zudem unterstand sie ihrer jeweiligen Regionalverwaltung (Räte der Kreise, der Bezirke). Dort ressortierte sie Bildungswesen und wurde durch den übermächtig dominierenden Schulbereich zusätzlich in eine Randstellung gedrängt.

4. Soziale Berufe: Ausgehend von der (marxistischen) Option, daß mit der Beseitigung der Klassenantagonismen und der Überwindung der Entfremdung der Produktivkräfte sich Bewußtseinsveränderungen vollziehen würden – und sich das moralisch Gute massenhaft durchsetzt –, wurde unterstellt, daß die Zuwendung zu Schwächeren, Behinderten, Kranken, Alten u.a. der besonderen Hilfe Bedürftigen eine Aufgabe aller sei.
Jedes Gesellschaftsmitglied trüge somit im Rahmen seiner persönlichen Lebenssphäre – gleichsam seiner gesellschaftlich-beruflichen Berührungspunkte mit solchen Problemlagen – unmittelbare bzw. mittelbare Verantwortung. Ureigenste Aufgabe des Staates sei es, geeignete Rahmenbedingungen und die infrastrukturelle Grundversorgung hierfür zu garantieren, worauf die Betroffenen einen Rechtsanspruch haben sollten. Insofern bestand eine äußerste Zurückhaltung bei der Etablierung dafür erneut eigens zu schaffender fachlicher Spezialdienste, zumal nach 1945 bewußt mit den »bürgerlichen Traditionen des diskriminierenden, almosenheischenden Wohlfahrtswesens« (insbesondere dem Subsidiaritätsprinzip) durch jene gebrochen wurde, die nunmehr die politische Macht übernommen hatten und einst (nicht selten) eben von diesem abhängig gewesen waren.
Gleichwohl ließ sich in den Folgejahren die Notwendigkeit institutioneller SozArb auch in solchen Feldern nicht mehr verdrängen, die man glaubte gleichsam in einem generalpräventiven Ansatz überwinden zu können. Politisch wurden sie deshalb lange Jahre als Ausdruck »noch« nicht ausreichender sozialistischer Bewußtseinsentwicklung interpretiert.
Mit Argwohn bedacht, wurde – v.a. im Bereich der J. und des Gesundheits- und Sozialwesens – eine eng begrenzte Professionalisierung im Kontext erwünschter Ehrenamtlichkeit dennoch (verschämt) toleriert. Dies galt nicht für als grundlegend angesehene erziehende Tätigkeiten in Kinderkrippen, Kindergärten, Horten und medizinisch-pflegenden Berufsgruppen, wiewohl jedoch für spezialisierte soziale Tätigkeitsfelder, die den Eindruck hinterlassen konnten, daß auftretende Probleme aus dem gesellschaftlich vorstrukturierten normierten Feld fallen würden (also die Gesellschaftspolitik nicht ausreichend wirksam wäre). Insofern fehlen eben darüber in den Veröffentlichungen der DDR weitestgehend die (statistischen) Angaben.
Für die begrenzt zugelassene Ausbildungskapazität galt das Prinzip, daß eine pädagogische (z.B. als Erzieher) bzw. medizinische (z.B. als Krankenschwester) Basisqualifikation sowie einschlägige Berufserfahrung erforderlich war, bevor ein Aufbaustudium (auf Fachschulebene) für einen »Fürsorge«-beruf ermöglicht wurde.
Gleiches galt für die rehabilitationspädagogische Ausbildung auf Hochschulniveau und die Zulassung (für eine äußerst geringe Anzahl) zu einem sozialpädagogischen (Aufbau)Studium an der Humboldt-Universität für den Bereich der J. Ebenfalls nur in quantitativ geringem Maße existierten auf soziale Berufe vorbereitende konfessionell getragene Ausbildungsgänge (i.e. Seidenstücker/Münder). *B. Seidenstücker*

Literatur: S. Angerhausen/H. Backhaus-Maul/M. Schiebel: ›In guter Gemeinschaft?‹ Die sozial-kulturelle Verankerung von intermediären Organisationen im Sozialbereich der neuen Bundesländer; Arbeitspapier Nr. 14/1993 des Zentrums Sozialpolitik der Uni Bremen (dort auch mit bel. Hinweisen auf die Volkssolidarität); H. Backhaus-Maul/T. Olk: Von der staatssozialistischen zur kommunalen Sozialpolitik, in: AfK II/1993, 300–330; Entwicklungsbedingungen und -perspektiven der Jugendhilfe in der früheren DDR nach der Vereinigung der beiden deutschen Staaten. Deutsches Jugendinstitut (Hrsg.), München 1990; R. Hildebrandt: Die Einrichtungen des Gesundheits- und Sozialwesens in der DDR und in den neuen Bundesländern, in: Aus Politik und Zeitgeschichte. Beil. zur Wochenzeitung Das Parlament, B3/94, 21.1.1994, 15–25; Jugendhilfeverordnung der DDR, VO über die Aufgaben und Arbeitsweise der Organe der Jugendhilfe, in: Jugendhilfe. Textausgabe (d. rechtl. Bestimmg.), Berlln 1985; R. Kraus: Strukturen und Einrichtungen der Rehabilitation in der DDR und in den neuen Bundesländern, in: Aus Politik und Zeitgeschichte. Beil. zur Wochenzeitung Das Parlament B3/94 v. 21.1.1994, 26–37; Lexikon der Sozialpolitik (der DDR)/G. Winkler (Hrsg.), Berlin (Ost) 1987; E. Mannschatz: Jugendhilfe als DDR-Nachlaß, Münster 1994; C. Offe: Die politischen Kosten der Vereinheitlichung des Gesundheitssystems, in: Sozialpolitik im Prozeß der deutschen Vereinigung/W. Schmähl (Hrsg.), Frankfurt/M./New York 1992, 59–90; Sachverständigenrat für die Konzertierte Aktion im Gesundheitswesen: Das Gesundheitswesen im vereinten Deutschland, Baden-Baden 1991; B. Seidenstücker: In keiner Situation ein Kind allein lassen. Wie Jugendhilfe und Heimerziehung erneuern?, in: Jugendhilfe 1/2/1990; B. Seidenstücker/J. Münder: Jugendhilfe in der DDR. Perspektiven einer Jugendhilfe in Deutschland, Münster 1990, 9–59; Statistisches Jahrbuch der DDR 1989, Berlin (Ost) 1990; Sozialpolitik (in der DDR)/G. Manz/G. Winkler (Hrsg.), Berlin (Ost) ^{2}1988; Ch. Theiner: Zur pädagogischen Rehabilitation in der DDR, in: DDR-Komitee für Menschenrechte, Schriften und Informationen 2/1981, Berlin (Ost), 55–62.

Soziale Arbeit und Arbeitsmarkt (SozA u. A.)

Die anhaltende Krise von Berufsausbildung (*Berufliche Bildung*) und A. gehört seit Jahren zu den ständigen Themen öffentlicher Diskussion und unbestritten zu den vorrangig zu lösenden gesellschaftlichen Problemen unserer Zeit. Bis heute gibt es – trotz eines, wenn auch bescheidenen Wirtschaftswachstums und vielfältiger »Programme« zur Bekämpfung der *Arbeitslosigkeit* – keine dauerhaften, spürbaren Entlastungen des Arbeitsmarktes. Konjunkturelle Rahmenbedingungen, strukturelle Veränderungen des A., demographische Entwicklung der Schulabgänger/Lehrstellenbewerber, Altbewerber, Langzeit- und Dauerarbeitslose sowie schwer vermittelbare Arbeitnehmer sind nur einige Stichworte zur aktuellen Auseinandersetzung, die in sozialen Erscheinungsformen wie Resignation, Apathie und *Armut*, rapidem Anstieg der Sozialhilfeempfänger, psycho-sozialen Folgeproblemen von Kindern, Jugendlichen und Erwachsenen ihre sozial- und jugendpolitischen Entsprechungen hat.

Arbeitszeitverkürzung, Teilzeitarbeitsmodelle und Herabsetzung der Lebensarbeitszeit sind halbherzig verfolgte Strategien und voraussichtlich – bei einer weitestgehend strukturell bedingten Arbeitslosigkeit – allein keine effektiven Mittel zum Abbau der Arbeitslosigkeit. In einer Gesellschaft, in der das materielle, soziale und psychische Gelingen des Alltags fast ausschließlich durch (Erwerbs-)*Arbeit* bestimmt wird, bedeutet der Ausschluß von Arbeit zugleich gesellschaftliche Ausgrenzung. Die gegenwärtige Diskussion um die Möglichkeit, überhaupt noch Vollbeschäftigung zu erreichen, ist für die von Arbeitslosigkeit Betroffenen wenig hilfreich. Sie befördert Entsolidarisierung und mindert die gesellschaftliche Verpflichtung auch und gerade denjenigen gegenüber, denen der Arbeitsmarkt keine Perspektive (mehr) bietet.

Jugend- und *Sozialhilfe* werden zunehmend mit den Problemen des Arbeitsmarktes, mit der Arbeitslosigkeit und Berufsnot ihres »Klientels« konfrontiert. Verschlechterungen der gesetzlichen Leistungen für Arbeitslose im AFG führen zu neuen Zielgruppen in der Sozialhilfe (z.B. durch die zeitliche Befristung der originären Arbeitslosenhilfe auf ein Jahr werden junge, ausgebildete Berufsanfänger zu Sozialhilfeempfängern).

Ohne neue Ideen und Initiativen, d.h. ohne Alternativen zu den eher herkömmlichen Ansätzen der Arbeitsmarkt- und Beschäftigungspolitik, aber auch der SozA selbst, werden sich die Probleme nicht lösen lassen. Dabei ist unbestritten, daß Arbeitsmarktpolitik eine sozialpolitische Komponente hat. Weitaus weniger akzeptiert (und praktiziert) ist die arbeitsmarktpolitische, beschäftigungswirksame Ausrichtung der SozA und der ihr zur Verfügung stehenden gesetzlich vorgesehenen Instrumente nach dem *KJHG*, dem *BSHG* und dem *AFG*.

Die nach diesen Gesetzen vorgesehenen Instrumente und Finanzierungsmöglichkeiten (oftmals ergänzt durch europäische Strukturförderungsprogramme) zur Minderung der Arbeitslosigkeit bestimmter Zielgruppen, SozA und Programme der Wirtschaftsförderung werden kaum aufeinander bezogen und offensiv für eine aktive Beschäftigungspolitik eingesetzt, sondern restriktiv und konventionell ausgelegt. Das belegen die Vorschläge der BReg zur »Arbeitspflicht« (entsprechend der Mehraufwandsregelung nach dem BSHG) und »Ernteeinsätze« für Empfänger von Arbeitslosenhilfe in makabrer Weise. Obwohl vielfach belegt ist, daß – volkswirtschaftlich gesehen – die Finanzierung von Arbeitslosigkeit mehr kostet als die Finanzierung von Arbeitsplätzen, gerät der Grundsatz »Arbeit statt Arbeitslosigkeit« oder »Arbeit statt Sozialhilfe« immer noch in den Widerstreit überwiegend ideologisch geführter Debatten. Davon besonders betroffen sind »Beschäftigungsgesellschaften« an der Nahtstelle zwischen »Produktivität«, »Wettbewerb« und öffentlicher Förderung.

Dabei zeigen die vielfältigen Ausbildungs- und Beschäftigungsprojekte, die von Kommunen, Wohlfahrtsverbänden, Jugendverbänden, Initiativ- und Alternativ-Gruppen getragen werden, daß in geförderter Ausbildung, Qualifizierung und Arbeit noch ein erhebliches Potential an offensiver Arbeitsmarktpolitik liegt.

Dabei zeigen die bisherigen Erfahrungen dieser Projekte (mit sehr unterschiedlichen Bezeichnungen, Schwerpunkten und selbstverständlich auch Problemen in den alten und neuen Bundesländern),

- daß Arbeitsplatzabbau sozial flankiert werden kann und berufliche Qualifikationen erhalten bzw. ergänzt werden können,
- daß – bei entsprechender finanzieller Förderung und unter Einbeziehung spezifischer sozialpädagogischer Hilfen – auch am Arbeitsmarkt oftmals schwer vermittelbare Zielgruppen aus dem Jugend- und Sozialhilfebereich erreicht werden,
- daß durch einen ausgeprägten Gemeinwesenbezug der Projekte durchaus wirtschaftsfördernde Effekte vor Ort eintreten können,

- daß in diesen Projeken die Chance besteht, Produkte und Leistungen anzubieten, die zwar gebraucht werden, aber noch nicht rentabel sind, und daß damit sinnvolle Beschäftigungsfelder entwickelt werden können (Innovationsfunktion),
- daß durch Verbundsysteme und Zusammenarbeit mit den im Gemeinwesen ansässigen Firmen und Betrieben eine größere Chance der Vermittlung der Arbeitskräfte besteht,
- daß durch die Beschäftigung in neuen Arbeitsfeldern (zusätzliche) Qualifikationen erworben werden, die die Vermittlungschancen der Arbeitnehmer erhöhen,
- daß durch die internen Organisationsstrtukturen der Projekte die dort Beschäftigten mehr Selbständigkeit und Selbstverantwortung für die geleistete Arbeit entwickeln und mehr über wirtschaftliche, kaufmännische und organisatorische Zusammenhänge lernen, was für eine ökonomische Verselbständigung/ Existenzgründung von Nutzen sein kann.

Um die beschäftigungswirksamen, Arbeitsplätze fördernden Aspekte dieser Ansätze auszuweiten, ist es erforderlich,
- die ausbildungs- und beschäftigungspolitischen Instrumente nach dem KJHG, dem BSHG und dem AFG verstärkt aufeinander zu beziehen, zur Unterstützung von Ausbildungs- und Beschäftigungsinitiativen zu kombinieren und für die Qualifikation der Betroffenen einzusetzen,
- die Zusammenarbeit zwischen *Jugend-*, *Sozial-* und Arbeits*ämter*n im Sinne gemeinsamer (abgestimmter) beschäftigungspolitischer Strategien zu verbessern. Hierbei könnte der Bereich *Sozialer Arbeit* durchaus eine Initiativ- und Koordinationsfunktion übernehmen,
- die Förderungsmöglichkeiten im Wirtschaftsbereich (Förderung von Klein- und Mittelbetrieben) verstärkt zugänglich zu machen (insbesondere dann, wenn in den Projekten Zielgruppen der Jugend- und Sozialhilfe ausgebildet oder beschäftigt werden),
- die Entwicklung gesellschaftlich nützlicher Arbeitsfelder programmatisch und finanziell zu unterstützen, in denen sinnvolle und dauerhafte Arbeitsplätze geschaffen werden können,
- Ausbildungs- und Beschäftigungsinitiativen durch Beratung in konzeptionellen, organisatorischen, rechtlichen und finanziellen Fragen zu unterstützen.

Die Frage nach der ausbildungs- und beschäftigungswirksamen Anwendung (sozial-)gesetzlicher Förderungen führt über die Zielgruppenbestimmung, Personal- und Organisationsformen, über die Diskussion von Rentabilität, Konkurrenz und Wettbewerb unmittelbar zu den Problemen, in welchen Arbeitsfeldern sinnvolle und dauerhafte Arbeitsplätze geschaffen werden können. In allen Diskussionen z.B. im *Umweltschutz*, Recycling, Stadtsanierung, Stadtbildpflege, energiesparende Maßnahmen oder angepaßte *Technologien* wird deutlich, daß es eigentlch nicht an *Arbeit*, sondern an Qualifikationsprofilen und Arbeitsplätzen fehlt. SozA hat in diesem Zusammenhang die Chance, zur Entwicklung dieser Bereiche beizutragen.

Die Zuweisung eines »2. Arbeitsmarktes«, wenn es sich um sozialrechtliche Förderinstrumente handelt, hierarchisiert die Finanzierungen und stigmatisiert (*Stigmatisierung*) die geförderten Menschen. Zu unterscheiden wäre allenfalls in einen mit öffentlichen Mitteln subventionierten und in einen nicht subventionierten Arbeitsmarkt. Aber wer redet schon von einem »2. Arbeitsmarkt« bei öffentlich subventionierten Arbeitsplätzen in (Groß-)Unternehmen? *I. Mielenz*

Literatur: BBJ-CONSULT (Hrsg.): div. Informationen und Publikationen zu Ausbildungs- und Beschäftigungsprojekten zu konzeptionellen, finanziellen, organisations- und steuerrechtlichen Fragen, Berlin 1985 jährlich in Folge; BBJ Servis gGmbH für Jugendhilfe (Hrsg.): Handbuch zur EG-Strukturförderung, Berlin 1992; H. Bischoff/D. Damm: Arbeitsplätze selber schaffen, finanzieren und behalten, München 1984; B. Blanke/ A. Evers/H. Wollmann (Hrsg.): Die Zweite Stadt. Neue Formen sozialer Arbeitsmarkt- und Sozialpolitik, Leviathan Sonderheft 7/1986; M. Bolle/P. Grottian: Arbeit schaffen – jetzt!, Reinbek 1983; U. Engelen-Kefer/J. Kühl/P. Peschel/H. Ullmann: Beschäftigungspolitik. Wege zur Vollbeschäftigung im Europäischen Binnenmarkt, Köln [3]1994; D. Garlichs/F. Maier/ K. Semlinger (Hrsg.): Regionalisierte Arbeitsmarkt- und Beschäftigungspolitik, Frankfurt/M./New York 1983; G. I. B. (Gesellschaft für Information und Beratung örtlicher Beschäftigungsinitiativen und Selbsthilfegruppen) gGmbH (Hrsg.): div. Informationen und Publikationen, Bottrup; I. Mielenz: Aufgaben der Jugendhilfe bei Jugendarbeitslosigkeit und Berufsnot junger Menschen, AGJ, Bonn 1985; I. Mielenz: Soziale Arbeit und Arbeitsmarkt – Endstation oder Chance für die Betroffenen, in: NP 2/3/1985; C. Müller: Beschäftigungsgesellschaften, Bonn 1992; J. Münder/U. Birk: Sozialhilfe und Arbeitslosigkeit. Möglichkeiten der Ämter – Gegenwehr der Betroffenen, Neuwied [2]1985; Sozialpädagogisches Institut Berlin (Hrsg.): Soziale Arbeit und Arbeitsmarkt, Berlin 1986.

Soziale Berufe (s. B.)

Ein eindeutiger und geschützter Begriff »Soziale Berufe«, der inhaltlich relativ klar umrissen, intern wie extern akzeptiert ist und der eine meß- und zählbare Gruppe von Ausbildungsberufen und erwerbstätigen Personen präzise kennzeichnet, existiert bislang nicht. Sie sind z.B. weder umstandslos gleichzusetzen mit den AbsolventInnen sozialer Ausbildungen noch mit dem Personal in den Arbeitsfeldern der Sozialen Arbeit.

Sucht man in den amtlichen Arbeitsmarktstatistiken nach s.B., so wird man zwar nicht genau, aber doch immerhin annäherungsweise fündig. Unter der Berufskennziffer (BKZ) »86« werden im wesentlichen jene Berufe zusammengefaßt, die auch als s.B. bezeichnet werden können; begrifflich wurden diese bislang unter dem Terminus »sozialpflegerische Berufe« subsumiert. Künftig wird die statistische Erfassung jedoch dahingehend geändert, daß die BKZ »86« mit dem neuen

Sammelbegriff »Soziale Berufe« überschrieben wird. In beiden Fällen werden in der amtlichen Statistik jedoch alle erwerbstätigen Personen zusammengezählt, die in diesem Bereich, u.U. auch ohne *Ausbildung*, berufstätig sind.

Ebenfalls nicht ausdrücklich von s.B. die Rede ist in einschlägigen Gesetzen. In § 72 KJHG heißt es etwa: »Die Träger der öffentlichen Jugendhilfe sollen bei den Jugendämtern und Landesjugendämtern hauptberuflich nur Personen beschäftigen, die sich für die jeweilige Aufgabe nach ihrer Persönlichkeit eignen und eine dieser Aufgabe entsprechende Ausbildung erhalten haben (Fachkräfte) oder aufgrund besonderer Erfahrungen in der sozialen Arbeit in der Lage sind, diese Aufgabe zu erfüllen« (dazu Münder u.a. Kommentierung zu § 72). Und in § 22 Abs. 3 KJHG ist im Zusammenhang mit den Grundsätzen der Förderung von Kindern in Tageseinrichtungen von »in den Einrichtungen tätigen Fachkräften und anderen Mitarbeitern« die Rede. Beide Abschnitte zielen somit auf das in der *Jugendhilfe* und SozArb tätige Personal, ohne dezidiert von s.B., einzelnen Berufsabschlüssen oder zumindest ausschließlich von ausgebildeten Fachkräften der Jugendhilfe zu sprechen.

Insgesamt werden mit s.B. heutzutage demnach zwei nicht-identische Personengruppen bezeichnet: Auf der einen Seite umfaßt dieser Begriff alle Angehörigen fachlich einschlägiger Ausbildungen, also etwa die ErzieherInnen der FS für Sozialpädagogik, die diplomierten Sozialarbeiter-/SozialpädagogInnen der FHS oder die Dipl.-PädagogInnen mit sozialpädagogischem Schwerpunkt der Universitäten, aber auch die AltenpflegerInnen, die KinderpflegerInnen, die Dorf- und FamilienhelferInnen sowie alle sonstigen träger-, arbeitsfeld- und/oder landesspezifischen Berufsgrupen. Dabei ist jedoch die Frage der Zugehörigkeit und der Grenzziehung, ob es sich also um einen Gesundheits-, Pflege-, Sozial- oder Erziehungsberuf handelt, vielfach ebenso umstritten wie die Frage, ob in jedem Fall fraglos von einer Fachkraftausbildung gesprochen werden kann (Rauschenbach 1990).

Auf der anderen Seite werden den s.B. umstandslos alle erwerbstätigen Personen zugerechnet, die im Feld der SozArb berufstätig sind, unabhängig davon, ob sie eine einschlägige bzw. zumindest eine berufliche Ausbildung nachweisen können. Insofern bleibt der Begriff s.B. vorerst v.a. an seinen Rändern unscharf, wobei im Zentrum unstrittig die an FS, FHS und Universitäten ausgebildeten Berufsgruppen der SozArb/SozPäd stehen.

Jenseits von Definitions- und Grenzziehungsfragen läßt sich für die s.B. in diesem Jahrhundert und insbesondere seit Anfang der 70er Jahre ein überdurchschnittliches Wachstum feststellen. Von einer nennenswerten Zahl erwerbstätiger Personen im Feld der SozArb kann erst ab den 20er Jahren gesprochen werden. Im Rahmen der Volks- und Berufszählung von 1925 wurden erstmalig rd. 30000 »Kindergärtnerinnen und Sozialbeamten« gezählt. 45 Jahre später, 1970, waren es dann allein im früheren Bundesgebiet 155000 Personen, um dann bis zur letzten Volkszählung im Jahre 1987 noch einmal auf 410000 Erwerbstätige in sozialpflegerischen Berufen anzusteigen. Seit dieser Zeit hat sich die Zahl erneut auf zuletzt über 600000 beschäftigte Personen im Jahr 1993 erhöht. Addiert man hierzu noch die Beschäftigten in s.B. der neuen Bundesländer mit mehr als 240000 Erwerbstätigen im Jahr 1991, so erhöht sich die Gesamtsumme der in den s.B. beschäftigten Personen auf zuletzt weit über 800000 (Rauschenbach 1994).

Mit dieser Expansion wird für die s.B. eine beispiellose Verlaufskurve sichtbar, die es angebracht erscheinen läßt, von einem »sozialpädagogischen Jahrhundert« zu sprechen (Thiersch 1991; Rauschenbach 1992). »Gäbe es eine Hitliste der Berufe, die Sozialpädagogen zählten zu der Spitzengruppe: Jahr für Jahr wächst die Zahl der Beschäftigten um etliche tausend« (MatAB 3/90, 2), so das Fazit der Bundesanstalt für Arbeit.

Trotz dieser »Erfolgsgeschichte« sehen sich die Angehörigen s.B. bis heute einem doppelten Vorbehalt ausgesetzt. Einerseits werden die zu bewältigenden Aufgaben und Tätigkeiten vielfach als vergleichsweise voraussetzungslose, qualifikationsschwache Jedermanns-Tätigkeiten angesehen; einer gründlichen und anspruchsvollen Qualifizierung bedarf es, so die Argumentation, hierfür nicht. Andererseits existiert – wie in kaum einem anderen Beschäftigungssegment – eine Art »dritter Arbeitsmarkt« in Form von Zivildienstleistenden, Angehörigen des *Freiwilligen Sozialen Jahres*, PraktikantInnen und Ehrenamtlichen (*Praktikum*, *Ehrenamtliche Helfer*). Dieses außertarifliche Betätigungsfeld im Horizont der s.B. verweist darauf, daß der Bedarf an Menschen mit Zeit, Können und sozialem Engagement offenbar weitaus größer ist als es der derzeit tariflich regulierte Arbeitsmarkt für s.B. erwarten läßt.

Wirft man einen Blick auf die Zusammensetzung der s.B., so lassen sich einige wichtige Befunde festhalten (Tab. 1): Zum ersten hat sich die Zahl der Erwerbstätigen ohne Ausbildung in den s.B. in den letzten 15 Jahren von knapp 20% auf weniger als 13% reduziert, während im gleichen Zeitraum die Zahl der Beschäftigten mit einer beruflichen Ausbildung mit gut 2/3 konstant geblieben und derjenigen mit einem Hochschulabschluß von rd. 11% auf ca. 16% gestiegen ist. Diese Entwicklung läßt sich als Tendenz einer weiteren Qualifizierung und Verfachlichung der s.B. interpretieren.

Zum zweiten belegen sämtliche Statistiken und Untersuchungen, daß es sich bei den s.B. um *Frauen*berufe handelt. Konstant zwischen 80% und 85% der Erwerbstätigen sind weiblichen Geschlechts. Zum dritten ist innerhalb der s.B. der Bereich der Kindertageseinrichtungen, v.a. der Kindergärten, mit über 200000 Beschäftigten allein im früheren Bundesgebiet, das größte Arbeitsfeld (*Tageseinrichtungen für Kinder*). Addiert man auch hier die Daten der neuen Bundesländer hinzu, so dürften in diesem Segment Ende 1993 in etwa 350000 Erwerbspersonen beschäftigt sein. Zum vierten ist es deshalb nicht sonderlich überraschend, daß die

Tabelle 1: Zur Entwicklung der sozialversicherungspflichtig Beschäftigten in sozialpflegerischen Berufen nach Berufsordnungen und Ausbildungsniveau im früheren Bundesgebiet (Anteile in %)

Jahr	86 Sozialpflegerische Berufe			861 Sozialarbeiter/ Sozialpfleger			862 Heimleiter/ Sozialpädagogen			864 Kindergärtnerin/ Kinderpflegerin		
	insg.	davon: Aka-dem.	davon: ohne Aus-bild.	insg.	davon: Aka-dem.	davon: ohne Aus-bild.	insg.	davon: Aka-dem.	davon: ohne Aus-bild.	insg.	davon: Aka-dem.	davon: ohne Aus-bild.
	1	2	3	4	5	6	7	8	9	10	11	12
1978	246434	10,7	19,6	59547	20,4	25,5	49632	18,4	12,9	129804	3,1	19,6
1980	280005	12,2	18,4	72520	21,0	25,1	60423	20,9	11,9	139459	3,2	18,0
1982	303745	12,9	18,0	83605	20,6	24,9	67834	22,8	11,1	144964	3,1	17,7
1984	324392	14,0	17,7	96062	20,3	25,3	75148	25,0	9,7	146354	3,3	17,3
1986	358777	14,9	16,6	111474	20,1	24,2	85789	27,2	8,7	154824	3,6	15,9
1988	398119	15,8	14,5	127457	20,1	21,5	97927	28,9	7,6	165952	3,7	13,6
1990	443538	15,3	12,4	145468	19,7	18,7	110975	29,2	7,0	181080	3,7	12,2
1991	479018	15,6	12,9	158592	18,9	19,0	119533	29,3	6,9	194690	3,8	11,7
1992	517318	15,3	12,7	171475	18,3	18,8	128532	29,4	6,7	211045	3,5	11,5
1993	551339	15,0	12,2	182090	18,0	18,0	136357	29,1	6,8	226700	3,6	11,1

Quelle: ANBA: Sozialversicherungspflichtig Beschäftigte; eigene Berechnungen

ErzieherInnen im Feld der s. B. die größte Berufsgruppe darstellen. Des weiteren zeigt sich fünftens, daß in den s. B. die Gruppe der Teilzeitbeschäftigten ebenfalls kontinuierlich auf zuletzt über 20% angestiegen ist, wobei es sich hierbei überproportional häufig um Frauen handelt und in einzelnen Arbeitsfeldern die Quoten deutlich höher liegen. Und sechstens ist schließlich festzuhalten, daß die Mehrzahl der Beschäftigten in s. B. bei nicht-staatlichen, freien Trägern angestellt ist.

Trotz der enormen Zuwachsraten an Erwerbstätigen in s. B. und trotz einer deutlichen Ausweitung der Ausbildungsmöglichkeiten sowie der Zahl der Ausbildungsstätten für SozArb/SozPäd seit Ende der 60er Jahre ist das Thema *Arbeitslosigkeit* seit den 80er Jahren eine permanente Begleiterscheinung der Diskussion um s. B. (Rauschenbach 1993). So hat sich die Zahl der arbeitslos gemeldeten Personen in den s. B. von rd. 10000 im Jahr 1975 über 21000 im Jahre 1982 auf den Spitzenwert von über 53000 im Jahre 1988 erhöht und ist danach bis 1991 wieder auf unter 40000 gesunken. Allerdings hat die Zahl der Arbeitslosen in s. B. im Jahr 1994 mit rund 52.500 Personen einen neuen traurigen Höhepunkt erreicht (Tab. 2).

Hinter dieser Verlaufskurve der Arbeitslosigkeit verbergen sich 3 Merkmale: Zum einen zeigt eine Detailanalyse der Arbeitslosenzahlen, daß heutzutage mehr als jede 2. arbeitslos gemeldete Person in s. B. keine oder nur eine geringfügige Ausbildung hat. Daraus folgt zum anderen, daß das Risiko der Arbeitslosigkeit für qualifizierte Fachkräfte in s. B. derzeit weitaus geringer ist als dies die hohen Zahlen vermuten lassen. Und schließlich kennzeichnen die Arbeitslosenzahlen aber auch eine Entwicklung, derzufolge s. B. »Risiko- und Zukunftsberufe zugleich« sind, da sich hierbei Beschäftigungswachstum und Beschäftigungsrisiken ineinander vermengen.

S. B. sind am Ausgang dieses Jahrhunderts ein nicht mehr wegzudenkender Bestandteil der gesellschaftlichen Grundversorgung mit sozialen Diensten und öffentlicher Erziehung, der auch arbeitsmarktpolitisch an enormer Bedeutung gewonnen hat. S. B. verkörpern insofern darüber hinaus die Entwicklung einer wohlfahrtsstaatlichen Dienstleistungsgesellschaft und einen Wandel der Moderne, in der fachlich qualifizierte Personen, überwiegend Frauen, SozArb und Erziehung zu ihrem Beruf gemacht haben, und in der eine unüber-

Tabelle 2: Sozialversicherungspflichtig Beschäftigte, (gemeldete) Arbeitslose in sozialpflegerischen Berufen und Absolvent(inn)en der Universitäten, Fachhochschulen und Fachschulen für Sozialpädagogik (früheres Bundesgebiet)

Jahr	Beschäftigte »86«	Arbeitslose »86«	Absolvent(inn)en Uni[1]	Absolvent(inn)en FHS	Absolvent(inn)en FS
1973	–.–	2244	443	3176	8800
1975	–.–	10159	1220	5940	16402
1977	232093	20088	2651	6532	17272
1979	263117	19929	2331	6554	15459
1981	291761	27373	2284	7153	15568
1983	311962	45552	2414	8032	16103
1985	339313	51985	2586	7742	16138
1987	379409	51772	2935	7048	13601
1989	416996	50152	2359	6288	–.–[2]
1990	443538	45082	1984	6059	–.–[2]
1991	479018	39984	1945	6210	–.–[2]
1992	517318	41309	1897	6166	–.–[2]
1993	551339	48529	–.–	–.–	–.–[2]
1994	–.–	52439	–.–	–.–	–.–[2]

[1] Hierbei handelt es sich um AbsolventInnen der Diplom- und Magisterstudiengänge in Erziehungswissenschaft.
[2] Diese Zahlen liegen nicht vor, geschätzt betragen sie etwa 13000.
Quelle: ANBA: Sozialversicherungspflichtig Beschäftigte, Arbeitslosenstatistik; Statistisches Bundesamt: Fachserie 11, Reihe 4.2

sichtliche *Gesellschaft* durch soziale Dienste und öffentliche Erziehung das sicherzustellen versucht, was sich aufgrund sozialer Risiken in den privaten Lebenswelten der Menschen nicht mehr von alleine herstellen läßt. *Th. Rauschenbach*

Literatur: MatAB: Materialien aus der Arbeitsmarkt- und Berufsforschung: Sozialpädagogen – Integrationsprobleme am Arbeitsmarkt, H. 3, Nürnberg 1990; DV: Empfehlungen zur bundeseinheitlichen Neuordnung der Berufs- und Fachschulausbildungen für soziale Berufe, in: NDV 9/1994, 326ff.; J. Münder u. a.: Frankfurter Lehr- und Praxiskommentar zum KJHG, Münster [2]1993; Th. Rauschenbach: Jugendhilfe als Arbeitsmarkt. Fachschul-, Fachhochschul- und UniversitätsabsolventInnen in sozialen Berufen, in: Sachverständigenkommission 8. Jugendbericht (Hrsg.): Jugendhilfe – Historischer Überblick und neuere Entwicklungen. Materialien zum 8. Jugendbericht. Bd. 1, München 1990, 225–297; Th. Rauschenbach: Sind nur Lehrer Pädagogen? Disziplinäre Selbstvergewisserung im Horizont des Wandels von Sozial- und Erziehungsberufen, in: Zeitschrift für Pädagogik 3/1992, 385–417; Th. Rauschenbach: Sind die sozialen Berufe auf dem Weg zur Deprofessionalisierung? KJHG, Tarife und neue Bedarfslagen im Spiegel sozialpädagogischer Fachlichkeit, in: NDV 3/1993, 99–106; Th. Rauschenbach: Der Sozialpädagoge, in: D. Lenzen (Hrsg.): Erziehungswissenschaft. Ein Grundkurs, Reinbek 1994, 253–281; H. Thiersch: Das sozialpädagogische Jahrhundert, in: Th. Rauschenbach/H. Gängler (Hrsg.): Soziale Arbeit und Erziehung in der Risikogesellschaft, Neuwied u. a. O. 1992, 9–23.

Soziale Brennpunkte (s. B.)

Der Begriff entstand im Zusammenhang mit der Arbeit mit Obdachlosen und in Notunterkünften Ende der 60er und in den 70er Jahren (*Obdachlosen-, Wohnungslosenhilfe*). S. B. sollte den Begriff »Notunterkunft« ersetzen und so ggf. zur Ent*stigmatisierung* beitragen, andererseits machte er die Konzentration/Fokussierung, d. h. die Verdichtung von sog. Problemgruppen auf einen engen Raum deutlich.
Nachdem in den 70er Jahren durch gezielte sozialarbeiterische, sozial- und wohnungspolitische Ansätze Obdachlosigkeit in erheblichem Umfange beseitigt und verhindert werden konnte – ohne gleichzeitig Benachteiligung spezifischer Bevölkerungsgruppen aufzuheben –, wurde der Begriff auf weitere – überwiegend städtische – Regionen ausgeweitet. Das Zusammentreffen von baulichen und Ausstattungsmängeln und Unterversorgung mit einer sozialen Infrastruktur in bestimmten Regionen und die Konzentration benachteiligter Bevölkerungsgruppen führten zu einem Prozeß sozioökologischer Benachteiligung. Aufgrund dieses Sachverhalts hat der DStT 1979 eine entsprechende Definition erarbeitet: »Soziale Brennpunkte sind Wohngebiete, in denen Faktoren, die die Lebensbedingungen ihrer Bewohner und insbesondere die Entwicklungschancen von Kindern und Jugendlichen negativ bestimmen, gehäuft auftreten.«
Der Begriff »s. B.« wurde inzwischen von verschiedenen Gruppen problematisiert. Er ist inzwischen mit negativen, die jeweilige Bevölkerung diskriminierenden Assoziationen verbunden und sollte deshalb nach Möglichkeit ersetzt werden. In Hamburg wurde so Ende der 80er Jahre von Seiten der Behörden der Begriff »regional-soziale Schwerpunkte« entwickelt. Dieser Begriff ist sehr unscharf: soziale = gesellschaftliche Schwerpunkte – welche Aussagen können davon abgeleitet werden? Ausgehend von einem Lebenslagen- und sozialräumlichen (Planungs-)Ansatz wurde deshalb von Fachleuten SozArb der Begriff *»benachteiligte Regionen«* geprägt. Durch diesen Begriff soll die Bedeutung des sozialen Raumes, durch den sowohl Entwicklungs- und Lebenschancen vermittelt als auch vorenthalten werden können, hervorgehoben werden.
Unter »benachteiligten Regionen« werden Gebiete verstanden,
- die in ihrer Ausstattung mit sozialer Infrastruktur und (sozialen) Dienstleistungen unterversorgt sind und in denen auch »Begegnungsmöglichkeiten« fehlen, d. h. Räume zur informellen und formalen Kommunikation;
- in denen sich die Wohn- und Wohnumfeldsituation beeinträchtigend auf die Lebensweise der dort lebenden Menschen, besonders auf die Entwicklung von Kindern und Jugendlichen, auswirken;
- in denen viele Menschen leben, die in ihrer materiellen und Wohnsituation, in ihrer Bildungs- und Arbeitssituation und ihren Möglichkeiten zur Teilhabe am gesellschaftlichen Leben benachteiligt sind.

Es sind Gebiete, die gekennzeichnet sind durch einen hohen Anteil an Haushaltungen mit extrem niedrigen Einkommen gemessen am Durchschnitt der Bevölkerung, außerordentlich hohen Anteil an Sozialhilfeempfängern, besonders hohen Anteil an Kindern und Jugendlichen mit schlechten Bildungschancen und -abschlüssen, von jugendlichen und Langzeitarbeitslosen, Ein-Eltern-Familien und einen (relativ) hohen Anteil an Ausländerfamilien. § 80 KJHG verpflichtet inzwischen die *Jugendhilfeplanung*, bei der Planung von Einrichtungen und Diensten »junge Menschen und Familien in gefährdeten Lebens- und Wohnbereichen besonders (zu fördern)« (§ 80 Abs. 2 Nr. 3).
Die Bildung benachteiligter Regionen spiegelt die Mechanismen des Wohnungsmarktes und die wohnungspolitischen Grundentscheidungen wider. Schon seit langem gibt es einen »segmentierten« Wohnungsmarkt, d. h. der Wohnungsmarkt ist sehr eingeschränkt für Bevölkerungsgruppen mit niedrigem Einkommen. Hierbei sind Maßnahmen der Stadtsanierung und Art und Umfang des sozialen Wohnungsbaus besonders bedeutsam.
Die Konzentration benachteiligter Bevölkerungsgruppen in Regionen mit benachteiligenden Wohn- und Wohnumfeldbedingungen ist gesellschaftlich bedingt. Sie kann deshalb auch nur durch gesellschaftliche (politische, planerische, finanzielle) Maßnahmen verhindert und beseitigt werden. Die Wohnungsbedarfsplanung für benachteiligte Personengruppen muß mit der allgemeinen kommunalen Wohnungsplanung im Rah-

men der Stadtentwicklungsplanung umgesetzt werden (*Baugesetzbuch, Stadtentwicklung, Wohnen*).
Generell ist die Bereitstellung einer ausreichenden Infrastruktur, durch die weitgehend Benachteiligung entgegengewirkt werden kann, in benachteiligten Stadtteilen zu realisieren. Voraussetzung dafür ist eine umfassende *Sozialplanung*, die ebenso wie die Wohnungsplanung in Einklang mit der Stadtentwicklungsplanung steht, und die Bereitstellung der erforderlichen Mittel. Die Beteiligung aller zuständigen Stellen und Institutionen, aber auch der Betroffenen selbst, ist unabdingbar. Das erfordert eine Dezentralisierung von Entscheidungsprozessen. Einzelplanungen durch spezielle Stäbe und Fachressorts dürften nicht länger durchgeführt werden (so jetzt auch § 81 KJHG: Verpflichtung zur Zusammenarbeit mit anderen Stellen ... bei der Jugendhilfeplanung).
In Stadtteilen mit hohen Quoten benachteiligter Bevölkerungsgruppen und benachteiligter Infrastruktur ist die Einrichtung von Projekten stadtteilorientierter SozArb erforderlich, denn sie bietet zum einen gute Möglichkeiten, Ghettoisierung und Isolation aufzuheben und eine Integration in gesellschaftliche Bezüge zu erreichen und impliziert andererseits sozialplanerische Komponenten. *U. Becher*

Literatur: Armutsbericht des DPWV: »... wessen wir uns schämen müssen in einem reichen Land ..., in: Blätter der Wohlfahrtspflege, Nr. 11/12/1989; P. Atteslander/B. Hamm (Hrsg.): Materialien zur Siedlungssoziologie, Köln 1974; P. Bach: Therapeutische Schülerhilfe – ein Kooperationsmodell zwischen Schulpsychologischem Dienst und Städtischem Jugendamt, in: Report Psychologie 9–10, 1985; J. S. Dangschat u. a.: Gutachten zur Planung einer »Stadtentwicklung für einen sozialen Ausgleich«, Hamburg 1992; R. Greiff/Schuler/G. Wallner (Hrsg.): Mehr als ein Dach über dem Kopf, Weinheim 1990; U. Herlyn: Infrastruktur als sozialpolitische Aufgabe. Anmerkungen zum Forschungsprojekt Infrastrukturdisparitäten und Segregation, in: Soziologie und Sozialpolitik, Kölner Zeitschrift für Soziologie und Sozialpsychologie, Sonderheft 19/1977, hrsg. von Chr. v. Ferber/F. X. Kaufmann, Opladen 1977; Hinweise zur Arbeit in sozialen Brennpunkten, in: Reihe D, DStT-Beiträge zur Sozialpolitik, H. 10, Deutscher Städtetag, Köln 1979; G. Iben: Armut der Obdachlosen und Nichtseßhaften, in: Blätter der Wohlfahrtspflege Nr. 11/12/1989; C. Reis: Soziale Brennpunkte und Wohnungsmarkt, in: Blätter der Wohlfahrtspflege 2/1992; NRW: Landessozialbericht Wohnungsnot und Obdachlosigkeit, hrsg. vom M. A. G. S., Düsseldorf 1992.

Soziale Sicherung (soz. S.)

1. Einführung: Soz. S. nennt man die Gesamtheit der öffentlich-rechtlichen Maßnahmen, die dazu dienen, gegen typische Risiken abhängiger Erwerbsarbeit – d. h. *Krankheit*, Unfall, Invalidität, *Alter*, Hinterbliebenenschaft und *Arbeitslosigkeit* – zu sichern. Das heutige Sozialleistungssystem umfaßt nicht nur diesen (traditionellen) Kernbereich von soz. S. gegen Einkommensverlust, sondern auch Sozialleistungen, die darauf gerichtet sind, generelle Defizite auch im vorhandenen Einkommen auszugleichen. So sind in das Sozialleistungssystem v. a. einbezogen besondere familiäre Problemlagen, die so hohe finanzielle Aufwendungen erfordern, daß sie den erreichten Lebensstandard gefährden: Kinderreichtum, Geburts- und Frühbehinderung, Ausbildung sowie Pflegebedürftigkeit.
Definition und Ausdifferenzierung der Risiken und weiteren anspruchserzeugenden besonderen Lebenssituationen sowie die Ausgestaltung entsprechender Sicherungsleistungen sind Gegenstand der *Sozialpolitik*. Systeme soz. S. wurden bislang nur im nationalen Rahmen (v. a. in West- und Nordeuropa) in unterschiedlichem Maße implementiert. Als globales Ziel proklamiert wurde sie hingegen auch mehrfach in internationalen Erklärungen, so in der Atlantic-Charta von 1941 und in Art. 22 ff. der Allgemeinen Erklärung der Menschenrechte der Vereinten Nationen vom 10. 12. 1948. Eine auf Annäherung der unterschiedlichen Systeme der soz. S. gerichtete supranationale Politik vollzieht sich bislang lediglich – ansatzweise – innerhalb der EG.
Die soz. S. in der BRD ist nicht systematisch aufgebaut. Selbst im Kernbereich der Risikoabsicherung bzw. -vorsorge gibt es sich überschneidende, konkurrierende Anspruchsfelder. Entsprechend vielfältig und zersplittert sind auch die Rechtsgrundlagen der soz. S., die innerhalb des SGB zunehmend einen gemeinsamen Rahmen finden. Das SGB wird allerdings auch in Zukunft keine umfassende Gesamtkodifikation des Rechts der soz. S. darstellen. Vor allem einige berufsständische Sicherungssysteme werden nicht aufgenommen werden. In Kraft getreten sind seit 1976: Buch I (Allgemeiner Teil), Buch IV (Gemeinsame Vorschriften für die Sozialversicherung), Buch V (Gesetzliche Krankenversicherung), Buch VI (Gesetzliche Rentenversicherung), Buch VIII (Kinder- und Jugendhilfe), Buch X (Verwaltungsverfahren, Schutz der Sozialdaten, Zusammenarbeit der Leistungsträger). Am 1. 1. 1995 ist als Buch XI das Pflegeversicherungsgesetz in Kraft getreten. Die weitere Ausgestaltung ist offen. Nach den Festlegungen in §§ 3–10 SGB I sind noch mindestens 8 Regelungsbereiche zu erwarten: Ausbildungsförderung, Arbeitsförderung, Unfallversicherung, Rehabilitationsrecht, Soziale Entschädigung, Kinder- und Erziehungsgeld, Wohngeld, Sozialhilfe.
Insgesamt wird deutlich, daß der Schwerpunkt der soz. S. nach wie vor bei den Risiken liegt, die mit der marktförmigen Verwertung der Arbeitskraft verbunden sind.
Die Sicherung gegen die »klassischen« Risiken Krankheit, Unfall, Alter, Hinterbliebenenschaft knüpft heute regelmäßig an den im Berufsleben erreichten Status und Standard an: Ob überhaupt, in welcher Art und Höhe und gegenüber welchem Sozialleistungsträger ein Anspruch besteht, richtet sich nach der Stellung des Bürgers im Berufsleben.

2. Zweige der Leistungen der Sozialversicherung: Arbeitnehmer (AN) sind gegen die klassischen Risiken

des Arbeitslebens in der Sozialversicherung abgesichert. Sie umfaßt die gesetzliche Kranken-, Unfall- und Rentenversicherung sowie die Arbeitslosenversicherung als Teilbereich der Arbeitsförderung. Für die Absicherung sind zwei Elemente wesentlich: zum einen der versicherungsmäßige Risikoausgleich und zum anderen eine spezifisch soziale Komponente dieses Ausgleichs. Vor allem durch letztere unterscheidet sich die Sozialversicherung von der Privatversicherung. Von der klassischen Fürsorge, aus der die aufgeführten Risiken ausdifferenziert wurden, unterscheidet sie sich dadurch, daß ihre Leistungen ohne Bedürftigkeitsprüfung gewährt werden.
Das Risiko der Krankheit ist für die AN in der gesetzlichen Krankenversicherung, (GKV) im SGB V abgedeckt. Die Versicherungspflicht gilt allerdings nicht bei sog. geringfügiger Beschäftigung und nicht für sog. höherverdienende AN. Höherverdienende AN haben aber Möglichkeiten, der GKV freiwillig beizutreten. Die Leistungen der GKV umfassen insbesondere medizinische Versorgung bei Krankheit (einschließlich Mutterschaftshilfe und Früherkennungsmaßnahmen) und Krankengeld als Einkommensersatz bei Arbeitsunfähigkeit.
Bei den die Dienstleistungen und Heilmittel umfassenden Sachleistungen sind in den letzten Jahren zunehmend Kostenbeteiligungen und Ausschlüsse bestimmter Verordnungen eingeführt worden. In besonderem Maße geschah das durch das Gesundheitsreformgesetz von 1989 und das Gesundheitsstrukturgesetz von 1992 (*Gesundheitshilfe*, *Gesundheitspolitik*). Das Pflegerisiko jenseits der eine spezifisch ärztlich-medizinische Betreuung erfordernden Krankenpflege ist innerhalb der GKV nur im Fall häuslicher Schwerpflegebedürftigkeit (begrenzt!) abgesichert. Für die stationäre Pflege gibt es im Rahmen der GKV keine Absicherung. Kostendämpfungspolitik und Ausschluß des Pflegerisikos führen dazu, daß gerade die Folgekosten der chronisch-degenerativen Krankheiten durch die GKV ungenügend abgesichert sind. Das Pflegerisiko ist ab 1.4.1995 durch das Gesetz zur sozialen Absicherung des Risikos der Pflegebedürftigkeit (Pflegeversicherungsgesetz) zunächst im Hinblick auf die ambulante Pflege, ab 1.7.1996 auch im Hinblick auf die stationäre Pflege abgesichert (vgl. *Altenhilfe, Pflegeversicherung*).
Gegen die Risiken Alter und Invalidität sind alle AN in der gesetzlichen Rentenversicherung (SGB VI) pflichtversichert, und zwar unabhängig von der Höhe des Einkommens. Es besteht jedoch eine Beitragsbemessungsgrenze. Ausgenommen von der Versicherungspflicht sind geringfügig Beschäftigte. Neben der Pflichtversicherung gibt es seit 1972 auch eine freiwillige Versicherung für Selbständige und Nichterwerbstätige. Die Leistungen der gesetzlichen Rentenversicherung bestehen aus Alters-, Berufs- oder Erwerbsunfähigkeitsrenten, Hinterbliebenenrenten für Witwen und Waisen sowie vorbeugenden medizinischen und berufsfördernden Leistungen, die den Eintritt der Invalidität verhindern sollen. In die Rentenberechnung gehen als Faktoren u.a. ein: die anrechnungsfähigen Versicherungsjahre (Beitrags-, Ersatz- und Kindererziehungszeiten, sog. persönlicher Entgeltpunkt); das Verhältnis des Arbeitsentgelts des Versicherten zu dem aller Versicherten zum Zeitpunkt der Rentenfestsetzung (sog. aktueller Rentenwert) und ein Rentenartfaktor. Seit dem Rentenreformgesetz von 1992 wurde auch noch ein Zugangsfaktor eingeführt. Durch diesen wird die Rente von der potentiellen Rentenbezugsdauer abhängig gemacht, d.h. der Beginn der Rentenzahlung vor der Regelaltersgrenze führt zu niedrigeren Renten, der nach der Regelaltersgrenze zu höheren. Außer dem Anspruch auf Rentenzahlung gewährt die gesetzliche Rentenversicherung auch Ansprüche auf die notwendigen Maßnahmen zum Schutz, zur Erhaltung, zur Besserung und zur Wiederherstellung der Leistungsfähigkeit für die versicherten AN (*Rehabilitation*sleistungen).
Die Arbeitslosenversicherung ist zentraler Teilbereich der im AFG vom 29.6.1969 geregelten umfassenderen Arbeitsförderung. Sie sieht neben Maßnahmen zur Erhaltung und Schaffung von Arbeitsplätzen (Kurzarbeitergeld, Winterbauförderung, Arbeitsbeschaffungsmaßnahmen) Geldleistungen an Arbeitslose (Arbeitslosengeld, Arbeitslosenhilfe) vor. Sie ist ausschließlich als Pflichtversicherung ausgestaltet. Die Möglichkeit einer freiwilligen Versicherung gibt es hier nicht. Neben der Arbeitslosenversicherung sieht das AFG Leistungen der Arbeitsförderung (Arbeitsvermittlung, Berufsberatung, Fortbildung, Umschulung, Mobilitätshilfen) vor. Diese stehen eingeschränkt auch Nichtversicherten offen. Auch die Rentenversicherung trägt über die Renten wegen verminderter Erwerbsfähigkeit (auch) zur Absicherung des Risikos der Arbeitslosigkeit bei. Die Anzahl dieser sog. arbeitsmarktbedingten Renten erhöht sich in Zeiten wirtschaftlicher Rezession sowie bei Anhebung der Altersgrenzen, wie durch das Rentenreformgesetz von 1992 geschehen.
Kranken-, Renten- und Arbeitslosenversicherung sowie die Pflegeversicherung sind »final« ausgerichtet, d.h., sie beziehen sich auf besondere soziale Risikofälle bzw. Problemlagen bei Versicherten unabhängig von deren Ursache. Die gesetzliche Unfallversicherung weicht von diesem Prinzip ab. Ihre Aufgabe ist es, bestimmte – durch spezifische Ursachenzusammenhänge definierte Körperschäden (Arbeitsunfälle und Berufskrankheiten) – abzusichern. Sie wird also »kausal«ausgestaltet. Das kann zu (gewollten) Überschneidungen mit final ausgestalteten Sozialleistungen, insbesondere der gesetzlichen Rentenversicherung führen. Die Leistungen der Unfallversicherung umfassen nicht nur Renten, sondern auch Maßnahmen der Unfallverhütung und Rehabilitation, Heilbehandlung und Pflege, Berufshilfe, Verletztengeld und Übergangsgeld.
Für die Alterssicherung der AN ist neben der Sozialversicherung auch die betriebliche Altersversorgung von Bedeutung. Deren Einrichtung ist zwar zunächst freiwillig (i.d.R. durch Betriebsvereinbarungen, im öffentlichen Dienst und in der Bauwirtschaft durch Tarifverträge), genießt dann aber durch Rechtsprechung und

Gesetz abgesicherten Bestandsschutz. Sie wird durch gesetzliche Bestimmungen geregelt und zum großen Teil durch Steuervergünstigungen finanziert. Eine wichtige Leistung der soz. S. für AN, die ebenfalls nicht auf öffentlich-rechtlicher Grundlage erfolgt, ist die gesetzlich vorgeschriebene Entgeltfortzahlung im Krankheitsfall durch den Arbeitgeber (bis zu 6 Wochen).
Die Selbständigen sind i. d. R. nicht durch gesetzlichen Zwang in die Sozialversicherung einbezogen. Die Absicherung gegen die Standardrisiken ist weitgehend ihrer privaten Vorsorge überlassen. Eine Ausnahme bilden – neben einigen kleineren Berufsgruppen – die Handwerker (im Rahmen der gesetzlichen Rentenversicherung pflichtversichert), die selbständigen Künstler und Publizisten (seit 1983 renten- und bis zu einer bestimmten Einkommensgröße krankenversicherungspflichtig) und die selbständigen Landwirte. Die letzteren sind in der gesetzlichen Kranken- und Unfallversicherung – ähnlich wie AN – pflichtversichert und verfügen in der Altershilfe für Landwirte über eine eigenständige, auf die Besonderheit der Landwirtschaft zugeschnittene soz. S. für Alter und Invalidität. Hier ist der Leistungseintritt mit der Auf- bzw. Abgabe des landwirtschaftlichen Betriebes verbunden. Davon wurde und wird eine Abfederung, aber auch eine Beschleunigung des landwirtschaftlichen Strukturwandels erhofft.
Bedeutsam für die soz. S. der Selbständigen ist, daß die gesetzliche Rentenversicherung (neben der Versicherungspflicht auf Antrag) seit 1972 die Möglichkeit zur freiwilligen Versicherung bietet, allerdings nicht gegen die Risiken der Berufs- und Erwerbsunfähigkeit. Jedoch wurde 1992 ein besonderes Privileg für nicht erwerbsmäßige Pflegepersonen geschaffen: Ihre freiwilligen Beiträge berechtigen auf Antrag auch zum Bezug von Berufs- und Erwerbsunfähigkeitsrenten.

3. Organisation und Finanzierung der Sozialversicherung: Die Sozialversicherungsleistungen werden ganz oder überwiegend aus Beiträgen finanziert, wobei die Pflichtbeiträge je zur Hälfte vom AN und vom Arbeitgeber (AG) gezahlt werden. Die freiwilligen Renten- und Krankenversicherungsbeiträge zahlt der Versicherte allein. Die Unfallversicherung wird nur aus AG-Beiträgen finanziert, dafür sind die AG von privatrechtlicher Haftung bei Arbeitsunfällen befreit. Zur Rentenversicherung leistet der Bund einen zusätzlichen Finanzierungsbeitrag (durch einen gesetzlich festgelegten jährlichen Zuschuß), ebenso zur Arbeitslosenversicherung (durch eine Defizitabdeckung, falls die Beitragseinnahmen nicht zur Finanzierung der Ausgaben ausreichen). Je nach Haushaltslage dieser Sozialleistungsträger und des Bundes ist daraus weitgehend ein »Verschiebebahnhof« geworden. Die ergänzenden Staatszuschüsse haben die finanzielle Autonomie der Träger weitgehend ausgehöhlt.
Der organisatorische Aufbau der Sozialversicherung ist nicht einheitlich. Die Krankenversicherung wird von 1235 Krankenkassen durchgeführt. Für die Rentenversicherung der Arbeiter sind 23 Landesversicherungsanstalten zuständig, für die der Angestellten die Bundesversicherungsanstalt für Angestellte. Dazu kommen noch Sonderanstalten der Rentenversicherung (Seekasse, Bundesknappschaft, Bundesbahnversicherungsanstalt). Die gesetzliche Unfallversicherung wird von 55 branchenmäßig gegliederten Berufsgenossenschaften und über 30 Unfallversicherungsträgern der öffentlichen Hand durchgeführt. Parallel dazu gibt es zahlreiche Behörden für die Unfallversicherung der Arbeiter und Angestellten des öffentlichen Dienstes. Arbeitslosenversicherung und Arbeitsförderung liegen bei einer zentralen Stelle, der Bundesanstalt für Arbeit. Diese unterhält regionale und lokale Zweigstellen, die Landesarbeitsämter und die Arbeitsämter.
Typisch für die deutsche Sozialversicherung ist das Prinzip der Selbstverwaltung. Die Organisation und Durchführung obliegen nicht staatlichen Behörden, sondern sind eigenständigen Körperschaften des öffentlichen Rechts übertragen, deren Leitungsorgane i. d. R. paritätisch von Vertretern der Versicherten und der AG besetzt sind (z. T. ergänzt durch Vertreter des Staates). Der einst erhebliche Gestaltungsspielraum der Selbstverwaltung ist inzwischen durch detaillierte Gesetzgebung, Rechtsprechung, Abkommen und Empfehlungen, die von den jeweiligen Verbänden der Sozialleistungsträger auf Landes- und Bundesebene ausgehen, zunehmend eingeschränkt worden. Für die Sozialpartner bedeutet die Selbstverwaltung in der Sozialversicherung eine wichtige Möglichkeit des Wirkens in den öffentlichen Raum.

4. Soz. S. für Beamte und nicht erwerbstätige Familienmitglieder: Die Beamten stehen in Deutschland seit jeher außerhalb des Systems der Sozialversicherung, und die Einbeziehung der dienstrechtlichen Versorgungssysteme in das Sozialgesetzbuch ist auch nicht vorgesehen. Beamte werden von ihrem Dienstherrn, entsprechend den »hergebrachten Grundsätzen des Berufsbeamtentums« gem. Art. 33 V GG nach dem sog. Alimentationsprinzip versorgt. Das heißt für sie besteht ein eigenes System soz. S., das aus Steuermitteln finanziert wird. Es sieht insbesondere Pensionen im Alter, bei Invalidität, für Beamtenwitwen, -witwer und -waisen sowie Beihilfen im Krankheitsfall vor.
Familienangehörige, die nicht erwerbstätig sind, sind in allen berufsgruppenspezifischen sozialen Sicherungssystemen im Rahmen des sog. sozialen Ausgleichs (*Familienlastenausgleich*) mittelbar über das erwerbstätige Familienmitglied mitgesichert. Die Beiträge richten sich immer nur nach der Lohnhöhe des versicherten Arbeitnehmers, nicht nach seinem Familienstand bzw. der Anzahl der mitversicherten Familienangehören. Die Familienarbeit als solche ist gleichwohl innerhalb der soz. S. kaum adäquat berücksichtigt. Ansätze dazu finden sich nur in den Kindererziehungszeiten der gesetzlichen Rentenversicherung.

5. Weitere Leistungssysteme soz. S.: Neben der Sozialversicherung, die v. a. AN gegen die Standardrisiken abhängiger Erwerbsarbeit sichert, also ganz an die Stellung in Beruf und Arbeitsleben anknüpft, besteht eine

weitere Gruppe von Sozialleistungen, die allen Staatsbürgern unabhängig von ihrer Stellung im Erwerbsleben, z. T. auch Ausländern zukommen, und die ganz aus Steuermitteln finanziert werden. An erster Stelle ist hier die Sozialhilfe zu nennen, die im *Bundessozialhilfegesetz* von 1961 geregelt ist. Sie sieht »Hilfe zum Lebensunterhalt«, d. h. Geld- und Sachleistungen im Falle von Bedürftigkeit vor. Die laufende finanzielle Unterstützung wird dabei nach sog. Regelsätzen gewährt. Daneben gibt es einmalige Beihilfen. Die Gewährung von Sozialhilfe ist von einer Bedürftigkeitsprüfung abhängig und grundsätzlich nachrangig gegenüber anderen Sozialleistungen und privaten Unterhaltsansprüchen. Neben der Hilfe zum Lebensunterhalt sieht die Sozialhilfe noch die »Hilfe in besonderen Lebenslagen« vor, d. h. eine spezifische, privilegierte Form der Unterstützung für Menschen in besonderen Risiko- und Problemsituationen. Als wichtigste seien hier die Hilfe zur Pflege für pflegebedürftige Menschen und die Eingliederungshilfe für Behinderte genannt (*Sozialhilfe*). In vielen Fällen ergänzt die Sozialhilfe andere Formen der soz. S. Eine typische Form ist die Ergänzung von Arbeitslosengeld und v. a. Arbeitslosenhilfe, die bei gering Verdienenden häufig unter die Sozialhilfegrenze absinken.

Während die Sozialhilfe v. a. auf finanzielle Unterstützung abzielt, sieht die Jugendhilfe, die im Kinder- und Jugendhilfegesetz von 1990 geregelt ist, ein differenziertes System erzieherischer Dienstleistungen für Kinder und Jugendliche vor. Historisch entstanden als bloßer Ausfallbürge für Fälle gescheiterter Familienerziehung, hat die Jugendhilfe sich heute zu einem eigenständigen Erziehungssektor neben Familie und Schule entwickelt (*Jugendhilfe*).

Außerdem sieht das System soz. S. in der BRD noch spezifische Leistungsprogramme für besondere Adressatengruppen und Bedarfslagen vor wie die *Ausbildungsförderung* für Schüler und Studenten, das Kinder-, das *Erziehungsgeld* und das Wohngeld.

6. Diskussion einer steuerfinanzierten Grundsicherung: Seit der großen Sozialreform von 1957 werden verschiedene Ansätze zu einer sozialen Grundsicherung, die das vielfältige und nicht nach einheitlichen Prinzipien gestaltete »System« der soz. S. harmonisieren und verbessern sollen, diskutiert. Am Anfang stand der »Sozialplan für Deutschland« der SPD, der für eine steuerfinanzierte Mindestrente und eine beitragsfinanzierte Zusatzrente plädierte. 1972 wurde durch Einführung des Prinzips der Rente nach Mindesteinkommen erstmals eine (begrenzte) Sockelung von Renten vorgenommen. Durch das Rentenreformgesetz von 1992 wurde diese Form ausgebaut (§ 262 SGB VI), die Altersarmut bzw. Sozialhilfebedürftigkeit im Alter vermindern soll. Außerdem gewährleistet bei Erwerbsunfähigkeit die Anrechenbarkeit der sog. Zurechnungszeit das Niveau einer Mindestsicherung (§ 59 SGB VI).

Die seit den 80er Jahren zunehmend hohe und dauerhafte Arbeitslosigkeit, die relevante Teile der potentiell Erwerbstätigen aus dem Arbeitsmarkt ausgrenzt, hat das ganz um den Arbeitsmarkt zentrierte System soz. S. in der BRD zum Problem werden lassen und Anlaß gegeben, über grundsätzlich alternative Formen soz. S. nachzudenken. Seitdem sind von politischen Parteien, Wissenschaftlern und wissenschaftlichen Instituten eine ganze Fülle von Vorschlägen für ein garantiertes Mindesteinkommen oder eine sog. Staatsbürgerversorgung entwickelt worden, die sich jedoch im Hinblick auf Aufbringung der Mittel, die Höhe der zu gewährenden Leistungen, den geschützten Personenkreis, die Frage einer Bedürftigkeitsprüfung, den Einsatz der eigenen Arbeitskraft und das Verhältnis zum bestehenden System soz. S. erheblich unterscheiden. Ein breiter politischer Grundkonsens besteht hier einstweilen nicht. Die umfassendsten Modelle sind die eines garantierten Mindesteinkommens und einer bedarfsbezogenen integrierten Grundsicherung. Bei dem erstgenannten handelt es sich um eine steuerfinanzierte Grundrente, die jedermann, der nicht über eigenes Einkommen verfügt, ohne gesonderte Bedürftigkeitsprüfung zukommen soll. Durch dieses Modell soll der zunehmenden Unfähigkeit von Arbeitsmarkt und *Sozialstaat*, Arbeit für alle zu schaffen, Rechnung getragen werden, d. h. das gesamtgesellschaftliche Arbeitsvolumen, bestehend aus Erwerbsarbeit einerseits, Haus- und Erziehungsarbeit andererseits, gerecht (um-)verteilt werden. Das garantierte Grund- oder Mindesteinkommen soll dabei die Funktion eines überbetrieblichen Lohnausgleichs erfüllen. Das garantierte Mindesteinkommen kann entweder die Form eines sog. Bürgergehalts oder die einer »negativen Einkommensteuer« annehmen.

Das Modell einer bedarfsbezogenen integrierten Grundsicherung geht davon aus, daß bestehende Einkommensquellen – seien es soziale Leistungen oder Arbeitseinkommen – derart »unterbaut« werden sollen, daß sie insgesamt ein Einkommen gewährleisten, das deutlich über dem jeweiligen Sozialhilfeniveau liegt. Diese Form der Grundsicherung sieht also gleichsam einen staatlichen Sockel vor, der eine menschenwürdige Existenz gewährleisten soll.

7. Ansätze wissenschaftlicher Systematisierung: Sozialrecht und wissenschaftliche Sozialpolitik haben versucht, die bestehende Vielzahl von Sozialleistungen, Rechtsnormen und Institutionen des Sozialleistungssystems nach systematischen Gesichtspunkten zu gliedern. Dabei sind zwei unterschiedliche Zugriffsweisen zu unterscheiden: Die klassische Unterscheidung von Versicherung, Versorgung und Fürsorge bezieht sich auf die immanenten Funktionsprinzipien und Funktionslogiken der unterschiedlichen Institutionen soz. S. Sie betrifft also ausschließlich die staatlich-institutionelle Seite soz. S. und ihre Organisation. Sie kann daher die Gestaltung von Lebenslage und Lebensverhältnissen der Adressaten durch die Leistungen und Maßnahmen soz. S. naturgemäß nicht erfassen und systematisieren. In der neueren Sozialrechtswissenschaft wird deshalb ein alternatives analytisches Instrumentarium vorgeschlagen, das Soziale Vorsorge, Soziale Entschädigung, Soziale Hilfe und Förderung unterscheidet.

Hier wird nicht an die Funktionsweise der Institutionen soz. S. angeknüpft, sondern an die sozialen Tatbestände, die soziale Leistungen erforderlich machen und auslösen, und an die Wirkungen, die durch sie erzielt werden sollen: Vorsorge und Soziale Entschädigung dienen der Verhinderung bzw. dem Ausgleich von Schädigungen. Soziale Hilfe und Förderung sehen Entfaltungshilfen für bestimmte Adressatengruppen und bestimmte Problemsituationen vor. Dieser neue Systematisierungsansatz löst den klassischen also nicht ab, sondern er tritt ergänzend neben ihn.

8. Das amtliche Sozialbudget in der BRD: In der BRD bestehen zahlreiche Sozialleistungssysteme nebeneinander, die sich z. T. überlagern, d. h. den gleichen Personenkreis umfassen, für den gleichen sozialen Tatbestand zuständig sind und aus gleichen Finanzierungsquellen gespeist werden. Von welcher Stelle welche Leistung zu welchem sozialpolitischen Zweck erbracht und wie sie finanziert wird, kann daher nicht allein aus der institutionellen Gliederung des Sozialleistungssystems entnommen werden. Sie bedarf einer besonderen statistischen Aufbereitung, die seit 1968 in dem i. d. R. alle 2–3 Jahre veröffentlichten Sozialbudget der BReg vorgenommen wird. Das Sozialbudet ist die Summe der von staatlichen Einrichtungen, von öffentlich-rechtlichen Körperschaften und von privatwirtschaftlichen Betrieben vermittelten Sozialleistungen. Im Sozialbudget wird neben Daten für die Vergangenheit und Gegenwart auch dargestellt, wie sich die Leistungen für die soz. S. in den nächsten 4–5 Jahren voraussichtlich weiter entwickeln werden. Diese Vorausberechnungen sollen eine Kalkulationsgrundlage für sozialpolitische Entscheidungen sein. Generell soll das Sozialbudget darüber unterrichten, wie die Einrichtungen der soz. S. in der BRD zusammenwirken, wie sie miteinander und wie sie mit der übrigen Volkswirtschaft verflochten sind.

Das Sozialbudget gliedert die Sozialleistungen nach folgenden Gesichtspunkten:

a) nach Institutionen, d. h. den Sozialleistungsträgern, v. a. den Zweigen der Sozialversicherung;

b) nach Funktionen, d. h. sozialen Tatbeständen. Es werden 16 Leistungsfunktionen, die in 8 Obergruppen gegliedert werden, unterschieden (Ehe und Familie, Gesundheit, Beschäftigung, Alter und Hinterbliebene, Folgen politischer Ereignisse, Wohnen, Sparen/Vermögensbildung, Allgemeine Lebenshilfen). Die Zuordnung der Sozialleistungen zu den einzelnen Funktionen und Unterfunktionen ist i. e. außerordentlich kompliziert und nicht ohne normative Setzungen möglich;

c) nach Leistungsarten: Es werden Einkommensleistungen, Sachleistungen (inkl. Dienstleistungen) sowie allgemeine Dienste und Leistungen (d. h. Beratung, Betreuung und innerer Dienst) unterschieden;

d) nach Finanzierungsarten: Beiträge (der AN und AG), Zuweisungen (aus Steuermitteln oder private Zuweisungen) oder sonstige Einnahmen (z. B. Zinseinnahmen);

e) nach Finanzierungsquellen: Unternehmer, Bund, Länder, Gemeinden, Sozialversicherung, private Organisationen, private Haushalte und Ausland.

Im Jahre 1992 erreichte das Sozialbudget eine Höhe von rd. 1001 Mrd. DM. Das entsprach einer »Sozialleistungsquote« (Verhältnis der Sozialleistungen zum Bruttosozialprodukt) von rd. 31% (in Westdeutschland: 29,8%, in Ostdeutschland 70,5%). Jedoch gibt das Sozialbudget nur sehr bedingt Aufschlüsse über den Leistungsstand der soz. S. bzw. dessen Veränderung im Zeitverlauf oder gar für internationale Vergleiche, da es für die statistische Abgrenzung des Begriffs »Sozialleistung« keine objektiven Maßstäbe gibt. Auch sagt die Höhe der Sozialausgaben nichts darüber aus, wie zweckmäßig die Finanzmittel eingesetzt werden und ob sie gezielt die richtigen Empfänger erreichen.

Die Verteilungs- und Umverteilungswirkungen, die sich durch die Sozialleistungen und ihre Finanzierung zwischen den Sektoren der Volkswirtschaft, den einzelnen Bevölkerungsgruppen und den Haushalten ergeben, werden im Sozialbudget nicht erfaßt. Unkorrekt ist daher sowohl die vielfach übliche Interpretation der Sozialleistungsquote als »Soziallastquote« als auch die Vorstellung, die Sozialleistungsquote stelle den Umfang der Wohlstandsübertragung zugunsten der Empfänger von Sozialleistungen dar. Beide Interpretationen vernachlässigen die Tatsache, daß die dem Privatsektor zur Finanzierung der Sozialleistungen entzogenen Mittel zum großen Teil wiederum in diesen zurückfließen und in erheblichem Umfang die Sozialleistungen selbst mitfinanzieren. Die tatsächlichen Umverteilungswirkungen des Sozialleistungssystems sind wesentlich komplizierter und in einer globalen Betrachtung nicht erfaßbar. Ihre Erforschung ist in der BRD erst in einzelnen Untersuchungen von Fall zu Fall gelungen, nicht aber im Rahmen des periodisch vorgelegten Sozialbudgets.

C. Sachße/F. Tennstedt

Literatur: G. Bäcker/R. Bispinck/K. Hofemann/G. Naegele: Sozialpolitik und soziale Lage in der BRD. 2 Bde., Köln 1989; W. Gitter: Sozialrecht, München [3]1992; B. v. Maydell/F. Ruland: Sozialrechtshandbuch, Neuwied [2]1995; B. Schulin: Sozialrecht, Düsseldorf [5]1993; ders : Handbuch des Sozialversicherungsrechts, 4 Bde. München 1994ff.; Übersicht über die soziale Sicherheit, hrsg. vom BMAS, Bonn 1990; H. F. Zacher/M. Friedrich-Marczyk/A. Jürgens: Sozialgesetzbuch (SGB) – Textausgabe mit Hinweisen und Materialien, 4 Bde., (Loseblattsammlung).

Soziales Lernen (s. L.)

Der Begriff s. L. wird in der Fachliteratur nicht eindeutig verwendet. Iben geht davon aus, daß er eher auf den Sprachgebrauch sozialistisch orientierter Pädagogen verweise, während in katholischen Kreisen v. a. in der Vergangenheit eher von »Sozialerziehung« als einer erziehung zu sittlichem Sozialverhalten bzw. zu sozialer Werthaltung (Huth) die Rede gewesen sei.

Richtig ist, daß das Eigenschaftswort »sozial« im Begriff s. L. unterschiedliche Bedeutungen hat. In Einzelfällen soll es (ähnlich wie »sozial« in »Sozialerziehung«) darauf hinweisen, daß jede Erziehung und jedes Lernen ein von der Gesellschaft beabsichtigter und auf die Gesellschaft hin entworfener Prozeß sei. Hauptsächlich aber soll »sozial« darauf hinweisen, daß der Gegenstandsbereich des gemeinten Lernens als gesellschaftlich oder wenigstens als mitmenschlich zu verstehen sei.

Die gegenwärtige Betonung sowohl des »sozialen« als auch des »Lernens« hat ihre historischen Gründe. Die traditionelle konservativ-normative oder liberal-geisteswissenschaftliche Pädagogik war einerseits mit einer langanhaltenden Diskussion des Unterschiedes zwischen *Erziehung* und *Bildung* beschäftigt, andererseits interessierten sich ihre Vertreter getrennt für das, was gelehrt werden solle (*Didaktik*) bzw. die Weisen, wie es gelehrt werden solle (*Methodik*). Erst die Berliner Schule der Didaktik, die in den 50er und 60er Jahren an der Pädagogischen Hochschule Berlin entwickelt worden ist, lenkte das Interesse der Erziehungswissenschaftler wieder auf ganzheitliche Lernprozesse, die am menschlichen Leben orientiert waren. Dabei wurde der Unterschied zwischen der traditionellen Didaktik und der traditionellen Methodik eingeebnet: Didaktik war nun die Wissenschaft vom Lehren (enger: die Wissenschaft vom Unterricht) unter Einbeziehen sowohl des Inhalts als auch des Vermittlungsaspektes und unter Berücksichtigung der damaligen Kenntnisse vom menschlichen Lernen, wie sie etwa bei H. Roth zusammengetragen waren.

Auch die Berliner Schule der Didaktik konnte jedoch eine andere Akzentuierung nicht aufbrechen: die Fixierung der *Erziehungswissenschaft* auf *Schule* und Unterricht. Weil in Schule und Unterricht v. a. Kenntnisse über für gesellschaftlich wichtig gehaltene Tatbestände und Fertigkeiten im Umgang mit Kulturtechniken gelehrt werden, blieb auch in der Berliner Schule der Didaktik die Betonung der Notwendigkeit, neben menschlichen Kenntnissen und Fertigkeiten auch menschliche Tätigkeiten und menschliche Gefühle zu kultivieren, weitgehend außer Betracht. Die Folge war, daß Lernziele, die sich den zuletzt genannten Bereichen menschlichen Lebens zuordnen ließen, vorwiegend der vorschulischen und der außerschulischen Erziehung zugeordnet wurden, so daß heute s. L. fast zu einem Synonym für vorschulisches bzw. außerschulisches Lernen geworden ist (*Tageseinrichtungen für Kinder/Jugendarbeit*).

Wenn es richtig ist, daß menschliches Lehren sich an den Gesetzmäßigkeiten menschlichen Lernens zu orientieren habe, dann ist zu fragen, welche Lerntheorien brauchbare Hinweise für soziale Lehrtheorien abgeben könnten. In der internationalen Diskussion stehen sich zwei Konzepte gegenüber, die sich trotz scheinbarer Unterschiede in der gesellschaftlichen Grundorientierung ihrer Autoren nicht mit Notwendigkeit ausschließen müssen.

A. N. Leontjew hat auf der Grundlage seiner Habilitationsschrift von 1940 in der DDR 1964 und in der BRD 1973 einen Grundriß der »Entwicklung des Psychischen« vorgelegt, der es erlaubt, menschliches Lernen allgemein als altersspezifische, dominante Tätigkeiten von Menschen bei der Aneignung gesellschaftlicher Erfahrungen zu begreifen. Der Aneignungsbegriff wird in bewußtem Gegensatz zum Anpassungsbegriff (*Anpassung*) verwendet: »Bei der biologischen Anpassung verändern sich die Arteigenschaften und das Artverhalten des Individuums. Beim Aneignungsprozeß reproduziert dagegen das Individuum die historisch gebildeten Fähigkeiten und Funktionen« (283).

Dazu brauchen Menschen ein menschliches Bewußtsein (»als bewußtes Sein«), das aus den spezifischen Notwendigkeiten menschlicher Lebenserhaltung und -entfaltung durch gesellschaftliche *Arbeit* entspringt. Bei der Aneignung vorangegangener gesellschaftlicher Erfahrungen durch menschliche Arbeit, die in Form von Arbeitsinstrumenten und Arbeitsprodukten vorliegt, leisten die Erwachsenen eine unersetzliche Hilfe, indem sie den Aneignungsprozeß anleiten.

Wie man sich diesen Aneignungs- und Anleitungsprozeß i. e. vorzustellen habe, darüber gibt es nach unserem Wissen noch keine detaillierbaren Aussagen. Aussagen in dieser Richtung liegen hingegen von einem Lerntheoretiker vor, der nicht historisch-materialistischer Tradition psychologischen Denkens entstammt, sondern orthodox bürgerlich-behavioristischer. A. Bandura hat sich als nordamerikanischer Behaviorist mit sozialen Lernprozessen bei Kindern und Jugendlichen experimentell beschäftigt, und zwar am Beispiel der Übernahme beobachteten aggressiven Verhaltens. Im Gegensatz zu B. W. Skinner, dessen Anhänger er bis 1974 war, hat er nicht die Rolle positiver und negativer Verstärkung eines auftretenden Verhaltens (operante Konditionierung) untersucht, sondern die Rolle von Menschen, deren Handlungen von Kindern und Jugendlichen in Konfliktsituationen beobachtet werden konnten (*Rolle, soziale*). Dabei ist Bandura Schritt für Schritt zu der Überzeugung gekommen, daß Menschen soziale Lernprozesse nicht nur dadurch organisieren, daß sie sich in aktuellen Situationen verhalten und nachträglich Rückmeldung über die soziale Wünschbarkeit ihres Verhaltens bekommen, sondern dadurch, daß sie andere Menschen bei deren konfliktlösenden Tätigkeiten beobachten, daß sie in der Lage sind, diese mittelbaren Erfahrungen über symbolische Repräsentationen durch Bilder, Wörter und Sätze zu speichern und daß sie teilweise unabhängig von äußeren Verstärkungen Instanzen der Selbststeuerung ihres Verhaltens in sich selbst entwickeln können: »In the social learning view, people are neither driven by inner forces nor buffeted by environmental stimuli. Rather, psychological functioning is explained in terms of a continuous reciprocal interaction of personal and environmental determinants. Within this approach, symbolic, vicarious, and self-regulatory progresses assume a prominant role« (11 f.). Die klare Absage Banduras an die Ansprüche einer orthodoxen behavioristischen Lerntheorie (»The operant analysis clarifies how imitative behavior that a person has previously learned can be prompted by the actions of others and the prospect of reward. However, it does not explain how a new response is acquired observationally.« [36]) machen den Weg frei für eine vorsichtige Diskussion der Konvergenzen zwischen dem Ansatz von Leontjew und den Ergebnissen der empirischen Untersuchungen von Bandura, die zweifelsfrei nicht den Anforderungen an »genetische Experimente« (Holzkamp, in: Leontjew 1973) genügen. Sie deuten gleichzeitig die Grenzen für eine Inanspruchnahme behavioristischer Verhaltenstherapie im Rahmen eines umfassenden Konzepts vom s.L. an. *C.W. Müller*

Literatur: A. Bandura/R.H. Walters: Adolescent Aggression, New York 1959; A. Bandura: Principles of Behavior Modification, New York 1969; A. Bandura: Aggression: A Social Learning Analysis, Englewood Cliffs 1973; A. Bandura: Lernen am Modell. Ansätze zu einer sozialkognitiven Lerntheorie, Stuttgart 1976; A. Bandura: Social Learning Theory, Englewood Cliffs 1977; G. Iben: Sozialerziehung, in: C. Wulf (Hrsg.): Wörterbuch der Erziehung, München 1974; A.N. Leontjew: Probleme der Entwicklung des Psychischen, Frankfurt/M. 1973; A.N. Leontjew: Tätigkeit, Bewußtsein, Persönlichkeit, Stuttgart 1977.

Sozialgesetzbuch (SGB)

Das SGB versucht, die wichtigsten Sozialleistungsbereiche in einem einheitlichen Gesetzbuch zusammenzufassen. Ziel dieses (bislang nur z.T. verwirklichten) Gesetzgebungsvorhabens ist es, a) das bisher in zahlreichen Einzelgesetzen und Verordnungen unübersichtlich geregelte Sozialleistungsrecht (*Soziale Sicherung*) durch eine Gesamtkodifikation zu vereinfachen, um es für Bürger und Verwaltung transparenter zu machen; b) die Rechtsanwendung zu erleichtern und Rechtssicherheit zu gewährleisten; c) historisch bedingte, unnötige Differenzierungen zu beseitigen und – soweit möglich – Harmonisierung zu erreichen (BT-Drs. 7/868, 19). Eine Gesamtreform des Sozialleistungssystems wird hingegen nicht angestrebt; sie wird als politisch nicht realisierbar eingeschätzt. Das SGB soll vielmehr als »Kodifikation mit begrenzter Sachreform« (Zacher) eine Rahmenordnung für die wesentlichen Teile des Sozialleistungsrechts bilden; es soll zugleich die erforderlichen Anpassungsprozesse der *Sozialpolitik* durch Aufzeigen von Zusammenhängen zwischen den einzelnen Sozialleistungsbereichen fördern und in sozialrechtlich sachgerechte Bahnen lenken.

Gefordert im Godesberger Programm der SPD von 1959 und angekündigt in der Regierungserklärung des Bundeskanzlers Brandt vom 28.10.1968, wurde mit dem 1. Buch des SGB (SGB I – Allgemeiner Teil), der am 1.1.1976 in Kraft trat, der erste Schritt getan. Das SGB I verdeutlicht insbesondere die sozialrechtlichen Grundpositionen des Bürgers und die Leitideen, die den Vorschriften der einzelnen Sozialleistungsbereiche zugrunde liegen; es beinhaltet ferner übergreifende Regelungen, die den einzelnen Bereichen wegen bestehender Gemeinsamkeiten vorangestellt werden (z.B. Vorschriften über Auskunft und Beratung sowie über Mitwirkungspflichten des Leistungsberechtigten). Dem SGB I folgte am 1.7.1977 das 4. Buch (SGB IV), das einheitliche Regelungen für die Kranken-, Renten-, Unfall- und Pflegeversicherung (insbesondere zur Selbstverwaltung der Sozialversicherungsträger) enthält. Seit dem 1.1.1989 gilt das 5. Buch (SGB V), das den gesamten Bereich der gesetzlichen Krankenversicherung regelt. Das am 1.1.1992 in Kraft getretene 6. Buch (SGB VI) faßt die bis dahin in unterschiedlichen Gesetzen geregelte gesetzliche Rentenversicherung (insbesondere der Arbeiter und Angestellten) zusammen. Mit dem seit dem 3.10.1990/1.1.1991 geltenden Buch (SGB VIII – Kinder- und Jugendhilfe) wurde das frühere Jugendwohlfahrtsgesetz abgelöst. Seit dem 1.1.1981 (bzw. dem 1.7.1983) gilt das 10. Buch (SGB X), das (für alle Sozialleistungsbereiche) das Verwaltungsverfahren, der Sozial*datenschutz* sowie die Zusammenarbeit der Leistungsträger und ihre Beziehungen zu Dritten regelt. Seit dem 1.1.1995 gilt das 11. Buch (SGB XI), das die *Pflegeversicherung* regelt (häusliche Pflege seit 1.4.1995, stationäre ab 1.7.1996).

Die weitere Gestaltung des SGB ist offen. Sie könnte wie folgt aussehen: SGB II – *Ausbildungsförderung* (bisher: BAföG), SGB III – *Arbeitsförderung* (bisher: AFG), SGB VII – Unfallversicherung (bisher: 3. Buch der RVO), SGB IX – *Rehabilitation* und Eingliederung Behinderter (bisher in einer Vielzahl von Gesetzen geregelt), SGB XII – Soziale Entschädigung (bisher insbesondere: BVG, also v.a. Kriegsopferversorgung), SGB XIII – *Kinder- und Erziehungsgeld* (bisher: BKGG und BErzGG), SGB XIV – *Wohngeld* (bisher WoGG), SGB XV – *Sozialhilfe* (bisher: BSHG).

Bestimmte Sozialleistungsbereiche werden – aus unterschiedlichen Gründen – nicht in das SGB einbezogen. Dies gilt z.B. für die Beamten-, Richter- und Soldatenversorgung, auslaufende Entschädigungssysteme (wie z.B. den Lastenausgleich), den Schutz gegen Vermögensschäden sowie die betriebliche und berufsständische Altersversorgung. Bis zum Abschluß der Arbeiten an den noch fehlenden Büchern, die sich nach realistischer Einschätzung noch über mehrere Jahre erstrecken dürften, besteht die sozialrechtliche Zersplitterung in Einzelgesetzen (z.B. in AFG, RVO, BVG, BSHG) mithin nach wie vor weiter. Der Gesetzgeber hat diese Einzelgesetze allerdings durch Aufzählung zu besonderen Teilen des SGB erklärt (Art. II SGB I) und damit für eine Übergangszeit eine Art provisorisches SGB geschaffen.

Nach den bisherigen Erfahrungen mit den gesetzgeberischen Bemühungen erscheint es zweifelhaft, ob die mit dem SGB angestrebten Ziele, insbesondere die Vereinfachung und Transparenz, überhaupt realisierbar sind. Besonders durch den schleppenden Gang des Gesetzgebungsverfahrens und das Nebeneinander von SGB und weitergeltenden Einzelgesetzen (z.B. AFG und BSHG) wird das Sozialrecht nicht einfacher, sondern komplizierter. Je länger diese Übergangszeit dauert, desto mehr geht der an sich sinnvolle Ansatz des Gesamtvorhabens verloren. Problematisch erscheint auch, daß die soziale Sicherung durch monetäre Leistungen und für Arbeitnehmer im Vordergrund des gesetzgeberischen Interesses steht, während die nichtmonetären (sozialen Dienst-)Leistungen und die Leistungsabwicklung in komplexen Pflege- und Betreuungsverhältnissen vom SGB I vernachlässigt werden; insofern bleiben zentrale Regelungsprobleme sozialer Arbeit weitgehend ungeklärt. *P. Trenk-Hinterberger*

Literatur: D. Giese u.a.: SGB I und X, Kommentar/Loseblattwerk, Köln u.a.O. [2]1981ff.; K. Hauck/H. Haines u.a.: SGB, Kommentar/Loseblattwerk, Berlin 1976ff.; B. v. Maydell/F. Ruland (Hrsg.): Sozialrechtshandbuch, Neuwied [2]1995; H.F. Zacher: Materialien zum Sozialgesetzbuch, Percha 1974ff.

Sozialhilfe

Die S. ist ein Teilbereich des Systems sozialer Sicherung in Gestalt eines Basissystems aller Sozialleistungen, in dem Hilfen zur Bewältigung individueller Notlagen gewährt und die dazu notwendigen persönlichen Hilfen, Geld- und Sachleistungen sowie Dienste und Einrichtungen bereitgestellt werden. Die S. steht in der Tradition der seit dem Spätmittelalter festzustellenden besonderen Formen hoheitlicher Intervention zur Bekämpfung von *Armut* und Not unter den Sammelbegriffen Armenpflege, Wohlfahrtspflege und Fürsorge (*Geschichte der Sozialarbeit/Sozialpädagogik*), die zwar durch den Ausbau der Sozialversicherung in großem Umfang verdrängt und ersetzt wurde, aber als »Unterbau« des *Sozialstaat*s (mit weitgehender kommunaler Zuständigkeit) für immer mehr Menschen zentrale Bedeutung erlangt. Mit der S. wird das oberste verfassungsrechtliche Prinzip, der Schutz der Menschenwürde und der individuellen Freiheit (Art. 1 Abs. 1, 2 Abs. 1 GG), durch den Staat materiell-inhaltlich gewährleistet. Diese elementare *Hilfe* wird aus grundrechtlicher Sicht zwar um des einzelnen Menschen willen gewährt. Zugleich hat aber dieses Basissystem seit alters her eine Schutzfunktion für die Ordnung von Staat und Gesellschaft: Die S. ist auch Ausfluß öffentlicher Interessen an geordneten, ruhigen und gesunden Verhältnissen.

Die S., deren grundlegende gesetzliche Rahmenordnung das *Bundessozialhilfegesetz* bildet, wird von einer Reihe von Grundsätzen beherrscht, die ihr Wesen prägen und die nicht nur für die zentralen Leistungstatbestände (Hilfe zum Lebensunterhalt und Hilfe in besonderen Lebenslagen), sondern auch für die organisatorische Durchführung grundlegende Bedeutung haben.

1. Individualisierungsgrundsatz: Die Leistungen der S. sollen in Art, Form und Maß nach den Besonderheiten des Einzelfalles gewährt werden; schematische Leistungen (wie i.d.R. bei Versicherung und Versorgung) sind der S. im Grundsatz fremd (§ 3 Abs. 1 BSHG). Die so gebotene differenzierende Betrachtungsweise entspricht dem persönlich-individuellen Charakter des Fürsorgeprinzips und gewährleistet die erforderliche Anpassungsfähigkeit an die vielfältigen Notlagen von Hilfebedürftigen. Zur Realisierung individuell angepaßter Hilfe ist aber eine kontinuierliche Bedarfskontrolle notwendig: »Wegen der sich ständig wandelnden Lage des Hilfesuchenden und der dieser Lage anzupassenden Hilfe wird der Sozialhilfefall gleichsam täglich erneut regelungsbedürftig« (BVerwGE 25, 309). Neben die auf wirksame Hilfe zielende, aber zugleich *Stigmatisierung* begünstigende subtile Kontrolle des Einzelfalls tritt damit auch die Instabilität der Versorgungslage.

2. Nachranggrundsatz: Der Nachrang der S. (*Subsidiarität*) wird als leitender Grundsatz für die Rangordnung von Selbsthilfe und Gemeinschaftshilfe durch das sozialpolitische Axiom des Subsidiaritätsprinzips geprägt. Unter dem Einfluß dieses Prinzips, einschließlich finanzpolitischer Gründe (Gebot rationeller Finanzwirtschaft) und sozialpädagogischer Erwägungen (Entfaltung durch *Selbsthilfe* und Selbstverantwortung), lautet die grundsätzliche Rangordnung: private Mittel wie Einsatz von Arbeitskraft, Einkommen und Vermögen; Unterhalt durch Unterhaltspflichtige; vorsorgebegründete, entschädigende und ausgleichende öffentliche Sozialleistungen; Sozialhilfe (§ 2 BSHG). Insofern greift S. grundsätzlich nur im Ausnahmezustand des Scheiterns privater Reproduktion bzw. bei unzureichenden oder fehlenden anderen Sozialleistungen ein (S. als »Ausfallbürge«): Leistungsgrund ist also der anderweitig nicht gedeckte Bedarf. Auch der Nachranggrundsatz erfordert deshalb eine Kontrolle; sie geht dahin, ob alle anderweitigen Hilfsmöglichkeiten ausgeschöpft sind. Dabei soll die grundsätzliche Pflicht zum Einsatz der Arbeitskraft auch die Funktion erfüllen, einer Erosion des Arbeitswillens und des Leistungsprinzips entgegenzuwirken. Allerdings schließen nur »bereite« anderweitige Mittel die Leistungen der S. aus: Ansprüche, die noch nicht realisiert sind und deren Realisierung unzumutbar oder wegen Eilbedürftigkeit der Hilfe nicht möglich ist, schließen die Gewährung von S. nicht aus. Insofern besteht eine Vorleistungspflicht der S., die allerdings Ansprüche gegen vorrangig Leistungsverpflichtete (zur »Refinanzierung« ihrer Vorleistung) durchsetzen kann; wegen der so möglichen Inanspruchnahme auch von Unterhaltspflichtigen (*Unterhaltsrecht*) wird häufig S. trotz einer Notlage nicht in Anspruch genommen, um den Familienfrieden nicht zu gefährden.

3. Bedarfsdeckungsgrundsatz: Unabhängig von den Ursachen der Notlage des Hilfesuchenden und ohne Rücksicht auf Vor- oder Gegenleistungen (wie bei der Versicherung) wird S. gewährt, um Mängellagen ökonomischer wie nicht-ökonomischer Art zu begegnen. Die S. strebt dabei an, den aktuellen, sozialhilferecht-

lich anzuerkennenden Bedarf des Hilfesuchenden zu befriedigen. Schlagwortartig läßt sich der Bedarfsdeckungsgrundsatz auf die Formel bringen: »Wer etwas braucht, bekommt das, was er braucht« (Schäfer, 159). Aus dem Bedarfsdeckungsgrundsatz folgt auch, daß der Anspruch auf S. höchstpersönlicher Natur ist und daher nicht übertragen, verpfändet oder gepfändet werden kann und grundsätzlich auch nicht vererblich ist. Zum Zwecke einer möglichst einheitlichen und nachvollziehbaren Verwaltungspraxis und mit Rücksicht auf das Gebot der Gleichbehandlung gleich gelagerter Sachverhalte wird v.a. bei den materiellen Leistungen der S. nach objektiven Bedarfskriterien gesucht und Hilfe gewährt; dies gilt insbesondere für massenhaft auftretende, typisierte Bedarfstatbestände bei Leistungen der Hilfe zum Lebensunterhalt (*wirtschaftliche Hilfen/Bedarfsbemessung in der Sozialhilfe*), bei denen eine pauschalisierende und an durchschnittlichem Bedarf orientierte Bemessung erfolgt (z.B. durch Regelsätze und Mehrbedarfszuschläge), wobei der Individualisierungsgrundsatz zu einer abweichenden Bemessung führen kann. Insofern ist der sozialhilferechtlich anerkannte Bedarf eine Mischung aus Durchschnittsbedarf und jeweils konkretem Einzelbedarf. Problematisch ist freilich insbesondere die Grundlage nach Zusammensetzung und Bemessung des Bedarfs; der Umfang des anzuerkennenden Bedarfs wird dabei zunehmend nicht unter dem Aspekt eines Integrations- und Partizipationsstandards, sondern nach Kriterien der Finanzierbarkeit als Meßlatte für eine Überforderung von Staat und Gesellschaft diskutiert und festgesetzt.

4. Lohnabstandsprinzip: Durch dieses Prinzip wird der Bedarf an S. (in Gestalt der Regelsätze bei der Hilfe zum Lebensunterhalt) nach »oben« begrenzt: Die Regelsätze müssen bei Haushaltsgemeinschaften bis zu 5 Personen (zusammen mit den Durchschnittsbeträgen für die Kosten der Unterkunft und Heizung und unter Berücksichtigung bestimmter »Werbungskosten« für Erwerbstätige) unter den jeweils erzielten monatlichen durchschnittlichen Nettoarbeitsentgelten unterer Lohngruppen zuzüglich Kinder- und Wohngeld bleiben (§ 22 Abs. 3 S. 4 BSHG). Das Prinzip beruht auf der Überlegung, daß die Leistungen der S. (als einer Art Sozialeinkommen) keine attraktive Alternative zur Lebenssicherung durch eigene Erwerbstätigkeit sein sollen (vgl. BT-Drs. 9/842, 87: »Es muß erstrebenswert bleiben, seinen Unterhalt durch Arbeit sicherzustellen«). Schon die klassische Formulierung des Lohnabstandsprinzips im Grundsatz der »less eligibility« des englischen Armenrechts betonte, daß die öffentliche Armenhilfe unter dem Niveau des niedrigsten Arbeitslohns liegen müsse, um nicht »Faulheit und Müßiggang« Vorschub zu leisten.

5. Prinzip des Rechtsanspruchs dem Grunde nach: Der Individualisierungsgrundsatz bedingt, daß der Anspruch auf S. grundsätzlich nur ein Anspruch auf die individuell konkret erforderliche Hilfe, also nur ein Anspruch dem Grunde nach sein kann, während die Bestimmung von Art und Maß der Hilfe in das pflichtgemäße Ermessen des Trägers der S. gestellt ist (§ 4 BSHG). Eine solche rechtlich abgesicherte Position ist in Abkehr von der teilweise mit Willkür behafteten Armenpflege von großer Bedeutung für den Hilfesuchenden, der unabhängig von der Bewertung seiner Notlage die erforderliche Hilfe (notfalls gerichtlich) erstreiten kann. Neben Ist-Leistungen, auf die ein absoluter Rechtsanspruch des Hilfesuchenden besteht, sieht das BSHG Soll-Leistungen vor (sie binden den Träger für den Regelfall, lassen aber Abweichungen für den Ausnahmefall zu, den die Verwaltung zu begründen und zu beweisen hat); Kann-Leistungen räumen dem Träger einen weiten Ermessensspielraum ein, der freilich zumeist durch (gerichtlich voll überprüfbare) unbestimmte Rechtsbegriffe (z.B. »Härte«, »zumutbar«) eingegrenzt wird.

6. Grundsatz der menschenwürdigen Lebensgestaltung und der Garantenstellung der S.: Zentrales Anliegen der S. ist die Ermöglichung einer menschenwürdigen Lebensführung (§ 1 Abs. 2 S. 1 BSHG), zu der auch die Teilnahme am Leben in der Gemeinschaft, d.h. am gesellschaftlichen, politischen, kulturellen und wirtschaftlichen Zusammenleben gehört (§ 9 SGB I). Insofern bedeutet der Grundsatz der menschenwürdigen Lebensführung mehr als die Sicherung des Existenzminimums; unterster Interventionspunkt der S. soll vielmehr die Schwelle sein, bei deren Unterschreitung der Hilfesuchende ohne das Eingreifen der S. in seiner Personenwürde Schaden nehmen würde (BVerwGE 27, 58). Das Hauptproblem einer Konkretisierung dieses Grundsatzes liegt in dem Anspruch, den Gehalt der menschenwürdigen Lebensgestaltung zu bestimmen, einem Anspruch, der durch das Bewußtsein seiner Uneinlösbarkeit ergänzt wird (uneinlösbar, weil auch mit empirischen Methoden nur in begrenztem Umfang und nie in einem »objektiven« Bild eingefangen werden kann, was menschenwürdige Lebensgestaltung – mit ihrer Offenheit in die Zeit – sein könnte, zumal die Konsensfähigkeit in dieser Frage mit zunehmender Konkretisierung tendenziell abnimmt, mag sie auch in einem geregelten, rationalen und durch die Öffentlichkeit kontrollierbaren Verfahren erfolgen). Der Grundsatz vermag deshalb zwar keine präzise Meßlatte, sondern nur ein produktiver Begriff sein, der gegenüber Stigmatisierung, *Deklassierung* und Ausgrenzung aktiviert werden kann.
§ 1 Abs. 2 S. 1 BSHG enthält zugleich die umfassende Garantie der S. gegenüber dem Bürger, unabhängig von anderen Bereichen der sozialen Sicherung umfassend Hilfe zu einem menschenwürdigen Leben zu leisten. Die S. ist deshalb nicht nur Auffangsystem (»Ausfallbürge«, »Lückenbüßer«), sondern hat auch die Aufgabe, Leistungen zu erbringen, die in anderen Sozialleistungssystemen (z.B. wegen derer begrenzter Zielsetzung) nicht oder nur in begrenztem Umfang erbracht werden, aber zu einer menschenwürdigen Lebensgestaltung gehören (z.B. Gebrauchsgegenstände des täglichen Lebens für Behinderte, die in der gesetzlichen

Krankenversicherung wegen deren Zielsetzung nicht vorgesehen sind). Mit dieser Garantenstellung der S. hängt eng auch ihre Pionierfunktion zusammen (Aufspüren neuer sozialer Notstände und ihre Bewältigung), die allerdings in Zeiten finanzieller Schwierigkeiten der S. nicht sonderlich intensiv wahrgenommen wird.

7. Grundsatz der Befähigung zur Selbsthilfe und Mitwirkungsprinzip: Die S. soll den Hilfeempfänger soweit wie möglich befähigen, unabhängig von ihr zu leben; hierbei muß er nach seinen Kräften mitwirken (§ 1 Abs. 2 S. 2 BSHG); sie soll im Grunde genommen sich selbst überflüssig machen, indem sie hilft, die Eigenkräfte und Mitwirkung des Hilfeempfängers – in engen Grenzen auch durch mittelbaren Zwang – zu entfalten und sie für eine eigenverantwortliche Lebensgestaltung einzusetzen (BVerwGE 23, 153): Die S. soll keine dauerhafte, attraktive Alternative zur materiellen Selbstversorgung sein (»Versorgungsstaatliches Denken ist dem BSHG fremd«, vgl. die Begründung zum Entwurf des BSHG, BT-Drs. 3/1799, 38). Die S. hat es allerdings häufig mit Hilfeempfängern zu tun, bei denen Hilfe zur Selbsthilfe nicht oder nicht mehr möglich ist; in diesen Fällen nimmt die S., die an sich vorübergehender Natur ist, faktisch einen versorgungsähnlichen Charakter an und leistet dann Hilfe zur Selbsthilfe nur in sehr begrenztem Umfang (vorwiegend im nichtmonetären Bereich).
Der Leistungsberechtigte kann seinerseits auf die Gestaltung der Hilfe Einfluß nehmen (Wunsch- und Wahlrecht in Bezug auf Träger von Diensten und Einrichtungen, § 3 Abs. 2 BSHG); er ist aber zugleich verpflichtet, bei der Feststellung der Voraussetzungen für die Hilfe v. a. durch Auskünfte oder durch Ermächtigung zur Auskunftserteilung mitzuwirken.

8. Grundsatz der Hilfe von Amts wegen und Aufenthaltsprinzip: Die S. setzt mit der Befriedigung des aktuellen Bedarfs (also nicht mit der Übernahme von Schulden) ein, sobald dem Träger der S. oder von ihm beauftragten Stelle bekannt wird, daß die Voraussetzungen für die Gewährung vorliegen (§ 5 BSHG). Die S. ist also – im Gegensatz zu anderen Sozialleistungen – nicht von einem Antrag abhängig, sondern hat von sich aus (von Amts wegen) tätig zu werden, wenn ihr ein Bedarfsfall bekannt wird. Ein Antrag ist deshalb nicht konstitutives Element für die Gewährung der S. (sog. Kenntnis-Grundsatz), in der Praxis aber für die Hilfegewährung und zur Ermittlung der erforderlichen Informationen i. d. R. zweckmäßig und üblich.
Nicht die »natürliche« Heimat (Bürgerprinzip) und nicht die fiktive Heimat (längerer Aufenthalt nach dem Prinzip des Unterstützungswohnsitzes), sondern der schlichte Aufenthalt bestimmt den örtlich zuständigen, zur Hilfe verpflichteten Träger der S.
Die genannten Grundsätze haben eine Steuerungsfunktion für die Durchführung der S., die besonderen Trägern obliegt: Gesetzliche Träger der S. sind die (Land-)Kreise und kreisfreien Städte als örtliche Träger; sie tragen die Hauptlast der Finanzierung der S. (ca. 80%). Länder oder Kommunalverbände (z. B. Bezirke, Landschaftsverbände, Landeswohlfahrtsverbände) bilden nach landesrechtlichen Bestimmungen die überörtlichen Träger. Das *Sozialamt* ist nicht Träger der S., sondern lediglich die spezielle Dienststelle des jeweiligen Trägers (z. B. der kreisfreien Stadt).
An den Durchführungen der S. sind neben den gesetzlichen Trägern in hohem Maße freie Träger der Wohlfahrtspflege beteiligt (*Träger der sozialen Arbeit/Wohlfahrtsverbände*), um die in der S. anstehenden Aufgaben durch gemeinsame Bemühungen zu bewältigen (BVerfGE 22, 180). Das Sozialhilferecht sichert dabei den Verbänden der freien Wohlfahrtspflege einen eigenen Tätigkeitsraum (§ 10 Abs. 1 u. 2 BSHG) und verpflichtet die gesetzlichen Träger der S. in Form von Soll-Vorschriften, die Verbände der freien Wohlfahrtspflege in ihrer Tätigkeit zu unterstützen und von eigenen Maßnahmen (mit Ausnahme der Geldleistungen) abzusehen, wenn die Hilfe im Einzelfall durch die freie Wohlfahrtspflege gewährleistet ist (§ 10 Abs. 3 u. 4 BSHG). Der Grundsatz der Subsidiarität wird für den Bereich der Schaffung von Einrichtungen besonders ausgestaltet (i. S. einer gewissen »Vorfahrtsberechtigung«, vgl. § 93 Abs. 1 BSHG).
In den 60er Jahren lag die Zahl der Sozialhilfeempfänger (Hilfe zum Lebensunterhalt und Hilfe in besonderen Lebenslagen) noch weitgehend konstant bei 1,5 Millionen. Bereits in der 1. Hälfte der 70er Jahre stieg sie sprunghaft an und überschritt 1975 erstmals die Grenze von 2 Millionen. Nachdem sie dann bis 1981 etwa auf diesem Stand verblieb, kam es mit Beginn der 80er Jahre zu dramatischen Zuwächsen von über 75% bis 1990; danach stieg die Empfängerzahl kontinuierlich weiter an. Von besonderer Bedeutung ist dabei die überproportionale Zunahme bei der Hilfe zum Lebensunterhalt (also der Leistung zum Bestreiten des täglichen Mindestbedarfs). Ihre Empfängerzahl hat sich seit Beginn der 80er Jahre in den alten Bundesländern bis heute mehr als verdoppelt (zuletzt über 3 Millionen); hinzu kommen (mit steigender Tendenz) Empfänger aus den neuen Bundesländern. Machten die Bezieher der Hilfe zum Lebensunterhalt Anfang der 70er Jahre noch etwas mehr als die Hälfte aller Sozialhilfeempfänger aus, so stellten diese heute über 3/4 aller Sozialhilfeempfänger. Was diesen Menschen überwiegend fehlt, ist nicht die spezielle Hilfe in besonderen Lebenslagen, sondern (nur) ein ausreichendes Einkommen. Aber nicht nur der Empfängerkreis ist größer geworden; er hat sich auch verändert: S. und Einkommensarmut betreffen heute nicht mehr (wie früher) v. a. alte Menschen (ihr Anteil ist rückläufig), sondern überwiegend Personen im erwerbsfähigen Alter zwischen 18 und 65 Jahren. Wichtigste Ursache für die zunehmende Inanspruchnahme von Hilfe zum Lebensunterhalt sind durch *Arbeitslosigkeit* bedingte Einkommensdefizite (bei rd. 1/3 aller Empfänger in den alten und bei rd. 2/3 in den neuen Bundesländern). Vor allem diese Veränderungen in der Struktur der Hilfeempfänger beansprucht die S. in grundlegend neuer Weise: Bei Inkrafttreten des BSHG galt Armut, sofern

sie damals überhaupt als solche wahrgenommen wurde, als ein Problem sozialer Randgruppen, von dem angenommen wurde, daß es durch betreuende/beratende und therapeutische/pädagogische Maßnahmen – ergänzt durch finanzielle Hilfen – v.a. mit der Hilfe in besonderen Lebenslagen aufgefangen werden könnte (daher auch die Betonung der persönlichen Hilfe in § 8 Abs. 1 BSHG). Der starke Anstieg der Bezieher von Hilfe zum Lebensunterhalt, der von einem tiefgreifenden Strukturwandel dieser Personengruppe (v.a. im Hinblick auf Armutsursachen und Altersstruktur) begleitet wird, überfrachtet und überfordert die Sozialhilfeträger. Die S. ist nicht mehr (nur) der Ausfallbürge (s. oben 2.), sondern hat sich für immer mehr Menschen zu einer Art Grundversorgung auf Dauer entwickelt; sie muß eine Funktion erfüllen, für die sie nicht geschaffen wurde und die sie, so wie das BSHG angelegt ist, auch nicht erfüllen kann. Diesem Funktionswandel, der mit steigenden Kosten für die Sozialhilfeträger (bei gleichzeitiger Finanznot der Kommunen) einhergeht, versucht der Gesetzgeber nicht mit einem Strukturwandel der Basissicherung, sondern im wesentlichen nur mit Streichung oder Abbau von Leistungen zu begegnen (z.B. »Deckelung« der Regelsätze von 1982–1985 und seit 1993; zunehmende Regelungen zur darlehensweisen Hilfegewährung). Bislang ohne Ergebnis blieben hingegen Überlegungen, die von der Verlagerung einzelner Leistungen auf andere Sozialleistungsträger (z.B. für Arbeitslose) über die Aufstockung vorrangiger Sozialleistungen bis zur Schaffung einer allgemeinen staatlichen Mindestversorgung (Volksversorgung, Grundrente, garantiertes Mindesteinkommen) reichen. *P. Trenk-Hinterberger*

Literatur: (vgl. beim Stichwort *Bundessozialhilfegesetz*); ferner W. Hanesch u.a.: Armut in Deutsschland, Reinbek 1994; S. Leibfried/F. Tennstedt: Politik der Armut, Frankfurt/M. 1985; J. Matthes: Gesellschaftspolitische Konzeptionen im Sozialhilferecht, Stuttgart 1964; J. Münder (Hrsg.): Zukunft der Sozialhilfe. Sozialpolitische Perspektiven nach 25 Jahren BSHG, Münster 1988; D. Schäfer: Die Rolle der Fürsorge im System sozialer Sicherung, Frankfurt/M. 1966; U. Schneider: Solidarpakt gegen die Schwachen, München 1993; B. Schulte/P. Trenk-Hinterberger: Sozialhilfe, Heidelberg [2]1986; J. Schulz (Hrsg.): Sozialhilfe, Weinheim 1994; G. Wenzel/S. Leibfried: Armut und Sozialhilferecht, Weinheim/Basel 1986.

Sozialisation

S. meint zunächst die »zweite, soziokulturelle Geburt des Menschen« (Claessens). Der Begriff betont, daß die Menschen »unfertig« zur Welt kommen und unter der Einwirkung einer gesellschaftlich bestimmten Umwelt zu Ende geboren werden. Dieser Prozeß kann mißlingen; schwere Psychosen im Kindesalter geben Zeugnis davon ab. Bei Anwendung hoher Maßstäbe für eigenständige »heile« Menschen wäre das Gelingen auch heute wohl eher die Ausnahme.

Einer inhaltlich gefüllten Sozialisationstheorie liegen Wertmaßstäbe des gelungenen Menschwerdens zugrunde; die Sozialisationsforschung hat oft schwerpunktmäßig nach Defiziten und ihrer Entstehung gefragt. An der Frage, was »normal« ist (*Normalität*), scheiden sich auch in der Praxis die Geister: Sollten bestimmte Jugendliche zusätzlich sozialisiert, resozialisiert werden, sind sie asozial, haben sie Sozialisationsdefizite? Versuche, allgemeinverbindliche Ziele der S. abzuleiten, bleiben i.d.R. in einer gummiartigen Abstraktion zwischen widersprüchlichen Anforderungen: der Aufbau von Handlungskompetenzen, die Entstehung eines reflektierten Selbstbildes. Zumeist gelangen die Werte unauffällig in die Bestimmung von S., indem eine Steigerung der Komplexität und der Flexibilität als Zielrichtung angegeben wird; sich auf wechselnde Bedingungen nicht einstellen zu können, gilt dann als Störung. Das vermeidet allerdings die Frage danach, welche Bedingungen und welches Maß an Veränderungszwang den Menschen zuträglich sind.

Ältere Sozialisationstheorien gingen von einem Bild der frühen Kindheit aus, das unterstrich, wie hilflos und auf Sorge angewiesen das menschliche Kind zunächst ist. Es wurde v.a. als passiv, formbar und bedürftig gesehen, der anfängliche Seelenzustand galt als diffus mit der erlebten Umwelt verschmolzen, unbestimmt und undifferenziert. Die neuere Säuglingsforschung hat inzwischen dieses tradierte anthropologische Bild des Neugeborenen erheblich revidiert (*Frühkindliche Entwicklung*). Insbesondere D. Stern hat herausgearbeitet, daß schon am Anfang der Entwicklung der Wunsch und die Fähigkeit stehen, sich aktiv mit der Welt in Beziehung zu setzen. Genaue Beobachtungen von Mutter-Kind-Paaren in den ersten Lebensmonaten belegen überzeugend, daß eine wechselseitige Beziehung entsteht, an der beide Seiten mitwirken, so daß es gerechtfertigt erscheint, schon beim Säugling von einem eigenständigen Selbst zu sprechen. Darauf baut die intersubjektive Sicht der psychosozialen Entwicklung in der Kindheit auf. Dies, aber auch verstärkte Aufmerksamkeit für die Wichtigkeit der Adoleszenz und für Umbrüche und Veränderungen im Erwachsenenalter, hat dazu geführt, nachhaltiger als zuvor S. interaktiv zu denken, als Prozeß, an dem das Subjekt aktiv mitwirkt, während es geformt wird. Die pränatale *Psychologie* wiederum vertritt zunehmend, daß dieses Selbst und dessen Interaktion mit äußeren Einflüssen sowie mit der Persönlichkeit der Mutter schon lange vor der Geburt beginnen.

Diese Sicht von S. hat mehrere, widersprüchliche Tendenzen ausgelöst. Einerseits radikalisiert sich die sozialkonstruktivistische Auffassung, die gleichermaßen den Begriff S. selbst – aufgrund des darin oft gemeinten Übergewichts gesellschaftlicher Formung – wie auch die Idee einer konstanten, in sich stimmigen Identität als deren Ergebnis verwirft. Die seelische und geistige Entwicklung wird als lebenslanger und offener Prozeß der »Selbstbildung in sozialen Praktiken« geschildert (Bilden), als Lebensbewältigung (Boehnisch); betont werden die immer neu erbrachte Leistung der Menschen, ihre Wirklichkeit selbst zu produzieren, und das Bruchstückhafte des inneren Selbst, das allen Vorstellungen von früher Prägung ebenso zuwiderläuft wie dem Ideal eines autonomen und reifen Ich als Ziel der S.

Auf der anderen Seite wächst die Neigung zur biologischen Option. Die Annahme eines empfindlichen, in Beziehung tretenden Bewußtseins schon vor oder spätestens bei der Geburt, die Vorstellung einer tätigen Aneignung und Hervorbringung der Welt durch das Kind selbst verlocken zur Suche nach im Körper angesiedelten genetischen oder physiologischen Quellen der Persönlichkeitsentwicklung. Aber auch die Sperrigkeit vorfindbarer Differenzen, wie die zwischen den Geschlechtern, gegen den Willen zur Veränderung wie gegen das Streben nach mehr Gerechtigkeit und Gleichheit steigert die Bereitschaft, Vorab-Festlegungen zu vermuten. Die gewaltigen Mittel, die in genetische Forschung investiert werden, bleiben nicht ohne Einfluß auf die Verbreitung der daran geknüpften Grundannahme, daß für alles am Ende eine abgespalten bestimmbare, körperliche Ursache zu finden wäre.

Bei diesem Stand der Dinge empfiehlt es sich, daran zu erinnern, daß S. kein beobachtbares Geschehen, sondern eine – wissenschaftliche oder gesellschaftspolitische – Konstruktion ist, ein Denkmodell, mit dessen Hilfe wir das Gesamt des Werdens und des Gefangenseins von Menschen in der *Gesellschaft* zu erfassen versuchen. Einzelne, für unser Denken der S. relevante Sachverhalte lassen sich mit großer Eindeutigkeit feststellen, andere destillieren sich je nach Blickwinkel und Erkenntnisinteresse zwar jeweils eindeutig, aber sehr verschieden als »Fakten« heraus. Aber es kann keine Gewißheit darüber geben, was S. »ist« und wie sie »wirklich« vor sich geht, weil nicht das Lebensschicksal der Menschen, wohl aber das Denkmodell von uns selbst in relativ großer Freiheit hervorgebracht wird.

Ein Fehler wäre es allerdings, diese Freiheit der gedanklichen Konstrukte auf das Leben zu übertragen. Nach wie vor sind Bedürftigkeit, ein großes Maß an Hilflosigkeit und Offenheit für Umwelteinflüsse kennzeichnend für den menschlichen Lebensanfang, gilt die Verwiesenheit auf tradierte und vorgeformte, objektive Kultur für das Überleben der einzelnen wie der Gruppe. Und das bedeutet: Denken, Fühlen und Handeln sind tiefgreifend durchdrungen von kulturspezifischen Werten, die sich z.B. in Normen für die *Ästhetik* des Gefälligen oder Begehrenswerten, für das Angebrachte, Erlaubte und Gebotene im Verhalten äußern. Die Fähigkeit zur primären Bindung mag dem Neugeborenen innewohnen; bereits, daß es die Gebärende ist, zu der diese Bindung aufgenommen wird, ist eine soziale Ausgestaltung dieses Potentials; und daß die Mutter das Selbst des Kindes als »einmalige Person mit eigenem Schicksal« anerkennt und deutet, verortet sie in der westlichen Moderne mit deren spezifischer religiöser und kultureller Tradition, die sich heute konkret etwa im Gebot, nach Bedarf (des Kindes!) zu stillen, niederschlägt – von beiden, Mutter und Kind, unerkannt, aber von beiden sowohl befolgt wie auch neu als Grundlage des »Gedeihens« hervorgebracht.

Bei aller Individualisierung der »postmodernen« Gesellschaft greifen unvermindert Verhältnisse von Herrschaft und Ohnmacht, Mangel an Ressourcen und struktureller *Gewalt* bis in die Erfahrungsräume der einzelnen durch und prägen typische Lebenslagen, in denen durchaus noch kollektive Erfahrungen und recht einheitliche Verlaufsmuster vorhanden sind. Daß die Subjekte diese Wertsysteme und vom Machtgefälle durchdrungene Ordnungen zudem aktiv mit herstellen, macht in Teilen das Maß ihrer Unterdrückung erst richtig voll – ermöglicht aber auch ihre Mittäterschaft an Ausbeutung und Ausgrenzung, ohne daß dies ihnen selbst erkenntlich wird. Individualisierung wurzelt zwar in der ökonomischen und politischen Freisetzung der einzelnen aus ständischen Bindungen für eine alles durchdringende *Marktwirtschaft*; sie ist jedoch zugleich – heute v. a. – ein kulturspezifisches Wertsystem, wonach nur diejenigen Zustände und Bedingungen als legitim gelten, die vom *Individuum* gewählt und selbst verantwortet werden. Die historische Sprengkraft dieser Haltung ist weitgehend verpufft; sie erscheint heute als grundsätzliche Unterstellung, Lebenslage, Lebensweg und Befindlichkeit der Menschen seien generell ursächlich auf eigene – im Zweifel unbewußte – Wünsche und Absichten zurückzuführen. Dem wahren Selbst im inneren Kern wird die Kraft zugeschrieben, Ereignisse jeder Art zu bewirken; Politik zugunsten benachteiligter Gruppen gleitet dann leicht in Magie ab, als könnten z.B. Plakate und Ausstellungen *Mädchen* in andere Berufe versetzen. Bedürfnisse und Erlebensformen hingegen, die auf Gemeinschaft, verläßliche Bindungen oder unhinterfragtes Geschehen verweisen, werden ausgeblendet und entwertet. Mit der Verbreitung therapeutisch orientierter Beratungskonzepte in der *Sozialen Arbeit* geraten psychosoziale Fachkräfte in den Sog individualisierender Denkmuster; dies kann sie blind machen für andere Wertsysteme, aber auch für ökonomische, soziale und lebensgeschichtliche Zwänge. Die S. fungiert dann als behelfsmäßige Erklärung, um die Lücke zwischen Beratungsziel und Beratungserfolg zuzudecken: S. hatten dann immer nur die anderen.

Differenzierten Konzepten der S. ist es hingegen immer wieder gelungen, Aufschluß über die eigenen kulturellen Selbstverständlichkeiten zu geben und so auch zur Sensibilität für unterschiedliche Weltsichten und Lebensweisen beizutragen. Das wirft auch die Frage nach dem Zusammenhang zwischen materiellen Bedingungen und der Entstehung einer typischen inneren Realität auf. Die lebhafte Debatte um spezifische S. nach sozialer *Schicht* oder *Klasse* in den 70er Jahren wurde in der BRD nie empirisch umgesetzt und fiel bald dem Vergessen anheim. Doch die Lebensweltforschung hat inzwischen mit wachsender Materialfülle aufzeigen können, daß es in der BRD durchaus recht unterschiedliche, einander teilweise sehr fremde Sozialmilieus gibt, deren Verschiedenheit die ungleiche politische und ökonomische Verteilung von Chancen und Mitteln widerspiegelt und die zudem von moralisch-kulturellen Konfliktlinien bestimmt sind. Daneben, das Bild der

durchaus gegliederten Vielfalt ergänzend, stehen Forschungen über zugewanderte oder migrierende Gruppen, die vorwiegend mit dem Begriff »Kultur« zur Beschreibung der jeweils typischen Lebenswelt arbeiten, allzuoft in der Absicht, das »Andersartige« hervorzuheben, ohne auf die Bedeutung von politischen (*Ausländerrecht*) und ökonomischen Bedingungen einzugehen.
Soziale *Milieus* haben zweifellos Einfluß auf die in ihnen erfahrene S. Der ökologische Ansatz, der diese Zusammenhänge erhellen wollte, hat sich zunächst um einen breiten Kranz von Variablen bemüht, wohl auch als Reaktion auf einfache Modelle. Es läßt sich bislang wenig Abgesichertes über die Bedeutung sozialer Lagen für S. finden. Empirische Aussagen liegen erst auf der Ebene der Erziehungsvorstellungen der Eltern vor, die durchaus einen Zusammenhang mit deren Stellung im Beruf, Arbeitssituation und Einkommen erkennen lassen. Doch explizite Erziehungsziele sind nur ein Baustein im Gesamt der S.; sie sagen zudem mehr darüber aus, wie über *Erziehung* gesprochen wird, und erschließen noch nicht einmal das bewußte Erziehungshandeln. Dieser Zugang zur S. deutet auf ein (schichttypisches?) Vorurteil der Forscher zugunsten verbal reflektierender Erziehungs- und Selbstkonzepte hin.
Die sozialisierende Wirkung der realen Lebensverhältnisse dürfte demgegenüber eingreifender sein. Dazu gehören sowohl allgemeine Strukturbedingungen von Vergesellschaftung, wie die Vorgabe institutionalisierter Verkehrs- und Lebensformen etwa durch *Familien*-, Steuer- und *Sozialpolitik* oder die Übermittlung normativer Bilder durch Massenmedien, wie auch differenzierende Auswirkungen ungleicher sozialer Lagen. Diese faktischen Verhältnisse, in denen sich die Individuen bewegen, können nur sehr begrenzt als von ihnen selbst produziert gesehen werden. Sie fließen als Inhalt in die Bildung des Subjekts und der Bedürfnisse ein und geben zugleich als Rahmen die Grundlage für die Abschätzung eigener Möglichkeiten und die Bildung individueller Ansprüche aufgrund der je als verfügbar erfahrenen Mittel ab.
Die *Familie* hat eine herausragende Bedeutung weniger als Ort der S. denn als dessen Inhalt: dieses Verhältnis der Geschlechter und der Generationen mit seiner spezifischen Arbeits- und Machtverteilung wird als Natur erlebt. Je stärker sie der Arbeitswelt entgegengesetzt und von ihr abgegrenzt wird, desto mehr erscheint die Familie als der einzige Lebenszusammenhang, in dem verläßliche Zuwendung, Befriedigung der Bedürfnisse und die Durchsetzung eigener Wünsche möglich wären. Gleichzeitig wird die Isolation erlebt, in der diese Kleingruppen sehr hohe Anforderungen mit sehr knappen geistigen, emotionalen und materiellen Mitteln zu erfüllen versuchen. Unterschiedliche Sozialisationserfahrungen lassen sich unter diesem Aspekt nach der Balance von Klammer- und Fluchtreflexen unterscheiden, die hinsichtlich der Zweisamkeit und der Motivation zum Kind ausgelöst werden. Wo die Mittel zum Leben knapp sind, sind die Klammertendenzen unbefangener, die Fluchtformen haben mehr Ausbruchscharakter.
Die Lebensform der kindzentrierten Kleinfamilie mit starkem Freizeits- und Geselligkeitsbezug bei ausgeprägter geschlechtlicher Rollenverteilung trifft in den neuen Bundesländern auf eine andersartige Tradition. S. in der DDR war in der Kindheit wie im Erwachsenenalter vorrangig kollektiv gestaltet, mit dem Anspruch auf auch ideelle Gemeinschaft, verknüpft mit einem Erziehungsmodell der Ein- und Unterordnung. Besonders das letzte Jahrzehnt der DDR war durch einen stetigen Schwund an positiven Identifikationsmöglichkeiten gekennzeichnet, seien es die sozialen und politischen Ideale von Partei und Staat, der Sinn der konkreten Arbeit oder die öffentliche Kultur und die DDR-Medien. Die Familie wurde immer stärker zum Ort des Rückzugs und der praktischen Lebensbewältigung: Der Zeitaufwand für alltägliche Versorgung und Erledigung nahm zu. Die anfangs proklamierten Ziele realer Gleichberechtigung der Frau verschwanden aus der öffentlichen Diskussion zugunsten eines verschämten Differenzmodells mit Frauen- und Männerberufen, Baby-Jahr und Teilzeitarbeit. Trotz deutlicher Arbeitsteilung war das Verhältnis der Geschlechter jedoch insgesamt weniger hierarchisch als in der alten BRD; Erfahrungen von Macht und Dominanz wurden weniger privat erlebt. Kollektivität ohne emotionale Identifikationsangebote belastete v.a. die Jugend: Es bestätigt sich noch einmal, daß eine moderne Gesellschaft nicht überleben kann ohne Raum für die eigenständige Dynamik der Adoleszenz mit ihren Größenphantasien, ihrer Suche nach einer eigenen sexuellen Identität und ihrer unerbittlichen Kritik an den Erwachsenen. Die Gesellschaft der DDR ist u.a. an ihrer Unfähigkeit zur S. der Jugend gescheitert.
Indem die Familienform die Durchführung der Reproduktionsarbeit als ein Verhältnis persönlicher Abhängigkeit nach dem Prinzip der Geschlechterzugehörigkeit regelt, wird allein schon durch diese Lebensform eine geschlechtsspezifisch unterschiedliche S. vermittelt. Vor allem das Verhältnis zur Macht entwickelt sich von Grund auf unterschiedlich. Dies bestimmt einen unterschiedlichen Zugang zu Aggressionsphantasien in früher Kindheit, in doppelter Hinsicht, im kindlichen Selbstkonzept wie in der Wahrnehmung und Bewertung von Macht bei Erwachsenen. Eigene Aggressionen werden bei Mädchen gebremst und nach innen gewandt, und dies nicht nur, wenn die Eltern entsprechendes Rollenverhalten erwarten. Denn die einseitige oder vorrangige Verantwortung der Frau als Mutter für die Pflege und Sorge um die Kinder sozialisiert sie – sofern noch nötig – zur inneren Zurücknahme von Aggressivität wie von deutlich ich-bezogenen Durchsetzungstendenzen; sie verkörpert so die weibliche Position, die das Mädchen einnehmen will, wollen muß. Der voll erwerbstätige Vater bleibt bei aller Kindzentriertheit Vertreter der aufregenden und zuweilen bedrohlichen Außenwelt; Begehren und Eroberung sind mit ihm assoziiert, aber auch die Freiheit, zu gehen und sich der Alltagsarbeit zu verweigern. Frühe Erfahrun-

gen von Hilflosigkeit und Ohnmacht bleiben mit dem Bild der als mächtig empfundenen, Trost und Halt gebenden weiblichen Pflegeperson verschmolzen; legitime, rational begrenzte Macht hingegen ist in Bildern von Männlichkeit kodiert. Auch wenn die konkreten Eltern kaum etwas von diesen Wunschbildern einlösen (können), so bewirkt die institutionalisierte Arbeitsteilung eine Aufspaltung des Gefühlslebens in »weibliche« und »männliche« Anteile und Erwartungen: Es ist die Mutter, deren fürsorgliche Zuwendung vermißt wird, der Vater, dessen Machtausübung nicht beschützend und gerecht war.

Innerhalb dieses Rahmens ist es von erheblicher Bedeutung, ob ein Gefühl, Werte zu besitzen, entstehen oder aufrechterhalten werden kann. Lebenslagen, die von dauerhafter materieller Unsicherheit oder dem Zwang zur monotonen sinnentleerten Arbeit geprägt sind, erzeugen das Bewußtsein, keine Verhandlungsmöglichkeiten zu haben, nicht einmal die Bewertung der eigenen Arbeitskraft beeinflussen zu können. So fehlt es den »Schulversagern« oft weniger an Befähigung denn an dem Zutrauen zu dem, was sie können, sobald die Aufgabenstellung nur geringfügig verändert wird und Ungewißheit über die Bewertung entsteht. Mädchen sind hier oft einer restlosen, gewaltsamen Ausbeutung ausgeliefert, die in dem doppelten Wissen eigener Wertlosigkeit gründet: die ihrer Arbeit (der Arbeit im Haushalt ebenso wie der unterbezahlten und unsicheren Lohnarbeit) und die ihrer selbst als »Ware« auf dem Markt von Liebe, Sex und Ehe.

Was für die Familie gesagt wurde, gilt entsprechend für andere Institutionen, für die *Schule* etwa oder Einrichtungen der öffentlichen Fürsorge. Sie sind nicht allein Sozialisationsinstanzen – Orte, an denen geregelte und normierende Einflußnahme auf die Persönlichkeitsentwicklung geschieht –, sondern sie selbst mit ihren Strukturen gehören zum Inhalt der S. Durch die Schule werden Konzepte der beaufsichtigten Kindheit und des Lernens durch verbale Unterweisung, Überzeugungen von der Kausalität individualisierter Leistung für spätere Lebenschancen vermittelt. In der institutionellen Wohlfahrtspflege erscheint die Zerlegung des gelebten Alltags in spezifizierbare Probleme, Beratungsanlässe oder Geldansprüche natürlich, die Rolle der Klientin wird ausgebildet. Erst der Einbezug der Institution erlaubt einen Begriff der S., der weder in die Zuschreibung von Mängeln noch in die Überschätzung der Freiheitsgrade der Individuen einmündet.

Kompensatorische Eingriffe, die auf den Ausgleich individueller »Defizite« abzielen, werden solange als erfolglos gelten, wie sie durch unveränderte Verhältnisse in der Schule und auf dem Arbeitsmarkt unterlaufen werden. Doch kann allein schon die vermehrte Beachtung und Zuwendung, die z.B. benachteiligte Kinder dabei erfahren, eine Bereicherung sein, die das Selbstwertgefühl stärkt. Allerdings nur dann, wenn das Zutrauen zu sich selbst auf real bedeutsame und anwendbare Fähigkeiten bezogen ist, die in der Lebenslage der Unterdrückten als solche erfahren werden können.

C. Hagemann-White

Literatur: J. Benjamin: Die Fesseln der Liebe, Frankfurt/M. 1990; L. Boehnisch/R. Winter: Männliche Sozialisation, Weinheim/München 1993; D. Claessens: Instinkt, Psyche, Geltung, Köln/Opladen ²1970; E. Glücks/F. G. Ottomeier-Glücks (Hrsg.): Geschlechtsbezogene Pädagogik, Münster 1994; C. Hagemann-White: Sozialisation: weiblich – männlich? Opladen 1984; C. Helfferich: Jugend, Körper und Geschlecht, Opladen 1994; K. Hurrelmann: Einführung in die Sozialisationstheorie, Weinheim/Basel ⁴1993; K. Hurrelmann/D. Ulich (Hrsg.): Neues Handbuch der Sozialisationsforschung, Weinheim 1991; H. Keupp/H. Bilden (Hrsg.): Verunsicherungen. Das Subjekt im gesellschaftlichen Wandel, Göttingen u.a.O. 1989; M. Krüll: Die Geburt ist nicht der Anfang, Stuttgart 1990; K. Tillmann: Sozialisationstheorien, Reinbek 1989.

Sozialismus, demokratischer (d. S.)

Der Zusammenbruch des sog. »realen Sozialismus« in Mittel- und Osteuropa ist in den Augen vieler ein Beweis für das endgültige Scheitern aller sozialistischen Politik. Für sie ist mit dem Sowjetsystem auch die sozialistische Idee untergegangen. Was dabei übersehen wird, ist die Tatsache, daß das Sowjetsystem allenfalls eine spezielle Ausprägung der sozialistischen Idee darstellt, der gegenüber sich schon früh andere Ausprägungen geltend machten. So hat sich der demokratische Sozialismus, wie ihn die sozialdemokratischen und sozialistischen Parteien Westeuropas vertreten, stets als prinzipieller Gegner der Theorie und Praxis des Marxismus-Leninismus verstanden.

Schon im ausgehenden 19. Jh. (z.B. durch Eduard Bernstein in Deutschland und durch die Fabian Society in Großbritannien) bildeten sich die Konturen des d. S. heraus: Orientierung an Grundwerten der Freiheit, der Gerechtigkeit und der *Solidarität* statt an angeblichen historischen Entwicklungsgesetzen, Anerkennung von Demokratie und Menschenrechten als unüberholbare Elemente jeder humanen Gesellschaft, Abkehr von der marxistischen Verelendungs- und Zusammenbruchstheorie und die Hinwendung zu inkrementalistischer Politik im pluralistischen Interessengeflecht komplexer moderner Gesellschaften. Aber erst die Spaltung der Arbeiterbewegung in Kommunisten und Sozialdemokraten bzw. demokratische Sozialisten und die abschreckenden Erfahrungen mit der Praxis von Bolschewisten und Stalinisten führten dazu, daß die eigenständige Position des d. S. auch in Parteiprogrammen klar und unzweideutig formuliert wurde.

Bis zum Ende des 2. Weltkriegs herrschte auch in den meisten sozialdemokratischen Parteien die Vorstellung vor, daß Sozialismus zuerst und v.a. ein ökonomisches System sei, das sich vom Kapitalismus hauptsächlich durch die beiden Charakteristika der Verstaatlichung der Produktionsmittel und der umfassenden zentralen Planung von Produktion und Verteilung unterscheide. Wo das marxistische Erbe lebendig war, ging diese Vorstellung nicht selten mit dem Glauben einher, daß auf der Grundlage einer so veränderten Ökonomie alle gesellschaftlichen Antagonismen überwunden und ein dauerhafter Frieden etabliert werden könne.

Freilich gab es neben der marxistisch inspirierten ökonomischen Theorie und dem fast religiösen Versöhnungsglauben schon früh eine sehr viel nüchternere und pragmatischere sozialistische Praxis, und je mehr Sozialisten in *Parteien* und *Gewerkschaften* Gelegenheit erhielten, die sozialen und politischen Verhältnisse mitzugestalten, umso deutlicher wirkte diese Praxis auf die Veränderung der Theorie zurück. Zumindest in ihrem sozialdemokratischen Strang ist die Geschichte des Sozialismus auch eine Lerngeschichte, in der Theoreme und Vorstellungen an der Praxis überprüft und entsprechend geändert werden. Dies beginnt in Deutschland spätestens mit Eduard Bernstein und hört mit dem Godesberger Grundsatzprogramm der SPD nicht auf. Seit der Spaltung der Arbeiterbewegung gehört zu dieser Lerngeschichte auch die permanente Auseinandersetzung mit Theorie und Praxis des Leninsmus und seiner Erben.

Wer den Sozialismus in seiner historischen Vielfalt und Entwicklung betrachtet, für den muß es geradezu absurd erscheinen, den d. S. für überholt zu erklären, nur weil die Systeme zusammengebrochen sind, die gerade in ihm stets einen ihrer hartnäckigsten Widersacher gesehen haben. »Heute auf den d. S. zu verzichten«, schreibt Helga Grebing, »käme einem Verrat der Sozialdemokratie an ihrer Geschichte … gleich, bedeutete das Eingeständnis eines Scheiterns, das gar nicht erfolgt ist, hieße im nachhinein unsinnigerweise zuzugeben, daß man insgeheim dann doch wohl das kommunistische Regime der DDR für den eigentlichen Sozialismus gehalten hat …« (Grebing 1991).

Freilich wäre es auch nicht richtig und ehrlich, so zu tun, als gäbe es eine von allen Verzerrungen und Verbrechen völlig unbefleckte ursprüngliche Idee des Sozialismus, die es nun, nach dem Debakel des sog. »realen Sozialismus«, wieder aufzugreifen gelte. Insbesondere geht es nicht an, darauf zu beharren, daß der wirkliche, der reine Marxismus mit all dem, was östlich von uns in seinem Namen unternommen wurde, gar nichts zu tun hat. Wohl läßt sich, wie dies z. B. Michael Schneider tut, mit guten Gründen zeigen, daß das Sowjetsystem und seine Derivate nach marxistischen Begriffen im Grunde gar nicht sozialistisch genannt werden können, dennoch ist es wohl so, wie auch Ernst Bloch in späteren Jahren einräumte, daß der Stalinismus den Marxismus nicht nur zur Unkenntlichkeit, sondern streckenweise auch zur Kenntlichkeit verzerrt hat.

Auch wenn die Wurzeln des d. S. weit in die Frühgeschichte der Arbeiterbewegung zurückreichen, so haben sich Terminus und Begriff des d. S. doch erst in der Auseinandersetzung mit den stalinistischen und poststalinistischen Systemen durchgesetzt. Vor allem nach dem 2. Weltkrieg bürgerte sich die Bezeichnung d. S. für die Politik von Sozialdemokraten und Sozialisten ein, die im Rahmen der westlichen pluralistischen Demokratie und auf der Basis einer gemischten Wirtschaft den Ausbau des Sozialstaats und der sozialen Demokratie (Mitbestimmung) und so die rechtliche, soziale und kulturelle Besserstellung der arbeitenden Menschen und aller anderen benachteiligten und diskriminierten Gruppen anstrebten.

Nach Auffassung der demokratischen Sozialisten ist »Sozialismus kein fertiger Gesellschaftsplan, sondern das Prinzip der umfassenden Demokratisierung der Gesellschaft« (Meyer 1982, 64). Wo Demokratie und Menschenrechte sich bereits durchgesetzt haben, kann und darf es also nicht mehr darum gehen, die Machtverhältnisse durch eine Revoltuion umzuwälzen; hier kommt es vielmehr darauf an, mit demokratischen Mitteln die Demokratie zu vertiefen und zu vollenden. Demokratie wird so zu Mittel und Ziel zugleich, in der klassischen Formulierung des Godesberger Programms der SPD: »Sozialismus wird nur durch die Demokratie verwirklicht, die Demokratie durch den Sozialismus erfüllt.«

Im Gegensatz zum Marxismus-Leninismus hat sich der d. S. nie als Antipode zum klassischen Liberalismus, sondern eher als sein konsequenter Vollender angesehen. Nicht erst Lenin oder gar Stalin, sondern schon Marx und, genau besehen, auch Lassalle hatten ein gestörtes Verhältnis zum westlichen Liberalismus. Statt das moderne Freiheitsversprechen, das sich zunächst im Liberalismus äußerte, aufzugreifen und konsequent zu verwirklichen, glaubten sie den Sozialismus im simplen Gegensatz zum Liberalismus definieren und organisieren zu können. In der reformistischen Tradition des d. S. ist Sozialismus dagegen nicht das ganz Andere zum Liberalismus, sondern viel eher die konsequente Verwirklichung dessen, was der historische Liberalismus wegen seiner besitzbürgerlichen Borniertheit immer nur halbherzig betrieb.

So gesehen läßt sich das Programm des d. S. und die ihn tragende Grundmotivation wie folgt beschreiben:

- daß Freiheit und Menschenrechte für alle erstritten werden sollen und nicht das Privileg der Starken und Leistungsfähigen bleiben dürfen (*Chancengleichheit*);
- daß alle Menschen das Recht haben, ihr Leben nach eigenen Vorstellungen selbständig zu gestalten und daß dazu die realen Voraussetzungen geschaffen werden müssen: also gerechte Verteilung von Einkommen, freier Zeit, Bildungschancen, Informationen, Chancen der sozialen, politischen und kulturellen Teilhabe;
- daß die Demokratie auf Dauer nur Bestand haben kann, wenn sie sozial fundiert wird, wenn nicht wichtige Bereiche wie die Wirtschaft sich jeder demokratischen Kontrolle entziehen (*Marktwirtschaft, soziale*);
- daß wir als Menschen für unsere Mitmenschen verantwortlich sind, daß überall auf der Welt, in allen gesellschaftlichen Bereichen die Menschen in ihrer Würde zu achten sind (Strasser 1990, 36f.).

Ausweitung und Vertiefung der Demokratie durch die Übertragung des Demokratieprinzips von der staatlich-politischen auf die soziale Ebene (Demokratisierung aller Lebensbereiche) und Ausbau sozialer Sicherungen und Dienste, das war die klassische Methode, mit der der d. S. seine *Emanzipations*- und Gerechtigkeitsziele zu erreichen trachtete. Daß diese Politik oft etatistische Züge annahm und das ihr zugrundeliegende pragmatische Verhältnis zur kapitalistischen Marktökonomie der Umverteilung von Macht und Reichtum Grenzen setzten, hat dem d. S. immer wieder Kritik von linker und radikaldemokratischer Seite eingetragen. Rosa Luxemburg, die ja in ihrer frühen Kritik am Bolschewismus demokratisch-sozialistischen Positionen durchaus nahekommt (Luxemburg 1968), hat in ihrer Schrift »Sozialreform oder Revolution?« der antireformistischen Kritik am d.S. die später immer wieder aufgegriffene Form gegeben: Solange die Wirtschaft kapitalistisch verfaßt sei, sei der Staat seinem Wesen nach Interessenvertretung kapitalistischer Interessen; mithin könne es wirkliche Verbesserungen der Lage der arbeitenden Menschen durch sozialpolitische Maßnahmen im Kapitalismus nicht geben. Gewerkschaftliche und sozialpolitische Arbeit habe nur insofern einen Sinn, als sie das Bewußtsein der Arbeiterklasse für die Unausweichlichkeit der revolutionären Umwälzung stärken könne (Luxemburg 1966, 83).

Daß der hinter dieser Position erkennbare monistische Systembegriff angesichts der Komplexität moderner Gesellschaften nicht haltbar ist, ist heute offensichtlich. Zudem wurde diese Position aber auch praktisch durch die tatsächlichen Fortschritte in der sozialen und rechtlichen Besserstellung der arbeitenden Menschen besonders nach 1945 widerlegt. Freilich wäre der erfolgreiche Ausbau des *Sozialstaat*s, der zugleich auch ein Erfolg des d.S. war, ohne die historisch einmaligen ökonomischen Wachstumsraten in der Nachkriegszeit wohl nicht möglich gewesen. Als seit Mitte der 70er Jahre sich die ökonomischen Rahmenbedingungen nachhaltig veränderten und die forcierte Globalisierung der ökonomischen Prozesse der klassischen keynesianischen Steuerungspolitik des d.S. zunehmend den Boden entzog, zeigten sich die Grenzen des bevorzugten Politikmodells des d.S.

Heute sind es v.a. auch die wachsenden ökologischen Probleme, die das alte – auf hohen Wachstumsraten fußende – Politikmodell fragwürdig erscheinen lassen. Gleichzeitig wachsen die sozialen Probleme innerhalb der reichen westlichen Industriegesellschaften, erst recht aber in den armen Ländern südlich und östlich von uns. Nach wie vor gilt, daß bloßes Laisser-faire, also das freie Spiel der Markt- und Machtkräfte, die Probleme nicht löst, sondern eher noch verschlimmert. Jede Gesellschaft, und erst recht die Welt insgesamt, braucht Solidarität, bewußte, verantwortliche, an gemeinsamen Wertvorstellungen orientierte Kooperation, um den Frieden zu sichern, um allen Menschen ein Leben in Würde zu ermöglichen und um den künftigen Generationen die Lebensgrundlagen zu erhalten. Insofern ist der Grundansatz des d.S. heute so aktuell wie je.

Die Frage ist aber, ob das Programm des d. S. noch real möglich ist, wenn sich immer deutlicher zeigt, daß der Versuch der technisch-wissenschaftlichen Moderne, durch die Entfaltung der Produktivkräfte den Mangel endgültig aus der Welt zu schaffen, ein unerfüllbarer Traum ist. Unser westliches Zivilisationsmodell – das ist heute nicht mehr zu leugnen – ist weder generalisierbar noch auf Dauer durchhaltbar. Damit aber stellt sich die Frage nach den Reichtumsvoraussetzungen einer Kultur der Freiheit, der Gerechtigkeit und der Solidarität, wie sie der d.S. anstrebt, neu. Die demokratisch-sozialistische Vision einer besseren Welt kann nur aufrechterhalten werden, wenn es gelingt, das alte, zunehmend kontraproduktiv werdende Modell der Reichtumsproduktion durch ein neues zu ersetzen, das den Erfordernissen »dauerhafter Entwicklung« (»sustainable development«, Brundtland-Bericht) entspricht, das generalisierbar ist und daher den armen Völkern östlich und südlich von uns eine faire Entwicklungschance bietet.

In der wissenschaftlichen und politischen Diskussion zu dieser Frage haben sich in den letzten Jahren die Konturen eines solchen alternativen Modells der Reichtumsproduktion herausgeschält. Im wesentlichen sind es drei Grundsätze, die es dabei zu beachten gilt:

1. Erhaltung von Wohlstand durch das Vermeiden von Schäden.
2. Effizientere Nutzung von Stoffen und Energie, wobei das gewaltige Potential der Sonnenenergie eine Schlüsselrolle spielt.
3. Wohlstandssteigerung durch mehr frei verfügbare Lebenszeit (*Zeit*wohlstand) statt durch immer mehr Güter und Dienstleistungen.

Um diese Grundüberlegung herum ist die Utopie einer neuen Freiheit zu entwickeln, ohne die Reformpolitik i.S. des d.S. nicht möglich ist (Strasser 1994, 34ff.). Da eine so ausgerichtete Politik heute weder in nationalstaatlicher Isolierung noch im Rahmen eines unregulierten Weltmarkts möglich ist, kommt es für den d.S. v.a. darauf an, durch die Regionalisierung der Weltwirtschaft (z.B. EU) und durch bindende internationale Vereinbarungen zum Waren-, Finanz- und Personenverkehr die Gestaltungsfähigkeit der Politik zurückzugewinnen (Hauchler 1993; von Prittwitz 1993). *J. Strasser*

Literatur: E. Bernstein: Texte zum Revisionismus. Ausgew., eingel. u. kommentiert v. H. Heimann, Bonn 1977; H. Grebing: Warum Sozialdemokraten am Sozialismus festhalten müssen, in: Frankfurter Rundschau v. 26.4.1991; I. Hauchler: Globale Trends 93/94, Frankfurt/M. 1993; R. Luxemburg: Die russische Revolution, in: Politische Schriften III, hrsg. v. O.K. Flechtheim, Frankfurt/M. 1968; R. Luxemburg: Sozialreform oder Revolution? in: Politische Schriften I, hrsg. v. O.K. Flechtheim, Frankfurt/M. 1966; T. Meyer: Demokratischer Sozialismus. Eine Einführung, Bonn 1982; V. v. Prittwitz: Umweltpolitik als Modernisierungsprozeß, Opladen 1993; M. Schneider: Das Ende eines Jahrhundertmythos. Eine Bilanz des Sozialismus, Köln 1992; J. Strasser: Leben ohne Utopie?, Frankfurt/M. 1990; J. Strasser: Die Wende ist machbar. Realpolitik an den Grenzen des Wachstums, München 1994.

Sozialmanagement

1. Begriff: S. ist seit Mitte der 80er Jahre immer stärker zu einem zentralen Thema in der Diskussion um die Weiterentwicklung personenbezogener sozialer Dienstleistung sowie ihrer Träger, den Organisationen *Sozialer Arbeit*, geworden. Trotz scheinbarer Plausibilität des Begriffes existiert bisher aber keine eindeutige fachliche Definition. Übereinstimmung besteht lediglich in der Erwartung an diesen Handlungsansatz, zu einer Reform sozialer Dienstleistung beizutragen. Im engeren geht es hierbei um die Steigerung der fachlichen Effektivität und wirtschaftlichen Effizienz, um *Professionalisierung* der ehrenamtlichen und hauptamtlichen Führungsebenen (*Handlungskompetenz*) sowie um eine stärkere Betonung der Motivations- und Leistungsressourcen von MitarbeiterInnen. Der Gebrauchswert sowie die Reichweite eines definitorisch näher zu entwickelnden S.-Konzeptes muß sich v. a. auf die feststellbare Problemdiagnose des Systems Sozialer Arbeit beziehen.
In der Diagnose der Entwicklungsanforderungen des sozialen Systems, auf die das Konzept des S. reagieren soll, lassen sich drei Ebenen unterscheiden:
- Durch die strukturellen gesellschaftlichen Krisen der »Arbeitsgesellschaft« (*Arbeit*) sowie die kulturelle Dynamik gesellschaftlichen Wertewandels stößt das etablierte System öffentlicher und privater Wohlfahrtspflege an Leistungsgrenzen, die sowohl die entwickelten organisatorischen Strukturen in Frage stellen, als auch verstärkte Legitimations- und Identitätsprobleme für den Bereich sozialer Dienstleistungsproduktion nach sich ziehen.
- Vor dem Hintergrund gesellschaftlichen Wertewandels verändern sich die Erwartungen und Anforderungen sowohl von *KlientInnen* als auch von MitarbeiterInnen sozialer Dienstleistungsorganisationen. Eine kritische Überprüfung der Strukturen von SozArb, die die Selbstverantwortung und Selbständigkeit von Klienten bisher eher bürokratisch verarbeitet haben in Richtung einer neuen Rolle als »Co-Produzenten«, verändern grundlegend die Erwartungsprofile an und die Effektivitätskriterien für soziale Dienstleistung. Die Bemühung um Ansätze zur Reform sozialer Dienstleistung i. S. bürgernaher und dezentralisierter Konzepte und Angebote sowie die Entwicklung neuer Steuerungsmodelle wie Budgetierung und dezentrale Ressourcenverantwortung kennzeichnen den gegenwärtigen Stand der Fachdiskussion.
- Darüber hinaus lassen sich veränderte Motivationen für ehrenamtliches Engagement (*Ehrenamtliche Helfer*) sowie gestiegene Erwartungen der professionellen hauptamtlichen MitarbeiterInnen feststellen. Dies läßt sich als zunehmende Anforderung definieren, ehren- und hauptamtliche MitarbeiterInnen sowie KlientInnen stärker in die Erneuerungs- und Gestaltungsprozesse der sozialen Organisationen einzubeziehen. Personal- und *Organisationsentwicklung* sind hiermit zentrale Ansätze und Erwartungen in der gegenwärtigen Reformdiskussion.

2. So lassen sich denn, je nach Genese des Diskussionszusammenhanges, unterschiedliche Erwartungen an S.-Konzepte beschreiben, die jeweils auch einen spezifischen Definitionsversuch beinhalten:
- Die Spannweite der unterschiedlichen S.-Konzeptionen läßt sich in den Polen »Sozialmanagement oder Management des Sozialen« (Flösser/Otto) charakterisieren. Im Kern zielt diese Polarisierung auf die Klärung der Reichweite des mit S. verbundenen Reformkonzeptes als einem Instrument zur Veränderung der Organisationen der SozArb einerseits, oder – sehr viel weitergehender – um die Zielperspektive einer grundlegenden Neustrukturierung des Handlungssystems sozialer Dienstleistung. Zugespitzt läßt sich dies als Frage danach formulieren, ob S. auf die zukunftsorientierte innovative Weiterentwicklung des Systems der SozArb gerichtet ist oder »lediglich« auf eine interne Optimierung sozialer Organisationen.
- In der Fachdiskussion wird unter einem zweiten Blickwinkel die Frage diskutiert, ob es ein eigenständiges Managementkonzept für den Sozialbereich geben kann oder ob nicht vorhandene Managementansätze aus dem Bereich der Erwerbswirtschaft übertragen werden können.
- Auf einer dritten Ebene geht es um die Klärung der Frage, ob sich das Konzept des S. auf die ausschließliche Qualifizierung von Führungsebenen im ehren- und hauptamtlichen Bereich sozialer Organisationen richtet oder ob eine Identifizierung und Qualifizierung unterschiedlicher Managementebenen auf den unterschiedlichen Handlungsebenen der SozArb und sozialer Dienstleistungsproduktion intendiert ist. Zentral ist hierbei die konzeptionelle Ausdifferenzierung unterschiedlicher Managementkompetenzen (S. oder administrative Handlungskompetenz, Kreft) und die Diskussion darüber, durch welche Angebote feststellbare Ausbildungsdefizite der Profession nachträglich reguliert werden können (Kreft).

3. Die Diskussion um S.-Konzepte wird i. w. durch den Bezug auf Management-Theorien und Managementansätze aus dem Bereich der Erwerbswirtschaft gespeist. In einer klassischen Definition kann Management als die zielbezogene Koordination bisher unverknüpfter Handlungsstränge durch Nutzung vorhandener oder latenter personeller, informationeller und sachlicher Ressourcen verstanden werden (Ulich 1984). Die Managementlehre hat hierbei die Aufgabe, Lösungen für Managementprobleme zu entwickeln, die effektiv i. S. einer Zielerreichung sind, effizient i. S. eines adäquaten Einsatzes der verfügbaren Mittel sind, im Handeln der Organisation die vorhandenen sozio-kulturellen gesellschaftlichen Normen und Werte berücksichtigen und die politisch vernünftig mit den konkreten gesellschaftlichen Machtverhältnissen umgehen (Burla).
Bei der Übertragung von Managementkonzeptionen

aus dem Profit-Bereich müssen jedoch die Besonderheiten von sozialen Organisationen als Non-Profit-Organisationen zu wesentlichen Ausgangs- und Prüfpunkten der Formulierung von Managementansätzen werden. Als wesentliche Besonderheiten, auf die ein S.-Konzept reagieren muß, lassen sich hierbei benennen:

- Im Gegensatz zu erwerbswirtschaftlichen Organisationen handelt es sich im Bereich der sozialen Organisationen um bedarfswirtschaftliche Organisationen. Per Definitionem verfolgen soziale Organisationen keine primär monetären Gewinnziele.
- Im Unterschied zu erwerbswirtschaftlichen Organisationen sind soziale Organisationen durch nichtschlüssige Tauschbeziehungen gekennzeichnet, d.h. die Kunden sind nicht in allen Fällen/nicht überwiegend Bezahler der eigentlichen Leistungen (Burla).

Unter Berücksichtigung der genannten Wesensmerkmale von sozialen Organisationen als Non-Profit-Organisationen lassen sich die konzeptionellen Ausgangspunkte konkretisieren, die mit der Veränderung der Anforderungen an den sozialen Dienstleistungsbereich einhergehen und auf die bezogen ein S.-Konzept entwickelt werden muß.

Traditionelle Führungskonzepte im Bereich der behördlichen sowie frei-gemeinnützigen SozArb, die einem strengen hierarchischen Organisationsaufbau nach dem Weberschen Bürokratie-Modell folgten, geraten immer stärker in Gegensatz zu den Leistungsanforderungen der Organisationsumwelten sozialer Dienstleistungsorganisationen. Diesem Innovationsdruck kann mit den traditionell geführten Diskussionen um Führungsstile oder personale Führungs- und Leitungskonzepte nicht hinreichend begegnet werden. Die mit der Beschreibung personaler Leitungskonzepte verbundene Zuweisung der Sicherstellung von Zielerreichung und Funktionsfähigkeit der Organisationen an hierarchische Entscheidungsträger versperrt vielmehr den Blick auf Organisationen als ganzheitliche und lebendige soziale Systeme. Gerade soziale Dienstleistungsorganisationen sind darauf angewiesen, Führungskonzepte so zu entwickeln, daß lebendige und kooperative Strukturen in der Organisation und in der Beziehung zu Klienten gefördert werden. Dies erfordert nicht nur flexible und hierarchiearme Aufbau- und Ablaufstrukturen, sondern auch ein Verständnis von Leitung als S., das die jeweiligen Rollen von Leitungskräften und MitarbeiterInnen bei der Gesamtentwicklung des Unternehmens berücksichtigt und diese nicht über scheinbar rational begründete hierarchische Strukturen regelt.

Die klassischen Muster einer Regulierung sozialer Dienstleistungssysteme nach rechtlichen, rechnerischen und bürokratischen Rationalitätskriterien stoßen an ihre Grenzen, solange sie soziale Organisationen als »geschlossene Organisationen« begreifen, die nach systemimmanenten Ordnungskriterien und Regeln geführt werden können. Im Gegenzug hierzu entwickeln neuere managementtheoretische Ansätze die Vorstellungen von »umweltoffenen« Organisationstypen, die in ihrer inneren Dynamik, Flexibilität und Reflexibilität als »Zelte« und »Netze« gekennzeichnet werden, die durch eine starke Organisationskultur der Kommunikation geprägt sind (Ulrich/Probst).

Dieser Prozeß der Gestaltung des »Organisationswandels« sozialer Dienstleistungsorganisationen ist jedoch keine quasi naturwüchsige Entwicklung, die »hinter dem Rücken« und »über den Köpfen« der Beteiligten und Betroffenen ablaufen kann; vielmehr ist er als Prozeß eines organisatorischen Lernens zu gestalten. Zentraler Aufgabenschwerpunkt und Anforderung an das Konzept von S. ist hierbei, diesen Wandel gezielt zu vermitteln und zu steuern.

4. In diesem neueren Managementverständnis, das sich wesentlich auf den von der St. Gallener Schule für Management gestützten und entwickelten »systemischen Ansatz« bezieht (*Systemisches Denken und Handeln*), verbinden sich die Kompetenzen der Leitung und Führung in sozialen Organisationen mit einer neuen Qualität von Steuerung und Verantwortung (Ulrich/Probst). In einer Unterscheidung zwischen »innerer« und »äußerer« Umwelt sozialer Organisationen lassen sich die unterschiedlichen Aufgabenbereiche und Anforderungen an das Managementhandeln als Konzepte des Lenkens, Gestaltens und Entwickelns bezeichnen. S. kann somit als Anforderung an Leitungskräfte definiert werden, Organisationsentwicklungsprozesse als wesentliche Aufgabe von Management verantwortlich zu gestalten.

Dabei sind die grundlegenden Aufgaben von Management wie Zieldefinition, Planen, Entscheiden, Realisieren, Kontrollieren nicht prinzipiell in Frage gestellt. In einem konzeptuellen Verständnis von S. als Lenken, Gestalten und Entwickeln erfolgen sie jedoch unter neuen Voraussetzungen. In einer Differenzierung von strategischem Management als Zielentwicklungs- und Steuerungsfunktion und operativem Management lassen sich unterschiedliche Ebenen von Managementhandeln operationalisieren. Die Wahrnehmung von Managementaufgaben ist in diesem Konzept in einer Verschränkung von vertikaler und horizontaler Arbeitsteilung definiert.

Managementkompetenzen und die Wahrnehmung von Managementaufgaben läßt sich damit nicht auf die Führungsebene beschränken, sondern ist i.S. administrativer Handlungskompetenz unverzichtbarer Bestandteil sozialarbeiterischer Aufgabenwahrnehmung. S. i.e.S. bezeichnet dann die mit den Aufgaben der strategischen Unternehmensführung und Steuerungsfunktionen verbundenen erweiterten Kompetenzanforderungen (vgl. Kreft).

Die mit den Kernelementen des Lenkens, Gestaltens und Entwickelns verbundenen Anforderungen und Aufgabenschwerpunkte von S. lassen sich in einem erstesn Zugang wie folgt umreißen:

- Die veränderten Anforderungen sowohl in der »inneren Organisationswelt« als auch die geschilderten Veränderungen in der Organisationsumwelt machen

eine neue Qualität in der Gestaltung der Prozesse strategischer Zielentwicklung und Zielvereinbarung erforderlich, die mit den Stichworten der Organisationsentwicklung und »Konzeptinitiative« als Aufgabe des Managements zu erfassen ist.
- Von wesentlicher Bedeutung ist die Entwicklung einer neuen Qualität der Ausschöpfung der vorhandenen Ressourcen und Potentiale von ehren- und hauptamtlichen MitarbeiterInnen i.S. einer Personalentwicklung. Die Ausdifferenzierung und Umsetzung von Konzepten der Personalentwicklung wird zukünftig einer der wesentlichen Garanten für die Weiterentwicklung sozialer Organisationen darstellen.
- Die Schaffung von geeigneten Delegationsstrukturen, die auf kleinräumige, flexible, teilautonome und selbststeuernde Einheiten der Leistungserbringung sozialer Dienstleistung abzielen, ist als wesentliche Managementaufgabe zu definieren. Konzeptionell wird dies hier unter dem Stichwort lean-management als Strategie der Unternehmensgestaltung diskutiert.
- Traditionelle Aufgaben der »Führung« und »Leitung« lassen sich unter einem veränderten Managementverständnis als Aufgabe i.R. einer vertikalen Arbeitsteilung mit abnehmenden hierarchiebegründeten Entscheidungsverantwortungen und zunehmender »Schnittstellen« Verantwortung definieren. Kontrolle als klassische Führungsaufgabe wird damit langfristig zu einer »Serviceaufgabe Controlling«. Motivierung i.S. einer Beteiligung am Prozeß der Organisationsgestaltung wird zur neuen Qualität des Managementhandelns.

5. Für die konzeptionelle Ausdifferenzierung und Weiterentwicklung des S.-Ansatzes wird es künftig darum gehen, die skizzierten Kompetenzanforderungen für das haupt- und ehrenamtliche Management sozialer Organisationen durch das Angebot qualifizierter Fort- und *Weiterbildung* umzusetzen. Der rasant expandierende Weiterbildungsmarkt ist in seiner schillernden Vielfalt und Unterschiedlichkeit kaum mehr zu überblicken. Um so notwendiger ist es, Qualitätsstandards für die Qualifizierung von Leitungskräften im ehren- und hauptamtlichen Bereich zu definieren (vgl. Konferenz zentraler Fortbildungsinstitutionen für Jugendarbeit und Sozialarbeit 1993).
In einer ersten Evaluation vorhandener Angebote und Maßnahmen lassen sich zwei unterschiedliche, sich jedoch ergänzende »Angebotstypen« unterscheiden: Zum einen handelt es sich um über eine längere Laufzeit angelegte berufsbegleitende Weiterbildungsprogramme, die eine umfassende Qualifizierung für Leitungsaufgaben gewährleisten und die hinsichtlich der Mindestdauer, der Qualifikation der Kursleitung, der inhaltlichen Schwerpunkte, der Auswahlverfahren, der Zertifizierungsmodalitäten und der Qualitätssicherung durch Kursbegleitsysteme geeignet sind, sowohl der Vielfalt der unterschiedlichen Trägerorganisationen SozArb als auch den Anforderungen an die Vielfalt der Dienstleistungssparten der SozArb zu genügen. Als Ergänzung zu diesen langfristigen berufsbegleitenden Weiterbildungskursen sind Angebote kurzzeitiger Trainings- und Fortbildungsangebote entwickelt worden, die sich auf jeweils einzelne Schwerpunkte der Leitungsanforderungen konzentrieren und eine gezielte Qualifizierung für unterschiedliche Aufgabenbereiche ermöglichen. Gerade dieser Angebotstyp trägt in besonderer Weise den Personalentwicklungsanforderungen im ehrenamtlichen Bereich Rechnung, weil er den Interessenten Möglichkeiten eröffnet, sich nach Bedarf Lernbausteine ohne langfristige zeitliche Bindung zusammenzustellen.
Aus den eingangs skizzierten Konzeptlinien eines S.-Ansatzes als Aufgabe des Lenkens, Gestaltens und Entwickelns lassen sich zentrale thematische Elemente eines Weiterbildungskonzeptes ableiten:
- In einem ersten Zugang ist die Frage nach der »Corporate Identiy«, d.h. nach der verbindenden Idee einer sozialen Organisation, deren fachlichen und sozialpolitischen Grundorientierungen zu klären. Das Selbstverständnis und die Zielsetzungen SozArb, die Frage der Unternehmenskultur und der Außendarstellung der Organisationen, sind Gegenstand dieses thematischen Schwerpunktes.
- Bei der Erarbeitung organisationsanalytischer Kompetenz steht der Zusammenhang von strategischen Organisationszielen, Aufgabenstellungen und formalen Organisationsstrukturen im Vordergrund. Die Weiterentwicklung effektiver und effizienter Modelle der Aufbau- und Ablauforganisation für den Non-Profit-Bereich sind dabei zu thematisieren.
- S. als Organisationsentwicklungskompetenz beschäftigt sich mit innovativen Gestaltungsmöglichkeiten, wie sie z.B. in Modellen des Netzwerk- und Projektmanagements, sowie des lean-managements gegeben sind. Die Besonderheiten der Übertragbarkeit auf Organisationen der SozArb steht hierbei im Vordergrund der Betrachtung. Human-Ressources-Konzepte in ihrer Bedeutung für die Gestaltung der innerbetrieblichen Kooperations- und Kommunikationsstrukturen sind weitere wesentliche Faktoren für diesen thematischen Schwerpunkt.
- S. als Aufgabe der strategischen Steuerung von Non-Profit-Organisationen muß sich im Qualifizierungsbereich sodann mit Konzepten der Budgetierung und dezentralen Ressourcenverantwortung sowie mit Inhalten und Organisationsformen eines Controlling-Konzeptes auseinandersetzen.

Die geschilderten thematischen Elemente eines Fort- und Weiterbildungskonzeptes für Leitungskräfte der SozArb wurden z.B. vom Institut für Sozialarbeit und Sozialpädagogik e.V. in Frankfurt/M. entwickelt und über lange Jahre erprobt (vgl. Fortbildungsprogramme des ISS e.V. 1989–1995). *B. Reinbold*

Literatur: S. Bloesy/D. Kreft/G. Strack: Projekt- und Sozialmanagement in der Sozialen Arbeit, hrsg. vom spi-Berlin, Berlin 1988; S. Burla: Rationales Management in Non-Profit-

Organisationen, Schriftenreihe des Betriebswirtschaftlichen Instituts an der Universität Basel. Bd. 19, Bern/Stuttgart 1989; G. Flösser/H.-U. Otto (Hrsg.): Sozialmanagement oder Management des Sozialen? Bielefeld 1992; Konferenz zentraler Fortbildungsinstitutionen für Jugendarbeit und Sozialarbeit: Fort- und Weiterbildung für Leitung und Organisationsentwicklung, Frankfurt/M. 1993; D. Kreft: Sozialmanagement oder administrative Handlungskompetenz? in: social-management 4/1992; Lean-Management: Unternehmen im Umbruch. Eine Serie der Süddeutschen Zeitung seit 7/1994 ff.; P. Lotmar/E. Tondeur: Führen in sozialen Organisationen, Bern/Stuttgart 1991; B. Maelicke/B. Reinbold: Ganzheitliche und sozialökologische Organisationsentwicklung für Non-Profit-Organisationen, Köln 1989; A. Müller-Schöll/M. Priepke: Sozialmanagement, Neuwied [3]1992; B. Reinbold/B. Rehling/M. Kneffel: Sozialmanagement und Innovation in der Jugendverbandsarbeit, Frankfurt/M. 1994; H.-Ch. Reiss: Controlling und soziale Arbeit, Frankfurt/M. 1993; G. Schwarz: Sozialmanagement, München 1994; H. Ulrich: Management, Bern 1985; H. Ulrich/G. J. B. Probst: Anleitung zum ganzheitlichen Denken und Handeln, Bern 1988; Zeitschrift socialmanagement, Baden.

Sozialmedizin

S. ist die Wissenschaft von den Krankheiten und ihren Folgen (Invalidität, vorzeitiger Tod), die gesellschaftliche, i.w.S. umweltbedingte Ursachen haben, deren Auswirkungen auf die Stellung eines Menschen in *Familie* und Beruf, und gleichzeitig von der praktischen Anwendung dieser Erkenntnisse in Sozialhygiene, Sozialpsychiatrie und *Sozialtherapie*. Die Sozialhygiene befaßt sich mit den Wechselwirkungen zwischen dem Gesundheitszustand des Menschen und seiner Umwelt und wird auch als Oberbegriff für Sozial-, Rehabilitations-, Präventivmedizin und das öffentliche Gesundheitswesen, i. w. S. für alle Einrichtungen und Maßnahmen, die *Gesundheitshilfen* zum Zweck der Gesunderhaltung der Gesamtgesellschaft bereitstellen, verwandt. Als Sondergebiet umfaßt sie auch die interdisziplinär aus *Psychiatrie*, *Soziologie*, Sozialpsychologie und Biostatistik entwickelte Sozialpsychiatrie (auch Soziopsychiatrie), die die Bedeutung von sozialen und kulturellen Faktoren für die Entstehung und den Verlauf psychischer Störungen sowohl in Klein- als auch in Großgruppen untersucht, z.B. in epidemiologischen Untersuchungen über Häufigkeit, Schweregrad und schichtspezifische Verteilungsmuster psychischer Störungen. Ihre Untersuchungsergebnisse haben das therapeutische Handeln insofern verändert, als dieses stärker auf *Gruppenarbeit*, *Familienberatung* und die Entwicklung eines offenen Systems psychiatrischer Fürsorge (Tages- und Nachtkliniken, beschützende Werkstätten, ambulante psychiatrische Dienste, Verhinderung von Stigmatisierung) ausgerichtet wurde.
Die Sozialtherapie umfaßt ärztliche, pflegerische und sozialpädagogische Maßnahmen zur Wiedereingliederung psychisch, geistig oder körperlich Kranker oder Behinderter in Familie und Beruf unter Anwendung von Beschäftigungs-, Arbeits- und Werktherapie, Gruppen- und Freizeitaktivitäten. Das langfristige Ziel ist die Aufhebung der Isolierung dieser Kranken und ihre Wiedereingliederung in die *Gesellschaft*. Speziell im Bereich des Strafvollzugs wird der Begriff verwandt, um einen besonderen Typus von Haftanstalten zu kennzeichnen (sozialtherapeutische Anstalten), der der Resozialisierung und Wiedereingliederung in die Gesellschaft bestimmter Tätergruppen (rückfällige Kriminelle, Triebverbrecher, Hangtäter unter 27 J.) dienen soll.
Während die o.g. Maßnahmen weitgehend klientenzentriert sind (Wiedereingliederung in die Gesellschaft), gibt es im Bereich der S. eine zweite nicht minder wichtige Aufgabenstellung: die Veränderung der Gesellschaft, insoweit diese Strukturen aufweist, die das körperliche, geistige und seelische Wohlbefinden einzelner oder ganzer Gruppen beeinträchtigen. Mitscherlich bezeichnet z.B. 1956 als soziale Krankheit (Krankheit der Gesellschaft), wenn bewußt oder unbewußt in einer Sozietät affektive Regungen geweckt, Möglichkeiten zur Abfuhr und Entladung jedoch nicht bereitgestellt werden, z.B. durch Streß und/oder Monotonie am Arbeitsplatz. Der Begriff soziale Krankheit beinhaltet, daß die Gesellschaft selbst zum Untersuchungsgegenstand gemacht wird. Wie beim *Individuum* stellt sich auch hier die Frage, was für ein materieller, geistiger und seelischer Organismus die Gesellschaft ist und wie dieser funktioniert. Das läßt sich sowohl für einzelne Gruppen als auch für die Gesellschaft insgesamt untersuchen und darstellen. Die Möglichkeiten einer »Sozialanamnese«, »Sozialdiagnose« und »Sozialtherapie« sind bislang keineswegs ausgeschöpft. Diese Aufgabe ist nur interdisziplinär zu leisten. Eine große Schwierigkeit zeichnet sich aber in der begrifflichen Unklarheit ab, indem z.B. Sozialanamnese gebraucht wird als Kennzeichnung eines Teilbereichs der medizinischen Individualanamnese (der sozialen Existenz des Individuums), als auch im o.g. Sinn zur Kennzeichnung einer *Anamnese*, die die Gesellschaft zum Gegenstand hat. Ähnlich undifferenziert wird der Begriff der Soziopathie angewandt, teils als Leiden der Gesellschaft, teils als Etikettierung des Verhaltens einzelner gegenüber der Gesellschaft (früher auch Psychopathie): in der amerikanischen Terminologie (American Psychiatric Association) als Oberbegriff für anti- und dissoziales Verhalten (Perversion, *Drogenabhängigkeit*, *Prostitution* u.a.), im deutschen Sprachgebrauch für *Kriminalität* und Vagabundieren. Die Soziopathologie hingegen befaßt sich mit den Wechselwirkungen zwischen der Psychopathologie eines einzelnen und seiner gesellschaftlichen Bezugsgruppe. Die weitgehend unbearbeiteten Hauptthemen der S. sind die der gesellschaftlichen Einflüsse auf Entstehung, Verlauf und Heilung von Krankheiten. Ihnen zuzuordnen sind das Sozialrecht, sämtliche Einrichtungen, Versorgungsangebote und neue Organisationsformen offener Gesundheitsdienste (*Sozialstationen*, therapeutische Wohngemeinschaften, Kranken-, Alten-, Haus- und Familienpflege/*Hauskrankenpflege*, *Hauspflege*, *Haushaltshilfe*).
Von einigen Autoren (u.a. Siegrist) wird die S. von der

Medizinsoziologie abgegrenzt. Der wesentliche Unterschied wird darin gesehen, daß die S. lediglich soziale Faktoren in die medizinischen Denkmodelle einführt (Soziologie in der Medizin), diese selbst jedoch nicht analysiert, während die Medizinsoziologie medizinisches Denken und Handeln selbst problematisiert und seine Auswirkungen auf die Gesellschaft und umgekehrt zu evaluieren versucht. Die Unterscheidung zwischen beiden Ansätzen ist einesteils sinnvoll, weil sie auch das methodische Vorgehen modifiziert, andererseits wird aber langfristig eine gegenseitige Durchdringung nicht zu umgehen sein, wie die Arbeiten von Hollingshead und Redlich über den Zusammenhang zwischen der Häufigkeit psychiatrischer Erkrankungen und sozialer Schichtzugehörigkeit zeigen. Von diesen Autoren werden soziale Daten in medizinische Denkmodelle eingeführt, während die Probleme der *Etikettierung* heilbar (Neurose) und unheilbar (schizophrene Störung) – was im medizinischen Denken noch weitgehend gleichbedeutend ist mit behandelbar und unbehandelbar – nicht aufgegriffen und einer Analyse unterzogen werden. Ausgehend von dem derzeitigen Stand der Wissenschaft ist allerdings die S. eher eine Integration verschiedener Untergebiete (Hygiene, Epidemiologie usw.), darunter auch bestimmter Bereiche ärztlichen Handelns (Versicherungsmedizin, sozialmedizinischer Dienst usw.), deren Vereinheitlichung bislang weder methodisch noch sachlich erreicht ist.

Die Medizinsoziologie ist vergleichsweise einheitlicher und geschlossener. Ihr verdanken wir wichtige Arbeiten wie die von Goffman oder Scheff, der die Labeling-Theorie auf medizinisches Alltagshandeln anwendet. Die Krankenrolle (Parsons) beinhaltet ebenso wie sonstiges Rollenverhalten innerhalb der Gesellschaft die Übernahme bestimmter Verpflichtungen und Erwartungen, die z. B. dann einer Gesundung eher hinderlich als förderlich sein können, wenn die gesunden Persönlichkeitsanteile eines Menschen diesen Rollenerwartungen untergeordnet werden müssen. Darüber hinaus sprechen Untersuchungen dafür (Brede), daß, z. B. bei psychosomatischen Erkrankungen, die Symptomwahl selbst u. a. eine sozialisationsspezifische Verhaltensstrategie darstellt. Diese wird durch rigide Rollenerwartungen an den Kranken nicht aufgehoben, sondern fortgeschrieben (*Rolle, soziale*).

Gegenüber den zu hoch gespannten Erwartungen der Medizinsoziologie ist allerdings kritisch anzumerken, daß die Analyse des Bestehenden auch dazu führt, daß sich innerhalb der Gesellschaft das Bewußtsein des Bestehenden verändert. Indem bislang nicht hinterfragte Gegebenheiten auf verständliche Zusammenhänge zurückgeführt werden, werden sie auch ihrer idealistischen und ideologischen Verbrämung entkleidet. Das Aufdecken gesellschaftlicher Motivationsstrukturen schärft die Wahrnehmung und das Bewußtsein und führt langfristig zur Veränderung. Damit werden die prognostischen Möglichkeiten eingeschränkt, i. S. einer einfachen Kausalbeziehung vom gegenwärtigen auf einen zukünftigen Zustand zu schließen. Aufdecken beinhaltet auch Veränderung, indem neue Variablen eingeführt werden, eine Tatsache, die dem medizinischen Denken geläufig ist und mit dem Wandel der Neurosestrukturen und -symptomwahl belegt werden kann. Die Prognose bleibt immer hinter der Analyse zurück. Der Dialektik von kausalgenetischer Analyse und prognostischer Unschärfe kann sich auch die Medizinsoziologie nicht entziehen. *G. Hardtmann*

Literatur: H. Bauer: Medizin im Sozialdienst. Medizinsoziologische und medizinpolitische Aufsätze, Stuttgart 1978; M. Blohmke/C. v. Ferber/H. Schaefer (Hrsg.): Handbuch der Sozialmedizin, Stuttgart 1975–77; M. Blohmke (Hrsg.): Sozialmedizin, Stuttgart 1986 (1979); K. Brede: Sozialanalyse psychosomatischer Störungen. Zum Verhältnis von Soziologie und Psychosomatischer Medizin, Frankfurt/M. 1972; H. U. Deppe: Industriearbeit und Medizin in der Bundesrepublik Deutschland, Frankfurt/M. 1987; E. Goffman: Asyle. Über die soziale Situation psychiatrischer Patienten und anderer Insassen, Frankfurt/M. 1973 (1969); E Goffman: Stigma. Über Techniken der Bewältigung beschädigter Identität, Frankfurt/M. 1975 (1963); A. Hollingshead/F. Redlich: Der Sozialcharakter psychischer Störungen. Eine sozialpsychiatrische Untersuchung, Frankfurt/M. 1979 (1958); G. Huppmann: Medizinische Psychologie, medizinische Soziologie, München 1988; A. Mitscherlich/T. Brocher/O. v. Mehring/K. Horn (Hrsg.): Die Kranken in der modernen Gesellschaft, Köln/Berlin 1967; T. Parsons: The social system, London 1951; H. P. Rosemeier: Medizinische Psychologie und Soziologie, Stuttgart 1991 (1975); T. J. Scheff: Being Mental Ill, Chicago 1966; J. Scholmer: Die Krankheit der Medizin, Neuwied 1971; A. Schuller u. a. (Hrsg.): Medizinsoziologie, Stuttgart 1992; J. Siegrist: Medizinische Soziologie, Wiesbaden 1988 (1974).

Sozialökologie

Seit ca. 1970 entwickelte sich in der BRD als Kritik auf die bürokratische Apparatur öffentlicher Dienstleistungen (*Bürokratie, Sozialadministration*) und die sie bestimmende Politik ein neues *Paradigma*: die Umwelt wurde und wird zunehmend in die Ansätze auch der SozArb im Hinblick auf ihre Ziele, ihre Inhalte und ihre Methoden einbezogen. So gehen *Gemeinwesenarbeit, Sozialplanung, Sozialtherapie*, stadtteilorientierte Unterstützungs- und Hilfsangebote von einer zentralen Bedeutung der regionalen Lebenswelt für die Gestaltung und Bewältigung des Alltags der Betroffenen aus.

Voraussetzung für die Effizienz solcher auf das Nahmilieu ausgerichteten Ansätze (*Netzwerke, soziale*) sind die genauen Kenntnisse über die Prozesse der Wechselwirkung zwischen Mensch und Umwelt. Die Erforschung dieser Zusammenhänge ist Gegenstand der S. Ökologische *Forschung* gewinnt deshalb an Bedeutung, weil sie die Entwertung menschlichen Lebens durch die Voraussetzungen der Industriegesellschaft aufzudecken und Perspektiven für neue Wege zu einer lebensgerechteren Gesellschaft zu entwerfen bemüht ist. Ziel ist dabei ein besseres Gleichgewicht der Beziehungen der Menschen untereinander und zu ihrer Umwelt (*Umweltschutz, Technologie*).

Die theoretischen Ansätze der S. gehen zurück auf die von dem Zoologen Ernst Haeckel in der 2. Hälfte des 19. Jh. weitergeführte Entwicklungslehre Darwins. Im Zentrum steht hierbei u.a. das Prinzip, »daß jeder Organismus durch Wechselwirkung mit seiner Umgebung einen Teil seiner ererbten Eigenschaften aufgibt und dafür neue Eigenschaften annimmt ...« (Haeckel, 233). »Unter Oekologie verstehen wir die gesamte Außenwelt, wohin wir i.w.S. alle ›Existenzbedingungen‹ rechnen können« (Haeckel, 334).

Die Forschung der S. knüpft an dieser Theoriebildung an (Hawley, 480). Der Begriff der S. wird von den Chicagoer Soziologen R.E. Park, E.E. Burgess und R.D. McKenzie (1921, 1925) verwendet. In ihren Studien erarbeiten sie die theoretische und praktische Bedeutung der ökologischen Betrachtungsweise für die Erklärung intensiv verlaufender Prozesse der Verstädterung und der damit verbundenen sozialen Probleme (Einwanderung, *Armut*, Korruption, Kriminalität ...). McKenzie definierte 1925 die S. als »eine Untersuchung der räumlichen und zeitlichen Beziehungen menschlicher Lebewesen, wie sie durch die selektiven, distributiven und adaptiven Kräfte der Umwelt bewirkt werden« (zit. nach Hawley, 481). R.E. Park und J.A. Quinn setzen einen neuen Akzent und verstanden S. als eine Untersuchung räumlicher Systeme und Verteilungen, die v.a. durch Wittbewerb verursacht sind, der elementare soziale Prozesse auslöst. Der »Chicagoer Schule« ging es also um die Klärung des Zusammenhangs ökonomisch begründeter urbaner Zonenaufteilung und jeweiligen sozialen Verkehrsformen in den einzelnen Regionen. Beschrieben wird ein Prozeß der Stadtentwicklung, in dem der Mensch zum Objekt ökonomischer Interessen wird. Ihre Aufgaben sahen die Chicagoer Soziologen darin, das v.a. durch Imigrationswellen erschütterte soziologische Gleichgewicht wiederherzustellen. Insofern impliziert dieser Ansatz soziales und politisches Engagement (*Stadtentwicklungsplanung*).

Ausgelöst durch die Forderung der Bildungskommission des Deutschen Bildungsrates, Begabungen zu entwickeln und zu fördern, stellte sich die Bildungsplanung auch unter dem Gesichtspunkt der *Chancengleichheit* die Frage nach regionalen Schwerpunktsetzungen von Bildungsangeboten (z.B. *Kindergärten*). Die Identifikation von Sozialräumen, in denen durch *kompensatorische Erziehung* vorrangig sozial benachteiligte Kinder gefördert werden sollten, erfolgte die Anknüpfung an die amerikanische Forschungstradition durch Untersuchungen der Lebensbedingungen junger Menschen. Die Erfassung des sozialökologischen Kontexts wurde dabei möglich durch die Bestimmung von Soziotopen auf der Grundlage der Analyse infrastruktureller Daten. Die Hypothese bei diesem Ansatz ist die eines kulminierenden *Sozialisation*sdefizits, das die Entfaltung von kindlichen Begabungen in einem regionalen Lebensraum einschränkt. Konsequent weiterentwickelt wurde und wird dieser Ansatz für die kommunale Jugend- und Sozialplanung (vgl. Bagel, Friedrichs, Bourgett u.a., Mundt, Walter).

Die sozialökologischen Ansätze der »Chicagoer Schule« und der Soziotopenforschung bieten Grundlagen für die Instrumente regionaler Infrastrukturplanung. U. Bronfenbrenner (vgl. auch Baacke) setzt eine andere Perspektive: Er verknüpft die ökologisch-pädagogische Betrachtungsweise mit der Sozialisationsforschung, um die Entwicklung des Menschen in einer allmählich sich herausbildenden Wechselwirkung zu ihren Lebensbereichen zu verstehen, die ihrerseits in wechselseitigen Beziehungen zueinander stehen und sich ständig verändern. Bronfenbrenner begreift die Umwelt als »einen Satz ineinandergeschachtelter Strukturen« (Bronfenbrenner 1981, 19) von einzelnen Lebensbereichen, deren Qualitäten – pädagogisch betrachtet – die Entwicklung eines Kindes gemeinsam fördern, aber auch erschweren oder verhindern können. Bedeutsam sind hierbei insbesondere die ökologischen Übergänge von einem Lebensbereich in den anderen. Während die sozialökologisch orientierten Ansätze der Jugend- und Sozialplanung (*Jugendhilfeplanung*, *Sozialplan*) ihr Augenmerk vorrangig auf die erforderliche Ausstattung an Unterstützungsangeboten richten, geht es Bronfenbrenner einerseits um die Inhalte solcher Lebensbereiche, andererseits um aufeinander abgestimmte Übergänge zwischen diesen Bereichen (z.B. *Familie*/Kindergarten; Familie/Pflegefamilie).

Die sozioökologischen Forschungsansätze bieten die Grundlagen einer an die Lebenswelt des einzelnen ausgerichteten Nahmilieu-Pädagogik, wobei für sozialpolitische Entscheidungen sowie für die inhaltliche und organisatorische Gestaltung sozialpädagogischer Praxis die Kenntnis einzelner Lebensbereiche ebenso bedeutsam ist wie deren Vernetzungen untereinander.

D. Sengling

Literatur: D. Baacke: Der sozialökologische Ansatz, in: Deutsche Jugend 28/1980, 493 ff.; T. Bagel u.a.: Soziale und räumliche Bedingungen der Sozialisation von Kindern in verschiedenen Soziotopen, in: H. Walter (Hrsg.): Region ... Stuttgart-Bad Cannstatt 1981, 186 ff.; J. Bourgett/N. Preusser/R. Völker: Jugendhilfe und kommunale Sozialplanung. Eine sozialökologische Studie, Weinheim/Basel 1978; U. Bronfenbrenner: Ökologische Sozialisationsforschung, Stuttgart 1976; U. Bronfenbrenner: Die Ökologie der menschlichen Entwicklung, Stuttgart 1981; J. Friedrichs: Stadtanalyse. Soziale und räumliche Organisation der Gesellschaft, Opladen 1981; E. Haeckel: Prinzipien der generellen Morphologie der Organismen. Wörtlicher Abdruck eines Teiles der 1866 erschienenen generellen Morphologie, Berlin 1906; A.H. Hawley: Theorie und Forschung in der Sozialökologie, in: R. König (Hrsg.): Handbuch der empirischen Sozialforschung. Bd. 1, Stuttgart 1962; W.H. Ittelson u.a.: Einführung in die Umweltpsychologie, Stuttgart 1977; J.W. Mundt (Hrsg.): Grundlagen lokaler Sozialpolitik. Sozialökologische Beiträge zur Entwicklung von Alternativen, Weinheim 1983; R.E. Park/E.W. Burgess: An Introduction to the Science of Sociology, Chikago 1921; R.E. Park/E.W. Burgess/R.D. McKenzie (Hrsg.): The City Chikago 1925; J.A. Quinn: Human Ecology, New York 1950; Th. Schulze: Ökologie, in: D. Lenzen/K. Mollenhauer (Hrsg.): Theorien und Grundbegriffe der Erziehung und Bildung, Enzyklopädie Erziehungswissenschaft. Bd. 1, Stuttgart 1983, 262 ff.; Sozialmagazin 10/1994: Schwerpunktheft Ökologie und Soziale Arbeit (mit weiteren Literaturhinweisen); H. Walter/R. Oerter

(Hrsg.): Ökologie und Entwicklung. Mensch-Umwelt-Modelle in entwicklungspsychologischer Sicht, Donauwörth 1979; H. Walter (Hrsg.): Region und Sozialisation. Beiträge zur sozialökologischen Präzisierung menschlicher Entwicklungsvoraussetzungen, Stuttgart-Bad Cannstatt 1981; W.R. Wendt: Ökosozial denken und handeln. Grundlagen und Anwendungen in der Sozialarbeit, Freiburg 1990.

Sozialplanung

1. Begriffsbestimmung: S. ist die *Planung* des »Sozialen«. Daß das Soziale Gegenstand von Planung zu werden vermag, setzt voraus, daß das *Individuum* sich aus dem Alltäglich-Sozialen löst und hierzu eine abstrakt-distanzierte Beziehung gewinnt, die Planung erst ermöglicht. Dabei kann das »Soziale« heute sowohl das Ziel der Planung, das Objekt der Planung oder eine Nebenbedingung des Planungsprozesses sein. Ziel der Planung ist das Soziale z.B. im betrieblichen Sozialplan; die soziale Absicherung von entlassenen Arbeitern oder Angestellten soll durch den Plan hergestellt werden. Objekt der Planung ist das Soziale, wenn von »social planning« i.S. von Planung der *Gesellschaft* (Gesellschaft als »Soziales System«) gesprochen wird. Und eine Nebenbedingung des Planungsprozesses ist das Soziale im Sozialplan nach dem BBauG, weil dort die soziale Lage der Menschen bei der Stadtplanung beachtet werden soll. Im vorliegenden Zusammenhang soll eine Einschränkung des Begriffs S. dahingehend vorgenommen werden, daß allein die Planung im Kontext der (kommunalen) *Sozialpolitik* betrachtet werden soll. S. ist hier die Planung der sozialen Sicherheit und der kommunalen Fürsorge. Letztere soll – wegen ihrer Bedeutung für die SozArb – hier im Vordergrund stehen.

2. Geschichtliche Hinweise: Auch wenn diese Begrifflichkeit nicht verwendet wird, ist jeder intendierte sozialpolitische Eingriff durch Staat oder Kommune ein Akt der S., weil planvoll Mittel eingesetzt werden, um bestimmte sozialpolitische Ziele zu erreichen. Insofern sind die Bettelordnungen der frühen Neuzeit, das Verbot der Kinderarbeit (Preußen 1839) oder das Unterstützungswohnsitzgesetz (Preußen 1842) sozialplanerische Aktivitäten. Explizit wird erstmals 1952 von Mackenroth von einem »Deutschen Sozialplan« gesprochen, der wirtschafts- und sozialpolitische Vorstellungen für die BRD insgesamt koordinieren sollte. In den 60er Jahren setzt dann eine weitreichende Planungsdiskussion ein, in der nahezu alle gesellschaftlichen Bereiche unter der Perspektive der rationalen Gestaltung erfaßt werden (Bildungsplanung, Regionalplanung, Wirtschaftsplanung u.a.). In den 80er Jahren verebbt die theoretische Diskussion um Planung, aber die tatsächlichen Planungen bleiben erhalten oder nehmen weiter zu. Im Kontext der Sozialpolitik fällt allerdings die staatliche S. (Renten, Krankenversicherung/Gesundheitswesen) im wesentlichen auf Finanzplanungen für die betreffenden Sektoren staatlicher Sozialpolitik zurück, während im kommunalen Bereich versucht wird, inhaltliche S. für Bereiche kommunaler Sozialpolitik durchzuführen (z.B. Jugendhilfeplanung, Altenhilfeplanung, Behindertenplanung, Psychiatrieplanung). Einen besonderen Auftrieb hat in diesem Zusammenhang die *Jugendhilfeplanung* erfahren, weil sie im KJHG seit 1991 ausdrücklich den Kommunen zur Pflicht gemacht wird (§§ 79, 80 KJHG).

3. Theorie: Das theoretische Grundproblem aller Planung sind die Ziel-Mittel-Zusammenhänge, d.h. das Wissen über kausale bzw. finale Zusammenhänge zwischen dem Einsatz von Mitteln und der dadurch bewirkten Zielerreichung. (In Zeiten knappen Geldes kommt noch hinzu, daß die Abwägung unterschiedlicher Mittel nach Effizienzkriterien von den Sozialplanern gefordert wird.) In der kommunalen S. stellen sich in diesem Zusammenhang vier Probleme: Zum einen sind die Ziele der kommunalen Sozialpolitik, also die sozialen Qualitäten, die mit Hilfe der S. erzeugt werden sollen, schwerlich operational zu beschreiben, weil die S. auf die widersprüchlichen Bedürfnisse, die sich aus dem Spannungsfeld von individuellem Freiheitsstreben und Streben nach Vergemeinschaftung ergeben, eingehen muß. Zum zweiten ist das Wissen über kausale Zusammenhänge im Bereich der kommunalen Sozialpolitik und Fürsorge überhaupt gering (welche Wirkungen auf welche operationalen Ziele löst die Einrichtung einer Altentagesstätte oder eines Jugendzentrums aus?), so daß Maßnahmen i.d.R. nicht eindeutig im Hinblick auf sozialpolitische Ziele bewertet werden können. Zum dritten ist das vorhandene Wissen über kausale Zusammenhänge nur in Form von Wahrscheinlichkeitsaussagen bekannt, so daß es Aussagen für den Einzelfall nicht zuläßt. Und zum vierten folgen viele Maßnahmen der SozArb (als wichtiger Bestandteil der kommunalen Sozialpolitik) nicht dem Paradigma der empirisch-analytischen Theorie, so daß für sie die eindeutige Analyse im Ziel-Mittel-Zusammenhang nicht möglich ist: Hierbei handelt es sich um Angebote der SozArb (wie z.B. *Beratung*), die auf eine »Bewußtseinsveränderung« der Klienten abzielen, einer Änderung also, die nicht durch Außensteuerung mit Hilfe sozialwissenschaftlicher Technologie, sondern allein durch Bewußtwerdung bei den Klienten und daraus evtl. resultierender individueller Verhaltensänderung erfolgt. Hier ist der Erfolg bzw. die »Zielerreichung« sowohl von der individuellen Lage und der Bewußtseinsentwicklung des beratenen Individuums als auch von der professionellen Kompetenz des Beraters abhängig. Das bedeutet beispielsweise, daß eine grundsätzliche Aussage über die Wirksamkeit von Beratungsstellen und Beratung oder Jugendzentren und Jugendarbeit im Hinblick auf bestimmte sozialpolitische Ziele unmöglich ist, weil für Prozesse der Bewußtseinsveränderung keine kausalen Gesetzmäßigkeiten (Ursache-Wirkung-Zusammenhänge) mit beobachtbaren Variablen i.S. der empirisch-analytischen Theorie gebildet werden können. Auch für solche Einrichtun-

gen ergeben sich mithin bezüglich ihrer Wirksamkeit bestenfalls Erfahrungswerte und Vermutungen.

4. Reaktionsweisen: Welche Reaktionsformen finden sich nun bei den Sozialplanern auf diesen (ihnen in letzter Klarheit vielfach nicht bewußten) Zustand des »strukturellen Technologiedefizits« (Luhmann)? Zum einen wird diese Erkenntnis einfach negiert; Sozialplaner verhalten sich häufig so, als ob sie Aussagen über die Wirksamkeit der von ihnen vorgeschlagenen Maßnahmen im Hinblick auf sozialpolitische Ziele machen könnten (wie z.B. die Wirksamkeit von »Essen auf Rädern« für die Lebensqualität alter Menschen). – Zum anderen existiert die Strategie, Wirkungen nicht in bezug auf die Empfänger und Nutzer sozialer Leistungen und Einrichtungen zu messen, sondern Zielerreichungen verwaltungsintern zu definieren: der Bau des Jugendzentrums wird dann schon als Erreichung eines sozialpolitischen Ziels (und nicht als die Herstellung eines Mittels der kommunalen Jugendpolitik) definiert und positiv bewertet (ohne abzuwarten, ob es von den potentiellen Nutzern angenommen wird und ob die Arbeit darin dann für Jugendliche »positiv« zu nennen ist). – Ein dritter Weg besteht in der differenzierten Erhebung des Bestandes an Einrichtungen und Maßnahmen des jeweiligen sozialpolitischen Bereichs und der Forderung nach deren Vermehrung, ggf. noch räumlich nach vermuteten Bedarfslagen differenziert; hier wird die »Wirksamkeit« der bestehenden Maßnahmen i.S. der sozialpolitischen Zielsetzungen einfach unterstellt, so daß Mehr gleich Besser ist. Damit verliert S. jede innovative Perspektive. – Während sich in diesem Fall die S. faktisch auf die Bestandserhebung reduziert, existiert als vierte Möglichkeit, auf die aus dem Technologiedefizit resultierenden Schwierigkeiten zu reagieren, die Reduktion der S. auf sozialräumliche Analysen. Eine solche Vorgehensweise enthält die (meist ungeprüfte) implizite Hypothese, daß aus der Kenntnis der sozialräumlichen Situation (Lebenslage der Bewohner) die Notwendigkeit sozialpolitischer Maßnahmen »ableitbar« sei. – All diese Vorgehensweisen sind Versuche, mit dem Mangel an kausalem Wissen umzugehen. Welche anderen Möglichkeiten verbleiben der S. bei diesem Mangel?

5. Möglichkeiten: Daß die kommunale S. – anders als Planungen in anderen Bereichen – nicht dem technologischen Planungsmodell (Ortmann 1976, 99ff.) folgen kann, ist inzwischen auch unter Planungspraktikern eine weit verbreitete Erkenntnis. Dennoch verbleibt (wenn der Begriff Planung nicht völlig seinen Sinn verlieren soll), daß Planung auf einem Regelwissen (eigentlich sozialwissenschaftlichen Gesetzen) und auf der Annahme von geplanten Maßnahmen für die Erreichung von (vorgegebenen oder eigenen) Zielen in einem Ziel-Mittel-Zusammenhang basieren muß. In der Praxis der kommunalen S. beruht die (vermutete oder unterstellte) Kenntnis von Ziel-Mittel-Zusammenhängen nun allerdings i.d.R. nicht auf sozialwissenschaftlichen Gesetzen, die durch empirisch-analytische Wissenschaft gewonnen und entsprechend geprüft worden sind, sondern sie basiert auf Alltagswissen (Heller 1978, 240ff.) über die Wirksamkeit sozialpolitischer und sozialarbeiterischer Maßnahmen. Dabei kann dieses Alltagswissen sich z.B. aus langjähriger Arbeitserfahrung in den Feldern, für die S. erfolgt, ergeben. Diese Erfahrungen können auch durch wissenschaftliche Überlegungen und Fallanalysen abgestützt sein, genügen aber meist nicht den für die Planungstechnologie notwendigen Ansprüchen an empirisch-analytische Theorie. Das gilt umso mehr für die Handlungsfelder, die einem anderen Theorieverständnis folgen, das sich – wie am Beispiel der Beratung bereits erläutert – einer Eingliederung in theoretisch begründbare Ziel-Mittel-Zusammenhänge sperrt (Ortmann 1994, IV.3.d). In der Planung (und auch bei Evaluationsverfahren) bleibt in diesem letzteren Fall eine »Unsicherheit«: Es können lediglich Finanzmittel und Personal bereitgestellt werden, ohne daß deren »Wirkung« eindeutig prognostizierbar ist (obwohl die Alltagserfahrung lehrt, daß Wirkungen bestehen). Diese Überlegungen machen deutlich, daß aufgrund von Arbeit in sozialarbeiterischen Arbeitsfeldern der kommunalen Sozialpolitik Kenntnisse existieren, die als Grundlage zu Planungsüberlegungen systematisch herangezogen werden sollten, denn obwohl sie nicht wissenschaftlichen Ansprüchen genügen und keine eindeutigen Ursache-Wirkungs-Aussagen ermöglichen, erhöhen sie dennoch die Kenntnisse für S. Zugleich wird erkennbar, daß S. nicht eine höhere Form der Exaktheit und Verläßlichkeit erhalten kann, als in diesem Erfahrungswissen enthalten ist. – Methodisch bereitet S. auf der Basis dieser Ungewißheiten erhebliche Schwierigkeiten, und die Exaktheit mancher verwendeter (empirischer) Methoden kann die grundlegende Problematik nicht korrigieren (zu den Methoden vgl. Handbuch 1986). Detaillierte Bestandserhebungen ermöglichen sicherlich eine Übersicht über die bisherigen Tätigkeiten im geplanten Bereich, sind aber in ihrer Bedeutung erst wirklich im Kontext der Evaluation ihrer bisherigen Aktivitäten zu bewerten (wobei auf die Schwierigkeit der Evaluation ohne klare Ursache-Wirkung-Kenntnis nochmals hingewiesen sei!). Bedarfsanalysen sollten unter Berücksichtigung der Bedürfnisse von Planungsbetroffenen und unter Beachtung von deren Partizipation stattfinden (zu den Problemen vgl. Ortmann 1983, 119ff.). Sozialräumliche Analysen können – bei gelingender Indikatorbildung und bei regelmäßiger Wiederholung – evtl. als Frühwarnsystem für das Auftreten sozialer Probleme dienen (vgl. z.B. Bourgett u.a. 1978). Zur Verbesserung der Ziel-Mittel-Kenntnisse ist es erforderlich, das in den Sozialverwaltungen – bei den im unmittelbaren Klientenkontakt Arbeitenden – existierende Wissen über die (Un-)Wirksamkeit ihrer Arbeit in Erfahrung zu bringen; hier mögen Methoden und Verfahren der Organisationsentwicklung hilfreich sein. In allen Verfahren aber ist zu beachten, daß die in sie eingehenden (vermuteten oder tatsächlichen) Kenntnisse über kausale oder finale Zusammenhänge begrenzt sind und wahrscheinlich nur

durch Kommunikation zwischen Planern, Experten für die kommunale Sozialpolitik, den im betreffenden Feld Arbeitenden und den potentiellen Betroffenen der S. bzw. Nutzer geplanter Einrichtungen verbessert werden können. Dies erfordert eine differenziertere Entwicklung von kommunikativer S. *F. Ortmann*

Literatur: J. Bourgett/N. Preußer/R. Völkel: Jugendhilfe und kommunale Sozialplanung, Weinheim/Basel 1978; Handbuch der örtlichen Sozialplanung, hrsg. v. O. Fichtner, Schriften des DV. Bd. 165, Frankfurt/M. 1986; A. Heller: Das Alltagsleben, Frankfurt/M. 1978; G. Mackenroth: Die Reform der Sozialpolitik durch einen deutschen Sozialplan. Schriften des Vereins für Sozialpolitik. N.F., Bd. 4, Berlin 1952; J. Merchel: Kooperative Jugendhilfeplanung, Opladen 1994; F. Ortmann (Hrsg.): Sozialplanung für wen?, Neuwied/Darmstadt 1976; F. Ortmann: Bedürfnis und Planung in sozialen Bereichen, Opladen 1983; F. Ortmann: Öffentliche Verwaltung und Sozialarbeit, Weinheim/München 1994; P. Schmid-Urban u.a.: Kommunale Sozialberichterstattung. Arbeitshilfen des DV, H. 41, Frankfurt/M. 1992.

Sozialpolitik

1. Staatliche S. in Deutschland ist im deutschen Kaiserreich von 1871 als »Arbeiterpolitik« entstanden. Sie zielte auf die Integration des neu entstandenen Industrieproletariats, auf die Absicherung spezifischer Risiken und Notlagen, die sich aus der Existenz der industriellen Arbeiterschaft ergaben. Seitdem hat sie beständige Ausweitung erfahren und erfaßt heute breite Teile der Bevölkerung. Diese Ausweitung hat im wesentlichen auf drei Ebenen stattgefunden: zum einen durch die Ausbreitung industrieller Arbeit im Zuge der gesellschaftlichen Entwicklung und damit die Vergrößerung der ursprünglichen Adressatengruppe selbst; zum zweiten durch Einbeziehung neuer Adressatengruppen, die als schutz- und unterstützungsbedürftig angesehen wurden; zum dritten schließlich durch Entstehung und Definition neuer Risiko- und Problemlagen jenseits der klassischen Risiken der Arbeiterexistenz.
Seit der Zeit der Weimarer Republik zählt man üblicherweise zur S. den Kernbereich *sozialer Sicherung* gegen Krankheit, Unfall, Invalidität und Alter; den Bereich des Arbeitsrechts, der Arbeitsverfassung sowie Arbeitsmarktpolitik und Sicherung gegen *Arbeitslosigkeit*; die kommunale Fürsorge und Wohlfahrtspflege (*Sozialhilfe*); die Familien- und Bevölkerungspolitik sowie die Wohnungspolitik (*Familienpolitik*, *Bevölkerungsentwicklung*, *Wohnen*).

2. Die historischen Wurzeln moderner S. liegen in der öffentlichen Armenfürsorge, die seit dem ausgehenden Mittelalter in den deutschen Städten entstand und bis heute – in modifizierter Form – in der Zuständigkeit der Gemeinden verblieben ist. Seine heutige Gestalt nahm das System der S. in der Zeit des deutschen Kaiserreichs an. Im Zuge der rapiden Industrialisierung Deutschlands nach der Reichsgründung trat in den 80er Jahren neben die kommunale Armenfürsorge ein neues System der Zwangsversicherung gegen Krankheit, Unfall, Invalidität und Alter für die gewerblichen Arbeiter: die Bismarcksche Sozialversicherung, weltweit das erste System dieser Art. Die »Arbeiterpolitik« wurde aus der herkömmlichen »Armutspolitik« (*Armut*) ausdifferenziert; der Arbeiterklasse wurde kollektiv von Gesetzes wegen das Merkmal der Bedürftigkeit zugesprochen, das in der Armenfürsorge im je individuellen Fall zu prüfen war. Der Arbeiterschutz (*Arbeitsschutz*) wurde dagegen – nach Ansätzen der Beschränkung der Kinder- und Jugendarbeit in Preußen um die Jahrhundertmitte und dem Ausbau der Fabrikinspektion in den 70er Jahren – erst nach Bismarcks Sturz weiter ausgebaut: Im Zuge der Novellierung der Reichsgewerbeordnung von 1891 wurden Nacht- und Sonntagsarbeit für Frauen verboten, ihr Arbeitstag auf 10 Stunden beschränkt, eine allgemeine Beschränkung der Arbeitszeit für Männer jedoch nicht erreicht.
Unter dem Druck des 1. Weltkrieges wurde staatliche S. erheblich ausgeweitet, in der Weimarer Republik dann erstmals flächendeckend ausgebaut. Die Einbeziehung der *Gewerkschaften* in die Gestaltung der Arbeitsbeziehungen, der Aufbau des kollektiven Arbeitsrechts, des Arbeiterschutzes (8-Stunden-Tag!), der innerbetrieblichen Mitbestimmung und die Reform der Arbeitsgerichtsbarkeit gehörten zu den Kernstücken staatlicher S. der neuen Republik. Die Ausweitung der Sozialversicherung kumulierte in der Einführung der Arbeitslosenversicherung durch das AVAVG von 1927. Die kommunale Fürsorge gewann durch die Einbeziehung neuer Armutsgruppen, der Opfer von Krieg und Inflation, erheblich an Gewicht. In Form des RJWG von 1922 und der RFV von 1924 erhielt sie neue, modernisierte gesetzliche Grundlagen. Die kommunale Wohnungspolitik wurde über ihre bisherige Bedeutung hinaus ausgebaut und aufgewertet, Ansätze staatlicher Wohnungspolitik wurden erstmals geschaffen.
In der Zeit des Nationalsozialismus wurde das gesamte sozialpolitische System tiefgreifend umgestaltet und nach den Kriterien nationalsozialistischer Erb- und Rassenbiologie neustrukturiert (*Soziale Arbeit im Nationalsozialismus*). Als bleibende Innovationen nationalsozialistischer S. sind hervorzuheben die Ausdehnung der Sozialversicherung über den Kreis der Arbeitnehmer hinaus (Rentenversicherung für das Handwerk, 1938; Krankenversicherung für Rentner, 1941) und die Gestaltung der Familien- und Bevölkerungspolitik als eigenständigen Sektor der S.
Die S. der BRD knüpfte weitgehend an die in der Weimarer Republik entwickelten Strukturen an. Die wichtigsten Stationen ihres weiteren Ausbaus waren im Arbeitsrecht: Die Ausweitung der betrieblichen Mitbestimmung durch das Montanmitbestimmungsgesetz von 1951, das *Betriebsverfassungsgesetz* von 1952 und 1972 und schließlich das Mitbestimmungsgesetz von 1976; in der Arbeitsmarktpolitik und dem Schutz gegen Arbeitslosigkeit: die Ablösung des AVAVG durch das AFG 1969; in der Sozialversicherung: die Rentenre-

form von 1957, die eine der Entwicklung des Lohnniveaus entsprechende Dynamisierung der Renten brachte und diese erstmals subsistenzsichernd ausgestaltete; die Einführung und der Ausbau der Lohnfortzahlung im Krankheitsfall durch die Gesetze von 1956, 1961 und 1969; die zunehmende Einbeziehung von Nicht-Arbeitnehmern in die verschiedenen Zweige der Sozialversicherung (z. B. Altersversicherung für Landwirte 1957; Unfallversicherung für Schüler, Studenten und Kindergartenkinder 1971); in der kommunalen Fürsorge: die gesetzliche Neuregelung des BSHG und des JWG von 1961 sowie die grundsätzliche Reform des Jugendhilferechts im KJHG von 1990; schließlich die Einführung einer eigenständigen Sozialgerichtsbarkeit durch das Sozialgerichtsgesetz von 1953.
Im Zuge der Auflösung der DDR wurde durch den Vertrag über die Wirtschafts-, Währungs- und Sozialunion vom 18. 5. 1990 das sozialpolitische System der BRD auf das Gebiet der DDR ausgedehnt, noch ehe die staatliche Vereinigung vollzogen war (*Einigungsvertrag*).

3. Staatliche S. reagiert auf die spezifischen Risiken und Unsicherheiten, die eine industriell-kapitalistische Marktgesellschaft produziert (*Kapitalismus, sozialer*). Sie hat daher die grundsätzlich private Organisation der gesellschaftlichen Reproduktion (in Form marktgesteuerter Austauschprozesse) zur Voraussetzung und Grundlage. Staatliche S. muß demnach ein Doppeltes leisten. Sie muß einmal Kompensationen für die legitimen Fälle gescheiterter privater Reproduktion bereitstellen. Sie muß zugleich aber gewährleisten, daß die Mitglieder der *Gesellschaft* grundsätzlich zur privaten Reproduktion bereits sind. Sie muß m. a. W. die Grenzlinie zwischen privater und legitimer öffentlicher Reproduktion hoheitlich stabilisieren. Historisch haben sich vier Strukturprinzipien herausgebildet, um dieser komplexen Aufgabe gerecht zu werden: Arbeitsrecht, Versicherung, Fürsorge und Versorgung.
Im Bereich des Arbeitsrechtes geht es v. a. um einen Komplex von rechtlichen Ge- und Verboten (z. B. Kündigungsschutz) bzw. die staatliche Gewährleistung autonomer Gestaltungsrechte (z. B. Tarifautonomie). In den drei anderen Bereichen dagegen geht es v. a. um staatliche Leistungen, die sich auf unterschiedliche Problemlagen beziehen und einer unterschiedlichen Logik folgen. Die Sozialversicherung knüpft an die Rolle der Versicherten als Erwerbstätige an. Sie geht vom Beschäftigungsverhältnis aus, nicht vom Bürgerstatus. Sie ist als gesetzliche Zwangsversicherung ausgestaltet, die durch die Beiträge der Versicherten finanziert und von diesen selbst verwaltet wird. Ihre Leistungen sichern gegen spezifische Risiken der abhängigen Erwerbsarbeit. Diese Risiken sind in gesetzlichen Tatbeständen abschließend festgeschrieben, d. h. nur wenn ein solcher Tatbestand vorliegt, wird die Leistung gewährt. Liegt aber ein solcher Tatbestand vor, so hat der Versicherte einen einklagbaren Rechtsanspruch auf die Leistung – unabhängig von seiner Bedürftigkeit im konkreten Fall. Beispiele sind die »klassischen« Systeme sozialer Sicherung gegen Krankheit, Unfall, Invalidität und Alter.
Die Leistungen der sozialen Fürsorge knüpfen nicht an den spezifischen Status des Erwerbsarbeiters an, sondern an den allgemeinen des Bürgers oder Menschen. Sie werden nicht aus Beiträgen, sondern aus allgemeinen Steuermitteln finanziert. Sie sichern auch nicht gegen spezifische, genau definierte Risiken ab, sondern gegen das allgemeine Risiko des Scheiterns privater Reproduktion. Demgemäß sind ihre Leistungen auch nicht gesetzlich im vorhinein genau festgelegt. Sie richten sich vielmehr nach dem konkreten Bedarf im je einzelnen Fall. Die Leistungen der Fürsorge sind also nicht komplementär auf Erwerbsarbeit bezogen. Sie stellen vielmehr eine alternative Reproduktionsform zur Erwerbsarbeit dar. In einer Gesellschaft, die auf dem Prinzip marktförmiger Privatarbeit beruht, sind sie also »systemfremd«. Die Fürsorge enthält daher auch eine Reihe von Mechanismen, die verhindern, daß sie zur attraktiven Alternative zur privaten Erwerbsarbeit wird: Sie ist grundsätzlich subsidiär (*Subsidiarität*), tritt nur ein, wenn alle anderen Reproduktionsmöglichkeiten scheitern. Leistungsempfänger müssen sich daher einer Bedürftigkeitsprüfung mit entsprechenden Kontrollen (means test) unterziehen. Das Leistungsniveau der Fürsorge soll grundsätzlich unterhalb der niedrigsten Lohngruppen angesiedelt sein (Prinzip der less eligibility). Fürsorgeempfänger können ggf. zu Arbeitsleistungen herangezogen werden. Der Rechtsanspruch auf Leistungen ist bis heute durch Ermessensspielräume der Behörden eingeschränkt. Beispiele sind die *Sozial- und Jugendhilfe*, aber auch die Arbeitslosenhilfe nach dem AFG.
Die Versorgung schließlich sieht im vorhinein klar definierte Leistungen für spezifische Risikolagen und klar umgrenzte gesellschaftliche Gruppen oder Bevölkerungsteile vor. Anders als die Sozialversicherung knüpft sie an den Status des Bürgers, nicht den des Erwerbsarbeiters an. Sie wird nicht aus Beiträgen, sondern aus allgemeinen Steuermitteln finanziert. Anders als bei der Fürsorge sind ihre Leistungen nicht individualisiert, sondern standardisiert. Sie ist nicht diskriminierend, setzt keine Bedürftigkeitsprüfung voraus und sieht einklagbare Rechtsansprüche vor.

4. Die Entwicklung staatlicher S. folgt dem Prinzip der »Inklusion«. Damit ist die systematische Einbeziehung tendenziell aller Bevölkerungsgruppen in das sozialpolitische Leistungssystem gemeint. Mit der Herausbildung staatlicher S. wurden Probleme, die ihre Entstehung der industrie-kapitalistischen Marktökonomie verdanken, in politische Verantwortung übernommen, als gesamtgesellschaftliche anerkannt und politisch reformuliert. Damit wurde ein Prozeß der Ausweitung staatlichen Handelns in Gang gesetzt, der allerdings nicht linear, sondern eher zyklisch verläuft: Anlaßbedingten Entwicklungsschüben folgen Phasen der Stagnation oder gar des Abbaus. Der 1. Weltkrieg auf der einen, die Weltwirtschaftskrise der frühen 30er Jahre auf der anderen Seite mögen hier als Beispiele dienen.

Die Dynamik der Entwicklung folgt in den unterschiedlichen Sektoren der S. einer je eigenen Logik. Das Verhältnis der Sektoren zueinander verändert sich in diesem Prozeß.

Arbeitsrecht und Sozialversicherung sind direkt auf die abhängige Erwerbstätigkeit bezogen. Ihre Expansion folgt der Ausbreitung abhängiger Erwerbsarbeit als vorherrschender Reproduktionsform. Die Ausbreitung der Sozialversicherung ist darüber hinaus durch die Einbeziehung neuer Adressatengruppen, die nicht abhängig Beschäftigte sind, und die Einbeziehung neuer Risiken gekennzeichnet. Die Fürsorge ist mit der Einrichtung der Sozialversicherung keineswegs obsolet geworden. Es bildete sich jedoch eine Arbeitsteilung zwischen beiden Sektoren heraus, in der die Sozialversicherung sich auf finanzielle Transferleistungen spezialisiert, die Fürsorge dagegen sich zu einem System sozialer Dienstleistungen entwickelt. Wichtige Ausnahme ist die Sozialhilfe, die als letztes Netz sozialer Sicherung v.a. in Zeiten ökonomischer Krise von großer Bedeutung bleibt, während die Sozialversicherung ihr Sicherungspotential v.a. in Zeiten ökonomischen Wachstums voll entfaltet. Die Expansion der sozialen Fürsorge basiert einerseits auf der Ausbreitung psychosozialer Notlagen im Gefolge von Industrialisierung und Urbanisierung, zum andern aber auf den Binnenstrukturen der Fürsorge selbst: auf dem der Fürsorge immanenten Bedürfnisprinzip, das sich als zuverlässiger Pfadfinder beim Aufspüren neuer Notstände erwiesen hat; auf der Etablierung der Prävention als Leitmaxime fürsorgerischen Handelns, die die Interventionsschwelle tendenziell ins Unendliche vorverlagert; schließlich auf der spezifischen Form der Erbringung sozialer Dienstleistung durch professionelles Handeln, das den Bedarf seiner Notwendigkeit selbst definiert und damit beständig Folgebedarf produziert.

Die Sozialversicherung ist direkt an die abhängige Erwerbstätigkeit gekoppelt, auf die gesellschaftliche Produktion bezogen. Ihre Klientel ist herkömmlicherweise daher eher männlich. Die soziale Fürsorge zielt dagegen eher auf die reproduktionsbezogenen Probleme von Familien, Frauen und Kindern. Staatliche S. ist also keineswegs ein geschlechtsneutrales System sozialer Sicherung. Ihr liegen vielmehr spezifische Definitionen von Geschlechtsrollen zugrunde und sie definiert selbst Geschlechtsrollen und das Verhältnis der Geschlechter. Statt die Benachteiligungen der Erwerbsgesellschaft zu kompensieren, verfestigt sie sie (*Frauen*, *Männer*).

Elemente der Versorgung sind in der staatlichen S. in Deutschland gering ausgeprägt. Neben der Versorgung für Beamte und Kriegsopfer gibt es hier nur Ansätze in der Familien- und Bevölkerungspolitik (*Kindergeld*, *Erziehungsgeld*). Darüber hinausgehende Vorstellungen einer bedarfsunabhängigen Grundsicherung für alle Bürger wurden bislang nicht realisiert.

Zentralisierung, Bürokratisierung (*Bürokratie*) und *Professionalisierung* sind übergreifende Kennzeichen des Expansionsprozesses staatlicher S. Die flächendeckend-verläßliche Ausbreitung sozialer Kompensationsleistungen erfordert ihre großbürokratische Organisation und ihre professionelle Erbringung. Die Ausweitung staatlicher S. hatte daher eine enorme Expansion sozialer Dienstleistungsberufe im Gefolge (*Soziale Berufe*). Das Prinzip der Inklusion beinhaltet nicht nur die Integration sozialer *Rand*- und Problem*gruppen*, sondern auch die Schaffung von Aufstiegs- und Entfaltungschancen für neue Mittelschichten.

5. S. in Deutschland ist in höherem Maße verstaatlicht als in anderen westlichen Industriegesellschaften. In Deutschland war stets v.a. der Staat der Motor sozialer Reformen. Dennoch bedarf der Begriff der »staatlichen S.« erheblicher Differenzierung und Präzisierung.

Die großen Systeme der Sozialversicherung und der Fürsorge basieren allesamt auf dem Prinzip der Selbstverwaltung. Für die im ausgehenden 18. Jh. entstehende »Arbeiterversicherung« wurden neue genossenschaftliche Selbstverwaltungskörperschaften gebildet; die öffentliche Fürsorge steht seit jeher in der Zuständigkeit der Kommunen, die seit der Preußischen Städteordnung von 1808 ebenfalls mit dem Recht der Selbstverwaltung ausgestattet sind. In jedem Falle trat – soweit es um die Bearbeitung neuer gesellschaftlicher Problemfelder ging – der Obrigkeitsstaat zunächst einmal zurück und überließ das Feld flexibleren Formen einer basisnahen Selbstverwaltung, die an die bestehenden Verwaltungsapparate angelagert wurden (*Sozialadministration*).

Staatliche S. hat die grundsätzliche private Organisation gesellschaftlicher Produktion und Reproduktion zur Voraussetzung. Sie muß nicht nur die Grenzlinie zwischen privater und ausnahmsweise öffentlicher Reproduktion stabilisieren, sondern auch die Mittel, mit denen sie ihre Leistungen und Maßnahmen finanziert, durch Steuern und Beiträge vom gesellschaftlichen Produktionsprozeß abschöpfen. Sie ist also vom Funktionieren des privatkapitalistischen Marktes abhängig und in ihrer Reichweite somit grundsätzlich beschränkt. Sie bildet keine Alternative zur privaten Reproduktion, sondern lediglich ihre Ergänzung, allenfalls ihre temporäre Ersetzung. Ihr liegt als Leitbild gesellschaftlicher Normalität die lebenslange anhängige Beschäftigung zugrunde. »*Arbeit*« ist ein impliziter Normalitätsstandard staatlicher S. Der andere ist »Familie«. Die *Familie* ist Anknüpfungspunkt für soziale Leistungen. Und umgekehrt basieren soziale Dienste und Leistungen auf der grundsätzlichen Funktionsfähigkeit familialer Leistungs- und Unterstützungssysteme, setzen diese voraus.

Die Organisation staatlicher S. in Form kommunaler oder parafiskalischer Selbstverwaltung inkorporiert zudem vielfältige gesellschaftliche Kräfte und Organisationen, die formal privat, tatsächlich aber Bestandteil öffentlicher Sozialverwaltung sind, in deren Rahmen sie soziale Dienstleistungen erbringen, für die sie aus öffentlichen Mitteln finanziert werden. Ein Musterbeispiel sind hier die großen *Wohlfahrtsverbände*, die nach dem Grundsatz der Subsidiarität in das Gesamtsystem kommunaler Wohlfahrtspflege eingebaut und in diesem

Zusammenhang unverzichtbare Erbringer sozialer Dienstleistungen sind (*Träger der Sozialen Arbeit*). Auch die in Deutschland in hohem Maße verstaatlichte S. bildet nach alldem keinen von den privaten Kräften und Sektoren der Gesellschaft unabhängigen Bereich. Sie ist mit diesen verwoben und von ihnen abhängig. Ihr Sicherungspotential ist nicht eigenständig, sondern abgeleitet, gleichsam 2. Ordnung.

6. Die privaten Grundlagen staatlicher S. bilden keine konstanten Rahmendaten, auf die diese unproblematisch aufbauen könnte. Sie verändern sich vielmehr im Prozeß gesellschaftlichen Wandels.
Sozialer und technologischer Wandel haben die Strukturen des Arbeitsmarktes verändert. Hohe und dauerhafte *Arbeitslosigkeit* bedeuten ein grundsätzliches Problem für eine staatliche S., die ganz um die private Erwerbsarbeit zentriert ist. »Arbeit« als lebenslange Vollzeiterwerbstätigkeit kann heute nicht mehr als Normalitätsstandard staatlicher S. vorausgesetzt werden. Die Strukturen der Familie haben sich im Verlauf der letzten Jahrzehnte nachhaltig verändert. Die Zahl der Alleinlebenden, der *Alleinerziehenden*n und der *nichtehelichen Lebensgemeinschaften* ist z.T. nachhaltig gewachsen. Das Verhältnis der Geschlechter hat sich gewandelt. Auch »Familie« in der Form einer lebenszeitlichen Dauergemeinschaft kann daher heute nicht mehr als Normalitätsstandard staatlicher S. angesehen werden. Schließlich befinden sich im Rahmen gesamtgesellschaftlicher Prozesse der Individualisierung und Pluralisierung die traditionellen »Sozialmilieus« (*Klasse/Schicht/Milieu*), auf die staatliche S. sich bezieht und die sie voraussetzt, in rapider Auflösung, namentlich die sozialdemokratische Arbeiterkultur und die konfessionellen Milieus. Die verbandlich organisierten Wertgemeinschaften der freien Wohlfahrtspflege, die wichtige Beiträge zur kommunalen Wohlfahrtspflege leisten, befinden sich in einem Prozeß tiefgreifender Umstrukturierung, der auch die plurale Struktur der kommunalen Wohlfahrtspflege insgesamt betrifft. Diese Veränderungen sind aber nicht Folge politikunabhängigen sozialen Wandels, sondern zu guten Teilen auch Resultat staatlicher S. selbst. Die Veränderungen des Arbeitsmarktes sind auch Folge staatlicher Arbeitsmarktpolitik; die Veränderungen der Familie auch Folge staatlicher Familienpolitik; Individualisierung und Pluralisierung auch Resultat individueller Gestaltungsfreiräume, die staatliche S. allererst geschaffen hat. Überspitzt gesagt: Die Erfolge staatlicher S. unterminieren ihre eigenen Grundlagen und produzieren damit einen stets wachsenden Folgebedarf.
Staatliche S. soll die Ungerechtigkeiten und Benachteiligungen industriekapitalistischer Produktion kompensieren. Mit ihrer zunehmenden Ausdehnung ist deutlich geworden, daß sie zwar bestimmte Risiken zuverlässig absichern kann, zugleich aber selbst neue Probleme und Benachteiligungen schafft: Ungerechtigkeit zwischen den Generationen, neue Abhängigkeiten und Unfreiheiten, neue Privilegien, »Versorgungsklassen« und Hierarchien. Wohlfahrtsstaatliche Maßnahmen und Leistungen sichern Freiheit und gewährleisten Sicherheit. Sie entfalten andererseits eine Eigendynamik, die sich gegen ihre ursprünglichen Intentionen wendet. Soziale Dienste können auch unter dem Aspekt sozialer Enteignung und Entmündigung begriffen werden. Staatliche Freiheitssicherung kann sich auch zu umfassender staatlicher Interventionsbefugnis ausweiten, der die Freiheit der Bürger zum Opfer zu fallen droht. Staatliche S. tendiert zu einer Überforderung ihrer Medien. Sie produziert mehr Ansprüche als sie befriedigen kann. So schafft S. im Maße ihrer Ausdehnung auch Unzufriedenheit und Unehrlichkeit.

7. Staatliche S. in Deutschland ist im Kontext der Entstehung und Durchsetzung des Nationalstaats entstanden. Der Nationalstaat blieb bis heute Entwicklungshorizont und Bezugsrahmen sozialer Sicherung. Soziale Sicherung hat sich als Bürger-, nicht als Menschenrecht entwickelt. Heute verliert der Nationalstaat in drei Dimensionen als Bezugspunkt der S. an Bedeutung, ohne daß aber bereits neue Organisationsrahmen absehbar wären. »Nach oben«: Im Rahmen der europäischen Einigung gewinnt die supra-nationale Ebene an Bedeutung (*Soziale Sicherung/Sozialpolitik, europäische*). »Nach unten«: Im Rahmen der Regionalisierung von Lebensverhältnissen wird die Region – z.T. über die nationalen Grenzen hinweg – zu einem bestimmenden Element. »Nach außen«: Im Zuge weltweiter Armutsmigration werden die herkömmlichen Grenzen sozialer Sicherung aufgesprengt.
Vollbeschäftigung und wirtschaftliches Wachstum bilden die implizite Grundlage für Aufbau und Ausdehnung staatlicher S. Stagnation und Krise entziehen ihr die finanzielle Grundlage. Je mehr staatliche S. gefordert ist, umso weniger ist sie verfügbar. In Zeiten der Krise und hoher Arbeitslosigkeit droht sie sich zu entwickeln: vom Instrument sozialer Integration zum gesellschaftlichen Streitobjekt; vom Instrument der Förderung des Arbeitsmarktes zu seiner Behinderung; vom Mittel des Risikoausgleichs zum Privileg für die ohnehin Begünstigten.
Staatliche S. hat sich in westlichen Industriegesellschaften entwickelt als Bestandteil einer Lebens- und Wirtschaftsweise, die auf wirtschaftlichem Wachstum, ungehemmter Ausbeutung der natürlichen Ressourcen und weltweiter ökonomischer Ungleichentwicklung basiert. Staatliche S. ist faktisch ein Privileg der reichen Industriegesellschaften des Nordens; Bestandteil einer Lebens- und Wirtschaftsweise, die heute an unübersehbare Grenzen gestoßen ist. Die weltweite Universalisierung der etablierten Formen staatlicher S. ist schon aus ökologischen Gründen unrealistisch (*Umweltschutz/Sozialökologie*). Das Prinzip der Inklusion stößt im Weltmaßstab an Grenzen, die auch zu einem Überdenken der normativen Grundlagen staatlicher S. zwingen.

Chr. Sachße/F. Tennstedt

Literatur: H. Achinger: Sozialpolitik als Gesellschaftspolitik, Reinbek 1958; B. Badura/P. Gross: Sozialpolitische Perspektiven, München 1976; F.X. Kaufmann: Elemente einer soziologischen Theorie sozialpolitischer Intervention, in: F.X. Kaufmann (Hrsg.): Staatliche Sozialpolitik und Familie, München/Wien 1982, 49–86; L. Leisering: Sozialstaat und demographischer Wandel, Frankfurt/M. 1992; N. Luhmann: Politische Theorie im Wohlfahrtsstaat, München 1981; E. Pankoke: Entwicklungen kommunaler Sozialpolitik, in: F. Ortmann/Chr. Sachße (Hrsg.): Arbeitsmarkt, Sozialpolitik, Selbsthilfe. Perspektiven neuer Sozialstaatlichkeit, Kassel 1985, 84–107; Quellensammlung zur Geschichte der deutschen Sozialpolitik 1867 bis 1914, Stuttgart 1993ff.; G.A. Ritter: Der Sozialstaat. Entstehung und Entwicklung im internationalen Vergleich, München [2]1991; Chr. Sachße/F. Tennstedt: Geschichte der Armenfürsorge in Deutschland. 3 Bde., Stuttgart 1980, 1988, 1992; Chr. Sachße/H.T. Engelhardt (Hrsg.): Sicherheit und Freiheit. Zur Ethik des Wohlfahrtsstaates, Frankfurt/M. 1990.

Sozialpolitik/Soziale Sicherheit, Europäische

Die Europäische *Sozialpolitik* (ESP) hat ursprünglich in »Titel III. Die Sozialpolitik« des Vertrages zur Gründung der Europäischen Wirtschaftsgemeinschaft und heute – seit Inkrafttreten des »Vertrages über die Europäische Union« am 1.11.1993 – in »Titel VIII. Sozialpolitik, allgemeine und berufliche Bildung und Jugend des Vertrages zur Gründung der Europäischen Gemeinschaft« eine zusammenfassende Einordnung in die Gemeinschaftspolitik erfahren, die der Bedeutung des Sozialbereichs in den Mitgliedstaaten der Europäischen Union (EU) selbst durchaus entspricht. Diese Stellung – ursprünglich im EWG-Vertrag (EWGV) und heute im EG-Vertrag (EGV) – hat allerdings im normativen Zuständigkeits- und Ermächtigungsgehalt der einschlägigen Vorschriften des EGV (Art. 117–127) keine Entsprechung gefunden. Die Charakterisierung der ESP als »die schönste Nebensache Europas« und die bereits in den 60er Jahren angestimmte Klage, der »Gemeinsame Markt sei Angelegenheit der Unternehmer, bringe aber den Arbeitnehmern wenig oder nichts ein«, ist ein kritischer Grundton, der die Diskussion über die ESP nahezu seit Inkrafttreten des EWG-Vertrages im Jahre 1958 begleitet. Demgegenüber ist allerdings darauf hinzuweisen, daß die EG eben aus der Europäischen Wirtschaftsgemeinschaft hervorgegangen ist und sich aus diesem Umstand die nachgeordnete Rolle des »Sozialen« gegenüber insbesondere dem »Wirtschaftlichen« erklären läßt. Die europäische Integration verfolgt von Anbeginn an politische Ziele mit wirtschaftlichen Mitteln. Der politische Kompromiß, der dem Zustandekommen des »Kapitels III. Die Sozialpolitik« des EWGV Ende der 50er Jahre zugrunde lag, erteilte von vornherein einer Vereinheitlichung der Systemen der Sozialen Sicherheit (soz.S.) der – ursprünglich 6 – Mitgliedstaaten eine Absage und räumte der Gemeinschaft nur punktuell Kompetenzen im Sozialbereich ein. Nach Maßgabe des Art. 117 Abs. 1 EWGV waren sich die Mitgliedstaaten zwar von Anfang an über »die Notwendigkeit einig, auf eine Verbesserung der Lebens- und Arbeitsbedingungen der Arbeitskräfte hinzuwirken und dadurch auf dem Wege des Fortschritts ihre Angleichung zu ermöglichen«, doch bekannten sie zugleich nach Art. 117 Abs. 2 EWGV, daß sich eine solche Entwicklung »sowohl aus dem eine Abstimmung der Sozialordnungen begünstigenden Wirken des Gemeinsamen Marktes als auch aus den in diesem Vertrag vorgesehenen Verfahren sowie aus der Angleichung ihrer Rechts- und Verwaltungsvorschriften ergeben wird«. Von Anbeginn an stand die Option für eine »autonom-marktwirtschaftlich« soziale Angleichung im Vordergrund, sowohl bei Abschluß des Vertrages von Rom im Jahre 1957 als auch in der späteren politischen Praxis der Gemeinschaft. Dementsprechend räumten (und räumen) auch die sonstigen Sozialvorschriften des EWGV – bzw. heute des EGV –, der als »Verfassung« der EG – bzw. heute der EU – begriffen werden muß, der Gemeinschaft nur in Einzelfragen sozialpolitische Kompetenzen ein. Die »sozial-interventionistische« Option wurde nicht für die Zwecke einer Vereinheitlichung oder Annäherung der Systeme der soz.S. eingesetzt, d.h. eben nicht für eine Vereinheitlichung bzw. Angleichung der Sozialrechtsordnungen der Mitgliedstaaten. Lediglich punktuell – namentlich in bezug auf das freizügigkeitsspezifische EG-Sozialrecht in Art. 51 EWGV (bzw. EGV) durch eine Vereinheitlichung des Internationalen Sozialrechts der Mitgliedstaaten und auf diesem Wege durch die Koordinierung ihrer Systeme der soz.S. sowie im Hinblick auf den Grundsatz des gleichen Entgelts für Männer und Frauen bei gleicher Arbeit in Art. 119 EWGV (bzw. EGV) – enthielt (und enthält) das Europäische Gemeinschaftsrecht konkrete rechtliche Handlungsvorgaben und -befugnisse der Gemeinschaft.

Vor diesem Hintergrund bilden den Kernbereich des Gemeinschaftssozialrechts zum einen die Vorschriften, welche die Freizügigkeit der Arbeitnehmer in der Gemeinschaft, insbesondere auch durch die Koordinierung der nationalen Systeme der *Sozialen Sicherung* gewährleisten – nämlich die (Gesetzen im nationalen Recht vergleichbaren) Verordnungen (EWG) Nr. 1612/68 über die Freizügigkeit der Arbeitnehmer sowie Nr. 1408/71 und Nr. 574/72 über die soziale Sicherheit der Arbeitnehmer und Selbständigen sowie ihrer Familienangehörigen, die in der Gemeinschaft zu- und abwandern – sowie zum anderen der Grundsatz des gleichen Entgelts für Männer und Frauen des Art. 119 EWGV und die Richtlinien (EWG) des Rates über die Gleichbehandlung von Männern und Frauen – RL 75/117/EWG, 76/297/EWG, 79/7/EWG (betr. die Systeme der soz.S.), 86/378/EWG (betr. die betrieblichen Systeme der soz.S.) sowie 86/613/EWG – als rechtlichen Ausgangspunkt für das Bemühen um die Durchsetzung der Gleichbehandlung von Männern und Frauen. Beide Regelungskomplexe sind ursprünglich als »Annexe« zu den wirtschaftlichen Freiheiten des heutigen EG-Vertrages konzipiert worden.

So war die Verankerung des Grundsatzes gleichen Entgelts für Männer und Frauen ursprünglich ökonomisch motiviert und zum Ausgleich von Wettbewerbsnachteilen für Mitgliedstaaten mit einem seinerzeit bereits hohen Grad an Lohngleichheit (konkret: Frankreich) gedacht. Erst durch die Rechtsprechung des Europäischen Gerichtshofs, beginnend mit dem ersten Defrenne-Urteil aus dem Jahre 1971 (EuGH, RS 80/70 [Defrenne I], EuGHE 1971, 445) ist dieser Grundsatz auch individualrechtlich und »sozial« gewendet worden. Der Europäische Gerichtshof hat auch in der Folgezeit entscheidend dazu beigetragen, daß die Politik der Gleichbehandlung von Männern und Frauen, die durch die 5 vorstehend erwähnten EWG-Richtlinien konkretisiert und für einzelne Bereiche spezifiziert worden ist, eines der erfolgreichsten Kapitel der ESP darstellt.

Das »freizügigkeitsspezifische« EG-Sozialrecht der Arbeitnehmer und Selbständigen sowie deren Familienangehöriger, die in der Gemeinschaft von dem Recht auf Freizügigkeit Gebrauch machen, ist ebenfalls nicht das Ergebnis einer ESP *per se*, sondern dient der »sozialen Flankierung« zweier Personenfreiheiten des EG-Vertrages, nämlich der Freizügigkeit der Arbeitnehmer und der Niederlassungsfreiheit der Selbständigen. Die Verordnung (EWG) Nr. 1612/68 regelt die Freizügigkeit der Arbeitnehmer und ihrer Familienangehörigen in bezug auf den Zugang zur Beschäftigung und gewährleistet die Gleichbehandlung mit Inländern im Hinblick auf Arbeitsbedingungen sowie soziale und steuerliche Vergünstigungen i.w.S. im Beschäftigungsstaat. Die dieser sog. »Freizügigkeitsverordnung« als leges speciales vorgehenden Verordnungen (EWG) Nr. 1408/71 und Nr. 574/72 garantieren Arbeitnehmern und Selbständigen sowie ihren Familienangehörigen die Gleichbehandlung auf dem Gebiet der soz. S. als dem Kernbereich des Sozialleistungssystems und stellen zugleich sicher, daß »migrierende« Arbeitnehmer und Selbständige im Hinblick auf ihre soziale Absicherung durch die »Wanderung« von einem Mitgliedstaat in einen anderen keine Nachteile im Bereich der soz. S. erleiden. Die beiden Verordnungen setzen die Vorschrift des Art. 51 EGV um, die ihrerseits dem Umstand Rechnung trägt, daß die Freizügigkeit der Arbeitnehmer (und seit der Erstreckung des persönlichen Anwendungsbereichs der Verordnungen auch die der Selbständigen) beeinträchtigt würde, müßte ein solcher »Wandererwerbstätiger« befürchten, bei der »Wanderung« von einem Mitgliedstaat in einen anderen aufgrund daraus resultierender Zugehörigkeit zu verschiedenen nationalen Systemen der soz. S. bestimmte Leistungen nicht zu erhalten oder bereits erworbene Ansprüche auf Leistungen einzubüßen. Die beiden Verordnungen haben deshalb ein Koordinierungssystem geschaffen, das zu Erwerbszwecken in den Mitgliedstaaten der Gemeinschaft aus- und einwandernden Personen mit Staatsangehörigkeit eines EU-Mitgliedstaats in ihrem Beschäftigungsstaat zum einen die Zusammenrechnung aller nach den verschiedenen innerstaatlichen Rechtsvorschriften zu berücksichtigenden Zeiten für den Erwerb und die Aufrechterhaltung des Leistungsanspruchs wie für die Berechnung der Leistungen sichert, und zum zweiten die Zahlung von Leistungen auch an Personen vorsieht, die nicht im Beschäftigungsstaat, sondern in anderen Mitgliedstaaten (z.B. in ihrem Heimatstaat) wohnen. Aufgrund des sog. Zusammenrechnungsgrundsatzes muß ein Wanderarbeitnehmer, der in verschiedenen Mitgliedstaaten beschäftigt und versichert gewesen ist, in jedem Mitgliedstaat in bezug auf die Entstehung eines Leistungsanspruchs so behandelt werden, als hätte er sämtliche überhaupt in EU-Staaten zurückgelegte Zeiten in dem betreffenden Mitgliedstaat zurückgelegt. Beispielsweise kann ein italienischer Wanderarbeitnehmer auch mit in Italien – oder in jedem anderen Mitgliedstaat – zurückgelegten Zeiten die nach deutschem Recht zum Erwerb eines Rentenanspruchs erforderliche Vorversicherungszeit (Wartezeit) erfüllen, wenn seine deutschen Zeiten allein dazu nicht ausreichen. Darüber hinaus stellt das Gemeinschaftsrecht sicher, daß Rechtsansprüche auf Geldleistungen der soz. S. (z.B. Ansprüche auf eine Invaliditäts- oder Altersrente), die in einem Mitgliedstaat erworben worden sind, in jedem anderen Mitgliedstaat erfüllt werden müssen, sieht mithin den »Export« derartiger Leistungen vor. Aktuell betroffen – also ohne »Altfälle« (z.B. rentenbeziehende ehemalige Wanderarbeitnehmer) – sind von diesem gemeinschaftsrechtlichen »Wanderstatut« gegenwärtig rd. 2 Mio. Arbeitnehmer und Selbständige sowie 3 Mio. Familienangehörige derselben aus EU-Staaten. Die Mehrzahl der in der Gemeinschaft tätigen Wanderarbeitnehmer, die aus Drittstaaten stammen – rd. 5 Mio. mit rd. 3 Mio. Familienangehörigen – kommt hingegen nicht in den Genuß dieses vorteilhaften Systems; seit Inkrafttreten des Europäischen Wirtschaftsraums (EWG) am 1.1.1994 ist allerdings dieses »Wanderarbeitnehmer-Regime« der EU erstreckt worden auf Arbeitnehmer, Selbständige und deren Familienangehörige auch aus Mitgliedstaaten des EWR, die nicht der EU angehören, d.h. auf Staatsangehörige Finnlands, Islands, Norwegens, Österreichs und Schwedens.

Was das nationale Recht der soz.S. angeht, so hatte neben diesem »freizügigkeitsspezifischen« Gemeinschaftssozialrecht insbesondere der Grundsatz des gleichen Entgelts für Männer und Frauen bei gleicher Arbeit des Art. 119 EGV und die EWG-Richtlinien zur Gleichbehandlung von Männern und *Frauen* unmittelbare rechtliche Bedeutung. Entsprechendes gilt für die Richtlinie 79/7/EWG zur schrittweisen Verwirklichung des Grundsatzes von Männern und Frauen im Bereich der sozialen Sicherheit, die Richtlinie 86/378/EWG zur Verwirklichung des Grundsatzes der Gleichbehandlung von Männern und Frauen bei den betrieblichen Systemen der sozialen Sicherheit, und die Richtlinie 86/613/EWG zur Verwirklichung des Grundsatzes der Gleichbehandlung von Männern und Frauen, die eine selbständige Tätigkeit – auch in der Landwirtschaft – ausüben, sowie über den Mutterschutz. Ansonsten ist die soz. S. Angelegenheit der Mitgliedstaaten.

Die harmonische Entwicklung der EU als Ganzes setzt allerdings voraus, daß die wirtschaftlichen und sozialen Unterschiede und Abstände zwischen den Mitgliedstaaten nicht größer werden, als sie es derzeit sind aufgrund der unterschiedlichen historischen Wurzeln, politischen, ökonomischen und rechtlichen Rahmenbedingungen, sowie sozialpolitischen Gestaltungsprinzipien – z. B. Sozialversicherungssysteme, Staatsbürgerversorgungssysteme u. a. Ein von der EG-Kommission vorgelegter Bericht »Soziale Sicherheit in Europa« und die halbjährlich vorgelegten Übersichten über die »Soziale Sicherheit in den Mitgliedstaaten« illustrieren Gemeinsamkeiten und Unterschiede.

Neben einem gewissen Maß an auch finanzieller Solidarität gegenüber den benachteiligten Ländern und Regionen im Rahmen der Europäischen Strukturfonds, namentlich des Europäischen Sozialfonds und des Europäischen Kohäsionsfonds als Instrumenten sozialer Umverteilung in der Gemeinschaft vermag vor dem Hintergrund des bereits bei Abschluß des EWG-Vertrages konkludent ausgesprochenen Verzichts auf eine soziale Harmonisierung i. S. einer Vereinheitlichung oder Annäherung der Systeme der soz. S. »von oben« insbesondere eine freiwillige Abstimmung der nationalen Sozialpolitik einschließlich der Politiken der soz. S. unter dem Vorzeichen der sog. »sozialen Konvergenz« dazu einen Beitrag zu leisten. In der von den Staats- bzw. Regierungschefs von 11 der 12 Mitgliedstaaten (mit Ausnahme des Vereinigten Königreichs) am 9. 12. 1989 in Straßburg angenommenen »Gemeinschaftscharta der sozialen Grundrechte der Arbeitnehmer« sind bestimmte soziale Zielvorstellungen, die für alle Mitgliedstaaten gelten sollen, formuliert worden, u. a. die Gewährleistung von Einkommensersatzleistungen in angemessener, d. h. den Fortbestand des bisherigen Lebensstandards ermöglichender Höhe für Arbeitnehmer und die Garantie ausreichender Leistungen und Zuwendungen auch für diejenigen, die – etwa als Nichterwerbstätige – nicht über die notwendigen Mittel für ihren Unterhalt verfügen, i. S. der Gewährleistung eines dem Grundsatz der Menschenwürde verpflichteten sozialen Existenzminimums. In Konkretisierung dieser politischen Vorprobe wird in der »Empfehlung des Rates vom 27. Juli 1992 über die Annäherung der Ziele und Politiken im Bereich des sozialen Schutzes« den Mitgliedstaaten empfohlen, ihre Sozialpolitik in bezug auf die soz. S. freiwillig an bestimmten Zielen zu orientieren und in den jeweiligen Sozialleistungsbereichen wie folgt tätig zu werden:

(a) Der soziale Schutz bei *Krankheit* soll (i) allen rechtmäßigen im Hoheitsgebiet eines Mitgliedstaats ansässigen Personen unter den von jedem Mitgliedstaat selbst festgelegten Bedingungen den Zugang zu den notwendigen Gesundheitsleistungen sowie zu Krankheitsvorsorgemaßnahmen eröffnen; (ii) es ist auf die Beibehaltung und ggf. die Weiterentwicklung eines effizienten Gesundheitsversorgungssystems zu achten, welches der Entwicklung der Bedürfnisse der Bevölkerung, von Krankheiten und Heilverfahren, sowie der erforderlichen Intensivierung der Vorsorge entspricht; (iii) es ist für die Rehabilitation von Konvaleszenten, insbesondere nach schwerer Krankheit oder Unfall, und für deren spätere berufliche Wiedereingliederung zu sorgen; (iv) Arbeitnehmern, die ihre Tätigkeit aus Krankheitsgründen unterbrechen müssen, sind pauschale oder aber auf der Grundlage ihres früheren Erwerbseinkommens berechnete Leistungen zu gewähren nach Maßgabe ihrer Beteiligung an den jeweiligen Sozialversicherungssystemen.

In bezug auf die Funktion *Mutterschaft* sind (i) für alle Frauen, die rechtmäßig im Hoheitsgebiet eines Mitgliedstaats ansässig sind, die Pflegekosten, die sich durch eine Schwangerschaft, eine Entbindung sowie deren Folgen ergeben, im Rahmen der Zugehörigkeit zum jeweiligen System der soz. S. zu übernehmen; ferner (ii) ist sicherzustellen, daß Arbeitnehmerinnen, die ihre Tätigkeit wegen Mutterschutz unterbrechen, angemessenen sozialen Schutz genießen.

Im Hinblick auf das Risiko *Arbeitslosigkeit* ist (i) entsprechend der »Empfehlung des Rates vom 24. Juni 1992 über gemeinsame Kriterien für ausreichende Zuwendung und Leistungen im Rahmen der Systeme der sozialen Sicherung« (sog. »Mindesteinkommensempfehlung«) allen Arbeitslosen, die rechtmäßig im Hoheitsgebiet eines Mitgliedstaates wohnen, vorbehaltlich ihrer Verfügbarkeit auf dem Arbeitsmarkt ein Mindesteinkommen zu garantieren; (ii) für Arbeitslose, insbesondere für jugendliche Berufsanfänger und Langzeitarbeitslose, sind bei Verfügbarkeit für eine Erwerbstätigkeit oder eine berufliche Ausbildung Maßnahmen vorzusehen, die auf eine Integration in das Erwerbsleben abzielen; (iii) Arbeitnehmern, die ihren Arbeitsplatz verloren haben, sind für die Zeit ihrer unfreiwilligen Arbeitslosigkeit gleichfalls Einkommensersatzleistungen zu gewähren, welche ihnen die Aufrechterhaltung ihres früheren Lebensstandards entsprechend ihrer Einbindung in die jeweiligen Systeme der soz. S. ermöglichen.

Bei Arbeitsunfähigkeit (i) ist allen Betroffenen, die sich rechtmäßig im Hoheitsgebiet eines Mitgliedstaats aufhalten, ein Mindesteinkommen (nach Maßgabe der vorstehend erwähnten EG-Empfehlung über ausreichende Zuwendungen) zu gewährleisten; (ii) darüber hinaus ist ihre soziale und wirtschaftliche Integration zu fördern; (iii) Arbeitnehmern sind ggf. je nach dem Grad der Erwerbsminderung gestaffelte pauschale oder aber nach dem früheren Erwerbseinkommen berechnete Leistungen zu gewähren, die ebenfalls eine Fortführung der bisherigen Lebenshaltung gestatten.

Älteren Menschen (i) soll gleichfalls das Recht auf ein Mindesteinkommen und/oder der Zugang zu anderen Systemen der soz. S. gewährleistet werden, damit sie in finanzieller Unabhängigkeit am gesellschaftlichen Leben teilnehmen können; (ii) beim Ausscheiden aus dem Berufsleben sollen ihnen gleichfalls Einkommensersatzleistungen zustehen; (iii) soziale Hilfsdienste sollen auf die selbständige Lebensführung und das körperliche, geistige und soziale Wohlbefinden der älteren Menschen abgestellt sein und insbesondere Pflege und Hilfe im häuslichen Bereich, ambulante Hilfsdienste, Heime für ältere Menschen sowie medizinische Dienstleistungen umfassen; (iv) besonderes Augenmerk soll der Frage geschenkt werden, inwieweit im Arbeitsleben eine unterschiedliche Behandlung aufgrund des

Lebensalters gerechtfertigt ist; (v) ferner sollen ein flexiblerer Übergang vom Erwerbsleben in den Ruhestand ermöglicht sowie Information, Betreuung und praktische Hilfestellung bereitgestellt werden; (vi) eine flexiblere Wohnungspolitik mit einem Angebot an unterschiedlichen Wohnformen soll es älteren Menschen schließlich ermöglichen, in ihrer eigenen häuslichen Umgebung zu verbleiben. Diese Konvergenzziele sind nicht rechtlich verbindlich, haben aber zumindest eine politische Bedeutung für die Sozialschutzsysteme aller Mitgliedstaaten und damit auch für alle Bürger der EU, da sie einen zwischen den Mitgliedstaaten der EU bestehenden Konsens über die Fortentwicklung der Systeme des sozialen Schutzes zum Ausdruck bringen. Darüber hinaus ergibt sich aus der Gemeinsamkeit der sozialpolitischen Probleme – demographisch die Alterung der Bevölkerung und der Geburtenrückgang, gesellschaftlich die Rolle der Frau und der Wandel der Familie, ökonomisch der verschärfte Wettbewerb auf den Weltmärkten, arbeitsmarktpolitisch die nach wie vor hohe Arbeitslosigkeit u.a. – und der immer stärker werdenden Interdependenz der Mitgliedstaaten in wirtschaftlicher, rechtlicher und politischer Hinsicht ein zunehmender Druck. Schließlich sorgt die Effektivierung der Marktfreiheiten innerhalb des Binnenmarktes für eine zusätzliche Dynamik, welche zu einer Öffnung der bislang national abgeschotteten Sozialleistungssysteme der Mitgliedstaaten der EU und des EWR in bezug auf die Sozialleistungserbringung i.w.S. dazu führt, daß Sozialpolitik und soz.S. immer stärker »europäisiert« werden. *B. Schulte*

Literatur: R. Birk: Europäisches Arbeitsrecht, München 1990; Deutscher Sozialrechtsverband e.V. (Hrsg.): Europäisches Sozialrecht, Wiesbaden 1992; Kommission der Europäischen Gemeinschaften: Soziale Sicherheit in Europa, Brüssel 1993; Kommission der Europäischen Gemeinschaften: Europäische Sozialpolitik. Weichenstellung für die Europäische Union (»Grünbuch«), Brüssel 1993; Kommission der Europäischen Gemeinschaften/MISSOC: Soziale Sicherheit in den Mitgliedstaaten der Gemeinschaft. Stand am 1. Juli 1993 und Entwicklung, Brüssel/Köln 1994; G. Nicolaysen/H.J. Rabe (Hrsg.): Europäisches Arbeits- und Sozialrecht. Beiheft 1, Europarecht (EuR) 1990; Nomos-Kommentar zum Europäischen Sozialrecht, Baden-Baden 1994; B. Schulte: Soziale Sicherheit in der EG. Verordnung (EWG) Nr. 1408/71 und 574/72 sowie andere Bestimmungen, München [2]1993; B. Schulte: Europäisches Gemeinschaftsrecht und Freie Wohlfahrtspflege – Sozialpolitische Vorgaben und rechtliche Rahmenbedingungen –, in: Zeitschrift für ausländisches und internationales Arbeits- und Sozialrecht (ZIAS) 1992, 191–232; B. Schulte: Sozialrecht, in: C. Lenz (Hrsg.): Handbuch »Recht im Binnenmarkt«, Herne [2]1994; B. Schulte: Allgemeine Regeln des internationalen Sozialrechts – supranationales Recht, in: B. v. Maydell/F. Ruland (Hrsg.): Sozialrechtshandbuch (SRH), Neuwied [2]1994; B. Schulte/H. Zacher (Hrsg.): Wechselwirkungen zwischen dem Europäischen Sozialrecht und dem Sozialrecht der Bundesrepublik Deutschland, Berlin 1991.

Sozialstaat

1. Begriffliche Klärung: Der Begriff S. wird kontrovers diskutiert; eine breit akzeptierte Definition hat sich bislang nicht durchsetzen können. Dies hängt u.a. mit seinen unterschiedlichen Verwendungszusammenhängen im Spannungsfeld von politischer Praxis und politikrelevanter Wissenschaft, von unterschiedlichen sozialwissenschaftlichen Disziplinen und angesichts des Einflusses unterschiedlicher theoretischer Konzeptionen zusammen. Ferner ist auf konkurrierende Begrifflichkeiten wie insbesondere den Terminus »Wohlfahrtsstaat« hinzuweisen. In seiner Fassung als »welfare state« wird er im angelsächsischen Sprachraum synonym zu »Sozialstaat« verwendet. Im deutschen Sprachraum wird der Begriff »Sozialstaat« bevorzugt, um die sozialpolitischen Funktionen und Tätigkeiten des Staates von einem ausgeprägt negativ bewerteten Konzept des »totalen Versorgungsstaates von der Wiege bis zur Bahre«, das als »Wohlfahrtsstaat« tituliert wird, polemisch abzugrenzen.
Im folgenden wird der Begriff S. – der vergleichenden soziologischen Sozialstaatstheorie und -forschung folgend – übereinstimmend mit angelsächsischen Konzepten des welfare state als ein spezifischer Typus der Staatstätigkeit in modernen *Gesellschaften* verwendet. Danach kennzeichnet der Begriff S. (bzw. Wohlfahrtsstaat) einen Typus von Staaten, die aktiv in wirtschaftliche und gesellschaftliche Abläufe intervenieren und einen relevanten Anteil ihrer Ressourcen für sozialpolitische Zwecke reservieren und auf diese Weise die Teilhabechancen der Bevölkerung in den Bereichen Einkommenssicherung, Gesundheit, *Wohnen* und *Bildung* angleichen und verbessern. Der S. übernimmt danach als Reaktion auf den gesellschaftlichen Strukturwandel in systematischer Weise Verantwortung für die Verteilung von Lebenschancen durch die gesetzliche Fixierung von Rechtsansprüchen auf die Zuteilung bestimmter Leistungen (in Form von Geld, sozialen Gütern oder Dienstleistungen). Damit wird der S. (bzw. Wohlfahrtsstaat) ein zentrales Strukturelement moderner Gesellschaften. In Abgrenzung zum Begriff *Sozialpolitik* bezieht sich der Terminus S. nicht auf ein abgegrenztes Politikfeld, sondern auf eine spezifische Ausrichtung des Gesamtstaates auf die Prinzipien von Sicherheit und sozialer Teilhabe. Zentrale Bereiche der Sozialstaatlichkeit sind aber Sozialpolitik sowie abgeschwächt Wohnungspolitik und *Familienpolitik* sowie v.a. das Arbeitsrecht, während die Bildungspolitik – im Gegensatz zu den angelsächsischen Staaten – üblicherweise nicht dazugerechnet wird *(Marktwirtschaft, soziale, Verfassungsrecht).*

2. Typologien: In den westlichen Ländern haben sich mit (1) Systemen der Staatsbürgerversorgung, (2) Versicherungssystemen sowie (3) selektiven Sicherungssystemen drei grundlegende ordnungspolitische Konzeptionen von Sozialstaatlichkeit herausgebildet *(Soziale Sicherung)*:
(1) »Systeme der Staatsbürgerversorgung« gewähren

soziale Leistungen unabhängig vom ökonomischen, berufsständischen oder Erwerbsstatus. Organisatorisch zumeist als Einheitsversicherungen gestaltet, haben diese Systeme eine starke vertikale Umverteilungswirkung. Hinsichtlich der Finanzierung sozialer Sicherung überwiegt die Steuerfinanzierung. Die derart organisierten Einkommenssicherungssysteme werden zumeist durch staatlich organisierte Sozialdienste flankiert. Empirische Beispiele hierfür sind insbesondere in Schweden, Norwegen sowie Großbritannien zu finden. (2) »Versicherungssysteme« bemessen ihre Leistungen in erster Linie nach den einkommensabhängigen Beiträgen der Versicherten. Die i. d. R. nach Risikoart und Berufsgruppenzugehörigkeit gegliederten Versicherungen sind nicht am Ziel der vertikalen (Querschnittsbetrachtung), sondern vielmehr der intertemporalen Umverteilung (Längsschnittbetrachtung) orientiert. In Phasen der Erwerbstätigkeit aufgebaute Rechte auf Sozialleistungen werden in Phasen der vorübergehenden oder dauerhaften Nicht-Erwerbstätigkeit (wie *Krankheit*, Unfall und Ruhestand) in Anspruch genommen. Versicherungsförmig organisierte Sozialsysteme zielen darauf ab, die relative Einkommensposition, die die versicherte Person auf dem Arbeitsmarkt erlangt hat, in die Phase des Bezugs von Sozialleistungen zu übertragen (Lebensstandardsicherung). Diese Systeme finden sich v. a. in der BRD, Österreich, Frankreich und Italien. Die Finanzierung der Sozialleistungen erfolgt in diesen Ländern entweder durch Staat, Arbeitnehmer und Arbeitgeber (BRD und Österreich) oder durch Staat und Arbeitgeber (Italien und Frankreich). (3) In »selektiven Sicherungssystemen«, die auch »residuale Wohlfahrtsstaaten« genannt werden, überwiegen freiwillige Versicherungen, die durch staatlich organisierte, steuerfinanzierte Fürsorgesysteme und auf eng eingegrenzte Bevölkerungsgruppen zugeschnittene staatliche Versicherungen ergänzt werden. In diesen Ländern übernimmt der Staat keine aktive Rolle in der Sozialpolitik und beschränkt sich auf die Regulierung freiwilliger Versicherungssysteme und die Einrichtung selektiver, zeitlich befristeter staatlicher Programme. Diesen Typus finden wir gegenwärtig in den Vereinigten Staaten, Kanada, Australien und Neuseeland.

Die zur Zeit einflußreichste Typologie wohlfahrtsstaatlicher Regime hat der schwedische Sozialwissenschaftler Esping-Andersen (1990) vorgelegt. Auf der Grundlage von sieben Indikatoren, die dem Zielkatalog der skandinavischen Arbeiterbewegung entstammen, unterscheidet er ein liberales Modell, wie es etwa in den USA, zum Teil auch in Australien, Japan, Kanada und der Schweiz verwirklicht worden ist, ein konservatives, wie es vor allem in der BRD, Österreich und den Benelux-Staaten zu finden ist, und ein sozialistisch-sozialdemokratisches Modell des Wohlfahrtsstaates, das am ehesten in den skandinavischen Ländern verwirklicht wurde.

Hierbei handelt es sich allerdings um idealtypisierende Modellbildungen; in der sozialpolitischen Praxis finden wir wohlfahrtsstaatliche Institutionensysteme daher nicht in ihrer reinen Form, sondern vielmehr als Mischtypen. Dies läßt sich am bundesdeutschen S. verdeutlichen: Auch dieser ist kein reiner »Sozialversicherungsstaat«, sondern stellt eine Mischung aus Pflicht-Sozialversicherungen, privater Vorsorge sowie staatlicher Versorgung und Fürsorge dar. So existieren neben den großen Sozialversicherungswerken (Renten-, Kranken-, Unfall-, Arbeitslosen- und Pflegeversicherung) Versorgungssysteme – zum Beispiel für Kriegsopfer und Beamte – sowie die kommunale *Sozialhilfe*, die auf dem Prinzip der Fürsorge beruht.

3. Geschichte: Die Entstehung sozialstaatlicher Institutionen geht in sämtlichen westlichen Ländern auf die Zeit des ausgehenden 19. Jahrhunderts zurück. Obwohl Deutschland als »Nachzügler« im Prozeß der Industrialisierung und Demokratisierung gilt, wurde die sozialstaatliche Entwicklung in Westeuropa durch die Bismarckschen Sozialversicherungswerke eingeleitet. Zwar gab es auch zuvor schon – etwa in Form von gesetzlichen Maßnahmen des Arbeitnehmerschutzes – erste Ansätze einer Sozialgesetzgebung, aber der eigentliche Durchbruch wurde im Deutschen Reich mit der Sozialversicherungsgesetzgebung der 80er Jahre des 19. Jahrhunderts erreicht. Mit den Pflichtversicherungen gegen Krankheit (1883), industrielle Unfälle (1884) sowie Invalidität und Alter (1889) reagierte das Deutsche Reich unter Bismarck als erstes Land auf die veränderten sozialökonomischen und politischen Folgen von Bevökerungswachstum, Verstädterung und Industrialisierung. Sein besonderes institutionelles Gepräge erhielt der deutsche S. dadurch, daß er nicht auf unmittelbaren Druck der Arbeiterbewegung, sondern vielmehr als Teil einer autoritären Politik der »defensiven Modernisierung« der konservativ-traditionellen Elite des Kaiserreiches zustande kam. Neben der »Peitsche« des »Sozialistengesetzes« von 1878 sollte das »Zuckerbrot« der Sozialversicherungen eine Integration der erstarkenden Arbeiterbewegung in das Kaiserreich befördern helfen. Mit dem Bismarckschen Sozialgesetzgebungswerken wird zugleich eine für den deutschen Sozialstaat charakteristische institutionelle Spaltung in eine zentralstaatliche Arbeiterpolitik, beruhend auf einer kollektiven Zwangsversicherung, und einer kommunalen Armenpolitik durchgesetzt, die in der Tradition der Armenpflege als Fürsorge für arbeitsmarktferne Mangellagen organisiert ist. Insgesamt ist mit dieser Entwicklung eine Bedeutungsabwertung der kommunalen Ebene für die Sozialpolitik verbunden.

Weitere wichtige Impulse für die Entwicklung des S. resultierten aus der Errichtung der Weimarer Republik. So wurde 1923 mit der Knappschaftsversicherung eine einheitliche Alters-, Invaliditäts- und Krankenversicherung für die Bergleute geschaffen; die Ausdehnung der Unfallversicherung auf Wegeunfälle und gewerbliche Berufskrankheiten im Jahre 1925 sowie insbesondere die 1927 errichtete staatliche Arbeitslosenversicherung vervollständigten das System der sozialen Sicherung. Mit dem Betriebsrätegesetz von 1920 wurde zudem ein allgemeines Mitbestimmungsgesetz geschaffen und bereits im Jahre 1918 war die Tarifautonomie gesetzlich anerkannt worden. In der Wohnungspolitik gibt es erste Ansätze zur öffentlichen Unterstützung des Wohnungsbaues; in der Fürsorgepolitik sind insbesondere das 1922 verabschiedete Reichsjugendwohlfahrtsgesetz (RJWG) sowie die Einführung reichseinheitlicher Grundsätze in der gemeindlichen Armenpflege (RFV) im Jahre 1924 hervorzuheben.

Nach der Phase des Nationalsozialismus *(Soziale Arbeit im Nationalsozialismus)* und dem Ende des Zweiten Weltkrieges stand zunächst einmal die Bewältigung der Kriegsfolgen in Anknüpfung an die überkommenen Strukturen der Sozialversicherung im Vordergrund. Nach einer Phase des Wiederaufbaus der Systeme der sozialen Sicherung und der Behebung der dringlichsten Notlagen in den Jahren 1949 bis 1955 ging es in den Jahren von 1955 bis 1966 vornehmlich um die Konsolidierung und Weiterentwicklung des wiederhergestellten sozialpolitischen Institutionensystems. Neben kleineren Sozialgesetzwerken wie die Reform des *Kindergeldes* und die Einführung des *Wohngeldes* sowie das *Bundessozialhilfegesetz* von 1961 fiel in diese Periode insbesondere die 1957 verabschiedete Rentenreform, mit der nicht nur eine Erhöhung der Renten und eine Verankerung des Prinzips der beitragsäquivalenten, einkommensbezogenen Rente, sondern v. a. auch eine Dynamisierung der Altersrenten verwirklicht wurden. Diese Rentenreform zählt mit zu den bedeutendsten Sozialreformen in der Geschichte Deutschlands. In der Zeit der Großen Koalition von 1966 bis 1969, die gelegentlich fälschlicherweise als Phase der Vernachlässigung der Sozialpolitik beurteilt wird, wurden die Rentenfinanzen – u. a. durch die Beseitigung von Versicherungspflichtgrenzen – saniert und gegen Ende der Legislaturperiode ein Finanzausgleich zwischen Arbeiterrenten- und Angestelltenversicherung eingeführt, der zugunsten der Arbeiter- und zu Lasten der Angestelltenversicherung ausfiel. Die Periode der sozialliberalen Koalition war bis ca. Mitte der 70er Jahre durch eine expansive und präventive Grundorientierung geprägt. Hierzu trugen Maßnahmen wie die Öffnung der Sozialversicherung für Selbständige, Hausfrauen und Studenten sowie die Rentenreform von 1972 (mit der Einführung der flexiblen Altersgrenze, der Rente nach Mindesteinkommen und der vorgezogenen Dynamisierung der Renten) bei. In diese Phase fällt auch die »Entdeckung« der inzwischen enorm gewachsenen Relevanz der sog. Dienstleistungs- gegenüber der bislang vorherrschenden Einkommensstrategie in der Sozialpolitik. Es wurde zunehmend anerkannt, daß eine Verbesserung von Lebenslagen und Lebensqualität neben der Teilhabe an Geldtransfers immer stärker von dem Zugang zu Realtransfers wie sozialen Infrastrukturangeboten (wohnortnah erreichbare Krankenhäuser, Kindertagesstätten, Beratungsstellen etc.) und Dienstleistungsangeboten abhängt. Mit diesem sozialpolitischen Perspektivenwechsel ging auch ein erneuter Bedeutungsaufschwung der kommunalen Sozialpolitik einher, da Effektivität und Effizienz sozialer Dienste nur vor Ort sichergestellt werden können. Es wurde nun auch möglich, den inzwischen gewachsenen Bereich der *Sozialen Arbeit* systematisch in eine sozialpolitische Betrachtung einzubeziehen. Spätestens mit der Klassifikation sozialstaatlicher Interventionsformen von Kaufmann, die neben der Intervention durch Geld, Recht sowie der sozialökologischen Intervention auch die pädagogische Intervention vorsieht, wird SozArb als ein integraler Bestandteil des bundesdeutschen Sozialstaates verstanden.

Ab Mitte der 70er Jahre begann unter dem Eindruck der Rezessionen von 1974/75 und 1980/82 die Phase der »mageren Jahre« in der Sozialpolitik (1975 bis 1984). Die nun einsetzende Politik der selektiven Kürzungen setzt im Jahre 1975 im Rahmen des 1. Haushaltskonsolidierungsgesetzes ein und betrifft in den Folgejahren – wenn auch mit erheblichen Unterschieden – alle größeren Sozialversicherungen. Insgesamt folgt diese Politik des Sparens der Logik des geringsten politischen Widerstandes und der größten finanziellen Entlastung des Bundes – insbesondere auf Kosten untergeordneter politischer Instanzen wie vor allem der Kommunen und Landkreise, deren Aufwendungen für Sozialhilfe wegen der Abwälzung der sozialen Kosten der chronischen Arbeitslosigkeit auf die Sozialhilfe erheblich zunahmen. Die Sparpolitik setzte nicht erst mit dem Regierungswechsel von 1982, sondern bereits in den letzten Jahren der sozialliberalen Regierungsmehrheit ein. Neben die verstärkte und entschlossene Fortsetzung des Sparkurses in der Sozialpolitik durch die CDU/CSU/FDP-Koalition nach 1982 treten allerdings auch neue sozialpolitische Leistungen, wie beispielsweise die Anrechung von Kindererziehungszeiten als rentenerhöhende Beitragszeiten, ein verbesserter *Mutterschutz* sowie die Einführung von *Erziehungsurlaub* und *Erziehungsgeld.*

Parallel zu dieser Entwicklung setzt sowohl in der Sozialpolitik wie in den Sozialwissenschaften eine grundsätzliche Debatte um die »Krise des Sozialstaates« ein. Sowohl das Problem der Finanzierbarkeit expandierender Sozialleistungen angesichts stagnierender bzw. schrumpfender Wirtschaftstätigkeit, die unter Umständen negativen Auswirkungen sozialstaatlicher Expansion auf das Wirtschaftsgeschehen, als auch nichterwünschte Folgen zunehmender Bürokratisierung und Verrechtlichung des S. stehen – aus unterschiedlicher politisch-ideologischer Sicht – im Mittelpunkt der Aufmerksamkeit. Es geht erstmals seit der Entstehung des deutschen S. auch wieder um die (Neu-)Verteilung der Verantwortlichkeiten zwischen privater sozialer Sicherung und staatlicher Sozialpolitik. Während aus wirtschaftsliberaler und neokonservativer Sicht der Markt auch im Bereich sozialer Daseinsvorsorge wieder stärkeres Gewicht erhalten soll, plädiert der soziale Konservatismus für eine stärkere Inanspruchnahme traditioneller Gemeinschaften (Familie, Nachbarschaft, Ehrenamt), der linke Flügel der Sozialdemokratie sowie Bündnis 90/Die Grünen für eine Stärkung genossenschaftlicher und selbstorganisierter Formen gegenseitiger Hilfe und Unterstützung.

Die Phase von Mitte der 80er Jahre bis in die Gegenwart schließlich ist durch verstärkte Bemühungen um notwendige Strukturreformen der großen Sozialversicherungswerke vor allem in der Renten- und Krankenversicherung sowie durch die Auseinandersetzungen um die Absicherung des Risikos der Pflegebedürftigkeit, die schließlich 1994 zur Einrichtung der *Pflegeversicherung* geführt haben, gekennzeichnet.

4. Quantitative Entwicklung: Die Entwicklung der S. in den westlichen Ländern verlief in quantitativer Hinsicht – bei z.T. erheblichen länderspezifischen Differenzen – nach einem einheitlichen Muster: Nach quantitativ vergleichsweise bescheidenen Anfängen im ausgehenden 19. Jahrhundert erlebte das sozialstaatliche Institutionensystem eine langanhaltende Phase des Wachstums und hat sich inzwischen zu einem zentralen Strukturmerkmal sämtlicher westlicher Industrienationen entwickelt. Die Konsequenzen solcher Wachstumskräfte lassen sich – ähnlich wie in allen anderen westeuropäischen Ländern auch – an der Entwicklung des bundesdeutschen S. ablesen: Zentrale Indikatoren hierfür sind die Anzahl der abgesicherten Bevölkerungsgruppen und die Entwicklung der Sozialausgaben. Der Prozeß des Einbezuges immer weiterer Bevölkerungskreise in die Sozialversicherungssysteme verlief von unten nach oben in der *Sozialstruktur*: Nach den Industriearbeitern wurden die Angestellten, nach dem Zweiten Weltkrieg auch die Selbständigen und schließlich auch arbeitsmarktferne Gruppen wie Schüler, Studierende und Hausfrauen in die Sicherungssysteme einbezogen. Im Ergebnis nähert sich der bundesdeutsche S. – ähnlich den anderen westeuropäischen S. – einem umfassenden System der Sicherung der gesamten Wohnbevölkerung an. Mit dieser Entwicklung ist ein enormer Anstieg der Sozialausgaben verbunden. Während um die Jahrhundertwende die Sozialleistungsquote – also das Verhältnis aller Sozialleistungen zum Sozialprodukt – lediglich einen Wert von 1% erreichte, stieg dieser Wert in den folgenden Jahrzehnten stetig an; nach dem 2. Weltkrieg sind die stärksten Wachstumsraten der Sozialleistungsquote – und hier insbesondere in den 60er und frühen 70er Jahren – zu verzeichnen; im Jahre 1992 wurde der Wert von rund 33% erreicht; – für die alten Länder – nach Abzug der für Ostdeutschland erbrachten Transferleistungen – auf knapp 30% und für die neuen Länder (inklusive Berlin-Ost) auf knapp 71%. Im alten Bundesgebiet, für das Vergleiche mit früheren Zeiträumen möglich sind, stieg die Sozialleistungsquote von knapp 27% in 1970 auf knapp 34% in 1975, um in den folgenden »mageren Jahren« allmählich wieder abzusinken; seit 1990 belaufen sich diese Werte auf knapp unter 30%.

5. Einflußfaktoren auf die sozialstaatliche Entwicklung: In der einschlägigen Forschung gelten langfristige gesellschaftliche Entwicklungstrends als wesentliche Faktoren sozialstaatlicher Wachstumsdynamik. So verdankt sich die Entstehung des S. den Veränderungen der Lebensformen im Zuge von Industrialisierung und Verstädterung. Wachsende Bedürfnisse nach sozialer Sicherheit bei der von Standardrisiken der Lohnarbeiterexistenz bedrohten Industriearbeiterschaft, politische Mobilisierungsprozesse sowie gesteigerte finanzielle und organisatorische Kapazitäten staatlicher Bürokratien erzwingen und ermöglichen die Herausbildung sozialstaatlicher Sicherungssysteme. Kontrovers wird diskutiert, mit welchem Einflußfaktor (nämlich Industrialisierung) die politischen Forderungen der Arbeiterbewegung, strukturelle Widersprüche des kapitalistischen Wirtschaftssystems oder aber die Schwächung traditioneller Selbsthilfepotentiale und Vergemeinschaftsformen, die wichtigste Bestimmungsgröße benannt ist.
Insbesondere für die Entwicklung nach dem Zweiten Weltkrieg gilt, daß mit der sozialökonomischen Entwicklung in Gestalt eines langanhaltenden Wirtschaftsaufschwungs eine zentrale Bedingung für die sozialstaatliche Expansion benannt ist. Der wirtschaftliche Strukturwandel verwandelt immer mehr Bauern, Selbständige und mithelfende Familienangehörige zu Erwerbssuchenden bzw. abhängigen Beschäftigten und sorgt damit für eine steigende Arbeitnehmerquote. Traditionelle soziale Sicherungssysteme (Familie, Kirchengemeinde, Nachbarschaft etc.) erodierten unter dem Druck der Modernisierung. Ferner führen sozialdemographische Veränderungen wie die zunehmende Lebenserwartung und Alterung der Bevökerung *(Alter, Altenpolitik)* zu steigender Nachfrage nach sozialpolitischen Leistungen. Auf der Angebotsseite sind Faktoren wie ein verbesserter medizinischer Wissensstand, neue kostenträchtige Behandlungsmethoden sowie an eigenen Bestandsinteressen orientierte Definitionen sozialpolitischer Bedarfe durch oligopolistische Anbieter auf dem medizinischen oder sozialen Markt zu nennen.
Einen besondere Rolle ist in diesem Zusammenhang allerdings den politischen Bedingungen zuzuschreiben. So ist etwa die Entwicklung des deutschen S. nachhaltig durch die politischen Kräfteverhältnisse geprägt. Da sozialistische bzw. sozialdemokratische Parteien in Deutschland nie eine dominante Position im Machtgefüge erlangen konnten, wie es etwa der sozialdemokratischen Partei in Schweden gelang, waren konservative Kräfte an der Gestaltung des deutschen Sozialstaates maßgeblich beteiligt. Dies gilt sowohl für dessen Entstehung, die – wie erwähnt – als Ergebnis der defensiven Modernisierungspolitik traditioneller Eliten im Kaiserreich betrachtet werden muß, als auch für die Entwicklung der 50er und 60er Jahre. Insbesondere in der Phase wirtschaftlichen Wachstums haben christdemokratisch-liberale Koalitionen zur Weiterentwicklung des S. beigetragen, weil auch im konservativen Lager – nach den Erfahrungen der Weimarer Republik – anerkannt wurde, daß sozialstaatliche Sicherungen zur politischen Integration und durch die Gewährleistung des sozialen Friedens auch zur ökonomischen Produktivität beitragen. Ferner begünstigte die System-Konkurrenz in der Phase des kalten Krieges sozialpolitische Reformen als Bestandteil der Innenpolitik. Auch der Wettbewerb zwischen den beiden großen Volksparteien erweist sich als förderlich für sozialpolitische Expan-

sion. Seit der Periode absoluter CDU-Herrschaft unter Adenauer gelten »sozialpolitische Wohltaten« insbesondere gegen Ende der Legislaturperioden als probates Mittel der Gewinnung derjenigen Wählergruppen, für die beide Volksparteien prinzipiell wählbar sind. Umgekehrt wirken sich Bedingungen wie sinkende Wachstumsraten, stagnierende oder abnehmende Arbeitnehmerquoten sowie stagnierende oder sinkende Altersquoten hemmend auf die sozialstaatliche Entwicklung aus. Im politischen Raum sind Faktoren wie die strategische Machtposition der »natürlichen Feinde« des S. (u. a. Unternehmer und Freiberufliche) sowie die relative Stärke oder Schwäche der Arbeiterschaft sowie der Organisationsgrad der Sozialleistungsempfänger bedeutsam.
In den letzten 100 Jahren hat Deutschland mehrere grundlegende Veränderungen herrschender politischer Regime erlebt. Angesichts dessen ist das hohe Ausmaß an Stabilität und Kontinuität in der Sozialpolitik über die unterschiedlichen politischen Regime Kaiserreich, Weimarer Republik, Nationalsozialismus und soziale Marktwirtschaft hinweg hervorzuheben. Insbesondere die Institution der Sozialversicherung hat sich mit ihren Kernelementen der Pflichtversicherung, dem gegliederten System, dem Äquivalenzprinzip und der Beitragsfinanzierung gegenüber den tiefgreifenden Veränderungen der politischen Systeme in Deutschland als erstaunlich beständig und zählebig erwiesen.

6. Probleme und Grenzen des S.: Nachdem die Weiterentwicklung des deutschen Sozialstaates jahrzehntelang durch einen breiten politischen Konsens getragen worden war, wird diese politische Unterstützungsbasis etwa seit Mitte der 70er Jahre zunehmend brüchig; eng hiermit verbunden ist eine breite Debatte um Grenzen bzw. Krisen des S. und um ordnungspolitische Antworten auf die diagnostizierten Krisenursachen. Dabei steht der S. – je nach der gewählten ordnungspolitischen bzw. theoretischen Grundorientierung – entweder eher als »Opfer« äußerer Entwicklungen oder aber selbst als »Verursacher« von Krisenentwicklungen zur Disposition. Als äußere Herausforderungen und Streßfaktoren für das System der sozialen Sicherheit werden vor allem demographische Entwicklungen wie die steigende Lebenserwartung, abnehmende Geburtenraten sowie grenzüberschreitende Migrationsprozesse diskutiert. Veränderte familiale Lebensformen (Verkleinerung und steigende Instabilität der Familienhaushalte) werden als Erosionstendenzen des sozialen Netzes betrachtet. Das anhaltende Ungleichgewicht auf dem Arbeitsmarkt führt zu sinkenden Einnahmen sowie steigenden Ausgabenanforderungen im Bereich der sozialen Sicherung. Ferner bringt der Prozeß der europäischen Integration zusätzliche Haushaltsbelastungen sowie eine Verschärfung der internationalen Konkurrenz auf dem Güter-, Absatz- und Arbeitsmärkten – was zu einer heftigen Diskussion um den Standort BRD geführt hat. Hinzu kommen der Prozeß der deutschen Einigung, der Ost-West Transfers durch Steuern und Sozialversicherungsbeiträge in bislang unbekannten Ausmaßen erforderlich macht.
Neben solchen äußeren Streßfaktoren werden jedoch zunehmend auch »interne« Struktur- und Steuerungsdefizite des sozialstaatlichen Institutionensystems diskutiert, die den S. sowohl anfällig gegenüber äußeren Störungen als auch selbst als Erzeuger »endogener« Krisenursachen erscheinen lassen. In diesem Zusammenhang steht insbesondere die »Lohnarbeitszentriertheit« des deutschen sozialen Sicherungssystems im Zentrum der Aufmerksamkeit. Das beitragsfinanzierte System der sozialen Sicherung gerät immer dann in Schwierigkeiten, wenn der relative Anteil der tatsächlich Beschäftigten an der Erwerbsbevölkerung bzw. der Anteil der Erwerbsbevölkerung an der Wohnbevölkerung zu klein ausfallen. Denn auf der Finanzierungsseite ist dieses System davon abhängig, daß eine genügend hohe Zahl abhängig Beschäftigter ausreichend hohe Arbeitseinkommen erzielt, um das Sozialsystem durch den Zufluß entsprechend hoher Sozialversicherungsbeiträge funktionsfähig halten zu können. Ferner folgt aus dieser Arbeitsmarktabhängigkeit, daß der S. ein ausgeprägtes »Schönwettermodell« darstellt, dessen Leistungsfähigkeit immer dann abnimmt, wenn aufgrund stagnierender bzw. schrumpfender Wirtschaftstätigkeit und steigender Beschäftigungslosigkeit die Einnahmen sinken und die Ansprüche auf Sozialleistungen zunehmen. Ein weiteres – als endogener Krisenmechanismus des Wohlfahrtsstaates diskutiertes – Faktorenbündel ist mit der »eingebauten« Wachstumsdynamik sozialstaatlicher Sicherungssysteme benannt. Die Prinzipien von Herstellung von Sicherheit und Gerechtigkeit laden die gesellschaftlichen Akteure dazu ein, ständig neue Sicherheitsbedarfe zu entdecken und einzuklagen. Eine zusätzliche Expansionsdynamik entsteht aus der gruppenspezifischen Gewährung von Sozialleistungsansprüchen; denn unter der Berufung auf das Gleichheitsprinzip können die bislang noch benachteiligten Bevölkerungsgruppen einen Gleichstellung mit den bereits bevorzugten Gruppen einklagen. Dieser, durch den Parteienwettbewerb angetriebene Wachstumsimpuls wird durch Entwicklungen, wie der Fortschritt des medizinischen Wissen, die Einführung neuer Heilverfahren etc. befördert, die sämtlich auf eine quantitative und qualitative Verbesserung der Leistungsniveaus hinauslaufen. Als nichterwünschte Folgen dieser Expansionsdynamik wird die »Klientelisierung« der Sozialstaatsbürger (»erlernte Hilflosigkeit«), aber auch eine insbesondere von Konservativen angeführte »Anspruchsmentalität« beklagt, die neue Bedürftigkeiten und Begehrlichkeiten weckt und auf diese Weise zu zusätzlichen Kostenbelastungen und kollektiven Selbstschädigungen der Versichertengemeinschaft (durch höhere Beiträge) führt. Hier erscheint der S. selbst als »Krisenverursacher«, weil er die Bedingungen für sein Funktionieren selbst untergräbt.

7. Die Zukunft des bundesdeutschen S.: Die genannten »äußeren« Streßfaktoren sozialstaatlicher Entwick-

lung, insbesondere die sozialpolitischen Folgen der europäischen Integration, die finanziellen Lasten der deutschen Einigung sowie die tiefgreifende weltwirtschaftliche Rezession der frühen 90er Jahre haben eine Wiederauflage einer breiten Debatte um »Krisen« und »Grenzen« des bundesdeutschen S. befördert. Es kann kein Zweifel darüber bestehen, daß die Vertreter eines »schlanken Sozialstaates«, deren Forderungen auf tiefgreifende Einschnitte in das soziale Netz, die Förderung von mehr Wettbewerb statt Regulierung sowie auf die Stärkung von Elementen der »Eigenverantwortung« und der »Selbstbeteiligung« hinauslaufen würden, insbesondere im politisch gestärkten Arbeitgeberlager und bei konservativ-liberalen Kräften zunehmend Gehör finden. Diese Debatte gibt – kombiniert mit dem Nachweis systematischer Sicherungslücken des lohnarbeitszentrierten Sozialstaates – auch einer breiten Debatte über grundsätzliche Alternativen sozialstaatlicher Entwicklung erneut Auftrieb.

In der gegenwärtigen Debatte um die Zukunft des deutschen Sozialstaates lassen sich daher die vertretenden Positionen danach unterteilen, ob sie (1) das bislang im deutschen S. vorherrschende »Sozialversicherungsprinzip« zugunsten steuerfinanzierter Staatsbürgerversorgungen relativieren oder aber (2) angesichts der gewandelten gesellschaftlichen Bedingungen weiterentwickeln wollen. (1) Ausstiegskonzepte aus dem deutschen Sozialversicherungsstaat bzw. Sozialversicherungsmodell liegen sowohl seitens der konservativ-liberalen als auch seitens der links-ökologischen Position vor. Während konservativ-liberale Befürworter von Grundsicherungsmodellen eine Abschaffung der Sozialversicherungssysteme zugunsten einer steuerfinanzierten Grundsicherung auf minimalen Niveau, kombiniert mit freiwilligen privaten Versicherungslösungen propagieren, bevorzugen Vertreter des links-ökologischen Lagers bedarfsbezogene Konzepte einer Staatsbürgerversorgung, die als Ergänzung zu bestehenden Sozialversicherungen verstanden wird und die jedem Mitglied der Gesellschaft qua Bürgerstatus ein ausreichendes Auskommen durch das »Bürgergeld« garantieren soll, um die Abhängigkeit vom Arbeitsmarkt abzumildern und individuelle Wahlmöglichkeiten zu erhöhen. Ein grundlegendes Problem solcher radikaler Ausstiegsmodelle aus dem gegebenen System der sozialen Sicherung besteht darin, daß mit diesen Modellen der gegebene, historisch entstandene und mit Mängel behaftete Sozialversicherungsstaat mit idealen Alternativkonzepten verglichen wird, die ihren Realitätstest noch vor sich haben. Zudem kann das gegebene sozialpolitische Institutionensystem auf eine breite Akzeptanz und Unterstützung durch die bundesdeutsche Bevölkerung aufbauen. Eine Legitimation für radikale Umbauprojekte gibt es deshalb zumindest aus der Sicht der Mehrheit der Bundesbürger zur Zeit nicht.

(2) Die zweite Gruppe von Reformvorschlägen hebt darauf ab, das bundesdeutsche System der sozialen Sicherung den veränderten ökonomischen, politischen und sozialkulturellen Rahmenbedingungen durch Weiterentwicklung anzupassen. Bestehende Sicherungslücken seien durch die Stärkung mindestsichernder Elemente in den Sozialversicherungssystemen zu schließen, außerdem seien weitere Bevölkerungsgruppen in die Versicherungspflicht – z. B. durch schrittweise, eheunabhängige, individuelle Sicherungselemente für Frauen – einzubeziehen. Solche Vorschläge folgen dem Grundgedanken, die bisherigen Sicherungslücken lohnarbeitszentrierter Versicherungssysteme durch die Universalisierung des Versicherungsprinzips zu schließen, was allerdings auch die Stützung von Beiträgen in denjenigen Fällen erfordert, in denen unzureichende Einkommen der Betroffenen entsprechende Beitragszahlungen unmöglich machen. Hinsichtlich der sozialpolitischen Folgen der europäischen Integration wird für eine vorsichtige Annäherung von Mindeststandards plädiert, die den Kern nationaler sozialer Sicherungssysteme unberührt lassen. Die Zukunft des deutschen S. hängt davon ab, welcher dieser Vorschläge am ehesten mit den Interessen und Loyalitäten der herrschenden politischen Koalitionen übereinstimmen werden. Insgesamt zeigen aber alle bisherigen Erfahrungen, daß Veränderungen in den wohlfahrtsstaatlichen Regimes kurzfristig nicht durchsetzbar sind, sondern wegen der Beharrungskräfte vorhandener Institutionen und der engen Verknüpfung nationalspezifischer Wohlfahrtskulturen mit historisch gewachsenen sozialstaatlichen Arrangements allenfalls schrittweise und über längere Fristen hinweg realisierbar sein dürften. *T. Olk*

Literatur: J. Alber: Vom Armenhaus zum Wohlfahrtsstaat. Analysen zur Entwicklung der Sozialversicherung in Westeuropa, Frankfurt/M. [2]1987; J. Alber: Der Sozialstaat in der Bundesrepublik 1950–1983, Frankfurt/M. 1989; B. Badura/P. Gross: Sozialpolitische Perspektiven. Eine Einführung in Grundlagen und Probleme sozialer Dienstleistungen, München 1976; N. Blüm/H.F. Zacher (Hrsg.): 40 Jahre Sozialstaat Bundesrepublik Deutschland, Baden-Baden 1990; Bundesministerium für Arbeit und Sozialordnung: Sozialbericht 1993, Bonn 1994; G. Esping-Andersen: The Three Worlds of Welfare Capitalism, Cambridge 1990; A. Evers/T. Olk (Hrsg.): Wohlfahrtspluralismus, Opladen 1995; Ch. Ferber/F.-X. Kaufmann (Hrsg.): Soziolgie und Sozialpolitik, KZfSS, Sonderheft 13, Opladen 1977; M.T. Greven/R. Prätorius/T. Schiller: Sozialstaat und Sozialpolitik. Krise und Perspektiven, Neuwied/Darmstadt 1980; R.G. Heinze/T. Olk/J. Hilbert: Der neue Sozialstaat. Analyse und Reformperspektiven, Freiburg i.Br. 1988; V. Hentschel: Geschichte der Sozialpolitik in Deutschland 1880–1980, Frankfurt/M. 1983; H.G. Hockerts: Sozialpolitische Entscheidungen im Nachkriegsdeutschland, Stuttgart 1980; H. Lampert: Lehrbuch der Sozialpolitik, Berlin/Heidelberg [2]1991; H. Lampert/A. Bossert: Sozialstaat Deutschland. Entwicklung – Gestalt – Probleme, München 1992; S. Leibfried/F. Tennstedt (Hrsg.): Politik der Armut und die Spaltung des Sozialstaates, Frankfurt/M. 1985; F. Nullmeier/F.W. Rüb: Die Transformation der Sozialpolitik. Vom Sozialstaat zum Sicherungsstaat, Frankfurt/M. 1993; T. Olk/B. Riedmüller (Hrsg.): Grenzen des Sozialversicherungsstaates, Sonderband 1995 des Leviathan, Opladen 1995; G.A. Ritter: Der Sozialstaat. Entstehung und Entwicklung im internationalen Vergleich, München 1989; M.G. Schmidt: Sozialpolitik. Historische Entwicklung und internationaler Vergleich, Opladen 1988; G. Vobruba (Hrsg.): Strukturwandel der Sozialpolitik. Lohnarbeitszentrierte Sozialpolitik und soziale Grundsicherung, Frankfurt/M. 1990.

Sozialstation

Die Organisationsform S. stellt eine Bündelung bzw. Zusammenfassung ambulanter gesundheits- und sozialpflegerischer Dienste der Kranken-, Alten-, Haus- und Familienpflege dar (*Hauskrankenpflege, Häusliche Pflegehilfe, Haushaltshilfe, Hauspflege*). Ab 1.4.1995 erbringen S. auch die Leistungen nach dem PflegeVG *(Pflegeversicherung)*.

Gegenwärtig gibt es insgesamt ca. 2000 S. in allen Bundesländern. Träger von S. sind v.a. die Verbände der Freien Wohlfahrtspflege, Zusammenschlüsse von Kirchengemeinden und/oder eigens gebildete freigemeinnützige Pflegevereine; in einzelnen Bundesländern subsidiär auch Kommunen (*Kirchen, Träger der Sozialen Arbeit, Wohlfahrtsverbände*).

Das Hilfeangebot richtet sich an die Bevölkerung eines überschaubaren Versorgungsbereiches (Größe i.d.R. zwischen 15000–50000 Einwohner). Das Tätigwerden als S. setzt i.d.R. die Anerkennung durch den zuständigen Landesminister für Gesundheit und Soziales voraus.

Die Aufgaben einer S. sind nicht in allen Bundesländern in gleicher Weise festgelegt, sie umfassen jedoch im allgemeinen:
- die ambulante Pflege und Hilfe für kranke und bedürftige Menschen;
- die Einleitung flankierender Maßnahmen im Rahmen der *Sozialhilfe*;
- die Aufklärung und Schulung der Bürger in häuslicher Altenpflege und
- die Aktivierung der *Nachbarschaftshilfe* und *ehrenamtlicher Helfer* einschließlich der Schulung.

Zu den medizinisch-pflegerischen Aufgaben gehören u.a.:
- die Grund- und Behandlungspflege,
- die aktivierende bzw. mobilisierende Pflege und
- die Pflege und Begleitung Sterbender.

Darüber hinaus werden u.a. folgende soziale Leistungen angeboten bzw. vermittelt:
- Unterbringung in Tagespflege- oder Kurzzeitpflegeeinrichtungen;
- Gestellung von Pflegehilfsmitteln (z.B. Rollstuhl, Gehhilfen, Krankenbetten etc.);
- Hausbesuche zur Feststellung der notwendigen Hilfen;
- Beratungs- und Kommunikationshilfen (z.B. Vorlesedienste für Blinde und Sehschwache);
- Hilfen bei Verhandlungen und Schriftverkehr mit Behörden und Dienststellen;
- Beratung und Hilfe bei Verlegung ins Krankenhaus, Alten- oder Pflegeheim;
- individuelle Schwerstbehindertenbetreuung;
- Teilnahme am fahrbaren oder stationären Mittagstisch;
- Haushaltshilfe und Hauspflege;
- Beratung über Selbsthilfegruppen und neue Aktivitäten im ehrenamtlichen Bereich (*Selbsthilfe/Selbstorganisation*).

Die S. haben für ihren Versorgungs- bzw. Einzugsbereich bezogen auf die medizinisch-pflegerischen Aufgaben eine Sicherstellungsverpflichtung, die Wahlfreiheit des Patienten unter den Leistungserbringern bleibt jedoch davon unberührt.

Zum Fachpersonal einer S. gehören: Krankenschwestern und -pfleger; KrankenpflegehelferInnen; AltenpflegehelferInnen; Haus- und FamilienpflegerInnen; Haushaltshilfen; SozialarbeiterInnen.

Für die begleitenden sozialen Hilfen sind zusätzlich *Zivildienst*leistende im Rahmen des Mobilen Sozialen Hilfsdienstes (MSHD) und HelferInnen im *freiwilligen sozialen Jahr* tätig.

Die Finanzierung der Arbeit der S. erfolgt über die Fördermittel der Länder und Kommunen. Unabhängig davon wird vom Leistungsempfänger ein Entgelt verlangt. Da jedoch die Leistungsinhalte der Stationen ihre gesetzlichen Grundlagen in den Bestimmungen des SGB V (§§ 37ff. sowie §§ 53ff.) und dem *Bundessozialhilfegesetz* (§ 36, 37, 68, 69, 70, 75 BSHG) finden, werden in der überwiegenden Zahl der Fälle die Kosten von der Krankenkasse oder vom *Sozialamt* übernommen.

In den meisten Bundesländern haben die Träger der S. bezogen auf die häusliche Krankenpflege Rahmen- und Gebührenvereinbarungen mit den Krankenkassen abgeschlossen.

Zur Geschichte: Die Einrichtung von S. ist auf den wachsenden Bedarf an ambulanten Diensten zurückzuführen. Diese Entwicklung wurde u.a. durch folgende Faktoren herbeigeführt: Bis Ende der 60er Jahre wurde die Hauskrankenpflege traditionell durch die Gemeindeschwestern (überwiegend Ordensschwestern oder Diakonissen) geleistet. Sie unterstützten zumeist die pflegenden Familienangehörigen bei der Durchführung der medizinisch-pflegerischen Aufgaben. Nachwuchsmangel und Überalterung der Schwestern zwangen Träger und Gemeinwesen, neue Überlegungen anzustellen. Parallel dazu verschärfte sich die Situation auch durch die Auflösung der Mehr-Generationen-Familie, das starke Anwachsen der Zahl der älteren Mitbürger (*Altenhilfe*), die Zunahme der Ein-Personen-Haushalte und das Nachlassen der Nachbarschaftshilfe (*Bevölkerungsentwicklung*).

Zur Sicherstellung der Versorgung und Pflege von Langzeitkranken, behinderter, gebrechlicher und kranker Senioren mit einem flächendeckenden Netz ambulanter Hilfen, entschloß sich als erstes Bundesland Rheinland-Pfalz zur Errichtung von S. Ihm folgten nach und nach die anderen Bundesländer. Unterstützt durch das Programm der BReg zum Aufbau ambulanter Hilfen im Beitrittsgebiet entstand nach der Wende sehr schnell auch ein flächendeckendes Netz an S. in den neuen Bundesländern.

Die Verankerung der S. im Netz der sozialen Hilfen findet auch in § 3a des BSHG ihren Niederschlag, der den Vorrang der offenen vor der stationären Versorgung vorsieht.

Dem ständig steigenden Stellenwert der ambulanten gesundheits- und sozialpflegerischen Dienste ist durch

das Inkrafttreten des SGB V zum 1.1.1989 und dem damit verbundenen erweiterten Leistungsanspruch für die Betroffenen Rechnung getragen worden. Darüber hinaus gibt es in einigen Bundesländern – u.a. in Berlin zum 1.1.1990 – eine Festschreibung der Standards und der Qualitätssicherung von S. durch landesgesetzliche Regelungen.
Es sei ausdrücklich darauf hingewiesen, daß die Einrichtung und der weitere Ausbau von S. mit dem Abbau der Krankenhausbetten und dem Kapazitätsabbau stationärer Alten- und Pflegeeinrichtungen korrespondiert. Durchgängig geschieht dies unter Kostendämpfungsgesichtspunkten im Gesundheits- und Sozialwesen. Es wird gerade im Hinblick auf die geplante Einführung der Pflegeversicherung darauf zu achten sein, daß die Stärkung des ambulanten gesundheits- und sozialpflegerischen Bereichs nicht nur als flankierende Maßnahme betrachtet, sondern ein unverzichtbarer Baustein in unserem Sozial- und Gesundheitswesen wird. *H. W. Pollmann*

Literatur: Ambulante Pflege – Leistungen der Krankenversicherung, Remagen [2]1993; BAG der freien Wohlfahrtspflege (Hrsg.): Anforderungen an die Qualität häuslicher Krankenpflege, Bonn 1988; S. Bahr/T. Mörsberger/G. Weber: Sozialstationen – Inbegriff vielgestaltiger sozialer Dienste, in: NDV 6/1987; H. Böhme: Rechtsfragen in der ambulanten Krankenpflege, Deutsche Krankenpflegezeitschrift 10/1986; Kuratorium Deutsche Altenhilfe: Hilfe und Pflege im Alter – Informationen und Ratschläge für die Betreuung und Versorgung zu Hause, Köln 1986; Minister für Soziales, Gesundheit und Umwelt, Rheinland-Pfalz: 10 Jahre Sozialstationen in Rheinland-Pfalz, Mainz 1980; Robert-Bosch-Stiftung: Leistungen und Kosten von Sozialstationen, [2]1991; Senator für Gesundheit und Soziales, Berlin: Die Berliner Sozialstationen, Berlin 1986.

Sozialstatistiken

Allgemeines: Unter S. sollen hier alle mehr oder minder regelmäßig erscheinenden quantitativen statistischen Informationen verstanden werden, die für die SozArb wichtig sein können.
Mit diesem Verständnis von S. kommen aufgrund der vielfältigen Arbeitsfelder und Zielgruppen der SozArb eine Reihe unterschiedlicher Statistiken in Frage: Die amtlichen Statistiken des Statistischen Bundesamts (Stat. BA), der Statistischen Landesämter, der statistischen Informationen von Bezirken, Landkreisen und Kommunen. Genauso kommen die einschlägigen Veröffentlichungen von Bundes- und Landesministerien, Bundes- und Landarbeitsgemeinschaften von *Wohlfahrtsverbänden* und anderer zentraler Stellen sowie deren evtl. Gliederungen bis hin zu einzelnen sozialen Diensten und Einrichtungen in Betracht.
Weiterhin ist an die Zusammenstellungen von Einzelpersonen, (Forschungs-)Instituten und Hochschulen zu denken, die entweder eigene empirische Untersuchungen durchführen oder aber vorhandene Daten (Sekundärstatistiken) neu aufbereiten. Schließlich bestehen grundsätzlich noch weitere Informationsmöglichkeiten durch das Statistische Amt der Europäischen Gemeinschaften in Luxemburg.

Übersicht: Quellen von Sozialstatistiken	
1. Amtliche Statistik	– Statistisches Bundesamt – Statistische Landesämter – Bezirke, Kreise und Kommunen (Amt für Statistik, Sozial-, Jugend-, Gesundheitsamt)
2. Empirische Primärerhebungen und Sekundärstatistiken:	– (Forschungs-)Institute – Universitäten – Fachhochschulen – Träger und Einrichtungen der sozialen Arbeit – Einzelpersonen u.a.

Amtliche Statistiken
a) Statistisches Bundesamt: Das Stat. BA gliedert seine Veröffentlichungen in zusammenfassende Veröffentlichungen, Fachserien, systematische Verzeichnisse, Karten, Statistiken des Auslands und fremdsprachige Veröffentlichungen.
An zusammenfassenden Veröffentlichungen ist v.a. das jährlich erscheinende Statistische Jahrbuch für die BRD bedeutsam, das einen umfassenden Überblick über die erhobenen Informationen der amtlichen Statistik bietet. Daneben können für die SozArb die sog. thematischen Querschnittsveröffentlichungen wichtig sein, in denen Informationen über bestimmte Bereiche (z.B. Erwerbstätigkeit, Bildung) oder Personengruppen (z.B. Frauen, ältere Menschen) gegeben werden. Besonders ist auf den zweijährlich erscheinenden Datenreport (zuletzt 1994) hinzuweisen, den das Stat. BA zusammen mit dem Wissenschaftszentrum Berlin und dem Zentrum für Umfragen, Methoden und Analysen (Mannheim) bearbeitet. Der 1. Teil enthält eine leicht verständliche Darstellung der Arbeit und Ergebnisse der amtlichen Statistik. Im 2. Teil werden objektive Lebensbedingungen und subjektives Wohlbefinden der Bundesbürger aus Erhebungen der empirischen Sozialforschung dargestellt.
Als Einzelveröffentlichungen werden Statistiken publiziert, die nur in größeren Zeitabständen erhoben werden (vgl. Aktuelles Veröffentlichungsverzeichnis des Stat. BA).
Die Ergebnisse der laufend geführten Statistiken werden in sog. Fachserien veröffentlicht und durch Sonderbeiträge ergänzt.
Für Sozialstatistiken wichtige Fachserien, zumeist in jährlicher Erscheinungsweise, sind:
– Fachserie 1: Bevölkerung und Erwerbstätigkeit
– Fachserie 10: Rechtspflege
– Fachserie 12: Gesundheitswesen
– Fachserie 13: Sozialleistungen
(vgl. ausführlicher Anhang III, 3.1)

b) Statistische Landesämter (Stat. LÄ): In den Stat. LÄ werden ebenfalls Statistische Jahrbücher, mehr oder minder regelmäßig erscheinende Statistische Berichte u. a. Veröffentlichungen herausgegeben. Die relevanten S. entsprechen den Informationen, die beim Stat. BA aufgeführt wurden, sind jedoch weiter untergliedert (Kreise, Kommunen) und teilweise durch ergänzende Informationen angereichert. Beispielsweise werden vom Bayerischen Landesamt für Statistik und Datenverarbeitung zusätzlich über Größe, Alter, Ausstattung und Personal der Heime sowie über die dort untergebrachten Personen, über Heime der Altenhilfe und für erwachsene Behinderte, Einrichtungen und tätige Personen in der Jugendhilfe und über ambulante soziale Dienste in regelmäßiger Erscheinungsfolge berichtet (nähere Informationen sind den Veröffentlichungsverzeichnissen der einzelnen Stat. LÄ zu entnehmen; Anschriften s. Anhang III, 3.5).

c) Sozialstatistiken von Bezirken, Kreisen und Kommunen: Auf Bezirks-, Kreis- oder kommunaler Ebene werden häufig statistische Daten zusammengestellt, die für die SozArb unmittelbar relevant sind. In Großstädten existiert meistens ein Amt für Statistik, das Statistische Jahrbücher oder regelmäßig erscheinende Statistische Nachrichten oder Informationen auf kommunaler Ebene veröffentlicht. Darin werden die auf Bundes- und Landesebene dokumentierten (Sozial-) Statistiken feiner differenziert wiedergegeben. Ferner werden weitere Ergänzungen und räumliche Differenzierungen vorgenommen, z. B. Anzahl und Nutzung von kommunalen Einrichtungen wie *Krippen*, *Horte*, *Kindergärten* u. a.
Von den *Sozial-, Jugend- und Gesundheitsämtern* werden neben den im Rahmen der amtlichen Statistik zu erfassenden Daten manchmal weitere S. zusammengestellt, die im Zusammenhang mit der Konzeption oder Evaluierung der eigenen Tätigkeiten stehen.

Empirische Primärerhebungen und Sekundärstatistiken:
Von einer Reihe von Institutionen werden quantitative empirische Erhebungen oder Sekundäranalysen im sozialen Bereich in Auftrag gegeben oder durchgeführt. Häufig sind dies Bundes-, Landesministerien, (Forschungs-)Institute, psychologische, pädagogische oder soziologische Fachbereiche an Universitäten, Fachbereiche Sozialwesen an FHS oder *Träger* und Einrichtungen der *Sozialen Arbeit*.
Für die SozArb bedeutsame Datenquellen der empirischen Sozialforschung können sein:

- Allgemeine Bevölkerungsumfrage der Sozialwissenschaften (ALLBUS), seit 1980 mit 8 Repräsentativerhebungen, zuletzt 1994
- Zentrum für Umfragen, Methoden und Analysen (ZUMA), Standarddemographie seit 1976
- Wohlfahrtssurveys seit 1978 mit 4 Repräsentativerhebungen (zuletzt 1988, für die neuen Bundesländer 1990)
- Sozioökonomische Panel (SOEP) seit 1984
- Familiensurvey, Jugendstudien, Erhebungen zum Drogengebrauch usw.

Nähere Informationen und Dokumentationen sind beim Zentralarchiv für empirische Sozialforschung zu erhalten (vgl. Anhang I, Teil II, 1.3).
Im Rahmen der Sozialindikatorenforschung werden seit Anfang der 70er Jahre Wohlfahrtsdimensionen, z. B. Gesundheitszustand, -sicherung zusammengestellt (vgl. Glatzer/Zapf 1984).
Da aufgrund der Bandbreite und Vielfältigkeit der unterschiedlichen Fragestellungen keine weitergehendere inhaltliche Darstellung möglich ist, sei auf 2 Dokumentationsinstitutionen verwiesen (vgl. auch Anhang I, Teil II, 1.3):

- das Zentralarchiv für empirische Sozialforschung (ZAV)
- das Deutsche Institut für Urbanistik (DIfU).

S., die in Form von Veröffentlichungen vorliegen, können im Rahmen von Literaturrecherchen auch »online« von Datenbanken eruiert werden. Besonders erwähnt seien hier die Literaturdatenbank zur SozArb vom Deutschen Zentralinstitut für soziale Fragen (dzi) und das Informationszentrum Sozialwissenschaften (IZ), das explizit das Fachgebiet Sozialwesen enthält (vgl. Anhang I, Teil II, 1.3). Zudem werden zunehmend statistische Informationen auf CD-ROMs zur Verfügung gestellt, die über PCs abgerufen und weiterverarbeitet werden können *(Datenverarbeitung)*.
Von den Trägern, Diensten und Einrichtungen der SozArb können S. in Jahresberichten oder anderen Dokumentationen enthalten sein. Insbesondere Bundes- und Landesverbände bzw. -arbeitsgemeinschaften veröffentlichen für ihren Bereich relevantes Zahlenmaterial (vgl. Organisation und Institution im Anhang I).
Die BAG der Freien Wohlfahrtspflege legt seit 1970 in einem 3–4jährigen Abstand (bisher neun Mal) eine Gesamtstatistik der Einrichtungen, Plätze und Mitarbeiter der Freien Wohlfahrtspflege vor (letzte Gesamtstatistik mit Stichtag vom 1. 1. 1993). *W. Wüstendörfer*

Literatur: W. Glatzer/W. Zapf (Hrsg.): Lebensqualität in der Bundesrepublik. Objektive Lebensbedingungen und subjektives Wohlbefinden, Frankfurt/M./New York 1984; Statistisches Bundesamt (Hrsg.): Verzeichnis der Veröffentlichungen, jeweils aktuelle Auflagen, Stuttgart; Statistisches Bundesamt (Hrsg.): Statistisches Jahrbuch für die Bundesrepublik 1994, Stuttgart (jährliche Erscheinungsweise); Statistisches Bundesamt (Hrsg.): Datenreport 1994. Zahlen und Fakten über die Bundesrepublik Deutschland, München 1994: Bonn aktuell (kostenloser Bezug über Bundeszentrale für politische Bildung, Bonn).

Sozialstruktur

Grundbegriff der Gesellschaftsanalyse: Die Gesamtheit der relativ dauerhaften Grundlagen und Wirkungszusammenhänge der sozialen Beziehungen und der sozialen Gebilde (Gruppen, Institutionen und Organisationen) in einer *Gesellschaft*.

I. Entsprechend der großen Bedeutung, die der Begriff »Struktur« in den letzten Jahrzehnten als ein Zentralbegriff der wissenschaftlichen Analyse wie der Anschauung über die Beschaffenheit der jeweils untersuchten Objektwelt bekommen hat, wurde der Begriff S. zu einem »Schlüsselbegriff der Gesellschaftsanalyse« (Fürstenberg). Zielt der Strukturbegriff auf den inneren Aufbau und damit auf den Zusammenhang von Elementen eines als komplexe Einheit (Ganzheit) gegebenen oder vorgestellten Beziehungsgefüges, so bezieht sich der Strukturbegriff der Gesellschaftsanalyse auf die »soziale Wirklichkeit«. Aufgabe der Sozialstrukturanalyse als Gesellschaftsanalyse ist, die in einem gesellschaftlichen System jeweils wichtigsten (dominanten) Strukturelemente zu erfassen und in ihrem Einfluß und ihrer Wechselwirkung auf die Mikrostrukturen des sozialen Handelns und die gesellschaftlichen Makrostrukturen zu bestimmen. Die Frage, welche sozialen Strukturen in einer Gesellschaft (z. B. der BRD) als die wichtigsten (relativ dauerhaften, prägenden) anzusehen sind und in der Sozialstrukturanalyse vorrangig berücksichtigt werden müssen, hat zu unterschiedlichen Ansätzen geführt. Diese lassen sich grob in einen marxistischen und in einen nichtmarxistischen Ansatz gliedern.

Die marxistische Sozialstrukturanalyse geht davon aus, daß die »gesellschaftlichen Formen der Produktion« letztlich entscheidend sind für »die verschiedenen ökonomischen Epochen der Gesellschaftsstruktur« (Marx, 42). Die Sozialstrukturanalyse ist daher identisch mit einer Gesellschaftsanalyse, die von den Kategorien Produktionsmittel und Produktionsverhältnisse, Lohnarbeit und Kapital ausgeht. Das jeweilige Klassenverhältnis und die Struktur der zwischen und neben den Klassen existierenden sozialen Schichten determiniert alle sozialen Beziehungen und Gruppenstrukturen in ihrer besonderen Qualität (*Klasse/Schicht/Milieu*). Aufgabe einer marxistischen Sozialstrukturanalyse ist daher, die jeweiligen Formen von Lohnarbeit und Kapital, die Struktur und Entwicklung der Klassen und Schichten und die durch diese Formen bedingten Strukturen der Herrschaft zu untersuchen.

In nichtmarxistischen Sozialstrukturanalysen spielen die o. g. Analysegesichtspunkte ebenfalls eine wichtige, aber keine dominante Rolle. Es wird – auch in sozialhistorischer Perspektive – davon ausgegangen, daß in gegenwärtigen, hochindustrialisierten Gesellschaften die Klassen und damit der Gegensatz von Lohnarbeit und Kapital nicht die unterstellte, alles beherrschende Strukturbedeutung haben. Auf die relative Autonomie der gesellschaftlichen Teilbereiche (der einzelnen sozialen Systeme) wird verwiesen. Gegenüber einer Sozialstrukturanalyse als Klassenanalyse wird die soziale Schichtung (Stratifikation) und die soziale Mobilität als grundlegendes Strukturmerkmal hervorgehoben; gegenüber einer umfassenden Analyse von Lohnarbeit und Kapital werden der technologische Aspekt der Produktion und die davon ausgehenden Strukturwandlungen in den Vordergrund gestellt.

Auf einen wesentlichen Gesichtspunkt der Sozialstrukturanalyse hat bereits Durkheim (1895) hingewiesen: Die Struktur der sozialen Gebilde hat für die handelnden Individuen den Charakter von Objektivität i. S. von Vorgegebenem. Die S. kann daher als die Gesamtheit jener »sozialen Tatsachen« (Durkheim) bezeichnet werden, die geeignet sind, auf das Handeln der Menschen orientierend und entlastend, aber auch begrenzend und dominierend einzuwirken. Diese Perspektive trifft sich mit der von Marx und anderen Forschern, die besagt, daß der sozialen Wirklichkeit Objektivität und Materialität zukommt, und sie nicht etwa aus (relativ willkürlichen) Konstruktionen und Annahmen des Betrachters besteht.

Die S. einer Gesellschaft (Gesellschaftsstruktur) ist nichts Statisches. Über die Analyse der relativ stabilen Elemente einer Gesellschaft hinausgehend muß daher versucht werden, Bewegung und Entwicklung der S. und ihrer Elemente zu erfassen. Auch hier gibt es hinsichtlich der Ursachen und der Auswirkungen des sozialen Wandels zwischen den verschiedenen Ansätzen einer Sozialstrukturanalyse erhebliche Differenzen.

II. Trotz der genannten Unterschiede im theoretischen Ansatz einer Sozialstrukturanalyse besteht Einigkeit in dem Punkt, daß die S. und damit eine bestimmte Gesellschaftsformation in einzelne Strukturen und Handlungsbereiche untergliedert werden muß, um sie gründlich – und d. h. mit den Methoden moderner empirischer Sozialwissenschaft und Sozialstatistik – zu untersuchen (*Empirische Sozialforschung*, *Statistik*, *Sozialstatistiken*). Die Gefahr, aus theoretischen wie methodischen Gründen den Zusammenhang mit den bestimmenden Einflußfaktoren der S. aus dem Auge zu verlieren, ist gleichwohl gegeben. Dies zeigt sich z. B. beim Ansatz der Sozialindikatorenforschung, die versucht, die wichtigsten Elemente der S. einer Gesellschaft in einem Bündel sozialer Indikatoren zu erfassen (Zapf 1977; Glatzer 1992). Als wichtigste Elemente und Bereiche einer Sozialstrukturanalyse können hervorgehoben werden:

- die Bevölkerungsstruktur und die Bestimmungsgründe für bestimmte Formen des generativen Verhaltens;
- Struktur und Wandel des ökonomischen Systems, der Berufs- und Produktionssektoren (Struktur von Lohnarbeit und Kapital, des Zusammenhangs von betrieblicher Arbeit mit der sozialen Position und dem sozialen Prestige von Individuen und Gruppen, von betrieblicher Arbeit mit der sozialen Sicherung, der sozialen Mobilität, der Freizeit, Gesundheit etc.);
- Struktur und Wandel des politischen Systems, v. a. des Staates und der Parteien, der Gesetzgebung und der Durchsetzung demokratischer Prinzipien. Hier ist auch die Frage zu stellen nach dem in der BRD politisch vorhandenen, aber politisch nicht verantworteten Einfluß der Banken und Konzerne, der Verbände und ihrer Funktionseliten;
- Struktur und Wandel des Systems der sozialen Sicherheit, des Zusammenhangs mit dem Arbeitsverhältnis, der Einkommens- und Vermögensstruktur;

- Struktur und Wandel der wichtigsten sozialen Gruppen in der Gesellschaft: der Familie, der Wohnkollektive, der Vereine, Freizeitgruppen, der Nachbarschaft etc.;
- Struktur und Wandel der Siedlungsformen: der Städte und Gemeinden, der Verdichtungszonen und suburbanen Räume, der agrarisch geprägten Räume. Aber auch die Strukturbedingungen des individuellen bzw. kollektiven Wohnens und Siedelns, der Sanierung wie der Wohn- und Siedlungsbedingungen von Randgruppen sind hier zu untersuchen;
- Struktur und Wandel des Bildungs- und Ausbildungssystems (Differenzierung des Schul- und Hochschulwesens, der Ausbildungsstätten, der Institutionen der Weiterbildung etc.).

Bei diesen und weiteren Analysegesichtspunkten zur S. einer Gesellschaft sind Kriterien der sozialen Ungleichheit und des klassen- und schichtspezifischen Zugangs zu den einzelnen Bereichen der S. (»Sozialchancen«) herauszuarbeiten. Nur auf dieser Basis ist es möglich, einzelne Aspekte der sozialen Wirklichkeit – wie z. B. Ursachen und Erscheinungsformen *abweichenden Verhaltens*, Strukturbedingungen der SozArb/SozPäd – in ihrem sozialen Kontext zu analysieren und über Struktur, Ansatz und Bedeutung systemstabilisierender wie systemverändernder Maßnahmen empirisch gehaltvolle Aussagen zu machen.
Dies gilt auch für die Fragen, ob Elemente der »Risikogesellschaft« (Beck) bzw. der »Erlebnisgesellschaft« (Schulze) zu grundlegenden Veränderungen der S. führen bzw. bereits geführt haben.

III. Der dt. Einigungsprozeß seit 1989 führt zur Herausbildung einer gesamtdt. S. durch Integration einer nach marxistisch-leninistischen Vorgaben strukturierten Gesellschaft (DDR) in ein Staats- und Gesellschaftssystem, das an Eigentum, Markt, Rechtsstaat und freier Entfaltung des Individuums orientiert ist (*Einigungsvertrag*).
Auch die europäische Ebene, v. a. die der EU, wird weiterhin zu Angleichungen auf allen o. g. Sektoren der S. führen (*Sozialpolitik/Soziale Sicherung, europäische*). Einigungsprozeß und Europa werden zur weiteren Entdifferenzierung bestehender Klassen- und Schichtstrukturen beitragen und die Ungewißheiten hinsichtlich der künftig dominanten Elemente der S. (in Deutschland und Europa) auch auf Grund von Veränderungen im weltgesellschaftlichen Maßstab (neue Industrieregionen in Asien, Bevölkerungsbewegungen usw.) vergrößern. *B. Schäfers*

Literatur: U. Beck: Risikogesellschaft. Auf dem Weg in eine andere Moderne, Frankfurt/M. 1986 (u. ö.); P. A. Berger: Entstrukturierte Klassengesellschaft?, Opladen 1986; P. A. Berger/ S. Hradil (Hrsg.): Lebenslagen, Lebensläufe, Lebensstile. Soziale Welt, Sonderband 7, Göttingen 1990; E. Durkheim: Die Regeln der soziologischen Methode, dt. Neuwied u. Berlin [3]1970, frz. 1895; R. Geißler: Die Sozialstruktur Deutschlands. Ein Studienbuch zur sozialstrukturellen Entwicklung im geteilten und vereinten Deutschland, Opladen 1992; W. Glatzer (Hrsg.): Entwicklungstendenzen der Sozialstruktur, Frankfurt/ M./New York 1992; S. Hradil: Sozialstrukturanalyse in einer fortgeschrittenen Gesellschaft, Opladen 1987; K. Marx: Das Kapital. Bd. II, MEW Bd. 24, Berlin (Ost) 1963, 42; H. P. Müller: Sozialstruktur und Lebensstile. Der neuere theoretische Diskurs über soziale Ungleichheit, Frankfurt/M. 1992; B. Schäfers: Gesellschaftlicher Wandel in Deutschland. Ein Studienbuch zur Sozialstruktur und Sozialgeschichte der Bundesrepublik, Stuttgart [6]1995; B. Schäfers (Hrsg.): Lebensverhältnisse und soziale Konflikte im neuen Europa. Verhandlungen des 26. Dt. Soziologentages, Frankfurt/M./New York 1993; R. Schulze: Die Erlebnisgesellschaft, Frankfurt/M./New York 1992; W. Zapf (Hrsg.): Lebensbedingungen in der Bundesrepublik. Sozialer Wandel und Wohlfahrtsentwicklung, Frankfurt/M. 1977; W. Zapf (Hrsg.): Die Modernisierung moderner Gesellschaften. Verhandlungen des 25. Dt. Soziologentages, Frankfurt/M./New York 1991.

Sozialtherapie

Im weiteren Sinne meint S. eine neue Sehweise von Therapie überhaupt (*Psychologie*, *Psychotherapien*). Je mehr sich die Überzeugung durchsetzt, daß psychisches Wohlbefinden soziales Wohlbefinden einschließt und zugleich voraussetzt, um so mehr muß jede Therapie auch soziale Therapie sein. Sie bezieht sich auf die Menschen in ihren komplexen sozialen Zusammenhängen. Sie kümmert sich um ihre persönlichen Beziehungen untereinander, um ihre ökonomischen und ihre Wohnverhältnisse, um ihre Arbeitssituation, ihre Probleme in und mit Institutionen wie *Schule*, Heim, Ämter usw. Denn alle diese sozialen Faktoren können ursächlich beteiligt sein, wenn Menschen sich sozial nicht mehr zurechtfinden oder erkranken, wenn sie von Krankheiten nicht genesen oder mit Behinderungen kein erträgliches Leben führen können. Grundsätzlich wird jede Individualtherapie bereits zur S. in dem Augenblick, in dem die *Krankheit* oder das Leiden eines Menschen nicht mehr ausschließlich als seine persönliche Angelegenheit behandelt wird, sondern als ein Ereignis, daß ihn mit Personen und Umständen einer sozialen Umwelt verbindet, die der Therapieplan mit einbezieht. Es kann aus praktischen Gründen zweckmäßig sein, die unmittelbare Behandlungsintervention auf einen engen psychosozialen Problemkreis zu begrenzen. So ist es denkbar, daß in einer Paartherapie oder in einer Familientherapie mit Vorrang oder ausschließlich die Kommunikationsschwierigkeiten in einer Zweierbeziehung oder in einer Familie bearbeitet werden (*Familienberatung*). Vom sozialtherapeutischen Standpunkt aus ist indessen stets zu bedenken, daß diese interpersonalen Konflikte in übergreifende soziale Bedingungen eingebettet sind. Beispielsweise bilden sich in einer gestörten Paarbeziehung in irgendeiner Weise stets auch das traditionelle Ungleichgewicht und neuerdings obendrein eine zunehmende Rollenunsicherheit in der Beziehung zwischen den Geschlechtern ab, also ein Problem, das den *Individuen* gesellschaftlich vorgegeben ist. Der Abbau der alten und das Fehlen haltgebender neuer Normen für die

Steuerung des Zusammenlebens in der Zweierbeziehung, in der *Familie*, speziell auch hinsichtlich der Kindererziehung kennzeichnen beispielhaft den durchgängigen Zusammenhang zwischen privaten interpersonalen Problemen und makrogesellschaftlichen Bedingungen.

Die Erkenntnis dieser Zusammenhänge macht verständlich, daß die Entwicklung sozialtherapeutischen Denkens mit sozialanalytischen und sozialkritischen Reflexionen einhergehen muß. Anders als in der klassischen naturwissenschaftlichen Medizin, die mit einem rein biologischen Gesundheitsbegriff operiert, muß sich S. an Mustern und Leitbildern des gesellschaftlichen Zusammenlebens orientieren bzw. sich mit dem Umstand auseinandersetzen, daß die vorgegebenen gesellschaftlichen Strukturen und Organisationsformen die Chancen für soziales und psychisches Wohlbefinden vieler Menschen in mannigfacher Weise einengen.

In der klassischen Individualtherapie ist für den Therapeuten nur das Wohlergehen des einzelnen Patienten maßgeblich. Dessen Bezugspersonen weist der Therapeut die Aufgabe zu, seinen Heilungsplan durch Hilfsmaßnahmen zu unterstützen. Implizit folgt die Behandlungsstrategie einem individualistischen Konzept. Der Therapeut und die soziale Umwelt ordnen sich in dieser Perspektive jeweils den Interessen des einzelnen unter. Darin steckt die Voraussetzung, daß die *Gesellschaft* prinzipiell den Gesundheitsanspruch jedes einzelnen Mitgliedes respektiert und allen in gleicher Weise zubilligt, im gegebenen Fall die besonderen Vorrechte des Patientenstatus zu fordern. Dies ist aber eine Fiktion. Denn viele erkranken ja bereits unter dem Druck einer rücksichtslosen sozialen Umwelt. So ist es beispielsweise erwiesen, daß einem Absinken auf der sozialen Schichtenskala ein erhöhtes Risiko psychischer Krankheiten folgt. Die Prinzipien unserer Wettbewerbsgesellschaft bedrohen die Unterliegenden, d. h. die sozial Schwächeren mit einer vergleichsweise vermehrten Gefahr des Scheiterns und der soziogenen Erkrankung. Obendrein vermindert sich am unteren Rande der sozialen Schichtenskala die Chance der Menschen auf therapeutische Versorgung und damit auf die Teilnahme an den Vorrechten einer Patientenrolle. Denn in der unteren und in der untersten Sozialschicht reagieren Menschen auf unbewältigte Spannungen und Konflikte vielfach in Form von Verhaltensstörungen, die nur selten als Ausdruck krankhafter Verzweiflung, sondern eher als schuldhaftes Fehlverhalten eingeschätzt werden. Statt als Patienten etikettiert man diese Betroffenen eher als »Asoziale«, »Psychopathen«, »Störer« und setzt sie, statt sie zu behandeln, verstärktem Druck durch Disziplinierungs- und Strafmaßnahmen aus (*Klasse/Schicht/Milieu*).

Der sozialtherapeutische Ansatz bestimmt sich von einem sozialbezogenen Gesundheitsbegriff her: Zu erstreben ist ein gleiches und gemeinsames Wohlergehen aller in einer Gesellschaft, die von dem Prinzip der *Solidarität* geleitet und strukturiert wird. Indem S. in der sozialen Umwelt einen maßgeblichen ursächlichen Faktor für Krankheit und Gesundheit sieht, muß sie neben der Wahrnehmung ihres unmittelbaren therapeutischen Auftrages zu jeder Zeit auch politische Forderungen artikulieren, nämlich solche, die sich auf die Abstellung derjenigen gesellschaftlichen Mißstände richten, die als wichtige soziogene Krankheitsfaktoren wirksam sind.

Die Besinnung auf die sozialen Voraussetzungen von Therapie führt auch dazu, daß man diese Voraussetzungen nicht nur bei den Betroffenen, sondern zu Recht auch auf der Seite der versorgenden Dienste und Personen kritisch überprüft. S. ist nur dann sinnvoll möglich, wenn diejenigen, die diese Therapie vermitteln wollen, von ihren Arbeitsbedingungen her dazu praktisch in der Lage sind. Es zeigt sich indessen, daß die für die Versorgung zuständigen Dienste so organisiert sind, daß sie sich in aller Regel nicht zu einer ganzheitlichen Betreuung der sozialen Lebensschwierigkeiten von Betroffenen anbieten können. Medizinische, beraterische, fürsorgerische, pädagogische Dienste arbeiten noch immer zu wenig koordiniert aufeinander zu. Die Ausübung von Therapie ist noch immer weitgehend Ärzten, Psychologen und Heilhilfspersonen als Privileg vorbehalten, die in Praxen und Kliniken vornehmlich eine traditionelle Versorgung betreiben. Streng abgetrennt widmet sich die Sozialbürokratie mit ihren Einrichtungen den als rein »sozial« etikettierten Problemen. Die Folge ist, daß ein Betroffener zumeist entweder als »sozial Gefährdeter« oder als »sozial Schwieriger« ausschließlich an die *Sozialadministration* und an SozArb gerät oder als »therapeutischer Fall« allein ärztlich-pflegerische oder psychotherapeutische Hilfe in einer Praxis oder einem Krankenhaus erhält. Sein Aspekt als Patient und sein Aspekt als sozialer Problemfall werden also meist aufgespalten, und es ist eher die Ausnahme, wenn die körperlichen, psychischen und sozialen Anteile seiner in sich zusammenhängenden Schwierigkeiten auch ganzheitlich verstanden und zum Gegenstand einer konvergierenden Behandlungsstrategie gemacht werden. Eben diese ganzheitliche Betrachtungsweise zu etablieren und in den Behandlungskonzepten zum Ausdruck zu bringen, gilt als wesentliches Ziel moderner S.

Die für S. nötige Zusammenarbeit verschiedener mit psychosozialer Betreuung befaßter Dienste herzustellen, ist nur teilweise als Aufgabe der Umorientierung bzw. des guten Willens der diversen Berufsgruppen des Versorgungssystems anzusehen. U.a. erscheinen folgende Modifikationen institutioneller Regelungen vordringlich: Viele medizinische Dienste, Kliniken und Praxen müßten wesentlich stärker als bisher mit SozArb durchsetzt werden, damit die diagnostische und therapeutische Berücksichtigung sozialer Probleme im gleichen Arbeitsgang zusammen mit den rein medizinischen Maßnahmen erfolgen könnte (*Gesundheitshilfe*). Der SozArb müßte dabei ermöglicht werden, in enger partnerschaftlicher therapeutischer Gemeinschaft mit Ärzten, Psychotherapeuten, Schwestern und Pflegern zu arbeiten. Ähnliche Teamstrukturen sind im Beratungswesen und in heilpädagogischen Einrichtungen allenthalben unumgänglich (*Teamarbeit*). Dies erfordert eine Revision der z. T. überholten hierarchischen Aufsplitterungen der zugewiesenen Tätigkeitsfelder und Verantwortlichkeiten. Wenn der soziale Aspekt innerhalb eines neuen ganzheitlichen Verständnisses von Gesundheit, Krankheit und Versorgung tatsächlich als gleichrangig wichtig neben dem rein medizinischen Aspekt eingestuft und diesem nicht mehr als minder relevant nachgeordnet werden soll, dann muß dies organisatorisch und tariflich zu einer Neubewertung therapeutisch relevanter SozArb führen. Materiell und organisatorisch fixierte Rivalitäten in den Dienststellen hindern zu allermeist das Personal an einer konvergierenden ganzheitlichen Bearbeitung der Klientenprobleme in sozialtherapeutischer Perspektive.

Dringend revisionsbedürftig ist ferner der Umstand, daß Anstalten, die psychisch und sozial besonders Gefährdeten oder Kranken den Weg zu einer befriedigenden Wiedereingliederung in die Gesellschaft bahnen sollen, diese Menschen vielfach eher zusätzlich von der sozialen Realität isolieren und statt dessen nur an den eigenen Betrieb anpassen (*Psychiatrie*). Viele Kinder in Heimen, Jugendliche und Erwachsene in Vollzugsanstalten, psychisch Kranke in Nervenkliniken werden von den jeweiligen Institutionen total vereinnahmt und der Außenwelt derart entfremdet, daß sie, eines Tages entlassen, ratlos dastehen. Anstatt Resozialisierungshilfen zu leisten, fördern die Institutionen eher die soziale Ausschließung der Betroffenen. Zur Durchsetzung eines sozialtherapeutischen Konzepts ist es nötig, daß diese Anstalten – entsprechend einigen bereits vorhandenen Reformansätzen – nach außen durchlässiger werden, daß sie ihren Insassen mehr Aktivität und Mitverantwortung im Anstaltsalltag einräumen und daß der Übergang in das »normale« Leben außerhalb der Anstalt systematisch vorbereitet und unterstützt wird. Eine sinnvolle Koordination anstaltsinterner und ambulanter Betreuung ist aber nur dann zu erreichen, wenn die für die stationäre und die für die häusliche Betreuung zuständigen Personen eng kooperieren oder wenn die Versorgung hier wie dort sogar in den gleichen Händen verbleiben kann. Oftmals mißlingen Resozialisierungsversuche bei sozial Gefährdeten, bei chronisch psychisch Kranken oder Behinderten in erster Linie deshalb, weil sie laufend wechselnden Betreuern ausgeliefert werden, so daß gerade erst etablierte Vertrauensverhältnisse immer wieder abreißen. Unter sozialtherapeutischem Gesichtspunkt erscheint es unumgänglich, die personelle Regelung der therapeutischen Versorgung weniger – wie bisher vielfach üblich – von den Eigeninteressen der Institutionshierarchien her zu regeln, sondern statt dessen nach den Bedürfnissen der zu betreuenden Menschen. Daraus folgt, daß SozArb, Ärzte, Erzieher, Psychologen, Bewährungshelfer usw. mehr als bisher über die Grenzen ihrer Stamminstitutionen hinaus tätig werden müßten, um eine bessere personelle Kontinuität in der Unterstützung der Klienten zu ermöglichen. Das Konzept der S. läßt sich jedenfalls nur dann zugunsten der Versorgungsbedürftigen schrittweise realisieren, wenn sich zunächst die Versorgungsdienste selbst reorganisieren bzw. wenn sie durch institutionelle Reformen bessere Möglichkeiten erhalten, den Betroffenen in einer koordinierten Strategie sozial zu helfen. Allerdings ist von den Betreuern in den verschiedenen Diensten auch zu erwarten, daß sie an der Basis selbst vermehrt initiativ werden, um im Bereich ihrer heute schon gegebenen Möglichkeiten besser aufeinander zuzuarbeiten, sich wechselseitig zu unterstützen und sich nach Möglichkeit auch an regionalen Planungen in ihrem Versorgungsbereich zu beteiligen. Ein praktisches Basiskooperationsmodell, nach sozialtherapeutischen Vorstellungen konzipiert, ist die »Psychosoziale Arbeitsgemeinschaft«, wie sie von den Sachverständigen der deutschen Psychiatrieenquête empfohlen und vielerorts auch bereits spontan realisiert wurde. Hierbei handelt es sich um eine *Selbstorganisation*, an der sämtliche Beratungs- und Behandlungsdienste einer Versorgungsregion beteiligt sind, die mit Prävention, Therapie und *Rehabilitation* von psychosozialen Störungen, Krankheiten und Behinderungen zu tun haben. Die Mitarbeiter der diversen Dienststellen und niedergelassene Praktiker treffen sich regelmäßig. Im Zuge des fortlaufenden Erfahrungsaustausches verstärkt sich in aller Regel automatisch das Interesse, folgende Aufgaben gemeinsam wahrzunehmen: verbesserte Koordination der Arbeit zwischen den verschiedenen Stellen, wechselseitige Unterstützung bei besonders risikobehafteten Versorgungsaufgaben (etwa im Bereich von Drogengefährdeten, Obdachlosen, Delinquenten), Entwicklung von Planungsinitiativen, Zusammenarbeit in der Organisation und Durchführung von Fortbildungs- und Supervisionsprogrammen.

Erfahrungen zeigen, daß dieses Modell einer regionalen »Psychosozialen Arbeitsgemeinschaft« zur Förderung sozialtherapeutischer Bestrebungen sehr brauchbar ist und im Verhältnis zu seinem geringen Finanzbedarf relativ viel leisten kann, sofern diese Basisinitative von den Trägern und übergeordneten Behörden nicht nur hinreichenden Spielraum erhält, sondern bei diesen ihrerseits weitere Kooperationsinitiativen stimuliert.

Andererseits stoßen derartige sozialtherapeutische Reformimpulse, die von der Basis der Betreuungsdienste ausgehen, auf höheren Ebenen der Administration leicht auf Widerstände, die nicht so sehr von den befaßten Amtsträgern als Personen, eher von gesellschaftlichen Vorbehalten gegenüber einem großzügigeren politischen Engagement für S. überhaupt herrühren. Diese Vorbehalte hängen 1. mit Bedenken gegen die von sozialtherapeutischer Seite gewünschten Reformen in der Personalstruktur der Versorgungsinstitutionen zusammen, 2. aber auch mit grundsätzlichen politischen Einwänden gegen ein angeblich ausuferndes und zu kostenintensives Betreuungssystem.

Von sozialtherapeutischer Seite wird dagegen argumentiert: S. dient nicht zur Belohnung unangemessener Bequemlichkeits- und Anspruchshaltungen. In der Tat erstrebt S. im Gegenteil stets nach Möglichkeit die Förderung von Selbsthilfeinitiativen bei den Betroffenen.

Sie setzt sich für das Prinzip der Selbsthilfegruppen ein und liefert z. B. in dem Modell der »Psychosozialen Arbeitsgemeinschaft« und in zahlreichen anderen Spontangruppenmodellen Beispiele für kostensparende Eigeninitiativen. Andererseits besteht in diversen sozialen Bereichen wie in Unterschichtsiedlungen mit mangelhafter Infrastruktur, in vernachlässigten Stadtrandgebieten, in manchen ländlichen Gegenden, in Quartieren ausländischer Arbeitnehmer usw. eine eklatante Unterversorgung mit Betreuungsdiensten. Alle einschlägigen epidemiologischen Erhebungen beweisen, daß zumal in diesen Zonen mehr und zugleich modernere präventive und therapeutische Angebote gemacht werden müßten, um hier die hohen Quoten von Suchtgefährdung, Schulversagen, Dissozialität und sozial bedingten psychischen Krankheiten abzubauen (*Soziale Brennpunkte*).

Weil in der Unter- und Randschicht naturgemäß sozioökonomische Konfliktpotentiale die relativ bedeutendste Rolle spielen, ist es sinnvoll, daß hier neue, spezielle sozialtherapeutische Projekte vorzugsweise ansetzen (*Randgruppen*). Dementsprechend betont die deutsche Psychiatrieenquête insbesondere die Aufgabe der »sozialtherapeutischen Versorgung der Rand- und Risikogruppen unserer Gesellschaft« und führt aus: »Dabei tritt die Arbeit mit den einzelnen mehr zugunsten einer familien- und gruppenzentrierten sozialtherapeutischen Arbeit und einer institutions- und gemeinwesenbezogenen Hilfestellung und Beratung zurück.«

Unter konkreten sozialtherapeutischen Vorhaben sind in der Tat v. a. zahlreiche bemerkenswerte pionierhafte Modelle der Gemeinschaftsarbeit mit chronisch psychisch Kranken, mit Drogengefährdeten, mit inhaftierten bzw. entlassenen Straffälligen, mit ausländischen Arbeitnehmerfamilien und – in größerer Zahl – mit Bewohnergruppen von Obdachlosenrandsiedlungen bekannt geworden. Projekte, die sich auf eine ganze Randgruppensiedlung beziehen, haben besonders umfassende Strategien entwickelt, die auch unter Begriffen wie *Gemeinwesenarbeit* und community therapy dargestellt worden sind. Hier erreichen sozialtherapeutische Ansätze ihre größte Komplexität, indem sie z. B. einbeziehen: Kindergartenarbeit, neue Schulversuche im Eingangsstufenbereich, Freizeitgruppenarbeit mit Schulkindern, Jugendclubs, Kooperation mit Bewohnerinitiativen (Mieterräte und Clubs), familientherapeutische Kriseninterventionen, Sexual-, Schwangeren-, Mütterberatung vor Ort. Hinzu kommt die Unterstützung von Bewohneraktivitäten zur Erkämpfung städtebaulicher Verbesserungen, Wohnungsrenovierungen und anderer Förderungsmaßnahmen. Derartige umfassende sozialtherapeutische Ansätze stützen sich auf die Erfahrung, daß eine effiziente psychosoziale Prävention für die einzelnen Bewohner derartiger Siedlungen Verbesserungen im soziokulturellen Gesamtmilieu voraussetzt.

Solche und andere Vorhaben erweisen als notwendig, daß sozialtherapeutisch aktive Gruppen auch versuchen, direkt in Behörden Einfluß zu gewinnen, etwa um unheilvolle administrative Vorhaben abzuwenden, um Konflikte zwischen Ämtern und Betroffenen zu klären usw. Gelegentlich sind Dienststellen des Gesundheits- und Sozialwesens auch bereit, zum Abbau interner Schwierigkeiten »*Institutionsberatung*« von gruppendynamisch geschulten Experten oder Teams in Anspruch zu nehmen. Derartige Beratungshilfen können durchaus sozialtherapeutischen Zwecken wirksam dienen.

Auch die Möglichkeit der wissenschaftlichen Begleitung von Projekten im Rahmen der »Humanisierung der Arbeitswelt« in Betrieben ist in diesem Zusammenhang zu erwähnen. Hier handelt es sich um eine der noch selten praktizierten, aber auf längere Sicht sehr wichtig erscheinenden Möglichkeiten sozialtherapeutischer Tätigkeit.

Der bislang mit Vorrang beschriebene Ausbau sozialtherapeutischer Ansätze im Unterschicht- und Randgruppenbereich entspricht dem dort bestehenden besonderen Versorgungsdefizit. In diesem Zusammenhang sollte man indessen die Gefahr einer Tendenz bedenken, einer Einengung des Begriffes S. auf den Bereich »Randgruppen- und Risikogruppentherapie« zuzustimmen. Das könnte am Ende nämlich leicht dazu führen, sich damit zu begnügen, die traditionelle Tätigkeit von SozArb bloß in »Sozialtherapie« umzubenennen. Dies ist ja bekanntlich eines der in diesem Feld geläufigsten Manöver, allfällige Innovationen und Reformen mit Hilfe beschwichtigender Umetikettierungen zu vermeiden. Eine Chance wäre vertan, wenn am Ende die Kette der Wortverwandlungen von Wohlfahrtspflege, Fürsorge, SozArb lediglich durch den Terminus »Sozialtherapie« fortgesetzt würde. Statt dessen gilt es – im Interesse der Betroffenen wie der Betreuer –, die mit S. ursprünglich gemeinte Intention festzuhalten, nämlich den künstlichen und vielfach diskriminierenden sozialen Abgrenzungen zwischen Betroffenen und der übrigen Gesellschaft entgegenzuwirken und gleichzeitig die diversen Versorgungsdienste und ihre Repräsentanten stärker miteinander zu verklammern.

Eine wichtige Zukunftsaufgabe besteht im Ausbau von Fortbildungs- und Weiterbildungsangeboten für die Vermittlung der Theorie und der wichtigsten praktischen Methoden der S. Aufgrund des Vorschlages der Psychiatrieenquête ist ein spezieller sozialtherapeutischer Weiterbildungsgang für SozArb vorgesehen, aber dieser Vorschlag betont gleichzeitig zu Recht den Vorteil einer gemeinsamen *Weiterbildung* der verschiedenen betroffenen Berufsgruppen. Als modellhaft können einzelne mehrjährige Weiterbildungskurse für Familien- und Sozialtherapie gelten, die inzwischen als gemeinsame Veranstaltungen für Vertreter diverser sozialer Berufe – SozArb, Psychologen, Ärzte, Berater, Heil- und Sonderpädagogen – eingerichtet worden sind.

Insgesamt steht die S. vor wachsenden Aufgaben, die mit Entsolidarisierungstendenzen und mit zunehmender Gewaltbereitschaft in zahlreichen gesellschaftlichen Bereichen, insbesondere gegen Flüchtlinge und *Ausländer*, aber auch gegen andere Minderheiten zusammenhängen. Verarmung (*Armut*), *Arbeitslosigkeit*, soziale Isolierung und *Stigmatisierung* bilden den Nährboden für gewaltträchtige Konflikte und *Kriminalität.* S. kann nicht die politischen und wirtschaftlichen Ursachen gesellschaftlicher Klimaverschlechterung kompensieren, aber sie könnte mehr Unheil verhüten, wenn psychosoziale Beratungs- und Betreuungsdienste nicht, wie z.Z. üblich, reduziert, vielmehr entschlossen ausgebaut werden würden. *H.-E. Richter*

Literatur: Bericht über die Lage der Psychiatrie in der Bundesrepublik Deutschland, BT-Drs. 7/4200, Bonn 1975; W. Feldmann: Sozialtherapie. Gruppendynamische Prozesse in Familien und Institutionen, Essen 1970; H.-E. Richter: Lernziel Solidarität, Reinbek 1974; H.-E. Richter: Flüchten oder Standhalten, Reinbek 1976; H.E. Richter: Umgang mit Angst, Hamburg 1992; H.E. Richter: Wer nicht leiden will muß hassen, Hamburg 1993; H.-E. Richter/H. Strotzka/J. Willi: Familie und seelische Krankheit, Reinbek 1976.

Soziologie

In der allgemeinen Bestimmung ist S. die Wissenschaft von der *Gesellschaft.* Gesellschaft wurde erst sehr spät zum »Gegenstand« einer systematischen, kritischen und an Erfahrungen orientierten, also »wissenschaftlichen« Betrachtung. Solange die »Ordnung« des menschlichen Zusammenlebens als natürlich oder von Gott gegeben angesehen wurde, solange durch festgefügte Traditionen, ererbte Pflichten und Rechte diese Ordnung stabil blieb oder im Erfahrungszeitraum einer Generation sich nur unmerklich änderte, konnte S. nicht entstehen. Eine für alle erfahrbare rasche Veränderung bisher festgefügter Ordnungen erfolgte seit Ende des 18. Jh. durch das Entstehen der bürgerlich-kapitalistischen Gesellschaft (*Klasse/Schicht/Milieu*). Vor allem durch eine radikale Veränderung der Produktionsweise, durch die stürmische Ablösung der handwerklich-bäuerlichen Hauswirtschaft durch maschinelle Fabrikarbeit, änderte sich auch das Gefüge der ganzen Gesellschaft, die Lebensweise der Menschen, die *Familie*, Gebräuche und Sitten (*Arbeit*). Man erkannte, daß »Gesellschaft« veränderbar war, ein Prozeß war, der sich durch die Handlungen der Menschen »entwickelte«. Nun wollte man auch herausbekommen, nach welchen »Gesetzen« sich die Gesellschaft entwickelte, was die treibenden »Kräfte« waren, die eine bestimmte Entwicklung verursachten, und man wollte wissen, welche »Voraussagen« man über die Entwicklung machen konnte (*Sozialstruktur*). Einer der ersten, der dies systematisch versuchte, war A. Comte (1798–1857). Er prägte auch den Namen »Soziologie«. Comte sah die Menschheit sich nach einem »Dreistadiengesetze« entwickeln: Nach dem theologischen Zeitalter folgte das philosophisch-metaphysische, das nun durch das wissenschaftliche Zeitalter abgelöst wurde. Dies kennzeichnet auch den Wechsel der Disziplinen, mit denen jeweils eine »universale« Deutung der menschlichen Ordnung versucht wurde. Was für die festgefügte göttliche Ordnung des Mittelalters die Theologie war, wurde für das diesseits orientierte Zeitalter der Renaissance und der Aufklärung die Philosophie und für das Zeitalter der Wissenschaft und Industrie die S. Auch die Geschichtsphilosophie hatte schon »Entwicklungsgesetze« entworfen. Aber sie waren noch spekulativ. Die S. will diese Spekulation ablösen durch eine Erfahrungswissenschaft, durch überprüfbare Aussagen, die an »sozialen Tatsachen« orientiert sind. Die »Theorien« der Begründer der S. waren noch durchdrungen von vielen philosophischen, nicht überprüfbaren Annahmen. Für die Entfaltung der S. als Wissenschaft war es also wichtig zu bestimmen, was eine »soziologische Tatsache« ist. Dies war auch wichtig zur Abgrenzung von anderen wissenschaftlichen Disziplinen, die sich auch mit dem Verhalten der Menschen befaßten, wie z.B. Politische Ökonomie oder *Psychologie.* Durkheim (1858–1917) gehörte zu den ersten, die mit strengen Begriffen und empirischen Methoden herausstellten, was »soziologische Tatsachen« sind: gesellschaftliche Regelmäßigkeiten, die durch das Zusammenwirken von Menschen zustandekommen, die aber auf den einzelnen Menschen einen »äußeren« Zwang ausüben, so ein Verhalten bestimmen, das nicht von einem »inneren« psychologischen Antrieb her zu erklären ist. Durkheim demonstrierte dies in seiner berühmten Studie über den Selbstmord. Ein Selbstmord sieht vom Individuum aus betrachtet wie eine »persönliche« Entscheidung aus, abhängig vielleicht von der psychischen Labilität des Individuums. Mit einer Statistik, die dann auch zu einer wichtigen »Methode« der empirischen S. wurde (*Empirische Sozialforschung/Statistik*), stellte Durkheim fest, daß die Selbstmordrate in verschiedenen sozialen Gruppen, z.B. in einem Kloster oder in einem Offiziersverband, sehr unterschiedlich ist. Die jeweiligen soziologischen Tatsachen, der »kollektive« Zusammenhang, bestimmen das individuelle Verhalten. Mit einer soziologischen Theorie, die auf diesen kollektiven Zusammenhang Bezug nahm, versuchte dann Durkheim, das unterschiedliche empirische Material zu erklären. Hieran wird ein bestimmender Grundzug der S. erkennbar: Die S. versucht, die Zusammenhänge und Zwänge herauszubekommen, die gleichsam hinter dem Rücken der handelnden Individuen wirken und die meist nicht aus der Perspektive und von der Erfahrungsbasis der handelnden Individuen her durchschaut werden können. Diese Zwänge werden zwar durch die individuellen Akteure erzeugt, aber durch das komplexe »Zusammenspiel« von vielen Menschen kann ein Zusammenhang entstehen, der gegenüber den einzelnen sich »verselbständigt«, sich abhebt als relativ unpersönlicher Geschehenszusammenhang, der zu Zwängen führt, die keiner voraussah und keiner beabsichtigt haben muß. Die Analyse »nichtbeabsichtigter Folgen« bestimmter Handlungszusammenhänge, von geplanten Veränderungen in Institutionen, von zielbestimmten Eingriffen, z.B. von Behörden in bestehende Sozialstrukturen, kann als eines der Hauptarbeitsfelder der S. betrachtet werden. Im Mittelpunkt der soziologischen Analyse standen anfangs und auch in den ersten Jahrzehnten des 20. Jh. die

Ursachen und Folgeprobleme der Entwicklung des Kapitalismus und der Industrialisierung, vielfach auch als Auseinandersetzung und Abgrenzung zu dem alle Fachgrenzen sprengenden Werk über das Kapital von Marx (1818–1883). Die Soziologen setzten in ihren Forschungen zwar Schwerpunkte, z.B. Weber (1864–1920) die Analyse der Ursachen und Folgen der Bürokratisierung oder G. Simmel (1858–1918) die Analyse rein formaler Zusammenhänge in Gruppen, aber alle versuchten neben der Aufstellung von soziologischen Theorien für Einzelbereiche auch immer noch eine »Theorie der Gesellschaft«, eine Analyse des Gesamtzusammenhangs. Das änderte sich, als sich die S. an den Universitäten fest etabliert hatte. Nun setzte auch bei ihr, wie zuvor bei den anderen Wissenschaften, eine weitgefächerte Aufsplitterung in Spezialgebiete ein. Gegenstand der soziologischen Betrachtung war nicht mehr die Gesellschaft insgesamt, sondern jeweils nur ein Teilbereich wie z.B. die Familie, die Gruppe, der Industriebetrieb, das Gefängnis oder die Schule. Es entstanden die sog. »Bindestrich-Soziologien« wie Organisations-S., Militär-S., Religions-S. usw. Es gibt heute kaum einen Tätigkeitsbereich von Menschen, der nicht das Spezialgebiet der S. wäre. Dabei verwischten sich auch die Grenzen zu Nachbardisziplinen, v.a. zur Psychologie, wodurch sich neue Zwischendisziplinen gründeten, z.B. die Sozialpsychologie und *Sozialmedizin*. Im Ergebnis wußten Soziologen immer mehr und genauer etwas über viele »Einzelteile« der Gesellschaft, aber immer weniger über gesamtgesellschaftliche Zusammenhänge. Das führte nicht nur zu einer verwirrenden Vielfalt der soziologischen Richtungen und »Schulen«, zu vielen unterschiedlichen Definitionen über S. und deren Aufgaben, sondern auch zu einer Krise der S. und tiefgreifendem Streit zwischen Soziologen. Soziologen, die daran festhielten, daß die Gesellschaft insgesamt Gegenstand der Analyse sein müßte, warfen den empirischen Soziologen vor, daß deren Einzelergebnisse nur einen Sinn bekämen, wenn sie im Zusammenwirken mit gesamtgesellschaftlichen Vorgängen reflektiert würden. Die Empiriker warfen ihrerseits den Gesellschaftstheoretikern vor, daß diese bei ihren umfassenden Theorien zu viel auf Spekulationen und Philosophie angewiesen seien. In der (alten) BRD wurde dieser Streit geführt zwischen den »kritischen Rationalisten«, die sich stark am Vorbild der Naturwissenschaft orientierten, und der »Frankfurter Schule« um Horkheimer, Adorno und Habermas, die nachdrücklich betonte, daß zu einem richtigen Verständnis von S. auch Geschichte und Philosophie gehörten. Erkenntnisse könne man nicht »wertfrei« sammeln. Erkenntnisse seien immer gebunden an Interessen. Soziologen müßten durch eine geschichtliche und philosophische Betrachtung auch diese Interessen mit in ihre Reflexion einbeziehen und sich klar darüber werden, ob ihre Erkenntnisse ein emanzipatorisches Interesse verfolgen oder ein konservatives. Für den »Anwender« von S., z.B. auch für die SozArb/SozPäd, ergibt sich aus diesem »Zustand« der S. eine unbefriedigende Situation. Der Anwender könnte sich aus den Spezialgebieten der S. etwas Passendes aussuchen, SozArb z.B. aus der Gefängnissoziologie oder aus der S. über *abweichendes Verhalen*. Aber das hier bereitgestellte Wissen eignet sich i.d.R. weit besser zur Aufrechterhaltung bestehender Herrschaftsverhältnisse als zur Beseitigung von Problemen, mit denen ein SozArb konfrontiert ist. Viele der Theorien, die aus der Perspektive der soziologischen Spezialgebiete aufgestellt wurden, erzeugen vorwiegend nur ein Wissen, wie die untersuchten Institutionen, z.B. ein Betrieb, »reibungsloser« funktionieren können, wie z.B. Konflikte besser gelöst werden können, damit es nicht zum Streik kommt oder aufsässige Jugendliche folgsamer werden. Die bestehenden Herrschaftsverhältnisse, die Gesamtverfassung der Gesellschaft, die die eigentliche Ursache der Konflikte sein kann, werden durch diese Theorien nicht angetastet. Wenn ein SozArb/SozPäd nicht nur Angestellter im »Reparaturbetrieb des Kapitalismus« sein möchte, der seine »Klienten« nur besser anpaßt an Verhältnisse, die eigentlich verändert werden müßten, dann braucht er von der S. zunächst die kritische soziologische Perspektive: den Versuch, hinter die Fassaden der sozialen Beziehungen zu sehen, keine Norm oder soziale »Realität« als unveränderbar zu betrachten, bei allem nach Entstehungsgründen und dahinterliegenden Interessen zu fragen. Nach der Einübung in die Kunst des systematisch analysierenden Mißtrauens kann man auch einzelne soziologische Theorien daraufhin überprüfen, ob sie emanzipatorisch zu verwenden sind (*Emanzipation*). Insgesamt wird man dadurch zu der Erkenntnis gelangen, daß größtenteils die Probleme der SozArb/SozPäd Folgeprobleme sind der Wirtschafts- und Produktionsweise der Industriegesellschaft und daß zur Überwindung dieser Probleme auch die SozArb/SozPäd ein Zusammenhangswissen benötigt, mit dem S. begonnen hatte: eine Theorie der Gesellschaft, die die geschichtliche Entwicklung und Perspektive zu deuten und zu verändern sucht.

O. Ullrich

Literatur: P. Berger: Einladung zur Soziologie, München [3]1982; W. Bernsdorf (Hrsg.): Wörterbuch der Soziologie. 3 Bde., Frankfurt/M. 1972; R. Dahrendorf: Homo Sociologicus, Opladen [15]1977; N. Elias: Was ist Soziologie? München [5]1986; Furth/Greffrath: Soziologische Positionen. Interviews und Kommentare. Eine Einführung in die Soziologie und ihre Kontroversen, Frankfurt/M. 1977; G. Hauck: Geschichte der soziologischen Theorie. Eine ideologiekritische Einführung, Reinbek 1984; J. Ritsert: Gesellschaft. Einführung in den Grundbegriff der Soziologie, Frankfurt/M. 1987; M. Weber: Wirtschaft und Gesellschaft, Tübingen [5]1980; B. Schäfers (Hrsg.): Einführung in die Hauptbegriffe der Soziologie, Opladen 1993.

Soziometrie

Als S. werden bestimmte formalisierte Verfahren zur Ermittlung, Darstellung und Analyse von Beziehungen zwischen den Mitgliedern einer Gruppe bezeichnet. Die S. wurde von Jacob L. Moreno 1934 im Zusammenhang mit einem gruppentherapeutischen Ansatz begründet und ist inzwischen zu einem ausgereiften Instrument der *empirischen Sozialforschung* weiterentwickelt worden. Bei den zu untersuchenden Beziehungen innerhalb einer Gruppe handelt es sich um (a) Sympathie bzw. Antipathie, (b) subjektive Interaktionspräferenzen (Kontaktwünsche) und (c) faktische Interaktionsbeziehungen (tatsächliche Kontakte).

Zur Erhebung entsprechender Daten bedient man sich hauptsächlich der Befragung, bei der Untersuchung faktischer Interaktionsbeziehungen gelegentlich auch der Beobachtung. Für die Datensammlung könnte man sich bei entsprechenden Problemstellungen Fragen wie z. B. (a) »Welchen Ihrer Kollegen schätzen Sie am meisten?«, (b) »Mit welchen anderen Patienten möchten Sie am ehesten ein Zimmer teilen?« oder (c) »Mit welchem deiner Klassenkameraden spielst du am häufigsten?« bedienen. Wenn sich ein enger Zusammenhang zwischen Sympathie und Interaktionspräferenzen unterstellen läßt, werden auch Fragen nach Kontaktwünschen zur Ermittlung von Zuneigung bzw. Abneigung verwendet, wobei sich hier besonders das Problem der Gültigkeit einer solchen Messung stellt.

Die Auswertung soziometrischer Daten wird mittels

- graphischer Darstellungen (»Soziogramme«), die die Beziehungen zwischen den Individuen in geeigneter Weise optisch wiedergeben;
- Matrizen (»Soziomatrizen«), die die Beziehungen innerhalb der Gruppe mathematisch darstellen und/oder
- Indizes, die bestimmte Beziehungen innerhalb der Gruppe durch eine entsprechende Kennzahl darstellen,

vorgenommen. Als Ergebnis läßt sich die *Rolle* von Personen und Teilgruppen innerhalb einer Gruppe charakterisieren, z. B. als die einer »Clique« (Teilgruppe, deren Mitglieder sich hauptsächlich untereinander wählen), eines »Stars« (häufig gewählte Person) oder einer »grauen Eminenz« (isolierte Person mit wechselseitiger Beziehung zu einem »Star«).

Die S. wird eingesetzt zur Untersuchung von Beziehungen innerhalb kleinerer Gruppen, deren Mitglieder sich hinreichend gut kennen. Deswegen konzentrieren sich die Anwendungen auf Schulklassen, Gruppen in Heimen und Anstalten, Gruppen am Arbeitsplatz und Nachbarschaften. Über diese analytische Funktion hinaus dient die S. aber auch zur Bewußtseinsbildung der Gruppenmitglieder über ihr Verhältnis zueinander und damit zu dessen Überprüfung, ggf. Veränderung.

A. Kuß

Literatur: G. Bastin: Die soziometrischen Methoden, Bern/Stuttgart 1967; R. Dollase: Soziometrische Verfahren, in: J. v. Koolwijk/M. Wieken-Mayser (Hrsg.): Techniken der empirischen Sozialforschung. Bd. 5, München 1976; F. Jhannsen: Diagnose sozialer Beziehungen von Schülern, Kiel 1983; A. Kirchmann: Zur soziometrischen Beurteilung von Arbeitsgruppen, Köln 1985; J. Moreno: Die Grundlagen der Soziometrie, Köln/Opladen ²1967; J. Moreno (Hrsg.): The Sociometry Reader, Glencoe (Ill.) 1960; J. Nehnevajsa: Soziometrie, in: R. König (Hrsg.): Handbuch der empirischen Sozialforschung. Bd. 1, Stuttgart 1962.
Weitere Literatur bei *Statistik*.

Spielpädagogik

S. ist als eigenständige Disziplin in Deutschland Ende der 60er Jahre entstanden im Zusammenhang mit der von verschiedenen gesellschaftlichen Gruppen formulierten radikalen Kritik an der fortschreitenden Rationalisierung und Bürokratisierung aller Lebensbereiche, die zur Eindimensionalität des Menschen (Marcuse), zur Subsumtion seiner sinnlich-emotionalen Bedürfnisse unter die Herrschaft der Ökonomie geführt habe. 1970 wird in Marl der Entwurf einer kritisch-emanzipatorischen S. und Theaterpädagogik vorgelegt. Darin wird Spiel definiert als selbstbestimmtes produktives Handeln mit dem Ziel kollektiver Aneignung gesellschaftlicher Realität mit spiel- und theaterspezifischen Verfahren (Körperarbeit, Improvisation, Experimentieren mit verbalen und symbolischen Ausdrucksformen, Einsatz von Verfremdungselementen wie Maske, Requisiten, Schminke); die Aneignung soll zudem Spaß machen in Anlehnung an Brechts Lehrstücktheorie Erkenntnis und Handeln verbindend.

Spiel und Arbeit: Die Reduktion spielerisch-geselliger Elemente in den Arbeitsvollzügen steht im Zusammenhang mit der im 17. Jh. beginnenden schrittweisen Auflösung der großen Haushaltsfamilien und damit Aufgabe der bis dahin gemeinschaftlich unter einem Dach organisierten Warenproduktion und deren Konsumtion (*Familie*). Folge: Trennung des Arbeitsplatzes vom Wohnbereich mit der Konsequenz des Herauslösens der kindlichen Lebensformen aus der von *Arbeit* bestimmten Welt der Erwachsenen. Allerdings traf dies nur auf die Kinder der höheren Stände zu, die keinem Arbeitszwang unterlagen und daher den sozialen Status »Kind« erhielten (erst für Mitte des 17. Jh. belegt: Elschenbroich 1973). Die im Zusammenhang mit der Entwicklung kapitalistischer Produktionsbedingungen funktionalen Verhaltensnormen wie Arbeitsdisziplin, Sparsamkeit, Fleiß führten zur Diskriminierung nicht arbeitsbezogener Tätigkeiten, so auch dem Spiel, wenn es nicht, wie in der Aufzucht der Bürgerkinder, Pädagogisierungsfunktion erhielt. Parallel zu der ökonomisch determinierten Naturbeherrschung des Menschen vollzog sich, unterstützt von puritanisch-protestantischer Sinnenfeindschaft, die Beherrschung der menschlichen Natur durch Sanktionierung lustbetonter Körperlichkeit (*Körper*). So wurde das im Mittelalter öffentlich praktizierte gemeinsame Nacktbaden von Erwachsenen und Kindern streng geahndet, als Müßiggang verworfen wie das Kinderspiel auf der Stra-

ße, für das strenge Bestrafungsrituale belegt sind (Dirx).
Diese Korrelation der Negation libidinöser Körperbesetzung mit Abwehr der emotional-sinnlichen Qualität des Spielens zieht sich wie ein roter Faden durch die Geschichte des Spiels. In dieser Tradition stehen auch die ersten amtlich registrierten Spielpädagogen, die Philanthropisten Ende des 17. Jh., die eine Verbindung von Arbeit und Spiel forderten, deren Praxis sich aber in didaktischen Spielereien erschöpfte mit starken Infantilisierungstendenzen (Elschenbroich 1977). Spiel erhielt den Charakter des distanziert Instruktiven: »Kein Spiel sei ... leer von allem Gehalte, von allem Nutzen« (Guths-Muths 1793). Nutzen v.a. für die Sozialisationsbedingungen des Ende des 17. Jh. entstandenen Beamtenbürgertums und der hier verankerten Ideologie des Aufstiegs nach Leistung. Das beginnt bereits in der Schule durch Erwerb »kaufmännischer Tugenden« wie Durchsetzungsfähigkeit und Arbeitsdisziplin. Nur inwieweit die praktizierten Spielverfahren (Rollenspiel, dramatisierter Unterricht) dieser Zielsetzung entsprachen, wurden sie den Lernprozessen integriert. Kritik an dieser Verschulung des Spiels durch Ausklammern irrational-sinnlicher Faktoren, damit es vernünftig zugehe, kann nicht übersehen, daß nur die bürgerlichen Kinder diesen Spielbehinderungen ausgesetzt waren. Für Kinder des Proletariats bestand Spielverbot; denn »die Zwangsarbeit für den Kapitalisten ursurpierte ... die Stelle des Kinderspiels« (Marx). Sie mußten die Puppen der Bürgerkinder in Heimarbeit herstellen, oder, wie ikonographisch belegt, führten die Aufsicht, wenn Bürgerkinder die Kegeln schoben, und erhielten dafür Lohn (so empfohlen von Basedow 1774). Diese indifferente Haltung und mangelnde Irritation in Anbetracht gesellschaftlich bedingter Chancenungleichheit der nichtbesitzenden Klasse (*Klasse/Schicht/Milieu*) ist charakteristisch auch für spätere spielpädagogische Konzeptionen. So die der Kunsterziehungsbewegung Ende des 19. Jh. und für Reformtendenzen der Weimarer Zeit, deren Pädagogik vom schöpferisch spielenden Kind zudem in einer von gesellschaftlichen Konflikten und Widersprüchen abgetrennten pädagogischen Provinz angesiedelt war, in einer harmonischen Spielwelt: ohne Bezug zu innerpsychischen oder sozialen Problemen der SchülerInnen (s. Wedekind, das Thema tabuisierter Sexualität).
Spiel und Therapie: Trotz Freuds Entdeckung frühkindlicher Triebdynamik, die auf Befriedigung drängend, in der Konfrontation mit gesellschaftlichen Anforderungen eine komplexe psychische Struktur bereits in früher Kindheit voraussetzt, basiert bürgerliche S. auf der Annahme einer heilen Kinderwelt. Erst wenn die kindliche Konfliktbewältigung im familialen Interaktionsprozeß nicht mehr leistbar in neurotische Symptombildung ausweicht, reagiert die Umwelt durch Hinzuziehen professioneller Spieltherapeuten. Ausgehend von Freuds Vergleich des kindlichen Spiels mit der dichterischen Tätigkeit, da sich jedes spielende Kind »eine eigene Welt erschafft, oder richtiger gesagt, die Dinge seiner Welt in eine neue ihm gefällige Ordnung versetzt«, schuf M. Klein die auf die Kindheit begrenzte analytische Spieltherapie, indem sie die im kindlichen Spielszenarium manifeste Symbolbildung als diagnostisches Instrumentarium einsetzte zur Deutung der dem Kind nicht bewußten Konfliktursachen. Zulliger kritisierte später das deutende Verfahren als intellektualisierend und wenig hilfreich für die emotionale Entwicklung des Kindes, plädierte für die Aufarbeitung unbewußter Ängste oder verdrängter Triebregungen im spontanen Spiel selbst, während Axline im Anschluß an das von Rogers entwickelte nichtdirektive therapeutische Verfahren sich dem Kind als Spielobjekt zur Verfügung stellt. Kinderspiel, im Prozeß fortschreitender Urbanisierung seines anarchischen Charakters beraubt, auf standardisierten Spielplätzen gleichgültig toleriert, verdrängt aus Institutionen verwalteten Lernens, erhielt im artifiziellen Arrangement der Kind-Therapeut-Interaktion einen vorrangigen Platz. Spielelemente wie monodramatische Selbstdarstellung, Bewegungsspiele, Übernahme fremder Rollen werden auch in Erwachsenentherapien der sog. Humanistischen *Psychologie* eingesetzt. Während Morenos triadisches System der *Soziometrie*, Psychotherapie und Psychodrama dem freien und angeleiteten Rollenspiel zur Entfaltung kreativer und kommunikativer Kompetenz einen zentralen Stellenwert einräumt, hat Spiel im verhaltenstherapeutischen Ansatz seine schöpferische Qualität eingebüßt, ist zur Verhaltensübung geworden (*Rolle, soziale*).
Bisher entwickelte spieltherapeutische Verfahren bleiben einem individualistischen Subjektbezug verhaftet und damit in Kongruenz zu der kapitalistisch produzierten Isolation des Menschen. Gesellschaftliche Verursachung individuellen Leidens bleibt ausgeklammert, wird zum Thema politisch engagierter Spielpädagogen.
Spiel und politisch-ästhetische Praxis: Verschiedene an der Stadtteilarbeit im Märkischen Viertel West-Berlins beteiligte Gruppen (Hoffmann's Comic Theater, Kulmer Spielclub, Kindertheater Märkisches Viertel) entwickelten ab 1970 ein an den Interessen und Bedürfnissen von Arbeiterkindern und proletarischen Jugendlichen orientierte proletarische S., die zunächst beeinflußt war von Walter Benjamins 1927/28 entworfenem »Programm eines proletarischen Kindertheaters« mit der Forderung der Realisation kindlicher Phantasien im eigenen Spiel des Kindes ohne Ideologisierung der Spielinhalte durch Erwachsene. Benjamin wurde 1971 als inadäquat für die Bewältigung proletarischer Lebenspraxis verworfen, ebenso die auf der psychoanalytischen Triebtheorie basierende Spielpraxis der antiautoritären Bewegung, deren Akzentuierung hedonistischer Lebensformen lediglich in dem professionellen *Kinder- und Jugendtheater* »Rote Grütze« eine Fortsetzung fand. Im Gegensatz hierzu die langjährige Arbeit des Kindertheaters Märkisches Viertel, die im Spiel von Arbeiterkindern weniger die subjektiven Faktoren häuslicher oder schulischer Konflikte thematisierten als deren Generalisierbarkeit und Veränderbarkeit auf kollektiver Ebene (Paris, Richard).

Lerntheoretisch basiert die proletarische S. auf der von sowjetischen Psychologen (u.a. Rubinstein, Wygotski, Leontjew) entwickelten materialistischen Spieltheorie, die Spiel in Parallelität zur Arbeit Erwachsener als dominante Tätigkeit des Kindes zur aktiv-handelnden Aneignung von Gegenstandsbedeutungen im Kontext relevanter Sozialerfahrungen begreift, wobei S., irrationale Phänomene wie Träume, Phantasien ausklammernd, bezogen bleibt auf die Bewältigung realer Konflikte, auf Handeln in der Wirklichkeit. In der DDR führte die Rezeption der sowjetischen Spieltheorie in den 60er Jahren zu einer dirigistischen S. v.a. im Vorschulalter (Launer), weil die vor Spielbeginn festgelegte gesellschaftlich positive Rahmenhandlung im Spielverlauf rigide eingehalten werden mußte. Ein hiervon divergierender materialistischer Spielansatz versuchte in Anlehnung an die Arbeiten von O. Negt und P. Brückner eine politisch-ästhetische Spielpraxis ohne Spielzensur zu initiieren (Mayrhofer/Zacharias). Diese wegweisenden sozialpädagogisch-politischen Entwürfe, die auf ein selbstbestimmtes, gruppenbezogenes Spiel und Lernen verbindendes Handeln zielten ohne fremdbestimmte Leistungsnormen, verloren in den 80er Jahren als Folge des auch gesamtgesellschaftlich versiegenden Reformwillens in der BRD an Bedeutung. Die Ökonomisierung aller Lebensbereiche ließ zweckfreies Spielen kaum mehr zu; noch weniger seit sich nach der Wiedervereinigung Deutschlands 1989 die sozialen Konflikte verschärft haben. So existiert bis heute in Deutschland kein Schulfach ›Spiel und Theater‹ (Ausnahme: Darstellendes Spiel an der Gymnasialen Oberstufe) im Gegensatz zu England (educational drama), Holland (expressie door woord en gebaar), Frankreich (expression corporelle). Ausbildung zum professionellen Spiel- und Theaterpädagogen wird an der Hochschule Hildesheim sowie als postgraduierter Studiengang an der Hochschule der Künste Berlin angeboten (hier Spiel/Theater als sozial-kommunikatives Instrumentarium sowie künstlerischer Gegenstand); daneben gibt es zahlreiche Ausbildungsgänge durch private Träger, *Wohlfahrtsverbände* und die Ev. Kirche. Die im Zusammenhang mit der Studentenbewegung entstandene emanzipatorische Spiel-/Theaterpädagogik (*Emanzipation*) erfuhr eine fortschreitende curriculare Integration an FHS für Sozialarbeit/Sozialpädagogik, inhaltlich-methodisch in starker Anlehnung an reformpädagogische Konzepte der 70er Jahre. Die in diesem Umfeld 1994 entstandene Initiative ›Spiel und Theater‹ fordert den professionellen Spiel- und Theaterpädagogen, bleibt aber curricular im tradierten Spektrum spiel-/theater-pädagogischer Ausbildungsprofile.

B. Rüster

Literatur: V.M. Axline: Kinderspieltherapie im nichtdirektiven Verfahren, New York 1947, 1972; R. Dirx: Gaukler, Kinder, kluge Köpfe, Hannover 1968; D. Elschenbroich: Spielen und Spielzeug im Kursbuch 34/1973; D. Elschenbroich: Kinder werden nicht geboren, päd. extra Buchverlag 1977; M. Kauke: Spielintelligenz. Spielend lernen – Spielen lehren, Heidelberg 1992; M. Klein: Psychoanalytische Spieltechnik in »Das Seelenleben des Kleinkindes«, Reinbek 1972; I. Launer: Persönlichkeitsentwicklung im Vorschulalter bei Spiel und Arbeit, Berlin/DDR 1970; K. Marx: Das Kapital; H. Mayrhofer/W. Zacharias: Ästhetische Erziehung, Reinbek 1976; J.L. Moreno: Die Grundlagen der Soziometrie. Wege zur Neuordnung der Gesellschaft, Köln/Opladen 1954; V. Paris u.a.: Warum ist bei Schulzes Krach? Berlin (West) 1976; J. Richard: Zum angeleiteten Rollenspiel mit Arbeiterkindern im Schulalter, in: B. Kochan (Hrsg.): Rollenspiel als Methode sprachlichen und sozialen Lernens, Regensburg 1974; B. Sutton-Smith: Die Dialektik des Spiels, Schorndorf 1978; F. Wedekind: Frühlings Erwachen; H. Zulliger: Heilende Kräfte im kindlichen Spiel, Frankfurt/M. 1970.

Spielplätze

S. sind wichtige Sozialisationsfelder. Ihre Existenz, ihre Gestaltung und Spielangebote beeinflussen das Spielverhalten und damit die Entwicklungsmöglichkeiten des Kindes (*Kindheit*). Spielplatzplanung und -ausstattung müssen sich an Kriterien und Zielen orientieren, die das Spielverhalten und die *Sozialisation* des Kindes umfassend fördern.

Öffentliche S. wurden im Zuge der Verstädterung erstmals in den 20er Jahren angelegt. Sie sind als Schutz- und Ersatzräume für die durch die Ausweitung des Autoverkehrs und der städtischen Bebauung verloren gegangenen natürlichen Spiel- und Erfahrungsmöglichkeiten in der Lebensumwelt des Kindes konzipiert worden.

Sie erhielten den Charakter von Aufbewahrungsstätten und Kinderghettos, die eine Ausgliederung des Kindes aus dem Leben der Erwachsenen und gemessen an dem Spielangebot eine Abwertung des Spiels dokumentieren. Pädagogische Überlegungen flossen noch bis Ende der 60er Jahre kaum in die Planung von Spielplätzen ein. Zunehmende öffentliche Kritik an der Spielplatzsituation in der BRD forderte dann Alternativen heraus: So gibt es heute 2 Haupttypen von S.: unbetreute Gerätespielplätze und pädagogisch betreute Spielplätze. Gerätespielplätze werden als zentrale Einrichtungen in einem Wohngebiet oder in Freizeitanlagen von kommunalen Trägern (Gartenbauämter) und als wohnungsnahe Kleinkinderspielplätze von Wohnungsbauträgern errichtet und unterhalten. Gemessen an der Minimalforderung für Spielplatzflächen von 2 qm pro Einwohner verzeichnen die meisten Städte und Gemeinden auch heute noch ein hohes Spielflächendefizit. Auch im Vergleich zum europäischen Ausland steht die BRD hinsichtlich der Spielplatzversorgung immer noch weit hinten.

Das Spielangebot auf Gerätespielplätzen ist durchweg sehr begrenzt und einförmig. Die Plätze weisen nur wenige Spielbereiche auf: Sand- und Gerätebereiche und Bereiche für sportliche Aktivitäten. Eine Untersuchung von 212 Plätzen ergab, daß pro Platz im Schnitt nur 4,2 Geräte anzutreffen sind. Es dominieren Sandkisten, Klettergeräte, Schaukeln, Rutschen, Reckstangen und Spielhäuschen (BMJFG, 147 ff.).

Das Spielangebot spricht überwiegend Kleinkinder und

jüngere Schulkinder an. Ältere Kinder und Jugendliche werden mit dem Angebot nicht angesprochen. Die Spielgeräte ermöglichen fast ausschließlich Bewegungsaktivitäten. Angebote für Konstruktions-, Rollen- und Regelspiele, für kreative Betätigungen sind kaum anzutreffen. Die Geräte schreiben die Spielaktivitäten vor, erlauben allenfalls »Funktionsübungen«, ständige Wiederholungen, kaum Variationen durch eigene Spielideen der Kinder. Dies führt dazu, daß der überwiegende Teil der »Spiele« nur 2–5 Minuten dauert (BMJFG, 156f.). Gemeinsames Spielen und soziale Interaktion werden nicht angeregt, da die meisten Geräte nur eine Einzelbenutzung, allenfalls ein »Nebeneinanderherspielen« erlauben. Dies trifft auch für die Gerätespielplätze der »neueren Generation« mit aufwendigen Holzkonstruktionen, die mehrere herkömmliche Angebote in einem Spielgerät vereinen, sowie für Spielanlagen im »Wild-West-Stil« zu. Wesentliche Merkmale kindlichen Spielverhaltens wie Eigeninitiative, Exploration, selbständiges Gestalten, Experimentieren und Entwicklung neuer Ideen (Kreativität), Kooperation und Kommunikation sowie das selbständige Lernen können auf herkömmlichen S. nicht verwirklicht und gefördert werden (BMJFG, 159). Herkömmliche S. bieten nur Raum für Kompensation, ein Ventil zum Abreagieren aufgestauter Bewegungsbedürfnisse.

Aufgrund dieser kritischen Erkenntnisse entstanden Ende der 60er Jahre in der BRD unter den Bezeichnungen »Abenteuerspielplatz«, »Bauspielplatz« oder »Aktivspielplatz« pädagogisch betreute S. als Alternativen zu den Gerätespielplätzen (der erste 1967 in Berlin). Vorbilder waren der dänische »Skrammellegeplads« (Kopenhagen 1943), der englische »adventure playground« (London 1948), der schweizerische »Robinsonspielplatz« (Zürich 1956) und der schwedische »Spielpark« (Göteborg 1964). In der BRD waren es anfangs v.a. Elterninitiativen und Studentengruppen, die pädagogisch betreute S. einrichteten und die Kinder betreuten. 1980 gab es ca. 250, seit Anfang der 90er Jahre über 300 betreute Plätze, die von gemeinnützigen Vereinen (Trägern der freien Jugendhilfe) oder von behördlichen Trägern betrieben werden. Die Vereine haben den Charakter der Bürgerinitiativen verloren, sie übernehmen mehr Verwaltungs- als pädagogische Aufgaben. Den Initiativen ging es anfänglich nicht allein um eine Erweiterung und Verbesserung der Spielplatzausstattung, sondern um ein umfassendes Konzept der Spiel- und Sozialisationsförderung, v.a. für Kinder aus benachteiligten Wohngegenden (Abenteuerspielplatz im Märkischen Viertel in Berlin). Im Laufe der Zeit entstanden die betreuten S. nicht nur in *sozialen Brennpunkten*, sondern in Stadtteilen unterschiedlichster Struktur.

Es sind – wie in anderen pädagogischen Bereichen auch – Unterschiede in der pädagogischen Konzeption zu verzeichnen, es gibt jedoch Gemeinsamkeiten, die Grundlage der sog. emanzipatorischen Spielpädagogik bilden. Betreute S. werden als ein Ausgleichs-, Ergänzungs- und Gegenmilieu zu anderen Sozialisationsbereichen und als ein »offener Lernort« begriffen, in dem das Kind im Mittelpunkt steht. Spielen und Lernen sind keine Gegensätze. Die Förderung sozialer Interaktion, von Kreativität, Eigeninitiative, Kritikfähigkeit und Selbstbewußtsein sowie die Entwicklung von Fähigkeiten und Fertigkeiten im grob- und feinmotorischen, im musischen, im kognitiven und kommunikativen Bereich sind wesentliche Ziele, die durch die pädagogische Betreuung erreicht werden sollen. Gestaltung, Ausstattung und die Spielangebote des betreuten S. orientieren sich an den Kriterien der Offenheit und Veränderbarkeit, die Spielbereiche können je nach Bedürfnislage der Benutzer umgestaltet werden, neue Aktivitäten sind erwünscht, es bestehen offene Gruppen. Das Kriterium der Vielseitigkeit beinhaltet Angebote für die verschiedenartigsten Aktivitäten (s. Tab.) (BMJFG, 322–342). Die angestrebten pädagogischen Ziele verwirklichen sich aber nicht allein über die Offenheit und Vielseitigkeit des Angebotes. Einschränkende Erziehungsmaßnahmen, mangelnde Spielförderung in anderen Lebensbereichen, die Einflüsse des wachsenden Medienkonsums (*Medien*), verplante Freizeit oder Verwahrlosung führen bei Kindern zu Spielunfähigkeit. Sie zeigen Unsicherheit, Aggression und Anlehnungsbedürfnis an die Betreuer. Die Betreuer sind Berater und Kommunikationspartner der Kinder, häufig auch Ersatz für die Familie, für vertrauensvolle Beziehungen. Sie helfen den Kindern, wieder das Spielen zu lernen, ihre teilweise verschütteten Fähigkeiten neu zu entwickeln, neue Spiel- und Lernsituationen, sich selbst und die eigenen Sinne wieder zu erfahren.

Der betreute S. ist kein Ghetto, kein Schon- oder Freiraum, denn die Probleme der Kinder und der sozialen

Aktivitätsschwerpunkte	Mögliche Angebote
Manuell-handwerklicher Bereich	Bauen, Töpfern, Basteln, Matschen, Nähen, Werkstätten für Jugendliche, Kochen, Feuer machen ...
Musischer Bereich	Singen, Tanzen, Theater, Pantomime, Verkleiden, Gitarre spielen, Malen, Gestalten mit verschiedenen Materialien (Holz, Steine, Gips, Stoff), Collagen herstellen, Drucken ...
Kognitiver Bereich	Lesen, Denkspiele, Diskussionen, Hausaufgabenhilfe ...
Kommunikativer Bereich	Erzählen, Gruppenspiele, Diskussionen, Rollenspiele, Theater spielen, Feste, Spielaktionen, Platzversammlungen, (Selbstverwaltung) ...
Umgang mit Medien	Filmen, Fotolabor, Druckerei, Tonbandaufnahmen, Stadtteilzeitung herstellen ...
Umgang mit Tieren und Pflanzen	Kaninchen, Ziegen, Meerschweinchen, Gartenbau ...
Aktivitäten außerhalb des Platzes	Ausflüge, Ferienfahrten, Theater- und Museumsbesuche, Besuch anderer Spielplätze, Stadtteilerkundungen ...

Situation im Stadtteil gehen in die pädagogische Arbeit ein. Spielplatzarbeit ist Stadtteil- oder *Gemeinwesenarbeit*, schließt die *Einzelfallhilfe* mit ein, erfordert eine intensive *Elternarbeit* und die Kooperation mit anderen Erziehungseinrichtungen. Der betreute S. hat sich in einigen Stadtteilen zu einer sozialpädagogischen Einrichtung entwickelt, die neue Aufgaben bewältigt: Arbeit mit randständigen oder drogenabhängigen Jugendlichen aufgrund fehlender Häuser der Jugend, mit obdachlosen Kindern, Roma und Sinti, Kinder von Asylsuchenden (*Ausländer*) und *Aussiedlern*. Einige S. bieten einen pädagogischen Mittagstisch für Kinder ohne Kita-Platz an, leisten Hausaufgabenhilfe, führen *Familienberatung* durch. Andere Plätze haben einen Schwerpunkt auf »*Mädchen*arbeit« gelegt, denn das Bauangebot der Plätze ist zunächst mehr die Domäne der Jungen.

Die Initiativen der »ersten Stunde« führten die Arbeit auf den Plätzen zunächst ehrenamtlich durch, merkten aber schnell, daß sie dies nicht auf Dauer leisten konnten. Die Arbeit konnte nur von hauptamtlichen Pädagogen durchgeführt werden. Mittlerweile verfügen die betreuten S. über mindestens 2 Erzieher- oder Sozialpädagogen-Stellen sowie Mittel für Honorarkräfte. Die meisten Plätze haben ein festes Spielhaus mit mehreren Räumen, Büro, Küche, Werkstätten und sanitären Anlagen. Die i.d.R. freien Träger verfügen über einen festen Jahreshaushalt, jedoch sind die Mittel nicht ausreichend für die vielfältige Arbeit, die Plätze sind auch auf Spenden angewiesen.

Während es in Dänemark eine staatlich anerkannte *Ausbildung* zum Freizeit- und Spielpädagogen (*Freizeit/Freizeitpädagogik*) gibt, wird im Ausbildungsgang von Erziehern und SozPäd in der BRD auf die spezifischen Erfordernisse des Berufsfeldes »Spielplatzbetreuer« kaum eingegangen. Die jeweiligen Spielplatzdachorganisationen in verschiedenen Bundesländern versuchen durch eigenorganisierte Fortbildungskurse dieses Defizit abzubauen.

Auch wenn die Existenz pädagogisch betreuter S. die Spielsituation vieler Kinder – v.a. in benachteiligten Wohngebieten – verbessert hat, besteht nach wie vor die Trennung von Spiel- und Lebensumwelt, von Spiel und »ernstem Leben«.

Es bedarf einer Stadt- und Siedlungsplanung (*Stadtentwicklung*), die zum einen die Trennung von Wohnen, Arbeiten und Freizeit aufhebt, zum anderen einen Verbund von Freizeit und Spieleinrichtungen für alle Altersgruppen bietet; dessen Zentrum eine pädagogisch betreute Einrichtung bildet. In einem solchen Verbund erhalten unbetreute S. oder -zonen eine ergänzende Funktion, im Nahbereich der Wohnung, als Pufferzonen zwischen Freizeiteinrichtungen für verschiedene Altersgruppen, in Einkaufszentren, als Treffpunkte, wenn die betreuten Einrichtungen geschlossen sind. Eine solche Städteplanung muß v.a. die Dominanz des Autoverkehrs abschaffen und die Wohngebiete wieder den darin lebenden Menschen verfügbar machen.

Der in vielen Siedlungen zu beobachtende Vandalismus und die zunehmende Aggressivität (*Gewalt*) ist mit eine Folge mangelnder Freizeiteinrichtungen für Kinder und Jugendliche. Bestehende Mangelsituationen in Siedlungsgebieten können zwischenzeitlich durch eine veränderte Nutzung bestehender Spielflächen bei Spielaktionen und -festen und mit zeitweiliger Betreuung in Form der Nachbarschaftshilfe, durch Freigabe tabuisierter Grünflächen zum Spielen, durch die Einrichtung von Spielwohnungen für Kinder oder »Kellerclubs« als Treffpunkte für Jugendliche gemildert werden.

Es gibt Initiativen und auch behördliche Träger, die eine mobile Spielplatzbetreuung oder Spielaktionen organisieren: Sie besuchen mit Spielbussen (Spielmobilen) Wohngebiete oder Containerdörfer oder führen Aktionen in Grünanlagen durch.

Nach wie vor ist die Einrichtung pädagogisch betreuter S. nicht der »Normalfall« bei der Spielplatzplanung. Die notwendige Flexibilität und Offenheit in der Planung von Spieleinrichtungen finden ihre Grenzen in Spielplatzgesetzen, Sicherheitsbestimmungen, Landesbauordnungen, der DIN 18034 »Spielplätze für Wohnanlagen« und der DIN 7926 »Kinderspielgeräte«. Diese Bestimmungen bergen die Gefahr, daß öffentliche Spielplatzträger sich nur von Sicherheitsbestimmungen und Haftungsfragen und nicht von pädagogischen Überlegungen leiten lassen. Dabei zeigt die Praxis auf betreuten Plätzen, daß Kinder mit einer Vielzahl von Gefahren umgehen können, die Unfallquote ist äußerst gering, Haftpflichtversicherungsraten entsprechend niedrig.

Pädagogisch betreute S. sind aus unseren Städten nicht mehr wegzudenken und haben in ihrer 20jährigen Geschichte gezeigt, welche Bedeutung sie in der Lebenswelt der Kinder haben, wie flexibel sie sich auf gesellschaftliche Veränderungen und die Situation der Kinder einstellen können. Diese Arbeit bedarf jedoch einer stärkeren finanziellen Absicherung: Die Gestaltung der Lebensumwelt unserer Kinder zeigt, welche Bedeutung die Gesellschaft dem Spiel und damit den Entwicklungsmöglichkeiten des Kindes zumißt.

R. Bleyer-Christmann/A. Meyer

Literatur: Autorengruppe Abenteuerspielplatz Märkisches Viertel: Abenteuerspielplatz Märkisches Viertel. Wo verbieten verboten ist, Reinbek 1973; d. v. Hase/P. Möller: Thema Spielplatz. Eine kommentierte Bibliographie, München 1976; D. Maly/I. Trepte/E. Götz u.a.: Lernfeld Bauspielplatz. Bild- und Pressedokumentation zu 20 Jahren Arbeit auf dem Bauspielplatz Nürnberg-Langwasser (1973–1993), Nürnberg 1993; Material 14a: Aktivspielplätze, hrsg. vom Fachbereich Visuelle Kommunikation der Hochschule für bildende Künste (HBK), Hamburg, Febr. 1978; H. Mayrhofer/W. Zacharias: Aktion Spielbus. Spielräume in der Stadt – Mobile Spielplatzbetreuung, Weinheim 1973; G. Schottmayer/E. Schaack/P. Herrmann: Der Bauspielplatz, in: West. Päd. Beitr. 6/1971; G. Schottmayer/R. Christmann: Kinderspielplätze. Beiträge zur kinderorientierten Gestaltung der Wohnumwelt. Schriftenreihe des BMJFG, Bd. 44/1 u. 2, Stuttgart u.a.O. 1977; G. Schottmayer/R. Christmann: Spielplatzpädagogik – Überlegungen zur Gestaltung einer pädagogischen Umwelt, in: A. Flitner (Hrsg.): Das Kinderspiel, München [4]1978; Spiel als »zweiter Bildungsweg«. Neue Konzepte der Spielpädagogik im internationalen Vergleich, Tutzinger Studien 3/1975; Zeitschrift der Stiftung Warentest Nr. 3, März 1986: Spielplätze, 14ff.

Anschriften und Dachorganisationen: Verband Hamburger Spielplatzinitiativen e.V., Altonaer Str. 34, 20357 Hamburg; Bund der Jugendfarmen und Aktivspielplätze e.V., Haldenwis 14, 70567 Stuttgart; ABA Fachverband für Arbeit mit Kindern e.V., Buschei 30, 44328 Dortmund; Arbeitskreis Berliner Abenteuerspielplätze und Kinderbauernhöfe, Luxemburger Str. 25, 13353 Berlin; BAG Spielmobile e.V., Marktplatz 4, 88677 Markdorf.

Sport

Begriff und Gliederung: Das Wort S. entwickelte sich aus dem mittellateinischen ›disportare‹ (sich zerstreuen, vergnügen) über das altfranzösische ›desport‹ (Erholung, Zerstreuung) zum englischen Wort ›sport‹. Im Englischen bedeutet S. noch heute (neben seiner Bedeutung als Sammelbegriff für Leibesübungen) Vergnügen, Spaß, Zerstreuung sowie körperliche Erholung, auch faires Verhalten (Brockhaus Enzyklopädie 1973, 761). Diese ursprüngliche Bedeutung hat der S. allerdings in vielen Bereichen verloren. Der zunehmend durchkommerzialisierte nationale und internationale Spitzensport (mit seinen Show- und Artistikelementen sowie Drogenproblemen) bestimmt inzwischen die öffentliche Wahrnehmung von S. Nur noch nachrangige Bedeutung hat ein (national eingefärbter) Leistungsvergleich zwischen Staaten, der zwischen politischen Systemen ist seit 1989 Geschichte. Seit S. Graf und B. Becker olympische Medaillen gewinnen, seit in Barcelona 1992 ein sog. Dream-Team von Millionären Olympiasieger im Basketball wurde, kann S. gewiß nicht mehr als ein einheitlicher und undifferenzierter Begriff für die vielen sportpraktischen Aktivitäten und die überaus unterschiedlichen Beweggründe einzelner Menschen, S. treiben zu wollen, verwendet werden. Zumindest die folgende Gliederung ist erforderlich, um wesentliche Unterschiede »sportlichen« Handelns erfassen zu können:

1. Spitzen- oder Hochleistungssport (i.d.R. zugleich der Bereich »nationaler Repräsentanz«);
2. Breiten- und Wettkampfsport (i.d.R. der in Vereinen organisierte S.);
3. Freizeit- oder Jedermannsport (i.d.R. der S. für Nichtorganisierte).

Wettkampf und Leistung als unverzichtbare Bestandteile des S. lassen sich bereits bei dieser Grobgliederung differenzierter betrachten, sie beziehen ihre Bewertung nicht mehr allein von dem vielfach belasteten Spitzensport. Die Begriffe Wettkampf, Leistung, Erfolgsstreben sind durchaus unterschiedlich auszufüllen und zu bewerten, wenn sie auf den (hochbezahlten) Profifußballer, Basketballer oder Leichtathleten, auch unter dem Gesichtspunkt nationaler Vertretung, die Handballerin der 2. Mannschaft des 1. F.C. Nürnberg und den 60jährigen, der regelmäßig das städtische Schwimmbad besucht oder die Familie, die am Sonntagvormittag den Trimmpfad nutzt, bezogen werden. Andere – mehr organisationssoziologische – Gliederungsversuche unterscheiden zwischen (1) formal organisierten S. in Vereinen und Verbänden, (2) S. in spontanen Gruppen wie in Kinderspielen oder beim Freizeitsport unter Freunden, (3) S. innerhalb von Organisationen (z.B. in *Kindertagesstätten*, Schul- und Hochschulsport, S. in Jugendorganisationen, S. im Strafvollzug) und (4) kommunikativem S. als Teil alltäglicher Unterhaltung, als Teil der Massenmedien oder als Schauspiel (Lüschen/Weis, 10f.).

S. und Staat: S. wird in der BRD ganz überwiegend von privaten Organisationen angeboten, den rd. 67000 (gemeinnützigen) Sportvereinen, die auf der Landesebene in Fachverbänden und dem jeweiligen Landessportbund, auf der Bundesebene in Bundesfachverbänden und im Deutschen Sportbund (DSB) zusammengeschlossen sind. Diese Grundorganisation wird durch besondere Organisationen, Förderverbände und Institutionen (z.B. Nationales Olympisches Kommitee für Deuschland (NOK), Stiftung Deutscher Sporthilfe, Deutsche Olympische Gesellschaft (DOG)) ergänzt. Im DSB sind inzwischen (1994) rd. 25 Mio. Mitglieder organisiert (dazu i.e. die vom DSB regelmäßig herausgegebenen Jahrbücher des Sports). Demgegenüber spielen kommunale Angebote, z.B. der Volkshochschulen und die sog. Freizeit- und Erholungsprogramme, selbst die kommerzieller Anbieter, eine nachrangige Rolle.

Auf den erheblichen Wert seiner überwiegend ehrenamtlich ausgeübten Arbeit hat der DSB immer wieder verwiesen und (so schon in einer Finanz- und Strukturanalyse 1975 mit 2,53 Mrd. DM (1,6 Mrd. aus ehrenamtlicher Tätigkeit, rd. 0,93 Mrd. DM aus Einnahmen der Vereine)) angegeben: Deutscher Sportbund 1978, 11; der 7. Sportbericht der BRD 1991 gibt an, daß etwa 1,5 Mio. ehrenamtliche Mitarbeiter 1986 185 Mio. Arbeitsstunden in ihren Vereinen leisteten: a.a.O., 17). Trotz dieser beachtlichen Selbstfinanzierung wird aber der bundesdeutsche S. immer stärker mit staatlichen und kommunalen Mitteln gefördert. Bund, Länder und Gemeinden erstellen Sportstätten, die Vereinen und Verbänden i.d.R. kostenlos überlassen werden, der Bund stellte allein 1990 rd. 278 Mio. DM aus seinen Einzeletats an Sportförderungsmitteln zur Verfügung (7. Sportbericht der BReg 1991, 289). Staatliche Sportpolitik versteht sich in einem umfassenden Sinne als Gesellschaftspolitik mit umfassenden Bezügen zur Gesundheits-, Bildungs-, Jugend-, aber auch Umwelt-, Sozial- und Strukturpolitik. Für die Finanzierung liegt gem. Art. 30 GG die Kompetenz bei den Ländern. Der Bund leitet seine (ungeschriebene) Finanzierungskompetenz aus der Natur der Sache und des Sachzusammenhangs (BVerfGE 22, 182 u. 217) u.a. insbesondere für Vorhaben ab, die der gesamtgesellschaftlichen Repräsentation dienen (vgl. i.e. 7. Sportbericht der BReg 1991, 19–22). Trotz dieses finanziellen Engagements des Staates und der Kommunen hat die gesellschaftliche »Großmacht« DSB, haben die

Vereine und Verbände die Autonomie ihres Handelns weitgehend bewahrt. Der dennoch tatsächlich vorhandene enge Bezug zwischen S. und Politik regelt sich über Einflüsse Dritter oder wird informell gesteuert. So kann sich der S. vielfach der machtvollen Sportpresse bedienen, für die – bei der in der BRD vorherrschenden Form der Berichterstattung – insbesondere der Spitzensport als »Berichtsware« unverzichtbar ist, um Forderungen gegenüber politischen Gremien durchzusetzen. Nur so wird es verständlich, daß z.B. Bundesligastädte (Fußball und Eishockey) immer stärker ausschließlich profitorientierte Vereine (oder Teile von ihnen) entgegen allen »Marktgesetzen« fördern, stützen oder direkt subventionieren (z.B. durch kostspielige Stadionneu- oder -ausbauten, Beschäftigung von Spielern, Steuererlaß, Gewährung langfristiger und zinsgünstiger Kredite u.a.m.).

S. und Jugendhilfe: In diesem Bezugssystem besteht bis in die Gegenwart die formale Trennung zwischen den autonomen Sportorganisationen und staatlichen bzw. kommunalen Vertretungen (»dem Staat«) auch tatsächlich fort. Das für die *Jugendhilfe* grundlegende *Kinder- und Jugendhilfegesetz* kennt in § 11 Abs. 3 Nr. 2 ›Jugendarbeit in Sport, Spiel und Geselligkeit‹. Damit sei (in völliger Verkennung der Realität) deutlich gemacht, »daß Sport nicht an sich ... förderungswürdig sei« (Münder u.a. § 11 Rz 17). Es mag insofern erklärbar sein, daß für die öffentlichen Träger der Jugendhilfe (für sie handelnd die JÄ/LJÄ) der organisierte S. mit seinen fast 7 Mio. Jugendlichen ein unentdecktes Feld der *Jugendarbeit* ist. Unverständlich bleibt allerdings, daß auch die freien Träger der Jugendhilfe (hier: *Jugendverbände*) den Autonomieanspruch des S. so weitgehend akzeptieren, daß sie Aktivitäten innerhalb des organisierten S. fast ausschließlich der Deutschen Sportjugend (DSJ) überlassen. Problematisch ist diese Einstellung insofern, als die DSJ mit ihrer grundsätzlich positiv zu bewertenden Jugendarbeit prinzipiell im System des organisierten S. bleibt, nur Teile der in Sportvereinen zusammengeschlossenen Kinder und Jugendlichen erreicht und ihre *Jugendsozialarbeit* nicht vorrangig sozialpädagogisch und sportübergreifend versteht, sondern (wenngleich auch durchaus verdienstvoll) immer noch auf *»Randgruppen«* (z.B. S. in Heimen, im Strafvollzug, mit Ausländern, *Aids*-Kranken: so Jahrbuch des Sports 1992/93, 54, 56) bezieht. Und dieser sportübergreifende Arbeitsansatz, d.h. den Kindern und Jugendlichen in Sportvereinen unter Bewahrung ihrer Primärmotivation, S. treiben zu wollen, andere, zusätzliche Angebote zu machen (z.B. Gruppenabende, Reisen, politische und kulturelle Bildungsangebote), ist quantitativ beachtlich nur in einem kooperativen Zusammenwirken von Sportorganisationen sowie öffentlichen und freien Trägern der Jugendhilfe zu verwirklichen (vgl. dazu Kreft).

Denn der organisierte S. kennt systemimmanente, bezogen auf seine grundsätzliche Wettkampforientierung überwiegend unveränderbare Selektionsmechanismen: geschlechtsspezifisch (Jungen und Mädchen nehmen i.d.R. getrennt am Training und Wettkampf teil); altersspezifisch (um die Teilnehmer prinzipiell gleichberechtigt sein zu lassen, wird z.B. zwischen 8- bis 10-, 10- bis 12-, 12- bis 14jährigen usw. getrennt) und leistungsspezifisch (in Training und Wettkampf wird allgemein nach Leistungsstandard getrennt). Diese Selektionsformen könnten durch andere Angebote (z.B. allgemeine Jugendgruppenarbeit), bezogen auf alle Kinder oder Jugendlichen eines Vereins, durch einen Jugendverband oder das JA durchbrochen werden. Eine so auf in Sportvereinen organisierte Kinder und Jugendliche bezogene Jugendarbeit wäre durchaus auch ein Beitrag zu der seit langem erhobenen Forderung, zu einer teilweisen Änderung der Angebotsstruktur der *Jugendarbeit* zu kommen. Weniger »kognitive« (mittelschichtorientierte) Angebote, mehr anknüpfend an ergänzungsbedürftigen Primärmotivationen. Ein weites Feld für eine offensive Jugendhilfe, eine Möglichkeit auch der Jugendverbände, sich neuen – auch quantitativ beachtlichen – Gruppen mit ihren speziellen Angeboten zuzuwenden.

S. und SozArb: Das Medium S. als zwar in seinen Spielen geregeltes, aber prinzipiell zweckfreies Handeln, ist in den letzten Jahren darüber hinaus auch als geeignetes Mittel der pädagogischen SozArb entdeckt worden: als Bewegungserziehung innerhalb der Kindergartenerziehung z.T. auch als Gegenstück zur mehr »kognitiven« Arbeit in *Jugendfreizeitstätten* (etwa Freizeitsportgruppen für Besucher), als wichtiges Angebot zur Integration ausländischer Kinder (insbesondere durch die DSJ), mit Behinderten (z.B. therapeutisches Reiten), mit Verhaltensgestörten (z.B. therapeutisches Segeln), aber auch familienorientiert (einerseits die Entwicklung von sog. Großvereinen mit ihren vielfältigen Programmen, die von Eltern und Kindern zugleich oder parallel wahrgenommen werden können: der größte Breitensportverein, der Nürnberger Post SV, organisiert in 30 Abteilungen über 15000 Mitglieder, andererseits die Eltern-Kind-Angebote der Volkshochschulen), in der Arbeit mit Strafgefangenen und mit älteren Menschen (Altensport); neuerlich wird etliches davon auch als *Erlebnispädagogik* angeboten. Diese Ansätze haben z.T. eine lange Tradition: so gründete der MTV Friedenau in Berlin bereits 1904 als erster Turnverein im Deutschen Reich eine Heilturnabteilung für körperlich behinderte Mädchen.

Allen diesen Arbeiten liegt die zentrale Erkenntnis zugrunde, daß S. vielfach in der Lage ist, die sich aus allgemeinen gesellschaftlichen Strukturen ergebenden Einengungen und Trennungen des *Individuums* z.T. aufzuheben und die Mitwirkenden zu sonst nicht erfahrbaren Handlungs- und Erfolgsmöglichkeiten zu führen (zu neuen Entwicklungen, Koch/Vieth 1994).

D. Kreft

Literatur: Abenteuer – Ein Weg zur Jugend? Tagungsdokumentation, Frankfurt/M. 1993; F.R. Albrecht: Kondition ist nicht alles ... aber ohne Kondition ist alles nichts, in: NP 3/1990, 353ff.; P. Becker: Sozialarbeit mit Körper und Bewegung, Frankfurt/M. [3]1992; BReg (Hrsg.): Sportberichte, zuletzt 7. Sportbericht 1990, Bonn 1991; Der Regierende Bürgermeister von Berlin, Senatskanzlei/Planungsleitstelle (Hrsg.): Freizeitwert Berlin. Abschlußbericht eines ressortübergreifenen Planungsteams, Berlin 1976 (insbes. 4. Freizeitsport); Deutscher Sportbund (Hrsg.): Deutscher Sportbund 1974–1978, Frankfurt/M. 1978; Deutscher Sportbund: Jahrbücher des Sports (erscheinen regelmäßig mit umfangreichen Angaben zur Organisation und Mitgliederstruktur; zuletzt Jahrbuch des Sports 1992/93, Frankfurt/M. 1992); Friedenauer Turn- und Sport-Verein von 1886 (Hrsg.): Festschrift zum 100. Gründungstag, Berlin 1986; O. Grupe: Sport – Sportunterricht, in: C. Wulf: Wörterbuch der Erziehung, München [6]1989; I. Koch/ I. Vieth: Jugendhilfe in Bewegung – Aktivierende Ansätze im Berufsbildungs- und Freizeitbereich von Heimen. Abschlußdokumentation eines Modellversuchs (1990–94) in Hamm; zu beziehen über BSJ e.V., Biegenstr. 40, 35037 Marburg (T. 96421/66636); D. Kreft: Jugendhilfe und Sport. Ein vergessenes Feld der Jugendarbeit, in: NP 2/1979; G. Lüschen/ K. Weis (Hrsg.): Die Soziologie des Sports, Neuwied 1976; J. Münder u.a.: Frankfurter Lehr- und Praxiskommentar zum KJHG, Münster [2]1993; Sport als Wirtschaftsfaktor, in: BfS-Infos 8/1994, 2f.; vgl. auch die Literatur bei *Erlebnispädagogik*.

Stadtentwicklungsplanung (S.) (Kommunale Entwicklungsplanung) (k.E.)

Die Entwicklung der Städte war stets eingebunden in die allgemeinen gesellschaftlichen, wirtschaftlichen, politischen und kulturellen Veränderungen. Es gibt kaum einen anderen Bereich, in dem sich der Wandel einer Gesellschaft nachhaltiger manifestiert als in der gebauten Umwelt. Fast alle Handlungsfelder haben einen räumlichen Bezug. Deshalb ist es Aufgabe der städtebaulichen Entwicklungsplanung, den Rahmen für eine Entwicklung und Ordnung des Gemeindegebiets einschließlich der raumwirksamen Investitionen zu bestimmen, der den sozialen, kulturellen und wirtschaftlichen Erfordernissen der Gemeinde dient.
Dieser räumliche Bezug der k.E. wurde in den 60er Jahren um eine allgemeine gesellschaftspolitische Dimension als Aufgabe der S. erweitert: K.E. sollte nunmehr die Gesamtheit der Tätigkeiten umfassen, »mit denen die Schaffung, nachhaltige Sicherung und ständige Verbesserung der materiellen und immateriellen Voraussetzungen für das Wohl der Gemeindemitglieder und für die Funktionsfähigkeit des Gemeindeorganismus unter Berücksichtigung der Dynamik des sozialen Lebens angestrebt wird« (Lenort, 31f.). Diese Erweiterung des Anspruchs der k.E. war eine Reaktion auf die wachsende Komplexität der Wirkungszusammenhänge (insbesondere im ökonomischen Bereich) und die verstärkten Verflechtungen der verschiedenen kommunalen Handlungsfelder.
S. sollte nun auf die wirkenden Kräfte selbst Einfluß nehmen und die räumlichen Auswirkungen durch eine zielgerichtete, alle gemeindlichen Handlungsbereiche umfassende Planung steuern.
Diese 1. Phase der S. war durch die Erarbeitung umfassender Gesamtkonzepte räumlicher Ordnung, die auch die an Bedarfswerten orientierten Fachplanungen einschlossen, gekennzeichnet. Durch eigene Dienststellen der S., die als Entwicklungsstäbe bei der Verwaltungsspitze oder eigene Ämter und auch in dezernatsübergreifenden Projektgruppen organisiert wurden, sollte diese Aufgabe mit ihrem hohen Koordinierungsbedarf gelöst werden. Die integrierte S. hatte jedoch nur begrenzten Erfolg: Sie stärkte zwar in der Kommunalpolitik das Bewußtsein von der Vernetzung der Aufgaben und der Notwendigkeit eines zukunftsgerichteten Denkens. Die komplexen und umfangreichen Planungswerke überforderten aber die politischen Akteure, die wirtschaftlichen und bevölkerungspolitischen Prognosen erwiesen sich angesichts der realen Entwicklung als nicht sehr aussagekräftig, die Enge der kommunalen Haushalte und die staatlichen Vorgaben begrenzten den gemeindlichen Handlungsspielraum. Darüber hinaus erwies sich die Durchsetzungs- und Koordinierungskraft der Dienststellen der S. als gering. Die anfängliche »Planungseuphorie« wich zunehmender Skepsis.
Die 80er Jahre brachten erneut grundsätzliche und weitreichende Veränderungen der Rahmenbedingungen für die Entwicklung der Städte. Die wachsende Intensivierung des weltweiten Geflechts wirtschaftlicher Beziehungen und Abhängigkeiten, die durch den Einsatz neuer Technologien ermöglicht und beschleunigt wurde, stellte die Stadtentwicklung in ein Spannungsverhältnis zwischen globalen Rahmenbedingungen und konkreten örtlichen Auswirkungen. Die dadurch entstehenden Einflüsse auf die Städte waren und sind vielfältig: eine *Bevölkerungsentwicklung* zwischen einer abnehmenden deutschen Bevölkerung und den schwer abschätzbaren Auswirkungen der Zuwanderung aus dem Ausland; grundlegende Veränderungen in der Arbeitswelt mit einer Verringerung der Arbeitsplätze und einer Verlagerung von der Produktion zur Dienstleistung (*Arbeit*); der Einfluß der neuen *Technologien* auf die Raum- und Siedlungsstrukturen; die verstärkte Forderung nach einer ökologisch ausgerichteten Stadtentwicklung (*Umweltschutz*); die wachsenden Anforderungen an Sozialleistungen und soziale Infrastruktur; die akuten Wohnungsprobleme für benachteiligte Gruppen (*Wohnen*); der Wertewandel zwischen traditionellen industriegesellschaftlichen Orientierungen und postmateriellen Wertvorstellungen und Lebensstilen.
Diese Komplexität der Zusammenhänge und Probleme stellte die S. vor hohe Anpassungsleistungen je nach Wachstum, Schrumpfung oder Verlagerung. Planungen mußten sich mehr denn je auf breite Alternativen stützen. Die Betrachtung globaler Zusammenhänge war durch lokale Problemanalysen zu ergänzen. So konzentrierte sich die S. einerseits auf Einzelaufgaben in überschaubaren Zeiträumen (Stadtteilentwicklungsplanung) und lieferte andererseits Orientierungswissen über die übergeordneten langfristigen Rahmenbedingungen. Trotz eingeschränkter Personalausstattung hat die S. in dieser Situation einen wichtigen Beitrag zu einer informierten Stadtpolitik geleistet.

Gegenwärtig stellt sich die Frage nach dem Steuerungspotential k.E. mit großer Aktualität. Die letzten Jahre haben gezeigt, daß wirtschaftliche Faktoren und Interessen die Entwicklung in den Städten sehr viel stärker bestimmen als das überkommene System kommunaler Selbstverwaltung. Das hat zu einer unausgewogenen Situation in den Städten zwischen ökonomisch expandierenden Zentren und vernachlässigten Stadtteilen geführt; soziale Segregationen waren die Folge. Die kommunale Finanznot grenzt die Handlungsmöglichkeiten weiter ein. Vor diesem Hintergrund bestehen Zweifel, ob das Instrument der S. noch einen nachhaltigen Beitrag zur Stabilisierung sich selbst verwaltender Städte zu leisten vermag. Die Sicherung sozial verträglicher Lebensbedingungen muß für die kommunale Politik und damit auch für die S. ein wichtiges Handlungsfeld bleiben: Alleinerziehende Mütter, pflegebedürftige Personen, ältere Menschen, nicht integrierte ausländische Minderheiten, Dauerarbeitslose und wirtschaftlich Schwache benötigen verstärkt Beratung und Unterstützung. Der Bedarf an Alteneinrichtungen, Kindergärten und Jugendzentren nimmt zu. Das kann bei der anhaltenden kommunalen Finanzknappheit zu einer Überforderung der Städte führen. Potentiale der Eigen- und Nachbarschaftshilfe sind zu mobilisieren und mit dem Netz der Beratungs- und Unterstützungseinrichtungen zu verknüpfen. Die Sicherung unterschiedlicher Wohnformen für Gruppen verschiedener Lebensalter und Einkommensschichten bedarf öffentlicher Maßnahmen. Ein Konzept der Mischung von Wohngebieten erfordert über die Versorgungsaspekte hinaus den Einsatz weitreichender stadtplanerischer Instrumente. Alle diese Fragen haben einen stadträumlichen Bezug und sind damit auch von der S. zu bedenken.

Die Städte in den neuen Bundesländern, für die nach der Vereinigung in Wirtschaft und Gesellschaft ein Strukturwandel ohne Beispiel stattgefunden hat, stehen in einer besonderen Situation. Bei ihnen hat sich alles verändert, was der Analyse und Prognose bei einer Planung eine feste Grundlage geben kann: Wirtschaftsstruktur, politisch-administrative Bedingungen, Rechtssystem, Eigentumsverhältnisse, Kapitalausstattung, technologisches Niveau. Hinzu kommen Planungsdefizite; es fehlen Planungsdaten und oft auch die personellen Voraussetzungen in den Planungsämtern. Da es bisher weder den Planungsvorlauf landes- und raumplanerischer Konzepte noch eine Flächennutzungs- und Bebauungsplanung nach westdeutschem Recht gab, müssen Stadtplanung und Stadtentwicklung auf allen diesen Ebenen gleichzeitig tätig sein. Die Notwendigkeit, die konkreten Probleme zu lösen, läßt die Ausarbeitung umfassender Stadtentwicklungskonzepte in den Hintergrund treten.

Trotz der Unsicherheiten über neue Trends und über künftige Rahmenbedingungen dürfen die Städte nicht ziel- und richtungslos handeln, sondern müssen eine Vorstellung von ihrer langfristigen Entwicklung und den damit verbundenen Aufgaben haben. Die Formulierung entsprechender Strategien bleibt eine Aufgabe der S. Unter Verzicht auf Leitbilder, die sich in der gegenwärtigen Situation nicht mehr schlüssig formulieren lassen, geht es darum, Strukturbedingungen einer künftigen Stadtentwicklung, Steuerungsinstrumente, Anreizsysteme und Koordinierungsverfahren festzulegen. Das »management of change«, die »Steuerung des Wandels«, wird damit zur Hauptaufgabe der S.

D. Sauberzweig

Literatur: G. Albers: Stadtentwicklungsplanung, in: R. Roth/ H. Wollmann (Hrsg.): Kommunalpolitik, Schriftenreihe der Bundeszentrale für politische Bildung, Bd. 30, Bonn 1993, 398–410; G. Albers: Stadtplanung. Eine praxisorientierte Einführung, Darmstadt 1988; Bundesministerium für Raumordnung, Bauwesen und Städtebau: Bericht der Kommission »Zukunft Stadt 2000«, Bonn 1993; J. Eekhoff: Zu den Grundlagen der Entwicklungsplanung, Hannover 1981; H. Häußermann/W. Siebel: Neue Urbanität, edition suhrkamp 1432, Frankfurt/M. 1987; J.J. Hesse: Organisation kommunaler Entwicklungsplanung, Schriften des Difu Bd. 57, Stuttgart 1976; H. Heuer: Sozioökonomische Faktoren der Stadtentwicklung, Schriften des Difu Bd. 50, Stuttgart 1975; D. Henckel/E. Nopper/N. Rauch: Informationstechnologie und Stadtentwicklung, Schriften des Difu Bd. 71, Stuttgart 1984; D. Hoffmann-Axthelm: Die dritte Stadt, edition suhrkamp 1796, Frankfurt/ M. 1993; N. Lenort: Strukturforschung und Gemeindeplanung, Köln/Opladen 1960.

Stadt-Land-Verhältnis

Die *Sozialarbeit/Sozialpädagogik* hat sich nicht nur im allgemeinen Sinne regional unterschiedlich entwickelt, sie ist in ihrem Problemverständnis und ihren Interventionsstrukturen auch durch ein historisch und räumlich bedingtes spezifisches S. gekennzeichnet. Die SozArb ist in ihrer Geschichte städtischen Ursprungs. Seit dem Beginn der industriellen Urbanisierung in der Mitte des 19. Jh. sind es die Städte, in denen ökonomische, soziale und kulturelle Gegensätze räumlich so eng nebeneinander existieren und aufeinandertreffen, daß früh nach einem Regulativ für die potentiellen Konflikte gesucht werden mußte, die zu befrieden waren, bevor sie zum Ausbruch kommen konnten (vgl. Häußermann/ Siebel 1987).

Diese Ambivalenz von Wahrnehmung und Anerkennung *sozialer Konflikte* und ihrer gleichzeitigen Befriedung ist später zum grundlegenden Prinzip aller SozArb geworden. Institutioneller Ausdruck dieses Prinzips ist einerseits eine spezifische städtische Öffentlichkeit sozialer Probleme und eine entsprechende Problemwahrnehmung und -verarbeitung durch die kommunalen Apparaturen der *Jugendhilfe* und SozArb. Vor allem die Jugendhilfe ist durch diesen städtischen Ursprung charakterisiert. Die besondere öonomisch-räumliche Struktur der großstädtischen Industrialisierung brachte ein städtisches Proletariat hervor, dessen Kinder schon früh in den Arbeitsprozeß gezwungen und dadurch dem pädagogischen Einfluß entzogen waren; sie verbrachten ihre knappe Freizeit auf der Straße. Die Jugendhilfe entstand gleichsam als öffentliche Reaktion auf diese »Kontrollücke zwischen Schulbank und Kasernentor« (Münchmeier/Peukert 1990).

Heute ist der brisante historische Ursprung städtischer SozArb längst in den Regelsystemen der *Sozialadministration* und der Szenerie medialer Öffentlichkeiten aufgefangen. Geblieben sind aber spezifische Strukturen und Formen der institutionellen Problemwahrnehmung und der Vermittlung von Anspruch und Leistung: die Öffentlichkeit der psychosozialen Probleme, die institutionelle Garantie und Selbstverständlichkeit der Inanspruchnahme der Leistungen und die quartiernahe Präsenz der Einrichtungen.

Nun sind diese städtischen institutionellen Muster und Verfahren in den ersten Jahrzehnten des 20. Jh. auf den ländlichen Raum übertragen worden, ohne daß sich die sozialkulturellen Voraussetzungen für diesen urbanen Typ der SozArb auf dem Lande entwickelt hatten.

Die ländliche SozArb hat darum bis in die Gegenwart hinein mit der Schwierigkeit zu kämpfen, daß es im dörflichen Bereich zwar eine kulturelle Selbstverständlichkeit hinsichtlich traditioneller gegenseitiger Hilfe, aber keine ausreichende Akzeptanz moderner institutionalisierter sozialer *Hilfe* gibt (Gängler 1990). In der Tradition des ländlichen Raums gibt es weder die städtische Trennung zwischen öffentlich und privat, noch die *Medien*, sozialen Initiativen und Institutionen, welche getrennte Lebensbereiche vermitteln, Konflikte entpersonalisieren, veröffentlichen und institutionell befrieden. Was in der dörflichen Welt der Gegenseitigkeit nicht regulierbar oder akzeptierbar ist, was die *Normalität* des dörflichen Alltags gefährden würde, wird oft immer noch privatisiert, tabuisiert oder ausgegrenzt. Bei *Sucht*problemen, *Gewalt in der Familie*, *Alleinerziehenden*, geistiger Behinderung, Verschuldung und Fremdpflegschaft erscheint öffentliche institutionelle Hilfe nicht selten immer noch als »Intervention von außen« und damit als Symbol, daß die öffentliche Normalität und/oder die betreffende *Familie* nicht mehr funktioniert – und damit als Bedrohung und Kontrolle (Böhnisch/Funk/Huber/Stein 1990).

Nun ist »das Land« zumindest in Westdeutschland seit den 70er Jahren des 20. Jh. nicht mehr rein dörflich geprägt, die dörflichen Traditionsbestände wirken aber auch in der modernen Regionalentwicklung des ländlichen Raums weiter (Schmals/Voigt 1986). Der moderne ländliche Raum stellt sich heute als »entwickelter Raum« dar: Die »zurückgebliebene« ländliche Infrastruktur wurde zum Gegenstand des planenden *Sozialstaat*s, der die Angleichung der Lebensverhältnisse und die Aufhebung der regionalen Disparitäten vorantrieb. Die Entwicklung der Regionen wurde nach dem System funktionsräumlicher Arbeitsteilung (Differenzierung nach Produktions-, Wohn- und Erholungsräumen), die durch hohe tägliche Mobilität miteinander verbunden waren, in den Landesentwicklungsplänen festgeschrieben (Gatzweiler 1986; Gängler 1990). Mit der allseitigen Regionalentwicklung verändert sich auch das dörfliche Zusammenleben: Demographische und soziale Umschichtungen, Trennung der Lebensbereiche, Assimilation urbaner Lebensformen führen zur Ausdünnung der Kontroll- und Kommunikationsgegenseitigkeit der Dorföffentlichkeit. Neue Öffentlichkeiten, die Lebensschwierigkeiten medialisieren und den kommunalen Umgang mit sozialen Problemen steuern können, entstehen aber nicht mehr in den Dörfern. Vielmehr sind dorfübergreifende regionale Teilöffentlichkeiten zu beobachten, so daß die »Region« als Sozialraum »zwischen Dorf und Stadt« immer mehr zur Bezugsgröße ländlicher SozArb geworden ist (Böhnisch/Gängler 1988). Richtungsweisend war dabei u. a. die Erkenntnis, daß die Entwicklung sozialer Probleme im ländlichen Raum nicht maßgeblich aus dem dörflichen Kontext heraus zu erklären ist, sondern eher einer regionalen Dynamik folgt, welche die dörflichen Akzeptanz- und Privatisierungsdilemmata umgeht. So sind z. B. in den *Selbsthilfe*initiativen von Eltern-Kind-Gruppen (Jansen-Schulz 1983) und im Bereich psychischer Erkrankungen (Breuer u. a. 1983) die ersten regional orientierten *Netzwerke* sozialer Hilfe im ländlichen Raum entstanden, welche den dörflichen Normalitäts- und Integrationsdruck, der abweichende soziale Problemstellungen und Lebensentwürfe traditionell ausgrenzt, umgangen haben.

Vor dem Hintergrund dieser Phänomenologie der modernen Stadt-Land-Differenzierung lassen sich folgende, für die SozArb/SozPäd planungs- und interventionsleitende Prinzipien zusammenfassen:

– Die Konstitution sozialer Probleme hat in städtischen und ländlichen Bereichen je besondere regionale Ausprägungsformen. Neben der unterschiedlichen »räumlichen und sozialen Dichte der Probleminteraktion« (Albrecht 1982) und dem unterschiedlichen Verhältnis von Öffentlichkeit und Privatheit, das die Möglichkeiten der Sichtbarmachung und Artikulation sozialer Probleme beeinflußt, sind es v. a. die unterschiedliche Bewertung und Akzeptanz sozialer Hilfe in urbanen und ländlichen Lebenswelten, welche die regionalen Strategien der SozArb beeinflussen.
– SozArb im Stadt-Land-Vergleich ist mit unterschiedlichen räumlichen Strukturierungen des Interventionsfeldes konfrontiert. Während in den verdichteten urbanen Räumen eine interne Differenzierung der sozialen Dienste (Stadtteilorientierung) bei hohen zentralen organisatorischen Integrationsleistungen verlangt wird, ist in ländlichen Räumen »externe« Differenzierung angesagt: Mobile Dienste, Bildung regionaler Schwerpunkte und Zentren, Unterstützung regionaler Netzwerke.
– Aufgrund des unterschiedlichen Verhältnisses von öffentlich und privat ist die Artikulation sozialer Probleme im städtischen Bereich stärker an Institutionen, im ländlichen Bereich eher an Personen und Personengruppen gebunden. SozArb im ländlichen Raum braucht Initiatoren und Multiplikatoren, welche zwischen öffentlich und privat vermitteln und damit die Akzeptanz der sozialen Intervention erhöhen können.

L. Böhnisch

Literatur: L. Böhnisch/H. Funk/J. Huber/G. Stein: Ländliche Lebenswelten, München 1990; M. Breuer u. a.: Ambulante soziale Dienste in ländlichen und kleinstädtischen Regionen, in: Psychosozial, 6. Jg., 135–159; H. P. Gatzweiler: Die Entwicklung in den Regionen des Bundesgebiets, in: I. Friedrichs (Hrsg.): Die Städte in den 80er Jahren, Opladen 1985; 214–246; H. Gängler: Soziale Arbeit auf dem Lande, Weinheim/München 1990; H. Häußermann/W. Siebel: Neue Urbanität, Frankfurt/M. 1987; B. Jansen-Schulz: Elterninitiativen auf dem Land, Hamburg 1985; E. Konau: Raum und soziales Handeln, Stuttgart 1977; R. Münchmeier/D. Peukert: Historische Grundstrukturen und Entwicklungsprobleme der deutschen Jugendhilfe, in: Sachverständigenkommission, 8. Jugendbericht (Hrsg.): Lebensverhältnisse Jugendlicher. Bd. 1, München 1990; K. M. Schmals/R. Voigt (Hrsg.): Krise ländlicher Lebenswelten, Frankfurt/M./New York 1986.

Statistik

Im 18. Jh. entstandener Begriff für: Staatskunde, Staatswissenschaft (abstractum zu »statist«: Staatsmann, Politiker).
Heute: Teilbereich der praktischen Mathematik zur Erhebung, Darstellung und Reduktion von Daten (deskriptive S.) sowie zur Verallgemeinerung von Erkenntnissen aus Stichproben (Inferenzstatistik).
Seit der Antike werden für die Organisation und Bewältigung staatlicher Aufgaben (z. B. für das Militärwesen und die Erhebung von Steuern) Daten gesammelt und aufbereitet (materielle oder amtliche S.). Mit der Ausweitung der Staatstätigkeit in Europa Mitte des 18. Jh. wuchs das Interesse an statistisch aufbereiteten Datensammlungen, die seither für fast alle Bereiche der *Gesellschaft* erhoben werden.
Zunächst wurden vornehmlich bevölkerungsstatistische Daten systematisch gesammelt (Alterspyramide, Geburtlichkeit, Sterbetafeln, Wanderungen, Familienstandstatistiken); später auch Daten über die Wirtschaft und das Gesundheits- und Bildungswesen.
Seit etwa 1750 sind solche S. für fast alle europäischen Staaten verfügbar. Die Vereinten Nationen publizieren jährlich demographische S. für fast alle Staaten der Erde.
In der BRD werden von einer großen Zahl staatlicher und nicht-staatlicher Institutionen (u. a. Statistische Ämter des Bundes, der Länder und der Kommunen, Versicherungsträger, Arbeitsverwaltung, Industrieunternehmen, Verbände und Kammern) statistische Daten zu fast allen Aspekten der Gesellschaft erhoben und z. T. auch veröffentlicht (*Sozialstatistiken*).
S. sind wichtiger Bestandteil politischer Argumentation und staatlicher *Planung*. Im Bereich der SozArb/SozPäd sind amtliche und nicht-amtliche S. u. a. für die *Sozialplanung* und in der *Sozialpolitik* wichtig.
Um 1830 verwendet der französische Astronom und Statistiker Quetelet erstmalig ein Modell der mathematischen Wahrscheinlichkeitstheorie für die Interpretation sozialstatistischer Daten (»Sur l'homme et le dévelopment de ses facultés«).
Seine Methode, eine Kombination von mathematischer und materieller S., wird noch im 19. Jh. von vielen wissenschaftlichen Disziplinen übernommen; darunter auch die von Human- und Gesellschaftswissenschaften (u. a. Wundt, Meumann).
Im 20. Jh. durch amerikanische Mathematiker um Schätz- und Test-Modelle (*Test*) erweitert, ist die S. derzeit eine zentrale Erkenntnismethode aller empirisch arbeitenden Disziplinen.
Statistische Probleme, die in empirischen Forschungsprozessen der Sozialwissenschaften (*Empirische Sozialforschung*), insbesondere der SozArb/SozPäd, bearbeitet werden, sind:
a) Festlegung des Skalenniveaus für Variablen,
b) Präsentation und Reduktion von Information,
c) Prognose von Zielvariablen und Bestimmung relevanter Einflußgrößen,
d) Generalisierung der Ergebnisse.

Zu a): Die Ausprägungen einer Untersuchungsvariablen können auf unterschiedlichen Skalenniveaus gemessen werden:
- nominale Messung, d. h. die Zuordnung von Kardinalzahlen zu den Ausprägungen einer Variablen (Beispiel: Variable – Geschlecht; Ausprägungen – 1 weiblich, 2 männlich); keine mathematische Relation zwischen den Meßwerten;
- ordinale Messung, d. h. die Zuordnung von Ordnungszahlen zu den Ausprägungen einer Variablen (Beispiel: Rangordnung in einer Clique); größer/kleiner Relation (mit ungleichen Abständen) zwischen den Meßwerten;
- Intervall-Messung, d. h. Zuordnung von Verhältniszahlen zu den Ausprägungen einer Variablen (Beispiel: Alter, Größe, Testpunkte); gleiche Abstände zwischen den Meßwerten.

Die Wahl des Skalenniveaus entscheidet über die statistischen Verarbeitungsmöglichkeiten einer Variablen. In der empirischen Sozialforschung, insbesondere bei Fragestellungen der SozArb/SozPäd , sind oft nur nominale Messungen möglich. Messungen auf höheren Skalenniveaus (z. B. Rating- oder Test-Ergebnisse) sind häufig mit zufälligen Einflüssen belastet, so daß ihre Transformation in nominal skalierte Variablen empfehlenswert ist.
Zu b): Die Präsentation und Reduktion der erhobenen Informationen hat das Ziel, das Material übersichtlich strukturiert darzustesllen (deskriptive Statistik).
Häufigkeitsverteilungen, Kreuztabellen (Kontingenztafeln), graphische Darstellungen (Histogramm, Scattergramm), Berechnung zentraler Tendenzen (arithmetisches Mittel, Modus, Median) sind u. a. wichtige Möglichkeiten der Präsentation. Zusammenhänge von 2 oder mehr Variablen (Korrelationen, Konfigurationen) können mit Hilfe statistischer Modelle (u. a. Clusteranalyse, log-lineare Modelle, Faktorenanalyse, Latente-Variablen-Analyse) zu Meta-Variablen umgerechnet werden, die das Material vereinfachen.
Mit Ausnahme der Faktorenanalyse sind die genannten

Verfahren v.a. für die Auswertung nominaler Messungen geeignet.
Zu c): Prognose von Zielvariablen und Bestimmung relevanter Einflußgrößen (Regressionsstatistik).
Empirische Forschung in der SozArb/SozPäd untersucht häufig regressionsanalytische Fragestellungen, z.B. bei der *Evaluation* oder Effektivierung von Programmen oder Maßnahmen bei der Untersuchung von Ursachen und Konsequenzen neuer bzw. häufig aufgetretener sozialer Probleme. Solche Fragestellungen werden statistisch mit ähnlichen Modellen bearbeitet wie die eben aufgeführten Zusammenhangsanalysen. Regressionen definieren jedoch immer eine Ziel- oder Effektvariable, für die Ursachen bzw. Einflüsse gesucht werden.
Die häufig verwendete multiple Regressionsanalyse (für eine Zielvariable) wie auch die neuere Lisrel-Analyse (für mehrere Zielvariablen) setzen beide intervallskalierte Messungen voraus. Für nominalskalierte Daten können Clusteranalyse und log-lineare Modelle bei regressionsanalytischen Fragestellungen verwendet werden.
Die Interpretation von Befunden solcher Analysen sollte berücksichtigen, daß auf diesen Wegen ausschließlich mathematische Einflüsse und Zusammenhänge ermittelt werden, deren Bedeutsamkeit (z.B. als Ursache-Wirkungs-Beziehung) inhaltlich begründet werden muß.
Zu d): Generalisierung von Ergebnissen (Inferenzstatistik). Untersuchungen an begrenzten Personengruppen werden i.d.R. unternommen, um die Ergebnisse anschließend zu generalisieren.
Voraussetzung dafür ist, daß die untersuchten Personen eine repräsentative Auswahl aus einer (konkreten oder hypothetischen) Grundgesamtheit darstellen.
Stichproben können mit Zufallsverfahren der Grundgesamtheit entnommen werden (Zufallsstichprobe).
Für viele Fragestellungen der SozArb/SozPäd sind geschichtete oder geklumpte Zufallsstichproben sinnvoll. In solchen Stichproben sind für die Untersuchung relevante Personen (z.B. Angehörige von Problem- oder Randgruppen) überrepräsentiert.
Mit interferenzstatistischen Tests können die Merkmale von Stichproben-Variablen (Parameter) auf die jeweilige Grundgesamtheit generalisiert werden. Gleichzeitig liefern diese Verfahren Kennziffern, um die Genauigkeit der Verallgemeinerung abschätzen zu können (z.B. Vertrauensbereiche für Parameter). Die Auswahl eines geeigneten Tests ist vom Skalenniveau der zu prüfenden Variablen abhängig.
Alle errechneten Verallgemeinerungen auf die Grundgesamtheit müssen mit Wahrscheinlichkeitsüberlegungen auf mögliche Fehler (Irrtumswahrscheinlichkeit) überprüft werden. Befunde, die mit einem Fehlerrisiko von weniger als 5% verallgemeinert werden können (bei 100 derartigen Behauptungen irrt man sich höchstens 5mal), gelten als gesichert (signifikant).
Die praktische Arbeit mit statistischen Modellen wird durch den Einsatz elektronischer *Datenverarbeitung* wesentlich erleichtert.
Statistische Programmpakete (z.B. SPSS), die auch für Kleinrechner angeboten werden, enthalten die für empirisch-statistische Untersuchungen erforderlichen Verfahren.
Die angemessene Verwendung dieser technischen Mittel erfordert präzise inhaltliche und theoretische Überlegungen, die dem EDV-Einsatz vorausgehen sollten.
Für diese Vorbereitungen sind die Handbücher der statistischen Programmpakete mit ihren praktischen Beispielen oftmals hilfreicher als die theoriegesättigten Lehrbücher der S. *R. Koch*

Literatur: J. Bortz: Lehrbuch über statistische Methoden in den Sozialwissenschaften, Berlin/Heidelberg [4]1993; J. Bortz/G.A. Lienert/K. Boehnke: Verteilungsfreie Methoden in der Biostatistik, Berlin/Heidelberg 1990; I. Friedrichs: Methoden empirischer Sozialforschung, Hamburg [14]1993; M. Heiner: Evaluation und Effektivität in der sozialen Arbeit, in: H. Oppl/A. Tomaschek (Hrsg.): Soziale Arbeit 2000, Freiburg 1986; H. Kromrey: Empirische Sozialforschung, Opladen [6]1994; M. Küchler: Multivariate Analyseverfahren, Stuttgart 1979; A. Pfeifer/P. Schmidt: Die Analyse komplexer Strukturgleichungsmodelle, Stuttgart/New York 1987; B. Rollett/M. Bartram (Hrsg.): Einführung in die hierarchische Clusteranalyse, Stuttgart 1976; United Nations (Hrsg.): Demographic Yearbook, New York 1948 (lfd.).

Stigmatisierung (Etikettierung)

Mit S. (Etikettierung) ist in der jüngeren (Kriminal-) *Soziologie* und Sozialpsychologie ein Prozeß gemeint, in dessen Verlauf bestimmte (äußere) Merkmale von Personen(-gruppen) mit negativen Bewertungen (Vorurteilen, Stereotypen) belegt und die derart klassifizierten *Individuen* in eine *Randgruppen*- oder Außenseiterposition gedrängt werden. Ursprünglich als Bezeichnung für ein körperliches Merkmal verwendet, daß etwas Negatives, Außergewöhnliches über seinen Träger mitteilt, bzw. religionsgeschichtlich auf das Wundmal Christi bezogen, bezeichnet Stigma heute nicht die Eigenschaft selbst, sondern die negativen Zuschreibungen, die in Reaktion auf dieses Merkmal von Dritten durchgesetzt werden. Goffman (1967), der den S.-Begriff im Kontext der neueren *Interaktion*stheorien eingeführt hat, unterscheidet zwischen physischen Deformationen, individuellen Charakterfehlern sowie phylogenetischen Merkmalen von Rasse, Nation und Religion als 3 Typen von S.
Ihre gegenwärtige Bedeutung verdankt die S.-Kategorie nicht zuletzt ihrem Status als »Schlüsselmetapher« des labeling approaches als einer der wichtigsten neueren Theorien *abweichenden Verhaltens*. Indem abweichendes Verhalten nicht mehr ursächlich auf objektive Merkmale betroffener Individuen zurückgeführt, sondern primär als Ergebnis eines Prozesses der Interaktion zwischen Handelnden und ihrer Umwelt konzeptualisiert wird, rückt der Vorgang der (erfolgreichen) S. einer Handlung bzw. Eigenschaft als abweichend und

die hierdurch ausgelösten Veränderungen der Identität des Betroffenen in den Mittelpunkt des Interesses. Es geht also um Prozesse des dynamischen, sich wechselseitig verstärkenden Zusammenspiels von Regelverletzungen, stigmatisierenden Reaktionen einzelner Personen bzw. der Instanzen sozialer Kontrolle und Gegenreaktionen der stigmatisierten Individuen. Hierdurch ausgelöste »Karrieren« abweichenden Verhaltens enden nicht selten in einer Selbst-S. betroffener Individuen, die schließlich die Eigenschaften und Verhaltensweisen, die ihnen zugeschrieben werden, tatsächlich selbst übernehmen bzw. äußern (self-fulfilling-prophecy). In diesem Kontext gilt das Verhalten, auf das S. abzielen, als »primäre Devianz« und dasjenige (abweichende) Verhalten, das im Verlaufe der S.-Prozesse artikuliert wird, als »sekundäre Devianz« (Lemert). Mit der Übernahme von stigmatisierten Rollen, wie etwa »Rauschgiftsüchtiger«, »Körperbehinderter«, »Krimineller« etc. am Ende solcher Karrieren, die verschiedentlich in Stadienmodellen veranschaulicht worden sind (vgl. z. B. Quensel), wird das Individuum von der Teilhabe an bestimmten zentralen Lebensbereichen der *Gesellschaft* ausgeschlossen und seine bisherige Biographie unter der Perspektive des zugeschriebenen Stigmas rekonstruiert.

Eine vollständige Vermeidung von S. dürfte wegen ihrer positiven Funktionen für die Stabilisierung von Interaktionen (Vorstrukturierung von Erwartungen an unbekannte Interaktionsteilnehmer, Bestätigung der eigenen »normalen« Identität) und die Gesellschaft (Aufrechterhaltung des Normkonsenses durch Verweis auf abweichende Minderheiten, Kanalisierung von Aggressionen etc.) kaum zu realisieren sein. In dem Maße aber, wie im Zuge der Modernisierung informelle durch formelle S. mittels Gesetzgebung und mit Amts- und Sachautorität ausgestatteten bürokratischen Apparaten (Instanzen sozialer Kontrolle) verdrängt werden, hätten sich Bemühungen um eine Ent-S. auf die Beeinflussung von Prozessen der Normgenese (Gesetzgebung) und der Entwicklung und Durchsetzung der diskreditierenden Klassifikationssyseme von Instanzen sozialer Kontrolle zu konzentrieren. *T. Olk*

Literatur: M. Brusten/J. Hohmeier (Hrsg.): Stigmatisierung. Zur Produktion gesellschaftlicher Randgruppen. 2 Bde., Neuwied/Darmstadt 1975; E. Goffman: Stigma. Über Techniken der Bewältigung beschädigter Identität, Frankfurt/M. 1967; E.M. Lemert: Human Deviance. Social Problems and Social Control, Englewood Cliffs, N. Y. 1967; S. Quensel: Wie wird man kriminell? Verlaufsformen fehlgeschlagener Interaktion, in: KJ 4/1970, 375–382; E.M. Schur: Abweichendes Verhalten und soziale Kontrolle, Frankfurt/M. 1974; H. Thiersch: Stigmatisierung und Verfestigung des abweichenden Verhaltens, in: H. Thiersch: Kritik und Handeln, Neuwied/Darmstadt 1977, 24–33.

Strafe, Strafrechtsreform, Strafvollzug

I. Strafe (S.).

1. S. Poena, Pein, Peinliches Recht (frühere Bezeichnung des Strafrechts), schon diese Begriffe legen ein bestimmtes Verständnis der S. nahe, lassen vermuten, daß es im Strafrecht und mittels des Strafrechts dem Staate darum gehe, dem Staatsbürger Übles zuzufügen, ohne daß dabei irgendein Nutzen für Staat oder einzelne Bürger (Täter, Opfer, potentielle Täter und Opfer) herausschaut (*Sanktion*).

So nimmt es nicht wunder, daß S. und Strafrecht immer umstritten sind, daß immer wieder in der *Gesellschaft* teils die Abschaffung des Strafrechts, teils seine Verschärfung (i. S. härterer Rechtsfolgen) gefordert wird. Dabei werden dann auch Etiketten wie fortschrittlich oder rückschrittlich und reaktionär verteilt, wobei das sichere Wissen um die richtige Einsetzung des Rechtsinstituts S. vielfach aus allgemeinen weltanschaulichen Positionen (jeweils den eigenen!) gefolgert und abgeleitet wird.

2. Eine solche Scheinauseinandersetzung verkennt, daß die Diskussion um Sinn oder Unsinn der S. seit Jahrtausenden geführt wird. Zunächst einige Grundlagen: Wenn auch der moderne Gesetzgeber sich um sog. »Vereinigungstheorien« bemüht, stehen sich doch nach wie vor, und zwar unversöhnt, zwei Hauptgruppen von Ansichten über den Sinn von S. und Strafrecht gegenüber. Nach der einen Gruppe, die wir als absolute Theorien oder Gerechtigkeitstheorien bezeichnen, hat die S. keinen besonderen Zweck zu erfüllen. Sie ist unabhängig, abgelöst von allen Zweckvorstellungen. Sie ist lediglich Vergeltung des vom Täter begangenen Unrechts (Vergeltungstheorie) oder Sühne für das vom Täter begangene Unrecht (Sühnetheorie).

Nach einer anderen Gruppe von Straftheorien, den sog. relativen Theorien, muß die S. einen besonderen Zweck haben. Sie muß zur Verfolgung sozialer Zwecke eingesetzt werden. Bei diesen relativen Theorien gibt es zwei Untergruppen, wobei die eine den Zweck der S. in der Abschreckung zukünftiger Täter sieht (Theorie von der Generalprävention) –, während die andere stärker auf die Besserung des einzelnen straffällig gewordenen Menschen abhebt (Theorie von der Spezialprävention). Selbstverständlich kann die S. auch beide Zwecke nebeneinander verfolgen, also sowohl zukünftige Täter abschrecken als auch auf den einzelnen Straftäter einwirken. Je nach Einstellung wird bei der Zweckstrafe einmal die generalpräventive, ein andermal die spezialpräventive Funktion stärker betont. Bei der Generalprävention pflegt man neuerdings noch zu unterscheiden in: negative Generalprävention (= reine Abschrekkung) und positive Generalprävention (= Herausstellung der Geltung der Rechtsgebote und Stärkung des Vertrauens auf den Schutz der Rechtsgüter).

Es soll hier noch dem Irrtum begegnet werden, daß der Gedanke der Zweckstrafe etwas Neues sei. Schon bei Protagoras findet sich die Argumentation: »Wer aber mit Vernunft sich vornimmt, einen zu bestrafen, der bestraft nicht um des begangenen Unrechts willen, denn er kann ja doch das Geschehene nicht ungeschehen machen, sondern des Zukünftigen wegen, damit nicht einandermal wieder weder derselbe noch einer, der diesen bestraft gesehen hat, dasselbe Unrecht begehe.« Wir finden in dieser Formulierung schon beide Theorien, Spezialprävention und Generalprävention, miteinander verbunden. Zwischen diesen Theoriengruppen ist die Diskussion seit Jahrtausenden geführt worden. Die modernen sog. Vereinigungstheorien bemühen sich, den Widerspruch von absoluter und relativer, also von zweckfreier und zweckverfolgender S. dadurch zu überbrücken, daß sie den Rahmen der Tatschuld bei der begangenen Straftat für die Strafbemessung des Täters heranziehen, jedoch fordern, daß innerhalb dieses Rahmens generalpräventive und spezialpräventive Zwecke verwirklicht werden sollen. Bei der Strafzumessung folgt also aus der sog. Vereinigungstheorie (die etwas zum Sinn der S. sagt) die sog. Spielraumtheorie (die für die Strafzumessung relevant ist). Logische Konsequenz einer absoluten Straftheorie wäre ein Automatismus zwischen Tat und S. Konsequenz einer relativen Straftheorie wäre bei der Strafbemessung die alleinige Zumessung der S. nach dem Erziehungsbedarf des Täters (Spezialprävention) oder aber nach dem Abschreckungsbedarf für künftige Täter (negative Generalprävention) oder dem Vertrauensstärkungsbedarf in der Rechtsgemeinschaft (positive Generalprävention).

3. Will man in diesem Theorienstreit einen eigenen Standpunkt gewinnen, so ist es zunächst erforderlich, sich über die Aufgabe des Rechtsgebiets Strafrecht zu verständigen. Es ist logisch, daß aus dieser Aufgabenumschreibung des Strafrechts etwas für Sinn und Aufgabe seiner Hauptrechtsfolge, der S. folgen muß, und es ist ganz natürlich, daß sich aus dieser Standortbestimmung wiederum Gegensätze für die Strafzumessung im Einzelfall ergeben müssen.
Meiner Meinung nach teilt das Strafrecht die Aufgabe des Gesamtrechts, und es ist völlig unstreitig, daß die Gesamtrechtsordnung das menschliche Zusammenleben zu regeln hat. Was für das gesamte Recht gilt, muß auch für seine Teile, also auch für das Strafrecht gelten. Folglich ist es die Aufgabe des Strafrechts, das äußere menschliche Verhalten im Sozialbereich zu regeln. Es geht im Strafrecht nicht um die Durchsetzung ethischer, sittlicher oder religiöser Gebote, sondern um die Durchsetzung von Rechtsgeboten, und Strafrecht muß, kann andererseits nur dort eingesetzt werden, wo mit anderen Mitteln der Rechtsordnung die erstrebten Ziele nicht zu erreichen sind (subsidiäre Natur des Strafrechts). So ist es z.B. offensichtlich, daß die Zivilrechtsordnung einen wohlhabenden Täter (aber auch einen armen Täter) nur selten von der Verletzung von Rechtswerten anderer Personen abhalten kann. Der Täter könnte ja bereit sein, den von ihm angerichteten Schaden zu bezahlen, diese Rechtsverletzung also gewissermaßen zu kalkulieren. Der arme Täter wüßte, daß er sich zwar schadensersatzpflichtig macht, der Gerichtsvollzieher jedoch bei ihm nichts wird holen können. Strafrecht muß also rein nach Zweckmäßigkeit eingesetzt werden, Strafrecht ist gewissermaßen die ultima ratio der Gesellschaftspolitik – *Sozialpolitik*. Nicht um der Vergeltung willen, sondern um der Rechtsordnung willen wird gestraft.
Weiter wäre vorauszuschicken, daß man unterscheiden muß zwischen der Aufgabe der Strafrechtsordnung als solcher und der Aufgabe der Einzelbestrafung.
Sieht man die Aufgabe des Strafrechts in der Aufrechterhaltung der Rechtsordnung und im Sonderschutz der wichtigsten Bereiche menschlichen Zusammenlebens und der wichtigsten Rechtswerte, so tritt die generalpräventive (positive und negative) Funktion des Strafrechts ins Blickfeld. Diese generalpräventive Funktion des Rechtsgebiets (man spricht auch von »Androhungsgeneralprävention«) wird zumeist deshalb verkannt, weil man geneigt ist, den Blick stets nur auf die sichtbare Reaktion des Strafrechts, also auf die Bestrafung eines einzelnen Täters zu richten. Sehr viel wichtiger ist die unsichtbare Aktion des in langer Kulturentwicklung gewachsenen Strafrechts, also seine Fernwirkung. Schon die bloße Existenz des Strafrechts und das Wissen um seine Verbote und Rechtsfolgen hält die Adressaten des Strafrechts, also die diesem Recht unterworfenen Gesellschaftsmitglieder von der Begehung strafbarer Handlungen ab und stärkt das Vertrauen der Gesellschaftsmitglieder in den staatlichen Rechtsgüterschutz. Ebenso wie das Zivilrecht nicht nur in seiner Verletzung Wirkungen entfaltet, wie sehr viel mehr Verträge gehalten als gebrochen werden, wirkt auch das Strafrecht stärker durch seine Existenz als durch seine Anwendung im Einzelfalle. Das Strafrecht als solches hat also eine generalpräventive Aufgabe. Diese Auffassung deckt sich auch mit der modernen rechtssoziologischen Theorie. Die normativen Verhaltenserwartungen der Rechtsgenossen können in Enttäuschungssituationen nicht einfach durch *Anpassung* und kognitives Lernen aufgelöst werden. Denn das bedeutete die Aufgabe der Erwartung, daß die eigenen Rechtsgüter vom Staate geschützt werden. Soll es bei der normativen Erwartung bezüglich des Rechtsgüterschutzes verbleiben und soll auf diese Weise das Gefühl der Sicherheit der Rechtsordnung erhalten bleiben, so muß bei Enttäuschungssituationen (also wenn der Täter strafrechtlich geschützte Rechtsgüter verletzt) von der Gemeinschaft das Festhalten an der normativen Erwartung demonstriert werden. Das geschieht dann durch die Verhängung der Strafrechtsfolge. Der Rechtsbruch muß gewissermaßen neutralisiert werden, damit das Vertrauen in die Rechtsordnung wiederhergestellt wird (diese Argumentation trägt natürlich nur für das »Ob«, sie gilt nicht für das »Wie« der Einzelbestrafung). Schon bei Freud findet man in »Totem und Tabu«: »Wenn einer es zustande gebracht hat, das verdrängte Begehren zu befriedigen, so muß sich in allen Gesellschaftsgenossen das gleiche Begehren regen; um diese Versuchung niederzuhalten, muß der eigentlich Beneidete um die Frucht seines Wagnisses gebracht werden.«

Anders ausgedrückt: Die Enttäuschung normativer Verhaltenserwartungen (bezüglich des Sozialverhaltens der Mitbürger) darf nicht als Naivität, als kindlicher Aberglaube, als kognitiver Irrtum erscheinen. Wäre das der Fall, so würde die normative Verhaltenserwartung abgebaut werden. Der Bürger würde zu lernen beginnen, daß man die strafrechtlich geschützten Rechtsgüter verletzen darf. Die Strafrechtsnorm verlöre ihre Geltung und ein Rechtsgüterschutz könnte durch sie nicht mehr gewährleistet sein.

Das alles und dieser Vorrang der Generalprävention bei der Aufgabe des Strafrechts bedeutet jedoch nicht, daß man bei der Einzelbestrafung generalpräventive Erwägungen anstellen dürfte (*Jugendstrafrecht*). Bestrafung des Täters zur Abschreckung Dritter hieße nämlich, den einzelnen für das büßen zu lassen, was die Gesamtheit nicht begehen soll. Bei der Einzelbestrafung muß also der spezialpräventive Gedanke den Vorrang haben. Allerdings ist dabei zu beachten, daß eine vollständige Abstellung auf den Gedanken der Spezialprävention, also eine reine Strafzumessung nach dem Erziehungsbedarf des Täters nicht durchgeführt werden kann. Zwar geht es in den allermeisten Fällen um eine *Erziehung* des Täters – es gibt aber auch Fälle, in denen eine Resozialisierung gar nicht erforderlich erscheint, sei es, daß der Täter eine persönlichkeitsfremde Tat begangen hat (die er wahrscheinlich nie wieder begehen wird), sei es, daß die Verhältnisse sich derart verändert haben, daß dieser Täter nicht wieder straffällig werden kann.

Man denke etwa nur an die NS-Gewaltverbrecher, die schwerste Schuld auf sich geladen haben, wegen der Veränderung der Verhältnisse jedoch nie wieder Gelegenheit finden dürften, neue derartige Taten zu begehen. Hier von einem Resozialisierungsbedarf zu sprechen und die S. spezialpräventiv zu begründen, dürfte recht gekünstelt sein.

Gleiches gilt für Täter, die etwa durch eigene körperliche Leiden oder Krankheit nicht mehr imstande sind, weitere Straftaten zu begehen. Sollten sie wirklich straffrei bleiben? Eine so starke Abstellung allein auf den spezialpräventiven oder Erziehungsgedanken würde bedeuten, daß die Generalprävention des Strafrechts Schaden erlitte. In diesen Fällen sind also Konzessionen an die sog. schuldangemessene Strafe erforderlich. Der Bereich, in welchem solche Konzessionen gemacht werden müssen, pflegt gewöhnlich unterschätzt zu werden. Gerade bei schwersten Rechtsgutverletzungen wie etwa Tötungsdelikten finden wir in fast der Hälfte der Fälle Menschen mit ausgezeichneter Prognose, also Menschen, die in einer Ausnahmesituation gehandelt haben und aller Voraussicht nach nie wieder töten werden. Können wir hier, weil ein Resozialisierungsbedürfnis nicht vorliegt oder von uns mit unseren Mitteln jedenfalls nicht zu erkennen ist, auf S. verzichten? Das würde das Ende der generalpräventiven Wirkung des Strafrechts sein.

Man wird also auch bei der Einzelbestrafung jeweils ein Optimierungsproblem zu lösen haben: möglichst viel Generalprävention des Strafrechts und möglichst viel Spezialprävention bei der Bestrafung des einzelnen Täters. Die Lösung dieses Optimierungsproblems kann in verschiedenen Zeiten und verschiedenen wirtschaftlichen Situationen sehr unterschiedlich aussehen. Klar ist aber eines: Stärkste Generalprävention erreiche ich bei Minimierung der Spezialprävention und stärkste Spezialprävention erreiche ich bei Minimierung der Generalprävention. Es gilt aber gerade, beide zu optimieren. Nur so läßt sich durch das Strafrecht und seine Rechtsfolgen ein optimaler Schutz der wichtigsten Rechtsgüter sowohl des einzelnen als auch der Rechtsgemeinschaft erreichen.

4. Heute wird vielfach über die sozialethische Funktion des Strafrechts gesprochen. Schon oben war dargelegt, daß das Strafrecht im religiösen, sittlichen und ethischen Bereich keine Aufgabe hat. Ethische Normen werden vom Staate nicht gesetzt und sollten vom Staate auch nicht erzwungen werden (*Ethik*).

Das Strafrecht dient auch nicht einer Aufrechterhaltung der Rechtsgesinnung (wie von Welzel vielfach betont), sondern einem sehr viel profaneren Ziele: dem Rechtsgüterschutz. Die wichtigsten Rechtsgüter des einzelnen und der Allgemeinheit müssen mit einem besonders starken Schutz, den das Strafrecht verleiht, versehen werden. Sieht man das Strafrecht so »profan«, so ist auch klar, daß es bei der Schaffung von Strafrechtsnormen nicht auf deren sittlichen Gehalt ankommen kann. Es geht vielmehr um den sozialen Nutzen einer Strafrechtsnorm.

Daraus ergibt sich die Aufgabe für den Gesetzgeber, bei der Schaffung von Normen, also auch von Strafrechtsnormen, jeweils Nutzen und Schaden einer solchen Norm sorgsam abzuwägen. Eine Strafrechtsnorm kann sehr »sittlich sein«, stiftet sie im sozialen Zusammenleben mehr Schaden als Nutzen, so muß sie geändert werden. Ein sehr gutes Beispiel ist die Diskussion um die strafrechtliche Regelung des Schwangerschaftsabbruchs. Es kann keinem Zweifel unterliegen, daß fast jede Schwangerschaftsunterbrechung unsittlich ist. Selbst bei Vorliegen einer medizinischen Indikation (Gefahr des Todes der Mutter bei Austragung der Schwangerschaft) kann wohl festgestellt werden, daß die Mutter sittlich höherwertig handelt, die ihr eigenes Leben zugunsten des Lebens des Kindes aufs Spiel setzt. Dem Strafgesetzgeber darf es aber nicht um die sittliche Ausgestaltung gehen. Seine Aufgabe ist es vielmehr, menschliches Leben, also auch werdendes Leben zu schützen. Dabei können Normen, die von höchstem Ethos getragen sind, in der Gesellschaft aber nicht »funktionieren«, weil sie nämlich die Schwangere in die Isolation und damit in die Abtreibung führen, außerordentlich schädlich sein (*Schwangerschaftsberatung*). Strafrecht kann also nicht nach ethischen, auch nicht nach sozialethischen Gesichtspunkten eingesetzt werden. Es ist ein reines Instrument der Gesellschaftspolitik.

5. Einige Anmerkungen noch zum sog. Sühnestrafrecht: Der Sühnegedanke führt gewiß dann in die Irre, wenn man Sühne mit Vergeltung gleichsetzt. Würde

man die Aufgabe des Strafrechts darin sehen, die Tat zu vergelten (eine Auffassung, die sich bei besonders scheußlichen Verbrechen immer wieder viele Anhänger verschafft), so würde man zu dem Übel der Strafrecht nur noch ein weiteres Übel hinzufügen: Das Übel, welches dem Täter zugefügt wird. Das hieße, die Übel für die Gesellschaft verdoppeln. Man kann jedoch den Sühnegedanken auch anders verstehen, und zwar i. S. einer Versöhnung und Aussöhnung mit der Rechtsgemeinschaft, i. S. einer Wiedergutmachung des Unrechts, welches der Täter einem Mitmenschen oder der Gesellschaft zugefügt hat. So gesehen nähert sich ein Sühnestrafrecht sehr stark einer spezialpräventiven Strafrechtskonzeption. Und interessanterweise sind die Folgerungen, die für den Strafvollzug, also die Realisierung der S. gezogen werden müssen, fast identisch mit denen einer rein spezialpräventiven Auffassung von Strafrecht. Auch hier muß die Diskussion differenzierter als bisher geführt werden. Schuld und Sühne sind nicht für das Strafrecht absolut untaugliche oder veraltete Begriffe. Es kommt darauf an, mit welchem Sinn man diese Begriffe erfüllt. Ich habe oft gefordert, daß man das ganze Strafrecht und auch diese beiden Begriffe Schuld und Sühne entmythologisieren müsse, daß man sie säkularisieren und sozialisieren müsse. Versteht man Schuld und Sühne säkular und sozial, abgelöst von einem metaphysischen Vergeltungsmechanismus, auch abgelöst vom Rachegedanken, so vermögen sie noch heute eine tragfähige Basis für eine Strafrechtskonzeption zu liefern. Sie tragen sogar den seit einigen Jahren verstärkt diskutierten *Täter-Opfer-Ausgleich* im Strafrecht als wichtiges Mittel zur Wiederherstellung des Rechtsfriedens. Neben oder statt der Strafe soll als Rechtsfolge eine reale oder wenigstens symbolische Wiedergutmachung des Tatschadens erfolgen. Der Arbeitskreis der Strafrechtslehrer hat dazu 1992 einen ausformulierten Alternativentwurf vorgelegt.

6. Hauptstrafen des geltenden Rechts sind die (zeitliche oder in Ausnahmefällen lebenslange) Freiheitsstrafe sowie die Geldstrafe. Letztere wird in einer vom Richter festzusetzenden Anzahl von Tagessätzen verhängt, wobei der jeweilige Tagessatz in seiner Höhe sich an den wirtschaftlichen Verhältnissen des Täters orientiert. Neu ist die Vermögensstrafe (vgl. unten II 2). Nebenstrafe ist das Fahrverbot (scharf zu scheiden von der Sicherungsmaßregel der Entziehung der Fahrerlaubnis). Als Nebenfolgen gibt es den Verlust der Amtsfähigkeit, Wählbarkeit und des Stimmrechts.
Die einzeln zugemessene Strafe wird vom Richter bestimmt innerhalb eines vom Gesetz vorgegebenen Strafrahmens. Absolute Strafdrohungen (durch das Gesetz genau fixierte Strafe) sind die Ausnahme.

II. Strafrechtsreform (StR)

1. StR findet immer statt. Das Strafrecht befindet sich in einem steten Wandel. Der Weg vom 1. Deutschen Reichsstrafgesetzbuch, der Peinlichen Gerichtsordnung Kaiser Karl V. von 1532 bis zum 2. Deutschen Reichsstrafgesetzbuch von 1871 war ein langer und durch viele entsetzliche Irrtümer gekennzeichnet (man denke an Folter, Hexenprozesse, geheimes und schriftliches Verfahren, an die grausigen Todes- und Verstümmelungsstrafen etc.).
Aber auch die neuere Strafrechtsgeschichte ist eine Geschichte ständiger Reformen. Die Anstöße begannen schon 1882 mit dem sog. Marburger Programm des großen Strafrechtslehrers Franz von Liszt. Ihm ging es um die Ablösung des Vergeltungsdenkens im StGB von 1871 durch ein stärker spezialpräventiv ausgerichtetes Strafrecht (*Strafe*). Nach zahlreichen Einzelreformen, die weitgehend von der von von Liszt begründeten sog. »modernen« oder soziologischen Schule beeinflußt waren, kam es 1969 zu einer Gesamtreform des Allgemeinen Teils des StGB.
Das ab 1.1.1975 geltende StGB ist ein Kompromiß zwischen den Vorschlägen der Großen Strafrechtskommission und den daraus folgenden Regierungsentwürfen und den Vorschlägen des Alternativentwurfs der Strafrechtslehrer von 1966. Der Großen Strafrechtskommission war es weniger um die Entwicklung eines neuen kriminalpolitischen und kriminalpädagogischen Konzepts gegangen. Sie sah ihre Aufgabe vielmehr in der Bewahrung des Vorhandenen, in der »Fortschreibung« des alten und veralteten Gesetzbuches auf den Stand moderner Dogmatik und auf den Stand höchstrichterlicher Rechtsprechung. Der schon 1956 im Entwurf vorliegende Allgemeine Teil des Strafgesetzbuchs (der also die Grundsätze und das Sanktionensystem enthält), unterschied sich im kriminalpolitischen Konzept nicht wesentlich vom alten Recht. An mehreren Stellen brachte der Regierungsentwurf sogar eine Rückentwicklung. So, wenn in ihm eine neue kurzfristige Freiheitsstrafe (die Strafhaft) und eine Ausdehnung des Strafrechts auf rein moralische Bereiche (man denke nur an die Forderung nach Strafbarkeit der heterologen Insemination) gefordert wurde. Unklare Grundsatzentscheidungen brachten eine Fülle entbehrlicher und schwer praktikabler Normen (so v.a. im Bereich der Regelung des Irrtums).
Die Strafrechtswissenschaft war in dieser Zeit (also von etwa 1952–1962) stärker damit beschäftigt, bei der dogmatischen Verfeinerung und Ausformulierung der verschiedenen Regierungsentwürfe (von 1958, 1960, 1962, 1965) mitzuhelfen. Erst allmählich entwickelte sich ein Unbehagen bezüglich der Aufgabenbeschränkung auf das mehr Periphere. So kam es zum Zusammenschluß einer Anzahl von Strafrechtslehrern, den sog. Alternativprofessoren, die ab 1966 eine Reihe von Alternativentwürfen zum Strafgesetzbuch und zum Strafvollzugsgesetz sowie zu einigen Sondergebieten (Wirtschaftsstrafrecht, Gesetz gegen Ladendiebstahl, Betriebsjustizgesetz) vorlegten. Von besonderem Einfluß wurde der Alternativentwurf zu einem Allgemeinen Teil eines StGB von 1966. In ihm wurde versucht, eine neue kriminalpolitische und kriminalpädagogische Konzeption zu entwickeln. Man verzeihe einem Mitautor die Feststellung: Leider ist nicht alles Gesetz geworden.

Jedoch darf man feststellen (und das geschah auch in der Bundestagsdebatte 1969 von allen Parteien), daß jedenfalls »alles Neue« im neuen Strafrecht im Bereich der kriminalpolitischen Konzeption aus dem Alternativentwurf (leider nicht vollständig und leider oft kompromißlerisch) übernommen wurde. Dazu einige Beispiele: Aus dem Alternativentwurf stammen die einheitliche Freiheitsstrafe, dabei besonders Abschaffung des Zuchthauses, aber auch Abschaffung aller Ehrenstrafen und Zurückdrängung kurzfristiger Freiheitsstrafen. Der Alternativentwurf hatte die Strafaussetzung zur Bewährung (*Bewährungshilfe*) wesentlich erweitert und verfeinert (Erweiterung von der Neunmonatsstrafe auf die Zweijahresstrafe, mit Einschränkung vom geltendem Recht übernommen) ebenso wie die Möglichkeit der Strafrestaussetzung zur Bewährung (sog. Halbzeiterlaß). Die Verwarnung mit Strafvorbehalt (leider im geltenden Recht sehr eingeschränkt) stammt ebenso aus dem Alternativentwurf wie der Schuldspruch unter Strafverzicht (als Absehen von Strafe im geltenden Recht übernommen). Bei den Maßregeln kommt aus dem Alternativentwurf neben der starken Zurückdrängung der Sicherungsverwahrung die Einführung der Sozialtherapeutischen Anstalt (inzwischen leider im Strafgesetzbuch als Maßregel wieder gestrichen, aber noch im Strafvollzugsgesetz als besondere Vollzugsform erhalten, § 9 StVollzG).

2. Eine Teilreform im Besonderen Teil des Strafgesetzbuches erfolgte schon durch das Einführungsgesetz von 1974. Weitere wichtige Reformen betrafen das Demonstrationsstrafrecht, das Sexualstrafrecht, das Abtreibungsrecht, die Einbeziehung des Umweltstrafrechts (2. Gesetz 1994) in das StGB, sowie die bessere Bekämpfung der Wirtschaftskriminalität durch 1. und 2. Gesetz zu deren Bekämpfung.
Mehrfach erfolgten Änderungen im Bereich des Demonstrationsrechts in den 80er Jahren sowie Reformen zwecks besserer Terrorismusbekämpfung. Das neue Jugendhilferecht (Geheimnisschutz) und Vormundschaftsrecht erforderten Änderungen und der sog. *Einigungsvertrag* brachte teilweise Geltungseinschränkungen für die neuen Länder (z. B. bei § 218 StGB i. e. bei: *Schwangerenberatung*). 1992 wurden zahlreiche Vorschriften neu gefaßt durch das Gesetz zur Bekämpfung des Rauschgifthandels und der organisierten Kriminalität, wobei als neue Rechtsfolge die Vermögensstrafe eingeführt wurde. Die Strafbarkeit der Kinderpornographie, des Mißbrauchs von Jugendlichen (unter Aufhebung des § 175!) und der Abfallbeseitigung wurden 1994 neu geregelt.
Insgesamt darf man feststellen, daß durch den Einfluß der modernen Reformdiskussion (ab Mitte der 60er Jahre) unser Strafrecht einen stärker spezialpräventiven Akzent und eine stärkere Ausrichtung auf die Resozialisierungsaufgabe erhalten hat. Das mag zu einigen wenigen Bemerkungen zum Vollzugsrecht überleiten:

III. Strafvollzug (StV)
Der StV ist erstmals per 1. 1. 1977 auf eine gesetzliche Grundlage gestellt und durch das zu diesem Zeitpunkt in Kraft tretende Strafvollzugsgesetz geregelt. Auch hier ist eine lange Reformarbeit vorangegangen: Angefangen von den Entwürfen aus den 70er Jahren des vorigen Jahrhunderts über die Verordnungen der 30er Jahre bis hin zu den Arbeiten der Strafvollzugskommission, die im Jahre 1967 ihre Arbeit aufgenommen hatte. Auf diesen Arbeiten beruht im wesentlichen das geltende Recht (wobei leider immer noch Spezialgesetze zum Vollzug der Jugendstrafe und der Untersuchungshaft fehlen; derzeit, bedenklich, Regelung dieser Bereiche durch Verwaltungsvorschriften).
Auch hier ist noch ein weites Feld für weitere und durchgreifende Reformen. So wird man einen verstärkten Einsatz von Geld- und Vermögensstrafen zu fordern haben, die jedoch so umzustellen sind, daß sie nicht nur repressiv wirken, daß vielmehr mit ihnen kriminalpädagogisch wirkende Weisungen und Hilfen verbunden werden können. Die Freiheitsstrafe wird weiter zurückzudrängen sein, besonders im kurzfristigen und im mittelfristigen Bereich. Ihr Vollzug muß stets resozialisierend ausgestaltet werden. Der alte Verwahrvollzug ist zwar durch das Strafvollzugsgesetz beseitigt, in der Praxis gibt es aber leider noch manche Nachwirkungen. Auch das Vollzugsgesetz selbst ist zunächst einmal zu realisieren, dann aber fortzuentwickeln, besonders in den Bereichen Arbeit, Sozialversicherung, Bildung und Ausbildung. Hier sind soziale Defizite aufzuarbeiten, ist vielfach in der Jugend Versäumtes nachzuholen usw.
Beim Arbeitsentgelt müssen wir allmählich an die tarifmäßige Entlohnung herankommen. Die Anpassung der Vollzugsverhältnisse an die Verhältnisse draußen muß stärker vorangetrieben werden. Gerade im Vollzuge gilt es zu erkennen, daß das schönste Strafrechtssystem nichts nützt, wenn die Verwirklichung der Rechtsfolge Strafe nicht in der Lage ist, die kriminalitätserzeugenden Faktoren (*Kriminalität*) abzubauen.
»Erst im Vollzug wird die Strafe Wirklichkeit« hieß es in der Begründung eines Regierungsentwurfs zur Reform des Strafrechts. Erst im Vollzuge wird sich zeigen, ob die letzte Strafrechtsreform ein Erfolg war. Fest steht schon jetzt, daß weitere Reformschritte notwendig sind (inzwischen 10 Änderungsgesetze). *J. Baumann*

Literatur: A. Strafrecht: Alternativentwurf eines Strafgesetzbuchs. Allgemeiner Teil, Tübingen ²1969; J. Baumann/U. Weber: Strafrecht – Allgemeiner Teil, Bielefeld ⁹1985; J. Baumann: Kleine Streitschriften zur Strafrechtsreform, Bielefeld 1965; J. Baumann: Weitere Streitschriften zur Strafrechtsreform, Bielefeld 1969; H. Blei: Strafrecht. Kurzlehrbuch, Bd. 1, Allgemeiner Teil, München ¹⁸1983, Bd. 2, Besonderer Teil, München ¹²1983; P. Bockelmann/Volk: Allgem. T. ⁴1987; G. Jacobs: AT ²1991; H. Jeschek: Lehrbuch des Strafrechts. Allgemeiner Teil, Berlin ⁴1988; JuS Didaktik: Sozialwissenschaften im Studium des Rechts, Bd. III/Strafrecht, München 1978; Maurach/Zipf: AT Bd. 1, ⁸1992; Maurach/Gössel/Zipf: AT, Bd. 2, ⁷1989; Maurach/Schroeder: BT Bd. 1, ⁷1988; Maurach/Schroeder: BT, Bd. 2, ⁷1991; C. Roxin: AT 1992; E. Schmidthäuser: Strafrecht. Allgemeiner Teil, Tübingen ²1975; E. Schmidthäuser: Stud. Buch AT, ²1984; Stud. Buch BT, ²1983; Schönke-Schröder: Strafgesetzbuch (Kommentar),

München [24]1991; H. Welzel: Das Deutsche Strafrecht, Berlin [11]1969; B. Strafvollzug: R. Calliess: Strafvollzugsrecht, [3]1992; Calliess/Müller-Dietz: Strafvollzugsgesetz, München [6]1994; Kaiser/Kerner/Schöch: Strafvollzug, Heidelberg [4]1992; H. Müller-Dietz: Strafvollzugsrecht, Berlin [2]1978; Schwind/Böhm: Strafvollzugsgesetz Kommentar [2]1991; Schwind/Blau [2]1988; R. Wassermann (Hrsg.): Alternativkommentar, [3]1990.

Straffälligenhilfe

Der Strafgefangenen- und Entlassenenhilfe als S. i.e.S. (i.w.S. zählen dazu auch *Bewährungs*-, *Gerichts*- und *Jugendgerichtshilfe* sowie etwa auch Drogen- und Jugendberatung) ist gemeinsam, daß ihre Zielgruppe die ca. 70000 Strafgefangenen – davon ca. 25% in Untersuchungshaftanstalten, 10% in Jugendstrafanstalten, 4% in Frauenhaftanstalten, 0,3% in der Sicherungsverwahrung – sind, die sich in den über 200 Justizvollzugsanstalten der BRD befinden. Kennzeichnend für die Struktur der S. ist es, daß die soziale Hilfe in Strafanstalten fast ausschließlich von staatlichen SozArb getragen wird, während die sozialen Hilfen für Strafentlassene auf eine Vielzahl von Trägern verteilt ist.

1. Soziale Hilfe im Strafvollzug
Die soziale Hilfe im *Strafvollzug*, deren Anfänge auf die Einstellung hauptamtlicher Anstaltsfürsorger in der Weimarer Republik zurückgehen, hat mit dem Inkrafttreten des Strafvollzugsgesetzes eine gesetzliche Grundlage erhalten. Danach ist es ihre Aufgabe, dem Gefangenen bei der Lösung seiner persönlichen und rechtlichen Schwierigkeiten beizustehen und ihn in die Lage zu versetzen, seine Angelegenheiten selbst zu ordnen und zu regeln (s. §§ 71, 73 StVollzG). Die von SozArb zu gewährende Hilfe, die ein Angebot an den Gefangenen darstellt, zu deren Annahme dieser nicht verpflichtet ist (vgl. § 71 S. 1 StVollzG), erstreckt sich auf den ganzen Bereich persönlicher Schwierigkeiten, d.h. aller materiellen und immateriellen Probleme, auf die mit persönlicher und rechtlicher Hilfe reagiert werden kann. Im Bereich persönlicher Hilfen ist z.B. zu denken an: Verschaffung von Besuchsmöglichkeiten für die Familie, Mitwirken bei Besuchs- und Briefpartnerschaften für alleinstehende Gefangene, Hilfestellung beim Beginn und Durchhalten einer Ausbildung im Gefängnis, Schlichtung von Streitigkeiten mit dem Vollzugs- und Werkdienst, Vermittlung bei haftbedingten Unzuträglichkeiten und Feindschaften unter den Gefangenen. Die rechtliche Hilfe umfaßt die Unterstützung bei der Durchsetzung der Rechte (s. § 73 StVollzG).
Für die Aufnahme schreibt das Gesetz (§ 72 StVollzG) der sozialen Hilfe vor, daß dem Gefangenen zu helfen ist, die notwendigen Maßnahmen für hilfsbedürftige Angehörige zu veranlassen und seine Habe außerhalb der Anstalt sicherzustellen; außerdem ist er über die Aufrechterhaltung einer Sozialversicherung zu beraten. Während des Vollzugs ist der Gefangene in den Bemühungen zu unterstützen, seine Rechte und Pflichten wahrzunehmen (§ 73 StVollzG). Außer an das im Gesetz genannte Wahlrecht ist zu denken an zivilrechtliche (Miete, Scheidung, Sorgerechtsregelungen usw.) oder arbeitsrechtliche (Restlohn, Urlaubsvergütung, Herausgabe von Arbeitspapieren) Ansprüche sowie rechtliche Schritte, die sich in einem noch anstehenden Strafverfahren anbieten. Die Hilfe bei der Wahrnehmung der Pflichten, namentlich der Unterhaltspflichten und der Schuldenregulierung, leidet darunter, daß bei der derzeitigen Höhe des Arbeitsentgelts wirksame Unterstützung von seiten des Gefangenen nicht erwartet werden kann. Als Hilfemöglichkeiten bleiben deshalb praktisch nur die Aufklärung über die Sozialhilfe für Angehörige und die Einleitung tragbarer Schuldenregulierungen (in Zusammenhang mit Resozialisierungsfonds der Länder: *Schuldnerberatung*). Um die Entlassung vorzubereiten, ist der Gefangene bei der Ordnung seiner persönlichen, wirtschaftlichen und sozialen Angelegenheiten zu beraten; dies schließt auch die Benennung der für Sozialleistungen zuständigen Stellen ein. Dem Gefangenen ist zu helfen, Arbeit, Unterkunft und persönlichen Beistand für die Zeit nach der Entlassung zu finden (§ 74 S. 1–3 StVollzG).
Die Regelungen für die soziale Hilfe im Jugendstrafvollzug (VVJug Nr. 62–65) sind aus dem Strafvollzug übernommen. Für die Untersuchungshaft sind ihre Aufgaben in der Untersuchungshaftvollzugsordnung (Nr. 49) beschrieben.
Neben den im Strafvollzugsgesetz bestimmten Aufgaben obliegen dem SozArb insbesondere Berichtspflichten gegenüber der Anstaltsleitung. Hervorzuheben ist der Bericht aus Anlaß eines Antrags auf vorzeitige Entlassung (§§ 57 StGB, 88, 89 JGG). Diesen Bericht fordert das Gericht von der Anstalt an (s. §§ 454 Abs. 1 S. 2 StPO, 88 Abs. 3 S. 1, 89 Abs. 3 JGG). Mit seiner Abfassung kann der Anstaltsleiter den SozArb im Rahmen seiner dienstrechtlichen Weisungsbefugnis beauftragen.
Zwischen gesetzlichem Anspruch und Wirklichkeit im Vollzug besteht eine deutliche Diskrepanz. In dem bürokratischen und sicherheitsorientierten Strafvollzug sind die SozArb in den Vollzugsanstalten immer noch eine unwillig geduldete Randerscheinung, deren Funktion sich in Krisenintervention und Minderung von Haftschäden erschöpft. Das liegt nicht nur an ihrer mangelnden Bereitschaft und Fähigkeit, die gesetzlichen Spielräume auszunutzen, sondern an der Institution des Strafvollzugs selbst. Deshalb ist der SozArb durch Externe der Vorzug zu geben, wie das teilweise bei der Drogenberatung schon praktiziert wird.
Soziale Hilfe wird im Strafvollzug auch von den ehrenamtlichen Mitarbeitern (Betreuern, Vollzugshelfern, freien Mitarbeitern) geleistet, die entweder als Einzelpersonen oder Resozialisierungsgruppen auftreten. Nach dem Gesetz ist die Anstalt verpflichtet, dem Gefangenen zu helfen, einen persönlichen Beistand für die Zeit nach der Entlassung zu finden (§ 74 S. 3 StVollzG) und mit den Personen und Vereinen, deren Einfluß die Eingliederung des Gefangenen fördern kann, zusammenzuarbeiten (§ 154 Abs. 2 S. 3

StVollzG). Im teilweisen Widerspruch dazu sind in fast allen Ländern Verwaltungsvorschriften ergangen, welche die Tätigkeit der ehrenamtlichen Mitarbeiter mehr beschränken als fördern und ihnen viele Pflichten, aber kaum Rechte einräumen. Das ist um so bedenklicher, als die *ehrenamtlichen Helfer* vielfach die einzigen sind, die den Strafgefangenen auch nach der Entlassung weiter unterstützen.

2. Entlassenenhilfe
Staatliche Träger der Entlassenenhilfe sind neben der *Bewährungshilfe* und den Führungsaufsichtsstellen v. a. die Sozial- und Arbeitsämter. Damit geht die staatliche Zuständigkeit von der Justiz zur Sozialverwaltung über, aus dem Straffall wird ein Sozialfall, was eine durchgängige Hilfestellung verhindert.
Nichtstaatliche Träger der Entlassenenhilfe sind insbesondere die Landesverbände bzw. -zusammenschlüsse für Gefangenenfürsorge und S., die überwiegend von örtlichen Vereinen getragen werden. Daneben übernehmen die – in der Bundesarbeitsgemeinschaft für Straffälligenhilfe zusammengeschlossenen – sechs Spitzenverbände der freien Wohlfahrtspflege (*Wohlfahrtsverbände*) durch ihre regionalen Gliederungen und kooperative Vereine sporadisch die Betreuung von Strafentlassenen. Weiter gibt es noch fachliche Vereinigungen auf Bundesebene, wie z. B. das Schwarze Kreuz Gefangenenmission und den Verein Bewährungshilfe, die aber nur schwerpunktmäßig in Erscheinung treten. Eine bundesweite Organisation der Träger der Entlassenenhilfe – wie sie früher mit dem Bundeszusammenschluß bzw. Bundesverband für Straffälligenhilfe vorhanden war – besteht nicht mehr.
Außer den freien Trägern sind private Vereinigungen in der Entlassenenhilfe aktiv, v. a. Bürger- und Studentengruppen sowie Gefangenenselbsthilfegruppen.
Das unübersehbare Nebeneinander von staatlichen und nichtstaatlichen Hilfestellen ist der Hauptanlaß gewesen, zentrale Beratungs- und Hilfsstellen einzurichten, in denen auf örtlicher Ebene möglichst alle auf dem Gebiet der Entlassenenhilfe tätigen Verbände und Behörden zusammenwirken. Diese punktuell über das Bundesgebiet verbreiteten Einrichtungen haben sich freilich nicht flächendeckend durchgesetzt. Sie sind auch insoweit problematisch, als sie öffentliche und freie Träger unter einem Dach zusammenfassen. Hilfreicher für die Entlassenen sind außerhalb des Dunstkreises von Justiz und Verwaltung angesiedelte Anlaufstellen freier Träger, insbesondere von Vereinen, welche eine wirksame Interessenvertretung betreiben. *A. Brühl*

Literatur: F. Berckhauer: Soziale Dienste in der Strafrechtspflege (Auswahlbibliographie 111–132), Bonn 1985; C. Bertram/K. Huchting: Soziale Hilfe (§§ 71–75), in: Kommentar zum Strafvollzugsgesetz, Neuwied/Darmstadt [3]1990; I. Blaschke: Zur Entwicklung der Freien Straffälligenhilfe in den neuen Bundesländern, in: Bewährungshilfe 1992, 267–271; P. Block: Rechtliche Strukturen der Sozialen Dienste in der Justiz, Wiesbaden 1993, 201 ff. (Soziale Dienste im Vollzug); A. Brühl: Strafrecht für Sozialarbeiter, Weinheim/Basel [2]1986; U. Lange: »Wir können nicht alles« – Von der notwendigen Schwerpunktsetzung und Aufgabenteilung zwischen öffentlichen und freien Trägern der Straffälligenhilfe, in: Bewährungshilfe 1992, 34–43; W. Nickolai: Entlassenenhilfe im Verbund von Sozialarbeit im Vollzug und freier Hilfe, in: Bewährungshilfe 1992, 288–299.

Straßensozialarbeit/Streetwork

Nach sporadischen historischen Vorläufern begann der Etablierungsprozeß der S. in der BRD Ende der 60er, Anfang der 70er Jahre. Mit herkömmlichen Interventionsstrategien waren damals die ›rebellischen‹, bzw. von sozialen Nöten bedrohten Jugendlichen kaum mehr zu erreichen. Anstöße in Richtung Entinstitutionalisierung und Dezentralisierung SozArb, die von der ›antiautoritären‹ studentischen Protestbewegung ausgingen, spielten eine Rolle, ebenso wie Erfahrungen mit lebensweltnahen Arbeitsformen in anderen Ländern. Eine Impulswirkung hatten die Ansätze ›*Mobiler Jugendarbeit*‹ im Großraum Stuttgart sowie Projekte in Hamburg (z. B. Straßensozialarbeit Rahlstedt) und München (z. B. die kommunalen Fußball-Projekte).
Eines der Praxisfelder, in denen sich S. bereits in den 70er Jahren in nennenswertem Umfang durchsetzte, war die Drogenarbeit (*Drogenabhängigkeit*, *Sucht*). Von der Hamburger Beratungsstelle ›Kö 16 a‹ sowie Berliner DrogenarbeiterInnen wurde hier wichtige Pionierarbeit geleistet, später auch von ›M 41‹ im Frankfurter Bahnhofsviertel und der MUDRA-Drogenhilfe in Nürnberg. Im Zusammenhang mit dem Bekanntwerden der *AIDS*-Problematik ergaben sich neue Aufgabenfelder. Von 1986–1991 lief das bundesweite Modellprojekt »AIDS und Streetwork«. In der städtischen *Jugendhilfe* gehört S. inzwischen zum Standard der Angebotspalette, i. d. R. eingebettet in kleine Anlaufstellen (Straso-Laden, Jugendtreff) und im Rahmen eines stadtteil-/gemeinwesenbezogenen Arbeitsansatzes.
Eine Fachdiskussion setzte in Deutschland relativ spät ein und ging lange Zeit über das Stadium grauer Literatur nicht hinaus. Übersichtsarbeiten sowie Studien zu theoretischen, konzeptionellen und praxisbezogenen Aspekten wurden von Kraußlach (1978), Specht (1979), Miltner (1982), Fellberg/Dreßler (1982), Steffan (1988, 1989) und der Forschungsgruppe des Modellprojekts »AIDS und Streetwork« (Gusy/Krauß/Schrott/Heckmann 1994) vorgelegt.
S. bewegt sich gegenwärtig hauptsächlich im Milieu sozial benachteiligter, stigmatisierter oder kriminalisierter Zielgruppen: spezielle Jugendszenen (Rocker, Punks, Skins, rechtsradikale Jugendliche, Fußballfans, Mädchen, Stadtteilcliquen, Jugend-Gangs etc.), DrogenkonsumentInnen, Nichtseßhafte, Stricher, weibliche Prostituierte und – im Zusammenhang mit der HIV-Prävention – Homosexuelle/Schwule.
S. steht häufig in engem Bezug zu politisch brisanten Themen (*Gewalt*, Randale, Drogen, AIDS, Rechtsextremismus etc.). I. d. R. geht es um ausgegrenzte Personenkreise, deren soziale und politische Einflußmög-

lichkeiten nur gering oder gleich Null sind. Von vornherein zum Scheitern verurteilt ist eine mechanistische Auffassung von aufsuchender SozArb, nach der S. auf eine »Problemgruppe« einwirkt und einen Auftrag zur Verhaltensänderung »vor Ort« durchsetzt. S. mit sozialtechnokratischem Selbstverständnis findet keinen Zielgruppenzugang. Erfolgversprechend und sozialpolitisch wünschenswert ist ein interaktives Verständnis von S., das von vornherein eine gegenseitige Einflußnahme anstrebt. S. kommt hierbei die anwaltschaftliche Rolle der Interessenvertretung zu, der parteilichen Vermittlung zwischen Zielgruppe und Öffentlichkeit/Institutionen. Die Rolle als Interessenvertretung wird damit Teil einer Strategie, die soziale und politische Ausgrenzung der Zielgruppe zumindest zu relativieren.
Im optimalen Fall umfaßt S. ein abgestimmtes Spektrum folgender Tätigkeitsbereiche (vgl. Gusy/Krauß/Schrott-Ben Redjeb 1990; Krauß/Steffan 1991): (1) Aufbau und Pflege eines Kontaktnetzes in der Zielgruppe, (2) Sicherung der institutionellen Vernetzung, (3) psycho-/soziale Beratung und Betreuung, (4) Vertretung von Zielgruppeninteressen in Institutionen und Öffentlichkeit, (5) Anregung institutioneller Innovation. Hinzu kommen – je nach Zielgruppe und Arbeitskontext – spezifische Aufgaben (Gewaltprävention, Änderung von HIV-infektionsriskantem Verhalten o.ä.). *G. Krauß*

Literatur: G. Fellberg/U. Dreßler (Hrsg.): Hartes Pflaster – Lesebuch zur Straßensozialarbeit, Bensheim 1982; B. Gusy/G. Krauß/G. Schrott-Ben Redjeb: Qualitätsmerkmale von Streetwork und ihrer institutionellen Rahmenbedingungen, in: streetcorner 1990, 3 (1), 111–131; B. Gusy/G. Krauß/G. Schrott/W. Heckmann: Aufsuchende Sozialarbeit in der AIDS-Prävention – das Streetworker-Modell, Baden-Baden 1994; G. Krauß/W. Steffan: Streetwork in der Sozialarbeit, in: TuP 1991, 42 (1), 22–29; J. Kraußlach: Straßensozialarbeit in der BRD, Frankfurt/M. 1978; W. Miltner: Streetwork im Arbeiterviertel, Neuwied 1982; W. Specht: Jugendkriminalität und mobile Jugendarbeit, Neuwied 1979; W. Steffan: Streetwork in der Drogenszene, Freiburg 1988; W. Steffan (Hrsg.): Straßensozialarbeit, Weinheim/Basel 1989; s.a. Literaturhinweise bei ›*Jugendarbeit, mobile*‹.

Subsidiarität

Mit dem Begriff der S. sind grundsätzliche, theoretische wie praktisch-politische Probleme staatlichen Handelns im Bereich von *Sozialer Arbeit* und *Sozialpolitik* und damit das Verhältnis von Staat und *Gesellschaft* überhaupt angesprochen. Historisch lassen sich im Begriff der S. zwei Denktraditionen verorten: S. als Maxime gesellschaftlichen Handelns besagt zunächst, daß die Sicherung und Gestaltung der eigenen Existenz vornehmlich dem einzelnen *Individuum* selbst und seiner Initiative überlassen bleibt. Die Verantwortlichkeit der Gemeinschaft, des Staates, ist dagegen auf Ausnahmesituationen beschränkt und tritt nur ein, wenn und soweit die eigenen Mittel des Individuums und seiner *Familie* nicht hinreichen. In diesem Verständnis von S. läßt sich unschwer das Gedankengut liberaler Staats- und Gesellschaftstheorien des 18. und 19. Jh. wiederfinden: einerseits die Vorstellung einer autonomen, sich nach Marktgesetzen selbst regelnden Tauschgesellschaft (*Marktwirtschaft, soziale*); andererseits eine davon abgehobene Sphäre staatlicher Gewalt, die nur bei Störungen des Marktmechanismus ausnahmsweise eingreift. Zwar hat die gesellschaftliche Wirklichkeit bürgerlicher Gesellschaften auf keiner Entwicklungsstufe diesem ihrem klassischen Selbstverständnis voll entsprochen. Schon seit dem Beginn ihrer Entfaltung gab es – insbesondere in Deutschland – staatliche Interventionen zur Sicherung der Reproduktion der Individuen, insbesondere im Bereich der Armen- und Jugendfürsorge. Die Organisation dieser öffentlichen Aufgaben folgte aber selbst dem liberalen Verständnis von S. Die öffentliche Zwangsarmenpflege war nach der Logik polizeilicher Gefahrenabwehr konzipiert und blieb – als »Angelegenheit der örtlichen Gemeinschaft« – der Zuständigkeit der Gemeinden überlassen. S. i.S. liberalen Gesellschaftsdenkens ist demnach zu verstehen als Organisationsmuster sozialen Handelns auf der Linie Individuum–Familie–Gemeinde–Staat. Als Prinzip sozialpolitischer Gestaltung wurde S. v.a. in der katholischen Soziallehre entwickelt. Dieser liegt die naturrechtlich geprägte Vorstellung vom Aufbau der Gesellschaft nach Art ineinander gebetteter, konzentrischer Kreise zugrunde, wobei dem je kleineren von dem je größeren die Primärzuständigkeit für die Reproduktion des Individuums zukommt. Diese Vorstellung hat v.a. die sozialen Aktivitäten der vielfältigen Vereine und Assoziationen des »staatsfernen« Katholizismus im protestantischen Preußen-Deutschland des 19. Jh. bestimmt. Explizit ausformuliert wurde S. als Handlungsmaxime katholischer Soziallehre allerdings erst in der Enzyklika »Quadragesimo anno« im Jahre 1931. Danach »verstößt es gegen die Gerechtigkeit, das, was die kleineren und untergeordneten Gemeinwesen leisten … können, für die weitere und übergeordnete Gemeinschaft in Anspruch zu nehmen«. Auf der anderen Seite aber soll die »Gesellschaftstätigkeit« die »Glieder des Sozialkörpers« überall da unterstützen, wo deren eigene Möglichkeiten nicht hinreichen. S. nach »Quadragesimo anno« hat eine negative und eine positive Komponente. Negativ dient sie der Abwehr übermäßiger Eingriffe der übergeordneten Gemeinschaft, positiv betont sie den Anspruch des einzelnen und der »untergeordneten Gemeinwesen« auf Förderung durch die übergeordnete Gemeinschaft. Mit ihrer Betonung der Zentralstellung der »kleinen Gemeinwesen« in der Gesellschaft machte »Quadragesimo anno« Front gegen den heraufziehenden Totalitarismus des 20. Jh. Mit ihrer programmatischen Stellungnahme gegen die zunehmende sozialstaatliche Vergesellschaftung sozialer Probleme stimmte sie zugleich ein in die in Deutschland seit Beginn der Weltwirtschaftskrise immer lauter und polemischer werdende Wohlfahrtsstaatskritik, die einer drastischen Reprivatisierung von Lebensrisiken den Weg bereitete. In der sozialpolitischen Landschaft der Weimarer Republik bestätigte »Quadragesimo anno« darüber hinaus die schon seit Beginn der 20er Jahre von der zentrumsorientierten Ministerialbürokratie des Reichsarbeitsministeriums favorisierte sozialpolitische Grundtendenz einer Förderung vornehmlich der konfessionellen Träger freier Wohlfahrtspflege (*Kirchen, Wohlfahrtsverbände*) unter Hintansetzung der politischen Kommunen. Auf diese Weise wurde S. mit den Eigeninteressen der Organisation konfessioneller Wohlfahrtspflege verknüpft. Die konfessionellen Träger schoben sich zwischen den Bereich des Staatlichen und die Privatsphäre von Individuum und Familie und reklamierten deren Autonomiespielräume für sich selbst. Damit hatte S. einen fundamentalen Funktionswandel durchgemacht: Von einer politischen Strukturformel, die private Autonomie, freie Konkurrenz und den Primat gemeinschaftlicher Assoziationen gewährleisten sollte, war S. zu einem Prinzip formaler Zuständigkeitsverteilung im sozialpolitischen Sektor geworden; zu einem Instrument der Absicherung von Verbandsinteressen gegen weitergehende sozialstaatliche Vergesellschaftung, das den freien Trägern die Möglichkeit bot, partikulare Eigeninteressen unter Berufung auf ein Sozialprinzip von universeller und übergeschichtlicher Geltung zu überhöhen.

Die aktuelle politische wie juristische Bedeutung von S. für die praktische SozArb und Sozialpolitik ergibt sich aus der gesetzlichen Regelung des Rangverhältnisses von öffentlicher und privater *Jugend-* und *Sozialhilfe* im JWG und BSHG. Das RJWG von 1922, das erstmalig die öffentlichen Aufgaben im Bereich außerschulischer Erziehung in einem Reichsgesetz zusammenfaßte, hatte den Konflikt von öffentlichen und freien Trägern noch in der Schwebe gelassen. Das Gesetz betonte den Nachrang öffentlicher gegenüber der familiären Erziehung (§ 1 Abs. 2 und 3). Es billigte den freien Trägern ein eigenständiges Recht auf Betätigung in der Jugendhilfe zu (§§ 1 Abs. 3, 4 Abs. 1), ohne aber einen eindeutigen Vorrang festzulegen. Eine ähnliche Regelung sehen die 1924 reformulierten reichsgesetzlichen Grundlagen der öffentlichen Fürsorge vor (§ 5 Abs. 3 VO über die Fürsorgepflicht; §§ 1, 5, 7, 8 Reichsgrundsätze über Voraussetzung, Art und Maß der öffentlichen Fürsorge). Eine grundsätzliche Änderung wurde insoweit erst mit dem Erlaß des BSHG und der Novellierung des JWG im Jahre 1961 vollzogen. Nicht nur da, wo ausreichende und geeignete Maßnahmen und Einrichtungen der freien Träger bereits bestehen, soll nunmehr die öffentliche Jugend- und Sozialhilfe untätig bleiben, sondern auch da, wo diese erst geschaffen werden sollen. Öffentliche Jugend- und Sozialhilfe unterliegen damit einer Funktionssperre zu Gunsten der freien Wohlfahrtspflege. Die faktische Bedeutung dieser Regelung zeigt sich v. a. im Bereich der Jugendhilfe, wo bis heute die Mehrzahl der Einrichtungen von freien Trägern betrieben wird. So waren am 31. 12. 1990 von 1447 Kinder- und Jugendheimen nur 168, von 25 166 Kindergärten nur 7700, von 1316 Erziehungs-, Jugend- und Familienberatungsstellen nur 327, von 382 Drogen- und Suchtberatungsstellen nur 41 in öffentlicher Trägerschaft (zur Bedeutung der Trägergruppen Münder u. a. Vorkap 5 Rz 17 ff.).

Die Verfassungsmäßigkeit des Vorrangs der freien Träger nach JWG und BSHG war bereits im Gesetzgebungsverfahren heftig umstritten. Sie wurde nach Inkrafttreten beider Gesetze zum Gegenstand eines Verfahrens vor dem BVerfG gemacht. Das BVerfG (E 22, 180 ff.) hat sie bejaht. In den zeitgenössischen Auseinandersetzungen um die Verfassungsmäßigkeit von JWG und BSHG wurde zudem die weitergehende Auffassung vertreten, die S. öffentlichen Handelns in Jugend- und Sozialhilfe werde verfassungsmäßig geboten, der Vorrang freier Träger sei also nicht nur zulässig, sondern vom GG zwingend vorgeschrieben. Unter Berufung auf das Gesellschaftsbild des Grundgesetzes, wie es insbesondere in Art. 2 Abs. 2, 6 Abs. 1 und 9 Abs. 2 zum Ausdruck komme, wurde die grundsätzliche Beschränkung des Staates auf ein neutrales Wächteramt, insbesondere im Bereich der Erziehung postuliert. Das Gebot der weltanschaulichen Neutralität des Staates gebiete es, die Gestaltung der Jugend- und Sozialhilfe vorrangig dem Spektrum freier gesellschaftlicher Kräfte zu überlassen. Nur so könne die vom GG geforderte weltanschauliche Pluralität gewährleistet und eine mit der freiheitlichen Grundordnung unvereinbare staatliche Bevormundung vermieden werden. Individuelle, subjektive Freiheitsrechte wurden hier zu einer objektiven Wertordnung substantialisiert. Als normative Garanten einer nach den Prinzipien des Pluralismus organisierten Gesellschaft wurden sie zum Anknüpfungspunkt für die Absicherung von Verbandsinteressen und die Abwehr staatlicher Regulierung von Jugend- und Sozialhilfe. S. gewährleistet nun nicht mehr die individuelle Freiheit privater Reproduktion gegenüber einer übermächtigen Bürokratie, sondern schützt private Machtsphären vor Interventionen der formal-demokratisch legitimierten öffentlichen Gewalt. Diese Form von Pluralismustheorie bildet also gleichsam die säkularisierte Variante des Subsidiaritätsdenkens der katholischen Soziallehre nach »Quadragesimo anno«. Diese Interpretation hat sich allerdings dauerhaft nicht durchgesetzt und wird heute kaum noch vertreten. Auch der gesetzlich vorgeschriebene Vorrang der freien Träger hat langfristig die zunehmende sozialstaatliche Vergesellschaftung im Bereich sozialer Dienste nicht aufhalten können. Bereits das JWG von 1961 selbst führte – ganz im Gegensatz zu seiner Grundtendenz einer »Entstaatlichung« der Jugendhilfe – die generelle öffentliche Heimaufsicht des § 78 ein, die dem RJWG noch unbekannt war. In den verschiedenen, im Lauf der 70er Jahre vorgelegten Reformentwürfen für ein neues Jugendhilfegesetz (*Jugendhilferechtsreform*) zeigte sich die Tendenz, diese Aufsicht auszuweiten. Darüber hinaus trat in dieser Reformdiskussion der Gedanke der »partnerschaftlichen Zusammenarbeit, öffentlicher und freier Träger gegenüber einem Vorrang-/Nachrang-Denken immer mehr in den Vordergrund. Im neuen *Kinder- und Jugendhilfegesetz* vom 26. 6. 1990 (in Kraft getreten am 3. 10. 1990/

1.1.1991) wurde dieser Gedanke in § 4 Abs. 1 ausdrücklich festgelegt. Zwar enthält § 4 Abs. 2 KJHG in abgeschwächter Form nach wie vor die klassische S.-Klausel, diese hat aber deutlich an Bedeutung verloren (u.a. dazu. Münder u.a. § 4 Rz 3ff., insbes. Rz 17). Denn der Gedanke der »partnerschaftlichen Zusammenarbeit« wurde in weiteren Vorschriften des KJHG näher konkretisiert, namentlich in § 78, der die Bildung von Arbeitsgemeinschaften vorsieht, und § 80, der die Einbeziehung der freien Träger in die *Jugendhilfeplanung* regelt. Von Bedeutung in diesem Zusammenhang sind auch die Wahlrechte der Leistungsberechtigten nach § 5 KJHG, die Mitbestimmungsrechte von Kindern und Jugendlichen gem. § 8 KJHG und die Festlegung allgemeiner Erziehungsgrundsätze, denen die Leistungen der Jugendhilfe zu entsprechen haben, in § 9 KJHG. Sie alle relativieren die Gestaltungsautonomie der freien Träger der Jugendhilfe erheblich. Das KJHG hat die freien Träger in einem umfassenden Planungsverbund einbezogen und den Betrieb von Einrichtungen (§ 45) sowie die finanzielle Förderung (§ 74) und die Anerkennung (§ 75) von fachlichen Eignungskriterien abhängig gemacht. In die gleiche Richtung gehen auch die Krankenhausgesetzgebung von Bund und Ländern, das *Schwerbehindertengesetz*, das *Heimgesetz* und die verschiedenen Landeskindergartengesetze (*Tageseinrichtungen für Kinder*). Sie alle lassen die Rechtsposition der freien Träger grundsätzlich zwar unangefochten, machen den Betrieb und insbesondere die finanzielle Förderung von Einrichtungen zugleich aber von einer ganzen Reihe von Voraussetzungen abhängig (Anerkennungsverfahren, Mindestbettenzahl bei Krankenhäusern, *Mitbestimmungsrechte* der Eltern bei Kindergärten etc.), grenzen also faktisch den Gestaltungsspielraum der freien Träger zunehmend ein. Schließlich sei noch darauf hingewiesen, daß auch von gesteigerten Fachlichkeitsanforderungen und verwissenschaftlicher Ausbildung ein nivellierender Effekt auf die Autonomie der freien Verbände ausgeht.

So stellt sich gegenwärtig das Verhältnis öffentlicher und freier Träger im Bereich von Jugend- und Sozialhilfe als komplexer Gesamtverbund dar, in dem sich aus vielfältigen Verflechtungen, Abhängigkeiten und konkurrierenden Zuständigkeiten ein differenziertes, durchaus stabiles und gut aufeinander abgestimmtes System herausgebildet hat, das genuin öffentliche Aufgaben in z.T. öffentlicher, z.T. aber auch privater Form bearbeitet (*Träger der Sozialen Arbeit*). Die öffentlichen Träger sind auf die Leistungskapazität der freien Träger angewiesen, die freien Träger umgekehrt von der finanziellen Förderung durch Bund, Länder und Gemeinden abhängig. Von einem Vorrang der freien Träger kann angesichts dieser Situation ernstlich nicht mehr gesprochen werden, und diese selbst läßt sich mit dem Begriff der S. nicht mehr angemessen erfassen. In der jüngeren sozialwirtschaftlichen Diskussion wird daher zu Recht das Stichwort »Neokorporatismus« vorgeschlagen, um das komplexe Aushandlungssystem öffentlicher und verbandlicher Politikformulierung und -implementation begrifflich zu strukturieren. Nach neuesten Entwicklungen – zu markieren durch die Änderungen der §§ 93, 94 BSHG und durch § 11 *Pflegeversicherungs*gesetz – werden die Beziehungen zwischen öffentlichen Sozialverwaltungen und nichtstaatlichen Trägern auch nach dem Muster von Vertragsbeziehungen i.S. eines Contracting-out gestaltet (Backhaus-Maul/Olk), d.h. herkömmliche »Verhältnisregelungen« werden zu Gunsten von Wirtschaftlichkeitsüberlegungen aufgegeben.

Zugleich hat aber auch der Gedanke der S. in der sozialpolitischen Diskussion der letzten Jahre eine bemerkenswerte Wiederbelebung erfahren. Finanzielle Restriktionen und offenkundige Leistungsgrenzen und Dysfunktionalitäten der überkommenen Formen bürokratischer (*Bürokratie*) und professioneller *Sozialpolitik*, die insbesondere im Bereich sozialer Dienstleistungen verstärkt auf Kritik gestoßen sind, haben das Interesse an selbstorganisierten, solidarischen Formen der gesellschaftlichen Bearbeitung sozialer Probleme verstärkt (*Selbsthilfe/Selbstorganisation*). Die breite Selbsthilfe-Diskussion hat auch dem Gedanken der S. eine neue Stoßrichtung gegeben. In der aktuellen Debatte geht es dabei nicht mehr um eine Zuständigkeitsabgrenzung öffentlicher und privater Träger und Maßnahmen in der Sozialpolitik, sondern um das Verhältnis von »kleinen Netzen« sozialer Hilfe zu sozialpolitischen Großbürokratien, von selbstorganisierten Initiativen zu etablierten (öffentlichen wie privaten) Verbänden und Einrichtungen. Der Gedanke der S. dient nunmehr als Argument für eine Stärkung der Position neuer, innovativer Formen und Initiativen der Selbstorganisation gegenüber den überkommenen Formen großverbandlicher Problemdefinition und -bearbeitung sowie zur Legitimation ihrer Förderungsansprüche. Dabei haben sich auch die überkommenen politischen Frontlinien der Wohlfahrtsdiskussion zu Gunsten neuer Konstellationen und Berührungspunkte v.a. im konservativen und grün-alternativen Spektrum verändert. Das KJHG hat den Grundsatz der Selbsthilfe und Selbstorganisation an mehreren Stellen (§§ 4 Abs. 3, 74 Abs. 4) ausdrücklich hervorgehoben und als förderungswürdig betont.

Die Diskussion um eine »neue S.« kann allerdings nur vordergründig an die klassischen Bedeutungsgehalte von S. i.S. der ursprünglichen katholischen Soziallehre anknüpfen. Die dieser zugrundeliegende Vorstellung der schalenförmig geordneten, konzentrischen Lebenskreise, die grundsätzlich für die gesamte Reproduktion des Individuums Sorge tragen und nur in Ausnahmefällen auf den je größeren Gesellschaftsrahmen zurückgreifen müssen, hatte eine ständische, hierarchisch gegliederte Gesellschaft zur Voraussetzung. In einer modernen, funktional differenzierten Gesellschaft dagegen macht die Metapher der Lebenskreise nur als Vielfalt interdependenter, sich überschneidender Kreise Sinn, zu denen allen das Individuum grundsätzlich Zugang haben muß. S. muß daher i.S. einer funktional ausdifferenzierten Gesellschaft neu entwickelt werden. Dem versuchen neuere Ansätze einer steuerungstheoretischen Rekonstruktion von S. Rechnung zu tragen, die auf eine Neuordnung des Verhältnisses der sozialpolitischen Steuerungsressourcen Markt, Staat und *Solidarität* abzielen. S. in diesem Sinne bezeichnet nicht mehr primär den Vorrang kleiner und unmittelbarer Gemeinwesen, sondern zielt allgemeiner auf die Entwicklung reflexiver Steuerungsmechanismen, die der relativen Autonomie und den Eigengesetzlichkeiten der zu steuernden Problemfelder möglichst weitgehend Rechnung tragen. Sie zielt – um es in den Worten der aktuellen Diskussion zu sagen – auf die Ersetzung regulativer Fremdsteuerung durch die Anregung situativer Selbststeuerung. Ein solches Verständnis »neuer S.« hat den Vorteil, daß es nicht nur die Größe sozialpolitischer Organisationen und Einrichtungen, sondern auch die unterschiedlichen Interventionsformen und -medien im Hinblick auf das zu lösende Problem sozialpolitisch zu ordnen sucht. Wenn auch fraglich erscheinen muß, ob *»Solidarität«* als Steuerungsressource (sozial-)politisch beliebig funktionalisierbar ist, so liegen in der skizzierten Richtung doch gegenwärtig die meistversprechenden Perspektiven einer wiederbelebten Auseinandersetzung mit S. *Chr. Sachße*

Literatur: H. Backhaus-Maul/T. Olk: Von Subsidiarität zu »outcontracting«: Zum Wandel der Beziehungen von Staat und Wohlfahrtsverbänden in der Sozialpolitik, in: W. Streeck (Hrsg.): Staat und Verbände. Sonderheft 25/1994 der Politischen Vierteljahresschrift, 100–135; A. Emmelius: Das Rangverhältnis von Staat, Gemeinde und freier Gesellschaft bei der Wahrnehmung wohlfahrtsfördernder Aufgaben, Bonn 1964; M. Glagow (Hrsg.): Gesellschaftssteuerung zwischen Korporatismus und Subsidiarität, Bielefeld 1984; R.G. Heinze (Hrsg.): Neue Subsidiarität: Leitidee für eine zukünftige Sozialpolitik?, Opladen 1986; F.X. Kaufmann: Steuerungsprobleme im Wohlfahrtsstaat, in: J. Matthes (Hrsg.): Krise der Arbeitsgesellschaft, Frankfurt/M. 1983, 474ff.; N. Luhmann: Politische Theorie im Wohlfahrtsstaat, München/Wien 1981; J. Matthes: Gesellschaftspolitische Konzeption im Sozialhilferecht, Stuttgart 1964; J. Münder, Stichwort: Subsidiarität, in: H. Eyferth/H.U. Otto/H. Thiersch (Hrsg.): Handbuch Sozialarbeit/Sozialpädagogik, Neuwied/Darmstadt 1984; J. Münder u.a.: Frankfurter Lehr- und Praxis-Kommentar zum KJHG, Münster ²1993; J. Münder/D. Kreft (Hrsg.): Subsidiarität heute, Münster 1990; O. v. Nell-Breuning: Das Subsidiaritätsprinzip, Theorie und Praxis sozialer Arbeit 1976, 6ff.; T. Rendtdorff: Kritische Erwägungen zum Subsidiaritätsprinzip, in: Der Staat 1962, 405ff.; A. Rinken: Die karitative Betätigung der Kirchen und Religionsgemeinschaften, in: E. Friesenhahn/U. Scheuner (Hrsg.): Handbuch des Staatskirchenrechts der Bundesrepublik Deutschland. Bd. 2, Berlin 1975; Chr. Sachße: Verrechtlichung und Sozialisation: Über Grenzen des Wohlfahrtsstaates, in: Leviathan 4/1986, 528ff.; ders.: Subsidiarität. Zur Karriere eines sozialpolitischen Ordnungsbegriffs, in: Zeitschrift für Sozialreform 11/1994, 717ff.; M. Stolleis: Sozialstaat und karitative Tätigkeit der Kirchen, in: Zeitschrift für evangelisches Kirchenrecht 18/1973, 376ff.; G. Teubner/H. Willke: Kontext und Autonomie: Gesellschaftliche Selbststeuerung durch reflexives Recht, in: Zeitschrift für Rechtssoziologie 1984, 4ff.; A.F. Utz: Formen und Grenzen des Subsidiaritätsprinzips, Berlin 1956; H. Willke: Ironie des Staates. Grundlinien einer Staatstheorie polyzentrischer Gesellschaft, Frankfurt/M. 1992.

Sucht

Im ursprünglichen Gebrauch des Wortes in der germanischen Heilkunde bedeutete S. nichts anderes als ›*Krankheit*‹. Es lebt noch heute in dieser Bezeichnung in einigen altertümlichen Bezeichnungen für Krankheiten fort, ohne daß dabei an süchtiges Verhalten, Abhängigkeit usw. gedacht würde: Wassersucht, Schwindsucht, Fettsucht, Magersucht, Tobsucht.
Auf der Ebene der Umgangssprache werden eine Reihe weiterer Begriffe verwendet, die dem gleichen Ursprung entstammen, jedoch schon sehr viel seltener oder gar nicht mehr mit der Vorstellung einer Krankheit in Verbindung stehen: Spielsucht, Gefallsucht, Gewinnsucht, Herrschsucht, Eifersucht, ja sogar Sehnsucht. Die Reihe ließe sich fortsetzen. S. ist bei all diesen umgangssprachlichen Begriffen ersetzbar durch den Begriff der Leidenschaft. W. Busch hat diesem Zusammenhang nachgespürt mit seinem Vers: »Die Eifersucht ist eine Leidenschaft, die mit Eifer sucht, was Leiden schafft.« Ernsthafter und stärker verallgemeinernd hat v. Gebsattel, einer der bedeutendsten Theoretiker des Suchtproblems, festgestellt, daß jede Richtung menschlichen Interesses süchtig entarten könne. Damit ist wohl am prägnantesten die Allgemeinheit des Problems und die mehr oder minder starke Betroffenheit jedes Menschen ausgedrückt. Selbst Arbeitssucht ist heute kein ironisches Wortspiel mehr, sondern seriöser Forschungsgegenstand.
Die Auffassung darüber, was S. eigentlich sei bzw. wo sie beginnt, gehen recht weit auseinander. Definitionen von S. differieren nicht nur nach theoretischem Standort und empirischem Zugang, sondern auch nach dem Stellenwert, den der Definierende dem eigenen Verhalten bezüglich seiner süchtigen Komponenten zumißt. Die S. der anderen ist allemal leichter zu bestimmen und zu bewerten als die eigene. Auf gesellschaftlicher Ebene findet dieses individuelle Zuschreibungsverhalten in der definitorischen Abdrängung Süchtiger in die *Randgruppen*-Existenz seine Entsprechung.
Für die wissenschaftliche Diskussion ist es nicht viel einfacher als für die allgemeine Sprachkonvention, zwischen harmlosen Marotten und krankhaften Symptomen zu unterscheiden. Nach allgemeinster wissenschaftlicher Übereinstimmung ist S. ein zwanghafter Drang, durch bestimmte Reize oder Reaktionen Lustgefühle oder -zustände herbeizuführen bzw. Unlustgefühle zu vermeiden. Die S. stellt einen Versuch dar, Bedürfnisse unmittelbar und unter Umgehung all der Verhaltensweisen zu befriedigen, die natürlicherweise zu ihrer Befriedigung führen. Der Zwang, unter dem der Süchtige dabei steht, ist mit einem Mangel an Selbstkontrolle gleichzusetzen. Ziel des Suchtverhaltens und Inhalt des Lustzustandes ist der Aufbau einer Scheinwelt i.S. einer Realitätsflucht.
Die Wege, derer sich ein Süchtiger bedient, sind unterschiedlich. Prinzipiell ist zwischen stoffgebundener und stoffungebundener S. zu unterscheiden. Unter stoffgebundener S. versteht man alle Verhaltensweisen, bei denen dem menschlichen Körper Stoffe mit dem

Ziel des Mißbrauchs zugeführt werden. Unter stoffungebundener S. sind alle anderen süchtigen Entartungen menschlichen Interesses zu verstehen. Wegen der erheblich größeren gesundheitlichen Risiken und der stärkeren sozialen Auffälligkeit der stoffgebundenen S. gilt öffentliches wie wissenschaftliches Interesse in erster Linie dieser Form der S.

Neben dem Begriff der S. werden in der wissenschaftlichen Literatur eine Reihe anderer Kategorien wie Süchtigkeit, Mißbrauch, Gewöhnung (engl.: habituation), Abhängigkeit (engl.: addiction) usw. verwendet; weniger gebräuchlich, aber in der französischen Sprache einheitlich und dort gleichwertig wie Kleptomanie, Pyromanie usw. benutzt, ist der Begriff der Toxikomanie. Um die internationale Sprachverwirrung auf diesem Gebiet zu beenden, regte 1964 eine Sachverständigenkommission der Weltgesundheitsorganisation (WHO) an, künftig nur noch den Begriff der *Drogenabhängigkeit* (drug-addiction) zu verwenden und dabei zwischen psychischer und physischer Abhängigkeit zu unterscheiden. Von seelischer Abhängigkeit soll nach dieser Definition gesprochen werden, wenn durch die Einnahme der Droge »Zufriedenheit« (Eddy u.a. 1965) entsteht, wenn also eine Art von psychischem Zwang zur Wiederholung auch schon nach einmaligem Konsum einer Droge besteht. Von körperlicher Abhängigkeit soll nach dieser Definition gesprochen werden, wenn nach mehrfachem Konsum einer Droge eine körperliche Toleranz gegenüber ihrer Wirkung entsteht, die zu einer Dosissteigerung führt und beim Absetzen der Droge Entzugssymptome hervorruft. Psychische Abhängigkeit läßt sich im äußeren Verhalten als ein gelegentliches oder auch häufigeres Suchen nach der Droge (»drug seeking behavior«) beobachten, physische Abhängigkeit läßt sich als eine Art von fragmentarischem oder punktuellem Leben beobachten, physisch Abhängige leben nur von einer Dosis auf die nächste hin, sie sind ohne Drogeneinwirkung außer sich und nur unter Drogeneinfluß bei sich. Die psychische Abhängigkeit entsteht rascher als die physische, deren Entwicklung sich nach Art und Häufigkeit des Drogenkonsums richtet. Physische Abhängigkeit schließt die psychische Abhängigkeit immer mit ein. Psychische Abhängigkeit bestand in ihren Grundzügen meist schon vor dem ersten Konsum einer Droge. Deshalb ist auch die Behandlung einer psychischen Abhängigkeit ungleich viel schwieriger als die der physischen Abhängigkeit, denn sie besteht nach Absetzung einer Droge oft noch jahrelang fort. Die Entdeckung der psychischen Abhängigkeit als des zentralen Problems der S. hat denn auch in den letzten Jahren zunehmend mehr dazu geführt, daß S. nicht als Krankheit im eigentlichen Sinne, sondern als Symptom für tieferliegende bzw. dahinter verborgene Schwierigkeiten der Persönlichkeitsstruktur und -entwicklung aufgefaßt wird.

Neben der Definition von Abhängigkeit legte die Sachverständigenkommission der WHO eine Typologie von Abhängigkeiten vor, die den internationalen Erfahrungen auf diesem Gebiet und dem Auftreten einer Reihe neuer Drogen Rechnung trug. Danach werden unterschieden: die Abhängigkeit von Morphin-Typ (Opium, Morphium, Heroin), vom Barbiturat-/Alkohol-Typ (barbitursäure- oder bromhaltige Beruhigungs- oder Schlafmittel sowie Alkohol), vom Amphetamin-/Khat-Typ (alle »wachmachenden« Stoffe sowie das v.a. in Ostafrika vorkommende amphetaminhaltige Naturprodukt Khat), vom Cocain-Typ (Substanz aus den Blättern des südamerikanischen Coca-Strauches), vom Cannabis-Typ (Haschisch und Marihuana aus der weiblichen Pflanze des indischen Hanfes), vom Halluzinogen-Typ (eine Vielzahl synthetischer »trips« wie LSD, DOM, STP, sowie Mescalin aus dem in Mexiko wachsenden Peyote-Kaktus), schließlich vom spezifischen Opiat-Antagonist-Typ (Stoffe, die die Wirkung von Opiaten aufheben oder ersetzen sollen, deshalb auch in der Therapie Verwendung finden, aber »umkippen« und ihrerseits Abhängigkeit erzeugen können).

Diese Klassifikation hat sich im Bereich der Forschung und des internationalen Austausches durchaus bewährt. Sie wurde zur Grundlage umfangreicher epidemiologischer Untersuchungen gemacht und in den internationalen Code der Krankheiten aufgenommen (ICD 304.0–304.9). Sie ist jedoch aus mehreren Gründen für die Praxis von SozArb/SozPäd nicht ausreichend:

1. Es fehlen eine Reihe von suchterzeugenden Stoffen. In jedem Falle bedürfte die Abhängigkeit vom Nikotin-Typ der Aufnahme, da auch für das Rauchen gilt, daß es sowohl zu psychischer als auch zu physischer Abhängigkeit führen kann. Darüber hinaus gibt es zahlreiche weitere mißbrauchsfähige Stoffe, die z.T. allerdings nur regionale Bedeutung besitzen, wie z.B. Klebstoff- bzw. Farbenverdünner oder Benzin, deren Dämpfe eingeatmet werden. Überdies ist fast jedes Medikament, sofern es überdosiert oder ungewöhnlich appliziert wird, mißbrauchsfähig.

2. Es gibt zunehmend weniger »reine Typen«. Vielmehr geht die Tendenz überall dort, wo illegal konsumiert wird, wo also der »Nachschub« des gewohnten Mittels nicht immer gewährleistet ist, zunehmend dahin, daß sog. ›Polytoxikomane‹ (von mehreren Stoffen gleichzeitig Abhängige) produziert werden.

3. Die WHO-Definition geht allein von der stoffgebundenen S. aus. Der ganze Bereich der stoffungebundenen S., wie er durch die eingangs erwähnten umgangssprachlichen Ausdrücke angedeutet wurde, fällt dabei heraus.

Für den Praktiker der SozArb/SozPäd sind jedoch eine Vielzahl exzessiver Verhaltensweisen von Bedeutung, die die normalen Lebensfunktionen wie Existenzsicherung, soziale *Interaktion* und Kommunikation seiner Klienten beeinträchtigen. *Alkoholismus* und Drogenabhängigkeit sind nur zwei – wenn auch die schwerwiegendsten – Ausprägungen von S. Im Alltag der professionellen Arbeit im Sozialbereich werden – von der Vorschule bis zur Altenpflege – alle Formen süchtigen Verhaltens auftreten. Deshalb ist für SozArb/SozPäd der alte Suchtbegriff eigentlich einschlägig.

Danach sollen unterschieden werden:
- Marotten oder »Spleens« wie Sammelsucht, Naschsucht, Spielsucht, Fernsehsucht, Comicsucht usw., die jedoch, sofern sie zur hauptsächlichen Lebensfunktion werden, auch krankhaften (patholischen) Charakter annehmen können; insbesondere die Spielsucht ist – seit der sehr viel stärkeren Verfügbarkeit von Glücksspielautomaten, zu einem bedeutenden sozialen Problem geworden;
- geschlechtsspezifische Formen der Sucht wie Bulimia oder Anorexia (Freß- und Mager-S.); mehr und mehr wird in der geschlechtsspezifischen SozArb auf das Problem einzugehen sein;
- verdeckte S.-Formen wie Arbeits-S. oder Gefall-S.;
- pathologische Monomanien wie Kleptomanie oder Pyromanie, die nicht nur eine Selbstschädigung, sondern auch eine Fremdschädigung bedeuten;
- süchtiges Rauchen, das noch am ehesten als »Einstieg« in eine Drogenkarriere, d.h. in weitere stoffgebundene Suchtformen angesehen werden kann;
- Alkoholismus, wobei zu berücksichtigen ist, daß bei Kindern und Jugendlichen der Schritt von der psychischen zur physischen Abhängigkeit sehr viel schneller vollzogen ist als bei Erwachsenen;
- Medikamentenabhängigkeit, die vorrangig die Selbstmedikation, d.h. Medikamenteneinnahme ohne ärztliche Verordnung, meint;
- Drogenabhängigkeit, bei der Medikamente oder andere Drogen aus nichtmedizinischen Gründen und zum Zweck des Mißbrauchs konsumiert werden.

Bei den harmloseren Formen, die hier genannt sind, ist ebenso wie bei dem Probier- oder Experimentierverhalten mit den gefährlicheren Drogen zu beachten, daß sie eine tragische Drogenkarriere bis hin zur völligen körperlichen Abhängigkeit vorbereiten oder begünstigen können. Der SozArb wird deshalb immer auf die Entwicklung süchtigen Verhaltens achten müssen, wenn er verhindern will, daß neben den persönlichen und materiellen Abhängigkeiten, denen seine Klienten gewöhnlich ausgeliefert sind, auch noch Abhängigkeiten von Verhaltensweisen oder Suchtstoffen entstehen. Pädagogische Hebel dafür können nur die eigene Vorbildfunktion und die Untersuchung und Bearbeitung der Ursachen, die schon hiner den ersten Ansätzen von Suchtbildung liegen, sein. *W. Heckmann*

Literatur: Arbeitsergebnisse der Suchtforschung (hrsg. v. W. Heckmann) – bisher 15 Bde. seit 1981 – Deutscher Studien Verlag, Weinheim; N.B. Eddy/H. Halbach/H. Isbell/M.H. Seevers: Drug dependence: Its significance and characteristics, in: Bull. WHO 32/1965, 721–733; V.E. v. Gebsattel: Zur Psychopathologie der Sucht, in: Stud. gen. I/1948, 257–265; W. Heckmann: Drogenkonsum und Drogenabhängigkeit in unserer Gesellschaft, in: psychosozial 4/1981; weitere Literatur s. *Drogenabhängigkeit*.

Suicid

S. (auch Freitod, Selbstmord, Selbsttötung) bezeichnet die absichtlich, in ca. 75% vorher mitgeteilte und/oder angedrohte Vernichtung des eigenen Lebens durch Vergiften (Schlafmittel, andere Medikamente und Giftmittel, Gas, Ertränken, Erschießen, Erhängen, Öffnen der Pulsadern, absichtlich herbeigeführte Unfälle usw.). Nach Schätzung der WHO sterben jährlich ca. 1/2 Mio. Menschen durch S. Medizinisch ist der Selbstmord v.a. eine Gefährdung bei psychotischen Erkrankungen, vorrangig der depressiven. Die Suicidrate beträgt in der BRD, Österreich, Schweden, Dänemark und Japan ca. 20, in den USA ca. 10,5, in Irland und Neuseeland ca. 6 auf 100000 Einwohner. S. werden häufiger von Männern (Verhältnis Männer zu Frauen ca. 2:1), Suicidversuche (nach Schätzungen 10mal häufiger) überwiegend von Frauen (Verhältnis Männer zu Frauen 1:2) begangen. Die Suicidtendenz nimmt im Alter (Friedrich/Schmitz-Scherzer; Hirsch) deutlich zu (bei Männern über 65 Jahre ca. 55 auf 100000). Vom erweiterten S. spricht man, wenn dem bereits beschlossenen S. die Tötung anderer (meist der Kinder oder des Ehepartners) vorausgeht.

Einen Überblick über die Suicidrate im ehemaligen Bundesgebiet, im Gebiet der ehemaligen DDR und in Deutschland zeigen die folgenden Tabellen (St.JB 1992):

Sterbefälle durch Selbstmord und Selbstbeschädigung (je 100000 Einwohner):

ehemaliges Bundesgebiet

1988	17,3	(24,5 Männer,	10,7 Frauen)
1989	16,2	(23,0 Männer,	9,9 Frauen)
1990	15,4	(21,8 Männer,	9,4 Frauen)

ehemalige DDR

1987	30,3	(41,6 Männer,	19,9 Frauen)
1988	28,7	1988 u. 89	
1989	25,9	Verteilung nicht bekannt	

Deutschland

1987	21,4	(29,9 Männer,	13,6 Frauen)
1988	19,9	1988 u. 89	
1989	18,4	Verteilung nicht bekannt	

Altersverteilung in der ehemaligen BRD (1990), in der ehemaligen DDR (1989) und in Deutschland (1989):

ehemalige BRD 1990
insgesamt 15,6 (22,1 Männer, 9,5 Frauen)[1]

Alter	6853 Männer	3142 Frauen
1– 5	–	–
5–15	13	3
15–25	677	194
25–45	2103	663
45–65	2385	979

65–75	675	539
über 75	1018	764

ehemalige DDR 1989
insgesamt 25,8 (36,1 Männer, 16,4 Frauen)

Alter	2875 Männer	1419 Frauen
1– 5	–	–
5–15	10	–
15–25	186	57
25–45	788	191
45–65	1054	461
65–75	261	265
über 75	576	445

Deutschland 1989 18,5 (26,2 Männer, 11,3 Frauen)

Alter	9912 Männer	4634 Frauen
1– 5	–	–
5–15	27	3
15–25	865	243
25–45	2838	842
45–65	3352	1546
65–75	990	832
über 75	1640	1168

[1] Die – leichte – Differenz zu den o. g. Zahlen wird im Stat. JB nicht erklärt.

Soll man von Selbstmord, Selbsttötung oder Freitod sprechen? Selbstmord weckt Assoziationen zu Mord und diskriminiert die Handlung als Quasi-Verbrechen (Sack), Freitod hingegen unterstellt eine Fiktion von freiem Willen und freier Entscheidung (Kind), die ebenfalls problematisch ist. Eine sichere Abgrenzung zwischen S. und anderen Verhaltensweisen, bei denen das Todesrisiko billigend in Kauf genommen wird, ist psychologisch nicht möglich. Insofern sind auch die offiziellen statistischen Angaben irreführend. Ihre Vergleichbarkeit wird zudem dadurch beeinträchtigt, daß die Erfassungsmethoden in verschiedenen Ländern zeitlich und regional unterschiedlich sind. Auch das Dunkelfeld ist schwer einzuschätzen, da andere Todesursachen (Unfall, Mord) sich mitunter nicht sicher abgrenzen lassen und soziale Gründe (Ruf, Ansehen) und materielle (Versicherungen) dafür sprechen können, einen S. zu verschleiern. Zuverlässige Dunkelfeldeinschätzungen gibt es nicht; man spricht von 3–5 nicht erkannten oder nicht identifizierten S. auf einen offiziell registrierten. Noch schwieriger einzuschätzen ist die Zahl der Suicidversuche. Stengel nimmt das 6–10fache der S. (129–215 auf je 100000 Einwohner) an. Subsumiert man unter den Suicidbegriff darüber hinaus suicidverwandte Formen *abweichenden Verhaltens* (*Sucht*, *Alkoholismus*, risikoreiche Sportarten), so ist gesamtgesellschaftlich von einer erheblich höheren Suicidrate auszugehen als die offiziellen Statistiken angeben.

Über die Ursachen gibt es zahlreiche Hypothesen, jedoch nur wenige fundierte Untersuchungen. Während die *Psychiatrie* geneigt ist, den S. zu pathologisieren (Thomas, Ringel), gehen andere Untersucher davon aus, daß es für diese Handlung eine »vernünftige« Begründung geben könne (Balluseck). Zwischen diesen Polen liegen die Arbeiten verschiedener Autoren, die die Suicidneigung weder in den Bereich geistiger Gesundheit noch geistiger *Krankheit* ansiedeln und sich statt dessen bemühen, die innere Dynamik zu erforschen, die einen Menschen zu dieser Handlung motiviert. Die Möglichkeit, differenziertere Forschungsansätze und damit auch potentiell Hilfe für Suicidgefährdete zu verwirklichen (Finzen), besteht erst, seitdem sich die gesellschaftliche Diskriminierung (Simson spricht von »Suicidtat«) gelockert hat. Aufschlußreich für die rechtliche Behandlung dieses Problems ist die Veröffentlichung von Simson über die ineffektiven Versuche in verschiedenen Ländern, mit rechtlichen *Sanktionen* dieses Problem zu lösen.

Die Untersuchungen an Jugendlichen von Jacobs, der die Bedeutung der sozialen Beziehung, des »significant other«, herausgearbeitet hat, von Ringel (1967) über das »präsuicidale Syndrom« (Einengung der Interessen, gehemmte Aggression, Selbstmordphantasien) und Henseler, der den S. als Versuch der Wiederherstellung eines gestörten narzißtischen Gleichgewichts analysiert, sind sowohl heuristisch als auch therapeutisch wichtig. Die Dynamik depressiver (»melancholischer«) Krankheiten ist von Freud in »Trauer und Melancholie« dargestellt und von Menninger um einige wichtige Aspekte bereichert worden, wie z. B. den der psychodynamischen Nähe zu bestimmten anderen menschlichen Verhaltensweisen, die, wenn auch nicht akut, so doch nicht minder konsequent zur Selbstvernichtung führen (Askese und Märtyrertum, bestimmte neurotische Krankheiten, Alkoholismus und asoziales Verhalten). Von ihm stammt auch der Begriff des fokalen Selbstmords (Selbstverstümmelung, zahlreiche Operationen, absichtliche Unfälle, Impotenz und Frigidität).

Als Soziologe hat Durkheim versucht, die Zusammenhänge von S. (er spricht von »moralischer Krankheit«) und sozialer Struktur zu untersuchen. Nachdem er aufgrund seines Materials Einflüsse von Klima, Rasse und gesundheitlichen Bedingungen auf die Suicidrate meinte ausschließen zu können, glaubte er in der sozialen Desintegration (im Gegensatz zur sozialen Kohäsion) einen wichtigen Faktor zur Erklärung des Phänomens gefunden zu haben. Er wandte sich radikal gegen einen nur biologischen Krankheitsbegriff und gegen die Qualifikation des Selbstmords als einer individuellen Krankheit. Hinsichtlich der Veränderbarkeit äußerte er sich pessimistisch, da er annahm, daß eine gewisse Rate gesellschaftlicher Pathologie unvermeidbar ist. Seine Untersuchung ist auch heute noch lesenswert.

Ungelöst ist trotz zahlreicher Publikationen das Problem der Prophylaxe und Therapie, wie sich an den über Jahrzehnten relativ gleichbleibenden offiziellen Suicidraten erkennen läßt. Wie weit verbreitet auch in der Wissenschaft der therapeutische Pessimismus ist, zeigt sich an der Diskussion über S. und Euthanasie (als Sterbehilfe bei chronisch und unheilbar Kranken), Themen, die auf Kongressen und in Veröffentlichungen nicht selten gemeinsam abgehandelt werden. Einige Autoren (Hatten u. a., Szacz) stellen grundsätzlich die Legitimation zum Eingreifen (Verhinderung von S.) in Frage. Therapeutische Passivität als Gegensatz zur Aktivität (das ethisch geforderte Helfen), letztere insbesondere durch zahlreiche freiwillige Helfer (Telefonseelsorge, Kriseninterventionsstellen), wird konsequent von Pohlmeier diskutiert, der ebenfalls darauf hinweist, daß die Suicidrate in der BRD – bis auf Einschnitte 1948 und 1953 – relativ konstant geblieben ist, obgleich sich im letzten Jahrzehnt die Zahl der Helfenden vervielfacht hat. Pohlmeier thematisiert auch die letzteren, ihre innere Nähe zu den Suicidanten (Helfenwollen bei eigener Hilflosigkeit, Angst vor dem Tod, vor Aggression und Verlust der eigenen Person) und stellt einen Katalog von wünschenswerten Eigenschaften (Angstfreiheit, Demut, Uneigennützigkeit, Geduld, Toleranz, Respekt, Sachlichkeit, sorgfältiges Nachdenken und Nächstenliebe) der Helfenden auf, der zugleich unspezifisch – weil wünschenswert für jede berufliche soziale Tätigkeit – als auch ideal ist. Er enthüllt allerdings, welche unbewußten Motivationen oft genug *Klienten* und Helfer verbinden: die von Henseler beschriebene Spannung zwischen Ichidealforderungen und der gesellschaftlichen oder individuellen Unfähigkeit, diesen Anforderungen auch nur annähernd gerecht zu werden, zu mindern. Diese – größtenteils unbewußte – Gemeinsamkeit ermöglicht zwar einerseits die Herstellung eines sozialen Kontaktes auf der Basis eines gemeinsamen Ichideals, beseitigt jedoch andererseits nicht die Grundproblematik, die in jedem Akt der Selbsttötung enthalten ist, das Unwerturteil über die Welt (das Selbst, die Freunde, die Gesellschaft, das Leben), weil sie den – oft unbewußten – idealen Vorstellungen nicht entspricht.

Die unbewußte Dynamik zeigt sich auch im Verlauf der wissenschaftlichen Diskussion, die sachlich nicht zusammengehörige Dinge wie Selbstmord und Euthanasie verbindet über die reichlich brüchige Brücke des Rechts des Menschen auf Selbstbestimmung. Auch ein Sterbender ist für die, die ihn lieben, ein Lebender. Der Verlust an liebevollen (libidinösen) Bindungen ist ein Problem unserer Gesellschaft, das in zahlreichen Arbeiten zur Suicidthematik zwar immer wieder anklingt als ein Problem der Klienten, nicht aber als Problem der Helfenden. Das Zugeständnis der Freiheit des Menschen zu sterben, wann er will, ist sicher unbewußt nicht selten das Zugeständnis der Freiheit der Lebenden, sich der Last eines Sterbenden (Suicidanten, unheilbar-Kranken, Alten) entledigen zu dürfen. Aufgrund ihrer eingeschränkten Lebens- und Liebesfähigkeit führen diese Kranken auch die Helfenden an die Grenzen ihrer eigenen Lebens- und Liebesfähigkeit, ein narzißtischer Konflikt, dessen aggressive Seite im passiven Gewährenlassen oder gar in der aktiven Unterstützung unverkennbar ist. Wichtiger als das aktive Eingreifen oder Nichteingreifen der Helfenden – ersteres oft unter Anwendung von unmittelbaren Zwangsmaßnahmen wie Klinikeinweisung – ist die Aufrechterhaltung eines liebevollen Angebots selbst dann, wenn der Adressat aus rationalen und emotionalen, bewußten und unbewußten Gründen dieses vorübergehend zurückweist (Diekstra/Enery). Die Untersuchungen von Henseler enthalten hierzu mehr klinisches Material als theoretisch verarbeitet wurde. Ihnen ist auch zu entnehmen, daß der Suicidant, die Angehörigen und die Helfenden weniger mit dem Tod als vielmehr mit dem Sterben und der Krankheit konfrontiert werden, einer Krankheit, die sich als Verlust der Liebesfähigkeit beschreiben läßt. Deshalb ist auch für den Klienten die Zuwendung wichtiger als ein intellektuelles Aufarbeiten von Konflikten (Dorrmann). Diese ist allerdings nur dann möglich, wenn der Sterbende und der Sterbenwollende für die anderen seine Bedeutung als Mensch, Mitmensch und Freund behält. Die seelischen Konflikte, die bei den Angehörigen und den Helfenden durch die Betreuung ausgelöst werden, machen eine Betreuung der Betreuenden durch *Supervision* und Angehörigengruppen (Böhle, Ide) (*Selbsthilfe/Selbstorganisation*) notwendig. *G. Hardtmann*

Literatur: A. Alvarez: Der grausame Gott, eine Studie über den Selbstmord, Frankfurt/M. 1985; J. Améry: Hand an sich legen. Diskurs über den Freitod, Stuttgart [6]1979; L. v. Balluseck: »Selbstmord«. Tatsachen, Probleme, Tabus, Praktiken, Bad Godesberg 1965; S. Böhle: Damit die Trauer Worte findet. Gespräche mit Zurückbleibenden nach einem Suizid, München 1992; R. Diekstra/G. McEnery: Der letzte Ausweg. Denkanstöße für Selbstmordgefährdete, Hamburg 1992; W. Dorrmann: Suizid. Therapeutische Interventionen bei Selbsttötungen, München 1991; E. Durkheim: Der Selbstmord, Neuwied/Berlin 1973 (1897); A. Eser (Hrsg.): Suizid und Euthanasie als human- und sozialwissenschaftliches Problem, Stuttgart 1976; V. Faust/M. Wolfersdorf (Hrsg.): Suicidgefahr, Stuttgart 1984; A. Finzen: Suizidprophylaxe bei psychischen Störungen. Leitlinien für den therapeutischen Alltag, Bonn 1989; S. Freud: Trauer und Melancholie. Ges. Werke Bd. X, Frankfurt/M. 1967 (1917); I. Friedrich/R. Schmitz-Scherzer (Hrsg.): Suizid im Alter. Kasseler gerontologische Gespräche Bd. 2, Darmstadt 1992; C.L. Hatten/S. McBride Valente/A. Rink: Suicide. Assessment & Intervention, New York 1977; H. Henseler: Narzißtische Krisen. Zur Psychodynamik des Selbstmordversuchs, Reinbek 1974; R.D. v. Hirsch: Altern und Depressivität, Bern 1982; H. Ide: Wenn Kinder sich das Leben nehmen. Klage, Trauer, und die Zeit danach, Stuttgart 1992; J. Jacobs: Selbstmord bei Jugendlichen. Erklärung, Verhinderung, Hilfe, München 1974; J. Kind: Suizidal. Die Psychoökonomie einer Suche, Göttingen 1992; M. Klemann: Zur frühkindlichen Erfahrung suizidaler Patienten, Frankfurt/M. 1983; K. Menninger: Selbstzerstörung. Psychoanalyse des Selbstmords, Frankfurt/M. 1974 (1938); H. Pohlmeier: Selbstmord und Selbstmordverhütung, München 1978; E. Ringel u.a.: Sucht und Suicid, Freiburg 1976; E. Ringel (Hrsg.): Selbstmordverhütung, Bonn 1969; J. Roman: Freiwillig aus dem Leben, Frankfurt/M. 1981; F. Sack: Selbstmord, in: A. Bellebaum (Hrsg.): Die moderne Gesellschaft, Freiburg 1972; G. Simson: Die Suizidtat. Eine vergleichende Betrachtung, München 1976; Statistisches Bundesamt (Hrsg.): Statistisches Jahrbuch 1992 für die Bundesrepublik Deutschland, Stuttgart/Mainz 1992; E. Stengel: Selbstmord und Selbstmordversuch, Frankfurt/M. 1969; K. Thomas: Handbuch der Selbstmordverhütung, Stuttgart

1964; T. Szacz: The Ethics of Suicide, in: The Antioch Review 31/1971, 7–17; P.R. Wellhöfer: Selbstmord und Selbstmordversuch, Stuttgart 1981; R. Welz/H. Pohlmeier (Hrsg.): Selbstmordhandlungen. Suicid und Suicidversuche aus interdisziplinärer Sicht, Weinheim 1981.

Supervision

1. Definitionsversuch: S. ist ein regelgeleiteter Beratungsprozeß, in dem es wesentlich um die systematische Reflexion beruflichen Handelns geht. Im Zentrum der Beratung stehen Probleme und Konflikte, die die Professionellen im Umgang mit ihren *Klienten* bzw. Patienten erleben. Neben dieser Form, die als fallbezogene S. bezeichnet wird, können weitere Themenbereiche, z.B. Interaktionsprobleme in der Kollegengruppe oder Schwierigkeiten mit den institutionellen und organisatorischen Rahmenbedingungen, Gegenstand der S. sein. Auch berufsbiogrpahische Krisen bieten sich als potentielle Beratungsthemen an. Die Problemdarstellungen erfolgen aus der Perspektive der Supervisanden, wobei neben beschreibenden Sachverhaltsdarstellungen v.a. das subjektive Erleben, Erfahrungen und Gefühle thematisiert werden.

S. hat sich hauptsächlich in therapeutischen, sozialen und pädagogischen Handlungsfeldern sowie in der Fort- und *Weiterbildung* für diese Bereiche etabliert. Im Rahmen der Professionalisierung der S. gibt es gegenwärtig Beühungen, S. in profitorientierten Dienstleistungsbereichen und in der Unternehmensberatung anzusiedeln.

Im wesentlichen können wir drei Formen mit unterschiedlichen Zielsetzungen und Strukturmerkmalen, nämlich Einzel-, Gruppen- und Teamsupervision unterscheiden. Bezogen auf die angewandten Methoden und Verfahren, also etwa psychoanalytische, gruppendynamische, gesprächstherapeutische, gestaltorientierte etc. Ansätze ist eine Differenzierung nach minimal strukturierten Supervisionsverfahren einerseits und höherstrukturierten Verfahren andererseits sinnvoll. Von minimal strukturierten Methoden sprechen wir, wenn – wie z.B. in psychoanalytisch orientierten Ansätzen – nur wenige formale Vorgaben für den Prozeß von Seiten des Supervisors gemacht werden. Dabei handelt es sich v.a. um die Festlegung des räumlichen und zeitlichen Settings, die Entscheidung darüber, ob fall- bzw. gruppenbezogen oder mit einer Mischform gearbeitet werden soll und natürlich auch um die Rollendifferenzierung nach Supervisor und Supervisand bzw. Supervisandengruppe. Bei höher strukturierten Supervisionsformen werden Kommunikationsregeln vorgegeben, Spiele veranstaltet oder bildnerische Medien eingesetzt. Die beiden Grundtypen unterscheiden sich v.a. darin, daß in den minimal strukturierten Verfahren die autonome Selbstartikulation der Supervisanden und die weitgehend ungehinderte Emergenz des Supervisionsprozesses besonders große Spielräume haben, während diese in den höherstrukturierten Verfahren durch Kommunikationsvorgaben und Handlungsparameter notwendig eingeschränkt sind.

2. Geschichte: Historisch ist S. einerseits aus der Tradition der amerikanischen SozArb, andererseits aus der Psychoanalyse hervorgegangen. Folgt man der Anlyse Kadushins, so lassen sich Vorformen der S. in den USA bereits im 19. Jh. nachweisen. Sie entstand als methodisch weitgehend unstrukturierte Beratung ehrenamtlicher Mitarbeiter der Wohlfahrtspflege. Mit der Herausbildung des casework, der Einzelfallhilfe in den 20er Jahren (*Methoden der Sozialarbeit/Sozialpädagogik*) erfährt S. eine gewisse *Professionalisierung*. Allmählich etabliert sich die »Beratung der Berater« zum Standardangebot sozialer Einrichtungen für ihre Mitarbeiter. Mit der Eingliederung der S. ins institutionelle System der amerikanischen SozArb sind zugleich Tendenzen zur Ausweitung administrativer Kontrolle über die Mitarbeiter bis hin zu dem Umstand, daß Informationen aus der S. zur Gehaltseinstufung herangezogen werden, verbunden. Trotz der methodischen Orientierung der S. am therapeutischen Diskurs spielen institutionelle Kontrollinteressen bis heute eine dominante Rolle in der amerikanischen Supervisionspraxis.

Neben der sozialarbeiterischen Tradition ist Psychoanalyse konstitutiv für S. Frühes Modell der »Beratung unter Supervision« ist die »Analyse des kleinen Hans«, die Freud 1909 veröffentlicht hat. Später haben u.a. Furer, Aichhorn, Anna Freud mit der Technik der »indirekten Analyse« gearbeitet Gemeinsames Ziel ist die beratende Unterstützung von Nichtanalytikern, also etwa Fürsorgerinnen, Erzieherinnen, Pädagogen in der therapeutischen Arbeit mit Klienten. Neben diesen Ansätzen, die nach dem vom Nationalsozialismus erzwungenen Exodus der Psychoanalyse weitgehend in Vergessenheit geraten sind, hat sich innerhalb der psychoanalytischen Ausbildung eine weitere Supervisionsform, die Kontrollanalyse, entwickelt. Die in Ausbildung befindlichen Analytiker unterziehen sich bei der Behandlung ihrer ersten eigenen Patienten einer systematischen Beratung durch erfahrene Kollegen, um die Anwendung des analytischen Verfahrens zu erlernen.

Die eigentliche Entwicklung der S. in Deutschland begann in den 50er Jahren und war bis zur Wiedervereinigung auf Westdeutschland beschränkt. Charakteristischerweise knüpft sie nicht an den psychoanalytischen Ansätzen der 20er und 30er Jahre an. Begrifflich und konzeptionell orientiert sie sich vielmehr an angelsächsischen und niederländischen Vorbildern. Retrospektiv lassen sich 4 Phasen – Pionier-, Expansions-, Konsolidierungs- und Professionalisierungsphase – unterscheiden. Ging es in den 50er und 60er Jahren, der Pionierphase v.a. darum, S. in enger Anlehnung an die ausländischen Modelle vorzustellen und zu propagieren, so folgte in den 70er Jahren, parallel zur reformpolitischen Ära, die Expansion der S. Die Nachfrage in den sozialen und therapeutischen Arbeitsfeldern überstieg das Angebot an qualifizierten Supervisoren, mit der Folge, daß die Fort- und Weiterbildung für S. ausgebaut wurde.

Die Entwicklung in der Expansionsphase war zunächst dadurch gekennzeichnet, daß die Einzelsupervision – parallel zu entsprechenden Tendenzen im Psychotherapiesektor – durch Methoden der Gruppensupervision ergänzt wurde. Eine weitere Veränderung gegenüber der Pionierphase bestand darin, daß neben SozArb allmählich auch andere Berufsgruppen Zugang zur S. fanden. Große Bedeutung für die Diskussion in der Expansionsphase hatte die Kontroverse um den politischen Stellenwert der S. Während sie von Vertretern der systemkritischen SozArb als als Anpassungsinstrument für SozArb und Klienten an die schlechte Wirklichkeit »entlarvt« wurde, galt sie den methodenorientierten Autoren als Heilbringerin im trüben Berufsalltag.
Seit Ende der 70er Jahre hat sich die boomhafte Nachfrage nach S. verstetigt. Entgegen Prognosen, die einen Nachfrageeinbruch in Folge der Finanzknappheit der Trägerverbände vorausgesagt haben, ist dieser bisher ausgeblieben. Das Gesamtvolumen des Supervisionsmarktes scheint vielmehr auch gegenwärtig noch nicht an Sättigungsgrenzen gestoßen zu sein. Charakteristisch für die Konsolidierungsphase ist die Entwicklung höherspezialisierter Fragestellungen in der Supervisionsdiskussion. Bedeutenden Anteil daran hat die Zeitschrift »Supervision«. Ein weiteres Merkmal ist die Anlehnung der Supervisionsmethoden an die Psychotechniken. Parallel zu den einschlägigen Tendenzen auf dem Therapiemarkt werden Elemente aus Gruppendynamik, Gestalttherapie, Psychodrama, Bioenergetik etc. eklektizistisch in die Supervisionspraxis eingeführt. Kritisch läßt sich dagegen einwenden, daß es sich bei der Übernahme der Psychotechniken um unangemessene Adaptationsversuche handelt, da sich die Problemstellungen der S. nicht unwesentlich von den therapeutischen Kontexten der Psychotechniken unterscheiden. Eine nennenswerte Supervisionsforschung, die Beiträge zur Begründung und Weiterentwicklung der S. als eigenständiger Beratungsform hätte liefern können, hat sich bis heute kaum etabliert.
Nachdem S. sich als eigenständige Beratungsmethode etabliert hat und in vielen Arbeitsfeldern inzwischen zum akzeptierten Standard gehört, scheint gegenwärtig die Professionalisierung im Vordergrund zu stehen. Wesentliche Impulse gehen dabei von der »Deutschen Gesellschaft für Supervision« (DGSV) aus. Der Prozeß zeichnet sich dadurch aus, daß zum einen Anwendungsbereiche definiert und ausgedehnt sowie Qualifikationsprofile genauer bestimmt werden, und daß zum anderen die Zugangswege zur Tätigkeit als Supervisor durch formalisierte Fort- und Weiterbildungsrichtlinien reguliert werden. Damit soll der Kreis derjenigen, die S. anbieten dürfen, auf Absolventen spezialisierter Weiterbildungen im Interesse der Sicherung von Marktpositionen begrenzt werden.

3. Elemente des Supervisionsdiskurses: Die erstaunliche Entwicklung der S. seit den 70er Jahren läßt sich als Resultat veränderter Formen der Problemwahrnehmung und -verarbeitung in den Feldern sozialer, therapeutischer und pädagogischer Arbeit und der damit verbundenen Krise tradierter professioneller Strategien verstehen. An die Stelle administrativer, auf soziale Ausgrenzung zielender Maßnahmen treten verstärkt Versuche der Sozialisation und Resozialisation von Klienten bzw. Patienten. Dieser Aufgabenwandel verringert die ehemals fest institutionalisierte Distanz der Professionals zu ihren Klienten.
Daraus ergeben sich gravierende Interaktionsprobleme auf zwei Ebenen: zunächst zwischen SozArb bzw. Therapeut und Klient/Klientengruppe, gleichzeitig aber auch auf derjenigen zwischen SozArb/Therapeuten und den beauftragenden Institutionen. Charakteristisch ist, daß die Probleme gleichermaßen psychische und sachliche, affektive und institutionelle Dimensionen der Interaktion tangieren. S. ist nun der Versuch, diese spezifische Problemkonstellation sozialer und therapeutischer Arbeit mit Hilfe einer »besonderen Gesprächssituation« (Argelander) systematisch zu erarbeiten. In einem festgelegten Setting, das die Häufigkeit der Sitzungen, die Zusammensetzung der Gruppe, Zeit, Ort und Bezahlung regelt, thematisiert der Supervisand bzw. die Supervisandengruppe in freier Assoziation, teilweise auch anhand von Tonband- bzw. Filmaufzeichnungen, berufliche Situationen, die ihm problematisch erscheinen. Das rekonstruierende Wiedererinnern des Falles und die daran sich anschließende Exploration sind die erste wesentliche Stufe des Supervisionsprozesses. Für den Supervisanden stellt sich hier meist schon ein Stück Distanz zur Erlebnisunmittelbarkeit ein, die sein Handeln im konkreten Fall bestimmt hat. Im Fall der Einzelsupervision vollzieht sich dieser Prozeß ausschließlich zwischen Supervisor und Supervisand, während in der Gruppensupervision die Kollegen (Mitsupervisanden) bei der Exploration mitwirken. Die Aufgabe des Supervisors besteht darin, die oft nicht bewußten Konflikte des Supervisanden aus seiner Darstellung zu erschließen und ihm durch entsprechende Intervention zugänglich zu machen. Je nach methodischer Ausrichtung des Supervisors werden dazu verschiedene Techniken, wie Verstärkung, Konfrontation, Spiegelung, Deutung etc. verwandt. Durch diese Interventionen, die man theoretisch als versuchsweise Einsetzung von Sinnpartikeln begreifen kann, wird das zunächst teilweise unverständliche, durch systemische Brüche gekennzeichnete Interaktionstableau zunehmend deutlich. Für den Supervisanden ergibt sich aus diesem Klärungsprozeß die Möglichkeit, das eigene Handeln und die mit ihm verbundenen Gefühle kennenzulernen und neue Handlungsmöglichkeiten zu antizipieren. Da es sich bei S. um einen längerfristigen, berufsbegleitenden Prozeß handelt, hat der Supervisand zugleich die Möglichkeit, die gewonnenen Einsichten in der eigenen Praxis versuchsweise umzusetzen, um dann erneut über die Erfahrungen reflektieren zu können. Neben den verbreiteten, auf verbaler Kommunikation beruhenden Supervisionsverfahren werden neuerdings auch Psychodramaformen eingesetzt. Die formale Struktur der Supervisionsdiskurses ist jedoch auch beim acting out durch den Dreischritt: Darstellung und Exploration des Konfliktes, Probehandeln auf-

grund der neu gewonnenen Erfahrungen und erneute Thematisierung in der Gruppe erhalten.
Im Unterschied zur Alltagskommunikation findet S. in einer geschützten Atmosphäre statt. Diese wird durch eine besondere Beziehung zwischen Supervisor und Supervisand bzw. Supervisor und Supervisandengruppe hergestellt. Nach psychoanalytischer Auffassung sind Prozesse von Übertragung und Gegenübertragung konstitutiv für eine Gesprächssituation, in der auch unangenehme Gefühle, wie Selbstzweifel, Minderwertigkeit, eigene Fehler u. ä. geäußert werden können. Durch das Übertragungsgeschehen erhält der vom Supervisanden berichtete Fall zugleich den Charakter einer aktuellen Inszenierung der eigenen Konflikte. So können etwa bei Gruppensupervisionen aus dem Gruppenprozeß Schlüsse und Interpretationen für den vorgetragenen Fall gezogen werden (Spiegelphänomen). Die Entstehung kontrollierter Übertragungsbeziehungen ist an bestimmte Voraussetzungen gebunden, zu denen als wichtigste ein Stück Abstinenz des Supervisors bzw. Gruppenleiters gehören. Unter Abstinenz verstehen wir eine distanzierte Haltung des Leiters, der sich nicht selber zum Gegenstand der Beratung macht, sondern den Supervisanden Raum für Projektionen und Phantasien läßt. Zur Analyse von Regressions- und Abwehrphänomenen ist Abstinenz unerläßliche Voraussetzung. Das soll nicht bedeuten, daß der Supervisor dem Supervisanden gefühllos gegenüberstände. Engagement und Einfühlung in ihre Interessen sind vielmehr Voraussetzung eines produktiven »Arbeitsbündnisses«. Bei der S. in der Kollegengruppe (peer-group-supervision), die gegenwärtig als demokratischere Alternative zur S. diskutiert wird, entfällt die »Abhängigkeit« zu einem Leiter. Zugleich begibt man sich damit jedoch auch in die Möglichkeit, die eigenen blinden Flecke, d.h. die unbewußten Anteile im Gruppenprozeß, transparent zu machen. Gleichwohl ist die peer-group-supervision für Praktiker, die bereits ein hohes Selbstreflektionsniveau und längere Teamerfahrungen haben, ein sinnvolles Arrangement. Neben dem für S. spezifischen interaktionsbezogenen Lernfeld, bei dem die Struktur des Handelnden besondere Beachtung erfährt, werden in Supervisionsprozessen auch andere Lerndimensionen aufgegriffen. So können Fragen der Methodik und Behandlungstechnik, der Diagnostik und Institutionsanalyse, bezogen auf die jeweils konkreten Fälle, zur Sprache kommen. In einigen Fällen kann bei entsprechenden Defiziten auch Theorievermittlung sinnvoll sein. Vor allem in der Arbeit mit professionell wenig qualifizierten Mitarbeitern kann es notwendig sein, daß der Supervisor vorübergehend Anleitungsfunktionen wahrnimmt. *A. Gaertner*

Literatur: H. Argelander: Gruppenprozesse, Reinbek 1972; H. Argelander: Beratung unter Supervision, in: Psyche 1980, 44–77; B. Blinkert/N. Huppertz: Der Mythos der Supervision. Kritische Anmerkungen zu Anspruch und Wirklichkeit, in: NP II/1974, 117 ff.; D. v. Caemmerer (Hrsg.): Praxisberatung (Supervision), Freiburg 1970; D. v. Caemmerer u. a.: Supervision – ein berufsbezogener Lernprozeß, Wiesbaden-Dotzenheim 1977; G. Fatzer/C. D. Eck (Hrsg.): Supervision und Beratung, Köln 1990; J. Fleming/Th. Benedek: Psychoanalytic Supervision, New York 1983; S. Freud: Analyse der Phobie eines fünfjährigen Knaben, GW VII, Frankfurt/M. 1975; A. Furrer: Eine indirekte Kinderanalyse, in: Zeitschrift für psychoanalytische Pädagogik 5/6/1929, 185–194; A. Gaertner (Hrsg.): Supervision, Materialien 7, Kassel 1978; A. Gaertner: Gruppensupervision – theoriegeschichtliche und fallanalytische Untersuchungen, Frankfurt/M. 1995; N. Huppertz: Supervision. Analyse eines problematischen Kapitels der Sozialarbeit, Neuwied/Darmstadt 1975; A. Kadushin: Supervision in Social Work, New York 1976; H. J. Kersting: Kommunikationssystem Gruppensupervision. Aspekte eines Lern-/Lehrverfahrens, Freiburg 1975; D. E. Pettes: Supervision in der Sozialarbeit, Freiburg 1976; H. Pühl: Handbuch der Supervision, Berlin 1990; K. Rappe Giesecke: Theorie und Praxis der Gruppen und Teamsupervision, Berlin 1990; F. M. Siegers: Praxisberatung in der Diskussion, Freiburg 1974; Strömbach u. a.: Supervision – Protokolle eines Lernprozesses, Gelnhausen 1975; Zeitschrift Supervision (Hrsg.), Akademie für Jugendfragen, Münster, erscheint seit 1982.

Hinweise auf Fort- und Weiterbildungsmöglichkeiten erteilt die »Deutsche Gesellschaft für Supervision (DGSv) e. V., Zentrales Sekretariat, Amselstraße 13, 32479 Hille.

Systemisches Denken und Handeln in der Sozialen Arbeit

1. Warum Systemtheorie in der Sozialen Arbeit: Versuche, die zahlreichen Aspekte des Problem- und Arbeitsfeldes der *Sozialen Arbeit* (SozArb) theoretisch und handlungstheoretisch zu erfassen, führen zu folgenden Formen der Komplexitätsreduktion: Man behauptet deren Undurchführbarkeit, man fordert unter dem Titel, daß alles mit allem zusammenhänge, »Ganzheitlichkeit« oder man subsumiert SozArb unter die *Psychologie* und ihre Anwendungen, die Pädagogik, das Recht, die *Soziologie*, (*Sozial-*)*Politik* als mögliche Leitwissenschaften.
Kann Systemtheorie diesen Anspruch einlösen? Zuerst ist allerdings zu fragen: welche Systemtheorie? Die Geschichte der Systemtheorie wird dargestellt als Wandel von einem a) naturalistisch verstandenen Systembegriff (reale, z.B. physikalisch-maschinelle bzw. kybernetische, biologische Objekte i.S. geschlossener und offener, dynamischer Systeme) zu einem b) funktionalen Systembegriff (Systeme als mathematische Funktion, soziale, kommunikative Relationen zwischen gekoppelten Elementen), deren Eigenschaften für die Dynamik des Systems irrelevant sind (z.B. Watzlawick et al. 1969; Luhmann 1984) und schließlich zu einer c) rein mentalen Systemvorstellung ohne konkretes Korrelat (Systeme als begriffliche Erzeugnisse unseres Verstandes, die in der Wirklichkeit nicht vorkommen, z.B. Jensen 1983; vgl. ausführlich Hollstein-Brinkmann 1993). Man könnte etwas verkürzt von einer Entwicklung von einer physikalisch-materialistischen zu einer kulturell-idealistischen Systemvorstellung sprechen. Vor allem die letzte Variante des Systembegriffs schafft den Bezug zum Radikalen Kon-

struktivismus, der heute von vielen Systemtheoretikern vornehmlich im Bereich der Familientherapie und Organisationsberatung vertreten wird (für eine Kritik dieses Typus von Systemtheorie vgl. Girgensohn-Marchand 1993; Nüse et al. 1991; Obrecht 1991).
Als möglicher gemeinsamer Nenner all dieser Bestrebungen zeichnet sich folgendes ab: Systemtheorie könnte einer komplexen Sozialarbeitswirklichkeit gerechter werden als andere, partikulärere Theorien. Bedingung dafür wäre, daß sie sich auf physikalische, biologische, psychische, soziale/ökonomische und kulturelle Systeme, deren Entstehung, Entwicklung, Interaktionen und Zerfall bezieht. Den KritikerInnen wie den Hauptvertretern der o.a. Systemtheorien ist nun allerdings die Unkenntnis einer Variante gemeinsam, die eine naturalistische und evolutionäre Theorie psychischer Prozesse von Selbstbewußtsein einschließt und eine realistische Erkenntnistheorie unterstützt. Sie ist Diskussionsgegenstand international kooperierender Natur-, Human- und SozialwissenschafterInnen und kann, einem ihrer Hauptrepräsentanten – Mario Bunge – zufolge, als »Emergentistische Systemtheorie« bezeichnet werden. Eine Besonderheit ist die, daß sie kein neues *Paradigma*, keine Alternative zum Alltags- oder Lebenswelt-, zum ökologischen oder gar sozialen Problemparadigma in der SozArb (Thiersch, Wendt) darstellt, sondern als Metatheorie die Vorstellungen über *Individuen* und ihre Lebenswelt, über *Gesellschaft*, Alltag, ökologische und soziale Probleme i.S. von Teiltheorien steuert, aber auch zu kritisieren vermag. Systemtheorie als metatheoretischer Bezugsrahmen stellt sich im weiteren – nicht nur, aber auch für die SozArb/SozPäd – als Möglichkeit dar, die Forderung nach »Ganzheitlichkeit« dadurch einzulösen, daß sie ein theoretisches, wissenschaftlich überprüfbares und in vielen Bereichen überprüftes Instrumentarium zur Verfügung stellt, um die Verknüpfungen zwischen den verschiedenen Systemen bzw. Wirklichkeitsausschnitten und mithin auch die komplexe Realität der SozArb zu entdecken, zu beschreiben, erklären, bewerten und schließlich beim Handeln in Rechnung zu stellen.

2. Systemtheorie als Kritik am Atomismus und Holismus: Für den Atomismus gilt, daß die Wirklichkeit, d.h. alles Wirkliche aus isolierten, unverbundenen Einheiten (Atome als vermeintlich nicht mehr reduzierbare Einheiten und Aggregate) besteht, die aus sich selbst heraus existieren, sich von innen heraus entwickeln und deren Umwelt für ihr Bestehen und ihre Entwicklung tendenziell irrelevant oder störend ist. Bezogen auf den menschlichen Bereich könnte man von einer Vorstellung von »Menschen ohne Gesellschaft« sprechen. Atomistisch sind jene Theorien der SozArb, die sich ausschließlich auf individuelle Autonomie beziehen und Gesellschaft höchstens als eine Art Ressourcenreservoir für die Selbstentfaltung oder Nutzenmaximierung betrachten, ohne für sie differenzierte Bilder und Theorien zu haben (Beispiele: alle vornehmlich psychologisch begründeten oder von einer idealistischen Philosophie/Pädagogik abgeleiteten Sozialarbeits- und Handlungstheorien).
Holismus bezeichnet eine Auffassung, wonach Wirklichkeit als bestehend aus undifferenzierten, sog. unteilbaren Ganzheiten definiert wird. Alles was in solchen Gebilden existiert, hat dem übergeordneten Zweck eines größeren Ganzen – der Totalität – zu dienen. Bezogen auf den menschlichen Bereich haben wir eine Vorstellung von »Gesellschaft oder Gemeinschaft ohne Menschen«. Der Mensch hat sich der Gemeinschaft, dem Staat, der ethnisch oder religiös bestimmten Volksgemeinschaft (*Soziale Arbeit im Nationalsozialismus*), der Natur unterzuordnen, da diese nicht nur real, sondern auch im ethischen Sinne »mehr« sind als die Summe der Teile. Sozialer Holismus hat die Tendenz, ressourcen-, geschlechts-, kulturspezifische und andere soziale Differenzierungen zwischen Menschen und gesellschaftlichen Gruppen zu ignorieren oder als universell zu definieren. Er geht von fremdbestimmten Menschen aus, die wegen ihres physischen und sozialen Schutz- als auch psychischen Orientierungsbedürfnisses in eine sie umfassende Ordnung eingebettet sind bzw. sein wollen und sollen. SozArb scheint besonders anfällig für holistische Theorieansätze, d.h. einerseits für funktionalistisches Denken im Gefolge von Parsons, Luhmann (Hearn, Falck, German/Giterman, Wendt, Lüssi; aber auch Klumker, Scherpner), oder – in den 70er Jahren – für hegelianische, neo-marxistische Theorieansätze, die den Menschen ausschließlich unter dem unentrinnbaren Diktat von kapitalistischer Herrschaft definieren und kein psychologisch differenziertes Modell des sozialen Akteurs/der Akteurin entwikkelt haben (Hollstein, Khella, Zander u.a.).

3. Systemtheorie als Theorie des »Menschen-in-der-Gesellschaft«: Wir versuchen, die für eine systemische Theorie Sozialer Arbeit zentralsten Aussagen der oben eingeführten Prozeß- und Systemtheorie auf knappstem Raum zusammenzufassen. Dabei folgen wir hier v.a. Obrecht (1994, 1991; vgl. auch Bunge 1974–1989; Laszlo 1991, 1972 u.a.m.). Von besonderem Interesse dürfte sein, daß sich mit ihr eine teilweise in Vergessenheit geratene Theorietradition SozArb verknüpfen läßt, die von menschlichen Bedürfnissen ausgeht (Arlt 1953; Towle 1956) und nach der Menschengerechtigkeit sozialer Strukturen fragt (Addams 1902; Salomon 1919, 1922).
Eine Welt von Systemen und Systemprozessen: Ausgangspunkt der hier zur Diskussion stehenden systemischen Ontologie ist der Begriff des konkreten Systems. Ein System ist »etwas«, das aus einer Anzahl von Komponenten besteht (Zusammensetzung), die untereinander eine Menge von Beziehungen unterhalten (interne Struktur), die sie untereinander mehr binden als gegenüber anderen »Dingen«, so daß sie sich gegenüber dem Rest der Welt abgrenzen (Umwelt). Mit seiner Umwelt ist ein System über jene (schwächeren) Beziehungen verbunden, die seine Komponenten mit Systemen außerhalb von ihm unterhalten (externe Struktur). Die allgemeinste Hypothese der systemischen Ontologie

besagt nun, daß alles, was existiert, entweder ein System oder eine Komponente eines Systems ist. Die Menge der existierenden Dinge ist das Ergebnis eines räumlich und zeitlich ausgedehnten Differenzierungsprozesses (Evolution/Geschichte: *Anthropologie*), beginnend mit der Bildung einfachster Objekte aus einem undifferenzierten »Substrat« und (vorläufig) endend in der Existenz des gegenwärtigen Universums und – zumindest partiell – hochkomplexer multiniveaunaler Systeme. Dieser Prozeß beruht 1. auf der Fähigkeit konkreter »Dinge« bzw. Systeme zur »Selbstvereinigung« und später zur Selbstorganisation (Biosysteme), wobei sich dieser Prozeß beliebig oft wiederholen kann. Und 2. auf dem Auftreten neuer (Emergenz) und dem Verlust alter Eigenschaften (Submergenz) bei der Bildung neuer Systeme (Differenzierung). Alle Dinge und Systeme sind sowohl in ihrer Entstehung, ihrem Aufbau wie auch in ihrem Verhalten gesetzeshaft; es gibt kausale, objektiv zufällige, verschiedene wechselwirkende sowie teleonome gesetzmäßige Veränderungen. Es gibt nun verschiedene Arten von Systemen, nämlich physikalische, chemische, biologische, psychische, soziale und kulturelle. Und jede Art unterscheidet sich von den anderen durch eine Gruppe von für sie spezifischen »emergenten« Eigenschaften und Gesetzmäßigkeiten. Sein heißt Werden, d.h. alles, was es gibt, wandelt sich, wobei jedes System ein Glied einer evolutionären Kette von Systemen ist.

Menschliche Individuen als selbstwissensfähige Biosysteme – TheorieschöpferInnen (Bunge/Ardila 1990; Obrecht 1994): Menschliche Individuen sind selbstwissensfähige Biosysteme mit – bezogen auf die Form der Befriedigung – biologischen, psychischen, sozialen und kulturellen (codalen) Bedürfnissen. Das menschliche Gehirn als psychobiologisches Subsystem ist zwar in seiner Grundstruktur genetisch festgelegt, doch ist es das einzige Organ im Organismus, das (in seinen plastischen Bereichen) gleichzeitig darauf festgelegt ist, innerhalb bestimmter Grenzen nicht festgelegt, also plastisch und lernfähig zu sein. Es ist in zahlreiche Bereiche differenziert, die verschiedene, miteinander in Wechselwirkung stehende wechselwirkende Prozesse erzeugen, wie: Empfinden; Affekte (Triebe, Emotionen, Gefühle und moralische Empfindungen); Aufmerksamkeit; Gedächtnis; Lernen; Wahrnehmung; Denken (Begriffsbildung und -verknüpfung, einschließlich Bewerten, Ziele bilden und Planen; Absicht (Intention, Motivation) und – als übergeordnete Funktion – (Selbst-)Bewußtsein.

Unter Kognition versteht man dabei die Menge der Prozesse im plastischen Bereich des Gehirns. Wissen ist ihr Produkt, wobei sich u.a. zwischen Bildern, begrifflichen Codes (v.a. Alltags- und wissenschaftliche Theorien), Werten, Zielen und Plänen unterscheiden läßt.

Menschliche Bedürfnisse: Wie alle Biosysteme tendieren menschliche Individuen dazu, in bestimmten Zuständen zu sein (=Werte des Systems). Ist dies nicht mehr gewährleistet, sind Affekte, d.h. Triebe, Emotionen, Gefühle und moralische Empfindungen interne Prozesse, die gleichzeitig den Mangel anzeigen und zu einem bedürfnisbefriedigenden Verhalten motivieren. Jeder auf diese Weise geregelte Wert kann als menschliches Bedürfnis bezeichnet werden. Weder Werte noch Bedürfnisse brauchen bewußt zu sein, und Bedürfnisse sind von bewußten Zielen zu unterscheiden. Die Befriedigung eines Bedürfnisses ist sowohl abhängig von der Verfügbarkeit bedürfnisbefriedigender Güter und Situationen wie auch von Fertigkeiten des Individuums, die faktisch erreichbaren Möglichkeiten zu nutzen und neue zu schaffen. Verschiedene Bedürfnisse sind unterschiedlich elastisch und Gegenstand von Präferenzordnungen, die durch Erfahrung und Lernen in einem gewissen, aber nicht unbegrenzten Maße modifizierbar sind.

Wegen ihrer in der Struktur des Organismus verankerten Natur kann angenommen werden (und gibt es Hinweise darauf), daß solche Bedürfnisse allen Menschen gemeinsam sind – nicht aber die Präferenzordnungen und Befriedigungsweisen, die sozialkulturell vermittelt, erlernt und (sozial-)politisch ausgehandelt werden. Zu denken ist an: a) »physische« Bedürfnisse aufgrund von Stoffwechsel- und Selbsterneuerungsprozessen (verdaubare und organismusgerechte Nahrung, Luft, Wasser usw.); b) sensorische Bedürfnisse (wahrnehmungsgerechte sensorische Stimulierung durch Gravitation, Schall und Licht); c) das Bedürfnis nach physischer Integrität und Unversehrtheit (Vermeidung von und Schutz vor Verletzung und Gewalt); d) nach sexueller Aktivität; e) nach emotionaler Zuwendung (Liebe); f) nach Abwechslung/Stimulation (Komplexität); g) nach Orientierung in der Welt/Umwelt (Information, Bild) sowie begrifflichen Codes als Mittel der Deutung der Beziehungen zwischen wahrgenommenen oder gewußten Zuständen und Ereignissen; h) nach Regeln und Normen zur wirksamen und effizienten Bewältigung wiederkehrender Situationen; i) nach Einzigartigkeit oder Unverwechselbarkeit (Identität); k) nach »Sinn« i S. von selbstgewählten Zielen (Motivation), und diese erfolgreich verwirklichen zu können (Leistung) oder wenigstens die Hoffnung/Erwartung auf deren Erfüllung zu haben; l) nach Freiheit oder relativer Autonomie (Handlungsspielräume); m) nach sozialer Zugehörigkeit (Mitgliedschaft); n) nach sozialer Anerkennung (Rang); o) nach (Austausch-)Gerechtigkeit (Gleichgewicht zwischen Geben und Nehmen) (Obrecht 1994). Nur in akuten Bedrohungssituationen und unter kargen oder menschenunwürdigen Lebensbedingungen sind Menschen gezwungen, die unterschiedliche Elastizität ihrer Bedürfnisse zu berücksichtigen und kulturell möglicherweise nicht gestützte Rangfolgen zwischen »Fressen oder Moral«, zwischen physischem Überleben und menschlicher Sinnerfüllung, zwischen Essen oder Heizen oder sozialer Gerechtigkeit zu bilden.

In der Sicht einer solchen systemischen Erkenntnis- und Bedürfnistheorie besteht menschliches Leben darin, Problemen der Bedürfnisbefriedigung und Wunscherfüllung gegenüberzustehen und zu lernen, innerhalb der Struktur sozialer System und in Kooperation und Konflikt mit anderen Menschen, Lösungen hierfür zu suchen. Dies schließt mit ein, daß die Strukturregeln des sozialen Systems zu diesem Zweck geändert werden. Die Verfolgung dieser Ziele setzt voraus, daß sich Menschen ein Bild von der (Um-)Welt machen, sie erfassen, beschreiben, bewerten, erklären und das verfügbare Wissen in Pläne und Verhalten zur Veränderung ihrer selbst oder der Umwelt umsetzen.

Bedürfnisse, Wünsche und bewußte Werte: Werte können auch bewußt sein und sind dann Urteile, die Menschen in bezug auf Sachverhalte fällen, die für sie von mehr oder weniger existentieller Bedeutung sind. In diesem Sinne sind die Menschen fähig, Bedürfnisse und Wünsche im Lichte von sozialen Strukturen und umgekehrt soziale Strukturen im Lichte von Bedürfnissen und Wünschen zu bewerten und entsprechende *Ethik*en als Systeme von Normen über ökologisch, psychisch, sozial und kulturell wünschbare Handlungsfolgen zu konzipieren.

Innerhalb einer systemischen – im Unterschied zu einer atomistischen oder holistischen Metatheorie – sind individuelle und soziale Werte nicht nur gleichwertig, sondern sie determinieren einander. Genauer: Freiheit, u.a. als freie Meinungsbildung im Rahmen einer Demokratie, ist Voraussetzung für Gerechtigkeit und Mitmenschlichkeit als gegenseitige Hilfe; Austausch- und Verteilungsgerechtigkeit sind wiederum Voraussetzungen für menschliche Bedürfnis- und Wunscherfüllung.

Bedürfnisse, die unabhängig von einem kulturellen oder politischen Konsens erfüllt sein müssen, um menschliche Erhaltung und Entfaltung zu ermöglichen, bezeichnen wir als Grundbedürfnisse. Wünsche, die im Prinzip grenzenlos sind, sind dann legitim, wenn deren Erfüllung die Bedürfnisbefriedigung anderer Menschen nicht beeinträchtigt.

Soziale Systeme: Soziale Systeme sind konkrete Systeme mit menschlichen Individuen, d.h. mit lern- und selbstwissensfähigen Biosystemen, und diese wiederum mit plastischen Nervensystemen als deren Komponenten. Die emergenten Struktureigenschaften sozialer Systeme sind institutionalisierte Interaktions-/Austauschregeln, Verteilungsmuster von Gütern/Ressourcen bzw. Konfigurationen solcher Verteilungen; funktionale Differenzierung (Arbeitsteilung); niveaunale Differenzierung (z.B. Nationen als Komponenten der Weltgesellschaft oder Kantone/Provinzen, Gemeinden/Departemente als Komponenten von Nationen), räumliche Differenzierung (z.B. Land–Stadt), Geschlechtsdifferenzierung, sowie eine lebenszeitliche Differenzierung (institutionalisierter Lebenslauf). Eine andere zentrale emergente Eigenschaft sozialer Systeme ist Kultur. Sie beruht auf dem begrifflichen Lernvermögen ihrer Mitglieder und besteht in den Verteilungen der gewußten Wissensinhalte der Systemmitglieder. Stabilität und Wandel sozialer Systeme können als Ergebnis des Wechselspiels zwischen *Sozialstruktur* und Kultur verstanden werden; die Analyse der Wechselwirkung zwischen diesen beiden Aspekten sozialer Systeme ist mithin das übergeordnete Thema sozialwissenschaftlicher Theorie.

Menschen als Mitglieder sozialer Systeme: Menschen sind von Geburt an Mitglieder sozialer Systeme und lernen nach und nach, in mehr oder weniger großen Bereichen ihrer Struktur Funktionen zu übernehmen. Als Erwachsene sind sie entsprechend Mitglieder einer variablen Zahl von sozialen Systemen (Status-Konfiguration) und besetzen in ihnen je einen oder mehrere Rollen-Status. Die Struktur jedes dieser Systeme enthält – in Abhängigkeit von ihrer jeweiligen Position in ihr (Rollen-Status) – einen mehr oder weniger großen Spielraum von Zielen und Verhaltensweisen, während sie die Erreichung anderer, legitimer wie illegitimer Ziele erschwert oder verunmöglicht und bestimmte Verhaltensweisen ausschließt (aktuelle Handlungsräume und institutionalisierter Lebenslauf). Aufgrund ihrer Bedürfnisse und Kompetenzen sowie der ihnen strukturell gebotenen Möglichkeiten werden die Individuen spezifische Ziele verfolgen und auf diese Weise versuchen, ihre Handlungsspielräume zu nutzen. Ihr praktisches Lernen, Denken, Werten und Planen schließt immer auch die Bewertung der Struktur mit ein (Legitimität, Menschengerechtigkeit etc.). Diese bleibt der Tendenz nach positiv, solange die Struktur ihnen erlaubt, ihre Bedürfnisse und Ziele zu befriedigen bzw. bewirkt, daß sie ihre Ziele ihren Möglichkeiten anpassen. Im umgekehrten Fall erleben die betroffenen Individuen die Struktur als behindernd und nicht legitim. Dies führt zu Versuchen, ihre Ziele über individuelle und/oder kollektive Prozesse der Überanpassung/Konformität oder Subkulturbildung, der Wahl illegitimer Mittel, des Rückzugs aus dem System oder des sozialen Protestes und der aktiven strukturellen Innovation dennoch zu erreichen. Soziokulturelle Systeme sind somit das Ergebnis stabilisierter Mitgliedschafts-, Positions-, Austausch- und Bewertungsleistungen von und zwischen interagierenden/kommunizierenden Individuen. Die dabei entstandenen Strukturregeln erlauben es, die Bedürfnisse ihrer Mitglieder maximal, weitgehendst, teilweise, d.h. selektiv und minimal zu befriedigen oder gar zu negieren und – je nach Interessen und Macht – mit oder ohne direkte Gewalt zurückzubinden. Die sich daraus ergebenden sozialen Probleme kennzeichnen wir als Ausstattungs-, Austausch-, Macht- und Kriterienprobleme (Staub-Bernasconi 1994).

4. Folgen systemischer Theorie für eine wissenschaftsbasierte Theorie und Praxis Sozialer Arbeit: Sie beginnt weder bei den Funktionen und Strukturen des Sozialwesens (Klumker, Scherpner, Luhmann, Baekker, kritisch dazu Arlt, Lukas), noch bei Gesellschaftstheorien (Hollstein, Zander) oder bestimmten erkenntnis- und professionstheoretischen Prämissen (Oevermann, Dewe/Ferchhoff), sondern beim Menschen, seinen Bedürfnissen, Wünschen, Zielen, Interessen und Kompetenzen und fragt nach seinem Leiden in und an der Gesellschaft und Kultur. Dazu kommt die Frage nach den fehlenden wie vorhandenen Hand-

lungsspielräumen und sozialen Behinderungsregeln, welche aus strukturellen Gründen eine Problemlösung aus eigener Anstrengung verunmöglichen. Im Wissen, daß Menschen TheorieschöpferInnen sind, fragt sie ebenso ernsthaft nach dem Selbstverständnis der AdressatInnen bezüglich ihrer Situation, ihrer Probleme; sie ergänzt, erweitert oder hinterfragt dieses allerdings aufgrund ihrer eigenen, skizzierten bedürfnis-, gesellschafts- und strukturtheoretischen Wissensbasis.

Soziale Probleme ergeben sich in einem allgemeinsten Sinne dadurch, a) daß wir in sozialen Systemen leben, in denen mit unterschiedlichen, realen wie künstlich hergestellten Knappheiten in bezug auf unterschiedliche elastische Bedürfnisse – die Grundlage für Macht – umgegangen werden muß, b) daß wir die anderen für unser Überleben, die Befriedigung unserer Bedürfnisse und Wünsche brauchen und die anderen uns für ihr Überleben und die Befriedigung ihrer Bedürfnisse und Wünsche brauchen, c) weil gleichzeitig die individuellen Wünsche grenzenlos sein und mithin deren Erfüllung die Befriedigung der Bedürfnisse anderer Menschen beeinträchtigen können, d) daß wir anderen Leid zufügen oder helfen, andere ausschließen, bekämpfen oder mit ihnen kooperieren können, e) daß wir als lernfähige, bewußte Individuen zwischen wahr und falsch, richtig und falsch unterscheiden können und innerhalb bestimmter Grenzen frei sind, das Richtige oder Falsche zu wählen, und f) daß wir schließlich für die Befriedigung unserer Bedürfnisse und Wünsche behindernde oder begrenzende Regeln/Normen durchsetzen und mithin behindernde oder begrenzende Machtstrukturen aufbauen können.

Ziele Sozialer Arbeit: Die Ziele einer solchermaßen konzipierten SozArb verbinden einerseits individuelle Bedürfnis- und Wunscherfüllung im Zusammenhang mit der Erweiterung des Wissens- und Handlungsspektrums als auch der verfügbaren sozio-materiellen und kulturellen Ressourcen und andererseits fairer Ausgleich von Pflichten und Rechten zwischen Menschen und sozialen Gruppen, ferner Regeln der Machtbegrenzung wie der gerechten Machtverteilung als Bedingung für sozialen (familiären, organisationellen, gesellschaftlichen) Frieden.

Auftragsinstanzen: SozArb ist eine gesellschaftliche Antwort auf Problemkonstellationen, in denen die sozialökologischen, psychischen, sozialen und kulturellen Ressourcen der individuellen Bedürfnisbefriedigung fehlen oder/und Bedürfniserfüllung und Rechte – bis hin zum Recht auf körperliche Unversehrtheit und Menschenwürde im Zusammenhang mit struktureller und direkter Gewalt – beeinträchtigt sind. Auftragsinstanzen sind Organisationen der Erziehung/Bildung, Wirtschaft und Politik als auch des Sozial- und Gesundheitswesens i. e. S., andererseits die AdressatInnen oder KlientInnen und ihre problemrelevanten Bezugspersonen. Weder die eine noch andere Instanz hat im Rahmen der hier vertretenen, anti-holistischen systemischen Sichtweise prinzipiell Vorrang. Sondern es muß – unter Beizug professionellen Wissens – mit möglichst allen am Lern- und Hilfsprozeß Beteiligten die Legitimität wie Illegitimität gesellschaftlicher Normen und Forderungen als auch individueller Bedürfnisse und Wünsche geklärt werden (ausführlicher Staub-Bernasconi 1994).

Einige Aspekte der Handlungsrelevanz systemtheoretischen Denkens:

- SozArb ist ein – der einzige – Beruf, der als Beruf – im Unterschied zu einer *Partei*, *Gewerkschaft*, zu sozialen Bewegungen – seine Verpflichtung zur *Solidarität*, verstanden als Erfüllung menschlicher Grundbedürfnisse für alle, im besonderen aber für die Mitglieder der Unterschicht wie für sozial Ausgegrenzte, nicht aufgeben kann, ohne Berufsinhalt und Funktion preiszugeben. Sein Gegenstand i. e. S. sind soziale Probleme.
- SozArb arbeitet im unausweichlichen komplexen Spannungsfeld zwischen menschlicher Liebe/Empathie/*Hilfe* und struktureller Macht/Kontrolle, wobei sich ihre TrägerInnen bewußt sind, daß beides jederzeit korrumpierbar ist. So gibt es Liebe und Hilfe, die den anderen oder sich selbst meint und es gibt Macht, die fair begrenzt oder unfair behindert.
- SozArb ist der einzige Beruf, der auf den verschiedensten sozialen Ebenen einer Gesellschaft mit ihren sozialen Systemen historisch präsent war und heute nach wie vor ist – angefangen beim Individuum, der *Familie*, weiter zur Kleingruppe bis hin zum lokalen Gemeinwesen, zur Organisation, gesellschaftlichen Großgruppe und zur nationalen und internationalen Ebene.
- Systemisch verstandene SozArb wird die Arbeit mit Individuen nicht zugunsten struktureller Arbeit vernachlässigen oder gar als »Flickschusterei« entwerten. Sie wird aber ebenso wenig die Arbeit in und an ihr zugänglichen Machtstrukturen ausblenden oder Machtstrukturen unbesehen und undifferenziert als beeinträchtigend, ausbeuterisch oder repressiv bezeichnen. Sie wird sich vielmehr um ein differenziertes Bild des Individuums wie ein solches der sozial zunehmend differenzierten (Welt-)Gesellschaft wie der Organisationen des Sozialwesens bemühen und versuchen, zwischen begrenzender und behindernder Macht zu unterscheiden.
- Systemisch verstandene SozArb ist insofern kritische SozArb, als sie darauf besteht, daß Menschen nicht dazu da sind, supponierte Bedürfnisse von sozialen Systemen zu erfüllen, sondern daß soziale (Teil-)Systeme und ihre Regeln dazu da sind, menschliche Bedürfniserfüllung u. a. nach Zugehörigkeit, Obhut, Orientierung und Freiheit zu ermöglichen. Sie wird sich – in welchem sozialen System auch immer – für faire Austauschprozesse, ein Gleichgewicht zwischen Pflichten und Rechten, partizipative Entscheidungsfindung und integrale Demokratie einsetzen.
- Systemisch verstandene SozArb wird sich ebenfalls um die Weiterentwicklung der Menschenrechte und Menschenpflichten als Ansätze zu einer international konsensfähigen Kultur und Ethik bemühen.

Eine systemisch konzipierte Handlungstheorie SozArb wird sich nie auf eine einzige Arbeitsweise beschränken können. Sie wird davon ausgehen, daß die Problemdefinition die Wahl des Verfahrens bestimmt und nicht umgekehrt. Von daher lassen sich folgende Arbeitsweisen konzipieren: Ressourcenerschließung, Bewußtseinsbildung, Modell- bzw. Codeerweiterung oder -veränderung, *Handlungskompetenz*förderung im Zusammenhang mit Problemen der Bedürfniserfüllung bzw. Ausstattung, soziale Vernetzung und Interessenausgleich im Zusammenhang mit Austauschproblemen, Umgang mit Machtquellen und Machtstrukturen im Zusammenhang mit Machtproblemen, *Öffentlichkeitsarbeit* bezüglich Problemen der Vergesellschaftung von Werten. *S. Staub-Bernasconi*

Literatur: J. Addams: Democracy and Social Ethics, New York 1902; J. Addams: Newer Ideals of Peace, New York 1907; I. Arlt: Wege zu einer Fürsorgewissenschaft, Wien 1953; M. Bunge: Treatise on Basic Philosophy. 8 Bde., Boston 1974–1989; H. Falck: Das Membership-Prinzip in der Sozialarbeit, in: Mühlfeld et al. (Hrsg.): Ökologische Konzepte der Sozialarbeit, Frankfurt/M. 1986; C.B. Germain/A. Gittermann: Praktische Sozialarbeit, Stuttgart 1983; B. Girgensohn-Marchand: Der Mythos Watzlawick und die Folgen. Eine Streitschrift gegen systemisches und konstruktivistisches Denken in pädagogischen Zusammenhängen, Weinheim 1992; G. Hearn: The General Systems Approach. Toward a Holistic Conception of Social Work, New York 1969; W. Hollstein/M. Meinhold: Sozialarbeit unter kapitalistischen Bedingungen, Frankfurt/M. 1973; H. Hollstein-Brinkmann: Soziale Arbeit und Systemtheorien, Freiburg i.Br. 1993; K. Khella: Theorie und Praxis der Sozialarbeit und Sozialpädagogik, Hamburg 1980; E. Laszlo (Hrsg.): The New Evolutionary Paradigm, New York 1991; E. Laszlo: Introduction to Systems Philosophie. Toward a New Paradigm of Contemporary Thought, New York 1972; N. Luhmann: Soziale Systeme. Grundriß einer allgemeinen Theorie, Frankfurt/M. 1984; P. Lüssi: Systemische Sozialarbeit, Bern 1992; R. Nüse et al.: Über die Erfindung/en des Radikalen Konstruktivismus. Kritische Gegenargumente aus psychologischer Sicht, Weinheim 1991; W. Obrecht: Kulturelle Codes und soziale Systeme. Eine naturalistische systemische Metatheorie für die Sozialwissenschaften. Unter besonderer Berücksichtigung der Soziologie, Zürich 1994; W. Obrecht: Zur Kritik des Radikalen Konstruktivismus oder: Eine andere Art, systemisch zu denken, in: Z.f.system. Therapie 4/1991, 281–286; T. Parsons: The Social System, Glencoe, Ill. 1951; A. Salomon: Soziale Arbeit und Sozialismus, in: Die Frau 9/1919, 263–270; A. Salomon: Industrielle Wohlfahrt als neue Philosophie, in: Soziale Praxis 43/1922, Sp. 1171–1174; S. Staub-Bernasconi: Soziale Probleme – Soziale Berufe – Soziale Praxis, in: Heiner/Meinhold/von Spiegel/Staub-Bernasconi: Methodisches Handeln in der Sozialen Arbeit, Freiburg 1994; S. Staub-Bernasconi: Systemtheorie, Soziale Probleme, Soziale Arbeit: lokal, national, international. Oder: Vom Ende der Bescheidenheit, Stuttgart 1995; Ch. Towle: Die emotionalen Grundbedürfnisse von Kindern und Erwachsenen in ihrer Bedeutung für die Soziale Arbeit, Arbeiterwohlfahrt, Bonn 1956; G. Vollmer: Was können wir wissen? Bd. 2: Die Erkenntnis der Natur, Stuttgart 1986; W.R. Wendt: Ökologie und soziale Arbeit, Stuttgart 1982; H. Zander: Sozialarbeit und Armut – Der Begriff der Armut in seiner Bedeutung für eine marxistische Theorie der Sozialarbeit, in: H.-U. Otto/S. Schneider (Hrsg.): Gesellschaftliche Perspektiven der Sozialarbeit, Bd. 1, 233–261.

Täter-Opfer-Ausgleich (TOA)

Als TOA wird der Versuch verstanden, vor dem Hintergrund einer Straftat mit Hilfe eines Vermittlers einen immateriellen und materiellen Schadensausgleich zwischen Beschuldigten und Geschädigten zu erzielen (*Strafe*, *Strafrechtsreform*, *Strafvollzug*). Mit dem TOA werden unterschiedliche Zielsetzungen verbunden, wie verstärkte Einbeziehung der Opferbelange, Normverdeutlichung für den Täter, Schadenswiedergutmachung, Vermeidung von (formellen) Strafverfahren und Sanktionen, Wiederaneignung von Konflikten außerhalb der Justiz sowie Ablösung strafrechtlichen Denkens.

Im TOA treffen sich somit in »überraschender Konvergenz« kriminalpolitische Konzepte, wie Vergeltung einerseits und Resozialisierung andererseits. Neben kriminalpolitischen grundsätzlichen Bedenken gegen den TOA ist einer der Hauptkritikpunkte, daß im TOA strukturelle Konflikte individualisiert werden (Albrecht).

In der Praxis wird der TOA vorwiegend im Rahmen des *Jugendstrafrechts* durchgeführt. Im Bereich des Erwachsenenstrafrechts sind insbesondere in Österreich Modellvorhaben erprobt worden.

Rechtsgrundlage ist die 1990 in § 10 JGG eingefügte Möglichkeit der Weisung, er kann jedoch auch als Diversionsverfahren nach den §§ 45, 47 JGG durchgeführt werden. Die überwiegende Mehrzahl der Ausgleichsfälle erfolgen im Rahmen der Diversion, um Freiwilligkeit sicherzustellen und zusätzliche Sanktionierungen zu vermeiden. Etwa 70–90% der Ausgleichsfälle werden eingestellt.

Die rechtlichen Rahmenbedingungen setzen für den TOA voraus, daß es mit den zuständigen Richtern bzw. Staatsanwälten Absprachen gibt (Fallzuweisung, Ausschluß von Bagatellfällen, Berichtspflicht, Einstellungsmodalitäten).

Der TOA i.e.S. bedarf eines Vermittlers, im Regelfall ein SozArb aus dem *Jugendamt* (*Jugendgerichtshilfe*), eines freien Trägers (*Straffälligenhilfe*) oder der (*Jugend-*)*Bewährungshilfe*, der in Einzelgesprächen die Bereitschaft der Beteiligten abklärt, Ausgleichsgespräche moderiert, Vereinbarungen kontrolliert und organisatorisch unterstützt sowie den Abschlußbericht der Justiz weiterleitet.

Die Rolle des Vermittlers erfordert von den SozArb eine neuartige Sichtweise, nämlich Täter- und Opferinteressen gleichermaßen zu berücksichtigen, und die Fähigkeit, in einem strukturierten Kommunikationsprozeß zu »vermitteln«. Diese Vermittlungsrolle bedarf besonderer Qualifizierungsmaßnahmen und personeller Rahmenbedingungen, d.h. der Vermittler kann nicht gleichzeitig z.B. als Jugendgerichtshelfer für den Beschuldigten tätig sein. Zur flächendeckenden Einführung des TOA ist seit 1992 ein Service-Büro bei der DBH angesiedelt, das Planungsberatung, Praxisberatung sowie Fortbildung anbietet.

Trotz der nach wie vor strittigen kriminalpolitischen Einordnung hat sich der TOA in der Jugendstrafrechtspflege als Aufgabe der SozArb/SozPäd etabliert. Offen ist die Frage, ob er auch als Aufgabe der *Jugendhilfe* verstanden wird. *R. Simmedinger*

Literatur: P.-A. Albrecht: Jugendstrafrecht, München ²1993; B. Bannenberg: Wiedergutmachung in der Strafrechtspraxis, Bonn 1993; BMJ (Hrsg.): Täter-Opfer-Ausgleich, Bonn 1991; Deutsche Bewährungshilfe: Täter–Opfer und Vermittler, Bonn 1989; A. Haidar u. a.: Konflikte regeln statt Strafen, Wien 1988; W. Hammerschick u. a.: Ausweg aus dem Strafrecht – Der »Außergerichtliche Tatausgleich«, Baden-Baden 1994; R. Hering u. a.: Täter-Opfer-Ausgleich im allgemeinen Strafrecht, Bonn 1993; A. Kuhn u. a.: »Tat-Sachen« als Konflikt, Bonn 1989; J. Schreckling u. a.: Bestandsaufnahmen zur Praxis des Täter-Opfer-Ausgleichs in der Bundesrepublik Deutschland, Bonn 1991; G. Marx u. a.: Wiedergutmachung und Strafrechtspraxis, Bonn 1993.

Tageseinrichtungen für Kinder (Kindergarten)

Der Begriff »T. für Kinder« gilt als Oberbegriff für verschiedene Arten von Einrichtungen, in denen sich Kinder für einen Teil des Tages aufhalten. Er umfaßt unterschiedliche Einrichtungsformen: neben traditionellen Formen wie *Krippen* für Kinder unter 3 Jahren, Kindergärten für Kinder im Alter zwischen 3 Jahren und Schulbeginn und *Horte* für Schulkinder gibt es eine wachsende Formenvielfalt (z. B. Tagesstätten, Orte für Kinder, Schulkinderhäuser, integrative Einrichtungen u. a. m.), die nach unterschiedlichen Betreuungszeiten, Altersmischungen, Kombinationen von festen Gruppen und offenen Angeboten differenziert sind. Es hat sich in diesem Feld nicht nur eine Vielfalt von Einrichtungsformen entwickelt, es gibt auch zwischen den Bundesländern eine verwirrende Vielfalt der Begriffe. Unter dem Oberbegriff Kindertagesstätten werden regelmäßig Einrichtungen erfaßt, die (zumindest) Krippen-, Kindergarten- und Hortangebote vereinen.
T. für Kinder sind ein traditionsreiches Feld deutscher Sozialpolitik. Sie sind seit ihrem Entstehen in der Mitte des 19. Jh. Begleiterscheinungen gesellschaftlicher Differenzierungsprozesse (Industrialisierung, Verstädterung), die zu einem Wandel des Familienlebens (*Familie*) und zu erhöhten Bildungsanforderungen geführt haben. Die Organisation und das Image von T. für Kinder lassen bis heute den caritativen Ursprung sozialer Hilfe erkennen. T. für Kinder sind Einrichtungen der *Jugendhilfe*, sie werden in öffentlicher und freier Trägerschaft betrieben. Gut 70% der Kindergärten stehen in den alten Bundesländern – bei großen regionalen Unterschieden – in der Zuständigkeit von freien (v. a. kirchlichen) Trägern. Bei Ganztagseinrichtungen, Krippen und Horten liegt dagegen der Hauptanteil bei den öffentlichen Trägern. Völlig anders sieht die Trägerstruktur in den neuen Bundesländern aus: Die zu DDR-Zeiten dominierende kommunale Trägerschaft wird nur zögernd von einzelnen freien Trägern aufgebrochen, es ist zu erwarten, daß hier das westliche Muster der verbreiteten kirchlichen Trägerschaft nicht entstehen wird.
T. für Kinder haben ihre rechtliche Grundlage im *KJHG* und in den entsprechenden Ausführungsgesetzen der Bundesländer. Im KJHG werden erstmals T. für Kinder in einem eigenen Teil aufgenommen. Die Bundesländer werden aufgefordert, Inhalt und Umfang der Förderung von Kindern in T. und in Tagespflege durch entsprechende Ausführungsgesetze neu zu regeln (§§ 22–26 KJHG). Ziel ist die Schaffung eines bedarfsgerechten Angebots an T. für Kinder. Viel öffentliche Aufmerksamkeit erfährt die Auseinandersetzung um den Rechtsanspruch auf einen Kindergartenplatz. Dieser Anspruch scheiterte zunächst im neuen KJHG, weil sich Bund, Länder und Gemeinden nicht über die Modalitäten der Finanzierung einigen konnten. Der 1992 im Rahmen des Schwangeren- und Familienhilfegesetzes novellierte § 24 des KJHG enthält nun den Rechtsanspruch auf einen Kindergartenplatz für Kinder zwischen vollendetem 3. Lebensjahr und Schuleintritt, der ab 1996 in Kraft treten soll. Inwieweit dieser Anspruch tatsächlich zu diesem Zeitpunkt eingelöst werden wird, läßt sich derzeit noch nicht absehen. Der Streit um die Finanzierung ist noch nicht ausgestanden.
Die öffentliche Diskussion um den Rechtsanspruch auf einen Kindergartenplatz ist ein Indiz dafür, wie stark das Verständnis von den Aufgaben von T. für Kinder in Bewegung ist. Gesellschaftliche Strukturveränderungen sowie der Einfluß von sozialen Bewegungen und Initiativen (wie z. B. die Kinderladenbewegung, die Frauenbewegung, Selbsthilfegruppen/*Bürgerinitiativen*) haben die Frage öffentlicher Kinderbetreuung in den letzten 3 Jahrzehnten thematisiert und veränderte Akzente zur Einschätzung von T. für Kinder gesetzt (*Antiautoritäre Erziehung*). T. für Kinder werden zunehmend in ihrer bildungs- und sozialpolitischen Bedeutung für Kinder und Familien wahrgenommen und als unverzichtbarer Teil der regionalen sozialen Infrastruktur eingefordert. Die Bedeutung von T. für Kinder wird v. a. darin gesehen, daß sie Kinder in der Phase vor der Schule fördern und ihnen einen sozialen Zusammenhang bieten. Viele Kinder haben in ihrer Familie keine Geschwistererfahrungen mehr, die Wohnumgebung ist wegen des wachsenden Straßenverkehrs als Spielraum für Kinder jüngeren Alters kaum noch geeignet. T. haben für Kinder eine wichtige Funktion, weil sie die Orte sind, an denen Kinder andere Kinder treffen. Es wird davon ausgegangen, daß Kinder das Zusammensein mit anderen Kindern zur Herausbildung sozialer Kompetenzen brauchen. In der Kindergruppe haben sie die Möglichkeit, eigene Vorstellungen zu entwickeln, Initiative zu ergreifen, Ziele und Regeln im Spiel selbständig zu entwickeln, Formen des Aushandelns, der Kooperation und der Solidarität mit anderen Kindern zu üben. Die Aufgabe von T. für Kinder, das *soziale Lernen* der Kinder in vielfältiger Weise zu fördern, stellt sich umso mehr, als in den kleiner gewordenen Familien sehr viel mehr auf die individuelle Entfaltung des einzelnen Kindes Wert gelegt wird. T. für Kinder haben Erfahrungen zu vermitteln, die in den

Familien heutiger Struktur nicht mehr so ohne weiteres gemacht werden können. T. müssen den Kindern heute Erlebnisräume organisieren, die sich früher außerhalb der Aufsicht von Erwachsenen, in der Geschwistergruppe, in der Nachbarschaft und auf der Straße im selbstgestalteten Kinderleben von allein ergaben. Die Kinder kommen mit sehr unterschiedlichen Bedürfnissen in die T., insbesondere Kinder, die in der Familie belastet sind (durch Armut, Arbeitslosigkeit, Trennung der Eltern) können durch eine verläßliche und akzeptierende Situation in der T. bei der Bewältigung ihres Alltags unterstützt werden.

Mit Blick auf die Familien werden T. für Kinder v.a. in ihrem Beitrag zur Vereinbarkeit von Familie und Beruf diskutiert. Bei den vielfältiger werdenden Lebensformen der Familien und bei der wachsenden Müttererwerbstätigkeit sind T. ein wichtiger Faktor in der Lebensgestaltung junger Familien. Die heutige Müttergeneration will Berufs- und Familienpläne miteinander verbinden und verlangt zunehmend, daß solche Lebenswünsche in der Familie und in der Öffentlichkeit respektiert werden. Wenn eine zumutbare Balance zwischen Familienleben und Anforderungen der Arbeitswelt gefunden werden soll, geht es nicht ohne ein angemessenes Angebot öffentlicher Kinderbetreuung. Dieser drängende Bedarf war v.a. Motor für die gewachsene Brisanz des Themas »Kinderbetreuung« in der öffentlichen und politischen Diskussion.

Allerdings werden T. auch in kritischer Auseinandersetzung mit der wachsenden Institutionalisierung von Kindheit und mit den klientelisierenden Wirkungen professioneller und institutioneller Strukturen diskutiert. Mit der Frage, was Kindern zumutbar ist, wird nach neuen Formen der Verbindung von privater und öffentlicher Kinderbetreuung gesucht, die nicht einseitig an der Organisationslogik an der Arbeitswelt, sondern auch an den Lebensbedürfnissen der Menschen orientiert sind.

Das KJHG verpflichtet die Einrichtungen (§ 22) dazu beizutragen, daß Kinder zu eigenverantwortlichen und gemeinschaftsfähigen Persönlichkeiten heranwachsen können. Die Entwicklung der Kindergartenpädagogik hat dazu geführt, daß T. sich heute als Orte sozialen Lernens verstehen. Nach der Verankerung des Kindergartens als 1. Stufe des Bildungswesens (Elementarbereich) in den 70er Jahren wurde in Modellversuchen verschiedener Bundesländer mit dem Situationsansatz ein eigenständiges sozialpädagogisches Konzept für T. für Kinder entwickelt und in einem bundesweiten Erprobungsprogramm implementiert. Der Situationsansatz hat seine Wurzeln in curriculumtheoretischen und sozialisationstheoretischen Ansätzen (*Curriculumentwicklung*), aber auch in der Entschulungsdebatte, in Ideen der Elterninitiativen und Kinderläden der Studentenbewegung sowie in Konzepten der Reformpädagogik. Merkmale dieses Ansatzes sind der Bezug des Lernens von Kindern zu ihren Lebenssituationen, die Verbindung von sozialem und sachbezogenem Lernen, das Zusammenleben in altersgemischten Gruppen, das Zusammenleben von behinderten und nichtbehinderten Kindern, die Integration von ausländischen Kindern, die Stützung einer aktiven Mitwirkung von Eltern und die Öffnung des Kindergartens zum Gemeinwesen. Lebenspraktische Abläufe in der Einrichtung und Erfahrungen im Umfeld können in diesem Verständnis als Lernfelder genutzt werden. Indem das tägliche Erleben der Kinder zum Gegenstand des Lernens wird, muß sich die T. nach außen öffnen und Beziehungen zu Familie und zur Wohnumgebung aufnehmen. Mit dieser auf Familie und Umfeld gerichteten Perspektive geraten sowohl Lebenssituationen der Kinder wie auch Lebenslagen und Betreuungserfordernisse von Familien ins Blickfeld. Ziel gegenwärtiger konzeptioneller Ansätze in T. ist es, nicht nur Erfahrungsräume und eine Lernkultur für Kinder zu entwickeln, sondern den jeweiligen Zuschnitt der Einrichtung (Platzangebot, Angebotsstruktur, Öffnungszeiten) auf regionale Ressourcen und Erfordernisse hin zu gestalten.

Problematisch ist bisher in den westlichen Bundesländern – und zwar in unterschiedlichem Ausmaß je nach Alter der Kinder – die Versorgungslage: Der Kindergarten für die 3- bis 6jährigen hat sich in den letzten 20 Jahren von einem eher marginalen Angebot (Versorgungsgrad nach der Jugendhilfestatistik 1965 für die 3- bis unter 6jährigen Kinder 31,8%) zu einem Angebot für den größten Teil der Kinder (Versorgungsgrad 1990 für dieselbe Altersgruppe 80%) entwickelt. Die Jugendhilfestatistik stellt allerdings die Versorgungslage günstiger dar als sie tatsächlich ist, denn die vorhandenen Plätze werden auch von einem großen Teil der 6jährigen im Jahr vor der Einschulung genutzt. Eine realistische Einschätzung der Versorgungsquote liegt insofern unter Einbeziehung eines halben Jahrgangs der 6jährigen bei 67%. Der Kindergarten hat sich in der Zeit der Bildungsreform wie wohl kein anderer Bereich in seinem Selbstverständnis und in seiner Akzeptanz verändert. Er setzte sich im Bewußtsein der Bevölkerung als wichtiger Sozialisationsort für Kinder durch und nimmt bei unveränderter Zugehörigkeit zur Jugendhilfe als 1. Stufe des Bildungswesens (Elementarbereich) inzwischen einen selbstverständlichen Platz unter den Institutionen ein, die den Lebenslauf der Kinder organisieren. Die Einschätzung, daß Kinder den Kindergarten brauchen, um hier erste Schritte in öffentliche Räume machen zu können und daß sie mit der Erweiterung ihres sozialen Aktionsradius spezifische Fähigkeiten und Kompetenzen erwerben, die in der Familie nicht vermittelt werden können, ist inzwischen Alltagswissen geworden, das Einstellung und Verhalten von Eltern strukturiert. Der Kindergarten wird für fast alle Kinder gewünscht, aber wir sind in der BRD noch weit davon entfernt, für jedes Kind im Kindergartenalter einen Platz anbieten zu können – eine Situation, die mit dem für 1996 vorgesehenen Rechtsanspruch auf einen Kindergartenplatz verändert werden soll. Insgesamt sind bisher die Chancen, einen Kindergartenplatz in Anspruch zu nehmen, regional äußerst ungleich verteilt. Zwischen den alten Bundesländern variiert die Versorgung beträchtlich. Unterschiedlich gewachsene Traditionen, unterschiedliche bildungs- und sozialpolitische Schwerpunktsetzungen, das Vorhandensein von Kindergartengesetzen wie auch die unterschiedlichen finanziellen Ressourcen der Bundesländer wirken sich hier aus. Besonders schlecht ist die Versorgung in infrastrukturellen Problemzonen und dünn besiedelten Gebieten. Deutliche regionale Gefälle der Bildungschancen, wie sie schon in den 60er Jahren kritisiert wurden, bestehen weiterhin. Die Daten des Mikrozensus können aufweisen, daß nach wie vor auch ein soziales Gefälle in der Kindergartennutzung festzustellen ist. Zwar konnte insgesamt der Kindergartenbesuch in den letzten 20 Jahren deutlich erhöht werden, der Kindergartenbesuch korreliert nach wie vor positiv mit Merkmalen der Schichtzugehörigkeit der Eltern (Einkommen, Bildung). Allgemeine Bildungsbarrieren, ökonomische Gründe (Elternbeitrag) wie auch der Standort der Einrichtung (räumliche Entfernung) regeln die Kindergarten-Inanspruchnahme sozial selektiv. Die Aufwertung des Kindergartens zu einer anerkannten Bildungseinrichtung hat die Nachfrage gesteigert, in der Konkurrenz um knappe Plätze werden Familien mit geringerem Bildungsinteresse oder weniger Durchsetzungsvermögen benachteiligt, was zu einer kumulativen Benachteiligung der Kinder sowohl durch Faktoren der Lebenslage wie auch die geringere Chance, das Bildungsangebot des Kindergartens zu nutzen, führt. In den westlichen Bundesländern ist das geringe Angebot an Ganztagsplätzen mit Mittagsversorgung ein großes Problem. Viele Kindergärten passen mit ihrer traditionellen Zeitstruktur nicht mehr zu den vielfältiger gewordenen Bedürfnissen und Zeitabläufen von Familien. Auch wenn inzwischen viele Kindergärten versuchen, mit flexibleren Öffnungszeiten auf familiäre Lebensbedingungen Rücksicht zu nehmen, so sind doch viele Eltern, die längere Betreuungszeiten in Anspruch nehmen müssen, darauf verwiesen, sich zusätzliche private Lösungen zu verschaffen und ihren Kindern eine »Drittbetreuung« neben Familie und Kindergarten zuzumuten. Die gegenwärtig sich verschärfende Platzsituation im Kindergarten und die vielen teils unakzeptablen Notlösungen, die bei dem wachsenden öffentlichen Druck nach mehr Plätzen und Öffnungszeiten entstehen, gefährden gerade die Qualität, die der Kindergarten mit seiner Nähe zum Lebenszusammenhang von Kindern und Familien und mit dem in der Reformphase der 70er Jahre konzipierten lebensweltbezogenen Arbeitsverständnis entwickeln konnte. Es wird befürchtet, daß auch die Umsetzung des Rechtsanspruchs auf einen Kindergartenplatz ohne neue Finanzierungslösungen in den nächsten Jahren zu weiteren Qualitätseinbußen führen wird.

Während der Kindergarten in den 70er Jahren bildungspolitisch definiert und aufgewertet wurde, verlagerten sich die ideologischen Auseinandersetzungen um die Frage, ob institutionelle Kleinkinderziehung den Kindern schade und die Familien aushöhle, auf den Bereich der unter 3jährigen. *Krippen* werden hierzulande sehr kontrovers diskutiert, immer wieder werden Argumente über die schädigenden Folgen der Krippenerziehung ins Feld geführt, die in der neueren Forschung zwar widerlegt oder zumindest eingeschränkt werden, die aber Familien verunsichern und insbesondere erwerbstätigen Müttern ein schlechtes Gewissen machen. Die Vorbehalte gegenüber einer Tagesbetreuung von Kindern unter 3 Jahren drücken sich auch in dem äußerst knappen öffentlichen Angebot für diese Altersstufe aus: Nach der Jugendhilfestatistik 1990 stehen nur für 1,8% der Kinder Plätze in Krippen zur Verfügung. Dieser Versorgungsdurchschnittswert relativiert sich stark, wenn man die in diesem Bereich beträchtliche regionalen Unterschiede betrachtet. Krippenplätze sind im wesentlichen auf wenige Großstädte verteilt, in den meisten städtischen und insbesondere ländlichen Gebieten gibt es kein solches Angebot. Das Angebot an vom JA genehmigten Tagespflegestellen, das in manchen Bundesländern das Alternative zu Krippenplätzen bevorzugt wird, kann dieser Mangel nicht ausgleichen, denn auch dieses Angebot ist viel zu gering und ebenfalls regional sehr ungleichmäßig verteilt. Dieses extrem knappe Angebot steht in völliger Diskrepanz zur Lebenspraxis von Familien, denn auch ein Teil der Mütter mit Kindern unter 3 Jahren ist berufstätig. Man fragt sich, wie die Familien bei dem Mißverhältnis zwischen ihren Lebensbedingungen und dem Kinderbetreuungsangebot ihren Alltag organisieren. Informelle Unterstützungsnetze (Großmütter, Verwandte und Nachbarn) sind bisher wichtigste Stütze des Familienalltags. Daneben ist ein unübersehbarer grauer Markt entstanden, der in seiner Qualität kaum einzuschätzen ist. Gerade die verschiedenen Arrangements wie Kinderfrauen, Au-pair-Mädchen, Leihomas und ähnliches gelingen nicht immer zur Zufriedenheit aller Beteiligten. Nicht selten sind diese Betreuungsformen für die Kinder unstabil und von fragwürdiger Qualität. Für die Familien bedeutet das völlig unzureichende öffentliche Angebot, daß sie allein dafür zuständig sind, sich um geeignete Betreuungsangebote für ihre Kinder zu kümmern; eine Aufgabe, die die Familie je nach materiellen, soziokulturellen und regionalen Ressourcen in unterschiedlicher Weise belastet und die den Kindern unterschiedliche Chancen in den ersten Lebensjahren beschert.

Die Frage der Nachmittagsgestaltung von Kindern im Schulalter ist gerade in den letzten Jahren zu einem Thema geworden, das in vielen Kommunen diskutiert wird, zumal – wie auch die Daten der amtlichen Statistik zeigen – es gerade die Mütter mit Kindern zwischen 6 und 15 Jahren sind, die vermehrt erwerbstätig sind. Gerade für Kinder im Schulalter, die mehr als jüngere Kinder eigene Vorstellungen über ihre Freizeitgestaltung entwickeln und selbst entscheiden können, wie sie ihre Freizeit verbringen, gilt es, offene und vielfältige Angebote zu konzipieren (*Hort*). Das öffentliche Angebot ist bisher auch in diesem Feld sehr knapp: Nach der Jugendhilfestatistik 1990 steht nur für 5% der Kinder im Alter von 6–10 Jahren ein Hortplatz zur Verfügung. Auch Hortplätze sind regional sehr unterschiedlich verteilt. Es gibt sie fast nur in Großstädten, sie sind bisher fast ausschließlich Kindern in Familien, die einen Hilfsbedarf nachweisen können, zugänglich – mit der Folge, daß Horte eine durch Problemfälle belastete

Lebens- und Arbeitssituation haben und als Nothilfeinstitutionen stigmatisiert sind. Die Forschung der letzten Jahre hat sich vermehrt auf die Lebensbedingungen von Kindern im Schulalter und die Bedeutung der Gruppe der Gleichaltrigen für die Sozialisation konzentriert und macht darauf aufmerksam, wie wichtig es ist, für diese Altersstufe nicht nur Institutionen und pädagogische Angebote, sondern sehr viel stärker offene Räume und informelle Treffpunkte bereitzustellen. Schulkinder brauchen Angebote, die v.a. Raum lassen für die selbstbestimmte Nutzung durch die Kinder, die eine Verbindung mit anderen Freizeitaktivitäten im Wohnbereich fördern, die das »Hinauswachsen« aus der Institution unterstützen und den Kindern ein für die Entwicklung förderliches Umfeld erschließen. T. müssen sich mit Blick auf Kinder im Schulalter sehr viel stärker mit anderen Angeboten und Aktivitäten wie z.B. Vereine, Jugendarbeit, Schülertreffs, Kulturwerkstätten u.a.m. vernetzen, um die Kinder dabei zu unterstützen, sich ihr individuelles Freizeitangebot zusammenzustellen und zu nutzen.

Die Situation der Kindertageseinrichtungen in den neuen Bundesländern ist aufgrund völlig anderer Traditionen sehr verschieden von der in den westlichen Bundesländern. Zu DDR-Zeiten gab es eine Vollversorgung mit ganztägigen Krippen-, Kindergarten- und Hortplätzen – gehörte es doch zum Selbstverständnis des Staates, die Mütter für die Erwerbstätigkeit freizustellen und die Kinder durch staatlich gesteuerte Erziehung an ein einheitliches Wertesystem zu binden. Im Jahr 1991 standen nach der Jugendhilfestatistik für 54% der 0- bis 3jährigen Plätze in Krippen, für 114% der 3- bis 6jährigen in Kindergärten und für 49% der Kinder im Grundschulalter Plätze in Horten zur Verfügung. Verglichen mit den Zahlen des Jahres 1989 hat sich die Versorgung mit Hortplätzen um etwa die Hälfte reduziert. Die Versorgung mit Krippen und Kindergartenplätzen ist ähnlich hoch geblieben, wobei allerdings einkalkuliert werden muß, daß bei Veränderungen der Kinderzahlen (Abwanderung, Geburtenrückgang) die Versorgungszahlen relativ hoch bleiben, obwohl sehr viele T. geschlossen wurden. Die Bevölkerung der neuen Bundesländer legt auf Kindereinrichtungen nach wie vor sehr viel Wert, auch wenn sich die konkrete Nachfrage (ab welchem Alter, für wieviele Stunden am Tag) angesichts der veränderten Lebensbedingungen der Familien differenziert hat. Die neuen Länder haben inzwischen Kindertagesstättengesetze entwickelt, in denen umfassende Rechtsansprüche für Familien formuliert werden, aber ob diese Ansprüche bei knappen öffentlichen Kassen in Zukunft eingelöst werden können, läßt sich noch nicht absehen. Eine äußerst schwierige Aufgabe ist derzeit die Bedarfsplanung. In den Kommunen ist es angesichts der Abwanderung von Familien, der großen Arbeitslosigkeit in manchen Regionen sowie des gegenwärtigen Geburtenrückgangs (die Länder registrieren Geburtenrückgänge zwischen 40 und 50%) äußerst schwierig, realistische Planungen anzustellen.

Das vereinigte Deutschland muß mit Blick auf die T. für Kinder zwei unterschiedliche Traditionen integrieren. Die Diskussion um das Verhältnis von privater und öffentlicher Erziehung hat durch diese gegensätzlichen Formen, Erziehung zu organisieren, neue Anstöße bekommen. Dabei dürfte unbestritten sein, daß in beiden Teilen unseres Landes das Zusammenleben mit Kindern bisher nicht befriedigend gelöst wurde. In beiden Systemen orientierte man sich einseitig an einheitlichen Lebensmodellen und berücksichtigte nicht die Vielfalt familiärer Lebenswünsche und Lebensformen: In der BRD orientiert sich das bisher viel zu knappe Angebot an einem ideologisierten Bild von »Normalfamilie«. In dem geringen Angebot an Ganztagsplätzen, an Hort- und Krippenplätzen drückt sich das Festhalten an einer traditionellen Familiennorm aus. Die im Westen noch weithin übliche Trennung zwischen den akzeptierten »Bildungseinrichtungen« (Kindergarten) und den sozialpolitisch gebotenen »Nothilfemaßnahmen« (Ganztagseinrichtungen, Krippen, Horte) geht an den realen von Familien gelebten Lebensformen zunehmend vorbei. Auch in der ehemaligen DDR hat ein einheitliches, vorgeschriebenes Lebensmodell die öffentliche Kinderbetreuung bestimmt. Die Norm war die volle Erwerbstätigkeit der Erwachsenen und die Vergesellschaftung der Erziehung. In dieser Lebensform wurde das familiäre Leben an den Rand gedrängt. Die Idee der »Erziehungs-Kindheit« in staatlicher Verantwortung wurde ins Extrem getrieben. Darauf, daß auch diese Form der Arbeitsteilung zwischen Familie und staatlichen Einrichtungen an den Lebenswünschen vieler Familien vorbeiging, machen Entwicklungen in der jetzigen Umbruchphase aufmerksam. Zwar werden viele Frauen durch Arbeitslosigkeit gezwungen, sich zwischen Familie und Beruf neu zu orientieren, viele Frauen und Familien suchen aber auch neue Formen der Vereinbarkeit von Familie und Beruf, weil sie Wege aus der bisherigen Überforderung suchen und weil sie familiäre Bedürfnisse und den Wert des Zusammenlebens mit Kindern stärker berücksichtigt haben wollen. Für die Zukunft wird es in Ost und West darum gehen, solche Einrichtungen zu entwickeln, die den Lebensbedürfnissen und Belangen von Kindern entsprechen und sich auf vielfältigere Lebensformen von Familien einstellen können.

Gegenwärtig diskutierte Entwicklungslinien für T. für Kinder heben ab auf die wachsende Vielfalt von Lebensformen und auf die regional differenzierten Lebensverhältnisse. T. müssen angesichts pluraler werdender Lebensmuster ein breiteres und regional differenzierteres Angebotsspektrum entwickeln. Gegenwärtige Modellversuche (z.B. das bundesweite Projekt des Deutschen Jugendinstituts »Orte für Kinder«) suchen nach Wegen, wie über die Grenzen bisheriger Institutionen hinaus neue Formen einer angemessenen Infrastruktur für Kinder entwickelt werden. Entwicklungslinien sind dabei die Integration aller Kinder im Wohngebiet, die Öffnung der Einrichtungen für alle Altersgruppen, die Kooperation zwischen Institution und Selbsthilfe, die Initiierung und Stützung von Elternnetzwerken sowie die Einbeziehung von Betrieben in die Finanzierung von Kinderbetreuung. In dieser Perspektive werden T. für Kinder als Teil eines Ensembles der Maßnahmen für Kinder gesehen, und es gilt, jeweils den spezifischen Beitrag der einzelnen T. unter Berücksichtigung des lokalen Bedarfs sowie der regional und lokal vorhandenen Ressourcen zu bestimmen und ein passendes Angebotsprofil zu entwickeln. Solche Perspektiven sind auch im KJHG angelegt, das bedarfsgerechte vielfältige Formen der Kinderbetreuung vorsieht. Die Weiterentwicklung von T. für Kinder kann dabei nicht nur an Bedarfsfragen orientiert sein, es müssen auch grundlegendere Überlegungen zu unserer Lebensweise in einem hochentwickelten Industriestaat mit ihren Folgen für die Sozialisation von Kindern angestellt werden. Es ist zu fragen, welche neue Balance zwischen privater und öffentlicher Erziehung gefunden werden muß, um einerseits Kindern den Raum und die Zeit, die sie benötigen, zu verschaffen, um andererseits auch den Eltern Mitwirkungsmöglichkeiten und Treffpunkte (*Elternarbeit*) anzubieten. T. für Kinder können in dieser Weise zu Nachbarschaftszentren und zu Orten für Elternöffentlichkeit werden. Das KJHG verweist mit seinem Verständnis, nicht nur gute Erziehungs- und Bildungsangebote zu schaffen, sondern auch für eine Lebensumwelt zu sorgen, in der Kinder gesund heranwachsen können, darauf, daß Belange von Kindern auch durch familienfreundliche Arbeitszeiten, kinderfreundliche Sozialpolitik und Umweltpolitik berücksichtigt werden müssen.

Ein zentrales Problem bei der anstehenden Weiterentwicklung von T. ist die Frage, ob es in Zukunft genügend qualifizierte Fachkräfte geben wird. Die große Kluft zwischen den anspruchsvollen Aufgaben des Arbeitsfeldes auf der einen Seite und der vernachlässigten Berufssituation (Qualifizierung, Personalbemessung, tarifliche Eingruppierung) auf der anderen Seite wirkt sich bereits jetzt massiv in den Einrichtungen aus. Der hohe Anteil von Berufsaussteigerinnen und abnehmendes Interesse an diesem Ausbildungsgang sind alarmierende Zeichen für die schwindende Attraktivität dieses Berufs. Gerade die Anforderung, regional passende Einrichtungen zu gestalten und mit Elternnetzwerken zu kooperieren, sind auf der Basis des bisherigen Berufsbildes nicht einzulösen. Erforderlich ist eine neue Professionalität, die neben der pädagogischen Arbeit mit Kindern sehr viel stärker auch sozialplanerische und erwachsenenpädagogische Tätigkeiten umfaßt. Es steht dringend an, die Ausbildung entsprechend zu reformieren, den Beruf Erzieherin attraktiver zu machen, wie auch durch neue Ausbildungsformen (z.B. für Quereinsteigerinnen, für Frauen nach der Familienphase) qualifiziertes Personal über den traditionellen Weg der Erstausbildung hinaus für dieses Arbeitsfeld zu gewinnen.

H. Colberg-Schrader

Literatur: 8. Jugendbericht: Bericht über Bestrebungen und Leistungen der Jugendhilfe. BT-Drs. 11/6576, Bonn 1990; AGJ (Hrsg.): Kinderwelten, Kinderrechte, Angebote für Kinder, Bonn 1993; H. Colberg-Schrader/M. Krug/S. Pelzer: Soziales Lernen im Kindergarten. Ein Praxisbuch des DJI, München 1991; H. Colberg-Schrader/D. v. Derschau: Sozialisationsfeld Kindergarten, in: K. Hurrelmann/D. Ulich (Hrsg.): Neues Handbuch der Sozialisationsforschung, Weinheim/Basel [4]1991, 335–353; J.S. Coleman: Die asymmetrische Gesellschaft, Weinheim/Basel 1986; DV (Hrsg.): Tageseinrichtungen für Kinder – eine Aufgabe der Jugendhilfe, Frankfurt/M. 1990; W. Grossmann: KinderGarten. Eine historisch-systematische Einführung in seine Entwicklung und Pädagogik. Weinheim [2]1994; L. Krappmann/J. Wagner: Erprobungsprogramm im Elementarbereich. Bericht über eine Auswertung von Modellversuchen, hrsg. von der Bund-Länder-Kommission für Bildungsplanung und Forschungsförderung, Bonn 1983; H.J. Laewen: Zur außerfamilialen Tagesbetreuung von Kindern unter drei Jahren, in: Zeitschrift für Pädagogik 6/1989; J. Rolle/E. Kesberg: Der Hort. Handbuch für die Praxis, Köln 1986; J. Zimmer: Der Situationsansatz als Bezugsrahmen der Kindergartenreform, in: J. Zimmer (Hrsg.): Erziehung in früher Kindheit. Bd. 6 der Enzyklopädie Erziehungswissenschaft, Stuttgart 1985.

Teamarbeit

T. beschreibt die Zusammenarbeit in einer Gruppe, in der unter Einsatz unterschiedlicher fachlicher und persönlicher Möglichkeiten der Mitglieder und bewußter Beachtung bestimmter Regeln auf ein gemeinsames Ziel hingearbeitet wird. Dabei ist das Team i.d.R. eingebettet in eine größere Institution, deren Aufgabe und Gesamtzielsetzung es sich verpflichtet hat. Wenn Teammitglieder sich stark mit ihren Klienten solidarisieren, entstehen hier Spannungen, die bei adäquater Bearbeitung Grundlage wechselseitiger innovativer Auseinandersetzungsprozesse werden können.

Die Zusammensetzung des Teams in fachlicher Hinsicht ist vom Arbeitsfeld und den zu erfüllenden Aufgaben abhängig. T. ist sowohl unter Kollegen von gleicher als auch von unterschiedlicher Ausbildung möglich.

Ergebnisse der Sozialforschung, hier inbesondere im Hinblick auf die Effektivität der Arbeit in sozialen Institutionen (Non-Profit-Bereich), aber auch in wirtschaftlichen Betrieben (Profit-Bereich), belegen, daß die Lösung komplexer Probleme, für die ein breiter Wissens- und Erfahrungshintergrund erforderlich ist, in einer derartigen Gruppe besser geleistet werden kann, als in der getrennten Arbeit einzelner. Die Vorteile der T. ergeben sich nicht nur aus einer Aneinanderreihung von Personen und Fähigkeiten, sondern auch aus der Nutzbarmachung der zusätzlichen Kräfte und Möglichkeiten, die im Interaktionsprozeß der Gruppen entstehen (Synergie-Effekte). Gerade in größeren Institutionen mit ausgeprägten hierarchischen Binnenverhältnissen, wie sie als Rahmen *Sozialer Arbeit* heute immer noch vorherrschen (*Sozialadministration*), ist zudem die problem-/projektorientierte T. ein wichtiger Weg, um auf kurzfristig sich ergebende Aufgaben und ggfs. krisenhafte Zuspitzungen sozialer Probleme angemessen und schnell zu reagieren (Prinzip des »Structure follows function«). Um diese Vorteile zu verwirklichen, bedarf es bestimmter Bedingungen, unter denen der Gruppenprozeß sich positiv entwickeln kann.

Dazu gehört als Voraussetzung die Überschaubarkeit der Mitglieder, damit unmittelbarer, sachlicher und persönlicher Austausch möglich ist. Die Forderung, daß sich grundsätzlich alle Teammitglieder freiwillig zusammengefunden haben und es keine Person mit Leitungsfunktion gibt, wird bezüglich der Leitungsfrage nicht nur selten erfüllt, sondern führt auch oft dazu, daß die Dynamik der Leitungsfrage sich vor die Aufgabenerfüllung schiebt. Das Vorhandensein eines Leiters schließt nicht aus, daß Führung in wesentlichen Anteilen als Funktion der Gruppe selbst, d.h. aller Gruppenmitglieder im gemeinsamen Prozeß der T. möglich ist, setzt allerdings klare Funktionsbestimmungen und ein erhebliches Maß an sozialer Kompetenz – insbesondere beim Leiter selbst – voraus. Wenn bestehende Mitarbeiterverhältnisse auf T. ausgerichtet werden sollen, müssen ihre Kommunikations- und Kooperationsstrukturen bewußt und gemeinsam gestaltet werden. Ein gewisses Maß an »klimatischer Sympathie« ist für jede T. erforderlich; sie kann sich allerdings auch in einem solchen gemeinsamen Prozeß entwickeln. Regelmäßige Teamsitzungen dienen nicht nur der Aufgabenerfüllung, sondern auch der Reflektion der Arbeitsformen; sie sind ebenso erforderlich wie möglichst viele alltägliche Kontakte innerhalb des Arbeitsbereiches, durch die Teamsitzungen entlastet werden. Sowohl inhaltsbezogene sachliche als auch persönliche Beziehungsaspekte müssen in der T. ausreichend berücksichtigt und wahrgenommen werden, um zu einer zufriedenstellenden und wirksamen gemeinsamen Arbeit zu kommen. Offene Kommunikation und die Aufdeckung von Beziehungsstörungen sind erforderlich. Diese Anforderungen an T. sind im Gegensatz zur klassisch gegliederten institutionellen Tätigkeitsaufgliederung sehr hoch. T. sollte von daher regelmäßig von fachspezifischer sowie teambezogener *Supervision* (Fallsupervision/Teamsupervision) gestützt werden. Eine solche Supervision ist grundsätzlich punktuell und keinesfalls dauerhaft einzusetzen, um die Autonomie der Gruppe nicht zu gefährden und bei nicht geleiteten Teams die Gefahr zu vermeiden, fehlende Leitungsfunktionen an den Supervisor zu delegieren. Die Supervision als berufszogener Prozeß bearbeitet die anstehenden Fragestellungen in institutioneller, interpersoneller und ggf. intrapsychischer Hinsicht.

T. stellt Anforderungen an die soziale Kompetenz des einzelnen, z.B. seine Flexibilität und Autonomiefähigkeit, seine Verständnis- und Lernbereitschaft, seine Kritikfähigkeit (im Geben und im Nehmen), die nur bei einem hohen Grad an persönlicher Eigenständigkeit entwickelt werden können.

Vor der Konstituierung eines Teams ist es erforderlich, daß die Mitglieder das Arbeitsfeld im Hinblick auf seine fachlichen und organisatorischen Möglichkeiten untersuchen; die Entscheidungskompetenz des Teams und der einzelnen Mitglieder auch im Hinblick auf die umgebende Institution und/oder die Stellen, mit denen zusammengearbeitet werden soll, feststellen und abgrenzen; die fachlichen und persönlichen Fähigkeiten der Mitglieder einschätzen und damit die Funktionsbestimmung vorbereiten. Die Arbeitsschritte sind also: Problemanalyse – Umfeldanalyse – Feststellung des Handlungsspielraums – Zielvereinbarung – Rollenaufteilung – Durchführung und ständiges »Controlling«.

Was kann T. im Bereich der SozArb/SozPäd leisten? Probleme in diesem Feld sind fast immer von hoher Komplexität und nur selten aus der Sicht eines einzelnen zu lösen. Sie sind stark von gesellschaftlichen, kulturellen und persönlichen Prägungen bestimmt. Ihre Bearbeitung muß darauf eingehen und die Möglichkeit von Veränderung und Wandel einbeziehen. Die Arbeit von SozArb/SozPäd bringt häufig eine erhebliche Machtausübung über einzelne und Familien mit sich; der starken Abhängigkeit der Betreuten sowohl in Erziehungseinrichtungen als auch im Bereich der ambulanten sozialen Hilfen kann durch die Zusammenarbeit im Team gegengesteuert werden.

SozArb/SozPäd müssen davon ausgehen, daß ihre Arbeit nicht nur in Form von Beratung und Hilfsangeboten wahrgenommen wird, sondern daß sie entscheidenden Einfluß durch ihr eigenes Verhalten und die Art ihrer Kommunikation sowohl untereinander als auch in der Wechselwirkung mit Klienten und Betreuten ausüben. Die Chancen eines Teams liegen darin, sich hierin gegenseitig zu kontrollieren, zu entlasten und zu helfen, Vorurteilsbildungen einzuschränken, Machtmißbrauch zu vermeiden, Problemlösungen und Ideenfindungen auf eine nicht nur quantitativ, sondern auch qualitativ breitere Basis zu stellen und Konfliktsituationen angemessen zu bewältigen. Der Einsatz dieser besonderen Möglichkeiten der T. ist deshalb in allen Bereichen der SozArb/SozPäd sinnvoll. Im folgenden soll dies am Beispiel einiger Arbeitsfelder aufgezeigt werden:

In allen Bildungs- und Erziehungseinrichtungen ebenso wie in Einrichtungen für alte Menschen bezieht sich die Arbeit immer auf Gruppen von Kindern, Jugendlichen, Erwachsenen, die zusammenleben, während die Betreuer – z.B. im Schichtdienst – wechseln. Ein gemeinsames Konzept der Arbeit der Betreuer ist unerläßlich; die eigene Bezugsgruppe wirkt als Korrektiv und ermöglicht eine verschärfte Selbstwahrnehmung in der Gruppenarbeit. Bildungs- und Erziehungsziele der Einrichtungen in Richtung auf mehr Selbständigkeit und Kooperation können nur erreicht werden, wenn auch die Arbeitsbedingungen der Betreuer entsprechende Strukturen aufweisen.

In Beratungsstellen und Verwaltungen, die soziale Dienste anbieten, findet die Arbeit zwar mit wechselnden und z.T. einzelnen Klienten statt, es kommt hier aber besonders auf die Durchschaubarkeit, die Ausschöpfung der Möglichkeit des fachlichen und rechtlichen Rahmens an. Dies kann im Team eher geleistet werden als in Einzelarbeit. Darüber hinaus bringt T. Erleichterung z.B. beim Durcharbeiten von Vorschriften und bei der Zusammenarbeit mit anderen Stellen mit sich.

Ein völlig neues Arbeitsgebiet für Teams hat sich in letzter Zeit im Bereich der sozialen *Stadtentwicklung* ergeben. Hier werden in Zukunft interdisziplinäre Arbeitsteams sozialer und planender Berufe benötigt, die bereits in den Vorphasen der Aufstellung von Bebauungsplänen mit Investoren stadträumliche Gestaltungen abstimmen und so vorbeugend potentielle soziale Konflikte vermindern. Hierzu gehören Fragen der behinderten- oder kindgerechten Flächengestaltungen ebenso wie Fragen der Verkehrswegeplanung oder des öffentlichen Personennahverkehrs. Als besonders gravierend gerade für größere Siedlungsgebiete ergeben sich die Probleme bevölkerungsstruktureller Steuerung und der Begleitung von Besiedlungsprozessen (in expandierenden Ballungsräumen und sich entwickelnden Agglomerationen insbesondere).

Grundsatzbearbeitung im Bereich der (z. B. ministeriellen) Verwaltung von SozArb/SozPäd kann erheblich von T. profitieren, wenn »Theoretiker« und »Praktiker« systematisch zusammenarbeiten und damit fundierte Entscheidungen und Vorschriften mit Praxisbezug ermöglichen. Hier sollte auch unbedingt die Sozialforschung der FHS und Universitäten einbezogen werden. In allen Bereichen ist eine nach Veränderung und Erneuerung strebende Projektentwicklung nur in T. möglich, weil sie ein besonders großes Maß an Fachwissen, Ideenreichtum, kreativer Phantasie und Risikofähigkeit fördert.

Was steht T. in der Praxis entgegen und welche Veränderungsmöglichkeiten gibt es? T. wird oft nur in der Ebene des Unverbindlichen als Möglichkeit zur Verminderung psychosozialer Spannungen und zur Erzielung größerer Effektivität zugelassen. Institutionen gehen den erforderlichen weiteren Schritt der Veränderung von Entscheidungsstrukturen und Machtgefüge häufig nicht. T. ist dann nur begrenzt effektiv und auf die Dauer unbefriedigend. Eine institutionelle Absicherung in der Hierarchie wird mitunter unter Hinweis auf die dann angeblich gefährdete Sicherheit des Zugriffs auf »den Verantwortlichen« in Haftungsfragen verweigert.

Die Widerstände gegen T., insbesondere gegen die, die dem »Structure follows funktion«-Prinzip verpflichtet ist, sind insbesondere in langjährig gewachsenen institutionellen Hierarchien zu beobachten. Im Zuge knapper werdender personeller und finanzieller Ressourcen sehen sich inzwischen aber viele Länder und Kommunen vor der Entscheidung, institutionelle Umstrukturierungen und die damit notwendig einhergehende Aufweichung von Hierarchien zu befördern oder wesentliche Aufgabenbereiche der SozArb nicht mehr bewältigen zu können. Gleiches gilt für die Wohlfahrtsverbände als Anbieter sozialer Versorgungsleistungen. Zudem fordern neue Aufgabenbereiche (z. B. Soziale Stadtentwicklung) neue Qualifikationen von Institutionen, die dort nicht vorhanden sind.

Es ist heute zu beobachten, daß Verbände, Länder und Kommunen gewillt sind, diese anstehende Entscheidung zugunsten neuer, effektiver Arbeitsformen, u. a. mit der Konsequenz der Einführung dezentraler Verantwortung über den Einsatz personeller und finanzieller Ressourcen, zu treffen. Hierzu sind sie sogar bereit, in externe Organisationsberatung/*Organisationsentwicklung* zu investieren (*Sozialmanagement*). T. hat also sowohl in Non-Profit- als auch in Profit-Bereichen eine große Zukunft.

I. Stahmer

Literatur: T. Brocher: Gruppendynamik und Erwachsenenbildung – Zum Problem der Entwicklung von Konformismus oder Autonomie in Arbeitsgruppen, Braunschweig 1967; K. Doppler: Die Integration managen – Kernaspekte, Vorgehen, Methoden und Instrumente, in: Organisationsentwicklung Spezial 1, 1992; K. Doppler/C. Lauterberg: Change Management, Frankfurt/M. 1994; H. Pühl: Angst in Gruppen und Institutionen, Hille 1994; I. Stahmer/T. Brauner: Veränderungsprozesse in sozialen Institutionen, in: H. Pühl: Handbuch der Supervision, Berlin 1994.

Technologie

Technik und T. gehören heute zu den meist gebrauchten und wichtigsten Begriffen im Rahmen des ökonomischen und sozialen Handelns des Menschen und seiner Einbeziehung in die Umwelt (*Sozialökologie/Umweltschutz*). Technische Produkte und technologische Verfahrensweisen sind in alle Bereiche des sozialen und wirtschaftlichen Lebens und die Ökosysteme eingedrungen und dominieren diese in vielfacher Hinsicht. So ist heute weder das Sozialleben in der Industriegesellschaft ohne Techniken wie Auto, Telefon, Fernsehen, Computer etc. vorstellbar, noch das Wirtschaftsleben ohne technologische Produkte und Verfahrensweisen (Kraftwerke, automatische Produktionsstraßen, systematische Arbeitsorganisation, Büromaschinen etc.), noch das Verhältnis zur Natur (technische Bodenbearbeitung und Ressourcennutzung, Wasserhaushaltstechnik, Medizin-, Biotechnologie etc.).

Sowohl die *Arbeit*swelt als auch die *Freizeit*gestaltung und das familiäre Zusammenleben werden von mannigfaltigen T. bestimmt. Ausbildung und berufliche Tätigkeiten, *Sport* und Spiel, die Arbeit im Haushalt oder die medizinische Betreuung und viele kulturelle Betätigungen sind eng mit technologischen Erzeugnissen und Verfahren verknüpft.

Diese Verschränkung zwischen Technik und Sozialleben spiegelt sich in Begriffen wie Biotechnologie, Atomtechnologie, *Gentechnologie*, Humantechnologie, Haushaltstechnologie, Sozialtechnologie, Psychotechnologie, Ökotechnologie oder System-, Kommunikations-, Planungs-, Rationalisierungs- und Arbeitstechnologie wider (*Systemisches Denken und Handeln*).

Neueste Kreationen, die auf den universalen Charakter von T. hinweisen, sind Freizeit-T., Mode-T. oder Show-T., die durch ihre Produkte und Verfahren sowie über internationale Tagungen und Messen (Mod-Tech, Show-Tech) ökonomische und soziale Realitäten geworden sind.

Während sich Ansätze von Technik bzw. Techniken in allen frühen Hochkulturen finden und der Technik-Begriff sich auf das Aristotelische Techne als Kunstfertigkeit, Kenntnis, Geschicklichkeit – vornehmlich i. S. eines individuellen oder zunftmäßigen praktischen

Könnens – auf handwerkliche und künstlerische Tätigkeiten und Produkte bezieht, ist der Begriff T. neueren Datums. Im deutschen Sprachraum wurde T. zuerst in der Verfahrenstechnik benutzt als Wissenschaft von der Umwandlung von Rohstoffen in Fertigprodukte. Darin deutet sich das neue Moment bereits an, das seine spätere Erweiterung aus dem Angelsächsischen (Technology) so durchschlagend machte, die Übertragung auf Techniken des sozialen, politischen, ökonomischen, anthropologischen, psychologischen usw. Handelns. Die damit verbundene Entmaterialisierung von technisch-handwerklichen Produkten und Verfahrensweisen hat den Bedeutungsraum des alten Technikverständnisses stark erweitert. Technik bezeichnet den auf handwerklichen und erfahrungswissenschaftlichen Grundlagen aufbauenden Bereich menschlicher Handlungen und deren Ergebnisse in Form von materiellen, energetischen und informationellen Systemen und Prozessen zur Erreichung von durch Menschen gesetzten Zielen.

Technik umfaßt somit jenen Handlungsbereich des Menschen, in dem seine speziellen »technischen Fähigkeiten« zur Herstellung (technischer) Produkte (Gegenstände, Geräte, Apparaturen) und Verfahren zur Erfüllung von ihm selbst bestimmter Zwecke eingesetzt werden.

Unter T. versteht man alle auf technischen Systemen und Verfahren aufbauenden Bestrebungen, (technische) Lösungen zu finden, um auf andere technische oder natürliche und soziale Systeme und Prozesse i.S. vorgegebener Ziele (schnelles Fortbewegen, mehr Nahrungsmittel erzeugen, keine Kinder kriegen, Krieg führen, Räume beheizen, Macht ausüben usw.) einzuwirken. Der T.-Begriff enthält somit einen Ziel-Handlungsrahmen, der direkt auf ökonomische, soziale und gesellschaftspolitische Problemstellungen abzielt.

Die Technologieforschung sowie neue Ansätze in den Sozial- und Wirtschaftswissenschaften betrachten die Verschmelzung von Wissenschaft und T. als konstitutives Element aller Industriegesellschaften und das Substrat (»Wissenschaft und Technologie« oder technologischer Fortschritt) für die zentrale gesellschaftliche Innovations- bzw. ökonomische Produktivkraft. Nicht mehr »Arbeit« und »Kapital« sind die wichtigsten, politische und wirtschaftliche Macht bestimmenden Produktivfaktoren, sondern »Wissenschaft und T.« und ›Natur‹.

Tatsächlich läßt sich zeigen, daß die Produktivkraft »Wissenschsaft und T.« in allen Industriesystemen dominiert und »technologischer Fortschritt« zum Fortschritt schlechthin geworden ist. Dieser an das Grundmuster von Wirtschaftswachstum und Produktivität gekoppelte Fortschrittsglauben hat dazu geführt, daß in allen Industriegesellschaften die auf wissenschaftlicher Basis entwickelten Hochtechnologien massiv gefördert werden. Hochtechnologien sind Produkte und Verfahren, die hauptsächlich auf sog. Schlüsseltechnologien wie Laser, Computersoftware, Mikroelektronik, Optoeleketronik, Supraleitung, Bio- und Gentechniken oder neuen physikalischen Werkstoffen aufbauen.

Wieweit sich der Technologiebegriff vom alten Technik-Begriff der Antike und des Mittelalters (Maltechnik, Glastechnik, Drucktechnik, Textiltechnik usw.) entfernt hat und mit der Produktion wissenschaftlicher Informationen gekoppelt ist, läßt sich durch seine Dimensionen verdeutlichen:

Sozial:	historisch
	politologisch
	soziologisch
	ökonomisch
Human:	anthropologisch
	physiologisch
	psychologisch
	ethisch
Natural:	naturwissenschaftlich
	ingenieurwissenschaftlich
	ökologisch

Nicht mehr die Natur- und Ingenieurwissenschaften bilden allein die Grundlage technologischer Produkte und Verfahren, sondern ebenso Geistes-, Arbeits-, Wirtschafts- und Kulturwissenschaften.

In den letzten Jahrzehnten sind die Zweifel an der Wachstums- und Produktivitätsorientierung v.a. angesichts der weltweiten Umweltschäden, der friedensbedrohenden Hochrüstungspotentiale und der eklatanten Disparitäten zwischen den hochtechnisierten Industrie- und den wenig technisierten Entwicklungsländern stark angestiegen. Tatsächlich sind die Folgen ungebremster technologisch-industrieller Entwicklungen keinesfalls nur positiv. Neben der ausreichenden Versorgung der Industrieländer mit Nahrungsmitteln, Kleidung und Wohnungen, der Beherrschung bestimmter Seuchen oder von körperlichem Schmerz usw., sind negative, die Menschheit insgesamt bedrohende Technologiefolgen wie Boden- und Wasserverseuchungen, Klimaveränderungen, Vernichtung von Arten, Hochrüstungsarsenale, Giftgasdepots usw. angewachsen. Dies verstärkt zunehmend die Zweifel, ob mit der Entwicklung und Anhäufung von Supertechnologien im industriellen und militärischen Bereich die politische, soziale und ökologische Steuerung noch funktioniert, oder ob nicht vielmehr Politik, Wirtschaft und die Sozialsysteme davon beherrscht werden.

Nicht nur die neuere wissenschaftliche Technologiediskussion setzt hier an und fordert eine umfassende Technologiefolgenabschätzung und -bewertung (Technology Assessment). Immer mehr werden gerade auch neue T. auf der Grundlage der Mikroelektronik, von Computern und Telekommunikationssystemen (*Datenverarbeitung, Medien*) zur Grundlage neuer Produktionsverfahren, Fertigungstechniken und Büroorganisationen sowie damit verbundenen Rationalisierungen. Neue Arbeitsformen (Telearbeit, flexible Arbeitszeitmodelle, Teilzeitarbeit) und die Freisetzung von Arbeitskräften (CNC-Maschinen, Robotertechnik, automatische menschenleere Fabrik) sind die unmittelbaren Folgen im Bereich von Arbeit und Gesellschaft.

Vor diesem Hintergrund (Wirtschaftsstrukturkrisen,

Massenarbeitslosigkeit, Enthumanisierung von *Arbeit*, Neue *Armut*, Zweidrittel-Gesellschaft, Zivilisationskrankheiten etc.) finden deshalb Forderungen nach einer sozial und ökologisch verträglichen Technologiepolitik und -anwendung mehr und mehr Resonanz. Heute werden in der BRD Forderungen etwa nach dem Ausstieg aus der Kernenergie-T., einer wirksameren Überwachung und Kontrolle der Großchemie, der Pharmaproduktion, der Telekommunikationsnetze, der gentechnologischen Forschung und Entwicklung oder nach Vernichtung von militärischen Hochtechnologieprodukten nicht mehr nur von Umwelt-, Friedens- und Verbraucherorganisationen oder einzelnen Bürgerinitiativen und alternativen Wissenschaften erhoben, sondern auch von großen Teilen der Parteien und Kirchen, von *Gewerkschaft*svertretern sowie aufgeklärten Managern der Wirtschaft.

Gefordert werden »Alternative Technologien«, die mit geringem Material- und Energieaufwand hergestellt werden und schädliche soziale und ökologische Folgen vermeiden. Die angestrebte Tendenz zielt somit weg von Supertechnologien, hin zu kleineren, dezentral einsetzbaren Systemen, die möglichst unabhängig von Großsystemen funktionieren (alternative regenerative Energieumwandlungstechnik, Kleincomputer, umweltschonende Produkte und Verfahren etc.).

Da Technologiepolitik in alle Bereiche der *Gesellschaft*spolitik hineinreicht, besteht angesichts der Folgeprobleme in allen Politik-Bereichen und auf allen Ebenen Regelungsbedarf.

Technikfolgenabschätzung (TA), Technikbewertung (TB) und Technikgestaltung (TG) gehören heute wegen der besonderen sozialen und ökologischen Explosivkraft von Wissenschaft und Technik zu den existentiellen Aufgaben des demokratischen Gemeinwesens. Die BRD hat sich im Gegensatz zu den USA (1972 Gründung des Office of Technology Assessment, OTA, durch den US-Kongreß), England und verschiedenen nord- und westeuropäischen Ländern schwer getan, eine »ständige Einrichtung für Technikfolgen-Abschätzung des Deutschen Bundestages« zu etablieren. Die konfliktreiche parlamentarische Odyssee begann bereits 1973 mit einem Antrag zur Einrichtung eines »Amtes zur Bewertung technologischer Entwicklungen«. Endlose Debatten führten in den 80er Jahren zur Einrichtung zweier Enquete-Kommissionen. Die erste Kommission »Einschätzung und Bewertung von Technikfolgen; Gestaltung von Rahmenbedingungen der technischen Entwicklung« legte am 14.7.1986 einen Bericht vor (BT-Drs. 10/5844), der aber weitgehend folgenlos blieb. Als Ergebnis der Arbeit der zweiten Enquete-Kommission und ihres Berichtes »Zur Notwendigkeit und Ausgestaltung einer ständigen Beratungskapazität für Technikfolgen-Abschätzung und -Bewertung beim Deutschen Bundestag (BT-Drs. 11/4606) vom Mai 1989 läßt sich zumindest die Einrichtung eines »Büro für Technikfolgenabschätzung beim Deutschen Bundestag (TAB)« als 3jähriges Modellprojekt von 1990–1993 konstatieren (BT-Beschluß vom 16.11.1989). In der Modellphase hat das Büro TA-Projekte zu den Themen Grundwasserschutz und Wasserversorgung, Neue Werkstoffe, Abfallvermeidung und Hausmüllentsorgung, Biologische Sicherheit bei der Nutzung der Gentechnik, Risiken beim Wasserstoffeinsatz, Technikfolgen beim Raumtransportsystem SÄNGER und zu den Chancen und Risiken gentechnischer Diagnostik (»Genomanalyse«) durchgeführt bzw. in Auftrag gegeben. Mit Parlamentsbeschluß vom 4.3.1993 wurde das TAB endgültig in »eine ständige Einrichtung des Deutschen Bundestages« überführt (BT-Drs. 12/3499).

Eine besonders wichtige und innovative Rolle auf den Gebieten TA, TB und TG spielen seit Jahren v. a. einige außeruniversitäre Einrichtungen wie das Fraunhofer-Institut für Systemtechnik und Innovationsforschung (ISI, Karlsruhe), die Gesellschaft für Technikfolgen-Abschätzung (GfT), das Institut für Zukunftsstudien und Technologiebewertung (IZT Berlin), das Institut für Sozialwissenschaftliche Forschung (ISF, München), die VDI-Technologiezentren oder das Wissenschaftszentrum Berlin für Sozialforschung (WZB). Im März 1991 verabschiedete der Verein Deutscher Ingenieure (VDI) die VDI-Richtlinie 3780 »Technikbewertung – Begriffe und Grundlagen«. In dieser RL betont der VDI die Notwendigkeit einer »planmäßigen, systematischen, organisierten« Technikbewertung, durch die der Stand der Technik und ihre Entwicklungsmöglichkeiten analysiert und die unmittelbaren und mittelbaren technischen, wirtschaftlichen, gesundheitlichen, ökologischen, sozialen und andere Folgen und möglicher alternativer Techniken abgeschätzt werden. Die Ergebnisse sind aufgrund definierter Werte und Ziele im Hinblick auf mögliche Folgen oder andere wünschbare Entwicklungen zu bewerten, woraus dann Handlungs- und Gestaltungsmöglichkeiten hergeleitet und erarbeitet werden sollen. Nur auf einer solchen Grundlage sind begründete Entscheidungen durch die jeweils verantwortlichen Institutionen in Politik, Wirtschaft und Gesellschaft zu treffen. TA, TB und TG sollten heute auch konstitutive Bestandteile jeder zukunftsorientierten Sozialpolitik sein, sie sind besonders relevant für die Tätigkeit von SozArb/SozPäd.

Eine positive Rolle für die T.-Entwicklung in der BRD haben verschiedene Enquete-Kommissionen des Deutschen Bundestages gespielt. Zumindest die Enquete-Kommission zu den Themen »Zukünftige Kernenergiepolitik« (1982/83), »Neue Informations- und Kommunikationstechniken« (1983/84), »Chancen und Risiken der Gentechnologie« (1986/87), »Vorsorge zum Schutz der Erdatmosphäre« (Klima-Enquete ab 1987) und »Schutz des Menschen und der Umwelt« (Stoffkreisläufe und Stoffstrommanagement; nachhaltiger Umgang mit Stoff- und Materialströmen ab 1992) können als begrenzt wirksam bezeichnet werden.

Technologieentwicklung und -politik müssen sich in Zukunft angesichts der dramatischen globalen ökologischen Entwicklungen und sozialen Disparitäten an dem neuen Leitbild »sustainable development (nachhaltige Entwicklung)« orientieren. Dieses von der UN-Weltkonferenz für Umwelt und Entwicklung im Juni 1992 in Rio de Janeiro in den Mittelpunkt aller sozialen, ökologischen und ökonomischen Strategien und Handlungsweisen gestellte Prinzip besagt, daß eine dauerhaft zukunftsfähige Entwicklung nur möglich ist, wenn die Deckung unserer gegenwärtigen Bedürfnisse so erfolgt, daß anderen Völkern und zukünftigen Generationen die Lebens- und Produktionsgrundlagen nicht zerstört werden. Für die Technologie- und *Sozialpolitik* folgt daraus eine grundlegend neue Wert- und Zielorientierung. Das bisherige Fortschrittsmodell des ungebremsten und ungesteuerten Produktions- und Konsumtionswachstums muß durch einen neuen Fortschritt abgelöst werden, der die langfristige ökologische Sicherung der Lebensgrundlagen und die soziale Sicherung des Zusammenlebens der Menschen und Völker ermöglicht. Das bedeutet, daß die Technologie- und Wirtschaftspolitik und das Sozialverhalten primär darauf ausgerichtet sein müssen, in Zukunft den Stoff- und Energieverbrauch und die Schadstoffströme drastisch zu senken und regenerative Energien sowie nachwachsende Rohstoffe vermehrt zu nutzen. Darüber hinaus müssen irreversible Folgen in der Natur und den Sozialsystemen (Vernichtung von Pflanzen- und Tierarten, Klimaveränderungen, Zerstörung der Ozonschicht, Zerstörung von Landschaften und Kulturschätzen etc.) vermieden bzw. verhindert werden. Die Erhaltung des sozialen Friedens und von Mobilität ist nach dem Prinzip »sustainable development« nur möglich, wenn die Nettoleistungen aus dem Naturvermögen und dem wissenschaftlich-technischen Leistungsvermögen gerechter als bisher sowohl innerhalb der Industrieländer als v.a. auch zwischen den Ländern der Ersten, Zweiten und Dritten Welt verteilt werden. Die damit verbundenen Zukunftsaufgaben stellen gleichermaßen große Herausforderungen an eine neue Technologie- und Sozialpolitik. SozArb und SozPäd sind in besonderer Weise gefordert, bei der Orientierung auf neue Lebensstile, neue Wertorientierungen und neue Konsummuster mitzuwirken und den schwierigen Prozeß von der Notwendigkeit und Einsicht zum tatsächlichen Handeln zu unterstützen.

Besonders wichtig sind technologiepolitische Aktivitäten auf der Ebene der relevanten gesellschaftlichen Gruppen und Organisationen (*Parteien*, Arbeitnehmer- und Arbeitgeberorganisationen, *Kirchen*, Interessenverbände) sowie auf der Ebene öffentlicher und privater Unternehmen.

Besonders herausgefordert sind die Gewerkschaften als Vertretungen der am meisten vom technologischen Wandel betroffenen Arbeitnehmer. Gewerkschaftspolitik wird in Zukunft in hohem Maße Technologiepolitik sein müssen, wenn die Gewerkschaften ihren Einfluß auf die zukünftige Gestaltung der Industriegesellschaft behalten wollen. Deshalb rücken neuerdings Forderungen nach »sozialer Steuerung, Gestaltung und Kontrolle des technischen Wandels« immer mehr in das Zentrum gewerkschaftlicher Gesellschafts- und Betriebspolitik, wie etwa: Humanisierung der Arbeit, offensive Qualifizierungspolitik, Rationalisierungsstop bei unkontrolliertem Technikeinsatz, Aufklärungskampagnen bei gesundheitlichen Gefahren, Ausweitung der betrieblichen Mitbestimmung bei technologiepolitischen Entscheidungen, Verhinderung des »gläsernen Menschen« und der »gläsernen Arbeit«, Stärkung der Einflußnahme auf eine zukunftsorientierte Technologie- und Industriepolitik.

Die grundlegenden Probleme und Folgen des Technikeinsatzes sind bisher noch keineswegs hinreichend in die SozArb/SozPäd einbezogen worden. *R. Kreibich*

Literatur: D. Bell: Die nachindustrielle Gesellschaft, Frankfurt/M./New York 1976; BDI: Technischer Fortschritt – Wachstum – Beschäftigung, Köln 1980; BMFT: Bundesforschungsberichte; W. Bungard/H. Lenk (Hrsg.): Technikbewertung, Frankfurt/M. 1988; DGB: Neue Informations- und Kommunikationstechniken. Arbeit und Technik Bd. 1, Düsseldorf 1984; F. Duwe (Hrsg.): Technologie und Politik – Das Magazin zur Wachstumskrise, Reinbek 1975ff.; G. Fleischmann/J. Esser (Hrsg.): Technikentwicklung als sozialer Prozeß, Frankfurt/M. 1989; W. Fricke (Hrsg.): Jahrbuch Arbeit und Technik, Bonn, erscheint jährlich seit 1986; J. Habermas: Technik und Wissenschaft als »Ideologie«, Frankfurt/M. 1968; K. Hausen/R. Rürup: Moderne Technikgeschichte, Köln 1975; IG Metall: Der Mensch muß bleiben – Aktionsprogramm Arbeit und Technik, Frankfurt/M. 1984; Th. Kluge: Gesellschaft, Natur, Technik, München 1985; R. Kreibich: Die Wissenschaftsgesellschaft – Von Galilei zur High-Tech-Revolution, Frankfurt/M. 1986; R. Kreibich: Technologieentwicklung und Konsequenzen – Strukturwandel durch Innovationen, in: R.G. Kalmbach (Hrsg.): Management im Umbruch – Wege aus der Krise, Frankfurt/M. 1994; H. Lenk/S. Moser (Hrsg.): Techne. Technik, Technologie, Pullach 1973; H. Lenk: Zur Sozialphilosophie der Technik, Frankfurt/M. 1982; H. Paschen/K. Gresser/F. Conrad: Technology Assessment – Technologiefolgenabschätzung, Frankfurt/M./New York 1978; G. Ropohl (Hrsg.): Interdisziplinäre Technikforschung – Beiträge zur Bewertung und Steuerung der technischen Entwicklung, Berlin 1981; G. Ropohl: Eine Systemtheorie der Technik, München/Wien 1979; E.F. Schumacher: Die Rückkehr zum menschlichen Maß. Alternativen für Wirtschaft und Technik, Reinbek 1978; H. Sachsse: Technik und Gesellschaft. Bd. 1–3, 1974–76; U. Troitzsch/W. Weber (Hrsg.): Die Technik – Von den Anfängen bis zur Gegenwart, Braunschweiwg 1982; O. Ullrich: Technik und Herrschaft, Frankfurt/M. 1979; VDI: Richtlinie 3780 »Technikbewertung – Begriffe und Grundlagen«, Düsseldorf 1991; VDI-Technologiezentrum: Aspekte und Perspektiven der Technikfolgenabschätzung, Düsseldorf 1992; R. v. West (Hrsg.): Technikfolgenabschätzung als politische Aufgabe, München/Wien 1994.

Tests

T. sind Meßinstrumente im Rahmen psychologischer und pädagogischer *Diagnostik*, mit deren Hilfe bestimmte Persönlichkeits- oder Verhaltensmerkmale erfaßt werden sollen. Unter standardisierten Bedingungen werden, provoziert durch Testaufgaben, Stichproben aus Denken, Fühlen und Handeln von Menschen gezogen, die als repräsentativ gelten und Rückschlüsse auf zugrundeliegende Eigenschaften, Fähigkeiten etc. ermöglichen sollen. Die Kenntnis dieser Basismerkmale wiederum soll den Testdiagnostiker befähigen, Ur-

teile und Entscheidungen in Hinsicht auf künftiges Verhalten des Getesteten zu fällen, entweder durch die Annahme, diese gemessenen Merkmale seien über Situation und Zeit relativ stabil oder eine geradlinige und gleichförmige Fortschreibung des momentanen Befundes sei möglich.
Unter den vielfältigen Arten der Klassifizierung unterschiedlicher Testkategorien ist die gebräuchlichste die in Leistungstests und Persönlichkeitstests, wobei unter den Begriff der Leistungstests auch die große Anzahl der Intelligenztests gefaßt wird. Bei Persönlichkeitstests wird zwischen psychometrischen Verfahren (die auf quantitative Erfassung von Persönlichkeits- und Verhaltensmerkmalen gerichtet sind) und projektiven oder Entfaltungsverfahren (bei denen es meist um die qualitative Analse von Persönlichkeitsstrukturen geht) unterschieden.
Ihre Wurzeln hat die Testdiagnostik sowohl im klinisch-psychiatrischen Bereich als auch in der Schule und in der Wehrpsychologie. In allen drei Feldern wurde sie im Rahmen von Klassifikations- und Selektionsfragestellungen entwickelt und beschränkte sich vornehmlich auf Intelligenzdiagnostik, bevor neue gesellschaftliche Anforderungen und Interessen eine Ausweitung sowohl in Bereiche von »Leistung« und »praktischer Fähigkeit« als auch auf Persönlichkeitsmerkmale wie Einstellungen, Bedürfnisse und Motivationen verlangten. T. werden heute in unüberschaubarer Zahl in nahezu allen Praxisbereichen von *Psychologie* und *Pädagogik* angeboten und eingesetzt, so in Personalauslese, *Schule*, *Berufsberatung*, Klinik, *Rehabilitation*, *Erziehungsberatung*, *Strafvollzug* etc. Die methodische Grundlage der Testdiagnostik liefert die klassische Testtheorie mit ihren Richtlinien der Testkonstruktion, Testanalyse und Testbeurteilung.
Im Rahmen der massiven Testkritik steht neben ihrer Orientierung am psychologischen Eigenschaftskonzept, ihrem Versagen in Hinsicht auf Bereitstellung von Information für folgende Beratungs- und Behandlungsplanung etc., v.a. allem die Kritik an den testtheoretischen Konstruktionskriterien, ihren Implikationen und Auswirkungen im Mittelpunkt. Die durch das Objektivitätskriterium festgeschriebene Künstlichkeit der Beziehung von Diagnostiker und *Klient* und die soziale Sterilität der Standardtestsituationen, die Unterordnung unter festgelegte Vorschriften voraussetzen, das Ausschalten von Lernmöglichkeiten durch Reliabilitätsanforderung, die durch Trennschärfe vorprogrammierte Normorientierung und Gültigkeitsermittlung an Kriterien, die (wegen postulierter Mängel) eigentlich vom T. ersetzt werden sollen, sind nur wenige der zahlreichen berechtigten immanenten Kritikpunkte an den methodischen Fundamenten der Testdiagnostik, die ihr Wesen mitbestimmen. Alternativen im pädagogischen Bereich wie kriterienorientierte Testverfahren sind geringer entwickelt und beinhalten neue Probleme. Das gleiche gilt für Bestrebungen, die Testdiagnostik auf neue methodische Grundlagen, wie probabilistische Ansätze zu stellen. *F. Nestmann*

Literatur: R. Brickenkamp: Handbuch psychologischer und pädagogischer Tests, Göttingen 1975; S. Fischer: Psychologische Testtheorie, Bern 1968; S. Grubitzsch/G. Rexilius (Hrsg.): Testtheorie und Testpraxis, Hamburg 1978; G. Lienert: Testaufbau und Testanalyse, Weinheim 1967; G. Henze/J. Nauck: Testen im Beurteilen, Bad Heilbrunn 1985; K.J. Klauer: Kriterienorientierte Tests, Göttingen 1987; K.J. Klauer (Hrsg.): Handbuch der pädagogischen Diagnostik. Bd. 1, 2, Düsseldorf 1982: R. Schmid: Intelligenz- und Leistungsmessung. Geschichte und Funktion psychologischer Tests, Frankfurt/M. 1977.

Theorie der Sozialarbeit/Sozialpädagogik

1. Theorieansätze der *Sozialarbeit/Sozialpädagogik* (im folgenden, wie zunehmend üblich, unter dem Titel »*Soziale Arbeit*« zusammengefaßt) zu erörtern, ist z.Z. – jedenfalls für die BRD – ein schwieriges Geschäft; das hat Gründe in Problemen des Gegenstandes ebenso wie im Stand der wissenschaftlichen Diskussion. Theorie der Sozialen Arbeit – besser und angemessener wohl Theorieansätze der Sozialen Arbeit – stellt sich als buntscheckig-vielgestaltiges Neben- und Ineinander von unterschiedlichen Diskursen dar. Die Diskussion zeigt sich zunächst in den Einzeldiskursen zu Problemfeldern und institutionellen Aufgaben, also z.B. zu Problemen der *Armut*, der *Familien*, der *Jugend*, aber ebenso der *Heimerziehung*, des *Kindergartens*, der *Beratung*, des Gemeinwesens, der *Altenarbeit* und schließlich der Verbandsstruktur (*Träger der Sozialen Arbeit*). Neben diesen Einzeldiskursen gibt es vielfältige Ansätze zu einer generellen Theoriediskussion; sie beziehen sich – abgekürzt und eher schematisierend geredet – auf die generellen, gleichsam übergreifenden Fragen in den unterschiedlichen Sachdimensionen der Sozialen Arbeit, also auf allgemeine Fragen
- zur Lebenswelt sozialpädagogischer Adressaten,
- zur gesellschaftlichen Funktion der Sozialen Arbeit,
- der Institutionalisierung der Sozialen Arbeit,
- der spezifisch sozialpädagogischen *Handlungskompetenz* und
- des Wissenschaftscharakters der Sozialen Arbeit (z.B. Thiersch/Rauschenbach 1984).

Diese speziellen und generellen Diskussionsstränge sind unterschiedlich elaboriert und oft untereinander nicht verbunden. So sehr aber die derzeitige Diskussion im Fluß ist – und in vielem wenig abgeklärt, unüberschaubar und offen –, so evident also die theoretischen Defizite der Sozialen Arbeit sind, so mehren sich doch in letzter Zeit auch Indizien einer zunehmenden Konsolidierung. Die Arbeitsvoraussetzungen klären sich: Soziale Arbeit ist nicht nur mit ihrem Personal und ihren Kompetenzen, sondern auch mit ihren spezifischen Erhebungs-, Planungs- und Forschungsergebnissen selbstverständlicher Bestandteil der öffentlichen und wissenschaftlichen Diskussion; die *Ausbildungs-*

gänge haben sich ebenso etabliert wie die Forschungsinstitutionen; neben den praktischen haben die wissenschaftlichen Diskussionen ihre institutionalisierten Orte gefunden (in Zeitschriften, Buchreihen, Tagungen usw.). Es wird zunehmend deutlich, daß sich die unterschiedlichen Diskussionsentwicklungen – jenseits ihrer Vielfältigkeit und jenseits des oft beklagten, vordergründigen Eindrucks eines raschen Wechsels zwischen und in den Themen – auch lesen lassen als erste Stationen auf einem Weg zu einer Theorie der Sozialen Arbeit, als zunehmende Facettierung und Erweiterung eines allmählich breiteren Theoriediskurses hin zu einer allgemeinen Theorie.

Angesichts der ja erst kurzen *Geschichte der Sozialarbeit/Sozialpädagogik*, angesichts auch der vielfältigen Belastungen und Überforderungen seit den 70er Jahren, angesichts aber auch der Entwicklung und des Entwicklungsstands in der *Erziehungswissenschaft* und ihren Teildisziplinen läßt sich der jetzt erreichte Stand der sozialpädagogischen Diskussion wohl – mit Lüders und Winkler (1987) unter dem Titel einer Normalisierung bilanzieren, wenn damit nicht mehr als der sich abzeichnende Prozeß und in ihm der gleichsam formale Status der Diskussion gemeint sind und nicht schon eine transparente Klärung oder gar Erledigung der schwierigen inhaltlichen Widersprüche und Aporien.

2. Was sich heute als Soziale Arbeit und ihre Theorie repräsentiert, muß verstanden werden im Kontext der modernen *Gesellschaft*, also des neuzeitlichen Ineinanderspiels von materiellen und politischen Ressourcen (nämlich der gesellschaftlichen Ungleichheiten, Ausgrenzungen, der durch Produktion und Konsum gegebenen Funktionserwartungen, der Grundrechte) und der Prozesse der zunehmenden Vergesellschaftung von Problemverständnis und Problemlösungsmustern, z.B. der Arbeitsteiligkeit, Verrechtlichung, Institutionalisierung und *Professionalisierung*. In der Konsequenz dieser Entwicklungen formiert sich der *Sozial-* und Sozialisations*staat* und in ihm die Soziale Arbeit und ihre Theorie als nur ein und als spätes Segment. Im Zusammenspiel sozialer Bewegungen und meist nachgehender gesellschaftlicher Organisation entwickelt sich Soziale Arbeit in den zwei Ansätzen der Sozialarbeit und der Sozialpädagogik, die unter je spezifischem, partikularem Aspekt nebeneinander entstehen und erst in unserem Jahrhundert zusammenwachsen und dann im Zug von gesellschaftlichen Entwicklungen Aufgaben übernehmen müssen, die über die der traditionellen Sozialarbeit und Sozialpädagogik hinausgreifen.

2.1 Sozialarbeit hat zum Gegenstand Probleme der Unterprivilegierung, der fehlenden materiellen Ressourcen, also der Armut und der Unterstützung in belasteten, unterprivilegierten, ausgegrenzten Lebensverhältnissen. Herausgewachsen aus dem mittelalterlichen und frühzeitlichen Armenwesen (und Armentheorien: z.B. von Kaysersberg und Vives) dramatisieren sich die Probleme von Armut und Armenhilfe im Kontext von Industrialisierung, industrieller Ausbeutung, sozialen Bewegungen und Sozialismus im vorigen Jahrhundert so, daß der Staat sich im Kontext der sich ausdifferenzierenden öffentlichen Aufgaben des Sozial- und Sozialisationsstaates herausgefordert sieht, seine Verantwortung als *Sozialpolitik* und Soziale Arbeit zu institutionalisieren: Armut (so Simmel 1922) als Status, der auf Unterstützung angewiesen und darin abhängig und gedemütigt ist, wandelt sich zögernd und nur bedingt zu einem Status des Anspruchs, den die *Gesellschaft* zu erfüllen sich verpflichtet weiß. Die so gegebene materielle Basissicherung setzt Sozialarbeit gleichsam frei auch für Unterstützung und Beratung in Problemen der *Interaktion* und Kommunikation, für die Hilfe zur Selbsthilfe als Förderung und Stabilisierung menschenwürdiger Lebensgestaltung und Lebensverhältnisse. Sozialarbeit zielt in den Medien von Unterstützung und Aushandlung auf »die Kunst zu leben« (Salomon 1927); sie konkretisiert sich in den entfalteten Methodenansätzen von case-work, group-work und community-work (*Methoden der Sozialarbeit/Sozialpädagogik*) und – in der heutigen Zusammenfassung dieser Ansätze – von Ressourcenarbeit; Armuts- und Fürsorge-Theoriekonzepte (Salomon 1927; Kluncker 1931; Scherpner 1962) entstehen; Ausbildungskonzepte und -gänge stabilisieren sich; die bis heute geltenden Grundfiguren der Sozialarbeit etablieren sich.

2.2 Sozialpädagogik versteht sich als ein Moment der spezifisch neuzeitlichen gesellschaftlichen Reaktion auf die »Entwicklungstatsache« (Bernfeld 1970). Sie zielt – begründet im besonderen Entwicklungs- und Lernstatus der Kinder – auf Hilfs-, Erziehungs- und Bildungsangebote für Kinder, Heranwachsende und ihre Familien in ihrem Lebensfeld und dabei zunächst auf kompensierende Angebote in belasteten Lebensverhältnissen. Sozialpädagogik entwickelt sich von z.B. Franke und Salzmann über Pestalozzi, Fröbel, Wichern und Natorp bis zu Nohl und Bernfeld. Grundlegend für die heutige Diskussion ist das in der *Aufklärung* erstmals entworfene Konzept von Sozialpädagogik, wie es bei Pestalozzi besonders ausgearbeitet ist. Fundiert in Gesellschaftstheorie und *Anthropologie* entwickelt er Aufgaben der Volkserziehung, Erziehungsmöglichkeiten in der *Familie*, aber auch Probleme im Gefängnis und Heim als Erziehungsarrangements der allseitigen Versorgung in der Vermittlung von Person und Raum im pädagogischen Setting (vgl. dazu die Neuformulierung dieses Problems bei Winkler 1988). Nach vielfältigen partikularen Entwicklungen des vorigen Jahrhunderts (Fröbel und der *Kindergarten*, Wichern und die Anstaltserziehung, *Jugendarbeit* und ihre Entstehung in den unterschiedlichen gesellschaftlichen Kontexten) und der Verankerung sozialpädagogischer Aufgaben im allgemeinen pädagogischen Prinzip der Sozialerziehung bei Natorp hat dann Nohl zu Beginn unseres Jahrhunderts – wieder im Kontext des sich ausdifferenzierenden Sozial- und Sozialisationsstaates – den Zusammenhang der sozialpädagogischen Aufgaben als Erziehungsaufgaben, die nicht Familie und *Schule* sind (Bäumer 1966), verstanden als ein Segment in einem eigenen Kulturbereich *Erziehung*. Dem entspricht eine Handlungswissenschaft, die entweder geisteswissenschaftlich (Nohl 1949) ausgelegt wird, aber offen zum interdisziplinären Diskurs (v.a. hin zur Sozialstatistik und zur Psychoanalyse), oder aber kritisch, sozialistisch-psychoanalytisch (Bernfeld 1970; Rühle 1969). In dieser Diskussion artikulieren sich unterschiedliche Ansätze zum Verständnis der gesellschaftlichen Funktion der Sozialpädagogik, z.B. der Unterstützung in Anpassungs- und Normalitätserwartungen der Moderne, der Hilfe und Unterstützung des *Individuums* in seinen *Bildungs*- und Entwicklungschancen und – dem entgegengesetzt – der Verdeckung und Verschleierung gesellschaftlicher Probleme in der Vordergründigkeit solcher Pädagogik. Diese Ansätze bestimmen die Theoriediskussion der Sozialen Arbeit bis heute.

2.3 Die beiden Traditionen der Sozialarbeit und der Sozialpädagogik verbinden sich endgültig und definitiv seit den 50er Jahren, nachdem in den 20er Jahren die Sozialarbeit sich den pädagogischen Fragestellungen angenähert und sich die Sozialpädagogik zu den Ansätzen der Sozialarbeit hin geöffnet hatte (resümierend dazu Konrad 1993). Probleme der materiellen Verelendung können nicht verhandelt werden ohne Fragen von Handlungs- und Bewältigungskompetenz – Probleme der Erziehung wiederum können nicht verhandelt werden, ohne die Frage der sozialen gesellschaftlichen Ressourcen zu thematisieren. Das Stichwort der Querschnittspolitik (oder Einmischung), wie es für die *Jugendhilfe* geprägt wurde, erweist sich als Leitkonzept für die Integration von Aufgaben, die aus der Sozialarbeit und der Sozialpädagogik stammen und infolgedessen unter dem Doppelnamen Sozialpädagogik/Sozialarbeit oder besser: Soziale Arbeit zusammengefaßt werden.

Mit diesen integrierten Aufgaben stellt sich die Frage der disziplinären Zuordnung der Sozialen Arbeit; diese Frage nach der Leitwissenschaft entweder der Sozialarbeit (vor dem Hintergrund eines aufgabenbezogenen, interdisziplinären Verbundes von Rechts- und Sozialwissenschaften) oder der Sozialpädagogik (vor dem Hintergrund der *Erziehungswissenschaft*) ist in der Sache obsolet. Den Problemen angemessen ist allein die unterschiedliche Traditionen integrierende Handlungswissenschaft Soziale Arbeit. (Daß diese theoretische Frage belastet ist mit hochschul- und bildungspolitischen Problemen und deswegen auch mit praktisch fiskalischen Auflagen, liegt auf einer anderen Ebene und kann hier nicht verhandelt werden; s. Krüger/Rauschenbach 1994.)

Dieses integrierte Konzept gewinnt in den letzten 30 Jahren neue Bedeutung im Zug sich ändernder gesellschaftlicher Verhältnisse. Die zunehmende Vergesellschaftung der Lebensstrukturen auf der einen Seite und der sich intensivierende Trend zur Individualisierung von Lebensführung und Pluralisierung von Lebenslagen auf der anderen ergeben, daß sich in der *Normalität* des modernen Lebens neue Chancen, neue Optionen, aber auch neue Belastungen zeigen: Aufgaben der Lebensbewältigung erweisen sich zunehmend als anspruchsvoll, schwierig und riskant. Neben den alten sozialen Aufgaben im Kontext von Armut, Verelendung, Ausgrenzung und besonderen erzieherischen Nöten werden nun die generellen Angebote der Beratung und Unterstützung in der Organisation von Ressourcen, Räumen und Gelegenheiten wichtig, damit die in der Normalität unserer Gesellschaft sich stellenden normalen Aufgaben bewältigt werden können. Die Differenzierung und Expansion der sozialpädagogischen Leistungen seit den 70er Jahren muß verstanden werden als Antwort auf die sich komplizierende Normalität unserer Gesellschaft und die in ihr sich ergebenden neuen Anforderungen. Mit dieser Doppelgestalt der Sozialen Arbeit – der unverzichtbaren, besonderen Hilfen in besonderen Belastungen und der normalen, präventiven Unterstützung in der Normalität heutiger Lebensaufgaben – wird Soziale Arbeit zu einem notwendigen und selbstverständlichen Bestandteil der modernen sozialen Infrastruktur.

Vergesellschaftung, Individualisierung und Pluralisierung als Chance und Bedrohung bestimmen auch die Struktur der Sozialen Arbeit. Die Selbstverständlichkeiten des traditionellen Wohlfahrtsstaats werden fragwürdig (Böhnisch/Schefold 1985); Soziale Arbeit hat Teil an der generellen Krise des modernen Sozialstaats. Nötigt sie – so drängt sich die Frage auf – ihr *Klientel* in institutionell und professionell vorgefertigte und darin entfremdende Rollen, erzeugt sie eine zunehmend sozialpädagogisch kolonialisierte Wirklichkeit, ist ihr Ausbau in den gegebenen Formen angesichts solcher Konsequenzen riskant? Gegen solche Selbstkritik entwickeln sich Formen von situations- und gruppen-/individuumsbezogenen Leistungen, neue Formen der Vernetzung zwischen *Selbsthilfe*kompetenzen und professioneller Arbeit, neue Formen der Arbeitsteilung zwischen der Selbstzuständigkeit von Betroffenen und ihrer Unterstützungsangebote, neue Formen der Kooperation mit »Marktangeboten«; es ergeben sich schließlich zunehmend institutionalisierte Arrangements der Dauerreflexion (also der Praxisberatung, der *Supervision*, der fallbezogenen Hilfeplanung und v.a. einer basisorientierten, regionalisierten *Sozialplanung*), also eines kritisch-reflexiven Verhältnisses zu den eigenen Möglichkeiten und Gefahren.

3. Diese Entwicklung geht einher und wird gestützt durch eine intensive Theoriediskussion, in der traditionelle Ansätze aufgenommen und gleichsam auf einem neuen Level expansiv genutzter sozialwissenschaftlich elaborierter Konzepte weiterentwickelt werden – wobei es ein Charakteristikum der von den Anforderungen der 60er/70er Jahre gleichsam überrollten und überforderten Diskussion ist, daß diese Rückbezüge zur Tradition erst in den letzten Jahren bewußt und zunehmend aufgearbeitet werden (Münchmeier 1981, Müller 1988; Sachße/Tennstedt 1988).

Die Diskussion der 60er Jahre war bestimmt durch eine, gegenüber den allein herrschenden geisteswissenschaftlichen Ansätzen der 20er Jahre abrupte Öffnung zu den Sozialwissenschaften und ihren empirischen Methoden, so wie es Roth (1967) generell für die Erziehungswissenschaft unter dem Titel der »realistischen Wende« gefordert hatte; durch die Öffnung hin zur Ökonomie, Politologie, Kriminologie, Sozialpsychologie, Psychoanalyse, *Psychiatrie* ist der prinzipielle Status der Sozialen Arbeit als Sozialwissenschaft seitdem gesichert – so evident bis heute die Defizite sowohl in der Konzeptdiskussion wie in dem praktizierten Methodenrepertoire sind. Theorie der Sozialen Arbeit kann nur eine Theorie einer sozialwissenschaftlich fundierten Handlungswissenschaft sein; daß darin historische und philosophische Bezüge notwendig integriert sind, ist selbstverständlich (z. B. Winkler 1988; Sünker 1989).

4. In diesem Konzept ergeben sich in der Diskussionsentwicklung unterschiedliche Thematisierungen. In den 60er/70er Jahren stand die Frage nach der gesellschaftlichen Funktion der Sozialarbeit im Vordergrund. Nachdem die Nachkriegszeit zunächst durch Konzepte der Hilfe und der Anpassung an die Lebensaufgaben in der Moderne bestimmt war, führte die sozialkritische Wende der späten 60er Jahre in der Sozialen Arbeit zu der Frage, inwieweit sie in ihren gewachsenen Strukturen nur der Pazifizierung gesellschaftlicher Krisen und Ungleichheiten diene, nur Agentur der herrschenden, ökonomischen Interessen des Kapitals sei: Soziale Arbeit als Institution der *Stigmatisierung* und Disziplinierung, Heime als totale Institution, soziale Hilfe als Repräsentation entfremdender Bürokratie. Diese grundsätzliche Kritik ging einher mit einem dezidiert politisch ausgelegten Pathos der *Emanzipation*.
Dieser grundlegende und die Diskussion bis heute vorantreibende Ansatz einer »emanzipatorischen Wende« in der Sozialen Arbeit blieb als Konzept zunächst eher abstrakt. Indem sich diese politische Abstraktheit mit aus den anderen Sozialwissenschaften stammenden Analyseinteressen verband, blieb die Frage ungeklärt, ob und wie in gegebenen Verhältnissen gehandelt werden könne; die Frage nach dem traditionellen, gewachsenen Wissenschaftsmuster einer pragmatischen Handlungswissenschaft stellt sich neu als Frage nach einer »Neuen Praxis« und einer ihr entsprechenden kritischen Theorie. Deren Aufgaben und Möglichkeiten wurden thematisiert v. a. im Zeichen der Frage nach Problemgruppen und Lebenslagen, nach der Professionalität der Sozialen Arbeit und nach der Alltags- oder Lebensweltorientierung in ihr.

4.1 Das Wissen um Prozesse der Unterprivilegierung und Ausgrenzung verband sich mit der Frage nach der Eigensinnigkeit von Lebensformen (Lebenslagen und Lebensmuster) und v. a. nach den in aller Unterdrükkung auch gegebenen Potentialitäten; die Frage nach dem Subjekt, nach den Möglichkeiten des »realitätsverarbeitenden Subjekts« wurde relevant und führte zu breit gefächerten Konzepten über Problemgruppen, Risikokonstellationen, über speziell belastete und generell anspruchsvolle Lebenslagen (5. Jugendbericht 1980); in diesem Kontext werden auch geschlechtsspezifische Unterschiede zunehmend thematisiert (6. Jugendbericht 1984).

4.2 Die Frage nach der *Professionalität* in der Sozialen Arbeit stellte sich zunächst notwendig und dringlich aus dem Druck der *Ausbildung* und der Notwendigkeit, die neu eingeführten Ausbildungsgänge auch im Arbeitsfeld zu etablieren. Das neue Berufsprofil wurde zwischen dem traditionellen Arbeitsprofil, der Semi-Professionalität und der Erwartung an eine neue, gleichsam alternative Professionalität verhandelt (Dewe/Otto 1984; Olk 1986) und, über diese Diskussionsansätze hinausführend, als generalisierte Frage nach der *Handlungskompetenz*, nach der geschlechtsspezifisch differenzierten Handlungskompetenz und nach dem Ineinanderspiel von Deutungsmustern und Handlungsmöglichkeiten in der Sozialen Arbeit (Müller/Otto 1982/84). Die Fragen nach dem Berufsprofil erweitern sich zu Konzepten der Sozialen Arbeit als eigensinniger Handlungstheorie (Müller 1985) ebenso wie zu kasuistisch inspirierten Untersuchungen zu konkreten Handlungsvollzügen in unterschiedlichen institutionellen Settings; sie verbinden sich neuerdings mit dem Rückbezug auf die traditionelle Methodenlehre und auf das Repertoire der Sozialpsychiatrie oder Psychoanalyse; sie konkretisieren sich in den erweiterten Konzepten der Ressourcenarbeit.

4.3 Ein zweiter, mit diesen eng verbundener und sich in vielem überlappender Diskussionsstrang stand unter dem Titel der Alltags- oder Lebensweltorientierung der Sozialen Arbeit. Der in der Sozialen Arbeit immer schon gegebene Bezug auf die gegebenen Lebensverhältnisse, in denen Hilfe zur Selbsthilfe anzusetzen habe, wurde sozialwissenschaftlich und kritisch aufgearbeitet; es wird ebenso nach der Eigensinnigkeit der Lebenswelt der Adressaten (mit ihren unterschiedlichen offenen und verdeckten Deutungs-, Handlungs- und Bewältigungsmustern) gefragt wie nach den Möglichkeiten, die institutionalisierten Angebote in der Lebenswelt der Adressaten zu verorten; in Handlungsmaximen wie Prävention, Regionalisierung, Zugänglichkeit im Alltag der Betroffenen, Integration und Partizipation wurde dieses Angebotsprogramm konkretisiert (8. Jugendbericht 1990; Thiersch 1992; Handlungsprinzipien bei Kreft/Lukas u. a. 1990/93). Seine Parallelen zum Konzept einer ökologisch bestimmten Sozialen Arbeit oder einer alltagsorientierten Gemeindepsychiatrie sind evident.

5. Die Diskussion dieser Konzepte – belastete Lebenslagen, Professionalisierung und Lebensweltorientierung – aber wird zunehmend überlagert, ergänzt und abgelöst von der Entwicklung neuer Fragestellungen.

5.1 Das Interesse an Professionalisierung und Lebensweltorientierung hat zu einer Konzentration auf Probleme innerhalb der Sozialen Arbeit geführt; Theorie der Sozialen Arbeit wird gleichsam Berufstheorie, Fragen nach den Lebenslagen der Adressaten vor und außerhalb der Zuständigkeit der Sozialen Arbeit geraten damit ebenso an den Rand wie Fragen nach eigensinnigen »nicht-professionellen« Bewältigungs- und

Hilfsressourcen (die Schwerpunkte in der Diskussion der *Jugendarbeit* belegen dies ebenso wie die schwer begründbare Vernachlässigung der Fragen von Familienerziehung). Um dieser Verengung (auf einem Weg, auf dem die Schulpädagogik schon vorangeschritten scheint) entgegenzuwirken, wird zunehmend deutlich, daß Theorie der Sozialen Arbeit beides ist: Theorie von Lebensverhältnissen im Kontext der Moderne mit den in ihnen gegebenen Aufgaben und Problemlösungsressourcen und Theorie der spezifischen Aufgaben und Möglichkeiten der Sozialen Arbeit. Das hier liegende Problem einer Erweiterung auf Fragen über die unmittelbare Zuständigkeit der Sozialen Arbeit hinaus und der Vermittlung des Allgemeinen mit dem Besonderen, Kontingenten ist, so scheint es, charakteristisch für alle praktischen Theorien, die sich auf ein historisch gewachsenes Arbeitsfeld und Arbeitsrepertoire beziehen.

5.2 Die Konzepte von Professionalisierung und Alltagsorientierung zielen auf das Handeln in konkreten Situationen; diesen Konzepten gegenüber aber wird – in der Konkretisierung der Frage nach dem Verhältnis von Erziehungswissenschaft und Sozialer Arbeit – gefragt, ob in ihnen das pädagogische Moment hinreichend repräsentiert ist (Fatke/Hornstein 1987); die damit implizierte Unterstellung, Soziale Arbeit müsse sich am Erziehungsbegriff orientieren, ist obsolet (und verweist sicher nur auf eine überfällige Diskussion innerhalb der Erziehungswissenschaft); die Kritik aber daran, daß in den in der Sozialen Arbeit favorisierten Konzepten der Deutungs- und Handlungsstrategien die Frage nach dem Postulat der Bildsamkeit, nach Lern- und Wachstumsmöglichkeiten und nach spezifischen Phasen in ihnen weithin vernachlässigt sei, führt zu neuen Fragen nach notwendigen Entwicklungsaufgaben im Kontext von Lebenslauf und Biographie und im Umgang zwischen den Generationen (Schefold 1994). Diese Erweiterung geht einher mit zunehmenden Fragen nach den Formen der Lebensgestaltung jenseits einer nur auf soziale und psychische Probleme bezogenen Alltagskonstellation, also nach Formen der Lebensgestaltung, der Ausprägung von lebensfeldspezifischen Stilen, nach Lebenskultur – auch innerhalb der sozialen Institution (Liebau, Treptow).

5.3 Wenn Lebensweltorientierung und Professionalisierung nach konkreten Handlungsmustern im Alltag fragen, ist dies – so wird zunehmend betont – nur die Frage nach der Vorderbühne von Aktionen, die durch strukturelle Gegebenheiten bestimmt sind. Lebensweltorientierung ist kein Titel einer Theorie der Sozialen Arbeit, sondern bezeichnet lediglich einen ihrer Aspekte, den nach den konkreten Bearbeitungs- und Bewältigungsformen im Alltag. Damit aber stellen sich die Fragen nach abstrakten, die Lebenswelt bestimmenden Strukturen in neuer Brisanz, nach den Strukturen von materiellen, politischen und rollenspezifischen Ressourcen (Lebenslagen, Geschlecht, Altersphase, Armut) ebenso wie die nach den historisch-politischen Strukturen der Sozialpolitik (Sachße/Engelhardt 1990) und schließlich nach normativen Orientierungen (Brunkhorst/Otto 1989; Brumlik 1989; Müller/Thiersch 1990). Sozialarbeit und soziale Verhältnisse, Sozialarbeit und Sozialpolitik, Soziale Arbeit und Sozialethik werden neu thematisiert. Deren Verhandlung im Bruch der alten Wohlfahrtserwartungen und neuer Optionen, im Bruch zwischen konservativem Abbau und alternativ selbstkritischer Neustrukturierung ist eine der zentralen Aufgaben der nächsten Jahre.

5.4 Alltags- und Lebensweltorientierung fragen nach den Bewältigungsmustern in gegebenen Verhältnissen. Dieses Interesse suggerierte, als seien Leben und Wissenschaft eins; damit aber verlor sich das – in der geisteswissenschaftlichen Tradition von Weniger (1952) ebenso wie in der Alltagstheorie von Schütz (1971) formulierte – Wissen um unterschiedliche Wissensformen, also um die Differenz von Alltagswissen (Lebens- und Berufswissen) und Wissenschaftswissen, von z.B. Erfahrungsberichten und Kunst von philosophierendem und empirisch orientiertem Wissen (Hörster 1984). Gegenüber vielfältigen Versuchen auch im Zeichen der postmodernen Theoriediskussion, diese Differenzen als prinzipielle Alternative zu betonen, kommt es darauf an, sie in das Konzept einer pragmatischen Handlungstheorie einzutragen; dem dienen die aktuellen Diskussionen zur Neubestimmung des Theorie-Praxis-Verhältnisses, zur Bestimmung von Wissenschaft als Beratungswissen und zur Klärung des Handlungswissens in der Kasuistik (Müller 1994). Analog und parallel zur vereinfachenden Identifikation von Praxis und Wissenschaft fehlten (wie auch in anderen Bereichen der Erziehungswissenschaft) in der Sozialen Arbeit Differenzierungen zwischen wissenschaftlicher Beratung, wissenschaftlicher Begleitforschung, *Handlungsforschung* und Grundlagenforschung; eine häufige Überforderung in Projekten und nur bescheidene Ergebnisse aus Projekten sind ebenso die Konsequenz wie der insgesamt nicht sehr befriedigende Stand empirisch gesicherter sozialwissenschaftlicher, konzeptbezogener und evaluativer Aussagen in der Sozialen Arbeit; auch hier wird es darauf ankommen, die Unterschiedlichkeit von Forschungsansätzen nebeneinander in ihrer Eigensinnigkeit zu praktizieren und v.a. Aufgaben einer nicht unmittelbar auf Praxis bezogenen Grundlagenforschung gezielt voranzutreiben.

6. Schließlich: Wenn Ausbau und Zweideutigkeit der Sozialen Arbeit eine reflexive Praxis verlangen, kann – analog – die Theorie der Sozialen Arbeit nicht mehr als einfache, sondern nur als reflexive Theorie (Beck 1986), für die Soziale Arbeit konkretisiert (Rauschenbach 1992), verstanden werden. Die Vermittlung der verschiedenen Ebenen in den Möglichkeiten und Grenzen der Sozialen Arbeit als Wissenschaft, also die Fragen nach Reichweite und Verhältnis von generellen und speziellen Aussagen, von lebensweltorientierten und professionellen Analysen und Gesellschaftsstrukturen, nach Differenz und Vernetzung von Praxiswis-

sen, Berufswissen und Wissenschaftswissen können nur verhandelt und produktiv genutzt werden, wenn die Meta-Frage nach den so gegebenen Möglichkeiten und Grenzen konstitutiv für Wissenschaft ist.

H. Thiersch

Literatur: G. Bäumer: Die historischen und sozialen Voraussetzungen der Sozialpädagogik und die Entwicklung ihrer Theorie, in: Handbuch der Pädagogik, Bd. 5, hrsg. von H. Nohl/L. Pallat, Langensalza 1929, Neudruck 1966; U. Beck: Risikogesellschaft. Auf dem Weg in eine andere Moderne, Frankfurt/M. 1986; S. Bernfeld: Antiautoritäre Erziehung und Psychoanalyse. 3 Bde., Darmstadt 1970; L. Böhnisch/W. Schefold: Lebensbewältigung, Weinheim/München 1985; L. Böhnisch: Sozialpädagogik des Kindes- und Jugendalters, Weinheim/München 1992; M. Brumlik: Kohlbergs »Just Community«-Ansatz als Grundlage einer Theorie der Sozialpädagogik, in: Neue Praxis 19/1989; H. Brunkhorst/H.-U. Otto: Soziale Arbeit als gerechte Praxis, in: Neue Praxis 19/1989; BMJFFG (Hrsg.): 5. Jugendbericht: Bericht über Bestrebungen und Leistungen der Jugendhilfe. Bonn 1980; 6. Jugendbericht. Verbesserung der Chancengleichheit von Mädchen in der BRD, Bonn 1984; BMJFFG (Hrsg.): 8. Jugendbericht. Bericht über Bestrebungen und Leistungen der Jugendhilfe, Bonn 1990; B. Dewe/H.-U. Otto: Professionalisierung, in: Eyferth/Otto/Thiersch: Handbuch zur Sozialarbeit/Sozialpädagogik, Neuwied/Darmstadt 1984; R. Fatke/W. Hornstein: Sozialpädagogik – Entwicklung, Tendenzen und Probleme, in: Zeitschrift für Pädagogik 33/1987; F. Fröbel: Ausgewählte Schriften. 2 Bde., hrsg. von E. Hoffmann, Bad Godesberg 1951; W. Hollstein/M. Meinhold (Hrsg.): Sozialarbeit unter kapitalistischen Produktionsbedingungen, Frankfurt/M. 1973; F.-M. Konrad: Sozialarbeit und Pädagogik. Der Versuch einer historischen Klärung, in: Soziale Arbeit 6/1993, 182–189; R. Hörster: Kritik alltagsorientierter Pädagogik, Weinheim 1984; C.J. Klunkker: Vom Werden deutscher Jugendfürsorge, Berlin 1931; D. Kreft/H. Lukas u.a.: Perspektivenwandel der Jugendhilfe. 2 Bde., Nürnberg 1990/Frankfurt/M. ²1993; H.H. Krüger/T. Rauschenbach: Erziehungswissenschaft. Die Disziplin am Beginn einer neuen Epoche, Weinheim/München 1994; E. Liebau: Die Kultivierung des Alltags, Weinheim 1992; C. Lüders: Der wissenschaftlich ausgebildete Praktiker, Weinheim 1989; C. Lüders/M. Winkler: Sozialpädagogik – auf dem Weg zu ihrer Normalität, in: Zeitschrift für Pädagogik 1987; I. Mielenz: Die Strategie der Einmischung, in: NP 1981, Sonderheft 6; K. Mollenhauer: Ursprünge der Sozialpädagogik, Weinheim/Basel 1959; B. Müller: Die Last der großen Hoffnungen, Weinheim 1985/1991; B. Müller: Sozialpädagogisches Können. Ein Lehrbuch zur multiperspektivischen Fallarbeit, Freiburg i. Br. 1993; B. Müller/H. Thiersch (Hrsg.): Gerechtigkeit und Selbstverwirklichung. Moralprobleme im sozialpädagogischen Handeln, Freiburg i. Br. 1990; C.W. Müller: Wie Helfen zum Beruf wurde. Bd. 1, Weinheim/Basel ²1988, Bd. 2, Weinheim/Basel ²1992; S. Müller/H.-U. Otto (Hrsg.): Handlungskompetenz in der Sozialpädagogik. 2 Bde., Bielefeld 1982/1994; S. Müller/H.-U. Otto (Hrsg.): Sonderheft 5, Neue Praxis, 10. Jg., Neuwied 1980; R. Münchmeier: Zugänge zur Geschichte der Sozialarbeit, München 1981; P. Natorp: Sozialpädagogik. Theorie der Willenserziehung auf der Grundlage der Gemeinschaft, Stuttgart 1909; H. Nohl: Die pädagogische Bewegung in Deutschland und ihre Theorie, Frankfurt/M. 1949; T. Olk: Abschied vom Experten, Weinheim/München 1986; J.H. Pestalozzi: Sämtliche Werke, hrsg. von A. Buchenau/E. Spranger/H. Stettmacher, Berlin/Leipzig 1930; T. Rauschenbach: Soziale Arbeit und soziales Risiko, in: T. Rauschenbach/H. Gängler (Hrsg.): Soziale Arbeit und Erziehung in der Risikogesellschaft, Neuwied/Kriftel/Berlin 1992; H. Roth: Die realistische Wende in der pädagogischen Forschung, in: H. Roth: Erziehungswissenschaft, Erziehungsfeld und Lehrerbildung, hrsg. v. H. Thiersch/H. Tütken, Hannover 1967; O. Rühle: Zur Psychologie des proletarischen Kindes, hrsg. von L. v. Werder/R. Wolff, Frankfurt/M. 1969; C. Sachße/H.T. Engelhardt (Hrsg.): Sicherhiet und Freiheit. Zur Ethik des Wohlfahrtsstaates, Frankfurt/M. 1990; C. Sachße/F. Tennstedt: Geschichte der Armenfürsorge in Deutschland, Stuttgart 1988; A. Salomon: Soziale Diagnose, Berlin 1927; W. Schefold: Das Projekt Sozialpädagogik, Weinheim/München 1995 (im Erscheinen); H. Scherpner: Theorie der Fürsorge, Göttingen 1962; A. Schütz: Gesammelte Aufsätze. 3 Bde., Den Haag 1971; G. Simmel: Soziologie. Untersuchungen über die Formen der Vergesellschaftung, München/Leipzig 1922; H. Sünker: Bildung – Alltag und Subjektivität. Elemente zu einer Theorie der Sozialpädagogik, Weinheim 1989; H. Thiersch: Die Erfahrung der Wirklichkeit. Perspektiven einer alltagsorientierten Sozialpädagogik, Weinheim/München 1986; H. Thiersch: Lebensweltorientierte Soziale Arbeit, Weinheim/München 1992; H. Thiersch/T. Rauschenbach: Sozialpädagogik/Sozialarbeit. Theorie und Entwicklung, in: H. Eyferth/H.-U. Otto/H. Thiersch: Handbuch zur Sozialarbeit/Sozialpädagogik, Neuwied/Darmstadt 1984; R. Treptow: Kulturelle Aktivitäten und Produktivitäten unter regionalen Gesichtspunkten. Materialien zum 8. Jugendbericht (Bd. 2), Weinheim 1990; R. Treptow: Bewegung als Erlebnis und Gestaltung, Weinheim 1993; E. Weniger: Die Eigenständigkeit der Erziehung in Theorie und Praxis, Weinheim 1952; J.H. Wichern: Schriften zur Sozialpädagogik, hrsg. von J.G. Kling, Bad Heilbrunn 1964; M. Winkler: Eine Theorie der Sozialpädagogik: Über Erziehung als Rekonstruktion der Subjektivität, Stuttgart 1988.

Träger der Sozialen Arbeit

Zu den Steuerungsinstrumenten kommunalen und staatlichen Handelns gehören – neben dem Recht (*Rechtsquellen*), den Finanzen (*öffentliches Finanzwesen*, *Finanzierung freier Träger der Sozialen Arbeit*) und der *Planung* – auch die Organisationsvorgaben, d.h. die Festlegungen, wer in welchem Bereich und für welche Aufgaben zuständig ist. Entsprechend der föderalistischen Struktur der BRD ergibt sich daraus für die Aufgabenwahrnehmung (vollziehende Gewalt) zunächst eine Teilung zwischen Bund und Ländern (Art. 83ff. GG); für Gemeinden und Gemeindeverbände besteht außerdem das Recht der kommunalen Selbstverwaltung, »alle Angelegenheiten der örtlichen Gemeinschaft im Rahmen der Gesetze in eigener Verantwortung zu regeln« (Art. 28 Abs. 2 GG). Diese allgemeinen Festlegungen gelten auch für die *Sozialadministration* (vgl. i.e.: Maas 1985, 1992); allerdings mit der Besonderheit, daß die Aufgabenwahrnehmung in der *Sozialen Arbeit* nicht allein öffentlichen (hoheitlichen) Trägern auf kommunaler und staatlicher Ebene überantwortet ist (vgl. Schaubild, S. 501), sondern Freien Trägern ein eigenes Handlungsrecht für diesen Bereich zugestanden wird (§§ 17 Abs. 3, 27 Abs. 2, 28 Abs. 2 *Sozialgesetzbuch*/SGB I, § 3 KJHG, § 10 BSHG). Freie Träger sind regelmäßig private Organisationen (i.d.R. Vereine, seltener GmbHs oder Stiftungen bürgerlichen Rechts: *Organisationsrecht*), die vorrangig in der *Alten-*, *Gesundheits-*, *Jugend-* oder *Sozialhilfe* tätig sind. Zweckmäßigerweise werden sie unterschieden in privat-gemeinnützige und privat-gewerbliche (letztere auf Gewinnerzielung ausgerichtet). Wenn weiter von Freien Trägern gesprochen wird, sind privat-gemeinnützige gemeint. Diese Freien Träger sind in der BRD hoch organisiert, nehmen wesentliche Aufgaben der SozArb wahr und sind entsprechend einflußreich auf allen Ebenen kommunalen und staatlichen Handelns (*Arbeitsgemeinschaften*).

Die traditionelle Aufgabenverteilung zwischen öffentlichen Trägern (Träger sind öffentlich-rechtliche Gebietskörperschaften, die Aufgaben werden wahrgenommen in der *Jugendhilfe* durch ca. 600 Jugendämter, die LJÄ und OBLJB, in der *Sozialhilfe* durch ca. 500 *Sozialämter* und zusätzlich sog. Delegationsgemeinden landkreisangehöriger Gemeinden sowie den überörtlichen Trägern, in der *Gesundheitshilfe* durch rd. 300 kommunale und staatliche *Gesundheitsämter* sowie überörtlichen Organisationsformen; jeweils z.T. durch Zuständigkeiten des Bundes ergänzt – vgl. S. 501) und den *Kirchen und Religionsgemeinschaften des öffentlichen Rechts* sowie den *Jugend- und Wohlfahrtsverbänden* hat über Jahrzehnte des Bild der SozArb in der BRD geprägt. Lediglich der »Subsidiaritätsstreit« nach 1961 störte vorübergehend das tatsächlich auf Konsens ausgerichtete Miteinander dieser Organisationen (*Subsidiarität*). Seit etwa 20 Jahren sind diese »traditionellen« T. SozArb einem stetigen Druck ausgesetzt, ihre bisherigen Angebote, Dienste und Veranstaltungen zu verändern, neu zu gestalten, auch Aufgaben zu übernehmen, für die nach bisherigem Verständnis andere Verwaltungen, Ämter, Organisationen, Institutionen zuständig waren. Dieser Druck ergab sich v.a. aufgrund sozioökonomischer und technologischer Veränderungen (z.B. *Arbeitslosigkeit* mit allen Folgewirkungen für die SozArb) und verdeutlichte sich dann in der Kritik an der Unbeweglichkeit der »traditionellen« Träger, an ihrer bürokratischen, wenig kreativen, innovationsfreundlichen Struktur (*Bürokratie*). Diese Träger haben inzwischen durchaus auf diese Entwicklung reagiert (Beispiele bei Kreft); mit dem 1990/91 in Kraft getretenen *Kinder- und Jugendhilfegesetz* hat die *Jugendhilfe* inzwischen auch eine Rechtsgrundlage, die z.T. an diese Innovationen anknüpft (Kreft/Lukas u.a.; Münder u.a.).

In dem dieser *Jugendhilferechtsreform* vorangegangenen Prozeß haben sich – zunächst v.a. in den Bereichen Gesundheits- und Jugendhilfe – »neue« Freie Träger entwickelt, die mit einem alternativen (im Verhältnis zu den ›traditionellen‹ Trägern) Organisations- und Handlungsverständnis auftraten, die Forderung erhoben und Praxisbeispiele lieferten. SozArb müsse auf der Grundlage von *Selbsthilfe und Selbstorganisation* das Betreuungs-/Abhängigkeitsverhältnis SozArb: Klient u.a. dadurch auflösen, daß Möglichkeiten eröffnet werden, deren praktische Konsequenz Voraussetzung für ein selbstbestimmtes Leben sind (z.B. Berufsausbildung in der Jugendhilfe). Diese »neuen« Träger wiesen sich insbesondere dadurch aus, daß sie selbstorganisiert arbeiten, selbstbestimmt, d.h. mit relativ hoher Unabhängigkeit in Form und Inhalt ihrer Arbeit handeln, daß sie darüber hinaus in überschaubaren Gruppen nach dem Konsensprinzip – statt hierarchischer Entscheidungen – häufig auch mit einem (traditionelle) Arbeitsfelder übergreifenden Ansatz, lebensweltbezogen und ganzheitlich orientiert, wirken wollen.

Diese »neuen Träger« (Freie Träger sui generis) waren schließlich quantitativ unübersehbar (Vilmar/Runge), wurden fachlich akzeptiert und haben sich auch politisch durchgesetzt (z.B. der Jugendminister-Beschluß vom 1.6.1984, abgedruckt in Forum Jugendhilfe 3/1984). Allerdings ist ihr tatsächlicher Einfluß in der SozArb begrenzt: Sie wirkten und wirken wohl inhaltlich beispielgebend und auch provozierend, im Netz der T. SozArb spielen sie aber eine geringe Rolle. Viele haben sich Wohlfahrtsverbänden angeschlossen – überwiegend dem DPWV –, die Netzwerke konnten nur begrenzt eine überregionale Sprecherfunktion übernehmen. Versuche, einen (alternativen) 7. Wohlfahrtsverband zu gründen, sind gescheitert, die auf Bundesebene gegründete BAG Netzwerke ist wieder aufgelöst worden.

Die entscheidende Rolle im Trägernetz SozArb haben weiterhin die öffentlichen Träger: als Geldgeber (»Finanzier«) und als letztendlich Entscheidender, was schließlich als förderungswürdige/-notwendige SozArb anzuerkennen ist (Kompetenz-Kompetenz bei der Entscheidung über Inhalt und Bedarf).

Diese Abhängigkeit besteht auch für die großen Verbände (Jugend- und Wohlfahrtsverbände), deren quantitativ-qualitative Bedeutung in der kritischen Diskussion der 70er und 80er Jahre (gegenüber den öffentlichen Trägern) und z.T. zu euphorisch-hoffnungsfrohen (gegenüber alternativen Trägern) für die Angebotsstruktur der SozArb in der BRD vielfach unterschätzt wurde (dazu i.e. Münder u.a. VorKap 5 Rz 17–20; Bedeutung der Trägergruppen).

Inzwischen zeichnet sich eine Trendwende im Verhältnis öffentliche und Freie Träger ab:

In der Weimarer Republik und Jahrzehnte nach 1945 wurden die Wohlfahrts- und Jugendverbände privilegiert, wurde ihnen rechtlich und tatsächlich ein Vorrang eingeräumt (Landwehr/Baron). Das KJHG brachte dann mit seiner starken Betonung der Trägervielfalt und der ausdrücklichen Aufnahme selbstorganisierter Selbsthilfe-Gruppen bereits eine Trägerpluralisierung über die Verbände hinaus; paßte das Recht an tatsächliche Entwicklungen an, wenn auch noch im Spektrum privat-gemeinnütziger Organisationen (Münder u.a. VorKap 5 Rz 4ff.). Mit der Neufassung der §§ 93, 94 BSHG in 1994 und der damit verbundenen Neuregelung des Pflegesatz-Ermittlungsverfahrens (*Pflegesätze/Pflegesatzvereinbarungen*) wird der dem Wortlaut nach beibehaltene exklusive Status der Wohlfahrtsverbände im BSHG formale Hülle, denn tatsächlich sind künftig bei den Pflegesatzverhandlungen alle Träger, die Einrichtungshilfen anbieten, gleichberechtigt: freigemeinnützige, privat-gewerbliche und öffentliche (Friedrich). § 11 Abs. 2 des PflegeVG von 1994 stellt schließlich freigemeinnützige und private Träger auf eine Stufe. Ein paradigmatischer Wechsel zeichnet sich ab: Der wertorientierte freigemeinnützige Träger verliert seinen privilegierten Status. Mit dem Ziel der Entlastung öffentlicher Kassen suchen die öffentlichen Träger effektive Gesprächspartner (i. S. von preiswert und leistungsgerecht) und das können dann selbstverständlich auch privat-gewerbliche Träger sein (vgl. Backhaus-Maul/Olk). Vor dem Hintergrund ökonomischer Zwänge wird fast streitlos aufgegeben, was über Jahrzehnte als selbstverständlich galt und um das auf das heftigste gerungen wurde (Subsidiaritätsstreit). Setzt sich diese Tendenz fort, müßte die Rolle der Verbände und der anderen privat-gemeinnützigen Träger völlig neu bestimmt werden. *D. Kreft*

Literatur: H. Backhaus-Maul/T. Olk: Von Subsidiarität zu »outcontracting«: Zum Wandel der Beziehungen von Staat und Wohlfahrtsverbänden in der Sozialpolitik, in: W. Streeck (Hrsg.): Staat und Verbände. Sonderheft 25/1994 der Politischen Vierteljahresschrift, Opladen; Bundessozialhilfegesetz: Lehr- und Praxiskommentar, Weinheim/Basel [4]1994; U. Friedrich: Die neue Pflegesatzregelung im BSHG, in: VDV 5/1994, 166 ff.; W. Haus u. a.: Wie funktioniert das? Städte, Kreise und Gemeinden, Mannheim u. a. O. 1986; D. Kreft: Öffentliche Träger, Kirchen und Religionsgemeinschaften des öffentlichen Rechts, Wohlfahrts- und Jugendverbände, selbstorganisierte (alternative) Projekte und Initiativen. Zur Entwicklung ihres Verhältnisses, in: F. Ball/T. Olk (Hrsg.): Selbsthilfe und Wohlfahrtsverbände, Freiburg i. Br. 1987, 56–68; D. Kreft/H. Lukas u. a.: Perspektivenwandel der Jugendhilfe. 2 Bde., Frankfurt/M. [2]1993; R. Landwehr/R. Baron: Geschichte der Sozialarbeit, Weinheim/Basel [2]1991; U. Maas: Organisation der staatlichen Sozialverwaltung, in: U. Maas (Hrsg.): Sozialarbeit und Sozialverwaltung. Handeln im Konfliktfeld Sozialbürokratie. Ein Arbeitsbuch, Weinheim/Basel 1985; U. Maas: Soziale Arbeit als Verwaltungshandeln, Weinheim 1992; J. Münder u. a.: Frankfurter Lehr- und Praxiskommentar zum KJHG, Münster [2]1993; Sozialpädagogisches Institut Berlin (Hrsg.): Sie fördert uns, sie fördert uns nicht … Erfahrungen und Probleme alternativer Projekte mit der Verwaltung, Berlin 1987; F. Vilmehr/B. Runge: Auf dem Weg zur Selbsthilfegesellschaft, Essen 1986.

Weitere Literatur s. *Kirchen und Religionsgemeinschaften des öffentlichen Rechts, Jugendverbände, Wohlfahrtsverbände, Selbsthilfe/Selbsthilfeorganisation, Soziale Arbeit, Subsidiarität.*

Trennungs- und Scheidungsberatung (TuS)/ Vermittlung (Mediation)

TuS ist eine prozeßorientierte, d. h. an den einzelnen Phasen (Ambivalenz-, Vorscheidungs-, Scheidungs-, Nachscheidungsphase) des Trennungs- und Scheidungsprozesses orientierte Beratungsintervention. Sie soll den von Trennung und Scheidung betroffenen Paaren oder Familien Hilfen geben zur Klärung und Bearbeitung von Trennungsambivalenzen, zur Regelung der Trennungs- und der Scheidungsfolgen (z. B. Sorgerecht, Umgangsrecht, Unterhalt) und zur Bewußtmachung und Bewältigung der mit Trennung und Scheidung einhergehenden psychosozialen, ökonomischen und rechtlichen Fragen. Ziel ist, die Handlungs-, Regelungs- und Entscheidungskompetenz der Betroffenen zu fördern (dazu auch: *Elterliche Sorge/Elternrecht, Familie, Nichteheliche Lebensgemeinschaften, Scheidung/Scheidungsfolgen, Unterhaltsrecht*).

TuS muß der Komplexität personaler, intrapsychischer, dyadischer, familiendynamischer, juristischer, praktischer und therapeutischer Ablösungs- und Reorganisationsprozesse gerecht werden. Für die BeraterInnen bedeutet dies, »integrativ« zu arbeiten, also Teile der unterschiedlichen psychologischen, therapeutischen Einzel-, Ehe-, Paar- und Familienberatungsansätze so miteinander zu verknüpfen, daß sie den spezifischen – systemischen – Anforderungen der TuS gerecht werden können. BeraterInnen benötigen Kenntnisse und Erfahrungen in der psychologischen und sozialpädagogischen *Beratung* und Methodik (*Methoden der Sozialarbeit/Sozialpädagogik*), über das Recht von Trennung und Scheidung, über spezifische Hilfebedürfnisse von Paaren, Kindern und Jugendlichen in den einzelnen Phasen, über die Dynamik und den Ablauf von Trennung und Scheidung und über konsensuale Regelungshilfen (z. B. Vermittlung).

TuS entstand Anfang der 70er Jahre in den USA als eigenständige Therapieeinrichtung. Steigende Scheidungszahlen und der damit verbundene gestiegene konkrete Bedarf an Hilfen in Trennungs- und Scheidungsfragen machte die Ergänzung der bisher auch in diesem Bereich nur als ehebezogene und partnerschaftsbezogene Beratungs- und Therapieangebote erforderlich.

In Deutschland ist das Angebot an TuS insbesondere außerhalb von Großstädten lückenhaft. Sie wird – soweit vorhanden – vom *Allgemeinen Sozialdienst* der *Jugendämter* und von – meist psychologischen – Beratungsstellen von Trägern der Freien Wohlfahrtspflege angeboten.

Das *Kinder- und Jugendhilfegesetz* (KJHG) von 1991 hat der TuS wichtige Impulse verschafft. Mit seinen Regelungen über die Beratung in Fragen der Partnerschaft, Trennung und Scheidung (§ 17 KJHG), bei der Ausübung der Personensorge und des Umgangsrechts (§ 18 KJHG) und mit der Einrichtung von *Erziehungsberatung*sstellen und anderen Beratungsdiensten und -einrichtungen, in denen Kinder, Jugendliche, Eltern und andere Erziehungsberechtigte insbesondere bei Trennung und Scheidung unterstützt werden sollen (§ 28 KJHG), schafft das KJHG für die TuS neue Standards.

Als ein (konsensuales) Beratungsangebot bei Trennung und Scheidung ist Trennungs- und Scheidungsvermittlung (Divorce Mediation) zu nennen.

Dabei handelt es sich um einen strukturierten, zukunfts- und zielorientierten Beratungsprozeß zur einvernehmlichen und eigenverantwortlichen Regelung von trennungs- und scheidungsbedingten Fragen, Konflikten und Problemen durch die Trennungs- und Scheidungsparteien selbst mit Hilfe einer oder zwei (Co-)Vermitt-

lungsperson(en). Vermittlung kann sich auf vermögensrechtliche Fragen, Unterhaltsfragen, Sorge- und Umgangsrechtsregelungen, aber auch auf sonstige Konflikte beziehen, die zwischen Eltern, Paaren untereinander oder/und mit ihren Kindern entstehen können. Vermittlung kann vor, während und nach der Scheidung durchgeführt werden.
Vermittlung zielt auf die Förderung der Kommunikations-, Kooperationsfähigkeit der Streitparteien, Stärkung ihrer Selbständigkeit, ihres Selbstbewußtseins und Selbstvertrauens. Bestehende gemeinsame Interessen sollen für eine einvernehmliche Regelung genützt werden, die alle Konfliktparteien akzeptieren können. Ein bestimmtes, spezifisches Regelungsergebnis ist nicht Ziel von Vermittlung, auch nicht z. B. die gemeinsame elterliche Sorge. Vermittlung ist weder Beratung noch Therapie oder bloße (juristische) Verhandlung. Vermittlung ist eine in Stufen strukturierte Kurzzeitintervention, die über 6 bis 10 Sitzungen von maximal 1 bis 1 1/2 Stunden nicht hinausgehen soll. Zur Vermittlung qualifiziert sind Personen mit einer Ausbildung und mehrjährigen beruflichen Erfahrung im sozialwissenschaftlichen oder juristischen Bereich und einer zusätzlichen theoretischen und praktischen Vermittlungsausbildung. Trennungs- und Scheidungsvermittlung trägt den Verfassungsvorgaben des Art. 6 Abs. 2 GG Rechnung, der die Eltern verpflichtet, auch bei Trennung und Scheidung eine den Interessen ihrer Kinder entsprechende einvernehmliche Regelung zu suchen. Vermittlung hilft den Eltern, Voraussetzungen für eine konstruktive, kooperative Zusammenarbeit auch nach der Scheidung zu schaffen. Damit wirkt sich Vermittlung positiv auch auf die Entwicklung der Kinder aus und hilft ihnen, Trennung und Scheidung ihrer Eltern zu bewältigen. Eltern und Kinder dabei zu unterstützen, ist Aufgabe der *Jugendhilfe* (§§ 50, 17 Abs. 2 KJHG, 1671 Abs. 3 BGB). Vermittlung hat eine lange Tradition und ist in unterschiedlichen Kulturen und sozialen Zusammenhängen zu finden. In den USA ist Trennungs- und Scheidungsvermittlung zu einem unentbehrlichen Instrumentarium außergerichtlicher Konfliktregelung geworden, das Eltern teilweise als Angebot vor einer richterlichen Entscheidung nutzen müssen. In der BRD konnten erste Erfahrungen am JA Erlangen 1992 mit dem Pilotprojekt »Praxiserprobung und Bewertung von Vermittlung in streitigen Familiensachen« gewonnen werden. Die Praxisauswertung mit 70% »vermittelter« Vereinbarungen zeigte, daß Vermittlung auch in Deutschland positive Effekte hat. Weitere Projekte (z. B. das Projekt der gerichtsverbundenen Vermittlung in Regensburg und West-Berlin, der Vermittlungsberatung in Frankfurt/M. und die mit einer Eltern-Nachfrage verbundene Praxisstudie über Vermittlungsanwendung in Jena/Thüringen 1993–1995) sollen Aufschluß über die Optimierung des Vermittlungsangebotes in der TuS geben. Standards zur Vermittlungsqualifikation sozialpädagogischer Fachkräfte wurden 1994 mit dem Projekt zur »Entwicklung von Arbeitshilfen zur Vermittlung« des LJA Hessen und des ISKA entwickelt. *R. Proksch*

Literatur: BMFuS: Familie und Beratung. Familienorientierte Beratung zwischen Vielfalt und Integration. Gutachten des Wissenschaftlichen Beirats für Familienfragen beim Bundesministerium für Familie und Senioren, Stuttgart u. a. O. 1993; Bundeskonferenz für Erziehungsberatung (Hrsg.), Scheidungsmediation. Möglichkeiten und Grenzen, Münster 1995; J. Faltermeier/P. Fuchs: Trennungs- und Scheidungsberatung durch die Jugendhilfe: Klärung der Rolle und Aufgaben öffentlicher und freier Träger, Schriften allgemeinen Inhalts (DV) 30/1992, Frankfurt/M.; W. E. Fthenakis: Interventionsansätze während und nach der Scheidung. Eine systemtheoretische Betrachtung, in: Archiv für Wissenschaft und Praxis der sozialen Arbeit 1986, 174–201; J. M. Haynes/R. Bastine/G. Link/A. Mecke: Scheidung ohne Verlierer. Ein neues Verfahren, sich einvernehmlich zu trennen. Mediation in der Praxis, München 1993; K. Menne/H. Schilling/M. Weber (Hrsg.): Kinder im Scheidungskonflikt. Beratung von Kindern und Eltern bei Trennung und Scheidung, Weinheim 1993; R. Proksch: Vermittlung (Mediation) bei streitigen Sorge- und Umgangsrechtsverfahren. Erfahrungen zu einem neuen Interventionsmodell aus zwei deutschen Praxisprojekten, in: Jugendhilfe 1994, 351–358; R. Proksch: Vermittlung (Mediation) in streitigen Sorge- und Umgangsrechtsverfahren. Erfahrungen aus einer Praxisstudie, in: Familiendynamik 1992, 395–414; R. Proksch: Geschichte der Vermittlung, in: H. Krabbe (Hrsg.): Scheidung ohne Richter. Neue Lösungen für Trennungskonflikte, Reinbek 1991, 170–189; R. Proksch/U. Sievering (Hrsg.): Förderung der gemeinsamen elterlichen Verantwortung nach Trennung und Scheidung. Neue Aspekte durch neue Regelungen im vereinigten Deutschland. Arnoldshainer Texte, Bd. 70, Frankfurt/M. 1991; R. Proksch (Hrsg.): Wohl des Kindes. Systemische Konfliktlösungen im Scheidungsverfahren. Berichte und Materialien aus der sozialen und kulturellen Arbeit, Bd. 2, ISKA, Nürnberg 1990; M. R. Textor: Scheidungszyklus und Scheidungsberatung, Göttingen 1991; E. H. Witte/J. Sibbert/J. Kesten: Trennungs- und Scheidungsberatung. Grundlagen – Konzepte – Angebote, Göttingen/Stuttgart 1992.

Umweltschutz

U. bezeichnet die Gesamtheit aller Bestrebungen und Maßnahmen zur Erhaltung und Wiederherstellung der natürlichen Lebensgrundlagen der Pflanzen, Tiere und Menschen.
In der Vergangenheit wurde der Begriff meistens in dem engeren Sinne des Schutzes der Menschen vor schädlichen Auswirkungen technischer Anlagen und der wirtschaftlichen Tätigkeiten verwendet (*Technologie*).
Heute wird mit U. ein wesentlich umfassenderer Inhalt und Handlungsansatz verbunden, der sich auf die Wechselwirkungen und komplexen Zusammenhänge einer Lebenseinheit zu ihrer spezifischen Umgebung bezieht. Allgemein geht es um die Erhaltung und Wiederherstellung der Funktionsfähigkeit der Biosphäre in ihrer Gesamtheit und das Zusammenwirken verschiedener Ökosysteme. Der Ort eines bestimmten, räumlich fixierten Ökosystems heißt Ökotop, populär oft auch Biotop genannt. In der neueren Umweltschutzauffassung spiegelt sich die Erkenntnis wider, daß örtliche Lebensräume von Pflanzen, Tieren und Menschen nur zu erhalten sind, wenn die Ökosysteme nicht durch

äußere Einwirkungen (Ressourcenabbau, Schadstoffeinträge, energetische Belastungen) in ihren grundlegenden inneren Funktionsbeziehungen und den zentralen Vernetzungen zu ihrer Umwelt (Luft, Wasser, Boden, Klima etc.) gestört werden. Die Ökosysteme haben eine gewisse Stabilität und Eigenständigkeit (Autonomie). Das liegt v. a. daran, daß ihre Funktionen nicht auf monokausalen Beziehungen aufgebaut sind, sondern auf Kreisläufen (Rückkopplungen), Schwingungen, Mehrfachwirkungen oder anderen vernetzten Funktionsmustern. Die Systeme befinden sich im natürlichen Zustand in einem dynamischen Gleichgewicht. Störungen von außen können von den Ökosystemen nur bis zu einem gewissen Grad verarbeitet werden, andernfalls ist der alte oder ein neuer Gleichgewichtszustand nicht mehr zu erreichen und die Ökosysteme werden zerstört. In funktioneller Hinsicht handelt es sich um das Zerstören von Kreisläufen, um Aufschaukelungs- oder Abschwingvorgänge, Überkippeffekte usw. In der Biosphäre handelt es sich dabei um Prozesse wie Verringerung oder Unterbrechung der für die Atmung wichtigen Luft- bzw. Sauerstoffzufuhr, Vergiftung von Böden, Erschöpfung von Trinkwasserreservoiren, Störung der Nahrungszufuhr bei Pflanzen und Tieren usw.

Die allgemein bekannten Umweltbelastungen wie Luftverschmutzung, Verseuchung der Flüsse, Seen und Meere sowie des Grundwassers, die Verödung der Böden, die Veränderung des Klimas, das Artensterben, das Waldsterben, die Gesundheitsschäden an Pflanzen, Tieren und Menschen (Herz-Kreislauf, Pseudokrupp, Krebs u. a.) sind somit die äußeren Anzeichen der Störungen und Zerstörungen von Ökosystemen. Hieraus folgt, daß ein wirksamer U. nur dann möglich ist, wenn er auf die Erhaltung der natürlichen und sozialen Lebenszusammenhänge von Pflanzen, Tieren und Menschen und die lebenswichtigen Vernetzungen mit der sonstigen Natur gerichtet ist. Die Erkenntnis, daß bestimmte Umweltschäden nachträglich gar nicht mehr zu reparieren sind, weil die Funktionsbeziehungen in den Ökosystemen irreversibel (nicht umkehrbar) zerstört worden sind oder einzelne Systembestandteile nicht mehr existieren (Pflanzen- und Tierarten, Wald, Wasserreservoire), hat erst in Ansätzen dazu geführt, daß neben dem reaktiven U. (Wiederaufforstung, Abwasserreinigung, Abfallbeseitigung, Luftfilterung, Lärmschutzfenster usw.) der vorbeugende und integrierte U. tritt. Dieser auf Vermeidung und Verhinderung gerichtete U. setzt ein neues Umweltbewußtsein und umweltverträgliches Sozialverhalten voraus. Der Mensch sollte sich in seinem technischen, ökonomischen und sozialen Verhalten nicht mehr als Herrscher über die Natur, sondern als ein Bestandteil von ihr und der Ökosysteme begreifen und sein Handeln in diese einpassen und die Biosphäre selbst als lebenden Organismus ansehen (ökologische *Ethik*). Auf dieser Grundlage entwickeln sich neue Forschungs- und Handlungsfelder, so etwa die Umweltpsychologie (Ökopsychologie, ökologische Psychologie), die Umweltsoziologie (Ökosoziologie, ökologische Soziologie), die Umweltökonomie (ökologische Wirtschaft), die Umwelthygiene (Ökohygiene, ökologische Hygiene) und die Umweltpolitik als ökologische Politik.

Hauptziele des U. sind gemäß dem Rat von Sachverständigen für Umweltfragen »die Beseitigung bereits eingetretener Umweltschäden, die Ausschaltung oder Minderung aktueller Umweltgefährdungen und die Vorsorge. Umweltschäden und -gefährdungen beruhen auf menschlichen Eingriffen in die Umwelt, die zu unerwünschten – nicht oder nur teilweise wiedergutzumachenden – Umweltveränderungen führen« (SRU Umweltgutachten 1987, 15). Im Gegensatz zu den natürlichen Auf- und Abbauprozessen der Ökosysteme regeln sich die technisch-zivilisatorischen Prozesse (Güterproduktion, Verkehr, Landwirtschaft usw.) nicht selbst. Es entstehen außer den gewollten Produkten und Dienstleistungen Neben- und Nachprodukte, die in ganz unterschiedlichen Formen in die Umwelt transportiert werden (Emissionen):

- nicht oder nicht mehr verwendete Gegenstände (Altprodukte, bautechnische Objekte, defekte Gebrauchsobjekte etc.);
- nicht oder nicht mehr verwertete oder verwertbare Substanzen in festem, flüssigem oder gasförmigem Zustand;
- nicht oder nicht mehr verwertete oder verwertbare Energien wie Abwärme, radioaktive Strahlung, Lärm.

Darüber hinaus wird die Umwelt dadurch belastet, daß die technisch-anthropogenen Systeme Ressourcen, Raum, Flächen und Landschaften beanspruchen und verbrauchen. Kultur- und Nutzflächen, Abbau-, Bau- und Lagerplätze breiten sich aus, während natürliche oder naturnahe Ökotope an Zahl und Fläche abnehmen. Nach den verschiedenen Umwelt- und Belastungsbereichen (Umweltmedien) erfolgte im allgemeinen die traditionelle Einteilung und Behandlung von Umweltschutzaufgaben. Es handelt sich um folgende Sektoren: Naturschutz und Landschaftspflege; Belastung und Schutz der Böden; Luftbelastung und Luftreinhaltung; Gewässerzustand und Gewässerschutz; Abfall- und Rückführungswirtschaft; Lärmbelastung und Lärmbekämpfung; Umweltchemikalien und Strahlenschutz.

Die Umweltpolitik ist demgegenüber stärker an traditionelle Politikfelder gekoppelt, mit denen die hauptsächlichen Quellen und Senken von Umweltbelastungen verbunden sind: Wirtschaft, Landwirtschaft, Energie, Verkehr, Gesundheit, Raumordnung, Freizeit und Tourismus, internationaler Handel und Entwicklungspolitik.

Die Umweltpolitik und der U. werden sich in Zukunft notwendigerweise dem auf der Konferenz der Vereinten Nationen für Umwelt und Entwicklung im Juni 1992 in Rio de Janeiro vereinbarten Leitziel einer »sustainable development« (nachhaltigen Entwicklung) verpflichten müssen. Denn dieses Leitziel verlangt nicht mehr und nicht weniger, als daß jede ökonomische und soziale Entscheidung daraufhin überprüft werden muß, ob sie für unsere Lebens- und

Produktionsgrundlagen dauerhaft ökologisch verträglich ist. Auch der Rat von Sachverständigen für Umweltfragen stellt in seinem neuesten Gutachten (SRU Umweltgutachten 1994) das Leitziel einer »dauerhaft umweltgerechten« Entwicklung in das Zentrum des künftigen U.: »Der entscheidende Erkenntnisfortschritt, der mit dem Sustainability-Konzept erreicht worden ist, liegt in der Einsicht, daß ökonomische, soziale und ökologische Entwicklungen nicht voneinander abgespalten und gegeneinander ausgespielt werden dürfen. Soll menschliche Entwicklung auf Dauer gesichert sein, sind diese drei Komponenten als eine immer neu herzustellende notwendige Einheit zu betrachten. Gefordert ist nach Auffassung des Umweltrates die Einbindung der Zivilisationssysteme in das sie tragende Netzwerk der Natur, und damit die dauerhafte Ausrichtung der sich fortschreitend entwickelnden Ökonomien an der Tragekapazität der ökologischen Systeme. Gefordert werden muß in diesem Zusammenhang u. a. eine grundlegende ökonomische Transformation: die Abkehr vom traditionellen wirtschaftlichen Fortschritts- und Wachstumsmodell und die Hinwendung zum Modell der Entkopplung von wirtschaftlicher Entwicklung einerseits, Ressourcenverbrauch und Beeinträchtigung der Umweltfunktion andererseits. Auch jede soziale Entwicklung wird in Zukunft nur unter der Bedingung einer solchen, auf Schonung der natürlichen Ressourcen eingerichteten Entkopplung möglich sein.«

Die Ordnung der Natur ist eine Ordnung sich ständig neu einstellender Fließgleichgewichte, die auch die Entstehung menschlicher Zivilisationssysteme überhaupt erst ermöglicht hat. Die Fähigkeit der Natur, auf Veränderungen zu reagieren, sich Zivilisationssystemen anzupassen und zivilisatorische Störungen auszugleichen, ist aber begrenzt und an ihre eigenen Zeitrhythmen gebunden. Die Geschwindigkeit zivilisatorischer Entwicklungen mit exponentiell verlaufenden Wachstumskurven führt zunehmend zu einer Überforderung der Leistungsfähigkeit naturaler Ausgleichsmechanismen. Grundsätzlich gibt die Tragekapazität der natürlichen Umwelt die Grenze vor, die eine dauerhaft-umweltgerechte Entwicklung der Zivilisation nicht überschreiten darf. Eine nicht umweltverträgliche Form des Wirtschaftens und des Sozialverhaltens handelt letztlich ihrer eigenen Vernunft zuwider, indem sie das zerstört, wovon sie lebt. Soll die Wirtschaft zukunftsfähig sein, muß sie als zirkuläre Ökonomie so ausgelegt werden, daß die Produktionsprozesse von Anfang an in die natürlichen Kreisläufe eingebunden bleiben. Das Sozialverhalten muß auf die Vermeidung von Funktionsstörungen der Ökosysteme so ausgerichtet sein, daß deren Belastungskapazität nicht vollständig ausgeschöpft wird. Das Naturkapital muß soweit geschont werden, wie es für die dauerhafte Aufrechterhaltung der Lebensfunktionen notwendig ist.

In der BRD erhielt der U. durch *Bürgerinitiativen* und die Ökologiebewegung starke Impulse (zentrale Interessenwahrnehmung heute durch den B.U.N.D.). Auf Bundesebene ist der BM für Umwelt, Naturschutz und Reaktorsicherheit für die Umweltpolitik verantwortlich. In den Bundesländern gibt es eigenständige Ministerien. Die Arbeit der Landesminister für U. und des Bundesumweltministers wird in der Umweltminister-Konferenz (UMK) koordiniert. Das Umweltbundesamt (UBA) ist die durch Gesetz vom 22.7.1974 errichtete Bundesoberbehörde für den U. mit Sitz in Berlin. Das UBA erledigt Umweltschutzaufgaben v.a. in den Bereichen Umweltforschung, -planung, -dokumentation, -information und -aufklärung. In den letzten Jahren ist eine deutliche Akzentverschiebung zu einer ökologischen, medienübergreifenden, integrativen Betrachtungsweise der Umweltschutzaufgaben festzustellen. Auf Länderebene spielen die Landesämter für U. eine wichtige Rolle beim Vollzug und bei der Kontrolle von Umweltschutzvorschriften und Maßnahmen.

Immer mehr gewinnen übergreifende Umweltschutzaufgaben an Bedeutung wie Ökologieplanung, Ökologieforschung, ökologische Wirtschaftsplanung, ökologische Sozialplanung, ökologische Beschäftigungskonzepte, ökologische Rechtsfragen. Gerade bei den übergreifenden Umweltschutzaufgaben gibt es ein weites Betätigungsfeld für SozArb/SozPäd.

Das deutsche Umweltrecht ist mittlerweile für die meisten U.-Sektoren ausdifferenziert. Im Hinblick auf planungs- und ordnungsrechtliche Instrumente (Gebote, Verbote) gehört es im internationalen Vergleich zu den fortschrittlichsten Gesetzgebungen im U. Demgegenüber bestehen noch beträchtliche Defizite im Vollzug und in der Überwachung von Emissionsquellen sowie im Bereich wirksamer Sanktionen. Nicht zuletzt dadurch steigt die Umweltkriminalität kontinuierlich an.

Die Umweltpolitik und die Umweltgesetzgebung müssen sich angesichts der Komplexität der Regelungsmaterie im Einzelfall in Zukunft stärker auf Rahmenregelungen konzentrieren, durch die die verschiedenen Akteure im Wirtschafts- und Sozialprozeß zu mehr Eigenaktivitäten und Selbstorganisation i. S. einer dauerhaft umweltgerechten Entwicklung angehalten und motiviert werden. Neben ökologischen Preisen und anderen ökonomischen Anreizsystemen für Produzenten und Konsumenten sollten v.a. auch Informations-, Beratungs-, Ausbildungs-, Fort- und Weiterbildungsangebote sowie soziale Anreizsysteme (Status, Prestige) gefördert werden. Der U. als zentrale politische und gesellschaftliche Aufgabe zur langfristigen Erhaltung der Lebensgrundlagen ist auch der zukunftsträchtigste Bereich für neue Arbeitsplätze (U.-Technologien, ökologische Produkte, Produktionsverfahren und Infrastrukturen).

Die wachsende Europäisierung der Umweltpolitik bedingt, daß sich der deutsche U. in Zukunft in zunehmendem Maße mit anderen Mitgliedstaaten um supranationale Lösungen bemühen muß. Durch den Vertrag von Maastricht von 1992 und die damit verbundene Einführung der Mehrheitsentscheidung als Regelfall und den Bedeutungszuwachs des Europäischen Parlaments sind die Möglichkeiten der einzelnen Mitgliedstaaten, die EU-Umweltpolitik zu beeinflussen, deutlich verringert worden. Hier zeichnen sich massive Konflikte ab, wenn durch gemeinschaftliche Überregulierung ein zu dichtes Umweltrecht geschaffen wird, das Fortschritte in einzelnen Mitgliedsländern blockiert. Deshalb müssen die Länder mit fortschrittlichen Umweltqualitätszielen i.S. einer nachhaltig umweltgerechten Entwicklung des nach Art. 3b EG-Vertrag vorhandene Subsidiaritätsprinzip nutzen und darauf drängen, daß das europäische Umweltrecht stärker auf ergebnisorientierte Regelungen konzentriert wird und den Mitgliedstaaten Spielräume für weitergehende Gestaltungen beläßt.

Angesichts der Bedeutung für die Lebens- und Produktionswerterhaltung der Natur kann es keinen Zweifel geben, daß der U. im Katalog der vorrangigen Staatsaufgaben mit Orientierung auf eine dauerhaft umweltgerechte Entwicklung Verfassungsrang erhalten muß.

R. Kreibich

Literatur: G. Altner: Naturvergessenheit. Grundlagen einer umfassenden Bioethik, Darmstadt 1991; E. Atmazidis, R. Kreibich u.a.: Nachhaltige Entwicklung, Berlin 1995; A. Beckmann: Leben wollen: Anleitungen für eine neue Umweltpolitik, Köln 1984; H. Bick: Ökologie, Stuttgart 1989; H.Chr. Binswanger u.a.: Arbeit ohne Umweltzerstörung, Frankfurt/M. 1983; BMU (Hrsg.): Umweltpolitik. Bericht der Bundesregierung über die Konferenz der Vereinten Nationen für Umwelt und Entwicklung im Juni 1992 in Rio de Janeiro, Bonn 1992; K. Bosselmann: Im Namen der Natur, der Weg zum ökologischen Rechtsstaat, Darmstadt 1992; L. Brown et al. (Hrsg.): State of the World. A Worldwatch Institute Report on Progress Toward a Sustainable Society, New York/London 1993; B.U.N.D. (Hrsg.): Umwelt-Bilanz – Die ökologische Lage der Bundesrepublik, Hamburg 1988; Enquete-Kommission: Vorsorge zum Schutz der Erdatmosphäre. Berichte 1 bis 10, Bonn 1990; Enquete-Kommission »Schutz des Menschen und der Umwelt«: Verantwortung für die Zukunft – Wege zum nachhaltigen Umgang mit Stoff- und Materialströmen, Bonn 1993; Europäische Gemeinschaften: Der Zustand der Umwelt in der Europäischen Gemeinschaft, Brüssel 1992; U. Förstner: Umweltschutztechnik, Berlin/Heidelberg u.a.O. 1990; M. Gege u.a.: Das ÖKO-Sparbuch für Haushalt und Familie, München 1986; Global 2000: Der Bericht an den Präsidenten, Frankfurt/M. 1981; H.J. Harbort: Dauerhafte Entwicklung statt globaler Selbstzerstörung »Sustainable development«, Berlin 1991; G. Hartkopf/E. Bohne: Umweltpolitik, Opladen 1983; J. Huber: Die Regenbogengesellschaft. Ökologie und Sozialpolitik, Frankfurt/M. 1985; Jahrbuch Ökologie ab 1992, München; M. Knoll/R. Kreibich: Modelle für den Klimaschutz, Weinheim/Basel 1994; R. Kreibich u.a.: Ökologisch Produzieren, Weinheim/Basel 1991; W. Schluchter: Psychosoziale Kosten der Umweltverschmutzung, Berlin 1986; F. Schmidt-Bleek: Wieviel Umwelt braucht der Mensch? MIPS – Das Maß für ökologisches Wirtschaften, Basel 1994; U.E. Simonis: Ökonomie und Ökologie, Karlsruhe 1983; SRU: Umweltgutachten 1987, Stuttgart 1987; SRU: Umweltgutachten 1994 des Rates von Sachverständigen für Umweltfragen; Umweltbundesamt: Was Sie schon immer über Umweltschutz wissen wollten, Stuttgart/Berlin 1984/85; Was Sie schon immer über Lärmschutz wissen wollten, Stuttgart/Berlin 1986; Was Sie schon immer über Gewässerschutz wissen wollten, Stuttgart/Berlin 1984; Was Sie schon immer über Auto und Umwelt wissen wollten, Stuttgart/Berlin 1983; Was Sie schon immer über Abfall und Umwelt wissen wollten, Stuttgart/Berlin 1991; Was Sie schon immer über Luftreinhaltung wissen wollten, Stuttgart/Berlin 1989; Umweltbundesamt: Daten zur Umwelt 1990/91, Berlin 1992; Umweltbundesamt: Umweltdaten – kurzgefaßt, Berlin 1993; Umweltbundesamt: Umweltschutz – ein Wirtschaftsfaktor, Berlin 1993; J. Vogel u.a.: Handbuch des Umweltschutzes, München 1977ff. (Losebl.); WBGU (Wissenschaftlicher Beirat der Bundesregierung Globale Umweltveränderungen): Welt im Wandel: Grundstruktur globale Mensch-Umwelt-Beziehungen, Jahresgutachten, Bonn 1993; E.U. v. Weizsäcker: Erdpolitik, Darmstadt 1990; L. Wicke: Umweltökonomie, München [4]1993; Worldwatch Institute Report: Zur Lage der Welt 91/92 – Daten für das Überleben unseres Planeten, Frankfurt/M. 1991.

Unterhaltsrecht

Das *Familienrecht* kennt den Ehegattenunterhalt (grundsätzlich § 1360 BGB; bei Getrenntleben § 1361 BGB; bei Scheidung §§ 1569ff. BGB) und den Verwandtschaftsunterhalt (§§ 1601ff. BGB). Voraussetzungen für den Ehegattenunterhalt ist, daß es sich um Ehegatten handelt, bei Verwandtschaftsunterhalt, daß es Verwandte in gerader Linie sind (§ 1601 BGB). Weitere Voraussetzungen sind jeweils Bedürftigkeit des Unterhaltsberechtigten (§ 1577 BGB bzw. § 1602 BGB) und Leistungsfähigkeit des Unterhaltspflichtigen (§ 1581 BGB bzw. § 1603 BGB). Abgesehen von diesen zentralen Grundsätzen gibt es zwischen dem Ehegattenunterhalt und dem Verwandtenunterhalt Unterschiede. Ehegattenunterhalt ist faktisch nur im Fall des Getrenntlebens und der Scheidung relevant. Während beim Getrenntleben gemäß § 1361 BGB grundsätzlich von der Fortgeltung der während der Ehe bestehenden Unterhaltsgestaltung ausgegangen wird, ist der Scheidungsunterhalt in §§ 1569–1586b BGB ausführlich geregelt. Das Gesetz geht grundsätzlich davon aus, daß jeder für seinen Unterhalt selbst aufzukommen hat, insbesondere durch eine angemessene Erwerbstätigkeit – §§ 1569, 1574 BGB. Nur wenn er das nicht kann, hat er einen Unterhaltsanspruch, falls einer der in §§ 1570–1576 BGB genannten Fälle vorliegt. So bei der Betreuung eines gemeinschaftlichen Kindes, oder wenn der geschiedene Ehegatte wegen Alters, wegen Krankheit oder Gebrechen nicht erwerbstätig sein kann. Außerdem ist der Unterhalt bis zur Erlangung einer angemessenen Erwerbstätigkeit und bis zum Abschluß einer wegen der Ehe nicht aufgenommenen oder unterbrochenen Ausbildung zu leisten. Ansonsten besteht ein Unterhaltsanspruch nur ausnahmsweise aus schwerwiegenden Gründen. Ein bestehender Unterhaltsanspruch kann gemäß § 1579 BGB gemindert, zeitlich begrenzt werden oder ganz entfallen, falls die dort genannten Voraussetzungen vorliegen. Eine Einführung des »Verschuldensprinzips durch die Hintertür« brachten die mit dem UÄndG neu eingefügten Nr. 6 und 7, wonach ein Unterhaltsanspruch zu versagen, herabzusetzen oder zeitlich zu begrenzen ist, wenn ein offensichtlich schwerwiegendes, eindeutig beim Berechtigten liegendes Fehlverhalten gegen den Verpflichteten vorliegt. Der Scheidungsunterhalt ist in Form einer Geldrente monatlich im voraus zu leisten, er erlischt mit dem Tod des Berechtigten bzw. mit seiner Wiederheirat – § 1586 BGB. Wie beim Ehegattenunterhalt ist auch beim Verwandtenunterhalt der gesamte Lebensbedarf (§ 1610 (2) BGB) abzudecken; ausdrücklich erwähnt sind auch die Berufsausbildungskosten. Das BGB sieht als den gesetzlichen Regelfall der Unterhaltsgewährung die Geldrente vor (§ 1613 (1) BGB). Da im Verwandtenunterhalt in der Realität die Unterhaltsleistungen der Eltern für die Kinder quantitativ am relevantesten sind, spielt jedoch der Naturalunterhalt eine wesentlich größere Rolle. Für das Verhältnis Eltern:minderjährige und/oder unverheiratete Kinder gelten einige, jedoch nicht grundsätzlich abweichende Vorschriften (§ 1602 (2), §§ 1603 (2), § 1612 (2) BGB). Auch für nichteheliche Kinder gelten grundsätzlich die gleichen Bestimmungen, jedoch enthalten die §§ 1615a–1615o BGB besondere, auf die Situation der nichtehelichen Kinder abgestimmte Bestimmungen (*Nichteheliche Kinder*). U. wird relevant beim Auseinanderfallen oder -gehen von Ehe, Familie und bei nichtehelichen Kindern (sofern sie nicht mit ihren beiden Elternteilen zusammenleben). Hier ist U. konkret zu berechnen. Bei nichtehelichen Kindern ist der Regelunterhalt zu leisten, der durch die Rechtsverordnung zur Berechnung des Regelunterhaltes festgesetzt wird. Der Regelunterhalt ist nach 3 Altersstufen gegliedert. Beim Ehegattenscheidungsunterhalt und beim Kindesunterhalt, den der geschiedene barunterhaltspflichtige Elternteil zu leisten hat, geschieht die konkrete Berechnung anhand von Tabellen. Die verbreitestete Tabelle ist die Düsseldorfer Tabelle. Sie differenziert nach dem Kindesunterhalt und dem Ehegattenunterhalt. Ausgehend von Nettoeinkommen läßt sich aus der Tabelle der Unterhaltsbetrag für die Kinder errechnen. Nach den Vorstellungen der Düsseldorfer Tabelle beträgt der Unterhaltsanspruch des geschiedenen Ehegatten 3/7 des anrechnungsfähigen Nettoeinkommens, nachdem vorab der Kindesunterhalt abgezogen wurde. Reicht das Einkommen des Unterhaltspflichtigen zur Deckung seines eigenen, ihm zu verbleibenden notwendigen Bedarfs, des Bedarfs der Kinder und des Bedarfs des geschiedenen Ehegatten nicht aus (sog. Mangelfälle), ist der notwendige Eigenbedarf des Unterhaltspflichtigen vorab abzuziehen, da er nur nach Abzug dieses Eigenbedarfs als leistungsfähig angesehen wird. Reicht das verbleibende Einkommen für den Unterhalt des geschiedenen Ehegatten und der Kinder nicht aus, so sind diese nicht selten auf Sozialhilfe angewiesen.

In Anlehnung an und in Weiterentwicklung der Düsseldorfer Tabelle wurde aufgrund des geringeren Einkommens im Beitrittsgebiet eine Art »Vortabelle« zur Düsseldorfer Tabelle entwickelt, so z.B. die Berliner Tabelle. Die Tabellen werden etwa alle 2 Jahre aktualisiert (die dann aktuelle Fassung findet sich in den einschlägigen juristigen Fachzeitschriften). Häufig wird Unterhalt nicht oder nicht in ausreichendem Maße gezahlt. Diesen Mangel will das am 1.1.1980 in Kraft getretene, mit Wirkung zum 1.1.1993 überarbeitete Unterhaltsvorschußgesetz mindern. Danach steht Kindern, die das 12. Lebensjahr noch nicht vollendet haben und mit ihrem alleinstehenden Elternteil zusammenleben und die nicht oder nicht regelmäßig mindestens in Höhe des Regelbedarfs Unterhalt tatsächlich erhalten, ein öffentlich-rechtlicher Anspruch auf Unterhaltsvorschuß zu. Die Höhe entspricht dem Regelbedarf für nichteheliche Kinder und wird bis zu 72 Monate geleistet. Regelungen des Verwandtenunterhalts beruhen letztlich auf der Vorstellung eines innerfamiliären »Unterhaltstauschverhältnisses«. Unterhaltsgewährung durch die Eltern für ihre Kinder während der Aufziehung und Erziehung einerseits gegen Unterhaltsgewährung der Kinder für ihre Eltern im Falle der Berufsunfähigkeit (Alter, Krankheit usw.) andererseits. Wegen des Aufbaus kollektiver Versicherungssysteme für den Fall des *Alters*, der *Krankheit*, der *Arbeitslosigkeit* (*Soziale Sicherung*) usw. ist dieses Äquivalenzverhältnis weitgehend aufgelöst, so entfällt insbesondere die tatsächliche Unterhaltsgewährung der Abkömmlinge ihren Eltern gegenüber weitgehend (Ausnahmen: Pflegebedürftigkeit, zu geringe Renten von Frauen). Wenn somit die eine Seite des innerfamiliären »Unterhaltstauschverhältnisses« faktisch nicht mehr existiert, ist es nicht verwunderlich, wenn auch die andere Seite (Unterhalt der Eltern an ihre Kinder) nicht mehr bruchlos akzeptiert wird. Ausdruck hierfür sind die verschiedenen öffentlichen Maßnahmen zur Finanzierung der Erziehung. Hierzu zählen etwa das *Kindergeld*, die *Ausbildungsförderung*, das *Erziehungsgeld*. Durch das 3. ÄndG zum BSHG existiert faktisch keine Unterhaltspflicht gegen Verwandte 2. oder entfernteren Grades mehr (§ 91 (2) BSHG), da ein Übergang des privatrechtlichen U. gegen diesen Personenkreis bei Leistungen der Sozialhilfe ausgeschlossen ist. Hierdurch ist jedoch nur eine teilweise Entlastung von den Unterhaltskosten für die Kinder eingetreten, die tatsächlichen Erziehungskosten liegen erheblich darüber. Damit ist das private U. weiterhin von wichtiger Bedeutung und weiterhin reformbedürftig. Das gilt für den Verwandtenunterhalt und vornehmlich für den Ausgleich der Kosten der Aufziehung von Kindern: Den etwa jährlich 300 Mrd. Kosten, die Eltern für die Aufziehung der Kinder zu tragen haben, stehen jährlich nur 80 Mrd. Ausgleichszahlungen gegenüber (Zahlen bei Münder, 78ff.). Diese »transferrechtliche Ausbeutung der Familie« erfordert Reformen, die sich nicht nur auf das privatrechtliche U., sondern auf das gesamte Scheidungssystem beziehen müssen. *J. Münder*

Literatur: J. Borchert: Kindererziehung und Alterssicherung, in: FuR 1990, 78ff.; H. Göppinger u.a.: Unterhaltsrecht, Bielefeld [5]1988; E. Kalthoener/H. Büttner: Die Rechtsprechung der Landesgerichte zur Höhe des Unterhalts, München 1989; J. Münder: Rechtsratgeber für Alleinerziehende, Münster 1994; F. Oeter: Der unsoziale Sozialstaat, München/Basel 1989; F. Oeter: Transferbelastung der Familie, FamRZ 1991, 1025ff.; weitere Literatur: *Eherecht*, *Familienrecht*, *Kindergeld*.

Verfassungsrecht

1. Bedeutung und Begriff: »Die Beamten können auch nicht immer mit dem Grundgesetz unterm Arm rumlaufen«, sagte der ehemalige BM Hermann Höcherl im Bundestag, als seinen Mitarbeitern verfassungswidriges Verhalten vorgeworfen wurde. Unterm Arm vielleicht nicht, wohl aber im Kopf müssen nicht nur die Polizisten, sondern auch die Mitarbeiter der sozialen Dienste das *Grundgesetz* haben, denn das V. bestimmt nicht nur die obersten Organisations- und Verfahrensprinzipien der *Sozialen Arbeit*, sondern regelt in den Grundrechten sowohl die Rechtsstellung der Mitarbeiter selber als auch die Rechte der Bürger, denen diese Arbeit gilt. V. ist Recht; daraus folgt für das Verhalten der Mitarbeiter, die im öffentlichen Dienst stehen: Es kann entweder als verfassungsgemäß und damit rechtmäßig oder als verfassungswidrig und damit rechtswidrig beurteilt werden. Insbesondere die Grundrechte binden die Mitarbeiter der sozialen Dienste nach Art. 1 Abs. 3 als »unmittelbar geltendes Recht« (die im folgenden zitierten Artikel sind Artikel des GG). Bürger, die meinen, durch Mitarbeiter der sozialen Dienste in ihren V. verletzt zu sein, können nach Art. 19 Abs. 4 die Gerichte anrufen (*Gerichtsbarkeit/Rechtsverwirklichung*).

Das V. der BRD (im formellen Sinne) wird im GG vom 23.5.1949 geregelt; das V. der Bundesländer findet sich in den 16 Landesverfassungen. Das GG geht nach Art. 31 den Landesverfassungen vor; soweit die Landesverfassungen jedoch Grundrechte enthalten, die den Grundrechten des GG gleichen oder über sie hinausgehen, bleiben sie nach Art. 142 in Kraft. Da das GG dem Bund weitreichende Kompetenzen im Bereich des Sozialrechts eingeräumt hat (s.u.), spielt das Landes(verfassungs)recht allenfalls im Organisationsrecht eine gewisse Rolle. Andererseits gewinnt im Sozialrecht das internationale Recht, insbesondere das Europarecht eine zunehmende Bedeutung (*Sozialpolitik/Soziale Sicherung, europäische*). Zum V. (im materiellen Sinne) gehören nämlich neben dem GG und den Landesverfassungen auch die sonstigen obersten Regeln des Staatslebens, insbesondere Regeln des internationalen Rechts, des Rechts der Europäischen Gemeinschaften (EG), des Wahlrechts u.a.m. Das EG-Recht, das insbesondere im EWG-Vertrag von 1957 sowie durch die EG selber geregelt wird, geht dem nationalen V. vor. Das V. ist also im wesentlichen dreigeschichtet und besteht aus dem EG-Recht, dem GG und den Landesverfassungen.

Das V. ist schwer verständlich, weil die Verfassungstexte i.d.R. zwar kurz und einprägsam sind, z.B. Art. 3 Abs. 1 (»Alle Menschen sind vor dem Gesetz gleich«), ihre juristische Bedeutung aber weitgehend unklar ist. Der Sinn des V. erschließt sich deshalb am besten durch das Lesen von Gerichtsentscheidungen, insbesondere der Entscheidungen des Bundesverfassungsgerichts, denn diese Entscheidungen binden alle Verwaltungsbehörden, also auch die Behörden der SozArb. Es ist einmal gesagt worden: Das GG gilt so wie das BVerfG es auslegt. Wichtige Entscheidungen des BVerfG im Bereich der *Sozialpolitik* sind etwa: BVerfGE 22, 180 (BSHG und JWG); 40, 121 (Pflege); 53, 224 (Ehescheidung); 74, 163 (Gleichberechtigung); 82, 60 (Einkommensbesteuerung; Existenzminimum); 84, 212 (Aussperrung).

2. Geschichte: Die Geschichte des modernen V. beginnt in Europa mit der Französischen Revolution und der Erklärung der Menschen- und Bürgerrechte von 1789. Nach einer Vielzahl von Landesverfassungen des 19. Jh. wurde in Deutschland 1871 die erste Reichsverfassung verabschiedet, die jedoch keine ausdrücklichen sozialrechtlichen Regelungen enthielt. Ganz anders die Weimarer Reichsverfassung von 1919, deren umfangreiche sozialpolitische Erklärungen Vorbildcharakter für viele spätere Verfassungen erhielten, insbesondere für die noch heute geltenden Landesverfassungen aus der Zeit vor 1949. In diesem Jahr wurden die erste Verfassung der DDR und das GG der BRD verabschiedet. Das GG wurde in der Zeit zwischen 1949 und 1989 35mal geändert, so daß es heute ganz anders aussieht als 1949. Nach dem Beitritt der DDR zur BRD wurde das GG durch den *Einigungsvertrag* vom 31.8.1990 (BGBl. II S. 889) auf das Gebiet der ehemaligen DDR erstreckt. Der Auftrag des Einigungsvertrages, das GG aufgrund der deutschen Einigung zu ändern oder zu ergänzen, wurde auf der Grundlage der Vorschläge der Verfassungskommission des Bundestages und des Bundesrates erfüllt. Die zahlreichen Anregungen, die sozialen Rechte im GG stärker zu verankern, die im GG von 1949 aufgrund seines vorläufigen Charakters nur schwach ausgeprägt waren (s.u.), wurden hierbei allerdings nicht berücksichtigt. Dies bleibt einer Verfassung vorbehalten, die das deutsche Volk nach Art. 146 irgendwann einmal in freier Entscheidung beschließen soll.

3. Das Grundgesetz: Das Grundgesetz trifft Aussagen über

- die Staatsform der BRD (Art. 20) sowie die verfassungsrechtlichen Grundsätze der EU (Art. 23) und der deutschen Länder (Art. 28),
- die Staatsorganisation (Abschnitt II–Xa) sowie über
- die Grundrechte (Abschnitt I Art. 1–19).

3.1 Die Staatsform: Die BRD ist nach Art. 20 und 28 ein demokratischer und föderaler Rechts- und *Sozialstaat*. Es handelt sich hierbei nicht um eine politische Proklamation, sondern auch um eine rechtlich bindende Festlegung, die nach Art. 79 Abs. 3 sogar unabänderlich ist. Sie bedeutet, daß die Staatsgewalt in der BRD demokratisch legitimiert, d.h. auf freie und gleiche Wahlen zurückführbar sein muß, und daß sie zwischen Bund und Ländern geteilt wird. Sie bedeutet nicht, daß auch die *Gesellschaft* – die Wirtschaft, das Arbeitsleben, das Sozialwesen – nach demokratischen und föderalen Prinzipien organisiert sein muß, obwohl dies im allgemeinen wie auch im besonderen umstritten ist.

Der Rechtsstaatsbegriff bedeutet, daß die gesellschaftlichen Verhältnisse in der BRD rechtlich geregelt sind, d.h. daß sie allgemeinen Gesetzen folgen, über deren Einhaltung eine unabhängige Rechtsprechung wacht. Auch die SozArb steht unter einem Gesetzesvorbehalt (§ 31 SGB I), und auch die Entscheidungen im Bereich der SozArb unterliegen der gerichtlichen Kontrolle nach Maßgabe des Sozialgerichtsgesetzes und der Verwaltungsgerichtsordnung.
Der Sozialstaatsbegriff bedeutet, daß der Staat für soziale Gerechtigkeit in der Gesellschaft sorgen muß, und zwar in dem Sinn, daß das Existenzminimum für jedermann gewährleistet ist (*Sozialhilfe*), daß die Befriedigung menschlicher Grundbedürfnisse (Versorgung, Verkehr, Kommunikation, *Bildung*) staatlich gesichert wird, und daß ein Ausgleich sozialer Unterschiede durch eine Umverteilung des Sozialproduktes, insbesondere im Wege der Sozialversicherung stattfindet. Die Ausgestaltung des Rechts- und Sozialstaates i.e. obliegt freilich dem Gesetzgeber, der dabei einen beträchtlichen Gestaltungsspielraum hat.

3.2 Die Staatsorganisation: Das GG regelt die Organisation der Staatsgewalt, und zwar einerseits die sog. horizontale Gewaltenteilung, d.h. die Verteilung der Macht auf Parlament, Regierung einschließlich Verwaltung und Rechtsprechung, der hier nicht weiter nachgegangen werden soll, und andererseits die sog. vertikale Gewaltenteilung, d.h. die Verteilung der Macht auf Bund, Länder und Gemeinden. Dies geschieht unterschiedlich für die Mächte der horizontalen Gewaltenteilung. Im Bereich der SozArb hat der Bund nach Art. 74 den Gesetzgebungsvorrang vor den Ländern im Bereich der »öffentlichen Fürsorge« (Nr. 7) sowie der Sozialversicherung (Nr. 12). Während zur Sozialversicherung neben den klassischen Bereichen (Krankheit, Unfall, Alter bzw. Invalidität und Arbeitslosigkeit) auch Gesetze zum *Familienlastenausgleich* u.a. gehören, umfaßt die »öffentliche Fürsorge« alle Gesetze im Bereich der SozArb, insbesondere Gesetze für den Bereich der Sozialhilfe, der *Jugendhilfe* und der *Rehabilitation*. Das GG legt die Bereiche öffentlicher SozArb nicht abschließend fest.
Der Bund hat von dieser Gesetzgebungskompetenz umfassend Gebrauch gemacht und ein Regelungswerk geschaffen, das z.Z. nach und nach in das *Sozialgesetzbuch* integriert wird (SGB I–X). Die Ausführung des SGB überläßt das GG freilich grundsätzlich den Ländern (Art. 83 Abs. 1); nur in einigen Bereichen hat sich der Bund die Sozialverwaltung vorbehalten (Art. 87 Abs. 2 und 3), insbesondere im Bereich der Angestellten- und der Arbeitslosenversicherung (BfA, BA). Für den Bereich der SozArb ist entscheidend, daß Art. 28 Abs. 2 den Gemeinden und Gemeindeverbänden das Recht der Selbstverwaltung gewährleistet, d.h. daß die Kommunen insbesondere für die Sozial- und Jugendhilfe zuständig sind. Diese verfassungsrechtliche Garantie hat zu einem merkwürdigen und widerspruchsvollen Zustand geführt: Der Bund regelt durch Bundesgesetz (BSHG und KJHG) das Recht der Sozial- und Jugendhilfe; die Länder können über die Durchführung dieser Gesetze bestimmen, die praktische Durchführung und v.a. die Finanzierung verbleibt dagegen den Kommunen, die nur über den Finanzausgleich die hierfür erforderlichen Finanzmittel erhalten können (*Finanzwesen, öffentliches*). Dies ist ein außerordentlich unbefriedigender Zustand.
Wenn sich die Bürger durch die Entscheidung der Behörden im Bereich des Sozialrechts in ihren Rechten verletzt fühlen, können sie nach Art. 19 Abs. 4 die Gerichte anrufen. Hierfür ist die Sozialgerichtsbarkeit geschaffen worden, für die nach Art. 95 auch ein oberstes Bundesgericht existiert (Bundessozialgericht). Die Zuständigkeit der Sozialgerichte ist durch das Sozialgerichtsgesetz jedoch auf die Bereiche der Sozialversicherung beschränkt worden, so daß der Bereich der SozArb der Verwaltungsgerichtsbarkeit überlassen blieb. Vor allen Gerichten gelten freilich die verfassungsrechtlichen Grundsätze der richterlichen Unabhängigkeit und der Verfahrensgerechtigkeit (Fairness) der Rechtspflege (Art. 92). Über allem wacht die Rechtsprechung des BVerfG (Art. 93).
Die Finanzierung der SozArb richtet sich nach den allgemeinen Regeln des GG für die Staatseinnahmen und -ausgaben. Dabei folgt die Ausgabenverantwortung nach Art. 104a Abs. 1 der Aufgabenverantwortung; die Aufgabenverantwortung setzt wiederum entsprechende Einnahmen voraus, die entweder aus eigenen Steuereinnahmen, aus Finanzausgleichsleistungen oder aus Kreditaufnahmen stammen (Art. 106, 107, 115). Da die Aufgaben der SozArb weitgehend kommunale Aufgaben sind, richtet sich ihre Finanzierung nach den kommunalen Einnahmen, die aus dem eigenen Steueraufkommen, aus dem kommunalen Anteil an den Gemeinschaftssteuern sowie aus dem kommunalen Finanzausgleich stammen (Art. 106). Die Ausgaben der Sozialversicherung werden dagegen grundsätzlich nicht aus dem Steueraufkommen, sondern durch die Beiträge der Versicherten finanziert, die durch Bundesgesetze nach Art. 74 Nr. 12 geregelt werden.

3.3 Die Grundrechte:
3.3.1 Allgemeines: Die Grundrechte sind Rechte der Bürger, grundsätzlich auch der ausländischen Mitbürger, gegenüber dem Staat; sie umschreiben gleichzeitig Grundzüge einer bestimmten Gesellschaftsordnung, die der Staat verwirklichen soll. Aufgrund dieser Rechte können die Bürger verlangen, daß der Staat in ihre Freiheiten und in ihr Eigentum nur eingreift, wenn dafür eine gesetzliche Grundlage besteht, und wenn dieser Eingriff aus Gemeinwohlgründen erforderlich ist und die Bürger nicht übermäßig belastet. Der Staat muß die Bürger auch gegen Dritte schützen, und zwar indem er Gesetze zu ihrem Schutz erläßt, z.B. die Strafgesetze (*Strafe*), oder indem er staatliche Leistungen zur Förderung der Bürger vorsieht, z.B. den Familienlastenausgleich. Staatliche Leistungen sind im GG selbst nicht ausdrücklich vorgesehen, ihre Gewährung bleibt dem Gesetzgeber überlassen, der allerdings aufgrund der sozialen Grundrechte zur Gewährung bestimmter

Leistungen verpflichtet ist, z. B. in Art. 6 Abs. 4 für die Mütter. Die Grundrechte geben den Bürgern auch das Recht zur Teilnahme an der politischen Willensbildung (Art. 5, 8, 9 Abs. 1 und 38 – Meinungs-, Versammlungs-, Vereins- und Wahlfreiheit) sowie an der Gestaltung der Arbeitsbedingungen (Art. 9 Abs. 3 – Koalitionsfreiheit), und sie gewährleisten, daß Rechtsprechung und Verwaltung fair und bürgerfreundlich organisiert werden und arbeiten (z. B. durch Anhörungsrechte nach Art. 103 Abs. 1). Der Gleichheitssatz des Art. 3 verbietet, daß der Staat die Bürger aus Gründen des Geschlechtes, der Herkunft, des Glaubens oder der Politik benachteiligt; er muß insbesondere *Männer* und *Frauen* grundsätzlich gleich behandeln. Er darf Unterschiede immer nur dann machen, wenn es dafür gute Gründe gibt.

3.3.2 Die Grundrechte der SozArb: Die Grundrechte der SozArb stehen nicht wörtlich im GG, sondern sie können nur durch seine Auslegung herausgearbeitet werden; doch diese Aufgabe hat das BVerfG bereits weitgehend erfüllt. Es lassen sich 10 zusammenfassende Aussagen machen:

1. Der Mensch ist Subjekt sozialer Leistungen, nicht Objekt staatlicher Fürsorge. Während im autoritären Wohlfahrtsstaat früherer Zeiten *Armut*, *Krankheit*, *Obdachlosigkeit* usw. als Gefahr für die öffentliche Ordnung angesehen wurden, folgt aus Art. 1 Abs. 1, daß im demokratischen Sozialstaat die Bedürfnisse der Bürger Grund- und Maßstab öffentlicher sozialer Leistungen sind. Niemand darf zu seinem Glück gezwungen werden; jedermann muß aber auch ein Recht auf das Existenzminimum haben, das durch die Sozialhilfe gesichert wird, deren Art und Umfang freilich von gesetzgeberischen Entscheidungen abhängig ist.

2. Daraus folgt, daß es ein Recht auf soziale Leistungen gibt und daß diese grundsätzlich nicht im Ermessen der staatlichen Verwaltung stehen. Der Gesetzgeber kann allerdings der Verwaltung ausdrücklich ein Ermessen einräumen (§ 39 SGB I). Geld- und Zeitmangel sind deshalb kein Grund für die Verweigerung sozialer Leistungen.

3. Ob die Bürger soziale Leistungen in Anspruch nehmen wollen, ist grundsätzlich ihre Angelegenheit. Sie haben dabei allerdings ein Recht auf Auskunft und Beratung, das aus Art. 1 und 2 folgt und im allgemeinen Teil des SGB (§§ 14 und 15) sowie in den besonderen Teilen des SGB und dem BSHG konkretisiert wird. Wird dieses Recht verletzt, so sind die Bürger ggf. durch Schadensersatz so zu stellen, als ob sie richtig beraten worden wären.

4. Wer soziale Leistungen beansprucht, muß seine persönliche und soziale Lage offenbaren; aus diesem Sachzwang folgt jedoch nicht die Aufgabe des Rechts der informationellen Selbstbestimmung (Art. 1 Abs. 1 und Art. 2 Abs. 1), also des Rechts auf den Schutz persönlicher Daten, und des Rechts auf den Schutz der persönlichen Sphäre, insbesondere des privaten Lebensbereichs (Art. 13) (*Daten- und Geheimnisschutz*).

5. Werden soziale Leistungen in öffentlichen Einrichtungen erbracht, z. B. in Heimen, so ändert sich dadurch die Grundrechtslage der Betroffenen nicht. Kinder und Senioren, Kranke und Behinderte verlieren ihre Grundrechte nicht an der Schwelle des Heims. Dies gilt sowohl für die persönlichen Grundrechte (z. B. Glaubensfreiheit nach Art. 4) als auch für die politischen Grundrechte (z. B. Meinungsfreiheit nach Art. 5) und für die ökonomischen Grundrechte (z. B. Eigentums- und Berufsfreiheit nach Art. 12 und 14).

6. Der Gleichheitssatz, der dem Gesetzgeber eine grundlose Ungleichbehandlung nach Art. 3 Abs. 1 verbietet, gebietet gleichzeitig den Mitarbeitern der sozialen Dienste die strikte Gleichbehandlung aller Bürger. Jede Benachteiligung und Bevorzugung aus den in Art. 3 Abs. 3 genannten Gründen ist bei der Gewährung sozialer Leistungen ausgeschlossen. Da soziale Leistungen aber aufgrund der Subjektorientierung (s. o.) grundsätzlich nach Maßgabe der individuellen Lebenslage zu erbringen sind, muß das Verbot der Diskriminierung und Privilegierung ganz besonders sorgfältig beachtet werden.

7. Soziale Leistungen sollen so gewährt werden, daß sie aktuelle Bedürfnislagen nicht nur beseitigen, sondern daß sie einen Beitrag zur freien Entfaltung der Persönlichkeit und zur freien Berufswahl (Art. 2 Abs. 1 und Art. 12 Abs. 1) leisten. Art. 3 Abs. 2 gebietet nicht nur die Gleichberechtigung von Männern und Frauen, sondern angesichts der gesellschaftlichen Benachteiligung von Frauen darüber hinaus die Frauenförderung. SozArb ist aus diesen Gründen verfassungsrechtliche Entwicklungsarbeit.

8. Soziale Leistungen richten sich nicht nur an einzelne Bürger, sondern auch an soziale Gemeinschaften. Zu nennen sind hier an erster Stelle Ehe und *Familie*, deren Schutz und Förderung Art. 6 Abs. 1 gebietet; dies umfaßt auch die Förderung der Kinderbetreuung und der *Jugendhilfe*. Doch auch andere Gemeinschaftsformen, die nach dem GG frei gebildet werden können, haben Anspruch auf die öffentliche Förderung im Rahmen der SozArb; dies gilt insbesondere für die Jugendgruppen, mögen sie nun fest organisiert oder locker gefaßt sein.

9. SozArb ist nun aber nach dem GG nicht nur eine Angelegenheit der öffentlichen Träger. Die freien Träger sind vielmehr durch die Grundrechte im Bereich der SozArb geschützt. Dies gilt insbesondere für die kirchlichen Träger, deren soziale Tätigkeit nach Art. 4 Abs. 2 als Religionsausübung angesehen wird, dies gilt aber auch für die gewerkschaftlichen Träger, deren Arbeit als Förderung der Wirtschafts- und Arbeitsbedingungen nach Art. 9 Abs. 3 betrachtet wird, und es gilt schließlich für alle übrigen freien Träger, die sich in ihrer Tätigkeit auf die Vereinsfreiheit nach Art. 9 Abs. 1 berufen können (*Träger der Sozialen Arbeit*, *Gewerkschaften*, *Kirchen und Religionsgemeinschaften*).

10. SozArb ist entweder berufliche oder ehrenamtliche Arbeit. Als ehrenamtliche Arbeit wird sie – wie jedes Handeln – durch die allgemeine Handlungsfreiheit des Art. 2 Abs. 1 geschützt. Soweit sie dagegen als Beruf

ausgeübt wird, kommt ihr der Schutz der Berufsfreiheit des Art. 12 Abs. 1 zu. Dies bedeutet, daß der Zugang zu den Berufen der SozArb allgemein offensteht, und daß die Berufsausübung einer gesetzlichen Regelung bedarf, die Liberalität und Professionalität sichert (*Ehrenamtliche Helfer*, *Soziale Berufe*).

4. Kritische Würdigung: Das V. der BRD ist vielfach kritisiert worden, vielleicht in vielem zu Recht. Für den Bereich der SozArb lassen sich zwei Kritikpunkte hervorheben:

- Das GG ist die Verfassung einer bürgerlich-liberalen Demokratie; es vernachlässigt die soziale Dimension des V.
- Das GG ist die Verfassung einer Juristenzunft, die sie nach unverständlichen Regeln auslegt; der einfache Mann versteht es nicht, und deshalb bleibt die Verfassung ihm fremd.

Zum ersten Kritikpunkt läßt sich sagen, daß der Grundgesetzgeber in der Tat die Übernahme sozialpolitischer Programme, wie sie in der Weimarer Verfassung und in den frühen Landesverfassungen der Nachkriegszeit enthalten waren bzw. sind, vermieden hat. Die Entwicklung des V. der BRD im materiellen Sinne (s.o.) hat jedoch gezeigt, daß bestimmte Grundsätze des Sozialstaats Verfassungsrang erhalten haben und durch die Rechtsprechung und Literatur weiter konkretisiert worden sind (s. insbes. Nr. 3.2). Die knappe Fassung des GG und ihre eher traditionelle Form haben andererseits eine rechtswissenschaftliche Bearbeitung des V. außerordentlich erleichtert. Dies scheint den zweiten Kritikpunkt zu rechtfertigen. Rechtsprechung und Literatur zum GG füllen in der Tat bereits eine ganze Bibliothek und sind dem Laien weitgehend unzugänglich geworden. Wenn man aber an die großen gesellschaftspolitischen Konflikte in der Geschichte der BRD denkt, so läßt sich durchaus feststellen, daß die Bürger die verfassungsrechtliche Bearbeitung dieser Konflikte weitgehend nachvollziehen, daß sie sie auch in verfassungsrechtlichen Kategorien formulieren, mögen sie die getroffenen Entscheidungen und Ergebnisse billigen oder mißbilligen (z.B. Mitbestimmungs- oder Abtreibungsentscheidungen). Insofern haben die Bürger ihre Verfassung durchaus im Kopf – wenn auch nicht immer unter dem Arm. *I. Richter*

Literatur: Zum GG im allgemeinen:
1. Lehrbücher: D. Kreft/J. Münder u.a.: Soziale Arbeit und Recht. Eine Einführung in das Recht für Sozialarbeit/Sozialpädagogen, Weinheim/Basel [4]1994; E. Stein: Staatsrecht, Tübingen [14]1993; K. Stern: Das Staatsrecht der Bundesrepublik Deutschland. Bd. I–III/2, München 1980–1994.
2. Kommentare: H.D. Jarass/B. Pieroth: Grundgesetz für die Bundesrepublik Deutschland – Kommentar, München [3]1995; Kommentar zum Grundgesetz für die Bundesrepublik Deutschland – Reihe Alternativkommentare. 2 Bde., Neuwied/Frankfurt/M. [2]1989.
3. Handbücher: E. Benda/W. Maihofer/H.-J. Vogel (Hrsg.): Handbuch des Verfassungsrechts der Bundesrepublik Deutschland, Berlin [2]1994; J. Isensee/P. Kirchhof (Hrsg.): Handbuch des Staatsrechts der Bundesrepublik Deutschland. Bd. I–VII, Heidelberg 1987–1992.
4. Zur Rechtsprechung des Bundesverfassungsgerichts: I. Richter/G.F. Schuppert: Casebook Verfassungsrecht, München [3]1995 i. Vorb.
Zum Verfassungsrecht des Sozialstaats: A. André: Das Sozialstaatsprinzip und seine Verankerung im Grundgesetz, in: Sozialer Fortschritt 1/1990, 1–6; K.-J. Bieback: Sozialstaatsprinzip und Grundrechte, in: Europäische Grundrechte-Zeitschrift 22/1985, 657–669.

Verträglichkeitsprüfungen, soziale

Mit dem Begriff der V. ist die Vorstellung verbunden, Auswirkungen von Vorhaben und Handlungen auf zusammenhängende Wirkungsfelder prüfen und bei den Entscheidungen über diese Vorhaben präventiv berücksichtigen zu können. Ziel von V. ist es, im Rahmen von Planungs- und Entscheidungsprozessen einen Beitrag zur Milderung oder zum Ausschluß konflikthafter oder schädlicher Wirkungen zu leisten.
Die Entwicklung, die gesetzliche Normierung und die Durchführung von V. stellen, generell betrachtet, administrativ gestützte Steuerungs- und Konfliktregelungsversuche angesichts prekärer werdender Wechselwirkungen zwischen dem Handeln des Menschen und den sozialen, technischen und naturbezogenen (Lebens-) Verhältnissen dar. Die zunehmend dichter werdenden Beziehungskonstellationen dieser Verhältnisse verlangen mehrdimensionale und komplexe Methoden und Verfahren der Analyse, der Bewertung und der Entscheidungsvorbereitung. Hinsichtlich der sozialen, auf die Lebensverhältnisse der Menschen bezogenen Dimensionen kann von verfassungsrechtlichen Grundorientierungen ausgehend, u.a. von den Prinzipien des *Sozialstaat*es, eine Verpflichtung der Legislative begründet werden, ihre Entscheidungen so zu treffen, daß elementare soziale Ansprüche eingelöst, zumindest nicht verletzt und beeinträchtigt werden.
Während mit V. als formalisierte und standardisierte Verfahren in sozialen Aufgabenfeldern unserer *Gesellschaft* weitgehend Neuland betreten wird, sind in der Technik entsprechende Prüfungen, einschließlich der Festlegung und Normierung dazugehöriger Verfahren, seit Jahrzehnten bekannt. Es handelt sich dabei zum einen um Prüfungen innerhalb technischer Teilsysteme (z.B. Materialprüfungen), zum anderen um solche zwischen der Technik, den Betriebsabläufen und den Arbeitsfeldern und -bedingungen der Menschen (z.B. im Bereich der Arbeitssicherheit). Auswirkungen der industriegesellschaftlichen und technischen Entwicklung auf die Natur und damit auf das gesamte Ökosystem werden seit wenigen Jahren durch umweltrechtlich begründete Instrumente, u.a. durch das Gesetz über die Umweltverträglichkeitsprüfung (UVPG) zu steuern versucht. Ansätze sozialer V. finden sich in der städtebaulichen *Planung* in Form von vorbereitenden Untersuchungen und in der Erarbeitung von Sozialplänen (§§ 141, 180 BauGB), um durch *Sozialplanung* nega-

tive Folgen für die in Sanierungsgebieten lebenden Bewohner vermeiden oder mildern zu können (*Baugesetzbuch*).
Das *Kinder- und Jugendhilfegesetz* hat für den Bereich der *Jugendhilfe* und der *SozArb* mit dem Auftrag, »positive Lebensbedingungen für junge Menschen und ihre Familien sowie eine kinder- und familienfreundliche Umwelt zu erhalten und zu schaffen« (§ 1 Abs. 3 Nr. 4 KJHG) und diesen Auftrag u. a. durch die *Jugendhilfeplanung* systematisch umzusetzen (§ 80 KJHG), der Diskussion über sozialverträgliche politische Steuerungen neue Impulse gegeben. Im Vordergrund der politischen und fachlichen Erörterungen stehen die in einigen Städten und Gemeinden angestrebte oder bereits eingeführte »Kinderfreundlichkeitsprüfung« und die damit i. d. R. verbundenen Fragen nach tragfähigen Formen der Interessenvertretung für junge Menschen und nach deren Partizipation an Entscheidungsprozessen. Programmatisch geht es v. a. darum, kindgerechte Lebensbedingungen in allen relevanten Lebensbereichen einzufordern. Im Sinne einer kritischen und Öffentlichkeit herstellenden und aktivierenden Beobachtung gesellschaftlicher Prozesse arbeiten bspw. die »Kinderkommission« des Deutschen Bundestages und Kinderbeauftragte in Bundesländern und Kommunen (i. e. dazu ISS 1993). Fachlich wird durch die genannten Institutionen verstärkt versucht, Politikfolgenabschätzung im Hinblick auf die möglichen Auswirkungen auf die nachwachsende Generation einzufordern. Administrativ-gestaltungsorientiert wurden in einigen Kommunen Prüfkataloge entwickelt und Verfahren vereinbart, mit denen die Belange von Kindern bei kommunalen Planungen und Entscheidungen systematisch und nachvollziehbar Berücksichtigung finden sollen. Überwiegend beziehen sich diese »Kinderfreundlichkeitsprüfungen« auf städtebauliche und infrastrukturbezogene Bereiche, mithin auf die kindgerechte Gestaltung von Wohnbereichen, die Schaffung von angemessenen Frei-, Bewegungs- und Erlebnisräumen und die ausreichende Versorgung mit Einrichtungen der sozialen Infrastruktur. Erkennbar sind aber auch Bemühungen um eine Ausweitung auf alle Handlungsfelder der Kommune. Im Vergleich zu etablierteren Prüfverfahren befinden sich die Zielsetzungen, die Methoden und die Verfahren noch in einem ersten Klärungsprozeß. Ob der Begriff »Freundlichkeit« mehr als nur symbolische Wirkung entfalten kann oder ob mit dem Begriff »Verträglichkeit« und den damit inzwischen verbundenen technischen Prüfperspektiven die Anliegen besser gefördert werden können, muß sich noch erweisen. Denkbar ist eine Übertragung des Prüfverfahrens auf weitere soziale Zielgruppen, bspw. auf ältere Menschen, womit zugleich die grundsätzliche Frage aufzuwerfen wäre, ob nicht insgesamt komplexere sozialökologische Planungsansätze die Entwicklung kleinteiliger einzelner Prüfverfahren ersetzen könnten.
Soziale V. unterliegen noch stärker als technische und ökologische der gesellschaftspolitischen Überformung, zumal sie es vergleichsweise schwer haben, sich mit eigenen technischen Regelwerken vom tagespolitischen Druck abzukoppeln und Eigendynamik zu entwickeln. Es kommt mithin darauf an, die weitere Entfaltung sozialer V. mit politischen Interessen zu verknüpfen und diese über die Partizipation der betroffenen Menschen sowie über eine dauerhafte Mitwirkung anwaltlicher Institutionen, Organisationen und Verbände zu stützen.
Der Reifegrad sozialer V. wird u. a. daran gemessen werden müssen, ob qualitative und quantitative Daten und Informationen über mögliche, erwartbare oder bereits erkennbare Wirkungszusammenhänge (im kommunalen) Handlungsfeld verfügbar sind oder gemacht werden können. In diesem Zusammenhang kommt der Sozialberichterstattung und der Entwicklung von Planungs- und Versorgungsstandards eine wichtige Funktion zu.
Verfahrensorientiert ist v. a. eine enge instrumentelle Verbindung von Analyse, Bewertung und Entscheidung im politisch-administrativen System notwendig, damit die Sozialverträglichkeit ihrerseits, wie bereits jetzt die Rechtmäßigkeit oder die Wirtschaftlichkeit, intern und extern zum Gegenstand der Prüfung öffentlicher Verwaltung werden kann. *B. W. Nikles*

Literatur: Th. Arnold/W. Wüstendorfer: Untersuchung der Arbeitsweisen, Arbeitsbedingungen und Wirksamkeit von Kinderbeauftragten. Endbericht, hrsg. vom ISS, Frankfurt/M. (ISS-Aktuell 15/1993); K. D. Keim/L. Vaskovics (Hrsg.): Wege zur Sozialplanung. Erfahrungen und Chancen in der Bundesrepublik Deutschland, Opladen 1985; Spielraum-spezial »Expertenforum Kinderfreundlichkeitsprüfung«, H. 6, 1992; H. Mäding: Verwaltungspolitische Überlegungen zur Umweltverträglichkeitsprüfung, in: Zeitschrift für Umweltpolitik und Umweltrecht 1/1990, 19–41.

Volljährigkeit

Die V. beendet die Minderjährigkeit, während der die Deliktsfähigkeit (§ 828 BGB) und Geschäftsfähigkeit (§§ 104, 106 BGB) eingeschränkt sind und die Person unter Personensorge (§ 1626 BGB) steht.
Mit der Vollendung des 18. Lebensjahres tritt die volle Geschäfts- und Deliktsfähigkeit ein und das Personensorgerecht wird beendet. Erreicht wird mit 18 Jahren auch die Prozeßfähigkeit und die Ehemündigkeit, während Vormundschaften und Pflegschaften (*Amtspflegschaft/Amtsvormundschaft*) wegen Minderjährigkeit, sowie die Gültigkeit der strafrechtlichen Jugendschutzbestimmungen enden. Minderjährige können selbst gem. § 77 Abs. 3 StGB keinen Strafantrag stellen und gemäß § 374 Abs. 3 StPO keine Privatklage erheben. Auf den Unterhaltsanspruch hat die Erreichung der Volljährigkeitsgrenze im Grundsatz (§ 1601 BGB) keinen Einfluß (vgl. aber §§ 1602, 1603 und 1609) und die Gültigkeit des Jugendstrafrechts endet zwar im Prinzip mit 18, gem. § 105 JGG faktisch in den meisten Fällen aber erst mit 21 Jahren.
Die Volljährigkeitsgrenze wurde 1975 trotz der – soziologisch gesehen – verlängerten Jugendphase in der

BRD von 21 auf 18 Jahren herabgesetzt (§ 2 BGB). Auch in der DDR lag die Volljährigkeitsgrenze bei 18 (vgl. § 49 Abs. 1 ZGB). Gemäß Art. 7 EGBGB regelt sich bei Ausländern die Geschäftsfähigkeit nach dem Recht des Heimatlandes und wird auch nicht durch den späteren Erwerb der deutschen Staatsbürgerschaft beeinträchtigt.
Die rechtspolitische Entscheidung zur Herabsetzung der Volljährigkeitsgrenze war in den 70er Jahren in der BRD sehr umstritten – die Debatte ist aber inzwischen verstummt. Vereinzelt wird eine Abstimmung mit dem Ende des Besuchs der höheren Schule gefordert (»Der volljährige Schüler ist ... eine lächerliche Rechtsfigur!«; Ramm 1990). Aber hier scheint m. E. weder eine Hinaufsetzung des Volljährigkeitsalters noch eine Verkürzung des Schulbesuchs als vielmehr ein Überdenken des Lehrer-Schüler-Verhältnisses notwendig, zumal tendenziell immer mehr Volljährige Schulen besuchen.
Neu belebt wurde hingegen die parallel laufende Diskussion um die volle strafrechtliche Verantwortlichkeit, weil eine verstärkte Anwendung rein repressiver staatlicher Sozialkontrolle durch die Einschränkung der Anwendung des *Jugendstrafrecht*s für Heranwachsende gefordert wird. Auf empirische Erkenntnisse und in Hinblick auf das Ziel eines besseren Rechtsgüterschutzes läßt sich diese Forderung in keiner Weise gründen.
Die Bedeutung der Volljährigkeitsgrenze selbst hat im Schuldrecht durch die ausgeweiteten Möglichkeiten der Kreditfinanzierung, Teilnahme am motorisierten Straßenverkehr mit häufigen Schadensfällen und eigenständige Wohnformen junger Erwachsener sehr zugenommen. Gleichzeitig gab es aber durch verstärkte Betonung der Kindesrechte, durch die Akzeptanz der Grundrechtsmündigkeit von Kindern und Jugendlichen einen Bedeutungsverlust für diese Altersgrenze. Zwar stellt die Erreichung der Volljährigkeitsgrenze immer noch einen qualitativen Sprung dar, aber sie wird nicht mehr quasi als Übergang vom Rechtsobjekt zum Rechtssubjekt gesehen. Das 4. Buch des BGB und das SGB gehen von der wachsenden Fähigkeit und dem wachsenden Bedürfnis des Kindes zu selbständigem verantwortungsbewußten Handeln aus (vgl. § 1626 Abs. 2 BGB und § 36 SGB I). Mutmaßungen über das Kindeswohl und entsprechende Entscheidungen der Personensorgeberechtigten gegen den erklärten Willen des minderjährigen Kindes sind nur zulässig, insoweit aufgrund des Entwicklungsstandes an der Vernünftigkeit des Kindes Willens gezweifelt werden muß. Das *Elternrecht* (*Familienrecht*) ist kein Recht am Kind in dem Sinne, daß es dieses zum Objekt macht oder machen darf (*Kindesrecht*). Gleichzeitig aber – und auch das mindert die Bedeutung der Volljährigkeitsgrenze – wirken eine Reihe von jugendrechtlichen Bestimmungen über das 18. Lebensjahr hinaus. Die Einbeziehung junger Volljähriger in das Jugendstrafrecht gem. § 105 JGG wurde bereits genannt. Durch § 1 KJHG können junge Menschen bis zur Vollendung des 21. Lebensjahres und in begründeten Einzelfällen sogar darüber hinaus Hilfen für die Persönlichkeitsentwicklung und zu einer eigenverantwortlichen Lebensführung gewährt werden, und Auszubildende fallen bis zum 25. Lebensjahr in den Schutzbereich der Jugendvertretungen. Immerhin hat aber der Bundesgerichtshof die Bürgschaftserklärung der 20- bzw. 21jährigen Söhne für ihren Vater entgegen der Kritik in der Literatur nicht für sittenwidrig erklärt, d. h. sich strikt an die formale Altersgrenze der V. gehalten. *H. Cornel*

Literatur: J. Münder u. a.: Frankfurter Lehr- und Praxiskommentar zum KJHG, Münster [2]1993, § 41; H. Osterdorf: Kommentar zum JGG, Köln/Berlin/Bonn/München 1991; Ramm: Jugendrecht, München 1990.

Vormundschaftsgericht (VG)

VG sind Abteilungen des Amtsgerichts, die sich mit einer Fülle von Anlegenheiten befaßt, die mit der *Familie* und deren Mitglieder, insbesondere den Kindern, in Zusammenhang stehen. Der dem VG übertragene Aufgabenkreis gehört zur freiwilligen Gerichtsbarkeit, es beschließt im Verfahren nach dem FGG.
In den Bereichen der Kinder-, Behinderten-, Kranken- und Altenbetreuung ist das VG insbesondere zuständig für:

- Anordnung und Überwachung einer Vormundschaft oder Pflegschaft über Minderjährige (§§ 1773 ff., 1909 ff. BGB) und einer Betreuung Volljähriger (§§ 1896 ff., §§ 65–69 FGG);
- Maßnahmen zur Abwendung einer Gefährdung des Kindeswohls und des Kindesvermögens (§§ 1666, 1667 BGB) und über die Befugnis zum persönlichen Umgang mit nichtehelichen Kindern (§ 1711 Abs. 2 BGB);
- Ausspruch der Annahme als Kind (Adoption, § 1752 BGB);
- Erteilung der Genehmigung zu verschiedenen Rechtsgeschäften, die Eltern im Rahmen der Vermögenssorge für ihr Kind oder der Vormund abschließen (z. B. §§ 112, 1411, 1597, 1600 d, 1643, 1645, 1821–1823 BGB);
- Entscheidung über die Abstammung eines Kindes, wenn der vermutete Vater gestorben ist (§§ 1599, 1600 n BGB);
- Ehelicherklärung eines nichtehelichen Kindes (§§ 1723 ff. BGB);
- Genehmigung einer Unterbringung, die mit Freiheitsentziehung verbunden ist (§§ 1631 b, 1705, 1800, 1906, 1915 BGB);
- Streitigkeiten über das religiöse Bekenntnis nach dem Gesetz über die religiöse Kindererziehung,
- Anordnung einer freiheitsentziehenden Unterbringung nach dem Gesetz für psychisch Kranke.

Entscheidungen, die die *elterliche Sorge* und den Umgang betreffen, sind recht unsystematisch teils dem Familiengericht, teils dem VG vorbehalten. Dies führt zu schwierigen Abgrenzungsproblemen, die nicht nur wegen der verfassungsrechtlichen Garantie des gesetzlichen Richters (Art. 101 Abs. 1 GG), sondern auch hinsichtlich der Zulässigkeit von Rechtsmitteln und des Rechtsmittelzugs große praktische Bedeutung haben. Zuständiges VG ist das jeweilige Amtsgericht (AG) (§ 35 FGG) am Wohn- und Aufenthaltsort des Minderjährigen (§ 36 FGG). Die funktionale Zuständigkeit beim VG ist zwischen Richter und Rechtspfleger geteilt: § 3 Rechtspflegergesetz (RPFlG) enthält den Katalog der Aufgaben des Rechtspflegers, § 14 RPFlG den des Richters.

Das Verfahren der freiwilligen Gerichtsbarkeit ist im Vergleich zum förmlichen, in allen Einzelheiten geregelten Zivilprozeß viel freier gestaltet und hat gesetzlich eine gewisse Beweglichkeit erhalten, die es dem Gericht ermöglichen soll, bei seinem Vorgehen den Bedürfnissen der jeweils zu erledigenden Anlegenheiten Rechnung zu tragen. So sind von der Rechtsdogmatik im Laufe der Zeit allgemeine Verfahrensgrundsätze entwickelt worden:

- Das Gericht muß das Verfahren von Amts wegen einleiten, sobald es auf irgendeine Weise Tatsachen erfährt, die eine nicht von einem Antrag abhängige Maßnahme rechtfertigen können (Amtsverfahren);
- das Gericht hat von Amts wegen die zur Feststellung der Tatsachen erforderlichen Ermittlungen anzustellen und die geeignet erscheinenden Beweise aufzunehmen (§ 12 FGG, Amtsermittlungsgrundsatz);
- eine allgemeine Vorschrift darüber, wie der Inhalt einer mündlichen Anhörung, Vernehmung oder Verhandlung festzustellen ist, besteht nicht, die §§ 159ff. ZPO über das Protokoll gelten nicht;
- gegen erstinstanzliche Entscheidungen des VG ist grundsätzlich die unbefristete Beschwerde gegeben (§§ 19ff. FGG); über sie entscheidet das Landgericht, in den neuen Bundesländern das Bezirksgericht.

Das VG übt als staatliches Aufsichtsorgan das sog. Wächteramt bei der Ausübung der elterlichen Sorge aus (Art. 6 Abs. 2 S. 2 GG), wenn eine Gefährdung des Kindeswohls Maßnahmen im Interesse des Kindes erforderlich machen. Es beaufsichtigt, kontrolliert und berät Betreuer und Vormund und überwacht und unterstützt die Eltern in Fragen der elterlichen Sorge. Das VG schreitet von Amts wegen ein und stellt selbst alle erforderlichen Ermittlungen zur Aufklärung an, hat sich aber bei seiner Tätigkeit auf Organisationsakte zu beschränken, weil in erster Linie die Sorgeberechtigten zur Regelung der Belange des Hilfebedürftigen berufen sind (Subsidiaritätsprinzip). Maßnahmen der Personen- oder Vermögenssorge selbst sind deshalb dem VG nur ausnahmsweise in Eilfällen gestattet (§§ 1693, 1846, 1908i BGB). Bei konkreter Gefährdung und eiliger Sicherung des Kindeswohls ist im Verfahren nach § 1666 BGB die einstweilige Anordnung gewohnheitsrechtlich anerkannt, hier genügt im Beweisverfahren die eidesstattliche Versicherung (§ 15 Abs. 2 FGG), von der Anhörung der Beteiligten kann abgesehen werden.

Kinder und Jugendliche sind im Verfahren vor dem VG in geeigneter Weise auf ihre Rechte hinzuweisen (§ 8 Abs. 1 S. 2 KJHG). Jugendlichen ab 14 Jahren steht ein selbständiges Beschwerderecht gegen Entscheidungen des VG zu (§ 59 FGG).

Das VG wird bei der Erfüllung seiner Aufgaben von den zuständigen Behörden, insbesondere dem *Jugendamt* unterstützt. Das JA hat zur Abwendung einer Gefährdung des Kindeswohls das VG anzurufen (§ 50 Abs. 3 KJHG). Einerseits verpflichtet das KJHG das JA zur Mitwirkung im Gerichtsverfahren, es soll das VG unterstützen (§ 53 KJHG). Andererseits ist das VG verpflichtet, das JA von Gesetzes wegen als sozialpädagogische Fachbehörde einzuschalten und anzuhören (§ 49 FGG). Das JA tritt im Verfahren vor dem VG als Interessenvertreter und Anwalt der Kinder auf, wegen der besseren Sachkenntnis und fachlichen Kompetenz des JA kommt seiner Äußerung für die Entscheidung des Gerichts große Bedeutung zu. *P. Schruth*

Literatur: P. Jansen: FGG. Gesetz über die Angelegenheiten der freiwilligen Gerichtsbarkeit, Kommentar. 3 Bde., Berlin [2]1969; J. Goldstein u.a.: Das Wohl des Kindes, Frankfurt/M. 1979; J. Münder: Jugendhilfe und Justiz: Zwischen Abhängigkeit, Kooperation und Autonomie, in: Jugendhilfe 4/1993, 146.

Vormundschafts- und Familiengerichtshilfe

Das *Jugendamt* hat nach dem *Kinder- und Jugendhilfegesetz* (§ 50 KJHG) in Verfahren vor den Vormundschafts- und Familiengerichten (VormG/FamG) mitzuwirken. Es hat sie bei allen Maßnahmen, welche die Sorge für die Person von Kindern und Jugendlichen betreffen, zu unterstützen (§ 50 Abs. 1 S. 1 KJHG). Es soll sie insbesondere über angebotene und erbrachte Leistungen unterrichten, erzieherische und soziale Gesichtspunkte – bezogen auf die Entwicklung des Kindes oder des Jugendlichen – einbringen und darüber hinaus auf weitere Hilfsmöglichkeiten hinweisen (§ 50 Abs. 2 KJHG). Hält das JA zur Abwendung einer Gefährdung des Kindeswohls ein Tätigwerden des Gerichtes für erforderlich, so muß es das Gericht von sich aus anrufen (§ 50 Abs. 3 KJHG).

Die in Betracht kommenden Verfahren selbst sind in dem Gesetz über die freiwillige Gerichtsbarkeit in § 49 FGG für das VormG und in § 49a FGG für das FamG im einzelnen aufgeführt. Die Anhörung des JA wird in den dort aufgeführten Fällen den Gerichten vorgeschrieben. Zuständig sind nach dem Gerichtsverfassungsgesetz die Amtsgerichte (Einzelrichter) als VormG bzw. FamG (§§ 23a Abs. 1 Nr. 1, 23b, 23c GVG).

Die angeführten Bestimmungen machen erkennbar, daß die Rolle des JA in einer begleitenden Unterstützung als Hilfe im jeweiligen Gerichtsverfahren vom Gesetzgeber ausgestaltet wurde. Eine gleichberechtigte, partnerschaftliche, beide Seiten verpflichtende Zusammenarbeit, wie von sozialarbeiterischer Seite gerne postuliert wird, läßt sich aus diesen Vorschriften nicht ablesen. Wohl aber die Selbständigkeit des JA in Hinblick auf die fachliche und organisatorische Durchführung seiner Beteiligung im gerichtlichen Verfahren als Amtshilfe eigener Art.

In Angelegenheiten des VormG ist das JA durchgängig und umfassend eingebunden. Insoweit wird es oft von sich aus tätig, sammelt in Kommunikation mit dem Minderjährigen und allen Beteiligten Fakten und entscheidet, ob es das Gericht beteiligt. Zwingend vorgeschrieben ist diese Beteiligung des VormG für § 1666 BGB bei Gefährdung des Kindeswohls. Ansonsten bestimmen sich die Aktivitäten des JA nach dessen Einschätzung, wie das Wohl des Kindes zu wahren sei. Dementsprechend obliegt es ihm als sozialpädagogischer Anwalt, parteilich die Interessen des Kindes zu vertreten. Keineswegs hat das JA vor dem – formal jetzt vom VormG getrennten FamG – etwas anderes als ausschließlich die Kindesinteressen zu vertreten. In der Literatur der SozArb/SozPäd wird der Ausgleich zwischen den Eltern oft gleichrangig daneben gestellt. Diese Vorstellung wird durch den gesetzlichen Auftrag nicht gedeckt. Die Beteiligung des JA ist hier im wesentlichen auf die Frage der elterlichen Sorge und des Umgangsrechtes bei Trennungs- und Scheidungssachen beschränkt. Nur diese Punkte werden prozessual als Angelegenheit der freiwilligen Gerichtsbarkeit geregelt. Sie sind Fremdkörper in den ansonsten nach den Bestimmungen der streitigen Gerichtsbarkeit (Zivilprozeßordnung) ablaufenden Verfahren (*Gerichtsbarkeit*). So wird die Familiengerichtshilfe i.d.R. erst aktiv, wenn sie vom Gericht dazu aufgefordert wird.

Das JA soll Müttern und Vätern Beratung anbieten, mit dem Ziel, im Falle einer Trennung oder Scheidung die Basis für eine dem Wohl des Kindes förderliche Wahrnehmung der Elternverantwortung zu schaffen (§ 17 Abs. 1 S. 1, 2 Nr. 3 KJHG: *Trennungs- und Scheidungsberatung*).

Es muß auch in diesem Kontext betont werden, daß allein die Interessen des Kindes die Zielsetzung der Beratung zu bestimmen haben. Daraus folgt, daß gegenüber diesen Interessen ein einvernehmliches Konzept der Eltern nur in bezug auf die Interessen des Kindes Bestand haben kann und dementsprechend zu überprüfen ist. Eine Einigung der Eltern kann sich – vom Kindeswohl abweichend – an Bedürfnissen wie Unterhalts- und Wohnungsregelung orientieren. Vor diesem Hintergrund hat das JA Einigungen, die durch Vermittlung freier Träger oder anderer Personen (*Mediation*) zustande gekommen sind, skeptisch zu überprüfen. Dazu ist es auch verpflichtet. Keinesfalls darf es dies von Eltern der Mittelschicht zunehmend zur Konfliktregelung bevorzugte Verfahren bedenkenlos absegnen. Andernfalls würden allein die Eltern unterprivilegierter Schichten repressiv dem Wohl des Kindes verpflichtet.

Mit der entschiedenen Wahrnehmung eindeutig gesetzlich festgelegter Aufgaben klärt sich auch die Diskussion um den *Datenschutz* im Rahmen der Familiengerichtsbarkeit. Wenn es dem JA aufgetragen ist, für das Wohl des Kindes zu agieren – und nichts anderes fordert das Gesetz –, dann hat das JA alle dafür erforderlichen Daten zu sammeln und zum Wohl des Kindes nutzbar zu machen, d.h. dem Gericht, das die Entscheidung trifft, weiterzugeben. Dafür muß die Einwilligung der Eltern nicht vorliegen. Daß diese klar und ohne Verschleierung über die Rolle des JA im Rahmen der Gerichtshilfe aufzuklären sind, ist eine Forderung, die allzu beiläufig gestellt und behandelt wird.

E. Spittler

Literatur: F. Dickmeis: Die Familien- und Vormundschaftsgerichtshilfen gem. §§ 17, 50 KJHG, 49 FGG in der Praxis der Jugendhilfe, in: Der Amtsvormund 1990, 611 ff.; Empfehlungen des Deutschen Vereins zur Beratung in Fragen der Trennung und Scheidung und zur Mitwirkung der Jugendhilfe im familiengerichtlichen Verfahren, in: NDV 1992, 148 ff.; B. v. Heintschel-Heinegg: Das Verfahren in Familiensachen, Neuwied u.a.O. [2]1992; P.-K. Kunkel: Die Familiengerichtshilfe des Jugendamtes – Mitwirkung ohne Wirkung?, in: FamRZ 1993, 505 ff.; J. Münder u.a. Frankfurter Lehr- und Praxiskommentar zum KJHG, Münster [2]1993; W. Schellhorn/ M. Wiegand: KJHG-Kommentar zum Kinder- und Jugendhilfegesetz, Neuwied u.a.O. 1991; R. Zettner: Der Umfang der Trennungs- und Scheidungsberatung nach dem neuen KJHG, in: Zeitschrift für das gesamte Familienrecht 1993, 621 ff.

Weiterbildung

I. Begriff: Die Begriffsbestimmung ist in den Gesetzestexten der einzelnen Bundesländer für diesen Bildungsbereich nicht homogen. Unterschiedlich wird der Begriff »Weiterbildung« und »Erwachsenenbildung« als Oberbegriff gebraucht. Für die alten Bundesländer gilt i.d.R., daß Gesetzesentwürfe nach der Veröffentlichung des Strukturplans für das Bildungswesen 1970 die Begriffe des Strukturplans (und damit »Weiterbildung«) übernommen haben (Rohlmann). In der DDR war gleichfalls keine einheitliche Terminologie in diesem Bildungsbereich anzutreffen. Umgangssprachlich, in Angeboten von Bildungsträgern und in Förderrichtlinien werden heute die Begriffe Erwachsenenbildung, Weiterbildung *Fortbildung* und meist auch Qualifizierung je unterschiedlich gebraucht, oft synonym, wobei allerdings die drei letztgenannten überwiegend in Zusammenhang mit beruflicher Bildung gebracht werden. Nach der im Strukturplan für das Bildungswesen (1970) geprägten und durch den Bildungsgesamtplan (1973) der BRD übernommenen Definition stellt W. den Oberbegriff dar. W. als quartärer Bereich des Bildungswesens (nach Elementar-, Primär- und Sekundarbereich) ist danach die Fortsetzung oder Wiederaufnahme organisierten Lernens nach Abschluß einer ersten Bildungsphase und nach Aufnahme einer Berufstätigkeit. W. umfaßt die primär nicht beruflich orientierte *Erwachsenenbildung* (einschließlich *politischer Bildung*) und die primär beruflich orientierte Fortbildung und Umschulung. Die *außerschulische Jugendbildung* – in mehreren Bundesländern durch Jugendbildungsgesetze geregelt – ist lt. Bildungsgesamtplan ein Gestaltungsbereich eigener Prägung, der im wesentlichen der *Jugendhilfe* zuzuordnen ist.

II. Zielsetzung: Anfänge einer organisierten Erwachsenenbildung sind in Deutschland schon zu Beginn des vorigen Jahrhunderts vorhanden gewesen. In der Verfassung der Weimarer Republik ist erstmals eine staatliche Förderung der W. festgeschrieben worden. In der W. der Weimarer Zeit, die sich als außerordentlich vielseitig darstellt, sind schon Vorläufer der »realistischen Wende« der Erwachsenenbildung nachzuweisen (Feidel-Mertz). Die sog. realistische Wende, als Abkehr von der primär zweckfreien, dem humanistischen Bildungsbegriff verbundenen, zur mehr zweckbestimmten berufsbezogenen Bildungsarbeit, setzte in der BRD dann voll ab 1960 ein (*Bildung*). Zu diesem Zeitpunkt war das Arbeitskräftepotential knapp und der industrielle Produktionsprozeß fragte bestimmte Qualifikationen nach.
Seitdem ist eine langsame, aber kontinuierliche Ausweitung des Angebotes *beruflicher Bildung* im Weiterbildungsbereich zu beobachten. Das leistungsstarke Weiterbildungssystem der DDR war ohnehin an der Vermittlung formaler beruflicher Qualifikation orientiert.
Insgesamt wird der Bildungsbegriff mehr und mehr vom Qualifikationsbegriff abgelöst, wird nicht der umfassend lernende Erwachsene, sondern der Berufstätige zum Maßstab genommen. Das birgt die Gefahr, daß Lernen im Erwachsenenalter auf *Anpassung* an die Arbeitswelt eingegrenzt wird. Damit werden Chancen, durch eine ganzheitliche Bildung Möglichkeiten zur Identitätsfindung und zur Förderung demokratischen Verhaltens zu bieten, aufgegeben. Die im Strukturplan für das Bildungswesen entwickelten Vorstellungen, die einerseits die Notwendigkeit der Einbeziehung beruflicher Bildung berücksichtigen, andererseits geeignet sind, die Reduzierung von W. auf beruflich verwertbares Wissen i. e. S. zu vermeiden, haben daher nichts von ihrer Aktualität verloren. Der Strukturplan spricht sich gegen eine Absonderung beruflicher W. von anderen Lerninhalten aus. Er fordert, daß »jeder Bildungsgang der Weiterbildung übergreifende, allgemeine Gesichtspunkte berücksichtigen« muß, »um jedem die Möglichkeit zu geben, Einsicht zum Beispiel in politische, wirtschaftliche, soziale und kulturelle Zusammenhänge zu gewinnen und zu Teilhabe und Mitwirkung befähigt zu werden« (57).
Es scheint, daß dieses Konzept der Integration allgemeiner, politischer und beruflicher Bildung, das auch eine klare emanzipatorische *Chancengleichheit* fördernde Zielsetzung hat, nicht zuletzt durch die dramatischen Ereignisse auf dem Arbeitsmarkt nach der Vereinigung ins Hintertreffen geraten ist. Die eklatante Vernichtung von Arbeitsplätzen in den neuen Bundesländern, die wachsende Arbeitslosigkeit in den alten Bundesländern reduziert W. im öffentlichen Bewußtsein ebenso wie in den Finanzierungsschwerpunkten weitgehend auf berufliche Bildung. Und die so definierte Bildung wird als gesellschaftspolitische Wunderwaffe bei der Lösung von Arbeitsmarktproblemen gesehen. Gerade die Entwicklung in den neuen Bundesländern zeigt, daß W. diese Wunderwaffe nicht sein kann. W. hat sich hier teilweise diskreditiert, z. B. durch unhinterfragtes Überstülpen altbundesrepublikanischer Weiterbildungsmodelle, durch oft miese Qualität, durch das vorrangige Interesse einiger kommerzieller Träger, eine schnelle Mark mit Mitteln der Arbeitsämter zu machen (Faulstich); durch das Vorspiegeln, arbeitsmarktrelevante Abschlüsse zu vermitteln; durch Angebote, die eher zur De- als zur Requalifizierung (z. B. durch Umschulung höher Qualifizierter auf Berufe von niedrigerem Level) führen (Meier); und durch eine – im Vergleich zu den alten Bundesländern – noch gesteigerte Unübersichtlichkeit des Weiterbildungsmarktes. Außerordentlich problematisch ist auch die implizite Vorstellung, mit der – richtigen – W. gelänge es, auf dem Arbeitsmarkt wieder Fuß zu fassen, weil dann das Scheitern nicht der tiefgreifenden Strukturkrise des Arbeitsmarktes zugerechnet wird, sondern den einzelnen Menschen, denen ansonsten ganzheitliche, emanzipatorische Bildung (um z. B. auch solche Prozesse zu durchschauen und sie nicht als eigenes Versagen zu interpretieren) viel zu wenig angeboten wird. An Beispielen umfassender Bildungsarbeit fehlte und fehlt es dennoch nicht. In den allerersten Jahren der DDR gab es noch reformpädagogische Ansätze, später wurden v. a. im Bereich der Kirchen einzelne Alternativen zur staatlichen berufsbezogenen und weitgehend indoktrinierten W. versucht. In der BRD sind z. B. zu nennen: der Ansatz exemplarischen Lernens von O. Negt, der v. a. in der gewerkschaftlichen Bildungsarbeit und Jugendbildungsarbeit Eingang gefunden hat (*Jugendarbeit*, *Gewerkschaften*); Stadtteilansätze der Bildungsarbeit von Volkshochschulen, biographische Ansätze und Einbeziehung von Zeitzeugen (oral history) in die W. Im internationalen Bereich sind etwa die »150 Stunden« W. in Italien oder Paolo Freires Bildungsarbeit (Pädagogik der Unterdrückten) zu nennen.

III. Träger der W. und gesetzliche Regelungen: In der Frage der Weiterbildungsgesetzgebung und der Bestimmung von Trägern gibt es zwei zentrale Probleme: das der zersplitterten Gesetzgebungskompetenz und das der unterschiedlich gelösten Aufgabe, ob W. überwiegend von freien Trägern oder vom Staat geleistet werden soll. Die zersplitterte Gesetzgebungskompetenz und die unüberschaubare Trägervielfalt hat sich insbesondere bei den beiden herausragenden Entwicklungen, die in den letzten Jahren die W. beeinflußt haben – Europäischer Binnenmarkt und deutsche Vereinigung – als Hemmschuh erwiesen. Es gab mit der Enquete-Kommission »Bildung 2000« und es gab und gibt mit der Konzertierten Aktion Weiterbildung Versuche, gemeinsame Perspektiven zu erarbeiten. Es ist allerdings Faulstich zuzustimmen, daß der quartäre Bildungsbereich wegen seiner Besonderheit den Grad an

Verschulung und Durchstrukturierung anderer Bildungsbereiche nicht gut vertragen könnte und daher eher eine »mittlere Systematisierung« angebracht wäre; die aber liegt in weiter Ferne. Auch die Europäischen Bildungsprogramme, die im ganzen gesehen eher die ökonomische als die soziale Dimension des Binnenmarktes unterstützen, lassen an Unübersichtlichkeit kaum »Wünsche« offen; es bleibt abzuwarten, ob die jetzt anstehende Neuordnung Besserung bringt (*Sozialpolitik/Soziale Sicherung, europäische*).

In der BRD gibt es für die W. keine eindeutige öffentliche Zuständigkeit wie in anderen Bereichen (z.B. Schule). Berufliche und politische Bildung sind in den Bundesländern unterschiedlichen Ressorts zugeordnet.

Für die berufliche Bildung besteht eine Bundeskompetenz: hier sind v.a. das *Arbeitsförderungsgesetz* (AFG) und das *Berufsbildungsgesetz* (BBiG) zu nennen; durch diese Gesetze werden berufliche Fortbildung und Umschulung gefördert bzw. neu geregelt werden. Für eine fachbezogene Zusatzausbildung kann auch das Bundesausbildungsförderungsgesetz (BAFöG/*Ausbildungsförderung*) in Anspruch genommen werden. Allgemeine und politische Bildung werden durch Ländergesetze geregelt; aber auch die Ländergesetze sehen im Rahmen der W. berufliche Fortbildung und Umschulung vor. Gesetze im Weiterbildungsbereich gibt es in allen alten Bundesländern mit Ausnahme Berlins (West) und Hamburgs; von den neuen Ländern haben bisher Thüringen und Sachsen-Anhalt Gesetze vorgelegt. Einer der gravierendsten Unterschiede ist das in den Gesetzen geregelte Verhältnis freier und staatlicher Träger.

Es gibt in der Fachliteratur eine Reihe von Ansätzen der Charakterisierung dieses Verhältnisses freier und staatlicher Weiterbildungsträger (z.B. Losch). Grob gesagt wird in den Gesetzen von NRW und Hessen ein »abgestuft pluralistischer« Ansatz verfolgt: Absicherung eines Grundangebotes durch die Kommunen und Förderung sonstiger Träger als Ergänzungsangebot. In den übrigen Gesetzen wird ein »gleichberechtigt-pluralistisches« Modell vorgegeben: Gleiche Förderung der Träger bei gleicher Leistung (vgl. Losch); dazu lassen sich auch die beiden Gesetze aus den neuen Ländern zuordnen.

Die Vorstellungen der beiden größten *Parteien* lassen sich sehr grobkörnig so zusammenfassen, daß die CDU in der W. eher die Bedürfnisse des Individuums im Blick hat und freie Trägerschaft bevorzugt, die SPD eher an gesellschaftliche Bedürfnisse anknüpft, der Selbstregulierung des Marktes eher mißtraut und für ein staatliches Grundangebot in der W. plädiert (Kuhlenkamp).

Die seit Anfang der 80er Jahre bei allen Weiterbildungsgesetzen der BRD erfolgten Novellierungen/Neuen Richtlinien/Verordnungen haben als gemeinsame Tendenz die Einschränkung der finanziellen Förderung. So ist der Staat, wo es um die öffentliche Verantwortung für den Ausbau der W. geht, auf dem Rückzug (Nuissl/Schöler). Der Rückgang der Finanzierung trifft besonders die nebenamtlichen DozentInnen hart; insgesamt ist es im Weiterbildungsbereich nicht gelungen, die arbeitsrechtliche Situation der freien MitarbeiterInnen befriedigend zu lösen. In den Bundesländern, in denen private Träger bevorzugt oder den staatlichen gleichgestellt sind, hat das nicht zu einem Pluralismus im Sinne vielfältiger und neuer Initiativen geführt. Da die schon geförderten Träger bei der Verteilung der Landeszuwendungen mit entscheiden, sind große traditionelle Träger vor neuen (und kleineren) Initiativen bevorzugt. Von den großen betrieblichen Weiterbildungsinstitutionen der DDR hat etwa 1/3 in geänderter Form überlebt (Meier). Die Trägerlandschaft in den Bundesländern ist unübersichtlich; insgesamt gibt es ein »Gemischtwirtschaftliches System« (Meier) von Angeboten: staatliche Angebote, staatlich subventionierte (z.B. bei konfessionellen Trägern und Verbänden), rein gewerbliche Träger und viel »innerbetriebliche« Fortbildung bei öffentlichen Verwaltungen und Wirtschaftsunternehmen. Der allergrößte Teil ist berufliche Bildung, ein Trend, der sich, wie gesagt, im europäischen Rahmen fortsetzt.

Die Freistellungsregelungen, die die Ansprüche der einzelnen ArbeitnehmerInnen auf die Teilnahme an W. während der Dienstzeit begründen, sind – im Bundesrahmen gesehen – ähnlich unübersichtlich wie gesetzliche Regelungen und Trägerstruktur der W. Als Faustregel gilt: Je loser die Verbindung der W. zur beruflichen Aus- und Fortbildung, desto geringer die Weiterbildungschance während der Arbeitszeit für den einzelnen. Es ist sehr viel leichter, an einer »innerbetrieblichen« W. (in der Wirtschaft, im öffentlichen Dienst, beim Arbeitgeber Kirche) teilzunehmen, als einen *Bildungsurlaub* mit allgemeinen und politischen Bildungsinhalten, der nicht vom Arbeitgeber angeboten wird, durchzusetzen. Abgesehen davon gibt es Bildungsurlaubsgesetze nicht in allen Bundesländern.

Durch die sehr unterschiedlichen gesetzlichen Regelungen, den Trägerpluralismus und durch die finanzielle Einschränkung ist der Weiterbildungsbereich weit davon entfernt, auch faktisch gleichberechtigter, quartärer Bereich im Bildungssystem zu sein. Mangelnde Ausstattung des Bereichs und mangelndes Interesse vieler Träger (trotz punktueller, großer Anstrengungen) erlauben es bislang nicht, den im Strukturplan und Bildungsgesamtplan formulierten Anspruch emanzipatorischer Arbeit zur Förderung der Chancengleichheit einzulösen. Nach wei vor kommen überwiegend die ohnehin schon Bildungsinteressierten in die W. und jene, die aufgrund ihrer Lebens- und Arbeitssituation bessere Chancen zum Besuch von Weiterbildungsveranstaltungen haben.

IV. Notwendigkeit und Zielsetzung sozialpädagogischer W. (berufliche Fortbildung): Die »innerbetriebliche« W. im Bereich der Wirtschaft, des öffentlichen Dienstes und der Verbände hat in den letzten Jahren erheblich zugenommen. Die Berufsausbildung wird nicht mehr als einzige und für das ganze Berufsleben ausreichende Bildungsphase angesehen. Für die MitarbeiterInnen im Bereich der SozArb/SozPäd ist eine kontinuierliche W. besonders notwendig: Diese MitarbeiterInnen sollen die Interessen von Bevölkerungsgruppen (z. B. Alte, Arme, Behinderte, Kranke, Jugendliche, Kinder) vertreten, die selbst i. d. R. nicht in der Lage sind, ihre Interessen wirkungsvoll zu artikulieren und durchzusetzen. Die Probleme dieser Gruppen haben eher zu- statt abgenommen. Arbeitsfeld, Arbeitsmethodik, gesetzliche Regelungen und Rechtsprechung im Bereich der SozArb/SozPäd haben Änderungen bzw. Weiterentwicklungen erfahren – z. B. in der Jugendhilfe die Einführung des neuen KJHG –, die die MitarbeiterInnen des Bereichs mittragen müssen. Für die sozialpädagogische W. (Fortbildung) heißt das, daß sie neben der Vermittlung der für das Arbeitsfeld relevanten Kenntnisse und Fertigkeiten, gesellschaftspolitische Zusammenhänge deutlich machen und zur aktiven Beteiligung an gesellschaftspolitischen Entscheidungsprozessen zugunsten der von den SozArb/SozPäd vertretenen »Klientengruppen« motivieren muß. Eine so verstandene W. zielt letztlich auf die Verbesserung der Situation dieser »Klientengruppen«, ist insofern parteilich und kann nicht in einem unverbindlichen Bildungsbegriff verharren.

V. Träger und gesetzliche Regelungen im Bereich sozialpädagogischer W.: Angebot und Ausbau sozialpädagogischer W. sind in den einzelnen Ressorts sehr unterschiedlich und auch hier gibt es keine genauen Statistiken. Die Palette reicht von regelrechten Fortbildungsstätten oder -werken einiger Länderministerien (z. B. im Berliner und hessischen Jugendhilfebereich) oder bei *Wohlfahrtsverbänden/Kirchen* (z. B. Evangelische und Katholische Bildungswerke) bis hin zu einzelnen »Fortbildungssachbearbeitern«, die sich mit unzulänglichen Mitteln um Planung und Durchführung von W. auf Kommunalebene bemühen. Weiterbildungsangebote für SozArb/SozPäd kommen auch von Volkshochschulen, Heimvolkshochschulen, Jugendbildungsstätten, einzelnen Ausbildungsinstitutionen, v. a. den FHS, von gewerkschaftlichen Bildungsinstitutionen und einigen der im Arbeitskreis deutscher Bildungsstätten zusammengeschlossenen Einrichtungen. Sozialpädagogische Fortbildung wird auch überregional von mehreren Institutionen, z. B. vom Fortbildungswerk für sozialpädagogische Fachkräfte und von der Akademie für Jugend- und Sozialarbeit des Deutschen Vereins für öffentliche und private Fürsorge und der bundeszentralen Fort- und Weiterbildung des Instituts für Sozialarbeit und Sozialpädagogik angeboten. In den neuen Bundesländern bieten – neben Hochschulen und wenigen neu entstandenen Institutionen – die etablierten westdeutschen Fortbildungsinstitutionen bzw. ihre Ableger Sozialpädagogische Fortbildung an; bei der Unterstützung des Aufbaus der neuen JÄ spielt der »Informations-, Beratungs-, Fortbildungsdienst Jugendhilfe (IBFJ)«, ein Projekt der kommunalen Spitzenverbände, eine besondere Rolle. Die rechtlich formalen Möglichkeiten zur Teilnahme an beruflicher Fortbildung sind v. a. im öffentlichen Dienst günstiger als in anderen Weiterbildungsbereichen, ein einklagbarer Rechtsanspruch besteht aber auch hier nicht. Nach den Laufbahnverordnungen des Bundes und der Länder haben die Beamten eine Fortbildungsverpflichtung, analoge Grundsätze können auch für Angestellte und Arbeiter abgeleitet werden. Die gesetzlichen Regelungen der einzelnen Sozialbereiche definieren z. T. explizit (etwa der § 72 Nr. 3 KJHG), z. T. ableitbar, Fortbildung der Fachkräfte als besondere und notwendige Aufgabe. Darüber hinaus haben die Träger der SozArb/SozPäd die Möglichkeit, Fortbildung als innerdienstliche Veranstaltungen zu organisieren. Es gibt formale Möglichkeiten genug. Die Fortbildungsbarrieren sind eher in der mangelnden Information über Fortbildung, im Problem der Freistellung von Mitarbeitern – das besonders die MitarbeiterInnen in den Einrichtungen betrifft –, im mangelnden Angebot überhaupt zu sehen.

VI. Fortbildungsformen und pädagogische Organisation: Die sozialpädagogischen Fortbildungsangebote haben v. a. zwei unterschiedliche Aufgaben: Die Mehrzahl der Angebote versucht, die MitarbeiterInnen auf die sich ändernde Berufspraxis hin anzupassen bzw. Anstöße für eine W. der Praxis zu geben; der kleinere Teil des Angebots dient der Zusatzausbildung, Weiterqualifizierung, den Aufstiegsmöglichkeiten der SozArb/SozPäd (Förderungsfortbildung/*soziale Berufe*). Die auf die Bewältigung der Berufspraxis gerichtete Fortbildung muß sowohl Informationen über neue Tatbestände des Arbeitsfeldes (z. B. Gesetzesnovellierungen) und über neue wissenschaftliche Erkenntnisse geben, als auch Verhalten und Handeln der SozArb/SozPäd zum Thema machen. Dabei wird der Umsetzung kognitiv von den Mitarbeitern schon akzeptierter Kenntnisse in Einstellung und Verhalten den »Klientengruppen« gegenüber besonderer Raum gegeben. Die Fortbildung wird vielfach durch Beratung bzw. *Supervision* unterstützt und ergänzt. Bei der Förderungsfortbildung sind zum einen Qualifikationen gemeint, die durch eine berufsbegleitende Zusatzausbildung gegeben werden; die MitarbeiterInnen können damit einen anderen Arbeitsplatz ausfüllen. Hier sind z. B. die Psychagogenausbildung, die Logopädenausbildung zu nennen. Da *Ausbildung* »Ländersache« ist, sind in den einzelnen Bundesländern sehr unterschiedliche Voraussetzungen, Bedingungen und Träger von Zusatzausbildungen vorzufinden. Zum anderen gibt es weiterqualifizierende Lehrgänge, die es ermöglichen, innerhalb des Arbeitsbereichs höherqualifizierte (und dotierte) Tätigkeiten auszuüben, z. B. Lehrgänge zur Vorbereitung von Leitungsfunktionen, Supervisionslehrgänge. Solche Lehrgänge werden in einigen landeseigenen Bildungseinrichtungen, vor allem aber in überregionalen Fortbildungswerken und Akademien angeboten. Grundsätzlich sollten solche berufsweiterqualifizierenden Lehrgänge nicht nur unter dem Aufstiegsgedanken gesehen und in Gegensatz zu emanzipatorischer Bildung gebracht werden. Auch hier muß es sich im

Interesse der »Klientengruppen« um eine Qualifikation zum/zur kritischen, engagierten MitarbeiterIn handeln. Problematisch ist, daß das weiterqualifizierende Angebot noch nicht durchlässig genug ist und SozArb eher bevorzugt als ErzieherInnen. In den neuen Ländern (mit Ausnahme Berlins) sind für Erziehungsfachkräfte mit DDR-Abschluß Kurse (mindestens 100 Unterrichtsstunden) eingerichtet worden, die zur staatlichen Anerkennung als ErzieherIn führen. Für Fachkräfte, die in der DDR fürsorgerisch tätig waren, gibt es in den neuen Ländern unterschiedliche Qualifizierungsmodelle, die entweder zur vollen staatlichen Anerkennung als SozialarbeiterIn führen, oder eine Option eröffnen, als »sonstige Angestellte« wie SozialarbeiterInnen eingruppiert zu werden.

VII. Pädagogische Organisation: Der Anspruch sozialpädagogischer Fortbildung, nicht nur auf Informationsvermittlung, sondern auf Selbsterfahrung, Handlungskompetenz und Motivierung zum gesellschaftspolitischen Engagement zu zielen, stellt hohe Anforderungen an die pädagogische Organisation der W. Diese Anforderungen werden von Einrichtung zu Einrichtung und in den Bundesländern sehr unterschiedlich erfüllt. Die zentrale Forderung, die SozArb/SozPäd an sozialpädagogische Fortbildung richten, ist die nach Praxisrelevanz. Das darf nicht mit Theorielosigkeit verwechselt werden. Die Theorie-Praxis-Verknüpfung in sozialpädagogischer Fortbildung läßt sich am ehesten als gemeinsames Bemühen von SozArb/SozPäd und WeiterbildungsdozentInnen beschreiben, die Praxis mit Hilfe der vorhandenen theoretischen Ansätze und praktischen Methoden zu reflektieren, geeignetere Vorgehensweisen im Interesse der vertretenen »Klientengruppen« abzuleiten und sie – wenn möglich – auch mit Hilfe von Fortbildung und Beratung umzusetzen.
Dieser Ablauf sozialpädagogischer Fortbildung ist auch deshalb sinnvoll, weil es eine letztlich gültige, wissenschaftliche Antwort auf die Probleme dieser Arbeitsfelder nicht gibt. Kritisch zu hinterfragen ist die in den letzten Jahren zu beobachtende Zunahme von Veranstaltungen, die eher in den therapeutischen Bereich gehören. Diese Tendenz ist in der übrigen W. auch anzutreffen, zeigt sich aber in der sozialpädagogischen Fortbildung besonders ausgeprägt.
Die in den sozialpädagogischen Fortbildungseinrichtungen arbeitenden haupt- und nebenamtlichen DozentInnen bringen i.d.R. genaue Kenntnisse des Arbeitsfeldes (einschließlich der Situation der Klientengruppen) und der für die Praxis relevanten theoretischen Ansätze bzw. Fertigkeiten mit. Zunehmend verfügen die DozentInnen über eine Zusatzqualifikation in Methodik und Didaktik der Erwachsenenpädagogik; hier gibt es allerdings zu wenig Möglichkeiten für Kontaktstudien an den Hochschulen, die z.B. auch Nichtakademikern den Zugang ermöglichen. Die für den ganzen Weiterbildungsbereich geforderte Teilnehmerorientierung und *Mitbestimmung* stellt für anerkannte sozialpädagogische Fortbildung ein gleichsam konstituierendes Element dar. Dabei darf Flexibilität und weitgehende Teilnehmerorientierung nicht im Gegensatz zu notwendiger Planung und Systematisierung der Fortbildung gesehen werden. Arbeitsmaterialien, Fortbildungscurricula werden – und sollten auch in Zukunft – i.S. der Praxisnähe von den regionalen Bildungseinrichtungen selbst entwickelt. Ein regelrechtes Baukastensystem – wie in anderen Weiterbildungsbereichen angestrebt – wird sich wegen der Flexibilität des Bereichs und der Notwendigkeit, nicht nur kognitiv zu lernen, sondern Einstellung und Verhalten zu ändern, nur schwerlich entwickeln lassen. Wohl aber war und ist es möglich, standardisierte Informationen aus dem Bereich SozArb/SozPäd etwa in Form von Lehrbriefen zu fassen und zur Unterstützung (nicht zum Ersatz) der Fortbildung einzusetzen. Hier geben die Lehrbriefe der überregionalen Institutionen gute Beispiele. In den sozialpädagogischen Fortbildungseinrichtungen sind angemessene Arbeitsmethoden entwickelt worden. Die früher übliche, aber nicht sehr wirkungsvolle Lehrgangsgestaltung durch Vortrag und Diskussion wurde zunehmend von differenzierten, aufeinander abgestimmten, zeitintensiven Formen und Fortbildungsmethoden abgelöst, die oft von einem ganzen Dozententeam durchgeführt werden. Zur Selbstverständlichkeit sind diese Formen jedoch noch nicht geworden; sie müssen jedesmal angesichts knapper Honorarmittel, fehlender Vertretungskräfte, rigider Honorarrichtlinien von den Fortbildnern durchgesetzt werden. Ein großes Problem bleibt die Erfolgskontrolle sozialpädagogischer Fortbildung. Je komplexer die Bildungsprozesse sind, desto schwieriger wird der Versuch einer objektiven Erfolgsmessung. Einfacher ist die subjektive Einschätzung des Lernerfolges durch die TeilnehmerInnen selbst, ein Verfahren, das in vielen Bildungsinstitutionen sinnvollerweise nicht nur am Schluß erfolgt, sondern den Lernprozeß begleitet. Da die Fortbildung auf die Verbesserung der Arbeit zielt, ist es für Fortbildungsträger und FortbildnerInnen wichtig, sich kontinuierlich in den Arbeitsfeldern davon zu überzeugen, ob ihre Angebote noch effektiv, d.h. praxisrelevant sind.
Sozialpädgogische Fortbildung hat sich zu einem Aufgabenbereich entwickelt, dessen Wichtigkeit nicht mehr bestritten wird. Der Gegenstand dieser Fortbildung – SozArb und SozPäd – und seine gesellschaftspolitische Brisanz machen diesen Bereich aber besonders empfindlich und angreifbar. Es wird sich zeigen, ob progressive, sich kritisch mit gesellschaftlichen Entwicklungen auseinandersetzende sozialpädagogische Fortbildung überall aufgebaut bzw. ohne Einschränkungen weitergeführt und weiterentwickelt werden kann.

U. Denzin v. Broich-Oppert

Literatur: Bund-Länder-Kommission für Bildungsplanung: Bildungsgesamtplan, Stuttgart [2]1974; Deutscher Bildungsrat: Empfehlungen der Bildungskommission – Strukturplan für das Bildungswesen, Stuttgart 1970; P. Faulstich: »Mittlere Systematisierung« der Weiterbildung, in: Weiterbildung, Lebenslauf, sozialer Wandel, hrsg. von A. Meier/U. Rabe-Kleberg, Neuwied/Kriftel/Berlin 1993; H. Feidel-Mertz: Erwachsenenbildung seit 1945, Köln 1975; P. Freire: Pädagogik der Unterdrückten, Stuttgart [2]1972; D. Kuhlenkamp: Die Weiterbildungsgesetze der Länder. Pädagogische Arbeitsstelle des deutschen Volkshochschulverbandes, Frankfurt/M. 1984; B. Losch: Weiterbildung als kommunale Aufgabe, Köln 1985; A. Meier: Die Probe aufs Exempel: Weiterbildung im sozialen Strukturwandel Ostdeutschlands, in: Weiterbildung, Lebenslauf, sozialer Wandel, hrsg. von A. Meier/U. Rabe-Kleberg, Neuwied/Kriftel/Berlin 1993; O. Negt: Soziologische Phantasie und exemplarisches Lernen, Frankfurt/M. [3]1971; E. Nuissl/B. Schöler: Staatliche Förderung in der Weiterbildung, Thesen zur Weiterbildung, hrsg. vom BMBW, Koblenz 1985. R. Rohlmann: Gesetzgebung zur Weiterbildung, DVV, Bonn 1991; Zukünftige Bildungspolitik – Bildung 2000, Schlußbericht der Enquete-Kommission des Deutschen Bundestages, Bonn 1990.

Wirtschaftliche Hilfen (w. H.)

Unter dem Stichwort »Wirtschaftliche Hilfen« kann man alle Geld- und Sachleistungen öffentlicher Institutionen zusammenfassen, die als Ausgleich materieller Defizite gewährt werden. Die w. H. werden ergänzt durch persönliche Hilfen.

W. H. sind insbesondere im Sozialrecht normiert. Die einzelnen Anspruchstatbestände, die Leistungsarten und die Leistungsträger sind außerordentlich vielfältig. Die nachfolgende Aufstellung beschränkt sich deshalb auf w. H., die für die Praxis der Sozialen Dienstes vor Ort wichtig sind. Um die Handhabbarkeit zu verbessern, sind w. H. nach unterschiedlichen Betroffenengruppen sortiert, weil die Lebenslage und damit auch das notwendige Hilfeangebot etwa für eine alleinstehende ältere Frau, die nur eine niedrige Rente bezieht, völlig verschieden ist von der einer Alleinerzieherin mit 2 Kindern oder der eines jungen arbeitslosen Mannes (Übersicht S. 644 f.). *G. Wenzel*

Literatur: Übersicht über die Soziale Sicherheit, Der Bundesminister für Arbeit und Sozialordnung (Hrsg.): jeweils aktueller Stand, nur direkt beim Herausgeber zu beziehen, eine umfassende Darstellung des gesamten sozialen Sicherungssystems der BRD; im übrigen Literatur zu den einzelnen Stichwörtern.

Wissenschaftstheorien

Studierende der Pädagogik finden häufig nur schwer Zugang zu erziehungswissenschaftlichen Theorien. Die Fülle verwirrt, ihr z. T. dogmatisch begründeter bis modisch erscheinender Wechsel irritiert, die erziehungswissenschaftlichen Auseinandersetzungen darob desorientieren vollends. Die Vielzahl publizierter Einführungen in die Erziehungswissenschaft, in pädagogisches Grundwissen bzw. in Grundbegriffe von *Bildung* und *Erziehung* verstärkt zumeist die Unübersichtlichkeit, da jene ihrerseits der Interpretation und Einordnung in zeithistorische Entstehungszusammenhänge bedürfen, was die Kenntnis der vielfältigen theoretischen Positionen bereits voraussetzt. Die Praxisrelevanz erziehungswissenschaftlicher Theorien und Erkenntnisse schließlich – i. S. einer Analyse und Aufklärung von erziehungs- und bildungsrelevanten Tatbeständen oder gar i. S. einer handlungsorientierenden (nicht rezeptmäßigen) Anleitung – bleibt angesichts der Vielzahl unterschiedlicher Ansätze unklar, wenngleich *Erziehungswissenschaft* zu Recht als Theorie – oder Theoriensystem – erzieherischen Handelns reklamiert wird.

Dieser Sachverhalt ist nicht neueren Datums und nicht begrenzt auf die Wahrnehmung Orientierung suchender Anfänger in der Disziplin. Brezinka hat dies schon 1973 im Vorwort zur 1. Auflage seiner »Grundbegriffe der Erziehungswissenschaft« konstatiert; Bilanzierungsdiskussionen in der (deutschen) Erziehungswissenschaft dokumentieren knapp 20 Jahre später einen weit fortgeschrittenen Erosionsprozeß: die Auflösung in »unterschiedliche Wissensformen« (Oelkers/Tenorth, 14; vgl. auch Benner u. a. 1990); Bittner formuliert zum wiederholten Male dieses Dilemma – getarnt als Abweichler und vielleicht deshalb allgemein verständlich – und markiert prägnant die dabei auf der Strecke gebliebenen pädagogischen Grundfragen: Theorie/Praxis-Verhältnis; ausufernde disziplinäre Differenzierung in Folge wechselnder gesellschaftlicher Problemwahrnehmungen; Verlust der anthropologischen Dimension und, insbesondere, »Ausklammerung der Subjektperspektive« (1993, 616).

In dieser Situation wird auf eine auch nur stichwortartige Vollständigkeit verzichtet. Stattdessen werden Grundpositionen, »*Paradigmen*« (Benner u. a. 1990) vorgestellt: die geisteswissenschaftliche Pädagogik und das hermeneutische Verfahren; erfahrungswissenschaftliche, empirisch-analytische Verfahren; kritische Erziehungswissenschaft sowie das durch die Humanethologie neu entfachte Interesse an einer pädagogischen *Anthropologie* (zur ausführlichen Darlegung grundlegender Theorien vgl. Lenzen/Mollenhauer).

Die geisteswissenschaftliche Pädagogik steht für den Beginn der Entwicklung pädagogischen Denkens zu einer eigenständigen Wissenschaftsdisziplin. Grundlegend skizziert durch Schleiermacher und besonders durch Dilthey (1833–1911), entwickelt seit den 20er Jahren durch Nohl, Weniger, Litt, Spranger und W. Flitner, bestimmte sie die erziehungswissenschaftliche Theoriebildung bis in die 60er bzw. 70er Jahre (vgl. Thiersch, in: Lenzen/Mollenhauer, 81 ff.; Scheuerl Bd. 2; Neumann, in: Oelkers/Tenorth 67 ff.). Gemeinsame Strukturmerkmale trotz unterschiedlicher Ausprägungen sind der Ansatz an der »Erziehungswirklichkeit« und ihrer Deutung, d. h., entgegen späteren Entwicklungen und z. T. Fehlinterpretationen, gerade der Verzicht einer Normierung des Handelns durch jedwede vorgegebene Theorie; die Erkenntnis der Geschichtlichkeit und Komplexität erzieherischer Aktion: Erziehung als Funktion der Gesellschaft; die Entwicklung von Grundbegriffen der Pädagogik aus im erzieherischen Handeln immer schon enthaltenen Theorieelementen (vgl. *Erziehung*, *Erziehungswissenschaft* in diesem Band).

Leistungsart	gesetzliche Grundlagen	Leistungsträger
I. Wirtschaftliche Hilfen zum Ausgleich materieller Armut		
Hilfe zum Lebensunterhalt	§§ 11 ff. BSHG	Sozialhilfeträger
ergänzende Hilfe zum Lebensunterhalt	§ 27a BVG	Kriegsopferfürsorgestellen
Grundleistungen für Asylbewerber	AsylbewLG	von Ländern bestimmte Behörden
Wohngeld	WoGG	Wohngeldbehörden
Befreiung von der Rundfunkgebührenpflicht	Verordnungen der Bundesländer	Rundfunkanstalten
Gebührenermäßigung für Telefonanschlüsse	Richtlinien des BMP	Bundespost
II. Wirtschaftliche Hilfen für durch Kinder bestimmte Lebenssituationen		
1. Empfängnis, Geburt und Erziehung		
Hilfe zur Familienplanung	§ 37b BSHG	Sozialhilfeträger
Hilfe bei Schwangerschaft oder Sterilisation	§§ 200e ff. RVO § 37a BSHG	Gesetzl. Krankenversicherungen, Sozialhilfeträger
Mutterschaftshilfe	§§ 195 ff. RVO § 7 USG	Gesetzl. Krankenversicherungen, von den Ländern bestimmte Behörden
Mutterschaftsgeld	§§ 13 ff. MuSchG	Gesetzl. Krankenkassen u. Arbeitgeber
Hilfe für werdende Mütter und Wöchnerinnen	§ 38 BSHG	Sozialhilfeträger
Stiftung Mutter u. Kind	Gesetz zur Errichtung der Stiftung	Einrichtungen der Länder
Erziehungsgeld	BErzGG	von Bundesländern bestimmte Behörden
Unterhaltsvorschuß	UVG	meistens Jugendämter
Hilfen zur Erziehung (*Erziehungshilfen*)	KJHG	Jugendämter, Landesjugendämter
Kindergeld, Kindergeldzuschlag	BKGG	Arbeitsämter
Waisenrente, Waisengeld	SGB VI, BeamtVG	Rentenversicherungsträger/Dienstbehörden
2. Ausbildung		
Ausbildungsförderung	BAföG	Ämter für Ausbildungsförderung
Berufsausbildungsbeihilfe	§ 40f. AFG	Arbeitsämter
Hilfe zum Lebensunterhalt für Auszubildende	§ 26 BSHG	Sozialhilfeträger
Ausbildungshilfe	§ 7 KFürsV	Kriegsopferfürsorgestellen
Ausbildungshilfen	§ 302 LAG	Lastenausgleichsämter
Erziehungsbeihilfen	§ 27 BVG	Kriegsopferfürsorgestellen
Ausbildungshilfe für Gefährdete	§ 10 der VO zu § 72 BSHG	Sozialhilfeträger
Jugendberufshilfen	§§ 13, 27 KJHG	Jugendämter, Landesjugendämter
III. Wirtschaftliche Hilfen für Arbeitslose		
1. Wirtschaftliche Hilfen bei Arbeitslosigkeit		
Arbeitslosengeld, Arbeitslosenhilfe, Kurzarbeitergeld, Konkursausfallgeld, Schlechtwettergeld	AFG	Arbeitsämter
Hilfe zum Lebensunterhalt	§§ 11 ff. BSHG	Sozialhilfeträger
Hilfe zur Arbeit	§§ 18 ff. BSHG	Sozialhilfeträger
Hilfe zum Aufbau oder Sicherung der Lebensgrundlage	§§ 30 BSHG	Sozialhilfeträger
2. Wirtschaftliche Hilfen für Fortbildung, Umschulung und berufliche Eingliederung		
Förderung der beruflichen Fortbildung und Umschulung	§§ 41 ff. AFG	Arbeitsämter

Leistungsart	gesetzliche Grundlagen	Leistungsträger
Hilfen zur beruflichen Fortbildung und Umschulung	§§ 6, 8 KFürsV/BVG	Kriegsopferfürsorgestellen
Arbeits- und Berufsförderung Behinderter	§§ 56ff. AFG	Arbeitsämter
Berufliche Förderungsleistungen zur Rehabilitation	§§ 26, 26a BVG	Kriegsopferfürsorgestellen
Eingliederungshilfe für Behinderte	§§ 39ff. BSHG	Sozialhilfeträger
Berufliche Rehabilitation Behinderter, Übergangsgeld	§ 11 RehaAnglG § 567 RVO §§ 9ff. SGB VI § 26 BVG	Berufsgenossenschaften Rentenversicherungsträger Kriegsopferfürsorgestellen
Eingliederungshilfen für Aussiedler, Zuwanderer	Garantiefonds	Stadt-Land-Kreise
Berufliche Hilfen für benachteiligte Jugendliche	BiBhG	Arbeitsämter
IV. Wirtschaftliche Hilfen bei Krankheit, Pflegebedürftigkeit und Behinderung		
Krankengeld	§ 44 SGB V	Krankenkasse
Lohnfortzahlung bei Krankheit	Lohnfortzahlungsgesetz	Arbeitgeber
Ärztliche und zahnärztliche Behandlungen, Kuren	SGB V, BVG, LAG, BSHG	verschiedene Stellen
Haushaltshilfe	§ 38 SGB V	Krankenkassen
Hilfe zur Weiterführung des Haushalts	§§ 70f. BSHG	Sozialhilfeträger
Pflegegeld, Pflegesachleistung, stationäre Pflege	SGB XI	Soziale Pflegeversicherung
Hilfe zur Pflege	§§ 68ff. BSHG	Sozialhilfeträger
Blindenhilfe	§ 67 BSHG Landesgesetze BVG	Sozialhilfeträger, weitere Landesbehörden
Unentgeltliche Beförderung Schwerbehinderter	§§ 59ff. SchwbG	Hauptfürsorgestellen
Beschädigtenausgleichsrente, Pflegezulage	§§ 32, 35 BVG	Versorgungsämter
Grundrente	§§ 31, 46 BVG	Versorgungsämter
V. Wirtschaftliche Hilfen für alte und nicht mehr arbeitsfähige Menschen		
Altersruhegeld, Pensionen	§§ 35ff SGB VI GAL KSVG BeamtVG	Rentenversicherungsträger/Dienstbehörden
Rentenleistungen für Kindererziehung	KELG	Rentenversicherungsträger
Witwen- und Waisenrenten, Witwengeld	§§ 46ff. SGB VI BeamtVG	Rentenversicherungsträger/Dienstbehörden
Berufsunfähigkeits- und Erwerbsunfähigkeitsrenten	§§ 43ff. SGB VI GAL, KSVG	Rentenversicherungsträger
Hilfe zum Lebensunterhalt inklusive Mehrbedarf	§§ 11ff. BSHG	Sozialhilfeträger
Sterbegeld, Bestattungsgeld, Bestattungskosten	BVG, LAG § 15 BSHG	verschiedene Stellen, Sozialhilfeträger
VI. Wirtschaftliche Hilfen für besondere Personengruppen		
Leistungen für Wehr- und Ersatzdienstpflichtige	USG	Stadt- und Landkreise
Unterhaltshilfe	§§ 267ff. LAG	Ausgleichsämter
Leistungen für Opfer von Gewalttaten	OEG	Kriegsopferfürsorgestellen
Beihilfen für Beschäftigte im öffentl. Dienst	BhV	Dienstbehörden
Prozeßkostenhilfe	§§ 114ff. ZPO	Amtsgerichte
Beratungshilfe	Beratungshilfegesetz	Amtsgerichte

Hermeneutik ist das methodische Instrument in Abgrenzung zur Philosophie einerseits, zu naturwissenschaftlichen Erkenntnisverfahren andererseits. Es geht darum, Entwicklungen und Werke der geschichtlichen, geistigen, seelischen Welt zu »verstehen« gegenüber dem »Erklären« naturwissenschaftlicher Art. Methodische Grundlage ist der »hermeneutische Zirkel«, zunächst vorwiegend auf die Interpretation von Texten gemünzt: die Auslegung einzelner Bestandteile auf der Basis ihrer Beziehung zum Ganzen, des Gesamttextes (des Gesamtzusammenhangs) wiederum in Deutung seiner Bestandteile. Aufgrund des hierfür notwendigen Vorverständnisses ist diese Vorgehensweise später häufig als normativ zirkuläres Deutungsverfahren diskreditiert worden, als Einbruchstelle für implizite, unaufgeklärte psychologische, soziologische u.a. Theorien. Dies allerdings ist auch bedingt durch Verengungen des Ansatzes von Dilthey seit den 20er Jahren, die seinen zentralen Beitrag zu einer wissenschaftlichen Pädagogik verkannten oder ablehnten: die Grundlegung durch die Erfahrungswissenschaften (vom Menschen), die sich mit der *Gesellschaft*, der Geschichte, Kultur und Sprache beschäftigen, einschließlich der empirischen Anthropologie und *Psychologie*. Auch die kritische Analyse implizierter Deutungsmuster ist schon angelegt. Herrmann (in: Scheuerl Bd. II, 84) resümiert seine Analyse des »pädagogischen« Dilthey daher mit der Aussage, daß »dieser Entwurf allererst den Hintergrund und Zusammenhang von Theorien und Analysemodellen, über die je für sich zu streiten relativ belanglos ist, eröffnet«, und daß dieser daher »bis heute allen eingeschränkten philosophischen, metatheoretischen, ›kritischen‹, kritisch-rationalistischen, empirisch-positivistischen oder polit-ökonomischen Begründungen der Pädagogik als Wissenschaft theoretisch und systematisch« überlegen sei.

So ließen sich andere Grundpositionen oder Paradigmata durchaus beschreiben als Theorieansätze, deren Hauptaugenmerk sich auf einen bestimmten Ausschnitt erzieherischer Prozesse, der Entwicklung von Institutionen oder erkenntnisleitenden Methoden richtet, wenngleich sie selbst, zunächst, eine erheblich breitere Geltung beanspruchten. Als sich ergänzende oder zumindest ergänzungsbedürftige Positionen werden sie auch in der neueren Wissenschaftsdiskussion thematisiert (Benner u.a. 1990).

Erziehungswissenschaft als Erfahrungswissenschaft, basierend auf empirisch-analytischen Vorgehensweisen anstelle der traditionellen geisteswissenschaftlichen, philosophisch-historisch orientierten Reflexion, hat sich vorwiegend seit Roths Plädoyer für eine »realistische Wendung in der pädagogischen Forschung« Anfang der 60er Jahre entwickelt: erfahrungswissenschaftliche Absicherung erziehungstheoretischer Erkenntnisse durch in den Sozialwissenschaften schon länger verbreitete empirische Verfahren (*Empirische Sozialforschung*, *Statistik*). Diese Wendung hat sich durchaus als eine ideologiekritische Variante erziehungswissenschaftlicher Theoriebildung etabliert, insofern sie tradierte Überzeugungen und implizite Theorien einer empirischen Analyse zugänglich machte. Der damit gewonnenen »Wissenschaftlichkeit« der Pädagogik in Teilbereichen steht jedoch gegenüber, daß »ein System empirischer Erziehungswissenschaft, in dem erziehungsphilosophische Reflexion, empirische Forschung und Ansprüche der pädagogischen Praxis konsistent miteinander verknüpft und zu einem Theoriegebäude systematisch ausgebaut worden wären, ... bis heute nicht (vorliegt)« (Benner u.a., 75; vgl. auch Neumann, in: Oelkers/Tenorth, 68ff.).

Eine ausgesprochen ideologiekritische Funktion hatte die Herausbildung einer kritischen und kritisch-rationalen Erziehungswissenschaft unter Bezugnahme auf die Entwicklung einer »kritischen Theorie« in der Sozialforschung (Adorno, Horkheimer, Marcuse u.a.) und das soziologische Erkenntnisinteressenschema der Soziologie von Habermas (vgl. Keckeisen und Krumm, in: Lenzen/Mollenhauer, 117ff. und 139ff.; Benner u.a. 1990, 82ff.). Dieser Ansatz verspricht einen methodologischen Rahmen, »der Hermeneutik und Empirie gleichzeitig distanziert und synthetisiert und mit geschichtsphilosopischen und anthropologischen Zielvorstellungen verbindet« (Neumann, in: Oelkers/Tenorth, 70). Prinzipiell geht es um den Zusammenhang von gesellschaftlicher Analyse und pädagogischer Forschung und Reflexion.

Fortschreitende Erkenntnisse in der Humanethologie generell, der biologischen Verhaltensforschung, der Neurophysiologie und -psychologie nötigen inzwischen auch die Erziehungswissenschaft zu einer Auseinandersetzung, zumal zentraler Ausgangspunkt ihrer Reflexion die »anthropologische Grundtatsache« der »Erziehungsbedürftigkeit« und »Bildsamkeit« des Menschen ist. Traditionell ist pädagogische Anthropologie eher philosophisch orientiert (vgl. Lenzen, Bd. 1, 78ff.). Klassische pädagogische Diskurse über »Führen« oder »Wachsenlassen« (Litt), über aktiv beförderte Entwicklung, Lernen oder Reifung, über Anlage vs. Umweltbedingungen, Natur des Menschen und Natur im Menschen u.a.m. bedürfen der Reflexion, auch der Revision, durch Kenntnisnahme eines wachsenden Wissensbestandes der Ethologie. Er markiert möglicherweise unangenehme evolutionsbiologisch bedingte Eingriffsgrenzen, könnte andererseits aber den Blick befreien für nicht ernst genug genommene »klassische« pädagogische Einsichten und Erkenntnisse (u.a. Neumann, in: Pädagogische Anthropologie, 201ff.). Zunehmend lautet die Botschaft, daß die Biologie des Menschen seiner Beeinflußbarkeit zwar Grenzen setzt, diese jedoch nicht deterministisch zu verstehen sind. Eine systematische Reflexion steht noch aus.

Neumann verweist in seiner bilanzierenden Diskussion zur Frage der Verdrängung oder Abwehr geisteswissenschaftlicher Positionen (in: Oelkers/Tenorth, 83f.) auf den Druck, den wachsende »Exaktheitsansprüche auf Erkenntnis« auf theoretische Pädagogik ausüben, einerseits, aber ebenso, andererseits, auf den »anthropomorphen Gegenstandsbereich«, der sich solchem Druck entzieht. Spranger hat dieses Grundthema bereits 1962 als Quintessenz seiner pädagogischen Tätigkeit und Überlegungen dargelegt in dem »Gesetz der ungewollten Nebenwirkungen in der Erziehung«. Es ist eine Ilustration der Komplexität jedweder Erziehungsprozesse und ihrer Gestaltung (sowie ihrer Analyse) und der unabweisbaren Verschränkung von beabsichtigten und unbeabsichtigten Wirkungen, die Handlungsrezepte bzw. exakte Prognosen systematisch ausschließen, gleichwohl den Versuch erfordern, mögliche Folgen weitest einzukalkulieren. Dies kann auch zum Anlaß genommen werden, Theoriebildung nicht in Wissensformen und Wissenstatbestände sich auflösen zu lassen. *H. Thomas*

Literatur: D. Benner: Hauptströmungen der Erziehungswissenschaft, Weinheim [3]1991; D. Benner/V. Lenhart/H.-U. Otto (Hrsg.): Bilanz für die Zukunft: Aufgaben, Konzepte und Forschung in der Erziehungswissenschaft, ZfP 25. Beiheft, Weinheim/Basel 1990; G. Bittner: Von den Insidern und den Outsidern der Pädagogik, in: Neue Sammlung 33 (1993) 4, 613–627; H. Blankertz: Die Geschichte der Pädagogik: Von der Aufklärung bis zur Gegenwart, Wetzlar 1982; W. Brezinka: Grundbegriffe der Erziehungswissenschaft, München/Basel [4]1981; D. Lenzen (Hrsg.): Pädagogische Grundbegriffe. 2 Bde., rowohlts enzyklopädie, Reinbek 1989; D. Lenzen/ K. Mollenhauer (Hrsg.): Theorien und Grundbegriffe der Erziehung und Bildung. Enzyklopädie Erziehungswissenschaft. Bd. 1, Stuttgart 1983; D.K. Müller (Hrsg.): Pädagogik, Erziehungswissenschaft, Bildung, Köln/Weimar/Wien 1994; J. Oelkers: Erziehen und Unterrichten. Grundbegriffe der Pädagogik in analytischer Sicht, Darmstadt 1985; J. Oelkers: Die große Aspiration: Zur Herausbildung der Erziehungswissenschaft im 19. Jahrhundert, Darmstadt 1989; J. Oelkers/H.E. Tenorth (Hrsg.): Pädagogisches Wissen, ZfP 27. Beiheft, Weinheim/ Basel 1991; Pädagogische Anthropologie, in: ZfP 40 (1994) 2, 195–288, H. Scheuerl (Hrsg.): Klassiker der Pädagogik. 2 Bde., München [2]1991; E. Spranger: Das Gesetz der ungewollten Nebenwirkungen in der Erziehung, Heidelberg 1962.

Wohlfahrtsverbände

W. gelten in der BRD als anerkannte Spitzenverbände der »freien Wohlfahrtspflege«, zu unterscheiden von der »öffentlichen Wohlfahrtspflege« durch staatliche und kommunale Leistungsträger (*Sozialadministration, Träger der Sozialen Arbeit*). Sie werden auch als »private« oder »freigemeinnützige« Vereinigungen bezeichnet. Vergleichbare Zusammenschlüsse werden in der anglo-amerikanischen Literatur »voluntary« »non-governmental« oder »non-profit organizations« genannt und dem »independent« oder »third sector« zugerechnet. In Abgrenzung gegenüber der informellen Sphäre (u.a. *Familie, Nachbarschaft*) und den formellen Sektoren (Staat und Markt) gelten sie als intermediäre Hilfe- und Dienstleistungsorganisationen. In der Bundesarbeitsgemeinschaft der Freien Wohlfahrtspflege (BAG) sind folgende Spitzenverbände vertreten: Arbeiterwohlfahrt (AW), Deutscher Caritasverband (DCV), Deutscher Paritätischer Wohlfahrtsverband (DPWV), Deutsches Rotes Kreuz (DRK), Diakonisches Werk der Evangelischen Kirche in Deutschland (DW) – vormals: Innere Mission (IM) und Hilfswerk der Evangelischen Kirche in Deutschland (HW) – und Zentralwohlfahrtsstelle der Juden in Deutschland (ZWSt).

Die W. sind historisch gewachsen. Sie weisen aufgrund ihrer Geschichte eine Ideologie auf, die teilweise auf ihre weltanschauliche Herkunft zurückgeht, sowie spezifische Strukturen, Organisationsformen und Finanzierungsweisen. Als Träger sozialregulativer Aktivitäten und Dienstleistungen sind sie auf den verschiedenen Gebieten der Reproduktion der *Gesellschaft* tätig sowie für das Angebot Sozialer Dienste und entsprechender Einrichtungen verantwortlich. Sie nehmen die »intermediäre Funktion« der Vermittlung sich widersprechender Interessen und Logiken wahr. Die sozialwissenschaftliche Theoriebildung hinsichtlich des intermediären Bereichs und die W.-Forschung haben seit Beginn der 80er Jahre enorm an Bedeutung gewonnen.

1. In der *Geschichte der Sozialarbeit/Sozialpädagogik* wurden die W. – meist in der Folge von politisch-ökonomischen Erschütterungen – als i.d.R. zunächst lockere institutionelle Zusammenfassung von z.T. schon lange auf lokaler und regionaler Ebene bestehenden Vereinigungen zum Zweck der gemeinsamen Interessenvertretung auf nationaler bzw. Reichsebene gegründet: in den Jahren der bürgerlichen Revolution 1848/49 der Centralausschuß für die innere Mission der Deutschen Evangelischen Kirche durch Johann Hinrich Wichern (1808–1881); 1897 der seit Mitte des 19. Jh. von katholischen Sozialpolitikern geforderte Caritas-Verband für das katholische Deutschland durch Lorenz Werthmann (1858–1921); die Zentralwohlfahrtsstelle der deutschen Juden 1917 während des 1. Weltkrieges; danach 1919 der Hauptausschuß für Arbeiterwohlfahrt als ein organisatorischer Teil der SPD durch Marie Juchacz (1879–1956); 1921 das Deutsche Rote Kreuz, das u.a. auf national-patriotische Gesellschaften, auf die in den Jahren zwischen 1863 und 1866 entstandenen Deutschen Vereine zur Pflege im Felde verwundeter Krieger und die Deutschen Frauenvereine vom Roten Kreuz sowie auf das 1869 gegründete Zentralkomitee der deutschen Landesvereine vom Roten Kreuz zurückreichte; 1920 die Vereinigung der freien privaten gemeinnützigen Kranken- und Pflegeanstalten Deutschlands, welche sich 1924 als Fünfter Wohlfahrtsverband konstitutiert und 1930 zum Paritätischen Wohlfahrtsverband umbenannt hatte. In den 20er Jahren bildeten die Spitzenverbände, mit Ausnahme des AW-Hauptausschusses der SPD, die Liga der Freien Wohlfahrtspflege. 1928 folgte als linker, kommunistisch orientierter Zusammenschluß die Bildung der Arbeitsgemeinschaft sozialpolitischer Organisationen (Arso), in der u.a. die Internationale Arbeiterhilfe (IAH), der Internationale Bund der Opfer von Krieg und Arbeit (IB), die Rote Hilfe (RH), der Rote Frauen- und Mädchen-Bund, der Kommunistische Jugendverband Deutschlands (KJVD), die KPD und sexualpolitische Organisationen vertreten waren.

Die Arso und ihre Mitgliedsorganisationen wurden nach der Nazi-Machtergreifung verboten und unterdrückt. Im Juli 1933 wurde auch die AW aufgelöst. Ihre Heime, Geschäftsstellen und Konten wurden beschlagnahmt und in die Verwaltung der Deutschen Arbeitsfront (DAF) übergeben. Gleichzeitig mit dem Verbot der Wohlfahrtsorganisation der Sozialdemokratie sowie der christlichen und kommunistischen Arbeiterbewegung wurde der jüdischen ZWSt die Anerkennung als Spitzenverband der Freien Wohlfahrtspflege entzogen. 1939 erfolgte die Zwangsauflösung der ZWSt durch Einverleibung in die von der NS-Regierung geschaffene Reichsvereinigung der Juden in Deutschland, deren Fürsorge-Abteilung 1943 ihre Arbeit einstellen mußte. Auch der DPWV verlor 1933 die Eigenschaft als Spitzenverband. Er schloß sich zunächst korporativ der Nationalsozialistischen Volkswohlfahrt (NSV) an, um sich 1934 in die NSV aufzulösen. Im Verlauf der Kriegsvorbereitungen wurden beim DRK die Erste Hilfe und der Katastrophenschutz ausgebaut, während gleichzeitig die sozialen und Jugendaufgaben beschnitten wurden. 1937 unterstellte sich das DRK der Schirmherrschaft Adolf Hitlers. Mit Kriegsbeginn 1939 war die Transformation des DRK vom W. zum Kriegssanitätsdienst der Wehrmacht abgeschlossen.
Nach dem 2. Weltkrieg 1945 erfolgte mit Billigung und Unterstützung der westlichen Besatzungsmächte zunächst die Wiedergründung des AW-Hauptausschusses – nunmehr als parteipolitisch unabhängiger Verband, jedoch den Grundsätzen des demokratischen Sozialismus verpflichtet – und die »Neuorientierung« von DVC und IM. Ebenfalls 1945 nahm die ZWSt die soziale Betreuung jüdischer Überlebender des Holocaust auf. 1945/46 kam es zur Bildung des HW, dessen Arbeit von ausländischen protestantischen Kirchen, v.a. von nordamerikanischen und skandinavischen, unterstützt wurde. 1957 wurde die Zusammenlegung von HW und IM zum heutigen DW eingeleitet und 1975 vollendet. 1948 konstituierte sich der DPWV auf Bundesebene – auf Landesebene seit 1946 –, und 1950 wurde der Gesamtverband des DRK reorganisiert, nachdem es in der Nachkriegszeit zunächst in der russischen und später auch in der französischen Besatzungszone aufgelöst und in der amerikanischen und der britischen Besatzungszone umorganisiert worden war. 1951 wurde das DRK von der westdeutschen BReg anerkannt, unter deren Verantwortung es seit 1956, außerhalb des eigentlichen Aufgabenbereichs als W., auch im ständigen Sanitätsdienst der Bundeswehr mitwirkt. Das 1946 in der sowjetischen Besatzungszone aufgelöste DRK wurde am 23.10.1952 als »DRK der DDR« wiedergegründet.

2. Ideologie: Teilweise auf die weltanschauliche Herkunft der konfessionellen W. zurückgehend, ist das Prinzip der *Subsidiarität*, das im Verhältnis von W. und Staat letzterem eine nachrangig-unterstützende Rolle zuweist, von grundsätzlicher Bedeutung für das Selbstverständnis der W. Das spezifische Subsidiaritätsdenken der katholischen Soziallehre bestimmt insbesondere die Hilfeideologie des DCV. Das DW versteht sich vom Inhalt und Ziel seines, aus der evangelischen Sozialethik begründeten »christlichen Liebesdienstes« her als Funktion und »Sozialgestalt« der Kirche mit der Aufgabensetzung, »die diakonisch-missionarische Arbeit zu planen und zu fördern und dadurch zu helfen, Christi Liebe in Wort und Tat zu verkünden«. Im Unterschied zu den konfessionellen W. beruft sich das DRK auf bestimmte, international anerkannte Grundsätze (Menschlichkeit, Unparteilichkeit, Neutralität, Unabhängigkeit, Freiwilligkeit, Einheit und Universalität). Der DPWV beruft sich im wesentlichen auf die Prinzipien des Humanismus und des Liberalismus. Die AW pflegt aufgrund ihrer Entstehungsgeschichte und infolge ihrer Mitgliederzusammensetzung sozialdemokratische Reformhoffnungen. Die Rechtfertigung ideologischer Nuancen und der institutionellen Uneinheitlichkeit schöpfen die W. aus dem Grundsatz des Pluralismus und aus dem im Sozial- bzw. Kinder- und Jugendhilferecht verankerten »Wahlrecht der Hilfesuchenden«. Eine Fülle von Problemen der W. werden aus der Diskrepanz begründet, die sich feststellen läßt im Verhältnis ihrer Grundsätze und ideologischen Wertorientierungen einerseits zu ihrer faktischen sozialpolitischen Funktion sowie zu den entsprechenden Strukturen und Organisationsformen andererseits. Außerdem wird das ideologische Selbstverständnis der W. u.a. durch das fachlich-professionelle Selbstverständnis ihrer Mitarbeiter z.T. überlagert, z.T. ersetzt.

3. Strukturen: Die W. weisen nach innen und außen vielfältige Strukturen auf. Die Binnenstruktur orientiert sich am System der regionalen und lokalen Verbandsgliederung (Landes-, Bezirks-, Kreis-, Stadtverbände) sowie am Prinzip der Fachlichkeit (Ausschüsse). Eine horizontale Verknüpfung der einzelnen W. erfolgt auf den verschiedenen Ebenen der Verbandsgliederung in Arbeitsgemeinschaften, zentral in der 1948 gegründeten Arbeitsgemeinschaft der Spitzenverbände der Freien Wohlfahrtspflege, die 1962 in Bundesarbeitsgemeinschaft der Freien Wohlfahrtspflege (BAG) umbenannt wurde. Die Spitzenverbände sind ferner in überörtlichen Fachgremien (z.B. Arbeitsgemeinschaft für Jugendhilfe, Deutscher Verein für öffentliche und private Fürsorge) vertreten. Außerdem sind sie vertikal mit verschiedenen Organisationen der Europäischen und Internationalen Sozialarbeit verbunden, z.B. ist die AW Mitglied der Assoziation Europa für Sozialen und kulturellen Fortschritt sowie im Internationalen Arbeiterhilfswerk, der DCV in der Caritas Internationalis; das DRK ist Mitglied in der Liga der Rotkreuz-Gesellschaften und arbeitet mit dem Internationalen Komitee vom Roten Kreuz (IKRK) zusammen: Liga, IKRK und die nationalen Gesellschaften, darunter das DRK, bilden zusammen das Internationale Rote Kreuz (IRK). In Brüssel hat die BAG eine Europäische Vertretung.
Mit Ausnahme der Basis, an der die W. eigentliche Mitgliederzusammenschlüsse von natürlichen und nur z.T. auch juristischen Personen bilden, sind die W. auf den übrigen Ebenen der Verbandsgliederung aus-

schließlich Vereinigungen von juristisch-vereinsrechtlicher Art. Den Spitzenverbänden gehören ebenso Schwesternschaften (Schwesternschaft vom Roten Kreuz, Caritasschwesternschaft) und Krankenpflegeverbände (z. B. Krankenpflegeverband der AW) an, wie auch Jugendorganisationen (z. B. Jugendwerk der AW, Jugendrotkreuz), ferner eigenständige überregionale Wohlfahrtsorganisationen (u. a. Dt. Blindenbund, Dt. Krebshilfe, Dt. Studentenwerk, Bundeswehr-Sozialwerk, VdK, Pro Familie im DPWV). Im DCV zusammengeschlossen sind neben den Diözesancaritasverbänden zentrale katholische Fachverbände (z. B. Sozialdienst kath. Frauen, Sozialdienst kath. Männer, Malteserhilfswerk), Vereinigungen katholischer Einrichtungen (z. B. Verband der Heime und Einrichtungen der kath. Altenhilfe, Zentralverband kath. Kindergärten und Kinderhorte, Kath. Krankenhausverband) und überdiözesan tätige caritative Ordensgemeinschaften. Mitglieder im DW sind die Evangelische Kirche in Deutschland (EKD), die Freikirchen (u. a. die Heilsarmee, wobei das Sozialwerk der Heilsarmee hingegen Mitglied des DPWV ist), frei- und gliedkirchliche Werke, Fachverbände, Vereinigungen, Einrichtungen, Mutterhäuser und Diakonissenanstalten. Zu den Mitgliedern des DPWV gehören auf lokaler und Landesebene viele Gruppen und Organisationen der Selbsthilfe-Bewegung: Selbsthilfegruppen, Initiativen und Projekte (*Selbsthilfe/Selbstorganisation*). Die W. sind ferner Mitglieder im Deutschen Müttergenesungswerk. Sie sind in der Deutschen Krankenhausgesellschaft und der Bundesarbeitsgemeinschaft der Werkstätten für Behinderte mit vertreten.

4. Organisationsformen und Beschäftigte: Die W. weisen spezifische rechtliche und soziologische Organisationsformen auf. Sie bilden einen der größten Arbeitsbereiche in der BRD. Bei den W. sind 937 405 (Stand: 1. 1. 1993) hauptberufliche Mitarbeiter tätig, davon 641 839 vollzeit- und 295 405 teilzeitbeschäftigt. In den ostdeutschen Bundesländern beträgt die Beschäftigungszahl 78 944 (= 8,42 %) Zu den Vollzeitbeschäftigten der W. zählen auch *Zivildienst*leistende, ca. 5000 HelferInnen im *Freiwilligen* Sozialen *Jahr*, »BSHG 19«-Beschäftigte und ABM-Kräfte (*Arbeitsförderungsgesetz, Soziale Arbeit und Arbeitsmarkt*). Die Hauptamtlichen verteilen sich auf die einzelnen W. unterschiedlich. Das Beschäftigungsverhältnis basiert auf tarifvertraglichen Bestimmungen und ggf. auf den besonderen Regeln der Ordensgemeinschaften. In den konfessionellen Einrichtungen gelten für die Mitarbeitervertretung gesonderte arbeitsrechtliche Bedingungen. Da die MitarbeiterInnen in zahlreichen ständischen *Berufsverbänden*, von denen eine Reihe konfessionell ausgerichtet ist, zusammengeschlossen sind, ist der gewerkschaftliche Organisationsgrad (*Gewerkschaften*) gering. Die W. verfügen zusätzlich über schätzungsweise 1,5 Mio. freiwillig-unbezahlte HelferInnen (sog. *Ehrenamtliche*). Die Tätigkeit all dieser Beschäftigten weist die organisationssoziologischen Merkmale der *Sozialadministration* sowie die problematischen Folgen von Zentralisierung und *Bürokratie* auf. Daneben ist die Binnenstruktur der W. hinsichtlich ihrer Mitglieder organisatorisch an den vereinsrechtlichen Bestimmungen des BGB und den mit der Erteilung der Gemeinnützigkeit durch die zuständigen Finanzverwaltungen verbundenen Auflagen orientiert. Die W. und ihre Mitgliedsverbände bzw. Untergliederungen sind beim jeweiligen Amtsgericht als »e. V.« in das Vereinsregister eingetragen und verfügen über eine Satzung, die u. a. die Organisationsform festlegt (Ausnahme ist das Bayerische Rote Kreuz: als Mitgliedsverband des DRK ist es nicht ein eingetragener Verein, sondern eine Körperschaft des öffentlichen Rechts). Als Prinzip gilt der Mitgliederverein aus natürlichen bzw. juristischen Personen mit der Mitgliederversammlung, dem Vorstand und ggf. Beiräten als satzungsmäßigen Organen. Für diese Organe gelten im Einzelfall unterschiedliche Bezeichnungen, z. B. für die zentrale Mitgliederversammlung: Bundeskonferenz (AW), Vertreterversammlung (DV), Bundesversammlung (DRK); für den Vorstand: Präsidium (DRK), Diakonische Konferenz; für den Beirat: Bundesausschuß (AW), Zentralrat (DCV), Präsidialrat (DRK), Diakonischer Rat. Die Verknüpfung von vereins-, arbeitsrechtlichen und verwaltungsmäßigen Organisationsformen der W. erfolgt über (Haupt-)Geschäftsstellen, die in Abteilungen und Referaten organisiert sind und die, außer dem Vorstand und der jeweiligen Verbandsgliederung, den Fachausschüssen und ggf. Arbeitsgemeinschaften »zuarbeiten«. Angeschlossen sind i. d. R. auch die publizistischen Medien der verbandlichen Öffentlichkeitsarbeit sowie Einrichtungen der Aus- und Fortbildung.

5. Finanzierungswesen (*Finanzierung freier Träger*): Die Haushaltsetats der W. stammen aus Eigen- und aus öffentlichen Mitteln, aus Spenden, Sammlungen, Lotterien u. ä. Ferner werden z. B. bei Kindergärten, Krankenhäusern, Erholungs-, Alten- und Kinderheimen Leistungsentgelte von den Benutzern erhoben bzw. die Kosten durch die Versicherungsträger erstattet. Schließlich werden Pflegesätze und Mittel nach dem *Bundessozialhilfegesetz* bzw. dem *Kinder- und Jugendhilfegesetz* beansprucht. Öffentliche Gelder werden über zweckgebundene Zuschüsse und über Projektfinanzierungen erschlossen. Die Aufbringung von Eigenmitteln erfolgt aus Mitgliedsbeiträgen bzw. aus Umlagen der Mitgliedsbeiträge von angeschlossenen Vereinigungen, aus dem Zuschlagserlös des Verkaufs von Wohlfahrtsbriefmarken sowie in unterschiedlichem Umfang aus Vermögenserträgen. Neben Spenden und Einnahmen aus Haus- und Straßensammlungen der W. verfügen die konfessionellen W. auch über Einkünfte aus der Kirchensteuer, aus kirchlichen Kollekten und im Rahmen besonderer Aktionen (kath. Misereor, evang. Brot für die Welt). Zur Ergänzung der Eigenmittel stehen Erlöse der Stiftung Deutsches Hilfswerk (ARD-Lotterie »Die Goldene 1«) und der ZDF-Fernsehlotterie »Der Große Preis« sowie der bundesweiten Lotterie Glücksspirale zur Verfügung, ferner Mittel der Deutschen Rundfunkhilfe, weiterer Stiftungen (Dt. Ju-

gendmarke) und Kuratorien (Dt. Altershilfe). Ferner werden Mittel der Bundesversicherungsanstalt für Angestellte und der Bundesanstalt für Arbeit eingeworben. Durch eigene Bildungswerke der W. (z.B. Paritätisches Bildungswerk) werden Mittel für Bildungsaufgaben aus Fonds für politische Bildung, internationale Jugendbegegnung sowie aufgrund von Jugend- und Erwachsenenbildungsgesetzen verschiedener Bundesländer erschlossen. Daneben erhalten die Spitzenverbände direkt Mittel aus dem *Bundesjugendplan* für spezielle Wohlfahrtsaufgaben. Summiert aus öffentlichen und Eigenmitteln wurde der Jahresumsatz der W. 1991 auf etwa 50 Mrd. Mark veranschlagt. Materielle »Eigenleistungen«, die in den Etats der W. finanziell nicht ausgewiesen sind, erbringen die freiwilligen HelferInnen. Für Geld- und Kreditgeschäfte verfügen die W. über die Einrichtungen der Bank für Sozialwirtschaft (BfS) durch den Wirtschaftsbund gemeinnütziger Wohlfahrtseinrichtungen (WIBU) über einen genossenschaftlichen Zusammenschluß. Aufgrund ihres Status der Gemeinnützigkeit nutzen die W. Steuervorteile und -vergünstigungen.

6. Soziale Dienste: Die W. weisen ein breites Spektrum sozialregulativer Aktivitäten im Reproduktionsbereich auf: in der Kleinkind- und Vorschulerziehung (*Tageseinrichtungen für Kinder*), in der *Jugendarbeit* und der *Heimerziehung*, im *Krankenhauswesen* und der *Psychiatrie*, in der *Straffälligenhilfe*, der *Altenhilfe*, der *Behindertenhilfe*, in der SozArb mit Arbeitslosen, »*Randgruppen*« und Minderheiten, *Trebegängern* und Wohnungslosen (*Obdachlosenhilfe, Wohnungslosenhilfe*), mit Aussiedlern, Asylbewerbern, Migranten sowie ausländischen Arbeitern und deren Familien (*AusländerInnen*), wobei sich die W. die Betreuungszuständigkeit teilen, z.B. für Marokkaner, Türken, Tunesier (AW), Griechen (DW) und Italiener (DCV). Die Tätigkeiten der W. umfassen die verschiedensten Formen und *Methoden der Sozialarbeit/Sozialpädagogik*; sie reichen von der »geschlossenen Fürsorge« stationärer, anstaltsmäßiger Betreuung in Krankenhäusern, Erziehungs- und Altenheimen, Heil- und Pflegeanstalten über gruppenpädagogische Methoden der halbstationären, »halboffenen Fürsorge« im *Kindergarten*, *Kinderhort* und Kindertagesstätten, im *Jugendfreizeitheim* und der Altentagesstätte bis hin zur »offenen Fürsorge« ambulanter Hilfe in der *Gemeinwesenarbeit* einerseits und der *Einzelhilfe* andererseits, u.a. in Gestalt der Telefonseelsorge, der Bahnhofsmission, der *Beratung* oder der häuslichen Hilfe (Familienhilfe) und der Dorfhelferin. Im Rahmen internationaler Hilfsaktionen, der Entwicklungshilfe, und der Katastrophenhilfe befinden sich die W. im internationalen Einsatz. Trotz zu beobachtender Ansätze einer arbeitsteiligen Spezialisierung – z.B. beim DRK durch die hauptsächliche Wahrnehmung von Aufgaben des Krankentransports, des Rettungs- und Suchdienstes – ergeben sich aus den vielfältigen Engagements und aus parallelen Aktivitäten Probleme der Koordination und der *Planung*, z.B. auch im Bereich der *Jugendhilfeplanung*.

7. Einrichtungen: Die von W. betriebenen Einrichtungen beziehen sich auf drei zu unterscheidende Arbeitsfelder: (a) Familienhilfe und -ersatz mit Angeboten familienpflegerischer und generationsspezifischer Dienste; (b) Soziale Gefährdetenhilfe, d.h. personenbezogene Angebote und Einrichtungen im sog. *Randgruppen*bereich (*Gefährdung*) mit dem Ziel, *soziale Integration* oder Resozialisierung zu fördern; (c) Gesundheitswesen (*Gesundheitshilfe*), *Behindertenhilfe* und *Rehabilitation*. Die Statistik weist den größten Teil aller Einrichtungen im Arbeitsfeld »Familienhilfe und -ersatz« auf. Verglichen mit den Einrichtungen anderer, v.a. öffentlichen Träger belegt die Jugendhilfestatistik des Statistischen Bundesamtes für die westlichen Bundesländer, daß über zwei Drittel aller Jugendhilfeeinrichtungen (= 68,7%) von W. getragen werden, wobei den Kindertageseinrichtungen mit einem Anteil von 65% am Gesamtangebot sowie den Beratungsstellen (78,3%) und den Jugendheimen (84,8%) eine überdurchschnittliche Bedeutung zukommt. Laut Heimstatistik des Bundesministeriums für Familie und Senioren sind die W. Träger von knapp 55% aller Alten- und Behindertenheime. Von besonderer Bedeutung sind im Arbeitsfeld »Familienhilfe und -ersatz« die ambulanten sozialpflegerischen Dienste, die v.a. Angebote der *Hauskrankenpflege*, Familien- und *Hauspflege* sowie der Altenpflege (*Altenhilfe*) umfassen. Die Zusammenfassung der sozialpflegerischen Dienste erfolgte in den vergangenen Jahren durch *Sozialstationen*. Ihre Zahl ist von 1981–1991 um 1119 auf 2140 angestiegen. 1993 betrug die Zahl der Sozialstationen sowie der Mobilen Sozialen Hilfsdienste insgesamt 3295. Bezogen auf die Zahl der Einrichtungen folgten auf das Arbeitsfeld »Familienhilfe und -ersatz« die des Arbeitsfeldes »Gesundheitswesen, Behindertenhilfe und Rehabilitation«. Nach Angaben der Deutschen Krankenhausgesellschaft befindet sich etwa jedes dritte Allgemeine Krankenhaus (= 39%) in Trägerschaft eines der W. Mit einem Anteil von 32% aller bei den W. Beschäftigten stellt der Krankenhausbereich das Hauptarbeitsgebiet dar. Den geringsten Anteil von Einrichtungen weist das Arbeitsfeld »Soziale Gefährdetenhilfe« auf.

8. Theoriebildung und Forschung: Nach dem 2. Weltkrieg wurden die Hilfen der W. bei der Masse der Bevölkerung dringend benötigt. Zunächst waren es die beiden christlichen Kirchen mit ihren W., die als erste Hilfsorganisationen auf die Massennotstände antworten konnten. In den westlichen Besatzungszonen wurden die übrigen W. aus der Zeit der Weimarer Republik, mit Ausnahme der kommunistischen, wieder zugelassen und gefördert. Sie waren bestrebt, ihre frühere Stellung wieder zu erlangen, zu festigen und auszubauen. In der sowjetisch besetzten Zone entstand 1945 als Nachfolgerin der 1933 verbotenen Roten Hilfe die Volkssolidarität. Außerdem konstituierten sich die kirchlichen Verbände DW und DCV. Nach seinem Verbot 1946 wurde 1952 das DRK der DDR gegründet. Die westdeutsche Forschung sah in den W. zunächst keine gesonderte Verbandskategorie und ordnete sie in den

50er Jahren den kirchlichen bzw. parteipolitischen Großverbänden zu. Erst allmählich wurde erkannt, daß sich die W. von Zusammenschlüssen privater Wohltätigkeit zur systematischen, großräumig organisierten »freien Wohlfahrtspflege« weiterentwickelt hatten. In den 60er Jahren wurden sie deshalb als Verbände im sozialen Bereich eingestuft. Ihre Funktion wurde darin gesehen, organisiert die eigenen bzw. die sozialen Interessen ihrer KlientInnen und der Hilfebedürftigen gegenüber dem Staat zu vertreten und diesen dabei in seiner Umverteilungsfunktion anzusprechen. Die einzige empirische Untersuchung der sozialpolitischen Umverteilungsrolle der W. in jener Zeit scheiterte jedoch an Informationshürden seitens der W. Ein erster kritischer Versuch Ende der 60er Jahre stellte die Legitimation der W.-Aktivitäten aufgrund materieller gesellschaftlicher Not in Frage und behauptete das Selbsterhaltungsinteresse der W. als treibendes Motiv. Im Gegensatz zur Position des »Etatozentrismus« in der Verbändeforschung, die das Verhältnis der Verbände zum Staat und ihren Einfluß auf ihn in den Mittelpunkt stellte, wurden Ende der 70er Jahre die Interessen der von den W. betreuten »Klienten« thematisiert und die mediatisierende Funktion der W. theoretisch konzeptualisiert. Demnach kommt den W. die für den Bestand des *Sozialstaats* wichtige Aufgabe zu, kollektive Forderungen durch Partialisierung zu verhindern. Ein weiterer Strang der Forschung widmete sich unter dem Stichwort »Neokorporatismus« den wechselseitig institutionalisierten Beziehungen und der zunehmenden Arbeitsteilung zwischen staatlichen Organen und W. Die theoretische Kritik an den W. findet seit Beginn der 80er Jahre öffentliche Resonanz und praktische Ergänzung. Letztere hatte v.a. in der Selbsthilfe-Bewegung ihren Ort: Diese verstand sich u.a. als Kritik an der »Domänenpolitik« der W., an den mangelnden Partizipationsmöglichkeiten und an der fehlenden Sensibilität der W. gegenüber neuen sozialen Problemen. In der Öffentlichkeit hat die Diskussion über die Krise des Sozialstaats, verbunden mit den zahlreichen Kürzungen in den öffentlichen Sozialhaushalten, die Frage nach der Leistungsfähigkeit der W. aufgeworfen, die sich u.a. aufgrund der *Professionalisierung* Sozialer Dienste und der Abhängigkeit von staatlicher *Planung* und Finanzierung mit einer abnehmenden Akzeptanz seitens der Bevölkerung auseinandersetzen mußten und müssen. Mit dem Popularitätsverlust einher ging eine Lockerung der Bindungen zwischen Wohlfahrtsarbeit und gesellschaftlichen Milieus im Umfeld der Kirchen und Parteien. In dieser Situation ergab und ergibt sich für die W. die Notwendigkeit, ihren Status neu zu bestimmen. Angesichts dessen sowie infolge der »Wiedervereinigung« und der Entwicklung innerhalb der EU ist das Defizit an empirischen und vergleichenden Untersuchungen der W.-Forschung immer noch sehr gravierend. Um so bedeutender sind die in jüngerer Zeit veröffentlichten Studien (s. Literatur). *R. Bauer*

Literatur: BAG (Hrsg.): Die Spitzenverbände der Freien Wohlfahrtspflege. Aufgaben und Finanzierung, Freiburg 1985; BAG (Hrsg.): Gesamtstatistik der Einrichtungen der Freien Wohlfahrtspflege, Stand 1.1.1993, Bonn 1994; BAG (Hrsg.): Die freie Wohlfahrtspflege, 133. Jg., H. 5 (Mai 1986), Themenheft »Soziale Dienste finanzieren und betreiben«; R. Bauer (Hrsg.): Intermediäre Nonprofit-Organisationen in einem Neuen Europa, Rheinfelden/Berlin 1993; R. Bauer (Hrsg.): Sozialpolitik in deutscher und europäischer Sicht. Rolle und Zukunft der Freien Wohlfahrtspflege zwischen EG-Binnenmarkt und Beitrittsländern, Weinheim 1992; R. Bauer: Intermediäre Instanzen im Strukturwandel der Sozialpolitik, in: Österreichische Zeitschrift für Soziologie 1/1991, 74ff.; R. Bauer: Vom Roten Kreuz zum Totenkreuz. Zur Wohlfahrtsverbände-Politik im Nationalsozialismus, in: NP 4/1986; R. Bauer: Soziale Dienste in Gegenwart und Zukunft, in: H. Oppl (Hrsg.): Soziale Arbeit 2000. Bd. 2, Freiburg 1986, 43–70; R. Bauer: Rechtlicher Status und Organisation von Wohlfahrtsverbänden, in: U. Maas (Hrsg.): Sozialarbeit und Sozialverwaltung, Weinheim 1985, 30–45; R. Bauer: Die Politik der »Freien Träger«. Aufgabenfelder, Handlungsorientierungen und Leistungspotentiale, in: J. Krüger/E. Pankoke (Hrsg.): Kommunale Sozialpolitik, München 1985, 175–195; R. Bauer (Hrsg.): Die liebe Not. Zur historischen Kontinuität der »Freien Wohlfahrtspflege«, Weinheim 1984; R. Bauer: Wohlfahrtsverbände in der Bundesrepublik, Weinheim 1978; R. Bauer/A.M. Thränhardt (Hrsg.): Verbandliche Wohlfahrtspflege im internationalen Vergleich, Opladen 1986; R. Bauer/H. Dießenbacher (Hrsg.): Organisierte Nächstenliebe. Wohlfahrtsverbände und Selbsthilfe in der Krise des Sozialstaats, Opladen 1984; Bayerisches Staatsministerium für Arbeit, Familie und Sozialordnung (Hrsg.): EG–93, Freier Markt, Zukunft der Freien Wohlfahrtspflege, München 1992; H. Beyer/H.G. Nutzinger: Erwerbsarbeit und Dienstgemeinschaft, Bochum 1991; F. Boll/Th. Olk (Hrsg.): Selbsthilfe und Wohlfahrtsverbände, Freiburg 1986; R. Breitling: Die Verbände in der Bundesrepublik, Meisenheim 1955; Bundesministerium des Innern (Hrsg.): Die Freie Wohlfahrtspflege, Köln 1956; D. Danckwerts/R. Prestien: Die Bedeutung der karitativen Verbände, die soziale Sicherheit und die sozialpolitische Umverteilung in der BRD, Duisburg 1974; H. Dießenbacher: Der Armenbesucher. Missionar im eigenen Land. Armenfürsorge und Familie in Deutschland um die Mitte des 19. Jahrhunderts, in: Ch. Sachße/F. Tennstedt (Hrsg.): Soziale Sicherheit und soziale Disziplinierung, Frankfurt/M. 1986, 209–244; V. Eichener u.a. (Hrsg.): Organisierte Interessen in Ostdeutschland, Marburg 1992; W.J. Friedrich: Vereine und Gesellschaften, München 1990; M. Glagow (Hrsg.): Gesellschaftssteuerung zwischen Korporatismus und Subsidiarität, Bielefeld 1984; E. Goll: Die freie Wohlfahrtspflege als eigener Wirtschaftssektor, Baden-Baden 1991; R.G. Heinze: Verbändepolitik und »Neokorporatismus«. Zur politischen Soziologie organisierter Interessen, Opladen 1981; R.G. Heinze (Hrsg.): Neue Subsidiarität. Leitidee für eine zukünftige Sozialpolitik? Opladen 1986; R.G. Heinze/Th. Olk: Die Wohlfahrtsverbände im System sozialer Dienstleistungsproduktion. Zur Entstehung und Struktur der bundesrepublikanischen Verbändewohlfahrt, in: Kölner Zeitschrift für Soziologie und Sozialpsychologie 1/1981, 94–114; infas (Hrsg.): Die Freie Wohlfahrtspflege im Spiegel der Öffentlichkeit, Bonn-Bad Godesberg 1993; R. Keßler: Die Kirchen und das Arbeitsrecht, Darmstadt 1986; F. Loges: Entwicklungstendenzen Freier Wohlfahrtspflege im Hinblick auf die Vollendung des Europäischen Binnenmarktes, Freiburg i.Br. 1994; J. Münder: Die Übernahme sozialstaatlicher Aufgaben durch freie Träger – Eine Falle für freie Träger?, in: BBJ-Consult Info III/IV 1994; Th. Olk/R.G. Heinze: Die Bürokratisierung der Nächstenliebe. Am Beispiel von Geschichte und Entwicklung der »Inneren Mission«, in: Ch. Sachße/F. Tennstedt (Hrsg.): Jahrbuch der Sozialarbeit 4, Reinbek 1981, 233–271; H. Peters: Moderne Fürsorge und ihre Legitimation, Köln 1968; Prognos AG (Hrsg.): Entwicklung der Freien Wohlfahrtspflege bis zum Jahr 2000, Basel 1984; A. Rinken: Das Öffentliche als verfassungstheoretisches Problem. Dargestellt am Rechtsstatus der Wohlfahrtsverbände, Berlin 1971; Ch. Sachße: Mütterlichkeit als Beruf, Frankfurt/M. 1986; O. Sauer/F. Luger: Vereine und Steuern, München 1991; J. Schmid: Der Wohlfahrtsstaat Europa und die deutschen Wohlfahrtsverbände, in: V. Eichener/H. Voelzkow (Hrsg.), Europäische Integration und verbandliche Interessenvermittlung, Marburg 1994; W. Seibel: Funktionaler Dilettantismus, Baden-Baden 1992; O. Stammer u.a.: Verbände und Gesetzgebung, Köln 1965; W. Streeck (Hrsg.): Staat und Verbände, Opladen 1994; M. Tangemann: Intermediäre Organisationen im deutsch-deutschen Einigungsprozeß, Bremen 1995 (Diss.); D. Thränhardt u.a. (Hrsg.): Wohlfahrtsverbände zwischen Selbsthilfe und Sozialstaat, Freiburg 1986; J. Weuthen: Systemdynamik der freien Wohlfahrtsverbände in Deutschland, Köln 1990.

Wohnen (Wohnungsversorgung/ Wohnungspolitik)

1. Wohnungsversorgung

Bestand: Der Wohnungsbestand in Deutschland umfaßt Anfang 1990 ca. 34 Mio. Wohnungen, davon ca. 27 Mio. in den alten und 7 Mio. in den neuen Bundesländern. Je 1000 Einwohner stehen 425 Wohnungen zur Verfügung; zwischen Ost- und Westdeutschland gibt es in dieser Hinsicht keine wesentlichen Unterschiede. In den alten Bundesländern sind allerdings die Wohnungen (mit 4,4 Räumen bzw. 86,5 qm) durchschnittlich größer als in den neuen (3,8 Räume und 64,4 qm).

Nutzungsverhältnis: In den alten Bundesländern umfaßt der Wohnungsbestand Anfang der 90er Jahre ca. 58% Mietwohnungen und 39% selbstgenutztes Wohneigentum. Gut 2/3 der Mietwohnungen sind frei finanziert, knapp 1/3 sind öffentlich gefördert. Bei den Eigentumswohneinheiten sind 9/10 frei finanziert und 1/10 öffentlich gefördert. Zum Vergleich die Struktur des Wohnungsbestands in der DDR kurz vor der Wiedervereinigung, wobei aber die unterschiedlichen Zuordnungskriterien zu beachten sind: Ca. 78% sind Mietwohnungen und 22% selbstgenutztes Wohneigentum (der Anteil der selbstgenutzten Wohnungen war in der DDR im Vergleich zur BRD also wesentlich geringer). Von den Mietwohnungen waren 41% im Volkseigentum, 18% Genossenschaftswohnungen und 41% im Privateigentum. Aufgrund der gegenwärtigen Entwicklungen (Restitution, Privatisierung von Teilen des ehemaligen volkseigenen Wohnungsbestands) wird sich diese Nutzungsstruktur schnell zu Lasten des Mietwohnungsanteils verändern.

Mieten: In der DDR blieben die Mieten jahrzehntelang stabil. Mit 0,80–1,50 DM Miete pro qm Wohnfläche deckten diese nicht einmal die Bewirtschaftungs- und Nebenkosten. Seit der Wiedervereinigung werden die »Ostmieten« schrittweise an die »Westmieten« angeglichen; die sehr hohen Mietsteigerungen (zwischen 1989–1993 stiegen die durchschnittlichen Warmmieten in der ehem. DDR von 4% auf 18% des Haushaltseinkommens) sind aber zumeist nicht mit Ausstattungsverbesserungen verbunden. In der alten BRD stiegen die Wohnungsmieten demgegenüber schon seit Jahrzehnten schneller als die Löhne und Gehälter. Zwischen 1968 und 1987 stiegen die Mieten jährlich um durchschnittlich 6,1%, die Löhne dagegen um 5,5%, wobei die Altbaumieten überproportional erhöht wurden. Die Mietsteigerungen trafen die einkommensschwächeren Haushalte relativ härter als die einkommensstärkeren: Mußten Haushalte mit mittlerem Einkommen in der BRD 1955 noch 9% für die Miete aufbringen, so stieg die Belastung kontinuierlich bis heute auf 16%. Bei Rentnerhaushalten mit geringem Einkommen stieg die Mietbelastung im gleichen Zeitraum sogar von 13% auf 23%.

Bis zur Wiedervereinigung und noch stärker danach ist ein rascher Anstieg der Ausgaben für Wohngeld festzustellen (1970: 0,6 Mrd. DM; 1989: 1,8 Mrd. DM; 1990: 3,6 Mrd. DM; 1991: 4,6 Mrd. DM). Wichtigste Ursache dafür waren die Mietsteigerungen. Dadurch verdreifachte sich das pro Empfänger gezahlte Wohngeld.

Bautätigkeit: In der BRD konnte bis Mitte der 70er Jahre eine hohe, wenn auch konjunkturell schwankende Wohnungsbautätigkeit aufrechterhalten werden. In den Jahren des »Wirtschaftswunders« wurden jährlich zumeist ca. 500000 Wohnungen, manchmal auch mehr, fertiggestellt; 1979 wurde der Höhepunkt mit 714000 Wohnungen erreicht – danach erfolgte ein grundlegender Trendwandel. In den Folgejahren ging der Wohnungsbau stetig zurück und erreichte 1988 mit 209000 neuen Wohnungen einen Tiefstand. Seitdem steigen die Fertigstellungen wieder allmählich: 1992 wurden in den alten Bundesländern 375000 Wohnungen errichtet – was freilich noch nicht an die Durchschnittsleistungen der Jahrzehnte vor der Wirtschaftskrise 1974/75 herankommt. In der DDR dauerte es demgegenüber viel länger, bis die Bauwirtschaft in Schwung kam. Die Entwicklung verlief dabei quasi entgegengesetzt zur BRD. Erst 1974, also dem Jahr des »Einbruchs der Wohnungsbautätigkeit« in der BRD, wurden mehr als 100000 Wohnungen fertiggestellt. Bis zum Zusammenbruch der DDR konnten dann kontinuierlich 110000 bis 120000 Wohnungen pro Jahr fertiggestellt werden. Danach kam der Wohnungsbau praktisch zum Erliegen. Erst ab 1993 ist in den neuen Bundesländern wieder eine Belebung der Wohnungsbautätigkeit festzustellen. Die hohen Fertigstellungszahlen in der DDR sind auf die Perfektionierung der Block- und Plattenbauweise zurückzuführen. Ab Mitte der 60er Jahre wurden fast alle Mehrfamilienhäuser, wie ansonsten auch ein großer Teil der sonstigen Zweckbauten, in dieser Montagebauweise errichtet. Die Nachteile dieser hochrationellen Bauproduktion zeigen sich aber heute in vielfältigen Baumängeln, die in den nächsten Jahren kostenintensive bautechnische Sanierungen und städtebauliche Nachbesserungen erfordern. In der BRD bildete der mehrgeschossige Mietwohnungsbau nur für kurze Zeit den Schwerpunkt des Baugeschehens. Zwar dominierten im Wohnungsneubau bis Anfang der 70er Jahre noch die Mehrfamilienhäuser. Ab 1974 wurde dann aber die Mehrzahl der Wohneinheiten als Ein- bis Zweifamilienhäuser errichtet. Erst seit den 90er Jahren werden wieder in größerem Umfang Mehrfamilienhäuser gebaut.

Sanierung: Über Jahrzehnte war in beiden Teilen Deutschlands Wohnungspolitik ausschließlich Wohnungsbaupolitik, wo insgesamt unbestreitbar beträchtliche Erfolge erreicht wurden. Zugunsten des Neubaus wurde aber der Bestand vernachlässigt. Erst seit den späten 70er Jahren in der BRD und seit den frühen 80er Jahren in der DDR begannen die Entscheidungsträger zu akzeptieren, daß »*Sanierung*« nicht mit Abriß gleichzusetzen ist, sondern daß auch Modernisierung und (behutsame) Instandsetzung dazugehören. Nicht unwesentlich ist dies den Stadtteilinitiativen und Hausbesetzungen in den späten 70er und frühen 80er Jahren zu verdanken. Ab Anfang der 80er Jahre machen die Bestandsinvestitionen in der BRD immerhin schon 1/3, ab den späten 80er Jahren sogar die Hälfte der gesamten Wohnungsbauinvestitionen aus. In der DDR gewann die sog. Rekonstruktion ab den frühen 80er Jahren an Bedeutung; der Höhepunkt der Sanierungstätigkeit wurde dann 1987 mit 15000 rekonstruierten Wohneinheiten erreicht. Dies reichte allerdings keineswegs mehr aus, um die aufgestauten gravierenden Instandhaltungs- und Modernisierungsdefizite des seit dem 2. Weltkrieg vernachlässigten Wohnungsbestands zu beheben. In den neuen Bundesländern stehen z.Z. rd. 130000 Wohnungen von Baugenossenschaften und kommunalen Baugesellschaften leer, zum größten Teil wegen Unbewohnbarkeit.

2. Wohnungspolitik

Die folgende Darstellung beschränkt sich auf die Grundlinien der bundesdeutschen Wohnungspolitik. Die Politik der DDR wird deswegen ausgeklammert, wel sie wahrscheinlich für die zukünftigen Entwicklungen im vereinigten Deutschland keine wesentliche Einflußgröße sein wird.

Drei Eckpfeiler der Wohnungspolitik: Die einkommensschwachen, kinderreichen und arbeitslosen Bevölkerungsgruppen, insbesondere die Zielgruppen der Sozial- und Jugendhilfe sind besonders auf preisgünstigen Wohnraum angewiesen. Auf dem freien Wohnungsmarkt sind sie gegenüber den sozial abgesicherten und zahlungskräftigeren Bevölkerungsgruppen deutlich benachteiligt, v.a. hinsichtlich der Wohnungsvergabe, Wohnungsausstattung und -qualität, Wohnungslage sowie der Infrastrukturausstattung des Wohnumfeldes.

Dieses Auswahl- und Ausgrenzungsprinzip ist im System der freien Wohnungswirtschaft selbst angelegt. Wohnungspolitischer Leitgedanke in der BRD ist, daß der Lebensbereich »Wohnen« grundsätzlich marktwirtschaftlich zu organisieren sei. Die öffentlichen Interventionen konzentrieren sich auf das Marktsegment »sozialer Wohnungsbau« und sind zeitlich befristet. Dementsprechend werden öffentliche Zweckbindungen für Sozialwohnungen zeitlich bis zur Tilgung der öffentlichen Darlehen begrenzt. So wurde auch die »Zwangswirtschaft« der Mietpreisbindung im freifinanzierten Bestand schrittweise abgeschafft, um die Produktion von freifinanzierten Mietwohnungen wieder für private Investoren attraktiv zu machen. Zusätzliche Produktionsanreize für Investoren schafft eine Palette von Steuererleichterungen, die aus der Wohnung ein steuerlich privilegiertes Investitionsgut machen und die Renditeaussichten verbessern. Eventuelle soziale Mißstände, die dadurch entstehen, sollen durch das Wohngeldsystem abgemildert werden.

Die Zielsetzungen der 3 »Eckpfeiler« der Wohnungspolitik in der BRD – sozialer Wohnungsbau, *Wohngeld* und Steuererleichterungen für Eigentümer – sind allerdings recht unterschiedlich und widersprüchlich: Der soziale Wohnungsbau wird als »Versorgungspolitik« zugunsten von Schichten mit unterem und mittlerem Einkommen verstanden. Das Wohngeld gilt als Bestandteil der »Verteilungspolitik« zur Stärkung der effektiven Nachfrage der unteren Einkommensgruppen mittels Transferleistungen (*Soziale Sicherung*). Die Steuererleichterungen zur Förderung des Wohneigentums und des freifinanzierten Mietwohnungsbaus wiederum gelten als Bestandteil der »Vermögenspolitik« und richten sich insgesamt eher an die höheren Einkommensgruppen. Von diesen 3 wohnungspolitischen Eckpfeilern ist das Wohngeld das einzige Instrument, das relativ treffsicher die ärmeren Schichten bei den Wohnkosten unterstützt.

Die veränderte Gewichtung dieser 3 Eckpfeiler der Wohnungspolitik, auf die ingesamt etwa 75% der Mittel der gesamten Wohnungsförderung verwendet werden, illustriert zugleich den Wandel der bundesdeutschen Gesellschaft. 1970 spielte der soziale Wohnungsbau, auf den insgesamt ca. 60% der Mittel für die Wohnungsförderung verwendet wurden, noch die Hauptrolle. Demgegenüber wurden auf Wohneigentum nur 28% und auf das Wohngeld nur 11% der Mittel der Wohnungsförderung (insgesamt 5,4 Mrd. DM) verwendet. Mit dem Abbau der Subventionen im sozialen Wohnungsbau flossen dann aber immer größere Summen in die Interventionsbereiche »Wohngeld« und »Eigentumsförderung«. 1992 wurden nur noch 30% der Wohnungsfördermittel (von insges. 20 Mrd. DM) für die Wohnungsbauförderung, dagegen 33% für Steuererleichterungen und 36% für Wohngeld verwendet. Wem kommt diese Wohnungsförderung nun faktisch zugute? Sozialwohnungen werden überwiegend von Haushalten mit mittlerem Einkommen bewohnt; arme Haushalte sind deutlich unterrepräsentiert. Das Wohngeld ist demgegenüber ein zielgenaueres Instrument zugunsten der einkommensschwachen Schichten. Von Steuererleichterungen profitieren, wegen der einkommensabhängigen Progression, aber wieder v.a. die höheren Einkommensgruppen. Die populäre Behauptung, die Wohnungspolitik sei insgesamt »sozial« orientiert, diene also vorrangig der Wohnungszuteilung an Bedürftige und der Umverteilung zugunsten niedriger

Einkommensgruppen, ist spätestens seit dem Ende der sog. Wohnungszwangswirtschaft zur Wunschvorstellung geworden. Im folgenden werden die »drei Eckpfeiler der Wohnungspolitik« nun noch genauer dargestellt.

Sozialer Wohnungsbau: Bis Mitte der 60er Jahre war der soziale Wohnungsbau der primäre Motor des wohnungswirtschaftlichen Wiederaufbaus. Die meisten Fertigstellungen von Wohnraum erfolgten innerhalb dieses Wohnungsmarktsegments. Ab den späten 60er Jahren sanken dann (u.a. wegen der allmählich ungünstigeren konjunkturellen Bedingungen) die Fertigstellungen erstmals unter 200000 Wohnungseinheiten pro Jahr – seitdem wurde der soziale Wohnungsbau schrittweise reduziert. Zwar war 1966 noch ein neuer sog. 2. Förderungsweg eingeführt worden, mit 40% höheren Einkommensgrenzen und Priorität bei der Eigentumsbildung; doch wurde der insgesamt rückläufige Trend dadurch nicht aufgehalten. Im Gegenteil: der ursprüngliche soziale Wohnungsbau, jetzt »1. Förderungsweg« genannt, bei welchem der Kernbestand für die Zielgruppe einkommensschwacher Familien zu finden war, wurde jetzt noch rascher eingeschränkt.

Anfang der 80er Jahre wurden insgesamt jährlich nur noch rd. 100000 Sozialwohnungen erstellt, zu gleichen Anteilen im 1. und 2. Förderungsweg. Durch diesen Abbau der Bundesförderung erreichte dann der öffentlich geförderte Wohnungsbau im Jahr 1988 einen Tiefstand – mit nur 40000 errichteten Wohneinheiten. In den darauffolgenden Jahren war dann wieder ein Aufwärtstrend zu verzeichnen, nicht zuletzt wegen der Einführung eines 3. Förderungswegs – der sog. vereinbarten Förderung – im Jahr 1989, wonach die zu versorgenden Zielgruppen und die Laufzeiten der Bindungen noch flexibler gestaltet werden können (insbes. durch hohe Einkommensgrenzen und durch kurze Bindungen von 7–10 Jahren). In den frühen 90er Jahren machte der 3. Förderungsweg etwa 40% der Bewilligungen im sozialen Wohnungsbau aus.

Die größten Probleme des gegenwärtigen sozialen Wohnungsbaus bestehen in der Reduzierung des sozialen Mietwohnungsbestands und der Lockerung der Sozialbindung. Grundsätzlich gilt die Sozialbindung, d.h. die Vermietung nur an gesetzlich definierte Wohnungsberechtigte mit bestimmten Einkommensgrenzen, bis zur Rückzahlung der öffentlichen Förderung. Die 30jährigen Darlehen für die Sozialwohnungen der ersten Nachkriegszeit sind inzwischen getilgt worden – diese Wohnungen gehen damit im freifinanzierten Wohnungsbestand auf. Hinzu kommt, daß Anfang der 80er Jahre den Investoren die Möglichkeit eröffnet wurde, die öffentlichen Mittel vorzeitig zurückzuzahlen. Eine Folge dieser Liberalisierungspolitik ist die beschleunigte Reduzierung des sozialen Wohnungsbestands, die höher als der Zugang durch Wohnungsneubau ist. Die Sozialbindung entfällt gegenwärtig vorrangig in den (überwiegend in den 50er und 60er Jahren gebauten) Wohnungsbeständen mit besseren städtebaulichen Qualitäten, z.B. den zentrumsnahen Siedlungen mit 2–3geschossiger Zeilenbauweise, Grünflächenanbindung und gewachsener Infrastruktur. Dadurch werden bald die stadträumlich peripheren Großsiedlungen als Belegungsreserve für Sozialwohnungsberechtigte überwiegen. Bei Fortführung dieser Nettoverluste würden in den alten Bundesländern bis zum Jahr 2000 nur noch ca. 1 Mio. Sozialwohnungen übrig bleiben – eine beachtliche Desinvestition.

Wohngeld: Das Wohngeld wird Mieter-Haushalten mit niedrigem Einkommen als Zuschuß zur Reduzierung der Mietbelastung gewährt; maßgeblich sind die Höhe des Familieneinkommens, die Haushaltsgröße und die Höhe der Wohnkosten. Bewohner von eigengenutzten Eigentumswohnungen können ebenfalls Wohngeld, i.S. eines »Lastenzuschusses«, erhalten. Die anzurechnenden Höchstgrenzen der zuschußfähigen Wohnkosten variieren je nach Region. Für Bewohner von Neubauten gelten höhere Höchstgrenzen. Bis zur Wiedervereinigung, und noch stärker danach, ist ein rascher Anstieg der Wohngeld-Ausgaben festzustellen; die Steigerung wird aus folgenden Zahlen deutlich: 1970 – 0,6 Mrd. DM; 1980 – 1,8 Mrd. DM; 1990 – 3,6 Mrd. DM; 1991 – 4,6 Mrd. DM. Verantwortlich sind dafür v.a. die steigenden Mieten, wodurch der pro Empfänger gezahlte durchschnittliche Wohngeldbetrag verdreifacht wurde. In den neuen Bundesländern ist das Wohngeld zu einem der wichtigsten Instrumente der Wohnungspolitik geworden, um die raschen Mietsteigerungen bei den unteren Einkommensgruppen abzumildern (inzwischen sind 1/3 der Haushalte im Beitrittsgebiet auf Wohngeld angewiesen).

Das Wohngeld ist ein relativ leicht überschaubares System, mit eindeutigen Rechtsansprüchen, klaren Verordnungen und begrenztem Spielraum für behördliche Ermessensentscheidungen. Dennoch halten sich noch viele Berechtigte, insbesondere in den neuen Bundesländern, mit Anträgen auf Wohngeld zurück, weil dieses häufig noch mit der stigmatisierenden Sozialhilfe gleichgesetzt wird. Das Wohngeldsystem hat zwei Nachteile: Es hat nur Auswirkungen für die Nachfrageseite, aber kaum für die Bauproduktion. Außerdem erleichtert es nicht ohne weiteres den Wohnungszugang. Es sichert höchstens den Verbleib in der Wohnung, wenn sich das Haushaltseinkommen verringert.

Eigentumsförderung: Während der soziale Wohnungsbau allmählich an Bedeutung verliert, steigt der Umfang der öffentlichen Subventionierung des Wohneigentums. Die staatliche Förderung des Wohneigentums erfolgt überwiegend über Steuererleichterungen, die beim Erwerb von Eigentumswohnungen bzw. Eigenheimen gewährt werden – v.a. über steuerliche Sonderabschreibungen, über das sog. Baukindergeld und über Grundsteuervergünstigungen (der entsprechende Förderaufwand lag im Jahr 1992 – in derselben Reihenfolge – bei 5 Mrd. DM, 1,2 Mrd. DM und 0,7 Mrd. DM). Dabei spielen die Sonderabschreibungsregelungen nach § 10e (früher § 7b) des Einkommensteuergesetzes die wichtigste Rolle. Anfang 1987 trat eine Neuregelung in Kraft, welche die steuerliche Begünstigung mittels Sonderabschreibungen für die

Erwerber von Wohneigentum wesentlich verbesserte: Es entfiel die pauschale Besteuerung des Nutzungswerts der eigengenutzten Wohneinheit; die Höchstgrenze für Sonderabschreibungen wurde schrittweise auf 330000 DM erhöht; die Abschreibungssätze wurden auf jährlich 5–7% für den Zeitraum von 10 Jahren nach dem Erwerb heraufgesetzt. Dies erlaubt einen Abzug von der Steuerbemessungsgrundlage bis zur Höhe von jährlich 16500 DM bzw. 19800 DM.

Die Wohnungsförderung über Steuererleichterungen begünstigt tendenziell Haushalte mit höherem Einkommen, weil der Barwert der Förderung vom jeweiligen Grenzsteuersatz abhängt. Gemessen am gesamten Steueraufkommen hat diese Förderungsform eher regressive Umverteilungswirkungen, d.h. sie fördert die Umverteilung von niedrigen an höhere Einkommensgruppen. Während im sozialen Wohnungsbau die sog. Fehlbelegungs-Problematik (besser: die Fehlsubventionierung) ein bisher noch nicht zufriedenstellend gelöstes wohnungspolitisches Dauerthema darstellt, wird die zusätzliche Begünstigung von wohlhabenden Haushalten durch die Eigentumsförderung – auch sozialpolitisch gesehen eine Fehlsubventionierung – nur selten erörtert. Nur das »Baukindergeld« – das den Abzug von jährlich 1000 DM pro Kind von der Steuerschuld zuläßt – hat keine derartigen regressiven Wirkungen.

Haushalte mit niedrigem Einkommen können von dieser Wohneigentumsförderung mittels Steuererleichterungen kaum profitieren, und Nichterwerbstätige, die keine Steuern zahlen, überhaupt nicht. Außerdem liegen die Preise für Eigenheime inzwischen so hoch, daß sie für Haushalte mit niedrigem Einkommen unerschwinglich bleiben. Dies verdeutlicht die stagnierende Eigentumsquote bei den einkommensschwächeren Haushalten. Die derzeitige Förderung von Wohneigentum hilft dementsprechend auch kaum jungen Familien in der Aufbauphase mit Kleinkindern, für die ein Haus mit Garten bessere Spiel- und Entfaltungsmöglichkeiten bieten könnte. Junge Ehepaare mit Kindern sind bei den Wohnungseigentümern deutlich unterrepräsentiert. Das Wohneigentum ist also, entgegen der populären Behauptung, kein besonders familienfreundliches wohnungspolitisches Instrument.

Soziale Folgen der marktwirtschaftlichen Wohnungspolitik: Infolge der veränderten Förderkonzeption bleibt der Bestand an sozialen Mietwohnungen immer weiter hinter dem steigenden Bedarf zurück: Der soziale Wohnungsbau reicht nicht aus, um die skizzierten Abgänge im sozialen Wohnungsbestand auszugleichen. Außerdem werden im Altbaubestand zunehmend Mietwohnungen in Eigentumswohnungen umgewandelt, wodurch sich der vergleichsweise preiswertere Mietwohnungsbestand weiter reduziert. Seit der Erweiterung der Eigentumsförderung nach § 7b des Einkommenssteuergesetzes im Jahr 1977 auf den Erwerb von Wohnungen aus dem Bestand ziehen kaufkräftigere Haushalte verstärkt in die alten innerstädtischen Wohnquartiere. Der Wohnungsumwandlung gingen häufig umfassende Modernisierungsmaßnahmen und Infrastrukturverbesserungen voraus. Diese Verbesserung der Wohnqualität war aber mit einer schrittweisen Verdrängung der einkommensschwächeren Haushalte verbunden, die nun verstärkt um den schrumpfenden Bestand an preiswerten Mietwohnungen konkurrieren müssen. Rentnerhaushalte, Einkommensschwache, kinderreiche Familien, Ausländer, Nichterwerbstätige, Alleinerziehende und junge Menschen sind von dieser Entwicklung am stärksten betroffen. Von der traditionellen Wohnstatistik auf Bundesebene werden diese Entwicklungstendenzen kaum registriert.

Im Zusammenhang mit diesen skizzierten Entwicklungslinien einer kaum »sozial« orientierten Wohnungspolitik ist in den Regionen mit hoher Wohnungsknappheit seit Anfang der 80er Jahre wieder ein Anstieg der Obdachlosigkeit (*Obdachlosenhilfe*) festzustellen. Nach den Angaben der Bundesarbeitsgemeinschaft für Wohnungslosenhilfe ist die Zahl der akut Wohnungslosen inzwischen auf ca. 1 Mio. geklettert (davon ca. 800000 in den alten und 200000 in den neuen Bundesländern). Die praktischen Gegenmaßnahmen der Kommunen sind höchst unterschiedlich gestaltet, denn es gibt keine für alle Gemeinden gültigen Richtlinien zur Vorbeugung und Abhilfe bei Obdachlosigkeit. Ein »Bürgerrecht auf Wohnung« fehlte bisher – jetzt steht es allerdings in den Verfassungen einiger neuer Bundesländer. Es ist zu hoffen, daß dies in naher Zukunft auch politisch-praktische Konsequenzen haben wird.

Aufgabenfelder für die SozArb/SozPäd: Wie durch zahlreiche Projekte sowie Bewohnerinitiativen in Berlin und in mehreren westdeutschen Großstädten gezeigt wird, gibt es vielfältige Möglichkeiten, durch eine unkonventionelle Bauförderung, insbesondere i.V.m. baulicher Eigenarbeit der Bewohner sowie durch Einbeziehung von lokalen Beschäftigungs- und Qualifizierungsprojekten für Arbeitslose, den spekulations- und verfallsbedrohten Wohnraum kostengünstig zu erneuern und neuen Wohnraum zu schaffen. In diesem Zusammenhang können SozArb/SozPäd zunächst eine wichtige Aufgabe übernehmen, indem sie die gesellschaftlich benachteiligten Bewohnergruppen, insbesondere die Zielgruppen der *Sozial- und Jugendhilfe*, über die Anforderungen und Chancen der von ihnen leistbaren Selbsthilfearbeiten informieren und deren individuelle und gemeinschaftliche Selbsthilfemotivation und -fähigkeit fördern (*Selbsthilfe/Selbstorganisation*).

Ein weiteres sozialpädagogisches Aufgabenfeld stellen gemeinwesenintegrierte Wohnformen dar, insbesondere für Gruppen, die traditionell in »Institutionen« untergebracht werden. Dazu gehören z.B. gemeinschaftliche Wohnprojekte für einzelne Bewohnergruppen, ältere Menschen, Behinderte, benachteiligte Jugendliche, Wohnungslose und sonstige Sozialwohnungs-Berechtigte, welche die zunehmende räumliche und gruppenspezifische Segmentierung der Gesellschaft und familiale Desintegration zu kompensieren versuchen. Wohnungspolitische Themen sind aber auch generell für die in der Stadtteil- und *Gemeinwesenarbeit* tätigen Fachkräfte der SozArb relevant: die kleinräumigen Zusammenschlüsse von Menschen, die sich um eine Verbesserung der Lebensbedingungen in ihrer eigenen Nachbarschaft bemühen, basieren oft auf gemeinsamen Interessen bezüglich ihrer Wohnsituation, z.B. als Sanierungsbetroffene im Altbauquartier, als Mieter derselben Wohnungsbaugesellschaft usw. Hier bestehen viele Parallelen zur Arbeit von Mietervereinen (von der individuellen Rechtsberatung, über die Thematisierung von Stadtteilproblemen, bis zu allgemeineren wohnungspolitischen Problemen, die auf der Ebene der Gemeinde-, Landes- und Bundespolitik gelöst werden müssen). SozArb/SozPäd können innerhalb dieser »Wohnberatung« aufgrund ihres Qualifikationsprofils sinnvoll und umfassend tätig werden.

Ph. Potter/G. Buck

Literatur: M. Alisch/J. Dangschat: Die solidarische Stadt, Darmstadt 1993; J. Brech/J. Bärsch (Hrsg.): Das Ende der Normalität im Wohnungs- und Städtebau, Darmstadt 1993; U. Herlyn/U. Lakemann/B. Lettko: Armut und Milieu. Benachteiligte Bewohner in großstädtischen Quartieren, Basel 1991; H. Mair/J. Hohmeier (Hrsg.): Wohnen und soziale Arbeit, Opladen 1993; D. Schubert (Hrsg.): Sozial Wohnen, Darmstadt 1991; K. Selle (Hrsg.): Mit den Bewohnern die Stadt erneuern, Dortmund 1991; R. Stimpel: Der verbaute Markt, Frankfurt/M. 1990.

Wohngeld

1. W. ist ein staatlicher Zuschuß zu den Kosten für Wohnraum (*Wohnen*). Rechtliche Grundlage ist das Wohngeldgesetz (WoGG). Die letzte Anhebung der Wohngeldleistungen erfolgte mit der 8. Wohngeldnovelle zum 1.10.1990. Seit dem 1.1.1991 gilt das Wohngeldrecht grundsätzlich auch in den neuen Ländern, einzelne Vorschriften sind hier allerdings dem Mieten- und Einkommensniveau angepaßt. Seit dem 1.4.1991 erhalten Empfänger laufender Leistungen von Hilfe zum Lebensunterhalt nach dem *Bundessozialhilfegesetz* oder der Kriegsopferfürsorge pauschaliertes W. Sie brauchen keinen gesonderten Antrag auf W. zu stellen. Das zuständige *Sozialamt* bewilligt automatisch W.

2. Mieter von Wohnraum – das kann eine Wohnung oder auch nur ein Zimmer sein – haben einen Rechtsanspruch auf W. als Mietzuschuß, Eigentümer eines Hauses oder auch einer Eigentumswohnung auf W. als Lastenzuschuß, wenn der Wohnrauminhaber den Wohnraum selbst bewohnt. Ob und in welcher Höhe ein Wohngeldanspruch besteht, ist abhängig von der Zahl der zum Haushalt gehörenden Familienmitglieder, von der Höhe des Familieneinkommens und der Höhe der zuschußfähigen Miete.
Zu den zum Haushalt gehörenden Familienmitgliedern zählen neben dem Ehegatten und den Kindern – einschließlich Adoptiv- und Pflegekindern – alle anderen Verwandten und Verschwägerten wie Geschwister, Onkel, Tante, Großeltern, Schwiegereltern usw. Auch bei vorübergehender Abwesenheit, etwa bei Krankenhausaufenthalt, bei Wehr- bzw. *Zivildienst* oder bei auswärtigem Studium zählt man weiterhin zum Haushalt. Nicht dazu gehören Personen, die in der gleichen Wohnung leben, aber nicht verwandt oder verschwägert sind, etwa Mitglieder von Wohngemeinschaften.
Für die Ermittlung des Familieneinkommens gibt es spezielle Vorschriften im Wohngeldgesetz. Zum Familieneinkommen zählen grundsätzlich alle Einnahmen, die üblicherweise zum Lebensunterhalt dienen. Vom Bruttobetrag des Erwerbseinkommens werden Pauschbeträge für Sozialversicherungsbeiträge und Steuern abgesetzt. Es gibt Freibeträge für Familienmitglieder und besondere Personengruppen, gesetzliche Unterhaltsverpflichtungen werden berücksichtigt. Im übrigen gibt es einen Katalog einzeln aufgezählter Einnahmen, die nicht berücksichtigt werden.
Die Höhe der zuschußfähigen Miete ist grundsätzlich die Kaltmiete einschließlich der Mietnebenkosten – aber ohne Heizkosten, Kosten für Möblierung usw. Die Höhe der zuschußfähigen Miete richtet sich nach der Zahl der Familienmitglieder, dem örtlichen Mietpreisniveau, der Bezugsfertigkeit und der Ausstattung der Wohnung. Das örtliche Mietpreisniveau wird in einer Spannbreite von 15% unter dem bundesdurchschnittlichen Mietpreisniveau bis 25% darüber berücksichtigt. Der Höchstbetrag der zuschußfähigen Miete ergibt sich aus der Tabelle von § 8 Wohngeldgesetz. Diese Tabelle kann im übrigen auch bei anderen pauschalierten Mietpreisberechnungen als Orientierungsrahmen dienen, etwa in der *Sozialhilfe* oder bei anderen Berechnungen einkommensabhängiger Leistungen.
Die Höhe des Lastenzuschusses bei Haus- bzw. Wohnungseigentümern richtet sich an Stelle der Miete nach den Hauskosten, v.a. dem Kapitaldienst – Zinsen und Tilgung – sowie den Bewirtschaftungskosten.
W. wird auf Antrag bewilligt, i.d.R. für einen Bewilligungszeitraum von 12 Monaten. Für das Verwaltungsverfahren gelten die allgemeinen Vorschriften des *Sozialgesetzbuch*es.

3. Im Jahr 1990 – neuere statistische Daten liegen leider nicht vor – haben 1,774 Mio. Haushalte in den alten Bundesländern W. erhalten, das sind 6,3% aller Haushalte. Die Aufwendungen dafür betrugen rd. 3,6 Mrd. DM, die je zur Hälfte vom Bund und den Ländern getragen werden. 93% erhalten einen Miet-, 7% einen Lastenzuschuß. Typischerweise sind die Empfänger des Lastenzuschusses *Familien* mit mehreren Kindern (ca. 70%), während der Mietzuschuß v.a. an 1- und 2-Personen-Haushalte (ca. 70%) gezahlt wird, besonders an Nicht-Erwerbstätige wie Rentner. Das berücksichtigte Mietniveau lag 1990 im Durchschnitt bei 7,28 DM pro qm, es streute zwischen 5,62 DM und 9,53 DM. In über 40% der Fälle überschritt die tatsächlich gezahlte Miete die Mietobergrenze. Die durchschnittliche Leistung betrug 156 DM pro Monat, damit wurden rd. 1/3 der Wohnungskosten abgedeckt. Die Anhebung der Wohngeldleistungen hat mit der Mietpreisentwicklung nicht Schritt gehalten. Von 1986–1990 stieg der durchschnittliche Wohngeldan-

spruch von 144 DM auf 156 DM (8,3%). Demgegenüber stiegen die Mieten im gleichen Zeitraum um 10,5%.

In den neuen Ländern wurde W. zunächst nur geringfügig in Anspruch genommen. Nach der Mietenreform und den erheblichen Mietpreissteigerungen gab es einen sprunghaften Anstieg der Wohngeldempfänger. Im Dezember 1991 erhielten 1,784 Mio. Haushalte nur in den neuen Ländern W., davon 88% als Mietzuschuß und 12% als Lastenzuschuß. *G. Wenzel*

Literatur: R. Buchsbaum: Wohngeldrecht. Kommentar, Loseblatt-Ausgabe, Köln; R. Lenhard: Das neue Wohngeldrecht, München [3]1993; Wohngeld, Fachserie 13, Reihe 4, jährliche Ausgabe, Statistisches Bundesamt, Wiesbaden.

Wohnungslosenhilfe (WH.)

WH. ist innerhalb der sozialen Dienste ein Teilbereich der *Obdachlosenhilfe*. Die Ansätze der WH. richten sich dabei an die spezifische Zielgruppe jener Menschen, die tatsächlich keine Verfügungsmöglichkeit über eigenen oder zugewiesenen Wohnraum haben.

Beim Versuch, diese Zielgruppe zu beschreiben, stößt man auf eine ganze Reihe unterschiedlicher Begrifflichkeiten, die teilweise synonym gebraucht werden (Nichtseßhafte, alleinstehende Wohnungslose), teilweise aber auch (subkulturell abgegrenzte) Untergruppen bezeichnen (Stadtstreicher, Treber, Sandler, Berber, Penner etc.).

Gemeinsames Merkmal aller Wohnungslosen ist, daß sie die Endphase eines Prozesses sozialer Desintegration erreicht haben – eines Prozesses mit zwar individuell unterschiedlichen Auslösern, Einflußgrößen und Verlaufsgeschwindigkeiten, aber eben mit dem Endergebnis der Wohnungslosigkeit. In ihrer idealtypischen, jedermann aus eigenem Augenschein bekannten Form, ist Wohnungslosigkeit als »Leben auf der Straße« zu beschreiben: Männer und Frauen jeder Altersgruppe, die, meist in Gruppen oder Grüppchen, die Tage in Parkanlagen oder Fußgängerzonen der Städte verbringen, ihre Habe oft in Plastiktüten mit sich führend, und die Nächte buchstäblich unter freiem Himmel, auf Parkbänken, Lüftungsschächten oder unter Brücken zubringen. Die BAG Wohnungslosenhilfe schätzte die Zahl der solcherart Wohnungslosen im November 1993 bundesweit auf ca. 40000–45000.

Auf diese sichtbare Ausprägung der Wohnungslosigkeit folgen regelmäßig drei ebenso typische Reaktionsmuster der öffentlichen und veröffentlichten Meinung (und infolgedessen auch der Kommunalpolitik): 1. die Abhandlung des Themas in Law-and-Order-Manier, d. h. mit Forderungen und Konzepten, das Stadtbild von »solchen Elementen« zu befreien. Die Stammtischparole von den »Arbeitshäusern«, die man hierfür nur einzurichten brauche, wirkt bis hinein in die Kommunalparlamente. 2. gibt es das genauso unstimmige und unreflektierte Gegenstück zu dieser Sichtweise, die romantisierende These vom »Clochard«, der das Leben außerhalb der bürgerlichen Gesellschaft freiwillig und bewußt gewählt hat und eine eigene Art von Würde in *Armut*, aber in Freiheit von allen Konventionen, gefunden hat. 3. wiederholen sich jährlich zu Beginn der Kälteperiode in den seriösen Medien die Berichte über das Schicksal der Wohnungslosen im Winter, die Betroffenheit und nicht selten auch Hilfsbereitschaft (in Form von Spenden) hervorrufen sollen.

Eine weitergehende, analytische Beschäftigung mit dem Phänomen der Wohnungslosigkeit findet außerhalb der eng begrenzten Fachöffentlickeit der WH. so gut wie nicht statt. Diese Fachöffentlichkeit (v.a. die mit WH. beschäftigten Mitarbeiter der Wohlfahrtsverbände) hat sich in der BAG und auf Länderebene in den LAGs Wohnungslosenhilfe organisiert und versucht auf diese Weise, fachpolitische Lobbyarbeit für die Wohnungslosen und die WH. zu leisten.

Für die Entwicklung von Ansätzen der WH. bedarf es einer gründlichen Beschäftigung mit den Ursachen und Bedingungen, die zu Wohnungslosigkeit führen. Dabei ist zum einen zu berücksichtigen, daß Wohnungslosigkeit quasi eine »verschärfte« Form der Obdachlosigkeit darstellt (und umgekehrt Obdachlosigkeit bekämpfte bzw. verhinderte Wohnungslosigkeit ist), zum anderen ist der Prozeßcharakter der Wohnungslosen-»Karriere« zu beachten und zu analysieren.

Bei dieser Sichtweise wird deutlich, daß Wohnungslosigkeit das Endprodukt der gleichen gesellschaftlichen (Fehl-)Entwicklungen ist, die auch Obdachlosigkeit bewirken: Wichtigste Einflußgröße ist die Lage auf dem Wohnungsmarkt; die Obdachlosenzahlen und damit auch die Wohnungslosenzahlen sind direkt abhängig von der Fähigkeit des Marktes, die Nachfrage nach preiswertem Wohnraum zu befriedigen. Die Vergangenheit hat erwiesen, daß in diesem Sektor des Wohnungsmarktes in der BRD fast durchgängig eine Unterversorgungssituation vorherrscht; Phasen der relativen Entspannung sind selten und immer nur von kurzer Dauer. Zu Beginn der 90er Jahre hat sich die Krise auf dem Wohnungsmarkt noch verschärft: Die Zahl der preiswerten Sozialwohnungen ist rückläufig, Baupreise und Mieten steigen überproportional, zugleich steigt die Nachfrage nach preiswertem Wohnraum (zu Wohnungsmarkt und Wohnungspolitik s. auch bei *Obdachlosenhilfe*).

Zeitgleich mit dieser Entwicklung findet in der BRD ein Ausgrenzungs- und Verarmungsprozeß statt, der auf immer breitere Bevölkerungsschichten übergreift. Ein »Sockel« von ca. 5% *Arbeitslosigkeit* auch in konjunkturell guten Zeiten ist seit Mitte der 80er Jahre »normal«, weitere mindestens 5% der Bevölkerung sind im *Sozialhilfe*bezug, dazu kommt eine unbekannte Anzahl von Kleinrentnern und Beziehern kleiner Arbeitseinkommen, die durch Überschuldung oder zu hohe Wohnungskosten unter die Armutsgrenze gedrückt werden. Alles in allem ergibt sich ein Szenario, das die These von der »Zwei-Drittel-Gesellschaft« bestätigt.

Die Verbindung des angespannten Wohnungsmarktes mit dem skizzierten Verarmungsprozeß »produziert«

Obdachlosigkeit und stellt somit auch das Bedingungsgefüge für das Entstehen von Wohnungslosigkeit dar (Iben 1989).
Nun ist zu fragen, warum die Obdachlosenhilfe nicht »flächendeckend« greift, d.h. warum nicht alle Obdachlosen mit Unterkünften versorgt werden können. Dies ist offensichtlich kein Mengenproblem – die zusätzlichen Betten, um alle Wohnungslosen unterzubringen, könnte die Obdachlosenhilfe ohne große Probleme beschaffen bzw. sie besitzt diese Kapazitäten i.d.R. bereits, in Form von Asylen bzw. Notunterkünften, die im Winter bei Frostperioden auch regelmäßig aktiviert werden, um das Erfrieren von Wohnungslosen »auf der Straße« zu verhindern.
Das Spektrum der Ansätze der Obdachlosenhilfe scheint vielmehr für die Gruppe der Wohnungslosen nicht problemadäquat zu sein. Hierfür werden meist die Wohnungslosen selbst verantwortlich gemacht: Sie seien psychisch und sozial soweit destabilisiert und desintegriert, zudem fast durchgängig schwer alkoholabhängig (*Alkoholismus*), so daß sie die auf Reintegration zielenden Angebote der Obdachlosenhilfe nicht wahrnehmen wollen und können. Die Konzepte der WH. beschränken sich dementsprechend oft auf das »klassische« Asyl als moralisch gebotene Überlebenshilfe.
Diese Argumentation ist mit Sicherheit zu undifferenziert, weil sie die verschiedenen Prozeßbedingungen der »Wohnungslosenkarrieren« nicht berücksichtigt. Alleinstehende werden z.B. nicht nur deshalb schneller zu Wohnungslosen, weil sie sozial isoliert sind, sondern auch wegen der Familienorientierung der Obdachlosenhilfe, die bei alleinstehenden Männern oft gar nicht erst große Anstrengungen unternimmt (in den Genuß der vorbeugenden Obdachlosenhilfe kommen fast ausschließlich Familien, die Unterbringung erfolgt bei Familien i.d.R. in Wohnungen, bei Alleinstehenden in Pensionen oder gleich im Asyl).
Bei Befragungen bzw. Fallstudien unter Wohnungslosen wird außerdem oft eine weitgehende Unkenntnis der vorhandenen – auch präventiven – Hilfsansätze festgestellt: Es gibt immer wieder Fälle, in denen die Betroffenen aus ihrer bürgerlichen Existenz heraus durch biographische Brüche (Verlust des Partners und/oder des Arbeitsplatzes) quasi »im freien Fall« an allen sozialen Diensten vorbei »auf der Straße« landen. Schließlich ist zu fragen, ob das Angebot der WH. nicht – orientiert an der Befindlichkeit ihrer Klientel – entsprechend niedrigschwellig gestaltet werden kann.
Der Mangel an Hilfen liegt also keineswegs nur daran, daß sich Wohnungslose nicht helfen lassen wollen oder können; er liegt auch an der nicht adäquaten Ausgestaltung der Hilfen. Die Anforderungen an eine sinnvolle und zielgerichtete WH. lassen sich aus diesen Erkenntnissen ableiten: 1. könnte es sich lohnen, eine »präventive WH.« zu entwickeln i.d.S., daß sich die Obdachlosenhilfe (und »benachbarte« soziale Dienste bis hin zum *Allgemeinen Sozialdienst*) mehr als bisher auch erwachsenen Alleinstehenden zuwenden, was freilich ein Kapazitätsproblem mit sich bringt. Ebenfalls präventiv würden alle Anstrengungen wirken, das Netz der sozialen Dienste bekannter, transparenter, bürgernäher und leichter zugänglich zu machen – wer noch nie mit dem ASD oder der Obdachlosenhilfe zu tun hatte, der weiß nicht nur nicht, wo er diese Dienste findet, er weiß u.U. gar nichts von ihrer Existenz. Das wichtigste Stichwort bei der Entwicklung von WH. dürfte die Niedrigschwelligkeit der Hilfen sein. Diese ist beim Standardangebot der WH., den Asylen, weitgehend gegeben. Allerdings gibt es auch im Asylbetrieb häufig offene oder unterschwellige Erwartungen an die *Klienten*, bestimmte Verhaltensregeln einzuhalten und weiterreichende Angebote anzunehmen (dauerhafter Aufenthalt, Teilnahme an der »Arbeitstherapie« usw.), die manches Mitglied der Wohnungslosenszene von der Institution Asyl abhalten.
Asylangebote dürften bundesweit flächendeckend und in ausreichender Anzahl vorhanden sein bzw. leicht einzurichten sein. Die Übernachtungsmöglichkeit allein reicht aber nicht aus, wenn die WH. das Ziel verfolgt, nicht nur das Überleben ihrer Klientel zu sichern, sondern auch Lebensperspektiven zusammen mit den Betroffenen zu entwickeln. Dann müssen die Übernachtungsangebote verknüpft sein mit ebenso niedrigschwelligen Tagesaufenthaltsräumen (Wärmestuben) mit Essensversorgung und – idealerweise – hygienischer und medizinischer Grundversorgungsmöglichkeit. Weitere sinnvolle Ansätze, allerdings in der Praxis der WH. noch kaum realisiert, wären *Streetwork* im Wohnungslosenbereich und Tagesjobangebote auf freiwilliger Basis (ohne den Sanktionscharakter der Arbeitstherapien). Modellprojekte auf diesem Gebiet sind z.B. die von Wohnungslosen selbst produzierten und vertriebenen Stadtmagazine »Hinz und Kunzt« (Hamburg) und »Biss« (München).
Schließlich wäre es ein mit Sicherheit spannendes Projekt, das *Selbsthilfe- und Selbstorganisation*spotential der Wohnungslosenszene einmal auszuloten, z.B. indem man einer Gruppe von Wohnungslosen entsprechend ausgestattete Räume überläßt und diese selbst die Art der Nutzung und die Regeln des Zusammenlebens bestimmen können. *D. Maly*

Literatur: R. Donner: ... und segne, was Du uns bescheret hast. Obdachlos in Deutschland, Berlin 1993; G. Iben: Armut der Obdachlosen und Nichtseßhaften, in: Blätter der Wohlfahrtspflege 11/12/1989; N. Preusser: ObDach, Weinheim/Basel 1993; T. Specht: Die Situation der alleinstehenden Wohnungslosen in Hessen, Frankfurt/M. 1985.

Weitere Literatur bei *Obdachlosenhilfe*.

Zeit

1. Z. als soziale Kategorie: Im unreflektierten Alltagsverständnis wird Z. meist als physikalische Größe bzw. astronomisch vorgegebene Naturkonstante begriffen, die durch Gestirnsbewegungen, Hell-Dunkel-Rhythmus usw. zustande kommt und der (veralteten) Definition Newtons entspricht: »Die absolute, wahre und mathematische Zeit verfließt an sich und vermöge ihrer Natur gleichförmig und ohne Beziehung auf irgend einen anderen Gegenstand.« Davon abweichende menschliche Wahrnehmungen (wie etwa die Empfindung von Endlosigkeit oder des »Vergehen wie im Fluge«) werden meist nur psychologisch interpretiert. Doch bereits Aristoteles lehrte, daß Z. nur in Verbindung mit »Seele« auftritt und ihre Phasen erst dem menschlichen Verstand verdankt, womit das Verhältnis von vermeintlich »objektiver« und »subjektiver« Z., zwischen Natur und Mensch, schon früh zum erkenntnistheoretischen Problem der Philosophie wurde.
Auf den sozialen Ursprung von Z. verwies erstmals der Soziologe E. Durkheim 1912; ausgeführt wurde das Konzept 1937 – also ein Vierteljahrhundert später – von Sorokin/Merton, erweitert und modifiziert dann wieder u.a. von Elias (1974). Danach ist Z. keine Naturkonstante, sondern eine gesellschaftliche Konvention, eine soziale Ordnungsleistung – eine »Erfindung« des Menschen bzw. ein Modus der kognitiven Organisation zur Bewältigung des Lebens. Z. wird durch soziale Ereignisse strukturiert und in Relation zu diesen Bezugspunkten gemessen. Sie ist eine qualitative Kategorie, deren Wert von Optionen und Handlungschancen abhängt, damit von Faktoren wie Eignung, Gelegenheit, Kontinuität, Konstanz, Ähnlichkeit, Planbarkeit. Über sie werden abstrakt gleiche Zeitquanten (wie die 24 Stunden des Tages) in sich und für verschiedene Menschen qualitativ ungleich. Damit wird die Kategorie der astronomischen Z. als nur eines von verschiedenen Konzepten für den Bereich der Sozialwissenschaften fundamental unzulänglich.
Zwar wird z.T. auch in aktuellen theoretischen Diskussionen noch gefragt: Gibt es eine Z. »sui generis«, hat sich die physikalische Z. aus der sozialen abgespaltet oder die soziale aus der physikalischen? Doch nunmehr bald 100 Jahre nach der Erschütterung der Newtonschen Zeitdefinition durch Einsteins Relativitätstheorie (wonach sich Z. in einem System verlangsamt, das sich mit konstanter Geschwindigkeit wegbewegt [1905]), tendiert die wissenschaftliche Diskussion zur Überwindung des unfruchtbaren Subjekt-Objekt-Dualismus und der falschen Dichotomien zwischen Natur und *Gesellschaft*. So werden auch die unterschiedlichen Dimensionen von Z. bzw. Zeitverständnis (objektiv/subjektiv, zyklisch/linear, qualitativ/quantitativ) in das neue Konzept von »Multitemporalität« integriert (Nowotny 1993).

2. Zur Genese und Entwicklung von Zeitsystemen: Alle Zeitsysteme können auf die Notwendigkeit zur Synchronisation und Koordination des kollektiven Lebens zurückgeführt werden und haben ihre Ursprünge in kultischen Zeremonien und Ritualen, jahreszeitlichen Festen, Jagden, Kriegszügen, Märkten, Stammeskonferenzen usw. Reicht in sog. »einfachen Gesellschaften«, für lokale Zwecke und kleine, engverflochtene Gruppierungen ein qualitatives Zeitsystem aus (wenn die Sonne untergeht, so lange der Reis kocht), wird für expandierende *Interaktionen* bei unterschiedlichem geographischen, sozialen und kulturellen Hintergrund eine Art »Zeit-Esperanto« (Sorokin/Merton) erforderlich. Diese Funktion erfüllt das abstrakte Bezugssystem der astronomischen bzw. kalendarischen Z. und schließlich die Zeitmessung durch Uhren. Mit wachsender Größe und Verdichtung des Beziehungsgeflechts von Handel und Produktion, mit Verstädterung und Differenzierung sozialer Subsysteme, damit zunehmenden Koordinations- und Konsenserfordernissen verengt sich das Zeitraster – und verknappt sich die Z. (Luhmann 1968).
Die Entstehung und Funktionsweise von Zeitsystemen (sowie das dazugehörige Zeitbewußtsein) folgt also nicht einer naturwüchsigen Gesetzlichkeit, sondern ist wesentlich das Ergebnis der sozialen Organisation der *Arbeit*. In einem konflikthaften sozialen Prozeß, eng gekoppelt an den ökonomischen, technischen und sozialen Wandel zwischen Spätmittelalter und Neuzeit (Ausbau des Handelskapitals und Kreditwesens, Steigerung der Warenproduktion und des Warenverkehrs, Entwicklung von Arbeitsteilung, Industriekapitalismus, protestantischer Ethik) hat sich die heutige moderne Zeitordnung herausgebildet. Bedeutete die Industrialisierung die Ablösung von natürlichen Rhythmen und die Einführung von linearer Uhrzeit, abstraktem Zeitverständnis und Zeitdisziplin in die Arbeitswelt, erzeugten im 19. Jh. der Telegraph und die Eisenbahn bis dahin unbekannte Notwendigkeiten zu landesweiter Zeitkoordination, formen derzeit die Globalisierung der Märkte und des Informationsaustausches mittels neuer Informations- und Kommunikationstechnologien Zeiterfahrung und kollektives Zeitbewußtsein um (z.B. die medienvermittelte Illusion von Gleichzeitigkeit durch Schrumpfen von Z. und Raum). Lineares bzw. abstraktes Zeitverständnis, eindimensional auf Zeitökonomie bezogene Produktivitäts- und Effektivitätskriterien sowie durchgängige Ökonomisierung und Zweckrationalisierung von Z. scheinen sich dabei auf alle Lebensbereiche ausgedehnt und nachgerade verselbständigt zu haben.

3. Zeitstrukturen als soziales Ordnungsprinzip: In das soziale Zeitgefüge einer Gesellschaft sind physikalische, kulturelle und biologische Zeit als Strukturdeterminanten und »Taktgeber« integriert. Ihr systematischer Zusammenhang und die Dominanz der sozialen Sinngebung wird schon an der kalendarischen Gliederung mit ihrer kulturellen Überformung deutlich (Kirchenjahr, Wochenstruktur, Gedenktage; Geschichte der Kalenderreformen usw.). Doch Zeitordnungen regeln praktisch alles: Bildungszeiten, Arbeitszeiten, Pausen, Ladenschlüsse, Krankenhausverweildauern, Kündi-

gungs- und Verjährungsfristen, aber auch die Speisenfolge beim Essen und das Schrittempo in einem Trauerzug. Das heißt, Ereignisse werden nach Zeitpunkt bzw. Lage, Dauer, Abfolge und Häufigkeit (in der chronometrischen und chronologischen Dimension) durch Normen unterschiedlicher Verbindlichkeit (von Gesetzen bis zu Konventionen) geregelt. Z. als soziales Ordnungssystem manifestiert sich in der Verfestigung komplexer zeitbezogener Verhaltensmuster, die sich zu »Zeitinstitutionen« (Maurer 1991) verdichten und ihrerseits dem Wandel unterworfen sind (z.B. Arbeitstag, -woche, -jahr; Regelstudienzeiten, Feiertage). So entsteht die soziale Zeitstruktur.
Wie sich im Konzept der »Normalbiographie« niederschlägt, richten sich normative zeitliche Erwartungen an Individuen nicht nur auf einzelne (Inter-)Aktionssequenzen oder Tagesstrukturen, sondern auch auf Lebensläufe bzw. Lebenszeit als Ganzes (von der Wiege bis zur Bahre, vom Schuleintritt zum Rentenalter). Wie alle Normen variieren auch Zeitnormen in Abhängigkeit von Geschlechts-, Schicht-, ethnischer und nationaler Zugehörigkeit, Sozialstatus, Lebensstil, Erziehung, Beruf, Alter usw. Aufgrund einer »latenten strukturellen Interdependenz von Zeitordnung, Sachordnung und Sozialordnung« (Luhmann 1968) und divergierende Anforderungen ergeben sich sehr unterschiedliche Zeitstrukturen mit kumulierenden Spielräumen und Restriktionen. Dabei korrelieren Status bzw. Macht mit Weite des Zeithorizonts und Freiheit von unmittelbarem Zeitdruck, werden Zeitordnungen durch Hierarchiebildung durchgesetzt, Termine und Fristen von oben nach unten diktiert, Entlastungsmöglichkeiten an Einkommen gebunden: Z. läßt sich kaufen. (Auch deshalb haben Arme und Frauen »weniger« Z.)
So verstärken Zeitordnungen soziale Differenzierung, Integration bzw. Segregation – zum einen durch kumulierende Privilegien hinsichtlich gesellschaftlicher Teilhabe (etwa bei individueller Zeitautonomie), zum anderen durch Marginalisierung bzw. Ausgrenzen und Abschneiden von Kommunikations- und Handlungschancen (etwa bei Schicht- und Nachtarbeit).

4. Sozialer Wandel und Reorganisation der sozialen Zeitordnung: Derzeit werden die gesellschaftlichen Zeitstrukturen gleichsam von zwei Seiten her »modernisiert«: durch Deregulierungstendenzen im Bereich von Erwerbsarbeit und durch Veränderung der Geschlechtsrollen. Stichworte sind: Entkopplung von Arbeits- und Betriebszeiten, Verkürzung und Flexibilisierung individueller Arbeitszeiten durch variantenreiche Arbeitszeitmodelle, Zunahme »ungewöhnlicher« Arbeitszeitlagen abends, nachts und am Wochenende. Hinzu kommen die Individualisierung, Diversifizierung und Entstandardisierung von Arbeitszeiten und Vertragsdauern für unterschiedliche Arbeitnehmergruppen (dadurch schleichende Erosion des gemeinsamen Zeitkoordinatensystems für Arbeit, Regeneration, Sozialzeit; Abbau des »Normalarbeitsverhältnisses«; Veränderung der »Normalbiographien«).
Diese Trends sind seitens der Unternehmen Teil einer betriebswirtschaftlichen Optimierungsstrategie vor dem Hintergrund des internationalen Wettbewerbs (»Marktrationale Strategien der Arbeitskraftnutzung«). Von seiten der Erwerbstätigen korrespondieren sie mit dem Wunsch nach individuellen Dispositionsspielräumen, den hohen und weiter steigenden Erwerbsquoten von *Frauen* (insbesondere auch Müttern) und der zunehmenden Einforderung männlicher häuslicher Arbeitskapazität.
Zur Kostenseite dieser Dimension von Individualisierung (vgl. Beck 1986) gehören ein Qualitätswandel, häufig ein Qualitätsverlust von Z. – und paradoxerweise Zeitverknappung durch die unserem Wirtschaftssystem immanente »infinitesimale Verwertungslogik der Zeit« (Rinderspacher 1985; Momo!). Sie erzwingt die ständige Beschleunigung aller Prozesse, damit Rationalisierungsmaßnahmen sowie technische und soziale Innovationen, die minutiöse Zeitbewirtschaftung und Synchronisierung erfordern (z.B. »just in time«-Konzepte zur Vermeidung von Lagerhaltung; zeitabhängige Tarifgestaltung bei Verkehrs- und Kommunikationsmitteln oder Energieversorgung), wobei durch globale Vernetzung tendenziell rund um die Uhr Kooperations- und Kommunikationsbereitschaft erforderlich wird.
Die Auswirkungen reichen weit in den Alltag. Zum einen belasten die Folgen dysfunktionaler Entwicklungen das Zeitbudget: die Verkleinerung der Haushalte als kontraproduktiver Dekonzentrationsprozeß, die Entwicklung zur »Selbstbedienungsgesellschaft« durch Überwälzung von Dienstleistungen auf Endverbraucher, die Verrechtlichung, Bürokratisierung, Therapeutisierung des Alltags, die gestiegenen Wegezeiten u.a.m. Zum anderen ist das »Privatleben« unter Zeitdruck, Effizienz- und Rationalitätskriterien eingepaßt in Arbeitszeiten der Partner, Schulzeiten der Kinder, Öffnungs- und Betriebszeiten der Dienstleistungsinfrastruktur, Frequenzen der Verkehrsmittel, Sendeschemata der Massenmedien, die zusammen mit Terminen, Fristen, Stichtagen und Verfallsdaten eine kleinteilige Überstrukturierung der Z. ergeben. Diese schafft als solche Zeitdruck und generiert ständig Konflikte mit zeitlichen Vorgaben und Präferenzen anderer Lebensbereiche und Interaktionspartner. Verschärft durch die Verunregelmäßigung gesellschaftlicher Zeitrhythmen (die gemeinsame Z. tendenziell zur knappen Ressource machen), ergeben sich daraus wachsende Koordinations- und Aushandlungszwänge als neue (und überwiegend die Frauen belastende) Anforderungen zur Integration des Alltags, die inzwischen unter dem Stichwort »Lebensführung als Arbeit« rubriziert werden (Voß 1991; Jurczyk, Rerrich u.a. 1993).

5. Relevanz für SozArb/SozPäd: Die Institutionen und Maßnahmen *Sozialer Arbeit* sind in vielfacher Hinsicht Teil der sozialen Zeitstrukturen bzw. durch diese definiert: z.B. altersbezogene Zuständigkeiten bzw. Regelungsbereiche (*Jugendhilfe*, *Altenhilfe*); Einübung in Zeitdisziplin und Zeitregulierungsfähigkeiten als Teil der Sozialerziehung; »Freizeitangebote« im doppelten

Wortsinn sowie Kompensationsangebote für Menschen, deren Z. durch Strukturverlust gleichsam enteignet wurde (Arbeitslose, Kasernierte bzw. Menschen in geschlossenen Institutionen und in »Warteschleifen« wie Asylbewerber); spezifische Arbeitszeiten personenbezogener Dienstleistungen im Erziehungs-, Sozial- und Pflegebereich; Schichtdienste; komplementäre Arbeitszeitlagen zu dominanten Schul- und Erwerbsarbeitszeitrhythmen, deren Aufgabendefinition sich zeitökonomischer Rationalität entzieht.

Die Reorganisation der sozialen Zeitordnung hat sich auch als Dynamisierung der sozialen Dienste niedergeschlagen: in der zunehmenden Ergänzung der etablierten sozialen Institutionen und Organisationen durch fristige Organisationsformen, Projekte und Maßnahmenfinanzierung (z. B. Service-Gesellschaften, Selbsthilfeprojekte) mit den dazugehörigen befristigen Arbeitsverhältnissen. Sind diese Organisationsformen von Hilfe, Beratung, Intervention einerseits Ausdruck von Problemoffenheit, Flexibilität und Innovationsfähigkeit, so entsteht andererseits die Notwendigkeit, sie in langfristige Konzepte und Problemlösungsstrategien einzubinden, um Handlungs- und Planungsperspektiven für Klienten (hinsichtlich der Erwartbarkeit sozialer Dienstleistungen) und Mitarbeiter zu erhalten, soll das System SozArb die Deregulierungskosten nicht noch verstärken (Karsten 1991).

Die skizzierten Umbrüche sozialer Zeitstrukturen sind von erheblicher Bedeutung für den Aufgabenbereich SozArb. Sie verlangen nach einer Überprüfung und Modifikation bislang praktizierter Strategien der Arbeits- und Lebensorganisation bei Nachfragern und Anbietern sozialer Dienstleistungen. Als Hauptprobleme zeichnen sich ab bzw. lassen sich zusammenfassen:

- Zunehmende Prioritätskonfikte bei konkurrierenden Zeitanforderungen aus Lebenswelt und Beruf, die jeweilige aufwendige Aushandlungs-, Organisations- und Anpassungsprozesse um Arbeitsteilung erfordern (intrapersonal und zwischen den Geschlechtern);
- zunehmende Friktionen beim notwendigen Wechsel von Zeitperspektiven bzw. mißlingende Anpassung an entgegengesetzte Zeitlogiken (z. B. zwischen Erwerbsarbeit mit der Prämisse Leistung, Effizienz, Zeitökonomie und dem Reproduktionsbereich mit der Prämisse Regeneration, Sozialbezug, Z. verlieren können);
- wachsender Aufwand für Organisation und Koordination des Alltags durch abnehmende Verbindlichkeit gemeinsamer Zeitkoordinaten (Arbeitszeiten, Öffnungszeiten der Dienstleistungsinfrastruktur, Feierabend, Wochenende) und erzwungene Mobilität;
- Erschwernis der Integration in außerfamiliale Zusammenhänge und Teilhabe an Öffentlichkeit (Vereinsleben, politische, religiöse, kulturelle, ehrenamtliche u. a. Aktivitäten, die Kopräsenz und längerfristig planbare disponible Z. voraussetzen), d. h. Vereinzelung und Ausdehnung des »Schichtarbeitssyndroms« durch Verknappung gemeinsamer Z.;
- weiteres Auseinanderdriften von Lebenslagen, Lebenskonzepten, Lebensphasen durch gestiegene Asynchronität in Lebenswelt und Beruf;
- Verlust langfristiger Handlungs- und Planunsperspektiven, Destabilisierung von Alltagsrhythmen, Lebensläufen, Erwerbsbiographien: Leben mit kurzfristigem Denken.

Da die Entstrukturierung von Z. individuell nur schwer kompensiert werden kann, kommen entsprechende Anforderungen auf die Sozialen Dienste zu, umso mehr, als die psychosoziale Problemlösungskapazität in Haushalten ohne Rückgriffsmöglichkeiten auf soziale Netze sehr begrenzt ist und durch weitere Vereinzelung nochmals reduziert wird.

6. Gestaltungsbedarf: Die zentralen Triebkräfte der Reorganisation der sozialen Zeitstrukturen in Richtung auf eine kontinuierlich rund um die Uhr aktive Gesellschaft und die ständige Akzeleration des Lebens sind Wirtschaft, Wissenschaft und Technologie. Der durch weltweite Vernetzung entstehende Druck auf die Standardisierung lokaler Z. in Richtung »Weltzeit« (»Standard World Time«) wird als »zeitliche Kolonisation« (nach der räumlichen) diskutiert: Lineare Zeitmuster stülpen sich über andere Zeitkonzepte, wobei die Metropolen bzw. die großen städtischen Ballungszentren die Taktgeber sind, die andere Regionen in ihren Sog ziehen, »zeitlich kolonisieren«.

Angesichts der kontraproduktiven Folgen dieser Entwicklung einschließlich der durch sie vorangetriebenen Verknappung von Z. entsteht die Frage – und damit Handlungsbedarf für ein neues Politikfeld –, wie und von wem Z. und Zeitstrukturen zu gestalten und welche Rahmenbedingungen vorzugeben (oder zu bewahren) sind, um sozial- und umweltverträgliche Entwicklungen zu befördern. Dazu wären grundsätzlich die derzeit eindimensional auf Zeitökonomie bezogenen Definitionen für Produktivität und Effizienz zu relativieren und durch das Einbeziehen von Kriterien wie Ressourcenschonung, »sustainable development« und »Zeitwohlstand vs. Güterwohlstand« weiterzuentwickeln.

Darüber hinaus verweist der Streit um die Z. zwischen Frauen und Männern, zwischen Arbeitnehmern und Arbeitgebern auf die Notwendigkeit einer sozial gerechten Modernisierung der gesellschaftlichen Zeitstrukturen. Voraussetzung wären die Verkürzung bzw. Neudefinition der Normalarbeitszeit gemäß des Produktivitätszuwachses, der veränderten Geschlechtsrollen und erhöhten Anforderungen im Erwerbs- und Reproduktionsbereich für beide Geschlechter (d. h. unter Aufgabe der obsoleten handlungsleitenden Fiktion der »Hausfrauenehe«) sowie die Umverteilung von Erwerbsarbeit unter beschäftigungspolitischen Gesichtspunkten.

Indikatoren für Akzeptanz und Dringlichkeit eines solchen Programmes sind der zunehmende Widerstand gegen die zeitökonomische Durchrationalisierung des Alltags, die ressourcenverschlingenden Dysfunktionalitäten von Beschleunigung und die sozialen Kosten von Deregulierung sowie die politischen Risiken eines weiteren Auseinanderdriftens von Lebenschancen für demokratische Gesellschaften, die sich auch als »Enteignung von Zeit« niederschlagen – auch unter dem Gesichtspunkt der gegenwärtig stattfindenden Transformationsprozesse. *Ch. Müller-Wichmann*

Literatur: R. Becker-Schmidt u. a.: Nicht wir haben die Minuten, die Minuten haben uns. Zeitprobleme und Zeiterfahrungen von Arbeitermüttern in Fabrik und Familie, Bonn 1982; M. Held/K. H. Geißler (Hrsg.): Ökologie der Zeit, Stuttgart 1993; D. Henckel: Zeitstrukturen und Stadtentwicklung, Stuttgart 1989; H. M. Hernes (Hrsg.): Frauenzeit. Gebundene Zeit, Bielefeld 1988; Ch. Müller-Wichmann: Zeitnot, Weinheim/Basel 1984; H. Nowotny: Eigenzeit, Frankfurt/M. 1989; J. Rinderspacher: Gesellschaft ohne Zeit, Frankfurt/M. 1985; H. Seifert (Hrsg.): Jenseits der Normalarbeitszeit. Perspektiven für eine bedürfnisgerechtere Arbeitszeitgestaltung, Köln 1994; R. Wendorff: Zeit und Kultur. Geschichte des Zeitbewußtseins in Europa, Wiesbaden 1981; R. Zoll (Hrsg.): Zerstörung und Wiederaneignung von Zeit, Frankfurt/M. 1988.
Literarisch: M. Ende: Momo, Stuttgart 1973; S. Nadolny: Die Entdeckung der Langsamkeit, München/Zürich 1983.

Zeugnisverweigerungsrecht

Z. ist das Recht eines Zeugen in einem privaten Rechtsstreit (gem. § 383 ZPO) oder Strafverfahren (gem. § 52 ff. StPO) entgegen der prinzipiell bestehenden Pflicht zur Zeugenaussage, diese zu verweigern. In der DDR galt gem. § 56 ZPO ein Z.

Während die grundsätzliche Pflicht zur Zeugenaussage die prozessuale Wahrheitsfindung unterstützen bzw. gewährleisten soll, ist die Besonderheit des Z. dem Schutz der Privatsphäre als einem Ausdruck der Würde des Menschen geschuldet.

Das Z. kann auf persönlichen Gründen (z. B. Verlobung, Ehe, Verwandtschaft) oder aus sachlichen bzw. beruflichen Gründen (z. B. Geistliche, Verteidiger, Ärzte, Abgeordnete) beruhen. Es endet weder mit der Erledigung des Auftrags (LG Düsseldorf, NJW 58, 1152) noch mit dem Tod desjenigen, dessen Geheimnis geschützt wird (RG 71, 21) oder durch zwischenzeitliche Aufgabe des Berufs durch den Zeugen.

Gemäß § 383 Abs. 1 Nr. 5 ZPO i. V. m. § 203 StGB haben staatlich anerkannte SozArb/SozPäd ein Z. im Zivilprozeß, da ihnen kraft ihres Amtes Tatsachen anvertraut sind, deren Geheimhaltung durch gesetzliche Vorschrift geboten ist (Mörsberger, Damian). Dieses zivilprozessuale Z. wird durch § 46 Arbeitsgerichtsgesetz, § 15 des Gesetzes über die freiwillige Gerichtsbarkeit, § 118 Sozialgerichtsgesetz und § 98 Verwaltungsgerichtsordnung in den entsprechenden Gerichtsbarkeiten übernommen, so daß besondere Regelungen nur für die Finanz- und Strafgerichte gelten.

Für das Strafrecht regeln die §§ 52 ff. StPO die Z. und § 55 StPO das davon zu unterscheidende Auskunftsverweigerungsrecht.

Das Z. ist weder hinsichtlich des Personenkreises noch des geschützten Geheimnisses deckungsgleich mit der *Schweigepflicht* gem. § 203 StGB (vgl. Lackner 1993, § 203 Rz 1; Leipziger Kommentar-Jähnke, § 209 Rz 9, Löwe-Rosenberg-Dahs, § 53 Rz 5) und entbindet auch nicht von der – nur bei wenigen Delikten bestehenden – Pflicht zur Strafanzeige gem. § 138 StGB (vgl. Lackner 1993, § 203 Rz 22).

Für SozArb besteht generell kein strafprozessuales Z. Das BVerfG hat 1972 in einer sehr umstrittenen Entscheidung festgestellt, daß eine Gleichstellung mit den in § 53 StPO genannten Berufsgruppen (z. B. Geistliche, Rechtsanwälte, Steuerberater, Ärzte, Apotheker, Hebammen) nicht geboten sei, da für SozArb die Begründung höchst persönlicher, grundsätzlich keine Offenbarung duldender Vertrauensverhältnisse nicht kennzeichnend sei. Zwar sei eine Vertrauensbeziehung wichtig, aufgrund des uneinheitlichen Berufsbildes des SozArb sei damit aber nicht die Erwartung des Klienten verbunden, der SozArb werde offenbarte Tatsachen aus der Privatsphäre gegenüber jedermann verschweigen (BVerfGE 33, S. 367). Dem trage der Gesetzgeber – so führte das BVerfG aus – auch dadurch Rechnung, daß es für SozArb keine gesetzliche, strafrechtlich abgesicherte Schweigepflicht gebe.

Fraglich könnte durchaus sein, ob das BVerfG heute ebenso entscheiden würde (vgl. aber BVerfGE v. 31. 5. 1988, in: NJW 1988), denn zum einen legt die professionelle, methodisch arbeitende SozArb, die den Richtern 1972 möglicherweise so nicht bekannt war, zumal sie sich erst zu jener Zeit von der klassischen Fürsorge emanzipiert hatte, durchaus Wert auf personenbezogene Vertraulichkeit, die von der Klientel auch so in Anspruch genommen wird, und zum anderen wurde inzwischen das Privatgeheimnis, das einem SozArb/SozPäd offenbart wurde, durch § 203 StGB strafrechtlich und durch § 35 SGB I als Sozialgeheimnis geschützt. Das BVerfG hatte ausdrücklich auf den damals neuen Begriff des »sozialen Geheimnisses« hingewiesen, bemängelte aber, daß dieser bisher noch keine festen Konturen gewonnen habe. Dies ist inzwischen aber durch die Gesetzesänderungen und insbesondere auch durch das sog. Volkszählungsurteil zum »informellen Selbstbestimmungsrecht« (BVerfGE 65,1) geschehen. Wesentliche Hintergründe der BVerfGE v. 19. 7. 1972 haben sich also geändert (so auch Brühl 1986).

Allerdings kann ein Z. für den einzelnen Mitarbeiter nicht schon direkt aus § 35 SGB I abgeleitet werden, obwohl es dort u. a. heißt: »Sobald eine Offenbarung nicht zulässig ist, besteht ... keine Zeugnispflicht.« Denn Adressat des SGB ist der Sozialleistungsträger als Institution, nicht der einzelne Mitarbeiter (so auch Mörsberger 1985). Immerhin ging aber bei der Debatte über den allgemeinen Teil des SGB auch der Bundestagsausschuß davon aus, daß in den Fällen des § 35 Abs. 3 SGB I gem. § 54 StPO und § 376 ZPO keine Aussagegenehmigung erteilt werden darf, eine Auffassung, die sich wiederum nicht mit § 62 I Bundesbeamtengesetz deckt (so auch Giese/Kramer 1991, § 35 SGB I, RZ 14). Man mag diese Differenzen als inkonsequent kritisieren, kann sie aber zunächst nur konstatieren und den Gesetzgeber darauf hinweisen.

Nach ersten Forderungen der Fürsorger aus den späten 40er und 50er Jahren hatte sich die große Strafrechtskommission bereits 1962 für ein Z. für SozArb/SozPäd ausgesprochen (vgl. Niederschriften Bd. 9; BT-Drs. IV 650 v. 4. 10. 1962). Wurde 1974 zunächst von der BReg ein Entwurf zur Reform des Strafverfahrensrechts vorgelegt, der ein (eingeschränktes) Z. enthielt, so wurde dieses Vorhaben zunächst vertagt und dann nicht wieder aufgegriffen (vgl. Damian 1981).
Unabhängig von diesen unterschiedlichen Rechtsauffassungen und Wünschen haben aber selbstverständlich auch SozArb/SozPäd als Hilfspersonen beispielsweise von Ärzten gem. § 53a StPO, als Schwangerschaftsberater gem. § 53 Abs. 1 Nr. 3a StPO und als Drogenberater gem. § 53 Abs. 1 Nr. 3b StPO ein Z. und soweit sie Personen des öffentlichen Dienstes sind, dürfen sie gem. § 54 StPO als Zeugen über Umstände, auf die sich ihre Pflicht zur Amtsverschwiegenheit bezieht, nur mit einer Aussagegenehmigung des Dienstvorgesetzten aussagen (vgl. auch § 39 Abs. 3 Beamtenrechtsrahmengesetz).
Schließlich hat schon das BVerfG – wenn auch nur als äußerst seltene Ausnahme – ein Z. aufgrund des Verhältnismäßigkeitsprinzips bei der Verfolgung von Bagatelldelikten oder reinen Ordnungswidrigkeiten als möglich anerkannt (BVerfGE 33,367, und BVerfG, NJW 1988), ohne daß diesbezüglich durch mehrere Entscheidungen eine klare Grenze gezogen worden wäre.
Für die praktische SozArb/SozPäd bedeutet dies, daß grundsätzlich bei jedem neuen Klientenkontakt auf das fehlende Z. hinzuweisen ist, damit sich eine vertrauliche, zuverlässige und transparente Beziehung entwickeln kann, die nicht auf den tönernen Füßen einer möglichen Offenbarung von Privatgeheimnissen steht, die unter falschen Voraussetzungen eröffnet wurden. *H. Cornel*

Literatur: A. Brühl: Strafrecht für Sozialarbeiter, Weinheim/Basel 1986; BVerfG: Kein Zeugnisverweigerungsrecht für staatlich anerkannte Sozialarbeiter/Sozialpädagogen, in: BVerfGE 33,367 und NJW 1972; H. Damian: Geheimhaltungspflicht und Zeugnisverweigerung der Sozialarbeiter/Sozialpädagogen – Versuch einer Bestandsaufnahme, in: Nachrichtendienst des DV 1981; J. Hager: Das Zeugnisverweigerungsrecht im sozialen Bereich, in: Soziale Arbeit 1990; K. Lackner: Strafgesetzbuch mit Erläuterungen, München 1993; Leipziger Kommentar zum Strafgesetzbuch, hrsg. von H.-H. Jeschek/W. Ruß/G. Willms, Bd. 5, Berlin/New York 1989; Löwe-Rosenberg: Die Strafprozeßordnung und das Gerichtsverfassungsgesetz, hrsg. v. P. Rieß, Bd. 1, Berlin/New York 1988; T. Mörsberger: Verschwiegenheitspflicht und Datenschutz, Freiburg 1985.

Zivildienst

Der Z. hat seine verfassungsrechtliche Grundlage in der Pflicht zur Leistung eines Ersatzdienstes nach Art. 12a (2) GG als Konsequenz des Rechtes auf Verweigerung des Kriegsdienstes mit der Waffe aus Gewissensgründen nach Art. 4 (3) GG.
Das »Gesetz über den Zivildienst der Kriegsdienstverweigerer« (ZDG) i. d. F. v. 31. 7. 1986 (BGBl. I S. 1205, 1370) löste das »Gesetz über den zivilen Einsatzdienst« vom 13. 1. 1960 (BGBl. I S. 10) ab. Das ZDG benannte den Dienst um, da der vormalige Begriff »Ersatzdienst« als diskriminierend empfunden wurde. Der vielfach vorgeschlagene Name »Friedensdienst« setzte sich nicht durch, da der Dienst in der Bundeswehr ebenfalls dem Frieden diene (vgl. amtl. Begründung BT-Drs. 7/177 S. 10).
Der Z. dauert 3 Monate länger als der Grundwehrdienst (derzeit 15 Monate Z. und 12 Monate Wehrdienst). Trotz des Wortlautes von Art. 12a Abs. 2 S. 2 GG: »Die Dauer des Ersatzdienstes darf die Dauer des Wehrdienstes nicht übersteigen« hat das BVerfG die Verfassungsmäßigkeit der Regelung bejaht (BVerfGE 69, S. 1–87 mit abweichender Meinung zweier Richter). Die Verlängerung des Z. steht in unmittelbarem Zusammenhang mit der Abschaffung der mündlichen Gewissensprüfung vor den Ausschüssen für Kriegsdienstverweigerung und der Einführung eines schriftlichen Verfahrens für ungediente Wehrpflichtige. Soldaten sowie gediente Wehrpflichtige unterliegen weiterhin dem Ausschuß-Verfahren. Der zum Z. Einberufene tritt derzeit für 15 Monate in ein öffentlich-rechtliches Dienstverhältnis mit Zwangscharakter ein. § 80 ZDG beschränkt zahlreiche Grundrechte: die körperliche Unversehrtheit, die Freiheit der Person, die Freizügigkeit, die Unverletzlichkeit der Wohnung, das Petitionsrecht, die Meinungsfreiheit, die politische Betätigung, das Streikrecht, die Mitbestimmung am Dienstplatz. Dagegen ist der Beitritt zu einer Gewerkschaft sowie zu einer der kirchlichen oder einer der Selbstorganisationen für Zivildienstleistende (ZDL) zulässig.
Zahlreiche Verhaltensweisen wie Flucht, Dienstverweigerung oder Pflichtverletzung sind unter Straf- oder Disziplinardrohung gestellt (§§ 52–70 ZDG). Das Bundesdisziplinargericht faßt die Pflicht des ZDL zur Wahrung des Arbeitsfriedens, der Verschwiegenheit, des Ansehens der Beschäftigungsstelle (§§ 27, 28 ZDG) sehr streng (Beschl. v. 29. 7. 1976, Az. IX 2 K 1/76, in: Der Zivildienst 11/76, 15).
Die Bestimmungen bezüglich Sold, Versorgung, Musterung, Einberufung, Zivildienstüberwachung, Straf-, Buß- und Disziplinarrecht entsprechen denen für Wehrpflichtige in der Bundeswehr. Über seine Rechte und Pflichten wird der ZDL unterrichtet und in seine Tätigkeit, soweit erforderlich, eingeführt. Dafür bestehen Zivildienstschulen des Bundes; im übrigen können Beschäftigungsstellen und deren Verbände mit den Lehrgängen des Einführungsdienstes beauftragt werden.
Der Z. erfüllt »Aufgaben, die dem Allgemeinwohl dienen, vorrangig im sozialen Bereich« (§ 1 ZDG). Der Aufgabenbereich ist erheblich über das klassische Gebiet der Sozialdienste hinaus ausgeweitet und umfaßt auch Beschäftigungsstellen im *Umwelt-* und *Naturschutz* sowie in der Landschaftspflege (§ 42 ZDG). Z. wird abgeleistet in Organisationen, die von dem Bundesminister für Arbeit und Sozialordnung anerkannt worden sind oder in Zivildienstgruppen, die derzeit in einigen Großstädten bestehen, von Bediensteten des

Bundesamtes geleitet werden und ZDL in Großeinrichtungen wie Universitätskliniken einsetzen.
Die Zahl der ZDL ist stetig angestiegen. Von rd. 800 im Jahre 1961 über 7338 Ende 1971 und 57195 Ende 1985 auf 104059 Anfang 1993, die Zahl der Z.-Plätze stieg in derselben Zeit von 7956 auf 159451. In den neuen Bundesländern entwickelt sich der Z. praktisch im gleichen Zahlenverhältnis wie in den Altländern.
Kritik üben die ZDL an Tendenzen zur Kasernierung des Dienstes, an mangelnder Ausbildung für die Dienstaufgaben, an zu geringer Entlohnung bei vielfach gleicher Arbeit wie Zivilbedienstete. Bedenklich ist auch die arbeitsmarktpolitische Seite des Z. Das Argument, es würden nur zusätzliche Aufgaben von den ZDL wahrgenommen, überzeugt nicht. Dagegen sprechen die rasch wachsende Zahl der ZDL, ihre konkreten Aufgaben als Fahrer, Pfleger usw., die sie häufig im Wechsel mit Zivilbediensteten wahrnehmen, und der Umstand, daß das Land Berlin bis zur Vereinigung ohne Z. auskam, ohne daß dort die in der BRD von ZDL wahrgenommenen Aufgaben vernachlässigt wurden.

R. Kühnel

Literatur: Bundesamt für den Zivildienst (Hrsg.): Der Zivildienst, in: Magazin für Zivildienstleistende 24/1993; H. Elbert/K. Fröbe: Kriegsdienstverweigerung und Zivildienst, München [6]1991.

Anhang

Inhaltsverzeichnis

Anhang I:

Organisationen und Institutionen der Alten-, Gesundheits-, Jugend- und Sozialhilfe in der Bundesrepublik

Anhang II:

Zeitschriften der Alten-, Gesundheits-, Jugend- und Sozialhilfe

Anhang III:

Materialien zur Sozialen Arbeit

Anhang I

Organisationen und Institutionen der Alten-, Gesundheits-, Jugend- und Sozialhilfe in der Bundesrepublik[1]

I Umfassende (arbeitsfelderübergreifende) Organisationen und Institutionen

1 Bundesarbeitsgemeinschaft der Freien Wohlfahrtspflege e.V. (BAG)
Franz-Lohe-Str. 19, 53129 Bonn

In der BAG sind die 6 Spitzenvereine der freien Wohlfahrtspflege zusammengeschlossen:

1.1 Arbeiterwohlfahrt Bundesverband e.V.
Oppelner Str. 130, 53119 Bonn

1.2 Deutscher Caritasverband e.V.
Karlstr. 40, 79104 Freiburg i.Br.

1.3 Deutscher Paritätischer Wohlfahrtsverband – Gesamtverband e.V. –
Heinrich-Hoffmann-Str. 3, 60528 Frankfurt/M.

1.4 Deutsches Rotes Kreuz – Präsidium –
Friedrich-Ebert-Allee 71, 53113 Bonn

1.5 Diakonisches Werk der Evangelischen Kirche in Deutschland e.V. – Hauptgeschäftsstelle –
Stafflenbergstr. 76, 70184 Stuttgart

1.6 Zentralwohlfahrtsstelle der Juden in Deutschland e.V. – Hauptgeschäftsstelle –
Hebelstr. 17, 60318 Frankfurt/M.

Die Spitzenverbände sind regional gegliedert. Der BAG entsprechende Zusammenschlüsse finden sich auf der Landes- und z.T. kommunalen Ebene.

2 Bundesarbeitsgemeinschaft der Senioren-Organisationen (BAGSO)
Stockenstr. 14, 53113 Bonn

Selbstdarstellung: Kuratorium Deutsche Altershilfe: »Wer ist wer in der Gerontologie«, Thema 60, Köln 1992
Organ: BAGSO-Nachrichten

3 Deutscher Verein für öffentliche und private Fürsorge e.V. (DV)
Am Stockborn 1–3, 60439 Frankfurt/M.

Im DV können öffentliche und freie Träger, aber auch Einzelpersonen Mitglied sein. Wegen seiner auf Konsensbildung ausgerichteten Organisation und Arbeitsweise sind die Stellungnahmen und Veröffentlichungen des DV insofern von besonderer Bedeutung für die Jugend- und Sozialhilfe, als ihnen die Praxis in erheblichem Umfang folgt. Der DV ist Veranstalter der Deutschen Fürsorgetage (zuletzt 1993 in Mainz). Organ: Nachrichtendienst des DV (NDV).

4 Deutscher Städtetag (DST)
Lindenallee 13–17, 50968 Köln

Der DST – gegründet 1905 in Berlin – ist ein freiwilliger Zusammenschluß von inzwischen über 7000 Mitgliedstädten mit rd. 51 Mio. Einwohnern: 282 unmittelbare Mitgliedstädte, davon 116 kreisfreie (einschl. der Stadtstaaten) und 165 kreisangehörige Städte. 6620 mittelbare Mitgliedstädte und 9 außerordentliche Mitglieder

---

1 Weitere Einzelheiten in: **A. Oeckl (Hrsg.): Taschenbuch des Öffentlichen Lebens**, zuletzt Bonn [44]1994; im übrigen wird auf die in den letzten Jahren in den Ballungsgebieten der BRD entstandenen Nachschlagewerke hingewiesen, z.B. **Sozialatlas der Stadt Nürnberg** – ein Handbuch für Bürger und soziale Dienste (Sozialamt Nürnberg, Dietzstr. 4, 90443 Nürnberg), **Adressenverzeichnis Jugendhilfe/Sozialarbeit/Gesundheitsförderung**, Institut für soziale Arbeit e.V./Institut für lokale Sozialpolitik und Nonprofit-Organisationen (Hrsg.), Münster [5]1993, die mit ihren Hinweisen weit über allgemeine Anschriftenverzeichnisse hinausgehen.

(höhere Kommunal-, Regional- und Fachverbände). Die Mitgliedstädte gehören wiederum einem der 16 Landesverbände (in den Bundesländern) an.

Der Deutsche Städtetag nimmt 3 Aufgaben wahr:
- die kommunale Selbstverwaltung generell und die Städte im besonderen gegenüber Bundesregierung, Bundestag, Bundesrat und zahlreichen Organisationen und Verbänden aktiv zu vertreten;
- seine Mitgliedstädte zu beraten und über alle kommunal bedeutsamen Vorgänge und Entwicklungen zu informieren;
- den Erfahrungsaustausch zwischen seinen Mitgliedern herzustellen und in zahlreichen Gremien zu fördern.

Neben der Hauptversammlung, dem Hauptausschuß und dem Präsidium sind die Fachausschüsse von besonderer Bedeutung, die für zahlreiche Fachgebiete der kommunalen Arbeit bestehen (z. B. Sozialausschuß des DST; Vors.: Dr. Manfred Scholle, Münster).
Die Zeitschrift des DST »der städtetag« erscheint monatlich. Das Deutsche Institut für Urbanistik – DifU – (Straße des 17. Juni 112, 10623 Berlin) ist als Einrichtung praxisorientierter Forschung und Forschungsvermittlung für die deutschen Städte bedeutsam.
Zu den Einzelheiten wird auf die regelmäßig erscheinenden Geschäftsberichte des DST verwiesen.

5 Deutscher Städte- und Gemeindebund (DStGB)

Kaiserwerther Str. 199–201, 40474 Düsseldorf (Verband von in den Ländern der BRD bestehenden Vereinigungen kreisangehöriger Städte und Gemeinden). Zu den Einzelheiten wird auf die regelmäßig erscheinenden Geschäftsberichte des DStGB verwiesen.

6 Deutscher Landkreistag (DLT)

Adenauerallee 136, 53113 Bonn (Spitzenverband zur Wahrnehmung der besonderen Interessen der Landkreise der BRD auf der Bundesebene). Zu den Einzelheiten wird auf die regelmäßig erscheinenden Geschäftsberichte des DLT verwiesen.

Die Zusammenschlüsse zu 4.–6. bilden die **Bundesvereinigung der kommunalen Spitzenverbände**, die Federführung liegt beim Deutschen Städtetag.

Weiterführende Literatur zu 4.–6.: W. Haus u. a.: Wie funktioniert das? Städte, Kreise und Gemeinden, Mannheim u. a. O. 1986.

7 Zuständige Bundesministerien

7.1 Der Bundesminister für Familie, Senioren, Frauen und Jugend,
53107 Bonn
7.2 Der Bundesminister für Gesundheit
Am Probsthof 78a, 53121 Bonn
7.3 Der Bundesminister für Arbeit und Sozialordnung
Rochusstr. 1, 53123 Bonn
7.4 Der Bundesminister für Bildung und Wissenschaft
Heinemannstr. 2, 53175 Bonn.

8 Familienorganisationen[2]

8.1 Arbeitsgemeinschaft der Deutschen Familienorganisationen

8.1.1 Deutscher Familienverband e. V.

Poppelsdorfer Allee 48, 53115 Bonn

8.1.2 Evangelische Aktionsgemeinschaft für Familienfragen

Meckenheimer Allee 162, 53115 Bonn

8.1.3 Familienbund der Deutschen Katholiken

Hochkreuzallee 1, 53195 Bonn

8.1.4 Verband alleinstehender Mütter und Väter e. V.

Von-Groote-Platz 20, 53173 Bonn

8.2 Sonstige Familienorganisationen

2 Nr. 8, 9 und 11: zusammengestellt von Karin **Stötzner**, Berlin.

8.2.1 ABC-Club e.V.
Internationale Drillings- und Mehrlingsinitiative
Helga und Ute Grützner
Strohweg 55, 64297 Darmstadt

8.2.2 Arbeitsgemeinschaft der Tagesmütter e.V.
Bundesverband
Renate Schymik und Klaus-Dieter Zühlke
Postfach 11 06, 40636 Meerbusch

8.2.3 Bundesarbeitsgemeinschaft Elterninitiativen (BAGE) e.V.
Hannes Lachenmair
Einsteinstr. 111, 81675 München

8.2.4 Bundesarbeitsgemeinschaft der Selbsthilfegruppen Stieffamilien
c/o: Selbsthilfe Kontaktstelle
Ilse Rapp
Uhlandstr. 50, 60314 Frankfurt/M.

8.2.5 Bundesinitiative der Familien- und Nachbarschaftszentren
c/o: Maria Moritz-Lampe
Hertzstr. 9, 30163 Hannover

8.2.6 Bundesverband der Pflege- und Adoptiveltern e.V.
Maria Wennersheide
Roggenmarkt 9, 48143 Münster

8.2.7 Bundesverband Neue Erziehung e.V.
Bethy Reischke
Am Schützenhof 4, 53119 Bonn

8.2.8 Deutscher Kinderschutzbund e.V.
Bundesverband
Frau Wichert-Dreyer
Schiffgraben 29, 30159 Hannover

8.2.9 Eltern für aktive Vaterschaft (EFAV) e.V.
Verein für die Förderung der gemeinsamen Verantwortung von Vätern und Müttern
c/o: Monika und Klaus Anders
Auricher Str. 11, 26556 Westerholt

8.2.10 Initiative Regenbogen
»Glücklose Schwangerschaft« e.V.
Rosenstr. 9, 73550 Waldstetten

8.2.11 Interessenverband Unterhalt und Familienrecht (ISUV/VDU) e.V.
Postfach 21 01 07, 90119 Nürnberg

8.2.12 Pro Familia e.V.
– Deutsche Gesellschaft für Familienplanung, Sexualpädagogik und Sexualberatung –
Bundesverband
Stresemannallee 3, 60596 Frankfurt/M.

8.2.13 Väteraufbruch für Kinder e.V.
Bundesverband
Jürgen Schlicker
Wriezener Karree 5, 10243 Berlin

8.2.14 Verband bi-nationaler Familien und Partnerschaften e.V.
Sabine Kriechhammer-Yagmur und Eva Verma
Kasseler Str. 1 a, 60486 Frankfurt/M.

8.2.15 Verein berufstätiger Mütter e.V.
Edda Moers
Volksgartenstr. 12, 50677 Köln

8.2.16 SHIA e.V.
Selbsthilfegruppe Alleinerziehender
Rudolf-Schwarz-Str. 20, 10407 Berlin

9 Frauenorganisationen

9.1 Arbeitsgemeinschaft freier Stillgruppen (AFS) e.V.
Bundesverband
Brigitte Benkert
Sandstr. 25, 97199 Ochsenfurt

9.2 Arbeitskreis Frauenselbsthilfe bei gynäkologischen Problemen
Maria Krieger
Nernstweg 32, 22765 Hamburg

9.3 Bundeszentrale Notmütterdienst e.V.
Sophienstr. 28, 60487 Frankfurt/M.

9.4 Deutscher Frauenring e.V.
Bundesgeschäftsstelle
Lessingstr. 9, 61231 Bad Nauheim

9.5 Dachverband der Frauengesundheitsprojekte
c/o: Feministisches Frauengesundheitszentrum Göttingen
Marita Smid
Goetheallee 9, 37073 Göttingen

9.6 FORTE e.V. – Frauen Ohne Recht nach Trennung und Ehe
Seesener Str. 23 (II. Hof), 10711 Berlin

9.7 Hydra – Verein zur Förderung der beruflichen und kulturellen Bildung von weiblichen und männlichen Prostituierten e.V.
Rigaer Str. 3, 10247 Berlin

9.8 Mütterzentrale
Bundesverband e.V.
Müggenkampstr. 16, 20257 Hamburg

9.9 Verband alleinstehender Frauen (vaf) e.V.
Bundesvorstand
Marielau Kletzin
Postfach 6703, 97017 Würzburg

9.10 Wildwasser e.V.
Frauen-Selbsthilfe und Frauenladen
Friesenstr. 6, 10965 Berlin

9.11 Zentrale Informationsstelle (ZIF)
Postfach 104143, 34041 Kassel

9.12 Deutscher Frauenrat
Bundesvereinigung deutscher Frauenverbände und Frauengruppen gemischter Verbände
Simrockstr. 5, 53113 Bonn

9.13 Deutscher Frauenrat
Büro Berlin
Neue Bahnhofstr. 19, 10245 Berlin

9.14 Unabhängiger Frauenverband
Friedrichstr. 165, 10117 Berlin

9.15 Deutscher Hausfrauen-Bund e.V.
Adenauerallee 193, 53113 Bonn

9.16 KOFRA – Kommunikationszentrum für Frauen zur Arbeits- und Lebenssituation e.V.
Baaderstr. 30, 80469 München

9.17 FrauenMediaTurm
Feministisches Archiv und Dokumentationszentrum
Am Bayernturm, 50678 Köln

10 Seniorenorganisationen[3]

10.1 Seniorenschutzbund (SSB) ›Graue Panther‹
Rathenaustr. 2, 42277 Wuppertal

10.2 Bundesverband Altenkultur e.V.
Zugweg 16, 50677 Köln

10.3 Deutscher Evangelischer Verband für Altenhilfe e.V.
Stafflenbergstr. 76, 70184 Stuttgart

10.4 EURAG – Bund für die ältere Generation Europas
Schmiedgasse 26, A–8010 Graz

3 Nr. 10: zusammengestellt von Gerda **Holz**, Frankfurt/M.

10.5 Eurolink Age
Kontaktadresse: Arbeiterwohlfahrt Bundesverband e. V.
Frau Al-Barghouthi
Oppelner Str. 130, 53119 Bonn

11 Selbsthilfezusammenschlüsse und Institutionen

11.1 Arbeitsgemeinschaft sozialpolitischer Arbeitskreise (AG SPAK)
Marga Mitterhuber
Adlzreiterstr. 23, 80337 München

11.2 Netzwerk Selbsthilfe e. V.
Gneisenaustr. 2, 10961 Berlin

11.3 Stiftung DIE MITARBEIT
Bornheimer Str. 37, 53111 Bonn

11.4 Deutsche Arbeitsgemeinschaft Selbsthilfegruppen (NAKOS)
Nationale Kontaktstelle zur Unterstützung von Selbsthilfegruppen
Albrecht-Achilles-Str. 65, 10709 Berlin

11.5 Bundesarbeitsgemeinschaft der Sozialhilfe-Initiativen (BAG SHI)
c/o: Wolfgang Scherer
Moselstr. 25, 60329 Frankfurt/M.

11.6 (AA) Anonymous-Gruppen
Anonyme Alkoholiker Deutschland (AA)
Gemeinsames Dienstbüro
Johannes Prußky
Postfach 470227, 80910 München

11.7 STATTwerke e. V.
Mehringdamm 50, 10961 Berlin

II. Fachspezifische Organisationen und Institutionen

1 Altenhilfe[4]

1.1 Pro Senectute – Gesellschaft für würdiges Leben und Sterben im Alter
Erlenstr. 76, 28199 Bremen

Pro Senectute-Gesellschaft für würdiges Leben und Sterben im Alter ist ein e. V., der 1986 gegründet wurde. Er bemüht sich regional, z. T. auch überregional, durch Bildung, Beratung, Information und Forschung um neue Formen der sozialen Lebensgestaltung im Alter. Die regionalen Tätigkeiten von ›Pro Senectute‹ wollen innovative Impulse setzen. Sie umfassen Dienstleistungen, die sich insbesondere auf 3 Bereiche erstrecken: Beratung, Projekte und Öffentlichkeitsarbeit.

1.2 Deutscher Berufsverband für Krankenpflege (BDfK)
Hauptstraße 392, 65760 Eschborn

Der DBfK hat die Verbesserung der Kranken-, Kinder- und Altenpflege, der öffentlichen Gesundheitspflege und -erziehung sowie die Rehabilitation Behinderter zum Ziel. Er ist regional, überregional und international tätig. Einrichtungen des DBfK mit überregionalem Tätigkeitsfeld sind u. a. die Krankenpflegehochschule Agnes Karll, Frankfurt/M. (staatlich anerkanntes Fort- und Weiterbildungsinstitut), und das Bildungszentrum Essen (Fortbildungsinstitut für Pflegeberufe); Verbandszeitschrift ›Krankenpflege‹.
Die Fachgruppe Altenpflege im DBfK besteht seit 1979. Sie ist offen für alle staatlich examinierten Pflegekräfte, die in der Altenpflege tätig sind. Die Fachgruppe hat sich folgende Ziele und Aufgaben gesetzt: Vorschläge für eine bundeseinheitliche Ausbildung in der Altenpflege, Vorschläge und Beratung für relevante Stellungnahmen, Informationsaustausch, Werbung für Berufsnachwuchs, Erarbeitung von Qualitätsmerkmalen in der Altenpflege, Förderung von Gemeinsamkeiten der Altenpflege und Krankenpflege, Erstellung von Literaturlisten für die Altenpflege, Veröffentlichung in Fachzeitschriften, Mitwirkung bei Kongressen und Fortbildungen.

1.3 Deutscher Berufsverband staatlich anerkannter Altenpflegerinnen und Altenpfleger e. V. (DBVA)
An der Pfaffenwiese 1, 66303 Dreieich

4 Zusammengestellt von Gerda **Holz**, Frankfurt/M.

Seine Aufgaben sieht er in der Wahrung berufsständischer Interessen und der Einflußnahme auf politische Entscheidungen innerhalb des Bereichs Altenpflege/Altenhilfe. Die Mitglieder des Verbandes fühlen sich als Partner und Lobbyisten der ihnen anvertrauten hilfesuchenden alten MitbürgerInnen. Der DBVA betreibt und erstellt eine eigene Zeitschrift, die ›DBVA-Information‹. In dieser werden regelmäßig Fachartikel und Aufsätze veröffentlicht, welche sich ausschließlich mit der Altenfrage in der BRD beschäftigen.

1.4 Bundesverband Seniorentanz e.V.

Insterburger Str. 25, 28107 Bremen

Zweck des Vereins ist die Förderung der Altenhilfe, der Senioren- und Behindertenarbeit sowie der Altenbildung durch Aktivierung der Eigenkräfte älterer Menschen. Alle Maßnahmen sollen Freude an rhythmischer Körperbewegung nach Musik wecken und damit zur Gesundheit älterer Menschen beitragen. Gesundheit – verstanden als körperliches, psychisches und soziales Wohlbefinden. Gemäß dieser Zielsetzung bildet der Verein SeniorentanzleiterInnen und LehrgangsleiterInnen nach den eigenen Ausbildungsordnungen aus. Sie nehmen ihre Aufgaben wahr in Begegnungsstätten, Volkshochschulen, Kirchengemeinden aller Konfessionen, Alten- und Pflegeheimen, Behindertenheimen, Landeskrankenhäusern und Altenpflegeschulen.

1.5 Bundesarbeitsgemeinschaft der Beratungsstellen für ältere Menschen und ihre Angehörigen

Sprecherrat: Ingrid Müller (Angehörigenberatung e.V., Nürnberg, Tel. 0911/266126), Reinhard Pöschl (Beratungsstelle für ältere Menschen und deren Angehörige, Tübingen, Tel. 07071/22498), Anne Stuth (SOFA, Nürtingen, Tel. 07022/59091).

Die BAG wurde 1991 gegründet. An der Gründung waren etwa 20 verschiedene Einrichtungen aus dem gesamten Bundesgebiet beteiligt. Sie versteht sich als Forum für den Erfahrungsaustausch und als Interessenvertretung der Mitgliedseinrichtungen. Im einzelnen werden folgende Ziele verfolgt: Die Information der Öffentlichkeit über Inhalte und Bedeutung von Alten- und Angehörigenberatung; die Entwicklung von Standards und Kriterien für die Alten- und Angehörigenberatung; die Organisation von regelmäßigen Treffen zum Erfahrungsaustausch und zur Konzeptentwicklung; die Unterstützung der Mitgliedseinrichtungen bei speziellen Anliegen.

1.6 Deutscher Evangelischer Verband für Altenhilfe

Stafflenbergstr. 76, 70184 Stuttgart

Als e.V. besteht der Verband zwar erst seit 1973, doch reicht seine Geschichte schon bis in die 20er Jahre zurück. Die Zweckbestimmung lautet nun nach der Satzung wie folgt: »§ 1: In dem ... Verband ... schließen sich die Einrichtungen der Evangelischen Altenhilfe zusammen. Der Verband hat die Aufgabe, die Evangelische Altenhilfe zu fördern. In Zusammenarbeit mit kirchlichen Stellen und mit Organisationen der öffentlichen und freien Wohlfahrtspflege tritt er für das Wohl und die Rechte der alten Menschen ein. Ihm obliegt insbesondere die Entwicklung von Zielsetzungen der Altenhilfe und deren einzelnen Arbeitsbereichen; die Unterstützung der Entwicklung von Berufsbildern und Ausbildungsstätten für die Altenhilfe; die Unterstützung der Fortbildung und Förderung von Mitarbeitern in der Altenpflege; die Mitwirkung in der Öffentlichkeitsarbeit im Bereich der Altenhilfe. Der Verband ist dem DW der Evangelischen Kirche Deutschland als Fachverband angeschlossen. ...«

1.7 Verband katholischer Heime und Einrichtungen der Altenhilfe in Deutschland

Karlstr. 40, 79104 Freiburg i. Br.

In diesem 1963 gegründeten Verband haben sich innerhalb des DCV rd. 770 Träger von katholischen Einrichtungen der Altenhilfe, von Altenheimen, Altenbegegnungsstätten und Altenpflegeschulen zu einem Fachverband zusammengeschlossen. Der Verband ist bestrebt, die ihm angeschlossenen Einrichtungen – entsprechend den fortschreitenden Erkenntnissen der Gerontologie und Geriatrie – zu qualifizieren; regional differenzierte Angebote der Altenhilfe entwickeln zu helfen; die Träger und Leitungen der Heime in Fragen der Heimführung zu beraten; die Mitarbeiter in den Einrichtungen für den Dienst am alten Menschen aus- und fortzubilden. Im Rahmen seiner Informations- und Beratungstätigkeit für Heimträger und Mitarbeiter – aber auch Caritasverbände – gibt der Fachverband die ›Mitteilungen zur Altenhilfe‹ heraus und informiert darin über die Entwicklungen in Altenpflege und Altenhilfe.

2 Gesundheitshilfe[5]

2.1 Gesundheitsverwaltung, Akademien, gesundheitliche Aufklärung

5 Zusammengestellt von Peter **Reinicke**, Berlin.

2.1.1 Gesundheitsministerkonferenz
Ständig wechselnder Vorsitz (alle 2 Jahre).

Zusammenschluß der politisch verantwortlichen Minister und Senatoren für den Bereich des Gesundheitswesens. Befaßt sich u. a. mit Fragen der Gesundheitsvor- und -fürsorge, Empfehlungen für Maßnahmen auf dem Gebiet der Gesundheitsüberwachung und -betreuung. Planung von Maßnahmen und politische Zielvorgaben.

Länderbehörden des Gesundheitswesens/Oberste Gesundheitsbehörden

Baden-Württemberg: Minister für Arbeit, Gesundheit und Sozialordnung des Landes Baden-Württemberg
Rotebühlplatz 30, 70173 Stuttgart

Bayern: Bayerisches Staatsministerium für Arbeit, Sozialordnung, Familie, Frauen und Gesundheit
Postfach, 80792 München

Berlin: Senatsverwaltung für Gesundheit
Märkisches Ufer 54, 10179 Berlin

Brandenburg: Ministerium für Arbeit, Soziales, Gesundheit und Frauen des Landes Brandenburg
Heinrich-Mann-Allee 107, 14473 Potsdam

Bremen: Senatsverwaltung für Gesundheit, Jugend und Soziales der Freien und Hansestadt Bremen
Bahnhofsplatz 29, 28195 Bremen

Hamburg: Behörde für Arbeit, Gesundheit und Soziales der Freien und Hansestadt Hamburg
Hamburger Str. 47, 22083 Hamburg

Hessen: Hessisches Ministerium für Umwelt und Energie, Jugend, Familie und Gesundheit
Dostojewskistr. 4, 65187 Wiesbaden

Mecklenburg-Vorpommern: Ministerium für Soziales des Landes Mecklenburg-Vorpommern
Werderstr. 124, 19055 Schwerin

Niedersachsen: Niedersächsisches Sozialministerium
Hinrich-Wilhelm-Kopf-Platz 2, 30159 Hannover

Nordrhein-Westfalen: Ministerium für Arbeit, Gesundheit und Soziales des Landes Nordrhein-Westfalen
Horionplatz 1, 40213 Düsseldorf

Rheinland-Pfalz: Ministerium für Arbeit, Soziales, Familie und Gesundheit des Landes Rheinland-Pfalz
Bauhofstr. 4, 55116 Mainz

Saarland: Ministerium für Frauen, Arbeit, Gesundheit und Soziales des Saarlandes
Franz-Josef-Röder-Str. 23, 66119 Saarbrücken

Sachsen: Sächsisches Staatsministerium für Soziales, Gesundheit und Familie
Albertstr. 10, 01097 Dresden

Sachsen-Anhalt: Ministerium für Arbeit, Soziales und Gesundheit des Landes Sachsen-Anhalt
Wilhelm-Höpfner-Ring 4, 39116 Magdeburg

Schleswig-Holstein: Ministerium für Arbeit, Soziales, Jugend und Gesundheit des Landes Schleswig-Holstein
Brunswiker Str. 16–22, 24105 Kiel

Thüringen: Thüringer Ministerium für Soziales und Gesundheit
Werner-Seelenbinder-Str. 14, 99096 Erfurt

2.1.2 Arbeitsgemeinschaft der Leitenden Medizinalbeamten (AGLMB)
Ständig wechselnder Vorsitz.

Befaßt sich u. a. mit Fragen der Gesundheitsvor- und -fürsorge, Versorgung der Bevölkerung auf dem Gebiet der Gesundheitsüberwachung und -betreuung, Fragen der Aus- und Weiterbildung der im Gesundheitswesen tätigen Berufsgruppen (Anschriften des AGLMB s. 2.1.1).

2.1.3 Bundesinstitut für gesundheitlichen Verbraucherschutz und Veterinärmedizin (BgVV)
Postfach 330013, 14191 Berlin, Thielallee 88–92, 14195 Berlin

Forschung, Beratung und Exekutive im Bereich des gesundheitlichen Verbraucherschutzes, insbesondere im Hinblick auf Lebensmittel- und Bedarfsgegenstände, Kosmetika, Tierarzneimittel, Futterzusatzstoffe, Pflanzenschutz- und Schädlingsbekämpfungsmittel sowie Chemikalien. Darüber hinaus befaßt sich das Institut mit Problemen, die aus den engen Wechselbeziehungen zwischen Mensch und Tier resultieren und schließlich mit Fragen der Gesunderhaltung und des Wohlbefindens der Tiere.

2.1.4 Robert-Koch-Institut (RKI)
Nordufer 20, 13353 Berlin

Auftrag: Erkennung, Verhütung und Bekämpfung von übertragbaren und nicht übertragbaren Krankheiten. Das RKI soll hierbei u. a. wissenschaftliche Erkenntnisse aufarbeiten, Gesundheitsrisiken frühzeitig erkennen, Lösungen erarbeiten und Bundesregierung, Bundesländer und andere Beteiligte im Gesundheitswesen entsprechend beraten. Forschung vorwiegend auf den Gebieten Epidemiologie der Infektions- und der Zivilisationskrankheiten der Genetik/Gentechnik, Virologie, Bakteriologie und Immunologie.

Organ: Bundesgesundheitsblatt

Redaktion: Robert-Koch-Institut, Nordufer 20, 13353 Berlin; erscheint monatlich. Inhalt: Gesundheitswesen, -politik, -gesetzgebung, Gesundheitsvor- und -fürsorge, Gesundheitsberichterstattung, Epidemiologie, Umwelthygiene.

2.1.5 Bundesinstitut für Arzneimittel und Medizinprodukte (BfArM)

Seestraße 10–11, 13353 Berlin

Errichtet durch Gesetz über die Neuordnung zentraler Einrichtungen des Gesundheitswesens (Gesundheitseinrichtungen-Neuordnungs-Gesetz-GNG) vom 24.6.1994; als selbständige Bundesoberbehörde anknüpfend an die wissenschaftliche Arbeit des 1975 gegründeten Instituts für Arzneimittel des Bundesgesundheitsamtes. Aufgaben: Zulassung von Fertigarzneimitteln auf der Grundlage von pharmazeutischer Qualität, Wirksamkeit und Unbedenklichkeit; Nachzulassung- und registrierung von Altpräparaten; Erfassung und Bewertung von Berichten über Arzneimittelnebenwirkungen sowie Durchführung von Maßnahmen; Überwachung des legalen Verkehrs mit Betäubungsmitteln und Grundstoffen; Arbeiten zur medizinischen und technischen Sicherheit, Eignung und Leistung von Medizinprodukten nach EU- und nationalen Vorgaben.

2.1.6 Bundeszentrale für gesundheitliche Aufklärung e.V. (BzGA)

Ostmerheimer Str. 200, 51109 Köln

Forschung und Öffentlichkeitsarbeit im Bereich der Gesundheitserziehung und gesundheitlichen Aufklärung. Einschlägige Veröffentlichungen u.a. auf dem Sektor der Familienplanung, Beratung und Hilfen für werdende Mütter, Behinderte, der Alkohol- und Drogenberatung, der Aidsprophylaxe. Außerdem regelmäßige Fortbildungsangebote für Multiplikatoren, u.a. für SozArb/SozPäd.

2.1.7 Deutsche Zentrale für Volksgesundheitspflege e.V.

Münchener Str. 48, 60329 Frankfurt/M.

Tätig auf dem Gebiet der Öffentlichkeitsarbeit und Förderung der Zusammenarbeit der verschiedenen Berufsgruppen im Gesundheitswesen. Behandelt werden Fragen der Ausbildung und zukünftigen Gestaltung der Berufe des Gesundheitswesens. Beispielhaft ist die Untersuchung über die »Sozialarbeit im Gesundheitswesen« zu erwähnen. Durchführung von Fortbildungstagungen und Herausgabe einer Schriftenreihe (in unregelmäßigen Abständen) u.a. zu Fragen der gesundheitlichen Entwicklung; Veröffentlichung von Forschungsergebnissen zu gesundheitlichen Problemen und zur Aus- und Weiterbildung von Berufsgruppen im Gesundheitswesen. Jährliche Ausschreibung des Marie-Baum-Preises für Diplomarbeiten an FHS des Sozialwesens über SozArb/SozPäd in einem Aufgabengebiet der Sozialmedizin, der Prävention und/oder Rehabilitation im sozialmedizinischen Bereich.

2.1.8 Akademie für öffentliches Gesundheitswesen

Auf'm Hennekamp 70, 40225 Düsseldorf

Schwerpunkt der Arbeit ist der Aus- und Weiterbildungsbereich für im Gesundheitswesen tätige Berufsgruppen, insbesondere für den öffentlichen Gesundheitsdienst, z.B. Ausbildung von Amtsärzten, von Sozialmedizinischen Assistenten und Fort- und Weiterbildungsangebote für SozArb im Gesundheitswesen.

Zeitschrift: Blickpunkt Gesundheitsamt

Erscheint vierteljährlich.

2.1.9 Bayerische Akademie für Arbeitsmedizin und soziale Medizin

Pfarrstr. 3, 80538 München. Siehe 1.1.7.

2.2 Krankenhausbereich

2.2.1 Deutsche Krankenhausgesellschaft (DKG)

Tersteegenstr. 9, 40474 Düsseldorf

Zusammenschluß der Krankenhausträger. Vertritt die Interessen der Krankenhäuser gegenüber Institutionen und Verbänden (z.B. Krankenkassen, Rentenversicherungsträgern). Befaßt sich u.a. auch mit der Veränderung und Verbesserung von Krankenhausstrukturen und in diesem Zusammenhang mit der Frage des Einsatzes von SozArb im Krankenhaus.

Organ: Das Krankenhaus

Zentralblatt für das deutsche Krankenhauswesen; Hrsg.: DKG (Heßbrühlstr. 69, Postfach 800430, 70565 Stuttgart). Erscheint monatlich; befaßt sich mit allen Fragen des Krankenhauswesens, z.B. Krankenhausstruktur, Modellversuche, Wirtschaftlichkeit, Bedarfsplanung, Personalwesen, Ausbildungsfragen, Haftungsprobleme, Hygiene, soziale Leistungen des Krankenhauses.

2.2.2 Fachvereinigung der Verwaltungsleiter deutscher Krankenanstalten e.V.

Hardenbergstr. 34, 32758 Detmold

Befaßt sich u.a. mit Fragen der Patientenbetreuung und Humanisierung des Krankenhauses. Für SozArb neben Ärzten, Medizinalfachberufsgruppen wichtige Gesprächspartner im Krankenhaus (Organ wie 2.2.1).

Organe

– Deutsche Krankenpflegezeitschrift

Fachblatt für die Kranken- und Kinderkrankenpflege (Heßbrühlstr. 69, 70565 Stuttgart), erscheint monatlich; die Zeitschrift wendet sich an Krankenpflegepersonen und andere, durch das Krankenhaus berührte Medizinal- und Sozialberufe. Sie enthält allgemeine medizinische Fachaufsätze sowie Kinderkrankenpflege, Psychiatrie und Neurologie. Themen aus der Berufspraxis, Ausbildung und Rechtsfragen, Gemeindekrankenpflege, außerdem einen Zeitschriftenspiegel.

– Krankengymnastik

Zeitschrift für physikalische Therapie, Bewegungstherapie, Massage, Prävention und Rehabilitation. Organ des Zentralverbandes Krankengymnastik e. V. (Lazarettstr. 4, Postfach 201920, 80636 München), erscheint monatlich. Die Zeitschrift enthält Originalarbeiten und Übersichtsreferate aus der Klinik und der niedergelassenen Praxis. Schwerpunkte sind u. a. Rehabilitation bei Querschnittlähmungen und bei behinderten Kindern.

– Beschäftigungstherapie und Rehabilitation

Fachzeitschrift des Verbandes der Beschäftigungs- und Arbeitstherapeuten e. V. (Lutherstr. 59, 69120 Heidelberg), erscheint vierteljährlich. Enthält neben Arbeiten zur Beschäftigungstherapie und Rehabilitation auch solche aus dem Gebiet der Psychiatrie und des Sozialwesens sowie Berufsfragen.

2.2.3 Deutsche Vereinigung für den Sozialdienst im Krankenhaus (DV)

Langenbeckstr. 1, 55131 Mainz

Diese Fachvereinigung hat sich die Aufgabe gestellt, den inneren und äußeren Ausbau des Sozialdienstes im Krankenhaus zu fördern. Sie veranstaltet Arbeits- und Fortbildungstagungen und bietet Einführungsseminare in das Arbeitsfeld »Sozialdienst im Krankenhaus« an.

Organ: Sozialdienst im Krankenhaus

Hrsg.: DV; erscheint alle 2 Monate (und Sonderdrucke). Die Zeitschrift ist das Mitteilungsblatt der Vereinigung. Inhalt: Aufsätze und Berichte zur Arbeit der DV und der SozArb im Krankenhaus.

2.3 Krankenkassen

Arbeitsgemeinschaft der Krankenkassenverbände

(Anschriften zu erfragen bei den jeweiligen örtlichen Krankenkassen)

Gem. § 207 SGB V haben die Krankenkassen Landesverbände zu bilden: z. B. Landesverband der Orts-, der Betriebs- und Innungskrankenkassen, die Landesverbände können sich zu einem Verband (Bundesverband) zusammenschließen.

Aufgaben: Abschluß und Änderung von Verträgen, Vereinbarungen mit anderen an der sozialen Sicherung beteiligten Stellen (Verband der Rentenversicherungsträger, Hauptverband der Berufsgenossenschaften, Sozialhilfeträger) sowie Vereinigungen und Verbänden von Heilberufen, Kranken- und Heilanstalten. Da in diesen Gremien auch Fragen der Patientenbetreuung behandelt bzw. erörtert werden, sollten diese auch von SozArb/SozPäd beachtet werden.

Organe:

– Deutsche Rentenversicherung

Hrsg.: Verband Deutscher Rentenversicherungsträger (Lange Str. 13, 60311 Frankfurt/M.); erscheint alle 2 Monate. Inhalt: Rentenversicherung, Rentengesetze, Rechtsprechung, Sachverständigentätigkeit, Berufsförderung, Rehabilitation, Sozialversicherung im Ausland, Buchbesprechungen und Zeitschriftenrundschau.

– Die Berufsgenossenschaft

Zeitschrift für Arbeitssicherheit und Unfallversicherung. Hrsg.: Hauptverband der gewerblichen Berufsgenossenschaften e. V. Bonn (Herforder Str. 10, 33602 Bielefeld); erscheint monatlich. Themen: Arbeitssicherheit, Arbeitsrecht, Arbeitsplatzprobleme, Lärmschutz, Unfallverhütung, Unfallversicherung, Tagungsberichte.

– Die Ortskrankenkasse

Hrsg.: Bundesverband der Ortskrankenkassen (Euskirchener Str. 60, 53121 Bonn); erscheint 2mal monatlich. Themen: Arbeitssicherheit, Arbeitsrecht, Arbeitsplatzprobleme, Lärmschutz, Unfallverhütung, Unfallversicherung, Tagungsberichte.

– Die Ersatzkasse

Hrsg.: Verband der Angestellten-Krankenkassen und Verband der Arbeiter-Ersatzkassen (Einsteinstr. 10, 53757 St. Augustin); erscheint monatlich. Umfaßt Berichte aus den einzelnen Mitgliedskassen und deren Aktivitäten. Außerdem ähnliche Inhalte wie das Blatt der Ortskrankenkassen.

– Die Betriebskrankenkasse

Hrsg.: Verband der Betriebskrankenkassen (Kronprinzenstr. 4–6, 45128 Essen), erscheint monatlich. Umfaßt Berichte aus den einzelnen Mitgliedskassen und deren Aktivitäten. Außerdem ähnliche Inhalte wie das Blatt der Ortskrankenkassen.

– Die Sozialversicherung

Zeitschrift für alle Angelegenheiten der Renten-, Kranken- und Unfallversicherung (Adolf-Rausch-Verlag Gmbh, Postfach 104507, 69035 Heidelberg). Die Zeitschrift erscheint monatlich.

2.4 Suchtkrankenhilfe

Deutsche Hauptstelle gegen die Suchtgefahren (DHS)

Westring 2, 59065 Hamm

Zusammenschluß der Verbände, die auf dem Gebiet der Suchtkrankenhilfe arbeiten. Forschungs- und Öffentlichkeitsarbeit auf diesem Gebiet. Jährliche Durchführung einer wissenschaftlichen Arbeitstagung, auf dem Praktiker und Wissenschaftler zu aktuellen Fragen der Suchtkrankenberatung und -hilfe Stellung nehmen.

Organ: Suchtgefahren

Forschung, Therapie, Prophylaxe. Hrsg. DHS (Adenauerallee 45, 20097 Hamburg); erscheint vierteljährlich. Inhalt: Fragen und Probleme aus der Suchtkrankenberatung und -betreuung.

2.5 Kinder im Krankenhaus

Aktionskomitee »Kind im Krankenhaus« e.V. (AKIK) Bundesverband

Bundesgeschäftsstelle: Kirchstr. 34, 61440 Oberursel.
Das seit 1968 bestehende AKIK will die Interessen der Kinder im Krankenhaus vertreten und diese durch gezielte Öffentlichkeitsarbeit stärker zur Geltung bringen. Herausgabe einer Schriftenreihe u.a. »Mitbetreuung durch Eltern – Chancen und Schwierigkeiten«, »Gestaltung von Kinderkliniken und -abteilungen, Um- und Neubau von Kinderkliniken«.
Zeitschrift: Regelmäßiger Jahresbericht des Aktionskomitees.

BAG Kind und Krankenhaus (BaKuK)

Krankenhaus Altona, z.Hd. Dietrich Schacht, Bleickenallee 38, 22763 Hamburg.
Am 16.9.1992 wurde in Frankfurt/M. die BaKuK gegründet, dem 23 Berufs- und Elternverbände angehören (Stand April 1993), die sich um die Versorgung und Betreuung von Kindern im Krankenhaus bemühen. Ziel ist die Verbesserung der Situation von Kindern im Krankenhaus und die Vertretung dieser Interessen nach außen mit möglichst einer Stimme.

2.6 Organisationen, Vereinigungen, Selbsthilfegruppen

BAG Hilfe für Behinderte

Kirchfeldstr. 149, 40215 Düsseldorf.
Zusammenschluß von Eltern-, Fach- und Selbsthilfeverbänden Behinderter. Interessenverband, der seine Anliegen bei allen in Frage kommenden Gremien, Verbänden und gegenüber der Öffentlichkeit vertritt. Veröffentlichungen, beispielsweise: Die Rechte behinderter Menschen und ihrer Angehörigen. Januar 1992. 20. Aufl.
Zeitschrift: Selbsthilfe. Erscheint 2mal monatlich.

BAG Werkstätten für Behinderte e.V. (BAG/WfB)

Sonnemannstr. 5, 60314 Frankfurt/M.
1975 gegründet, um die Interessen der in den Werkstätten tätigen Behinderten besser zu vertreten. Öffentlichkeitsarbeit (Werkstättentage) und Fortbildung gehören zum Angebot.
Zeitschrift: Berichte, Informationen, Meinungen. Erscheint 6mal jährlich. Auflage 1500.

BAG für Rehabilitation

Walter-Kolb-Str. 9–11, 60594 Frankfurt/M.
Freiwilliger Zusammenschluß der Spitzenverbände der gesetzlichen Kranken-, Unfall-, Rentenversicherung, Kriegsopferfürsorge und Sozialhilfe, der Bundesanstalt für Arbeit, der Bundesländer, der Spitzenverbände der Sozialpartner sowie der Kassenärztlichen Bundesvereinigung zu dem Zweck, die Maßnahmen der medizinischen, schulischen (pädagogischen), beruflichen und sozialen Rehabilitation im Rahmen des geltenden Rechts zu koordinieren und zu fördern.
Zeitschrift: »selbsthilfe«. Erscheint vierteljährlich.

Hinweis:

Die meisten der folgenden Organisationen, Vereinigungen und Selbsthilfegruppen sind Mitglieder in der BAG Hilfe für Behinderte. Sie sind für die SozArb/SozPäd in Ausbildung und Praxis Einsatzfelder und Partner für eine Zusammenarbeit. Bei den meisten Verbänden finden sich entsprechende Zusammenschlüsse auf regionaler Ebene. Es bestehen Landesarbeitsgemeinschaften der BAG in: Baden-Württemberg, Bayern, Berlin, Brandenburg, Bremen, Hamburg, Hessen, Niedersachsen, Nordrhein-Westfalen, Rheinland-Pfalz, Saarland, Sachsen und Thüringen.

Allergiker und Asthmatikerbund e.V.

Hindenburgstr. 110, 41061 Mönchengladbach. 18000 Mitglieder.
Zeitschrift: Der Allergiker. Erscheint vierteljährlich.

Allgemeiner Behindertenverband in Deutschland e.V. (ABiD)

Am Köllnischen Park 6–7, 10179 Berlin.

AG Allergiekrankes Kind – Hilfen für Kinder mit Asthma, Ekzem oder Heuschnupfen e.V.

Hauptstr. 29, 35745 Herborn. 7000 Mitgliedsfamilien in 200 Regionalgruppen.
Zeitschrift: Informationsblatt. Auflage 13000.

AG Spina bifida und Hydrocephalus (ASbH) e.V.

Münsterstr. 13, 44145 Dortmund. 60 Selbsthilfegruppen.
Zeitschrift: AShB-Brief. Erscheint vierteljährlich.

AK Kunstfehler in der Geburtshilfe e.V.

Rosental 23–25, 44135 Dortmund.
Zeitschrift: »weiterleben«. Erscheint halbjährlich.

AK überaktives Kind e. V.
Dietrichstr. 9, 44135 Dortmund. 100 Selbsthilfegruppen.
Zeitschrift: Akzente. Erscheint 4mal im Jahr. Auflage 3000.

Bund der Kriegsblinden Deutschlands e. V.
Schumannstr. 35, 53115 Bonn.

Bund Deutscher Kriegsopfer, Körperbehinderter und Sozialrentner (BDKK) e. V.
Bonner Talweg 88, 53113 Bonn.

BAG der Clubs Behinderter und ihrer Freunde e. V.
Eupener Str. 5, 55131 Mainz.

BAG der Sozialarbeiter/Sozialpädagogen für Hör-Sprach-Geschädigte e. V.
Hanseller Str. 41, 48161 Münster.
Zusammenschluß der in der Arbeit mit Hör- und Sprachgeschädigten tätigen SozArb/SozPäd. Durchführung von jährlich stattfindenden Fortbildungstagungen und Erfahrungsaustausch. Es bestehen Regionalgruppen.

Bund Deutscher Hirnbeschädigter e. V.
Humboldtstr. 32, 53115 Bonn.

Bund zur Förderung Sehbehinderter e. V.
Am Kassenberg 37, 45479 Mühlheim/Ruhr. 1500 Mitglieder.
Zeitschrift: VISUS. Auflage 2500.

Bundeselternvereinigung für anthroposophische Heilpädagogik und Sozialtherapie e. V.
Schloßstr. 9, 61209 Echzell.
Zeitschrift: Mitteilungsblatt. Erscheint Ostern, Johanni, Michaeli und Weihnachten.

Bundesverband Contergangeschädigter e. V. Hilfswerk vorgeburtlich Geschädigter
Paffrather Str. 132–134, 51069 Köln.

Bundesverband der Herz- und Kreislaufbehinderten. anti infarkt club
Schweizer Str. 23, 47533 Kleve.
Zeitschrift: Herz & Gesundheit. Erscheint vierteljährlich.

Bundesverband der Kehlkopflosen e. V.
Obererle 65, 45897 Gelsenkirchen.
Zeitschrift: Sprachrohr. Erscheint vierteljährlich. Auflage 7000.

Bundesverband für die Rehabilitation der Aphasiker e. V.
Georgstr. 9, 50389 Wesseling.
Zeitschrift: Aphasie-Sprachverlust-Nachrichten. Erscheint vierteljährlich.

Bundesverband für Körper- und andere Mehrfachbehinderte e. V.
Brehmstr. 5–7, 40239 Düsseldorf. 20000 Mitglieder.
Zeitschrift: Das Band. Erscheint zweimonatlich. Auflage 21000.

Bundesverband »Hilfe für das autistische Kind« e. V.
Bebelallee 141, 22297 Hamburg.
Zeitschrift: Autismus. Erscheint 2mal jährlich.

Bundesverband Legasthenie e. V.
Königstr. 32, 30175 Hannover.
Zeitschrift: LRS. Erscheint vierteljährlich.

Bundesverband der Organtransplantierten e. V. (BDO)
Unter den Ulmen 98, 47137 Duisburg.
Zeitschrift: BDO-Blätter. Erscheint vierteljährlich. Auflage 2000.

Bundesverband Selbsthilfe Körperbehinderter e. V.
Altkrautheimer Str. 17–25, 74238 Krautheim. 60000 Mitglieder.
Zeitschrift: Leben und Weg – Der Körperbehinderte. Erscheint zweimonatlich.

Bundesverband Skoliose-Selbsthilfe e. V.
Düstergasse 9a, 42897 Remscheid.
Zeitschrift: Lichtblick. Erscheint vierteljährlich.

Lernen Fördern – Bundesverband zur Förderung Lernbehinderter e. V.
Rolandstr. 61, 50677 Köln. 15000 Mitglieder.
Zeitschrift: Lernen Fördern. Erscheint zweimonatlich.

Bundesvereinigung »Lebenshilfe für geistig Behinderte« e. V.
Raiffeisenstr. 18, 35043 Marburg. 150000 Menschen werden betreut.
Zeitschrift: Lebenshilfe und Fachzeitschrift: Geistige Behinderung. Erscheinen vierteljährlich.

Bundesvereinigung Stotterer-Selbsthilfe e.V.
Kasparstr. 4, 50670 Köln. 70 Selbsthilfegruppen.
Zeitschrift: Der Kiesel-Stein. Erscheint zweimonatlich.

Dachverband Psychosozialer Hilfsvereinigungen e.V.
Thomas-Mann-Str. 49a, 53111 Bonn.
Mitglieder: u.a. Bundesverband der Angehörigen psychisch Kranker e.V.
Zeitschrift: Psychosoziale Umschau. Erscheint vierteljährlich.

Deutsche Aids-Hilfe e.V.
Dieffenbachstr. 33, 10967 Berlin.
Zeitschrift: DAH-Nachrichten. Erscheint vierteljährlich. Auflage 12000.

Deutsche Alzheimer Gesellschaft e.V.
Mauerkircherstr. 21, 81679 München. 90 Angehörigengruppen.

Deutsche Arbeitsgemeinschaft Selbsthilfegruppen e.V.
Friedrichstr. 28, 35392 Gießen.
Zeitschrift: selbsthilfegruppen nachrichten.

Deutsche Epilepsievereinigung e.V.
Friedrich-Meinel-Str. 11, 95632 Wunsiedel. 5000 Mitglieder.
Zeitschrift: Epilepsiebrief. Erscheint 3mal jährlich.

Deutsche Gesellschaft für Muskelkranke e.V.
Rennerstr. 4, 79106 Freiburg. 5000 Mitglieder.
Zeitschrift: muskelreport. Erscheint vierteljährlich.

Deutsche Gesellschaft zur Bekämpfung der Mukoviszidose e.V.
Bendenweg 101, 53121 Bonn. 3500 Mitglieder.
Zeitschrift: Mukoviszidose-Aktuell. Erscheint vierteljährlich.

Deutsche Gesellschaft zur Förderung der Gehörlosen und Schwerhörigen V.
Veit-Stoß-Str. 14, 80687 München.
Zeitschrift: Hörgeschädigte Kinder. Erscheint vierteljährlich.

Deutsche Hämophiliegesellschaft zur Bekämpfung von Blutungskrankheiten V.
Halenseering 3, 22149 Hamburg.
Zeitschrift: Hämophilie-Blätter. Erscheint halbjährlich.

Deutsche Heredo-Ataxie-Gesellschaft Bundesverband e.V. (DHAG)
Haußmannstr. 6, 70188 Stuttgart.
Zeitschrift: HERAX-Fundus. Erscheint 4mal jährlich. Auflage 1000.

Deutsche Huntington-Hilfe e.V.
Postfach 281251, 47241 Duisburg.
Zeitschrift: Quartalszeitung der Deutschen Huntington-Hilfe e.V.

Deutsche Ileostomie-Colostomie-Urostomie-Vereinigung e.V.
Kepserstr. 50, 85356 Freising. 9000 Mitglieder.
Zeitschrift: ILCO-Praxis. Erscheint vierteljährlich.

Deutsche Interessengemeinschaft Phenylketonurie (PKU)
Adlerstr. 6, 91077 Kleinsendelbach.
Zeitschrift: Pheline. Erscheint 2- bis 3mal jährlich.

Deutsche Krebsgesellschaft e.V.
Paul-Ehrlich-Str. 41, 60596 Frankfurt/M.
Befaßt sich mit Fragen der Krebsvor- und -nachsorge. Die Nachsorge der Krebskranken bekommt für SozArb/SozPäd als Arbeitsfeld eine immer größere Bedeutung.

Deutsche Leukämie Forschungshilfe. Aktion für krebskranke Kinder e.V.
Joachimstr. 20, 53113 Bonn.
Zeitschrift: WIR. Erscheint vierteljährlich.

Deutsche Morbus Crohn/Colitis Ulcerosa Vereinigung. Bundesverband für entzündliche Erkrankungen des Verdauungstraktes (DCCV)
Paracelsusstr. 15, 51375 Leverkusen.
Zeitschrift: Bauchredner. Erscheint vierteljährlich.

Deutsche Multiple Sklerose Gesellschaft e.V.
Weißenburger Str. 43, 80331 München. 30000 Mitglieder.
Zeitschrift: DMSG AKTIV. Erscheint vierteljährlich.

Deutsche Narkolepsie-Gesellschaft e.V.
Postfach 1107, 42755 Haan. 450 Mitglieder.
Zeitschrift: Der Wecker. Erscheint 2mal jährlich. Auflage 600.

Deutsche Parkinson-Vereinigung – Bundesverband e. V.
Moselstr. 31, 41464 Neuss. 12500 Mitglieder.
Zeitschrift: dPV-Nachrichten. Erscheint vierteljährlich.

Deutsche Retinitis Pigmentosa Vereinigung e. V.
Schulstr. 7, 25451 Quickborn. 3000 Mitglieder.
Zeitschrift: RP aktuell. Erscheint vierteljährlich.

Deutsche Rheumaliga e. V.
Rheinallee 69, 53173 Bonn. 130000 Mitglieder.
Zeitschrift: Mobil. Erscheint zweimonatlich.

Deutsche Sarkoidose-Vereinigung e. V.
Postfach 3043, 40650 Meerbusch.
Zeitschrift: Sarkoidose-Nachrichten und Berichte. Erscheint 4mal jährlich.

Deutsche Tinnitus-Liga e. V.
Erbschlöerstr. 22, 42369 Wuppertal. 5000 Mitglieder.
Zeitschrift: Tinnitus-Forum. Erscheint vierteljährlich. Auflage 12000.

Deutsche Vereinigung Morbus Bechterew e. V.
Metzgergasse 16, 97421 Schweinfurt. 15000 Mitglieder.
Zeitschrift: Bechterew-Brief. Erscheint vierteljährlich.

Deutsche Zöliakie-Gesellschaft e. V.
Filderhauptstr. 61, 70599 Stuttgart. 8500 Mitglieder.
Zeitschrift: DZG Aktuell. Erscheint vierteljährlich.

Deutscher Behinderten-Sportverband e. V.
Friedrich-Alfred-Str. 10, 47055 Duisburg.
Zeitschrift: Treffpunkt. Erscheint monatlich.

Deutscher Diabetiker-Bund e. V.
Danziger Weg 1, 58511 Lüdenscheid. 18000 Mitglieder.
Zeitschrift: Diabetes-Journal. Erscheint monatlich.

Deutscher Blindenverband e. V.
Bismarckallee 30, 53173 Bonn.
Zeitschrift: Die Gegenwart. Erscheint monatlich in Normalschrift, Punktschrift und auf Kassette.

Deutscher Neurodermitiker Bund
Mozartstr. 11, 22083 Hamburg.
Zeitschrift: Hautfreund. Erscheint 6mal jährlich.

Deutscher Psoriasisbund e. V.
Oberaltenallee 20 A, Chilehaus A, 22081 Hamburg. 10000 Mitglieder.
Zeitschrift: PSO-Magazin. Erscheint zweimonatlich.

Deutscher Schwerhörigenbund e. V. Bundesverband der Schwerhörigen und Ertaubten
Schiffbauerdamm 13, 10117 Berlin.
Zeitschrift: DSB-Report.

Deutscher Verein der Blinden und Sehbehinderten in Studium und Beruf e. V. (DVBS)
Frauenbergstr. 8, 35039 Marburg.
Er gibt Fachgruppeninformationen heraus, u. a. »Sozialwesen« als Tonbandkassette.

Deutsches Katholisches Blindenwerk e. V.
Eschstr. 12, 52351 Düren.
Blindenbücherei (Blindenschrift-, Blindenhör- und Großdruckbücherei).
Graurheindorfer Str. 151 a, 53117 Bonn.

Deutsches Krebsforschungszentrum
Im Neuenheimer Feld 280, 69120 Heidelberg.
Schwerpunkt der Arbeit ist Forschung nach Ursachen und Bekämpfungsmöglichkeiten des Krebses. Ein wesentlicher Gesichtspunkt der Arbeit ist auch die psychosoziale Beratung und Betreuung der Krebskranken.

Dialysepatienten Deutschlands e. V.
Weberstr. 2, 55130 Mainz. 16000 Mitglieder.
Zeitschrift: der dialysepatient. Erscheint 6mal jährlich.

Frauenselbsthilfe nach Krebs – Bundesverband e. V.
B 6, 10/11, 68159 Mannheim. 40000 Gruppenteilnehmerinnen.
Zeitschrift: Rundbrief. Erscheint 3mal jährlich.

Freundeskreis Camphill e.V.
Gütergotzer Str. 85, 14165 Berlin.
Zeitschrift: Die Brücke. Erscheint 4mal jährlich. (Mitteilungen für den Freundeskreis)

Gesellschaft für Osteogenesis imperfecta (Glasknochen) Betroffene e.V.
Postfach 1546, 63155 Mühlheim. 700 Mitglieder.
Zeitschrift: Durchbruch. Erscheint 2mal jährlich.

Gesellschaft zur Förderung behinderter türkischer Kinder e.V.
Vahrenwalder Str. 194, 30165 Hannover.
Demnächst erscheint ein Handbuch (Deutsch-Türkisch) über Behinderungsarten.

Interessenvertretung »Selbstbestimmt Leben« Deutschland e.V. (ISL)
Verein zur Förderung selbstbestimmten Lebens behinderter Menschen i.S. der internationalen »Interdependent Living«-Bewegung
Luitpoldstr. 42, 91052 Erlangen.
Zeitschrift: Informationsschrift (ab Januar 1994).

Nationale Arbeitsgemeinschaft Selbsthilfegruppen e.V. (NAKOS)
Albrecht-Achilles-Str. 64, 10709 Berlin.
Zeitschrift: Selbsthilfegruppen-Nachrichten. Broschüre: Grüne Adressen.
Loser Zusammenschluß von Gruppen und Personen, die Interesse am Selbsthilfegedanken haben. Die Arbeitsgemeinschaft bietet die Möglichkeit, Kontakte zu knüpfen und Informationen über Selbsthilfe auszutauschen. Sie fordert regionale Aktivitäten und die Gründung von regionalen Arbeitsgemeinschaften. Bietet Beratung und Hilfestellung bei der Gründung von Selbsthilfegruppen. Inzwischen bildeten sich mehrere regionale Arbeitsgemeinschaften, beispielsweise SEKIS in Berlin.

Reichsbund der Kriegs- und Wehrdienstopfer, Behinderten, Sozialrentner und Hinterbliebenen e.V.
Beethovenstr. 56–58, 53115 Bonn.
Interessenvertretung der genannten Gruppen. Stellungnahmen zu allen die Betroffenen interessierenden Fragen gegenüber Institutionen und Parlamenten. Beratungs- und Betreuungsarbeit für die organisierten Mitglieder.
Zeitschrift: Reichsbund (Mitgliederzeitschrift mit Landesteilen, die in Verantwortung der Landesverbände erscheinen).

Selbsthilfegruppe Sklerodermie in Deutschland e.V.
Bergschlagsweg 38, 61169 Hünxe. 1000 Mitglieder.

Schutzverband für Impfgeschädigte e.V.
Postfach 1160, 52271 Hilchenbach.

Verband der Kriegs- und Wehrdienstopfer, Behinderten und Sozialrenter Deutschlands e.V. (VdK)
Wurzerstr. 2–4, 53175 Bonn. 1000000 Mitglieder.
Zeitungen: VdK-Zeitung. Auflage 1056500. Sozialrecht + Praxis. Auflage 9000.

Verein kleinwüchsiger Menschen e.V. – Bundesverband
Hauptstr. 14, 56587 Oberhonnefeld.
Zeitschrift: Trotzdem.

Wolfgang Rosenthal Gesellschaft e.V. Selbsthilfevereinigung für Menschen mit Lippen-, Kiefer-, Gaumen-, Segel-Fehlbildungen und deren Familien
Händelstr. 14, 35625 Hüttenberg. 1200 Mitglieder.
Zeitschrift: Spaltträger-Forum. Erscheint 2mal jährlich.

3 Jugendhilfe[6]

3.1 Zusammenschlüsse öffentlicher Träger der Jugendhilfe

3.1.1 Arbeitsgemeinschaft der Obersten Landesjugendbehörden[7]

Arbeitsgemeinschaft der Obersten Landesjugendbehörden. Geschäftsführende Stelle (wechselt alle 2 Jahre)

Ministerium für Kultus und Sport Baden-Württemberg
Schloßplatz, 70173 Stuttgart

Ministerium für Arbeit, Gesundheit und Sozialordnung Baden-Württemberg. Oberste Jugendbehörde
Rotebühlplatz 30, 70173 Stuttgart

Bayerisches Staatsministerium für Unterricht, Kultus, Wissenschaft und Kunst
Salvatorplatz 2, 80333 München

6 Vgl. dazu: Institut für soziale Arbeit e.V./Institut für soziale Lokalpolitik und Nonprofit-Organisationen (Hrsg.): Adressenverzeichnis Jugendhilfe/Sozialarbeit/Gesundheitsförderung, Münster [5]1993 und IJAB (Hrsg.): Kinder- und Jugendhilfe. Verbände und Institutionen in der BRD, Bonn 1994

7 Die AGOLJB tagt regelmäßig auch als **Jugendministerkonferenz** (Konferenz der Jugendminister und -senatoren der Länder).

Bayerisches Staatsministerium für Arbeit und Sozialordnung
Winzererstr. 9, 80797 München

Senatsverwaltung für Jugend und Familie
Am Karlsbad 8–10, 10785 Berlin

Ministerium für Bildung, Jugend und Sport
Heinrich-Mann-Allee 107, 14473 Potsdam

Senator für Gesundheit, Jugend und Soziales
Bahnhofsplatz 29, 28195 Bremen

Freie und Hansestadt Hamburg
Behörde für Schule, Jugend und Berufsbildung
Hamburger Str. 31, 22983 Hamburg

Hessisches Ministerium für Umwelt und Energie, Jugend, Familie und Gesundheit
Dostojewskistr. 4, 65187 Wiesbaden

Der Kultusminister des Landes Mecklenburg-Vorpommern
Werderstr. 124, 19055 Schwerin

Niedersächsisches Kultusministerium
Schiffgraben 12, 30159 Hannover

Ministerium für Arbeit, Gesundheit und Soziales
Horionplatz 1, 40213 Düsseldorf

Ministerium für Arbeit, Soziales, Familie und Gesundheit
Bauhofstr. 9, 55116 Mainz

Ministerium für Frauen, Arbeit, Gesundheit und Soziales
Franz-Josef-Röder-Str. 23, 66119 Saarbrücken

Sächsisches Staatsministerium für Soziales, Gesundheit und Familie
Albertstr. 10, 01097 Dresden

Sächsisches Staatsministerium für Kultus
Palaisplatz 2d, 01097 Dresden

Ministerium für Arbeit und Soziales
Wilhelm-Höpfner-Ring 4, 39116 Magdeburg

Ministerium für Arbeit, Soziales, Jugend und Gesundheit
Brunswiker Str. 16–22, 24105 Kiel

Thüringer Ministerium für Soziales und Gesundheit
Werner-Seelenbinder-Str. 14, 99096 Erfurt

3.1.2 Bundesarbeitsgemeinschaft der Landesjugendämter und überörtlichen Erziehungsbehörden

Landeswohlfahrtsverband Württemberg-Hohenzollern – Landesjugendamt
Johannesstr. 47B, 70176 Stuttgart

Landeswohlfahrtsverband Baden – Landesjugendamt
Ernst-Frey-Str. 9, 76135 Karlsruhe

Bayerisches Landesjugendamt
Richelstr. 11, 80634 München

Senatsverwaltung für Jugend und Familie
Am Karlsbad 8–10, 10785 Berlin

Landesjugendamt des Landes Brandenburg
Kremmener Str. 43, 16515 Oranienburg

Senator für Gesundheit, Jugend und Soziales Bremen – Landesjugendamt
Bahnhofsplatz 29, 28195 Bremen

Freie und Hansestadt Hamburg
Behörde für Schule, Jugend und Berufsbildung – Amt für Jugend –
Hamburger Str. 37, 22083 Hamburg

Landesjugendamt Hessen (federführend)
Wilhelmshöher Allee 157–159, 34121 Kassel

Landesjugendamt Mecklenburg-Vorpommern
Neustrelitzer Str. 120, 17033 Neubrandenburg

Niedersächsisches Landesjugendamt
Podbielskistr. 160, 30177 Hannover

Landschaftsverband Rheinland – Landesjugendamt –
Kennedyufer 2, 50679 Köln

Landschaftsverband Westfalen-Lippe – Landesjugendamt –
Warendorfer Str. 25, 48145 Münster

Landesamt für Jugend und Soziales Rheinland-Pfalz – Landesjugendamt –
Rheinsallee 97–101, 55118 Mainz

Landesjugendamt des Saarlandes
Malstatter Markt 11, 66115 Saarbrücken

Landesamt für Familie und Soziales
Abt. 5 – Landesjugendamt Sachsen –
Altchemnitzer Str. 40, 09120 Chemnitz

Landesamt für Versorgung und Soziales
– Landesjugendamt Sachsen-Anhalt –
Neustädter Passage 9, 06122 Halle/S.

Landesjugendamt Schleswig-Holstein
Gartenstr. 6, 24103 Kiel

Landesamt für Soziales und Familie
– Landesjugendamt Thüringen –
Neu-Ulmer Str. 28, 98617 Meiningen

Landesamt für Soziales und Familie
– Landesjugendamt, Außenstelle Erfurt –
Schmidtstedter Str. 2/3, 99084 Erfurt

3.2 Freie Vereinigungen der Jugendhilfe

3.2.1 Spitzenverbände der Freien Wohlfahrtspflege mit ihren Untergliederungen

(s. I.1 und Stichwörter: *Kirchen und Religionsgemeinschaften des öffentlichen Rechts* sowie *Wohlfahrtsverbände*)

3.2.2 Jugendverbände

(s. Stichwort: *Jugendverbände*)

Deutscher Bundesjugendring (DBJR)

Haager Weg 44, 53127 Bonn

Anschriften der im DBJR zusammengeschlossenen Jugendorganisationen

I. Jugendverbände

1. Arbeitsgemeinschaft der Evangelischen Jugend in der Bundesrepublik Deutschland e.V.
   Otto-Brenner-Straße 9, 30159 Hannover
2. Bund der Deutschen Katholischen Jugend
   Carl-Mosterts-Platz 1, 40477 Düsseldorf
3. Bund Deutscher PfadfinderInnen (BDP) im Bund Demokratischer Jugend (BDJ)
   Baumweg 10, 60316 Frankfurt/M.
4. Bund der Deutschen Landjugend
   Godesberger Allee 142–148, 53175 Bonn
5. Deutsche Beamtenbund-Jugend
   Thomas-Mann-Str. 49, 53111 Bonn
6. Deutsche Jugendfeuerwehr
   Koblenzer Str. 133, 53177 Bonn
7. DJO – Deutsche Jugend in Europa
   Prinz-Albert-Straße 1a, 53113 Bonn
8. Deutsche Schreberjugend
   Brillor Straße 148, 42105 Wuppertal
9. Deutsches Jugendrotkreuz, DRK-Generalsekretariat
   Referat Jugendrotkreuz
   Friedrich-Ebert-Allee 71, 53113 Bonn
10. Deutsche Wanderjugend
    Tannenweg 22, 71364 Winnenden

11. Gewerkschaftsjugend DGB
Hans-Böckler-Str. 39, 40476 Düsseldorf

12. Jugend der Deutschen Angestelltengewerkschaft
Karl-Muck-Platz 1, 20355 Hamburg

13. Jugend der Deutschen Lebens-Rettungs-Gesellschaft e.V.
Langenbrahmstraße 4, 45133 Essen

14. Jugend des Deutschen Alpenvereins
Von-Kahr-Straße 2–4, 80997 München

15. Jugendwerk der Arbeiterwohlfahrt
Oppelner Str. 130, 53119 Bonn

16. Naturfreundejugend Deutschlands
Haus Humboldtstein, 53424 Remagen

17. Naturschutzjugend im Naturschutzbund Deutschland (NABU) e.V.
Königssträßle 74, 70597 Stuttgart

18. Ring Deutscher Pfadfinderverbände
Martinstraße 2, 41472 Neuss
   a) Bund der Pfadfinderinnen und Pfadfinder e.V.
   Postfach 1181, 35419 Lich
   b) Deutsche Pfadfinderschaft Sankt Georg
   Martinstraße 2, 41472 Neuss
   c) Verband Christlicher Pfadfinderinnen und Pfadfinder
   Wichernweg 3, 34038 Kassel

19. Ring Deutscher Pfadfinderinnenverbände
Unstrutstraße 10, 51371 Leverkusen
   a) Bund der Pfadfinderinnen und Pfadfinder e.V. (s.o.)
   b) Pfadfinderinnenschaft Sankt Georg
   Unstrutstraße 10, 51371 Leverkusen
   c) Verband Christlicher Pfadfinderinnen und Pfadfinder (s.o.)

20. Solidaritätsjugend Deutschlands im RKB
– Bundesgeschäftsstelle –
Fritz-Remy-Str. 19, 63071 Offenbach

21. Sozialistische Jugend Deutschlands – Die Falken – Bundesvorstand
Kaiserstr. 27, 53113 Bonn

II. Anschlußverbände

1. Arbeiter-Samariter-Jugend Deutschland
Sülzburgstraße 140, 50937 Köln

2. Arbeitsgemeinschaft Neue Demokratische Jugendverbände
Chauseestraße 8, 10115 Berlin
   a) Deutsche Esperanto-Jugend e.V.
   Rheinweg 16, 53113 Bonn
   b) Jugendnetzwerk Lembda – Junge Lesben und Schwule e.V.
   Chauseestraße 8, 10115 Berlin

3. Arbeitskreis zentraler Jugendverbände e.V.
Im Frankenkeller 51, 53179 Bonn
   a) Bund der Kaufmannsjugend im DHV
   Caesar-Klein-Ring 40, 22309 Hamburg
   b) Christliche Gewerkschaftsjugend (CGJ) in der Christlichen Gewerkschaft
   Post (CGP), Konstantinstraße 13, 53179 Bonn
   c) Deutsche Marine-Jugend e.V. (DMJ) Bundesgeschäftsstelle
   Bundesleitung, Potrasweg 22, 95111 Rehau
   d) Deutsche Philatelisten-Jugend e.V. (DPhJ) im Bund Deutscher Philatelisten (DPHJ)
   Mainzer Landstraße 221–223, 60326 Frankfurt/M.
   e) Deutsche Stenografen-Jugend im Deutschen Stenographenbund (DStJ)
   Aliceplatz 1, 61231 Bad Nauheim
   f) Deutsche Waldjugend – Bundesverband e.V. der Schutzgemeinschaft Deutscher Wald (DWJ)
   Auf dem Hohenstein 3, 58675 Hemer
   g) Dachverband der Jugendpresse in der AFF e.V. (DdJ)
   Postfach 960129, 51085 Köln
   h) Die Paneuropajugend Deutschlands e.V. (PEJ)
   Karlstraße 57/III, 80333 München

i) Jugend des Technischen Hilfswerks (THWJ) THW-Jugend e.V.
Im Frankenkeller 51, 53179 Bonn
j) Deutscher Jugendbund Kyffhäuser e.V. (DJBK)
Nielandstraße 45, 24808 Jevenstedt
k) Christliche Gewerkschaftsjugend Metall (CGM)
T.-Riemenschneider-Straße 37, 91315 Höchstadt
l) Europäische Pfadfinderschaft Sankt Georg e.V. (EPG)
Kastanienallee 33, 54662 Speicher

4. Junge Europäische Förderalisten
Kölnstraße 125, 53111 Bonn
5. Jugend des Bund für Umwelt und Naturschutz Deutschland (BUNDjugend)
Friedrich-Breuer-Straße 86, 53225 Bonn

III. Landesjugendringe

1. Landesjugendring Baden-Württemberg e.V.
Alexanderstraße 9b, 70184 Stuttgart
2. Bayerischer Jugendring
Herzog-Heinrich-Straße 7, 80336 München
3. Landesjugendring Berlin
Münchener Straße 24, 10779 Berlin
4. Landesjugendring Brandenburg
Ulrich-v.-Hutten-Straße 1, 14473 Potsdam
5. Bremer Jugendring/Landesarbeitsgemeinschaft Bremer Jugendverbände e. V.
Bürgermeister-Schmidt-Straße 114, 28195 Bremen
6. Landesjugendring Hamburg
Alfred-Wegener-Straße 3, 20459 Hamburg
7. Hessischer Jugendring
Bismarckring 23, 65183 Wiesbaden
8. Landesjugendring Mecklenburg-Vorpommern
Von-Flotow-Straße 7, 19053 Schwerin
9. Landesjugendring Niedersachsen e.V.
Maschstraße 24, Haus der Jugend, 30169 Hannover
10. Landesjugendring Nordrhein-Westfalen
Martinstraße 2a, 41472 Neuss
11. Landesjugendring Rheinland-Pfalz
Alexander-Diehl-Straße 12, 55130 Mainz
12. Landesjugendring Saar
Großherzog-Friedrich-Straße 44, 66111 Saarbrücken
13. Sächsischer Jugendring
Wiener Straße 41, 01219 Dresden
14. Kinder- und Jugendring Sachsen-Anhalt
Lorenzweg 37–45, 39124 Magdeburg
15. Landesjugendring Schleswig-Holstein
Holtenauer Straße 99, 24105 Kiel
16. Landesjugendring Thüringen
Postfach 498, 99010 Erfurt

Nicht im Deutschen Bundesjugendring vertretene überregional arbeitende Jugendverbände:

1. Deutsche Sportjugend im Deutschen Sportbund
Otto-Fleck-Schneise 12, 60528 Frankfurt/M.
2. Sozialistische Deutsche Arbeiterjugend (SDAJ)
Asselner Hellweg 196a, 44319 Dortmund

3.2.3 Kirchen und sonstige Religionsgemeinschaften, die ebenfalls als Träger der freien Jugendhilfe anerkannt sind

(s. I.1 und bei *Kirchen* und *Religionsgemeinschaften des öffentlichen Rechts* sowie *Wohlfahrtsverbände*)

3.3 Juristische Personen zur Förderung der Jugendwohlfahrt[8]

3.3.1 Deutscher Verein für öffentliche und private Fürsorge e.V. (s. I.3)

3.3.2 Arbeitsgemeinschaft für Jugendhilfe e.V. (AGJ)

Haager Weg 44, 53127 Bonn

In der AGJ sind fast alle öffentlichen und freien Träger der Jugendhilfe vertreten. Aufgrund dieser umfassenden Zusammensetzung sind ihre Veröffentlichungen (**Organ: Forum Jugendhilfe der AGJ**), Empfehlungen und Beschlüsse von besonderer Bedeutung für die Jugendhilfe. Die AGJ veranstaltet z.B. auch den Deutschen Jugendhilfetag (zuletzt Hamburg 1992, 1996 Leipzig).

3.3.3 Arbeitsgemeinschft für Erziehungshilfe (AFET) e.V.

Gandhistr. 2, 30559 Hannover

Der AFET dient dem ständigen Erfahrungsaustausch von öffentlichen und freien Trägern der Jugendhilfe, die Aufgaben der Erziehungshilfe übernommen haben.
Organ: Mitgliederrundbrief der AFET/erscheint vierteljährlich.

3.3.4 Konferenz zentraler Fortbildungsinstitutionen für Jugendarbeit und Sozialarbeit

AnsprechpartnerIn: R. Biesenkamp, Deutscher Verein für öffentliche und private Fürsorge, Am Stockborn 1–3, 60439 Frankfurt/M.; Brigitte Reinbold: Institut für Sozialarbeit und Sozialpädagogik e.V., Am Stockborn 5–7, 60439 Frankfurt/M. In der im Herbst 1993 herausgegebenen Broschüre ›Fort- und Weiterbildung für Leitung und Organisationsentwicklung (Qualifizierte bundeszentrale Angebote)‹ findet sich eine genaue Mitgliederliste.

3.3.5 Deutsche Vereinigung für Jugendgerichte und Jugendgerichtshilfe

Lützerodestr. 9, 30161 Hannover

Organ: DVJJ-Journal (Rundbrief für Mitglieder), Dokumentation der Jugendgerichtstage, weitere Fach-Publikationen.

3.3.6 Arbeitsgemeinschaft Deutscher Bewährungshelfer

Mirbachstr. 2, 53174 Bonn

3.3.7 Deutsche Bewährungshilfe e.V.

Mirbachstr. 2, 53175 Bonn

3.3.8 Bundesarbeitsgemeinschaft Kinder- und Jugendschutz e.V.

Haager Weg 44, 53127 Bonn

3.3.9 Bundesarbeitsgemeinschaft Jugendsozialarbeit-Jugendaufbauwerk

Kennedyallee 105–107, 53175 Bonn

3.3.10 Internationale Gesellschaft für erzieherische Hilfen (IGfH) – Sektion BRD

Fédération Internationale des Communautés Educatives (FICE) e.V.,
Beide: Lyoner Str. 34, 60528 Frankfurt/M.

3.3.11 Deutsches Institut für Vormundschaftswesen e.V.

Zähringer Str. 10, 69115 Heidelberg

3.3.12 Bundeskonferenz für Erziehungsberatung e.V.

Amalienstr. 6, 90763 Fürth

3.3.13 Bundesvereinigung kulturelle Jugendbildung e.V.

Küppelstein 34, 42857 Remscheid

8 Eine Auswahl; vgl. dazu die ausführlichen Hinweise in: Institut für soziale Arbeit e.V./Institut für lokale Sozialpolitik und Nonprofit-Organisationen (Hrsg.): Adressenverzeichnis Jugendhilfe/Sozialarbeit/Gesundheitsförderung, Münster [5]1993.

4 Sozialhilfe

4.1 Zusammenschlüsse öffentlicher Träger der Sozialhilfe

4.1.1 Arbeits- und Sozialministerkonferenz

(jährlich wechselnde Federführung)

Baden-Württemberg: Minister für Arbeit, Gesundheit und Sozialordnung
Rotebühlplatz 30, 70173 Stuttgart

Bayern: Staatsminister für Arbeit und Sozialordnung, Familie, Frauen und Gesundheit
Winzererstr. 9, 80797 München

Berlin: Senator für Soziales
An der Urania 12, 10787 Berlin

Brandenburg: Minister für Arbeit, Soziales, Gesundheit und Frauen
Heinrich-Mann-Allee 103, 14473 Potsdam

Bremen: Senator für Gesundheit, Jugend und Soziales
Bahnhofsplatz 29, 28195 Bremen

Hamburg: Behörde für Arbeit, Gesundheit und Soziales
Hamburger Str. 47, 22083 Hamburg

Hessen: Minister für Frauen, Arbeit und Sozialordnung
Dostojewskistr. 4, 65187 Wiesbaden

Mecklenburg-Vorpommern: Sozialminister
Werderstr. 124, 19055 Schwerin

Niedersachsen: Sozialminister
Hinrich-Wilhelm-Kopf-Platz 2, 30159 Hannover

Nordrhein-Westfalen: Minister für Arbeit, Gesundheit und Soziales
Horionplatz 1, 40213 Düsseldorf

Rheinland-Pfalz: Minister für Arbeit, Soziales, Familie und Gesundheit
Bauhofstr. 9, 55116 Mainz

Saarland: Minister für Frauen, Arbeit, Gesundheit und Soziales
Franz-Josef-Röder-Str. 23, 66119 Saarbrücken

Sachsen: Staatsminister für Soziales, Gesundheit und Familie
Albertstr. 10, 01097 Dresden

Sachsen-Anhalt: Minister für Arbeit, Soziales und Gesundheit
Wilhelm-Höpfner-Ring 4, 39116 Magdeburg

Schleswig-Holstein: Minister für Arbeit, Soziales, Jugend und Gesundheit
Brunswikerstr. 16–22, 24105 Kiel

Thüringen: Minister für Soziales und Gesundheit
Werner-Seelenbinder-Str. 14, 99096 Erfurt

4.1.2 Bundesarbeitsgemeinschaft der überörtlichen Träger der Sozialhilfe

Ernst-Frey-Str. 9, 76135 Karlsruhe

4.1.3 Konferenz der Obersten Landessozialbehörden

AG der für Sozialhilfe zuständigen Obersten Landesbehörden. Keine feste Geschäftsstelle. Veranstalter ist jeweils das ausrichtende Land.

4.1.4 Arbeitsgemeinschaft der Landesflüchtlingsverwaltungen

Winzererstr. 9, 80797 München

4.1.5 Arbeitsgemeinschaft der Deutschen Hauptfürsorgestellen

Warendorfer Str. 26, 48145 Münster

4.2 Freie Träger der Sozialhilfe

(s. I.1 und *Kirchen und Religionsgemeinschaften des öffentlichen Rechts* sowie *Wohlfahrtsverbände*)

4.3 Sonstige nichtbehördliche Organisationen und Institutionen[9]

4.3.1 Bundesarbeitsgemeinschaft Werkstätten für Behinderte e.V.

Sonnemannstr. 5, 60314 Frankfurt/M.

4.3.2 Bundesarbeitsgemeinschaft Wohnungslosenhilfe e.V.

Quellenhofweg 25, 33617 Bielefeld

4.3.3 Deutscher Landesausschuß des International Council of Social Welfare (ICSW)

b/Deutschen Verein für öffentliche und private Fürsorge
Am Stockborn 1–3, 60439 Frankfurt/M.

4.3.4 Deutscher Verein für öffentliche und private Fürsorge

(s. I.3)
Am Stockborn 1–3, 60439 Frankfurt/M.

4.3.5 Deutsches Hilfswerk

Lindenallee 13–17, 50968 Köln

4.3.6 Deutsches Zentralinstitut für soziale Fragen

Bernadottestr. 94, 14195 Berlin

4.3.7 Deutsches Zentrum für Altersfragen e.V. (DZA)

Manfred-von-Richthofen-Str. 2, 12101 Berlin

4.3.8 Internationaler Sozialdienst. Deutscher Zweig e.V.

Am Stockborn 5–7, 60439 Frankfurt/M.

4.3.9 Kuratorium Deutsche Altershilfe (KDA)

An der Pauluskirche 3, 50677 Köln

4.3.10 Sozialdienst Kath. Frauen – Zentrale – e.V.

Agnes-Neuhaus-Str. 5, 44135 Dortmund

4.3.11 Stiftung Hilfswerk Berlin

Neue Kräme 32, 60311 Frankfurt/M.

III Bibliotheken, Dokumentationen

1 Institut für Dokumentation und Information über Sozialmedizin und öffentliches Gesundheitswesen (IDIS)

Westerfelder Str. 15, 33611 Bielefeld
Eine Einrichtung zur Sammlung und Dokumentation von Daten und Fakten aus dem Bereich der Sozialmedizin und des öffentlichen Gesundheitswesens einschließlich SozArb. Das Institut beantwortet Fragen zu den genannten Bereichen. Eine für Ausbildung und Praxis wichtige Einrichtung.

2 Deutsches Institut für medizinische Dokumentation (DIMDI)

Weißhausstr. 27, 50939 Köln (s. auch 2.3.1).

3 Zentralarchiv für die empirische Sozialforschung an der Universität Köln

Bachemer Str. 40, 50931 Köln
Das Zentralarchiv für empirische Sozialforschung (ZAV) in Köln dokumentiert und archiviert für die BRD empirische Datensätze von sozialwissenschaftlichen Untersuchungen, die auf Datenträger angefordert werden

9 Eine Auswahl; vgl. dazu die ausführlichen Hinweise in: Institut für soziale Arbeit e.V./Institut für lokale Sozialpolitik und Nonprofit-Organisationen (Hrsg.): Adressenverzeichnis Jugendhilfe/Sozialarbeit/Gesundheitsförderung, Münster [5]1993.

können. Beispielsweise sind die Wohlfahrtssurveys, allgemeine Bevölkerungsumfragen der Sozialwissenschaften (ALLBUS), der Familiensurvey des Deutschen Jugendinstituts und Infratest u.a. für die SozArb relevanten empirischen Untersuchungen verfügbar.

4 Deutsches Institut für Urbanistik (difu)

Straße des 17. Juni 112, 10623 Berlin
Das Deutsche Institut für Urbanistik (difu) erfaßt die in einem Datenbanksystem (DEMOS) die außerhalb der amtlichen Statistik unternommenen Befragungen, die von Kommunen bzw. in deren Auftrag erarbeitet werden oder von kommunalem Interesse sind. In dieser Datenbank sind u.a. die Sachgruppen Bevölkerung, Bildung, Kultur, Gesundheit und Sozialwesen ausgewiesen.

5 Informationszentrum Sozialwissenschaften (IZ)

bei der Arbeitsgemeinschaft Sozialwissenschaftlicher Institute e.V.
Lennéstr. 30, 53113 Bonn
Das Informationszentrum Sozialwissenschaften stellt ein umfassendes Online-System für sozialwissenschaftliche Informationen im deutschsprachigen Raum zur Verfügung. In den beiden Datenbanken FORIS (Forschungsinformationssystem Sozialwissenschaften) und SOLIS (Sozialwissenschaftliches Literaturinformationssystem) ist auch jeweils das Fachgebiet Sozialwesen enthalten. Die Datenbank FORIS enthält Beschreibungen von laufenden, geplanten und abgeschlossenen Forschungsarbeiten in der BRD. In der Datenbank SOLIS ist die deutschsprachige sozialwissenschftliche Literatur aus Zeitschriften, Monografien, Sammelwerken, aber auch grauer Literatur abrufbar.

6 Deutsches Zentralinstitut für soziale Fragen (dzi)

Miquelstr. 83, 14195 Berlin
Das Deutsche Zentralinstitut für soziale Fragen stellt online oder auf Disketten eine umfangreichen Literaturdatenbank zur Verfügung. Insbesondere werden auch Fachzeitschriften der SozArb in dieser Datenbank berücksichtigt.

7 Statistisches Bundesamt

Allgemeiner Auskunftsdienst
Gustav-Stresemann-Ring 11, 65189 Wiesbaden

8 Deutsches Zentrum für Altersfragen (DZA) e.V.

Manfred-von-Richthofen-Str. 2, 12101 Berlin
Das Institut nahm Mitte 1974 seine Arbeit auf. Es handelt sich um ein auf dem Gebiet der Gerontologie und Altenhilfe tätiges wissenschaftliches Institut. Seine Hauptaufgabe ist es, Wissensvermittler zwischen der Praxis auf der einen und der Wissenschaft auf der anderen Seite zu sein. Zu den konkreten Tätigkeiten des Instituts zählen u.a. die angewandte sozialgerontologische Beratung, Literaturdokumentation, Daten-/Faktendokumentation, Organisation und Durchführung von Tagungen, Informationsabgabe an Interessenten. Für Dritte sichtbare Arbeiten des DZA sind seine Publikationen sowie die von ihm durchgeführten Tagungen. Die Schriftenreihe »Beiträge zur Gerontologie und Altenarbeit«, die wie alle Publikationen des Instituts im Eigenverlag erscheint, umfaßt mittlerweile ungefähr 90 Bände. Die Zeitschriftenbibliographie Gerontologie 1993 war die siebzehnte dieser Reihe. Eine Literaturdatenbank der Sozialen Gerontologie und Altenhilfe steht zur Verfügung. Monatlich wird das Informationsblatt »altenhilfe« herausgegeben, mit einer Literaturdokumentation des DZA und von Pro Senectute, Schweiz, als Beilage.

9 Kuratorium Deutsche Altershilfe (KDA)

An der Pauluskirche 3, 50677 Köln
Das Kuratorium Deutsche Altershilfe (KDA) wurde 1962 gegründet. Die damals gesetzten Leitlinien und Hauptziele gelten für die Arbeit des KDA auch heute noch: zeitgemäße Modelle der Altenhilfe fördern und zu ihrer Verwirklichung beitragen; bestehenden Mängeln und Schwierigkeiten entgegenwirken; die Öffentlichkeit auf die Lebenssituation der alten und alternden Menschen aufmerksam machen. Neben breitangelegten Beratungstätigkeiten, gutachterlicher Tätigkeit und spezifischer Fördertätigkeit ist es die wichtige Aufgabe des KDA, Informationen und Öffentlichkeitsarbeit in den Bereichen Wohnen im Alter, Altenhilfe, Pflege zu betreiben. Dazu zählt die Sammlung und Aufbereitung von Informationen zu einer Vielzahl von Sachgebieten und Einzelthemen.
Über mehrere Schriftenreihen werden Arbeitsergebnisse des KDA, Untersuchungs- und Praxisberichte verbreitet. Ein 20 Seiten umfassender Presse- und Informationsdienst mit einer bunten Vielfalt von aktuellen Themen und Basisinformationen erscheint 8mal jährlich. Hauptzielgruppen sind die im Bereich der Altenarbeit und Altenhilfe haupt- oder ehrenamtlich Tätigen und die Multiplikatoren, v.a. in den Medien. Es steht ein umfangreicher

Bibliotheksbestand zur Verfügung. Die Herausgabe verschiedener Informationsbroschüren, öffentlichkeitswirksame Aktionen, Ausstellungen, Wettbewerbe und Anzeigenserien in Zeitungen und Zeitschriften runden das Bild ab.

IV Wissenschaftliche Institute/Beratungseinrichtungen

(eine Auswahl)

1 Arbeitsgemeinschft Sozialwissenschaftlicher Institute e.V. – ASI
Lennéstr. 30, 53113 Bonn

2 Bundesinstitut für Berufsbildung (BiBB)
Fehrbelliner Platz 3, 10707 Berlin

3 Deutsche Gesellschaft für Geriatrie
Kontaktadresse: Walsroder Str. 121, 30853 Langenhagen
Medizinisch-wissenschaftliche Fachgesellschaft. Besteht seit 1985.

4 Deutsche Gesellschaft für Gerontologie und Geriatrie (DGGG) e.V.
Kontaktadresse: Dr. Hans-Peter Tews, Stiftung Rehabilitation Heidelberg, Bonhoeffer Str. 1, 69123 Heidelberg
Wissenschaftliche Fachgesellschaft aller mit Alternsfragen befaßten Fachgebiete. Besteht seit 1966/67.

5 Deutsches Jugendinstitut (DJI) e.V.
Freibadstr. 30, 81543 München
Das DJJ ist ein außeruniversitäres sozialwissenschaftliches Forschungsinstitut. Seine Aufgaben sind anwendungsbezogene Grundlagenforschung über die Lebensverhältnisse von Kindern, Jugendlichen und Familien, Initiierung und wissenschaftliche Begleitung von Modellprojekten der Kinder- und Jugendhilfe sowie sozialwissenschaftliche Dienstleistungen.
Tätigkeitsfelder:
1. Wissenschaftliche Praxis- und Politikberatung
2. Sozialwissenschaftliche Grundlagenforschung
3. Dokumentation und Information (fortlfd. Veröffentlichungen).

6 Deutsches Institut für Urbanistik (difu)
Straße des 17. Juni 112, 10623 Berlin
Eine Gemeinschaftseinrichtung der deutschen Städte mit den Arbeitsschwerpunkten: Grundlagenforschung, Vermittlung wissenschaftlicher Arbeitsergebniss an die Verwaltungspraxis, Seminare und Veröffentlichungen.

7 Forschungsstelle für Gerontologie e.V.
Schwanenwall 31–35, 44135 Dortmund
Arbeitsbereiche: Forschung, wissenschaftliche Politikberatung, Aus-, Fort- und Weiterbildung.

8 Gesellschaft zu Information und Beratung örtlicher Beschäftigungsinitiativen und Selbsthilfegruppen gGmbH (GIB)
Im Blankenfeld 4, 46238 Bottrop

9 Hamburger Arbeitsgemeinschaft für Fortbildung in der Altenhilfe e.V. (hafa)
Warzenau 13, 22089 Hamburg
Arbeitsbereiche: Aus-, Fort- und Weiterbildung, Fachtagungen und Kongresse zu allen Fragen der Altenarbeit.

10 Informations-, Beratungs-, Fortbildungsdienst Jugendhilfe in den neuen Bundesländern (IBFJ) im Verein für Kommunalwissenschaften e.V., Berlin
Straße des 17. Juni 112, 10623 Berlin

11 Informations-, Fortbildungs- und Forschungsdienst Jugendgewaltprävention des Vereins für Kommunalwissenschaften e.V., Berlin
Straße des 17. Juni 112, 10623 Berlin

12 Institut des Rauhen Hauses für Soziale Praxis gGmbH
Beim Rauhen Haus 21, 22111 Hamburg

13 Institut Frau und Gesellschaft
Walter-Gieseking-Str. 14, 30159 Hannover

14 Institut für Arbeitsmarkt und Berufsforschung der Bundesanstalt für Arbeit
Platenstr. 46, 90441 Nürnberg

15 Institut für Entwicklungsplanung und Strukturforschung GmbH an der Universität Hannover
Grotefendstr. 2, 30167 Hannover

16 Institut für Gerontologische Forschung e.V.
Frohschammerstr. 14, 80807 München
Arbeitsbereiche: Praxisforschung in den Bereichen Hilfe- und Pflegebedürftigkeit; Gerontopsychiatrie, Vorruhestand; Aus-, Fort- und Weiterbildung.

17 Institut für Sozialarbeit und Sozialpädagogik (ISS) e.V.
Am Stockborn 5–7, 60439 Frankfurt/M.
Praxisforschungs- und Praxisberatungs-Institut mit der zentralen Aufgabe der anwendungsorientierten Vermittlung wissenschaftlicher Erkenntnisse in die soziale Praxis.
Leistungsspektrum: Praxisforschung und Praxisberatung; Wissenschaftliche Begleitung von Modellversuchen und neuen Handlungsansätzen der Regelpraxis; Planungsberatung, Planerstellung; Gutachten und Expertisen; Organisations-/Personalentwicklung und -beratung; Spezielle Qualifikationsangebote für leitende MitarbeiterInnen in Projekt- und Sozialmanagement; Projekt-/institutionsbezogene und bundeszentrale Fortbildung, Expertentreffen und Fachtagungen; Längerfristige berufsbegleitende Zusatzqualifikationen; Publikationen.

18 Institut für soziale Arbeit e.V. (ISA)
Studtstr. 20, 48149 Münster/W.
Arbeitsbereiche: Praxisorientierte Forschung, Fortbildung, Praxisberatung, Planung, Programmentwicklung, Publikationen.

19 Institut für soziale und kulturelle Arbeit (ISKA)
private gemeinnützige GmbH
Wielandstr. 9, 90419 Nürnberg
Arbeitsbereiche: Aus- und Weiterbildung, Beratung, Forschung, Fortbildung, Schuldnerberatung, sozialökologische Stadtentwicklung, Veröffentlichungen.

20 Interdisziplinäre Arbeitsgemeinschaft für angewandte soziale Gerontologie (ASG) der GHS Kassel
Mönchebergstr. 19b, 34125 Kassel
Arbeitsbereiche: Grundlagen- und praxisorientierte Forschung, Aus-, Fort- und Weiterbildung, Publikationen.

21 Sozialpädagogisches Institut Berlin – Walter May –
gemeinnützige Stiftung bürgerlichen Rechts
Hallesches Ufer 32–38, 10963 Berlin
Arbeitsbereiche: Aus- und Fortbildung, Beratung, Forschung, Stadtentwicklung

22 Sozialwissenschaftliches Forschungszentrum Berlin-Brandenburg
Rykestr. 83, 10405 Berlin
Arbeitsbereiche: Grundlagen- und Praxisforschung mit Schwerpunkt neue Bundesländer.

23 Verein zur Förderung der beruflichen und kulturellen Bildung von Jugendlichen und jungen Erwachsenen (BBJ) e.V.
Alt-Moabit 73, 10555 Berlin
Der BBJ e.V. unterhält den BBJ-Consult, eine bundesweit arbeitende Beratungseinrichtung für Ausbildungs- und Beschäftigungsprojekte.

24 Wirtschafts- und Sozialwissenschaftliches Institut des DGB
Hans-Böckler-Str. 39, 40476 Düsseldorf

V Internationale Anschriften[10]

1 Kommission der Europäischen Gemeinschaften, Generaldirektion XXII
(Humanressourcen, allgemeine und berufliche Bildung, Jugend)

Rue Belliard, 5–7
1049 Brüssel

2 Europäischer Sozialfond (ESF):

Kommission der Europäischen Gemeinschaften, Generaldirektion V
(Beschäftigung, Arbeitsbeziehungen und Soziale Angelegenheiten)

Rue de la Loi 200
1049 Brüssel

3 Internationaler Bund Freier Gewerkschaften (IBFG):
Bld. Emile Jaqmain 155
1210 Brüssel

10 Vgl. weiter bei IIAB (Hrsg.): Verbände und Institutionen in der BRD, Bonn 1994 (insbes. VI: Internationale Jugendbegegnungen, internationale Jugendarbeit …) und Institut für soziale Arbeit e.V./Institut für lokale Sozialpolitik und Nonprofit-Organisation: Adressenverzeichnis Jugendhilfe/Sozialarbeit/Gesundheitsförderung, Münster [5]1993.

Anhang II

Zeitschriften Sozialer Arbeit[1]

Themenbereiche (sortiert nach Titel; Herausgeber; Verlagsanschrift; Erscheinungsweise; Kurzbeschreibung)

A. Allgemeine (Inland)

Archiv für Wissenschaft und Praxis der sozialen Arbeit
Deutscher Verein für öffentliche und private Fürsorge, Am Stockborn 1–3, 60349 Frankfurt/M.; 4× jährl.
Forum für praxisorientierte Theorie des Deutschen Vereins

Blätter der Wohlfahrtspflege
Wohlfahrtswerk für Baden-Württemberg, Postfach 105341, 70046 Stuttgart; 1× monatl.
Themenhefte aus dem gesamten Spektrum der Sozialarbeit in sachlicher Aufmachung

Caritas
Deutscher Caritasverband; Lambertus Verlag, Postfach 1026, 79010 Freiburg; 11× jährl.
Organ des Caritasverbandes; breites Themenspektrum, v.a. Gemeindesozialarbeit, Migration, Armut und Fragen zum sozialarbeiterischen Selbstverständnis; offizielle Stellungnahmen aus dem Bereich des Caritasverbandes in der Rubrik »Dokumente«

Der pädagogische Blick
Bundesarbeitsgemeinschaft der Dipl.-Pädagoginnen und Diplom-Pädagogen e. V., Juventa Verlag, Ehretstr. 3, 69469 Weinheim; 4× jährl.
Zeitschrift für Wissenschaft und Praxis in pädagogischen Berufen

Diakonie
Diakonisches Werk, Stafflenbergstr. 76, 70184 Stuttgart; 6× jährl.
Organ des Diakonischen Werkes

Diskurs
Deutsches Jugendinstitut; Juventa Verlag, Ehretstr. 3, 69469 Weinheim; 2× jährl.
Sozialwissenschaftliche Zeitschrift mit Forschungsergebnissen und Literaturübersichten zu aktuellen Fragen der Kindheit, Jugend, Familie und Gesellschaft; mit jährlich als Beiheft erscheinender »Bibliographie Jugendhilfe«

Leviathan
Zeitschrift für Sozialwissenschaft; Freie Universität Berlin; Westdeutscher Verlag, Postfach 5829, 65048 Wiesbaden; 4× jährl.
Soziologische Fachzeitschrift mit Schwerpunkt auf sozialpolitischen und soziokulturellen Themen

Nachrichtendienst
Deutscher Verein für öffentliche und private Fürsorge, Am Stockborn 1–3, 60439 Frankfurt/M.; monatl.
Informationsdienst des Deutschen Vereins mit Blick auf Träger Sozialer Arbeit; aktuelle Themen mit rechtlichem bzw. administrativem Schwerpunkt

Neue Praxis
Paul Hirschauer et al.; Hermann Luchterhand Verlag, Postfach 2352, 56513 Neuwied; 6×jährl.
Wichtige Zeitschrift für die Theorieentwicklung und Fachdiskussion in der SozArb

Päd extra
Extra Verlag, Schwarzburgstr. 56, 60318 Frankfurt/M.; monatl.
Zeitschrift im Magazinstil für alle (schul-)pädagogischen Bereiche, insbesondere die Schnittstelle zwischen Jugendhilfe und Schule

Forum Sozial
Deutscher Berufsverband der Sozialarbeiter, Sozialpädagogen und Heilpädagogen e. V., Friedrich-Ebert-Str. 30, 45127 Essen; 4× jährl.
Organ des neugegründeten Berufsverbandes DBSH (=DBS+BSH), Themen aus Berufs- und Fachpolitik, entstanden aus der Fusion der früheren Verbandszeitschriften (Sozial und Die berufliche Sozialarbeit)

---

1 Die Teile A, B, C 1–14, 16, 17 wurden zusammengestellt von Ria Puhl, Frankfurt/M., der Teil C 15 von Peter Reinicke, Berlin

Sozial extra
Extra Verlag, Langgasse 24H, 65183 Wiesbaden; 10× jährl.
Schwerpunkthefte im Zeitungsformat mit Themen aus allen Bereichen der SozArb; praxisorientiert

Soziale Arbeit
Senatsverwaltung für Soziales und Deutsches Zentralinstitut für Soziale Fragen, Bernadottestr. 94, 14195 Berlin; 11× jährl.
Allgemeines Themenspektrum (»Organ der Unterrichtung für behördliche Stellen, für Organisationen und die Menschen, die in der sozialen Arbeit stehen«), umfangreiche Zeitschriftenbibliographie, Kurzrezensionen

Soziale Welt
Zeitschrift für Sozialwissenschaftliche Forschung und Praxis; Arbeitsgemeinschaft Sozialwissenschaftlicher Institute; Verlag Otto Schwartz, Annastr. 7, 37075 Göttingen; 4× jährl.
An gesellschaftlichen Grundsatzfragen orientierte sozialwissenschaftliche Zeitschrift für Forschung und Praxis mit – u. a. – Blick auf sozialökologische Zusammenhänge

Sozialmagazin
Juventa Verlag, Ehretstr. 3, 69469 Weinheim; 11× jährl.
Themenorientieres, ansprechendes Fachmagazin für Studierende und Praktiker der SozArb; Schwerpunktthemen, Rubriken für aktuelle Information und fachwissenschaftliche Diskussion; umfangreicher Veranstaltungskalender

Sozialwissenschaftliche Literatur-Rundschau
Karin Böllert KT-Verlag, Postfach 100706, 33057 Bielefeld; 2× jährl.
Diskussion des aktuellen Literaturstandes der SozPäd und Sozialpolitik

Sozialwissenschaften und Berufspraxis
Berufsverband Deutscher Soziologen e. V., Leske & Budrich Verlag, Postfach 300551, 51334 Leverkusen; 4× jährl.
Wiedergabe der fachwissenschaftlichen soziologischen Diskussion

Theorie und Praxis der Sozialen Arbeit
Arbeiterwohlfahrt Bundesverband e. V., Oppelner Str. 130, 53119 Bonn; monatl.
Organ der Arbeiterwohlfahrt für die SozArb

Zeitschrift für Pädagogik (ZfP)
Dietrich Benner et al.; Beltz Verlag, Am Hauptbahnhof 10, 69460 Weinheim; 6× jährl.
Forum der fachwissenschaftlichen Diskussion für allgemeine Pädagogik mit 1–2 Beiheften pro Jahr

B. Allgemeine (Ausland)

British journal of addication
Society for the Study of Addiction to Alcohol and Other Drugs; Carfax Publishing Co., P.O. Box 25, Abdingdon, Oxfordshire, England; monatl.

Community care
The independent voice of social work; Reed Business Publishing Group, Quadrant House, Surrey, England; monatl.

Social work today
British Association of Social Workers; 16 Kent St., Birmingham, England; monatl.

The social worker
Canadian Association of Social Workers; Ottawa Ont., Assoe. Myropen Publications Ltd., 55 Parkdale Ave., Ottawa, Ont., Canada; monatl.

Sozialarbeit=Travail social
Fachblatt des Schweizerischen Berufsverbandes Dipl. SozialarbeiterInnen und SozialpädagogInnen, Hopfenweg 21, CH–3000 Bern 14; monatl.
Erscheint in deutscher und französischer Ausgabe, umfangreicher Stellenmarkt

C. Spezifische

1 Altenarbeit

Altenheim
Vincentz Verlag, Schiffgraben 41–43, 30175 Hannover; monatl.
Organ der gemeinnützigen, kommunalen und privaten Alten- und Pflegeheime; praxisorientiert und informativ

Altenhilfe
Deutsches Zentrum für Altersfragen, Manfred-von-Richthofen-Str. 2, 12101 Berlin; monatl.
Aktuelles Informationsblatt mit regelmäßig als Beilage erscheinender »Zeitschriftenbibliographie Gerontologie«

Altenpflege
Vincentz Verlag, Schiffgraben 41–43, 30175 Hannover; monatl.
Organ der Fachkräfte in ambulanter und stationärer Altenpflege; informatives, praxisorientiertes Magazin

Altenpflegerin und Altenpfleger
Deutscher Berufsverband für Altenpflege (DBVA), Eisenbahnstr. 7, 63303 Dreieich; monatl.
Fach- und Informationsorgan des Fachverbandes

Forum Sozialstation
Altes Schulhaus Ramershoven, Eichenstr. 2, 53359 Rheinbach; vierteljährl.
Aktuelle sozialpolitische und praktische Themen zum Bereich ambulanter Sozial- und Gesundheitsversorgung

Grauer Panther
Seniorenschutzbund ›Graue Panther‹, Rathenaustr. 11, 42277 Wuppertal; 6× jährl.
Mitgliedszeitschrift des Seniorenschutzbundes, Themen zu allen Altersfragen und Informationen zu aktuellen Problemen in der Altenhilfe

Informationsdienst 3. Lebensalter Seniorengenossenschaften
Hrsg. Ministerium für Arbeit, Gesundheit und Sozialordnung des Landes Baden-Württemberg, Rotebühlplatz 30, 70173 Stuttgart; monatl.
Themen zur Situation von Alten-Selbstinitiativen und aktuelle Informationen zu Seniorengenossenschaften

Presse- und Informationsdienst
Kuratorium deutsche Altershilfe, An der Pauluskirche 3, 50677 Köln; unregelmäßig
Viele aktuelle Informationen zur Altenhilfe, Altenpflege und Altenpolitik; Nachrichtenstil

Zeitschrift für Gerontologie
Deutsche Gesellschaft für Gerontologie und Geriatrie; Steinkopff Verlag, Postfach 111442, 64229 Darmstadt; 6× jährl.
Europäische Zeitschrift für Altersmedizin und interdisziplinäre Altersforschung

2 Behindertenarbeit

Behindertenpädagogik
Landesverband Hessen e. V. im Verband deutscher Sonderschulen, Fachverband für Behindertenpädagogik; Jarick Oberbiel Verlag, Postfach 30, 35602 Soms; 4× jährl.
Verbandsorgan; Themen aus Praxis, Forschung und Lehre mit Schwerpunkt Integration von Behinderten

Behindertenrecht
Arbeitsgemeinschaft der deutschen Hauptfürsorgestellen; Richard Boorberg Verlag, Postfach 800340, 81603 München; 6× jährl.
Fachzeitschrift für (rechtliche) Fragen der Rehabilitation

Deutsche Behinderten Zeitschrift
Reha Verlag, Postfach 201181, 53141 Bonn; 6× jährl.
Themen aus dem Problemkreis der Alltagsbewältigung von behinderten Menschen

Die Rehabilitation
Deutsche Vereinigung für die Rehabilitation Behinderter e. V. & Bundesarbeitsgemeinschaft für Rehabilitation e. V.; Georg Thieme Verlag, Rüdigerstr. 14, 70469 Stuttgart; 6× jährl.
Verbandsorgan mit Themen zur medizinischen, schulisch-beruflichen und sozialen Eingliederung

Geistige Behinderung
Bundesvereinigung Lebenshilfe für geistig Behinderte e. V.; Lebenshilfe Verlag, Raiffeisenstr. 18, 35043 Marburg; 4× jährl.
Fachbeiträge und aktuelle Mitteilungen aus Behindertenpolitik und Verbandsgeschehen

Heilpädagogische Forschung
Gustav O. Kanter et al.; Wissenschaftsverlag Volker Spiess, Postfach 3046, 10783 Berlin; 4× jährl.
Zeitschrift für Pädagogik und Psychologie im heilpädagogischen Zusammenhang

Selbsthilfe
Bundesarbeitsgemeinschaft Hilfe für Behinderte; Verlag für Medizin Dr. Ewald Fischer, Fritz-Frey-Str. 21, 69121 Heidelberg; 6× jährl.
Forum der Mitgliedsverbände der BAG; Magazin mit Titelthema, Infoteil und Rubrik »Rechtsinformationen«

Sonderpädagogik
Heinz Neukötter et al.; Edition Marhold im Wissenschaftsverlag V. Spiess, Potsdamer Str. 199, 10783 Berlin; 4× jährl.

Zeitschrift für Heilpädagogik
Verband Deutscher Sonderschulen e. V., Falkenstr. 5b, 40882 Ratingen; monatl.
Zeitschrift des Fachverbandes für Behindertenpädagogik; ausgewählte Berichte der Mitteilungsblätter der Landesverbände

3 Beratung/Therapie

Familiendynamik
Helm Stierlin et al.; J.G. Cotta'sche Buchhandlung Nachf., Postfach 106016, 70178 Stuttgart; 4× jährl.
Interdisziplinäre Zeitschrift für systemorientierte Familientherapie in Praxis und Forschung

Gruppendynamik
Helmut F. Lück et al.; Leske Verlag & Budrich, Gerhard-Hauptmann-Str. 27, 51379 Leverkursen; 4× jährl.
Zeitschrift für angewandte Sozialpsychologie

Gruppenpsychotherapie und Gruppendynamik
Raymond Battegay et al.; Verlag Vandenhoeck & Ruprecht, Postfach 3753, 37027 Göttingen; 4× jährl.
Beiträge zur Sozialpsychologie und therapeutischen Praxis

Praxis der Kinderpsychologie und Kinderpsychiatrie
R. Adams et al.; Verlag Vandenhoeck & Ruprecht, Postfach 3753, 37027 Göttingen, 10× jährl.
Fachwissenschaftliche Zeitschrift mit Ergebnissen aus Psychoanalyse, Psychologie und Familientherapie

Psyche
Margarete Mitscherlich; Klett-Cotta Verlag, Postfach 106016, 70178 Stuttgart; monatl.
Von Alexander Mitscherlich gegründete »klassische« Zeitschrift für psychoanalytische Theorieentwicklung und Anwendung

Psychiatrische Praxis
Manfred Bauer et al.; Georg-Thieme-Verlag, Postfach 104853, 70042 Stuttgart; 6× jährl.
Reine Fachzeitschrift für ausführlichem Rezensionsteil

Psychologie heute
Beltz Verlag, Postfach 100154, 69441 Weinheim; monatl.
Magazin für Psychologen und an psychologischen Themen interessierte Laien

Psychologie und Gesellschaftskritik
Initiative kritischer Psychologinnen und Psychologen e.V.; Mabuse-Verlag, Postfach 900647, 60468 Frankfurt/M.; 4× jährl.
Kritische Sicht allgemein-psychologischer Themen

Recht und Psychiatrie
Psychiatrie Verlag, Postfach 2145, 53011 Bonn; 4× jährl.
Umfassende Übersicht über die Rechtsprechung im Bereich Recht und Psychiatrie; Gutachtenforum

Sozialpsychiatrische Information
Psychiatrie Verlag, Thomas-Mann-Str. 49a, 53111 Bonn; 4× jährl.

Supervision
Peter Berker et al.; Fachhochschulverlag Frankfurt am Main, Limescorso 5, 60439 Frankfurt/M.; 2× jährl.
Zeitschrift für berufsbezogene Beratung

Zeitschrift für Entwicklungspsychologie und Pädagogische Psychologie
Otto Ewert et al.; Hogrefe Verlag, Rohnsweg 25, 37085 Göttingen; 4× jährl.
Reine Fachzeitschrift mit klar strukturierten Beiträgen, Summaries etc.

Zeitschrift für Kinder- und Jugendpsychiatrie
Deutsche Gesellschaft für Kinder- und Jugendpsychiatrie; Hans Hüber Verlag, Postfach, CH–3000 Bern 9; 4× jährl.
Organ der Deutschen Gesellschaft für Kinder- und Jugendpsychiatrie; reine Fachzeitschrift

Zeitschrift für psychoanalytische Theorie und Praxis
Sybille Drews und Thomas Ettl; Von Grocum Ltd., Postfach 43, NL–9400 Assen; 4× jährl.
Reine Fachzeitschrift

4 Betriebliche Sozialarbeit

s. Sucht und Beratung/Therapie (Nrn. 3, 16)

5 Familienhilfe, Familienrecht

Familie und Recht (FuR)
Robert Battes et al.; Hermann Luchterhand Verlag, Postfach 2352, 56513 Neuwied; 6× jährl.
Diskussion von Rechtsproblemen, Rechtssprechungsübersicht

Fürsorgerechtliche Entscheidungen der Verwaltungs- und Sozialgerichte
Joachim Basse; Richard Boorberg Verlag, Kestnerstr. 44, 30159 Hannover; monatl.
Dokumentation der wichtigen Entscheidungen von Verwaltungs- und Sozialgerichten

Zeitschrift für das Fürsorgewesen
Sozialamt der Landeshauptstadt Hannover, Friedrichstr. 6, 30169 Hannover; monatl.
Übersicht über Entscheidungen der Spruchstellen für Fürsorgestreitigkeiten; Diskussion einschlägiger Urteile

Zeitschrift für das gesamte Familienrecht (FamRZ)
F.W. Bosch et al.; Verlag Ernst & Werner Gieseking, Deckertstr. 30, Postfach 130120, 33617 Bielefeld; monatl.
Juristischer Zeitschriftenklassiker: Ehe und Familie im privaten und öffentlichen Recht, sorgerechtliche Entscheidungen

Zeitschrift für Familienforschung
Staatsinstitut für Frühpädagogik und Familienforschung, Arabellastr. 1, 81925 München; 3× jährl.

Zeitschrift für Sozialisationsforschung und Erziehungssoziologie (ZSE)
Rosemarie Nave-Herz et al.; Juventa Verlag, Ehretstr. 3, 69469 Weinheim; 4× jährl.
Sozialwissenschaftlich ausgerichtete Fachzeitschrift für den Bereich der Sozialisations-, Entwicklungs- und Erziehungsforschung

S. auch Beratung/Therapie (Nr. 3)

6 Frauenarbeit/Frauenforschung

Beiträge zur feministischen Theorie und Praxis
Sozialwissenschaftliche Forschung und Praxis für Frauen e.V.; Frauenliteraturvertrieb, Schloßstr. 94, 60486 Frankfurt/M.; 3× jährl.
Lesefreundliche Zeitschrift für Bereiche feministischer Arbeit

Feministische Studien
Juliane Jacobi et al.; Deutscher Studien Verlag, Postfach 100154, 69469 Weinheim; 2× jährl.
Diskussionsforum für die pädagogische und sozialwissenschaftliche Frauenforschung, ausführlicher Rezensionsteil

Frauenforschung IFG
Institut Frau und Gesellschaft; Kleine Verlag, Postfach 101668, 33516 Bielefeld; 3–4× jährl.
Informationsdienst des Forschungsinstituts Frau und Gesellschaft

Streit
Frauen streiten für ihr Recht e.V.; Streit c/o Sabine Heinke, Hamburger Str. 181, 28205 Bremen; 4× jährl.
Feministische Rechtszeitschrift: Vorstellung und Diskussion juristischer Entscheidungen unter frauenrechtlichem Gesichtspunkt

7 Jugendarbeit/Jugendpolitik

deutsche jugend
Juventa Verlag, Ehretstr. 3, 69469 Weinheim; 11× jährl.
Jugendpolitische Themen mit Schwerpunkt Jugendarbeit

Jugendpolitik
Deutscher Bundesjugendring; Hermann Luchterhand Verlag, Postfach 2352, 56513 Neuwied; 2× jährl.
Organ des DBJR mit Schwerpunktthemen aus dem gesamten Bereich der Kinder- und Jugendpolitik mit umfassender Rubrik für Aktuelles

8 Jugendhilfe

AFET
Mitgliederrundbrief der Arbeitsgemeinschaft für Erziehungshilfe, Gandhistr. 2, 30559 Hannover; 4× jährl.
Praxisorientierte Hinweise zur Jugendhilfe und zum Jugendhilferecht

Das Kindeswohl
Schulz-Kirchner-Verlag, Erfurter Str. 2, 65510 Idstein; 4× jährl.

Der Amtsvormund
Deutsche Institut für Vormundschaftswesen e.V., Zähringer Str. 10, 69115 Heidelberg; monatl.
Themen aus der Rechtspraxis um Sorgerechtsfragen und Vormundschaftswesen; Gutachten und Übersicht über die aktuelle Rechtsprechung

Forum Jugendhilfe
Arbeitsgemeinschaft für Jugendhilfe, Haager Weg 44, 53127 Bonn; 4× jährl.
Forum der AGJ für Fragen der Jugendhilfe, ausführlicher Berichts- und Infoteil mit Kommentierungen

Jugendhilfe
Hermann Luchterhand Verlag, Heddesdorfer Str. 31, 56564 Neuwied; 6× jährl.
Verbandsunabhängige Fachzeitschrift mit sozialpädagogischer Fragestellung

Jugendhilfe aktuell
Bundesarbeitsgemeinschaft der Landesjugendämter im Zusammenwirken mit der Bundesvereinigung der kommunalen Spitzenverbände, Landschaftsverband Rheinland, Landesjugendamt, Kennedyufer 2, 50679 Köln; monatl.

Jugendschutz
Bundesarbeitsgemeinschaft und Landesarbeitsgemeinschaften Aktion Jugendschutz; Hermann Luchterhand Verlag, Heddesdorfer Str. 31, 56564 Neuwied; 6× jährl.
Fragen des Jugendschutzes und der Jugendpolitik

Jugendwohl
Caritas; Lambertus-Verlag, Postfach 1026, 79010 Freiburg; monatl.

Recht der Jugend und des Bildungswesens
Ingo Richter et al.; Hermann Luchterhand Verlag, Heddesdorfer Str. 31, 56564 Neuwied; 4× jährl.
Zeitschrift für Schule, Berufsbildung und Jugenderziehung; Diskussion um Rechtsfragen, Dokumentation neuer Rechts- und Verwaltungsvorschriften; Zeitschriften-Rundschau

Unsere Jugend
Andreas Mehringen; Ernst Reinhardt Verlag, Kemnatenstr. 48, 80639 München; monatl.
Beiträge zur pädagogischen Zeitsituation unter praxisorientiertem Gesichtspunkt

Zentralblatt für Jugendrecht (ZfJ)
Heymanns Verlag, Luxemburger Str. 449, 50939 Köln, monatl.
Abhandlungen zu juristischen Fragen der Jugendhilfe; Übersicht über die einschlägige Rechtssprechung; umfangreicher Gutachten-Teil

9 Kinderarbeit

Kindergarten heute
Herder-Verlag, Hermann-Herder-Str. 4, 79104 Freiburg; 6× jährl.
Zeitschrift für Erziehung im Vorschulalter

Welt des Kindes
Verband katholischer Tageseinrichtungen (KTK) – Bundesverband e. V.; Kösel Verlag, Flüggenstr. 2, 80639 München; 6× jährl.

Klein & groß
Hermann Luchterhand Verlag, Heddesdorfer Str. 31, 56564 Neuwied; monatl.
(Mit »Hort heute« und »Ganztagserziehung«); für Erzieher im Vorschul- und Hortbereich; praxis- und handlungsorientiert

10 Kulturarbeit

Ästhetik & Kommunikation
Ästhetik & Kommunikation e. V.; Elefanten Press, Am Treptower Park 28–30, 12435 Berlin; 4× jährl.
Diskussion kulturpolitischer Themen

Beiträge Jugendliteratur und Medien
Arbeitsgemeinschaft Jugendliteratur und Medien in der GEW; Juventa Verlag, Ehretstr. 3, 69469 Weinheim; 4× jährl.
Vormals »Informationen Jugendliteratur und Medien« (Jugendschriftenwarte), seit 1993 zusammen mit »Beiträge zur Kinder- und Jugendliteratur«; in jeder Nummer Themenschwerpunkte, Berichte, Rezensionen

Medien & Erziehung
Institut Jugend Film Fernsehen; KoPäd-Verlag, Pfälzer-Wald-Str. 64, 81539 München; 6× jährl.
Medienrezeption, politische Filmarbeit, Film-, Video- und Buchrezensionen

Medien praktisch
Gemeinschaftswerk der evangelischen Publizistik, Emil-von-Behring-Str. 3, Postfach 500550, 60394 Frankfurt/M.; monatl.
Medienpädagogische Zeitschrift für die Praxis

11 Migration

Informationsbrief Ausländerrecht
Georg Albrecht et al.; Hermann Luchterhand Verlag, Heddersdorfer Str. 31, Postfach 2352, 56513 Neuwied; 10× jährl.
Juristische Fachzeitschrift mit einem Überblick über die Rechtsprechung und Kommentierungen in den Feldern: Aufenthalts-, Staatsangehörigkeits-, Asyl- und Europarecht

Informationsdienst zur Ausländerarbeit (IZA)
Institut für Sozialarbeit und Sozialpädagogik, Am Stockborn 5–7, 60439 Frankfurt/M.; 4× jährl.
Fachzeitschrift für praktische Ausländerarbeit, Ausländerpolitik und Ausländerrecht; Schwerpunkthefte mit vielen Projektberichten von der Arbeit mit Migranten; aktueller Infoteil und ausführliche Bibliographie

Migration
A European Journal of International Migration and Ethic Relations; Verlagsabteilung des Berliner Instituts für Vergleichende Sozialforschung, Edition Parabolis, Postfach 301125, 10722 Berlin
Flüchtlings-, Migrations- und Menschenrechtspolitik, Migrationsforschung

Zeitschrift für Ausländerrecht und Ausländerpolitik (ZAR)
Wolfgang G. Beitz et al.; Nomos Verlagsgesellschaft, Postfach 610, 76484 Baden-Baden; 4× jährl.
Abhandlungen zu rechtspolitischen Fragen; aktuelle Rechtssprechung; umfangreicher Rezensionsteil

12 Organisationsentwicklung

Organisationsberatung, Supervision, Clinical Management (OSC)

Astrid Schreyögg et al.; Leske & Budrich Verlag, Postfach 300551, 51334 Leverkursen; 4× jährl.

Organisationsentwicklung

Michael Braune-Krickau et al.; OE und Management AG, Postfach 147, CH–4003 Basel; 4× jährl.

Socialmanagement

Nomos Verlagsgesellschaft, Waldseestr. 3–5, 76530 Baden-Baden; 4× jährl.
Präzise Fragestellungen und kurze Beiträge rund um die Problematik Socialmanagement; monatliches Supplement »Informationsdienst: Socialmanagement aktuell«

13 Sozialarbeit in der Justiz

Bewährungshilfe

Deutsche Bewährungshilfe e. V.; Forum Verlag Godesberg GmbH, Parkstr. 55, 41061 Mönchengladbach; 4× jährl.
Zeitschrift für Bewährungs-, Gerichts- und Straffälligenhilfe; interdisziplinärer Ansatz bei der Theorie- und Methodenentwicklung; deutliche Praxisorientierung

Kriminologisches Journal

Arbeitskreis Junger Kriminologen; Juventa Verlag, Ehretstr. 3, 69469 Weinheim; 4× jährl.
Forum der kriminologischen und kriminalsoziologischen Diskussion mit sozialwissenschaftlichem Blick auf die Themen abweichendes Verhalten und soziale Kontrolle

Kritische Justiz

Thomas Blanke et al.; Nomos Verlagsgesellschaft, Waldseestr. 3–5, 76530 Baden-Baden; 4× jährl.
Abhandlungen zur rechtspolitischen Entwicklung mit allgemein-juristischen und sozialwissenschaftlichen Analysen; Kommentare, Dokumentationen; umfangreicher Rezensionsteil

Der Lichtblick

Insassen der JVA Berlin-Tegel, Seidelstr. 39, 13507 Berlin; 6× jährl.
Themen zur Vollzugspraxis aus dem Blickwinkel der Inhaftierten

Monatsschrift für Kriminologie und Strafrechtsreform

Horst Schüler-Springorum et al.; Carl Heymanns Verlag, Luxemburger Str. 449, 51149 Köln; 6× jährl.
Abhandlungen, Berichte, Diskussionen, Mitteilungen

Zeitschrift für Strafvollzug und Straffälligenhilfe

Gesellschaft für Fortbildung der Strafvollzugsbediensteten e. V. in Zusammenarbeit mit der Bundesarbeitsgemeinschaft der Lehrer im Justizvollzug e. V.; Fachbereich Rechtswissenschaft der Universität des Saarlandes, Postfach 1150, 66041 Saarbrücken; 6× jährl.
Abhandlungen zur Rechtspraxis; aktuelle Rechtssprechung

14 Sozialverwaltung/Sozialrecht/Sozialpolitik

Die Sozialgerichtsbarkeit

Eberhard Eichenhofer et al.; Verlag Chmielorz, Marktplatz 13, 65183 Wiesbaden; monatl.
Rechtssprechung; Urteile mit Kommentierungen

Informationen zum Arbeitslosenrecht und Sozialrecht (info also)

Albrecht Brühl et al.; Nomos Verlag, Postfach 610, 76484 Baden-Baden; 4× jährl.
Abhandlungen; Gesetzesänderungen, Entscheidungen zum Arbeitslosenrecht und Sozialrecht mit Blick auf »Gesetzeslücken« zugunsten der Klientel

Soziale Sicherheit

Deutscher Gewerkschaftsbund; Bund Verlag, Hansestr. 63 a, 51118 Köln; monatl.
Zeitschrift des DGB für Arbeitsmarkt(entwicklung) und Sozialpolitik

Sozialer Fortschritt

Gesellschaft für sozialen Fortschritt; Verlag Duncker & Humblot, Dietrich-Schäfer-Weg 9, 12165 Berlin; wöchentl.
Unabhängige Zeitschrift für Fragen der Sozialpolitik

Sozialrecht & Praxis

Fachzeitschrift des VDK Deutschland für Vertrauensleute der Behinderten und für Sozialpolitiker; VDK Deutschland e. V., Wurzerstr. 2–4, 53175 Bonn; monatl.

Vierteljahresschrift für Sozialrecht (VSSR)

Detlef Merten et al.; Carl Heymanns Verlag, Luxemburger Str. 449, 50939 Köln; 4× jährl.
Abhandlungen zum Sozialrecht; Rezensionsteil

Zeitschrift für Sozialhilfe und Sozialgesetzbuch

Kurt Schelter et al.; R.S. Schulz Verlag, Berger Str. 6–8, 82319 Starnberg; monatl.
Wissenschaftliche Beiträge zu den Bereichen: Sozialrecht, Arbeitsrecht, Sozialhilfe, Wohlfahrtspflege und europäischer Sozialraum

15 Gesundheit/Sozialmedizin

(s. auch bei Anhang I: II.2 Gesundheitshilfe)

American Journal of public health

Official journal of the American Public Health Association (APHA) APHA Publication Service, 1015 Eighteenth, NW, Washington, D.C. 20036; monatl.
Gesundheitsfürsorge, Gesundheitsprogramme, Kinder- und Jugendfürsorge, Familienplanung, Empfängnisverhütung, Suchtprobleme, Ernährung, Umweltschutz, Krankenhaus- und Gesundheitszentren, Berufsfragen und Aufgaben der im Gesundheits- und Sozialwesen Beschäftigten

Arbeitsmedizin, Sozialmedizin, Umweltmedizin

Deutsche Gesellschaft für Arbeitsmedizin und Umweltmedizin et al.; Alfons W. Gentner Verlag, Postfach 101742, 70015 Stuttgart; monatl.
Wissenschaftliche Zeitschrift für Betriebsmedizin, Umweltmedizin, Rehabilitation

Dr. med. Marbuse

Marbuse Verlag, Postfach 900647, 60446 Frankfurt/M.; 6× jährl.
Medizinsoziologisch orientiertes Magazin mit kritischen Fragen zu Gesundheitswesen, Gesundheitspolitik, medizinischer Versorgung und Prävention

Das Gesundheitswesen

Georg Thieme Verlag, Rüdigerstr. 14, 70469 Stuttgart; monatl.
Wissenschaftliche Zeitschrift für Sozialmedizin, Gesundheits-System-Forschung, Public Health, Öffentlichen Gesundheitsdienst, Medizinischen Dienst

Die Rehabilitation

Vereinigung für die Rehabilitation Behinderter & Bundesarbeitsgemeinschaft für Rehabilitation, Georg Thieme Verlag, Rüdigerstr. 14, 70469 Stuttgart; 6× jährl.

Gruppenpsychiatrie und Gruppendynamik

Theaterstr. 14, 37073 Göttingen; vierteljährl.
Beiträge zur Sozialpsychologie und sozialen Praxis. Die Zeitschrift enthält Themen zur Praxis der Gruppenpsychotherapie, sie wendet sich an Psychotherapeuten, Pädagogen, SozArb u. a.

Heilberufe

Redaktion Heilberufe Urban & Vogel GmbH, Markgrafenstr. 67, 10969 Berlin; monatl.
Magazin für Kranken-, Kinderkranken- und Altenpflege, Gesundheitsförderung und Rehabilitation

International Digest of health legislation

World Health Organization, Genf; vierteljährl. in engl. u. franz. Ausgabe
Enthält Rechtsfragen zu den Gebieten Gesundheitsfürsorge, allgemeine Hygiene, Nahrungs- und Umwelthygiene, Suchtbekämpfung, Bekämpfung von Infektionskrankheiten, Ausbildung und Aufgaben in Gesundheitsberufen

Internationales Organ für Gesundheitserziehung

Organ der Internationalen Union für Gesundheitserziehung, JUGE, 3, Rue Voilier, 1207 Genf, Schweiz; vierteljährl. in dreisprachiger Ausgabe – Deutsch, Englisch, Französisch
Umfaßt die Gebiete Gesundheitserziehung, Gesundheitsverhalten, Gesundheitsvorsorge, Ernährungsfragen, Familienplanung, Empfängnisverhütung, Sporterziehung, Psychohygiene

Mitteilungen der Österreichischen Sanitätsverwaltung

Offizielles Organ des BM für Gesundheit und Umweltschutz, Paracellusgasse 6, A–1063 Wien III; monatl.
Umfaßt die Gebiete öffentliches Gesundheitswesen, Gesundheitsrecht, Ernährung, Hygiene, Epidemiologie, Infektionsbekämpfung, Umweltschutz, Statistik

Sozialdienst im Krankenhaus

Deutsche Vereinigung für den Sozialdienst im Krankenhaus e.V.; Langenbeckstr. 1, 55131 Mainz; 6× jährl.
Mitteilungsblatt des Verbandes

Sozial- und Präventivmedizin

Zeitschrift der Schweizerischen Gesellschaft für Sozial- und Präventivmedizin. Th. Abelin (Bern), J. Martin (Lausanne), Vogt-Schild AG, CH–4501 Solothurn 1; zweimonatl.
Umfaßt die Gebiete Arbeitsmedizin, Arbeitsphysiologie, Drogen-, Alkohol- und Tabakfragen, Epidemiologie, Ernährung, Gesundheitsvor- und -fürsorge, Früherfassung, Kinder- und Jugendfürsorge, Risikokinder, Krankenhaushygiene und Umweltmedizin; enthält Mitteilungen sozialmedizinischer Vereinigungen sowie Buchbesprechungen

Zeitschrift für Gesundheitswissenschaften

Bernhard Badura et al.; Juventa Verlag, Ehretstr. 3, 69469 Weinheim; 4× jährl.
Wissenschaftliches Forum zum interdisziplinären Austausch in den Gesundheitswissenschaften (Public Health)

16 Sucht

Streetcorner

Institut für soziale und kulturelle Arbeit; Wielandstr. 9, 90419 Nürnberg; 2× jährl.
Praxisorientierte Zeitschrift für aufsuchende Sozialarbeit, mit Schwerpunkt auf Drogensucht und Drogenprävention

Sucht

Deutsche Hauptstelle gegen die Suchtgefahren & deutsche Gesellschaft für Suchtforschung und Suchttherapie; Neuland Verlagsgesellschaft, Postfach 1422, 21496 Geesthacht; 6× jährl.
(Vormals »Suchtgefahren«); Forum für Wissenschaft und Praxis

Wiener Zeitschrift für Suchtforschung

Ludwig Boltzmann Institut für Suchtforschung et al.; Anton-Proksch-Institut, Mackgasse 7–9, A–1237 Wien; 4× jährl.
Wissenschaftliche Zeitschrift für Fragen der Suchtforschung, insbesondere des Alkoholismus

17 Wohnungslose

Gefährdetenhilfe

Bundesarbeitsgemeinschaft Wohnungslosenhilfe e.V., VSH Verlag Soziale Hilfe, Quellenhofweg 25, 33617 Bielefeld; 4× jährl.
Aktuelles aus Theorie und Praxis zur Armut und Wohnungslosigkeit

Lobby

Verein »Lobby für Wohnsitzlose und Arme«, Bockenheimer Landstr. 79, 60325 Frankfurt/M.; unregelmäßig
Zeitung von und mit Frankfurter Obdachlosen

Anhang III

Materialien zur Sozialen Arbeit

1 Arbeitshilfen I (Berichte)

1.1 Altenhilfe

4. Familienbericht: Die Situation der älteren Menschen in der Familie, BT-Drs. 10/6145/1986; **1. Altenbericht** der Bundesregierung, BT-Drs. 12/5897/1993.
Wichtige Quellen sind weiter: Schriftenreihe des deutschen Zentrums für Altersfragen e. V., Manfred-von-Richthofen-Str. 2, 12101 Berlin; Schriftenreihe des Kuratoriums Deutsche Altershilfe, An der Pauluskirche 3, 50677 Köln; Schriftenreihe der GHS Kassel ›Kasseler Gerontologische Schriften‹, GHS Kassel, Prof. Dr. Schmitz-Scherzer, Postfach 103362, 34033 Kassel; Schriftenreihe der Arbeitsgemeinschaft für angewandte soziale Gerontologie, ASG der GHS Kassel, Mönchebergstr. 196, 34125 Kassel; Schriftenreihe des Ministeriums für Arbeit, Gesundheit und Soziales des Landes Baden-Württemberg ›Politik für die ältere Generation‹, Rotebühlplatz 30, 70173 Stuttgart; weiterhin die Literatur zu den Stichworten *Altenarbeit*, *Altenhilfe* und *Altenpolitik*.

1.2 Berufliche Bildung

Der Bundesminister für Bildung und Wissenschaft veröffentlicht jährlich einen **Berufsbildungsbericht**, der jeweils zum Stand, zur voraussichtlichen Entwicklung und zu den Perspektiven der beruflichen Bildung und Berufsbildungspolitik Auskunft gibt. Der letzte Bericht ist 1994 als BT-Drs. 12/7344 erschienen. Weiterhin die Literatur zu den Stichworten *Arbeit*, *Arbeitslosigkeit*, *Berufliche Bildung*, *Berufsberatung*, *Berufsbildungsgesetz*, *Jugendarbeitslosigkeit*, *Jugendsozialarbeit*, *Selbsthilfe/Selbstorganisationen*.

1.3 Familie

Die BReg wurde erstmalig 1965 durch Beschluß des Deutschen Bundestages beauftragt, einen Bericht über die Lage der Familien in der BRD zu erstatten. Dieser Auftrag wurde fortgeschrieben.
Bislang sind folgende **Familienberichte** erschienen:

1. Familienbericht: über die Lage der Familien in der BRD, BT-Drs. V/2532/1968;
2. Familienbericht: Leistungen der Familie im Erziehungs- und Bildungsprozeß, BT-Drs. 7/3502/1975;
3. Familienbericht: Situation der Familie in der BRD, BT-Drs. 8/3120/1979;
4. Familienbericht: Die Situation der älteren Menschen in der Familie, BT-Drs. 10/6145/1986;
5. Familienbericht: Familie und Familienpolitik im geeinten Deutschland (Zukunft des Humanvermögens), BT-Drs. 12/7560/1994.

Weiterhin die Literatur zu den Stichworten *Familie*, *Frauen*, *Frauenhäuser*, *Kinderschutz*, *Kindheit*, *Jugend*, *Mädchen*.

1.4 Gesundheit

Bericht über die Lage der Psychiatrie in der BRD, BT-Drs. 7/4200/1975; ›**Empfehlungen der Expertenkommission** der Bundesregierung **zur Reform der Versorgung im psychiatrischen Bereich** auf der Grundlage des Modellprogramms Psychiatrie der Bundesregierung‹ vom 11. 11. 1988; **Endbericht** der Enquete-Kommission zur ›**Strukturreform der Gesetzlichen Krankenversicherung**‹ des Deutschen Bundestages vom 12. 2. 1990, BT-Drs. 11/6380; **Bericht zur Lage der Psychiatrie in der ehemaligen DDR** – Bestandsaufnahme und Empfehlungen – im Auftrage des BM für Gesundheit, Bonn, vom 30. 5. 1991; **Arbeitshilfen für die Rehabilitation** einzelner Patientengruppen (beispielsweise für schädel-hirnverletzte Kinder und Jugendliche, Koronarkranke, ältere Menschen, psychisch Kranke, Schlaganfall-, Krebs-, Rheumapatienten), Schriftenreihe der Bundesarbeitsgemeinschaft für Rehabilitation, Frankfurt/M.; Endbericht der Enquete-Kommission des 11. Deutschen Bundestages »**Gefahren von Aids und wirksame Wege zu ihrer Eindämmung**«, BT-Drs. 11/7200. Seit 1982 ist die BReg aufgefordert, einmal in jeder Legislaturperiode einen **Bericht über die Lage der Behinderten und die Entwicklung der Rehabilitation** vorzulegen: 1. Behindertenbericht BT-Drs. 10/1233, 2. Behindertenbericht BT-Drs. 11/4455, 3. Behindertenbericht BT-Drs. 12/7148.

1.5 Jugend

Gemäß § 84 KJHG (früher: § 25 JWG) legt die BReg dem Bundestag und dem Bundesrat in jeder Legislaturperiode einen Bericht über Bestrebungen und Leistungen der Jugendhilfe vor. Jeder dritte Bericht soll einen Überblick über die gesamte Jugendhilfe vermitteln. Die Berichte sollen auch Ergebnisse und Mängel darstellen und Verbesserungsvorschläge enthalten.
Bisher sind folgende **Jugendberichte** vorgelegt worden:
1. Jugendbericht: Die Lage der Jugend und die Bestrebungen auf dem Gebiet der Jugendhilfe in der BRD und Berlin (West), BT-Drs. IV/3515/1965;
2. Jugendbericht: »Aus- und Fortbildung der Mitarbeiter in der Jugendhilfe und Jugend und Bundeswehr«, BT-Drs. V/2453/1968;
3. Jugendbericht: Aufgaben und Wirksamkeit der Jugendämter in der BRD, BT-Drs. VI/3170/1972;
4. Jugendbericht: »Sozialisationsprobleme der arbeitenden Jugend in der BRD – Konsequenzen für Jugendhilfe und Jugendpolitik«, BT-Drs. 8/2110/1978;
5. Jugendbericht: Bestrebungen und Leistungen der Jugendhilfe, BT-Drs. 8/3685/1980;
6. Jugendbericht: »Verbesserung der Chancengleichheit von Mädchen in der BRD«, BT-Drs. 10/1007/1984;
7. Jugendbericht: Jugendhilfe und Familie – die Entwicklung familienunterstützender Leistungen der Jugendhilfe und ihre Perspektiven, BT-Drs. 10/6730/1986;
8. Jugendbericht: Bericht über die Bestrebungen und Leistungen der Jugendhilfe (›3.‹ Bericht i. S. von § 25 JWG – Gesamtbericht), BT-Drs. 11/6576/1990;
9. Jugendbericht: Bericht über die Situation der Kinder und Jugendlichen und die Entwicklung der Jugendhilfe in den neuen Bundesländern, BT-Drs. 13/70/1994.

Weiterhin die Literatur zu den Stichwörtern *Jugend, Jugendhilfe, Jugendpolitik.*

1.6 Soziales

Die BReg legt regelmäßig **Sozialberichte** vor, die Parlament und Öffentlichkeit über Maßnahmen und Vorhaben der Sozial- und Gesellschaftspolitik informieren und in ihrem finanziellen Teil (Sozialbudget/*soziale Sicherung*) einen Überblick über die Gesamtheit der sozialen Leistungen, ihre Finanzierung und die mittelfristige Entwicklung geben.
Der letzte *Sozialbericht* ist 1993 (BT-Drs. 12/7130) erschienen.
Weiterhin die Literatur zu den Stichworten *Altenarbeit, Altenhilfe, Altenpolitik, Armut, Behindertenhilfe, Bundessozialhilfegesetz, Nichtseßhaftenhilfe, Obdachlosenhilfe, Soziale Arbeit und Arbeitsmarkt, Sozialhilfe, soziale Sicherung.*

2 Arbeitshilfen II (statistisches Material)[1]

2.1 Bundesweite Statistiken

Das Statistische Bundesamt hat sein Veröffentlichungssystem in drei große Kategorien gegliedert:
- zusammenfassende Veröffentlichungen
- Fachserien
- systematische Verzeichnisse

(zuletzt i.e. dokumentiert in: Statistisches Bundesamt: Veröffentlichungsverzeichnis 1994/95 (Stand: Sommer '94), zu beziehen über den Verlag Metzler-Poeschel, Stuttgart).
Für Sozialstatistiken wichtige Fachserien, zumeist in jährlicher Erscheinungsweise, sind:

Fachserie 1: Bevölkerung und Erwerbstätigkeit

Veröffentlichungsreihen
Gebiet und Bevölkerung
Ausländer
Haushalte und Familien
Erwerbstätigkeit u.a.

1 Zusammengestellt von Werner **Wüstendörfer**, Nürnberg.

Fachserie 10: Rechtspflege
Veröffentlichungsreihen
Ausgewählte Zahlen für die Rechtspflege
Zivilgerichte und Strafgerichte
Strafverfolgung
Strafvollzug
Bewährungshilfe

Fachserie 12
Veröffentlichungsreihen
Ausgewählte Zahlen für das Gesundheitswesen
Meldepflichtige Krankheiten
Schwangerschaftsabbrüche
Todesursachen
Berufe des Gesundheitswesens
Krankenhäuser

Sonderbeiträge:
Ausgaben für Gesundheit 1970–1989
Fragen zur Gesundheit (Ergebnisse des Mikrozensus)

Fachserie 13: Sozialleistungen
Veröffentlichungsreihen
Versicherte in der Kranken- und Rentenversicherung
Sozialhilfe
Kriegsopferfürsorge
Wohngeld
Schwerbehinderte und Rehabilitationsmaßnahmen
Jugendhilfe (Institutionelle Beratung, Einzelbetreuung und sozialpädagogische Familienhilfe; Erzieherische Hilfen außerhalb des Elternhauses; Adoptionen und sonstige Hilfen; Erzieherische Hilfen außerhalb des Elternhauses; Maßnahmen der Jugendarbeit im Rahmen der Jugendhilfe; Einrichtungen und tätige Personen in der Jugendhilfe

Sonderbeiträge:
Hilfe zur Pflege, November 1977
Laufende Leistungen der Hilfe zum Lebensunterhalt, September 1981
Einmalige Leistungen der Hilfen zum Lebensunterhalt, September 1981–August 1982
Sozialhilfe in den neuen Bundesländern

2.2 Statistisches Material, das auf Länder, Regionen und Kommunen bezogen ist, findet sich in den Statistischen Jahrbüchern der Länder, in Sozialerhebungen der Länder sowie der kommunalen Spitzenverbände auf Landesebene.

2.3 Die BAG der Freien Wohlfahrtspflege gibt in unregelmäßigen Abständen eine ›**Gesamtstatistik der Einrichtungen der Freien Wohlfahrtspflege**‹ heraus, die bei ihr angefordert werden kann (Franz-Lohe-Str. 17, 53129 Bonn, Tel.: 0228/2261). Die letzte Gesamtstatistik ist im Juni 1994 (Stand 1.1.1993) erschienen.

2.4 Über den Selbsthilfebereich unterrichten regelmäßig Netzwerk Selbsthilfe e.V. Berlin (u.a., vgl. Anhang I/11.2) und NAKOS (vgl. Anhang I/11.4).

3 Arbeitshilfen III (sonstige Quellen)

Regelmäßige Informationsquellen sind die Periodika der SozArb (vgl. Anhang II: Zeitschriften).
Die Zeitschrift
- **Soziale Arbeit**, hrsg. vom Deutschen Zentralinstitut für soziale Fragen/Berlin, enthält in jeder Ausgabe eine umfangreiche Zeitschriftenbibliographie der Sozialen Arbeit, die nach Themenbereichen geordnet ist;
- **Nachrichtendienst des Deutschen Vereins** für öffentliche und private Fürsorge, Am Stockborn 1–3, 60439 Frankfurt/M., berichtet in unregelmäßigen Abständen über die sozialpolitische Entwicklung der zurückliegenden Monate;
- **Sozialwissenschaftliche Literaturrundschau**, Karin Böllert KT-Verlag, Straßburger Str. 5, 33613 Bielefeld, bietet in jährlich 2 Ausgaben einen umfassenden Überblick über den Literaturstand der SozArb.

Zum **Rechtsbereich** (Rechtsquellen der Sozialen Arbeit) wird auf D. Kreft/J. Münder u.a.: Soziale Arbeit und Recht. Eine Einführung in das Recht für Sozialarbeiter/Sozialpädagogen, Weinheim/Basel [4]1994 (Anhang: Hinweise zu Lern- und Arbeitsmaterialien) und U. Stascheit (Hrsg.): Gesetze für soziale Berufe. 2 Bde., Baden-Baden [3]1994, verwiesen. Im übrigen unterrichten die einschlägigen Fachzeitschriften (vgl. Anhang II: Zeitschriften) regelmäßig über neuere Rechtsentwicklungen.

AutorInnenverzeichnis

Achterberg, Bernhard, Dr., Dipl.-Psychologe, wiss. Angestellter an der Uni-GHS Kassel (Interaktion, soziale)
Adam-Lauer, Gisela, Dr., Dipl.-Psychologin, Prof. an der FHS Nordostniedersachsen, Lüneburg (Psychotherapie)
Althoff, Heinrich, Bundesinstitut für Berufsbildung, Berlin (Berufsbildungsgesetz)
André, Günter, Dr., Dipl.-Verwaltungswissenschaftler, freier Autor, Bingen (Sozialamt)
Bäcker, Fred, Dipl.-Sozialarbeiter (F.H.)/Erziehungswissenschaftler, Prof. und Leiter des Instituts für soziale Planung, Beratung und Organisation e.V. an der Alice-Salomon-FHS für Sozialarbeit und Sozialpädagogik, Berlin (Konflikt, sozialer)
Baer, Ingrid, Direktorin des Internationalen Sozialdienstes – Dt. Zweig – e.V., Frankfurt/M. (Adoption)
Bäuerle, Wolfgang (1925–1982) war viele Jahre Heimerzieher, dann Leiter einer heilpädagogischen Abteilung in Hamburg, widmete sich als behandelnder Psychologe bei der Erziehungsberatung und als Supervisor in der Jugend- und Familienfürsorge im Rahmen der Jugendbehörde Hamburg der Therapie und Beratung, bevor er sich der Lehre und Forschung zuwandte. Er war Dozent und später Direktor des Sozialpädagogischen Instituts in Hamburg, arbeitete als Fachbereichsleiter der Fachhochschule in Hamburg und seit 1976 als ordentlicher Professor an der Uni Bielefeld. Als Hauptreferent beim Bundesverband der Arbeiterwohlfahrt in Bonn half Wolfgang Bäuerle, das Institut für Sozialarbeit und Sozialpädagogik (ISS) mitzubegründen und aufzubauen: er war von 1974–1977 dessen erster Direktor und konnte in dieser Eigenschaft durch praxisnahe Forschung und institutionelle Beratung Innovationen im sozialen Bereich vorantreiben. Viele Jahre lang war er Mitglied des Hauptausschusses des Deutschen Vereins und Vorsitzender der Internationalen Gesellschaft für Heimerziehung (FICE) und insofern engagiert an der Entwicklung anderer Formen der Heimerziehung und am Ausbau von Alternativen zu ihr beteiligt. Diesem Berufsweg entsprechend breitgefächert sind die Themen seiner Veröffentlichungen, die er hinterließ: zur Theorie der Elternbildung, zu Sozialarbeit und Gesellschaft, zu Reformen der Heimerziehung und eine Vielzahl von Aufsätzen, die zur Entwicklung einer Wissenschaft von der Sozialen Arbeit nach 1945 wesentlich beigetragen haben.
Wolfgang Bäuerles Leben war bestimmt von dem Willen, Wissenschaft und soziale Praxis für die Belange sozial besonders benachteiligter Menschen einzusetzen, um deren Lebensbedingungen und Lebenschancen zu verbessern; er arbeitete bis zur 2. Auflage an diesem Wörterbuch mit.
von Baross, Joachim, Dipl.-Soziologe, stv. Geschäftsführer beim Bundesverband Pro Familia, Frankfurt/M. (Schwangerschaftsberatung)
Bauer, Rudolph, Dr., Prof. an der Uni Bremen, FB 11 Human- und Gesundheitswissenschaften (Wohlfahrtsverbände)
Baumann, Jürgen, Dr. iur., e. Prof. an der Uni Tübingen (Strafe/Strafrechtsreform/Strafvollzug)
Becher, Ursel, Dr., Prof. an der FHS Potsdam, FB Sozialwesen (Soziale Brennpunkte)
Beck-Gernsheim, Elisabeth, Dr., Dipl.-Soziologin, Prof. an der Uni Erlangen-Nürnberg, Institut für Soziologie (Gentechnologie)
Beller, E. Kuno, Dr., Prof. für Kleinstkindpädagogik am Institut für Sozialpädagogik und Erwachsenenbildung der FU Berlin (Frühkindliche Entwicklung, Hospitalismus, Kinderkrippe)
Bergdoll, Karin, Dipl.-Pädagogin, Referentin bei der Senatsverwaltung für Arbeit und Frauen Berlin (Prostitution)
Birtsch, Vera, Dr., Dipl.-Psychologin, Leiterin des Landesbetriebes Erziehung und Berufsbildung im Amt für Jugend Hamburg; zuvor langjährige wiss. Mitarbeiterin des ISS-Frankfurt/M. und 1989–1993 Vorsitzende der IGfH (Fremdunterbringung, Heimerziehung, Jugendwohngemeinschaften)
Blandow, Jürgen, Dr., Prof. für Sozialpädagogik an der Uni Bremen (Gefährdung)
Bleyer-Christmann, Renate, Lehrerin an der Max-Bauer-Gesamtschule in Hamburg (Spielplätze)
Böhnisch, Lothar, Dr., Dipl.-Soziologe, Prof. (Lehrstuhl Sozialisation der Lebensalter) an der TU Dresden (Gewalt, Jungenarbeit, Normalität, Stadt:Land-Verhältnis)
Böllert, Karin, Dr., Dipl.-Pädagogin, Hochschulassistentin an der Uni Bielefeld und Vertretungs-Prof. an der Uni Rostock (Prävention)
van den Boogaart, Hilde, Dr., Dipl.-Kriminologin, Referentin beim Strafvollzugsamt der Justizbehörde der Stadt Hamburg, zuvor langjährige wiss. Mitarbeiterin an der Uni Lüneburg (Abweichendes Verhalten)
Borsche, Sven, Jurist; Leiter der Abt. Kinder, Jugend, Familie und Frauen bei der Arbeiterwohlfahrt, Bundesverband e. V., Bonn (Bundesjugendkuratorium, Kinder- und Jugendplan des Bundes)
Brauns, Hans-Jochen, Dr. iur., Prof. für Verwaltungsrecht (beurlaubt) an der Alice-Salomon-FHS für Sozialarbeit/Sozialpädagogik, Berlin; Geschäftsführer des Deutschen Paritätischen Wohlfahrtsverbandes, Landesverband Berlin e. V. und Vors. des Dt. Landesausschusses des Intern. Council on Social Welfare beim Deutschen Verein, Frankfurt/M. (Datenverarbeitung)
Brocke, Hartmut, Revierförster, Dipl.-Sozialarbeiter F. H., Dipl.-Pädagoge; Leiter des Sozialpädagogischen Instituts Berlin (Randgruppen)
Brühl, Albrecht, Dr. iur., Prof. an der FHS Darmstadt (Bewährungshilfe, Gerichtshilfe, Straffälligenhilfe)
Buchkremer, Hansjosef, Dr., Prof. für Allgemeine Heil- und Sozialpädagogik an der Uni Köln (Hilfe)
Buck, Gerhard, Dr., Dipl.-Soziologe, wiss. Leiter des Forschungsbereichs der Landesakademie für Struktur und Arbeit, Genshagen (Wohnen)

Bützer, Barbara, Dr., Dipl.-Sozialwirtin, Leiterin der Rehabilitationsvorbereitungslehrgänge im Berufsförderungswerk Hamburg (Rehabilitation)
Colberg-Schrader, Hedi, Dipl.-Soziologin, Leiterin der Abt. Kinder und Kinderbetreuung beim Deutschen Jugendinstitut, München (Tageseinrichtungen für Kinder/Kindergarten)
Cornel, Heinz, Dr., Jurist und Dipl.-Pädagoge, Prof. an der Alice-Salomon-FHS für Sozialarbeit/Sozialpädagogik, Berlin (Schweigepflicht, Volljährigkeit, Zeugnisverweigerungsrecht)
Dellith, Sabrina, Dipl.-Sozialwirtin/Psychogerontologin; zuständig für Grundsatzfragen und Planung im Seniorenamt der Stadt Nürnberg (Geriatrie)
Denzin-von-Broich-Oppert, Uta, Dipl.-Soziologin, Leiterin der Sozialpädagogischen Fortbildungsstätte Haus am Rupenhorn, Berlin (Fortbildung, Weiterbildung)
Dettling, Warnfried, Dr., bis 1991 Leiter der Abt. Jugend im BMJFFG; freier Journalist bei der ZEIT, München (Parteien)
Diller-Murschall, Ilsa, Erzieherin, Dipl.-Sozialarbeiterin; Referentin für Kinderhilfe und Familienpolitik bei der Arbeiterwohlfahrt, Bundesverband e. V., Bonn (Erziehungsgeld/Erziehungsurlaub, Kindergeld)
Effinger, Herbert, Dr., Dipl.-Sozialpädagoge; bis 1994 wiss. Mitarbeiter an der Uni Bremen; Prof. für Sozialarbeitswissenschaft an der Ev. FHS Dresden (Bürgerinitiativen)
Engelen-Kefer, Ursula, Dr., stv. Vorsitzende des Deutschen Gewerkschaftsbundes, Düsseldorf (Arbeitslosigkeit)
Esser, Johannes, Dr., Dipl.-Pädagoge, Prof. für Erziehungswissenschaft an der FHS Nordostniedersachsen, Lüneburg (Friedenserziehung/Friedenspädagogik)
Evers, Carl-Heinz, Senator a. D.; bis 1984 Prof. für Pädagogik mit den Schwerpunkten Bildungspolitik und Schulpädagogik an der TU Berlin; lebt und arbeitet in Berlin (Schule)
Fenner, Christian, Dr., Dipl.-Politologe, Prof. an der Uni Leipzig (Parteien: bis zur 3. Auflage)
Fichtner, Otto, Verwaltungsjurist; Präsident des Landesamtes für Soziales und Versorgung Brandenburg i. R.; lebt und arbeitet in Bremen (Einigungsvertrag, Sozialadministration)
von Flemming, Helga, Dipl.-Pädagogin; bis 1992 Leiterin der Fachschulen am Sozialpädagogischen Institut Berlin; lebt in Schönberg/Holstein (Altruismus, Angst)
Fricke, Peter, Dr., Ministerialrat im BMFSFJ Bonn (Garantiefonds)
Froede, Ingolf, Assessor iur., Dozent an der Akademie der Berufsgenossenschaften, Honnef (Gesundheitsrecht)
Fülbier, Paul, Dipl.-Sozialarbeiter, Dipl.-Sozialwissenschaftler, Referent für Jugendberufshilfe in der BAG Jugendsozialarbeit (BAG JAW), Bonn (Jugendsozialarbeit)
Gaertner, Adrian, Dr., Psychoanalytiker (DPV); Prof. an der FHS Bielefeld, FB Sozialwesen (Supervision)
Gaertner-Fichtner, Irmgard, Dipl.-Volkswirtin, bis 1995 Senatorin für Gesundheit, Jugend und Soziales der Freien Hansestadt Bremen; lebt und arbeitet in Bremen (Familienlastenausgleich)
Gerzer-Sass, Annemarie, Historikerin/Sozialwissenschaftlerin M.A.; wiss. Mitarbeiterin am Deutschen Jugendinstitut, München (Familienselbsthilfe)
Gildemeister, Regine, Dr., Prof. für Theorie, Empirie und Methoden der Sozialen Therapie an der Uni-GHS Kassel (Professionalisierung)
Glaser, Hermann, Dr., 1964–1990 berufsmäßiger Stadtrat (Referent) für Kultur und Schule der Stadt Nürnberg, Honorarprofessor für Kulturvermittlung an der TU Berlin (Aufklärung, Ethnologie, Kulturarbeit, soziale)
Glaß, Christian, Dr. phil., Dipl.-Oek. M. A., wiss. Mitarbeiter der Uni Bremen (Politische Bildung)
Gostomzyk, Johannes G., Prof. Dr. med., Leiter des Gesundheitsamtes der Stadt Augsburg (Gesundheitsamt)
Griese, Hartmut M., Dr. phil. habil., M. A., apl. Prof. an der Uni Hannover, FB Erziehungswissenschaften I (Jugendsoziologie, Rolle, soziale)
Grossmann, Wilma, Dr., Prof. für Sozialpädagogik an der Uni-GHS Kassel (Anthroposophie, Montessori-Pädagogik)
Haag, Gerhard, Sozialpädagoge (grad.); Direktor a. D. des Deutschen Paritätischen Wohlfahrtsverbandes-Gesamtverband e. V., Frankfurt/M., Vizepräsident der Europäischen AG für Altenselbsthilfe (Altenhilfe [Altenarbeit])
Hagemann-White, Carol, Dr. phil. habil., Prof. für Allgemeine Pädagogik/Frauenforschung an der Uni Osnabrück; Leiterin des Instituts Frau und Gesellschaft, Hannover (Gewalt in Familien, Sozialisation)
Hanesch, Walter, Dr., Dipl.-Volkswirt/Dipl.-Handelslehrer; Prof. für Sozialverwaltung an der FHS Darmstadt; wiss. Leiter der im Auftrag des DGB und des DPWV durchgeführten Untersuchung »Armut in Deutschland« (1994) (Armut)
Hardtmann, Gertrud, Dr. med., Prof. für Sozialpädagogik an der TU Berlin/Institut für Sozialpädagogik (Krankheit, Psychiatrie, Sozialmedizin, Suicid)
Harms, Gerd, Dr., Dipl.-Politologe/Dipl.-Pädagoge; bis 1989 Tätigkeiten in der Erwachsenenbildung sowie Kinder- und Jugendforschung; 1989–1990 Staatssekretär für Frauen, Jugend und Familie in Berlin; seit 1990 Staatssekretär im Ministerium für Bildung, Jugend und Sport des Landes Brandenburg (Erwachsenenbildung)
Heckmann, Wolfgang, Dr., Dipl.-Psychologe, 1978–1986 Drogenbeauftragter des Landes Berlin; 1987–1993 Wiss. Direktor im AIDS-Zentrum beim Bundesgesundheitsamt; Sozialpädagogisches Institut Berlin und Prof. an der FHS Magdeburg, FB Sozialwesen (AIDS, Drogenabhängigkeit, Sucht)
Heitmann, Helmut, Dipl.-Pädagoge, Leiter des IFFJ im Verein für Kommunalwissenschaften Berlin (Fan-Club)
Henkel, Gertrud A., Studium der Kunstgeschichte und Pädagogik, Dipl.-Pädagogin, freie Galeristin in Berlin (Kunst)
Henkel, Manfred (1936–1988), Bildender Künstler, freier Maler in Berlin (Kunst)
Hetkamp, Jutta, Dr., Studium der Erziehungswissenschaft und Soziologie; arbeitet im Stab Qualität im HÜLS-konzern und als Lehrbeauftragte der GHS Essen (Berufsberatung)
Hollstein, Walter, Dr., Prof. an der Ev. FHS für Sozialarbeit und Sozialpädagogik, Berlin (Männer)
Holz, Gerda, Sozialarbeiterin (grad.)., Dipl.-Politikwissenschaftlerin; Leiterin des Arbeitsbereiches Erwachsene und Altenarbeit am Institut für Sozialarbeit und Sozialpädagogik/Frankfurt/M. (Altenpolitik, Alter und Anhang I, I.10 und II.1)
Holzkamp, Christine, Dipl.-Psychologin, Prof. für Psychologie an der TU Berlin, FB Erziehungs- und Unterrichtswissenschaften (Anpassung)

Hopfengärtner, Georg, Dipl.-Sozialwirt, wiss. Mitarbeiter im Referat Jugend, Familie und Soziales der Stadt Nürnberg (Geriatrie)
Hornstein, Walter, Dr., 1967–1977 Leiter des Deutschen Jugendinstituts, München, Prof. für Sozialisationsforschung und Sozialpädagogik an der Uni der Bundeswehr, München (Jugend, Kindheit)
Hottelet, Harald, bis 8/1994 stv. Leiter des Instituts für Sozialarbeit und Sozialpädagogik/Frankfurt/M.; lebt und arbeitet in Titisee/Neustadt (Allgemeiner Sozialdienst, Beratung, Institutionsberatung)
Hübner, Catharina, Rechtsanwältin in Berlin (Gerichtsbarkeit)
Hülsewede, Manfred, Dr., Prof. für Kunstpädagogik an der FHS Ostfriesland, FB Sozialwesen, Emden (Medien)
Huhn, Diether, Jurist, Prof. an der FHS für Verwaltung und Rechtspflege, Berlin; stv. Vorstandsvorsitzender des Sozialpädagogischen Instituts Berlin (Amtspflegschaft/Amtsvormundschaft)
Iben, Gerd, Dr., Prof. für Heil- und Sonderpädagogik an der Uni Frankfurt/M. (Erziehungsbeistandschaft, Heil- und Sonderpädagogik, Kompensatorische Erziehung)
Jaeckel, Monika, Dipl.-Soziologin, wiss. Mitarbeiterin am Deutschen Jugendinstitut, München (Mütterzentren)
Jansen, Lothar, Bildungsreferent bei Arbeit und Leben, Düsseldorf (Bildungsurlaub)
Jordan, Erwin, Dr., Soziologe M. A., Akad. Oberrat am Institut für Sozialpädagogik, Weiterbildung und empirische Pädagogik der Uni Münster und Vorsitzender des Instituts für soziale Arbeit in Münster (Ausreißer und Trebegänger, Einzelbetreuung, intensive sozialpädagogische, Erziehungshilfen, Jugendarbeit, Jugendbildung, außerschulische, Jugendfreizeitstätten, Jugendhilfe)
Karberg, Walter, Sozialarbeiter (grad.), Dipl.-Psychologe, Prof. an der Alice-Salomon FHS Berlin (Einzelfallhilfe)
Karl, Fred, Dr., Dipl.-Soziologe, Akad. Rat für soziale Fragen des Alterns am FB Sozialwesen der Uni-GHS Kassel (Gerontologie)
Keil, Annelie, Dr., Prof. für Sozialpädagogik und Gesundheitsforschung an der Uni Bremen (Körper)
Keßler, Rainer, Dr. iur., Prof. an der FHS Wiesbaden (Kirchen und Religionsgemeinschaften des öffentlichen Rechts)
Keupp, Heiner, Dr., Dipl.-Psychologe, Prof. an der Ludwig-Maximilians-Uni/Institut für Psychologie, Sozialpsychologie, München (Empowerment, Psychologie)
Klatetzki, Thomas, Dr., Dipl.-Soziologe/Dipl.-Psychologe, Geschäftsführer beim Institut des Rauhen Hauses für Soziale Praxis, Hamburg (Jugendhilfestationen)
Klemm, Hartmut, Dr. med., Arzt für Neurologie und Psychiatrie, Chefarzt der Psychiatr. Abt. der Kliniken im Theodor-Wenzel-Werk, Berlin (Alkoholismus)
Klever, Susanne, M. A., ehemalige wiss. Mitarbeiterin im Projekt »Aussiedler-Kulturarbeit«, Lengerich; z. Zt. Qualifizierung zur beruflichen Weiterbildnerin in Tübingen (Aussiedler)
Klönne, Arno, Dr., Prof. für Soziologie an der Uni-GHS Paderborn (Sozialdarwinismus)
Knieschewski, Elmar, Dr., Dipl.-Soziologe, Prof. an der FHS Münster, FB Sozialwesen (Klient)
Koch, Friedrich, Dr., Prof. für Allgemeine Erziehungswissenschaft an der Uni Hamburg (Sexualität/Sexualpädagogik)
Koch, Reinhard, Dr., wiss. Mitarbeiter am Institut für Entwicklungsplanung und Strukturforschung, Hannover (Statistik)
Körting, Ehrhart, Dr. rer. pol., Rechtsanwalt in Berlin (Gerichtsbarkeit)
Kramer, David, Ph.D., Prof. an der Alice-Salomon-FHS für Sozialarbeit/Sozialpädagogik, Berlin (Datenverarbeitung)
Krauß, E. Jürgen, Sozialarbeiter (grad.), Dipl.-Supervisor, wiss. Mitarbeiter an der Uni-GHS Kassel (Methoden der Sozialarbeit/Sozialpädagogik)
Krauß, Günter, Dipl.-Psychologe, Geschäftsführer des Instituts für soziale und kulturelle Arbeit (ISKA), Nürnberg (Straßensozialarbeit/streetwork)
Kreft, Dieter, Herausgeber; s. Hinweise S. 4 (Arbeitsgemeinschaften, Handlungskompetenz, Jugendhilfeplanung, Organisationsrecht, Rechtsquellen, Soziale Arbeit, Sport, Träger der Sozialen Arbeit)
Kreibich, Rolf, Prof. Dr. phil., Dipl.-Physiker, Direktor des Instituts für Zukunftsstudien und Technologiebewertung, Berlin (Technologie, Umweltschutz)
Krüger, Rolf, Dipl.-Sozialarbeiter, Lehrender Sozialarbeiter an der FHS Nordostniedersachsen, FB Sozialwesen, Lüneburg (Finanzierung freier Träger der Sozialen Arbeit)
Kühnel, Gottfried, Dipl. sc. pol., Dozent an der Uni-GHS Essen, FB Erziehungswissenschaft/Psychologie (Medien)
Kühnel, Reiner, Prof. Dr. iur., Rechtsanwalt in Wolfratshausen (Ausbildungsförderung, Daten- und Geheimnisschutz, Dienstrecht, Sanktion, Zivildienst)
Kupferschmid, Peter, Dipl.-Volkswirt, Ltr. des Referats »Freiwillige soziale Dienste und Mädchen in der Jugendhilfe« im BMFSFJ, Bonn (Freiwilliges Jahr, ökologisches und soziales)
Kurz-Adam, Maria, Dipl.-Psychologin, wiss. Mitarbeiterin am Deutschen Jugendinstitut, München (Frauen)
Kuß, Alfred, Dr., Dipl.-Kaufmann, Prof. an der FU Berlin, FB Wirtschaftswissenschaft (Marktwirtschaft, soziale, Soziometrie)
Lakies, Thomas, Richter in Berlin (Betriebserlaubnis)
Lauer, Hubertus, Dr. iur, Prof. an der FHS Nordostniedersachsen, FB Sozialwesen, Lüneburg (Ausländerrecht, Mitbestimmung/Mitwirkung)
Lauff, Werner, Dipl.-Ing., Dr., Prof. an der Uni Hamburg, Institut für Sozialpädagogik, Erwachsenenbildung und Freizeitpädagogik (Erholungsmaßnahmen)
Leidecker, Klaus, Dr., Prof. für Musikpädagogik an der FHS Darmstadt, FB Sozialpädagogik (Musik)
Leube, Konrad, Dr., bis 1992 wiss. Mitarbeiter am Deutschen Jugendinstitut, München; seither freie Praxis für Familienberatung und Mediation in Sulzberg/By. (Elternarbeit, Familienberatung)
Linckelmann, Wolfgang, Dr., 1973–1979 stv. Generalsekretär beim Deutsch-Französischen Jugendwerk; Leiter der Unterabt. für nationale und internationale Jugendförderung im BMFSFJ, Bonn (Internationale Jugendarbeit)
Löhr, Rolf-Peter, Dr. iur.; bis 1988 Referent im BM für Raumordnung, Bauwesen und Städtebau; seither Geschäftsführer des Vereins für Kommunalwissenschaften e. V. und stv. Institutsleiter des difu, Berlin (Baugesetzbuch, Sanierung)
Lukas, Helmut, Dr. phil. habil., Dipl.-Soziologe, Prof. an der FHS Erfurt und apl. Prof. an der Uni Hannover (Lehrgebiet Sozialpädagogik) (Aktenführung, Anamnese)

Maas, Udo, Dr. iur., Prof. an der FHS für Sozialwesen Mannheim (Bürokratie)
Maly, Dieter, Dipl.-Sozialwirt, Leiter des ASD bei der Stadt Nürnberg (Obdachlosenhilfe, Wohnungslosenhilfe)
Mancke, Klaus, Dr. phil. habil., Privatdozent für Erziehungswissenschaft an der TU Berlin, FB Erziehungs- und Unterrichtswissenschaften sowie Gesamtschuldirektor an der Carl-von-Ossietzky-Oberschule in Berlin-Kreuzberg (Schule)
Marzahn, Christian, Dr. (1941–1994); zuletzt Prof. an der Uni Bremen, FB Sozialpädagogik (Geschichte der Sozialarbeit/Sozialpädagogik)
Mattheis, Ruth, Prof. Dr. med., Senatsdirigentin i.R.; lebt und arbeitet in Berlin (Gesundheitshilfe, Jugendgesundheitsdienst, Krankenhauswesen)
Mehr, Barbara, Rechtsanwältin in Berlin (Mutterschutz)
Menne, Klaus, Dipl.-Soziologe, Geschäftsführer der Bundeskonferenz für Erziehungsberatung (Erziehungsberatung)
Merfeld, Mechthild, Dipl.-Soziologin, Geschäftsführerin des Arbeitskreises deutscher Bildungsstätten e.V., Bonn (Bildungsurlaub)
Meyer, Antje, Dozentin an der FS für Erzieher in Hamburg-Altona (Spielplätze)
Mielenz, Ingrid, Herausgeberin; s. Hinweise S. 4 (Hospizbewegung, Jugendhilfeplanung, Pädagogik, Selbsthilfe/Selbstorganisation, Soziale Arbeit, Soziale Arbeit und Arbeitsmarkt)
Möller-Lücking, Norbert, Gewerkschaftssekretär beim DGB-Bundesvorstand, Düsseldorf (Gewerkschaften)
Mörsberger, Thomas, Jurist, Direktor des Landesjugendamtes im Landeswohlfahrtsverband Baden, Karlsruhe (Aufsichtspflicht)
Mollenhauer, Klaus, Dr. Dr. h.c., Prof., Pädagogisches Seminar der Uni Göttingen (Erziehung, Erziehungswissenschaft, Individuum, Integration, soziale)
Mooshake, Christian, Dipl.-Sozialpädagoge, Beratungsstelle Sexuell übertragbare Erkrankungen in Berlin-Wedding (Geschlechtskrankenfürsorge)
Motsch, Peter, Dr. iur., Berufsmäßiger Stadtrat für Soziales der Stadt Würzburg (Pflegesätze/Pflegevereinbarungen)
Mucha, Ralf, Referent für Jugendschutz beim Jugendamt der Stadt Düsseldorf, Vorsitzender der Aktion Psychokultgefahren e.V. (Jugendreligionen)
Mückenberger, Ulrich, Dr. iur., Prof. für Arbeitsrecht an der Hochschule für Wirtschaft und Politik, Hamburg (Arbeit, Arbeitsschutz, Betriebsverfassungsgesetz, Jugendarbeitsschutz, Solidarität)
Müller, C. Wolfgang, Dr., Prof. für Erziehungswissenschaft an der TU Berlin, Institut für Sozialpädagogik (Didaktik, Empirische Sozialforschung, Evaluierung, Forschung, Gemeinwesenarbeit, Gruppenarbeit, soziale, Kränkung, Sozialarbeit/Sozialpädagogik, Soziales Lernen)
Müller, Ernst, Weinbauer, Theologe, Dipl.-Pädagoge, Prof. an der FHS Wiesbaden (Koedukation, Mitleid)
Müller-Wichmann, Christiane, Dr., Dipl.-Soziologin und Erziehungswissenschaftlerin mit Arbeitsschwerpunkt Zeit und Gesellschaft, Berlin (Zeit)
Münchmeier, Richard, Dr., Prof. für Sozialpädagogik an der FU Berlin (Ethik, Kinder- und Jugendpolitik)
Münder, Johannes, Dr. iur., Prof. an der TU Berlin, Institut für Sozialpädagogik (Eherecht, Elterliche Sorge/Elternrecht, Familiengericht, Familienrecht, Jugendhilfeausschuß, Jugendhilferechtsreform, Kinder- und Jugendhilfegesetz, Kindesrecht, Nichteheliche Kinder, Nichteheliche Lebensgemeinschaft, Recht auf Erziehung, Unterhaltsrecht)
Nahrstedt, Wolfgang, Dr., Prof. an der Uni Bielefeld Fakultät für Pädagogik (AG Freizeitpädagogik, Kulturarbeit, Tourismuswissenschaft) (Freizeit/Freizeitpädagogik)
Napp-Peters, Anneke, Dr. phil., Familien- und Jugendsoziologin, Hamburg (Alleinerziehende, Scheidung/Scheidungsfolgen)
Nave-Herz, Rosemarie, Dr., Prof. für Soziologie an der Carl-von-Ossietzky-Uni, Institut für Soziologie, Oldenburg (Familie)
Nestmann, Frank, Dr., Dipl.-Psychologe, Prof. an der TU Dresden, Institut für Sozialpädagogik/Sozialarbeit (Diagnostik, Tests)
Nickel, Hans-Wolfgang, Dr., Prof. für Spiel- und Theaterpädagogik an der Hochschule der Künste, Berlin (Kinder- und Jugendtheater)
Nielsen, Heidi, Dipl.-Soziologin, Dipl.-Psychologin; Psychotherapeutin, Supervisorin, Lehrbeauftragte, Berlin (Familienhilfe, sozialpädagogische)
Nikles, Bruno W., Dr., Prof. für Sozialplanung an der Uni-GH Essen (Verträglichkeitsprüfungen, soziale)
Nowak, Jürgen, Dr., Prof. für Soziologie an der Alice-Salomon-FHS für Sozialarbeit und Sozialpädagogik, Berlin (Netzwerke, soziale)
Oelschlägel, Dieter, Dipl.-Pädagoge, Prof. für Methoden der Sozialarbeit/Erwachsenenbildung an der Uni-GHS Duisburg (Curriculum-Entwicklung, Emanzipation)
Olk, Thomas, Dr. habil., Gründungsprofessor für Sozialpädagogik am FB Erziehungswissenschaften der Martin-Luther-Universität Halle-Wittenberg (Ehrenamtliche Helfer, Paradigma, Sozialstaat, Stigmatisierung/Etikettierung)
Ortmann, Friedrich, Dr. sc. pol. habil., Prof. an der Uni-GHS Kassel, FB Sozialwesen (Planung, Sozialplanung)
Perlwitz, Erich, Prof. an der FU Berlin, Institut für klinische Psychologie (Schulpsychologie)
Plewig, Hans-Joachim, Dr. iur., Prof. an der Uni Lüneburg, Institut für Sozialpädagogik und Richter am Landgericht Hamburg (Jugendgerichtshilfe, Jugendstrafrecht, Kriminalität)
Pollmann, Hans-Wilhelm, Dipl.-Sozialarbeiter, Landesgeschäftsführer der Arbeiterwohlfahrt Berlin (Haushaltshilfe, Hauskrankenpflege, Hauspflege, Pflegehilfe, häusliche, Sozialstationen)
Potter, Philip, M.A., M.Phil., Sozialwissenschaftler beim Klaus-Novy-Institut e.V., Köln (Wohnen)
Proksch, Roland, Dr. iur.; seit 1982 Prof. für Sozial- und Familienrecht; seit 1991 Präsident der Ev. FHS Nürnberg; Geschäftsführer des Instituts für soziale und kulturelle Arbeit, Nürnberg; Vors. des Bayer. LJHA (Schuldnerberatung, Trennungs- und Scheidungsberatung)
Puhl, Ria, Dipl.-Soziologin, verantwortliche Redakteurin der Zeitschrift Sozialmagazin, Frankfurt/M. (Öffentlichkeitsarbeit und Anhang II A, B, C 1–14, 16, 17)

Rauschenbach, Harald, Jurist, Leiter des Referats Schwerbehindertenrecht im Hess. Ministerium für Frauen, Arbeit und Sozialordnung, Wiesbaden (Schwerbehindertengesetz)

Rauschenbach, Thomas, Dr., Prof. für Sozialpädagogik an der Uni Dortmund, FB Erziehungswissenschaft (Ausbildung, Praktikum, Soziale Berufe)

Reichel-Koß, Ilse (1925–1993): Bauzeichnerin, Sozialarbeiterin. Gründungsmitglied der Berliner FALKEN 1945; Landesjugendpflegerin, 1965–1971 Jugendstadträtin in Berlin-Reinickendorf und von 1971–1981 Senatorin für Familie, Jugend und Sport in Berlin. Danach Abgeordnete im Berliner Parlament und bis zu ihrem Tode vielfältig sozial und sozialpolitisch engagiert und tätig. Ilse Reichel-Koß war – sich selbst in der Nachfolge ihres Vorbildes Ella Key sehend – eine der bedeutenden fachpolitischen VertreterInnen moderner Sozialer Arbeit. In ihren Handlungsorientierungen wie Parteiergreifen, Emanzipation, Chancengleichheit, Autonomie, Konfliktfähigkeit bleibt sie Vorbild für alle, die weiterhin Soziale Arbeit parteilich für Betroffene leisten wollen.
Wer mehr über ihr Wirken in der Berliner Reformzeit bis 1981 wissen will: Sozialpädagogisches Institut Berlin (Hrsg.): Parteiergreifen: Beiträge zur Entwicklung einer Neuen Fachlichkeit in der Jugend- und Familienhilfe. Festschrift für Ilse Reichel, Berlin 1985.
Sie hat bis zur 3. Auflage an diesem Wörterbuch mitgearbeitet.

Reinbold, Brigitte, Dipl.-Pädagogin, Leiterin des Arbeitsbereiches Organisationsentwicklung/Sozialmanagement am Institut für Sozialarbeit und Sozialpädagogik, Frankfurt/M. (Organisationsentwicklung, Sozialmanagement)

Reinicke, Peter, Dipl.-Sozialarbeiter, Dipl.-Pädagoge, Prof. an der Ev. FHS Berlin (Berufsverbände, Krebskrankenberatung [nachgehende Krankenfürsorge], Sozialdienst im Krankenhaus, Sozialarbeit in Arztpraxen, Sozialdienst bei Krankenkassen und Anhang I, II.2 und Anhang II C 15)

Reyer, Jürgen, Dr., Prof. an der PH Erfurt, Fakultät für Erziehungswissenschaft (Eugenik)

Richter, Horst-Eberhard, Dr., Dr., e. Prof. für Psychosomatik der Justus-Liebig-Uni Gießen; Geschäftsführender Direktor des Sigmund-Freud-Instituts, Frankfurt/M. (Sozialtherapie)

Richter, Ingo, Dr. iur., Prof. für Öffentliches Recht; Vorstand und Direktor des Deutschen Jugendinstituts, München (Arbeitsförderungsgesetz, Verfassungsrecht)

Riemann, Marion, Mitarbeiterin in der Geschäftsleitung des ISS e. V., Frankfurt/M. (Anhänge I–III)

Roebke, Thomas, Dr., wiss. Mitarbeiter am Institut für soziale und kulturelle Arbeit (ISKA) in Nürnberg

Rolff, Hans-Günter, Dr., Prof. für Schulpädagogik an der Uni Dortmund, Institut für Schulentwicklungsforschung (Chancengleichheit)

Roscher, Falk, Dr. iur., Prof. an der FHS für Sozialwesen Eßlingen (Rechtsverwirklichung)

Roth, Norbert, Dipl.-Verwaltungswirt, Verw.-Diplom, Behindertenbeauftragter der Stadt Nürnberg (Behindertenhilfe)

Rüster, Barbara, Dipl.-Pädagogin, Ausbildung in Psychodrama und Sprecherziehung/Diktion; seit 1980 Dozentin für Spiel- und Theaterpädagogik an der Hochschule der Künste Berlin (Spielpädagogik)

Sachße, Christoph, Dr. iur., Prof. für Geschichte und Theorie der sozialen Arbeit an der Uni-GHS Kassel, FB Sozialwesen (Soziale Sicherung, Sozialpolitik, Subsidiarität)

Sauberzweig, Dieter, Dr., Senator a.D., bis 1991 Leiter des Deutschen Instituts für Urbanistik; Honorarprofessor für die Verwaltungswissenschaft an der Uni Konstanz; lebt und arbeitet in Berlin (Stadtentwicklung, kommunale Entwicklungsplanung)

Schäfer, Klaus, Dipl.-Sozialarbeiter, Dipl.-Pädagoge, Referatsleiter »Jugendhilfe/Jugendarbeit« im Ministerium für Arbeit, Gesundheit und Soziales des Landes NRW in Düsseldorf (Jugendverbände)

Schäfers, Bernhard, Dr., Prof. und Leiter des Instituts für Soziologie an der Uni Karlsruhe (Sozialstruktur)

Schefold, Dian, Dr. iur., Prof. an der Uni Bremen, FB Rechtswissenschaft (Jugendschutz)

Schefold, Werner, Dr. rer. soz. habil., wiss. Mitarbeiter am Deutschen Jugendinstitut, München (Gesellschaft, Klasse/Schicht/Milieu)

Schellhorn, Walter, Geschäftsführer des Deutschen Vereins für öffentliche und private Fürsorge i. R.; lebt und arbeitet in Kronberg/Ts. (Finanzwesen, öffentliches)

Schild, Hanjo, Dipl.-Sozialpädagoge, Ltr. des Beschäftigungsprojektes »Programme 501/301« beim BBJ-Consult in Berlin (Berufliche Bildung)

Schlößl, Hans-Joachim, Dipl.-Ing./Baudirektor; Leiter des Amtes für Wohnen und Stadterneuerung, Nürnberg (Mietrecht)

Schneider, Manfred, Dipl.-Sozialarbeiter; bis 1984 Mitarbeiter in der Planungsgruppe beim Senator für Jugend und Familie, Berlin; Geschäftsführer des BBJ-Consult, Berlin (Jugendarbeitslosigkeit)

Scholle, Manfred, Dr. iur., Direktor des Landschaftsverbandes Westfalen-Lippe, Münster (Kommunale Spitzenverbände)

Schone, Reinhold, Dr., Dipl.-Pädagoge, wiss. Mitarbeiter am Institut für soziale Arbeit, Münster (Modellversuche/Modellförderung)

Schruth, Peter, Jurist und Dipl.-Sozialpädagoge, wiss. Assistent an der TU Berlin, Institut für Sozialpädagogik (Vormundschaftsgericht)

Schulte, Bernd, Dr. iur., wiss. Referent am Max-Planck-Institut für ausländisches und internationales Sozialrecht, München (Sozialpolitik/Soziale Sicherung, europäische)

Segel, Gerhard, Sozialarbeiter und Dipl.-Supervisor; Entwicklung und Leitung eines Schulsozialarbeitsprojektes in Kassel zwischen 1974 und 1991 (Schulsozialarbeit)

Seidenspinner, Gerlinde, Dr., Dipl.-Soziologin; Leiterin der Abt. Mädchen- und Frauenforschung am Deutschen Jugendinstitut, München (Frauen)

Seidenstücker, Bernd, Dr. habil. paed., Dipl.-Pädagoge. 1984–1992 Assistent und Dozent (seit 1989) des Wissenschaftsbereiches Sozialpädagogik an der Humboldt-Universität zu Berlin; Prof. für Sozialpädagogik an der FHS Darmstadt (Soziale Arbeit in der DDR)

Sengling, Dieter, Dr., Prof. für Erziehungswissenschaft mit Schwerpunkt Sozialpädagogik an der Uni Münster und Vorsitzender des DPWV-Gesamtverbandes e. V., Frankfurt/M. (Sozialökologie)

Siebel, Werner, M. A., Prof. für Soziologie an der TU Berlin, Institut für Sozialwissenschaften (Betriebliche Sozialarbeit)
Simmedinger, Renate, Dipl.-Soziologin, wiss. Mitarbeiterin am Institut für Sozialarbeit und Sozialpädagogik, Frankfurt/M. (Täter-Opfer-Ausgleich)
Söffler, Detlef, Dr., wiss. Mitarbeiter an der Uni Bremen »ZWE Arbeit und Region« (Bürgerinitiativen)
Soukup, Gunter, bis 1992 Prof. für Sozialpädagogik an der TU Berlin, Institut für Sozialpädagogik; lebt und arbeitet jetzt in Schweden (Handlungsforschung)
Specht, Walther, Prof. Dr., Direktor der Hauptabt. Sozial- und Jugendhilfe im Diakonischen Werk der EKD, Stuttgart (Jugendarbeit, Mobile)
Spittler, Erdmute, Dr. iur., Prof. an der FHS Wiesbaden; lebt und arbeitet bis 1997 in Mauretanien (Vormundschafts- und Familiengerichtshilfe)
Stahmer, Ingrid, Sozialarbeiterin (grad.), Trainerin für Gruppendynamik im Deutschen Arbeitskreis für Gruppenpsychotherapie und Gruppendynamik; Senatorin für Soziales, Berlin (Teamarbeit)
Staub-Bernasconi, Silvia, Dr. phil., Dipl.-Sozialarbeiterin, Studium der Soziologie, Sozialethik, Pädagogik. Dozentin an der Schule für Soziale Arbeit, Zürich, Freiburg/CH (Lehrstuhl für Sozialarbeit), Uni Trier und in Salzburg/Österreich (Systemisches Denken und Handeln in der Sozialen Arbeit)
Stötzner, Karin, Referentin des Paritätischen Bildungswerkes, Bundesverband e. V. und Koordinatorin von SEKIS, Berlin (Frauenhäuser und Anhang I–I.8, 9, 11)
Strasser, Johano, Dr., freier Schriftsteller in Berg am Starnberger See (Sozialismus, demokratischer)
Stüwe, Gerd, Dr., Dipl.-Soziologe/Sozialarbeiter (grad.); bis Ende 1991 wiss. Mitarbeiter und Arbeitsbereichsleiter des Instituts für Sozialarbeit und Sozialpädagogik, Frankfurt/M.; seither Prof. an der FHS Frankfurt/M., FB Sozialarbeit (Erlebnispädagogik)
Sünker, Heinz, Dr., M. A., Prof. für Sozialpädagogik an der Uni-GHS Wuppertal, FB Gesellschaftswissenschaften (Soziale Arbeit im Nationalsozialismus)
Tennstedt, Florian, Dr., Prof. für Sozialpolitik und Sozialrecht an der Uni-GHS Kassel, FB Sozialwesen (Soziale Sicherung, Sozialpolitik)
Thamm, Dieter, Dipl.-Sozialwirt, Dipl.-Volkswirt; nach Tätigkeiten bei der Arbeiterwohlfahrt als gesundheitspolitischer Referent und Kreisgeschäftsführer jetzt Geschäftsstellenleiter der Bank für Sozialwirtschaft in Leipzig (Gesundheitspolitik)
Thiersch, Hans, Dr., Prof. für Erziehungswissenschaft an der Uni Tübingen (Theorie der Sozialarbeit/Sozialpädagogik)
Thomas, Helga, Dr., Prof. für Erziehungswissenschaft an der TU Berlin, FB Erziehungs- und Unterrichtswissenschaften (Bildung, Wissenschaftstheorien)
Trauernicht, Gitta, Dr., Soziologin M. A., Senatsdirektorin für Jugend bei der Behörde für Schule, Jugend und Berufsbildung, Hamburg (Ausreißer und Trebegänger, Mädchen)
Trenk-Hinterberger, Peter, Dr. iur., Prof. an der Uni-GHS Siegen (Bundessozialhilfegesetz, Sozialgesetzbuch, Sozialhilfe)
Treptow, Rainer, Dr. habil., Dipl.-Pädagoge, Privatdozent an der Uni Tübingen; z. Z. Vertretungsprofessor an der Uni Jena, Institut für Erziehungswissenschaft (Ästhetik, Internationalität, Jugendarbeit, kulturelle)
Ullrich, Otto, Dr., Arbeitsschwerpunkte: Techniksoziologie, Geschichte der Industriekultur; lebt und arbeitet in Berlin (Soziologie)
Vink, Jan, Prof. an der FHS Nordostniedersachsen, FB Sozialwesen, Lüneburg (AusländerInnen)
Vogelsang, Siegfried, Fernmeldehandwerker, Dipl.-Ingenieur und Berufsschullehrer; Mitarbeiter des BBJ-Consult Berlin im Schwerpunkt Arbeitsmarkt- und Beschäftigungspolitik (Berufliche Bildung)
Wagner, Klaus, Dr., Leiter des Jugendamtes der Stadt Nürnberg (Jugendamt, Kinderhort)
Wahl, Klaus, Dr., wiss. Mitarbeiter des Deutschen Jugendinstituts, München (Familienpolitik)
Walter, Frank, Dipl.-Soziologe, Senatsrat, Leiter des Referats stationäre Einrichtungen der Altenhilfe und Freie Träger der Senatsverwaltung für Soziales, Berlin (Heimgesetz)
Wenzel, Gerd, Jurist, Dipl.-Sozialwissenschaftler, Leiter der Abt. Wirtschaftliche Hilfen beim Senator für Gesundheit, Jugend und Soziales, Bremen (Bedarfsbemessung in der Sozialhilfe, Pflegeversicherung, Wirtschaftliche Hilfen, Wohngeld)
Widemann, Peter, Dipl.-Sozialarbeiter, M. A., Referent für Erziehungshilfen beim Senator für Jugend und Familie, Landesjugendamt, Berlin (Pflegekinder)
Wienand, Manfred, Dr. iur., Dipl.-Psychologe, Geschäftsführer des Deutschen Vereins für öffentliche und private Fürsorge, Frankfurt/M. (Betreuungsrecht)
Wingen, Max, Prof. Dr., Ministerialdirektor a. D., Bonn (Bevölkerungsentwicklung)
Wolff, Reinhart, Dr., Prof. an der Alice-Salomon-FHS Berlin (Antiautoritäre Erziehung, Kinderschutz)
Wollmann, Hellmut, Dr. iur., Prof. an der Humboldt-Universität zu Berlin, Institut für Politikwissenschaft (Implementation)
Wüstendörfer, Werner, Dr., Dipl.-Sozialwirt, Prof. an der Georg-Simon-Ohm-FHS, FB Sozialwesen, Nürnberg (Sozialstatistiken und Anhang III 2)
Wulf, Christoph, Dr., Prof. an der FU Berlin, FB Erziehungs- und Unterrichtswissenschaften, Institut für Allgemeine und Vergleichen Erziehungswissenschaft (Anthropologie)
Wurms, Renate, Soziologin; Gleichstellungsbeauftragte der Stadt Lünen (Prostitution)

Sachregister

(Hauptstichwörter sind durch Fettdruck gekennzeichnet)